Schmeil · Fitschen

Flora von Deutschland

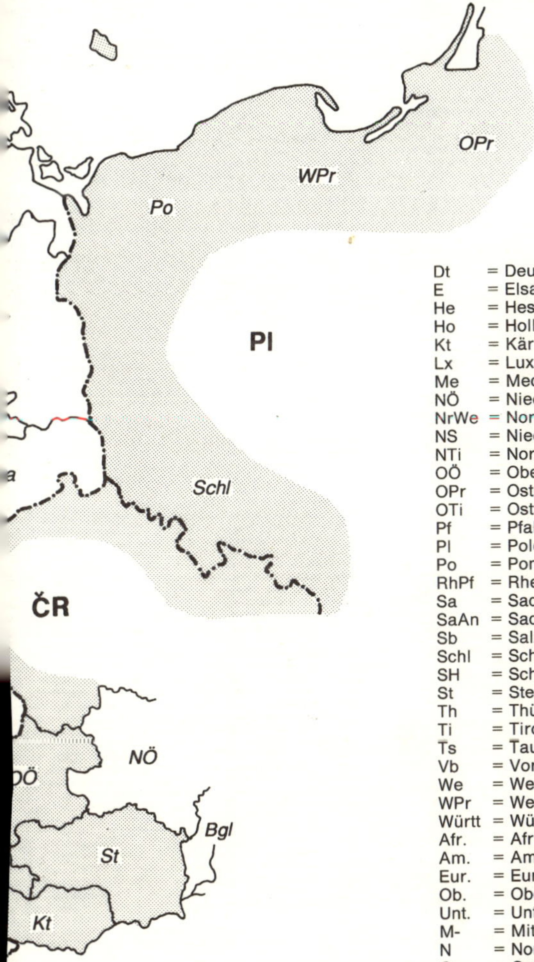

Im Text verwendete Abkürzungen:

An = Anhalt
Au = Österreich (Austria)
(Au = Vb + Ti + Sb + Kt + St + OÖ)
Ba = Bayern
Be = Belgien (inkl. Lx)
Bgl = Burgenland
Br = Brandenburg
BW = Baden-Württemberg
Ch = Schweiz
ČR = Tschechoslowakei
Da = Dänemark
Dt = Deutschland
E = Elsaß
He = Hessen
Ho = Holland (Niederlande)
Kt = Kärnten
Lx = Luxemburg
Me = Mecklenburg-Vorpommern
NÖ = Niederösterreich
NrWe = Nordrhein-Westfalen
NS = Niedersachsen
NTi = Nordtirol
OÖ = Oberösterreich
OPr = Ostpreußen
OTi = Osttirol
Pf = Pfalz
Pl = Polen
Po = Pommern
RhPf = Rheinland-Pfalz
Sa = Sachsen
SaAn = Sachsen-Anhalt
Sb = Salzburg
Schl = Schlesien
SH = Schleswig-Holstein
St = Steiermark
Th = Thüringen
Ti = Tirol
Ts = Taunus
Vb = Vorarlberg
We = Westfalen
WPr = Westpreußen
Württ = Württemberg
Afr. = Afrika
Am. = Amerika
Eur. = Europa
Ob. = Ober-, z. B. Ob.Schl
Unt. = Unter-, z. B. Unt.Fr
M- = Mittel-, mittlere(r)(s)
N = Nord(en)
O = Ost(en)
S = Süd(en)
W = West(en)

Vorwort

Nach über einem Jahrzehnt liegt der „Schmeil/Fitschen" in einer weiteren Neubearbeitung und Erweiterung vor. Dafür gibt es vor allem vier Gründe: 1. Das Interesse an der floristischen Erforschung Mitteleuropas erfuhr durch die Arbeiten für einen Verbreitungsatlas der (alten) Bundesrepublik einen enormen Auftrieb. Dessen Erscheinen 1988 sowie parallel einhergehende ähnliche, doch genauere regionale Vorhaben erbrachten viele neue Detailkenntnisse über die Verbreitung der Arten, die auch zur Aktualisierung der Verbreitungsangaben in einer Taschenflora auffordern. 2. Nicht zuletzt durch diesen floristischen Impetus bedingt erschienen zahlreiche Veröffentlichungen zur Taxonomie und zur Nomenklatur einzelner Pflanzengruppen; auch deren Ergebnisse sollten so rasch wie möglich Eingang in unsere Floren finden. 3. Eine Taschenflora sollte in ihren verschiedenen Auflagen ein Spiegelbild der Florenentwicklung und des Florenwandels sein. Zahlreiche Veränderungen auch in diesem Bereich waren zu dokumentieren. Hierbei galt besondere Aufmerksamkeit der Adventivflora unter dem längst geläufigen Gesichtspunkt, daß Neuankömmlinge in unserer Flora meist nur dann entdeckt werden, wenn auch weit verbreitete Taschenfloren ihre Bestimmung ermöglichen. 4. Schon seit vielen Jahren erreichen die Herausgeber immer wieder Wünsche, ja sogar die Forderung, das Kompetenzgebiet des „Schmeil/Fitschen" zu erweitern, insbesondere im Hinblick auf Österreich, weil eine österreichische Bestimmungsflora bislang fehlte. Dem trugen Verlag und Bearbeiter nach langwierigen Vorarbeiten dadurch Rechnung, daß nunmehr auch die Gebiete/Bundesländer Osttirol, Kärnten, Steiermark und Oberösterreich einbezogen wurden. Wir konnten uns jedoch nicht dazu entschließen, das gesamte Österreich einzubeziehen, und verzichteten der sonst wesentlich größeren Umfangserweiterung wegen auf die Berücksichtigung der mehr pannonischen Gebiete Niederösterreich, Wien und Burgenland.

Durch die Gebietserweiterung wurde eine Volumenzunahme des Buchs unvermeidlich. Der „Schmeil/Fitschen" ist aber auch über seinen eigenen Schatten gesprungen und hat nunmehr bei bekannt schwierigen Gattungen und Arten zusätzliche Alternativmerkmale zur besseren Charakterisierung solcher Sippen eingebracht. Hinter der Umfangserweiterung stehen immerhin 420 neue Taxa, 29 Gattungen, 312 Arten und 79 Unterarten. Letztere wurden überall dort neu etabliert, wo die Notwendigkeit ihrer Ansprechbarkeit von der Floristik gefordert wird und wenn sie mit dem in einer Taschenflora maximal verfügbaren Textumfang darstellbar erschienen.

Auf zahlreiche andere angeregte Erweiterungen mußten wir verzichten, weil sie durch bereits existierende Florenwerke abgedeckt sind oder weil sie (z. B. Rote Listen, Giftpflanzen) durch eine kurze Signatur nicht kennzeichnungsfähig waren bzw. zu raschen Wandlungen, auch im regionalen Bereich, unterliegen. Wir haben aber besonderen Wert darauf gelegt, auch die sog. vegetativen Tabellen zu verbessern. Andererseits haben wir trotz neuerer Erkenntnisse die

Anordnung der Familien nicht geändert in dem Bewußtsein, daß einer Taschenflora kein systematischer Lehrbuchcharakter zukommt. Eine Taschenflora sollte die möglichst einwandfreie Bestimmung aller Elemente ihres floristischen Inventars sicherstellen. Wir glauben, daß unsere neuen Verbreitungsangaben es in zahlreichen Fällen erlauben, floristische Neufunde für größere Gebiete zu erkennen und in der Konsequenz daraus auf sie aufmerksam zu machen.

Beide Bearbeiter möchten sich sehr herzlich bei vielen Kollegen, professionellen und Amateurfloristen bedanken für Zuschriften, konstruktive Kritik, Fehlerhinweise, Verbesserungsvorschläge und Literaturhinweise. Der verfügbare Raum erlaubt uns nur die Nennung derjenigen, die umfangreichere Anregungen lieferten: Mag. G. BUZAS (Innsbruck), Doz. Dr. H. DIETRICH (Jena), Dr. E. DÖRR (Kempten), Dr. F. EBEL (Halle), Prof. Dr. M. FISCHER (Wien), Prof. Dr. H. FREITAG (Kassel), Prof. Dr. D. FÜRNKRANZ (Salzburg), Prof. Dr. H. HAEUPLER (Bochum), G. HAGEDORN (Tübingen), Prof. Dr. U. HAMANN (Bochum), Dr. A. HANSEN (Kopenhagen), Dr. J. HERBORG (Göttingen), Dr. H. JAGE (Kemberg), Dr. S. KÜNKELE (Gerlingen), Dr. H. KUTZELNIGG (Duisburg), Prof. Dr. A. LAWALREE (Meise), Dr. G. LEUTE (Klagenfurt), Mag. H. MELZER (Zeltweg), Prof. Dr. D. MÜLLER-DOBLIES (Berlin), Prof. Dr. S. J. VAN OOSTROOM (Leiden), J. W. OTTO (Bischofswerda), St. RAUSCHERT (Halle), Dr. F. RUNGE (Münster), Prof. Dr. F.-G. SCHROEDER (Göttingen), Prof. Dr. H. TEPPNER (Graz), Dipl.-Ing. R. WAGNER (Eisenerz), Prof. Dr. G. WAGENITZ (Göttingen), Dr. A. ZIMMERMANN (Graz).

Auch die neue Auflage bedarf der steten Rückkopplung mit dem Benutzer. Beide Bearbeiter erbitten diese in Form kritischer Zuschriften und durch Überlassung von Sonderdrucken aller für die „Flora" relevanten Veröffentlichungen.

Ein anonymer Dank gilt zahllosen Studenten/-innen, denn beide Bearbeiter hatten über Jahrzehnte hinweg Gelegenheit, unsere „Flora" in Bestimmungskursen immer aufs neue zu erproben und zu testen. Dennoch wird auch diese Neuauflage nicht fehlerlos sein. Jeder Eingeweihte weiß, daß auch die Natur nicht „fehlerlos" ist im Sinne des Systematikers und des Taxonomen.

Wir bedanken uns beim Verlag Quelle & Meyer für das allzeit vorhandene Verständnis und für das Entgegenkommen bei allen größeren und kleineren Veränderungen, die zu dieser Neuauflage geführt haben. In Frau Dipl.-Biol. CLAUDIA HUBER hatten wir das Glück, eine Lektorin zu finden, die unsere komplizierten und z.T. unübersichtlichen Manuskriptvorlagen in eine satz- und druckfertige Vorlage umzuwandeln wußte und mit bewunderungswürdiger Geduld mit uns zurechtkam. Herrn cand. biol. JOACHIM PRUTSCH danken wir für seine akribische Mithilfe beim schwierigen Geschäft des Korrekturlesens, Frau Dipl.-Biol. SUSANNE MAYRHOFER für die Erstellung des Registers.

Professor WERNER RAUH hatte es nach dem Tod von JOST FITSCHEN übernommen, die 64. Auflage (1954) zu erstellen, der jetzige Erstbearbeiter durfte seinerzeit Hilfestellung bei der zeichnerischen Umorientierung der „Flora" leisten. Seitdem war RAUH bis einschließlich der 88. Auflage an der „Flora" tätig. Der jetzige Erstbearbeiter hat diese Zeit kontinuierlich mit verfolgt und kritisch als Zweitbearbeiter begleitet. Die immer wieder positiv gewürdigte morphologische Einleitung und das Abbildungskonzept stammen ganz wesentlich von RAUH. Er scheidet nun auf eigenen Wunsch aus der weiteren Bearbeitung aus, kurz nach Erscheinen der vorliegenden 89. Auflage wird er sein 8. Lebensjahrzehnt vollenden. Die Unterzeichner und der Verlag danken ihm herzlichst für die an der „Flora" geleistete Arbeit.

Die jetzigen Bearbeiter wünschen der Neuauflage in einem erweiterten geographischen Rahmen den Erfolg der bisherigen, vor allem aber, daß sie sich im Sinn eines leicht veränderten Konzepts bewähren möge als Basisliteratur ebenso für allgemein floristisches Wissen wie für weitere Fortschritte in der Floristik, Taxonomie und Chorologie.

Herbst 1992

K. SENGHAS
S. SEYBOLD

Frühere Auflagen:

1. Aufl., Dez. 1903: O. SCHMEIL & J. FITSCHEN „Flora von Deutschland. Ein Hilfsbuch zum Bestimmen der in dem Gebiet wildwachsenden und angebauten Pflanzen"
32. Aufl., 1923: alleiniger Bearbeiter wird J. FITSCHEN
37. Aufl., 1927: gründliche Neubearbeitung und Erweiterung durch J. FITSCHEN
50. Aufl., 1939: Jubiläumsausgabe, aber nur Überarbeitung (FITSCHEN)
64. Aufl., 1954: Neubearbeitung durch W. RAUH nach dem Tod von J. FITSCHEN
70. Aufl., 1960: Neubearbeitung durch W. RAUH, Bearbeitung der Compositen und Monocotylen durch K. SENGHAS
81. Aufl., 1967: Neubearbeitung und Gebietserweiterung („Flora von Deutschland und seinen angrenzenden Gebieten" wie in der vorliegenden Aufl., jedoch noch ohne die österreichischen Bundesländer Osttirol, Kärnten, Steiermark, Oberösterreich), gemeinsam durch W. RAUH & K. SENGHAS (516 S.)
87. Aufl., 1982: Gründliche Neubearbeitung und Erweiterung (606 S. Ohne Gebietsänderung) durch W. RAUH & K. SENGHAS

Die meisten Auflagen waren unveränderte Nachdrucke, einige waren „durchgesehen", z.B. 84., 86. u. 88. Aufl.

Tabellenschlüssel

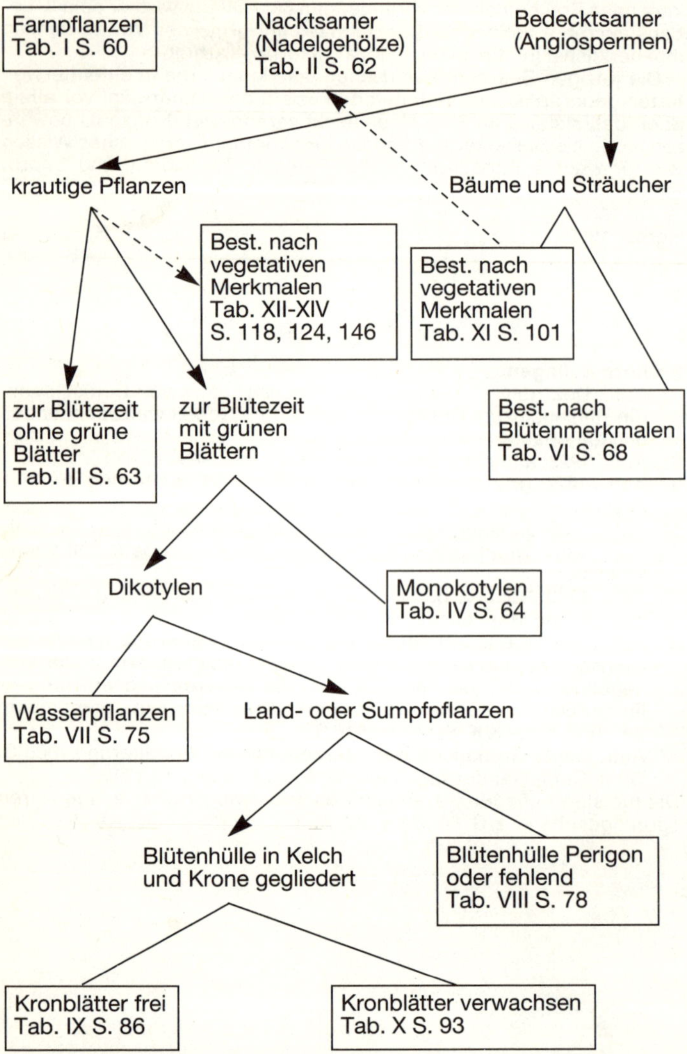

Entwurf: Prof. Dr. H. **Freitag,** Kassel

Inhaltsverzeichnis

Erklärung der botanischen Fachausdrücke 1
A. Wurzel 3
B. Sproßachse 4
C. Blatt 9
D. Blüte 16
E. Frucht 25
Einige Bemerkungen zur Gliederung des Pflanzenreichs und zur Nomenklatur der Pflanzen 29
Bemerkungen zur Umgrenzung des von der „Flora" erfaßten Gebiets 31
Angaben zur Häufigkeit der Pflanzen 32
Bemerkungen zur Verbreitung der Pflanzen 32
Kurze Bemerkungen zur Geschichte der mitteleuropäischen Flora 35
Naturschutz 36
Floristische Kartierung 41
Hinweise zum Sammeln und Bestimmen von Pflanzen . . . 42
Alphabetisches Verzeichnis häufiger botanischer Fachausdrücke 43
Anleitung zum Gebrauch der Bestimmungstabellen 48
Abkürzungen für Verbreitungsangaben im Gebiet 51
Erläuterung der verschiedenen Druckarten in den Tabellen . 51
Erklärung der im Text verwendeten Abkürzungen 52
Das der „Flora" zugrundeliegende System der Pflanzen . . 53
A. Tabelle zum Bestimmen der Hauptgruppen 59
B. Tabellen zum Bestimmen der Familien in erster Linie nach Blütenmerkmalen 60
I Sporenpflanzen, Farnpflanzen, Pteridophyta 60
II Nacktsamige Pflanzen, Nadelgehölze, Gymnospermae 62
III Kräuter und Stauden zur Blütezeit ohne grüne Blätter 63
IV Einkeimblättrige Pflanzen, Monocotyledoneae . . . 64
V Zweikeimblättrige Pflanzen, Dicotyledoneae (Übersicht) 67
VI Holzpflanzen 68
VII Dikotyle Wasserpflanzen 75
VIII Dicotyledoneae: Kräuter und Stauden. Blütenhülle fehlend, einfach oder doppelt, dann aber alle Blütenhüllblätter gleichgestaltet 78
IX Dicotyledoneae: Kräuter und Stauden. Blüten mit doppelter, deutlich in Kelch und Blumenkrone gegliederter Blütenhülle; Blumenkronblätter getrennt, bis zum Grund frei 86
X Dicotyledoneae: Kräuter und Stauden. Blüten mit doppelter, in Kelch und verwachsenblättrige Blumenkrone gegliederter Blütenhülle 93

C. Tabellen zum Bestimmen der Familien und Gattungen der Blütenpflanzen in erster Linie nach vegetativen Merkmalen . . . 101
XI Holzgewächse, zu bestimmen nach dem Laub . . . 101
XII Kräuter und Stauden mit wechsel- oder gegen-, z. T. grundständigen, gefiederten, gefingerten, gebuchteten oder gelappten Blättern 118
XIII Kräuter und Stauden mit ungeteilten Blättern . . . 124
XIV Wasserpflanzen (Sporenpflanzen, Mono- und Dikotyledonen) 146
D. Tabellen zum Bestimmen der Gattungen und Arten . . . 154
Abteilung: Pteridophyta, Gefäßsporenpflanzen 154
Abteilung: Spermatophyta, Samenpflanzen 178
1. Unterabteilung: Gymnospermae, Nacktsamige Pflanzen 178
2. Unterabteilung: Angiospermae, Bedecktsamige Pflanzen 182
1. Klasse: Dicotyledoneae, Zweikeimblättrige Pflanzen 182
2. Klasse: Monocotyledoneae, Einkeimblättrige Pflanzen 614
Literaturverzeichnis 764
Verzeichnis der geschützten Pflanzenarten 773
Verzeichnis der abgekürzten Autorennamen 776
Verzeichnis der wissenschaftlichen Namen der Familien und höheren Einheiten 783
Verzeichnis der deutschen Familiennamen 785
Verzeichnis der wissenschaftlichen und deutschen Pflanzennamen 787

Erklärung der botanischen Fachausdrücke, dargestellt an den Grundzügen pflanzlicher Gestaltung

Die Kenntnis der in diesem Kapitel erläuterten Fachausdrücke wird in den Bestimmungstabellen vorausgesetzt.

Die Blütenpflanzen (die **Nackt-** und **Bedecktsamigen,** d. s. die **Gymno-** und **Angiospermen**), die Hauptmasse des heutigen Pflanzenkleids, treten uns in einer unübersehbaren und verwirrenden Formenmannigfaltigkeit entgegen. Es wird bei flüchtiger Betrachtung der Anschein erweckt, daß keine Pflanze der anderen gleicht; dennoch weisen alle Blütenpflanzen einen in den Grundzügen übereinstimmenden Bauplan (Grundbauplan) auf, der durch das Vorhandensein der drei Grundorgane **Wurzel, Sproßachse** und **Blatt** gegeben ist. Wenn diese Grundorgane an der erwachsenen Pflanze auch so stark umgebildet sein können, daß ihr wahrer Charakter nicht immer unmittelbar zu erkennen ist, so sind sie – von wenigen Ausnahmen abgesehen – doch stets vorhanden und bereits am **Keimling** (Embryo, *1a,* E) nachweisbar. Dieser, zusammen mit einem besonderen, nährstoffreichen Gewebe, dem Nährgewebe (*1a,* N), das von einer meist derben Schale, der Samenschale (*1a,* S), umgeben ist, bildet den wesentlichsten Bestandteil der pflanzlichen **Samen** *(1a),* die bei den **Bedecktsamigen,** den **Angiospermen,** in einem besonderen, von den Fruchtblättern gebildeten Gehäuse, dem **Fruchtknoten,** eingeschlossen sind *(90–93),* bei den **Nacktsamigen,** den **Gymnospermen,** aber frei heranreifen *(89).*

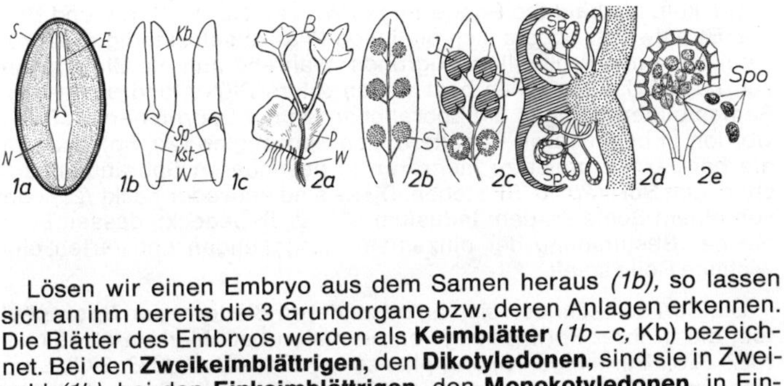

Lösen wir einen Embryo aus dem Samen heraus *(1b),* so lassen sich an ihm bereits die 3 Grundorgane bzw. deren Anlagen erkennen. Die Blätter des Embryos werden als **Keimblätter** (*1b–c,* Kb) bezeichnet. Bei den **Zweikeimblättrigen,** den **Dikotyledonen,** sind sie in Zweizahl *(1b),* bei den **Einkeimblättrigen,** den **Monokotyledonen,** in Einzahl *(1c)* vorhanden. Gleich den normalen Laubblättern sitzen sie an einer Achse, dem **Keimstengel** (Hypokotyl; *1b–c,* Kst), dessen basales Ende die Anlage für die **Keim-** oder **Hauptwurzel** (W) bildet. Dieser gegenüber befindet sich die Anlage für die spätere **Sproßachse** (Sp).

In diesem Zustand macht der Embryo eine Zeit der Ruhe, die sog. **Samenruhe,** durch, bevor er seine Weiterentwicklung aufnimmt. Sie wird durch den Prozeß der **Keimung** eingeleitet. Legen wir im Frühjahr einen Samen in feuchte Erde, so saugen sich dessen Zellen voll Wasser. Dieser Vorgang hat zur Folge, daß sich das Volumen des Samens vergrößert; er beginnt zu quellen. Die Samenschale zerreißt, und der Keimstengel mit der Wurzelanlage tritt aus dem Samen nach außen. Letztere wächst schnell zur **Haupt-** oder **Primärwurzel** aus, an der als Seitenorgane **Seiten-** oder **Nebenwurzeln** auftreten, die dem Keimling Wasser, darin gelöste anorganische Salze und Wirkstoffe zuführen. Nach kurzer Zeit beginnt auch die Sproßanlage auszutreiben und entwickelt sich zum **Primär-** oder **Hauptsproß,** der an bestimmten Stellen, den **Knoten,** die grünen **Blätter** als Assimilationsorgane erzeugt. In deren Achseln entstehen **Knospen,** die zu **Seitenästen** auswachsen. Nach Erreichen eines bestimmten Alters beschließen Primärsproß und Seitenäste ihr Längenwachstum oft mit der Bildung von **Blüten,** welche die Geschlechtsorgane, die **Staubblätter** mit den Pollenkörnern (s. S. 19) und die **Fruchtblätter** mit den **Samenanlagen** (s. S. 19) enthalten. Durch den Vorgang der Befruchtung gehen aus den letzteren wiederum die Samen mit den Embryonen hervor.

Bei den **Pteridophyten,** die zu den **Sporenpflanzen** gehören, nimmt die Entwicklung einer Pflanze nicht von einem mehrzelligen Samen, sondern von einer einzelligen, von einer derben Wand umgebenen **Spore** (*2e,* Spo) ihren Ausgang. Ihr Inhalt keimt zunächst zu einem kurzen Keimschlauch aus, der sich dann weiter zu einem kleinen, ungegliederten, grünen (bei Farnen und Schachtelhalmgewächsen) oder bleichen (bei Bärlappgewächsen) Gebilde, dem **Prothallium** (*2a,* P), entwickelt, an dem in besonderen Behältern die männlichen und weiblichen Keimzellen, die Spermatozoiden und Eizellen, entstehen. Aus der Vereinigung eines Spermatozoids mit einer Eizelle entsteht die Zygote, die sich weiter zum Embryo und zur jungen Pflanze *(2a)* entwickelt, die bald die Gliederung in Wurzel (*2a,* W), Sproß und Blatt (*2a,* B) aufweist. Sobald sich die junge Pflanze selbständig ernähren kann, geht das Prothallium zugrunde. Während nun die Blütenpflanzen nach Erlangen eines bestimmten Alters Blüten und damit auch Samen bilden, bringen die Sporenpflanzen nur Sporen hervor. Diese werden in besonderen Behältern, den **Sporangien** (*2d,* Sp), erzeugt, die bei Farnen meist zu mehreren in besonderen Sporangienhäufchen, den **Sori** (*2b–d,* S), stehen. Diese sind entweder nackt *(2b)* oder von einem Schleier, dem **Indusium** (*2c–d,* J), bedeckt, dessen Form bei der Bestimmung der einzelnen Farngattungen und -arten eine wichtige Rolle spielt.

Die Sori selbst finden sich an besonderen Blättern, den **Sporophyllen,** die in ihrer Form häufig von normalen Laubblättern abweichen *(327, 328).* Bei einigen Sporenpflanzen – *Equisetum (298, 299), Lycopodium (293, 294a), Selaginella (296a)* – treten die Sporophylle mit den Sporangien zu **Sporophyllständen** zusammen. Mit Hilfe eines besonderen Mechanismus werden die Sporen (*2e,* Spo) ausgeschleudert, fallen auf den Boden und keimen zu einem neuen Prothallium aus.

Bei dem Wasserfarn *Salvinia* werden die Sporangien von einem umgebildeten Wasserblattzipfel umschlossen, so daß kugelige **Sporangienbehälter** entstehen. Sie enthalten entweder nur Mikro- oder nur Makrosporangien; bei den Marsileaceen *(Marsilea, Pilularia)* spricht man von **Sporocarpien** oder **Sporenfrüchten,** bei denen die aus einem Makrosporangium und zahlreichen Mikrosporangien bestehenden Sori von einem Blattabschnitt umschlossen werden. Bei *Marsilea* sind die Sporocarpien gestielt und von bohnenförmiger, bei *Pilularia* sind sie sitzend und von kugeliger Form. Bei beiden finden sich die Sporocarpien an der Basis der Laubblätter (*139, 140,* S).

Ausbildung und Umbildung der einzelnen Organe

A. Wurzel

Während die Sprosse normalerweise grün sind und dem Licht entgegenwachsen, ist die Wurzel bleich und dringt in den Boden ein. Die für die Sproßachse charakteristischen Blätter fehlen den Wurzeln völlig. An der Blattlosigkeit sind deshalb mit Sicherheit echte Wurzeln von wurzelähnlichen, unterirdischen Sprossen, Ausläufern und Rhizomen (s. S. 6f) zu unterscheiden, die zumindest bleiche Schuppenblätter tragen bzw. deren Narben erkennen lassen.

Die aus der Wurzelanlage des Embryos hervorgehende Wurzel wird als **Primär-** oder **Hauptwurzel** bezeichnet. An dieser entstehen **Seiten-** oder **Nebenwurzeln,** die sich selbst wieder verzweigen können. Hauptwurzel und Seitenwurzeln zusammen bilden das **Wurzelsystem.** Während bei den meisten Dikotylen und Gymnospermen die Primärwurzel mit ihren Seitenwurzeln erhalten bleibt, geht sie bei den Monokotylen frühzeitig zugrunde und wird durch Wurzeln ersetzt, die aus der Sproßachse, meist an den Knoten, hervorbrechen. Diese werden als **sproßbürtige Wurzeln** bezeichnet. Aber auch viele Dikotyle können, insbesondere an niederliegenden Sprossen, sproßbürtige Wurzeln bilden. Bei den Pteridophyten unterbleibt von vornherein die Ausbildung einer Hauptwurzel, so daß schon die erste am Embryo auftretende Wurzel eine sproßbürtige Wurzel ist.

Einige Blütenpflanzen *(Ceratophyllum, Utricularia, Corallorrhiza, Wolffia)* sind überhaupt **wurzellos.**

Umbildungen der Wurzel

Neben ihrer eigentlichen Funktion, den Sproß im Boden zu verankern und mit Wasser und mineralischen Stoffen zu versorgen, übernehmen die Wurzeln noch vielfach die Aufgabe der **Stoffspeicherung.** Sie erfahren dadurch mannigfache Umbildungen und werden vor allem dick und fleischig. Wir sprechen von einer:

Pfahlwurzel, wenn die Primärwurzel nur mäßig verdickt ist, tief in den Boden hinabsteigt und nur wenige Seitenwurzeln hervorbringt (Löwenzahn, Meerrettich, usw.; *3,* I).

Rübe, wenn die Primärwurzel dick und fleischig ist. In die Rübenbildung wird auch häufig der Keimstengel einbezogen (Möhre, Futter-, Zuckerrübe; *3,* II).

Speicherwurzel, wenn sich sproßbürtige Wurzeln verdicken, aber noch deutlich ihren Wurzelcharakter erkennen lassen (Dahlie; *3,* III).

Wurzelknolle, wenn sproßbürtige Wurzeln knollenförmig anschwellen, aber keine Seitenwurzeln mehr erzeugen (Knabenkraut, Scharbockskraut; *3,* IV–V).

Die Wurzeln zahlreicher Pflanzen (Leinkraut, Zypressenwolfsmilch, Ackerwinde u. a.) sind zur Bildung von Sprossen befähigt, die man als **Wurzelsprosse** bezeichnet.

B. Sproßachse

Die Sproßanlage des Keimlings entwickelt sich zum **Haupt-** oder **Primärsproß,** der in den meisten Fällen lotrecht dem Licht zuwächst. Er ist in **Knoten** oder **Nodien** und in **Internodien** gegliedert. An den Knoten, die bei manchen Pflanzengruppen (Knöterichgewächse, Gräser) auffällig verdickt sind, stehen in bestimmter Anordnung die grünen **Blätter.** Ein mit entfalteten Blättern besetzter Sproß wird auch als **Trieb,** seine von jungen Blattanlagen umhüllte, wachsende Spitze hingegen als **Knospe** bezeichnet. In den wenigsten Fällen nur wächst die Spitze des Primärsprosses unverzweigt weiter, meistens erzeugt er Seitenäste, welche aus **Seiten-** oder **Achselknospen** hervorgehen, die in den Achseln der Laubblätter, die dann als **Tragblätter** bezeichnet werden, entstehen. Diese Seitenäste 1. Ordnung können sich wiederum verzweigen, woraus schließlich ein System von Seitenästen, ein **Sproßsystem,** resultiert.

Bei den Holzgewächsen entwickeln sich die Achselknospen erst im folgenden Jahr zu Seitenästen. Damit nun die jungen Blätter und die Anlage für den Seitensproß nicht den Winterfrösten zum Opfer fallen, werden die Knospen von derben, verkorkten, auf der Innenseite oft filzig behaarten und Leim absondernden **Knospenschuppen** eingehüllt. Wir bezeichnen solche Knospen als **bedeckte Knospen** *(4).* Fehlen die Knospenschuppen, so spricht man von **offenen Knospen** (Wolliger Schneeball; *5*). Als **ruhende Knospen** oder „schlafende Augen" bezeichnen wir solche, die jahrelang im Knospenstadium verharren können und vielfach erst unter besonderen Bedingungen, z. B. Verletzung des Sproßsystems, austreiben. Hierauf beruhen u. a. die Stockausschläge abgeschlagener Bäume (z. B. Eiche, Pappel).

Je nach dem Verhalten der Endknospe des Primärsprosses und der Seitenäste ist zwischen **monopodialer** und **sympodialer** Verzweigung

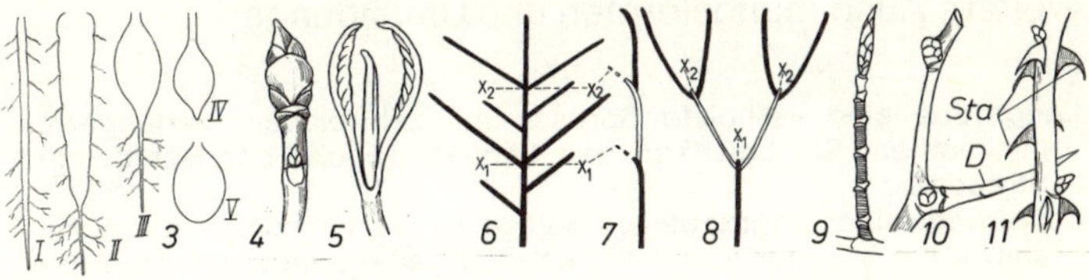

zu unterscheiden. Im ersteren Fall wächst die Endknospe zeitlebens fort. Es entsteht eine kräftige, durchgehende Hauptachse, an der in regelmäßiger Anordnung alljährlich Seitenäste stehen, wobei häufig, wie bei den Nadelhölzern (Fichte, Tanne, Kiefer), aber auch bei Laubgehölzen, eine auffallende Etagierung des Sproßsystems resultiert *(6)*. Diese kommt dadurch zustande, daß die Knospen des vorjährigen Triebs zu Seitenästen auswachsen, deren Länge und Dicke im Bereich des Jahreszuwachses spitzenwärts zunimmt. Die kräftigsten Seitenäste sind deshalb unmittelbar der Endknospe benachbart, die ihrerseits das Sproßsystem fortführt *(6)*. Wir sprechen in diesem Fall von einer akrotonen Förderung der Verzweigung. Die Wachstumsgrenzen sind in Abb. *6* mit x_1 und x_2 gekennzeichnet.

Bei sympodialer Verzweigung fehlt die durchgehende Hauptachse; die Endknospe der Triebgeneration geht alljährlich zugrunde (*7–8*, $x_1 \ldots x_2$ u.s.f.), bzw. wird an blühfähigen Pflanzen zur Bildung einer Blüte oder eines Blütenstands aufgebraucht. Unterhalb des Triebendes gelegene Achselknospen übernehmen im darauffolgenden Jahr die Fortführung des Sproßsystems. Entwickelt sich nur **eine** Achselknospe zu einem kräftigen Seitenast, der sich dann meist in die Richtung des vorausgegangenen Triebs stellt, so sprechen wir von einem **Monochasium** (Linde, Ulme; *7*); treiben **zwei** Knospen zu gleichwertigen Seitenästen aus, so entsteht ein gabelförmiges, als **Dichasium** (Flieder; *8*) bezeichnetes Verzweigungsbild. Treiben mehrere bis viele Achselknospen unterhalb der in Verlust geratenen Endknospe zu Seitenästen aus, so entsteht ein **Pleiochasium** (= vielstrahlige Trugdolde, z. B. bei *Euphorbia*, S. 319).

Die Ausbildungsformen der Sproßachse

Man spricht von einem:

Stengel, wenn die Sproßachse krautig ist und im Herbst abstirbt.
Halm, wenn der Sproß hohl und durch Querscheidewände deutlich gegliedert ist (Gräser).
Schaft, wenn der Stengel nur aus einem einzigen Internodium besteht und mit einer Blüte oder einem Blütenstand abschließt (Löwenzahn, Primel).
Stamm, wenn der Sproß mehrere bis viele Jahre ausdauert, verholzt und dabei vielfach stark in die Dicke wächst (Bäume).

Weitere Ausbildungsformen und Umbildungen

Langtriebe sind verholzte Sprosse mit zahlreichen, verlängerten Internodien. Sie bewirken den Längenzuwachs der Bäume und Sträucher.

Schößlinge sind Langtriebe von Holzgewächsen, insbesondere Sträuchern, die in einer Vegetationsperiode eine Länge von mehreren Metern erreichen.

Kurztriebe sind Seitenäste von Holzgewächsen mit stark verkürzten Internodien. Sie erreichen in einem Jahr einen Längenzuwachs von nur wenigen Millimetern *(9)*. Bei einer Reihe von Pflanzen übernehmen die Kurztriebe besondere Funktionen: so bei den Obstgehölzen die Blütenbildung, bei der Kiefer und Berberitze die Assimilation, da nur die Kurztriebe mit normalen Laubblättern ausgestattet sind, während die Langtriebe mit braunen Schuppen- (Kiefer) bzw. mit Dornblättern besetzt sind (Berberitze).

Sproßdornen sind in eine Dornspitze auslaufende und mit Schuppenblättern besetzte Kurztriebe (Weißdorn; *10* D); **Stacheln** hingegen sind nur Auswüchse der Sproßepidermis unter Beteiligung subepidermalen Rindengewebes (Rose, Brombeere; *11*, Sta).

Windesprosse: Der Primärsproß besitzt stark verlängerte Internodien, ist aber zu schwach, um sich allein aufrecht zu halten und steigt in Schraubenwindungen an einer Stütze empor (Bohne, Hopfen, Winde).

Rankensprosse: Teile der Sproßachse sind zu Ranken umgebildet, mit deren Hilfe die Pflanze zu klettern in der Lage ist (Wein).

Rosettensprosse: An der aufrecht wachsenden Sproßachse unterbleibt die Längenentwicklung der Internodien, so daß die Blätter dicht gedrängt beieinanderstehen und als Rosette dem Boden aufliegen (Wegerich, Löwenzahn).

Zwiebeln sind unterirdische Speichersprosse. Die Sproßachse bleibt kurz und gestaucht und ist von scheibenförmiger Ausbildung. Ihr sitzen in gedrängter Anordnung Niederblätter und/oder Laubblätter mit fleischig verdicktem Grund an.

Rhizome sind ausdauernde, mit schuppenförmigen Niederblättern besetzte (s. S.15f), unterirdische, horizontal wachsende, verdickte Speichersprosse, an denen Internodienstreckung unterbleibt. Nur die über die Erde tretenden Blüten- und Laubtriebe tragen normale Laubblätter. Die Rhizome sterben von hinten her allmählich ab, wachsen an der Spitze aber ständig weiter. Die Bewurzelung ist sproßbürtig.

Bei den **Schuppenrhizomen** ist die Sproßachse selbst relativ dünn; die Stoffspeicherung wird entweder von verdickten, erhaltenbleibenden Blattbasen *(Oxalis)* oder von fleischigen Niederblättern *(Lathraea, Tozzia)* übernommen.

Ausläufer sind horizontal, ober- oder unterirdisch wachsende, häufig schuppenförmige Niederblätter tragende Seitensprosse mit stark verlängerten Internodien und sproßbürtiger Bewurzelung. Schreiten die Ausläufer zur Blütenbildung, so erfolgt meist unter Aufrichtung der Ausläuferspitze Internodienstauchung und Rosettenbildung (Erdbeere), wobei auf die Niederblätter Laubblätter folgen. Die Ausläufer stehen im Dienste der vegetativen Vermehrung.

Sproßknollen sind die zu Speicherorganen umgebildeten Enden von Ausläufern (= **Ausläuferknollen**, Kartoffel). In selteneren Fällen bildet sich auch die aufrecht wachsende Primärachse zu einer **aufrechten Sproßknolle** (Kohlrabi) um.

Die Sproßachse ist:

rund oder **stielrund**, wenn sie einen kreisförmigen Querschnitt aufweist *(12a);*

kantig, wenn der Querschnitt eckig ist (bei Labiaten sind die Achsen zumeist deutlich vierkantig; *12b*);

geflügelt, wenn die Sproßkanten zu längsverlaufenden, flügelartigen Leisten auswachsen *(12c);*

gefurcht oder **gerieft**, wenn die Sproßoberfläche mit längsverlaufenden Rillen versehen ist (z. B. bei vielen Umbelliferen; *12d*).

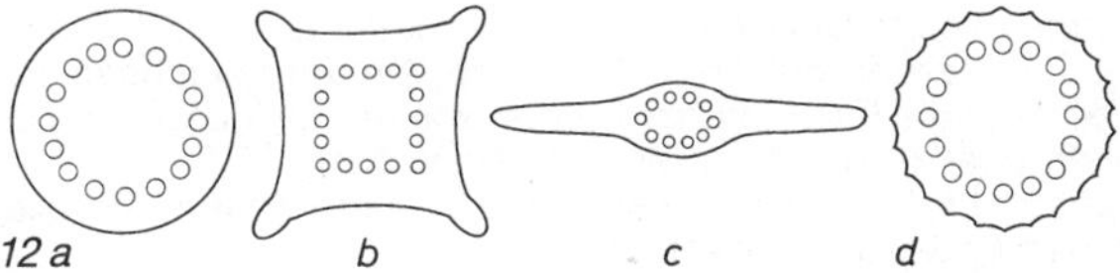

12 a *b* *c* *d*

Die Lebensdauer der Pflanzen

Nach ihrer Lebensdauer ist zwischen ein-, zwei-, mehrjährigen und ausdauernden Pflanzen zu unterscheiden. Die ersteren, auch als **Hapaxanthe** oder **Kräuter** bezeichnet, gelangen innerhalb ihres Lebenszyklus **nur ein einziges Mal zur Blüte und Samenreife**, um dann abzusterben, während die **Ausdauernden** oder **Perennierenden**, zu denen die Stauden, Halbsträucher und Holzpflanzen gehören, mehrere bis viele Jahre hintereinander Blüten und Samen hervorbringen.

Kräuter sind Pflanzen, die in allen Teilen krautig sind. Sie sind **einjährig** oder **annuell** (☉), wenn Keimung, Blüte, Samenreife und Absterben sich innerhalb eines Jahres vollziehen. Erfolgt die Keimung im Frühjahr, die Blüte und Samenreife im Sommer, so spricht man von **Sommerannuellen**; keimen die Samen im Herbst, tritt Blüte und Samenbildung aber erst im nächsten Frühjahr ein, so spricht man von **Winterannuellen** (Wintergetreide). Annuelle werden auch als **Therophyten** bezeichnet.

Zweijährige oder **Bienne** (⨀) leben im ersten Jahr vegetativ und gelangen erst im zweiten Jahr zur Blüte und Samenreife. Bei **Mehrjährigen** tritt die Blütenbildung erst nach mehreren Jahren ein.

Perennierende (♃):
a) **Stauden:** Die Sprosse sind in allen ihren Teilen krautig. Nach der Samenreife sterben die oberirdischen Triebe ab; die Pflanzen überwintern mit unterirdischen Organen, Knollen, Zwiebeln und Rhizomen, deren Tiefenlage durch kontraktile Wurzeln (Zugwurzeln) reguliert wird. Man spricht auch von **Krypto-** oder **Geophyten** und je nach Art der Überwinterungsorgane werden Knollen-, Rhizom-, Zwiebel-, Rüben- und Wurzelgeophyten unterschieden. Die Knospen, die im nächsten Jahr das Sproßsystem fortführen, werden als Erneuerungsknospen bezeichnet. Bei den **Hemikryptophyten** liegen diese Knospen dicht am Erdboden.
b) **Halbsträucher:** Die Sprosse sterben am Ende der Vegetationsperiode bis auf die meist schwach verholzten basalen Triebabschnitte ab, aus denen die Erneuerung (Innovation) erfolgt. Diese Pflanzen werden auch als **Chamaephyten** bezeichnet. Hierzu zählen auch die **Polsterpflanzen** der Hochalpen. Diese sind meist Stauden, versehen mit einer kräftigen Hauptwurzel und zahlreichen, gestauchten, dicht beblätterten Sprossen, die sich durch einen geringen Längenzuwachs auszeichnen und deren Spitzen in eine kompakte, flache oder halbkugelig aufgewölbte Oberfläche zu stehen kommen. Im Gegensatz zu den Stauden sterben die Triebe nicht ab, sondern wachsen ständig fort, wobei sich die Innovationsknospen von der Erdoberfläche entfernen. Polsterpflanzen sind immergrüne Gewächse.
c) **Holzpflanzen:** Die Sproßachsen sind in allen Teilen verholzt und bleiben in ihrer Gesamtheit erhalten.

Zwergsträucher sind bis etwa 1 m hoch mit aufrechtem, von der Basis her verzweigtem Sproßsystem.

Spaliersträucher sind Zwergsträucher der hochalpinen Region. Ihr Sproßsystem ist flach dem Boden angedrückt. Zwerg- und Spaliersträucher werden auch als **Nanophyten** bezeichnet.

Sträucher sind meist höher als 2 m und zeichnen sich durch basal geförderte Verzweigung (Basitonie) aus. Kräftige und schnell heranwachsende Triebe heißen *Schößlinge*.

Bäume sind meist in einen unverzweigten Stamm und eine reich verzweigte Krone gegliedert. Sie zeichnen sich durch eine spitzenwärts geförderte Verzweigung (Akrotonie) aus. Es ist zwischen monopodial (Gymnospermen, aber auch Angiospermen) und sympodial wachsenden Bäumen (Linde, Ulme u. a.) zu unterscheiden. Höhere Bäume und Sträucher (über 2 m) werden auch als **Phanerophyten** bezeichnet.

C. Blatt

1. Blattstellung

Die Blätter sind in der Regel grüne, flächig entwickelte Organe, die im Dienste der organischen Stoffversorgung der Pflanze stehen. Sie entstehen als seitliche Ausgliederungen der Sproßachse und sind an dieser in gesetzmäßiger Weise angeordnet. Man spricht demzufolge auch von einer bestimmten **Blattstellung.** Über die verschiedenen Formen der Blattstellung verschafft man sich am besten einen Überblick durch Anfertigung von „Blattstellungsdiagrammen". Man denkt sich die einzelnen, an der Pflanze aufeinanderfolgenden Knoten in eine Ebene projiziert und stellt sie als konzentrische Kreise dar, wobei der größte, äußere Kreis dem ältesten, der kleinste, innerste dem jüngsten Knoten entspricht. Trägt man nun in diese Kreise die Signaturen der Blätter ein, so erhält man die in *13a–d* und *14a–d* wiedergegebenen Grundformen der Blattstellung:

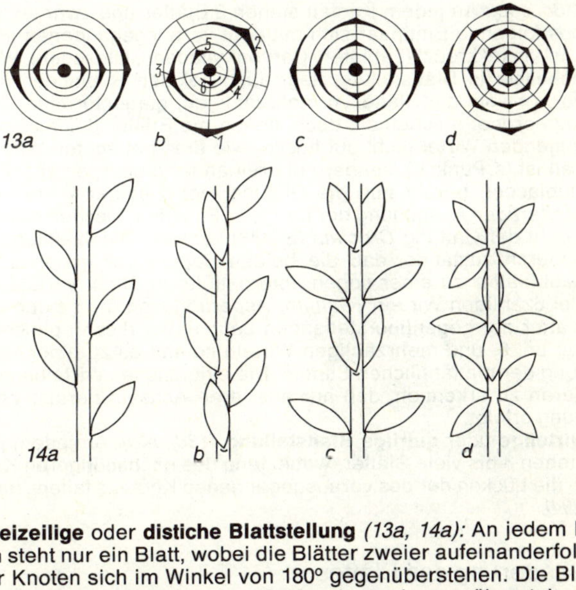

13a b c d

14a b c d

a) **zweizeilige** oder **distiche Blattstellung** *(13a, 14a):* An jedem Knoten steht nur ein Blatt, wobei die Blätter zweier aufeinanderfolgender Knoten sich im Winkel von 180° gegenüberstehen. Die Blätter sind deshalb entlang der Sproßachse in zwei gegenüberstehenden Längszeilen angeordnet. Die zweizeilige Blattstellung ist charakteristisch für die meisten Monokotylen und für viele Fabaceen.

b) **wechselständige, zerstreute** oder **spiralige Blattstellung** *(13b, 14b):* An jedem Knoten steht nur ein Blatt, das gegenüber dem vorausgegangenen jeweils um einen bestimmten, von 180° abweichenden Winkelbetrag verschoben ist. Die aufeinanderfolgenden Blätter kommen deshalb auf eine um die Sproßachse herumlaufende Spirallinie zu stehen (*13b* 1–6). Diese Form der Blattstellung ist typisch für die meisten Dikotylen.

c) Ein Sonderfall der **wechselständigen** Beblätterung sind die mehrgliedrigen **Scheinwirtel.**
Sie kommen dadurch zustande, daß auf ein verlängertes Stengelglied jeweils einige verkürzte (gestauchte) Internodien folgen, so daß die zu den Knoten gehörigen Blätter dicht beisammen stehen und einen mehrgliedrigen Wirtel vortäuschen; dennoch entspringen die Blätter nicht wie bei **echten Wirteln** einem einzigen Knoten. Solche Scheinwirtel sind weiterverbreitet bei Monokotylen. Sie treten entweder in Einzahl auf (*Paris quadrifolia*, S. 635) oder zu mehreren etagenförmig übereinander (*Lilium martagon*, S. 631, *Polygonatum verticillatum*, S. 634). Auch die 3 quirlig angeordneten Blattorgane am Blütensproß von *Anemone*-Arten bilden eigentlich einen Scheinwirtel *(381).*

d) **wirtelig-gekreuzte, gegenständige** oder **dekussierte Blattstellung** *(13c, 14c):* An jedem Knoten stehen 2 Blätter und zwar so, daß jedes folgende Blattpaar sich mit dem vorausgegangenen im rechten Winkel kreuzt (Labiaten, Caryophyllaceen, Oleaceen). **Wirtelig-dekussierte** Blattstellung liegt auch bei den Rubiaceen (S. 446) vor, obwohl die Blätter in mehrzähligen, etagenförmigen Wirteln angeordnet erscheinen; doch stehen die Blätter der aufeinanderfolgenden Wirtel nicht auf Lücke, wie dies bei echten Wirteln der Fall ist (s. Punkt e), sondern übereinander (superponiert). Bei den Rubiaceen beruht nun die Bildung mehrzähliger Wirtel auf der *blattartigen* Ausbildung der für diese Familie typischen Nebenblätter. In der Gattung *Cruciata* (S. 448) kommen die 4zähligen Wirtel dadurch zustande, daß die beiden Stipeln der gegenständigen Laubblätter zu einer sogen. interpetiolaren Stipel vereinigt sind. Bei 6zähligen Wirteln *(Galium, Asperula)* sind die beiden Nebenblätter der gegenüberstehenden Laubblätter diesen gleichgestaltet; bei 8- und mehrzähligen Wirteln kommt es zu einer Vermehrung der blattähnlichen Stipeln. Die eigentlichen Wirtelblätter sind daran zu erkennen, daß nur aus ihren Achseln heraus Verzweigung erfolgt.

e) **wirtelige** oder **quirlige Blattstellung** *(13d, 14d):* An jedem Knoten stehen 3 bis viele Blätter, wobei jene des nächstjüngeren Knotens in die Lücken der des vorausgegangenen Knotens fallen *(Hippuris, 284).*

2. Gliederung des Blattes

Ein vollständiges Blatt läßt die folgende Gliederung erkennen: die grüne **Blattspreite** oder **Lamina** (*15,* Spr), den in der Regel verschmälerten **Blattstiel** (St) und den **Blattgrund** (G). Blattspreite und Blattstiel werden auch als **Oberblatt**, der Blattgrund als **Unterblatt** (U) bezeichnet.

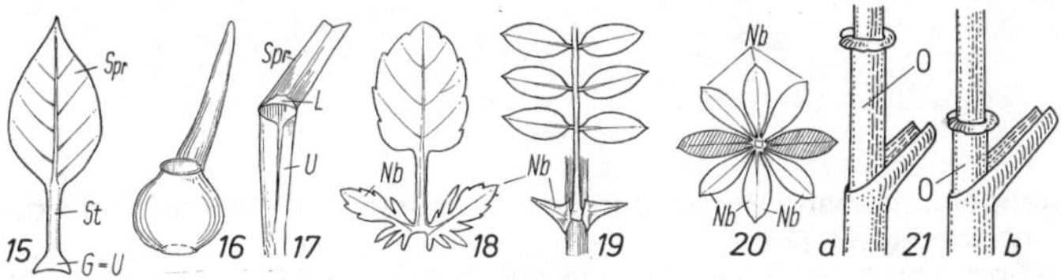

a) Blattgrund

Bei vielen Dikotylen setzt sich der Blattgrund nicht scharf vom Blattstiel ab und bildet nur eine leichte Verbreiterung der Blattstielbasis *(15);* bei anderen aber tritt der Blattgrund als mächtig entwickeltes Organ in Erscheinung. So ist er bei vielen Lauch-Arten allseits röhrig geschlossen und fleischig verdickt *(16);* bei vielen Doldenblütlern und Gräsern ist er als lange, offene Scheide *(17)* ausgebildet, die bei den Gräsern als Stützorgan für den dünnen Halm fungiert. Als seitliche Auswüchse des Blattgrundes treten die **Nebenblätter** oder **Stipeln** (*18–19,* Nb) auf, die bei den Rosaceen, Fabaceen, Violaceen u. a. stark entwickelt sind und zeitlebens erhalten bleiben, bei der Linde, Hainbuche, Haselnuß, Kirsche, Pappel u. a. hingegen sehr früh abfallen. Bei den Knöterichgewächsen bildet der Blattgrund eine als **Ochrea** bezeichnete, ± weniger verlängerte Röhre oder Tüte (*21a–b,* O), die die Basis des folgenden Stengelglieds umgibt, bei der Robinie sind die beiden Nebenblätter als **Dornen** ausgebildet (*19,* Nb); bei den Labkräutern aber sind sie den Laubblättern (*20,* schraffiert) völlig gleichgestaltet (*20,* Nb).

Bei manchen dicht zweizeilig beblätterten Liliifloren (z. B. der Schwertlilie und Simsenlilie) ist der Blattgrund ebenfalls scheidig entwickelt, sitzt aber der kriechenden Sproßachse an wie ein Reiter auf dem Pferd. Man spricht deshalb auch von **reitenden** Blättern.

b) Blattstiel

Der Blattstiel kann vielfach in seiner Entwicklung unterdrückt sein. So fehlt er den Grasblättern: der scheidig entwickelte Blattgrund (*17,* U) geht unmittelbar in die Spreite (Spr) über. An der Grenze zwischen beiden findet sich ein kleines Häutchen, das Blatthäutchen oder die **Ligula** (*17,* L). Aber auch bei vielen anderen Mono- und Dikotylen fehlt der Blattstiel. In diesen Fällen werden die Blätter, sofern der Blattgrund nicht besonders stark in Erscheinung tritt, als **sitzend** *(22)* bezeichnet; sie sind

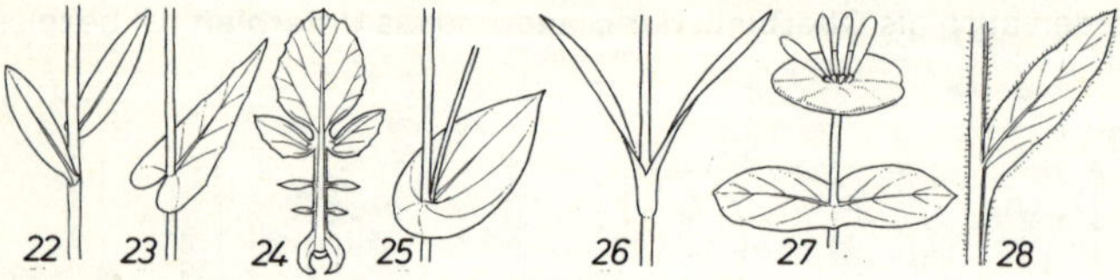

stengelumfassend, wenn der Spreitengrund den Stengel fast oder ganz umgreift *(23);*

geöhrt, wenn der Spreitengrund mit 2 Lappen oder Anhängseln versehen ist *(24);*

durchwachsen, wenn der Spreitengrund den Stengel so umgibt, daß dieser durch die Spreite durchgewachsen erscheint (Hasenohr, *25*);

verwachsen, wenn der Spreitengrund zweier an einem Knoten gegenüberstehender Blätter miteinander vereinigt ist (Kardendistel; Nelken, *26;* Jelängerjelieber, *27*);

herablaufend, wenn sich der Spreitengrund noch ein Stück an der Sproßachse herabzieht (Beinwell, *28*).

c) Blattspreite

Die Blattspreite, die sehr unterschiedlich gestaltet sein kann, ist ein wichtiges Bestimmungsmerkmal.

Nach dem Verlauf der **Adern** oder **Nerven** ist zwischen **parallelnervigen** und **fiedernervigen** Blättern zu unterscheiden:

parallel- oder **bogennervig** *(29–30):* Die Nerven verlaufen längsgerichtet parallel *(29)* oder bogenförmig *(30);* ein Mittelnerv tritt nicht auffällig hervor. Diese Form der Nervenanordnung findet sich vorwiegend bei Monokotylenblättern, bei den Dikotylen bei *Bupleurum-, Plantago-* und *Gentiana-*Arten.

fiedernervig *(31–33):* Hier gehen von einem hervortretenden Hauptnerv, der Mittelrippe, schwächere Seitennerven ab *(31).* Da diese durch dünne Seitennerven 2. und höherer Ordnung miteinander verbunden sind und auf diese Weise ein Netz von Nerven entsteht, spricht man auch von **netznervigen** Blättern. Sie sind typisch für die Dikotylen. Scheinbar fiedernervige Monokotylenblätter finden sich z. B. bei Araceen *(33).* Eine abgewandelte Fiedernervigkeit stellt die **hand-** oder **fingerförmige** Nervatur dar, die dadurch zustande

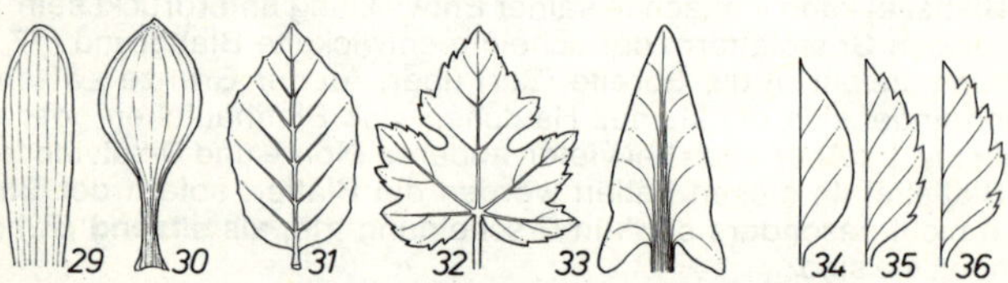

kommt, daß mehrere kräftige Seitennerven vom Ende des Blattstiels wie die Finger an einer Hand in die Blattspreite eintreten (z.B. Ahorn, *32*).

Nach der Gliederung unterscheidet man **einfache** und **zusammengesetzte** Blätter.

Einfache Blätter

Die Blattspreite ist ungeteilt, kann aber ± tief eingeschnitten sein.

Der **Umriß** der Blattspreite ist recht mannigfaltig: **nadelförmig** (Nadelhölzer, *45*), **lineal** (Gräser, *46*), **binsenförmig,** wenn sie stielrund ist (Binsen, *47*), **lanzettlich** *(48),* **spatelförmig** *(49),* **eiförmig** *(50),* **elliptisch** *(51),* **kreisrund** *(52),* **schildförmig,** wenn der Blattstiel der Mitte des Blattes entspringt (Kapuzinerkresse, *53*), **rautenförmig** (Wassernuß, *54*), **nierenförmig** *(55),* **herzförmig** *(56),* **pfeilförmig** *(57),* **spießförmig** *(58),* **schwertförmig,** wenn die seitlich abgeflachte Spreite einem Schwert ähnelt (z. B. bei der Schwertlilie).

Nach der Beschaffenheit ihres Randes ist die Blattspreite:

ganzrandig, wenn der Rand keine Einschnitte zeigt und völlig glatt ist *(34);*
gesägt, wenn die spitzen Sägezähne im spitzen Winkel zusammenstoßen *(35);*
doppelt gesägt, wenn große Zähne mit kleinen abwechseln *(36);*
schrotsägeförmig, wenn die großen, meist rückwärts gerichteten Zähne wiederum fein gesägt sind (Löwenzahn, *37*);
gezähnt, wenn die Vorsprünge spitz und die Einschnitte abgerundet sind *(38);*
gekerbt, wenn die abgerundeten Vorsprünge im spitzen Winkel zusammenstoßen *(39);*
gebuchtet, wenn die Vorsprünge und Einschnitte abgerundet sind *(40).*

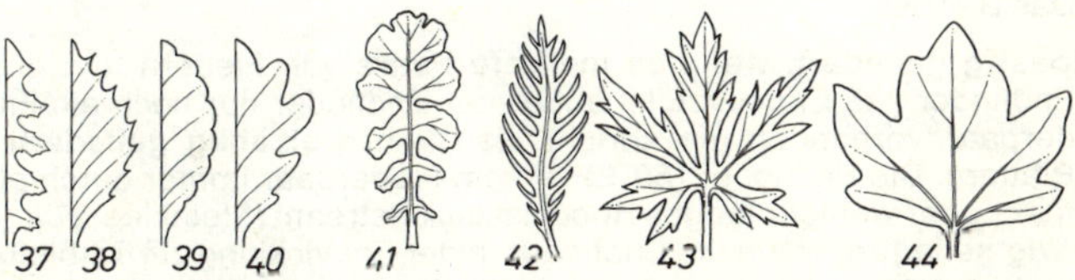

Sind die Einschnitte tiefer, so tritt eine Aufteilung der Blattspreite ein, die dem Verlauf der Nerven entspricht.

Ein Blatt ist **fiederspaltig** oder **leierförmig gefiedert,** wenn die nicht allzu tiefen Einschnitte paarweise aufeinander zulaufen *(41);*
fiederteilig, wenn die paarweise angeordneten Einschnitte fast bis zur Mittelrippe reichen *(42);*

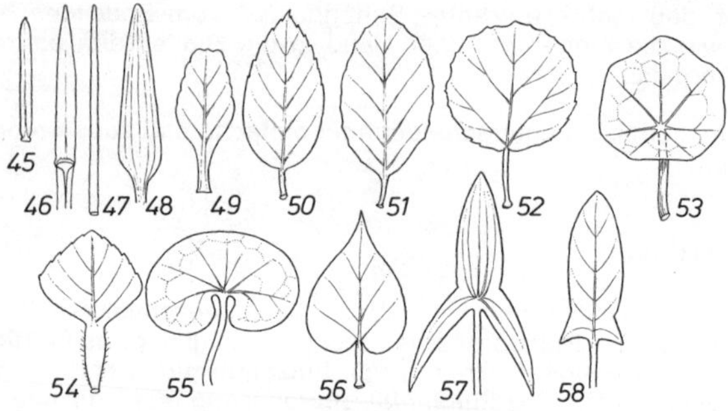

kammförmig gefiedert, wenn die Fiedern wie die Zähne eines Kammes angeordnet sind (z. B. Wasserfeder, *42*);
handförmig geteilt, wenn die mehr oder weniger tiefen Einschnitte alle nach dem Grund der Spreite zu gerichtet sind *(43);*
gelappt, wenn die Blattfläche durch spitze Einschnitte in breitere, meist stumpfe und abgerundete Lappen geteilt ist *(44).*

Umriß und Rand sind auch wichtige Merkmale der Blättchen zusammengesetzter Blätter.

Zusammengesetzte Blätter

Dem einfachen Blatt gegenüber steht das zusammengesetzte, das dadurch charakterisiert ist, daß die Blattfläche aus mehreren, voneinander getrennten, selbständigen **Blättchen** oder **Fiedern** besteht. Man spricht deshalb auch von **Fiederblättern.** Die Fiedern sitzen meist paarweise an der verlängerten **Blattspindel** oder **Rhachis,** die dem Mittelnerv eines einfachen Blatts entspricht.

Das Blatt ist:

unpaarig gefiedert, wenn es mehrere Paare von Fiedern und eine Endfieder (*59*, E) besitzt. Ist außer der Endfieder nur noch ein Fiederpaar vorhanden, so spricht man von **dreizählig gefiederten** Blättern. Die Endfieder (*60*, E) ist vom Fiederpaar immer durch ein mehr oder weniger langes Rhachisstück getrennt (Steinklee, *60*);
paarig gefiedert, wenn die Endfieder in der Entwicklung zurückbleibt, verkümmert und nur als kurze Stachelspitze zwischen dem obersten Fiederpaar zu beobachten ist (*61*, E);
doppelt gefiedert, wenn die Fiedern (= Fiedern 1. Ordnung) selbst wieder gefiedert sind und solche 2. Ordnung hervorbringen *(62);*
mehrfach gefiedert, wenn Fiedern 3. und höherer Ordnung auftreten (viele Doldenblütler);
unterbrochen gefiedert, wenn zwischen den großen Fiederpaaren kleinere stehen (viele Rosengewächse, Kartoffel, Tomate, *63*);

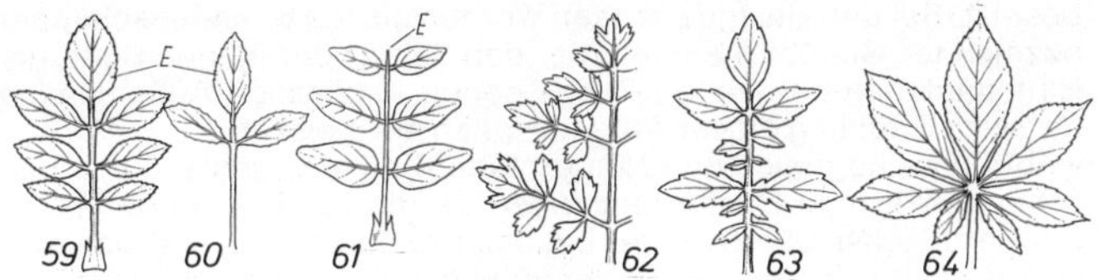

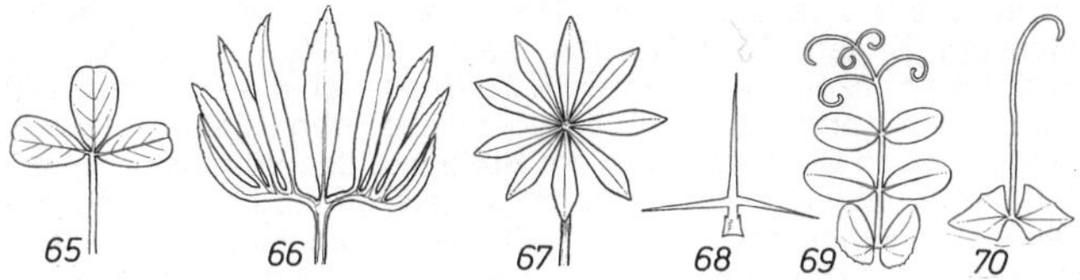

schildförmig gefiedert, wenn sich die Spreite eines Schildblatts aufteilt und die Basalfieder quer über den Blattstiel hinweg inseriert ist (Lupine, *67*).

Unterbleibt die Längenentwicklung der Rhachis, so daß alle Fiedern von einem Punkt ausstrahlen, so entsteht das **fingerförmig gefiederte** Blatt *(64)*. (In den Tabellen kurz „gefingert" genannt.) **Fünfzählig gefingert** sind z.B. die Blätter vieler Fingerkräuter, dreizählig gefingert die Blätter des Klees *(65)*. Ein solches Blatt unterscheidet sich von einem **dreizählig gefiederten** darin, daß End- und Seitenfiedern **nicht** durch einen kurzen Rhachisabschnitt voneinander getrennt sind *(65)*.

Entwickelt sich die Rhachis statt in die Länge quer zum Blattstiel, so entsteht das **fußförmig gefiederte** Blatt (Nieswurz, *66, 72a*).

Umbildungen des Blattes

Dornblätter: Die Ausbildung der Blattspreite ist unterdrückt. Es bleiben nur die Hauptnerven übrig, die in eine harte Dornspitze auslaufen (Berberitze, *68*).

Rankenblätter: Bei vielen Schmetterlingsblütlern unterbleibt an den obersten Paaren der Fiederblätter die Ausbildung der Spreite; die Mittelrippe tritt deshalb als eine für Berührungsreize empfindliche Ranke hervor, mit deren Hilfe die Pflanze an Stützen emporrankt *(69)*. In seltenen Fällen, z.B. bei der Ranken-Platterbse, ist das gesamte Blatt zur Ranke umgebildet; in diesem Falle sind die Nebenblätter laubig entwickelt *(70)* und dienen als Assimilationsorgane.

Niederblätter sind einfache, schuppenförmige Blätter, die an der Basis der Sproßachse stehen (Saubohne, *71a–c*) und sich von normalen Laubblättern *(71d)* dadurch unterscheiden, daß bei ihnen nur das Unterblatt ausgebildet ist. Unterirdische Sproßachsen wie Ausläufer, Rhizome und Knollen sind in der Regel mit Niederblättern besetzt. Bei den Holzgewächsen werden sie als **Knospenschuppen** bezeichnet. Sie übernehmen hier den Schutz der jungen Blatt- und Blütenanlagen des neuen Triebs gegen ungünstige Außeneinflüsse. Nach Erfüllung dieser Aufgabe fallen sie meist ab.

Hochblätter sind gleich den Niederblättern einfach gestaltete, häufig schuppenförmige Blattorgane *(72b–e),* die an den oberen Teilen der Sproßachse oberhalb der Laubblattregion stehen und sich nicht selten an der Bildung der Blütenhülle beteiligen. So wird bei vielen Hahnenfußgewächsen (z. B. Nieswurz, Winterling, Trollblume u. a.) der äußere Blütenhüllkreis aus Hochblättern gebildet *(72f).* Im Bereich der Blütenstände werden die Hochblätter als **Deck-** oder **Tragblätter** bezeichnet; in ihren Achseln stehen die einzelnen Blüten; bei den Korbblütlern bilden Hochblätter den **Hüllkelch** (Involucrum); bei den Doldenblütlern die **Hülle** und das **Hüllchen.** Vielfach sind die Hochblätter blumenblattartig gefärbt und übernehmen bei kleinen, unscheinbaren Blüten Blumenblattfunktionen, so beim Schwedischen Hartriegel *(205)* und vielen Wachtelweizenarten.

Primärblätter sind die ersten Blattorgane des Stengels, welche auf die Keimblätter folgen. Gegenüber den Folgeblättern sind sie oft von einfacher Gestalt. So sind bei der Gartenbohne die Primärblätter einfach, die Folgeblätter dreizählig gefiedert. In solchen Fällen spricht man auch von

Heterophyllie oder Verschiedenblättrigkeit. Besonders ausgeprägt ist diese bei vielen Wasserpflanzen (z. B. Wasserhahnenfuß): die Unterwasserblätter besitzen eine in haarfeine Zipfel aufgelöste, die Schwimmblätter hingegen eine ungeteilte Spreite.

Als Auswüchse der Oberhaut der Blattspreite und auch der Sproßachse treten vielfach **Haare** auf, die in mannigfacher Ausbildung anzutreffen sind:

Borstenhaare sind einfache, ungegliederte, steife Haare (Boraginaceen).

Brennhaare enthalten ein scharfes, auf der Haut einen Brennreiz hervorrufendes Sekret (Brennessel).

Drüsenhaare besitzen an der Spitze ein kugeliges, meist von ätherischen Ölen erfülltes Köpfchen.

Sternhaare sind sternartig verzweigte,

Wollhaare unverzweigte, aber gekräuselte Haare.

D. Blüte

Die Blüte ist ein Sproß begrenzten Wachstums: An einer **Blütenachse** (*73,* Ba), auch als **Blütenboden** bezeichnet, sitzen in spiraliger oder wirteliger Anordnung in mehreren Kreisen übereinander Blattorgane, die in ihrer Gestalt von normalen Laubblättern stark abweichen. Von der Basis bis zur Spitze, bzw. von außen nach innen, können wir an der Achse die folgenden Blattgebilde feststellen: die aus **Kelch** (*73,* K)

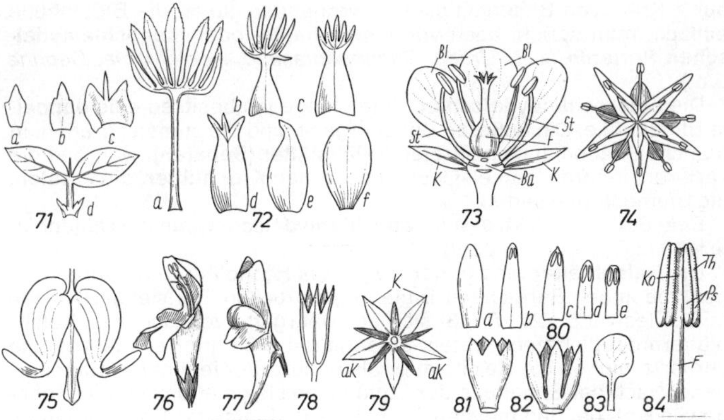

und **Blumenkrone** (*73,* B) gebildete **Blütenhülle,** die **Staubblätter** (*73,* St) und den/die aus **Fruchtblättern** gebildeten **Fruchtknoten** (*73,* F).

Eine Blüte ist **strahlig** oder **radiär** *(74),* wenn sie durch mehr als 2 Schnittebenen in 2 spiegelbildliche Hälften zerlegt werden kann; sie ist **bilateral** oder **disymmetrisch,** wenn 2 aufeinander senkrecht stehende Schnittebenen sie in zwei spiegelbildliche Hälften zerlegen (*75,* Flammendes Herz); Blüten sind **zygomorph** oder **dorsiventral,** wenn sie sich nur durch eine Schnittebene in 2 spiegelbildliche Hälften zerlegen lassen *(76–77).* Ein Blumen-, zuw. auch ein Kelchblatt kann dabei häufig gespornt sein *(77).* Asymmetrische Blüten – ohne jede Symmetrieebene – finden sich nur bei den *Valerianaceae* (S. 455).

1. Blütenachse

Diese tritt in den meisten Blüten kaum in Erscheinung; sie ist kurz und leicht kegelförmig aufgewölbt (*73*Ba, *85*); bei Koniferen, der Magnolie und dem Mäuseschwänzchen *(375)* ist sie zapfenartig verlängert, bei der Kirsche und Rose krug- bis becherförmig eingetieft *(86–87);* als **Diskus** bezeichnet man einen scheibenartigen Auswuchs der Blütenachse (Ahorn, Wein, Raute).

2. Blütenhülle

Die Blütenhülle (= Perianth) ist **homoiochlamydeisch,** wenn sie aus gleichartigen Hüllblättern gebildet wird. Wir sprechen auch von einem **Perigon,** und die einzelnen Blütenblätter heißen **Tepalen.** Sie sind entweder alle unscheinbar grün oder alle blumenblattartig gefärbt. Das Perigon kann dabei aus 2 oder mehreren Kreisen bestehen. Ist nur 1 Kreis von Blütenhüllblättern vorhanden, so ist die Blütenhülle einfach, man spricht auch von einem **haplo-** oder **monochlamydeischen Perianth** (z.B. *Urtica, Chenopodiaceae, Aristolochia, Daphne* u.a.).

Die **heterochlamydeischen** Blüten hingegen besitzen eine **doppelte** Blütenhülle. Die äußeren Blütenorgane sind die zumeist grünen, in manchen Fällen auch gefärbten **Kelchblätter (Sepalen),** während die zarteren, inneren, zumeist lebhaft gefärbten **Kronblätter,** die **Petalen,** die Blumenkrone bilden.

Eine Blüte ist **nackt, a-** oder **apochlamydeisch,** wenn die Blütenhülle fehlt (z.B. Weide, Pappel).

Die **Kelchblätter** sind in der Regel aus Hochblättern hervorgegangen, die in den Bereich der Blütenregion rücken. Bei vielen Pflanzen (z.B. Nieswurz, *72b–f*) läßt sich der Übergang von Hoch- zu Kelchblättern deutlich beobachten. Solange die Blüte im Knospenzustand verharrt, dienen die Kelchblätter als Schutz für die inneren Blütenorgane. Nach der Entfaltung der Blüte fallen sie gelegentlich ab (Mohngewächse), bei den meisten Pflanzen aber bleibt der Kelch erhalten, wächst zuweilen nach der Befruchtung noch stark heran und umhüllt später die reife Frucht (Bilsenkraut, *119;* Judenkirsche). Die Kelchblätter können frei oder miteinander verwachsen sein (Nelkengewächse, *78;* Schmetterlings-, Lippenblütler u.a.). Wird der Kelch am Grunde noch von einer Hülle kleinerer Hochblätter umgeben, so spricht man von einem **Außenkelch** (viele Rosaceen, *79,* aK; Malvaceen, Caryophyllaceen).

Die **Kronblätter** sind vielfach umgebildete (verlaubte) Staubblätter. Übergänge zwischen beiden Blütenorganen sind in schöner Weise in den Blüten der Weißen Seerose *(80a–e)* und bei vielen Rosen zu beobachten. Die „Füllung" von Blüten, wie sie bei vielen Gartenblumen anzutreffen ist, beruht auf einer solchen Umwandlung von Staub- in Blumenblätter.

Die Kronblätter sind entweder untereinander frei (= **Freikronblättrige** Pflanzen, **Choripetalae**) oder miteinander zu einer Röhre verwachsen (*81–82;* = **Verwachsenblumenblättrige** Pflanzen oder **Sympetalae**). An der Anzahl der freien Zipfel der Kronröhre läßt sich bei den Sympetalen die der an ihrer Bildung beteiligten Blumenblätter erkennen. Die Kronröhre kann jedoch oft so kurz und die Kronzipfel können so lang sein, daß der Eindruck einer Freikronblättrigen erweckt wird *(Anagallis, Veronica, 911).* Beim Herauszupfen löst sich jedoch die Blumenkrone der Sympetalen immer in ihrer Gesamtheit ab.

Ein Blütenblatt ist **genagelt,** wenn sich dessen auch als Platte bezeichneter Spreitenteil scharf von einem stielartigen Gebilde (Nagel) absetzt *(83).*

Auswüchse der Kronblätter

Nebenkrone: Auswüchse der Blütenblätter, die sich häufig im Übergangsbereich vom Nagel zur Platte finden. Diese Auswüchse sind entweder frei (Caryophyllaceen, *783*) oder zu einer mehr oder weniger langen Röhre verwachsen (Narzisse); bei verwachsenblättrigen Blumenkronen werden diese Auswüchse als **Schlundschuppen** [Boraginaceen (*897*, S), Gentianaceen *(864–865)*] bezeichnet.

Sonderformen der Blüten sind:

Schmetterlingsblüte der Fabaceen *(537)*,
Lippenblüte der Lamiaceen *(76)*,
Rachenblüte bei vielen Scrophulariaceen *(77)*,
Zungenblüte der Asteraceen *(979, 986)*.

3. Staubblätter oder Stamina

Sie werden in ihrer Gesamtheit als **Androeceum** bezeichnet, sind gleich den Kelch- und Blütenblättern spiralig oder in Wirteln angeordnet; häufig sind 2 Wirtel von Staubblättern vorhanden, die mit den Kelch- und Blütenblättern auf Lücke stehen.

Jedes einzelne Staubblatt besitzt einen **Staubfaden** oder **Filament** (*84*, F) und die **Anthere.** Diese besteht aus 2 Hälften, den beiden **Theken** (Th), die durch ein steriles Mittelstück, das **Konnektiv** (Ko), miteinander verbunden sind. Jede Theka enthält 2 Pollensäcke (Ps), in denen die Pollenkörner gebildet werden, die meist mit Hilfe eines Längsrisses entleert werden.

Als **Staminodien** bezeichnet man unfruchtbare Staubblätter. Eine besondere Form der Staminodien sind die nektarabsondernden **Nektar-** oder **Honigblätter,** die sich zwischen den Blumen- und Staubblättern finden. Bei manchen Pflanzen (Trollblume) sind sie klein und unauffällig, bei anderen (Hahnenfuß, Akelei) sind sie blumenblattartig (petaloid) und täuschen dann Blumenblätter vor *(364, 365, 384)*.

4. Fruchtblätter oder Karpelle (Carpelle)

Sie bilden in ihrer Gesamtheit das **Gynoeceum,** welches bei den Angiospermen zu einem Gehäuse umgestaltet ist und die Samenanlagen (Ovulae) birgt; das Gynoeceum selbst besteht in seltenen Fällen aus **1** (z. B. *Fabaceae*, S. 250), häufiger aber aus **mehreren** Fruchtblättern. In letzterem Fall sind 2 Ausbildungsformen zu unterscheiden: das apokarpe und coenokarpe Gynoeceum. **Apokarp** heißt ein aus mehreren bis zahlreichen **freien,** nicht miteinander verwachsenen Karpellen bestehendes Gynoeceum (*90, 368, 376*, z. B. Ranuncula-

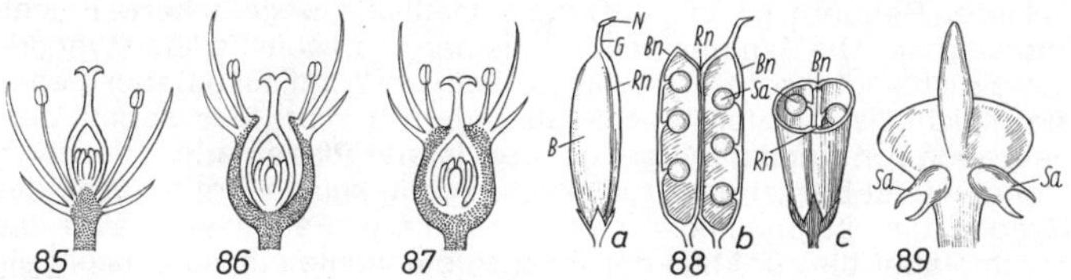

85 *86* *87* *88* *89*

ceen, S. 184); beim **coenokarpen** sind die Fruchtblätter zu einem gemeinsamen Gehäuse verwachsen *(91, 92).* Wird das Gynoeceum nur aus einem einzigen Fruchtblatt gebildet, so spricht man von einem monokarpischen Gynoeceum. Ein solches eignet sich besonders zur Demonstration der verschiedenen Abschnitte: An einer jungen Frucht der Erbse beispielsweise, wie sie in *88a* dargestellt ist, sind folgende Abschnitte zu unterscheiden: Der mit B bezeichnete bauchige Abschnitt; er stellt den **fertilen** Abschnitt, das **Ovar** (Ovarium), dar und birgt die äußerlich nicht sichtbaren Samenanlagen (*88b–c*, Sa). Infolge seiner bauchigen oder knotigen Ausbildung wird er auch als **Fruchtknoten** bezeichnet. In seinem oberen Teil verlängert er sich in den **Griffel** (*88a*, G), der an seiner Spitze als Empfangsorgan für die Pollenkörner die **Narbe** (*88a*, N) trägt. Fruchtknoten mit Griffel und Narbe bilden insgesamt den **Stempel** oder das **Pistill.** Bei einem Vergleich mit einem normalen Laubblatt entspricht der fertile Abschnitt des Fruchtblatts der Blattspreite, die aber nicht flach ausgebreitet ist, sondern sich zu einem Gehäuse einfaltet *(88c),* wobei ihre beiden Ränder miteinander zur **Bauchnaht** (*88c*, Bn) verwachsen. An dieser stehen an wulstförmigen Leisten, den **Plazenten,** die **Samenanlagen** oder Samenknospen (Sa). Der Bauchnaht gegenüber liegt der Mittelnerv des Fruchtblatts, die **Rückennaht** (Rn). Die Samen sind also vom Fruchtblatt eingeschlossen oder bedeckt, worauf der Name **Bedecktsamige** oder **Angiospermae,** zu denen die Mono- und Dikotylen gehören, Bezug nimmt.

Bei den **Gymnospermen,** den **Nacktsamigen,** dagegen stehen die Samenanlagen und damit später auch die Samen frei am Fruchtblatt, das sich nicht zu einem geschlossenen Gehäuse umbildet *(89).*

In den meisten Fällen aber besteht das Gynoeceum aus mehreren Karpellen, die, wie erwähnt, entweder **frei** (apokarp) sind [d.h. jedes Fruchtblatt bildet ein mit Ovar, Griffel und Narbe ausgestattetes Pistill *(90)*] oder die einzelnen Karpelle sind zu einem einheitlichen Gehäuse **verwachsen** (*91–92*, coenokarpes Gynoeceum). Sein häufig angeschwollener, die Samenanlagen tragender Basalteil wird wiederum als Fruchtknoten (Ovar) bezeichnet und verlängert sich spitzenwärts in einen gemeinsamen **Griffel,** der mit der Narbe endet *(91a).* Fehlt der Griffel, so sitzt die Narbe unmittelbar dem Fruchtknoten auf (*92a*, z.B. bei vielen *Brassicaceae*). Aus der Anzahl der Narbenäste kann man auf die Anzahl der an der Bildung des Gynoeceums beteiligten Fruchtblätter schließen. An den Rändern der **Fruchtblätter,** also marginal, stehen die Samenanlagen (= **marginale Plazentation**) *(91, 92).* Nur bei den *Nymphaeaceae* und den *Alismatales* entspringen diese der Fläche der Spreite der Fruchtblätter. Wir sprechen in diesem Falle von **laminaler Plazentation** *(93b).* Verwachsen die Fruchtblätter nur mit ihren Rändern, so entsteht eine einheitliche, **ungefächerte** Fruchtknotenhöhle. Die Samenanlagen scheinen in diesem Fall den Wänden des Fruchtknotens zu entspringen *(92b);* in Wirklichkeit aber gehen sie gleichfalls aus den Fruchtblatträndern hervor. Man spricht deshalb auch von **wandständiger** oder **parietaler Plazentation** (Veilchen, Mohn). Meist besitzt der Fruchtknoten dann keinen Griffel *(92a);* das Gynoeceum ist ungefächert oder **parakarp.** Falten sich aber die Fruchtblätter bis zur Mitte der Fruchtknotenhöhle ein, so entsteht ein

gefächerter, synkarper Fruchtknoten *(91b);* die miteinander verwachsenen Abschnitte der Fruchtblätter werden als **Scheidewände** oder **Septen** bezeichnet. Die Samenanlagen stehen dann in der Mitte des Fruchtknotens, und zwar in den von den Scheidewänden gebildeten Winkeln. Man spricht deshalb auch von **zentralwinkelständiger Plazentation** *(91b).*

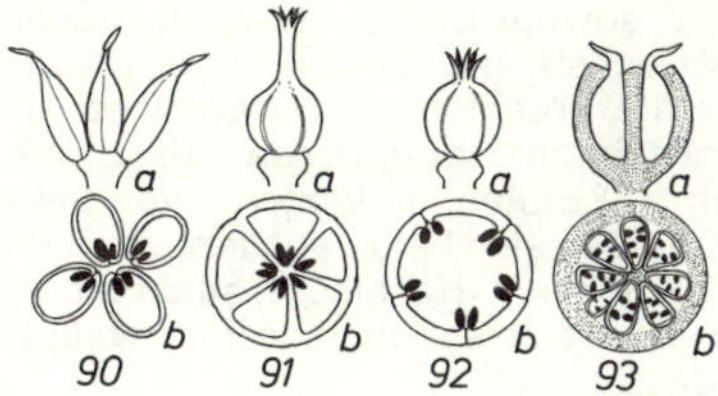

90 91 92 93

Außer diesen „echten" Scheidewänden gibt es auch „falsche" Scheidewände, bei denen der parakarpe Fruchtknoten noch nachträglich durch Auswüchse der Plazenten gefächert wird (z. B. *Brassicaceae, 115a;* Lein).

Daneben gibt es auch noch eine Sonderform der Parakarpie, vor allem bei den Primulaceen (s. S. 389), die durch die Bildung einer sog. **Zentralplazenta** gekennzeichnet ist. Vom Grunde des Fruchtknotens aus ragt in dessen ungefächerte Höhlung hinein ein Plazentakörper, der die Samenanlagen trägt, so daß auf Querschnitten durch das Ovar keine Verbindung mit der Wand besteht; bei den Polygonaceen (s. S. 428) steht anstelle der Zentralplazenta mit vielen Samenanlagen eine einzige basal stehende Samenanlage. Die **falsche Zentralplazenta** vieler Caryophyllaceen (s. S. 396) kommt durch eine frühzeitige Auflösung der Septen zustande. Es gibt nun eine Reihe von Blüten (z. B. Nymphaeaceen, einige Ranunculaceen), deren Gynoeceum zwar freiblättrig (apokarp) ist, aber von der Blütenachse *(93a–b)* so umwallt wird, daß das Bild eines verwachsen-blättrigen (coenokarpen) Gynoeceums entsteht *(93b).* Man spricht hier von einem **pseudocoenokarpen** Gynoeceum.

Von großer Bedeutung für die Bestimmung von Pflanzen ist die Stellung des Gynoeceums (Fruchtknotens) in der Blüte, die wiederum in enger Beziehung zur Ausbildung der Blütenachse steht.

Der Fruchtknoten ist **oberständig,** wenn die Blütenachse kegelförmig aufgewölbt ist und Staub- und Perianthblätter unterhalb des Fruchtknotens inseriert sind *(85);* Blüten mit oberständigem Fruchtknoten sind **hypogyn.** Der Fruchtknoten ist **unterständig,** wenn die Blütenachse becher- oder krugförmige Ausbildung zeigt und der Fruchtknoten mit dieser verwachsen ist. Die dem Becherrand inserierten Staub- und Perianthblätter stehen oberhalb des Fruchtknotens *(87)* = **epigyne** Blüte. Bei einigen Pflanzen *(Epilobium, Oenothera)* verlängert sich die Blütenachse über den Fruchtknoten hinaus *(222).* Es wird auf diese Weise eine Kronröhre vorgetäuscht, die in Wirklichkeit ein Achsengebilde ist und als **Hypanthium** bezeichnet wird.

Ist der Fruchtknoten nicht mit der becherförmigen Achse verwachsen, so spricht man von einem **mittelständigen** Fruchtknoten (*86*, Kirsche) oder **perigynen** Blüten.

5. Unvollständige Blüten

Enthält eine Blüte sowohl Staub- als auch Fruchtblätter, so ist sie **zwittrig** (⚥) oder vollständig. Sind in einer Blüte entweder nur die Staub- oder nur die Fruchtblätter ausgebildet, so ist diese **eingeschlechtig** (unvollständig). Im ersteren Fall spricht man von **Staub-** oder **männlichen** (♂) Blüten, im letzteren von **Stempel-** oder **weiblichen** (♀) Blüten. Finden sich beide auf derselben Pflanze, so ist diese **einhäusig** oder **monözisch** (Haselnuß); sind beide auf zwei verschiedene Individuen verteilt, so spricht man von **zweihäusigen** oder **diözischen** Gewächsen (z. B. Weiden).

6. Blütendiagramme

Will man sich einen Überblick über den Bau einer Blüte und die Stellungsverhältnisse der einzelnen Organe zueinander verschaffen, so stellt man ein sog. **Blütendiagramm** her, indem alle Blütenorgane in eine Ebene projiziert werden. Die aufeinander folgenden Blütenkreise oder -wirtel werden durch konzentrische Kreise symbolisiert, von denen der größte dem untersten, d. h. dem Kreis der Kelchblätter entspricht. In diese Kreise trägt man von außen nach innen, d. h. vom Kelch zu den Fruchtblättern fortschreitend, die einzelnen Blütenorgane und ihre Stellung zueinander ein. Auf diese Weise erhält man Diagramme, wie sie in *131* für eine Monokotylen- und in *133* für eine Dikotylenblüte dargestellt sind. Steht die Blüte in der Achsel eines Tragblatts, so werden auch die Abstammungsachse (im Diagramm oben) und das Tragblatt (unten) eingezeichnet. Die durch beide, Abstammungsachse und Tragblatt, hindurchgelegte Schnittebene ist die **Mediane** der Blüte, die senkrecht zu ihr stehende die **Transversale.** Bei dorsiventralen (zygomorphen) Blüten, z. B. den gespornten Blüten des Leinkrauts *(77)*, fällt die einzige Symmetrieebene in die Mediane, und der Sporn wird im Diagramm durch eine Aussackung des nach unten weisenden Blütenblatts gekennzeichnet.

7. Blütenstände

Nur selten beschließt ein Sproß sein Längenwachstum mit der Ausbildung einer einzigen Blüte; meist werden mehrere erzeugt, die sich in bestimmter Anordnung an besonderen, mit Hochblättern (Tragblättern oder Brakteen) besetzten Sproßachsen finden. Diese blütentragenden Sproßabschnitte, die sich ihrerseits auch verzweigen können, werden als **Blütenstände** oder **Infloreszenzen** bezeichnet. Nach dem Verhalten der Infloreszenzachse ist in Übereinstimmung mit der vegetativen Region zwischen **monopodialen** oder **razemösen** (s. S. 4) und **sympodialen** oder **zymösen** (s. S. 4) Infloreszenzen zu unterscheiden.

Razemöse Infloreszenzen

a) einfach-razemöse Infloreszenzen

Die Infloreszenzachse ist unverzweigt:

Traube: In den Achseln von Tragblättern (die auch fehlen können: Brassicaceen) stehen **gestielte** Einzelblüten: Die Traube ist **geschlossen,** wenn eine Endblüte *(94)* vorhanden ist; sie ist **offen,** wenn die Endblüte fehlt *(95).*

Doldentraube: Traube, bei der die verschieden lang gestielten Blüten in eine gemeinsame Oberfläche zu stehen kommen *(96).*

Ähre: Die Blüten sitzen ungestielt in den Achseln der Brakteen (*97,* Wegerich).

Kätzchen sind die oft hängenden, männlichen Infloreszenzen der Haselnuß, Pappel, Erle, Walnuß u. a. Es sind Trauben *(98)* oder Ähren mit unscheinbaren Blüten. Nach der Pollenentleerung fallen die ♂ Kätzchen in ihrer Gesamtheit ab.

Zapfen sind die weiblichen Blütenstände der Erle und Nadelhölzer. Es sind Ähren, deren Achse und Tragblätter bei der Reife verholzen.

Kolben: Die Ährenachse ist fleischig verdickt (*99,* Kalmus, Aronstab).

Köpfchen oder **Körbchen** sind dem Kolben nahe verwandt, nur entwickelt sich die Infloreszenzachse nicht in die Länge, sondern mehr in die Breite; sie ist entweder schwach kegelförmig aufgewölbt *(100),* scheibenförmig verbreitert oder leicht krugförmig vertieft. An der Infloreszenzbasis findet sich oft ein sog. **Hüllkelch** (Involucrum; *100,* J), der aus dicht beisammen stehenden Hochblättern besteht. Beispiele: Köpfchenblütler (Asteraceen), viele Dipsacaceen.
Die der Achse aufsitzenden Tragblätter (diese können auch fehlen) werden als **Spreublätter** bezeichnet. Die randlichen (= basalen) Blüten der Köpfchenachse sind die **Rand-,** die zentralen die **Scheibenblüten.** Beide können von verschiedener Gestalt und Färbung sein. Zuweilen können auch die oberen Hüllkelchblätter blumenblattartig ausgebildet sein; sie sind dann von strohiger Beschaffenheit (z. B. *Carlina,* Wetterdistel).

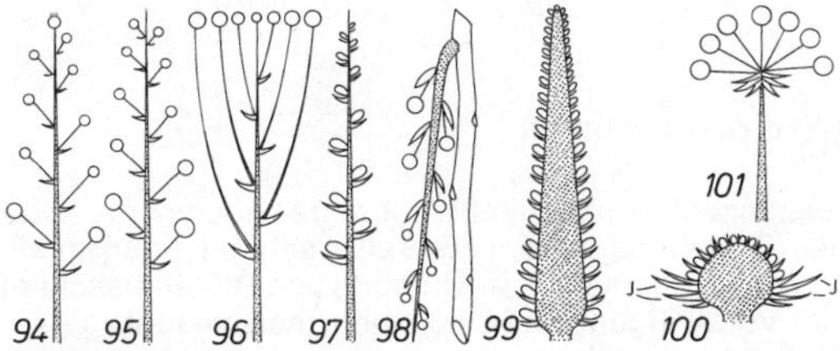

Dolde: Traube, an der die Längenentwicklung der Internodien unterbleibt und die gestielten Blüten in den Achseln der rosettig angeordneten Brakteen von einem Punkt ausstrahlen (*101,* Primel, Große Sterndolde).

b) zusammengesetzt-razemöse Infloreszenzen

Die Infloreszenzachse erzeugt Seitenäste 1. und höherer Ordnung:

Rispe: Mehrfach verzweigte Traube (Weinrebe, Rispengräser), deren Äste jeweils eine Endblüte besitzen *(104).*
Doldenrispe oder **Ebenstrauß:** Rispe, bei der die Blüten der einzelnen Rispenäste in einer Ebene enden (Eberesche, *105;* = Corymbus).
Spirre oder **Trichterrispe** *(107):* Rispe, bei der die basalen Seitenäste so stark verlängert sind, daß die Blüten in ihrer Gesamtheit trichterförmig angeordnet sind. Die Endblüten (*107,* E, E_1-E_2) finden sich jeweils am Grunde der „Trichter". Spirren finden sich bei Simsen und Mädesüß.
Doppeltraube: Einfach verzweigte Traube *(102).*
Zusammengesetzte Ähre: Verzweigte Ähre. An Stelle der Einzelblüte der Ähre steht ein mehrblütiges **Ährchen** (Ährengräser: Roggen, Weizen, Gerste u. a., *103*).
Zusammengesetzte Dolde: Die Doldenstrahlen 1. Ordnung enden mit kleinen, als **Döldchen** bezeichneten Dolden 2. Ordnung. Ihre Tragblätter werden als **Hüllchen** bezeichnet (sehr viele Umbelliferen, *106*).

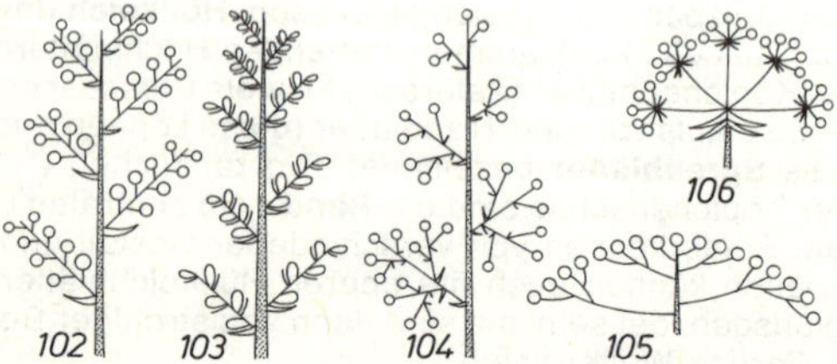

Zymöse Infloreszenzen

Die Infloreszenzachse beschließt ihr Längenwachstum mit der Ausbildung einer Blüte und wird von Seitenachsen übergipfelt, die ihr Wachstum wiederum mit der Ausbildung von Blüten beschließen. Diese Form der Verzweigung kann sich mehrmals wiederholen.

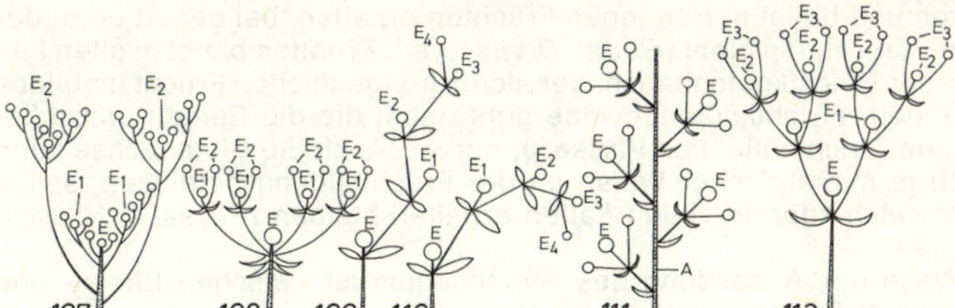

107 108 109 110 111 112

Dichasium: Unterhalb der Endblüte E *(112)* entwickeln sich in den Achseln von Tragblättern 2 Seitenäste, die ihrerseits mit den Blüten E_1 abschließen, von zwei Seitenästen fortgeführt werden u. s. f. (*112*, E_1-E_3).

Pleiochasium oder **Trugdolde:** Unterhalb der Endblüte E *(108)* des Primärsprosses entwickeln sich mehrere Seitenäste, die ihrerseits wieder mit Blüten (E_1) abschließen. Die letzten Auszweigungen eines Pleiochasiums können in Dichasien übergehen (bei vielen Euphorbien, *643*).

Wickel: Die mit der Endblüte abschließenden Hauptachsen (*109*, E) werden jeweils nur von einem Seitenast fortgeführt (Monochasium, s. S. 5), wobei die aufeinanderfolgenden Triebgenerationen abwechselnd nach rechts und links fallen (Natternkopf; *109*, E_1-E_3).

Doppelwickel: Es entwickeln sich beide Dichasialäste mit wickeliger Blütenanordnung.

Schraubel: Unterscheidet sich von der Wickel darin, daß die Fortsetzungssprosse alle nach einer Seite fallen (*110*, E_1-E_4).

Doppelschraubel: Die beiden Dichasialäste tragen die Blüten in schraubeliger Anordnung.

Thyrsus: Blütenstand mit durchgehender monopodialer Achse, an der an Stelle von Einzelblüten zymöse Teilinfloreszenzen stehen (*111*, z. B. Dichasien, Schraubel oder Wickel).

Von thyrsusartigem Aufbau sind auch die männlichen **Kätzchen** der Haselnuß sowie die männlichen und weiblichen Kätzchen der Erle und Birke: die aufrechten (weibl.) oder hängenden (männl.) Blütenstände besitzen eine durchgehende Hauptachse; in den Achseln der Tragblätter (= Kätzchenschuppen) stehen dichasiale Teilblütenstände *(111)*.

E. Frucht

Als Frucht wird die Blüte im Zustand der Samenreife bezeichnet. Perianth- und Staubblätter trocknen meist ab und werden zu Beginn der **Postfloration,** des Verblühens, abgeworfen. Auch der Griffel geht verloren und bleibt nur an jenen Früchten erhalten, bei denen er zu deren Verbreitung dient (*Geum, Dryas,* u. a.). Erhalten bleibt in allen Fällen der Fruchtknotenbauch, der sich zur eigentlichen Frucht umbildet; aus dem Fruchtknotengewebe geht dabei die die Samen umschließende Fruchthülle, das **Perikarp,** hervor. Auch die Blütenachse kann sich in mannigfacher Weise an der Fruchtbildung beteiligen; selbst der Kelch kann in vielen Fällen erhalten bleiben *(Physalis, Hyoscyamus).*

Nach der Ausbildung des Gynoeceums ist zwischen **Einzel-** und **Sammelfrüchten** zu unterscheiden.

I. Einzelfrüchte

Sie gehen aus einem verwachsenblättrigen (coenokarpen) Fruchtknoten hervor bzw. aus einem solchen, der nur aus einem einzigen Fruchtblatt gebildet wird. Je nachdem, ob sich die Frucht bei der Reife öffnet und die Samen ausgestreut werden oder diese geschlossen bleibt und zusammen mit den Samen verbreitet wird, ist zwischen **Öffnungs-,** (**Spring-** oder **Streu-**) und **Schließfrüchten** zu unterscheiden.

1. Öffnungsfrüchte

Das Perikarp wird bei der Reife **trockenhäutig.**

Der **Balg** wird aus **einem** Fruchtblatt gebildet und öffnet sich bei der Reife an der Bauchnaht (balgfrüchtige Hahnenfußgewächse, *113a–b*).

Die **Hülse** der Fabaceen wird wie der Balg nur aus **einem** Fruchtblatt gebildet. Sie öffnet sich bei der Reife an Bauch- und Rückennaht *(114a–b).* Die beiden Fruchtblatthälften rollen sich bei Trockenheit spiralig zusammen.

Die **Schote** der *Brassicaceae* wird aus **2** Fruchtblättern gebildet, zwischen denen sich eine falsche Scheidewand ausbildet (*115a–b,* S). Bei der Reife lösen sich die beiden Fruchtblätter von dieser ab, und die Samen bleiben noch längere Zeit an der Scheidewand wie an einem Rahmen stehen (*115a–b,* S).

Die **Kapsel** wird aus **zwei** und **mehreren** Fruchtblättern gebildet. Nach der Öffnungsweise sind verschiedene Formen zu unterscheiden:

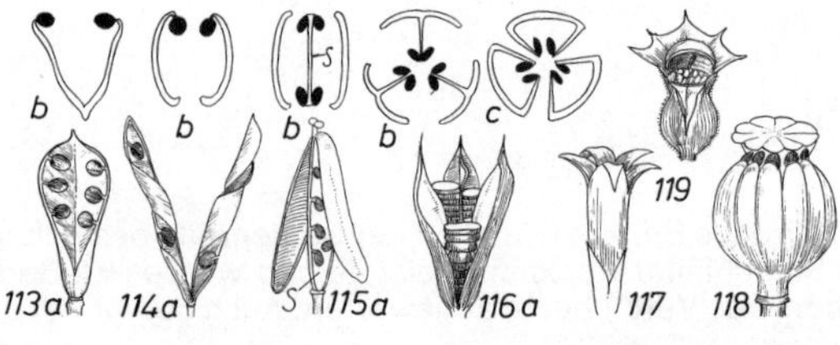

a) **Spaltkapsel:** Weichen die Fruchtblätter in den Scheidewänden auseinander, so ist die Kapsel wandspaltig (**septicid,** *116c; Hypericum*). Springen die Kapseln im Bereich der Mittelnerven der Fruchtblätter auf, so ist die Kapsel **loculicid** *(Iris, 116a–b).* Lösen sich die Fruchtblätter nur unvollständig ab, so öffnet sich die Kapsel am Scheitel mit Zähnen (Caryophyllaceen, *117*).

b) **Deckelkapsel:** Die Kapsel öffnet sich mit Hilfe eines Deckels (Bilsenkraut, *119*).

c) **Porenkapsel:** In der Kapselwand entstehen an scharf umrissenen Stellen Löcher, durch welche die Samen ausgestreut werden (Mohn, *118;* Glockenblume, Löwenmäulchen).

2. Schließfrüchte

Beere: Das Perikarp wird bei der Reife in allen seinen Teilen **fleischig** und **saftig** (*120,* punktiert: Stachel-, Heidelbeere, Gurke u. a.).

Nuß: Das Perikarp wird bei der Reife zu einem harten, dickwandigen Gehäuse, das meist nur einen Samen umschließt (Haselnuß, Buchecker, Eichel; *121*, doppelt schraffiert).

Nüßchen: Sind sehr kleine Nüsse (viele Ranunculaceen und Rosaceen).

Sonderformen der **Nußfrüchte** sind:

a) **Karyopse** der Gräser (Getreidefrucht): Die sehr dünne Samenschale verwächst mit dem dünnwandigen Perikarp. Die Frucht täuscht deshalb einen Samen vor.

b) **Achäne** der Kompositen: Frucht- und Samenschale sind fest miteinander vereinigt. Der häufig als **Pappus** ausgebildete Kelch (*123,* P) bleibt erhalten und dient als Flugorgan zur Verbreitung der Früchte.

c) **Spaltfrüchte:** Die einzelnen Fruchtblätter weichen bei der Reife an den Verwachsungsnähten auseinander und stellen einsamige Nüßchen (Apiaceen, *124,* Ahorn) dar, ebenso die **Klausenfrüchte** der Boraginaceen.

d) **Gliederhülsen:** Zwischen den Samen einer Hülse bilden sich Scheidewände aus, so daß einsamige Glieder entstehen, die bei der Reife auseinanderbrechen (Fabaceen). Bei den Brassicaceen kommt es in gleicher Weise zur Ausbildung von **Gliederschoten** *(Raphanus, 125).*

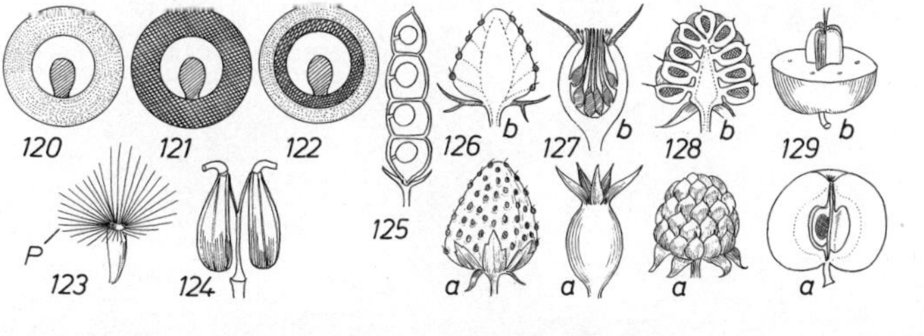

Steinfrüchte: Das Perikarp differenziert sich bei der Reife in einen inneren **Steinkern** (*122,* doppelt schraffiert) und einen äußeren Teil, der entweder fleischig-saftig (*122,* punktiert, Pflaume, Kirsche, Aprikose) oder ledrig-faserig wird (Walnuß, Mandel).

II. Sammelfrüchte

Sie werden auch als **Scheinfrüchte** bezeichnet und gehen aus Blüten mit **apokarpem** Gynoeceum hervor. Jeder einzelne Fruchtknoten (Stempel) bildet ein Früchtchen für sich. Man spricht aber nur dann von einer Sammelfrucht, wenn diese das **Aussehen einer Einzelfrucht annimmt** und die **Einzelfrüchte sich in ihrer Gesamtheit ablösen.** An der Sammelfruchtbildung kann sich in mannigfacher Weise die Blütenachse beteiligen:

1. **Sammelnußfrüchte:** Die einzelnen Teilfrüchte werden bei der Reife zu **Nüßchen.** Bei der Erdbeere entwickelt sich der Blütenboden zu einem fleischigen, kegelförmigen, aufgewölbten Gebilde, dem die kleinen Nüßchen aufsitzen *(126a–b);* bei der Hagebutte, der Rosenfrucht, sind die Nüßchen von der fleischigen, krugförmigen Blütenachse umschlossen *(127a–b).*
2. **Sammelsteinfrüchte:** Die einzelnen Teilfrüchte entwickeln sich bei der Reife zu **Steinfrüchten.** Sie sitzen bei der Brom- und Himbeere der kegelförmigen Blütenachse auf *(128a–b)* und lösen sich bei der Reife von dieser in ihrer Gesamtheit ab.
3. **Apfelfrucht:** Wie bei der Hagebutte ist die Blütenachse becherförmig vertieft; zum Unterschied von dieser verwachsen aber Fruchtblätter und Blütenachse miteinander. Bei Apfel, Birne und Quitte werden die Fruchtblätter bei der Reife pergamentartig (**Kernapfel,** *129a–b*), bei der Mispel und beim Weißdorn hingegen nußartig **(Steinapfel).**

III. Fruchtstände

Diese gehen aus einem ganzen **Blütenstand** hervor, nehmen bei der Reife das Aussehen einer Einzelfrucht an und lösen sich gleich den Sammelfrüchten in ihrer Gesamtheit ab. An der Fruchtbildung beteiligen sich außer dem Fruchtknoten die Blütenhülle, die Infloreszenzachse und die Brakteen (Maulbeere, Erdbeerspinat).

Einige Bemerkungen zur Gliederung des Pflanzenreichs und zur Nomenklatur der Pflanzen

Heute sind rund 250 000 Arten von Blütenpflanzen bekannt; fortlaufend werden auf Reisen in wenig erforschten Ländern neue entdeckt. Um diese beschreiben und in das „System der Pflanzen" einordnen zu können, hat man das gesamte Pflanzenreich in systematische Einheiten (= Taxa; Einzahl: Taxon) unterteilt. Die Grundeinheit der Systematik ist die **Art** (species). In ihr werden alle jene Individuen, einschließlich ihrer Vorfahren und Nachkommen, zusammengefaßt, die sich untereinander in allen wesentlichen, erblich konstanten Merkmalen gleichen und sich in diesen von anderen, nächstverwandten Arten unterscheiden. Eine Art kann also nur durch den Vergleich mit einer anderen erfaßt und abgegrenzt werden. Die Art ist jedoch nicht die kleinste taxonomische[1] Einheit. Sie kann je nach dem Grad ihrer Merkmalsvariabilität weiter in **Unterarten** (subspecies = ssp.), **Varietäten** (varietas = var.) und **Formen** (forma = f.) unterteilt werden. Die beiden letzteren werden in unserem Buch meist nicht aufgeführt. Unterarten finden stets Berücksichtigung, wenn sie von größerer Bedeutung und weiterer Verbreitung sind, und wenn auch der Anfänger sie mit den jeweils nur wenigen angeführten Merkmalsunterschieden mit einiger Sicherheit zu bestimmen vermag. Hingegen wurde häufig von der Möglichkeit Gebrauch gemacht, „Großarten" (Sammelarten, auch als **Aggregat** bezeichnet, abgekürzt agg.) in **Kleinarten** aufzugliedern. Kleinarten erfahren die gleiche nomenklatorische Behandlung wie Sammelarten. Oft liegt es allein im Ermessen des Spezialisten, ob er eine formenreiche (polymorphe) (Sammel-)Art in mehrere Klein- **oder** Unterarten gliedert. In jedem Fall wiederholt sich bei der den Typus der Sammelart einschließenden Klein- oder Unterart der Name der Aggregatbezeichnung (Sammelart), im ersten Fall mit dem gleichen Autornamen und dem Zusatz s. str. (= sensu stricto, im engeren Sinn), im letzteren Fall unterbleibt eine Autorenangabe. Beispiele für solche, in ihrer stammesgeschichtlichen (phylogenetischen) Entwicklung stabilisierte Verhältnisse – etwa durch Entstehung von getrennt vorkommenden Öko- oder Chromosomentypen – liefern die Gattungen *Ranunculus, Rhinanthus, Melampyrum, Thymus, Myosotis, Achillea, Centaurea, Epipactis, Carex, Bromus, Poa, Festuca, Stipa* u. a.

Untereinheiten einer Art treten häufig räumlich voneinander getrennt auf oder sie wachsen an verschiedenen Standorten. Man spricht dann auch von geographischen oder ökologischen Rassen. So werden von der Alpen-Anemone *(Pulsatilla alpina)* die bei-

[1] Taxon bedeutet i. S. von „Sippe" eine neutrale, rangstufenunabhängige Bezeichnung.

den Unterarten ssp. *alpina* und ssp. *apiifolia* unterschieden (S. 191). Die erstere ist kalkliebend, die letztere kalkmeidend. Wir haben es mit ökologischen Rassen zu tun, die sich aber auch morphologisch unterscheiden lassen. Über den Charakter ökologischer Rassen sind wir durch die Forschungen insbesondere während der vergangenen beiden Jahrzehnte in zahlreichen Fällen recht gut informiert. Oftmals morphologisch schwierig zu unterscheidende vikariierende Sippen – wechselseitiger, geographisch oder ökologisch bedingter Ausschluß im Vorkommen – haben vielfach ihre Ursache in unterschiedlichen Chromosomenzahlen; insofern kann man z. B. von einer diploiden und tetraploiden Rasse sprechen (z. B. *Dactylorhiza maculata* und *D. fuchsii*, S. 648).

Es gibt eine Reihe von Arten (vor allem in den Gattungen *Rubus, Taraxacum* und *Hieracium*), die noch in lebhafter Entwicklung begriffen und deshalb außerordentlich formenreich sind. Sie werden auch als **Sammel-** oder **Kollektivarten** bezeichnet und in viele, oft sehr schwierig zu bestimmende **Kleinarten** aufgespalten. In der vorliegenden Flora werden in solchen Fällen nur die Sammelarten aufgeführt. Wer sich eingehender mit diesen beschäftigen will, muß zur Spezialliteratur greifen. Ebenso sind in unserem Buch nur wenige **Hybriden,** d. h. Kreuzungen (Bastarde, im Text mit x gekennzeichnet) zwischen zwei verschiedenen Arten aufgenommen worden; bei Gattungen aber, in denen häufig Hybridbildung erfolgt, ist am Ende der Gattungstabelle darauf hingewiesen worden.

Alle Arten, die bestimmte gemeinsame Merkmale erkennen lassen, die also näher miteinander verwandt sind, werden zur nächst höheren taxonomischen Einheit, der **Gattung,** zusammengefaßt. Mehrere Gattungen können nun ihrerseits in wesentlichen Merkmalen miteinander übereinstimmen, so daß sie zur **Familie,** dem nächsten Taxon, vereinigt werden können. Jeder Familie ist in unserem Buch eine kurze Charakteristik der typischen Merkmale ihrer mitteleuropäischen Vertreter vorangestellt. Mehrere Familien werden zu **Ordnungen** und diese zu **Abteilungen** zusammengefaßt. So werden die Abteilungen der Farnpflanzen *(Pteridophyta)* und Samenpflanzen *(Spermatophyta)* unterschieden; innerhalb der letzteren die beiden **Unterabteilungen** der Nacktsamigen *(Gymnospermae)* und Bedecktsamigen *(Angiospermae);* die Angiospermen wiederum umfassen die beiden **Klassen** der *Mono-* und *Dicotyledoneae.*

Sämtliche systematischen Einheiten werden mit lateinischen Namen belegt, da diese international verständlich sind, die deutschen Pflanzennamen (*Kursivdruck* im vorliegenden Buch) hingegen von Gebiet zu Gebiet wechseln können. CARL VON LINNAEUS hat 1753 die binäre Nomenklatur eingeführt. Hierbei kennzeichnet der erste (großgeschriebene) Name die Gattung, in Verbindung mit dem zweiten (kleingeschriebenen) die Art.

Als **Synonyme** bezeichnet man Namen, die neben dem in diesem Buch verwendeten zusätzlich vorhanden und gebräuchlich sind. Sie sind als solche korrekte Namen, wenn durch sie nur eine andere Meinung über den Status einer Gattung oder Art ausgedrückt wird. Sie sind aber – häufiger – inkorrekt, z. B. dann, wenn eine Pflanze (Gattung oder Art) zwei- oder gar mehrmals beschrieben und benannt worden ist. Korrekt (legitim) ist dann jeweils nur der ältere Name (Prioritätsregel). Synonyme finden sich im vorliegenden Buch in Klammern und im Kursivdruck jeweils am Ende der Artdiagnose. Wir haben uns bemüht, alle jene Synonyme anzuführen, die einen Vergleich mit anderen, auch älteren Florenwerken ermöglichen. An den wissenschaftlichen Pflanzennamen schließen sich, meist in abgekürzter Form, noch jeweils ein oder mehrere Personennamen an. Es handelt sich um die Namen derjenigen Botaniker, welche die Art – und jede andere systematische Einheit – zuerst gültig beschrieben haben. Die Angabe der Autorennamen ist wichtig, um Namensverwechslungen zu vermeiden. Ein Verzeichnis der Abkürzungen der Autorennamen findet sich auf S. 776.

Häufig steht vor dem Autorennamen noch ein weiterer in Klammern. Hierdurch wird ausgedrückt, daß der so verwendete Name vom sog. Klammerautor geprägt worden ist, aber vom nachfolgenden Autor entweder in einen neuen Status (Kategorie) oder aber in eine andere Gattung versetzt worden ist. Der Klammerautor hat damit das sog. Basionym (den Grundnamen) begründet, der vom nachfolgenden Autor bei dessen Umkombination den internationalen Nomenklaturregeln zufolge (meist) beibehalten werden muß.

Als Sprach- und Sprechhilfen sind sämtliche wissenschaftlichen Pflanzennamen mit Betonungszeichen versehen. Diese sind kein Bestandteil der Namen und entfallen daher in Veröffentlichungen.

Bemerkungen zur Umgrenzung des von der „Flora“ erfaßten Gebiets

Der Titel unserer „Flora von Deutschland und angrenzender Länder“ bringt zum Ausdruck, daß das vorliegende Bestimmungsbuch über das Gebiet Deutschlands hinausgreift; es beinhaltet auch östliche, politisch heute zu Polen gehörende Gebiete, das ehemalige Ostpreußen, Westpreußen, Pommern und Schlesien. Im Süden wurde Österreich (mit Ausnahme der weitgehend dem pannonischen Florengebiet angehörenden Bundesländer Niederösterreich, Wien und Burgenland) einbezogen, außerdem die Randgebirge der ČR, im Westen das Elsaß – insbesondere die Vogesen – und die Beneluxstaaten Luxemburg, Belgien und Holland, im Norden Dänemark. Die Karten auf den Vorsatzblättern zeigen (vorne) das von der „Flora“ erfaßte Gebiet und (hinten) die wichtigsten von der „Flora“ erfaßten Landschaften, Flüsse, Höhenzüge und Gebirge. (Hier finden sich auch die in den Pflanzenbeschreibungen verwendeten Länder- und Gebietsabkürzungen.)

Als einziges unmittelbar benachbartes Land wurde die Schweiz deshalb nicht berücksichtigt, da es für dieses Land schon seit längerem ein bewährtes Bestimmungsbuch in deutscher Sprache gibt.

Angaben zur Häufigkeit der Pflanzen

Die in der vorliegenden „Flora" aufgeführten Pflanzenarten sind unterschiedlich häufig. Sie sind entweder im gesamten Gebiet gleichmäßig verteilt, oder sie sind auf eng umgrenzte Areale (Wohngebiete) beschränkt. Die Verbreitung einer Pflanze ist

gemein *(g),* wenn sie im gesamten Gebiet (fast) lückenlos verbreitet ist.

Eine Pflanzenart ist

verbreitet *(v),* wenn ihr Verbreitungsgebiet regionale Lücken aufweist.
zerstreut *(z),* wenn ihr Verbreitungsgebiet durch größere Lücken unterbrochen ist.
selten *(s),* wenn sie im Gebiet nur an wenigen, ökologisch oft spezialisierten Fundorten auftritt.
fehlend *(f),* wenn sie in dem (den) genannten Gebiet(en) überhaupt nicht vorkommt.
häufig *(h),* wenn sie in der Regel an ihren Fundplätzen in großer Individuenzahl vorkommt.

Bemerkungen zur Verbreitung der Pflanzen

1. Vertikale Verbreitung

Steigt man in Gebirgen von niederen Lagen bis in die Region des ewigen Schnees und Eises empor, so ist eine deutliche Höhenzonierung der einzelnen Pflanzen und Pflanzengesellschaften festzustellen, und es sind verschiedene, ± scharf gegeneinander abgrenzbare Stufen zu unterscheiden:

a) Die **colline** Stufe (= Hügelstufe) fällt in Gebieten mit Weinbau mit der Obergrenze des Weinanbaus (ca. 500 m) zusammen. Im Bereich der collinen Stufe finden sich auch, besonders an steilen Flußufern, Trockenhänge, die als Triften bezeichnet werden, auf denen zahlreiche wärmeliebende Pflanzen wachsen.
b) Die **montane** Stufe (±500–1200 m) ist vor allem in den Mittelgebirgen ausgeprägt und entspricht der Buchenzone. Meist herrscht ein kühles, ozeanisches (feuchtes) Klima.
c) Die **subalpine Nadelwald**stufe ist vor allem in den höheren Mittelgebirgen und den Alpen ausgeprägt und erstreckt sich von 1200 bis 1800 m, also bis zur alpinen Waldgrenze.
d) Daran schließt sich in vertikaler Richtung die **Krummholz**stufe an (±1800 bis ±2300 m), die in den Kalkalpen von der Legföhre oder

Latschenkiefer *(Pinus mugo)*, in den Urgesteinsalpen von der Grünerle *(Alnus viridis)* eingenommen wird.

e) Zwischen Krummholzstufe und der alpinen Mattenstufe schiebt sich häufig noch ein Gürtel von Zwergsträuchern ein, in welchem vor allem Ericaceen (*Rhododendron-, Vaccinium*-Arten und *Calluna*) vorherrschen und der als **alpine Zwergstrauch**stufe bezeichnet wird.

f) Mit zunehmender Höhe verschwinden auch die Zwergsträucher und werden von blumenreichen Gras- und Seggenformationen abgelöst, die als die **alpinen Matten** (Wiesen) bekannt sind und sich am Fuße der steilen Hänge mit den

g) **alpinen Schutt- und Felsfluren** verzahnen.

Die vertikale Obergrenze der geschlossenen Pflanzendecke liegt, je nach Exposition und Klima, zwischen 2200 und 2800 m. Nur wenige Blütenpflanzen überschreiten in den Alpen die 3000-, resp. sogar die 4000-m-Grenze.

Im speziellen Teil angegebene Höhengrenzen sind grundsätzlich Durchschnittswerte. Nur vereinzelt beobachtete Tiefst- und Höchstwerte mußten unberücksichtigt bleiben.

2. Horizontale Verbreitung

Hinsichtlich der horizontalen Verbreitung lassen sich unterscheiden:

a) **arktisch-nordische** Arten: sie haben ihre Hauptverbreitung in dem arktischen Tundrengebiet jenseits der polaren Waldgrenze. Mit einigen Arten (z. B. *Dryas octopetala, Linnaea borealis* u. a.) treten sie auch in den Alpen auf und werden dann als **arktisch-alpine** Florenelemente bezeichnet (s. auch S. 34).

b) **nordische** (boreale) Arten: sie haben ihre Hauptverbreitung in den nordischen Nadelwaldgebieten.

c) **atlantische** Arten: sie finden sich bevorzugt nahe der atlantischen Küstenregion, strahlen z. T. aber auch weit nach Osten aus (*Hymenophyllum tunbrigense, Ulex europaeus, Teucrium scorodonia* u. a.).

d) **mediterrane** Arten: Pflanzen, die vom Mittelmeergebiet bis in die warmtrockenen Gebiete Süd- und Westdeutschlands eingewandert sind (viele Orchideen, *Tamus communis* u. a.).

e) **pontische** Arten: Pflanzen, die in der nacheiszeitlichen Wärmezeit aus den östlichen Ländern (Südrußland, Balkan) nach Mitteleuropa (Mittel- und Westdeutschland) gelangt sind (*Stipa-, Pulsatilla-, Adonis*-Arten) und als nacheiszeitliche **Wärmereliktpflanzen** trokken-warme Gebiete besiedeln.

3. Erklärung einiger wichtiger pflanzengeographischer Ausdrücke

Reliktpflanzen sind Pflanzen, die in frühen erdgeschichtlichen Epochen der Nacheiszeit eine weitere Verbreitung hatten und sich heute nur noch an Standorten extremer klimatischer Bedingungen finden. Sie nehmen deshalb, hinsichtlich ihrer Gesamtverbreitung, zerrissene, zerstückelte, sog. **disjunkte** Areale ein. Beispielsweise finden sich **arktisch-alpine** Reliktpflanzen, die während der letzten Eiszeit die schmale eisfreie Zone Mitteldeutschlands besiedelten, heute nur in der Arktis und in den Alpen oder an extremen Standorten (sog. Exklaven, z. B. Schwäbische Alb, Vogesen, Schwarzwald), wo sie geeignete Lebensbedingungen finden. Das gleiche gilt auch für die **pontischen** Reliktpflanzen, die in der nacheiszeitlichen Wärmezeit eine weite Verbreitung hatten, sich heute aber außer in ihren Hauptarealen nur noch in Exklaven mit heiß-trockenem Klima finden.

Den Pflanzen mit begrenzter, häufig disjunkter Verbreitung gegenüber stehen:

Kosmopoliten, Pflanzen, deren Areal sich nahezu über die ganze Welt erstreckt (extrem trockene, heiße und kalte Gebiete ausgenommen); so z. B. Sonnentau *(Drosera),* Rohrkolben *(Typha)* u. v. a.

Eingebürgerte, Pflanzen, die in historischer Zeit aus fremden Gebieten eingeschleppt worden sind, sich eingebürgert haben und heute den Eindruck erwecken, als seien sie Bestandteile der ursprünglichen, natürlichen Vegetation, so die an Bahndämmen, Straßenböschungen etc. weit verbreitete Nachtkerze *(Oenothera),* die aus Nordamerika stammt, ferner das ebenfalls nordamerikanische Berufkraut *(Erigeron canadensis),* die heute in die Auwälder eindringenden Goldruten (*Solidago gigantea* und *S. canadensis*), die Wasserpest *(Elodea canadensis),* die ostasiatische Kalmus *(Acorus calamus)* u. v. a. Diese Fremdlinge der heimischen Vegetation werden als **Neophyten** bezeichnet, wenn sie sich nach 1500 eingebürgert haben.

Bei den **Archäophyten** handelt es sich, im Gegensatz zu den Neophyten, um Pflanzen, vorwiegend Unkräuter (z. B. *Agrostemma githago, Anagallis* u. a.), die mit dem Ackerbau bereits in vorgeschichtlicher Zeit (Stein- und Bronzezeit) oder später bis zum Jahr 1500 nach Mitteleuropa gelangt sind.

Adventivpflanzen sind Pflanzen, die vorwiegend aus Übersee eingeschleppt wurden, sich bevorzugt in Häfen, an Bahnhöfen oder sonstigen Warenumschlagplätzen finden; sie verschwinden häufig nach einigen Jahren wieder, da sie sich den veränderten Umwelt- und Klimabedingungen nicht anzupassen vermochten oder der Konkurrenz der heimischen Vegetation erlagen.

Ruderalpflanzen sind Gewächse, die in ihrer Verbreitung an menschliche Wohnstätten gebunden und stickstoffliebend sind (z. B. Chenopodiaceen, Urticaceen u. a.). Sie finden sich häufig in Dörfern, wo Mist oder sonstiger Dünger gelagert werden.

Damit im Zusammenhang stehen auch jene Pflanzen, die in den Alpen als **Lägerpflanzen** bezeichnet werden. Es handelt sich gleichfalls um stickstoffliebende, nitrophile Pflanzen, die sich in der Umgebung von Almen, also dort, wo sich das Vieh lagert, ansiedeln (z. B. *Rumex alpinus, Chenopodium bonus-henricus, Senecio alpinus* u. a.).

Nachfolgend sei noch auf zwei besondere Pflanzenvergesellschaftungen vor allem der Alpen und höheren Mittelgebirge hingewiesen:

Hochstaudenfluren sind Vergesellschaftungen von großblättrigen Stauden (z. B. *Adenostyles*-Arten, *Aconitum*-Arten, *Cicerbita alpina,* u. a.), die in der unteren alpinen Stufe auf sehr nährstoffreichen und gut durchfeuchteten Böden, vor allem in Mulden und Runsen, siedeln. Wachsen sie in alten Gletscherkaren, in denen der Schnee länger liegen bleibt, so werden sie auch als **Karfluren** bezeichnet. In den höheren Mittelgebirgen (Schwarzwald, Vogesen, Riesengebirge) finden sich in den Karfluren als Reliktpflanzen auch eine Reihe subalpiner und alpiner Florenelemente.

Schneetälchen sind muldenförmige Vertiefungen der alpinen Mattenregion, in welchen der Schnee sehr lange liegen bleibt und wo sich demzufolge eine besondere Vegetation, die nur eine kurze Vegetationsperiode benötigt, ansiedelt (z. B. *Gnaphalium supinum, Sibbaldia procumbens* u. a.).

Kurze Bemerkungen zur Geschichte der mitteleuropäischen Flora

Ein einschneidendes Ereignis für die heutige Verteilung des Pflanzenkleids im behandelten Gebiet war der Höhepunkt der **Eiszeit,** als (vor ca. 20000 Jahren) das Eis einerseits vom Norden südwärts und andererseits die Gletscher aus den Alpen heraus nordwärts wanderten und die Eismassen nur einen schmalen, eisfreien Streifen zwischen sich frei ließen. Wärmeliebende Pflanzen wurden nach Südwest bzw. nach Südost abgedrängt, während die kälteliebenden Pflanzen den schmalen, eisfreien Streifen besiedelten. So entstand eine Vegetation, die jener der heutigen nordischen Tundra ähnlich war, und wir finden Ablagerungen von Pflanzenresten (z. B. *Dryas octopetala* und Gletscherweiden), die man heute nur in der Subarktis und in den Alpen antrifft. Nach allmählichem Rückgang des Eises[1] – etwa vor 12000 Jahren – wanderte ein Teil der damaligen **Tundrenvegetation** nach Norden, ein anderer aber nach Süden, woraus sich die disjunkte Verbreitung der **arktisch-alpinen Florenelemente** erklären läßt. Nach weiterem Rückgang der Eisdecke und fortschreitender Erwärmung (vor etwa 10000–8000 Jahren v. Chr.) gelangten nun in das weithin eisfrei gewordene Mitteleuropa auch Gehölze, zuerst Birke und Kie-

[1] Es sei in diesem Rahmen lediglich darauf hingewiesen, daß es mehrere Eiszeiten, d. h. Perioden des Rückzugs und des Vorstoßes der Eisdecke gab, bevor sich ein endgültiger Rückzug der geschlossenen Eisdecke nach Norden und Süden vollzog.

fer, so daß man von der **Kiefern-Birkenzeit** spricht. Etwa um 7000 v. Chr. erreichte der Temperaturanstieg ein Maximum; die Temperaturen lagen höher als in der Jetztzeit, und aus dem Südosten (Südosteuropa) sowie aus dem Südwesten (Mediterrangebiet) wanderten wärmeliebende Pflanzen ein. Die ersteren sind als **pannonische** (aus Ungarn) resp. **pontische** (aus der Ukraine) **Florenelemente** der heimischen Vegetation bekannt; aus dem Mittelmeergebiet aber gelangten mediterrane Arten in unser Gebiet (vor allem Orchideen, *Tamus communis* u. a.) und sie werden als **mediterrane Florenelemente** bezeichnet. Bäume, wie Kiefer und Birke, wurden auf Spezialstandorte (Sand und Moore) oder nach Norden abgedrängt, während wärmeliebende Gehölze wie Haselnuß, Eiche, Ulme, Hainbuche u. a. das Vegetationsbild beherrschten. Man spricht deshalb von der **Eichen-Mischwaldzeit,** die der nacheiszeitlichen **Wärmezeit** entspricht. Etwa um 2500 v. Chr. begann sich dann das Klima erneut zu verschlechtern; es wurde kühler und feuchter. Die wärmeliebenden Pflanzen wurden auf Extremstandorte verdrängt (z. B. steile, südexponierte Felshänge von Flußtälern wie Donau, Main, Elbe, Saale, Unstrut u. a.), wo sie als **xerotherme** oder wärmezeitliche Reliktpflanzen überlebten. Der vorherrschende Waldbaum wurde in niederen Lagen die Buche *(Fagus sylvatica)*, ein Baum des feuchteren, ozeanischen Klimas, und mit ihm wanderten jene Pflanzen ein, die als **atlantische Florenelemente** bekannt sind (Stechpalme, Stechginster, Roter Fingerhut, *Erica*-Arten u. v. a. m.). In dieser **Nachwärmezeit,** dem Subatlantikum, befinden wir uns noch immer.

So stellt also das heutige Vegetationskleid, sofern es nicht oder nur wenig vom Menschen beeinflußt worden ist, ein Abbild der nacheiszeitlichen Entwicklung, d. h. etwa der letzten 12000 Jahre dar. Allerdings hat der Mensch durch Nutzung, Ackerbau, Rodung, Forstwirtschaft und Industrialisierung in den letzten Jahren umgestaltend in die primäre Vegetation eingegriffen; es ist oft schwierig, das ursprüngliche Vegetationsbild zu rekonstruieren. Deshalb ist es zu begrüßen, daß der Gedanke des Naturschutzes und der Naturerhaltung heute von Jahr zu Jahr mehr an Bedeutung gewinnt, um die wenigen Reste intakter Vegetation zu schützen und der Nachwelt zu erhalten. Jeder Benutzer der vorliegenden „Flora" kann dazu beitragen, den Naturschutzgedanken zu verwirklichen! Deshalb die dringende Bitte an jeden Naturliebhaber: **Schützt und rettet unsere Natur!**

Naturschutz

Dieser moralische Appell, den zu befolgen Selbstverständlichkeit eines jeden Floristen, Naturfreundes und Pflanzenliebhabers sein sollte, hat auch seine rechtlichen Grundlagen. Zum Zeitpunkt der vorletzten Bearbeitung dieser Flora war hierzu noch das Reichsnaturschutzgesetz von 1935 in Kraft, das als Landesrecht nach 1945 weiterbestand, aber den veränderten und erweiterten Anforderungen an ein modernes Naturschutzrecht nicht mehr gewachsen war. So ist für die ehemalige **Bundesrepublik Deutschland** am 20. 12. 1976 das **Bundesnaturschutzgesetz** (BNatSchG) als Rahmengesetz in Kraft getreten, das anschließend von Ländergesetzen ausgefüllt wurde. Dieses Gesetz wurde später novelliert („Erstes Gesetz zur Änderung des Bundesnaturschutzgesetzes vom 10. 12. 1986") und trat in seiner neuen Fassung am 1. 1. 1987 in Kraft. Neu geregelt und präzisiert wurden hierin der Biotopschutz und die Schutzkategorien, eingeschlossen und erstmals berücksichtigt wurden vor allem die mit dem Handel geschützter Arten verbundenen Verwaltungsabläufe. Jeder weiß heute, wie sehr der Fortbestand einer Art vom ökologischen Intaktsein seiner Umwelt abhängig ist. So ist auch – z. B. im Naturschutzgesetz von Baden-Württemberg – der Auftrag an die öffentliche Hand bemerkenswert: „Der freilebenden Tier- und Pflanzenwelt sind angemessene Lebensräume zu erhalten. Dem Aussterben einzelner Tier- und Pflanzenarten ist wirksam zu begegnen." Bei einem guten Willen zur Zusammenarbeit haben auf der Basis der gesetzlichen Grundlagen und bei einer Anhörungs- und Beteiligungspflicht der Naturschutzbehörden viele Stellen und Personen die Möglichkeit, gefährdete Arten und gefährdete Lebensräume wirksam zu schützen. Durch Beobachtungen vor Ort und einem persönlichen Engagement in der Sache vermag heute jeder einzelne, nötige Schutzmaßnahmen anzuregen oder gar in Gang zu setzen.

Ein wesentlicher Bestandteil eines umfassenden Naturschutzes ist neben dem vorrangigen **Biotopschutz** der **Artenschutz.** Ihm sind seit ca. 20 Jahren sog. **Rote Listen** gewidmet, die auf internationaler, nationaler oder regionaler Ebene diejenigen (Tier- und) Pflanzenarten festhalten, die derzeit in ihrem Bestand gefährdet sind. Erfreulicherweise sind solche Roten Listen mittlerweile nicht auf die Blütenpflanzen beschränkt, es gibt sie regional bereits auch für niedere Pflanzen (z. B. Moose und Pilze). Im August 1980 trat die erste **Bundesartenschutzverordnung** in Kraft, welche die bis dahin geltende Reichsartenschutzverordnung von 1936 ablöste. Sie wurde im Januar 1987 durch eine zweite Bundesartenschutzverordnung ersetzt, deren Neufassung seit Sept. 1989 gilt. Diese hat sogar einen Doppelcharakter, indem sie neben Fragen des hier vorrangig interessierenden nationalen auch Rechtsfragen des internationalen Artenschutzes behandelt. In ihren Anlagen nämlich nimmt sie nicht nur gefährdete einheimische, sondern europäische und sogar weltweit geschützte Arten (z. B. Orchideen) auf. Sie überträgt damit den internationalen Rechtsbestand des sog. Washingtoner Artenschutzabkommens von 1975 – das die Bundesrepublik am 20. Juni 1976 ratifizierte – auf unser nationales Recht und macht dieses damit besser handhabbar. Auch im Bereich des Artenschutzes gilt es rechtlich, durch Ländergesetze den Bundesrahmen auszufüllen. Dies tat z. B. Baden-Württemberg bereits im Februar 1981 und übernahm hierbei auch die Bundestendenz, den internationalen Aspekt einzubeziehen. Rechtliche Grundlage dieses so erweiterten Artenschutzes ist § 20e Abs. 1 BNatSchG. Hinzu tritt die Konvention des Europarates vom 19. 9. 1979 **(„Berner Konvention")** als „Übereinkommen über die Erhaltung der europäischen wildlebenden Pflanzen und Tiere und ihrer natürlichen Lebensräume", das für die (damalige) Bundesrepublik Deutschland mittels eines eigenen Zustimmungsgesetzes zum 1. 4. 1985 in Kraft trat. Diese Konvention hatte zwar keinen bindenden, nur empfehlenden Charakter, brachte aber in einem nicht zu unterschätzenden Maß das öffentliche Bewußtsein über die Notwendigkeit eines Artenschutzes zum Ausdruck. Die Mitgliedsstaaten der EG haben es längst ratifiziert. Seine Bedeutung liegt darin, daß es 1. Mindeststandards für den Artenschutz fixiert, 2. innerhalb der EG eine Grundlage für die weitere Ausprägung des Artenschutzrechts gibt. Endlich werden Arten- und Biotopschutz gleichberechtigt und miteinander verzahnt gesehen. Für die Vertragsstaaten ergibt sich eine Erhaltungs- und Förderungspflicht: Es ergeht die Verpflichtung zur Erhaltung von Populationen wildlebender Pflanzen und Tiere entsprechend den wissenschaftlichen, ökologischen und kulturellen Erkenntnissen und Erfordernissen. Ein „Ständiger Ausschuß" ist das Organ zur Überwachung der Einhaltung der Berner Konvention, dessen Arbeit und Verfahrensweise aus der Sicht des Geländebiologen allerdings überbürokratisiert erscheint.

Das **EG-Recht** insgesamt zum Natur- und Artenschutz ist unterdessen äußerst kompliziert geworden, fast nur noch für den Juristen durchschaubar, für den engagierten Naturschützer verwirrend. Hierbei handelt es sich teils um Richtlinien, teils um Verordnungen, um sekundäres Gemeinschaftsrecht und um völkerrechtliche Verträge mit für den juristischen Außenseiter kaum noch entwirrbaren, ineinander verzahnten Regelungskompetenzen, mit eingeschränkten Ermächtigungen, wobei neben dem primären Schutz vor Ort Handelsbeziehungen, auch gegenüber ‚Drittstaaten' (= Nichtmitgliedsstaaten der EG) eine entscheidende Rolle spielen. Hinzu kommt eine Fülle von Regelungen zur Angleichung der Rechts- und Verwaltungsvorschriften zwischen den Mitgliedsstaaten der EG. Neben innergemeinschaftlichen Verkehrsverboten und -beschränkungen stehen Möglichkeiten der präventiven Rechtsangleichung und Maßnahmen zu Handelsbeschränkungen. EG-Richtlinien müssen sich an nationalen Verfassungs- und Grundrechten orientieren, EG-Verordnungen hingegen ergeben unmittelbar geltendes nationales Recht. So konnte mit dem juristischen Trick einer EG-Verordnung erreicht werden, daß das WA (Washingtoner Artenschutzübereinkommen, = CITES) in allen EG-Mitgliedsstaaten, also auch in Ländern anzuwenden ist, welche dem WA noch gar nicht beigetreten waren.

Die **Bundesartenschutzverordnung** (BArtSchV) legt bundeseinheitlich den Katalog der besonders geschützten (Tier- und) Pflanzenarten fest.[1] Die Rechtsfolgen ergeben sich erst aus dem Landesrecht. Die Liste der nunmehr gefährdeten Pflanzen ist gegenüber den früheren Verordnungen erweitert, bleibt aber aus Gründen der rechtlichen Praktikabilität hinter dem Umfang der „Roten Listen" weit zurück. Vergehen gegen den Artenschutz sind Ordnungswidrigkeiten, die mit Bußgeld geahndet werden können. Zuständig hierfür sind die unteren Naturschutzbehörden (Landratsämter und Stadtkreise), was im übri-

---

[1] Liste der geschützten Pflanzenarten vgl. S. 773.

gen auch für Ordnungswidrigkeiten auf dem Gebiet des internationalen Artenschutzes gilt. Unter den rechtlichen Artenschutz fallende Arten sind in unserer Flora grundsätzlich mit einem

Ⓖ

gekennzeichnet. Dieser Schutz gründet sich vor allem auf das Grab- und Pflückverbot (BNatSchG § 20f Abs. 1 Satz 2). Daneben gibt es jetzt die neue Rechtskatagorie der „vom Aussterben bedrohten" Arten, für die wir als Signum

Ⓖ!

gewählt haben. Für diese Arten gelten zusätzlich „Störverbote" (§ 20f Abs. 1 Satz 4), wozu u. a. auch übermäßiges Fotografieren der Pflanzen am Naturstandort gehören kann. Jedem Kenner der Verhältnisse ist seit vielen Jahren bekannt, daß Fotografierpfade am Standort meist die Unterdrückung natürlichen Nachwuchses der entsprechenden Rarität zur Folge haben.

Von den in dieser „Flora" berücksichtigten Ländern ist die Rechtsentwicklung auf dem Gebiet des Artenschutzes in der Bundesrepublik am weitesten vorangeschritten. In den Nachbarländern gibt es weitere unter einen solchen Schutz fallende Arten, von denen wiederum die meisten von ihnen im Gebiet der Bundesrepublik nicht mehr vorkommen (z. B. Alpenpflanzen). Solche Arten haben wir mit dem Zeichen

[G]

kenntlich gemacht.

Grundlage des Naturschutzes in der ehemaligen Deutschen Demokratischen Republik war das am 13. Aug. 1954 beschlossene „Gesetz zur Erhaltung und Pflege der heimatlichen Natur", dessen Präambel die Schutznotwendigkeit der Natur gegenüber wirtschaftlicher Entwicklung und Berechtigung der Wissenschaft sowie die Erfordernisse wechselseitiger Einigung anspricht. Die Grenzen des Gesetzes waren bald erkennbar und wurden bereits 1961 durch „Grundsätze der sozialistischen Landeskultur in der DDR" abgewandelt. Durch den planmäßigen und forcierten Aufbau des Sozialismus in Verbindung mit der Entwicklung der Volkswirtschaft wurde der auch in anderen Gesellschaftssystemen beobachtbare Gegensatz zwischen Schutz und Nutzung der Natur besonders deutlich. Ein neuer Standpunkt wurde fixiert durch das am 14. Mai 1970 verabschiedete „Gesetz über die planmäßige Gestaltung der sozialistischen Landeskultur in der Deutschen Demokratischen Republik" (sog. Landeskulturgesetz als Rahmengesetz). Nicht mehr Schutz oder Nutzung als Alternative, sondern Schutz durch rationelle Nutzung ist die Quintessenz der engen Wechselwirkungen aller Teile der Umwelt, nur sie läßt danach dauerhafte Lösungen zu. Demgegenüber tritt der Artenschutz zurück, die kleine Liste der geschützten Arten enthielt nur wenige in der Bundesrepublik nicht geschützte Arten („Anordnung zum Schutze von wildwachsenden Pflanzen ..." vom 6. 7. 1970). Seit der Wiedervereinigung Deutschlands am 3. 10. 1990 erstreckt sich der Gültigkeitsbereich des BNatSchG und der BArtSchV ohne Einschränkung auch auf die neuen Bundesländer.

Grundlage eines vegetationskundlichen und floristischen Naturschutzes in **Österreich** sind die entspr. Landes-Naturschutzgesetze (Vorarlberg 1969, Tirol 1974, Salzburg 1977, Kärnten 1986, Steiermark 1976). Danach können „gefährdete" Pflanzenarten durch eine Naturschutzverordnung unter Schutz gestellt werden.

Die einzelnen Bundesländer haben seitdem auf dem Verordnungsweg jeweils ihre eigene Pflanzenartenschutzverordnung in Kraft gesetzt, wobei auch hier zwischen ‚vollkommen' und ‚teilweise' geschützten Arten unterschieden wird, zuletzt für Steiermark 1987 und für Kärnten 1989.

Das Naturschutzrecht entwickelte sich in den benachbarten Ländern **Dänemark, Holland** und **Belgien** einigermaßen parallel dem deutschen. Der Schutz der Natur wurde im Interessenkonflikt mit wirtschaftlichen Ansprüchen an sie überall in Naturschutzgesetzen geregelt. Zum Teil, z. B. in Holland, sind diese Gesetze bereits wieder älteren Datums (1967) und bedürfen aus heutiger Sicht rechtlicher Novellierung; in Dänemark hingegen ist ein neues Gesetz am 1. 7. 1992 in Kraft getreten. In allen drei Ländern sind die aus ihnen abgeleiteten Artenschutzverordnungen (z. B. Holland 1973, Belgien 1976) nicht umfangreich. Was gegenüber deutschen Rechtsnormen neu ist, beruht auf der Berücksichtigung von Arten, die in jenen Ländern an ihrer Verbreitungsgrenze angelangt und daher dort (sehr) selten sind.

Auf dem Weg nach Europa sollte ab dem 1. 1. 1993 auch ein vereinheitlichtes Natur- und Artenschutzrecht in Gang kommen. Als Ausgangspunkt hierfür kann die **Konvention zum Schutz der Artenvielfalt** als Ergebnis des sog. Erdgipfels von Rio de Janeiro im Juni 1992 angesehen werden. Bereits vor Ort wurde sie von mehr als 150 Staaten unterzeichnet, tritt aber erst in Kraft nach der Ratifizierung von wenigstens 30 Staaten. Das Hauptanliegen der Konvention ist die Erhaltung der Arten in ihren natürlichen Lebensräumen („in-situ-Schutz"), sie befaßt sich aber auch mit den Fragen der „ex-situ-Erhaltung" (Erhaltungskulturen). Bereits im Vorfeld des Rio-Gipfels hat die Europäische Gemeinschaft (EG-Ministerrat) Richtlinien verabschiedet, deren Schwerpunkte auf dem Habitatschutz liegen, die aber auch richtungweisend für den einheitlichen Artenschutz sind (in Kraft getreten am 22. 5. 1992). Wenig später ist eine EG-Verordnung zur Schaffung eines Finanzierungsinstrumentes für die Umwelt in Kraft getreten (23. 7. 1992), mittels der europaweit der Schutz von vorrangig eingestuften schutzbedürftigen Gebieten entspr. den **EG-Habitatrichtlinien** finanziert werden wird. Dies soll im Rahmen eines ‚Natura 2000' genannten Programmes nach einem genau festgelegten Zeitplan innerhalb eines zusammenhängenden europäischen ökologischen Netzes erfolgen. Der Habitatschutz in der EG-Form ist für den deutschen Naturschutz neu insofern, als nach einer Vorgabe von aufgelisteten Lebensraumtypen und von Tier- und Pflanzenarten nach einem ebenso vorgegebenen Zeitplan ‚besondere Schutzgebiete' mit gemeinschaftlicher Bedeutung als **Rechtspflicht** ausgewiesen werden müssen. Diese neue Schutzkategorie wird allerdings erst per Novellierung im BNatSchG zu verankern sein. Der Aufbau von ‚Natura 2000' muß innerhalb von 12 Jahren abgeschlossen sein. Die genannte Richtlinie enthält in 4 Anhängen eine differenzierte Auflistung der ‚besonderen

Schutzgebiete' mit einer EG-weiten Fortschreibungsverpflichtung. Diese neue Schutzkategorie dürfte rechtlich höher einzustufen sein als unsere derzeitigen Naturschutzgebiete.

Für die praktische Umsetzung des sich abzeichnenden neuen EG-weiten Natur- und Artenschutzrechtes wird noch eine Fülle von wissenschaftlichem Grundlagenwissen zu erarbeiten sein. Die Bearbeiter dieser ‚Flora' hoffen, daß sich der vorliegende Band als ein unverzichtbares Instrument für die hiermit verbundene Geländearbeit erweisen möge.

Floristische Kartierung

Die Natur schützen kann man am ehesten, wenn man genau Bescheid weiß, was wo vorhanden ist. Darüber hinaus besteht auch ein wissenschaftliches Interesse an der genauen Aufklärung der Verbreitung aller Arten. Aus beiderlei Gründen, der Wissenschaft und des Naturschutzes, wurde in Mitteleuropa zum Teil schon vor über 30 Jahren begonnen, die Flora zu kartieren. Um ein größeres Gebiet gleichmäßig zu erfassen, ist es zweckmäßig, es in kleinere Rasterflächen (Grundfelder) aufzuteilen. Solche Grundfelder können die Größe von topographischen Karten 1:25000 (etwa 11×12 km) haben; es können Viertel davon (sog. Quadranten, etwa 5×6 km) sein oder noch kleinere Flächen. Für jedes solches Grundfeld wird nun durch Suche im Gelände eine Liste der dort vorkommenden Pflanzenarten erarbeitet. Auf einer Verbreitungskarte erhält eine Art, wenn sie dort vorkommt, einen Punkt. Auf diese Weise entstand in über zwanzigjähriger Arbeit für die alte Bundesrepublik Deutschland, unterstützt durch mehr als 1200 ehrenamtliche Kartierer, ein Verbreitungsatlas (Haeupler & Schönfelder 1988). Damit ist für dieses Gebiet eine erste Übersicht geschaffen. Aber die Arbeit ist noch nicht zu Ende. Für viele Gebiete benötigt man besonders für Zwecke des Naturschutzes eine genauere Erfassung mit kleineren Grundfeldern. Daran können sich noch viele Interessierte beteiligen.

Auch in manchen Nachbarländern Deutschlands gibt es schon Verbreitungsübersichten. So für Dänemark (Hulten 1950), für Belgien und Luxemburg (van Rompaey & Delvosalle 1979) und für die Schweiz (Welten & Sutter 1982). In Polen, in der Tschechoslowakei und besonders in Österreich und den neuen deutschen Bundesländern sind Kartierungen im Gang, die z. T. weit fortgeschritten sind.

Oft wird der Einwand erhoben, daß seltene Arten durch Veröffentlichungen eher gefährdet als geschützt werden. Bei entsprechender Sorgfalt beim Datenschutz (Offenlegung nur für Naturschutzbehörden oder deren legitimierte Vertreter) ist aber die positive Wirkung viel größer als die negative. Gerade die Kartierung nach Rasterfeldern bietet auch einen gewissen Schutz für die Fundstellen. Denn diese können aus der Karte nicht ohne weiteres entnommen werden.

Es gibt jedoch von Land zu Land und von Gebiet zu Gebiet verschiedene Kartierungsprojekte. Welche Kartierungen in welchen Gebieten Mitteleuropas im Gange sind und was dort geplant ist, darüber gibt ein Heft von E. BERGMEIER (Hrsg.; 1992) Aufschluß. Darin sind auch die Adressen angegeben, an die man sich, wenn man mitmachen möchte, wenden kann. Der bisherige Aufschwung, den die botanische Wissenschaft und der Naturschutz durch die Kartierungen erhalten haben und der nebenbei zum Schutz vieler Gebiete geführt hat, fordert geradezu heraus, zur Weiterarbeit aufzurufen. Denn nun gilt es, die Veränderungen der Flora zu beobachten und dann deren Ursachen zu erforschen.

Literatur: Floristische Rundbriefe, Beiheft **2,** Grundlagen und Methoden floristischer Kartierungen in Deutschland (Hrsg. E. BERGMEIER); Verlag E. Goltze, Göttingen. Zu beziehen über Prof. Dr. H. HAEUPLER, Lehrstuhl für Spezielle Botanik, Ruhruniversität Bochum, ND 03/173, Universitätsstraße 150, 4630 Bochum 1.

Hinweise zum Sammeln und Bestimmen von Pflanzen

Der Anfänger ist zuweilen bei einem Bestimmungsversuch außerstande, eine für die sichere Bestimmung erforderliche Entscheidung zu treffen, wenn ihm ein für die Klassifizierung der betreffenden Pflanze wichtiges Organ fehlt. Diese Schwierigkeit kann durch Beachtung der folgenden Hinweise vermieden werden:

1. **a)** Man sammle **von jeder Pflanze nicht nur blühende, sondern auch fruchtende Triebe in verschiedenen Entwicklungsstadien!** Die Vertreter mehrerer Familien (Brassicaceen, Apiaceen, Asteraceen u. a.) lassen sich mit Sicherheit nur nach **reifen** Früchten bzw. Samen bestimmen. **b)** Stellt man beim Sammeln fest, daß eine Pflanze **eingeschlechtige** und **zweihäusig verteilte** Blüten besitzt, so muß das andere Geschlecht gesucht werden. **c)** Soweit es sich um krautige Pflanzen handelt, sind stets die **Grundblätter** (wenn überhaupt vorhanden) zu sammeln, da diese häufig von den Stengelblättern verschieden sind. **d)** Bei größeren Pflanzen, von denen nur kleinere Stücke mitgenommen werden können, achte man auf die **Stengelbasis** (verholzt oder krautig) und, wenn möglich, auf die Beschaffenheit der unterirdischen Organe (ob Ausläufer, Rhizome, Zwiebeln, Knollen usw.). **e)** Beim Sammeln von **Parasiten,** insbesondere Orobanchen (s. S. 504), sind stets die sie umgebenden **Wirtspflanzen** zu notieren, da diese für die spätere Bestimmung wichtig sind. **f)** Man merke sich ferner den **Charakter des Standorts,** um später mit der Standortangabe in der Artbeschreibung zu vergleichen.

2. Bevor mit dem eigentlichen Bestimmen nach den Tabellen begonnen wird, orientiere man sich über den Bau der Pflanze: Blattstel-

lung, Form der Blätter, Verzweigung, Art der Blütenstände und halte sich dabei an die in der Einleitung gegebenen Definitionen.

3. Um den **Bau einer Blüte** genau kennenzulernen, wird diese in ihre einzelnen Teile zerlegt. Es ist erforderlich, stets **mehrere** Blüten zu untersuchen, denn gelegentlich weisen einzelne vom Normalverhalten abweichende Zahlenverhältnisse ihrer Organkreise auf.

Um zu entscheiden, ob ein **Kelch** vorhanden ist, müssen auch die **Blütenknospen** herangezogen werden. Es gibt Pflanzen (z. B. Mohngewächse), bei denen der Kelch früh abfällt und nur an Blütenknospen nachzuweisen ist.

Zum Studium des **Feinbaus der Blüte** bediene man sich einer guten Lupe, einiger Präpariernadeln und eines kleinen Skalpells.

4. Können Pflanzen nicht an Ort und Stelle bestimmt werden, so sollen sie auf dem **Transport** vor dem Verwelken geschützt werden. Hierzu eignen sich verschließbare Blechkästen (Botanisiertrommeln), aber auch Plastik-(Polyäthylen-)Beutel.

Wer sich eine umfassende Pflanzenkenntnis aneignen und immer wieder vergleichen will, dem sei die Anlage eines **Herbars** empfohlen. Man benutze hierzu käufliche Gitterpressen und lege die Pflanzen zwischen Zeitungen oder spezielles, besonders saugfähiges Pflanzentrockenpapier. Um ein Verschimmeln zu verhindern, wird die Presse an einem sonnigen, luftigen Ort aufgestellt und häufiger das Papier gewechselt. Sind die Pflanzen trocken, so werden sie auf weißes Papier mit Hilfe von Klebstreifen (kein Tesafilm!) aufgezogen und jedes Exemplar mit einem **Etikett,** auf welchem **Familie, Art, Fundort, Pflanzengesellschaft** und **Sammeldatum** vermerkt sein soll, versehen. Wenngleich auch sorgfältig getrocknete Pflanzen noch bestimmt werden können, so verwende man als Anfänger zunächst nur **frisches** Material.

5. **Sammeln darf man überall dort, wo ein Gebiet nicht ausdrücklich als Naturschutzgebiet gekennzeichnet oder als solches bekannt ist,** aber **geschützte** oder **gefährdete** Arten dürfen nirgendwo gesammelt werden!

Alphabetisches Verzeichnis häufiger botanischer Fachausdrücke

adventiv: eingeschleppte, im Gebiet nicht heimische Arten (s. S. 34).

Anthere: Pollensäcke eines Staubblattes samt dazwischenliegendem Mittelband (Konnektiv, s. S. 19).

Androeceum: Gesamtheit der Staubblätter.

apokarp: zahlreiche Fruchtknoten (Stempel) in einer Blüte, frei, nicht zu einem coenokarpen (s. dort) Gynoeceum verwachsen (s. S. 19).

ausdauernd: langlebige Pflanzen; bei Holzpflanzen bleibt das oberirdische Sproßsystem erhalten; bei krautigen Pflanzen sterben die oberirdischen Teile im Herbst ab. Für sie gilt das Zeichen ♃.

Ausläufer: waagrecht, ober- oder unterirdisch wachsende, meist dünne und verlängerte Seitensprosse (S. 6).

bilateral: seltene Symmetrieform bei Blüten; hierbei existieren 2 senkrecht aufeinander stehende Symmetrieebenen *(75, 675).*

Blattwirtel (echte): einem Stengelknoten entspringen mehr als 2 Blätter.

Braktee: Hochblatt, Deckblatt, in dessen Achsel eine Blüte entsteht (S. 16)

Chamaephyten: Stauden und Halbsträucher, deren Triebspitzen absterben und deren Erneuerungsknospen in einer Entfernung von 10–30 cm oberhalb der Erdoberfläche überwintern.

coenokarp: verwachsenblättriges Gynoeceum: in jeder Blüte nur ein, aus mehreren Fruchtblättern gebildeter Fruchtknoten (Stempel od. Pistill).

Cyathium: Blütenstand der Gattung *Euphorbia* (s. S. 318).

dekussiert: gegenständig (S. 10).

dichasial: gabelig verzweigt (S. 5).

Dichasium: zymöser Blütenstand, der unter der Endblüte (die häufig verkümmert ist) eine gabelige Verzweigung bildet (S. 5).

Diskus: Fruchtknotenpolster, ring- oder scheibenförmiger Auswuchs der Blütenachse zwischen Fruchtknoten und Staubblättern, oft Nektar absondernd (S. 17).

dorsiventral = zygomorph: Blüte, die sich nur durch eine Schnittebene in zwei annähernd spiegelbildliche Hälften zerlegen läßt (Taubnessel, Löwenmaul; S. 17).

Ebenstrauß: Doldenrispe (S. 24).

einjährig: Pflanzen, die nur einmal blühen und fruchten; sie sind **sommerannuell,** wenn sie ihren Lebenszyklus in einem Jahr durchlaufen, **winterannuell,** wenn sie im Herbst keimen, im darauffolgenden Jahr blühen, fruchten und absterben. Sie sind gekennzeichnet mit ⊙.

Endemit: Pflanzenart, deren Gesamtverbreitung eng umgrenzt ist („endemisch für ...“).

Erneuerungsknospen: Knospen, die bei Stauden das Triebsystem fortführen.

fertil: fruchtbar.

Fiederblätter: die Blätter besitzen keine einheitliche, sondern eine in einzelne Abschnitte geteilte Spreite. Die einzelnen Fiedern sind kurzgestielt. *Unpaarig* gefiedert ist ein Blatt, wenn eine Endfieder vorhanden ist (*59,* E); bei *paarig* gefiedertem Blatt fehlt diese *(61);* bei *fingerförmig* gefiederten Blättern ist die Mittelrippe (Rhachis) gestaucht, und alle Fiedern entspringen von einem Punkt *(64); fußförmig* gefiedert ist ein Blatt, wenn die Rhachis sich in die Breite (transversal) entwickelt *(66);* bei *3zählig* gefiederten Blättern ist die Endfieder stets gestielt (*60,* E).

Filament: Staubfaden des Staubblattes (S. 19).

Fingerblätter: ähnlich den Fiederblättern, aber die Teilfiedern sind nicht oder sehr kurz gestielt. Bei 3zählig gefingerten Blättern (z. B. Klee) ist die Endfieder sitzend *(65).*

Fruchtknoten: = Ovar (s. dort), der fertile, meist bauchig verdickte Basalabschnitt des Stempels.

grundständig: (alle) Laubblätter

stehen an der Sproßbasis (Rosettensprosse) und damit stets wechselständig.

gekielt: im Bereich eines Nerven deutlich über die glatte Oberfläche vorspringendes Gewebe.

geöhrt: bei sitzenden Blättern (S. 12) ist die Blattspreite an ihrer Basis links und rechts von der Ansatzstelle des Blattes am Stengel über diesen hinaus in Form zweier „Öhrchen" vorgestreckt.

geschnäbelt: → Schnabel

Geophyten: ausdauernde Gewächse, deren oberirdische Triebe im Herbst absterben und mit Hilfe von Knollen, Zwiebeln, Ausläufern oder Rhizomen in einer bestimmten Bodentiefe überwintern.

Griffel: verlängerter Abschnitt des Ovars; kann sehr kurz sein od. fehlen (z. B. Brassicaceen, *679–680*).

Gynoeceum: Gesamtheit der Fruchtblätter (Karpelle); sind diese frei = apokarpes Gynoeceum (z. B. Ranunculaceen, *369*); sind diese zu einem einheitlichen Gehäuse miteinander verwachsen = coenokarpes Gynoeceum.

Habitus: Tracht, Wuchs, Gesamtbild der Pflanze.

Hemikryptophyten: Stauden und Halbsträucher, deren oberirdische Triebe im Herbst absterben und deren Erneuerungsknospen dicht oberhalb der Erdoberfläche überdauern.

Hochblätter: in der Entwicklung gehemmte Blattorgane von einfacher Gestalt, die sich am Stengel unterhalb der Blüte, resp. Infloreszenz finden.

Honigblätter: vgl. Nektarblätter

Hypanthium: die über den Fruchtknoten hinaus verlängerte Blütenachse, die dadurch eine Blumenkronröhre vortäuscht oder eine aus Kelch, Krone und Staubblättern gebildete Blütenröhre (*222,* z. B. bei Onagraceen, S. 275).

Infloreszenz: Blütenstand.

inserieren: angewachsen, angeheftet sein.

Internodium: Stengelglied.

Involucrum: Hüllkelch der Asteraceen, Dipsacaceen.

Karpell (Carpell): Fruchtblatt; bildet zusammen mit den daransitzenden Samenanlagen das Gynoeceum (s. dort).

Knollen: verdickte, sproßbürtige Wurzeln (Scharbockskraut, S. 193; Dahlie), verdickte Ausläufer (Kartoffel, S. 476) oder verdickte Sproßachsen (Kohlrabi, S. 359).

Knoten: Ansatzstelle der Blätter an der Sproßachse.

Kollektivart: Sammelart.

Konnektiv: Mittelband, das die beiden Theken einer Anthere miteinander verbindet (S. 19).

Kryptophyten: s. Geophyten

Ligula: Blatthäutchen (S. 11).

Makrosporen: Großsporen der Pteridophyten; sie erzeugen Vorkeime mit weiblichen Organen (Archegonien) (S. 2).

mehrjährig: Pflanzen, die erst nach mehreren Jahren zur Blüten- und Fruchtbildung schreiten, dann aber, im Gegensatz zu den ausdauernden (perennierenden) Pflanzen, absterben (S. 7).

Mikrosporen: Kleinsporen der Pteridophyten; sie erzeugen Vorkeime mit männlichen Organen (Antheridien) (S. 2).

monopodial = razemös, s. w. u.

Mycorrhiza: ist eine besondere Form der Symbiose (Zusammenleben von zwei Partnern, von Blütenpflanze und Pilz, zum gegenseitigen Nutzen).

Echte Mycorrhiza-Pflanzen sind bleich und chlorophyllos [einige Erdorchideen (z. B. *Neottia, Epipogium*), sowie der Fichtenspargel *(Monotropa);* sie sind nicht mit Parasiten zu verwechseln]. In den Wurzeln dieser Pflanzen lebt ein Pilz, der jene mit organischen Nährstoffen versorgt, während die Blütenpflanzen dem Pilz Wasser und Mineralsalze liefern. Eine Mycorrhiza findet sich auch bei vielen unserer Waldbäume.

Narben: Endabschnitte des Griffels od. des Ovars, die der Aufnahme der Pollenkörner dienen; die Anzahl der Narbenlappen lassen die Anzahl der an der Bildung eines coenokarpen Gynoeceums beteiligten Fruchtblätter erkennen.

Nektarblätter: nektarabsondernde Organe im Bereich der Blüte, die umgebildeten Staubblättern (Staminodien, s. dort) entsprechen und zwischen den äußeren Blüttenhüll- und den fertilen Staubblättern (*363,* H) stehen; sie sind entweder klein und unscheinbar, häufig von tüten- oder schlauchförmiger Gestalt *(349–350),* oder blumenblattartig und lebhaft gefärbt (petaloid, s. dort), tragen aber an der Basis eine häufig nur mit Lupe erkennbare Nektarschuppe (= *364,* viele Ranunculaceen, S. 184).

Nektarien: zuckerhaltige Säfte absondernde Drüsen; in Blüten heißen sie florale, an vegetativen Organen extraflorale Nektarien.

Niederblätter: kleine, meist schuppenförmige, selten grüne Blattorgane, die fast ausschließlich an der Sproßbasis sowie an Ausläufern und Rhizomen auftreten.

Ochrea: Tüte; röhrenförmige, häutige Scheide, die den Stengel umfaßt (S. 11).

Öhrchen: s. geöhrt

Ovar(ium): fertiler Abschnitt des Fruchtknotens, der die Samenanlagen umschließt.

Papille: kegelförmige Ausstülpung (Vorwölbung) einer Oberhautzelle.

Pappus: Haarkelch der Asteraceen (= Compositen) und Valerianaceen (S. 545, 455).

Parasiten: Schmarotzer, die auf anderen Pflanzen leben. Halbparasiten (z. B. die Mistel) besitzen noch grüne Blätter und können assimilieren; Ganzparasiten (z. B. *Orobanche,* Schuppenwurz, Kleeseide) sind bleich, chlorophyllos, entziehen dem Wirt alle benötigten organischen und anorganischen Nährstoffe. Der Wirt kann dabei absterben.

perennierend: s. ausdauernd

Perianth: Blütenhülle (doppelt: aus Kelch und Blütenblättern) oder Perigon (s. dort); einfach: nur ein Kreis entweder von Kelch- oder von Blütenblättern (S. 17 f.).

Perigon: Blütenhülle, die aus 2 untereinander in Form, Größe und Farbe ± gleichartigen Kreisen (Wirteln) besteht (Tulpe; S. 17).

Perikarp: Wand des Fruchtknotens z. Z. der Fruchtreife (S. 26).

petaloid: blumenblattähnlich; wenn z. B. Staubblätter od. Nektarblätter (bei Ranunculaceen) eine blumenblattartige Gestalt annehmen.

Phanerophyten: Bäume und Sträucher, die höher als 2 m werden (S. 8).

Pistill: ein aus mehreren Fruchtblättern bestehendes coenokarpes Gynoeceum.

Plazenta: Samenleiste; Gewebe, an dem die Samen angeheftet sind (S. 20).

postfloral: nach der Blütezeit.

radiär = strahlig: Blüte, die durch mehr als zwei Schnittebenen in je zwei spiegelbildlich gleiche Hälften zerlegt werden kann (S. 17).

razemös = monopodial: Verzweigungsart. An einer durchgehenden Hauptachse entspringen Seitenäste (Tanne, *6*).

Rhachis: Mittelrippe, Blattspindel eines gefiederten Blatts (S. 14).

Rhizom: ausdauernde, unterirdisch-waagrecht wachsende und ± verdickte Speichersprosse (S. 6).

Ruderalpflanzen: oft in der Nähe menschlicher Siedlungen, häufig auf Schuttplätzen wachsend.

Rübe: verdickte, unterirdische Speicherwurzel.

Schaft: der blattlose Stengel von Infloreszenzen, z. B. beim Wegerich, Löwenzahn u. a.

Scheidewände (Septen): Wände, durch welche das Ovar gefächert wird.

Scheinwirtel: die in einem Wirtel angeordneten Blätter entspringen nicht einem Knoten, sondern mehreren, deren Internodien extrem verkürzt sind. Bei den Rubiaceen liegt der Scheinwirtelbildung eine Verlaubung der Nebenblätter zugrunde.

Schlundschuppen: zum Blütenzentrum hin gerichtete Auswüchse der Blumenkronblätter (z. B. Boraginaceen, *897*, S. 466).

Schnabel: entspr. aussehende Verlängerung und Verdickung des verschmälerten, oberen, samenlosen Ovaranteiles (z. B. *681, 682, 611*).

Sekretgänge: zwischen den Gewebezellen verlaufende Gänge, die Öle, Harze, Milch usw. enthalten.

Sorus der Farne: die Gesamtheit der Sporenkapseln eines Häufchens, die häufig unter einem gemeinsamen Schleier liegen.

Spatha: Blütenscheide, Hochblatt unter einem Blütenstand (Aronstab, Schlangenkraut).

Spelzen: Blütenhüllorgane der Grasblüten.

Sporangium bei Pteridophyten: Sporenbehälter, Sporenkapsel.

Sporocarpien: Sporenfrüchte bei Wasserfarnen.

Sporophyll der Pteridophyten: Blatt, das Sporenkapseln trägt; diese „fruchtbaren" Blätter haben zuw. eine andere Gestalt als die unfruchtbaren *(327, 328)*.

Spreublätter: Tragblätter köpfchenförmiger Blütenstände (Compositen, Dipsacaceen).

Staminodien: unfruchtbare Staubblätter, häufig von besonderer Form, s. auch Nektarblätter; S. 19 *(364, 367)*.

Stauden: ausdauernde Pflanzen, deren Laubtriebe im Herbst absterben.

Stempel: ein aus mehreren, verwachsenen Fruchtblättern bestehendes Gynoeceum.

stengelumfassend: Blätter, die an ihrer Ansatzstelle am Sproß diesen durch basale Gliederungen ± weit umgreifen.

steril: unfruchtbar.

Stipel: Nebenblatt (S. 11).

submers: untergetaucht.

sympodial: Verzweigungsart, bei der im Gegensatz zur razemösen Verzweigung keine durchgehende Hauptachse vorhanden ist (s. S. 5 und 23).

Therophyten: einjährige Pflanzen, welche die ungünstige Jahreszeit im Zustand der Samenruhe verbringen.

Tragblatt: Blatt, in dessen Achsel ein Seitenzweig – vegetativ oder mit Blüten – oder nur eine einzelne Blüte (dann → Braktee) steht.

Vorblatt: Blattorgan unterhalb der Blüte (in 1- oder 2-Zahl).

wechselständig: an jedem Knoten (Nodium) steht nur 1 Blatt; die Blätter insgesamt weisen nach allen Seiten (Sonderfall: → zweizeilig).

Wedel: Blätter der Farne.

zweijährig: Pflanzen, die im 1. Jahr vegetativ leben, im 2. Jahr blühen, fruchten und absterben. Sie sind mit ⊙ gekennzeichnet.

zerstreut: → wechselständig

zweizeilig: Sonderfall wechselständiger Blattstellung, bei der der Winkelabstand zweier aufeinanderfolgender Blätter 180° beträgt.

Zwiebel(sproß): sehr kurze, gedrungene Sprosse, an denen in dichter Anordnung fleischige Speicherblätter stehen (S. 6).

zygomorph = dorsiventral, s. dort.

zymös = sympodial, s. dort.

2n = diploide, artspezifische Chromosomenzahl für Körperzellen (n = desgl. für Geschlechtszellen)

Anleitung zum Gebrauch der Bestimmungstabellen

Die nachfolgenden Bestimmungstabellen sind so gestaltet, daß auch der Anfänger bei sorgfältiger Beobachtung ohne große Mühe den Namen einer ihm unbekannten Pflanze auffindet. Er hat stets zwischen zwei Möglichkeiten zu wählen: Die erste ist durch eine **Zahl** im Fettdruck, die zweite durch einen Strich (—) am linken Seitenrand gekennzeichnet. Hat man sich nun für eine der beiden Möglichkeiten entschieden, so findet man am rechten Seitenrand wiederum eine fette Zahl, bei der die Bestimmung fortgeführt wird usf., bis man zu einem Familien-, Gattungs- oder Artnamen gelangt; die bei diesem stehende Zahl im **Normaldruck** verweist auf die Seite, wo nach Familien- und Gattungstabellen der Name der Gattung und schließlich der Art aufzusuchen ist. Die Bestimmung führt zum Ziel, wenn alle in den Tabellen und in der Artbeschreibung aufgeführten Merkmale mit denen der vorliegenden Pflanze übereinstimmen. Zuweilen kann der Anfänger an einen Punkt gelangen, bei dem er sich, obwohl alle zur Bestimmung einer Pflanze wichtigen Teile gesammelt worden sind, für keine der beiden Möglichkeiten entscheiden kann. In diesem Falle wird angeraten, beide Wege weiter zu verfolgen. Führt keiner zum Ziel, so kann das folgende Gründe haben:

a) Die Pflanze ist im vorliegenden Buch nicht aufgenommen, da es sich um einen Fremdling der heimischen Vegetation (z. B. Gartenzierpflanze) handelt oder die Pflanze ist in einem Gebiet gesammelt worden, das außerhalb des von der „Flora" erfaßten liegt.

b) Es liegt ein untypisches Exemplar vor. Es wird deshalb empfohlen, stets mehrere Exemplare der gleichen Art zu sammeln.

c) Man ist auf dem falschen Wege, da ein wichtiges Merkmal nicht richtig erkannt oder infolge oberflächlicher Beobachtung übersehen worden ist. In diesem Falle ist noch einmal von vorn mit der Bestimmung zu beginnen. Außer den Tabellen I–X können auch die Tabellen XI (S. 101 ff.) bis XIV benutzt werden, nach denen die Bestimmung vorwiegend an Hand vegetativer Merkmale, wie Blattstellung und Blattform, vorgenommen wird (Kontrollmöglichkeit!).

Nachfolgend soll an einigen Beispielen die Handhabung der Tabellen gezeigt werden:

Iris pseudacorus, Sumpfschwertlilie

Wir beginnen auf S. 59, wo es unter der Überschrift: „Tabellen zum Bestimmen der Hauptgruppen" heißt:

1. Tabellen zum Bestimmen in erster Linie nach vegetativen Merkmalen . . . . **C. Tabelle** S. 101
— Tabellen zum Bestimmen in erster Linie nach Blütenmerkmalen **2**

Wir wollen nach Blütenmerkmalen bestimmen, was meist der kürzere Weg ist, und müssen daher bei Ziffer **2** fortfahren:

2. Pflanze stets ohne Blüten und Samen **Pteridophyta, Tabelle I**
— Pflanze mit Blüten **3**

Da unsere Pflanze auffällige Blüten besitzt, gehen wir bei Punkt **3** weiter:

3. Samen frei, nicht in einen Frkn. eingeschlossen . . . . . .
— Samen in einen Frkn. eingeschlossen
Bedecktsamige Pfl., **Angiospermae, 4**

Ein Schnitt durch den unterständigen Fruchtknoten überzeugt uns davon, daß die Samen eingeschlossen sind, wir es also mit einer Angiospermen zu tun haben. Da es sich um eine Pflanze mit **grünen** Blättern, aber um keinen Baum oder Strauch handelt, müssen wir bei Punkt **6** weitergehen. Die hier aufgeführten Merkmale lassen die Zugehörigkeit zu den **Monokotyledonen** erkennen, so daß wir die Tab. IV auf S. 64 zu benutzen haben.

In dieser gelangen wir von Punkt **1** (Land- u. Sumpfpfl.) nach Punkt **6;** von Punkt **6**— über **7**— (Bltnhülle meist größer als 5 mm) nach **8**—, denn der Frkn. unserer Pflanze ist unterständig; Punkt **9**— (Bltn. radiär) führt uns zu Punkt **10.** Die 3 Staubblätter und die blumenblattartigen Narbenäste verweisen auf die Familie der **Iridaceae.** In den Gattungs- und Artentabellen (s. S. 636) wird ohne Schwierigkeit der Name der Art ermittelt.

Anemone nemorosa, Buschwindröschen

Die Pflanze gehört mit ihren *gefingerten* Blättern zu den *Dicotyledoneae,* so daß wir auf Tabelle V, S. 67, verwiesen werden. Da es sich um eine mit *grünen Blättern* versehene *krautige* Staude handelt, *deren Blüten keine Sonderung in Kelch und anders gefärbte* Krone aufweisen und deren Blumenkronblätter *nicht* miteinander verwachsen sind, müssen wir die Bestimmung in der Tabelle VIII, S. 78, fortsetzen. Von Punkt **1** gelangen wir über **3** zu **44.** Der *quirligen* Anordnung der Stengelblätter zufolge müssen wir bei Punkt **72** fortfahren, wo wir bereits bei der Familie **Ranunculaceae** angelangt sind. Die Bestimmung der Gattung erfolgt nach der Tabelle auf S. 184, die der Art auf S. 193.

Veronica chamaedrys, Gamander-Ehrenpreis

Auch diese Pflanze gehört zu den *Dicotyledoneae,* denn die *Blattspreite* ist mit *fiedriger Nervatur* versehen. Die Blüten besitzen eine *doppelte,* in *Kelch* und *Blumenkrone gegliederte Blütenhülle.* Zupfen wir die Blumenkrone ab, so stellen wir fest, daß die Blumenkronblätter zu einer, wenn auch nur *kurzen Röhre miteinander verwachsen* sind. Wir müssen demzufolge die Bestimmung nach Tabelle X, S. 93, durchführen. Von Punkt **1** gelangen wir zu **5** (Pfl. nicht windend od. rankend). Die *radiären* Blüten führen uns zu **25,** die *freien Staubbeutel* und *Staubfäden* zu **26** und **27,** die *gegenständige* Beblätterung zu **28,** der nicht 2spaltige Kelch über **28** und **29** zu **30.** Da nur 2 Staubblätter vorhanden sind, müssen wir bei **41** fortfahren. Die *gegenständigen* Blätter verweisen uns zu **42,** von hier zu **43** (Stbblätt. 2 od. 4), weiter zu **44** (Bltn. nicht zu 2 auf langen Stielen), zu **45** (Blkr. nicht trockenhäutig), zu **46** (Frkn. oberst.). Von **46**— müssen wir zurück zu Punkt **22,** von wo wir über Punkt **23** (Fruchtknoten nicht 4teilig) zu Punkt **24** und damit wegen der Staubblattanzahl = 2 zur Familie der *Scrophulariaceae,* S. 478, gelangen. In der Gattungstabelle finden wir schnell die Gattung **Veronica** und im Artenschlüssel die Art: *V. chamaedrys.*

Die Handhabung der Tabellen XI–XIV (Bestimmung nach vegetativen Merkmalen) erfolgt in der gleichen Weise, nur hat man sich zuvor genauestens über Blattstellung und Blattform zu orientieren, wozu wiederum das Lesen der Einleitung erforderlich ist.

Wenn man sich bei Angabe der Blütenfarbe (z. B. gelbl.grün, grünl.weiß u. a.) nicht ganz im klaren ist, sollte man beide Wege der Bestimmung gehen. In jedem Fall sind *junge* und *alte* Blüten zur Bestimmung heranzuziehen.

Abkürzungen für Verbreitungsangaben im Gebiet

(Die ausführliche Erläuterung findet sich bereits auf S. 32)

g = gemein	*s* = selten
v = verbreitet	*f* = fehlend
z = zerstreut	*h* = häufig

Die Länder- und Gebietsabkürzungen finden sich auf den beiden Karten der Umschlagdeckel.

Die Himmelsrichtungen sind abgekürzt mit

N = Norden	O = Osten
S = Süden	W = Westen

M = Mittel-, mittlere(s, r) (z. B. M-Gebirge, M-Dt, M-Gebiet)

Verbreitungsangaben beziehen sich grundsätzlich nur auf die jeweils angegebenen Lebensräume und Höhenstufen.

Erläuterung der verschiedenen Druckarten in den Tabellen

Die Bestimmungstabellen bestehen aus Zeilengruppen, von denen jeweils zwei Gruppen zusammengehören und gegensätzliche (alternative) Fragen beinhalten. Die erste Frage ist durch eine **fettgedruckte Zahl** (z. B. **1, 2, 3,** usf.), die Gegenfrage durch einen **Strich** (—) gekennzeichnet. Die Merkmale der zu bestimmenden Pflanze treffen stets nur auf *eine* der beiden Fragen zu. Die **fettgedruckten** Zahlen am Ende der Zeilen verweisen auf das nächste Fragenpaar usf., bis man zu einem Familien- oder Gattungsnamen gelangt; die hinter diesem stehende Zahl in **magerer Schrift** gibt die Seite an, auf der die Art ausführlicher besprochen wird, bzw. die Bestimmung fortzuführen ist (so bedeutet 80 = Seite 80). **Kursiv in Klammern** gesetzte Zahlen sind Hinweise auf Abbildungen (so bedeuten beispielsweise *20* = Abb. 20; *200a* = Abb. 200a).

Die in den Artdiagnosen der speziellen Gattungstabellen aufgeführten **römischen Ziffern** (I–XII) geben bei Blütenpflanzen die Monate der Blütezeit, bei den Sporenpflanzen die der Sporenreife an: so besagt etwa V–VII, daß die betreffende Art von Mai bis Juli blüht bzw. ihre Sporen zu dieser Zeit heranreifen. In **Kleindruck** gesetzt sind alle Kleinarten, alle Unterarten (= ssp.) und Varietäten (= var.), alle Zier- und Kulturpflanzen sowie alle jene Gewächse, die durch Handel und

Verkehr aus fremden Ländern eingeschleppt wurden (sog. **Adventivpflanzen,** s. S. 34), sowie Neophyten, sofern sie noch nicht weiträumig eingebürgert sind, – die Grenzziehung ist hier freilich fließend.

Erklärung der im Text verwendeten Abkürzungen

abw.	= abwärts
alp., Alp.	= alpin, Alpen
angepfl.	= angepflanzt
art.	= ...artig (gleichartig)
aufw.	= aufwärts
b.	= bei (in Verbreitungsangaben)
bes.	= besonders
Blattgrd.	= Blattgrund
Blattspr.	= Blattspreite
Blätt.	= Laubblätter
Blkr.	= Blumenkrone
Bltn.	= Blüten
Bltzt.	= Blütezeit
...bltg.	= ...blütig, ...ger, -e, -en etc.
bisw.	= bisweilen
bzw.	= beziehungsweise
dk.	= dunkel... (z.B. dunkelgrün)
Dm	= Durchmesser
eingschl.	= eingeschlechtig
em., emend.	= emendavit, verbessert bzw. erweitert
entw.	= entweder
...f.	= ...förmig (z.B. eiförmig)
Fied.	= Fiedern
Fr.	= Frucht
Frkn.	= Fruchtknoten
Frzt.	= Fruchtzeit
..geb.	= ...gebirge
gefied.	= gefiedert, ...ter
gefing.	= gefingert, ...ter
geglied.	= gegliedert, ...ter
glzd.	= glänzend, ...der
Gr.	= Griffel
Grd.	= Grund, -de
hgd.	= hängend, ...en
höh.	= höhere, -s, -r, -n, -m
Infl.	= Infloreszenz
K.	= Kelch
kult.	= kultiviert
...l.	= ...lich (z.B. länglich, grünlich)
lg.	= lang
...lgd.	= ...liegend, ...der (z.B. niederliegend)
m.	= mit
mittl.	= mittlere, -r, -es
nied.	= nieder, -e, -es, -er
ob.	= obere, -r, -es, -en
od.	= oder
Ordn.	= Ordnung
Pfl.	= Pflanze
p.p.	= pro parte (zum Teil)
Reg.	= Region
s.l.	= sensu lato, im weiteren Sinn
Spr.	= Spreite
spitzenw.	= spitzenwärts
s.str.	= sensu stricto, im engeren Sinn
ssp.	= subspecies, Unterart
...st.	= ...ständig (z.B. unterständig)
Stbblätt.	= Staubblätter
stellenw.	= stellenweise
Stg.	= Stengel
...stgd.	= ...steigend (z.B. aufsteigend)
sthd.	= stehend, ...der
...sts.	= ...seits (z.B. oberseits)

teilw.	= teilweise	±	= mehr oder weniger
unt.	= untere, -r, -s, -en, -em	⊙	= einjährige Pflanzen
var.	= varietas, Varietät	⊙̈	= zweijährige Pflanzen
verbr.	= verbreitet	♃	= ausdauernde Pflanzen
Verbr.	= Verbreitung	♂	= männliche Blüte
verwild.	= verwildert, ...ter	♀	= weibliche Blüte
vorwgd.	= vorwiegend	⚥	= zwittrige Blüte
...w.	= ...wärts (z. B. einwärts)	>	= größer als
zahlr.	= zahlreich	<	= kleiner als
z. T.	= zum Teil	Ⓖ	= in Deutschland geschützte Art
z. Z.	= zur Zeit	Ⓖ!	= in Deutschland geschützte und vom Aussterben bedrohte Art
z. Bltzt.	= zur Blütezeit	[G]	= außerhalb Deutschlands geschützte Art
z. Frzt.	= zur Fruchtzeit		
z. Reifezt.	= zur Reifezeit		
zuw.	= zuweilen		
zw.	= zwischen		

Das der „Flora" zugrundeliegende System der Pflanzen[1]

Abteilung: Pteridophyta	*Gefäßsporenpflanzen*	154
Unterabteilung: Lycophytina	*Bärlappähnliche*	154
Klasse: Lycopsida	*Bärlappe*	154
Ordnung: Lycopodiales		
Familie: Lycopodiaceae	*Bärlappgewächse*	154
Ordnung: Selaginellales		
Familie: Selaginellaceae	*Moosfarngewächse*	157
Klasse: Isoëtopsida	*Brachsenkrautähnliche*	157
Ordnung: Isoëtales		
Familie: Isoëtaceae	*Brachsenkrautgewächse*	157
Unterabteilung: Sphenophytina	*Schachtelhalmähnliche*	158
Klasse: Sphenopsida	*Schachtelhalme*	158
Ordnung: Equisetales		
Familie: Equisetaceae	*Schachtelhalmgewächse*	158

[1] Anläßlich der letzten Neubearbeitung (87. Aufl.) wurde das früher angewandte System aufgegeben und neuzeitlichen Erkenntnissen angepaßt. Um Kongruenz zum in Deutschland ‚gängigsten' System zu erzielen, wurde jenes von F. Ehrendorfer in Strasburgers ‚Lehrbuch der Botanik' zugrunde gelegt. In der neuesten Auflage dieses Lehrbuches sind erneut Veränderungen eingetreten. Diese erscheinen uns aber nicht so gravierend, weshalb wir – entsprechend einer Vorab-Benutzerumfrage – davon abgesehen haben, daraus resultierende Ordnungs- und Familienumstellungen sogleich zu übernehmen.

Unterabteilung: Filicopsida	*Farnähnliche*	162
Klasse: Eusporangiatae	*Derbkapselige Farne*	162
Ordnung: Ophioglossales		
Familie: Ophioglossaceae	*Natternzungenfarngewächse*	162
Klasse: Leptosporangiatae	*Zartwandkapselige Farne*	164
Ordnung: Osmundales		
Familie: Osmundaceae	*Königsfarngewächse*	164
Ordnung: Polypodiales		
Familie: Hymenophyllaceae	*Hautfarngewächse*	166
Familie: Pteridiaceae	*Adlerfarngewächse*	166
Familie: Sinopteridaceae	*Schuppenfarngewächse*	166
Familie: Cryptogrammaceae	*Rollfarngewächse*	166
Familie: Thelypteridaceae	*Lappen-(Sumpf-)farngewächse*	167
Familie: Aspleniaceae	*Streifenfarngewächse*	167
Familie: Athyriaceae	*Frauenfarngewächse*	170
Familie: Aspidiaceae	*Schildfarngewächse*	172
Familie: Blechnaceae	*Rippenfarngewächse*	175
Familie: Polypodiaceae	*Tüpfelfarngewächse*	175
Ordnung: Marsileales		
Familie: Marsileaceae	*Kleefarngewächse*	176
Ordnung: Salviniales		
Familie: Salviniaceae	*Schwimmfarngewächse*	176
Familie: Azollaceae	*Algenfarngewächse*	177
Abteilung: Spermatophyta	*Samenpflanzen*	178
Unterabteilung: Gymnospermae	*Nacktsamige Pflanzen*	178
Klasse: Taxopsida	*Eibenähnliche*	178
Ordnung: Taxales		
Familie: Taxaceae	*Eibengewächse*	178
Klasse: Coniferopsida	*Kiefernähnliche*	179
Ordnung: Coniferales		
Familie: Pinaceae	*Kieferngewächse*	179
Familie: Cupressaceae	*Zypressengewächse*	181
Unterabteilung: Angiospermae	*Bedecktsamige Pflanzen*	182
Klasse: Dicotyledoneae	*Zweikeimblättrige Pflanzen*	182
Unterklasse: Polycarpicae	*Vielfrüchtige Pflanzen*	182
Ordnung: Nymphaeales		
Familie: Nymphaeaceae	*Seerosengewächse*	182
Familie: Ceratophyllaceae	*Hornblattgewächse*	183
Ordnung: Ranunculales		
Familie: Ranunculaceae	*Hahnenfußgewächse*	184
Familie: Berberidaceae	*Sauerdorn-, Berberitzengewächse*	201
Ordnung: Papaverales		
Familie: Papaveraceae	*Mohngewächse*	202
Familie: Fumariaceae	*Erdrauchgewächse*	204
Ordnung: Aristolochiales		
Familie: Aristolochiaceae	*Osterluzeigewächse*	206

Unterklasse: Hamamelididae	*Kätzchenblütler*	207
Ordnung: Hamamelidales		
Familie: Platanaceae	*Platanengewächse*	207
Ordnung: Fagales		
Familie: Fagaceae	*Buchengewächse*	208
Familie: Betulaceae	*Birkengewächse*	209
Familie: Corylaceae	*Haselnußgewächse*	211
Ordnung: Urticales		
Familie: Ulmaceae	*Ulmengewächse*	212
Familie: Moraceae	*Maulbeergewächse*	212
Familie: Cannabaceae	*Hanfgewächse*	213
Familie: Urticaceae	*Brennesselgewächse*	213
Ordnung: Myricales		
Familie: Myricaceae	*Gagelstrauchgewächse*	214
Ordnung: Juglandales		
Familie: Juglandaceae	*Walnußgewächse*	214
Unterklasse: Rosidae	*Rosenähnliche*	215
Ordnung: Saxifragales		
Familie: Grossulariaceae	*Stachelbeergewächse*	215
Familie: Philadelphaceae	*Pfeifenstrauchgewächse*	216
Familie: Crassulaceae	*Dickblattgewächse*	216
Familie: Saxifragaceae	*Steinbrechgewächse*	220
Familie: Parnassiaceae	*Herzblattgewächse*	226
Ordnung: Sarraceniales		
Familie: Droseraceae	*Sonnentaugewächse*	226
Ordnung: Rosales		
Familie: Rosaceae	*Rosengewächse*	227
Unterfamilie: Spiraeoideae	*Spierstrauchartige*	230
Unterfamilie: Rosoideae	*Rosenartige*	230
Unterfamilie: Maloideae	*Apfelartige*	243
Unterfamilie: Prunoideae	*Steinobstartige*	247
Ordnung: Fabales		
Familie: Fabaceae	*Schmetterlingsblüten-gewächse*	250
Ordnung: Myrtales		
Familie: Lythraceae	*Blutweiderichgewächse*	274
Familie: Trapaceae	*Wassernußgewächse*	274
Familie: Onagraceae	*Nachtkerzengewächse*	275
Ordnung: Haloragales		
Familie: Haloragaceae	*Tausendblattgewächse*	279
Ordnung: Elaeagnales		
Familie: Elaeagnaceae	*Ölweidengewächse*	279
Ordnung: Rutales		
Familie: Rutaceae	*Rautengewächse*	280
Familie: Simaroubaceae	*Bittereschengewächse*	280
Familie: Anacardiaceae	*Sumachgewächse*	281
Ordnung: Sapindales		
Familie: Aceraceae	*Ahorngewächse*	281
Familie: Hippocastanaceae	*Roßkastaniengewächse*	282
Familie: Staphyleaceae	*Pimpernußgewächse*	283

Ordnung: Geraniales		
Familie: Oxalidaceae	*Sauerkleegewächse*	283
Familie: Linaceae	*Leingewächse*	283
Familie: Geraniaceae	*Storchschnabelgewächse*	285
Familie: Balsaminaceae	*Balsaminengewächse*	288
Familie: Tropaeolaceae	*Kapuzinerkressengewächse*	289
Ordnung: Polygalales		
Familie: Polygalaceae	*Kreuzblumengewächse*	289
Ordnung: Cornales		
Familie: Cornaceae	*Hartriegelgewächse*	291
Ordnung: Apiales		
Familie: Araliaceae	*Efeugewächse*	291
Familie: Apiaceae	*Doldengewächse*	292
Ordnung: Celastrales		
Familie: Aquifoliaceae	*Stechpalmengewächse*	314
Familie: Celastraceae	*Spindelbaumgewächse*	314
Ordnung: Rhamnales		
Familie: Rhamnaceae	*Kreuzdorngewächse*	314
Familie: Vitaceae	*Weinrebengewächse*	315
Ordnung: Santalales		
Familie: Santalaceae	*Leinblattgewächse*	316
Familie: Loranthaceae	*Mistelgewächse*	317
Ordnung: Euphorbiales		
Familie: Buxaceae	*Buchsbaumgewächse*	318
Familie: Euphorbiaceae	*Wolfsmilchgewächse*	318
Ordnung: Thymelaeales		
Familie: Thymelaeaceae	*Seidelbastgewächse*	322
Unterklasse: Dilleniidae	*Dillenienähnliche*	323
Ordnung: Dilleniales		
Familie: Paeoniaceae	*Pfingstrosengewächse*	323
Ordnung: Theales		
Familie: Hypericaceae	*Johanniskraut- od. Hartheugewächse*	323
Familie: Elatinaceae	*Tännelgewächse*	325
Ordnung: Violales		
Familie: Violaceae	*Veilchengewächse*	326
Familie: Cistaceae	*Cistrosengewächse*	330
Familie: Tamaricaceae	*Tamariskengewächse*	332
Ordnung: Capparales		
Familie: Brassicaceae	*Kreuzblütler*	332
Familie: Resedaceae	*Resedagewächse*	361
Ordnung: Salicales		
Familie: Salicaceae	*Weidengewächse*	362
Ordnung: Cucurbitales		
Familie: Cucurbitaceae	*Kürbisgewächse*	381
Ordnung: Malvales		
Familie: Malvaceae	*Malvengewächse*	382
Familie: Tiliaceae	*Lindengewächse*	384
Ordnung: Ericales		
Familie: Pyrolaceae	*Wintergrüngewächse*	384
Familie: Monotropaceae	*Fichtenspargelgewächse*	385

Familie: Ericaceae	*Heidekrautgewächse*	386
Familie: Empetraceae	*Krähenbeerengewächse*	389
Ordnung: Primulales		
Familie: Primulaceae	*Primelgewächse*	389
Unterklasse: Caryophyllidae	*Nelkenähnliche*	396
Ordnung: Caryophyllales		
Familie: Caryophyllaceae	*Nelkengewächse*	396
Familie: Phytolaccaceae	*Kermesbeerengewächse*	417
Familie: Portulacaceae	*Portulakgewächse*	417
Familie: Chenopodiaceae	*Gänsefußgewächse*	418
Familie: Amaranthaceae	*Fuchsschwanzgewächse*	427
Ordnung: Polygonales		
Familie: Polygonaceae	*Knöterichgewächse*	428
Ordnung: Plumbaginales		
Familie: Plumbaginaceae	*Grasnelkengewächse*	436
Unterklasse: Asteridae	*Asternähnliche*	437
Ordnung: Gentianales		
Familie: Menyanthaceae	*Fieberkleegewächse*	437
Familie: Gentianaceae	*Enziangewächse*	438
Familie: Apocynaceae	*Immergrüngewächse*	446
Familie: Asclepiadaceae	*Schwalbenwurzgewächse*	446
Familie: Rubiaceae	*Rötegewächse*	446
Ordnung: Dipsacales		
Familie: Caprifoliaceae	*Geißblattgewächse*	452
Familie: Adoxaceae	*Moschuskrautgewächse*	455
Familie: Valerianaceae	*Baldriangewächse*	455
Familie: Dipsacaceae	*Kardengewächse*	458
Ordnung: Oleales		
Familie: Oleaceae	*Ölbaumgewächse*	462
Ordnung: Polemoniales		
Familie: Convolvulaceae	*Windengewächse*	463
Familie: Polemoniaceae	*Sperrkrautgewächse*	465
Familie: Hydrophyllaceae	*Wasserblattgewächse*	465
Familie: Boraginaceae	*Rauhblattgewächse*	466
Ordnung: Scrophulariales		
Familie: Solanaceae	*Nachtschattengewächse*	474
Familie: Buddlejaceae	*Sommerfliedergewächse*	477
Familie: Scrophulariaceae	*Rachenblütler*	478
Familie: Orobanchaceae	*Sommerwurzgewächse*	504
Familie: Lentibulariaceae	*Wasserschlauchgewächse*	509
Familie: Globulariaceae	*Kugelblumengewächse*	510
Familie: Plantaginaceae	*Wegerichgewächse*	511
Ordnung: Hippuridales		
Familie: Hippuridaceae	*Tannenwedelgewächse*	513
Ordnung: Lamiales		
Familie: Verbenaceae	*Eisenkrautgewächse*	513
Familie: Lamiaceae	*Lippenblütler*	513
Familie: Callitrichaceae	*Wassersterngewächse*	535
Ordnung: Campanulales		
Familie: Campanulaceae	*Glockenblumengewächse*	537

Ordnung: Asterales		
Familie: Asteraceae	*Köpfchen-, Korbblütler*	545
Unterfamilie: Asteroideae		555
Unterfamilie: Cichorioideae		595
Klasse: Monocotyledoneae	*Einkeimblättrige Pflanzen*	614
Unterklasse: Alismatidae	*Froschlöffelähnliche*	614
Ordnung: Alismatales		
Familie: Alismataceae	*Froschlöffelgewächse*	614
Familie: Butomaceae	*Schwanenblumengewächse*	615
Ordnung: Hydrocharitales		
Familie: Hydrocharitaceae	*Froschbißgewächse*	616
Ordnung: Potamogetonales		
Familie: Scheuchzeriaceae	*Blumenbinsengewächse*	617
Familie: Potamogetonaceae	*Laichkrautgewächse*	618
Familie: Najadaceae	*Nixenkrautgewächse*	622
Unterklasse: Liliidae	*Lilienähnliche*	623
Ordnung: Liliales		
Familie: Liliaceae	*Liliengewächse*	623
Familie: Amaryllidaceae	*Narzissengewächse*	635
Familie: Iridaceae	*Schwertliliengewächse*	636
Familie: Dioscoreaceae	*Schmerwurzgewächse*	636
Ordnung: Orchidales		
Familie: Orchidaceae	*Knabenkrautgewächse*	638
Unterklasse: Junciflorae		656
Ordnung: Juncales		
Familie: Juncaceae	*Binsengewächse*	656
Ordnung: Cyperales		
Familie: Cyperaceae	*Sauergräser, Riedgräser*	665
Ordnung: Typhales		
Familie: Typhaceae	*Rohrkolbengewächse*	697
Familie: Sparganiaceae	*Igelkolbengewächse*	698
Ordnung: Poales		
Familie: Poaceae	*Süßgräser*	699
Unterklasse: Arecidae	*Kolbenblütige*	761
Ordnung: Arales		
Familie: Araceae	*Aronstabgewächse*	761
Familie: Lemnaceae	*Wasserlinsengewächse*	762

A. Tabelle zum Bestimmen der Hauptgruppen

1. Tabellen zum Bestimmen in erster Linie nach vegetativen Merkmalen . . . . **C. Tabellen XI–XIV,** 101

— Tabellen zum Bestimmen in erster Linie nach Blütenmerkmalen **2**

2. Pflanze stets ohne Blüten und Samen, Vermehrung durch mikroskopisch kleine einzellige Sporen
Sporen-, Farnpfl., **Pteridophyta, Tabelle I,** 60

— Pflanze mit Blüten, die Staubblätter oder Fruchtblätter oder beides enthalten und Samen bilden **3**

3. Samen frei, nicht in einen Fruchtknoten eingeschlossen *(89);* Bäume und Sträucher mit nadelförmigen oder schuppenförmigen, meist immergrünen Blättern *(354–356),* Fruchtstände meist als Zapfen
Nacktsamige Pfl., **Gymnospermae, Tabelle II,** 62

— Samen in einen Fruchtknoten eingeschlossen *(88c, 90–93)*
Bedecktsamige Pfl., **Angiospermae, 4**

4. Bäume, Sträucher oder Halbsträucher (Stengel nur am Grunde verholzt und mehrjährig) . . . . . **Tabelle VI,** 68

— Kräuter und Stauden, deren Stengel an der Basis nicht oder kaum verholzt ist **5**

5. Pflanze zur Blütezeit ohne grüne Blätter oder Blütenstengel, nur mit bleichen, bräunlichen oder violetten Schuppenblättern . . . . **Tabelle III,** 63

— Pflanze zur Blütezeit mit voll entwickelten grünen Blättern **6**

6. Blattspreite parallelnervig oder bogennervig, selten einnervig[1], einfach und ungeteilt, zuweilen stielrund *(Juncus),* schwertförmig oder nadelförmig *(Asparagus)* oder netznervig[2];
Blätter häufig in 2 Zeilen oder in zwei- bis mehrzähligen Quirlen;
Sproß mit zerstreut angeordneten Leitbündeln *(130);*
Blütenorgane meist in dreizähligen Wirteln[3];
Keimling nur mit 1 Keimblatt *(1c)*
Einkeimblättrige Pfl., **Monocotyledoneae, Tabelle IV,** 64

---

[1] Meist Wasserpflanzen wie *Najas (482), Zannichellia (482), Elodea (477)* oder *Potamogetonaceae (478).*

[2] Netznervig sind *Paris* (*490,* Blätter zu 4 in einem Quirl unterhalb der 4zähligen Blüte), *Arum* (*576,* Blätter pfeilförmig, zahlreiche Blüten in einem von einem Hochblatt umschlossenen Kolben, *(163)*), *Tamus* (*491,* Blätter herzförmig, Windepflanze mit eingeschlechtlichen Blüten).

[3] Ausnahmen: *Potamogetonaceae (478), Maianthemum (489), Paris (490), Cyperaceae (511), Poaceae (536), Araceae (576), Orchidaceae (493).*

— Blattspreite mit fiederig, fingerig, handförmig oder netzartig miteinander verbundenen Nerven, seltener bogen-, parallel- oder einnervig[1]; Blätter einfach, gefiedert oder gefingert, am Stengel zerstreut, gekreuzt-gegenständig oder in mehrzähligen Wirteln; Sproß krautig oder holzig, Leitbündel im Querschnitt ringförmig angeordnet *(132);* Blütenorgane meist in fünfzähligen Kreisen[2]; Keimling mit 2 Keimblättern *(1b)*
Zweikeimblättrige Pfl., **Dicotyledoneae, Tabelle V,** 67

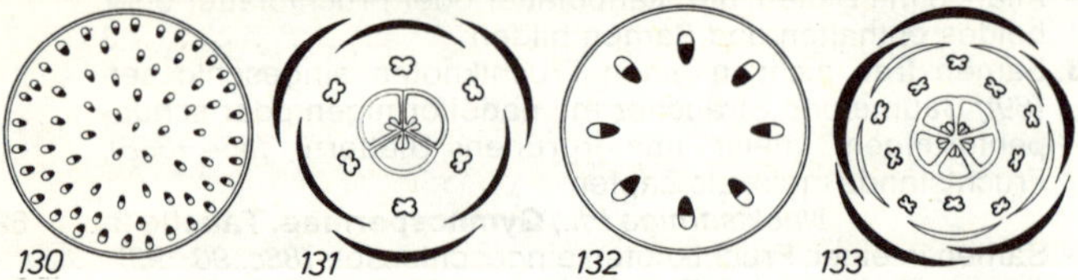

130 *131* *132* *133*

B. Tabellen zum Bestimmen der Familien in erster Linie nach Blütenmerkmalen[3]

Tabelle I
Sporenpflanzen, Farnpflanzen, Pteridóphyta

1. Stg. deutl. gegliedert, leicht in ± gleichlange, ineinander geschachtelte Glieder zerreißbar, hohl, einfach *(135)* od. quirlig verzweigt *(134);* Blätt. schuppenf., zu gezähnter, die Knoten umgebender Scheide verwachsen *(134–135, 297–308);* Sporangien in endst. Ähren *(135)* . **Equisetaceae,** 158

— Stg. nicht deutl. geglied., nicht hohl; Blätt. nicht zu Scheide verwachsen **2**

2. Im Boden wurzelnde Wasser-, Sumpf. od. Landpfl. . . **4**

— Frei schwimmende Wasserpfl. **3**

[1] Ausnahmen: *Lathyrus nissolia (221), Bupleurum,* viele *Caryophyllaceae, Rubiaceae, Gentiana, Plantago (30), Arnica.*

[2] Hiervon gibt es zahlreiche Ausnahmen. 3zählige Blüten bei den Dicotyledoneae besitzen *Berberis, Peplis, Aristolochiaceae; Pulsatilla* hat eine 6zählige (3+3) Blütenhülle.

[3] Tabellen zum Bestimmen der Familien u. Gattungen nach einfachen, vorwgd. vegetativen Merkmalen s. S. 101ff.

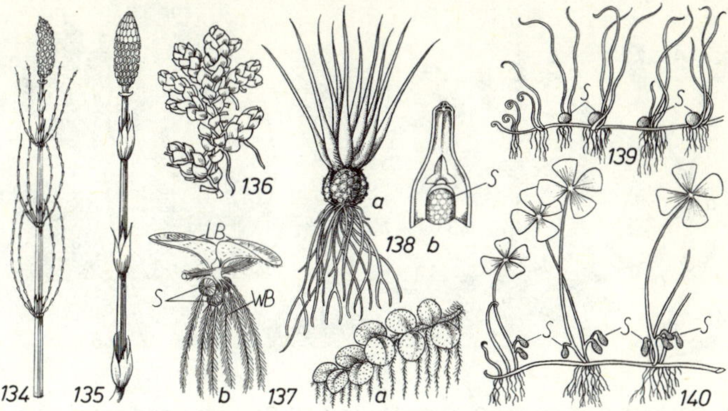

3. Pfl. moosartig, klein; Blätt. sich dachziegelig deckend *(136)* **Azollaceae,** 177

— Pfl. nicht moosart., m. verlängerter Achse; Laubblätt. zu 2 in Quirlen, ganzrandig u. schwimmend (*137b*, LB), ein 3. Blatt untergetaucht, fein zerteilt u. wurzelähnl. (*137b*, WB) m. kugeligen Sporokarpien (S) . . . **Salviniaceae,** 176

4(2). Vollkommen untergetauchte Wasserpfl.; Blätt. grasart., einer kleinen Knolle aufsitzend *(138a)*; Sporangien in scheidig verbreiterten Blattgrd. eingesenkt (*138b*, S) **Isoëtaceae,** 157

— Land- od. Sumpfpfl. (Blätt. über der Wasseroberfläche) **5**

5. Blätt. binsenf. *(139)* od. einem 4blättrigen Kleeblatt ähnl. *(140)*, am Grd. m. sitzenden, kugel- od. bohnenf., gestielten Sporangienbehältern (*139–140*, S); Sumpfpfl. **Marsileaceae,** 176

— Blätt. nicht kleeblattähnl. od. binsenf. **6**

6. Blätt. > 1 cm, m. flächiger, ganzrandiger od. gefied. Spreite **8**

— Blätt. höchstens 1 cm lg., lineal od. schuppenf., zahlr., stets ungeteilt, von der Sproßachse sparrig absthd. *(291–293)* od. sich dachziegelig deckend *(294)* **7**

7. Pfl. zart, moosart. *(142)*, m. spiralig od. 4zeilig gestellten Blätt. *(296a)*, am Grd. m. kleinem Häutchen (= Ligula); Sporangien verschieden gestaltet, m. Makro- u. Mikrosporen (Lupe!); Sporophylle in Ähren (*142*, S) **Selaginellaceae,** 157

— Pfl. kräftiger; Blätt. ohne Ligula; Sporangien nierenf. *(141b)*, m. gleichgestalteten Sporen; diese entw. in Achseln normaler Laubblätt. (*Huperzia, 291*, S. 155) od. Sporophylle in verlängerten Ähren (*141a*, Ä) . . . . . **Lycopodiaceae,** 154

8(6). Sporangien in endst. Ähren od. Rispen *(145–146)* . **10**

— Sporangien auf der Unterseite *(2b–c)* od. am Rand der Blätt. *(143, 314)*, meist zu Sori vereint **9**

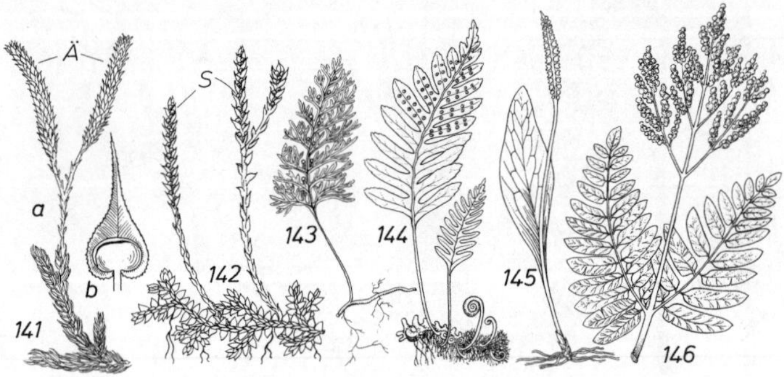

9. Pfl. zart, 3–8 cm groß, moosähnl. *(143);* Sori am Rand hautdünner Fied., von becherf., 2klappigem Schleier umgeben *(314)* . . . . **Hymenophyllaceae,** 166

— Pfl. kräftiger, > 8 cm, nicht moosähnl. *(144);* Sori stets auf der Blattunterseite; Schleier vorhanden, verschieden gestaltet od. fehlend, bzw. Sori vom umgerollten Blattrand bedeckt *(317)* . . . . **Polypodiales,** 164

10(8). Pfl. nur bis 30 cm hoch, m. 1 ganzrandigen *(145)* od. gefied. Blatt *(309–313);* Sporangien in gestielten Ähren *(145)* od. Rispen *(309–313)* . . . . **Ophioglossaceae,** 162

— Pfl. 50–180 cm hoch; Sporangien in reichverzweigter Rispe am Ende doppelt gefied. Blätt. *(146)* . . **Osmundaceae,** 164

Tabelle II
Nacktsamige Pflanzen, Nadelgehölze, Gymnospérmae

1. Blätt. schuppenf., der Sproßachse angedrückt *(147)* **Cupressaceae,** 181

— Blätt. nadelf., von der Sproßachse absthd. **2**

2. Nadeln meist in Quirlen zu 3 *(148a),* stechend, obersts. m. weißem Streifen; Frzapfen beerenart., m. 3eckigem Spalt *(148b),* blauschwarz . . . . **Cupressaceae,** 181

— Nadeln nicht in Quirlen zu 3, sondern spiralig od. büschelig angeordnet; Frzapfen nicht beerenart. u. blauschwarz **3**

3. Nadelbasis als grüne Leiste am Zweig herablaufend *(149);* Nadeln untersts. hellgrün, obersts. m. hervortretenden Mittelnerven; Pfl. 2häusig; Samen von fleischigem rotem Becher umgeben *(150)* . . . . **Taxaceae,** 178

— Nadeln nicht als grüne Leiste herablaufend, einzeln, zu 2, 3, 5 od. in Büscheln *(151)* an Kurztrieben; Pfl. 1häusig; Frzapfen verholzend . . . . **Pinaceae,** 179

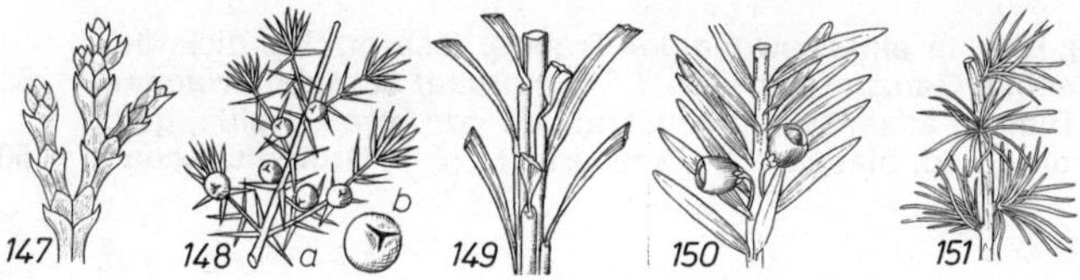

Tabelle III

Kräuter u. Stauden zur Blütezeit ohne grüne Blätter od. Blütenstengel nur mit Schuppenblättern

1. Stg. deutlich geglied., am Grd. eines jeden Gliedes eine gezähnte Scheide reduzierter Blätt.; Sporenpfl.; Sporophylle zu endst. Ähre vereinigt *(135);* grüne Seitenäste zuw. erst nach Ausstreuen der Sporen erscheinend **Equisetaceae,** 158

— Stgglieder an der Basis nicht von gezähnter Scheide umgeben; Pfl. ohne endst. Sporenähre **2**

2. Stg. dickfleischig, knotig geglied., an jedem Knoten 2 extrem reduzierte Blätt. *(800);* Bltn. sehr klein; extrem salzliebende Pfl. . . . . *(Salicornia)* **Chenopodiaceae,** 418

— Pfl. anders gestaltet, nicht an extremen Salzstandorten **3**

3. Stbblätt. 1, dieses m. dem Gr. zu Säulchen verwachsen *(1086);* Bltn. häufig gespornt (*158,* Sp); Frkn. unterst.; Bltnstg. weißl., bräunl., gelbl.grün od. violett, nur m. Schuppenblätt. . . . . **Orchidaceae,** 638

— Stbblätt. mehr als 1, nicht m. dem Gr. verwachsen; Bltn. nicht gespornt **4**

4. Pfl. z. Bltzt. (Herbst) ohne Stg. u. Blätt., diese erst im nächsten Frühjahr m. den Kapselfr. erscheinend; Bltn. groß, fleischfarbig, m. langer Röhre; Stbblätt. 6
(Colchicum) **Liliaceae,** 626

— Stg. z. Bltzt. entwickelt, m. Schuppenblätt.; Bltn. kleiner **5**

5. Stg. windend, fädig-dünn, gelbl. od. rötl.; Bltn. klein, in Knäueln *(223);* Ganzparasit . *(Cuscuta)* **Convolvulaceae,** 464

— Stg. nicht windend; Bltn. in Ähren, Trauben od. Köpfchen **6**

6. Bltn. in anfangs übergebogener Traube, regelmäßig, glokkenf.; Stbblätt. 8–10; ganze Pfl. wachsgelb, m. dichtsthd. Schuppenblätt. . . . . **Monotropaceae,** 385

— Bltn. in aufrechter Traube, Ähre od. Köpfchen **7**

7. Bltn. in Trauben od. Ähren; auch nach der Blüte keine Laubblätt. erscheinend **9**

— Bltn. in Köpfchen; Laubblätt. nach der Blüte erscheinend **8**

8. Köpfchen groß, Dm bis 1,5 cm, einzeln, endst., mit goldgelben Randbltn.; Frühjahrsblüher *(Tussilago)* **Asteraceae,** 577

— Köpfchen klein, zu vielen in endst., traubig-rispigem Blütenstand; Bltn. weißl. od. rötl.-bräunl.; Frühjahrsblüher
(Petasites) **Asteraceae,** 577

9(7). Bltn. in einseitswendiger Traube, rosarot; Stg. dick, fleischig; Ganzparasit . . . *(Lathraea)* **Scrophulariaceae,** 504
— Bltn. in allseitswendigen Trauben od. Ähren, weißl., gelb, braun od. blauviolett; Ganzparasit . . **Orobanchaceae,** 504

Tabelle IV
Einkeimblättrige Pflanzen, Monocotyledóneae

1. Land-, Sumpf- od. auch Wasserpfl., die m. ihren Stg. u. Blätt. zum größten Teil od. ganz aus dem Wasser herausragen **6**
— Untergetaucht lebende od. m. Schwimmblätt. versehene Wasserpfl. (nur bei der rosettenbildenden *Stratiotes* ragen die Blätt. z. Bltzt. teilw. aus dem Wasser heraus) . . . **2**
2. Frei schwimmende, nicht in Stg. u. Blätt. gegliederte, 1–15 mm große Wasserpfl. m. linsenf., eif. od. lanzettl., sprossenden, wurzelnden *(152–154)* od. wurzellosen *(155)* Gliedern; selten blühend . . . . **Lemnaceae,** 762
— Größere, deutl. in Stg. u. Blätt. geglied. Wasserpfl. . . **3**
3. Bltn. z. Z. der Entfaltung über die Wasseroberfläche emporgehoben od. dieser auflgd. *(Zostera),* in Ähren, wenigbltg. Trugdolden od. einzeln **5**
— Bltn. z. Z. der Entfaltung unter der Wasseroberfläche, einzeln od. zu wenigen, blattachselst. **4**
4. Blätt. deutl. gezähnt, gegenst. *(1071);* Bltn. sitzend, eingschl.; ♂ Bltn. m. 1 Stbblatt, ♀ Bltn. m. 1 Frkn. u. 3fädigen Narben . . . . **Najadaceae,** 622
— Blätt. ganzrandig, schmal-lineal; Bltn. sitzend, eingschl.; ♂ m. 1 Stbblatt, ♀ m. 2–4 Frkn. u. becherf. Bltnhülle *(Zannichellia)* **Potamogetonaceae,** 622

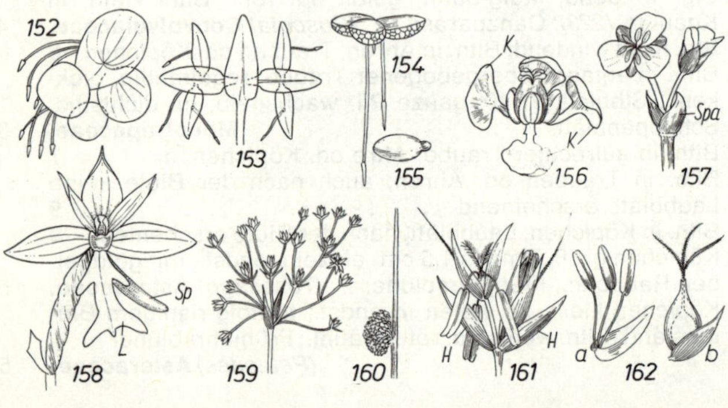

5(3). Bltn. einzeln, lg. gestielt od. in wenigbltg. Trugdolden, die vor d. Entfaltung von einer Hochblatthülle (Spatha, *157,* Spa) umschlossen werden . . . . . **Hydrocharitaceae,** 616
— Bltn. in 2- bis vielbltg. Ähren, wenn einzeln, dann nicht lg. gestielt, eingschl. od. ⚥, Bltnhülle oft fehlend
Potamogetonaceae, 618
6(1). Bltn. in kugeligen Köpfchen *(166–167),* (Trug-)Dolden od. keulenf. od. walzl. *(165),* zuw. fleischigen u. dann von einem Hochblatt (Spatha, *163–164,* Spa) umgebenen Kolben **21**
— Bltn. nicht in kugeligen Köpfchen, (Trug-)Dolden od. Kolben (nur bei *Zea mays,* S. 760, stehen die ♀ Bltn. in Kolben) . **7**
7. Bltnhüllblätt. klein, meist nicht > 5 mm, gelbgrünl., weiß, bräunl., oft nur in Form von schuppenf. Blätt. (Spelzen, *161*), Borsten od. Haaren vorhanden od. ganz fehlend **14**
— Bltnhüllblätt. meist > 5 mm und meist auffälliger gefärbt, seltener gelbl.-grün **8**
8. Frkn. oberst. **12**
— Frkn. unterst. **9**
9. Bltn. zygomorph (unregelmäßig, *158*) **11**
— Bltn. radiär (regelmäßig, *79*) **10**
10. Stbblätt. 3; Griffeläste oft blumenblattart. . . **Iridaceae,** 636
— Stbblätt. 6 . . . . **Amaryllidaceae,** 635
11(9). Stbblätt. 3; Frkn. nicht gedreht; Bltn. rot, in einseitswendigen Trauben . . . . *(Gladiolus)* **Iridaceae,** 638
— Stbblatt 1 (mit 2 getrennten Pollenfächern), selten 2 *(Cypripedium, 1085),* m. der großen Narbe zu einem Säulchen *(1085)* verwachsen; Frkn. oft gedreht; nach unten weisendes inneres Perigonblatt zu einer oft gespornten Lippe *(158,* L) umgebildet . . . . **Orchidaceae,** 638
12(8). Frkn. aus 3 *(131),* seltener 4 *(Paris)* miteinander verwachsenen Frblätt. besthd.; Stbblätt. 6 *(131),* selten 8 *(Paris)* od. 4 *(Maianthemum);* Fr. Kapsel od. Beere . **Liliaceae,** 623
— Frblätt. 6 bis zahlr., frei (apokarp) od. nur am Grd. miteinander verbunden; Stbblätt. 6 bis viele **13**
13. Bltnhülle deutl. in Kelch u. Blkr. geglied.; Stbblätt. 6 bis viele; Bltn. in Rispen od. Trauben, oft in Quirlen; Sumpf- u. Wasserpfl. . . . . **Alismataceae,** 614

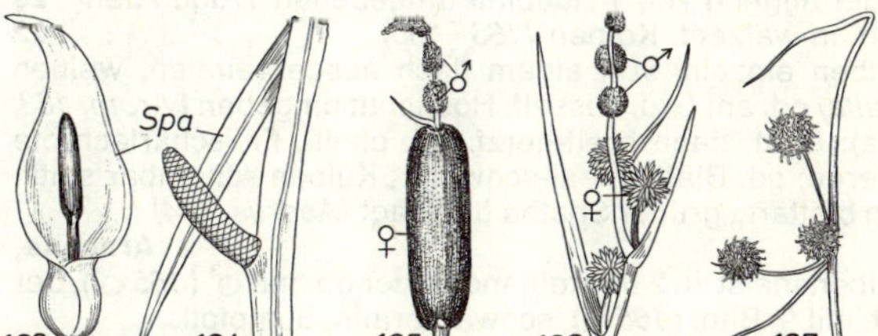

163 *164* *165* *166* *167*

— Alle Bltnhüllblätt. gleich gestaltet u. blumenblattart., rötl.; Stbblätt. 9; Frblätt. 6; Bltn. in Dolden; Sumpfpfl. **Butomaceae,** 615

14(7). Bltnhülle 4blättrig **od.** in Form von Spelzen, Borsten, Haaren **od.** fehlend **19**

— Bltnhülle deutl. 6blättrig **15**

15. Stg. windend; Blätt. lg. gestielt, herz-eif.; Bltn. eingschl., 2häusig . . . . *(Tamus)* **Dioscoreaceae,** 636

— Stg. nicht windend; Bltn. ⚥ **16**

16. Blätt. der Langtriebe zu Schuppen umgebildet, in deren Achseln 1 blattart. abgeflachter bltntragender Kurztrieb od. ein Büschel von grünen Nadeln; Fr. rote Beeren *(Ruscus, Asparagus)* **Liliaceae,** 634

— Blätt. normal entwickelt **17**

17. Blätt. flach, schwertf. u. reitend wie bei *Iris,* meist grundst.; Pfl. 10–30 cm hoch . . . . *(Tofieldia)* **Liliaceae,** 626

— Blätt. nicht schwertf. **18**

18. Bltn. in ± dichten Knäueln *(160)* od. lockeren Spirren *(159);* Perigonblätt. weiß, gelbl. od. bräunl., lederig, trocken; Frkn. 1, Gr. 1 m. 3 Narben; Blätt. flach, grasart. od. stielrund **Juncaceae,** 656

— Bltn. in verlängerten Trauben . . . **Scheuchzeriaceae,** 617

19(14). Bltnhülle 4blättrig, weiß od. grünl.weiß; Bltn. in Trauben; Laubblätt. meist 2, gestielt, m. herzf. Spreitengrd. *(Maianthemum)* **Liliaceae,** 634

– Bltnhülle aus grünl. od. bräunl. Spelzen besthd. od. ganz fehlend; Bltn. in Ährchen *(161)* **20**

20. Jede Blüte von 2 kahnf. Tragblätt. (Spelzen) umschlossen, zu Ährchen vereinigt; diese am Grd. mit 1–2 sterilen Hüllspelzen *(161,* H); Ährchen zu Ähren, Rispen od. Ährenrispen zusammentretend *(1182–1187);* Stg. (= Halm) knotig geglied., meist hohl, rund, selten zusammengedrückt; Blattgrd. meist als offene Scheide, m. Ligula *(17)* od. Haarreihe . . . . **Poaceae,** 699

— Jede Blüte nur von 1 Spelze umschlossen *(162a–b);* Ährchen am Grd. ohne Hüllspelzen; Bltnhülle schlauch-, borstenf. od. ganz fehlend; Stg. meist knotenlos, selten hohl (bei *Carex hirta*), oft 3kantig; Blattscheiden meist geschlossen . . . . **Cyperaceae,** 665

21(6). Bltn. in kugeligen Köpfchen *(166–167)* od. in kugeligen, in der Jugend von 1 Hüllblatt umgebenen Trugdolden **23**

— Bltn. in walzenf. Kolben *(163–165)* **22**

22. Kolben einzeln, von einem flach ausgebreiteten, weißen *(Calla)* od. am Grd. kesself. Hochblatt umgeben (*Arum, 163,* Spa); Blätt. dann breit-herzf. od. pfeilf., Fr. scharlachrote Beeren; od. Blätt. lineal-schwertf.; Kolben scheinbar seitl., von blattart., grüner Spatha überragt *(Acorus, 164)* **Araceae,** 761

— Kolben meist zu 2 übereinander; der ob. mit ♂ (*165* ♂), der unt. mit ♀ Bltn. (*165* ♀), schwarzbraun; Sumpfpfl. **Typhaceae,** 697

23(21). Bltn. eingschl., die ♀ zu igeligen od. morgensternf. Köpfchen vereinigt (*166* ♀); ♂ Bltnköpfe (*166* ♂) kugelig, am Ende des einfachen od. ästigen Bltnstandes **Sparganiaceae,** 698

— Bltn. ⚥ **24**

24. Einzelbltn. sitzend . . . . **Cyperaceae,** 665

— Einzelbltn. ± lg. gestielt, m. deutl. Bltnhülle, in (Trug-)Dolden **25**

25. Frkn. oberst. . . . . *(Allium)* **Liliaceae,** 628

— Frkn. unterst. . . . . . . *(Leucojum)* **Amaryllidaceae,** 635

Tabelle V
Zweikeimblättrige Pflanzen, Dicotyledóneae[1]

1. Pfl. m. holzigem Stg. od. Stamm; Bäume u. Sträucher (bei kleinen Sträuchern ist der Stg. nur an der Basis verholzt = Halbsträucher) . . . . **Tabelle VI,** 68

— Kräuter u. Stauden, deren Stg. auch an der Basis nicht od. kaum verholzt sind **2**

2. Untergetaucht lebende od. mit Schwimmblätt. versehene Wasserpfl., die nur die Bltn. über die Wasseroberfläche erheben od. die Bltn. unter Wasser entfalten . **Tabelle VII,** 75

— Land-, Sumpf- u. Wasserpfl., deren Bltnstg. u. Blätt. sich größtenteils über die Wasseroberfläche erheben . . . **3**

3. Bltnhülle fehlend od. einfach (nur 1 Kreis von Bltnhüllblätt.) od. doppelt (2 Kreise von Bltnhüllblätt.), dann aber alle Bltnhüllblätt. entweder unscheinbar, kelchart. od. auffällig, blumenblattart. . . . . **Tabelle VIII,** 78

— Bltnhülle doppelt, in meist grünen K. u. meist andersfarbige Blkr. geschieden. (Man beachte, daß der K. bei der Bltnentfaltung zuw. abfällt u. dann nur an Bltnknospen vorhanden ist, z.B. bei den *Papaveraceae;* selten sind 3 Perianthkreise vorhanden, z.B. bei den *Malvaceae* mit einem 3. Kreis als Außen-K.) **4**

4. Blkrblätt. frei, bis zum Grd. voneinander getrennt **Tabelle IX,** 86

— Blkrblätt. miteinander verwachsen, zuw. aber tief geteilt u. nur am Grd. zu kurzer Röhre verbunden *(81–82);* Blkr. löst sich beim Abzupfen in ihrer Gesamtheit ab; bei den *Malvaceae* (Stbblätt. zu den Gr. umgebender Röhre verwachsen, *765*) sind die Blkrblätt. zwar am Grd. verwachsen, lösen sich aber beim Abzupfen einzeln ab; sie sind deshalb nach **Tabelle IX** zu bestimmen! . . . . **Tabelle X,** 93

---

[1] Kräuter u. Stauden, die z. Bltzt. keine grünen Blätter besitzen, können auch nach **Tabelle III,** S. 63, bestimmt werden!

Tabelle VI
Holzpflanzen: Bäume, Sträucher und Halbsträucher

1. Samen frei, nicht in einen Frkn. eingeschlossen *(89);* Blätt. nadel- od. schuppenf., meist immergrün
Nacktsamige Pfl., **Gymnospermae, Tabelle II,** 62
— Samen in einen Frkn. eingeschlossen *(88c, 90–93)* . **2**
2. Stg. windend, kletternd od. rankend **80**
— Stg. nicht windend, kletternd od. rankend **3**
3. Blätt. nadel- od. schuppenf., z. T. als Dornen ausgebildet **76**
— Blätt. nicht nadel- od. schuppenf., zur Bltzt. zuw. noch nicht entfaltet **4**
4. Pfl. zur Bltzt. m. entwickelten od. zumindest zusammen m. den Bltn. austreibenden Blätt. **20**
— Pfl. z. Bltzt. ohne Blätt.; diese erst nach der Blüte erscheinend od. zu Dornen umgebildet od. so früh abfallend, daß die Triebe blattlos erscheinen **5**
5. Bltn. schmetterlingsf. *(537a);* Blätt. entweder gleich den Sprossen verdornt od. Blätt. klein, früh abfallend; Sprosse rutenf. u. grün . . . . **Fabaceae,** 250
— Bltn. nicht schmetterlingsf. **6**
6. Bltn. nicht in Kätzchen **11**
— Bltn., zumindest die ♂, in Kätzchen **7**
7. Nur die ♂ Bltn. in hängenden, schon im Spätsommer des Vorjahres erscheinenden Kätzchen; Stbbeutel an der Spitze m. Haarbüschel; ♀ Bltn. in knospenf. Bltnständen, an der Spitze m. roten Narben *(169)*; Fr. von einer laubart., becherf., zerschlitzten Hülle umgebene Nuß *(454)*
(Corylus) **Corylaceae,** 211
— ♂ u. ♀ Bltn. in hängenden od. aufrechten, verlängerten bzw. eif.-walzl. Kätzchen **8**
8. Pfl. 1häusig; ♀ Kätzchen eif. *(170),* sich z. Frzt. zu einem verholzenden, nicht abfallenden Frzapfen entwickelnd *(Alnus)* od. ♀ Kätzchen walzl., bei Frreife zerfallend; Fr. klein, geflügelt *(456)* . . . . *(Betula)* **Betulaceae,** 209
— Pfl. 2häusig **9**
9. Kätzchen hgd.; Tragblätt. ♂ Bltn. am Rand gezähnt od. zerschlitzt, lg.-zottig behaart *(168)* . *(Populus)* **Salicaceae,** 362
— Kätzchen meist aufrecht od. schief-absthd., seltener hgd.; Tragblätt. ♂ Bltn. am Rand nicht zerschlitzt **10**
10. Stbblätt. kürzer als das Tragblatt *(171),* meist zu 4; Fr. steinfruchtart.; Samen ohne Haarschopf; Zweige glzd.-dkbraun, m. Harzpünktchen u. würzig riechend . . . **Myricaceae,** 214
— Stbblätt. viel länger als das Tragblatt *(172)* zu 1, 2, 3 od. 5; Fr. 2klappig aufspringende Kapsel; Samen m. Haarschopf; Pfl. meist nicht würzig riechend . . *(Salix)* **Salicaceae,** 363
11(6). Bltnhülle einfach od. fehlend **15**
— Bltnhülle doppelt, in K. u. Blkr. geschieden; K. zuw. sehr klein *(Cornus)* **12**

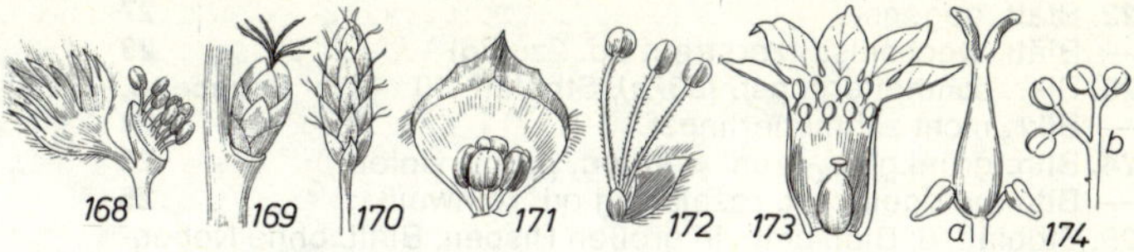

12. Blkrblätt. weiß od. rosa; Stbblätt. 15 bis viele *(Prunus)* **Rosaceae,** 247

— Blkrblätt. gelb od. grünl.gelb; Stbblätt. 2–10 . . . . **13**

13. Blkrblätt. grünl.gelb, in aufrechten od. nickenden Doldentrauben . . . . **Aceraceae,** 281

— Blkrblätt. goldgelb **14**

14. Stbblätt. 4; Bltn. klein, in lockeren Trugdolden, die am Grd. von 4 Hüllblätt. umgeben sind; Trockenhänge **Cornaceae,** 291

— Stbblätt. 2; Bltn. größer, glockig, 10–20 mm lg., einzeln od. an beschuppten Kurztrieben; Gartenzierpfl. *(Forsythia)* **Oleaceae,** 463

15(11). Bltnhülle unscheinbar od. fehlend **17**

— Bltnhülle auffällig, gefärbt **16**

16. Bltnhülle rot, rosa od. weiß, verwachsen *(Daphne)* **Thymelaeaceae,** 322

— Bltnhülle gelb, Blkrblätt. getrennt . . . . . **Cornaceae,** 291

17(15). Dornenbewehrter Strauch od. Baum mit lineal-lanzettl., unterst. silbergrauen bis kupferroten Blätt., 2häusig; ♂ Bltn. *(574)* in knospenart. Bltnständen an der Basis der Triebe desselben Jahres; Fr. orangerot *(Hippophaë)* **Elaeagnaceae,** 280

— Dornenlose Bäume od. Sträucher **18**

18. Bltnhülle fehlend *(174a);* Bltn. in anfangs aufrechten, später überhgd. Rispen, ⚥ od. eingschl. *(174b);* Stbblätt. 2; Knospen schwarz, gegenst.; Fr. geflügelte Nuß *(Fraxinus)* **Oleaceae,** 462

— Bltnhülle vorhanden **19**

19. Knospen u. Blätt. 2zeilig; Bltn. ⚥, in achselst. Knäueln *(Ulmus)* **Ulmaceae,** 212

— Knospen u. Blätt. gekreuzt-gegenst.; Bltn. eingschl. u. 2häusig; ♂ Bltn. lg. gestielt, hgd. in doldig verkürzten, ♀ Bltn. in armbltgen, hgd. Trauben; geflügelte Spaltfr. *(Acer negundo)* **Aceraceae,** 281

20(4). Blattspr. ungeteilt, am Rand glatt od. gezähnt, gelappt od. gebuchtet **32**

— Blattspr. gefied. od. gefing. **21**

21. ♂ Bltn. in hgd. Kätzchen am vorjährigen Holz; ♀ Bltn. zu 1–3, klein, m. 2 großen, blaßgrünen Narben, am Ende diesjähriger Triebe; Blätt. beim Zerreiben aromatisch riechend **Juglandaceae,** 214

— Weder ♂ noch ♀ Bltn. in Kätzchen **22**

22. Blätt. gegenst. **27**
— Blätt. wechselst. (zerstreut od. 2zeilig) **23**
23. Blkr. schmetterlingsf. *(537a);* Stbblätt. 10 . . . **Fabaceae,** 250
— Blkr. nicht schmetterlingsf. **24**
24. Bltn. grünl.gelb, grünl.weiß od. purpurviolett **26**
— Bltn. goldgelb, rot, rosafarbig od. reinweiß **25**
25. Stbblätt. 6; Bltn. gelb, in großen Rispen; Blätt. ohne Nebenblätt., gefied., derb, ledrig, am Rand stachelig gezähnt *(Mahonia)* **Berberidaceae,** 201
— Stbblätt. zahlr.; Bltnachse kegelf. od. krugf.; Gynoeceum apokarp, z.T. aber von Bltnachse umwachsen *(127, 129a–b);* Bltn. einzeln, zu wenigen in Trauben, Doldentrauben od. Rispen resp. Doldenrispen *(533–536);* Balg-, Nuß- (Nüßchen-, z.T. m. fedrig behaartem Gr.), Stein- od. Sammelfr. *(126–129);* Zweige z.T. verdornt od. bestachelt **Rosaceae,** 227
26(24). Blattstiel, Bltnrispen u. junge Zweige wollig-zottig; Bltn. grünl.gelb; Fr. in rötl., kolbenähnl. Frstand *(Rhus)* **Anacardiaceae,** 281
— Blattstiel nicht wollig-zottig; Blätt. sehr groß, gefied.; Fied. am Grd. grob gezähnt; Bltn. grünl.weiß, in Rispen **Simaroubaceae,** 280
27(22). Blätt. 5–7zählig gefing. *(64);* Bltn. in Thyrsen; Stbblätt. frei, aus d. Blüte herausragend; Frhülle stachelig **Hippocastanaceae,** 282
— Blätt. gefied. **28**
28. Bltn. in hgd. Trauben od. Rispen **31**
— Bltn. in aufrechten Rispen, Trugdolden od. Köpfchen **29**
29. Bltn. gelb, in Köpfchen; Blätt. sehr schmal, höchstens 4 mm breit . . . . *(Genista)* **Fabaceae,** 254
— Bltn. weiß od. grünl.gelb, Blättchen breiter **30**
30. Bltn. in anfangs aufrechten, später überhgd. Rispen; Blkrblätt. 2 od. 4, weiß, lineal, am Grd. paarweise verbunden *(Fraxinus)* **Oleaceae,** 462
— Bltn. in kegelf.-rispigen od. flach-trugdoldigen Infl.; Blkr. radf., m. 3–6 Zipfeln, weiß od. grünl.gelb *(Sambucus)* **Caprifoliaceae,** 453
31(28). Bltn. grünl.gelb, lg. gestielt, eingschl., 2häusig; Fr. bei Reife in 2 geflügelte Nüßchen zerfallend . . **Aceraceae,** 281
— Bltn. weiß, in lg. gestielten Rispen; Fr. aufgeblasene, blaßgrüne, häutige Kapsel . . . . . . **Staphyleaceae,** 283
32(20). Blätt. wechselst. (zerstreut od. 2zeilig) **47**
— Blätt. gegenst. **33**
33. Auf Bäumen wachsende, grüne Halbparasiten, m. gabelig (dichasial) verzweigtem Sproßsystem *(641)* **Loranthaceae,** 317
— Pfl. im Erdboden wurzelnd **34**
34. Stbblätt. 2–10 . . . . **36**
— Stbblätt. mehr als 10 . . . . **35**
35. Kleine, bis 30 cm hohe Zwerg- u. Halbsträucher; Bltn. gelb od. weiß . . . . **Cistaceae,** 330
— Höhere Sträucher; Bltn. weiß; K.- u. Blkrblätt. 4–5; Frkn. 1 bis mehrere, an d. Basis verwachsen **Philadelphaceae,** 216

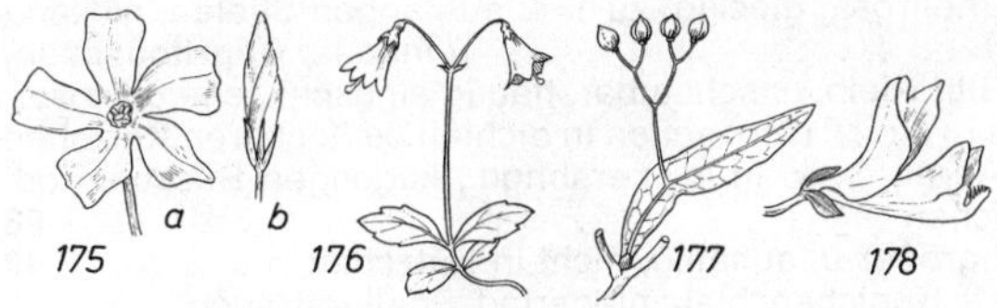

36(34). Blkr. 2lippig *(76);* Stbblätt. 2 od. 4 . . . **Lamiaceae,** 513
— Blkr. nicht 2lippig od. 2lippig, dann aber m. 5 Stbblätt. **37**
37. Stg. niederlgd. od. aufstgd.; wenn nur an der Basis verholzt, dann Bltntriebe aufrecht; Blätt. ledrig **45**
— Aufrechte Bäume u. Sträucher **38**
38. Blätt. immergrün, ledrig, 2–3 cm lg.; Bltn. gelbl.weiß, in blattachselst. Knäueln . . . . **Buxaceae,** 318
— Blätt. sommergrün od. teilweise immergrün, dann aber > 3 cm **39**
39. Bltn. grünl. oder gelbl.grün **43**
— Bltn. weiß, gelbl.weiß, rötl. od. violett **40**
40. Stbblätt. 5; Blkr. verwachsenblättrig; Frkn. unterst.; Fr. des 2bltg. Bltnstands zuw. zur Doppelbeere verwachsen *(Lonicera)* **Caprifoliaceae,** 454
— Stbblätt. höchstens 4 . . . . **41**
41. Blkrblätt. frei; Frkn. unterst.; Stbblätt. 4 . . **Cornaceae,** 291
— Blkrblätt. verwachsen; Frkn. oberst. **42**
42. Stbblätt. 4; Blätt. kurz gestielt, m. bis 20 cm langer Blattspreite; Blkr. lilarot . . . . **Buddlejaceae,** 477
— Stbblätt. 2; Blätt. kurz gestielt oder lang, dann aber m. herzf. Spreite und diese kaum länger als 10 cm; Blkr. weiß, rötl., bläul.-violett od. gelb . . . . **Oleaceae,** 462
43(39). Blattspr. 3–5lappig *(588–591);* Stbblätt. meist 8; geflügelte Spaltfr. . . . . **Aceraceae,** 281
— Blattspr. nicht gelappt, ganzrandig od. gezähnt; Stbblätt. 4–5 . . . . **44**
44. Bltn. einzeln od. zu mehreren in achselst. Büscheln, unvollkommen eingschl. u. 2häusig; Stbblätt. 4, vor den Blkrblätt. stehend; Fr. steinfruchtart., m. 2–4 Kernen; Zweigenden zuw. verdornt . . . . **Rhamnaceae,** 314
— Bltn. in gestielten, blattachselst., dichasialen Trugdolden; Fr. rote, stumpf-kantige Kapsel; Zweigenden niemals verdornt; Äste jung meist 4kantig, zuw. geflügelt **Celastraceae,** 314
45(37). Blattspr. am Rand umgerollt, 5–8 mm lg.; Bltn. zu 2–5, in endst. Doldentrauben; niederlgd. Spalierstrauch d. Alp. *(Loiseleuria)* **Ericaceae,** 387
— Blattspr. am Rand nicht umgerollt, > 5–8 mm . . . **46**
46. Bltn. blau, einzeln, lg. gestielt, blattachselst.; Blkr. radf. ausgebreitet *(175a),* in der Knospe gedreht *(175b),* Sproßbasis nur schwach verholzt . . . *(Vinca)* **Apocynaceae,** 446

— Bltn. hellrosa, glockig, zu 1–2 auf langen Stielen, nickend *(176)* . . . . *(Linnaea)* **Caprifoliaceae,** 454

47(32). Bltn. klein, unscheinbar, häufig eingschl., ein- od. zweihäusig; die ♂ nicht selten in dichten od. lockeren Kätzchen od. Ähren, bzw. in lg. herabhgd., kugeligen Büscheln od. Köpfchen **66**

— Bltn. größer u. auffällig, nicht in Kätzchen **48**

48. Bltn. in Köpfchen, blau; niederlgd. Spalierstrauch **Globulariaceae,** 510

— Bltn. nicht in Köpfchen **49**

49. Stbblätt. höchstens 10 . . . . **52**

— Stbblätt. mehr als 10, bis zu 20 und mehr **50**

50. Bltnstand m. bleichem, bis zur Mitte angewachsenem u. als Flugorgan dienendem Blattorgan *(177)* . . . **Tiliaceae,** 384

— Bltnstand ohne ein solches Blattorgan **51**

51. Bltn. weiß od. rötl., m. krug- od. becherf. Bltnboden; Blätt. m. Nebenblätt., diese zuw. früh abfallend . . **Rosaceae,** 227

— Bltnboden nicht krug- od. becherf.; niederlgd. od. aufstgd. Zwerg- u. Halbsträucher; Bltn. gelb od. weiß *(Helianthemum)* **Cistaceae,** 331

52(49). Blkr. schmetterlingsf. *(537a);* Fr. Hülse *(540)* **Fabaceae,** 250

— Bltn. nicht schmetterlingsf. (nur bei *Polygala,* s. Punkt **62,** wird eine Schmetterlingsblüte dadurch vorgetäuscht, daß 2 blumenblattart. ausgebildete Kblätt. *(178)* eine Art „Fahne" bilden) **53**

53. Blattspr. gebuchtet u. stachelig gezähnt *(265)* od. gelappt **64**

— Blattspr. nicht gebuchtet u. gelappt; ganzrandig, gesägt od. gezähnt **54**

54. Bltnhülle doppelt, in K. u. Blkr. geschieden; letztere zuw. sehr klein *(Rhamnaceae)* **56**

— Bltnhülle einfach **55**

55. Stbblätt. 4–5; Bltn. gelbl.; Blätt. unterssts. dicht silbrig glzd.; z.T. dornige Sträucher . . . . **Elaeagnaceae,** 279

— Stbblätt. 8; K. blumenkronart. *(173),* grünl.gelb, rot, rosafarbig od. rot gestreift; Blätt. z.T. wintergrün *(Daphne)* **Thymelaeaceae,** 322

56(54). Blkr. gelb od. gelbl.weiß; einzelne Bltnblätt. zuw. rötl.-violett **61**

— Blkr. nicht gelb od. nicht zweifarbig **57**

57. Stbblätt. 8–10; Blkr. verwachsen, selten fast bis zum Grd. frei (Blkr. abzupfen! *Ledum*), rosafarbig, grünl.weiß od. rot, röhrig, becher-, krugf. od. glockig; Blätt. am Rand umgerollt od. unterssts. rostfarbig, nadelf., zuw. ledrig u. wintergrün; Frkn. oberst. (Kapselfr.) od. Frkn. unterst. (Beerenfr.) **Ericaceae,** 386

— Stbblätt. 5 od. 6, dann aber verschieden lg. **58**

58. Stbblätt. 6, 4 lange u. 2 kurze; Blkr. zygomorph; Blkrblätt. 4, die beiden äußeren vergrößert, weiß; Zierpfl. *(Iberis)* **Brassicaceae,** 356

— Stbblätt. 5, gleich lg. **59**

59. Bltn. rötl. od. violett . . . . **Solanaceae,** 474

— Bltn. grünl.weiß od. grünl. **60**
60. Bltn. in 2–10bltg., achselst. Trugdolden; Kblätt. länger als Blkrblätt.; Stbblätt. vor Blkrblätt. sthd.; Fr. schwarzviolette, 2–4samige Steinfr. . . . . **Rhamnaceae,** 314
— Bltn. in endst. Rispe, deren Äste z. Frreife m. lg. absthd. Haaren bedeckt sind . . . . **Anacardiaceae,** 281
61(56). Bltn. 4- od. 6zählig, radiär **63**
— Bltn. 5zählig **62**
62. Blätt. wintergrün, höchstens 3 cm lang; Bltn. zygomorph *(178);* niederlgd. Zwergstrauch *(Polygala)* **Polygalaceae,** 289
— Blätt. sommergrün, > 6 cm; Bltn. radiär *(Rhododendron)* **Ericaceae,** 386
63(61). Bltn. 6zählig., in hgd. Trauben; Blätt. derb, am Rand häufig stachelig gezähnt *(425a),* in rosettiger Anordnung in den Achseln von Dornblätt. *(425b);* bis 2 m hoher Strauch *(Berberis)* **Berberidaceae,** 201
— Bltn. 4zählig; Stbblätt. 6, vier lange u. zwei kurze; Bltn. in aufrechten Trauben; Blätt., bes. untsts., von Sternhaaren grau: bis 40 cm hoher Halbstrauch *(Alyssum saxatile)* **Brassicaceae,** 349
64(53). Blätt. immergrün, lederig, am Rand oft stachelig gezähnt *(265);* Bltn. weiß, zu 1–3 in Blattachseln; Stbblätt. 5; 1–10 m hoher Strauch . . . . **Aquifoliaceae,** 314
— Blätt. sommergrün, gelappt od. am Rand stachelig gezähnt **65**
65. Blattspr. gelappt *(278);* Bltn. einzeln, zu wenigen od. in vielbltg., hängenden od. aufr. Trauben, gelbgrün (bei Zierarten auch goldgelb od. tiefrot); Stbblätt. 4–5; Zweige zuw. mit Stacheln . . . . **Grossulariaceae,** 215
— Blattspr. längl.-eif., am Rand scharf-stachelig gesägt, rosettig an Kurztrieben *(425a);* Blätt. der Langtriebe verdornt; Bltn. in hgd. Trauben, goldgelb; Stbblätt. 6; Frkn. oberst. *(Berberis)* **Berberidaceae,** 201
66(47). Reife Fr. Brombeeren ähnliche weiße od. dk.violette Frstände; Bltn. eingschl., in aufrechten, kurzen Ähren; Blattspr. ungeteilt od. gelappt *(264)* . . . . . **Moraceae,** 212
— Reife Fr. anders gestaltet **67**
67. Bltnhülle einfach od. fehlend **69**
— Bltnhülle doppelt, 4–5zählig **68**
68. Blattspr. ungeteilt, ganzrandig od. am Rand fein gesägt, meist m. kleinen Nebenblätt.; rote bis schwarze 2–4samige Steinfr., Bltnhülle 4–5zählig; Triebspitzen häufig verdornt **Rhamnaceae,** 314
— Blattspr. gelappt *(278);* Nebenblätt. meist fehlend; Äste, z.T. auch d. vielsamigen Beerenfr. *(474),* bestachelt; Frkn. unterst.; Bltnhülle 5zählig . . . . **Grossulariaceae,** 215
69(67). Bltn. eingschl. od. ⚥; die ♂ in wenigbltg. Gruppen (Dichasien) an der Basis, die ⚥ einzeln in d. Achseln d. Blätt. des ob. Triebabschnitts; Bltnhülle 5–7teilig, die Abschnitte fast bis zum Grd. frei; Fr. rötl. bis violettbraune, 1samige Steinfr. . . . . *(Celtis)* **Ulmaceae,** 212

— Bltn. stets eingeschl., in Kätzchen od. lg. herabhgd. kugeligen Büscheln od. Köpfchen **70**

70. Blattspr. gebuchtet *(40);* ♂ Bltn. in hgd. Kätzchen an der Basis, die ♀ zu 1–5kopfig genähert an der Spitze eines Jahrestriebes; Fr. m. verholztem Becher *(Quercus)* **Fagaceae,** 208

— Blattspr. ganzrandig, gesägt, gezähnt od. gelappt, aber nicht gebuchtet **71**

71. Bltn. 2häusig, die ♂ u. ♀ in aufrechten od. absthd., selten hängenden Kätzchen; Fr. 2klappig aufspringende Kapsel; Samen m. Haarbüschel . . . . *(Salix)* **Salicaceae,** 363

— Bltn. einhäusig **72**

72. Blätt. 10–20 cm lg., stachelspitzig gezähnt *(268);* ♂ Bltn. geknäuelt in steif aufrechter Ähre; an deren Basis ♀ Bltn.; Nußfr., die von 4klappig aufspringender, stacheliger Hülle umgeben sind . . . . *(Castanea)* **Fagaceae,** 208

— Blätt. < 10 cm, am Rand nicht stachelspitzig gezähnt; ♂ Bltn. in hgd., kugeligen Köpfchen, Büscheln od. Kätzchen **73**

73. ♂ Bltn. in hgd., kugeligen Köpfchen od. Büscheln . . **75**

— ♂ Bltn. in hgd., walzl. Kätzchen **74**

74. ♀ Kätzchen verlängert, locker; Fr. z. Frzt. einseitig von 3teiliger Hülle umgeben *(453)* . . . *(Carpinus)* **Corylaceae,** 211

— ♀ Kätzchen eif. *(170)*, sich z. Frzt. zu verholzendem, nicht abfallendem Frzapfen entwickelnd *(Alnus)*, od. ♀ Kätzchen längl.-walzl., bei d. Frreife zerfallend; Fr. kleine, geflügelte Nüßchen *(456b)* . . . . **Betulaceae,** 209

75(73). Blätt. ungeteilt *(271)*, 2zeilig; ♂ Bltn. in hgd. Köpfchen; ♀ Bltnstände aufrecht; Frhülle bestachelt, sich 4klappig öffnend u. 3kantige Nüsse entlassend . *(Fagus)* **Fagaceae,** 208

— Blätt. gelappt *(44);* ♂ u. ♀ Bltn. in hgd., kugeligen Bltnständen . . . . **Platanaceae,** 207

76(3). Stark dornige Sträucher; Bltn. gelb, schmetterlingsf. **Fabaceae,** 250

— Nicht dornige Sträucher; Bltn. nicht schmetterlingsf. . **77**

77. Stbblätt. 20–40; Bltn. gelb; 10–20 cm hohe, niederlgd. od. aufstgd. Zwergsträucher . . . . **Cistaceae,** 330

— Stbblätt. 3–10; Bltn. rötl. **78**

78. Stbblätt. 3; kleiner, heideähnl. Zwergstrauch; Blätt. eingerollt, unterssts. mit weißem Strich *(233, 234);* Bltn. klein, eingschl. od. ⚥; Fr. schwarze, wäßrige Beeren **Empetraceae,** 389

— Stbblätt. 8–10; Bltn. ⚥; Blätt. nadelf. od. schuppenf. . **79**

79. Stbblätt. 8; Stbbeutel oft mit spitzen Anhängseln *(771);* 50–80 cm hohe Zwergsträucher m. sommergrünen od. immergrünen, häufig nadelf. Blätt. . . . . **Ericaceae,** 386

— Stbblätt. 10; Stbbeutel ohne Anhängsel; Äste rutenf. m. schuppenf. Blätt.; Flußbegleiter . . . . **Tamaricaceae,** 322

80(2). Blätt. gefied. od. gefing. **86**

— Blätt. ungeteilt od. gelappt, zuw. 3zählig **81**

81. Bltn. tabakspfeifenähnl., bräunl.grün . **Aristolochiaceae,** 206

— Bltn. nicht tabakspfeifenähnl. **82**

82. Bltn. violett; Stbblätt. 5; Stbbeutel kegelf. zusammenneigend *(232)* . . . . *(Solanum)* **Solanaceae,** 476

— Bltn. grünl., gelbl.weiß, weiß od. bläul. **83**

83. Blätt. wintergrün, derb, 5eckig *(251a),* dann 2zeilig od. eif. *(251b)* u. spiralig angeordnet; Bltn. grünl., in einfachen Dolden; Fr. schwarze Beeren; Sprosse m. Haftwurzeln kletternd . . . . *(Hedera)* **Araliaceae,** 291

— Blätt. sommergrün **84**

84. Blätt. gegenst.; Blattspr. ganzrandig; Bltn. kopfig-quirlig, gelbl.weiß, selten purpurn, 2lippig; Beerenfr. *(Lonicera)* **Caprifoliaceae,** 454

— Blätt. wechselst. od. zweizeilig **85**

85. Pfl. m. Sproßranken; Bltn. klein, grünl. . . . . . **Vitaceae,** 315

— Pfl. ohne Sproßranken; Bltn. weiß *(Fallopia)* **Polygonaceae,** 435

86(80). Blätt. unpaarig gefied.; Stiel, Rhachis u. Fiedstiele rankend; Bltn. weiß od. bläul., m. behaarten Perigonblätt.; Stbblätt. zahlr., kürzer als d. Bltnhülle; Fr. zahlr. Nüßchen m. fedrig behaartem Gr. *(370)* . *(Clematis)* **Ranunculaceae,** 190

— Blätt. gefing.; Stg. m. Sproßranken, deren Enden zu Haftscheiben umgebildet sind *(283);* Stbblätt. 5; Fr. blaue Beeren; Zierpfl. . . . . *(Parthenocissus)* **Vitaceae,** 315

Tabelle VII
Dikotyle Wasserpflanzen
(mit untergetauchten od. schwimmenden Blättern u. sich unter od. über dem Wasser entfaltenden Blüten)[1]

1. Untergetauchte Blätt. ungeteilt od. fehlend; Schwimmblätt., wenn vorhanden, ganzrandig od. nur gezähnt **9**

— Untergetauchte Blätt. in viele lineale, oft fadenf. Zipfel zerschlitzt *(180, 182)* od. m. langen Borsten versehen *(179);* Schwimmblätt., wenn vorhanden, gelappt od. gefied. . **2**

2. Blatt wechselst. **6**

— Blätt. quirlst. **3**

3. Blattspr. rundl.-nierenf., 5–7 mm lg., ihre Hälften auf einen Reiz hin zusammenklappend; Blattstiel verbreitert, an d.

[1] Die **monokotylen** Sumpf- u. Wasserpfl. sind nach **Tabelle IV,** S. 64, zu bestimmen. Sie sind von den **dikotylen** leicht durch ihre schmal-bandf., grasart. bzw. bogen- od. parallelnervigen Blätt. u. den Bau ihrer Bltn. zu unterscheiden. In **Tabelle XIV** (S. 146) sind **alle** Wasserpfl. noch einmal zusammengestellt.

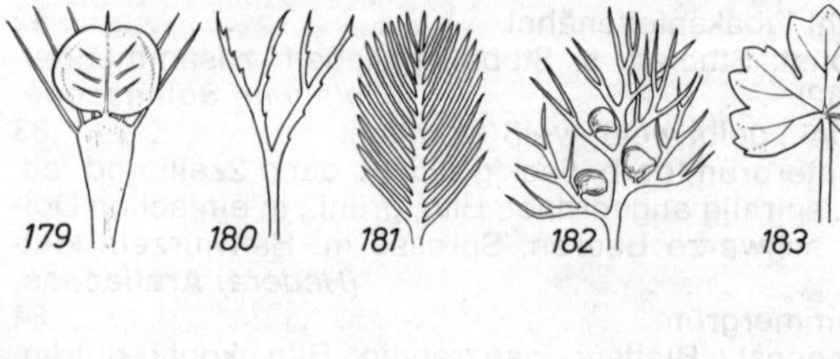

Spitze m. langen Borsten *(179);* Pfl. wurzellos, frei schwimmend . . . . *(Aldrovanda)* **Droseraceae,** 227
— Blattspr. nicht rundl.-nierenf. **4**
4. Blattspr. mehrfach gabelteilig *(180);* Bltn. unscheinbar, untergetaucht, blattachselst.; Pfl. wurzellos, frei schwimmend **Ceratophyllaceae,** 183
— Blattspr. kammf. gefied. *(181)* **5**
5. Bltn. klein, unscheinbar, rosa, in 3−5 cm langen, aus dem Wasser ragenden Ähren *(Myriophyllum)* **Haloragaceae,** 279
— Bltn. groß, weiß bis blaßrosa, in etagenf., bis 30 cm langen, aus dem Wasser ragenden Trauben; Blätt. in Quirlen, am Ende der Sprosse. Häufig Landformen bildend *(Hottonia)* **Primulaceae,** 395
6(2). Wasserblätt. m. kleinen, tierfangenden Schläuchen *(182);* Bltn. auf langem Schaft, gelb, m. einem spornart. Anhängsel . . . . *(Utricularia)* **Lentibulariaceae,** 509
— Wasserblätt. ohne Schläuche; Bltn. weiß **7**
7. Bltn. einzeln, den Blätt. gegenüber; Stbblätt. zahlr.; Zipfel untergetauchter Blätt. handf. angeordnet; Schwimmblätt. rundl., m. tiefen Einschnitten *(183)* *(Ranunculus)* **Ranunculaceae,** 193
— Bltn. in Trauben od. Dolden; Stbblätt. 5; alle Blätt. gefied. **8**
8. Bltn. bis 2 cm im Dm, in etagenf. Trauben; Blkr. verwachsenblättrig; Blätt. kammf. gefied. *(181)* *(Hottonia)* **Primulaceae,** 395
— Bltn. kleiner, in meist 5bltg. Dolden; Blkr. freiblättrig; Wasserblätt. 2−4fach fiedteilig, mit linealen Zipfeln; Luftblätt. einfach fiedteilig . . . . *(Apium)* **Apiaceae,** 304
9(1). Stg. beblätt. **15**
— Alle Blätt. grdst. **10**
10. Blätt. sehr groß (10−20 cm breit), lg. gestielt, einem dicken Rhizom entspringend; Spreite am Grd. tief herzf. *(358−360),* der Wasseroberfläche auflgd.; Bltn. einzeln, lg. gestielt, weiß od. gelb . . . . **Nymphaeaceae,** 182
— Blätt. viel < 10 cm, schmal; Spreite am Grd. nicht herzf. **11**
11. Pfl., wenn submers wachsend, meist nicht blühend u. sich nur vegetativ durch Ausläufer vermehrend *(184);* Blätt. zylindrisch, steif aufrecht, pfrieml. zugespitzt; Pfl. im Wuchs an *Isoëtes (138a)* erinnernd *(Littorella)* **Plantaginaceae,** 513
— Pfl. m. Bltn. **12**

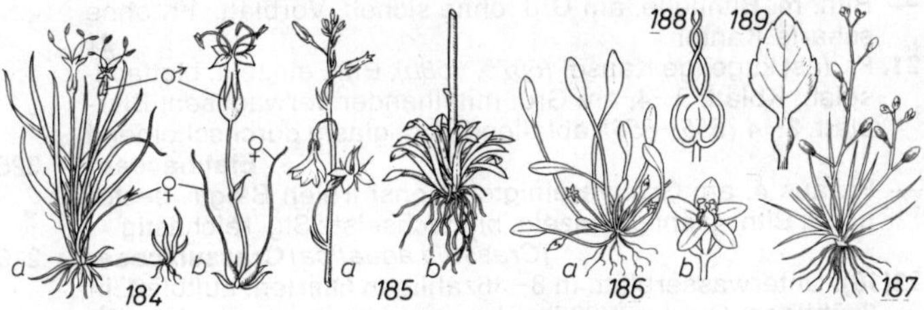

12. Bltn. einzeln, grundst., auf 2–5 cm langen Stielen; Blätt. lg. gestielt, linealspatelig bis lanzettl., in ihren Achseln wurzelnde Ausläufer entspringend *(186)*
(Limosella) **Scrophulariaceae,** 484

— Bltn. stets zu mehreren, meist in Trauben **13**

13. Bltn. eingschl.; ♂ Blüte 1, mit 4 lg. herausghd. Stbblätt.; an der Basis ihres langen Stiels 2–3 ♀ Bltn. *(184b);* Blätt. steif aufrecht, pfrieml. zugespitzt *(184a)*
(Littorella) **Plantaginaceae,** 513

— Bltn. ⚥ **14**

14. Bltn. bläul.weiß, 2lippig *(185a),* auf 10–40 cm hohem Stg.; Blätt. in grdst., submerser Rosette *(185b),* lineal, von 2 Längshöhlen durchzogen . . *(Lobelia)* **Campanulaceae,** 544

— Bltn. weiß, sehr klein, nicht 2lippig, in 2–8bltg. Traube; Blätt. grasart. *(187)* . . . . . *(Subularia)* **Brassicaceae,** 358

15(9). Bltn. nicht gelb **17**

— Bltn. goldgelb od. grünl.gelb **16**

16. Bltnhülle doppelt, bis 3 cm im Dm; Blkr. goldgelb, tief geteilt; Blätt. wechselst.; Spreite fast kreisrund, am Grd. tief herzf., seerosenähnlich (vgl. *358, 360*), ohne Nebenblätt. (Unterschied zu *Hydrocharis,* s. *Tab. IV,* **5(3)**)
(Nymphoides) **Menyanthaceae,** 437

— Bltnhülle einfach, grünl.gelb, 4zählig, kaum 5 mm im Dm; Blätt. gegenst., elliptisch bis eif., keilig in den Stiel verschmälert . . . . *(Ludwigia)* **Onagraceae,** 275

17(15). Blätt. wechselst.; größere Pfl. **23**

— Blätt. gegenst., oft in mehrblättrigen Quirlen; meist kleinere Pfl. **18**

18. Blätt. in mehrblättrigen Quirlen **22**

— Blätt. gegenst., d.h. in 2blättrigen Quirlen **19**

19. Blätt. spatelf., ihre Stiele am Grd. verbreitert; Bltn. weiß, in 2–5bltg. Wickeln; Blkrblätt. 5, am Grd. zu einseitig gespaltener Röhre verwachsen; Stbblätt. 3
(Montia) **Portulacaceae,** 417

— Blätt. lineal-lanzettl. **20**

20. Bltn. ohne Bltnhülle, eingschl., am Grd. häufig m. 2 sichelf. Vorblätt. *(188);* Fr. m. 4 scharfen Kanten *(965);* Pfl. m. od. ohne Schwimmblattrosetten . . . . . **Callitrichaceae,** 535

— Bltn. m. Bltnhülle, am Grd. ohne sichelf. Vorblätt.; Fr. ohne scharfe Kanten **21**

21. Fr. fast kugelige Kapsel *(657b, 658b);* Bltn. einzeln, blattachselst.; Kblätt. 2–4, am Grd. miteinander verwachsen; Blkrblätt. 3–4 *(655–656),* abfallend; Stg. glasig durchscheinend **Elatinaceae,** 325

— Fr. aus 4, am Grd. vereinigten, sonst freien Balgfr. bestehend; Bltn. 4zählig, einzeln, blattachselst.; Stg. reichästig *(Crassula aquatica)* **Crassulaceae,** 216

22(18). Unterwasserblätt. in 8–16zähligen Quirlen, Luftblätt. in 3zähligen Quirlen *(285);* Bltn. einzeln, blattachselst., ⚥, 4zählig, m. 2 Stbblattkreisen . . . . **Elatinaceae,** 325

— Alle Blätt. in 6–12(–16)zähligen Quirlen *(284);* Bltn. klein, unscheinbar, einzeln, blattachselst.; Blkr. fehlend; Stbblatt 1 *(582)* . . . . **Hippuridaceae,** 513

23(17). Blätt. eif. bis lanzettl., am Grd. mit röhrenf. Nebenblattscheide (Ochrea, *839–841*); Bltn. rötl., in verlängerten, oft unterbrochenen, sich über d. Wasseroberfläche erhebenden Ähren . . . . *(Polygonum)* **Polygonaceae,** 432

— Blätt. rautenf., an Spitze gezähnt, in schwimmenden Rosetten; Blattstiel bauchig aufgetrieben *(189);* Bltn. einzeln, weiß, m. 4 bleibenden u. verhärtenden Kblätt. *(567)* **Trapaceae,** 274

Tabelle VIII
Dicotyledóneae: Kräuter und Stauden. Blütenhülle fehlend, einfach oder doppelt, dann aber alle Blütenhüllblätter gleichgestaltet[1]

(Wasserpfl. mit untergetauchten od. schwimmenden Blättern **Tabelle VII,** S. 75)

1. Pfl. m. wohlentwickelten, grünen Blätt., diese zuw. erst nach der Blüte erscheinend **3**

— Blätt. fehlend od. zu bleichen Schuppen reduziert . . **2**

2. Stg. perlschnurart. geglied. *(800),* dick, saftig, zerbrechl., oft rötl. überlaufen; nur auf salzhaltigen Böden *(Salicornia)* **Chenopodiaceae,** 426

— Stg. nicht perlschnurart. geglied.; Blkr. 4–5blättrig; K. durch Hochblätt. ersetzt; Stbblätt. 10; Infloreszenz anfangs bogig überhgd.; Pfl. gelbl., in Wäldern . **Monotropaceae,** 385

3(1). Blätt. quirl- od. gegenst. (wenigstens die unteren) . **44**

— Blätt. wechselst., zuw. nur grdst. **4**

---

[1] In dieser Tabelle sind auch jene Pfl. aufgenommen, bei denen der K. frühzeitig abfällt od. klein u. unscheinbar ist u. deshalb leicht übersehen wird.

4. Laubblätt. nur 2, lg. gestielt, m. nierenf. *(55),* ledriger, wintergrüner Spreite, eine nickende, braunrote Blüte zwischen sich einschließend *(442)* . . *(Asarum)* **Aristolochiaceae,** 206
— Blätt. meist mehr als 2; wenn Spreite nierenf., dann nicht wintergrün; Bltn. anders angeordnet **5**
5. Blattspr. nicht schildf. **7**
— Blattspr. schildf. *(53),* am Rand glatt od. gekerbt . . . **6**
6. Bltn. 3–6 cm im Dm, einzeln, orange, gespornt; Gartenpfl. **Tropaeolaceae,** 289
— Bltn. deutl. kleiner, weiß od. rötl., in wenigbltg., kopff. zusammengezogenen Dolden; Stg. kriechend.; Sumpfpfl. *(Hydrocotyle)* **Apiaceae,** 299
7(5). Pfl. ohne weißen od. gelbl. Milchsaft **11**
— Aus allen Pflanzenteilen bei Verletzung weißer od. gelbl. Milchsaft austretend **8**
8. Milchsaft gelbl. . . . . **Papaveraceae,** 202
— Milchsaft weiß, zuw. farblos **9**
9. Viele zungenf. Bltn. in auffälligem, am Grd. von grünen Hüllblätt. umgebenen Köpfchen . . . . . **Asteraceae,** 545
— Bltn. nicht in Köpfchen **10**
10. Bltn. groß, rot, rötl.-violett, weißl. od. gelb, einzeln; Kblätt. 2, z. Bltzt. abgefallen; Frucht eine keulenf., kugelige od. lg.-schotenf. Kapsel *(434–437)* . . . . . . **Papaveraceae,** 202
— Bltn. klein, wenig auffällig, eingschl.; zahlr., aus 1 Stbblatt bestehende ♂ Bltn. u. eine aus 1 gestielten Frkn. bestehende ♀ Blüte zu kleinen, von becherf. Hülle umgebenen Teilbltnständen *(644)* zusammentretend, diese wiederum in Di- od. Pleiochasien *(108, 112, 643)* . . **Euphorbiaceae,** 318
11(7). Stbblätt. bis zu 10 od. Bltn. nur m. Frkn., diese meist m. pinself. Narben **15**
— Stbblätt. mehr als 10, Stbbeutel deutlich voneinander getrennt **12**
12. Bltnstd. bis 40 cm lange Traube, den Blättern gegenüberstehend, Blätt. ungeteilt; Fr. beerenart. **Phytolaccaceae,** 417
— Bltnstd. nicht traubig od. wenn in Trauben, dann nicht d. Blätt. gegenüberstehend; Blätt. meist gefied. od. gelappt **13**
13. Stbblätt. kürzer als die Bltnhüllblätt.; Bltn. groß, auffällig, gelb, weiß, blau, violett, selten braun, radiär od. zygomorph (helmf. od. gespornt), häufig mit andersart. gestalteten od. blumenblattart. Nektarblätt. *(364–367)* . **Ranunculaceae,** 184
— Stbblätt. länger als die Bltnhüllblätt.; Bltn. klein . . . **14**
14. Bltn. in lg. gestielten, kugeligen bis eif. Köpfchen, grünl.-rot, ⚥ od. eingschl.; Stbblätt. 20–30; Blätt. gefied., mit Nebenblätt. . . . . *(Sanguisorba)* **Rosaceae,** 231
— Bltn. nicht in kugeligen od. eif. Köpfchen; Bltnhüllblätt. beim Aufblühen zuw. abfallend; Blätt. am Grd. dann mit nebenblattart. Bildungen *(Thalictrum);* Fr. Nüßchen, Balgfr., seltener anfangs grüne, später schwarze Beeren *(Actaea)* **Ranunculaceae,** 184
15(11). Bltn. nicht gespornt **18**

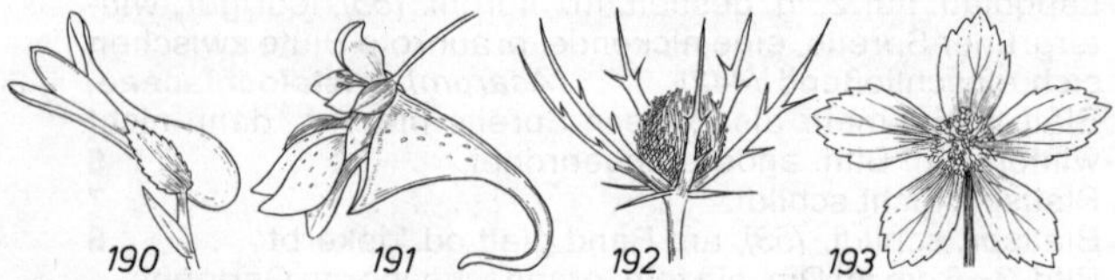

190 *191* *192* *193*

— Bltn. m. längerem, spitzem *(191, 209)* od. kürzerem, sackf. *(190)* Sporn **16**

16. Blätt. gefied. od. doppelt 3zählig; Bltn. in Trauben; Kblätt. 2, früh abfallend; Blkrblätt. 4, das obere gespornt *(190);* Fr. schotenähnl. Kapsel od. kugelige Nuß *(430–431)* **Fumariaceae,** 204

— Blätt. ungeteilt; Spreite am Rand aber zuw. gesägt . **17**

17. Frkn. oberst.; Bltn. gelb (wenn rot, dann Spreite am Rand drüsig gesägt u. Pfl. bis 2,5 m hoch), in wenigblt., achselst. Trauben; die beiden seitl. Kblätt. klein, unscheinbar, das hintere groß, blumenblattart. u. gespornt *(191);* Fr. saftige, bei Berührung aufspringende Kapsel . **Balsaminaceae,** 288

— Frkn. unterst.; Bltn. rot, seltener weiß, aufrecht, am Grd. m. langem, dünnem Sporn *(209),* in reichbltg. Bltnständen; Blätt. ganzrandig u. ohne Drüsen . . . . **Valerianaceae,** 455

18(15). Viele Bltn. zu einem Köpfchen vereinigt, das am Grd. von größeren Hüllblätt. umgeben ist u. zuw. eine Einzelblüte vortäuscht *(192–194)* **43**

— Bltn. anders angeordnet od. in Köpfchen, die am Grd. nicht von Hüllblätt. umgeben sind **19**

19. Wenigstens basale Stgblätt. gefied., gefing., fiedspaltig od. gelappt **37**

— Alle Blätt. m. ungeteilter, höchstens gesägter, gezähnter od. gekerbter, am Grd. zuw. spieß- od. pfeilf. Spreite **20**

20. Alle Blätt. in grdst. Rosette; Fr. zahlr., an verlängerter Bltnachse *(375);* Blätt. linealisch *(Myosurus)* **Ranunculaceae,** 199

— Stg. beblättert (wenn basal gedrängt, dann Blätt. ± nierenf.) bzw. Pfl. ♃ **21**

21. Blätt. bzw. Blattstiel am Grd. m. längerer od. kürzerer, zuw. früh aufreißender, röhriger, die Basis der Internodien umgreifender Scheide (Ochrea, *21, 839–841*); Stgknoten oft deutl. hervortretend; Stg. z.T. windend (*Fallopia,* S. 435); Bltn. weiß, rötl. od. grün, in einfachen, walzenf. od. verzweigten Scheinähren od. Rispen; Gr. 2–3; Narben häufig pinself. *(829–831)* . . . . **Polygonaceae,** 428

— Blätt. u. Blattstiele am Grd. ohne röhrig geschlossene Scheide **22**

22. Bltnhüllblätt. gelb, braun, innen weiß, außen grünl. od. weißl. bis weißl.grün **33**

— Bltnhüllblätt. grünl.gelb od. innen u. außen grün . . **23**

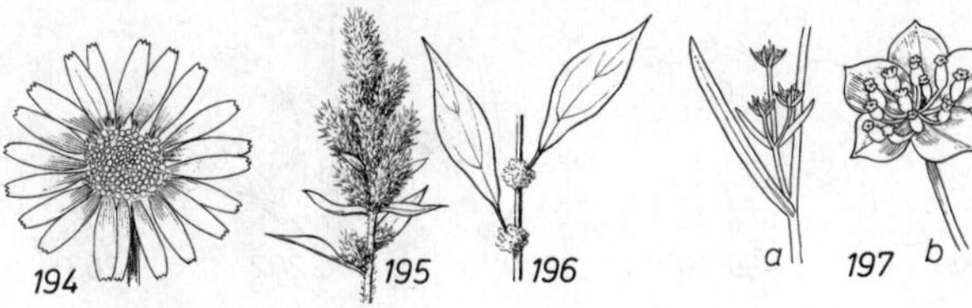

23. Blätt. oft nur wenige mm breit, eif. längl., zuw. grasart. **30**
— Blätt. viel breiter u. nicht grasart. **24**
24. Bltn. 3–4 cm lg., m. röhriger, am Grd. bauchig erweiterter Blkr., in blattachselst. Büscheln; Frkn. unterst.
Aristolochiaceae, 206
— Blkr. nicht röhrig u. nicht bauchig erweitert **25**
25. Stbblätt. 8; Blattspr. rundl.; Bltn. in gestauchten, flachen Trugdolden, von gelben Hochblätt. umgeben *(475a);* an feuchten, schattigen Standorten
(Chrysosplenium) **Saxifragaceae,** 220
— Stbblätt. 1–5; Blattspr. meist nicht rundl., viel länger als breit **26**
26. Blattspr. längl.-elliptisch, häufig zugespitzt, stets viel länger als breit, zuw., besonders auf der Unterseite, mehlig bestäubt **28**
— Blattspr. anders gestaltet; Blkr. fehlend; K. 4zählig, mit Außenk. **27**
27(26 u. 40). Stbblätt. 1; Bltn. geknäuelt in den Achseln der handf., 3spaltigen Stgblätt. *(518);* Pfl. ⨀, ohne Grdblattrosette . . . . *(Aphanes)* **Rosaceae,** 238
— Stbblätt. 4; Blattspr. rundl., am Grd. tief herzf., gelappt, am Rand gezähnt od. fingerf. gefied. *(522–524);* Bltn. klein, grünl., in endst., reich verzweigten Trugdolden; Pfl. ♃, m. Grdblattrosette . . . . *(Alchemilla)* **Rosaceae,** 238
28(26). Blätt. kurzhaarig, ohne Drüsen, lg. gestielt, längl. eif., ganzrandig; Bltn. in blattachselst. Knäueln *(196)*
(Parietaria) **Urticaceae,** 214
— Blätt. kahl od. drüsenhaarig **29**
29. Blätt. oft, bes. auf der Unterseite, mehlig bestäubt, am Grd. zuw. spießf. *(808–815);* Bltn. meist ⚥, in knäueligen, trugdoldigen od. traubigen Bltnständen; Gr. 2–5
Chenopodiaceae, 418
— Blätt. nie mehlig; Bltn. eingschl., m. oft stechenden Vorblätt., zu lockeren, oft gelappten, end- od. seitenst. Scheinähren zusammentretend *(195);* Gr. 1, ungeteilt
Amaranthaceae, 427
30(23). Blätt. eif.-lanzettl., höchstens 4mal so lg. wie breit, die unt. gegenst., die ob. wechselst.; Bltn. klein, in blattachselst. Knäueln *(790);* Pfl. niederlgd., dichtrasig bis polsterf.
(Herniaria) **Caryophyllaceae,** 399
— Blätt. > 4mal so lg. wie breit, ± grasart. **31**

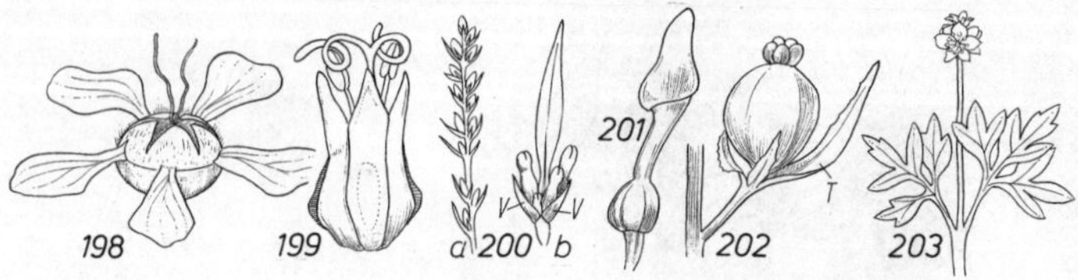

31. Bltn. in kleinen Döldchen *(197a)*, die am Grd. von Hüllblätt. umgeben sind, wodurch eine Einzelblüte vorgetäuscht wird *(197b)*; Frkn. unterst.; Gr. 2; Blätt. zuw. in grdst. Rosette *(Bupleurum)* **Apiaceae,** 303
— Bltn. nicht in Dolden; Frkn. oberst. **32**
32. Stbblätt. 8; Bltn. blattachselst. *(200a, b)* **Thymelaeaceae,** 322
— Stbblätt. 1–5 . . . . **Chenopodiaceae,** 418
33(22). Bltnhülle gelb, röhrig, am Grd. bauchig erweitert *(201)*; Stbblätt. meist 6, m. dem Gr. zur Säule verwachsen; Frkn. unterst. . . . . **Aristolochiaceae,** 206
— Bltnhülle anders gestaltet, nicht röhrig u. am Grd. nicht bauchig erweitert **34**
34. Bltn. auf das Tragblatt hinaufgerückt (*202,* T), in Trauben od. Rispen; Bltnhülle trichterf.; Frkn. unterst.; Blätt. lineal, 1–3nervig . . . . **Santalaceae,** 316
— Bltn. nicht auf das Tragblatt hinaufgerückt **35**
35. Frkn. unterst. . . . . **Apiaceae,** 292
— Frkn. oberst. **36**
36. Pfl. 1–30 cm hoch, blaugrün; Bltn. stecknadelkopfgroß, kugelig, sich selten öffnend *(Corrigiola)* **Caryophyllaceae,** 399
— Pfl. 1–3 m hoch; Bltn. ca. 1 cm groß, offen; Frblätt. 8–10, frei, nur am Grd. etwas verwachsen . **Phytolaccaceae,** 417
37(19). Bltn. in längl., rundl. od. fast würfelf. Köpfchen . **41**
— Bltn. in Trauben, Rispen, Dolden, Trugdolden od. ährenf. Knäueln **38**
38. Stbblätt. 6 (4 lange u. 2 kurze) od. 2 *(Coronopus, Lepidium, Cardamine)*; Bltnhüllblätt. 4, vereinzelt fehlend; Fr. Schote od. Schötchen *(115a)* . . . . **Brassicaceae,** 332
— Stbblätt. 1–5, zuw. fehlend; Fr. weder Schoten noch Schötchen **39**
39. Bltn. in einfachen od. zusammengesetzten Dolden, weiß, rötl. od. gelb, selten grünl.; Stbblätt. 5, zuw. fehlend; Bltnhüllblätt. 5; Fr. bei Reife in zwei Teilfr. zerfallend *(124)* **Apiaceae,** 292
— Bltn. nicht in Dolden (zuw. aber in Trugdolden) . . . **40**
40. Blätt. m. Nebenblätt.; Spreite 3–9lappig od. gefing. *(520–523)*; Stbblätt. 1 od. 4; Bltn. gelbl.grün **27**
— Blätt. ohne Nebenblätt.; Stbblätt. 5; Pfl. oft mehlig bestäubt **Chenopodiaceae,** 418
41(37). Köpfchen fast würfelf., grünl.; Stbblätt. 4 oder 5, geteilt (daher scheinbar 8 od. 10); Blätt. 3zählig od. doppelt 3zählig

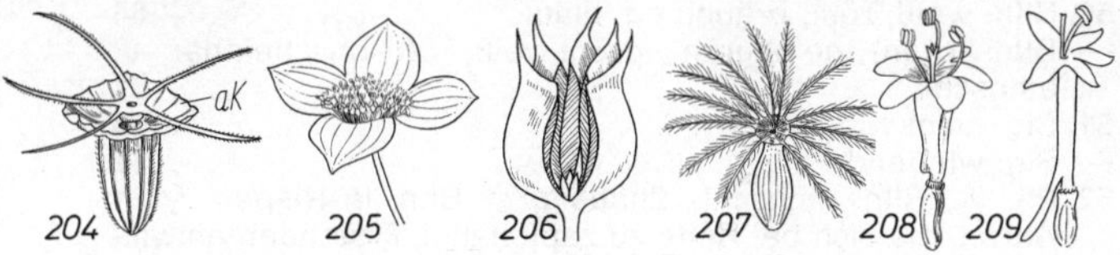

204 *205* *206* *207* *208* *209*

gefied. *(203);* Pfl. bis 10 cm hoch, am Grd. m. Ausläufern, diese an der Spitze verdickt . . . . **Adoxaceae,** 455
— Köpfchen kugelig od. längl.; Pfl. $>$ 10 cm **42**
42. Pfl. distelart., 50–200 cm hoch; Köpfchen zusammengesetzt, kugelf., m. stahlblauen od. bläul.weißen Bltn., diese von linealen bis borstenf. Hüllblätt. umgeben; Stbblätt. 5, ihre Stbbeutel miteinander vereinigt
(Echinops) **Asteraceae,** 585
— Pfl. nicht distelart.; Blätt. einfach gefied., m. Nebenblätt.; Köpfchen einfach, rundl. od. längl.; Bltn. rötl.braun od. grünl., eingschl.; ♂ Bltn. m. 4, lg. aus der Blüte herausragenden Stbblätt. . . . . *(Sanguisorba)* **Rosaceae,** 231
43(18). Stbbeutel der 5 Stbblätt. zu den Gr. umgebender Röhre vereinigt; Bltn. entw. alle zungenf. od. nur die äußeren des Köpfchens zungenf. und die inneren röhrig *(194)* od. alle Bltn. des Köpfchens röhrig; Fr. oft m. Haarkrone *(123)*
Asteraceae, 545
— Stbbeutel der 5 Stbblätt. frei; Blkrblätt. frei; Fr. ohne Haarkrone, bei Reife in 2 Teilfr. zerfallend *(124)* . **Apiaceae,** 292
44(3). Blätt. quirlst. (mehr als 2 Blätt. an einem Knoten) . **72**
— Blätt. gegenst. [2 Blätt. an einem Knoten; nur bei *Asarum* (s. Punkt **4**) sind die beiden einzigen Laubblätt. scheinbar gegenst., in Wirklichkeit sind sie wechselst., 2zeilig] . **45**
45. Bltn. in Köpfchen ohne Hüllblätt. od. Bltn. nicht in Köpfchen **47**
— Bltn. in Köpfchen, die am Grd. von Hüllblätt. umgeben sind **46**
46. Stbblätt. 5, ihre Beutel zu den Gr. umgebender Röhre vereinigt; Fr. oft m. Haarkrone *(123)* . . . . . . **Asteraceae,** 545
— Stbblätt. 4, m. freien Stbbeuteln; K. aus Borsten bestehend; darunter meist noch ein schüssel- od. becherf. Außenk. (*204,* aK) . . . . **Dipsacaceae,** 458
47(45). Blätt. gefied., gefing. od. 3zählig **69**
— Blätt. ungeteilt; Spreite am Rand zuw. buchtig od. gelappt **48**
48. Bltn. m. enger, am Grd. in dünnen Sporn ausgezogener Röhre *(209);* Stbblätt. 1 . . *(Centranthus)* **Valerianaceae,** 458
— Bltn. ohne Sporn **49**
49. Blätt. etwa so lg. wie breit, nierenf., am Rand glatt od. schwach buchtig gekerbt **68**
— Blätt. länger als breit, nicht rundl.-nierenf. **50**

50. Bltn. weiß, rötl., bräunl. od. bläul. **64**
— Bltn. grün, gelbl.grün, grünl.weiß, oft unscheinbar u. eingschl. **51**
51. Stg. nicht windend **53**
— Stg. windend **52**
52. Pfl. ♃; Bltn. eingschl., 2häusig; ♂ Bltn. in Rispen, ♀ in Ähren, die sich bei Reife zu zapfenähnl. Frständen entwikkeln; Blätt. gelappt, am Grd. m. paarweise verwachsenen Nebenblätt. . . . . *(Humulus)* **Cannabaceae,** 213
— Pfl. ⊙; Bltn. ⚥; Narbe kopfig, fast sitzend; Blätt. ganzrandig; Spreite am Grd. bisw. herzf. *(Fallopia)* **Polygonaceae,** 435
53(51). Pfl. mit Milchsaft (Bltnbau s. Nr. **10**—) **Euphorbiaceae,** 318
— Pfl. ohne Milchsaft **54**
54. Blattspr. ganzrandig **57**
— Blattspr. am Rand gesägt, gezähnt od. gekerbt . . . **55**
55. Pfl. m. Brennhaaren; Bltn. eingschl., 1- od. 2häusig, in knäueligen od. kugeligen Bltnständen *(465);* Bltnhüllblätt. 4; Stbblätt. 4 . . . . **Urticaceae,** 213
— Pfl. ohne Brennhaare **56**
56. Bltn. eingschl., 2häusig, in achselst., verlängerten Scheinähren; ♂ Bltn. m. 8–12 Stbblätt. *(642a),* ♀ m. 2-, seltener 3fächrigem Frkn. *(642b),* in achselst. Büscheln od. armbltg. Trauben; Bltnhülle 3–4teilig *(Mercurialis)* **Euphorbiaceae,** 318
— Bltn. ⚥, wenn eingschl., dann in knäueligen Teilbltnständen; Stbblätt. u. Bltnblätt. 1–5 . . . . **Chenopodiaceae,** 418
57(54). Bltn. einzeln, achselst., sitzend od. gestielt . . . **59**
— Bltn. zu mehreren in Knäueln zusammengedrängt od. dichasial **58**
58. Pfl. oft mehlig bestäubt od. schülferig; Bltn. eingschl.; Frhülle ♀ Bltn. 2blättrig *(817–818)* . . . . **Chenopodiaceae,** 418
— Pfl. nicht mehlig bestäubt; Bltn. ⚥ od. eingschl.; Bltnhülle 5zählig; Blätt. klein, eif. od. lineal . . **Caryophyllaceae,** 396
59(57). Bltnhülle 12zähnig *(564);* Stbblätt. 6; Stg. rötl., niederlgd., an d. Knoten wurzelnd; Blätt. gegenst., verkehrteif. bis spatelig . . . . *(Peplis)* **Lythraceae,** 274
— Bltnhülle weniger als 12zähnig **60**
60. Bltn. deutl. gestielt; K. 4–6zählig; Stbblätt. 4–10 **Caryophyllaceae,** 396
— Bltn. sitzend od. sehr kurz gestielt **61**
61. Im Wasser od. auf schlammigem Boden lebende Pfl. **63**
— Landpfl. **62**
62. Bltn. endst., einzeln; Blkrblätt. meist fehlend; Kblätt. am Rand trockenhäutig; Polsterpfl. der Alpen *(Minuartia sedoides)* **Caryophyllaceae,** 401
— Bltn. blattachselst., einzeln; Bltnhüllblätt. trockenhäutig; ⊙, locker-ästige Kräuter der Ebene *(Polycnemum)* **Chenopodiaceae,** 419
63(61). Bltn. nackt, eingschl., am Grd. häufig m. 2 sichelf. Vorblätt. *(188);* Blätt. lineal . . . . **Callitrichaceae,** 535
— Bltn. m. 4blättrigem, grünl.gelbem K., ⚥; Blätt. eif. *(Ludwigia)* **Onagraceae,** 275

64(50). Bltn. 4zählig, in 8–25bltg., von 4 weißen, breit-elliptischen Hochblätt. umgebenen Trugdolden *(205)*
Cornaceae, 291
— Bltn. nicht in von Hüllblätt. umgebenen Dolden **65**
65. Kblätt. knorpelart. verdickt, m. schnabelart. Spitze *(206);* Bltn. in 4–6bltg., achselst. Knäueln, 5zählig, weiß; Stg. niederlgd.; Blätt. verkehrteif., 2–5 mm lg.
(Illecebrum) **Caryophyllaceae,** 399
— Kblätt. nicht knorpelig und nicht m. schnabelart. Spitze, zuw. aber von strohiger Beschaffenheit u. dann gefärbt **66**
66. Stbblätt. 3; Bltn. ⚥ od. eingschl., in Rispen od. Trugdolden; Blkr. am Grd. etwas ausgesackt *(208);* K. z. Frzt. oft zu fedrigen Strahlen auswachsend *(207)* . . . **Valerianaceae,** 455
— Stbblätt. 5 od. 8 . . . . **67**
67. Stbblätt. 5; Bltn. sitzend in den Achseln der mittl., lanzettl. bis breitlanzettl., fleischigen Stgblätt.; Kblätt. rötl. od. weiß; Blkr. fehlend; Sprosse niederlgd. bis aufstgd.; nur an salzhaltigen Orten . . . . *(Glaux)* **Primulaceae,** 395
— Stbblätt. 8; Kblätt. 4, violett-rosa, strohig; Bltnblätt. halb so lg. wie diese; Bltn. nickend, in dichtbltg. Bltnständen; Blätt. schuppenf., 4zeilig-dachig; Zwergstrauch
(Calluna) **Ericaceae,** 388
68(49). Blattspr. rundl., buchtig gekerbt, gegen- od. wechselst.; Bltn. gelbl.grün, in gestauchten Trugdolden *(475a);* Stbblätt. 8 . . . . *(Chrysosplenium)* **Saxifragaceae,** 220
— Blattspr. nierenf., ledrig, wintergrün, zu 2, zwischen sich eine nickende, braunrote Blüte einschließend *(442);* unterhalb der Blätt. am kriechenden Rhizom 2–3 Niederblätt.; Pfl. zerrieben nach Pfeffer riechend
(Asarum) **Aristolochiaceae,** 206
69(47). Bltn. grün, zu 5–10 in gestieltem endst., fast würfelf. Köpfchen *(203)* . . . . **Adoxaceae,** 455
— Bltn. nicht in endst. Köpfchen **70**
70. Blätt. 3–7zählig gefing.; Bltn. grün, eingschl., 2häusig
Cannabaceae, 213
— Blätt gefied.; Bltn. weiß od. rötl., ⚥ **71**
71. Stbblätt. 3; Blkr. trichterf., am Grd. bauchig ausgesackt *(208);* Frkn. 1, unterst. . . . . **Valerianaceae,** 455
— Stbblätt. zahlr.; Frkn. zahlr., frei . . . . **Ranunculaceae,** 184
72(44). Stg. m. nur 1 Blattquirl *(381, 393, 395);* Blätt. gefied. od. gefing.; Bltn. > 1 cm im Dm . . . . . **Ranunculaceae,** 184
— Stg. m. mehreren Blattquirlen; Bltn. < 5 mm im Dm . **73**
73. Wasserpfl.; Bltn. klein, achselst.; Stbblätt. 1 *(582)*
Hippuridaceae, 513
— Landpfl. **74**
74. Blätt. m. häutigen Nebenblätt.; Kblätt. 5, hautrandig
(Polycarpon) **Caryophyllaceae,** 400
— Blätt. ohne häutige Nebenblätt.; Blkr. weiß, rötl., gelb od. gelbgrün, verwachsen . . . . **Rubiaceae,** 446

Tabelle IX
Dicotyledóneae: Kräuter u. Stauden. Blüten mit doppelter, deutlich in Kelch u. Blumenkrone gegliederter Blütenhülle; Blumenkronblätter getrennt, bis zum Grund frei[1]

1. Blkr. regelmäßig (radiär-symmetrisch, *74, 79*) od. bilateral *(75)* **17**
— Blkr. zygomorph (mit nur 1 Symmetrieebene, *76, 77*) . **2**
2. Blkr. gespornt od. ausgesackt *(77, 190–191)* **13**
— Blkr. nicht gespornt **3**
3. K. 2- od. 3blättrig **10**
— K. 4–5blättrig, 5zähnig od. 4–8teilig **4**
4. Bltn. schmetterlingsf. *(537a);* Stbblätt. 10, entw. alle zur den Frkn. umgebenden Röhre verwachsen od. 1 Stbblatt frei *(549–550)* . . . . **Fabaceae,** 250
— Bltn. nicht schmetterlingsf. **5**
5. Stbblätt. meist 8; Blkrblätt. 4; Kblätt. 4 . . **Onagraceae,** 275
— Stbblätt. nicht 8 . . . . **6**
6. Bltn. > 2 cm, auffällig, in Trauben od. Rispen **9**
— Bltn. kleiner, in Dolden, Ähren od. Trauben **7**
7. Bltn. in einfachen od. zusammengesetzten Dolden, häufig m. größeren, zygomorphen (strahlenden) Rand- und kleineren, radiären Mittelbltn. *(616);* Frkn. unterst.; Spaltfr. **Apiaceae,** 292
— Bltn. in Ähren od. Trauben **8**
8. Frkn. u. Fr. häufig an der Spitze offen *(210b, 731);* Blkrblätt. 4 od. 6, zerschlitzt *(210a, 730);* Stbblätt. zahlr. **Resedaceae,** 361
— Frkn. u. Fr. an der Spitze geschlossen; Blkrblätt. 4, nicht zerschlitzt, höchstens an der Spitze ausgerandet; Stbblätt. 6 . . . . **Brassicaceae,** 332
9(6). K. klein, nicht blumenblattart., 5zähnig; Blkrblätt. 5, rosa od. weiß, dk. geadert, die ob. 4 aufrecht, das unt. herabgeschlagen *(585);* Stbblätt. 10; Blätt. unpaarig, 7–9zählig gefied.; Pfl. zitronenart. duftend . . *(Dictamnus)* **Rutaceae,** 280
— Kblätt. groß, blumenblattart., das ob. zu kapuzenf. Helm umgebildet *(373, 388–391),* blau, gelb od. weißblau ge-

[1] K. u. Blkr. sind meist von verschiedener **Farbe, Größe** u. **Gestalt.** Häufig sind die Kblätt. grün u. unscheinbar, können aber im Gegensatz zu den Blkrblätt. zu einer Röhre verwachsen sein (z. B. bei den *Caryophyllaceae).* Sind die Kblätt. gefärbt, so unterscheiden sie sich in Form u. Größe deutl. von den Blkrblätt. Man beachte, daß die Kblätt. beim Aufblühen zuw. abfallen!
In dieser Tabelle finden sich auch jene **Verwachsenblumenblättrigen,** bei denen die Blkr. fast bis zum Grd. in freie Zipfel gespalten ist!
Untergetaucht lebende od. mit Schwimmblätt. versehene **Wasserpfl.,** die nur ihre Bltn. über der Wasseroberfläche entfalten, sind nach **Tabelle VII** od. **Tabelle XIV** zu bestimmen.

scheckt; in diesen 2 lg. gestielte Honigblätt. hineinragend *(367),* Blätt. handf., 5–7spaltig *(385–386)*
(Aconitum) **Ranunculaceae,** 189

10(3). Blkr. schmetterlingsf.; vorderes Blkrblatt schiffchenartig (*537a–b,* Sch) **12**

— Blkr. nicht schmetterlingsf. **11**

11. Blkrblätt. 4, gelb; Blätt. doppelt gefied.
(Hypecoum) **Fumariaceae,** 206

— Blkrblätt. weiß od. grünlich; Blätt. nicht gefied.
(Fallopia) **Polygonaceae,** 435

12(10). Beide seitl. Kblätt. blumenblattart. u. Flügel vortäuschend *(178),* 3 übrige Kblätt. klein u. grün; das schiffchenf. Blkrblatt meist m. gefranstem Anhängsel; Blätt. wechselst.
Polygalaceae, 289

— Kblätt. nicht blumenblattart., grün od. trockenhäutig
Fabaceae, 250

13(2). Kblätt. 5, entw. alle grün od. alle blumenblattart., zuw. etwas ungleich groß **15**

— Kblätt. 2 od. 3 . . . . **14**

14. Blätt. 3zählig od. doppelt gefied.; Kblätt. 2, früh abfallend
Fumariaceae, 204

— Blätt. einfach, ungeteilt, gesägt; 2 seitl. Kblätt. grün, das hintere gespornt *(191)* u. blumenblattart.; Blkrblätt. 5, die seitl. u. hinteren an der Basis paarweise miteinander verwachsen . . . . **Balsaminaceae,** 288

15(13). Blätt. schildf.; Bltn. einzeln, blattachselst., lg. gestielt, gespornt; Blkrblätt. in der Mitte gewimpert; Gartenzierpfl.
Tropaeolaceae, 289

— Blätt. nicht schildf. **16**

16. Alle Kblätt. grün, am Grd. oft m. krautigen Anhängseln (*661,* A); Blätt. m. gefransten od. gefied. Nebenblätt. *(669–672)*
Violaceae, 326

— Alle Kblätt. blumenblattart., blau (bei Gartenformen auch weiß od. rosa), das ob. lg. gespornt *(372);* Blätt. finger- bis handf. geteilt; Frkn. 5–1
(Consolida, Delphinium) **Ranunculaceae,** 189

17(1). Stbblätt. höchstens 10 (od. nur Frkn. vorhanden) . **28**

— Stbblätt. 12 u. mehr **18**

18. K. 2spaltig od. 2blättrig **27**

— K. 3- u. mehrblättrig od. mehrzipfelig **19**

19. Blätt. dick, saftig u. fleischig; Frkn. 4–20, frei od. nur am Grd. verwachsen . . . . **Crassulaceae,** 216

— Blätt. nicht dick, fleischig u. saftig **20**

20. Blätt. quirl- od. gegenst. (zuw. nur die ob.) **24**

— Blätt. grd.- od. wechselst. (bei *Ranunculus ficaria* oft scheinbar gegenst.) **21**

21. Stbfäden zu den Gr. umgebender Röhre vereinigt *(211a);* Frkn. vielblättrig, bei Reife in Teilfr. zerfallend; K. häufig m. Außenk. (*211b,* aK) . . . . **Malvaceae,** 382

— Stbfäden frei, bis zum Grd. getrennt **22**

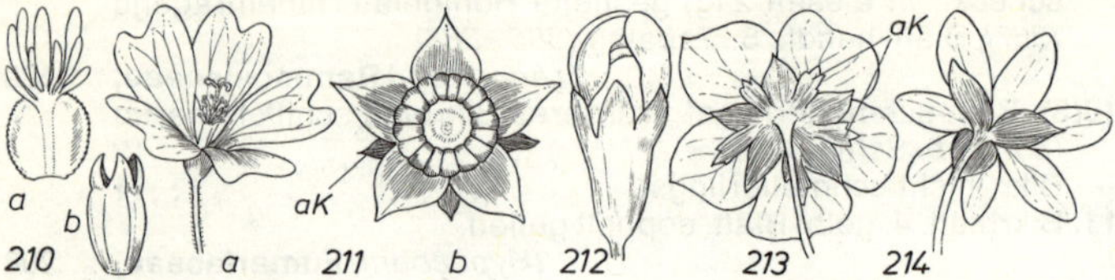

210 a 211 b 212 213 214

22. K. dem Rand einer kegelf. od. krugf. vertieften Bltnachse ansitzend *(480–484)*, daher im unt. Teil scheinbar verwachsen, 4–5-, seltener 7–9blättrig *(Dryas)*, häufig m. Außenk. (*213*, aK); Stbblätt. zahlr.; Frkn. meist zahlr., selten wenige od. 1, frei; Blätt. am Grd. m. Nebenblätt. (nur bei *Aruncus* fehlend, s. S. 230) . . . . **Rosaceae,** 227
— Kblätt. (zuw. blumenblattart.) bis zum Grd. getrennt *(214)*; Stbblätt. zahlr.; Frkn. 2 bis viele; Bltnachse niemals becherf.; Blätt. selten m. Nebenblätt. *(Thalictrum)* . . . **23**
23. Bltn. > 5 cm, rot, selten weiß; Frkn. 2–5, frei, groß, filzig behaart, m. auffälligen roten Narben; Balgfr. m. großen, schwarzglzd. Samen; wild selten, oft kultiviert **Paeoniaceae,** 323
— Bltn. < 5 cm, wenn größer, dann gelb; Frkn. nicht m. roten Narben; Bltn. häufig m. blumenblattart., z.T. gespornten *(Aquilegia)* Nektarblätt. *(364, 371)*; Frkn. meist 3 bis viele, frei (s. aber die seltene Ausnahme in Abb. *379*); Nüßchen od. Balgfr. . . . . **Ranunculaceae,** 184
24(20). Bltn. purpurn, in locker-zylindrischen Bltnständen; K. 4–12zähnig m. ebenso vielen Zwischenzähnen *(564)* **Lythraceae,** 274
— Bltn. gelb od. weiß; Kblätt. 5 od. weniger, zuw. ungleich groß **25**
25. Kblätt. 5, gleich groß; Bltn. gelb; Stbblätt. zahlr., in 3–5 Bündeln *(652)*; Gr. 3–5; Blätt. gegenst., oft durchscheinend punktiert . . . . **Hypericaceae,** 323
— Kblätt. 5, ungleich groß (2 davon kleiner) od. weniger als 5 (meist 3) **26**
26. Kblätt. 5, ungleich groß; Frkn. verwachsenblättrig mit 1 Gr.; Bltn. in traubigen Wickeln; Blkrblätt. gelb od. weiß, zart, in der Knospe gedreht . . . . **Cistaceae,** 330
— Kblätt. 3, gleich groß, zuw. abfallend; Frkn. zahlr., frei (apokarp); Gr. deshalb zahlr.; Bltn. einzeln, endst. mit 8(–12) schmal-eif., goldgelben, fettig glzd. Blkrblätt. (= Nektarblätt.), diese am Grd. mit Nektardrüse; nach der Blüte in den Achseln der Blätt. Brutknöllchen; Wurzeln meist keulig verdickt . . . . . . *(Ranunculus ficaria)* **Ranunculaceae,** 193
27(18). K. 2spaltig; Blkrblätt. 5, gelb, hinfällig; Bltn. klein, sitzend; Blätt. verkehrt-eif., stumpf, fleischig; Stg. niederlgd., zuw. rot überlaufen . . . . **Portulacaceae,** 417

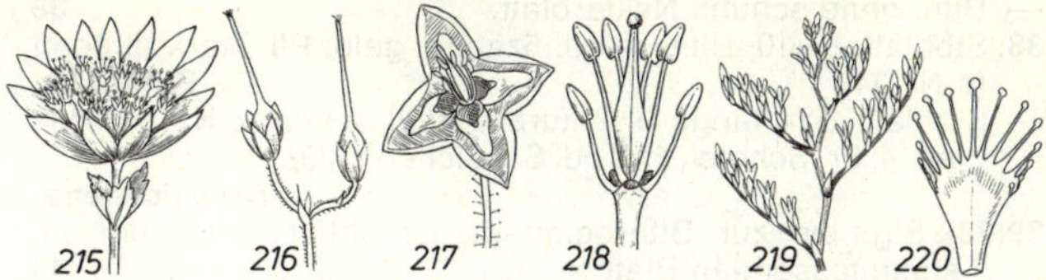

— K. 2blättrig, früh abfallend; Bltn. groß, gestielt; Blkrblätt. 4; Pfl. m. weißem od. gelbl.-rotem Milchsaft **Papaveraceae,** 202

28(17). Blattspr. ungeteilt, am Rand zuw. aber gesägt, gekerbt od. gezähnt **39**

— Blattspr. gefied., gefing. od. tief geteilt **29**

29. Blkr. 4blättrig **37**

— Blkr. 5blättrig **30**

30. Blätt. nicht 3zählig gefing. *(65)* od. 3zählig gefied. *(60)* **33**

— Blätt. 3zählig gefing. *(65)* od. 3zählig gefied. *(60)* . . **31**

31. Stbblätt. 5; Blkrblätt. kleiner als der K., gelbgrün, hinfällig; Bltn. klein (5 mm), in armbltg. Trugdolden; Blattfied. an der Spitze 3zähnig; niederlgd. Pfl. der Hochalp. (Schneetälchen) . . . . *(Sibbaldia)* **Rosaceae,** 238

— Stbblätt. 10; Bltn. nicht gelbgrün u. größer als 5 mm . **32**

32. Blätt. 3zählig gefing.; Bltn. weiß bis rosa (dunkel geadert) od. gelb . . . . **Oxalidaceae,** 283

— Bltn. rot, rötl., blauviolett, rotbraun bis schwarzviolett; Fr. lg. geschnäbelt, in 5 einsamige Teifr. zerfallend; Frschnabel sich dabei aufw. biegend *(592)* *(Geranium)* **Geraniaceae,** 285

33(30). Viele kleine Bltn. zu walzenf. od. kugeligem Köpfchen *(192–193)* od. zu zusammengesetzter Dolde *(106)* vereinigt, deren Randbltn. oft vergrößert u. zygomorph *(616);* Stbblätt. 5; Frkn. unterst., 2blättrig, bei Reife in 2 Teilfr. *(124)* zerfallend . . . . **Apiaceae,** 292

— Bltn. weder in Köpfchen noch in zusammengesetzten Dolden **34**

34. Blätt. von Öldrüsen durchscheinend punktiert, doppelt gefied., graugrün, etwas fleischig; Bltn. in Trugdolden; Blkrblätt. 4–5, löffelf. *(583),* gelb; Stbblätt. 8–10; Pfl. aromatisch duftond . . . . **Rutaceae,** 280

— Blätt. nicht durchscheinend punktlerl **35**

35. Bltn. in einfacher, von auffälligen Hochblätt. umgebener Dolde *(215)* u. einzelne Blüte vortäuschend . **Apiaceae,** 292

— Bltn. anders geordnet **36**

36. Fr. storchschnabelart. *(216),* bei Reife in 3–5 einsamige Teilfr. zerfallend *(592–593)* . . . . **Geraniaceae,** 285

— Fr. 2hörnige, bei Reife nicht zerfallende Kapsel *(473)* *(Saxifraga)* **Saxifragaceae,** 220

37(29). Bltn. rot, m. gelben, schuhf. Nektarblätt. *(217);* Kblätt. grünl.rot, hinfällig . . . . *(Epimedium)* **Berberidaceae,** 202

— Bltn. ohne schuhf. Nektarblätt. **38**
38. Stbblätt. 8–10, Bltn. 4- od. 5zählig, gelb; Pfl. stark duftend (s. Nr. **34**) . . . . **Rutaceae,** 280
— Stbblätt. 6 (4 lange u. 2 kurze, *218*), selten 4; K.- u. Blkrblätt. 4; Fr. Schote *(115)* od. Schötchen *(678)*
Brassicaceae, 332
39(28). Stg. bis zur Bltnregion m. Laubblätt., zuw. nur m. 1 stgumfassenden Blatt **43**
— Blätt. in grdst. Rosette; Bltn.- od. Inflsproß höchstens m. einigen Schuppenblätt. **40**
40. Blätt. m. roten, ein klebriges Sekret absondernden Drüsen *(477–479);* Bltn. weiß, in Wickeln . . . . **Droseraceae,** 226
— Blätt. ohne rote Drüsenhaare **41**
41. K. u. Blkrblätt. 4; Stbblätt. 6 *(218)* . . . . **Brassicaceae,** 332
— K. u. Blkr. 5zählig **42**
42. Stbblätt. 5; Bltn. in Köpfchen od. in reichverzweigten, einseitswendigen, rispenart. Bltnständen *(219);* K. meist trokkenhäutig . . . . **Plumbaginaceae,** 436
— Stbblätt. 10; Bltn. einzeln, in Dolden od. Trauben, oft nikkend; Blätt. meist wintergrün **53**
43(39). Blätt. gegen- od. quirlst. **56**
— Blätt. wechselst., zuw. rosettig gehäuft od. nur 1 Stgblatt vorhanden **44**
44. Bltn. in Köpfchen od. walzenf. Ähren, blau, violett, gelbl. od. weiß; Blkrblätt. zuw. anfangs an der Spitze verbunden, später sich fast bis zum Grd. trennend *(230)*
(Phyteuma, Jasione) **Campanulaceae,** 537
— Bltn. nicht in Köpfchen od. walzenf. Ähren **45**
45. Bltn. weiß, nur 1 mm im Dm *(789),* zu end- u. seitenst. gestauchten Trugdolden gehäuft; Stg. niederlgd.
(Corrigiola) **Caryophyllaceae,** 399
— Bltn. größer oder anders angeordnet **46**
46. K. 8–12zähnig; Bltn. rot, sitzend, meist zu 2 in den Blattachseln und insgesamt zu zylindrischen Bltnständen vereinigt
(Lythrum) **Lythraceae,** 274
— K. nicht 8–12zähnig; Bltn. anders angeordnet . . . **47**
47. Blkr. 4blättrig **54**
— Blkr. 5- u. mehrblättrig **48**
48. Bltnstg. mit mehreren Blätt. **50**
— Bltnstg. außer den lg.gestielten Grdblätt. nur 1 einziges stgumfassendes od. durchwachsenes Blatt tragend . **49**
49. Bltn. > 1 cm im Dm, einzeln; Stbblätt. abwechselnd m. 5 drüsig gefransten Staminodien *(220, 476a–b)*
Parnassiaceae, 226
— Bltn. nur wenige mm groß, zahlr., ohne drüsig gefranste Staminodien . . . . *(Claytonia)* **Portulacaceae,** 417
50(48). In jeder Blüte mehrere freie od. am Grd. verbundene Frkn. (od. nur 8 Stbblätt.); Blätt. dickfleischig
Crassulaceae, 216
— In jeder Blüte nur 1, aus 2 od. mehreren, miteinander verwachsenen Frblätt. gebildeter Frkn. **51**

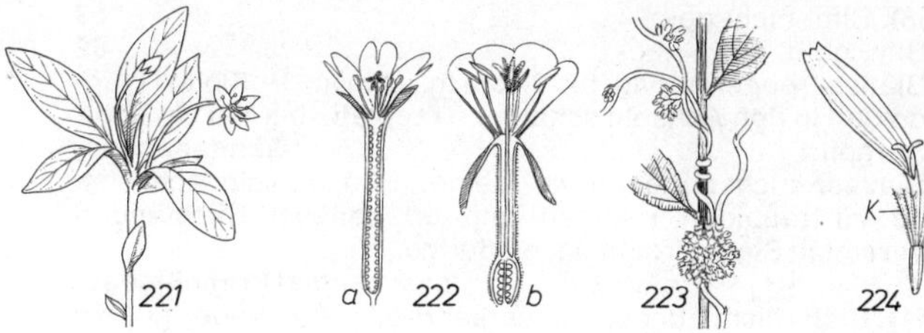

51. Blkr. meist 7zählig; unt. Stgblätt. klein, ob. bis 5 cm lg., rosettig gehäuft *(221)* . . . . *(Trientalis)* **Primulaceae,** 395

— Blkr. 5blättrig **52**

52. Stbblätt. 5, wenn 10, dann Filamente an ihrer Basis verbreitert und ± hoch zur Röhre vereinigt; Bltn. blau, gelb od. rötl. **Linaceae,** 283

— Stbblätt. 10; Filamente am Grd. nicht verbreitert u. nicht zur Röhre verwachsen **53**

53(52 u. 42). Frkn. mit 1 Gr.; Bltn. oft nickend, einzeln, in Trauben od. Dolden; Blätt. kahl, meist wintergrün **Pyrolaceae,** 384

— Frkn. 2griffelig *(471–472);* Bltn. aufrecht; Blätt. häufig behaart . . . . *(Saxifraga)* **Saxifragaceae,** 220

54(47). Stg. fädig dünn, verholzt, zwischen Torfmoos kriechend; Blkrblätt. rot, zurückgeschlagen; Fr. eine rote Beere *(Vaccinium oxycoccos)* **Ericaceae,** 388

— Stg. meist aufrecht; Blkrblätt. nicht zurückgeschlagen **55**

55. Frkn. unterst., vollkommen m. röhren- od. becherf. Bltnachse (Längsschnitt!) verwachsen *(222a–b);* K.-, Blkr.- u. Stbblätt. dem oberen Rand des oft gefärbten Achsenbechers eingefügt; Stbblätt. 8 . . . . **Onagraceae,** 275

— Frkn. oberst.; Stbblätt. 6 [4 lange u. 2 kurze *(674)*]; Fr. Schote od. Schötchen . . . . **Brassicaceae,** 332

56(43). Bltn. in von 4 weißen Hochblätt. umgebener Trugdolde *(205),* klein, rotbraun . . . . **Cornaceae,** 291

— Bltn. ohne weiße Hochblätt. **57**

57. Niedrige, kaum 10 cm hohe, z. T. polsterbildende Alpenpfl. od. auf armen, feuchteren Böden wachsende, z. T. dichasial verzweigte Pfl. m. dünnen, aufrechten od. aufstgd. Stg.; Blätt. meist 1nervig **73**

— Pfl. > 10 cm; wenn niederlgd., dann Blätt. breiter u. meist mehrnervig, seltener 1nervig **58**

58. Blattspr. ganzrandig, zuw. am Rand aber gewimpert . **61**

— Blattspr. gezähnt od. gezähnelt **59**

59. Blkrblätt. 2 . . . . *(Circaea)* **Onagraceae,** 278

— Blkrblätt. 4–5 . . . . **60**

60(59 u. 64). Blätt. saftig-fleischig, oft stielrund; Bltn. m. mehreren, freien, oberst. Frkn. . . . . **Crassulaceae,** 216

— Blätt. nicht saftig-fleischig; Frkn. unterst. . . . . *(Epilobium)* **Onagraceae,** 275

61(58). Bltn. nicht gelb **63**
— Bltn. gelb **62**
62. Blattspr. bogennervig, bis 30 cm lg.; Bltn. in 3–10bltg. Trugdolden in den Achseln schalenf. Tragblätt.; bis 140 cm hohe Bergpfl. . . . . **Gentianaceae,** 438
— Blattspr. nicht bogennervig, kleiner; Bltn. einzeln, achselst. od. zu traubigen, rispigen, end- od. seitenst. Bltnständen vereinigt; Stg. aufrecht od. niederlgd. *(Lysimachia)* **Primulaceae,** 395
63(61). Blätt. nicht zugespitzt, verkehrt-eif.; Stg. niederlgd. bis aufstgd. **69**
— Blattspr. zugespitzt od. kurz bespitzt, häufig schmal-lineal; Stg. aufrecht od. niederlgd. bis schlaff aufstgd. *(Cucubalus)* **64**
64. Bltn. m. mehreren, freien, oberst. od. 1 unterst., stielf. *(222a)* Frkn. **60**
— Bltn. m. 1 oberst. Frkn. od. nur m. Stbblätt. **65**
65. K. 8–12zähnig; Bltn. rot . . . . **Lythraceae,** 274
— K. nicht 8–12zähnig **66**
66. Bltn. sitzend od. kaum gestielt; K. 2–4spaltig; Blkrblätt. 3–4 *(655–656);* Stg. glasig-durchscheinend; Wasser- u. Uferpfl. **Elatinaceae,** 325
— Bltn. meist deutl. gestielt; Kblätt. 4–5(–6), frei od. zu 4–5 (–6)zähniger Röhre verwachsen; Blkrblätt. 4–5, zuw. tief gespalten (Blkr. deshalb scheinbar 10blättrig), häufig genagelt u. m. Nebenkrone (*783,* Nk) **67**
67. Blkrblätt. weiß, am Grd. innen u. außen gelb, ohne Nebenkrone; Bltn. ± 5 mm im Dm; Stbblätt. 5; Stg. dünn, gabelästig . . . . **Linaceae,** 283
— Blkrblätt. am Grd. niemals gelb; Stbblätt. 5 od. 10 od. nur Frkn. vorhanden **68**
68. Stbblätt. 5, ihre Filamente am Grd. zu ± breiter Röhre verwachsen; Frkapsel mit Deckel aufspringend; Stg. niederlgd.; Blkr. blau, rot od. rosa *(Anagallis)* **Primulaceae,** 396
— Stbblätt. (1–)5 od. 10, ihre Filamente bis zum Grd. frei od. nur Frkn. vorhanden; Fr. sich mit Zähnen öffnende Kapsel, seltener Beere; Blkr. häufig m. Nebenkrone (*783,* Nk) **Caryophyllaceae,** 396
69(63). Blätt. nur am Rand od. auf ganzer Fläche drüsig bewimpert **72**
— Blätt. kahl **70**
70. K. 12zähnig; Stg. rund, niederlgd.; Blkrblätt. klein, rosa od. weiß od. fehlend . . . . *(Peplis)* **Lythraceae,** 274
— K. 5zipfelig od. 5blättrig **71**
71. Stg. 4kantig, niederlgd. od. aufstgd.; Frkapsel sich mit Deckel öffnend; Blkrblätt. blau od. rot *(Anagallis)* **Primulaceae,** 396
— Stg. rundl., aufrecht od. aufstgd.; Frkapsel sich mit Zähnen öffnend . . . . **Caryophyllaceae,** 396
72(69). Blätt. nur am Rand drüsig bewimpert, klein, dickl., oft dicht geschindelt; Bltn. rosa, beim Abblühen blau; lockere

Rasen od. dichte Polster bildende Alpenpfl. **Saxifragaceae,** 220

— Blätt. auf ganzer Fläche drüsig behaart; Bltn. weiß; Pfl. lokkere Rasen bildend . . . *(Cerastium)* **Caryophyllaceae,** 407

73(57). K. 5spaltig od. 5zähnig; Blkrblätt. 5, weiß od. rot; niedrige, häufig polsterbildende Alpenpfl. . . **Caryophyllaceae,** 396

— K. 2–3spaltig od. 3–4blättrig **74**

74. Sprosse aufrecht, sehr dünn, gabelästig; Bltnäste anfangs nickend; Frkn. 1; feuchte, moorige u. sandige Orte *(Radiola)* **Linaceae,** 284

— Stg. niederlgd., aufstgd.; Frkn. 3–4; Bltn. 3–4zählig; schlammige Orte, Äcker . . . *(Crassula)* **Crassulaceae,** 216

Tabelle X
Dicotyledóneae: Kräuter u. Stauden. Blüten mit doppelter, in Kelch u. verwachsenblättrige Blumenkrone gegliederter Blütenhülle[1]

1. Stg. nicht windend od. rankend **5**

— Stg. windend od. rankend **2**

2. Stg. m. spiralig sich einrollenden Ranken; Bltn. gelb od. gelbgrün, eingschl., 1- od. 2häusig; Blkr. 5-, selten 6zipfelig; Frkn. unterst. . . . . **Cucurbitaceae,** 381

— Stg. ohne Ranken, in seiner Gesamtheit windend . . **3**

3. Pfl. ohne grüne Blätt.; Stg. fadenf., gelb od. rötl., auf grünen Pfl. parasitierend; Bltn. in Knäueln *(223)* *(Cuscuta)* **Convolvulaceae,** 464

— Pfl. m. grünen Blätt. **4**

4. Bltn. einzeln, blattachselst.; Blkr. trichterf., m. breitem, seicht gebuchtetem Saum *(231),* weiß od. rötl. **Convolvulaceae,** 463

— Bltn. in endst., kopfigen Quirlen; Blkr. stark 2lippig *(882–883)* . . . . *(Lonicera)* **Caprifoliaceae,** 454

5(1). Bltn. radiär (selten m. leicht gekrümmter Röhre, *230a*); Randbltn. der Infl. zuw. vergrößert **25**

— Bltn. zygomorph (Blkrzipfel von verschiedener Größe u. Gestalt od. Blkrröhre gekrümmt); Blkr. zuw. undeutl. zygomorph **6**

6. Untergetauchte Wasserpfl. m. fein zerteilten Blätt. u. tierfangenden Schläuchen *(182);* Bltn. in Trauben, m. langem Schaft, gelb, gesporn t . . . . **Lentibulariaceae,** 509

— Land- od. Sumpfpfl. **7**

7. Stbbeutel der 5 Stbblätt., auch der geöffneten Bltn., zu den Gr. umschließender Röhre vereinigt; zahlr. bis wenige Bltn.

[1] S. auch Anmerkung auf S. 86; die Blkr. löst sich in ihrer Gesamtheit ab.

in einem von grünen Hüllblätt. umgebenen Köpfchen *(986);* Bltn. entw. alle *(986)* od. nur die randst. des Köpfchens zungenf. *(989),* und/oder die zentralen röhrenf. u. radiär; Frkn. unterst.; K. oft als Haarkrone (*224,* K) ausgebildet **Asteraceae,** 545

— Stbblätt. 5 u. nicht röhrig verwachsen, meist aber Stbblattanzahl nicht 5 . . . . **8**

8. Blätt. gegen- od. quirlst. **18**

— Blätt. wechsel- od. grdst. **9**

9. Bltn. nicht gespornt **11**

— Bltn. gespornt **10**

10. Blätt. in grdst. Rosette, gelbl., am Rand nach oben umgerollt; Stbblätt. 2; Bltn. violett od. weiß m. gelbem Schlund *(Pinguicula)* **Lentibulariaceae,** 509

— Blätt. auch höher am Stg.; Stbblätt. 4; Bltn. verschiedenfarbig . . . . **Scrophulariaceae,** 478

11(9). Stbblätt. 10, davon 9 zu den Gr. umgebender Röhre verwachsen; Bltn. schmetterlingsf. *(537),* in längl. Köpfchen; Blätt. 3zählig . . . . *(Trifolium)* **Fabaceae,** 258

— Stbblätt. 2–8; Bltn. nicht schmetterlingsf.; Blätt. ungeteilt od. gefied. **12**

12. Frkn. älterer Bltn. tief 4teilig, bei der Reife in 4 Teilfr. zerfallend *(225);* Blkr. mit schief 5lappigem Saum *(226)* od. Blkrröhre gekrümmt *(898);* vegetative Teile fast stets rauh **Boraginaceae,** 466

— Frkn. nicht tief 4teilig u. nicht in 4 Teilfr. zerfallend . **13**

13. Stbblätt. 2 od. 4 . . . . **16**

— Stbblätt 5 od. 8 . . . . **14**

14. Stbblätt. meist 8; Blkrblätt. 4; Kblätt. 4 . . **Onagraceae,** 275

— Stbblätt. 5; Stbfäden entw. alle od. nur 3 wollig od. fein behaart **15**

15. Stg. klebrig-drüsig; Blkr. schmutziggelb, violett geadert; Fr. Deckelkapsel, vom erhärteten K. umgeben *(119)* *(Hyoscyamus)* **Solanaceae,** 476

— Stg. nicht klebrig-drüsig, aber z.T. dicht wollig; Bltn. undeutl. zygomorph *(228);* Stbfäden alle od. nur 3 weiß od. violett-wollig . . . . *(Verbascum)* **Scrophulariaceae,** 480

16(13). Pfl. ohne grüne Blätt. . . . . **Tabelle III,** 63

— Pfl. mit grünen Blätt. **17**

17. Bltn in kugeligem, am Grd. von Hochblätt. umgebenem Köpfchen; Blkr. blau, mit 4–5 ungleichen Zipfeln *(227);* Stbblätt. 4 . . . . **Globulariaceae,** 510

— Bltn. nicht in Köpfchen; Blkr. 2lippig, oft gespornt *(77)* od. mit 4–5 ausgebreiteten ungleichen Zipfeln *(228, 911)* **Scrophulariaceae,** 478

18(8). Zarte Sumpfpfl.; K. 2spaltig; Blkr. weiß, einseitig gespalten, 2 mm lg. . . . . *(Montia)* **Portulacaceae,** 417

— Kräftigere Landpfl.; Blkr. nicht einseitig gespalten . . **19**

19. Stg. dünn, niederlgd., schwach holzig; Bltn. glockenf., zu zweien, lg. gestielt, nickend *(176);* Stbblätt. 4 *(Linnaea)* **Caprifoliaceae,** 454

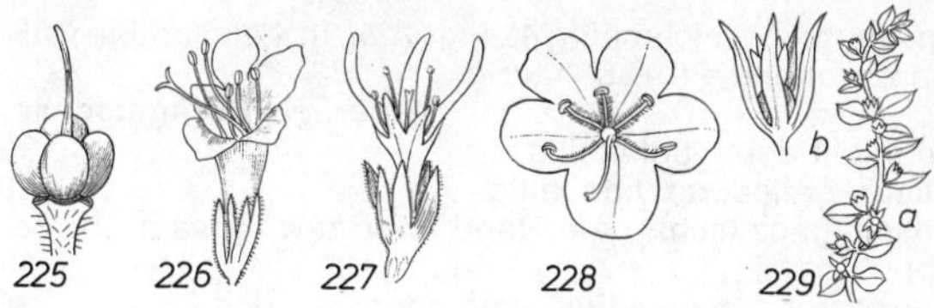

225 226 227 228 229

— Stg. aufrecht, kräftig, wenn niederlgd., dann Bltn. nicht zu 2 auf langem Stiel **20**

20. Stbblätt. 1 od. 3 (zuw. nur Frkn. in der Blüte); K. z. Frzt. als fedrig behaarte Borsten *(207–209)* . . . **Valerianaceae,** 455

— Stbblätt. 2, 4 od. 5 . . . . **21**

21. Frkn. unterst.; K. borstenf. m. häutigem Außenk. (*204,* aK); Bltn. in von Hüllblätt. umgebenen Köpfchen od. walzenf. Ähren . . . . **Dipsacaceae,** 458

— Frkn. oberst. **22**

22(21 u. 46). Bltn. klein, 3–5 mm lg., in vielbltg., rutenf. Ähren; Blkr. blaßlila, undeutl. 2lippig; Stbblätt. 4 (2 längere u. 2 kürzere); Fr. in 4 Teilfr. zerfallend . . . **Verbenaceae,** 513

— Bltn. auffälliger, nicht in rutenf. Ähren **23**

23. Frkn. bereits z. Bltzt. deutl. 4teilig *(225);* Bltn. meist deutl. 2lippig *(76),* oft zu mehreren in Scheinquirlen, in den Achseln laubiger Hochblätt.; Stg. ± deutl. 4kantig **Lamiaceae,** 513

— Frkn. nicht 4teilig **24**

24. Stbblätt. 2–4, wenn 5, dann (z. T.) wollig behaart; Trockenkapsel; Blkr. ohne od. m. Sporn . . **Scrophulariaceae,** 478

— Stbblätt. 5, kahl; Fr. bei Berührung aufspringende, saftige Kapsel; hinteres K.blatt m. gekrümmtem Sporn **Balsaminaceae,** 288

25(5). Beutel der Stbblätt. zu einer Röhre, einem Kegel od. Kranz vereinigt (bei den *Campanulaceae* nur in noch geschlossenen Bltn. sichtbar) **78**

— Beutel der Stbblätt. frei **26**

26. Stbfäden wenigstens bis zur Mitte zur Röhre verwachsen . **77**

— Stbfäden getrennt od. nur am Grd. verwachsen **27**

27. Blätt. grd.- od. wechselst. **47**

— Blätt. gegen od. quirlst., zuw. gegen die Triebspitze gehäuft **28**

28. Bltn. in fast würfelf. Köpfchen, grünl.; Stbblätt. 4 od. 5, gespalten (daher 8 od. 10); Blätt. 3zählig od. doppelt 3zählig gefied. *(203);* Pfl. bis 10 cm hoch . . . . . **Adoxaceae,** 455

— Bltn. nicht in würfelf. Köpfchen **29**

29. K. 2spaltig; Bltn. weiß od. gelb; Wasser- od. dickblättrige Landpfl. . . . . **Portulacaceae,** 417

— K. nicht 2spaltig **30**

30. Stbblätt. 1–4 . . . . **41**

— Stbblätt. 5–8(–10) **31**

31. Frkn. deutl. u. gleichmäßig 4teilig *(225),* in 4 einsamige Nüßchen zerfallend; Pfl. rauhhaarig *(Asperugo)* **Boraginaceae,** 467

— Frkn. nicht deutl. tief 4teilig **32**

32. Blattspr. gefied. od. fied.teilig **40**

— Blattspr. ganzflächig, am Rand aber zuw. gesägt od. gekerbt **33**

33. Bltn. rot, rosa, rosaviolett, gelb od. blau **36**

— Bltn. weiß-gelbl. od. weiß **34**

34. Stbblätt. m. Anhängseln, die insgesamt ein Krönchen (Nebenkrone) bilden; Bltn. in Büscheln zwischen den Blätt. sthd.; basale u. mittlere Stgblattspr. am Grd. herzf.; Fr. einer Blüte 2 schotenf., mit einem Längsriß aufspringende Bälge; Samen m. Haarschopf . . . . **Asclepiadaceae,** 446

— Stbblätt. ohne ein Krönchen bildendes Anhängsel . . **35**

35. Bltn. achselst., einzeln; Fr. Beere, z. Reifezt. vom aufgeblasenen, roten K. umgeben; Blätt. gleichmäßig am Stg. verteilt . . . . *(Physalis)* **Solanaceae,** 476

— Bltn. in endst. Dolden, nickend; Kapselfr.; Blätt. in jahreszeitl. Scheinquirlen; Blattspr. immergrün, derb, glzd., am Rand gekerbt . . . . *(Chimaphila)* **Pyrolaceae,** 384

36(33). Stg. krautig, auch an der Basis **38**

— Stg. holzig, zuw. nur schwach an der Basis, häufig niederlgd. **37**

37. Bltn. hellblau, radf. *(175a);* Blkrblätt. in der Knospe gedreht *(175b);* Stbblätt. 5, m. behaarten Stbbeuteln; Stg. nur an der Basis schwach verholzt, z.T. niederlgd.; Bltntriebe aufrecht; Blätt. immergrün . . . . . *(Vinca)* **Apocynaceae,** 446

— Bltn. rot, rosa od. rosa-violett; Stg. insgesamt verholzt **Ericaceae,** 386

38(36). Gr. m. 2spaltiger Narbe (auseinanderbiegen! Wenn Narbe kopfig erscheint, dann Bltn. intensiv blau); Stbblätt. zwischen den Blkrzipfeln sthd. . . . . . **Gentianaceae,** 438

— Gr. m. kopfiger Narbe od. Gr. an der Spitze zu Ring verdickt, dieser auf der Unterseite mit 5 Haarbüscheln (Lupe!) **39**

39. Gr. m. kopfiger Narbe; Stbblätt. 5, vor den Blkrzipfeln sthd. **Primulaceae,** 389

— Gr. an der Spitze zum Ring verdickt, dieser mit 5 herabhgd. Haarbüscheln; Stbblätt. 5, der Mitte der Blkrröhre eingefügt; Blkr. blau, stieltellerf., in der Knospe m. links gedrehten Zipfeln; Frblätt. 2; Blätt. gegenst., immergrün **Apocynaceae,** 446

40(32). Wasserpfl., seltener Sumpfpfl.; Blätt. kammf. gefied. *(42);* Bltn. rosa od. weiß, in etagenf. Quirlen *(Hottonia)* **Primulaceae,** 395

— Landpfl.; Blätt. gefied., jedoch nicht kammf.; Bltn. weiß od. grünl.gelb, in dichten schirmf. od. kegelf. Trugdolden; Fr. schwarzblau od. scharlachrot *(Sambucus)* **Caprifoliaceae,** 453

41(30). Blätt. quirlst. *(20);* Bltn. klein, in meist reichbltg. Bltnständen; Frkn. unterst.; Fr. in 2 Teilfr. zerfallend *(874)* **Rubiaceae,** 446

— Blätt. gegenst. **42**

42. Bltn. m. 1 od. 3 Stbblätt. (od. nur m. Frkn.); Bltnröhre am Grd. zuw. ausgesackt *(208)* od. gespornt *(209);* Frkn. unterst.; K. z. Bltzt. undeutl., später oft zu fedrig behaarten Strahlen auswachsend *(207)* . . . . . . **Valerianaceae,** 455

— Stbblätt. 2 od. 4 (zuw. 5); K. z. Bltzt. immer deutl. . . . **43**

43. Bltn. meist zu 2, lg.gestielt, nickend, 7–10 mm lg., trichterf.-glockig *(176);* Stg. fädig, kriechend, schwach verholzt *(Linnaea)* **Caprifoliaceae,** 454

— Bltn. anders angeordnet **44**

44. Bltn. m. trockenhäutiger Blkr.; Stbblätt. 4, aus der Blüte heraushgd.; Bltn. in dichten, kugeligen od. kurz-walzl. Ähren *(Psyllium)* **Plantaginaceae,** 511

— Blkr. nicht trockenhäutig, weiß, gelb, rot od. blau . . **45**

45. Frkn. unterst.; K. borstenf., m. schüsself., trockenhäutigem Außenk. *(204);* Bltn. in dichten, von Hüllblätt. umgebenen Köpfchen od. walzenf. Ähren . . . . **Dipsacaceae,** 458

— Frkn. oberst.; K. ohne Außenk. **46**

46. Blattspr. bogennervig, völlig ganzrandig; Blkr. gelb, blau, violett od. rötl., 4- bis 5zipfelig, trichter-, teller- od. glokkenf.; Stbblätt. 4–5 . . . . **Gentianaceae,** 438

— Blattspr. fiedernervig, am Rand häufig gekerbt od. gelappt bis fiederteilig; Stbblätt. 2 od. 4, seltener 5 . . . . . **22**

47(27). Stg. (zuw. kriechend) beblättert; Blätt. wechselst. **54**

— Blätt. alle grdst., höchstens am Bltnstg. od. unterhalb des Bltnstandes einige kleine Hochblätt. **48**

48. Blkr. 4zipfelig; Stbblätt. 4, weit aus der Blüte herausragend; Bltn. in walzl. od. kugeligen Ähren; Blätt. bogennervig **Plantaginaceae,** 511

— Blkr. 5zipfelig od. m. zerschlitztem Saum *(779–780)* . **49**

49. Stbblätt. 4; Blätt. lg.gestielt, spatelf.; kleine, Schlamm bewohnende Pfl. *(186)* . . . *(Limosella)* **Scrophulariaceae,** 484

— Stbblätt. 5–10 . . . . **50**

50. Bltn. in dichten Köpfchen od. einseitswendigen, rispigen Bltnständen *(219),* rosa od. violett; jede Blüte m. 1–2 trokkenhäutigen Vorblätt. . . . . **Plumbaginaceae,** 436

— Bltn. einzeln, in Dolden od. Trauben **51**

51. Blattspr. bogennervig, undeutl. gestielt; Bltn. einzeln, leuchtend blau . . . . **Gentianaceae,** 438

— Blattspr. fieder- od. netznervig, meist deutl. gestielt; Bltn. einzeln, in Trauben, traubigen Rispen od. Dolden, niemals leuchtend blau **52**

52. Blkr. weiß, fransig zerschlitzt u. ihre Zipfel obersts. bärtig behaart; Sumpfpfl. m. kriechendem Rhizom **Menyanthaceae,** 437

— Blkr. nicht gleichzeitig weiß u. m. obersts. bärtig zerschlitzten Zipfeln **53**

53. Stbblätt. 5, selten 4 *(Centunculus)* od. 7 *(Trientalis)*, wenn 10, dann davon 5 steril *(Samolus)*; Blätt. sommergrün, seltener wintergrün [dann Blätt. ledrig, rundl. nierenf. u. Bltn. rötl.-violett m. glockiger, zerschlitzter Blkr. *(Soldanella, 779–780)* od. Blätt. silbergrau gefleckt u. Bltn. m. zurückgeschlagenen Blkrblätt.; Pfl. m. verdickter Knolle *(Cyclamen)*], häufig in grdst. Rosetten, zuw. gegen die Triebspitze rosettig gehäuft *(Trientalis)*; Pfl. z. T. kompakte Polster oder Rasen bildend; Bltn. einzeln od. in ± lg.gestielten Dolden, weiß, gelb, rosa, rot, violett od. blau-violett **Primulaceae,** 389

— Stbblätt. 8–10; Blätt. stets wintergrün, in grdst. Rosette (bei *Chimaphila* nach Jahreszuwachs rosettig gehäuft); Bltn. weiß, rötl., einzeln, in Trauben od. Dolden, meist nickend **Pyrolaceae,** 384

54(47). Blkr. 5spaltig, 5zipfelig od. 5lappig, zuw. 6–8teilig **58**

— Blkr. 4spaltig od. 4zipfelig **55**

55. Stbblätt. 2 od. 4 . . . . **57**

— Stbblätt. 8; Frkn. unterst. od. oberst. **56**

56. Blätt. ledrig, oft wintergrün, nadelf.; kleine, bis 80 cm hohe, verholzte Zwergsträucher . . . . **Ericaceae,** 386

— Blätt. u. Stg. krautig; Frkn. unterst. . . . . . **Onagraceae,** 275

57(55). Bltn. fast sitzend, einzeln, blattachselst., weiß od. rötl., sehr klein *(229)*; Stbblätt. 4; Blätt. ganzrandig *(Centunculus)* **Primulaceae,** 396

— Bltn. deutl. gestielt; Stbblätt. 2 od. 4; Blätt. fast stets gekerbt od. gezähnt . . . . **Scrophulariaceae,** 478

58(54). Stbblätt. 8–10; Blätt. derb, oft immergrün; niedrige od. bis 80 cm hohe Zwergsträucher . . . . **Ericaceae,** 386

— Stbblätt. 2–5 od. Bltn. nur mit Frkn.; Blätt. krautig . . **59**

59. Hochalp. Polsterpfl.; Blätt. klein; Blkr. tellerf., weiß od. rosa od. Blkr. röhrig u. gelb . . . . **Primulaceae,** 389

— Pfl. nicht polsterf. **60**

60. Pfl. mit Ranken; Bltn. gelb od. gelbl.grün, eingschl., 1- od. 2häusig; Frkn. unterst. . . . . **Cucurbitaceae,** 381

— Pfl. ohne Ranken; Stg. aber zuw. windend **61**

61. Frkn. schon z. Bltzt. deutl. 4teilig *(225)*, meist in 4 Teilfr. zerfallend; Bltn. meist in Wickeln; Pfl. meist rauhhaarig (Ausnahme: *Cerinthe* mit gelben u. *Omphalodes* mit vergißmeinnichtähnl. Bltn.) . . . . **Boraginaceae,** 466

— Frkn. nicht tief 4teilig **62**

62. Stbfäden alle od. nur die ob. 3 dicht weiß- od. violett-wollig behaart *(228)* . . . . . . *(Verbascum)* **Scrophulariaceae,** 480

— Stbfäden nicht wollig **63**

63. Blattspr. gefied., fiedschnittig od. 3zählig; Fied. bzw. Fiederabschnitte zuw. gebuchtet od. gelappt **73**

— Blattspr. nicht gefied. u. nicht 3zählig **64**

64. Wasserpfl. m. kreisrunden, am Spreitengrd. herzf., an *Nymphaea* erinnernden Schwimmblätt.; Bltn. goldgelb **Menyanthaceae,** 437

— Landpfl. **65**

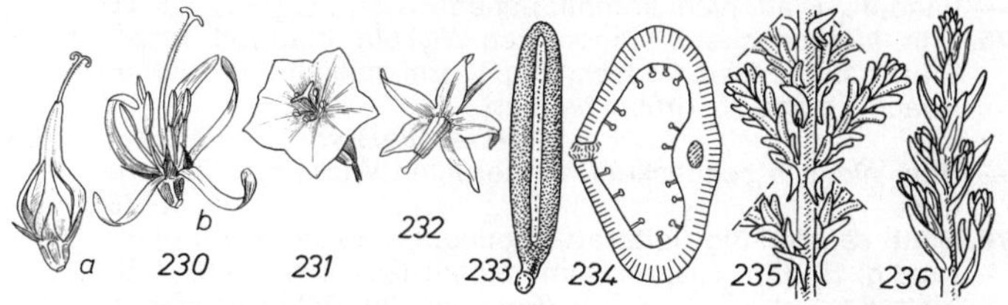

65. Zipfel der Blkr. anfangs zu den Gr. u. die Stbblätt. einschließender, krallenf. gekrümmter Röhre verbunden *(230a)*, später sich fast bis zum Grd. trennend *(230b)*; Bltn. weiß, gelbl.weiß, blau od. dk.violett, in Ähren od. Köpfchen *(Phyteuma)* **Campanulaceae,** 542

— Zipfel der Blkr. anfangs nicht verbunden u. Knospen nicht krallenf. gekrümmt **66**

66. Bltn. in von Hüllblätt. umgebenen Köpfchen, erst gelb, dann fleischfarben . . . . *(Collomia)* **Polemoniaceae,** 465

— Bltn. nicht in Köpfchen **67**

67. Stg. windend od. niederlgd.; Blattspr. herz-, pfeil- od. nierenf.; Blkr. trichterf., mit schwachlippigem Saum *(231)*, weiß od. rötl. m. weißen Streifen . . . . . . **Convolvulaceae,** 463

— Stg. nicht windend; Blattspr. eif. od. lanzettl., ganzrandig, gezähnt od. gekerbt **68**

68. Blkr. rot, grünl.gelb, bräunl., zuw. violett geadert, schmutzigweiß od. reinweiß (dann aber Blätt. tief gezähnt), selten blau . . . . **Solanaceae,** 474

— Blkr. reinweiß, blaßgelb, blau od. violett **69**

69. Bltn. groß, blaßgelb, blau od. violett, einzeln, in Rispen od. Trauben **71**

— Bltn. klein, weiß, in Wickeln od. Trauben **70**

70. Bltn. in Trauben od. Rispen; Pfl. kahl *(Samolus)* **Primulaceae,** 396

— Bltn. in Wickeln, die an der Spitze eingerollt sind; Pfl. dicht angedrückt behaart . . . *(Heliotropium)* **Boraginaceae,** 467

71(69). K. scharf 5kantig, z. Frzt. stark aufgeblasen u. die Beerenfr. einhüllend; Blkr. hellblau, am Grd. weiß; Frkn. oberst. *(Nicandra)* **Solanaceae,** 475

— K. nicht scharf 5kantig, z. Frzt. nicht aufgeblasen . . **72**

72. Frkn. oberst.; Blätt. lg.gestielt, Spr. im Umriß herzf.; Pfl. ⊙, drüsig behaart . . . . . . *(Phacelia)* **Hydrophyllaceae,** 465

— Frkn. unterst.; Pfl. ♃, nicht weich-drüsig behaart **Campanulaceae,** 537

73(63). Blätt 3zählig; Blkrblattzipfel obersts. bärtig behaart, rötl.weiß; Sumpfpfl. m. kriechendem Stg. **Menyanthaceae,** 437

— Blattspr. mehrzählig gefied., fiedschnittig od. gekerbt **74**

74. Wasserpfl. (zuw. auch Landformen bildend); Blätt. kammf. gefied. *(42)*; Bltn. zu 3–6 in etagenf. übereinander stehenden Quirlen, blaßrosa . . . . *(Hottonia)* **Primulaceae,** 395

— Landpfl.; Blätt. nicht kammf. gefied. **75**

75. Bltn. in schneckenf. eingerollten Wickeln, blau (od. rosa); Blätt. gefied., Fied. fiedschnittig; K. frei, mitsamt Bltnstiel u. Rhachis borstig u. drüsig behaart *(Phacelia)* **Hydrophyllaceae,** 465

— Bltn. nicht in schneckenf. eingerollten Wickeln; Blätt. anders **76**

76. Blätt. regelmäßig (leiterart.) gefied., > 10 cm; Fied. glattrandig; Bltn. in Rispen, himmelblau (seltener weiß); Stbblätt. 5 . . . . *(Polemonium)* **Polemoniaceae,** 465

— Blätt. kaum > 3 cm, spatelig, m. 2–3 Kerbungen; Bltn. in Trauben, hell purpurviolett (seltener weißl.); Stbblätt. 4 *(Erinus)* **Scrophulariaceae,** 485

77(26). Stbblätt. zahlr.; K. m. Außenk.; Frkn. bei Reife in zahlr., einsamige Teilfr. zerfallend . . . . **Malvaceae,** 382

— Stbblätt. 5; K. ohne Außenk.; Frkn. bei Reife nicht zerfallend **Primulaceae,** 389

78(25). Zahlr. Bltn. in von Hüllblätt. umgebenem Köpfchen; die Randbltn. des Köpfchens zuw. zygomorph, ♀ od. steril **81**

— Bltn. nicht in von Hüllblätt. umgebenen Köpfchen . . **79**

79. Stbbeutel kegelf. zusammenneigend *(232);* Blkr. radf.; Beerenfr. . . . . *(Solanum)* **Solanaceae,** 476

— Stbbeutel nicht kegelf. zusammenneigend (an den geöffneten Bltn. bei den *Campanulaceae* bereits geschrumpft); Kapselfr. **80**

80. Blkr. rad-, trichter- od. glockenf.; Stbbeutel nur in jungen Bltn. vereinigt, sich nach innen öffnend und den Pollen auf Haare des Griffels entleerend . . . . . **Campanulaceae,** 537

— Blkr. radf.; Stbblätt. m. dem Frkn. zu einem Säulchen vereinigt, auf dem Rücken mit kronblattart. Anhängseln **Asclepiadaceae,** 446

81(78). Bltn. kurz gestielt, blau; Stbbeutel nur am Grd. verbunden . . . . **Campanulaceae,** 537

— Bltn. sitzend, Stbbeutel zu einer Röhre verbunden **Asteraceae,** 545

C. Tabellen zum Bestimmen der Familien und Gattungen der Blütenpflanzen in erster Linie nach vegetativen Merkmalen[1]

1. Holzgewächse (Stg. zuw. nur an der Basis verholzt) **Tabelle XI,** 101

— Kräuter u. Stauden; Stg. nicht od. an der Basis nur schwach verholzt u. im Herbst absterbend; Stauden m. Hilfe unterirdischer Organe (Knollen, Zwiebeln, Rhizomen, Ausläufern) od. in Bodennähe sich befindlichen Knospen überdauernd **2**

2. Wasserpfl. (Monocotyledonen, Dicotyledonen u. Wasserfarne) . . . . **Tabelle XIV,** 146

— Land- u. Sumpfpfl. (die mit ihren Stg. u. Blätt. größtenteils aus dem Wasser herausragen od. an feuchten Standorten wachsen) **3**

3. Pfl. z. Blütezt. ohne grüne Blätt. od. Infl.stiel nur m. schuppenf. Blätt. . . . . **Tabelle III,** 63

— Pfl. z. Blütezt. m. grünen Blätt. **4**

4. Blattspr. gelappt, gebuchtet, fiederteilig, gefied. od. gefing. *(40–44, 59–67)* . . . . **Tabelle XII,** 118

— Blattspr. ungeteilt, m. glattem, gekerbtem, gesägtem od. gezähntem Rand; Spreitengrd. zuw. herz-, pfeil- od. spießf. *(56–58)* . . . . **Tabelle XIII,** 124

Tabelle XI
Holzgewächse, zu bestimmen nach dem Laub[2]

1. Blätt. nadel- od. schuppenf. *(45, 147),* einzeln, in 3zähligen Quirlen *(148),* zu 2 bis 5 od. zahlr., dann gebüschelt an Kurztrieben *(151)* . . . . **XI a,** 102

— Blätt. weder nadel- noch schuppenf. **2**

2. Blätt. gekreuzt-gegenst. (fast gegenst.) od. quirlig . **XI b,** 102

— Blätt. wechselst. (zerstreut od 2zeilig), an Triebenden od. Kurztrieben zuw. rosettig gehäuft **3**

3. Blattspr. zusammengesetzt (gefied. od. gefing.) od. tief gebuchtet od. gelappt . . . . **XI e,** 115

— Blattspr. ungeteilt, m. glattem, gesägtem, gezähntem od. gekerbtem Rand **4**

---

[1] S. auch **Tabelle I–III,** S. 60–63.

[2] Die in dieser Tabelle angegebenen Blattgrößen sind Durchschnittswerte. Wasserreiser u. Schößlinge können viel größere Blätter besitzen.

4. Blattrand glatt . . . . **XIc,** 106
— Blattrand gezähnt, gesägt od. gekerbt . . . . . . **XId,** 110

XIa. Blätter nadel- od. schuppenförmig

1. Blätt. nadelf., im Querschnitt hohl (Lupe!; *234*), untersts. m. einem feinen, weißen Längsstreifen *(233);* Stg. niederlgd., aufstgd.; Bltn. sehr klein; Fr. schwarze, wäßrige Beere; auf Heidemooren u. in der alp. Zwergstrauchstufe **Empetrum,** 389
— Blätt. nadel- od. schuppenf., im Querschnitt nicht hohl **2**
2. Blätt. verdornt, in ihren Achseln verzweigte Dorntriebe; Bltn. gelb, schmetterlingsf.; bis 2 m hoher Strauch **Ulex,** 254
— Pfl. ohne Dornblätt. u. Dorntriebe **3**
3. Pfl. meist > 1 m **6**
— Kleinere, nur selten bis 1 m hohe Zwergsträucher . . **4**
4. Blätt. bis 1,5 cm lg., nadelf., m. kurzer Stachelspitze; Bltn. gelb; Stbblätt. zahlr. . . . . **Fumana,** 332
— Blätt. kürzer; Bltn. weiß od. rötl. **5**
5. Blätt. 5–7 mm lg., zu 3–4 in Scheinquirlen, kahl od. steif behaart; Bltn. in einseitswendigen Trauben od. kopfigen Dolden . . . . **Erica,** 388
— Blätt. bis 3,5 mm lg., 4zeilig angeordnet, sich dachziegelig deckend, am Grd. mit 2 abw. gerichteten Öhrchen *(235);* Bltn. in einseitswendigen Trauben; K. violettrosa, strohig **Calluna,** 388
6(3). Zweige rutenf., schlank, rötl.gelb; Blätt. schuppenf., bläul.grün, sich dachziegelig deckend *(236);* Bltn. rot; 1–2 m hoher Strauch kiesiger Flußufer . . . . **Myricaria,** 332
— Zweige nicht rutenf.; Blätt. nadelf., kantig od. flach, z.T. mit stechender Spitze, einzeln, zu 2 od. 5 an Kurztrieben, in 3zähligen Quirlen (obersts. dann mit weißem Wachsstreifen), in Büscheln an Kurztrieben *(151)* od. schuppenf. *(147),* die Zweige dicht bedeckend; Bltn. eingschl., ♀ Bltnstände sich bei Reife häufig zu holzigem od. fleischig-beerenart. Zapfen *(148b)* umbildend; Samen nicht in Frkn. eingeschlossen [bei der *Eibe (150)* von einem schleimigen Becher umhüllt] . . . . **Gymnospermae,** 178

XIb. Blätter gekreuzt-gegenständig od. quirlig

1. Blattspr. gefied. od. gefing. **28**
— Blattspr. einfach, ganzrandig, gelappt, gebuchtet, gekerbt, gesägt od. gezähnt **2**

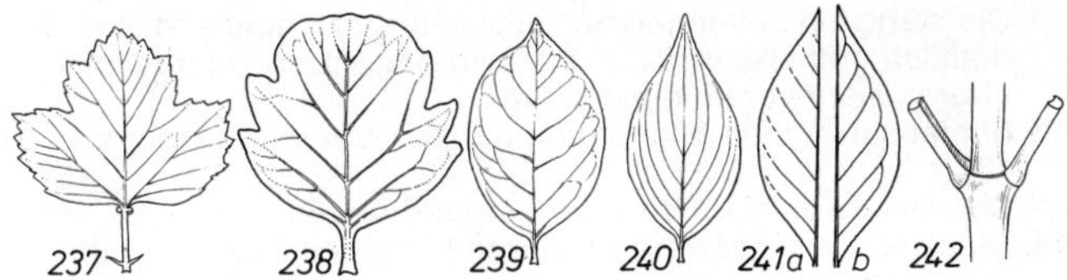

2. Stg. windend; Bltn. entw. zu 2 auf gemeinsamem Stiel *(882a)* od. in kopfigen Trugdolden *(881);* Frkn. unterst., die Frkn. zweier benachbarter Bltn. oft miteinander verwachsen *(882b)* . . . . **Lonicera,** 454
— Stg. nicht windend, zuw. aber niederlgd. **3**
3. Blattspr. ganzrandig od. am Rand mit seichten Einschnitten **6**
— Blattspr. gelappt od. tief geteilt **4**
4. Blattstiel am Spreitengrd. m. napff. Drüsen; Blattspr. breiteif., 3lappig, m. borstenf., später abfallenden Nebenblätt. *(237)* . . . . **Viburnum,** 453
— Blattstiel ohne napff. Drüsen **5**
5. Blattspr. stets 3–5lappig, doppelt gesägt, buchtig gezähnt od. ganzrandig *(588–591);* Fr. in 2 einsamige, geflügelte Nüßchen zerfallende Spaltfr. *(587);* Bäume, selten Sträucher . . . . **Acer,** 281
— Blattspr. einunddesselben Zweiges (kräftige Schößlinge) z. T. gelappt *(238),* z. T. ganzrandig, oft rundl. *(239);* Fr. weiße Beeren; bis 1,5 m hoher Strauch . **Symphoricarpos,** 453
6(3). Blattspr. am Rand gesägt, gekerbt, gezähnt **19**
— Blattrand glatt **7**
7. Auf Bäumen parasitierende kleine Sträucher m. gabelig verzweigten, grünrindigen Sprossen *(641)* **Loranthaceae,** 317
— Im Boden wurzelnde Pfl. **8**
8. Blätt. 5–7 mm lg., bis 2 mm breit, m. nach unten eingerollten Rändern; ledrig, wintergrün; niederlgd. Spalierstrauch der Hochalpen . . . . **Loiseleuria,** 387
— Blätt. größer, am Rand kaum umgerollt; aufrechte Sträucher **9**
9. Blätt. 2–3 cm lg., längl. elliptisch, obersts. dk.-, unterstS. mattgrün, wintergrün, sehr derb; Bltn. eingschl. . **Buxus,** 318
— Blätt. anders gestaltet, meist sommergrün **10**
10. Blätt. in 3zähligen Scheinquirlen, eif., längl.-stumpf; Bltn. napff., rötl., bis 1 cm breit . . . . **Kalmia,** 387
— Blätt. gegenst. **11**
11. Pfl. höchstens bis 70 cm hoch; nichtblühende Stg. zuw. niederlgd. u. nur am Grd. verholzt; blühende Triebe aufrecht **16**
— Pfl. meist > 1 m, m. aufrechten od. bogigen Ästen . **12**
12. Die stärksten Seitennerven bogenf. zur Spitze hinlaufend *(240)* . . . . **Cornus,** 291

— Die stärksten Seitennerven zum Blattrand hinlaufend u. allmählich aufhörend *(241a)* od. sich bogenf. m. dem nächst oberen Nerv vereinigend *(241b)* **13**

13. Stielansatz eines Blattpaars durch Querlinie verbunden *(242)* **15**

— Stielansatz nicht durch Querlinie verbunden **14**

14. Blattstiel kurz (0,5 cm lg.); Spreite längl.elliptisch, mindestens 3mal so lg. wie breit . . . . **Ligustrum,** 463

— Blattstiel länger; Spreite am Grd. herzf. *(56);* Sprosse gabelig *(8)* verzweigt . . . . **Syringa,** 463

15(13). Blattspr. unterststs. heller, an der Spitze stumpf od. abgerundet, einfach od. gelappt *(238–239),* kahl; Fr. weiße Beeren . . . . **Symphoricarpos,** 453

— Blattspr. beiderststs. gleichfarbig, ± zugespitzt, behaart od. kahl; Fr. rote od. blaubereifte Beeren (häufig Doppelbeeren) . . . . **Lonicera,** 454

16(11). Alle Blätt. kahl **18**

— Blätt. behaart bis weißfilzig, wenigstens die basalen . **17**

17. Bltn. radiär, gelb od. weiß; Stbblätt. zahlr.; Stg. niederlgd. bis aufstgd., zuw. nur am Grd. verholzt **Helianthemum,** 331

— Bltn. zygomorph, blau bis violett, in 6–10bltg., übereinandersthd. Scheinquirlen; Stbblätt. 4; Halbstrauch m. aufstgd. od. aufrechten Trieben; Pfl. stark duftend; als Parfümpfl. angepflanzt . . . . **Lavandula,** 520

18(16). Blattspr. längl.-elliptisch, oberststs. glzd., immergrün; Bltn. blau m. flach ausgebreiteten, gedrehten Zipfeln *(175)* **Vinca,** 446

— Blattspr. kreisrund, zuw. m. wenigen seichten Kerbzähnen, oberststs. dk.-, unterststs. bläul.grün; Blattstiele wimprig behaart; Bltn. einzeln od. zu 2 auf langem Stiel, nickend *(176)* **Linnaea,** 454

19(6). Blattzähne weit (0,5–1,5 cm) voneinander entfernt *(248)* **27**

— Blattzähne dichtsthd. *(243–246)* **20**

20. Pfl. stark duftend, 0,5–1 m hoch; Blattspr. lanzettl., jung weißfilzig; Bltn. blau, in 4–10bltg. Quirlen; Stg. nur an der Basis verholzt . . . . **Salvia,** 527

— Pfl. nicht stark duftend **21**

21. Blattrand im unt. Drittel ganzrandig *(246)* **26**

— Blattrand im unt. Drittel wenigstens m. vereinzelten Zähnen **22**

22. Mittelnerv m. 3 Paaren kräftiger Seitennerven, die sich bogenf. nach der Blattspitze krümmen *(243);* Zweigenden häufig in Dornspitze auslaufend; bei *Rhamnus pumila* (dornenloser Zwergstrauch der K-Alp.) Blätt. fast gegenst., häufiger aber wechselst. . . . . **Rhamnus,** 315

— Mittelnerv. m. mehr als 3 Paaren kräftiger Seitennerven **23**

23. Blattspr. kaum zugespitzt, am Grd. ausgerandet, unterststs. dicht behaart; Seitennerven stark hervortretend, sich zum Blattrand hin mehrmals gabelnd *(244)* . . . **Viburnum,** 453

— Blattspr. deutl. zugespitzt *(245)* **24**

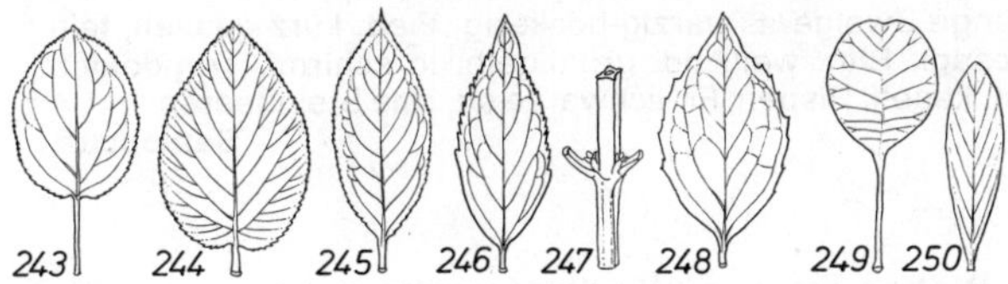

24. Blätt. kahl; Bltn. klein, grünl.; 4–5teilige rote Kapselfr. m. orangefarbigen Samen . . . . **Euonymus,** 314
— Blätt. unterststs. wenigstens auf den Nerven behaart . **25**
25. Blätt. unterststs. wenigstens jung grau- od. braunfilzig; Bltn. klein, in vielbltg. Bltnstd. . . . . **Buddleja,** 477
— Blätt. unterststs. nicht filzig; Bltn. groß, rot . . . . **Weigela,** 455
26(21). Stielgrd. an der Sproßachse herablaufend *(247);* Blätt. grob gezähnt *(246);* Bltn. gelb, vor den Blätt. erscheinend **Forsythia,** 463
— Stielgrd. nicht herablaufend; Blätt. lineal-lanzettl., feingesägt, unterststs. blaugrün, z. T. gegen-, oft wechselst.; Bltn. in Kätzchen . . . . **Salix purpurea,** 369
27(19). Stielbasen eines Blattpaares durch Querlinie verbunden *(242);* Blätt. *(248)* unterststs. auf den deutl. hervortretenden Seitennerven behaart . . . . **Philadelphus,** 216
— Blattstielbasen nicht durch Querlinie verbunden, aber herablaufend *(247);* Blätt. unterststs. kahl . . . . **Forsythia,** 463
28(1). Blätt. 5–7zählig gefing. *(64);* Bltn. in aufrechten Thyrsen; bis 15 m hohe Bäume . . . . **Aesculus,** 282
— Blätt. gefied. **29**
29. Blättchen sehr schmal, nur 2–4 mm breit; Strauch m. gegenstd. Zweigen; Bltn. schmetterlingsf. *(537)* . **Genista,** 254
— Blättchen breiter **30**
30. Fied. lg.gestielt; Rhachis u. Fiederstiele rankend **Clematis,** 190
— Fied. sitzend od. kurz gestielt **31**
31. Junge Zweige glatt, bläul. bereift; die meist 7 Fied. eines Blattes ungleich grob gesägt, bisw. fast ganzrandig; Bltn. eingschl., ohne Bltnhülle, meist vor den Blätt. erscheinend, 2häusig; Fr. geflügelt . . . . **Acer negundo,** 281
— Junge Zweige nicht bläul. bereift; Fied. feiner und regelmäßiger gesägt **32**
32. Blätt. 7–13zählig gefied., ohne Nebenblätt.; junge Zweige graugrün od. braungrün; Knospenschuppen grau bis schwarz; Bltn. eingschl. od. ⚥ *(174a–b),* m. od. ohne Bltnhülle; Fr. geflügelt; bis 20 m hohe Bäume . . . **Fraxinus,** 462
— Blätt. 5–7zählig gefied., m. kleinen, hinfälligen Nebenblätt., deren Narben sichtbar **33**
33. Junge Zweige glatt; Fied. sitzend, sehr fein gesägt; Bltn. in hgd. Rispen, gelbl.weiß; Fr. aufgeblasene Kapsel **Staphylea,** 283

— Junge Zweige ± warzig-höckerig; Fied. kurz gestielt, fein gesägt; Bltn. weiß od. grünl.gelb, in schirmf. Trugdolden od. kegelf. Rispen; Fr. schwarze od. rote Steinbeeren **Sambucus,** 453

XIc. Blätter wechselständig (zerstreut od. zweizeilig), mit glattem Rand

1. Blätt. untersts. rostrot, wintergrün **37**
— Blätt. untersts. nicht rostrot, zuw. aber beidsts. rotbraun beschuppt **2**
2. Blattspr. ohne Stiel bis 1,5 cm lg. **29**
— Blattspr. länger als 1,5 cm **3**
3. Blattspr. untersts. entw. samtart., m. weichem, abreibbarem, wolligem Filz od. weiß- bis weißgrau-schülferig behaart **24**
— Blattspr. beidersts. grün **4**
4. Pfl. höchstens bis 40 cm hoch, selten höher *(Chamaedaphne),* dann aber Blätt. wintergrün u. beidersts. dicht rotbraun beschuppt **21**
— Pfl. meist > 40 cm; Blätt. selten wintergrün u. nicht rotbraun beschuppt **5**
5. Blätt. untersts. gelb punktiert, am Rand lg. absthd. behaart; Bltn. hellrot, m. drüsiger Röhre, lg. gestielt, in endst. Dolden; bis 90 cm hoher Strauch der subalp. Zwergstrauchstufe, vorwgd. der K-Alp. . . . . **Rhododendron hirsutum,** 387
— Blätt. untersts. nicht gelb punktiert, höchstens in der Jugend am Rand behaart **6**
6. Zweige meist überhgd., lg. u. dünn, oft m. Dornen; Bltn. rötl. **Lycium,** 475
— Zweige stets aufrecht od. windend **7**
7. Stg. nicht windend **9**
— Stg. windend **8**
8. Bltn. einzeln, lg. gestielt, tabakspfeifenähnl.; Blätt. 2zeilig, herzf., 10–25 cm breit . . . . . . **Aristolochia durior,** 207
— Bltn. in Rispen, weiß, klein; Blätt. wechselst., < 10 cm **Fallopia aubertii,** 435
9(7). Stg. breit geflügelt, geglied.; Blätt. 2zeilig, rundl., behaart, hinfällig; Bltn. gelb, schmetterlingsf. . **Chamaespartium,** 255
— Stg. nicht breit geflügelt u. nicht geglied. **10**
10. Stg. fein gefurcht, zuw. mit Dornen; Bltn. gelb, schmetterlingsf. **Genista,** 254
— Stg. nicht fein gefurcht, nicht verdornt; Bltn. nicht schmetterlingsf. **11**
11. Seitennerven der Blätt. kaum verzweigt u. stark hervortretend **20**
— Seitennerven der Blätt. entw. deutl. verzweigt od. wenig hervortretend **12**

12. Blätt. lg. gestielt (2–5 cm); Spreite breit-eif., rundl., m. fast rechtwinkelig vom Mittelnerv abzweigenden, gegabelten Seitennerven *(249);* Bltnstiele z. Frzt. fedrig behaart **Cotinus,** 281

— Blattstiel kürzer; Bltnstiele z. Frzt. nicht behaart . . **13**

13. Blätt. selten breiter als 2 cm u. länger als 4 cm . . . **18**

— Blätt. breiter als 2 cm od. länger als 6 cm **14**

14. Blattspr. in der Mitte od. am Grd. am breitesten . . . **16**

— Blattspr. über der Mitte am breitesten **15**

15. Blätt. kahl; Bltnhülle einfach; Staubblätt. 8; Beerenfr. . . **Daphne,** 322

— Blätt. obersts. u. am Rand behaart; Bltnhülle doppelt; Blkr. gelb; Staubblätt. 5; Kapselfr. . . . . . **Rhododendron,** 386

16(14). Blätt. krautig, sommergrün, eif.-lanzettl., zugespitzt, am Grd. oft herzf.; obere Stgblätt. zuw. spießf. od. 3zählig, zerstr. behaart; Stg. nur an der Basis verholzt, kletternd od. niederlgd.; Bltn. blau; Fr. scharlachrote Beeren **Solanum dulcamara,** 476

— Blätt. wintergrün **17**

17. Blätt. weich, die der blühenden u. nichtblühenden Triebe verschieden gestaltet, die der ersteren rautenf. *(251b),* spiralig gestellt; die der letzteren mit herzf. Grd. 3–5lappig *(251a),* m. handf. Nerven, 2zeilig gestellt; Stg. mit Haftwurzeln kletternd . . . . **Hedera,** 291

— Blätt. sehr hart, m. stechender Spitze, am Rand oft stachelig gezähnt *(265);* 3–8 m hoher Strauch . . . . . **Ilex,** 314

18(13). Blattspr. verkehrt-eif., an der Spitze stumpf, unterststs. blaugrün, m. stark hervortretender Nervatur, obersts. hellmattgrün; Fr. blaubereifte Beere; Pfl. bis 80 cm hoch **Vaccinium uliginosum,** 388

— Blattspr. zugespitzt, in der Mitte am breitesten, wenigstens in der Jugend behaart **19**

19. Blattunterseite m. deutl. Nervennetz; Blätt. nicht auffallend an den Zweigenden gehäuft; Bltn. in Kätzchen . . **Salix,** 363

— Blattunterseite m. undeutl. Nervenverzweigungen; Blätt. an den Zweigenden gehäuft, beiderststs. anliegend behaart; Bltn. weiß, nicht in Kätzchen; Pfl. felsiger Standorte **Daphne,** 322

20(11). Seitennerven etwas bogig, vor dem Spreitenrand deutl. nach oben biegend *(252);* Fr. anfangs rote, später schwarze, mehrsamige Steinfr.; Strauch . . . . . . **Frangula,** 315

— Seitennerven gerade, erst unmittelbar vor dem oft leicht gebuchteten Spreitenrand umbiegend *(271);* Baum **Fagus,** 208

21(4). Blätt. entw. m. feinen bräunl. Schüppchen od. unterststs. dunkel punktiert (Lupe!) **23**

— Blätt. unterststs. weder m. feinen Schüppchen noch dunkel punktiert **22**

22. Blätt. längl.-lineal, m. aufgesetzter Stachelspitze *(253),* fast sitzend, ledrig, immergrün; Bltn. groß, gelb od. zweifarbig gelbviolett bzw. gelbbraun, m. 2 blumenblattart. ausgebil-

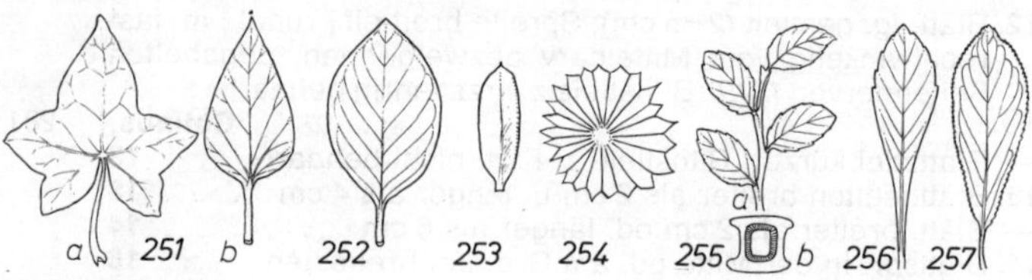

deten Kblätt. *(178);* niederlgd., ausläuferbildender Halbstrauch . . . . **Polygala chamaebuxus,** 289

— Blätt. an der Spitze stumpf, zuw. ausgerandet, breit-verkehrt-eif., oberststs. dk.grün, untersts. bläul.weiß, seidig behaart, m. hervortretendem, rotmaschigem Adernetz od. beiderststs. grün, ohne rotes Adernetz; Bltn. in aufrechten Kätzchen; hochalp. Spaliersträucher . . . . . . **Salix,** 363

23(21). Blattspr. beiderststs. braun-schülferig, wintergrün, 2–3 cm lg., eif.-lanzettl.; Blattspr. am Rand umgebogen, zuw. undeutl. gezähnt, bis 1 m hoher, meist aber niedriger (bis 40 cm hoher) Strauch m. rutenf. Ästen **Chamaedaphne,** 387

— Blattspr. nur untersts. braun punktiert, verkehrt-eif., an der Spitze stumpf, oft ausgerandet, am Rand umgebogen, wintergrün; bis 30 cm hoher Zwergstrauch m. unterirdischen Ausläufern . . . . **Vaccinium vitis-idaea,** 388

24(3). Seitennerven auch auf der Blattunterseite undeutl.; Blätt. schmal (5–7 mm breit u. 5–8 cm lg.), untersts. dicht weiß- od. grauschülferig; verdornter Strauch od. bis 6 m hoher Baum mit roten Fr. . . . . **Hippophaë,** 280

— Seitennerven auf der Blattunterseite deutl. **25**

25. Blattspr. untersts. silberweiß von Sternhaaren *(254),* oberststs. graugrün, 4–8 cm lg., 1–3 cm breit; Bltn. m. röhrig-glockigem, außen silbrigem, innen goldgelbem Achsenbecher . . . . **Elaeagnus,** 280

— Blattspr. untersts. nur m. einfachen Haaren (Lupe!) . **26**

26. Blätt. 8–12 cm lg. u. 4 cm breit, in den zottig behaarten Stiel verschmälert, oberststs. dk.grün, untersts. behaart; Nebenblätt. 1–2 mm groß, hinfällig; Bltn. groß, weiß bis rosa; dorniger, bis 3 m hoher Strauch . . . . **Mespilus,** 247

— Blätt. kleiner, selten bis 12 cm lg. u. dann untersts. weiß od. grauweiß **27**

27. Blattspitze oft zurückgekrümmt; Spreite am Rand zuw. umgerollt u. dann lg. u. schmal, häufig wellig; Nebenblätt. oft früh abfallend . . . . **Salix,** 363

— Blattspr. an der Spitze abgerundet od. m. ganz kurzer, gerader Spitze, am Rand nie umgerollt od. wellig, meist nicht viel länger als breit **28**

28. Blätt. breit-eif., bis 10 cm lg. u. 7,5 cm breit; Nebenblätt. verkehrt-eiländgl., bis 12 mm lg.; Bltn. einzeln, weiß od. rosa; bis 8 m hoher Baum . . . . **Cydonia,** 243

— Blätt. kleiner; Nebenblätt. pfrieml.; Bltn. in wenigbltg. Trauben; bis 2 m hohe Sträucher . . . . **Cotoneaster,** 247

29(2). Stg. niederlgd., kaum > 10 cm **34**

— Stg. aufrecht, höher **30**

30. Blattspr. am Rand deutl. umgerollt **33**

— Blattspr. am Rand nicht umgerollt **31**

31. Blattspr. derbledrig, wintergrün, am Rand m. weißen, borstenf. Haaren; Bltn. groß, hellrosa; Zwergstrauch der subalp. Reg. . . . . **Rhodothamnus,** 387

— Blätt. nicht wintergrün, am Rand ohne borstenf. Haare **32**

32. Blätt. einfach od. 3zählig gefied., klein, hinfällig; Stg. kantig, grün, rutenf.; Bltn. groß, gelb, schmetterlingsf.; 60–120 cm hoher Strauch . . . . **Sarothamnus,** 256

— Blätt. alle einfach; Bltn. gelb, schmetterlingsf.; Sträucher, selten > 60 cm . . . . **Genista,** 254

33(30). Blätt. untersts. weißl., 1–3 mm breit; Bltn. kugelig-eif., hellrosa, nickend; Hochmoorpfl. . . . . . . **Andromeda,** 387

— Blätt. untersts. grün, m. feinen, dunklen Punkten, 5–10 mm breit, derb, wintergrün; Fr. rote Beeren
Vaccinium vitis-idaea, 388

34(29). Stg. fadenf., kriechend; Blätt. obersts. dk.grün, untersts. blaugrün, am Rand umgerollt; Bltn. rot, 4zählig, m. zurückgeschlagenen Blkrblätt.; Hochmoorpfl.
Vaccinium oxycoccos, 388

— Stg. dicker, nicht fadenf. u. kriechend **35**

35. Blätt. untersts. seidenhaarig; Bltn. gelb, schmetterlingsf., in verlängerten Trauben . . . . **Genista pilosa,** 255

— Blätt. untersts. nicht seidenhaarig **36**

36. Blätt. bis 0,5 cm breit, m. aufgesetztem Stachelspitzchen, ledrig, oft an den Stgspitzen gehäuft; Bltn. rot od. hellrot gestreift, wohlriechend; Kblätt. blumenblattart.; Stbblätt. 8 *(173)* . . . . **Daphne,** 322

— Blätt. breiter, derb, glzd., immergrün, an der Spitze stumpf od. leicht ausgerandet; Bltn. m. K. u. weißer od. rötlicher, ei-krugf. Blkr. . . . . **Arctostaphylos uva-ursi,** 387

37(1). Bltn. weiß, m. sternf. ausgebreiteter Blkr. *(772);* Blätt. lineal-lanzettl., am Rand umgerollt, wintergrün . **Ledum,** 386

— Bltn. dk.rot, m. trichterf. Blkr.; Blätt. eif., bis 1 cm breit, am Rand schwach umgerollt, wintergrün
Rhododendron ferrugineum, 387

XId. Blätter wechselständig (zerstreut oder zweizeilig); Blattspreite mit gesägtem, gezähntem oder gekerbtem Rand

1. Blätt. der Langtriebe zu 3teiligen od. einfachen Dornen *(68)* umgebildet, in ihren Achseln rosettig beblätterte Kurztriebe *(425a);* deren Blätt. derb, eif.-lanzettl., am Rand stachelig gezähnt; Bltn. gelb, in Trauben . . . . . **Berberis,** 201
— Blätt. der Langtriebe nicht zu Dornen umgebildet . . **2**
2. Blattspr. (ohne Stiel) länger als 4 cm **16**
— Blattspr. (ohne Stiel) kürzer als 4 cm **3**
3. Zweige grün, scharfkantig *(255b);* Blätt. eif. *(255a);* Bltn. krugf., rötl.; Fr. blau bereifte Beeren m. rotem Saft; bis 50 cm hoher Zwergstrauch m. unterirdischen Ausläufern **Vaccinium myrtillus,** 388
— Zweige nicht scharfkantig **4**
4. Pfl. ± aufrecht, wenn niederlgd., dann nicht in den K-Alp. **6**
— Niederlgd. Strauch der K-Alp. **5**
5. Blätt. unterstS. grün . . . . **Rhamnus,** 315
— Blätt. untersts. weiß . . . . **Dryas,** 232
6(4). Blattspr. nur an der Spitze gezähnt, zur glatten Basis hin verschmälert *(256),* m. Harzdrüsen, stark duftend; Bltn. eingschl., in kurzen Ähren; Sträucher der Heidemoore **Myrica,** 214
— Blattspr. am ganzen Rand gezähnt od. gekerbt . . . **7**
7. Blattspr. untersts. m. bleichgelben Drüsenschuppen; Rand schwach umgebogen, seicht gekerbt, m. langen, weißen Borstenhaaren; Bltn. rosarot; subalp. Zwergstrauch **Rhododendron hirsutum,** 387
— Blattspr. untersts. nicht gelb punktiert **8**
8. Strauch m. Kurztriebdornen u. schwärzl. Rinde; Blattspr. zugespitzt, gegen den Grd. verschmälert *(257);* Bltn. einzeln od. zu 2; Fr. kugelige, blau bereifte Steinfr. **Prunus spinosa,** 248
— Zweige nicht verdornt; Rinde nicht schwärzl. **9**
9. Blattspr. zugespitzt **14**
— Blattspr. an der Spitze stumpf od. abgerundet . . . **10**
10. Höhere Sträucher m. aufrechten Ästen **12**
— Niederlgd., z.T. m. unterirdischen Ausläufern versehene hochalp. Zwergsträucher **11**
11. Pfl. m. unterirdischen Ausläufern; jeder Laubtrieb nur mit 2 fast kreisrunden Blätt. *(740)* . . . . . **Salix herbacea,** 364
— Pfl. ohne unterirdische Ausläufer; Blätt. an jedem Laubtrieb zu mehreren, am Grd. lg. bewimpert, beidersts. netznervig; Fr. schwarzblaue Beeren . . . **Arctostaphylos alpina,** 387
12(10). Blattstiel 1–2 cm lg.; Spreite untersts. anfangs wollfilzig behaart, später kahl, am Rand fein gekerbt, am Grd. seicht herzf. *(260);* Blkrblätt. schmal, weiß; Fr. schwarzblau; bis 3 m hoher Strauch . . . . **Amelanchier,** 247

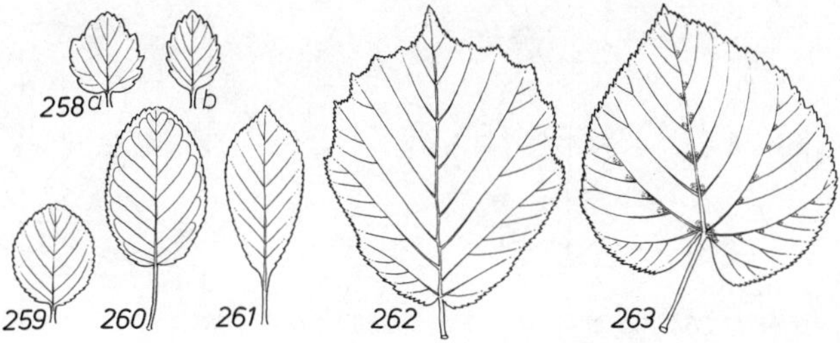

— Blattstiel kürzer; Spreite unterstś. nicht filzig **13**

13. Blätt. rundl. *(258a)* od. eif., stumpf gekerbt od. ungleich doppelkerbig gesägt *(258b);* Seitennerven fast geradlinig in die Zähne verlaufend; Bltn. in Kätzchen; 0,5–2 m hohe Sträucher der Moore . . . . **Betula,** 209

— Blätt. verkehrt-eif. bis elliptisch, fein gesägt *(261);* Seitennerven vor dem Blattrand endend; Bltn. zu 2–5 an Kurztrieben, weiß; bis 1 m hoher, ausläuferbildender Strauch **Prunus fruticosa,** 249

14(9). Blattspr. am Grd. herzf., m. od. ohne Drüsen; Stiel 1–2 cm lg.; Bltn. weiß, zu 4–12 in Doldentrauben *(533)* **Prunus mahaleb,** 249

— Blattspr. nach dem Grd. verschmälert, unterststs. m. hervortretenden Nerven **15**

15. Blattspr. derb-ledrig, beiderststs. kahl, längl.-verkehrt-eif.; Bltn. in weißfilzigen Trugdolden; 1–3 m hoher Strauch der subalp. Reg. . . . . **Sorbus chamaemespilus,** 245

— Blattspr. nicht ledrig, unterststs. meist grauweiß; Blattspitze oft zurückgekrümmt . . . . **Salix,** 363

16(2). Erste kräftige Seitennerven etwas oberhalb der Spreitenbasis entspringend *(261, 265, 266, 272)* **22**

— 2–5 kräftige (bei *Carpinus* auch schwächere) Seitennerven unmittelbar an der Spreitenbasis entspringend *(262–264)* **17**

17. Blattstiel meist länger als 2 cm **20**

— Blattstiel nicht länger als 2 cm **18**

18. Blattspr. rundl.-verkehrt-eif., zugespitzt, beiderststs. behaart *(262)* . . . . **Corylus,** 211

— Blattspr. längl.-eif., oberststs. kahl, unterststs. vor allem am Mittelnerv u. in den Nervenwinkeln schwach behaart; Rand doppelt scharf gesägt; Zähne der Nervenenden größer als die Zwischenzähne **19**

19. Nerven oberststs. vertieft; Blattrand schwach gelappt *(272);* Frstd. locker; Frhülle offen, flach, 3teilig gelappt, das Nüßchen frei liegend . . . . **Carpinus,** 211

— Nerven nicht vertieft liegend; Oberseite der Blattspreite gleichmäßig flach; Blattrand doppelt gesägt, aber nicht ge-

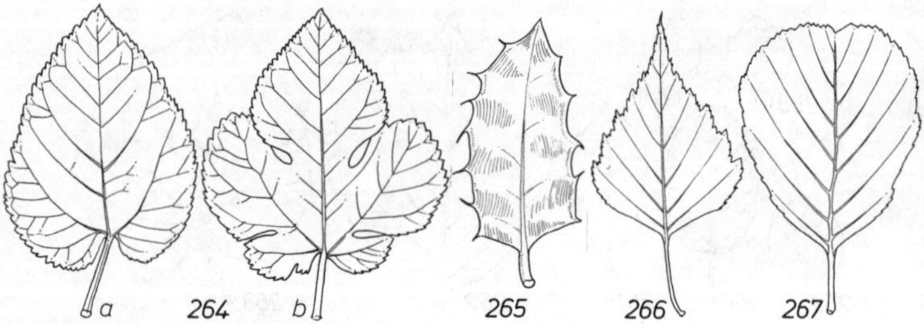

a 264 b 265 266 267

lappt; Frstand dicht, hopfenartig; Frhülle das Nüßchen sackf. umschließend . . . . **Ostrya,** 211

20(17). Blattspr. untersts. in den Nervenwinkeln m. weißen od. braunen Haarbüscheln od. weißfilzig u. dann m. rundem Blattstiel; Spreite am Grd. tief herzf., ungleichhälftig (asymmetrisch, *263*) . . . . **Tilia,** 384

— Blattspr. untersts. in den Nervenwinkeln ohne Haarbüschel, wenn weißfilzig, dann Blattstiel seitl. zusammengedrückt **21**

21. Blattstiel seitl. zusammengedrückt od. im Querschnitt 4eckig; Spreite rundl., elliptisch, herzf. od. eif., zuw. untersts. weiß od. grau . . . . **Populus,** 362

— Blattstiel seitl. nicht zusammengedrückt od. 4eckig; Spreite eif.-rundl., zuw. buchtig gelappt *(264a–b)*, grob gezähnt, am Grd. herzf., beidersts. od. nur untersts. rauhhaarig **Morus,** 212

22(16). Blätt. nicht wintergrün u. nicht ledrig **24**

— Blätt. wintergrün, ledrig **23**

23. Blattspr. am Rand wellig u. häufig stachelig gezähnt *(265);* Bltn. klein, weiß, in achselst. Büscheln; rote, mehrsamige Steinfr. **Ilex,** 314

— Blattspr. am Rand nur entfernt klein gesägt, aber auch glatt; Bltn. in achselst., 10–12 cm langen Trauben **Prunus laurocerasus,** 248

24(22). Seitennerven 1. Ordnung den Blattrand nicht erreichend, sich vorher entw. bogenf. vereinigend od. sich in dünnere Seitennerven gabelnd *(244–245)* **36**

— Seitennerven 1. Ordnung meist geradlinig bis zum Blattrand verlaufend **25**

25. Blattspr. 3eckig od. schief 4eckig, auch eif.-zugespitzt, grob gesägt, lg.gestielt *(266, 459, 460)* . . . . **Betula,** 209

— Blattspr. nicht 3- od. 4eckig **26**

26. Blattspr. rundl., an der Spitze oft ausgerandet, am Grd. verschmälert *(267)*, obersts. kahl . . . . . **Alnus glutinosa,** 211

— Blattspr. länger als breit **27**

27. Blattspr. 10–20 cm lg., am Rand lg.stachelspitzig gezähnt *(268);* Blätt. 2zeilig . . . . **Castanea,** 208

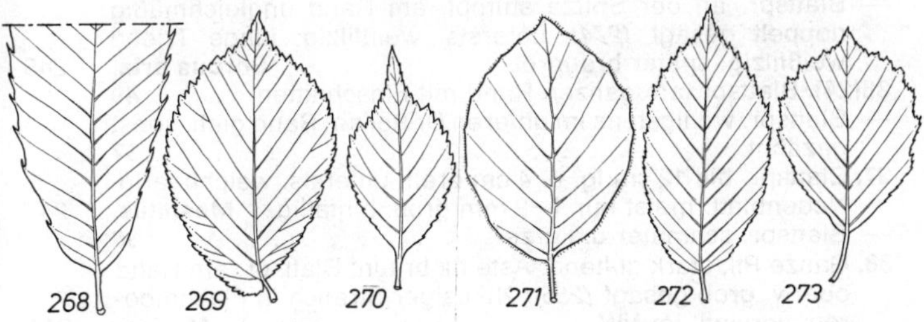

— Blattspr. meist kürzer als 10 cm, Rand nicht stachelspitzig **28**

28. Blattspr. kaum asymmetrisch (beide Spreitenhälften gleich groß) **30**

— Blattspr. stark asymmetrisch (Spreitenhälften ungleich groß, *269*) **29**

29. Borke des Stammes rissig; Blätt. 2zeilig; Blattspr. am Rand doppelt gesägt *(269);* Bltn. alle ⚥, in Büscheln am vorjährigen Holz, vor den Blätt. erscheinend; Fr. ringsum breit geflügelte Nuß *(463–464)* . . . . **Ulmus,** 212

— Borke des Stammes glatt; Blattspr. am Rand einfach gesägt; Bltn. ♂ u. ⚥, einzeln, zusammen m. den Blätt. am diesjährigen Holz erscheinend; Fr. orangefarbige bis violettbraune Steinfr. . . . . **Celtis,** 212

30(28). Blattspr. lg. u. schmal zugespitzt *(270),* an der Spitze oft 3lappig, unterststs. behaart . . . . **Prunus triloba,** 248

— Blattspr. nicht lg. u. schmal zugespitzt **31**

31. Blattspr. untersts. weiß od. grau **35**

— Blattspr. untersts. grün **32**

32. Strauch der Krummholzregion der Alp. u. höheren Mittelgeb.; ♂ Bltn. in Kätzchen, erst nach den herb riechenden Blätt. erscheinend; Blattspr. eif.-spitz, beidersts. grün, kahl, am Rand doppelt scharf gesägt . . . . . **Alnus viridis,** 210

— Bäume u. Sträucher nicht der alp. Krummholzregion **33**

33. Seitennerven bogig verlaufend, die unteren den Blattrand meist nicht erreichend; Blattrand bis über die Mitte grob gezähnt . . . . **Spiraea,** 230

— Seitennerven geradlinig bis zum Blattrand verlaufend **34**

34. Blattspr. nur schwach wellig gerandet od. entfernt klein gezähnt, jedersts. mit 5–8 Seitennerven *(271);* Knospen spindelf.; Äste braungrau . . . . **Fagus,** 208

— Blattspr. am Rand scharf doppelt gesägt, jedersts. mit 10–17 Seitennerven *(272);* Blätt. 2zeilig; Nußfr. m. 3teiliger *(Carpinus)* od. sackf. Hülle *(Ostrya)* . . . . **Corylaceae,** 211

35(31). Blattspr. zugespitzt, am Grd. abgerundet od. schwach herzf., jedersts. mit 8–13 Seitennerven *(273),* untersts. graufilzig, später verkahlend; Rinde glzd.-weißgrau **Alnus incana,** 211

— Blattspr. an der Spitze stumpf, am Rand ungleichmäßig doppelt gesägt *(274),* unterssts. weißfilzig; junge Triebe weißfilzig, später braunrot . . . . **Sorbus aria,** 245

36(24). Blattspr. am ganzen Rand mit Einschnitten . . . **40**

— Blattspr. wenigstens im unteren Drittel am Rand glatt, sonst gezähnt **37**

37. Blattspr. bis 12 cm lg. u. 4 cm breit, untersts. weichhaarig; Nebenblätt. meist nur 1–2 mm groß, hinfällig **Mespilus,** 247

— Blattspr. schmäler u. kürzer **38**

38. Ganze Pfl. stark duftend; Äste dk.braun; Blattspr. am Rand oberw. grob gesägt *(256);* 2häusiger Strauch in Flachmooren, vorwgd. im NW . . . . **Myrica,** 214

— Ganze Pfl. geruchlos **39**

39. Bltn. ⚥, in endst., weißfilzig behaarten Rispen; Fr. kugelig, scharlachrot; 1–3 m hoher Strauch der subalp. Reg. **Sorbus chamaemespilus,** 245

— Bltn. eingschl., in achselst. Kätzchen; Kapselfr. m. behaarten Samen; Nebenblätt. groß, oft früh abfallend . **Salix,** 363

40(36). Blattstiel seitl. zusammengedrückt, sehr lg.; Blattspr. 3–4eckig, die größeren meist über 8 cm breit . **Populus,** 362

— Blattstiel seitl. nicht zusammengedrückt; Spreite selten bis 8 cm breit **41**

41. Blattstiel kürzer als die halbe Länge der Spreite . . **45**

— Blattstiel so lg. od. länger als die halbe Länge der Spreite **42**

42. Blätt. klein (im Durchschnitt 4–5 cm lg.), am Rand fein gezähnt; Bltn. zu 4–12 in Doldentrauben **Prunus mahaleb,** 249

— Blätt. im Durchschnitt länger als 4–5 cm **43**

43. Mittelnerv beiderssts. m. zahlr. wenig hervortretenden Seitennervenpaaren; Blattstiel etwa so lg. wie die untersts. bläul.grüne Spreite . . . . **Pyrus,** 244

— Mittelnerv beiderssts. m. 3–7 stärker hervortretenden Nerven; Blattstiel kürzer als die Spreite **44**

44. Äste kahl, glzd.grün bis rot; Blattstiel 2–3 cm lg., m. mehreren großen Drüsen; Blattspr. bis 10 cm lg., rundl.-eif., plötzl. zugespitzt, kahl . . . . **Prunus armeniaca,** 249

— Äste jung zottig behaart; Blattspr. eif., kurz zugespitzt, anfangs untersts. dicht behaart; Blattstiel ohne Drüsen **Malus,** 244

45(41). Blätt. untersts. weiß od. grauweiß . . . . **Salix,** 363

— Blätt. untersts. grün **46**

46. Sparrig verzweigter Strauch m. Kurztriebdornen; Blattspr. scharf gesägt, oberssts. glzd.-dk.grün, untersts. hellgrün, m. großen, eirundl., gesägten Nebenblätt. *(275);* Bltn. rot **Chaenomeles,** 244

— Pfl. ohne Kurztriebdornen **47**

47. Winterknospen nur m. einer Knospenschuppe *(276a);* Blattrand fein u. gleichmäßig gesägt *(276b);* junge Zweige glatt, hellgrün, rot. od. rotbraun . . . . **Salix,** 363

— Winterknospen m. mehreren, dachig angeordneten Schuppen *(277a)* **48**

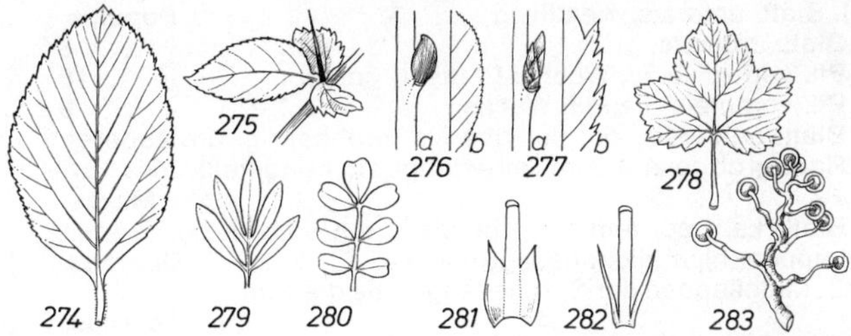

48. Seitennerven erst dicht am Blattrand umbiegend, bis dahin auffallend geradlinig und so gut wie unverzweigt, Blatt stumpf; Bltn. 4zählig . . . . **Rhamnus,** 315

— Seitennerven nicht auffallend geradlinig, sich schon ab der Mitte verästelnd, Blätt. zugespitzt, Blattrand oft ungleichmäßig gesägt *(277b);* Bltn. 5zählig . . . . . . **Prunus,** 247

XIe. Blätter wechselständig (zerstreut od. zweizeilig); Spreite ± tief gebuchtet, gelappt, gefiedert od. gefingert

1. Blattspr. zusammengesetzt (gefied. od. gefing.) . . . **14**

— Blattspr. einfach (gelappt od. gebuchtet) **2**

2. Sprosse rankend od. kletternd **12**

— Sprosse aufrecht od. niederlgd., aber nicht rankend od. kletternd **3**

3. Pfl. mit Kurztriebdornen in den Blattachseln (*10,* D) od. Stacheln (*11, St*) **11**

— Pfl. ohne Dornen u. Stacheln **4**

4. Blattspr. groß (über 10 cm breit), lg. gestielt, 3–7lappig, am Grd. quer abgestutzt od. schwach herzf.; Borke in größeren Stücken abblätternd; Stämme dadurch grünl., gelbl. od. bräunl. gefleckt . . . . **Platanus,** 207

— Blätt. kleiner **5**

5. Seitennerven handf. angeordnet (am Spreitengrd. entspringen 2–4 kräftige Seitennerven, *278*) **7**

— Seitennerven fiedrig angeordnet (*274,* erste Seitennerven entspringen einige mm oberhalb des Spreitengrd.) . . **6**

6. Blattspr. stumpf od. spitz gebuchtet, aber am Rand glatt *(40)* [nur bei nordamerik. Arten sind die Lappen spitz u. grob gezähnt *(451–452)*]; Fr. in Bechern sitzende Nüsse (Eicheln, *446*) . . . . **Quercus,** 208

— Blattspr. am Rand spitz gelappt od. gezähnt . . **Sorbus,** 244

7(5). Blätt. untersts. weißfilzig . . . . **Populus,** 362
— Blätt. untersts. grün **8**
8. Pfl. von strauchf. Wuchs; Blattspr. gelappt **10**
— Pfl. von meist baumf. Wuchs **9**
9. Blätt. beiderst. od. nur obersts. rauhhaarig, am äußeren Rand grob gesägt, zum Teil gelappt, auch ungeteilt *(264a–b)* **Morus,** 212
— Blätt. kahl od. fein filzig behaart, mit spitzen od. runden Lappen, nicht dicht gesägt *(447–452)* . . . . **Quercus,** 208
10(8). Mittellappen der Spreite länger als die seitl. **Physocarpus,** 230
— Mittellappen der Spreite kaum länger als die seitl. *(278)* **Ribes,** 215
11(3). Unterhalb der Blätt. einfache od. 3teilige, kräftige Stacheln; dünnere Stacheln zuw. über die ganzen Äste verteilt **Ribes,** 215
— In den Achseln der Blätt. (jedoch nicht in allen) einfache Kurztriebdornen *(10)* . . . . **Crataegus,** 246
12(2). Sprosse ohne Sproßranken, m. sproßbürtigen Wurzeln (Haftwurzeln) an Bäumen od. Mauern emporstgd.; Blätt. der Jugendform meist 5lappig *(251a),* 2zeilig; jene der Altersform eif. *(251b),* ganzrandig, spiralig gestellt, immergrün; Nervennetz weißl. hervortretend; Bltn. in Dolden; Fr. schwarze Beeren . . . . **Hedera,** 291
— Sprosse m. Sproßranken, diese zuw. m. Haftscheiben **13**
13. Ranken ohne Haftscheiben; Blätt. gelappt mit ungleich gezähnten Lappen; Kulturpfl. . . . . **Vitis,** 315
— Ranken m. Haftscheiben *(283);* Blätt. 3teilig eingeschnitten od. 5–7zählig gefing.; Zierpfl. . . . . **Parthenocissus,** 315
14(1). Blätt. 3zählig od. gefing. **28**
— Blätt. mehrzählig gefied. od. gefing. **15**
15. Fied. gesägt od. gezähnt **23**
— Fied. ganzrandig od. nur am Grd. m. wenigen Zähnen **16**
16. Blätt. paarig gefied. (zwischen dem obersten Fied.paar ist die verkümmerte Endfied. als kleine Stachelspitze sichtbar, *61*) . . . . **Caragana,** 266
— Blätt. unpaarig gefied. (m. Endfied., *280*) **17**
17. Fied. im Durchschnitt über 8 cm lg. **22**
— Fied. wesentl. kleiner **18**
18. Endfied. sitzend od. kurz gestielt *(279–280)* **20**
— Endfied. m. längerem Stiel **19**
19. Nebenblätt. klein, bald vertrocknend; Blätt. m. 3–5 Paaren verkehrt-eif., kurz gestielter Fied.; Bltn. schmetterlingsf., gelb, mit rotbrauner Fahne . . . . **Colutea,** 266
— Nebenblätt. verdornend u. erhalten bleibend *(19);* Blätt. m. 4–10 Paaren elliptischer, 1–4 mm lg. gestielter Fied.; Bltn. weiß od. rot . . . . **Robinia,** 266
20(18). Oberste Seitenfied. an der Blattrhachis herablaufend *(279);* Fied. untersts. stark behaart . **Potentilla fruticosa,** 233
— Oberstes Seitenfied.paar nicht an der Blattrhachis herablaufend *(280)* **21**

21. Blätt. kahl, m. 2–4 Paaren Seitenfied. **Coronilla emerus,** 266
— Blätt. behaart, m. 8–20 Paaren Seitenfied.
Anthyllis montana, 262
22(17). Fied. am Grd. m. einigen Zähnen, in 6–12 Paaren; Blätt. bis 90 cm lg. . . . . **Ailanthus,** 280
— Fied. am Grd. ohne Zähne, ganzrandig, meist in 3–9 Paaren; Blätt. kleiner, aromatisch duftend . . . . **Juglans,** 214
23(15). Fied. jedersts. m. 6–9 stacheligen Zähnen, glzd., steif, wintergrün . . . . **Mahonia,** 201
— Fied. ohne stachelige Zähne, sommergrün, krautig . **24**
24. Blätt. meist m. 5 u. mehr Paaren von Fied. **27**
— Blätt. in der Regel m. weniger als 5 Paaren von Fied. od. mehrzählig gefing. **25**
25. Stg. m. Ranken, deren Enden zu Haftscheiben umgebildet sind *(283);* Blätt. 5–7zählig gefing. od. 3teilig eingeschnitten . . . . **Parthenocissus,** 315
— Stg. ohne Ranken, aber fast stets m. Stacheln; Blätt. gefied. **26**
26. Nebenblätt. zumeist hoch m. dem Blattstiel verwachsen *(281);* Blätt. gefied.; Bltnachse vertieft *(127b)* . . . **Rosa,** 239
— Nebenblätt. frei, fädl. *(282);* Blätt. gefied. od. gefing.; Bltnachse kegelf. aufgewölbt; schwarze od. blaubereifte Sammelfr. . . . . **Rubus,** 243
27(24). Zweige braun-zottig; Blätt. bis zu 90 cm lg. . . **Rhus,** 281
— Zweige zuw. behaart, aber nicht braun-zottig; Blätt. kleiner **Sorbus,** 244
28(14). Rand der Fied. gesägt **31**
— Rand der Fied. glatt **29**
29. Zweige kantig, gefurcht, rutenf., grün; Blätt. 3zählig, die ob. einfach . . . . **Sarothamnus,** 256
— Zweige rund, nicht gefurcht **30**
30. Alle Blätt. 3zählig; Bltn. schmetterlingsf. . . . **Fabaceae,** 250
— Außer 3zählig gefied. Blätt. auch einfache m. spießf. bis geöhrter Spreite; Bltn. violett, radiär **Solanum dulcamara,** 476
31(28). Fied. über 2 cm lang **33**
— Fied. höchstens 2 cm lang **32**
32. Pfl. dicht seidenhaarig; Blätt. nur an der Spitze m. Zähnen **Potentilla nitida,** 233
— Blätt. am ganzen Rand gesägt . . . . **Ononis,** 256
33(31). Stg. u. Blattstiele meist mit Stacheln, Nebenblätt. vorhanden *(282)* . . . . **Rubus,** 243
— Stg. u. Blattstiele stachellos; Nebenblätt. meist fehlend **Rhus,** 281

Tabelle XII

Kräuter u. Stauden mit wechsel- od. gegen-, z.T. grundständigen, gefiederten, gefingerten, gebuchteten od. gelappten Blättern

1. Stg. windend od. rankend **87**
— Stg. weder windend noch rankend **2**
2. Blätt., Stg. od. Bltnstand bestachelt **84**
— Pfl. stachellos, zuw. aber borstig behaart, wenn Blätt. stachelig, dann Bltn. eingschl. u. 2häusig **3**
3. Blätt. gefing. *(64–65)* **71**
— Blätt. gefied. *(59–63),* fiederteilig, fußf. gefied. *(66),* gebuchtet *(40)* od. gelappt *(41, 44)* **4**
4. Blätt. gegenst. *(14c)* od. quirlst. *(14d),* zuw. nur die ob. od. unt. **56**
— Blätt. wechselst. [zerstr. *(14b),* 2zeilig *(14a)*] od. in grdst. Rosette **5**
5. Sporenpfl. **Tabelle I,** 60
— Blütenpfl. **6**
6. Bltn. nicht in Dolden **9**
— Bltn. in einfachen od. zusammengesetzten, bisweilen kopff. zusammengezogenen Dolden *(101, 106)* **7**
7. Pfl. m. orangefarbigem Milchsaft; Blkrblätt. 4, Staubblätt. zahlr. . . . . **Chelidonium,** 202
— Pfl. ohne Milchsaft; Staubblätt. 5 . . . . **8**
8. Bltn. glockig, rosa, ca. 1 cm lang, in einfachen Dolden; Blätt. alle grdstg., gelappt od. grob gesägt . . **Cortusa,** 394
— Bltn. nicht glockig; Stg. meist beblättert; Blätt. meist gefied. od. tief geteilt . . . . **Apiaceae,** 292
9(6). Pfl. 2häusig; Blätt. groß, bis 1 m lg.; Bltn. weiß od. gelbl.weiß, in lg., zuletzt überhgd. Rispen . . **Aruncus,** 230
— Bltn. ⚥, wenn eingeschl., dann Pfl. 1häusig **10**
10. Blätt. an der Basis des Stg. ± rosettig gehäuft, aus der Rosette zuw. rosettenbildende Ausläufer treibend; Bltn. einzeln od. Infl.stg. m. einfacheren Laubblätt., bzw. m. Schuppenblätt. od. blattlos **50**
— Blätt. an der Stg.-Basis nicht auffallend rosettig gehäuft; Infl.stg. auch über dem Grd. m. Laubblätt. **11**
11. Bltn. grünl. od. grünl.gelb, blaßgelb, aber nicht reingelb **41**
— Bltn. andersfarbig **12**
12. Zahlr. Bltn. in Köpfchen, walzenf. Ähren od. Dolden *(192–194),* die zuw. Einzelblüte vortäuschen **37**
— Bltn. in anders gestalteten Bltnständen od. einzeln . **13**
13. Bltn. m. 1 od. mehreren Spornen **34**
— Bltn. nicht gespornt **14**
14. Stbblätt. zahlr. (mehr als 10) **29**
— Stbblätt. höchstens 10 . . . . **15**
15. Bltn. zygomorph *(76–77)* **26**
— Bltn. radiär *(74)* od. bilateral (z.B. *75*) **16**

16. Blkr. 4blättrig od. 4zipfelig (nur bei *Ruta,* Punkt **24,** sind die Endbltn. eines Dichasiums 5zählig) **23**
— Blkr. 5blättrig, frei od. 5zipfelig u. dann Blkrblätt. zur Röhre verwachsen *(81–82)* **17**
17. Stg. fädig, schlaff, niederlgd.; Blätt. lg. gestielt; Spreite herzf.-rundl., 5lappig, m. breit 3eckigen, kurz bespitzten Lappen; Bltn. blau . . . . **Wahlenbergia,** 544
— Stg. aufrecht, nicht fädig dünn **18**
18. Bltn. in schneckenf. eingerollten Wickeln, blau; Blätt. fiederteilig m. gesägt-gekerbten Abschnitten; Pfl. borstig behaart . . . . **Phacelia,** 465
— Bltn. nicht in schneckenf. eingerollten Wickeln, blau od. andersfarbig; Blattspr. einfach gefied., unterbrochen gefied. *(63)* od. gelappt **19**
19. Stbbeutel kegelf. zusammenneigend *(232)* . . **Solanum,** 476
— Stbbeutel frei, nicht kegelf. zusammenneigend . . . **20**
20. Blattspr. einfach gefied.; Bltn. blau od. weiß **Polemonium,** 465
— Blattspr. unterbrochen gefied. od. nur gelappt . . . **21**
21. Bltn. in reichbltg. Trichterrispen *(107),* weiß **Filipendula,** 231
— Bltn. nicht in Trichterrispen, weiß od. gelb **22**
22. Bltn. weiß . . . . **Saxifraga,** 220
— Bltn. gelb . . . . **Rosaceae,** 227
23(16). Stbblätt. 2 . . . . **Veronica,** 485
— Stbblätt. 4, 6, 8 od. 10 . . . . **24**
24. Blätt. 2–3fach gefied., blaugrün, kahl, aromatisch riechend; Staubblätt. 8 od. 10 . . . . **Ruta,** 280
— Blätt. nicht aromatisch riechend; Staubblätt. 4 od. 6 . **25**
25. Stbblätt. 4; Blkrblätt. am Grd. m. 4 schuhf. Nektarblätt. *(217)* **Epimedium,** 202
— Stbblätt. 6 (4 lange u. 2 kurze, *674*); Blkrblätt. ohne schuhf. Nektarblätt. . . . . **Brassicaceae,** 332
26(15). Stbblätt. 2 od. 4 od. 6 . . . . **28**
— Stbblätt. 10 . . . . **27**
27. Pfl. nach Zitrone riechend; Krblätt. 20–25 mm lg., weiß-rosa-rot *(585)* . . . . **Dictamnus,** 280
— Pfl. nicht nach Zitrone riechend; Bltn. schmetterlingsf. *(537)* **Fabaceae,** 250
28(26). Blkrblätt. 4, bis zum Grd. frei, 2 davon tief eingeschnitten od. Bltn. herzt. *(75)* . . . . **Fumariaceae,** 204
— Blkrblätt. 4, wenigstens am Grd. zu kurzer Röhre verwachsen . . . . **Scrophulariaceae,** 478
29(14). Filamente zu den Gr. umgebender Röhre verwachsen, die am Grd. m. den Blkrblätt. verbunden ist *(211a)* **Malvaceae,** 382
— Filamente frei, nicht miteinander verwachsen **30**
30. Kblätt. am Grd. scheinbar miteinander verwachsen *(212–213),* da sie am Rand einer verbreiterten od. schüsself. vertieften Bltnachse sitzen . . . . . . **Rosaceae,** 227
— Kblätt. bis zum Grd. getrennt *(214),* zuw. früh abfallend od. fehlend **31**

31. K. 2blättrig (*426,* K), früh abfallend; Fr. kugelig od. schotenf. *(429–431);* Blkr. 4blättrig; Pfl. oft m. Milchsaft **Papaveraceae,** 202

— K. 3- bis mehrblättrig od. fehlend **32**

32. Bltnblätt. in 2 od. mehrere Zipfel zerschlitzt *(210a);* Bltn. klein; Frkn. an der Spitze häufig offen *(210b)* . **Reseda,** 361

— Blkrblätt. nicht zerschlitzt; Frkn. frei, 2 bis zahlr.; Bltn. zuw. einzeln u. sehr groß **33**

33. Bltn. rot, 7–13 cm im Dm; Frkn. 3–5, 20–35 mm groß, behaart . . . . **Paeonia,** 323

— Bltn. kleiner, gelb, weiß, rosa, rot od. blau; Frkn. kahl od. behaart *(Pulsatilla)* . . . . **Ranunculaceae,** 184

34(13). Stbblätt. zahlr.; Bltn. mit 1 od. 5 Spornen **Ranunculaceae,** 184

— Stbblätt. nicht mehr als 6 . . . . **35**

35. Blkr. m. längerem Sporn; Stbblätt. 4; Blkrblätt. verwachsen **Linaria,** 482

— Blkrblätt. frei **36**

36. Blattstiel am Grd. m. Nebenblätt. *(669–672);* Bltnkr. hell- bis dk.blau-violett, seltener weiß od. mehrfarbig . . . **Viola,** 326

— Blattstiel am Grd. ohne Nebenblätt.; Bltnkr. rot, gelb od. weiß, nicht blau . . . . **Fumariaceae,** 204

37(12). Bltn. in kugeligen od. walzenf. Köpfchen, die am Grd. nicht von Hüllk. (Involucrum) umgeben sind **40**

— Bltn. in Dolden od. Köpfchen, die am Grd. von auffällig gefärbtem od. grünem Hüllk. umgeben sind **38**

38. Stbbeutel der 5 Stbblätt. miteinander vereinigt; Bltn. in Köpfchen *(986–989)* . . . . **Asteraceae,** 545

— Stbbeutel frei, nicht miteinander verwachsen **39**

39. Unterhalb d. borstenf. K. noch häutiger, schüsself. Außenk. *(204);* Blätt. gegenst., selten wechselst., häufig am Grd. paarweise miteinander verwachsen . . . **Dipsacaceae,** 458

— Fr. z. Reifezt. ohne schüsself. Außenk.; Fr. in 2 Spaltfr. zerfallend; Pfl. häufig von distelart. Tracht; Blätt. wechselst. **Apiaceae,** 292

40(37). Bltn. schmetterlingsf., klein, verschiedenfarbig (weiß, rosa, gelb); Stbblätt. 10, die Filamente zu einer Röhre verwachsen; Fr. Hülse; Blätt. 3zählig gefing. od. gefied. **Fabaceae,** 250

— Bltn. nicht schmetterlingsf., ⚥ u. dann mit 4 Staubblätt. od. eingschl. u. dann mit 10–30 lg. heraushgden, freien Filamenten; Nüßchenfr.; Blätt. vielzählig gefied. **Sanguisorba,** 231

41(11). Blätt. fußf. gefied. *(66);* Bltn. mindestens 1 cm breit; zwischen den zahlr. Stbblätt. u. Bltnhüllblätt. finden sich tütenf. Nektarblätt. *(363, 365)* . . . . **Helleborus,** 187

— Blätt. nicht fußf. gefied. **42**

42. Bltn. eingschl., in Köpfchen; die ♂ nickend in endst. Trauben, die ♀ in den Achseln fied.teiliger Laubblätt. *(983; Ambrosia)* od. ♂ Köpfchen knäuelig in den Achseln gelappter Blätt.; ♀ Köpfchen 2blütig, von Stachelhülle umgeben *(984, Xanthium)* . . . . **Asteraceae,** 545

— Bltn. nicht in eingschl. Köpfchen **43**
43. Blätt. oft weiß-mehlig; Bltn. sitzend, zu endst., unregelmäßigen Knäueln vereinigt; Bltnhülle 2- od. 5blättrig **Chenopodiaceae,** 418
— Blätt. nicht mehlig; Bltn. nicht in endst. Knäueln . . . **44**
44. Bltnhülle einfach, zuw. vor der Entfaltung abfallend . **48**
— Bltnhülle doppelt **45**
45. Stbblätt. zahlr. **47**
— Stbblätt. 6 od. 10 . . . . **46**
46. Blkrblätt. 5; Stbblätt. 10 . . . . . **Saxifraga paradoxa,** 223
— Blkrblätt. 4; Stbblätt. 6 . . . . **Brassicaceae,** 332
47(45). Blkrblätt. zerschlitzt; Bltn. ohne Außenkelch **Resedaceae,** 361
— Blkrblätt. nicht zerschlitzt; K. m. Außenkelch . **Hibiscus,** 382
48(44). Stbblätt. zahlr. . . . . **Ranunculaceae,** 184
— Stbblätt. 1 od. 4; Bltn. sehr klein, gelbl.grün, 4zählig; K. m. Außenk. **49**
49(48 u. 79). Pfl. ⨀; Blätt. handf. 3spaltig; Bltn. m. 1 Stbblatt, in achselst. Knäueln . . . . **Aphanes,** 238
— Pfl. ♃; Blätt. gefing. od. gelappt; Bltn. in endst., rispigknäueligen Bltnständen; Stbblätt. 4 . . . . **Alchemilla,** 238
50(10). Bltn. sitzend, in Köpfchen od. Ähren auf langem, blattlosem Schaft **55**
— Bltn. gestielt, nicht in Köpfchen od. Ähren **51**
51. Bltn. zygomorph; Stbblätt. 5 . . . . . . **Viola pinnata,** 326
— Bltn. radiär od. bilateral; Stbblätt. 6 od. 10 od. mehr . **52**
52. Bltnhülle 4zählig; Stbblätt. 6; 4 lange u. 2 kurze *(674)* **Brassicaceae,** 332
— Blkr. 5- u. mehrblättrig; K. 3- bzw. 5blättrig od. fehlend; Stbblätt. 10 od. mehr **53**
53. Stbblätt. 10; Frkn. 2, oberw. frei, nur an der Basis verwachsen, von der becherf. Bltnachse ganz od. teilw. umwachsen **Saxifraga,** 220
— Stbblätt. zahlr.; Frkn. meist zahlr., frei (apokarp); Gr. sich teilw. verlängernd und fedrig behaart od. hakig gekrümmt **54**
54. Blätt. ohne Nebenblätt.; K. (sofern vorhanden) ohne Außenk. . . . . **Ranunculaceae,** 184
— Blätt. m. Nebenblätt.; K. m. Außenk.; Blätt. z.T. unterbrochen gefied. . . . . **Rosaceae,** 227
55(50). Bltn. in Ähren; Stbblätt. 4, aus den Bltn. heraushängd., Blätt. oft m. bogenf. angeordneten Nerven . . **Plantago,** 511
— Bltn. in Köpfchen, die am Grd. von grünen Hüllblätt. umgeben sind (s. auch Nr. **38**) . . . . **Asteraceae,** 545
56(4). Wasserpfl., die beim Austrocknen der Gewässer auch Landformen bilden können **69**
— Landpfl. **57**
57. Bltn. grünl. **67**
— Bltn. andersfarbig **58**
58. Bltn. in Köpfchen od. Ähren, die meist von einer Hochblatthülle umgeben sind **66**

— Bltn. einzeln od. in andersart. Bltnständen **59**
59. Grüner K. vorhanden **62**
— Grüner K. fehlend **60**
60. Stbblätt. mehr als 10; Frkn. meist zahlr., frei . **Clematis,** 190
— Stbblätt. 3–5 . . . . **61**
61. Blättchen ganzrandig od. m. wenigen Zähnen; Stbblätt. 3; Pfl. von eigenart. Geruch . . . . **Valeriana,** 456
— Blättchen dicht gesägt, mittl. Fied. am Grd. oft asymmetrisch, Stbblätt. 5; Blätt. beim Zerreiben stinkend **Sambucus,** 453
62(59). Bltn. an blattlosen, rutenf. Zweigen, klein; Blkr. 5spaltig, m. etwas ungleichen Zipfeln . . . . . . **Verbena,** 513
— Bltn. anders angeordnet **63**
63. Frkn. schon z. Bltzt. tief 4teilig *(225);* Bltn. zygomorph, m. Ober-. u. Unterlippe, erstere selten fehlend *(Teucrium, 950);* Stbblätt. 2 od. 4; Stg. meist 4kantig . . **Lamiaceae,** 513
— Frkn. nicht 4teilig, zuw. aber herzf. ausgerandet . . **64**
64. Bltn. weiß od. grünl., in schirm- od. kegelf. Trugdolden; Blätt. gefied. . . . . **Sambucus,** 453
— Bltn. rot, blau, violett od. braunviolett, nicht in Trugdolden **65**
65. Stbblätt. 5 od. 10; Blkrblätt. frei; Frkn. schnabelart. verlängert *(216)* . . . . **Geraniaceae,** 285
— Stbblätt. 2 od. 4; Blkrblätt. wenigstens am Grd. verwachsen **Scrophulariaceae,** 478
66(58). Stbblätt. 5; Stbbeutel zur Röhre verklebt; K. borstenf. od. fehlend, nicht m. häutigem Außenk. **Asteraceae,** 545
— Stbblätt. meist 4; Stbbeutel frei; K. borstenf., m. schüsself., häutigem Außenk. *(204)* . . . . **Dipsacaceae,** 458
67(57). Grdblätt. doppelt 3zählig; Bltn. in einem endstdg., fast würfelf. Köpfchen *(203)* . . . . **Adoxa,** 455
— Grdblätt. nicht 3zählig, höchstens gebuchtet **68**
68. Blätt. nierenf., gekerbt, etwas behaart, jung nicht mehlig bestäubt; Bltn. in Trugdolden *(475a)* . **Chrysosplenium,** 220
— Blätt. buchtig geschweift, kahl, jung mehlig bestäubt; Bltn. in blattlosen Scheinähren . . . . **Atriplex,** 423
69(56). Blätt. gabelteilig *(180);* Bltn. eingschl., einzeln, sitzend, sich unter Wasser entfaltend . . . . . **Ceratophyllum,** 183
— Blätt. kammf. gefied. *(181)* **70**
70. Bltn. gestielt, in etagenf., über das Wasser ragenden Trauben; Blkr. groß, 5zipfelig . . . . **Hottonia,** 395
— Bltn. sitzend, in Ähren; Blkr. klein, 4blättrig, hinfällig **Myriophyllum,** 279
71(3). Fied. ganzrandig, wenigstens die der Stgblätt. . . **80**
— Fied. nicht ganzrandig **72**
72. Bltn. grünl. od. grünl.gelb **78**
— Bltn. andersfarbig **73**
73. Bltn. in 4–6bltg. Köpfchen, die ihrerseits zu einer schirmf. Doldentraube zusammentreten; Blätt. gegenstd., handf. 3–7schnittig . . . . **Eupatorium,** 555

— Bltn. nicht in Köpfchen **74**
74. Stbblätt. höchstens 10 . . . . **76**
— Stbblätt. mehr als 10 . . . . **75**
75. Stbblätt. frei; Bltn. meist weiß od. gelb . . . . **Rosaceae,** 227
— Stbblätt. zu einer den Gr. umgebenden Röhre vereinigt; Bltnblätt. 20–35 mm lg., rosa . . . . **Malva,** 383
76(74). Bltn. in zusammengesetzten od. einfachen, von Hochblätt. umgebenen Dolden *(193, 215);* Stbblätt. 5, Frkn. unterst. . . . . **Apiaceae,** 292
— Bltnstände anders gestaltet **77**
77. K. u. Blkr. 4blättrig; Stbblätt. 6, 4 längere u. 2 kürzere *(218)* **Dentaria,** 346
— Blkr. 5blättrig; Stbblätt. 5 od. 10; Frkn. schnabelart. verlängert . . . . **Geranium,** 285
78(72). Bltn. eingschl.; Pfl. zweihäusig, 30–150 cm hoch; Blätt. 5–7(–9)zählig; Fied. schmal, gesägt . . . . **Cannabis,** 213
— Bltn. ⚥; Pfl. meist niedriger als 30 cm **79**
79. Blkr. fehlend; Stbblätt. 1 od. 4; Außenk. vorhanden . **49**
— Blkr. vorhanden, aber kleiner als der K.; Stbblätt. 5; Hochalpenpfl. **Sibbaldia,** 238
80(71). Bltnlose Sumpfpfl.; Blätt. 4zählig, einem kriechenden Rhizom entspringend, an der Basis mit bohnenf. Sporokarpien *(140)* . . . . **Marsilea,** 176
— Bltnpfl. (Sumpf- od. Landpfl.) **81**
81. Bltn. zygomorph, schmetterlingsf.; Stbblätt. 10 **Fabaceae,** 250
— Bltn. radiär **82**
82. Stbblätt. 5; Blkrblätt. obersts. bärtig behaart; Blätt. 3zählig, m. ± 10 cm großen Fied.; Sumpfpfl. m. kriechendem Rhizom . . . . **Menyanthes,** 437
— Stbblätt. 10 od. mehr **83**
83. Stbblätt. 10; Blätt. 3zählig, kleeartig; Teilblättchen vorne ausgerandet . . . . **Oxalis,** 283
— Stbblätt. zahlreich; Teilblättchen an der Spitze nicht ausgerandet, nicht kleeartig . . . . **Ranunculus,** 193
84(2). Blätt. gegenst., am Grd. oft becherf. miteinander verwachsen; Stbblätt. 4 . . . . **Dipsacus,** 459
— Blätt. wechselst.; Stbblätt. 5 . . . . **85**
85. Bltn. einzeln . . . . **Solanum,** 476
— Bltn. in Köpfchen **86**
86. Stbblätt. 5, frei . . . . **Eryngium,** 300
— Stbblätt. 5, Stbbeutel verwachsen *(979)* . . **Asteraceae,** 545
87(1). Pfl. m. fadenf., einfachen od. verzweigten Ranken od. Blattstielranken **90**
— Pfl. ohne Ranken; Stg. in seiner Gesamtheit windend **88**
88. Blätt. gegenst.; Blattspreite 3–5lappig, am Grd. herzf.; Bltn. grünl. . . . . **Humulus,** 213
— Blätt. wechselst., einfach od. gefied. **89**
89. Blätt. 3zählig gefied., jede Fied. gestielt; Bltn. schmetterlingsf. . . . . **Phaseolus,** 273
— Blätt. ungeteilt, gelappt od. gefied., aber Fied. ungestielt; Bltn. radiär, violett . . . . **Solanum,** 476

90(87). Blätt. gelappt; Ranken einfach od. verzweigt; Bltn. eingschl.; Frkn. unterst. . . . . **Cucurbitaceae,** 381
— Blätt. gefied. **91**
91. Fiederstiele u. Blattrhachis rankend; Stbblätt. zahlr.; Stg. schwach verholzt . . . . **Clematis,** 190
— Obere Blattfied. *(69),* seltener das ganze Blatt zu Ranken umgebildet *(70)* **92**
92. Blätt. einfach gefied.; Stbblätt. 10; Bltn. schmetterlingsf. **Fabaceae,** 250
— Blätt. doppelt gefied.; Bltn. klein, mit kurzem Sporn **Corydalis claviculata,** 204

Tabelle XIII
Kräuter u. Stauden mit ungeteilten Blättern

(Spreite am Rand glatt, gekerbt, gesägt od. gezähnt; Spreitengrund zuw. herz-, spieß-, pfeilf. od. geöhrt)

1. Blätt. grdst., in Rosette (der verlängerte Bltn- od. Infl.sproß ist entw. völlig blattlos od. m. kleineren Hochblätt. besetzt) **XIII b,** 132
— Blätt. zerstreut od. mehrzeilig am Stg. verteilt *(14a–b),* (bisw. außer den grdst. Blätt. nur noch 1 laubiges Stgblatt vorhanden) od. gegenst. od. quirlst. **2**
2. Blätt. gegenst. *(14c)* od. quirlst. *(14d)* . . . . **XIII a,** 124
— Blätt. wechselst. (zerstreut od. mehrzeilig) **3**
3. Blätt. ganzrandig . . . . **XIII c,** 137
— Blätt. am Rand gesägt, gezähnt od. gekerbt . . . **XIII d,** 144

XIII a. Blätter gegen- od. quirlständig

1. Blätt. gegenst. (nur 2 Blätt. an einem Knoten, in gekreuzt-gegenst. Anordnung *(14c);* bei Schatten- od. Kriechformen können die Blätt. der aufeinanderfolgenden Wirtel in einer Ebene ausgebreitet sein), zuw. nur 1 Blattpaar vorhanden **23**
— Blätt. quirlst. (mehr als 2 Blätt. an einem Knoten, *14d*) od. in Scheinquirlen (s. S. 10) **2**
2. Sporenpfl. . . . . **Tabelle I,** 60
— Bltnpfl. **3**
3. Wasser- u. Sumpfpfl. **19**
— Landpfl. **4**
4. Blätt. fleischig u. saftig; Spreite am Rand häufig grob gezähnt; Bltn. m. 10 Stbblätt. u. mehreren freien Frkn. **Sedum,** 218
— Blätt. nicht fleischig u. saftig **5**

5. Stg. m. mehreren, etagenf. übereinanderstthd. Quirlen od. Scheinquirlen **8**

— Stg. nur m. einem Blattquirl **6**

6. Stg. nur m. 2, fast in der Mitte des Stg. sthden Blätt.; Bltn. in Trauben, stark zygomorph, grünl.-gelb bis rötl.-braun, m. lg., tief 2spaltiger Lippe . . . . **Listera,** 644

— Stg. m. mehr als 2 Blätt. in einem Scheinquirl **7**

7. Blätt. meist zu 4 in einem Scheinquirl, deutl. netznervig; Bltn. einzeln, endst., grünl., 4zählig; Stbblätt. 8; Fr. schwarze Beere . . . . **Paris,** 635

— Blätt. zu 5–12 in einem Scheinquirl, etwas auf ungleicher Höhe sthd.; unterhalb des Blattquirles noch einige kleine, schuppenf. Stgblätt. *(221);* Bltn. weiß, m. meist 7 Blkrblätt. u. Stbblätt. **Trientalis,** 395

8(5). Blätt. pfrieml., kaum 1 mm breit; Bltn. klein, in Dichasien *(112)* . . . . **Spergula,** 400

— Blätt. breiter als 1 mm **9**

9. Bltn. sehr klein, unscheinbar, m. hinfälliger, weißl.grüner Blkr., in dichtbltg. Dichasien; Blätt. meist zu 4; Pfl. vielstengelig, nicht größer als 15 cm . . . . **Polycarpon,** 400

— Bltn. größer, wenigstens 2 mm, nicht weißl.grün; Pfl. meist höher als 15 cm **10**

10. Bltn. gespornt . . . . **Linaria,** 482

— Bltn. nicht gespornt **11**

11. Blattspr. am Rand deutl. gesägt od. gezähnt **16**

— Blattspr. ganzrandig od. undeutl. gezähnt **12**

12. Frkn. 2blättrig, unterst., bei der Reife in 2 kugelige Teilfr. zerfallend *(874);* Bltn. 2–6 mm groß, weißl. od. gelb **Rubiaceae,** 446

— Frkn. oberst., nicht in 2 kugelige Teilfr. zerfallend; Bltn. meist > 6 mm **13**

13. Stbblätt. m. dem Frkn. zum Säulchen verwachsen; Stbbeutel auf dem Rücken m. Anhängseln, die insgesamt eine Nebenkrone bilden; Bltn. gelbl.weiß; 2hörnige Balgfr.; Blattspreite am Grd. herzf. . . . . **Vincetoxicum,** 446

— Stbblätt. nicht m. dem Frkn. verwachsen, ohne Nebenkrone **14**

14. Bltn. ohne grünen K.; Bltnhülle 6blättrig . . . **Liliaceae,** 623

— Bltn. m. K. u. Blkr. **15**

15. Bltn. gelb; Stbblätt. 5 . . . . **Lysimachia,** 395

— Bltn. blutrot; Stbblätt. 12; Sumpfpfl. . . . . . . **Lythrum,** 274

16(11). Blkr. blau, verwachsen, 4zipfelig; Stbblätt. 2 **Veronica,** 485

— Blkr. gelb, rötl. od. weiß; Stbblätt. mehr als 2 . . . . . **17**

17. Stbblätt. zahlr.; Bltn. gelb; Frkn. zahlr., frei . **Rosaceae,** 227

— Stbblätt. höchstens 10; Bltn. andersfarbig **18**

18. Blkr. 4blättrig; Stbblätt. 8; Frkn. m. der lg. becherf. Bltnachse *(222b)* verwachsen . . . . **Epilobium,** 275

— Blkr. 5blättrig; Stbblätt. 10; Frkn. oberst.; Blätt. derb, ledrig, z.T. wintergrün . . . . **Pyrolaceae,** 384

19(3). Pfl. frei schwimmend, wurzellos; Blätt. rundl.-nierenf., am Spreitengrd. m. 4–6 langen Borsten *(179)* **Aldrovanda,** 227

— Pfl. im Schlamm festgewurzelt; Blätt. lineal **20**
20. Blätt. ganzrandig; Bltn. sitzend, grünl. **22**
— Blätt. gezähnt od. gesägt; Bltn. lg. gestielt, weiß . . **21**
21. Blattquirle 2–8zählig; Blätt. gezähnt, stachelspitzig; Internodien 1–3(–6) cm lg. . . . . **Hydrilla,** 616
— Blätt. meist zu 3 in einem Quirl, fein gesägt (Lupe); Internodien 3–7 mm lg.; Pfl. selten blühend . . . . . **Elodea,** 616
22(20). Wasser- u. Luftblätt. gleich gestaltet, 1–3 mm breit, am ganzen Stg. in 6–12zähligen Quirlen *(284)* . . **Hippuris,** 513
— Wasserblätt. schmal-lineal (1 mm breit), in 8–12zähligen Quirlen; Luftblätt. breiter, in 3zähligen Quirlen *(285)* **Elatine alsinastrum,** 325
23(1). Blütenpfl. **25**
— Sporenpfl.; Blätt. an vegetativen Sprossen in einer Ebene od. in 4 Reihen angeordnet **24**
24. Auf der Oberseite vegetativer Sprosse 4 Blattzeilen sichtbar *(286)* . . . . **Selaginella helvetica,** 157
— Auf der Oberseite vegetativer Sprosse 3 Blattzeilen sichtbar od. Stg. gleichmäßig vierkantig beblätt. . **Diphasium,** 156
25(23). Blätt. gekreuzt-gegenst. **28**
— Blätt. in übereinanderstehenden, sich nicht kreuzenden Paaren **26**
26. Landpfl., m. Milchsaft, meist niederlgd. . . . **Euphorbia,** 319
— Wasserpfl. **27**
27. Blätt. eif.-lanzettl., 1,5–3 cm lg., an der Spitze gezähnelt; Bltn. in Ähren über der Wasseroberfläche **Potamogeton,** 618
— Blätt. lineal, am Rand gezähnt, am Grd. scheidig erweitert *(1071);* Bltn. einzeln, eingschl., unter Wasser sich entfaltend **Najas,** 623
28(25). Blattspr. (fast) ganzrandig **44**
— Blattspr. am Rand gezähnt od. gekerbt **29**
29. Bltn. in zusammengezogenen, von gelben Hochblätt. umgebenen Trugdolden *(475a),* grünl.gelb; Stg. 3–4kantig, zerbrechl.; Pfl. nicht höher als 10 cm . **Chrysosplenium,** 220
— Bltn. anders angeordnet **30**
30. Stg. niederlgd., häufig wurzelnd od. nur die blühenden Triebe aufrecht **43**
— Alle Stg. aufrecht od. aus niederlgd. Basis aufrecht-aufstgd.; Pfl. zuw. m. Ausläufern an der Basis der aufrechten Bltntriebe **31**
31. Bltn. grünl. **41**
— Bltn. nicht grünl. **32**
32. Blkr. m. langem, fadenf. Sporn *(209)* . . . **Centranthus,** 458
— Blkr. ohne Sporn, am Grd. aber zuw. ausgesackt . . **33**
33. Blkr. 2lippig *(76)* od. rachenf. *(77);* Stbblätt. 4 od. 2 . **39**
— Blkr. weder lippig noch rachenf. **34**
34. Bltn. sitzend, in meist von Hüllblätt. umgebenen Ähren od. Köpfchen; Stbblätt. 4 od. 5 . . . . **40**
— Bltn. anders angeordnet **35**
35. Blkr. 2blättrig, weiß od. rötl.; Stbblätt. 2 . . . . **Circaea,** 278
— Blkr. mehr als 2blättrig od. 2zipfelig **36**

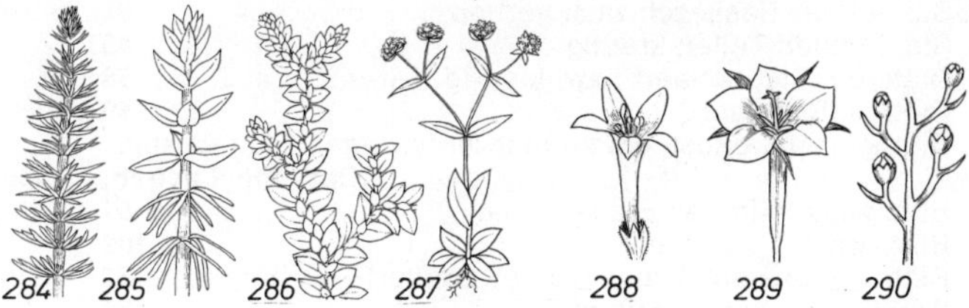

36. Blkrblätt. miteinander verwachsen; Stbblätt. 2–4 . . **38**
— Blkrblätt. frei; Stbblätt. 8 bis viele **37**
37. Bltn. gelb, 8- u. mehrblättrig; Frkn. oberst. . **Ranunculus,** 193
— Bltn. rötl.; Blkr. 4blättrig; Frkn. unterst. *(222a)* **Epilobium,** 275
38(36). Stbblätt. 3 od. nur 1 Frkn.; K. wenig entwickelt **Valeriana,** 456
— Stbblätt. 4 od. 2; K. deutlich ausgebildet **39**
39(38, 43 u. 33). Frkn. tief 4teilig *(225)* . . . . **Lamiaceae,** 513
— Frkn. ungeteilt, zuw. herzf. ausgerandet **Scrophulariaceae,** 478
40(34). Stbblätt. 4, m. freien Stbbeuteln; unterhalb des borstenf. K. ein schüsself., häutiger Außenk. *(204);* Bltn. in Köpfchen od. Ähren . . . . **Dipsacaceae,** 458
— Stbblätt. 5; Stbbeutel zu einer Röhre verklebt; K. zur Haarkrone auswachsend *(224)* od. fehlend . . . **Asteraceae,** 545
41(31). Pfl. mehlig bestäubt; Fr. m. 2klappiger, von den Vorblätt. gebildeter Frhülle *(803)* . . . . **Atriplex,** 423
— Pfl. nicht mehlig bestäubt; Bltn. eingschl., 1- od. 2häusig **42**
42. Stg. u. Blätt. m. Brennhaaren; Spreite am Rand grob gesägt *(465–467)* . . . . **Urtica,** 213
— Pfl. ohne Brennhaare; Rand der Blattspr. nur m. seichten Einschnitten . . . . **Mercurialis,** 318
43(30). Stg. dünn, schwach verholzt; Bltn. zu 2, lg. gestielt, glockenf., rosa *(176)* . . . . **Linnaea,** 454
— Stg. krautig; Bltn. anders geordnet **39**
44(28). Stg. aufrecht od. aufsteigend, zuw. m. niederlgd. Ausläufern; Pfl. zuw. dichte Rasen od. Polster bildend . . **68**
— Stg. niederlgd., kriechend, häufig wurzelnd, z. T. rhizomart. od. nur an der Spitze aufgerichtet **45**
45. Bltn. rein gelb, zuw. am Grd. mit schwarzem Fleck, seltener weiß **63**
— Bltn. nicht gelb **46**
46. Stg. kriechend, wurzelnd, m. 2 nierenf., gestielten, meist immergrünen Laubblätt.; Pfl. zerrieben nach Pfeffer riechend . . . . **Asarum,** 206
— Stg. m. mehr als 2 Laubblätt., diese kurz gestielt od. sitzend; Pfl. zerrieben nicht nach Pfeffer riechend . . . **47**
47. Blkr. u. K. 2lippig, hellrot; Stbblätt. 4; Frkn. 4teilig **Thymus,** 530
— Blkr. nicht 2lippig **48**

48. Stg. an der Basis schwach verholzt **61**

— Stg. in allen Teilen krautig **49**

49. Blätt. od. Stg. behaart bzw. klebrig **58**

— Blätt. u. Stg. kahl **50**

50. Bltn. einzeln, endst. od. zu mehreren in den Blattachseln **Caryophyllaceae,** 396

— Bltn. einzeln in den Blattachseln **51**

51. Blätt. etwa 1 mm breit **109**

— Blätt. mindestens 2 mm breit (u. breiter) **52**

52. Kräftigere Land- u. Sumpfpfl. **54**

— Zarte Wasser- u. Sumpfpfl. **53**

53. Bltn. eingschl., m. 1 Stbblatt od. einem 4kantigen, oft von 2 sichelf. Vorblätt. umgebenen Frkn. *(188)* . **Callitriche,** 535

— Bltn. ⚥, ohne sichelf. Vorblätt., 3- od. 4zählig *(655–656),* weiß od. rosa, hinfällig; Stg. glasig durchscheinend **Elatine,** 325

54(52). Blätt. an der Spitze stumpf; K. 12zähnig (6 große u. 6 kleine Zähne, *564*); Stg. meist rötl. . . . . . . **Peplis,** 274

— Blätt. zugespitzt; K. nicht 12zähnig od. fehlend . . . **55**

55. Bltnhülle doppelt **57**

— Bltnhülle einfach **56**

56. Bltnhülle rosa; Stg. dicht m. fleischigen Blätt. besetzt; salzliebende Pfl. . . . . **Glaux,** 395

— Bltnhülle grünl.-gelb; Stg. oft purpurrot; Wasser- u. Sumpfpfl. . . . . **Ludwigia,** 275

57(55). Blkr. verwachsen, entw. ungleich 4zipfelig *(911)* od. 2lippig, zuw. gespornt *(906–909);* Stbblätt. 4 od. 2 **Scrophulariaceae,** 478

— Blkr. m. 5 gleichen Zipfeln, rot od. blau; Stbblätt. 5 **Anagallis,** 396

58(49). Blätt. klein, rundl., dicht geschindelt; lockerrasige od. dicht polsterf. Alpenpfl. . . . . **Saxifraga,** 220

— Blätt. nicht rundl. **59**

59. Bltn. grün, weiß od. rötl. . . . . **Caryophyllaceae,** 396

— Bltn. blau **60**

60. Frkn. tief 4teilig *(225)* . . . . **Boraginaceae,** 466

— Frkn. ungeteilt, höchstens an der Spitze etwas ausgerandet *(919)* . . . . **Scrophulariaceae,** 478

61(48). Bltn. blau, groß *(175),* an aufrechten Trieben . **Vinca,** 446

— Bltn. nicht blau **62**

62. Pfl. mehlig bestäubt, 30–80 cm hoch, salzliebend; Bltn. klein, in lockerährigen Knäueln; Blätt. mindestens 2 cm breit . . . . **Halimione,** 423

— Pfl. nicht mehlig bestäubt, niedriger; Blätt. schmäler **Caryophyllaceae,** 396

63(45). Stbblätt. 4 . . . . **Mimulus,** 484

— Stbblätt. 5 od. mehr **64**

64. Stbblätt. 5 . . . . **Lysimachia,** 395

— Stbblätt. mehr als 5 . . . . **65**

65(64 u. 98). K. 2spaltig; Blätt. fleischig; Stg. oft rot überlaufen **Portulaca,** 417

— K. nicht 2spaltig **66**

66. Kblätt. gleich groß; Stbblätt. zu 3 od. 5 Bündeln vereinigt *(652);* Blätt. durchscheinend punktiert . . . **Hypericum,** 323
— Kblätt. ungleich groß (3 große u. 2 kleine) **67**
67. Pfl. ♃; Stg. am Grd. schwach verholzt; Blätt. am Stggrd. nicht rosettig gehäuft, lineal-lanzettl. bis eif., schwach behaart bis weißfilzig, die ob. meist wechselst.; Bltn. gelb od. weiß, in Wickeln . . . . **Helianthemum,** 331
— Pfl. ⊙; Blätt. breit-oval, m. 3 Längsnerven, am Stggrd. rosettig gehäuft, die ob. wechselst.; Blkrblätt. zitronengelb, am Grd. m. od. ohne schwarzen Fleck . . . **Tuberaria,** 331
68(44). Kleine, bis 15 cm hohe, z.T. polsterbildende Pfl. der Alp. **102**
— Pfl. meist höher als 15 cm, wenn kleiner, dann nicht in den Alp. vorkommend **69**
69. Pfl. m. weißem Milchsaft, aufrecht, bis 1 m hoch; Blätt. deutl. in 4 Reihen od. Pfl. niederlgd., m. purpurfarbigen Blätt. . . . . **Euphorbia,** 319
— Pfl. ohne Milchsaft **70**
70. Unterhalb der traubig-rispigen Infl. 2 grüne tellerart. verwachsene Hochblätt. . . . . **Claytonia,** 417
— Unterhalb der Bltn. ohne tellerart. Hochblätt. **71**
71. Unterhalb der kopfig-trugdoldigen Infl. 4 weiße bis rötl. getönte Hochblätt. *(205)* . . . . **Cornus,** 291
— Unterhalb der Bltn. nicht m. 4 weißen Hochblätt. . . . **72**
72. Pfl. mehlig bestäubt; Bltn. klein, grünl., in geknäuelten Ähren . . . . **Halimione,** 423
— Pfl. nicht mehlig bestäubt **73**
73. Bltn. in Köpfchen, die randl. zungenf. *(224),* die zentralen röhrenf. *(194)* . . . . **Asteraceae,** 545
— Bltn. eines Bltnstands alle gleich gestaltet **74**
74. K. 12zähnig . . . . **Lythraceae,** 274
— K. nicht 12zähnig, zuw. fehlend **75**
75. Bltn. in dichten, rundl. od. längl. Köpfchen od. Ähren; Stbblätt. 4, weit aus der Blüte herausragend **100**
— Bltn. nicht in Köpfchen od. Ähren, zuw. aber in dichten od. lockeren Scheinquirlen in Achseln von Laubblätt. od. schalenf. Hochblätt. **76**
76. Blkr. rein gelb od. blaßgelb u. am Grd. dk.violett punktiert **94**
— Bltn. andersfarbig **77**
77. Bltn. sehr klein (1 mm), bläul.weiß; Stbblätt. 3; Stg. gabelig verzweigt *(287)* . . . . **Valerianella,** 455
— Bltn. größer als 1 mm **78**
78. Blätt. etwa 1 mm breit; Bltn. grünl. od. weiß **Caryophyllaceae,** 396
— Blätt. breiter als 1 mm **79**
79. Pfl. nur m. 1 Paar großer, elliptisch-eif. od. kleinerer, herzf.-dreieckiger Blätt.; Bltn. grünl., m. tief gespaltener Lippe; die inneren Bltnhüllblätt. u. die Lippe zuw. rötlich **Listera,** 644
— Stg. stets m. mehr als 1 Paar von Blätt. **80**

80. Unterhalb der weißen, 2 mm lg. Blüte aus 2 freien Blätt. bestehende, kelchähnl. Hochblatthülle; Pfl. zart, an sehr nassen Standorten . . . . **Montia,** 417
— Pfl. ohne 2spaltige Hochblatthülle **81**
81. Blkr. getrenntblättrig **90**
— Blkr. verwachsenblättrig, aber zuw. tief gespalten . . **82**
82. Stbblätt. 4 . . . . **Lamiaceae,** 513
— Stbblätt. 1, 2 od. 5 . . . . **83**
83. Stbblätt. 5 . . . . **85**
— Stbblätt. 1 od. 2; Blkrzipfel etwas ungleich groß; Blkr. zuw. gespornt **84**
84. Stbblätt. 1; Blkr. rötl. od. weiß, m. fadenf. Sporn *(209)* **Centranthus,** 458
— Stbblätt. 2; Blkr. ohne Sporn; Blkrzipfel häufig von ungleicher Größe, blau, rötlich od. weiß . . . . . . **Veronica,** 485
85(83). Stbblätt. m. Frkn. verwachsen; Stbbeutel m. Anhängseln, die insgesamt eine Nebenkr. bilden; Bltn. cremeweiß od. rötl. . . . . **Asclepiadaceae,** 446
— Stbblätt. nicht m. Frkn. verwachsen; Stbbeutel ohne Anhängsel **86**
86. Frkn. 4teilig; Bltn. blau . . . . **Omphalodes,** 468
— Frkn. nicht 4teilig **87**
87. Bltn. weiß, nickend; Fr. vom aufgeblasenen, orangeroten K. umhüllt; Blätt. lg. gestielt . . . . **Physalis,** 476
— Bltn. selten weiß, dann aber Blätt. sitzend **88**
88. Blkr. lg. röhrig; Zipfel zuw. am Rand bewimpert (Bltn. blau) od. Blkr. im Schlund bärtig (Bltn. rötl.violett, selten weiß), 4–5zipfelig; Gr. nicht scharf vom Frkn. abgesetzt *(Gentiana, 860)* od. Gr. scharf vom Frkn. abgesetzt *(Centaurium, 859)* od. Narbe beiderssts. am Frkn. herablaufend *(Lomatogonium, 858)* . . . . **Gentianaceae,** 438
— Blkr. fast bis zum Grd. geteilt **89**
89. Grdblätt. gestielt; Bltn. graublau, selten weiß, dunkler punktiert . . . . **Swertia,** 439
— Alle Blätt. sitzend; Stbfäden zottig; Bltn. blau, rot od. rosa; Stg. niederlgd. bis aufstgd. . . . . **Primulaceae,** 389
90(81). Frkn. unterst., stielf. *(222a);* Bltn. rot, 4blättrig; Stbblätt. 8; ob. Stgblätt. wechselst. . . . . **Epilobium,** 275
— Frkn. oberst. od. Bltn. nur m. Stbblätt.; Blkr. 5blättrig **91**
91. In jeder Blüte nur 1 Frkn. od. nur Stbblätt. **93**
— In jeder Blüte mehrere freie Frkn. **92**
92. Blätt. fleischig . . . . **Sedum,** 218
— Blätt. nicht fleischig . . . . **Clematis,** 190
93(91). Stbblätt. 5, am Grd. verwachsen; Blkrblätt. weiß, am Grd. gelb; Stg. dünn, gabelästig . . **Linum catharticum,** 283
— Stbblätt. 10, bis zum Grd. getrennt od. fehlend; Blkrblätt. zuw. tief eingeschnitten u. Blkr. häufig im Schlund m. Auswüchsen (Paracorolle) . . . . **Caryophyllaceae,** 396
94(76). Nebenblätt. laubblattart.; Spreite zu einfacher Ranke umgebildet (*562;* die Laubblätt., d. h. die Ranken stehen in Wirklichkeit in 2 Zeilen, ihre großen Nebenblätt. deshalb in

2zähligen, übereinandersthd. Wirteln); Stg. 4kantig **Lathyrus aphaca,** 271

— Pfl. ohne Ranken **95**

95. Bltn. röhrig, m. 2lippigem Saum, in den Achseln oft lebhaft gefärbter Hochblätt.; Stbblätt. 4 . . . . . . **Melampyrum,** 502

— Bltn. nicht lippig (alle Zipfel gleich gestaltet) **96**

96. Bltn. 2–6 mm breit, 4zählig; Stg. fädig-dünn, 3–12 cm hoch **Cicendia,** 438

— Bltn. größer; Stbblätt. mindestens 5 . . . . **97**

97. K. meist 8spaltig; Stbblätt. 6–8; Bltn. gelb, in Doldentrauben . . . . **Blackstonia,** 438

— K. nicht 8spaltig; Stbblätt. 5–6 od. 12 bis viele . . . **98**

98. Stbblätt. 12 bis viele **65**

— Stbblätt. 5–6 . . . . **99**

99. K. 2teilig, einseitig aufgeschlitzt; Blkr. röhrig, purpurn, innen gelbl. od. Blkr. fast bis zum Grd. 5–6teilig; Bltn. dann zahlr., in den Achseln schalenf. Hochblätt.; wenn K. 5–7zähnig, dann Blkr. gelbl.grün u. dk.violett punktiert **Gentiana,** 440

— K. 5–6teilig; Bltn. reingelb . . . . **Lysimachia,** 395

100(75). Blätt. lineal, bis 2 mm breit; Blkr gelbl., in Ähren **Psyllium,** 511

— Blätt. breiter als 2 mm; Blkr. blau, weiß od. rosa . **101**

101. Blkr. weiß od. rosa; Pfl. aromatisch duftend **Majorana,** 530

— Blkr. blau; Pfl. nicht auffallend aromatisch . . **Succisa,** 460

102(68). Blkr. vorhanden; Bltnhülle doppelt od. K. z. Bltzt. kaum entwickelt, z. Frzt. zu behaarten Strahlen auswachsend **104**

— Blkr. fehlend; Bltnhülle einfach **103**

103. Pfl. von dicht polsterf. Wuchs; Blätt. dicht geschindelt; Bltn. einzeln, sitzend; Stbblätt. 8–10 . . . . **Minuartia,** 401

— Pfl. nicht polsterf.; Stg. locker beblätt.; Bltn. gelbl., weißl. od. lilafarbig, in gestielten, ± dichten Doldentrauben, die an der Basis von Hüllblätt. umgeben sind . **Valeriana,** 456

104(102). Blkr. lg. röhrig, ihre Zipfel tellerf. ausgebreitet u. häufig gedreht, leuchtend blau, blaßblau, seltener weiß **Gentiana,** 440

— Blkr. m. kurzer Röhre, sehr tief eingeschnitten . . **105**

105. Bltn. bis 3 mm im Dm, m. 5 weißen Blkrblätt. . **Montia,** 417

— Blkr. anders **106**

106. Blkrblätt. am Grd. verwachsen **108**

— Blkrblätt. bis zum Grd. frei **107**

107. Stg. dünn, gabelig verzweigt; Blkrblätt. 4, weiß **Radiola,** 284

— Pfl. lockere Rasen od. kompakte Polster bildend; Blkrblätt. 5, rot, lila od. purpurn . . . . **Saxifraga,** 220

108(106). Pfl. steif aufrecht, ästig; Bltn. blaßblau od. weiß; Alpenpfl. . . . . **Lomatogonium,** 440

— Pfl. niederlgd. od. aufstgd.; Bltn. rot, rosa od. dkblau **Anagallis,** 396

109(51). Jede Blüte m. 3–4 Frkn. u. 3–4 Blkrblätt. **Crassula,** 216

— Jede Blüte m. nur 1 Frkn. u. 4–5 Blkrblätt. **Caryophyllaceae,** 396

XIIIb. Blätter in grundständiger Rosette

(Blüten- od. Infloreszenzsproß völlig blattlos od. nur 1 od. mehrere kleine Hochblätter tragend)

1. Blattrosetten stets m. Bltn., Infl. od. Sporen **3**
— Blattrosetten meist erst nach der Bltzt. (Frühjahr) od. erst im nächsten Frühjahr erscheinend **2**
2. Blattrosetten erst im nächsten Frühjahr erscheinend; Spreite breitlanzettl., die aufgeblasenen Kapseln umhüllend; Bltn. im Herbst; Perigonblätt. 6, lila; Stbblätt. 6; Pfl. mit unterirdischer Knolle . . . . **Colchicum,** 626
— Blattrosetten noch im Frühsommer des gleichen Jahres erscheinend; Blattspr. z. T. sehr groß, am Rand gebuchtet-gezähnt, z. T., v. a. untersts., wollig behaart bis weißfilzig; Inflstg. entweder 1köpfig m. goldgelben Zungenbltn. *(Tussilago)* od. vielköpfig m. rötl. od. weißl. Röhrenbltn. *(Petasites)* . . . . **Asteraceae,** 545
3(1). Außer den lg. gestielten Rosettenblätt. nur noch in der Mitte des Bltnstg. 1 herzf., sitzendes Blatt; Bltn. einzeln; Blkrblätt. weiß, grün genervt; Stbblätt. 5, abwechselnd m. 5 handf. geteilten Staminodien, die in gelben Köpfchen enden *(476a–b)* . . . . **Parnassia,** 226
— Pfl. u. Bltn. anders gestaltet **4**
4. Blattspr. am Rand m. lg. gestielten, roten, klebrigen Drüsenhaaren *(477–479);* Bltn. weiß, in Wickeln . **Drosera,** 226
— Blattspr. am Rand nicht m. Drüsenhaaren **5**
5. Land-, Wasser- u. Sumpfpfl., deren Stg. u. Blätt. zum größten Teil aus dem Wasser herausragen od. Wasserpfl., die auf der Wasseroberfläche schwimmen **11**
— Vollständig untergetaucht lebende, im Boden wurzelnde u. nur m. den Bltn. (wenn vorhanden) über die Wasseroberfläche tretende Wasserpfl. od. submerse Sporenpfl. . . . **6**
6. Blätt. lineal-pfrieml., zugespitzt, binsenf. **9**
— Blätt. lineal od. bandf., grasart., nicht binsenf. **7**
7. Bltn. eingschl. u. 2häusig, die ♂ in kurz gestielten Knäueln, die ♀ einzeln, auf lg., dünnem, spiralig gewundenem Stiel; Blätt. bandart., flutend . . . . **Vallisneria,** 617
— Bltn. ⚥ **8**
8. Blätt. lineal, in submerser Rosette *(185b);* Bltnstand 5–10bltg., über die Wasseroberfläche ragende Traube; Bltn. weiß m. bläul. Röhre; Süßwasserpfl. . . . . . . **Lobelia,** 544
— Blätt. grasart., einem Rhizom ansitzend; Bltn. 2reihig auf einer Seite einer flach gedrückten, vor der Bltzt. von einer Spatha umgebenen Achse angeordnet; Salzwasserpfl., z. T. unterseeische Wiesen bildend . . . . **Zostera,** 622
9(6). Pfl. m. rosettenbildenden Ausläufern *(184a),* submers, selten blühend; sonst Bltn. eingschl., die ♂ lg. gestielt, einzeln, an ihrem Grd. 2–3 sitzende ♀ Bltn.; Blätt. bis 12 cm lg., lineal-zylindrisch, am Grd. scheidig . . . **Littorella,** 513
— Pfl. ohne Ausläufer **10**

10. Sporenpfl; Blätt. einem kurz-knollenf., an der Basis häufig gelappten Stamm entspringend *(138a);* auf der Oberseite des verbreiterten Blattgrd. in Grube eingesenkte u. von Häutchen überdeckte Mikro- u. Makrosporangien *(138b)* **Isoëtes,** 157

— Bltnpfl.; Bltn. meist vorhanden, klein, in lockeren Trauben *(187)* . . . . **Subularia,** 358

11(5). Land-, Wasser- od. Sumpfpfl., deren Stg. u. Blätt. größtenteils aus dem Wasser ragen **17**

— Auf der Wasseroberfläche od. flach unter dem Wasser schwimmende Pfl. (zumindest die Blätt. als Schwimmblätt. ausgebildet) **12**

12. Pfl. nicht in Stg. u. Blätt. geglied., aus 1–15 mm großen, linsenf. od. lanzettl., auseinandersprossenden, zuw. gestielten, wurzellosen od. wurzelnden Gliedern bestehend *(152–155);* Bltn. selten vorhanden; Pfl. oft in geschlossenen Dekken die Oberfläche nährstoffreicher, sthd. Tümpel bedekkend . . . . **Lemnaceae,** 762

— Pfl. deutl. in Stg. u. Blätt. geglied., diese > 15 mm; Bltn. meist vorhanden **13**

13. Blattspr. rautenf., am Rand gezähnt, m. blasig aufgetriebenem Stiel *(189),* zahlr. in großer Schwimmblattrosette; Bltn. einzeln, achselst.; die 4 Kblätt. sich nach der Blüte zu hakigen Dornen umbildend *(567)* . . . . **Trapa,** 274

— Blätt. anders gestaltet; Fr. nicht m. hakigen Dornen . **14**

14. Blattspr. lanzettl., am Rand stachelig gezähnt; Blätt. zahlr. in großer, trichterf., z. Bltzt. halb aus dem Wasser ragender Rosette; Bltn. weiß, eingschl., m. derber, bleibender Spatha **Stratiotes,** 617

— Blattspr. kreisf., am Grd. m. tiefem Einschnitt *(358),* ganzrandig, der Wasseroberfläche auflgd. **15**

15. Bltn. eingschl. u. 2häusig; die ♂ Bltnstände gestielt, die ♀ sitzend; Blätt. etwa 5 cm groß, am Grd. mit 2 großen Nebenblätt. . . . . **Hydrocharis,** 617

— Bltn. ⚥; Schwimmblätt. am Grd. ohne Nebenblätt. . . . **16**

16. Blkrblätt. frei, weiß od. gelb; Blattspr. meist länger als 10 cm . . . . **Nymphaeaceae,** 182

— Blkrblätt. am Grd. verwachsen, goldgelb; Blattspr. höchstens 8 cm lg. . . . . **Nymphoides,** 437

17(11). Sporenpfl.; Blätt. breit-zungenf. *(326),* am Ende der kriechenden od. kurz aufrechten Sproßachse gehäuft, unterstsmeist mit strichf. Sporangienhäufchen . . . . **Phyllitis,** 168

— Bltnpfl. **18**

18. Bltn. nicht in walzenf. Kolben, die am Grd. von auffälligen Hochblätt. umgeben sind **22**

— Bltn. in walzenf., am Grd. z.T. von 1 auffälligen Hochblatt umgebenem Kolben m. fleischiger Achse **19**

19. Kolben grün bis schwarzbraun, meist zu 2 übereinander; der ob. m. ♂ *(165),* der unt. m. ♀ *(165)* Bltn. . . . **Typha,** 697

— Kolben stets einzeln; Kolbenende zuw. ohne Bltn. . . . **20**

20. Kolben scheinbar seitenst. *(164),* m. ⚥ Bltn.; Spatha blattart. (*164,* Spa); ganze Pfl. aromatisch riechend . **Acorus,** 761
— Kolben endst. **21**
21. Hochblatt weiß, ausgebreitet, den bis zur Spitze mit Bltn. besetzten Kolben nicht umschließend; Blätt. rundl.-herzf.; Sumpfpfl. . . . . **Calla,** 761
— Hochblatt grünl., an der Basis tütenf. eingerollt; Kolbenende nackt, violett od. braun *(163);* Blätt. pfeilf.; Waldpfl. **Arum,** 761
22(18). Bltn. nicht in dichten Ähren od. Köpfchen **28**
— Bltn. in kurzen od. verlängerten, dichten Ähren, Köpfchen od. einseitswendigen Rispen **23**
23. Bltn. 4zählig, in kugeligen bis zylindrischen Ähren; Stbblätt. 4, m. lg. herausragenden Filamenten; Blätt. oft bogennervig . . . . **Plantago,** 511
— Bltn. 5zählig, in Köpfchen od. einseitswendigen Rispen **24**
24. Stbbeutel miteinander zur den Gr. umgebenden Röhre vereinigt; K. fehlend od. zu teilw. fedrig behaarten Borsten auswachsend; Bltn. zungenf., röhrig od. beide in einem von einer Hülle umgebenden Köpfchen; Pfl. häufig mit Milchsaft **Asteraceae,** 545
— Stbbeutel frei, nicht miteinander vereinigt **25**
25. Bltn. zygomorph; Blkr. tief 5spaltig, fast 2lippig *(227),* blau; Stbblätt. 4, paarweise ungleich lg.; Blätt. ledrig; Kblätt. krautig . . . . **Globularia,** 510
— Bltn. radiär, 4–5zählig od. 3zipfelig u. dann nickend; Blkr. nicht 2lippig **26**
26. Kblätt. trockenhäutig; Bltnstände ährig, kopfig od. rispig *(219)* . . . . **Plumbaginaceae,** 436
— Kblätt. krautig **27**
27. Bltnhülle einfach, m. 3 dk.braunen bis dk.purpurnen Zipfeln *(442);* Blätt. nur 2, lg. gestielt, m. nierenf. Spreite; Rhizompfl., zerrieben nach Pfeffer riechend . . . **Asarum,** 206
— Bltnhülle doppelt; Blkr. glocken-, trichter- od. tellerf. m. ausgebreiteten Zipfeln, meist blau; der ± verlängerte Bltnstg. m. 1–2 Paaren kleinerer Stgblätt.; Blätt. gegenst., zu mehreren in grdst. Rosette; Pfl. zerrieben nicht nach Pfeffer riechend . . . . **Gentiana,** 440
28(22). Pfl. meist > 10 cm, wenn kleiner, dann vorwgd. in Alp., jedoch nicht an Ufern von Seen u. Tümpeln wachsend **31**
— Pfl. meist < 10 cm, an sandigen Ufern von Seen u. Tümpeln wachsend **29**
29. Bltn. ⚥, klein, weiß od. blaßlila, von den lg.gestielten Blätt. weit überragt *(186a–b)* . . . . **Limosella,** 484
— Pfl. von anderem Habitus; Bltn. ⚥ od. eingschl. . . . **30**
30. Bltn. ⚥ . . . . **Brassicaceae,** 332
– Bltn. eingschl.; die ♂ Bltn. lg. gestielt, einzeln, m. 4 weit heraushängenden Stbblätt.; ♀ Bltn. zu 2–3 am Grd. des Stiels der Blüte sitzend; Blätt. pfrieml.-lineal; Pfl. ausläufertreibend *(184a–b)* . . . . **Littorella,** 513

31(28). Bltnhülle in grünen K. u. andersfarbige Blkr. geglied. **42**
— Bltnhülle nicht in grünen K. u. andersfarbige Blkr. geglied. **32**
32. Bltn. zygomorph; Bltnhülle 6blättrig, das meist nach unten weisende Bltnblatt häufig abweichend gestaltet u. oft gespornt; Frkn. stielart. verlängert u. oft gedreht *(158)* **Orchidaceae,** 638
— Bltn. radiär **33**
33. Bltn. > 4 mm, häufig auffällig gefärbt **39**
— Bltn. unscheinbar, meist < 4 mm **34**
34. Blätt. häufig 3zeilig; Blattscheide meist geschlossen; Infl.-Stg. selten knotig geglied.; Bltn. ⚥ od. eingschl., in den Achseln trockenhäutiger Tragblätt.; diese in 1- bis mehrbltg. Ährchen, die zu Ähren, Köpfchen od. Spirren zusammentreten; Bltnhülle fehlend od. in Form von Borsten od. Haaren; Stbblätt. 3; Frkn. 1, oberst.; Pfl. meist feuchter Standorte . . . . **Cyperaceae,** 665
— Blätt. nicht 3zeilig; Bltn. selten eingschl. **35**
35. Blätt. 2zeilig; Blattspreite flach ausgebreitet od. gefaltet; ihre Scheiden meist offen; an der Grenze von Scheide zu Spreite ein Häutchen (Ligula; *17,* L) od. Borstenkranz; Stg. meist knotig geglied.; Bltn. meist ⚥, von Spelzen umgeben, in 1- bis mehrbltg. Ährchen; diese in Ähren, Rispen od. Ährenrispen angeordnet . . . . **Poaceae,** 699
— Blätt. nicht 2zeilig; Bltn. nicht von Spelzen umgeben . **36**
36. Bltn. in einfachen od. zusammengesetzten Dolden; Döldchen häufig kelchart. von Hochblätt. umgeben; Blätt. zuw. grasart. . . . . *(Bupleurum)* **Apiaceae,** 303
— Bltn. in Trauben od. Rispen **37**
37. Blätt. schwertf., reitend (wie bei *Iris*); Bltn. in kurzen Trauben . . . . **Tofieldia,** 626
— Blätt. nicht schwertf. **38**
38. Blätt. schmallineal . . . . **Triglochin,** 618
— Blätt. nierenf. . . . . **Oxyria,** 432
39(33). Frkn. meist 6, frei, nicht miteinander verwachsen; Stbblätt. 9; Bltnhüllblätt. 6, rötl. weiß, dunkler geadert; Sumpfpfl. . . . . **Butomus,** 615
— Frkn. 1, aber aus mehreren verwachsenen Frblätt. bestehend; Stbblätt. 6 od. 3 . . . . **40**
40. Stbblätt. 3; Frkn. unterst.; Griffeläste häufig verbreitert u. blumenblattart. . . . . **Iridaceae,** 636
— Stbblätt. 6 . . . . **41**
41. Frkn. oberst. . . . . **Liliaceae,** 623
— Frkn. unterst. . . . . **Amaryllidaceae,** 635
42(31). Blkr. gespornt **53**
— Blkr. nicht gespornt **43**
43. In jeder Blüte 1 Frkn. **48**
— In jeder Blüte mehrere, freie Frkn. **44**
44. Bltn. weiß od. rötl.; K. u. Blkr. 3blättrig; Stbblätt. 6 od. mehr; Frkn. 6 . . . . **Alismataceae,** 614

— Bltn. blau, gelb od. andersfarbig **45**

45. Bltn. blau (selten weiß), m. 3blättrigem, grünem K. *(374a);* Blätt. 3lappig *(374b),* immergrün . . . **Hepatica nobilis,** 193

— Bltn. gelb od. andersfarbig, m. od. ohne petaloide Nektarblätt. **46**

46. Bltn. gelb, mit petaloiden Nektarblätt.; die Bltnachse sich postfloral mäuseschwanzart. verlängernd *(375);* Blätt. schmallineal . . . . **Myosurus,** 199

— Bltn. rot od. weiß, wenn gelbl.grün, dann Blkrblätt. nicht als Nektarblätt. ausgebildet **47**

47. Blätt. dickfleischig, in dichten Rosetten; Inflstg. beblättert; Bltn. 5- u. mehrblättrig; Stbblätt. so viele od. doppelt so viele wie Blkrblätt. (od. mehr); Frkn. meist mehrere, frei od. nur am Grd. verwachsen . . . . **Crassulaceae,** 216

— Blätt. nicht dickfleischig, einfach (z. T. nadelf.) od. gestielt, am Rand zuw. m. Kalkdrüsen; Frkn. 2, z. T. m. der becherf. Bltnachse verwachsen; Stbblätt. 5; Inflstg. blattlos od. m. wenigen Hochblätt.; Verbr. vorwgd. Alp. . . **Saxifraga,** 220

48(43). Blkrblätt. 4, am Grd. zu kurzer Röhre verwachsen od. frei, ohne Schlundschuppen **50**

— Blkrblätt. 5; wenn 4, dann m. Schlundschuppen *(864, 865)* **49**

49. Gr. m. 2spaltiger Narbe (auseinanderbiegen!, *859–861*), wenn Narbe kopfig erscheint, dann Blkr. intensiv blau; Stbblätt. zw. den Blkrzipfeln sthd. . . . . . **Gentianaceae,** 438

— Gr. m. kopfiger Narbe; Stbblätt. 5, vor den Blkrzipfeln sthd. **Primulaceae,** 389

50(48). Wasserpfl.; Blätt. in großer Schwimmblattrosette, mit rautenf. Spreite u. blasig aufgetriebenem Stiel *(189);* Bltn. einzeln, achselst.; Stbblätt. 4; Kblätt. sich nach der Blüte zu Dornen umbildend *(567)* . . . . **Trapa,** 274

— Landpfl.; Stbblätt. 2, 6 od. 10 . . . . **51**

51. Stbblätt. 2; Bltn. blau, schwach zygomorph; bis 10 cm hohe Hochalp.Pfl. . . . . **Veronica aphylla,** 486

— Stbblätt. 6 od. 10 . . . . **52**

52. Stbblätt. 6 (4 lange u. 2 kurze) . . . . . **Brassicaceae,** 332

— Stbblätt. 10; Bltn. nickend; Blätt. ledrig u. wintergrün **Pyrola,** 385

53(42). Blätt. nicht drüsig-klebrig, m. Nebenblätt. . . **Viola,** 326

— Blätt. gelbl.grün, obersts. drüsig-klebrig, ohne Nebenblätt. **Pinguicula,** 509

XIIIc. Blätter wechselständig; Blattspreite ganzrandig

(Blätt. spiralig [zerstreut] od. 2zeilig am Stengel verteilt[1], selten 3zeilig, zuw. nur 1 Stengelblatt am Blütenstengel vorhanden; Blattspreite zuw. stielrund)

1. Pfl. od. Bltnstg. stets mit 2 u. mehr Blätt. **3**
— Pfl. od. Bltnstg. nur mit 1 Blatt **2**
2. Sporenpfl. mit einfacher, verlängerter, gestielter Sporangienähre *(145)* . . . . **Ophioglossum,** 162
— Bltnpfl.; unterhalb der lg. gestielten weißen Blüte nur 1 sitzendes, herzf. Blatt; Grdblätt. lg. gestielt; fertile Stbblätt. 5, abwechselnd m. 5 gelbgrünen, fingerf. verzweigten, in gelbgrünen Köpfchen endenden Nektarblätt. *(476a–b);* feuchte Orte . . . . **Parnassia,** 226
3(1). Blätt. m. flächiger Spreite, zuw. mit ± langem, scheidigem od. röhrigem, oft stgumfassendem Blattgrd. **9**
— Blätt. stielrund, stgähnl., oft röhrig-hohl **4**
4. Sporenpfl.; Blätt. in der Jugend an der Spitze spiralig eingerollt, am Grd. m. erbsengroßen Sporokarpien *(139);* Sumpfpfl. . . . . **Pilularia,** 176
— Pfl. m. Bltn., diese aber oft klein u. unscheinbar **5**
5. Bltn. in kugeligen, anfangs von einem Hüllblatt eingeschlossenen Trugdolden; Blätt. röhrig-hohl, stiel- od. halbstielrund, untersts. zuw. scharf gekielt u. mit allsts. geschlossenem Blattgrd.; Pfl. selten m. Rhizomen, meist m. Schalenzwiebeln; Brutzwiebeln zuw. auch in den Bltnständen . . . . **Allium,** 628
— Bltn. nicht in kugeligen, von einem Hüllblatt eingeschlossenen Trugdolden; Pfl. ohne Zwiebeln **6**
6. Bltn. in geknäuelten, seitenst. od. endst., reichverzweigten Spirren *(159),* Stbblätt. 3 od. 6 . . . . **8**
— Bltn. nicht geknäuelt, in Trauben od. Wickeln **7**
7. Blätt. am Grd. m. langer Scheide; Hochmoorpfl.
Scheuchzeria, 617
— Blätt. am Grd. ohne lange Scheide . . . **Crassulaceae,** 216
8(6). Bltnhülle 6blättrig, grünl. od. braun, papierart.; Stbblätt. 6; Stg. meist knotenlos, stielrund . . . . **Juncus,** 656
— Bltnhülle borstenf. od. fehlend; Stbblätt. 3; Bltn. zu vielbltg. Ährchen vereinigt, die insgesamt eine kopfige od. verzweigte Spirre *(159–160)* bilden . . . . **Scirpus,** 668
9(3). Blätt. 3zeilig, m. geschlossener, selten offener Scheide, häufig grdst.; Stg. meist scharf 3kantig, selten knotig geglied.; Bltn. klein, unscheinbar, ⚥ od. eingschl., stets in den Achseln trockenhäutiger Tragblätt., in 1- bis mehrbltg. Ährchen; diese zu Ähren, Köpfchen od. Spirren vereinigt; Bltnhülle fehlend od. in Form von Borsten od. Haaren, die bei

---

[1] Man beachte die Ansatzstellen (Knoten) der Blätt., da die Spreiten sekundär oft aus der Zweizeiligkeit herausgedreht werden.

der Frreife zu langen Wollhaaren auswachsen können **Cyperaceae,** 665
— Blätt. nicht 3zeilig **10**
10. Blätt. spiralig (zerstreut) am Stg. verteilt **28**
— Blätt. deutl. in 2 Zeilen[1], im Bereich der Bltnregion nicht selten zerstreut **11**
11. Stg. windend; Blattspr. tief herzf., zugespitzt, bogennervig; Bltn. unscheinbar, grünl., in achselst. Trauben . **Tamus,** 636
— Stg. nicht windend **12**
12. Frei auf dem Wasser schwimmende Sporenpfl. von moosähnl. Habitus; Blätt. blaugrün, die Sproßachse 2lappig umgreifend u. sich dachziegelig deckend *(136)* . . **Azolla,** 177
— Im Boden festgewurzelte Bltnpfl. **13**
13. Bltn. auffällig, wenn unscheinbar, dann m. wohlausgebildeter Bltnhülle **19**
— Bltn. klein, unscheinbar; Bltnhülle oft fehlend **14**
14. Bltn. in Ähren, Rispen, Spirren od. Dolden **16**
— Bltn. in walzenf. Kolben od. igelf. Köpfchen **15**
15. Bltn. in 2 übereinandersthd., schwarzbraunen Kolben *(165),* der ob. mit ♂ Bltn.; Sumpfpfl. . . . . **Typha,** 697
— ♀ Bltn. in gestielten, igelf., ♂ in kugeligen, sitzenden Köpfchen, oberhalb der ♀ sthd. *(166);* Bltnstg. einfach od. ästig; Sumpfpfl. . . . . **Sparganium,** 698
16(14). Untergetaucht lebende od. m. Schwimmblätt. versehene Wasserpfl.; Bltn. in Ähren, grünl.; Bltnhülle fehlend; Stbblätt. m. blumenblattart. Anhängseln *(156)* **Potamogetonaceae,** 618
— Land- od. Sumpfpfl. **17**
17. Bltnhülle fehlend; Bltn. in zusammengesetzten Ähren *(1182),* Ährenrispen *(1185),* Rispen *(1187)* od. fingerf. Rispen *(1184)* m. häutigen Spelzen *(161);* Stg. an den Knoten verdickt, hohl (markig nur bei *Zea mays:* ♂ Bltn. in endst. Rispen, ♀ in seitenst. Kolben); Blätt. m. langer, offener, den Stg. umschließender Scheide; an der Grenze von Scheide u. Spreite zartes Blatthäutchen (Ligula; *17, 1188–1190,* L) od. Haarkranz . . . . **Poaceae,** 699
— Bltnhülle vorhanden **18**
18. Bltn. in Dolden *(197a),* die am Grd. von 5 gelb gefärbten Hochblätt. umgeben sind *(197b);* Blkrblätt. 5; Stbblätt. 5; Blätt. meist bogennervig . . . . **Bupleurum,** 303
— Bltn. in Spirren *(159),* grünl. od. braun; Bltnhülle 6zählig; Stbblätt. 6; Blätt. grasart., flach . . . . **Juncaceae,** 656
19(13). Blätt. nicht schwertf. u. nicht reitend **21**
— Blätt. schwertf. u. reitend **20**
20. Frkn. unterst.; Stbblätt. 3; Bltn. groß . . . . **Iridaceae,** 636
— Frkn. oberst.; Stbblätt. 6 . . . . **Liliaceae,** 623
21(19). Bltnhülle in K. u. Blkr. geglied. **27**
— Bltnhülle nicht in K. u. Blkr. geglied. od. einfach . . **22**

[1] Vgl. Anmerkung S. 137.

22. Bltn. zygomorph **26**
— Bltn. radiär **23**
23. Bltnhülle 3zipfelig; Blätt. 2, m. nierenf., meist immergrüner Spreite *(442)* . . . . **Asarum,** 206
— Bltnhülle 5- od. 6blättrig bzw. 6zipfelig **24**
24. Bltnhülle 5blättrig; Stbblätt. 8–10; Frkn. 8–10, nur am Grd. frei; Fr. beerenart., meist schwarzviolett; Infl. groß, endst., aber durch Übergipfelung von Seitenästen der obersten Blätt. unterhalb der Infl. scheinbar seitenst. u. den Blätt. gegenübersthd. . . . . **Phytolacca,** 417
— Bltnhülle 6blättrig od. 6zipfelig; Stbblätt. 6, frei **25**
25. Frkn. oberst. . . . . **Liliaceae,** 623
— Frkn. unterst. . . . . **Amaryllidaceae,** 635
26(22). Bltnhüllblätt. 6, nicht verwachsen *(158, 1087–1093)* **Orchidaceae,** 638
— Bltnhüllblätt. zu einer Röhre vereinigt *(201)* **Aristolochia,** 207
27(21). Stg. m. breiten, nur an den Knoten unterbrochenen Flügeln; Bltn. gelb . . . . **Chamaespartium,** 255
— Stg. nicht geflügelt; Blätt. lineal *(563);* Bltn. purpurn **Lathyrus,** 271
28(10). Blätt. zahlr., dicht sthd., oft dachziegelig angeordnet u. den Stg. fast ganz verdeckend **93**
— Blätt. entfernt sthd. od. nur am Grd. des Stg. gedrängt **29**
29. Blätt., zumindest die basalen Stgblätt., m. lg. scheidigem, offenem od. geschlossenem, stgumfassendem Grd. *(17);* Spreite nicht gestielt, parallelnervig **86**
— Blätt. ohne od. m. röhrigem, die Basis der Internodien umgreifenden Grd. (= Ochrea; *21, 840–841*), ± deutlich gestielt; Spreite fied.nervig **30**
30. Bltn. nicht in Köpfchen **33**
— Bltn. in Köpfchen, die am Grd. von grünen Hochblätt. umgeben sind **31**
31. Stbblätt. 5; Stbbeutel zu den Gr. umgebender Röhre verklebt; K. zur Frreife häufig zu fedrig behaarten Borsten auswachsend . . . . **Asteraceae,** 545
— Stbblätt. 5 od. 4; Stbbeutel, wenigstens postfloral, frei; Bltn. meist blau **32**
32. Blätt. ledrig, kahl, die grdst. oft rosettig; Blkr. röhrig, 2lippig, in lineale Zipfel gespalten *(227);* Stbblätt. 4 **Globularia,** 510
— Blätt. nicht ledrig; Blkr. röhrig, 5zipfelig; Zipfel anfangs an der Spitze miteinander verbunden u. sich später vom Grd. her voneinander lösend *(230; Phyteuma, Jasione)* **Campanulaceae,** 537
33(30). Blätt. schildf. *(53);* Bltn. gespornt . . . . **Tropaeolum,** 289
— Blätt. nicht schildf. **34**
34. Blkr. reingelb, gelbl.-weiß, rötl., gelbl.grün od. grünl.weiß (bei *Phytolacca,* Punkt **92**: Bltnhüllblätt. sich nach der Blüte gleich den Bltnstielen u. der Bltnstandsachse purpurn verfärbend) **64**
— Blkr. rein weiß, rot, blau, violett, bräunl., schwärzl. od. zweifarbig **35**

35. Bltn. nicht in K. u. Blkr. geglied. (Perigon) **61**
— Bltn. in K. u. Blkr. geglied. **36**
36. Bltn. radiär **42**
— Bltn. zygomorph **37**
37. Bltn. schmetterlingsf. *(178);* vorderes Blkrblatt mit gefranstem Anhängsel . . . . **Polygala,** 289
— Bltn. nicht schmetterlingsf. **38**
38. Äußere Bltnhülle 3blättrig . . . . **Fallopia,** 435
— Äußere Bltnhülle 5zähnig od. 5blättrig **39**
39. Blätt. mit Nebenblätt. . . . . **Viola,** 326
— Blätt. ohne Nebenblätt. **40**
40. Blkr. freiblättrig . . . . **Reseda,** 361
— Blkr. verwachsen **41**
41. Blkr. 4zipfelig, 2lippig od. ± lg. gespornt u. dann der Eingang der Blkrröhre durch gaumenähnl. Vorwölbung *(77)* verschlossen; Stbblätt. 2–4 . . . . **Scrophulariaceae,** 478
— Blkr. röhrenf.-trichterf., mit schiefem Saum *(226);* Stbblätt. 5; Stg. u. Blätt. rauhhaarig . . . . **Echium,** 471
42(36). Blkr. verwachsenblättrig **50**
— Blkr. freiblättrig **43**
43. Bltn. von der Größe eines Stecknadelkopfs, in kopfigen Trugdolden *(789a);* Stg. niederlgd. . . . . . . **Corrigiola,** 399
— Bltn. größer **44**
44. Bltn. sitzend od. sehr kurz gestielt, einzeln od. in wenigbltg. Dichasien, insgesamt walzl.-zylindrischen Bltnstand bildend; Blkrblätt. 6, rötl.-purpurn; Stbblätt. 2–6, gleich lg. od. 12, ungleich lg. (6 lange u. 6 kurze) . . . . . **Lythrum,** 274
— Bltn. deutl. gestielt od. Bltnachse sich röhrenf. über den unterst. Frkn. verlängernd; Blüte dadurch lg. gestielt erscheinend **45**
45. Blkrblätt. 4; Stbblätt. 6 od. 8 . . . . **49**
— Blkrblätt. 5 od. mehr **46**
46. Bltnstg. nur m. einem stgumfassenden Blatt, alle übrigen Blätt. grdst., lg. gestielt; Bltn. einzeln, weiß, m. gefransten Staminodien *(220)* . . . . **Parnassia,** 226
— Bltnstg. m. mehreren Blätt. **47**
47. Blätt. fleischig; in jeder Blüte mehrere freie Frkn. **Crassulaceae,** 216
— Blätt. nicht fleischig **48**
48. Blüte nur m. 1 Frkn.; Blkr. blau od. weiß . . . . . **Linum,** 283
— Blüte m. zahlr. freien Frblätt.; Blkr. weiß . **Ranunculus,** 193
49(45). Stbblätt. 8; Frkn. unterst.; Bltnachse stielart. verlängert *(222b)* . . . . **Onagraceae,** 275
— Stbblätt. 6 (4 lange u. 2 kurze); Frkn. oberst. **Brassicaceae,** 332
50(42). Bltn. blau od. violett, aber nicht purpurrot **59**
— Bltn. andersfarbig, häufig purpurrot **51**
51. Stg. windend od. niederlgd.; Blätt. groß, am Grd. häufig spieß- od. nierenf. u. dann etwas fleischig (Strandpfl.: *Calystegia soldanella*); Blkr. groß, trichter- bis radf. *(231);* K. m. od. ohne Vorblätt. . . . . **Convolvulaceae,** 463
— Stg. nicht windend, aufrecht **52**

52. Blkr. 5zipfelig od. 6–8teilig **54**
— Blkr. 4teilig **53**
53. Blätt. höchstens 5 mm lg.; Pfl. bis 8 cm hoch; Blkr. sehr klein, weiß *(229);* Frkn. oberst. . . . . . **Centunculus,** 396
— Blätt. länger als 10 mm; Blkr. rosa od. purpurrot; Frkn. unterst. *(222a)* . . . . **Onagraceae,** 275
54(52). Blkr. anfangs gelb, später fleischfarben, in Köpfchen; Blkr. m. langer, dünner Röhre *(288)* . . . . . **Collomia,** 465
— Blkr. anders gefärbt **55**
55. Frkn. unterst., stielart. verlängert *(289);* Bltn. purpurrot; Pfl. 8–15 cm hoch . . . . **Legousia,** 542
— Frkn. oberst. **56**
56. Obere Stgblätt. rosettig gehäuft, basale Stgblätt. kleiner; Blkr. 7zählig *(221)* . . . . **Trientalis,** 395
— Obere Stgblätt. nicht rosettig; Blkr. 5zipfelig **57**
57. Bltnstiele in der Mitte m. lanzettl. Tragblatt *(290);* Bltn. klein, weiß; Blätt. am Grd. des Stg. gehäuft . . . . **Samolus,** 396
— Bltnstiel in der Mitte ohne Tragblatt **58**
58. Frkn. schon z. Bltzt. tief 4teilig *(225);* Pfl. meist stark rauhhaarig . . . . **Boraginaceae,** 466
— Frkn. nicht tief geteilt; Blätt. zuw. behaart, aber nicht rauhhaarig . . . . **Solanaceae,** 474
59(50). Stbbeutel zu Röhre vereinigt u. meist kegelf. zusammenneigend *(232)* . . . . **Solanum,** 476
— Stbbeutel frei **60**
60. Frkn. oberst., 4teilig, in 4 Nüßchen zerfallend **Boraginaceae,** 466
— Frkn. unterst.; Fr. Kapsel . . . . . . **Campanulaceae,** 537
61(35). Frkn. unterst., stielart. verlängert, meist gedreht; Bltn. häufig gespornt *(158)* . . . . **Orchidaceae,** 638
— Frkn. nicht stielart. verlängert u. nicht gedreht **62**
62. Blätt. gestielt (wenigstens die Grdblätt.), breit, fiedernervig **90**
— Blätt. ungestielt, lineal, wenn breiter, dann bogennervig **63**
63. Bltn. klein, auf das Tragblatt hinaufgerückt *(202);* Stbblätt. 4 od. 5; Frkn. unterst.; Blätt. lineal . . . . **Thesium,** 316
— Bltn. nicht auf das Tragblatt hinaufgerückt; Stbblätt. 6; Frkn. oberst. . . . . **Liliaceae,** 623
64(34). Ganze Pfl. m. weißem Milchsaft; 1 gestielter Frkn. u. mehrere Stbblätt. von becherf., gelbgrüner Hülle umgeben *(646)* . . . . **Euphorbia,** 319
— Pfl. ohne Milchsaft **65**
65. Bltn. nicht in Dolden **67**
— Bltn. in Dolden **66**
66. Alle Blätt. ungeteilt, z.T. stgumfassend od. vom Stg. durchwachsen *(25);* unterhalb der Döldchen z.T. große, gelbe Hochblätt. . . . . **Bupleurum,** 303
— Nur die oberen, gelbgrünen Stgblätt. einfach, ungeteilt, m. tief herzf. Grd., stgumfassend; Grdblätt. 1- bis mehrfach 3zählig gefied. . . . . **Smyrnium,** 303

67(65). Bltnhüllblätt. alle gleich gestaltet, bzw. nicht in deutl. unterscheidbaren K. u. Blkr. geglied. **80**
— Bltnhülle in einen meist grünen K. u. eine meist andersfarbige Blkr. geglied. **68**
68. Bltn. gespornt *(77)* . . . . **Scrophulariaceae,** 478
— Bltn. nicht gespornt **69**
69. K. 2spaltig; Blätt. fleischig; Blkr. gelb . . . . . **Portulaca,** 417
— K. nicht 2spaltig **70**
70. Blkr. freiblättrig **74**
— Blkr. verwachsen (zuw. nur am Grd.), 5zipfelig . . . **71**
71. Der abw. weisende Zipfel der Blkr. deutl. größer *(228);* Stbfäden wollig behaart . . . . **Verbascum,** 480
— Zipfel der Blkr. alle gleich gestaltet; Stbfäden nicht wollig behaart **72**
72. Frkn. unterst.; Bltn. in dichter Ähre . . . . **Campanula,** 538
— Frkn. oberst. **73**
73. Frkn. 4teilig; Pfl. meist stark behaart, größer als 20 cm **Boraginaceae,** 466
— Frkn. nicht 4teilig; Blätt. höchstens 12 mm lg. und 1–2 mm breit; bis 4 cm große Alpenpfl. . . . . **Vitaliana,** 392
74(70). Blkr. 5–8blättrig **76**
— Blkr. 4blättrig, selten fehlend **75**
75. Frkn. oberst.; Stbblätt. meist 6 (4 lange u. 2 kurze) **Brassicaceae,** 332
— Frkn. unterst.; Bltnachse becherf., stielart. verlängert; Bltn. gelb . . . . **Oenothera,** 278
76(74). Stbblätt. mehr als 10, kürzer als die Blkr.; Frkn. zahlr., frei . . . . **Ranunculaceae,** 184
— Stbblätt. 5–10 . . . . **77**
77. Blätt. nicht fleischig; Bltn. m. 1–2 Frkn. **79**
— Blätt. fleischig; Bltn. m. mehreren freien Frblätt. . . **78**
78. Gr. 3 u. mehr; Blätt. meist stumpf . . . **Crassulaceae,** 216
— Gr. 2; Bltn. gelb bis orange; Blätt. m. Stachelspitze **Saxifraga,** 220
79(77). Stbblätt. 5; Frkn. 1 . . . . **Linum,** 283
— Stbblätt. 10; Frkn. meist 2, frei od. m. der Bltnachse verwachsen *(471–472)* . . . . **Saxifraga,** 220
80(67). Alle Blätt. od. doch die grdst. kurz bis ± lg. gestielt **87**
— Blätt. ungestielt, zuw. m. lg. scheidigem Blattgrd. . . **81**
81. Blätt. bis 1 mm breit, pfrieml. zugespitzt **Chenopodiaceae,** 418
— Blätt. breiter als 1 mm od. stumpf *(789a)* **82**
82. Stg. meist niederlgd.; Bltn. klein, in Knäueln *(Corrigiola, 789a; Herniaria, 790a)* . . . . **Caryophyllaceae,** 396
— Stg. aufrecht, wenn niederlgd., dann Bltn. nicht geknäuelt **83**
83. Bltnhülle nicht 6zählig **85**
— Bltnhülle 6zählig **84**
84. Bltn. radiär, der Mitte eines „Blatts" (= blattart. Kurztrieb) entspringend; Frkn. oberst.; Fr. rote Beere . . **Ruscus,** 634
— Bltn. zygomorph, meist in Trauben od. Ähren; Frkn. unterst., oft gedreht; Kapselfr. . . . . . . **Orchidaceae,** 638

85(83). Bltnhülle 4zipfelig, krugf., gelbgrün; Bltn. zu 1–3 in den Blattachseln *(200);* Blätt. lineal . . . . **Thymelaea,** 322
— Bltnhülle 2blättrig od. 5zipfelig, zuw. fehlend; Stbblätt. 1–5 od. nur 1 Frkn. in der Blüte . . . . . **Chenopodiaceae,** 418
86(29). Bltn. trockenhäutig, meist bräunl., klein, in Spirren *(159);* Frkn. oberst., 3kantig . . . . **Juncaceae,** 656
— Bltnhülle nicht trockenhäutig, oft gespornt; Frkn. unterst., stielart., oft gedreht *(158)* . . . . **Orchidaceae,** 638
87(80). Bltn. nicht alle in blattachselst. Knäueln **90**
— Bltn. alle in blattachselst. Knäueln od. einzeln, dann aber Blattstiel mit röhriger Scheide **88**
88. Blattstiel am Grd. mit röhriger Scheide *(840, 841)* **Polygonum,** 432
— Blattstiel am Grd. ohne röhrige Scheide **89**
89. Blätt. in eine (stumpfe) Spitze auslaufend, kurzhaarig **Parietaria,** 214
— Blätt. nicht in eine Spitze auslaufend, kahl **Amaranthus,** 427
90(87 u. 62). Bltn. m. oft stechenden Vorblätt., klein, dicht gedrängt in Knäueln, die zu kopfigen od. verlängerten, einfachen od. verzweigten, traubig-rispigen, endst. Bltnständen zusammentreten . . . . **Amaranthus,** 427
— Bltn. ohne stechende Vorblätt., anders angeordnet . **91**
91. Blätt. am Grd. m. stgumfassender, kürzerer od. längerer Röhre (Ochrea; *21a–b*); Bltn. klein, ⚥ od. eingschl.; Bltnblätt. 3–6 u. oft m. der Nußfr. abfallend . **Polygonaceae,** 428
— Blätt. am Grd. ohne Ochrea; Pfl. zuw. mehlig bestäubt **92**
92. Bltnhülle 2–4- od. bis 5teilig; Bltn. klein, unscheinbar, in knäueligen, trugdoldigen od. scheinährigen Bltnständen; Fr. ganz od. teilw. von der Bltnhülle umgeben u. zusammen mit dieser abfallend; Pfl. häufiger mehlig bestäubt **Chenopodiaceae,** 418
— Bltnhülle 5blättrig, weißl.grün bis weißl., sich postfloral purpurn verfärbend; Bltn. auffällig, bis 1 cm im Dm, in 10–40 cm langen, blattgegenst. Trauben; Frblätt. 8–10, frei od. nur am Grd. etw. verwachsen; Fr. beerenart., saftig; Kultur- u. Zierpfl. aus N-Am., bes. in Weinbaugebieten **Phytolacca,** 417
93(28). Sporenpfl. **95**
— Bltnpfl. **94**
94. Blätt. fleischig-saftig, stiel- od. halbstielrund; Bltn. weiß od. gelb; Blkr. freiblättrig . . . . **Sedum,** 218
— Blätt. nicht fleischig-saftig, dachziegelig angeordnet; Blkr. verwachsenblättrig; hochalp. Polster- u. Rasenpfl. **Androsace,** 392
95(93). Pfl. moosähnl., 3–5 cm hoch; Blätt. 1–3 mm lg., spitz, am Rand gewimpert; Sporangien blattachselst., verschieden groß *(142, 286)* . . . . **Selaginella,** 157
— Pfl. nicht moosähnl., kräftiger; Sporangien gleichgestaltet, entw. blattachselst. (*291,* Sp) od. in scharf vom vegetativen Sproß abgesetzten Ähren *(293–294)* . . **Lycopodiaceae,** 154

XIII d. Blätter wechselständig; Blattspreite am Rand gesägt, gezähnt, gekerbt od. gelappt

1. Blattspr. schildf., am Rand gekerbt, lg. gestielt; Stg. kriechend; Bltn. in kopfigen Dolden od. wenigbltg. Wirteln; Sumpfpfl. . . . . **Hydrocotyle,** 299
— Blattspr. nicht schildf., z. T. aber nierenf. **2**
2. Blätt. immergrün, nieren-herzf., obersts. silbrig gefleckt, Blkrblätt. zurückgeschlagen . . . . **Cyclamen,** 395
— Blätt. nicht silbrig gefleckt, meist sommergrün **3**
3. Bltn. in kleinen, becherf., von Nektardrüsen umgebenen Cyathien *(643–644),* ♀ Blüte (= Frkn.) z. Bltzt. lg. gestielt u. aus dem Cyathienbecher heraushgd. *(644);* die Cyathien in Di- od. Pleiochasien (s. S. 25) angeordnet *(643);* Pfl. m. Milchsaft . . . . **Euphorbia,** 319
— Bltn. nicht in Cyathien, anders angeordnet **4**
4. Bltn. in schirmf., von gelben Hochblätt. umgebenen Trugdolden *(475);* Bltnhülle einfach, 4zählig; Stbblätt. 5; Blattspr. fast kreisrund . . . . **Chrysosplenium,** 220
— Bltn. anders angeordnet **5**
5. Bltn. grünl. **27**
— Bltn. nicht grünl. **6**
6. Bltn. gespornt **25**
— Bltn. nicht gespornt **7**
7. Pfl. m. Ranken; Bltn. eingschl.; Frkn. unterst. **Cucurbitaceae,** 381
— Pfl. ohne Ranken **8**
8. Bltn. in wenig- (1-) bis vielbltg., von einer Blatthülle (Involucrum) umgebenen Köpfchen; innere Hüllblätt. zuw. strahlend, petaloid *(Carlina, Helichrysum, Xeranthemum);* entweder alle Bltn. des Köpfchens zygomorph (zungenf.; Pfl. mit Milchsaft) od. nur die äußeren als Zungenbltn., die inneren als Röhrenbltn. ausgebildet od. nur Röhrenbltn. vorhanden; Köpfchen selten eingschl., die ♂ mehrbltg., die ♀ 1–2bltg. *(Ambrosia, Xanthium);* Stbblätt. 5, ihre Antheren miteinander verklebt; Nußfr., häufig m. fedrig behaartem Pappus; Blätt. zuw. erst nach der Blüte erscheinend *(Petasites, Tussilago)* . . . . **Asteraceae,** 545
— Bltn. nicht od. nur selten in Köpfchen, dann aber Stbbeutel frei **9**
9. Blätt. am Grd. mit röhrenf., stgumfassender Scheide (Ochrea; *21,0*); Bltnhülle in zwei 3zähligen Kreisen, der innere vergrößert u. z. Frzt. die Fr. einschließend *(835–838);* Bltn. klein . . . . **Polygonaceae,** 428
— Blätt. am Grd. ohne Ochrea **10**
10. Blkr. verwachsenblättrig **21**
— Blkr. freiblättrig (z. T. aus blumenblattart. Nektarblätt.) **11**
11. Blkr. 4blättrig **17**
— Blkr. 5- u. mehrblättrig **12**

12. Stbblätt. zahlr. **16**
— Stbblätt. 5–10, beim Aufblühen zuw. schon geschrumpft **13**
13. Blätt. dickfleischig; in jeder Blüte mehrere freie Frkn. **Crassulaceae,** 216
— Blätt. nicht dickfleischig; Bltn. m. 1–2 Frblätt. **14**
14. Bltn. in Ähren od. Köpfchen; Blkrblätt. anfangs vereinigt u. sich später vom Grd. her lösend *(230a–b),* blauviolett od. gelbl.weiß . . . . **Phyteuma,** 542
— Bltn. nicht in Köpfchen od. Ähren u. nicht wie in *230* . **15**
15. Blätt. derb, ledrig, oft wintergrün; Frkn. mit 1 Gr. **Pyrolaceae,** 384
— Blätt. nicht ledrig; Frkn. mit 2 Gr. *(471–472)* . **Saxifraga,** 220
16(12). Bltn. gelb, m. od. ohne Nektarblätt.; K. fehlend od. 3–5blättrig; Frkn. meist zahlr., frei . . . **Ranunculaceae,** 184
— Bltn. weiß; K. u. Blkr. 8–9blättrig; Gr. fedrig behaart; niederlgd. Spalierstrauch der Hochalp. . . . . **Dryas,** 232
17(11). Bltn. mit 6–8 Stbblätt. **19**
— Bltn. mit 12 bis vielen Stbblätt. **18**
18. Pfl. ohne Milchsaft; Blkrblätt. zerschlitzt *(210a, 730);* Bltn. klein, gelbl. od. gelbl.weiß . . . . **Reseda,** 361
— Pfl. m. Milchsaft; Blkrblätt. ungeteilt; Bltn. groß, rot, rötl.violett, weiß od. gelb . . . . **Papaveraceae,** 202
19(17). Frkn. unterst., stielart. verlängert *(222);* Stbblätt. 8 **Onagraceae,** 275
— Frkn. oberst. **20**
20. In jeder Blüte 1 Frkn.; Stbblätt. 6 (4 lange u. 2 kurze) **Brassicaceae,** 332
— In jeder Blüte 4 freie Frkn.; Stbblätt. 8; Blätt. dick, keilf., dicht gedrängt . . . . **Sedum,** 218
21(10). Stbblätt. 2 od. 4 . . . . **Scrophulariaceae,** 478
— Stbblätt. 5 od. 10 . . . . **22**
22. Staubfäden z. T. wollig behaart . . . . . . **Verbascum,** 480
— Staubfäden nicht wollig behaart **23**
23. Blkr. mit lg., schmaler Röhre, rot od. gelb **Primulaceae,** 389
— Blkr. nicht m. lg., schmaler Röhre **24**
24. Frkn. unterst. . . . . **Campanulaceae,** 537
— Frkn. oberst. . . . . **Solanaceae,** 474
25(6). Blätt. m. Nebenblätt.; Blkr. freiblättrig; Kblätt. 5, am Grd. m. krautigen Anhängseln . . . . **Viola,** 326
— Nebenblätt. fehlend; Blkr. am Grd. verwachsen . . . **26**
26. Stg. aufrecht; Blätt. am Grd. verschmälert; Bltn. gelb, rot od. verschiedenfarbig . . . . **Impatiens,** 288
— Stg. niederliegend; Blätt. nierenf.; Bltn. violett **Linaria cymbalaria,** 482
27(5). Blätt. am Grd. m. stgumgreifender Ochrea; Bltn. kurz gestielt; Bltnhülle 6blättrig . . . . **Polygonaceae,** 428
— Blätt. am Grd. ohne Ochrea; Bltn. sitzend; Bltnhülle 2–5teilig . . . . **Chenopodiaceae,** 418

Tabelle XIV
Wasserpflanzen (Sporenpflanzen, Mono- u. Dikotyledonen)

1. Pfl. völlig untergetaucht lebend, festgewurzelt od. freischwimmend; auch ihre Bltn. od. Sporen unter Wasser ausbildend; Wasserbestäubung . . . . **XIVa,** 146
— Pfl. untergetaucht lebend, aber wenigstens ihre Bltn. od. Bltnstände über die Wasseroberfläche erhebend (selten auf der Wasseroberfläche schwimmend) **2**
2. Pfl. nicht im Boden wurzelnd, frei im od. auf dem Wasser schwimmend . . . . **XIVb,** 147
— Pfl. im Boden festgewurzelt **3**
3. Pfl. ohne Schwimmblätt., völlig untergetaucht u. nur ihre Bltn. od. Bltnstände über die Wasseroberfläche ragend **XIVc,** 148
— Wasserpfl. mit Schwimmblätt. od. Sumpfpfl., deren Stg. u. Blätt. größtenteils aus dem Wasser ragen **4**
4. Wasserpfl. mit Schwimmblätt.; diese zuw. in Rosetten; Unterwasserblätt. (wenn vorhanden) fein zerteilt . . **XIVd,** 149
— Sumpfpfl. am Rand von Teichen u. Flußufern, deren Stg. u. Blätt. größtenteils aus dem Wasser ragen . . . . **XIVe,** 150

XIVa. Pflanzen völlig untergetaucht, festgewurzelt od. freischwimmend, ihre Blüten od. Sporen unter Wasser entwikkelnd; Wasserbestäubung

1. Sporenpfl.; Blätt. pfrieml.-binsenf., rosettig, m. zweiteiligknolligem Rhizom; Blattgrd. scheidig verbreitert, m. Mikro- u. Makrosporangien (*138b,* S) an verschiedenen Blätt.; die ersteren an inneren, die letzteren an äußeren Rosettenblätt. sthd. . . . . **Isoëtes,** 157
— Bltnpfl., z.T. selten blühend **2**
2. Pfl. des Süßwassers, selten im Brackwasser **4**
— Pfl. des Salz- u. Brackwassers, auch der salzhaltigen Binnengewässer **3**
3. Bltn. zahlr., ohne Bltnhülle, mit 1 Stbblatt u. 1 Frkn., 2reihig angeordnet auf der einen Seite einer flachgedrückten Ährenachse, die z. Bltzt. in die Scheide (Spatha) des obersten Blattes eingeschlossen ist; Pfl. ausgedehnte, unterseeische Wiesen bildend . . . . **Zostera,** 622
— Ähren 2blütig, endst.; Bltnhülle fehlend; Stbblätt. 2, gespalten u. dadurch 4 vortäuschend; Frkn. 4, frei, m. löffelf. Nar-

benlappen *(1069);* Stg. u. Blätt. fadenf.; Stg. an den Knoten wurzelnd; Brackwasserpfl. . . . . **Ruppia,** 622

4(2). Blätt. am ganzen Stg. verteilt **6**

— Blätt. in grdst. Rosetten **5**

5. Pfl. ähnlich *Isoëtes* (s. Punkt **1**), aber ohne knolliges Rhizom u. m. Ausläufern, die bei Landformen fehlen können; Bltn. nur bei Landformen entwickelt, eingschl., die ♂ gestielt, die ♀ an der Basis dieser Stiele sitzend *(184)* **Littorella,** 513

— Pfl. ohne Ausläufer; Blätt. pfrieml.-grasart.; Bltn. weiß, 4blättrig, in 2–8bltg. Traube *(187);* Pfl. 2–8 cm hoch **Subularia,** 358

6(4). Pfl. starr u. zerbrechl.; Stg. an den Knoten wurzelnd; Blätt. in übereinandersthd., sich nicht kreuzenden Wirteln, am Rand stachelspitzig gezähnt *(1072);* Bltn. einzeln, blattachselst., eingschl. . . . . **Najas,** 623

— Pfl. nicht starr u. zerbrechl.; Blätt. anders angeordnet u. gestaltet **7**

7. Blätt. 2zeilig, 1–10 cm lg., fadenf., am Grd. m. großem, stgumfassendem Blatthäutchen; Bltn. klein, eingschl., einhäusig; die ♂ Bltn. ohne Bltnhülle, mit 1(–3) Stbblätt., die ♀ Bltn. m. meist 4 Frkn. u. becherf. od. m. 3blättrigem Perigon *(1068);* geschnäbelte Steinfr.; Stg. dünn, an den Knoten wurzelnd; im Brack- u. Süßwasser (Mündungen der großen Flüsse) . . . . **Zannichellia,** 622

— Blätt. gegenst. od. in mehrzähligen Quirlen **8**

8. Blätt. gegenst., ganzrandig, < 2 cm . . . . **Callitriche,** 535

— Blätt. in mehrzähligen Quirlen u. nicht ganzrandig . . . **9**

9. Blattspr. mehrfach gabelteilig *(180),* hornart.-knorpelig; Bltn. eingschl., einhäusig, achselst., unscheinbar; Bltnhüllblätt. 8–15; Stbblätt. 10–20; Frkn. 1; Nußfr. m. od. ohne stachelige Fortsätze *(361–362);* Pfl. wurzellos **Ceratophyllum,** 183

— Blätt. m. keilig-verbreitertem Stiel, am vorderen Ende mit 4–6 Borsten; Spreite rundl., obersts. mit Fühlborsten *(179),* ihre beiden Hälften längs der Mittelrippe auf einen Reiz hin zusammenklappend; Blätt. in 6–9zähligen Quirlen; Pfl. wurzellos . . . . **Aldrovanda,** 227

XIVb. Pflanze untergetaucht, nicht im Boden festgewurzelt, häufig wurzellos, frei im od. auf dem Wasser schwimmend

1. Pfl. ungeglied., rundl., ± 1–2 mm groß, wurzellos *(Wolffia)* od. Vegetationskörper aus blattart., flachen, auseinandersprossenden, untersts. m. Wurzeln versehenen Gliedern besthd., in geschlossenen Decken die Oberfläche nährstoffreicher Tümpel u. Teiche bedeckend; wenn Pfl. untergetaucht, dann deutl. geglied. u. die gestielten, lanzettl. Glieder kreuzweise miteinander verbunden *(153)* **Lemnaceae,** 762

— Pfl. anders gestaltet, in Stg. u. Blätt. geglied. **2**

2. Bltnpfl. **4**

— Sporenpfl.; Sori in kugeligen, ins Wasser hgd. Sporokarpien **3**

3. Blätt. klein, schuppenart., 2lappig gefaltet, 2zeilig an den reich verzweigten Stg. angeordnet; Pfl. moosart. *(136)* **Azolla,** 177

— Blätt. größer, nicht schuppenf., in 3zähligen Quirlen, 2 davon scheinbar gegenst., als ovale, oberststs. behaarte Schwimmblätt. ausgebildet, das dritte Blatt wurzelähnl. ins Wasser hgd. u. die Sporangienbehälter tragend *(137);* Pfl. wurzellos . . . . **Salvinia,** 176

4(2). Blätt. wechselst., in zahlr. Zipfel aufgelöst; diese z.T. m. 0,5–2 mm großen, tierfangenden Schläuchen *(182);* Pfl. wurzellos; Bltntrauben aus dem Wasser ragend; Bltn. gelb, 2lippig, gespornt . . . . **Utricularia,** 509

— Blätt. ohne tierfangende Schläuche **5**

5. Blattspr. meist kammf. gefied. *(580),* in 3–5zähligen Quirlen; Bltn. klein, unscheinbar, 4zählig, eingschl. od. ⚥, insgesamt zu quirligen Ähren zusammentretend **Myriophyllum,** 279

— Blattspr. nicht kammf. gefied. **6**

6. Blätt. m. rautenf., am Rand gezähnter Spreite u. blasig aufgetriebenen Stielen *(189),* insgesamt bis 30 cm breite Schwimmblattrosette bildend; Bltn. weiß, 4zählig; Kblätt. sich bei Reife zu 4 harten Dornen umbildend *(567)* **Trapa,** 274

— Blätt. anders gestaltet **7**

7. Blattspr. kreisrund, ledrig, am Grd. herzf., m. 2 Nebenblätt., lg. gestielt; Bltn. groß, weiß, am Grd. gelb, eingschl.; Pfl. m. Ausläufern . . . . **Hydrocharis,** 617

— Blattspr. breit-lineal, am Rand stachelig gezähnt, in großer, halb aus dem Wasser ragender Rosette; Bltn. groß, eingschl., 2häusig, von Scheide (Spatha) umgeben *(157);* Pfl. m. Ausläufern . . . . **Stratiotes,** 617

XIV c. Pflanzen im Boden festgewurzelt, untergetaucht lebend; Blüten od. Blütenstände über das Wasser ragend

1. Blätt. nicht in grdst. Rosette, am ganzen Stg. verteilt . **3**

— Blätt. alle in grdst. Rosette **2**

2. Bltn. ⚥; Blkr. 2lippig, weiß m. bläul. Röhre; Blätt. lineal, bis 10 cm lg. *(185)* . . . . **Lobelia,** 544

— Bltn. eingschl., 2häusig verteilt; ♂ Bltn. frei auf dem Wasser schwimmend, ♀ Bltn. auf spiralig eingerollten Stielen; Blkr. nicht 2lippig; Blätt. bandf., bis 80 cm lg. u. 5–12 mm breit . . . . **Vallisneria,** 617

3(1). Pfl. 2häusig; Blätt. längl.-lineal, ungeteilt, am Rand sehr fein gesägt, in Wirteln zu 3–4; Stgglieder 3–7 mm lg. **Elodea,** 616

— Pfl. 1häusig **4**

4. Blätt., wenigstens die oberen Stgblätt., in 5–6zähligen Wirteln, stachelspitzig gezähnt; Stgglieder 10–30 mm lg. **Hydrilla,** 616

— Blätt., wenn m. ungeteilter Spreite, nicht in mehrzähligen Wirteln od. Spreite gefied. od. zerschlitzt **5**

5. Blattspr. ungeteilt, vielgestaltig, haarf. bis lanzelttl.-eif.; alle Blätt. fast gegenst. od. wechselst. u. nur die ob. zuw. gegenst., am Grd. häufig m. röhriger Scheide; Bltn. in runden, vielbltg. Ähren; Bltnhülle meist fehlend; Stbblätt. 4, m. blumenblattart. Anhängseln *(156)* . . . . . **Potamogeton,** 618

— Blattspr. fein zerschlitzt od. kammf. gefied. **6**

6. Blattspr. fein zerschlitzt *(400–401);* Bltn. weiß, m. 5–12 blumenblattart. Nektarblätt.; Stbblätt. u. Frkn. zahlr., frei **Ranunculus,** 193

— Blattspr. kammf. gefied. *(181);* Bltn. in 3–6bltg. Quirlen; Blkr. verwachsen, hellrosa, im Schlund gelb . **Hottonia,** 395

XIV d. Im Boden wurzelnde od. freischwimmende Wasserpflanzen mit Schwimmblättern od. Schwimmblattrosetten; Unterwasserblätter (wenn vorhanden) fein geteilt

1. Sporenpfl.; Blattspr. 4zähligem Kleeblatt ähnelnd, lg. gestielt, am Grd. m. bohnenf. Sporokarpien *(140)* **Marsilea,** 176

— Bltnpfl. **2**

2. Schwimmblätt. gefied.; Bltn. klein, in 2–3(–6)strahligen, den Blätt. gegenübersthd. Dolden . . . . **Apium,** 304

— Schwimmblätt. nicht gefied. **3**

3. Blkr. golb, am Grd. verwachsen; Schwimmblätt. rundl.-herzf.; Stbblätt. 5 . . . . **Nymphoides,** 437

— Blkr. andersfarbig od. Stbblätt. zahlreicher **4**

4. Schwimmblätt. m. großer, bis 20 cm lg., am Grd. tief-herzf. Spreite *(358–360)* . . . . **Nymphaeaceae,** 182

— Schwimmblätt. kleiner u. anders gestaltet, wenn ganzrandig u. am Grd. tief herzf., dann Stielbasis m. Nebenblätt. u. Bltn. eingschl. **5**

5. Bltn. eingschl., 1häusig; ♂ Bltnstand 1–6 cm lg. gestielt, ♀ Bltnstand sitzend; Einzelbltn. über der Spatha aber 3–8 cm lg. gestielt . . . . **Hydrocharis,** 617

— Bltn. ⚥; Blattspr. am Grd. nicht herzf.; Stiel ohne Nebenblätt. **6**

6. Blattspr. der Schwimmblätt. rundl., handf. gelappt bis geteilt; Bltn. weiß; Stbblätt. u. Frkn. zahlr., frei **Ranunculus,** 193

— Blattspr. der Schwimmblätt. längl.-oval, ganzrandig od. rautenf., häufig in Rosetten **7**

7. Blattspr. rautenf., am Rand gezähnt, m. bauchig aufgetriebenem Stiel; Blätt. in dichter, der Wasseroberfläche auflgd. Rosette; Bltn. klein, mit 4 verhärtenden Kzähnen; Fr. mit Kblätt. versehene Nuß . . . . **Trapa,** 274

— Blattspr. längl.-oval, ganzrandig **8**

8. Schwimmblätt. m. Stiel nicht > 2 cm, gegenst., die ob. rosettig *(968);* Bltn. ohne Bltnhülle, am Grd. mit 2 sichelf. Vorblätt. *(969)* . . . . **Callitriche,** 535

— Schwimmblätt. ohne Stiel meist > 5 cm; Bltn. in Ähren, Rispen od. rispigen Thyrsen **9**

9. Bltn. in Rispen od. Thyrsen, in quirlig-etagenf. Infl. od. einzeln, weiß od. rosa; Blattstiel ohne Nebenblätt. od. Ochrea; Stbblätt. 6 u. mehr; Frkn. 6 bis viele, frei **Alismataceae,** 614

— Bltn. in Ähren; Bltnstiel am Grd. m. 1 großen, achselst. Nebenblatt od. röhrigen Scheide (Ochrea) **10**

10. Blattspr. parallelnervig; Blattstiel am Grd. mit 1 achselst. Nebenblatt; Bltn. grünl. od. bräunl.; Bltnhülle fehlend; Stbblätt. 4, m. blumenblattart. Anhängseln *(156)* **Potamogeton,** 618

— Blattspr. fiedernervig; Blattstiel am Grd. m. röhriger Scheide (Ochrea); Perigonblätt. 5, rosafarbig; Stbblätt. 5 **Polygonum amphibium,** 433

XIV e. Wasserpflanzen, die mit ihren Stengeln u. Blättern größtenteils aus dem Wasser ragen od. sumpfige Teich- u. Flußufer besiedeln[1]

1. Bltnpfl. **3**

— Sporenpfl. **2**

2. Stg. dünn, kriechend; Blätt. binsenf., bis 10 cm lg., in der Jugend an der Spitze spiralig eingerollt, an ihrem Grd. kugelige, bis erbsengroße Sporokarpien *(139)* m. Mikro- u. Makrosporangien; an überfluteten Teichufern . . **Pilularia,** 176

— Stg. aufrecht, deutl. geglied., einfach od. verzweigt; Blätt. schuppenf., zu die Knoten umgebender Scheide verwachsen; Sporangien auf der Unterseite schildf. Sporophylle;

[1] Diese Tabelle enthält auch die wichtigsten Sumpfpfl. der Verlandungszone stehender Gewässer.

diese insgesamt endst. Ähre bildend *(134);* Verlandungszone . . . . **Equisetum,** 158
3(1). Überwasserblätt. gegen-, wechsel- od. grdst. **5**
— Überwasserblätt. in 3- oder mehrzähligen Wirteln . . **4**
4. Überwasserblätt. in 3zähligen Wirteln; diese viel breiter als die in 8–16zähligen Quirlen angeordneten Unterwasserblätt. *(285)* . . . . **Elatine alsinastrum,** 325
— Überwasserblätt. in vielzähligen Wirteln, kaum breiter als die Unterwasserblätt. *(284);* Sproßachse im Querschnitt mit vielen unregelmäßig angeordneten Hohlgängen; Bltn. klein, ohne Blkr., blattachselst.; Stbblätt. 1 . . **Hippuris,** 513
5(3). Blätt. wechsel- od. grdst. **12**
— Blätt. gegenst. od. quirlig **6**
6. Stg. spitzenw. gleich den Blätt. dicht weißhaarig; Bltn. gelb, in wenigbltg. Rispen; Kblätt. eif., am Rand rotdrüsig **Hypericum elodes,** 323
— Stg. u. Blätt. nicht dicht weißhaarig, kahl od. z.T. locker behaart **7**
7. Bltn. rot od. bläul.-purpurrot od. rosa . . . **Lythraceae,** 274
— Bltn. nicht rot od. bläul.-purpurrot **8**
8. Blätt. elliptisch-eif., etwa 1 cm breit, kurz gestielt; Stg. kriechend od. flutend, oft an den Knoten wurzelnd; Bltn. einzeln, blattachselst.; Bltnhülle einfach, grünl.; Stbblätt. 4, Kblätt. 4, bleibend . . . . **Ludwigia palustris,** 275
— Blätt. längl. bis spatelf., schmäler als 1 cm **9**
9. Blattstiel am Grd. etwas verbreitert; Stg. aufrecht od. flutend; unterhalb der kleinen, weißen Blüte aus 2 freien Blätt. besthd. kelchähnl. Hochblatthülle; Pfl. 10–30 cm hoch **Montia fontana,** 417
— Blattstiel am Grd. nicht scheidig verbreitert **10**
10. Bltnhülle fehlend; Bltn. am Grd. mit 2 sichelf. Vorblätt. *(188),* eingschl.; Stbblätt. 1; Frkn. 1; Fr. 4teilig m. 4 ± scharfen Kanten . . . . **Callitriche,** 535
— Bltn. ohne sichelf. Vorblätt., ⚥; Fr. nicht 4kantig . . . **11**
11. Bltn. 4zählig, einzeln, achselst.; Stg. 2–5 cm hoch **Crassula aquatica,** 216
— K.- u. Blkrblätt. 3–4; Stbblätt. 3, 6 od. 8; Fr. fast kugelige Kapsel . . . . **Elatine,** 325
12(5). Bltn. nicht in Kolben od. kugeligen Köpfchen . . . **15**
— Bltn. in Kolben od. kugeligen Köpfchen **13**
13. Bltn. in mehreren kugeligen, übereinandersthd., eingschl. Köpfchen, die basalen ♀ u. morgensternf. *(166),* die ob. ♂; Verlandungszone . . . . **Sparganium,** 698
— Bltn. in Kolben **14**
14. Kolben meist zu 2 übereinander, der basale mit ♀ Bltn., z. Frreife hell- bis schwarzbraun, der ob. mit ♂ Bltn.; Verlandungszone . . . . **Typha,** 697
— Kolben einzeln . . . . **Araceae,** 761
15(12). Bltn. zahlr., lg. gestielt, in Scheindolden; Perigonblätt. rosa, dk. geadert; Frkn. rot, meist 6, frei (apokarp); Bltnstg.

stielrund; Blätt. in grdst. Rosette, bis 1 m lg.; Verlandungszone . . . . **Butomus,** 615

— Pfl. anders gestaltet **16**

16. Blätt. schwertf.-reitend, einem dicken Rhizom entspringend; Bltn. radiär, groß, gelb; Stbblätt. 3, von den blumenblattart. Griffelästen bedeckt; Frkn. unterst.; Verlandungszone (blauviolett blühende *Iris sibirica* u. *I. spuria* nur auf Moorwiesen) . . . . **Iris pseudacorus,** 636

— Blätt. nicht schwertf.-reitend **17**

17. Frkn. 3 bis viele, frei (apokarp); Bltn. in doldenart. od. quirlig-etagenf. Infl., weiß . . . . **Alismataceae,** 614

— Frblätt. verwachsen, wenn frei, dann Bltn. groß u. gelb; Infl. anders gestaltet **18**

18. Bltn. nicht in zusammengesetzten od. köpfchenart. Dolden **23**

— Bltn. in zusammengesetzten Dolden, diese zuw. köpfchenart. zusammengezogen **19**

19. Blattspr. schildf., am Rand gekerbt; Bltn. klein, weiß, in köpfchenf. Dolden; Verlandungszone . . . **Hydrocotyle,** 299

— Blattspr. nicht schildf. **20**

20. Stg. m. dickem, aufrechtem, hohlem, durch Querwände gekammertem Rhizom von möhrenart. Geruch; Pfl. kahl; Blätt. 2–3fach gefied.; Verlandungszone . **Cicuta virosa,** 305

— Stg. an der Basis ohne gekammertes Rhizom, zuw. aber m. Ausläufern **21**

21. Stg. niederlgd.-kriechend od. flutend, im Schlamm wurzelnd; Blätt. entw. alle einfach gefied. od. Unterwasserblätt. (wenn vorhanden) doppelt gefied. m. haarfeinen Zipfeln; Dolden 2–3(–6)strahlig, den Blätt. gegenübersthd.; Hüllchen stets vorhanden . . . . **Apium,** 304

— Stg. aufrecht; Dolden mehrstrahlig **22**

22. Luftblätt. einfach, Unterwasserblätt. fein doppelt gefied.; Stg. gefurcht od. gerillt, dann am Grd. m. Ausläufern; Pfl. bis 1,5 m hoch; Verlandungszone . . . . **Sium,** 306

— Alle Blätt., zumindest aber die Grdblätt., 2–4fach gefied. (bei *Oenanthe fistulosa* Stgblätt. zuw. einfach gefied., dann aber Blatt- u. Doldenstiele röhrig hohl); Hüllblätt. ungeteilt; K. deutl. 5zähnig; Fr. walzl., vom K. überragt; Verlandungszone . . . . **Oenanthe,** 307

23(18). Blätt. 3zählig gefied. m. großen, verkehrt-eif. Fied., lg. gestielt, einem kriechenden Rhizom entspringend; Blkrblätt. weißl.-rosa, obersts. dicht bärtig, in aufrechten Trauben; Verlandungszone u. Flachmoore . . **Menyanthes,** 437

— Blätt. nicht 3zählig gefied. **24**

24. Bltn. gelb, 2–4 cm breit, fettig glzd.; Blätt. schmal-lanzettl., zugespitzt, ganzrandig od. schwach gezähnt; Stg. bis 150 cm hoch, aufrecht, am Grd. m. unterirdischen, hohlen Ausläufern; Verlandungszone . . . **Ranunculus lingua,** 196

— Bltn. nicht gelb, klein, unscheinbar, in den Achseln von trockenhäutigen Tragblätt. **25**

25. Stg. oft 3kantig, bisw. rund *(Eleocharis, Scirpus)* u. selten knotig geglied.; Blätt. 3zeilig, mit geschlossener, selten offener Scheide, ohne Ligula; Bltn. klein, eingschl. od. ⚥, in den Achseln trockenhäutiger Tragblätt. [bei *Carex* die ♀ Bltn. noch von einem geschlossenen, oft geschnäbelten od. gezähnten Schlauch (Utriculus) umgeben]; Einzelbltn. in mehrbltg. Ährchen, die zu endst. Ähren, Köpfchen od. Spirren zusammentreten (bei *Carex* Ähren getrennt, gemischtgschl. od. Ähren mit ♀ u. ♂ Bltn.); Bltnhülle fehlend; Stbblätt. 3, Frkn. oberst., 1fächerig; Nußfr.; Verlandungszone . . . . **Cyperaceae,** 665

— Stg. (= Halm) rund, hohl, an den Knoten verdickt; Blätt. 2zeilig, mit lg., stgumfassender Scheide, an ihren oberen Enden Blatthäutchen (Ligula) od. Haarkranz; Bltn. klein, unscheinbar, m. 3 Stbblätt. u. 1 Frkn., von Spelzen umhüllt, zu 1- bis mehrbltg. Ährchen zusammentretend; diese in rispenf. Gesamtbltnständen; bis 4 m hohe Pfl. der Verlandungszone . . . . **Poaceae,** 699

D. Tabellen zum Bestimmen der Gattungen und Arten

Abteilung: **Pteridóphyta,** *Gefäßsporenpflanzen*[1]

In Wurzel, Stamm u. Blätt. geglied., blütenlose Pfl.; Vermehrung durch einzellige, braune Sporen (*2e,* Spo), die in besonderen Behältern, den Sporangien (*2d–e,* Sp), entstehen; Sporangien u. Sporen entw. gleich od. verschieden gestaltet; ♂ Sporen (= Mikrosporen) kleiner; ♀ Sporen (= Makrosporen) größer; Sporangien entw. einzeln, oft an besonderen Blätt. (= Sporophyllen) od. zu ährenf. Sporangien- od. Sporophyllständen *(293, 294b, 298a, 299a)* od. gruppenweise zu Sori (*2d,* S) vereinigt; letztere oft von zartem Häutchen, dem Schleier (= Indusium, *2b, 2e,* J), überdeckt.

Unterabteilung: **Lycophýtina,** *Bärlappähnliche*

Klasse: **Lycópsida,** *Bärlappe*

Ordnung: **Lycopodiáles**

Familie: **Lycopodiáceae,** *Bärlappgewächse* Ⓖ

Ausdauernde Pfl., m. spärl. bis reich-gabelig verzweigten Sprossen u. dichtgedrängten, spiralig od. wirtelig gestellten, sehr kleinen Blätt.; Sporangien einzeln in der Achsel gewöhnl. Laubblätt. *(291a)* od. an abweichend gestalteten, zu endst. Ähren vereinigten Sporophyllen *(293, 294a, 295);* Sporangien rundl.-nierenf. od. quer-eif. *(292b);* Sporen gleichgestaltet.

1. Sporangien in nicht deutl. abgesetzten Ähren, in den Achseln von Laubblätt.; Stg. aufstgd., gabelästig *(291a),* 5–15 cm lg. . . . . **Huperzia,** 155

— Sporangien in deutl. abgesetzten, endst. Ähren *(141a, 292–295)* **2**

2. Blätt. gekreuzt-gegenst. (in 4 Reihen), schuppenf., der Sproßachse angedrückt *(294–295);* Pfl. m. ober- od. unterirdischen Ausläufern . . . . **Diphasium,** 156

— Blätt. spiralig, von der Sproßachse absthd. *(292a, 293)* **3**

---

[1] Bei den *Pteridophyta* geben die römischen Ziffern die Reifezeit der Sporen an.

3. Stg. kurz kriechend, meist m. 1 aufstgd. Ast; Sporangienähre undeutl. vom Sproß abgesetzt *(292a)* **Lycopodiella,** 155
— Stg. lg. kriechend, wiederholt gabelästig; Sporangienähren deutl. vom Sproß abgesetzt *(293)* . . . . **Lycopodium,** 155

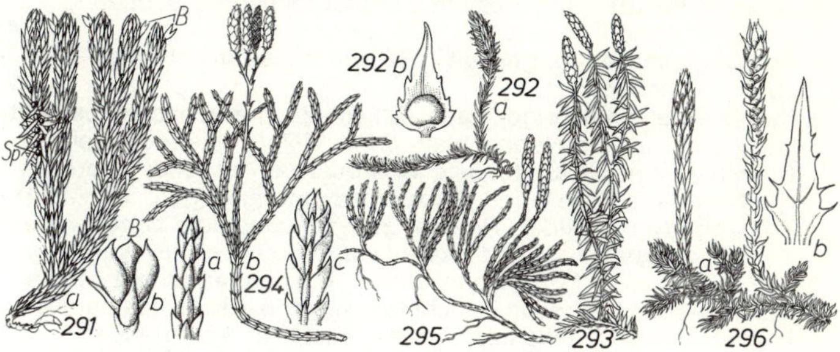

1. Hupérzia Bernh., *Tannenbärlapp*[1]
Sprosse aufrecht, regelmäßig gabelig verzweigt *(291a);* Blätt. aufrecht, dkgrün, meist in 8 Zeilen; an der Spitze der Triebe bei Berührung leicht abfallende Brutsprosse (*291a–b,* B); ♃; VII–X. Feuchte Wälder, vorwgd. der mont. Reg.; kalkmeidend; *z,* im N *s.* (= *Lycopodium selago* L.) Ⓖ **H. selágo** (L.) Bernh. ex Schr. & Mart.

2. Lycopodiélla Holub, *Sumpfbärlapp*
Kriechsproß 2–10 cm lg., sich dann aufrichtend u. einschließl. Sporangienähre 4–8 cm lg. *(292a);* Blätt. aufw. gebogen; Sporophylle am Grd. breit-eif., gesägt *(292b);* ♃; VIII–X. Nackte Hochmoorböden; *z.* [= *Lycopodium inundatum* L.; = *Lepidotis inundata* (L.) C. Börner]
Ⓖ **L. inundáta** (L.) Holub

3. Lycopódium L., *Bärlapp* Ⓖ
1. Blattspitze nicht haarf. zugespitzt; Blätt. absthd.; Kriechsproß > 1 m lg., oberirdisch, wiederholt gabelästig. Fertile Äste aufrecht, bis 30 cm lg.; Sporenähre kurz gestielt, unverzweigt *(293);* Sporophylle gelbl. m. zurückgekrümmten Spitzen, am trockenhäutigen Rand ausgefressen gezähnelt; ♃; VIII–IX. Nadelwälder u. torfige Stellen; *z,* aber gesellig.
Ⓖ *Sprossender B., Wald-B.,* **L. annótinum** L.
— Blätt. m. langer, weißer Haarspitze; Sporangienähren zu 1–3 auf langem, locker beblättertem Stiel *(141a);* ♃; VII–VIII. Heiden, Nadelwälder, kalkmeidend; *z.* Ⓖ *Keulen-B.,* **L. clavátum** L.

[1] Zuw. als eigene Familie: **Huperziáceae** (= *Urostachydaceae,* Teufelsklauengewächse) betrachtet.

a. Sporangienähren meist zu 2–3 . . . . ssp. **clavátum**

b. Sporangienähren einzeln, sitzend od. kurz gestielt. Alpine Heiden, Blockhalden, *s* St. [= *L. lagopus* (LAESTADIUS) KUZENEVA]
ssp. **monostáchyum** (GREVILLE & HOOK.) SELANDER

4. Diphásium PRESL, *Flachbärlapp* Ⓖ

1. Sporangienähren kurz gestielt *(295);* Grdachse meist oberirdisch kriechend **4**

— Sporangienähren lg. gestielt *(294);* Grdachse meist unterirdisch kriechend **2**

2. Sterile Äste ± niederlgd., flach; Bauchblätt. der Achse angedrückt, viel kleiner als die Flankenblätt. *(294c, 297c);* Mitteltrieb meist unfruchtbar, nur die Seitenäste Sporenähren tragend; Sporophyll breit-oval, plötzl. in kurze Spitze zusammengezogen; ♃; VIII–IX. Trockene Nadelwälder, Heiden; *z.* [= *Lycopodium complanatum* L.; = *L. anceps* WALLR.; = *L. complanatum* L. ssp. *anceps* (WALLR.) ASCH.]
Ⓖ *Gewöhnlicher F.,* **D. complanátum** (L.) ROTHM.

— Sterile Äste ± aufrecht; Bauchblätt. so groß od. nur wenig kleiner als die Flankenblätt. *(294a),* nicht od. kaum angedrückt; Seitentriebe meist unfruchtbar; Mitteltrieb Ähren tragend *(294b);* Sporophyll oval, m. längerer Spitze . . . **3**

3. Sprosse dicht gebüschelt; Bauchblätt. den Flankenblätt. gleichgestaltet *(294b, 297e);* Sporophylle in lange Spitze ausgezogen; ♃; VIII–IX. Trockene Nadelwälder; *s.* [= *Lycopodium chamaecyparissus* A. BR.; = *L. complanatum* L. ssp. *chamaecyparissus* (A. BRAUN) DÖLL]
Ⓖ *Zypressen-F.,* **D. tristáchyum** (PURSH) ROTHM.

— Sprosse locker u. länger; Bauchblätt. kürzer als die Flankenblätt. *(297d);* Sporophylle m. kürzerer Spitze; ♃; VIII–IX. Trockene Nadelwälder; *s* in S-Dt, auch Ho, Be, Schl, OPr, Sb, Ti. (= *Lycopodium complanatum* L. var. *zeilleri* ROUY)
Ⓖ *Zeillers F.,* **D. zeilleri** (ROUY) DAMBOLDT

4(1). Letzte Auszweigungen kaum abgeflacht, 4kantig *(295);* Bauchblätt. der sterilen Äste 0,5 mm breit, kurz gestielt, lanzettl. *(297a);* Sporophylle lanzettl., zugespitzt; ♃; VIII–IX. Magermatten u. Heiden der Alp. u. höheren Mittelgeb.; *s.* (= *Lycopodium alpinum* L.)
Ⓖ *Alpen-F.,* **D. alpínum** (L.) ROTHM.

— Letzte Auszweigungen 2–2,5 mm dick, deutl. abgeflacht; Bauchblätt. steriler Äste sitzend, lineal *(297b);* Sporophylle oval, plötzl. zugespitzt. Magermatten u. Zwergstrauchgebüsch der Alp. u. höh. Mittelgeb.; *s.* [= *Lycopodium alpinum* L. ssp. *issleri* (ROUY) DOMIN]
Ⓖ *Isslers F.,* **D. íssleri** (ROUY) HOLUB

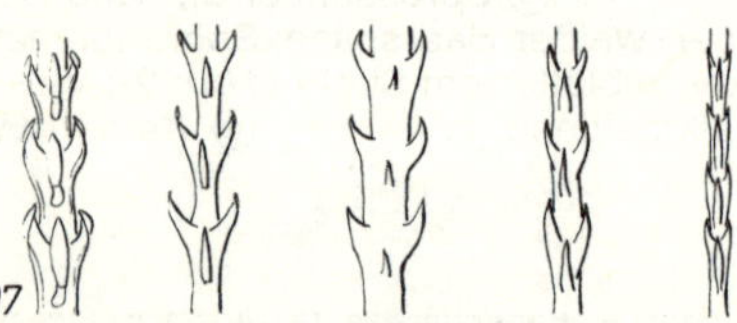

297 *a b c d e*

Ordnung: **Selaginelláles**

Familie: **Selagineláceae,** *Moosfarngewächse*

Pfl. von moosähnl. Habitus *(142, 296),* m. dünnen, meist gabelig verzweigten Sprossen u. kleinen Blätt. *(296b);* Sporangien in Ähren *(296a);* m. Makro- u. Mikrosporen.

Selaginélla P. B., *Moosfarn*

1. Blätt. spiralig angeordnet, wimperig gezähnt *(296b),* alle gleichgestaltet; Sprosse aufstgd.-aufrecht, 2–5 cm lg. *(296a);* ♃; VII–VIII. Weiden, feuchte Grashänge der subalp. u. alp. Reg.; Alp. *v, s* im Harz (Brocken), Schw., Riesengeb. (ob noch?).
Gezähnter M., **S. selaginoídes** (L.) Lk.

— Blätt. 4reihig, ganzrandig, paarweise ungleich groß; die seitl. waagrecht absthd., die oberseitigen kleiner, anlgd. *(286);* Sprosse bis 20 cm lg., niederlgd. *(142);* ♃; VI–VIII. Feuchte Felsen u. Mauern, Tonböden; *v* in Alp., *s* Vorland, Schl, Erzgeb., Fichtgeb., Thw.
Schweizer M., **S. helvética** (L.) Lk.

Klasse: **Isoëtópsida,** *Brachsenkrautähnliche*

Ordnung: **Isoëtáles**

Familie: **Isoëtáceae,** *Brachsenkrautgewächse*

Pfl. submers lebend in Kaltwasserseen m. sandigem od. kiesigem Grund; Achse knollenf. m. Rosette binsenf. Blätt. *(138a);* Sporangien (*138b,* S) in Grube am Grd. der scheidig erweiterten Blätt.; Makro- u. Mikrosporophylle gleichgestaltet; die ersteren außen, die letzteren im Innern der Rosette stehend.

Isoëtes L., *Brachsenkraut*

1. Blätt. dk.grün, steif, kurz zugespitzt; Makrosporen dicht kleinhökkerig; ♃; VII–IX. Sandiger Grund von Seen u. Teichen; *s* in Sb, Schw., Vog., NS, Da, Ho, Be, OPr, Po, früher auch Me, SH.
Ⓖ ! *See-B.,* **I. lacústris** L.

— Blätt. hellgrün, durchscheinend, biegsam, allmähl. fein zugespitzt; Makrosporen m. zerbrechl. Stacheln, ♃; VII–IX. Torfiger Seengrund; *s* in Schw., Vog., SH, Da, Ho, Po. (= *I. tenella* Lem. ex Desv.; = *I. setacea* auct. non Lam.)
Ⓖ ! *Stachelsporiges B.,* **I. echinóspora** Dur.

Unterabteilung: **Sphenophýtina**, *Schachtelhalmartige*

Klasse: **Sphenópsida** *(= Equisetinae), Schachtelhalme*

Ordnung: **Equisetáles**

Familie: **Equisetáceae**, *Schachtelhalmgewächse*

Ausdauernde Pfl., m. geglied., hohlen, meist gefurchten Sprossen; Blätt. schuppenart., in Quirlen angeordnet, zu die Knoten umgebender Scheide verwachsen *(298c–308)*; Sporangien auf der Unterseite schildf. Blätt. in endst. Ähre *(298a)*. Fertile u. sterile Sprosse zuw. verschieden gestaltet *(298a–b)*.

Equisétum L., *Schachtelhalm*

1. Fertile u. sterile Sprosse stets grün, zu gleicher Zeit erscheinend, gleich gestaltet **5**

— Fertile u. sterile Sprosse verschieden gestaltet; erstere *(298a)* wenigstens anfangs weißl. od. gelbl.bräunl. . . . **2**

2. Fertile Sprosse unverzweigt *(298a)*, sich stets vor den grünen, reich verzweigten, sterilen entwickelnd *(298b)* u. nach der Sporenreife absterbend **4**

— Fertile Sprosse sich gleichzeitig m. den sterilen entwikkelnd; die ersteren anfangs gelbl.braun u. unverzweigt, später ergrünend u. sich verzweigend **3**

3. Zähne der bis 2,5 cm langen Blattscheiden zu 3–5 häutigen Lappen vereinigt *(299b)*; Stg. 8–18rippig; fertile Sprosse sich nach der Sporenreife verzweigend u. ergrünend; Seitenäste 2mal quirlig verzweigt u. bogig überhgd; Pfl. bis 50 cm hoch *(299a)*; ♃; IV–VI. Feuchte, schattige Wälder, Bergwiesen; kalkmeidend; *v*.
Wald-Sch., **E. sylváticum** L.

— Zähne der trichterf., bläul.grünen Blattscheiden frei u. gleich der Anzahl der 12–20 Stgrippen *(300)*; Seitenäste meist nur einfach verzweigt; Pfl. bis 30 cm hoch; ♃; V–VI. Feuchte Wälder u. Gebüsche; in N-Dt sowie den Ostalpen *z*, sonst *s*.
Wiesen-Schl., **E. praténse** Ehrh.

4(2). Fertile Sprosse bis 15 mm dick, gelbbraun, bis 50 cm hoch, nach der Sporenreife absterbend; Blattscheiden genähert, m. 20–40 haarfeinen Zähnen *(301a)*; Sporenähren 4–8 cm lg., m. hohler Achse; sterile Sprosse bis 150 cm hoch, weißl., m. anlgd. Scheiden *(301b)*, im ob. Teil reich verzweigt; ♃; III–V. Feuchte, quellige Waldstellen; *v* im S, sonst *z*, im NO *f*. (= *E. maximum* Lam.)
Riesen-Sch., **E. telmatéia** Ehrh.

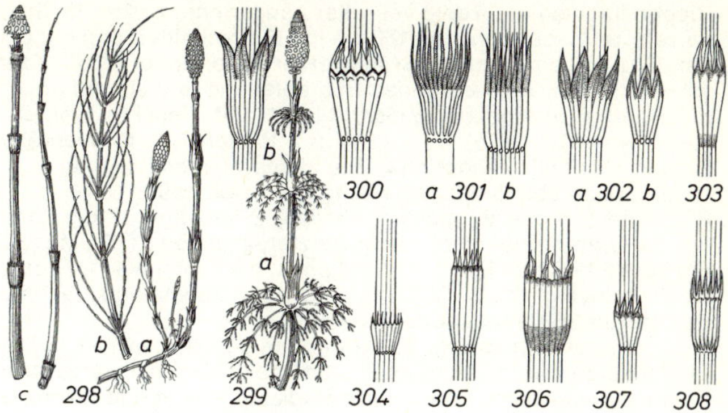

— Blattscheiden der gelbl.braunen, schwach gefurchten, fertilen Sprosse stets entfernt, m. 6–16 zugespitzten, schmutzigbraunen Zähnen *(298a, 302a);* sterile Sprosse grün, bis 5 mm dick u. bis 50 cm lg., gefurcht, verzweigt; Zähne der Scheiden dreieckig-lanzettl., halb so lg. wie die Scheidenröhre *(302b);* ♃; III–IV. Äcker, Wegränder; *g.* *Acker-Sch., Zinnkraut,* **E. arvénse** L.

5(1). Sporangienähre bespitzt; Sprosse meist rauh u. hart . **8**

— Sporangienähre stumpf; Sprosse glatt od. etwas rauh . . **6**

6. Zentralhöhle weniger als $^2/_3$ des Stg-Dm einnehmend; Stg. deutl. gerippt, bis 4 mm dick, meist verzweigt *(134);* Blattscheiden m. 4–12 breit-weißhäutig berandeten Zähnen *(303);* ♃; V–VII. Nasse Wiesen, Flachmoore, Ufer; *v.* *Sumpf-Sch., Duwock,* **E. palústre** L.

— Zentralhöhle etwa $^2/_3$ bis $^3/_4$ des Stg-Dm einnehmend . . **7**

7. Stg. nur gerillt, ohne vorspringende Rippen, bis 8 mm dick, einfach od. nur unregelmäßig quirlig verzweigt; Blattscheiden eng anlgd., m. 10–30 schwarzen, sehr schmalhäutig weiß berandeten Zähnen *(304);* Pfl. 30–120 cm hoch; ♃; V–VI. Röhricht, Sümpfe, Ufer; *v.* (= *E. limosum* L.; = *E. heleocharis* Ehrh.)
Teich-Sch., **E. fluviátile** L.

— Stg. deutl. gerippt, 4–5 mm dick, etwas rauh; Blattscheiden m. ca. 12 Zähnen, glockig erweitert, bis 12 mm lg.; Pfl. bis 1 m hoch; ♃; VI–VII. Nasse Wiesen, Gräben, Ufer; *z.* (= *E. arvense* L. x *E. fluviatile* L.) *Ufer-Sch.,* **E. x litoràle** Kühlewein

8(5). Sprosse sommergrün, grau- bis blaugrün, meist ästig, höchstens gänsekieldick, bis 80 cm lg., m. 6–16 gewölbten (nicht kantigen) Rippen, diese m. Querbändern; Blattscheiden bis 22 mm lg., grün, m. hinfälligen Zähnen *(305);* Seitenäste 4–9kantig; ♃; V–VII. Sandige Ufer; *s,* meist nur im Bereich der Hauptströme, im Rheintal bis Be u. Ho, Donaugebiet u. südl. Zuflüsse, Elbe, Au.
Ästiger Sch., **E. ramosíssimum** Desf.

— Sprosse wintergrün, nur am Grd. bisw. verzweigt, sonst unverzweigt *(298c);* Rippen gefurcht **9**

9. Rippen flach od. m. wenig vertiefter Längsrinne, zu 15–25; Sprosse sehr rauh, aufrecht, bis 150 cm lg.; Blattscheiden eng anliegd., am Grd. u. am Saum m. schwarzer Querbinde *(306);* Zähne schwarzbraun, weiß berandet, früh abfallend und stumpf gekerbten Rand zurücklassend *(298c);* ♃; VI–VIII. Feuchte Wälder; *z,* stellenw. *v* (SH, S-Ba). *Winter-Sch.,* **E. hyemále** L.

— Rippen m. deutl. Längsrinne; Blattzähne bleibend od. nur deren Spitze abfallend; Stg. häufig niederlgd., dünn . . **10**

10. Blattscheiden oberw. glockig, absthd.; Blattzähne häutig, längl.-eif., m. später abfallender, aufgesetzter, grannenart. Spitze *(307);* Sprosse 20–50 cm lg., m. 4–12 Rippen, bis 2 mm dick, an der Basis unverzweigt; ♃; VI–VIII. Ufer u. Gräben, kalkhaltige Flachmoore; Alp. (bis 2500 m) u. Vorland *z,* sonst *s.* *Bunter Sch.,* **E. variegátum** SCHLEICH. ex WEB. & MOHR

— Blattscheiden walzl., eng anlgd., unt. meist ganz schwarz, ob. am Saum m. schwarzer Querbinde; Blattzähne bleibend, rauh, lanzettl.-pfrieml., etwa so lg. wie die Röhre *(308);* Sprosse bis 50 cm lg., sehr rauh, m. 7–14 Rippen, bis 3 mm dick, an der Basis verzweigt; ♃; VII–VIII. Feuchte Sandböden; *s* am Rhein zwischen Konstanz und Mainz, Ba, BW (Bastard *E. hyemale* x *E. variegatum*). *Rauher Sch.,* **E.** x **trachýodon** A. BR.

Auch sonst sind **Bastarde** bekannt!

Tabelle zum Bestimmen von **Equisetum** nach vegetativen, ährenlosen Sprossen

(Stg. = Hauptsproß; Seitenäste sind die Auszweigungen des Stgs)

1. Stg. sich reich quirlig verzweigend, an fertilen Sprossen (z. B. *E. sylvaticum* u. *E. pratense*) erst nach der Sporenreife **5**

— Stg. unverzweigt, wenig od. nur an der Basis verzweigt, häufig überwinternd **2**

2. Stg. ohne hervortretende Rippen, nur weißlich gestreift; Zentralhöhle des Stg. sehr weit, etwa 4/5 des ± 8 mm dicken Stgs einnehmend; Stg.-Scheiden eng anlgd., glänzendgrün, m. 10–30 schwarzen, sehr schmal weißhäutig berandeten Zähnen; fertile u. sterile Sprosse gleich gestaltet, gleichzeitig erscheinend, bis 1,5 m hoch, unverzweigt od. oberw. m. wenigen, unverzweigten Seitenästen; sommergrüne Sumpfpfl. der Verlandungszone . . . . **E. fluviatile,** 159

— Stg. m. deutlich erhabenen, sehr rauhen Rippen; Zentralhöhle enger, nur 1/4–2/3 des Stg.-Dm einnehmend; Sprosse meist grün überwinternd . **3**

3. Stg. meist astlos, selten am Grd. m. einigen Seitenästen, bis 1,5 m hoch, überwinternd; Rippen 15–25, flach, sehr rauh; Stg.-Scheiden dem Stg. eng anliegend., am Grd. m. schwarzer Querbinde *(306);* Zähne schwarzbraun, weiß berandet, früh abfallend; fertile u. sterile Stg. gleichgestaltet. Feuchte Wälder . . . . **E. hyemale,** 160

— Stg. meist nur am Grd. ästig., viel kürzer **4**

4. Stg.-Scheiden spitzenw. absthd., kurz glockenf., am Grd. m. schwarzer Querbinde, ihre Zähne häutig, längl.-eif., m. später abfallender Spitze *(307);* Stg. 10–30 cm hoch, dünn (2–3 mm), niederlgd.-aufstgd., 4–12rippig, nur an der Basis ästig; Internodien 1–3 cm lang. Ufer, Gräben, kalkhaltige Flachmoore . . . . **E. variegatum,** 160

— Stg.-Scheiden walzl., eng anlgd., ihre Zähne lg. pfrieml., m. schmalem Hautrand; Internodien 1–2 mm dick, 2–5 cm lg. m. 7–14 deutl. Rippen; Stg. bleich- bis graugrün; Pfl. meist überwinternd, nur an der Basis verzweigt. Feuchte Sandböden . . . . **E.** x **trachyodon,** 160

5(1). Zentrale Stghöhle mehr als ⅔ des Stg.-Dm einnehmend **11**
— Zentrale Stghöhle höchstens ⅔ des Stg.-Dm einnehmend **6**
6. Stg. bis zur Spitze elfenbeinweiß, bis 1,5 m hoch und bis 20 mm dick, im oberen Teil reichästig verzweigt; fertile u. sterile Sprosse verschieden gestaltet und nicht gleichzeitig erscheinend. Quellige Waldstellen **E. telmateia,** 158
— Stg. grün od. grau- bis blaugrün, nicht elfenbeinweiß **7**
7. Seitenäste sehr dünn, sich regelmäßig reich quirlig verzweigend und bogig abwärts gekrümmt *(299);* Stg.-Scheidenzähne zu 5–18, diese gruppenweise zu 3–4(–6) zu stumpfen Lappen verwachsen *(299b);* fertile und sterile Sprosse verschieden gestaltet; die ersteren nach der Sporenreife ergrünend, sich verzweigend u. dadurch den sterilen gleich werdend. Feuchte, schattige Wälder, Bergwiesen . . . . **E. sylvaticum,** 158
— Seitenäste nicht reich und fein quirlig verzweigt und abw. gebogen; Stg.-Scheidenzähne nicht gruppenweise verwachsen **8**
8. Stg.-Scheiden zur Spitze hin deutl. glockig erweitert, m. schwarzbraunen, abfallenden Zähnen *(305);* Stg. grau bis blaugrau, bis 9 mm dick, mit 6–26 Rippen; Internodien 3–10 cm lg.; Seitenäste hohl, 5–9rippig; Pfl. bis 80 cm hoch. Sandige Flußufer . . . . **E. ramosissimum,** 159
— Blattscheiden spitzenw. nicht od. kaum erweitert; Zähne bleibend; Sprosse grasgrün **9**
9. Seitenäste dünn, meist nur einfach verzweigt, 3(–5)rippig, nicht hohl; Stg.-Scheiden m. 10–20 Zähnen, diese so lg. wie die Scheide selbst; fertile und sterile Sprosse verschieden gestaltet, aber gleichzeitig erscheinend, die ersteren nach der Sporenreife ergrünend und sich verzweigend und dadurch den sterilen gleich werdend. Feuchte Wälder und Gebüsch . . . . **E. pratense,** 158
— Seitenäste kräftiger, 4–5(–7)rippig; Zähne der Stg.-Scheiden nur zu 4–12(–18), kürzer als die Scheidenröhre **10**
10. Unterstes Internodium der Seitenäste so lang od. länger als die Stg.-Scheide; Zähne der Stg.-Scheiden (6–)10–12(–18); fertile u. sterile Sprosse verschieden gestaltet u. nicht gleichzeitig erscheinend, bis 50 cm hoch. Äcker, Wegränder, Auffüllerde . . . . **E. arvense,** 159
— Unterstes Internodium der Seitenäste deutlich kürzer als die Stg.-Scheide; Zähne der Stg.-Scheiden (4–)7–8(–10), m. hellem Hautrand; fertile u. sterile Sprosse gleichgestaltet u. gleichzeitig erscheinend; Pfl. 60 (–100) cm hoch. Sumpfwiesen, Ufer . . . . **E. palustre,** 159
11(5). Blattscheiden eng anlgd., m. 10–30 Zähnen *(304);* Stg. ohne hervortretende Rippen (s. auch Punkt **2**) . . . . **E. fluviatile,** 159
— Blattscheiden glockig erweitert, m. ca. 12 Zähnen; Stg. deutl. gerippt, 4–5 mm dick, etwas rauh . . . . **E. x litorale,** 159

Unterabteilung: **Filicópsida** *(= Filicina; Pteridophytina, Polypodiophytina), Farne*

Blätt. groß, einfach od. stark gefied., einzeln od. in Vielzahl; Sporangien zahlr., an gesonderten Blattabschnitten od. Blätt. od. auf der Unterseite der Blätt., oft zu Häufchen (Sori) vereinigt.

Klasse: **Eusporangiátae,** *Derbwandkapselige Farne*

Sporangien an besonderen Blattabschnitten, m. mehrschichtiger Wand.

Ordnung: **Ophioglossáles**

Familie: **Ophioglossáceae,** *Natternzungengewächse*

Stamm kurz, unterirdisch, alljährl. nur 1 Blatt hervorbringend, das in einen unfruchtbaren sterilen, ganzrandigen *(145)* od. gefied. *(309–313)* u. einen sporentragenden, fertilen Abschnitt geglied. ist; Sporangien groß, in einfacher Ähre *(145)* od. Rispe *(309–313)*. Alle Sporen gleichartig.

1. Steriler Blattabschnitt ungeteilt, eif., ganzrandig; Sporangienstand ährig *(145)* . . . . **Ophioglossum,** 162

— Steriler Abschnitt fiederspalt. od. gefied.; Sporangienstand rispig *(309–313)* . . . . **Botrychium,** 162

1. Ophioglóssum L., *Natternzunge*

Pfl. gelbgrün, 10–30 cm hoch; ♃; VI–VIII. Kalkhaltige Magerwiesen, feuchte Wiesen, Flachmoore; *z.* **O. vulgátum** L.

2. Botrýchium Sw., *Mondraute*

1. Steriler Spreitenabschnitt breit-3eckig, breiter als lg. *(311–312),* wenigstens in der Jugend behaart **5**

— Steriler Spreitenabschnitt länger als breit, kahl *(309–310, 313)* **2**

2. Fertiler Abschnitt in der unt. Hälfte der Blattlänge abzweigend; steriler Abschnitt rundl. bis verkehrt-eif., fieder- od. 3teilig *(313);* ♃; V–VI. Grasige Stellen; *s* Im NO, Da, Schl (in Dt u. Ti ausgestorben). Ⓖ ! *Einfache M.,* **B. símplex** Hitchc.

— Fertiler Abschnitt in der Mitte od. in der ob. Hälfte der Blattlänge abzweigend **3**

3. Steriler Blattabschnitt einfach gefied., m. halbmondf., sich meist deckenden Fied. *(309);* ♃; V–VII. Magerrasen, Bergwiesen; *z,* bis in die alp. Reg. aufstgd. Ⓖ *Echte M.,* **B. lunária (**L.) Sw.

— Steriler Blattabschnitt doppelt fiederteilig; Fied. 1. Ordn. jederseits. 2–6, entfernt sthd. **4**

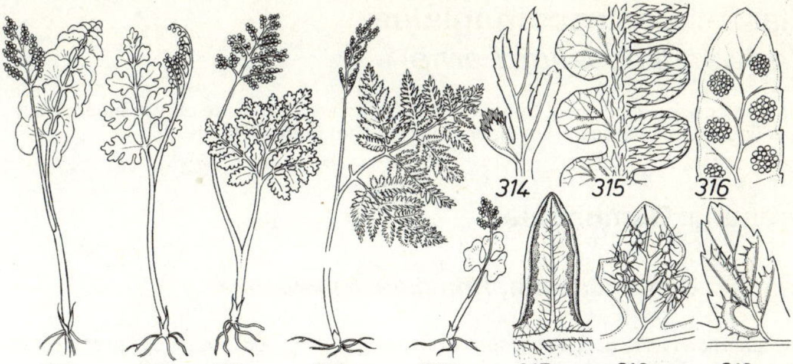

4. Blattabschnitte u. -zähne abgerundet, gestutzt od. ausgerandet *(310);* ♃; VI–VII. Magerrasen, Heiden, lichte Wälder; *s.* (= *B. ramosum* Asch.; = *B. rutaceum* Willd. non Sw.)
Ⓖ ! *Ästige M.,* **B. matricariifólium** A. Br. ex Koch

— Blattabschnitte u. -zähne spitz; ♃; VII–VIII. Trockene Grashänge, in Ti u. Kt ausgestorben.
Ⓖ *Lanzettliche M.,* **B. lanceolátum (**Gmel.) Ångström

5(1). Steriler Abschnitt bis 6 cm lg. gestielt, dick, fleischig, gelbgrün, 2–3fach gefied.; Fied. rundl. bis eif., ganzrandig od. gekerbt *(311);* ♃; VII–IX. Trockene Wiesen, Weiden, lichte Wälder; NS, Da, Me, Br, Th, Sa, Ba, Au, früher BW, *s.* (= *B. rutaceum* Sw. non Willd.; = *B. rutaefolium* A. Br.)
Ⓖ ! *Vielteilige M.,* **B. multífidum** (Gmel.) Rupr.

— Steriler Abschnitt fast sitzend, dünn, 2–4fach gefied.; Fied. längl., eingeschnitten bis fiederspaltig *(312);* ♃; VII–VIII. Bergwaldwiesen; Ramsau b. Berchtesgaden, am Eibsee b. Garmisch, Ti, Kt, St, OPr, *s.* Ⓖ ! *Virginische M.,* **B. virginiánum** (L.) Sw.

Klasse: **Leptosporangiátae,** *Zartwandkapselige Farne*

Sporangienwand 1schichtig; Sporangien zu Sori vereinigt, diese oft von einem Häutchen (Indusium) überdeckt, am Blattrand od. auf der Blattunterseite.

Ordnung: **Osmundáles**

Familie: **Osmundáceae,** *Königsfarngewächse*

Ausdauernde Farne m. großen, spreuschuppenlosen, gefied. Wedeln; Sporangien an besonderen Wedelabschnitten *(146)* knäuelig gehäuft.

Osmúnda L., *Königsfarn*
Wedel 50–160 cm lg., m. längl. abgerundeten Fied.; Sporangien in reichverzweigter Rispe *(146);* ♃; VI–VII. Erlenbrüche, feucht-schattige Wälder; im N u. W *z,* im S u. O *s.* Ⓖ **O. regális** L.

Ordnung: **Polypodiáles** *(= Filicales)*

Ausdauernde Farne m. aufrechtem, schief-aufrechtem od. waagrecht kriechendem, wurzelndem Rhizom *(144);* Blätt. (= Wedel) in der Jugend an der Spitze eingerollt; fruchtbare (= fertile) von den unfruchtbaren (= sterilen) Wedeln zuw. verschieden *(327–328);* Sporangien stets zu mehreren in Sori, selten am Blattrand *(314),* meist auf der Wedelunterseite, häufig mit Schleier[1].

Tabelle zum Bestimmen der Gattungen der Ordnung der **Polypodiales**

1. Pfl. zart, moosähnl., 2–8 cm groß *(143);* Sori an den Blatträndern (*314,* S) . . . . **Hymenophyllum,** 166
— Pfl. nicht moosähnlich; Sori nicht am Blattrand, sondern nahe des Rands od. auf der Blattunterseite **2**
2. Wedel ungeteilt, zungenf. *(326)* . . . . **Phyllitis,** 168
— Wedel gefied., fieder- od. gabelteilig *(327–333)* . . . **3**
3. Fertile Wedel von den sterilen verschieden *(325, 327–328)* **16**
— Fertile u. sterile Wedel ± gleich gestaltet **4**
4. Wedel deutl. gefied. *(328, 330)* (ein- bis mehrfach) od. gabelteilig *(332)* **6**
— Wedel nur fiederteilig *(329)* **5**
5. Wedel untersts. dicht graubraun beschuppt (*315,* rechte Fiedern) . . . . **Ceterach,** 168

[1] Der Schleier ist oft nur an jüngeren Sori gut sichtbar. In den Tabellen bedeuten: **Fied.** (Fiedern): Blattauszweigungen 1. Ordn.; **Fiederchen:** bei doppelt u. mehrfach gefiederten Blätt. die Auszweigungen letzter Ordn.

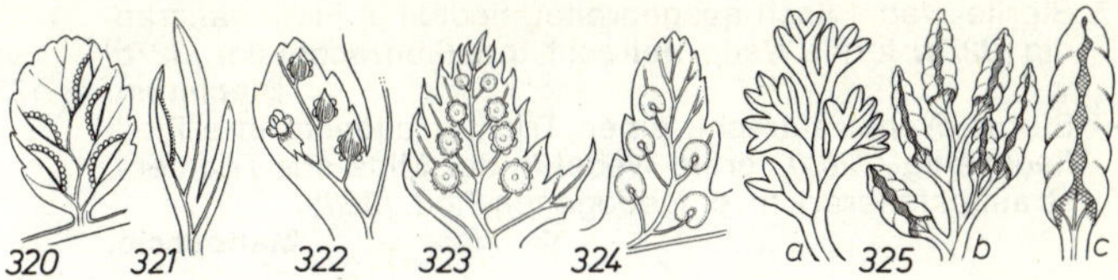

— Wedel untersts. ohne Schuppen, aber m. großen, runden, schleierlosen Sori *(316)* . . . . **Polypodium,** 175

6(4). Wedel untersts. dicht m. Spreuschuppen bedeckt **Notholaena,** 166

— Wedel untersts. ohne od. nur m. vereinzelten Spreuschuppen **7**

7. Sori zu linienart. Randsaum vereinigt, vom umgebogenen Blattrand bedeckt („falscher Schleier", *317*); Pfl. 0,6–2 m hoch . . . . **Pteridium,** 166

— Sori einzeln, vom Rand entfernt **8**

8. Schleier der Sori fransig zerschlitzt u. in haarf. Zipfel aufgelöst *(318),* Blattunterseite dadurch behaart erscheinend **Woodsia,** 171

— Schleier nicht in haarf. Zipfel aufgelöst, höchstens am Rand etwas gefranst od. fehlend **9**

9. Sori u. Schleier rundl., oval od. nierenf. **11**

— Sori u. Schleier längl., lineal od. hakenf. **10**

10. Sori u. Schleier längl. od. hakenf. *(319)* . . . **Athyrium,** 171

— Sori u. Schleier meist lineal *(320–321)* . . . **Asplenium,** 168

11(9). Schleier oval, seitl. dem Sorus angeheftet, zart, zuletzt zurückgeschlagen *(322);* Wedel zart, m. zerbrechl. Rhachis **Cystopteris,** 172

— Schleier rundl., schildf., nierenf. od. fehlend **12**

12. Schleier kreisrund, schildf., in der Mitte angeheftet *(323)* **Polystichum,** 173

— Schleier nierenf., bleibend, vergängl. od. fehlend *(324)* **13**

13. Schleier bleibend, deutl. nierenf. *(324);* Sori meist groß **Dryopteris,** 174

— Schleier hinfällig od. fehlend; Sori meist klein . . . **14**

14. Wedel einfach gefied. *(331);* Fied. fiedspaltig m. ganzrandigen Fiederchen . . . . **Thelypteris,** 167

— Wedel, wenigstens an der Basis, doppelt gefied.; Fiederchen fiedspaltig **15**

15. Unterste Fied. größer als die folgenden; Wedelspreite im Umriß 3eckig . . . . **Gymnocarpium,** 173

— Unterste Fied. kleiner als die folgenden; Wedelspreite im Umriß lanzettl. . . . . **Athyrium,** 171

16(3). Fertile Wedel 3–4fach gefied., 15–30 cm lg., m. walzenf. eingerollten Fied. *(325b–c);* sterile Wedel 2–4fach gefied. *(325a)* . . . . **Cryptogramma,** 166

— Fertile Wedel einfach, sterile einfach od. doppelt gefied. **17**

17. Sterile Wedel flach ausgebreitet, fiedteilig; Fied. ganzrandig *(327a);* fertile Wedel aufrecht, ihre Fied. schmäler *(327b)* **Blechnum,** 175

— Sterile Wedel aufrecht, einen Trichter bildend; ihre Fied. fiedspaltig *(328a);* fertile Wedel in der Mitte des Trichters, straußenfederart. m. eingebogenen Fied. *(328b)* **Matteuccia,** 171

Familie: **Hymenophylláceae,** *Hautfarngewächse*

Zarte, kleine Farne vorwgd. tropischer Verbreitung. Sori am Rand des Blattes (*314,* S). Im Gebiet nur:

Hymenophýllum Sm., *Hautfarn*
Wedel fein zerteilt, zart, m. linealen, gesägten Zipfeln; Pfl. moosart., 2–8 cm lg.; ♃; VII–VIII. Feuchte Sandsteinschluchten; sehr *s;* N-Vog., Lx., Bollendorf östl. der Sauer (Rhpf), früher in Sa (Elbsandsteingeb.). Ⓖ ! **H. tunbrigénse** (L). Sm.

Familie: **Pteridiáceae** *(= Hypolepidaceae), Adlerfarngewächse*

Pfl. ausdauernd; Rhizom von dünnen Schuppen bedeckt; Sori zu einem linienart. Randsaum vereinigt u. vom umgebogenen Blattrand bedeckt; dieser einen falschen Schleier bildend *(317);* Pfl. 0,6–2 m hoch. Im Gebiet nur:

Pterídium Kuhn, *Adlerfarn*
Wedel 2–4fach gefied., sehr groß (60–200 cm), übergebogen, m. langen, gelbl. Stielen, diese auf dem Querschnitt m. adlerähnl. Figuren; ♃; VII–X. Wälder, Kahlschläge, Weiden; kalkmeidend; *v.* **P. aquilínum** (L.) Kuhn

Familie: **Sinopteridáceae,** *Schuppenfarngewächse*

Pfl. ausdauernd; Rhizom kriechend od. aufsteigend, dicht spreuschuppig; Sori ohne echten Schleier. Im Gebiet nur:

Notholaéna R. Br., *Pelzfarn*
Wedelstiel dunkel rotbraun, zerstreut schuppig; Spreite 2fach gefied., dunkelgrün, obersts. kahl, untersts. dicht m. hellbraunen od. farblosen Spreuschuppen bedeckt; ♃; VI–VII. Serpentinfelsen, nur St (Murtal). [= *Cheilanthes marantae* (L.) Domin] **N. marántae** (L.) Desv.

Familie: **Cryptogrammáceae,** *Rollfarngewächse*

Pfl. ausdauernd m. sterilen und fertilen Wedeln; an den letzteren die Sori randnah u. vom eingerollten Blattrand bedeckt *(325b–c).* Im Gebiet nur:

Cryptográmma R. Br., *Rollfarn*
Pfl. rasig; sterile Wedel gelbgrün, zart, ihre Spreite im Umriß 3eckig-eif.; ♃; VII–IX. Urgesteinsschutt; Alp. (bis 2700 m), S-Schw., Vog.,

Bayrw., Hohes Venn, Lx., Iser- u. Riesengeb.; *s.* [= *Allosorus crispus* (L.) BERNH.] Ⓖ **C. crispa** (L.) R. BR. ex HOOK.

Familie: **Thelypteridáceae,** *Lappen-, Sumpffarngewächse*

Pfl. ausdauernd; Rhizom behaart od. m. behaarten Spreuschuppen; Blattstiele m. 3–7 Leitbündeln; Sori randnah *(344–345);* Wedel einfach gefied.

Thelýpteris SCHMIDEL (incl. **Lástrea** BORY p. p. u. **Phegópteris** FEE), *Lappenfarn*

1. Rhizom kurz, aufstgd., m. dichter Rosette lanzettl., 50–120 cm lange Blätt.; unterste Fied. kleiner als die folgenden; Blattunterseite m. goldgelben Drüsen, beim Zerreiben nach Zitrone riechend; Fiederchen ganzrandig oder leicht ausgeschweift, am Rand nicht zurückgerollt; Sori dem Rand genähert, aber nicht zusammenfließend *(344);* ♃; VII–IX. Schattige Wälder auf kalkarmen Böden, vor allem der mont. u. subalp. Stufe, im S *v,* im N. *z.* [= *Dryopteris montana* (VOGLER) KTZE.; = *D. oreopteris* (EHRH.) MAXON; = *Lastrea oreopteris* (EHRH.) BORY; = *Lastrea limbosperma* (ALL.) HOLUB & POUZAR] *Bergfarn,* **Th. limbospérma** (ALL.) H. P. FUCHS

— Rhizom verlängert, Blätt. deshalb nicht in Trichterrosette, sondern entfernt sthd.; basale Fied. kaum größer als die folgenden *(331),* beim Zerreiben nicht nach Zitrone riechend **2**

2. Unterstes Fiedpaar meist nach abw. gerichtet, doch kaum größer als die folgenden; Blattspreite hellgrün, untersts. kurzhaarig, obersts. u. am Rand zerstreut langhaarig; Sori ohne Schleier; ♃; VI–VIII. Schattige, feuchte Standorte, bevorzugt Buchenwald; gesellig u. *v.* [= *Lastrea phegopteris* (L.) BORY; = *Dryopteris phegopteris* (L.) C. CHR.; = *Phegopteris connectilis* (MICHX. f.) WATT; = *Aspidium phegopteris* (L.) BAUMG.; = *Gymnocarpium phegopteris* (L.) NEWM.] *Buchenfarn,* **Th. phegópteris** (L.) SLOSSON in RYDB.

— Unterstes Fiedpaar nicht nach abw., sondern nach der Seite od. leicht vorw. gerichtet; Blattspreite hellgrün, nur in der Jugend untersts. spärl. behaart u. m. gelbl. Drüsen; Rand der fertilen Fiederchen meist nach unten umgerollt *(345);* Sori m. hinfälligem Schleier; ♃; VI–IX. Gesellig an Bächen, Mooren u. Erlensümpfen, im N *v,* im S *z.* [= *Lastrea thelypteris* (L.) BORY; = *Dryopteris thelypteris* (L.) GRAY] *Sumpffarn,* **Th. palústris** SCHOTT

Familie: **Aspleniáceae,** *Streifenfarngewächse*

Pfl. ausdauernd; Blattstiel m. 2 Leitbündeln, die sich häufig zu einem x-förmig gestalteten Bündel vereinigen; Sori m. Schleier (Indusium) auf der Blattfläche.

1. Blätt. ungeteilt, lanzettl.-zungenf.; Sori lineal *(326)* **Phyllitis,** 168

— Blätt. gefied. od. fiedteilig **2**

2. Blätt. untersts. dicht schuppig *(315),* fiedteilig *(329)* **Ceterach,** 168

— Blätt. untersts. nicht dicht schuppig, ein- bis mehrfach gefied. od. schmal gabelf. *(332)* . . . . **Asplenium,** 168

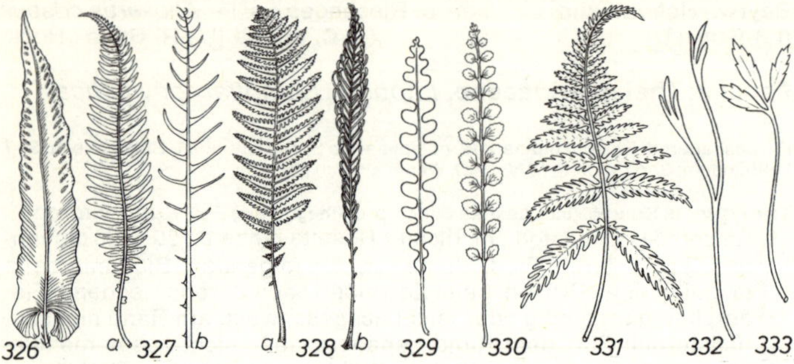

1. Phyllítis HILL (= *Scolopendrium* ADANS.), *Hirschzunge*
Wedel zungenf., kurz gestielt, m. herzf. Grd. u. welligem Rand; Sori lineal *(326);* ♃; VII–IX. Feuchte, steinige Schluchtwälder, schattige Mauern, kalkliebend; Alp. *v,* im SW u. W *z,* sonst *s,* im NO *f.* (= *Scolopendrium vulgare* SM.; = *Asplenium scolopendrium* L.)
Ⓖ **Ph. scolopéndrium** (L.) NEWM.

2. Céterach DC., *Schriftfarn, Milzfarn*
Wedelabschnitte längl. bis rundl., ganzrandig *(329);* Sori längl., erst nach Entfernung der Spreuschuppendecke sichtbar (*315,* linke Fied.); ♃; VII–IX. Trockene Felsen, alte Mauern; *z* im W, bes. im Gebiet des Rheins u. Nebenflüssen, *s* in S- u. M-Dt. (= *Asplenium ceterach* L.)
Ⓖ **C. officinárum** DC.

3. Asplénium L., *Streifenfarn*

1. Wedel deutl. gefied., einfach od. doppelt bis mehrfach *(330, 337)* **3**

— Wedel unregelmäßig gabelteilig *(332),* 3spaltig od. 3zählig gefing. *(333),* lg. gestielt; Sori zusammenfließend **2**

2. Spreite kahl, ungleich gabelteilig, m. 2–4 schmallinealen, 1–2 mm breiten, ledrigen Fied. *(332);* Sori sehr lg.; ♃; VII–VIII. Trokkene Felsen, Mauern; kalkmeidend; im S *z,* M-Dt *v,* im N *s.*
Nördlicher St., Gabel-St., **A. septentrionále** (L.) HOFFM.

— Spreite beiderssts. weiß-filzig, fingerf. 3teilig, m. rhombischen od. am Grd. verlängert-keilf. Abschnitten *(333);* Sori 2reihig; Schleier am Rand ausgefressen gezähnt; ♃; VII–IX. Trockene Kalk- u. Dolomitenfelswände; Dt (Bad Reichenhall), Ti, Kt, St, OÖ.
🄶 *Dolomit-St.,* **A. seelósii** LEYB.

3(1). Wedelstiel so lg. od. länger als die Spreite **9**

— Wedelstiel kürzer als die Spreite **4**

4. Wedel doppelt bis 3fach gefied., im Umriß lineal-lanzettl. **7**

— Wedel einfach gefied. *(330)* **5**

5. Blattstiel und Rhachis schmal-häutig braun geflügelt (Lupe!), bis zur Spitze glzd. rot- bis schwarzbraun; unt. Fied. voneinander entfernt, die ob. genähert, später von der bleibenden Spindel abfallend, m. borstenf. zugespitzten u. gewimperten Spreuschuppen; ♃; VII–IX. Felsen, Mauern; im *S v*, sonst *z*.

Ⓖ *Brauner St.*, **A. trichómanes** L.

a. Rhizomschuppen bis 3,5 mm lang; Fied. längl.-rundl., 2,5–7,5 mm lang; diploide Form; kalkmeidend. (= ssp. *bivalens* D. E. MEYER) ssp. **trichómanes**

b. Rhizomschuppen bis 5 mm lang; Fied. längl., 4–12 mm lang, dichter als bei voriger; tetraploide Form; kalkliebend; *v*. ssp. **quadriválens** D. E. MEYER

c. Rhizomschuppen bis 3,5 mm lang; Fied. waagrecht abstehend, längl. oval, m. parallelen Seiten, zart, 4–8 mm lang; diploide Form, auf Kalk; *s*, St. ssp. **inexpéctans** LOVIS

d. Wedel 2–12 cm lang, seesternartig dem Fels angeschmiegt; Fied. dicht gestellt, m. keiligem Grd. spießf., gesägt, untersts. m. kurzen Drüsenhaaren; tetraploide Form; *s*, BW, Ba, Th, St. ssp. **pachyráchis** (CHRIST) LOVIS & REICHSTEIN

— Blattstiel und Rhachis nicht geflügelt, die letztere wenigstens oben grün **6**

6. Blattstiel nur am Grd. braun, sonst gleich der Rhachis grün; Fied. gekerbt, grün, weich, in einer Ebene ausgebreitet *(330)*, an der Rhachis welkend; ♃; VII–VIII. Feuchte, schattige Kalkfelsen; Alp. u. Vorland *v*, im S *z*, sonst *s*. *Grüner St.*, **A. víride** HUDS.

— Gesamter Blattstiel u. Basis der Rhachis rotbraun, sonst grün; ♃; VII–VIII. Serpentinfelsen; *s* in Fichtgeb., Frankenw., Sa, Schl, Böhmen, Kt, St. Ⓖ *Braungrüner St.*, **A. adulterínum** MILDE

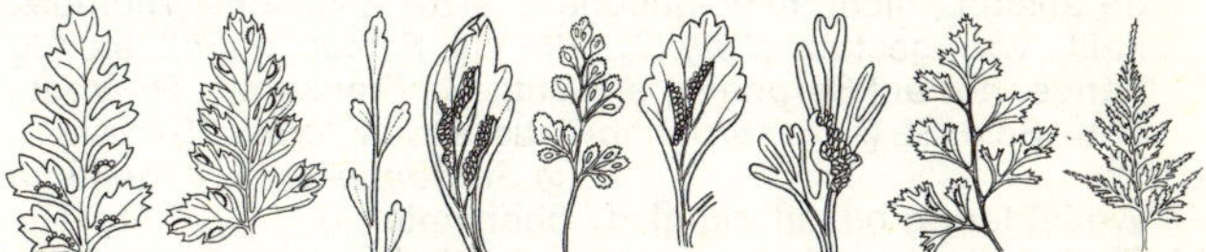

334 *335* *a 336 b* *a 337 b* *338* *339* *340*

7(4). Wedelstiel nur am Grd. schwarzbraun, sonst grün; Wedel zum Grd. stark verschmälert; Sori dem Mittelnerv der Fied. genähert *(334)*; ♃; VII–IX. Schattige Kalkfelsen; *s*, BW (Geislingen, früher Höllental), Vb (b. Feldkirch), früher He (Marburg), NrWe (Wuppertal). Ⓖ *Jura-St.*, **A. fontánum** (L.) BERNH.

— Wedelstiel bis zur Rhachis od. weiter braun; Wedel zum Grd. wenig od. nicht verschmälert **8**

8. Wedelstiel braun; Rhachis grün; unterstes Fied.paar oft abwärts zurück gerichtet; Fiederchen eckig gezähnt; Sori vom Rand entfernt; ♃; VII–IX. Silikatfelsen, Mauern; nur RhPf (Bad Ems).

Französischer St., **A. foreziénse** LEGRAND

— Auch Teil der Rhachis untersts. braun; unt. Fied.paar meist rechtwinklig abstehend, meist etwas kürzer als das folgende; Sori dem Rand genähert *(335)*; Fiederchen gesägt; ♃; VII–IX. Feuchte, beschattete Sandsteinfelsen; *s* S-Pf, N-E, N-Vog., Schw., Lx. (= *A. lanceolatum* HUDS. non FORSSK.; = *A. obovatum* VIV. em. BECH. ssp. *lanceolatum* P. SILVA). Ⓖ *Billots St.*, **A. billótii** F. W. SCHULTZ

9(3). Wedel einfach (am Grd. oft doppelt) gefied., 4–12 cm lg., m. 5–11 schief keilf. Fied. *(336)*, die unt. sehr entfernt u. gestielt, die obersten zu fiedspaltiger Endfied. vereinigt; ♃; VII–IX. Trockene Mauer- u. Felsspalten, kalkmeidend; im W *z,* sonst *s.* [Bastard *A. septentrionale x trichomanes* (diploid); = *A. germanicum* auct.; = *A. breynii* RETZ.] *Deutscher St.,* **A.** x **alternifólium** WULF.

— Wedel 2–4fach gefied.; Wedelstiel braun od. grün . . . **10**

10. Wedelstiel braun, ca. 2 mm dick; Spreite lg. zugespitzt . **13**

— Wedelstiel grün, nur am Grd. braun, 1 mm dick; Spreite an der Spitze meist stumpf **11**

11. Wedel 3fach gefied., letzte Abschnitte lineal-keilf. *(338),* meist nicht > 0,5 mm breit; ♃; VII–VIII. Felsspalten, Geröll, kalkliebend; *s,* Ba (Ruhpolding), Kt, St, OÖ. Ⓖ *Zerteilter St.,* **A. físsum** KIT. ex WILLD.

— Wedel 2–3fach gefied. *(337a),* letzte Abschnitte > 2 mm breit **12**

12. Fied. m. zahlr. kurzen gestielten Drüsen, lichtgrün, zart; Sporangien zur Reifezeit die Unterseite nicht bis zur Spitze deckend; ♃; VII–IX. Nischen von Kalkfelsen; *s,* nur St.
Zarter St., **A. lépidum** C. PRESL

— Fied. drüsenlos od. nur m. vereinzelten Drüsen, dunkelgrün, etwas lederig; Sporangien zur Reifezeit die Fiederunterseite ganz bedeckend; ♃; VI–VII. Fels- u. Mauerspalten, besonders der mont. Reg.; *v,* formenreich. *Mauerraute,* **A. rúta-murária** L.

13(10). Wedel nicht glzd., weich, nicht überwinternd; Fied. meist gerade absthd., nicht aufw. gebogen, letzte Abschnitte rhombisch bis keilf., vorn gestutzt *(339);* ♃; VII–VIII. Felsen, Geröll, steinige Abhänge, nur auf Serpentin; *s,* Fichtgeb., Frankenw., Th, Vogtl., Erzgeb., Schl, St. (= *A. serpentini* TAUSCH; = *A. forsteri* SADLER)
Ⓖ *Serpentin-St.,* **A. cuneifólium** VIV.

— Wedel ledrig od. silbrig-glzd., überwinternd **14**

14. Fied. gerade absthd., selten aufw. gekrümmt, m. eif. bis längl. aufrecht-absthd. Abschnitten; ♃; VII–VIII. Felsen, Mauern, Geröll; kalkmeidend; SW- u. W-Dt *z,* sonst *s,* SH *f.*
Schwarzer St., **A. adiántum-nígrum** L.

— Fied. aufw. gekrümmt u. zusammenneigend, wie die Spreite lg. zugespitzt, m. meist schmal-längl., stachelspitzig gezähnten Abschnitten *(340);* ♃; V–VIII. An Felsen; *s,* angebl. in N-Ba, S-Spessart u. b. Gemünden [= *A. adiantum-nigrum* L. ssp. *onopteris* (L.) LUERSSEN] *Spitziger St.,* **A. onópteris** L.

Es sind zahlr. *Asplenium*-**Bastarde** bekannt. Sie sind, wie alle Farnbastarde, an den oft verklumpten Sporen u. den häufig unentwickelten Sporangien zu erkennen.

Familie: **Athyriáceae,** *Frauenfarngewächse*

Pfl. ausdauernd; Rhizom m. durchsichtigen Spreuschuppen; Blattstiel rinnig, m. 2 Leitbündeln, die sich zur Spreite hin zu u-förmiger Figur vereinigen; Sporangien auf der Spreite, asymmetrisch.

1. Sterile u. fertile Blätt. verschieden gestaltet *(328);* letztere straußenfederähnl., nach den sterilen erscheinend u. nach der Sporenreife sich braunschwarz verfärbend
Matteuccia, 171

— Alle Blätt. gleich gestaltet **2**

2. Schleier (Indusium) fransig zerschlitzt u. in haarf. Zipfel aufgelöst *(318);* Blattunterseite dadurch behaart erscheinend . . . . **Woodsia,** 171
— Schleier nicht in haarf. Zipfel aufgelöst, höchstens am Rand etwas gefranst od. fehlend **3**
3. Sori u. Schleier längl. od. hakenf. *(319);* Wedel derb, > 20 cm, bis 1,2 m lg. . . . . **Athyrium,** 171
— Sori rund; Schleier oval, dieser zart u. zuletzt zurückgeschlagen *(322);* Wedel höchstens bis 30 cm lg., meist kleiner, zart m. zerbrechlicher Rhachis . . . . **Cystopteris,** 172

1. Matteúccia Tod. (= *Struthiopteris* Willd.), *Straußfarn*
Fertile Wedel m. straußenfederart. eingerollten, später dk.braunen Fied. *(328b),* von den längeren, sterilen Wedeln *(328a)* trichterf. umstellt; ♃; VI–VII. Wald- u. Gebirgsbäche; Alp. u. südl. Mittelgeb., Be u. Da *s; f* im NW; *v* als Zierpfl. [= *Struthiopteris germanica* Willd.; = *St. filicastrum* All.; = *Onoclea struthiopteris* (L.) Roth]
Ⓖ **M. struthiópteris** (L.) Tod.

2. Woódsia R. Br., *Wimperfarn* Ⓖ
1. Wedel in allen Teilen m. Spreuschuppen *(318)* u. Gliederhaaren; Blattstiel rotbraun; Fied. eif.-längl., m. 5–8 Fiederchen; ♃; VII–VIII. Sonnige Felsen, kalkmeidend; *s* in BW (Schw.), He, Sa, Schl, NS, Au. Ⓖ *Südlicher W.,* **W. ilvénsis** (L.) R. Br.
— Wedel in allen Teilen nur m. wenigen Spreuschuppen od. Haaren bzw. völlig kahl **2**
2. Wedel untersts. m. wenigen Spreuschuppen u. Haaren; Wedelstiel oberhalb des schwarzen Grd. bräunl.; Fied. beidersts. m. 1–4 stumpfen Lappen; ♃; VII–VIII. Felsspalten; *s* in Bayr. Alp. (Höfats im Allgäu), Au; auch Riesengeb. [= *W. ilvensis* (L.) R. Br. ssp. *hyperborea* (Lilj.) Hartm.; = *W. ilvensis* (L.) R. Br. ssp. *alpina* (Bolt.) Asch.] Ⓖ *Alpen-W.,* **W. alpína** (Bolt.) Gray
— Wedel untersts. völlig kahl; Wedelstiel nur am Grd. schwarz, sonst grün bis gelb; Fied. beidsts. mit 2–7 stumpfl., gelbl. Lappen; ♃; VII–VIII. Schattige Kalkfelsen; Bayer. Alp. (Funtensee), Ti, Kt, St, *s.* (= *W. glabella* auct.) Ⓖ *Zierlicher W.,* **W. pulchélla** Bertol.

3. Athýrium Roth, *Frauenfarn*
1. Schleier bleibend, gewimpert; Sori längl. od. hakig, von den Buchten etwas entfernt *(319);* Wedel 1–2fach gefied., kurz gestielt (Fied. 2. Ordng. durch schmalen Hautsaum verbunden); Fiederchen 1- bis mehrfach gesägt, am Grd. ungleichhälftig; Wedelstiel m. schmal-lanzettl. Spreuschuppen; ♃; VII–IX. Wälder, Bergweiden; *v.* *Wald-F.,* **A. fílix-fémina** (L.) Roth
— Schleier verkümmernd, sehr vergängl.; Sori klein, später kreisrund, kurz gestielt; Wedel 2fach gefied.; Fiederchen breit-lanzettl., m. gesägten Abschnitten *(341);* Wedelstiel m. breit-lanzettl. Spreuschuppen; ♃; VII–VIII. Bergwälder, Grünerlengebüsch; in Mittelgeb. *s,* Alp. *v.* [= *A. alpestre* (Hoppe) Milde]
Gebirgs-F., **A. distentifólium** Tausch ex Opiz

341 342 343 344 345 346 347

4. Cystópteris BERNH., *Blasenfarn*

1. Rhizom lg. kriechend; Wedel deshalb entfernt sthd., 2–4fach gefied.; Spreite kürzer als der Stiel, 3eckig bis breiteif. **3**

— Rhizom kurz; Wedel deshalb rosettig, 10–40 cm lg., zart, durchscheinend, meist 2fach gefied.; Spreite im Umriß längl.-lanzettl., meist länger als der Stiel; unterstes Fiedpaar kürzer als die folgenden **2**

2. Fiederchen aus keilf. Grd. schmal-längl., an der Spitze ausgerandet bis eingeschnitten; die letzten Nervenäste in die Buchten laufend *(342);* ♃; VII–VIII. Felsspalten u. Geröll, kalkliebend; Alp. *z,* Bayrw. (Arber) *s.* [= *C. alpina* (WULF.) LK.; = *C. fragilis* (L.) BERNH. ssp. *alpina* (WULF.) HARTM.; = *C. fragilis* (L.) BERNH. ssp. *regia* (L.) BERNOULLI; = *C. regia* auct.] *Alpen-B.,* **C. críspa** (GOUAN) H. P. FUCHS

— Fiederchen eif. bis lanzettl. zugespitzt, kurz gestielt, letzte Nervenäste in die Spitzen auslaufend *(343);* ♃; VII–IX. Mauern, Felsen, feuchte Stellen; *v,* im N *s.* *Zerbrechlicher B.,* **C. frágilis** (L.) BERNH.

a. Sporenoberfläche stachelig; *v.* ssp. **frágilis**

b. Sporenoberfläche runzelig; *s,* Ba, BW. (= *C. dickieana* R. SIM) ssp. **dickieána** (R. SIM) HYL.

3(1). Spreuschuppen am Rand drüsig; Blätt. im Umriß 3eckig-eif.; Schleier fast kahl; Rhachis feindrüsig; ♃; VII–VIII. Feuchtes Kalkgeröll in Bergwäldern; Schw. Alb *s,* Alp. *z.* Ⓖ *Berg-B.,* **C. montána** (LAM.) DESV.

— Spreuschuppen meist drüsenlos; Blätt. im Umriß breit-eif.; Schleier dicht drüsig; Rhachis kahl; ♃; VII–VIII. In Bergwäldern; *s* in Ba (Berchtesgaden), Vb, Sudeten. Ⓖ ! *Sudeten-B.,* **C. sudética** A. BR. & MILDE

Familie: **Aspidiáceae,** *Schildfarngewächse*

Pfl. ausdauernd; Rhizom m. kahlen, durchsichtigen Schuppen; Blattstiel m. 5–7 Leitbündeln; Blattrhachis rinnig; Blatthaare mehrzellig.

1. Schleier fehlend; Rhizom lg., dünn; Blattspr. im Umriß 3eckig, etwa so lg. wie breit, basales Fiederpaar viel größer als die übrigen *(331)* . . . . **Gymnocarpium,** 173

— Schleier vorhanden, aber zuw. hinfällig; Rhizom kurz und dick **2**

2. Schleier schildf., in seiner Mitte angeheftet; Blattfied. an der Basis deutlich asymmetrisch *(351–353)* **Polystichum,** 173

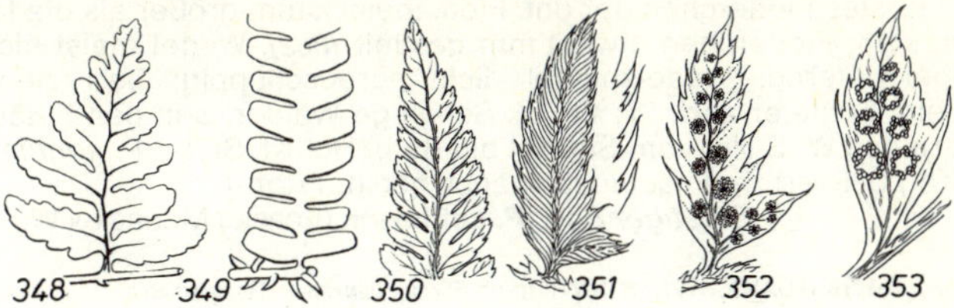

348 349 350 351 352 353

— Schleier nierenf., seitl. angeheftet; Basis der Blattfied. wenig od. nicht asymmetrisch . . . . **Dryopteris,** 174

1. Gymnocárpium NEWM. (incl. **Lastrea** BORY p. p.) *Eichenfarn, Ruprechtsfarn*

1. Wedel kahl; Stiel 2–3mal so lg. wie die fast waagrecht übergebogene Spreite; basales Fiedpaar fast so groß wie die restl. Spreite; ♃; VII–VIII. Laub- u. Mischwälder, besonders der mont. Reg.; *v.* [= *Phegopteris dryopteris* (L.) FÉE; = *Lastrea dryopteris* (L.) BORY; = *Dryopteris linnaeana* C. CHR.]
Eichenfarn, **G. dryópteris** (L.) NEWM.

— Wedel untersts. dicht kurzdrüsig, gelbgrün; basales Fiedpaar kleiner als die übrige Spreite; Wedelstiel nur 1,5mal so lg. wie die aufrechte Spreite; Sori später meist zusammenfließend; ♃; VII–VIII. Kalkschutthalden, Schluchtwälder, Mauern; Alp. *v,* im S *z,* im N *s.* [= *Phegopteris robertiana* A. BR.; = *Dryopteris robertiana* (HOFFM.) C. CHR.; = *Lastrea calcaria* (SM.) BORY]
Ruprechtsfarn, **G. robertiánum** (HOFFM.) NEWM.

2. Polýstichum ROTH, *Schildfarn* Ⓖ

1. Wedel einfach gefied., 10–15 cm lg., kurz gestielt, derb, überwinternd, jederst s. m. 30–50 sichelf., aufw. gekrümmten, doppelt gesägten bis stachelig gezähnten Fied. *(351);* ♃; VII–IX. Kalkschutt, Felsenspalten; Alp. (bis 2700 m) *v;* in S- u. M-Dt, Be *s.* [= *Aspidium lonchitis* (L.) Sw.] Ⓖ *Lanzen-Sch.,* **P. lonchítis** (L.) ROTH

— Wedel 2–3fach gefied. **2**

2. Blätt. hellgrün, beiderst s. spreuhaarig; unt. Fied. stumpfl.; Fiederchen kerbig bis weichstachelig gesägt; Sori groß, m. hinfälligem Schleier; ♃; VII–IX. Schattige Gebirgswälder; Alp. *z,* Mittelgeb. *s.* (= *Aspidium braunii* SPENN.)
Ⓖ *Weicher Sch.,* **P. braúnii** (SPENN.) FÉE

— Blätt. derb, ledrig, auf der Oberseite nicht od. kaum behaart; Fied. zugespitzt **3**

3. Unterstes, der Spitze zu gerichtetes Fiederchen aller Fied. deutl. größer als die folgenden; Fiederchen sitzend od. undeutl. kurz gestielt, herablaufend *(353);* Wedel überwinternd; Sori groß, m. derbem, bleibendem Schleier; ♃; VII–IX. Schattige Wälder der mont. Reg.; *z,* im N *s.* [= *P. lobatum* (HUDS.) CHEV.; = *Aspidium lobatum* (HUDS.) Sw.] Ⓖ *Gelappter Sch.,* **P. aculeátum** (L.) ROTH

— Unterstes Fiederchen der unt. Fied. meist kaum größer als die folgenden; Fiederchen etwa 1 mm gestielt *(352),* Wedel meist nicht überwinternd; Wedelspindel dicht spreuschuppig; Sori zieml. klein, Schleier zart; ♃; VI–IX. Schattige Wälder; *s* in den Flußtälern des W, S-He, vom Saartal bis Be u. Ho, Kt, St. [= *P. angulare* (KIT.) C. PRESL; = *P. aculeatum* auct. non (L.) ROTH]
Ⓖ *Borstiger Sch.,* **P. setíferum** (FORSK.) MOORE ex WOYN.

3. Dryópteris ADANS., *Wurmfarn* (nach FRASER-JENKINS u. REICHSTEIN)

1. Wedel 2fach gefied. m. fiedspaltigen Fiederchen od. 3–4fach gefied. **5**

— Wedel einfach gefied. m. fiedspaltigen Fied. od. 2fach gefied. **2**

2. Fertile Wedel aufrecht, am Grd. wenig verschmälert; Fied. jederstS. 17–20, die untersten aus herzf. Grd. 3eckig *(348)*; Wedelstiel dünn (1,5–2 mm), spärl. spreuschuppig; ♃; VII–IX. Torfmoore, Waldsümpfe, kalkmeidend; Im N *v,* im S *s.* (= *Aspidium cristatum* (L.) SW.). Ⓖ *Kammfarn,* **D. cristáta** (L.) GRAY

— Wedelstiel dicker (3–4 mm), dicht spreuschuppig; Wedel jederstS. m. 20–35 Fied., am Grd. meist verschmälert . . **3**

3. Wedel ledrig, dunkelgrün, überwinternd; Stiel u. Wedelspindel m. langen, an der Basis dunklen Spreuschuppen besetzt; Fied.ansatz unterstS. violettschwarz; letzte Fiederabschnitte schief gestutzt, m. parallelen, ganzrandigen Seiten *(349);* ♃; VI–IX. Feuchte, schattige Laubwälder; in S-, M-Dt u. Au *z.* [= *Aspidium paleaceum* D.T.; = *D. paleacea* auct. non (SW.) HAND.-MAZ.; = *D. pseudomas* (WOLLASTON) HOLUB & POUZAR; = *D. borreri* NEWM.] m. mehreren Unterarten, formenreich.
Schuppiger W., **D. affínis** (LOWE) FRASER-JENKINS

— Wedel weicher, meist sommergrün; Stiel u. Spindel m. hellen Spreuschuppen besetzt; Spindelansatz unterstS. nicht violett; letzte Abschnitte ringsum gezähnt, gelappt, abgerundet od. zugespitzt **4**

4. Wedelstiel u. -spindel m. bleichen Schuppen besetzt; Wedelfläche ohne Drüsenhaare; Schleier dünn, meist drüsenlos; ♃; VI–IX. Wälder, Gebüsche, Mauern; *v.* [= *Aspidium filix-mas* (L.) SW.]
Gewöhnlicher W., **D. fílix-mas** (L.) SCHOTT

— Wedelstiel u. -spindel m. rötlich-braunen Schuppen besetzt; Wedelfläche oft m. Drüsenhaaren; Schleier ledrig, am Rand oft drüsig; ♃; VI–IX. Felsspalten, Geröll; *s.* Art aus W-Europa, früher Kreis Olpe. [= *D. abbreviata* (DC.) NEWM.]
Geröll-W., **D. oréades** FOMIN

5(1). Wedel 3–4fach gefied. **8**

— Wedel 2fach gefied. m. fiedspaltigen Fiederchen *(346, 347)* **6**

6. Wedel hellgrün, wenigstens unterstS. u. auf den Spindeln dicht gelbdrüsig; Wedelstiel höchstens halb so lang wie die Spreite; Schleier drüsig; ♃; VII–VIII. Geröll, Felsen (900–2500 m); kalkstet; Alp. *v.* [= *D. rigida* (HOFFM.) UNDERW.; = *Aspidium rigidum* SW.; = *Polystichum rigidum* (SW.) DC.]
Starrer W., **D. villárii** (BELL.) WOYNAR ex SCH. & TH.

— Wedel dunkelgrün; Wedelstiel etwa so lang wie die Spreite **7**

7. Wedelstiel u. Rhachis m. blassen, einfarbigen Schuppen besetzt (Gegensatz: *D. dilatata*); Fiederspindel am Grd. nicht violettschwarz; Segmente der Fiederchen nahestehend, lang stachelspitzig gezähnelt, drüsenlos; ♃; VI–IX. Feuchte Wälder, Moore, Erlenbrüche; *v.* [= *Aspidium spinulosum* (MUELL.) SW.; = *D. austriaca* (JACQ.) WOYN. *ssp. spinulosa* (MUELL.) SCH. & TH.; = *D. spinulosa* (MUELL.) WATT]

Gewöhnlicher Dornfarn, **D. carthusiána** (VILL.) H. P. FUCHS

— Wedelstiel u. Rhachis m. 2farbigen Schuppen besetzt, die an der Basis dunkelbraun, am Rand hellbraun sind; Wedel dunkelgrün; Fiederspindel am Grd. 2–8 mm violettschwarz; Fiederchen leicht gelappt; ♃; VII–IX. Wälder der mont. Reg.; *s,* Alp. u. M-Geb.

Verkannter Dornfarn, **D. remóta** (A. BR.) DRUCE

8(5). Wedel bis in den Winter grün, unterstes nach unten gerichtetes Fiederchen des untersten Fiedernpaares meist kürzer als die Hälfte dieser Fied.; Wedel dunkelgrün; Schuppen m. dunklem Mittelstreifen (Gegensatz: *D. carthusiana*); Sporen dunkelbraun; ♃; VI–IX. Schattige Laub- u. Nadelwälder; *v.* [= *D. austriaca* auct.; = *D. austriaca ssp. dilatata* (HOFFM.) SCH. & TH.]

Breitblättriger Dornfarn, **D. dilatáta** (HOFFM.) GRAY

— Wedel schon im Herbst absterbend; unterstes Fiederchen oft länger als die Hälfte seiner Fied.; Wedel hellgrün; Sporen hellbraun; ♃; VII–VIII. Feuchte Gebirgswälder; *s,* Dt, E, Au (genaue Verbr. nicht bekannt). (= *D. assimilis* S. WALKER)

Feingliedriger Dornfarn, **D. expánsa** (C. PRESL) FRASER-JENKINS & JERMY

Familie: **Blechnáceae,** *Rippenfarngewächse*

Pfl. ausdauernd; Rhizom m. Spreuschuppen; Blattstiel m. 2 Leitbündeln; sterile u. fertile Blätt. verschieden gestaltet *(327a–b);* Sori einer jeden Fied. sich zu einem Coenosorus vereinigend; Schleier vorhanden, sich zur Mittelrippe hin öffnend.

Bléchnum L., *Rippenfarn*

Sterile Wedel rosettig, längl.-lanzettl., kammf. gefied. *(327a),* niederlgd.; fertile Wedel m. sehr viel schmäleren Fied. *(327b),* im Inneren der Wedelrosette steif aufrecht; ♃; VII–IX. Fichtenwälder (bis 2000 m), Erlenbrüche, kalkmeidend; im Bergland *v,* sonst *z,* im NO *s.*

[G] **B. spicant** (L.) ROTH

Familie: **Polypodiáceae,** *Tüpfelfarngewächse*

Pfl. ausdauernd, m. kriechendem, dorsiventralem (untersts. abgeflachtem, obersts. gewölbtem) Rhizom; dieses m. schildf. Schuppen; Blätt in 2 Reihen der Rhizomoberseite entspringend, einfach gefied. od. fiedteilig, kahl, ohne Schuppen, im Umriß längl.-lanzettl.; Fied. ganzrandig od. gezähnt; Blattstiel m. 1–3 Leitbündeln; Sori ohne Indusium.

Polypódium L., *Tüpfelfarn, Engelsüß*

Blätt. meist wintergrün, bis 60 cm lg.; ♃; VII–X. Felsen, Mauern, Dünen, Eichenwälder, *v.* *Gewöhnlicher T.,* **P. vulgáre** L. s. l.

a. Sori rund; Sporangien m. Ring (Anulus) von 10–15 dickwandigen Zellen; Sekundärnerven der untersten Fied. meist 2-, selten 3fach gegabelt (Lupe!); VII–IX. Kalkmeidend, *v.* **P. vulgáre** L. s. str.

b. Sori oft oval; Sporangien m. Ring (Anulus) von 6–10 dickwandigen Zellen; Sekundärnerven der untersten Fied. 3–4fach gegabelt (Lupe!); IX–X. Oft auf Kalk; Küstengebiet von Be, Ho, Da *v,* im Rheingebiet, N-Ba u. Au *z,* in BW, O-Th u. Sa *s.* (= *P. vulgare* L. ssp. *prionodes* ROTHM.) *Gesägter T.,* **P. interjéctum** SHIVAS

Ordnung: **Marsileáles**

Familie: **Marsileáceae,** *Kleefarngewächse*

Im Boden wurzelnde Sumpfpfl. m. kleeblattähnl. od. stielrunden Blätt.; Sporokarpien am Grd. der Blätt., kugelig od. längl.-bohnenf. *(139–140).*

1. Blätt. lg. gestielt, einem 4zähligen Kleeblatt ähnl. *(140)* **Marsilea,** 176

— Blätt. stielrund, fädl., jung spiralig eingerollt *(139)* **Pilularia,** 176

1. Marsílea L., *Kleefarn*
Fied. breit-keilf.; Sporokarpien bohnenf. (*140,* S), zu 2–4 am Grd. des Blattstiels; ♃; VIII–X. Stehende Gewässer; wohl überall erloschen, früher Oberrhein, Schl, Kt, St, OÖ. *Vierblättriger K.,* **M. quadrifólia** L.

2. Piluláría L., *Pillenfarn*
Rhizom m. binsenf. Blätt., am Grd. m. erbsengroßen, kugeligen Sporokarpien (*139,* S); ♃; VII–IX. Sümpfe, Teichufer; im N u. NW *z,* sonst *s.* *Kugel-P.,* **P. globulífera** L.

Ordnung: **Salviniáles**

Familie: **Salviniáceae,** *Schwimmfarngewächse*

Schwimmpfl. m. kugeligen Sporenbehältern (*137b,* S); die wurzelähnl. Gebilde sind umgebildete Blätt.

Salvínia ADANS., *Schwimmfarn*
Achse waagrecht, 5–10 cm lg. *(137a);* Blätt. in 3zähligen Quirlen, 2 davon als laubige, behaarte Schwimmblätt. (*137b,* LB), das 3. untergetauchte fein zerschlitzt *(137b,* WB); Sporangienbehälter erbsengroß; ♃; VI–VIII. Langsam fließende Gewässer; *s,* nur Oberrhein, Main, Oder, Elbe, Havel, auch WPr (Weichsel). Ⓖ! **S. nátans** (L.) ALL.

Familie: **Azolláceae,** *Algenfarngewächse*

Pfl. klein, moosähnl., gabelig verzweigt *(136),* schwimmend; Blätt. in 2 Zeilen, 2lappig; echte Wurzeln vorhanden.

Azólla LAM., *Algenfarn*

1. Ob. Blattlappen stumpf, m. breitem, membranösem Rand, glzd., oft rotbraun; Pfl. 1–10 cm groß; ♃; VI–VII. Langsam fließende u. stehende Gewässer; *s.* Aus dem subtrop. Amerika eingeschleppt u. stellenw. eingebürgert (Rhein-, Main- u. Nekkargebiet). *Großer A.,* **A. filiculoídes** LAM.

— Ob. Blattlappen spitzl., m. sehr schmalem, membranösem Rand, olivgrün bis bräunl.; ♃; VI–VII. Aus Amerika eingeschleppt u. in wärmeren Gewässern, vor allem in W-Eur. stellenw. verwild. *Kleiner A.,* **A. caroliniána** WILLD.

Abteilung: **Spermatóphyta,** *Samenpflanzen*

Pfl. mit echten Blüten; Vermehrung durch Samen.

1. Unterabteilung: **Gymnospérmae** *(= Gymnospermophytina), Nacktsamige Pflanzen*[1]

Holzpfl. m. nadel- od. schuppenf. Blätt.; Bltn. eingschl., ohne Bltnhülle, oft in Zapfen; Samenanlagen frei, nicht in Frkn. eingeschlossen *(88).*

Klasse: **Taxópsida,** *Eibenähnliche*

Ordnung: **Taxáles**

Familie: **Taxáceae,** *Eibengewächse*

Bltn. zweihäusig verteilt, in den Achseln der Nadeln; die ♂ in kleinen gelbl. Zapfen; die ♀ einzeln; Samen von einem roten (bei Kulturformen auch gelben), fleischig-schleimigen, eßbaren Samenmantel umgeben *(150);* Harzgänge fehlend. Einzige Gattung und Art:

Táxus L., *Eibe*
Nadeln bis 3 cm lg., 2–2,5 mm breit, untersts. grün; Mittelrippe zur Spitze auslaufend. Bis 10 m hoch; ♃; III–IV. Schattige Geb.-Wälder; Alp. u. Vorland *v,* sonst *s,* häufig angepfl. u. oft verwildert. **Giftig** (ausgenommen der Samenmantel). Ⓖ **T. baccáta** L.

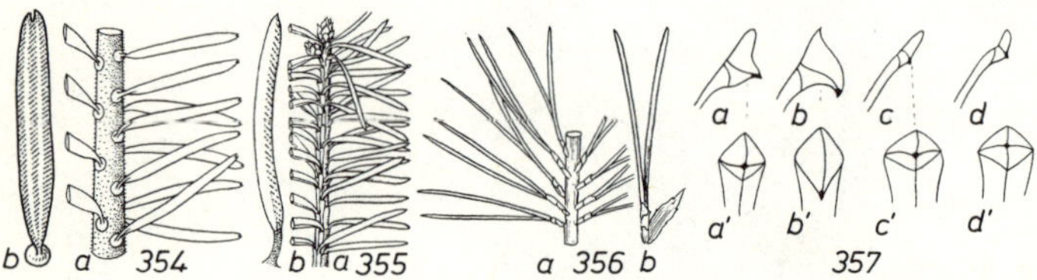

[1] Die als Zierbäume u. -sträucher angepflanzten Gymnospermen (ausgenommen wichtige Forstbäume) sind hier nicht aufgeführt. Sie können bestimmt werden nach **Fitschen: Gehölzflora,** 9. Aufl., bearb. von F. H. Meyer u. a., Heidelberg, Wiesbaden 1990.

Klasse: **Coniferópsida,** *Kiefernähnliche*

Ordnung: **Coniferáles** *(= Pinales)*

Familie: **Pináceae,** *Kieferngewächse*

Bäume, seltener Sträucher, m. nadelf. Blätt.; ♂ Bltn. in kätzchen- od. zapfenart. Bltnständen; ♀ Bltn. (= Samenlagen) in den Achseln von Deckschuppen, zu später verholzenden Zapfen vereinigt; Samen nußartig, einseitig geflügelt, z. T. eßbar.

1. Nadeln in Büscheln zu 15–30 an Kurztrieben *(151)*, weich, im Herbst abfallend . . . . **Larix,** 179
— Nadeln einzeln *(354)* od. zu 2 od. 5 an Kurztrieben *(356)*, wintergrün **2**
2. Nadeln zu 2 od. 5 an Kurztrieben, am Grd. m. kurzer Scheide häutiger Schuppenblätt.; Langtriebe m. braunen Schuppenblätt.; Zapfen hgd. . . . . **Pinus,** 179
— Nadeln einzeln, nicht an Kurztrieben **3**
3. Nadeln m. scheibenf. verbreitertem Grd. der Achse aufsitzend *(354a)*, meist kammf. 2reihig, untersts. m. 2 weißen Wachsstreifen *(354b);* blattlose Zweige glatt; Zapfen aufrecht, bei der Reife zerfallend . . . . **Abies,** 180
— Nadeln am Grd. nicht scheibenf. verbreitert **4**
4. Nadeln meist gleichmäßig rings um den Zweig gestellt, ± deutl. 4kantig, spitz *(355);* Zapfen groß, zur Reife hgd., bei Reife nicht zerfallend . . . . **Picea,** 181
— Nadeln ± 2zeilig (= kammf. gescheitelt), nicht 4kantig **5**
5. Nadeln kurz, bis 1,5 cm lg., stumpfl., am Grd. breiter als an der Spitze; obersts. glzd. dkgrün, untersts. m. 2 bläul.-weißen Längsstreifen; Nadelstiel dem Zweig anlgd.; Zapfen 1,5–2,5 cm lg. . . . . **Tsuga,** 181
— Nadeln länger als 1,5 cm, stumpfl., obersts. glzd. grün, untersts. matt-graugrün, ihr Stiel vom Zweig absthd., zerrieben nach Orangen riechend; Zapfen bis 10 cm lg., hgd.
Pseudotsuga, 181

1. Lárix MILL., *Lärche*

1. Nadeln grün; ♀ Zapfen reif m. anlgden, am Rand welligen Fr.-Schuppen; Rinde grau bis braun; ♃; IV–VI. Alp. *v,* sonst angepflanzt. (= *L. europaea* DC.) *Europäische L.,* **L. decídua** MILL.
— Nadeln bläul. grün; reife Zapfen m. zurückgerollten Fr.-Schuppen; Rinde rotbraun; ♃; IV–V. (Heimat: Japan) Als Forstbaum vielfach angepflanzt. [= *L. leptolepis* (S. & Z.) ENDL.] *Japanische L.,* **L. kaémpferi** (LAMB.) CARR.

2. Pínus L., *Kiefer*

1. Nadeln zu 5 in einer Scheide **4**
— Nadeln zu 2 in einer Scheide *(356)* **2**
2. Nadeln 8–15 cm lg., steif, dkgrün; Zapfen sitzend, glzd-gelbbraun; Stamm schwarzgrau, tief rissig. Bis 20 m hoch; ♃; V–VI. Felsen auf Kalk u. Dolomit; *s,* Kt. Hier in der ssp. **nígra**. Auch als Forst- u.

Zierbaum angepflanzt. (= *P. austriaca* HOESS; = *P. nigricans* HOST)
Schwarzkiefer, **P. nígra** ARNOLD

— Nadeln 3–8 cm lg. 3

3. Nadeln blaugrün; Zapfen gestielt, bald nach der Blüte herabgekrümmt, reif meist glanzlos. Bis 40 m hoch; ♃; V–VI. Waldbaum; *v*. *Waldkiefer, Föhre,* **P. sylvéstris** L.

Von *P. sylvestris* sind mehr als 150 Varietäten u. Rassen, einige davon als Unterarten, beschrieben worden. Die systematische Gliederung ist noch sehr unklar, so daß hierauf nicht eingegangen werden soll. Spezial-Literatur benutzen!

— Nadeln hell- od. dk.grün; Zapfen fast sitzend, waagrecht od. schief absthd., reif glzd.; Rinde schwärzl.; Pfl. strauchig, seltener baumf.; ♃; V–VI. (= *P. montana* MILL.)
[G] Sammelart: *Berg-K.,* **P. múgo** TURRA

a. Zapfen stark asymmetrisch, am Grd. schief; Schuppenschilder warzig od. buckelig *(357a)* bis hakig *(357b)*; Strauch od. bis 10 m hoher Baum . . . **c**

— Zapfen symmetrisch, am Grd. gleichmäßig abgerundet; Schuppenschilder flach *(357c–d)*; Pfl. nur strauchig wachsend . . . . **b**

b. Schuppenschilder exzentrisch, die ob. Hälfte breiter als die unt. *(357c')*; Zapfen kugelig; kalkmeidend; *v* in Alp. u. Voralp., Schw.(?), Bayrw., Thw.(?), Böhmw., Riesengeb.; auch angepflanzt.
Krummholz-K., Legföhre, ssp. **pumílio** (HAENKE) FRANCO

— Schuppenschilder zentrisch, regelmäßig, flach *(357d–d')*; Zapfen kegelig. Lokalrasse der Ostalpen; *s*, Alp. von S-Kt. *Latsche, Legföhre,* ssp. **múgo**

c(a). Haken der Schuppenschilder deutl. ausgeprägt *(357b)*; Schuppenschild höher als breit *(357b')*. Aufrechter Baum. Humös-felsige Orte, Schotterböden; ob in Vb u. Ti? (sonst an der W-Grenze des Gebiets im Schweizer Jura). (= *P. uncinata* RAM. var. *rostrata* ANT.)
Haken-K, Berg-Spirke, ssp. **uncináta** (RAM.) DOM.

— Haken der Schuppenschilder weniger ausgeprägt *(357a')*; Schuppenschilder breiter als hoch *(357a)*; Strauch od. nied. Baum. Hochmoore; *z* in Alp. u. Vorland, Schw., Vog., Bayrw., nordböhmische Randgeb. (westl. bis Vogtland), *s* in Sb (ob in Vb u. Ti?). (= *P. uliginosa* NEUMANN; = *P. uncinata* auct.)
Moor-K., Moor-Spirke, ssp. **rotundáta** (LK.) JANCH. & NEUM.

Die aufgeführten Unterarten sind an den Grenzen ihres Verbreitungsgebiets durch Übergänge miteinander verbunden u. nicht leicht voneinander zu unterscheiden.

4(1). Junge Zweige rostrot-filzig; Nadelbüschel dichtsthd.; Nadeln 5–12 cm lg., stumpf, an den Rändern fein gesägt; Zapfen kurz gestielt, 6–8 cm lg., dickschuppig; Samen flügellos, eßbar („Zirbelnüsse"). Bis 18 m hoch; ♃; VI–VII. *z*, Alp.; oft angepflanzt.
[G] *Zirbel-K., Arve,* **P. cémbra** L.

— Junge Zweige fein grauhaarig, im 2. Jahr verkahlend, dünn; Nadelbüschel locker sthd.; Nadeln dünn, meist zugespitzt, bis 14 cm lg.; Zapfen 10–15 cm lg., schlank, hgd.; Samen geflügelt; bis 30 m hoch; ♃; V. Heimat: N-Am. Als Waldbaum angepflanzt. *Weymouths-K.,* **P. stróbus** L.

3. **Ábies** MILL., *Tanne*

1. Junge Zweige tief gefurcht, kahl; Nadeln zugespitzt, 2zähnig, kaum gescheitelt; Äste nicht in Quirlen; ♃; bis 30 m hoch. Heimat: O-Asien. Als Forst- u. Zierbaum angepflanzt. *Nikko-T.,* **A. homolépis** S. & Z.

— Junge Zweige nicht gefurcht, meist behaart; Äste in Quirlen; Nadeln ± gescheitelt *(354)* 2

2. Rinde dk.braun; Jungtriebe feindrüsig behaart; Nadeln meist länger als 3 cm; ♃; bis 35 m hoch. Heimat: N-Am. Als Forstbaum angepflanzt.
Große T., **A. grándis** (D. DON) LINDL.

— Rinde weißl.; Jungtriebe fein, aber nicht drüsig behaart; Nadeln kürzer als 3 cm; bis 50 m hoch; ♃; V–VI. Gebirgswälder von M-Eur.; *v* bis *z*. [= *A. pectinata* (LAM.) DC.] *Weiß-T.,* **A. álba** MILL.

4. Pícea DIETR., *Fichte*

1. Nadeln obersts. flach m. 2 weißen Streifen, beidersts. gekielt, sehr stechend. Bis 40 m hoch; ♃; IV–VI. Heimat: Pazif. N-Am. Als Forstbaum angepflanzt. [= *Picea falcata* (RAFIN.) VALCK.-SURINGAR] *Sitka-F.*, **P. sitchénsis** (BONG.) CARR.
— Nadeln ± deutl. 4kantig *(355)* 2
2. Nadeln dkgrün; junge Zweige kahl, braun bis rötl.gelb; Zapfen bis 16 cm lg.; bis 50 m hoch; ♃; IV–VI. Häufig u. waldbildend; urspüngl. nur in der subalp. Reg. der Geb.; durch die Forstkultur weit *v.* (= *P. excelsa* LK.) *Fichte, Rottanne,* **P. ábies** (L.) KARST.
— Nadeln blaugrün bis silberweiß; junge Zweige kahl, braun; Zapfen 5–10 cm lg.; bis 35 m hoch; ♃; IV–VI. Heimat: N-Am.; als Forst- u. Zierbaum. *Blau-F.*, **P. púngens** ENGELM.

5. Pseudotsúga CARR., *Douglastanne*

Blätt. obersts. lebhaft grün, untersts. m. 2 weißl. Linien; bis 40 m hoch; ♃; IV–V. Heimat: N-Am., als Waldbaum kultiviert. [= *P. taxifolia* (POIR.) BRITT.; = *P. douglasii* (LINDL.) CARR.] **P. menziésii** (MIRB.) FRANCO

6. Tsúga (ANT.) CARR., *Hemlocktanne, Schierlingstanne*

Nadeln gescheitelt, obersts. dk.grün, untersts. m. 2 weißen Wachsstreifen; 10–30 m hoch; ♃; IV–V. Heimat: N-Am.; Forst- u. Zierbaum. [= *T. americana* (MILL.) FARW.] *Kanadische H.*, **T. canadénsis** (L.) CARR.

Familie: **Cupressáceae**, *Zypressengewächse*

Bäume od. Sträucher m. gegenst., schuppenf. od. quirlig angeordneten, nadelf. Blätt.; Zapfen klein, holzig od. beerenart. *(148b)*.

1. Blätt. alle nadelf. . . . . **Juniperus,** 181
— Blätt. alle od. teilweise schuppenf. 2
2. Junge Zweige rundl.; Schuppenblätt. aller Flanken gleich **Juniperus,** 181
— Junge Zweige abgeflacht; flächenst. Schuppenblätt. anders geformt als die kantenst. 3
3. Zapfen kugelig, m. schildf. Schuppen . . . . **Chamaecyparis,** 181
— Zapfen längl. od. eif., m. dachziegeligen Schuppen . . . . . **Thuja,** 181

1. Thúja L., *Lebensbaum*

1. Zapfenschuppen ohne dornartigen Fortsatz; ♃; IV–V. Zierbaum (Heimat: Nordamerika). *Abendländischer L.*, **Th. occidentális** L.
— Zapfenschuppen m. gekrümmtem Fortsatz; ♃; IV–V. Zierbaum (Heimat: Ostasien), *s* an Felsen od. Mauern verwild. u. eingebürgert (BW, St). *Morgenländischer L.*, **Th. orientális** L.

2. Chamaecýparis SPACH, *Scheinzypresse*

Zapfen 8 mm dick; Gipfeltrieb oft überhgd.; ♃; III–IV. Zierbaum (Heimat: Nordamerika), *s* an Mauern verwild. u. eingebürgert. *Lawsons Sch.*, **Ch. lawsoniána** (MURR.) PARL.

3. Juníperus L., *Wacholder*

1. Blätt. alle nadelf., stechend, in 3blättrigen Quirlen *(148a)* 3
— Blätt. alle od. z.T. schuppenf. *(147)* 2
2. Stamm aufrecht, m. absthd. Ästen; Schuppenblätt. scharf zugespitzt; Beerenzapfen bis 5 mm dick, braunviolett, blauweiß bereift, aufrecht; bis 12 m hoch; ♃; IV–V. Heimat: N-Am., angepflanzt für Bleistiftholz. *Virginischer W.*, **J. virginiána** L.
— Stamm niederlgd., m. aufstgd. Ästen; Zweige zerrieben unangenehm riechend; Beerenzapfen 5–6 mm dick, hgd., braunschwarz;

bis 2 m hoch; ♃; IV–V. Sonnige Berghänge u. Felsfluren der Voralpenstufe; Alp. *z*, sonst angepflanzt. **Giftig!**

G *Stink-W., Sadebaum,* **J. sabína** L.

3(1). Nadeln gerade absthd., stechend, 6–21 mm lg. *(148),* unterstS. stumpf gekielt; aufrechter Baum od. Strauch von meist säulenf. Wuchs; ♃; IV–V. Heiden, lichte Nadelwälder, Magerweiden; *v.*

G *Heide-W.,* **J commúnis** L.

— Nadeln gekrümmt, nicht stechend; 5–12 mm lg., unterstS. kaum gekielt; niederlgd., höchstens bis 1 m hoher Strauch; ♃; V–VI. Magermatten, Gebüsch der alp. Stufe. Alp. *v,* Riesengeb., OPr *s.* [= *J. nana* WILLD.; = *J. communis* L. ssp. *alpina* (SUTER) ČEL.]

G *Zwerg-W.,* **J. sibírica** BURGSDORFF

2. Unterabteilung: **Angiospérmae,** *Bedecktsamige Pflanzen*

Holzpfl., Stauden od. Kräuter; Bltn. meist m. Bltnhülle; Samen in einen Frkn. eingeschlossen *(88c, 90–93).*

Klasse: **Dicotyledóneae** *(= Magnoliópsida), Zweikeimblättrige Pflanzen*

Keimpfl. m. 2 Keimblätt. *(1b),* eines davon bisw. zurückgebildet; Hauptwurzel meist ausdauernd (*3,* I–IV); Leitbündel der Sproßachse im Querschnitt ringf. angeordnet *(132);* Blätt. meist fieder- bis netznervig *(31–32);* Bltnhülle fehlend, einfach od. doppelt, häufig 4–5zählig; Blkr. frei- od. verwachsenblättrig.

Unterklasse: **Polycárpicae** *(= Magnoliídae), Vielfrüchtige Pflanzen*

Ordnung: **Nymphaeáles**

Familie: **Nymphaeáceae,** *Seerosengewächse*

Wasserpfl. m. großen Schwimmblätt. u. dicken, stärkereichen Rhizomen; Bltnorgane spiralig angeordnet; Bltnhülle einfach od. doppelt; Blkr. u. Stbblätt. zahlr., durch Übergänge miteinander verbunden *(80a–e);* Frkn. zahlr., frei (apokarp), jedoch von der becherf. Achse umwachsen *(93a–b),* die sich bei der Reife wieder ablöst; Samen auf der Fläche der Frknwand.

1. Bltnhülle doppelt; Kblätt. 4, grün; Blkrblätt. 15–25, weiß (bei Zierformen auch andersfarbig); Seitennerven der Blätt. gegen den Rand rechtwinkelig verzweigt u. miteinander verbunden *(358)* . . . . **Nymphaea,** 183

— Bltnhülle einfach; Kblätt. 5, gelb, blumenblattart., ± 13 kleinere Nektarblätt.; Seitennerven der Blätt. 3mal gabelig ver-

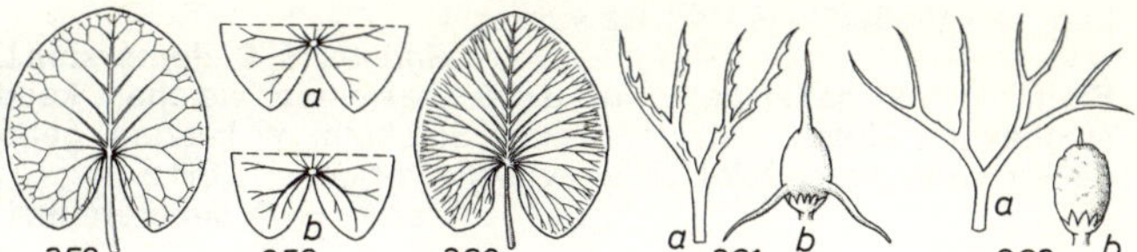

358 359 360 361 362

zweigt u. strahlig zum Blattrand verlaufend, nicht miteinander verbunden *(360)* . . . . **Nuphar,** 183

1. Nymphaéa L., *Seerose* Ⓖ

1. Schwimmblätt. m. weit auseinandersthd. Basallappen, deren Hauptnerven fast gerade, kaum gebogen *(358, 359a);* Bltn. weit geöffnet, ihre Basis abgerundet; K. u. Blkrblätt. fast gleich lg.; Filamente der innersten Stbblätt. höchstens so breit wie die Stbbeutel; Narbenstrahlen 11–22, gelb, Narbenkopf flach; ♃; VI–X. Langsam fließende u. sthd. Gewässer; *v.* Ⓖ *Weiße S.,* **N. álba** L.

— Schwimmblätt. m. genäherten Basallappen, deren Hauptnerven stark gebogen *(359b);* Bltn. nur halb geöffnet, ihre Basis ± 4kantig; Blkrblätt. kürzer als die Kblätt.; Filamente der innersten Stbblätt. breiter als die Stbbeutel; Narbenstrahlen 6–14, Narbenkopf deutl. konkav, ♃; VI–IX. Sthd., langsam fließende Gewässer; in Böhmen u. N-Mähren *z* u. häufiger als *N. alba;* Ba, BW, Br, NS, Th, Sa, Be *s,* früher RhPf, Sb, St. Ⓖ! *Glänzende S.,* **N. cándida** C. Presl

Bastard: *N. alba* x *N. candida = N. borealis* Cam., *s.*

2. Núphar Sm., *Teichrose, Mummel* Ⓖ

1. Bltn. 4–5 cm im Dm intensiv riechend; Stbblätt. etwa 3–4mal so lg. wie breit; Narbenscheibe in der Mitte trichterig vertieft, ganzrandig, ihre Strahlen vor dem Rand endigend; ♃; IV–IX. Sthd. od. langsam fließende Gewässer; *v.* Ⓖ *Gelbe T.,* **N. lútea** (L.) Sm.

— Bltn. nur 2–3 cm im Dm, wenig riechend; Stbblätt. etwa doppelt so lg. wie breit; Narbenscheibe in der Mitte flach, sternf. gezackt, m. 8–12, in den Rand auslaufenden Strahlen; ♃; VI–IX. Seen, Teiche, Gräben; *s* in Sb, Ti, Kt, BW, E, Ba, Me, SaAn, Be, früher NS. Ⓖ! *Kleine T.,* **T. púmila** (Timm) DC.

Bastard: *N. lutea x N. pumila = N. intermedia* Ledeb., *s.*

Familie: **Ceratophylláceae,** *Hornblattgewächse*

Submerse, wurzellose Pfl. m. quirlig angeordneten, gabelig geteilten, hornart. Blätt. *(361–362)* u. eingeschl. Bltn.; Bltnhülle 1–12blättrig; Stbblätt. 10–20; Frkn. 1. Einzige Gattung:

Ceratophýllum L., *Hornblatt*

1. Blätt. 1–2mal gabelspaltig, starr, m. 2–4, dicht stachelig gezähnten Zipfeln *(361a);* Fr. m. endst. u. 2 basalen Stacheln; ♃; VI–IX.

Langsam fließende u. sthd. Gewässer; *v.*
Rauhes H., **C. demérsum** L.

— Blätt. 3–4mal gabelspaltig, m. 6–13 haarfeinen, weichen, kaum stacheligen Zipfeln *(362a);* Fr. ohne Stacheln, m. kurzem, gebogenem Griffelrest *(362b);* ♃; VI–VII. Wie vorige; *s,* in SH *z.*
Zartes H., **C. submérsum** L.

Ordnung: **Ranunculáles** *(= Ranales)*

Familie: **Ranunculáceae,** *Hahnenfußgewächse*

Kräuter od. Stauden, seltener Holzgewächse *(Clematis);* Blätt. wechsel-, seltener gegen- od. grdst.; Bltn. ⚥, radiär od. zygomorph; Bltnhülle einfach od. doppelt. Zwischen Bltnhüll- u. Stbblätt. oft besonders gestaltete (*363*, H; *365–367*), zuw. blumenblattart. Nektarblätt. *(364)* m. Nektargrube; Frkn. zahlr. bis 1, frei, seltener am Grd. miteinander verbunden *(368);* Balg- od. Nußfr. *(369),* m. häufig erhalten bleibendem, sich verlängerndem u. fedrig behaartem Griffel *(370),* selten Beeren *(Actaea).*

1. Bltn. m. 1 *(372)* od. 5 Spornen *(371)* **24**
— Bltn. nicht gespornt, zuw. aber helmf. *(373)* **2**
2. Bltn. helmf. *(373),* gelb, blau od. gescheckt . **Aconitum,** 189
— Bltn. weder helmf. noch gespornt, stets strahlig; Blkrblätt. zuw. zusammenneigend *(378)* **3**
3. Wasserpfl. m. feinzerteilten, untergetauchten od. weniger zerteilten Schwimmblätt. od. m. beiden Blattformen *(400–401);* Bltn. weiß . . . . **Ranunculus,** 193
— Landpfl. od. gelb- bzw. weißblühende Sumpfpfl. **4**
4. Blätt. gegenst., einfach od. gefied.; Stg. zuw. verholzt u. klimmend; Bltn. 4zählig . . . . **Clematis,** 190
— Blätt. wechselst., in Quirlen od. in grdst. Rosette, zuw. erst nach der Blüte erscheinend **5**
5. Bltnstg. auch über dem Grd. beblättert **9**
— Alle Blätt. in grdst. Rosette **6**
6. Bltn. blau, selten weiß od. rötl., m. 3blättrigem, grünem K. *(374a);* Blätt. 3lappig *(374b),* überwinternd . . **Hepatica,** 193
— Bltn. gelb, weiß, rötl. od. grünl.; Blätt. nicht 3lappig u. nicht überwinternd **7**
7. Blattspr. ungeteilt, lineal; Bltnachse später mäuseschwanzart. verlängert *(375)* . . . . **Myosurus,** 199
— Blattspr. tief geteilt od. handf. gefied. **8**
8. Blattspr. tief geteilt *(376a);* Bltn. gelb; Fr. an kurz-walzenf. Achse, lg. geschnäbelt *(376b),* 1samig . **Ceratocephala,** 199

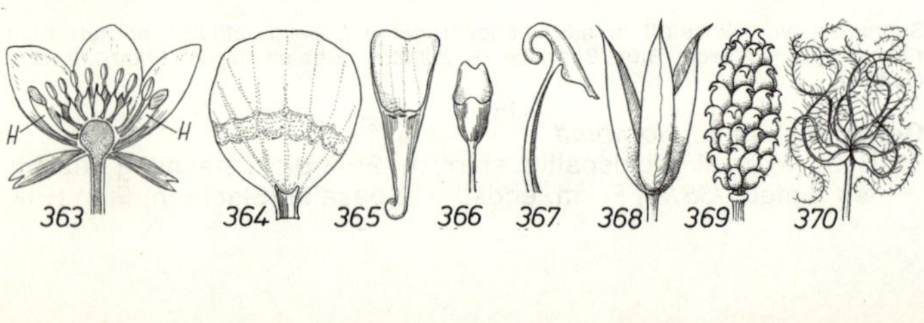

363 364 365 366 367 368 369 370

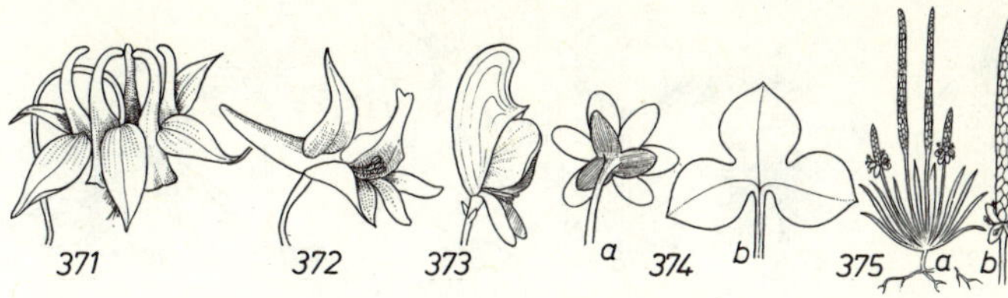

— Blattspr. fußf. gefied. *(66);* Bltn. weiß, rötl. od. grünl., mit tütenf. Nektarblätt. *(366);* Frbälge zu wenigen, mehrsamig **Helleborus,** 187

9(5). Dicht unter der Blüte od. weiter davon entfernt am obersten Knoten 3 zuw. miteinander verwachsene quirlst. Stgblätt. *(380–381, 393, 395);* alle übrigen Blätt. grdst. . **22**

— Blätt. am Stg. verteilt (zuw. ein sehr lg. Internodium) **10**

10. Stbblätt. kürzer als die normalen Bltnhüllblätt. (od. als die blumenblattart. Nektarblätt.) **13**

— Stbblätt. länger als die zuw. früh abfallenden u. z. Bltzt. nicht mehr vorhandenen Bltnhüllblätt. **11**

11. Jede Blüte der bis 10 cm langen Trauben m. nur 1 birnf., breit-narbigem Frkn.; Fr. anfangs grüne, später glzd. schwarze Beere . . . . **Actaea,** 188

— Jede Blüte m. mehr als 1 Frkn. **12**

12. Bltn. in dichten, langen Trauben; Bltnhülle doppelt; Fr. m. 4 klebrig-drüsigen Frblätt.; Pfl. unangenehm riechend **Cimicifuga,** 188

— Bltn. in Rispen od. in kurzen, lockeren Trauben; Bltnhülle einfach . . . . **Thalictrum,** 200

13(10). Bltn. m. Nektarblätt., diese entw. klein *(365–367)* od. blumenblattart. u. dann am Grd. kleine Nektardrüse tragend *(364)* **16**

— Bltn. ohne Nektarblätt. **14**

14. Bltnhülle einfach (nicht in K. u. Blkr. geglied.); Bltn. gelb; Fr. mehrsamige Bälge; Blattspr. herz- bis nierenf.; Sumpfpfl. **Caltha,** 187

— Bltnhülle doppelt (in K. u. Blkr. geglied.) **15**

15. Frstand walzl. m. zahlr. Nußfr. *(369);* Blattspr. 2–3fach gefied., m. fadenf. Fied. *(377);* Blkrblätt. 5–15, gelb od. rot **Adonis,** 201

— Frstand m. 3–5 filzig-behaarten Balgfr.; Blattspr. doppelt 3zählig gefied., m. breiten Fied.; Bltn. sehr groß, rot (bei Gartenformen auch weiß) . . . . **Paeoniaceae,** 323[1]

16(13). Nektarblätt. nicht blumenblattart., kleiner als die Bltnhüllblätt. *(366–367, 378b)* **19**

---

[1] Die früher zu den *Ranunculaceae* gestellte Gattung *Paeonia* wird heute der eigenen Familie der *Paeoniaceae,* s. S. 323, zugeordnet.

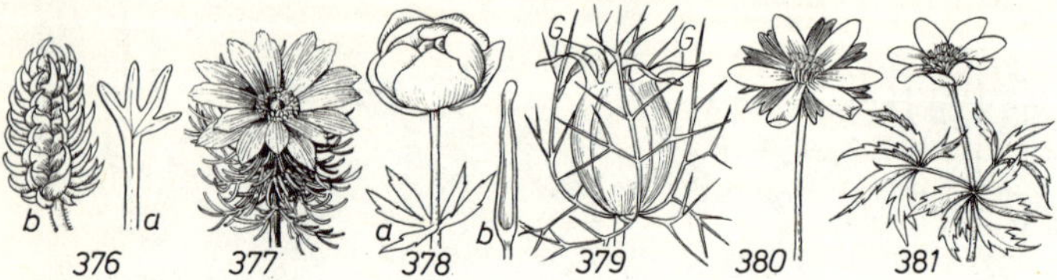

— Nektarblätt. blumenblattart., weiß, gelb od. rötl., größer als die kelchart., äußeren Bltnhüllblätt., am Grd. m. nackter od. von einer Schuppe überdeckter Nektardrüse (Lupe!; *364*) . **17**

17. Nektarblätt. gelb . . . . **Ranunculus,** 193

— Nektarblätt. weiß, rötl. od. röt.-violett **18**

18. Blätt. mehrfach gefied.; Nektarblätt. 6–20, am Grd. goldgelb . . . . **Callianthemum,** 187

— Blätt. ungeteilt od. handf. geteilt od. gefingert; Nektarblätt. meist 5, am Grd. nicht gelb . . . . **Ranunculus,** 193

19(16). Bltnhüllblätt. gelb, kugelig zusammenneigend *(378a);* Nektarblätt. löffelart. *(378b)* . . . . **Trollius,** 187

— Bltnhüllblätt. nicht gelb **20**

20. Frkn. meist 2, frei; Bltnhüllblätt. weiß, hinfällig; Nektarblätt. tütenf. . . . . **Isopyrum,** 188

— Frkn. mehr als 2, diese zuw. am Grd. miteinander verwachsen u. dann nur Gr. frei (*379,* G); Nektarblätt. kurz-becherf., 2lippig *(366)* od. röhrig-trichterf. u. gestielt **21**

21. Blätt. 2–3fach gefied. m. haarf. Fiedern; Bltnhüllblätt. hellblau bis weiß, hinfällig; Nektarblätt. kurz-becherf., 2lippig *(366);* Frkn. nahezu vollständig miteinander verwachsen, nur Gr. frei *(379, 382–383)* . . . . **Nigella,** 188

— Blätt. fußf. gefied. *(66);* Fied. breiter; Bltnhüllblätt. grünl., weiß od. rosa, bleibend; Nektarblätt. röhrig-trichterf. u. gestielt, grünl.; Frkn. bis zum Grd. frei . . . . **Helleborus,** 187

22(9). Hochblattquirl dicht unter der gelben Blüte, kelchart. *(380);* mehrsamige Balgfr. . . . . **Eranthis,** 187

— Hochblattquirl während u. nach der Blüte von dieser entfernt, blattart. *(381)* od. fein zerschlitzt *(393–395);* Fr. 1samige Nüßchen **23**

23. Gr. auch zur Frreife < 2 mm *(369);* Bltn. weiß, rötl., gelb od. blaßblau . . . . **Anemone,** 192

— Gr. schon zur Blütezeit > 2 mm, behaart (ähnl. *370*); Bltn. violett, seltener weiß od. gelb . . . . **Pulsatilla,** 191

24(1). Bltn. m. 5 Spornen *(371),* blau od. braun (bei Gartenformen auch andersfarbig) . . . . **Aquilegia,** 188

— Bltn. nur m. 1 Sporn *(372),* blau (bei Gartenformen auch andersfarbig) **25**

25. Frkn. u. Balgfr. nur 1 . . . . **Consolida,** 189

— Frkn. u. Balgfr. 2 u. mehr . . . . **Delphinium,** 189

1. Cáltha L., *Sumpfdotterblume*

Stg. aufstgd. od. niederlgd., wurzelnd, mehrbltg.; Grdblätt. lg. gestielt, m. herzf., am Rand gekerbter bis gezähnter Spreite; Bltnhüllblätt. 5, dottergelb, glzd.; Frkn. 5–8(–15); Balgfr. sternf. ausgebreitet; ♃; III–VI. Sumpfwiesen, Gräben, feuchtes Gebüsch; von der Ebene bis in die alp. Reg.; *v;* formenreich. **C. palústris** L.

2. Tróllius L., *Trollblume*

Stg. unverzweigt, 1-, selten mehrbltg.; Blätt. handf. geteilt; Bltnhüllblätt. 5–10 od. mehr, goldgelb, kugelig zusammenneigend *(378a);* Nektarblätt. 5–10, löffelf. verbreitert *(378b);* Balgfr. zahlr.; ♃; V–VI. Moorige Wiesen, bes. der mont. Reg.; im S *v*, sonst *z.*

Ⓖ **T. europaéus** L.

3. Hellëborus L., *Nieswurz* Ⓖ

1. Blätt. alle stengelst., nach oben allmähl. *(72a–f)* in Hoch- u. Bltnhüllblätt. übergehend; Bltn. unangenehm riechend, grün; ♃; III–IV. Bergwälder, steinige Abhänge, nur auf Kalk; in S- u. M-Dt., südl. NS u. Be *z,* sonst *s.* Ⓖ *Stinkende N.,* **H. foétidus** L.

— Auch grdst. Blätt. vorhanden 2

2. Blätt. des Bltnstengels ungeteilt; Bltn. weiß od. rötl.; ♃; (XII)II–IV. Wälder, Gebüsch; östl. K-Alp. von Ba u. Au *z,* sonst gepflanzt u. selten verwildert. Ⓖ *Schnee-* od. *Christrose,* **H. níger** L.

— Blätt. des Bltnstengels geteilt 3

3. Blätt. sehr fein gesägt; Kelchblätt. längl. eif., sich höchstens am Grd. m. den Rändern deckend; Bltn. meist < 4 cm im Dm; ♃; II–III. Waldränder, Gebüsche, *s,* nur St.

Ⓖ *Hecken-N.,* **H. dumetórum** W. & K.

— Blätt. grob gesägt; Kblätt. breit eif., sich m. den Rändern deckend; Bltn. meist > 4 cm im Dm; ♃; III–V. Bergwälder, auf Kalk, auch angepflanzt u. verwild. Ⓖ *Grüne N.,* **H. víridis** L.

a. Blätt. untersts. behaart; Bltn. 4–7 cm im Dm; im S *z,* im N *s.* ssp. **víridis**

— Blätt. untersts. kahl; Bltn. 3–5 cm im Dm; nur im W.

ssp. **occidentális** (Reut.) Schiffner

4. Eránthis Salisb., *Winterling*

Stg. am Grd. m. Niederblätt., 1bltg.; unterhalb der Blüte ein Quirl von 3 handf. geteilten Hochblätt. *(380);* Grdblätt. lg. gestielt, rundl. herzf., 5–7teilig, erst nach der Blüte erscheinend; Bltnhüllblätt. 5–8, gelb; Nektarblätt. gestielt, becherf. *(366);* Frkn. 4–6; Balgfr.; ♃; II–III. Zierpfl., zuw. verwild. (Heimat: SO-Eur.)

Kleiner W., **E. hyemális** Sal.

5. Calliánthemum C. A. Mey., *Schmuckblume* Ⓖ

1. Nektarblätt. breit-oval, Grdblätt. zur Bltzt. vorhanden; Fr. 3 mm lg.; ♃; VI–VIII. Feuchtes Weideland der Alp., meist auf Urgestein; *s* Ti, Sb, Kt, St, *f* Dt. (= *Ranunculus rutaefolius* L. p. p.)

Ⓖ *Korianderblättrige Sch.,* **C. coriandrifólium** Rchb.

— Nektarblätt. lineal od. eilängl.; Grdblätt. erst nach der Bltzt. erscheinend; Fr. 4,5–5 mm lg.; ♃; III–V. Schattige Felsen, Geröll (700–1200 m), meist auf Kalk; *s,* St, OÖ.

Ⓖ *Windröschen-Sch.,* **C. anemonoídes** (Zahlbr.) Endl. ex Heynh.

6. Nigélla L., *Schwarzkümmel*

1. Bltn. u. Fr. von haarf. zerschlitzter Hochblatthülle umgeben *(379);* Bltnhüllblätt. hellblau bis weiß; Frkn. völlig verwachsen, m. waagrecht absthd. Gr. (*379,* G); ⨀; V–VII. Zierpfl. aus dem Mittelmeergebiet. *Jungfer im Grünen,* **N. damascéna** L.

— Bltn. ohne Hochblatthülle 2

2. Stbbeutel stachelspitzig *(382b);* Bltnhüllblätt. hellblau, grünl. geadert; Frkn. 3–5, bis zur Mitte verwachsen *(382a);* Balgfr. glatt; ⨀; VII–IX. Lehm- u. Kalkäcker; S u. M *s,* stark zurückgegangen. *Acker-Sch.,* **N. arvénsis** L.

— Stbbeutel ohne Stachelspitze; Frkn. bis zur Spitze verwachsen, m. aufrechten Gr. *(383);* Balgfr. drüsig-rauh; ⨀; VI–VII. Zuw. als Gewürzpfl. angepflanzt u. verwild. (Heimat: SO-Eur.) *Echter Sch.,* **N. satíva** L.

7. Isopýrum L., *Muschelblümchen*

Stg. am Grd. m. breiten Niederblätt.; Grdblätt. lg. gestielt, doppelt-3zählig gefied., blaugrün; Bltnhüllblätt. 5, hinfällig; Balgfr. 2; ♃; IV–V. Feuchte Laubwälder; NO, Schl, Au, *s.* **I. thalictroídes** L.

8. Actaéa L., *Christophskraut*

Pfl. unangenehm riechend; Blätt. groß, doppelt-3zählig gefied.; Bltn. in dichten Trauben; Bltnhüllblätt. 4–6, weiß, hinfällig; Nektarblätt. 4–6, spatelf.; ♃; V–VII. Schattige Bergwälder, vorwgd. auf Kalk; Alp. u. M-Geb. *v,* sonst *z.* [G] **A. spicáta** L.

9. Cimicifúga L., *Wanzenkraut*

Pfl. unangenehm riechend; Blätt. sehr groß, 2–3fach gefied.; Bltn. in langen Trauben od. Rispen; Bltnhüllblätt. 4, hellgrün, hinfällig; ♃; VII–VIII. Laubwälder; O- u. WPr *z.* (= *C. foetida* auct.) **C. europaéa** SCHIPCZ.

10. Aquilégia L., *Akelei* Ⓖ

1. Sporne der Nektarblätt. hakenf. gebogen *(365, 371);* ♃; V–VII. Laubwälder, Wiesen, *z.* Ⓖ *Gewöhnliche A.,* **A. vulgáris** L. s. l.

a. Stg. oberw. überwiegend m. Drüsenhaaren, Bltn. dk.blauviolett; Bltnhüllblätt. 25–35 mm lg., Stbblätt. 1–2 mm länger als die Krblätt. Steinige Abhänge, Felsen, auf Kalk, *s* Kt, St. (= *A. nigricans* BAUMG.) Ⓖ *Dunkle A.,* ssp. **nígricans** (BAUMG.) DOMIN

— Stg. oberw. drüsenlos od. m. einzelnen Drüsenhaaren . . . . b

b. Bltn. blauviolett (bei Gartenformen auch andersfarbig); Stbblätt. wenig aus der Blüte hervorragend. Lichte Laubwälder, Wiesen, *z,* im N *s;* auch Zierpfl. Ⓖ *Gewöhnliche A.,* ssp. **vulgáris**

— Bltn. braunpurpurn; Stbblätt. weit aus der Blüte hervorragend. K-Alp. u. Vorland, Schw. Alb. (= *A. atrata* KOCH) Ⓖ *Schwarze A.,* ssp. **atráta** (KOCH) GAUD.

— Sporne der Nektarblätt. gerade od. nur schwach gebogen *(384)* 2

2. Bltn. 5–8 cm groß, intensiv blau; ♃; VI–VIII. Steinige Abhänge, Weiden, Hochalp. bis 2600 m, Vb, *s.* Ⓖ *Alpen-A.,* **A. alpína** L.

— Bltn. nur 2,5–4 cm groß *(384),* blauviolett; Stg. meist unverzweigt; ♃; VI–VIII. Felsige Abhänge, Schluchten; K-Alp. von Ba (Berchtesgaden, Mangfallgebirge), Ti, Kt, *s.* (= *A. bauhinii* SCHOTT; = *A. aquilegoides* H. P. FUCHS) Ⓖ *Kleinblütige A.,* **A. einseleána** F. W. SCH.

a 382 b 383 384 385 386 387

11. Delphínium L., *Rittersporn*
Frkn. 3(–5), kahl od. zerstr. behaart; Bltn. stahlblau; Blätt. handf. geteilt, m. breiten, eingeschnitten-gesägten Abschnitten; Pfl. 60–150 cm hoch; ♃; VI–VII. Lichte Gebirgswälder der Alp., Riesengeb.; *z;* auch als Gartenpfl. Ⓖ *Hoher R.,* **D. elátum** L.

a. Nektarblätt. von gleicher Farbe wie Bltnhüllblätt., blau, höchstens die ob. blaß od. gelbl.; *z,* Sb, Kt, St. ssp. **austríacum** Pawlowski

— Nektarblätt. schwärzl. od. dunkelbraun [Bltnstiele u. junge Fr. behaart, var. **tiroliénse** (A. Kern.) Pawlowski]; *s,* Vb, Ti, Riesengeb. ssp. **elátum**

12. Consólida (DC.) S. F. Gray, *Rittersporn*

1. Bltn. in wenigbltg. Trauben od. Rispen, blau, selten weiß; Sporn bis 22 mm lg., z. Bltzt. gerade od. schwach aufw.gebogen *(372);* Fr. kahl; Pfl. 20–40 cm hoch; ⊙; V–VIII. Äcker; kalkliebend; *v,* im NW *s.* (= *C. arvensis* Opiz; = *Delphinium consolida* L.)
Feld-R., **C. regális** S. F. Gray

— Bltn. in reichbltg. Trauben od. Rispen; Fr. weichhaarig **2**

2. Bltntraube locker; Vorblätt. kürzer als der Bltnstiel; Fr. allmähl. in den kurzen Gr. zugespitzt; Pfl. 30–90 cm hoch; ⊙; VI–IX. Zierpfl., zuw. verwild. (Heimat: Mittelmeergebiet) (= *C. ambigua* auct.; = *Delphinium ambiguum* auct.)
Garten-R., **C. ajácis** (L.) Schur

— Bltntraube dicht; Vorblätt. länger als der Bltnstiel; Fr. am Grd. drüsig, plötzl. in den kurzen Gr. zugespitzt; ⊙; VI–IX. Gartenzierpfl., zuw. verwild. (Heimat: SO-Eur.) (= *Delphinium orientale* J. Gay)
Orientalischer R., **C. orientális** (J. Gay) Schrödinger

13. Aconítum L., *Eisenhut* Ⓖ

1. Bltn. blau od. violett, manchmal weiß gescheckt **3**

— Bltn. blaßgelb **2**

2. Helm etwa so hoch wie breit; Blätt. m. sehr schmalen, linealischen Zipfeln; Wurzel rübenf.; ♃; VII–IX. Felsige Stellen, *s,* nur St.
Ⓖ *Giftheil,* **A. ánthora L.**

— Helm viel höher wie breit; Blätt. handf. 5–7spaltig, m. breiten Zipfeln *(385, 386);* ♃; VI–VIII. Feuchte Bergwälder der mont. u. subalpinen Reg., *f* im N u. O. Ⓖ *Wolfs-E.,* **A. lycóctonum** L. s. l.

a. Blattspr. m. schmal-linealen Zipfeln *(385);* Pfl. bis 60 cm hoch. Lichte Wälder, *s* in Ti, Kt. (= *A. ranunculifolium* Rchb.; = *A. lamarckii* Rchb.)
ssp. **neapolitánum** (Ten.) Nym.

— Blattspr. m. breiteren Zipfeln *(386);* Pfl. 90–150 cm hoch; Stiel der Nektarblätt. m. eingerolltem Sporn *(367).* Bergwälder, Schluchten. (= *A. vulparia* Rchb.)
ssp. **vulpária** (Rchb.) Nym.

3(1). Helm höher als breit *(373);* ♃; VII–IX. Bergwälder, Ufer, Alp. u. Voralpen, *z.* Formenreich. Ⓖ *Bunter E.,* **A. variegátum** L. s. l.

a. Stg. im ob. Teil drüsig-flaumig; Bltn. violett; Stiel der Nektarblätt. gebogen, m. kopff. Sporn *(387)*. (= *A. paniculatum* LAM.; = *A. degenii* GÁYER) ssp. **paniculátum** (ARCANG.) GREUT. & BURDET

— Stg. kahl od. behaart, aber nicht drüsig; Bltn. blau u. weiß gescheckt; Stiel der Nektarblätt. gerade. Alp *v*, M-Geb. u. Sudeten *z*. ssp. **variegátum**

— Helm meist breiter als hoch; Stiel der Nektarblätt. bogig gekrümmt; Bltn. blauviolett, in dichter Traube; ♃; VII–VIII. Gebirgswälder, Lägerfluren, bis 3000 m, auch Zierpfl. Ⓖ *Blauer E.*, **A. napéllus** L. s. l.

a. Deckblätt. der untersten Bltn. der Endtraube kurz, 1–2 mm lg.; Helm schmal, klaffend *(388a)*; Sporn der Nektarblätt. nicht aufwärts gekrümmt *(388b)*; Fr. m. meist 2(–3) Frblätt.; Ba, Isergeb., Erzgeb., Riesengeb., Sb. (= *A. clusianum* RCHB.) ssp. **híans** (RCHB.) GÁYER

— Deckblätt. der untersten Bltn. der Endtraube länger als 2 mm; Fr. m. 3(–5) Frblätt. . . . . **b**

b. Bltnstd. kahl, unverzweigt od. m. wenigen kurzen Seitenästen; Ba (Berchtesgaden); Sb, Ti, Kt, St, OÖ. (= *A. tauricum* WULF.) ssp. **taúricum** (WULF.) GÁYER

— Bltnstd. behaart . . . . **c**

c. Zipfel der Stgblätt. lineal, 1–2(–3) mm breit; Bltnstd. unverzweigt od. m. kleinen Seitentrauben; *s*, Sb, Ti. [= ssp. *compactum* (RCHB.) GÁYER] ssp. **vulgáre** R. & F.

— Zipfel der Stgblätt. breiter als (2–)3 mm; Bltnstd. m. breit ausladenden Seitenästen; Bltn. groß *(390, 391)*; Sporne der Nektarblätt. aufwärts gekrümmt *(389b)*. Alp. u. Vorland *v*, sonst in Dt *s*. [= ssp. *neomontanum* (WULF.) GÁYER] ssp. **lusitánicum** ROUY

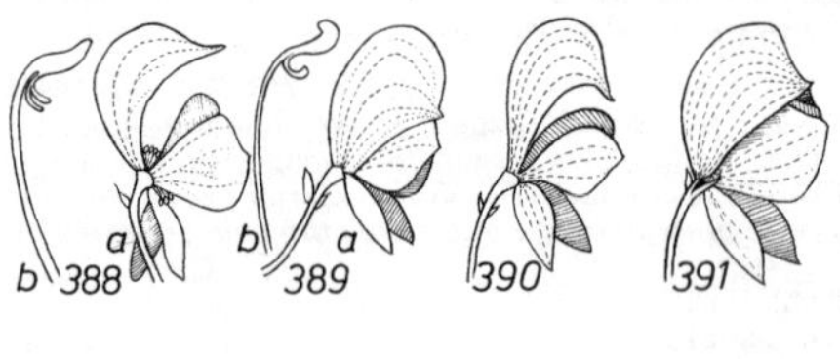

14. Clemátis L., *Waldrebe*

1. Stg. kletternd, verholzend **3**

— Stg. aufrecht, krautig, nicht kletternd **2**

2. Bltn. weiß; Blätt. gefied.; ♃; VI–VII. Gebüsche, wärme- u. kalkliebend. Donau u. Nebenflüsse, Main, mittl. Elbegebiet, M-Th, Kt, St, *z*. *Aufrechte W.*, **C. récta** L.

— Bltn. violett od. blau; Blätt. ungeteilt; ♃; V–VI. Feuchte Wiesen, sehr *s*, St. *Ganzblättrige W.*, **C. integrifólia** L.

3(1). Bltn. in reichbltg. Trugdolden, lg. gestielt, weiß, m. 4 beidersts. filzigen Bltnhüllblätt.; Nektarblätt. fehlend; ♃; VI–IX. Auwälder, feuchte Gebüsche; *v*, im NW u. N *s*. *Gewöhnliche W.*, **C. vitálba** L.

— Bltn. blau od. violett, einzeln, achselst. **4**

4. Bltn. m. 10–12 weißfilzigen, spatelf. Nektarblätt. u. 4 violett- bis hellblauen, filzig berandeten Bltnhüllblätt.; Blätt. einfach bis doppelt 3zählig; ♃; V–VII. Gebüsch u. felsige Hänge der Alp. u. Voralp., von 1000–2400 m; *z*. (= *Atragene alpina* L.) Ⓖ *Alpen-W.*, **C. alpína** (L.) MILL.

— Bltn. ohne Nektarblätt., m. 4 dkvioletten, am Rand filzig behaarten Bltnhüllblätt.; Fr. rundl., m. kahlem, schwach gekrümmtem Schnabel; ♃; VI–VIII. Gartenzierpfl., vereinzelt verwild. (Heimat: S-Eur.) *Italienische W.*, **C. viticélla** L.

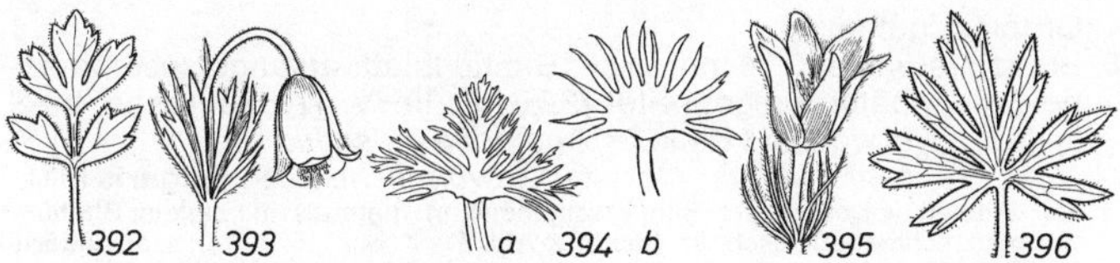

15. Pulsatílla MILL., *Kuh- od. Küchenschelle* Ⓖ

1. Blätt. des Hochblattquirls sitzend, am Grd. verwachsen, von den Grdblätt. verschieden; Bltn. glockig **3**

— Blätt. des Hochblattquirls kurz u. breit gestielt, den doppelt gefied. Grdblätt. ähnl.; Bltn. einzeln, fast aufrecht; Blkrblätt. ausgebreitet, außen zottig behaart, weiß, häufig rot od. violett überlaufen od. gelb, aber niemals rein violett **2**

2. Blätt. fast kahl; Endabschnitte der Laubblätt. bis zur Mittelrippe geteilt; Bltn. nur bis 4,5 cm groß; ♃; V–VI. Magerrasen; *s,* nur Brokken im Harz u. Vog. (= *P. micrantha* auct.)
Ⓖ *Brocken-K.,* **P. álba** RCHB.

— Blätt. zerstr. behaart; Endabschnitte der Laubblätt. nicht bis zur Mittelrippe geteilt; Bltn. weiß od. gelb; ♃; VI–VII. Alpenmatten.
Ⓖ *Alpen-K.,* **P. alpína** (L.) DEL.

a. Bltn. schwefelgelb; kalkmeidend. Alp. *v, z* in Ti u. Vb. [= ssp. *sulphurea* (DC.) ARCANG.] ssp. **apiifólia** (SCOP.) NYM.

— Bltn. weiß, außen zuw. rötl. od. bläul.; kalkliebend. Alp. *v,* Vog., Sudeten *s.* ssp. **alpína**

3(1). Ganze Pfl. einschließl. Bltn. bronzefarbig behaart; Blkrblätt. innen gelbl.-weiß, außen violett; Grdblätt. nach der Blüte erscheinend, aber überwinternd, einfach gefied., mit 3–5 eif., 3spaltigen Fied. *(392);* ♃; IV–VI. Magerrasen, sandige Kiefernwälder. Alp., Bayr. Hochebene, Pfalz, M-, N- u. O-Dt, *s.*
Ⓖ ! *Frühlings-K.,* **P. vernális** (L.) MILL.

— Stg. u. Bltnhüllblätt. nicht bronzefarbig behaart **4**

4. Bltnhüllblätt. nur wenig länger als die Stbblätt., 6, hell- bis dkviolett, glockenf. zusammenneigend *(393);* Bltn. nickend; Grdblätt. nach der Blüte erscheinend, 2–3fach gefied., m. schmalen, weißzottig behaarten Fied.; ♃; IV–VI. Trockenrasen, trockene Kiefernwälder, *z.* Ⓖ ! *Wiesen-K.,* **P. praténsis** (L.) MILL.

a. Bltnhüllblätt. innen hellviolett, außen m. langen, seidig-glzd. Haaren; Hochblätt. in 3, stark gefied. Abschnitte geglied. *(394a).* Auf Sand; *s,* nur in Me, Da. ssp. **praténsis**

— Bltnhüllblätt. innen schwarzviolett, außen m. kurzen, nicht glzd. Haaren; Hochblätt. gleichmäßig in einfache, schmale Zipfel geteilt *(394b);* kalkliebend; *z* in M-Dt, Br, Me, SH, Kt, St, OÖ. [= ssp. *nigricans* (STÖRK) ZAMELS] ssp. **bohémica** SKALICKÝ

— Bltnhüllblätt. viel länger als die Stbblätt. *(395);* Bltn. ± aufrecht **5**

5. Grdblätt. handf. 3spaltig, m. 2–3fach geteilten Fied. *(396),* in der Jugend weißzottig, im Alter verkahlend; Bltnhüllblätt. violett, ausgebreitet; ♃; III–IV. Trockene Heidewiesen, Kiefernwälder; *s* in Schl, Lausitz, O- u. WPr, O-Br, SO-Me u. S-Ba.
Ⓖ ! *Finger-K.,* **P. pátens** (L.) MILL.

— Grdblätt. gefied. **6**

6. Blattzipfel meist 2–4 mm breit; Bltnhüllblätt. anfangs zusammenneigend, später ausgebreitet *(395);* ♃; III–V. Trockenrasen, im S *z,* im N *s,* vorwgd. auf Kalk. (= *Anemone pulsatilla* L.)
Ⓖ *Gewöhnliche K.,* **P. vulgáris** MILL.

a. Grdblätt. vor od. m. den Bltn. erscheinend, m. mehr als 100 Zipfeln; Bltnhüllblätt. schmal-elliptisch. Im Gebiet *z,* Alp. *f.* ssp. **vulgáris**

— Grdblätt. nach den Bltn. erscheinend, m. ca. 40 Zipfeln; Bltnhüllblätt. breit-elliptisch. Bayr. Hochebene, Jura, Th (Kyffhäuser). (= *P. grandis* WEND.)
Große K., ssp. **grándis** (WEND.) ZAMELS

Eine Übergangsform ist var. **oenipontána** (D. T. & SARNTHEIN) AICHELE & SCHWEGLER von Ti (Innsbruck, zw. Lech u. Enns).

— Blattzipfel meist 6–11 mm breit; Endblättchen lang gestielt; Pfl. stets behaart; ♃; III–V. Trockene Bergwiesen, nur St. [= *P. styriaca* (PRITZEL) SIMK.]
Ⓖ *Steirische K.,* **P. hálleri** (ALL.) WILLD. ssp. **styríaca** (PRITZEL) ZAMELS

16. Anemóne L., *Windröschen*

1. Bltnhüllblätt, weiß, zuw. rötl.-purpurrot überlaufen . . . **3**

— Bltnhüllblätt. gelb od. blaßblau **2**

2. Bltnhüllblätt. gelb, unterst. schwach behaart; Bltn. zu 1–2; Stgblätt. fingerf. geteilt; ♃; III–IV. Auwälder, Laubwälder, *v,* vorwgd. auf Kalk u. Lehm. *Gelbes W.,* **A. ranunculoídes** L.

a. Rhizom verlängert, weit kriechend, *v.* ssp. **ranunculoídes**

— Rhizom kurz, Pfl. deshalb dichte Rasen bildend, Pfl. zierlicher; *s* in We, Br u. Me. ssp. **wockeána** (A. & GR.) HEGI

— Bltnhüllblätt. blaßblau, zu 8–14; Zierpfl., *s* eingebürgert, Be, Ho, Da (Bornholm). Heimat: S-Europa. Ⓖ *Apennin-W.,* **A. apennína** L.

3(1). Bltn. in 3–8bltg. Dolde; Bltnhüllblätt. weiß, außen zuw. rötl. überlaufen; Stgblätt. sitzend, 3teilig, ungleich tief gespalten; Grdblätt. handf. 3–5teilig, langzottig behaart; Fr. kahl, abgeflacht; ♃; V–VII. Matten der subalp. u. alp. Reg. (bis 2500 m); vorwgd. auf Kalk; Alp., Hegau, Schw. Alb, Vog., Riesengeb., Hochgesenke; *z.*
Ⓖ *Narzissenblütiges W., Berghähnlein,* **A. narcissiflóra** L.

— Bltn. einzeln; Stgblätt. gestielt *(381)* . . . **4**

4. Bltnhüllblätt. unterst. weißfilzig behaart; grdst. Blätt. ± zahlr. **6**

— Bltnhüllblätt. unterst. kahl; Grdblätt. 1 od. fehlend, 3zählig gefied. **5**

5. Blattfied. ganzrandig od. gleichmäßig gesägt *(397);* Stbbeutel weiß; Rhizom weißl.; ♃; V–VI. Steinige Wälder, Gebüsch, bis 1800 m; Au *s.* Ⓖ *Dreiblättriges W.,* **A. trifólia** L.

— Blattfied. 2–3spaltig, m. ungleich eingeschnittenen Zipfeln *(398);* Bltn. weiß bis rötl.-violett; Stbbeutel gelb; Rhizom gelb bis

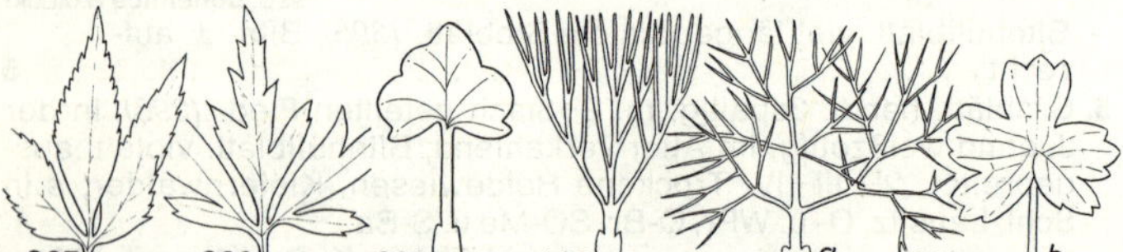

397 398 399 400 401 a b

dkbraun; ♃; III–IV. Laubwälder, Gebüsch, Wiesen (bis 1800 m); *g* u. *h*. *Busch-W.*, **A. nemorósa** L.

6(4). Pfl. 15–30 cm hoch; Bltnhüllblätt. meist 5; Bltn. bis 6 cm im Dm; Grdblätt. hand- bis fußf. 5teilig, m. 2–3spaltigen Abschnitten; Fr. dicht weiß-wollig; ♃; IV–VI. Sonnige, buschige Abhänge, lichte Wälder, kalkliebend. Im S *z*, in St, Me, Br, NS, NrWe *s*. Ⓖ *Großes W.*, **A. sylvéstris** L.

— Pfl. nur 5–15 cm hoch; Bltnhüllblätt. 8–10; Bltn. bis 4 cm im Dm; Grdblätt. doppelt 3zählig m. 3–5teiligen Abschnitten; ♃; VI–VIII. Steinige Matten der alp. Stufe; kalkliebend; Au *s*. 🄶 *Tiroler W.*, **A. baldénsis** L.

17. Hepática Mill., *Leberblümchen*

Grdblätt. 3lappig *(374b)*, erst nach der Blüte erscheinend, überwinternd; Stg. behaart, m. 3 ganzrandigen, kelchart. Hochblätt. dicht unter den blauen, seltener weißen Bltnhüllblätt. *(374a)*; Fr. längl., behaart, m. kurzem Schnabel; ♃; III–IV. Laubwälder, Gebüsch; *v*, im N *z*, im W *s*. (= *Anemone hepatica* L.; = *H. triloba* auct.) Ⓖ **H. nóbilis** Mill.

18. Ranúnculus L., *Hahnenfuß* [incl. **Batráchium** (DC.) S. F. Gray u. **Ficária** Schaeff.]

Der erhalten bleibende und erhärtende Gr. wird als Frschnabel bezeichnet. Die Blkrblätt. sind blumenblattart. Nektarblätt. und tragen an ihrer Basis eine Nektardrüse *(364)*. Die äußeren Bltnhüllblätt. werden auch als Kblätt. bezeichnet.

1. Blumenblattart. Nektarblätt. 8 u. mehr, goldgelb; kblattart. äußere Bltnhüllblätt. 3, selten bis 5; Grdblätt. m. herz-nierenf., fettig-glzd., kahler Spreite; Stg. niederlgd. bis aufstgd., im Alter meist m. blattachselst. Brutknöllchen; Wurzeln z. T. keulenf. verdickt; ♃; III–V. Feuchte Wiesen, Gebüsche, lichte Laubwälder, *g;* formenreich. (= *Ficaria verna* Huds.) *Scharbockskraut*, **R. ficária** L.

— Blkrblätt. (= Nektarblätt.) u. Kblätt. je 5 . . . . **2**

2. Blkrblätt. (= Nektarblätt.) gelb **16**

— Blkrblätt. (= Nektarblätt.) weiß, rötl. od. rotviolett, zuw. an der Basis gelb **3**

3. Wasserpfl. m. untergetauchten, zerteilten Wasserblätt. *(400–401)*, zuw. nur m. ganzflächigen Schwimmblätt. *(399)* od. m. beiden *(401a–b)*; Frstiele zurückgekrümmt. [= Untergattung *Batráchium* (DC.) Arcang.] **11**

— Landpfl. od. Sumpfpfl. **4**

4. Grdblätt. tief geteilt od. gelappt **7**

— Grdblätt. ungeteilt **5**

5. Grdblätt. gekerbt od. gesägt, kreisf.; Pfl. 4–10(–15) cm hoch; Stg. 1–2blütig; Bltn. 2–2,5 cm im Dm; ♃; VI–VII. Quellige Stellen, Felsspalten der Ur-Alp., *s*, St. 🄶 *Gekerbter H.*, **R. crenátus** W. & K.

— Grdblätt. ganzrandig **6**

6. Grdblätt. breit eif. bis herzf., am Rand behaart; Kblätt. zottig behaart; ♃; VI–VIII. Feuchter Gesteinsschutt der Alp., kalkliebend, *s*, Ba (Karwendel), Vb, Ti, Kt, St. 🄶 *Herzblättriger H.*, **R. parnassiifólius** L.

— Grdblätt. linealisch, meist < 5 mm breit; Kblätt. kahl; ♃; V–VII. Feuchte Weiden der Alp., kalkliebend; Z-Alp. *v*, Ti, Kt *z.* (= *R. plantagineus* All.) *Pyrenäen-H.*, **R. pyrenaéus** L.

7(4). Stg. niedrig, 5–15 cm hoch, 1–2bltg.; Hochalpenpfl. . . **9**

— Stg. 60–120 cm hoch, reich verzweigt, vielbltg.; Blätt. fingerig gelappt **8**

8. Mittelabschnitt der Blätt. bis zum Grd. frei, gestielt, einfach od. doppelt gesägt; Bltnstiele 1–3mal so lg. wie die Tragblätt., ± behaart; Seitenäste spreizend; ♃; V–VII. Bäche, Quellen. Im S *z*, M u. N *f.* (= *R. aconitifolius* L. ssp. *aconitifolius*) *Eisenhutblättriger H.*, **R. aconitifólius** L.

— Abschnitte der Blätt. am Grd. miteinander verbunden; Bltnstiele 4–5mal so lg. wie ihre Tragblätt., kahl; Seitenäste ± aufrecht; ♃; V–VII. Feuchte Bergwälder, Hochstaudenfluren; Alp., Voralp. u. M-Geb.; *z.* [= *R. aconitifolius* L. ssp. *platanifolius* (L.) Rikli] *Platanenblättriger H.*, **R. platanifólius** L.

9(7). Kblätt. untersts. dk.rostbraun, bis z. Frreife bleibend, kürzer als die weißen, rosaroten od. rotvioletten, bleibenden Nektarblätt.; Grdblätt. dick, dk.grün, 3zählig, m. 3- bis vielfachspaltigen Fied.; ♃; VII–VIII. Durchfeuchteter Felsschutt u. Moränen der Ur-Alp. von 1900–4000 m; stellenw. *h.* [= *Oxygraphis vulgaris* Freyn; = *O. gelidus* (Hofg.) O. Schwarz] [G] *Gletscher-H.*, **R. glaciális** L.

— Kblätt. grün **10**

10. Pfl. behaart, später verkahlend; Blätt. im Umriß eckig; Zipfel bis zum Grd. geteilt, dort keilig; Bltnboden behaart; ♃; VI–VII. Feuchte Hänge, Felsschutt der K-Alp., *s*, Ti, Kt. *Seguiers H.*, **R. seguiéri** Vill.

— Pfl. kahl; Blätt. im Umriß rundl., nicht bis zum Grd. geteilt; Bltnboden kahl; ♃; VI–IX. Feuchte Matten der K-Alp., Schneetälchen (bis 2800 m), *v.* *Alpen-H.*, **R. alpéstris** L.

a. Grdblätt. nicht bis zum Grd. gespalten; Blattspreitenbasis gerade od. herzf., *v.* ssp. **alpéstris**

— Grdblätt. bis zum Grd. gespalten, mittl. Abschnitt am Grd. schmal, keilig; Blattspreitenbasis bildet spitzen Winkel; *s*, Kt. (= *R. traunfellneri* Hoppe) *Traunfellners H.*, ssp. **traunféllneri** (Hoppe) Rchb.

11(3). Blätt. verschieden gestaltet; Schwimmblätt. nierenf., ganzflächig *(401b)*, Wasserblätt. fein zerteilt *(400–401a)*, zuw. nur letztere vorhanden **13**

— Alle Blätt. gleich gestaltet, nierenf., 3–5lappig; Blattstiel am Grd. m. 2 breiten, stgumfassenden Öhrchen *(399)*; haarf. Wasserblätt. fehlend **12**

12. Blätt. m. 3(–5) seichten, halbkreisf. od. 3eckigen, ganzrandigen Lappen, die an der Basis am breitesten sind; Nektarblätt. nicht od. kaum länger als die Kblätt.; ♃; V–IX. Bäche, Gräben, Quellen; *s* im W, NW (bis Be, Ho), SH, Da, SaAn, W-Th; *f* im S u. O. [= *Batrachium hederaceum* (L.) S. F. Gray] *Efeublättriger H.*, **R. hederáceus** L.

— Blätt. 5lappig, m. 3kerbigem Mittel- u. 2kerbigen Seitenlappen, die in den Buchten am schmalsten sind; Nektarblätt. 2–3mal länger als die Kblätt.; ♃; V–IX. Bäche, Gräben; *s*, früher Ho, in Dt u. Au *f.* (= *R. lenormandii* F. Schultz) *Lenormands H.*, **R. omiophýllus** Ten.

13(11). Wasserblätt. länger als die Internodien, m. langen, fast parallelen, pfrieml. Zipfeln *(400);* Schwimmblätt. fehlen; Stg. flutend, 1–3 m lg.; Nektarblätt. bis 15 (20) mm lg.; Nektarien birnf.; ♃; VI–VIII. Fließende Gewässer; *z.* [= *Batrachium fluitans* (LAM.) WIMM.]
Flutender H., **R. flúitans** LAM.

Die Kleinart **R. penicillátus** (DUM.) BAB. m. behaartem Bltnboden und meist m. Schwimmblätt. vgl. Ziffer **15—c.**

— Wasserblätt. kürzer als die Internodien, meist m. abspreizend-ausgebreiteten, nicht parallelen Zipfeln *(401a)* . . **14**

14. Wasserblätt. auch nach dem Herausnehmen aus dem Wasser spreizend, nicht zusammenfallend; Blätt. im Umriß kreisrund; Blattzipfel in einer Ebene; Schwimmblätt. fehlend; Bltnboden behaart; ♃; V–IX. Sthd. u. langsam fließende Gewässer; *z.* [= *Batrachium circinatum* (SIBTH.) SPACH]
Spreizender H., **R. circinátus** SIBTH.

— Wasserblätt. außerhalb des Wassers pinself. zusammenfallend **15**

15. Bltn. nur bis 15 mm im Dm; ⊙–♃; V–VIII. Sthd. od. langsam fließende Gewässer.
Artengruppe *Haarblättriger Wasser-H.,* **R. trichophýllus** agg.

a. Pfl. meist bis 1 m lg., ohne Schwimmblätt.; Nektarblätt. 4–8 mm lg.; Nektardrüsen halbkreis- bis kreisf.; trockene Nüßchen 1,3–2,0 mm lg., vorn selten fleckig, zu 30–40. [= *R. flaccidus* PERS.; = *R. paucistamineus* TAUSCH; = *Batrachium trichophyllum* (CHAIX) VAN DEN BOSCH]
Haarblättriger Wasser-H., **R. trichophýllus** CHAIX s. str.

aa. Fr. zerstreut borstenhaarig, *v.* ssp. **trichophýllus**

— Fr. kahl; Pfl. sehr zart, an allen Internodien wurzelnd; Gebirgsseen, Alp. *s.* [= *R. confervoides* (FR.) FR.; = *R. lutulentus* PERR. & SONG.]
ssp. **eradicátus** (LAESTAD.) COOK

b. Schwimmblätt. fehlend; Nektarblätt. 2,5–6 mm lg., Nektardrüsen röhrig, m. birnf. Mündung; trockene Nüßchen 0,8–1,3 mm lg., vorn stets violett-fleckig, zu 50–90; *s,* Oberrheingebiet. *Rions Wasser-H.,* **R. riónii** LAGGER

c. Nektarblätt. 1–4,5 mm lg., Staubblätt. 5–10; Schwimmblätt. 3–5lappig; Bltnboden behaart; Fr. kahl; *s,* stark zurückgehend: NS, früher SH, Ho, Be. [= *R. lutarius* (REVEL) BOUVET] *Dreiteiliger Wasser-H.,* **R. tripartítus** DC.

— Bltn. > 20 mm im Dm; ⊙–♃; VI–IX. Sthd. u. langsam fließende Gewässer. Artengruppe *Wasser-H.,* **R. aquátilis** L. s. l.

a. Nektarblätt. an der Basis gelb, 5–10 mm lg.; Staubblätt. 14–22; Nektardrüse kreisf.; Bltnboden behaart; Pfl. bis 1 m lg.; Bltnstiele bis 4 cm lg., kürzer als zugehörige Blätt.; Schwimmblätt. ± tief gezähnt, *z.* (= *R. radians* REVEL)
Gewöhnlicher Wasser-H., **R. aquátilis** L. s. str.

b. Nektarblätt. an der Basis gelb; Nektardrüse birnf.; Pfl. bis 1 m, selten bis 2 m lg.; Bltnstiele bis 8(–12) cm lg.; Schwimmblätt. 3teilig, wellig gekerbt; *z, f* in Au? *Schild-Wasser-H.,* **R. peltátus** SCHRANK

c. Nektarblätt. 10–15(–20) mm lg.; Nektardrüsen birnf.; Staubblätt. 20–40; Pfl. 2–4 m lg., Schwimmblätt. oft länger als zugehörige Internodien, ähnl. wie bei *R. peltatus;* Bltnstiele bis 25 cm lg.; Bltnboden behaart; *z,* Dt, Be, Da?, Au? Verbreitung ungenügend bekannt. Vielgestaltig, zwischen *R. peltatus* u. *R. fluitans* stehend. *Pinsel-Wasser-H.,* **R. penicillátus** (DUM.) BAB.

d. Nektarblätt. rein weiß, 7–15 mm lg.; Nektardrüsen halbmondf.; Schwimmblätt. 3–5lappig; Wasserblätt. auffallend zart; Fr. kahl; *s,* NS, Ho, Be.
Reinweißer Wasser-H., **R. ololeúcos** LLOYD

e. Nektarblätt. an der Basis gelb, 5,5–10 mm lg.; Nektardrüsen halbmondf.; Schwimmblätt. 3–5lappig; Staubblätt. 10–20; Bltnboden behaart; Fr. ca. 16–40, kahl, häutig gekielt. Salz- u. Brackwasser der Küsten *z,* im Binnenland nur an salzhaltigen Stellen. [= *Batrachium marinum* FR.; = *R. peltatus* ssp. *baudotii* (GODR.) MEIKLE ex COOK] *Brackwasser-H.,* **R. baudótii** GODR.

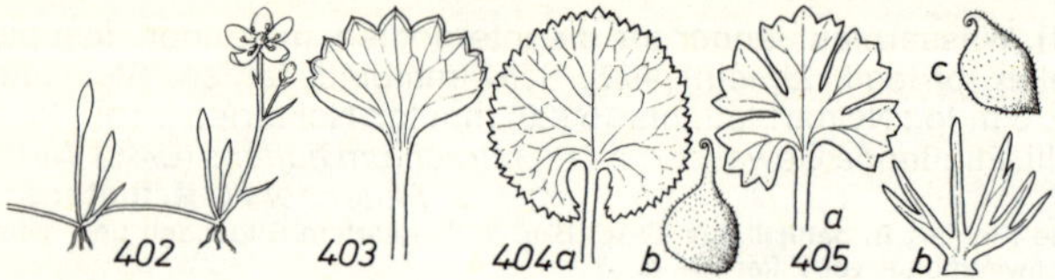

16(2). Alle Blätt., zumindest die mittl. u. ob. Stgblätt. geteilt; nur Grdblätt. zuw. ungeteilt **18**
— Alle Blätt. ungeteilt u. lanzettl. **17**
17. Stg. 50–150 cm hoch, aufrecht, am Grd. m. unterirdischen, hohlen Ausläufern; Blätt. schmal-lanzettl., zugespitzt, ganzrandig od. schwach gezähnt; Bltn. 2–4 cm im Dm, fettglzd., goldgelb; ♃; VI–VII. Ufer, Röhricht, Sumpfwiesen; *z; f* im N.
Ⓖ *Großer H., Zungen-H.,* **R. língua** L.
— Stg. 20–50 cm hoch, aufrecht, aufstgd. od. niederlgd.-kriechend; Grdblätt. gestielt, herzf. bis eif.; Stgblätt. sitzend, lanzettl., ganzrandig od. schwach gesägt; Bltn. 1,5–2 cm im Dm; Kblätt. zurückgeschlagen; ♃; VI–X. Sandige Ufer, Gräben, *v.*
Brennender H., **R. flámmula** L.
a. Stg. aufrecht od. aufstgd., nur an den basalen Knoten wurzelnd; *v.*
ssp. **flámmula**
— Stg. fadenf., niederlgd.-kriechend, an allen Knoten wurzelnd u. Büschel von lineal-lanzettl. Blätt. tragend *(402).* Sandig-kiesige Ufer; *z,* Au *s.* (= *R. reptans* L.) *Ufer-H.,* ssp. **réptans** (L.) Korsh.
18(16). Alle Blätt. ± tief 3–5spaltig od. -lappig, wenn Grdblätt. ungeteilt, dann nicht nierenf. od. kreisrund **22**
— Grdblätt. ungeteilt, nierenf. od. kreisrund, am Rand *(404a)* od. nur an der Spitze gekerbt bis gezähnt *(403)* **19**
19. Stgblätt. fingerig geteilt **21**
— Stgblätt. ungeteilt, höchstens vorne etwas eingeschnitten gelappt **20**
20. Grdblätt. z. Bltzt. vorhanden; unterstes Stgblatt quer oval, meist gestielt, nur vorne eingeschnitten gelappt *(403);* Pfl. 10–15 cm hoch; ♃; V–VIII. Felsschutt, Weiden der K-Alp., *z,* in Vb *f.*
Bastard-H., **R. hýbridus** Biria
— Grdblätt. z. Bltzt. fehlend; unterstes Stgblatt groß, nierenf., sitzend od. fast sitzend; fast am ganzen Rand gekerbt-gesägt; Pfl. 10–30 cm hoch; ♃; V–VII. Alpenmatten, *s,* nur Kt (Karawanken).
[G] *Schildblättriger H.,* **R. thóra** L.
21(19). Stg. am Grd. m. 1–2 Niederblätt.; Grdblätt. zu 1–3, ungeteilt, rundl.-nierenf., m. einfach gekerbt-gesägtem Rand *(404a);* Stgblätt. 5–7teilig; Fr. eif., 3–4 mm lg., weich behaart, m. kurzem, geradem, an der Spitze hakigem Gr. *(404b);* ♃; IV–V. Humöse Laubwälder; *s* in W- u. OPr, Schl, Sb, OÖ. [= *R. auricomus* L. ssp. *cassubicus* (L.) Čelak.] Formenreich. *Wenden-H.,* **R. cassúbicus** L.
— Stg. am Grd. ohne Niederblätt.; Grdblätt. lg. gestielt, m. ungeteilter, nierenf.-rundl., ringsum gekerbt-gezähnter (ähnl. *404a*), aber auch 3–5- *(405a)* u. mehrspaltiger Spreite; Stgblätt. sitzend, fingerig geteilt, m. linealen Zipfeln *(405b);* Fr. eif., 3–4 mm lg., dicht be-

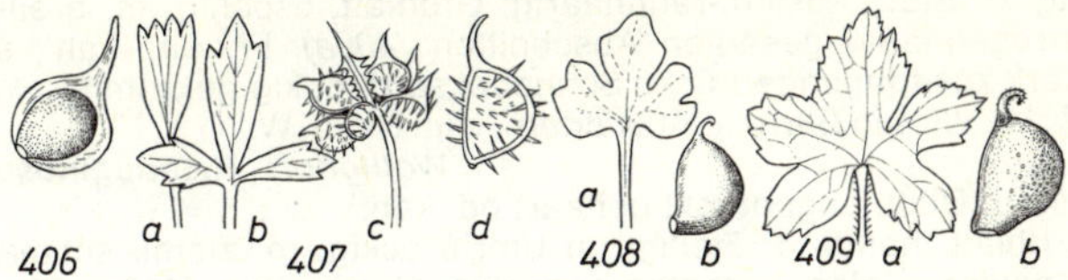

haart, m. kurzem, vom Grd. an hakigem Schnabel *(405c);* ♃; IV–VI. Feuchte Laubwälder, Wiesen, bis in die alp. Reg.; *v.* (Es sind mehr als 20 Kleinarten beschrieben!)

Formenreiche Sammelart: *Gold-H.,* **R. aurícomus** L. s. l.

22(18). Bltnstiele deutl. gefurcht od. kantig **29**

— Bltnstiele rund, nicht od. nur undeutl. gefurcht **23**

23. Wurzeln knollig verdickt; ganze Pfl. seidig-wollig behaart; Grdblätt. 3teilig, m. lineal-lanzettl. Abschnitten, selten ungeteilt; Kblätt. zurückgeschlagen; Nektarblätt. zitronengelb; Fr. auf verlängerter Bltnachse, mit langem, geradem Schnabel und ringsum geflügelt *(406);* ♃; V–VI. Trockenrasen, Äcker; *s,* Oder-, Elbe- u. unteres Saaletal, Ti. *Illyrischer H.,* **R. illýricus** L.

— Wurzeln nicht knollig verdickt; Pfl. nicht seidig, aber z.T. absthd. oder anlgd. behaart **24**

24. Fr. 4–8, flach, an den Rändern lg. bestachelt, m. 3 mm langem, gekrümmtem Schnabel *(407c–d);* Bltn. klein, blaßgelb; Grdblätt. spatelf., an der Spitze grob gezähnt, die folgenden 3teilig *(407a–b);* ⊙; V–VII. Lehmäcker; *z,* im N *s,* stark zurückgegangen.

Acker-H., **R. arvénsis** L.

— Fr. nicht bestachelt **25**

25. Pfl. sehr klein, 1–4 cm groß; Stg. 1bltg., von den meist handf. gelappten *(408a),* kahlen Blätt. überragt; Nektarblätt. kürzer als die Kblätt.; Fr. zahlr., eif., glatt, m. längerem, abw. gebogenem Schnabel *(408b);* ♃; VII–VIII. Alp., auf Urgestein u. Schiefer; *s* in Sb, Ti, früher Kt. *Zwerg-H.,* **R. pygmaéus** Wahl.

— Pfl. > 4 cm **26**

26. Bltnboden an der Spitze borstl. behaart; Bltnstg. 1–3bltg., 10–15 cm hoch, angedrückt behaart; Stgblätt. sitzend, tief 3–5spaltig, m. lineal-lanzettl. Zipfeln; ♃; V–IX. Wiesen u. Geröllhalden der Alp. u. Voralp., Schw. Alb, Schw.; *v* bis *z.*

Berg-H., **R. montánus** Willd. s. l.

Im Gebiet werden folgende Kleinarten unterschieden:

a. Stgblätt. groß, m. lanzettl. Zipfeln; Frschnabel bis ½mal so lg. wie die Fr. **c**

— Stgblätt. klein, m. 3–5 linealen Zipfeln; Frschnabel kurz; Kalkpfl. . . . **b**

b. Ob. Rhizomabschnitt, wie auch der gesamte Bltnboden behaart; Blätt. anlgd. behaart; Nektarblätt. oft ausgerandet. Alp., Bayr. Hochebene u. Schw. Alb; *z.* (= *R. hornschuchii* Hoppe) *Gebirgs-H.,* **R. oreóphilus** Bieb.

— Ob. Rhizomabschnitt u. unt. Teil des Bltnbodens, wie auch die Blätt. kahl; *s* in Schw. Alb, sonst Kt, St. *Kärntner H.,* **R. carinthíacus** Hoppe

c(a). Blätt. glzd., kahl od. zerstreut behaart; kalkliebend; *v* in Alp., Bayr. Hochebene, Schw. **R. montánus** Willd. s. str.

— Blätt. stark seidig behaart; kalkmeidend; *s* in Allgäu, Ba, Vb, Ti.

Greniers H., **R. grenieriánus** Jord.

— Bltnboden kahl; Stg. 15–80 (bis 100) cm hoch **27**

27. Stg. u. Blätt. absthd.-rauhhaarig; Grdblätt. 5spaltig, m. breit-eif., unregelmäßig gesägten Abschnitten *(409a);* Fr. eif., kahl, seitl. stark zusammengedrückt; Schnabel stark hakig gekrümmt *(409b);* ♃; V–VII. *v* in Berg- u. Auwäldern, *s* im NW u. W.
Wolliger H., **R. lanuginósus** L.

— Stg. u. Blätt. angedrückt behaart od. kahl **28**

28. Grdblätt. handf. 3–5teilig, im Umriß eckig, m. zieml. schmalen, 3spaltigen, eingeschnitten-gesägten Abschnitten *(410a);* Rhizom nicht kriechend; Fr. m. kurzem, fast geradem, nur wenig gekrümmtem Schnabel *(410b);* ♃; V–X. Wiesen, Gebüsch, bis in die alp. Reg.; *g.* **Giftig!** (= *R. acer* L.) *Scharfer H.,* **R. ácris** L.

a. Rhizom kurz, senkrecht; *g.* ssp. **ácris**

— Rhizom verlängert, horizontal umgebogen; *z,* bes. im SW. (= *R. stevenii* auct.) ssp. **friesiánus** (JORD.) R. & F.

— Grdblätt. im Umriß rundl., durch tiefe Einschnitte 3–5- od. mehrteilig *(405a),* zuw. ungeteilt, nierenf., ringsum gekerbt (s. auch Nr. **21**—). *Gold-H.,* **R. auricomus** L.

29(22). Grdblätt. meist 5lappig, im Umriß nieren- bis breit-herzf. *(408a);* 1–4 cm hohe Alpenpfl. (s. auch Nr. **25**).
Zwerg-H., **R. pygmaéus** WAHL.

— Grdblätt. handf.-3teilig, 3zählig od. doppelt 3zählig gefied. **30**

30. Grdblätt. handf.-3teilig; Mittelabschnitt m. den seitl. verbunden *(414–416)* **33**

— Grdblätt. 3zählig od. doppelt-3zählig gefied., m. deutl. gestielten Fied. (zumindest Endfied. gestielt) *(411–413)* . . **31**

31. Pfl. m. oberirdischen, wurzelnden Ausläufern; Grdblätt. 3zählig, m. gestielten, 3spaltigen, unregelmäßig gezähnt-gelappten Fied. *(411a);* Kblätt. aufrecht; Fr. rundl., seitl. zusammengedrückt, mit kurzem, geradem bis schwach gekrümmtem Schnabel *(411b);* ♃; V–VIII. Feuchte Orte; bis in die alp. Reg.; *g.*
Kriechender H., **R. répens** L.

— Pfl. ohne Ausläufer; Kblätt. zurückgeschlagen **32**

32. Stg. am Grd. knollig verdickt, an der Basis absthd., oben anlgd. behaart; Grdblätt. 3zählig *(412a);* Fr. m. kurzem, schwach gekrümmtem Schnabel *(412b);* ♃; V–VIII. Magere Wiesen, Weiden; *v,* im NW *z.* *Knolliger H.,* **R. bulbósus** L.

— Stg. am Grd. nicht knollig verdickt, bis zur Spitze absthd. behaart; Grdblätt. 3zählig, m. ± gestieltem Mittelabschnitt *(413a);* Nektarblätt. doppelt so lg. wie die Kblätt.; Fr. rund, m. scharf abgesetztem, grünem Rand, auf der Innenfläche meist m. kleinen Höckern *(413b),* ⨀; V–IX. Feuchte Lehmäcker; *z,* im S u. NS *s.*
Sardischer H., **R. sardóus** CR.

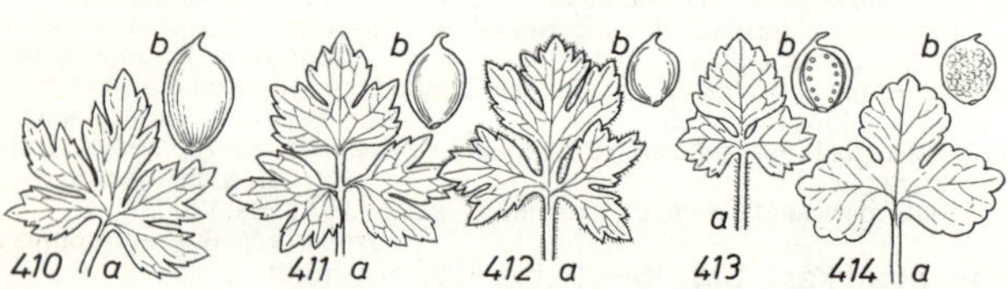

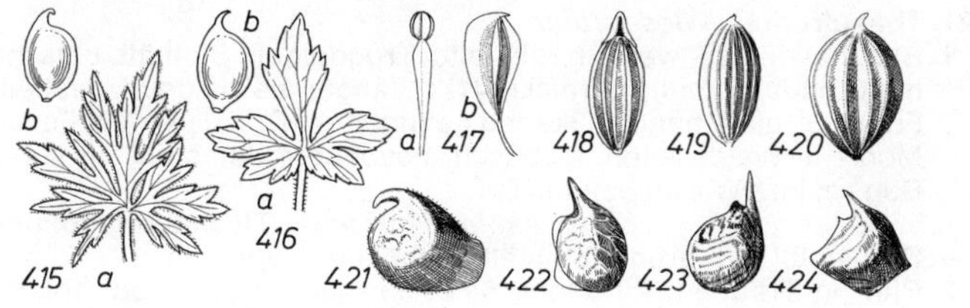

33(30). Stg. kahl; Blätt. kahl, fettig glzd., etwas fleischig, handf. 3–5teilig, m. eingeschnitten-gelappten Abschnitten *(414a);* Bltn. klein, blaßgelb; Kblätt. zurückgeschlagen, hinfällig; Fr. zahlr., auf walzl. Bltnboden, rundl.-eif., querrunzelig, kurz geschnäbelt *(414b);* ⨀; VI–XI. Schlammige Ufer, Gräben, N *v,* S *z.* **Giftig!** *Gift-H.,* **R. scelerátus** L.

— Stg. am Grd. absthd., oben anlgd. behaart; Fr. auf kugeligem Bltnboden; ♃; V–VII. Wälder, Wiesen, *v.* *Vielblütiger H.,* **R. polyánthemos** L. s. l.

a. Grdblätt. handf. 3–5teilig, m. tief 3spaltigen, schmal linealen Abschnitten *(415a);* Fr. m. kurzem, gebogenem Schnabel *(415b).* Lichte, trockene Wälder, *z, s* od. *f* in W-Dt, W-Au, Be, Ho. *Vielblütiger H.,* ssp. **polyánthemos**

— Grdblätt. 3–5spaltig, m. breit-verkehrt-eif. Abschnitten *(416a);* Fr. m. 1,5 mm langem, gekrümmtem, an der Spitze eingerolltem Schnabel *(416b)* . . **b**

b. Stg. niederlgd., an den Knoten wurzelnd; Grd.- u. Stgblätt. tief 3teilig, m. wenig zerteilten Abschnitten; *z,* Allgäuer Alp., Mittelgeb., Vb, Sb, Ti. (= *R. radicescens* Jord.; = *R. serpens* Schr.) *Wurzelnder Wald-H.,* ssp. **sérpens** (Schr.) Baltisberger

— Stg. steif aufrecht . . . . **c**

c. Alle Grdblätt. tief 3teilig, m. 2–3lappigen, gezähnten Abschnitten; Wälder, Bergwiesen, S *v,* N *s.* (= *R. nemorosus* DC.) *Wald-H.,* ssp. **nemorósus** (DC.) Schübler & Martens

— Äußere Grdblätt. im Umriß kreisf., viel stärker zerteilt als bei vorigen; Mittelabschnitt oft stielf. verschmälert, *s,* BW, Vb, Kt. Verbreitung ungenügend bekannt. (= *R. polyanthemophyllus* Koch & Hess) 🄶 *Schlitzblättriger Wald-H.,* ssp. **polyanthemophýllus** (Koch & Hess) Baltisberger

19. **Ceratocéphala** Moench, *Hornköpfchen*

1. Frschnabel sichelf., m. langer Spitze *(376b);* Blätt. grdst., 3teilig *(376a);* ⨀; III–V. Lehmige Äcker, früher Ba, BW, Th. (= *Ranunculus falcatus* L.) *Sichelfrüchtiges H.,* **C. falcáta** (L.) Pers.

— Frschnabel fast gerade, m. kurzer Spitze; Fr. 5–6 mm lg.; Bltn. 5–10 mm im Dm; ⨀; III–V. Ruderalstellen, Äcker, Weinberge, *s* eingebürgert, BW (Stuttgart), (Heimat: SO-Eur., As.) *Geradfrüchtiges H.,* **C. testiculáta** (Cr.) Roth

20. **Myosúrus** L., *Mäuseschwänzchen*

Blätt. grdst., schmal-lineal, grasart.; Kblätt. grünl.; Nektarblätt. staubblattart., spatelf.; Frkn. zahlr., z. Frzeit an verlängerter, mäuseschwanzähnl. Achse *(375);* ⨀; IV–VI. Feuchte, sandige u. lehmige Äcker, kalkmeidend; *z, f* in Alp. **M. mínimus** L.

21. Thalíctrum L., *Wiesenraute*

1. Bltn. hell lila od. weiß, in reichbltg. Trugdolden; Stbblätt. unterhalb der Stbbeutel keulig verdickt *(417a)*, länger als die deutl. gestielten Frkn.; Fr. glatt, hängd., 3kantig geflügelt *(417b)*; ♃; V–VII. Feuchte Moor- u. Waldwiesen, Gebüsch, besonders der mont. u. subalp. Reg.; *z*, im NW *f*, im N nur in Br.
Akeleiblättrige W., **Th. aquilegiifólium** L.

— Bltn. gelbl. od. grünl.; Stbblätt. nicht keulig verdickt **2**

2. Bltn. in Trauben; Pfl. klein, 5–20 cm hoch; Stg. 0- od. 1blättrig; Blätt. klein, Spr. nur 1–4 cm lg.; ♃; VII–VIII. Matten der Alp., *s*, Ti, Sb, Kt, St. *Alpen-W.*, **Th. alpínum** L.

— Bltn. in Rispen; Stg. beblättert **3**

3. Bltn. u. Stbblätt. aufrecht, an den Spitzen der Äste dicht gedrängt **6**

— Bltn. u. Stbblätt. hgd., in lockeren Rispen **4**

4. Fied. mind. 1,5mal länger als breit; Bltn. grünl.; Blätt. im Umriß längl., doppelt gefied., m. längl. od. linealen Fied.; Fr. kantig gerillt, durch pfeilf. Narbe bespitzt *(418)*; ♃; VI–VII. Mager-, Heide- u. Sumpfwiesen. *Schmalblättrige W.*, **Th. símplex** L.

a. Fied. aller Blätt., auch der ob., längl.-keilf., gelappt od. gezähnt; Bltnrispe bis zur Spitze beblätt. *s; f* in Sa u. NW. ssp. **símplex**

— Fied. aller Blätt. lineal-fadenf., ungeteilt; Pfl. an *Galium* (s. S. 448) erinnernd; *s* in Ba, BW, RhPf, Au. ssp. **galioídes** (DC.) Korsh.

— Fied. rundl., etwa so lg. wie breit **5**

5. Narbe am Rand fransig gezähnelt; Pfl. meist reich drüsig; Stg. rund od. nur schwach gerillt; ♃; VI–VIII. Steinige Hänge der Alp., auf Kalk, *s*, Ti, St. *Stinkende W.*, **Th. foétidum** L.

— Narbe nicht fransig; Pfl. meist ohne Drüsen; Stg. gerillt bis kantig; ♃; V–VII. Trockenrasen, Felsen, Magerwiesen, *z*.
Kleine W., **Th. mínus** L.

a. Blätt. in od. unterhalb der Mitte des steifen, zuw. zickzackf. Stg. gehäuft; Fied. m. untersts. stark hervortretenden Nerven; *z* bis *s*. (= *Th. saxatile* DC.)
ssp. **saxátile** Hook. f.

— Blätt. ± gleichmäßig am geraden Stg. verteilt . . . . **b**

b. Abschnitte der Blattmittelrippe nicht gerippt; St.
ssp. **pseudomínus** (Borb.) Soó

— Abschnitte der Blattmittelrippe stark gerippt . . . . **c**

c. Fied. 4–15 mm breit; Bltnstand oberhalb der Stgmitte verzweigt; *z*.
ssp. **mínus**

— Fied. 10–30 mm breit; Bltnstand von der Stgmitte an verzweigt; *s*, Alp.
ssp. **május** (Cr.) Hook. f.

6(3). Grdachse kurz, nicht kriechend, ohne Ausläufer; Blätt. ohne Nebenblätt., 2–3fach gefied.; Fied. lanzettl. oder längl.-keilf. bis schmal-lineal; Fr. m. 8–10 Längsrippen u. kurzem Schnabel *(419)*; ♃; VI–VIII. Feuchte Wiesen; im O häufiger, *z* in Au, *s* in S-NS, Me, Br, Sa, Th, Ba. (= *Th. angustifolium* L.)
Glänzende W., **Th. lúcidum** L.

— Grdachse verlängert, kriechend, zuw. Ausläufer treibend; Blätt. m. nebenblattart. Fied. **7**

7. Bltnrispe zusammengezogen, längl.-eif., Fr. rundl., 6rippig; Blätt. 2–3fach gefied.; Fied. verkehrt-eif., an der Spitze 3–4spaltig, obersts. dk-, untersts. hellgrün, kahl; Pfl. 50–120 cm hoch; ♃; VI–VIII. Feuchte Wiesen, Flußufer; *z*. *Gelbe W.*, **Th. flávum** L.

— Bltnrispe ausgebreitet, breit-eif.; Fr. fast kugelig, kurz geschnäbelt *(420);* Blätt. glzd., doppelt gefied.; Fied. verkehrt-eif.-keilig, unterststs. fein behaart od. kahl; ♃; VII–VIII. Buschige Ufer; *s* Bodensee, Oberrheintal, Maintal, früher Vb. (= *Th. exaltatum* GAUD.)
Hohe W., **Th. morisónii** C. C. GMEL.

22. Adónis L., *Adonisröschen, Teufelsauge*

1. Bltn. gelb, einzeln, endst., 3–7 cm im Dm; Kblätt. breit-eif., weichhaarig; Blkrblätt. 10–20 *(377);* Fr. dicht gedrängt auf walzl. Bltnboden, runzl.-netznervig, behaart, m. hakenf. Schnabel *(421);* ♃; IV–V. Sonnige Hügel, Heidewiesen u. Kiefernwälder; *s,* vorwgd. auf Kalk, aber auch auf Sand. Ⓖ *Frühlings-A.,* **A. vernális** L.

— Bltn. rot, wenn gelb, dann < 3 cm im Dm; Blkrblätt. 5–8 **2**

2. Kblätt. absthd. bis zurückgeschlagen, kahl, hinfällig; Blkrblätt. dk.blutrot, zusammenschließend, am Grd. schwarz; Fr. m. geradem Schnabel *(422);* ⨀; VI–IX. Gartenpfl., zuw. verwild. (Heimat: S-Eur.) (= *A. autumnalis* L.) *Herbst-A.,* **A. ánnua** L.

— Kblätt. den Blkrblätt. angedrückt **3**

3. Kblätt. ± weichhaarig; Blkrblätt. schmal-eif., scharlach-blutrot, selten gelb; Fr. mit seitl., geradem, schwarzem Schnabel u. an der Spitze m. abgerundetem Zahn *(423);* ⨀; V–VIII. Kalkäcker; *s,* stark zurückgegangen. *Brennendes A.,* **A. flámmea** JACQ.

— Kblätt. kahl; Blkrblätt. mennigrot od. zitronengelb (var. **citrínus** HOFFM.); Fr. kahl, runzelig, m. einer Längskante, die am oberen Rand in 1, vorn in 2 Zähne vorgezogen ist; Schnabel gerade, aufrecht, grün *(424);* ⨀; V–VII. Äcker, kalkliebend; *z, s* im N.
Sommer-A., **A. aestivális** L.

Familie: **Berberidáceae,** *Sauerdorn-, Berberitzengewächse*

Sträucher od. Stauden; Bltnorgane wirtelig angeordnet; Bltn. oft m. blumenblattart. Nektarblätt.; Stbblätt. 4 bis zahlr., Frblätt. 2–3, Frkn. oberst.; Beeren od. Kapselfr.

1. Bis 30 cm hohe Stauden m. 4zähligen Bltn. **Epimedium,** 202

— 50–300 cm hohe Sträucher; Bltn. 6zählig **2**

2. Blätt. rosettig an Kurztrieben, ungeteilt, am Rand stachelig gezähnt *(425a);* Blätt. der Langtriebe zu Dornen umgebildet *(425b);* Fr. rote Beeren . . . . **Berberis,** 201

— Blätt. nicht rosettig an Kurztrieben, unpaarig gefied., immergrün; Fied. am Rand stachelig gezähnt; Blätt. der Langtriebe nicht verdornt; Fr. blauschwarz bereifte Beeren
Mahonia, 201

1. Bérberis L., *Sauerdorn, Berberitze*

Bltn. gelb, in hgd. Trauben; Stbblätt. 6, reizbar (nach dem Berühren sich auf den Frkn. legend); bis 3 m hoher Strauch; ♃; V–VI. Sonnige Hügel, Gebüsch, Wälder; *z,* im N *s,* auch angepflanzt.
Gewöhnlicher S., **B. vulgáris** L.

2. Mahónia NUTT., *Mahonie*

Bltn. gelb, in ± aufrechten, reich verzweigten Bltnständen; ♃; IV–V. Zierstrauch, zuw. verwild. (Heimat: Westl. N-Am.) (= *Berberis aquifolium* PURSH)
M. aquifólium (PURSH) NUTT.

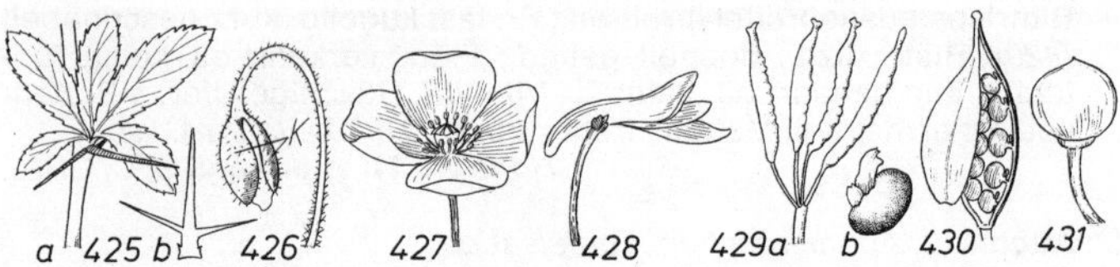

3. Epimédium L., *Sockenblume*
Pfl. 20–30 cm hoch, mit kriechender Grdachse; Blätt. doppelt 3zählig gefied., m. lg. gestielten, herzf. wimperig-gesägten Fied.; Bltn. in überhgd. Rispe; Kblätt. 4, vor dem Aufblühen abfallend; Bltnhüllblätt. 4, blutrot; darüber noch 4 sackf. Nektarblätt. *(217);* Fr. 2klappig aufspringende Kapsel; ♃; III–V. Feuchte Wälder, *s,* Kt (Arnoldstein, Mauthen), sonst angepfl. u. zuw. verwild. G *Alpen-S.,* **E. alpínum** L.

Ordnung: **Papaveráles** *(= Rhoeadales)*

Familie: **Papaveráceae,** *Mohngewächse*

Kräuter od. Stauden, häufig m. Milchsaft; Bltn. radiär *(427);* Kblätt. 2 (*426,* K), früh abfallend; Blkrblätt. 4; Stbblätt. zahlr.; Frkn. oberst., 2- bis vielblättrig; Fr. sich m. Poren od. Klappen öffnende Kapseln.

1. Milchsaft wäßrig, farblos; Kblätt. 2, verwachsen, beim Aufblühen sich mützenförmig abhebend . . **Eschscholzia,** 202
— Milchsaft weiß od. orangefarbig; Kblätt. 2, frei **2**
2. Milchsaft orangefarbig; Bltnstände mehrbltg.; Fr. sich 2klappig öffnende Schote ohne Scheidewand; Samen schwarz, m. weißem Anhängsel *(429b)* . . **Chelidonium,** 202
— Milchsaft weiß (selten gelb, dann Bltn. einzeln); Samen ohne Anhängsel **3**
3. Narbe des kugelig-längl. Frkn. scheibenf., 4–20strahlig; Fr. sich an der Spitze m. Löchern öffnende Porenkapsel **Papaver,** 203
— Narbe 2lappig; Fr. bis 22 cm lange, m. Scheidewand versehene Schote . . . . **Glaucium,** 203

1. Eschschólzia Cham., *Kappenmohn*
Blätt. mehrf. gefied. m. blaugrünen, linealen Zipfeln; Blkrblätt. leuchtend orangegelb (selten rot od. weiß); ⊙; VI–X. Aus Kalifornien stammende, *s* verwild. Zierpfl.
Kalifornischer K., **E. califórnica** Cham.

2. Chelidónium L., *Schöllkraut*
Pfl. 30–70 cm hoch, oft wollig behaart; Blätt. gefied., untersts. blaugrün; Fied. ungleich doppelt gekerbt od. gelappt; Bltn. gelb, m. zahlr. Stbblätt.; Fr. bis 5 cm lg. *(429a);* ♃; V–IX. Ruderalstellen, Gebüsch; *g.*
Ch. május L.

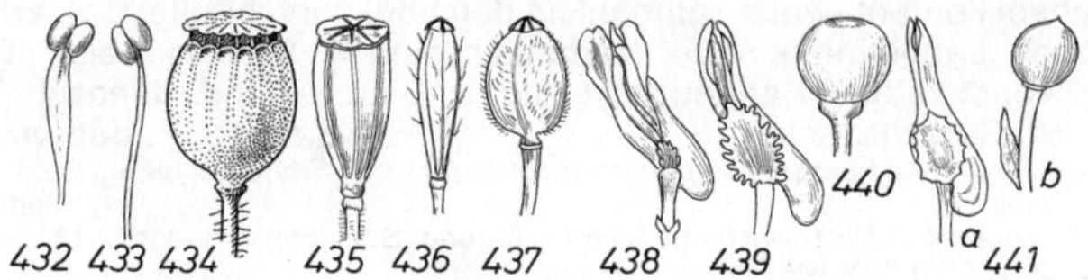

3. Glaúcium MILL., *Hornmohn*

1. Bltn. gelb; Fr. 15–22 cm lg., lineal, hornart. gebogen; Blätt. dick, fiedteilig, m. gezähnten od. gelappten Fied., zerstreut behaart; Pfl. blaugrün bereift; ⨀; VI–VII. Schutt- u. Sandfelder, Dünen; *v*, Küstengebiet von Be, Ho, SH, Da, sonst nur *z* eingeschleppt. *Gelber H.*, **G. flávum** CR.

— Bltn. rot od. orange, am Grd. oft m. schwarzen Flecken; Fr. 10–20 cm lg., nur schwach gebogen; Blätt. buchtig, fied.schnittig, m. ungleich gezähnten Fied.; Pfl. blaugrün bereift, steifborstig; ⨀; VI–VIII. Äcker u. Sandplätze, eingeschleppt; *s* u. unbeständig. (Heimat: Mittelmeergebiet) *Roter H.*, **G. corniculátum** (L.) RUDOLPH

4. Papáver L., *Mohn*

1. Pfl. ♃; Blätt. in grdst. Rosette; Bltnstg. unverzweigt, 1bltg.; Bltn. weiß od. gelb; ♃; VII–VIII. Schuttfluren der alp. Reg. Ⓖ *Alpen-M.*, **P. alpínum** L.

a. Bltn. meist gelb . . . . **c**

— Bltn. meist weiß . . . . **b**

b. Blattzipfel meist spitz, 0,7–2,5 mm breit, oft behaart; Narbenstrahlen meist 5; *z*, Ba, Sb, Ti, St, OÖ. (= *P. sendtneri* KERN. ex HAY.) Ⓖ *Salzburger Alpen-M.*, ssp. **séndtneri** (KERN. ex HAY.) SCH. & K.

— Blattzipfel meist stumpf, schmal, 0,5–1,5 mm breit; Narbenstrahlen meist 4; *s*, St, OÖ. [= *P. burseri* CR.; = *P. alpinum* L. ssp. *burseri* (CR.) FEDDE] Ⓖ *Nordostalpen-M.*, ssp. **alpínum**

c(a). Blätt. meist behaart, asymmetrisch 1–2fach gefied.; Fied. stumpf, 1–6 mm breit; Narbenstrahlen 5–7; *z*, Sb, Ti, St. (= *P. rhaeticum* LERESCHE; = *P. aurantiacum* LOISEL.) Ⓖ *Rhätischer Alpen-M.*, ssp. **rhaéticum** (LERESCHE) NYM.

— Blätt. meist kahl, doppelt gefied.; Fied. ca. 0,5 mm breit; Narbenstrahlen 5; *s*, Kt. (= *P. kerneri* HAY.) Ⓖ *Illyrischer Alpen-M.*, ssp. **kérneri** (HAY.) FEDDE

— Pfl. ⨀, m. beblättertem, meist verzweigtem Stg.; Bltn. rot (nur bei Kulturpfl. weiß, rosa od. violett) **2**

2. Blätt. wenig geteilt, stgumfassend, blaugrün bereift, kahl; Bltn. weiß, rosa od. violett, am Grd. m. dunklen Flecken; ⨀; VI–VIII. Als Ölpfl. angebaut, stellenw. verwild. (Heimat: wahrscheinl. westl. Mittelmeergebiet) *Schlaf-M.*, **P. somníferum** L.

— Blätt. stark zerteilt, nicht stgumfassend, behaart; Bltn. meist rot **3**

3. Stbfäden zur Spitze keulenf. verbreitert *(432)*; Kapsel borstig, selten kahl **5**

— Stbfäden spitzenw. nicht verbreitert *(433)*; Kapsel kahl . **4**

4. Kapsel verkehrt-eif., m. abgerundetem Grd. *(434)*, etwa doppelt so lg. wie breit; Narbenstrahlen 10 (8–14), sich gegenseitig m. den Rändern deckend; Bltnstiel, Stg. u. Blätt. absthd. od. anlgd. borstig behaart (hinsichtl. der Behaarung sehr variabel); ⨀; V–VII. Äcker; *v*. Formenreich. *Klatsch-M.*, **P. rhoéas** L.

— Kapsel keulenf.-walzl., allmähl. in den Stiel verschmälert, m. erhabenen Längslinien *(435)*; Narbenstrahlen 4–9, sich meist nicht deckend; Bltnstiel angedrückt, Stg. u. Blätt. absthd. behaart; ⨀; V–VI. Sandige Äcker; *v.* *Saat-M.*, **P. dúbium** L.

a. Lappen der Narbenscheibe sich nicht berührend; Stbbeutel bläul.; Milchsaft weiß; *v.* ssp. **dúbium**

— Lappen der Narbenscheibe sich berührend; Stbbeutel braungelb; Milchsaft gelb; *s*, Ba, BW, NS, Be. (= *P. lecoqii* LAMOTTE) *Lecoqs M.*, ssp. **lecóqii** (LAMOTTE) SYME

Nahe verwandt ist **P. confíne** JORD.: Milchsaft sich von weiß nach gelb verfärbend, später rot eintrocknend; Verbreitung ungenügend bekannt, *s*, z. B. S-Dt, St, Kt.

5(3). Kapsel lg.-keulenf., mehrmals länger als breit, deutl. gerippt, spärl. m. aufrechten Borsten *(436)*; Narbenstrahlen 4–6; Stg. u. Blätt. anlgd. borstig behaart; ⨀; V–VII. Sandige Äcker; *v.* *Sand-M.*, **P. argemóne** L.

— Kapsel eif.-rundl., höchstens doppelt so lg. wie breit, dicht m. gelbl.weißen, aufw. gerichteten Borsten *(437)*; Narbenstrahlen 5–8; Stg. absthd. od. angedrückt steifhaarig; ⨀; V–VII. Äcker u. Schuttplätze; *s* u. unbeständig. (= *P. hispidum* LAM.) *Bastard-M.*, **P. hýbridum** L.

Familie: **Fumariáceae**, *Erdrauchgewächse*

Kräuter od. Stauden (Geophyten) m. wechselst., meist geteilten Blattspr. u. wäßrigem Saft; Bltn. in Trauben, bilateral *(75)* od. zygomorph (dorsiventral; *428*), häufig gespornt; Stbblätt. 6, zuw. jew. 3 zu 2 Bündeln verwachsen; Fr. scheidewandlose Schote *(430)* od. Nüßchen *(431)*.

1. Bltn. gespornt **3**

— Bltn. nicht gespornt, Blkr. höchstens etwas ausgesackt . **2**

2. Bltn. herzf. *(75)*, nickend, rötlich, in einseitswendigen, bogig hgd. Trauben . . . . **Dicentra,** 206

— Bltn. nicht herzf., gelb; Blkrblätt. 4, beide innere 3spaltig, beide äußere ungeteilt . . . . **Hypecoum,** 206

3(1). Fr. schotenf., vielsamig *(430)*; Sporn meist verlängert **Corydalis,** 204

— Fr. einsamige, kugelige Nuß *(440–441b)*; Sporn nur sackf. *(438–439, 441a)* . . . . **Fumaria,** 205

1. **Corýdalis** VENT., *Lerchensporn* (incl. **Pseudofumaria** MED.)

1. Stg. m. Hilfe von Blattranken kletternd, 50–100 cm lg.; Bltn. klein, schmutzigweiß, m. kurzem, sackart. Sporn; ⨀; VI–IX. Lichte Wälder, Gebüsch; nur im NW, ostw. bis O-Da, W-Me, NW-SaAn. *Rankender L.*, **C. claviculáta** (L.) DC.

— Pfl. nicht rankend, kleiner **2**

2. Pfl. mehrstengelig, ohne unterirdische Knolle; Stg. stets mehrblättrig; Bltn. gelb od. weiß od. gelbl.-weiß, niemals rot **6**

— Pfl. einstengelig, am Grd. m. Knolle; Stg. meist 2blättrig; Bltn. in endst. Trauben, purpurn od. weiß **3**

3. Bltntraube 1–5bltg., nickend **5**

— Bltntraube 4–20bltg., aufrecht **4**

4. Tragblätt. der Bltn. eif., ganzrandig; Stg. an der Basis ohne Niederblätt.; Knolle im Alter hohl; ♃; III–V. Laub- (vor allem Buchen-) wälder; *v* im S, *z* im NO, *s* im NW. [= *C. bulbosa* (L.) PERS. non (L.) DC.] *Hohler L.,* **C. cáva** (L.) SCHWEIGG. & KOERTE

— Tragblätt. der Bltn. keilf., fingerf. eingeschnitten; Stg. am Grd. m. 1 bleichen Niederblatt; Knolle kugelig, massiv; ♃; III–IV. Lichte Wälder, Gebüsch; *z, s* im NW. [= *C. bulbosa* (L.) DC.] *Gefingerter L.,* **C. sólida** (L.) CLAIRV.

5(3). Tragblätt. der Bltn. eif., ganzrandig; Stg. 7–15 cm hoch, am Grd. m. 1 bleichen Niederblatt; Knolle kugelig, massiv; ♃; III–IV. Lichte Wälder, Gebüsch; *z.* [= *C. fabacea* (RETZ.) PERS.] *Mittlerer L.,* **C. intermédia** (L.) MÉR.

— Tragblätt. der Bltn. keilf., fingerf. eingeschnitten; Stg. 7–20 cm hoch, am Grd. m. 1 bleichen Niederblatt; ♃; III–IV. Lichte Wälder, Gebüsch; *s,* im W und S, in Au nur OÖ. *Zwerg-L.,* **C. púmila** (HOST) RCHB.

6(2). Sporn fast so lg. wie die Blkrblätt.; unterstes Tragblatt der grünl.gelben Bltn. den Laubblätt. gleichgestaltet, die ob. einfacher; ⨀; VI–VIII. Felsspalten von St, sehr *s,* sonst eingeschleppt. *Armblütiger L.,* **C. capnoídes** (L.) PERS.

— Sporn kurz, sackf.; Tragblätt. klein, am Rand gezähnelt; Bltn. gelb. od. gelbl.weiß **7**

7. Blattstiel nicht geflügelt; Blätt. blaugrün; Pfl. reich verzweigt; Bltn. lebhaft gelb; Samen schwarz glzd.; ♃; V–IX. Zierpfl., oft verwild., *z.* (Heimat: S- u. Zentralalp.) [= *Pseudofumaria lutea* (L.) BORKH.] *Gelber L.,* **C. lútea** (L.) DC.

— Blattstiel geflügelt; Bltn. gelbl.weiß, an der Spitze gelb; Samen mattschwarz; ♃; VI–X. Zierpfl., gelegentlich verwild. u. eingebürgert. (Heimat: Italien u. W-Balkan) [= *Pseudofumaria alba* (MILL.) LIDÉN] *Blaßgelber L.,* **C. ochroleúca** KOCH

2. Fumária L., *Erdrauch*

1. Stg. lg., schlaff, niederlgd. od. kletternd; Blattstiele oft rankend; reife Fr. glatt **7**

— Stg. aufstgd. od. aufrecht, selten kletternd od. kriechend . **2**

2. Kblätt. (leicht abfallend) sehr klein, 0,5–1 mm lg. *(438),* höchstens ¼ so lg. wie die Blkr. **5**

— Kblätt. 2–3 mm lg., etwa ⅓ bis ½ so lg. wie die Blkr. ohne Sporn *(439)* **3**

3. Kblätt. schmäler als die 5–8 mm lange Blkrröhre u. etwa ⅓ so lg. wie diese; Bltn. purpurrot, an der Spitze dkrot, m. grünem Kiel; Fr. breiter als hoch; ⨀; IV–X. Äcker u. Schuttplätze; *v.* Gewöhnlicher E., **F. officinális** L.

a. Traube mehr als 20bltg.; Bltn. m. Sporn ca 8 mm lg.; Fr. oben eingedruckt *(440); v.* ssp. **officinális**

— Traube 10–20bltg.; Bltn. mit Sporn 5–6 mm lg.; Fr. oben nicht eingedrückt; *s.* ssp. **wirtgénii** (KOCH) ARCANG.

— Kblätt. so breit od. breiter als die Blkrröhre *(441a),* etwa ½ so lg. wie diese; Bltn. rosa bis weiß, an der Spitze dkpurpurrot **4**

4. Äußere Blkrblätt. kurz geschnäbelt *(441a);* Fr. kurz bespitzt *(441b),* schwach runzelig; ⨀; VI–IX. Äcker, Schuttplätze; *s,* nur in SaAn, Th, Sa, St. *Geschnäbelter E.,* **F. rostelláta** KNAF

— Äußere Blkrblätt. nicht geschnäbelt, rosarot bis weiß, an der Spitze dkrot; Bltn. in anfangs gedrängten, sich später verlängernden Trauben; Fr. kugelig, stumpf, an

der Spitze m. 2 rundl. Grübchen, etwa so lg. wie der Frstiel; ⨀; V–VI. Nur vorübergehend eingeschleppt. (Heimat: W- u. S-Eur.) (= *F. micrantha* LAG.)
Dichtblütiger E., **F. densiflóra** DC.

5(2). Tragblätt. der Bltn. etwa ⅓ so lg. wie die aufrecht-absthd. Frstiele; Bltn. ca. 5 mm lg., rosarot, an der Spitze dkrot, m. grünem Kiel; Fr. kugelig, kurz bespitzt; ⨀; V–X. Äcker; im S *s,* im N *f.*
Dunkler E., **F. schleícheri** SOY.-WILL.

— Tragblätt. der Bltn. etwa so lg. wie die Frstiele; Bltn. blaßrot bis weiß, m. dunkler Spitze **6**

6. Fr. kugelig, stumpf [*s* bespitzt, var. *schrammii* (ASCH.) HAUSSKN.], glatt; Bltn. blaßrot; Kblätt. schmäler als der Bltnstiel; Blattfied. lanzettl., flach; ⨀; V–X. Äcker, Schuttplätze, Weinberge; *v* im S, *s* im N. *Buschiger E.*, **F. vaillántii** LOIS.

— Fr. runzelig-rauh, bespitzt, rundl.-eif.; Bltn. weißl., an der Spitze dkpurpurrot; Blattfied. lineal, rinnig; ⨀; VI–IX. Gemüseäcker, Weinberge; *s* im S, meist unbeständig, im N *f;* wild nur in Be, sonst S-Eur. (= *F. tenuifolia* G. M. SCH.)
Kleinblütiger E., **F. parviflóra** LAM.

7(1). Bltn. rosa bis weiß, m. dk.-purpurroter Spitze 10–15 mm lg.; Fr. kugelig abgestutzt, oben m. 2 rundl. Gruben; Frstiele stark herabgekrümmt; ⨀; V–IX. *s,* aber nur eingeschleppt. (Heimat: S- u. W-Eur.) *Rankender E.*, **F. capreoláta** L.

— Bltn. purpurn, an der Spitze fast schwarz, 9–12 mm; Fr. kugelig, nicht abgestutzt; Frstiele absthd.; ⨀; VI–IX. An Mauern; *s* in Be, Ho, in Dt früher b. Hamburg. *Mauer-E.*, **F. murális** SOND. ex KOCH

3. **Hypécoum** L., *Gelbäugelchen*

Bltn. gelb; ⨀; VI–VII. *s,* aus S-Eur. eingeschleppt. **H. péndulum** L.

4. **Dicéntra** BERNH., *Herzblume*

Bltn. rot, zweiseitig-symmetrisch *(75),* in langen, einseitswendigen Trauben; ♃; IV–V. Zierpfl.: Heimat: SO-Asien. *Tränende H.*, **D. spectábilis** (L.) LEM.

Ordnung: **Aristolochiáles**

Familie: **Aristolochiáceae,** *Osterluzeigewächse*

Stauden od. windende Holzpfl., m. 2zeilig gestellten, ganzrandigen Blätt.; Bltn. ⚥, radiär od. zygomorph; Bltnhülle einfach, blumenblattart., verwachsen, röhrig od. glokkig; Stbblätt. 6–12, m. dem Gr. zu einem Säulchen verwachsen *(443);* Frkn. unterst. 4–6fächerig; Narbe 6strahlig.

1. Bltnhülle radiär, glockig; Rhizomstaude m. 2 meist immergrünen, nierenf. Blätt. *(442)* . . . . **Asarum,** 206

— Bltnhülle zygomorph, röhrig od. tabakpfeifenähnl. *(443–444);* Stauden od. Lianen; Blätt. herzf., ± spitz, sommergrün . . . . **Aristolochia,** 207

1. **Ásarum** L., *Haselwurz*

Grdachse kriechend, m. 2–3 bräunl.-grünen, 2zeilig gestellten Niederblätt. u. 2 lg. gestielten, nierenf., obersts. glzd. Blätt. *(442)* von pfefferart. Geruch u. Geschmack; Bltn. einzeln, endst., nickend *(442),* m. 3,

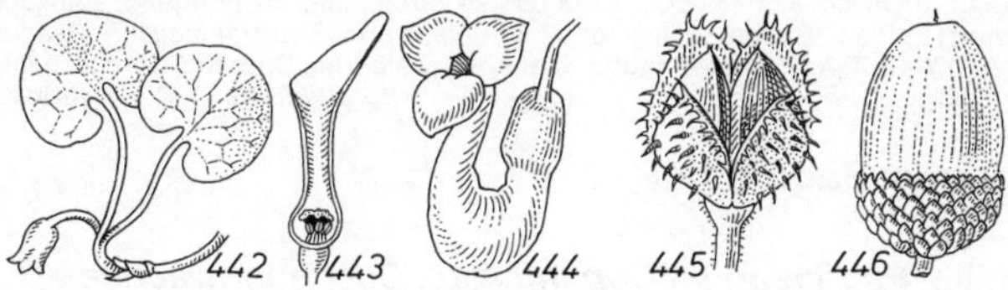

außen bräunl., innen dkpurpurnen Zipfeln; Stbblätt. 12; ♃; III–V. Laubwälder; vorwgd. auf Kalk; *v,* im N *s,* im NW *f.* **A. europaéum** L.

a. Blätt. auf beiden Seiten behaart; (Blattoberseite m. Papillen; Ba, *s.* var. **románicum** KUKKONEN & UOTILA); *v.* ssp. **europaéum**

— Blätt. sommergrün, untersts. höchstens auf den Nerven behaart, oft zugespitzt, Oberseite m. Papillen, ohne Stomata. *s,* Kt, St. (= *A. ibericum* STEV. ex WORONOV) ssp. **caucásicum** (DUCH.) SOÓ

2. Aristolóchia L., *Osterluzei*

1. Stg. krautig, nicht windend, 25–60 cm hoch; Blätt. tief herzf.; Bltn. achselst., in Büscheln (= doldenähnl. Wickeln), z. Bltzt. aufrecht, später hgd., grünl.gelb, m. am Grd. bauchig erweiterter u. oben in eine eif. Zunge verbreiterter Röhre *(443);* Stbblätt. 6; ♃; V–VI. Heimat: Mittelmeergebiet. Als ehemalige Arzneipfl. aus Kulturen verwild., besonders in Gegenden mit Weinbau, *z.* *Osterluzei,* **A. clematítis** L.

— Stg. verholzend, windend, 3–6 m lg., m. großen, herzf. Blätt.; Bltn. tabakpfeifenähnl. m. gekrümmter, brauner Röhre u. 3lappigem Saum *(444);* ♃; VII–VIII. Angepflanzt, selten verwild. (Heimat: O-NAm.) (= *A. sipho* L'HÉR.; = *A. macrophylla* LAM.) *Pfeifenwinde,* **A. dúrior** HILL

Unterklasse: **Hamamelidídae** *(= Amentiferae), Kätzchenblütler*

Hierzu zählt heute der Großteil der bislang als **Apetalae** bezeichneten, windbestäubten, holzigen Kätzchenblütler, deren Bltn. sich durch fehlende od. einfache, oft unscheinbare Bltnhülle auszeichnen *(= Apetalae; = Monochlamydeae).*

Ordnung: **Hamamelidáles**

Familie: **Platanáceae,** *Platanengewächse*

Bäume; Borke in größeren od. kleineren Stücken abblätternd; Stamm dadurch grünl., gelbl. u. bräunl. gefleckt; Blätt. 3–7lappig, ungleich grob gezähnt; Nebenblätt. groß, laubblattart., stgumfassend; Bltn. eingschl., in kugeligen, gestielten, hgd. Bltnständen; ♂ Bltn. m. 3–8 Stbblätt., ♀ Bltn. m. 3–8 freien Frkn.; sämtl. Arten angepflanzt. Einzige Gattung:

Plátanus L., *Platane*

1. Blätt. bis über die Mitte handf. 5–7lappig, untersts. verkahlend; Borke in größeren Platten abspringend; Bltn. 4zählig, in 2–4(–7) Köpfchen; ♃; V. (Heimat: Balkanländer) *Morgenländische P.,* **P. orientális** L.

— Blätt. seicht, nur bis zur Mitte 3–5lappig **2**

2. Blätt. untersts. stets behaart; Borke kleinplattig abspringend; Bltn. 6zählig, meist in 1 Köpfchen; ♃; V. (Heimat: N-Am.) *Nordamerikanische P.,* **P. occidentális** L.

— Blätt. untersts. später verkahlend; Borke großplattig abspringend; Bltnköpfchen meist 2; ♃; V. Bastard zwischen *P. orientalis* und *P. occidentalis* [= *P. acerifolia* (AIT.) WILLD.]. An Flußufermauern stellenw. (Ostberlin, Dresden, Stuttgart) fast eingebürg. *Ahornblättrige P.*, **P.** x **hýbrida** BROT.

Ordnung: **Fagáles**

Familie: **Fagáceae** *(= Cupuliferae), Buchengewächse*

Holzpfl., m. spiralig od. 2zeilig gestellten Blätt.; Nebenblätt. früh abfallend; Bltn. eingeschl., einhäusig, m. unscheinbarer Bltnhülle; Frkn. 3–6fächerig; Nußfr., einzeln od. zu mehreren, von Frbecher *(Cupula)* umschlossen *(445–446)*.

1. Blattspr. am Rand gebuchtet *(447–452)*; ♂ Bltn. in lockeren, hgd. Kätzchen; Frbecher napff. m. 1 Fr. *(446)* **Quercus,** 208
— Blattspr. ganzrandig od. gezähnt; Frbecher geschlossen, stachelig, meist 2–3 Fr. umschließend **2**
2. Blattspr. ganzrandig, am Rand gewellt *(271)*; ♂ Bltn. in hgd., kugeligen Kätzchen; ♀ Bltn. zu 2, von gemeinsamer Hülle umgeben, aufrecht; Frbecher 4klappig aufspringend *(445)*, 2 dreikantige Nüsse umschließend *(445)* . **Fagus,** 208
— Blattspr. stachelig gezähnt *(268)*, sehr groß; ♂ Bltn. gebüschelt, in aufrechter Ähre, am Grd. m. ♀ Bltn.; Frhülle kugelig, stachelig, m. 2–3 Fr. . . . . **Castanea,** 208

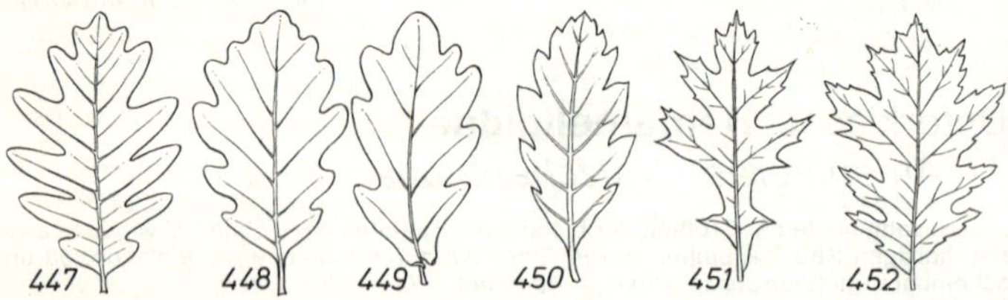

1. Castánea MILL., *Edelkastanie*
Blätt. bis 18 cm lg., 2zeilig; Bltn. nach den Blätt. erscheinend; Rinde glatt, olivbraun; bis 20 m hoher Baum; ♃; VI. Laubwälder, in Au wild, im SW eingebürg. *Edelkastanie, Eßkastanie,* **C. satíva** MILL.

2. Fágus L., *Rotbuche*
Rinde glatt, grau; Blätt. 2zeilig, in der Jugend zottig bewimpert; Bltnstände m. den Blätt. erscheinend; ♃; IV–V. Bis 30 m hoher Waldbaum; *v* u. *h*. **F. sylvática** L.

f. **purpúrea** AIT., *Blutbuche:* Blätt. vor allem im Frühjahr blutrot gefärbt.

3. Quércus L., *Eiche*
1. Blattspr. > 12 cm, tief fiedspaltig, m. zugespitzten Lappen, sich im Herbst scharlachrot verfärbend **5**

— Blattspr. meist < 12 cm, nicht tief fiedspaltig, nur gelappt u. sich im Herbst nicht scharlachrot verfärbend **2**

2. Blattlappen zugespitzt *(450),* junge Blätt. beidsts. graufilzig; Fr. im 2. Jahr reifend; Frbecher m. lineal-prieml., braunfilzigen, sparrig abstehenden Schuppen; Nebenblätt. fädl., bleibend; ♃; IV. Lichte, trockene Wälder, St, Burgund, sonst S-Eur.; zuw. als Forstbaum kultiviert. *Zerr-E.,* **Qu. cérris** L.

— Blattlappen stumpf *(447–449);* Fr. im 1. Jahr reifend; Frbecher ohne sparrig absthd. Schuppen **3**

3. Junge Triebe u. Blätt., besonders untersts. sternhaarig, weiß-filzig; Blätt. jedersts. m. 4–7 abgerundeten Lappen *(447);* Frbecher filzig; 3–20 m hoher Baum; ♃; IV–V. Sonnige Hügel, steinige Abhänge; *s,* nur in S-BW, E, RhPf, Th, Ti, Kt, St. *Flaum-E.,* **Qu. pubéscens** Willd.

— Blätt. u. junge Triebe kahl od. nur anfangs schwach behaart; Frbecher kahl **4**

4. Blattstiel 1–3 cm lg.; Spreite breit-eif., symmetrisch, am Grd. keilf. *(448);* Frstand kurz gestielt; ♃; IV–V. Wälder; *v* bis *z.* (= *Qu. sessilis* Ehrh.; = *Qu. sessiliflora* Sal.) *Trauben-E.,* **Qu. petraéa** (Matt.) Liebl.

— Blattstiel sehr kurz; Spreite längl., asymmetrisch, am Grd. herzf. geöhrt *(449);* Frstand lg. gestielt; ♃; IV–V. Wälder; *v.* (= *Qu. pedunculata* Ehrh.) *Stiel-E.,* **Qu. róbur** L.

5(1). Blätt. 8–12 cm lg., tief fiedspaltig, jedersts. m. 2–4 längl., fast waagrecht absthd. Lappen *(451),* beiderstst. glzd. grün; Fr. kugelig, bis 1,5 cm lg. (Heimat: N-Am.); forstl. kultiviert, auch als Zierbaum. *Sumpf-E.,* **Qu. palústris** Münchh.

— Blätt. > 12 cm, fast bis zur Mitte fiedspaltig, jedersts. m. 4–6 breiten, spitzen u. grobgezähnten Lappen *(452),* obersts. tiefgrün-matt, untersts. in den Nervenwinkeln bärtig; Frbecher m. kleinen, kahlen Schuppen; Fr. rundl.-eif., bis 2,5 cm lg. Als Forstbaum angepfl. (Heimat: N-Am.) *Rot-E.,* **Qu. rúbra** L.

Bastardbildungen

Familie: **Betuláceae,** *Birkengewächse*

Bäume od. Sträucher; Bltn. in walzl. Kätzchen; ♂ Bltn. m. unscheinbarer Bltnhülle, zu mehreren in den Achseln von Tragblätt.; Stbbeutel an der Spitze ohne Haarbüschel; Fr. geflügelte Nüßchen, ohne Hülle *(456).*

1. ♀ Bltn. in eif. Kätzchen *(170),* zu mehreren unterhalb der hgd. ♂ Kätzchen; Stbblätt. nicht gespalten; Frzapfen rundl., verholzend; Kätzchen vor den Blätt. erscheinend **Alnus,** 210

— ♀ Bltn. in verlängerten, walzl. Ähren, m. den Blätt. erscheinend u. bei Reife zerfallend; Frschuppen 3lappig *(457–458);* Samen geflügelt *(456);* ♂ Kätzchen hgd.; Stbblätt. 2spaltig *(455);* Bäume m. häufig weißer Stammrinde od. Sträucher . . . . **Betula,** 209

1. **Bétula** L., *Birke*

1. Niedrige Sträucher; Blätt. klein, höchstens bis 35 mm lg., stumpf, rundl., kurz gestielt *(461–462);* Kätzchen aufrecht; Rinde graubraun **4**

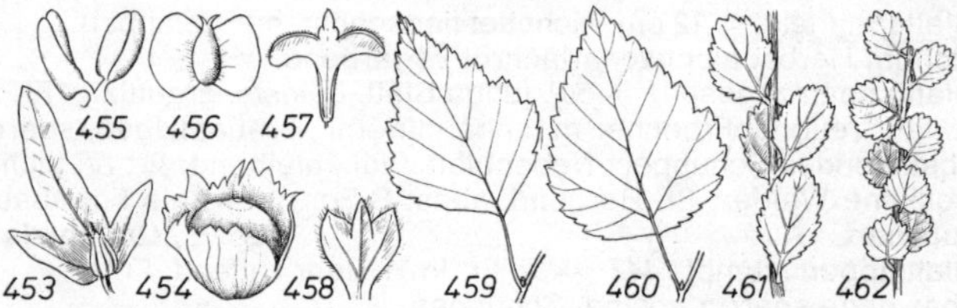

— Bäume od. höh. Sträucher; Blätt. zugespitzt, lg. gestielt *(459–460)*, viel > 35 mm; Bltnkätzchen zuletzt hgd.; Rinde weißl. **2**

2. Junge Zweige hgd., glzd. rötl.-braun, fast kahl, reichl. m. warzigen Harzdrüsen; Blätt. aus breit-keilf. Grd. 3eckig.rhombisch, m. nicht abgerundeten Seitenecken, lg. zugespitzt *(459);* Mittellappen der Frschuppen kürzer als die beiden stets zurückgebogenen Seitenlappen *(457);* ♃; IV–V. Trockene Laub- u. Nadelwälder, Moore, Heidewiesen; bis in die Voralp.-Reg., *v.* (= *B. verrucosa* EHRH.) *Hänge-B., Warzen-B.,* **B. péndula** ROTH

— Junge Zweige nie hgd., kaum m. warzigen Harzdrüsen, weichhaarig; Blätt. aus herzf. Grd. ei- bis rautenf., m. abgerundeten Seitenecken, kurz zugespitzt *(460);* Mittellappen der Frschuppen länger als die aufgebogenen Seitenlappen *(458)* **3**

3. Rinde glzd. bräunl. bis rötl.-schwarz; junge Zweige bald verkahlend; Blätt. meist ganz kahl, rautenf., in der Mitte am breitesten; Stamm knorrig; häufig strauchig wachsend; ♃; IV–V. *z* in Alp., M.-Geb., Heidemoore im N. *Karpaten-B.,* **B. carpática** W. & K.

— Rinde gelbl.weiß od. grauweiß; junge Zweige fein behaart; Blätt. untersts. in den Nervenwinkeln behaart, eif. bis rundl.-eif., unterhalb der Mitte am breitesten *(460);* ♃; IV–V. Wälder, Moore, Sümpfe; *v.* *Moor-B.,* **B. pubéscens** EHRH.

4(1). Blätt. länger als breit, ungleich gesägt *(461);* junge Zweige drüsig behaart; Strauch 50–150 cm hoch; ♃; IV–V. Flachmoore, Erlenbrüche; *s.* Ⓖ *Strauch-B.,* **B. húmilis** SCHR.

— Blätt. breiter als lg., fast kreisrund, stumpf gekerbt *(462);* junge Zweige ohne Drüsen; Strauch 20–50 cm hoch; ♃; IV–V. Hochmoore, Torfbrüche; *s* in Sb, Ti, Vb, Kt, St, OÖ, Ba, Erzgeb., Harz (Brocken), Iser- u. Riesengeb., Bayrw., NS (Bodenteich), Br. Ⓖ *Zwerg-B.,* **B. nána** L.

Bastardbildungen

2. Álnus MILL., *Erle*

1. Sträucher; Knospen sitzend, spitzl.; ♂ Kätzchen erst nach den herb duftenden Blätt. erscheinend; Blätt. eif., spitz, scharf doppelt gesägt, beidersts. grün u. untersts. auf den Nerven kurzhaarig; Fr. breit geflügelt; ♃; IV–V. Krummholzstufe, kalkmeidend; *v* Alp. u. Vorland, *s* im Bayrw., Schw., Elbsandsteingeb., Lausitzer Bergland. *Grün-E.,* **A. víridis** (CHAIX) DC.

— Bäume; Knospen gestielt, stumpf; Kätzchen vor den Blätt. erscheinend; Fr. kaum geflügelt **2**

2. Blätt. zugespitzt, doppelt gesägt *(273),* untersts. etwas behaart, m. 8–12 Paaren von Seitennerven; Knospen nicht klebrig; ♀ Kätzchen sitzend od. kurz gestielt; Rinde grau, glatt; ♃; III–IV. Auwälder, Flußufer; kalkliebend; *v.* *Grau-E.,* **A. incána** (L.) MOENCH

— Blätt. an der Spitze stumpf od. ausgerandet *(267),* untersts. in den Nervenwinkeln bärtig, anfangs wie die Knospen klebrig, m. 5–8 Paaren von Seitennerven; ♀ Kätzchen deutl. gestielt; ♃; III–IV. Flußufer, Bruch- u. Auwälder; *v.* *Schwarz-E.,* **A. glutinósa** (L.) GAERTN.

Familie: **Coryláceae,** *Haselnußgewächse*

Holzpfl. m. spiralig od. 2zeilig gestellten Blätt.; Nebenblätt. früh abfallend; Bltnhülle fehlend od. unscheinbar; ♂ Bltn. in hgd. Kätzchen; Stbbeutel an der Spitze mit einem Haarbüschel; Nußfr., die von einer Hülle umgeben sind *(453–454).*

1. ♀ Bltn. in knospenf., aufrechten Bltnständen, aus denen die roten Narben hervorragen *(169);* ♂ Kätzchen hgd. u. schon im Spätsommer des Vorjahres erscheinend; Pfl. z. Bltzt. noch ohne Blätt.; Fr. becherf. umhüllte Nuß *(454)* **Corylus,** 211

— ♀ Bltn. in verlängerten Ähren **2**

2. Frhülle offen, 3teilig *(453)* . . . . **Carpinus,** 211

— Frhülle das Nüßchen sackart. umschließend; Frstände zapfenart., denen des Hopfens (*Humulus lupulus,* S. 213) gleichend . . . . **Ostrya,** 211

1. Cárpinus L., *Hainbuche*

Bis 25 m hoher Baum m. glatter, grauer Rinde u. gedrehten Längswülsten; junge Zweige u. Blattstiele zottig; Blätt. 2zeilig, faltig, am Rand doppelt gesägt, m. 10–15 Paaren von Seitennerven; ♃; IV–V. Laubwälder; *v.* *Hainbuche, Weißbuche,* **C. bétulus** L.

2. Córylus L., *Hasel, Haselnuß*

1. Frhülle offen, am Rand in breite, kurze Lappen geteilt *(454);* ♃; II–IV. Als Unterholz von Laubwäld. u. auf Trockenhängen; *v;* auch angepflanzt. *Gewöhnliche H.,* **C. avellána** L.

— Frhülle geschlossen, walzl.-röhrig; Fr. größer als bei voriger; ♃; II–IV. Als Nutz- u. Zierstrauch angepflanzt (häufig in der rotblättrigen Form). (Heimisch in Laubwäld. von SO-Eur.) *Große H., Lamberts-H.,* **C. máxima** MILL.

3. Óstrya SCOP., *Hopfenbuche*

Strauch od. bis 10 m hoher Baum; junge Zweige ± behaart; Blätt. kurz gestielt, 2zeilig angeordnet, m. eif., am Grd. fast herzf., am Rand scharf doppelt gesägter 5–10(–13) cm langer und 2,5–6 cm breiter, etw. ungleichhälftiger, obersts. glzd. grüner, untersts. hellgrüner Spreite; Nerven beidsts. zu 11–17, untersts. stark hervortretend, anfangs behaart, später verkahlend; ♂ Kätzchen dichtbltg., hgd., bis 12 cm lg. und 7 mm dick; ♃; IV–VI. *f* in Dt; *s,* Ti (Nikolsdorf, Innsbruck), St, in Kt *z.* **O. carpinifólia** SCOP.

Ordnung: **Urticáles**

Familie: **Ulmáceae,** *Ulmengewächse*

Holzpfl., m. 2zeilig gestellten, asymmetrischen Blätt. *(269);* Nebenblätt. früh abfallend; Bltn. einzeln *(Celtis)* od. in büschelartigen Bltnständen *(Ulmus);* Bltnhülle einfach, 4–5blättrig; Stbblätt. 4–5; Frblätt. 2; breitgeflügelte Nuß- *(Ulmus, 463–464)* od. Steinfr. *(Celtis).*

1. Bltn. in Büscheln; Fr. geflügelte Nuß . . . . . **Ulmus,** 212
— Bltn. einzeln; Fr. steinfruchtartig . . . . **Celtis,** 212

1. Úlmus L., *Ulme, Rüster*

1. Bltn. lg. gestielt, herabhgd.; Stbblätt. 6–8; Frflügel am Rand zottig gewimpert; Blätt. elliptisch, untersts. kurzhaarig. Bis 25 m hoch; ♃; III–V. Wälder *z.* (= *U. effusa* WILLD.; = *U. pedunculata* FOUG.) *Flatter-U.,* **U. laévis** PALL.
— Bltn. fast sitzend, aufrecht; Stbblätt. 3–6; Fr. kahl; Blätt. breit-eif. **2**
2. Pfl. oft m. Wurzelschößlingen; Blattspr. obersts. kaum borstig, untersts. in den Nervenwinkeln bärtig, 6–10 cm lg.; Seitennerven in 7–12 Paaren; Samen im ob. Teil der Fr. *(463);* Äste zuw. breit-borkig geflügelt [var. *suberosa* (MOENCH) REHD.]; Strauch od. bis 40 m hoher Baum; ♃; III–IV. Wäld.; *v, f* im NW. (= *U. campestris* L.; = *U. carpinifolia* GLED.; = *U. glabra* MILL.) *Feld-U.,* **U. mínor** MILL. em. RICHENS
— Pfl. ohne Wurzelschößlinge; Blattspr. obersts. durch angedrückte Borsten rauh, 8–16 cm lg., m. 12–18 Paaren von Seitennerven; einjährige Äste fein behaart; Samen in der Mitte der Fr. *(464);* 10–30 m hoher Baum; ♃; III–IV. Wälder der Bergregion; *v.* (= *U. montana* WITH.; = *U. scabra* MILL.) *Berg-U.,* **U. glábra** HUDS. em. MOSS

2. Céltis L., *Zürgelbaum*

1. Blattspr. untersts. blaßgrün, kahl od. nur an den Nerven behaart, obersts. glzd. hellgrün; Fr. rundl.-eif., orange bis fast schwarz, fade schmeckend; bis 25 m hoher Baum; ♃; III–V. Angepflanzt. (Heimat: N-Am.) *Westlicher Z.,* **C. occidentális** L.
— Blattspr. untersts. graugrün, flaumhaarig, obersts. dkgrün; Fr. anfangs gelbl.-weiß, später rötl. bis violettbraun, wohlschmeckend; bis 20 m hoher Baum; ♃; III–V. Angepflanzt, *s* verwild. (Heimat: S-Eur. u. N-Afr.) *Südlicher Z.,* **C. austrális** L.

Familie: **Moráceae,** *Maulbeergewächse*

Bäume od. Sträucher m. Milchsaft; Blätt. ungeteilt od. gelappt; Bltn. eingschl., in Scheinähren; fleischige Sammelfr. Einzige Gattung:

Mórus L., *Maulbeerbaum*

1. Blattspr. dünn, beidersts. fast kahl; Frstand gestielt, weißl.; Strauch od. bis 12 m hoher Baum; ♃; V. Angepflanzt, zuw. verwild. (Heimat: N-Indien bis China) *Weißer M.,* **M. álba** L.
— Blattspr. derb, obersts. rauhhaarig, ungeteilt od. gelappt *(264);* Frstand sitzend, schwarzpurpurn; bis 15 m hoher Baum; ♃; V. Angepflanzt. (Heimat: Transkaukasien bis Iran) *Schwarzer M.,* **M. nígra** L.

463 464 465 466 467

Familie: **Cannabáceae,** *Hanfgewächse*

Stauden od. Kräuter ohne Milchsaft; Blattspr. gefing. od. gelappt; Bltn. 2häusig, eingschl., zuw. zapfenf.; Fr. Nüßchen.

1. Stg. windend; Blätt. gelappt . . . . **Humulus,** 213
— Stg. aufrecht, nicht windend; Blätt. fingerf. . . **Cannabis,** 213

1. Húmulus L., *Hopfen*
Blätt. gegenst., aus herzf. Grd. tief 3–5lappig; Nebenblätt. verwachsen; Bltn. 2häusig; ♂ Bltnstände rispenartig; ♀ Bltn. in Scheinähren, sich z. Frzt. zu gelbgrünen Frzapfen entwickelnd; ♃; V. Auwälder, Erlenbrüche; *v;* auch als Kulturpfl. (Bierwürze). **H. lúpulus** L.

2. Cánnabis L., *Hanf*
1. Bltnhülle der ♀ Bltn. verkümmert; Samen grauweiß, 3,5–5 mm lg. u. 2,5–4 mm breit, schwer ausfallend; Stg. wenig verzweigt; ♀ Bltnstand dicht, ♂ Bltnstand rispenart.; Blätt. handf. 5–7zählig gefing.; ☉; VII–VIII. Aus Asien stammende, stellenw. verwild. Kulturpfl. *Kultur-H.,* **C. satíva** L.
— Bltnhülle der ♀ Bltn. vorhanden; ♀ Bltnstand locker; Samen bräunl., kleiner, nur 2,5–3,5 mm lg. u. 1,8–2,5 mm breit, von der vertrockneten Bltnhülle umgeben, am Grd. m. Ringwulst, leicht ausfallend; ☉; VII–VIII. Wild nur in O-Eur., sonst gelegentl. an Ruderalstellen u. auf Äckern in Br, BW (Mannheim) u. RhPf (Mainz). (= *C. sativa* var. *spontanea* Serebr.) *Wilder H.,* **C. ruderális** Janisch.

Familie: **Urticáceae,** *Brennesselgewächse*

Kräuter od. Stauden oft m. Brennhaaren; Blätt. gegen- od. wechselst., ungeteilt, jedoch zuw. am Spreitenrand gesägt; Bltn. in Trugdolden, Knäueln od. Scheinähren, eingschl., 1- od. 2häusig; Bltnhülle einfach, 4zählig; Frkn. oberst., 1fächerig.

1. Blätt. gegenst., meist gesägt, m. Brennhaaren . **Urtica,** 213
— Blätt. wechselst., ganzrandig, ohne Brennhaare
Parietaria, 214

1. Urtíca L., *Brennessel*
1. ♀ Bltn. in gestielten, kugeligen Köpfchen *(465);* Blätt. längl.-eif., eingeschnitten gesägt, m. größerem Endzahn; ☉; VI–X. Aus S-Eur. eingeschleppt; *s* u. unbeständig. *Pillen-B.,* **U. pilulífera** L.
— Alle Bltn. in Rispen **2**
2. Pfl. ☉ u. 1häusig; Bltnrispen m. ♂ u. ♀ Bltn.; diese kürzer als der Blattstiel; Blätt. eif. od. elliptisch, gesägt, stumpfl. *(466);* V–XI. Unbebaute Plätze; *v.* *Kleine B.,* **U. úrens** L.
— Pfl. ♃; Blätt. längl., grob gesägt, lg. zugespitzt, am Grd. herzf. *(467);* Bltnrispen länger als der Blattstiel **3**

3. Alle Nebenblätt., auch die der ob. Blätt. frei; Pfl. meist 2häusig; Stg. aufrecht, m. Brenn- u. zahlr. Borstenhaaren; ♃; VI–X. Ruderalstellen, Wälder, *g* u. *h*. *Große B.,* **U. dióica** L.

— Nebenblätt. d. ob. Blätt. paarweise bis zur Hälfte verwachsen; Pfl. 1häusig, die unt. Bltnstände ♂, die ob. ♀; Stg. aufrecht od. aufstgd., m. nur wenigen Brennhaaren u. ohne Borstenhaare; ♃; VII–IX. Aus O-Eur. eingeschleppt u. *z* in Gebüsch, Waldsümpfen u. Erlenbrüchen des Havellandes u. der Elbe von Magdeburg bis Stendal. (= *U. radicans* Bolla; = *U. bollae* Kanitz) *Sumpf-B.,* **U. kioviénsis** Rog.

2. Parietária L., *Glaskraut*

1. Pfl. ☉, aufrecht; Bltnstand locker; reife Nüßchen braun; Pfl. 20–80 cm hoch; V–XI. An Mauern u. Ruderalstellen; *s*. Aus N-Am. eingeschleppt (Berlin). *Pennsylvanisches G.,* **P. pensylvánica** Mühlenb. ex Willd.

— Pfl. ♃; Bltnstand dichter; reife Nüßchen schwarz **2**

2. Stg. aufrecht, einfach od. spärl. verzweigt; Blätt. groß, längl.-eif. *(196),* glasart.-glzd.; Hochblätt. am Grd. frei; ♃; VI–IX. Mauern, Zäune, Schutt; *s;* aus dem Mittelmeergebiet eingeschleppt u. eingebürgert. (= *P. erecta* Mert. & Koch) *Aufrechtes G.,* **P. officinális** L.

— Stg. niederlgd., ausgebreitet-ästig; Blätt. klein, eif.; Hochblätt. am Grd. verwachsen; ♃; V–X. Mauerritzen, Straßen; aus S-Eur. eingeschleppt u. eingebürgert, *z* nur im Gebiet des Rheins u. Nebentäler, BW, E, He, RhPf, Lx, St (Graz), sonst *s*. (= *P. ramiflora* Moench; = *P. diffusa* Mert. & Koch; = *P. punctata* Willd.) *Mauer-G.,* **P. judáica** L.

Ordnung: **Myricáles**

Familie: **Myricáceae,** *Gagelstrauchgewächse*

Aromatisch riechende, dicht m. Harzdrüsen besetzte Holzpfl.; Bltn. eingschl., in Ähren. Einzige Gattung:

Myríca L. (= *Gale* Adans.), *Gagelstrauch*

Bis 1 m hoher, 2häusiger Strauch; Blätt. lanzettl., etwas gesägt *(256);* ♂ Kätzchen bis 1,5 cm, ♀ 5–6 mm lg.; ♃; IV–V. Heidemoore, vor allem im NW bis SH *v;* Küstengebiet von Me *z, s* in Niederlausitz. [= *Gale palustris* (Lam.) Chev.] **M. gále** L.

Ordnung: **Juglandáles**

Familie: **Juglandáceae,** *Walnußgewächse*

Bäume m. unpaarig gefied., aromatisch duftenden Blätt.; ♂ Bltn. in hgd. Kätzchen, am vorjährigen Holz; ♀ Bltn. zu 2–3 am Ende diesjähriger Triebe; Frkn. unterst.; Steinfr. m. grünl., aufspringender Faserhülle.

Júglans L., *Walnuß*

1. Blätt. m. meist 3–4 Fiedpaaren; Fied. nur unterst. in den Nervenwinkeln behaart; Frschale glatt, grün. Bis 25 m hoher Baum; ♃; IV–V. (Heimat: Balkan, Asien). Kulturpfl. *Walnuß,* **J. régia** L.

— Blätt. m. meist 6 u. mehr Fiedpaaren; Fied. unterst. zerstreut kurzhaarig, vor allem auf dem Mittelnerven; Frschale höckerig, schwarzwerdend. Bis 40 m hoher Baum; ♃; V. (Heimat: N-Am.). Zierbaum, neuerdings auch forstl. kultiviert. *Schwarznuß,* **J. nigra** L.

Unterklasse: **Rósidae** *(= Rosiflorae), Rosenähnliche*

Ordnung: **Saxifragáles**

Familie: **Grossulariáceae,** *Stachelbeergewächse*

Sommergrüne Sträucher m. wechselst., gelappten Blätt. *(278),* ohne Nebenblätt.; Zweige zuw. m. einfachen od. geteilten Stacheln; Bltn. in wenig- bis vielbltg., aufrechten od. hgd. Trauben, radiär, 5zählig; Kblätt. frei; Frkn. unterst.; z. T. bestachelte Beerenfr. *(474).* Im Gebiet nur die Gattung:

Ríbes L., *Johannisbeere*

1. Bltn. zu 1–3, grünl.-gelb; Fr. große, grüne, gelbe od. rote, glatte od. borstl. behaarte, vom K. gekrönte Beere; Äste meist stachelig; ♃; IV–V. Lichte Wälder; *v,* auch als Kulturpfl. u. verwild. (= *R. grossularia* L.) *Stachelbeere,* **R. úva-críspa** L.

a. Pfl. fast stachellos, kahl, höchstens Blattstiel, Blätt. u. Kzipfel bewimpert; Äste bogig; Beeren rot; Kulturpfl. (Heimat: SO-Eur.) (= *R. reclinatum* L.) ssp. **reclinátum** (L.) Rchb.

— Äste stark bestachelt . . . . **b**

b. Frkn. weichhaarig, drüsenlos; Beeren kahl; Wälder; *v.* ssp. **úva-críspa**

— Frkn. u. Beeren drüsenborstig u. weichhaarig; Wälder; *s* im S; auch als Kulturpfl. [= ssp. *glandulososetosum* (Koch) O. Schwarz] ssp. **grossulária** (L.) Rchb.

— Bltn. in vielbltg. Trauben; Fr. klein; Äste stachellos . . . **2**

2. Blkr. grünl. **4**

— Blkr. goldgelb od. rot; Zierpfl. **3**

3. Bltn. goldgelb, duftend; Blätt. kahl, 3spaltig; ♃; IV–VI. Zierstrauch. (Heimat: N-Am.) *Gold-J.,* **R. aúreum** Pursh

— Bltn. leuchtend purpurrot; Blätt. 3–5lappig, unterstss. graufilzig; ♃; IV–V. Zierstrauch. (Heimat: N-Am.) *Blutrote J.,* **R. sanguíneum** Pursh

4(2). Bltntrauben aufrecht; Tragblätt. Bltnstiele u. Bltn. überragend; Blätt. untersts. glzd., 3–5lappig; Beeren scharlachrot, fade schmeckend; ♃; IV–VI. Lichte, buschige Abhänge; *z,* auch angepfl. u. verwild. (im NW). *Alpen-J.,* **R. alpínum** L.

— Bltntrauben hgd.; Tragblätt. kürzer als Bltnstiele **5**

5. Blätt. untersts. m. gelbl. Harzdrüsen, groß, 3–5lappig, widerl. riechend; K. behaart, glockig; Beeren kugelig, schwarz, drüsig punktiert, von schwach wanzenart. Geschmack; ♃; IV–V. Auwälder u. Erlengebüsch, *z;* auch angepfl. u. verwild. *Schwarze J.,* **R. nígrum** L.

— Blätt. untersts. ohne Drüsen; K. kahl od. nur am Rand bewimpert; Fr. rot od. gelb **6**

6. K. am Rand bewimpert, glockig; Gr. am Grd. verbreitert; Tragblätt. u. Bltnstiele zottig behaart; Blätt. spitzlappig, untersts. an den Nerven spärl. flaumig; Blattstiel länger als die Spreite; Fr. rot, säuerl. schmeckend; ♃; V–VI. Schattige Bergwälder; Vor-Alp., Schw., Vog., Sudeten, *z.* *Felsen-J.,* **R. petraéum** Wulf.

— K. am Rand nicht bewimpert; Gr. vom Grd. an gleich dick; Blattlappen stumpf *(278)* **7**

7. Stbbeutelhälften voneinander getrennt; Kbecher flach, auf der Innenseite mit 5eckigem Ringwall; ♃; IV–V. Auwälder; *s* in Rheinebene, RhPf, SH, Sa; auch angepfl. u. verwild. (= *R. vulgare* LAM.; = *R. sylvestre* MERT. & KOCH) *Rote J.*, **R. rúbrum** L.

— Stbbeutelhälften miteinander vereinigt; Kbecher schüsself. vertieft, auf der Innenseite ohne Ringwall; ♃; IV–V. Auwälder, wild wohl nur im NO, sonst angepfl. u. verwild. (= *R. schlechtendalii* LGE.) *Ährige J.*, **R. spicátum** ROBS.

Familie: **Philadelpháceae,** *Pfeifenstrauchgewächse*

Sträucher m. einfachen, nebenblattlosen Blätt.; Bltn. ⚥, radiär, 4–5zählig, m. unterst. Frkn.; Kapselfr.

Philadelphus L., *Pfeifenstrauch*
Bis 3 m hoher Strauch; Blätt. eif.-elliptisch, gezähnt *(248);* Bltnstand traubig, 1–10bltg.; Bltn. weiß, stark duftend; ♃; V–VI. Wild in St (Weizklamm), sonst angepfl. u. verwild.
[G] *Großer Pf., Falscher Jasmin,* **Ph. coronárius** L.

Familie: **Crassuláceae,** *Dickblattgewächse*

Stauden od. Kräuter m. wechsel-, gegen- od. grdst., einfachen, flachen bis stielrunden, nebenblattlosen, saftigen Blätt.; Bltn. 4–5zählig, seltener 3zählig, radiär, ⚥, mit doppelter Bltnhülle, in Wickeln; Stbblätt. so viele od. doppelt so viele wie die freien od. verwachsenen Blkrblätt. *(74);* Frkn. meist mehrere, oberst., frei od. am Grd. verwachsen; Balgfr.

1. Stbblätt. doppelt so viele wie Blkrblätt. **3**
— Stbblätt. so viele wie Blkrblätt. (3–5) **2**
2. Blätt. gegenst.; Bltnhülle 3–4blättrig; zarte, kleine, feuchtigkeitsliebende Pfl. . . . . **Crassula,** 216
— Blätt. wechselst.; Blkr- u. Stbblätt. 5 . . **Sedum rubens,** 218
3(1). Blkrblätt. meist 5, selten 4 od. 6; Blätt. am Stg. verteilt **Sedum,** 218
— Blkrblätt. 6–20; Blätt. in grdst., häufig kugeliger Rosette **4**
4. Blkrblätt. 6, am Rand gefranst, gelb . . . . **Jovibarba,** 217
— Blkrblätt. 8–20(–30), am Rand glatt, rot od. rötl., selten gelb bis gelbl.weiß . . . . **Sempervivum,** 217

1. Crássula L. (= incl. **Tillaea** L.) *Dickblatt*

1. Bltn. zu 2–4 achselst., 3zählig; Stg. niederlgd., bis 5 cm hoch, wurzelnd; Blätt. genähert, eif., sich oft deckend; ⨀; V–IX. Feuchte Sand- u. Lehmäcker; *s* in SaAn, Br, Be, Ho, früher N-We. [= *Tillaea muscosa* L.; = *C. muscosa* (L.) ROTH]
Moosblümchen, **C. tillaéa** LESTER-GARLAND

— Bltn. einzeln, achselst., 4zählig; Stg. 2–5 cm hoch, niederlgd. od. aufrecht; Blätt. entfernt, lineal-lanzettl.; ⨀; VII–IX. Schlammige, überschwemmte Orte; *s,* nur in Da, SaAn, früher N-Dt, Br. [= *Tillaea aquatica* L.; = *Bulliarda aquatica* (L.) DC.]
Wasser-D., **C. aquática** (L.) SCHOENL.

Pfl. größer, bis 30 cm lang; Bltn. einzeln, langgestielt; *s* eingeschleppt, RhPf. (Heimat: Australien-Neuseeland) [= *C. recurva* (HOOK. f.) OSTENF.]
Nadelkraut, **C. hélmsii** (T. KIRK) COCKAYNE

2. Sempervivum L., *Hauswurz* Ⓖ

1. Blkrblätt. rot **3**

— Blkrblätt. gelb bis gelbl.-weiß **2**

2. Blätt. blaugrün, auf der Fläche kahl, am Rand gewimpert; ♃; VII–VIII. Magermatten, Schuttfluren, kalkmeidend. Alp., *s* Au, *f* Dt.
Ⓖ *Wulfens H.,* **S. wulfénii** HOPPE ex MERT. & KOCH

— Blätt. auf der Fläche behaart; Pfl. m. 2–3 cm lg. Ausläufern; Rosetten gehäuft; Bltn. 9–12zählig; ♃; VII–VIII. Serpentinfelsen, nur St (Kraubath). Ⓖ *Serpentin-H.,* **S. pittónii** SCHOTT, NYM. & KOTSCHY

3(1). Rosetten 3–14 cm im Dm, sternf. ausgebreitet; Rosettenblätt. verkehrt-eif., grün, an der Spitze meist braunrot, am Rand dicht gewimpert; Blkrblätt. sternf. ausgebreitet, blaßrot; ♃; VII–IX. Felsen, Dächer u. Mauern; Alp., sonst angepfl. u. verwild. Formenreich. Ⓖ *Echte H.,* **S. tectórum** L.

— Rosetten nur 1–3 cm im Dm, ± geschlossen **4**

4. Rosettenblätt. an der Spitze mit spinnwebigen Wollhaaren, braunrot; Blkrblätt. hellkarminrot, m. dunklem Mittelnerv; ♃; VII–IX. Felsen u. Mauern, vorwgd. auf Urgestein, bis 2900 m; Alp. *v;* in Dt nur im Allgäu; im Schw. (Belchen) u. Fichtgeb. angepfl. u. eingebürgert; *v* als Zierpfl. Ⓖ *Spinnweben-H.,* **S. arachnoídeum** L.

— Rosettenblätt. an der Spitze nicht m. spinnwebigen Wollhaaren, auf der Fläche dicht kurz-drüsighaarig; Blkrblätt. außen drüsigzottig, innen violett bis purpurn; ♃; VII–IX. Magermatten, Schutt, nur auf Urgestein; Alp. *v.* Ⓖ *Berg-H.,* **S. montánum** L.

a. Rosetten < 2 cm im Dm; Blätt. grün, nicht spitzig; Bltnblätt. 12–15 mm lg.; *v–z.* ssp. **montánum**

— Rosetten 2–4,5 cm im Dm; Blätt. m. rotbrauner Spitze; Bltnblätt. 16–20 mm lg.; Ostalpen *v.* (*S. braunii* FUNK ex KOCH) ssp. **stiríacum** WETTST. ex HAY.

3. Jovibárba OPIZ (= *Diopogon* JORD. & FOURR.), *Donarsbart* Ⓖ

1. Bltnstg. höchstens 18 cm hoch; Rosette 1–2 cm im Dm; Stgblätt. 12–13 mm lg. u. 3–4 mm br.; ♃; VIII–IX. Felsen, kalkmeidend, *s* Alp. von Au. [= *Diopogon hirtus* (JUSL.) H.P. FUCHS & H. HUBER ssp. *arenarius* H. HUBER; = *Sempervivum arenarium* KOCH]
Ⓖ *Sand-D.,* **J. arenária** (KOCH) OPIZ

— Bltnstg. 20–30 cm hoch **2**

2. Rosettenblätt. in od. unterhalb der Mitte am breitesten; Rosette offen, 3–7 cm im Dm; Blätt. gerade od. sternf. spreizend, ohne rote Spitze; Stgblätt. 15–20 mm lg. u. 7–10 mm breit; ♃; VII–IX. Trockenrasen, Felsfluren, Alp., Kt, St, OÖ. (= *Sempervivum hirtum* L.)
Ⓖ *Kurzhaar-D.,* **J. hírta** (L.) OPIZ

— Rosettenblätt. über der Mitte am breitesten, an der Spitze meist braunrot; Rosette 2,5–4 cm im Dm, kugelig, geschlossen; Stgblätt. 20 mm lg. u. 10 mm breit; ♃; VII–IX. Trockene, sonnige Hügel, Sandfelder, *s,* auch angepfl. u. verwild. (= *Sempervivum soboliferum* SIMS) Ⓖ *Sprossender D.,* **J. sobolífera** (SIMS) OPIZ

4. Sédum L. (incl. **Rhodiola** L.), *Fetthenne, Mauerpfeffer*

1. Blkr- u. Stbblätt. 5; Blätt. wechselst., flach od. obersts. leicht rinnig; Bltn. einzeln, sitzend, einseitswendig, weiß; ⊙; V–VI. Sandige Trockenrasen, Brachäcker, Mauern, Weinberge; *s* im SW (Rheintal u. Moseltal bei Trier). [= *Crassula rubens* (L.) L.] *Rötliche F.*, **S. rúbens** L.

— Blkrblätt. 5(–6); Stbblätt. 10(–12); wenn 2häusig, dann Bltn. 4zählig **2**

2. Blätt. stielrund od. halbstielrund **6**

— Blätt. flach u. breit **3**

3. Bltn. eingschl., 2häusig, 4zählig, in endst., vielbltg. Trugdolden; Blkrblätt. gelbl., rot überlaufen, die der ♀ Bltn. oft verkümmert; Blätt. wechselst., längl., in vorderer Hälfte gesägt; ♃; VI–VIII. Gebüsch, steinige Quellfluren, Wiesen; Alp., Vog., Schw., Riesengeb., *z;* häufig auch als Zierpfl. (= *Rhodiola rosea* L.) [G] *Rosenwurz*, **S. rósea** (L.) Scop.

— Bltn. ⚥, 5zählig **4**

4. Blätt. ganzrandig; wechsel- od. gegenst., oft in 3zähligen Quirlen; Bltn. in längl., lockerer Rispe, rosarot; Pfl. 10–30 cm hoch; ⊙–♃; VI–VII. Wälder, schattige Felsen, *s;* wohl nur verwildert; an den meisten Orten heute verschwunden. (Heimat: Bergregion von S- u. Zentral-Eur.) *Rispige F.*, **S. cepaéa** L.

— Blätt. gesägt od. gezähnt; Bltn. in gedrungenen Trugdolden **5**

5. Stg. aufrecht, m. dicken, rübenf. Wurzeln, kahl; Blätt. längl.-eif., ungleich gezähnt; Bltn. grünl. u. gelb bis purpurn; ♃; VI–IX. Mauern, Felsen, trockene Wälder, Feldraine. [= *S. purpurascens* Koch; = *S. purpureum* (L.) Schult.] Sammelart: *Große F.*, **S. teléphium** L. s. l.

Im Gebiet werden folgende Kleinarten unterschieden:

a. Blkrblätt. meist gelbgrün; ob. Stgblätt. eif., m. schwach stgumfassendem Grd.; Pfl. meist grün; *z.* [= ssp. *maximum* (L.) Pers.] *Große F.*, **S. máximum** Hoffm.

— Blkrblätt. meist rot od. purpurn; ob. Stgblätt. nicht stgumfassend; Pfl. häufig blaugrün bereift . . . . **b**

b. Ob. Stgblätt. gegenst., längl.-lanzettl. bis verkehrt-eif., m. keilf. Grd. sitzend; Blkrblätt. rosarot, über der Mitte zurückgekrümmt. Steinige Böden, Felsen. In Au, S u. M-Dt *z*, im N *s*. [= *S. purpurascens* Koch; = *S. telephium* ssp. *purpureum* (L.) Hartm.] *Rote F.*, **S. teléphium** L. s. str.

— Ob. Stgblätt. wechselst., längl.-lanzettl., am Grd. stielart. verschmälert; Blkrblätt. purpurn, gerade absthd. Feuchte u. schattige Felsen. Im S u. W *z.* [= ssp. *fabaria* (Koch) Kirschl.] *Berg-F.*, **S. fabária** Koch

— Stg. niederlgd. bis aufstgd., am Grd. wurzelnd; Blätt. keilig verschmälert, an der Spitze kerbig gezähnt; Bltn. purpurn, gelb od. weißl.; ♃; VII–VIII. Zierpfl., nicht *s* verwild. (Heimat: Kaukasus) *Zweifelhafte F.*, **S. spúrium** Bieb.

6(2). Pfl. ausdauernd, rasenbildend, m. sterilen, kriechenden u. aufstgd. Bltnstg. **10**

— Pfl. 1–2jährig, nicht rasenbildend, nur m. Bltnsprossen . **7**

7. Blkrblätt. 6, weiß, m. rötl. Rückenstreifen, etwa 4mal so lg. wie der K.; Blätt. blaugrün bereift, lineal, halbstielrund; ⊙; VI–VII. Gartenpfl.; stellenw. verwild. u. eingebürgert (Fichtgeb.). (Heimat: S-Eur.) *Spanische F.*, **S. hispánicum** L.

— Blkrblätt. 5, kaum doppelt so lg. wie der K. **8**

8. Stg. spitzenw. drüsig behaart; Blätt. obersts. fast flach, 3–5 mm lg.; Bltn. in armbltg. Doldentraube; Blkrblätt. rosarot, am Rücken m. dunklem Mittelstreifen; ⊙ (bis ♃); VI–VII. Hoch- u. Flachmoore, feuchte Wiesen; sehr *s*, stark zurückgegangen. [G] *Behaarte F.*, **S. villósum** L.

— Stg. völlig kahl **9**

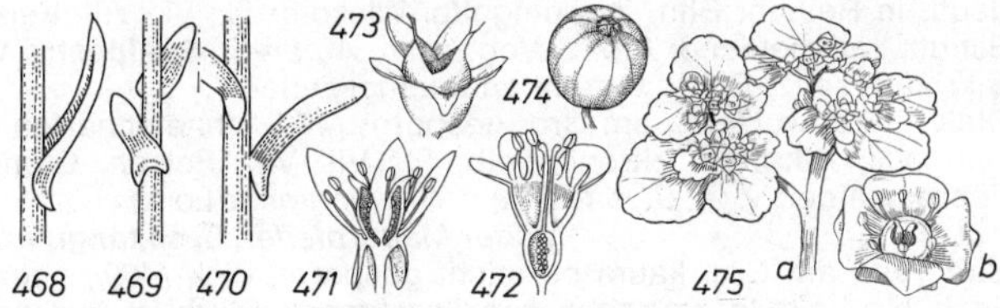

9. Blätt. fast stielrund, keulig; Bltn. 5zählig, in gedrängten, wenigbltg. Wickeln, weiß, grünl. od. rötl.; ganze Pfl. oft dk. purpurrot überlaufen; ⨀ überwinternd; VI–VIII. Alp. von 1000–3000 m; *v* auf Kalkfelsen u. Schotterfluren. *Dunkle F.*, **S. atrátum** L.

— Blätt. halbstielrund, lineal; Bltn. in reichverzweigten, lockeren Wickeln, gelb; ⨀; VI–VIII. Auf kalkarmen Felsen; Alp. *v, s* im Schw., Vog. u. Fichtgeb. *Einjährige F.*, **S. ánnuum** L.

10(6). Bltn. gelb **12**

— Bltn. weiß od. rosa bis blaßviolett; Blkrblätt. unterst. (oft) m. purpurnem Mittelstreifen **11**

11. Ganze Pfl. blaugrün; Stg. im ob. Teil drüsig behaart; Blätt. 3–7 mm lg., oberst. flach, unterst. stark gewölbt; ♃; VI–VIII. Felsspalten u. steinige Waldböden, besonders der mont. u. subalp. Region, vorwgd. auf saurem Gestein; *z* in Alp., *s* in S-Dt; in M- u. N-Dt nur verwild. *Dickblatt-F.*, **S. dasyphýllum** L.

— Pfl. grasgrün; Blätt. längl.-lanzettl., beiderst. gewölbt, absthd.; Blkrblätt. weiß od. blaßviolett; Bltnstand kahl; ♃; VI–VII. Felsen, Mauern, steinige Wälder; *v*, bis in die subalp. Reg., *s* im N. *Weiße F.*, **S. álbum** L.

12(10). Blätt. stumpf, ohne Stachelspitze **15**

— Blätt. kurz stachelspitzig, am Grd. stets gespornt *(468)*; Bltnstand vor dem Aufblühen an der Spitze zurückgekrümmt, kahl **13**

13. Blätt. an der Spitze der sterilen Triebe zapfenf. gehäuft, oberst. flach; abgestorbene Blätt. lange erhalten bleibend; ♃; VI–VIII. Sonnige Felsen; nur im westl. Rheingebiet. [= *S. elegans* Lej.; = *S. rupestre* ssp. *elegans* (Lej.) Hegi & Schmid] *Zierliche F.*, **S. forsteriánum** Sm.

— Blätt. an der Spitze der sterilen Triebe nicht gehäuft; abgestorbene Stgblätt. bald abfallend **14**

14. Kblätt. 5–7 mm lg., drüsig-weichhaarig; Blkrblätt. 8–10 mm; Bltnstand fast eben; ♃; VI–VIII. Kalkfelsfluren, Weinberge; *s* in Th. (= *S. anopetalum* DC.; = *S. albescens* Haw.) *Ockergelbe F.*, **S. ochroleúcum** Chaix

— Kblätt. 3–4 mm lg., kahl, spitz; Blkrblätt. 6–7 mm; Bltnstand z. Bltzt. aufgewölbt, z. Frzt. eingetieft; Blätt. am Grd. kurz gespornt *(468)*; ♃; VI–VIII. Trockene, sonnige Orte, Felsen; *z, s* im O. (= *S. rupestre* auct.) *Felsen-F.*, **S. refléxum** L.

15(12). Blkrblätt. stumpf, ca. 3 mm lg., blaßgelb, aufrecht; Blätt. lineal, bis 6 mm lg., oberst. stark abgeflacht, am Grd. ohne Sporn, nicht deutl. in Reihen; Bltn. in wenigbltg. Wickeln; ♃; VI–VIII. Felsen, Schutt; kalkmeidend; Alp. *z*, Vog. *s*. *Alpen-F.*, **S. alpéstre** VILL.

— Blkrblätt. spitz; Blätt. ± deutl. in 6 Längszeilen **16**

16. Blätt. lineal-walzenf., am Grd. gespornt *(470)*, ohne scharfen Geschmack; Blkrblätt. zitronengelb; ♃; VII–VIII. Felsen, Dämme, Föhrenwälder; *v.* (= *S. mite* GIL.; = *S. boloniense* LOIS.) *Milder Mauerpfeffer*, **S. sexanguláre** L.

— Blätt. eif., am Grd. kaum od. nicht gespornt, dick *(469)*, obersts. flach, bis 4 mm lg., von scharfem Geschmack; Blkrblätt. fast waagrecht absthd., goldgelb; ♃; VI–VIII. Trockene, sonnige Orte, Sandfelder u. Felsfluren; *v.* Formenreich. *Scharfer Mauerpfeffer*, **S. ácre** L.

Familie: **Saxifragáceae**, *Steinbrechgewächse*

Kräuter od. Stauden m. wechsel-, selten gegenst., nebenblattlosen Blätt.; Bltn. ⚥, radiär, meist 5zählig, m. einfacher od. doppelter Bltnhülle; Frkn. meist 2, an der Basis verwachsen, oberw. frei *(471)*; Kapselfr. *(473)*.

1. Bltnhülle einfach, 4zählig *(475b)*; Bltn. grünl.gelb, in von Hochblätt. umgebenen Trugdolden *(475a)* **Chrysosplenium,** 220

— Bltnhülle doppelt, 5zählig; Bltn. in Trauben od. Rispen, weiß, rot od. gelb . . . . **Saxifraga,** 220

1. **Chrysosplénium** L., *Milzkraut*

1. Blätt. gegenst., rundl., schwach gekerbt; Stg. 4kantig, kriechend, an der Basis behaart; Bltn. klein, in trugdoldigem, von gelben Hochblätt. umgebenem Bltnstand *(475a)*; Kblätt. 4; Blkrblätt. fehlend *(475b)*; ♃; V–VII. Waldbäche, Quellfluren, vorwgd. der mont. Reg.; *z*, im NO *s*, Alp. *f*. *Gegenblättriges M.*, **Ch. oppositifólium** L.

— Blätt. wechselst., herznierenf., grob gekerbt; Stg. 3kantig, am Grd. m. langen, dünnen Ausläufern; Bltn. größer als bei voriger; ♃; IV–VI. Bachufer, Au- u. Bergwälder; *v.* *Wechselblättriges M., Gold-M.*, **Ch. alternifólium** L.

2. **Saxífraga** L., *Steinbrech.* Fast alle Arten Ⓖ

1. Blätt. grd.- od. wechselst.; Bltn. weiß, gelb od. gelbl.grün, selten purpurn **4**

— Blätt. gegenst.; Bltn. rot bis violett od. purpurn **2**

2. Bltnstg. 2–6bltg.; Blkrblätt. dk. violett, schmal-lanzettl. bis verkehrt-eif., 3–5nervig; Blätt. dickfleischig, fast kreisrund; Pfl. lokkerrasig; ♃; VII–VIII. Schuttfluren der alp. Stufe. Ⓖ *Zweiblütiger St.*, **S. biflóra** ALL.

a. Blkrblätt. schmal-lanzettl., 3nervig, oft nur wenig länger als die Stbblätt. K-Alp.; Allgäu, Ti, Sb, Kt, *z*. ssp. **biflóra**

— Blkrblätt. breit-verkehrt-eif., stets länger als die Stbblätt. Vorwgd. auf Urgestein; Alp. von Sb, Ti, Vb, Kt, *z*. (= *S. macropetala* KERN.) ssp. **macropétala** (KERN.) R. & CAM.

— Bltnstg. fast stets 1-, seltener 2- od. mehrbltg. **3**

3. Blätt. längl.-verkehrt-eif., nur an der Spitze zurückgekrümmt, mit 1–3 Kalkdrüsen; Kblätt. drüsenlos bewimpert; Blkrblätt. rötl.-lila

bis weinrot; Pfl. meist in kompakten od. lockeren Polstern; ♃; IV–VII. Schuttfluren u. Felsen der alp. Stufe.
Ⓖ *Gegenblättriger St., Roter St.,* **S. oppositifólia** L.

a. Pfl. lockerrasig, m. verlängertem Stg. . . . . **c**
— Pfl. dichtrasig bis kompakt-polsterf.; Stg. verkürzt u. dicht beblätt.; Blätt. verkehrt-eif. . . . . **b**
b. Blätt. ± spitz, selten stumpfl., über 2,5 mm lg., bis zur Spitze bewimpert, m. 1 Kalkdrüse, Blkrblätt. meist 7–12 mm lg. Alp. *v,* Riesengeb. *s.*
ssp. **oppositifólia**
— Blätt. stumpfl., höchstens bis 2 mm lg., sehr dichtsthd., die ob. drüsig bewimpert; Blkrblätt. 5–7 mm lg.; Pfl. sehr dichte u. kompakte Polster bildend, in allen Teilen kleiner als vorige; Felsen u. Schutt der alp. Reg., vorwgd. auf Urgestein, *s* in Alp. von Sb, OTi, Kt, St. (= *S. rudolphiana* HORNSCHUCH)
ssp. **rudolphiána** (HORNSCHUCH) ENGL. & IRM.
c(a). Blätt. m. 3 Kalkdrüsen u. nur am Grd. m. 5–6 Wimpern; Geröll u. Kiesbänke; am Ufer des Bodensees u. Vb; ausgestorben. ssp. **amphíbia** (SÜND.) BR.-BL.
— Blätt. nur m. 1 Kalkdrüse, ringsum lg. bewimpert, an der Spitze abgerundet; Felsen u. Schuttfluren der alp. Reg.; Ur-Alp. von Sb, Kt, St, *s.* (= *S. blepharophylla* KERN. ex HAY.) ssp. **blepharophýlla** (KERN. ex HAY.) ENGL. & IRM.

— Blätt. lanzettl., von der Mitte an waagrecht zurückgekrümmt, glatt, glzd., m. 4 Kalkdrüsen; Pfl. größer, kompakte Polster bildend; Bltnstg. lg. drüsig, 1–5bltg.; Blkrblätt. purpurn, 3nervig; Kblätt. kahl od. drüsig behaart, aber ohne Randwimpern; ♃; V–VIII. Felsen der Ur-Alp.; *s* in Sb(?), St. (= *S. wulfeniana* SCHOTT)
Ⓖ *Gestutzter St.,* **S. retúsa** GOUAN

4(1). Blätt. am Rand ohne kalkabsondernde Grübchen, krautig, weich, seltener starr **12**
— Blätt. obersts. am Rand m. punktf., kalkabsondernden Grübchen, starr u. hart **5**
5. Stg. dicht-dachig beblätt.; Stämmchen deshalb säulenf., zu kompakten Polstern zusammentretend; Blätt. blaugrün . **10**
— Stg. rosettig beblätt., nicht säulenf.; Blätt. meist flach ausgebreitet, knorpelig berandet, am Rand vielgrubig; Pfl. häufig m. Ausläufern u. lockere Rasen bildend **6**
6. Bltn. zitronengelb bis tieforange, in lockerer Rispe; Stg. bis 60 cm hoch, spitzenw. dichtdrüsig; Rosetten groß, einzeln, nach der Blüte absterbend; Blätt. länglich oval, fleischig, knorpelrandig, Grübchen undeutl.; ⨀; VI–VIII. Felsspalten, bes. an Nagelfluhfelsen der Alp. u. Vorland, *v;* früher bis München u. Augsburg u. Oberrhein b. Schaffhausen. Ⓖ *Kies-St.,* **S. mutáta** L.
— Bltn. weiß od. milchweiß **7**
7. Bltnstg. vom Grd. an verzweigt; Rosettenblätt. breit-lineal, bis 1,5 cm breit u. 6 cm lg., bespitzt, regelmäßig fein gesägt; Blkrblätt. 3mal so lg. wie die Kzipfel, zuw. m. purpurnem Fleck; ♃; VI–VIII. Feuchte Felsspalten der Ur-Alp., 900–1700 m; *s* in Vb (Montafon).
Ⓖ *Pracht-St.,* **S. cotylédon** L.
— Bltnstg. nur im oberen teil verzweigt; Blätt. schmäler . . **8**
8. Rosettenblätt. schmal, nur 2–3 mm breit, ganzrandig od. schwach gekerbt, im unt. Drittel langhaarig bewimpert, oft völlig von Kalk eingehüllt; Bltnstg. bis 40 cm hoch, reichbltg.; Blkr. 2,5–3mal so lg. wie die Kzipfel; Pfl. m. zahlr. sterilen Rosetten; ♃; VI–VIII. Felsen der K-Alp.; *z* in Sb, OTi, Kt, St. (= *S. incrustata* VEST)
Ⓖ *Krusten-St.,* **S. crustáta** VEST

— Rosettenblätt. breiter als 3 mm, am Rand deutl. gekerbt od. gesägt **9**

9. Rosettenblätt. gekerbt, bis 10 mm breit, zungenf., am Grd. rötl.-violett u. steifborstig, an der Spitze eher abw. gebogen, flache od. leicht konvexe Rosette bildend; Bltnstg. bis 60 cm hoch, Seitenzweige m. 4–12 Bltn.; ♃; V–VII. Kalkfelsen, 500–2500 m, *s* in OTi, Kt, St. Ⓖ *Südalpen-St.,* **S. hóstii** TAUSCH

— Rosettenblätt. deutl. u. scharf gesägt, bis 5 cm lg. u. 6 mm breit, am Grd. steif bewimpert, eher aufw. gebogen, konkave, fast halbkugelige Rosette bildend; Bltnstg. bis 45 cm hoch, Seitenzweige m. 1–3 Bltn.; ♃; V–VIII. Felsen, Schutt, kalkliebend; *v* in Alp.; *s* in Schw., Vog., Schw. Alb, Nahetal. (= *S. aizoon* JACQ.) Ⓖ *Trauben-St.,* **S. paniculáta** MILL.

10(5). Blätt. aufgerichtet, dem Stg. dicht dachziegelig anlgd., lineal-lanzettl., scharf 3kantig, in Stachelspitze auslaufend, m. 7 Kalkdrüsen, blaugrün; Bltnstg. 3–8 cm lg., 1bltg., dicht u. langdrüsig; Blkrblätt. weiß, dunkler genervt, doppelt so lg. wie die Kzipfel; ♃; III–VI. Kalkfelsen; O-Alp., *z.* Ⓖ *Stachelblättriger St.,* **S. burseriána** L.

— Blätt. vom Grd. an od. wenigstens an der Spitze zurückgekrümmt, nicht stachelspitzig; Bltnstg. meist mehrbltg. . . . **11**

11. Blätt. vom Grd. an zurückgekrümmt, lanzettl., blaugrün, dick, starr, am Rand m. 5–7 Kalkdrüsen; Bltnstg. bis 12 cm lg., ± 8bltg., spitzenw. zerstreut drüsig; Blkrblätt. weiß; Pfl. kompakte Polster bildend; ♃; VII–IX. Spalten u. Schutt der K-Alp. *v,* bis in die Isarauen herabgeschwemmt. Ⓖ *Blaugrüner St.,* **S. caésia** L.

— Blätt. nur an der Spitze zurückgebogen, lineal-längl., graugrün, m. 1–5 Kalkdrüsen; Bltnstg. 3–8 cm hoch, kahl od. drüsig, 2–7bltg.; Blkrblätt. weiß; Pfl. kompakte Polster bildend; ♃; VII–VIII. Felsen, Schutt, steinige Weiden; kalkstet; *s* in OTi, S-Kt. Ⓖ *Sparriger St.,* **S. squarrósa** SIEBER

12(4). Blkrblätt. rein weiß, am Grd. zuw. aber m. gelben od. roten Punkten **24**

— Blkrblätt. gelb, gelbl.weiß (rahmgelb), gelbgrün, selten rotbraun od. purpurn **13**

13. Kblätt. aufrecht od. absthd. **15**

— Kblätt. zurückgeschlagen, bisw. erst nach der Blüte . . **14**

14. Blkrblätt. hellgelb, 2,5–3mal so lg. wie der K.; Bltn. einzeln od. zu 2–5; Stg. bis 40 cm hoch, dicht beblättert; Grdblätt. lanzettl., fast kahl, ganzrandig, in den langen Stiel verschmälert; Pfl. m. kurzen Ausläufern; ♃; VII–IX. Moore, Moorwiesen; *s,* Bayr. Hochebene, früher auch um Hamburg, SH, Br u. Me, BW, Sb. Ⓖ! *Moor-St.,* **S. hírculus** L.

— Blkrblätt. grünl. od. purpur-bräunl., so lg. od. kürzer als die nach der Blüte herabgeschlagenen Kzipfel; Stg. blattlos, mit Drüsenhaaren; Bltn. in kopfiger, ährenf. Traubenrispe; Grdblätt. rosettig, eif., fast ganzrandig, in kurzen, geflügelten Stiel verschmälert, am Rand lg. bewimpert; Pfl. ohne Ausläufer; ♃; VII–VIII. Feuchte Felsen; kalkmeidend; *s* in Sb (Lungau), Kt, St. Ⓖ *Habichtskraut-St.,* **S. hieraciifólia** W. & K.

15(13). Blätt. nicht grannig zugespitzt, wimperlos od. nur kurz bewimpert, bzw. drüsig behaart **18**

— Blätt. grannig zugespitzt, lineal-lanzettl., starr, am Rand entfernt stachelig bewimpert **16**

16. Blätt. am Rand ohne od. m. vereinzelten winzigen Wimpern; Frkn. halbunterst.; ♃; VI–VII. Felsen; *s*, Kt, St.
Ⓖ *Grannen-St.,* **S. tenélla** Wulf.

— Blätt. am Rand m. zahlr. Wimpern von halber Blattbreite u. länger; Frkn. oberst. **17**

17. Pfl. dichtrasig, große Flachpolster bildend, Stämmchen m. kugeligen Blattknospen in den Blattachseln; Blätt. der nichtblüh. Triebe gekrümmt, kaum länger als die Blattknospen; Stg. meist 1bltg., Blätt. des Blütenstg. höchstens 5 mm lg., aufrecht; ♃; VII–VIII. Felsen u. Schutt der alp. Reg., kalkmeidend, Zentral-Alp. *v.* [= *S. aspera* L. ssp. *bryoides* (L.) Gaud.] Ⓖ *Moos-St.,* **S. bryoídes** L.

— Pfl. lockerrasig m. verlängerten Stämmchen; Blätt. der nichtblüh. Triebe gerade, viel länger als die Blattknospen; Bltnstg. bis 20 cm lg., mehrbltg.; Blätt. des Bltnstg. abstehend, ca. 10 mm lg.; ♃; VII–VIII. Schattige Felsen u. Schutt der Ur-Alp.; *z* in Au. [= *S. aspera* L. ssp. *elongata* (L). Gaud.] Ⓖ *Rauher St.,* **S. áspera** L.

18(15.) Blätt. herzf., 1–3 cm breit, zart, 5–7lappig; Bltnblätt. linealisch, grünl.; ♃; VI–VIII. Feuchte, schattige Felsen, *s*, Kt, St.
Ⓖ *Glimmer-St.,* **S. paradóxa** Sternbg.

— Blätt. < 6 mm breit, einfach od. 3- bis mehrspaltig . . . **19**

19. Bltnblätt. gelb-orange m. roten Punkten od. dkrot.; Blätt. linealisch, fleischig; Stg. m. mehr als 10 Blätt.; ♃; VI–X. Quellfluren, nasse Felsen, Bachufer, kalkliebend; Alp. *v*, m. den Flüssen herabstgd.
Ⓖ *Fetthennen-St., Bach-St.,* **S. aizoídes** L.

— Stg. blattlos od. m. wenigen Blätt.; Grdblätt. einfach od. 3- bis mehrspaltig **20**

20. Grdblätt. stets einfach, ungeteilt **22**

— Grdblätt. an der Spitze geteilt (selten einfach, *S. exarata*) **21**

21. Bltnstg. meist blattlos, selten mit 1 Stgblatt; 1–3bltg.; Blätt. in hellgrünen, zu lockeren Rasen zusammenschließenden Rosetten, lanzettl., gegen die Spitze verbreitert, 3–5spaltig; Mittellappen breiter u. länger als die seitl.; Blkrblätt. sehr schmal, ⅓ so breit wie die Kblätt., blaßgelb; ♃; VII–IX. Geröll der K-Alp. *v.*
Ⓖ *Blattloser St.,* **S. aphýlla** Sternbg.

— Bltnstg. m. 2–5 linealen Blätt.; Blkrblätt. so breit od. breiter wie die Kblätt., grünl.gelb od. gelbl.-weiß; Grdblätt. 2–7spaltig; ♃; VII VIII. Felsen u. Schutt der alp. Region, *s* im Riesengeb.
Ⓖ *Furchen-St.,* **S. exaráta** Vill. s. l.

a. Grdblätt. m. hervortretenden Nerven; Blkrblätt. gelbl.-weiß, 4–6 mm lg., 1,5mal so lg. wie breit; 1800–3400 m, *z* in Ti, Vb. ssp. **exaráta**

b. Grdblätt. ohne hervortretende Nerven, meist 3spaltig od. ungeteilt; Blkrblätt. gelbl., 3–4 mm lg., 2mal so lg. wie breit, 2500–3500 m, *v.* (= *S. moschata* Wulf.) *Moschus-St.,* ssp. **moscháta** (Wulf.) Cavillier

22(20). Pfl. lockerrasig, kriechend; Grdblätt. lanzettl.-spatelig, kurzstachelspitzig, drüsenhaarig; Bltnstg. schlaff aufstgd., bis 7 cm lg., 1–4bltg.; Blkrblätt. etwas schmäler als die Kblätt., blaßgrünl. bis zitronengelb; ♃; VI–VIII. Feuchter Felsschutt der K-Alp., *z.*
Ⓖ *Fettkraut-St.,* **S. sedoídes** L.

— Pfl. dichte Polster bildend; Blätt. nicht stachelspitzig . . **23**

23. Pfl. harzig duftend; Grdblätt. lineal-lanzettl., am Rand kurzdrüsig, letztjährige an der Spitze silbergrau, 3–7 mm lg., 1–2 mm breit; Bltnstg. bis 5 cm lg., 1–3bltg., dicht drüsig-zottig; Blkrblätt. blaß- bis hellzitronengelb, beim Trocknen ausbleichend, 1,5–2mal so lg. u. doppelt so breit wie die Kblätt.; ♃; VI–VIII. Felsschutt der alp. Reg., meist über 2300 m; *s,* Alp. von Sb, Kt. (= *S. planifolia* STERNBG.; = *S. tenera* SUT.) Ⓖ *Moos-St.,* **S. muscoídes** ALL.

— Pfl. nicht harzig duftend; Grdblätt. lanzettl.-spatelig, allmähl. in breit geflügelten Stiel verschmälert, m. drüsentragenden Gliederhaaren; Bltnstg. bis 7 cm lg., meist 1bltg.; Blkrblätt. schmäler als die Kblätt. u. so lg. wie diese; ♃; VII–VIII. Feuchter Felsgrus u. Felsschutt der alp. Reg., 1400–3300 m; kalkmeidend; *z* in Ti u. Vb. Ⓖ *Seguiers St.,* **S. seguiéri** SPR.

24(12). Blkrblätt. ohne gelbe od. rötl. Punkte **28**

— Blkrblätt. am Grd. m. gelben od. roten Punkten **25**

25. Kblätt. aufrecht-absthd.; Blkrblätt. am Grd. gelb u. rot punktiert, 2–3mal so lg. wie die Kblätt.; Stg. bis 70 cm lg., an der Spitze drüsen-, an der Basis weichhaarig; Grdblätt. herznierenf., ungleich grob gezähnt, weichhaarig; ♃; VI–X. Feuchte, schattige Orte der subalp. Reg.; Alp. *v, s* in Vor-Alp. u. SW. Ⓖ *Rundblättriger St.,* **S. rotundifólia** L.

— Kblätt. z. Bltzt. herabgeschlagen; Grdblätt. nicht herznierenf. **26**

26. Blkrblätt. am Grd. m. 2 gelben Punkten; Blätt. verkehrt-eif.-keilig, an der Spitze gezähnt, fleischig, untersts. nicht purpurfarbig; ♃; VI–VIII. Quellfluren, Bachufer, nasse Felsen; Alp. *v, s* in Schw., Vog. Ⓖ *Stern-St.,* **S. stelláris** L.

a. Alle Bltn. normal ausgebildet. Alp., Vog., Schw. ssp. **alpígena** TEMESY

— An Stelle von Bltn. z.T. Laubknospen sthd.; Blkrblätt. fehlend. Fast nur auf Urgestein; Alp. von Sb, Kt, St. ssp. **prolífera** (STERNBG.) TEMESY

— Blkrblätt. meist m. zahlr. gelben od. roten Punkten; Blätt. untersts. purpurviolett **27**

27. Blattspreite fast bis zum Grd. gesägt od. gekerbt, m. langem, wollig-filzigem Stiel; Blkrblätt. meist m. roten Punkten; ♃; VI–VIII. Als Zierpfl. kult. u. stellenw. verwild. (Heimat: Pyrenäen) *Schatten-St.,* **S. umbrósa** L.

— Blattstiele kahl, Blattspreite im unt. Drittel meist ganzrandig; Blkrblätt. ohne rote Punkte; ♃; VI–VII. Wälder, Felsen der voralp. Reg.; kalkmeidend; *s* in Ti, Vb, Sb, Kt. Ⓖ *Keilblättriger St.,* **S. cuneifólia** L.

28(24). Bltn. kopfig gehäuft; Bltnstg. spitzenw. dichtdrüsig, blattlos; Grdblätt. rosettig, fleischig, verkehrt-eif., stumpfzähnig, untersts. meist purpurn, in kurzen Blattstiel verschmälert; ♃; VI–VIII. Feuchte Basaltfelsen, nur im Riesengeb. (Kleine Schneegrube als Glazialrelikt), sonst nur N-Eur. Ⓖ *Schnee-St.,* **S. nivális** L.

— Bltn. nicht kopfig gehäuft **29**

29. Blätt. ungeteilt, lanzettl.-spatelig, bis 2 cm lg., ganzrandig, selten an der Spitze 3zähnig, am Rand lg.drüsig; Bltnstg. bis 10 cm, 1–3blättrig, lg.drüsig, meist 1–2bltg.; Blkrblätt. doppelt so lg. wie der K.; Pfl. rasig-polsterbildend; ♃; V–VII. Schneetälchen, durchfeuchtete Rasen, von 1500–3000 m; kalkliebend; Alp. *v.* Ⓖ *Mannschild-St.,* **S. androsácea** L.

— Blätt. gelappt od. tief gekerbt; nur die Grdblätt. zuw. ungeteilt **30**

30. Stg. am Grd. mit zahlr. rundl. Brutzwiebelchen, 20 bis 50 cm hoch, drüsig-klebrig; Grdblätt. tief gekerbt; Blkrblätt. 3–5mal so lg. wie die Kblätt.; ♃; V–VI. Magere Wiesen, Wegraine, *v*, in Au *s*.
Ⓖ *Knöllchen-St.*, **S. granuláta** L.

— Stg. am Grd. ohne Brutzwiebeln **31**

31. Stg. stets 1bltg., 3–35 cm hoch, einfach, schwach zickzackf., meist etwas nickend, m. Brutknöllchen in den Achseln der Stgblätt.; Grdblätt. rundl.-herznierenf., 5–7lappig, lg. gestielt; ♃; VII. Feuchte Wiesen, *s* Ti (Nauders), Kt, St. Ⓖ *Nickender St.*, **S. cérnua** L.

— Stg. meist mehrbltg. **32**

32. Pfl. ausdauernd, große, lockere od. dichtere Rasen bildend **34**

— Pfl. ⊙ **33**

33. Grdblätt. z. Bltzt. abgestorben, schwach 3lappig; Stgblätt. tief 3–5lappig; Stg. meist rötl., dicht kurzhaarig-drüsig, 2–18 cm hoch; Blkrblätt. weiß, 2,5–3 mm lg.; Frstiele zuletzt ca. 10–20 mm lg.; ⊙; IV–VI. Mauern, Kiesdächer, Bahnhöfe, Sandfelder, *z*, *s* im N.
Dreifinger-St., **S. tridactylítes** L.

— Grdblätt. z. Bltzt. noch vorhanden, 3–5zähnig, dicht kurzdrüsig; Stgblätt. lanzettl., ungezähnt; Blkrblätt. 3,5–5 mm lg.; Frstiele zuletzt höchstens 8 mm lg.; ⊙; VI–VII. Feuchte Weiden der alp. Reg.; kalkliebend, *z* in Au. [= *S. tridactylites* L. ssp. *adscendens* (L.) A. Blytt]
Ⓖ *Aufsteigender St.*, **S. adscéndens** L.

34(32). Nichtblühende Triebe in den Blattachseln gestielte, spinnwebig behaarte Knospen tragend, vereinzelt m. ungeteilten Blättern; Blätt. starr, bis zum Grd. eingeschnitten 3lappig, m. grannig bespitzten Abschnitten; Bltnknospen nickend; Bltnstg. zahlr., 3–12bltg.; ♃; IV–VII. Angepflanzt u. verwild.; Be, Vog.
Ⓖ *Astmoos-St.*, **S. hypnoídes** L.

— Nichtblühende Triebe ohne Knospen in den Blattachseln, ohne ungeteilte Blätter; Blätt. weich, breit-keilf., 3–9spaltig, m. stumpfen, vorw. gerichteten Abschnitten; Bltnknospen aufrecht; Bltnstg. zahlr., 2–9bltg.; ♃; V–VII. Felsblöcke, Schutt; Mittelgeb. *s*. (= *S. decipiens* Ehrh.; = *S. caespitosa* auct.)
Ⓖ *Rasen-St.*, **S. rosácea** Moench

a. Grdblätt. tief 3–9spaltig, m. genäherten Lappen. Schw. Alb, Fichtgeb., ob. Saale-, Bode- u. Elstergebiet, Sudeten. ssp. **rosácea**

— Grdblätt. 3–5lappig, m. auseinanderspreizenden, grannig bespitzten Lappen. RhPf, He, südl. NrWe bis Lx. ssp. **sponhémica** (Gmel.) Webb

Familie: **Parnassiáceae,** *Herzblattgewächse*

Stauden m. ungeteilten Blätt.; Bltn. einzeln, 5zählig; Stbblätt. 5, m. 5 Staminodien abwechselnd *(476);* Kapselfr.; nur 1 Gattung.

Parnássia L., *Herzblatt*
Grdblätt. zahlr., rosettig, lg.gestielt; Spreite herz-eif., ganzrandig, kahl; Bltnstg. bis 45 cm hoch, kantig, im unt. Drittel sitzendes Laubblatt tragend, 1bltg.; Blkrblätt. weiß, mehrnervig *(476a);* Staminodien spatelig, m. langen, gelben Drüsenköpfchen *(476b);* ♃; VII–IX. Sumpfwiesen, Flachmoore der Ebene u. Trockenrasen der alp. Reg.; *z.*
Ⓖ *Sumpf-H., Studentenröschen,* **P. palústris** L.

Ordnung: **Sarraceniáles**

Familie: **Droseráceae,** *Sonnentaugewächse*

Insektenfangende Pfl.; Blätt. m. Drüsen *(477–479)* zum Fangen u. Verdauen tierischer Nahrung od. Blattspr. zusammenklappend; Bltn. strahlig, meist in Wickeln, 4- od. 5zählig; Frkn. oberst., 1fächerig; Kapselfr.

1. Moor- u. Sumpfpfl.; Blätt. in grdst. Rosette, m. langen Drüsenhaaren *(477–479)* . . . . **Drosera,** 226
— Untergetauchte, wurzellose Wasserpfl.; Blätt. quirlst.; Blattspr. m. Borsten *(179),* auf einen Reiz hin längs der Mittelrippe zusammenklappend . . . . **Aldrovanda,** 227

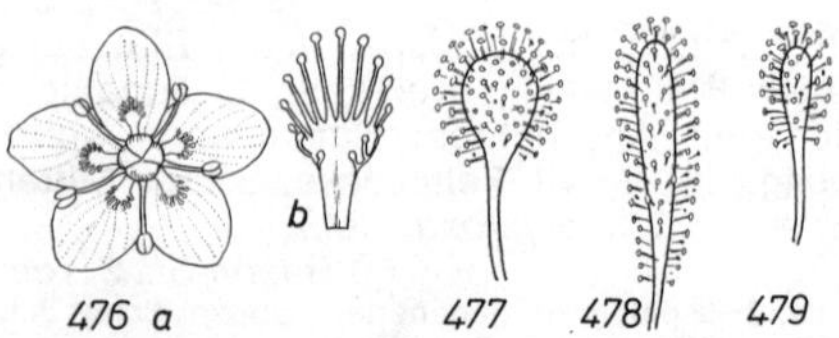

476 a *477* *478* *479*

1. Drósera L., *Sonnentau* Ⓖ
1. Blattspr. kreisrund, lg. gestielt *(477);* ♃; VI–VIII. Flach- u. Hochmoore; *z.* Ⓖ *Rundblättriger S.,* **D. rotundifólia** L.
— Blattspr. länger als breit **2**
2. Blattspr. 4–8mal so lg. wie breit *(478);* Bltnstände aufrecht, die Blätt. überragend; Kapseln glatt; ♃; VI–VIII. Hoch- u. Zwischenmoore, in Torfmoos od. am Rand von Schlenken, oft im Wasser sthd.; von der Ebene bis in die subalp. Stufe; *z* bis *s.* (= *D. longifolia* L. p. p.) Ⓖ *Langblättriger S.,* **D. ánglica** Huds.
— Blattspr. nur 2–4mal so lg. wie breit *(479);* Bltnstg. bogig aufstgd., die Blätt. nur wenig überragend; Kapseln gefurcht; ♃; VII–VIII.

Flach- u. Hochmoore, *z* auf nackten Torfschlenken; im NW *v*, sonst *s*. (= *D. longifolia* L. p. p.) Ⓖ *Mittlerer S.*, **D. intermédia** HAYNE

Häufig **Bastard**bildung:

D. rotundifolia x *D. anglica* = **D.** x **obováta** MERT. & K., *z*.

D. rotundifolia x *D. intermedia* = **D.** x **beleziána** E. G. CAMUS., *s*.

D. anglica x *D. intermedia* (nicht beschrieben), *s*.

2. Aldrovánda L., *Wasserfalle*

Blätt. in 6–9zähligen Quirlen; Bltn. einzeln; ♃; VII–VIII. Sthd. Gewässer; *s*, Br, WPr, Schl, früher im Bodenseegebiet. Ⓖ ! **A. vesiculósa** L.

Ordnung: **Rosáles**

Familie: **Rosáceae,** *Rosengewächse*

Kräuter, Stauden od. Holzpfl.; Blätt. wechselst., meist m. Nebenblätt.; Bltn. radiär, ⚥, m. meist doppelter Bltnhülle; Stbblätt. 5 od. 2–4mal soviel wie Blkrblätt.; Frkn. viele bis 1, frei (apokarp) od. unecht verwachsen, dem kegelig erhöhten od. flächig verbreiterten Bltnboden aufsitzend *(480)* od. von krugf. vertiefter Bltnachse umgeben *(481–484)*, bzw. m. derselben verwachsen *(482, 487)*; dadurch alle Übergänge von ober- zu unterst. Frkn.; an der Fruchtbildung beteiligt sich in mannigfacher Weise die Bltnachse; Fr.: Kapseln *(485–486)*, Nüsse od. Nüßchen *(489–490)*, Steinfr. *(122)*, Sammelfr. od. Scheinfr. *(487–488)*; viele Nutz- u. Zierpfl.

1. Blätt. m. Nebenblätt.; Pfl. mit 1- bis mehrsamigen Schließfr. [Nuß- *(126, 489–490)*, Steinfr. *(122)*, Sammel- *(126–128)* od. Scheinfr. *(129)*] **4**

— Blätt. ohne Nebenblätt. (nur *Physocarpus* m. 3lappigen Blätt., jung m. Nebenblätt.); Pfl. m. aufspringenden Balgfr. *(485, 486)*, diese zu 2–5, dem flachen od. trichterf. Bltnboden aufsitzend *(481)* **2**

2. Bis 1,5 m hohe Stauden, m. doppelt 3zählig gefied. Blätt.; Bltn. eingschl., in großen rispenart. Bltnständen **Aruncus,** 230

— Sträucher, m. ungeteilten od. gelappten Blätt.; Bltn. ⚥ **3**

3. Frkn. bis zur Mitte frei; Fr. nicht aufgeblasen *(486)* **Spiraea,** 230

— Frkn. etwa bis zur Mitte verwachsen; Fr. aufgeblasen *(485)* **Physocarpus,** 230

4(1). Bltn. m. 2 u. mehreren (bis zahlr.) Frblätt. u. Gr. . . **9**

— Bltn. m. nur 1 Frkn. u. Gr. **5**

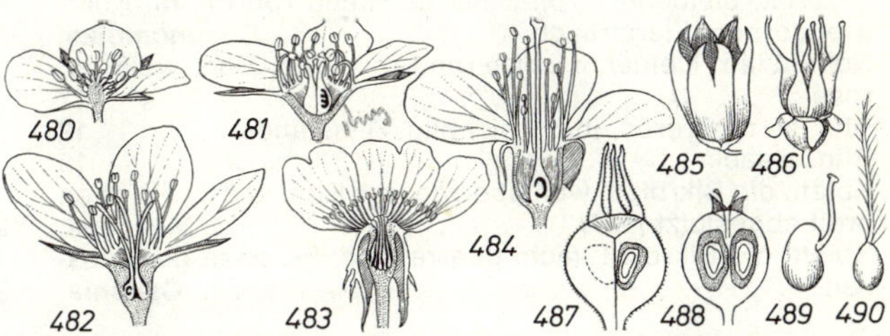

5. Kräuter u. Stauden **7**
— Holzpfl.; Bäume u. Sträucher **6**
6. Frkn. mittelst., von becherf., später abfallender Bltnachse umgeben, aber nicht mit dieser verwachsen *(484);* Steinfr. **Prunus,** 247
— Frkn. unterst., m. der becherf., bleibenden u. fleischig werdenden Bltnachse verwachsen; Apfelfr. *(488)* **Crataegus,** 246
7(5). Bltn. in dichten, kugeligen od. eif.-walzl. Köpfchen; Blätt. gefied. . . . . **Sanguisorba,** 231
— Bltn. in achselst. Knäueln od. in endst. geknäuelten Rispen, klein, grünl.; Stbblätt. 1 od. 4 . . . . **8**
8. Bltn. in achselst. Knäueln; Blätt. handf. 3spaltig *(518);* Stbblätt. 1; 1jähriges Ackerunkraut . . . . **Aphanes,** 238
— Bltn. in endst., geknäuelten Rispen; Stbblätt. 4; Blätt. gefied. od. gelappt *(520–524);* ausdauernde Rosettenpfl. **Alchemilla,** 238
9(4). Kräuter, Stauden od. niederlgd. Zwergsträucher . . **21**
— Bäume od. aufrechte Sträucher **10**
10. Frkn. u. Gr. 2–5; fleischige Scheinfr. m. pergamentart. od. steinhartem Kerngehäuse [Apfelfr. *(129, 488)*] **13**
— Fr. u. Gr. zahlr. **11**
11. Bltnachse zu krugf. Becher vertieft, der zahlr. freie Nußfr. enthält u. dem oben die K-, Stb- u. Blkrblätt. ansitzen *(127, 483)* . . . . **Rosa,** 239
— Bltnachse halbkugelig bis kegelig aufgewölbt *(480)* . **12**
12. Bltn. weiß od. rötl.; Fr. saftige Sammelfr. aus Steinfr. *(128);* Pfl. meist m. Stacheln od. Borsten . . . . **Rubus,** 243
— Bltn. gelb; Fr. trockene Sammelfr. aus Nußfr.; Pfl. stachellos **Potentilla fruticosa,** 233
13(10). Blätt. einfach gesägt od. ganzrandig **15**
— Blätt. doppelt gesägt, gelappt od. gefied. **14**
14. Pfl. m. Kurztriebdornen *(10);* Blätt. meist kahl; Kernhaus der Fr. steinhart *(488)* . . . . **Crataegus,** 246
— Pfl. dornenlos; Blätt. unterststs. zumindest auf den Nerven behaart; Kernhaus der Fr. m. pergamentartiger Wand **Sorbus,** 244
15(13). Bltn. klein, bis 0,5 cm im Dm, zu 1–5 blattachselst.; Blätt. ganzrandig; niedrige Sträucher . . . . **Cotoneaster,** 247
— Bltn. > 0,5 cm im Dm **16**
16. Nebenblätt. (an Langtrieben) sehr groß, eirundl., am Rand gezähnt, bleibend *(275);* Bltn. leuchtend rot; Pfl. m. Kurztriebdornen; Zierstrauch . . . . **Chaenomeles,** 244
— Nebenblätt. kleiner, nicht eirund, hinfällig; Bltn. weiß od. rosa **17**
17. Bltn. zu mehreren, in ± reichbltg. Bltnständen . . . **19**
— Bltn. einzeln **18**
18. Kblätt. die Blkrblätt. weit überragend; Bltn. endst.; Fr. oben breit abgestutzt *(487)* . . . . **Mespilus,** 247
— Kblätt. die Blkrblätt. nicht überragend; Fr. oben geschlossen . . . . **Cydonia,** 243

19(17). Blkrblätt. längl.-lanzettl., 2–5mal so lg. wie breit; Bltn. sich vor den Blätt. entfaltend, in traubig-rispigen Bltnständen; Blattspr. eif., am Grd. schwach herzf. *(260)*, m. kurzen Stachelspitzchen; dornenlose Sträucher . **Amelanchier,** 247
— Blkrblätt. rund bis verkehrt-eif., etwa 2mal so lg. wie breit; Bltn. in Doldentrauben an Kurztrieben; Blattspr. länger bespitzt; Pfl. zuw. m. Dornen **20**
20. Stbbeutel gelb; Gr. am Grd. verwachsen . . . . **Malus,** 244
— Stbbeutel rot; Gr. bis zum Grd. frei *(482)* . . . . **Pyrus,** 244
21(9). Blätt. ledrig, ungeteilt, am Rand gekerbt, unterssts. weißfilzig; Blkrblätt. meist 8, weiß; Gr. z. Frreife verlängert u. federig behaart *(490)*; hochalp. Spalierstrauch . . **Dryas,** 232
— Blätt. krautig, gelappt, gefied. od. gefingert **22**
22. Bltn. in walzenf. od. eif., grünl., braunen od. roten Ähren; Stbblätt. 4 od. viele *(494–495)* . . . . . **Sanguisorba,** 231
— Bltnstände anders gestaltet **23**
23. Bltnhülle doppelt, m. K. u. ± auffälliger Blkr.; K. häufig m. Außenk. *(79)* **25**
— Bltnhülle einfach; Blkr. fehlend; K. jedoch m. Außenk. **24**
24. Pfl. ⨀; Bltn. in achselst. Knäueln m. nur 1 Stbblatt; Blätt. handf.-3spaltig *(518)* . . . . **Aphanes,** 238
— Pfl. ausdauernd; Bltn. in endst. geknäuelten Rispen; Stbblätt. 4; Blätt. gelappt od. gefing. *(520–524)* . **Alchemilla,** 238
25(23). Bltn. m. K. u. Außenk., deshalb 8–10 Kblätt. vorhanden **28**
— Außenk. fehlend, nur 4–5 Kblätt., zuw. aber noch Kranz von Hakenstacheln vorhanden *(492–493)* **26**
26. Bltn. gelb, in ährig-traubigen Bltnständen; Kbecher gefurcht, die Fr. fest umschließend, am Rand m. hakigen Stacheln *(491–493)*; Blätt. unterbrochen gefied. *(63)* **Agrimonia,** 231
— Bltn. weiß od. gelbl.weiß; Kbecher nicht m. hakigen Stacheln **27**
27. Blätt. 3- od. 5–7zählig gefied od. m. 5–7lappiger, herznierenf., am Rand gekerbter Spreite; Bltn. groß; beerenart. Sammelfr. *(128)* . . . . **Rubus,** 243
— Blätt. unterbrochen gefied. *(63)*; Bltn. zahlr., klein, in reichbltg., doldenrispigen *(105)* od. trichterrispenart. Bltnständen *(107)*; Kapselfr. *(485)* . . . . . . **Filipendula,** 231
28(25). Stbblätt. mehr als 10 . . . . **30**
— Stbblätt. 4–10 . . . . **29**
29. Grdblätt. groß, unterbrochen gefied.; Blkrblätt. 6–7 mm lg. **Aremonia,** 232
— Grdblätt. klein, 3zählig; Blkrblätt. 1,5 mm lg., kürzer als der K., hinfällig; Hochalpenpfl. . . . . **Sibbaldia,** 238
30(28). Gr. sich während der Frreife verlängernd, fedrig behaart *(498)* od. hakig gekrümmt *(499–501)* . . . **Geum,** 232
— Gr. sich zur Frreife nicht verlängernd **31**
31. Bltnkr. weiß u. Blätt. 3zählig gefied. od. gefing. . . . **33**
— Bltnkr. gelb, braunrot od. rosa, falls weiß, dann Blätt. mehrzählig gefied. od. gefing. *(503–505, 509)* **32**

32. Frblätt. 2–6; Bltn. 5zählig . . . . **Waldsteinia,** 232
— Frblätt. mehr als 6 od. Bltn. 4zählig . . . . . . **Potentilla,** 233
33(31). Bltnkrblätt. vorn ausgerandet, sich nicht berührend; Bltnboden stark behaart, trocken . . . . **Potentilla,** 233
— Bltnkrblätt. vorn abgerundet bis zugespitzt, sich meist berührend; Bltnboden kahl, zur Frreife fleischig-saftig *(126, 490)* . . . . **Fragaria,** 237

Unterfamilie: **Spiraeoídeae,** *Spierstrauchartige*

Sträucher od. Stauden; Blätt. meist ohne Nebenblätt.; Bltn. 5zählig, m. flachem, konkavem od. glockenf. Bltnachsenbecher; Stbblätt. 15 bis zahlr.; Frblätt. 1–5, frei od. an der Basis verwachsen; Balgfr. *(485–486).*

1. **Spiraéa** L., *Spierstrauch*

1. Bltnstand einfache Dolde od. Trugdolde am Ende von Kurztrieben **5**
— Bltnstand Rispe am Ende von Langtrieben **2**
2. Bltnrispe breiter als lg.; ♃; V–VI. Kalkfelsen, nur in Kt (Förolach). *Kärntner Sp.,* **Sp. decúmbens** Koch
— Bltnrispe länger als breit **3**
3. Bltn. weiß, innen m. Nektarring; Blätt. kahl; ♃; VII–VIII. In Dt angepfl. u. verwild. (Heimat: USA) *Weißer Sp.,* **S. álba** Du Roi
— Bltn. rosa **4**
4. Blätt. unterstS. kahl; Bltn. m. Nektarring; ♃; VI–VII. Ufergebüsche; in Kt, St u. OÖ wild, in Dt angepfl. *Weiden-Sp.,* **S. salicifólia** L.
— Blätt. untersts. filzig; Bltn. meist ohne Nektarring; ♃; VI–VII. In Dt u. St angepfl. u. verwild. *Billards Sp.,* **S. x billárdii** Hérincq
5(1). Zweige kantig; Bltnblätt. 6 mm lg.; Blätt. in vorderer Hälfte gezähnt; ♃; V–VII. Wild in Kt, sonst angepfl., zuw. verwild. *Ulmen-Sp.,* **S. chamaedryfólia** L. em. Jacq.
— Zweige rund; Bltnblätt. 2–3 mm lg.; Blätt. nicht od. nur ganz vorne etwas gezähnt; ♃; V–VI. Felsen, *s,* nur St. [G] *Karpaten-Sp.,* **S. média** F. Schmidt

2. **Physocárpus** (Cambessèdes) Maxim., *Blasenspiere*

Bis 3 m hoher Zierstrauch; Blätt. 3lappig; Bltn. in kugeligen Dolden; Blkr. weiß; Fr. aufgeblasen; ♃; V–VI. Aus N-Am. stammender, selten verwild. Zierstrauch. (= *Spiraea opulifolia* L.) **Ph. opulifólius** (L.) Maxim.

3. **Arúncus** Schaeff., *Geißbart*

Blätt. bis 1 m lg., doppelt 3–5zählig gefied.; Bltn. in langen, zuletzt überhgd. Rispen, meist eingschl., weiß; ♃; V–VII. Schattige Wälder u. Hochstaudenfluren der mont. Reg.; im S *v,* im N *f.* (= *A. vulgaris* Raf.; = *A. dioicus* auct.) *Wald-G.,* **A. sylvéstris** Kostel.

Unterfamilie: **Rosoídeae,** *Rosenartige*

Holzgewächse, Stauden od. Kräuter; Blätt. m. Nebenblätt.; Bltnachse flach, kegelf. aufgewölbt od. krugf. vertieft; K. häufig m. Außenk. (*213* ak); Stbblätt. 5 bis zahlr.; Frblätt. 1 bis zahlr.; Nüßchenfr., diese häufig m. verlängertem u. erhaltenbleibendem Gr. oder Sammelfr.

4. Filipéndula MILL. em. ADANS., *Mädesüß*

1. Stg. 100–150 cm lg., aufrecht, kantig; Blätt. unterbrochen gefied., m. 2–5 Paaren großer, eif., doppelt gesägter Fied.; Bltn. in vielstrahligen Trugdolden, klein, gelbl.weiß, duftend; ♃; VI–VIII. Naßwiesen, Gräben, *v.* (= *Spiraea ulmaria* L.)
Echtes M., **F. ulmária** (L.) MAXIM.

a. Blätt. beidersts. grün, untersts. bleicher. Im Flachland *v.* ssp. **denudáta** (J. & C. PRESL) HAY.

— Blätt. untersts. weißfilzig; *v, z* im S. [= ssp. *nivea* (WALLR.) HAY.] ssp. **ulmária**

— Stg. 30–80 cm lg., dünn, stielrund od. schwach gerillt; Blätt. unterbrochen gefied., m. mehr als 20 Paaren, bis 1,5 cm langer, tief eingeschnittener Fied.; Bltn. in reichbltg. Trichterrispen *(107),* weiß od. rosa; Wurzeln knollig verdickt; ♃; V–VII. Trockene Hügel u. lichteres Gebüsch, vorwgd. auf Kalk; *z, f* im NW. (= *F. hexapetala* GIL.) *Kleines M.*, **F. vulgáris** MOENCH

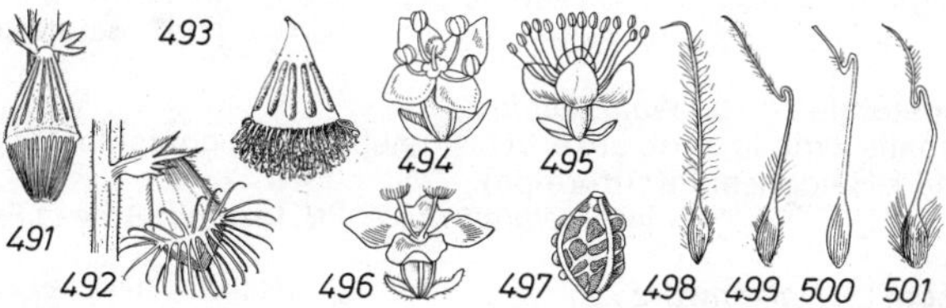

5. Agrimónia L., *Odermennig*

1. Bltnblätt. blaßgelb; reife Fr. 4–5 mm lg.; Kborsten zusammenneigend *(491);* ♃; VI–VIII. Waldränder, *s* in OPr.
Behaarter O., **A. pilósa** LED.

— Bltnblätt. goldgelb; reife Fr. 7–11 mm lg. **2**

2. Äußere Kborsten aufrecht-abstehend; Kbecher deutlich gefurcht *(493);* Stg. m. nichtdrüsigen langen u. kurzen Haaren besetzt; ♃; VI–VIII. Wegränder, Magerweiden; *v.*
Gewöhnlicher O., **A. eupatória** L.

— Äußere Kborsten nach hinten zurückgeschlagen; Kbecher nur seicht gefurcht od. ungefurcht *(492);* Stg. m. langen, nichtdrüsigen Haaren besetzt; ♃; VI–VIII. Hecken, Waldränder; *z.* (= *A. odorata* auct.) *Wohlriechender O.*, **A. procéra** WALLR.

6. Sanguisórba L., *Wiesenknopf* (incl. **Potérium** L.)

1. Bltnköpfchen dkrot; Blattfied. jedersts. m. etwa 12 Zähnen, untersts. blaugrün; Stbblätt. 4 *(494);* Gr. 1; Stg. 30–90 cm hoch; ♃; VI–IX. Feuchte Wiesen; *v,* im N *z.* (= *S. polygama* NYL.)
Großer W., **S. officinális** L.

— Bltnköpfchen grünl., kugelig; Blattfied. jedersts. m. 3–9 Zähnen, untersts. grün; Gr. 2 *(496);* ♃; V–VI. Trockene Wiesen, Raine; *v,* im N *z.* (= *Poterium sanguisorba* L.) *Kleiner W.*, **S. minor** SCOP.

a. Stg. 20–40 cm hoch; Frbecher m. schmalen Randleisten, die Fläche netzf. runzelig *(497); v,* im N *z.* ssp. **minor**

— Stg. 30–80 cm hoch; Frbecher m. schmalen bis breiten Flügeln am Rand, die Fläche unregelmäßig aber tief gefurcht, m. scharfen Erhebungen; *s,* Kt, St, in Dt eingeschleppt. [= *Poterium polygamum* W. & K.; = *S. minor* Scop. ssp. *muricata* Briq.; = *S. muricata* (Spach) Gremli]
Grubiger W., ssp. **polýgama** (W. & K.) Holub

7. Aremónia Neck., *Aremonie*
Bltnstg. 5–20 cm lg., m. 1–3 Hochblätt.; Bltn. zu 2–5, von trichterf., sich z. Frreife vergrößernder, 6–10spaltiger Hülle umgeben; Blkrblätt. 5, lebhaft gelb; Frkn. 2, vom Kbecher eingeschlossen; ♃; V–VI. Laubwälder; *s,* nur BW (Oberrhein), Ba (Planegg), Kt, St.
A. agrimonoídes (L.) Dc.

8. Drýas L., *Silberwurz*
Spalierstrauch; Blätt. längl.-elliptisch, gekerbt, ledrig, untersts. weißfilzig; Bltn. einzeln, groß, meist m. 8 Blkrblätt.; Gr. z. Frreife verlängert u. zottig behaart; ♃; VI–VII. Alpine Steinrasen; *v* in K-Alp., *s* im Vorland. [G] **D. octopétala** L.

9. Waldstéinia Willd., *Waldsteinie*
Grundblätt. 3zählig, grob gekerbt bis gelappt; Bltn. goldgelb; ♃; IV–V. Abhänge, Heiden; nur Kt (Koralpe).
[G] *Dreiblättrige W.,* **W. ternáta** (Steph.) Fritsch

10. Géum L., *Nelkenwurz*

1. Stg. mehrbltg.; Gr. z. Frzt. verholzend u. hakig geglied. *(499–501);* Bltn. gelb od. rötl. **3**

— Stg. meist 1bltg.; Gr. gerade, z. Frzt. fedrig behaart, nicht hakig geglied. *(498);* Bltn. lebhaft gelb **2**

2. Pfl. ohne Ausläufer; Seitenfied. viel kleiner als die große, stumpf lappige Endfied.; Bltn. 3–4 cm im Dm, gelb; Gr. bis 3 cm lg., fast bis zur Spitze behaart *(498);* ♃; V–VII. Matten; *v* Alp., Brocken (wohl angepflanzt), Riesengeb. *s.* [= *Sieversia montana* (L.) R. Br.] *Berg-N.,* **G. montánum** L.

— Pfl. m. Ausläufern; Seitenfied. nicht viel kleiner als die 2–5spaltige Endfied.; Bltn. lebhaft gelb; Gr. bis 3 cm lg.; ♃; VII–VIII. Matten; kalkmeidend; Alp. *v.* [= *Sieversia reptans* (L.) R. Br.]
[G] *Kriechende N.,* **G. réptans** L.

3(1). Bltn. nickend; Blkrblätt. außen rötl., innen gelb; K. braunrot, anlgd.; Gr. 2gliedrig, unt. Glied so lg. wie ob., zottig u. drüsig, das ob. fedrig behaart *(499),* abfallend; Grdblätt. lg.gestielt, unterbrochen gefied.; Endfied. sehr groß, 3lappig; ♃; IV–V. Hochstaudenfluren, Au- u. Bruchwälder, nasse Wiesen; *v,* stellenw. *f.*
Bach-N., **G. riväle** L.

— Bltn. aufrecht, gelb; K. zurückgeschlagen **4**

4. Bltn. klein; Blkrblätt. 3–7 mm lg., hellgelb; Gr. 2gliedrig, unt. Glied kahl, 3–4mal so lg. wie das am Grd. gekniete u. behaarte ob. *(500);* Fr. kurzborstig; Stgblätt. 3zählig, m. großen Nebenblätt.; ♃; V–X. Feuchte Wälder, Wegränder; *g.* *Echte N.,* **G. urbánum** L.

— Bltn. größer als bei voriger; unt. Grglied am Grd. borstenhaarig, etwa doppelt so lg. wie d. bis zur Spitze kurz behaarte ob. *(501);* Fr.

lg.borstig; ♃; VII–IX. Feuchtes Gebüsch; *s*, OPr, N-ČR. (= *G. strictum* AIT.) *Steife N.*, **G. aléppicum** JACQ.

11. Potentílla L. (incl. **Comarum** L.), *Fingerkraut*

1. Stg. holzig, bis 1 m hoher Strauch; Blätt. 3–5zählig gefied., untersts. behaart; Blkrblätt. gelb; ♃; VI–VIII. Zierpfl., stellenw. verwild. *Strauch-F.*, **P. fruticósa** L.

— Stg. krautig, höchstens an der Basis verholzt **2**

2. Blkr. dk.braunrot, bis z. Frreife bleibend, halb so lg. wie gleichfalls braunroter K.; Bltnboden aufgewölbt, z. Frreife schwammig trokken; Grdachse kriechend; Bltnsprosse 20–60 cm lg.; Blätt. 5–7zählig gefied.; Fied. grobgesägt, untersts. behaart; ♃; VI–VII. Flach- u. Hochmoore; *v*, im S *z*. (= *Comarum palustre* L.) Ⓖ *Blutauge, Sumpf-F.*, **P. palústris** (L.) SCOP.

— Blkr. gelb, weiß, gelbl.weiß od. rosa **3**

3. Blkr. gelb **10**

— Blkr. weiß od. rosa **4**

4. Bltn. rosa, 20–25 mm im Dm; Pfl. 5–10 cm hoch, dicht seidenhaarig silbergrau; ♃; VII–IX. Kalkfelsen; *s*, Ti, Kt. Ⓖ *Dolomiten-F.*, **P. nítida** L.

— Bltn. weiß; Pfl. nicht dicht seidig behaart **5**

5. Grdblätt. gefied. m. 5–7 Fied.; ob. Stgblätt. 3zählig; Bltstg. bis 60 cm lg., braunrot, zerstreut kurz zottig behaart; Fr. kahl; ♃; V–VI. Trockene Wälder, Magerwiesen, Felsspalten der Hügel- u. Bergregion; in Au, S- u. M-Dt *s*, im NO nur in Br u. Me. Ⓖ *Felsen-F.*, **P. rupéstris** L.

— Grdblätt. gefing. m. 3–5 Fied.; Fr. behaart **6**

6. Grdblätt. 3zählig gefing. *(502)* **9**

— Grdblätt. meist 5zählig gefing. *(503)* **7**

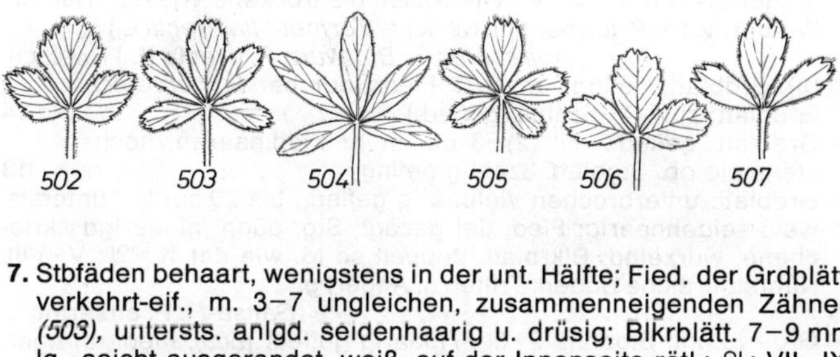

502 503 504 505 506 507

7. Stbfäden behaart, wenigstens in der unt. Hälfte; Fied. der Grdblätt. verkehrt-eif., m. 3–7 ungleichen, zusammenneigenden Zähnen *(503)*, untersts. anlgd. seidenhaarig u. drüsig; Blkrblätt. 7–9 mm lg., seicht ausgerandet, weiß, auf der Innenseite rötl.; ♃; VII–IX. Kalkfelsen der Voralp. *z*, *s* im Vorland. Ⓖ *Stengel-F.*, **P. cauléscens** TORN.

— Stbfäden kahl **8**

8. Fied. an der Spitze jedersts. m. 1–4 Kerbzähnen *(504)*, oberst. dk.grün, untersts. graugrün u. dicht seidig behaart; Bltnstg. 5–8 cm lg., dünn, aufstgd.; Fr. nur am Grd. behaart; ♃; IV–V. Lichte Kiefernwälder, buschige, grasige Abhänge; vorwgd. auf Kalk; im S *z*, im N *s* od. *f*. *Weißes F.*, **P. álba** L.

— Fied. verkehrt-eif., an der Spitze m. 5 ungleichen Zähnen *(505),* beidersts. grün, zerstreut anlgd. behaart; Bltnstand wenigbltg.; Blkrblätt. an der Spitze ausgerandet; Fr. an der Spitze behaart; ♃; VI–VIII. Kalkfelsen der subalp. u. alp. Reg.; im Gebiet nur Sb, S-Kt, St, OÖ u. Ba, *z.* [G] *Tauern-F.,* **P. clusiána** JACQ.

9(6). Stbfäden ganz kahl, schmäler als die Stbbeutel; Stg. niederlgd., ausläuferart.; Fied. breit-verkehrt-eif., an der Spitze jedersts. m. 4–6 Sägezähnen *(506),* untersts. dicht behaart, bläul.grün; Bltnstand armbltg.; Bltnboden behaart; ♃; IV–V. Waldränder, buschige Hänge; *v,* stellenw. *f,* in Alp. *s,* in Br, O-Me, Sa *f.* (= *P. fragariastrum* EHRH.) *Erdbeer-F.,* **P. stérilis** (L.) GARCKE

— Stbfäden am Grd. bewimpert, fast so breit wie die Stbbeutel; Fied. verkehrt-eif., beidersts. m. 6–11 Zähnen, gleich dem Stiel absthd. behaart *(502);* Bltn. zu 1–4; Kblätt. auf der Innenseite purpurrot; ♃; III–V. Kiefernwälder, buschige, steinige Abhänge; *z* in Au, *s* in Ba, BW (Hochrhein), Vog., RhPf.
Rheinisches F., **P. micrántha** RAM. ex DC.

10(3). Bltn. 5-, selten 4zählig **12**

— Bltn. in der Mehrzahl 4-, selten 5zählig **11**

11. Stg. ausläuferart., niederlgd., an den Knoten wurzelnd; Grdblätt. 3–5zählig; Fied. keilf., breit gezähnt, Endzahn nicht hervorsthd. *(507);* Blkrblätt. doppelt so lg. wie der K.; ♃; V–IX. Feuchte Mischwälder, Flach- u. Hochmoore; *z,* im S *s* od. *f.* (Als Bastard aus *P. erecta* u. *P. reptans* entstanden; = *P. procumbens* SIBTH. = *Tormentilla reptans* L.) *Niederliegendes F.,* **P.** x **ánglica** LAICH.

— Stg. aufstgd. bis niederlgd., aber nicht wurzelnd; Rhizom unregelmäßig knollig, im Querschnitt blaßrot; Grdblätt. 3zählig *(508);* Fied. keilf., grob gezähnt, m. vorsthd. Endzahn, beidersts. kahl; Nebenblätt. der Stgblätt. fingerf. eingeschnitten *(508);* Blkrblätt. so lg. od. länger als der K.; ♃; V–VIII. Nasse bis trockene Wiesen, Heiden, Wälder, *v.* (= *P. tormentilla* NECK.; = *Tormentilla erecta* L.)
Aufrechtes F., Blutwurz, **P. erécta** (L.) RAEUSCH.

12(10). Grdblätt. gefing., m. 3–7 Fied. (nur bei *P. norvegica* Grdblätt. zuw. 4–5zählig gefied.) **14**

— Grdblätt. gefied., mit (2)–3 od. mehr Fied.paaren, höchstens die ob. Stgblätt. 3zählig gefing. **13**

13. Grdblätt. unterbrochen vielpaarig gefied., bis 20 cm lg., untersts. weiß-seidenhaarig; Fied. tief gesägt; Stg. dünn, niederlgd., kriechend, wurzelnd; Blkrblätt. doppelt so lg. wie der K.; ♃; V–VIII. Nährstoffreiche Böden, Triften u. Anger; *g.*
Gänse-F., **P. anserína** L.

— Grd.- u. unt. Stgblätt. 2–5(–7)paarig gefied. *(509);* Fied. unregelmäßig tief eingeschnitten gesägt; Stg. niederlgd. bis aufrecht; Bltn. einzeln, ihre Stiele nach dem Verblühen zurückgekrümmt; Blkrblätt. so lg. wie der K., blaßgelb; mehrjährig; IV–IX. Schlamm, feuchter Sand, an Fluß- u. Seeufern; *z;* Th u. N *s.*
Niedriges F., **P. supína** L.

14(12). Blätt. (wenigstens die Grdblätt.) meist 5- u. mehrzählig gefing. **19**

— Blätt. vorwgd. 3-, seltener 5zählig gefing. **15**

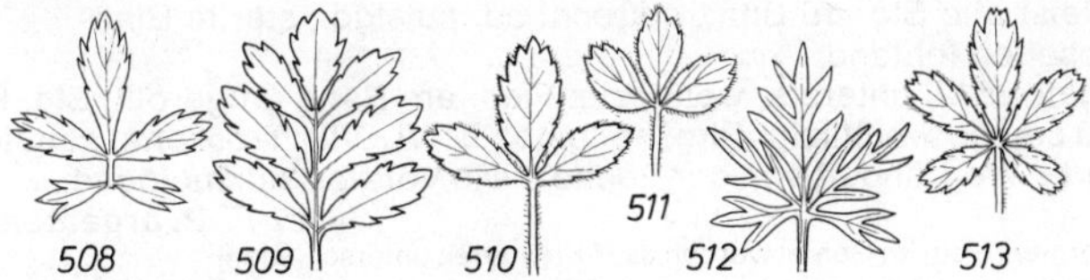

508 509 510 511 512 513

15. Blkrblätt. viel länger als Kblätt. **17**
— Blkrblätt. so lg. od. kürzer als Kblätt. **16**
16. Stg. steif aufrecht, bis 50 cm hoch, reich beblättert; Fied. verkehrt-eif., spitz gezähnt, beidersts. absthd. behaart *(510);* Bltnstand reichbltg.; Pfl. mehrjährig; VI–IX. Feuchte, moorige Orte; *v* in Da, *z* im O, sonst *s.* [G] *Norwegisches F.,* **P. norvégica** L.
— Stg. aufstgd., bis 5 cm lg., dicht seidig-zottig behaart, m. 1–3 Blätt.; Bltnstand m. 1–3 Bltn.; Hochalp.-Pfl.; ♃; VII–VIII. Felsspalten, begraste Felsbänder; kalkmeidend (Zentral- u. W-Alp.); *s* in Sb, Ti, Kt. *Gletscher-F.,* **P. frígida** VILL.
17(15). Bltn. groß, bis 3 cm im Dm, lg.gestielt; Blkrblätt. etwa doppelt so lg. wie Kblätt.; Stg. 10–30 cm lg., aufstgd.-aufrecht, locker behaart; ♃; VI–VII. Magerwiesen, Felsfluren; kalkmeidend; Alp.; *z* in Sb (Lungau), Ti, Vb. *Großblütiges F.,* **P. grandiflóra** L.
— Bltn.-Dm < 2 cm **18**
18. Fied. untersts. nur auf den Nerven u. am Rand angedrückt behaart, obersts. frisch-grün, kahl, eif., gezähnt *(511);* Bltn. einzeln, 7–12 mm im Dm; ♃; VII–VIII. K-Alp.; *v,* von 1100–2500 m. [= *P. dubia* (CR.) ZIMM.; = *P. minima* HALL. f.] *Zwerg-F.,* **P. brauneána** HOPPE ex NESTL.
— Blätt. untersts. dicht weißfilzig, obersts. fast kahl; Fied. tief eingeschnitten gezähnt; Bltnstg. 5–10 cm lg., m. 1–4 lg.gestielten, 10–15 mm großen Bltn.; ♃; VI–VIII. Magerwiesen, Schutt, kalkliebend; Zentral-Alp., *s* in Ti, Sb, früher auch Kt. *Schnee-F.,* **P. nívea** L.
19(14). Alle Stg. ausläuferart., bis 1 m lg., niederlgd., an den Knoten wurzelnd, behaart; Bltn. einzeln, 5zählig, bis 2,5 cm groß; ♃; VI–VIII. Gräben, Wiesen, Wegränder; *v. Kriechendes F.,* **P. réptans** L.
— Stg. meist kurz, aufrecht od. aufstgd., aber nicht ausläuferart. verlängert; Pfl. häufig dichtrasig **20**
20. Gr. vom Grd. an fadenf. od. gegen die Narbe verdickt . . **26**
— Gr. am Grd. verdickt, daher ± kegelf. **21**
21. Blätt. untersts. nur m. geraden od. höchstens schwach geschlängelten Haaren (Lupe!) **24**
— Blätt. untersts. außer m. geraden auch m. stark wellig-gekräuselten Haaren (Lupe!), grau- bis weißfilzig **22**
22. Pfl. außer reichblühenden, ± niederliegenden Trieben auch m. nichtblühenden Rosetten; ♃; V–VIII. Trockene Hügel, sandige Orte; *s. Hügel-F.,* **P. collína** WIB.
[Formenreiche Sammelart, die aus Kreuzungen von *P. argentea* m. *P. tabernaemontani* u. vielleicht auch mit *P. arenaria* entstanden ist u. zu Kleinarten gewordene konstante Bastarde umfaßt. Im Gebiet werden ca. 8 Kleinarten unterschieden (s. Spezialliteratur).]

— Meist alle Stg. m. Bltn., aufrecht od. aufstgd.; sterile Blattrosetten fehlend **23**

23. Blätt. *(512)* unterststs. weißfilzig; Fied. am Rand umgerollt; Stg. bis 40 cm lg., weißfilzig; Bltn. hellgelb; ♃; VI–VIII. Trockene, sandige Orte, Wegränder; von der Ebene bis in Voralp.; kalkmeidend; *v.* *Silber-F.,* **P. argéntea** L.

Formenreich; im Gebiet werden ca. 7 Kleinarten unterschieden!

— Fied. untersts. graufilzig, im Alter verkahlend, am Rand nicht umgerollt; Stg. bis 40 cm hoch, an der Basis flaumig-zottig; Bltn. goldgelb; ♃; V–VIII. Sonnige, trockene Orte; *s* in Au, Ba, E, BW, RhPf, Sa, Th, NrWe. (Wahrscheinl. ein artgewordener Bastard von *P. recta* m. *P. argentea.*) (= *P. canescens* BESS.) *Graues F.,* **P. inclináta** VILL.

24(21). Grdblätt. 3–5zählig gefing. *(513);* Stg. bis 50 cm lg., schon im unt. Drittel verzweigt, weichflaumig behaart; Bltn. leuchtend gelb; ⨀–♃; VI–IX. Wegränder; *s;* aus dem O eingebürgert. *Mittleres F.,* **P. intermédia** L.

— Grdblätt. 5–9-, überwgd. 7zählig gefing. **25**

25. Stg. 15–30 cm lg., dünn, von der Mitte an verzweigt, kurzflaumig u. m. längeren, absthd. Haaren; Bltn. postfloral abw. gekrümmt, goldgelb, 1–2 cm im Dm; Stbblätt. 20; Fr. am Rücken schwach gekielt; ♃; V–VII. Trockene Hänge u. lichte Wälder; *s* in Th, Ba (Franken). (= *P. parviflora* GAUD. non DESF.; = *P. chrysantha* RCHB. non TREV.) *Kleinblütiges F.,* **P. thuringíaca** BERNH.

— Stg. 30–70 cm lg., steif aufrecht, nur im ob. Teil verzweigt, dicht absthd. behaart; neben längeren Haaren auch kurze, steife Borsten; Bltn. bis 2,5 cm im Dm, blaßgoldgelb, nach der Blüte aufrecht; Stbblätt. 25–30; Fr. breit geflügelt-gekielt; ♃; VI–VII. Trockene, sonnige Hänge; *z,* wohl nirgends ursprüngl.; aus dem O eingebürgert; auch Zierpfl. *Hohes F.,* **P. récta** L.

26(20). Nebenblätt. der Grdblätt. lg.-schmal-lineal, bald schwindend; sterile Triebe meist verlängert (aber nicht ausläuferart.), wurzelnd **29**

— Nebenblätt. der Grdblätt. breit-eif. bis lanzettl., vertrocknend, aber erhalten bleibend; Stg. deshalb am Grd. von den abgestorbenen Nebenblätt. umscheidet; sterile Triebe kurz, nicht wurzelnd **27**

27. Fied. untersts. an den Nerven u. am Rand m. langen, silberweißen Haaren, verkehrt-eif., an der Spitze scharf gezähnt *(514);* Blkrblätt. doppelt so lg. wie der K., breit ausgerandet, goldgelb, am Grd. m. dunklen Flecken; ♃; IV–IX. Von 1400–2600 m, kalkmeidend; *v* in Alp., *s* Oberbayr. Hochebene, Schw., Vog., Sudeten. *Gold-F.,* **P. aúrea** TORN.

— Fied. am Rand m. langen, absthd., aber nicht silberweißen Haaren **28**

28. Rhizom dick; Stg. 5–20 cm lg., flaumig; Fied. tief eingeschnitten, stumpf gesägt, untersts. lg.-absthd. bis zottig behaart; Blkrblätt. doppelt so lg. wie der K., ausgerandet, goldgelb, am Grd. oft m. orangeroten Flecken; ♃; VI–IX. Subalp. u. alp. Magerwiesen, kalkliebend; *z* in Alp., Vog. [= *P. villosa* (CR.) ZIMM.] *Zottiges F.,* **P. crántzii** (CR.) BECK ex FRITSCH

— Rhizom dünn, m. kurzen, aufstgd. Ästen; Fied. verkehrt-eif., stumpf gezähnt, beidersts. m. lg. absthd. Haaren, aber nicht m. Sternhaaren; Stg. meist m. roten Drüsen; Bltn. 1 cm im Dm, lebhaft gelb;

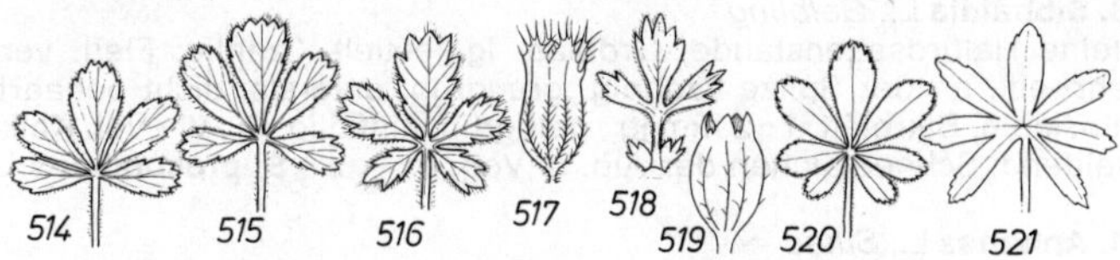

514 515 516 517 518 519 520 521

Frstiele oft zurückgekrümmt; ♃; IV–VI. Trockene Magerwiesen, kalkliebend; *z, f* im NW von We bis O-SH. [= *P. opaca* L.; = *P. rubens* (CR.) ZIMM.] *Rötliches F.*, **P. heptaphýlla** L.

29(26). Blätt. nur m. einfachen Haaren od. vermischt m. wenigen Sternhaaren, obersts. schimmernd od. glzd.; Pfl. rasenbildend, m. zahlr. sterilen Rosetten; Stg. u. Blattstiele aufrecht-absthd. behaart; Grdblätt. z.T. 7zählig; Bltnstand 3–5bltg.; Bltn. hell- bis dk.gelb; Frstiele herabgebogen; ♃; III–V. Trockene, magere Böden; *v*, im N *z*, in Au *s*. Formenreich. (= *P. verna* auct.) *Frühlings-F.*, **P. tabernaemontáni** ASCH.

— Blätt. u. Sprosse vorwgd. m. Sternhaaren (Lupe!) **30**

30. Sternhaare m. 10–30 gleichlangen Strahlen auf beiden Blattseiten; Stg. kurz; Grdblätt. meist 5zählig *(515);* Pfl. graugrün; ♃; III–V. Trockenrasen; *z*, im N nur Br. (= *P. cinerea* auct.) *Sand-F.*, **P. arenária** BORKH.

— Sternhaare 2–10strahlig, m. deutl. verlängertem Mittelstrahl, nur auf Blattunterseite u. Blatträndern vorhanden; Grdblätt. 5(–7)zählig *(516);* ♃; III–V. In Au *v, z* in S-Ba, BW, Schl, früher auch in Sa. (= *P. puberula* KRAŠ.; = *P. gaudinii* GREMLI) *Sternhaariges F.*, **P. pusílla** HOST

Bastardbildungen häufig!

12. Frágaria L., *Erdbeere, Knackelbeere*

1. Alle Bltnstiele absthd. behaart, die Blätt. deutl. überragend; Ausläufer kurz, oft fehlend; ♃; V–VI. Lichte Laubwälder, Gebüsch; *z* im S, *s* im N u. NW, *f* in Hochalp. (= *F. elatior* EHRH.) *Zimt-E.*, **F. moscháta** DUCH.

— Seitl. od. alle Bltnstiele angedrückt od. aufrecht-absthd. behaart, nur wenig länger als die Blätt. **2**

2. Frkelch waagrecht absthd. od. zurückgeschlagen; Blkr. weiß; Krblätt. 5–6 mm lg., Ausläufer meist lg.; Blätt. untersts. seidenhaarig, obersts. locker anlgd. behaart; ♃; V–VI. Wälder u. Gebüsch; *v*. *Wald-E.*, **F. vésca** L.

— Frkelch z. Reifezt. der Sammelfr. angedrückt; Blkr. gelbl.weiß; Krblätt. 6–10 mm lg.; Ausläufer kurz, oft fehlend; Blätt. auch obersts. seidenhaarig; Sammelfr. gelbl.weiß, nur an der Spitze rot, hart u. meist m. leichtem Knall abtrennbar; ♃; V–VI. Sonnige Hänge, kalkliebend; *z, s* im N. (= *F. collina* EHRH.) *Knackelbeere*, **F. víridis** DUCH.

13. Sibbáldia L., *Gelbling*

Kleine Halbrosettenstaude; Grdblätt. lg.gestielt, 3zählig; Fied. verkehrt-eif., an der Spitze 3zähnig, graugrün, unterst. dicht behaart; Bltn. klein; Blkrblätt. 1–2 mm lg., gelbgrün, hinfällig; ♃; VI–VIII. Kalkmeidend; Schneetälchen der Alp. u. Vog. *z.* **S. procúmbens** L.

14. Áphanes L., *Sinau*

1. Bltn. 1,5–2 mm lg.; Kzähne deutl., spreizend *(517);* Nebenblätt. wenig geteilt *(518);* Pfl. meist graugrün; V–IX. Sandige, lehmige Äcker; *v.* [= *Alchemilla arvensis* (L.) Scop.]
Ackerfrauenmantel, Acker-S., **A. arvénsis** L.

— Bltn. 0,5–1 mm lg., Kzähne undeutl., zusammenneigend *(519);* Nebenblätt. tief geteilt; Pfl. reingrün; V–IX. Sand-Äcker; *s.* (= *Alchemilla microcarpa* auct.; = *A. microcarpa* auct.)
Kleinfrüchtiger S., **A. inexspectáta** Lippert

15. Alchemílla L., *Frauenmantel*

Die meisten Arten der Gattung *Alchemilla* sind noch in lebhafter Artbildung begriffen. Da eine sichere Bestimmung der ziemlich veränderlichen Sippen nach kurzen Diagnosen nicht möglich ist, werden nachfolgend nur die formen- u. artenreichen **Sammelarten** aufgeführt. Wer sich eingehender mit dieser Gattung beschäftigen will, muß Spezialliteratur benutzen.

1. Grdblätt. nur bis zur Hälfte geteilt *(522–524),* unterst. kahl od. absthd. locker behaart, aber nicht seidenhaarig . . . **4**

— Grdblätt. über die Hälfte od. fast bis zum Grd. geteilt (= fingerf. gefied., *520–521*) **2**

2. Pfl. ganz kahl, m. Ausläufern; AußenKblätt. schmaler als Kblätt.; ♃; VII–VIII. Schneetälchen, über 2200 m; sehr *s,* Ti, Vb.
Schnee-F., **A. pentaphylléa** L.

— Blätt. dicht anliegend silberweiß behaart **3**

3. Alle Fied. der Blätt. bis zum Grd. getrennt, längl.-elliptisch, m. 2–4 kurzen, spitzen, zusammenneigenden Zähnen *(520);* Bltnstiele kürzer als die Bltn.; ♃; VI–VIII. Wiesen u. Schutt; *v* Alp., *s* Vog., Schw. Sammelart: *Alpen-F.,* **A. alpína** L.

— Fied. der Blätt. am Grd. ± miteinander verbunden *(521);* Bltnstiele länger als die Bltn.; ♃; VI–VIII. Wiesen u. Felsen, von 1200–2300 m, nur auf Kalk; *v* Alp.; *s* im Schw., Vog. (= *A. conjuncta* auct.) Formenreiche Sammelart: [G] *Hoppes F.,* **A. hoppeána** Rchb.) D. T.

4(1). Blätt. dünn, glatt, durchscheinend, bis zur Hälfte geteilt, m. 5–11 stumpfen, an der Spitze grobgezähnten u. häufig gewimperten Abschnitten *(522);* ♃; VI–VIII. Trockene Weiden, Geröllhalden, von 1500–2800 m; *z* in Alp., Vog., Riesengeb. (= *A. glaberrima* auct.)
Sammelart: *Kahler F.,* **A. físsa** G. & Sch.

— Blätt. derb, meist gefaltet, m. ringsum gezähnten Abschnitten *(523–524);* Stg. ± behaart **5**

5. Pfl. klein; Stg. 5–15 cm lg., aufrecht od. aufstgd., dicht zottig behaart; Blattstiel selten > 5 cm lg.; Spreite rundl.-nierenf., m. 5–7 breit gestutzten, ringsum fein gezähnten Lappen *(523);* ♃; V–VIII. Montane u. subalp. Magerrasen; *z.* (= *A. pubescens* Lam.; = *A. hybrida* L.) Sammelart: *Bastard-F.,* **A. glaucéscens** Wallr.

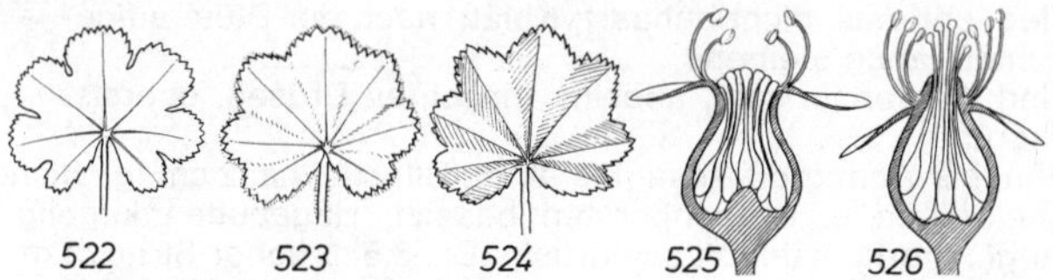

522 523 524 525 526

— Pfl. kräftiger; Stg. 10–50 cm lg.; Blattstiel > 5 cm lg.; Spreite gefaltet, kahl bis zottig, m. 9–13, ringsum gezähnten Abschnitten *(524);* Bltnsprosse oberw. kahl; ♃; V–IX. Wiesen, Wälder u. Gebüsch; *v.*
Sammelart: *Gewöhnlicher F.,* **A. vulgáris** L.

16. Rósa L., *Rose*[1]

1. Gr. nicht od. nur wenig aus dem Bltnbecher herausragend; Narben zu halbkugeligem Köpfchen vereinigt *(525)* . . . **3**

— Gr. zu aus dem Bltnbecher deutl. hervorragender Säule verwachsen *(526)* **2**

2. Grsäule die inneren Stbblätt. meist überragend; Bltn. einzeln, weiß; Kblätt. breit-oval, längl.-eif., früh abfallend; Hagebutte kugelig bis längl.-eif.; Nebenblätt. nur gezähnt; Stacheln stark gekrümmt; Äste niederlgd. od. kletternd; ♃; VI–VII. Wälder u. Hekken; *v* in Alp., S u. SW, im N *s.* (= *R. repens* Scop.)
Feld-R., Kriechende R., **R. arvénsis** Huds.

— Grsäule nur halb so lg. wie die Stbblätt.; Bltn. in reichbltg. Bltnständen, weiß od. rosa; äußere Kblätt. m. drüsig gezähnten Fied.; Blätt. 5–7zählig gefied., obersts. glzd., untersts. behaart. Bis 3 m hoher Strauch m. überhgd. Ästen; ♃; VI. Gebüsche; *s* in BW (Oberrhein), Vog. *Säulengriffelige R.,* **R. stylósa** Desv.

3(1). Alle Kblätt. ganzrandig, selten m. kleinen Zähnen . . . **30**

— Äußere Kblätt. fied.spaltig **4**

4. Stacheln gleichartig od. fehlend **6**

— Stacheln ungleichartig, z. T. kräftig, gekrümmt, z. T. borstl., gerade **5**

5. Blätt. lederig; Bltnblätt. (25–)30–45 mm lg.; Bltn. einzeln; Bltnbecher dicht stieldrüsig; Pfl. 50–100 cm hoch; ♃; VI–VII. Lichte Laubwälder, Waldränder, vorwgd. auf Kalk; *z* in Au, S- u. M-Dt, in Vb, Ti u. im N *f.* Stammpfl. vieler Garten-(Centifolia-)Rosen.
[G] *Essig-R.,* **R. gállica** L.

— Blätt. nicht ledrig; Bltnblätt. 8–25(–30) mm lg.; Blätt. etwas drüsig u. beidersts. etwas behaart; ♃; VI–VII. Gebüsche, *s,* Ti.
Rhätische R., **R. rhaética** Gremli

6(4). Stacheln stark hakig gebogen, am Grd. auffällig scheibenf. verbreitert **13**

— Stacheln gerade od. nur leicht gekrümmt **7**

[1] Es sind nur die wildwachsenden Rosen aufgeführt; eine sichere Bestimmung ist nur möglich, wenn Zweige mit fast reifen „Hagebutten" zur Verfügung stehen.

7. Fied. untersts. dicht behaart; Kblätt. nach der Blüte aufgerichtet, lange bleibend **9**
— Fied. beidersts. kahl, aber m. einzelnen Drüsen, obersts. dkgrün **8**
8. Bltn. bis 7 cm groß, rosa- bis dkrot; Bltnstiel ca. 2 cm lg., dicht m. Stieldrüsen u. Drüsenborsten besetzt; Hagebutten kugelig bis längl., ledrig, kahl, oft stieldrüsig. Bis 3,5 m hoher Strauch m. bogig überhängd. Ästen; ♃; VI. Waldränder, Gebüsch; *s* in S- u. M-Dt, Vb, Kt, St, OÖ, SO-Br, *f* im N. (= *R. trachyphylla* RAU)
G *Rauhblättrige R.*, **R. jundzíllii** BESS.
— Bltn. kleiner; Blkrblätt. meist nur wenig länger als der K.; Bltnstiele ca. 1 cm lg., gleich der Hagebutte dicht m. zahlr. dkpurpurnen Stieldrüsen u. drüsenlosen Nadelstacheln; ♃; VI–VII. Gebüsche, felsige Hänge; nur Alp. von Sb, Kt, St. (= *R. glabrata* VEST)
Berg-R., **R. montána** CHAIX
9(7). Stacheln ± gekrümmt; bltntragende Äste meist zickzackf. hin- u. hergebogen **11**
— Stacheln ganz gerade; bltntragende Äste gerade; Fied. beidersts. anlgd.-weichhaarig; Bltnstiele u. Hagebutten drüsig u. z. T. stachelborstig **10**
10. Fied. groß; Endfied. bis 5 cm lg., längl.-eif. bis elliptisch, untersts. reichdrüsig; Kblätt. so lg. od. länger als die Blkrblätt.; Bltnstiele u. Fr. dicht m. Stieldrüsen u. Stachelborsten; ♃; VI–VII. Hecken, felsige Hänge; Alp. *z*, *s* im Schw., Vog.; auch als Zierstrauch. (= *R. villosa* L. p. p.) *Apfel-R.*, **R. pomífera** J. HERRM.
— Fied. kleiner, höchstens bis 3 cm lg., rundl. bis eif.-längl.; Kblätt. kürzer als Blkrblätt.; Bltnstiele u. Fr. spärlich m. Stieldrüsen, sonst kahl; ♃; VI–VII. Hecken, Hügel, buschige Ufer, *z* (genaue Verbr. nicht bekannt). G *Weiche R.*, **R. móllis** SM.
11(9). Bltnstiele kürzer als die Tragblätt. u. etwa so lg. wie die Kblätt.; Blätt. bläul.grün, obersts. dicht anlgd., untersts. wollig-filzig behaart; Nebenblätt. m. kurzen, dreieckigen, absthd. Öhrchen; Bltn. zu 1–3, rot; Hagebutte weichstachelig. Gedrungener, 1–2 m hoher, dickästiger Strauch; ♃; VI–VII. Gebüsche, Abhänge; *s* in Ti, Ba, Th, Sa, Br, We, SH. (= *R. omissa* DÉSÉGL.)
Unbeachtete R., **R. sherárdii** H. DAVIES
— Bltnstiele doppelt so lg. wie die Tragblätt. u. 3–4mal so lg. wie die Kblätt.; Blätt. obersts. anlgd., untersts. filzig behaart; Bltn. einzeln od. zu 2–4, blaßrot **12**
12. Kblätt. postfloral zurückgeschlagen, früh abfallend; Gr. behaart bis kahl; Fied. ein- bis mehrfach drüsig gesägt; Äste steif aufrecht; ♃; VI. Waldränder, Hecken, Büsche; *v* Alp. u. M-Geb. *z*.
G *Filz-R.*, **R. tomentósa** SM.
— Kblätt. postfloral aufrecht, bis z. Frreife bleibend; Gr. meist wollig; Fied. mehrfach drüsig gesägt; Äste dünn, ausgebreitet; ♃; VI. Waldränder, Gebüsch, im NW *f*, sonst *v* bis *z*.
G *Kratz-R.*, **R. scabriúscula** SM. em. H. BRAUN
13(6). Fied. untersts. auf der ganzen Fläche drüsig, nach Obst od. Apfelwein duftend **27**
— Fied. untersts. meist drüsenlos, zuw. aber behaart, ohne Obstgeruch **14**

14. Kblätt. nach dem Verblühen zurückgeschlagen **16**
— Kblätt. nach dem Verblühen aufrecht oder absthd. **15**
15. Blätt. behaart u. etwas drüsig; Fr. kugelig; ♃; VI–VII. Gebüsche, Hecken bes. der mont. Reg.; *v.* [=*R. afzeliana* Fr. ssp. *coriifolia* (Fr.) Keller] *Lederblättrige R., Blaugrüne R.,* **R. caésia** Sm.
— Blätt. kahl, meist grau bereift; ♃; VI. Gebüsche, im W *v,* im N u. Alp. *s.* [= *R. vosagiaca* Desp.; = *R. afzeliana* Fr. ssp. *vosagiaca* (Desp.) R. Keller & Gams; = *R. glauca* Vill. ex Loisel. non Pourr.; = *R. reuteri* Godet] *Graugrüne R.,* **R. dumális** Bechstein
16(14). Blätt. kahl **21**
— Blätt. behaart **17**
17. Bltnstiele drüsig **20**
— Bltnstiele kahl **18**
18. Grkanal des Achsenbechers kurz u. weit, ihn umgebende Ringscheibe schmal; ♃; VI–VII. Hecken, *s.* (= *R. subcollina* D.T. & Sarnthein) **R. caésia** Sm. ssp. **subcollína** (Christ) Soó
— Grkanal des Achsenbechers lg. u. eng, ihn umgebende Ringscheibe weit **19**
19. Blätt. untersts. drüsig; ♃; VI. Hecken, Gebüsche; *z* bis *s.* (= *R. tomentella* Léman) *Stumpfblättrige R.,* **R. obtusifólia** Desv.
— Blätt. untersts. ohne Drüsen; Blattstiele flaumhaarig; ♃; VI. Gebüsche, Hecken, Abhänge, *v.* (= *R. dumetorum* Thuill.) *Hecken-R.,* **R. corymbífera** Borkh.
20(17). Blätt. untersts. dicht drüsig; ♃; VI. Gebüsche, Waldränder, *s.* (= *R. abietina* Gren. ex Christ) [G] **R. obtusifólia** Desv. ssp. **abietína** (Gren.) F. Hermann
— Blätt. nur m. Drüsen am Rand u. auf den Blattrippen; ♃; VI. Gebüsche; *s,* Ti. (= *R. deseglisei* Bor.) **R. corymbífera** ssp. **deseglísei** (Bor.) Stohr
21(16). Bltnstiele drüsig **25**
— Bltnstiele kahl **22**
22. Blätt. drüsig **24**
— Blätt. drüsenlos **23**
23. Grkanal des Achsenbechers kurz u. weit, ihn umgebende Ringscheibe schmal; ♃; VI. Gebüsche. [= *R. subcanina* (Christ) D.T. & Sarnthein] **R. dumális** Bechstein ssp. **subcanína** (Christ) Soó
— Grkanal des Achsenbechers eng, ihn umgebende Ringscheibe breit; ♃; VI. Waldränder, Hecken; *v.* *Hunds-R.,* **R. canína** L.
24(22). Blattzähne m. Drüsen; ♃; VI. Gebüsche, *z.* (= *R. blondaeana* Ripart ex Déségl.) *Glanz-R.,* **R. nitídula** Bess.
— Blattzähne ohne Drüsen; ♃; VI. Gebüsche, *z.* *Sparrige R.,* **R. squarrósa** (Rau) Bor.
25(21). Den Grkanal umgebende Ringscheibe schmal (vgl. auch Ziffer **23**). **R. dumális** Bechstein ssp. **subcanína** (Christ) Soó
— Den Grkanal umgebende Ringscheibe breit **26**
26. Blätt. einfach gesägt; ♃; VI. Gebüsche; *s* S-Dt, St. *Anjou-R.,* **R. andegavénsis** Bast.
— Blätt. doppelt gesägt (vgl. auch Ziffer **24**). *Glanz-R.,* **R. nitídula** Bess.
27(13). Bltnstiele drüsig; Fied. breit-eif. bis rundl., am Grd. abgerundet **29**

— Bltnstiele meist drüsenlos; Fied. schmal- od. breit-elliptisch, am Grd. keilf. verschmälert **28**

28. Grköpfchen kurz, dicht wollig; Bltnstiele bis 1 cm lg., etwa so lg. wie die Fr.; Kblätt. postfloral aufgerichtet, bleibend; Hagebutte klein, kugelig, ledrig. Reich verzweigter, 1–2 m hoher Strauch; ♃; VI–VII. Hecken; *s* in Alp., M-Geb., Elbe-Oder-Gebiet, *f* im NW. Formenreich. [G] *Keilblättrige R.,* **R. ellíptica** TAUSCH

— Grköpfchen verlängert, kahl; Bltnstiele bis 2 cm lg.; Kblätt. postfloral zurückgeschlagen, abfallend; Bltn. blaßrosa bis weiß. Bis 2 m hoher Strauch, m. rutenf. Ästen; ♃; VI. Weiden, Waldränder; *v* in Alp. u. M-Geb., *z* östl. der Elbe bis Po, SH. Formenreich. [G] *Acker-R.,* **R. agréstis** SAVI

29(27). Kblätt. nach der Blüte aufrecht, nicht abfallend; Bltn. lebhaft rosa, ihre Stiele ± 1 cm lg.; Grköpfchen breit, wollig behaart; Blätt. m. Weingeruch. Bis 2 m hoher, gedrungener Strauch; ♃; VI–VII. Trockene Hänge, Hecken; *v, s* im NW. Formenreich. (= *R. eglanteria* L.) [G] *Wein-R.,* **R. rubiginósa** L.

— Kblätt. nach der Blüte zurückgeschlagen, früh abfallend; Bltn. klein, hellrosa od. weiß, ihre Stiele 1–2 cm lg.; Grköpfchen verlängert, kahl; Blätt. von zartem Apfelgeruch. Bis 2 m hoher, lockerästiger Strauch; ♃; VI. Lichtes Gebüsch, trockenwarme Hänge; *z* im S, *s* im N, *f* im NW. [G] *Kleinblütige R.,* **R. micrántha** BORRER ex SM.

30(3). Blätt. u. Zweige auffallend rötl.violett od. hechtblau bereift, Blätt. überwgd. 7zählig gefied.; Bltn. klein, rot; Hagebutte klein, kugelig. Bis 3 m hoher Strauch; ♃; VI–VII. Felsen, Gebüsch der mont. u. subalp. Reg.; Alp., Schw. Alb *v,* sonst *s;* auch als Zierpfl. (= *R. rubrifolia* VILL.) *Rotblättrige R.,* **R. glaúca** POURR. non VILL.

— Blätt. u. Zweige nicht rot- od. hechtblau bereift **31**

31. Bltnstiele am Grd. ohne Tragblätt.; Bltn. weiß, selten rosa; Äste dicht stachelig; Blätt. 5–11zählig, kahl; Kblätt. postfloral zurückgeschlagen; Hagebutte schwärzl.; 10–40 cm hoher Strauch; ♃; V–VI. Felsen, Dünen, Waldränder; Nordseeküste u. Inseln *v,* Schw. Alb, Rhein-, Maingebiet, Th, Au *z,* sonst *s.* (= *R. spinosissima* L.) [G] *Dünen-R., Bibernell-R.,* **R. pimpinellifólia** L.

— Bltnstiele am Grd. m. zungenf. Tragblätt.; Blätt. wenigstens untersts. behaart **32**

32. Blätt. stark runzelig, untersts. dicht filzig; Zweige dicht stachelborstig; Bltn. groß, oft dkrosa, selten weiß; ♃; V–VI. An Böschungen, Straßenrändern u. Dünen gepfl. u. verwildert. (Heimat: NO-Asien) *Kartoffel-R.,* **R. rugósa** THUNB.

— Blätt. nicht runzelig; Bltnzweige nicht dicht stachelborstig **33**

33. Stacheln leicht hakenf. gekrümmt, paarig am Blattgrd.; Blätt. m. vorwgd. (5–)7, oberststs. bläul.grünen, anlgd. behaarten, untersts. graufilzigen, einfach gesägten Fied.; Kblätt. postfloral aufgerichtet; Hagebutte kugelig. Bis 1,5 m hoher Strauch, m. dünnen, glzd.-braunroten Ästen; ♃; V–VI. Auwälder im Alpenvorland *v, s* am Kyffhäuser u. S-Harz. (= *R. cinnamomea* auct.) *Mai-, Zimt-R.,* **R. majális** J. HERRM. em. MANSF.

— Stacheln gerade, zerstreut od. fehlend; Fied. 7–11, oberststs. glatt, matt graugrün, scharf doppelt gesägt, untersts. zerstreut behaart;

Bltn. einzeln, lebhaft dk.rot; Hagebutte flaschenf., von den zusammenneigenden Kblätt. gekrönt; 0,25–3 m hoher Strauch; ♃; V–VII. Laub- u. Nadelwälder der Alp. u. Vorland *v, z* in M-Geb. (= *R. alpina* L.) Ⓖ *Alpen-Hecken-R.,* **R. pendulína** L.

17. Rúbus L., *Himbeere, Brombeere, Steinbeere, Moltebeere*

1. Stg. verholzend, 2- bis mehrjährig; Nebenblätt. breit, dem Blattstiel angewachsen *(281)* **3**

— Stg. krautig; Nebenblätt. frei *(282),* lineal-lanzettl. **2**

2. Grdachse unterirdisch kriechend, 10–25 cm hohe Stg. treibend; Blätt. 5–7lappig, herznierenf. gekerbt; Bltn. einzeln, endst., unvollkommen eingschl.; Sammelfr. anfangs hellrot, später orangegelb; ♃; V–VI. Hoch- u. Zwischenmoore; *s* in Oldenburg, SH, Usedom, Da, O- u. WPr, Iser- u. Riesengeb. Ⓖ *Moltebeere,* **R. chamaemórus** L.

— Grdachse nicht ausläuferart., nichtblühende Triebe bogig dem Boden zuwachsend u. an der Spitze einwurzelnd; Bltntriebe aufrecht, 10–30 cm lg., m. doldigem Bltnstand; Blätt. 3zählig; Sammelfr. m. wenigen, scharlachroten Steinfr.; ♃; V–VI. Bergwälder; *z.* *Steinbeere,* **R. saxátilis** L.

3(1). Stg. aufrecht; Blätt. 3- od. 5zählig gefied., untersts. weißfilzig; Sammelfr. m. zahlr., roten, flaumig behaarten, sich leicht vom kegelf. Bltnboden lösenden Steinfr. *(128);* ♃; V–VI. Gebüsche, Wälder, Kahlschläge; *g;* auch als Kulturpfl. *Himbeere,* **R. idaéus** L.

— Stg. meist bogig überhgd. u. im Herbst an der Spitze einwurzelnd **4**

4. Sammelfr. stark bläul. bereift; Stg. gleichfalls bereift, m. borstl. Stacheln; Blätt. 3zählig, die basalen Fied. der Schößlingsblätt. sitzend; Nebenblätt. lanzettl.; ♃; V–VI. Auwälder, Wegränder, Äkker; *v.* *Acker-B., Kratzbeere,* **R. caésius** L.

— Sammelfr. schwarz-glzd., zusammen m. dem kegelf. Bltnboden abfallend; Stg. grün m. derben Stacheln; Blätt. 3–7zählig gefied., die basalen Fied. der Schößlingsblätt. kurz, aber deutl. gestielt; Nebenblätt. fädl.; ♃; VI–VII. Wälder, Gebüsch; *g;* auch als Kulturpfl. *Echte B.,* **R. fruticósus** L.

R. fruticosus ist eine formenreiche Sammelart m. zahlr., z.T. schwierig unterscheidbaren Sippen und Kleinarten. Zudem ist noch eine große Anzahl von Bastarden, auch solche mit *R. caesius,* bekannt. Wer sich eingehender mit dieser schwierigen Gruppe beschäftigen will, muß Spezialliteratur benutzen.

Unterfamilie: **Maloídeae,** *Apfelartige*

Laubwerfende Bäume u. Sträucher; Blätt. m. meist hinfälligen Nebenblätt.; Bltn. 5zählig, m. krugf. Bltnachse; Stbblätt. zahlr.; Frblätt. pergament- od. steinart., m. der bei der Frreife sich fleischig verdickenden Bltnachse verwachsen; Apfelfr. *(488).*

18. Cydónia Mill., *Quitte*

Bis 8 m hoher Baum; Blätt. eif., obersts. dk.-, untersts. graugrün, in der Jugend flockigfilzig; Bltn. einzeln, rötl.weiß; Scheinfr. groß, gelb, filzig behaart, apfel- od. birnart.; ♃; V–VI. Angepfl., zuw. verwild. (Heimat: Vorder-Asien) (= *C. vulgaris* Del.) **C. oblónga** Mill.

19. Chaenoméles LDL., *Scheinquitte*
Sparrig verzweigter Strauch m. Kurztriebdornen *(275);* Blätt. eif., scharf gesägt; Bltn. scharlachrot; Fr. grünl.gelb, kahl; ♃; IV–V. Zierstrauch. (Heimat: O-Asien)
Japanische Sch., **Ch. japónica** (THUNB.) LDL. ex SPACH

20. Pýrus L., *Birnbaum*
1. Fr. groß, 5–16 cm lg., eßbar; Äste dornenlos; ♃; IV–V. Als Obstbaum *v* angepfl. (Heimat: W-Asien) (= *P. domestica* MED.)
Garten-B., **P. commúnis** L. em. GAERTN.
— Fr. < 5,5 cm 2
2. Blätt. mehr als 1,5mal so lg. wie breit, untersts. bleibend filzig behaart; Äste meist dornlos; ♃; V. Waldränder, Hecken, *s,* Kt, St, OÖ. [= *P. communis* L. ssp. *nivalis* (JACQ.) GAMS]
G *Schnee-B.,* **P. nivális** JACQ.
— Blätt. kaum 1,5mal so lg. wie breit; Äste m. Dornen; ♃; IV–V. Wälder, Gebüsch. *Wilder B.,* **P. pyráster** (L.) BURGSDORF
a. Blätt. rundl., kaum gezähnt, anfangs am Rand weißzottig, auf der Fläche kahl; Fr. kahl, kugelig; *z* im S, *s* im N. (= *P. achras* GAERTN.) *Knödel-B.,* ssp. **pyráster**
— Blätt. eif., fein gesägt, anfangs wie der Frkn. wollig; *z.*
Holz-B., ssp. **áchras** (GAERTN.) STOHR

21. Málus MILL., *Apfelbaum*
1. Blätt. höchstens untersts. auf den Nerven etwas behaart, sonst kahl; ♃; IV–VI. Laubwälder, Gebüsch; *z.* (= *M. acerba* MÉR.; = *Pyrus malus* L.) *Wilder A., Holz-A.,* **M. sylvéstris** (L.) MILL.
— Blätt. wenigstens untersts. filzig behaart 2
2. Fr. > 5 cm; Zweige dornenlos; ♃; V. Als Obstbaum *v* angepfl. u. verwild. *Kultur-A.,* **M. doméstica** BORKH.
— Fr. < 5 cm; Zweige vereinzelt m. Dornen; ♃; V–VI. Lichte Wälder, Gebüsche; *s,* Vb, Kt, St, OÖ, *f* in Dt. *Filz-A.,* **M. dasyphýlla** BORKH.

22. Sórbus L. em. CR., *Eberesche, Elsbeere, Mehlbeere, Vogelbeere*
1. Blätt. einfach od. gelappt, nicht gefied. 3
— Blätt. gefied. 2
2. Bis 8 m hoher Baum m. glatter Borke; Fied. in 5–7 Paaren, längl.-lanzettl., scharf gesägt; Bltn. in vielbltg. Doldenrispen; Blkrblätt. 4–5 mm lg.; Gr. 2–4, meist 3; Fr. kugelig, scharlachrot; Winterknospen behaart; ♃; V–VII. *v,* bis zur Waldgrenze aufstgd.
Eberesche, **S. aucupária** L.
a. 1jährige Äste, Blattunterseite, Bltnstandsachsen z. Bltzt. behaart; Knospen behaart; Fr. kugelig; Pfl. meist baumf.; *v.* [= var. *lanuginosa* (KIT.) BECK]
ssp. **aucupária**
— 1jährige Äste, Blattunterseite u. Bltnstandsachsen z. Bltzt. kahl; Knospen verkahlend; Pfl. meist strauchf. Nur in Alp. u. höh. M-Geb.
Kahle E., ssp. **glabráta** (WIMM. & GRAB.) HAY.
— Bis 13 m hoher Baum m. rauher Borke; Fied. in 6–8 Paaren, eif., gesägt; Bltn. in weißfilzigen, 6–12bltg. Doldenrispen; Blkrblätt. 5–7 mm lg., weiß; Gr. meist 5; Fr. birnenf., bis 3 cm lg., gelb, im teigigen Zustand genießbar; Winterknospen kahl; ♃; V. In Ti, Sb, S- u. M-Dt *s,* auch gepflanzt. *Speierling,* **S. doméstica** L.
3(1). Blätt. untersts. kahl (selten dünnfilzig behaart), bis 9 cm lg., ledrig, einfach bis doppelt gesägt; Bltn. in weißfilzigen Rispen; Blkrblätt. 4–5 mm lg., dk.rosarot; Fr. scharlachrot; 1–3 m hoher

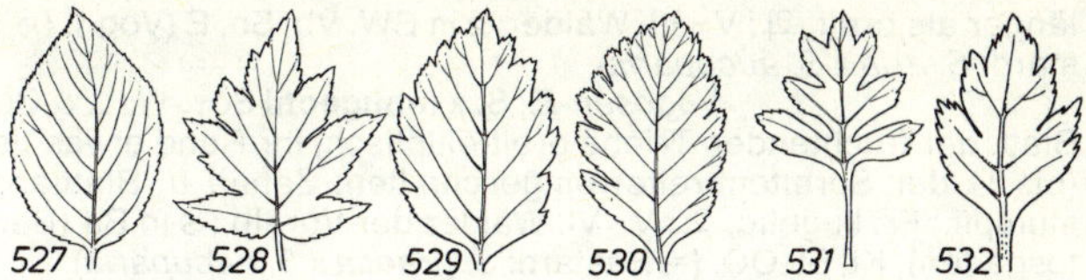

Strauch; ♃; VI–VII. Wälder der mont. Reg. u. des Krummholzgürtels; Alp., Vog., Schw. *z.*
Zwergmispel-E., **S. chamaeméspilus** (L.) Cr.

— Blätt. untersts. ± filzig behaart, zuw. nur in der Jugend, nicht ledrig; Blkrblätt. weiß od. rosa; größere Bäume u. Sträucher **4**

4. Blattspr. deutl. gelappt od. tief eingeschnitten *(528–530)* . **6**

— Blattspr. ungeteilt, untersts.. bleibend filzig **5**

5. Blattspr. m. 7–14 Paaren dichtstehender Nerven, am Rand ungleichmäßig doppelt gesägt *(527),* untersts. dicht weißfilzig; Blkrblätt. am Grd. wollig-filzig, weiß; Fr. kugelig, orange- bis scharlachrot; 3–15 m hohe Sträucher od. Bäume; ♃; V–VI. Sonnige, trockene Hänge, von der Ebene bis in die subalp. Reg.; kalkliebend; *z* im S u. M-Dt; *s* im N. Formenreich!
Mehlbeere, **S. ária** (L.) Cr.

Hierher gehört auch, mit *S. aria* durch Übergangsformen verbunden: **S. graéca** (Spach) Hedl. em. Düll [= *S. cretica* (Lindl.) Fritsch]: Blattspr. am Grd. ganzrandig, kreisf. bis elliptisch, 5–9 cm lg. u. 4–7 cm breit, an der Spitze stumpf, m. 9–11 Paaren von Seitennerven; Fr. rötl. m. wenigen großen Punkten (Lentizellen); Strauch od. kleiner Baum; häufiger im S, *s* in Th, RhPf, He, Ti.

— Blattspr. m. 5–7(–9) Paaren von Seitennerven, untersts. dünn, aber gleichmäßig weißfilzig, im unt. Drittel ganzrandig, sonst undeutl. doppelt gesägt; Blkrblätt. rosa; Fr. rot; bis 3 m hoher Strauch; ♃; V–VII. Krummholzregion nur des Riesengeb. (Bastard?) *Sudeten-Zwergmispel,* **S. sudética** (Tausch) Nym.

6(4). Blätt. nur jung behaart, im Alter verkahlend, m. 3–4 spitzen, tief eingeschnittenen Lappen, die beiden untersten fast waagrecht absthd. *(528),* Fr. anfangs rötl., dann lederbraun; Pfl. 3–15 m hoch; ♃; V–VI. Laubwälder, vorwgd. auf Kalk; *z, s* im N.
Elsbeere, **S. torminális** (L.) Cr.

— Blätt. auch im Alter untersts. ± stark behaart, m. meist stumpfen Lappen **7**

7. Blattspr. längl., jedersts. m. 5–9 Seitennerven *(529);* derbledrig, obersts. glzd., untersts. weißfilzig; Fr. orangerot, punktiert; Strauch od. bis 10 m hoher Baum; ♃; V–VI. *s* im N. [= *S. suecica* (L.) Krok & Almq.; = *S. scandica* (L.) Fr.]
Schwedische E., **S. intermédia** (Ehrh.) Pers.

— Blattspr. eif. bis breit-elliptisch, jedersts. m. 8–15 Seitennerven *(530)* **8**

8. Blätt. der fruchtenden Triebe elliptisch; ihr Rand wenig tief (bis ⅛ der Spreitenbreite) eingeschnitten; Zähne u. Blattlappen spitz; Fr.

länger als breit; ♃; V–VI. Wälder; *z* in BW, Vb, Sb, E (Vog.). (= Bastard: *S. aria* x *S. aucuparia*)

Vogesen-E., **S.** x **mougeótii** SOY.-WILL. & GODR.

— Blätt. der fruchtenden Triebe breit-elliptisch, ihr Rand etwas tiefer (bis ⅙ der Spreitenbreite) eingeschnitten; Zähne u. Blattlappen stumpfl.; Fr. kugelig; ♃; V–VI. Wälder der Voralp.; *s* in Ba (Berchtesgaden), Kt, St, OÖ. (= Bastard: *S. graeca* x *S. aucuparia*)

Österreichische E., **S.** x **austríaca** (BECK) HEDLUND

Bastarde in größerer Anzahl bekannt!

23. Crataégus L., *Weißdorn*

1. Seitennerven der Blätt. nur in Zähne oder Lappen endend, Blattspr. nicht geteilt; Pfl. stark dornig; Dornen bis 10 cm lg.; ♃; VI. Zierstrauch od. -baum aus O-Am.

Hahnensporn-W., **C. crus-gálli** L.

— Seitennerven der Blätt. auch in den Buchten endend; Dornen kürzer; Blattspr. meist gelappt od. fiedteilig *(531–532)* **2**

2. Bltn. m. 2 od. mehr Griffeln; Fr. m. 2 u. mehr Steinkernen **7**

— Auch 1griffelige Blüten vorhanden **3**

3. Bltn. ausschließlich 1griffelig; Fr. m. nur 1 Steinkern . . **5**

— Bltn. m. 1 od. 2 Griffeln, Fr. m. 1–2 Steinkernen **4**

4. Kblätt. länger als breit, zugespitzt, Blätt. m. spitzen, gesägten Lappen, untersts. nicht bläul.-grün; ♃; V–VI. Waldränder, Gebüsche; *v.* (= *C. laevigata* x *C. rosiformis*)

Großfrüchtiger W., **C. x macrocárpa** HEG.

— Kblätt. so lg. wie breit, stumpfl.; Blätt. untersts. hell bläul.-grün; *z.* (= *C. laevigata* x *C. monogyna*) *Bastard-W.,* **C. x média** BECHSTEIN

5(3). Kblätt. breit dreieckig; Blattlappen m. wenigen Zähnen; Nebenblätt. bei blüh. Trieben ganzrandig od. m. wenigen Zähnen; ♃, VI. Bis 5(–10) m hoher Baum od. Strauch. Gebüsche, Laubwälder, *v.*

Eingriffeliger W., **C. monógyna** JACQ.

— Kblätt. wenigstens teilweise lanzettl.; Nebenblätt. blühender Triebe m. drüsenköpfigen Zähnen **6**

6. Kblätt. nur vereinzelt lanzettl.; Nebenblätt. blühender Triebe oft nur m. vereinzelten Drüsenzähnen; *z.* (= *C. monogyna* x *C. rosiformis*) *Verschiedenzähniger W.,* **C. x heterodónta** POJARKOVA

— Kblätt. alle schmal, lanzettlich bis lineal; Nebenblätt. blühender Triebe m. zahlreichen Drüsenzähnchen; alle Blattlappen fein gesägt; ♃; VI. Baum od. Strauch. Laubwälder, Gebüsche, *z.* (= *C. curvisepala* LINDMAN) [G] *Großkelchiger W.,* **C. rosifórmis** JANKA

a. Kblätt. nach oben gerichtet; Fr. zylindrisch, 12–15 mm lg. [= *C. curvisepala* ssp. *lindmanii* (HRAB.-UHR.) BYATT; = *C. lindmanii* HRAB.-UHR.]

[G] ssp. **lindmánii** (HRAB.-UHR.) CHRISTENSEN

— Kblätt. zurückgebogen; Fr. rundl.-eif., 9–15 mm lg.; ssp. **rosifórmis**

7(2). Blätt. wenig geteilt, m. stumpfen Blattlappen; Kblätt. breit dreiekkig; 2–10 m hoher Strauch od. Baum; ♃; V. Wälder, Hecken, *v.* (= *C. oxyacantha* auct.)

[G] *Zweigriffeliger W.,* **C. laevigáta** (POIR.) DC.

— Blätt. stärker geteilt; Lappen scharf gezähnt (vgl. Punkt **4**).

Großfrüchtiger W., **C. x macrocárpa** HEG.

Bastardbildungen häufig!

24. Méspilus L., *Mispel*

Dorniger, bis 3 m hoher Strauch; Blätt. lanzettl., bis 12 cm lg., untersts. behaart; Frkn. 5, m. Kbecher verwachsen, bei Reife steinig werdend; Fr. braun, verkehrt-kegelf., von den laubigen Kblätt. gekrönt *(487)*; ♃; V–VI. Wälder, Gebüsch; *z* in Vb, OÖ, S- u. M-Dt, wohl nur verwild. (Heimat: SO-Eur.) **M. germánica** L.

25. Amelánchier MED., *Felsenbirne*

1. Gr. ganz getrennt, nicht über Kbecher herausragend; Blkrblätt. schmal, verkehrt-eilanzettl., bis 15 mm lg., weiß, an der Spitze oft rötl., außen zottig; Fr. kugelig, schwarz, bläul., eßbar; Blattspr. eif., bis 4 cm lg., beidendig abgerundet, locker gezähnt. Bis 3 m hoher Strauch; ♃; IV–VI. Felsige Abhänge, Felsspalten, lichte Wälder, von der Ebene bis in die subalp. Stufe; kalkliebend; *z* in S-, M-Dt u. S-NS, Alp. *v.* (= *A. vulgaris* MOENCH; = *A. rotundifolia* DUMONT-COURSET) [G] *Gewöhnliche F.*, **A. ovális** MED.

— Gr. miteinander vereinigt; Blattspr. am Rand fein gesägt **2**

2. Blkrblätt. am Rand bewimpert, 11 mm lg.; junge Blätt. dicht weiß behaart; Bltnstände aufrecht; ♃; IV–V. Bis 2 m hoher Strauch; *z* in Br, Me, NS; verwild. (Heimat: östl. N-Am.) *Ährige F.*, **A. spicáta** (LAM.) C. KOCH

— Blkrblätt. kahl, bis 18 mm lg.; junge Blätt. ± kahl, rötl.; Bltnstände nickend; Fr. dk.purpurn; ♃; IV–V. Zierstrauch; *s* in Laubgehölzen in We, NS, SH; verwild. (= *A. laevis* auct.; = *A. confusa* HYL.; = *A. canadensis* auct.) (Heimat: östl. N-Am.) *Großblütige F.*, **A. grandiflóra** REHDER

26. Cotoneáster MED., *Zwergmispel*

1. Fr. blauschwarz bereift; Bltnstände meist aufrecht; Blätt. untersts. behaart, aber nicht filzig; ♃; V. Waldränder, felsige Abhänge; *s*, W- u. OPr bis Bornholm. (= *C. melanocarpus* LODD.) *Schwarze Z.*, **C. níger** (THUNB.) FR.

— Fr. rot; Bltnstände meist hgd. **2**

2. Kbecher, Kblätt. u. Bltnstiele weißfilzig; Blätt. bis 6 cm lg., an der Spitze abgerundet, m. aufgesetzter Stachelspitze, untersts. weißfilzig; Fr. blutrot, behaart; ♃; IV–V. Felsen, sonnige Hänge; *s*, Alp. u. Vorland, Schw. Alb, E. [= *C. tomentosus* (AIT.) LDL.] [G] *Filzige Z.*, **C. nebrodénsis** (GUSS.) C. KOCH

— Kblätt. nur am Rand gleich den Bltnstielen schwach behaart; Blätt. nur bis 4 cm lg., breit-elliptisch bis rundl., m. kurzem Stachelspitzchen, obersts. kahl, untersts. hellgrün-filzig; ♃; IV–VI. Sonnige Felsbänder; Alp. *v*, E, S- u. M-Dt *z*. [G] *Gewöhnliche Z.*, **C. integérrimus** MED.

Unterfamilie: **Prunoídeae**, *Steinobstgewächse*

Bäume od. z.T. dornige Sträucher; Blätt. m. Nebenblätt.; diese oft klein u. hinfällig; Bltnachse becherf. vertieft; Frkn. 1, nicht m. jener verwachsen *(484)*; Bltnbecher während der Frreife abfallend; Steinfr. *(122)*.

27. Prúnus L. (incl. **Padus** MILL., **Cerasus** MILL., **Persica** MILL., **Armeniaca** SCOP.), *Kirsche, Pflaume, Aprikose, Pfirsich*

1. Blätt. wintergrün; Spreite eif.-lanzettl., ganzrandig od. am Rand klein, entfernt gesägt, obersts. glzd.-dkgrün, untersts. heller-grün, lorbeerblatt-ähnl.; Bltn. weiß, in

aufrechten, 10–12 cm lg. Trauben; Fr. kugelig-eif., schwarz; ♃; IV–V. Bis zu 4 m hoher Strauch; häufig kultivierte Zierpfl. (Heimat: SO-Eur.)
Lorbeer-Kirsche, **P. laurocérasus** L.

— Blätt. sommergrün 2

2. Bltn. einzeln *(536),* zu zweit od. in 3- bis mehrbltg., aufrechten Doldentrauben *(533–534),* bzw. in Dolden *(535)* . . . 4

— Bltn. zahlr. in hängenden, seltener fast aufrechten bis waagrecht abstehenden Trauben 3

3. Blattspr. weich, eirundl.-zugespitzt, am Rand scharf gesägt; Kbecher innen wollig behaart; Bltn. stark riechend; Fr. kugelig, schwarz-glzd. Bis 15 m hoher Baum; ♃. Au- u. Laubmischwälder; *v.* (= *Padus avium* MILL.) *Gewöhnliche Trauben-K.,* **P. pádus** L.

a. Trauben hängend; Blattspr. dünn, beidsts. frisch-grün; kahl; junge Zweige bald verkahlend; Pfl. meist baumf. Auwälder, Gebüsche des Flachlands, *v.* (= *Padus avium* ssp. *avium*) ssp. **pádus**

— Trauben fast aufrecht bis waagrecht absthd.; Blattspr. derb, untersts. wachsig m. hervortretenden Nerven; junge Zweige stärker behaart; Pfl. meist strauchig. Felshänge u. Gebüsch; *s* in Alp. u. Voralp. von Sb, Ti, Vb, Ba, Schw., Harz, Sudeten. [= *Prunus padus* ssp. *petraea* (TAUSCH) HOLUB]
ssp. **boreális** (SCHÜBEL.) NYM.

— Blattspr. derb-ledrig, glzd., am Rand gekerbt; Kblätt. innen kahl; Bltntrauben aufrecht-überhgd.; Fr. dk.schwarzrot, etw. bitter schmeckend; Steinkern glatt. 3–15 m hoher Baum; ♃; V–VII. Als Forstbaum angepflanzt, oft verwildert u. eingebürgert (z. B. Berlin). (Heimat: N- bis O-Am.) [= *Padus serotina* (EHRH.) BORKH.]
Späte Trauben-K., **P. serótina** EHRH.

4(2). Bltn. in 3- bis mehrbltg., aufrechten Doldentrauben *(533–534)* od. in Dolden *(535)* 10

— Bltn. einzeln od. zu 2 *(536);* Frkn. u. Fr. kahl od. behaart . 5

5. Bltn. u. Fr. fast sitzend; Frkn. u. Fr. filzig behaart 9

— Bltn. u. Fr. deutlich gestielt *(536);* Frkn. u. Fr. kahl, aber Bltnstiele zuw. behaart 6

6. Äste reichdornig, in der Jugend meist filzig; Blattspr. 2–5 cm lg., längl.-verkehrt-eif., doppelt gesägt; Blkrblätt. bis 6 mm lg.; Fr. kugelig, schwarz-bläul., bereift, m. grünem, saurem Fleisch; Steinkern sich nicht vom Fleisch lösend; sparriger, bis 3 m hoher Strauch; ♃; III–IV. Sonnige Hügel u. lichte Laubwälder, Hecken, Zäune; *v.* *Schlehe, Schwarzdorn,* **P. spinósa** L.

— Äste dornenlos od. schwachdornig, kahl; Blätt. meist länger als 5 cm; Blkrblätt. länger als 6 mm; Obstbäume od. Sträucher 7

7. Bltnstiele behaart; Bltn. meist zu 2; Blkrblätt. grünl.-weiß; Fr. eif., blauschwarz, bereift; ♃; IV–V. Obstbaum (Heimat: Vorder- bis W-As.). In zahlr. Kulturformen kultiviert. *Pflaume, Zwetschge,* **P. doméstica** L.

— Bltnstiele kahl 8

8. Bltnstiele länger als der Bltnbecher; Bltn. rosa, zu 1–2, Dm bis 3 cm (fast nur gefüllt vorkommend); Blattspr. scharf doppelt gesägt, an der Spitze fast 3lappig, lg. zugespitzt, sattgrün, untersts. behaart; ♃; IV–V. Bis 3 m hoch; häufig als Zierbäumchen (gepfropft) angepfl. (Heimat: China) *Mandelbäumchen,* **P. tríloba** LDL.

— Bltnstiele kürzer als der Bltnbecher; junge Zweige oft grün; Bltn. meist einzeln; Blkrblätt. 9–12 mm lg., weiß; Blätt. auch an der Spitze nicht 3lappig; Fr. gelb od. rot; ♃; III–V. Angepfl. u. verwildert. (Heimat: W-Asien, Kaukasus)
Kirschpflaume, **P. cerasífera** EHRH.

Vor allem in der Form **„Pissardii“ (= „Atropurpurea“)** angepfl.: Blätt. purpurrot; Bltn. blaßrot; Fr. dkrot.

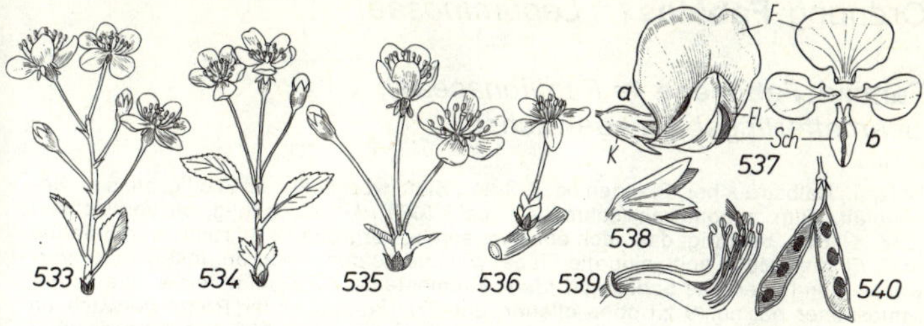

9(5). Blätt. lanzettl.; Blkrblätt. lebhaft rosa; Fr. groß, grünl. od. rötl.-gelb; Steinkern tief gefurcht; ♃; IV–V. Obstbaum. (= *Persica vulgaris* Mill.) (Heimat: O-Asien) *Pfirsich,* **P. pérsica** (L.) Batsch

— Blätt. herz-eif., zugespitzt; Blkrblätt. blaßrosa bis weiß; Fr. gelb bis orange; Steinkern glatt, scharfkantig; ♃; III–IV. Obstbaum. (= *Armeniaca vulgaris* Lam.) (Heimat: W-Asien) *Aprikose,* **P. armeníaca** L.

10(4). Knospenschuppen des Bltnstands abfallend; Bltn. in deutl. gestielten 5–12bltg. Doldentrauben *(533),* weiß; Blätt. kurz u. stumpf gezähnt; Fr. erbsengroß, dkrot, später schwarz, bitter schmekkend. Sparrig-ästiger Strauch; ♃; IV–V. Sonnige Felshänge; *z* in Ti (Sb, Vb, St verwildert), Oberrheintal, Donau- u. Altmühltal, sonst *s* verschleppt. [= *Cerasus mahaleb* (L.) Mill.] *Steinweichsel, Felsenkirsche,* **P. máhaleb** L.

— Knospenschuppen der wenigbltg., sitzenden Bltnstände bleibend; Blätt. deutl. gesägt; Fr. u. Steinkerne kugelig . **11**

11. Bltnstand über den zurückgeschlagenen Knospenschuppen ohne Laubblätt. *(535);* Blattstiel m. 1–2 Drüsen; ♃; IV–V. Wälder, Hekken; *v;* auch als Obstbaum. [= *Cerasus avium* (L.) Moench] *Süß-Kirsche,* **P. ávium** L.

a. Fr. sehr klein (0,5 cm), dünnfleischig; *z* in Laubwäldern bis in die Voralp. *Vogelkirsche,* ssp. **ávium**

— Fr. > 1 cm . . . . **b**

b. Fr. weichfleischig, rot od. schwarz; Obstbaum. *Herz-K.,* ssp. **juliána** (L.) Janch.

— Fr. hartfleischig, gelb od. rot; Obstbaum. *Knorpel-K.,* ssp. **duracína** (L.) Janch.

— Bltnstand über den aufrechten Knospenschuppen m. 1–3 Laubblätt. *(534)* **12**

12. Blätt. 3–4 cm lg.; Spreite längl.-lanzettl., an der Spitze abgerundet od. stumpf; Blattstiel ohne Drüsen; Blkrblätt. verkehrt-eif., ausgerandet, weiß; Fr. erbsengroß, korallenrot, genießbar; Steinkern spitz, 2kantig; 0,5–1 m hoher, ausläufertreibender Strauch; ♃; IV–V. Trockenes Gebüsch, vorwgd. auf Kalk u. Lehm; *s* in WPr, Th (Unstrut-Saale), Oberrhein bis Bingen u. untere Nahe, St. [= *Cerasus fruticosa* (Pall.) Woronow] *Zwergkirsche,* **P. fruticósa** Pall.

— Blätt. 6–8 cm lg.; Spreite elliptisch, beidendig zugespitzt; Blattstiel m. Drüsen; Blkrblätt. kreisrund, nicht ausgerandet *(534);* Fr. hell- od. dkrot; Steinkern kugelig, 2furchig; Strauch od. Baum; ♃; IV–V. Obstbaum. (= *Cerasus vulgaris* Mill.) (Heimat: Vord.-Asien) *Sauerkirsche, Weichsel,* **P. cérasus** L.

a. Baum m. aufrechten Zweigen; Fr. glasig hellrot m. nichtfärbendem Saft (= var. **cérasus** Mill., *Glas-K., Amarelle*) od. dkrot m. färbendem Saft. [= var. **austera** (L.) Janch., *Süßweichsel, Morelle*] *Baum-Weichsel,* ssp. **cérasus**

— Strauch od. Baum m. schlaffen, überhängd. Ästen; Fr. dkrot, sauer, m. färbendem Saft. *Strauch-Weichsel,* ssp. **ácida** (Dum.) A. & G.

Ordnung: **Fabáles** *(= Leguminosae)*

Familie: **Fabáceae** *(= Papilionaceae), Schmetterlingsblütengewächse*

Holzpfl., Halbsträucher, Stauden od. Kräuter; Blätt. wechselst., oft 2zeilig, stets m. Nebenblätt.; Bltn. zygomorph (schmetterlingsf., *537a*), ⚥; K. 5zählig, oft verwachsen *(537, K);* Blkr. 5blättrig; das nach oben weisende, vergrößerte Blkrblatt ist die **Fahne** *(537, F),* die beiden seitl. sind die **Flügel** *(Fl),* die beiden vorderen, miteinander verwachsenen bilden das **Schiffchen** *(Sch);* Filamente der 10 Stbblätt. entw. alle zu geschlossener od. nur 9 zu oben offener, den Frkn. umgebender Röhre verwachsen *(539);* Frblätt. 1; Fr. klappig aufspringende *(540),* in 1samige Glieder zerfallende *(545)* od. schneckenf. *(551)* gewundene Hülse.

1. Krautige Pflanzen; Stg. nicht od. nur an der Basis schwach verholzend **19**
— Bäume, Sträucher od. Zwergsträucher m. holzigem Stg. (Auf die Stgbasis achten!) **2**
2. Blätt. zusammengesetzt, gefing. od. gefied. (zumindest die basalen), selten einfach **7**
— Blätt. ungeteilt, zuw. fehlend, früh abfallend, od. nadelf. u. stechend **3**
3. Blätt. nadelf., gleich den Ästen stechend; K. wollig-zottig, fast bis zum Grd. geteilt . . . . **Ulex,** 254
— Blätt. nicht stechend u. nadelf. **4**
4. Sprosse breit geflügelt . . . . **Chamaespartium,** 255
— Sprosse nicht geflügelt **5**
5. Blätt. gesägt . . . . **Ononis,** 256
— Blätt. ganzrandig **6**
6. Strauch m. grünen, gerillten, rutenf. Zweigen, bis 2 m hoch; Gr. kreisf. eingerollt . . . . **Sarothamnus,** 256
— Sträucher ohne gerillte, rutenf. Zweige, höchstens 80 cm hoch . . . . **Genista,** 254
7(2). Blätt. mehrzählig gefied. od. mehrzählig gefing. *(542)* **13**
— Blätt. 3zählig gefied. (*544;* Endfied. gestielt!) od. 3zählig gefing. *(543),* selten einfach **8**
8. Blättchen gesägt; Bltn. rot, weiß od. gelb . . . **Ononis,** 256
— Blättchen ganzrandig **9**
9. Bltn. in hgd. Trauben . . . . **Laburnum,** 255
— Bltn. nicht in hgd. Trauben **10**
10. Gr. lg., eingerollt; Strauch m. gerillten grünen, rutenf. Zweigen . . . . **Sarothamnus,** 256
— Gr. nicht eingerollt **11**
11. Blätt. gegenst. . . . . **Genista,** 254
— Blätt. wechselst. **12**
12. Bltnstiele so lg. od. länger als der K.; Bltn. in blattlosen Trauben . . . . **Lembotropis,** 255
— Bltnstiele kürzer als der K. . . . . . . **Chamaecytisus,** 255
13(7). Bltn. gelb od. rotgelb **16**
— Bltn. weiß od. rosa **14**
14. Bäume; Bltn. 15–20 mm groß, in hgd. Trauben; Nebenblätt. verdornt . . . . **Robinia,** 266

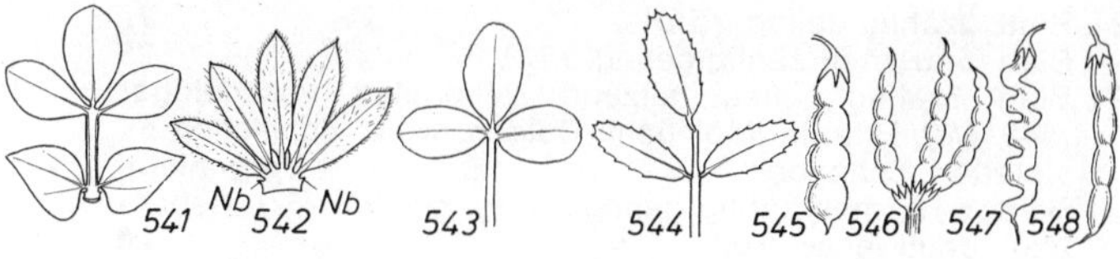

— Halbsträucher; Bltn. höchstens 12 mm groß, in Köpfchen od. Dolden **15**

15. Blätt. 5–7zählig gefied., fast gefing. *(542);* Bltn. in Dolden **Dorycnium,** 265

— Blätt. 8–20paarig gefied.; Bltn. 10–12 mm groß, fleischfarben, in Köpfchen . . . . **Anthyllis,** 262

16(13). Blätt. paarig gefied.; Bltn. in armbltg. Dolden an Kurztrieben . . . . **Caragana,** 266

— Blätt. unpaarig gefied. **17**

17. Blkrblätt. lg.genagelt; Bltn. in Dolden; reife Hülsen nicht aufgeblasen *(548)* . . . . **Coronilla,** 266

— Blkrblätt. nicht genagelt; Bltn. in armbltg. Trauben . **18**

18. Hülsen nicht geglied., z. Reifezt. aufgeblasen; 2(–3) m hoher Strauch . . . . **Colutea,** 266

— Hülsen geglied.; Glieder z. Reifezt. hufeisenf. *(547);* kleiner, niederlgd. Halbstrauch; Triebe nur an der Basis schwach holzig . . . . **Hippocrepis,** 267

19(1). Blätt. mehrzählig gefied. *(541*[1]*, 557, 558),* die oberen Fied. zuw. zu Ranken umgebildet; Grdblätt. zuw. ungeteilt *(Anthyllis)* **37**

— Alle Blätt. einfach, ungeteilt, 3zählig gefied. *(544),* 3- od. mehrzählig gefing. *(542, 67)* **20**

20. Blätt. 3zählig gefied., 3- od. mehrzählig gefing. . . . **23**

— Blätt. einfach u. ungeteilt **21**

21. Blätt. nur aus fadenf. Ranke bestehend; diese am Grd. m. 2 laubigen Nebenblätt. *(562)* . . . . . **Lathyrus aphaca,** 271

— Blätt. anders gestaltet **22**

22. Stg. breit geflügelt; Blätt. eif.-längl., bis 2 cm lg. **Chamaespartium,** 255

— Stg. nicht breit geflügelt; Blätt. grasart., bis 13 cm lg., streifennervig *(563)* . . . . **Lathyrus nissolia,** 271

23(20). Blätt. 3zählig gefied., d. h. Endfied. deutl. länger gestielt als die Seitenfied. *(544)* **29**

— Blätt. 3- od. mehrzählig gefing.; Endfied. nicht länger gestielt als die Seitenfied. *(542–543)* **24**

---

[1] Die nebenblattartigen Gebilde in Abb. *541* sind keine Nebenblätt., sondern das basale, an den Blattgrund gerückte Fiedpaar des Blatts; sie werden deshalb auch als Pseudostipeln bezeichnet, weil sie echte Nebenblätt. vortäuschen, die selbst völlig verkümmert sind.

24. Blätt. 3zählig gefing. *(543)* **27**
— Blätt. 5- u. mehrzählig gefing. *(542, 67)* **25**
25. Blätt. 5zählig gefing., sitzend; Nebenblätt. unscheinbar *(542, Nb);* Bltn. in köpfchenf. Dolden, weiß; Schiffchen m. violettem Schnabel . . . . **Dorycnium,** 265
— Blätt. 5- u. mehrzählig gefing., ± lg. gestielt *(67);* Nebenblätt. deutl. entwickelt **26**
26. Nebenblätt. viel kürzer als der Blattstiel; Blätt. 5–15zählig gefing.; Infl. verlängert; Bltn. in etagenf. Quirlen, blau, weiß od. gelb . . . . **Lupinus,** 254
— Nebenblätt. so lg. od. länger als der Blattstiel; Bltn. köpfchenart., purpurrot; Blätt. 5–8zählig gefing.
Trifolium lupinaster, 259
27(24). Nebenblätt. viel kleiner als die Fied.; Bltn. in vielbltg. Köpfchen od. Ähren; Blkrblätt. ± verwachsen, nicht abfallend; Hülse nur wenig länger als der K. . . . **Trifolium,** 258
— Nebenblätt. den übrigen 3 Fied. gleichgestaltet od. wenigstens ½ so groß wie diese[1]; Hülse viel länger als K. . **28**
28(27 u. 34). Bltn. in Dolden, gelb od. ± rötl.; Hülsen lineal, stielrund . . . . **Lotus,** 265
— Bltn. einzeln, achselst., lg.gestielt, blaßgelb od. zu 2, dann dkrot; Hülsen 4kantig od. schmal geflügelt
Tetragonolobus, 265
29(23). Fied. sehr groß, > 20 cm lg.; jede Fied. m. besonderen Nebenblättchen (Stipellen); Stg. oft windend **Phaseolus,** 273
— Fied. viel kleiner, ohne Stipellen **30**
30. Bltn. in reichbltg. Köpfchen, Doldentrauben, Trauben od. Ähren **33**
— Bltn. einzeln od. bis zu 3 an blattachselst., zuw. verdornenden Kurztrieben **31**
31. Bltn. gelb, bis 7 mm lg.; Hülsen sichelf. gebogen od. schneckenf. gewunden *(551–554)* . . . . . **Medicago,** 258
— Bltn. über 1 cm lg. od. nicht gelb; Hülsen nicht schneckenf. gewunden u. nicht sichelf. gebogen **32**
32. Bltn. rosa, weiß od. gelb, häufig an verdornten Kurztrieben, zuw. insgesamt zu locker traubigen Gesamtbltnständen zusammentretend; Schiffchen geschnäbelt . . . . . **Ononis,** 256
— Bltn. blaßgelb od. rosa, zu 1–2; Schiffchen stumpf; Hülsen bis 10 cm lg., gerade od. schwach gebogen; Pfl. stark riechend . . . . **Trigonella,** 257
33(30). Bltn. hgd., in langen Trauben, weiß od. gelb; Pfl. (vor allem getrocknet) nach *Waldmeister* (Cumarin, s. S. 449) duftend . . . . **Melilotus,** 257
— Bltn. wenigstens anfangs aufrecht, in köpfchenf. Doldentrauben od. dichten Ähren **34**
34. Nebenblätt. den übrigen 3 Fied. ähnlich od. wenigstens halb so groß wie diese **28**
— Nebenblätt. viel kleiner als die Fied. **35**

[1] Vgl. Fußnote 1, S. 251.

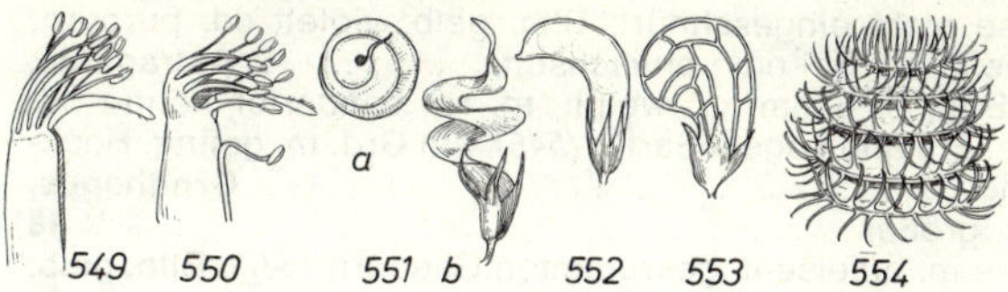

35. Bltnblätt. miteinander verwachsen, nach der Blüte nicht abfallend . . . . **Trifolium,** 258
— Bltnblätt. nicht verwachsen, nach der Blüte einzeln abfallend **36**
36. Hülse nierenf., sichelf. od. schneckenf. eingerollt *(551–554);* Pfl. geruchlos . . . . **Medicago,** 258
— Hülse eif., gerade od. schwach gebogen; Pfl. stark riechend **Trigonella,** 257
37(19). Blätt. m. Ranken **51**
— Blätt. ohne Ranken **38**
38. Blätt. paarig gefied.; Endfied. verkümmert **51**
— Blätt. unpaarig gefied.; Endfied. vorhanden u. laubig entwickelt **39**
39. Blätt. ungeteilt od. gefied., dann aber m. auffallend großer Endfied. . . . . **Anthyllis,** 262
— Alle Blätt. gefied., aber Endfied. kaum größer als die Seitenfied. **40**
40. Blätt. m. 7 od. mehr Fied.; die einzelnen Fiedpaare gleichmäßig voneinander entfernt **42**
— Blätt. m. 5 Fied., basales Fiedpaar an den Stg. herangerückt u. deutl. von den übrigen 3 Fied. entfernt *(541);* Nebenblätt. verkümmert **41**
41. Bltn. in mehrbltg. Dolden; Hülsen stielrund . . . **Lotus,** 265
— Bltn. einzeln od. zu 2, achselst., lg.gestielt; Hülsen 4kantig od. schwach geflügelt . . . . **Tetragonolobus,** 265
42(40). Bltn. in Dolden od. Köpfchen **47**
— Bltn. in verlängerten Trauben od. Ähren **43**
43. Bltn. rosarot m. dk.geaderter Fahne; K.zähne bis 2,5mal so lg. wie die K.röhre; Hülsen 1samig . . . . **Onobrychis,** 267
— Bltn. nicht rosarot (aber zuw. purpurn); K.zähne kaum länger als die K.röhre; Fr. mehrsamig **44**
44. Schiffchen m. aufgesetzter Stachelspitze . . **Oxytropis,** 264
— Schiffchen ohne Stachelspitze **45**
45. Pfl. < 1 m hoch, straff aufrecht, kahl; Bltn. bläul.weiß od. weiß; alle Stbblätt. miteinander verwachsen *(549)* **Galega,** 266
— Pfl. niedriger (wenn Stg. länger als 1 m, dann am Grd. niederlgd. u. Bltn. nicht bläul.weiß); oberstes Stbblatt frei *(550)* **46**
46. Hülse zw. den Samen eingeschnürt, bei der Reife in 1samige Glieder zerfallend (Gliederhülse, *545*); Bltn. purpurn; Nebenblätt. miteinander verwachsen . . . **Hedysarum,** 267

— Hülse nicht eingeschnürt; Bltn. gelb, violett od. purpurn; Nebenblätt. frei od. verwachsen . . . . . **Astragalus,** 262

47(42). Bltn. 2–8 mm lg., weißl., m. rot geaderter Fahne od. rosa; Frstand vogelfußartig *(546),* am Grd. m. gefing. Hochblätt. . . . . **Ornithopus,** 266

— Bltn. größer **48**

48. Hülse m. hufeisenf. gekrümmten Gliedern *(547);* Bltn. gelb; Nagel der Blkrblätt. doppelt so lg. wie der K. **Hippocrepis,** 267

— Hülse nicht m. hufeisenf. Gliedern, gerade od. leicht gekrümmt **49**

49. Bltn. in Dolden; Hülse zw. den Gliedern eingeschnürt *(548);* **Coronilla,** 267

— Bltn. in Köpfchen; Hülse zw. den Gliedern nicht eingeschnürt, meist etwas aufgedunsen **50**

50. Schiffchen m. Stachelspitze . . . . **Oxytropis,** 264

— Schiffchen ohne Stachelspitze . . . . **Astragalus,** 262

51(37 u. 38). Stbblattröhre rechtwinkl. abgeschnitten *(549)* **53**

— Stbblattröhre schief abgeschnitten *(550)* **52**

52. K.zähne mehrmals länger als die K.röhre; Hülsen 1–2samig . . . . **Lens,** 267

— K.zähne höchstens so lg. wie die K.röhre; Hülsen 2- bis mehrsamig . . . . **Vicia,** 268

53(51). Gr. zu nach unten offener Röhre gefaltet, auf der Innenseite bärtig; Nebenblätt. sehr groß *(69)* . . . . **Pisum,** 273

— Gr. flach, oft gedreht, obersts. u. an den Rändern behaart; Nebenblätt. kleiner als die Fied.; Stg. zuw. geflügelt **Lathyrus,** 271

1. Lupínus L., *Lupine*

1. Bltn. gelb, in zahlr. genäherten Quirlen, von angenehmem Geruch; Blätt. 5–9 (–12)zählig gefing.; ⨀; VI–IX. Angepflanzt u. verwild. (Heimat: W-Mittelmeergebiet) *Gelbe L.,* **L. lúteus** L.

— Bltn. blau od. weiß, in Trauben **2**

2. Blätt. 10–15zählig gefing.; Bltn. intensiv blau, selten weiß; Pfl. bis 1,5 m hoch; ♃; VI–IX. Häufig als Wildfutter angepflanzt, verwild. u. eingebürgert. (Heimat: N-Am.) *Vielblättrige L.,* **L. polyphýllus** Ldl.

— Blätt. 5–9zählig gefing. **3**

3. Bltn. blau; Fied. lineal, 2–5 mm breit; Oberlippe des K. 2spaltig; ⨀; VI–IX. Stellenw. angepflanzt u. verwild. (Heimat: Mittelmeergebiet) *Schmalblättrige L.,* **L. angustifólius** L.

— Bltn. weiß; Fied. verkehrt-eif.; Oberlippe des K. ungeteilt; ⨀; VI–IX. (Heimat: N-Am.), seltener angepflanzt. *Weiße L.,* **L. álbus** L.

2. Úlex L., *Stechginster*

Sparriger, bis 2 m hoher, reich verzweigter Strauch m. Blatt- u. Kurztriebdornen; Bltn. zu 1–3 an Kurztrieben; K. dicht braun behaart; Bltn. goldgelb; ♃; IV–VII. Gesellig auf Heiden, vorwgd. im W u. NW, sonst angepfl. u. verwild. **U. europaéus** L.

3. Genísta L., *Ginster*

1. Stg. ohne Kurztriebdornen **3**

— Stg. m. Kurztriebdornen, zumindest an der Basis **2**

2. Junge Triebe kahl; Blätt. blaugrün, hinfällig; Bltntrauben kurz, dicht; Tragblätt. länger als die Bltnstiele; Bltn. goldgelb; ♃; V–VI. Heide-, Sand- u. Torfböden; *v* im NW u. N, sonst nur SaAn, Br u. Schw. *Englischer G.*, **G. ánglica** L.

— Junge Triebe spitzenwärts behaart; Bltn. in 5 cm langen Trauben; Tragblätt. ½ so lg. wie die Bltnstiele; Hülsen lg.haarig; ♃; V–VI. Trockene Wälder, Magerwiesen, Heiden; *z*, im NW u. N *s*. *Deutscher G.*, **G. germánica** L.

3(1). Zweige gegenst., rutenf.; Bltn. in endst., 4–12bltg. Köpfchen; Blätt. 3teilig, gegenst.; ♃; V–VIII. Berghänge, Felsen, *s*, nur in Kt. [= *Cytisus radiatus* (L.) MERT. & K.] G *Strahlen-G.*, **G. radiáta** (L.) SCOP.

— Zweige wechselst.; Bltn. nicht in Köpfchen **4**

4. Niederlgd. Zwergstrauch; Äste gleich den 5–12 mm langen Blätt. in der Jugend seidenhaarig; Bltn. zu 1–3 an Kurztrieben; Fahne, Schiffchen u. Hülse seidenhaarig; ♃; IV–VII. Felshänge, Heiden, kalkmeidend; *z*. *Behaarter G.*, **G. pilósa** L.

— Stg. aufrecht, rutenf., bis 60 cm lang, kahl; Bltn. in endst., verlängerten Trauben; Fahne, Schiffchen u. Hülse kahl; ♃; VI–VIII. Trokkene Magerwiesen, lichte Eichen- u. Föhrenwälder; *v*, *s* im NW. *Färber-G.*, **G. tinctória** L.

a. Blätt. lanzettl., bis 3 cm lg.; Stg. aufrecht; Bltnstände 3–8 cm lg.; *v*. ssp. **tinctória**

— Blätt. schmal-lineal, bis 1 cm lg.; Stg. niederlgd.; Bltnstände bis 3 cm lang. Feuchte Heiden; nur Nordseeküste u. Inseln. ssp. **littorális** (CORB.) ROTHM.

4. Labúrnum FABR., *Goldregen*

1. Blattstiel dicht angedrückt seidenhaarig; Hülsen angedrückt behaart; ♃; V–VI. Lichte Wälder, *s*, Kt. Zierstrauch, oft angepfl. od. eingebürg. (= *Cytisus laburnum* L.) *Gewöhnlicher G.*, **L. anagyroídes** MED.

— Blattstiel m. einzelnen längeren, etwas abstehenden Haaren; Hülsen kahl; ♃; V–VII. Buchenwälder, felsige Abhänge; *s*, Kt. G *Alpen-G.*, **L. alpínum** (MILL.) BERCHTOLD & J. PRESL

5. Chamaespártium ADANS., *Flügelginster*

Stg. breit geflügelt, bis 30 cm lg., geglied.; Blätt. 2zeilig, einfach, hinfällig, rauhhaarig; Bltn. hellgelb, in doldenf. Trauben; ♃; V–VII. Trokkene Weiden, lichte Eichen- u. Kiefernwälder; *z* im S u. W, sonst *s*. [= *Genistella sagittalis* (L.) GAMS; = *Genista sagittalis* L.] **Ch. sagittále** (L.) P. GIBBS

6. Lembótropis GRIS., *Geißklee*

Bltn. in endst., verlängerten, vielbltg. Trauben; Hülsen kahl; Blätt. 3zählig, unterst. angedrückt behaart; Äste rutenf., beim Trocknen schwarz werdend; 0,3–2 m hoher Strauch; ♃; VI–VIII. Trockene, steinige Orte; *z* in Au, S- u. M-Dt. (= *Cytisus nigricans* L.) *Schwarzwerdender G.*, **L. nígricans** (L.) GRIS.

7. Chamaecýtisus L., *Zwergginster*

1. Bltn. rot, an seitenst. Kurztrieben; Pfl. kahl; ♃; IV–VI. Felshänge; *s*, Kt. (= *Cytisus purpureus* SCOP.) *Roter Z.*, **Ch. purpúreus** (SCOP.) LK.

— Bltn. gelb 2
2. Bltnstand in beblätt. Trauben 4
— Bltnstand endst., in kopff. zusammengezogener Traube . 3
3. Fahne häufig m. rötl.-braunem Fleck, meist kahl; Flügel u. Schiffchen kahl; Hülsen absthd. zottig behaart; Stg. aufstgd. bis niederlgd., jung zottig behaart; ♃; IV–V. Trockene Felshänge, lichte Wälder; *z,* Donautal, Au, Ba, Th, Br (Havel- u. Odertal). (= *Cytisus capitatus* SCOP.) *Kopf-Z.,* **Ch. supínus** (L.) LK.
— Fahne meist einheitl. gelb, obersts. seidig behaart; Flügel obersts. in der Mitte u. Schiffchen am Rand bewimpert; Hülse angedrückt bis zottig behaart; Stg. aus niederlgd. Grd. steif aufrecht, dicht angedrückt silbergrau behaart; ♃; V–VIII. Steinige Hügel, Trockenrasen; *s,* nur Sb, OÖ. (= *Cytisus austriacus* L.) *Österreichischer Z.,* **Ch. austríacus** (L.) LK.
4(2). Fahne außen kahl u. rotbraun gefleckt; Äste jung grauseidig behaart, später verkahlend; ♃; IV–VI. Trockene Magerwiesen, lichte Kiefernwälder; *s,* Ba, Sb, OÖ, Schl, W- u. OPr. (= *Cytisus ratisbonensis* SCHAEFF.) *Regensburger Z.,* **Ch. ratisbonénsis** (SCHAEFF.) ROTHM.
— Fahne außen behaart od. nicht gefleckt; ♃; IV–VI. Trockene Wiesen, lichte Wälder. (= *Cytisus hirsutus* L.) *Rauhhaar-Z.,* **Ch. hirsútus** (L.) LK.
a. Blättchen 6–20 mm lg. u. 4–10 mm breit; Fr. dicht zottig; *z,* Kt, St, OÖ. ssp. **hirsútus**
— Blättchen 20–30 mm lg. u. (6–)10–15 mm breit; Fr. nur an den Nähten zottig; St. [= *Ch. ciliatus* (WAHL.) ROTHM.] ssp. **ciliátus** (WAHL.) E. MAYER

8. Sarothámnus WIMM., *Besenginster*
Strauch m. grünen, gerillten, rutenf. Zweigen; Blätt. klein, vorwgd. 3zählig, hinfällig; Bltn. groß, lebhaft gelb; ♃; V–VI. Sand, Heiden, Föhrenwälder; *v.* [= *Cytisus scoparius* (L.) LK.] **S. scopárius** (L.) KOCH
a. Sprosse aufrecht; Blätt. u. junge Sprosse kahl od. dünn seidig behaart; *v.* in Alp. *f.* ssp. **scopárius**
— Sprosse niederlgd.; Blätt. u. junge Sprosse dicht seidig behaart; nur Nordseeküste. [= *Genista scoparia* (L.) LAM. var. *maritima* ROUY; = *Cytisus scoparius* (L.) LK. ssp. *maritimus* (ROUY) HEYW.] ssp. **marítimus** (ROUY) ULBRICH

9. Onónis L., *Hauhechel*
1. Bltn. rosa od. weiß 3
— Bltn. gelb 2
2. Bltn. 12–20 mm lg., länger als der K.; Hülsen hgd.; Pfl. dicht drüsig-klebrig; ♃; V–VII. Kalkmagerrasen, Raine; *s* in BW (Kaiserstuhl) u. Lothringen. *Gelbe H.,* **O. nátrix** L.
— Bltn. 5–12 mm lg., kürzer als der K.; Hülsen aufrecht; ♃; VI. Magerwiesen, lichte Wälder; *s,* Ti, Kt. *Zwerg-H.,* **O. pusílla** L.
3(1). Endfieder langgestielt, fast kreisrund, grob buchtig gezähnt; Hülsen hgd.; Bltn. in lg. gestielten Trauben, Bltnstand oben in Granne auslaufend; Bltn. duftend; ♃; IV–IX. Lichte Wälder; nur in Vb, Ti, Kt. *Rundblättrige H.,* **O. rotundifólia** L.
— Endfieder schmal elliptisch od. oval, fein gezähnt; Hülsen aufrecht; Bltn. blattachselständig; kurz gestielt; Bltnstand nicht in Granne auslaufend; ♃; VI–IX. Trockenrasen, Wegraine; *v.* *Gewöhnliche H.,* **O. spinósa** L. (s. l.)

a. Hülsen kürzer als der K. c
— Hülsen so lg. od. länger als der K. . . . . b
b. Kzipfel zurückgekrümmt; Pfl. meist ohne Dornen, bis 1 m hoch; feuchte Wiesen von der Tiefebene bis Voralpenreg., *z.* (= *O. austriaca* BECK; = *O. foetens* ALL.) *Österreichische H.,* ssp. **austríaca** (BECK) GAMS
— Kzipfel ausgebreitet; Pfl. dornig, 20–50 cm hoch; Schafweiden, *v.* *Dornige H.,* ssp. **spinósa**
c(a). Stg. niederlgd. bis aufsteigd., m. Ausläufern; Fied. an der Spitze abgerundet bis ausgerandet; Bltn. einzeln, voneinander entfernt. Magerrasen, Böschungen, *v.* (= *O. repens* L.) *Kriechende H.,* ssp. **marítima** (DUM.) FOURN.
— Stg. aufrecht od. aufsteigend; Fied. zugespitzt; Bltn. zu 2–3 an den Zweigenden in dichtem verlängertem Bltnstand. Magerrasen, Wegränder; *s,* O-SH, O-Me, O-Br, Ti, Sb, Kt, St, OÖ. (= *O. arvensis* L.; = *O. hircina* JACQ.) G *Bocks-H.,* ssp. **arvénsis** (L.) GREUT. & BURDET

10. **Trigonélla** L., *Bockshornklee, Schabziegerklee*

1. Bltn in blattachselst. Trauben, blau; Hülsen eif., bis 6 mm lg., m. kurzem, dünnem Schnabel; Sprosse aufrecht, oberwärts absthd. behaart; ⨀; VI–VII. (Heimat: Mittelmeergebiet); Gewürz- u. Heilpfl., zuw. verwild. *Blauer Sch.,* **T. caerúlea** (L.) SER.
— Bltn. zu 1–2; Hülsen zylindrisch 2
2. Bltn. blaßgelb; Hülsen bis 10 cm lg., aufrecht absthd., gerade od. gekrümmt, 2–3 cm lg. geschnäbelt; ⨀; IV–VII. Heilpfl.; zuw. verwild. (Heimat: östl. Mittelmeergebiet) *Griechischer, Gelblicher Sch.,* **T. foénum-graécum** L.
— Bltn. rosa; Hülsen längl., m. kurzem, hakigem Schnabel; Pfl. kleeähnl.; ⨀; V–VI. Sonnige Hügel, Deiche; Eiderstedt, früher auch auf Sylt; längs der W-europäischen Küste bis Ho u. Da. [= *Trifolium ornithopodioides* (L.) SM.] *Vogelfuß-Sch.,* **T. ornithopodioídes** (L.) DC.

11. **Melilótus** MILL., *Steinklee*

1. Bltn. weiß; Fied. m. 6–12 Paar Seitennerven u. ebenso vielen, oft undeutl. Zähnen; Hülse bis 3,5 mm lg., stumpf, m. kurzem Griffelrest, schwärzl., netznervig; ⨀; V–VIII. Wegränder, Bahndämme, Ruderalstellen; *v.* *Weißer St.,* **M. álbus** MED.
— Bltn. gelb 2
2. Fied. m. 18–22 Paar Seitennerven, in die scharfen, dichtstehenden Zähne eintretend; Hülse meist 2samig, netzig-runzelig; ⨀; V–IX. An der Küste *z,* sonst an Salzstellen *s, f* im NW. *Gezähnter St.,* **M. dentátus** (W. & K.) PERS.
— Fied. m. weniger als 18 Paaren von Seitennerven . . . 3
3. Bltn. klein, 2–3 mm groß, in 0,8 bis 2 cm langen Trauben; Fied. m. 5–9 Zähnen; Nebenblätt. am Grd. m. 1–2 Zähnen; Hülse fast kugelig; ⨀; II–VI. *s,* vor allem in Großstädten, aus dem Mittelmeergebiet eingeschleppt. *Kleinblütiger St.,* **M. índicus** (L.) ALL.
— Bltn. größer; Nebenblatt. ganzrandig od. am Grd. 1zähnig 4
4. Hülsen zerstr. kurzhaarig, runzelig, schwarz; Bltn. in 2–6 cm lg. Trauben; Flügel u. Schiffchen etwa gleichlg.; Fied. m. 8–14 Paar Seitennerven; Stg. aufrecht, bis 1,5 m lg.; ⨀; VII–IX. Feuchte, auch salzhaltige Orte; *z.* *Sumpf-St., Hoher St.,* **M. altíssimus** THUILL.
— Hülsen kahl, undeutl. querrunzelig, lederbraun; Bltn. in 4–10 cm lg. Trauben; Flügel länger als das Schiffchen; Fied. m. 6–13 Paaren von Seitennerven; Stg. aufrecht, 30–90 cm lg.; ⨀; V–IX. Wegränder, Steinbrüche; *v.* *Echter St.,* **M. officinális** (L.) PALL.

12. Medicágo L., *Schneckenklee, Luzerne, Sichelklee, Hopfenklee*

1. Hülsen dicht bestachelt *(554)* **4**

— Hülsen stachellos *(551–553)* **2**

2. Bltn. 3–5 mm lg., in fast kugeligen, 10–50bltg. Trauben; Hülse fast nierenf., m. 3–5 verästelten Längsnerven *(553);* Fied. an der Spitze oft etwas ausgerandet, m. Spitzchen, wenigstens unterststs. anliegend behaart (vgl. *Trifolium dubium*); ⨀ bis ♃; V–IX. Kalkmagerrasen, trockene Wiesen; *v.* *Hopfenklee,* **M. lupulína** L.

a. Hülsen kahl od. behaart, aber drüsenlos; *v.* ssp. **lupulína**

— Hülsen u. oft auch Blätt. drüsig behaart; Pfl. niederlgd.; Dünen der Ostseeküste *v,* im W *z.* ssp. **jalásii** Rothm.

— Bltn. 7–11 mm lg. **3**

3. Bltn. gelb; Hülse sichelf. *(552);* ♃; V–IX. Magerrasen, Raine, Wegränder, kalkliebend; *z,* im N *s.* [= *M. sativa* L. ssp. *falcata* (L.) Arc.] *Sichelklee,* **M. falcáta** L.

— Bltn. blau, violett od. weißl., grünl., gelbl.; Hülsen m. 2–3 lockeren Windungen *(551 a–b);* Stg. aufrecht, bis 80 cm hoch, fast kahl; ♃; V–IX. Kulturpfl. u. verwild. (Heimat: Vorder-As.) *Luzerne,* **M. satíva** L.

Häufig kultiviert u. verwildert: **M.** x **vária** Mart. *(= M. sativa x M. falcata):* Bltn. gelbl., grünl., bläul. od. violett.

4(1). Blätt. beiderststs. behaart; Nebenblätt. ganzrandig; Hülse 3–4 mm breit *(554);* Stg. niederlgd. bis aufstgd.; ⨀; IV–VII. Magerrasen, Schafweiden, *z* in Au, M- u. S-Dt, *s* in SH, *f* im NW. *Zwerg-Sch.,* **M. mínima** (L.) L.

— Blätt. wenigstens oberststs. kahl **5**

5. Fied. meist m. braunem Fleck, herzf.; Bltnstand 1–4bltg.; Bltn. 5–7 mm lg.; ⨀; IV–VI. *s,* aus dem Mittelmeergebiet eingeschleppt. *Arabischer Sch.,* **M. arábica** (L.) Huds.

— Fied. ohne braunen Fleck **6**

6. Bltn. 6–8 mm lg.; Bltntraube 5–20bltg.; Nebenblätt. spitz gezähnt; ♃; V–VI. Magerwiesen, Waldränder; *s,* nur Kt. *Karst-Sch.,* **M. carstiénsis** Wulf.

— Bltn. 2,5–4,5 mm lg.; Bltntraube 3–8bltg.; Nebenblätt. zerschlitzt gezähnt; ⨀; V–VII. *s,* aus dem Mittelmeergebiet eingeschleppt. (= *M. hispida* Gaertn.) *Rauher Sch.,* **M. polymórpha** L.

13. Trifólium L., *Klee*

1. Bltn. rot, rosa od. weiß, wenn gelbl., dann Köpfchen > 1,5 cm **8**

— Bltn. lebhaft gelb u. braun werdend; Köpfchen < 1,5 cm . **2**

2. Oberste Stgblätt. fast gegenst.; ob. Bltnstände scheinbar endst.; Blkr. verblüht kastanienbraun; Fahne gefurcht, vom Grd. an gewölbt; Pfl. der alp. u. subalp. Reg. **7**

— Alle Blätt. wechselst.; alle Bltnstände deutl. seitenst.; Blkr. gelb, verblüht hellbraun; Pfl. der Ebene u. mont. Reg. . . **3**

3. Bltn. > 4 mm lg.; Bltnköpfe meist mehr als 20bltg. . . . **5**

— Bltn. 2–4 mm lg.; Bltnköpfe meist weniger als 20bltg. . . **4**

4. Bltnstiele kürzer als die K.röhre; Bltnköpfchen 3–15(–25)bltg.; Nebenblätt. am Grd. verbreitert; Stg. bis 35 cm lg.; Blätt. bläul.-grün, kahl, ohne Spitzchen (vgl. *Medicago lupulina*); ⨀–⨀; V–X. Wiesen, Weiden; *g.* (= *T. minus* Sm.) *Zwerg-K.,* **T. dúbium** Sibth.

— Bltnstiele länger als die K.röhre; Bltnköpfchen locker (1–)2–6(–15)bltg.; Nebenblätt. am Grd. nicht verbreitert; Stg. nur bis 10 cm lg., sehr dünn, niederlgd.; ⨀; V–VII. Ufer, Teichränder; Küste von Be, SH bis Da; *z.* *Kleinster K.*, **T. micránthum** Viv.

5(3). Bltn. 4–5 mm lg.; Köpfchen 20–30bltg.; Endfied. deutlich länger gestielt als die Seitenfied.; ⨀–⨀; VI–IX. Magerwiesen, Wegraine, *v.* (= *T. procumbens* L.) *Feld-K.*, **T. campéstre** Schreb.

— Bltn. 5–7 mm lg. **6**

6. Nebenblätt. am Grd. verschmälert; Endfied. nicht länger gestielt als die Seitenfied.; Köpfchen 20–40bltg.; ⨀; V–VIII. Magerwiesen, Waldränder, vorwgd. der mont. Reg.; *z*, im N *s.* (= *T. strepens* Cr.; = *T. agrarium* L. em. Schreb.) *Gold-K.*, **T. aúreum** Pollich

— Nebenblätt. am Grd. m. halbkreisf. Zipfeln; Bltnköpfchen 12–25bltg.; ⨀; VI–VII. Feuchte Wiesen; St *z*, BW, E *s.*
Spreiz-K., **T. pátens** Schreb.

7(2). Bltnstiele viel kürzer als die K.röhre; Fied. nur in der ob. Hälfte gezähnt, sitzend; Nebenblätt. längl.-lanzettl.; Bltnköpfe anfangs eif., später walzl.; Stg. steif aufrecht, bis 40 cm lg.; ⨀; V–VIII. Moorwiesen, kalkmeidend; *s* in Mittelgeb., Alp. u. Vorland, sonst SH, Da. *Moor-K.*, **T. spadíceum** L.

— Bltnstiele so lg. wie die K.röhre; Fied. ringsum fein gesägt, sitzend; Nebenblätt. eif.-lanzettl.; Bltnköpfe anfangs halbkugelig, später eif.; Blkrblätt. verblüht lebhaft kastanienbraun; Stg. aufstgd. bis niederlgd., 10–20 cm lg.; ⨀ bis mehrjährig; VII–VIII. Matten der K-Alp., *z.* *Braun-K.*, **T. bádium** Schreb.

8(1). Blätt. meist 5–8zählig gefing.; Nebenblätt. meist länger als der Blattstiel; Bltnköpfchen bis 20bltg.; Bltn. 1–2 cm lg., purpurrot, seltener weiß; ♃; VI–VII. Trockene Kiefernwälder; nur in W- u. OPr.
Lupinen-K., **T. lupináster** L.

— Blätt. 3zählig gefing. **9**

9. Bltn. deutl. gestielt; K. meist m. offenem, kahlem Schlund **23**

— Bltn. sitzend od. sehr kurz gestielt; K. im Schlund häufig m. Haarkranz od. behaartem Wulst **10**

10. K. zur Frzt. nicht blasig aufgetrieben **12**

— K. zur Frzt. blasig aufgetrieben **11**

11. Fahne der Bltn. abw., Schiffchen nach oben gerichtet *(555b);* Bltnköpfchen kurz gestielt, die Blätt. nicht überragend, nach der Blüte zurückgebogen, kugelig *(555a);* Bltn. rosa bis purpurviolett; ob. K.hälfte z. Frzt. helmf. aufgeblasen, netznervig, zerstreut drüsig-zottig; Stg. niederlgd.-aufstgd., nicht wurzelnd; ⨀; IV–VI. Tonige, salzhaltige Böden; oft angepflanzt, *s* verwild.
Persischer K., **T. resupinátum** L.

— Fahne der Bltn. nach oben gerichtet, Bltn. hellrosa bis karminrot; unt. Bltn. fast sitzend, die ob. kurz gestielt; Köpfchen eif.-kugelig, lg. gestielt, die Blätt. meist überragend, auch nach der Blüte aufrecht; ob. K.hälfte später stark aufgeblasen, trockenhäutig, netznervig; ± rötl.; Frstand erdbeerähnl. *(556);* Stg. niederlgd., ausläuferartig, an den Knoten wurzelnd; ♃; VI–IX. Sumpfige Stellen, vorwgd. auf salzhaltigem Boden; *z.* *Erdbeer-K.*, **T. fragíferum** L.

12(10). K. deutl. kürzer als die Blkr.; K.röhre behaart od. kahl; Bltnköpfe meist breiter als 1 cm **16**

— K. etwa so lg. od. länger als die Blkr.; K.röhre behaart; Köpfchen nur bis ± 1 cm breit **13**

13. Köpfchen am Grd. ohne Hochblätt., walzl., 1–2 cm lg., zu mehreren; K. ± dicht weich-weißhaarig, länger als die anfangs weißl., später rötl. Blkr.; Nebenblätt. lanzettl.-pfrieml., meist ± rot; ⊙; V–VII. Heiden, Trockenwiesen, Sand; *v.* *Hasen-K.,* **T. arvénse** L.

a. Pfl. kräftig, gleich den K.zähnen stark behaart; letztere ca. 3mal länger als die dicht behaarte K.röhre; *v, f* in Alp. ssp. **arvénse**

— Pfl. zierlich, fast kahl; K.zähne nur schwach bewimpert, etwa doppelt so lg. wie die schwach behaarte K.röhre. Äcker, Weiden, *v.* (= *T. gracile* THUILL.) ssp. **grácile** (THUILL.) NYM.

— Köpfchen am Grd. m. Hochblätt., meist einzeln, eif. oder kugelig **14**

14. Blattfied. m. undeutl. hervortretenden Seitennerven, beiderstS. seidig behaart; Köpfchen sehr klein, bis 8 mm breit, armbltg.; Blkr. weiß bis rosa, höchstens so lg. wie der weiß-seidig-filzige K.; Stg. niederlgd.-aufstgd.; ⊙–⊙⊙; VII–VIII. Geröll u. Schutt der Alp.; *s* in Ti (Stubai- u. Sellraintal). *Felsen-K.,* **T. saxátile** ALL.

— Blattfied. m. deutl. hervortretenden Seitennerven **15**

15. Blkrblätt. hellrosa, dunkler geadert; K. zuletzt bauchig, K.zähne gerade; Fied. m. geraden Nerven; Stg. 5–30 cm lg.; ⊙–⊙⊙; V–VIII. Magerweiden, sandige Äcker, Wege, kalkmeidend; *z* in SH, He, RhPf, sonst *s, f* in Alp. *Gestreifter K.,* **T. striátum** L.

— Blkrblätt. weißl.; K. walzl.; K.zähne nach außen gekrümmt; Fied. m. gekrümmten, gegen den Rand zu deutl. verdickten Nerven; Stg. 3–20 cm lg.; ⊙⊙; V–VII. Kalk-Magerrasen, Felsköpfe, Wege; nur im Oberrheingebiet, E. *Rauher K.,* **T. scábrum** L.

16(12). Bltnkr. rötl. bis purpurrot **19**

— Bltnkr. weiß od. gelbl.weiß **17**

17. Stg. locker anlgd. behaart, ästig; Köpfchen > 2 cm lg. gestielt; Bltnkr. 8–10 mm lg., gelbl.weiß, etwa doppelt so lg. wie der K.; Pfl. 40–70 cm hoch; ⊙; VI–IX. Auf Äckern angebaut, *s* verwildert. (Heimat: wohl O-Mittelmeergebiet) *Alexandriner-K.,* **T. alexandrínum** L.

— Stg. wenigstens im ob. Teil abstehend behaart, meist wenig verzweigt; Bltnkr. > 15 mm **18**

18. Stg. 20–50 cm hoch; Bltnkr. 15–20 mm lg., gelbl.weiß; unterster K.zahn 2–3mal so lg. wie die andern; ♃; VI–VII. Magerwiesen, Gebüsche, *z* in S-Dt, Be, E, Vb, Kt, St, OÖ, *f* im N. *Blaßgelber K.,* **T. ochroleúcon** HUDS.

— Stg. 8–20 cm hoch, m. abstehenden, fuchsroten Haaren; Bltnkr. weiß, unterster K.zahn höchstens 1,5mal so lg. wie die andern; ♃; VII. Alpenmatten, auf Kalk, *s,* Ti, Kt. *Norischer K.,* **T. nóricum** WULF.

19(16). K.röhre außen behaart; K.zähne behaart **21**

— K.röhre außen kahl, nur K.zähne bewimpert **20**

20. Bltnköpfchen walzl., 3–7 cm lg., einzeln od. zu zweit, scheinbar endst., am Grd. m. Hülle; Bltn. leuchtend purpurn; K. 20nervig; Fied. längl.-lanzettl., 4–6,5 cm lg.; Nebenblätt. krautig, groß, oft länger als der Blattstiel; Stg. aufrecht, bis 60 cm lg.; ♃; VI–VII. Lichte Laub- u. Föhrenwälder, vorwgd. der mont. Reg.; *z* im S u. NrWe, *s* in Sa, *f* im NW. *Purpur-K., Fuchsschwanz-K.,* **T. rúbens** L.

— Bltnköpfchen kugelig bis eif., 2–3 cm lg., meist einzeln, ohne Hülle; Blkrblätt. karminrot; K. 10nervig; Fied. längl. elliptisch, 1,5–5 cm lg., fein gezähnelt; Nebenblätt. borstig, lanzettl., wimprig behaart; Stg. aufstgd., meist zickzackf.; ♃; VI–VIII. Lichte Wälder, Trockenwiesen; *v, z* im N. *Zickzack-K., Mittlerer K.,* **T. médium** L.

21(19). K. 20nervig; Bltnköpfe einzeln, achselst., kugelig; Bltn. rötl.; Fied. schmal-elliptisch, 2–5 cm lg., untersts. behaart; Stg. aufrecht, 15–40 cm lg., absthd. behaart; Nebenblätt. dem Stiel hoch angewachsen, schmal, behaart, m. pfrieml. Zipfeln; ♃; VI–VIII. Trockenwiesen, lichtes Gebüsch, Wälder; *z, f* im NW. *Hügel-K.,* **T. alpéstre** L.

— K. 10nervig 22

22. Köpfchen kugelig bis eif.; Blkrblätt. hellpurpurn, untereinander u. m. den 9 unt. Filamenten verwachsen; Nebenblätt. scharf zugespitzt u. an der Spitze pinself. behaart; ♃; V–IX. Fettwiesen, Felder, lichte Wälder; *g;* formenreich; auch als Kulturpfl. *Wiesen-K.,* **T. praténse** L.

— Köpfchen zylindrisch, bis 5 cm lg., am Grd. ohne Hochblätt.; Bltn. lebhaft rot; Nebenblätt. groß, häutig, m. stumpfen, gezähnten, oft roten Spitzen; ☉–☉; IV–VII. Kulturpfl., zuw. verwild. (Heimat: Mittelmeergebiet) *Inkarnat-K.,* **T. incarnátum** L.

23(9). K. z. Frzt. stark blasig aufgetrieben; Frstand erdbeerähnl., meist nur die ob. Bltn. des Köpfchens deutl. gestielt, die unt. fast sitzend (s. auch Nr. 11—). *Erdbeer-K.,* **T. fragíferum** L.

— K. z. Frzt. nicht blasig aufgetrieben 24

24. K. so lg. od. länger als die Blkr.; Bltnköpfchen 7–10 mm breit, kugelig; Bltnstiele ½–⅓ so lg. wie der K., z. Frzt. herabgeschlagen; Blkrblätt. rosa bis weißl.; Fied. verkehrt-ei-herzf., ringsum fein gezähnt; ☉; V–VII. Trockenwiesen u. Wegränder; *s,* mittl. Saalegebiet, früher auch Elbegebiet bei Magdeburg. (= *T. parviflorum* Ehrh.) *Kleinblütiger K.,* **T. retúsum** L.

— K. kürzer, nur halb so lg. wie die Blkr.; Bltnköpfchen bis 4 cm breit 25

25. Stg. seidig-wollig behaart, aufrecht, bis 60 cm lg.; Blattfied. ringsum stachelspitzig gesägt, untersts. dicht anlgd. behaart; Bltn. weiß bis gelbl.weiß, selten rötl., beim Verblühen rötl.-graubraun; K. m. gerade vorgestreckten Zähnen; ♃; V–VIII. Trockene Wiesen, lichte Laub- u. Nadelwälder, vorwgd. der Hügelstufe u. auf Kalk; *v, z* in NO, *f* im NW. *Berg-K.,* **T. montánum** L.

— Stg. kahl od. nur oberw. schwach behaart; Fied. kahl . . 26

26. K. 5nervig; Blkrblätt. anfangs schmutzigweiß, dann lebhaft rosa, später bräunl.; Fied. verkehrt-eif., m. parallelen, mehrfach gegabelten Seitennerven, ringsum stachelspitzig gezähnt; Stg. aufrecht, bis 40 cm lg.; ☉ bis ♃; V–IX. Fettwiesen, Äcker, SW–O-europäische Kulturpfl. u. verwild. *Bastard-K.,* **T. hýbridum** L.

a. Stg. aufrecht od. aufstgd., hohl; Krblätt. 7–12 mm lg.; *v.* ssp. **hýbridum**

b. Stg. niederlgd., kreisf. ausgebreitet, markig; Krblätt. 5–6 mm lg.; *s* eingeschleppt. ssp. **élegans** (Savi) A. & G.

— K. 10nervig 27

27. Blattfied. lanzettl.-lineal, bis 7 cm lg.; Nebenblätt. bis 4 cm lg., hoch m. dem lg. Blattstiel verwachsen, den oberirdisch kriechenden Stg. völlig einhüllend; Bltn. fleischrot bis hell purpurn, 18–21 mm lg., angenehm duftend, doldig genähert, anfangs aufrecht, später herabgeschlagen; ♃; VI–VIII. Matten der Ur-Alp., *v, f* in Dt. *Alpen-K.,* **T. alpínum** L.

— Blattfied. breit elliptisch bis eif., nicht lineal; Bltn. weiß, rosa bis rot, nach dem Abblühen zuw. braun, < 15 mm, in kugeligen, reichbltg. Köpfchen 28

28. Stg. weit kriechend, an den Knoten wurzelnd; Nebenblätt. trockenhäutig, rotviolett od. grün-genervt, plötzl. in grannenart. Spitze verlängert; Bltn. weiß, verblüht hgd. u. hellbraun; ♃; V–IX. Fettwiesen, Wegränder; *g* vom Flachland bis in die alp. Reg.
Weiß-K., **T. répens** L.

a. Stg. kahl, > 30 cm lg.; Bltn. weiß; *v.* ssp. **répens**
b. Stg. flaumig bis borstig behaart, < 10 cm; Bltn. rosarot, später dk.rot. Nur in RhPf. (= *T. biasolettii* Steudel & Hochst.) ssp. **prostrátum** Nym.
c. Pfl. nur wenige cm hoch; Köpfe armbltg.; Alp. *v.* ssp **alpínum** Rothm.

— Stg. niederlgd.-kriechend, aber nicht wurzelnd; Pfl. locker bis dichtrasig; Nebenblätt. zarthäutig **29**

29. Blätt. lg. gestielt; Fied. m. 7–10 Paaren von Seitennerven; Bltnstiele ca. ¾ bis so lg. wie die K.röhre, auch postfloral aufrecht; Blkr. weißl., später rosa, verblüht bräunl., 1,5mal so lg. wie der K.; Pfl. dichte Rasenpolster bildend; ♃; VII–VIII. Matten, Weiden; K-Alp. *v.* *Rasiger K.*, **T. thálii** Vill.

— Blätt. kurz gestielt; Fied. m. 10–20 Paaren von Seitennerven; Bltnstiele länger als die K.röhre, später zurückgekrümmt; Blkr. schmutzig-weiß bis rosa, 3mal so lg. wie der K.; Pfl. lockerrasig; ♃; VII–VIII. Kalkmeidende Geröllpfl. der Alp.; *z* in Au.
Bleicher K., Geröll-K., **T. palléscens** Schreb.

14. Anthýllis L., *Wundklee*

1. Blätt. m. 17–41 Fied.; Endfied. nicht größer als die Seitenfied.; K.röhre nicht länger als die K.zähne; Bltn. fleischfarben; Halbstrauch; ♃; V–VI. Steinige Rasen, Felsen, *s*, nur Kt.
Berg-W., **A. montána** L. ssp. **jacquínii** (A. Kern.) Hay.

— Blätt. m. weniger als 17 Fied.; Endfied. größer als die Seitenfied. od. Blätt. ungeteilt; K.röhre länger als die K.zähne, aufgeblasen; Bltn. gelb od. orange bis rot; ♃; V–IX. Trockenrasen, Böschungen, *v*, im NW *s*.
Formenreiche Sammelart: *Gewöhnlicher W.*, **A. vulnerária** L.

15. Astrágalus L. incl. **Pháca** L.), *Tragant*

1. Bltn. purpurn, blau, violett, rosa od. weißl.-mehrfarbig . **6**

— Bltn. gelb, gelbl.grün od. gelbl.weiß **2**

2. Rosettenstaude m. unentwickeltem Stg.; Blätt. u. Bltnstände daher grdst., seidig behaart; Bltn. gelb, in 3–9bltg., doldenähnl. Bltnständen; ♃; V–VII. Steppenhänge, auf Kalk; nur in M-Dt [Saale-, Unstrut- u. Bodetal, SaAn (bis Magdeburg)].
Stengelloser T., **A. exscápus** L.

— Stg. entwickelt, niederlgd. od. aufstgd. **3**

3. Hülse 1fächerig, gleich den Bltn. nickend; Stg. aufrecht od. am Grd. lgd. **5**

— Hülsen 2fächerig, gleich den Bltn. aufrecht; Stg. niederlgd. m. aufgerichteten Spitzen **4**

4. Blätt. m. 4–7 Paar Seitenfied.; Stg. 40–80(–150) cm lg., kantig, fast kahl; Bltn. in vielbltg., achselst. Trauben, grünl.gelb; Hülse geschnäbelt, auf dem Rücken tief gefurcht, m. fast vollst. Scheidewand; ♃; V–VI. Lichte Wälder, Kahlschläge; *v*, *s* im NW.
Süßer T., Bärenschote, **A. glycyphýllos** L.

— Blätt. m. 8–12 Paar Seitenfied., behaart; Stg. 20–80 cm lg., anlgd. behaart; Bltn. in reichbltg. Köpfen, blaßgelb; Hülsen kugelig-eif., aufgeblasen, lg.geschnäbelt, zottig behaart; ♃; VI–VIII. Wegraine, Waldränder; *z* in Au, S- u. M-Dt (Keupergebiet), E, sonst *f.* *Kicher-T.,* **A. cícer** L.

5(3). Hülse wenig aufgeblasen, bis 2 cm lg., schmäler als 1 cm; Bltn. in zusammengezogenen Trauben, gelbl.weiß; Blätt. m. 3–8 Paaren kahler, blaugrüner Fied.; Nebenblätt. groß, 1–2 cm lg.; Pfl. bis 35 cm hoch; ♃; VII–VIII. Magerwiesen u. Grate der Alp. *z.* (= *Phaca frigida* L.) *Gratlinse, Gletscher-T.,* **A. frígidus** (L.) A. GRAY

— Hülse stark aufgeblasen, 2–3 cm lg., > 1 cm breit; Bltn. lebhaft gelb, in kurzen Trauben; Blätt. m. 7–11 Paaren weichhaariger, frischgrüner Fied.; Nebenblätt. klein, bis 1 cm lg.; Pfl. bis 50 cm hoch; ♃; VII–VIII. Trockenwiesen u. Felsschutt von 1400–2400 m; *z* in Alp. *Alpen-Blasenschote, Hängeblütiger T.,* **A. penduliflórus** LAM.

6(1). Flügel ausgerandet, tief zweilappig; Bltn. weißl. m. violetter Schiffchenspitze, in gedrungenen, ± einstswendigen Trauben; Hülsen absthd., aufgeblasen, glatt; ♃; V–VI. Magerwiesen der Alp. von 1800–2600 m, *s.* [= *A. helveticus* (HARTM.) O. SCHWARZ; = *Phaca australis* L.] *Südlicher T.,* **A. austrális** (L.) LAM.

— Flügel nicht od. schwach ausgerandet **7**

7. Hülsen aufrecht **9**

— Hülsen nickend; Haare einfach, nicht gespalten **8**

8. Fahne länger als das Schiffchen; Bltn. hellviolett; Blätt. m. 6–7 Fied.-Paaren; Fied. eif.-elliptisch; ♃; VII–VIII. Kalkfelsen, Alpenwiesen; *s,* Sb, Ti, Kt, St. *Nordischer T.,* **A. norvégicus** WEBER

— Fahne etwa so lg. wie das Schiffchen, violett, blau geadert; Flügel weiß; Bltn. in 5–15bltg. Trauben; ♃; VI–VIII. Magerwiesen der Alp., *v.* (= *Phaca alpina* L.) *Alpen-T.,* **A. alpínus** L.

9(7). Stg. u. Blätt. fast kahl; Pfl. wickenähnl., aufrecht, 25–80 cm hoch; Fied. sehr schmal, selten über 1 mm breit; ♃; V–VII. Trockenrasen, *s,* St. *Ungarischer T.,* **A. sulcátus** L.

— Stg. u. Blätt. behaart **10**

10. Blätt. m. 2–4 (selten bis 9) Paaren lanzettl.-linealer, beidersts. anlgd.-behaarter Fied.; Bltn. in kurzen, 3–7bltg. Trauben, hellpurpurn; Hülse 2 cm lg., grauhaarig, verkahlend; ♃; VI–VII. Sandböden, Heiden, Föhrenwälder; *s* in Franken, Lausitz, O-Br u. O-Me. *Sand-T.,* **A. arenárius** L.

— Blätt. m. 6–12 Paaren von Seitenfied.; Bltntrauben kopfig-eif., 10- bis mehrbltg. **11**

11. Fahne ca. 6–8 mm länger als die Flügel, fast lineal; Bltn. hellviolett; Hülsen aufrecht, den K. kaum überragend, dicht weiß behaart; Stg. ästig, behaart; ♃; VI–VII. Steppenhänge; *z* in Alp., *s* im S. *Esparsetten-T.,* **A. onóbrychis** L.

— Fahne höchstens 3 mm länger als die Flügel **12**

12. Fahne eif., ca. 3 mm länger als die Flügel; Bltn. violett; K.zähne etwa ½ so lg. wie die K.röhre; Fr. rundl.-eif., aufgeblasen, weiß behaart; Blätt. m. 7–11 Paaren eif.-elliptischer Fied.; ♃; V–VI. Kie-

fernwälder, Steppenrasen; *z* in N-Ba, BW, Th, SaAn, O-Br, SO-Me, W- u. OPr, SO-NS, Da, *s* in OÖ (Linz). (= *A. hypoglottis* auct.)
Dänischer T., **A. dánicus** Retz.

— Fahne schmal-eif., nur ca. 1 mm länger als die Flügel; Bltn. blauviolett bis rosa, K.zähne etwa ⅓ bis ¼ so lg. wie die K.röhre; Fr. längl., wenig gedunsen, lg. bespitzt, weiß u. schwarz behaart; Blätt. m. 7–9 Paaren schmal-elliptischer Fied.; ♃; VII–VIII. Trokkenwiesen, lichte Wälder; nur Ti. *Tiroler T.*, **A. leontínus** Wulf.

16. Oxýtropis Dc., *Spitzkiel*

1. Stg. deutl. entwickelt, aber zuw. sehr kurz **6**

— Stglose Rosettenpfl. (nur die Stg. der Bltnstände entwickelt) **2**

2. Hülse durch die von der ob. Naht nach innen vorspringende Leiste halb 2fächerig; Bltn. gelbl.weiß, seltener blauviolett; Schiffchen oft beidersts. m. violettem Fleck; Nebenblätt. m. Blattstiel verwachsen; ♃; VII–VIII. Magerwiesen, Felsschutt der Alp., kalkliebend; Alp. *v* bis *z*. (= *Astragalus campestris* L.)
Gemeiner Sp., **O. campéstris** (L.) DC.

a. Platte der Fahne schmal-elliptisch, mehr als doppelt so lg. wie breit; Bltn. meist violett; *s*, Ti, Sb, Kt. ssp. **tyroliénsis** (Fritsch) Leins & Merxm.

— Platte der Fahne elliptisch, höchstens doppelt so lg. wie breit; Bltn. meist gelbl.weiß; *v* bis *z*. ssp. **campéstris**

— Hülse durch 2 vorspringende Nähte fast vollkommen 2fächerig od. ganz ohne solche Leisten; Bltn. blau od. blauviolett **3**

3. Hülse durch die beiden nach innen vorspringenden Nähte fast vollkommen 2fächerig; Bltnstände zu 1–2 je Rosette, kopfig bis ährig, 6–16bltg., gleich den Blätt., K. u. Hülsen dicht anlgd. od. zottig seidenhaarig; Nebenblätt. am Grd. m. Blattstiel verbunden; ♃; VI–VIII. Magerwiesen, Schutt; Alp. *s, f* Dt. [= *Astragalus sericeus* Lam.; = *O. sericea* (Lam.) Simk.]
Ⓖ *Seidenhaar-Sp.*, **O. hálleri** Koch

— Hülse einfächerig **4**

4. Bltn. blaßblau bis blaßpurpurn; Blätt. m. 10–12 Fied.-Paaren; Fied. beidersts. dicht anliegend behaart; Blattstiel meist rot überlaufen; ♃; VII–VIII. Felsschutt, nur Kt. (= *O. gaudinii* Bunge)
Schweizer Sp., **O. helvética** Scheele

— Bltn. dk. purpurviolett **5**

5. Stg. m. angedrückten Haaren; Blätt. meist m. weniger als 12 Fied.-Paaren; Bltnstand 3–5bltg.; ♃; VII–VIII. Magerwiesen u. Schutthalden; Alp. von Au. [= *Astragalus triflorus* (Hoppe) Gams]
Ⓖ *Dreiblütiger Sp.*, **O. triflóra** Hoppe

— Stg. m. abstehenden Haaren; Blätt. m. 12–20 Fied.-Paaren; Blattstiel meist grün, Bltnstand 8–20bltg.; ♃; VII–VIII. Alpine Rasen u. Schutthalden, nur St. (= *O. pyrenaica* Godr. & Gren.)
Ⓖ *Pyrenäen-Sp.*, **O. neglécta** Ten.

6(1). Bltn. hellgelb, in reichbltg., fast kugeligen Köpfchen; Schiffchen m. schmaler, langer Spitze; Hülse ± 1,5 cm lg., schwach aufgeblasen, gleich den bis 30 cm langen Stg. u. Blätt. absthd. weiß behaart; Nebenblätt. ganz frei; ♃; VI–VIII. Steppenhänge, kalkliebend; *s* in Au, Ba, BW, RhPf, Th, SaAn, O-Br. (= *Astragalus pilosus* L.)
Ⓖ *Zottiger Sp.*, **O. pilósa** (L.) DC.

— Bltn. blauviolett; Stg. kürzer 7

7. Nebenblätt. ganz frei; Fied. meist in 8–14 Paaren, obersts. oft kahl; Bltn. u. Hülsen absthd.; K.zähne kürzer als die halbe K.röhre; ♃; VII–VIII. Magermatten, Schuttfluren, auf Kalk u. Dolomit; Alp. *z.* [= *O. montana* (L). DC. ssp. *jacquinii* (BUNGE) HAY.]
Berg-Sp., **O. jacquinii** BUNGE

— Nebenblätt. z.T. auf ⁴⁄₅ ihrer Länge m. dem Blattstiel verbunden; Blattfied. meist nur in 7–10 Paaren, beidersts. dicht anlgd. behaart; Bltn. u. Hülsen hgd.; K.zähne fast so lg. wie die K.röhre; ♃; VII–VIII. Schutt, Magerwiesen der alp. Stufe; kalkliebend; Alp. von Au *z.* [= *Astragalus lapponicus* (WAHL.) BURNAT]
Lappländer Sp., **O. lappónica** (WAHL.) GAY

17. Dorýcnium MILL., *Backenklee*

1. Bltnstände 6–14bltg.; Bltnstiele nur wenig länger als die halbe K.röhre; Fahne 5–7 mm lg.; Fied. anlgd. seidig behaart bis verkahlend; ♃; VII–VIII. Trockene Kalkhänge u. Föhrenwälder; *s* in Ba, Au. [= *D. sericeum* (NEILR.) BORB.]
Seidenhaar-B., **D. germánicum** (GREMLI) RIKLI

— Bltnstände 15–25bltg.; Bltnstiele so lg. od. länger als die K.röhre; Fahne 4–5 mm lg.; Fied. 4–6 mm breit, behaart bis verkahlend; ♃; VI–VIII. Trockenhänge; *s* b. Bellinchen u. b. Stolzenhagen (Oder), Th, Kt, St. *Krautiger B.*, **D. herbáceum** VILL.

18. Lótus L., *Hornklee*

1. Dolde 5–12blt.; K.zähne vor dem Aufblühen zurückgekrümmt; Bltn. goldgelb, vorn oft rot; Schiffchenunterseite stumpfwinklig abgebogen; Stg. hohl, rund; ♃; VI–VII. Nasse Wiesen, Gräben, *v.* (= *L. pedunculatus* auct.) *Sumpf-H.*, **L. uliginósus** SCHK.

— Dolde (1–)3–8bltg.; K.zähne vor dem Aufblühen zusammenneigend; Bltn. gelb, außen oft rot; Schiffchenunterseite rechtwinklig abgebogen; Stg. markig od. engröhrig, kantig; ♃; V–IX. Wiesen, Magerrasen; *v.* Formenreich.
Gewöhnlicher H., **L. corniculátus** L. s. l.

a. Fied. der Stgblätt. 3–10mal so lg. wie breit; K. 4–5 mm lg.; K.zähne pfrieml.; Bltn. wohlriechend, zu 1–4(–6), 7–12 mm lg.; V. Feuchte Wiesen, salzliebend. In der Küstenregion *v,* sonst *z.* [= *L. tenuifolius* (L.) RCHB.; = *L. tenuis* WILLD.] *Salz-H.*, **L. gláber** MILL.

— Fied. der Stgblätt. 1–3mal so lg. wie breit; K. 5–7 mm lg.; K.zähne dreieckig; Bltn. geruchlos . . . . **b**

b. Schiffchenspitze braun bis schwarz; Bltn. zu 1–3(–5), 14–18 mm lg.; Fied. der Stgblätt. verkehrt-eif. bis rundl., an der Spitze abgerundet od. ausgebuchtet; V–VI. Alpenmatten, Schneetälchen, Alp. *v.*
Alpen-H., **L. alpínus** (DC.) RAMOND

— Schiffchenspitze weißl. bis rot; Bltn. zu 3–8, 6–14 mm lg.; Fied. verkehrt-eif. bis eilanzettl., vorne stumpf od. m. Spitzchen; V–IX. Trockene Wiesen, Böschungen, *v.* *Gewöhnlicher H.*, **L. corniculátus** L. s. str.

19. Tetragonólobus SCOP., *Spargelbohne*

1. Bltn. einzeln, hellgelb, auf lg. Stiel; Frflügel glatt; Stg. meist niederlgd.; ♃; V–VI. Feuchte Wiesen, Gräben; *z, f* im NW bis Me. [= *T. siliquosus* ROTH; = *Lotus siliquosus* L.]
Gelbe Sp., **T. marítimus** (L.) ROTH

— Bltn. zu 2, dk.rot; Flügel der Fr. wellig; Stg. aufrecht; ⊙; VII–VIII. Zier- u. Gemüsepfl. (Heimat: Mittelmeergeb. bis N-Afr.) *Rote Sp.*, **T. purpúreus** Moench

20. Galéga L., *Geißraute*

Stg. 40–100 cm lg., aufrecht, gerieft, hohl; Blätt. unpaarig, m. 9–17 Fied.; Nebenblätt. klein, frei; Bltn. in reichbltg., achselst. Trauben, weiß; Fahne zuw. bläul.; ♃; VII–VIII. Feuchte Wiesen, Bachufer; wild in Kt u. St, sonst Zier- u. Heilpfl., zuw. verwild. **G. officinális** L.

21. Robínia L., *Robinie, Scheinakazie*

1. Junge Äste anfangs kurz behaart, später verkahlend; Bltn. weiß, in hgd. Trauben. Bis 20 m hoher Baum; ♃; V–VI. (Heimat: N-Am.) Angepflanzt u. eingebürgert. *Gewöhnliche R.*, **R. pseudoacácia** L.

— Junge Zweige drüsig behaart; Bltn. rosa; ♃; V–VI. Zierbaum. (Heimat: N-Am.) *Klebrige R.*, **R. viscósa** Vent.

22. Caragána Fabr., *Erbsenstrauch*

Bltn. goldgelb; Blätt. an Kurztrieben, paarig gefied., m. 4–6 Paaren elliptischer, stachelspitziger Fied.; ♃; V–VI. Bis 5 m hoher Zierstrauch. (Heimat: östl. Sibirien) **C. arboréscens** Lam.

23. Colútea L., *Blasenstrauch*

Hülse blasig aufgetrieben, 6–7 cm lg.; Bltn. gelb, zu 3–6; ♃; VI–VII. Trockene Hügel, Gebüsch; *s;* wild nur in Ti, Sb u. Oberrhein (Kaiserstuhl bis Müllheim), sonst angepflanzt u. verwild. **C. arboréscens** L.

24. Oríthopus L., *Vogelfuß, Serradella*

1. K.zähne eif.-lanzettl., ⅓ so lg. wie die Röhre; Blkr. 3–4 mm lg., weißl.; Fahne violett geadert; Hülsen fast gerade; Stg. niederlgd., dünn, gleich den Blätt. dicht weichhaarig; Blätt. m. 7–12 Paaren elliptischer Seitenfied.; ⊙; V–VII. Sandäcker, Heiden, Föhrenwälder; *z.* *Kleiner V.*, **O. perpusíllus** L.

— K.zähne pfrieml., halb so lg. wie die Röhre; Bltn. 8 mm lg., rosa; Stg. aufstgd., bis 60 cm lg.; Blätt. m. 5–15 Paaren großer, verkahlender Seitenfied.; ⊙ bis mehrjährig; VI–VIII. Europäische Kulturpfl. u. verwild. *Großer V., Serradella,* **O. satívus** Brot.

25. Coronílla L., *Kronwicke*

1. Stg. verholzt; Blätt. meist m. 3 Paaren von Seitenfied. *(280);* Bltn. gelb, in vorwgd. 2bltg. Dolden; Hülsen hgd., stielrund; 1–1,5 m hoher, sparrig verzweigter Strauch; ♃; IV–V. Lichte Laubwälder; *s* im südl. Oberrhein-, Bodenseegebiet, Fr. Alb, Bayr. Voralp., S-BW, Au. *Strauchige K.*, **C. émerus** L.

— Stg. krautig od. nur am Grd. verholzt; Hülse 4flügelig od. 4kantig 2

2. Bltn. bunt; Fahne rosa, Schiffchen weiß m. violetter Spitze, Flügel weiß; Stg. kantig gefurcht, niederlgd. bis aufstgd.; Blätt. m. 5–10 (–12) Paaren von Seitenfied.; Hülse aufwärts gekrümmt; ♃; V–IX. Trockene Wiesen, lichtes Gebüsch, kalkliebend; M- u. S-Dt *v,* sonst *z.* *Bunte K.*, **C. vária** L.

— Bltn. gelb; Blätt. m. 3–6 Paaren von Seitenfied.; Stg. stielrund 3

3. Bltn. zu 4–8 in lg.gestielten Dolden; Hülsen nickend, eingeschnürt, schmal geflügelt; Fied. verkehrt-eif. bis breit-elliptisch od. fast kreisrund, bläul.grün; Nebenblätt. blattgegenst., hoch hinauf zu einer Scheide verwachsen *(559);* kleiner, niederlgd., an *Hippocrepis* erinnernder Halbstrauch; ♃; VI–VII. Trockene Kalkhänge, lichte Föhrenwälder; *v* in Alp. u. Vorland, *z* in M-Dt.
Scheiden-K., **C. vaginális** LAM.

— Bltn. zu 10–20 in Dolden; Hülsen hgd.; Fied. verkehrt-eif., m. knorpeligem Rand, unterststs. bläul.grün; Stg. krautig, aufstgd., bis 50 cm lg.; ♃; V–VII. Sonnige Kalkhänge, Gebüsch; *s* von Au bis RhPf, He, Th, SaAn, *f* im N u. O. (= *C. montana* JACQ.)
Berg-K., **C. coronáta** L.

26. Hippocrépis L., *Hufeisenklee*
Halbstrauch; Äste niederlgd. bis aufstgd.; Blätt. lg. gestielt (Unterschied zu *Coronilla vaginalis*), mit 5–7 Paaren von Seitenfied.; Nebenblätt. frei; Bltn. lebhaft gelb, nickend, in 4–8(–12)bltg. Dolden; Hülsenglieder hufeisenf. *(547);* ♃; V. Kalkmagerrasen; *z* in Alp., S- u. M-Dt. **H. comósa** L.

27. Hedýsarum L., *Süßklee*
Stg. aufstgd., kantig, kahl; Blätt. m. 5–9 Paaren von zerstreut durchscheinend punktierten Seitenfied.; Bltn. leuchtend purpurrot, nickend, in 10–20bltg., verlängerten Trauben; Hülse in kreisrunde Glieder zerfallend *(545);* ♃; VII–VIII. Magerwiesen; *z* Alp., *s* in Sudeten. (= *H. obscurum* L.) *Alpen-S.,* **H. hedysaroídes** (L.) SCH. & TH.

28. Onóbrychis MILL., *Esparsette*

1. Blätt. m. 3–7(–8) Paaren 5–20 mm langer Fied.; Stg. niederlgd., 5–15 cm lg., m. kurzen Internodien; Bltn. dk.rot; Schiffchen länger als die Fahne; Hülse lg. bestachelt; ♃; VII–VIII. Grashänge, Felsschutt; *s* in Voralp. von Ti, Sb, Allgäu, Schw. Alb; formenreich.
Berg-E., **O. montána** DC.

— Blätt. m. 5–14 Paaren 10–35 mm langer Fied. **2**

2. Stg. lgd.-aufstgd., stark behaart; Bltnstand von Beginn an längl., nur bis 1,5 cm dick; Tragblätt. dicht behaart, viel kürzer als der K.; Hülsen bis 6 mm lg., m. langen Zähnen; Fied. 2–3 mm breit; ♃; VI–VII. Steppenrasen; *s* in M- u. N-Th, SaAn (Könnern), Ba, Rh, Au. Formenreich. *Sand-E.,* **O. arenária** (KIT.) DC.

a. Bltn. 8–10 mm lg. ssp. **arenária**

— Bltn. 10–12 mm lg.; Fahne außen sehr blaß rosa. Nur O-Ti, Kt
Tauern-E., ssp. **taurérica** HAND.-MAZ.

— Stg. aufrecht, 30–60 cm lg., m. verlängerten Internodien; Bltnstand anfangs eif., erst später verlängert, bis 2 cm dick; Tragblätt. schwach behaart, wenig kürzer als der K.; Bltn. 10–14 mm lg., hellrot; Hülse m. kurzen Zähnen; ♃; V–VII. Trockene Wiesen, Trockenrasen *v,* im N *s,,* auch Kulturpfl. (= *O. sativa* LAM.)
Futter-E., **O. viciifólia** SCOP.

29. Léns MILL., *Linse*
Stg. weich behaart; ob. Stgblätt. m. 2–7 Paaren von Seitenfied. u. meist m. Ranken; Bltntrauben 1–3bltg.; Blkrblätt. bläul.weiß, wenig länger als der K.; Hülsen trapezf., m. scharf abgesetztem Griffelrest; ⊙; V–VII. Kulturpfl. u. verwild. (Heimat: Himalaya/Hindukusch u. Abyssinien/Eritrea) (= *L. esculenta* MOENCH) **L. culináris** MED.

30. Vícia L., *Wicke*

1. Bltn. in lg. gestielten, 1–30bltg. Trauben *(557)* **11**
— Bltn. zu 1–6 in kurz gestielten Trauben *(558)* od. sitzend in den Blattachseln **2**
2. Blätt. m. 4–8 Paaren laubiger Seitenfied.; Endfied. u. ob. Seitenfied. zu Ranken umgebildet **6**
— Blätt. m. 1–4 Paaren laubiger Seitenfied., m. od. ohne Ranken **3**
3. Bltn. klein, 5–8 mm groß, einzeln, hellviolett; K.zähne alle fast gleich lg.; Blätt. meist paarig gefied., selten m. einfacher Ranke; ⊙; IV–VI. Magerwiesen, Brachäcker, Wegränder; *z.* *Platterbsen-W.,* **V. lathyroídes** L.
— Bltn. > 10 mm **4**
4. Bltn. blaßgelb, 14–19 mm lg., in 2–12bltg., fast sitzenden Trauben; K.zähne gleichart.; Blätt. ohne Ranken, m. 1–4 Paaren von Fied.; Pfl. 20–50 cm hoch, kahl bis schwach behaart; ♃; V–VII. Mont. Laubwälder u. subalp. Hochstaudenfluren; *z* in St, S-Kt, OÖ, auch in Chiemgauer Alp. *Walderbsen-W.,* **V. oroboídes** Wulf.
— Bltn. weiß; Flügel m. schwarzviolettem Fleck; Blätt. paarig gefied. od. Bltn. schmutzig-lila-bunt, dann Blätt. meist m. Ranken **5**
5. Bltn. weiß; Flügel m. schwarzviolettem Fleck; alle Blätt. ohne Ranken, paarig gefied.; Nebenblätt. groß, m. violettbraunen Nektardrüsen; Hülse fast stielrund, kurzflaumig; Samen braun, sehr groß; ⊙; V–VIII. Kulturpfl., in vielen Sorten angepflanzt. (Heimat: unbekannt; vielleicht SW-Asien od. N-Afr.). *Pferde-, Saubohne,* **V. fába** L.
— Bltn. schmutzig-lila od. bunt, meist einzeln, blattachselst.; Blätt., wenigstens die ob., m. verzweigten Ranken; Hülsen an den Nähten stachelig behaart; ⊙; V–VI. Kulturpfl. (Heimat: S-Eur.); *s* verwild., im Oberrheingebiet eingebürgert. *Maus-W.,* **V. narbonénsis** L.
6(2). Fahne zottig behaart, wenig länger als Flügel u. Schiffchen, gelbl. bis violettbraun; Hülsen nickend, bis 3 cm lg., gleich dem Stg. u. den Blätt. anlgd. zottig behaart; Ranken einfach od. verzweigt; ⊙; IV–VI. Im S u. SO eingeschleppt u. eingebürgert. *Ungarische W.,* **V. pannónica** Cr.
a. Bltn. weißl.gelb bis ockergelb. ssp. **pannónica**
— Bltn. trübviolett. [= ssp. *purpuráscens* (DC.) Arc.] ssp. **striáta** (Bieb.) Nym.
— Fahne kahl **7**
7. Blkr. rot, purpurn od. violett **9**
— Blkr. hellgelb, violett od. grün überlaufen **8**
8. K.zähne ungleich lg., die unt. 2–3mal so lg. wie die ob.; Bltn. 2–2,5 cm groß; Hülsen bis 3 cm lg., flach, locker absthd. behaart; Stg. meist einfach, gerillt, gleich den Blätt. absthd. behaart; ⊙; V–VI. Getreideäcker; vereinzelt eingeschleppt; *z* im Rheingebiet, sonst *s.* (Heimat: Mittelmeergeb.) *Gelbe W.,* **V. lútea** L.
— K.zähne fast gleich lg.; Bltn. meist zu 2, 2,5–3,5 cm groß; Hülsen anfangs behaart, später kahl; Stg. behaart bis kahl, rund; ⊙; V–VI. Äcker, Ödland; *s* aus SO-Eur. eingeschleppt. *Großblütige W.,* **V. grandiflóra** Scop.
a. Fahne violett überlaufen; Schiffchen hellgelb bis weißl. ssp. **grandiflóra**
— Fahne u. Spitze des Schiffchens violett od. grünl. ssp. **sórdida** (W. & K.) Dostál
9(7). K.zähne ungleich lg.; Bltn. zu 3–5, kurz gestielt, schmutzig-violett, selten weiß; Hülsen breit-lineal, anfangs kurzhaarig, später kahl, reif glzd. schwarz; ♃; V–VI. Fettwiesen, Weg-, Ackerränder; *v.* *Zaun-W.,* **V. sépium** L.
— K.zähne gleich lg., so lg. wie die K.röhre; Bltn. zu 1–2 in den Blattachseln **10**

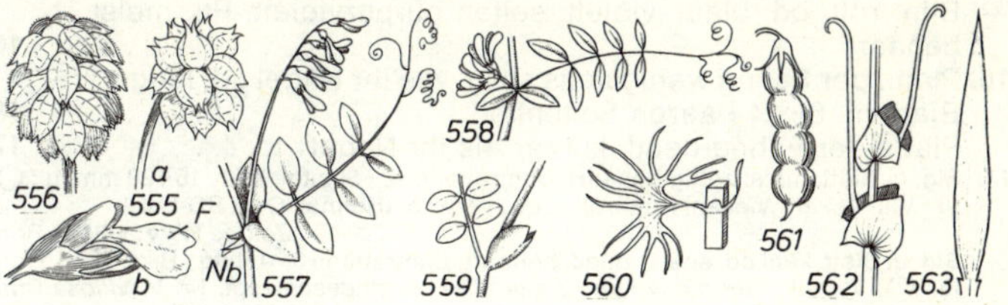

10. Fied. > 5 mm breit; reife Hülsen aufrecht, höckerig, kurzhaarig; Fahne bläul., Flügel purpurn; ⊙; V–VII. Äcker, Wegränder, Schuttplätze. Kulturpfl.; *z* verwild. (Heimat: O-Eur.) *Futter-W.*, **V. satíva** L.

— Fied. 2–4 mm breit; reife Hülsen absthd., kahl, schwarz, Bltn. purpurn od. mehrfarbig; ⊙; V–VII. Wegraine, Sandgruben, Äcker; *v.* [= *V. sativa* L. ssp. *nigra* (L.) EHRH.] *Schmalblättrige W.*, **V. angustifólia** L.

a. Pfl. ± dicht angedrückt behaart; Blkr. meist mehrfarbig, rosa, purpurn u. weiß; Hülse bis 5 mm breit, den K. nicht aufreißend. Trockene Wiesen, *v.* ssp. **angustifólia**

— Pfl. schwach behaart; Blkr. purpurn; Hülse bis 6 mm breit, den K. aufreißend. Getreideäcker, *v.* ssp. **segetális** (THUILL.) ARCANG.

11(1). Bltn. klein, höchstens 1 cm lg., blaßviolett, bläul. od. weiß; Trauben 1–6bltg. **21**

— Bltn. > 1 cm lg.; Trauben 5- bis vielbltg. **12**

12. Blätt. m. 6 bis vielen Paaren laubiger Fied., m. od. ohne Ranken **14**

— Blätt. m. 3–5 Paaren laubiger Fied., m. Ranken **13**

13. Bltn. hellgelb, in 10–30bltg. einseitswendiger Traube; Fied. groß, das unt. Paar die halbpfeilf. Nebenblätt. (*557*, Nb) überdeckend u. große Nebenblätt. vortäuschend; Stg. kantig, gerillt, 1–2 m lg.; ♃; V–VIII. Laubwälder; *z, f* im NW, aber *s* in SH. [= *Ervum pisiforme* (L.) PETERM.] *Erbsen-W.*, **V. pisifórmis** L.

— Bltn. trübpurpurn, verblüht bräunl., zu 4–8; Fied. eif.-elliptisch, kurz bespitzt, basales Fied.paar die Nebenblätt. nicht verdeckend; Stg. bis 1,5 m lg., scharf vierkantig bis schmal geflügelt, an den Kanten meist kurz rauhhaarig; ♃; VI–VIII. Lichte Laubgehölze; *z, f* im NW. *Hecken-W.*, **V. dumetórum** L.

14(12). Blätt. ohne Ranken, paarig gefied., m. 10–12 Paaren eif.-elliptischer, kurz bespitzter Fied.; Nebenblätt. groß, halbspießf.; Bltn. weiß, m. violett geaderter Fahne; Stg. starr aufrecht, kantig, gerillt, 15–40 cm lg., ± dicht wollig behaart; ♃; V–VI. Laubwälder, Magerwiesen, Heiden; Spessart, Rheinl. (bei Monschau), SH, Da, *s.* *Heide-W.*, **V. órobus** DC.

— Blätt. m. Ranken **15**

15. Bltn. weiß, violett geadert; Blätt. m. 6–8 Paaren eif.-elliptischer Fied.; Nebenblätt. zerschlitzt, gezähnt; Stg. 1–2 m lg., schlaff, vierkantig, gefurcht, kahl, unterirdische Ausläufer treibend; ♃; VI–VIII. Feuchte Laub- u. Nadelwälder, vorwgd. der mont. Reg.; *z,* im N nur in SH u. Da. [= *Ervum sylvaticum* (L.) PETERM.] *Wald-W.*, **V. sylvática** L.

— Bltn. rötl. od. bläul.-violett, selten purpurviolett; Pfl. meist behaart **16**

16. Platte der Fahne wenigstens so lg. wie ihr Nagel od. länger; Blätt. m. 6–14 Paaren Seitenfied. **18**

— Platte der Fahne deutl. kürzer als ihr Nagel **17**

17. Stg. u. Blätt. meist zottig behaart; Bltntrauben 12–30bltg.; Blkr. 15–20 mm lg.; ⨀; VI–VIII. Äcker, Wiesen; Kulturpfl., zuw. verwild. (Heimat: O- u. SO-Eur.) *Zottige W.*, **V. villósa** Roth

— Stg. u. Blätt. kahl od. spärl. anlgd. behaart; Bltntrauben 3–15bltg.; Blkr. 12–15 mm lg.; ⨀; VI–VIII. Getreidefelder; *z* aus SO-Eur. eingeschleppt. [= *V. villosa* Roth ssp. *dasycarpa* (Ten.) Cavillier; = *V. villosa* Roth ssp. *varia* (Host) Corb. *Kahle W.*, **V. dasycárpa** Ten.

18(16). Hülse fast rhombisch; Bltntraube kürzer als ihr Tragblatt; Bltn. purpurviolett; Fied. elliptisch bis längl.-lanzettl., m. zahlr. netzig verbundenen Seitennerven; Stg. aufrecht, am Grd. m. Bodenausläufern, 30–60 cm lg., kantig, gleich den Blätt. kurz weichhaarig; ♃; VI–VII. Trockene Laub- u. Nadelwälder; *z, s* im W, *f* in NrWe. [= *Ervum cassubicum* (L.) Peterm.] *Kassuben-W.*, **V. cassúbica** L.

— Hülsen lineal-längl.; Bltntraube mindestens so lg. wie das Tragblatt **19**

19. Platte der Fahne etwa doppelt so lg. wie der Nagel, die Flügel weit überragend, hellblau; Blätt. m. 9–14 Paaren linealer, dicht anlgd. behaarter Fied.; ♃; VI–VIII. Lichte Wälder, Gebüsche, *z*. *Feinblättrige W.*, **V. tenuifólia** Roth

a. Fied. 2–6 mm breit, lineal, *z*. ssp. **tenuifólia**

— Fied. 1–2 mm breit, nadelf.; *s*, BW. (= *V. dalmatica* Kern.) ssp. **dalmática** (Kern.) Greut.

— Platte der Fahne so lg. wie der Nagel, die Flügel wenig überragend; Bltn. blauviolett **20**

20. Stg. absthd. zottig behaart; unt. K.zähne etwa 1,5mal so lg. wie die K.röhre; ♃; VI–VII. Trockene Wiesen, lichte Wälder, *s* in Au. [= *V. cracca* L. ssp. *gerardii* (All.) Gaud.; = *V. incana* Vill.] *Graue W.*, **V. galloprovinciális** Poir.

— Stg. kahl od. anlgd. behaart; unt. K.zähne etwa so lg. wie die K.röhre; ♃; VI–VII. Wiesen, Gebüsch, *v*. Formenreich. *Vogel-W.*, **V. crácca** L.

21(11). Blätt. m. 8–12 Paaren Seitenfied., ohne Ranken; Bltn. zu 2–4, hellrosa; Hülsen fast perlschnurartig eingeschnürt *(561);* Stg. aufrecht, kantig, 20–60 cm lg.; ⨀; VI–VII. Kulturpfl.; im SW, in Kt sowie Rhein- u. Nahetal verwild. (Heimat: ?) *Linsen-W.*, **V. ervília** (L.) Willd.

— Blätt. m. 2–8 Fiederpaaren u. Ranken **22**

22. Nebenblätt. eines Blatts ungleich gestaltet: das eine lineal, ungeteilt, klein, sitzend, das andere gestielt, tief handf. in 3–9 pfrieml. Zipfel zerschlitzt *(560);* Bltn. einzeln, lila; ⨀; IV–VI. Kulturpfl. u. *z* verwild. (Ober- u. M-Rhein-, Taubertal) (Heimat: Spanien) [= *V. monanthos* (L.) Desf.] *Einblütige W.*, **V. articuláta** Hornem.

— Beide Nebenblätt. eines Blatts gleich gestaltet **23**

23. Hülsen 2samig, weichhaarig; Blätt. meist m. 6–8 Paaren von Seitenfied.; Bltntrauben 3–5bltg.; Bltn. bläul.weiß; Stg. schlaff, dünn, gerieft, vierkantig, zerstr. anlgd. behaart; ⨀; V–IX. Äcker, Wegraine; *v*. (= *Ervum hirsutum* L.) *Rauhhaarige W.*, **V. hirsúta** (L.) S. F. Gray

— Hülsen meist 4–5(–8)samig, kahl; Blätt. m. 2–4 Paaren von Seitenfied.; Bltntrauben 1–3bltg. **24**

24. Hülsen meist 4samig; Bltn. 4–6 mm lg., blaßviolett, in meist 1bltg. Traube, deren Achse selten grannenart. über die Blüte hinaus verlängert; Stg. sehr dünn, schwachkantig; ⊙; V–VII. Äcker, Magerwiesen; kalkmeidend; *v.* (= *Ervum tetraspermum* L.)
Viersamige W., **V. tetraspérma** (L.) SCHREB.

— Hülsen meist 5samig; Trauben 1bltg., m. grannenart. verlängerter Achse; Bltn. 7–8 mm lg., hellblau, dunkler geadert; Pfl. in allen Teilen kleiner als vorige; ⊙; VI–VII; *s*, aus dem Mittelmeergebiet eingeschleppt. (= *V. gracilis* LOIS.)
Zarte W., **V. tenuíssima** (BIEB.) SCH. & TH.

31. Láthyrus L., *Platterbse*

1. Blätt. gefied., m. od. ohne Ranken 3

— Blätt. einfach, der Blattrhachis u. dem Blattstiel entsprechend *(562–563)* 2

2. Blattrhachis als 3–6 cm lg. Ranke ausgebildet; Nebenblätt. groß, eif., am Grd. spießf. *(562);* Bltn. einzeln, hellgelb; ⊙; V–VII. Ackerunkraut; *z* in W- u. SW-Dt, sonst *s*. *Ranken-P.*, **L. áphaca** L.

— Blattrhachis u. Blattstiel blattartig verbreitert, deutl. längsgestreift *(563);* Nebenblätt. sehr klein, zuw. fehlend; Bltn. zu 1–2, purpurn; ⊙; VI–VIII. Äcker, Waldränder, Waldwiesen; *s* im S, im N in Ho u. Elbegebiet. *Gras-P.*, **L. nissólia** L.

3(1). Alle Blätt. ohne Ranken od. nur die ob. Stgblätt. m. einfacher Ranke 14

— Alle Blätter m. verzweigten Ranken 4

4. Bltn. gelb; Blätt. m. 1 Paar laubiger Fied.; Nebenblätt. pfeil- bis spießf.; Stg. m. unterirdischen Ausläufern; ♃; VI–VII. Feuchte Wiesen, lichte Wälder; *v.* *Wiesen-P.*, **L. praténsis** L.

— Bltn. rötl. od. bläul., seltener weiß, aber nicht gelb . . . 5

5. Stg. deutl. geflügelt 7

— Stg. nicht geflügelt, aber kantig 6

6. Blätt. m. 1 Paar laubiger Fied.; Nebenblätt. schmal, halbpfeilf.; Bltn. wohlriechend, lebhaft karminrot; Stg. am Grd. m. unterirdischen, Wurzelknollen tragenden Ausläufern; ♃; VI–VII. Getreidefelder, Wegränder, Bahndämme; *v*, im N u. Gebirgen *s*.
Knollen-P., **L. tuberósus** L.

— Blätt. m. 2–4 Paaren laubiger Fied.; Nebenblätt. breitpfeilf.; Bltn. rotbunt; Stg. graugrün, am Grd. m. unterirdischen Ausläufern ohne Knollen; ♃; VI–VII. Dünen der Nord- u. Ostseeküste *z*. (= *Pisum maritimum* L.; = *L. maritimus* BIG.)
Ⓖ *Strand-P.*, **L. japónicus** WILLD. ssp. **marítimus** (L.) BALL

7(5). Blätt. m. 2 bis mehreren Fied.paaren; nur basale Stgblätt. zuw. m. 1 Fied.paar 12

— Alle Blätt. m. 1 Fied.paar 8

8. Bltntrauben mehr als 3bltg. 11

— Bltntrauben 1–3bltg. 9

9. Fied. eif.-elliptisch, etwa 2mal so lg. wie breit; Bltn. groß, wohlriechend, verschiedenfarbig; ⊙; VI–VIII. Aus Süditalien stammende Gartenzierpfl.
Wohlriechende P., **L. odorátus** L.

— Fied. lineal-lanzettl. bis elliptisch, wenigstens 3mal so lg. wie breit 10

10. Hülsen kahl, m. 2flügeliger Rückennaht; Bltn. meist einzeln, verschiedenfarbig; Blattstiel breit geflügelt; Stg. m. Flügeln 4–6 mm breit; ⊙; V–VI. Kulturpfl. aus Vord.-Asien. *Saat-P.*, **L. satívus** L.

— Hülsen dicht lg.haarig; Bltn. zu 1–3, blauviolett, postfloral blau; Stg. m. Flügeln 2–4 mm breit; ☉; VI–VIII. Getreideäcker; kalkliebend; *z* im S, sonst *s*. *Behaartfrüchtige P.*, **L. hirsútus** L.

11(8). Blattstiel so breit od. breiter geflügelt als der Stg.; Fied. 4–9 cm lg., 1,5–5 cm breit, deutl. netznervig; Bltntrauben steif aufrecht, länger als die Tragblätt.; Bltn. rosenrot; ♃; VI–VIII. Magerwiesen, Gebüsche; wild in S-St, sonst Gartenzierpfl., zuw. verwildert. *Breitblättrige P.*, **L. latifólius** L.

— Flügel der Blattstiele nur halb od. fast so breit wie die des Stg.; Fied. lanzettl. bis lineal, 5–14 cm lg. u. 0,3–4 cm breit; Bltntrauben die Tragblätt. kaum od. selten weit überragend; Bltn. blaßrot, m. purpurroten Flügeln; ♃; VII–VIII. Lichte Wälder, Gebüsch. *Wald-P.*, **L. sylvéstris** L.

a. Fied. 1–3 mm breit, meist 1nervig; *s* in Ba u. im N. (= *L. angustifolius* MED.) ssp. **angustifólius** (MED.) ROTHM.

— Fied. breiter als 3 mm . . . . **b**

b. Fied. 5–20 mm breit, 3nervig; Flügel der Blattstiele halb so breit wie die Stg.; *v*. ssp. **sylvéstris**

— Fied. 20–40 mm breit, deutl. netznervig; Flügel der Blattstiele fast so breit wie die des Stg.; *z* in BW, Ba, Ti. ssp. **platyphýllos** (RETZ.) VOLLM.

12(7). Unt. u. mittl. Stgblätt. m. 1 Paar, ob. Stgblätt. m. 2–3 Paaren schmal-lanzettl., 5–10 cm langer u. 1–3,5 cm breiter Fied.; Blattstiele breit geflügelt; Bltn. purpurrot; ♃; VII–VIII. Lichtes Eichen- u. Haselgebüsch, nur auf Kalk; *s* in Au, BW, Ba, Th u. Harzrand. *Verschiedenblättrige P.*, **L. heterophýllus** L.

— Alle Blätt. m. 2–5 Paaren von Fiedern **13**

13. Trauben armbltg., so lg. wie die Tragblätt.; Bltn. hellblau-violett bis lila; Blätt. m. 2–3 Paaren lanzettl., 3–6 cm langer u. 3–8 mm breiter Fied.; Nebenblätt. halbpfeilf., ± so lg. wie der kaum geflügelte Stiel; Stg. schmal geflügelt, bis 100 cm lg., m. dünnen Bodenausläufern; ♃; VI–VIII. Rohrsümpfe, Sumpfwiesen; *z* bis *s*. [G] *Sumpf-P.*, **L. palústris** L.

— Trauben reichbltg., meist kürzer als die Tragblätt.; Bltn. trübkarminrot; Blätt. m. 3–5 Paaren eif., 3–6 cm langer, 1–3 cm breiter, abgerundeter Fied.; Nebenblätt. fast so groß wie die Fied., halbspießf.; ♃; V–VI. Laub- u. Mischwälder; nur in O- u. WPr. *Erbsenartige P.*, **L. pisifórmis** L.

14(3). Basale Stgblätt. rankenlos, m. 1 Paar lineal-lanzettl., 2–6 cm langer Fied., die ob. meist m. einfacher Ranke; Bltn. einzeln, nikkend, 6–10 mm lg., zinnoberrot; Traubenachse in deutl. Granne auslaufend; ☉; V–VII. Weiden, Wiesen, Gebüsch; wild nur im Gebiet von Da u. Bornholm, sonst nur vorübergehend eingeschleppt. *Kugelige P.*, **L. sphaéricus** RETZ.

— Alle Blätt. ohne Ranken, paarig gefied. **15**

15. Stg. schmal geflügelt, m. knollig verdickten Bodenausläufern; Blätt. meist m. 2–3 Paaren längl.-elliptischer, untersts. bläul.grüner Fied., basale Blätt. zuw. nur m. 1 Paar; Bltntrauben 4–6bltg., ± doppelt so lg. wie die Tragblätt.; Bltn. hellpurpurn, beim Verblühen hellblau; ♃; IV–VI. Trockene Wälder, auf kalkarmen Böden; *v*, *s* im NW u. Au. (= *L. montanus* BERNH.; = *Orobus tuberosus* L.) *Berg-P.*, **L. linifólius** (REICHARD) BÄSSLER

— Stg. flügellos od. nur oberw. schmal geflügelt **16**

16. Bltn. purpurn od. blau **18**
— Bltn. hell- bis orangegelb, weiß od. weißgelb **17**
17. Blätt. m. 2–3 Paaren schmal-lanzettl., 2–7 cm langer u. 2–3 mm breiter Fied.; Bltntrauben 4–8bltg.; Blkrblätt. gelbl.weiß, die Fahne oft rötl.; Wurzeln knollig verdickt; ♃; V–VI. Lichtes Gebüsch, Kalkabwitterungshänge; *s* in BW b. Tübingen u. RhPf (Gaualgesheim).
Ⓖ *Ungarische P.,* **L. pannónicus** (Jacq). Garcke
— Blätt. m. 3–6 (meist m. 4) Paaren eif.-elliptischer, 3–7 cm langer, 1–3 cm breiter, kahler, untersts. meist behaarter Fied.; Bltn. hellgelb, in 3–12bltg. einseitswendigen Trauben; ♃; VI–VIII. Wiesen- u. Hochstaudenfluren. (= *L. luteus* Peterm.; = *Orobus luteus* L.)
Gelbe P., **L. laevigátus** (W. & K.) Gren.
a. Blattstiele, Nebenblätt. u. Fied. untersts. meist behaart; unt. K.zähne doppelt so lg. wie die ob. u. halb so lg. wie die wollig behaarte K.röhre; K-Alp. von Au u. Allgäu; *z.* ssp. **occidentális** (F. & M.) Breistroffer
— Stg. u. Blätt. meist kahl; K.zähne kurz; Bltn. meist < 2 cm lg.; OPr, St. ssp. **laevigátus**
18(16). Blätt. m. 4–6 Paaren elliptisch-eif., 1–3 cm langer, 5–11 mm breiter, kahler, untersts. blaugrüner, beim Trocknen schwarz werdender Fied.; Bltntrauben 3–10bltg.; Bltn. trübpurpurn, beim Verblühen violett; ♃; VI–VII. Lichte Wälder; *v,* im N *s.* (= *Orobus niger* L.) *Schwarzwerdende P.,* **L. níger** (L.) Bernh.
— Blätt. m. 2–3 (selten 4) Fied.paaren, beim Trocknen nicht schwarz werdend **19**
19. Fied. eif., 3–7 cm lg., 1–3 cm breit, lg. zugespitzt, untersts. glzd.; Nebenblätt. breit, halbspießf.; Bltntrauben 3–8bltg.; Bltn. rotviolett, beim Welken blau bis grünblau; Stg. an der Basis m. Niederblätt.; ♃; IV–V. Laubwälder; *v, z* im NO, *f* im NW bis Kiel. (= *Orobus vernus* L.) *Frühlings-P.,* **L. vérnus** (L.) Bernh.
— Fied. lanzettl.-lineal, steif aufrecht, 3–6 cm lg., 2–4 mm breit, lg. zugespitzt; Nebenblätt. halbpfeilf., länger als der Blattstiel; Bltntrauben meist 5bltg., länger als das Tragblatt; Bltn. lebhaft purpurn bis blauviolett; Stg. 4kantig; ♃; V–VII. Steinige, buschige Hänge; *s,* nur BW (Jura). [= *L. filiformis* auct.; = *L. ensifolius* (Lap.) J. Gay]
Ⓖ *Schwertblättrige P.,* **L. bauhínii** Genty

32. Písum L., *Erbse*
Stg. kahl, bläul.grün; Blätt. m. 1–3 Paaren eif. bis breit-elliptischer Fied. u. verzweigter Ranke; Nebenblätt. groß, den Fied. ähnl. *(69);* ⊙; V–VI. Kulturpfl. (Heimat: O-Mittelmeergebiet bis Iran). In zahlr. Sorten angepflanzt. **P. satívum** L.

33. Phaséolus L., *Gartenbohne*
1. Bltntrauben länger als Tragblatt; Bltn. weiß od. scharlachrot; Hülsen rauh; Stg. stets windend; ⊙; VI–IX. Kulturpfl. (Heimat: trop. Am.) (= *Ph. multiflorus* Willd.)
Feuerbohne, **Ph. coccíneus** L.
— Bltntrauben kürzer als Tragblatt; Bltn. meist weiß; Hülsen glatt; Stg. verlängert, windend od. kurz, nicht windend; ⊙; VI–IX. Kulturpfl. (Heimat: W-Südam. bis Mexiko) *Gartenbohne,* **Ph. vulgáris** L.
a. Stg. windend. *Stangenbohne,* ssp. **vulgáris**
— Stg. nicht windend. *Buschbohne,* ssp. **nánus** (L.) Asch.

Ordnung: **Myrtáles**

Familie: **Lythráceae,** *Blutweiderichgewächse*

Kräuter od. Stauden, m. meist gegenst., seltener quirlst. od. spiralig angeordneten, ganzrandigen Blätt.; Bltn. radiär, ⚥, m. schalen- od. röhrenf. Achsenbecher; Bltnhülle doppelt od. einfach; Stbblätt. meist doppelt so viele wie Blkrblätt.; Frblätt. meist 2; Kapselfr. *(566).*

1. Stg. niederlgd.; Blätt. verkehrt-eif.; Blkrblätt. fehlend *(564)* . . . **Peplis,** 274

— Stg. aufrecht; Blätt. lanzettl.; Blkrblätt. stets vorhanden *(565)* . . . . **Lythrum,** 274

1. Péplis L., *Sumpfquendel*

Stg. an den Knoten wurzelnd, meist rot; Blätt. gegenst., verkehrt-eif.; Bltn. einzeln, achselst.; zw. den an der Spitze drüsig verdickten K.zähnen pfrieml. Zwischenzähne (*564,* Z); ⊙; VI–IX. Feuchte Orte, Teich- u. Seeufer, auf Schlamm, Kies, Sand od. Ton; *z, s* im S, Hochalp. *f.* [= *Lythrum portula* (L.) D. A. WEBB] **P. pórtula** L.

2. Lýthrum L., *Weiderich*

1. Stbblätt. 2–6; Bltn. einzeln, blattachselst.; Blkrblätt. rötl.-lila; ⊙; VI–IX. Nasse, feuchte Böden; *z, f* im O u. NO. *Ysopblättriger W.,* **L. hyssopifólia** L.

— Stbblätt. 12; Bltn. in 2–3bltg. Dichasien, diese insgesamt zu dichten Thyrsen vereinigt **2**

2. Pfl. kahl; Blätt. am Grd. verschmälert; Zwischen-K.zähne so lg. wie die K.zähne; Bltn. purpurrot; ♃; VI–VIII. Sumpfwiesen, in St u. OÖ früher wild, sonst nur verwild. (Heimat: O- u. SO-Eur.) *Ruten-W.,* **L. virgátum** L.

— Pfl. behaart; Blätt. am Grd. abgerundet od. herzf.; Bltn. bläul.-purpurrot, Stbblätt. 10–12 (5–6 lange u. 5–6 kurze; *565*); ♃; VI–IX. Teich-, See-, Bachufer, Flachmoore; *v.* *Blut-W.,* **L. salicária** L.

Familie: **Trapáceae** *(= Hydrocaryaceae), Wassernußgewächse*

Wasserpfl. m. großer Schwimmblattrosette; Bltn. 4zählig, m. doppelter Bltnhülle; Fr. mit den erhärtenden K.blätt. versehene Nuß *(567a–b).* Einzige heimische Gattung:

Trápa L., *Wassernuß*

Blätt. m. blasig aufgetriebenem Stiel *(189);* Bltn. einzeln, blattachselst., weiß; Kblätt. 4, nach der Blüte zu Dornen auswachsend *(567a–b);* ⊙; VI–IX. Gesellig in nährstoffreichen, sthd. Gewässern; *z* am Oberrhein, sonst *s.* Ⓖ **T. nátans** L.

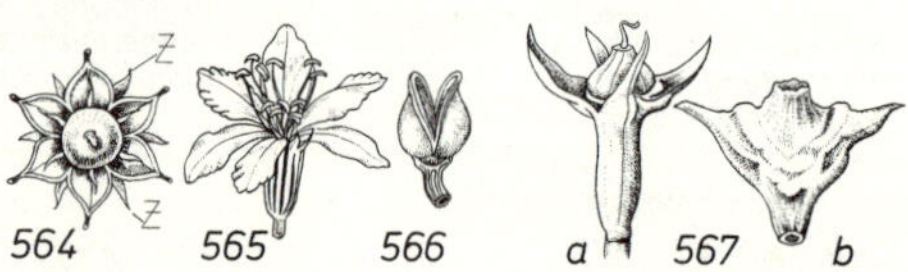

564 565 566 567

Familie: **Onagráceae** *(= Oenotheraceae), Nachtkerzengewächse*

Kräuter od. Stauden, m. gegenst., seltener quirliger od. spiraliger Beblätterung; Bltn. ⚥, radiär od. zygomorph, m. doppelter od. einfacher Bltnhülle, meist 4-, seltener 2zählig *(Circaea);* Frkn. unterst., m. röhren- od. becherf. verlängerter u. oft lebhaft gefärbter Bltnachse verwachsen *(222);* Stbblätt. 2, 4 od. 8; Kapsel- od. Nußfr.

1. Bltnhülle einfach, grünl.; Blkr. fehlend; Blätt. gegenst.; Sumpf- od. Wasserpfl. . . . . **Ludwigia,** 275
— Bltnhülle doppelt; Blkr. stets vorhanden; Land- od. Sumpfpfl. **2**
2. Bltn. 2zählig . . . . **Circaea,** 278
— Bltn. 4zählig **3**
3. Bltn. gelb, Kapsel längl.; Samen ohne Haarschopf **Oenothera,** 278
— Bltn. rot, rosa od. weißl.; Kapsel schmal-lineal; Samen m. Haarschopf . . . . **Epilobium,** 275

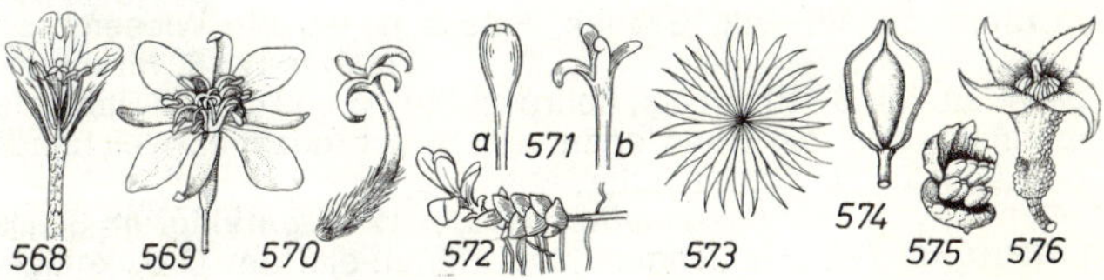

1. Ludwígia L., *Heusenkraut*

Stg. kriechend od. flutend, oft rot, Blätt. verkehrt-eif.; Bltn. einzeln, blattachselst.; Kblätt 4, bleibend; ⊙–♃; VI–VIII. Sthd. u. langsam fließende Gewässer; *s,* St, Oberrhein, Lausitz u. SaAn. (= *Isnardia palustris* L.) **L. palústris** (L.) Ell.

Angepfl. wird das *Wechselblättrige H.,* **L. alternifólia** L.: Pfl. aufrecht; Blätt. wechselst.; Bltn. gelb; *s* in Kt (Villach) eingebürgert (Heimat: Amerika).

2. Epilóbium L. (incl. **Chamaenérion** Séguier), *Weidenröschen*

1. Bltn. völlig regelmäßig (radiär), m. langer Röhre; Blkr. trichterig *(568);* Gr. aufrecht; Blätt. gegen- od. quirlst., wenigstens die unt. **4**
— Bltn. leicht unregelmäßig (zygomorph), ohne od. m. kurzer Röhre, Blkr. flach ausgebreitet; Gr. abw. geneigt *(569–570);* alle Blätt. wechselst. *(= Chamaenerion)* **2**
2. Blätt. 1–2,5 cm breit, am Rand zuw. zurückgerollt, unterstS. blaugrün, m. hervortretenden Seitennerven; Bltn. purpurrot, in verlängerten Trauben; Blkrblätt. kurz genagelt, verkehrt-eif.; ♃; VI–VIII. Kahlschläge, Heiden, Schuttplätze; *v,* von der Ebene bis 2400 m. [= *Chamaenerion angustifolium* (L.) Scop.] *Schmalblättriges W.,* **E. angustifólium** L.
— Blätt. nur bis 0,5 cm breit, unterststs. nicht blaugrün, nur Mittelnerv hervortretend; Blkrblätt. kaum genagelt **3**

3. Gr. so lg. wie die längeren Stbblätt., nur im untersten Drittel weißzottig behaart; Stg. aufrecht, m. unterirdischen, fleischigen, roten Ausläufern; Blkrblätt. hellrosa; ♃; VII–IX. Kiesige, sandige Orte, felsige Abhänge; von der mont. bis in die alp. Reg.; Alp. *v* bis *z; s* in S-Ba, S-BW. (= *Chamaenerion palustre* auct.; = *Ch. rosmarinifolium* COSTE). *Rosmarin-W.,* **E. dodonaéi** VILL.

— Gr. halb so lg. wie die Stbblätt., gekrümmt, bis zur Hälfte weiß-filzig *(570);* Stg. aufstgd., m. unterirdischen Ausläufern; ♃; VII–IX. Fluß- u. Bachkies, Moränenschutt der subalp. Reg.; *v* Alp. u. Voralp. von Ti, Vb, *s* Allgäuer Alp. [= *Chamaenerion fleischeri* (HOCHST.) FRITSCH] Ⓖ! *Kies-W.,* **E. fleíscheri** HOCHST.

4(1). Narbe kopfig od. keulig, ungeteilt *(571a)* **10**

— Narbe m. 4 deutl. absthd. Ästen *(571b)* **5**

5. Stg. kahl od. kurz anlgd. behaart; Blätt. (wenigstens die unt.) meist gestielt; Bltnknospen vorwgd. nickend . . . **7**

— Stg. abstehend behaart; Blätt. meist sitzend; Bltnknospen aufrecht **6**

6. Blkrblätt. 10–20 mm lg., purpurrot; Stg. 50–150 cm lg., ästig; Blätt. halb stgumfassend, etwas herablaufend, am Rand stark gesägt bis gezähnt; ♃; VII–VIII. Gräben, Flüsse u. feuchte Wiesen; *v,* im NW *z.* *Zottiges W.,* **E. hirsútum** L.

— Blkrblätt. nur 5–10 mm lg., hellrosa; Stg. 15–50 cm lg.; Blätt. nicht stgumfassend, am Rand entfernt schwach gezähnt, weichhaarig od. filzig; ♃; VII–IX. Bachufer, Auwälder; *v.* *Kleinblütiges W.,* **E. parviflórum** SCHREB.

7(5). Blätt. m. 4–8 mm langem Stiel, längl.-eif., am Grd. keilig, in der Mitte am breitesten; Stg. 20–60 cm lg., aufstgd.; Blkrblätt. 6–10 mm lg., anfangs weißl., später rosa; ♃; V–VIII. Feuchte, steinige, buschige Orte; *v* im Rheingebiet, *z* in He, sonst *s.* *Lanzettblättriges W.,* **E. lanceolátum** SEB. & M.

— Blätt. kürzer gestielt, m. abgerundetem (nicht keilig verschmälertem), fast herzf. Grd., daher am Grd. am breitesten **8**

8. Stg. vom Grd. an ästig, 10–40 cm lg.; Blätt. 1–5(–15) cm lg., 5–15(–45) mm breit, unregelmäßig geschweift-gezähnt; Bltn. 4–6 mm lg., rosarot; ♃; VI–IX. Sonnige, steinige Orte, trockene Gebüsche; von der Ebene bis in die subalp. Reg.; kalkmeidend; *v* im S, *s* in Da, sonst im N *f.* *Hügel-W.,* **E. collínum** C. C. GMEL.

— Stg. einfach od. nur wenig verzweigt **9**

9. Blattspr. dicht ungleich gezähnt, eif. bis lanzettl., m. abgerundetem od. schwach herzf. Grd.; Bltn. 8–12 mm lg.; Stg. am Grd. m. kurzen Schuppenrhizomen; ♃; VI–IX. Laub- u. Nadelwälder; von der Ebene bis in die subalp. Reg.; *v.* *Berg-W.,* **E. montánum** L.

— Blattspr. ganzrandig, eif., zugespitzt; Bltn. 5–6 mm lg., jung etwas nickend; ♃; VII–IX. Laubwälder; *s* in Ho, Da, Th (Greiz) sowie ČR. *Hartheu-W.,* **E. hypericifólium** TAUSCH

10(4). Stg. stielrund, zuw. m. 2 Haarleisten, am Grd. m. unterirdischen, rötl. Ausläufern, die im Herbst m. einem haselnußgroßen, von Niederblätt. gebildeten Schuppenrhizom *(572)* abschließen; Bltn. rosa bis hellviolett, 3–8 mm lg.; ♃; VII–IX. Sumpf- u. Moor-

wiesen, feuchte Waldstellen; kalkmeidend; *v.*
Sumpf-W., **E. palústre** L.
— Stg. ± kantig, m. 2–4 erhabenen Längsleisten **11**
11. Blätt. zu 3–4 quirlst., sitzend, die unt. meist kurz gestielt, am Rand stark gezähnt, auf den Nerven flaumig behaart; Bltn. 8–18 mm lg., hellpurpurn; Stg. 30–100 cm lg.; ♃; VII–IX. Hochstaudenfluren, feuchtes Geröll; *v* in Alp., *s* im Vorland u. M-Geb. (Schw., Erzgeb.). (= *E. trigonum* SCHRANK) *Voralpen-W.,* **E. alpéstre** (JACQ.) KROCK.
— Unt. Blätt. gegen-, ob. wechselst. **12**
12. Bis 25 cm hohe Gebirgspfl. (nicht unterhalb 800 m) . . . **16**
— 30–100 cm hohe Pfl., vorwgd. der Ebene **13**
13. Blätt. bis 1 cm lg.gestielt, eif.-lanzettl., am Rand u. auf den Nerven behaart, untersts. m. hervortretendem Adernetz; Bltn. klein, anfangs weißl., später hell-rosa; ♃; VII–X. Bachufer, Gräben, *v.*
Rosarotes W., **E. róseum** SCHREB.
— Blätt. sitzend od. kurz gestielt **14**
14. Stg. am Grd. m. langen, oberirdischen Ausläufern, leicht zusammendrückbar, an der Basis kahl, oben fein kraushaarig; Blattspr. eif., entfernt gezähnt, matt-dk.grün; junge Bltn. nickend; ♃; VI–IX. Feuchte Wälder, Bäche, Moor- u. Torfwiesen; *z.*
Dunkelgrünes W., **E. obscúrum** SCHREB.
— Stg. am Grd. ohne Ausläufer, aber m. Blattrosetten . . . **15**
15. Bltnstandsachse drüsig; Bltnblätt. 2–3 mm lg., hellrosa od. weiß; Blätt. 18–30 mm breit, gestielt; ♃; VI–X. Kahlschläge, Böschungen; aus N-Am. eingeschleppt, inzwischen *v,* im S *z.* (= *E. adenocaulon* HAUSSKN.) *Drüsiges W.,* **E. ciliátum** RAF.
— Bltnstandsachse ohne Drüsen; Bltnblätt. 3–6 mm lg.; Blätt. 3–10 mm breit; ♃; VII–X. Gräben, Ufer, Waldwege, auf Lehmboden, *v.* *Vierkantiges W.,* **E. tetragónum** L.

a. Unt. u. mittl. Blätt. sitzend, etwas herablaufend, dicht gezähnt, hellgrün, kahl. (= *E. adnatum* GRIS.) ssp. **tetragónum**
— Unt. u. mittl. Blätt. kurz gestielt, seicht gezähnt, graugrün, am Rand behaart. (= *E. lamyi* F. W. SCHULTZ) ssp. **lámyi** (F. W. SCHULTZ) NYM.

16(12). Stg. am Grd. m. unterirdischen Ausläufern; Blattspr. kurz gestielt bis sitzend, eif.-lanzettl., dk.grün-glzd., fast ganzrandig; Blkrblätt. 8–12 mm lg., tief ausgerandet, dk.-geadert; Samen an der Spitze m. durchscheinendem Anhängsel; ♃; VI–IX. Quellige Orte; Alp. *v,* sonst nur S-Schw., Erzgeb., Bayrw., Iser- u. Riesengeb.
Mierenblättriges W., **E. alsinifólium** VILL.
— Stg. am Grd. m. oberirdischen, beblätterten Ausläufern; Bltn. kleiner als bei voriger **17**
17. Stg. einzeln, an der Spitze fein kraushaarig, kurz bogig aufstgd., unverzweigt, z. Bltzt. überhängend; Blätt. eif., ganzrandig; Bltn. bis 5 mm lg., blaß-violett; Kapsel behaart; Samen feinhöckerig; ♃; VII–IX. Quellige Orte; Alp. u. M-Geb., von 750–2000 m, *z.*
Nickendes W., **E. nútans** F. W. SCHMIDT
— Stg. meist zu mehreren, kahl, nur an den schwach erhabenen Kanten behaart, an der Spitze z. Bltzt. überhängend; Blätt. klein, eif.-längl., ganzrandig; Bltn. 4–5 mm lg.; Kapsel verkahlend; Samen glatt; ♃; VII–IX. Quellige Orte der höh. M-Geb. u. Alp. oberhalb der Baumgrenze, vorwgd. auf Urgestein; *z* in Alp., Schw., Bayrw.,

Erz-, Iser- u. Riesengeb. (= *E. alpinum* auct. non L.)
Gauchheil-W., **E. anagallidifólium** LAM.

Die Gattung *Epilobium* neigt stark zur **Bastard**bildung.

3. Oenothéra L. (= *Onagra* MILL.), *Nachtkerze* (nach DIETRICH)

1. Unt. u. mittl. Stgblätt. auf der Fläche gewellt; Kblätt. der reifen Bltnknospen so lg. wie die Bltnröhre; Krblätt. 35–50 mm lg.; Narbe die Stbblätt. überragend; ⨀; VI–IX. Gartenflüchtling; Straßenränder, Bahnanlagen, *z;* in Europa durch Bastardierung entstanden. (= *O. coronifera* RENNER; = *O. erythrosepala* BORB.)
Rotkelchige N., **O. glazioviána** MICH.

— Blätt. glatt od. am Rand gewellt; Kblätt. der reifen Bltnknospen höchstens ⅔ so lg. wie die Bltnröhre; Narbe die Stbblätt. nicht überragend . . . **2**

2. Kzipfel aufrecht, sich berührend; Bltnstand aufrecht; Krblätt. 15–30 mm lg. **4**

— Kzipfel spreizend; Gipfel des Bltnstands gebogen; Krblätt. 8–15 mm lg. **3**

3. Blätt. graugrün; Stg. u. Fr. vorwiegend anlgd. behaart, m. roten Tupfen; Gipfel des Bltnstands stark gebogen; ⨀; VI–IX. Flußufer, Dünen, Sandfelder; Elbetal, Nordseeküste und Inseln *v,* sonst *z;* aus N-Am. eingeschleppt. (= *O. ammophila* FOCKE; = *O. muricata* auct. non L.; = *O. syrticola* BARTL.)
Sand-N., **O. oakesiána** (GRAY) ROBBINS

— Blätt. grün; Stg. u. Fr. absthd. behaart od. fast kahl, ohne Tupfen; Gipfel des Bltnstands nur wenig gebogen; ⨀; VI–IX. Flußufer, Bahnanlagen, Ruderalstellen, *z;* aus N-Am. eingeschleppt. (= *O. rubricuspis* RENNER; = *O. silesiaca* RENNER)
Kleinblütige N., **O. parviflóra** L.

4(2). Blätt. grün; Stg., Frkn. u. Kblätt. m. absthd. Haaren, Frkn. auch m. Drüsenhaaren; Krblätt. 15–30 mm lg.; ⨀; VI–IX. Bahndämme, Sandfelder, Ruderalstellen, *v;* aus N-Am. eingeschleppt. (= *O. chicaginensis* RENNER; = *O. muricata* L.; = *O. rubricaulis* KLEBAHN; = *O. suaveolens* DESF.) *Gewöhnliche N.*, **O. biénnis** L.

— Blätt. graugrün; Stg., Frkn. u. Kblätt. anlgd. behaart; Frkn. ohne Drüsenhaare; Krblätt. höchstens 15 mm lg.; ⨀; VI–IX. Flußufer, Bahnanlagen, Ruderalstellen, *s;* aus N-Am. eingeschleppt. (= *O. depressa* GREENE; = *O. renneri* SCHOLZ; = *O. strigosa* RYDB.) *Graublättrige N.*, **O. villósa** THUNB.

Die Gattung *Oenothera* neigt stark zur **Bastard**bildung!

4. Circaéa L., *Hexenkraut*

1. Bltn. ohne Tragblätt.; Stg. spitzenw. flaumhaarig; Blätt. am Grd. abgerundet, gezähnt, matt, auf den Nerven flaumig; Blkrblätt. 2–3 mm lg., verkehrt-herzf., tief 2spaltig; Fr. m. gleichen Fächern *(577);* ♃; VI–VIII. Schattige, feuchte Wälder; *v.*
Gewöhnliches H., **C. lutetiána** L.

a. Fr. ungefurcht; *v.* ssp. **lutetiána**

— Fr. größer, m. 4 tiefen Furchen; sehr *s,* nur O-Ti, Kt (Oberdrautal).
ssp. **quadrisulcáta** (MAXIM.) ASCH. & MAGNUS

— Bltn. m. kleinen, hinfälligen, borstenf. Tragblätt.; Stg. kahl od. nur Infl. drüsig; Blattspr. am Grd. deutl. herzf. . . . **2**

2. Blkrblätt. kürzer als der K.; Narbe kopfig; Fr. schief-eif., keulig, einfächerig *(578);* Blattspr. obersts. etwas glzd., untersts. bläul.grün, scharf gezähnt; Infl. fast kahl, sich erst nach der Bltzt. verlängernd; ♃; VI–VII. Feuchtes Gebüsch, Moore; *v* Alp., sonst *z* bis *s.*
Alpen-H., **C. alpína** L.

— Blkrblätt. so lg. wie der K.; Narbe ausgerandet, zweilappig; Fr. verkehrt-eif., kugelig, 2fächerig, 2samig; Blattspr. geschweift-gezähnt, zugespitzt; Infl. drüsigflaumig, sich schon vor der Bltzt. verlängernd; ♃; VI–VII. Bacheschenwälder, Auwälder, vorwgd. der Berg- u. Hügelstufe; *z, s* im N. (Wahrscheinl. ein Bastard zwischen den beiden vorigen.) *Mittleres H.*, **C. intermédia** EHRH.

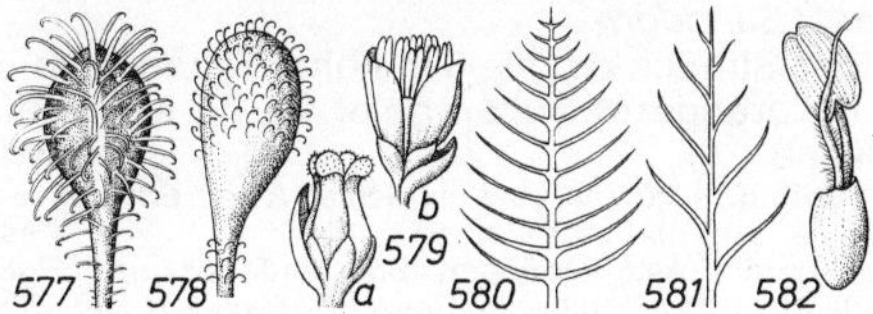

Ordnung: **Haloragáles**

Familie: **Haloragáceae,** *Tausendblattgewächse*

Wasserpfl. (heimische Arten); Bltn. klein, unscheinbar, 4zählig, eingschl. *(579a–b)* od. ⚥. Einzige heimische Gattung:

Myriophýllum L., *Tausendblatt*

1. Tragblätt. der Bltn. sämtl. fiedspaltig od. kammf. gefied. *(181),* meist länger als die Bltn.; Blätt. in 5–6zähligen Quirlen; ♃; VI–IX. Sthd. u. langsam fließende, kalkarme Gewässer; *z.* *Quirlblättriges T.,* **M. verticillátum** L.

— Ob. Tragblätt. der Bltn. ungeteilt **2**

2. Tragblätt. länger als die Bltn.; Stbblätt. 4; ♃; VI–IX. Sthd. Gewässer, in Einbürgerung begriffen (Heimat: N-Amerika); *s,* RhPf, NrWe, Br, Sa, St. *Verschiedenblättriges T.,* **M. heterophýllum** Michx.

— Tragblätt. kürzer als die Bltn.; Stbblätt. 8 . . . . **3**

3. Bltnstand reichbltg., verlängert, stets aufrecht; alle Bltn. in Quirlen, rötl.; Blätt. m. ± gegenst. Fied. *(580);* ♃; VI–IX. Sthd. u. langsam fließende Gewässer, *v* bis *s.* *Ähriges T.,* **M. spicátum** L.

— Bltnstand wenigbltg., kurz, anfangs überhgd.; Bltn. gelb, die ob. wechselst.; Blätt. in 3–4zähligen Quirlen, m. ± wechselst. Fied. *(581);* ♃; VII–IX. Kalkarme Seen u. Tümpel; *v* im NW, *z* im NO, sonst *s,* Au *f.* *Wechselblütiges T.,* **M. alterniflórum** DC.

Ordnung: **Elaeagnáles**

Familie: **Elaeagnáceae,** *Ölweidengewächse*

Bäume od. Sträucher, z.T. dornig; Blätt. wechsel- od. gegenst., Spreite dicht m. Schildhaaren *(573)* besetzt; Bltn. klein, eingschl. od. ⚥, 2–4zählig *(537b);* Bltnhülle einfach, kelchart.; Fr. Nuß; diese von fleischig werdender K.röhre *(575)* umschlossen u. daher steinfruchtart.

1. Bltn. eingschl., 2häusig; ♂ Bltn. m. tief 2teiliger Hülle *(574),* ♀ röhrig; Blätt. lineal-lanzettl., 3–7 mm breit, obersts. fast kahl, untersts. silbergrau bis kupferrot; Pfl. ± stark dornig **Hippophaë,** 280

— Bltn. ⚥, glockig, trichterig *(576),* innen gelb, wohlriechend; Blätt. bis 4,5 cm breit, beidersts. durch Schildhaare silbergrau . . . . **Elaeagnus,** 280

1. Hippóphaë L., *Sanddorn*
± stark dorniger Strauch od. bis 6 m hoher Baum; Bltn. in kugeligen Bltnständen; Fr. orangerot, selten gelb; ♃; IV. Küstendünen u. Ufer der Gebirgsflüsse. G **H. rhamnoídes** L.

a. Pfl. stark dornig, m. kurzen, steif-aufrechten Ästen; Bltnstände dicht; Dünen u. Küsten *v.* (= ssp. *maritima* v. SOEST) ssp. **rhamnoídes**
— Pfl. spärl. dornig; Äste verlängert; Bltnstände lockerer; Flußschotter, Felsschutt; *v* in Alp. u. Vorland bis zur Donau, Bodensee u. südl. Rheintal. ssp. **fluviátilis** v. SOEST

2. Elaeágnus L., *Ölweide*

1. Junge Zweige silbrig-schülferig; Blätt. 8–25 mm breit; Bltn. zu 2–3, blattachselst., aufrecht; Fr. längl., rotgelb, süßl.; ♃; V–VI. Zierstrauch, stellenw. verwild. (Heimat: östl. Mittelmeergebiet) *Schmalblättrige Ö.*, **E. angustifólia** L.
— Junge Zweige rostbraun-schülferig; Blätt. bis 45 mm breit; Bltn. abw. gebogen; Fr. eif., orangerot, sauer; ♃; III–V. Zierstrauch, stellenw. verwild. (Heimat: N-Am.) (= *E. argentea* PURSH) *Silber-Ö.*, **E. commutáta** BERNH. ex RYDB.

Ordnung: **Rutáles**

Familie: **Rutáceae,** *Rautengewächse*

Bäume, Halbsträucher od. Stauden; Blätt. durch Öldrüsen durchscheinend punktiert, Pfl. deshalb stark duftend; Bltn. radiär od. zygomorph, 4–5zählig; Bltnachse zw. od. über den Stbblätt. zu scheibenf. Diskus (*584*, D) erweitert; Kapselfr.

1. Bltn. radiär, 4–5zählig *(583)*, gelb . . . . **Ruta,** 280
— Bltn. zygomorph, 5zählig *(585)*, weiß od. rötl., dk.geadert **Dictamnus,** 280

1. Rúta L., *Raute*
Bltn. in Dichasien; Endbltn. 5-, Seitenbltn. 4zählig *(583)*; Blkrblätt. löffelf. ausgehöhlt, kapuzenf. eingekrümmt, am Rand gezähnelt, drüsig punktiert; Blätt. 2–3fach gefied., bläul.grün, kahl, von aromatischem Geruch; ♃; VI–VIII. Aus dem Mittelmeergebiet stammende u. verwilderte Heilpfl. *Wein-R.*, **R. gravéolens** L.

2. Dictámnus L., *Diptam*
Blätt. einfach, unpaarig gefied.; Bltn. in einfacher Traube, auf drüsigen Stielen; Pfl. beim Zerreiben zitronenartig duftend; ♃; V–VI. Trokkenhänge u. lichte Gebüsche (Steppenheiden), nur auf Kalk; *z* in S- u. M-Dt, E, *s* in He. Ⓖ **D. álbus** L.

Familie: **Simaroubáceae,** *Bittereschengewächse*

Bäume u. Sträucher; Blätt. meist gefied., Bltnhülle doppelt, 3–7zählig; Fr. vielgestaltig.

Ailánthus DESF., *Götterbaum*
Blätt. unpaarig gefied., bis 1 m lg.; Bltn. grünl., in großen Rispen; Baum m. glatter Borke; ♃; VII. Aus China stammender, häufig angepfl. u. zuw. verwild. Zierbaum. [= *A. glandulosa* DESF.; = *A. peregrina* (BUCHOZ) F. A. BARKLEY] **A. altíssima** (MILL.) SWINGLE

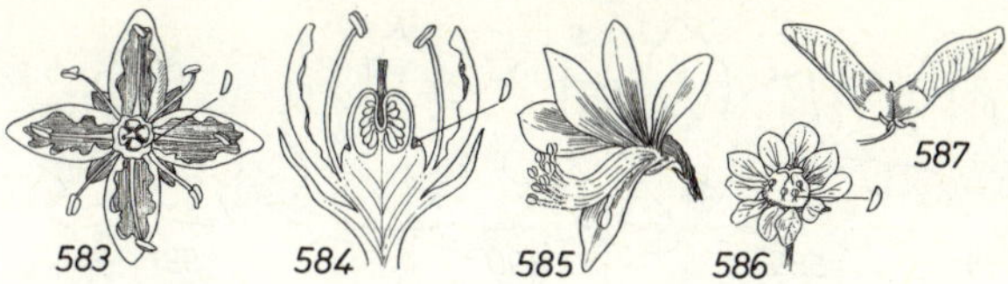

Familie: **Anacardiáceae,** *Sumachgewächse*

Bäume u. Sträucher; Blätt. wechselst.; Bltn. klein, ⚥ od. eingeschl., 5zählig; 1samige Steinfr.

1. Blätt. einfach, ungeteilt *(249);* Frstiele verlängert u. absthd. behaart; Frstand deshalb perückenart. **Cotinus,** 281
— Blätt. gefied.; Frstiele ohne verlängerte Haare; Frstand nicht perückenartig . . . . **Rhus,** 281

1. **Cótinus** Mill., *Perückenstrauch*

Blätt. lg. gestielt, m. eif., kahler Spreite *(249).* Felshänge, Gebüsch, in St wild, sonst *s* eingebürg. in Ti, Ba u. BW; auch als Zierstrauch.
[G] **C. coggýgria** Scop.

2. **Rhús** L., *Sumach*

1. Blätt. unpaarig gefied., m. 11–30 Fied., bis 30 cm lg.; Zweige u. Bltnstiele dicht zottig; Bltnrispen dicht, gelbl.grün od. rötl.; ♃; VI–VII. (Heimat: N-Am.); Ziergehölz. [= *R. hirta* (L.) Sudworth] *Kolben-S., Essigbaum,* **R. týphina** L.
— Blätt. 3zählig, lg. gestielt; Zweige später kahl; Rispen locker; ♃; VI–VII. (Heimat: N-Am.); Ziergehölz. **Sehr giftig!** *Gift-S.,* **R. toxicodéndron** L.

Ordnung: **Sapindáles**

Familie: **Aceráceae,** *Ahorngewächse*

Holzgewächse m. dekussierter Beblätterung: Bltn. ⚥ od. eingeschl.; K. u. Blkr. 4–5zählig; Stbblätt. dem Diskus eingefügt (*586,* D); Frkn. oberst., 2fächerig; Fr. in 2 geflügelte Spaltfrüchte zerfallend *(587).* Einzige heimische Gattung:

Ácer L., *Ahorn*

1. Blätt. unpaarig 3–5(–7)zählig gefied., oft weißgescheckt; junge Triebe häufig bläul., abwischbar bereift; Bltn. eingeschl., 2häusig, in langen hgd. Trauben; ♃; IV. Zierbaum aus N-Am. *Eschen-A.,* **A. negúndo** L.
— Blattspr. 3–7lappig *(588–591)* **2**
2. Blattspr. 3lappig; Seitenlappen ± waagrecht abstehend, stumpf, ganzrandig *(588);* Bltn. in wenigbltg., nickenden Doldentrauben. Bis 6 m hoch; ♃; IV–V. Sonnige Felshänge; nur im Mittelrheingebiet u. Main bei Würzburg.
Französischer A., **A. monspessulánum** L.
— Blattspr. 5–7-, selten 3lappig **3**

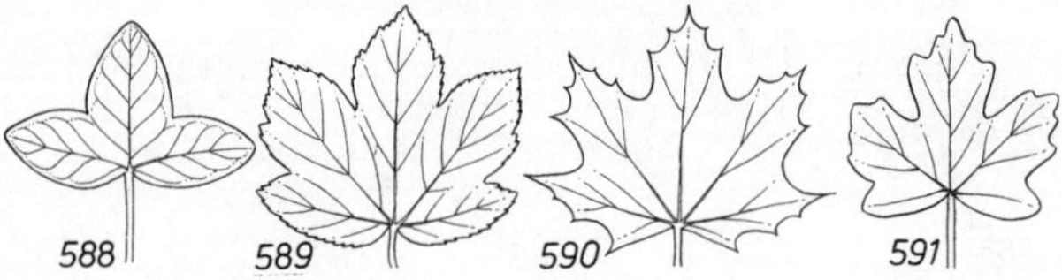

3. Bltnstände aufrecht **5**
— Bltnstände hängend **4**
4. Bltn. in Doldentrauben; Blattspr. in 5 (selten 3) stumpfe, gekerbte od. gezähnte Lappen geteilt, am Grd. herzf. Bis 12 m hoch; ♃; IV. Lichte Laubwälder, nur Grenzach (S-BW), (= *A. opulifolium* VILL.) *Schneeballblättriger A.*, **A. ópalus** MILL.
— Bltn. in traubenf. zusammengezogenen, 5–15 cm langen Rispen; Blattspr. am Grd. herzf., in 5 doppelt-stumpf gesägte Lappen geteilt *(589),* obersts. dk-, untersts. bläul.grün. Bis 25 m hoch; ♃; IV–V. Schluchtwälder, Bergwälder, Mittelgeb. u. Alp. *v, z* im N. *Berg-A.*, **A. pseudoplátanus** L.
5(3). Blattspr. 5–7lappig, m. lg.-buchtig gezähnten Abschnitten *(590);* Bltn. gelbgrün, kurz vor dem Laub erscheinend, in ebensträußigen Trugdolden. Bis 20 m hoch; ♃; IV–V. Lichte Wälder; *z,* auch als Zierbaum. *Spitz-A.*, **A. platanoídes** L.
— Blattspr. 5lappig; Lappen stumpf, der mittl. stets 3zipfelig *(591);* Bltn. nach dem Laub erscheinend. Bis 20 m hoher Baum, meist strauchf. u. bis 4 m hoch; ♃; V. Wälder; *v. Feld-A.*, **A. campéstre** L.
a. Teilfr. filzig behaart; Blätt. im Herbst rot; *v.* ssp. **campéstre**
— Teilfr. verkahlend; Blätt. im Herbst gelb. Verbreitung ungenügend bekannt. ssp. **leiocárpum** (OPIZ) TAUSCH

Familie: **Hippocastanáceae,** *Roßkastaniengewächse*

Holzpfl., m. gegenst., gefing. Blätt. *(64);* Bltn. zygomorph; Blkrblätt. 4–5; Stbblätt. 5–8; Fr. 3fächerige, oft stachelige Kapsel m. großen Samen.

Áesculus L., *Roßkastanie*

1. Winterknospen nicht klebrig; Bltn. leuchtend rot; Fied. deutl. gestielt. Bis 6 m hoch; ♃; V–VI. (Zierbaum aus N-Am.) *Pavie,* **A. pávia** L.
— Winterknospen klebrig; Bltn. weiß, gelb u. rot gefleckt od. fleischfarbig rosa bis scharlachrot; Fied. fast sitzend od. sehr kurz gestielt **2**
2. Bltn. weiß, gelb u. rot gefleckt; Fr. bis 6 cm im Dm, derb bestachelt. Bis 25 m hoch; ♃; IV–V. Zier- u. Alleebaum. (Heimat: Balkan) *Gewöhnliche R.,* **A. hippocástanum** L.
— Bltn. fleischfarbig, rosa bis scharlachrot; Blkrblätt. am Rand drüsig-zottig; Fr. rundl., 3–4 cm im Dm, glatt od. weichstachelig; ♃; V. Allee- u. Straßenbaum (Bastard zw. den beiden vorigen). *Rotblütige R.,* **A.** x **cárnea** HAYNE

Familie: **Staphyleáceae,** *Pimpernußgewächse*

Holzgewächse; Blätt. wechsel- od. gegenst., unpaarig gefied., m. Nebenblätt.; Bltn. radiär, 5zählig; Kapselfr. Einzige Gattung:

Staphyléa L., *Pimpernuß*
Blätt. 5–7zählig gefied.; Bltn. weiß, in hgd., traubigen Rispen; Fr. dünnhäutige aufgeblasene Kapsel. Bis 5 m hoher Strauch od. Baum; ♃; V–VI. Laubwälder, wild in Au, S-BW, Ba, Schl; sonst als Zierstrauch, *z* verwild. **St. pinnáta** L.

Ordnung: **Geraniáles** *(= Gruinales)*

Familie: **Oxalidáceae,** *Sauerkleegewächse*

Kräuter od. Stauden; Blätt. 3zählig gefing.; Bltn. einzeln od. in doldenähnl. Wickeln, radiär, 5zählig; Stbblätt. 10, am Grd. miteinander verbunden; Frkn. oberst., 5fächerig; Kapselfr. Einzige heimische Gattung:

Óxalis L., *Sauerklee*

1. Bltn. weiß od. rosa, purpurn geadert, einzeln; Blätt. grdst.; Grdachse kriechend, m. dem fleischig verdickten Grd. abgefallener Blätt. besetzt; ♃; IV–V. Feuchte, humöse Laub- u. Nadelwälder; *v.* *Wald-S.,* **O. acetosélla** L.

— Bltn. gelb, in 2–6bltg. Wickeln; Stg. entwickelt **2**

2. Stg. aufrecht, 15–40 cm lg.; Blattstiel am Grd. ohne Nebenblätt.; ⊙; VI–X. Aus N-Am. eingeschleppt u. eingebürgert; *v.* (= *O. stricta* auct. non L.; = *O. europaea* Jord.) *Europäischer, Steifer S.,* **O. fontána** Bunge

— Stg. aufstgd. od. niederlgd.; Blattstiel am Grd. in der Regel m. 2 kleinen Nebenblätt.; Frstiele zurückgeschlagen **3**

3. Stg. aufstgd., am Grd. kaum wurzelnd, dicht m. einzelligen, anlgd. Haaren besetzt; Nebenblätt. oft fehlend; ⊙; VI–XI. Aus N-Am. eingeschleppt u. stellenw. eingebürgert. (= *O. stricta* L.; = *O. navierei* Jord.) *Dillenius-S.,* **O. dillénii** Jacq.

— Stg. niederlgd., wurzelnd, fast kahl bis dicht absthd. behaart; ⊙ bis mehrjährig; VI–XI. Aus S-Eur. eingeschleppt u. *z* eingebürgert. *Horn-S.,* **O. corniculáta** L.

Familie: **Lináceae,** *Leingewächse*

Kräuter od. Stauden m. einfachen, wechselst., seltener gegenst. Blätt.; Bltn. radiär, ⚥, 4–5zählig; Stbblätt. 4–5 od. 10, ihre Filamente an der Basis verbreitert und ± hoch hinauf zu einer Röhre vereinigt; Frkn. oberst., 5blättrig, durch falsche Scheidewände oft 10fächerig; Kapselfr.

1. Bltn. 4zählig; Kblätt. an der Spitze 2–3zähnig . **Radiola,** 284

— Bltn. 5zählig; Kblätt. ganzrandig . . . . **Linum,** 283

1. Línum L., *Lein* Ⓖ

1. Blätt. gegenst., oberw. zuw. wechselst. werdend; Bltn. klein, 4–5 mm breit, weiß, am Grd. gelb, vor dem Aufblühen nickend, in Dichasien; ⊙; VI–VII. Magerrasen, Moorwiesen; *v.* *Purgier-L.,* **L. cathárticum** L.

— Blätt. wechselst.; Bltn. ansehnlich, > 1 cm **2**

2. Bltn. blau, selten weiß **5**
— Bltn. gelb od. rötl. bis blaßlila u. purpurn **3**
3. Bltn. gelb; Stg. zur Spitze hin scharfkantig; Blätt. kahl; ♃; VI–VII. Buschige Kalkhänge; *s*, BW, Ba, Kt, St, OÖ; auch als Zierpfl.
Ⓖ! *Gelber L.*, **L. flávum** L.
— Bltn. rötl.-purpurn od. blaß-lila **4**
4. Stg. absthd. zottig-weichhaarig; Blätt. längl.-eilanzettl. (4–9 mm breit), locker zottig, am Rand drüsig; Blkrblätt. rosarot bis purpurn, dk.-geadert; ♃; V–VII. Kalkliebend; Wiesen u. Waldränder; *s* in Alp. u. Vorland; auch als Zierpfl. Ⓖ *Klebriger L.*, **L. viscósum** L.
— Stg. nur am Grd. kurzflaumig, sonst kahl; Blätt. schmal (1,5 mm breit), am Rande rauh; Bltn. hell-lila; ♃; VI–VII. Kalktrockenrasen; *z* in S- u. M-Dt, E, Ti, Kt, St, OÖ.
Ⓖ *Schmalblättriger L.*, **L. tenuifólium** L.
5(2). Pfl. ⊙; Stg. meist einzeln; Bltn. lg. gestielt; Kblätt. an der Spitze gewimpert; VI–VIII. Alte, bereits seit der jüngeren Steinzt. angepfl. Öl- u. Faserpfl.; *s* verwild.
Echter L., Flachs, **L. usitatíssimum** L.
— Pfl. ♃; Stg. meist zu mehreren; Kblätt. kahl **6**
6. Blätt. längl.-oval, bis 1 cm breit; Bltnblätt. 20–32 mm lg.; Pfl. behaart; ♃; VI–VII. Trockenrasen, lichte Gebüsche; *s*, Kt, OÖ, früher auch St. Ⓖ *Zotten-L.*, **L. hirsútum** L.
— Blätt. linealisch; Pfl. kahl **7**
7. Stbblätt. u. Narben auf gleicher Höhe (Pfl. homostyl); Pfl. aufsteigend, 5–20 cm hoch; Stg. m. 1–3(–5) Bltn.; ♃; V–VII. Trockenrasen; *s*, Lothringen, Saargebiet (Perl bis Merzig), Taubertal, He, O-We, S-NS, W-Th, SaAn (Heimburg), früher Schw. Alb (Blaubeuren). (= *L. anglicum* auct.) Ⓖ *Lothringer L.*, **L. leónii** F. W. Schultz
— Stbblätt. u. Narben auf verschiedener Höhe (Pfl. heterostyl) **8**
8. Bltnstiele nach dem Verblühen abw. gekrümmt; ♃; V–VII. Trokkenrasen, Böschungen, *z*, vielleicht nur aus S-Eur. eingeschleppt u. stellenweise eingebürg.
Ⓖ *Österreichischer L.*, **L. austríacum** L.
— Bltnstiele auch nach der Blüte stets aufrecht; ♃; VI–VIII. Trockenrasen, alpine Rasen, *s*. Ⓖ! *Ausdauernder L.*, **L. perénne** L.
a. Innere Kblätt. stumpf, länger als die äußeren; Pfl. 30–100 cm hoch; ♃; VI–VII. Trockenrasen, Kiefernwälder, *s*, Ba, BW, RhPf, OÖ, auch angepflanzt.
ssp. **perénne**
— Kblätt. spitz od. stumpf, etwa gleich lg. . . . . **b**
b. Pollenkörner m. 3 Furchen; ♃; VI–VIII. Felsige Hänge, Rasen, *s*, St, OÖ. (= *L. alpinum* Jacq.; = *L. julicum* Hay.)
Alpen-L., ssp. **alpínum** (Jacq.) Ockendon
— Pollenkörner m. 6 Poren; ♃; VI–VIII. Alpine Steinrasen, *s*, Berchtesgaden, Au. (= *L. laeve* Scop.; = *L. montanum* Schleich. ex DC.)
Glatter L., ssp. **montánum** (Schleich. ex DC.) Ockendon

2. Radíola Hill., *Zwergflachs*

Stg. dünn, wiederholt gabelig verzweigt, bis 10 cm lg.; Bltn. in reich verzweigten, fast knäueligen Dichasien, weiß; ⊙; VII–VIII. Feuchte Sand- u. Moorböden, Heidegebiete; im N u. Lausitz *z*, sonst *s*.
R. linoídes Roth

Familie: **Geraniáceae,** *Storchschnabelgewächse*

Kräuter u. Stauden; Blätt. wechsel- od. gegenst., gefied. od. handf. geteilt, m. Nebenblätt.; Bltn. meist radiär, 5zählig; Frkn. oberst.; Frblätt. sich schnabelartig verlängernd; Fr. in 1samige Teilfr. zerfallend *(592–593).*

1. Blätt. handf. geteilt od. gefing.; Stbblätt. meist 10; Frschnabel sich aufw. biegend *(592)* . . . . **Geranium,** 285

— Blätt. gefied.; nur 5 Stbblätt. m. Stbbeuteln; Frschnabel sich spiralig einrollend *(593)* . . . . **Erodium,** 288

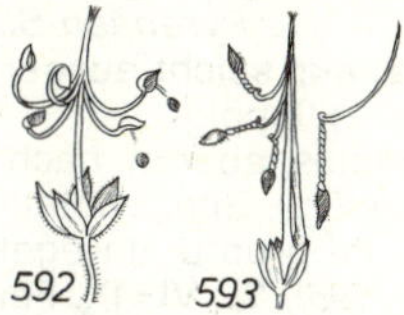

592 *593*

1. **Geránium** L., *Storchschnabel*

1. Bltn. klein, bis 1,5 cm im Dm; Blkrblätt. meist wenig länger, höchstens doppelt so lg. wie der K.; ⊙ bis mehrjährige Pfl. **8**

— Bltn. groß, 1,5–4 cm im Dm; Blkrblätt. meist doppelt so lg. wie der K. [bei *G. phaeum* (s. Punkt **4**) Blkrblätt. zuw. nur so lang od. wenig länger als der K.]; Pfl. ausdauernd, m. dikkem Wurzelstock **2**

2. Infl.stiele m. 1 leuchtend rotvioletten Blüte; Blätt. gegenst.; Spreite bis zum Grd. in lineale Abschnitte geteilt *(598);* Sprosse absthd. behaart, im Herbst blutrot; ♃; V–IX. Trockene, buschige Hänge (Steppenheide); *v* bis *z, s* im N. *Blutroter St.,* **G. sanguíneum** L.

— Infl.stiele m. 2 od. mehr Bltn.; Blattzipfel nicht lineal . . . **3**

3. Bltnblätt. spatelig, m. lg. Nagel; Stbblätt. 18–22 mm lg., weit aus der Blüte herausragend; ♃; V–VI. Felsen, Gebüsche, *s,* nur Kt. *Felsen-St.,* **G. macrorrhízum** L.

— Bltnblätt. verkehrt eif. od. verkehrt herzf. **4**

4. Blkrblätt. trüb-schwarz-violett, rotbraun od. schmutzig-lila, oft nur wenig länger als der K.; Frklappen querrunzelig, absthd. behaart; ♃; V–VIII. Hochstaudenfluren, Wiesen der Alp. u. Mittelgeb. *z;* auch als Zierpfl. u. stellenweise verwild. *Brauner St.,* **G. phaéum** L.

a. Blkrblätt, rotbraun bis schwarzviolett, am Rand stark wellig. Au *z, s* in Ba, Sa, SaAn (Ostharz). ssp. **phaéum**

— Blkrblätt. schmutzig-lila, am Rand kaum wellig. Voralp. von Au, *v.* ssp. **lívidum** (L'HÉR.) PERS.

— Blkrblätt. blau, violett od. purpurn, selten weiß, stets doppelt so lg. wie der K. (bei *G. sylvaticum* Bltn. häufiger nur 1,5 cm im Dm); Frklappen glatt **5**

5. Blkrblätt. tief eingeschnitten, lebhaft violett, 6–10 mm lg.; Blätt. im Umriß rundl.-nierenf., 7–9lappig; jeder Lappen m. 5–9 abgerundeten Zipfeln *(594),* beidersts. locker behaart; Stg. aufrecht, 25–50 cm lg., zottig; mehrjährig; V–X. Gebüsch, Weiden, Äcker u.

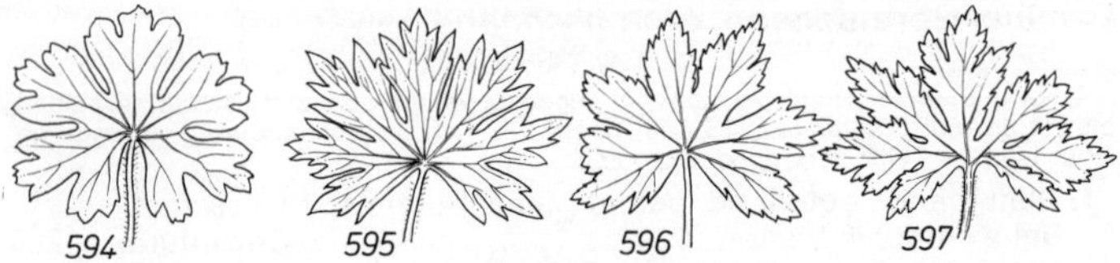

Gärten; *v* bis *z;* heute fest eingebürgert. (Heimat: SO-Eur.)
Pyrenäen-St., **G. pyrenáicum** Burm. f.

— Blkrblätt. ungeteilt od. nur seicht ausgerandet; Blattzipfel zugespitzt; Blattspr. (5–)7lappig **6**

6. Stg. u. Bltnstiele drüsenlos, aber m. nach rückw. gerichteten Haaren; Samen längsstreifig; Bltn. violett-karminrot, dk.-geadert; Blattlappen bis zur Mitte grob u. unregelmäßig gezähnt, m. kurz zugespitzten Zähnen *(596);* ♃; VI–IX. Feuchte Wiesen u. Wälder; *v, z* im N. *Sumpf-St.,* **G. palústre** L.

— Stg. u. Bltnstiele drüsig behaart; Samen punktiert . . . **7**

7. Stbfäden am Grd. auffällig verbreitert, kurz gewimpert; Blkrblätt. blauviolett, geadert, selten weiß, am Grd. gewimpert; Bltnstiele nach der Blüte herabgeschlagen, sich zur Frzt. wieder aufrichtend; Blattlappen doppelt fiedspaltig, m. lanzettl. Zähnen, kurzborstig behaart *(595);* ♃; VI–VIII. Feuchte Wiesen, Gräben; *v, s* im N.
Wiesen-St., **G. praténse** L.

— Stbfäden am Grd. nur wenig verbreitert, am Rande gewimpert; Blkrblätt. lebhaft rotviolett, am Grd. bärtig; Bltn. zuw. nur 1,5 cm breit; Bltnstiele nach dem Verblühen aufrecht; Blattlappen bis über die Mitte grob u. unregelmäßig gezähnt, unterst s. nur auf den Nerven behaart *(597);* ♃; VI–VII. Hochstaudenfluren u. Fettwiesen der Alp. u. M-Geb. *v,* sonst *z.* *Wald-St.,* **G. sylváticum** L.

8(1). Blätt. 3–5zählig gefied., m. doppelt fied.spaltigen, absthd. behaarten Fied. *(599);* Stg. oft karminrot, dicht drüsig behaart, herb duftend; Blkrblätt. rosa, m. 3 Längsstreifen; ⊙; V–X. Laub- u. Nadelwälder, schattige Felsen, Mauern.
Ruprechtskraut, Stinkender St., **G. robertiánum** L.

a. Blkrblätt. 6–9 mm lg., m. einfachen Nerven; Stbbeutel gelb; Pfl. schwach behaart. Auf Schotter; *s,* nur RhPf, St. (= *G. purpureum* Vill.)
ssp. **purpúreum** (Vill.) Nym.

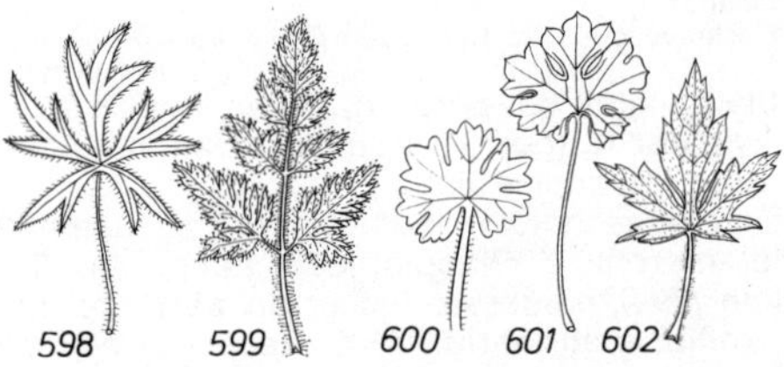

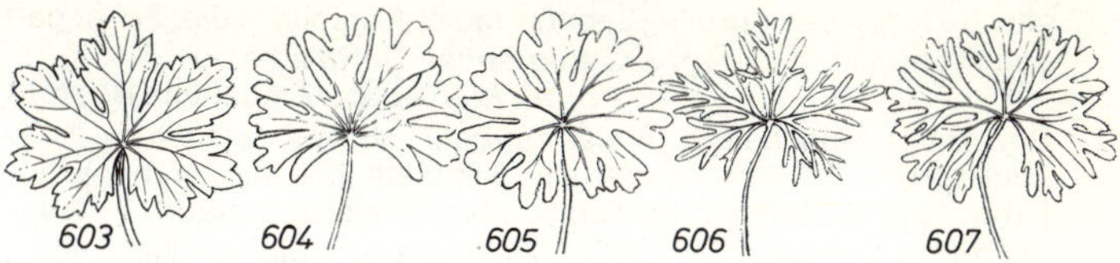

— Blkrblätt. 9–12 mm lg., m. gabeligen Nerven; Stbbeutel rotbraun . . . **b**
b. Pfl. stark drüsig behaart, stinkend, ± aufrecht; Fr. dk.braun, behaart; *g.* ssp. **robertiánum**
— Pfl. ± kahl, niederlgd., kurzgliedrig; Fr. hellbraun, kahl. Geröll der Küsten; *s.* ssp. **marítimum** (BAB.) BAKER

— Blätt. nicht gefied., nur 5–9teilig gelappt **9**
9. Blkrblätt. an der Spitze ausgerandet od. eingeschnitten . **11**
— Blkrblätt. an der Spitze abgerundet **10**
10. Pfl. dicht weich-drüsenhaarig, wie *G. robertianum* riechend; Blattspr. rundl. nierenf.; Lappen m. meist 3 stumpfen Zipfeln *(600);* Blkrblätt. keilf.-spatelig, rosarot; ⊙; VI–X. Mauern, Äcker, Wegränder; *s* in Ba (Unterfr., Jura), BW, RhPf, S-We, E, Au, *f* im N. *Rundblättriger St.,* **G. rotundifólium** L.
— Pfl. fast kahl; Stg. meist rot, zerbrechl.; Blätt. glzd., 5lappig, m. stumpf gekerbten Lappen *(601);* Blkrblätt. verkehrt-eif., hellkarminrot; ⊙; V–VI. Gebüsch, Felsen, Mauern der Hügel- u. Bergstufe; W-Dt *z,* sonst *s, f* Au. *Glänzender St.,* **G. lúcidum** L.
11(9). Blattspr. fast bis zum Grd. geteilt, m. fied.spaltigen Lappen *(602, 606–607)* [bei *G. pusillum,* Nr. **16,** sind nur ob. Stgblätt. fast bis zum Grd. geteilt] **17**
— Blattspr. nur bis zur Mitte od. etwas tiefer eingeschnitten *(603–605)* **12**
12. Blattspr. im Umriß rundl. *(604–605);* Kblätt. kurz bespitzt **15**
— Blattspr. im Umriß vieleckig *(602–603);* Kblätt. lg. bespitzt **13**
13. Filamente zottig behaart; Blkrblätt. blauviolett; Kblätt. 1–3 mm lg. bespitzt, gleich den glatten Frklappen dicht drüsenhaarig; ⊙; VII–IX. Feuchte Nadelwälder der Oberlausitz u. ČR (Böhmen), S-Br; *s.* *Böhmischer St.,* **G. bohémicum** L.
— Filamente kahl; Blkrblätt. rosa; Frklappen kurz u. angedrückt behaart **14**
14. Stg. m. spärl. u. rückw. gerichteten Haaren, aber drüsenlos; Frklappen glatt; Bltnstände 1bltg.; Blattspr. 3–5lappig, beiderseits. angedrückt behaart *(602);* ♃; VII–VIII. Auen, Hecken, Ödland; wohl nur eingeschleppt; *s* in Ba (Bodensee, Franken), BW (Kaiserstuhl), Schl, Br, Me, Kt, St. *Sibirischer St.,* **G. sibíricum** L.
— Stg. außer m. absthd. Wollhaaren auch noch m. Drüsenhaaren; Frklappen querrunzelig; Bltnstände meist 2bltg.; Stgblätt. 5lappig *(603);* ⊙; VI–VII. Gebüsch, Schutt, Weinberge; *z* in Sa, O-Br, Schl, Ti. Aus W- u. M-Asien eingeschleppt u. eingebürgert. *Spreizender St.,* **G. divaricátum** EHRH.
15(12). Blkr. ca. 1,5 cm Dm; Blkrblätt. doppelt so lg. wie der K. (s. auch Nr. **5**). *Pyrenäen-St.,* **G. pyrenáicum** BURM. f.
— Blkr. höchstens 1 cm im Dm; Blkrblätt. höchstens 1,5mal so lg. wie der K. **16**
16. Stg. kurzhaarig, niederlgd.; Blkrblätt. 3–4 mm lg., an der Spitze schwach ausgerandet, blaßlila; Stgblätt. m. beiderseits. weichhaari-

ger, 5–7lappiger Spreite; Lappen meist 3zipfelig *(604);* Fr. angedrückt behaart; ⊙–⊙; V–X. Wegränder, Dorfplätze, *v.*
Kleiner St., **G. pusíllum** Burm. f.

— Stg. zottig-weichhaarig, meist aufrecht, oberwärts auch m. Drüsenhaaren von Moschusgeruch; Blkrblätt. tief ausgerandet, 5–8 mm lg., rot; Blattspr. beiderssts. absthd. weich behaart, 7–9lappig *(605);* Fr. kahl; ⊙–⊙; V–IX. Trockene Heiden, Wegränder, Schutt; *v.* *Weicher St.,* **G. mólle** L.

17(11). Stg. angedrückt behaart; Bltnstände die Tragblätt. überragend; Blattspr. 5–7lappig m. doppelspaltigen Abschnitten *(606);* Blkrblätt. so lg. od. etwas länger als der K., violett-purpurn, am Nagel behaart; Fr. nur an den Grannen behaart; ⊙–⊙; V–VII. Gebüsche, Weg- u. Ackerränder; *v, z* im N.
Tauben-St., Stein-St., **G. columbínum** L.

— Stg. absthd. behaart; Bltnstände meist kürzer als die Tragblätt.; Spreite weniger zerteilt als bei voriger *(607);* Blkrblätt. so lg. od. kürzer als die Kblätt., rotviolett; Fr. drüsig behaart; ⊙; V–X. Äkker, Wegränder; *v.* *Schlitzblättriger St.,* **G. disséctum** L.

2. Eródium L'Hér., *Reiherschnabel*

1. Fied. gestielt, gezähnt; Trag- u. Nebenblätt. stumpf; Stg. verlängert, dicht drüsig; fertile Stbblätt. am Grd. 2zähnig; ⊙; V–VI. Schuttplätze, Wegränder; aus dem Mittelmeergebiet *s* eingeschleppt. *Moschus-R.,* **E. moschátum** (L.) L'Hér.

— Fied. sitzend, tief fied.spaltig od. fied.teilig; Trag- u. Nebenblätt. spitz od. zugespitzt; ⊙–⊙; IV–X. Sandige Äcker, Weinberge, Sandrasen, *v.*
Sammelart: *Gewöhnlicher R.,* **E. cicutárium** (L.) L'Hér. s. l.

a. Fr. an der Spitze m. flacher Grube, ohne Furche; Stg. dicht drüsig; Bltnstand 1–3blütig; Bltnblätt. lila, ohne Fleck, wenig länger als der K.; ⊙–⊙; IV–X. Dünen der Küste, *z.* (= *E. glutinosum* Dum.) *Drüsiger R.,* **E. lebélii** Jord.

— Fr. an der Spitze m. von einer Furche umgebener Grube . . . . **b**

b. Frschnabel 3–4 cm lg.; Stg. kaum drüsig; Bltnstand 3–10blütig; Bltnblätt. am Grd. oft m. schwärzl. Fleck, länger als der K.; ⊙–⊙.
Gewöhnlicher R., **E. cicutárium** (L.) L'Hér. s. str.

— Frschnabel 2–3 cm lg.; Stg. dicht drüsig . . . . **c**

c. Frschnabel 22–28 mm lg.; Bltnstand 3–4blütig; ⊙. Dünen an Nord- u. Ostsee. (= *E. cicutarium* ssp. *dunense* Andreas) *Dünen-R.,* **E. bállii** Jord.

— Frschnabel 25–30 mm lg.; Bltnstd. 5–6blütig; ⊙. Dünen der Küste. [= *E. glutinosum* Dum. ssp. *danicum* (K. Larsen) Rothm.]
Dänischer R., **E. dánicum** K. Larsen

Familie: **Balsamináceae,** *Balsaminengewächse*

Kräuter m. saftigen, glasig-durchscheinenden, an den Knoten oft verdickten Stg.; Bltn. zygomorph; K. durch Ausfall der beiden vorderen Kblätt. 3blättrig; das hintere Kblatt gespornt u. blkrblattartig *(191);* Blkrblätt. 5, paarweise miteinander verbunden; Stbblätt. 5; Frkn. oberst., 5blättrig; Fr. bei Berührung elastisch aufspringende Saftkapsel.

Impátiens L., *Springkraut*

1. Bltn zu mehreren od. einzeln, blattachselst., verschiedenfarbig; Sporn dünn; Stg. dickfleischig, knotig; ⊙; VII–VIII. Zierpfl. aus S-Asien.
Garten-Sp., **I. balsámina** L.

— Bltn. in gestielten Trauben **2**

2. Bltn. rot mit dickem Sporn, zu 2–14 in lg. gestielten Trauben; Blätt. gezähnt, an den basalen Zähnen u. am Blattstiel m. Drüsen; Pfl. bis 3 m; ⨀; VII–IX. Bachufer, Auwälder; Zierpfl., verwild. u. eingebürgert, jetzt *v.* [Heimat: Asien (Himalaya)] (= *I. roylei* WALP.) *Drüsiges Sp.*, **I. glandulífera** ROYLE

— Bltn. gelb; Pfl. bis 0,8 m hoch **3**

3. Bltn. groß, hgd., m. gekrümmtem Sporn *(191)*, in 2–4bltg., die Tragblätt. nicht überragenden Trauben; Blkrblätt. goldgelb, innen rot punktiert; ⨀; VII–IX. Feuchte Laubwälder, *v.* *Rührmichnichtan, Großes Sp.*, **I. nóli-tángere** L.

— Bltn. klein, aufrecht, m. geradem Sporn, in 4–10bltg., die Tragblätt. meist überragenden Trauben; Blkrblätt. blaßgelb; ⨀; IV–X. Bestandsbildend in Laub- u. Nadelwäldern u. als Gartenunkraut; aus O-Asien eingeschleppt u. eingebürgert, *v.* *Kleinblütiges Sp.*, **I. parviflóra** DC.

Familie: **Tropaeoláceae,** *Kapuzinerkressengewächse*

Kräuter od. Stauden; Blätt. schildf.; Bltn. zygomorph, m. Sporn; Stbblätt. 8, Gr. 1; Fr. zerfällt in 3 einsamige Schließfr.

Tropaéolum L., *Kapuzinerkresse*
Blätt. schildf. *(53)*; Bltn. orangefarbig bis rot, gespornt; ⨀; VI–VII. Aus S-Am. stammende Gartenzierpfl. *Große K.*, **T. május** L.

Ordnung: **Polygaláles**

Familie: **Polygaláceae,** *Kreuzblumengewächse*

Kräuter od. Halbsträucher; Blätt. wechselst., oft wintergrün; Bltn. zygomorph, schmetterlingsf.; Kblätt. 5, davon 3 klein, unscheinbar u. 2 blumenblattartig (= Flügel, *178*); Blkrblätt. 5 od 3, das vordere rinnig, schiffchenart., m. fransigem Anhängsel; Stbblätt. 8, zu oben offener Röhre verwachsen; Frkn. oberst., 2fächerig; Kapselfr.

Polýgala L., *Kreuzblume*

1. Bltn. weiß u. gelb od. rosa, meist 2farbig, 13–15 mm lg., zu 1–2 achselst.; Schiffchen an der Spitze 4lappig; Blätt. ledrig, immergrün, am Rande umgerollt, vorn m. aufgesetzter Stachelspitze *(253)*; niederlgd. Halbstrauch m. Ausläufern; ♃; III–VI. Trockenrasen, Kiefernwälder; Alp. *v*, M-Geb. *z.* (= *Chamaebuxus alpestris* SPACH) *Zwergbuchs-K.*, **P. chamaebúxus** L.

— Bltn. blau, rot od. weiß, kleiner, in endst. Trauben; Blätt. krautig **2**

2. Unt. Stgblätt. rosettig gehäuft, bedeutend größer als die übrigen **7**

— Unt. Stgblätt. nicht rosettig gehäuft, kürzer als die ob. . . **3**

3. Unt. Blätt. gegenst., die übrigen wechselst.; Stg. dünn, am Grd. niederlgd.; Bltntrauben 3–8bltg.; Bltn. blaßblau; Flügel länger als die Blkrröhre; Kblätt. weiß berandet; ♃; V–IX. Magerrasen; kalkmeidend; Ti, Vb, M-Geb. u. NW *z*, sonst *s*, *f* im NO. (= *P. serpyllacea* WEIHE; = *P. depressa* WENDEROTH) *Quendel-K.*, **P. serpyllifólia** HOSE

— Alle Blätt. wechselst.; Bltntrauben vielbltg. **4**

4. Grdblätt. meist schuppenf., zur Stgspitze hin an Größe zunehmend; Bltnstiele nach der Blüte zurückgekrümmt; Bltn. 4–5 mm lg., blau od. weißl.; Flügel 3nervig; Mittelnerv m. den seitl. Nerven undeutl. verbunden; ♃; VI–VII. Subalpine Matten der Alp; *v.* (= *P. microcarpa* GAUD.) *Alpen-K.*, **P. alpéstris** RCHB.

— Blätt. zur Stgspitze hin kleiner werdend **5**

5. Tragblätt. vor dem Aufblühen die Bltnknospen kaum überragend; Bltn. meist blau; ♃; V–VIII. Magerweiden, Bergwiesen, lichte Wälder, *v.* *Gewöhnliche K.*, **P. vulgáris** L.

a. Bltn. blau od. violett; Pfl. kräftig; ob. Stgblätt. deutl. größer, 25–40 mm lg.; Flügel am Grd. genagelt; Gr. so lg. wie der Frkn. . . . . **b**

— Bltn. weiß; Pfl. zierl.; ob. Stgblätt. wenig größer, 10–30 mm lg.; Flügel am Grd. keilf.; Gr. länger als der Frkn. . . . . **c**

b. Flügel 6,0–8,5 mm lg.; Blkr. länger als die Flügel; Kblätt. 2,8–4 mm lg.; Bltn. meist blau, *v.* ssp. **vulgáris**

— Flügel 8–10,5 mm lg.; Blkr. etwa so lg. wie die Flügel; Kblätt. 3,5–5 mm lg.; Bltn. meist rötl.-violett; Pfl. 20–40 cm hoch; *s*, E. ssp. **callíptera** (LE GRAND) R. & F.

c(a). Pfl. 15–25 cm hoch; Bltnstand vielbltg., locker; Flügel 6–7,5 mm lg.; *z*, im NW *f.* ssp. **oxýptera** (RCHB.) DETHARD

— Pfl. 5–15 cm hoch; Bltnstand armbltg., kurz; Flügel 4–6 mm lg.; *z*, bes. im W, *f* Au. ssp. **collína** (RCHB.) BORB.

— Tragblätt. vor dem Aufblühen die Bltnknospen um mehr als 1 mm überragend; Bltn. meist rosa, selten blau od. weiß **6**

6. Flügel (6–)8–11 mm lg., m. 3–5 Nerven; ♃; V–VI. Trockenwiesen, *s*, Kt?, St. [= *P. carniolica* KERN. ssp. *pannonica* (PÓCS) MELZER] *Pannonische K.*, **P. nicaeénsis** RISSO ex KOCH

— Flügel 4–6(–8) mm lg., m. 1–3 Nerven; ♃; V–VII. Trockenwiesen, Gebüsch; meist auf Kalk; *z* im S, *s* im N, *f* im NW bis Me. *Schopfige K.*, **P. comósa** SCHK.

7(2). Stg. am Grd. ausläuferart. niederlgd., m. großblättriger Rosette abschließend; Blätt. nicht bitter schmeckend; Bltnstände zu mehreren seitl. in den Achseln der Rosettenblätt.; Nerven der Flügel stark verzweigt, außen netzartig miteinander verbunden; ♃; IV–VI. Kalkmagerrasen; *s*, nur S-BW (Freiburg), RhPf, He, E. *Kalk-K.*, **P. calcárea** F. W. SCHULTZ

— Stg. aufrecht od. aufstgd.; Rosettenblätt. bitter schmeckend; Bltnstand meist einzeln, endst., der Mitte der Rosette entspringend; Bltn. blau, rot-violett od. weiß; Nerven der Flügel wenig verzweigt, an der Spitze nicht m. dem Mittelnerven verbunden **8**

8. Flügel 3,0–5,0 mm lg.; Kblätt. < 3 mm lg.; Stgblätt. im ob. Drittel am breitesten, stumpf; Samen 1,5–2,1 mm lg.; ♃; V–VI. Flachmoore, Magerrasen, *v*, Alp. bis 1600 m. (= *P. austriaca* CR.; = *P. amara* L. ssp. *amarella* (CR.) CHODAT) *Moor-K.*, **P. amarélla** CR.

— Flügel 5–8,5 mm lg.; Kblätt. > 3 mm; Samen 2,1–2,8 mm lg.; Stgblätt. in der Mitte am breitesten, zugespitzt; ♃; V–VIII. Steinrasen, Felsfluren, Alp. bis 2200 m; *z.* *Bittere K.*, **P. amára** L.

a. Flügel zur Frzt. 6–8,5 mm lg.; Kapsel viel kürzer als die Flügel; Kblätt. 3,8–5,6 mm lg., die Einschnürung weit überragend; *s*, St. ssp. **amára**

— Flügel zur Frzt. 4,8–6,5 mm lg.; Kapsel wenig kürzer als die Flügel; Kblätt. 3,0–4,3 mm lg., die Einschnürung wenig überragend; *z*, in BW, He, Th *s.* ssp. **brachýptera** (CHODAT) HAY.

Ordnung: **Cornáles**

Familie: **Cornáceae,** *Hartriegelgewächse*

Holzpfl., seltener Stauden, m. gegenst. Blätt.; Bltn. klein, in Dolden, zuw. von auffälligen Hochblätt. *(205)* umgeben; Kblätt. 4, zu Röhre verwachsen; Blkr.- u. Stbblätt. 4; Frkn. unterst., 2fächerig; Steinfr.

Córnus L., *Hartriegel*

1. Stg. krautig, 10–15 cm lg., 4kantig; Bltn. rotbraun, von 4 weißen Hochblätt. umgeben *(205);* ♃; V. Moore, Zwergstrauchheiden; *s* nur im N, NS, SH, Da, sehr *s* in Ho. [= *Chamaepericlymenum suecicum* (L.) A. & G.] *Schwedischer H.,* **C. suécica** L.

— Höhere Sträucher; Bltn. weiß od. gelb; Bltnstände nicht von großen Hochblätt. umgeben **2**

2. Bltn. gelb, vor den Blätt. erscheinend; Blattspr. unterststs. zw. den Nerven m. anlgd. Haaren, in den Achseln bärtig; Fr. hgd., scharlachrot, bis 12 mm lg.; ♃; III–IV. Trockene Laubwälder, Felsen; *s* in Ba, S-NS, *v* in Au, *h* als Zierpfl. *Kornelkirsche, Herlitze, Gelber H.,* **C. más** L.

— Bltn. weiß, nach den Blätt. erscheinend **3**

3. Fr. schwarz; Blattspr. unterststs. grün, m. 3–4 Nervenpaaren, im Herbst leuchtend rot, unterststs. zw. den Nerven geschlängelt absthd. behaart; junge Zweige nicht herabgebogen, selten einwurzelnd, m. roter Rinde; ♃; V–VI. Laubwälder, Trockenhänge; *v, z* im N. [= *Thelycrania sanguinea* (L.) Fourr.; = *Swida sanguinea* (L.) Opiz] *Blutroter H.,* **C. sanguínea** L.

— Fr. weiß bis hellblau; Blätt. unterststs. behaart bis fast kahl, m. 5–7 Seitennervenpaaren **4**

4. Pfl. ohne od. m. wenigen wurzelnden, ausläuferart. Sprossen; Blattspr. 4–8 cm lg., unterststs. angedrückt behaart; Fr. weiß bis hellblau; ♃; V–VII. Zierstrauch aus As., gelegentl. verwild. [= *Thelycrania alba* (L.) Pojarkova; = *Swida alba* (L.) Opiz; = *Cornus tatarica* Mill.] *Weißer H.,* **C. álba** L.

— Pfl. m. zahlr. wurzelnden, ausläuferart. Sprossen; Blattspr. 5–14 cm lg., unterststs. bis fast kahl; Fr. weiß; ♃; V–VII. Zierstrauch aus Am., zuw. verwildert. [= *Thelycrania stolonifera* (Michx.) Pojarkova; = *C. stolonifera* Michx.; = *Swida sericea* (L.) Holub] *Sprossender H.,* **C. serícea** L.

Ordnung: **Apiáles** *(= Araliales)*

Familie: **Araliáceae,** *Efeugewächse*

Holzgewächse od. Stauden; Blätt. 2zeilig, wechsel- od. gegenst., ohne Nebenblätt.; Bltn. 5zählig; Beeren- od. Steinfr.

Hédera, L., *Efeu*

Immergrüne, m. Haftwurzeln kletternde Holzpfl.; Blätt. nichtblühender Triebe 2zeilig gestellt, 3–5eckig gelappt *(251a);* Blätt. der Bltntriebe ei-rautenf., lg. zugespitzt *(251b);* Bltn. in halbkugeligen Dolden, unscheinbar, grünl.; Fr. kugelig, zuletzt blauschwarz; ♃; IX–X. Wälder, an Felsen u. Mauern; *v;* auch als Zierpfl. **H. hélix** L.

Familie: **Apiáceae** *(= Umbelliferae), Doldengewächse*

Kräuter od. Stauden; Blätt. wechselst., meist gefied., zuw. m. großer Blattscheide; Stg. oft hohl, knotig u. gleich den Wurzeln u. Früchten von Ölgängen durchzogen, Pfl. deshalb von aromatischem Geruch; Bltn. in Köpfchen, einfachen *(101)* od. zusammengesetzten Dolden *(106).* Im letzteren Fall werden die Tragblätt. der Hauptdoldenstrahlen als **Hülle,** jene der Döldchenstrahlen als **Hüllchen** bezeichnet; Bltn. radiär *(608)* od. (vor allem die randst. einer Dolde) zygomorph *(609),* meist ⚥; K. u. Blkrblätt. in Knospenlage eingeschlagen *(608),* oft hinfällig; K. oft stark reduziert bis fehlend; Stbblätt. 5; Gr. 2, einem rundl. kegeligen, drüsigen Griffelpolster (= Stylopodium, = Diskus; *608,* D) aufsitzend; Frkn. unterst., 2fächerig, sich bei der Reife an der Verwachsungsstelle beider Frblätt. (= Fugenfläche; *610,* F) lösend u. in 2 einsamige Spaltfr. zerfallend, die längere Zeit an einem 2schenkeligen Frträger (*610,* Ft; = Karpophor) hängen bleiben. Der erhalten bleibende Gr. mit dem ob. verschmälerten Teil d. Frkn. wird als **Schnabel** bezeichnet.
Zur Bestimmung vieler Gattungen sind **reife** Früchte notwendig!
(Schlüssel z. T. verändert nach Schmitz u. Froebe)

608 609 610

1. Pfl. distelartig, m. harten, stacheligen Blätt.; Bltn. in kugeligen od. walzenf. Köpfchen, die am Grd. von einer Hülle stacheliger Hochblätt. umgeben sind *(626–629)* . **Eryngium,** 300
— Pfl. nicht distelartig **2**
2. Blätt. gelappt, gefied., handf. geteilt od. 3zählig; Grd.- u. ob. Stgblätt. zuw. aber ungeteilt **4**
— Alle Blätt. m. ungeteilter Spreite **3**
3. Blätt. schildf. *(53),* am Rand gekerbt; Bltn. klein, weiß, in Köpfchen; Sumpfpfl. . . . . **Hydrocotyle,** 299
— Blätt. nicht schildf., sondern grasartig od. breit-längl., zuw. vom Stg. durchwachsen *(25);* Bltn. gelb, in zusammengesetzten, häufig von einer auffälligen Hochblatthülle umgebenen Dolden . . . . **Bupleurum,** 303
4(2). Fr. m. sehr langem Schnabel; dieser 2–6mal so lg. wie der samentragende Teil der Fr. *(611);* Blätt. 2–4fach fied.teilig . . . . **Scandix,** 302
— Fr. ungeschnäbelt od. m. nur kurzem Schnabel **5**
5. Bltn. in deutl. zusammengesetzten, nicht köpfchenf. Dolden **11**
— Bltn. in einfachen Dolden *(193, 215),* Köpfchen od. köpfchenf. zusammengezogenen Döldchen **6**
6. Blätt. handf. geteilt **9**
— Blätt. gefied. **7**
7. Fr. m. sehr langem Schnabel; Frkn. verlängert sich schon zur Bltzt. *(611)* . . . . **Scandix,** 302
— Fr. ohne Schnabel **8**
8. Frkn. m. Stacheln; Pfl. trockener Standorte . . . **Torilis,** 302

— Frkn. ohne Stacheln; Sumpfpfl. . . . . **Oenanthe,** 307
9(6). Bltn. grünl.gelb, in einfachen, von großen Hüllblätt. umgebenen Dolden *(193);* alle Blätt. grdst. . . . . . **Hacquetia,** 299
— Bltn. weiß od. rötl. **10**
10. Dolde einfach, von auffälligen, weißen od. rötl. Hüllblätt. umgeben *(215)* . . . . **Astrantia,** 299
— Dolde zusammengesetzt, m. kleinen, köpfchenf. Döldchen; Hüllblätt. grünl., unscheinbar; Stgblätt. viel kleiner als die grdst. Rosettenblätt. . . . . **Sanicula,** 299
11(5). Blkr. reinweiß od. rötl. **28**
— Blkr. gelb, grünl.gelb od. grünl.weiß **12**
12. Hülle fehlend od. m. 1–2, selten m. mehr Blätt. . . . **14**
— Hülle u. Hüllchen 3- bis mehrblättrig; Spaltfr. am Rand geflügelt **13**
13. Grdblätt. einfach od. doppelt gefied., m. breit-eif. Fied.; K.saum undeutl.; Gartenpfl. . . . . **Levisticum,** 311
— Grdblätt. 3fach gefied., m. schmal-linealen *(621),* am Rand rauhen Fied.; K. deutl. 5zähnig . . . . . . **Peucedanum,** 311
14(12). Fied. eif., lanzettl. od. lineal, breiter als ½ mm; Stg. kantig, gerillt, gestreift od. häufig geflügelt **16**
— Fied. lg. haarf., kaum ½ mm breit; Stg. glatt; stark riechende Gartenpfl. **15**
15. Fr. ungeflügelt; Blattscheiden 3–5 cm lg., mützenf. geöhrt; Pfl. 80–150 cm hoch . . . . **Foeniculum,** 309
— Fr. breit geflügelt, linsenf.; Blattscheiden kurz, an der Spitze m. 2 Öhrchen; Stg. weiß gestreift, 40–120 cm lg. **Anethum,** 309
16(14). Blätt. einfach gefied., m. breiten, gekerbten, gesägten, oft gelappten od. handf. geteilten Fied.; Fr. (reif!) geflügelt **27**
— Blätt. 2–3fach gefied. od fiedteilig od. 1- bis mehrfach 3zählig zusammengesetzt; ob. Stgblätt. zuw. ungeteilt . . **17**
17. Ob. Stgblätt. ungeteilt, gekerbt, am Grd. tief herzf. stgumfassend, gelb; Stg. spitzenw. häutig geflügelt **Smyrnium,** 303
— Ob. Stgblätt. nicht herzf. stgumfassend **18**
18. Pfl. höchstens 120 cm hoch **20**
— Pfl. meist > 120 cm **19**
19. Oberste Zweige u. Dolden quirlst.; K. deutl. fünfzähnig **Peucedanum,** 311
— Oberste Zweige u. Dolden nicht gegenst. od. quirlst.; K.rand fast ungezähnt . . . . **Angelica,** 310
20(18). Blattzipfel schmal, nicht gezähnt od. gesägt . . . **23**
— Blätt. m. im Umriß breit-eif. Zipfeln; Zipfel gezähnt, gesägt od. gelappt **21**
21. Hüllchen fehlend . . . . **Pastinaca,** 312
— Hüllchen vorhanden **22**
22. Blattzipfel der unt. Blätt. 1–2 cm lg.; Doldenstrahlen ungefähr gleich lg.; Pfl. beim Zerreiben nach Petersilie riechend **Petroselinum,** 305
— Blattzipfel der unt. Blätt. 2–8 cm lg.; Doldenstrahlen auffallend ungleich lg. . . . . **Laserpitium,** 313

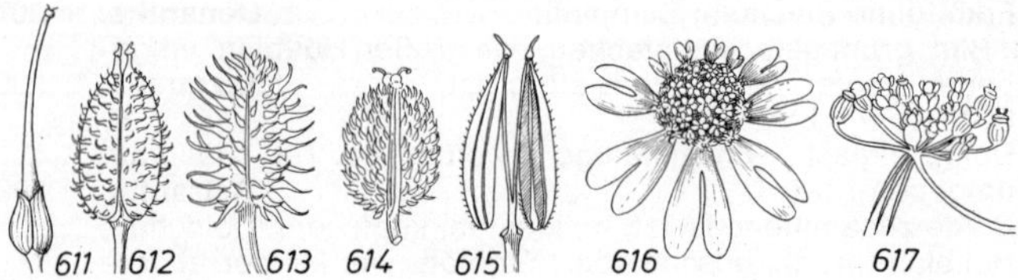
611 612 613 614 615 616 617

23(20). Hüllchen fehlend **26**
— Hüllchen vielblättrig **24**
24. Einw. gebogenes Ende der Blkrblätt. gleichmäßig zur Spitze verschmälert; Grdblätt. 2(–3)fach gefied. . **Selinum,** 309
— Einw. gebogenes Ende der Blkrblätt. riemenf. od. verbreitert, 1–4spitzig **25**
25. Grdblätt. 3–4fach gefied. . . . . **Silaum,** 309
— Grdblätt. 1fach gefied. . . . . **Peucedanum,** 311
26(23). Stg. schon am Grd. sparrig verzweigt; die meisten Bltn. eingschl.; Pfl. meist 2häusig . . . . **Trinia,** 304
— Stg. erst oberw. verzweigt; Bltn. ⚥ . . . **Peucedanum,** 311
27(16). Hüllchen fehlend od. 1–2blättrig; Randbltn. nicht vergrößert (nicht strahlend) . . . . **Pastinaca,** 312
— Hüllchen mehrblättrig (häufig fehlend); Randbltn. vergrößert *(609)* . . . . **Heracleum,** 312
28(11). Fkn. u. Fr. kahl (Lupe!) **45**
— Frkn. u. Fr. ± kurz behaart, borstig od. stachelig *(612–614),* zur Frreife mitunter wieder kahl **29**
29. Fr. ohne schnabelart. Fortsatz **31**
— Fr. m. schnabelart. Fortsatz *(611–612)* **30**
30. Schnabel länger als die Fr., m. dieser zusammen 2–6 cm lg., Teilfr. am Rande kurz bewimpert *(611)* . . **Scandix,** 302
— Schnabel kürzer als die Fr., m. dieser zusammen 4–12 mm lg., Teilfr. m. gekrümmten Borsten *(612)* . . **Anthriscus,** 301
31(29). Hüllchen fehlend od. 1–2blättrig; Grdblätt. ungeteilt, herzf.-rundl., würzig riechend od. gefied. u. dann geruchlos **Pimpinella,** 306
— Hüllchen 3- bis vielblättrig; Blätt. gefied. od. fied.teilig **32**
32. Blätt., zumindest aber die Grdblätt., 2–3fach gefied. . **36**
— Alle Blätt. einfach gefied. od. fiedteilig **33**
33. Blätt. bis 60 cm lg.; Blattscheiden bauchig aufgeblasen; Hülle fehlend od. 1–2blättrig; Randbltn. vergrößert; Fr. linsenf., breit geflügelt, jung behaart; Stg. rauhhaarig, m. Borstenkranz an den Knoten . . . . **Heracleum,** 312
— Blätt. viel kleiner; Blattscheiden nicht bauchig aufgeblasen; Hülle mehrblättrig **34**
34. Dolden vielstrahlig; Strahlen dick, gleich den Bltnstielen m. aufrecht-absthd., gekörnelten Börstchen; Fr. rundl.-elliptisch, auf der Außenseite m. kurzen Borstenhaaren; Stg. borstenhaarig . . . . **Tordylium,** 312
— Dolden 2–5strahlig **35**

35. Unterhalb der Dolde zahlr. strahlende, oft gefärbte Hüllblätt. *(215);* Dolden endst.; Bltn. polygam (♂ u. ⚥); Pfl. ♃ **Astrantia,** 299
— Hülle fehlend od. unscheinbar; Dolden scheinbar blattgegenst.; Fr. stark bestachelt . . . . **Caucalis,** 302
36(32). Fr. bestachelt, borstig-haarig od. warzig *(612–615)* **39**
— Fr. kurzhaarig, aber nicht bestachelt od. borstig . . . **37**
37. Stg. zu mehreren aus grdst. Rosette, bis 40 cm lg., fein gerillt, flaumig-zottig; Blätt. graugrün, zottig-rauhhaarig, fein zerteilt m. schmal-linealen Fied.; Fr. dicht-weißhaarig **Athamanta,** 309
— Stg. einzeln aus grdst. Rosette **38**
38. Basale Fied. 2. Ordn. an die Blattrhachis gerückt und hier kreuzweise gestellt *(622);* Stg. fast kahl, tief-kantig gefurcht, bis 1,2 m hoch . . . . **Libanotis,** 307
— Basale Fied. 2. Ordn. anders angeordnet, nicht kreuzweise gestellt; Fr. schmal geflügelt; Stg. steifhaarig, kantig gefurcht, bis 1 m hoch . . . . . . **Laserpitium prutenicum,** 313
39(36). Hülle 3- bis mehrblättrig **42**
— Hülle fehlend od. 1blättrig; Hüllchen 3- bis vielblättrig **40**
40. Fr. ± 2 cm lg., lineal, nur an den Kanten haarig bis borstenhaarig *(615);* Pfl. stark riechend . . . . **Myrrhis,** 302
— Fr. ± 1 cm lg., m. vielen hakigen Stacheln od. rauhhaarig **41**
41. Frstacheln in Reihen *(613)* (s. auch Nr. **35**—) . **Caucalis,** 302
— Frstacheln regellos angeordnet *(614);* Hüllchen vielblättrig; Dolde 2- bis mehrstrahlig . . . . **Torilis,** 302
42(39). Hüllblätt., z.T. auch die Hüllchenblätt. fiedspaltig, Doldenstrahlen z. Frreife vogelnestartig zusammenneigend **Daucus,** 313
— Hüllblätt. ungeteilt **43**
43. Dolde 20–30strahlig; Fr. kurzhaarig; Stg. gefurcht **Seseli,** 307
— Dolde höchstens 12strahlig; Fr. stachelig **44**
44. Randbltn. strahlend, viel größer als zentrale Bltn. *(616),* weiß; Frstacheln in Reihen angeordnet; Hüllchenblätt. häutig berandet . . . . **Orlaya,** 302
— Randbltn. kaum vergrößert; Bltn. weiß od. rötl.; Frstacheln regellos angeordnet *(614);* Hüllchenblätt. pfrieml. **Torilis,** 302
45(28). Hülle fehlend od. 1–2-, selten mehrblättrig, aber dann unscheinbar **59**
— Hülle u. Hüllchen 3- bis mehrblättrig **46**
46. Blätt., zumindest die Grdblätt., 2–4fach gefied., fiedteilig od. 3zählig zusammengesetzt **48**
— Blätt. einfach gefied. (bei *Sium* sind nur die Unterwasserblätt. doppelt gefied.); Sumpf- u. Wasserpfl. **47**
47. Stg. niederlgd., flutend od. im Schlamm wurzelnd; Dolden 3–6strahlig, meist den Blätt. gegenübersthd. . . . **Apium,** 304
— Stg. aufrecht, gefurcht bis fein gerillt; Dolden mehrstrahlig, end- od. scheinbar blattgegenst. *(Berula)* . . . . **Sium,** 306
48(46). Hüllblätt. ungeteilt (s. auch *Ligusticum,* Nr. **50**) . **51**
— Hüllblätt. fiedspaltig, groß; Fr. ungeflügelt **49**

49. Kelchrand deutl. 5zähnig; Stg. röhrig, gefurcht; Blätt. dk.grün, glzd., 60–100 cm lg. . . . . **Pleurospermum,** 303
— Kelchrand undeutl. 5zähnig **50**
50. Dolden 8–20strahlig; Pfl. ♃; Stg. entweder m. breit eif. Fiederblätt. od. fast nur am Grd. beblättert m. lineal-lanzettl. Fiederblätt. . . . . **Ligusticum,** 310
— Dolden 20–30strahlig; Pfl. ⨀; Stgblätt. vorhanden, fein zerteilt . . . . **Ammi,** 305
51(48). Fr. 8flügelig, d. h. jede Spaltfr. 4flügelig; K. deutl. 5zähnig . . . . **Laserpitium,** 313
— Fr. ungeflügelt od. die Spaltfr. nur am Rand geflügelt od. gerippt **52**
52. Blätt. 3zählig gefied.; Fied. 3spaltig od. 3lappig, kreisrund od. lineal-lanzettl. **58**
— Blätt., wenigstens die Grdblätt., mehrfach gefied. . . . **53**
53. Fr. im Alter linsenf. zusammengedrückt, reif am Rand geflügelt; K. deutl. gezähnt . . . . **Peucedanum,** 311
— Fr. nicht zusammengedrückt, ungeflügelt od. nur gerippt **54**
54. Hüllchenblätt. einseitswendig, nur an äußerer Seite der Döldchen *(617),* am Grd. verwachsen; Stg. kahl, bläul. bereift, an der Basis oft gefleckt; Fr. m. wellig-gekerbten Rippen; Pfl. übelriechend . . . . **Conium,** 303
— Hüllchen allseitswendig; Frrippen nicht gewellt . . . **55**
55. K. deutl. 5zähnig; Fr. walzl., an der Spitze halsf., vom K. gekrönt; Sumpf- od. Wasserpfl. . . . . **Oenanthe,** 307
— K. undeutl. od. nicht 5zähnig **56**
56. Blätt. im Umriß lineal bis dünnwalzl., m. kurzen, fast quirlig angeordneten Seitenfied. *(618)* . . **Carum verticillatum,** 306
— Blätt. im Umriß 3eckig; Fied. nicht quirlig angeordnet; Fr. reif schwarzbraun **57**
57. Nährgewebe der Teilfr. im Querschnitt (Fr. durchschneiden!) stumpf 5eckig, an der Fugenfläche abgeflacht; Stg. markig . . . . **Bunium,** 306
— Nährgewebe der Teilfr. im Querschnitt an der Fugenfläche tief gefurcht, nierenf.; Stg. hohl . . . . . **Conopodium,** 306
58(52). Fied. rundl., 4–7 cm breit, ungleich breit gekerbt; Pfl. m. Kümmelgeruch . . . . **Laser,** 313
— Fied. lg. lineal (bis 15 cm lg. u. 10 mm breit), oft sichelf., scharf gesägt m. grannenart. Sägezähnen; Pfl. blaugrün, sparrig-ästig . . . . **Falcaria,** 305
59(45). Blätt. einfach bis mehrfach gefied., jedoch nicht 3zählig (zuw. nur die Grdblätt. od. diese ungeteilt) **62**
— Blätt. einfach 3zählig od. jede dieser 3 Fied. nochmals bis 3zählig gefied. (= doppelt 3zählig), m. eif.-längl. bis rundl. Fied. **60**
60. Fied. rundl. (vgl. aber auch *Ligusticum,* Nr. **50**), meist 3lappig, grob gekerbt, unterst. bläul.; Stg. fein gerillt, kahl; Fr. zusammengedrückt; K. deutlich 5zähnig; Pfl. m. Kümmelgeruch . . . . **Laser,** 313
— Fied. eif., zugespitzt, gesägt, beiderst. grün **61**

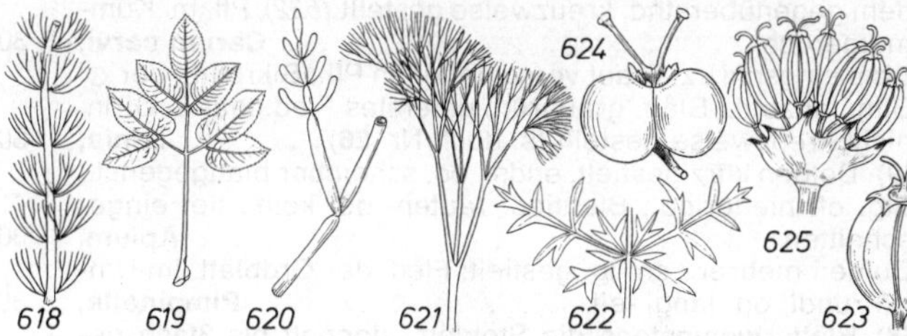

61. Hüllchenblätt. borstl., hinfällig; Fr. linsenf., breit geflügelt; Fied. breit ei-herzf., tief 2–3spaltig **Peucedanum ostruthium,** 311
— Hüllchen fehlend; Fr. ungeflügelt; Fied. 1. Ordn. oft wieder 3zählig gefied. od. nur 2spaltig, seltener ungeteilt u. dann eif. *(619);* Stg. kantig gefurcht . . . . **Aegopodium,** 306
62(59). Fr. lg. geschnäbelt, bis 6 cm lg. *(611),* m. 2 Reihen kurzer Borsten . . . . **Scandix,** 302
— Fr. ungeschnäbelt od. Schnabel höchstens ½ so lg. wie die Fr. **63**
63. Fr. linsenf., eif. od. kugelig, höchstens doppelt so lg. wie breit **68**
— Fr. zumindest an älteren Bltn. längl. od. lineal, 3–6mal so lg. wie breit **64**
64. Blkrblätt. am Rand deutlich gewimpert . **Chaerophyllum,** 300
— Blkrblätt. am Rand kahl **65**
65. Blkrblätt. flach, etwas gewölbt od. an der Spitze höchstens um 90°(–180°) einw. gebogen, nie deutlich herzf. **Anthriscus,** 301
— Blkrblätt. in eine mind. 180° einw. gebogene Spitze verschmälert, oft deutl. herzf. **66**
66. Fr. nur am kurzen Schnabel 10rippig, sonst glatt, Gartenpfl. **Anthriscus,** 301
— Fr. ungeschnäbelt, in reifem und trockenem Zustand der ganzen Länge nach gerippt **67**
67. Fr. 15–25 mm lg., reif glzd. braun, scharf gerippt, an den Kanten kurz borstenhaarig; Blätt. zottig behaart, beim Zerreiben stark riechend . . . . **Myrrhis,** 302
— Fr. höchstens 15 mm lg., stumpf gerippt, kahl **Chaerophyllum,** 300
68(63). Hüllchen 3–8blättrig, zuw. am Grd. verwachsen u. oft sehr klein und unscheinbar **72**
— Hüllchen fehlend od. 1–2blättrig **69**
69. Grdblätt. ungeteilt od. einfach gefied.; Fied. zuw. tief eingeschnitten **71**
— Grdblätt. doppelt bis 3fach gefied. **70**
70. Bltn. ⚥; Bltnblätt. verkehrt-herzf.; unterstes Fied.paar 2. Ordn. an die Blattrhachis herabgerückt u. zusammen m.

dem gegenübersthd. kreuzweise gestellt *(622);* Pfl. m. Kümmelgeruch . . . . **Carum carvi,** 305
— Bltn. eingschl., z. T. auf verschiedenen Pfl.; Blkrblätt. der ♂ Bltn. lanzettl.; Blätt. graugrün; unterstes Fied.paar 2. Ordn. nicht kreuzweise gestellt (s. auch Nr. **26**) . . . . . **Trinia,** 304
71(69). Dolden kurz gestielt, endst. od. scheinbar blattgegenst.; Stg. oft niederlgd.; Blattfied. rauten- od. keilf., tief eingeschnitten . . . . **Apium,** 304
— Dolden mehrere cm lg. gestielt; Fied. der Grdblätt. im Umriß rundl. od. längl.-eif. . . . . **Pimpinella,** 306
72(68). Blätt., wenigstens die Stgblätt., doppelt bis 3fach gefied. **74**
— Blätt. einfach gefied. **73**
73. Stg. fadenf., flutend od. auf Schlamm kriechend; Dolden den Blätt. gegenübersthd. . . . . **Apium,** 304
— Stg. nicht fadenf., aufrecht; Blätt. sehr groß, m. bauchig aufgetriebenen Scheiden; Fr. breit geflügelt (s. auch Nr. **33**), kahl od. weichhaarig; Hülle fehlend od. 1–6blättrig, hinfällig . . . . **Heracleum,** 312
74(72). K. deutl. 5zähnig; Kzähne zuw. ungleich groß . . **82**
— K. undeutl. 5zähnig od. nur als Saum ausgebildet . . **75**
75. Hüllchenblätt. 3, einseitswendig *(617);* Blätt. glzd.-dk.grün **Aethusa,** 308
— Hüllchenblätt. allseitswendig **76**
76. Blattfied. haarfein, zahlr., quirlig gestellt; Bltn. weiß; Fr. nicht geflügelt; Pfl. aromatisch riechend . . . . **Meum,** 309
— Blattfied. breiter, nicht haarfein **77**
77. Stg. hohl **79**
— Stg. markig **78**
78. Stg. scharfkantig gefurcht; Blattfied. m. weißer Stachelspitze; Fruchtrippen geflügelt . . . . **Selinum,** 309
— Stg. höchstens oben gefurcht; Blattzipfel am Rande rauh; Rippen der Fr. hohl, aufgeblasen . . . . **Cenolophium,** 310
79(77). Blattfied. groß, 1,5–3 cm breit, scharf gesägt; Blattscheiden stark aufgeblasen; Fr. geflügelt . . **Angelica,** 310
— Blattfied. kleiner u. schmäler **80**
80. Bltn. oft rötl.; Hüllchenblätt. lanzettl., zuw. hautrandig; Gebirgspfl. . . . . **Ligusticum,** 310
— Bltn. stets weiß; Hüllchenblätt. pfrieml. **81**
81. Pfl. 60–150 cm hoch; Fruchtrippen geflügelt, die randst. breiter als die mittl.; Stg. bereift; Äste gefurcht; Blattscheiden aufgeblasen . . . . **Conioselinum,** 310
— Pfl. 30–60 cm hoch; Fruchtrippen schwach geflügelt **Cnidium,** 309
82(74). Blattfied. groß, herz-eif. (2–3 cm breit) od. schmal-lanzettl., bis 6 cm lg. **86**
— Blattfied. schmal-lineal, Blätt. (wenigstens die mittl. Stgblätt.) fein zerteilt **83**
83. Fr. walz.-längl., vom bleibenden K. gekrönt **85**
— Fr. kugelig; Geruch unangenehm, nach Wanzen . . . **84**

84. Fr. einfach-kugelig *(623);* Stg. rund, gestreift; Grdblätt. bald abfallend; K. 5zähnig, die beiden äußeren Kblätt. auffallend länger; Randbltn. vergrößert . . . . **Coriandrum,** 303
— Fr. doppelt-kugelig *(624),* breiter als lg.; Stg. kantig gefurcht; K. 5zähnig, undeutl. . . . . **Bifora,** 303
85(83). Sumpfpfl.; Kzähne lg. zugespitzt; Gr. aufrecht; Stg. u. Blattstiele zuw. röhrig u. blasig aufgetrieben *(620)* **Oenanthe,** 307
— Landpfl.; Kzähne 3eckig, kurz; Gr. zurückgebogen; Hüllchenblätt. zuw. zu becherf., am Rand gezähnter Scheide verwachsen *(625)* . . . . **Seseli,** 307
86(82). Blattfied. schmal-lanzettl., scharf gesägt; Stgbasis rhizomart., hohl, von möhrenart. Geruch, durch Querwände gekammert; Sumpfpfl. der Verlandungszone . . **Cicuta,** 305
— Blattfied. schief-herz-eif.; Fr. eif., geflügelt; feuchte Wiesen, Wälder . . . . **Angelica,** 310

1. Hydrocótyle L., *Wassernabel*[1]
Stg. dünn, kriechend, an den Knoten wurzelnd; Blätt. schildf., am Grd. m. kleinen Nebenblätt.; Bltn. in armbltg., kopfigen Döldchen; ♃; VII–VIII. Sumpf- u. Torfböden, nasse Wiesen; im N *v,* sonst *z* bis *s,* Alp. *f.* **H. vulgáris** L.

2. Sanícula L., *Sanikel*
Grdblätt. wintergrün, handf. 3–5teilig; Döldchen köpfchenf.; ♃; V–VII. Schattige Laubwälder; *z.* **S. europaéa** L.

3. Hacquétia NECK., *Schaftdolde*
Blätt. grdst., handf. 3teilig; Dolde von 5 blattart., gelbl.grünen Hüllblätt. umgeben *(193);* ♃; IV–V. Lichte Laubwälder; nur in Schl, Kt, St, in Ba (Kaufbeuren) verschleppt. **H. epipáctis** (SCOP.) DC.

4. Astrántia L., *Sterndolde, Strenze*
1. Hüllblätt. derb, m. hervorsthd. Quernerven, grünl. bis rosa; Teilfr. 3mal so lg. wie breit; Blätt. 3–7teilig; Pfl. kräftig, 30–100 cm hoch; ♃; VI–VIII. Gebüsche, Wiesen; *v, s* im W, im N nur in S-Br. *Große St.,* **A. májor** L.
a. Hüllblätt. wenig länger als die Bltn.; Kzähne sehr spitz, kaum länger als die Blkrblätt.; *z* im S, im N nur in SO-Br. ssp. **májor**
— Hüllblätt. doppelt so lg. wie die Bltn., an der Spitze 3zähnig; Kzähne länger als die Blkrblätt.; *s* in BW u. Ba. (= *A. carinthiaca* HOPPE; = *A. pallida* PRESL) ssp. **carinthíaca** (HOPPE) ARCANG.
— Hüllblätt. dünn, m. undeutl. Quernerven; Kzähne stumpf bis spitz, aber nicht lg. zugespitzt **2**
2. Grdblätt. mehr als 5-, gewöhnlich 7teilig; Hüllblätt. so lg. od. wenig länger als die Dolde; Pfl. nur 20–40 cm hoch. In Dt *f,* Südtirol, Alp. der Schweiz *z.* *Kleine St.,* **A. mínor** L.
— Grdblätt. 5teilig **3**

[1] Vielfach einer eigenen Familie **Hydrocotyláceae** HYL. zugeordnet.

3. Hüllchen das Döldchen überragend; Mittelabschnitt der Blätt. bis zur Basis frei; Fr. 4 mm lg.; ♃; VI–VII. Auf Bergwiesen u. in der Krummholzreg.; *s,* K-Alp. von Ba, N-Ti, S-Kt.
Bayrische St., **A. bavárica** F. W. SCHULTZ

— Hüllchen höchstens etwa so lg. wie das Döldchen; Mittelabschnitt der Blätt. die seitl. berührend; Fr. 3 mm lg.; ♃; VI–VIII. Laubwälder, Hochstaudenfluren, Bachufer, *s,* nur Kt.
Kärntner St., **A. carniólica** JACQ.

5. Erýngium L., *Mannstreu*

1. Hüllblätt. doppelt fiedspaltig, amethystblau, m. feinen, aufw. gerichteten Abschnitten *(626),* Grdblätt. ungeteilt, ungleich grob gesägt; ♃; VII–IX. Felsige Weiden, Hochstaudenfluren der Alp., *s* Vb; auch als Zierpfl. Ⓖ *Alpen-M.,* **E. alpínum** L.

— Hüllblätt. gezähnt bis einfach fiedspaltig **2**

2. Hüllblätt. verkehrt-eif., seicht 3lappig, gezähnt *(627);* Grdblätt. nierenf., gegen die Spitze 3–5lappig, am Rand buchtig-stachelig gezähnt, weiß bereift; Bltn. blau; ♃; VI–X. Dünen der Ost- u. Nordsee u. Inseln, *z.* Ⓖ *Stranddistel,* **E. marítimum** L.

— Hüllblätt. lineal bis lanzettl., entfernt stachelig gezähnt . **3**

3. Köpfchen fast kugelig *(628);* Blätt. starr, weißl.grün, ungeteilt od. handf.-fiedschnittig bis doppelt fiedschnittig; Abschnitte am Rand stachelig gesägt; Pfl. sparrig-ästig, bis 1 m hoch; ♃; VII–IX. Trokkene Wiesen, Wegränder; *z,* in Alp. u. höheren M-Geb. *f.*
Feld-M., **E. campéstre** L.

— Köpfchen eif. *(629);* Grdblätt. ungeteilt; Spreite eirund-herzf., am Rand stachelig-gekerbt-gesägt; ob. Stgblätt. sitzend, handf. 3–5teilig; Pfl. oberw. blau überlaufen; ♃; VI–IX. Flußniederungen u. Trockenwiesen; Br (Odergebiet), Schl *z,* auch als Zierpfl.
Flachblättriger M., **E. plánum** L.

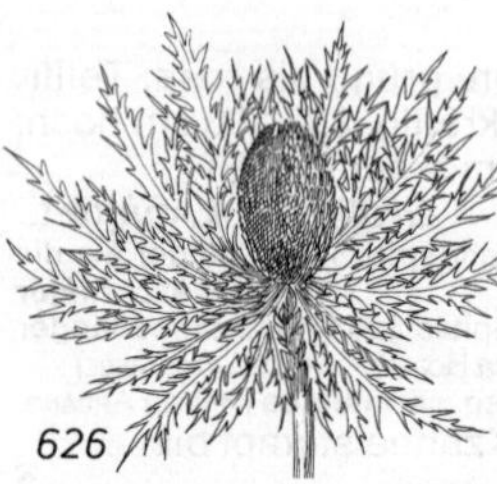
626

627

628

629

6. Chaerophýllum L. em. HOFFM., *Kälberkropf*

1. Blkrblätt. am Rand deutl. bewimpert (Lupe!), oft rötl.; Hüllchen lg. bewimpert; Stg. unter den Knoten nicht merklich verdickt; Blätt. 3–4fach fiedschnittig, ± borstig behaart; ♃; V–VIII. Feuchte Bergwälder *v,* sonst *z,* im N nur Br. Formenreich.
Behaarter K., **Ch. hirsútum** L.

a. Blätt. ± 3zählig gefied.; basale Fied. fast so groß wie die übrige Blattspr.; Frhalter über dem Grd. am dicksten, nur im ob. Drittel zweispaltig; Dolde z. Bltzt. klein u. stark gewölbt; *v* im S, sonst *s*. [= ssp. *cicutaria* (VILL.) BRIQ.] ssp. **hirsútum**

— Blätt. mehrzählig gefied.; basale Fied. stets kleiner als die übrige Spreite; Frhalter bis zum Grd. zweispaltig; Dolden groß, flach; Hüllchenblätt. weißhäutig berandet. Hochstaudenfluren der Alp. u. Voralp. *z*, Rhön *s*. (= *Ch. villarsii* KOCH) ssp. **villársii** KOCH) ARCANG.

— Blkrblätt. kahl, weiß; Stg. unter den Knoten meist verdickt **2**

2. Hüllchen kahl; Stg. rot gefleckt, oben kahl, blaugrün bereift; Endabschnitte der Fied. lineal, schmal; Pfl. 80–180 cm hoch; ⊙–mehrjährig; VI–VIII. Flußufer, feuchte Wälder, *z*. *Knolliger K.*, **Ch. bulbósum** L.

— Hüllchen bewimpert **3**

3. Grdblätt. doppelt 3zählig gefied., m. 3–7 cm langen, elliptischen, gesägten Fied.; Pfl. m. Möhrengeruch; ♃; VI–VIII. Feuchte Laubwälder, Bäche; *s* in Sa, Bayrw., SO-Th, Br, OÖ, in St eingeschleppt. *Gewürz-K.*, **Ch. aromáticum** L.

— Grdblätt. 2–4fach gefied. **4**

4. Blätt. 2–3fach gefied., m. stumpfen, eif. Endabschnitten *(632)*; Dolde 6–12strahlig; Stg. bis oben gefleckt; Fr. 4–7 mm lg.; ⊙–⊙; V–VII. Gebüsch, Waldränder; *v*. **Giftig!** (= *Ch. temulentum* L.) *Taumel-K., Hecken-K.*, **Ch. témulum** L.

— Blätt. 3–4fach gefied.; Endabschnitte lg. zugespitzt *(633)*; Dolde 12–18strahlig; Stg. rot gefleckt (Unterschied zu *Anthriscus sylvestris*); Fr. 8–12 mm lg.; ♃; VI–VII. Wiesenraine, Dorfplätze, im S *v*, sonst *z*, im N *f*. *Gold-K.*, **Ch. aúreum** L.

7. Anthríscus PERS., *Kerbel*

1. Dolden 8–15strahlig; Hüllchen 5–8blättrig; Stg. gefurcht **3**

— Dolden 2–6strahlig, kurz gestielt bis sitzend; Hüllchen 1–4(–5)blättrig; Stg. rundl., fein gerillt **2**

2. Doldenstrahlen dicht weich-flaumig; Fr. glatt, doppelt so lg. wie der Schnabel; Blätt. weich, zart, hellgrün, 2–4fach fiedschnittig, im Umriß 3eckig; Pfl. m. Anisgeruch (zerreiben!); ⊙; V–VIII. *Garten-K.*, **A. cerefólium** (L.) HOFFM.

a. Fr. kahl, glzd.; Kulturpfl. (Heimat: wahrscheinl. SO-Eur.) *Echter K.*, ssp. **cerefólium**

— Fr. m. kurzen, aufw. gekrümmten, steifen Borsten. Wildform; *s* in Ba, He, RhPf, Th. *Borsten-K.*, ssp. **trichospérma** (WIMM.) ARCANG.

— Doldenstrahlen fast kahl; Fr. dicht hakig-borstig *(612)*; Bltn. sehr klein; Blätt. 3–4fach fied.schnittig, unterst. an den Nerven absthd. weichborstig; ⊙; V–VI. Hecken, Schuttplätze; *z*, im W, NW u. Au *s*. [= *A. scandicina* MANSF.; = *A. vulgaris* PERS. non BERNH.; = *Chaerophyllum anthriscus* (L.) CR.] *Hunds-K.*, **A. caúcalis** BIEB.

3(1). Randbltn. wenig vergrößert; Fr. länger als ihr Stiel; Stg. unterw. rauhhaarig; Blätt. 2–3fach gefied.; unterstes Fied.paar 1. Ordn. viel kleiner als übriger Teil der Spreite; Stg. nicht rötl. überlaufen od. gefleckt u. nicht borstig behaart; ⊙; IV–VIII. Wiesen, Hecken, Gebüsch; *g* u. *h*. Formenreich. *Wiesen-K.*, **A. sylvéstris** (L.) HOFFM.

— Randbltn. deutl. vergrößert, strahlend; Fr. meist kürzer als ihr Stiel; Stg. kahl od. fast kahl; Blätt. doppelt 3zählig gefied., unterst.

stark glzd.; unterstes Fied.paar fast so groß wie übrige Spreite; ⊙; VI–VIII. Schluchtwälder; Alp. u. Mittelgeb.; *z.*
Glänzender K., **A. nítida** (WAHL.) HAZSLINSZKY

8. Scándix L., *Nadelkerbel, Venuskamm*
Frschnabel bis 6mal so lg. wie die Fr. *(611);* Dolden scheinbar blattgegenst., 1–3strahlig; Hülle fehlend; Hüllchen 5blättrig; Blätt. 2–3fach fied.schnittig; Stg. absthd. steifhaarig; ☉; IV–VII. Saatfelder; vor allem auf Kalk u. Lehm; *s, f* im M-Geb. u. Alp. **S. pécten-véneris** L.

9. Mýrrhis MILL., *Süßdolde*
Pfl. ähnl. *Chaerophyllum* od. *Anthriscus,* aber nach Anis duftend; Blätt. 2–4fach fied.schnittig, untersts. borstig-zottig; reife Fr. bis 2,5 cm lg.; braunschwarz-glzd., an den Kanten kurzborstig-rauh *(615);* V–VII. Hochstaudenfluren; *s* in Ti, Sb, Kt, St, Bayr. Alp., Riesengeb., sonst aus ehemaligen Kulturen verwild. **M. odoráta** (L.) SCOP.

10. Tórilis ADANS., *Klettenkerbel*
1. Dolden fast sitzend, geknäuelt *(634a),* einem Blatt gegenüberstehend; äußere Teilfr. widerhakig bestachelt, innere nur warzig *(634b);* Pfl. 10–35 cm hoch; ☉–⊙; IV–IX. Marschen der Nordsee u. Unterelbe *z,* sonst *s.* *Knotiger K.,* **T. nodósa** (L.) GAERTN.
— Dolden lg.gestielt, 4–12strahlig; beide Teilfr. stachelig *(635)* **2**
2. Hüllblätt. 5 u. mehr; Frstacheln ohne Widerhaken *(614);* Stg. bis 130 cm lg.; ☉–⊙; VI–VIII. Wälder, Gebüsch, Hecken, Zäune; *v.* [= *T. anthriscus* (L.) GMEL.]
Gewöhnlicher K., **T. japónica** (HOUTT.) DC.
— Hüllblätt. 1 od. fehlend; Frstacheln m. Widerhaken *(635);* ☉; VI–IX. Brachäcker (Kalk), Wegränder; *z, s* im N, *f* in Alp. (= *T. infesta* KOCH) *Acker-K.,* **T. arvénsis** (HUDS.) LK.

11. Caúcalis L. (incl. **Turgénia** HOFFM.), *Haftdolde*
1. Blätt. einfach gefied.; Fied. eingeschnitten gezähnt; Döldchen armbltg.; Randbltn. vergrößert; Blkrblätt. weiß, rot od. rotbraun, tief 2lappig; Hüllblätt. 2–5; Hüllchenblätt. 5–7, breit hautrandig; ☉; VI–VIII. Saatfelder auf Kalk; *s,* unbeständig. [= *Turgenia latifolia* (L.) HOFFM.] *Breitblättrige H.,* **C. latifólia** L.
— Blätt. 2–3fach gefied.; Döldchen armbltg.; Hüllblätt. 0–2; Hüllchenblätt. 3–5, schmal berandet; Blkrblätt. weiß, selten rötl., tief 2lappig; ☉; V–VII. Brachäcker, Weinberge; auf Kalk. [= *C. daucoides* auct.; = *C. lappula* (WEB.) GRANDE] *Möhren-H.,* **C. platycárpos** L.
a. Frstacheln lg., an der Spitze m. kräftigem Haken; im S *z,* im N *s.*
ssp. **platycárpos**
— Frstacheln kurz, kaum 1 mm lg., borstenf.; *s* in Ti, Vb, Ba, Sa, RhPf.
ssp. **muricáta** (BISCHOFF) HEYWOOD

12. Orláya HOFFM., *Breitsame*
Randbltn. der Döldchen stark vergrößert *(616);* Blätt. 2–3fach gefied.; ☉; V–VII. Felder, Weinberge, Trockenwiesen, nur auf Kalk u. Lehm; *s* u. unbeständig. (Heimat: S- u. W-Eur.) **O. grandiflóra** (L.) HOFFM.

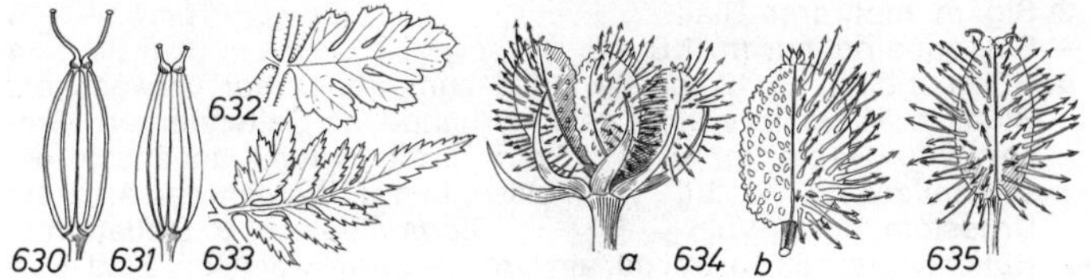

13. Coriándrum L., *Koriander*
Grdblätt. (bald absterbend) ungeteilt, gekerbt; Stgblätt. 2–3fach gefied., m. linealen Zipfeln; Fr. kugelig *(623)*, braun bis strohgelb; Pfl. nach Wanzen stinkend; ⊙; VI–VII. Gewürzpfl. u. verwild. (Heimat: S-Eur.) **C. sativum** L.

14. Bífora Hoffm., *Hohlsame*
Blätt. 2–3fach gefied.; Hülle 0–1blättrig; Hüllchen einseitswendig, 2–3blättrig; Randbltn. vergrößert; Fr. doppelkugelig *(624)*; Pfl. nach Wanzen riechend; ⊙; V–VIII. Brachäcker, grasige Orte; *s* u. nur vorübergehend eingeschleppt. (Heimat: Mittelmeergebiet) **B. rádians** Bieb.

15. Smýrnium L., *Gelbdolde*
Grdblätt. 1- bis mehrfach 3zählig gefied.; Stgblätt. m. tief herzf. Grd. stgumfassend, gelbgrün; ⊙; VI–VII. Aus Gärten verwild. u. vereinzelt eingebürgert BW (Schwetzinger Schloßpark). (Heimat: SO-Eur.) **S. perfoliátum** L.

16. Cónium L., *Schierling*
Stg. kahl, fein gerillt, bläul. bereift, an der Basis meist rot gefleckt, 0,5–2 m lg.; Blätt. weich, schlaff, kahl, 2–4fach fiedschnittig, im Umriß 3eckig; Hüllchenblätt. einseitswendig; ⊙–⊙; VI–IX. Hecken, Zäune, Mauern; *z.* **Giftig!** *Gefleckter Sch.,* **C. maculátum** L.

17. Pleurospérmum Hoffm., *Rippensame*
Stg. bis 150 cm lg., sehr dick, gefurcht, röhrig, an den Kanten kurz rauhflaumig; Blätt. dk.grün-glzd., sehr groß; Enddolde sehr groß; Fr. kürzer als ihr Stiel, reif gelb-blaßbräunl.; ⊙–♃; VI–VIII. Staudenreiche Wälder, Bachschluchten; *v* in Alp., sonst nur BW (Jura, Donautal, Illertal), Ba, Th, He (Rhön), NrWe (Eifel), Riesengeb., Gesenke. *Österreichischer R.,* **P. austríacum** (L.) Hoffm.

18. Bupleúrum L., *Hasenohr*

1. Mittl. u. ob. Stgblätt. eif.-rundl., vom Stg. durchwachsen *(25)*; Blkrblätt. gelb; Hüllchenblätt. breit-eif.-zugespitzt, gelbgrün, z. Bltzt. absthd., z. Reifezt. zusammenneigend; ⊙; VI–VII. Kalkäcker, *s.* *Durchwachsenes H., Acker-H.,* **B. rotundifólium** L.

— Stgblätt. nicht durchwachsen, z.T. aber stgumfassend, längl.-lanzettl. bis lineal **2**

2. Döldchen 3–5bltg.; Dolden 1–4strahlig; Blätt. grasartig, lineal; Stg. bläul.-grün, vom Grd. an verzweigt; Fr. höckerig; ⊙; VIII–XI. Salzhaltige Wiesen der Küsten u. des Binnenlandes; *z.* *Feines H.,* **B. tenuíssimum** L.

— Döldchen mehr als 5bltg. **3**

3. Stg. m. mehreren Blätt. **5**
— Stg. ohne od. nur m. 1 Blatt **4**
4. Hüllchenblätt. 8–12, becherf. bis zum ob. Drittel verwachsen; Blätt. m. Hauptnerv u. netzart. verbundenen Seitennerven; Grdblätt. 10–30 cm lg. u. 3–15 mm breit, schmal-linealisch od. schmallanzettl.; ♃; VII–VIII. Felsspalten u. Weiden der Alp.; auf Urgestein, nur in Vb. *Sterndolden-H.,* **B. stellátum** L.
— Hüllchenblätt. 5–10, frei od. am Grd. etwas verwachsen; Blätt. parallelnervig; Grdblätt. 5–30 cm lg. u. 2–5 mm breit, grasart.; ♃; VII–VIII. Felsspalten, alpine Rasen, nur S-Kt.
Felsen-H., **B. petráeum** L.
5(3). Ob. Stgblätt. m. herzf. Grd. sitzend **7**
— Ob. Stgblätt. am Grd. verschmälert, lineal bis längl.-lanzettl. **6**
6. Unt. Blätt. längl., die ob. lanzettl., 5–7nervig, m. deutl. Zwischennerven; Hüllchenblätt. lanzettl.; Stg. 20 cm bis 1 m lg., ± zickzackf. gebogen; ♃; VII–IX. Trockenrasen, lichte Wälder; auf Kalk u. Löß, *z; f* in We u. im NW. Formenreich.
Sichelblättriges H., **B. falcátum** L.
— Blätt. lineal-lanzettl., 3–5nervig, ohne deutl. Zwischennerven; Hüllchenblätt. lanzettl.-pfrieml.; Stg. dünn, bis 60 cm lg.; ⨀; VII–VIII. Felsige, buschige Hänge; nur im Harz. (= *B. scheffleri* HAMPE)
Südliches H., **B. jacquiniánum** JORD.
7(5). Pfl. 30–100 cm hoch; unt. Stgblätt. bis 6 cm breit; Blätt. netznervig, m. Hauptnerv u. netzart. verbundenen Seitennerven; Grdblätt. lg. gestielt (bis 15 cm lg.), eif.; Hüllchenblätt. 5–8, am Grd. kurz verwachsen, fast kreisrund; Fr. 4–5,5 mm lg.; ♃; VI–VIII. Lichte Laubwälder u. Waldwiesen; auf Kalk, *z,* im NW u. N *f.*
Langblättriges H., **B. longifólium** L.
— Unt. Blätt. grasartig, schmal, höchstens 1 cm breit; Blätt. parallelnervig; Hüllchenblätt. 6 *(197b);* Fr. 2,5–3 mm lg.; ♃; VII–VIII. Felsen u. steinige Weiden der K-Alp.; *s* in Ba (Berchtesgaden, Allgäu), Vb, Sb, Ti, St. *Hahnenfuß-H.,* **B. ranunculoídes** L.

19. Trínia HOFFM., *Faserschirm*

Pfl. blaugrün, kahl, bis 50 cm hoch, vom Grd. an sparrig-ästig; Grdblätt. doppelt 3fach gefied., m. schmal-linealen Zipfeln; Bltn. eingschl., 2häusig; Döldchen der ♂ Pfl. klein, reichbltg., die der ♀ Pfl. 4–10blt.; ⨀; IV–V. Trockenrasen; *s* im südl. u. mittl. Rheintal u. mittl. Maingebiet, OÖ. (= *T. vulgaris* DC.) **T. glaúca** (L.) DUM.

20. Ápium L., *Sellerie*

1. Hülle u. Hüllchen fehlend; Dolde 6–12strahlig; Blattfied. breit-rautenf. od. keilf.; Stg. aufrecht; ⨀; VI–X; *z* an salzhaltigen Orten.
Echter S., **A. gravéolens** L.
a. Wurzel dünn, nicht genießbar; Blattstiele nicht fleischig. Nur an Salzstellen. Wildform. ssp. **gravéolens**
— Wurzeln verdickt, knollig, eßbar [= *Knollen-S.,* var. **rapáceum** (MILL.) GAUD.] od. Blattstiele verlängert, dickfleischig, genießbar [= *Bleich-S.,* var. **dúlce** (MILL.) PERS.]; Kulturpfl. ssp. **dúlce** (MILL.) LEMKE & ROTHM.

— Hüllchen stets vorhanden, mehrblättrig; Stg. niederlgd.-kriechend od. im Wasser flutend **2**

2. Unterwasserblätt. 2–4fach gefied., m. haarf. Zipfeln; Luftblätt. einfach gefied.; Dolden 2–3strahlig; Hülle fehlend; ♃; VI–VII. Sthd., langsam fließende Gewässer; vor allem im NW, östl. bis N-Me, *s* in RhPf, E. [= *Helosciadium inundatum* (L.) KOCH]
Ⓖ *Flutender S.,* **A. inundátum** (L.) RCHB. f.

— Alle Blätt. einfach gefied.; Dolde mehr als 3strahlig . . . **3**

3. Blattfied. kreisrundl., grob-unregelmäßig gezähnt bis gelappt; Dolden 4–7strahlig, lg. gestielt; Stg. kriechend, an den Knoten wurzelnd; ♃; VII–VIII. Sthd., langsam fließende Gewässer; *z,* im Geb. *f.* [= *Helosciadium repens* (JACQ.) KOCH]
Ⓖ! *Kriechender S.,* **A. répens** (JACQ.) LAG.

— Blattfied. eif.-lanzettl., gleichmäßig seicht gezähnt; Dolden 5–12strahlig, fast sitzend; Stg. niederlgd., nur am Grd. wurzelnd; ♃; VII–VIII. Sthd., langsam fließende Gewässer; *z* in Ba, BW, RhPf, He, *s* im W. (= *Helosciadium nodiflorum* KOCH)
Knotenblütiger S., **A. nodiflórum** (L.) LAG.

21. Petroselínum HILL, *Petersilie*
Wurzel ± rübenf.; Blätt. dk.grün, doppelt bis 3zählig gefied.; Dolden lg. gestielt; Blkrblätt. grünl.gelb; ⊙; VI–VII. In zahlr. Formen als Gewürzpfl. kultiviert u. zuw. verwild. (= *P. sativum* HOFFM.; = *P. hortense* HOFFM.) (Heimat: wahrscheinl. SO-Eur.)
Garten-P., **P. críspum** (MILL.) A. W. HILL

a. Wurzel dünn, nicht genießbar; Blattfied. glatt od. kraus. In mehreren Sorten kultiviert. [= *P. hortense* ssp. *foliosum* (ALEF.) JANCH.] *Blatt-P.,* ssp. **críspum**

— Wurzel fleischig, eßbar. [= *P. hortense* ssp. *tuberosum* (RCHB.) JANCH.]
Knollen-P., Wurzel-P., ssp. **tuberósum** (RCHB.) SOÓ

22. Cicúta L., *Wasserschierling*
Stgbasis verdickt, möhrenähnl., aber hohl u. durch Scheidewände gekammert (durchschneiden!); Blätt. sehr groß, 2–3fach gefied., m. lanzettl., scharf gesägten Fied.; Hülle fehlend; Hüllchenblätt. zahlr.; Dolden reichbltg., gedrungen; ♃; VII–IX. Gräben, Teiche; Sumpfpfl.; *z,* im Geb. *f.* **Sehr giftig!** [G] **C. virósa** L.

23. Ámmi L., *Knorpelmöhre*
Grdblätt. einfach bis doppelt gefied., m. breit-elliptischen, gesägten Fied.; Stgblätt. fein zerteilt; Hüllblätt. zahlr., 3spaltig bis fiedteilig; Hüllchenblätt. weißhautrandig; ⊙; VI–X. Äcker; *s* eingeschleppt (Gewürzpfl.). (Heimat: S-Eur.) **A. május** L.

24. Falcária BERNH., *Sichelmöhre*
Stg. sparrig-ästig; Blätt. starr, doppelt 3zählig gefied.; Endfied. 3teilig; Fied. scharf gesägt; Dolden klein, gedrungen; ♃; VII–X. Trockenrasen, Raine; auf Löß u. Kalk *z; s* im N, *f* im NW bis W-Me u. in den Geb. (= *F. rivini* HOST; = *F. sioides* ASCH.) **F. vulgáris** BERNH.

25. Cárum L., *Kümmel*

1. Hülle 0–1blättrig; Blätt. doppelt bis 3fach gefied.; unterste Paare der Fied. 2. Ordnung kreuzweise gestellt *(622);* Scheide der ob. Stgblätt. m. nebenblattart. Fiedpaaren; Wurzel rübenf.; ⊙; V–VII. Wiesen, Wegränder; *v,* auch als Gewürzpfl. *Echter K.,* **C. cárvi** L.

— Hülle mehrblättrig; Grdblätt. im Umriß zylindrisch, m. 25–30 Paar quirlig gestellter, fein zerteilter Fied. *(618)*; Scheide der Stgblätt. ohne Fiedpaare; Stg. m. fleischigen, gebüschelten Wurzeln; ♃; VII–VIII. Feuchte Wiesen; in Dt. ausgestorben, früher RhPf (Lauterburg) u. bei Aachen. *Quirlblättriger K.,* **C. verticillátum** (L.) Koch

26. Búnium L., *Knollenkümmel*
Blätt. 2–3fach gefied., m. elliptisch-lanzettl. Abschnitten; Pfl. 30–100 cm lg.; Stg. markig, am Grd. m. kugeliger, dk.brauner, bis 4 cm dicker, eßbarer Knolle; Nährgewebe an der Fugenfläche abgeflacht; ♃; VI–VII. Ton- u. Kalkäcker, Weiden; *s* in Ba (Untermain), BW, E, RhPf, Th, We, NS, Be, Ho. **B. bulbocástanum** L.

27. Conopódium Koch, *Französische Erdkastanie*
Pfl. ähnl. *Bunium,* von diesem durch den kahlen Stg. u. das im Querschnitt nierenf. Nährgewebe der Fr. zu unterscheiden; Hülle u. Hüllchen häufig fehlend; ♃; VI–VII. Wiesen; Jütland, Insel Seeland. W-Harz (Andreasberg), NrWe (Düsseldorf). [= *Bunium maius* Lag.; = *C. denudatum* (DC.) Koch] **C. május** (Gouan) Loret

28. Pimpinélla L., *Bibernelle, Anis*
1. Fr. kahl **3**
— Fr. behaart **2**
2. Haare der Fr. abstehend, Grdblätt. gefied., Dolde m. 8–50 Strahlen, vor dem Aufblühen nickend; ⊙; V–VII. Böschungen, selten eingeschleppt. (Heimat S-Eur., W-As.) *Fremde B.,* **P. peregrína** L.
— Haare der Fr. angedrückt; Grdblätt. ungeteilt, herzf.-rundl.; Dolde m. 7–15 Strahlen; Fr. nach Anis riechend; ⊙; VII–VIII. Gewürzpfl. (Heimat: O-Mittelmeergeb.) *Anis,* **P. anísum** L.
3(1). Stg. kantig gefurcht, bis zur Spitze beblättert; Fied. kurz gestielt od. sitzend; Gr. zur Bltzt. länger als der Frkn.; ♃; VI–IX. Wiesen, Gebüsch; *v.* (= *P. magna* L.) *Große B.,* **P. májor** (L.) Huds.
a. Bltn. weiß bis blaßrosa; *v.* ssp. **májor**
— Bltn. dk.rosa; *z* in Alp., Voralp. ssp. **rúbra** (Hoppe) O. Schwarz
— Stg. stielrund, fein gerillt, spitzenw. fast blattlos; Fied. der Grdblätt. sitzend; Bltn. weiß od. rot; Gr. z. Bltzt. kürzer als der Frkn.; ♃; VII–IX. Magerweiden, Raine; *v.* Formenreiche Sammelart. *Kleine B.,* **P. saxífraga** L.

29. Aegopódium L., *Geißfuß, Giersch*
Pfl. m. unterirdischen Ausläufern; Stg. 50–100 cm lg., kantig gefurcht; Blätt. doppelt 3zählig; Fied. 1. Ordnung oft nur 2spaltig, einem Ziegenfuß ähnl. *(619)*; Fr. kümmelähnl.; ♃; V–IX. Feuchte Gebüsche, Hekken, Flußufer; *g.* **A. podagrária** L.

30. Síum L. (incl. **Berula** Koch), *Merk*
1. Stg. fein gerillt, am Grd. m. Ausläufern, 30–100 cm lang; Fied. ungleich grob gesägt; Hüllblätt. krautig, oft fied.spaltig; Dolden kurz gestielt; ♃; VI–VIII. Gräben, Bäche, Quellen; *v.* [= *Berula angustifolia* Mert. & Koch; = *B. erecta* (Huds.) Coville] *Berle, Aufrechter M.,* **S. eréctum** Huds.

— Stg. kantig gefurcht, ohne Ausläufer, am Grd. m. Büscheln sproßbürtiger Wurzeln, bis 150 cm lg.; Unterwasserblätt. fein zerteilt, 2–3fach gefied.; Überwasserblätt. einfach gefied. m. schieflanzettl., scharf gesägten Fied.; Hüllblätt. weiß-hautrandig, ungeteilt, zurückgeschlagen; ♃; VII–VIII. Sthd. Gewässer; *v* im N, *z* in M- u. S-Dt, *f* in Alp. u. Vorland. *Breitblättriger M.*, **S. latifólium** L.

Aus der Kultur nahezu verschwunden ist der früher häufig als Gemüsepfl. angepfl. *Zucker-M. (Zuckerwurz)* (Heimat O-Eur. bis W-Asien), **S. sísarum** L.: Wurzeln fleischig verdickt, genießbar; Stg. gestreift; Blattfied. längl. bis eilanzettl.

31. Séseli L., *Sesel*

1. Hüllchenblätt. becherf. verwachsen *(625)*; Grdblätt. blaugrün, 2- bis mehrfach fiedschnittg, m. schmal-linealen Zipfeln; ob. Blattscheiden ohne Spreite; ♃; VII–VIII. Sonnige Hügel, Kalkfelsen; *s*, S-BW (Kaiserstuhl), RhPf (Nahetal), SaAn (Saale, Unstrut), O-Harz, Schl, OÖ. *Pferde-S.*, **S. hippomárathrum** JACQ.

— Hüllchenblätt. frei **2**

2. Doldenstrahlen kahl, fast rund **4**

— Doldenstrahlen kantig, wenigstens auf der Innenseite flaumig od. papillös **3**

3. Pfl. fast kahl; Hüllchenblätt. m. sehr schmalem, häutigem Rand; Dolde 5–12strahlig; ♃; VII–IX. Kalktrockenrasen; E, früher RhPf (Kallstadt). *Berg-S.*, **S. montánum** L.

— Pfl. flaumig behaart; Hüllchenblätt. m. breitem, häutigem Rand, z. Bltzt. länger als das Döldchen; Dolde 12–40strahlig; ⊙; VII–X. Kalkmagerrasen; *s*, stark zurückgegangen. (= *S. coloratum* EHRH.) *Steppenfenchel*, **S. ánnuum** L.

4(2). Blattstiel oberststs. rinnig; Dolde 15–25strahlig; ⊙–♃. St (Radkersburg?). *Bunter Bergfenchel*, **S. pallásii** BESSER

— Blattstiel rund; Dolde 8–15(–20)strahlig; Fr. papillös; ⊙–♃; VII–IX. Trockenrasen; Kt, St, OÖ. *Hoher S.*, **S. elátum** L.

a. Fr. kahl od. schwach behaart. (= *S. osseum* CR.) *Seegrüner S.*, ssp. **ósseum** (CR.) BALL

— Fr. dicht papillös behaart. [= *S. austriacum* (BECK) WOHLFAHRT] [G] *Österreichischer S.*, ssp. **austríacum** (BECK) BALL

32. Libanótis HILL, *Heilwurz*

Blätt. 2–3fach fiedteilig, basales Fiedpaar der Fied. 2. Ordnung an die Rhachis gerückt u. hier kreuzweise gestellt *(622)*; Stg. scharf-kantig gefurcht, 30–120 cm lg.; ⊙; VII–IX. Trockenwiesen, Waldränder; kalkliebend; *z*. [= *Seseli libanotis* (L.) KOCH; = *L. montana* CR.] **L. pyrenaica** (L.) BOURGEAU

33. Oenánthe L., *Wasserfenchel, Rebendolde, Pferdesaat*

1. Bltn. alle gestielt u. ⚥, die randl. nicht strahlend; Dolden kurz gestielt, meist blattgegenst.; Stgblätt. 2–3fach fiedschnittig, m. gekerbten Abschnitten letzter Ordnung; Scheiden breit-hautrandig; Wurzeln oft knollig verdickt **5**

— Mittl. Bltn. der Döldchen fast sitzend; ⚥; Randbltn. lg. gestielt, ♂, strahlend; Dolden lg. gestielt, endst.; Stgblätt. einfach bis doppelt fiedschnittig, m. ganzrandigen Abschnitten; Wurzeln nicht knollig verdickt **2**

2. Blatt- u. Doldenstiele röhrig-hohl, oft bauchig *(620),* leicht zusammendrückbar; Stg. rund, röhrig, fein gerillt, am Grd. m. Ausläufern; Dolden 2–4strahlig; Frdöldchen fast kugelig; ♃; V–VII. Sümpfe, Gräben; *v* bis *z* im N, *s* im S, *f* in Alp. u. Vorland.
Röhren-W., **Oe. fistulósa** L.

— Blattstiele nicht röhrig-hohl; Dolden 5- bis vielstrahlig . . **3**

3. Frdöldchen flach bis halbkugelig; Doldenstiele dick, Frstiel so dick wie die Basis der reif kreiself. Fr.; Hülle 0–1blättrig; Blätt. 1–3fach fiedschnittig, m. linealen Zipfeln; ♃; V–VII. Sumpfwiesen; wohl nur eingeschleppt in Ba (Haßfurt), He (Hanau), RhPf (Schifferstadt), Kt. (Heimat: atlant. u. S-Eur.)
Silgblättriger W., **Oe. silaifólia** Bieb.

— Frdöldchen fast kugelig; Frstiele u. Doldenstrahlen dünn **4**

4. Randblt. 2–3 mm lg.; Blkrblätt. bis zur Mitte gespalten; Hülle 0–1blättrig; Hüllchen kürzer als die Bltnstiele; reife Fr. ellipsoidisch; ♃; V–VII. Feuchte Wiesen, Gräben; *s* nur im W.
Haarstrangblättriger W., **Oe. peucedanifólia** Poll.

— Randbltn. 1,5 mm lg.; Blkrblätt. bis zur Mitte gespalten; Hülle 4–6blättrig; Hüllchen so lg. wie die Bltnstiele; ♃; VII–VIII. Sumpfwiesen, Gräben; auf Salzböden; *z* im W u. im Küstengebiet, *s* Oberrheingebiet bis Bingen. *Wiesen-W.,* **Oe. lachenálii** C. C. Gmel.

5(1). Fied. der Luftblätt. bis 6 mm lg., ungeteilt od. 2–3spaltig; Unterwasserblätt. haarf. zerschlitzt; Stg. aufrecht (Landform) od. aufstgd. (Wasserform), bis 1,5 m lg. u. 8 cm dick; Fr. 3,5–4,5 mm lg.; ⨀–♃; VI–VIII. Sthd., seichte Gewässer; im N *v,* im S *z.* (= *Phellandrium aquaticum* L.)
[G] *Wasserfenchel,* **Oe. aquática** (L.) Poir.

— Fied. der Luftblätt. größer, m. breiten, z.T. gekerbten Zipfeln; Wasserblätt. fehlend od. nicht haarf. zerschlitzt; Fr. 5–6 mm lg. **6**

6. Stg. im Wasser flutend od. im Schlamm wurzelnd; Wasserblätt. reich zerteilt, m. linealen, gegen die Spitze gesägten Fied.; Luftblätt. 3fach fiedschnittig, schmal rautenf.; ⨀; VI–VII. Fließende Gewässer des Oberrheingebiets, Lothringen, Da; *s.*
Flutender W., **Oe. fluviátilis** (Bab.) Colem.

— Stg. aufrecht; Wasserblätt. meist fehlend **7**

7. Bltn.- und Doldenstiele z. Frreife nicht verdickt; Pflanze ⊙, heterophyll; Blätt. des 1. Jahrs (= Grdblätt.) einfach-fiedschnittig; die des 2. Jahrs doppelt-fiedschnittig, denen von *Conium maculatum (246)* ähnlich. VII. In Dt nur an regelmäßig überfluteten Stellen der Unterelbe, *z* auch in Be. *Schierlings-W.,* **Oe. conioídes** (Nolte) Lange

— Bltnstiele u. auch Doldenstrahlen z. Frzt. verdickt; Pflanze ♃, bis 1 m hoch; Grdblätt. einfach gefied.; Stgblätt. einfach bis doppelt gefied. m. lineal-lanzettl. Fied.; Wurzeln knollig verdickt. VI–VII. In Dt fehlend; *z* in Be u. Ho. *Bibernell-W.,* **Oe. pimpinelloídes** L.

34. Aethúsa L., *Hundspetersilie*

Stg. sich schon im 1. Jahr entwickelnd; Blätt. unterst. stark glzd. (Unterschiede zum ähnl. *Petroselinum*), beim Zerreiben unangenehm riechend; ⨀; VI–X. Gebüsche, Zäune, Auwälder; *v.* **Giftig!**
Ae. cynápium L.

a. Stg. kantig; Hüllchenblätt. so lg. od. kürzer als die Döldchen; Pfl. 5–20 cm hoch, sparrig verzweigt. Äcker, Ruderalstellen; *v.* ssp. **agréstis** (Wallr.) Dostál

— Stg. rund od. gefurcht, aber nicht kantig; Pfl. > 20 cm . . . . **b**
b. Pfl. bis 80 cm hoch, schlank-aufrecht od. niedrig-sparrig; Hüllchenblätt. so lg. od. länger als die Döldchen; *v*. ssp. **cynápium**
— Pfl. > 90 cm; Hüllchenblätt. so lg. od. kürzer als die Döldchen. Wälder, Ufer; genaue Verbr. unbekannt, bisher nur in BW, Ba, He, Th, Vb, Kt, OÖ. ssp. **cynapioídes** (Bieb.) Simk.

35. Athamánta L., *Augenwurz*
Grdblätt. rosettig, graugrün, zottig-rauhhaarig, 2–3fach fiedschnittig; Stg. fein gerillt, meist zu mehreren der grdst. Blattrosette entspringend; Fr. absthd., rauhzottig behaart; ♃; V–VIII. Felsspalten, Grasbänder, nur auf Kalk; *v* in Alp., *s* in SchwAlb. **A. creténsis** L.

36. Foenículum Mill., *Fenchel*
Blätt. 3–5fach gefied., m. fädl. Abschnitten; Dolden groß, bis 25strahlig; Hülle u. Hüllchen fehlend; Pfl. oberw. bläul. bereift, bis 2 m hoch, kahl, aromatisch duftend; ⨀–♃; VII–X. Gewürzpfl. (Heimat: Mittelmeergebiet) *Echter F.*, **F. vulgáre** Mill.
Gewürz-F., var. **dúlce** (Mill.) Thell.: Fr. als Gewürz verwendet.
Knollen-F., var. **azóricum** (Mill.) Thell.: Blattscheiden am Stggrd. eine eßbare Zwiebel bildend; diese als Gemüse dienend.

37. Anéthum L., *Dill*
Blätt. 3–4fach fein gefied.; Dolden groß, bis 50strahlig; Hülle u. Hüllchen fehlend; Pfl. oberw. bläul. bereift, kahl, von durchdringend würzigem Geruch; ⨀; VII–VIII. Küchengewürz. (Heimat: Vorder-Asien) **A. gravéolens** L.

38. Sílaum Mill., *Wiesensilge, Roßfenchel*
Stg. 30–100 cm lg., seicht gerillt, fast blattlos; Grdblätt. sehr groß, lg. gestielt, 4fach gefied.; Blkrblätt. grünl.gelb; Hüll- u. Hüllchenblätt. weißhäutig berandet; Fr.-Rippen scharf, schmal geflügelt; ♃; VI–IX. Wiesen, Flachmoore, Gebüsch; *z* bis *v*, im N *s*. [= *Silaus pratensis* Bess.; = *S. alpestre* (L.) Thell.] **S. sílaus** (L.) Sch. & Th.

39. Méum Mill., *Bärwurz*
Pfl. von stark würzigem Geruch; Blätt. vielfach fiedschnittig, m. haarf. Zipfeln; Hüllchen 3–8blättrig; Döldchen reichbltg.; Bltn. gelbl.weiß, oft rötl.; ♃; V–VIII. Kalkmeidend; Wiesen u. Weiden der Alp. u. M-Geb. *v* bis *z*, im N u. S-Ba *f*. **M. athamánticum** Jacq.

40. Cnídium Cuss. ex Dc., *Brenndolde*
Scheiden der mittl. u. ob. Stgblätt. dem Stg. anlgd.; Fied. 1.Ordnung sitzend; Hüllchenblätt. zahlr., pfrieml.; Fr. 2 mm lg.; ⨀; VII–X. Moor- u. Waldwiesen, Gräben; *s*. (= *C. venosum* Koch) **C. dúbium** (Schk.) Thell.

41. Selínum L., *Silge*
1. Stg. stark kantig-gefurcht bis geflügelt, beblättert; Blätt. 2–3fach gefied., m. linealen Fied.; Doldenstrahlen zahlr.; Hüllblätt. fehlend od. 1–2, hinfällig; Hüllchenblätt. zahlr., pfrieml., schmalhäutig berandet; Fr. vom Rücken her zusammengedrückt, 10flügelig; ♃; VII–IX. Nährstoffreiche, kalkarme Moorwiesen, lichte Wälder; *v*, *s* im NW bis W-Me. *Kümmel-S.*, **S. carvifólia** (L.) L.
— Stg. kaum od. nicht geflügelt, streifig, einfach od. wenig verzweigt; Stgblätt. 0–2; Blätt. 2–3fach gefied., m. lineal-lanzettl. Fied.; Dol-

denstrahlen 3–9, dick, ungleich lg.; Hülle fehlend; Hüllchenblätt. lineal-lanzettl., bewimpert; Blkr. gelbl.weiß; ♃; VII–IX. Im Gebiet nur Bergwiesen der Vog. [= *Angelica pyrenaea* (L.) SPR.]
Pyrenäen-S., **S. pyrenaéum** (L.) GOUAN

42. Ligústicum L., *Mutterwurz*

1. Blätt. doppelt 3zählig, Fied. eif.-rautenf., 2–5 cm lg., gekerbt-gesägt; Stg. 15–90 cm hoch, beblättert, hohl; ♃; VII. Küste von N-Da, *s.* [G] *Schottische M.*, **L. scóticum** L.

— Blätt. 2–3fach gefied., Fied. lineal bis schmal eif., < 15 mm lg., Gebirgspfl. **2**

2. Hülle fehlend od. 1–2blättrig; Blkrblätt. beim Aufblühen oft purpurn; Blätt. im Umriß 3eckig, 2–3fach fiedschnittig; Stg. m. 1–2 Blätt., am Grd. m. Faserschopf; ♃; VI–VIII. Fett- u. Magerwiesen der Alp., S-Schw., Bayrw. *v* bis *z.* [= *Meum mutellina* (L.) GAERTN.]
Alpen-M., **L. mutellína** (L.) CR.

— Hüllblätt. 5–10, oft fiedspaltig; Blätt. sämtl. grdst., im Umriß längl.-3eckig; Bltn. weiß; Stg. am Grd. ohne Faserschopf; ♃; VII–VIII. Wiesen u. Schuttfluren der Alp. *z;* kalkmeidend. [= *L. simplex* (L.) ALL.; = *Gaya simplex* (L.) GAUD.; = *Pachypleurum simplex* (L.) RCHB.] *Zwerg-M.*, **L. mutellinoídes** (CR.) VILL.

43. Cenolóphium KOCH, *Hohlrippe*

Stg. bis 150 cm lg.; Blätt. doppelt bis 5fach gefied.; Hülle fehlend; Hüllchenblätt. zahlr.; Fr. m. aufgeblasenen Rippen; ♃; VII–VIII. Wiesen; nur in OPr. **C. físcheri** (SPR.) KOCH

44. Conioselínum FISCH., *Schierlingsilge*

Stg. bis 1,5 m lg., gerillt, bereift; Blätt. gelbgrün, im Umriß 3eckig-rhombisch, 2–3fach gefied.; Hülle fehlend; Fr. 8flügelig, vom Rücken her zusammengedrückt; ♃; VII–IX. Buschige Hänge, Wälder; *s,* OPr, Voralp. von Sb, Kt, St. (= *C. vaginatum* THELL.) [G] **C. tatáricum** HOFFM.

45. Angélica L. (incl. **Archangelica** N. M. WOLF), *Engelwurz, Brustwurz*

1. Stg. scharfkantig gefurcht, bis 1,25 m lg., armbltg.; Blätt. 3- bis mehrfach fiedteilig; Fied. stumpfspitzig, kerbig gesägt, m. Knorpelspitzchen, am Rande u. unterstS. rauh; Ksaum m. 5 deutl. breiten Zähnen; randl. Rippen der Teilfr. flügelartig; mehrjährig; VII–VIII. Feuchte Wiesen; *z,* Me, Th, Br, Po, WPr, OPr. [= *Ostericum palustre* (BESS.) BESS.] *Sumpf-E.*, **A. palústris** (BESS.) HOFFM.

— Stg., wenigstens an der Basis, stielrund, schwach gerillt; Blätt. nur 2–3fach gefied.; Fied. lg.-stachelspitzig; Kzähne undeutl. **2**

2. Blattstiel oberstS. rinnig; Blattfied. am Rande rauh u. unterstS. behaart; Doldenstiele flaumig behaart; Blkrblätt. weiß od. rötl.; Gr. schon z. Bltzt. verlängert; Pfl. 50–150 cm hoch, dk.grün; mehrjährig; VII–IX. Feuchte Wiesen, Auwälder, Flachmoore.
Wilde E., **A. sylvéstris** L.

a. Fr. 4–5,5 mm lg.; Fied. eif. bis längl., kaum herablaufend; *v.* ssp. **sylvéstris**

— Fr. 6–8 mm lg.; Fied. lanzettl., die ob. herablaufend. Feuchte Bergwälder, *z* in Alp. u. M-Geb. ssp. **montána** (BROT.) ARCANG.

— Blattstiel rund, hohl; Blattfied. untersts. kahl; Doldenstiele nur spitzenw. behaart; Bltn. grünl.; Gr. z. Bltzt. kurz; Fr. 5–8 mm lg. u. 3,5–5 mm breit, m. 3 stark vorspringenden, scharfen Rippen; Hüllchenblätt. lineal, kürzer od. so lg. wie das Döldchen; Stg. würzig schmeckend; Pfl. hellgrün; ♃; VII–VIII. Feuchte Wiesen, Ufer, *z;* auch als Gewürz- u. Heilpfl. (= *Archangelica officinalis* HOFFM.)
Echte E., Garten-E., **A. archangélica** L.

a. Hüllchenblätt. so lg. wie die Döldchenstiele; Fr. 6–8 mm lg. u. 4–5 mm breit; Pfl. von angenehmem Geruch; Kulturpfl. ssp. **archangélica**

— Hüllchenblätt. halb so lg. wie die Döldchenstiele; Fr. 5–6 mm lg. u. 3,5–4,5 mm breit; Pfl. von scharfem Geruch; ♃; VI–VIII. Feuchte Ufer u. Gebüsche der Küstenregion *v,* sonst *s* im N. (= *Archangelica litoralis* KOCH)
ssp. **litorális** (FR.) THELL.

46. Levísticum HILL, *Liebstöckel*

Stg. 1–2 m lg., rund; Blätt. dk.grün, dickl., glzd., bis 3fach gefied.; Fied. bis 11 cm lg., verkehrt-eif., eingeschnitten gezähnt; Pfl. nach Maggi-Gewürz riechend; ♃; VII–VIII. Gewürzpfl. (Heimat: Vorder-Asien) **L. officinále** KOCH

47. Peucédanum L., *Haarstrang, Meisterwurz*

1. Hülle u. Hüllchen vielblättrig, bleibend **5**

— Hülle fehlend od. wenigblättrig u. abfallend; Stg. kahl . . **2**

2. Fied.abschnitte breit-eif. **4**

— Fied.abschnitte lineal **3**

3. Blätt. mehrfach 3zählig gefied., reisbesenart. *(621);* Stg. stielrund, bis 2 m hoch; Bltn. gelb; ♃; VII–IX. Auwiesen der Stromtäler; *z* in S- u. M-Dt, im N nur im Elbetal. *Echter H.,* **P. officinále** L.

— Blätt. einfach gefied.; Fied. lineal, beidersts. glzd.; Hüllchen 1–3blättrig; Stg. wenigstens spitzenw. kantig gefurcht, 30–100 cm hoch; ♃; VII–IX; Waldränder, Raine, *s* im E, RhPf, Mosel-, Nahe-, Saar-, Rheintal von Köln nordw., Ba (Donautal), Kt, St, OÖ.
Kümmelblättriger H., **P. carvifólia** VILL.

4(2). Pfl. 120–360 cm hoch; ob. Zweige gegenst. od. quirlst.; Bltn. grünl.-gelb; unterste Blätt. 2–3fach gefied.; ♃; VI–VIII. Trockene Abhänge, auf Kalk; *z,* Vb, Ti, Kt, St, OÖ. (= *Angelica verticillaris* L.)
Riesen-H., **P. verticilláre** (L.) KOCH ex DC.

— Pfl. höchstens 1 m hoch; Bltn. weiß od. rosa; unterste Blätt. 3zählig m. tief 3teiligen Fied.; ♃; VI–VIII. Wiesen u. Hochstaudenfluren, *v* in Alp. u. M-Geb., sonst *s.* (= *Imperatoria ostruthium* L.)
Meisterwurz, **P. ostrúthium** (L.) KOCH

5(1). Bltn. gelbl.; Hülle aufrecht-absthd.; Stg. kantig gefurcht; ♃; VII–IX. Waldränder, Gebüsche; im W u. SW *z, s* in M-Dt, OÖ, früher in Kt, St. *Elsässer H.,* **P. alsáticum** L.

— Bltn. weiß; Hülle zurückgeschlagen **6**

6. Stg. kantig gefurcht **8**

— Stg. stielrund, fein gerillt, markig, Fied. breit **7**

7. Blätt. derb, fast ledrig, obersts. hell-, untersts. blaßgrün u. netzadrig, 2–3fach gefied.; Fied. 1. Ordn. im spitzen Winkel nach vorn gerichtet, Fied. letzter Ordn. eif., scharf gesägt; ♃; VII–IX. Trockenhänge, lichte Wälder; *z* bis *s,* im NW u. N *f.*
Hirschwurz, **P. cervária** (L.) LAP.

— Blätt. nicht ledrig, beidersts. grün u. glzd.; Blattrhachis bei jedem Fiedpaar abwärts geknickt; Fied. 1. Ordn. im rechten bis stumpfen

Winkel ansetzend; ♃; VII–IX. Trockene Wiesen u. Wälder; *z*, im NW bis O-SH *f*. *Berg-H.*, **P. oreoselinum** (L.) MOENCH

8(6). Stg. hohl; Flügel der reifen Fr. schmaler als 1 mm; Blattzipfel kurz zugespitzt; Gr. bis 1 mm lg.; ⊙; VII–VIII. Sumpfwiesen, Moore, bis in die mont. Reg. aufsteigend; *v* bis *z*. *Sumpf-H.*, **P. palústre** (L.) MOENCH

— Stg. markig; Flügel der reifen Fr. mind. 1,5 mm breit; Blattzipfel m. verlängerter Spitze, eif. od. lineal [var. **rablénse** (WULF.) KOCH]; Gr. 1,5–3 mm lg.; ♃; VII–VIII. Waldränder, buschige Abhänge, *s*, nur Kt, St, OÖ. *Österreichischer H.*, **P. austríacum** (JACQ.) KOCH

48. Pastináca L., *Pastinak*

Stg. kantig gefurcht, 30–100 cm lg.; Blätt. meist 1fach gefied., m. 3–7 Paaren am Rand ungleich gekerbter Fied.; ⊙; VII–VIII. Wiesen, Trokkenhänge; *v*, auch als Kulturpfl. **P. satíva** L.

a. Pfl. fast kahl; Dolden 7–20strahlig, flach; Fr. breit elliptisch; Wurzeln fleischig, eßbar (Gartenpfl: var. **satíva**) od. dünn u. holzig (Wiesenpfl.: var. **praténsis** PERS.). ssp. **satíva**

— Pfl. u. Blätt. ± stark grauhaarig, später mitunter verkahlend; Doldenstrahlen ungleich lg.; Fr. schmal elliptisch . . . . **b**

b. Stg. kantig, weichzottig; sonnige Hänge; *s*, nur in Ba (Berchtesgaden u. Oberpfalz). ssp. **sylvéstris** (MILL.) R. & CAM.

— Stg. fast stielrund, höchstens gerieft, weniger stark behaart, oft verkahlend; Äcker, Felsen; *s*, nur Ba (Oberpfalz), BW, RhPf, SH, ČR (Böhmen). ssp. **úrens** (REQ. ex GODR.) ČEL.

49. Heracléum L., *Bärenklau*

1. Stg. stielrund, höchstens 4 mm im Dm, 10–60 cm hoch; Blattscheiden wenig aufgeblasen; Hüllchenblätt. fast fädl.; ♃; VII–VIII. Matten der K-Alp.; *z* in Ba (Chiemgau, Berchtesgaden), Au. *Österreichischer B.*, **H. austríacum** L.

— Stg. mehr als 4 mm im Dm; Pfl. 30–500 cm hoch **2**

2. Pfl. bis 2,5 m hoch; Stg. 4–20 mm im Dm; Dolden bis 20 cm im Dm, m. 15–45 Strahlen; Bltn. meist weiß od. rosa; ⊙–♃; VI–X. Wiesen, Wälder, Hochstaudenfluren; *v*. Formenreich. *Wiesen-B.*, **H. sphondýlium** L.

ssp. **flavéscens** (WILLD.) SOÓ (= *H. flavescens* WILLD.; = *H. sibiricum* auct.) m. gelbl.-grünen Bltn. *s* in W- u. OPr, O-Br, Me bis O-SH.

— Pfl. 1,7–5 m hoch; Stg. bis 10 cm im Dm, meist purpurn gefleckt; Dolden bis 50 cm im Dm, m. 50–150 Strahlen; ⊙–♃; VI–VIII. Straßenränder, Wegränder, Waldränder, *z*, sich einbürgernd (Heimat: Kaukasus). Vorsicht bei Berührung: **Hautausschlag! Brandblasen!** *Riesen-B.*, **H. mantegazziánum** SOMMER & LEVIER

50. Tordýlium L., *Zirmet, Drehkraut*

Stg. kantig gefurcht, m. nach rückw. gerichteten Borstenhaaren, 30–120 cm lg.; Blätt. einfach gefied., m. 2–4 Fiedpaaren; Doldenstrahlen dick, borstig behaart; Randbltn. vergrößert; Fr. borstig-rauh; ⊙; VI–VIII. Magerrasen, Hecken, Wege; *s*, im N *f*. **T. máximum** L.

51. Láser BORKH. ex G. M. SCH., *Roßkümmel*
Stg. 60–120 cm lg., von starkem Kümmelgeruch, fein gerillt, bläul. bereift; Grdblätt. groß, 3mal 3zählig gefied.; Fied. kreisrundl., stumpf gekerbt, unterstс. bläul. bereift; ♃; V–VI. Buschige Berghänge; *s* in Ba, He, S-We, NS, Lothringen, Kt, St. (= *Siler trilobum* CR.; = *Laserpitium trilobum* L.) Ⓖ **L. trílobum** (L.) BORKH.

52. Laserpítium L., *Laserkraut*
1. Stg. gefurcht, an der Basis rauhhaarig; Blätt. 2–3fach gefied., m. lanzettl., am Rand rauhhaarigen Fied.; Hüllchenblätt. häutig berandet; Bltn. gelbl.weiß; Fr. kurz borstig behaart; ⨀; VII–IX. Moorwiesen, trockene Laub- u. Mischwälder, sandige Kiefernwälder; kalkmeidend; *s*, im NW *f*, im O stark zurückgegangen. *Preußisches L.*, **L. prutênicum** L.
— Stg. rund, gerillt, kahl od. schwach behaart **2**
2. Fied. lineal-lanzettl. **4**
— Fied. breit eif. **3**
3. Dolde 5–15strahlig; Bltnblätt. grünl.-gelb, kaum 1,5 mm lg., m. rotem Rand u. rotem Mittelstreifen; Fied. letzter Ordnung tief 3teilig; ♃; VI–VIII. Berghänge, *s*, nur W-Ti. *Schweizer L.*, **L. krápfii** CR. ssp. **gaudínii** (MORETTI) THELL.
— Dolde 25–50strahlig; größte Bltnblätt. 2–2,5 mm lg., weiß; Fied. letzter Ordnung oval, nicht geteilt; ♃; VI–VIII. Steppenheidewälder, Bergwiesen, kalkliebend; *z* in Alp., Vog., S- u. M-Dt, im N nur Br. *Breitblättriges L.*, **L. latifólium** L.
4(2). Dolden (2–)5–10strahlig; Fied. m. randparallelen Seitennerven; ♃; VI–VIII. Bergwiesen, *z*, Ti, Kt. *Haarstrang-L.*, **L. peucedanoídes** L.
— Dolden 20–50strahlig **5**
5. Hüllchen- u. Hüllblätt. am Rand kahl, breit-hautrandig; Grd.- u. unt. Stgblätt. bis 1 m lg., 4fach fiedteilig; Fied. seegrün, ungeteilt od. 2–3spaltig, elliptisch, 1,5–7 cm lg., 3–5 mm breit; Stg. 30–100 cm lg.; ♃; VI–VIII. Trockene Bergwiesen, sonnige Felsen; Alp. *v*, *s* in Ba u. BW (Jura). (= *Siler montanum* CR.) *Berg-L.*, **L. síler** L.
— Hüllchen- u. Hüllblätt. am Rand zottig behaart; Grdblätt. bis 45 cm groß, 4–5fach fiedschnittig; Fied. letzter Ordn. in winzige, bis 3 mm lange, lineale, borstig behaarte Zipfel zerschnitten; Blkrblätt. etwas länger als breit; Stg. kurzborstig-steifhaarig, 15–60 cm lg.; Pfl. im Habitus an *Athamanta cretensis* (S. 309) erinnernd; ♃; VI–VII. Felsig-grasige Abhänge; kalkmeidend; *z* in Alp. u. Voralp. von Ti u. Vb. *Rauhhaar-L.*, **L. hálleri** CR.

53. Daúcus L., *Möhre*
Stg. 50–120 cm lg., borstig behaart; Blätt. 2–4fach gefied.; Dolden z. Bltzt. flach gewölbt, in der Mitte häufig m. schwarz-purpurner „Mohrenblüte"; Doldenstrahlen z. Frreife vogelnestartig zusammenneigend; ⨀; V–VII. Wiesen, Wege, Steinbrüche; *g*. *Wilde M.*, **D. caróta** L.
D. sativus (HOFFM.) ROEHL: *Garten-Möhre*, m. stark verdickter gelber Primärwurzel; als Wurzelgemüse in zahlr. Sorten kultiviert.

Ordnung: **Celastráles**

Familie: **Aquifoliáceae,** *Stechpalmengewächse*

Sträucher od. Bäume m. harten, immergrünen Blätt.; Bltn. radiär; Fr. mehrsamige, rote Steinfr.

Ílex L., *Stechpalme*
Blätt. derb, ledrig, immergrün, am Rand stachelig gezähnt *(265);* Bltn. weiß; korallenrote Steinfr.; ♃; V–VI. Bis 10 m hoher Baum od. Strauch, als Unterwuchs im Buchenwald; wild nur im S, W u. NW, Br, N-SaAn, auch *v* als Zierstrauch. Ⓖ **I. aquifólium** L.

Familie: **Celastráceae,** *Spindelbaumgewächse*

Holzpfl.; Blätt. wechsel- od. gegenst., einfach; Bltn. klein, grünl., 4–5zählig; Kapselfr.; Samen m. lebhaft gefärbtem Samenmantel, aus der aufgesprungenen Fr. heraushgd.

Euónymus L. (= *Evonymus* L.), *Pfaffenhütchen*

1. Junge Zweige meist 4kantig, zuw. geflügelt; Bltn. 4zählig; Blkrblätt. längl., grünl.weiß; Kapseln 4kantig, abgerundet, rosa- bis karminrot; Samenmantel orangerot, den weißl. Samen vollständig umhüllend. Bis 6 m hoher Strauch; ♃; V–VII. Wälder, Gebüsch, Hecken; *v.* (= *E. vulgaris* Mill.) *Gewöhnliches P.,* **E. europaéa** L.

— Junge Zweige stielrund od. etwas zusammengedrückt; Blkrblätt. rundl. **2**

2. Äste m. schwarzen Korkwarzen; Blkrblätt. 4, dicht rot punktiert; Kapsel rosarot, stumpfkantig; Samen schwarz, nur teilweise vom scharlachroten Samenmantel umhüllt. Bis 2 m hoher Strauch; ♃; V–VI. Wälder, Gebüsch; *z* nur in WPr u. OPr, Ti, Kt, OÖ, Schl, ČR (Böhmen), auch als Zierpfl. [G] *Warzen-P.,* **E. verrucósa** Scop.

— Äste ohne Korkwarzen, etwas zusammengedrückt; Blätt. groß (bis 15 cm lg.); Blkrblätt. meist 5, rundl.; Kapsel an den Kanten geflügelt; Samen vom orangeroten Samenmantel ganz eingehüllt. Bis 5 m hoher Strauch; ♃; V–VI. Wälder der Alp. u. des Vorlands; *z;* auch als Zierstrauch. [G] *Breitblättriges P.,* **E. latifólia** (L.) Mill.

Ordnung: **Rhamnáles**

Familie: **Rhamnáceae,** *Kreuzdorngewächse*

Holzgewächse, m. ungeteilten, gegen- od. wechselst. Blätt. u. häufig verdornten Zweigen; Bltn. ⚥ od. eingeschl., 4–5zählig, m. Diskus; Fr. steinfruchtartige Beere.

1. Bltn. meist 5zählig; Blätt. ganzrandig; Gr. ungeteilt **Frangula,** 315

— Bltn. meist 4-, selten 5zählig; Blätt. am Rand feingesägt; Gr. 2–5spaltig; Pfl. häufig m. Dornen . . . . . **Rhamnus,** 315

1. Frángula MILL., *Faulbaum*
Bis 3 m hoher, dornenloser Strauch; Fr. kugelige, anfangs rote, später schwarzviolette Steinfr.; Blätt. wechselst.; ♃; V–VI. Feuchte Wälder, Heidemoore, *v.* (= *Rhamnus frangula* L.) **F. álnus** MILL.

2. Rhámnus L. (incl. **Oreoherzógia** VENT), *Kreuzdorn*

1. Blätt. jederststs. m. 2–3(–4) bogenf. Seitennerven; Zweige meist gegenst., dornig **3**

— Blätt. jederststs. m. 4–20 Seitennerven, Zweige dornenlos **2**

2. Aufrechter, bis 4 m hoher Strauch; Blätt. an Langtrieben (7–)10–13 cm lg., jederststs. m. 15–18 Seitennerven; ♃; V–VI. Lichte Wälder, Gebüsch, *z,* nur Kt (Karawanken).
Alpen-K., **Rh. alpína** L. ssp. **fállax** (BOISS.) MAIRE & PETITMENGIN

— Kriechender, bis 20 cm hoher Spalierstrauch; Blätt. 1,5–2,5(–6) cm lg., jederststs. m. 4–9(–13) Seitennerven; ♃; VI–VII. Felsspalten der K-Alp., *v.* [= *Oreoherzogia pumila* (TURRA) W. VENT]
Ⓖ *Zwerg-K.,* **Rh. púmila** TURRA

3(1). Blattstiel 2–4mal so lg. wie die hinfälligen Nebenblätt.; Blätt. 3–6 cm lg., m. 3–4 Nervenpaaren *(243);* bis 3 m hoher Strauch; ♃; V–VI. Sonnige, steinige Hänge, Auwälder; *v,* im N *z.*
Echter K., **Rh. cathárticus** L.

— Blattstiel etwa so lg. wie die Nebenblätt.; Blätt. 1–3 cm lg., m. 2–4 Nervenpaaren; niederlgd. od. aufstgd. Bis 150 cm hoher, sparrig verzweigter Strauch; ♃; V–VI. Felsige Hänge u. Gebüsch, nur auf Kalk; *z* in Alp., BW, Ba. *Felsen-K.,* **Rh. saxátilis** JACQ.

Familie: **Vitáceae,** *Weinrebengewächse*

Holzpfl., m. Ranken; Blätt. wechselst. (2zeilig), m. Nebenblätt.; Bltn. radiär, ⚥ *(636);* Beerenfr.

1. Rinde sich in Streifen ablösend; Rankenäste ohne Haftscheiben; Kronblätt. sich in ihrer Gesamtheit mützenartig abhebend *(636a)* . . . . **Vitis,** 315

— Rinde sich nicht in Streifen ablösend; Rankenäste häufig m. Haftscheiben *(283);* Blkrblätt. strahlig ausgebreitet
Parthenocissus, 315

1. Vítis L., *Weinrebe*
Bltnstand rispig; Beeren saftig; Blätt. buchtig gelappt, 2zeilig; Ranken ohne Haftscheiben, den Blätt. gegenüber; ♃; VI–VII. **V. vinífera** L.

a. Bltn. zweihäusig; Beeren längl., 5–7 mm lg., m. 3 kugelig-herzf. Samen. *s* in Auwäldern des Oberrheins. Ⓖ ! *Wilde W.,* ssp. **sylvéstris** (GMEL.) BEG.

— Bltn. ⚥; Beeren größer, m. meist 2 schlanken Kernen. In zahlr. Sorten kultiviert. [ssp. *sativa* (DC.) BEG.] *Kulturrebe,* ssp. **vinífera**

2. Parthenocissus PLANCH., *Jungfernrebe, Wilder Wein*

1. Blätt. 3teilig eingeschnitten; ♃; VII–VIII. Zierpfl. aus N-Am.
Dreilappige J., **P. tricuspidáta** (S. & Z.) PLANCH.

— Blätt. 5–7zählig gefing. **2**

2. Ranken 5–8teilig, m. Haftscheiben; ♃; VII–VIII. Zierpfl. aus N-Am.
Gewöhnliche J., **P. quinquefólia** (L.) PLANCH.

— Ranken 3–5teilig, ohne Haftscheiben; ♃; VII–VIII. Zierpfl. aus N-Am., öfter verwildert. *Fünfblättrige J.,* **P. insérta** (KERN.) FRITSCH

Ordnung: **Santaláles**

Familie: **Santaláceae,** *Leinblattgewächse*

Grüne, auf den Wurzeln anderer Pfl. lebende Halbparasiten; Blätt. lineal; Bltn. auf das Tragblatt hinaufgerückt *(637–638),* klein, ⚥, m. bleibendem Perigon, in traubigen od. rispigen Bltnständen; Frkn. unterst., 4fächerig; Nußfr.

Thésium L., *Leinblatt*

1. Unter jeder Blüte nur 1 Hochblatt (= Tragblatt; *637*); Vorblätt. fehlend; Bltnstand m. Schopf steriler Blätt. **6**

— Jede Blüte m. 3 Hochblätt. (= 1 Tragblatt u. 2 Vorblätt., *638–640*); Stg. bis zur Spitze Bltn. tragend **2**

2. Bltnhülle zur Frzt. nur an der Spitze eingerollt, unt. Hälfte röhrig, mind. so lg. wie die Fr. *(639);* Pfl. ohne Ausläufer **5**

— Bltnhülle z. Frzt. bis zum Grd. eingerollt, viel kürzer als die Fr. *(640)* **3**

3. Stg. spitzenw. traubig od. wiederholt traubig verzweigt; Frstiele so lg. od. wenig länger als die Fr., absthd.; Blätt. schmal-lineal, 1nervig; Stg. zu mehreren, niederlgd.-aufstgd.; ♃; VI–VII. Trockenrasen, nur in Lothringen bei Metz, Be, Ho.
Niederliegendes L., **Th. humifúsum** DC.

— Stg. spitzenw. verzweigt, m. trugdoldig angeordneten Bltn.; Fr. deutl., wenn auch zuw. kurz gestielt **4**

4. Pfl. ohne Ausläufer; Blätt. deutl. 3nervig od. undeutl. 5nervig, lanzettl., bläul.grün; 30–70 cm hoch; ♃; V–VII. Buschige Abhänge, Bergwiesen, auf Kalk; *z,* im N *f.* (= *Th. montanum* EHRH. ex HOFFM.)
Bayrisches L., **Th. bávarum** SCHR.

— Pfl. m. unterirdischen Ausläufern; Blätt. 1nervig od. undeutl. 3nervig, lineal-lanzettl., gelbgrün; 15–30 cm hoch; ♃; V–VI. Trockenhänge, sonnige Hügel u. Felsen; *z, s* im N, *f* im NW. (= *Th. intermedium* SCHRAD.) [G] *Mittleres L.,* **Th. linophýllon** L.

5(2). Blätt. 1nervig; Frstiele aufrecht; Frstand meist einstswendig; ob. Hochblätt. am Rand glatt; Pfl. 10–30 cm hoch; ♃; V–VII. Wiesen, lichte Wälder, bis 2600 m aufstgd.; Alp. u. Voralp. *v,* sonst *s.*
Alpen-L., **Th. alpínum** L.

a. Bltnstand einstswendig; Pfl. fast unverzweigt, kahl od. spitzenw. grau behaart, nur 10 bis 20 cm hoch; *v, s* in SaAn u. Br. ssp. **alpínum**

— Bltnstand allstswendig; Pfl. locker verzweigt, 15–30 cm hoch. Voralp. *z.* (= *Th. tenuifolium* SAUT.) ssp. **tenuifólium** (SAUT.) O. SCHWARZ

— Blätt. schwach 3nervig; Frstiele waagrecht absthd.; Frstand allstswendig; ob. Hochblätt. am Rand von sehr feinen Zähnen rauh; Pfl. 10–50 cm hoch; ♃; V–VII. Bergwiesen, lichte Wälder; *s, f* im N. (= *Th. pratense* EHRH. ex SCHRAD.)
Wiesen-L., **Th. pyrenáicum** POURR.

a. Stg. aufrecht; Bltnstand locker; Pfl. 20–50 cm hoch; *s* in M- u. S-Dt. ssp. **pyrenáicum**

— Stg. bogig aufstgd.; Bltnstand dicht; Pfl. 10–15 cm hoch; Voralp. von Sb u. Ti. [= *Th. grandiflorum* (DC.) HAND.-MAZ.] ssp. **alpéstre** (BRUGGER) O. SCHWARZ

6(1). Grdachse weit kriechend, ausläuferbildend; Fr. kurz gestielt, ledrig; Bltnhülle z. Frzt. höchstens so lg. wie die Fr. *(637);* Pfl.

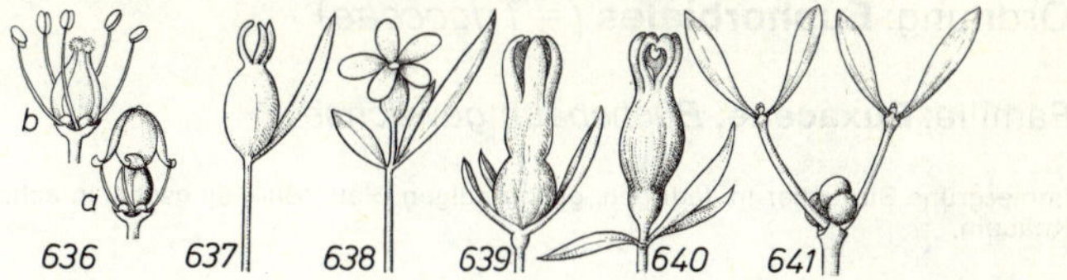

636 637 638 639 640 641

7–30 cm hoch; ♃; V–VI. Sonnige Hügel, Heidewiesen; *s* in Da, N- u. NW-Dt, SaAn, Schl. *Schopf-L.*, **Th. ebracteátum** HAYNE

— Grdachse kurz, ohne Ausläufer; Fr. sitzend, fast kugelig, beerenartig, saftig, zitronengelb; Bltnhülle z. Frzt. doppelt so lg. wie die Fr. *(639);* Pfl. 20–30 cm hoch; ♃; IV–V. Grasige Abhänge u. steinige Wiesen, Kies der Gebirgsflüsse; *z* in Alp., *s* in S-BW u. südl. Ba. *Schnabelfrüchtiges L.*, **Th. rostrátum** MERT. & KOCH

Familie: **Loranthácae,** *Mistelgewächse*

Auf Bäumen lebende, halbstrauchige, grüne Halbschmarotzer, m. gabelig (dichasial) verzweigtem Astsystem *(641);* Blätt. gegenst., ganzrandig; Bltn. eingschl., 2häusig; Bltnhülle 4–6blättrig; Frkn. unterst., in becherf. Bltnachse eingesenkt; schleimige, beerenart. Steinfr.

1. Blätt. eif.-längl., gelbgrün, lederart., wintergrün; selten auf Eichen . . . . **Viscum,** 317

— Blätt. lanzettl.-spatelig, dk.grün, sommergrün; nur auf Eichen . . . . **Loranthus,** 317

1. Loránthus L., *Riemenblume*

Bltn. in endst., lockeren Ähren; Beeren gelbl.; ♃; V–VI. Nur in Sa (bei Dohna) u. OÖ, sonst SO-Eur. **L. europaéus** L.

2. Víscum L., *Mistel*

Bltn. in sitzenden, endst. Trugdolden *(641);* Beeren weiß bis gelbl.-grün; ♃; II–V. **V. álbum** L.

a. Auf Laubbäumen. Lichte Laubgehölze, Obstanlagen, Parks, *v*, vor allem im W. *Laubholz-M.*, ssp. **álbum**

b. Auf Weißtannen. Tannenwälder, *v* in Ba, BW, sonst *z*, *f* im N. [= *V. abietis* (WIESBAUR) FRITSCH; = *V. laxum* BOISS. & REUT. ssp. *abietis* (WIESBAUR) O. SCHWARZ] *Tannen-M.*, ssp. **abiétis** (WIESBAUR) ABR.

c. Auf Kiefern, selten auf Fichten. Kiefernwälder, *v* in Ba, Oberrhein, Au, sonst *z*, *f* im NW u. Th. (= *V. laxum* BOISS. & REUT.) *Kiefern-M.*, ssp. **austríacum** (WIESBAUR) VOLLM.

Ordnung: **Euphorbiáles** *(= Tricoccae)*

Familie: **Buxáceae,** *Buchsbaumgewächse*

Immergrüne Sträucher m. ledrigen, ganzrandigen Blätt.; Bltn. eingschl., in achselst. Knäueln.

Búxus L., *Buchsbaum*
Strauch; Bltn. gelbl.-weiß, geknäuelt; ♃; III–IV. Kalk- u. Porphyrfelsen, *s* RhPf (nur Moselgebiet), S-BW (bei Grenzach), Sb, OÖ (Steyr), sonst gepflanzt u. verwild. Ⓖ **B. sempervírens** L.

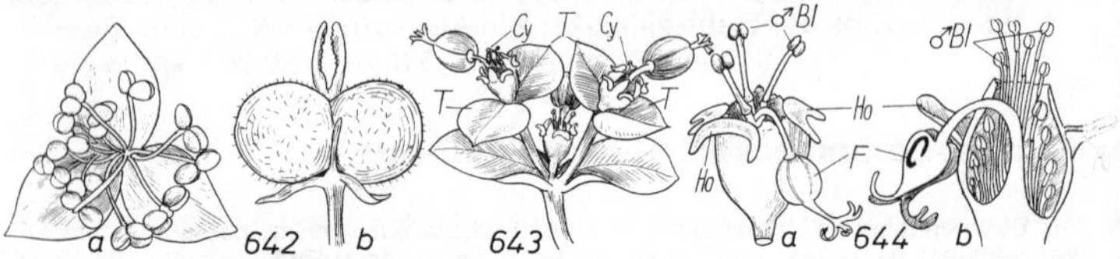

Familie: **Euphorbiáceae,** *Wolfsmilchgewächse*

Stauden od. Kräuter; Blätt. einfach, wechsel- od. gegenst.; Bltn. eingschl., 1- od. 2häusig; ♂ Bltn. m. 1 od. vielen Stbblätt.; ♀ Bltn. m. 2–3fächerigem Frkn.; Bltnstände bei *Euphorbia* in 3- bis vielstrahligen Scheindolden (Pleiochasien, *108*), die nach wiederholter Verzweigung in Dichasien übergehen *(643);* jeder Ast m. einer „Scheinblüte", einem als *Cyathium* (*643,* Cy) bezeichneten Bltnstand endend; Bltnstand besteht aus zentralen, gestielten, später herausghgd. 3blättrigen Frkn. (= ♀ Blüte; *644,* F) u. 5 Reihen von ♂ Bltn. (*644a–b,* Bl), von denen jede ein einzelnes Stbblatt vortäuscht *(645);* Grenze zwischen Bltnstiel St u. Filament F durch eine leichte Einkerbung gekennzeichnet *(645);* Bltnstand von 4(–5) becherart. verwachsenen Hochblätt. umschlossen, zw. denen meist eine elliptische od. halbmondf. Nektardrüse (*644, 646,* Ho) steht; Kapselfr.

1. Pfl. ohne Milchsaft; Blätt. gegenst.; Bltn. eingschl., 2häusig, in reichbltg. Scheinähren; ♂ Bltn. m. 3zähliger Bltnhülle u. 9–12 Stbblätt. *(642a);* ♀ Bltn. m. 2fächerigem Frkn. *(642b)*
Mercurialis, 318

— Pfl. m. Milchsaft; Blätt. wechselst., selten gegenst.; Bltnstände 3- bis vielstrahlige Scheindolden (Pleiochasien, *108*)
Euphorbia, 319

1. **Mercuriális** L., *Bingelkraut*

1. Pfl. ⨀, m. spindeliger Wurzel; Stg. stumpf 4kantig, ästig; Bltn. meist 2häusig, seltener 1häusig; V–X. Gartenland, Weinberge, Schuttplätze *v, s* im N. *Einjähriges B.,* **M. ánnua** L.

— Pfl. ♃; m. unterirdischen Ausläufern; Stg. rund; Bltn. stets 2häusig **2**

2. Blätt. deutl. gestielt, elliptisch bis längl.-eif.; Stg. unterhalb der Laubblätt. m. Niederblätt.; ♃; IV–V. Schattige Wälder; *v, z* im N.
Wald-B., **M. perénnis** L.

— Blätt. fast sitzend, rundl.-eif.; Stg. unterhalb der normalen Blätt. noch m. kleineren Laubblätt.; ♃; IV–V. Lichte Wälder, Geröllhalden; *s* Ba (Donaugebiet), *z* Ti, Kt, St.
Eiblättriges B., **M. ováta** Sternbg. & Hoppe

645 646 647 648 649 650 651

2. Euphórbia L., *Wolfsmilch*

1. Blätt. gegenst. aber nicht gekreuzt-gegenst., m. Nebenblätt., klein, am Grd. auffallend asymmetrisch; Pfl. meist niederlgd. **25**

— Blätt. wechselst., selten gekreuzt-gegenst., stets ohne Nebenblätt.; Pfl. meist aufrecht od. aufstgd. **2**

2. Pfl. nur der Sandstrände von W- u. S-Eur., kahl, blaugrün, etwas fleischig, bis 70 cm hoch; Blätt. lanzettl.-elliptisch, bis 3 cm lg., ganzrandig; Scheindolde 3–6strahlig; Strahlen bis zu 3mal gegabelt; Nektardrüsen ausgerandet; ♃; VI–VIII. Meeressandstrand; *f* in Dt, im Gebiet nur in Ho u. Be. *Strand-W.,* **E. parálias** L.

— Pfl. anderer Standorte u. nicht fleischig **3**

3. Stgblätt. gekreuzt-gegenst., in 4 Reihen, dk.grün; Scheindolden 2–4strahlig; Nektardrüsen kurz 2hörnig; ⊙; VI–VIII. Aus S- u. SO-Eur. stammende, selten verwild. Garten-, Zier- und Heilpfl. *Kreuzblättrige W.,* **E. láthyris** L.

— Blätt. wechselst. **4**

4. Nektardrüsen halbmondf. od. 2hörnig (*644a,* Ho) **16**

— Nektardrüsen rundl. od. quereif. *(646)* **5**

5. Reife Fr. glatt od. fein punktiert (bei *E. villosa* Fr. zuw. m. kleinen Warzen besetzt) **13**

— Reife Fr. deutl. warzig (außer den Warzen zuw. auch noch Haare, *647–649*); Samen glatt **6**

6. Scheindolde vielstrahlig; Stg. bis 1,5 m lg., dick, hohl, am Grd. oft rot, kahl, zuw. an der Spitze etwas behaart; Pfl. einer kleinen Weide ähnl.; ♃; V–VI. Ufer, feuchte Wälder im Bereich der großen Ströme u. Flüsse; *z.* Ⓖ *Sumpf-W.,* **E. palústris** L.

— Scheindolde 3–5strahlig; Pfl. kleiner **7**

7. Frwarzen längl.-walzl. *(647),* an der Spitze orange- bis erdbeerfarbig; Hochblätt. (*643,* T) hellgelb; Blätt. sitzend, an der Spitze abgerundet; ♃; V–VI. Sonnige, buschige Hügel; kalkliebend; *s,* Kt, St?, früher Ba (Landshut), auch als Zierpfl. (= *E. polychroma* A. Kern.)
Vielfarbige W., **E. epithymoídes** L.

— Frwarzen halbkugelig od. kurz walzl. *(648–649)* **8**

8. Blätt. sitzend **10**
— Blätt. kurz gestielt **9**
9. Deckblätt. ganzrandig, am Grd. abgerundet od. verschmälert; Nektardrüsen gelb; ♃; V–VII. Lichte Wälder, Bergwiesen, sehr *s,* Kt (Weißbriach bei Hermagor). [G] *Krainer W.,* **E. carniólica** JACQ.
— Deckblätt. fein gesägt; Nektardrüsen erst gelbgrün, dann dkpurpurn; ♃; V–VI. Schattige Wälder, *z,* im N nur in SW-Br. *Süße W.,* **E. dúlcis** L.
a. Fr. stets dicht behaart; *z, f* in W-Ba. ssp. **dúlcis**
b. Fr. nur jung behaart, später kahl; *z,* nur im S u. W. ssp. **purpuráta** (THUILL.) ROTHM.
10(8). Ob. Stgblätt. m. herzf. Grd. sitzend; Pfl. m. unangenehmem Geruch **12**
— Ob. Stgblätt. m. verschmälertem Grd. sitzend **11**
11. Pfl. kahl; Kapsel 2,5 mm im Dm; Deckblätt. rundl.-dreieckig; Drüsen am Hüllbecher rot; ♃; V–VI. Lichte Wälder, Gebüsche, *z,* Kt, St. *Kanten-W.,* **E. anguláta** JACQ.
— Pfl. behaart; Kapsel 3–4 mm im Dm; Deckblätt. oval od. lanzettl.; Drüsen am Hüllbecher gelb; ♃; V–VI. Kalkmagerwiesen, Weiden, *z,* im N *f.* (= *E. brittingeri* OPIZ ex SAMPAIO) *Warzen-W.,* **E. verrucósa** L.
12(10). Kapsel 3–4 mm breit, m. halbkugeligen Warzen *(649);* Scheindolde meist 5strahlig; Blätt. unterststs. meist behaart; Pfl. 20–60 cm hoch; ⊙; VI–IX. Äcker, Gärten, Wegränder; im S u. W *v* bis *z,* im N *f.* *Breitblättrige W.,* **E. platyphýllos** L.
— Kapsel 2 mm breit, dicht m. kurz-walzl. Warzen *(648)* besetzt; Scheindolde meist 3strahlig; unterhalb der Endscheindolde noch zahlr., lg. gestielte, achselst. Scheindöldchen; Blätt. beiderststs. kahl, selten zerstreut langhaarig; ⊙; VI–VII. Gebüsche, Ufer, Gräben; Alp. u. Vorland, W- u. S-Dt *v,* sonst *s.* (= *E. serrulata* THUILL.) *Steife W.,* **E. strícta** L.
13(5). Blätt. kahl **15**
— Blätt. wenigstens unterststs. behaart **14**
14. Kapsel kahl, seltener zerstreut behaart; Blätt. längl. od. längl.-spatelig, am Grd. abgerundet od. fast herzf., sitzend, oberststs. kahl od. flaumig, unterststs. weichhaarig; Pfl. 50–120 cm hoch; Stg. kahl; ♃; V–VI. Nasse Wiesen, Sümpfe, Moore; *z,* Kt, St, Schl, früher Ba (Hals b. Passau). [G] *Zottige W.,* **E. villósa** W. & K.
— Kapsel lg.-wimperhaarig; Blätt. längl.-spatelig, am Grd. verschmälert u. oft kurz gestielt, oberststs. kahl, unterststs. weichhaarig; Pfl. bis 80 cm hoch; ♃; V–VI. Steinige, buschige Orte, subalp. Nadel- u. Mischwälder; *z,* N-St, OÖ, *f* Dt. *Österreichische W.,* **E. austríaca** KERN.
15(13). Scheindolde meist 5strahlig; Blätt. spitzenw. an Größe zunehmend, keilig-verkehrt-eif., im vorderen Drittel fein gesägt, an der Spitze abgerundet, stumpf od. ausgerandet; Pfl. 5–40 cm hoch; ⊙; IV–XI. Garten- u. Ackerunkraut; *g.* *Sonnen-W.,* **E. helioscópia** L.
— Scheindolde vielstrahlig; Blätt. lineal-lanzettl., m. Stachelspitzchen, 3–5 mm breit, bläul.grün; Pfl. 15–60 cm hoch; ♃; VI. Sonnige Sand- u. Kalkhügel; *s* im Rhein-, Main-, Nahe-, Mosel-, Lippe-,

Ems-, Unstrut-, Saale- u. Elbegebiet. (= *E. gerardiana* JACQ.)
Steppen-W., **E. seguieriána** NECK.

16(4). Hochblätt. paarweise zu Becher verwachsen *(651)*; Blätt. der nichtblühenden Triebe 4–7 cm lg., kahl od. flaumig behaart; Pfl. grün überwinternd, bis 70 cm hoch; ♃; IV–VI. Kalkbuchenwälder; in SW-Dt *v*, sonst *z*. *Mandelblättrige W.*, **E. amygdaloídes** L.

— Hochblätt. frei, nicht verwachsen **17**

17. Endscheindolde 3–5strahlig; Kapsel glatt; Samen runzelig od. grubig **22**

— Endscheindolde vielstrahlig; Kapsel fein punktiert, rauh; Samen glatt **18**

18. Blätt. beidersts. drüsig behaart u. fein bewimpert, längl.-lanzettl., sitzend; Nektardrüsen anfangs gelb, später purpurfarbig; Kapsel undeutl. runzelig; Pfl. 30–70 cm hoch; ♃; VI–VII. Wiesen, Äcker; *s* nur in Ba (Brandlberg b. Regensburg).
Weidenblättrige W., **E. salicifólia** HOST

— Blätt. kahl; Fr. fein punktiert **19**

19. Blätt. zum Grd. hin verschmälert, über der Mitte am breitesten od. durchwegs gleich breit; Stg. unter der Endscheindolde meist noch m. nichtblühenden Trieben **21**

— Blätt. unterhalb der Mitte am breitesten, nach der Spitze verschmälert; Pfl. 30–150 cm hoch **20**

20. Blätt. obersts. stark fettig-glzd.; Seitennerven in fast rechtem Winkel vom Mittelnerven abzweigend; Pfl. 40–130 cm hoch; ♃; V–VII. Sumpfwiesen, Flußufer; *s* Isar-, Oberrhein- (b. Gimbsheim), Oder-, Weichselgebiet. Ⓖ *Glänzende W.*, **E. lúcida** W. & K.

— Blätt. glanzlos od. schwach glzd.; Seitennerven in spitzem Winkel vom Hauptnerven abzweigend; Pfl. 30–150 cm hoch; ♃; V–VIII. Steppenhänge, Getreidefelder; aus O-Eur. u. Asien eingewandert; *s* in Sb, Ti, St, OÖ, S-, M- u. NO-Dt. *Ruten-W.*, **E. virgáta** W. & K.

21(19). Blätt. nicht stachelspitzig, 1–3 mm breit, am Rand umgerollt; Hochblätt. gelb, zuletzt rot; Pfl. bis 40 cm hoch, m. Wurzelsprossen; ♃; IV–VII. Truppweise auf trockenen, sandigen Böden u. steinigen Weiden; *v*. *Zypressen-W.*, **E. cyparíssias** L.

— Blätt. stachelspitzig od. zugespitzt, 3–5(–8) mm breit, längl.-lanzettl., nach dem Grd. keilf. verschmälert; Hochblätt. grün od. gelbl.; Pfl. bis 80 cm hoch; ♃; VI–VIII. Weiden, Wegraine, Gebüsche; *z*. *Scharfe W.*, *Esels-W.*, **E. ésula** L.

a. Blätt. verkehrt-lanzettl., stachelspitzig; Hochblätt. der Endscheindolde eilanzettl. bis schmal-eif.; Scheindoldenstrahlen einfach od. 1–2mal gabelig verzweigt; *z*, in Alp. *f*. ssp. **ésula**

— Blätt. lineal-lanzettl., zugespitzt; Hochblätt. der Endscheindolde schmal-lineal; Scheindoldenstrahlen bis 3mal gabelig verzweigt; *s* in Rheinebene, Elbtal von SH, SaAn, Th. ssp. **pinifólia** (LAM.) A. & GR.

22(17). Frkapsel m. Flügelleisten; Blätt. gestielt, eif.-rundl., an der Spitze stumpf; Hochblätt. breit-eif.; Pfl. 4–35 cm hoch; ☉; VI–XI. Gartenunkraut; *v*. *Garten-W.*, **E. péplus** L.

— Frkapsel nicht geflügelt; Blätt. sitzend, lanzettl. od. lineal, stumpf; Hochblätt. zugespitzt od. stachelspitzig **23**

23. Hochblätt. breiter als lg., nieren- bis rautenf.; Endscheindolde 5strahlig, wiederholt verzweigt; Pfl. 10–30 cm hoch; ☉; VI–VII. Getreideäcker; nur vorübergehend eingeschleppt. (Heimat: Mittelmeergebiet) *Saat-W.*, **E. segetális** L.

— Hochblätt. so lg. od. länger als breit **24**

24. Blätt. lineal, 1–4 mm breit, zugespitzt; Hochblätt. m. breit-herzf. Grd., mehrmals länger als breit; Stg. 5–20 cm lg.; ⊙; V–VI. Lehmäcker; *v, s* im NW. *Kleine W.,* **E. exígua** L.

— Blätt. lanzettl., bis 5 mm breit, stachelspitzig; Hochblätt. eif. bis 3eckig, fein gezähnelt; Stg. 8–40 cm lg.; ⊙: VI–X. Getreideäcker; *z* u. unbeständig. *Sichel-W.,* **E. falcáta** L.

25(1). Stg. aufrecht od. aufstgd.; Blätt. (10–)15–30 mm lg. u. 5–10(–14) mm breit, gesägt; Kapsel kahl; ⊙; VII–IX. Bahngelände, *s,* Kt. *Nickende W.,* **E. nútans** Lag.

— Stg. niederlgd.; Blätt. meist < 10 mm lg. **26**

26. Stg., Blätt. u. Fr. kahl; Samen glatt; ⊙; VI–IX. Kulturland, Straßenpflaster; aus Asien eingeschleppt u. *z* eingebürgert. *Niederliegende W.,* **E. humifúsa** Willd.

— Stg. u. Blätt. behaart **27**

27. Blätt. höchstens 2mal so lg. wie breit; Frkapsel abstehend behaart, selten verkahlend; ⊙; VI–VII. Schuttplätze, Bahngelände, *s,* St. *Zwerg-W.,* **E. chamaesýce** L.

— Blätt. 2,5–3mal so lg. wie breit; obersts. gefleckt; Frkapsel angedrückt behaart; ⊙; VI–IX. Pflasterfugen, aus N-Am. eingeschleppt u. stellenw. eingebürgert, *s,* BW, Ti, Kt, St. *Gefleckte W.,* **E. maculáta** L.

Ordnung: **Thymelaeáles**

Familie: **Thymelaeáceae,** *Seidelbastgewächse*

Sträucher, seltener Kräuter; Blätt. wechselst.; Bltn. ⚥, 4–5zählig; Bltnachse röhrig; Kblätt. blumenblattart., am Grd. in den Achsenbecher übergehend; Blkrblätt. fehlend; Stbblätt. 4–8, der Röhre des Achsenbechers angeheftet *(173);* Stein- od. Nußfr.; **giftig.**

1. Pfl. krautig; Achsenbecher bauchig, Bltn. unscheinbar; Fr. geschnäbelte Nuß . . . . **Thymelaea,** 322

— Sträucher; Achsenbecher röhrig; Kblätt. blumenblattartig auffällig; Steinfr. . . . . **Daphne,** 322

1. Thymelaéa Mill. em. Endl., *Vogelkopf, Spatzenzunge*
Blätt. lineal; Bltn. klein, einzeln od. in Knäueln, blattachselst. *(200);* Kblätt. 4; Stbblätt. 8; Pfl. 15–40 cm hoch, gelbl.grün; ⊙; VII. Brachäkker, Ödland, Weinberge; *s,* nur im S, im N *f.*
Th. passerína (L.) Coss. & Germ.

2. Dáphne L., *Seidelbast, Steinröschen, Kellerhals* Ⓖ

1. Bltn. grünl.gelb, in meist 5bltg., blattachselst., nickenden Trauben; Blätt. immergrün, bis 12 cm lg. u. 3 cm breit, ledrig; bis 120 cm hoher Strauch; ♃; II–IV. Steinige Laubwälder, *s* in Baden (Grenzach, früher auch Kandern), E (Jura), RhPf (Brohl, Linz), Kt, St, OÖ.
Ⓖ *Lorbeer-S.,* **D. lauréola** L.

— Bltn. rot, selten weiß **2**

2. Bltn. weiß, nach den Blätt. erscheinend, zu 4–10 in endst. Köpfchen; ♃; V–VI. Felsen, Geröllhalden, *s,* Kt.
Ⓖ *Alpen-S.,* **D. alpína** L.

— Bltn. rot od. rosa **3**

3. Bltn. meist zu 3 in den Achseln vorjähriger u. im Herbst abgefallener Blätt., vor der Entfaltung der diesjährigen Blätt. erscheinend, stark duftend; Blätt. verkehrt-längl.-lanzettl. *(250),* bis 8 cm lang,

frischgrün; Fr. scharlachrot; ♃; II–IV. Bergwälder; kalkliebend; *z, f* im NW, *s* im NO. Ⓖ *Kellerhals, Gewöhnlicher S.,* **D. mezéreum** L.
— Bltn. in endst. Bltnständen, an beblätterten Trieben . . . **4**
4. Bltn. einfarbig rot bis dk.rosa, m. dicht-kurzfilzigem Achsenbecher; Blätt. spatelig, bis 1,6 cm lg., gleichmäßig an den Zweigen verteilt; Fr. gelbbraun; ♃; IV–VI. Steinige, kalkhaltige, buschige Hänge, Heidewiesen, von der Ebene bis 1300 m; Alp. *z, s* im Vorland, N-Ba, BW, S-Pfalz, E.
Ⓖ *Rosmarin-S., Heideröschen,* **D. cneórum** L.
— Bltn. hellrot, fein längsgestreift; Achsenbecher kahl; Blätt. spatelig, stachelspitzig, an den Zweigenden büschelig gehäuft; Fr. tief orangegelb; ♃; V–VII. Steinige, trockene Böden, vorwgd. des Krummholzgürtels der K-Alp.; *z* in Ti, Vb, Kt, Bayr. u. Allgäuer Alp.
Ⓖ *Steinröschen, Gestreifter S.,* **D. striáta** TRATT.

Unterklasse: **Dilleníidae,** *Dillenienähnliche*
Ordnung: **Dilleniáles**

Familie: **Paeoniáceae,** *Pfingstrosengewächse*

[Wurden früher zu den *Ranunculaceae* (s. S. 184) gestellt; unterscheiden sich von diesen aber u. a. in der Entwicklung des Embryos.] Stauden m. knollig verdickten Wurzeln; Blätt. gefied.; Bltn. groß, rot; Stbblätt. zahlr.; Balgfr.

Paeónia L., *Pfingstrose*
Stg. krautig, 1bltg.; Blätt. doppelt 3zählig, untersts. hellgrün; Bltn. dk.rot; Stbblätt. am Grd. zu Ring vereinigt; Frkn. 2–5, weißfilzig, m. breiter, roter Narbe; ♃; V–VI. Lichte, felsige Berghänge; Ti sehr *s;* auch als Zierpfl. Ⓖ *Echte Pf.,* **P. officinális** L.

Ordnung: **Theáles** *(= Guttiferales)*

Familie: **Hypericáceae,** *Johanniskraut- od. Hartheugewächse*

Stauden od. Halbsträucher; Blätt. gegenst., sitzend, oft von Öldrüsen durchscheinend punktiert; Bltn. in endst. Bltnständen; Kblätt. 5, an der Fr. erhalten bleibend; Blkrblätt. 5, in der Knospenlage gedreht; Stbblätt. zahlr. in 3 od. 5 vor den Blkrblätt. stehenden Bündeln *(652);* Frkn. oberst., 3- od. 5blättrig; Kapselfr. Einzige heimische Gattung:

Hypéricum L., *Johanniskraut*
1. Stg. aufrecht **3**
— Stg. niederlgd. bis aufstgd., am Grd. oft wurzelnd . . . **2**
2. Stg. stielrund, oberw. gleich den Blätt. dicht weißhaarig; Bltn. in armbltg. Rispen; Kblätt. eif., am Rande rotdrüsig; ♃; VI–VIII. Torfige u. feuchte Wiesen, *s* im W, Ho, Niederrheingebiet bis Weser, früher Sa, OÖ. (= *Elodes palustris* SPACH)
Ⓖ ! *Sumpf-J.,* **H. elódes** L.

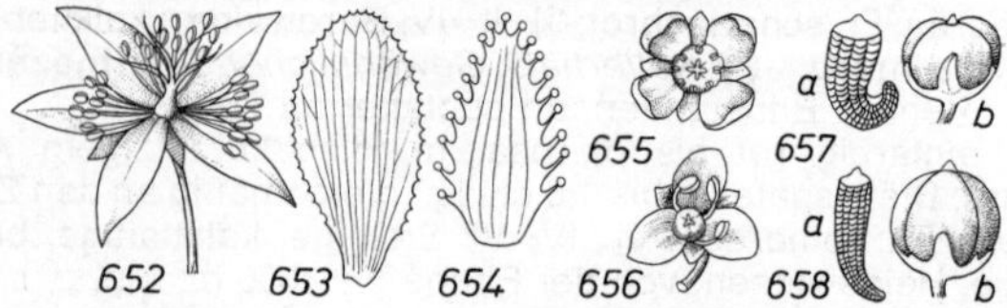

— Stg. 2kantig, dünn, hohl, kahl; Blätt. blaugrün, kahl; Kblätt. ungleich groß, eif.-längl., ganzrandig, am Rand drüsig punktiert; ♃; VI–IX. Feuchte Sand- u. Lehmböden; *v, z* im N u. Alp. *Niederliegendes J.*, **H. humifúsum** L.

3(1). Kblätt. m. Fransen, die viel länger als die Kblattbreite sind; Blätt. lineal-lanzettl. bis eif., m. dunklen Punkten; ♃; V–VI. Waldränder, Waldwiesen, früher St. *Bart-J.*, **H. barbátum** JACQ.

— Kblätt. am Rand m. kürzeren Fransen od. ohne Fransen **4**

4. Kblätt. am Rand drüsig gesägt od. gefranst *(654)* **8**

— Kblätt. ganzrandig od. am Rand fein gesägt *(653)*, nur selten m. vereinzelten Drüsen **5**

5. Kblätt. zur Bltzt. doppelt so lg. wie der Frkn., lanzettl., zugespitzt; Stg. m. 2 erhabenen Längskanten, markig, kahl, gegen die Spitze hin drüsig; Bltn. in reichbltg. Trugdolden; ♃; VI–VIII. Wegränder, Trockenhänge, Wiesen. Formenreich. *Tüpfel-J.*, **H. perforátum** L.

a. Blätt. höchstens 1 cm lg., breit-eif.; Kblätt. 3–7 mm lg.; Blkrblätt. hell gestrichelt-punktiert; *s* in Ba, RhPf, Th, Kt, St. (= *H. veronense* SCHR.) ssp. **veronénse** (SCHR.) FROEHLICH

— Blätt. > 1 cm; Kblätt. 4–7 mm lg. **b**

b. Blätt. schmal-lineal; Kblätt. ± 1 mm breit; Bltn. 1,5–3 cm im Dm; Blkrblätt. schmal, am Rand schwarz gepunktet; *s* in Ti, St, OÖ, Ba, NrWe, Th, SH, Br. ssp. **angustifólium** (DC.) FROEHLICH

— Blätt. breit-eif. bis breit-lanzettl.; Bltn. 2–3,5 cm im Dm . . . . **c**

c. Kblätt. 2–3 mm breit, an der Spitze gezähnt; *v* bis *z.* ssp. **latifólium** (KOCH) FROEHLICH

— Kblätt. 1–1,5 mm breit, zugespitzt, gesägt od. ganzrandig; *g.* ssp. **perforátum**

— Kblätt. z. Bltzt. so lg. od. kürzer als der Frkn. **6**

6. Stg. rund; Blätt. 3eckig-herzf. s. Nr. **9** *Schönes J.*, **H. púlchrum** L.

— Stg. 4kantig; Blätt. eif. od. elliptisch **7**

7. Stg. deutl. 4kantig geflügelt; Bltn. in dichten Trugdolden; Kblätt. schmal-lanzettl., zugespitzt; Blätt. breit-elliptisch, halbstgumfassend, dicht u. fein punktiert; ♃; VII–VIII. Gräben, Ufer; *v.* (= *H. acutum* MOENCH; = *H. tetrapterum* FR.) *Flügel-J.*, **H. quadrángulum** L.

— Stg. schwach 4kantig, nicht geflügelt; Bltn. in armbltg. Trugdolden; Kblätt. elliptisch, stumpf; Blätt. breit-eif., am Grd. abgerundet, spärl. punktiert; ♃; VI–IX. Magerweiden, Moorwiesen. Formenreich. (= *H. quadrangulum* auct.) *Geflecktes J.*, **H. maculátum** CR.

a. Bltn. 2–2,5 cm im Dm; Kblätt. sehr breit, m. hellen u. dk. Drüsen; Blkrblätt. auf der Fläche m. dk. Drüsen; *v.* ssp. **maculátum**

— Bltn. 2,5–3,5 cm im Dm; Kblätt. schmäler . . . . **b**

b. Blätt. elliptisch; Kblätt. eif.-längl. m. buchtig gezähnter Spitze, hell- u. dk.drüsig punktiert, *s* in Ba, BW, Kt, St. (= *H. dubium* LEERS) ssp. **obtusiúsculum** (TOURL.) HAY. em. FROEHLICH

— Blätt. längl.-oval; Kblätt. lineal-lanzettl., m. feiner Haarspitze, gleich den Blkrblätt. schwarz punktiert. Moorwiesen; *s* in Ba, S-BW, Sb, Vb. ssp. **desetángsii** (LAMOTTE) TOURL. em. FROEHLICH

8(4). Stg. u. Blätt. dicht kurzhaarig; Bltn. auf behaarten Stielen, in lockerem, pyramidenf. Bltnstand; ♃; VI–VIII. Wälder u. Gebüsche; *v* in S-, M-Dt u. Au, *z* im NW, *s* im NO. *Behaartes J.,* **H. hirsútum** L.

— Stg. u. Blätt. kahl, zuw. aber drüsig **9**

9. Kblätt. stumpf-eif., fein gesägt, zuw. m. Drüsen *(653);* Blätt. 3eckig-herzf., halbstgumfassend, untersts. blaugrün, am Rand ohne schwarze Drüsenpunkte; Stg. stielrund, kahl, oft rötl.; Bltn. in lockeren verlängerten Bltnständen; ♃; VII–IX. Trockene Nadel- u. Laubwälder, auf kalkarmen Böden; *v* im W u. NW bis SH; *s* im O, *f* in Alp. *Schönes J.,* **H. púlchrum** L.

— Kblätt. spitz, m. gestielten Drüsen *(654);* Blätt. am Rand m. schwarzen Drüsenpunkten **10**

10. Bltn. in wenigbltg., fast kopfigen Trugdolden; Blätt. 2–8 cm lg., m. fast herzf. Grd. stgumfassend, untersts. blaugrün, kürzer als die Stgglieder; Stg. oben wenig beblätt. u. rund, drüsenlos; ♃; VI–VIII. Wälder, Gebüsch, kalkliebend; *v* im S, *s* im N. *Berg-J.,* **H. montánum** L.

— Bltn. in vielbltg., lockeren Bltnständen; Blätt. längl.-lanzettl., halbstgumfassend, meist länger als die Stgglieder, am Rand etwas umgerollt; Stg. am Grd. stielrund, spitzenw. 2kantig, schwarzdrüsig; ♃; VI–VII. Sonnige Kalk- u. Gipsfelsen; *s* in M- u. N-Th, SaAn, RhPf. Ⓖ! *Zierliches J.,* **H. élegans** STEPH. ex WILLD.

Familie: **Elatináceae,** *Tännelgewächse*

Kleine Sumpf- od. Wasserpfl.; Blätt. gegen- od. quirlst., ungeteilt, m. Nebenblätt.; Bltn. einzeln, blattachselst., 2–5zählig; Frkn. oberst.; Kapselfr.

Elatíne L., *Tännel*

1. Blätt. quirlst., sitzend; unter Wasser in 8–16zähligen, außerhalb des Wassers in 3zähligen Quirlen *(285);* Stg. aufrecht od. aufstgd.; Bltn. grünl.weiß, 4zählig, m. 8 Stbblätt. *(655);* ♃; VI–IX. Sthd. Gewässer; *z.* *Quirl-T.,* **E. alsinástrum** L.

— Blätt. gegenst., gestielt; Bltn. rötl.weiß; Stg. niederlgd., wurzelnd, verzweigt **2**

2. Blkr. 4blättrig; Stbblätt. 8; Blattstiel meist länger als die Spreite; Stg. 2–15 cm lg.; ⨀; VI–IX. Sthd. Gewässer; *s.* *Wasserpfeffer-T.,* **E. hydrópiper** L. em. OEDER

a. Samen hakig gekrümmt *(657a);* Kapsel kugelig, an der Spitze eingedrückt *(657b); s; f* in W u. RhPf. (= *E. gyrosperma* DUEBEN) ssp. **hydrópiper**

— Samen fast gerade od. wenig gekrümmt *(658a);* Kapsel längl., an der Spitze nicht eingedrückt *(658b); s* in Ba u. SH. ssp. **orthospérma** (DUEBEN) HERM.

— Blkr. 3blättrig *(656);* Stbblätt. 3 od. 6; Blattstiel kürzer als die Spreite **3**

3. Bltn. sitzend, klein; Stbblätt. 3 *(656);* K. 2teilig; Stg. 2–15 cm lg.; ⨀; VI–IX. Sthd. Gewässer; *s, f* in Th, Me u. SH. *Dreimänniger T.,* **E. triándra** SCHK.

— Bltn. gestielt; Stbblätt. 6; K. 3teilig; Stg. 2–20 cm lg.; ⊙; VI–IX. Sthd. Gewässer; *s, f* in Alp., SaAn, SH.
Sechsmänniger T., **E. hexándra** (LAPIERRE) DC.

Ordnung: **Violáles** *(= Cistales; Parietales)*

Familie: **Violáceae**, *Veilchengewächse*

Kräuter u. Stauden; Blätt. m. großen, oft gefransten Nebenblätt. *(671–672);* Bltn. einzeln, lg.gestielt, nickend, zygomorph *(659),* zuw. geschlossen bleibend (kleistogam, *660*); Kblätt. 5, am Grd. m. krautigen Anhängseln (*661,* A); Blkrblätt. 5, das unt. gespornt *(659);* Stbblätt. 5, die beiden unt. m. in den Sporn hineinragendem, Nektar absonderndem Anhängsel *(659);* Frkn. oberst., 3blättrig; Kapselfr. *(661).*

Víola L., *Veilchen*

1. Beide seitl. Blkrblätt. nach oben gerichtet u. die beiden ob. m. den Rändern deckend *(664);* Bltn. violett, gelb, gelbl.weiß od. 3farbig **21**

— Beide seitl. Bltnblätt. nach abw. gerichtet *(665);* Bltn. blau od. violett, rötl.-lila, selten weiß, niemals gelb, jedoch zuw. gelbgrün u. 2farbig **2**

2. Stg. u. Blattstiele 1reihig behaart; Blätt. m. breit-herzf., in der Jugend tütenf. eingerollter Spreite; Bltn. blaßlila, wohlriechend; Sporn grünl.weiß, dick, stumpf; ♃; IV–V. Lichte Laubwälder; auf Kalk; *z, f* im NW. [G] *Wunder-V.*, **V. mirábilis** L.

— Stg. u. Blattstiele kahl od. behaart (dann aber nicht 1reihig) **3**

3. Pfl. m. entwickelten u. beblätterten, oberirdischen Bltnstg.; Bltn. in den Achseln der Stgblätt.; Kblätt. zugespitzt . . **15**

— Pfl. ohne entwickelte oberirdische Stg.; Blätt. deshalb alle in grdst. Rosette; Bltn. in den Achseln der Rosettenblätt.; Kblätt. stumpf **4**

4. Blätt. handf. 3–5teilig; Bltn. hellviolett; ♃; VI. Felsspalten, Gesteinsfluren, *s,* Ti, Kt. *Fieder-V.*, **V. pinnáta** L.

— Blätt. ungeteilt **5**

5. Narbe schief, scheibenf. *(662);* Blattspr. nierenf., an der Spitze meist abgerundet; Sumpfpfl. **13**

— Narbe hakig gebogen, geschnäbelt *(663);* Blattspr. herzf. *(666–667),* deutl. zugespitzt **6**

6. Pfl. ohne Ausläufer **10**

— Pfl. m. ober- od. unterirdischen, zuw. allerdings nur kurzen Ausläufern; Bltn. wohlriechend **7**

7. Bltnstiele in od. über der Mitte m. 2 schuppenf. Vorblätt.; Blätt. behaart **9**

— Vorblätt. unterhalb der Mitte der Bltnstiele (nur bei der gelbgrün beblätterten *V. pyrenaica* nahe der Mitte der Bltnstiele); Blätt. kahl, glzd.; Nebenblätt. schmal-lineal, lg. gefranst; Ausläufer höchstens 10 cm lg. **8**

8. Blätt. lebhaft grün, fettig glzd.; Bltn. dk.violett bis dk.blau, an der Basis weißl.; ♃; III–IV. Wild in Au (*f* in Sb), sonst Zierpfl. u. stellen-

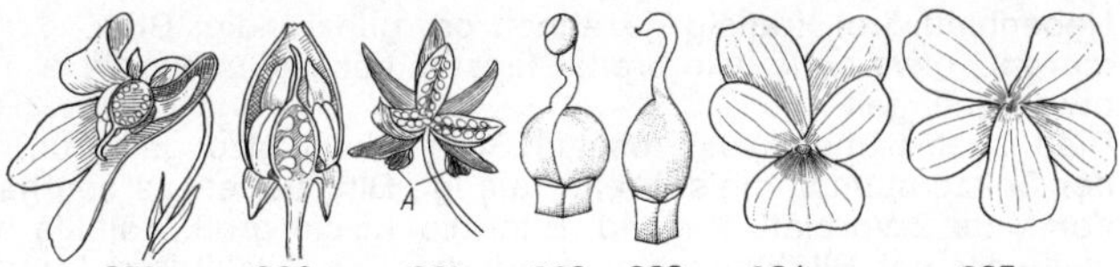

659 660 661 662 663 664 665

weise verwild. (= *V. beraudii* BOR.; = *V. cyanea* ČEL.; = *V. sepincola* JORD.) [G] *Blau-V.*, **V. suávis** BIEB.

— Blätt. gelbl.grün; Bltn. lila bis blauviolett, in der unt. Hälfte weiß; Pfl. m. kurzen, nicht wurzelnden Ausläufern; ♃; IV–VII. Felsen, Schutt, Magerwiesen, subalp. Wälder; kalkliebend; *s* in Ti, Kt, OÖ. (= *V. sciaphila* KOCH) *Glattes Berg-V.*, **V. pyrenáica** RAM. ex DC.

9(7). Bltn. weiß, m. stumpfem, grünl.weißem Sporn; Blattspreite fast 3eckig-herzf., weichhaarig; Nebenblätt. lineal, spitz, entfernt lg.-fransig behaart; Sprosse weichhaarig; ♃; III–IV. Lichte Laubwälder der collinen u. mont. Reg.; *s* in E, BW (Oberrheintal, Bodenseegebiet), Ba, RhPf (Merzig), *z* in Au. [G] *Weißes V.*, **V. álba** BESS.

— Bltn. dk.violett, selten rosa od. weiß, wohlriechend; Blattspreite rundl.-nierenf. bis herz-eif., fein behaart, unterst. oft glzd.; Nebenblätt. eif., zugespitzt, meist ganzrandig; ♃; III–IV. Lichte Laubgehölze, Bachufer; *v*, aber wohl nur aus Gärten verwild. u. eingebürgert. *März-V.*, **V. odoráta** L.

10(6). Nebenblätt. lanzettl., ganzrandig od. nur kurz gefranst, kahl; Blattspreite durch seichte, weite Bucht herzf., beidersts. behaart, am Rand regelmäßig gekerbt *(666);* Blkrblätt. hellblau-violett, am Grd. weiß; Sporn dünn, rötl.-violett; Bltn. geruchlos; ♃; III–V. Trockene Wiesen, Gebüsch; *v, s* im NO, *f* im NW. [G] *Rauhes V.*, **V. hírta** L.

— Nebenblätt. m. zieml. langen, gewimperten Fransen; Bltn. wohlriechend **11**

11. Blattspr. durch tiefen, engen Ausschnitt herzf., am Rand fein gekerbt *(667),* unterst. fast wollig; Fransen der Nebenblätt. etwa so lg. wie deren Breite; Bltn. hellviolett bis weißl., m. weißl. Sporn; ♃; III–IV. Hügel, lichte Wälder, bis in die Voralp.; kalkliebend; *z, f* im NW. [G] *Hügel-V.*, **V. collína** BESS.

— Blattspreite am Grd. seicht herzf. bis fast gestutzt . . . **12**

12. Blätt. am Grd. gestutzt od. schwach herzf.; Bltn. dk.violett; Sporn dick; Kblätt. 3,5 mm lg.; Nebenblätt. 10–15 mm lg.; Rhizom dicker als 2 mm; ♃; IV–V. Trockene Bergwiesen, Heiden; kalkmeidend; nur Th (Kyffhäuser). *Pontisches V.*, **V. ambígua** W. & K.

— Blätt. seicht herzf. m. offener Bucht; Bltn. lila od. fast weiß; Sporn schlank; Kblätt. 2,5 mm lg., behaart; Nebenblätt. 5–10 mm lg.; Rhizom dünner als 2 mm; ♃; IV–VI. Magerwiesen, Felsspalten, *s*, Vb, Ti. *Schweizer V.*, **V. thomasiána** SONG. & PERR.

13(5). Nebenblätt. bis zur Mitte dem Blattstiel angewachsen, drüsig gezähnelt; Blattstiel geflügelt; Spreite herz-eif.; bis 6 cm lg. u. bis 4 cm breit, am Rand seicht gekerbt; Bltn. hellviolett; ♃; IV–VI. Moorwiesen; *s* in Lausitz, OPr, Da; früher auch in Sa. *Moor-V.*, **V. uliginósa** BESS.

— Nebenblätt. frei, fransig gezähnelt od. ganzrandig; Blätt. nierenf., etwa so lg. wie breit; Blattstiel höchstens oberw. etwas geflügelt **14**

14. Blätt. zu 2–6, meist zu 4, rosettig; Spreite kahl, glzd. gelbgrün, an der Spitze stumpf, meist breiter als lg.; Bltnstiel etwas oberhalb der Mitte 2 Vorblätt. tragend; Bltn. bis 1,5 cm groß,, rötl.lila bis weiß; das unt. Blkrblatt violett geadert; Pfl. m. Ausläufern; ♃; VI–VII. Hoch- u. Flachmoore; *v.* [G] *Sumpf-V.,* **V. palústris** L.

— Blätt. nur zu 2, unterstś. zerstreut behaart; Spreite meist zugespitzt, länger als breit; Vorblätt. im ob. Drittel des Bltnstiels; Bltn. bis 2 cm groß, nicht dk. geadert; ♃; V. Flach- u. Hochmoore; *s* im NO, O, SH, Da, früher auch in Sa. *Torf-V.,* **V. epípsila** Led.

15(3). Grdblätt. vorhanden, lg. gestielt, in ihren Achseln beblätt. Seitenäste entspringend; Blattspr. breit-eif. od. rundl., am Grd. deutl. herzf. **19**

— Stgbasis ohne lg.-gestielte Grdblätt.; Blattspr. eif. od. längl.-eif., am Grd. nur schwach herzf. **16**

16. Sporn 4–8 mm lg., 1–3mal so lg. wie die K.-Anhängsel, weiß od. gelbl., selten grünl.; Stg. niederlgd. bis aufstgd., 5–15 cm lg., schwach behaart od. kahl; Blätt. lg.gestielt, m. schmal- bis breit-eif., derber Spreite *(668a);* Nebenblätt. schmal-lanzettl., 0,5–1 cm lg., entfernt gezähnt bis gefranst *(668b);* Blkrblätt. blauviolett, am Grd. weißl.; ♃; IV–VI. Wiesen, Wälder, Heiden, Moore. Formenreich. [G] *Hunds-V.,* **V. canína** L. (s. l.)

a. Sporn 2–3mal so lg. wie die K.-Anhängsel, aufwärts gebogen, ausgerandet; Nebenblätt. ½–⅓ so lg. wie die Blattstiele, gefranst; *z* in Voralp. u. M-Geb. [= *V. canina* L. ssp. *schultzii* (Billot) Gams] *Schultzes V.,* **V. schúltzii** Billot

— Sporn 1–2mal so lg. wie die K.-Anhängsel . . . . **b**

b. Nebenblätt. ¼–½ so lg. wie die Blattstiele, gefranst od. tief gezähnt *(668b).* Heiden, Waldränder; *z* in Voralp. u. M-Geb. [= *V. canina* L. ssp. *montana* (L.) Hartm.] *Berg-V.,* **V. montána** L.

— Nebenblätt. nur ⅙ bis ⅓ so lg. wie die Blattstiele, entfernt gefranst, zuw. ganzrandig *(668c).* Heiden, Magerwiesen, Kiefernwälder; *v.* *Hunds-V.,* **V. canina** L. (s. str.)

s in Be (W-Flandern) auch das *Milch-V.,* **V. láctea** Sm. mit bläul.weißen Bltn., Sporn 3–4 mm lg., doppelt so lg. wie die K.-Anhängsel; Nebenblätt. ½ so lg., ob. so lg. wie der Blattstiel.

— Sporn 2–3 mm lg., kaum länger als die K.-Anhängsel; grünl. bis grünl.gelb; Nebenblätt. groß, gefranst-gesägt, die mittl. meist so lg. od. länger als der halbe Blattstiel . . . **17**

17. Nebenblätt. groß, blattartig, fast so lg. wie der Blattstiel *(669);* Blattspr. lanzettl.-keilf., in breit geflügelten Stiel übergehend; Bltn. hellviolett, oft dk.geadert; Stg. nur 1 bis 1,5 (bis 3,5) cm lg.; ♃; V–VI. Trockene Magerwiesen; *s* im Gebiet des Ober- u. Mittelrheins, Mains, der Donau, Elbe, Elster, Saale, Unstrut, Bode, Br u. SO-Me. *Zwerg-V.,* **V. púmila** Chaix

— Nebenblätt. meist kürzer als der Blattstiel *(670);* Blattspr. schwach keilf. od. flach herzf., 2–4mal so lg. wie breit; Stg. länger als 1,5 cm **18**

18. Stg. spitzenw. gleich den Blätt. flaumhaarig, 20–40 cm lg., kräftig; Blattspr. 3–7 cm lg., 1–2 cm breit, in den 2–4 cm langen, undeutl. geflügelten Stiel überghd.; Nebenblätt. 2–3 cm lg., ganzrandig od. an der Basis grob gezähnt; Blkrblätt. hellblau, gestreift, am Grd.

666 667 668 *a* *b* *c* 669 670 671 672

weiß; ♃; V–VI. Feuchte Wiesen; Stromtalpfl.; *z* im Gebiet der großen Flüsse. (= *V. erecta* auct.) [G] *Hohes V.,* **V. elátior** FR.

— Stg. fast kahl, 15–20 cm lg., ästig; Blattspr. 2–4 cm lg., am Grd. seicht herzf.; Blattstiel oberw. geflügelt; Nebenblätt. ½ so lg. wie Blattstiel, gezähnt; Bltn. klein, milchweiß, lila geadert; ♃; V–VII. Flachmoore; *z*, bes. in den großen Stromtälern. (= *V. persicifolia* auct.; = *V. lactea* auct.) [G] *Bleiches Torf-V.,* **V. stagnína** KIT.

19(15). Blätt. u. Stg. meist flaumig behaart; Blattspr. rundl.-eif. bis herz-nierenf., fast so lg. wie breit, bläul.grün, untersts. oft violett; Nebenblätt. eif., gezähnt; Bltn. blauviolett bis weiß; Sporn 2–3mal so lg. wie die K.-Anhängsel; Kapsel fein behaart; Stg. 4–6 cm lg.; ♃; IV–V. Trockenwiesen, Felsschutt u. Felsspalten, bis in die alp. Reg.; *z*, *s* im W, *f* im NW bis W-Me. (= *V. arenaria* DC.) [G] *Sand-V.,* **V. rupéstris** F. W. SCHMIDT

— Blätt. u. Stg. ± kahl; Blattspr. breit-herzf., stets länger als breit; Stg. 8–25 cm lg. **20**

20. Sporn 5–6 mm lg., schlank, dk.violett, kaum gefurcht, abw. gebogen; Bltn. kürzer als 2 cm, rötl.-violett; K.-Anhängsel kurz; Nebenblätt. schmal lanzettl., lg. gefranst bis ganzrandig; Blattspr. obersts. zerstr. behaart, untersts. oft violett; ♃; IV–VI. Wälder; *v*. (= *V. sylvestris* LAM. em. RCHB.) [G] *Wald-V.,* **V. reichenbachiána** JORD. ex BOR.

— Sporn 3 mm lg., dick, untersts. gefurcht, weißl. od. gelbl.-weiß, ± nach oben gebogen; Bltn. über 2 cm lg., hellviolett; K.-Anhängsel quadratisch; Nebenblätt. breit, wenig gefranst; ♃; IV–V. Wälder. [G] *Hain-V.,* **V. riviniána** RCHB.

a. Bltn. groß, bis 22 mm lg.; Kapsel 9–13 mm groß; *v*. ssp. **riviniána**

— Bltn. kleiner als 20 mm; Kapsel 6–8 mm groß; Pfl. von gedrungenem Wuchs. Trockenrasen; *z*. ssp. **mínor** (GREGORY) VALENTINE

21(1). Sporn 8–15 mm lg., so lg. wie die dk.violetten, seltener gelben, breit-eif. Blkrblätt.; Blätt. grdst., eif.-lanzettl., jedersts. m. 1–3 Kerben; Nebenblätt. ganzrandig od. 3spaltig; ♃; VI–VII. Felsen, Schutt, Matten, auf Dolomit; Alp. *v*, *z* in Ti, Vb, Allgäu. Ⓖ *Gesporntes V.,* **V. calcaráta** L.

a. Bltn. meist violett; Stg. 1–2blütig, *v*. ssp. **calcaráta**

— Bltn. meist gelb; Stg. 1blütig; *s*, nur Kt. [G] ssp. **zóysii** (WULF.) MERXM.

— Sporn kürzer, höchstens ½ so lg. wie die Blkrblätt. . . . **22**

22. Blattspr. nierenf., ringsum gekerbt, frischgrün; Nebenblätt. meist ganzrandig; Bltn. gelb, bräunl. gestreift; Gr. m. abgeflachtem, 2lappigem Narbenkopf; ♃; V–VI. Feuchte Wälder, Hochstaudenfluren; Alp. u. Vorland *v,* sonst *s* in NrWe, Th, Sa (Elbsandsteingeb.). G *Zweiblütiges V.,* **V. biflóra** L.

— Blattspr. nicht nierenf. **23**

23. Blätt. alle grdst., oval, Bltn. violett, 1,5–3 cm lg., Sporn 3–4 mm lg.; ♃; VII–VIII. Gesteinsfluren der Alp., *z,* Kt, St, OÖ. G *Alpen-Stiefmütterchen,* **V. alpína** Jacq.

— Stg. beblättert **24**

24. Blkrblätt. die Kblätt. deutlich überragend; Bltn. > 15 mm **26**

— Blkrblätt. kürzer od. höchstens so lg. wie die Kblätt.; Bltn. höchstens 15 mm groß **25**

25. Pfl. nur bis 15 cm hoch; Nebenblätt. handf. geteilt; größte Blätt. beiderstS. m. 1–2 Kerben; ☉; V–X. Ackerränder, Magerwiesen; *s,* Rheintal, St. G *Kleines Stiefmütterchen,* **V. kitaibeliána** R. & Sch.

— Pfl. meist > 10 cm hoch; Nebenblätt. fiederig geteilt; größte Blätt. beidersts. m. 5 Kerben; ☉; V–X. Äcker, Wegränder; *v.* G *Acker-Stiefmütterchen,* **V. arvénsis** Murr.

26(24). Bltn. gelbl.-weißl., z.T. blau überlaufen oder am ob. Rand m. purpurnen Flecken (vgl. Ziffer **25**—). **V. arvénsis** Murr.

— Bltn. violett od. gelb **27**

27. Nebenblätt. m. stark vergrößertem Mittelabschnitt; Pfl. ohne unterird. Ausläufer; ☉ bis mehrjährig; V–X. Äcker, Dünen, Wiesen, bis in die subalp. Region aufstgd.; *v.* Formenreich. G *Gewöhnliches Stiefmütterchen,* **V. trícolor** L.

— Nebenblätt. m. wenig vergrößertem, ganzrandigem Mittelabschnitt *(672);* Pfl. m. unterird. Ausläufern **28**

28. Stg. kräftig; unterird. Stg. kurz kriechend; ♃; VI–VIII. Auf Magerwiesen u. Weiden, *s,* Vog., Sudeten bis Gesenke, St. G *Gelbes Stiefmütterchen,* **V. lútea** Huds.

— Stg. zart; unterird. Stg. weit kriechend; auf Schwermetallböden **29**

29. Bltn. gelb; ♃; VI–VIII. Galmeiböden, *s* im Rheinisch-Belg. Schiefergeb. bis S-NS. [= *V. calaminaria* (Gingins) Lej.] Ⓖ *Galmei-V.,* **V. lútea** ssp. **calaminária** (Gingins) Nauenburg

— Bltn. purpurviolett bis blau; ♃; V–X. Nur auf Galmeiböden bei Blankenrode. Ⓖ ! *Westfälisches Galmei-V.,* **V. guestphálica** Nauenburg

Die Gattung neigt stark zur **Bastard**bildung.
Auch das häufig kultivierte *Gartenveilchen,* **V.** x **wittrockiana** Gams (= *V. hortensis* auct.): Nebenblätt. fiedspaltig, m. längerem, gekerbtem Endzipfel u. Bltn. größer als 3 cm ist ein **Bastard** wahrscheinlich zwischen *V. lutea* Huds. u. *V. tricolor* L.

Familie: **Cistáceae,** *Cistrosengewächse*

Zwergsträucher, Halbsträucher od. Kräuter; Blätt. gegen- od. wechselst.; Nebenblätt. vorhanden od. fehlend; Blkr. radiär; Kblätt. ungleich, 3 größere u. 2 kleinere; Blkrblätt. 5, in der Knospe gedreht; Stbblätt. zahlr.; Kapselfr.

1. Einjähriges Kraut; Blätt. breit, sitzend, m. 3 Längsnerven **Tuberaria,** 331

— Verholzte (zuw. an der Stgbasis) Zwerg- od. Halbsträucher **2**

2. Blätt. nadelf., wechselst.; äußere Stbblätt. ohne Stbbeutel **Fumana,** 332

— Blätt. breiter, wenigstens die unt. gegenst.; sämtl. Stbblätt. m. Stbbeuteln . . . . **Helianthemum,** 331

1. Tuberária (DUN.) SPACH, *Sandröschen*

Stg. steif-aufrecht, 5–40 cm lg., behaart; Grdblätt. rosettig gehäuft, gegenst.; ob. Stgblätt. wechselst.; Blkrblätt. zitronengelb, am Grd. m. od. ohne schwarzen Fleck, hinfällig; ⨀; V–VIII. Sandfelder, Kiefernwälder; *s,* Ostfries. Inseln, N-Th, SaAn, früher mittl. Rheintal. [= *Helianthemum guttatum* (L.) MILL.] **T. guttáta** (L.) FOURR.

2. Heliánthemum MILL., *Sonnenröschen*

1. Blätt. m. Nebenblätt.; Bltn. gelb od. weiß **3**

— Blätt. ohne Nebenblätt.; Bltn. gelb **2**

2. Blätt. untersts. grau- bis weißfilzig; Bltnknospen kugelig; Frstiele aufrecht od. waagrecht; reich verzweigter Halbstrauch; ♃; V–VI. Trockene, sonnige Orte, kalkliebend; *s,* Ba, BW, OÖ. Ⓖ *Graues S.,* **H. cánum** (L.) BAUMG.

— Blätt. beidersts. grün, anlgd. behaart od. kahl; Bltnknospen eif.; Frstiele aufrecht, waagrecht od. zurückgeschlagen; 3–20 cm hoher, dicht- od. lockerrasiger Halbstrauch m. aufsteigenden, weißfilzigen Ästen; ♃; V–VIII. Krummholzregion, Felsspalten, Flußschotter, kalkliebend; Alp. *v.* [= *H. oelandicum* (L.) DC. ssp. *alpestre* (JACQ.) BREISTROFFER] *Alpen-S.,* **H. alpéstre** (JACQ.) DC.

3(1). Blkrblätt. weiß, am Grd. zitronengelb; Nebenblätt. lineal-prieml. bis fadenf., die der unt. Blätt. etwa so lg. wie der Blattstiel, die der ob. Blätt. länger; lockerrasiger Halbstrauch m. aufrechten Stg.; ♃; V–VII. Sonnige, steinige Hänge; *s* in Ba, RhPf, SaAn. Ⓖ *Apenninen-S.,* **H. apennínum** (L.) MILL.

— Bltn. gelb; Nebenblätt. lanzettl., länger als der Blattstiel; ♃; V–IX. Sonnige, trockene Stellen. Formenreich. (= *H. chamaecistus* MILL.; = *H. vulgare* GAERTN.) *Gewöhnliches S.,* **H. nummulárium** (L.) MILL.

a. Blätt. untersts. graufilzig, lineal-lanzettl.; Blkrblätt. 8–12 mm lg., goldgelb. Triften, Waldränder; *z, f* im N. ssp. **nummulárium**

— Blätt. zerstreut behaart od. kahl, eif.-lanzettl. . . . . **b**

b. Blkrblätt. 8–12 mm lg.; innere Kblätt. 5–8 mm lg., meist behaart; V–IX. Triften, Waldränder, *v.* [= *H. ovatum* (VIV.) DUN.] ssp. **obscúrum** (ČEL.) HOLUB

— Blkrblätt. 10–18 mm lg.; innere Kblätt. 7–10 mm lg., zwischen den Nerven kahl . . . . **c**

c. Blätt. kahl od. nur am Rand u. untersts. am Mittelnerv gewimpert; innere Kblätt. zuw. m. Büschelhaaren; VII–VIII. Matten u. Legföhrengebüsch der Alp. von Sb, Ti, St, OÖ, Ba u. Isartal bei München, E, *s.* (= *H. nitidum* CLEMENTI) ssp. **glábrum** (KOCH) WILCZEK

— Blätt. beidersts. od. wenigstens obersts. zerstreut behaart; Kblätt. auf den Nerven m. langen Büschelhaaren; VII–VIII. Alpenmatten; *v* in Alp., *s* in BW, Vog. [= *H. grandiflorum* (SCOP.) DC.] ssp. **grandiflórum** (SCOP.) SCH. & TH.

3. Fumána SPACH, *Zwerg-Sonnenröschen*
Bltn. einzeln, seitenst. od. in endst. Wickeln, gelb; Blätt. nadelf.; 10–20 cm hoher, niederlgd. Halbstrauch; ♃; VI–VIII. Sonnige, trockene Hügel, kalkliebend; *s* in M- u. S-Dt, E, Ti, Kt, St, OÖ. (= *Helianthemum fumana* L.) **F. procúmbens** (DUN.) GREN. & GODR.

Familie: **Tamaricáceae,** *Tamariskengewächse*

Bäume od. Sträucher m. schuppenf. Blätt.; Bltn. in Trauben, 5zählig; Frkn. oberst.

Myricária (L.) DESV., *Rispelstrauch*
Blätt. klein, dichtdachig, graugrün; Tragblätt. länger als die Bltnstiele; Bltn. hellrosa; bis 2 m hoher Strauch; ♃; VI–VIII. An Flüssen der Alp. u. Vorland *z, s* in BW.
[G] *Deutsche Tamariske,* **M. germánica** (L.) DESV.

Ordnung: **Capparáles** *(= Rhoeadales)*

Familie: **Brassicáceae** *(= Cruciferae), Kreuzblütler*

Kräuter od. Stauden, seltener Halbsträucher; Blätt. wechselst., im Alter ohne Nebenblätt.; Bltn. in einfachen Trauben od. Doppeltrauben, selten in Trugdolden, ohne Gipfelblüte, bilateral, fast stets ohne Tragblätt.; Kblätt. 4, Blkrblätt. 4, kreuzweise angeordnet (*675,* daher *Kreuzblütler*); Stbblätt. meist 6, in 2 Kreisen, davon 4 lange u. 2 kurze *(673–674),* selten 4 od. 2, am Grd. der Stbblätt. häufig Nektar- od. Saftdrüsen (*674,* H); Frkn. oberst., 2blättrig, durch falsche Scheidewand in 2 Fächer geteilt (*675,* S); Fr. 2klappig aufspringende *(115)* Schoten *(676),* Gliederschoten *(677)* od. Schötchen *(678).* Viele Arten infolge des Gehalts an Senfölglykosiden scharf riechend u. schmeckend.

1. Fr. wenigstens 3mal so lg. wie breit *(676–677);* **Schotenfrüchtige Kreuzblütler**[1] . . . . **Tabelle I,** 332
— Fr. höchstens 3mal so lg. wie breit *(678);* **Schötchenfrüchtige Kreuzblütler**[1] . . . . **Tabelle II,** 336

Tabelle I: Schotenfrüchtige Kreuzblütler

1. Blattspr. (wenigstens die der Grdblätt.) gefied., gefing., fied.spaltig od. buchtig, stets tief eingeschnitten . . . **21**
— Blattspr. (auch die der Grdblätt.) ungeteilt; ihr Rand ganzrandig, seicht gelappt, gezähnt od. gesägt, aber niemals tief eingeschnitten **2**
2. Blätt. (zuw. nur die Stgblätt.) m. herz.- od. pfeilf. Grd. stgumfassend *(689)* **18**

---

[1] Ob die Frucht sich zu einer Schote od. einem Schötchen entwickelt, ist zwar bereits in jungen Entwicklungsstadien festzustellen, aber ohne **reife** Frucht ist eine sichere Bestimmung meist nicht möglich.

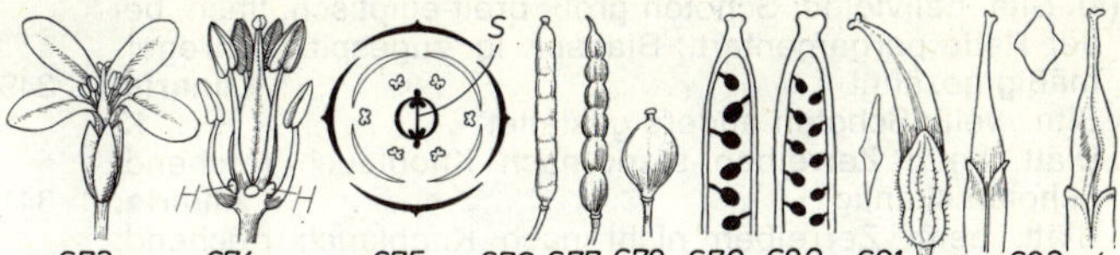

— Blätt. gestielt od. sitzend, wenn am Grd. herzf., dann aber nicht stgumfassend **3**

3. Bltn. gelb od. bräunl. **14**

— Bltn. weiß, rot, lila, violett od. bläul.; wenn gelbgrün, dann violett geadert *(Hesperis tristis)* **4**

4. Blattspr. am Grd. herzf. ausgerandet **12**

— Spreitengrd. nicht herzf. ausgerandet **5**

5. Narbenlappen hornf. gebogen *(683);* Bltn. stark duftend; Blätt. graufilzig . . . . **Matthiola,** 343

— Narbenlappen nicht hornf. gebogen **6**

6. Bltn. weiß (selten rötl.) **8**

— Bltn. rot od. violett (bei *Hesperis* selten weiß), bläul. od. gelbgrün u. dann violett geadert **7**

7. Blätt. dickfleischig, kahl; Schote 2samig u. 2gliedrig, das ob. Glied dolchartig *(684);* Strandpfl. . . . . **Cakile,** 360

— Blätt. nicht dickfleischig, weichhaarig od. kahl; Schote mehrsamig; Narbe tief 2lappig, m. aneinanderlgd. Lappen *(685)* . . . . **Hesperis,** 343

8(6). Schoten < 1 mm breit, rundl.-vierkantig, etwas gebogen; Bltn. klein (ca. 2 mm breit); Blätt. am Stggrd. gehäuft **Arabidopsis,** 341

— Schoten breiter als 1 mm **9**

9. Samen in die Scheidewand der Fr. eingesenkt; Fr. flach, netznervig, aber nicht höckerig . . . . **Arabis,** 347

— Samen nicht in die Scheidewand eingesenkt; Frklappen daher über den Samen höckerig **10**

10. Samen 2reihig[1] od. undeutl. 2reihig; Blkrblätt. weiß, beim Trocknen violett werdend, keil- bis verkehrt-herzf., 3–4 mm lg.; Grdblätt. ganzrandig od. undeutl. gezähnt, kahl od. m. angedrückten, 2gabeligen Haaren besetzt; Alpenpfl. **Braya,** 349

— Samen 1reihig[1] **11**

11. Pfl. feuchter, humöser Böden . . . . . . **Cardamine,** 345

— Pfl. der Kalkfelsen; Grdblätt. von einfachen u. Gabelhaaren rauh . . . . **Cardaminopsis petraea,** 347

---

[1] Die Samen sind **1reihig** angeheftet, wenn sie etwa bis zur Mitte der Scheidewand vorspringen u. 1 Längszeile bilden *(679);* sie sind **2reihig** angeheftet, wenn sie mehr dem Rand der Fr. genähert sind u. somit in 2 Zeilen auftreten *(680).*

12(4). Bltn. hellviolett; Schoten groß, breit-elliptisch, flach, bei der Reife pergamentart.; Blattspr. lg. zugespitzt, unregelmäßig gezähnt . . . . **Lunaria,** 349
— Bltn. weiß; Schoten anders gestaltet **13**
13. Blätt. beim Zerreiben stark nach Knoblauch riechend; Schoten 4kantig . . . . **Alliaria,** 341
— Blätt. beim Zerreiben nicht nach Knoblauch riechend; Schoten abgeflacht . . . . **Arabis,** 347
14(3). Narbe tief 2lappig, Lappen später zurückgekrümmt; Blätt. ganzrandig; Bltn. meist bräunl. od. gelb (Gartenformen!), stark duftend . . . . **Cheiranthus,** 343
— Narben einfach, ungeteilt **15**
15. Kblätt. aufrecht; Schoten 4kantig; Frklappen 1nervig; Blätt. entfernt gezähnt od. ganzrandig, von 3- od. 2spaltigen Haaren etwas rauh . . . . **Erysimum,** 342
— Kblätt. später absthd. **16**
16. Stg. u. Seitenäste steif aufrecht; Pfl. 0,5–1(–2) m hoch; Blätt. gezähnt; Schoten bis 6 cm lg., aufrecht absthd., mit 3nervigen Klappen . . . . **Sisymbrium strictissimum,** 340
— Stg. ± absthd.-sparrig-ästig, bis 1,2 m hoch **17**
17. Schoten 1–2 cm lg., aufrecht, durch den Schnabel[1] bespitzt **Brassica,** 359
— Schoten 2,5–4 cm lg., aufrecht bis waagrecht absthd., m. langem (bis 1 cm) Schnabel . . . . . **Sinapis arvensis,** 359
18(2). Bltn. weiß, gelbl.weiß od. violett **20**
— Bltn. rein gelb **19**
19. Schoten hgd., z. Z. der Reife dk.blauviolett, abgeflacht, geflügelt *(687),* 1samig . . . . **Isatis,** 341
— Schoten aufrecht, rundl., ungeflügelt, m. schnabelart. Fortsatz *(688),* vielsamig . . . . **Brassica,** 359
20(18). Blätt. eif., bis rundl. *(689),* kahl, bläul. bereift; Samen 1reihig[2] *(679)* . . . . **Conringia,** 358
— Blätt. ± zugespitzt, kahl od. behaart . . . . . **Arabis,** 347
21(1). Blkrblätt. gelb od. gelbl.weiß **31**
— Blkrblätt. rötl., violett od. reinweiß, selten fehlend . . **22**
22. Blätt. gefied. *(59),* gefing. *(64)* od. 3zählig *(65)* (aus getrennten Fied. zusammengesetzt) **27**
— Blätt. buchtig gezähnt, fiedspaltig *(42)* od. leierf. gefied. *(41);* Fied. nicht bis zur Rhachis getrennt **23**
23. Blätt. dickfleischig, kahl; Schoten 2gliedrig, das ob. Glied dolchf. *(684b);* Strandpfl. . . . . **Cakile,** 360
— Blätt. nicht dickfleischig, ± behaart **24**
24. Blkrblätt. > 1 cm lg. **26**
— Blkrblätt. etwa 0,5 cm lg.; Schoten nicht perlschnurartig eingeschnürt, lineal, flach **25**

---

[1] Bei Vertretern mancher Gattungen ist der Griffel stark entwickelt, wächst bei der Fruchtreife heran u. bildet den **Schnabel** der Frucht *(681–682).*

[2] Vgl. Anmerkung 1, S. 333.

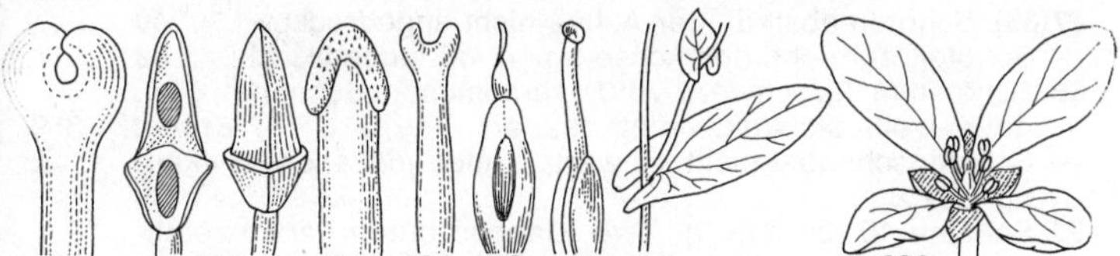

683 a 684 b 685 686 687 688 689 690

25. Samen kaum in die Scheidewand eingesenkt; Frklappen deshalb über den Samen höckerig . . **Cardaminopsis,** 347
— Samen wechselweise in die Scheidewand eingesenkt; Frklappen deshalb flach u. nur wenig höckerig . **Arabis,** 347
26(24). Blätt. kahl od. spärlich m. einfachen Haaren besetzt **Raphanus,** 361
— Blätt. dicht behaart, auch sternhaarig . . . . **Hesperis,** 343
27(22). Bltn. weiß od. gelbl.weiß **29**
— Bltn. rötl. od. lila-rötl. **28**
28. Pfl. m. unterirdischem, fleischigem, von Niederblätt. besetztem Rhizom . . . . **Dentaria,** 346
— Pfl. ohne fleischiges Rhizom . . **Cardamine pratensis,** 345
29(27). Blätt. gefing.; Fied. > 3 cm lg., spitz . . . **Dentaria,** 346
— Blätt. ungeteilt, fiedspaltig od. m. stumpfen Fied. < 3 cm Länge **30**
30. Stg. am Grd. kriechend, meist hohl, kahl; Schoten kurz, lineal; Samen 1- od. 2reihig *(679–680);* Stbbeutel gelb **Nasturtium,** 345
— Stg. aufrecht; Schoten zusammengedrückt; Samen 1reihig *(679);* Stbbeutel gelb od. violett . . . . . . **Cardamine,** 345
31(21). Schoten selten bis 1 cm lg., so lg. od. kürzer als die Frstiele, ungeschnäbelt, absthd.; Frklappen nervenlos; Samen undeutl. 2reihig . . . . **Rorippa,** 344
— Schoten wenigstens 1 cm lg. (wenn kürzer, dann lg.-geschnäbelt), z. Reifezt. länger als die Frstiele **32**
32. Mittl. u. ob. Stgblätt. m. herzf., pfeilf. od. geöhrtem Grd. stgumfassend **45**
— Stgblätt. nicht stgumfassend **33**
33. Blätt. 3–5zählig gefing., quirlst.; Bltn. gelbl.weiß, in überhgd. Trauben . . . . **Dentaria,** 346
— Blätt. ungeteilt, fiedspaltig od. gefied. **34**
34. Schote perlschnurart. eingeschnürt *(677);* Bltn. hellgelb, seltener weiß, deutl. geadert; K. aufrecht, meist borstig **Raphanus,** 361
— Schoten nicht perlschnurart. **35**
35. Schoten stets deutl. geschnäbelt *(681–682)* **37**
— Schoten nicht geschnäbelt *(676);* Klappen 3nervig . . **36**
36. Blätt. 2–3fach gefied., m. linealen Zipfeln, durch Sternhaare grauhaarig . . . . **Descurainia,** 341
— Blätt. leierf. gefied., m. größerer Endfied. *(41);* Haare einfach . . . . **Sisymbrium,** 340

37(35). Schoten absthd., der Achse nicht angedrückt . . **40**
— Schoten aufrecht, der Achse anlgd. od. angedrückt . **38**
38. Schoten m. lg. schwertf. *(681),* samenlosem Schnabel; Bltn. gelbl.-weiß, stets dk.-violett geadert . . . . . . **Eruca,** 359
— Schotenschnabel nicht schwertf., rundl. *(682a)* od. ± 4kantig *(682b)* **39**
39. Schoten 15–20 mm lg., ihre Klappen durch hervortretenden Mittelnerv gekielt; Schnabel dünn *(682a)* . **Brassica,** 359
— Schoten 8–12 mm lg.; Mittelnerv nicht kielartig hervorspringend; Frstiel zur Reifezt. stark keulig verdickt **Hirschfeldia,** 360
40(37). Samen kugelrund, stets 1reihig **42**
— Samen eif. od. längl.; Schoten sehr kurz geschnäbelt **41**
41. Samen 1reihig; Frklappen 1nervig, gewölbt; Bltn. hell- bis leuchtendgelb, die untersten oft in der Achsel eines Tragblatts; Blätt. behaart . . . . **Erucastrum,** 360
— Samen 2reihig *(680);* Frklappen 1nervig, flach; Bltn. zitronengelb, ohne Tragblatt; Blätt. kahl . . . . **Diplotaxis,** 358
42(40). Frschnabel zusammengedrückt, schwertf. *(681)* . **44**
— Frschnabel rundl. od. ± 4kantig *(682)* **43**
43. Pfl. reichästig, sparrig, bis 60 cm hoch; Stgblätt. saftig-grün **Sinapis arvensis,** 359
— Pfl. wenig verzweigt, aufrecht; Blätt. abwischbar blaugrün bereift . . . . **Brassica,** 359
44(42). Kblätt. waagrecht absthd., am Grd. nicht ausgesackt; Schnabel meist samenlos, seitl. stark zusammengedrückt, schwertf., oft gekrümmt *(681)* . . . . **Sinapis,** 359
— Kblätt. aufrecht, die seitl. am Grd. ausgesackt; Schnabel m. 1–6 Samen; Bltn. nach dem Verblühen oft weißl.violett **Coincya,** 360
45(32). Bltn. gelbl.weiß; Stgblätt. ganzrandig; Samen 2reihig; Schoten dem Stg. angedrückt . . . . . . **Arabis glabra,** 347
— Bltn. gelb; Samen 1reihig **46**
46. Stgblätt. grasgrün, m. pfeilf. Grd., fiedspaltig od. gezähnt; Schoten kurzgeschnäbelt . . . . **Barbarea,** 343
— Stgblätt. graugrün, m. pfeilf. od. geöhrtem Grd., meist ganzrandig; Schoten lg. geschnäbelt *(682a)* . . . **Brassica,** 359

Tabelle II: Schötchenfrüchtige Kreuzblütler

1. Blkr. stets vorhanden **4**
— Blkr. fehlend **2**
2. Schötchen rundl.-kugelig; Stbblätt. 2, selten 4; Pfl. stinkend **Coronopus didymus,** 358
— Schötchen flachgedrückt, rundl. od. 3eckig; Stbblätt. 6 **3**
3. Schötchen 3eckig, am Rand nicht geflügelt, mehrsamig; Blkr. zuw. fehlend . . . . **Capsella,** 354
— Schötchen rundl.-eif., an der Spitze geflügelt, 2samig **Lepidium,** 357

4(1). Blkrblätt. alle gleich groß **6**
— Blkrblätt. ungleich groß *(690)* **5**
5. Blätt. in grdst. Rosette, leierf. gefied.; Stbblätt. am Grd. m. kronblattartigem Anhängsel; Fächer des Schötchens 2samig; Bltn. klein . . . . **Teesdalia,** 354
— Blätt. nicht in grdst. Rosette; Stbblätt. ohne Anhängsel; Fächer des Schötchens 1samig; Bltn. ansehnl. *(690)* **Iberis,** 356
6(4). Blkrblätt. gelb od. gelbl.weiß (nach dem Verblühen oft weiß verbleichend) **36**
— Blkrblätt. rötl., violett od. rein weiß **7**
7. Blkrblätt. ungeteilt od. höchstens seicht ausgerandet . **9**
— Blkrblätt. tief 2spaltig **8**
8. Blätt. in grdst. Rosette; Pfl. 5–10 cm hoch . . **Erophila,** 352
— Stg. bis in die Bltnregion beblättert, grauhaarig, 25–50 cm hoch . . . . **Berteroa,** 350
9(7). Blattspr. 20–60 cm lg. u. bis 25 cm breit, in den Blattstiel verschmälert; Bltn. weiß **35**
— Blattspr. < 20 cm (nur die rötl. blühende *Lunaria* hat zieml. große Blätt., jedoch m. herzf. Spreitengrd.) **10**
10. Blätt., zumindest die Grdblätt. u. mittl. Stgblätt., fiedteilig, fiedspaltig od. an der Spitze 3–5spaltig **26**
— Blätt. ganzrandig, gezähnt od. gesägt, jedoch nicht fiedteilig od. fiedspaltig **11**
11. Blkrblätt. weiß **14**
— Blkrblätt. rötl. od. violett **12**
12. Schötchen sehr groß, bis 3 cm breit; Blätt. gestielt, m. herzf. Spreitengrd.; Pfl. 30–140 cm hoch . . . . . . **Lunaria,** 349
— Schötchen viel kleiner; Blätt. sitzend; Pfl. bis 25 cm hoch **13**
13. Schötchen ungeflügelt; Blkrblätt. 5–8 mm lg., Pfl. ausdauernd, m. sterilen Seitentrieben . . . . **Thlaspi,** 355
— Schötchen ringsum geflügelt *(719);* Blkrblätt. 2–4 mm lg.; 4 längere Stbblätt. geflügelt; Pfl. ⊙ . . . . . **Aethionema,** 356
14(11). Stg. auch über dem Grd. beblättert **16**
— Blätt. in grdst. Rosette **15**
15. Blätt. pfrieml., grasart. *(187);* 2–8 cm hohe Wasserpfl. **Subularia,** 358
— Blätt. lanzettl. od. verkehrt-eif., oft in kugeligen Rosetten od. Polstern; Landpfl. . . . . **Draba,** 350
16(14). Stg. u. Blätt. ± behaart **21**
— Stg. u. Blätt. kahl **17**
17. Schötchen hgd., rund, breit geflügelt . . . . . **Pellaria,** 349
— Schötchen aufrecht **18**
18. Schötchen an der Spitze ausgerandet u. meist geflügelt *(723–727),* zusammengedrückt, Fächer 1- bis mehrsamig **Thlaspi,** 355
— Schötchen nicht ausgerandet u. nicht geflügelt . . . **19**
19. Schötchen fast kugelig, m. stark gewölbten Frklappen u. dunklem Mittelnerv; ob. Stgblätt. geöhrt bis stgumfassend od. gestielt (im letzteren Fall die mittl. Stgblätt. 3–5lappig) **Cochlearia,** 352

— Schötchen deutl. zusammengedrückt; ob. Blätt. nicht stgumfassend **20**

20. Pfl. 30–100 cm hoch; Bltnstand reichbltg.; jedes Schötchenfach 1samig . . . . **Lepidium,** 357

— Pfl. höchstens 10 cm hoch; Stg. sehr dünn; Bltnstand wenigbltg.; jedes Schötchenfach 3–10samig **Hymenolobus,** 354

21(16). Schötchen nicht kugelrund **23**

— Schötchen fast kugelrund **22**

22. Grdblätt. rosettig gehäuft, spatelf., anlgd. borstig behaart; Stg. dünn, zickzackf. gebogen; Fr. bei Reife klappig aufspringend . . . . **Kernera,** 353

— Grdblätt. nicht rosettig gehäuft; Schötchen kugelig, behaart, sich nicht öffnend, m. kegelf., gekrümmtem, behaartem Gr. *(691)* . . . . **Euclidium,** 343

23(21). Stgblätt. m. breitem, halbstgumfassendem Grd. sitzend; Schötchen länger zugespitzt *(692),* vielsamig, m. breiter Scheidewand . . . . **Draba,** 350

— Wenigstens die ob. Stgblätt. m. pfeilf. Grd. stgumfassend; Scheidewand schmal **24**

24. Schötchen 3eckig, herzf. *(693),* m. vielsamigen Fächern **Capsella,** 354

— Schötchen nicht 3eckig, sondern herzf. od. eif. **25**

25. Schötchen herzf., vom verlängerten Gr. gekrönt *(694);* Bltn. in dichten Scheindolden, wohlriechend . . . **Cardaria,** 358

— Schötchen eif., deutl. ausgerandet, an der Spitze breit geflügelt; Gr. kurz *(695)* . . . . **Lepidium,** 357

26(10). Schötchen nierenf. od. 2knöpfig, dickwandig, runzelig od. höckerig *(714–715),* nicht aufspringend; Stg. niederlgd.; Bltntrauben den Blätt. gegenübersthd. . . . . **Coronopus,** 358

— Schötchen weder nierenf. noch 2knöpfig **27**

27. Jedes reife Schötchen nur m. 1–2 Samen **33**

— Jedes reife Schötchen m. wenigstens 4 Samen . . . **28**

28. Blätt. 4–6 mm lg., keilf., an der Spitze 3–5spaltig; Bltn. rosa bis lila; Schötchen m. 4 Samen (selten 2); dichtrasige Hochgebirgspfl. . . . . **Petrocallis,** 352

— Blätt. größer u. anders gestaltet **29**

29. Jedes **Fach** des Schötchens m. mehr als 2 Samen . **32**

— Jedes **Fach** des Schötchens m. 2 Samen **30**

30. Blätt. auch höher am Stg., gefied.; Schötchen oval bis elliptisch, an der Spitze stumpf *(697)* . . . . . **Hornungia,** 354

— Blätt. nur in grdst. Rosette, gefied., fiedspaltig od. leierf. gefied. **31**

31. Schötchen breit-lanzettl., durch kurzen Gr. bespitzt *(696);* Alpenpfl. . . . . **Pritzelago,** 354

— Schötchen fast verkehrt-herzf., schmal geflügelt; auf trockenen, sandigen Standorten der Ebene (s. auch Nr. **5**) **Teesdalia,** 354

32(29). Schötchen 3eckig *(693);* Stg. meist aufrecht **Capsella,** 354

— Schötchen verkehrt-eif. bis rundl.; Stg. vom Grd. an ästig u. meist niederlgd. . . . . **Hymenolobus,** 354

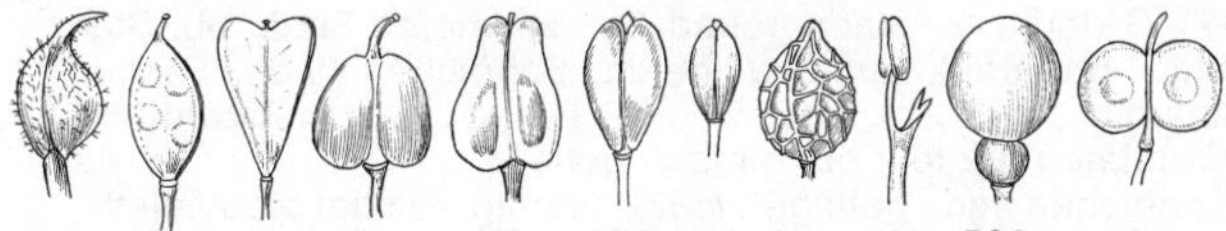

691 692 693 694 695 696 697 698 699 700 701

33(27). Blätt. 4–6 mm lg., an der Spitze 3–5spaltig; Alpenpfl. **Petrocallis,** 352
— Blätt. größer u. anders gestaltet **34**
34. Schötchen 1fächerig, 1samig, verkehrt-birnf., nußart., tief netzig-runzelig *(698);* Grdblätt. rosettig, grob gebuchtet bis leierf. gefied.; Stgblätt. m. pfeilf. Grd. stgumfassend **Calepina,** 361
— Schötchen 2fächerig, 2samig, rundl., geflügelt od. eif.-spitz **Lepidium,** 357
35(9). Blätt. blau bereift, fleischig; längere Stbblätt. gabelig gespalten *(699);* Schötchen m. 2 ungleichen Gliedern *(700);* Strandpfl. . . . . **Crambe,** 360
— Blätt. nicht blau bereift; Grdblätt. ungleich gekerbt; Stgblätt. lappig od. kammf. gefied.; Schötchen kugelig, in kurzen Gr. verschmälert . . . . **Armoracia,** 345
36(6). Schötchen m. 2 kreisf. Fächern, dadurch brillenähnl. *(701);* Fächer 1samig . . . . **Biscutella,** 357
— Schötchen nicht brillenähnl. **37**
37. Ob. Stgblätt. m. herz- od. pfeilf. Grd. stgumfassend . **42**
— Ob. Stgblätt. nicht stgumfassend od. fehlend **38**
38. Pfl. kahl; Schötchen kugelig od. längl.; Stbfäden am Grd. m. Drüse; Blätt. fiedspaltig od. ungeteilt . . . . . **Rorippa,** 344
— Pfl. drüsig od. behaart, zuw. nur die Blätter **39**
39. Schötchen schief-eif. *(702)* od. unregelmäßig 4kantig geflügelt *(703a–b);* Grdblätt. meist leierf. od. fiedspaltig **Bunias,** 341
— Schötchen weder schief-eif. noch geflügelt **40**
40. Blätt. meist leierf.-fiedspaltig; Schötchen m. einem unt. stielartigen u. ob. kugeligen, geschnäbelten Glied *(704),* sich nicht öffnend . . . . **Rapistrum,** 360
— Blätt. ungeteilt; Schötchen nicht 2gliedrig, sich bei der Reife öffnend **41**
41. Schötchen rundl. bis eif.; Stbfäden ± hoch hinauf geflügelt, oft gezähnt *(705a)* od. am Grd. m. Anhängsel *(705b);* Blätt. grauhaarig od. weißfilzig . . . . **Alyssum,** 349
— Schötchen längl., zugespitzt *(692);* Stbblätt. nicht geflügelt u. ohne Anhängsel; Blätt. oft in kugeligen Rosetten **Draba,** 350

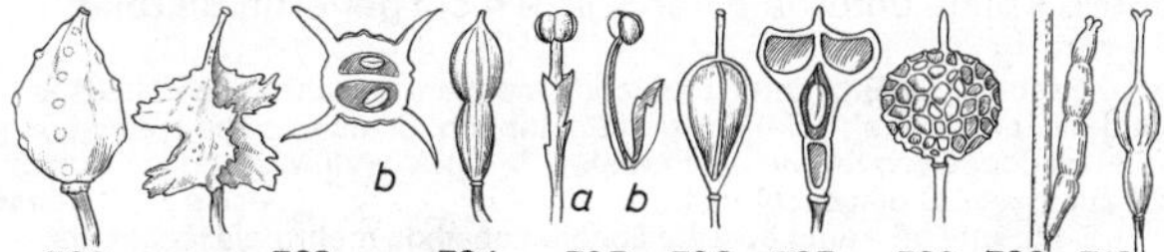

702 a 703 704 705 706 707 708 709 710

42(37). Grdblätt. 2−3fach gefied., m. schmalen Fied.; ob. Stgblätt. ungeteilt, am Grd. herzf.; Schötchen flach; Fächer 1samig . . . . **Lepidium,** 357
— Grdblätt. ungeteilt od. einfach gefied. **43**
43. Schötchen hgd., geflügelt *(687),* 1samig, reif tief blauviolett **Isatis,** 341
— Schötchen aufrecht, absthd. od. anlgd. **44**
44. Stgblätt. am Grd. herzf. od. m. spitzen Öhrchen; Schötchen kugelig bis längl.; Sumpfpfl. . . . . **Rorippa,** 344
— Stgblätt., wenigstens die ob., am Grd. pfeilf.; Schötchen kugelig od. birnenf.; Acker- u. Schuttpfl. **45**
45. Schötchen mehrsamig, birnenf., deutl. berandet *(706),* aufspringend; Blätt. fiedspaltig od. ungeteilt . . **Camelina,** 353
— Schötchen 1samig, bei Reife nicht aufspringend . . . **46**
46. Pfl. kahl, gleich den Blätt. bläul. bereift; Schötchen birnenf., m. 1 unt., 1samigen Fach u. 2 ob., leeren Fächern *(707)* **Myagrum,** 341
— Pfl. von gabelspaltigen Haaren rauh; Schötchen kugelrund, kurz bespitzt, grubig-netzig *(708)* . . . . **Neslia,** 353

1. Sisýmbrium L., *Rauke*

1. Blätt. sämtl. ungeteilt, gezähnt, untersts. grau-weichflaumig; Blkrblätt. lebhaft gelb, doppelt so lg. wie der K.; Schoten bis 6 cm lg., schmal-lineal; Stg. 0,5−1(−2) m hoch; ♃; VI. Flußufer; *z, f* im NW, N u. O. *Steife R.,* **S. strictíssimum** L.
— Alle Blätt. od. wenigstens die Grdblätt. fiedspaltig **2**
2. Stg. meist zu mehreren, niederlgd.-ausgebreitet, 10−30 cm lg., bis zur Spitze beblätt., kurz weißborstl. behaart; Blkrblätt. weiß; ⨀; VII−VIII. Kiesig-sandig-feuchte Orte; *s* in Ho, Be, Schweizer Jura; früher auch SH, RhPf (Landau u. an der Mosel). [= *Braya supina* (L.) Koch] *Niedrige R.,* **S. supínum** L.
— Stg. einzeln, aufrecht; Bltn. blaß- bis goldgelb **3**
3. Schoten aufrecht, dem Stg. dicht angedrückt, pfrieml.-kegelf., 10−15 mm lg.; Blkrblätt. blaßgelb; Blätt. fiedspaltig, unterste Fied.paare zuw. ohrenart., dem Stg. genähert, behaart; ⨀; V−X. Wegränder, Schutt; *g.* [= *Chamaeplium officinale* (L.) Wallr.] *Weg-R.,* **S. officinále** (L.) Scop.
— Schoten absthd., > 15 mm lg. **4**
4. Schoten nicht viel dicker als ihr Stiel **8**
— Schoten deutl. vom dünneren Frstiel abgesetzt **5**
5. Äußere Kblätt. unterhalb der Spitze gehörnt, 4−4,5 mm lg.; Blkrblätt. 6−10 mm lg.; Pfl. m. kriechender Basis, blaugrün; ♃; V−VIII. Trockene, sandig-kiesige Plätze; *s* in Sa, Br, NrWe, Ost- u. Nordseeküste, auch in Da u. Ho; vermutlich aus SO-Rußland eingewandert u. eingebürgert. *Wolga-R.,* **S. volgénse** Bieb. ex E. Fournier
— Äußere Kblätt. unterhalb der Spitze nicht gehörnt; Blkrblätt. 2−4 mm lg. **6**
6. Stg. u. Grdblätt. (z. Bltzt. meist fehlend) rauhhaarig, schrotsägef.-fiedspaltig, m. 3eckig-eif., am Grd. oft spießeckigen Endlappen; Schoten sichelf. aufwärts gebogen, etwa doppelt so lg. wie die Frstiele; ⨀−⨀; VI−VII. Wegränder, Schutt; *z−s,* wohl aus dem SO eingeschleppt. *Loesels R.,* **S. loesélii** L.
— Stg. u. Blätt. kahl od. kaum borstig; Schoten absthd., mehrmals länger als ihre Stiele **7**

7. Junge Schoten die Bltnknospen überragend; Blkrblätt. blaßgelb, klein, die 2–2,5 mm langen, ungesackten Kblätt. kaum überragend; ⊙; V–VI. Wege, Schutt; *s* u. unbeständig; aus dem Mittelmeergebiet eingeschleppt. *Schlaffe R.*, **S. írio** L.

— Junge Schoten die Bltnknospen nicht überragend; Blkrblätt. goldgelb, etwa doppelt so lg. wie die kurz ausgesackten Kblätt.; Blätt. schrotsägef.-fiedspaltig; ⊙; V–VI. Felsige, buschige Orte. *s* im SW, N-Ba, M-Th, NS (Süntel), Kt, St.
Österreichische R., **S. austríacum** Jacq.

8(4). Kblätt. aufrecht; ganze Pfl. dicht grau behaart; ob. Stgblätt. gestielt, meist 3teilig-spießf.; ⊙; VI–VII. Wege, Schutt; *z*, vorüberghd. eingeschleppt. (Heimat: Orient) (= *S. columnae* Jacq.) *Orientalische R.*, **S. orientále** L.

— Kblätt. weit absthd.; Pfl. nur an der Basis behaart; ob. Stgblätt. meist sitzend, fied.teilig m. linealen Fied.; ⊙; V–VII. Sandige, wüste Plätze; eingeschleppt aus SW-Asien u. *z* eingebürgert. (= *S. sinapistrum* Cr.; = *S. pannonicum* Jacq.)
Ungarische R., **S. altíssimum** L.

2. **Descuraínia** Webb & Berth., *Besenrauke*

Blätt. graugrün, fein doppelt bis 3fach gefied.; Blkrblätt. blaßgelb, etwa so lg. wie der K.; Schoten aufrecht, sichelf. gebogen, 10–20 mm lg.; ⊙; V–VII. Unbebaute Orte, Äkker; *v* bis *z*. (= *Sisymbrium sophia* L.) **D. sóphia** (L.) Webb ex Prantl

3. **Alliária** Scop., *Knoblauchsrauke*

Stg. schwach kantig, am Grd. absthd. behaart; Grdblätt. nierenf., buchtig gekerbt, beim Zerreiben nach Knoblauch riechend; Bltn. weiß; Schoten 3,5–6 cm lg., absthd.; ⊙–♃; IV–VI. Laubwälder, Hekken, Zäune, Schuttplätze; *g*. (= *A. officinalis* Andrz.)
A. petioláta (Bieb.) Cavara & Grande

4. **Arabidópsis** (Dc.) Heynh., *Schmalwand*

1. Blkrblätt. 2–4 mm lg.; Grdblätt. ganzrandig bis gezähnt; Stgblätt. meist ganzrandig, sitzend; Bltn. klein, weiß; Schoten aufrecht, 10–20 mm lg.; ⊙; IV–V. Äcker, Magerrasen; *v*. [= *Stenophragma thalianum* (L.) Čel.] *Acker-Sch.*, **A. thaliána** (L.) Heynh.

— Blkrblätt. 4–6(–8) mm lg.; Grdblätt. gezähnt bis fiedspaltig; Stgblätt. meist gezähnt; Schoten 20–30 mm lg. [Pfl. ist sehr ähnl. *Cardaminopsis arenosa* (L.) Hay.]; ⊙–⊙; V–VI. Sandige Magerrasen; *s* in Br. Wohl nur aus Skandinavien eingeschleppt. [= *Cardaminopsis suecica* (Fr.) Hiitonen ex Hyl.; = *Hylandra suecica* (Fr.) A. Löve] *Schwedische Sch.*, **A. suécica** (Fr.) Norrlin

5. **Mýagrum** L., *Hohldotter*

Pfl. kahl, blaugrün bereift, 20–25 cm hoch, von unangenehmem Geruch; Stgblätt. m. herz-pfeilf. Grd. stgumfassend; Bltn. gelb; ⊙; VI–VII. Äcker, *s* in S-, M-Dt u. Au.
M. perfoliátum L.

6. **Ísatis** L., *Waid, Färber-Waid*

Pfl. 50–140 cm hoch, an der Basis weichhaarig, oberw. kahl u. bläul. bereift; ob. Stgblätt. m. herz-pfeilf. Grd.; Bltn. gelb, zahlr.; Schötchen hgd., 1samig *(687)*, bei Reife dk.violett werdend; ⊙; V–VII. Aus ehemaligen Kulturen (früher wichtige, den Indigofarbstoff liefernde Pfl.) verwild. u. eingebürgert; im Rheingebiet *v*, sonst *z*.
I. tinctória *L.*

7. **Búnias** L., *Zackenschötchen*

1. Schötchen schief-eif., ungeflügelt *(702)*, 2fächrig; Bltn. goldgelb; ⊙; V–VIII. Getreideäcker, Schuttplätze, Wegränder; *z* (aus O-Eur. eingeschleppt).
Morgenländisches Z., **B. orientális** L.

— Reife Schötchen gezackt-geflügelt *(703);* Bltn. hellgelb; ⨀; V–VII. Brachäcker, Getreidefelder, Wegränder; *z* im S, *f* im N (aus dem Mittelmeergebiet eingeschleppt). *Senfblättriges Z.,* **B. erucágo** L.

8. Erýsimum L., *Schöterich*

1. Pflanze ⊙ od. ♃ **3**

— Pflanze ⨀; Stbbeutel kürzer als 1,2 mm **2**

2. Krblätt. 6–10 mm lg.; Schoten fast waagrecht abstehend, 4,5–10 cm lg.; Grdblätt. lineal-lanzettl., ausgeschweift bis buchtig gezähnt, grau; ⨀; IV–VII. Äcker u. Schutt, aus dem SO eingeschleppt, vereinzelt eingebürgert. *Sperriger Sch.,* **E. repándum** L.

— Krblätt. 4–5 mm lg.; Bltnstiele 2–3mal so lg. wie die Kblätt.; Blätt. ganzrandig od. unregelmäßig gezähnt; ⨀; V–IX. Äcker, Schuttplätze, *v.* *Acker-Sch.,* **E. cheiranthoídes** L.

3(1). Stbbeutel 2–4 mm lg. **6**

— Stbbeutel 1–2 mm lg. **4**

4. Innere Kblätt. am Grd. ausgesackt; Stgblätt. lanzettl.-eif., nicht mehr als 6mal so lg. wie breit; Kblätt. 5,5–8,5 mm lg.; Krblätt. 10–16 mm lg.; reife Schoten 5–9 cm lang; ⊙; VI–VIII. Felsbänder, *s* in Sb, Kt, St. *Ungarischer Sch.,* **E. hungáricum** Zap.

— Innere Kblätt. am Grd. nicht od. kaum ausgesackt . . . **5**

5. Blätt. breit lanzettl., buchtig gezähnt; Kblätt. 4–7 mm lg.; ⊙; VI–VII. Flußufer, Felsen, Mauern, kalkliebend; *z, s* im NO, *f* im NW. (= *E. strictum* G. M. Sch.; = *E. hieracifolium* auct.) *Steifer Sch.,* **E. virgátum** Roth

— Blätt. schmal lanzettl., nur undeutlich gezähnt; Kblätt. 2–5 mm lg.; ⊙; VI–VII. Trockenrasen, Wegränder, *s.* NrWe. Sa. Th. Ti. St. OÖ. [= *E. durum* J. & C. Presl; = *E. hieracifolium* ssp. *durum* (J. & C. Presl) Čel.] *Harter Sch.,* **E. marschalliánum** Andrz. ex DC.

6(3). Haare alle 2strahlig **8**

— Auch 3- u. mehrstrahlige Sternhaare vorhanden **7**

7. Haare auf den Blätt. vorwiegend 3strahlig; Krblätt. 4–7 mm breit; Schoten grau behaart m. verkahlenden Kanten; ⊙; VI–VII. Kalkfelsen, Trockenrasen; *z* in M- u. S-Dt, Ti. [= *E. pannonicum* Cr.; = *E. erysimoides* (L.) Fritsch] *Wohlriechender Sch.,* **E. odorátum** Ehrh.

— Haare auf den Blätt. vorwiegend 2strahlig; Krblätt. 2–4 mm breit; Schoten grau behaart; ⊙; IV–VII. Fels- u. Trockenrasen; *s,* vor allem in M- u. S-Dt. (Für Gänse giftig!) *Bleicher Sch., Gänsesterbe,* **E. crepidifólium** Rchb.

8(6). Kblätt. am Grd. nicht od. nur schwach ausgesackt; Krblätt. 8–14 mm lg., hellgelb, untersts. ± behaart; Schote 0,5–1 mm im Dm; ⊙; VI–VII. Wege, Mauern, aus dem SO eingeschleppt; Elbe in Sa u. b. Hamburg, Leine bei Alfeld, OÖ. (= *E. canescens* Roth) *Grauer Sch.,* **E. diffúsum** Ehrh.

— Kblätt. am Grd. deutl. ausgesackt **9**

9. Gr. 0–2 mm lg.; Kblätt. 10–15 mm lg.; Krblätt. 15–25 mm lg.; Samen nicht geflügelt; ♃; V–VII. Lichte Wälder, Trockenrasen der Voralpenstufe, meist auf Kalk, *z* in Au. (= *E. cheiranthus* Pers.) *Wald-Sch.,* **E. sylvéstre** (Cr.) Scop.

— Gr. 2–6 mm lg.; Kblätt. 8–11 mm lg.; Krblätt. 14–22 mm lg.; Samen an der Spitze schmal geflügelt; ♃; VI. Felsen, Trockenrasen, *z* in Ti, Kt, Vb(?). (= *E. helveticum* auct.)
Schweizer Sch., **E. rhaéticum** (SCHLEICH. ex HORNEM.) DC.

9. Cheiránthus L., *Goldlack*
Bltn. goldgelb od. bräunl., wohlriechend; Schoten behaart, 2,5–6 cm lg., aufrecht absthd., vom Rücken her zusammengedrückt; ⨀–♃; V–VI. Zierpfl., aus SO-Eur., verwild. u. eingebürgert im W u. SW. **Ch. cheíri** L.

10. Hésperis L., *Nachtviole*
1. Bltn. gelbl.grün, violett geadert, in lockerer Traube; ⨀; V–VI. Aus SO-Eur., *s* eingeschleppt. *Trübe N.*, **H. trístis** L.
— Bltn. lila od. weiß 2
2. Mittl. u. ob. Stgblätt. ± kurz gestielt, nie stgumfassend; Pfl. meist ohne Drüsenhaare; ⨀; V–VII. Gartenzierpfl., oft an Waldrändern u. in Auwäldern verwildert, *v.* *Gewöhnliche N.*, **H. matronális** L.
a. Bltn. violett. ssp. **matronális**
— Bltn. weiß, wild in St. ssp. **cándida** (KIT.) HEGI & SCHMID
— Mittl. u. ob. Stgblätt. sitzend, ± stgumfassend; Pfl. m. Drüsenhaaren; ♃; V–VII. Lichte Wälder, Gebüsche, *s*, St. (= *H. inodóra* L.)
Wald-N., **H. sylvéstris** CR.

11. Matthíola R. BR., *Levkoje*
Pfl. graufilzig, bis 80 cm hoch; Blätt. schmal lanzettl.; Bltn. verschiedenfarbig, oft gefüllt; ⨀; IV–X. Zierpfl. aus dem Mittelmeergebiet; *s* verwild.
Garten-L., **M. incána** (L.) R. BR.

12. Euclídium R. BR., *Schnabelschötchen*
Stg. kantig, behaart, reich verzweigt; Bltn. klein, weiß, in dichter Traube; Schötchen behaart, schief-eif., m. kegelf., gekrümmtem Gr. *(691)*; ⨀; V. Wegränder, Schuttplätze; vereinzelt eingeschleppt. (Heimat: O-Eur. bis SW-Asien) **E. syríacum** (L.) R. BR.

13. Barbaréa R. BR. (= *Campe* DULAC), *Barbarakraut*
1. Ob. Stgblätt. ungeteilt, gezähnt; reife Schoten dicker als die Stiele 3
— Alle Blätt. gefied. od. fiedspaltig; reife Schoten kaum dicker als ihre Stiele 2
2. Grdblätt. m. 6–10 Paar rundl., ganzrandiger bis gebuchteter Fied.; Endfied. groß, am Grd. herzf.; Schoten 4–7 cm lg., bogig aufw. gekrümmt; ⨀; IV–VI. *s* aus SW-Eur. eingeschleppt. Alte Kultur-(Öl-)Pfl. [= *B. praecox* (SM.) R. BR.]
Frühlings-B., **B. vérna** (MILL.) ASCH.
— Grdblätt. m. 3–5 Paar lineal-längl. Seitenfied. u. schmal-längl. Endfied.; ob. Stgblätt. am Grd. geohrt; Schoten 2–3 cm lg.; ⨀; IV–V. Äcker, Wege, Schutt; *z.* *Mittleres B.*, **B. intermédia** BOR.
3(1). Grdblätt. m. 1–2(–4) Paar rundl.-eif., kleiner Seitenfied. u. großer, eif., am Grd. nicht herzf. Endfied.; Schoten steif aufrecht, der Achse angedrückt; Blkrblätt. wenig länger als der K.; ⨀; IV–VI. Flußufer, feuchte Äcker, besonders in den Stromtälern; *z*, im N u. O häufiger. *Steifes B.*, **B. stricta** ANDRZ.
— Grdblätt. m. 5–9 Paar längl., ausgeschweift gezähnter Seitenfied. u. kleiner, rundl.-eif., am Grd. oft herzf. Endfied.; Schoten aufrecht-absthd., 1,5–2,5 cm lg.; Blkrblätt. fast doppelt so lg. wie der K.; ⨀;

IV–VII. Kies-, Sandböden, feuchte Äcker; *v.* [= *B. iberica* (WILLD.) DC.; = *Campe barbarea* (L.) W. F. WIGHT ex PIPER]

Echtes B., **B. vulgáris** R. BR.

a. Endzipfel der Grdblätt. an der Basis herzf.; Stiele der Schoten schräg absthd.; *v.* ssp. **vulgáris**

— Endzipfel der Grdblätt. an der Basis keilig verschmälert; Stiele der Schoten waagrecht absthd. u. dann bogig aufstgd.; *v.* ssp. **arcuáta** (OPIZ) HAY.

14. Rorippa SCOP., *Sumpfkresse*

1. Blkrblätt. länger als der K., goldgelb 3

— Blkrblätt. höchstens so lg. wie der K., bleichgelb 2

2. Bltn. winzig, Kblätt. < 1,6 mm; Schote 2–3mal so lg. wie ihr Stiel; Stg. niederlgd. od. aufstgd., meist m. Rosette; ⨀–⨀; VI–IX. See- u. Flußufer der Z-Alp. (1300–2600 m), *s,* Ti.

Isländische S., **R. islándica** (GUNNERUS) BORBÁS

— Bltn. größer; Kblätt. > 1,6 mm; Schote 2mal so lg. wie ihr Stiel; Stg. aufrecht; ⨀–⨀; VI–IX. Ufer, Gräben, Äcker (bis 1300 m), *v.*

Gewöhnliche S., **R. palústris** (L.) BESSER

3(1). Früchte etwa so lg. wie ihr Stiel, aufrecht, lineal; Stg. kantig, ausläuferbildend; Blätt. gefied., m. gezähnten bis gekerbten Fied.; ♃; VI–IX. Feuchte Orte, Äcker, Waldwiesen; *v.*

Wilde S., **R. sylvéstris** (L.) BESS.

— Früchte viel kürzer als ihr Stiel, kugelig bis längl. . . . 4

4. Stgblätt. tief fied.teilig, am Grd. stgumfassend, geöhrt . . 6

— Stgblätt. ungeteilt, gezähnt od. gesägt 5

5. Schötchen kugelig, 1,5–3 mm lg., m. fast ebenso langem Gr., 7–15 mm lg. gestielt; ob. Stgblätt. halbstgumfassend, geöhrt; ♃; VI–VIII. Flußniederungen; *z,* Rhein, Elbe, Neiße, Odertal, Ho, SH, Da, Au, sonst *s.* *Österreichische S.,* **R. austríaca** (CR.) SPACH

— Schötchen elliptisch, 3–7 mm lg., m. 1–2 mm langem Gr., auf 6–17 mm langen, waagrecht absthd. od. herabgeschlagenen Stielen; Stg. dick, gefurcht, hohl (bei Wasserformen blasig aufgetrieben), oft Ausläufer treibend; ob. Stgblätt. m. verschmälertem Grd. sitzend; ♃; V–VIII. Ufer langsam fließender Gewässer; *v.*

Wasser-S., **R. amphíbia** (L.) BESS.

R. prostráta (BERG.) SCH. & TH., *Niederliegende S.;* wahrscheinlich **Bastard** zw. *R. amphibia* u. *R. sylvestris:* Grdblätt. leierf. fiedspaltig m. unregelmäßig gezähnten Fied., dkl.blaugrün; Schötchen 5–7 mm lg., kürzer als ihr Stiel; ♃; V–IX. *v,* aber nicht *h,* vor allem in Niederungen der großen Flüsse. [= *R. anceps* (WAHLENB.) RCHB.]

6(4). Schötchen 2,5–6 mm lg. u. 1,5–2 mm breit, höchstens so lg. wie sein Stiel; Blkrblätt. 3–4 mm lg.; ♃; V–VIII. Feuchte Wiesen u. Sand; *s* in Baden, Elbetal von Magdeburg bis Dessau, Lausitz. [= *R. stylosa* (PERS.) MANSF. & ROTHM.]

Pyrenäen-S., **R. pyrenáica** (L.) RCHB.

— Schote (10–)12–20 mm lg. u. 1 mm breit; Blkrblätt. 4–5 mm lg.; ♃; V–VII. Feuchte Wiesen, *s,* nur S-Kt (Föderlach).

Karstkresse, **R. lippizénsis** (WULF.) RCHB.

15. Nastúrtium R. Br., *Brunnenkresse*

1. Schoten dünn, 16–24 mm lg.; Samen 1reihig, fein u. dicht gerunzelt; Samenschale jedersts. m. ca. 100 Feldern *(721);* Laub im Winter rotbraun; ♃; V–VIII. Quellen, fließende Gewässer; *z, h* in SH u. S-BW; in England auch als Kulturpfl. (bisher meist m. folgender Art verwechselt!). [= *Rorippa microphylla* (Rchb.) Hyl. ex A. & D. Löve] *Kleinblättrige B.,* **N. microphýllum** Rchb.

— Schoten dick, 10–18 mm lg.; Samen deutl. 2reihig, grob netzig gerunzelt; Samenschale jedersts. m. ca. 25 Feldern *(720);* Laub während des Winters grün bleibend; ♃; V–VIII. Quellen, langsam fließende Bäche, *v.* [= *Rorippa nasturtium-aquaticum* (L.) Hay.] *Echte B.,* **N. officinále** R. Br.

[Die ähnl. *Cardamine amara* (S. 345) hat einen markigen Stg. u. violette Stbbeutel.]
N. x **stérile** (Airy-Sh.) Oefelein (= **Bastard** *N. microphyllum* x *N. officinale*): Fr. nur 12 mm lg.; viele Samen nicht entwickelt; Blätt. im Winter braun. In England als „winter-cress" kultiviert.

16. Armorácia G. M. Sch., *Kren, Meerrettich,*
Wurzel dick, fleischig, scharf riechend u. schmeckend; Stg. bis 125 cm hoch, kantig gefurcht; Grdblätt. bis 100 cm lg., am Grd. herzf.; Stgblätt. gelappt bis kammf. gefied.; Schötchen kugelig bis verkehrt-eif., 4–6 mm lg.; ♃; V–VII. Als Gewürzpfl. angepflanzt, zuw. an Bachufern verwild. [= *Cochlearia armoracia* L.; = *A. lapathifolia* Gilib.] (Heimat: Wahrscheinl. S-Rußland u. O-Ukraine) **A. rusticána** G. M. Sch.

17. Cardámine L., *Schaumkraut*

1. Blätt. 3zählig gefied., in grdst. Rosette; Stgblätt. 1–2, klein; Grdachse unterirdisch kriechend, reich verzweigt; ♃; IV–VI. Schattige, feuchte Bergwälder, kalkliebend; Alp., Ba, Sudeten, Böhmw., *z.* *Kleeblatt-Sch.,* **C. trifólia** L.

— Blätt. nicht 3zählig gefied. **2**

2. Alle Blätt. ungeteilt od. seicht gelappt; Stgblätt. ohne Öhrchen; Blkrblätt. weiß, bis 5 mm lg.; Schoten 10–15 mm lg., an der Spitze oft violett; ♃; VII–VIII. Schneetälchen der Ur-Alp. *z;* in den Kalk-Alp. *s.* *Alpen-Sch.,* **C. alpína** Willd.

— Alle Blätt. gefied. bzw. fied.teilig od. nur die Grdblätt. ungeteilt **3**

3. Grdblätt. ungeteilt, breit-eif.; Stgblätt. 5–7zählig fied.teilig, m. geöhrtem Grd.; Bltn. klein, weiß; Schoten 1,2–2,2 cm lg., lineal; Pfl. 1–15 cm hoch; ♃; V–VII. Feuchte Felsen u. Schneetälchen der Ur-Alp., Böhmw. u. Riesengeb., *s.* *Resedablättriges Sch.,* **C. resedifólia** L.

— Alle Blätt. fied.teilig **4**

4. Blkrblätt. längl., 3–5 mm lg., aufrecht, bis 2mal so lg. wie die Kblätt., weiß (bei *C. impatiens* oft fehlend) **6**

— Blkrblätt. breit-eif., ca. 10 mm lg., ausgebreitet, ca. 3mal so lg. wie der K., lila od. weiß **5**

5. Stg. nur anfangs markig, später hohl, ± rund; Stbbeutel gelb; Grdblätt. rosettig, 3–11zählig gefied., m. größerer, 3lappiger Endfied., zuw. m. Brutpfl.; ♃; IV–VII. Feuchte Wiesen, Laubwälder, *v;* formenreich. *Wiesen-Sch.,* **C. praténsis** L.

— Stg. markig, kantig; am Grd. niederlgd., m. Ausläufern; Stbbeutel violett; Grdblätt. nicht rosettig, 5–7zählig fied.teilig; ♃; IV–VII. Bäche u. sumpfige Orte; *v.* *Bitteres Sch.,* **C. amára** L.

a. Blätt. m. 2–4 Paaren von Fied.; Endfied. breit-eif.; Bltnstand m. 6–30 Bltn.; Schoten oberste Bltn. nicht überragend; *v, f* auf Nordseeinseln. ssp. **amára**
— Blätt. m. 5–8 Paaren von Fied., diese alle längl.-eif.; Bltnstand m. 2–5 Bltn.; Bäche, Geröll. Sb, Ti, St, Riesengeb., *s.* (= *C. opizii* PRESL) ssp. **opízii** (PRESL) ČEL.

6(4). Blattgrd. pfeilf. geöhrt; Fied. der Grdblätt. lg. gestielt, 3–5lappig; Bltn. klein, in dichten Trauben; Blkrblätt. oft fehlend; Schoten 18–30 mm lg.; ⊙; V–VII. Schattige, feuchte Wälder, vor allem der mont. Reg.; kalkmeidend; *z, s* im N. *Spring-Sch.,* **C. impátiens** L.
— Blattgrd. nicht geöhrt **7**
7. Pfl. kahl; Fied. der Grdblätt. längl., keilf., ganzrandig, sitzend; Schoten auf verlängerten Stielen, 8–20 mm lg.; ⊙; V–VII. Feuchte Schlamm- u. Sandböden; *s* in Be, Elbe-, Oder- u. Havelgebiet, He. *Kleinblütiges Sch.,* **C. parviflóra** L.
— Pfl. meist behaart, selten kahl; Fied. der Grdblätt. rundl. od. gezähnt, gestielt **8**
8. Stbblätt. meist 6; Frstiele aufrecht absthd.; Schoten 12–24 mm lg. m. 1 mm lg. Gr.; Stg. an Basis dicht behaart, hin- u. hergebogen, reich beblättert; ⊙–♃; IV–VI. Feuchte, schattige Wälder, vor allem der mont. Reg.; *z, s* im N. (= *C. sylvatica* LK.) *Wald-Sch.,* **C. flexuósa** WITH.
— Stbblätt. meist 4; Frstiele aufrecht; Schoten 18–25 mm lg., Gr. nur bis 0,5 mm lg.; Stg. kahl od. behaart, am Grd. m. Rosette, sonst wenig beblättert; ⊙; III–VI. Weinberge, Äcker, Wegränder; *v,* im N *z.* *Behaartes Sch.,* **C. hirsúta** L.

18. Dentária L., *Zahnwurz*
1. Blätt. 3–5zählig gefing. **3**
— Blätt. alle gefied. od. die ob. ungeteilt **2**
2. Basales Stgblatt 2–3paarig gefied.; ob. Stgblätt. einfach, lanzettl., gekerbt-gesägt, in den Achseln braunviolette, eif. Brutsprosse (Bulbillen) tragend; Bltn. hellviolett bis weiß; ♃; IV–VI. Laubwälder, kalkliebend; *v,* im NW *f.* [= *Cardamine bulbifera* (L.) CR.] *Zwiebel-Z.,* **D. bulbífera** L.
— Alle Blätt. gefied., die unt. 3–4-, die ob. 2–3paarig, in den Achseln ohne Bulbillen; Bltn. zahlr., auf aufrechten Stielen, blaßlila od. weiß; ♃; IV–V. Gebirgswälder im SW; *s.* [= *Cardamine heptaphyllos* (VILL.) O. E. SCH.; = *D. pinnata* LAM.] *Fieder-Z.,* **D. heptaphýlla** VILL.
3(1). Bltn. gelb od. weiß **5**
— Bltn. purpurn od. rosa **4**
4. Blätt. quirlst., 3zählig gefing.; Bltn. purpurn, in lockerer, armbltg. Traube; ♃; IV–VI. Schattige Laubwälder; nur in Schl. (= *Cardamine glanduligera* O. SCHWARZ) *Drüsen-Z.,* **D. glandulósa** W. & K.
— Blätt. wechselst., die unt. 5zählig, die ob. 3zählig gefing.; Bltn. rosarot; ♃; IV–VI. Feuchte Buchenwälder der Alp. u. der benachbarten M-Geb., *z.* [= *Cardamine pentaphyllos* (L.) CR.; = *D. digitata* LAM.] *Finger-Z.,* **D. pentaphýllos** L.
5(3). Bltn. gelbl.; Blätt. gesägt m. vielen ungleich großen Zähnen; Schote 40–75 mm lg. u. 3,5–4 mm breit; ♃; IV–VII. Schattige Laubwälder der Alp. u. Mittelgeb.; *z.* [= *Cardamine enneaphyllos* (L.) CR.] *Neunblättrige Z.,* **D. enneaphýllos** L.

— Bltn. weiß; Blätt. m. wenigen breiten Zähnen m. aufgesetzter Spitze; Schote 20–35 mm lg. u. 2 mm breit; ♃; IV–V. Bergwälder, Schluchten, *s,* nur St. (= *Cardamine waldsteinii* DYER)
Dreiblättrige Z., **D. trifólia** W. & K.

19. Cardaminópsis HAY., *Schaumkresse*

1. Grdblätt. ganzrandig od. unregelmäßig grob gesägt; Stgblätt. lineal, ganzrandig; Bltn. weiß; Schoten bis 4,5 mm lg., flach; ♃; V–VII. Kalkfelsen; *s,* Ba, S-Harz, NO-Alp., St, ČR. [= *C. hispida* (L.) HAYEK; = *Arabis petraea* (L.) LAM.]
Felsen-Sch., **C. petraéa** (L.) HIITONEN

— Grd.- u. basale Stgblätt. meist leierf.-fied.spaltig **2**

2. Stg. ohne Ausläufer, an der Basis behaart; ob. Stgblätt. lanzettl., buchtig gezähnt; Bltn. weiß od. rötl., 3–5 mm lg. gestielt; Blkrblätt. m. 1 Paar von Zähnchen am Nagel; ⨀–⊙; IV–VI. Felsen, Schotter; *v.* [= *Arabis arenosa* (L.) SCOP.] [Sehr ähnlich ist *Arabidopsis suecica* (s. S. 341); Blkrblätt. nicht gezähnt.]
Sand-Sch., **C. arenósa** (L.) HAY.

— Stg. m. Ausläufern, fast kahl; ob. Stgblätt. eif., ganzrandig od. gezähnt; Bltn. weiß, 6–12 mm lg. gestielt; äußere Kblätt. nicht ausgesackt; ♃; IV–VI. Quellige Orte, feuchte Wiesen, Wälder der mont. Reg.; *z* in M-, S-Dt. u. Au. (= *Arabis halleri* L.)
Wiesen-Sch., **C. hálleri** (L.) HAY.

20. Árabis L., *Gänsekresse*

1. Schoten 4kantig, aufrecht, dem Stg. angedrückt, bis 7 cm lg.; Frklappen gewölbt, m. starkem Mittelnerv; Samen 2reihig; Stg. bis 150 cm hoch, am Grd. kurzhaarig, oberw. kahl, bereift; Grdblätt. rosettig, ganzrandig od. buchtig gezähnt, rauhhaarig, z. Bltzt. verwelkt; Stgblätt. kahl, blaugrün bereift; ♃; V–VII. Gebüsch u. sonnige Hügel; *v, z* im NW. (= *Turritis glabra* L.)
Kahle G., **A. glábra** (L.) BERNH.

— Schoten nicht 4kantig, zusammengedrückt; Frklappen flach, m. schwachem Mittelnerv; Samen 1reihig; Pfl. behaart od. kahl **2**

2. Bltn. blauviolett; Rosettenblätt. an der Spitze 3–7zähnig, nur am Rand bewimpert, dickl., grasgrün; Pfl. 2–12 cm hoch; ♃; VII–VIII. Feuchter Schutt, Schneetälchen u. Lägerfluren der K-Alp.; *z.*
Blaue G., **A. caerúlea** (ALL.) HAENKE

— Bltn. weiß od. gelbl.weiß **3**

3. Stgblätt. m. herz- od. pfeilf. Grd. stgumfassend **7**

— Stgblätt. m. abgerundetem od. verschmälertem Grd. sitzend **4**

4. Samen nicht geflügelt **6**

— Samen breit geflügelt, zuw. nur im vorderen Teil **5**

5. Stgblätt. 1–3; Rosettenblätt. verkehrt-eif., ganzrandig, von Sternhaaren rauh; Bltn. in armbltg. Traube; Schoten aufrecht-absthd.; Pfl. 5–25 cm hoch; ♃; VI–VIII. Feuchter Schutt; *v* in K-Alp., m. den Flüssen herabgeschwemmt. *Zwerg-G.,* **A. púmila** JACQ.

— Stgblätt. zahlr.; Stg. u. Blätt. spärl. behaart bis kahl; Bltnstand dichtbltg.; Schoten fast aufrecht, 2,4–4 cm lg.; ♃; V–VII. Feuchter

Schutt u. Wiesen; *v* in K-Alp., m. den Flüssen herabgeschwemmt. (= *A. bellidifolia* JACQ. non CR.; = *A. jacquinii* G. BECK)

Glanz-G., **A. soyéri** REUT. & HUET

Im Gebiet nur die ssp. **subcoriácea** (GREN.) BREISTROFFER: Stg. u. die etw. fleischigen Blätt. kahl; *s* in Ba u. Hochebene.

6(4). Blkrblätt. 5–7 mm lg.; Schote 1,5–2 mm breit; Blätt. m. angedrückten, 2spaltigen Haaren; Pfl. bis 15 cm hoch; ♃; VI–VII. Feuchte Schuttfluren, auf Kalk, *s,* S-Kt.

Wocheiner G., **A. vochinénsis** SPRENG.

— Blkrblätt. 3,5–5 mm lg.; Schote 1–1,3 mm breit; Blätt. m. abstehenden Haaren, angedrückte 2spaltige Haare fehlend; Bltn. in dichten Trauben; Pfl. 6–30 cm hoch; ♃; V–VII. Matten, alpine Steinrasen; *v* Alp., *s* Voralp. (= *A. ciliata* CLAIRV.)

Dolden-G., **A. corymbiflóra** VEST

7(3). Reife Schoten absthd. od. überhängend **11**

— Reife Schoten aufrecht, dem Stg. angedrückt **8**

8. Stg. kahl od. am Grd. m. einfachen, unverzweigten Haaren; Blkrblätt. 5–7 mm lg.; Frklappen m. deutl. Mittelnerv . . **10**

— Stg. am Grd. m. 2–5spaltigen Gabelhaaren, seltener einfachen Haaren; Blkrblätt. 4–5 mm lg. **9**

9. Stg. am Grd. m. einfachen, absthd. od. anlgd. 2–5spaltigen Haaren, an der Spitze auch m. ± 5spaltigen Gabelhaaren; Stgblätt. zahlr.; Samen ringsum od. nur an der Spitze geflügelt; ⨀–♃; V–VII. Sonnige Hügel, lichtes Gebüsch, *v.*

Rauhe G., **A. hirsúta** (L.) SCOP.

— Stg. am Grd. m. sitzenden, anlgd. 2–3spaltigen Haaren, zur Spitze hin kahl; Stgblätt. zahlr. (20–55), m. pfeilf. Grd. u. angedrückten Öhrchen; Schoten 30–50 mm lg.; Frklappen fast nervenlos; Samen nur an der Spitze geflügelt; Pfl. bis 80 cm hoch; ⨀; V–VII. Stromtalwiesen; *s.* (= *A. gerardii* KOCH)

Flachschotige G., Gerards-G., **A. planisíliqua** (PERS.) RCHB.

10(8). Stg. am Grd. kahl; Stgblätt. etwa 10, kahl, nur am Rand gewimpert; Schoten 25–35 mm lg., 1,2–1,8 mm breit; ♃; VI–VII. Feuchte Felsen der Gebirge; *z* im S; *s* im Riesengeb. (= *A. sudetica* TAUSCH)

Sudeten-G., **A. alliónii** DC.

— Stg. am Grd. m. einfachen, absthd. Haaren; Stgblätt. 15–30, behaart, m. abspreizenden, spitzen Öhrchen; Blkrblätt. 5–6,5 mm lg.; Schoten 25–30 mm lg., ihre Stiele 4–6 mm lg.; ⨀; V–VI. Halbtrockenrasen, *z.* *Pfeilblättrige G.,* **A. sagittáta** (BERTOL.) DC.

11(7). Bltn. gelbl.weiß; Schoten auf kurzem, aufrechtem Stiel, einseitig bogig überhgd., bis 12 cm lg.; Blätt. geschweift gezähnt, untersts. oft violett; Pfl. 4–70 cm hoch; ⨀–♃; IV–V. Lichte Wälder, Kalkfelsen; *z* in Voralp., S-, W- u. M-Dt. *Turm-G.,* **A. turríta** L.

— Bltn. weiß; reife Schoten nicht bogig einseitswendig überhgd. **12**

12. Blätt. gleich dem Stg. kahl, blau bereift, ganzrandig; Bltn. weiß, in dichter Traube; Pfl. 30–100 cm hoch; ⨀; V–VII. Lichtes Gebüsch, Schutthänge; *z* in Ti, St, OÖ, S-, W- (bis Be) u. M-Dt. [= *A. brassiciformis* WALLR.; = *A. brassica* (LEERS) RAUSCHERT]

Armblütige G., **A. pauciflóra** (GRIMM) GARCKE

— Blätt. u. Stg. behaart, wenn kahl, dann nicht blau bereift **13**

13. Pfl. ausdauernd, m. zahlr., nichtblühenden Achseltrieben; Grdblätt. rosettig, eif.-längl., grob gezähnt, grün, durch Sternhaare rauh; ♃; III–IX. Feuchte Felsen, Geröll der Alp. *v* (auch herabgeschwemmt), *s* in Schw. Alb, NrWe, Riesengeb., E, früher S-Harz.
Alpen-G., **A. alpína** L.

Die ähnl., häufig in Steingärten angepfl. u. stellenw. verwild. **A. caucásica** WILLD. (= *A. albida* JACQ. f.) besitzt grauhaarige Blätt. u. fast aufrechte Schoten.

— Pfl. ⊙–⊙, Grdblätt. meist ohne sterile Achselsprosse . **14**

14. Grdblätt. in der Mitte am breitesten; Blkrblätt. schmal-keilf., 3–4,2 mm lg.; Schoten 10–26 mm lg.; Samen ungeflügelt; ⊙–⊙; IV–V. Trockenhänge, Sandfelder, Felsen, Mauern; kalkliebend; *s* in Ti, S-Dt, SaAn, Br. (= *A. recta* VILL.)
Öhrchen-G., **A. auriculáta** LAM.

— Grdblätt. oberhalb der Mitte am breitesten; Blkrblätt. keilf., 4–6 mm lg.; Schoten bis 70 mm lg.; Samen schmal geflügelt; ⊙–⊙; VI–VII. Warm-trockene Felshänge. Nur in Ti, *s*. (= *A. saxatilis* ALL.)
Felsen-G., **A. nóva** VILL.

21. Lunária L., *Silberblatt*

1. Alle Blätt. gestielt; Schötchen elliptisch-lanzettl., beidendig kurz zugespitzt; ♃; V–VII. Feuchte, schattige Laubwälder der mont. Reg.; *z*, im N *s*. [G] *Wildes S.*, **L. redivíva** L.

— Ob. Stgblätt. sitzend; Schötchen breit-elliptisch, fast rund, beidendig abgerundet; ⊙ bis mehrjährig; IV–VI. Gartenzierpfl. aus SO-Eur.; stellenw. verwild. u. eingebürgert. *Judas-S.*, **L. ánnua** L.

22. Peltária JACQ., *Scheibenkraut*

Pfl. 20–60 cm hoch; Blätt. herzf. stgumfassend; Blkrblätt. 3,5–4,5 mm lg.; Schötchen rund, 5–10 mm im Dm; ♃; V–VI. Waldränder, steinige Abhänge, *s*, St, OÖ. **P. alliácea** JACQ.

23. Bráya STERNBG. & HOPPE, *Breitschötchen*

Pfl. rosettenbildend, 5–15 cm hoch; Rosettenblätt. schmal, spatelig bis lineal; Bltn. weiß, in armbltg. Traube, sich beim Trocknen violett verfärbend; ♃; VIII. Alp.; Rasen auf Kalk u. Urgestein; *s* in Ti, Kt.
[G] **B. alpína** STERNBG. & HOPPE

24. Alýssum L., *Steinkraut, Steinkresse*

1. Schötchen behaart (Lupe!) **3**

— Schötchen kahl (Lupe!) **2**

2. Pfl. halbstrauchig; Sprosse m. verholzter Basis; Blätt. graufilzig, entfernt gezähnt od. ganzrandig; Blkrblätt. wenig ausgerandet; Frtrauben kurz; ♃; IV–V. Sonnige Felswände; *s* in FrJura, Sa (oberes Elbegebiet). ČR (Böhmen), Sb, OÖ, *h* als Zierpfl. u. verwild. [= *Aurinia saxatilis* (L.) DESV.] Ⓖ *Felsen-St.*, **A. saxátile** L.

— Pfl. krautig; Blätt. grün, meist ganzrandig; Blkrblätt. tief ausgerandet; Frtrauben verlängert; ♃; V. *s* aus dem Mittelmeergebiet eingeschleppt.
Venezianisches St., **A. petraéum** ARD.

3(1). Bltnstand verzweigt; Blätt. unterste. graufilzig; Pfl. 25–70 cm hoch; ♃; V–VI. Zierpfl., *s* verwildert u. in Trockenrasen eingebürgert.
Mauer-St., **A. murále** W. & K.

— Bltnstand unverzweigt **4**

4. Schötchen 3–6 mm groß, von Sternhaaren dicht bedeckt **6**
— Schötchen 6–8 mm groß, zerstreut sternhaarig **5**
5. Frstiele doppelt so lg. wie das Schötchen; unt. Blätt. allmähl. in Stiel verschmälert; Schötchen 6–6,5 mm im Dm; Blkrblätt. kahl; Pfl. bis 20 cm hoch; ♃; V–VII. Felsschutt, auf Kalk, *s,* Kt.
[G] *Wulfens St.,* **A. wulfeniánum** Willd.
— Frstiele kaum länger als das Schötchen; unt. Blätt. plötzl. in Stiel verschmälert; Schötchen 6,5–8 mm im Dm; Blkrblätt. außen behaart; Pfl. bis 12 cm hoch; ♃; VI–VIII. Felsschutt, auf Kalk, *s,* Kt, St.
[G] *Karawanken-St.,* **A. ovirénse** Kern.
6(4). Pfl. meist ⊙; Blkrblätt. 2,5–4 mm lg., gelbl.weiß; Kblätt. bleibend, das Schötchen einhüllend; ⊙; IV–IX. Kalkmagerrasen, Erdanrisse; *v.* (= *A. calycinum* L.) *Kelch-St.,* **A. alyssoídes** (L.) L.
— Pfl. ♃, Blkrblätt. 3,5–7 mm lg. **7**
7. Stg. u. Bltnstiele m. angedrückten Sternhaaren; Kblätt. z. Frzt. abfallend; längere Stbblätt. meist einseitig geflügelt u. über der Mitte 1–3zähnig *(705a);* ♃; IV–V. Trockenrasen, Sandfluren.
Ⓖ *Berg-St.,* **A. montánum** L.
a. Blätt. schmal-lineal; Blkrblätt. blaßgelb; Schötchen verkahlend; *s,* Ba (Würzburg), BW (Oberrhein). Ⓖ ssp. **gmelínii** (Jord.) Hegi & E. Schmid
— Blätt. breit lineal bis eif.; Blkrblätt. goldgelb; Schötchen behaart; *v.*
Ⓖ ssp. **montánum**
— Stg. u. Bltnstiele m. absthd. Stern- u. Gabelhaaren; Pfl. 4–60 cm hoch; ♃; VI–VII. Felsbänder, lichte Nadelwälder, *s,* Kt, St. (= *A. transsilvanicum* Schur) *Kriechendes St.,* **A. répens** Baumg.

25. Bertéroa Dc., *Graukresse*
Ganze Pfl. von Sternhaaren graugrün; Blkrblätt. weiß; Schötchen elliptisch; ⊙; VI–X. Trockene, sonnige Standorte, Sandfelder; *v, z* in W. [= *Farsetia incana* (L.) R. Br.] **B. incána** (L.) DC.

26. Drába L., *Felsenblümchen* (nach Buttler)
1. Bltn. weiß **7**
— Bltn. gelb **2**
2. Bltnstg. auch über dem Grd. beblättert, bis 40 cm hoch; Blätt. breit-eif., stumpf gezähnt, von Sternhaaren rauh; Schötchen waagrecht absthd., 6–10 mm lg. gestielt, elliptisch, 3,5–7 mm lg.; ⊙; V–VI. Trockene Wiesen; aus dem O u. SO eingeschleppt; *s.* *Hain-F.,* **D. nemorósa** L.
— Bltnstg. ohne Blätt., diese in dichten, kugeligen Rosetten **3**
3. Bltn. schwefelgelb bis weißl.; ♃; VIII. Kalk- u. Dolomit-Felsen, *s,* Ti (Brenner). Ⓖ *Dolomiten-F.,* **D. dolomítica** Buttler
— Bltn. leuchtend gelb **4**
4. Stbfäden deutl. kürzer als die Blkrblätt., Pfl. lockerrasig; Schötchen 4–5 mm lg. gestielt; Gr. ½–1 mm lg.; ♃; VI–VII. Felsspalten der K-Alp. von Sb, Ti, St, OÖ, Ba (Berchtesgaden, Chiemgau), von 1900–2800 m. Ⓖ *Sauters F.,* **D. saúteri** Hoppe
— Stbfäden so lang wie die Blkrblätt. **5**
5. Gr. unter 1 mm lg.; Stg. bis 3 cm hoch, m. nur 3–6(–8) Bltn.; ♃; VII–VIII. Felsspalten u. Schuttfluren; K-Alp., von 2600–2900 m; *s* in Alp. von Sb, Ti, Kt, St. Ⓖ *Hoppes F.,* **D. hoppeána** Rchb.
— Gr. zur Fruchtzeit mind. 1,5 mm lg., die Blkrblätt. beim Abblühen überragend **6**

6. Blätt. höchstens 1,2 mm breit; Pfl. niedrig u. wenigbltg.; Schötchen aufgeblasen; ♃; VI–VII. Felsen, Steinschutt, nur Kt (Petzen). Ⓖ *Rauhes F.,* **D. áspera** BERT.

— Blätt. meist > 1,5 mm breit; Pfl. meist hoch und reichbltg.; ♃; III–VIII. Felsspalten, Schutt, kalkliebend; *v* in Alp., *s* in Schw. Alb, Fr. Alb. Ⓖ *Immergrünes F.,* **D. aizoídes** L.

7(1). Stg. außer den Grdblätt. höchstens noch m. 3 Stgblätt.; Pfl. meist ♃ **10**

— Stg. außer den Grdblätt. m. mehr als 3 Stgblätt.; Pfl. meist ⊙–⊙, selten ♃ **8**

8. Blkrblätt. 1,5–2 mm lg.; Stg. bis 30 cm lg., sternhaarig; Stgblätt. halbstgumfassend, an der Spitze grob gezähnt, beidersts. sternhaarig; Schötchen kahl; ⊙–⊙; IV–VII. Magerrasen, Erdanrisse, Mauern, Gebüsch, *s* in S-, SO- u. M-Dt, St, OÖ, ČR (Böhmen); in SH eingeschleppt. *Mauer-F.,* **D. murális** L.

— Blkrblätt. 4–5 mm lg. **9**

9. Blätt. ohne einfache Haare auf der Fläche, nur m. vielstrahligen Sternhaaren; Schötchen sternhaarig; Samen 0,8–1,0 mm lg.; ⊙–♃; V–VII. Felsen, Gemsläger, *s,* Alp. von Ti, Kt, St. Ⓖ *Schweizer F.,* **D. styláris** GAY ex KOCH

— Wenigstens einzelne Blätter auf der Fläche m. einfachen und gabeligen Haaren; Schötchen kahl od. behaart; Samen 1,0–1,5 mm lg.; ⊙–⊙; V–VII. Dünen des nördlichen Jütland, Schweizer Alp. Ⓖ *Graues F.,* **D. incána** L.

10(7). Pfl. behaart **12**

— Pfl. kahl **11**

11(10 u. 15). Fruchtstand kurz, oft doldentraubig; Stg. bis ca. 5 cm hoch; ♃; VI–VIII. Alpiner Steinschutt, Steinrasen, von 1600–3400 m; *s,* Allgäuer Alp., Sb, Ti, Vb, Kt, St, OÖ. Ⓖ *Fladnitzer F.,* **D. fladnizénsis** WULF.

— Fruchtstand verlängert; Stg. höher; ♃; VI–VII. Felsspalten der K-Alp., von 1500–3400 m; *s,* Allgäu, Ti, Sb, Vb, Kt, St. (= *D. carinthiaca* HOPPE) Ⓖ *Kärntner F.,* **D. siliquósa** BIEB.

12(10). Blätt. u. Stg. sternhaarig; Sternhaare m. kurzem Stiel, fast sitzend, ihre Strahlen in einer Ebene angeordnet; ♃; V–VII. Alp. Rasen, *s,* Sb, Kt, St. (= *D. norica* WIDDER) Ⓖ *Tauern-F.,* **D. pácheri** STUR

— Pfl. kahl od. behaart, die Sternhaare langgestielt, ihre Strahlen nicht in einer Ebene liegend **13**

13. Blattrand am Grd. m. einfachen Haaren, gegen die Spitze m. Sternhaaren **16**

— Blattrand m. einfachen od. gabeligen Haaren, manchmal m. Sternhaaren gemischt **14**

14. Gr. 0,7–1,2 mm lg.; Krblätt. weiß m. blaßgelbem Nagel od. gelbl.weiß; ♃; VII–VIII. Dolomitfelsen, 2600–3040 m, *s,* Schweiz (Unterengadin). Ⓖ *Bündner F.,* **D. ladína** BR.-BL.

— Gr. kürzer, bis 0,4(–0,7) mm lg. **15**

15. Stg. bis zu den Bltnstielen behaart; ♃; VI–VII. Felsen, steinige Hänge, *s* St (Raxalpe). Ⓖ *Norwegisches F.,* **D. norvégica** GUNNERUS

— Stg. kahl od. nur im unt. Drittel m. Haaren **11**

16(13). Schötchen überwiegend sternhaarig *Schweizer F.*, **D. styláris** (Punkt **9**)

— Schötchen kahl od. behaart, aber m. mehr Wimper- u. Gabelhaaren als Sternhaaren **17**

17. Blattflächen kahl . . . . . . *Kärntner F.*, **D. siliquósa** (Punkt **11**)

— Blattflächen wenigstens bei einigen Blätt. behaart **18**

18. Gr. 0,7–1,2 mm lg.; Krblätt. 4,5–8 mm lg. u. > 3 mm breit; ♃; VI–VII. Kalkfelsen, *s*, St, OÖ. Ⓖ *Sternhaar-F.*, **D. stelláta** Jacq.

— Gr. 0,1–0,7 mm lg.; Krblätt. höchstens 5,5 mm lg. und < 3 mm breit **19**

19. Meiste Sternhaare der Blattflächen nur wenig verzweigt *Kärntner F.*, **D. siliquósa** (Punkt **11**)

— Meiste Sternhaare der Blattflächen reich verzweigt **20**

20. Schötchen elliptisch, an beiden Enden abgerundet, dicht behaart; ♃; VII–VIII. Felsspalten der K-Alp.; *z*. Ⓖ *Filziges F.*, **D. tomentósa** Clairv.

— Schötchen lanzettl., an beiden Enden zugespitzt, kahl od. stark behaart; ♃; VI–VIII. Felsspalten von 1800–3200 m; *z*, Allgäu, Sb, Ti, Vb, Kt, St. (= *D. frigida* Saut.) Ⓖ *Eis-F.*, **D. dúbia** Sut.

27. Eróphila Dc., *Hungerblümchen*

Blätt. rosettig; Stg. blattlos; Blkrblätt. weiß, tief 2spaltig; Pfl. 2–15 cm hoch, ⊙; II–V. Magerrasen, Mauern, Äcker; *v*. (= *Draba verna* L.) Formenreiche Sammelart. **E. vérna** (L.) Chev. s. l.

a. Schötchen mind. doppelt so lg. wie breit, 6–10 mm lg.; Blätt. überwiegend m. verzweigten Haaren, *v*. *Frühlings-H.*, **E. vérna** (L.) Chevall. s. str.

— Schötchen kaum 6 mm lg. . . . . **b**

b. Schötchen fast kreisrund, kaum 5 mm im Dm; *s*, Ba. *Rundfrüchtiges H.*, **E. spathuláta** Láng

— Schötchen breit elliptisch, 4–6 mm lg.; Blätt. überwiegend m. einfachen Haaren; *s*, S-Dt, Au. *Frühes H.*, **E. praécox** (Stev.) Dc.

28. Petrocállis R. Br., *Steinschmückel*

Blätt. in grdst. Rosette, keilf., 3–5spaltig, 4–6 mm lg.; Blkrblätt. hell-lila, etwa doppelt so lg. wie der K.; Schötchen verkehrt-eif., 4–5 mm lg.; Pfl. dichtrasig bis polsterf., 2–8 cm hoch; ♃; VI–VII. Geröll der K-Alp., *z*. Ⓖ **P. pyrenáica** (L.) R. Br.

29. Cochleária L., *Löffelkraut* Ⓖ

1. Stgblätt. nicht geöhrt, meist handf. 5–7lappig (efeuähnl.); Grdblätt. 3eckig-herzf., ganzrandig; Schötchen rundl.-eif., beidendig abgerundet-stumpf, durch den kurzen Gr. bespitzt; Stg. niederlgd. bis aufstgd.; ⊙; V–VI. Salzwiesen der Nord- u. Ostseeküste *v*, sonst *s* (NS: Vechta). Ⓖ *Dänisches L.*, **C. dánica** L.

— Ob. Stgblätt. deutl. geöhrt **2**

2. Grdblätt. rhombisch-elliptisch, am Rand oft unregelmäßig gezähnt, am Grd. abgerundet; Schötchen breit-elliptisch, beidendig stumpf, aufgeblasen, z. Reifezt. netzadrig; ⊙; V–VII. Nord- u. Ostseeküste *z*, im Binnenland *s*. Ⓖ *Englisches L.*, **C. ánglica** L.

— Grdblätt. rundl.-herzf. bis nierenf.; Stgblätt. eif., grob gezähnt; Bltn. wohlriechend; Schötchen kugelig bis eif., durch den kurzen Gr. bespitzt; ⨀ bis mehrjährig. Ⓖ *Echtes L.*, **C. officinális** L. (s. l.)

a. Pfl. höchstens 15 cm hoch; Krblätt. gelbl.weiß; Schötchen bis 4,5 mm lg.; VII–VIII. Quellige Orte der Alpen, 1900–2400 m, *s*, Kt, St. *Ostalpen-L.*, **C. excélsa** Zahlbr. ex Fritsch

— Pfl. meist höher; Krblätt. reinweiß . . . . **b**

b. Schötchen an beiden Enden abgerundet; Frstiele meist waagrecht abstehend; Samen bis 1,5 mm lg.; V–VI. Wild auf Salzböden an den Küsten u. Salzstellen des Binnenlands, sonst als Salatpfl. angepflanzt, *z*. *Echtes L.*, **C. officinális** L. (s. str.)

— Schötchen an beiden Enden verschmälert; Frstiele aufrecht; Samen > 1,5 mm lg. . . . . **c**

c. Pfl. 10–30 cm hoch; Gr. an der reifen Fr. 0,3–0,5 mm lg.; Pollen 26–30 μ lg.; IV–VII. Quellfluren, Bachufer, Moorgräben, *s*, BW, Ba, He, NrWe, Be, St, OÖ. *Pyrenäen-L.*, **C. pyrenáica** DC.

— Pfl. 25–45 cm hoch; Gr. an der reifen Fr. 0,4–0,8 mm lg.; Pollen 31–36 μ lg.; IV–V. Quellfluren, Bachufer, *s*, nur Ba. *Bayrisches L.*, **C. bavárica** Vogt

30. Kérnera Med., *Kugelschötchen*

Grdblätt. rosettig, spatelf., behaart; Stg. dünn, zickzackf. verbogen; Bltn. weiß, längere Stbblätt. knief. nach ausw. gebogen *(722)*; Schötchen fast kugelig, bis 3 mm lg.; ♃; V–VII. Felsspalten, lichte Wälder, K-Alp. u. Vorland, Schw. u. Fr. Alb; *z*. *Felsen-K.*, **K. saxátilis** (L.) Rchb.

31. Camelína Cr., *Leindotter*

1. Pfl. im unt. Teil deutl. behaart, m. einfachen u. gabeligen Haaren; Schötchen 5–7(–8) mm lg.; Samen 0,8–1,5 mm lg.; ⨀; V–VII. Äcker, Wegböschungen, *v* im O, sonst *z*. Formenreich. *Kleinfrüchtiger L.*, **C. microcárpa** Andrz. ex DC.

— Pfl. im unt. Teil kahl od. m. wenigen gabeligen Haaren; Schötchen 7–10 mm lg.; Samen 1,5–3 mm lg.; ⨀; V–VIII. Äcker, früher Kulturpfl., *z*. *Saat-L.*, **C. satíva** (L.) Cr. (s. l.)

a. Fr. hartschalig, birnenf., m. dem Gr. 7–9 mm lg., aufrecht-absthd.; Blätt. ganzrandig od. fein gezähnt. Kultiviert u. verwild. (Heimat: O-Eur. u. W-Asien) ssp. **satíva**

— Fr. weichschalig, fast kugelig, m. dem Gr. 9–12 mm lg., auf waagrecht absthd. od. herabgebogenen Stielen; Stgblätt. gezähnt bis fiedspaltig; VI–VII. Leinäcker; *s* aus Asien eingeschleppt. [= *C. dentata* (Willd.) Pers.; = *C. alyssum* (Mill.) Thell.] *Gezähnter L.*, ssp. **alýssum** (Mill.) Hegi & Schmid

32. Néslia Desv. (= *Vogelia* Med.), *Finkensame*

Stg. 15–80 cm hoch; Stgblätt. m. tief pfeilf. Grd. sitzend; Bltn. goldgelb; Schötchen kugelig *(708)*, sich nicht öffnend, 1samig; ⨀; V–VII. Lehm- u. Kalkäcker; *z*, aber unbeständig, *f* im NW. [= *Vogelia paniculata* (L.) Hornem.] **N. paniculáta** (L.) Desv.

a. Fr. breiter als lg., ohne Längsrippen, beidendig stumpf, ihr Rand undeutl. gekielt; *z*, im NW *f*. ssp. **paniculáta**

— Fr. länger als breit, beidendig spitz, ihr Rand scharf gekielt; *s*, nur in BW u. Be. (= *N. apiculata* Fisch., Mey. & Avé-Lall.) ssp. **thrácica** (Vel.) Bornmüller

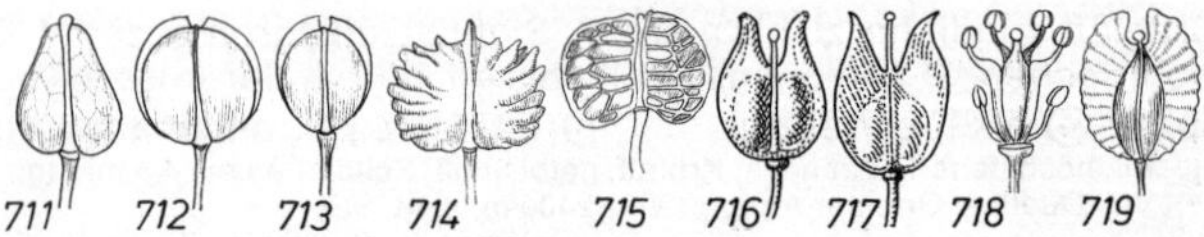

33. Capsélla MED., *Hirtentäschelkraut*

1. Blkrblätt. weiß, länger als die grünen Kblätt.; Schötchen 3eckig-verkehrt-herzf., seicht ausgerandet *(693);* Grdblätt. rosettig, ungeteilt, buchtig gelappt bis fied.spaltig; Stgblätt. ungeteilt, m. breiten Öhrchen stgumfassend; ⊙; II–IX. Als Kulturbegleiter *g.* Sehr formenreich! *Gewöhnliches H.,* **C. búrsa-pastóris** (L.) MED.

— Blkrblätt. rötl., die rötl. Kblätt. kaum überragend; ⊙; II–IX. *s* aus dem westl. Mittelmeergebiet eingeschleppt. *Rötliches H.,* **C. rubélla** REUT.

34. Pritzelágo O. KTZE. (= *Hutchinsia* R. BR.), *Gemskresse*

Blätt. in grdst. Rosette, ungeteilt bis gefied., dickl., kahl; Blkrblätt. weiß, doppelt so lg. wie der K.; Schötchen auf behaarten Stielen; ♃; V–VIII. Feuchter Steinschutt, Felsspalten, Matten der Alp. u. Vorland. [= *Hutchinsia alpina* (L.) R. BR.] **P. alpína** (L.) O. KTZE.

a. Blkrblätt. 2–3 mm breit, plötzl. in den Nagel zusammengezogen; Schötchen 4–5 mm lg.; Pfl. 5–10 cm hoch; auf Kalkgestein, *v* bis *z.* ssp. **alpína**

— Blkrblätt. 1–2 mm breit, allmähl. in den Nagel verschmälert; Schötchen 3,5–4 mm lg. *(696);* Pfl. 2–5 cm hoch; auf Urgestein, *z.* (= *H. brevicaulis* SPRENG.) ssp. **brevicaúlis** (SPRENG.) GREUT. & BURDET

35. Hymenólobus NUTT., *Salzkresse*

Stg. niederlgd., aufstgd. od. aufrecht, ästig; Schötchen elliptisch, flach; ⊙; IV–VIII. Salzstellen, Felsnischen, *s.* **H. procúmbens** (L.) NUTT. s. l.

a. Blätt. ungeteilt, ganzrandig; Pfl. bis 5 cm hoch, Bltnstand wenigbltg; Schötchen 1–1,5mal so lg. wie breit. Felsen, Felsnischen. Wildlagerplätze, früher Ti. [= *H. pauciflorus* (KOCH) HILL] *Armblütige S.,* ssp. **pauciflórus** (KOCH) SCH. & TH.

— Blätt. fiedspaltig; Pfl. bis 30 cm hoch; Bltnstand vielbltg.; Schötchen 2–3mal so lg. wie breit; IV–V. Feuchte Salzstellen in N-Th u. SaAn. [= *Hutchinsia procumbens* (L.) DESV.; = *Capsella procumbens* (L.) FR.] *Niederliegende S.,* ssp. **procúmbens**

36. Hornúngia RCHB., *Felskresse*

Stg. meist rot, behaart; Blätt. fied.teilig; Kblätt. aufrecht-absthd., so lg. wie die weißen Blkrblätt.; Schötchen elliptisch; ⊙; IV–VI. Sonnige, trockene Kalkhänge; Alp. *z, s* in S- u. M-Dt, NrWe. [= *Hutchinsia petraea* (L.) R. BR.] **H. petraéa** (L.) RCHB.

37. Teesdália R. BR., *Bauernsenf, Rahle*

Blätt. in grdst. Rosette, meist leierf. gefied.; Bltn. weiß, Blkrblätt. ungleich groß; Stbblätt. am Grd. m. 1 blumenblattart. Anhängsel; Schötchen breit-elliptisch, schmal geflügelt, löffelf. gebogen; Pfl. 8–15 cm hoch; ⊙; IV–V. Sandige Äcker, Sandrasen; *v* im N, sonst *z,* in Au nur OÖ. **T. nudicaúlis** (L.) R. BR.

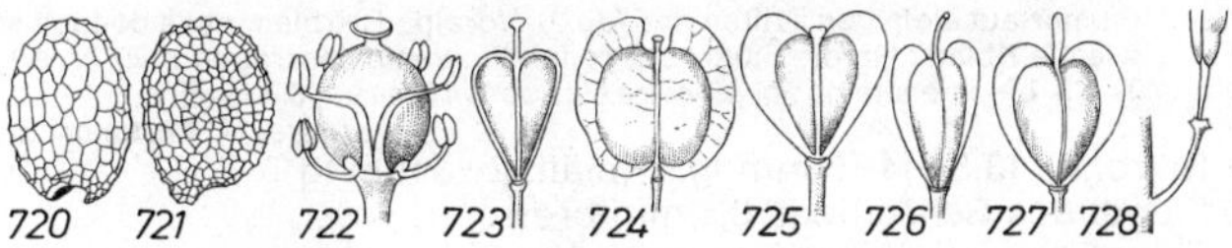

38. Thláspi L. (incl. **Microthláspi** F. K. Meyer u. **Noccaea** Moench), *Hellerkraut, Täschelkraut*

1. Pfl. ⊙ od. ♃; Stg. am Grd. meist m. nichtblühenden Rosetten **4**

— Pfl. ⊙, ohne nichtblühende Triebe **2**

2. Stg. rund; Schötchen nur im ob. Teil deutl. geflügelt; 5–7 mm im Dm; Gr. sehr kurz *(725);* Stgblätt. eif., m. abgerundeten Öhrchen; Pfl. 10–20 cm hoch; ⊙; IV–VI. Kalkmagerrasen, Böschungen, Äcker, *z* in SW-, M-Dt u. Au, *s* im N. [= *Microthlaspi perfoliatum* (L.) F. K. Meyer] *Stengelumfassendes H.,* **Th. perfoliátum** L.

— Stg. kantig; Schötchen fast bis zum Grd. deutl. geflügelt; Stgblätt. schmal elliptisch, meist m. spitzen Öhrchen . . **3**

3. Schötchen 10–18 mm im Dm; ringsum 3–5 mm breit geflügelt *(724);* Blkrblätt. 3–4 mm lg.; Pfl. 15–40 cm hoch; ⊙; IV–VI. Äcker, Gärten, Schuttplätze; *g.* *Acker-H.,* **Th. arvénse** L.

— Schötchen 6–10 mm im Dm, schmal geflügelt; Pfl. 20–60 cm hoch; Frstand sehr stark verlängerte Traube; ⊙; V–VI. Äcker, *s,* nur Ba (Berchtesgaden, Ramsau), BW (Hochrhein), Sb, OÖ. *Lauch-H.,* **Th. alliáceum** L.

4(1). Bltn. hellviolett, in verkürzten Doldentrauben; Schötchen nicht geflügelt *(723);* ♃; VI–X. Schutthalden der Alp. *v,* mit den Flüssen herabsteigend. *Rundblättriges H.,* **Th. cepaeifólium** (Wulf.) Koch

a. Stgblätt. m. Öhrchen; Grdblätt. ganzrandig; Alp. *v.* [= *Noccaea rotundifolia* (L.) Moench; = *Th. rotundifolium* (L.) Gaud.] ssp. **rotundifólium** (L.) Greut. & Burdet

— Ob. Stgblätt. ohne Öhrchen; Grdblätt. stumpfzähnig; *s,* Ti, Kt. [G] ssp. **cepaeifólium**

— Bltn. weiß **5**

5. Krblätt. 1–3(–4) mm lg.; Kblätt. 1–1,5(–2) mm lg.; Stbblätt. so lg. od. länger als die Blkrblätt.; Schötchen verkehrt-eif.-kerbig *(726);* ♃; IV–VI. Bergwiesen, Weiden; Alp., M-Geb. u. in den großen Stromtälern *z, s* im N. (= *Th. alpestre* L.) *Gebirgs-H.,* **Th. caeruléscens** J. & C. Presl s. l.

Hierher folgende Kleinarten:

a. Blkrblätt. kaum länger als die Stbblätt.; Gr. die Ausrandung der Fr. deutl. überragend; ⊙; IV–VI. Wiesen, Waldränder, buschige Orte, *z* bis *s.* [= *Noccaea caerulescens* ssp. *sylvestris* (Jord.) F. K. Meyer; = *Th. alpestre* L. ssp. *silvestre* (Jord.) Gillet & Magne; = *Th. sylvestre* Jord.] *Wald-H.,* **Th. caeruléscens** J. & C. Presl s. str.

— Blkrblätt. länger als die Stbblätt. . . . . **b**

b. Pfl. nur auf Galmeiböden im N u. NW; Blkrblätt. ca. 3,5 mm lg., etwas lilafarbig; Gr. wenig länger als die Ausrandung der reifen Fr.; ♃; V–VI. Ho, Be, östl. bis Aachen u. Osnabrück. [= *Th. alpestre* ssp. *calaminare* (Lej.) Markgraf] *Galmei-H.,* **Th. calamináre** (Lej.) Lej. & Court.

— Pfl. nur auf steinigen Triften der Alp. u. Voralp.; Blkrblätt. etwa doppelt so lg. wie die Kblätt.; Gr. die Flügel der reifen Fr. wenig überragend; ♃; IV–VI. *z* in Ti, Vb, Liechtenstein [*Th. alpestre* ssp. *salisii* (BRÜGG.) J. MURR]
Tiroler H., **Th. salísii** BRÜGG.

— Blkrblätt. (3,5–)4–8 mm lg.; Kblätt. 2–3 mm lg. 6

6. Flügel des Schötchens 0,5 mm breit 9

— Flügel des Schötchens > 1 mm breit 7

7. Wurzelstock m. lg., ausläuferart. Verzweigungen; Fr. an der Spitze breit geflügelt *(727);* ♃; IV–V. Lichte Wälder, Berghänge, meist auf Kalk; *z* von M-Dt bis Alp. [= *Noccaea montana* (L.) F. K. MEYER]
Berg-H., **Th. montánum** L.

— Wurzelstock m. kurzen Verzweigungen; Rosetten ± dichte Rasen bildend 8

8. Blkrblätt. 7–8 mm lg.; Bltnstand verzweigt; ♃; IV–V. Steinschutt, feuchte Hänge, *s*, St. *Gösing-H.*, **Th. goesingénse** HALÁCSY

— Blkrblätt. 5–7 mm lg.; Bltnstand einfach; ♃; III–IV. Lichte Wälder, buschige Hänge, *s*, Kt, St. *Frühes H.*, **Th. praécox** WULF.

9(6). Blkrblätt. 5 mm lg.; Gr. 1–1,5 mm lg.; ♃; V–VI. Alpenmatten, *s*, Kt (Karawanken). *Kerners H.*, **Th. kernéri** HUTER

— Blkrblätt. 6–7 mm lg.; Gr. 2–3 mm lg.; ♃; V–IX. Alpenmatten, *z*, S-Kt, N-St, OÖ. *Alpen-H.*, **Th. alpínum** CR.

39. Aethionéma R. BR., *Steintäschel*

Blätt. dickl., blaugrün, ganzrandig; Bltn. in dichter Traube, rötl. od. weiß; längere Stbblätt. paarweise zusammenneigend, an der Innenseite geflügelt *(718);* Schötchen rundl., ringsum breit geflügelt *(719);* ♃; IV–VI. Alp. *z*, m. den Flüssen herabgeschwemmt.
A. saxátile (L.) R. BR.

40. Ibéris L., *Schleifenblume*

1. Pfl. ♃, oft halbstrauchig, holzig; Blätt. ganzrandig, immergrün 4

— Pfl. ⊙ bis ⊙, krautig 2

2. Blätt. längl.-keilf., entfernt fiedspaltig; Bltnstand traubig verlängert; Schötchen schmal geflügelt *(716);* Bltn. weiß, selten blaßviolett; ⊙; V–VIII. Äcker; *s* im Rhein-Main-, Mosel-, Saar-, Nahe- u. Taubergebiet, Au, auch als Zierpfl. *Bittere Sch.*, **I. amára** L.

— Blätt. lineal-lanzettl., ganzrandig; Bltn. rosa bis purpurn 3

3. Bltnstand dicht doldig, erst zur Frzt. sich verlängernd; Schötchen m. 2 großen Flügeln, vom Grd. an geflügelt *(717);* ⊙; V–VII. Gartenzierpfl., zuw. verwild. (Heimat: S- u. SO-Eur.) *Doldige Sch.*, **I. umbelláta** L.

— Bltnstand kurztraubig; Schötchen an der Spitze breit, am Grd. kaum geflügelt; ⊙; VI–VII. *s*, seit langem bei Boppard/Rhein eingebürgert. (Heimat: S- u. SO-Eur.) (= *I. intermedia* GUERS.) *Mittlere Sch.*, **I. linifólia** L.

4(1). Stg. bis zum Bltnstand holzig u. zerbrechlich; Blätt. breit-spatelf.; Frstand kurz, armbltg.; Fr. breiter als lg., fast ungeflügelt; ♃; V–VII. (Heimat: Süditalien bis Tunesien). Beliebte Zierpfl., *s* verwild. *Immerblütige Sch.*, **I. semperflórens** L.

— Stg. krautig, biegsam; Frstand. reichfrüchtig, sich später verlängernd; Fr. eher länger als breit, an der Spitze tief ausgerandet; ♃; VII–VIII. (Heimat: Mittelmeergebiet). Beliebte Zierpfl.; *s* verwild. *Immergrüne Sch.*, **I. sempervírens** L.

41. Biscutélla L., *Brillenschötchen*
Grdblätt. rosettig gehäuft, keilf.-längl., ganzrandig bis fiedspaltig, borstig bewimpert bis kahl; Kblätt. gelbl.grün; Blkrblätt. hellgelb; Schötchen brillenf. *(701);* ♃; V–VII. Sonnige, trockene Weiden, Felsen, nur auf Kalk, bis in die alp. Reg.; Alp. *v,* sonst *z* in S-, M-Dt, im N bis NrWe u. Be. Formenreich. Ⓖ **B. laevigáta** L.

42. Lepídium L., *Kresse*

1. Blkrblätt. blaßgelb; Schötchen rundl.; Grdblätt. doppelt-fiedteilig, 6–10 cm lg.; ob. Stgblätt. ungeteilt, ganzrandig, m. tief herzf. Grd. stgumfassend; ⨀; V–VI. Salzwiesen, Wege, Schutt; aus O-Eur. u. Asien eingeschleppt, *s.* *Durchwachsenblättrige K.,* **L. perfoliátum** L.

— Blkrblätt. weiß od. fehlend; Stbblätt. 2, 4 od. 6 . . . . . **2**

2. Ob. Stgblätt. nicht stgumfassend **4**

— Ob. Stgblätt. m. herz-pfeilf. Grd. stgumfassend od. am Grd. pfeilf. geöhrt **3**

3. Pfl. ♃, m. dicker, vielköpfiger Wurzel, an ihrem ob. Ende faserige Hülle toter Blätt.; Grdblätt. leierf.-fiedteilig; Stg. u. Bltnstiele von absthd. Haaren flaumig bis filzig; Fr. an der Basis schmal, dann plötzl. breit geflügelt; ♃; V–VI. Weg- u. Akkerränder; aus SW-Eur. eingeschleppt; *s,* Sb, Dt, Ho, Be, Da. (= *L. smithii* Hook.) *Verschiedenblättrige K.,* **L. heterophýllum** Benth.

— Pfl. ⨀–⊙; Wurzel spindelig, 2köpfig, ohne Faserschopf; Grdblätt. (z. Bltzt. meist abgestorben) leierf.-fiedteilig; Stg. flaumig-filzig; Fr. zur Spitze hin breit geflügelt, schuppig rauh; ⨀–⊙; V–VI. Wege, Dämme, Schuttplätze; *v.* *Feld-K.,* **L. campéstre** (L.) R. Br.

4(2). Schötchen an der Spitze deutl. ausgerandet; Grdblätt. fiedspaltig **6**

— Schötchen spitz od. abgerundet, aber nicht ausgerandet **5**

5. Schötchen kahl, eif., durch den kurzen Gr. bespitzt *(711);* Kblätt. von der Mitte an weiß berandet; Grdblätt. lanzettl.-spatelf., kerbig gezähnt; Stgblätt. lineal-lanzettl.; ♃; VI–VII. Felsen, Hügel des Mittelrheingebietes; *s.* *Grasblättrige K.,* **L. graminifólium** L.

— Schötchen jung weichhaarig, breit-elliptisch bis kreisrund; Kblätt. fast vom Grd. an breit weiß berandet; Grdblätt. meist eif.; mittl. u. ob. Stgblätt. eif.-eilanzettl.; Pfl. von scharfem Geschmack; ♃; VI–VII. Wild nur an salzhaltigen Orten der Nord- u. Ostseeküste u. des Binnenlands, *s.* *Breitblättrige K., Pfefferkraut,* **L. latifólium** L.

6(4). Schötchen 5–6 mm lg., rundl.-eif., an der Spitze breit geflügelt, ihre Stiele aufrecht; Pfl. kahl, bläul. bereift; ⨀; V–VII. Als Salatpfl. kultiviert u. verwild. (Heimat: Mittelmeergebiet) *Garten-K.,* **L. satívum** L.

— Schötchen bis 4 mm lg., auf absthd. Stielen; Pfl. nicht bläul. bereift **7**

7. Blkrblätt. vorhanden, den K. überragend; Schötchen fast kreisrund, an der Spitze etwas geflügelt *(712);* Grdblätt. leierf.-fiedteilig, borstig behaart; Stgblätt. längl.-lanzettl., scharf gezähnt; ⨀; V–VIII. Aus N-Amerika eingeschleppt u. *z,* im S *v* eingebürgert. *Virginische K.,* **L. virgínicum** L.

— Blkrblätt. fehlend od. verkümmert **8**

8. Pfl. stinkend; Frtraube locker; Schötchen eif., bis 2,5 mm lg., an der Spitze geflügelt; Grdblätt. doppelt fiedteilig, ob. Stgblätt. lineal, ganzrandig; ⨀; V–VII. Schuttplätze, Wege; *v.* *Stink-K.,* **L. ruderále** L.

— Pfl. nicht stinkend **9**

9. Ob. Stgblätt. lineal-lanzettl., entfernt gezähnt, 3nervig, am Grd. lg. bewimpert; Frtraube dicht; Schötchen verkehrt-eif. bis kreisrund, tief, aber schmal ausgerandet, m. schmalen Flügeln *(713);* ⊙; V–VII. Aus N-Am. eingeschleppt, *s* stellenw. eingebürgert. (= *L. apetalum* auct.) *Dichtblütige K.,* **L. densiflórum** Schrad.

— Ob. Stgblätt. lineal, ganzrandig, 1nervig, am Rand papillös; Frstiele sehr dünn, waagrecht absthd.; ⊙–⊙; V–VII. Aus N-Am. eingeschleppt u. an trockenen, sandigen Ruderalstellen stellenw. eingebürgert. *Verkannte K.,* **L. negléctum** Thell.

43. Cardária Desv., *Pfeilkresse*

Ob. Stgblätt. m. herz-pfeilf. Grd. stgumfassend, entfernt buchtig gezähnt; Schötchen herzf., m. langem Gr. *(694);* ♃; V–VII. Wegränder, Bahndämme, Schutthalden; *v.* (= *Lepidium draba* L.) **C. drába** (L.) Desv.

44. Corónopus Zinn, *Krähenfuß*

1. Bltnstiele kürzer als die Bltn. u. Fr.; Blkrblätt. weiß, länger als der K.; Schötchen am Rand scharfzackig, durch den Gr. bespitzt *(714);* Stg. niederlgd. od. aufstgd.; ⊙; V–VIII. Auf lehmigen Wegen u. Dorfstraßen, oft an salz- u. ammoniakhaltigen Stellen; *z.* (= *C. procumbens* Gil.; = *C. ruellii* All.) *Niederliegender K.,* **C. squamátus** (Forsk.) Asch.

— Bltnstiele länger als Bltn. u. Fr.; Blkrblätt. kürzer als der K. od. fehlend; Fr. an der Spitze ausgerandet, ohne Gr. u. Randzacken *(715);* Stg. aufrecht, selten niederlgd.; Pfl. stinkend; ⊙; VI–VII. Aus N-Am. eingeschleppt; *s* an Wegen. *Zweiknotiger K.,* **C. dídymus** (L.) Sm.

45. Subulária L., *Pfriemenkresse (187)*

Bltn. sehr klein, weiß; Schötchen elliptisch, 3–5 mm lg.; ⊙; VI–VII. Untergetaucht od. am Rand von Fischteichen; *s* Vog., Be (Antwerpen, Brüssel), früher auch Ba (Dinkelsbühl, Erlangen), SH u. NS (Braunschweig). **S. aquática** L.

46. Conríngia Fabr., *Ackerkohl*

Blkrblätt. 10–13 mm lg., gelbl.- od. grünl.-weiß; Schoten 4kantig; Gr. 1,5–2 mm lg.; Frklappen 1nervig; Pfl. kahl; Blätt. bereift, ganzrandig; ⊙; V–VII. Lehm- od. Kalkäkker; *s* in S-, M-Dt u. Au. [= *Erysimum orientale* (L.) R. Br.] **C. orientális** (L.) Dum.

47. Diplotáxis DC., *Doppelsame, Doppelrauke*

1. Stg. hoch hinauf beblättert, am Grd. etwas verholzend; Blätt. bläul.grün, tief fiedteilig, m. 3–5 Paar linealer Fied.; Bltnstiel so lg. od. länger als die Bltn.; Schoten 2,5–3,5 cm lg., über dem Kelchansatz kurz gestielt; ♃; V–IX. Unbebaute Orte; *z* (aus dem Mittelmeergebiet eingeschleppt). *Schmalblättriger D.,* **D. tenuifólia** (L.) DC.

— Stg. nur am Grd. beblättert od. m. 1–2 Stgblätt.; Blätt. fiedspaltig, m. breiten Abschnitten **2**

2. Bltnstiele etwa so lg. wie die sich öffnenden Bltn.; Blkrblätt. zitronengelb, rundl.-verkehrt-eif., plötzl. in den Nagel verschmälert, 6–8 mm lg.; ⊙–⊙; VI–IX. Schutt, Weinberge, Äcker, Mauern; *z,* im 18. Jh. aus dem Nordmediterrangebiet eingeschleppt. *Mauer-D.,* **D. murális** (L.) DC.

— Bltnstiele kürzer als die sich öffnenden Bltn.; Blkrblätt. blaßgelb, längl.-spatelf., allmähl. in den Nagel verschmälert, ca. 4 mm lg.; Stg. kaum verzweigt u. beblättert; ⊙; VI–IX. Äcker, Weinberge, Schuttplätze; nur ob. u. mittl. Rheingebiet, sonst verschleppt. (Heimat: Mittelmeergebiet) *Ruten-D.,* **D. vimínea** (L.) DC.

48. Brássica L., *Kohl*

1. Ob. Stgblätt. am Grd. abgerundet od. herzf.-stgumfassend, sitzend . . 4
— Ob. Stgblätt. gestielt od. am Grd. wenigstens stielart. verschmälert . . 2
2. Schoten aufrecht, dem Stg. zur Frzt. dicht angedrückt, 15–20 mm lg., kurz geschnäbelt, 4kantig; alle Blätt. gestielt, leierf.-fiedspaltig; Bltn. goldgelb; K. aufrecht-absthd.; ⨀; VI–IX. Als alte Kulturpfl. verwild. u. eingebürgert im Rhein-, Mosel-, Neckar-, Weser-, Elbe- u. Unstruttal. *Senf-K., Schwarzer Senf,* **B. nígra** (L.) Koch
— Schoten dem Stg. nicht dicht angedrückt 3
3. Schoten über dem K-Ansatz deutl. gestielt *(728);* Frschnabel höchstens 4–6 mm lg.; ob.Stgblätt. blaugrün, kahl; ⊙–♃; VI–IX. Schuttplätze, Wegränder; *z* aus SO- u. O-Eur. eingeschleppt. *Langrispiger K.,* **B. elongáta** Ehrh.
— Schoten über dem K-Ansatz nicht gestielt; Schnabel 6–12 mm lg.; Blätt. blaugrün; ⨀; VI–IX. Schuttplätze, Wegränder; *s* aus S- u. SO-Asien eingeschleppt. *Ruten-K., Sarepta-Senf,* **B. júncea** (L.) Čzern.

4(1). Bltn. schwefelgelb; Kblätt. u. alle Stbblätt. aufrecht; ⨀; V–IX. Alte Kulturpfl., wild im Gebiet nur auf Helgoland. *Gemüse-Kohl,* **B. olerácea** L.

In zahlr. Kulturformen angepflanzt:
Markstammkohl, Grün- od. Krauskohl, Rosenkohl, Wirsingkohl, Kopfkohl (Weiß- u. Rotkohl), Blumenkohl, Broccoli, Kohlrabi.

— Bltn. goldgelb; Kblätt. u. kürzere Stbblätt. absthd. 5
5. Grdblätt. grasgrün u. borstig-rauh; Stgblätt. blaugrün bereift; Bltnknospen von den geöffneten Bltn. überragt; ⨀–⊙; IV–IX. Aus dem Mittelmeergebiet stammende Kulturpfl. (= *B. campestris* L.) *Rübsen, Stoppelrübe,* **B. rápa** L.
a. Wurzel verdickt; Gemüsepfl. *Wasser-, Stoppelrübe,* ssp. **rápa**
— Wurzel nicht verdickt; Ölpfl. *Rübsen,* ssp. **oleífera** (Dc.) Mtzg.
— Alle Blätt. blaugrün bereift, kahl; Bltnknospen die geöffneten Bltn. überragend; ⨀–⊙; IV–IX. Alte Kulturpfl. *Raps, Kohlrübe,* **B. nápus** L.
a. Wurzel rübenf. verdickt, oben m. Blattschopf. Gemüsepfl. *Kohlrübe, Steckrübe, Wruke,* ssp. **rapífera** Mtzg.
— Wurzel nicht verdickt; Stg. verlängert, Blätt. deshalb nicht in Rosette. Ölpfl. *Raps,* ssp. **nápus**

B. pekinénsis (Lour.) Rupr., Pekingkohl: Gemüsepfl. aus O-Asien: Pfl. längl., gelbgrüne Köpfe bildend.

49. Sinápis L., *Senf*

1. Ob. Stgblätt. sitzend, ± borstig behaart, meist ungeteilt, ungleich grob gezähnt; Blkrblätt. schwefelgelb; Schoten meist kahl; Schnabel fast ⅓ so lg. wie die Schote; Samen schwarz; ⨀; VI–IX. Ackerunkraut; *g.* *Acker-S.,* **S. arvénsis** L.
— Ob. Stgblätt. gestielt, fiedspaltig bis gefied.; Blkrblätt. hellgelb; Schote borstig behaart, ihr Schnabel zusammengedrückt, so lg. od. länger als diese *(681);* Samen gelbl.; ⨀; VI–IX. Aus dem Mittelmeergebiet stammende u. zuw. verwild. Kulturpfl. *Weißer S.,* **S. álba** L.
a. Pfl. steifhaarig; Blätt. leierf.-fiedteilig, m. breiten, ungleich gekerbten Abschnitten. *Kultur-Senf,* ssp. **álba**
— Pfl. verkahlend; Blätt. tief fiedteilig, m. grob gezähnten od. fiedspaltigen Abschnitten. Unkraut, vorwgd. in Leinfeldern; *s* eingeschleppt. (= *S. dissecta* Lag.) *Schlitzblatt-S.,* ssp. **dissécta** (Lag.) Bonn.

50. Erúca Mill., *Senfrauke*

Stg. aufrecht, ± ästig, kantig gestreift; Pfl. rauhflaumig bis kahl, von unangenehmem Geruch; Blätt. leierf.-fiedteilig; ⨀–⊙; V–VI. Wege, Mauern, Äcker, *s;* alte Kulturpfl. aus dem Mittelmeergebiet. [= *E. vesicaria* (L.) Cav. ssp. *sativa* (Mill.) Thell.] **E. sativa** Mill.

51. Erucástrum C. PRESL, *Hundsrauke*

1. Unt. Bltn. in den Achseln von Tragblätt.; Kblätt. fast aufrecht; Blkrblätt. weißl.gelb, grünl. geadert, seltener goldgelb, 7–8 mm lg.; Schote sichelf. gebogen, über dem K.-Ansatz nicht gestielt; ⊙–⊙; V–IX. Flußufer, Äcker, *v* in Alp. von Ti, Vb, Rheintal u. Nebentäler (bis Wesel), Donautal, *z* in He, Th u. Au, *s* im N. (= *E. pollichii* SCH. & SP.) *Französische H.,* **E. gállicum** (WILLD.) O. E. SCH.

— Alle Bltn. ohne Tragblätt.; Kblätt. waagrecht absthd.; Blkrblätt. lebhaft gelb, 8–12 mm lg.; Schoten meist gerade, über dem K.-Ansatz gestielt; ⊙; V–VIII. Äcker, Schutt; ursprüngl. nur im Bodensee- u. Rheingebiet, Ti u. Vb, *z; s* im N. [= *E. obtusangulum* (SCHLEICH.) RCHB.] *Stumpfkantige H.,* **E. nasturtiifólium** (POIR.) O. E. SCH.

52. Coincya ROUY (= *Brassicella* FOURR.), *Lacksenf*

Grdblätt. u. unt. Stgblätt. leierf.-fied.teilig, untersts. borstig; Kblätt. aufrecht, röhrig zusammenschließend; Blkrblätt. schwefelgelb, grünl. geadert; Schoten waagrecht absthd., 4–7 cm lg., m. langem Schnabel; ⊙; VI–X. Äcker, Weinberge; nur im Rheintal u. Nebentäler, St. [= *Brassicella erucastrum* O. E. SCH.; = *Rhynchosinapis cheiranthos* (VILL.) DANDY] **C. cheiránthos** (VILL.) GREUT. & BURDET

53. Hirschféldia MOENCH, *Bastardsenf, Rempe*

Grdblätt. dicht grauflaumig, leierf.-fiedspaltig; Bltnstand später rutenart. verlängert; Bltn. blaßgelb; Frstiel z. Reifezt. keulig verdickt; Schoten dem Stg. anlgd. *(709),* 8–12 mm lg.; ⊙; VI. Äcker, Schutt; eingeschleppt, *s.* (Heimat: Mittelmeergebiet) [= *Erucastrum incanum* (L.) KOCH; = *Sinapis incana* JUSL.] **H. incána** (L.) LAGRÈZE-FOSSAT

54. Cákile MILL., *Meersenf*

Blätt. dickl., fleischig, ungeteilt bis doppelt-fied.spaltig; Bltn. lila bis rosa; Fr. 2gliedrig, ob. Glied dolchf. *(684b);* ⊙; VII–X. Küste der Nord- u. Ostsee, *v.* **C. marítima** SCOP.

a. Unt. Glied gewöhnl. an der Spitze m. 2 rückw. gerichteten Auswüchsen *(729a);* nur Nordseeküste, *v.* ssp. **marítima**

— Unt. Glied gewöhnl. ohne Auswüchse *(729b)* od. nur m. sehr kurzen Anhängseln; nur Ostseeküste, *v.* ssp. **báltica** (JORD. ex ROUY & FOUC.) HYL.

55. Rapístrum CR., *Rapsdotter*

1. Ob. Schotenglied tief längsfurchig gerippt, m. kurzem Gr. *(704);* Grdblätt. fiedspaltig, steifhaarig-zottig; ⊙ bis mehrjährig; VI–VIII. Sonnige Hügel u. Raine; Th, SaAn, *z,* sonst verschleppt. *Ausdauernder R.,* **R. perénne** (L.) ALL.

— Ob. Schotenglied eif. bis kugelig, glatt od. stark gerippt, behaart od. kahl, m. längerem, fädl. Gr. *(710);* Grdblätt. leierf. gefied., zerstreut borstig; ⊙; V–IX. Äcker u. Brachen; im Gebiet nur aus Vorder-Asien eingeschleppt, bes. Oberrhein u. Main, Au. *Runzliger R.,* **R. rugósum** (L.) ALL.

56. Crámbe L., *Meerkohl*

Stg. u. Bltnstand sparrig-ästig; Bltn. weiß; die längeren Stbblätt. im ob. Drittel m. 1 Zahn *(699);* Fr. 2gliedrig, das unt. Glied stielf., das ob. kugelig u. 1samig *(700);* ♃; V–VII. Meeresstrand, Dünen; *s* nur Ostseeküste, östl. bis Rügen u. Dänische Inseln. Ⓖ **C. marítima** L.

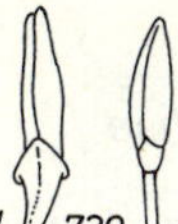

a 729 b

730

731

57. Calepína ADANS., *Wendich*
Grdblätt. rosettig, grob gebuchtet bis leierf.-fiedspaltig; ob. Stgblätt. ungeteilt, m. pfeilf. Grd. stgumfassend; Blkrblätt. klein, weiß, etwas ungleich groß; ⊙; V–VI. Brachfelder, aus dem Mittelmeergebiet eingeschleppt; *s* im Rheintal u. Nebentäler (Mainz bis Köln), Pf. [= *C. corvinii* (ALL.) DESV.] **C. irreguláris** (ASSO) THELL.

58. Ráphanus L., *Rettich, Hederich*

1. Schoten lg., perlschnurart. eingeschnürt *(677)*, bei Reife in 1samige Glieder zerfallend; K. aufrecht; Blkrblätt. hellgelb od. weißviolett geadert; ⊙; VI–VIII. Ackerunkraut; *g.* *Hederich,* **R. raphanístrum** L.
a. Wurzel spindelig-dünn; Pfl. ⊙. Als Unkraut *g.* ssp. **raphanístrum**
— Wurzel rübenf.; Pfl. ♃; Grdblätt. rosettig; Blkrblätt. kaum geadert. Küstengebiet von Ho. ssp. **marítimus** (SM.) THELL.

— Schoten kurz, nicht perlschnurart. gegliedert, gedunsen; Bltn. weiß od. violett; ⊙–⚇; V–VI. Kulturpfl. aus Vorderasien. *Garten-R.,* **R. satívus** L.
Als Gemüsepfl. (*Rettich* u. *Radieschen*) in mehreren Varietäten kultiviert, auch als Ölpfl. (var. **oleifórmis** PERS.).

Familie: **Resedáceae,** *Resedagewächse*

Kräuter od. Stauden; Blätt. wechselst., einfach od. geteilt, m. kleinen, drüsenähnl. Nebenblätt.; Bltn. zygomorph; K.- u. Blkrblätt. 4–6; Stbblätt. 3 bis zahlr. *(730);* Frkn. oberst. 2–6blättrig, aber 1fächrig u. im reifen Zustand an der Spitze meist offen *(731);* Kapselfr.

Reséda L., *Wau, Resede*

1. Blätt. wenigstens teilweise ungeteilt **3**
— Alle Blätt. fiedspaltig **2**
2. Bltn. gelb; ⚇; VII–VIII. Wegraine, Steinbrüche, Schuttplätze; *v.* *Gelber W.,* **R. lútea** L.
— Bltn. weiß, wohlriechend; ⚇–♃; VII–X. Zierpfl.; *s* verwild. (Heimat: Mittelmeergebiet) *Weißer W.,* **R. álba** L.
3(1). Bltnstiel kaum 2,5 mm lg.; alle Blätt. ungeteilt; Bltn. 4teilig; Pfl. 60–120 cm hoch; ⚇; VI–IX. Wegränder, Schuttplätze: *v:* alte Färbepfl., aus früheren Kulturen verwild. u. eingebürgert. (Heimat: SO-Eur. u. W-Asien) *Färber-W.,* **R. lutéola** L.
— Bltnstiele länger als 5 mm **4**
4. Blätt. spatelig; Kblätt. zur Frzt. stark vergrößert; Frkapsel 13–14 mm lg.; ⊙–⚇; VI–IX. Wegränder, Weinberge, *s,* Sb, St. *Rapunzel-W.,* **R. phyteúma** L.
— Blätt. längl.-lanzettl. od. eif.; Bltn. wohlriechend; Frkapsel 9–11 mm lg.; ⊙–♃; VII–X. Gartenzierpfl., *s* verwild. (Heimat: N-Afr.) *Wohlriechender W.,* **R. odoráta** L.

Ordnung: **Salicáles**

Familie: **Salicáceae,** *Weidengewächse*

Holzpfl.; Blätt. wechselst., ungeteilt, m. Nebenblätt., diese zuw. klein u. früh abfallend; Bltn. eingschl. u. 2häusig, in Kätzchen; Kapselfr.; Samen m. Haarschopf.

1. Kätzchenschuppen[1] ganzrandig *(172);* Bltn. m. 1–2 Nektardrüsen; Kätzchen steif aufrecht; Blätt. lanzettl., lineal, elliptisch (niemals 3eckig, herzf.); Winterknospen stets nur m. einer Schuppe *(276a)* . . . . **Salix,** 363

— Kätzchenschuppen zerschlitzt; Drüsenbecher schräg abgeschnitten *(168);* Kätzchen schlaff, hängend; Blätt. 3eckig, herzf. od. eif.; Winterknospen m. mehreren Schuppen *(277a)* . . . . **Populus,** 362

1. **Pópulus** L., *Pappel*

1. Blätt. untersts. rein grün, kahl **5**

— Blätt. untersts. weiß od. grünl. weiß, filzig **2**

2. Kätzchenschuppen weiß-zottig bewimpert *(168);* Blattstiele seitl. stark zusammengedrückt; Blätt. (wenigstens in der Jugend) weiß-filzig **4**

— Kätzchenschuppen kahl; Blattstiele rundl.; Blätt. kahl od. wenig behaart **3**

3. Blätt. kahl, eif., am Grd. abgerundet od. schwach herzf., länger als breit; junge Äste nur wenig kantig; Knospen duftend; ♃; IV. (Heimat: N-Am.) Zierbaum. (= *P. tacamahacca* Mill.) *Balsam-P.,* **P. balsamífera** L.

— Blätt. nebst ihren Stielen kurzhaarig; Spreite breit 3eckig, breiter als lg.; jüngere Zweige oft etwas kantig; ♃; IV. (Heimat: N-Am.) Zierbaum. (= *P. candicans* auct.) *Ontario-P.,* **P.** x **gileadénsis** Rouleau

4(2). Spreitenunterseite bleibend dicht filzig, buchtig gelappt *(732);* Stamm hellweißgrau berindet; Kätzchenschuppen nicht od. nur schwach eingeschnitten, wenig bewimpert; ♃; III–IV. Auwälder; wild nur in S-Dt, Au u. Odergebiet; auch angepflanzt u. verwild. *Silber-P.,* **P. álba** L.

— Spreitenunterseite schwach graufilzig; Kätzchenschuppen tief eingeschnitten, stärker bewimpert; ♃; IV. Auwälder; *z.* (= Bastard *P. alba* x *P. tremula*) *Grau-P.,* **P.** x **canéscens** (Ait.) Sm.

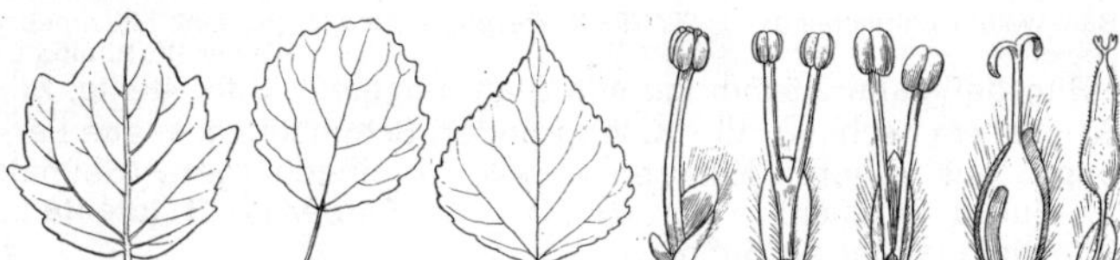

732 733 734 735 736 737 738 739

[1] Kätzchenschuppen sind die Tragblätt., in deren Achseln die Frkn. od. Stbblätt. u. außerdem nektarabsondernde Drüsen stehen.

5(1). Blätt. fast kreisrund *(733)*, lg. gestielt, hängend; Rinde gelbgrau; Kätzchenschuppen am Rand stark behaart; ♃; II–IV. Wälder; *v.* *Espe, Zitter-P.*, **P. trémula** L.

— Blätt. im Umriß mehr 3eckig od. schief 4eckig *(734);* Kätzchenschuppen kahl od. wenig behaart **6**

6. Junge Zweige hellgelb, rundl.; Stamm schwarzgrau berindet, früh rissig; Blätt. abgerundet *(734);* Narben 2; ♃; III–IV. Wälder, Ufer; *z;* häufig gepflanzt. *Schwarz-P.*, **P. nígra** L.

a. Krone breit-ausladend. ssp. **nígra**

b. Krone säulen- bis pyramidenf.; Äste steil aufstrebend. Als Alleebaum häufig angepflanzt. [= ssp. *italica* (Duroi) Moench] ssp. **pyramidális** (Roz.) Čel.

— Junge Äste u. Zweige mehr grau; Borke alter Stämme eichenähnl. zerrissen; Narben 2–4; ♃; IV–V. (Heimat: N-Am.) Forst- u. Zierbaum. (= *P. deltoides* x *P. nigra*) *Kanadische P.*, **P.** x **canadénsis** Moench

2. Sálix L., *Weide*

Da die Weiden zweihäusig sind und die Blütenkätzchen z. T. vor den Blätt. erscheinen, ist zum Bestimmen eine der drei folgenden Tabellen zu benutzen, in denen nur die **wildwachsenden** Arten aufgenommen sind.

Die Blütezeiten, Verbreitungs- u. Standortangaben sind der Tabelle I zu entnehmen.

I. Tabelle zum Bestimmen nach Zweigen mit ♂ Kätzchen

1. Bltn. m. (4–)5(–12) Stbblätt.; ihre Tragblätt. außen am Grd. stark behaart, gegen die Spitze verkahlend; Kätzchen m. den Blätt. erscheinend, hgd., ca. 5 cm lg., gestielt; Blätt. ca. 6 cm lg., 2,5 cm breit, fein gesägt, oberssts. dk.grün-glzd., unterssts. hellgrün; junge Zweige dk.rot bis braun; Strauch; ♃; V–VI. Feuchte Wälder, Sümpfe, Moore, Flußufer; *z, f* in He, auch als Zierstrauch. *Lorbeer-W.*, **S. pentándra** L.

— Bltn. m. 2 od. 3 Stbblätt **2**

2. Bltn. m. 3 Stbblätt.; Filamente am Grd. braun behaart; Kätzchen aufrecht, schlank, zylindrisch, bis 8 cm lg., vor od. m. den Blätt. erscheinend; diese längl. bis lanzettl., 5–13 cm lg. u. 2–3 cm breit, kurz zugespitzt, dicht drüsig gesägt *(753)*, beiderssts. grün od. unterssts. blaugrün bis weißlich [= ssp. **discolor** (Wimm. & Grab.) Arcang.], anfangs seidenhaarig; Nebenblätt. bleibend, nieren- od. halbherzf.; Rinde älterer Zweige sich in Fetzen ablösend; junge Rinde zimtbraun; ♃; IV–V. Gräben, Flußufer; *v,* auch kultiviert, für Flechtwerk. (= *S. amygdalina* L.) *Mandel-W.*, **S. triándra** L.

— Bltn. m. 2 Stbblätt. **3**

3. Stbblätt. am Grd. *(736)* od. bis zu den Staubbouteln *(735)* miteinander verwachsen **37**

— Stbblätt. bis zum Grd. getrennt *(737)* **4**

4. Tragblätt. der Bltn. zweifarbig, am Grd. hell, an der Spitze dk.braun bis rot **12**

— Tragblätt. der Bltn. einfarbig; gelbl.grün od. rötl. **5**

5. Zwerg-(Spalier-)Sträucher, m. niederlgd., dem Boden angepreßten Ästen od. niedrige Sträucher der höh. Gebirge, z. T. m. unterirdischen Ausläufern **8**

— Höh. Bäume od. ± aufrechte Sträucher **6**

6. Kätzchen fast sitzend, zylindrisch, dichtbltg., vor od. m. den Blätt. erscheinend; Tragblätt. grünl. (selten 2farbig), am Rand behaart; Blätt. schmal-lineal, bis 12 cm lg. u. 2 cm breit, am Rand umgerollt *(756),* im Alter unterst s. dicht weißgrau-filzig; ♃; IV–V. Im Flußkies der Alp. u. Vorland *v; s* am Oberrhein, Bayrw. (= *S. incana* Schr.)

Lavendel-W., **S. eleágnos** Scop.

— Kätzchen auf kurzen od. längeren, beblätterten Stielen **7**

7. Kätzchen kurz gestielt, aufrecht, dick-walzlich, bis 5 cm lg., vor dem Aufblühen vom weißen Haarfilz der Tragblätt. eingehüllt; Blätt. gestielt, lanzettl., bis 16 cm lg., am Rand knorpelig gesägt *(754),* kahl; Zweige leicht brechend, gelb od. braun; bis 15 m hoher Baum; ♃; III–IV. Ufer, feuchte Wälder, vor allem in den großen Stromtälern, *v;* auch kultiviert. *Bruch-W.,* **S. frágilis** L.

Hierher auch: **S.** x **rúbens** Schr. (Bastard *S. fragilis* x *S. alba*). Unterscheidet sich von voriger durch die in der Jugend seidig behaarten u. schärfer gezähnten Blätt.; *v.*

— Kätzchen länger gestielt, aufrecht, schlank, zylindrisch, bis 7 cm lg.; Blätt. der Kätzchenstiele klein, gesägt od. ganzrandig; Tragblätt. der Bltn. nur am Rand u. Grd. stärker behaart; Blätt. lanzettl., beidendig verschmälert, bis 10 cm lg. u. 2 cm breit, am Rand klein drüsig gesägt *(763),* jung beiderst s. seidenhaarig, im Alter oberst s. verkahlend. Bis 20 m hoher Baum, m. rissiger Borke u. aufrechten Ästen; ♃; IV–V. Ufer, Waldränder, Wiesen; *v.*

Silber-W., **S. álba** L.

a. Zweige gelbbraun bis braun, aufrecht absthd. ssp. **álba**
— Zweige hellgelb bis rot, oft hgd. *Dotter-W.,* ssp. **vitellína** (L.) Arcang.

8(5). Kätzchen zylindrisch, reich- u. dichtbltg. **11**

— Kätzchen kugelig od. kurz-zylindrisch, wenig- u. lockerbltg. **9**

9. Blätt. fast kreisrund, 8–20 mm lg., am Rand kerbig gesägt *(740),* unterst s. glzd.-grün, netzadrig, an jedem Trieb nur 2; Astsystem ausläuferart. unterirdisch; Kätzchen kugelig, bis 6 mm lg., 4–12bltg.; Stbfäden kahl; Tragblätt. verkehrt-eif., kahl od. an der Spitze etwas bewimpert; ♃; VI–VIII. Feuchte Rasen, Schneetälchen; Alp. (1800–3300 m) *v, s* im Riesengeb.; Mähr. Gesenke.

[G] *Kraut-W.,* **S. herbácea** L.

— Blätt. längl.-verkehrt-eif., meist ganzrandig; Sproßsystem nicht in die Erde verlagert, sondern dem Boden angedrückt (Spaliersträucher) **10**

10. Kätzchen m. den Blätt. erscheinend, m. 10 u. mehr dichtsthd. Bltn.; Blätt. 10–20 mm lg., 5–8 mm breit, an der Spitze abgestutzt od. ausgerandet *(742);* Spaliersträucher, m. kriechend aufstrebenden, bis 30 cm langen Ästen; ♃; VI–VII. Felsen, Geröll, Schneetälchen; kalkliebend; Alp. *v.* [G] *Stumpfblättrige W.,* **S. retúsa** L.

— Kätzchen nach der Laubentfaltung erscheinend, nur bis 5 mm lg., m. 5–7 Bltn.; Blätt. 4–8 mm lg., ca. 3 mm breit, ± spitzl. *(743);* Spaliersträucher m. stark verkürzten Ästen; ♃; VII–VIII. Alpine Rasen, Geröll, kalkliebend; Alp. *v.*

[G] *Quendelblättrige W.,* **S. serpyllifólia** Scop.

11(8). Kätzchen schlank, bis 3,5 cm lg., m. ca. 2 cm langem, hellgrau behaartem Stiel; Filamente in unt. Hälfte behaart; Stbbeutel braun; Blätt. gestielt, elliptisch bis kreisf., m. unterst s. stark hervortreten-

dem Adernetz *(741);* niederlgd. Spalierstrauch m. sparrigen, gelbbraunen Ästen; ♃; VII–VIII. Feuchte Felshänge, Geröll, Schneetälchen; kalkliebend; nur Alp. oberhalb der Baumgrenze; *z.*
[G] *Netz-W.,* **S. reticuláta** L.

— Kätzchen dick, bis 5 cm lg., dichtbltg., kurz gestielt; Stiel m. kleinen, verkehrt-eif., gesägten Blätt.; Tragblatt dünn, weiß gebärtet; Filamente am Grd. behaart; Blätt. gestielt, breit verkehrt-eif., bis 4 cm lg., kurz bespitzt, am Rand kerbig gesägt *(751),* obersts. dk.grün, lackartig glzd., untersts. bläul.weiß. Bis 1,5 m hoher Strauch m. kurzen, dicken Ästen; ♃; V–VI. Hochstaudenfluren, Geröllhänge der Krummholzregion; kalkliebend; *v* in Alp., Vorland *s.* [G] *Kahle W.,* **S. glábra** Scop.

12(4). Kätzchen gleichzeitig m. den Blätt. erscheinend . . . **30**

— Kätzchen vor den Blätt. erscheinend **13**

13. Niedrige bis mittelhohe Sträucher (bis 2 m), m. meist knorrigen Ästen **16**

— Bäume od. größere Sträucher [3–6(–10) m], m. dünnen, schlanken Zweigen **14**

14. Kätzchen vor dem Aufblühen seidig-zottig, ca. 3 cm lg., dichtbltg.; junge Triebe grünl. bis bräunl., zäh, behaart, im Alter kahl; Blätt. schmal-lanzettl., bis 15 cm lg., 1,5 cm breit, zugespitzt, ganzrandig *(755),* obersts. trübgrün, untersts. silbrig behaart; ♃; III–IV. Ufer, Gebüsch; *v;* im S nur in den großen Flußtälern; häufig als „Kopfweide" für Flechtwerk kultiviert. *Korb-W.,* **S. viminális** L.

— Kätzchen vor der Blüte in dichten, weißen Pelz eingehüllt; junge Zweige purpurrot od. grün, hechtblau bereift . . . **15**

15. Kätzchen sitzend, dick-zylindrisch, bis 4 cm lg. u. 1,7 cm dick; Blätt. lanzettl., bis 10 cm lg. u. 2,5 cm breit *(758),* in der Jugend seidig behaart, später kahl, obersts. dk.grün, glzd., untersts. matt; Zweige dick, gelb od. bräunl., brüchig, in der Jugend zuw. behaart. Bis 10 m hoher Baum; ♃; III–IV. Flußufer, Auwälder, Strand; Alp. u. Vorland *v, z* Sudeten, BW (Rheintal), Me (Küste u. Rügen); auch als Zierstrauch. (Heimat: N-Eur.) [G] *Reif-W.,* **S. daphnoídes** Vill.

— Kätzchen kurz-zylindrisch bis eif.; Blätt. lanzettl., bis 12 cm lg., scharf zugespitzt, am Rand knorpelig gesägt, obersts. dk.grün, untersts. heller; Zweige dünn, zäh, biegsam, dk.- od. rotbraun; ♃; III–IV. Dünen, Ufer, Bahndämme *z;* Kulturpfl., wohl nur verwild. (Heimat: O-Eur.) *Spitzblättrige W.,* **S. acutifólia** Willd.

16(13). Junge Zweige kahl od. nur flaumig behaart **18**

— Junge Zweige gleich den Knospen grausamtig bis schwarzfilzig; Holz der älteren Triebe nach Entfernen der Rinde m. Striemen (d.s. hervortretende Längsstreifen des Holzes) **17**

17. Blätt. lanzettl., bis 13 cm lg., in der Mitte am breitesten, in lg. Spitze auslaufend, bereift, meist kahl, m. zurückgerolltem, undeutl. wellig gezähntem Rand; Äste dick, schmutzigbraun bis schwarzfilzig; 4–6 m hoher Strauch; ♃; III–IV. Flußufer; wild wohl nur im NO u. O (Me, W- u. OPr., Schl), sonst als Flechtweide kultiviert u. verwild. *Filzästige W.,* **S. dasýclados** Wimm.

— Blätt. lanzettl. bis verkehrt-eif., bis 10,5 cm lg., oberhalb der Mitte am breitesten, kurz bespitzt, am Rand umgebogen u. unregelmäßig gesägt *(762),* in der Jugend beiderst. graufilzig, später ver-

kahlend; Kätzchen wohlriechend, kurz-zylindrisch, bis 5 cm lg., dichtbltg., bis 6 m hoher Strauch; ♃; III–IV. Ufer, Gebüsch; *v.*
Grau-W., **S. cinérea** L.

18(16). Holz m. Striemen (vgl. Punkt **16**—); Kätzchen klein, bis 2,5 cm lg., dichtbltg., kurz-zylindrisch; niedriger, bis 2 m hoher Strauch m. dünnen, kahlen, sparrigen Ästen; Tragblätt. klein, verkehrt-eif., weiß behaart; Blätt. gestielt, m. rundl. verkehrt-eif., am Rand grob gezähnter Spreite u. großen Nebenblätt. *(761);* ♃; IV–V. Moore, Ufer, feuchte Waldränder; *v.* *Ohr-W.,* **S. auríta** L.

— Holz ohne Striemen; niedrige bis höh. Sträucher, z.T. baumartig **19**

19. Niedrige, bis 1 m hohe Sträucher **25**

— Größere, über 1 m hohe Sträucher od. selten baumart. . **20**

20. Sträucher des Tieflands od. der Voralp. (*S. mielichhoferi,* Nr. **24**—) **23**

— Sträucher der höh. Geb. u. Mittelgeb. **21**

21. Kätzchen zylindrisch, ± 2,5 cm lg., dichtbltg., sitzend od. kurz gestielt; Tragblätt. obersts. dicht weißborstig; Filamente am Grd. spärl. behaart; Äste braun bis rotbraun; Blätt. in der Jugend rotbraun, beidersts. m. kurzen, zerstreut angeordneten, gekrümmten Haaren, ± lg. gestielt, verkehrt-lanzettl., am Rand unregelmäßig gekerbt *(752),* beidersts. grün, untersts. m. weitmaschigem, scharf hervortretendem Adernetz. Bis 2 m hoch; ♃; III–IV. Ufer von Gebirgsbächen, Augebüsche; *s* im Riesengeb., Sudeten u. Vorland, Glatzer Kessel. *Schlesische W.,* **S. silesíaca** WILLD.

— Kätzchen kleiner als 2,5 cm, eif.; Filamente am Grd. zerstreut bis dicht lg. behaart **22**

22. Filamente am Grd. zerstreut lg. behaart; Tragblätt. am Grd. zerstreut lg. weißl.- od. gelbl.-seidig behaart; Äste sparrig, schwach knotig, graubraun bis grau, die jüngsten dicht weißl. behaart; Blätt. gestielt, untersts. bläul., obersts. dk.grün, in ob. Hälfte verbreitert *(757),* am Rand umgebogen, ungleich grob gekerbt; bis 3 m hoher Strauch; ♃; IV–V. Hochstaudenfluren, Gebirgsbäche; *v* in Alp., *z* im Vorland, Schw. (= *S. grandifolia* SER.)
Großblättrige W., **S. appendiculáta** VILL.

— Filamente am Grd. dicht lg. behaart; Tragblätt. lanzettl., beidersts. von krausen Haaren dicht wollig; Äste stark knotig, schwarzbraun, in der Jugend wollig-filzig, später verkahlend; Blätt. kurz gestielt, 7–17 cm lg., längl.-lanzettl. *(747),* entfernt gekerbt, dünn, obersts. im Alter fast kahl, untersts. weiß-bläul.-flaumig. Bis 3 m hoher Strauch; ♃; V–VI. Felsige, feuchte Stellen der Alp.; *s* in Ti (Stubaier u. Ötztaler Alp.). (= *S. pubescens* SCHLEICH.)
Flaum-W., **S. låggeri** WIMM.

23(20). Knospen kahl, groß, dick, gelbbraun od. braun; Kätzchen vor den untersts. graugrünen bis weißfilzigen Blätt. *(760)* erscheinend, dick, bis 10 cm lg., durch die langen, weiß behaarten Tragblätt. in dichten Haarfilz eingehüllt; Filamente am Grd. kahl; junge Zweige kurz weiß behaart, ältere braun, glzd., kahl; 3–9 m hoher Strauch; ♃; III–IV. Gebüsche, Mischwälder, feuchte Wegränder; *v,* im N *z.*
G *Sal-W.,* **S. cáprea** L.

— Knospen meist schwarz-samtig behaart, schlanker; Filamente am Grd. behaart **24**

24. Zweige dünn, schwarzbraun, gelbbraun od. grünl., meist dicht grausamtig behaart; Kätzchen eif.-zylindrisch, bis 2,5 cm lg., dichtbltg.; Kätzchenstiel 0,5 cm lg., m. kleinen, lanzettl., zerstreut behaarten Blätt.; Tragblätt. an der Spitze purpurn bis schwarz, zerstreut lg. weißhaarig; Filamente am Grd. dicht behaart. Bis 4 m hoher Strauch; ♃; IV–V. Sumpfwiesen, Moore; Voralp. *v*, sonst *z*, im NW u. He *f*. (= *S. nigricans* SM.)
Schwarzwerdende W., **S. myrsinifólia** SAL.

— Zweige dick, glzd., dk.braun bis schwärzl., jung behaart, später verkahlend, an den Astenden genähert u. deshalb buschig angeordnet; Blattnarben verdickt, Zweige dadurch knotig; Kätzchen kurz gestielt, ihre Stiele m. wenigen lanzettl. Blätt.; Tragblätt. schwarzbraun, zerstreut lg. weiß behaart; Filamente am Grd. lg. weißhaarig. Bis 3 m hoher Strauch; ♃; V–VI. Bachufer, versumpfte Hänge; *s* in Voralp. von Sb, Ti, Kt, St.
[G] *Tauern-W.*, **S. mielichhóferi** SAUT.

25(19). Pfl. des Tieflands u. d. Moore **29**

— Pfl. höh. Gebirgslagen **26**

26. Kätzchen schlank, höchstens 3 cm lg. **28**

— Kätzchen kräftiger, meist > 3 cm lg. **27**

27. Kätzchen sitzend, dichtbltg.; Blätt. unterststs. weißgrau-filzig, lanzettl. bis längl., an den Zweigenden gedrängt; 30–100 cm hoher Strauch; ♃; V–VII. Moore, Sumpfwiesen; *s* in OPr.
Lappländische W., **S. lappónum** L.

— Kätzchen gestielt, locker; Blätt. dichter filzig, an den Zweigenden nicht gehäuft. Bis 1 m hoher Strauch; ♃; VI–VII. Lawinenschutt; *s* Alp. von Au. [= *S. lapponum* var. *helvetica* (VILL.) ANDERS.]
[G] *Schweizer W.*, **S. helvética** VILL.

28(26). Kätzchen 10–15 mm lg., bis 6 mm dick; Tragblätt. verkehrt-eif., schwarzbraun bis fahlgelb, rauhhaarig; Filamente kahl od. am Grd. zerstreut behaart; Stbbeutel kugelig, gelb; aufrechter, 1,2–2 m hoher Strauch, m. fahlgelben, kahlen od. kurz behaarten Ästen; Blätt. oberststs. grün, unterststs. meergrün, beiderststs. punktiert, in der Jugend seidig behaart; ♃; V–VI. Hochstaudengebüsche; *s* in Vog., Harz, Sudeten, Sb, im N *f*. (= *S. phylicifolia* L. em. SM.) *Zweifarbige W.*, **S. bícolor** EHRH. ex WILLD.

— Kätzchen bis 22 mm lg. u. 12 mm dick; Tragblätt. stumpf, an der Spitze fahlgelb, weiß-seidig behaart; Filamente an der Basis kraus behaart; Stbbeutel elliptisch, bräunl.; hoher Strauch m. knotigen, schwach häutigen, glzd., kastanien- bis schwarzbraunen Ästen; Blätt. elliptisch, zugespitzt, am Rand drüsig gesägt *(750)*, oberststs. dk.-, unterststs. heller grün; ♃; V–VI. Feuchte Hochstaudenfluren der Alp.; *s* in Vb, Ti (sonst Zentral-Alp.), auch in Vog.
Hochtal-W., **S. hegetschweíleri** HEER

29(25). Kätzchen lockerbltg., zylindrisch, bis 2,5 cm lg., vor den breitlanzettl., zugespitzten, am Grd. ganzrandigen Blätt. *(748)* erscheinend; Kätzchenstiel grau-behaart, m. kleinen, breit-lanzettl., seidig behaarten Blätt.; Tragblätt. am Rand gebärtet; Filamente kahl. Niedriger, ca. 30 cm hoher, aufstgd. Strauch m. dünnen, gelbl.-

braunen, glzd., kahlen od. kurz behaarten Ästen, ohne kriechenden Erdstamm; ♃; IV–V. Magerrasen, Moore; *v* OPr, *s* in Schl u. BW (Baar, Schw. Alb). (= *S. livida* WAHL.; = *S. depressa* auct. non L.) *Bleiche W.*, **S. starkeána** WILLD.

— Kätzchen anfangs dichtbltg., kugelig bis kurz-zylindrisch, meist vor den Blätt. erscheinend; Kätzchenstiel seidig behaart; Tragblätt. seidig behaart u. am Rand gebärtet; Filamente meist kahl. Bis 1 m hoher Strauch m. unterirdisch kriechendem Stamm u. bogig aufstgd., dünnen, kahlen, braunen Ästen; Jungtriebe kurz-seidig behaart; ♃; IV–V. Moore, feuchte Wiesen, Wegränder, nasse Sandstellen; *v*. *Kriech-W.*, **S. répens** L.

a. Blätt. lanzettl. bis breit-eif., am Rand umgerollt, an der Spitze zurückgekrümmt, obersts. kahl, untersts. weißl., seidig filzig, beim Trocknen schwarz werdend; *v*. ssp. **répens**

b. Blätt. breit-elliptisch bis kreisrund, beidersts. silbrig behaart, obersts. später verkahlend, beim Trocknen nicht schwarz werdend. Küstendünen *v*. ssp. **argéntea** (SM.) CAMUS

c. Blätt. lineal bis längl.-lineal, m. gerader Spitze u. nur schwach zurückgerolltem Rand. Moore; *s*. (= *S. rosmarinifolia* L.) ssp. **rosmarinifólia** (L.) ČEL.

30(12). Niedriger, 30–50 cm hoher Strauch der Moore u. Torfsümpfe der Niederungen, m. unterirdisch kriechendem Stamm u. kahlen, nur in der Jugend behaarten, braunen Ästen; Blätt. denen der Heidelbeere ähnl., 1,5–3,5 cm lg., ganzrandig *(744)*, obersts. sattgrün, untersts. blaugrün; Kätzchen zylindrisch, bis 2,5 cm lg. gestielt; Filamente kahl; ♃; V–VII. Torfsümpfe, Moore; *z*, *s* im Alpenvorland; Bayrw., Böhmerw., Sudeten, O- u. WPr, Sb. *Heidelbeer-W.*, **S. myrtilloídes** L.

— Sträucher des Hochgebirges **31**

31. Blätt. kahl od. schwach behaart **33**

— Blätt., zumindest untersts., dicht filzig **32**

32. Bltn. meist m. 2, selten m. 1 Nektardrüse (Lupe!); Filamente am Grd. kraus behaart; Kätzchen ca. 2 cm lg., 1 cm dick, ihr weißgraufilziger Stiel m. 4–6 Blätt.; ca. 1 m hoher Strauch m. krautigen, gelbl., in der Jugend dicht weißfilzigen Zweigen; Blätt. verkehrtlanzettl., ganzrandig, beidersts. dicht weißhaarig; ♃; VI–VII. Feuchte Schattenhänge, Bachufer, Hochstaudengebüsche; kalkmeidend; *s* in Ti (Ötz- u. Stubaital), Kt, sonst Zentralalp. [G] *Seiden-W.*, **S. glaucosericea** FLODERUS

— Bltn. m. 1 Nektardrüse; Filamente am Grd. kahl, selten schwach behaart (s. auch Nr. **27**—). *Schweizer W.*, **S. helvética** VILL.

33(31). Blätt. nur obersts. glzd., untersts. matt od. weißl., beim Trocknen braun werdend **35**

— Blätt. beidersts. glzd., beim Trocknen schwarz werdend; Filamente u. Nektardrüsen blaßviolett **34**

34. Blätt. ganzrandig, gestielt, verkehrt-eif., bis 3,5 cm lg. u. 1,8 cm breit; Kätzchen dichtbltg., schlank, bis 2 cm lg.; Filamente kahl; Stbbeutel purpurn bis violett, später schwarz. Kleiner Strauch m. niederlgd., wurzelnden, schwarzbraunen, kahlen, in der Jugend behaarten Ästen; ♃; VI–VII. Felsige Abhänge, Geröllhalden, kalkliebend; *s* in Alp. von Sb, Kt, St, OÖ. [G] *Myrten-W.*, **S. alpína** SCOP.

— Blätt. am Rand dicht kurz-drüsig gezähnt, verkehrt-eif., 1–3 cm lg. u. 0,6–1,8 cm breit *(749)*, in der Jugend behaart, später kahl, leb-

haft grün, glzd.; Kätzchen gedrungen, bis 2 cm lg.; Filamente gelbpurpurn; Stbbeutel violettschwarz werdend. Bis 30 cm hoher, sparrig ästiger Strauch m. anfangs grau behaarten, später kahlen, rötl.-braunen, nicht wurzelnden Ästen; ♃; VI–VII. Ruhende Kalkschutthalden (Zentral-Alp. *v*); *z* in Alp. von Au.
[G] *Matten-W.,* **S. breviserráta** FLODERUS

35(33). Tragblätt. der Bltn. m. langen, anfangs glatten, später gekräuselten Haaren; Kätzchen dick-zylindrisch, bis 5 cm lg., dichtbltg.; Blätt. breit-elliptisch, bis 8 cm lg. u. 5 cm breit, meist ganzrandig *(746),* in der Jugend behaart, schnell verkahlend, untersts. blaßgrün bis weißl.; Nebenblätt. stark entwickelt. Niederlgd. od. aufrechter, bis 1,5 m hoher Strauch m. kahlen, in der Jugend behaarten, grünl.braunen Ästen; ♃; V–VI. Subalp. Hochstaudengebüsche, Bachufer; Alp. u. Voralp. (Ba, Au), Vog., Gesenke, früher S-Harz (Alter Stolberg). Formenreich. [G] *Spieß-W.,* **S. hastáta** L.

— Tragblätt. der Bltn. m. kurzen, glatt bleibenden Haaren . **36**

36. Kätzchen zierl., bis 2,3 cm lg. u. 1,3 cm dick; Stbbeutel anfangs purpurn, später violett bis bräunl.; Blätt. elliptisch-lanzettl., 2–3mal so lg. wie breit, am Rand scharf drüsig gesägt, obersts. dk.grün-glzd., untersts. blaß-bläul.grün. Mittelhoher Strauch m. aufrechten, im Alter kahlen, purpurnen bis schwärzl., rutenf. Zweigen; ♃; VI–VII. Subalp. Hochstaudengebüsche, Bachufer; *s* in Ti (Fimbertal), sonst W-Alp. [= *S. arbuscula* L. ssp. *foetida* (SCHLEICH.) BR.-BL.]
Ruch-W., **S. foétida** SCHLEICH.

— Kätzchen größer, bis 3,5 cm lg. u. 1,4 cm dick, etwa gleichzeitig m. den Blätt. erscheinend; Stbbeutel anfangs rötl. od. gelbl., später rötl.braun; Blätt. verkehrt-eif., 2–5mal so lg. wie breit, am Rand undeutl. gekerbt-gesägt, obersts. sattgrün, untersts. blaugrün. Mittelhoher Strauch m. kurzen, grauen, warzigen Ästen; ♃; VI–VII. Subalp. Hochstaudengebüsche, kalkliebend; *v* in Alp. (= *S. arbuscula* auct. non L.) [G] *Bäumchen-W.,* **S. waldsteiniána** WILLD.

37(3). Stbblätt. bis zu den anfangs purpurroten, später gelben u. schwärzl. Stbbeuteln verwachsen, deshalb scheinbar nur 1 Stbblatt m. 4 Stbbeuteln *(735);* Kätzchen vor den lineal-lanzettl., im unt. Teil ganzrandigen, zur Spitze hin scharf u. klein gesägten Blätt. *(759)* erscheinend, zylindrisch, bis 5 cm lg. Sparriger, bis 6 m hoher Strauch od. Baum, m. dünnen, biegsamen, häufig lebhaft purpurroten, kahlen Zweigen; ♃; III–V. Auwälder, feuchte Wiesen; *v,* in SH nur im Elbegebiet. *Purpur-W.,* **S. purpúrea** L.

a. Blätt. wechselst.; Zweige dünn, biegsam. ssp. **purpúrea**

— Blätt. z. T. gegenst., bis 22 mm breit; Äste dicker.
ssp. **lambertiana** (SM.) NEUMANN

Im Gebiet (Au, über 1200 m) wohl auch die subalpine Sippe ssp. **angústior** LAUTENSCHLAGER m. 3–8 mm breiten u. 35–70 mm langen Sommerblätt.

— Filamente nur bis zur Mitte verwachsen *(736)* **38**

38. Kätzchen m. den Blätt. erscheinend, eif.-kugelig bis kurz-zylindrisch, ca. 1,5 cm lg.; Blätt. breit-elliptisch, bis 4 cm lg. u. 2 cm breit, ganzrandig *(745),* obersts. blaßgrün, untersts. hechtblau. Kleiner, 0,3–1 m hoher Strauch m. kahlen, braunen Zweigen; ♃; VI–VII. An Gletscherflüssen der Krummholzregion u. alp. Region; *s* in Alp. von Ti, Vb. *Blau-W.,* **S. caésia** VILL.

— Kätzchen vor den Blätt. erscheinend. Bis 6 m hoher Baum od. Strauch; Stbblätt. am Grd. behaart, nur am Grd., seltener bis zur Mitte verwachsen; Tragblätt. der Bltn. grau behaart (vgl. Nr. **6**). *Lavendel-W.,* **S. eleágnos** Scop.

II. Tabelle zum Bestimmen nach Zweigen mit ♀ Kätzchen

1. Frkn. auf der ganzen Fläche od. nur an der Basis behaart **20**
— Frkn. kahl **2**
2. Kätzchen sich gleichzeitig m. den Blätt. od. erst nach deren Entfaltung entwickelnd **7**
— Kätzchen vor der Entfaltung der Blätt. erscheinend . . . **3**
3. Niedrige bis mittelhohe (± bis 2 m) Sträucher **5**
— Hohe Bäume od. Sträucher (größer als 2 m) **4**
4. Tragblätt. der Bltn. etwa so lg. wie der Frkn.; Zweige abwischbar blau bereift. *Reif-W.,* **S. daphnoídes** Vill.
— Tragblätt. der Bltn. nur etwa halb so lg. wie der Frkn.; Zweige rotbraun. *Spitzblättrige W.,* **S. acutifólia** Willd.
5(3). Reich verzweigte Sträucher, selten höher als 1 m; ♀ Kätzchen eif. bis zylindrisch, bis 1,5 cm lg. u. 0,5 cm breit; Frkn. selten kahl, meist seidig-filzig (s. auch Nr. **28**—). *Kriech-W.,* **S. répens** L.
— Sträucher meist höher als 1 m, m. aufrechten Ästen . . **6**
6. Frknstiel nur ¼ so lg. wie der Frkn.; Blätt. dicht graufilzig; mittelhoher Strauch der Gebirgsflüsse. *Lavendel-W.,* **S. eleágnos** Scop.
— Frknstiel fast so lg. wie der Frkn. Blätt. dk.grün, nur jung untersts. behaart; mittelhoher Strauch. *Schlesische W.,* **S. silesíaca** Willd.
7(2). Kriechende, dem Boden angepreßte od. niedrige Sträucher **11**
— Höhere Sträucher od. Bäume m. aufrechten od. abstehenden Ästen; Tragblätt. der Bltn. einfarbig **8**
8. Tragblätt. der Bltn. bis zur Frreife erhalten bleibend; Frkn. m. kurzem, dickem Gr. u. nur 1 Nektardrüse. *Mandel-W.,* **S. triándra** L.
— Tragblätt. z. Frreife nicht mehr vorhanden **9**
9. ♀ Blüte mit nur 1 Nektardrüse, diese den fast sitzenden (zuw. behaarten) Frkn. am Grd. umfassend; Blätt. in der Jugend dicht seidig behaart. *Silber-W.,* **S. álba** L.
— Bltn. m. 2 Nektardrüsen, die vordere viel kürzer als die hintere **10**
10. Tragblätt. der Bltn. am Grd. außen stark kraushaarig, gegen die Spitze verkahlend; Blätt. eif.-elliptisch, am Rand dicht drüsig-klebrig gesägt, 2–4mal so lg. wie breit. *Lorbeer-W.,* **S. pentándra** L.
— Tragblätt. der Bltn. lg. weiß-zottig behaart, an der Spitze kahl; Blätt. lanzettl., am Rand knorpelig gesägt, 4–7mal so lg. wie breit *(754).* *Bruch-W.,* **S. frágilis** L.
11(7). Tragblätt. der Bltn. einfarbig gelbgrün od. violettrot . **14**
— Tragblätt. der Bltn. zweifarbig, an der Spitze meist dunkler (braun, purpurn od. schwarz) **12**
12. Stiel der ♀ Kätzchen bis 2 cm lg., kleine Blätt. tragend. Niedriger, bis 50 cm hoher Strauch der Moore, m. unterirdisch kriechendem Stamm. *Heidelbeer-W.,* **S. myrtilloídes** L.

— Kätzchen sitzend od. sehr kurz gestielt; Sträucher meist höher als 50 cm **13**

13. Blätt. untersts. hell- bis blaugrau, die Spitze aber stets grün, m. feiner, engmaschiger Nervatur *(764),* beim Trocknen meist schwarz werdend. *Schwarzwerdende W.,* **S. myrsinifólia** SAL.

— Blätt. beidersts. gleichfarbig, m. dicker, grobmaschiger Nervatur, beim Trocknen nicht schwarz werdend. *Tauern-W.,* **S. mielichhóferi** SAUT.

14(11). Aufrecht wachsende Sträucher höherer Gebirgslagen **17**

— Niederlgd. Spaliersträucher der Hoch-Alp. (= Gletscherweiden) **15**

15. Blätt. fast kreisrund, m. scharf gesägtem Rand *(740);* an jedem Trieb des in die Erde verlagerten Astsystems nur zwei Blätt. *Kraut-W.,* **S. herbácea** L.

— Blätt. verkehrt-eif., an der Spitze abgerundet od. zugespitzt, ganzrandig; Astsystem oberirdisch, der Unterlage angepreßt; jeder Trieb m. mehr als 2 Blätt. **16**

16. Kätzchen längl.-zylindrisch, bis 2 cm lg.; Blätt. 8–20 mm lg. u. 5–8 mm breit, an der Spitze stumpf od. ausgerandet *(742).* *Stumpfblättrige W.,* **S. retúsa** L.

— Kätzchen klein, kugelig, nur bis 0,5 cm lg.; Blätt. 4–10 mm lg. u. 2–4 mm breit, zugespitzt *(743).* *Quendelblättrige W.,* **S. serpyllifólia** SCOP.

17(14). Blätt. entw. nur obersts. glzd. u. untersts. matt, meist heller od. beidersts. matt **19**

— Blätt. beidersts. grün u. glzd. **18**

18. Kätzchen schlank, 10–20 mm lg., bis 6 mm dick; Fr. schmal; Gr. bis 1,6 mm lg., purpurn; Narbe gespalten, purpurn; Äste niederlgd., wurzelnd. *Myrten-W.,* **S. alpína** SCOP.

— Kätzchen gedrungen, 16–30 mm lg., bis 10 mm dick; Fr. breit; Frkn. in der Jugend absthd. behaart, später verkahlend; Gr. kurz, purpurn; Narbe zweigeteilt, purpurn; Äste niederlgd.-aufstgd., nicht wurzelnd. *Matten-W.,* **S. breviserráta** FLODERUS

19(17). Blätt. *(751)* obersts. glzd., wie lackiert, untersts. weißl.-grau, dickl., beim Trocknen schwarz werdend; Kätzchen bis 7 cm lg., dichtbltg., bis 2 cm lg. gestielt; Tragblätt. schmal-elliptisch, stumpf, lg. u. dünn, weiß gebärtet. *Kahle W.,* **S. glábra** SCOP.

— Blätt. *(746)* beidersts. matt, untersts. etwas blasser, dünn; Kätzchen bis 6 cm lg., dichtbltg., bis 3 cm lg. gestielt; Tragblätt. lanzettl. bis verkehrt-eif., stumpf, m. langen, weißen, anfangs glatten, später gekräuselten Haaren. *Spieß-W.,* **S. hastáta** L.

20(1). Kätzchen gleichzeitig m. od. nach der Entfaltung der Blätt. erscheinend **35**

— Kätzchen vor der Entfaltung der Blätt. erscheinend . . . **21**

21. Holz der 2–4jährigen Zweige nach Entfernung der Rinde glatt u. nicht m. (od. nur m. undeutl.) striemenart. Erhebungen **25**

— Holz der 2–4jährigen Zweige nach Entfernung der Rinde m. deutl. striemenart. Erhebungen **22**

22. Einjährige Äste u. meist auch die Knospen samtig behaart; Sträucher meist höher als 2 m **24**

— Einjährige Äste meist kahl; Sträucher meist niedriger als 2 m **23**

23. Nebenblätt. groß, halbherz- bis nierenf., gezähnt *(761);* Adernetz der rundl., verkehrt-eif., am Rand unregelmäßig grobgesägten Blätt. stark hervortretend; Kätzchen eif. bis zylindrisch, bis 3 cm lg., dichtbltg., m. weiß behaarter Achse; Gr. fehlend od. sehr kurz. *Ohr-W.,* **S. aurita** L.

— Nebenblätt. fehlend od. sehr klein, hinfällig; Adernetz der verkehrt-eif., am Rand regelmäßig gesägten, unterstS. blaugrünen Blätt. nur wenig hervortretend; Kätzchen 2–4 cm lg.; Gr. 0,5–1 mm lg. *Zweifarbige W.,* **S. bicolor** Ehrh.

24(22). Stiel des Frkn. ⅓ bis ⅔ so lg. wie der Frkn.; Gr. u. Narben kurz, dick; Kätzchen dick, bis 9 cm lg., m. weiß behaarter Achse. *Grau-W.,* **S. cinérea** L.

— Frkn. fast sitzend; Gr. 1–2 mm lg.; Narbe bis 2 mm lg.; Kätzchen zylindrisch, bis 5 cm lg., gestielt, m. weiß behaarter Achse. *Filzästige W.,* **S. dasýclados** Wimm.

25(21). Bäume od. Sträucher, höher als 1 m **29**

— Niedrige, meist nur bis 50 cm, seltener bis 100 cm hoch werdende Sträucher **26**

26. Blätt. untersts. kahl od. in der Jugend beidersts. ± dicht seidig, aber nicht filzig, im Alter meist auch untersts. noch behaart **28**

— Blätt. wenigstens in der Jugend beidersts. dicht weißfilzig **27**

27. Kätzchen deutl. gestielt, zylindrisch, z. Z. der Reife ± aufgelockert; Behaarung der jüngsten Blätt. sehr dicht seidig-zottig; Nerven deshalb kaum hervortretend; Gr. 1–2 mm lg., m. tief 2spaltiger Narbe. *Schweizer W.,* **S. helvética** Vill.

— Kätzchen dick, auch z. Frreife kaum aufgelockert, fast sitzend; Behaarung weniger dicht als bei voriger; Gr. fädig, bis 3 mm lg. *Lappländische W.,* **S. lappónum** L.

28(26). Frknstiel so lg. od. länger als der Frkn.; Kätzchen lockerbltg., auf beblätt. Stielen; Blätt. *(748)* im Alter beidersts. kahl. *Bleiche W.,* **S. starkeána** Willd.

— Frknstiel kürzer als der Frkn.; Kätzchen dicht, eif.-zylindrisch, kurz gestielt; Blätt. in der Jugend beidersts., im Alter meist nur untersts. seidig behaart; Pfl. m. unterirdisch kriechendem Stamm. *Kriech-W.,* **S. répens** L.

29(25). Sträucher des Tieflands u. der Moore **32**

— Sträucher der Alp. u. höh. M-Geb. **30**

30. Zweige jung weiß wollig-filzig, erst im 2. od. 3. Jahr verkahlend, derb, knotig, schwarzbraun bis schwarz; Kätzchen anfangs kurzeif., später verlängert-zylindrisch, bis 5,8 cm lg., lockerbltg., die untersten Bltn. weit voneinander entfernt; Frknstiel 3–4mal so lg. wie die Nektardrüse. *Flaum-W.,* **S. lággeri** Wimm.

— Junge Zweige meist kahl, fahlgelb bis kastanienbraun . **31**

31. Kätzchen anfangs bis 2 cm, im Alter bis 4 cm lg. u. 1,3 cm dick; Blattspreite am Grd. keilf., unregelmäßig gesägt-gezähnt od. ganzrandig. *Zweifarbige W.,* **S. bicolor** Ehrh.

— Kätzchen anfangs ca. 2,4 cm, im Alter bis 4 cm lg. u. 1,8 cm dick; Blätt. am Grd. abgerundet stumpf, am Rand drüsig gezähnt bis

scharf zugespitzt gesägt *(750)*.
Hochtal-W., **S. hegetschweileri** HEER

32(29). Frkn. lang gestielt *(739)* **34**

— Frkn. sitzend od. sehr kurz gestielt *(738)* **33**

33. Gr. fast so lg. wie der Frkn.; Narben lineal, m. fadenf., nach außen gebogenen Ästen *(738)*; Kätzchen zylindrisch, bis 3 cm lg.; junge Zweige aufrecht, rutenf., grünl. bis graugelb.
Korb-W., **S. viminális** L.

— Gr. sehr kurz od. fehlend; Narben dick, kopfig; Kätzchen zylindrisch, 2(−6) cm lg.; junge Zweige dünn, schlank, purpurrot od. ledergelb. *Purpur-W.*, **S. purpúrea** L.

34(32). Narben aufrecht, an der Spitze zusammenneigend; Kätzchen zylindrisch, dichtbltg., bis 10 cm lg.; Zweige dick u. kurz.
Sal-W., **S. cáprea** L.

— Narben aufrecht-absthd. *(739)* od. zurückgekrümmt; Kätzchen zylindrisch, bis 3 cm lg., am Grd. m. 2−3 seidig behaarten Tragblättchen; Zweige dünn, knotig.
Großblättrige W., **S. appendiculáta** VILL.

35(20). Niederlgd. Spalierstrauch der höh. Lagen der Alp.; Blätt. breitelliptisch bis fast kreisf., ganzrandig, in der Jugend behaart, obersts. m. eingetieftem, untersts. m. hervortretendem Adernetz *(741)*. *Netz-W.*, **S. reticuláta** L.

— Mehr od. weniger aufrecht wachsende Sträucher der Alp. **36**

36. Blätt. beidersts. dicht seidig behaart, ganzrandig; Kätzchen bis 4,5 cm lg., gestielt; Gr. kurz; Narben braun, 2geteilt; bis 1 m hoher Strauch. *Seiden-W.*, **S. glaucosericea** FLODERUS

— Blätt. kahl od. fast kahl **37**

37. Blätt. stets ganzrandig, elliptisch *(745)*; Kätzchen längl.-zylindrisch, 8−15 mm lg., dichtbltg.; Frkn. kurz, bis 2,5 mm lg., m. sehr kurzem Gr. *Blau-W.*, **S. caésia** VILL.

— Blätt. am Rand meist gesägt; Gr. deutl. entwickelt . . . **38**

38. Kätzchen schlank-zylindrisch, 3−4mal so lg. (bis 3 cm) wie dick, zuletzt lg. gestielt; Blätt. verkehrt-eif. bis längl., bis 6,3 cm lg. u. 3 cm breit, am Grd. keilig verschmälert, am Rand kerbig gesägt, selten ganzrandig. *Bäumchen-W.*, **S. waldsteiniána** WILLD.

— Kätzchen kurz-zylindrisch, bis 1,8 cm lg. u. 0,5 cm dick, nur 2½mal so lg. wie dick; Blätt. elliptisch-lanzettl., bis 4 cm lg. u. bis 16 mm breit, am Rand scharf drüsig behaart.
Ruch-W., **S. foétida** SCHLEICH.

III. Tabelle zum Bestimmen nach vegetativen Merkmalen (Wuchs- u. Blattform) sowie nach Standorten

1. Bäume od. Sträucher, diese meist höher als 1,5 m . . . **19**

— Niedrige, höchstens bis 1,5 m hohe Sträucher, m. niederlgd.-aufstgd. Ästen od. spalierart. ausgebreitetem, dem Boden angedrücktem Astsystem, z.T. m. unterirdischen Ausläufern **2**

2. Sträucher nied. Lagen **16**

— Sträucher der Alp. u. höh. M-Geb. **3**

3. Astsystem in die Erde verlagert u. ausläuferart.; die sich über die Erde erhebenden Triebe nur 2–10 cm lg., meist nur m. 2 fast kreisrunden, bis 3 cm langen, am Rand scharf drüsig gesägten *(740)*, kahlen, beidersts. grünen, glzd. Blätt.; Hochalp.-Pfl.
Kraut-W., **S. herbácea** L.

— Astsystem nicht in die Erde verlagert; Triebe entw. flach, spalierartig ausgebreitet od. aufstgd.; Äste m. mehr als 2 Blätt. **4**

4. Triebe niederlgd.-aufstgd., aber nicht dem Boden angepreßt **7**

— Triebe niederlgd., spalierart. dem Boden angedrückt . . **5**

5. Blätt. bis 2 cm lg. gestielt, m. elliptischer bis kreisf., ± lg. gestielter, obersts. mattgrüner, runzeliger, untersts. grau-weißgrüner, in der Jugend lg. seidig behaarter, im Alter verkahlender Spreite; Nervennetz untersts. stark hervortretend *(741);* Äste sparrig, gelbbraun, zäh; Hochalp.-Pfl. *Netz-W.,* **S. reticuláta** L.

— Blätt. kurz gestielt, verkehrt-eif., 4–20 mm lg., ganzrandig u. kahl **6**

6. Blätt. 8–20 mm lg., 5–8 mm breit, an der Spitze gestutzt od. ausgerandet *(742);* Wuchs locker; Äste wurzelnd, braun, kahl; die älteren m. weißer, sich ablösender Rinde; Hochalp.-Pfl.
Stumpfblättrige W., **S. retúsa** L.

— Blätt. nur 4–10 mm lg., 2–4 mm breit, meist zugespitzt *(743);* Wuchs gedrungen; Äste dicht beblättert u. ganz der Unterlage angedrückt; Hochalp.-Pfl. *Quendelblättrige W.,* **S. serpyllifólia** Scop.

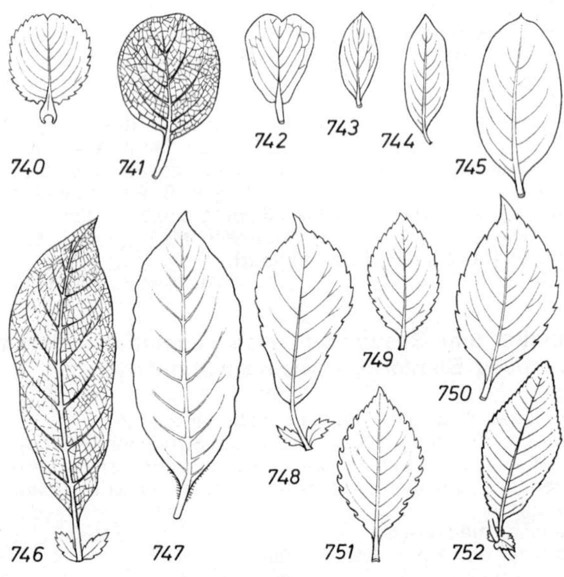

7(4). Blätt. kahl od. in der Jugend behaart, später aber verkahlend **9**

— Blätt. beiderseits. od. untersts. dicht wollig-filzig od. dicht seidig behaart **8**

8. Blätt. beidersts. bleibend dicht weißl.grau seidig behaart, ganzrandig, kurz gestielt, ca. 5,5 cm lg. u. 1,5 cm breit, also 3–4mal so lg. wie breit. Bis 1 m hoher, selten höherer Strauch. Kalkarme Böden, zwischen 1700 u. 2500 m.
Seiden-W., **S. glaucosericea** FLODERUS

— Blätt. in der Jugend beidersts. wollig, im Alter obersts. verkahlend, elliptisch-lanzettl., bis 4 cm lg. u. 2 cm breit, nur 2–3mal so lg. wie breit, am Rand drüsig gesägt. Bis 1 m, selten bis 1,5 m hoher Strauch; Alpenpfl. *Schweizer W.,* **S. helvética** VILL.

9(7). Blätt. am Rand scharf gezähnt od. gekerbt, selten ganzrandig (*S. waldsteiniana,* s. Punkt **15**) **12**

— Blätt. ganzrandig od. nur schwach u. undeutl. gezähnt . **10**

10. Blätt. groß, gestielt, bis 8 cm lg. u. 5 cm breit, kurz bespitzt, meist ganzrandig *(746),* kahl, nur in der Jugend schwach behaart, beidersts. glanzlos, obersts. mattgrün, untersts. blaßgrün bis weißl.; Nebenblätt. oft stark entwickelt, schief-eif., gesägt *(746).* Niederlgd., zuw. aufrechter, bis 1,5 m hoher Strauch der subalp. Hochstaudenfluren. *Spieß-W.,* **S. hastáta** L.

— Blätt. kleiner, höchstens bis 5 cm lg. **11**

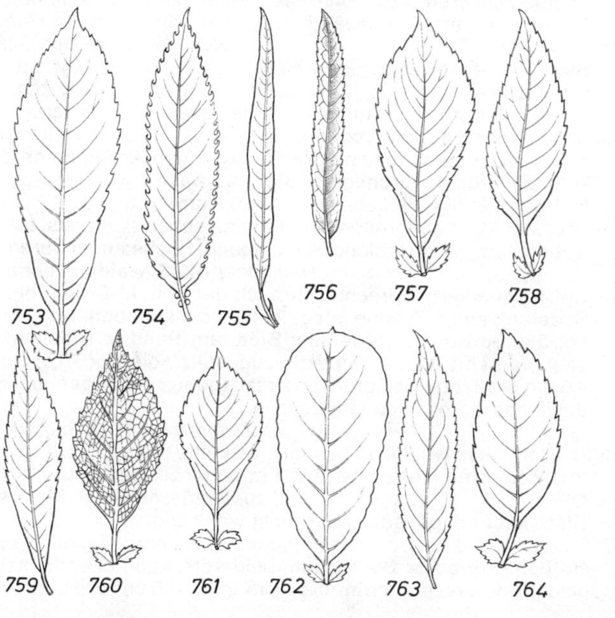

11. Blätt. beidersts. matt, blaugrün bereift, m. weitmaschigem, beidersts. fein hervortretendem Nervennetz, elliptisch bis verkehrt-eif., 1,2–4 cm lg., oberhalb der Mitte am breitesten *(745);* 30–100 cm hoher Strauch m. niederlgd., kahlen, glanzlos braunen Ästen; Alp. *Blau-W.,* **S. caésia** VILL.

— Blätt. beidersts. glzd. u. lebhaft grün, in der Jugend untersts. seidenhaarig, aber verkahlend, gestielt, 1,2–3,5 cm lg. u. 0,6–1,8 cm breit, verkehrt-eif., an der Spitze abgerundet od. kurz stachelspitzig; Äste niederlgd., wurzelnd; Alp. *Myrten-W.,* **S. alpína** SCOP.

12(9). Niederlgd., nur bis 30 cm hoher, sparrig verzweigter Strauch; einjährige Äste grau-behaart; Blätt. elliptisch od. verkehrt-eif., bis 3 cm lg. u. bis 1,8 cm breit, kurz bespitzt, am Rand dicht kurzdrüsig gesägt *(749),* in der Jugend zuw. seidig-zottig, im Alter beidersts. kahl u. lebhaft grün, untersts. glzd.; Alp. *Matten-W.,* **S. breviserráta** FLODERUS

— Sträucher meist > 30 cm **13**

13. Blätt. obersts. auffallend glzd., wie lackiert aussehend, untersts. heller, breit-verkehrt-eif., kurz bespitzt, ± 4 cm lg. u. 2,5 cm breit, am Rand dicht kerbig gesägt *(751),* gleich den Zweigen völlig kahl. Niedriger, selten bis 1,5 m hoher Strauch; Alp., m. den Flüssen bis in das Vorland herabstgd. *Kahle W.,* **S. glábra** SCOP.

— Blätt. obersts. nicht wie lackiert aussehend **14**

14. Blätt. dicht u. scharf regelmäßig weißdrüsig gesägt, beidendig verschmälert, bis 4 cm lg. u. 1,6 cm breit, in der Mitte am breitesten, obersts. dk.grün-glzd., untersts. heller, kahl. Mittelhoher, zierl. Strauch, m. rutenf., schwärzl. bis purpurnen Ästen. Kalkmeidend; Ti, W-Alp. *Ruch-W.,* **S. foétida** SCHLEICH.

— Blätt. ± regelmäßig, aber nicht weißdrüsig gesägt od. schwach kerbig gesägt, zuw. auch ganzrandig, zweifarbig, obersts. lebhaft grün, untersts. heller, blau- bis meergrün **15**

15. Mittelhoher Strauch, vorwgd. der O-Alp. (nach W seltener werdend), m. kurzen, absthd., grauen, warzigen Ästen; junge Zweige kahl, olivgrün od. grünl.gelb; Blätt. schwach kerbig gesägt, selten fast ganzrandig, verkehrt-eif., 1,9–6,3 cm lg. u. 0,5–3,1 cm breit, über der Mitte am breitesten, obersts. lebhaft-, untersts. blaugrün; Nebenblätt. häufig fehlend. Kalkliebend; Hochstaudenfluren. *Bäumchen-W.,* **S. waldsteiniána** WILLD.

— Bis 1,2 m hoher, aufrechter Strauch der höh. M-Geb. (Vog., Harz, Sudeten); junge Zweige fahlgelb, kahl od. kurz behaart, stark knotig; älteres Holz m. Striemen; Blätt. am Rand ± regelmäßig gesägt, verkehrt-eif. od. lanzettl., zugespitzt, bis 3,5(–8,5) cm lg. u. 4,5 cm breit, obersts. grün, untersts. meergrün, in der Jugend seidig behaart. Hochstaudengebüsch. *Zweifarbige W.,* **S. bícolor** WILLD.

16(2). Blätt. dicht weißfilzig behaart, verkehrt-lanzettl., ± 3,5 cm lg. u. ± 1,2 cm breit; aufrechter, bis 1 m hoher Strauch. Nur Moore von OPr. *Lappländische W.,* **S. lappónum** L.

— Blätt. kahl od. behaart, aber nicht weißfilzig **17**

17. Pfl. ohne unterirdisch kriechenden Erdstamm, 30 (selten bis 100) cm hoher Strauch; Blätt. dünn, beidersts. kahl, obersts. sattgrün, glzd., untersts. mattgrün, bis 5 cm lg. u. 1,5 cm breit, zugespitzt, am Grd. ganzrandig, gegen die Spitze gekerbt. Magerrasen, Moore in OPr u. BW. *Bleiche W.,* **S. starkeána** WILLD.

— Pfl. m. unterirdisch-kriechendem Erdstamm **18**

18. 0,2–0,5 m hoher Strauch der Moore; Blätt. beidersts. blaugrün, denen der *Heidelbeere* ähnl., ganzrandig, rundl. bis schmal-elliptisch *(744),* bis 3,5 cm lg. u. bis 1,8 cm breit, in der Jugend schwach behaart, im Alter kahl. *Heidelbeer-W.,* **S. myrtilloídes** L.

— Bis 1 m hoher Strauch; Blätt. lanzettl., breit-lanzettl. od. breit-verkehrt-eif., ganzrandig, kahl od. dicht seidig behaart, obersts. sattgrün, untersts. graugrün; Zweige dünn, braun. Feuchte u. nasse Orte. *Kriech-W.,* **S. répens** L.

19(1). Weiden m. Hauptverbreitung in nied. Lagen, bisweilen aber bis in die mont. u. subalp. Reg. aufstgd. **27**

— Weiden m. Hauptverbreitung in Alp. u. höh. M-Geb., zuw. in nied. Lagen herabstgd. **20**

20. Äste kahl od. nur in der Jugend kurz behaart, aber schnell verkahlend **22**

— Äste dicht grau-samtig, in der Jugend z.T. dicht weißwollig u. erst im 2. od. 3. Jahr verkahlend; Blätt. beim Trocknen leicht schwarz werdend **21**

21. Zweige dick, stark knotig, schwarzbraun bis schwarz; junge Triebe weiß wollig-filzig, erst im 2. od. 3. Jahr verkahlend; Blätt. kurz gestielt, 7–17 cm lg., 2,5–5 cm breit, am Rand ausgeschweift gekerbt *(747),* in der Jugend obersts. wollig-flaumig, untersts. dicht wollig-filzig, im Alter obersts. verkahlend, sattgrün, untersts. heller, flaumig; nur W-Alp. u. Ti. *Flaum-W.,* **S. lággeri** WIMM.

— Zweige nicht stark knotig, schwarzbraun, selten heller; junge Triebe grau-samtig behaart, auch im Alter selten kahl; Blätt. gestielt, in der Form variierend, kreisrund bis lanzettl., 3–15 cm lg., 1–5 cm breit, kurz bespitzt, am Rand unregelmäßig drüsig gesägt *(764),* obersts. sehr fein, besonders entlang der Mittelrippe dicht kurz behaart, dk.grün, untersts. kahl od. behaart, vor allem die Mittelrippe wachsig bereift, aber Wachsüberzug nicht bis in die Blattspitze reichend, diese deshalb grün. Bis 4 m hoher Strauch, vor allem der mont. u. subalp. Reg., im N aber auch in der Ebene. (= *S. nigricans* SM.) *Schwarzwerdende W.,* **S. myrsinifólia** SAL.

22(20). Bis 2 m hoher (in höh. Lagen auch niedrigerer) Strauch nur der östl. M-Geb. (Sudeten u. angrenzende Geb.), m. sparrig absthd., in der Jugend behaarten, im Alter kahlen, braunen bis rotbraunen Ästen; Blätt. im Austrieb rotbraun, beidersts. m. gekrümmten Haaren, im Alter lg. gestielt, verkehrt-lanzettl., oberhalb der Mitte am breitesten, am Rand grob u. ± unregelmäßig gekerbt *(752),* zuw. ganzrandig, beidersts. grün, m. weitmaschigem, untersts. stark hervortretendem Nervennetz. *Schlesische W.,* **S. silesíaca** WILLD.

— Pfl. anders u. von anderer Verbr. **23**

23. Blätt. schmal-lineal, bis 12 cm lg. u. 2 cm breit, am Rand zurückgerollt u. drüsig gezähnt, kurz gestielt *(756),* in der Jugend beidersts. dicht weißfilzig, später obersts. kahl, untersts. behaart. Bis 6 m hoher Strauch, m. dünnen, oft überhängenden, gelbl. bis rotbraunen

Ästen. Täler der Alp., außerhalb der Alp. im Überflutungsgebiet der Alpenflüsse. *Lavendel-W.,* **S. eleágnos** Scop.

— Blätt. nicht schmal-lineal **24**

24. Junge Zweige behaart, später verkahlend **26**

— Junge Zweige kahl od. nur an der Spitze behaart, zuw. hechtblau bereift **25**

25. Zweige hechtblau bereift, dk.-rotbraun, brüchig; Blätt. gestielt, breit-verkehrt-eif., bis 10 cm lg. u. 2,5 cm breit, scharf zugespitzt, zum Grd. verschmälert, am Rand dicht feindrüsig gesägt *(758),* in der Jugend seidig behaart, im Alter obersts. dk.grün glzd., untersts. graugrün matt; Nebenblätt. stark ausgebildet, feindrüsig gesägt. Bis 10 m hoher, raschwüchsiger Baum. Flußufer, Auwälder. *Reif-W.,* **S. daphnoídes** Vill.

— Zweige nicht hechtblau bereift, glzd.-kastanien- bis schwarzbraun; Blätt. elliptisch, ± 4,5 cm lg. u. ± 2 cm breit, scharf zugespitzt, am Grd. stumpf, am Rand drüsig gesägt *(750),* im Alter völlig kahl, obersts. glzd.-dk.grün, untersts. meergrün u. wachsig bereift; Nebenblätt. 3–8 mm lg., drüsig gesägt. Bis 4 m hoher Strauch nur der Zentral-Alp. von Vb, Ti (u. Schweiz, auch in Vog.). *Hochtal-W.,* **S. hegetschweíleri** Heer

26(24). Zweige glzd.-dk.braun bis schwärzl., dick knotig, an den Astenden oft genähert u. dadurch büschelig; Blätt. derb-ledrig, lanzettl. bis verkehrt-eif., in der Größe variierend, beidersts. matt bis schwach glzd., m. dickem, grobmaschigem Nervennetz, am Rand scharf drüsig gesägt. Bis 3 m hoher Strauch der Alp. *Tauern-W.,* **S. mielichhóferi** Saut.

— Zweige graubraun od. grau, schwach knotig, die jüngsten weißl. behaart; Blätt. ± 1 cm lg. gestielt, in der Größe sehr variierend, aber meist sehr groß, längl.-verkehrt-eif., über der Mitte am breitesten, am Rande umgebogen, ungleich grob gesägt *(757),* in der Jugend weiß-filzig, später verkahlend, obersts. freudig-grün, untersts. bläul.grün; Mittelrippe meist behaart; Adernetz engmaschig, obersts. vertieft, untersts. stark hervortretend; Nebenblätt. an Langtrieben kräftig, grob gesägt *(757).* Höh. Strauch od. kleiner Baum der hochmont. u. subalp. Reg., m. den Flüssen ins Vorland herabstgd.; SW, Bayrw. *Großblättrige W.,* **S. appendiculáta** Vill.

27(19). Blätt. breit-lanzettl., elliptisch, eif. od. rundl. **34**

— Blätt. schmäler, lanzettl. od. lineal **28**

28. Blätt. im Alter beidersts. od. zumindest untersts. behaart **31**

— Blätt. im Alter beidersts. kahl **29**

29. Blätt. schmal-verkehrt-lanzettl., bis 12 cm lg. u. 2,2 cm breit, gegen den Grd. lg., gegen die Spitze kurz verschmälert, im unt. Teil ganzrandig, gegen die Spitze gezähnt bis gesägt *(759),* beim Trocknen meist schwarz werdend; Zweige dünn, zahlr., gelbl. od. braun bis purpurrot. Bis 6 m hoher Strauch. Ufer, nasse Wiesen, zuw. bis in die subalp. Reg. aufstgd. *Purpur-W.,* **S. purpúrea** L.

— Blätt. lanzettl., am ganzen Rand scharf gesägt, beim Trocknen nicht schwarz werdend **30**

30. Zweige leicht abbrechend; Blätt. bis 16 cm lg. u. 4 cm breit, lg. zugespitzt, am Rand grob knorpelig gezähnt *(754),* obersts. glzd.grün; Blattstiel bis 2 cm lg., am Grd. der Spreite einige Nektardrüsen. Bis 15 m hoher Baum m. gelben od. braunen, glänzenden Ästen. Ufer größerer Flüsse, vereinzelt bis in die Voralpentäler. *Bruch-W.*, **S. frágilis** L.

— Zweige zäh, nicht brüchig; Blätt. schmal-lanzettl. bis elliptisch, bis 15 cm lg. u. 3 cm breit, spitz od. zugespitzt, am Rand drüsig gesägt *(753),* obersts. dk.grün, untersts. heller; Nebenblätt. halb-herzf., am Rand gesägt; Rinde der älteren Zweige sich in Fetzen ablösend, neue Rinde zimtbraun. Bis 4 m hoher Strauch, selten kleiner Baum. Flußtäler, bis in die Voralpentäler aufstgd.
Mandel-W., **S. triándra** L.

31(28). Blätt. untersts. sehr dicht behaart **33**

— Blätt. untersts. mäßig dicht behaart (bei *S. alba* im Alter verkahlend) **32**

32. Zweige in der Jugend dicht weißfilzig behaart, im Alter verkahlend, matt od. glzd.-dk.braun; Blätt. 11–13 cm lg. u. 2–3 cm breit, lanzettl., beidendig verschmälert, obersts. kahl, glzd., untersts. aschgrau bereift, spärl. behaart; Blattrand zurückgebogen, undeutl. wellig gezähnt. Aufrechter, 4–6 m hoher Strauch. Nur im NO. *Filzästige W.*, **S. dasýclados** Wimm.

— Zweige auch jung kahl, gelbbraun; Blätt. kurz gestielt, lanzettl., bis 10 cm lg. u. 2 cm breit, am Rand dicht kleindrüsig gesägt *(763),* obersts. dk.grün, schwach glzd., locker seidig behaart, untersts. heller grün, in der Jugend dicht seidig behaart, später verkahlend. Bis 20 m hoher Baum m. rissiger Rinde; Flußufer.
Silber-W., **S. álba** L.

33(31). Blätt. ganzrandig, schmal-lanzettl., bis 15 cm lg. u. 1,5 cm breit, zugespitzt, am Grd. keilf. *(755),* obersts. trübgrün, locker behaart, untersts. silbrig schimmernd, in der Jugend beidersts. lg. seidig behaart; Äste grünl.gelb; innere Rinde grün. Hoher Strauch od. bis 10 m hoher Baum. Bach- u. Flußufer.
Korb-W., **S. viminális** L.

— Blätt. an der Basis ganzrandig, gegen die Spitze drüsig gezähnt, schmal-lineal bis verkehrt-lanzettl., am Rand umgerollt *(756),* obersts. fast kahl, untersts. dicht weißgrau, aber nicht silbrig schimmernd behaart (s. auch Nr. **23**).
Lavendel-W., **S. eleágnos** Scop.

34(27). Zweige meist hechtblau bereift, brüchig; Blätt. breit verkehrt-lanzettl., bis 10 cm lg. u. 2,5 cm breit, scharf bespitzt, am Rand fein drüsig gesägt *(758),* obersts. dk.grün-glzd., untersts. graugrün, matt (s. auch Nr. **25**). *Reif-W.*, **S. daphnoídes** Vill.

— Zweige nicht hechtblau bereift **35**

35. Blätt. beidersts. od. nur untersts. ± dicht behaart . . . **37**

— Blätt. kahl od. nur schwach behaart **36**

36. Blattrand dicht drüsig gesägt; Drüsen in der Jugend klebrig; Spreite eif.-elliptisch, ca. 6 cm lg. u. 2 cm breit, lang zugespitzt, obersts. lebhaft grün, glzd., untersts. heller, matt; Blattstiel ± 1 cm lg., am ob. Ende m. 3–5 Drüsenpaaren; junge Triebe klebrig u. aromatisch duftend; Strauch od. bis 15 m hoher Baum. Bruch- u. Auwälder, zuw. bis in die Voralpentäler. *Lorbeer-W.*, **S. pentándra** L.

— Junge Blätt. (u. Äste) nicht klebrig, in der Form sehr veränderl., elliptisch, lanzettl. bis kreisrund, 3–15 cm lg., 1–5 cm breit, am

Rand unregelmäßig gesägt *(764),* obersts. dk.grün u. schwach glzd., untersts. blaugrün bereift, aber an der Spitze rein grün; beim Trocknen schwarz werdend. (= *S. nigricans* Sm.)

Schwarzwerdende W., **S. myrsinifólia** Sal.

37(35). 2–4jähriges Holz nach Entfernen der Rinde m. zahlr. deutl. Striemen **39**

— 2–4jähriges Holz ohne od. m. nur wenigen, oft undeutl. Striemen **38**

38. Blattstiel ± 2 cm lg.; Nebenblätt. klein; Spreite längl.-elliptisch bis fast kreisrund, 4–6(–15) cm lg. u. 2–3(–10) cm breit, zugespitzt, in od. unter der Mitte am breitesten, ganzrandig, häufiger aber unregelmäßig bogig gezähnt *(760),* obersts. dk.grün, schwach glzd., untersts. blaugrün, matt, meist dicht weißsamtig, selten kahl; Adernetz weitmaschig, obersts. vertieft, untersts. scharf hervortretend. Dickästiger, höherer Strauch, vor allem in Mischwäldern.

Sal-W., **S. cáprea** L.

— Blattstiel ± 1 cm lg.; Nebenblätt., besonders an den Langtrieben stark entwickelt; Blätt. sehr veränderlich, längl.-verkehrt-eif., über der Mitte am breitesten *(757),* anfangs seidig-filzig, dann verkahlend, untersts. oft nur die Mittelrippe behaart (s. auch Nr. **26**—).

Großblättrige W., **S. appendiculáta** Vill.

39(37). Einjährige Äste u. die großen Knospen fein behaart; Blätt. gestielt, lanzettl. od. verkehrt-lanzettl., bis 10 cm lg. u. 4,5 cm breit, kurz zugespitzt, am Rand scharf u. schmal umgebogen, unregelmäßig bogig gesägt od. gekerbt *(762),* anfangs beidersts. graufilzig, später verkahlend, obersts. schmutziggrün, glanzlos, untersts. graugrün; Nebenblätt. meist stark entwickelt, gezähnt. Mittelhoher Strauch. Moore, Sümpfe, nur vereinzelt bis in die mont. u. subalp. Reg. aufstgd. *Grau-W.,* **S. cinérea** L.

— Einjährige Äste u. die kleinen Knospen kahl; Blätt. gestielt, rundl.-verkehrt-eif. bis verkehrt-lanzettl., gegen den Grd. keilig verschmälert, m. kurzer Spitze, bis 5 cm lg., am Rand grob gesägt *(761),* obersts. trübgrün, glanzlos, schwach behaart od. kahl, untersts. anfangs graufilzig behaart, später verkahlend, aber nie ganz kahl; Nebenblätt. kräftig gezähnt. Flachmoore, Quellsümpfe, zuw. bis in die subalp. Stufe aufstd. *Ohr-W.,* **S. auríta** L.

Als Zierbäume häufig angepflanzt:

Salix babylónica L., *Trauerweide.* Bäume m. hängenden, schlanken Zweigen; Blätt. schmal, lg. zugespitzt, auch in der Jugend kahl; ♃; IV–V. (Heimat: O-Asien)

Salix acutifólia Willd., *Spitzblättrige Weide.* Bis 10 m hoher Baum m. dünnen, biegsamen, violetten bis rotbraunen Ästen; Blätt. lanzettl., bis 12 cm lg. u. 1,2 cm breit, scharf zugespitzt, am Rande knorpelig gesägt, obersts. dk.grün, untersts. heller; Nebenblätt. lanzettl., zugespitzt, bleibend; ♃; III–IV. Gleicht habituell der *S. daphnoides;* angepflanzt zur Befestigung von Dünen, Ufern, Bahndämmen; auch als Zierpfl. (Heimat: O-Eur.)

Die Gattung *Salix* neigt stark zur **Bastard**bildung!

Ordnung: **Cucurbitáles**

Familie: **Cucurbitáceae,** *Kürbisgewächse*

Mit Hilfe von einfachen od. verzweigten Ranken kletternde Kräuter od. Stauden; Bltn. radiär, 5zählig, eingschl., 1- od. 2häusig; Blkr. trichterf.-glockig; Frkn. unterst., 3fächerig; Beerenfr.

1. Ranken verzweigt **4**
— Ranken einfach, ohne Äste **2**
2. Bltn. klein, weißl.- od. gelbl.grün, in blattachselst. Trauben; Fr. erbsengroße Beere . . . . **Bryonia,** 381
— Bltn. groß, gelb, meist einzeln, blattachselst.; Beerenfrucht sehr groß **3**
3. Pfl. einhäusig; Stbblätt. 3 . . . . **Cucumis,** 381
— Pfl. 2häusig; Stbblätt. 5 . . . . **Thladiantha,** 381
4(1). Bltn. goldgelb, 7–10 cm im Dm, Fr. sehr groß **Cucurbita,** 381
— Bltn. weiß, grünl.weiß od. gelbl., kleiner **5**
5. Bltn. weiß, 6zipfelig; reife Fr. 40–50 mm lg.; Fr. einzeln, 2fächerig, pro Fach m. 1 Samen . . . . . . **Echinocystis,** 382
— Bltn. grünl.weiß od. gelbl., 5zipfelig; reife Fr. 12–15 mm lg.; Fr. zu mehreren, 1samig . . . . **Sicyos,** 381

1. **Thladiántha** Bge., *Quetschgurke*

Pfl. bis 4 m hoch, kletternd; Blkr. goldgelb; Fr. walzl. bis 5 cm lg., anfangs schwarzgrün, reif dk.rot; ♃; VI–VIII. Zierpfl., zuw. verwild., eingebürgert in Sb, Ti. (Heimat: China) **Th. dúbia** Bge.

2. **Bryónia** L., *Zaunrübe*

1. Pfl. 1häusig, m. ♂ u. ♀ Bltn.; Narben kahl; Beeren schwarz; ♃; VI–VII. Hecken, Zäune, Gebüsch; *v* im NO, sonst *s*, *f* im W, S-Ba (nur eingebürgert; Heimat: SO-Eur.). *Weiße Z.,* **B. álba** L.
— Pfl. 2häusig, nur m. ♂ od. ♀ Bltn.; Narben rauhhaarig; Beeren scharlachrot; ♃; VI–IX. Hecken, Zäune, Auwälder; *v* bis *z* im S u. W, sonst *z* bis *s*. *Zweihäusige Z.,* **B. dióica** Jacq.

3. **Cúcumis** L., *Gurke*

1. Blattspr. herzf., 5eckig m. spitzen Ecken; Fr. walzl.; Blkr. goldgelb; ⊙; VI–VIII. In vielen Sorten angepfl. (Heimat: Indien) *Gurke,* **C. satívus** L.
— Blattspr. breit-herzf., 5eckig m. abgerundeten Ecken; Fr. kugelig od. eif.; Blkr. blaßgelb; ⊙; VI–IX. In wärmeren Gebieten in zahlreichen Sorten kultiviert. (Heimat: Trop. Asien u. Afrika) *Melone,* **C. mélo** L.

4. **Cucúrbita** L., *Kürbis*

Blattspr. sehr groß, herzf., etwas gelappt; Blkr. 7–10 cm im Dm, goldgelb; Fr. gelb bis orange, rundl. od. längl., 15–40 cm im Dm; ⊙; VI–IX. In zahlreichen Sorten angepfl. (Heimat: M-Am.) **C. pépo** L.

5. **Sícyos** L., *Haargurke*

Blattspr. herzf., 5eckig; Bltn. in mehrbltg. Trauben, grünl.-weiß; Fr. borstig u. weißwollig; ⊙; VII–VIII. Zierpfl.; stellenw. verwild. u. eingebürgert (z. B. Au, Fr, wo noch?; Heimat: N-Am.). **S. anguláta** L.

6. Echinocýstis Torr. & Gray, *Stachelgurke*

Blattspr. 5lappig; Stg. kantig gefurcht; Bltn. weiß, ihre Zipfel beidersts. zottig; Fr. lg. stachelig; ⨀; VI–VIII. Ufer der Flüsse; eingebürgert mittl. Rhein-, unteres Neckar-, mittl. u. unteres Saaletal, Me, St. (Heimat: N-Am.) [= *E. echinata* (Mühlenb. ex Willd.) Britt., Sterns & Poggenb.] **E. lobáta** (Michx.) Torr. & Gray

Ordnung: **Malváles** *(= Columniferae)*

Familie: **Malváceae,** *Malvengewächse*

Kräuter od. Stauden; Blätt. wechselst.; Blattspr. häufig handnervig, gelappt; Nebenblätt. hinfällig; Bltn. radiär, 5zählig; K. oft m. Außenkelch (*211b,* ak); Stbblätt. zahlr., zu den Gr. umgebender Röhre verwachsen *(765)* u. am Grd. m. den Blkrblätt. verbunden; Frkn. oberst., 3- bis vielblättrig, bei Reife in Teilfr. zerfallend *(211b).*

1. Außenkelch 6–13spaltig **4**
— Außenkelch 3(–5)blättrig od. 3spaltig **2**
2. Pfl. bis 3 m hoch werdend; Bltn. bis 10 cm im Dm, verschiedenfarbig (weiß bis dk.braunrot) . . . . **Alcea,** 382
— Pfl. höchstens bis 1,2 m hoch; Bltn. < 5 cm im Dm . . **3**
3. Außenkelchblätt. frei, am Grd. m. dem K. verwachsen **Malva,** 383
— Außenkelchblätt. zu unter dem K. eingefügter, 3spaltiger Hülle verwachsen . . . . **Lavatera,** 383
4(1). Außenkelch 6–9spaltig . . . . **Althaea,** 382
— Außenkelch 10–13spaltig . . . . **Hibiscus,** 382

1. Hibiscus L., *Stundenblume*

Pfl. niederlgd. bis aufrecht; Blätt. handf. 3–5teilig; Bltn. blaßgelb; ⨀; VII–VIII. Schutt, Äcker, *s.* **H. triónum** L.

2. Álcea L., *Stockrose*

Bltn. in langem, zusammengesetztem Bltnstand; Blattspr. 5–7eckig od. lappig; ⨀–♃; VI–X. Zier-, Arznei- u. Färbepfl., vorwgd. in Bauerngärten, stellenw. auch verwild. (Heimat: unbekannt) [= *Althaea rosea* (L.) Cav.] **A. rósea** L.

3. Althaéa L., *Eibisch*

1. Stg. dicht filzig-zottig, 60–150 cm hoch; Blätt. beidersts. sammetfilzig, graugrün; Bltn. in armbltg., blattachselst. Trauben, weiß od. rosa; ♃; VII–IX. Feuchte Wiesen, besonders auf salzhaltigen Böden; Ostseeküste u. Salzstellen des Binnenlands *z; s* aus der Kultur verwild. Ⓖ *Echter E.,* **A. officinális** L.
— Stg. rauhhaarig, aber nicht filzig; Bltn. einzeln, blattachselst.; Blattspreite rundl.-herzf., seicht 3–5spaltig; die der mittl. Stgblätt. handf. 3–5spaltig; Bltn. bleichlila, 2,5 cm im Dm, ihre Stiele länger als die Blätt.; Stg. 15–60 cm hoch; ⨀; V–VIII. Äcker, Weinberge; *s.* (Heimat: O-Eur. bis W-Asien) *Rauher E.,* **A. hirsúta** L.

4. Lavatéra L., *Strauchpappel*

Spreite der Grdblätt. herzf.-rundl., kurz 5eckig, die der Stgblätt. handf. 3–5lappig; Bltn. blaßrot, dkgeadert, 5–8 cm breit, in lockeren Trauben; Blkrblätt. an der Spitze tief ausgerandet, am Grd. behaart; Stg. 50–100 cm lg.; ♃; VII–X. Waldränder, Wege u. Raine; *s.*
L. thuringíaca L.

5. Málva L., *Malve*

1. Blattspr. 5–7lappig, nicht tief geteilt, herzf.-rundl.; Bltn. in blattachselst. Büscheln 3

— Blattspr. fast bis zum Grd. handf. 5–7teilig, m. fiedspaltigen Abschnitten; Bltn. einzeln, blattachselst., groß 2

2. Außenkelchblätt. eif., am Grd. verbreitert; Stg. m. anlgd. Sternhaaren, 50–125 cm lg.; Bltn. an der Stgspitze traubig gehäuft, lebhaft rosa, geruchlos; Fr. kahl; ♃; VI–IX. Trockene Hügel, Gebüsch; *v.*
Sigmarskraut, **M. álcea** L.

— Außenkelchblätt. breit-lineal-lanzettl., am Grd. verschmälert; Stg. absthd. behaart, 20–100 cm lg.; Fr. dicht rauhhaarig; Bltn. rosa od. weiß, nach Moschus duftend; ♃; VII–VIII. Trockene Wiesen, Gebüsch; *v.* *Moschus-M.,* **M. moscháta** L.

3(1). Bltnstiele sehr kurz, z. Frzt. höchstens doppelt so lg. wie der K.; Stg. steif aufrecht; Blätt. glatt od. am Rand wellig kraus (var. **críspa** L.); Blkr. weiß, so lg. wie der K.; ☉; VII–IX. Kulturpfl. aus O-Asien; auch verwild., *s* im N.
Quirl-M., **M. verticilláta** L.

— Bltnstiele z. Frzt. mehrmals länger als der K.; Stg. niederlgd. od. aufstgd. 4

4. Blkrblatt. 3–4mal so lg. wie der K. (2,5–3 cm), am Grd. dicht bewimpert, tief ausgerandet, rosa-violett m. 3 dunkleren Streifen; Frstiele aufrecht od. absthd.; Teilfr. scharf berandet, am Rücken netzig-grubig; Stg. 20–120 cm lg.; ☉–♃; V–IX. Unbebaute Orte, Hecken u. Zäune; *v.* *Wilde M.,* **M. sylvéstris** L.

a. Stg. niederlgd. od. aufstgd., dicht behaart; Blattstiel ringsum dicht behaart; *v.*
ssp. **sylvéstris**

— Stg. aufrecht, schwach behaart; Blattstiel nur obersts. flaumig behaart; Kulturpfl., *s* verwildert. ssp. **mauritiána** (L.) A. & Gr.

— Blkrblätt, kürzer, nur bis 2 cm lg.; Frstiele abw. gebogen 5

5. Blkrblätt. 10 mm lg., etwa doppelt so lg. wie der K., tief ausgerandet, rosafarbig bis weiß; Teilfr. glatt, an den Kanten abgerundet; Stg. niederlgd. bis aufstgd.; ☉–♃; VI–XI. Ruderalstellen; *v.*
Käsepappel, Weg-M., **M. neglécta** Wallr.

— Blkrblätt. nur 4–5 mm lg., etwa so lg. wie der K., schwach ausgerandet, weißl.; Teilfr. runzelig, scharf berandet; Stg. niederlgd. bis aufrecht; ☉; VII–IX. Wege, Schuttplätze; *v* in W- u. O-Pr, sonst *z, s* im S. (= *M. rotundifolia* L.; = *M. borealis* Wallr.)
G *Kleinblütige M.,* **M. pusílla** Sm.

Familie: **Tiliáceae,** *Lindengewächse*

Bäume, mit 2zeilig angeordneten, herzf., asymmetrischen Blätt. *(263);* Nebenblätt. früh abfallend; Inflstiel bis zur Hälfte m. flügelart. Hochblatt (= Vorblatt) verwachsen *(177);* Bltn. radiär; K.- u. Blkrblätt. 5; Stbblätt. zahlr., zu 5 Bündeln vereinigt; Frkn. oberst.; Nußfr.

Tília L., *Linde*

1. Blätt. untersts. weißfilzig; ♃; VII–VIII. Angepflanzt. (Heimat: SO-Europa, W-Asien) (= *T. argentea* DESF.) *Silber-L.,* **T. tomentósa** MOENCH

a. Blattstiel kaum ½ so lg. wie die Spreite. ssp. **tomentósa**

— Blattstiel ½ so lg. od. länger als die Spreite. ssp. **petioláris** (DC.) SOÓ

— Blätt. untersts. kurzhaarig od. kahl, höchstens in den Winkeln der Adern behaart, grün od. bläul.-grün **2**

2. Blätt. beidersts. kahl, obersts. matt-dkgrün, untersts. blaugrün, in den Aderwinkeln braunbärtig; Fr. dünnschalig, zerbrechl., undeutl. kantig; Bltnstände 5–11bltg.; ♃; VI–VII. Wälder; *v* u. angepflanzt. (= *T. ulmifolia* SCOP.; = *T. parvifolia* EHRH.) *Winter-L.,* **T. cordáta** MILL.

— Blätt. obersts. kurzhaarig; untersts. in den Aderwinkeln weißbärtig; Bltnstand 2–5bltg.; Fr. dickwandig, holzig, deutl. kantig-gerippt; ♃; VI. Wälder; *v* bis *z;* oft angepflanzt. (= *T. grandifolia* EHRH.) *Sommer-L.,* **T. platyphýllos** SCOP.

Nach der Behaarung werden mehrere Unterarten unterschieden.

Ordnung: **Ericáles** *(= Bicornes)*

Familie: **Pyroláceae,** *Wintergrüngewächse*

Stauden; Blätt. rosettig, derb, wintergrün od. bleich, schuppenf.; Bltn. radiär, ⚥, 4–5zählig; Stbblätt. 8–10; Frkn. oberst., am Grd. z. T. m. Drüsenring; Kapselfr.

1. Bltn. einzeln od. in Trauben . . . . **Pyrola,** 385

— Bltn. in Dolden; Blätt. lanzettl. bis eif. . . . . **Chimaphila,** 384

1. Chimáphila PURSH, *Winterlieb*

Blätt. nach Jahrestrieben gehäuft, ledrig, obersts. dk.-, untersts. hellgrün, scharf gesägt; ♃; VI–VIII. Trockene, sandige Kiefernwälder: *z. s* Da, SH, E, S-Dt, *f* im NW. (= *Pyrola umbellata* L.)

Ⓖ! **Ch. umbelláta** (L.) BART.

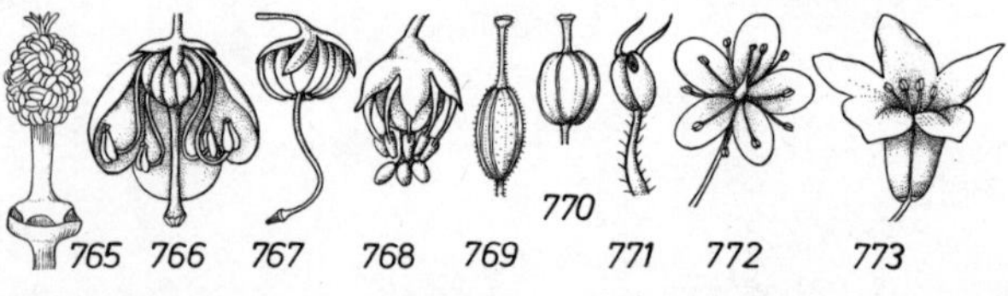

2. Pýrola L. [incl. **Monéses** SAL. u. **Orthília** RAF. (= *Ramischia* OPIZ)], *Wintergrün*

1. Stg. m. 1 großen, weißen, nickenden, radf. ausgebreiteten Blüte von ca. 2 cm Dm; Blätt. eif.-eilängl.; ♃; VI–VII. Lichte, moosreiche Nadelwälder (bis 1600 m); *z, s* W- u. N-Dt, Da, *f* Be, Ho. [= *Moneses uniflora* (L.) A. GRAY] Ⓖ *Einblütiges W.*, **P. uniflóra** L.

— Stg. mehrbltg.; Bltn. kleiner **2**

2. Bltn. in einstswendiger Traube; Blkr. fast kugelig; Stbblätt. nach ausw. u. oben umgebogen *(766);* Blätt. eif.-eilängl., kleinkerbig gesägt; ♃; VI–VII. Lichte Nadelwälder (bis 2300 m); *v* bis *z, s* NW-Dt, *f* Be, Ho. [= *Orthilia secunda* (L.) HOUSE]

Ⓖ *Nickendes W.*, **P. secúnda** L.

— Bltn. in allstswendigen Trauben **3**

3. Blkr. offen, flachglockig; Stbblätt. umgebogen (wie *766*); Gr. gekrümmt *(767)* **5**

— Blkr. fast kugelig, halb offen (wie *766*); Stbblätt. über dem Frkn. zusammenneigend; Gr. gerade *(768)* od. wenig gekrümmt **4**

4. Gr. etwa so lg. wie der Frkn. *(768);* Kblätt. 3eckig, etwa so lg. wie breit, der Blkr. anlgd. *(768);* ♃; VI–VIII. Wälder bis Krummholzreg., Dünen, Moore (bis 2200 m); *v* bis *z,* im NW seltener.

Ⓖ *Kleines W.*, **P. mínor** L.

— Gr. etwa doppelt so lg. wie der Frkn., unterhalb der Narbe verdickt; Kblätt. breit-lanzettl., fast doppelt so lg. wie breit, absthd. bis zurückgeschlagen; ♃; VI–VII. Schattige, moosige Wälder, Waldwiesen (bis 2000 m); *z, s* in S- u. M-Dt, *f* Be, Ho, N-NS, SH.

Ⓖ *Mittleres W.*, **P. média** SW.

5(3). Kblätt. lanzettl., absthd., etwa ½ so lg. wie die weiße, zuw. rot überlaufene Blkr.; Infl. meist 8–15bltg.; ♃; VII–VIII. Schattige Wälder, bis Krummholzreg., Gebüsche (bis 2200 m); *v* bis *z,* im N u. NW *s.* [Küsten von SH: ssp. **marítima** (KENYON) E. F. WARBURG]

Ⓖ *Rundblättriges W.*, **P. rotundifólia** L.

— Kblätt. 3eckig, der Blüte anlgd., bis ⅓ so lg. wie die weiße bis grünl.weiße Blkr.; Infl. meist 3–8bltg.; ♃; VI–VII. Lichte Nadelwälder (bis 1300 m); *z, s* im NO u. N, *f* Be, Ho, NW-Dt. (= *P. virens* SCHWEIGG.) Ⓖ *Grünblütiges W.*, **P. chlorántha** SW.

Familie: **Monotropáceae**, *Fichtenspargelgewächse*

Pfl. ohne Chlorophyll; Bltn. radiär, Kblätt. 2–6; Kronblätt. 3–6, frei od. verwachsen; Kapselfr.

Monótropa L., *Fichtenspargel*

Stg. wachsgelb, fleischig; Infl. zunächst bogig gekrümmt, zur Frzeit aufrecht; ♃; VI–VIII. Bis 1500 m; *v–z.* **M. hypópitys** L.

a. Frkn. länger als breit, m. lg. Gr., behaart *(769).* Vorwgd. in Nadelwäldern. (= var. *hirsuta* ROTH) *Echter F.*, ssp. **hypópitys**

— Frkn. so lg. wie breit, m. kurzem Gr., kahl *(770).* Vorwgd. in Laubwäldern; seltener als vorige. (= var. *glabra* ROTH; = *M. hypophegea* WALLR.)

Buchenspargel, ssp. **hypophégea** (WALLR.) HOLUB

Familie: **Ericáceae,** *Heidekrautgewächse*

Meist kalkmeidende Sträucher u. Zwergsträucher; Blätt. ledrig, winter- od. sommergrün, zuw. nadelf.; Bltn. radiär od. leicht zygomorph, ⚥, 4–5zählig; Blkrblätt. verwachsen, selten frei *(Ledum);* Stbblätt. 8–10; Stbbeutel oft mit hornart. Anhängseln *(771),* sich an der Spitze mit Löchern öffnend; Frkn. ober- od. unterst.; Kapsel-, Beeren- od. Steinfr.

1. Blätt. nadel- od. schuppenf.; Bltn. rötl. **11**
— Blätt. flächig, mind. 2 mm breit **2**
2. Frkn. unterst.; Blkr. 4–5zähnig od. tief 4teilig **Vaccinium,** 388
— Frkn. oberst.; Blkr. 5zählig **3**
3. Stbblätt. 5 . . . . **10**
— Stbblätt. 10 . . . . **4**
4. Blkr. fast getrenntblättrig *(772),* weiß; Blätt. am Rand umgerollt, unterststs. rostrot-filzig, lineal . . . . **Ledum,** 386
— Blkr. verwachsenblättrig, zuw. aber fast bis zum Grd. geteilt, rosenrot *(Rhodothamnus)* **5**
5. Blkr. weit offen bis glockig, > 1 cm lg., tief 5spaltig . . **8**
— Blkr. krugf. bis urnenf., kleiner, 5zähnig od. 5lappig . **6**
6. Niederlgd. Spalierstrauch; Infl. traubig, gedrängt-bltg. **Arctostaphylos,** 387
— Stg. aufrecht od. nur am Grd. liegend **7**
7. Bltn. in endst. Scheindolden . . . . **Andromeda,** 387
— Bltn. in einstswendigen Trauben . . . **Chamaedaphne,** 387
8(5). Blätt. quirlig; Pfl. der Ebene . . . . **Kalmia,** 387
— Blätt. wechselst.; Alpenpfl. **9**
9. Blkr. bis zur Hälfte gespalten *(773);* Blätt. > 1,5 cm; Pfl. bis 1 m hoch . . . . **Rhododendron,** 386
— Blkr. bis fast zum Grd. gespalten (ähnl. *772*); Blätter bis 1 cm lang; Pfl. bis 40 cm hoch . . . . **Rhodothamnus,** 387
10(3). Pfl. niederlgd.; Blätt. klein, immergrün . **Loiseleuria,** 387
— Pfl. aufrecht; Blätt. sommergrün; Bltn. gelb **Rhododendron,** 386
11(1). Blkr. tief 4spaltig, kürzer als der gleichfarbige rötl. K., am Grd. m. 4blättrigem Außenkelch; Blätt. nadelf., an der Basis spornart. verlängert *(235),* 4zeilig . . . **Calluna,** 388
— Blkr. 4zähnig, krugf., länger als der K.; Blätt. in Scheinquirlen, m. völlig umgerollten Rändern *(234)* . . . . **Erica,** 388

1. **Lédum** L., *Porst*

Bis 1,5 m hoher, immergrüner Strauch; Bltn. in reichbltgen Dolden; Pfl. stark duftend; Blätt. lineal; Staubblätt. 10; ♃; V–VI. Hochmoore, moorige Wälder; *z,* aber gesellig, im O (westl. bis O-Holstein/bei Hannover/S-SaAn/Lausitz), an anderen Orten verschollen u. wieder angesamt. Ⓖ *Sumpf-P.,* **L. palústre** L.

L. groenlándicum Oeder: Blätt. breit-lanzettl. bis eif.; Stbblätt. 5–8; sonst wie vorige. Bei Lüdinghausen (We) eingebürgert. (Heimat: N-Am.–Grönland–Sibirien)

2. **Rhododéndron** L., *Alpenrose, Almrausch*

1. Blätt. sommergrün; Bltn. gelb; ♃; V. Felsige Abhänge, Kt (NW Spittal a. d. Drau). [= *Rh. flavum* (Hoffmgg.) G. Don]
[G] *Gelbe A.,* **Rh. lúteum** Sweet

— Blätt. wintergrün; Bltn. rot **2**

2. Blätt. untersts. rostbraun, obersts. dk.grün, kahl, glzd.; Blkr. dk.rot; ♃; V–VII. Zwergstrauchreg. der Ur-Alp. (bis 2500 m); *v* u. *h,* im Vorland *s.* Ⓖ *Rostblättrige A.,* **Rh. ferrugíneum** L.

— Blätt. obersts. hellgrün, untersts. m. anfangs bleichgelben, später dk.braunen Drüsenschuppen, am Rand bewimpert; Blkr. rosa; ♃; V–VII. Zwergstrauchreg. der K-Alp.; wie vorige, bis 2200 m. Ⓖ *Behaarte A.,* **Rh. hirsútum** L.

3. Rhodothámnus Rchb., *Zwergalpenrose*

Blätt. am Rand weiß-borstig bewimpert; Bltn. zu 1–3, bis 2,5 cm breit; Blkr. rot, bläul. überlaufen; ♃; VI–VII. Zwergstrauchreg. der K-Alp. (1200–2400 m); *v* im O, nach W seltener, *f* Vb. Ⓖ **Rh. chamaecístus** (L.) Rchb.

4. Kálmia L., *Berglorbeer, Lorbeerrose*

Bis 1 m hoher Zierstrauch m. immergrünen, eilängl. Blätt., diese in Scheinquirlen; Bltn. schüsself., rötl., bis 1 cm breit; ♃; VI–VII. Moore; eingebürgert am Chiemsee, bei Hannover (NS) u. bei Rheine (NW-We). (Heimat: östl. N-Am.) **K. angustifólia** L.

5. Loiseleúria Desv., *Alpenheide*

Spalierstrauch m. ledrigen, immergrünen, 5–7 mm lg., gegenst. Blätt.; Doldentrauben 2–5bltg.; ♃; VI–VII. Zwergstrauchheiden der Ur-Alp. (1500–2800 m); *v* u. *h.* 🄶 **L. procúmbens** (L.) Desv.

6. Andrómeda L., *Polei-Gränke, Rosmarinheide*

10–40 cm hoher Zwergstrauch, m. weithin kriechender Grdachse; Blätt. lineal-lanzettl., wintergrün, obersts. dk.-, untersts. bläul.grün, am Rand umgerollt; Doldentrauben 2–8bltg.; Bltn. nickend, rötl., m. kugelig-eif. Blkr.; ♃; V–VI. Hochmoore (bis 2000 m); *v* im N u. Alp., sonst *z* bis *s.* 🄶 **A. polifólia** L.

7. Chamaedáphne Moench, *Torfgränke*

Bis 1 m hoher Strauch; Blätt. wintergrün, obersts. dk.-, untersts. weißl.grün, eilanzettl., bis 3 cm lg., beidersts. dicht m. rostbraunen Schuppenhaaren; Bltn. glockig, weiß; ♃; V–VII. Hochmoore; *s* OPr. **Ch. calyculáta** (L.) Moench

8. Arctostáphylos Adans. (incl. **Arctóus** Niedenzu), *Bärentraube*

1. Blätt. dorb, wintergrün, ganzrandig, beidersts. kahl, untersts. vertieft netzadrig; Bltn. zu 3–12, weiß od. rötl.; Fr. scharlachrote Beere; ♃; III–VII. Trockene Kiefernwälder (Ebene), Zwergstrauchheiden (bis 2500 m); *z* Alp. u. im N, *s* Alp.-Vorland, Schl, Sa, Harz, NO-He, Franken, Bodensee. Ⓖ *Immergrüne B.,* **A. úva-úrsi** (L.) Spreng.

— Blätt. sommergrün, im Herbst rot werdend, scharf gezähnt, am Grd. lang bewimpert, beidersts. netznervig; Bltn. zu 2–5, grünl.weiß; Fr. anfangs rote, später glzd.-schwarzblaue Beere; ♃; V. Zwergstrauchheiden (1600–2500 m); *v* Alp. [= *Arctous alpina* (L.) Niedenzu] *Alpen-B.,* **A. alpína** (L.) Spreng.

9. Vaccínium L. (incl. **Oxycóccus** Hill), *Heidelbeere, Preiselbeere*

1. Blkr. tief 4teilig m. zurückgeschlagenen Zipfeln; Stg. fadenf., kriechend; Beere rot (= *Oxycoccus*) **4**

— Blkr. krug- od. glockenf.; Stg. kräftiger, aufrecht od. aufstgd. **2**

2. Blätt. derb, wintergrün, ganzrandig; Blkr. 4spaltig, weiß od. rötl.; Beere glzd.-scharlachrot; ♃; V–VII. Kiefernwälder, Moore, Zwergstrauchheiden (bis 2500 m); *v*. *Preiselbeere,* **V. vítis-idaéa** L.

— Blätt. zarter, sommergrün; Blkr. 5zähnig **3**

3. Bltn. einzeln, grünl. bis rot; Blätt. rundl.-eif., zugespitzt, am Rand fein gesägt *(255a),* beidersts. grün; Stg. grün, scharfkantig *(255b);* Beere blauschwarz, m. rotem Saft; ♃; V–VI. Wälder, Gebüsche, bis Zwergstrauchreg. (bis 2500 m); *v* u. *h*. *Blaubeere, Heidelbeere,* **V. myrtíllus** L.

— Bltn. zu 1–4, weiß od. rötl.; Blätt. verkehrt-eif., ganzrandig, unterststs. blaugrün, m. hervortretendem Adernetz; Beere blau bereift, m. farblosem Saft; ♃; V–VI. Moorige Wälder, Hochmoore, alp. Zwergstrauchheiden (bis 2500 m); *v* Alp., *z* Vorland u. M-Geb., sonst *s*. ⊡G *Rauschbeere, Moorbeere,* **V. uliginósum** L.

4(1). Blätt. 3–8 mm lg., eif.-zugespitzt; Beere 5–15 mm im Dm; ♃; V–VII. Hochmoore (bis 1800 m); *v* im N u. Alp., sonst *z* bis *s*. (= *O. palustris* Pers.) ⊡G *Kleinfrüchtige Moosbeere,* **V. oxycóccos** L.

a. Bltnstiel behaart; Blätt. etwa in der Mitte am breitesten; Fr. rund. ssp. **oxycóccos**

— Bltnstiel kahl; Blätt. am Grd. am breitesten; Fr. birnf.; Pfl. in allen Teilen kleiner; *s* Me, Br, Erzgeb., N-Schw., bei München, Au. [= *V. microcarpum* (Turcz. ex Rupr.) Schmalhausen; = *O. microcarpus* Turcz. ex Rupr.] ⊡G ssp. **microcárpum** (Turcz. ex Rupr.) A. Blytt

— Blätt. 6–17 mm lg., lanzettl.-stumpfl.; Beere 10–20 mm im Dm; Pfl. in allen Teilen kräftiger als vorige Art; ♃; V–VII. Angepfl. u. oft verwild., an ca. 15 Orten eingebürgert (bes. Ho). (Heimat: östl. N-Am.) [= *O. macrocarpon* (Ait.) Pursh] *Großfrüchtige M.,* **V. macrocárpon** Ait.

10. Callúna Sal., *Besenheide, Heidekraut*

20–100 cm hoher Zwergstrauch; Blätt. lineal-lanzettl., 1–3,5 mm lg., 4zeilig-dachig angeordnet *(235);* Bltn. nickend, in einstswendigen, dichtbltg. Infl.; Blkr. tief 4spaltig; ♃; VII–XI. Trockene Wälder, Heiden, Moore (bis 2500 m); *v* u. *h*. **C. vulgáris** (L.) Hull

11. Eríca L., *Heide, Erika*

1. Stbbeutel aus längl.-eif. Blkr. hervorragend; Bltn. in fast einstswendigen Trauben; Blätt. nadelf., kahl, meist in 4blättrigen Scheinquirlen; ♃; III–VI. Kiefernwälder bis Krummholzreg. (bis 2400 m); kalkliebend; *v* Alp. u. Vorland, *s* S-Fr. Alb, S-böhmische Randgeb. bis Vogtl. (= *E. herbacea* L.) *Schnee-H.,* **E. cárnea** L.

— Stbbeutel von krugf. Blkr. eingeschlossen **2**

2. Bltn. in endst., 5–15bltg., kopfigen Dolden; Blätt. am Rand lg. drüsig-steifhaarig bewimpert; ♃; VII–VIII. Torf-, Heidemoore; *v* im NW, SH u. Da, *z* im N (*f* OPr), sonst *s* (*f* E, Au). ⊡G *Glocken-H.,* **E. tetrálix** L.

— Bltn. in quirligen Trauben; Blätt. meist in 3zähligen Quirlen, kahl, glzd.; ♃; VI–VII. Lichte Wälder, Heiden; sehr *s* NW-Rheinland (ob noch?), *z* Ho, Be. ⊡G *Graue H.,* **E. cinérea** L.

Familie: **Empetráceae,** *Krähenbeerengewächse*

Immergrüne Zwergsträucher von *Erica*-ähnl. Aussehen; Blätt. unterstś. m. tiefer Längsfurche, als Rollblätt. ausgebildet (Querschnitt, *234*); Bltn. klein, ⚥ od. eingeschl.; Fr. beerenart., schwarze Steinfr.

Émpetrum L., *Krähenbeere*

1. Bltn. vorwgd. eingeschl.; Sprosse niederlgd.-ausgebreitet; junge Triebe rötl.; Blätt. 3–5mal so lg. wie breit; ♃; V–VI. Moore, Heiden, Dünen (bis ? m); *v* im N, *z* M-Geb., sonst *s* bis *f* (Alp.?).
Schwarze K., **E. nígrum** L. (s. str.)

— Bltn. vorwgd. ⚥; Sprosse mehr aufrecht; junge Triebe grün; Blätt. 2–3mal so lg. wie breit; ♃; V–VII. Triften, Moore; Alp. von 1000–2600 m u. SH *v*, sonst *s*. [= *E. n.* ssp. *hermaphroditum* (LGE.) BÖCHER]
[G] *Zwittrige K.,* **E. hermaphrodítum** (LGE.) HAG.

Ordnung: **Primuláles**

Familie: **Primuláceae,** *Primelgewächse*

Kräuter od. Stauden; Blätt. häufig in Rosetten; Bltn. einzeln od. in doldigen, traubigen, rispigen od. ährigen Infl., radiär, ⚥; Blkrblätt. u. Stbblätt. 5, erstere verwachsen; Frkn. oberst., einfächerig m. zentraler Plazenta *(774)*; Kapselfr.

1. Blätt. kammf. gefiedert (ähnl. *181*); Bltn. hellrosa, im Schlund gelb; Wasser- u. Sumpfpfl. . . . . . **Hottonia,** 395
— Blätt. ungeteilt; Land- od. Sumpfpfl. **2**
2. Blätt. in grdst. Rosetten, zuw. m. Ausläufern, höchstens unterhalb der Infl. oder der Bltn. kleine Hochblätt. . . . **10**
— Stg. beblättert **3**
3. Bltnhülle einfach, rosa; Bltn. einzeln, sitzend . . **Glaux,** 395
— Bltnhülle doppelt, in K. u. Blkr. gegliedert **4**
4. Blätt. zur Stgspitze hin an Größe zunehmend (bis 7 cm lg.) u. hier rosettig gehäuft *(221)* . . . . **Trientalis,** 395
— Blätt. spitzenw. nicht auffällig an Größe zunehmend u. nicht an der Stgspitze rosettig gehäuft **5**
5. Bltn. gelb, m. lg. Röhre . . . . **Vitaliana,** 392
— Bltn. rot, blau od. weiß; falls gelb, dann ohne lg. Röhre **6**
6. Pfl. polsterf., m. säulenf., dachziegelig beblätt. Sprossen; Blätt. 3–5 mm lg.; Hochalpenpfl. . . . . . **Androsace,** 392
— Pfl. nicht polsterf.; Sprosse nicht dachig beblättert . . **7**
7. Blätt. gegenst. od. quirlig **9**
— Blätt. wechselst. **8**
8. Stbblätt. 10, davon 5 steril (als Zipfel zw. den Blkrblätt.); Blkr. 5teilig, weiß; Blätt. fleischig, die unt. rosettig gehäuft **Samolus,** 396
— Stbblätt. 4; Blkr. 4spaltig, weiß od. rötl.; Blätt. eif., 5 mm lg. *(229)*; Pfl. ohne grdst. Rosette . . . . . . **Centunculus,** 396
9(7). Blkr. gelb . . . . **Lysimachia,** 395
— Blkr. rot, rosa od. blau . . . . **Anagallis,** 396

10(2). Blkr. glockig-trichterf., zerschlitzt *(779–780)* **Soldanella,** 394
— Blkr. nicht zerschlitzt **11**
11. Blkr. m. 5 lg., zurückgeschlagenen Zipfeln, rötl.; Bltn. einzeln, duftend; Frstiele spiralig . . . . **Cyclamen,** 395
— Zipfel der Blkr. nicht zurückgeschlagen **12**
12. Blkr. glockig, rötl.; Blätt. groß, lg. gestielt, rundl.-herzf., gesägt-gelappt . . . . **Cortusa,** 394
— Blkr. röhrenf., m. meist radf. ausgebreitetem Saum; Blätt. nicht herzf. **13**
13. Blkr. m. kurzer Röhre, meist weniger als 10 mm im Dm *(777–778);* Blätt. lanzettl., oft zu kugeligen Rosetten vereinigt . . . . **Androsace,** 392
— Blkr. m. lg. Röhre, meist mehr als 15 mm im Dm *(775–776);* Blätt. nur selten lanzettl. **14**
14. Blätt. lineal, 4–12 mm lg. u. 1,2 mm breit; Bltn. gelb **Vitaliana,** 392
— Blätt. breiter u. länger, nicht lineal; Bltn. gelb, rot od. violett **Primula,** 390

1. Prímula L., *Primel, Schlüsselblume*

1. Blätt. in Knospenlage nach oben eingerollt; K. stielrund . **6**
— Blätt. in Knospenlage nach unten eingerollt; K. kantig . . **2**
2. Blätt. glatt od. schwach runzelig, kahl; Blattunterseite mehlig bepudert; Bltn. rosa-violett; K. stumpfkantig **5**
— Blätt. runzelig, behaart, nicht mehlig; K. scharfkantig; Bltn. gelb **3**
3. Infl.-Stiel sehr kurz bis fehlend; Bltn. lg. gestielt, Bltnstiel langhaarig; Blätt. am Grd. allmähl. verschmälert, ohne deutl. Stiel, obersts. kahl; Blkr. meist schwefelgelb; ♃; III–V. Feuchte, lichte Wälder, Gebüsch (bis 1000 m); *s* im NW, im N östl. bis Me, S-Ba, S-BW, b. Köln, in Au *v.* Zahlr., auch mehrfarbige Sorten als Zierpfl. (= *P. vulgaris* HUDS.) Ⓖ *Stengellose Sch.,* **P. acaúlis** (L.) L.
— Dolde bis 30 cm lg. gestielt; Bltn. kürzer gestielt; Bltnstiel kurzhaarig; Blattstiel deutl. ausgebildet, zuw. aber geflügelt; Blätt. beidersts. behaart **4**
4. K. weit glockenf.; Blkrsaum meist vertieft *(775),* dottergelb, am Schlund m. 5 roten Flecken; Bltn. duftend; ♃; IV–V. Wiesen, Gebüsch, Waldränder. [= *P. officinalis* (L.) HILL]
[G] *Wiesen-, Duftende Sch.,* **P. véris** L.

a. Blätt. untersts. weich behaart bis verkahlend; Haare nur 0,1–0,3 mm lg., unverzweigt; K. 8–15 mm lg.; Krröhre länger als der K. Bis 1700 m; *v, s* im NW. ssp. **véris**
— Blätt. untersts. ± filzig; Haare 0,5–1 mm lg., oft verzweigt, geschlängelt u. miteinander verflochten; K. 15–20 mm lg. . . . . **b**
b. Blkrröhre kürzer od. gleich lg. wie der K.; Blattspr. allmähl. in den deutl. geflügelten Blattstiel übergehend. Trockenere Standorte (bis 1000 m); *s* E, BW, Fr, Th bis Po u. Schl, Kt, St. ssp. **canéscens** (OPIZ) LÜDI
— Blkrröhre länger als der K.; Blattspr. herzf., direkt in den schmal- od. ungeflügelten Blattstiel übergehend; Bltn. 10–22 mm im Dm; ob im Gebiet? [= ssp. *columnae* (TEN.) MAIRE & PETITMENGIN]
ssp. **suavéolens** (BERTOL.) GUTERMANN & EHRENDF.

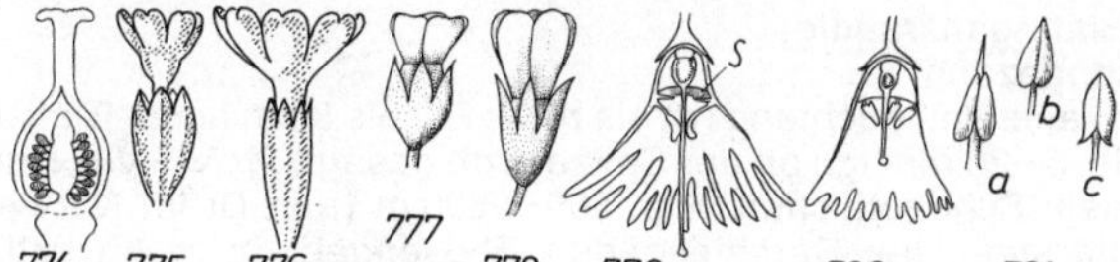

774 775 776 777 778 779 780 781

— K. eng anlgd.; Blkrsaum flach ausgebreitet *(776)*, schwefelgelb, am Schlund m. hell orangefarbenem od. grünl.gelbem Ring; Bltn. nicht od. sehr schwach duftend; ♃; III–V. Laubwälder, Gebüsch, Wiesen (bis 2400 m); *v* im S, *z* im N.
[G] *Wald-Sch., Hohe Sch.,* **P. elátior** (L.) HILL

5(2). Blkrröhre etwa so lg. wie der K. (3–6 mm), am Schlund intensiv gelb; Infl.-Stiel 2–15 cm lg.; ♃; V–VII. Sumpfige Wiesen, Flachmoore (bis 2600 m); *v* Alp., *z* Vorland bis Alb, Me, *s* Oberfranken, Da, Po, OPr; NO-Br? Ⓖ *Mehl-Sch.,* **P. farinósa** L.

— Blkrröhre 2–3,5mal so lg. wie der K. (20–30 mm lg.); Infl.-Stiel 10–30 cm lg.; ♃; VI–VII. Rasen der K-Alp. (1300–2700 m); *z* Ti, Sb, Kt. (= *P. longiflora* ALL.) Ⓖ *Langblütige Sch.,* **P. hálleri** GMEL.

6(1). Bltn. gelb, am Schlund mehlig, duftend; Blätt. etwas fleischig, jung mehlig bestäubt; ♃; IV–VI. Felsentriften u. -spalten der K-Alp. (bis 2600 m); *v* Alp., *z* Vorland, *s* S-Schw., S-Fr. Alb.
Ⓖ *Aurikel, Platenigl,* **P. aurícula** L.[1]

a. Bltn. hellgelb, duftend; K. mehlig; *v.* ssp. **aurícula**

— Bltn. dk.gelb, geruchlos; K. ohne Mehlstaub; *s,* SW-Kt, O-Ti.
ssp. **balbísii** (LEHM.) ARCANG.

— Bltn. rosa, rot od. violett **7**

7. Tragblätt. länger als die Bltnstiele **10**

— Tragblätt. kürzer als die Bltnstiele; Pfl. drüsig **8**

8. Infl.-Stiel meist kürzer als die Laubblätt.; K. von der Krröhre absthd.; Köpfchen der Drüsenhaare klein, farblos bis gelb od. bräunl. bis schwärzl.; ♃; IV–VII. Felsspalten (700–3000 m); *z* Au, *s* BW (Belchen). Ⓖ *Behaarte Sch.,* **P. hirsúta** ALL.[1]

— Infl.-Stiel meist länger als die Laubblätt.; K. der Krröhre anliegend **9**

9. Blätt. meist 6–12 mm breit, längl.-keilig, selten verkehrt-eif.; längste Bltnstiele 1–6 mm lg.; Stg. m. 2–8 Bltn.; ♃; VI. Felsspalten, alpine Weiden, kalkmeidend; *s* SW-Ti (oberhalb 1600 m). (= *P. oenensis* THOMAS ex GREMLI)
Ⓖ *Rhätische Sch.,* **P. daonénsis** (LEYB.) LEYB.

— Blätt. meist 9–16 mm breit, rundl.-verkehrt-eif. od. oval; längste Bltnstiele 4–15 mm lg.; Stg. m. 2–5 Bltn.; ♃; IV–VI. Felsen, kalkmeidend, nur Kt, St, *z.* Ⓖ *Zottige Sch.,* **P. villósa** WULF.

---

[1] **P. x pubéscens** JACQ.: Fruchtbarer, daher hinsichtl. der Bltn. vielfarbiger Bastard aus *P. auricula* x *P. hirsuta; s* Ba, BW (Belchen), Vb, Ti. Hieraus entstand die *v* kult. *Garten-Sch.,* **P. horténsis** WETTST.

10(7). Blätt. ganzrandig **12**
— Blätt. gezähnt **11**
11. Bltn. einzeln, leuchtend rot bis rosa; Pfl. bis 5 cm hoch; Blätt. breitkeilf., 5–30 mm lg., an der Spitze grob gesägt; ♃; VI–VIII. Humöse Böden; Schneetälchen; Alp. 800–2600 m (*s* in Dt im Karwendel, Wetterstein, bei Berchtesgaden, Riesengeb., *z* in Au östl. von Brenner-Innsbruck). Ⓖ *Zwerg-Sch.,* **P. mínima** L.
— Dolden meist 3–4(1–7)-bltg.; Pfl. 5–10 cm hoch; Blätt. lanzettl., 15–50 mm lg., knorpelrandig, in der ob. Hälfte fein gesägt; ♃; VII–VIII. Magermatten, Felsen (1900–2600 m); *z* Au. Ⓖ *Klebrige Sch.,* **P. glutinósa** WULF.
12(10). Blätt. weich, ohne Knorpelrand, am Rand m. bis 1 mm langen Drüsen; Bltnstiel bis 3,5 mm lg.; ♃; VI–VII. Magerrasen, Schneetälchen (2100–? m), kalkmeidend, *z* bis *s*, Vb, W-Ti. Ⓖ *Ganzblättrige Sch.,* **P. integrifólia** L.
— Blätt. m. Knorpelrand **13**
13. Blätt. graugrün, m. schmalem Knorpelrand; Blkrblätt. bis zur Mitte 2spaltig; Bltnstiel 2–12 mm lg.; Stg. 1–4bltg.; ♃; V–VII. Felsfluren, feuchte Rasen (650–2300 m), kalkliebend; *s* bei Berchtesgaden, Sb, St, OÖ. Ⓖ *Clusius-Sch.,* **P. clusiána** TAUSCH
— Blätt. blaugrün, sehr steif, m. breitem Knorpelrand; Blkrblätt. bis zu ⅓ gespalten; Bltnstiel 2–8 mm lg.; Stg. 1–2bltg.; ♃; VI–VIII. Felsen, alpine Rasen, auf Kalk, *s*, Kt. Ⓖ *Wulfen-Sch.,* **P. wulfeniána** SCHOTT

2. Vitaliána SESLER, *Goldprimel*

Pfl. 5–12 cm hoch, rasig wachsend; Blkrröhre doppelt so lg. wie der K.; ♃; VI–VII. Felsen, steinige Rasen (meist über 2000 m), *s*, nur Kt. [= *Androsace vitaliana* (L.) LAP.; = *Douglasia vitaliana* (L.) PAX] 🄶 **V. primuliflóra** BERTOL.

3. Andrósace L. (incl. **Arétia** L.), *Mannsschild*

1. Bltn. zu 2 bis mehreren, in lg. gestielten Dolden; Blätt. grdst., in oft kugeligen Rosetten **5**
— Bltn. einzeln; Blätt. klein, dichtdachig *(= Aretia)* **2**
2. Blätt. durch einfache Haare graufilzig; Bltn. weiß m. gelbem Schlund; Blätt. nach dem Verwelken erhalten bleibend, Pfl. daher dicht polsterf.; ♃; V–VII. Felsspalten (1700–2900 m); *z* K-Alp. Ⓖ *Schweizer M.,* **A. helvética** (L.) ALL.
— Blätt. dicht m. mehrfach verzweigten Sternhaaren, nach dem Verwelken nicht erhalten bleibend, Pfl. daher keine dichten Polster bildend **3**
3. Bltnstiel doppelt so lg. wie der nicht bis zur Mitte gespaltene K.; Blkr. 10–12 mm im Dm, ihre Blätt. an der Spitze ausgerandet, dkrosa; Blätt. lanzettl.-spitz, gekielt; ♃; VI–VII. Gesteinsfluren (2100–2600 m); kalkmeidend; *s* in Sb, Kt, St. 🄶 *Steirischer M.,* **A. wulfeniána** KOCH
— Bltnstiel höchstens so lg. wie der K.; Blkr. 4–8 mm im Dm; K. bis zur Mitte od. tiefer gespalten *(777–778);* Blätt. nicht gekielt, flach **4**

4. Blkr. 4–5 mm im Dm, ihre Zipfel etwas ausgerandet; Blätt. deutl. oberhalb der Mitte am breitesten; Wurzel bleibend, ohne Blattreste; Kzipfel 3eckig, kaum länger als breit *(777)*; ♃; VII–VIII. Felsspalten, Geröll (?–2200 m); kalkstet; *s* b. Berchtesgaden, Loferer u. Leoganger Steinberge (Sb), Ti, Kt, St-OÖ (Hoch-Mölbing).
Ⓖ *Dolomiten-M.,* **A. hausmánnii** LEYB.

— Blkr. 6–8 mm im Dm, ihre Zipfel nur gestutzt; Blätt. in der Mitte am breitesten, lanzettl.-stumpfl.; basale Teile des Hauptsprosses m. abgestorbenen Blattresten; Kzipfel lanzettl., doppelt so lg. wie breit *(778)* [var. **tiroliénse** (WETTST.) HAND.-MAZ.: Kzipfel so lang wie breit, dreieckig; N-Ti, Kt]; ♃; VII–VIII. Wie vorige (2000–3450 m); kalkmeidend; *z* Au. 🄶 *Alpen-M.,* **A. alpína** (L.) LAM.

5(1). Blätt. ganzrandig; Pfl. ♃, m. blühenden u. sterilen Rosetten; Blkr. m. gelbem Schlund **8**

— Blätt. gezähnt; Pfl. ⊙–⊙, nur m. blühenden Rosetten; Rosetten m. mehreren Infl.; Blkr. weiß m. gelbem Schlund . **6**

6. Blkr. länger als der kahle K.; Tragblätt. 2–3 mm lg., lineal-lanzettl.; ⊙; V–VI. Sandmagerrasen; *s* Mittelrhein bis Schl (z.T. verschollen), OPr, Ötztal (Ti). *Nordischer M.,* **A. septentrionális** L.

— Blkr. kürzer als der behaarte (oft verkahlende) K. u. viel kürzer als der Bltnstiel **7**

7. Bltnstiele schon zur Blütezt. viel länger als die 3–8 mm lg., lanzettl.-spitzen Tragblätt.; Rosettenblätt. lanzettl.; ⊙; IV–V. Trokkenrasen, Äcker, *s* RhPf, He, Ba bis Schl.
Verlängerter M., **A. elongáta** L.

— Bltnstiele auch zur Frzeit nur wenig länger als die 10 mm lg., verkehrt-eif. Tragblätt.; Rosettenblätt. eif. bis breit-lanzettl.; ⊙; IV. Getreidefelder, Brachäcker; früher RhPf, E (Colmar).
Kelch-M., **A. máxima** L.

8(5). Pfl. von lg., einfachen, m. kurzen Stieldrüsen untermischten Haaren zottig **11**

— Pfl. kahl od. von kurzen Sternhaaren flaumig, ohne Stieldrüsen **9**

9. Ganze Pfl. kahl (nur die Blattspitzen behaart); Bltnstiele viel länger als die Tragblätt.; Blkr. weiß; ♃; V–VII. Matten, Triften der Alp. (1000–2300 m); *v* Au, *z* Bayr. Alp., *s* Schw. Alb.
Ⓖ *Milchweißer M.,* **A. láctea** L.

— Pfl. von Sternhaaren flaumig; Bltnstiele kaum länger als die Tragblätt. **10**

10. K. kahl; Blkr. rosenrot; Blätt. lineal, vom Grd. an verschmälert; ♃; VI–VII. Schutthalden, Rasen; S-Vog. oberhalb 1300 m.
Ⓖ *Fleischroter M.,* **A. cárnea** L.

— K. behaart; Blkr. weiß od. blaßrötl.; Blätt. lanzettl., stumpfl., oberhalb der Mitte am breitesten; ♃; VI–VII. Magermatten (1700–2700 m); kalkmeidend; *v* Au, *s* Wettersteingeb., bei Berchtesgaden, Schneegrube (Riesengeb.).
Ⓖ *Stumpfblättriger M.,* **A. obtusifólia** ALL.

11(8). Blätt. überall zottig; Rosetten fast kugelig; Bltn. weiß od. rötl.; Schlund gelbrot; ♃; VI–VII. Rasen u. Felsen der K-Alp., *s*, Kt, St.
🄶 *Zottiger M.,* **A. villósa** L.

— Blätt. nur am Rand zottig; Rosetten flach; Bltn. weiß; Schlund gelb; ♃; VI–VII. Matten der K-Alp. (1300–2500 m); *v*, Alp.
Ⓖ *Haariger M.*, **A. chamaejásme** WULF.

4. Cortúsa L., *Heilglöckchen*
Bltn. zu 6–8 in Scheindolde m. ungleichen, ganzrandigen od. gezähnten Hüllblätt., nickend, rosa; Blätt. groß, im Umriß rundl. bis herzf., grob gesägt; ♃; V–VIII. Hochstaudenfluren der mont. u. subalp. Stufe (1100–1900 m); Alp. *v*, Au, Allgäu u. *s* Tegernsee (Dt).
Ⓖ **C. matthíoli** L.

5. Soldanélla L., *Troddelblume, Alpenglöckchen* Ⓖ
1. Stg. meist 1bltg.; Blkr. röhrig, gleichmäßig auf höchstens ⅓ der Länge zerschlitzt, ohne Schlundschuppen *(780)*; Stbbeutel meist nicht zugespitzt *(781b–c)*; Gr. kürzer als die Blkr. **3**
— Stg. meist mehrbltg.; Blkr. trichterf., ungleichmäßig, meist über ⅓ ihrer Länge zerschlitzt, m. Schlundschuppen (*779, S*), blauviolett; Stbbeutel lg. zugespitzt *(781a)*; Gr. länger als die Blkr. **2**
2. Blatt- u. Bltnstiele in der Jugend spärl. m. sitzenden Drüsen, später verkahlend; Blattspreite dickl., ganzrandig, 1,5–3,5 cm breit; Schlundschuppen breiter als lg., ausgebuchtet; ♃; IV–VII. Matten, Schneetälchen (1000–2900 m); *v* Alp., *s* S-Schw.
Ⓖ *Alpen-T.*, **S. alpína** L.
— Blatt- u. Bltnstiele dicht m. gestielten Drüsen, später kaum verkahlend; Blattspr. dünn, gekerbt, 2,5–7 cm breit; Schlundschuppen länger als breit, 2lappig; ♃; V–VI. Waldwiesen, humusreiche Nadelwälder (bis 1700 m); *v* Bayr.-Böhmw., *z* Alp.-Vorland.
Ⓖ *Berg-T.*, **S. montána** WILLD.
a. Drüsenhaare der Blattstiele 0,5 mm lg., bleibend. Dt, Sb, St. ssp. **montána**
— Drüsenhaare der Blattstiele 0,2 mm lg., später oft verschwindend. Nur Sb, Kt, St. ssp. **hungárica** (SIMK.) LÜDI
3(1). Blatt- u. Bltnstiele spärl. drüsig, später verkahlend; Spreite dünn, ± nierenf., obersts. m. vorspringenden Nerven; Stbbeutel am Grd. zugespitzt *(781c)*; Blkr. rötl.-violett; ♃; V–VIII. Schneetälchen, feuchte Matten (1300–2700 m); kalkmeidend; *v* bis *z* Alp.
Ⓖ *Zwerg-T.*, **S. pusílla** BAUMG.
— Blatt- u. Bltnstiele dicht drüsig, später nur wenig verkahlend; Spreite dickl., rundl., obersts. ohne hervortretende Nerven; Stbbeutel am Grd. abgerundet *(781b)*; Blkr. blaßlila bis fast weiß; ♃; V–VII. Wie vorige (1700–2500 m); kalkstet.
Ⓖ *Kleinste T.*, **S. mínima** HOPPE
a. Blattspreite rund od. sogar etwas länger als breit; Drüsenbehaarung dicht, bleibend; *s* Ammergauer Alp. (Dt), Ti, Kt. ssp. **mínima**
— Blattspreite schwach nierenf., nicht länger als breit; Drüsenbehaarung lockerer u. kürzer, später (bes. Blattstiele) etwas verkahlend; *s* Ba (Chiemgau), N-Schladminger Tauern (Sb), N-St, OÖ. ssp. **austríaca** (VIERH.) LÜDI

Bastarde nicht selten!

6. Hottónia L., *Wasserfeder*
Bltn. in 3–6bltg. Quirlen; Blkr. rosa; Blätt. rosettig, kammf. *(181);* ♃; V–VII. Tümpel, Gräben, Altwässer; *v* im N, *z* bis *s* im S.
Ⓖ **H. palústris** L.

7. Cyclámen L., *Alpenveilchen*
Grdachse knollig; Blätt. immergrün, nieren-herzf., schwach gekerbt, obersts. dk.grün, silbrig gefleckt, untersts. karminrot; ♃; VI–IX. Steinige Laubwälder, Gebüsch (bis 1200 m); kalkliebend; *z* Ba, Au, *s* BW, außerdem oft angepfl. (= *C. europaeum* auct.)
Ⓖ *Wildes A.,* **C. purpuráscens** MILL.

8. Lysimáchia L., *Gilbweiderich*

1. Bltn. in gestielten, dichten, achselst. Trauben; Blkr. 4–5 mm lg., ihre meist 6 Zipfel lineal, von den Stbblätt. überragt; Blätt. gegenst., schmal-lanzettl.; ♃; V–VII. Teiche, Sümpfe, Moore (Dt bis 700, Au bis 1200 m); *v* im N, *z* bis *s* im M-Gebiet u. im S, *f* E.
[G] *Straußblütiger G.,* **L. thyrsiflóra** L.

— Bltn. nicht in gestielten, achselst. Trauben **2**

2. Bltn. einzeln, blattachselst.; Stbfäden frei od. nur am Grd. verwachsen; Blätt. gegenst.; Stg. lgd. bis aufstgd. . . . **4**

— Bltn. in endst. beblätt. Rispen od. Trauben; Stbfäden bis zur Mitte verwachsen; Blätt. quirlig; Stg. aufrecht **3**

3. Blkrzipfel kahl; Kzipfel rot berandet; Stg. undeutl. kantig, kurz behaart; ♃; VI–VIII. Sümpfe, Bruch-, Auwälder (bis 1850 m); *v.*
Gewöhnlicher G., **L. vulgáris** L.

— Blkrzipfel am Rand drüsig bewimpert (Lupe!); Kzipfel grün; Stg. kantig, schmal geflügelt, flaumig-drüsig behaart; ♃; VI–VIII. Ufer, feuchtes Gebüsch; ursprüngl. nur in Au u. O-Ba(?), sonst oft als Zierpfl., verwild. u. *z* eingebürgert. *Punktierter G.,* **L. punctáta** L.

4(2). Blätt. rundl., stumpf; Kblätt. herzf., 3–6 mm breit; Blkrblätt. 8–15 mm lg.; ♃; V–VII. Feuchte Wiesen, Gräben, *v.*
Pfennigkraut, **L. nummulária** L.

— Blätt. eif., spitz; Kblätt. lineal bis pfrieml., kaum 1 mm breit; Blkrblätt. 4–7 mm lg.; ♃; V–VII. Feuchte Wälder (bes. mont. u. subalp. Reg.), *v.* *Hain-G.,* **L. némorum** L.

9. Trientális L., *Siebenstern*
Bltn. weiß, 7zählig, bis 15 mm im Dm, lg. fadenf. gestielt, meist einzeln, ♃; V–VII. Moore, Nadelwälder; *v* im N, *z* südl. bis Rhein-Main, *s* Geb. im S (bis 1700 m; Vog: 1 Ort), Au. [G] **T. europáea** L.

10. Gláux L., *Milchkraut*
Stg. kriechend bis aufstgd., dicht beblättert; Blätt. dickl., gegenst.; Bltn. 4 mm im Dm; ♃; V–VIII. Strandwiesen; *v* Meeresküsten, *s* Salzstellen im Binnenland (We bis Br, Schl). **G. marítima** L.

11. Anagállis L., *Gauchheil*

1. Blätt. kurz gestielt, 4–6 mm lg.; Blkr. trichterf., rosa, dunkler geadert, viel länger als der K.; Stg. niederlgd., fädl., wurzelnd; ♃; VII–VIII. Sümpfe, Torfmoore; *s* Ho, Be, Niederrhein, S-Baden, bei Belfort? (E), früher Kitzbühel (Ti) u. Saalfelden (Sb). Ⓖ! *Zarter G.,* **A. tenélla** (L.) MURR.

— Blätt. sitzend, 15–25 mm lg.; Blkr. radf., wenig länger als der K.; Stg. niederlgd. bis aufstgd., selten wurzelnd . . . **2**

2. Blkrblätt. am Rand drüsig, rot [selten blau: var. **azúrea** (HYL.) MARSDEN & WEISS], bis 6 mm breit; Blätt. stumpfl.; ⨀; VI–X. Äcker, Gärten (bis 1600 m); *g.* *Roter G.,* **A. arvénsis** L.

— Blkrblätt. am Rand fast drüsenlos, blau, bis 3,5 mm breit; ⨀; VI–IX. Äcker, im S *z,* sonst *s.* (= *A. coerulea* SCHREB. non L.) *Blauer G.,* **A. foemina** MILL.

A. x **doerfleri** RONN.: Bastard *A. foemina* x *A. arvensis:* Bltn. fleischrot.

12. Centúnculus L., *Kleinling*

Stg. aufrecht, bis 8 cm hoch; Blätt. wechselst.; Bltn. einzeln, blattachselst. *(229);* Blkr. weißl. bis rosa; ⨀; V–IX. Feuchte Äcker, Ödland, Ufer (bis 500 m); kalkmeidend; *z* bis *s.* [= *Anagallis minima* (L.) E. H. L. KRAUSE] 🄶 **C. mínimus** L.

13. Sámolus L., *Bunge*

Pfl. 15–50 cm hoch; Bltn. in endst. Trauben od. Rispen; Bltnstiel dünn, in der Mitte m. lanzettl. Tragblätt. *(290);* ♃; VI–IX. Strandwiesen, Schlickböden, Sümpfe; *v* Meeresküsten (OPr?), *s* Salzstellen im Binnenland (E, RhPf u. NrWe bis Br/Sa). **S. valerándi** L.

Unterklasse: **Caryophýllidae,** *Nelkenähnliche*

Ordnung: **Caryophylláles** *(= Centrospermae)*

Familie: **Caryophylláceae,** *Nelkengewächse*

Kräuter od. Stauden, m. ungeteilten, gegenst. od. quirligen Blätt.; Bltn. häufig in Dichasien, radiär, oft m. doppelter Bltnhülle; K. u. Blkr. 4–5zählig; Kblätt. frei od. verwachsen (*782,* K), zuw. von Hochblätt. (= Außenkelch, *782,* aK) umgeben; Blkrblätt. 4, 5, 10 od. fehlend, zuw. m. Nebenkrone (*783,* NK), häufig in Platte u. Nagel geglied.; Stbblätt. 1–10; Frkn. oberst., 2–5blättrig, meist 1fächerig; sich m. Zähnen öffnende Kapselfr. *(782b),* seltener Beeren.

1. Kblätt. getrennt, zuw. nur an der Basis etwas verwachsen od. Bltnhülle einfach (Blkr. fehlend) **13**

— Kblätt. röhrig verwachsen (*782b,* K); Bltn. stets m. K. u. Blkr. **2**

2. Gr. u. Narben 3–5 od. Pfl. nur m. ♂ Bltn. **7**

— Gr. u. Narben 2 . . . . **3**

3. K. m. Außenkelch (*782, 792,* aK), dieser den eigentl. K. zuw. ganz einhüllend **6**

— K. ohne Außenkelch **4**

a 782 b a 783 b 784 785 786

4. K. m. grünem Mittelstreif. u. breit hautrandig; Blkrblätt. nach dem Grd. keilig verschmälert; Bltn. klein, bis 1,5 cm breit . . . . **Gypsophila,** 410
— K. ohne trockenhäutige Streifen, gleichmäßig grün od. rot; Blkrblätt. in Platte u. Nagel geglied.; Bltn. größer als 1,5 cm **5**
5. Blkr. im Schlund m. Nebenkr. (*783*, NK); K. ungeflügelt **Saponaria,** 410
— Blkr. ohne Nebenkr.; K. 5kantig geflügelt, bauchig **Vaccaria,** 411
6(3). K. m. weißl., trockenhäutigen Streifen; Bltn. einzeln *(782)* od. zu mehreren zu von trockenhäutigen Hochblätt. umschlossenem Köpfchen vereinigt *(792);* Blkrblätt. allmähl. in den Nagel verschmälert . . . . **Petrorhagia,** 412
— K. ohne trockenhäutige Streifen; Blkrblätt. plötzl. in den Nagel verschmälert . . . . **Dianthus,** 412
7(2). Pfl. kletternd od. kriechend; Fr. schwarze Beere od. Bltn. nur ♂; K. glockig, absthd., später aufgeblasen **Cucubalus,** 413
— Pfl. nicht kletternd; Fr. keine schwarze Beere; Kapselfr. **8**
8. Kzipfel länger als die Blkrblätt., Bltn. einzeln, groß, purpurrot . . . . **Agrostemma,** 416
— Kzipfel kürzer als die Blkrblätt. **9**
9. Bltn. nur m. Stbblätt. (zuw. m. 1 verkümmerten Frkn.) . **Silene,** 413
— Bltn. ⚥ od. nur m. Frkn. (mehrere Bltn. untersuchen!) . . **10**
10. Gr. 3, nur selten 4 od. 5 . . . . **Silene,** 413
— Gr. 5 . . . . **11**
11. Stg. unterhalb der Knoten z.T. m. klebrigem Leimring od. Pfl. weißfilzig; Blkrblätt. abgerundet od. schwach ausgerandet . . . . **Lychnis,** 416
— Stg. ohne klebrige Leimringe od. Pfl. nicht weißfilzig; Blkrblätt. tief 2–4spaltig **12**
12. Kapsel 5zähnig aufspringend; Blkrblätt. 4zipfelig *(784)*, selten ungeteilt . . . . **Lychnis,** 416
— Kapsel 10zähnig aufspringend; Blkrblätt. tief ausgerandet bis 2zipfelig *(783b)* . . . . **Silene,** 413
13(1). Bltn. in blattachselst. Knäueln *(790a);* Stg. dünn, niederlgd., ausgebreitet **31**
— Bltn. nicht in blattachselst. Knäueln **14**
14. Blätt. wechselst. *(789a)* od. in 4blättrigen Quirlen . . **30**
— Blätt. gegenst. od. in vielzähligen Scheinquirlen *(787)* **15**
15. Bltnhülle einfach (Blkrblätt. fehlend); Kblätt. grün, weiß berandet, den Frkn. röhrig umschließend; Bltn. knäuelig gehäuft; Blätt. lineal-pfrieml., graugrün . . . **Scleranthus,** 401

— Bltnhülle doppelt (Blkrblätt. nur selten fehlend, dann aber Bltn. nicht geknäuelt) **16**
16. Blkrblätt. tief gespalten **26**
— Blkrblätt. ungeteilt, zuw. an der Spitze seicht ausgerandet od. gezähnelt **17**
17. Blätt. in vielblättrigen Scheinquirlen *(787);* Blattspr. lineal-pfrieml.; Gr. 5; reife Kapsel 5klappig aufspringend **Spergula,** 400
— Blätt. gegenst. **18**
18. Blätt. am Grd. m. trockenhäutigen, verwachsenen, silberglzd., papierart. Nebenblätt. *(785);* Kblätt. m. schmalem, weißem Hautrand; Bltn. rosa bis rot, seltener weiß; Gr. 3; reife Kapsel 3klappig aufspringend . . . . . **Spergularia,** 400
— Blätt. ohne silbrige Nebenblätt. **19**
19. Bltnstiele nach der Bltzt. nicht abw. gekrümmt . . . **21**
— Bltnstiele nach der Bltzt. abw. gebogen (ähnlich *787*), sich dann zuw. aber wieder aufrichtend **20**
20. Bltn. in mehrbltg. Scheindolden *(786);* Blkrblätt. an der Spitze gezähnelt . . . . **Holosteum,** 406
— Bltn. in Dichasien *(112)* **32**
21(19). Blätt. dickfleischig, in 4 Reihen *(788);* Pfl. des Meeresstrands . . . . **Honckenya,** 403
— Blätt. nicht dickfleischig **22**
22. Gr. (2–)3 . . . . **24**
— Gr. (3–)4–5 . . . . **23**
23. Kblätt. lg. zugespitzt, weiß berandet; Blätt. lanzettl. od. lineal-lanzettl. . . . . **Moenchia,** 406
— Kblätt. stumpf od. nur kurz zugespitzt, nicht weiß berandet; Blätt. lineal . . . . **Sagina,** 403
24(22). Reife Kapsel m. so viel Klappen wie Gr. [3(–4)] aufspringend; K. meist trockenhäutig; Blätt. lineal od. pfrieml. **Minuartia,** 401
— Reife Kapsel m. 4–6 Zähnen od. Klappen aufspringend (doppelt so viele wie Gr.); Blätt. eif. od. lanzettl., pfrieml. od. lineal **25**
25. Samen m. weißem Anhängsel, schwarzglzd.; Bltnblätt. 4–5 **Moehringia,** 405
— Samen ohne Anhängsel, matt, gekörnt; Bltn. stets 5zählig **Arenaria,** 404
26(16). Gr. 3 . . . . **28**
— Gr. 5, selten 4 od. 3 . . . . **27**
27. Blkrblätt. höchstens bis zur Mitte gespalten; Kapsel längl.walzl., m. 10 kurzen Zähnen aufspringend **Cerastium,** 407
— Blkrblätt. fast bis zum Grd. gespalten; Kapsel eif., sich m. 5, an der Spitze 2zähnigen Klappen öffnend . . **Myosoton,** 407
28(26). Kapsel ± zylindrisch, sich m. 6 Zähnen öffnend **Cerastium,** 407
— Kapsel kugelig, sich m. 6 Klappen öffnend **29**
29. Rhizom m. Wurzelknollen (nur Kt, St) . **Pseudostellaria,** 406
— Rhizom ohne Wurzelknollen . . . . **Stellaria,** 406

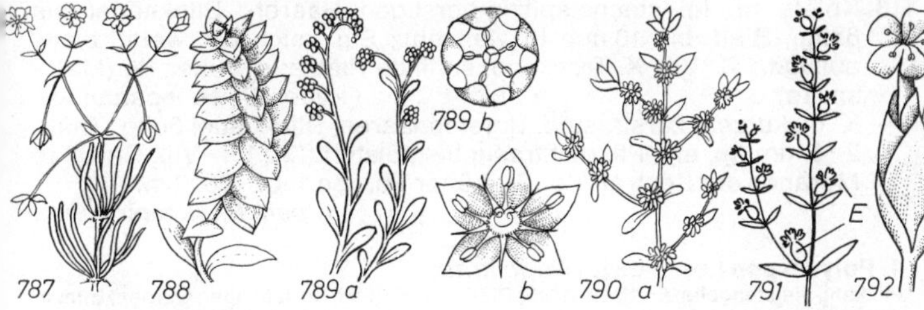

787 788 789 a b 790 a 791 792

30(14). Bltn. stecknadelgroß, oft nicht voll geöffnet, weiß; Blätt. wechselst. *(789b);* Stg. niederlgd. . . . . . **Corrigiola,** 399
— Bltn. größer, grünl.; Blkrblätt. früh abfallend; Gr. 3; Kapsel 3klappig; Blätt. in 4blättrigen Quirlen . . . . **Polycarpon,** 400
31(13). Bltn. weiß; Kblätt. aufrecht, zusammenneigend, an der Spitze auf dem Rücken m. absthd. Granne, an der Basis zu sehr kurzem Achsenbecher vereinigt *(206)* . **Illecebrum,** 399
— Bltn. gelbl.grünl.; Kblätt. meist ohne Granne *(790b),* aber zuw. stachelspitzig; Blätt. im Bereich der Infl. wechselst. *(790a)* . . . . **Herniaria,** 399
32(20). Bltn. 4zählig; Blätt. pfrieml., bewimpert . . **Sagina,** 403
— Bltn. 5zählig; Blätt. nicht pfrieml. **33**
33. Gr. 2; Blätt. lineal-lanzettl., sitzend . . . . **Lepyrodiclis,** 407
— Gr. 3; Blätt. eif., gestielt . . . . **Moehringia,** 405

1. Illécebrum L.[1], *Knorpelblume*
Stg. niederlgd., fadenf.; Blätt. verkehrt-eif., kahl; Nebenblätt. groß; trockenhäutig; Bltn. zu 4–6 in blattachselst., knäueligen Wickeln; ⨀; VII–IX. Sandäcker, feuchte Plätze; *z* bis *s.* **I. verticillátum** L.

2. Corrigíola L., *Hirschsprung*
Stg. 1–30 cm hoch, blaugrün, m. zahlr. niederlgd. Seitenästen; Kblätt. breit weißhäutig berandet, etwas länger als die Blkrblätt. *(789b);* ⨀; V–VII. Flußkies, sandige Äcker; *z* bis *s,* Alp. *f.* **C. litorális** L.

3. Herniária L., *Bruchkraut*
1. Ganze Pfl., m. Ausnahme des Stg., kahl; K. kürzer als die Kapsel; ⨀; VII–IX. Wege, Sandrasen; *v.* *Kahles B.,* **H. glábra** L.
— Ganze Pfl. ± steifhaarig; Fr. von den Kblätt. eingeschlossen **2**
2. Kblätt. borstig-stachelspitzig; Bltn. in ca. 10bltg. Knäueln; ♃; VII–IX. Sandäcker, Heiden; *s,* besonders Rheintal, *f* im N. *Behaartes B.,* **H. hirsúta** L.
— Kblätt. ohne Stachelspitze; Bltnknäuel 3–6bltg. **3**

[1] Die Gattungen *Illecebrum, Corrigiola* u. *Herniaria* werden auch in der Familie **Illecebráceae** zusammengefaßt.

3. Kblätt. m. lg. stachelspitzig-borstigen Haaren; Bltnknäuel bis 6bltg.; Blätt. bis 10 mm lg., lanzettl.; Stg. reich verzweigt, bisw. aufstgd.; ♃; VII–X. Trockene, sonnige Plätze; *s,* früher He (Mainspitze). *Graues B.,* **H. incána** LAM.

— K. m. kurzen, zerstr. sthd. Borstenhaaren; Bltnknäuel 3bltg.; Blätt. 2–5 mm lg., eif.; Pfl. dichtrasig bis polsterf.; ♃; VII–VIII. Geröll u. Moränen der Zentral-Alp., Ti, früher Vb, von 1900–3000 m. *Alpen-B.,* **H. alpína** VILL.

4. Polycárpon LOEFL. ex L., *Nagelkraut*

Pfl. kahl, vielstengelig, 5–15 cm hoch; Blätt. verkehrt-eif., in 4zähligen Quirlen; Bltn. in reich verzweigten Dichasien; ⊙; VII–IX. Sandige Orte; aus dem Mittelmeergebiet eingeschleppt; *s,* Pf. **P. tetraphýllum** (L.) L.

5. Spérgula L., *Spark*

1. Blätt. untersts. m. Längsfurche, obersts. gewölbt; Bltn. weiß od. rosa; Samen schmal geflügelt; Pfl. 10–30 cm hoch; ⊙; VI–X. Sandige Äcker, Wege; auch als Futterpfl.; *v.* Formenreich. *Feld-Sp.,* **S. arvénsis** L.

— Blätt. pfrieml., untersts. ohne Furche; Samen breit geflügelt; Bltn. weiß **2**

2. Stbblätt. 5; Blkrblätt. lanzettl., sich gegenseitig nicht deckend; Samen breit weiß berandet; Pfl. 5–20 cm hoch; ⊙; IV–V. Sandfelder, Triften, Heiden; *z, f* im NW u. Au. *Fünfmänniger Sp.,* **S. pentándra** L.

— Stbblätt. 10; Blkrblätt. eirundl., sich gegenseitig deckend; Samen m. breitem, braunem Hautrand; Pfl. 5–30 cm hoch; ⊙; IV–VI. Brachäcker, Sandhügel; *z, s* in Au. (= *Sp. vernalis* auct.) *Frühlings-Sp.,* **S. morisónii** BOR.

6. Spergulária (PERS.) J. & C. PRESL (incl. **Délia** DUM.), *Spärkling, Schuppenmiere*

1. Stg. aufrecht; Kblätt. weiß, trockenhäutig, m. grünem Rückennerv; ⊙; VI–VII. Feuchte Äcker, sehr *s,* Lörrach, Frankfurt a. M. [= *Delia segetalis* (L.) DUM.] *Saat-Sp.,* **S. segetális** (L.) G. DON f.

— Stg. niederlgd. od. aufstgd.; Kblätt. grün, nur am Rand trokkenhäutig **2**

2. Alle Samen breit weiß geflügelt; Kapsel doppelt so lg. wie der K.; Bltn. weiß od. rosa; Pfl. bis 40 cm hoch; ♃; VII–IX. Strand der Nord- u. Ostsee u. Salzstellen des Binnenlands von Th., SaAn, BW. [= *S. marginata* (DC.) KITTEL] *Flügelsamiger Sp.,* **S. média** (L.) C. PRESL

— Alle Samen od. doch die meisten ungeflügelt; Kapsel so lg. od. wenig länger als der K.; Bltn. tiefrosa **3**

3. Samen am Rand m. zahlr. Stacheln, auf den Flächen m. spitzen Wärzchen; Pfl. 4–10 cm hoch; ⊙; VI–VIII. Nasse Schlammböden der Elbe in SaAn, Br, NS u. SH, *z,* früher BW. *Stachelsamiger Sp.,* **S. echinospérma** ČEL.

— Samen nicht bestachelt, fein runzelig **4**

4. Blätt. (wenigstens die ob.) stachelspitzig; Nebenblätt. verlängert, silberweiß glzd.; Kapsel so lg. wie der K.; Bltn. rosenrot; ⊙; V–IX.

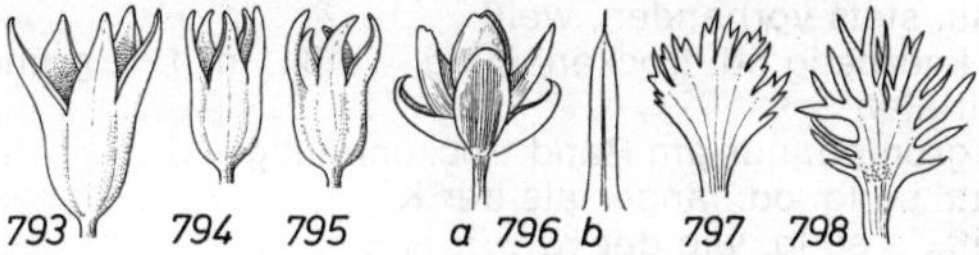

Sandige Äcker, Wege; *v.* [= *S. campestris* (L.) ASCH.]
Roter Sp., **S. rúbra** (L.) J. & C. PRESL

— Blätt. stumpfl.; Nebenblätt. wenig glzd.; Kapsel länger als der K.; Bltn. blaßrot; ⨀; V–IX. Küstengebiete u. Salzstellen des Binnenlands, *z.* (= *S. salina* J. & C. PRESL) *Salz-Sp.,* **S. marína** (L.) GRIS.

7. Scleránthus L., *Knäuel*

1. Zipfel der Bltnhülle stumpf, breit weiß berandet, z. Frzt. zusammenneigend; Pfl. 5–15 cm hoch; ♃; V–IX. Kalkfreie Felsen, Dünen, Wege, *z.* *Ausdauernder K.,* **S. perénnis** L.

— Zipfel der Bltnhülle spitz, schmalhäutig berandet; ⨀; IV–X. Äcker, Wege, Erdanrisse, *v.* *Einjähriger K.,* **S. ánnuus** L. s. l.

a. Reife Fr. 3,2–5,3 mm lg. m. spreizenden Bltnhüllzipfeln *(793);* V–X. Äcker, Wege, *v.* ssp. **ánnuus**

— Reife Fr. 1,5–3,8 mm lg.; Zipfel der Bltnhülle gerade od. etwas einw. gekrümmt *(794–795)* . . . . **b**

b. Zipfel der Bltnhülle gleich lg. *(794);* Fr. 2,2–3,8 mm lg.; IV–IX. Wege, Erdanrisse, kalkmeidend; *z, s* im N. (= *S. alpestris* HAY.; = *S. polycarpos* L.)
Wilder K., ssp. **polycárpos** (L.) THELL.

— Zipfel der Bltnhülle ungleich lg. *(795);* Fr. 1,5–2,2 mm lg.; Pfl. gelbgrün, klein, 3–8 cm hoch; VI–VII. Trockenrasen, Erdanrisse, kalkliebend, *s,* He, SaAn, Th. [= *S. collinus* (HORNUNG) KERN.; = *S. verticillatus* TAUSCH]
Hügel-K., ssp. **verticillátus** (TAUSCH) ARCANG.

8. Minuártia L. (incl. **Alsíne** L. em. GAERTN.), *Miere, Meirich*

1. Blätt. lineal od. pfrieml. **3**

— Blätt. rundl.-eif. od. eilanzettl.; niedrige, z. T. polsterbildende Hochalpenpfl. **2**

2. K. u. Blkrblätt. 4; Stbblätt. 8; Blattspr. obersts. rinnig; Pfl. dicht polsterf., m. dicht beblätt., säulenf. Stämmchen; ♃; VII–VIII. Felsspalten u. Geröll der K-Alp. von 2000–4300 m; *s,* K-Alp. von Sb, Ti, Kt, St, OÖ, Berchtesgaden. [= *Alsine octandra* (SIEB.) KERN.; = *M. aretioides* (SOM. ex GAY) SCH. & THELL.]
G *Polster-M.,* **M. cherlerioídes** (HOPPE) BECHERER

— K. u. Blkr. 5zählig; Stbblätt. 10; Blattspr. obersts. flach; Pfl. lockerrasig, kriechend; ♃; VII–VIII. Felsspalten (vorwgd. auf Kalk) der Hochalp., von 1900–2800 m; *s,* Allgäu, Vb, Ti, Sb, Kt.
G *Felsen-M.,* **M. rupéstris** (SCOP.) SCH. & THELL.

3(1). Blkrblätt. meist fehlend (wenn vorhanden, dann kürzer als der K.); Blätt. dichtdachig, lineal-pfrieml., am Grd. paarweise miteinander verwachsen; Pfl. kompakte Flachpolster bildend; ♃; VII–VIII. Felsspalten, Schutt, Matten, vorwgd. auf Kalk u. Dolomit; Alp. *v,* von 1800–3800 m. [= *Alsine sedoides* (L.) KITTEL; = *Cherleria sedoides* L.] G *Zwerg-M.,* **M. sedoídes** (L.) HIERN

— Blkrblätt. stets vorhanden, weiß 4
4. Kblätt. knorpelig od. trockenhäutig, weißl., m. 1–2 grünen Mittelstreifen 12
— Kblätt. grün od. nur am Rand trockenhäutig 5
5. Blkrblätt. so lg. od. länger als der K. 7
— Blkrblätt. ½ so lg. wie der K. 6
6. Kblätt. länger (2–2,5 mm) als die Kapsel, schmal lanzettl.; Stg. drüsig behaart, vom Grd. an dichtästig; ⊙; V–VII. Sandäcker, Kiefernwälder, trockene Grasplätze; *z, f* Alp. u. Vorland, Sa u. im NW. (= *Alsine viscosa* SCHREB.)
Klebrige M., **M. viscósa** (SCHREB.) SCH. & THELL.
— Kblätt. kürzer (3–4 mm) als die Kapsel, eif.-lanzettl.; Stg. meist kahl, steif-aufrecht, vom Grd. an lockerrasig; ⊙; V–VII. Sandäkker, Magerrasen, Bahnhöfe; *z,* Alp. u. im N *f.* [= *Alsine tenuifolia* (L.) CR.; = *M. tenuifolia* (L.) HIERN]
Feinblättrige M., **M. hýbrida** (VILL.) SCHISCHKIN
7(5). Blätt. untersts. deutl. 3nervig od. 5–7nervig (wenigstens getrocknet) 10
— Blätt. nervenlos od. 1nervig, sehr schmal 8
8. Bltnstiele auffallend verlängert (15–35 mm lg.); Bltn. meist zu 3; Pfl. 5–20 cm hoch, dichtrasig, kahl, in der Tracht an *Sagina* erinnernd; ♃; VI–VIII. Hochmoore; früher sehr *s* im Alpenvorland (BW, Ba). (= *Alsine stricta* WAHL.) *Steife M.,* **M. stricta** (SW.) HIERN
— Bltnstiele kurz, ± 5 mm, etwa so lg. wie der K. 9
9. Kblätt. dicht flaumig behaart, aber drüsenlos, am Grd. gestutzt; Infl. locker dichasial, meist 3–6bltg.; Blätt. lineal-pfrieml.; Pfl. 8–30 cm hoch, locker-rasig, reichästig m. kurzen, dicht-beblätt., sterilen Sprossen; ♃; VII–VIII. Felsen, Felsschutt. [= *Alsine laricifolia* (L.) CR.] *Lärchenblättrige M.,* **M. laricifólia** (L.) SCH. & THELL.
a. Kblätt. 4–5,5 mm lg.; Kapsel 1–1,5mal so lg. wie die Kblätt.; Samen 0,8–1 mm lg.; kalkmeidend, *s,* nur W-Ti. ssp. **laricifólia**
— Kblätt. 5–7 mm lg., ohne Drüsen; Kapsel 1,5–2mal so lg. wie die Kblätt.; Samen 1,2–1,5 mm lg.; auf Kalk, nur in St, OÖ, *z.* [= *M. kitaibelii* (NYM.) PAWLOWSKI] ssp. **kitaibélii** (NYM.) MATTFELD
— Kblätt. kahl, an der Spitze kapuzenf. zusammengezogen, stumpf; Bltn. nur 1 bis 2, z. Bltzt. wenig geöffnet; Pfl. 3–10 cm hoch, dichtrasig; ♃; VI–VIII. Rasenbänder, Gletscherböden; im Gebiet sehr *s* in Alp. von Ti, Sb, Kt; 2000–2700 m, *f* in Dt. [= *Alsine biflora* (L.) WAHL.] [G] *Zweiblütige M.,* **M. biflóra** (L.) SCH. & THELL.
10(7). Blkrblätt. doppelt so lg. wie der K., am Rand keilf. verschmälert; Kapsel länger als der K.; Stg. 1–2bltg., aus niederlgd., schwach verholztem Grd. aufstgd.; Pfl. lockerrasig; ♃; VI–VIII. Felsen u. Felsschutt der K-Alp., von 1400–2400 m; *z* Alp. von Ba (Karwendel), Au, *f* in Vb u. Sb. [= *Alsine austriaca* (JACQ.) WAHL.]
[G] *Österreichische M.,* **M. austríaca** (JACQ.) HAY.
— Blkrblätt. so lg. od. wenig länger als der K. 11
11. Kblätt. 3nervig; Nerven scharf begrenzt; Bltnstg. aufrecht od. aufstgd.; Pfl. kahl od. drüsenhaarig, 5–15 cm hoch; ♃; V–VIII. Steinige Rasen, *v* Alp., *z* im Jura, *s* im N-Harz, SaAn, auf Galmeiböden in RhPf u. We. [= *Alsine verna* (L.) BARTL.] Formenreich.
[G] *Frühlings-M.,* **M. vérna** (L.) HIERN

a. Pfl. locker- bis dichtrasig; Stg. am Grd. nicht verholzt, bis 15 cm hoch; Bltnstg. drüsenhaarig, aufrecht, 4- bis vielbltg. Alp., Fr. Jura. ssp. **vérna**

— Pfl. dichte Polster bildend m. verholzender Grdachse . . . . **b**

b. Bltnstg. drüsenhaarig, 2–5bltg.; Magerrasen; auf Schwermetall-(Kupfer- u. Galmei-)Böden in SaAn, NS, We. ssp. **hercýnica** (WILLK.) O. SCHWARZ

— Bltnstg. kahl, 1–3bltg., *v* in Alp. [= *Arenaria gerardii* WILLD.; = *M. gerardii* (WILLD.) HAY.] ssp. **gerárdii** (WILLD.) GR.

— Kblätt. 5–7nervig; Nerven undeutl. begrenzt; Stg. am Grd. verholzt; Pfl. 2–20 cm hoch, dichtrasig bis polsterbildend; Blätt. meist sichelf. nach einer Seite gekrümmt; ♃; VII–VIII. Moränenschutt, kiesige Stellen der Urgebirgsalp. von 1700–3100 m, *z*, Au. [= *Alsine recurva* (ALL.) WAHL.]
G *Krummblättrige M.*, **M. recúrva** (ALL.) SCH. & THELL.

12(4). Blkrblätt. viel kürzer als die ungleich großen, knorpeligen Kblätt.; Bltn. büschelig-trugdoldig gehäuft; Stg. kahl, einzeln, steif aufrecht; ⨀; VII–VIII. Sonnige Trockenrasen, sandige Äcker; *s*, Ba (nördl. Hochebene u. Jura), BW (Breisgau), E, RhPf (Rheinebene). [= *Alsine fasciculata* auct.; = *A. jacquinii* KOCH; = *M. fasciculata* auct.; = *M. fastigiata* (SM.) RCHB.]
Büschel-M., **M. rúbra** (SCOP.) MCNEILL

— Blkrblätt. etwas länger als die Kblätt.; Bltnstand locker, dichasial verzweigt; Stg. zahlr., aufstgd., an der Basis kurzhaarig, bis 15 cm hoch; ♃; V–VIII. Sonnige Kalkfelsen; *s*, Ti, Kt, St, OÖ, Ba (Donau-, Naab-, Altmühltal), früher BW (Kaiserstuhl). [= *Alsine setacea* (THUILL.) MERT. & KOCH] *Borsten-M.*, **M. setácea** (THUILL.) HAY.

9. Honckénya EHRH., *Salzmiere*

Pfl. gelbgrün; Stg. fleischig, niederlgd.-aufrecht, an den Knoten wurzelnd; Bltn. in gedrängter Trugdolde, weiß; ♃; VI–VII. Meeresstrand, Dünen der N- u. Ostsee, einschließl. Inseln, *z*. [= *Alsine peploides* (L.) WAHL.] **H. peploídes** (L.) EHRH.

10. Sagína L., *Mastkraut*

1. K.- u. Blkrblätt. 5 . . . . **4**

— K.- u. Blkrblätt. 4, letztere oft hinfällig u. kürzer als der 4blättrige K. **2**

2. Zwei äußere Kblätt. m. kleiner, aufgesetzter Stachelspitze *(796a)*; Blätt. lg. stachelspitzig *(796b)*; ⨀; V–IX. Äcker, zw. Straßenpflaster; *z*. *Kronloses M.*, **S. apétala** ARD.

a. Kblätt. von fruchtender Kapsel sternf. abstehend *(796)*. (= *S. micropetala* RAUSCH.) ssp. **erécta** F. HERM.

— Kblätt. der fruchtenden Kapsel angedrückt. (= *S. ciliata* FR.) ssp. **apétala**

— Alle Kblätt. stumpf; Blätt. kurz stachelspitzig **3**

3. Kblätt. an der Spitze kapuzenf. zusammengezogen, nicht stachelspitzig; Frstiele aufrecht; Blkrblätt. sehr klein od. fehlend; Pfl. meist aufrecht, ohne zentrale Rosette; ⨀; V–VIII. Dünen u. Salzwiesen der Küstengebiete, *z*. *Strand-M.*, **S. marítima** G. DON

— Kblätt. breit-eif., nicht kapuzenf. zusammengezogen; Bltnstiele postfloral hakig zurückgekrümmt, später wieder aufrecht; Pfl. niederlgd. od. aufstgd., m. zentraler Blattrosette; ♃; V–IX. Feuchte Äcker, Wegränder, Gräben. Formenreich.
Niederliegendes M., **S. procúmbens** L.

4(1). Blkrblätt. so lg. od. nur wenig länger als der K. **6**
— Blkrblätt. doppelt so lg. wie der K. **5**
5. Ob. Stgblätt. mehrfach kürzer als die unt., in den Achseln fast gleich große Laubsprosse tragend; Stg. niederlgd. bis aufstgd., 5–15 cm hoch; ♃; VI–VIII. Sumpfwiesen, Gräben, Heiden; *s, z* im N. *Knotiges M.,* **S. nodósa** (L.) FENZL
— Alle Blätt. nahezu gleich lg.; Stg. fast stets kriechend, am Grd. wurzelnd; Stg. u. Blätt. kahl; Bltn. einzeln, blattachselst., bis 1 cm groß; VII–VIII. Sonnige Wiesen u. sandige Stellen, besonders der Krummholzreg.; *s* in Alp., Ti (Lienz). *Kahles M.,* **S. glábra** (WILLD.) FENZL
6(4). Blätt. drüsig bewimpert, m. 1,5 mm langer Stachelspitze; Kapsel nur wenig länger als der oft drüsige K.; Pfl. dichtrasig; ♃; VI–VIII. Feuchte Sandfelder, Wiesen, Ufer; *z;* als „Sternmoos" angepfl. *Pfriemen-M.,* **S. subuláta** (SW.) C. PRESL
— Blätt. kahl, kurz stachelspitzig; Kapsel doppelt so lg. wie der meist kahle K.; Pfl. 2–10 cm hoch, polster- u. rasenbildend; ♃; VI–VIII. Feuchte Felsspalten, Schutt; Alp., Voralp. u. Mittelgeb., *z.* (= *S. linnaei* C. PRESL) Formenreich. *Alpen-M.,* **S. saginoídes** (L.) KARST.
a. Kapsel 2,5–3,5 mm lg.; Bltnstiele bis 2,5 cm lg., kahl od. drüsig. Alp., Bayrw., Schw. ssp. **saginoídes**
— Kapsel 3,5–5 mm lg.; Bltnstiele bis 4 cm lg. Alp. u. Vorland *z, s* im Fichtgeb. (= *Spergella macrocarpa* RCHB.) ssp. **macrocárpa** (RCHB.) SOÓ

Ein Bastard ist **S.** x **normaniána** LAGERHEIM [= *S. procumbens* x *S. saginoides;* = *S. scotica* (DRUCE) DRUCE]: ähnl. *S. procumbens,* aber dichte u. breitere Rasen bildend; Bltn. klein, vorwgd. 5zählig, mit 4zähligen gemischt; Fr. häufig verkümmert; ♃; VI–VIII. Im Gebiet von *S. saginoides* vorkommend, von 1000 bis 1500 m, im Ötztal bis 3000 m.

11. Arenária L., *Sandkraut*

1. Blätt. schmal-lineal, 3–10 cm lg. u. 1 mm breit; Stg. steif aufrecht, bis 30 cm hoch; Bltnstand vielbltg., endst., locker; ♃; VI–VII. Kiefernwälder, sonnige Hügel; nur in OPr. (= *A. graminifolia* SCHRAD.; = *A. biebersteinii* SCHLDL.) *Grasblättriges S.,* **A. procéra** SPRENG.
— Blätt. eif.-lanzettl. od. lineal, aber nur bis 1 cm lg. . . . **2**
2. Blätt. gestielt; Blkrblätt. länger als der K.; Pfl. ♃ **5**
— Blätt. sitzend od. nur die unt. kurz gestielt; Blkrblätt. kürzer als der K.; Pfl. ☉–⊙ **3**
3. Kapsel längl.-kugelig, schmaler als 1,3 mm; Pfl. stark ästig, dünnstengelig; ☉; V–IX. Wege, Mauern, *z.* [= *A. serpyllifolia* ssp. *tenuior* (KOCH) ARCANG.] *Südliches S.,* **A. leptóclados** (RCHB.) GUSS.
— Kapsel eif.-kugelig, am Grd. stark bauchig erweitert; Stg. steif, reich verzweigt; Bltnstiele mehrmals länger als die Bltn. **4**
4. Pfl. borstenhaarig, nur bis 5 cm hoch; Stg. meist nur oberw. gabelig verzweigt; Bltnstände dicht trugdoldig-rispig; ☉–⊙; VII–VIII. Geröllfelder, offene Hänge der alp. Stufe, zwischen 2000–3200 m; *z* in Alp., Sb, Ti, Kt. [= *A. serpyllifolia* L. ssp. *marschlinsii* (KOCH) NYM.] *Alpen-S..* **A. marschlínsii** KOCH
— Pfl. kurz drüsenhaarig [var. **víscida** (HALL. f. ex LOIS.) ASCH.] od. kahl, bis 15 cm hoch; Stg. schon vom Grd. an verzweigt, aufrecht od. aufstgd.; Bltnstände locker gabelig-trugdoldig; ☉; V–IX. Äk-

ker, Wegränder, Trockenrasen; *v*, vom Tiefland bis in die alp. Reg. Formenreich. *Quendelblättriges S.*, **A. serpyllifólia** L.

5(2). Blätt. lanzettl.-linealisch, m. langer Granne, lederig; Mittelrippe u. Rand unterststs. verdickt; Kblätt. 3–5,5 mm lg. begrannt; Stg. 1–3(–6)bltg.; ♃; VII–VIII. Felsen, Geröll, Schuttfluren, auf Kalk, *s*, Ti, Kt, St. *Großblütiges S.*, **A. grandiflóra** L.

— Blätt. stumpf od. spitz, rundl.- bis längl.-eif., aber ohne Granne **6**

6. Blätt. kahl, rundl., stumpf, glzd.; Blkrblätt. nur wenig länger als der K.; Bltn. einzeln od. zu 2, an kurzen Seitensprossen; Stg. niederlgd., dicht beblättert; ♃; VII–IX. Feuchtes Geröll, Schneetälchen, bis 2300 m; *z* Alp. von Au u. Allgäu.
Zweiblütiges S., **A. biflóra** L.

— Blätt. am Rand bis über die Mitte gewimpert, lanzettl., spitz; Blkrblätt. doppelt so lg. wie der K.; Bltn. stets einzeln; Stg. niederlgd., rasenbildend, der vorigen sehr ähnl.; ♃; VII–VIII. Steinige Matten der Alp. von 1800–2300 m; *v*. Formenreich.
Bewimpertes S., **A. ciliáta** L.

a. Blätt. 3–4mal so lg. wie breit, spärl. od ganz bewimpert; Bltn. einzeln, seltener zu 2; Blkrblätt. 7–7,5 mm lg. (= *A. tenella* Kit.) ssp. **ciliáta**

— Blätt. nur 2–3mal so lg. wie breit, von der Basis bis zu ⅔ der Blattlänge bewimpert; Blkrblätt. 4–5 mm lg. (= *A. multicaulis* L.)
ssp. **moehringioídes** (J. Murr) Br.-Bl.

12. Moehríngia L., *Nabelmiere*

1. Bltn. 4zählig; Stbblätt. 8; Stg. dünn, sparrig verzweigt; Blätt. fädl. (0,5–1 mm breit), bis 35 mm lg.; ♃; V–IX. Schattige, feuchte Stellen; Alp. u. Vorland, Böhmw., Fichtgeb.; *z* bis *s*.
Moos-N., **M. muscósa** L.

— Bltn. 5zählig; Stbblätt. 10 . . . . **2**

2. Unt. Stgblätt. lanzettl. bis eif., zum Grd. hin verschmälert **4**

— Blätt. alle lineal bis lineal-lanzettl. **3**

3. Blätt. nadelart., 5–10 mm lg.; Bltn. meist zu 1–2; reife Kapsel um ⅓ länger als der K.; Pfl. 5–20 cm hoch; ♃; VI–VIII. Feuchtes Geröll, steinige Weiden; K-Alpen; *v*. [= *M. polygonoides* (Scop.) D.T.]
Gewimperte N., **M. ciliáta** (Scop.) D.T.

— Blätt. lineal-lanzettl., dickl., 10–20(–30) mm lg., kahl; Bltn. meist zu 2–5; reife Kapsel nur wenig länger als der K.; ♃; VI–VIII. Kalkfelsen, *s*, nur St. *Steirische N.*, **M. bavárica** (L.) Gren.

4(2). Pfl. kahl; Blkrblätt. so lg. wie der K.; unt. Blätt. eif., ob. lanzettl.; ⨀–⊙; VI–VII. Schattige Schluchten, Felsüberhänge, *s*, Kt, St.
[G] *Verschiedenblättrige N.*, **M. diversifólia** Dolliner ex Koch

— Pfl. behaart; Blkrblätt. ⅓ bis ½ so lg. wie der K.; alle Blätt. eif.; ⨀; V–VII. Wälder, Gebüsch, *v*. *Dreinervige N.*, **M. trinérvia** (L.) Clairv.

13. Holósteum L., *Spurre*
Blkrblätt. am Rand gezähnelt; Frstiele anfangs abw. gekrümmt *(786)*, später wieder aufrecht; Stg. 3–25 cm lang, spitzenw. drüsig (Lupe!); ⨀; III–V. Sandfelder, sonnige Hügel, Wegränder; *v, f* im Geb.
H. umbellátum L.
a. Drüsenhaare nur am Blattrand od. im mittl. Stgabschnitt; Stbblätt. meist 3–5; *v.* ssp. **umbellátum**
— Ganze Pfl. dicht drüsig behaart; Stbblätt. meist 8–10; *s,* St. ssp. **glutinósum** (BIEB.) NYM.

14. Moénchia EHRH., *Weißmiere*
1. Pfl. 3–10 cm hoch; Blkrblätt. 4, kürzer als der K.; ⨀; IV–V. Sandrasen, Brachäcker, *s, f* in Au.
Aufrechte W., **M. erécta** (L.) G. M. SCH.
— Pfl. 10–30 cm hoch; Blkrblätt. 5, länger als der K.; ⨀; V–VI. Weiden, trockene Wiesen, *s,* St.
Fünfzählige W., **M. mántica** (L.) BARTL.

15. Pseudostellária PAX, *Knollenmiere*
Stg. 5–15 cm hoch; Blätt. sitzend, elliptisch bis lanzettl.; Bltn. zu 1–3, 9–13 mm im Dm; Kblätt. 4–7 mm lg.; Blkrblätt. weniger als ½ gespalten; ♃; IV–V. Feuchte Erlenwälder, *z,* nur Kt, St.
P. europaéa SCHAEFTLEIN

16. Stellária L., *Sternmiere*
1. Stg. unten 4kantig; Blätt. alle sitzend, lineal-lanzettl. . . . **3**
— Stg. stielrund; basale Blätt. gestielt **2**
2. Stg. 1reihig behaart, niederlgd.; Blätt. klein, herz-eif., abgerundet, kurz gestielt; Blkrblätt. nicht länger als der K., oft fehlend [var. **apétala** (UCRIA) MERT. & KOCH]; Stbblätt. 1–5(–10); ⨀; III–X. Gärten, Äcker, Weinberge, Schuttplätze; *g.* Sammelart.
Vogel-St., **St. média** (L.) VILL. s. l.
a. Stbblätt. (2–)10(–11), m. purpurroten Stbbeuteln; Blkrblätt. stets vorhanden, mind. so lg. wie der 5–6,5 mm lange K.; Samen dk.rotbraun, 1,3–1,7 mm lg.; IV–VII. Waldränder, Ufer, *z.* *Auwald-St.,* **St. neglécta** WH.
— Stbblätt. (0–)1–5(–10); Blkrblätt. meist etwas kürzer als der K., oft fehlend **b**
b. Pfl. gelbgrün; Kblätt. 2–3,5 mm lg.; Stbblätt. 1–3(–5); Stbbeutel grauviolett; Frstiele aufrecht; Samen 0,5–0,8 mm lg.; III–V. Sandige Ruderalstellen, Kiefernwälder; *z.* *Bleiche St.,* **St. pállida** (DUM.) PIRÉ
— Pfl. grün; Kblätt. 3–5 mm lg.; Stbblätt. (0–)3–5(–10); Stbbeutel meist rotviolett; Samen rötl.braun, 1,3–1,7 mm lg.; Frstiele herabgeschlagen; *g.*
Vogel-St., **St. média** (L.) VILL. s. str.
— Stg. spitzenw. ringsum drüsig behaart, zerbrechl., niederlgd., ausläufertreibend; Blkrblätt. doppelt so lang wie der K.; Stbblätt. 10; Gr. 3; ♃; V–IX. Feuchte Laubwälder. *Hain-St.,* **St. némorum** L.
a. Reife Samen am Rand m. kurzen Papillen; erstes Blattpaar oberhalb der untersten Blüte mind. halb so lg. wie das darunter; *v.* ssp. **némorum**
— Reife Samen m. morgensternart. Papillen; erstes Blattpaar über der untersten Blüte weniger als ⅓ der Länge des Paars darunter; *z* in Ba, BW, Sa, SH, Me, Ho, Da, Kt, St. ssp. **glochidispérma** MURB.
3(1). Blkrblätt. bis zur Mitte gespalten, etwa doppelt so lg. wie der nervenlose K.; Tragblätt. der Bltn. krautig; ♃; IV–VI. Laubwälder, Gebüsch; *v, f* Alp. *Große St.,* **St. holóstea** L.
— Blkrblätt. fast bis zum Grd. geteilt **4**

4. Stg. spitzenw. u. Blattrand durch Papillen rauh; Kblätt. in frischem Zustand undeutl. nervig; Tragblätt. trockenhäutig; ♃; VI–VIII. Feuchte Wälder, Waldmoore; *z* in OPr, Br, Sa, Schl, Ba, Au. (= *St. friesiana* SER.; = *St. diffusa* SCHLDL.)
Langblättrige St., **St. longifólia** MÜHLENB. ex WILLD.

— Stg. glatt **5**

5. Kblätt. in frischem Zustand undeutl. 3nervig, kürzer als die Blkrblätt.; Tragblätt. krautig; Blätt. dickl., fleischig, saftiggrün; ♃; VII–VIII. Torfwiesen, Sümpfe, Brüche; *s* im N, Ba, früher BW.
Dickblättrige St., **St. crassifólia** EHRH.

— Kblätt. auch in frischem Zustand deutl. 3nervig **6**

6. Blkrblätt. viel kürzer als der am Grd. trichterf. K.; Tragblätt. trokkenhäutig; Bltnstiele nach der Blüte hakig abw. gebogen; Blätt. bläul.grün, am Grd. gewimpert; ♃; V–VI. Bäche, Gräben, nasse Waldwege; *v.* (= *St. uliginosa* MURR.) *Bach-St.,* **St. alsíne** GRIMM

— Blkrblätt. so lg. od. länger als der am Grd. abgerundete K. **7**

7. Tragblätt. am Rand etwas gewimpert, trockenhäutig; Stg. schlaff, aufstgd.; Blätt. dünn, grasgrün; ♃; V–VII. Waldränder, Gebüsch, Feldraine; *v.* *Gras-St.,* **St. gramínea** L.

— Tragblätt. am Rand kahl, trockenhäutig; Stg. aufrecht, wenig verzweigt; Blätt. etwas fleischig, blaugrün; ♃; V–VII. Feuchte Wiesen, Ufer, Gräben; *v* im N, *s* im S, *f* in Alp., in Au nur OÖ. (= *St. glauca* WITH.) *Sumpf-St.,* **St. palústris** RETZ.

17. Lepyrodíclis FENZL, *Blasenmiere*

Pfl. habituell an *Stellaria holostea* L. erinnernd, niederlgd.-aufstgd.; Bltn. 5zählig; Kblätt. an der Basis kurz miteinander verwachsen, außen drüsig behaart; Blkrblätt. an der Spitze schwach, aber deutl. ausgerandet; Gr. 2, starr; Kapsel sich m. 2 Klappen öffnend, jede 2 Samen enthaltend; ⊙; V–VI. Äcker, häufig in Gesellschaft von *Trifolium resupinatum, s* u. vorübergehend eingeschleppt; BW, RhPf, He, O-We, Sa, St. (Heimat: westl. Asien bis Himalaya) **L. holosteoídes** (MEY.) FENZL ex FISCH.

18. Myosóton MOENCH (= *Malachium* FR.), *Wasserdarm*

Stg. schlaff, zerbrechl., spitzenw. drüsig-flaumig; Grdblätt. gestielt; Bltn. in lockeren, beblätterten Trugdolden; Frkn. 5blättrig; Gr. 5 (Unterschied zu der ähnl. *Stellaria nemorum*); ⊙ bis mehrjährig; VI–IX. Weidengebüsch, Ufer, Gräben; *v.* [= *Malachium aquaticum* (L.) FR.; = *Stellaria aquatica* (L.) SCOP.] **M. aquáticum** (L.) MOENCH

19. Cerástium L., *Hornkraut*

1. Gr. 4 od. 5 . . . . **3**

— Gr. 3 . . . . **2**

2. Tragblätt. u. K. kahl od. fast kahl; Stg. niederlgd. m. aufrechten Ästen; Pfl. lockerrasig, 5–15 cm hoch; Bltn. 12–18 mm im Dm, in 1–3bltg. Trugdolde; Frstiel herabgebogen; ♃; VII–VIII. Feuchte, steinige Orte der Alp. von 1700 bis 3000 m; *z* bis *v.* (= *C. trigynum* VILL.) *Dreigriffeliges H.,* **C. cerastoídes** (L.) BRITT.

— Tragblätt. u. K. drüsig-flaumig; Stg. aufrecht od. aufstgd., 6–30 cm lang; Pfl. nicht rasenbildend; Bltn. etwa 9 mm im Dm, zu 1–3 endst.; Frstiele aufrecht; ⊙; IV–VI. Ufer, Wege, auf Tonböden; *s* in Schl, Br, SaAn (Elbetal), RhPf, N-BW, S-E. (= *C. anomalum* W. & K.) *Klebriges H.,* **C. dúbium** (BAST.) GUÉPIN

3(1). Blkrblätt. etwa doppelt so lg. wie der K., länger als 8 mm **10**
— Blkrblätt. bis 8 mm lg., wenig länger, gleich lg. od. kürzer als der K., zuw. fehlend **4**
4. Ob. Tragblätt. am Rand ± breit-trockenhäutig, an der Spitze kahl od. fast kahl **7**
— Ob. Tragblätt. krautig, ohne Hautrand, an der Spitze absthd. behaart *(799g)* **5**
5. Bltn. 4zählig, Gr. 4, Pfl. frischgrün, stark drüsig; Kblätt. m. kurzer Spitze; ⊙–⊙; III–VI. Dünen u. sandige Weiden; *s* Nordseeküste u. Inseln, Da. (= *C. tetrandrum* CURT.)
Viermänniges H., **C. diffúsum** PERS.
— Bltn. 5zählig; Gr. 5 . . . . **6**
6. Bltn. in geknäuelten Trugdolden; Frstiel etwa so lg. wie der K.; Stbfäden kahl; Pfl. blaß- bis gelbgrün; ⊙–⊙; III–IX. Feuchte Gebüsche, Gräben, Ufer, Wegränder; *v.* (= *C. viscosum* auct.)
Knäuel-H., **C. glomerátum** THUILL.
— Bltnstand locker; Frstiele bis 5mal so lg. wie der K.; Stbfäden bewimpert; Pfl. graugrün; ⊙–⊙; IV–VI. Trockenrasen, Böschungen; *z.* Formenreich. *Kleinblütiges H.,* **C. brachypétalum** PERS.
7(4). Pfl. selten drüsig, m. blühenden u. sterilen Trieben; ♃; Frkapsel 8–18 mm lg.; III–VI. Wiesen, Äcker, *g,* bis in die alp. Reg. aufstgd.
Gewöhnliches H., **C. fontánum** BAUMG. s. l.
a. Kblätt. 3–5(–7) mm lg.; Kapsel bis 12 mm lg.; III–VI. Wiesen, Rasen, Äcker, *g.* [= *C. holosteoides* FR.; = *C. caespitosum* GIL.; = *C. triviale* LK.; = *C. fontanum* BAUMG. ssp. *triviale* (LK.) JALAS]
Gewöhnliches H., ssp. **vulgáre** (HARTMAN) GREUT. & BURDET
— Kblätt. 6–9 mm lg.; Kapsel 12–18 mm lg. . . . . **b**
b. Pfl. dicht drüsenhaarig; Blkrblätt. bewimpert, etwa so lg. wie der K.; IV–VI. Feuchte, schattige Standorte, *s.* (= *C. lucorum* SCHUR; = *C. macrocarpum* SCHUR) *Großfrüchtiges H.,* ssp. **macrocárpum** (KOTULA) JALAS
— Pfl. dicht behaart, drüsenlos od. wenig drüsig; Blkrblätt. ungewimpert, meist deutl. länger als der K.; IV–VI. Matten, feuchte Gesteinsfluren, bis in die alp. Reg. aufstgd.; kalkmeidend; Alp. *z.* *Quellen-H.,* ssp. **fontánum**
— Pfl. dichtdrüsig, nur m. blühenden Trieben, ⊙, Frkapsel 5–8 mm lg. **8**
8. Unt. Tragblätt. *(799f)* krautig, nur die ob. *(799e)* schmal hautrandig, beidersts. behaart; Pfl. trübgrün, dicht drüsig-klebrig, 1,5–20 cm hoch; ⊙–⊙; IV–VI. Sonnige, kurzgrasige Abhänge, Ackerränder; *z* im S, *s* im N (Ho, SH, Da). (= *C. obscurum* CHAUB.)
Niedriges H., **C. púmilum** CURT.
— Unt. Tragblätt. hautrandig, obersts. kahl *(799a, b, c)* . . . **9**
9. Hautrand der Tragblätt. *(799a, b)* sehr breit, daher oft ganzes Blatt trockenhäutig; Pfl. 1–30 cm hoch; Stg. meist reichdrüsig, aufrecht od. niederlgd.; ⊙–⊙; III–VI. Trockene Grasplätze, Weg- u. Ackerränder, sandige Hügel; von der Ebene bis in die Voralp.; *v–z.*
Fünfmänniges H., **C. semidecándrum** L.
— Unt. Tragblätt. *(799d)* m. sehr schmalem, oft kaum sichtbarem Hautrand, bei den ob. breiter *(799c);* Pfl. drüsig; ⊙–⊙; III–VI. Sandfelder, Ackerränder; *z* im S, im N: Me, Br, SH. (= *C. glutinosum* FR.) *Bleiches H.,* **C. pállens** F. W. SCHULTZ
10(3). Tragblätt., zumindest die ob., hautrandig **13**

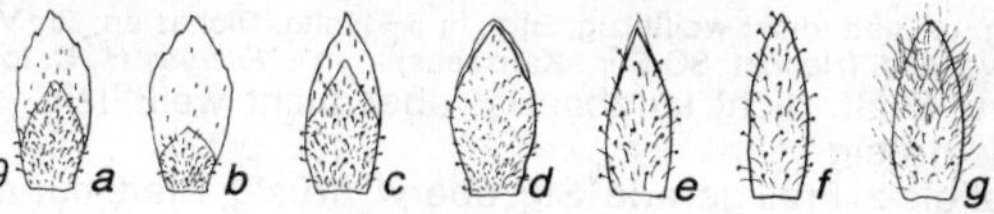

— Alle Tragblätt. ohne Hautrand, den Laubblätt. ähnl.; niedrige, ausdauernde Alpenpfl., mit 1–3bltg. Stg.; Blätt. > 3 mm breit 11

11. Zähne der geöffneten Kapsel zurückgekrümmt; Blkr. glockig, die Kblätt. höchstens um ⅓ überragend; Pfl. 3–8 cm hoch, lockerrasig, schwach flaumhaarig; Blätt. brüchig, starr, grasgrün; ♃; VI–VIII. Steinige Böden der Ur-Alp., von 2000–3100 m; *z* in Ti, Vb, Sb, Kt. (= *C. filiforme* Schleich.) *Stiel-H.,* **C. pedunculátum** Gaud.

— Zähne der geöffneten Kapsel nicht zurückgekrümmt; Blkr. meist becherf., mehr als doppelt so lg. od. kaum doppelt so lg. wie der K. 12

12. Blkrblätt. mehr als doppelt so lg. wie der K.; Pfl. lockerrasig, 3–8 cm hoch, dicht kurz-drüsig, aber nicht zottig behaart; ♃; VII–VIII. Geröll u. Felsen der K-Alp., von 1700–3400 m; *z.*
Breitblättriges H., **C. latifólium** L.

— Blkrblätt. kaum doppelt so lg. wie der K.; Pfl. dichtrasig, 3–8 cm hoch, dicht zottig behaart; neben Drüsenhaaren auch drüsenlose Gliederhaare; Stg. 1–3bltg.; ♃; VII–IX. Geröll u. Moränenschutt, vorwgd. der Ur-Alp. von 1900–3200 m; *z.*
Einblütiges H., **C. uniflórum** Clairv.

13(10). Unt. Blätt. 10–15 mm breit, spatelig, lg. gestielt, weich, zerstreut behaart; Stg. schlaff aufstgd., ausläuferbildend, 30–60 cm lg.; unt. Tragblätt. groß, laubig, ganz krautig; ♃; VI–VII. Feuchte Wälder, Torfbrüche; *s,* nur W- u. OPr, St, OÖ.
Wald-H., **C. sylváticum** W. & K.

— Blätt. schmäler, alle sitzend 14

14. Blätt. längl.-lanzettl. od. lineal, in den Blattachseln m. Blattknospen od. beblätterten Sprossen; Tragblätt. m. breitem Hautrand 16

— Blätt. eif.-elliptisch, seltener längl., in den Achseln meist ohne beblätterte Sprosse 15

15. Kblätt. 5–6 mm lg., stumpfl.; Pfl. lockerrasig; ♃; VI–IX. Felsschutt, Gesteinsfluren, K-Alpen *z, f* in Vb u. Dt.
Kärntner H., **C. carinthíacum** Vest

a. Ob. Deckblätt. m. breitem Hautrand; *z.* ssp. **carinthiacum**

— Ob. Deckblätt. m. schmalem od. fehlendem Hautrand; *s,* Kt.
ssp. **austroalpínum** (H. Kunz) Janch.

— Kblätt. 7–10 mm lg., spitz; Pfl. wollig behaart; ♃; VII–IX. Felsen, Geröll, Alp. *z.* *Alpen-H.,* **C. alpínum** L.

a. Pfl. graugrün, m. langer, wolliger Behaarung; Stg. 4–5bltg.; kalkmeidend, Alp. *z,* Vorland *s.* ssp. **alpínum**

— Pfl. weiß bis grauweiß, m. krauswolliger Behaarung; Stg. nur meist m. 2–3 Bltn.; kalkmeidend, *s,* Alp. (= *C. lanatum* Lam.; = *C. villosum* Baumg.)
Wolliges H., ssp. **lanátum** (Lam.) A. & Gr.

16(14). Stg. u. Blätt. dicht weißfilzig; Bltn. in 5–15bltg. Dichasien; ♃; V–VI. Zierpfl., zuw. verwild. (Heimat: SO-Eur., Kaukasus) *Filziges H.,* **C. tomentósum** L.

— Stg. u. Blätt. dicht kurzhaarig, aber nicht weißfilzig, spitzenw. drüsig **17**

17. Bltnstiele z. Frzt. gerade; Stg. oberw. drüsig; Blätt. nur am Grd. bewimpert, steif, m. gekielter Mittelrippe u. umgeschlagenem Rand; ♃; VII–VIII. Felsen, Steinrasen, auf Kalk, nur Kt. *Julisches H.,* **C. júlicum** SCHELLMANN

— Bltnstiele z. Frzt. unterhalb des K. gebogen; ♃; IV–IX. Feldraine, Alpenmatten; *v.* *Acker-H.,* **C. arvénse** L.

a. Pfl. 3–10 cm hoch; sterile Sprosse viel kürzer als die blühenden; Blätt. an der Basis der Stg. gedrängt; Felsen, steinige Matten; *v* Alp. u. Voralp. (= *C. strictum* HAENKE) ssp. **stríctum** (KOCH) SCH. & KELL.

— Pfl. kräftig, bis 30 cm hoch; sterile Sprosse nur wenig kürzer als die blühenden; Blätt. nicht an der Bais der Stg. gedrängt; Feldraine, Bahndämme; *v.* ssp. **arvénse**

20. Gypsóphila L., *Gipskraut*

1. Stg. kriechend od. aufstgd. **3**

— Stg. steif-aufrecht, vom Grd. an ästig **2**

2. Bltn. weiß; Blkrblätt. an der Spitze gerundet; Blätt. lanzettl., scharf zugespitzt; Pfl. bis 90 cm hoch; ♃; VI–IX. Auf sandigen Hügeln. Im Gebiet wohl nur eingeschleppt; auch als Zierpfl. (Heimat: SO-Eur.) *Rispiges G., Schleier-G.,* **G. paniculáta** L.

— Bltn. rosa, dk.geadert; Blkrblätt. ausgerandet od. gekerbt; Blätt. lineal, blaugrün; Pfl. bis 25 cm hoch, an der Basis kurzhaarig; ⊙; VI–X. Sandige Äcker, Heideböden; *z, s* im N, W u. Da. *Mauer-G.,* **G. murális** L.

3(1). Stg. spitzenw. klebrig-drüsig; Stbblätt. u. Gr. länger als die Blkr.; Bltnstand dicht trugdoldig; ♃; VI–VIII. Sand- u. Gipsböden; *z* in NO-Dt, Th, SaAn, O-Sa, Mainzer Becken. Ⓖ! *Büscheliges G.,* **G. fastigiáta** L.

— Pfl. vollständig kahl, blaugrün, rasenbildend; Stbblätt. u. Gr. kürzer als Blkr.; Bltn. in lockeren, reichbltg. Dichasien; ♃; V–VIII. Geröll u. Felsen; K-Alp. u. Vorland; *v,* sonst *s* in BW (Rheinebene), Gipshügel im S-Harz, früher He (Vogelsberg). *Kriechendes G.,* **G. répens** L.

21. Saponária L., *Seifenkraut*

1. Stg. 1bltg., kurz; Bltn. groß, lebhaft rot; K. aufgeblasen; Pfl. dichtrasig bis polsterbildend; ♃; VIII–IX. Matten der Ur-Alp. von Sb, Ti, Kt, St, *z.* [= *S. pumilio* (L.) FENZL ex A. BR.] Ⓖ *Niedriges S.,* **S. púmila** JANCH.

— Stg. mehrbltg., verlängert **2**

2. Bltn. groß, blaßrosa bis weiß, in dichten Dichasien; Stg. aufrecht, fein flaumig, 30–70 cm lg., ausläuferbildend; ♃; VI–IX. Flußauen, Straßenränder, Ruderalstellen; *v* bis *z.* *Gewöhnliches S.,* **S. officinális** L.

— Bltn. klein, lebhaft rot, in lockeren Dichasien; Stg. niederlgd. bis aufstgd., 10–30 cm hoch, kurz drüsenhaarig; ♃; IV–X. Felsige Abhänge, Geröllhalden; kalkliebend; *z,* nur Alp. *Rotes S.,* **S. ocymoídes** L.

22. Vaccária MED., *Kuhkraut*
Bltn. in lockeren, reich verzweigten Dichasien, blaßrot; Pfl. kahl; Blätt. lanzettl., spitz, bläul. bereift; ⨀; VI. Äcker, Schutt, Wegränder; *s,* im Gebirge *f.* (= *Saponaria vaccaria* L.; = *Vaccaria vulgaris* HOST; = *V. pyramidata* MED.) Ⓖ **V. hispánica** (MILL.) RAUSCH.

23. Petrorhágia SER. ex DC.) LK. (incl. **Túnica** auct.; **Kohlrāūschia** KTH.), *Nelkenköpfchen, Felsennelke*
1. Bltn. zu mehreren in endst., von mehreren Paaren trockenhäutiger Hochblätt. umgebenen köpfchenart. Trugdolden *(792);* Blkrblätt. rötl.lila, klein; Stg. aufrecht, meist einfach, kahl; ⨀; VI–X. Trockenrasen, sandige Hügel; *z, s* bis *f* im NW. [=*Tunica prolifera* (L.) SCOP.; = *Kohlrauschia prolifera* (L.) KTH.] *Sprossende F.,* **P. prolífera** (L.) P. W. BALL & HEYW.
— Bltn. einzeln; K. m. fein zugespitzten Außenkblätt. (*782,* aK); Blkrblätt. hell-lila, 3nervig; Stg. niederlgd. bis aufstgd., reichästig; ♃; VI–IX. Steinige Abhänge, Trockenrasen, Flußkies; *z* in Alp., Voralp., Hochebene von Ba, sonst nur verschleppt. [= *Tunica saxifraga* (L.) SCOP.] *Steinbrech-F.,* **P. saxífraga** (L.) LK.

24. Diánthus L., *Nelke* Ⓖ
1. Blkrblätt. wenigstens bis zur Mitte zerschlitzt **12**
— Blkrblätt. nur an der Spitze gezähnt (selten ganzrandig) . **2**
2. Bltn. kopfig od. büschelig gehäuft; Einzelblüten sitzend od. kurz gestielt **9**
— Bltn. einzeln, zu zweit od. in lockeren Bltnständen; Einzelbltn. länger gestielt **3**
3. Stg. kurzhaarig; Außenkblätt. 2, m. grannenart. Spitze halb so lg. wie die Kröhre; Blkrblätt. purpurrot, weiß punktiert u. dk. gestreift; Grdblätt. längl.-spatelf., stumpf; ♃; VI–IX. Trockene Wiesen, Sandfelder, Kiefernwälder; *v.* Ⓖ *Heide-N.,* **D. deltoídes** L.
— Stg. kahl **4**
4. Außenkblätt. kürzer als die halbe Kröhre **7**
— Außenkblätt. so lg. od. länger als die halbe Kröhre . . . **5**
5. Pfl. der niederen Lagen, 30–60 cm hoch, lockerrasig; Bltn. meist zu 2; Außenkblätt. am Rande trockenhäutig, ½ bis fast so lg. wie die Kröhre; Blkrblätt. im Schlund m. Kranz tiefroter Punkte; ♃; VI–VIII. Lichte Wälder, buschige Abhänge; *z* in Ba u. BW, *s* in Th, SaAn. (= *D. sylvaticus* HOPPE) Ⓖ *Busch-N.,* **D. seguiéri** VILL.
— Niedrige, lockerrasige bis dicht polsterf. Pfl. der Hochalp.; Bltn. einzeln, selten zu 2–3 . . . . **6**
6. Platte der Blkrblätt. 10–15 mm lg., horizontal absthd.; Kapsel kürzer als der K.; Bltn. sehr groß, purpurn, im Schlund purpurrot u. weiß gesprenkelt; Blätt. lineal-lanzettl., breit, kurz; Pfl. 2–20 cm hoch, lockerrasig; ♃; VI–VIII. Steinige Wiesen der östl. K-Alp.; *s* in Sb, Ti, Kt, N-St, OÖ, *f* in Dt. Ⓖ *Alpen-N.,* **D. alpínus** L.
— Platte der Blkrblätt. 8–10 mm lg., schräg absthd.; Kapsel länger als der K.; Außenkblätt. m. lg., krautiger Spitze; Blkrblätt. purpurrot; Blätt. lineal, stumpf, dickl., am Rand etwas rauh; Pfl. 1–4 cm hoch, dichtrasig; ♃; VII–VIII. Rasen der Ur-Alp.; *s* in Sb, Ti, Kt, St, *f* in Dt. Ⓖ *Gletscher-N.,* **D. glaciális** HAENKE

7(4). Blkrblätt. im Schlund bärtig; Blätt. blaugrün; Pfl. dichtrasig bis polsterbildend; Stg. meist 1bltg.; Außenkblätt. 4–6, höchstens ¼ so lg. wie die Kröhre; Blkrblätt. hellrot; ♃; V–VI. Felsige Trockenrasen; *z, f* in Alp.; auch als Zierpfl. u. stellenweise verwild. u. eingebürgert. (= *D. caesius* SM.)

Ⓖ *Pfingst-N.,* **D. gratianopolitánus** VILL.

— Blkrblätt. am Schlund nicht gebärtet od. gepunktet **8**

8. Blätt. ganzrandig od. nur am Grd. rauh, 2–10 mm breit, blaugrün; Außenk. 4–6blättrig; Stg. 1- bis vielbltg.; Bltn. verschiedenfarbig, häufig gefüllt; ♃; VII–VIII. Gartenpfl. (Heimat: S-Eur.) *Garten-N.,* **D. caryophýllus** L.

— Blätt. am Rand rauh, 1–2 mm breit, gras- od. meergrün; Außenkblätt. 2–4, etwa ¼ so lg. wie die Kröhre; Stg. 1–4bltg.; Bltn. rosa; ♃; VI–VII. Steinige Wiesen u. Felsen; Alp. *v.*

Ⓖ *Stein-N.,* **D. sylvéstris** WULF.

9(2). Außenk. u. K. rauhhaarig; Blätt. lineal-lanzettl., steif aufrecht; Bltn. klein, purpurn, dk. gepunktet; ♃; VI–VII. Lichte, buschige Abhänge, sonnige Hügel; *z, s* im N. Ⓖ *Rauhe N.,* **D. arméria** L.

— Außenkblätt. kahl od. nur am Rand rauh **10**

10. Blätt. 5–18 mm breit, lanzettl.; Außenk. u. Kzähne lg. grannenart. zugespitzt; Bltn. hell- bis dk.rot, am Grd. m. weißen Punkten (als Zierpfl. auch andersfarbig od. gefüllt); ♃; VII–VIII. Wälder, Wiesen, *z,* Ti, Kt, St, sonst Gartenpfl. od. verwildert.

Ⓖ *Bart-N.,* **D. barbátus** L.

— Blätt. 2–5 mm breit, lineal bis lanzettl. **11**

11. Außenkblätt. trockenhäutig, gelbbraun begrannt; Bltn. in 6–15bltg. Köpfchen; Blätt. am Grd. scheidig verwachsen, Scheide bis 15 mm lg.; ♃; VI–VIII. Trockenrasen, sandige Wälder, Heiden; *v.* Formenreich. Ⓖ *Karthäuser-N.,* **D. carthusianórum** L.

a. Blätt. 0,5–1,3 mm breit; Bltnstand nur m. 1–6 Bltn.; Pfl. 20–30 cm hoch; auf Serpentin, St. ssp. **capíllifrons** (BORB.) NEUMAYER

— Blätt. meist > 2 mm breit; Bltn. in 6- od. mehrblütigen Köpfchen . . . . **b**

b. Bltnköpfchen meist 6bltg.; Bltn. rosa- bis purpurrot; Blätt. 2–3 mm breit; Pfl. 15–60 cm hoch; *v, f* im NW. ssp. **carthusianórum**

— Bltnköpfchen meist mehr als 6bltg. . . . . **c**

c. Blätt. 2–3 mm breit, stark nervig; Bltnköpfchen meist 10bltg.; Bltn. dk.purpurrot; Pfl. 15–35 cm hoch, dichtrasig; kalkmeidend; *z* in Alp. von Ti, Sb. (= *D. vaginatus* CHAIX) ssp. **vaginátus** (CHAIX) HEGI

— Blätt. 3–5 mm breit; Bltnköpfchen 6–15bltg.; Bltn. tief-purpurrot; Pfl. bis 60 cm hoch, *s* in Voralp. von Sb, St, OÖ. ssp. **latifólius** (GRIS. & SCHENK) HEGI

— Außenkblätt. krautig od. nur am Rand trockenhäutig, oft violett, fast so lg. wie die Kröhre; Bltn. locker gehäuft; Blätt. graugrün; Blattscheiden etwa so lg. wie die Blattbreite (s. auch Nr. **5**).

Ⓖ *Busch-N.,* **D. seguiéri** VILL.

12(1). Alle Blätt. laubblattart. **14**

— Oberstes Blattpaar schuppenf. od. kurz u. starr aufrecht . **13**

13. K. 4–5mal so lg. wie breit; Platte weiß od. rot, ungefleckt; Blattscheiden etwa 2 mm lg.; Blkrblätt. bis zur Mitte handf. zerschlitzt *(797);* ♃; IV–VII. Felsen, steinige Hänge, *z,* auch als Zierpfl.

Ⓖ *Feder-N.,* **D. plumárius** L.

a. Pfl. grasgrün; Nagel den K. nicht überragend; Kt, St. (= *D. hoppei* PORTENSCHLAG) ssp. **hóppei** (PORTENSCHLAG) HEGI

— Pfl. blaugrün; Nagel den K. um 5 mm überragend; Sb, St, OÖ. [= *D. blandus* (RCHB.) HAY.] ssp. **blándus** (RCHB.) HEGI

— K. 5–9mal so lg. wie breit, oben verengt; Blkrblätt. bis über die Mitte eingeschnitten *(798);* Platte weiß, Basis grünl. u. weiß od. purpurn gebärtet; Blattscheiden etwa 1 mm lg.; ♃; VI–VIII. Kiefernwälder, Heiden, Dünen; *s,* nur NO-Dt.

Ⓖ *Sand-N.,* **D. arenárius** L.

14(12). Platte sehr tief u. unregelmäßig zerschlitzt, 15–35 mm lg.; Stg. m. 10–15 gestreckten Internodien; Bltn. bleichrosa bis purpurrot; ♃; VI–IX. Moor- u. Alpenwiesen, lichte Wälder; *v* bis in die alp. Reg. Ⓖ *Pracht-N.,* **D. supérbus** L.

a. Bltnstand 1- od. wenigbltg.; Stg. aufrecht, 20–40 cm lg., bläul. bereift; Blkrblätt. am Grd. schwarz getüpfelt. Matten der subalp. Reg.; *s* in Alp., Vog. ssp. **speciósus** (Rchb.) Hay.

— Bltnstand m. zahlr. Bltn.; Stg. am Grd. niederlgd.-aufstgd., grün; Blkrblätt. am Grd. m. grünl. Fleck. Wiesen; *z, s* im NW. ssp. **supérbus**

— Platte höchstens bis zur Mitte zerschlitzt, höchstens 18 mm lg.; Stg. m. 3–5 gestreckten Internodien; ♃; VI–VII. Alpenmatten, Kalkgeröll, *s,* Kt, St, OÖ. (= *D. sternbergii* Capellli)

Ⓖ *Dolomit-N.,* **D. monspessulánus** L. ssp. **sternbérgii** (Capelli) Hegi

25. Cucúbalus L., *Taubenkropf, Hühnerbiß*

Pfl. dicht kurzflaumig, reichästig, schlaff, klimmend; Blätt. eif.-längl., zugespitzt; Bltn. in armbltg. Trugdolden, grünl.weiß; K. später aufgeblasen; Fr. beerenart., schwarz; ♃; VII–IX. Flußtäler; *z,* im N nur Oder- u. Elbetal, *s* in Ho. **C. báccifer** L.

26. Siléne L. [incl. **Melándrium** Roehl. u. **Heliospérma** (Rchb.) Rchb.], *Leimkraut, Lichtnelke*

1. Bltnstg. kurz, 1–3 cm lg.; Bltn. einzeln, rosarot; Blätt. lineal; Pfl. große, kompakte Flachpolster bildend; ♃; VI–IX. Steinige Weiden der Alpen von 1500–2000 m.

Ⓖ *Stengelloses Leimkraut,* **S. acaúlis** (L.) Jacq.

a. Bltnstg. verlängert, bis 3 cm; Bltn. deshalb deutl. gestielt, dk.rosa; Blätt. 5–12 mm lg., aufrecht-absthd.; Kapsel elliptisch, länger als der K.; Pfl. große Flachpolster bildend; kalkstet. *h.* ssp. **longiscápa** Vierh.

— Bltnstg. sehr kurz, bis 2 mm; Bltn. deshalb fast sitzend, hellrosa; Kapsel kugelig, kaum länger als der K.; Blätt. 4–6 mm lg.; Pfl. kompakte Polster bildend; kalkmeidend; *z* in Alp., *f* in Dt. (= *S. exscapa* All.) ssp. **exscápa** (All.) Vierh.

— Stg. deutlich entwickelt, mehrbltg.; Pfl. nicht polster-, höchstens rasenbildend **2**

2. Alle Bltn. ⚥; Gr. stets 3 . . . . **5**

— Alle Bltn. od. z.T. eingschl. u. 2häusig verteilt; Gr. 3 od. 5 **3**

3. Gr. 3; K. kahl; Blkrblätt. 3–5 mm lg., ungeteilt, ohne Nebenkr., gelbl.grün; Stbblätt. lg. heraushgd.; ♂ Bltn. oft mit Frknrest; ⨀–♃; V–VIII. Trockenrasen, Kiefernwälder auf Sand, *z.*

Ohrlöffel-L., **S. otítes** (L.) Wib.

a. Bltnstand kurzästig, dicht traubig bis fast ährenf., basale Äste kurz; Frstiele etwa so lg. wie der K.; *z, s* in BW, E, Ti, St. ssp. **otítes**

— Bltnstand locker traubig-rispig, m. verlängerten, basalen Ästen; Frstiele etwa doppelt so lg. wie der K. Nur He (Darmstadt) u. RhPf (Mainz).

ssp. **pseudotítes** (Rchb.) A. & Gr.

— Gr. 5 od. Bltn. nur mit Stbblätt.; K. u. Stg. behaart; Blkrblätt. 15–20 mm lg., 2spaltig, m. Nebenkr., weiß od. rot . . . **4**

4. Blkrblätt. weiß, bis 30 mm lg.; Kblätt. 15–30 mm lg.; Kzähne schmal-3eckig; Bltn. sich erst nachmittags öffnend, stark duftend; K. aufgeblasen; Stg. spitzenw. lg. drüsig, weichhaarig; ⊙–⊙; VI–IX. Kulturland, Hügel, Gebüsch; *v.* [= *Melandrium album* (MILL.) GARCKE; = *S. alba* (MILL.) E. H. L. KRAUSE]
Weiße Lichtnelke, **S. latifólia** POIR.

a. Kzähne zugespitzt, später nach außen gekrümmt; *s,* Ti. [= *S. alba* ssp. *divaricata* (RCHB.) WALTERS] ssp. **latifólia**

— Kzähne stumpf, auch später aufrecht; *v.* [= *S. alba* (MILL.) KRAUSE ssp. *alba*] ssp. **álba** (MILL.) GREUT. & BURDET

— Blkrblätt. rot; Bltn. am Tage geöffnet, geruchlos; Kapselzähne zurückgerollt; Pfl. dicht weichhaarig; z.T. drüsig; ⊙ bis mehrjährig; IV–IX. Wiesen, Laubwälder, Kahlschläge; *v.* [= *Melandrium rubrum* (WEIGEL) GARCKE; = *M. silvestre* (HOPPE) ROEHL.; = *M. dioicum* (L.) COSS. & GERM.] *Rote Lichtnelke,* **S. dioíca** (L.) CLAIRV.

5(2). K. 10nervig, nicht aufgeblasen, nicht netzadrig 8

— K. 20–30nervig, ± aufgeblasen, zuw. netzadrig 6

6. Pfl. ♃; K. 20nervig, bleich; Bltn. weiß, selten rosa, ohne Nebenkrone; ♃; VI–IX. Trockene Wiesen, Raine, Wege, auf Kies; *v.* Formenreiche Sammelart. [= *S. cucubalus* WIB.; = *S. inflata* (SAL.) SM.]
Taubenkropf-L., **S. vulgáris** (MOENCH) GARCKE

a. Stg. aufrecht, bis 60 cm lg.; Blätt. kahl, oval-lanzettl.; Bltnstand mehrbltg. ssp. **vulgáris**

b. Stg. niederlgd., rasenbildend, an der Basis schwach verholzend; Bltnstand 1–3bltg.; K. rötl.; Samen feinwarzig; ♃; VI–IX. Geröll u. Flußschotter der K-Alp.; *v.* *Alpen-L.,* ssp. **prostráta** (GAUD.) SCH. & TH.

c. Stg. bis 25 cm lg., verzweigt, graugrün, kahl; Bltn. einzeln od. zu 2–4; ♃; VI–IX. Nur an der Küste von W-Eur., im Gebiet nur nördl. Küste von Jütland. *Strand-L.,* ssp. **marítima** (WITH.) Á. & D. LÖVE

d. Stg. aufrecht, bis 1 m hoch; Stgblätt. 4–9 cm lg. u. 2–4 cm breit; Bergwiesen, *s,* Sb, Kt, St. [= *S. vulgaris* ssp. *antelopum* (VEST) HAY.; = *S. bosniaca* (G. BECK) HAND.-MAZ.] 🄶 *Gemsen-L.,* ssp. **bosníaca** (G. BECK) JANCHEN

— Pfl. ⊙; K. 30nervig, grün; Bltn. rosa 7

7. K. 10–15 mm lg.; Kapsel 7–12 mm lg.; Blkrblätt. tief ausgerandet, m. Nebenkrone; ⊙; VI–VII. Sandrasen, sandige Äcker; *s* im Rheintal u. Nebentälern, Mainzer Becken, sonst stellenweise verschleppt. *Kegelfrüchtiges L.,* **S. cónica** L.

— K. 15–28 mm lg.; Kapsel 12–18 mm lg.; Blkrblätt. kaum ausgerandet; ⊙; VI–VII. Äcker, *s* aus S-Eur. u. SW-Asien eingeschleppt.
Großkegelfrüchtiges L., **S. conoídea** L.

8(5). Nebenkr. vorhanden 11

— Nebenkr. fehlend 9

9. Pfl. kahl; Bltn. weiß od. grünl.weiß, in aufrechten Scheintrauben, beim Aufblühen auf aufrechten Stielen nickend; Stg. 30–60 cm lg., fast kahl; ♃; VII–IX. Sandige Flußufer; *s,* nur im O, Oder-, Weichsel-, Memelgebiet. *Tataren-L.,* **S. tatárica** (L.) PERS.

— Pfl. behaart bis klebrig-drüsig (wenigstens stellenw.) . . 10

10. Pfl. in allen Teilen dichtdrüsig u. klebrig; Bltn. milchweiß; Blätt. ungleich gekerbt od. gezähnt, am Rand wellig; ⊙; V–VI. Sandtrockenrasen; *s* im Odertal, Me, Rügen, Hiddensee, Da. [= *Melandrium viscosum* (L.) ČEL.] *Klebriges L.,* **S. viscósa** (L.) PERS.

— Pfl. nur klebrig geringelt, sonst kurzhaarig-flaumig; Blkrblätt. obersts. weiß, untersts. m. grauen od. hellvioletten Adern; V–VIII. *Italienisches L.*, **S. itálica** (L.) PERS.

a. Pfl. m. sterilen Laubtrieben, ♃; Rispe locker; Platte meist wimperig behaart; 30–60 cm hoch; *s*, Ti. ssp. **itálica**

— Pfl. ohne sterile Triebe, ⨀, 60–80 cm hoch; Rispe dicht; Platte meist kahl. Lichte, trockene Wälder, *s*, Kt, St, Sa, Rheintal. (= *S. nemoralis* W. & K.) *Hain-L.*, ssp. **nemorális** (W. & K.) NYM.

11(8). Blkrblätt. weiß, rosa od. rot **13**

— Blkrblätt. gelbl.grün od. grünl.weiß **12**

12. Kblätt. 9–12 mm lg., Pfl. kahl, Blkrblätt. gelbl.grün, Blätt. schmal lineal, < 1 cm breit; ♃; VII–VIII. Kiefernwälder; *s* in SO-Me, O-Br, W- u. OPr, Schl. *Heide-L.*, **S. chlorántha** (WILLD.) EHRH.

— Kblätt. 15–20 mm lg., Pfl. behaart, Blkrblätt. grünl.weiß, Blätt. breit-eif.; ♃; VI–VII. Flaumeichenwälder, sehr *s*, S-St. *Grünblütiges L.*, **S. viridiflóra** L.

13(11). K. > 7 mm, kreiself. **17**

— K. 3–7 mm lg. **14**

14. Stg. nicht klebrig, wie die Blätt. blaugrün; Blkrblätt. tief ausgerandet, milchweiß bis rosenrot; ⨀; VII–VIII. Trockene Felsspalten, Magermatten; *v* in Ur-Alp., *s* in Schw. u. Vog. [G] *Felsen-L.*, **S. rupéstris** L.

— Stg. oben klebrig; Blkrblätt. vorn 2-, 4- od. 6zähnig **15**

15. Bltntriebe seitenst.; Nagel gewimpert; Kapsel den K. weit überragend; ♃; VI–VIII. Feuchter Felsschutt der Alp. u. Voralp., meist über 1200 m; *v* in Au, *f* in Vb u. Dt. [= *Heliosperma alpestre* (JACQ.) RCHB.] *Großer Strahlensame*, **S. alpéstris** JACQ.

— Bltntriebe endst.; Nagel kahl **16**

16. Stg. dicht langhaarig; ♃; V–VII. Feuchte Felsgrotten, *s*, O-Ti, Kt, St. (= *Heliosperma veselskyi* JANKA) [G] *Wolliger Strahlensame*, **S. vesélskyi** (JANKA) NEUMAYER

— Stg. kahl od. etwas flaumig gehaart; ♃; VII–IX. Felsen, Quellfluren; *v* in K-Alp., Voralp., *s* bis Augsburg u. München. [= *Heliosperma quadridentatum* (MURR.) SCH. & THELL.; = *Silene quadridentata* PERS.; = *S. quadrifida* JACQ. non L.] *Kleiner Strahlensame*, **S. pusílla** W. & K.

17(13). Blkrblätt. an der Spitze abgerundet bis kurz ausgerandet, rosafarbig od. rot, selten weiß **21**

— Blkrblätt. tief 2spaltig, weiß od. blaß-rosafarbig **18**

18. Pfl. ausdauernd, m. nichtblühenden Trieben **20**

— Pfl ⨀, an der Basis ohne nichtblühende Rosetten . . . **19**

19. Bltn. in wiederholt verzweigten Dichasien; Dichasialäste in einseitswendige Wikkel übergehend; Grdblätt. längl.-lanzettl., kurz gestielt, dicht kraushaarig; ⨀; VII–VIII. Kleeäcker, Wegränder; aus SO-Eur. eingeschleppt u. stellenw. eingebürgert. *Gabelästiges L.*, **S. dichótoma** EHRH.

— Bltn. in wenig verzweigten Dichasien, bleichrosa bis weiß, sich erst gegen Abend öffnend; Pfl. oberw. klebrig-drüsenhaarig; ⨀; VII–IX. Lehm- u. Kalkäcker; *z*, in S-Dt *v*. [= *Melandrium noctiflorum* (L.) FR.] *Acker-L.*, **S. noctiflóra** L.

20(18). Blätt. > 5 mm breit; Bltnstand mehrstöckig; Bltn. gestielt, nikkend, nur nachts geöffnet; Stg. 25–70 cm hoch; ♃; VI–VIII. Lichte Wälder, Waldränder, Felsen; *v*, *s* im NW. *Nickendes L.*, **S. nútans** L.

— Blätt. lineal, < 3 mm breit; Bltn. auf lg., aufrechten Stielen; ♃; VI–VIII. Kalkfelsen, steinige Abhänge, *z, f* in Dt. *Steinbrech-L.,* **S. saxífraga** L.

a. Kapsel den K. wenig überragend, *z,* Kt, OTi ssp. **saxífraga**

— Kapsel ganz aus dem K. herausragend, *s,* S-Kt. (= *S. hayekiana* HAND.-MAZ. & JANCH.) ssp. **hayekiána** (HAND.-MAZ. & JANCH.) GR.

21(17). Bltn. in traubenähnl., häufig einseitswendigen Wickeln *(791);* K. bis 10 mm lg., in der Mitte am breitesten, dicht rauh- u. drüsenhaarig; Blkrblätt. ganzrandig, gezähnelt od. etwas ausgerandet; Stg. 10–45 cm lg., oberw. drüsig; ⊙; VI–VII. Ackerunkraut; *s,* besonders im W u. S. *Französisches L.,* **S. gállica** L.

— Bltn. in dichten Trugdolden od. wenigbltg. Dichasien . . **22**

22. Bltnstiele viel kürzer als der verlängerte, keulig-walzl. K.; Bltn. in dichten Trugdolden; Blätt. u. Stg. bläul. bereift, letzterer unter den ob. Knoten m. ca. 1 cm langen, klebrigen Ringen; Blätt. eif., die ob. stgumfassend; Bltn. in dichten Trugdolden; dk.rosa; ⊙; V–X. Felsige Abhänge, trockene Wiesen; *s* im Rheingebiet, Rhön, Harz; außerdem aus Gärten verwildert. *Nelken-L.,* **S. arméria** L.

— Bltnstiele länger als der K.; Bltn. in armbltg. Dichasien; Stg. behaart, zuw. nur an der Basis **23**

23. Stg. nur an der Basis behaart, sonst kahl; Blkrblätt. klein, rosarot, meist 2lappig; Stg. spitzenw. klebrig geringelt; Blätt. hellgrün; ⊙; VI–VII; *s* in Leinäckern; aus dem Mittelmeergebiet eingeschleppt. *Kreta-L.,* **S. crética** L.

— Gesamte Stg. kurzflaumig; Blkrblätt. ausgerandet, hellrosarot, am Grd. m. 3 purpurroten Streifen u. kleiner Nebenkrone; Stgblätt. lineal-lanzettl., an den Nerven kurzhaarig-flaumig; Pfl. 30–60 cm hoch; ⊙; VI–IX. Leinfelder u. Äcker; wohl fast überall ausgestorben, früher BW, Ba, Kt, St. *Flachs-L.,* **S. linícola** C. C. GMEL.

27. Lýchnis L. (incl. **Viscária** BERNH.), *Lichtnelke, Pechnelke*

1. Stg. unter den ob. Knoten stark klebrig, 30–60 cm lg.; Bltn. in endst., scheinquirligen Teilinfl.; Blkrblätt. purpurrot, an der Spitze etwas ausgerandet; K. rötl.; ♃; V–VII. Trockene, sonnige Wiesen, steinige Abhänge; kalkmeidend; *v, z* im N. (= *Viscaria vulgaris* BERNH.; = *V. viscosa* ASCH.) *Gemeine P.,* **L. viscária** L.

— Stg. unter den Knoten nicht klebrig **2**

2. Blkrblätt. tief 4spaltig *(784),* m. schmal-linealen Zipfeln, rosarot; Blätt. schmal-lineal, etwas rauh; ♃; V–VIII. Wiesen, feuchte Gebüsche; *v.* *Kuckucks-L.,* **L. flós-cucúli** L.

— Blkrblätt. ungeteilt od. 2spaltig **3**

3. Pfl. dicht weißfilzig, bis 90 cm hoch; Bltn. in Dichasien, leuchtend dk.rot; ♃; VI–IX. Gartenpfl., zuw. verwild. (Heimat: Mittelmeergebiet) *Kronen-L.,* **L. coronária** (L.) DESR.

— Pfl. nicht weißfilzig, bis 15 cm hoch; Bltnstand kopfig; Blkrblätt. hellpurpurn; ♃; VII–VIII. Geröll u. Weiden der Ur-Alp. von 1900–3000 m; *z,* Sb, Ti, Kt. [= *Viscaria alpina* (L.) G. DON. f.] *Alpen-P.,* **L. alpína** L.

28. Agrostémma L., *Kornrade*

Pfl. 30–100 cm hoch, graufilzig-zottig; Blkrblätt. trüb-purpurn; Kapsel hart, länger als die Kröhre, nicht gefächert, m. 5 (od. 4) Zähnen sich öffnend; ⊙; VI–IX. In Getreidefeldern; *s,* überall stark zurückgegangen, Samen **giftig!** **A. githágo** L.

Familie: **Phytolaccáceae,** *Kermesbeerengewächse*

Stauden; Blätt. wechselst., ganzrandig; Bltnstände groß, traubig, endst., durch Übergipfelung von Seitenästen aber den Blätt. scheinbar gegenüberstd.; Bltnhülle einfach, 4–5zählig; Stbblätt. 6–16; Frkn 8–10(–16), frei, nur am Grd. verwachsen; Fr. beerenart., bei der Reife teilweise in Einzelfr. zerfallend.

Phytolácca L., *Kermesbeere*

1. Bltn. m. 10 verwachsenen Frblätt.; Fr. beerenart., schwarz, saftig, 10rippig; ♃; VII–VIII. Kulturpfl., *s* verwild. (Heimat: N-Am.) (= *Ph. decandra* L.) *Amerikanische K.*, **Ph. americána** L.

— Bltn. m. 8 freien Frblätt.; Stbblätt. 8; ♃; VII–VIII. Kulturpfl., selten in Weinbergen verwildert. (= *Ph. acinosa* auct.) *Eßbare K.*, **Ph. esculénta** VAN HOUTTE

Familie: **Portulacáceae,** *Portulakgewächse*

Kräuter od. Stauden; Blätt. gegenst. od. wechselst.; Bltn. ⚥, klein; K. hinfällig; Kapselfr.

1. Unter den Bltn. stehende 2 Blätt. zu Hochblatthülle verwachsen . . . . **Claytonia,** 417
— Hochblätt. unter den Bltn. nicht miteinander verwachsen **2**
2. Bltn. gelb, ansehnl.; Stbblätt. 8–15 . . . . . **Portulaca,** 417
— Bltn. weiß, klein, unscheinbar; Stbblätt. 3; Sumpfpfl. **Montia,** 417

1. Portuláca L., *Portulak*

Stg. niederlgd. od. aufstgd.-aufrecht, fleischig, oft rot; Blätt. wechsel- od. gegenst.; ⊙; VII–X. (Heimat: Asien?) **P. olerácea** L.

a. Stg. niederlgd.; Kblätt. auf dem Rücken stumpf gekielt. Gärten, Äcker, Weinberge; *z* eingebürgert, vor allem im S. [= ssp. *silvestris* (DC.) ČEL.] ssp. **olerácea**

— Stg. aufrecht; Kblätt. auf dem Rücken geflügelt. Zuw. als Gemüsepfl. u. *s* verwild. ssp. **satíva** (HAW.) ČEL.

2. Claytónia L., *Tellerkraut, Claytonie*

Grdblätt. lg. gestielt, rhombisch-oval; ⊙; IV–VII. Aus Gärten stellenw. verwild., im NW *v*. (Heimat: N-Am.) [= *Montia perfoliata* (DONN ex WILLD.) HOWELL] **C. perfoliáta** DONN ex WILLD.

3. Móntia L., *Quellkraut*

Stg. niederlgd. od. aufstgd., aufrecht od. flutend; Blätt. sitzend, längl. bis spatelf.; Pfl. 10–30 cm hoch; ⊙ bis ♃; VI–VIII. Bäche, Gräben, feuchte Äcker; M-Geb. u. im Bergland; *v* bis *z*. Formenreich. *Bach-Qu.*, **M. fontána** L.

Zur Bestimmung der einzelnen Unterarten sind reife Samen notwendig. (Nachfolgender Schlüssel verändert nach H. JAGE):

a. Samen am Rand glatt, stark glzd.; ♃; V–IX. Quellfluren, Wiesengräben, von der Ebene bis in die Mittelgeb. *z*, *f* in Fichtelgeb., Bayr. W., Böhmer-W., Bayr. Alpen. (= *M. lamprosperma* CHAM.; = *M. rivularis* auct.) ssp. **fontána**

— Samen wenigstens am Rand m. ± deutl. Warzen . . . . **b**

b. Samen matt, wenig glzd., m. großen, stumpfen Warzen auf gesamter Oberfläche der Samenschale; Pfl. stark verzweigt, bis 12 cm hoch; ⊙; IV–V. Feuchte Äcker, am Rand kleiner, sthd. Gewässer, vorwgd. der Ebene; *z* im N u. NW, *s*

im S, *f* in Bayr. Alp. u. Au. (= *M. verna* WALL., = *M. minor* auct.)
Acker-Qu., ssp. **chondrospérma** (FENZL) S. M. WALTERS

— Samen ± glzd.; Warzen nur am Rand und kleiner . . . . **c**

c. Samen am Rand m. dichtsthd.n u. mehrreihigen, spitzen Warzen; Pfl. häufig flutend od. in dichtrasigen Landformen auf Schlamm; ♃ (in nied. Lagen); V–IX. *z* im NW; Mittelgeb. *v*, *f* in NO, Jura u. Alp. (= *M. lusitanica* SAMPAIO)
ssp. **amporitána** SENNEN

— Samen am Rand m. entfernt sthd., niedrigen, stumpfen od. zugespitzten Warzen; ⨀–♃; oft wintergrün u. flutend; V–IX. Im NW *z*, Mittelgeb. *v*, *f* im NO, Jura, Alpen (= *M. rivularis* auct.) ssp. **variábilis** S. M. WALTERS

Familie: **Chenopodiáceae,** *Gänsefußgewächse*

Kräuter, Stauden od. Halbsträucher, m. einfachen, zuw. fleischigen od. schuppenf. Blätt.; Bltn. klein, unscheinbar, ⚥ od. eingschl., in knäueligen Thyrsen od. Dichasien; Bltnhülle fehlend, einfach, 1–5blättrig, grünl. od. rötl., nach der Blüte sich oft vergrößernd, fleischig od. hart werdend; Frkn. oberst. m. 1–5 Narben, 1fächerig; Fr. ganz od. teilweise von der Bltnhülle umgeben u. m. dieser abfallend.

1. Stg. scheinbar blattlos, knotig eingeschnürt, fleischig *(800)*; Bltn. ⚥, meist zu 3 in der Achsel scheidenf. Tragblätt. u. in Vertiefungen der Stgglieder eingesenkt, insgesamt zu zapfenf. Scheinähren vereinigt; Pfl. extremer Salzstandorte **Salicornia,** 426

— Stg. nicht knotig geglied., nicht fleischig, m. normal entwikkelten Laubblätt. **2**

2. Bltn. ⚥ **5**

— Bltn. eingschl. **3**

3. Pfl. 2häusig; Blätt. lebhaft grün, anfangs rosettig; ♀ Bltn. m. 2(–4)zähniger, später erhärtender Bltnhülle; Kulturpfl. **Spinacia,** 423

— Pfl. 1häusig **4**

4. Frhülle 2–3lappig *(801, 816)*; Blätt. stumpf, ganzrandig; auf Salzböden . . . . **Halimione,** 423

— Frhülle ganzrandig *(802)* od. gezähnt *(803)*; Blätt. zugespitzt, selten ganzrandig . . . . **Atriplex,** 423

5(2). Blätt. (wenigstens die Grdblätt.) flächig u. nicht lineal **11**

— Blätt. alle schmal-lineal-priemI., selten über 5 mm breit, zuw. dickl. od. halbstielrund **6**

6. Blätt. stumpf, höchstens kurz bespitzt, aber nicht steif u. stechend; Bltn. in Knäueln **9**

— Blätt. stachelspitzig u. stechend; Bltnhülle 5blättrig; Bltn. einzeln, zuw. in Ähren **7**

7. Bltnhüllblätt. fehlend od. als 1–3 dünne, durchsichtige Schüppchen vorhanden *(804a)*; Bltn. in dichtbltg. od. verlängerten Scheinähren *(804b)*; Stbblätt. 1–5 **Corispermum,** 425

— Bltnhüllblätt. 5, stets vorhanden; Stbblätt. 3 od. 5 . . . **8**

8. Bltnhüllblätt. auf dem Rücken quergekielt *(199)*; Stbblätt. 5 **Salsola,** 426

— Bltnhüllblätt. nicht quergekielt; Stbblätt. 3 **Polycnemum,** 419

9(6). Pfl. kahl; Bltnhülle z. Frzt. ohne flügelart. od. dornige Anhängsel; Blätt. halbwalzenf., fleischig . . . . . **Suaeda,** 426

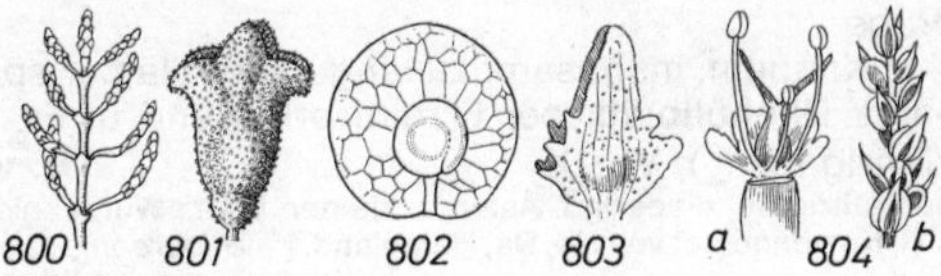

— Pfl. behaart, wenigstens im ob. Teil des Stg.; Bltnhülle z. Frzt. m. flügelart. od. dornigen Anhängseln **10**

10. Bltnhülle z. Frzt. m. horizontalen, flügelart. Anhängseln *(189)* . . . . **Kochia,** 425

— Bltnhülle z. Frzt. m. dornigen Anhängseln . . . **Bassia,** 425

11(5). Bltnhüllblätt. frei, zuw. z. Frreife fleischig u. scharlachrot; Blätt. oft mehlig bestäubt . . . . . **Chenopodium,** 420

— Bltnhülle 5spaltig, am Grd. m. dem Frkn. verwachsen; Blätt. anfangs rosettig; Wurzel bei Kulturformen rübenf. verdickt **Beta,** 420

1. Polycnémum L., *Knorpelkraut*

1. Vorblätt.[1] länger als die 2–2,5 mm lange Bltnhülle *(805);* Pfl. kräftig, 10–20 cm hoch; Äste dick, steif; Fr. bis 2 mm lg.; ⨀; VII–X. Sonnige Hügel u. Brachäcker; *s,* S- u. M-Dt, E, stark zurückgegangen. *Großes K.,* **P. május** A. Br.

— Vorblätt. höchstens so lg. wie die 1–1,7 mm lange Bltnhülle *(806);* Pfl. am Grd. sehr ästig; 2–30 cm hoch **2**

2. Tragblätt. der Bltn. (*805–806,* T) 2–4mal so lg. wie die 1–1,5 mm lange Bltnhülle; Pfl. kräftig; Stg. in der Bltnregion ± gerade; ⨀; VII–X. Äcker, Wege; *s, f* im NW, in Au nur OÖ. *Acker-K.,* **P. arvénse** L.

— Tragblätt. der Bltn. ± 2mal so lg. wie die 1,5–1,7 mm lange Bltnhülle; Pfl. zart, 5–15 cm hoch; Stg. in der Bltnregion zickzackf.; ⨀; VII–X. Sandböden; früher Ba u. He. *Warziges K.,* **P. verrucósum** F. A. Láng

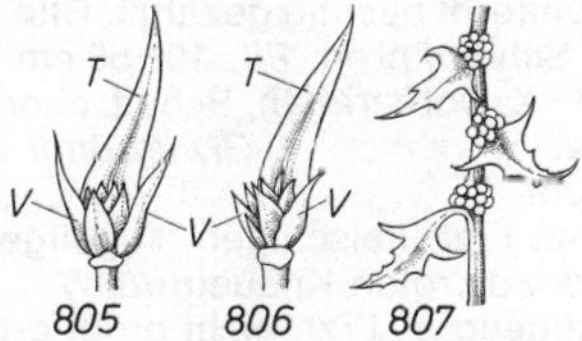

[1] Die beiden Blätt. an der Basis der Blüte (= Vorblätt.) sind in Abb. *805–806* mit V bezeichnet.

2. Béta L., *Rübe*

Bltn. zu 2–4 in Knäueln, insgesamt zu langem, beblätt., rispigem Bltnstand vereinigt; Bltnhüllblätt. bei Frreife erhärtend u. Fr. einschließend; mehrjährig bis ⨀; VI–IX. **B. vulgáris** L.

a. Pfl. mehrjährig, m. niederlgd. Ästen u. kleinen Blätt.; Wurzel nicht rübenart. verdickt; Küstengebiet von Ho, Da, Helgoland. [= *B. perennis* (L.) FREYN] *Wilde R.*, ssp. **marítima** (L.) ARCANG.

b. Pfl. ⨀, m. wenig verdickter Wurzel; Blätt. groß, hellgrün. Als Blattgemüse kultiviert. *Mangold,* ssp. **vulgáris**

c. Pfl. ⨀; Wurzel dick-fleischig. Als *Runkelrübe* (var. **crássa** HELM), *Rote R.* (var. **conditíva** ALEF.) u. *Zucker-R.* (var. **altíssima** DÖLL) feldmäßig angepflanzt. ssp. **rapácea** (KOCH) DÖLL

3. Chenopódium L., *Gänsefuß*

1. Blätt. drüsenlos, kahl, oft mehlig bestäubt, nicht aromatisch riechend, aber zuw. stinkend **3**

— Blätt. wenigstens untersts. drüsig, gezähnt od. fiedspaltig; Pfl. aromatisch riechend **2**

2. Blätt. lanzettl., spitz, entfernt gezähnt, untersts. drüsig, grün; Bltnknäuel zu kurzen Scheinähren vereinigt; ⨀; VII–VIII. Vereinzelt angepflanzt u. verwild. (Heimat: M-Am.) *Wohlriechender G., Mexikanisches Teekraut,* **Ch. ambrosioídes** L.

— Grdblätt. buchtig-fiedspaltig, ob. Stgblätt. ganzrandig; Stg. u. Blätt. drüsig-flaumig; ⨀; VII–VIII. Schutt, wüste Plätze, stellenw. eingeschleppt; *z.* (Heimat: S-Am.) *Klebriger G.,* **Ch. bótrys** L.

3(1). Blattspr. ganzrandig, am Grd. zuw. spießf.; Samen stets glzd. **18**

— Blattspr. gezähnt od. gelappt (wenigstens die unt. u. die mittl.) **4**

4. Spreite der Grdblätt. am Grd. seicht herzf., grob-buchtig gezähnt (Zähne groß), lg. zugespitzt, nicht mehlig bestäubt; Bltn. in end- od. achselst. Scheinähren od. Trugdolden; Pfl. 30–70 cm hoch, stinkend; ⨀; V–VIII. Schutt, Gartenland; *v.* *Bastard-G.,* **Ch. hýbridum** L.

— Blattspr. am Grd. nicht herzf. in den Stiel verschmälert . **5**

5. Bltnstiele u. Bltnhülle mehlig bestäubt (bisw. verkahlend); Fr. von Bltnhülle vollständig eingeschlossen **11**

— Bltnstiele u. Bltnhülle kahl, nicht mehlig bestäubt [bisw. bei *Ch. urbicum* (Punkt **8**) anfangs etwas mehlig] **6**

6. Blätt. auffallend 2farbig, untersts. bläul.grau, stark bemehlt, obersts. dk.grün, entfernt buchtig gezähnt; Bltn. in dichten, nur am Grd. beblätterten Scheinähren; Pfl. 10–50 cm hoch, zuw. blutrot überlaufen; ⨀; VII–X. Dorfstraßen, Schutt, sandige Plätze; salz- u. stickstoffliebend; *z.* *Graugrüner G.,* **Ch. glaúcum** L.

— Blätt. untersts. grünl. **7**

7. Bltn. in achselst., z. Frzt. fleischigen, kugeligen, erdbeerähnl., scharlach- od. dk.roten Knäueln *(807)* **10**

— Bltnknäuel nicht kugelig, z. Frzt. nicht erdbeerähnl. . . . **8**

8. Bltnstände fast blattlos, achselst., steif aufrecht; Bltnhülle 5blättrig, anfangs zuw. etwas mehlig; Stbblätt. 5; reife Fr. von oben her zusammengedrückt, in der Bltnhülle sichtbar; Blätt. 3eckig-rautenf., geschweift-gezähnt bis ganzrandig; Pfl. 50–100 cm hoch; ⨀; VII–IX. Schuttplätze; *s,* stark zurückgegangen. *Städte-G.,* **Ch. úrbicum** L.

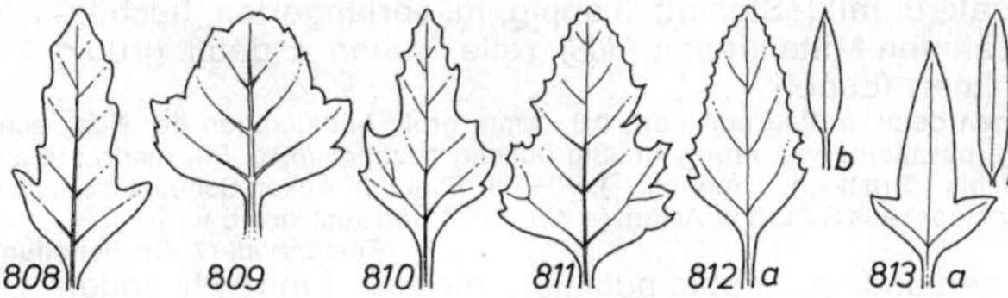

— Bltnstände reich beblättert, nicht steif aufrecht; nur die Endblüte eines Knäuels m. 5 Bltnhüll- u. 5 Stbblätt., die übrigen Bltn. m. (2–)3 Bltnhüll- u. (2–)3 Stbblätt. **9**

9. Bltnhüllblätt. der Seitenbltn. der Knäuel meist bis zum Grd. getrennt, m. schwachem, kaum kielig hervortretendem Mittelnerv; Samen von der Seite her zusammengedrückt; Pfl. 25–35(–90) cm hoch, vom Grd. an ästig, meist rot überlaufen; Blätt. tief buchtig gezähnt, rautenf., fast 3lappig; ♃; VI–VIII. Ufer, Schutt, Dorfstraßen; *z.* G *Roter G.,* **Ch. rúbrum** L.

— Bltnhüllblätt. der Seitenbltn. der Knäuel fast bis zur Spitze miteinander verwachsen u. die Fr. einschließend, m. grünen, deutl. ausgebuchteten Kielen; Pfl. 10–50 cm hoch, grün, sich selten rötend; Blätt. meist fleischig, scharf buchtig gezähnt; ♃; IX–X. Schlick- u. Sandböden der Meeresküsten; im Binnenland nur an Salzstellen. [= *Ch. chenopodioides* (L.) AELLEN; = *Ch. crassifolium* HORNEM.] *Dickblättriger G.,* **Ch. botryódes** SM.

10(7). Alle Bltnknäuel m. Tragblätt.; Blattspr. tiefgezähnt *(807);* ⊙; VI–VIII. Angepflanzt u. *s* verwild. (Heimat: Mittelmeergebiet bis Zentral-Asien) (= *Blitum virgatum* L.) *Echter Erdbeerspinat,* **Ch. foliósum** ASCH.

— Ob. Bltnknäuel ohne Tragblätt.; Blattspr. schwach gezähnt od. ganzrandig; ⊙; VI–VIII. Selten angepflanzt. (Heimat: Orient) (= *Blitum capitatum* L.) *Ähriger Erdbeerspinat,* **Ch. capitátum** (L.) ASCH.

11(5). Reife Samen matt, runzelig, scharfrandig, fast geflügelt; reife Fr. graugrün; Blätt. lg. gestielt, eif.-rhombisch, spitz, ungleich grob gezähnt, nur unterst. wenig bemehlt, oberst. glzd.; Pfl. 80 cm hoch, von unangenehmem Geruch; ⊙; VI–X. Schutt, Dorfplätze, Hausmauern; *s,* stark zurückgegangen. *Mauer-G.,* **Ch. murále** L.

— Reife Samen glzd., stumpfrandig; Frhülle gekielt, die fast schwarze Fr. ganz bedeckend **12**

12. Blattspr. viel länger als breit *(808)* **14**

— Blattspr. nur wenig länger als breit *(809)* **13**

13. Unt. u. mittl. Stgblätt. dickl., rundl., rautenf. *(809);* Pfl. 30–100 cm hoch, geruchlos, sparrig verzweigt; Perigonzipfel auf dem Rücken gekielt; Samenschale radial gerillt, fast papillös; ⊙; VII–IX. Schuttplätze, Wege, Äcker; *z, s* im N. *Schneeballblättriger G.,* **Ch. opulifólium** SCHRAD. ex KOCH & ZIZ

— Unt. Stgblätt. tief 3lappig, spießf.; Pfl. ± mehlig, meist übelriechend (nach Heringslake); Samenschale bienenwabenart.-grubig; ⊙; VII–IX. Schuttplätze, Häfen, Güterbahnhöfe; *z* (aus S-Am. eingeschleppt). *Bocks-G.,* **Ch. hircínum** SCHRAD.

14(12). Basale Stgblätt. nicht 3lappig; reife Samen glatt . . **17**

— Basale u. mittl. Stgblätt. 3lappig, m. verlängerten, buchtig-gezähnten Mittellappen *(808);* reife Samen ± deutl. grubig punktiert (Lupe!) **15**

15. Samen deutl. grubig punktiert, 0,8–1 mm groß; Mittellappen der Blätt. schmal, lang, parallelnervig, unregelmäßig buchtig gezähnt *(808);* Pfl. niedrig, buschig, zuw. bis 1,7 m hoch, ± mehlig; ⊙; VII–VIII. Flußufer, Äcker, Schuttstellen; *z* u. eingeschleppt aus S-Eur., W-Asien. (= *Ch. serotinum* auct. non L.)

Feigenblatt-G., **Ch. ficifólium** Sm.

— Samen undeutl. grubig punktiert, meist > 1 mm; Pfl. selten mehlig bestäubt **16**

16. Mittellappen der Blattspr. schmal, stufenf. od. gleichmäßig zugespitzt, m. wenigen, unregelmäßigen, scharfen Zähnen; Seitenlappen 1–2lappig, scharf zugespitzt *(810);* Pfl. bis 1 m hoch, sich leicht rötend, später gelb werdend; ⊙; VIII–X. Sandige Flußufer, Ruderalstellen; WPr u. Ostseeküste bei Danzig.

Ahornblättriger G., **Ch. acerifólium** Andrz.

— Mittel- u. Seitenlappen breit, reich u. vielfach gezähnt *(811);* Pfl. grün, anfangs blasenhaarig, später kahl, bis 1 m hoch, vom Grd. an lockerästig; ⊙; VI–VIII. Felder, Äcker, Gärten, Schuttstellen; *z.* (= *Ch. viride* auct.) *Grüner G.,* **Ch. suécicum** J. Murr

17(14). Blätt. linealisch bis lanzettl., ganzrandig, außer dem Mittelnerven nur basales Seitennervenpaar sichtbar *(813a);* ob. Stgblätt. lanzettl.-zugespitzt *(813b);* Pfl. graumehlig bereift; ⊙; VI–VIII. Ruderalstellen; *z;* aus N-Am. eingeschleppt. (= *Ch. desiccatum* auct.; = *Ch. leptophyllum* auct.) *Schmalblatt-G.,* **Ch. pratericola** Rydb.

— Blätt. m. mehreren sichtbaren Seitennerven, sehr veränderlich, rautenf. bis lanzettl. od. 3lappig *(814);* Pfl. meist weißmehlig bereift; ⊙; V–X. Schuttplätze, Gärten, Äcker; *g.*

Weißer G., **Ch. álbum** L. (s. l.)

a. Unt. u. mittl. Blätt. eif.-rhombisch od. 3lappig, nicht parallelrandig; Bltnstände breit pyramidenf.; Stg. an den Kanten grün od. rot gestreift.

Weißer G., **Ch. álbum** L. (s. str.)

— Unt. u. mittl. Blätt. längl., fast parallelrandig *(812a),* ob. ganzrandig *(812b);* Bltstd. schmal pyramidenf.; Stg. stets rot gestreift. [= *Ch. striatum* (Kraš.) Murr; = *Ch. album* L. ssp. *striatum* (Kraš.) J. Murr]

Gestreifter G., **Ch. stríctum** Roth

18(3). Blattspr. 3eckig-spießf. *(815),* am Rande oft wellig, sehr groß, lg. gestielt; Bltnknäuel in endst., nur am Grd. beblätterten Bltnständen; Narben verlängert; Pfl. 15–60 cm hoch, mehlig bestäubt; ♃; IV–X. Schutt, Dorfstraßen, Düngeplätze; *v,* bis in die alp. Reg. aufstgd. *Guter Heinrich,* **Ch. bónus-henrícus** L.

— Blattspr. eif. bis längl., nicht spießf.; Narben kurz **19**

19. Pfl. ekelhaft nach Heringslake riechend, kleiig bestäubt; Stg. lgd., 15–40 cm hoch; Blätt. ei-rautenf., klein; Bltn. in geknäuelten Scheinähren; ⊙; V–IX. Zäune, Mauern, Schuttplätze; *z,* oft nur vorübergehend. *Stinkender G.,* **Ch. vulvária** L.

— Pfl. geruchlos, nicht kleiig; Stg. 4kantig, oft rot überlaufen, lgd. bis aufstgd., 15–60 cm hoch; Blätt. eif.-längl., dünn; Bltnknäuel klein, zahlr., in blattachsel- u. endst. Scheinähren; ⊙; VIII–IX. Äcker, Gärten, Flußufer; *v.* *Vielsamiger G.,* **Ch. polyspérmum** L.

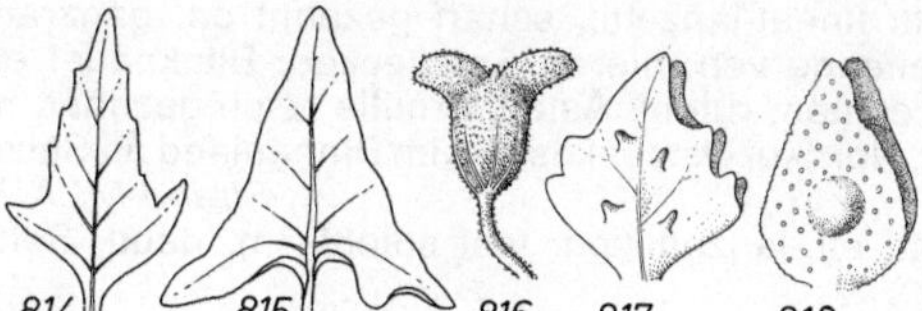

814 815 816 817 818

4. Spinácia L., *Spinat*

Blätt. lg.gestielt, die ob. pfeilf., lebhaft dk.grün; ♂ Bltn. in unbeblätterten Scheinähren, ♀ in achselst. Knäueln; ⨀; V–IX. Gemüsepfl. (Heimat: Vorder-Asien) **Sp. olerácea** L.

5. Halimióne AELLEN (= *Obione* GAERTN.), *Salzmelde, Keilmelde*

1. Frhülle[1] ungestielt, 3lappig; Lappen fast gleichgroß *(801);* Bltn. sitzend; Vorblätt. z. Frzt. an der Basis verwachsen; Stg. am Grd. verholzt; Blätt. meist gegenst.; ♃; VII–VIII. Nordseeküste, Da; *z.* [= *Obione portulacoides* (L.) MOQ.]
Portulak-S., **H. portulacoídes** (L.) AELLEN

— Frblatthülle z. Frzt. gestielt, 3eckig, verkehrt-herzf., stumpf 2lappig, in der Ausrandung m. 1 kurzen Zahn *(816);* Stg. in allen Teilen krautig; Blätt. meist wechselst.; ⨀; VII–X. *v* bis *z* Nord- u. Ostseeküste, *s* an Salzstellen in M-Dt. [= *Obione pedunculata* (L.) MOQ.]
G *Gestielte S.,* **H. pedunculáta** (L.) AELLEN

6. Átriplex L., *Melde*

1. Frhülle[1] bis zur Mitte u. höher hinauf verwachsen, z. Frreife wenigstens am Grd. knorpelig verhärtet u. weißl. **9**

— Frhülle nur am Grd. verbunden, krautig, grün **2**

2. Blattspr. beidersts. gleichfarbig **4**

— Blattspr. verschiedenfarbig, untersts. grau- od. weißschülferig, aber zuw. verkahlend, obersts. dkgrün **3**

3. Frhülle (= Vorblätt.) längl.-herzf., m. wenig hervortretenden Nerven, die 3 Hauptnerven der Vorblätt. sich oberhalb der Basis vereinigend; Blätt. obersts. stark glzd. u. dkgrün; ⨀; VII–IX. Wegränder, Schutt; *z.* (= *A. acuminata* W. & K.)
Glänzende M., **A. nítens** SCHK.

— Frhülle z. Frreife stark vergrößert, rundl., anfangs krautig, später trockenhäutig, m. stark hervortretenden, bis zum Grd. getrennten Nerven (Unterschied zu *A. nitens*); Fr. nicht m. horizontalen Samen; Pfl. bis 1,5 m hoch; ⨀; VI–IX. Straßenränder, *z* in BW, E, RhPf, He, Sa, Br; aus SO-Eur. eingeschleppt. (= *A. heterosperma* BUNGE) *Verschiedensamige M.,* **M. micrántha** LED.

4(2). Frhülle fast kreisrund, netzadrig, ganzrandig *(802);* Frstiel (innerhalb der Vorblätt.) so lg. wie die Fr.; Spr. der Grdblätt. herzf.-3eckig, die der mittl. aus spießf. Grd. längl., weitläufig gezähnt, die ob. ganzrandig; Pfl. 30–125 cm hoch; zuw. rot überlaufen; ⨀; VII–VIII. Gemüsepfl., stellenw. verwild. (Heimat: Zentralasien bis S-Eur.) *Garten-M.,* **A. horténsis** L.

— Frhülle ei- bis rautenf. od. 3eckig, nicht netzadrig . . . **5**

---

[1] Unter Frhülle werden die beiden Vorblätt. der Blüte z. Z. der Frreife verstanden.

5. Alle Blätt. lineal-lanzettl., scharf gezähnt od. ganzrandig, ohne deutl. Seitennerven, nie m. Spießecken; Bltnknäuel entfernt, an steif aufrechten, rutenf. Ästen; Frhülle reich gezähnt, mehlig; ⊙; VII–IX. *z*, Nord- u. Ostseeküste, *s* im Binnenland an Salzstellen. *Strand-M.*, **A. littorális** L.

— Unt. Blätt. eif.-lanzettl. od. fast spießf., m. deutl. Seitennerven **6**

6. Frhülle tief eingeschnitten gesägt, nur am Grd. verwachsen, zugespitzt *(803)*; basale Blätt. fast 3eckig-spießf., tief buchtig gezähnt; mittl. Stgblätt. spießf., lanzettl.; Pfl. nur wenig bemehlt, 30–100 cm hoch; ⊙; VI–IX. *z*, Salzwiesen der Ostseeküste, sonst *s* verschleppt. *Pfeilblättrige M.*, **A. calothéca** (RAFN) FR.

— Frhülle der Fr. klein gezähnt, gebuchtet od. ganzrandig . **7**

7. Frhülle rhombisch-3eckig, ganzrandig od. geschweift gezähnt *(817)*; Grdblätt. 3eckig-spießf., ganzrandig od. gezähnt; ob. Stgblätt. lanzettl., spießf.; ⊙; VI–IX. Strand, Salzwiesen, Wege, Zäune, Ruderalstellen; *v* bis *z*. (= *A. hastata* auct.). Formenreich. *Spieß-M.*, **A. prostráta** BOUCHER ex DC.

— Frhülle ei-rautenf. *(818–819)*; unt. Blätt. eif. od. lanzettl., meist m. Spießecken **8**

8. Frhülle meist ganzrandig, stachellos *(818)*; Äste steif aufrecht; Scheinähren an der Spitze nickend; Blätt. eif.-lanzettl., ± buchtig gezähnt; ⊙; VII–IX. Wege, Felder, Schuttstellen; *z*, *s* im N. *Langblättrige M.*, **A. oblongifólia** W. & K.

— Frhülle durch kurzen Zahn beiderssts. über dem Grd. etwas spießf. *(819)*, glatt od. weichstachelig; Äste absthd.; Scheinähren meist aufrecht; Blätt. rhombisch-lanzettl., wenig gezähnt; ⊙; VII–X. Strand, Schutt, Dorfplätze, Kulturland; *v*. *Spreizende M.*, **A. pátula** L.

Hierher gehört auch die nordische **A. longípes** DREJER: Frhülle 3eckig-rhombisch, meist ganzrandig; z.Z. der Frreife gestielt; Blätt. grün bis blaugrün, jung spärl. schülferig, dick, saftig; Pfl. kaum 50 cm hoch; ⊙; VI–VIII. *s*, Nordseeküste, Da u. Inseln.

9(1). Frhülle nur am Grd. knorpelig, breit, rhombisch, gezähnt, auf dem Rücken glatt od. weichstachelig *(820)*; Grdblätt. 3eckig-spießf., ungleich buchtig gezähnt; Scheinähren fast bis zur Spitze beblätt.; Pfl. 30–60 cm hoch, mehlig bestäubt; ⊙; VII–IX. Salz- u. Sandböden; Meeresküsten *z*. (= *A. babingtonii* WOODS) *Babingtons M.*, **A. glabriúscula** EDM.

— Frhülle wenigstens bis zur Mitte knorpelig; Pfl. weißschülferig **10**

10. Stg. niederlgd., vom Grd. an verzweigt; unt. Blätt. 3eckig-eif., breit, tief buchtig, zuw. 3lappig; ob. Blätt. lanzettl.-spießf.; Scheinähre bis zur Spitze beblättert; Frhülle breit rautenf. bis spießf., meist gezähnt, höckerig; ⊙; VIII–IX. Salzwiesen, Sand- u. Schlickböden; Nordseeküste, Ostseeküste von Da, *s*. (= *A. maritima* L.; = *A. sabulosa* ROUY) *Gelappte M.*, **A. laciniáta** L.

— Stg. aufrecht od. aufstgd. **11**

11. Scheinähren nicht od. nur am Grd. beblättert; Frhülle rhombisch, spitz, gezähnt, oft 3lappig *(821)*; Grdblätt. rhombisch-3eckig, oft spießf., ± tief buchtig gezähnt; ob. Blätt. längl.; Stg. 30–150 cm

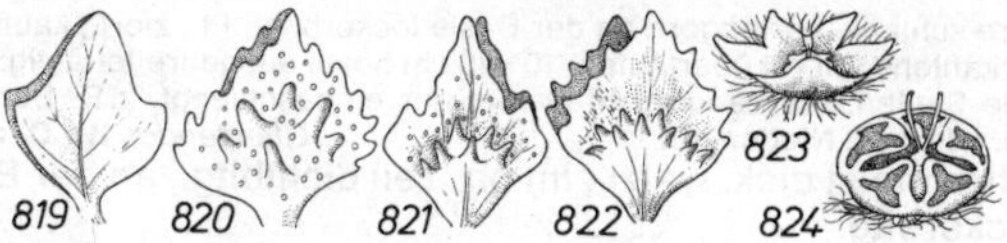

hoch; ☉; VII–X. Schuttplätze; *s,* im W *f* od. unbeständig.
Tataren-M., **A. tatárica** L.

— Scheinähren fast bis zur Spitze beblättert; Frhülle 3eckig-rautenf., ungleich gezähnt, auf dem Rücken glatt od. höckerig *(822);* unt. Blätt. rautenf., ungleich lappig gezähnt, ob. eif.; Pfl. 25–90 cm hoch, weißl., ± mehlig; ☉; VII–IX. Schutt, Wegränder, sonnige Abhänge; *s,* im W *f.* *Rosen-M.,* **A. rósea** L.

7. Bássia ALL., *Dornmelde*

Pfl. rauhhaarig, selten verkahlend (f. **glabréscens** RCHB.), vom Grd. an verzweigt, 30 cm hoch; Blätt. lineal; Bltn. zu 1–2 blattachselst.; Bltnhülle krugf., ± behaart *(823);* Bltnstandsachse korkenzieherart. gedreht; ☉; VIII–IX. Sand- u. Salzböden der Nord- u. Ostseeküste; *s.* [= *Echinopsilon hirsutum* (L.) MOCQ.; = *Kochia hirsuta* (L.) NOLTE]
B. hirsúta (L.) ASCH.

8. Kóchia ROTH, *Radmelde*

1. Stg. niederlgd. od. aufstgd., zuw. blutrot; Blätt. fädl.-prieml., unterststs. gefurcht; Bltnhülle m. 5 rautenf., trockenhäutigen, deutl. getrennten Anhängseln *(198);* ☉; VIII–X. Sandrasen, *s,* BW u. RhPf, Oberrhein bis Mainz. [= *K. arenaria* (G. M. SCH.) ROTH]
Sand-R., **K. laniflóra** (S. G. GMEL.) BORB.

— Stg. aufrecht, bis 1,5 m hoch; Blätt. lineal-lanzettl., flach; Anhängsel der Bltnhülle krautig, sehr kurz, nicht deutl. voneinander getrennt *(824);* ☉; VII–IX. Zierpfl., *s* verwild. (Heimat: SO-Eur. bis Asien) *Besen-R.,* **K. scopária** (L.) SCHRAD.

9. Corispérmum L., *Wanzensame*

1. Fr. breit geflügelt; Flügel halb so breit wie der Samen, dünnhäutig, an beiden Enden ausgerandet, am Rande gezähnt *(825);* Ähre dichtbltg.; Pfl. 30–40 cm hoch, anfangs grausternhaarig; ☉; VII–IX. Dünen u. Sandfelder; *s,* BW, Binnendünen im M-Rheingebiet, Ho, Ostseeküste (Frische Nehrung), auch Br, wohl aus dem O u. SO eingeschleppt. *Grauer W.,* **C. marschállii** STEV.

— Flügel der Fr. schmäler, höchstens ⅓ der Breite des Samens, ± dickl., ganzrandig od. undeutl. gezähnt **2**

2. Flügel sehr schmal, nur als durchscheinender Saum, ganzrandig *(826);* Ähre an der Basis locker-, an der Spitze dichtbltg.; ☉; VII–IX. *s* verschleppt, O-Br, Ti (Innsbruck). (Heimat: O-Eur.) *Großblättriger W.,* **C. hyssopifólium** L.

— Flügel der Fr. etwas breiter u. stets deutl. *(827)* **3**

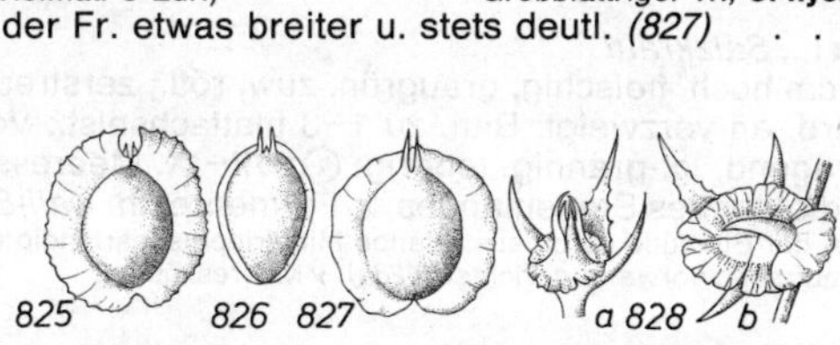

3. Bltnähre schlank, verlängert, an der Basis lockerbltg.; Pfl. zierl., kaum sternhaarig, verkahlend, oft rot überlaufen, 10–40 cm hoch, ausgebreitet-ästig; ⨀; VIII–X. Sandige Stellen, Wegränder; im Gebiet nur eingeschleppt, z. B. Berlin; Warnemünde. (Heimat: Nieder-Au) *Glänzender W.,* **C. nítidum** KIT.

— Bltnähre meist dick, walzl., im ob. Teil dichtbltg., an der Basis lockerbltg. **4**

4. Bltnhülle meist fehlend; Stbblätt. 1 od. 3; Fr. elliptisch bis rundl., m. breiterem, an der Spitze abgerundetem, durchscheinendem Flügel *(827);* Pfl. aufrecht, 10–30 cm hoch, m. verlängerten, ± rot überlaufenen, in der Jugend dicht sternhaarigen Ästen; ⨀; VIII–IX. Sandböden; Ostseeküste; O- u. WPr bis Warnemünde *z,* sonst verschleppt. *Dünen-W.,* **C. intermédium** SCHWEIGG.

— Bltnhülle meist 1blättrig, rundl. bis oval, nur am ob. Rand unregelmäßig u. fein gezähnt; Stbblätt. 1–5, meist 3, die mittl. länger; Fr. m. schmal-dickl. od. breiterem u. durchscheinendem Flügel; Pfl. 10–60 cm hoch, grün, kahl, vom Grd. an reichästig; ⨀; VI–IX. Sandflächen; *z,* Dünen im Binnenland (Oberrheingebiet, Mainz, Darmstadt, Berlin); formenreich. (= *C. hyssopifolium* auct. non L.) *Schmalflügeliger W.,* **C. leptópterum** (ASCH.) ILJIN

10. Salicórnia L., *Glasschmalz, Queller*

Stg. dickfleischig, 10–40 cm hoch, einfach od. armleuchterart. verzweigt, grün od. graugrün, gewöhnl. sich rot verfärbend; Endähre 10–50 mm lg.; ⨀; VIII–X. Erstbesiedler auf stark salzhaltigen Böden, Küste *v,* sonst *s* an Salzstellen des Binnenlands (SaAn, Th, He, NS, früher auch Br). Formenreiche Sammelart. [= *S. herbacea* (L.) L.] **S. europaéa** L.

(Es werden mehrere Klein- u. Unterarten unterschieden, deren Verbreitung noch ungenügend bekannt ist.)

11. Suaéda FORSK. ex SCOP., *Sode*

Pfl. 7–30 cm hoch, saftig, bläul.grün, oft rot überlaufen, niederlgd. bis aufstgd.; Blätt. sitzend, längl.-lineal; Bltn. zu 2–3, achselst.; ⨀; VII–IX. Meeresstrand u. salzhaltige Stellen des Binnenlandes; *v* u. gesellig. Formenreich. *Strand-S.,* **S. marítima** (L.) DUM.

a. Same m. undeutl. Netzzeichnung; Pfl. stark blaugrün; Blätt. stumpf, ihre Ränder nach oben gerollt u. deshalb obersts. rinnig; Wege, Schutt, eingeschleppt im O. ssp. **sálsa** (L.) SOÓ

— Same m. deutl. Netzzeichnung . . . . **b**

b. Pfl. niedrig, unverzweigt od. an der Basis m. verlängerten Ästen; blütentragende Äste unverzweigt; Tragblätter anlgd., viel länger als die Bltnknäuel; Küsten der N- u. Ostsee, *v.* ssp. **marítima**

— Pfl. von der Basis an ästig verzweigt; auch Bltntriebe verzweigt; Tragblätt. absthd., kürzer bis nur wenig länger als die Bltnknäuel; Küsten *z* u. Salzstellen des Binnenlandes *s.* ssp. **prostráta** (PALL.) SOÓ

12. Sálsola L., *Salzkraut*

Pfl. 25–60 cm hoch, fleischig, graugrün, zuw. rötl., zerstreut kurzhaarig, vom Grd. an verzweigt; Bltn. zu 1–3 blattachselst.; Vorblätt. die Bltn. überragend, lg.-grannig, lederig; ⨀; VII–IX. Meeresstrand, Dünen u. Sandfelder des Binnenlandes; *z.* Formenreich. *Kali-S.,* **S. káli** L.

a. Zipfel der Bltnhülle durch austretende Mittelrippe scharfendig u. starr, trokken aufrecht, vorwärts gerichtet *(828a); v* Meeresküsten. ssp. **káli**

— Alle Zipfel der Bltnhülle dünnhäutig, weiß, rosarot geadert, im Zentrum etw. aufgerichtet, aber vertrocknend od. 1 Zipfel dornart. bespitzt (var. **monacantha** AELLEN, *828b*). *z;* Küstengebiet, sandige Stellen des Binnenlandes (Br, Niederrhein, Oberrheingebiet). ssp. **ruthénica** (ILJIN) SOÓ

Familie: **Amarantháceae,** *Fuchsschwanzgewächse*

Kräuter; Bltn. klein, unscheinbar, ⚥ od. eingschl., m. 2 häutigen od. ledrigen Vorblätt., einzeln od. in dichten Knäueln, die zu kopff. od. verlängerten Bltnständen vereinigt sind; Bltnhülle einfach, 3–5blättrig, meist trockenhäutig u. oft lebhaft gefärbt; Fr. oft von bleibender Bltnhülle umschlossen.

Amaránthus L., *Fuchsschwanz, Amarant*[1]

1. Bltnstände lg. überhgd., dk.purpurrot, zusammengesetzt; Pfl. 30–120 cm hoch; ⨀; VII–IX. Gartenzierpfl. (Heimat: S-Am.) *Garten-F.,* **A. caudátus** L.

— Bltnstände wenig überhgd., höchstens nickend, grün, selten rot **2**

2. Bltnhüllzipfel (2–)3 . . . . **9**

— Bltnhüllzipfel (4–)5 (bei *A. bouchonii* einzelne Bltn. zuw. nur m. 3) . . **3**

3. Bltn. in achselst. Knäueln; Vorblätt. kürzer als die Bltnhüllblätt.; Stg. lgd. bis aufstgd. **7**

— Bltn. in endst. Bltnstand; Vorblätt. 1,5–2 mm, so lg. wie die Bltnhülle; Stg. aufrecht **4**

4. Fr. Nuß, sich nicht durch einen Querriß öffnend; Vorblätt. pfrieml.-lanzettl., lg. begrannt; Bltnhüllzipfel ungleich lg., die inneren kürzer als die Fr.; ⨀; VI–X. Maisäcker, Ruderalstellen, mittl. Elbtal, Oberrhein *z,* sonst *s;* eingeschleppt aus Asien. *Bouchons F.,* **A. bouchónii** THELL.

— Fr. Kapsel, die sich mit einem Querriß öffnet u. den ob. Teil als Deckel abwirft (= Deckelkapsel) **5**

5. Bltnhüllzipfel der ♀ Bltn. spitzenw. verbreitert, ausgerandet od. abgerundet, zuw. stachelspitzig; Pfl. blaßgrün; Stg. flaumig-zottig; Bltnstände dicht-scheinährig; Vorblätt. derb, ± stechend; ⨀; VI–IX. *v* an Ruderalstellen u. auf Hackfruchtäkkern. (Heimat: N-Am.) *Rauhhaariger F.,* **A. retrofléxus** L.

— Bltnhüllzipfel der ♂ u. ♀ Bltn. schmal-eif. od. elliptisch, spitz **6**

6. Längere Vorblätt. der meisten ♀ Bltn. etwa doppelt so lg. wie die Bltnhülle, m. lg. Stachelspitze; Bltnstand locker; Blätt. rhombisch-eif.; ⨀; VII–IX. Ruderalstellen, Äcker, *z.* (Heimat: trop. Am.) (= *A. hybridus* L.) *Grünähriger F.,* **A. chlorostáchys** WILLD.

— Längere Vorblätt. der meisten ♀ Bltn. nur 1–1,5mal so lg. wie die Bltnhülle (2–4 mm), kurz stachelspitzig; Bltnstand kurzästig, dk.grün; ⨀; VII–IX. Ruderalstellen; *s.* (Heimat: trop. Am.) *Ausgebreiteter F.,* **A. pátulus** BERTOL.

7(3). Fr. glattschalige Deckelkapsel; Stg. niederlgd., weißl., kahl od. spitzenw. flaumig; Blätt. längl.-lanzettl., schmalhautrandig, 15–20 mm lg.; ♂ Bltn. meist 4-, ♀ Bltn.

---

[1] Nach THELLUNG sind im Gebiet nur *A. graecizans* u. *A. lividus* der nahezu 100 Arten umfassenden Gattung in Europa ursprüngl.; alle übrigen sind entw. aus Gärten ausgewandert od. m. Saatgut bzw. Wolle aus tropischen Ländern eingeschleppt worden; einige von ihnen haben sich eingebürgert u. sind weit verbreitet, andere finden sich nur sporadisch u. siedeln sich vorübergehend in der Nähe von Güterbahnhöfen, Güterumschlagplätzen, Spinnereien u. a. Orten an. Wer sich speziell mit dieser Gattung beschäftigen will, muß zu Spezialliteratur greifen (z. B. G. HEGI, „Illustrierte Flora von Mitteleuropa", 2. Aufl., Bd. IV/2, Verlag Paul Parey). Dem nachfolgenden Schlüssel liegt die Bearbeitung von P. AELLEN in W. ROTHMALER: Exkursionsflora, „Kritischer Band", 1976, S. 163, zugrunde.

4–5zählig; Pfl. 15–50 cm hoch; ⊙; VII–IX. Trockene Ruderalstellen; *s*, Rheintal, Elbtal (aus W-Am. eingeschleppt). *Westamerikanischer F.*, **A. blitoides** S. WATSON

— Fr. runzlige Nuß; Blätt. 3–30 mm lg., am Rand ± wellig-kraus . . . **8**

8. Stg. dicht weichhaarig; Blätt. 5–15(–50) mm lg., am Rand stark wellig-kraus; ⊙; VII–IX. Ruderalstellen; *s*. (Heimat: trop. Am.) *Krauser F.*, **A. críspus** (LESPINASSE & THÉV.) TERRACC.

— Stg. spärl. behaart; Blätt. 3–5 mm lg., am Rand nur schwach wellig-kraus; Pfl. 10–40 cm hoch; ⊙; VII–IX. Ruderalstellen; *s*. (Heimat: trop. Am.) (= *A. vulgatissimus* auct.) *Standleys F.*, **A. standleyánus** PARODI ex COVAS

9(2). Fr. nußart. (bisw. unregelmäßig aufreißend); Vorblätt. ⅓ bis ½ so lg. wie die Bltnhülle **11**

— Fr. Deckelkapsel; Vorblätt. ¾ bis doppelt so lg. wie die Bltnhülle . . . **10**

10. Vorblätt. doppelt so lg. wie die Bltnhüllblätt., stachelspitzig, stechend; Blätt. längl.-spatelig, stumpf od. ausgerandet, m. Stachelspitzchen, am Rand wellig; Stg. weißl., aufrecht, m. ausgebreiteten Ästen, 10–50 cm hoch; ⊙; VIII–X. Bahngelände, Ruderalplätze, Äcker; *z* (aus N-Am. eingeschleppt). *Weißer F.*, **A. álbus** L.

— Vorblätt. etwa ¾ so lg. wie die Bltnhüllblätt., weich, kurz stachelspitzig; Blätt. spitz, schmutzig-grün od. rötl.; Pfl. 15–70 cm hoch; ⊙; VII–IX. Ruderalstellen, Äcker, *s*. (= *A. angustifolius* LAM.; = *A. sylvestris* VILL.) G *Wilder F.*, **A. graecizans** L.

11(9). Stg. kahl; Blätt. lg. gestielt; Spreite abgerundet bis ausgerandet, obersts. oft m. hellem od. dk. Fleck, am Rand häufig wellig; Bltnhüllblätt. 3; Pfl. 20–70 cm hoch; ⊙; VI–X. Wege, Dorfplätze, Äcker, Gartenland; *z*. (= *A. blitum* L.; = *A. ascendens* LOIS.) *Aufsteigender F.*, **A. lívidus** L.

— Stg. spitzenw. dicht flaumig behaart; Spreite m. stumpfer Spitze; Bltnhüllblätt. 2(–3); Pfl. 20–40 cm hoch; ⊙; VI–X. Trockene Ruderalstellen; *s*. (Heimat: trop. Am.) *Liegender F.*, **A. defléxus** L.

Ordnung: **Polygonáles**

Familie: **Polygonáceae**, *Knöterichgewächse*

Kräuter, z. T. windend od. Stauden, seltener holzige Windepfl., m. deutl. verdickten Knoten; Blätt. wechselst., am Grd. m. stgumfassender Röhre (Ochrea, *839–841*); Bltn. klein, ⚥ od. eingeschl.; Bltnhüllblätt. 3–6, bis zur Frreife bleibend u. oft m. der Fr. abfallend; Frkn. oberst., 1fächerig; (2–)3kantige, zuw. von den 3 äußeren Perigonblätt. umhüllte Nußfr.

1. Pfl. windend . . . . **Fallopia,** 435

— Pfl. nicht windend **2**

2. Bltnhüllblätt. 4; Stbblätt. 6; Narben 2 *(831);* Hochalpenpfl. **Oxyria,** 432

— Bltnhüllblätt. 5 od. 6; Stbblätt. 5–9 . . . . **3**

3. Stbblätt. 9; Blätt. m. sehr langen, dicken Stielen; Gemüsepfl. . . . . **Rheum,** 432

— Stbblätt. 5–8 . . . . **4**

4. Bltnhüllblätt. 6, an reifer Fr. die 3 inneren dieser eng anlgd. u. viel größer werdend als die äußeren; Stbblätt. 6; Narben 3 *(830);* Blattspr. längl., pfeilf., spießf. od. geigenf. *(832)* **Rumex,** 429

— Bltnhüllblätt. 5, die inneren etwa so groß od. etwas kleiner als die äußeren; Stbblätt. 5–8 . . . . **5**

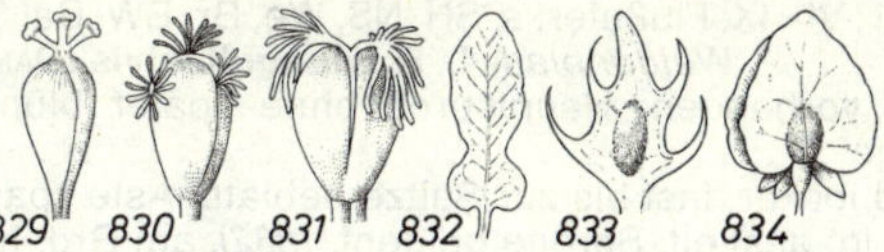

829 830 831 832 833 834

5. Äußere Bltnhüllblätt. der reifen Fr. gekielt od. geflügelt **Reynoutria,** 435
— Äußere Bltnhüllblätt. der reifen Fr. nicht gekielt u. nicht geflügelt **6**
6. Fr. 3kantig, meist weit aus der Bltnhülle herausragend; Blattspr. 3eckig-herzf., etwa so lg. wie breit **Fagopyrum,** 436
— Fr. linsenf. od. 3kantig, dann aber von Bltnhülle eingeschlossen od. diese nur wenig überragend; Blattspr. deutl. länger als breit, nicht 3eckig od. herzf. . . **Polygonum,** 432

1. Rúmex L., *Ampfer*

1. Alle od. die meisten Bltn. eingschl.; Pfl. 2häusig; Blattspr. am Grd. pfeil- od. spießf.; Blätt. sauer schmeckend . . **15**
— Alle Bltn. ⚥, wenn eingschl., dann Pfl. einhäusig; Blattspr. am Grd. keilig verschmälert, abgerundet od. herzf., aber nicht spieß- od. pfeilf. **2**
2. Innere Bltnhüllblätt. (an reifer Frucht) ganzrandig, kaum gezähnt *(834–838)* **8**
— Innere Bltnhüllblätt. m. kurzen od. langen, borstenf. Zähnen, fast immer m. Schwiele *(833)* **3**
3. Innere Bltnhüllblätt. jedersts. m. 3–9 kurzen (0,5–1 mm) Zähnen (selten ganzrandig, 3eckig) **6**
— Innere Bltnhüllblätt. jedersts. m. 2–3(–6) langen, borstenf. Zähnen *(833)* **4**
4. Innere Hüllblätt. jedersts. m. 3 borstenf. Zähnen; Stg. vom Grd. an verzweigt u. fast vom Grd. an Bltn. tragend, z. Frzt. oft purpurn; Grdblätt. klein, verkehrt-eif., am Rand ± gewellt; ☉; VII–VIII. Sandige, schlammige Ufer; *s*, untere Weichsel bis Danziger Bucht. *Ukrainischer A.,* **R. ucránicus** Bess. ex Spreng.
— Innere Bltnhüllblätt. jedersts. nur m. 2 borstenf. Zähnen; Pfl. z. Frzt. gold- od. grünl.- bis bräunl.gelb **5**
5. Bltnstand sehr dicht; Pfl. zur Frreife goldgelb, 10–50 cm hoch; ☉; VII–IX. Auf nährstoffreichen, feuchten, oft salzhaltigen Böden; *v* im Küstengebiet; *z* im Binnenland. *Strand-A.,* **R. marítimus** L.
— Bltnstand locker, unterbrochen; Pfl. zur Frreife bräunl.gelb, bis 100 cm hoch; ☉; VII–IX. Auf dürftigen, lehmigen Böden in der Nähe von Gewässern; *v* im N, in M- u. S-Dt nur im Bereich der großen Flüsse, S-E. (= *R. limosus* auct. non Thuill.) *Sumpf-A.,* **R. palústris** Sm.
6(3). Grdblätt. fehlend; in den Achseln der Stgblätt. beblätt. Seitentriebe, die später als der Hauptsproß blühen, diesen aber übergipfeln; basale Stgblätt. lineal-lanzettl., 12–15 cm lg.; innere Bltnhüllblätt.

3eckig; ♃; VI–IX. Flußufer, *s*, SH, NS, We, Br, BW, Ba, St, OÖ.
Weidenblatt-A., **R. trianguliválvis** (DANSER) RECH. f.

— Grdblätt. vorhanden; Hauptsproß ohne später blühende Seitenäste **7**

7. Bltnstand locker, fast bis zur Spitze beblätt.; Äste sparrig absthd.; Grdblätt. lg. gestielt; Spreite geigenf. *(832)*, am Grd. herzf. ausgerandet, untersts. flaumig behaart; innere Perigonblätt. m. 4–9 stacheligen Zähnen; ⊙; V–VII. Schuttplätze, Wege; *s* im südl. Oberrheintal, St (Graz), sonst verschleppt. *Schöner A.*, **R. púlcher** L.

— Bltnstand von der Mitte an blattlos; Äste ± aufrecht bis absthd.; Grdblätt. groß; Spreite am Grd. abgerundet bis herzf., an der Spitze meist stumpf; innere Bltnhüllblätt. jedersts. m. 2–5(–9) pfrieml. Zähnen; Pfl. 50–120 cm hoch; ♃; VI–VIII. Wiesen, Weiden; *v*. Formenreich. *Stumpfblättriger A.*, **R. obtusifólius** L.

8(2). Innere Bltnhüllblätt. rundl. od. eif., zur Frzt. so lg. od. wenig länger als breit *(834–835)*, 3,5–8 mm lg. **10**

— Innere Bltnhüllblätt. schmal-längl., zur Frzt. mehrfach länger als breit, ca. 2–3 mm lg. **9**

9. Bltnstand bis zur Spitze beblättert; Bltnhüllblätt. alle m. Schwielen; Grdblätt. m. längl.-eif., am Grd. herzf. Spreite; Bltnstiele etwa in der Mitte geglied.; Pfl. 30–70 cm hoch; ♃; VII–IX. Ufer, Gräben; *v*.
Knäuel-A., **R. conglomerátus** MURR.

— Bltnstand nur bis zur Mitte beblättert; nur einzelne Bltnhüllblätt. m. Schwielen; Bltnstiel am Grd. geglied.; Grdblätt. längl.-eif., m. herzf. Spreitengrd.; Stg. oft rötl., bis 60 cm lg.; ♃; VI–VIII. Auwälder, Waldwege, *v*. (= *R. nemorosus* SCHRAD. ex WILLD.)
Hain-A., **R. sanguíneus** L.

10(8). Alle od. wenigstens eines der inneren Bltnhüllblätt. m. deutl. Schwielen **13**

— Innere Bltnhüllblätt. alle schwielenlos od. undeutl. schwielig **11**

11. Blattstiel obersts. flach; Grdblätt. m. längl. od. breit-eif.-lanzettl., etwas wellig-krauser, am Grd. abgerundeter od. herzf. Spreite; innere Bltnhüllblätt. nierenf. od. breit-herzf.; ♃; VII–VIII. Ruderalstellen; *s* im NW, SH, Me, sonst nur verschleppt. (= *R. domesticus* HARTM.) *Gemüse-A.*, **R. longifólius** DC.

— Blattstiel obersts. rinnig; innere Bltnhüllblätt. herz-eif. . . **12**

12. Frstiele unter der Fr. kreiself. verdickt *(834)*, zur Reifezt. geglied.; Grdblätt. sehr groß, bis 50 cm lg., m. rundl.-herz-eif., am Grd. abgerundeter od. herzf., am Rand welliger, zuw. klein gekerbter Spreite; Pfl. bis 2 m hoch; ♃; VI–VII. Gesellig auf Lägerfluren der Alp. u. Vorland, sonst nur Schw., Fichtelgeb., Erzgeb., Sudeten.
Alpen-A., **R. alpínus** L.

— Frstiele unter der Fr. kaum verdickt *(835)*, nicht geglied.; Grdblätt. groß, bis 50 cm lg., m. breiter, längl.-eif., am Grd. tief herzf. u. abgerundeter, am Rand welliger Spreite; Pfl. 90–175 cm hoch; ♃; VII–VIII. Ufer, Wiesen; *v* bis *z*. *Wasser-A.*, **R. aquáticus** L.

13(10). Blattstiel obersts. rinnig; Blätt. dünn, am Rand wellig, lg. zugespitzt; Stg. bis 2 m hoch, stark gefurcht, meist rot; nur 1 Bltnhüllblatt schwielig; ♃; V–VII. Gemüsepfl., stellenw. verwild. (Heimat: Kleinasien, SO-Eur.)
Englischer Spinat, **R. patiéntia** L.

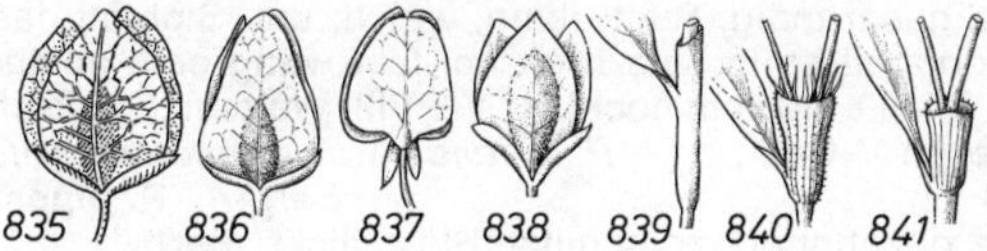

— Blattstiel obersts. flach; Blätt. derb, fast lederig **14**

14. Grdblätt. m. längl.-lanzettl., am Grd. gestutzter od. herzf., am Rand wellig-krauser Spreite; Bltnstand bis zur Spitze beblättert; innere Bltnhüllblätt. rundl.-herzf., nur einzelne m. großen Schwielen; Bltnstiel am Grd. gegliedert; Pfl. bis 100 cm hoch; ♃; V–VII. Sumpfwiesen, Ufer, Wegränder; *g.* Formenreich.

Krauser-A., **R. críspus** L.

Hierher folgende Kleinart:
R. stenophýllus Ledeb. (= *R. odontocarpus* Sándor & Borb.), *Schmalblättriger A.:* Unt. Blätt. lanzettl., am Grd. keilf., wenig kraus gewellt; innere Bltnhüllblätt. alle m. Schwielen, herzf. 3eckig, 3,5–4 mm lg. u. breit, am Rand fein u. scharf gesägt, Spitze glatt; Fr. schwarzbraun; *s* auf Salzböden in SaAn, Br, Kt, St.

— Grdblätt. m. längl.-elliptischer, lang zugespitzter, nach dem Grd. verschmälerter, großer, bis 1 m lg. Spreite; Bltnstand im ob. Teil blattlos; innere Bltnhüllblätt. 3eckig-rautenf., bis 7 mm lg. *(836),* alle m. Schwielen; Pfl. bis 2,5 m hoch; ♃; VII–VIII. Ufer, Sümpfe; *v.*

Fluß-A., **R. hydrolápathum** Huds.

15(1). Äußere Bltnhüllblätt. zurückgeschlagen, zur Frzt. dem Bltnstiel anliegend *(837);* innere Bltnhüllblätt. m. Schwielen **17**

— Äußere Bltnhüllblätt. aufrecht *(838),* innere schwielenlos **16**

16. Blätt. rundl.-spießf., lg. gestielt, blaugrün bereift; innere Bltnhüllblätt. zur Frzt. vergrößert, länger als die Fr., zuw. rötl.; Pfl. 10–50 cm hoch; ♃; V–VI. Geröllhalden, Felsspalten; Alp. u. Vorland, BW u. RhPf *z;* sonst *s.* [= *Acetosa scutata* (L.) Mill.]

Schild-A., **R. scutátus** L.

— Blätt. lanzettl. od. lineal, zuw. ohne Spießecken; Ochrea silberweiß, fransig zerschlitzt; innere Bltnhüllblätt. zur Frzeit kaum vergrößert *(838);* Pfl. sich durch Wurzelbrut vermehrend, 5–30 cm hoch; ♃; V–VII. Magerrasen, Wegraine, Äcker; *v.* [= *Acetosella vulgaris* (Koch) Fourr.]

Sammelart: *Kleiner Sauer-A.,* **R. acetosélla** L. s. l.

a. Innere Bltnhüllblätt. fest m. der Fr. verbunden, beim Reiben nicht ablösbar; *z,* Ba, BW, Th, SaAn, Kt, St, OÖ. [= *R. acetosella* ssp. *angiocarpus* (Murb.) Murb.] **R. angiocárpus** Murb.

— Innere Bltnhüllblätt. nicht fest m. der Fr. verbunden, beim Reiben ablösbar **b**

b. Blätt. längl.-lanzettl.; Fr. 1,5 mm lg.; Pfl. 10–30 cm hoch; *v.*

R. acetosélla L. s. str.

— Blätt. schmal-lineal bis fast fädlich; Fr. 1 mm lg.; Pfl. 5–15 cm hoch; *z.* (= *R. acetosella* var. *tenuifolius* Wallr.) **R. tenuifólius** (Wallr.) A. Löve

17(15). Stg. nur bis 20 cm lg. u. nur am Grd. beblätt. od. m. 1–2 Stgblätt.; Grdblätt. dickl., rundl.-eif., lg. gestielt; ♃; VIII. Schutthalden, steinige Wiesen; kalkreiche Schneetälchen der Alp., von 1600–2700 m; *z.* *Schnee-A.,* **R. nivális** Heg.

— Stg. höher als 20 cm, beblätt. **18**

18. Ochrea ganzrandig; Blätt. dünn, weich; unt. Stgblätt. fast 3eckig, kaum doppelt so lg. wie breit, m. fast waagrecht absthd. Spießecken; Pfl. 30–100 cm hoch; ♃; VI–VIII. Weiden, Gebüsch der Alp. u. höheren M-Geb.; *z.* [= *R. arifolius* ALL.; = *Acetosa arifolia* (ALL.) SCHUR] *Berg-A.,* **R. alpéstris** JACQ.

— Ochrea gezähnt od. zerschlitzt; Blätt. dickl., derb **19**

19. Bltnstand locker; Bltnäste einfach od. selten spärlich verzweigt; Grdblätt. lg. gestielt, eif.-längl., 2–3 cm breit; Fr. etwa 4 mm lg., auf roten Stielen; Pfl. 30–100 cm hoch; ♃; V–VI. Wiesen, Weiden; *g.* (= *Acetosa pratensis* MILL.) *Großer Sauer-A.,* **R. acetósa** L.

— Bltnstand dicht; Bltnäste wiederholt u. reich verzweigt; Stgblätt. 4–14mal so lg. wie breit, die ob. sehr schmal m. absthd. Basallappen; Pfl. 30–120 cm hoch; ♃; VII–VIII. Trockene Ruderalstellen, Bahndämme, Wegränder *z,* besonders Flußtäler. [= *Acetosa thyrsiflora* (FING.) A. & D. LÖVE] *Rispen-A.,* **R. thyrsiflórus** FING.

Die Gattung *Rumex* neigt stark zur **Bastard**bildung.

2. Rhéum L., *Rhabarber*

Heimat: Zentralasien; m. mehreren Arten als Gemüse-, Zier- u. Heilpfl. kultiviert: **Rh. rhabárbarum** L., **Rh. officinále** BAILL., **Rh. rhapónticum** L., **Rh. palmátum** L.

3. Oxýria (L.) HILL, *Säuerling*

Stg. 5–15 cm lg., nur am Grd. beblätt.; Grdblätt. lg. gestielt, nierenf.; ♃; VII–VIII. Feuchter Steinschutt der Ur-Alp.; *z.* **O. dígyna** (L.) HILL

4. Polýgonum L., *Knöterich* (incl. **Bistórta** S. F. GRAY u. **Persicária** S. F. GRAY)

1. Bltn. einzeln od. in kleinen blattachselst. Gruppen *(842);* Gr. 3, sehr kurz **10**

— Bltn. in verlängerten, end- od. seitenst. Scheinähren *(843–845)* od. in Rispen **2**

2. Bltn. in Rispen, weiß od. rosa; Pfl. 30–80 cm hoch; Blätt. längl.-lanzettl., 1–3 cm breit; ♃; VI–IX. Bergwiesen, auf Serpentin, nur St (Pernegg). *Alpen-K.,* **P. alpínum** ALL.

— Bltn. in Scheinähren **3**

3. Scheinähren locker, schlank *(843);* Einzelbltn. sichtbar; Fr. beidersts. gewölbt **8**

— Scheinähren zur Bltzt. dicht gedrungen, walzenf. *(844–845);* Bltn. sich z.T. gegenseitig überdeckend **4**

4. Stg. ästig (od. die Grdachse verzweigt), m. mehreren Scheinähren; Gr. 2, selten 3, bis zur Mitte verwachsen . **6**

— Stg. unverzweigt, m. einer einzigen Scheinähre abschließend **5**

5. Scheinähren dicht-walzl., 3–5 cm lg. *(844),* ohne Brutknospen; Bltnhülle rötl.-weiß; Spreite der Grdblätt. eirund-längl., zugespitzt, obersts. dk.grün, untersts. bläul.grün, in wellig geflügelten Stiel verschmälert, bis 15 cm lg., ob. Stgblätt. m. herzf. Grd. sitzend; Grdachse dick, walzl., schlangenartig; Pfl. 30–120 cm hoch; ♃; V–VII. Auf feuchten Wiesen, vor allem der mont. Reg.; *v,* im N *z.* (= *Bistorta major* S. F. GRAY) *Schlangen-K.,* **P. bistórta** L.

— Scheinähre dünner, an der Basis meist mit Brutknöllchen (*845,* B); Bltn. weiß; Blattspr. eif.-lanzettl., in ungeflügelten Stiel verschmä-

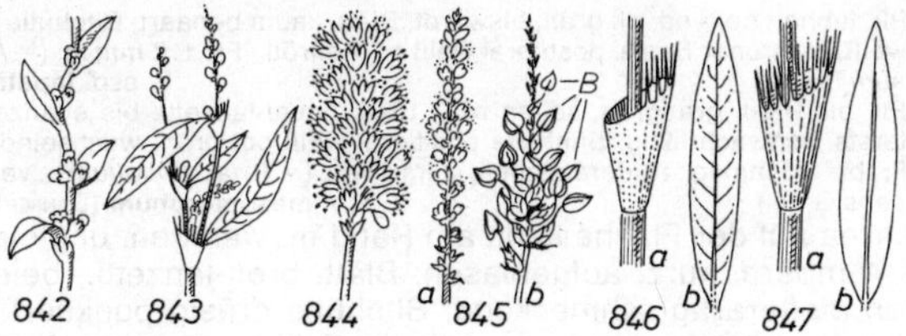

842 843 844 845 846 847

lert, am Rand umgerollt, 1,5–7 cm lg.; Pfl. 5–25 cm hoch; ♃; VI–VIII. Magerrasen, Borstgrasweiden, Schneetälchen; Alp. von 1500–3000 m; *v*, mit den Alpenflüssen herabgeschwemmt, Schw. Alb. [= *Bistorta vivipara* (L.) S. F. GRAY]
Knöllchen-K., **P. vivíparum** L.

6(4). Blattstiel in od. oberhalb der Mitte der Ochrea abgehend *(839)*; Spreite längl. bis lanzettl., ganzrandig, m. abgerundetem bis herzf., jedoch nicht verschmälertem Grd.; Bltn. rosa; Stbblätt. 5; als flutende Wasser- u. aufrechte Landform auftretend; Wasserform m. sehr lg. gestielten, längl.-eif., am Grd. herzf. bis abgerundeten, kahlen Schwimmblätt.; Landform aufrecht m. längl.-lanzettl., am Grd. abgerundeten, behaarten Spreiten; ♃; VI–IX. Sthd. od. langsam fließende Gewässer, kiesige Ufer, feuchte Äcker; *v*. [= *Persicaria amphibia* (L.) S. F. GRAY] *Wasser-K.*, **P. amphíbium** L.

— Blattstiel unterhalb der Mitte od. fast am Grd. der Ochrea abgehend *(840–841)*; Stbblätt. meist 6; Fr. beidersts. flach od. vertieft; Bltn. rosa, weiß od. grünl.; Blätt. längl.-elliptisch bis lanzettl. **7**

7. Ähren-, Bltnstiele u. Blätt. stets drüsenlos; Ochrea dem Stg. anlgd., auf der Fläche kurz rauhhaarig, am Rand gewimpert *(840)*; Blätt. lanzettl., zugespitzt, über der Mitte am breitesten, unterststs. auf den Nerven u. am Rand angedrückt behaart, oberststs. oft schwarz gefleckt; Bltn. rosa bis purpurrot, am Grd. grünl.; ⊙; VII–IX. Äcker, Ufer, Schuttplätze; *v*. [= *Persicaria maculata* (RAF.) LÖVE & LÖVE] *Floh-K.*, **P. persicária** L.

— Ährenstiele u. Bltnhüllblätt., zuw. auch die Blattunterseite, m. zahlr., gelbl. Drüsen; Ochrea am Rand kahl od. sehr kurz bewimpert *(841)*, auf der Fläche kahl od. schwach spinnwebig filzig; Bltnhüllblätt. grünl.weiß od. rosa; Blätt. oft m. schwarzem Fleck; ⊙; VII–X. Äcker, Schuttplätze, *v*. [= *Persicaria lapathifolia* (L.) S. F. GRAY]. Formenreich. *Ampfer-K.*, **P. lapathifólium** L.

a. Stg. niederlgd., reich verzweigt; Blätt. breit-elliptisch, höchstens doppelt so lg. wie breit, unterststs. grau spinnwebig filzig. Ufer, *s*, Oberrhein, Bodensee, obere Donau, St, OÖ. (= *P. danubiale* KERN.; = *P. brittingeri* OPIZ)
ssp. **brittíngeri** (OPIZ) RECH. f.

— Stg. aufrecht, meist unverzweigt; Blätt. 4–8mal so lg. wie breit, unterststs. kahl od. filzig . . . . **b**

b. Scheinähren dick, dicht-zylindrisch; Fr. 2,5–3,5 mm lg.; Blätt. dicht filzig. Nährstoffreiche Äcker, Gräben, Ufer, *z*. (= *P. tomentosum* SCHR.)
ssp. **pállidum** (WITH.) FR.

— Scheinähren dünn; Fr. 1,8–2,5 mm lg. . . . . **c**

c. Pfl. lebhaft hell- od. dk.grün, bisw. rot; Blätt. kaum behaart; Bltnhülle z. Bltzt. weiß, m. grüner Basis, postfloral weiß od. hellrötl.; Fr. ± 2 mm lg. (= *P. nodosum* PERS.) ssp. **lapathifólium**

— Pfl. blaß- od. graugrün, selten rötl.; Blätt. lineal-lanzettl. bis eilanzettl., unterssts. schwach filzig; Bltnhülle postfloral weiß od. grün, wechselnd drüsig; Fr. bis 2,5 mm lg.; Ruderalstellen; *v*, im NW *s*. (= *P. lapathifolium* L. var. *virescens* GREN.) ssp. **mesomórphum** (DANSER) DANSER

8(3). Ochrea auf der Fläche kahl, am Rand m. wenigen, ungleich langen Wimpern, kurz, aufgeblasen; Blätt. breit-lanzettl., beim Zerkauen pfefferartig schmeckend; Bltnhülle drüsig punktiert, meist 4teilig; Fr. höckerig-rauh; ⨀; VII–IX. Gräben, feuchte Wiesen; *v*. [= *Persicaria hydropiper* (L.) OPIZ] *Wasserpfeffer*, **P. hydropíper** L.

— Ochrea auf der Fläche kurzhaarig, am Rand lg.borstig bewimpert *(846a)*; Bltnhülle drüsenlos, selten schwach drüsig, 4–5teilig 9

9. Blattspr. beidendig verschmälert *(843, 846b)*, längl.-lanzettl., deutl. fiednervig, unterssts. am Rand u. auf den Nerven lg.borstig bewimpert; Ochrea am Rand m. 3–5 mm langen Borsten *(846a)*; Bltnhülle 3–3,5 mm lg.; Stbblätt. 6; ⨀; VII–X. Gräben, Ufer, feuchte Waldwege; *v–z*. [= *Persicaria laxiflora* (WEIHE) OPIZ] *Milder K.*, **P. míte** SCHR.

— Blattspr. am Grd. abgerundet, lineal, undeutl. fiednervig *(847b)*; Ochrea am Rand m. zahlr., ungleich langen Wimpern *(847a)*; Bltnhülle 2–2,5 mm lg.; Stbblätt. 5; ⨀; VII–X. Sumpfwiesen, Gräben, Teiche, *v–z*. [= *Persicaria minor* (HUDS.) OPIZ] *Kleiner K.*, **P. mínus** HUDS.

10(1). Blätt. an den Astspitzen so klein, daß die Bltnbüschel scheinbar blattlose Ähren bilden; Stg. aufrecht; ⨀; VII–X. Äcker, Weinberge, *s* eingeschleppt in Au. (= *P. bellardii* auct.; = *P. kitaibelianum* SADLER) *Ungarischer K.*, **P. pátulum** BIEB.

— Äste bis zur Spitze beblättert; alle Bltnbüschel daher deutlich blattwinkelst.; Stg. meist niederlgd. od. aufstgd. . . 11

11. Fr. 2–3 mm lg., glanzlos od. glzd., kaum länger als die Bltnhülle; Blätt. elliptisch-lanzettl.; Stg. niederlgd. bis aufgerichtet; ⨀; V–IX. Schutt, Grasplätze, Wegränder, zwischen Straßenpflaster; *g*. Formenreich. *Vogel-K.*, **P. aviculáre** L.

Schlüssel der Kleinarten von P. aviculare (vereinfacht nach H. SCHOLZ)

a. Seitenflächen der Fr. konkav; Bltnhülle tief geteilt; Stbblätt. 8 c

— Seitenflächen der Fr. konvex; Bltnhülle ± hoch verwachsen; Stbblätt. 5–6 od. 7–8 . . . . b

b. Bltnhülle bis zur Hälfte verwachsen *(848)*; Stbblätt. 5–6; Fr. glatt, glzd.; Blätt. elliptisch bis eif. od. verkehrt-eif., klein; Äste kurz, völlig niederlgd. Sandige Weg- u. Straßenränder; *z*, besonders im O. (= *P. aequale* LINDM.) **P. calcátum** LINDM.

— Bltnhülle nicht bis zur Hälfte verwachsen *(849)*; Stbblätt. 7–8; Fr. gerieft od. punktiert *(850)*, matt, bis 2,5 mm lg.; Blätt. breit od. schmal-elliptisch; Stg. aufrecht od. aufstgd. Weg- u. Straßenränder; *v*. **P. arenástrum** BOR.

c(a). Fr. fast glatt, glzd. *(851)*, braun, ± 2 mm lg.; Pfl. zart; Stg. in der Jugend aufrecht, später niederlgd. u. sparrig verzweigt. Wegränder; *z*. **P. rurivágum** JORD.

— Fr. gerieft, matt . . . . d

d. Blätt. graugrün, schmal, zugespitzt, die der Seitentriebe oft kleiner als die des Haupttriebs; Bltnhülle etwas kürzer als die Fr. *(852)*; Saum der Bltnhüllblätt. rosa; Stg. in der Jugend aufrecht, einfach od. verzweigt, 50–60 cm lg. Sandige Böden; *v*. **P. heterophýllum** LINDM. em. SCHOLZ

— Blätt. gelbgrün bis dk.grün; Saum der Bltnhüllblätt. weiß bis dk.rot . . . e

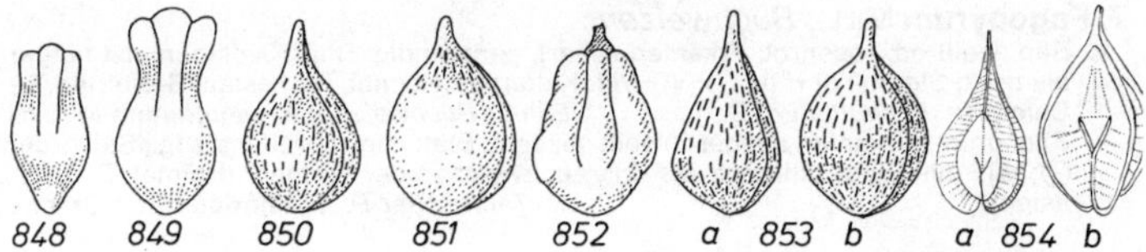

e. Blätt. sehr schmal-lineal, bis 0,5 cm breit, zugespitzt; Fr. längl., schmal, bis 3 mm lg. *(853a);* Bltnhülle so lg. wie die Fr.; *z* am Meeresstrand u. Küsten. **P. negléctum** Bess.

— Blätt. bis 2 cm breit, meist stumpf; Fr. bis 3 mm lg., breit *(853.b).* Äcker, Schutt; *g.* **P. monspellénse** Thiébaud

— Fr. 3–6,5 mm lg., glatt-glzd., die Bltnhülle um ⅓–½ überragend; ganze Pfl., auch die Triebspitzen niederlgd.; Bltnhülle grün, die freien Abschnitte rötl., sich kaum miteinander deckend; Blätt. lanzettl., bis 3 cm lg. u. bis 0,5 cm breit, grün; ☉(–♃); VII–IX. *z;* Sandstrand der Ostseeküste u. Rügen, Da.
Strand-K., **P. oxyspérmum** Mey. & Bge. ex Ledeb.

a. Fr. braungrün od. hellbraun, längl., die Bltnhüllblätt. um die Hälfte überragend; diese rot berandet. ssp. **oxyspérmum**

— Fr. dk.braun bis schwarz, die Bltnhüllblätt. um ⅓ überragend; diese weiß bis rosa gerandet. Küstenspülsäume; *s,* nur SH, Helgoland. (= *P. robertii* auct.; = *P. raii* Bab.) ssp. **ráii** (Bab.) D. A. Webb & Chater

5. Fallópia Adans. (= *Bilderdykia* Dum.), *Windenknöterich*

1. Strauchige Kletterpfl.; Bltn. in lockeren Rispen, weiß; ♃; VII–X. Zierpfl. aus O-Asien. [= *Polygonum aubertii* (L.) Henry; = *P. baldschuanicum* auct. non Regel]
Silberregen, **F. aubértii** (L. Henry) Holub

— Einjährige Windepfl.; Bltnstand schmal, trauben- od. ährenähnl. **2**

2. Bltnstiel kürzer als die dicht-drüsige Bltnhülle, wenig unterhalb der Blüte geglied.; Stg. kantig gefurcht, körnig rauh; Fr. glanzlos *(854b);* Blattspr. herz- od. pfeilf., m. 3eckig zugespitztem Lappen; ☉; VII–X. Äcker, *g.* [*Bilderdykia convolvulus* (L.) Dum.; = *Polygonum convolvulus* L.] *Gewöhnlicher W.,* **F. convólvulus** (L.) A. Love

— Bltnstiel so lg. wie die kahle Bltnhülle, etwas unterhalb der Mitte gegliedert; äußere Bltnhüllblätt. z. Frzeit breithäutig geflügelt *(854a);* Fr. glzd.; ☉; VII–IX. Feuchte Gebüsche, Hecken; *v.* [= *Bilderdykia dumetorum* (L.) Dum.; = *Polygonum dumatorum* L.]
Hecken W., **F. dumetórum** (L.) Holub

6. Reynoútria Houtt. (= *Pleuropterus* Turcz.), *Staudenknöterich*

1. Blätt. 5–12 cm lg.; Spreite am Grd. gestutzt; Bltn. weiß; Pfl. 1–2 m hoch; ♃; VII–IX. Zierpfl. aus O-Asien; in feuchten Gebüschen u. Bachauen verwild., *v.* [= *Polygonum cuspidatum* Sieb. & Zucc.; = *P. sieboldii* de Vries; = *Pleuropterus cuspidatus* (Sieb. & Zucc.) H. Gross] *Japanischer St.,* **R. japónica** Houtt.

— Blätt. 15–30 cm lg.; Spreite am Grd. herzf.; Bltn. grünl.; Pfl. 2–4 m hoch; ♃; VII–IX. Zierpfl. aus O-Asien; in feuchten Gebüschen u. Wäldern *z* verwild. (= *Polygonum sachalinense* F. Schmidt; = *Pleuropterus sachalinensis* H. Gross)
Sachalin-St., **R. sachalinénsis** (F. Schmidt) Nakai

7. Fagopýrum MILL., *Buchweizen*

1. Bltn. weiß od. rosenrot; Frkanten scharf, ganzrandig; Blätt. 3eckig, meist länger als breit; Stg. meist rötl.; ⊙; VI–VIII. Kulturpfl. (Heimat: Turkestan, S-Sibirien, N-China) (= *F. sagittatum* GIL.) *Echter Buchweizen*, **F. esculéntum** MOENCH

— Bltn. grünl.; Frkanten ausgeschweift gezähnt; Blätt. meist breiter als lg.; Stg. grün; ⊙; VII–VIII. Eingeschleppt; als Unkraut zwischen der vorigen. (Heimat: Zentralasien) *Tatarischer B.*, **F. tatáricum** (L.) GAERTN.

Ordnung: **Plumbagináles**

Familie: **Plumbagináceae,** *Grasnelkengewächse*

Stauden; Blätt. ganzrandig, meist in grdst. Rosetten; Bltnstände ährig, kopfig od. rispig; Bltn. radiär, ⚥, 5zählig; Blkrblätt. am Grd. verwachsen od. frei; Kblätt. trockenhäutig, oft gefärbt; Fr. oberst. m. 1 Gr. u. 5 Narben; Schließfr.

1. Bltn. in dichten Köpfchen; Blätt. lineal . . . . **Armeria,** 436

— Bltn. in einstswendigen Rispen *(219);* Blätt. bis 3 cm breit **Limonium,** 436

1. Limónium MILL., *Widerstoß, Strandnelke*

Blätt. verkehrt-eif., etwas stachelspitzig, immergrün, knorpelrandig; Infl. dichtbltg.; Bltn. in schraubeliger Anordnung *(219);* Bltn. blau-violett; ♃; VIII–IX. Salzsümpfe, -wiesen, Schlick; *v* Nordsee-, *s* Ostseeküste bis Rügen. (= *Statice limonium* L.) Ⓖ **L. vulgáre** MILL.

a. Infl. reich u. erst oberhalb der Stgmitte verzweigt, dichtbltg., durchschnittl. 7 2bltge „Ährchen" pro cm; Infl. bis 50 cm hoch; Vorblätt. spitz, m. farblosem Rand, äußeres nicht gekielt. ssp. **vulgáre**

— Infl. wenig, aber schon unterhalb der Stgmitte verzweigt, lockerbltg., durchschnittl. nur 2–3 2bltge Ährchen pro cm; Infl. bis 20 cm hoch; Vorblätt. stumpf, m. rötl. Rand, äußeres gekielt. Nur O-Da u. Inseln. (= *St. bahusiense* FR.; = *L. humile* MILL.) ssp. **húmile** (MILL.) GAMS

2. Armória WILLD., *Grasnelke* Ⓖ

1. Blätt. lanzettl., 3–8 mm breit, m. 3–7 Nerven; äußere Hüllblätt. der Köpfchen lg. zugespitzt *(855b),* die Infl. seitl. überragend, ihre den Stg. einhüllende Röhre 3–4 cm lg. (*855a,* R); Blkr. hellkarminrot; VI–VII. Trockene Heidewiesen, Kiefernwälder; nur b. Mainz, aber offenbar ausgestorben (E adventiv). [= *A. plantaginea* WILLD.; = *A. pseudarmeria* auct.; = *A. arenaria* (PERS.) SCHULT.] Ⓖ *Sand-G.,* **A. alliácea** HOFFMGG. & LK.

— Blätt. grasart., bis 4 mm breit (meist deutl. schmaler), 1(–3)nervig; äußere Hüllblätt. die Breite des Köpfchens nicht überragend, ihre Röhre nur bis 2 cm lg.; ♃; V–X. *z* bis *s* auf waldfreien, sandigen, kiesigen, steinigen od. tonigen Böden. Formenreiche Sammelart m. mehreren, schwierig abgrenzbaren Sippen, hier als ssp. gewertet. (= *Statice armeria* L.) Ⓖ *Gewöhnliche G.,* **A. marítima** (MILL.) WILLD. (s. l.)

a. Hüllblätt. bleich, die äußeren bis 25 mm lg.; Blkr. rosa od. blasser . . . **c**

— Hüllblätt. braun, 8–20 mm lg.; Blätt. 2–3 mm breit; Blkr. purpurn; Pfl. bis 25 cm hoch . . . . **b**

b. Hüllblätt. 8–13 mm lg.; Köpfchen 2–3 cm breit; Blätt. bis 4 mm breit, 3nervig; Magermatten d. Alp. (1400–2600 m); *z* Au (*f* Vb), *f* Dt. (= *A. alpina* WILLD.) Ⓖ *Alpen-G.,* ssp. **alpína** (WILLD.) P. SILVA

— Hüllblätt. 12–20 mm lg.; Köpfchen 1,5–2 cm breit; Blätt. bis 2 mm breit, 1nervig (vgl. aber **d**—). Überschwemmte Kiesböden; *s* b. Memmingen.
Ⓖ ! *Purpur-G.*, ssp. **purpúrea** (KOCH) A. & D. LÖVE

c(a). Äußere Hüllblätt. 10–25 mm lg., zugespitzt; Köpfchen 18–25 mm breit; Schaft kahl; Blätt. gewimpert; Pfl. bis 50 cm hoch. Trockenrasen, Kiefernwälder; *z* im N, südl. *s* bis Vog/Pf/He/Fr (im mittl. Gebiet fast *f*), *s* St.
Ⓖ *Sand-G.*, ssp. **elongáta** (HOFFM.) G. BONNIER

— Äußere Hüllblätt. 2–8 mm lg.; spitz od. stumpfl. . . . . **d**

d. Blätt. fleischig, bewimpert; Köpfchen 15–20 mm breit; Schaft behaart; Pfl. bis 15 cm hoch. Sandig-tonige Salzböden; *v* Nordsee- u. *z* bis *s* Ostseeküste. [= *A. maritima* (MILL.) WILLD. s. str.] Ⓖ *Strand-G.*, ssp. **marítima**

— Blätt. derb; Köpfchen 10–15 mm breit; Blätt. am Grd. undeutl. 3nervig . **e**

e. Schaft behaart; Blkr. intensiv rot; Lokalendemiten . . . . **g**

— Schaft kahl; Pfl. 20–30 cm hoch . . . . **f**

f. Hüllblätt. 2–5 mm lg., spitz; Blkr. rosa. Felsbänder auf Serpentin. Nur Fichtelgeb., Böhmen; Lokalendemit.
Ⓖ *Serpentin-G.*, ssp. **serpentíni** (GAUCKLER) HOLUB

— Hüllblätt. 5–8 mm lg., stumpf; Blkr. rot; Blätt. gewimpert. Schwermetallböden; lokal in S-SaAn, Harz, b. Olpe (S-We), b. Aachen, Ahrgeb.
Ⓖ *Galmei-G.*, ssp. **hálleri** (WALLR.) A. & D. LÖVE

g(e). Schaft in unt. Hälfte stark behaart, Blätt. dsgl.; Pfl. bis 20 cm hoch. Schwermetallböden b. Artern (S-SaAn).
Ⓖ *Bottendorfer Kupfer-G.*, ssp. **bottendorfiénsis** (A. SCHULZ) ROTHM.

— Schaft höchstens schwach behaart, Blätt. dsgl.; Pfl. 10–15 cm hoch. Schwermetallböden b. Eisleben (S-Sa-An).
Ⓖ *Hornburger Galmei-G.*, ssp. **hornburgénsis** (A. SCHULZ) ROTHM.

Unterklasse: **Asterídae**

Ordnung: **Gentianáles** *(= Contortae)*

Familie: **Menyantháceae,** *Fieberkleegewächse*

Wasser- u. Sumpfpfl.; Blätt. wechsel- bzw. grdst., ungeteilt od. 3zählig, ohne Nebenblätt.; Bltn. ⚥, radiär; K. 5, Blkr. 5blättrig u. verwachsen; Frkn. oberst., Gr. 1; Kapselfr.

1. Blätt. rundl.-herzf., seerosenähnl., schwimmend; Blkr. groß, goldgelb; Bltn. einzeln erscheinend . **Nymphoides,** 437

— Blätt. 3zählig gefingert; Blkr. weißl.; Bltn. in traubigen Rispen . . . . **Menyanthes,** 437

1. Menyánthes L., *Fieberklee, Bitterklee*
Grdachse lg. kriechend; Blätt. lg. gestielt, 3zählig gefing., m. verkehrteif. Fied.; Blkr. kurztrichterf., m. 5 zurückgeschlagenen, bärtigen Zipfeln; ♃; V–VI. Moore, Gräben, Sumpfwiesen (bis 1800 m); *v* bis *z*.
Ⓖ **M. trifoliáta** L.

2. Nymphoídes HILL, *Seekanne*
Schwimmblätt. obersts. dk.grün, untersts. graugrün od. rötl.violett; Bltn. in Doldenrispen; ♃; VII–IX. Altwässer; *z* Rheintal (ab Straßburg nördl.), Elbetal, *s* NS, Ho, Be, SH (1 Fundort), M-He, Altmühl-/unt. Donautal, E, OSt. (= *Limnanthemum nymphaeoides* LK.)
Ⓖ **N. peltáta** (S. G. GMEL.) O. KTZE.

Familie: **Gentianáceae,** *Enziangewächse* Ⓖ

Kräuter od. Stauden; Blätt. meist gegenst., einfach; Bltn. radiär, ⚥, meist 5zählig; K. röhren- od. glockenf.; Blkr. trichter- od. glockenf., oft tellerf.; Stbblätt. so viele wie Blkrzipfel, der Blkrröhre eingefügt; Frkn. obersts., 2blättrig; Kapselfr.

1. Blkr. 6−8teilig, gelb; Stgblätt. am Grd. miteinander verwachsen, bläulich bereift . . . . **Blackstonia,** 438
— Blkr. 4−5zipfelig od. 4−5(−6)teilig **2**
2. Blkr. glockenf. (nur bis ⅓ gespalten; *857*), od. m. lg. Röhre u. tellerf. ausgebreitetem, 4−5zipfeligem Saum *(856),* von verschiedener Farbe; K. verwachsen od. einseitig aufgeschlitzt **5**
— Blkr. fast bis zum Grd. 5(−6)teilig, gelb, violett od. blaßblau; K. tief 5teilig od. einseitig aufgeschlitzt **3**
3. Bltn. gelb, scheinquirlig in Achseln laubiger Hochblätt.; Pfl. bis 140 cm hoch . . . . **Gentiana lutea,** 440
— Bltn. violett od. blaßblau, lg. gestielt **4**
4. Pfl. ♃, 15−60 cm hoch; Stg. einfach, erst oberw. verzweigt; Narbe kurz 2lappig . . . . **Swertia,** 439
— Pfl. ⊙, 2−15 cm hoch, vom Grd. an verzweigt; Narbe am Frkn. herablaufend *(858)* . . . . **Lomatogonium,** 440
5(2). Blkr. gelb, 4zählig, 5 mm lg.; Pfl. ⊙, zierl., bis 12 cm hoch **Cicendia,** 438
— Blkr. andersfarbig, wenn gelbl., dann 5zählig u. ♃; Alpenpfl. **6**
6. Gr. scharf vom Frkn. abgesetzt *(859);* Blkr. rosa (bis rötlich), selten weißl. . . . . **Centaurium,** 439
— Gr. meist nicht scharf vom Frkn. abgesetzt *(860);* Blkr. meist blau od. rosaviolett, zuw. bräunl., gelbl. od. purpurn, selten weißl. **7**
7. Blkr. im Schlund ohne Fransen bzw. bärtige Schlundschuppen, ihre Blätt. ganzrandig . . . . **Gentiana,** 440
— Blkr. im Schlund m. bärtigen Schlundschuppen *(864−865)* od. ihre Blätt. randl. m. lg. Wimpern . . . **Gentianella,** 443

1. Cicéndia Adans. (= *Microcala* Hoffmgg. & Lk.), *Zindelkraut, Fadenenzian*
Zarte, 1−12 cm hohe Pfl.; Stg. dünn, fast vom Grd. an gabelästig, m. lg. gestielten Bltn.; Blkr. ausgebreitet 6 mm im Dm; ⊙; VII−X. Sandige Heide- u. Moorböden; *s* im NW, östl. u. südl. bis Me, Br, Schl, S-We, Spessart, E; vielfach erloschen, auch Da. **C. filifórmis** (L.) Del.

2. Blackstónia Huds. (= *Chlora* L.), *Bitterling*
Blätt. 3eckig-eif.; Bltn. goldgelb, m. 6−8zipfeligem Saum; ⊙; VI−VIII. Moorige, lehmige od. kiesige Orte; *s* Ho, Be, E, Oberrheingebiet, Vb.
B. perfoliáta (L.) Huds.

a. Grdblätt. rosettig; Stgblätt. groß, 14−18 mm breit, m. ihrer ganzen Breite verwachsen; Bltnstiel bis 1 cm lg.; Kzipfel 1nervig, etwas kürzer als die Blkr.; Pfl. kräftig, bis 40 cm hoch. S-Oberrhein, b. Bingen, b. Düsseldorf, Vb.
ssp. **perfoliáta**

— Grdst. Rosette oft fehlend; Stgblätt. nur am abgerundeten Grd. verwachsen; Bltnstiel bis 4 cm lg.; Kzipfel schwach 3nervig, so lg. wie die Blkr.; Pfl. zart, 10–30 cm hoch. S-Oberrhein, Vb, St. [= *B. serotina* (KOCH) VOLLM.]
ssp. **acumináta** (KOCH & ZIZ) DOM.

3. Centaúrium HILL (= *Erythraea* BORKH.), *Tausendgüldenkraut* Ⓖ

1. Stg. m. grdst. Rosette, meist erst in der ob. Hälfte verzweigt; Bltn. rosenrot **3**

— Stg. ohne grdst. Rosette, vom Grd. an od. in der unt. Stghälfte verzweigt **2**

2. Bltn. sitzend, in etwas einstswendigen Ähren; K. so lg. wie die Kronröhre; Blkr. 10 mm lg., rosa; Pfl. bis 30 cm hoch; ⊙; VII–IX. Feuchte, sandige Orte in Küstennähe; *s* Be.
Ⓖ *Ähriges T.,* **C. spicátum** (L.) FRITSCH

— Bltn. deutl. gestielt; Infl. ± gabelig; K. kürzer als die Kronröhre; Blkr. bis 15 mm lg., meist rot; Pfl. bis 15 cm hoch; ⊙; VI–IX. Feuchte Äcker, Wiesen; salzliebend; *z* bis *s.* (2 ssp.)
Ⓖ *Ästiges T.,* **C. pulchéllum** (SW.) DRUCE

3(1). Stgblätt. lineal, meist 3nervig; Grdblätt. bis 5 mm breit; K. beim Aufblühen fast so lg. wie die Kronröhre; Infl. ± ästig u. in verschiedener Höhe ausgebreitet, nicht trugdoldig; ⊙; VII–IX. (= *C. vulgare* RAFN) Ⓖ *Strand-T.,* **C. littoräle** (TURNER) GILMOUR

a. Stg., Blattränder, Kkanten kahl. Strandwiesen, Dünen; *v* Meeresküsten (*f* OPr). ssp. **littoräle**

— Stg., Blattränder, Kkanten kurzhaarig-rauh. Feuchte Wiesen, Salzsteppen; *s* M-Dt (Th, S-SaAn, Br). ssp. **uliginósum** (W. & K.) SOÓ

— Stgblätt. eif.-lanzettl., meist 5nervig (äußere Nerven nahe dem Blattrand); Grdblätt. bis 15 mm breit; Infl. ± trugdoldig bis kopfig **4**

4. Pfl. 2–5 cm hoch; K. beim Aufblühen so lg. od. länger als die Blkronröhre; Stbblätt. der Basis der Kronröhre ansitzend; Infl. köpfchenart., gedrängt; ⊙; VII–IX. Trockene Dünen, Salzwiesen; *s* Nordfriesische Inseln, NO-SH, Da. [= *C. erythraea* var. *capitatum* (WILLD.) MELD.] Ⓖ *Kopfiges T.,* **C. capitátum** (WILLD.) BORB.

— Pfl. (5–)10–50 cm hoch; K. beim Aufblühen kürzer als die Blkronröhre; Stbblätt. im Schlund der Kronröhre ansitzend; Infl. ± trugdoldig; ⊙; VII–IX. Wiesen, Waldlichtungen, Trockenhänge (bis 1400 m); *v,* im N u. M-Gebiet *z.* (2 ssp.?) [= *E. centaurium* (L.) auct.; = *C. minus* auct.; = *C. umbellatum* GIL.]
Ⓖ *Echtes T.,* **C. erythraéa** RAFN

4. Swértia L., *Tarant, Sumpfenzian*

Grdblätt. eif., gestielt; Stgblätt. sitzend; Blkr. radf., stahlblau bis schmutzig-violett, dk. punktiert; ♃; VII–IX. Moorige Wiesen, Quellfluren (bis 2000 m); *z* Alp. u. Vorland, *s* S-BW, böhmische Randgeb., N-Br, im N von Me bis OPr. (2 ssp.) Ⓖ **S. perénnis** L.

a. Im N (Flachland) ssp. **perénnis**

— Im S (Gebirge) ssp. **alpéstris** (BAUMG. & FUSS) SIMK.

5. Lomatogónium A. Br., *Saumnarbe, Tauernblümchen*
Grdblätt. längl., stumpf, nicht rosettig; Blkr. blaßblau od. weiß; Narben beidersts. am Frkn. herablaufend *(858);* ⊙; VIII–X. Kurzgrasige Weiden (1400–2500 m); *z* Ti, Kt, St, Sb, *s* b. Berchtesgaden.
Ⓖ **L. carinthíacum** (Wulf.) Rchb.

6. Gentiána L., *Enzian* Ⓖ

1. Bltn. einzeln, endst. od. zu 1–3 in den ob. Blattachseln; Blkr. enzianblau (dk.- bis azurblau, Röhre zuw. heller) . **6**
— Bltn. am Stgende kopfig gehäuft od./u. (schein-)quirlig in den Blattachseln **2**
2. Bltn. goldgelb od. blaßgelb, zuw. dk. punktiert **5**
— Bltn. höchstens innen etwas gelb, sonst blau od. dk. purpurn u. punktiert **3**
3. Blkr. 4spaltig, außen grünviolett, innen himmelblau; Grdblätt. am Grd. scheidig verwachsen; ♃; VII–X. Trockene Wiesen, buschige Hänge (bis 1200 m); kalkliebend; *z*, nördl. bis Ho/Be/Eifel/Sauer-/Münsterland/Elm, *s* Br u. S-Me. Ⓖ *Kreuz-E.,* **G. cruciáta** L.
— Blkr. 5–8spaltig; Grdblätt. nicht scheidig verwachsen . **4**
4. K. 5(–8)teilig, m. zurückgekrümmten Zipfeln; Blkr. trübpurpurn, schwarzrot punktiert; ♃; VIII–IX. Wiesen, Karfluren, Krummholz (1300–2300 m); kalkliebend; *z* Alp., *f* Sb, Kt, *s* Allgäu, Bayr.-/Böhmerw., Riesengeb.
Ⓖ *Ungarischer E., Brauner E.,* **G. pannónica** Scop.
— K. 2teilig, einseitig aufgeschlitzt; Blkr. purpurn, innen gelbl., punktiert; ♃; VIII–IX. Wie vorige (1600–2100 m); *s* Allgäu, Vb, W-Ti.
Ⓖ *Purpurroter E.,* **G. purpúrea** L.
5(2). Blkr. fast bis zum Grd. 5–6teilig; Blkrzipfel schmal-lanzettl.; K. einseitig aufgeschlitzt; Blätt. bläul.grün; Pfl. 50–140 cm hoch; ♃; VI–VIII. Bergwiesen, Gebüsch, Flachmoore (bis 2200 m); *v* Alp. (in Dt östl. bis zum Inn; *f* Sb), *z* Vorland, Vog.–Schw.Alb, *s* Schw. (Bodenseegebiet erloschen), b. Tauberbischofsheim u. Fulda.
Ⓖ *Gelber E.,* **G. lútea** L.
— Blkr. höchstens auf ¼ eingeschnitten, m. 5–8 stumpfen Zipfeln, blaßgelb, dk.violett getüpfelt; K. m. 5–8 gleichlg. Zipfeln; Pfl. 20–60 cm hoch; ♃; VII–IX. Matten u. Zwergstrauchreg. (1400–2400 m); *z* Alp., *s* Gesenke. Ⓖ *Punktierter E.,* **G. punctáta** L.
6(1). Blkr. m. walzenf. Röhre u. flach ausgebreitetem, stieltellerf. Saum *(856),* blau **12**
— Blkr. trichterf.-glockig *(857)* **7**
7. Stg. ohne grdst. Blattrosette, meist mehrbltg.; Narbenlappen nicht gefranst **9**
— Stg. m. grdst. Blattrosette, 1bltg.; Narbenlappen gefranst-gekräuselt **8**
8. Kzähne lanzettl., spitz, so lg. od. länger als die halbe Kronröhre, am Rand von Papillen rauh, m. spitzen Kbuchten *(862);* Grdblätt. lanzettl. (bis etwas breiter), am Rand papillös; Blkr. innen ohne grünl. Flecken; ♃; IV–VIII. Magermatten, Triften (1200–2600 m); kalkliebend; *v* Alp., *z* Vorland (Lechtal bis Donau); eingebürgert S-Schw. Ⓖ *Stengelloser E., Großblütiger E.,* **G. clúsii** Perr. & Song.

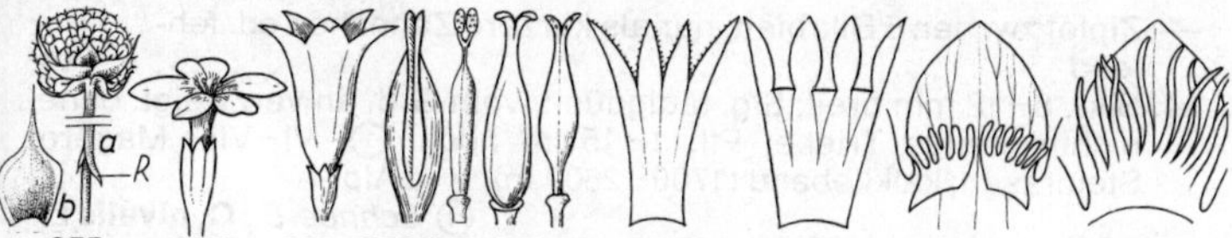

855 856 857 858 859 860 861 862 863 864 865

— Kzähne spatelf., spitz, höchstens halb so lg. wie die Kronröhre, am Rand glatt, m. breiten Kbuchten *(863);* Grdblätt. elliptisch (bis eif.), am Rand glatt; Blkr. innen m. grünen Flecken; ♃; VI–VIII. Wie vorige (1700–2600 m); kalkmeidend; *v* Alp. (in Dt nur *z* Allgäu–Wettersteingeb.). (= *G. kochiana* PERR. & SONG.)
Ⓖ *Stengelloser E., Keulen-E.,* **G. acaulis** L.

9(7). Blätt. eif.-lanzettl., 5nervig; Bltn. zahlreich, zu je 1–3 in den ob. Blattachseln u. meist einseitig am überhgd. Stg.; Pfl. 25–80 cm hoch; ♃; VII–IX. *v* Alp. u. Vorland, *s* Bodenseegebiet, Oberschwaben, SO-Schw. Alb, Lausitzer bis Riesengeb.; eingebürgert Sa.
Ⓖ *Schwalbenwurz-E.,* **G. asclepiádea** L.

— Blätt. deutl. schmaler, nur lineal bis lanzettl., nur 1- od. 3nervig; Pfl. kleiner, allenfalls bis 30 (40) cm hoch . . . **10**

10. Moor- u. Heidepfl. unterhalb 1000 m; Sprosse mehrbltg., ohne grdst. Blattrosette; Blätt. lineal bis lineal-lanzettl.; Blkr. innen m. 5 grünen Streifen; Pfl. 20–30(–40) cm hoch; ♃; VII–X. Flachmoore, feuchte Heiden (bis 1000 m); im S u. N *z* (stellenw. *v*), im M-Gebiet *s* bis *f.*
Ⓖ *Lungen-E.,* **G. pneumonánthe** L.

— Hochalp. Pfl. oberhalb 1800 m; Sprosse meist 1(–2)bltg., ihre Blätt. an der Basis rosettig gedrängt; Pfl. kaum > 10 cm hoch; Anhängsel zw. den Kronblattzipfeln spitz-3eckig **11**

11. Blkr. himmelblau, zuweilen m. grünl. Punkten im Schlund; Blätt. 3nervig; Antheren röhrenf. verbunden bleibend; ♃; VII–IX. Steinige Matten, Felsen, Schuttfluren (1800–2400 m); kalkstet; *s* S-Kt (Karawanken).
🄶 *Karawanken-E.,* **G. froelíchii** JAN

— Blkr. weißl., m. breiten, hellblauen Streifen u. bläul. Punkten im Schlund; Blätt. 1nervig; Antheren frei; ♃; VII–IX. Wie vorige (2000–2400 m); kalkmeidend; *s* N-St (Niedere Tauern).
🄶 *Tauern-E.,* **G. frígida** HAENKE

12(6). K. aufgeblasen, m. breitgeflügelten Kanten; Blkr. außen oft grünl.; Gr. verlängert; Pfl. ohne nichtblühende Triebe; Stg. 8–25 cm hoch; ⨀; VI–VIII. Feuchte Wiesen, Flachmoore (bis 2100 m); kalkliebend; *z* Alp. u. Vorland, *s* E, Iller-, Lech-, Isartal.
Ⓖ *Schlauch-E.,* **G. utriculósa** L.

— K. nicht aufgeblasen; Kanten nur gekielt od. schmalgeflügelt **13**

13. Zipfel zw. den 5 Blkrblätt. fast so groß wie diese, Blkr. daher scheinbar 10blättrig *(866);* Pfl. 2–7 cm hoch, vom Grd. an verzweigt, ohne nichtblühende Triebe; ⨀; VII–VIII. Magermatten, Triften (2000–2700 m); *z* NTi–St.
Ⓖ *Niederliegender E.,* **G. prostráta** HAENKE

— Zipfel zw. den 5 Blkrblätt. nur als kürzere Zähnchen od. fehlend **14**

14. Blkr. 8–12 mm breit; Stg. fädigdünn, vom Grd. an verzweigt, ohne nichtblühende Triebe; Pfl. 1–15 cm hoch; ⨀; VI–VIII. Magere Steinrasen; kalkliebend (1700–2600 m); *v–z* Alp.
Ⓖ *Schnee-E.,* **G. nivális** L.

— Blkr. > 15 mm breit; Pfl. ♃, m. Blüten- u. Blättertrieben . **15**

15. Bltnstg. am Grd. m. Blattrosetten, deren Blätt. größer als die Stgblätt. sind **17**

— Bltnstg. am Grd. ohne Blattrosette; alle Blätt. fast gleich groß od. die unt. kleiner, genähert, spatelf. od. verkehrt-eif.; Blkr. tiefblau **16**

16. Gr. tief 2lappig; Blätt. glatt entlang des Rands; neben den dicht sthd. Basisblätt. noch 2–4 Paar entfernt sthd. Stgblätt.; Kzähne ⅔ so lg. wie die K.röhre; Pfl. bis 15 (20) cm groß; ♃; VII–IX. Feuchte Matten, Schneetälchen, Schutt (1500–2500 m); *v* Alp, in Dt *z* bis *s*.
Ⓖ *Bayrischer E.,* **G. bavárica** L.

var. **subacaūlis** Cust.: Stg. sehr verkürzt; Blätt. dachziegelig in 4 Reihen sthd. fast rund (2400–3000 m; Schneetälchen).

— Gr. ungeteilt; Blätt. entlang des Rands rauh (papillös) u. schmalhautrandig; Blätt. alle einander genähert, dicht sthd.; Kzähne nur ⅓–½ so lg. wie die K.röhre; ♃; VII–IX. Matten, Gesteinsfluren; Krummholz- u. alp. Stufe (1900–2700 m); kalkliebend; *s* OTi, Kt, St (einschl. *G. imbricata* Froel.). (2 ssp.)
Ⓖ *Triglav-E.,* **G. terglouénsis** Hacq.

a. Laubblätt. breiter u. weniger zugespitzt; Wuchs lockerrasig; Bltn. größer, Zipfel der Blkrblätt. stumpfer; Kzipfel ½ so lg. wie die K.röhre. Kt.
ssp. **terglouénsis**

— Laubblätt. schmaler, zugespitzt; Wuchs dichtrasig bis polsterf.; Bltn. kleiner, Zipfel der Blkrblätt. spitzl.; Kzipfel nur ⅓ so lg. wie die K.röhre. OTi, WKt.
ssp. **imbricáta** (Froel.) O. Schwarz

17(15). Am Grd. der Blkrzipfel je ein 2zähniges Anhängsel *(867);* Blkr. bis 30 mm breit; Pfl. bis 15 cm hoch; K. entweder gleichmäßig ± 1 mm breit (var. **vérna**) geflügelt od. Flügelkanten ungleich u. an der Basis ± 2 mm breit (var. **aláta** Gris.); Rosettenblätt. bis 3mal so lg. wie breit; ♃; III–VII. Matten, Flachmoore (bis 2600 m); *v* Alp., *z* Vorland, Hegau/Schw. Alb, Fr, *s* Th, Bayrw., Gesenke, E (Jura).
Ⓖ *Frühlings-E.,* **G. vérna** L.

— Anhängsel zw. den Blkrblätt. fehlend; Blkr. kleiner; Pfl. bis 8 cm hoch; Kkanten sehr schmal od. ganz ungeflügelt; Rosettenblätt. höchstens 2mal so lg. wie breit **18**

18. Rosetten- u. Stgblätt. lineal, ± 4mal so lg. wie breit; Kzipfel 6–7 mm lg., 5mal so lg. wie breit; ♃; VI–VIII. Matten, nur auf Kalk; *z* bis *s* Kt, St, OÖ, Sb? Ⓖ *Zwerg-E.,* **G. púmila** Jacq.

— Rosetten- u. Stgblätt. rundl. bis eif.; Kzipfel höchstens 5 mm lg., höchstens 3mal so lg. wie breit **19**

19. Rosettenblätt. eif.-zugespitzt; Zipfel der Blkr. eif.-lanzettl., ± doppelt so lg. wie breit; Kkanten ungeflügelt; ♃; VII–VIII. Matten, Triften (1900–2600 m); kalkmeidend; *s* Alp. (ob in Dt?).
Ⓖ *Kurzblättriger E.,* **G. brachyphýlla** Vill.

— Rosettenblätt. rundl.-elliptisch; Zipfel der Blkr. breit-eif., nur wenig länger als breit; Kkanten meist sehr schmal geflügelt; ♃; VII–VIII.

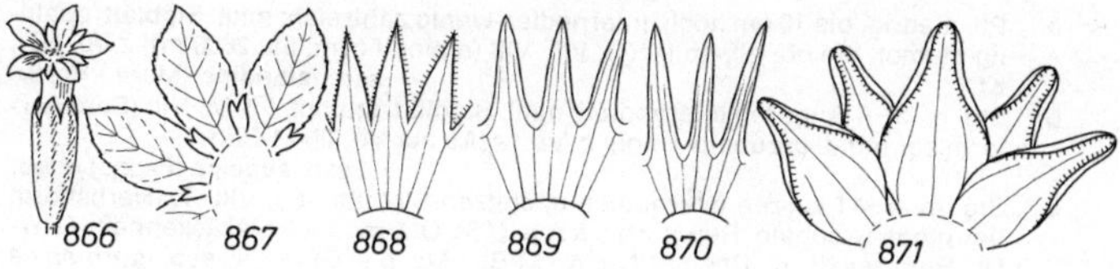

866 867 868 869 870 871

Magermatten, Triften (2200–2600 m?); kalkstet; *s* Alp., in Dt nur *s* Allgäu, Wettersteingeb. [= *G. favratii* RITTENER; = *G. brachyphylla* ssp. *favratii* (RITTENER) TUT.] Ⓖ *Rundblättriger E.*, **G. orbiculáris** SCHUR

7. Gentianélla MOENCH, *Fransenenzian*

1. Blkr. m. 4 am Rand lg. gefransten Zipfeln; Bltn. häufig einzeln, bis 5 cm lg.; ♃; VII–X. Trockenrasen, Gebüsche, felsige Fluren (bis 2250 m); kalkstet; *z* im S, nördl. bis Be/Ho/Eifel/Sauerland/Dümmer See/Deister (S-NS)/Harz/Sa/Schl. (= *Gentiana ciliata* L.) Ⓖ *Echter F.*, **G. ciliáta** (L.) BORKH.

— Blkr. m. 4–5 am Rand nicht gefransten Zipfeln **2**

2. Bltn. vorwiegend 5zählig, höchstens einzelne 4zählig; K. meist nicht bis zum Grd. (meist nur bis zur Mitte) geteilt **5**

— Bltn. vorwiegend 4zählig, höchstens einzelne 5zählig; K. bis zum Grd. geteilt **3**

3. Schlundschuppen weniger als ½ so lg. wie die Blkrzipfel *(864)*; Blkr. bis 10 mm lg., himmelblau (selten weißl.); Bltnstiel fadenf., mehrmals länger als die Bltn.; Pfl. bis 10 cm hoch; Stg. am Grd. verzweigt, m. 1bltg. Trieben; ⊙; VII–IX. Magermatten, Schuttböden, Krummholzreg. (1600–2800 m); *z* Alp. (in Dt *s* Allgäu u. bei Berchtesgaden), *f* St, OÖ. (= *Gentiana tenella* ROTTB.) Ⓖ *Zarter F.*, **G. tenélla** (ROTTB.) BÖRNER

— Schlundschuppen fast so lg. wie die Blkrzipfel *(865)*; Blkr. bis 25 mm lg., rosa-violett, zuw. weißl.; Bltnstiel kürzer als die Bltn.; Pfl. bis 30 cm hoch, mit verzweigter Infl. (nur Zwergformen 1bltg.). **4**

4. Pfl. z. Bltzt. noch m. Keimblätt., alle Blätt. frischgrün; Stg. erst ab der Mitte verzweigt; Grdblätt. lanzettl.-eif., am Grd. am breitesten; ⊙; VIII–X. Weiden, torfige Böden; *z* bis *s* im N (Ho, Borkum, SH bis OPr), im M-Gebiet nur Frw./Fichtgeb. u. östl. bis Schl. (= *Gentiana baltica* MURB.) Ⓖ *Baltischer F.*, **G. báltica** (MURB.) BÖRNER

— Grdst. Blätt. z. Bltzt. vertrocknet; Pfl. schon unterhalb der Stgmitte verzweigt. Wiesen, Matten. (3 ssp.) (= *Gentiana campestris* L.) Ⓖ *Feld-F.*, **G. campéstris** (L.) BÖRNER[1]

[1] Die folgenden Arten zeigen einen sogenannten **Saisondimorphismus.** Sie treten in einer **Sommer-** *(Aestival-)* u. einer **Herbst-** *(Autumnal-)* Rasse auf. Erstere blüht von Mai bis Juli, entwickelt sich schneller, hat gestreckte u. wenige Internodien, die länger als die stumpfen Blätt. sind; ihr Stengel verzweigt sich nur im ob. Teil. Die Herbstform blüht von August bis Oktober, hat kürzere Internodien u. spitze Blätt. u. ist meist von der Basis an verzweigt. Zur Sommer- u. Herbstform kommt oft noch eine spezifisch alpine Form, welche in ihren Merkmalen die Mitte zw. der Sommer- u. Herbstform hält.

a. Pfl. niedrig, bis 10 cm hoch; Internodien wenig zahlreich; mittl. Stgblätt. spatelig-stumpf, die ob. eif.-spitz; ⊙; VII–VIII (alpine Form; bis 2600 m); *z* Vb, NTi, Kt. ssp. **islándica** (MURB.) VOLLM.

b. Stg. m. 3–5 längeren Internodien; mittl. Stgblätt. stumpf; ⊙; V–VIII (Sommerform der mont. u. subalp. Reg.); *z* Alp., *s* (Au nur Vb, Ti) M-Geb. ssp. **suécica** (FROEL.) MURB.

c. Stg. m. 4–11 kurzen Internodien u. spitzen Stgblätt.; ⊙; VIII–X (Herbstform der mont. u. subalp. Reg.); *z* bis *s* Alp. (*f* St, OÖ), sonst *s* bis lückenhaft (*f* NW-Dt, RhPf westl. d. Rheins, N-BW, M-Ba, Me bis OPr). [= ssp. *germanica* (FROEL.) MURB.] ssp. **campéstris**

5(2). Pfl. 2–5 cm hoch; Schlundschuppen < ½ so lg. wie die dk.blauen Blkrzipfel (ähnl. *864*); K. tief 5teilig; ⊙–⊙; VII–X. Felsentriften, Schutt, Moränen (2200–2800 m); kalkmeidend; *s* Ti, Sb, Kt. (= *Gentiana nana* WULF.) Ⓖ *Zwerg-E.*, **G. nána** (WULF.) PRITCHARD

— Pfl. fast stets höher; Schlundschuppen fast stets länger; Blkr. meist ± rosa-violett; K. meist nur bis zur Mitte geteilt . . . 6

6. Frkn. u. Kapsel 2–4 mm lg. gestielt *(861)*, zuw. sitzend *(G. germanica)*; Blkr. 20–40 mm lg. 8

— Frkn. u. Kapsel ungestielt *(860)*; Blkr. 10–18 mm lg.; Seitentriebe nie lg., auch kräftige Pfl. daher nicht sparrig-ästig erscheinend 7

7. Pfl. z. Bltzt. noch m. Keimblätt., alle Blätt. frischgrün; Stg. meist einfach, 2–20 cm; Grdblätt. spitz; K. so lg. wie die Blkrröhre; ⊙; VIII–X. Sumpfwiesen; *s* Ho, Borkum, NW-SH, Schl. (= *Gentiana uliginosa* WILLD.) Ⓖ! *Sumpf-F.*, **G. uliginósa** (WILLD.) BÖRNER

— Pfl. z. Bltzt. ohne Keimblätt.; Stg. 3–60 cm hoch, fast stets verzweigt; K. deutl. kürzer als die Blkronröhre; ⊙. [= *Gentiana amarella* (L.) BÖRNER] Ⓖ *Bitterer F.*, **G. amarélla** (L.) BÖRNER (s. str.)[1]

a. Stg. m. 5–12 Internodien, diese höchstens wenig länger als die zugehörigen Blätt.; mittl. Stgblätt. eif.-zugespitzt; Kronröhre meist weißl.; VIII–X (Herbstform). Feuchte Wiesen, Moorböden; *s* W-Ti, Be, Ho, N-SH, Me, Br, Th, Erzgeb., Schl. ssp. **axilláris** (F. W. SCHM.) BÖRNER

— Stg. m. 3–6 Internodien, diese bis 3mal so lg. wie die zugehörigen Stgblätt.; mittl. Stgblätt. zungenf., stumpf; Kronröhre meist grünl.gelb; VI–VIII (Sommerform). Wie vorige; *s* OPr, Th (ob noch?). [= *Gentiana* ssp. *lingulata* (AG.) HARTM.] ssp. **amarélla**

8(6). Buchten zw. den am Rand rauh-papillösen od. bewimperten Kzähnen spitz *(868)* 10

— Buchten zw. den am Rand glatten Kzähnen abgerundet *(869)*; Pfl. 5–40 cm hoch 9

9. Unt. Seitentriebe zieml. lg., Infl. daher fast doldentraubig; Blkr. 25–45 mm lg.; Kzähne deutl. länger als die K.röhre *(870)*; ⊙; VII–X. Bergwiesen; *s* Bayrw., N-St, OÖ (nur Herbstform). (= *Gentiana austriaca* A. & J. KERN.; = *G. bohemica* SKALICKÝ) Ⓖ *Österreichischer F.*, **G. austríaca** (A. & J. KERN.) HOLUB

— Unt. Seitentriebe zieml. kurz, Infl. daher rispig; Blkr. 18–25 mm lg.; Kzähne kaum länger als die K.röhre; ⊙. Torfige Wiesen u. Matten. (= *Gentiana praecox* WETTST., non A. & J. KERN.) Ⓖ *Karpaten-F.*, **G. lutéscens** (VEL.) HOLUB

a. Stg. m. 3–6 Internodien, das 2. u. 3. bes. lg.; mittl. Stgblätt. eif., stumpf; VI–VII(–VIII) (Sommerform); *z* Erzgeb., Sudeten. ssp. **lutéscens**

b. Stg. m. 6–15 Internodien, die unt. nicht länger als die übrigen; mittl. Stgblätt. eif.-lanzettl., zugespitzt; VIII–X (Herbstform); *z* Sudeten, OPr, S-St, W-Kt. ssp. **carpática** (HAY.) HOLUB

10(8). Kzähne am Rand papillös-rauh, gleich groß od. nur wenig in der Größe verschieden; Frkn. kurz gestielt bis fast sitzend. Triften, Matten, Wiesen, Flachmoore (bis 2600 m). (= *Gentiana germanica* WILLD.) Ⓖ *Deutscher F.*, **G. germánica** (WILLD.) BÖRNER

a. Stg. m. 3–5 verlängerten Internodien, das 2. u. 3. bes. lg.; Stgblätt. stumpf; Stg. einfach od. m. wenigen, ± gleich lg. Seitentrieben, 5–30 cm hoch; ⨀; V–VII (Sommerform) (bis 1550 m); *z* Alp., Ba, S-BW, Th, We? ssp. **solstitiális** (WETTST.) HOLUB

— Internodien zahlreicher, nicht verlängert . . . . **b**

b. Unt. Stgblätt. längl.-eif., stumpf, ob. eif.-lanzettl., spitz, meist kürzer als die Internodien; Stg. vom Grd. an od. erst oberw. verzweigt, 10–20 cm hoch; ⨀; VII–VIII (alpine Form); *v* Alp. (Vorland?), *f* OÖ (bis 1200 m). [= ssp. *kerneri* (DÖRFLER & WETTST.) SCH. & TH., sub. *Gentiana*] ssp. **sémleri** (VOLLM.) HOLUB

— Stgblätt. spitz; ⨀; VIII–X . . . . **c**

c. Pfl. schlank (meist 20–30 cm hoch), meist erst in der ob. Hälfte verzweigt; Stgblätt. meist etwas kürzer als die Internodien; Kronzipfel zugespitzt, meist länger als 10 mm; *v* im S (in Au nur Vb), nach N seltener u. bis S-Ho/Eifel/Teutoburgerw./Braunschweig/An/Br, Einzelfund Me, östl. bis Sa (incl. ssp. *saxonia* HEMPEL?). (Herbstform der außeralpinen Länder). ssp. **germánica**

— Pfl. gedrungener (meist 12–20 cm hoch), schon in der unt. Hälfte od. vom Grd. an verzweigt; Stgblätt. meist länger als die Internodien; Kronzipfel stumpfer (höchstens spitzl.), meist 7–9 mm lg.; *z* Au (*f* OÖ). (Herbstform der Alpenländer). ssp. **rhaética** (KERN.) HOLUB

— Kzähne am Rand bewimpert **11**

11. 2 Kzipfel deutl. breiter als die 3 übrigen, am Rand deutl. zurückgerollt u. nur am Rand bewimpert *(871)*; Pfl. 5–50 cm hoch. Wiesen, Matten, Zwergstrauchheiden (1000–2500 m); *z* Ti, Sb, Kt, OTi. (= *Gentiana anisodonta* BORB.) Ⓖ *Kelch-F.*, **G. anisodónta** (BORB.) A. & D. LÖVE

a. Stg. m. 3–5 Internodien, 2 u. 3. bes. lg.; unt. Stgblätt. stumpf; Stg. meist einfach; Bltn. einzeln od. zu wenigen u. dicht; ⨀; VI–VII (Sommerform). ssp. **antecédens** (WETTST.) HAY.

— Stg. ohne stark verlängerte Internodien . . . . **b**

b. Internodien meist 4–9; Stgblätt. zugespitzt; Stg. meist vom Grd. an verzweigt; ⨀; VIII–X (Herbstform). ssp. **anisodónta**

— Internodien meist 3–6, sehr kurz; unt. Stgblätt. stumpf, ob. zugespitzt; Stg. einfach (od. nur oberw. verzweigt); Pfl. meist niedrig u. gedrungen; ⨀; VII–VIII (alpine Form). ssp. **calýcina** (WETTST.) HAY.

— Alle Kzipfel gleich breit (od. 2 davon nur wenig breiter als die 3 übrigen), am Rand nicht od. wenig zurückgerollt, am Rand u. auf dem Mittelnerv bewimpert; Pfl. 5–30 cm hoch. Moorwiesen, Matten, Gebüsch (bis 2500 m); kalkliebend. (= *Gentiana aspera* (HEG. & HEER) Ⓖ *Rauher F.*, **G. áspera** (HEG. & HEER) DOSTÁL ex SKALICKÝ, CHRTEK & GILL

a. Stg. m. 3–5 verlängerten Internodien; Stgblätt. stumpf; Stg. einfach od. erst oberw. verzweigt (wenn vom Grd. an, dann Seitentriebe kurz u. aufrecht); ⨀; V–VII (Sommerform); *z* Alp. ssp. **nórica** (A. & J. KERN.) VOLLM.

— Stg. ohne deutl. verlängerte Internodien . . . . **b**

b. Internodien meist 5–14; Stgblätt. zugespitzt; Stg. meist vom Grd. an, selten erst oberw. sparrig-ästig verzweigt; ⨀; VIII–X (Herbstform); *z* Alp., *s* Vorland, Ba (b. Ingolstadt, b. Straubing), Th, SaAn, Erzgeb., Sudeten. ssp. **sturmiána** (A. & J. KERN.) VOLLM.

— Internodien meist 3–5; unt. Stgblätt. stumpf, ob. zugespitzt; Stg. einfach od. gering verzweigt; ⨀; V–IX (alpine Form); *z* Alp. (ob in Dt?). ssp. **áspera**

Familie: **Apocynáceae,** *Immergrüngewächse*

Leicht verholzte Stauden; Blätt. gegenst., einfach, immergrün; Bltn. meist einzeln, 5zählig; K. linealblättrig; Blkr. radf., blau *(175);* Stbblätt. 5, sich nach innen öffnend; Frkn. verwachsen, 2blättrig.

Vínca L., *Immergrün*

1. Blkr. 2 cm im Dm; Kblätt. 3–5 mm lg.; Pfl. niederlgd.; Sprosse bis 20 cm lg.; Blätt. bis 4×2,5 cm groß; ♃; III–VI. Gebüsch, Laubwälder (bis 1000 m); *v* im S, häufig in Massenbeständen; oft angepfl. u. verwild., auch im N *z* eingebürgert. *Kleines I.*, **V. mínor** L.

— Blkr. 3 cm im Dm; Kblätt. 7–15 mm lg.; Sprosse bogig wachsend, bis 40 cm lg.; Blätt. bis 8×5 cm groß; ♃; IV–VII. Als Zierpfl. *v* kult., zuw. verwild., eingebürgert z. B. St, Kt. *Großes I.*, **V. májor** L.

Familie: **Asclepiadáceae,** Schwalbenwurzgewächse

Stauden; Bltn. klein; Blkr. radf. od. glockenf.; Stbblätt. 5, m. dem Frkn. zu Säulchen (Gynostemium) verbunden, auf dem Rücken m. kronblattart., eine Nebenkrone bildenden Anhängseln; Pollenkörner zu Pollenmasse (Pollinium) verklebt; nebeneinander liegende Pollinien zweier benachbarter Stbbeutel durch sog. Klemmkörper miteinander verbunden; Balgfr.; Samen m. Haarschopf.

1. Blkrzipfel aufrecht; Blätt. unterstS. kahl; Pfl. bis 1 m hoch **Vincetoxicum,** 446

— Blkrzipfel zurückgeschlagen; Blätt. unterstS. filzig; Pfl. bis 2 m hoch . . . . **Asclepias,** 446

1. Vincetóxicum N. M. Wolf, *Schwalbenwurz*

Bltn. gelbl.weiß, in ungleich gegabelten, lockeren Teilfinfl.; Blätt. längl.-herzf., zugespitzt; ♃; V–VIII. Trockenwiesen, Gebüsch (bis 1700 m); kalkliebend; *v* bis *z* im S, *s* bis *f* im N. [= *V. officinale* Moench; = *Cynanchum vincetoxicum* (L.) Pers.] **Giftig!** **V. hirundinária** Med.

2. Asclépias L., *Seidenpflanze*

Bltn. doldig, fleischrot, stark duftend; Blätt. unterstS. graufilzig; Pfl. milchsaftführend, bis 1,5 m hoch; ♃; VI–VIII. Häufig gepfl., stellenw. verwild., *s* eingebürgert (z. B. bei Karlsruhe, Kt, St, Vb). (Heimat: N-Amerika) (= *A. cornuti* Decne.) **A. syríaca** L.

Familie: **Rubiáceae,** *Rötegewächse*

Kräuter od. Stauden; Blätt. einfach, gegenst.; Nebenblätt. den Laubblätt. gleichgestaltet, so daß mehrblättrige Wirtel vorgetäuscht werden *(20);* Bltn. in lockeren bis kopfigen Trugdolden, m. langer od. kurzer Röhre; Frkn. unterst., 2blättrig, bei der Reife meist in 2 Teilfr. zerfallend *(874).*

1. K. deutlich entwickelt, (4–)6zähnig, am Grd. verwachsen; Blkr. lila; Pfl. nur bis 15(–20) cm hoch . . . **Sherardia,** 447

— K. undeutl. od. fehlend **2**

2. Bltn. in gedrängten, blattachselst., trugdoldigen Quirlen, in zahlr. Etagen übereinander; Blkr. gelb bis grünl.gelb; Blätt. in 4zähligen Quirlen, höchstens 2 cm lg. . . . . **Cruciata,** 448
— Infl. endst., jedoch oft sehr verzweigt u. locker (wenn etagenf. angeordnet, dann Blkr. weiß) **3**
3. Fr. beerenart.-saftig; Blkr. grünl.gelb, 5zipfelig, Kronröhre sehr kurz; Stg. m. rückwärts od. seitl. gerichteten Klimmhaaren . . . . **Rubia,** 452
— Fr. trocken; Stg. meist ohne rückwärts gerichtete Klimmhaare (sonst Blkr. weiß); Blkr. 3–5zipfelig **4**
4. Bltn. kopfig zusammengezogen; Blkr. lilarosa, m. 10–12 mm lg., fadenf. Röhre, 5zipfelig . . . . . . **Phujopsis,** 447
— Blkr. andersfarbig, 4- oder seltener 3zipfelig **5**
5. Blkr. radf. od. flach-glockig, ohne deutl. Röhre *(876)* **Galium,** 448
— Blkr. trichterf. bis lg.glockig, m. deutl. Röhre *(875)* . . **6**
6. Blkr. blau od. rötl. od. weiß (dann aber 3zipfelig od. lg.röhrig u. m. 4–5zähligen Quirlen) . . . . **Asperula,** 447
— Blkr. weiß, 4zählig . . . . **Galium,** 448

1. Sherárdia L., *Ackerröte*
Stg. niederlgd. bis aufstgd., 4kantig, ± rauhhaarig; Blätt. lanzettl.-spitz, am Rand borstig bewimpert; Bltn. in armbltg., kopfigen, von 8–10blättriger Hülle umgebenen Trugdolden; ⊙; V–X. Äcker, Schutt (bis 1000 m); *v*, im N *z*. **Sh. arvénsis** L.

2. Phujopsis Gris., *Baldriangesicht*
Stg. aufrecht, 4–6kantig, hohl; Quirle 7–8blättrig; Blätt. m. dicht vorw. gerichteten Härchen; jede Blüte m. 1 Trag- u. 2 Vorblätt., alle rosarandig u. m. dichten, vorw. gerichteten Borstenhärchen; ⊙; VI–VII. Zierpfl., *s* verwild., z. B. St. (Heimat: Transkaukasien bis Iran) **Ph. stylósa** (Trin.) Jacks.

3. Aspérula L., *Meier*
1. Bltn. hellblau; ob. Stgblätt. in 6–8zähligen Quirlen, lineal, am Rand u. auf dem unterseitigen Mittelnerv borstig-rauh; Fr. kahl; ⊙; V–VIII. Kalk- u. Lehmäcker (bis 1000 m); sehr *z* Au, E, um Regensburg, RhPf, He, Th, S-We, b. Nienburg u. Göttingen (NS), Ho; sehr stark zurückgegangen. *Acker-M.,* **A. arvénsis** L.
— Bltn. weiß od. rötl. **2**
2. Blätt. eilanzettl., in 4zähligen Quirlen, bewimpert; Bltn. in fast kopfigen Trugdolden; Stg. 20–60 cm hoch, locker absthd. behaart; ♃; V–VI. Buchenwälder (bis 1300 m); *z* Vb. *Italienischer M.,* **A. tauría** L.
— Blätt. schmal-lineal **3**
3. Blkrröhre 2–4mal so lg. wie ihre Zipfel, außen rauh, rötl.lila, innen gelbl.; Fr. warzig; ♃; VII–IX. Felsen, Felsschutt (bis 2100 m); *s* S-Kt, S-St (Karawanken). [= ssp. *longiflora* (W. & K.) Vis.] *Grannen-M.,* **A. arístata** L. f. ssp. **oreóphila** (Briq.) Hay.
— Blkrröhre nur 1–2mal so lg. wie ihre Zipfel **4**
4. Blkr. weiß, meist 3spaltig; Fr. nicht rauh od. gekörnelt (glatt); Pfl. bis 70 cm hoch, Triebe meist einzeln, aufrecht; ♃; VI–VII. Trockene Wälder, Trockenrasen, felsige Hänge (bis 1000 m); *z* bis sehr

lückenhaft im S (*f* Vb, Sb, Ti), nördl. bis Bingen/Haßberge (N-Ba)/Th/An/Sa. *Färber-M.,* **A. tinctória** L.

— Blkr. hell-lila, meist 4spaltig; Fr. dicht gekörnelt (rauh; *874*) **5**

5. Dichtrasige Alpenpfl. m. lgd. bis aufstgd. sterilen u. Bltntrieben, nur bis 15 cm hoch; basale Stgblätt. oval bis eif., dicht gedrängt; Blkr. außen glatt; ♃; VI–IX. Schutt- u. Gesteinsfluren (bis 2000 m); kalkstet; *z* N-St, OÖ. *Felsen-M.,* **A. neilreichii** Beck

— Sehr lockerrasig wachsende Pfl., vorwgd. Ebene u. Hügelreg., bis 40 cm hoch; basale Stgblätt. lanzettl., locker angeordnet; Blkr. außen fein rauh; ♃; VI–IX. Trocken-sonnige Orte (Wiesen, Triften, Sandfluren; bis 1800 m); kalkliebend; *v* bis *z* im S, nach N seltener bis Ho/Ahrtal/Süntel/Braunschweig/S-Me/Br. *Hügel-M.,* **A. cynánchica** L. f.

4. Cruciáta Mill., *Kreuzlabkraut*

1. Bltnstiele u. Stg. steifhaarig bis zottig behaart; die quirlig sthd. Teilinfl. m. meist je 2 Tragblättchen; Pfl. bis 50 cm hoch; ♃; IV–VI. Wiesen, Waldränder, Ufer (bis 1600 m); *v* im N nur Da, Weser-, Elbe-, Odertal. [= *Galium cruciata* (L.) Scop.] *Gemeines K.,* **C. laevipes** Opiz

— Bltnstiele u. Stg. kahl bis schwach behaart; die quirlig sthd. Teilinfl. ohne Tragblätt.; Pfl. bis 30 cm hoch, zierlicher als vorige; ♃; IV–VI. Wiesen, Gebüsche; *z* Au, *s* Fichtgeb., südl. München (ob urspr.?), zuw. verschleppt u. eingebürgert (Sa, Th). (= *Galium vernum* Scop.) *Kahles K.,* **C. glábra** (L.) Ehrend.

5. Gálium L., *Labkraut*

1. Blätt. 1nervig od. undeutl. nervig, in 4–10zähligen Quirlen **4**

— Blätt. 3nervig (selten die unt. nur 1nervig), in 4zähligen Quirlen; Blkr. weiß; Stg. 4kantig, kahl **2**

2. Stg. zart, schlaff, lgd. od. aufstgd., bis 20 cm hoch; Blätt. eif. bis elliptisch, m. Stachelspitzchen, am Rand borstig bewimpert; Bltn. in armbltg., lockeren Trugdolden; Fr. meist dicht hakig-borstig; ♃; VI–VII. Nadelwälder (bis 1500 m); *v* im S, sonst *z* bis *s*, nördl. bis Moseltal (eingebürgert)/Rothaargeb./Göttingen/Br/SO-Me/Po (*f* OPr). (= *G. scabrum* auct.) *Rundblättriges L.,* **G. rotundifólium** L.

— Stg. steif aufrecht, Blätt. lanzettl., ohne Stachelspitze; Bltn. in dichten Trugdolden **3**

3. Blätt. m. undeutl. Adernetz; Fr. dicht m. kurzen, gekrümmten Haaren; Blätt. bis 40×8 mm groß, mindestens 5mal so lg. wie breit; Pfl. 20–50 cm hoch; ♃; VI–VIII. Heide- u. feuchte Wiesen, Flachmoore (bis 2100 m); kalkliebend; *v* bis *z* im S, nördl. seltener u. bis SO-Ho (b. Wesel)/S-Be/Eifel/Köln/Osnabrück/Elbemündung, *f* Schw. *Nordisches L.,* **G. boreále** L.

— Blätt. m. deutl. Adernetz; Fr. kahl od. nur schwach behaart; Blätt. bis 80×20 mm groß, höchstens 4mal so lg. wie breit; Pfl. kräftiger als vorige, 40–60 cm hoch; ♃; VI–VIII. Feuchte Wiesen, Auen; nur b. Traunstein (SO-Ba, ob noch?) u. Egelsee (Sb). *Krappartiges L.,* **G. rubioídes** L.

4(1). Blkr. ohne deutl. Röhre (*876*) **7**

— Blkr. m. deutl. Röhre (*875*) **5**

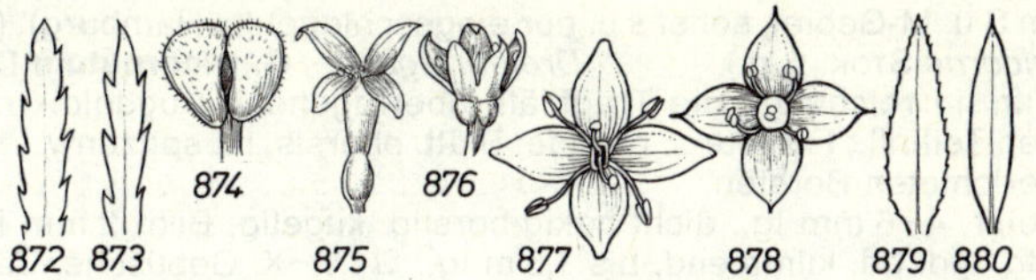

872 873 874 875 876 877 878 879 880

5. Blätt. schmal-lineal bis nadelf., obersts. dkgrün, untersts. bläul.; Pfl. 30–60 cm hoch; ♃; V–VII. Steppenhänge, Gebüschränder; *v* Schw. Alb/Donauebene, *z* Oberrhein, Pf, Maingebiet, *s* M-Rhein, südl. Kassel, Hannover/Harz/Th/SaAn/Schl; Kt, St, OÖ. [= *Asperula glauca* (L.) BESS.] *Blaugrünes L.,* **G. gláucum** L.

— Blätt. lanzettl.-zugespitzt, > 5 mm breit **6**

6. Pfl. bis 100 cm hoch; Fr. kahl bis fein gekörnelt; Stg. rauh durch rückwärts gerichtete Stacheln; ♃; VII–VIII. Feuchte Gebüsche; *v* bis *z* OPr, Schl. (= *Asperula aparine* BIEB.) *Bach-L.,* **G. riväle** (SIBTH. & SM.) GRIS.

— Pfl. bis 30 cm hoch; Fr. hakig-borstig; Stg. glatt; ♃; IV–V. Schattige (Buchen-)Wälder (bis 1400 m); *v* u. *h*, oft in Massenbeständen. (= *Asperula odorata* L.) *Waldmeister,* **G. odorátum** (L.) SCOP.

7(4). Stg. ohne abw. gerichtete Stachelborsten **15**

— Stg. m. abw. gerichteten Stachelborsten **8**

8. Blätt. m. Stachelspitze **10**

— Blätt. an der Spitze stumpf, in meist 4zähligen Quirlen . **9**

9. Blkr. meist 3zipfelig; Teilinfl. nur 1–3bltg. in der Blattachsel; Frstiele zurückgekrümmt; Pfl. zart, nur bis 15 cm hoch; ♃; VI–VII. Moosig-moorige Stellen; *s* SW-St (Seetaler Alp.). *Dreispaltiges L.,* **G. trífidum** L.

— Blkr. meist 4zipfelig; Teilinfl. reichbltg.; Frstiele gerade; Pfl. viel kräftiger, bis 80 cm hoch; Stbbeutel rot; Fr. feinkörnig-rauh; ♃; V–VIII. Nasse Wiesen, Sümpfe, Gräben (bis 1800 m); *v*. (2 Kleinarten) *Sumpf-L.,* **G. palústre** L. (s. l.)

a. Stg. weißkantig, etwas geflügelt; Blätt. der Stgmitte bis 20 mm lg., am Rand kurz behaart; Bltn. 4 mm u. mehr im Dm. Vermutlich *z*. *Verlängertes L.,* **G. elongátum** K. PRESL

— Stg. nicht weißkantig, ungeflügelt; Blätt. der Stgmitte bis 12 mm lg., am Rand kahl; Bltn. bis 3,5 mm Dm. *v* (2 ssp.). *Sumpf-L.,* **G. palústre** L. (s. str.)

10(8). Pfl. ♃, an feucht-nassen Standorten; Stg. lgd. od. aufstgd., 4kantig; Bltn. breiter als die reife Fr.; Blätt. in meist 6–8zähligen Quirlen; Stbbeutel gelb; V–IX. Flachmoore, nasse Wiesen, Ufer (bis 1800 m); *v*. *Moor-L.,* **G. uliginósum** L.

— Pfl. ⊙, an trockenen Standorten; Bltn. schmaler als die reife Fr. **11**

11. Blätt. am Rand m. vorw. gerichteten Stacheln **14**

— Blätt. am Rand m. rückw. gerichteten Stacheln; Stg. 4kantig **12**

12. Bltn. in 3bltg., das Tragblatt nicht überragenden, etagenf. angeordneten Teilinfl.; Blkr. grünl.weiß; Frstiele zurückgekrümmt; Fr. kurz-stachelig-warzig; Blätt. obersts. kahl; Stg. 20–80 cm lg., lgd. od. klimmend; ⊙; VI–X. Äcker, Schuttplätze; kalkliebend; *v* bis *z*

im S u. M-Gebiet, sonst *s* u. nur eingeschleppt (b. Hamburg). (= *G. tricorne* STOK. p. p.) *Dreihörniges L.*, **G. tricornútum** DANDY
— Bltn. in reichbltg., die Tragblätt. überragenden trugdoldigen Teilinfl.; Frstiele ± gerade; Blätt. obersts. m. spitzenw. gerichteten Borsten **13**
13. Teilfr. 4–6 mm lg., dicht hakig-borstig, kugelig; Blkr. 2 mm breit; Stg. lgd. od. klimmend, bis 1,5 m lg.; ♃; V–X. Gebüsche, Zäune, Wegränder (bis 1200 m); *v* u. *h*. *Klebkraut*, **G. aparíne** L.
— Teilfr. 1,5–3 mm lg., kahl u. glzd. bis hakig-borstig, halbkugelig; Blkr. 1 mm breit; ♃; V–IX. Schuttplätze, Äcker (Getreide, Lein); *z*, *s* im N (*f* Geb., Ho, Da) (2 ssp.). *Acker-L.*, **G. spúrium** L.
14(11). Teilfr. 2,5–3 mm lg., kugelig, dicht m. blasigen, weißl. Höckerchen besetzt; Teilinfl. 1- (od. 3-)bltg., kürzer als der Blattquirl; Frstiele herabgekrümmt; Blkr. 1 mm breit, grünl.weiß; Pfl. von der Basis her verzweigt; ⨀; VI–VII. Äcker; *s* u. unbeständig, in Dt nur noch Sa, Br(?). (Heimat: Mittelmeergebiet) (= *G. valantia* WEB. ex WIGGERS; = *G. saccharatum* ALL.)
Warzenfrüchtiges L., *Anis-L.*, **G. verrucósum** HUDS.
— Teilfr. 1 mm lg., halbkugelig, kahl od. m. kurzen, hakigen Härchen; Teilinfl. stets mehrbltg. u. lg.gestielt, viel länger als ihre Blattquirle; Frstiele ± aufrecht; Blkr. 0,5 mm breit, grünl.gelb u. außen rötl.; Pfl. auch oberw. verzweigt; ⨀; VI–IX. Äkker, Schuttplätze; kalkliebend; sehr *s* (verschleppt?), z. B. Pf, Saarland, Unterelbe, Spessart, St, *f* im N. (Heimat: Mittelmeergebiet) *Pariser L.*, **G. parisiénse** L.
15(7). Bltn. gelb, in endst. Rispen; Blätt. in 8–12blättrigen Quirlen, lineal, 15–25 mm lg., fein zugespitzt, am Rand zurückgerollt; Stg. aufrecht, 0,3–1 m hoch, stumpf 4kantig bis rund; ♃. (2 Kleinarten)
Echtes L., **G. vérum** L. (s. l.)
a. Stgglieder so lg. od. kürzer als die meist kaum 1 mm breiten, untersts. filzigen Blätt.; Stg. aufstgd.; Infl. dicht u. reichbltg.; Bltn. angenehm duftend; Fr. glatt; VI–IX. Trockenwiesen, Wegränder, lichte Wälder, Dünen (bis 1750 m); *v*.
G. vérum L. (s. str.)
— Stgglieder länger als die 2 mm breiten, weniger zurückgerollten, kaum behaarten Blätt.; Stg. steif aufrecht; Infl. unterbrochen, ihre Seitenäste kürzer als die Stgglieder; Bltn. duftlos; Fr. warzig; V–VI. Trockenwiesen (bis 1500 m?); *z–s*. Frühblühende Sippe. (= *G. praecox* K. H. LANG)
G. wirtgénii F. SCHULTZ
— Bltn. weiß, selten gelbl.weiß **16**
16. Stg. stielrund, aufrecht, kahl, 30–140 cm hoch; Blätt. in 6–8zähligen Quirlen, 4–10 mm breit, untersts. bläul.; Blkrblätt. zugespitzt; Infl. sehr lockerbltg.; ♃; VII–IX. Laubwälder, Kahlschläge (bis 1900 m); *v*, *s* im NW u. NO (*f* Da, OPr). *Wald-L.*, **G. sylváticum** L.
— Stg. wenigstens oberhalb der Mitte 4kantig **17**
17. Zipfel der Blkr. allmähl. zugespitzt *(877)*; Pfl. m. aufrechtem od. aufstgd. Wuchs u. derberen Stg. **21**
— Zipfel der Blkr. weniger gleichmäßig zugespitzt, aber m. feiner, aufgesetzter Stachelspitze *(878)*; Pfl. m. niederlgd.-aufstgd. Wuchs u. dünnen, zarten Stg. **18**
18. Blätt. allmähl. zugespitzt, am Rand von feinen Stachelchen rauh *(879)*, 4–7 mm breit, in 6–8zähligen Quirlen, untersts. graugrün; Bltnstiele haarfein; Stg. 20–60 cm hoch, stumpf 4kantig; ♃; VI–VIII. Bergwälder (bis 1600 m); *z* Alp. (Ti, Sb, Kt, in Dt östl. der Isar).
Grannen-L., **G. aristátum** L.
— Blätt. ± plötzl. in kurze Stachelspitze verschmälert *(880)* **19**
19. Blätt. lanzettl., beidendig verschmälert *(880)*, untersts. blau- bis graugrün; Bltnstiele haarfein; Stg. an der Basis rundl.; ♃; VII–IX.

Laubwälder; *v* OPr, Schl, *z* bis *s* Sa, O-Th, NO-Ba (Frankenw.), Kt, St. *Glattes L.,* **G. schultésii** VEST

— Blätt. lineal, nicht blaugrün; Bltnstiele nicht haarfein; Stg. auch an der Basis 4kantig **20**

20. Blätt. 0,5–2 mm breit, obersts. glzd., am Rand umgerollt u. meist etwas rauh (Lupe!); Bltnstiele kürzer als die Bltn.; Fr. glatt; ♃; VI–IX. (2 Kleinarten) **G. lúcidum** ALL. (s. l.)

a. Blkr. weiß; Bltnstiele 2–4 mm lg., spitzwinklig zur Achse der Teilinfl. sthd., Infl. daher dicht; Stg. erst oberhalb der Mitte verzweigt, grün. Lichte Laubwälder, Trockenwiesen; *v* (?) Au, *s* Vog, S-Schw, Hegau (Höhengrenze?). *Glänzendes L.,* **G. lúcidum** ALL. (s. str.)

— Blkr. gelbl. bis grünl.; Bltnstiele 3–7 mm lg., stark spreizend zur Achse der Teilinfl.; Infl. daher locker; Stg. schon unterhalb der Mitte verzweigt, am Grd. rot gefärbt. Gesteinsfluren, Felsen, Geröll; nur auf Kalk (700–2000 m); *s* SO-Ba (Bad Reichenhall/Thumsee), O-Sb. *Traunsee-L.,* **G. truníacum** RONN.

— Blätt. 2–8 mm breit, flach od. nur sehr wenig am Rand umgebogen, meist glatt; Bltnstiele etwas länger als die Bltn.; Fr. etwas runzelig; ♃. (2 Kleinarten) *Wiesen-L., Gemeines L.,* **G. mollúgo** L. (s. l.)

a. Bltn. 2–3 mm breit, ihre Stiele 3–4 mm lg.; Frstiele stark spreizend, dadurch Frstand locker; Blätt. 2–4mal so lg. wie breit. Fettwiesen, lichte Wälder. Offenbar nur eingeschleppt u. *s* eingebürgert Bodenseegebiet bis AlpVorland. **G. mollúgo** L. (s. str.)

— Bltn. 3–4 mm breit, ihre Stiele 1–3 mm lg.; Frstiele spitzwinkelig zur Achse, dadurch Frstand gedrängt; Blätt. 3–6mal so lg. wie breit. Wiesen, Gebüsche, Wegränder, Schuttstellen; *g* (bis 2100 m). **G. álbum** MILL.

21(17). Frstiele herabgebogen; Blätt. am Rand vorw. rauh (Lupe!); Mittelnerv undeutl.; Pfl. dichtrasig wachsend, m. zahlreichen, nichtblühenden Trieben; Fr. fast glatt, sehr fein gekörnelt (Lupe!); Blkr. gelbl.weiß; ♃; VII–VIII. Felsen, Schuttfluren (2000–2600 m, oftmals herabgeschwemmt); kalkstet; *z* Alp. (*f* Kt, in Dt zw. Karwendel u. Berchtesgaden). (= *G. helveticum* WEIG.) *Schweizer L.,* **G. megalospérmum** ALL.

— Frstiele gerade **22**

22. Fr. dicht warzig-rauh; Pfl. dichtrasig wachsend, m. niederlgd., nichtblühenden Trieben; Blätt. meist in 6zähligen Quirlen, am Rand vorw. rauh (Lupe!), mehrmals kürzer als die Stgglieder (bes. zwi. *Deschampsia flexuosa!*); Blkr. weiß; ♃; VI–VIII. Steinige Triften, lichte Wälder, Heiden, Moore; kalkmeidend; *v* M-Geb. (bis 1500 m), im N u. W, sonst *z* bis *s* in Au nur Kt, St; in Dt südl. der Donau nur eingebürgert. (= *G. saxatile* L. p. p. et auct.) *Felsen-, Harzer L.,* **G. harcýnicum** WEIG.

— Fr. glatt od. nur sehr fein gekörnelt (sonst Blätt. *rückw.* rauh!) **23**

23. Blätt. dickl. ohne deutl. sichtbaren Mittelnerv, am Rand glatt, meist in 8zähligen Quirlen; Blkr. gelbl.weiß; Pfl. wie *G. megalospermum* dichtrasig wachsend, nur bis 10 cm hoch; Stg. dichtblättrig, Blätt. > Internodien; ♃; VII–IX. Triften, Felsen, Schutt (1600–2700 m); kalkliebend; *v* Sb, Kt, St, *s* Berchtesgadener Alp. (= *G. baldense* auct., non SPR.) *Norisches L.,* **G. nóricum** EHREND.

— Blätt. zarter, nicht dickl., m. deutl. Mittelnerv, am Rand glatt. od. rückw. rauh **24**

24. Pfl. dichtrasig wachsend, m. zahlr. nichtblühenden Trieben; Blätt. der Bltntriebe zu 5–8 quirlig, ± so lg. wie die Stgglieder, glattrandig; Stgglieder der nichtblühenden Triebe niemals mehr als doppelt so lg. wie die am Rand rückw. stachelzähnig-rauhen Blätt.; Blkr. meist gelbl.weiß; Pfl. bis 15 cm hoch; ♃; VII–IX. (2 Kleinarten) **G. anisophýllum** VILL. (s. l.)

a. Blätt. lanzettl., < 10 mm; Fr. meist glatt; Pfl. beim Trocknen sich nicht verfärbend. Felsschutt, steinige Triften, Matten (bis 2600 m); *v* bis *z* Alp. (*f* Kt, St), *s* obere Isar, Schw.Alb. (2 ssp.) *Alpen-, Verschiedenblättriges L.*, **G. anisophýllum** VILL. (s. str.)

— Blätt. lineal, längste Blätter > 10 mm; Fr. stets feinkörnig; Pfl. beim Trocknen schwärzl. werdend. Basalt-, Serpentinböden; *s* Sudeten u. Fichtgeb., ob Erzgeb.? *Sudeten-L.*, **G. sudéticum** TAUSCH

— Pfl. lockerrasig wachsend, meist alle Triebe blühend, daher Stgglieder aller Triebe ± gleichlg. u. meist 2–3mal so lg. wie die in meist 7–8zähligen Quirlen sthd. Blätt.; Blkr. meist reinweiß; Pfl. bis 30 cm hoch; ♃; VI–VIII. (4 Kleinarten von immer noch ungenügend bekannter Verbreitung) *Niederes L., Heide-L.*, **G. púmilum** MURR. (s. l.)

a. Fr. glatt od. stumpfl.-papillös; Stg. erst oberhalb der Mitte verzweigt; Blätt. leicht sichelf. Magerrasen, Heiden, Trockenwälder; *v* im S u. M, *s* im N (hier wohl nur eingebürgert), nördl. bis Elbemündung u. Da. *Heide-L.*, **G. púmilum** MURR. (s. str.)

— Fr. spitz-papillös; Stg. bereits unterhalb der Mitte verzweigt; Blätt. gerade **b**

b. Bltnstiel deutl. > 1 mm; Pfl. beim Trocknen schwärzl. werdend; Pfl. rasig wachsend, z. Bltzt. m. blühenden u. nichtblühenden Trieben. Sandig-steinige Orte an der Meeresküste; *s* SH (Sylt), Da. (= *G. pumilum* ssp. *septentrionalis* STERNER) *Sterners L.*, **G. stérneri** EHRENDF.

— Bltnstiel höchstens 1 mm erreichend; Pfl. beim Trocknen grün bleibend; Pfl. nicht rasig wachsend, z. Bltzt. fast nur m. blühenden Trieben . . . . . **c**

c. Stg. steif aufrecht, stets höher als 15 cm, sein Dm > 0,7 mm; Bltnstiele 1 mm lg., Bltn. daher nicht geknäuelt. Magerrasen, Gebüschränder; bisher nur *s* Thw/FrSchweiz/Fichtgeb./südl. bis Regensburg, Harz (Bodetal), Da; Au? *Mährisches L.*, **G. valdepilósum** H. BRAUN

— Stg. schlaff, kaum höher als 15 cm, sein Dm < 0,6 mm; Bltnstiele 0,5 mm lg., Bltn. daher geknäuelt. Magerrasen, Sandböden; bisher nur *s* Br, SaAn. *Schwedisches L.*, **G. suécicum** (STERNER) EHRENDF.

Bastardbildung nicht selten, am häufigsten *G. mollugo* x *G. verum* = **G. x pomeránicum** RETZ. (*G.* x *ochroleucum* WOLFF) m. gelbl.weißen Bltn.

6. Rúbia L., *Färberröte*

Stg. 50–80 cm hoch, m. rotem Rhizom; Blätt. in 4–6zähligen Quirlen, eilanzettl., am Rand u. unterststs. am Mittelnerv rauh; Bltn. in endst. u. achselst. Trugdolden od. Dichasien; ♃; VI–VIII. Als Farbstoffpfl. (Krapp) früher angepflanzt; *s* verwild. (Sa, Schl, E, Pf). (Heimat: O-Mittelmeergebiet) **R. tinctórum** L.

Ordnung: **Dipsacáles**

Familie: **Caprifoliáceae,** *Geißblattgewächse*

Holzpfl. od. Stauden; Blätt. einfach od. gefied., gegenst.; Bltn. einzeln, zu zweien od. in Trugdolden, radiär od. zygomorph; K. u. Blkr. 5blättrig; Stbblätt. meist 5; Frkn. 2–5blättrig, unterst.; Beeren- u. Kapselfr.

1. Stg. kriechend, fadenf.; Blätt. rundl.-eif.; Bltn. zu 2, glockig, auf lg. Schaft *(176)* . . . . **Linnaea,** 454

— Stg. aufrecht od. windend; höhere Sträucher od. große Stauden **2**

2. Blätt. gefied.; Beerenfr. . . . . **Sambucus,** 453

— Blätt. ungeteilt od. gelappt; Sträucher **3**

3. Bltn. zu vielen in Schirmrispen, die randst. oft vergrößert; Sträucher, bis 4 m hoch . . . . **Viburnum,** 453

— Bltn. zu 2 bis mehreren in Köpfchen, Quirlen, Ähren od. Trauben **4**

4. Frkn. stielart. verlängert; Kapselfr.; Bltn. bis 3 cm lg., fast regelmäßig 5spaltig . . . . **Weigela,** 455

— Frkn. kugelig; Beerenfr. **5**

5. Blkr. stark 2lippig; Bltn. zu 2 od. zu mehreren kopfig-quirlig; Frkn. zweier Bltn. oft miteinander zur „Doppelbeere" verwachsen *(882–883)* . . . . **Lonicera,** 454

— Blkr. glockig, fast radiär, innen bärtig; Bltn. in unterbrochenen Trauben . . . . **Symphoricarpos,** 453

1. Sambúcus L., *Holunder*

1. Pfl. krautig, 0,5–2 m hoch, widerl. stinkend; Nebenblätt. laubig, lanzettl., gesägt; Blkr. weiß od. rötl.; Stbbeutel rot; Fr. schwarz; ♃; VI–VIII. Feuchte Waldlichtungen, steinige, buschige Orte (bis 1300 m); *z–v* im S, nördl. bis Münster/Herford/Lübeck, aber im N vielfach Neubürger. *Attich, Zwerg-H.,* **S. ébulus** L.

— Sträucher; Nebenblätt. fehlend od. warzig; Stbbeutel gelb **2**

2. Blkr. weiß, in schirmf. Trugdolden; Fr. schwarz; Mark der Äste reinweiß; bis 7 m hoch; ♃; VI–VII. Auwälder, Gebüsche, Ruderalfluren (bis 1600 m); *g,* oft angepflanzt. *Schwarzer H.,* **S. nígra** L.

— Blkr. grünl.gelb, in eif. od. kegelf. Rispen; Fr. rot; Mark der Äste gelb bis hellbraun; bis 3 m hoch; ♃; III–V. Bergwälder, Gebüsche (bis 1900 m); kalkmeidend; *v* Geb., sonst *z, s* im N (dort fast stets nur verwild., ausgenommen SH). *Berg-, Trauben-H.,* **S. racemósa** L.

2. Vibúrnum L., *Schneeball*

1. Blätt. 3–5lappig *(237),* am Stiel m. napff. Drüsen; randst. Bltn. der Trugdolde vergrößert (strahlend), steril; Beeren rot; ♃; V–VII. Feuchte Gebüsche, Auwälder (bis 1300 m); *v.* *Gemeiner Sch.,* **V. ópulus** L.

— Blätt. ungeteilt, am Rand scharf gezähnt *(244),* unterseits. dichtfilzig; Bltn. der Trugdolde alle gleich gestaltet; Beeren schwarz; ♃; IV–V. Steppenheidewälder (bis 1500 m); kalkliebend; *v* Au, *z* S-Dt, E, nördl. seltener bis Be/Köln/Höxter/Thw./N-Ba/Böhmw.; oft als Zierstrauch. *Wolliger Sch.,* **V. lantána** L.

3. Symphoricárpos Duh., *Schneebeere*

Blätt. einfach od. gelappt *(238–239);* Bltn. rötl.; Fr. kugelige, weiße Beeren; Gr. kahl; ♃; VI–VIII. Gepfl., *v* verwild. u. eingebürgert. (Heimat: westl. N-Am.) [= *S. racemosus* Michx.; = *S. albus* auct. non (L.) Blake] **S. rivuláris** Suksdorf

4. Linnaéa GRON., *Moosglöckchen, Erdglöckchen*
Blätt. breit-eif., m. wenigen Kerbzähnen *(176),* gestielt, untersts. bläul.; Bltn. rosarot; ♃; VII–VIII. Moosige Nadelwälder (bis 2200 m); *v* O-Dt bis OPr, *s* im N (südl. bis Ho/S-NS/Harz/Thw./Sa/Schl/Sudeten, *z* Alp., Au (*f* St, OÖ). Ⓖ **L. boreális** L.

5. Lonícera L., *Heckenkirsche, Geißblatt*

1. Stg. nicht windend; Bltn. zu 2 auf gemeinsamem Stiel, blattachselst., ihre Frkn. oft miteinander verwachsen *(883a–b)* **3**
— Stg. windend; Bltn. in endst., kopfigen Quirlen; Bltn. gelbl.weiß, duftend **2**
2. Ob. Blätt. am Grd. verwachsen; Bltnquirle sitzend *(881);* ♃; V–VII. Gebüsche, lichte Wälder; *z* Au (NTi, St), in S-Dt eingebürgert nördl. bis Saarland/Rheingau/Th/SaAn; häufig als Zierstrauch. *Wohlriechendes G.,* **L. caprifólium** L.
— Alle Blätt. getrennt; Bltnquirle deutl. gestielt; ♃; V–VI. Waldränder, buschige Abhänge; *v, s* Ba (*f* südl. d. Donau), *f* OPr, S-Ba, Au (nur verwild.). *Wald-H.,* **L. periclýmenum** L.
3(1). Frkn. u. Fr. eines jeden Bltnpaars vollständig od. fast vollständig miteinander verwachsen *(883)* **6**
— Frkn. u. Fr. eines jeden Bltnpaars vollständig getrennt od. nur am Grd. miteinander verwachsen *(882)* **4**
4. Blätt. beidersts. flaumig, breit-oval; gemeinsamer Bltnstiel wenig länger als gelbl.weiße Blkr.; Fr. scharlachrot; Äste innen hohl; ♃; V–VI. Wälder, Hecken, Zäune (bis 1500 m); kalkliebend; *v, z* im N, *f* NW-Dt; zuw. gepflanzt. *Rote H.,* **L. xylósteum** L.
— Blätt. kahl od. nur an den Nerven flaumig **5**
5. Gemeinsamer Bltnstiel so lg. od. wenig länger als die Bltn.; Blätt. herz-eif.; Blkr. rot od. weiß; Fr. scharlachrot od. gelb; Äste innen hohl; ♃; V–VI. Gepfl., stellenw. verwild. (Heimat: M-Asien) *Tataren-H.,* **L. tatárica** L.
— Gemeinsamer Bltnstiel 3–4mal länger als die Bltn.; Blätt. längl.-elliptisch; Blkr. rötl. od. weiß; Fr. schwarz, bläul. bereift; Äste m. weißem Mark; ♃; IV–V. Gebirgswälder (bis 1600 m); *z* Alp. u. Vorland, M-Geb. (Schw./Vog., Bayr./Böhmw., Rhön, Thw., Lausitz, Erzgeb., Sudeten). *Schwarze H.,* **L. nigra** L.
6(3). Blkr. gelbl.; Beeren schwarzblau bereift; gemeinsamer Bltnstiel kürzer als die Blüte; ♃; VI–VII. Feuchte Wälder, Gebüsche, Krummholzreg. (bis 2100 m); kalkmeidend; *z* Alp. u. Vorland. *Blaue H.,* **L. caerúlea** L.
— Blkr. rötl.; Beeren glzd.kirschrot; gemeinsamer Bltnstiel länger als die Blüte; ♃; V–VII. Bergwälder, Schluchten (bis 1950 m); kalkliebend; *v* Alp., *z* Vorland, *s* Baar, W-Schw. Alb, Bodenseegebiet. *Alpen-H.,* **L. alpígena** L.

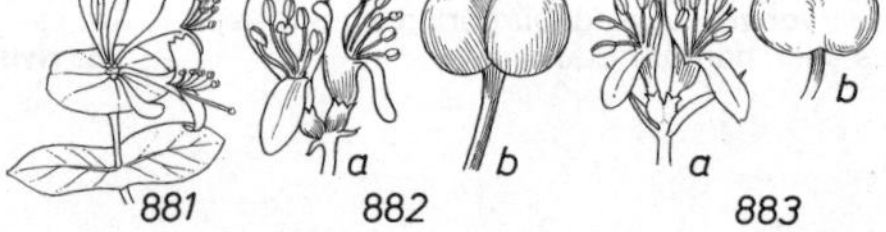

881 882 883

6. Weigela THUNB., *Weigelie*
Bltn. weiß bis dkrot, kurz gestielt; Blätt. eif.-spitz, fein gesägt, meist behaart; ♃; V–VI. Zuw. verwild., aber *v* angepfl. Ziersträucher; meist Hybriden aus mehreren Stammarten. (Heimat: O-Asien) [= *Diervilla florida* (BGE.) S. & Z.] **W. flórida** (BGE.) DC.

Familie: **Adoxáceae,** *Moschuskrautgewächse*

Kräuter; Blätt. gegenst.; Infl. köpfchenf.; Bltn. radiär m. 5zähliger Blkr. u. 3teiligem K., Endblüte 4zählig bzw. 2teilig; Stbblätt. 4–5; Frkn. 4–5teilig; beerenart. Steinfr.

Adóxa L, *Moschuskraut*
Stg. 5–15 cm hoch, m. 2 gegenst. (selten 3 quirlst.) Blätt., das größte grdst.; Bltn. in lg.gestielten, hellgrünen, fast würfelf. Köpfchen *(203);* ♃; III–V. Feuchte Wälder (bis 1800 m); *v* bis *z,* stellenw. *h.*
A. moschatellína L.

Familie: **Valerianáceae,** *Baldriangewächse*

Kräuter od. Stauden; Blätt. gegenst., einfach od. gefied.; Bltn. in rispigen Trugdolden, in Köpfchen od. Thyrsen, ⚥ od. eingschl.; Blkr. schwach (selten deutl.) zygomorph, gesamte Blüte asymmetrisch; Kblätt. z. Bltzt. nur wenig entwickelt, z. Frzeit oft schirmart. zu behaarten Strahlen auswachsend *(207);* Blkr. röhrig bis trichterf., am Grd. m. Aussackung *(208)* od. Sporn *(209);* Stbblätt. 1–4; Frkn. unterst., 3blättrig; Fr. vom K. gekröntes 1samiges Nüßchen.

1. Blkr. m. lg. Sporn *(209);* Stbblätt. 1 . . . . . **Centranthus,** 458
— Bltn. nicht gespornt, am Grd. nur ausgesackt *(208)* . . **2**
2. Stg. wiederholt gabelästig *(287);* K. ± deutl. 1–6zähnig, z. Frzeit nicht auswachsend; Bltn. bläul. bis weißl. **Valerianella,** 455
— Stg. nicht gabelästig; Bltn. niemals blau; K. z. Frzeit zu behaarten Strahlen auswachsend *(207)* . . . . **Valeriana,** 456

1. Valerianélla MILL., *Feldsalat, Ackersalat, Rapunzel*[1]
1. Ksaum an der zottig behaarten Fr. becherf. ausgebreitet, netzadrig, m. 6 begrannten Zähnen *(884);* Blätt. grob gezähnt; ⨀; V–VI. Äcker, Wegränder; *s* in SW-Dt eingeschleppt. (Heimat: Mittelmeergebiet) *Krönchen-F.,* **V. coronáta** (L.) DC.
— Ksaum an der Fr. undeutl. od. 1–3zähnig od. schief abgeschnitten *(885–888)* **2**
2. Fr. m. deutl., meist einseitig gezähntem, kurzem Ksaum, eif.-kugelig *(887, 888);* Blätt. am Grd. gezähnt; in den Astgabeln unterhalb der köpfchenart. Infl. noch einzelne Bltn. **4**

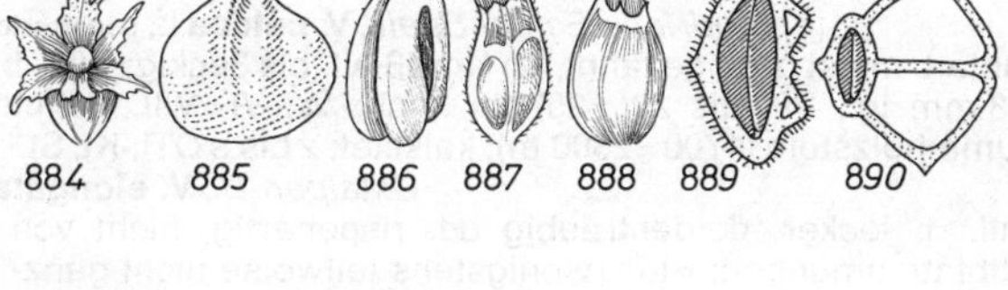

884 885 886 887 888 889 890

[1] Nur mit reifen Früchten zu bestimmen!

— Fr. m. undeutl. Ksaum u. kaum erkennbaren Zähnen *(885, 886);* Blätt. meist ganzrandig; Bltnstand gedrungen, in den Gabeln unterhalb der Bltnköpfchen keine Bltn. **3**

3. Fr. seitl. etwas zusammengedrückt, kurz zugespitzt, rundl., glatt *(885),* m. 1 Furche (unreif runzelig!); ob. Stgblätt. lanzettl.-spitz; ⊙; IV–V. Grasplätze, Äcker; als var. **olerácea** (SCHLTR.) BREISTR. *v* kult. u. oft verwild. (bis 1200 m); *v,* im N *z* bis *s.* [= *V. olitoria* (L.) POLL.]
Gemeiner F., **V. locústa** (L.) LATERRADE em. BETCKE

— Fr. längl., fast prismatisch 4kantig, auf der Vorderfläche tiefrinnig *(886),* ohne deutl. Ksaum; ob. Stgblätt. längl.-lineal, stumpf; ⊙; IV–V. Äcker, Grasplätze; *z,* im N nur b. Hamburg (*f* NS, SH), in Ba nur im NW, Au: Vb, NTi, St; auch kult. *Kiel-F.,* **V. carináta** LOIS.

4(2). Fr. nach oben wenig verschmälert, m. breitem, hohem, schiefem Ksaum *(887),* m. 5 kurzen Zähnchen, kurzflaumig behaart; Stg. gespreizt-gabelästig, 10–30 cm hoch; ⊙; IV–V. Äcker, Schuttfluren; E, RhPf, BW, Ba, N-Th/S-SaAn, zuw. eingeschleppt. (Heimat: Mittelmeergebiet) *Wollfrüchtiger F.,* **V. eriocárpa** DESV.

— Fr. nach oben verschmälert; Ksaum klein *(888);* nur m. 1 deutl. Zahn; Gabeläste aufrecht **5**

5. Fr. eif.-kegelig, dem Kzahn gegenüber gewölbt u. fein 3rippig, kahl od. behaart; neben einem großen Frfach m. Samen liegen zwei schmale, leere Fächer *(889);* ⊙; VI–VIII. Äcker, Gartenland (bis 1000 m); *v* bis *z* im S, *s* im N (*f* NW-Dt).
Gezähnter F., **V. dentáta** (L.) POLL.

— Fr. gedunsen, fast kugelig, dem Kzahn gegenüber 1furchig, kahl; die beiden leeren Frfächer sind größer als das Samenfach *(890);* ⊙; IV–V. Wiesen, Äcker, Raine, Schutt (bis 700 m); *v* bis *z* Au, Ba (*f* Geb.), sonst *z,* nach N *s, f* NW-Dt u. im NO. (= *V. auricula* DC.)
Geöhrter F., **V. rimósa** BAST.

2. Valeriána L., *Baldrian, Speik*

1. Alle Blätt. gefied.; alle Bltn. ⚥ **10**

— Unt. od. alle Blätt. ungeteilt; Bltn. z. T. eingschl. **2**

2. Mittl. u. ob. Stgblätt. gefied., m. großer Endfied.; Grdblätt. eif., gestielt; Stg. am Grd. m. beblätt. Ausläufern; Bltn. in 3teiligen, schirmf. Trugdolden, ± 2häusig; ♂ Bltn. rötl., 3,5 mm lg., ♀ Bltn. weiß, 1,5 mm lg.; ♃; V–VI. Nasse Wiesen, Gräben (bis 1800 m); *v.*
Kleiner B., **V. dioíca** L.

— Mittl. u. ob. Stgblätt. ungeteilt od. 3teilig **3**

3. Blkr. weiß, rötl. bis lilafarben **5**

— Blkr. gelbl. od. bräunl., bis purpurrot; Alpenpfl. **4**

4. Alle Laubblätt. ganzrandig, ± spatelf.; Blkr. gelbl., außen oft etwas rötl., bis 4 mm lg.; Pfl. bis 15 cm hoch; ♃; VII–VIII. Felstriften (800–2400 m); kalkmeidend; *z* Sb, OTi, Kt, St, S-OÖ.
[G] *Baldrian-, Echter Speik,* **V. céltica** L. ssp. **nórica** VIERH.

— Stgblätt. meist grob gezähnt, im Umriß eif. bis 3eckig; Blkr. bräunl., 2–3 mm lg.; Pfl. bis 20(–25) cm hoch; ♃; VI–VIII. Schuttfluren, Krummholzstufe (1700–2300 m); kalkstet; *z* bis *s* OTi, Kt, St.
Ostalpen-B., **V. elongáta** JACQ.

5(3). Infl. ± locker, doldentraubig od. rispenartig, nicht von Hüllblätt. umgeben; Blätt. wenigstens teilweise nicht ganzrandig **7**

— Bis 15 cm hohe Alpenpfl. (oberhalb 1800 m); Infl. dicht, ± kopfig zusammengezogen, von die Bltn. nicht überragenden Hüllblätt. umgeben; nur selten die obersten Stgblätt. 3spaltig; sonst ungeteilt u. ganzrandig **6**

6. Blätt. gewimpert; Stgblätt. umgekehrt eif.-längl.; Stg. angedrückt-kurzhaarig; Hüllblätt. der Infl. bewimpert; ♃; VII–VIII. Felsentriften, Geröll, auch Schneetälchen (1800–2000 m); kalkliebend; *z* Alp. (*s* in Dt: Allgäu, Wettersteingeb., b. Berchtesgaden).
G *Zwerg-B.*, **V. supina** Ard.

— Blätt. kahl (zuw. spärl. drüsig); Stgblätt. lineal od. fehlend; Stg. kahl; Hüllblätt. der Infl. kahl; ♃; VII–VIII. Felsen, Triften (1800–2500 m); *s* NTi. *Weidenblättriger B.*, **V. saliúnca** All.

7(5). Mittl. u. ob. Stgblätt. meist 3teilig; Grdblätt. lg.gestielt, herzf.-eif., entfernt grob gesägt; Bltn. weiß od. blaßrosa; ♃; IV–VII. Schluchtwälder, feucht-felsige Abhänge (bis 2300 m).
Dreischnittiger B., **V. trípteris** L.

a. Blätt. beidersts. ± dicht behaart; kalkliebend; *z* Alp. u. Vorland (Ostgrenze?), Schw. Alb. ssp. **tomentélla** E. Walther

— Blätt. kahl od. nur m. einzelnen Haaren . . . . **b**

b. Stiele der Grdblätt. dicht kurzhaarig; Haare am Blattrand ½ mm lg.; kalkmeidend; *z* im SW (Vog., Schw. bis Bodensee u. W-Schw. Alb). (= ssp. *occidentalis* E. Walther) ssp. **trípteris**

— Stiele der Grdblätt. locker langhaarig; Haare am Blattrand ¼ mm lg.; kalkliebend; *s* Berchtesgadener Alp.?, *z* Alp. ab Sb östl. ssp. **austríaca** E. Walther

— Stgblätt. ungeteilt; alle Blätt. schwach gezähnt bis ganzrandig **8**

8. Pfl. m. beblätt. Ausläufern; Stg. aufrecht, 4kantig geflügelt, kahl (aber entlang der Kanten kurze abw. gerichtete Haare), 10–45 cm hoch; Ausläuferblätt. lg.gestielt, eif.; Stgblätt. eif., kurz gestielt bis sitzend; Blkr. rosarot bis weiß; ♃; V–VI. Nasse Wiesen, sumpfige Stellen; *z* bis *s* Gesenke, Schl, OPr; in Au erst ab NÖ.
Ganzblättriger B., **V. simplicifólia** (Rchb.) Kabath

— Gebirgspfl. ohne Ausläufer **9**

9. Bltnstg. blattlos od. in der Mitte m. 1 Blattpaar, kahl; Stgblätt. lineal, meist ganzrandig; Bltn. in armbltg. Trugdolden, weiß; ♃; VI–VIII. Felsspalten, Schutt (bis 2300 m, häufig herabgeschwemmt); kalkstet; *v* Alp., *s* Voralp. Au. *Felsen-B.*, **V. saxátilis** L.

— Bltnstg. m. 3–8 Blattpaaren, an der Basis behaart; ob. Stgblätt. eif.-lanzettl., entfernt gezähnt; Bltn. in dichter Trugdolde, weiß bis hell-lila; ♃; IV–VII. Schattige, felsige Wälder, Schuttfluren (800–2600 m); kalkliebend. *Berg-B.*, **V. montána** L.

a. Stg. kahl bis schwach behaart; Blätt. meist kahl; Alp., *z* Vb, NTi, *s* Dt.
ssp. **montána**

— Stg. u. Blätt. ± gleichmäßig behaart; Alp., *v* Dt, Sb, OTi, Kt, St.
ssp. **hirsuticaúlis** E. Walther

10(1). Hierher nur: *Arznei-B.*, **V. officinális** L. (s. l.)

Außerordentlich formenreiche u. noch in Entwicklung begriffene Gruppe. Nach dem heutigen Kenntnisstand gehören hierher 6 Sippen, die unter sich nicht so ungleichgewichtig sind, um daraus unterschiedliche taxonomische Rangstufen abzuleiten. Nachgewiesen sind di-, tetra- u. oktoploide Typen, die offenbar weitgehend mit taxonomischen Einheiten deckungsgleich sind. Die folgende Behandlung legt – mehr aus Kontinuitäts- u. praktischen Gründen – den Sippen einen Kleinartrang zugrunde. – Zur Bestimmung verwende man ausgewachsene, kräftige Pflanzen.

a. Mittl. Stgblätt. m. 3–6 Paar breit-lanzettl. Fied., diese nicht od. kaum an der Rhachis herablaufend; Pfl. m. ober- u. unterirdischen Ausläufern; Blkr. 4–8 mm, Fr. 4–5 mm lg.; 2n = 56 (oktoploid) . . . . **d**

— Mittl. Stgblätt. m. 5–12 Paar schmal-lanzettl. Fied., diese deutl. an der Rhachis herablaufend; Pfl. ohne od. nur m. kurzen, unterirdischen Ausläufern, stockbildend; Blkr. 2–6 mm, Fr. 2–4 mm lg.; 2n = 14 od. 28 (di- od. tetraploid) **b**

b. Blätt. unterststs., kahl od. kurz u. steif behaart; Pfl. ohne Ausläufer; mittl. Stgblätt. m. 6–8 Fiederpaaren, fast ganzrandig; V–VI. Moorwiesen, Auwälder; *v* M-Rhein, *z* Oberrhein, Saarland, Eifel, Lx, Hochrhein; 2n = 28. *Wiesen-Arznei-B.*, **V. praténsis** DIERB. ex WALTHER

— Blätt. unterststs. locker u. lg. steif behaart . . . . **c**

c. Pfl. ohne Ausläufer; Stg. meist kahl; mittl. Stgblätt. m. 7–9 Fiederpaaren; Fied. m. bis 11 Zähnchen; Infl. reich verzweigt; VII–VIII. Feuchte Laubwälder, Gebüsche, Hochstaudenfluren (bis 2000 m); *v* im O u. Au, *z* bis *s* M-Gebiet, *f* NW-Dt, Ho, Be, Lx, Rheinl. (genaue W-Grenze?; wohl Hamburg/Dümmer See/Edersee/Eifel); 2n = 14. *Echter Arznei-B.*, **V. officinális** L. (s. str.)

— Pfl. m. kurzen Ausläufern; Stg. an der Basis absthd. behaart; mittl. Stgblätt. m. 8–12 Fiederpaaren; Fied. m. 0–5 Zähnchen; Infl. wenig verzweigt; V–VI. Trockene Wälder, Gebüschränder, Trockenrasen; *z* im S u. M-Gebiet, im N nur bei Berlin, NW-Grenze wohl Harz/Sauerland/Eifel/Be? (genaue Verbreitung noch nicht bekannt); 2n = 28. (= *V. collina* WALLR.) *Hügel-Arznei-B.*, **V. wallróthii** KREYER

d(a). Fr. behaart; Stg. u. Blattunterseiten behaart; unt. u. mittl. Stgblätt. m. 5–8 Fiederpaaren; Pfl. bis 80 cm hoch; ♃; VII–IX. Hochstaudenfluren; nur Allgäu, Vb, NTi (östl. bis Brenner?). *Westalpen-Arznei-B.*, **V. versifólia** BRÜGGER

— Fr. kahl . . . . **e**

e. Pfl. (fast) kahl; unt. u. mittl. Stgblätt. bis 20 cm lg., m. meist 3–4 Fiederpaaren; Pfl. 40–80 cm hoch; V–VI. Feuchte Wälder, Gebüsche; *z* in Au u. O-Dt (westl. bis O-SH/Br/Sa/O-Ba; Einzelfunde westl. hiervon sowie genaue W-Grenze noch unsicher). *Holunderblättriger Arznei-B.*, **V. sambucifólia** MIK. f. (s. str.)

— Pfl. reich behaart; unt. u. mittl. Stgblätt. 20–40 cm lg., m. meist 4–6 Fiederpaaren; Pfl. 80–150 cm hoch; VI–VIII. Quellige Orte, schattige Wälder; *z* westl. der vorigen Kleinart, östl. bis Rügen/W-Me/Th/Böhmw., in Au nur OÖ. (= *V. procurrens* WALLR.) *Kriechender Arznei-B.*, **V. répens** HOST

Zuw. **Bastarde** u. Übergangsformen.

3. Centránthus NECKER ex LAM. & DC. (= *Kentranthus* RAFIN.), *Spornblume*

Pfl. 25–100 cm hoch; Blätt. blaugrün, eif., stumpfl. od. spitzl., kurz gestielt bis sitzend; Bltn. dkrot, selten weiß, in dichten Trugdolden *(209)*; ♃; V–VI. Aus Gärten zuw. verwild. (Heimat: Mittelmeergebiet) **C. rúber** (L.) DC.

Familie: Dipsacáceae, *Kardengewächse*

Kräuter od. Stauden; Blätt. gegenst., am Grd. zuw. paarweise miteinander verwachsen; Bltn. in von einer Hochblatthülle umgebenen Köpfchen od. Ähren, ⚥, m. od. ohne Tragblätt. (= Spreublätt.); unter dem borstenf. K. noch häutiger, schlüsself. **Außenkelch** (*204*, aK); Blkr. röhrig, m. 4–5spaltigem Saum; Stbblätt. 4; Frkn. unterst., 2blättrig; Fr. vom K. u. Außenk. gekrönte Schließfr. *(204)*.

1. Bltn. in walzenf. od. kugelf. Ähren, in den Achseln stacheliger Tragblätt. *(891–893)*; randst. Bltn. nicht strahlend; Stg. stachelig . . . . **Dipsacus,** 459

— Bltn. in verbreiterten Köpfchen; Randbltn. oft strahlend; Stg. ohne Stacheln **2**

2. Köpfchenboden ohne Spreublätt., aber haarig; K. m. 8–16 Borsten od. Zähnen . . . . **Knautia,** 460

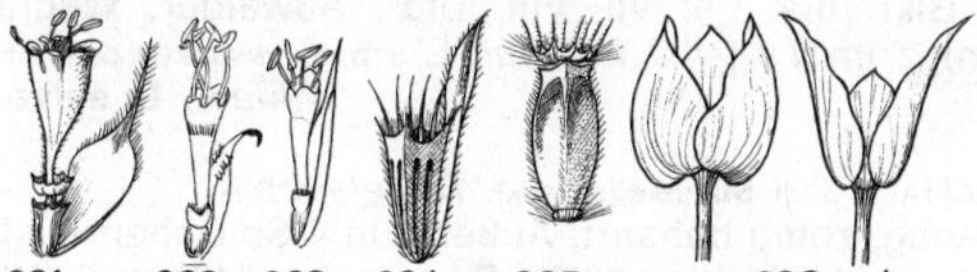

891 892 893 894 895 a 896 b

— Köpfchenboden m. Spreublätt.; K. m. 4–5 Borsten od. Zähnen 3
3. Randbltn. strahlend; Blkr. 5zipfelig . . . . . . **Scabiosa,** 461
— Randbltn. nicht strahlend; Blkr. 4zipfelig 4
4. Hüllblätt. dachig angeordnet (> 3reihig); AußenK. m. 8 pfrieml. Zähnchen . . . . **Cephalaria,** 459
— Hüllblätt. nur in 1–3 Reihen; Außenk. 4spitzig od. 8furchig **Succisa,** 460

1. Cephalária Schrad., *Schuppenkopf*

1. Spreublätt. 12 mm lg., zugespitzt, seidenhaarig; Blkr. gelbl.weiß; Pfl. 60–100 cm hoch; ♃; VII–VIII. Steinige Triften, Hochstaudenflur; nur am Arlberg (Vb). *Alpen-Sch.,* **C. alpína** (L.) R. & Sch.
— Spreublätt. bis 12 mm lg., stachelspitzig, die Spitze fast ebenso lg. wie der übrige Teil des Blatts, anlgd. behaart; Blkr. blau bis lila; Pfl. bis 80 cm hoch; ♃; VI–VII. Eingeschleppt mit Vogelfutter, z. B. St. *Orientalischer Sch.,* **C. syríaca** (L.) R. & Sch.

2. Dípsacus L. (incl. **Virga** Hill), *Karde*

1. Blätt. sitzend, am Grd. paarweise miteinander verwachsen; Infl. längl., aufrecht 3
— Blätt. gestielt, am Grd. nicht miteinander verwachsen; Infl. kugelig, vor dem Aufblühen nickend 2
2. Infl. 1,5–2 cm breit; Tragblätt. 10–12 mm lg., borstig gewimpert *(891);* Blkr. weißl.; Antheren schwarzviolett; Pfl. bis 1,2 m hoch; ♃; VII–VIII. Auwälder, Zäune, Hecken (bis 1000 m); *z,* im N seltener (*f* NW-Dt, OPr). [= *Virga pilosa* (L.) Hill] *Behaarte K.,* **D. pilósus** L.
— Infl. 2,5–4 cm breit; Tragblätt. 15–20 mm lg., schwach behaart; Blkr. blaßgelb; Antheren hellgrün; Pfl. bis 2 m hoch; ♃; VII–VIII. Gepfl., stellenw. verwild. u. eingebürgert (z. B. Da, b. Frankfurt, Lahn-, Fuldatal, W-Harz, b. Würzburg, b. München). (Heimat: S-Rußland, Ukraine) *Schlanke K.,* **D. strigósus** Willd. ex R. & Sch.
3(1). Tragblätt. meist kürzer als die Bltn., mit starrer, zurückgekrümmter Spitze *(892);* Blkr. violett; Hochblätt. kürzer als die Ähre; ☉; VII–VIII. Angebaut (S-Dt) u. stellenw. verwild., z. B. Oberrhein, Bodenseegebiet, Vb; (nur kult. bekannt). (= *D. fullonum* Huds., non L.) *Weber K.,* **D. satívus** (L.) Honck.
— Tragblätt. so lg. od. länger als die Bltn., m. gerader Spitze *(893)* 4
4. Blätt. leierf.-fiederspaltig, am Rand borstig bewimpert, unterst. am Mittelnerven stachelig; Hochblätt. weit absthd., kürzer als die Ähre; Blkr. weiß; ☉; VII–VIII. Wiesen, Ruderalfluren; *s* M- u. Oberrhein, Neckar-, unt. Maintal, Lahn-, ob. Moseltal, Vb, b. München, mittl. Elbe, Schl, Ho, Be, zuw. verwild. (z. B. Kassel, St). [G] *Gelappte K.,* **D. laciniátus** L.
— Blätt. ungeteilt, kahl od. am Mittelnerven unterst. stachelig; Hochblätt. ungleich groß, bogig aufstgd., die längeren die Ähre überra-

gend; Blkr. lila; ⊙; VII–VIII. Ufer, Auwälder, Wegränder (bis 1000 m); *z*, im N *s*. [= *D. fullonum* L. ssp. *sylvestris* (HUDS.) P. FOURNIER]
Wilde K., **D. sylvéstris** HUDS.

3. Succísa HALL. (incl. **Succisélla** BECK), *Teufelsabbiß*

1. Fr. 4kantig, zottig behaart, Außenk. in 4 Spitzchen auslaufend; K. m. 5 borstenf. Strahlen *(894);* Blkr. meist dkblau; ♃; VII–IX. Wiesenmoore, Waldränder (bis 1400 m), *v*.
Gemeiner T., **S. praténsis** MOENCH

— Fr. flaschenf., ± rund, Außenk. 8furchig, kahl; K. ohne Borsten; Blkr. blaßblau; ♃; VI–IX. Wiesenmoore; *s* b. Liegnitz (Schl), Kt, St, sonst *s* eingebürgert (S-He bis Chiemsee). [= *Succisella inflexa* (KLUK) BECK] *Südlicher T.*, **S. infléxa** (KLUK) JUNDZ.

4. Knautia L., *Witwenblume*[1]

1. Ob. Stgblätt. leierf. bis fiedteilig, größte Blattbreite in der ob. Hälfte **4**

— Ob. Stgblätt. ungeteilt, aber häufig gezähnt/gezähnelt; größte Blattbreite in der unt. Hälfte **2**

2. Unt. Stghälfte u. unt. Stgblätt. kahl, glzd.; Stgblätt. (fast) ganzrandig, lanzettl.-zugespitzt; Köpfchen 4–6 cm breit; K. m. 8 Borsten; ♃; VII–VIII. Matten, Waldränder, Hochstaudenfluren (1400–1800 m); *z* Ti, Sb, Kt (2n = 20).
Langblättrige W., **K. longifólia** (W. & KIT.) KOCH

— Unt. Stghälfte u. unt. Stgblätt. behaart; Stgblätt. schmal-elliptisch bis eif., zugespitzt, fein u. entfernt gezähnt/gezähnelt **3**

3. Rhizom m. dem Bltntrieb abschließend (z. Bltzt. nur m. 1 Bltnstg. u. seitl. davon eine kleine Blattrosette vorhanden); Blätt. längl.-elliptisch, entfernt gesägt, zum Grd. hin lg. u. schmal stielart. verschmälert; K. m. 8 Borsten *(895);* ♃; VI–IX. Bergwälder, buschige Abhänge, Wiesen (bis 2100 m); *v* im S, sonst *s* u. nördl. bis E/Odw./UFr/Th/Sa/Schl, nördl. davon nur vereinzelt Be, Westw., Sauerland, Rhön. (= *K. sylvatica* auct.) (2 ssp.)
Wald-W., **K. dipsacifólia** KREUTZER

a. Bltnstiele drüsenlos; Spreite der Stgblätt. an der Basis allmähl. verschmälert; mittl. Internodien verkahlend; Pfl. schlank. Ob im Gebiet? (genaue Verbreitung nicht bekannt) (2n = ?). ssp. **grácilis** (SZABÓ) EHREND.

— Bltnstiele meist drüsig behaart; Spreite der ob. Stgblätt. breit abgerundet, fast geöhrt; mittl. Internodien behaart; Pfl. robust. Verbr. Sippe (2n = 40 od. 60).
ssp. **dipsacifólia**

— Rhizom m. einer zentralen, sterilen Blattrosette u. mehreren seitl. bogig aufstgd. Bltntrieben; K. m. 8–16 borstenf. Strahlen; Blätt. kürzer u. breiter stielart. verschmälert; ♃; V–IX. (2 Kleinarten)
Ungarische W., **K. dryméia** HEUFF. (s. l.)

a. Rosettenblätt. u. Stgbasis m. steifen, gelbl. Borstenhaaren; Pfl. meist < 50 cm hoch u. meist gering verzweigt. Waldränder (bis 1600 m); *s* Lungau (Sb), Kt, St. [= *K. drymeia* ssp. *intermedia* (PERNH. & WETTST.) EHREND.] (2n = 40).
K. intermédia PERNH. & WETTST.

[1] Schwierige Gattung. Polyploidkomplex m. offenbar noch nicht abgeschlossener Sippenneubildung.

— Rosettenblätt. u. Stg. m. weichen, kurzen, weißen u. gräul. Haaren; Pfl. meist > 50 cm hoch u. reich verzweigt. Bergmischwald; SO Pirna (Elbsandsteingeb.), N- u. OTi (2n = 40). **K. dryméia** HEUFF. (s. str.)

4(1). Blätt. u. basaler Stgteil gräul., stark behaart, auch untersts.; Endlappen der Stgblätt. etwa so lg. wie der übrige Spreitenteil; Blkr. blaßlila; K. 6–8borstig; Pfl. bis 30 cm hoch; Bltnstiele drüsenlos; ♃; V–VIII. Kalkhügel; *s* Kt, St. (2n = 20) G *Kärntner W.,* **K. carinthíaca** EHREND.

— Blätt. grün, aber untersts. ± behaart; Endlappen der Stgblätt. kürzer als der übrige Spreitenteil; K. 8–10borstig; Bltnstiele drüsig od. drüsenlos **5**

5. Blkr. blauviolett bis lila, selten gelbl.; Pfl. m. unterirdischen Ausläufern; K. m. 8 gefiederten Borsten; ♃; V–IX. Trockenwiesen, Wegränder, Äcker (bis 1500 m). (2 ssp.) *Acker-W.,* **K. arvénsis** (L.) COULT.

a. Blkr. blauviolett bis lila; Stgbasis meist m. rötl. Flecken. *v.* (2n = 20, 40). ssp. **arvénsis**

— Blkr. gelbl.; Stgbasis niemals m. rötl. Flecken. Nur O-Sa (2n = 40). ssp. **kitaibélii** (SCHULT.) SZABÓ

— Blkr. purpurn; Pfl. ohne unterirdische Ausläufer; K. m. 8–10 Borsten; ♃; V–VIII. Gebüsche, Trockenrasen; *s* Kt. (2n = 40). *Illyrische W.,* **K. illýrica** G. BECK

G **K.** x **norica** EHREND. = *K. drymeia* x *K. carinthiaca, s* Kt.

5. Scabiósa L., *Skabiose, Grindkraut*

1. Bltn. (meist) schwarzpurpurn; Außenk. knorpelig; Pfl. bis 1,2 m hoch; ⊙; VII–IX. Zierpfl., zuw. verwild. (Heimat: Mittelmeergebiet) *Samt-S.,* **S. atropurpúrea** L.

— Bltn. andersfarbig; Außenk. häutig **2**

2. Alle Blätt. grasart., ganzrandig; Blkr. hellblau bis blaulila; Pfl. 20–40 cm hoch; ♃; VII–VIII. Felsig-steinige Orte (bis 1000 m); kalkliebend; Kt?, St? *Grasblättrige S.,* **S. graminifólia** L.

— Laubblätt. nicht grasart. bis lineal, viel breiter, zumeist fiedspaltig bis gefied. **3**

3. Grdblätt. ungeteilt, ± lanzettl., ganzrandig (selten m. kleinen Zähnchen); Kborsten blaßgelb, höchstens 2mal so lg. wie der Außen-K.; Blkr. meist hellblau; Pfl. bis 40(–50) cm hoch; ♃; VII–IX. Trockene Wiesen, lichte Kiefernwälder; kalkliebend; *z* E, Oberrhein, Lech, Isar, Main, M-Rhein, M-He, *z* im O, NW-Grenze Usedom/S-Me/N-Harz, außerdem Be, Da. *Graue S.,* **S. canéscens** W. & K.

— Kborsten dkbraun bis fuchsrot, deutl. länger; Grd.- u. Stgblätt. geteilt bis gelappt, jedenfalls nicht ganzrandig . . **4**

4. Blkr. gelbl.weiß bis blaßgelb; Kborsten, bes. jung, fuchsrot; ⊙ bis mehrjährig; VII–IX. Steppenrasen, Waldränder; *v* im O, westl. bis Po/S-Me/Th/Sa, sonst nur b. Frankfurt/M., außerdem Kt, St; eingeschleppt Bayrw., NTi. *Gelbe S.,* **S. ochroleuca** L.

— Blkr. blau bis violett **5**

5. Stgblätt. stark behaart, untersts. fast stets samtig, Endabschnitt recht groß; Kborsten purpurschwarz, 4 mm lg., fast 3mal so lg. wie der Außen-K.; ♃; VIII. Buschig- u. felsig-sonnige Abhänge; S-St. [= *S. cinerea* LAP. ex LAM. ssp. *hladnikiana* (HOST) JASIEWICZ] *Krainer S.,* **S. hladnikiána** HOST

— Stgblätt. fast kahl bis zwar dicht, aber nur kurz behaart, niemals samtig **6**

6. Blätt. ± kahl, etwas glzd.; Kborsten gekielt, im Querschnitt gerundet-3eckig; ♃; VII–IV. Felsen, Schutt, Wiesen; kalkliebend; *z* Alp. (1300–2300 m), *s* Vog., Riesengeb., Gesenke. *Glänzende S.*, **S. lúcida** VILL.

— Blätt. deutl. behaart bis kraushaarig, glanzlos; Kborsten im Querschnitt rund **7**

7. Kborsten (meist nur 1–2) kürzer als der Außen-K. od. ganz fehlend; Blätt. der nichtblühenden Triebe leierf.; ♃; VII–IX. Trockenrasen; *z* Au (*f* Vb). [= *S. gramuntia* L.; = *S. columbaria* ssp. *gramuntia* (L.) HAY.] *Südliche S.*, **S. triándra** L.

— Kborsten 5, mehrmals (2–5mal) so lg. wie der Außen-K.; Blätt. der nichtblühenden Triebe insgesamt tiefer gegliedert, ähnl. auch bei den Blätt. der blühenden Triebe; ♃; VII–X. Wiesen, Gebüsch, Triften (bis 1800 m); *v*. Veränderliche Art, ob Untergliederung möglich? *Tauben-S.*, **S. columbária** L.

Ordnung: **Oleáles**

Familie: **Oleáceae**, *Ölbaumgewächse*

Bäume u. Sträucher; Blätt. meist gegenst., ohne Nebenblätt.; Bltn. ⚥ od. selten eingschl.; K. meist 4zähnig; Blkr. 4–12zipfelig, radiär, zuw. fehlend; Stbblätt. meist 2; Frkn. oberst., 2fächerig.

1. Blätt. meist gefied.; K. u. Blkr. meist fehlend *(174)*, Fr. geflügelt . . . . **Fraxinus**, 462

— Blätt. ungeteilt od. 3zählig **2**

2. Bltn. gelb, vor den Blätt. erscheinend . . . . . **Forsythia**, 463

— Bltn. weiß od. violett **3**

3. Bltn. röhrig, violett od. weiß; Blattspr. am Grd. herzf.; Fr. 2klappige Kapsel . . . . **Syringa**, 463

— Bltn. trichterf., weiß; Blattspr. längl.-lanzettl., immergrün; Fr. schwarze Beere . . . . **Ligustrum**, 463

1. Fráxinus L., *Esche*

1. Blkrblätt. vorhanden, weiß; Bltn. in hängenden Rispen; Blätt. 7–9zählig gefied.; Knospen graufilzig; bis 8 m hoher Baum; ♃; V–VI. Trockene Mischwälder; ursprüngl. nur bei Innsbruck, OTi, Kt, sonst oftmals angepfl. *Manna-E., Blumen-E.*, **F. órnus** L.

— Blkrblätt. fehlend **2**

2. K. fehlend *(174)*; Fiedern sitzend; Infl. aufrecht-absthd.; Blätt. 9–13zählig gefied.; Knospen schwarz; bis 40 m hoher Baum; ♃; IV–V. Auwälder, feuchte Waldstellen, Ufer (bis 1400 m); *v*, vielf. gepfl. *Gemeine E.*, **F. excélsior** L.

— K. vorhanden; Fiedern gestielt; bis 20 m hohe Bäume; Knospen braun **3**

3. Fied. unterst. weißl.; junge Zweige kahl; ♃; IV–V. Zuw. forstl. angepfl. (Heimat: östl. N-Amerika) *Weiße E.*, **F. americána** L.

— Fied. unterst. grünl.; junge Zweige behaart; ♃; IV–V. Zuw. forstl. angepfl. (Heimat: östl. N-Amerika) *Pennsylvanische E.*, **F. pennsylvánica** MARSH.

2. Ligústrum L., *Liguster*

1. Röhre der Blkr. meist kürzer als deren Zipfel; junge Zweige behaart; Blätt. lanzettl.; ♃; VI–VIII. Lichte Wälder, Gebüsche, sonnige Hänge, Auwälder (bis 1100 m); *v*, im N seltener, nördl. bis Hamburg, *f* Da, oft gepfl. (Hecken). Fr. **giftig!**
Gemeiner L., Rainweide, **L. vulgáre** L.

— Röhre der Blkr. 3mal so lg. wie deren Zipfel; junge Zweige kahl; Blätt. (eif.-)elliptisch; ♃; VI–VII. Häufig gepfl. als Heckenstrauch (Heimat: Japan). Fr. **giftig!**
Japanischer L., **L. ovalifólium** Hassk.

3. Syringa L., *Flieder*

Blätt. breit-eif., am Grd. herzf., 10–15 cm lg.; Blkr. 4zipfelig, bläul.violett, rötl. od. weiß; ♃; V–VI. Gepfl. in zahlr. Hybriden u. Sorten, auch als Hecke, zuw. verwild. (Heimat: Balkan, Kleinasien) *Gemeiner Fl.,* **S. vulgáris** L.

4. Forsýthia Vahl, *Goldflieder (246–247)*

Blkr. 4zipfelig; Blätt. längl.-elliptisch, zuw. 3zählig; ♃; III–IV. Sehr häufiger Zierstrauch, in 2 Arten [**F. suspénsa** (Thunb.) Vahl u. **F. viridíssima** Ldl.] u. zahlr. Sorten angepfl. (Heimat: China)

Ordnung: **Polemoniales**

Familie: **Convolvuláceae,** *Windengewächse*

(einschl. **Cuscutáceae**)

Kräuter od. Stauden, m. meist windenden, grünen od. bleichgelben Sprossen; Blätt. einfach, wechselst., ohne Nebenblätt., groß od. unscheinbar-schuppenf.; Bltn. groß, m. trichterf. bis fast radf. *(231),* in der Knospenlage gedrehter radiärer Blkr. od. klein u. unscheinbar; Frkn. oberst.; Kapselfr.

1. Bleiche, nichtgrüne Schmarotzerpfl. m. kleinen Bltn. *(223)*
Cuscuta, 464

— Pfl. m. grünen Blätt. u. großen Bltn. *(231)* **2**

2. K. von 2 großen, grünen Vorblätt. umgeben **Calystegia,** 463

— K. ohne Vorblätt., diese vom K. weit entfernt . . . **3**

3. Narbe kopfig; Frkn. u. Kapsel 3–4fächrig . . **Pharbitis,** 464

— Narbe 2teilig; Frkn. u. Kapsel 2fächrig . . **Convolvulus,** 464

1. Calystégia R. Br., *Zaunwinde*

1. Stg. niederlgd., kaum windend; Blätt. nierenf., etwas fleischig; Blkr. rötl. m. 5 weißen Streifen; ♃; VI–VIII. Stranddünen; *s* Be, Ho, O-Friesische Inseln, Sylt, W-Da.
Ⓖ ! *Strand-Z.,* **C. soldanélla** (L.) R. & Sch.

— Stg. windend; Blätt. ± pfeilf., nicht fleischig **2**

2. Vorblätt. am Grd. etwas ausgesackt u. einander überdeckend, nur wenig länger als die Kblätt. *(896a);* Blkr. rosa m. dunkleren Streifen, bis 7 cm lg.; Blattstiele zerstreut kurzhaarig; ♃; VI–IX. Zäune; *z* eingebürgert (z. B. Ho, SH, Da, We, NS, BW, Ba, NTi, Sb, Sa, Th, Po, Schl). (Heimat:O-Asien?) (= *C. dahurica* aut.)
Wald-Z., **C. silvática** (Kit.) Gris. ssp. **púlchra** (Brummit & Heywood) Rothm.
ssp. **silvática:** Blkr. reinweiß; Blattstiele kahl. Bis jetzt nur *s* Me.

— Vorblätt. nicht ausgesackt, ± flach, fast doppelt so lg. wie die Kblätt. *(896b);* Blkr. bis 5 cm lg.; ♃; VI–IX.
Gemeine Z., **C. sépium** (L.) R. Br.

a. Blkr. weiß; Pfl. kahl; Stbfäden in der unt. Hälfte dicht kurz-drüsenhaarig. Zäune, Hecken (bis 1200 m); *v.* ssp. **sépium**

— Blkr. zartrosa; Vorblätt. u. Kblätt. an der Spitze gewimpert; Blattstiele behaart; Stbfäden in der unt. Hälfte (dicht?) lg.-drüsenhaarig. Gebüsche, Schilfränder; Ostseeküste *(z).* ssp. **báltica** ROTHM.

2. Convólvulus L., *Winde*

Stg. windend od. niederlgd.; Blätt. spießf. od. pfeilf.; Blkr. weiß od. rosa, außen rötl. gestreift, bis 2,5 cm lg.; ♃; V–X. Zäune, Äcker, Schuttplätze (bis 1200 m); *g.* *Acker-W.,* **C. arvénsis** L.

3. Pharbitis CHOISY, *Trichterwinde*

Pfl. bis 3 m hoch; Stg. behaart; Blkr. bis 8 cm lg., meist purpurn od. blau; ⨀; VI–IX. Als Zierpfl. *v* gepfl., zuw. verwild., z. B. Sb, Kt, St. (Heimat: Trop. Amerika) [= *Ipomoea purpurea* (L.) ROTH] **Ph. purpúrea** (L.) VOIGT

4. Cúscuta L., *Seide, Teufelszwirn*

1. Gr. 1, m. fast kopff., 2lappiger Narbe; Stg. oft purpurn; Teilinfl. meist nur bis 6bltg.; ⨀; VII–IX. Feuchtes Ufergebüsch (bes. auf *Salix*) der Stromtäler; *z* Täler: M- u. Niederrhein, Mosel, Main, b. Hamburg u. Berlin, Pf, Ho. *Pappel-S.,* **C. lupulifórmis** KROCK.

— Gr. 2, getrennt; Bltn. in dichten Knäueln **2**

2. Narben fadenf.; Bltn. meist sitzend, geknäuelt angeordnet **6**

— Narben kopfig; Bltn. wenigstens teilw. gestielt; Schlundschuppen lg.gefranst **3**

3. Stg. dick, orange; Bltnknäuel dicht, geruchlos **5**

— Stg. dünn, gelb, glatt; Bltnknäuel locker, duftend **4**

4. Schlundschuppen groß, fast so lg. wie die durch sie verschlossene Kronröhre; Gr. ± so lg. wie der breit-walzl. Frkn.; ⨀; VIII–IX. Luzerne- u. Kleefelder; *s* eingebürgert: westl. Köln, westl. Koblenz, Pf (Bad Kreuznach), Schl, sonst *s* u. unbeständig. (Heimat: Chile) *Chilenische S.,* **C. suavéolens** SER.

— Schlundschuppen klein, kaum ½ so lg. wie die von ihnen nicht verschlossene Kronröhre; Gr. etwas kürzer als der oben abgeplattete, ± kugelige Frkn.; ⨀; VI–IX. Wie vorige, aber noch seltener (z. B. Rheintal zw. Koblenz u. Bonn, Th). (Heimat: Mittelmeergebiet, Tropen) *Südliche S.,* **C. austrális** R. BR. (s. str.)

5(3). Schlundschuppen kürzer als die Kronröhre; Stg. etwas rauh; ⨀; VIII–IX. Flußufer, bes. auf *Salix, Urtica, Brassica; z* Rhein- (ohne Ob-Rhein), Main-, Mosel-, Lahntal, FrAlb, Wilhelms-/Bremerhaven, Schl? (Heimat: N-Am.) *Weiden-S.,* **C. gronóvii** SCHULTES

— Schlundschuppen so lg. wie die Blkrzipfel, aus der Blüte herausragend, schmaldreieckig-zugespitzt; Stg. glatt; ⨀; VII–IX. Luzerne- u. Kleefelder; *s* im S (E, Hoch-, Ober-, M-Rhein, Br, Au; *f* Kt) (sonst nur unbeständig, eingeschleppt). (Heimat: südöstl. N-Am.) (= *C. arvensis* auct.) *Nordamerikanische S.,* **C. campéstris** YUNCK.

6(2). Schlundschuppen die Kronröhre nicht verschließend, 2teilig (diese ganzrandig od. m. je 1–4 Zähnchen od. kurzen Fransen), fast od. ganz fehlend; Blkrzipfel etwa ½ so lg. wie die Kronröhre; Stg. u. Blkr. meist rötl.; ⨀; VI–IX. Ufer, Auwälder, Hecken (bes. auf *Salix, Alnus, Humulus, Urtica*), Feldkulturen bes. auf Kartoffeln (bis 1200 m); *v* bis *z.* (3 ssp.) *Europäische S.,* **C. europaea** L.

a. Blkr. gelbl.; Schlundschuppen deutl. 2spaltig, m. je 1–4 Zähnchen; Stbfäden am Grd. verbreitert. Nur auf *Vicia* u. *Lens,* sehr *z* (wo?). ssp. **víciae** (ENGELM.) GANEŠIN

— Blkr. rosa od. weißl.; Stbfäden am Grd. nicht verbreitert . . . . . . **b**

b. Schlundschuppen groß, 2spaltig, gefranst. Ufer, auf Gehölzen u. Stauden; *v* bis *z.* ssp. **europaea**

— Schlundschuppen sehr klein u. nur undeutl. gezähnt. Hecken (Wirtspfl.?); bisher nur *s* N-Ba, Sa, SH (ob gut abgrenzbar?). ssp. **néfrens** (FR.) O. SCHWARZ

— Schlundschuppen im Umriß breit-zungenf., ringsum ± gleichmäßig u. kurz gefranst **7**

7. Kurzbauchige Kronröhre fast 2mal so lg. wie die Blkrzipfel; Gr. kürzer als die Bltn.; Schlundschuppen der Kronröhre anliegend, diese nicht verschließend; Bltnknäuel 10–12 mm breit; Bltn. u. Stg. meist gelbl.; ⨀; VI–VIII. Fast nur auf *Linum; s* (dann *h*), *v* Au, in Dt (fast) verschwunden. *Flachs-S.,* **C. epilínum** WH.

— Walzl. Kronröhre ± so lg. wie die Blkrzipfel; Gr. länger als der Frkn., die Bltn. überragend; Schlundschuppen zusammenneigend, die Kronröhre verschließend; Bltnknäuel 5–12 mm breit; Bltn. u. Stg. meist rötl.; ⨀–⨀; VII–IX. (2 Kleinarten) *Quendel-S.,* **C. epithýmum** (L.) L. (s. l.)

a. Bltn. sitzend od. kurz gestielt, in 8–10bltg. Knäueln von 5–8 mm Dm. Auf zahlr. Arten, bes. *Labiatae; z* (bis 2000 m). **C. epithýmum** L. (s. str.)

— Pfl. in allen Teilen kräftiger; Bltn. meist deutl. gestielt, in 12–18bltg. Knäueln von 8–12 mm Dm. Fast nur in Klee- u. Luzernefeldern; *z* bis *s*. *Klee-S.,* **C. trifólii** BAB. & GIBS.

Familie: **Polemoniáceae,** *Sperrkrautgewächse*

Kräuter od. Stauden; Blätt. wechselst., ohne Nebenblätt.; Bltn. ⚥, radiär; Blkr. rad-, trichter- od. trompetenf.; K-, Blkr.- u. Stbblätt. 5; Frkn. oberst., 3fächerig; Kapselfr.

1. Blätt. unpaarig gefied.; Bltn. fast radf. . . **Polemonium,** 465

— Blätt. ungeteilt; Bltn. stieltellerf. *(288)* . . . . **Collomia,** 465

1. Polemónium L., *Himmelsleiter*

Stg. kantig gefurcht, 20–50 cm hoch; ♃; VI–IX. Wiesen, Flachmoore, Flußkies (bis 1500 m); *z* bis *s* (ursprüngl. nur im S, sonst oft kult., verwild. u. eingebürgert, außer im N u. O). Ⓖ **P. caerúleum** L.

2. Collómia NUTT., *Leimsaat (288)*

Pfl. bis 70 cm hoch, oberw. meist reichästig; Blkr. zuerst gelb, später rötl.; Blätt. lanzettl.; ⨀; VI–VII. Flußufer, Bahndämme; *z* eingebürgert RhPf, fest b. Berlin u. Monschau (Rheinl.), Zierpfl. (Heimat: N-Am.) **C. grandiflóra** DOUGL.

Familie: **Hydrophylláceae,** *Wasserblattgewächse*

Rauhhaarige Kräuter; Bltn. in spirallg eingerollten Wickeln; Blkr. verwachsen; Frkn. meist 1fächerig; Fr. 2spaltige Kapsel.

Phacelia JUSS., *Büschelschön*

1. Pfl. bis 70 cm hoch, behaart; Blätt. kurz gestielt, gefied., Fied. spitzl. gekerbt; Infl. in schneckenf. eingerollten, dichtbltg. Wickeln; Blkr. hellblau; ⨀; V–VIII. Häufig, auch feldweise, kult. als Bienenfutterpfl. u. zur Gründüngung, zuw. verwild. (Heimat: Kalifornien) *Rainfarn-B.,* **Ph. tanacetifólia** BENTH.

— Pfl. bis 30 cm hoch, dicht drüsig behaart; Blätt. sehr lg. gestielt, Spr. nicht gefied., im Umriß etwa herzf., seicht gekerbt; Infl. in armbltg. Wickeln; Blkr. enzianblau, m. 5 weißen Schlundflecken; ⨀; VI–VII. Mit Saatgut der vorigen Art eingeschleppt u. (bisher) m. dieser gemeinsam auftretend. (Heimat: Kalifornien) *Klebriges B.,* **Ph. víscida** BENTH.

Familie: **Boraginaceae,** *Rauhblattgewächse*

Kräuter od. Stauden, meist steif behaart; Blätt. ungeteilt, ohne Nebenblätt., wechselst.; Bltn. oft in schneckenf. eingerollten Wickeln *(109),* radiär od. leicht zygomorph *(Echium, 226, Lycopsis, 898),* ⚥, 5zählig; Blkrröhre oft durch 5 hohle, zuw. behaarte Ausstülpungen (= Schlundschuppen, *897,* S) verengt; Frkn. oberst., 2blättrig, durch falsche Scheidewand in 4 Fächer (Klausen; = Teilfr.) geteilt, zwischen denen der Gr. steht *(225),* bei der Reife in 4 1samige Nüßchen zerfallend.

1. Blkr. glockig, trichterf. od. radf. ausgebreitet, dann aber m. deutl. Blkrröhre **4**
— Blkr. radf. ausgebreitet, ohne deutl. Blkrröhre **2**
2. Bltn. 2 cm im Dm; Blkrzipfel doppelt so lg. wie breit **Borago,** 474
— Bltn. < 1 cm im Dm; Blkrzipfel ± so lg. wie breit **3**
3. Schlundschuppen zerschlitzt . . . . **Brunnera,** 468
— Schlundschuppen als lappige Einstülpungen **Omphalodes,** 468
4(1). Bltn. regelmäßig (radiär) **6**
— Bltn. unregelmäßig (zygomorph), fast 2lippig *(226)* oder m. geknickter Röhre (*898;* aus dem K. herausziehen!) . . . **5**
5. Blkr. m. geknickter Röhre *(898),* himmelblau . **Lycopsis,** 472
— Blkr. fast 2lippig *(226),* meist dkblau . . . . . **Echium,** 471
6(4). Teilfr. ohne Stacheln (zuw. aber gezähnt) **8**
— Teilfr. m. Stacheln **7**
7. Teilfr. auf der ganzen Fläche m. widerhakigen Stacheln *(899);* Blkr. trichterf., m. kurzer Röhre, braunrot od. blau; Blätt. lanzettl., zungenf., weich behaart . **Cynoglossum,** 468
— Teilfr. nur an den Kanten m. 1–3 Reihen widerhakiger Stacheln *(900);* Bltn. klein, hellblau . . . . **Lappula,** 467
8(6). Bltn. glockig, walzl. od. bauchig, m. kleinen Blkrzipfeln, diese mehrfach kürzer als die Blkrröhre u. nicht ausgebreitet (Ausnahme *Cerinthe minor*), meist nickend od. hängend **18**
— Bltn. stielteller- bis trichterf., m. ausgebreiteten, größeren Blkrzipfeln **9**
9. Blkr. m. deutl. Schlundschuppen **15**
— Schlundschuppen fehlend, sehr klein (*901,* S) od. nur als Haarbüschel **10**
10. Blkr. gelb, m. langer Röhre; K. bis zum Grd. 5spaltig; Bltn. gestielt, in armbltg. Wickeln; Blätt. sitzend; Tragblätt. sehr klein . . . . **Amsinckia,** 468
— Blkr. entweder nicht gelb od. K. nur bis zur Mitte 5zipfelig **11**
11. Stgblätt. gestielt, eif.-lanzettl. bis elliptisch, bis 4 cm breit; Bltn. in unbeblätterten Wickeln; Blkr. weiß **Heliotropium,** 467
— Stgblätt. sitzend (sonst Blkr. blau) **12**
12. K. höchstens bis zur Mitte geteilt **14**
— K. fast bis zum Grd. geteilt **13**
13. Blkr. fleischfarben bis blau; niederlgd.; Strandpfl. m. bläul.grünen, nicht behaarten Blätt. . . . . **Mertensia,** 469
— Blkr. weiß od. blau, dann Blätt. behaart . **Lithospermum,** 469

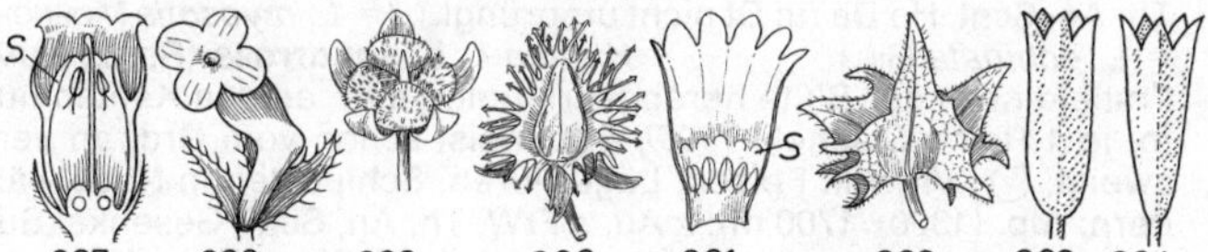

897 898 899 900 901 902 903 904

14(12). Blkr. gelb, rosa- bis braunviolett u. m. kleinen Schlundschuppen *(901)* od. diese nur als Haarbüschel . **Nonea,** 472
— Blkr. anfangs rot, dann blau . . . . **Pulmonaria,** 472
15(9). K. nach der Bltzt. stark vergrößert *(902),* abgeflacht, m. gezähnten Zipfeln; Stg. niederlgd. . . . . . . **Asperugo,** 467
— K. nach der Bltzt. nicht od. anders als in *902* vergrößert **16**
16. Polsterpfl. der alp. Reg. (nur in Sb), m. himmelblauer Blkr. **Eritrichium,** 468
— Pfl. nicht polsterf.; Stg. meist verlängert; Blkr. blau bis violett (selten anfangs gelb) **17**
17. Teilfr. glatt; Schlundschuppen kahl, gelb . . . **Myosotis,** 469
— Teilfr. rauh; Schlundschuppen papillös od. bärtig, weiß **Anchusa,** 471
18(8). Pfl. kahl, blaugrün bereift; Bltn. gelb . . . **Cerinthe,** 471
— Pfl. behaart **19**
19. Blkr. m. Schlundschuppen od. Haarbüschel **21**
— Blkr. ohne Schlundschuppen od. Haarbüschel . . . **20**
20. Blkr. 3 cm lg., glockig-hgd. . . . . **Onosma,** 471
— Blkr. bis 15 mm lg., aufrecht . . . . **Mertensia,** 469
21(19). Pfl. bis 1 m hoch; Blätter bis > 5 cm breit, ihr Grd. oft am Stg. flügelart. herablaufend; Blkr. weiß, (blau-)violett od. gelb; Schlundschuppen schmal-spitz-3eckig **Symphytum,** 474
— Pfl. kaum höher als 30 cm; Blätt. nur bis 2 cm breit, ihr Grd. am Stg. nicht herablaufend; Blkr. rosa, gelb od. in Brauntönen; Schlundschuppen unscheinbar od. bärtig . **Nonea,** 472

1. Heliotrópium L., *Sonnenwende*
Pfl. 20–30 cm hoch; Blätt. beidersts. weich behaart; ⊙; VII–IX. Weinberge, Brachäcker; *s* im SW (Basel, E, RhPf, b. Bonn, Lx); in Au erst NÖ, sonst nur eingeschleppt. **H. europáeum** L.

2. Asperúgo L., *Schartkraut (902)*
Stg. 20–70 cm lg.; Frstiele herabgekrümmt; ⊙; V–VIII. Ödland, Mauern, Viehläger; *z* Au, sonst *s* im S (Ba, Württ., RhPf, b. Fulda, Th), Ho, Da, SH, Elbetal, Br, Th eingebürgert. **A. procúmbens** L.

3. Láppula Moench (incl. **Hackélia** Opiz), *Igelsame*
1. Frstiele aufrecht; Teilfr. an den Kanten m. 2–3 Reihen von Stacheln; Stg. meist nur oberw. sparrig-ästig verzweigt, schlaff; ⊙; VI–VII. Weinberge, Brachäcker, Schutt; *z* Au, Nahegebiet, Rheingau, *s* Ba (nördl. der Donau), b. Stuttgart, Würzburg, Münster (We),

Th, An, Schl, Ho Da (in Dt nicht ursprüngl.). (= *L. myosotis* MOENCH; = *L. echinata* GIL.) *Kletten-l.*, **L. squarrósa** (RETZ.) DUM.
— Frstiele nach der Blüte herabgekrümmt; Teilfr. an den Kanten nur m. je 1 Reihe Stacheln *(900);* Stg. meist schon vom Grd. an verzweigt; ⨀; VI–VIII. Felsen, Lägerfluren, Schluchten in Nadelwäldern; Alp. (1300–1700 m); *z* Au, *s* FrW, Th, An, Schl, Gesenke, Sudeten. *Herabgebogener l.*, **L. defléxa** (WAHL.) GARCKE

4. Eritríchium GAUD., *Himmelsherold*
Bltn. vergißmeinnichtähnl., 7–9 mm breit; Schlundschuppen kahl, gelb; ♃; VII–VIII. Felsspalten, Grus (2200–2600 m); *s* Lungau (Sb), Kt, St. Ⓖ **E. nánum** (L.) GAUD.

5. Amsínckia LEHM.
Blkr. mehrmals länger als ihre kurzen, aber ausgebreiteten freien Zipfel. 5 schwierig zu bestimmende (da selten mit reifen Fr.) Arten aus N-Am.; ⨀; IV–VI. Zuw. adventiv im W (Ho, Be, Rheintal, E; genauere Angaben erwünscht!).
a. Blkrröhre im Schlund behaart; Blkr. intensiv gelb **A. lycopsoídes** (LEHM.) LEHM.
— Blkrröhre im Schlund kahl . . . . **b**
b. Blkr. 10–15 mm lg., orangefarben; Infl. ohne Hochblätter **A. douglasiána** A. DC.
— Blkr. < 10 mm . . . . **c**
c. Teilfr. stachelig u. deutl. quer-gerunzelt; Blkr. gelb-orange **A. intermédia** FISCH. &.C. A. MEY.
— Teilfr. zwar ± stachelig, doch nicht quer-gerunzelt . . . . **d**
d. Teilfr. behaart; Infl. ohne Hochblätt.; Blkr. blaßgelb **A. menziésii** (LEHM.) A. NELSON & MACBRIDE
— Teilfr. kahl; Infl. m. Hochblätt.; Blkr. gelb **A. calýcina** (MORIS) CHATER

6. Omphalódes MILL., *Nabelnuß, Hundsvergißmeinnicht*
1. Blätt. lanzettl. bis spatelf.; Blkr. 3–4 mm groß, hellblau, m. gelben Schlundschuppen; ⨀; IV–VI. Au- u. Bergwälder, Gebüsche; *s* Sa, An, Harz, UFr, FrAlb, Schl, OPr, Kt, St, Sb? *Vergißmeinnichtähnliche N.*, **O. scorpioídes** (HAENKE) SCHR.
— Blätt. eif.-zugespitzt, lg. gestielt; Blkr. 8–10 mm groß, dk.himmelblau, m. weißen (zuw. rot punktierten) Schlundschuppen; ♃; IV–V. Zierpfl.; *z* verwild. u. eingebürgert; vermutl. ursprüngl. Kt. *Frühlings-N.*, **O. vérna** MOENCH

7. Brúnnera STEVEN, *Kaukasus-Vergißmeinnicht*
Grdblätt. herzf., lg. gestielt, 10–15 cm lg.; Blkr. 4 mm lg., m. 1 mm lg. Röhre, blau; Schlundschuppen zerschlitzt; Teilfr. runzelig; ♃; V–VI. Häufige Zierpfl., zuw. verwild., eingebürgert Vb, N-Ti. (Heimat: Kaukasus) **B. macrophylla** (ADAMS) I. M. JOHNSTON

8. Cynoglóssum L., *Hundszunge*
1. Blätt. graufilzig, dünn, m. starkem Mäusegeruch; Blkr. trübbraunrot; Teilfr. am Rand wulstig verdickt; ⊙; V–VI. Steinige, sandige Orte, Ackerränder (bis 1600 m); *z*, im NW u. S-Ba *s*. *Echte H., Gemeine H.*, **C. officinále** L.
— Blätt. obersts. fast kahl, glzd.grün; Blkr. violett, m. braunrotem Saum; Teilfr. am Rand nicht verdickt; ⊙; V–VI. Feuchte Wälder, Kahlschläge; *s* Vog., Eifel, Pf, SchwAlb, Rhön, N-Hessen, Weserbergland, Harz; in Au erst ab NÖ. *Deutsche H.*, **C. germánicum** JACQ.

9. Lithospérmum L. (incl. **Buglossoídes** MOENCH), *Steinsame*

1. Blkr. anfangs rot, später blau, 10–15 mm breit; nichtblühende Triebe bogig wachsend u. an der Spitze einwurzelnd; ♃; IV–V. Steppenheidewälder; kalkliebend; *z* Ba (nördl. der Donau, *f* NO-Ba), BW, RhPf, nördl. bis Be/Lx/N-Eifel/Weserbergland/Th/SaAn. *Blauroter St.*, **L. púrpurocaerúleum** L.

— Blkr. weiß od. gelbl. (selten bläul.), bis 5 mm breit; Stg. alle aufrecht **2**

2. Reife Fr. glatt, glzd.weiß; Blkr. grünl.gelb; Stg. reichästig, 30–100 cm hoch; ♃; V–VII. Auwälder, sonnige Hügel; *z* im S, *s* im N, *f* NW-Dt. *Echter St.*, **L. officinále** L.

— Reife Fr. runzelig, fast glanzlos, braun; Blkr. weiß; Stg. wenig verzweigt, 10–30 cm hoch; ⊙; IV–VII. Ackerunkraut (bis 1000 m). (2 ssp.) *Acker-St.*, **L. arvénse** L.

a. Blkr. weiß; Teilfr. 3–3,5 mm groß. Kalkliebendes Ackerunkraut; zieml. *v*, im NW *z* bis lückenhaft. ssp. **arvénse**

— Blkr. bläul. bis rötl.; Teilfr. 2–2,5 mm groß. Trockenrasen, lichte Kiefernwälder; *s* Me (Rügen, Hiddensee), An (O-Harz), Br (Odertal). ssp. **coeruléscens** (DC.) ROTHM.

10. Merténsia ROTH, *Mertensie*

Blätt. 2–6 cm lg., die unt. gestielt, die ob. sitzend, m. punktierter Oberfläche, in angenähert 2 Reihen sthd.; Stg. bläul.-wachsig überlaufen, bis 60 cm lg., Infl. reich verzweigt; ♃; VI–VIII. Kiesig-steiniger Strand; nur N-Jütland (Da). [G] **M. marítima** (L.) S. F. GRAY

11. Myosótis L., *Vergißmeinnicht*

1. K. absthd. behaart, Haare alle od. z. T. hakig eingekrümmt; Stg. behaart **3**

— K. angedrückt behaart (Haare an der Spitze nicht hakig gekrümmt), z. Frzt. offen bleibend; Pfl. nasser u. feuchter Standorte **2**

2. K. z. Frzt. meist abfallend, > ½ seiner Länge gespalten, Kzipfel schmal-3eckig; Pfl. ohne Ausläufer; Stg. rund. ⊙–⊙; V–VII. (2 ssp.) *Schlaffes V.*, **M. láxa** LEHM.

a. Stg. aufstgd.; Bltnstiele der unt. Bltn. bis 2,5 cm lg.; K. bis 8 mm lg.; Teilfr. 2 × 1,5 mm groß. Strandwiesen; Ostseeküste Da. (= *M. baltica* SAMUELSSON) ssp. **báltica** (SAMUELSSON) HYL. ex NORDHAGEN

— Stg. aufrecht; Bltnstiele der unt. Bltn. < 1 cm lg.; K. < 5 mm; Teilfr. 1,5 × 1 mm groß. Ufer, Gräben, nasse Wiesen; *v* im N, ab 52° südl. nur noch *s* m. großen Verbr.-Lücken, *f* Sb, St. (= *M. caespitosa* K. F. SCHULTZ) ssp. **caespitósa** (K. F. SCHULTZ) HYL. ex NORDHAGEN

— K. z. Frzt. erhalten bleibend, < ½ seiner Länge gespalten, Kzipfel breit-3eckig; Pfl. ♃; Pfl. nasser u. feuchter Standorte. (= *M. scorpioides* L. em. HILL) (5 Kleinarten) *Sumpf-V.*, **M. palústris** (L.) NATHH. (s. l.)

a. Pfl. 2–10 cm hoch; Blkr. 8–12 mm im Dm; FrK. 4 mm lg., länger als sein Stiel; Teilfr. 1,8 mm lg.; IV–V. Bodenseeufer, Liechtenstein, Starnberger See. [= *M. caespiticia* (DC.) KERN.] Ⓖ *Bodensee-V.*, **M. rehstéineri** WARTM.

— Pfl. > 20 cm; Blkr. u. Teilfr. meist deutl. kleiner als bei voriger . . . . **b**

b. Bltn. groß, 10–12 mm im Dm; FrK. ca. 6 mm lg.; Teilfr. bis 2,5 mm lg.; VI–VIII. Strandwiesen; *s* Me. *Großblütiges V.*, **M. praécox** HÜLPHERS

— Bltn. klein, nur 4–8 mm im Dm; FrK. nur bis 5 mm lg.; Teilfr. nur bis 1,5 mm lg. **c**

c. Stg. scharfkantig, (kahl od.) m. abw. weisenden Haaren; unt. Stgblätt. unterststs. m. basalw. weisenden, oberststs. m. vorw. gerichteten Haaren; V–VIII. Sumpfwiesen, feuchte Waldstellen (Höhenobergrenze?); *z?* (= *M. strigulosa* RCHB.) *Hain-V.,* **M. nemorósa** BESSER

— Stg. stumpfkantig bis stielrund, seine Haare waagerecht absthd. od. aufw. weisend; unt. Stgblätt. beiderststs. m. abstehenden bis zur Spitze hin gerichteten Haaren . . . . **d**

d. Stg. stumpfkantig, kriechend-aufstgd., absthd. behaart; Blätt. u. Seitentriebe anlgd. bis absthd. behaart; V–IX. Gräben, Sumpfwiesen, Ufer, Bruchwald; *v* (bis 2000 m). (= *M. scorpioides* L. em. HILL) *Sumpf-V.,* **M. palústris** L. (s. str.) (= emend. RCHB.)

— Stg. ± stielrund, anlgd. behaart, Seitentriebe aber z. T. absthd. behaart; V–VIII. Nasse Wiesen, Ufer; *v* im S, *z* im N. *Lockerblütiges V.,* **M. laxiflóra** RCHB.

3(1). Saum der 2–4 mm breiten Blkr. trichterf. vertieft **6**

— Saum der 6–10 mm breiten Blkr. flach ausgebreitet; Frstiele so lg. od. länger als der K.; Pfl. bis 50 cm hoch **4**

4. Teilfr. (reif!) oval bis stumpf-eif.; Blkr. intensiv bis azurblau; K. vorwiegend m. geraden, anlgd. bis wenig absthd. Haaren; Frstiel ± so lg. wie der K., z. Frzt. bleibend; Pfl. ♃; 5–15 cm hoch; VI–IX. Triften, Schneetälchen (1400–2700 m); *v* Alp., *s* Hoch-Vog. *Alpen-V.,* **M. alpéstris** F. W. SCHM.

— Teilfr. spitz-eif.; Blkr. hellblau; K. fast durchweg m. absthd., hakig gekrümmten Haaren; Frstiel > K. bis doppelt so lg.; Pfl. ⨀ **5**

5. Stg.blätt. breit-lanzettl., Grdblätt. kaum gestielt; K. so lg. od. länger als die Kronröhre; absthd. Haare des K. ca. 0,2 mm lg.; Teilfr. < 1,6 mm, m. kleiner, runder Abbruchstelle; Frstiele ca. 5 mm lg.; V–VII. Wiesen, Wälder (bis 1900 m); *v* bis *z,* im N *z* bis *s.* *Wald-V.,* **M. sylvática** HOFFM.

Hierher auch die meisten *v* kult. Gartenvergißmeinnicht, oftmals verwildert.

— Stg.blätt. eif.; Grdblätt. lg. gestielt; K. oft wenig od. viel kürzer als die Kronröhre; absthd. Hakenhaare des K. ca. 0,5 mm lg.; Teilfr. > 2 mm, m. ovaler Abbruchstelle; Frstiele ca. 3 mm lg.; VI–VIII. Quellfluren, feuchte Wälder (1000–2000? m). (incl. *M. variabilis* ANG.) (3 ssp.) *Veränderliches V.,* **M. decúmbens** HOST

a. Kronröhre nur wenig länger od. kürzer als der K.; Gr. nicht länger als die Kronröhre. Nur *s* Allgäu, Ti, Sb, St, südl. Rosenheim. [= *M. frigida* (VEST) CZERNOV] ssp. **decúmbens**

— Kronröhre doppelt so lg. wie der K.; Gr. > Kronröhre . . . . **b**

b. Antheren die Blkr. überragend. *s* Lungau (Sb), St, OÖ, NTi. ssp. **variábilis** (ANG.) GRAU

— Antheren die Blkrröhre nicht überragend. *z* Sb, NTi, St, OÖ. ssp. **kérneri** (D. T. & S.) GRAU

6(3). Frstiele kürzer od. so lg. wie der K. **8**

— Frstiele meist 2–3mal so lg. wie der K. **7**

7. K. z. Frzt. offen; Frstiele ± zurückgekrümmt; Teilfr. m. weißem Anhängsel (Ölkörper); Infl. verlängert, lockerbltg., an ihrer Basis noch m. Laubblätt. bzw. großen Tragblätt.; ⨀; IV–VI. Feuchtes Gebüsch, Auen (bis 800 m); *s* im O [westl. bis Me-Harz-Th, b. Passau (Ba)], Sb, Kt, St. *Lockerblütiges V.,* **M. sparsiflóra** MIK. f. ex POHL

— Kzipfel z. Frzt. zusammenneigend; Frstiele ± waagrecht absthd.; Teilfr. ohne Anhängsel; Infl. dichtbltg., an ihrer Basis nicht beblätt. bzw. auch unt. Bltn. ohne Tragblätt.; ⨀; V–VIII. Äcker, Wegrän-

der, Gebüsche (bis 1400 m); *v.* (2 ssp.) (= *M. intermedia* LK.)
Acker-V., **M. arvénsis** (L.) HILL

8(6). Blkr. zunächst gelb, dann rosa, zuletzt blau, ihre Röhre bis 2mal so lg. wie der K.; Frstiele nur ½ so lg. wie der z. Frzt. geschlossene K.; ⊙; IV–VI. Äcker, Wegränder; *v* bis *z* im N, *s* im S, in Au nur St (*f* Alp.). [= *M. versicolor* (PERS.) SM.; = *M. collina* HOFFM.]
Buntes V., **M. discolor** PERS.

— Blkr. blau, ihre Röhre höchstens so lg. wie der K. **9**

9. K. z. Frzt. offen, ± so lg. wie die waagrecht absthd. Frstiele; reife Teilfr. hellbraun; ⊙; IV–VI. Trockenrasen, Sandböden, Waldränder (bis 700 m); *v* bis *z* im N u. W, *z* bis *s* im S (*f* Vb). (= *M. collina* auct.; = *M. ramosissima* ROCHEL) *Hügel-V.,* **M. híspida** SCHLDL.

— Kzipfel z. Frzt. zusammenneigend; aufw. weisende Frstiele höchstens ½ so lg. wie der K.; reife Teilfr. schwarzbraun; ⊙; III–V. Sandböden, Ödland, Magerwiesen; stellenw. *v* (N, Rheinl./Pf, O-Ba), sonst *z* bis *s* (*f* Vb). (= *M. micrantha* aut.; = *M. arenaria* SCHRAD.) *Sand-V.,* **M. stricta** LK. ex R. & SCH.

12. Onósma L., *Lotwurz*

Stg. dicht beblätt., borstig behaart, bis 50 cm hoch; Blkr. gelbl.; ⊙; V–VI. Sanddünen bei Mainz (RhPf). (= ssp. *pyramidatum* BR.-BL.)
Ⓖ! **O. arenárium** W. & K.

13. Cerínthe L., *Wachsblume*

1. Blkr. m. 5 kleinen, zurückgeschlagenen Zipfeln; Grdblätt. nicht gefleckt; ♃; VI–VIII. Hochstaudenfluren (bis 2250 m); *z* Alp. (Allgäu, Vb, Ti, S-Kt eingeschleppt?), nördl. Vorland bis Donau (Illertal) u. östl. bis zum Lechtal. (= *C. alpina* KIT.) *Alpen-W.,* **C. glábra** MILL.

— Blkr. fast bis zur Mitte gespalten, m. zusammenneigenden Zipfeln; Grdblätt. oft weißl. gefleckt; ⊙; V–VII. Wald- u. Wegränder, Schuttplätze; *z* Au, Ba (b. Berchtesgaden, um München, mittl. Donautal, FrAlb, b. Erlangen), N-Spessart; eingebürgert b. Göttingen, Th, S-An, Schl; sonst verwild. *Kleine W.,* **C. mínor** L.

14. Échium L., *Natternkopf*

Pfl. bis 1 m hoch; Bltn. *(226)* erst rötl., dann kräftig blau; ⊙; VI–X. Trockenhänge, Wegränder, Schuttplätze (bis 1200 m); *v.* **E. vulgáre** L.

15. Anchúsa L., *Ochsenzunge*

1. Grd.- u. unt. Stgblätt. lg.gestielt; Blätt. eif.-zugespitzt, deutl. netznervig; Blkr. himmelblau, Teilfr. kurz gestielt; ♃; V–VI. Waldränder, Hecken; *s* Be (ob ursprüngl.?), auch als Zierpfl. [= *Pentaglottis sempervirens* (L.) TAUSCH] *Ausdauernde O.,* **A. sempérvirens** L.

— Höchstens die z. Bltzt. bereits ± vertrockneten, längl.-lanzettl. Grdblätt. gestielt; Teilfr. ungestielt **2**

2. Schlundschuppen papillös-samtig; K. bis etwa zur Mitte geteilt, z. Frzt. bis 7 mm lg.; Blkr. blauviolett; Teilfr. länger als breit; ⊙–♃; V–IX. Trockenrasen, Äcker, Wegränder; *v* Au, Da, SH, *z* Rhein-/Main-/Donaugebiet, sonst *s.* *Gemeine O.,* **A. officinális** L.

— Schlundschuppen bärtig behaart; K. bis fast zum Grd. gespalten, z. Frzt. bis 10 mm lg.; Blkr. himmelblau; Teilfr. breiter als lg. od. gleich breit; ⨀; V–IX. Wie vorige; oftmals eingeschleppt u. stellenw. eingebürgert (E, S-Dt, Sb, St). (Heimat: Mittelmeergebiet) (= *A. azurea* Mill.) *Italienische O.,* **A. itálica** Retz.

16. Lycópsis L., *Wolfsauge, Krummhals*

Blätt. schmal-lanzettl., wellig-runzelig, steifhaarig; Blkr. *(898)* bis 5 mm breit, himmelblau, m. weißen, bärtigen Schlundschuppen; ⨀; V–VII. Brachäcker, Wegränder (bis 1400 m); *v,* im S *z* bis *s, f* Geb. (= ssp. *occidentalis* Kusnezow) **L. arvénsis** L. ssp. **arvénsis**

ssp. orientális (L.) Kusnezow; Blätt. kaum gewellt; Infl. lockerbltg.; Blkr. nur bis 5 mm lg.; *s* adventiv. (Heimat: Asien, Balkan)

17. Nónea Med., *Mönchskraut*

1. Blkr. rosaviolett, zuletzt bläul., ihre Röhre innen gelb od. gelb gestreift; Pfl. locker borstl. behaart, oberw. auch drüsig; ⨀; VI–VII (auch IV–IX). Äcker, Gärten, Parks; gelegentl. eingeschleppt, eingebürgert nur mehrfach in Fr. (Heimat: Kaukasus – Iran/Irak) (= *Anchusa rosea* M. B.)
Rosenrotes M., Napfkraut, **N. rósea** (M. B.) Lk.

— Blkr. von anderer Farbe **2**

2. Blkr. *(901)* rosa- bis braunviolett; Blätt. grau-weichhaarig; mehrjährig; V–VIII. Trockenrasen, Wegränder; kalkstet; *s* Kaiserstuhl, Taubertal, Harz, Th, SaAn, Br, Schl, sonst zuw. adventiv (eingebürgert?, z. B. Ba). *Braunes M.,* **N. púlla** (L.) DC.

— Blkr. lebhaft hellgelb; Blätt. borstig behaart; ⨀; IV–VI. Zierpfl., zuw. verwild. (wo?). (Heimat: Kaukasus). *Gelbes M.,* **N. lútea** (Desr.) DC.

18. Pulmonária L., *Lungenkraut*

Pulmonaria ist eine ausgesprochen schwierige Gattung, deren Sippengliederung und -verbreitung noch nicht abgeschlossen u. noch nicht genügend genau bekannt ist. Eine sichere Bestimmung ist nur mittels Überprüfung mehrerer Pfl. möglich. Das Auftreten von Bastarden erschwert die Bestimmung überdies. Verbreitungsangaben aus älteren Floren können nunmehr genauer abgefaßt werden. – Zur Erkennung der Stachelhöckerchen auf den Blätt. ist eine sehr gute Lupe, besser eine Binokularlupe, erforderlich. – Schlüssel weitgehend in Anlehnung an die Untersuchungen von Sauer.

1. Oberseite der Grdblätt. entweder m. Borsten od. m. Borsten, Haaren u. Stieldrüsen, stets ohne Stachelhöcker; Grdblätt. nichtblühender Sprosse lanzettl. bis schmal-elliptisch, ihre Spreite allmähl. in den Stiel übergehend . . . **3**

— Oberseite der Grdblätt. dicht m. winzigsten Stachelhöckern u. m. wenigen Borstenhaaren; Grdblätt. nichtblühender Sprosse m. eif. Spreite, ± plötzl. in den Stiel übergehend **2**

2. Voll entwickelte Grdblätt. (‚Sommerblätt.') meist dünn u. weich, dk.grün, ungefleckt (zuw. m. unregelmäßigen heller grünen Flekken); K. frisch geöffneter Bltn. schmal U-förmig *(903);* $2\frac{1}{2}$–$4\frac{1}{2}$mal so lg. wie breit; Blattspreite kürzer als ihr bis > 20 cm lg. Stiel; ♃; III–V. Laub- u. Mischwälder, Gebüsche (Höhengrenze?); *z* im N, *s* im S (*f* E, Au). [= *P. officinalis* ssp. *obscura* (Dum.) Murb.]
Dunkles L., **P. obscúra** Dum.

— Voll entwickelte Grdblätt. meist derber, fast gelbgrün, fast stets m. rundl., scharf berandeten weißen Flecken; K. frisch geöffneter Bltn. V-förmig *(904),* $1\frac{1}{2}$–$2\frac{1}{2}$mal so lg. wie breit; Blattspreite länger als ihr bis 15 cm lg. Stiel; ♃; III–V. Wie vorige (bis 1300 m); *v* bis *z* im S, nördl. bis Bodensee u. Donau, sehr *s* nördlicher. [= *P. officinalis* ssp. *maculosa* (HAYNE) GAMS] *Echtes L.*, **P. officinális** L. (s. str.)

3(1). Sommerblätt. obersts. m. weichen u. m. Drüsenhaaren, ungefleckt; K. 5nervig, klebrig; Grdblätt. > 3 cm breit; Blkr. innen m. dichterem Haarring; ♃; IV–V. (= *P. mollissima* KERN.) (2 ssp.)
Ⓖ *Weichblättriges L.*, **P. móllis** WULF. ex HORNEM. (s. l.)

a. Blätt., K. u. Infl.achse dicht m. Haaren u. Stieldrüsen, nur m. wenigen Borsten (weich); Blkr. zuletzt lila (selten rötl.). Trockenwälder, Auwaldränder; *z* bis *s* im S (*f* Vb), Nordgrenze: O-Be/Eifel/Spessart/Rhön/Th. ssp. **móllis**

— Blätt., K. u. Infl.achse lockerer u. steifer behaart, m. vielen Borsten (rauh); Blkr. zuletzt leuchtend-blauviolett bis blau. Nadel- u. Mischwälder bis subalp. Matten d. Krummholzstufe; *z* Kalkalp., *s* Vorland (Flußtäler), M- u. S-Vog. ssp. **alpígena** SAUER

— Blätt. beidersts., dsgl. Stg. u. K. dicht borstenhaarig, ohne od. nur m. wenigen kurzen Drüsenhaaren; K. 10nervig, nicht klebrig; Grdblätt. < 2 cm breit **4**

4. Sommerblätt. m. kurzen u. lg. Borstenhaaren u. zerstr. auch m. Drüsenhaaren u. weichen Haaren **6**

— Sommerblätt. m. steifen, ± gleich lg. Borstenhaaren, aber (fast) ohne Drüsenhaare; Blkr. zuletzt intensiv blauviolett, innen unterhalb des Haarrings kahl **5**

5. Grdblätt. u. Stgblätt. 7–10mal so lg. wie breit, ungefleckt; Infl. m. zahlr. Borstenhaaren u. wenigen Drüsenhaaren; ♃; III–V. Trokkenwälder, Gebüschränder; *z* NW-Ba, Taunus; OTi, St, Seeland (Da). (= *P. azurea* BESSER)
Ⓖ *Schmalblättriges L.*, **P. angustifólia** L.

— Grdblätt. u. Stgblätt. nur 3–6mal so lg. wie breit, meist m. scharf begrenzten weißen Flecken; Infl. m. etwa gleich viel Borsten- u. Drüsenhaaren; ♃; III–V. Wälder, Gebüsche, Waldwiesen; *s* N-St, OÖ (Endemit). *Kerners L.*, **P. kérneri** WETTST.

6(4). Sommerblätt. nicht gefleckt (selten m. unscharfen, heller grünen Flecken); Blkr. zuletzt blau-violett **8**

— Sommerblätt. deutl. gefleckt **7**

7. Grdblätt. (eif.-)lanzettl., meist in lg., feine Spitze auslaufend; Blätt. fast stets m. ± rundl., scharf begrenzten weißen Flecken; Bltnstg. wenigstens am Grd. m. dichtem Haarkleid aus Borsten u. Drüsenhaaren; Blkr. intensiv azurblau; Stbbeutel schwarzbraun bis schwarzviolett; ♃; IV–VI. Feuchte Laub- u. Nadelwälder, Bachläufe (600–1600 m); *z* bis *s* St, O-Kt. *Steirisches L.*, **P. stiríaca** KERN.

— Grdblätt. breit-elliptisch bis oval-lanzettl., zugespitzt, nicht selten ungefleckt od. m. unterschiedl. großen grünl. od. weißl. Flecken; Bltnstg. u. Blattstiele ohne auffälliges Haarkleid; Blkr. meist blasser violett bis blau-violett; Stbbeutel gelb bis dk.ockerbraun; ♃; V–VI. Wiesen, Hochstaudenfluren, Krummholz (1100–1800 m); *s* Kt (Karnische Alp., Karawanken) (Endemit).
Kärntner L., **P. cárnica** SAUER

8(6). Ob. Stgblätt. kurz zugespitzt, m. breitem Grd. ± stgumfassend; Stg. spärl. drüsig, nicht klebrig; Blkr. zuletzt dk.blau-violett, innen unter dem Haarring spärl. behaart bis kahl; ♃; III–V. Lichte Laubwälder, Hecken, auch auf sandigen Böden; *z* SchwAlb/Neckargebiet/Pf/M-Rhein/Eifel/SO-Be. (= *P. tuberosa* SCHR.)
Ⓖ *Berg-, Knollen-L.*, **P. montána** LEJ.

— Ob. Stgblätt. lg. zugespitzt, am Grd. gerundet; Stg. reichlicher drüsig, etwas klebrig; Blkr. zuletzt blauviolett, innen unter dem Haarring ± behaart; ♃; III–V. Lichte Laubwälder, Gebüsche; *s* Hegau, M-Neckar, um München, b. Memmingen (Ba).
Hügel-L., **P. collína** SAUER

19. Sýmphytum L., *Beinwell (897)*

1. Stg. einfach od. nur oben gabelästig, m. knolliger Grdachse; Bltn. blaßgelb **3**

— Stg. vom Grd. an ästig; Grdachse nicht knollig; Bltn. blaurot, rosaviolett, blau od. weißl. **2**

2. Blattgrd. nicht am Stg. herablaufend; Blkr. anfangs karminrot, später himmelblau; Pfl. 1–1,75 m hoch; ♃; VI–VIII. Zierpfl., zuw. als Futterpfl. *(= Comfrey)* angebaut; verwild. BW, Ba, Au, häufiger eingebürgert im N u. W. (Heimat: Kaukasus)
Rauher B., **S. ásperum** LEP.

— Blattgrd. meist weit am Stg. herablaufend; ♃; V–VII. Feuchte Wiesen, Bachufer; *v.* (3 ssp.) *Gemeiner B.,* **S. officinále** L.

a. Stg. u. Blätt. fast kahl; Blätt. nur wenig herablaufend; Bltn. violett bis purpurn, selten weiß; *s* E, RhPf. ssp. **uliginósum** (KERN.) NYM.

— Stg. u. Blätt. borstig-rauh; Blätt. weit herablaufend . . . . **b**

b. Bltn. bis 2 cm lg., Farbe wie ssp. *uliginosum; v,* häufiger im N. (= var. *purpureum* PERS.) ssp. **officinále**

— Bltn. kleiner, gelbl.-weiß; *v,* häufiger im S. ssp. **bohémicum** (F. W. SCHM.) ČEL.

Bastard: S. × uplándicum NYM. = *S. officinale × S. asperum* (zuw. angebaut).

3(1). Schlundschuppen aus der Blüte herausragend; Stbbeutel so lg. wie die Stbfäden; Rhizom dünn, m. knollenf. Anschwellungen u. Ausläufern; Blkr. 8–14 mm lg.; ♃; V–VI. N-Oberrheingebiet; *s* eingebürgert. (Heimat: Balkan)
Kleinblütiger B., **S. bulbósum** SCHIMP.

— Schlundschuppen nicht aus der Blüte herausragend; Stbbeutel doppelt so lg. wie die Stbfäden; Rhizom durchwegs knollig verdickt, ohne Ausläufer; Blkr. 15–20 mm lg.; ♃; IV–V. Schattige Wälder, Hochstaudenflur (bis 1750 m); *v* bis *z* Alp. u. Vorland, westl. bis Lechtal, nördl. bis zur Donau (*f* Vb), SO-Ba, *s* Odergebiet (Schl), b. Frankfurt (He)?, westl. Darmstadt.
Knolliger B., **S. tuberósum** L. ssp. **nodósum** (SCHUR) SOÓ

20. Borágo L., *Boretsch*

Bltn. nickend, himmelblau, 2,5 cm im Dm; Schlundschuppen aus der Blkrröhre herausragend; Stbbeutel schwarz-violett; ⊙; V–IX. Oft kult. u. *v* eingebürgert. (Heimat: W-Mittelmeergebiet) **B. officinális** L.

Ordnung: **Scróphulariáles**

Familie: **Solanáceae,** *Nachtschattengewächse*

Kräuter, Stauden, seltener Holzgewächse; Blätt. wechselst., ungeteilt od. gefied., ohne Nebenblätt., Bltn. meist in Wickeln, selten einzeln, radiär, ⚥; K.-, Blkr.- u. Stbblätt. 5; Frkn. oberst., meist 2fächerig; Scheidewand des Frkn. schräg zur Mediane (Mittellinie) der Blüte gestellt; Beeren- od. Kapselfr.

1. Stbbeutel kegelf. zusammenneigend od. zur Röhre verbunden; Blkr. radf. *(232);* Kräuter, Stauden od. Halbsträucher; saftige Beerenfr. . . . . **Solanum,** 476

— Stbbeutel getrennt, nicht zu einer Röhre vereinigt . . **2**
2. Strauch bis 5 m hoch, m. überhängenden, rutenf., oft dornigen Ästen; Bltn. zu 1–3 blattachselst., trichterf., radf., schmutzigviolett . . . . **Lycium,** 475
— Krautige Pfl. **3**
3. Blätt. buchtig gezähnt **8**
— Blätt. ganzrandig od. etwas geschweift-gezähnelt . . **4**
4. Blkr. schmutzigweiß, trichterf.-radf.; Bltn. einzeln, nickend; Fr. vom aufgeblasenen, orangeroten K. umschlossene orangerote Beere . . . . **Physalis,** 476
— Blkr. anders gefärbt; Fr. anders **5**
5. K. frei, 5blättrig; Blätt., Sproß u. Stiele dicht drüsig, klebrig; Blkr. > 5 cm im Dm, verschiedenfarbig . . . . **Petunia,** 475
— K. 5zähnig bis 5spaltig; Pfl. nicht klebrig **6**
6. K. 5zähnig; Bltn. einzeln, röhrig-glockig, hängend, außen glzd. braun, innen olivgrün . . . . **Scopolia,** 476
— K. 5teilig od. 5spaltig **7**
7. Blkr. glockig, violettbraun; Bltn. einzeln, hängend; Blkr. ca. 2 cm lg., außen braunviolett, innen schmutzig-gelb; Fr. glzd. schwarze Beere . . . . **Atropa,** 476
— Blkr. trichterf. od. stieltellerf., rosenrot bis grünl.gelb od. weißl.; Bltn. in Rispen od. Trauben; Kapselfr. **Nicotiana,** 477
8(3). Stg. zottig-klebrig; Blätt. tief-buchtig gezähnt; Blkr. m. 5lappigem Saum, schmutziggelb, violett geadert; Fr. Dekkelkapsel, vom erhärtenden K. umschlossen *(119)* **Hyoscyamus,** 476
— Stg. kahl; Bltn. weiß od. blau **9**
9. Blkr. bis 8 cm lg., trichterf., faltig, m. fein zugespitzten Zipfeln, weiß, selten blauviolett; Fr. stachelige Kapsel **Datura,** 477
— Blkr. bis 4 cm lg., glockig, nicht faltig, hellblau, am Grd. weiß; K. scharf 5kantig, zur Frzeit aufgeblasen; Fr. trockene, braune Beere . . . . **Nicandra,** 475

1. Nicándra ADANS., *Giftbeere*

Stg. 30–130 cm hoch, etwas kantig, ästig; Bltn. einzeln, überhgd.; Fr. vom K. umschlossen; ⊙; VII–X. Aus Gärten *s* verwild., z. B. BW, Ba, RhPf, NrWe, NS, St, Kt. (Heimat: Peru). **Giftig!** **N. physalódes** (L.) GAERTN.

2. Petúnia JUSS., *Petunie*

Pfl. in fast allen Teilen klebrig, drüsig behaart; Blätt. gegenst.; Blkr. in zahlr. Farbtönen; ⊙; VI–IX. Verbr. u. *h* kult. Züchtungsformen aus mehreren Arten, insbes. *P. axillaris* (LAM.) BRITT. (Heimat: S-Am.) **P. × atkinsiana** D. DON

3. Lýcium L., *Bocksdorn*

1. Blätt. lanzettl., am breitesten in der Mitte, allmähl. in den Stiel verschmälert; Zipfel des Blkrsaumes ⅔ bis ¾ so lg. wie die Blkrröhre; ♃; VI–VIII. Gepfl., oft verwild. u. *v* eingebürgert, bes. NrWe, NS, RhPf, He. (Heimat: China) (= *L. halimifolium* MILL.) *Gemeiner B.,* **L. bárbarum** L.
— Blätt. eilanzettl., eif. od. rhombisch-eif., am breitesten unterhalb der Mitte, ± plötzl. in den Stiel verschmälert; Zipfel des Blkrsaumes etwa so lg. od. länger als die Blkrröhre; ♃; VI–VIII. Weniger häufig gepfl. als vorige, *s* verwild. (Heimat: O-Asien) [= *L. rhombifolium* MOENCH) DIPP.] *Chinesischer B.,* **L. chinénse** MILL.

4. Átropa L., *Tollkirsche*
Blätt. im Bereich der Infl. paarweise genähert, davon je 1 größeres u. 1 kleineres; Bltn. einzeln, scheinbar blattachselst.; Pfl. 50–150 cm hoch; reife Beeren glzd.-schwarz, **stark giftig!** ♃; VI–VIII. Laubwälder, Kahlschläge, bes. der mont. Reg. (bis 1700 m); *z,* nördl. bis Ho/Münsterland/Dümmersee/Braunschweig/Me, sonst im N nur *s* verwild. **A. bella-dónna** L.

5. Scopólia JACQ., *Tollkraut*
Stg. aufrecht, 30–60 cm hoch, am Grd. m. schuppenf. Niederblätt.; Blätt. gestielt, verkehrt-eif.; ♃; IV–V. **Giftig!** Lichte Wälder, Gebüsche; *z* bis *s* Kt, St; zuw. aus Gärten verwild. **S. carniólica** JACQ.

6. Hyoscýamus L., *Bilsenkraut*
Stg. 20–80 cm hoch; K. bleibend, m. stechenden Zähnen; ⊙; VI–X. **Giftig!** Schuttplätze, Wegränder, Ruderalstellen (bis 1500 m?); *z* u. unbeständig. **H. níger** L.

7. Phýsalis L., *Judenkirsche*
Stg. 25–60 cm hoch, kurz behaart; Blätt. gestielt, eif.-zugespitzt, paarweise beisammen; K. nach der Blüte stark heranwachsend, lebhaft orangerot, bis 8 cm lg.; Beere ca. 1,5 cm im Dm; ♃; VI–VIII. Wälder, Kahlschläge, Weinberg-Gebüsche, Geröllhalden (bis 800 m); *z,* nördl. bis Gelderland (Ho)/Hannover/Sa (Elbetal), *f* S-Ba, im N nur zuw. verwild.; *v* als Zierpfl. (einschl. **Ph. franchétii** MAST.). **Ph. alkekéngi** L.

Ph. peruviána L., *Kapstachelbeere*
K. z. Frreife nur ca. 2 cm groß, weißl.-hellbräunl.-trockenhäutig, die fast gleich großen gelben Beeren fest umschließend. In jüngerer Zeit häufiger als Obstkraut kult., *s* verwild. (Heimat: Peru)

8. Solánum L. (incl. **Lycopérsicon** MILL.), *Nachtschatten*
1. Blätt. ungeteilt od. am Grd. m. 1–4 fast gefied. Lappen . **4**
— Blätt. unterbrochen gefied. od. doppelt fiedspaltig . . . **2**
2. Blätt. doppelt fiedspaltig; Stg., Blätt. u. K. m. gelben Stacheln; Blkr. gelb; ⊙; VI–VII. Schuttplätze, Bahnhöfe; im S u. W nicht selten eingeschleppt, aber unbeständig. (Heimat: SW-USA, Mexiko) (= *S. rostratum* DUN.) *Stachel-N.,* **S. cornútum** LAM.
— Blätter unterbrochen gefiedert; Pfl. stachellos **3**
3. Blkr. violett, rosa od. weiß; Fr. kleine grüne Beere; Pfl. m. Ausläuferknollen; ♃; VI–IX. Nutzpflanze, in vielen Sorten *v* kult. (Heimat: Anden von Peru, Bolivien u. N-Argentinien) *Kartoffel,* **S. tuberósum** L.
— Blkr. gelb; Fr. große rote (od. gelbe) Beere; Pfl. ohne Ausläuferknollen; ⊙; VII–X. Nutzpfl., in vielen Sorten *v* kult. (Heimat: S-Am., bes. Peru) (= *Lycopersicon esculentum* MILL.) *Tomate,* **S. lycopérsicum** L.
4(1). Blkr. dk.violett; Stg. am Grd. verholzt, kletternd; Blätt. eif.-lanzettl., die obersten häufig spießf. bis geöhrt; Beeren glzd. rot; ♃; VI–VIII. Feuchte Gebüsche, Auwälder, Hecken (bis 1700 m); *v.* *Bittersüßer N.,* **S. dulcamára** L.
— Blkr. weiß (zuw. rötl. od. blaßlila); Pfl. ⊙ **5**
5. K. nur den Grd. der reifen Beere bedeckend **7**
— K. etwa die Hälfte oder mehr der reifen Beeren bedeckend; Beeren grün bis violett, glzd. **6**
6. Kblätt. m. stumpfen, abgerundeten Buchten verbunden, nur als Zipfel; Beeren m. ca. 25 Samen; Blattspr. an der Basis keilig verschmälert; Blätt. m. leichtem Kartof-

felgeruch; Behaarung aus mehr Haaren als Drüsen(haaren) bestehend, nicht klebrig; ⊙; VI–IX. Ruderalstellen, Äcker; eingeschleppt u. eingebürgert, z.B. Mannheim/Heidelberg, Rhein-Main-Gebiet, N-NS, We, SaAn, Sa, St. (Heimat: S-Am.) *Glanzfrüchtiger N.*, **S. nitidibaccátum** Bitt.

— Kblätt. längl., m. spitzen Buchten u. einem durchsichtigen Häutchen verbunden; Beeren m. ca. 75 Samen; Blattspr. an der Basis leicht herzf.: Blätt. m. aromatischem Tomatengeruch; Behaarung aus mehr Drüsen(haaren) als Haaren, klebrig; ⊙; VI–IX. Wie vorige, ob eingebürgert?; *s* bei Hamburg, S-Oldenburg, Rheinl., Spessart. (Heimat: S-Am.) *Saracho-N.*, **S. sarachoídes** Sendt. em. Bitt.

7(5). Kbuchten spitz; Stg. behaart bis kahl; Beeren schwarz od. grünl.gelb; ⊙; VI–X. Schuttplätze, Äcker (bis 1000 m). (2 ssp.) *Schwarzer N.*, **S. nígrum** L.

a. Stg. u. Blätt. kahl bis kaum behaart; Blätt. ± ganzrandig. *v.* Äcker, Gärten. ssp. **nígrum**

— Stg. u. Blätt. locker bis absthd. behaart; Blätt. nie ganzrandig. Mit Sicherheit nur an wenigen Orten beobachtet (zw. NS u. S-Ba), vermutl. weiter verbr. ssp. **schultésii** (Opiz) Wessely

— Kbuchten stumpf; Beeren anders gefärbt; Stg. deutl. behaart; ⊙; VI–X. Ruderalfluren; *s*, insgesamt sehr lückenhaft, bevorzugt im Rhein-Main-Neckar-Gebiet (*f* Be, Ho, Da). (2 ssp.) *Gelber N.*, **S. lúteum** Mill.

a. Stg. behaart, meist absthd., rund, allenfalls leicht kantig; Beeren meist goldgelb. (= *S. villosum* Mill.) ssp. **lúteum**

— Stg. nur zerstr. behaart bis verkahlend, schmal geflügelt; Beeren rot. (= *S. alatum* Moench; = *S. miniatibaccatum* Bernh.) ssp. **alátum** (Moench) Dostál

9. Datúra L., *Stechapfel*

Stg. 30–120 cm hoch, meist gabelästig, kahl; Bltn. einzeln, aufrecht, in den Astgabeln; Blkr. weiß, selten blauviolett; Fr. eine große, selten glatte, meist dicht m. bis 15 mm lg. Stacheln besetzte Kapsel; ⊙; VI–X. **Giftig!** Schutt, Gartenland; *z* verwild. u. eingebürgert. (Heimat: Mexiko) **D. stramónium** L.

Seltener eingeschleppt u. m. bis 30 mm lg. u. locker verteilten Stacheln (Wollkämmereien). **Giftig!** (Heimat: China) **D. férox** L.

10. Nicotiána L., *Tabak*

1. Blkr. grünl.gelb; wenigstens die unt. Blätt. gestielt, eif.-stumpfl., stark drüsig; ⊙; VI–IX. Kulturpfl.; *v* bes. im S. (Heimat: M-Am.) *Bauern-T.*, **N. rústica** L.

— Blkr. rosa, rötl. od. weißl.; Blätt. sitzend, am Stg. herablaufend 2

2. Blkr. weißl.; Blätt. längl.-lanzettl.; Blkrzipfel stumpf; ⊙; VI–IX. Zierpfl., zuw. verwild. (Heimat: Brasilien, Argentinien, Paraguay, Uruguay) *Flügel-T.*, **N. aláta** Lk. & Otto

— Blkr. rosa bis rötl.; Blätt. längl.-lanzettl. bis elliptisch; Blkr.zipfel kurz od. länger zugespitzt; ⊙; VII–VIII. In zahlr. Sorten angepfl., heute dominierende Tabakart; entstanden vermutl. in N-Argentinien/Bolivien. (incl. *N. latissima* Mill.; *N. angustifolia* Mill) *Maryland-, Virginischer T.*, **N. tabácum** L.

Familie: **Buddlejáceae**, *Sommerfliedergewächse*

Sträucher; Blätt. dekussiert, ungeteilt, m. sehr kleinen Nebenblätt.; Infl. gedrungen u. reichblütig, rispig; Perianth 4 + 4, m. röhriger Blkr.; Stbblätt. 4; Kapselfr.

Buddléja L., *Sommerflieder*

1. Zweige rund; Infl. aufrecht; Blätt. bis 10 cm lg.; ♃; VII–VIII. Schuttplätze, Bahngelände u.ä.; *z* verwild. u. eingebürgert (insbes. RhPf u. NrWe). (Heimat: China) (= *B. variabilis* Hemsl.) *Chinesischer S.*, **B. davídii** Franch.

— Zweige geflügelt; Infl. (über)hgd.; Blätt. über 12 cm lg.; ♃; VI–IX. Wie vorige. (Heimat: Japan) *Japanischer S.*, **B. japónica** Hemsl.

Familie: **Scrophulariáceae,** *Rachenblütler*

Kräuter od. Stauden; Blätt. wechsel- od. gegenst., ohne Nebenblätt.; Bltn. ± zygomorph; Kblätt. 4–5, frei od. verwachsen; Blkr. verwachsen, 5teilig, 5lappig od. 4teilig *(Veronica),* häufig 2lippig, zuw. gespornt *(Linaria),* ihr Schlund oft durch eine Ausstülpung der Unterlippe verschlossen („maskiert“, *906*); Stbblätt. 2–5; Frkn. oberst., 2fächerig; Kapselfr.

1. Stbblätt. 5, wenigstens z. T. weiß od. violett wollig od. nur Antheren etwas wollig; Blkr. fast radiär, radf. *(228),* gelb, violett od. weiß . . . . **Verbascum,** 480
— Stbblätt. 2–4, Filamente nicht wollig **2**
2. Pfl. ohne grüne Blätt., m. weißen od. rötl. Schuppenblätt. **Lathraea,** 504
— Pfl. m. grünen Blätt. **3**
3. Stbblätt. 4 . . . . **6**
— Stbblätt. 2 . . . . **4**
4. Blkr. ± ausgebreitet-radf., oft fast radiär *(911)* od. 2lippig, dann aber m. 4teiligem K. . . . . **Veronica,** 485
— Blkr. 2lippig, ihre Röhre länger als breit, K. 5zipfelig . **5**
5. Rosettenpfl.; Infl. seitenst., Hauptachse vegetativ weiterwachsend; Filamente der Stbblätt. fast ganz m. der Kronröhre verwachsen . . . . **Wulfenia,** 485
— Sproß beblättert, m. meist 3 Laubblattpaaren; Infl. endst.; Filamente der Stbblätt. nur am Grd. m. der Kronröhre verwachsen . . . . **Paederota,** 485
6(3). Alle 4 Stbblätt. m. Stbbeutel **8**
— Nur 2 Stbblätt. m. Stbbeuteln, die beiden anderen steril (*905* St) **7**
7. Unmittelbar unter dem 5teiligen K. noch 2 lineal-lanzettl. Vorblätt.; Blkr. 8–12 mm lg., viel länger als der K. **Gratiola,** 484
— Bltnstiele ohne Vorblätt.; Blkr. 6–8 mm lg., nur wenig länger als der K. . . . . **Lindernia,** 484
8(6). Alle Blätt. grdst., verkehrt-lanzettl., ganzrandig *(186),* länger als die Bltnstiele; kleines Schlammkraut **Limosella,** 484
— Stg. beblättert od. Blätt. fiedspaltig **9**
9. Blkr. am Grd. nicht gespornt, zuw. aber sackf. ausgestülpt **14**
— Blkr. am Grd. m. deutl. Sporn *(906)* **10**
10. Unterlippe der Blkr. ohne Aufwölbung, daher Einblick in den Schlund möglich . . . . **Anarrhinum,** 484
— Unterlippe der Blkr. m. Aufwölbung, daher Schlund fast od. ganz verschlossen („maskiert“, *906a–b*) **11**
11. Stg. aufrecht **13**
— Stg. kriechend, niederlgd. od. hgd. **12**
12. Stg. u. Blätt. behaart, z. T. drüsig; Kapsel sich je Fach m. einem Deckel öffnend; Pfl. ⊙ . . . . **Kickxia,** 483
— Stg. u. Blätt. kahl; Kapsel sich m. gezähnten Löchern öffnend; Pfl. ♃ . . . . **Linaria,** 482
13(11). Schlund der Blkr. völlig geschlossen; Fächer der Kapsel gleich groß . . . . **Linaria,** 482

905 906 907 908 909 911 912

— Schlund der Blkr. nicht völlig geschlossen, zw. Ober- u. Unterlippe noch ein freier Spalt; Fächer der Kapsel etwas ungleich groß; Samen ungeflügelt; Pfl. dicht drüsig **Chaenorrhinum,** 484

14(9). Schlund der Blkr. durch Ausstülpung der Unterlippe geschlossen („maskiert"), am Grd. sackf. ausgestülpt *(907)* **Antirrhinum,** 482

— Schlund der Blkr. offen (nicht „maskiert"), zuw. beim Anwelken sich schließend **15**

15. Blätt. gegenst., zumindestens die unt., oder wechselst. u. fiedspaltig **17**

— Alle Blätt. wechselst. u. nicht fiedspaltig **16**

16. Blkr. röhrenf., bauchig, m. schiefem Saum, hängend, > 20 mm; Pfl. 40–150 cm hoch . . . . **Digitalis,** 484

— Blkr. stieltellerf., aufrecht, bis 15 mm im Dm; Pfl. bis 20 cm hoch . . . . **Erinus,** 485

17(15). Bltn. in end- u. blattwinkelst. Dichasien od. Wickeln; Blkr. bauchig od. kugelig; Mittellappen der Unterlippe zurückgeschlagen *(908)* . . . . **Scrophularia,** 481

— Bltn. in Rispen, Ähren, Trauben od. einzeln **18**

18. Infl. nicht deutl. abgesetzt, d. h. Laubblätt. allmähl. in die Tragblätt. übergehend u. Bltn. daher einzeln blattachselst.; Bltnstiel doppelt so lg. wie die Blüte; Blkr. nur bis 8 mm lg., weißl., rötl. od. blaß-lila . . . . **Lindernia,** 484

— Infl. deutl. abgesetzt, ährig od. traubig; Tragblätt. aber zuw. laubig (Bltn. jedoch nur kurz gestielt bis sitzend) . . **19**

19. K. röhrig od. glockig, nicht aufgeblasen **21**

— K. aufgeblasen, abgeplattet, an der Spitze verengt . **20**

20. Blätt. einfach; K. 4zähnig *(909)* . . . . . . **Rhinanthus,** 501

— Blätt. fiedspaltig; K. 5zähnig, Zähne gekerbt bis gezähnelt **Pedicularis,** 493

21(19). Blätt. alle fiedspaltig; Blkr. 2lippig; Oberlippe helmf., zusammengedrückt *(932–934)* . . . . . . **Pedicularis,** 493

— Blätt. ungeteilt (höchstens die Hochblätt. tief gezähnt) **22**

22. Oberlippe der Blkr. seitl. zusammengedrückt m. umgeschlagenen Rändern; Unterlippe im Schlund m. 2 Höckern *(941–944);* Hochblätt. oft lebhaft gefärbt u. (zuw. tief) gezähnt . . . . **Melampyrum,** 502

— Oberlippe der Blkr. helmf. od. fast flach; Unterlippe im Schlund ohne Höcker **23**

23. Bltn. groß, gelb, zuw. rot gefleckt; K. 5kantig, kurzzähnig; Stbbeutel am Grd. stumpf . . . . **Mimulus,** 484
— Bltn. klein bis mittelgroß; Stbbeutel am Grd. spitz *(910)* **24**
24. Pfl. kahl, fettig glzd.; Bltn. klein, fast radiär, 5 mm im Dm; Blkr. gelb m. blutrot bis braun punktierter Unterlippe **Tozzia,** 504
— Pfl. nicht fettig glzd.; Blkr. deutl. 2lippig **25**
25. Blkr. länger als 15 mm, trübviolett od. gelb **27**
— Blkr. kürzer als 15 mm, andersfarben **26**
26. Blkr. fleischrot bis weiß od. gelb u. dann m. weit herausragenden Stbblätt.; Bltn. in einstswendigen Trauben **Odontites,** 496
— Blkr. weiß od. lila; Unterlippe gelb gefleckt od. violett gestreift, selten ganz gelb u. dann Stbblätt. nicht herausragend; Bltn. in end- u. achselst. Ähren . . . **Euphrasia,** 497
27(25). Blkr. trübviolett, ihre Unterlippe deutl. kürzer als ihre Oberlippe . . . . **Bartsia,** 495
— Blkr. gelb, ihre Unterlippe deutl. länger als ihre Oberlippe **Parentucellia,** 495

1. Verbáscum L., *Königskerze*

1. Blkr. dk.violett, einzeln blattachselst., lg. gestielt; ♃; V–VI. Trokkenrasen, buschige Hänge; *s* SO-NS, Th, SaAn, Br, Schl, auch als Zierpfl. u. zuw. verwild. *Violette K.,* **V. phoeníceum** L.
— Blkr. gelb, seltener weiß **2**
2. Stbfäden weiß- bis gelb-wollig; Bltn. zu je 2–5 büschelig gehäuft **7**
— Stbfäden violett-wollig **3**
3. Bltn. einzeln-blattachselst., lg. gestielt; Blätt. kahl; Blkr. hellgelb, außen oft rötl. überlaufen; ⊙; VI–VIII. Wegränder, Ufer, Gebüsche (bis 800 m); *z* im S (Vb u. Ti nur eingeschleppt), insbes. Rhein- u. Donautal m. Nebenflüssen, im N nur b. Münster (We), Hannover, Berlin. *Schaben-K.,* **V. blattária** L.
— Bltn. zu 2–7 knäuelig-blattachselst.; Blätt. bes. unterststs. stark behaart **4**
4. Blätt. entlang der gesamten Ränder tief u. gleichmäßig wellig; Pfl.behaarung dicht, grau bis gelbl.; ⊙; VI–VII. Eingeschleppt, ob eingebürgert?; St. (Heimat: Mittelmeergebiet bis Slowenien) *Gewelltblättrige K.,* **V. sinuátum** L.
— Blätt. nicht tief wellig u. nicht gelbhaarig **5**
5. Infl. rispig verzweigt; Stg. oben kantig; Blkr. außen dicht behaart, innen an der Basis braun gefleckt; Bltnstiele ungefähr so lg. wie der K.; ♃; VII–IX. Trockenrasen, Gebüschränder; *z* Au (*f* Vb). *Österreichische K.,* **V. chaīxii** Vill. ssp. **austriacum** (Schott) Hay.
— Infl. unverzweigt, nur zuw. am Grd. m. kurzen Seitentrieben; Blkr. innen an der Basis m. 5 rotbraunen Flecken, Bltnstiele 2–3mal so lg. wie der K. **6**
6. Blkr. außen (zumindest am Grd.; herauszupfen!) dicht behaart; mittl. Stgblätt. einfach-gekerbt, unterststs. behaart bis lockerfilzig; ♃; V–IX. Lichte Wälder, Trockenwiesen, Wegränder, Brachland (bis 1500 m); *v.* *Schwarze K.,* **V. nígrum** L.

— Blkr. außen kahl; mittl. Stgblätt. fast doppelt-gekerbt, unterststs. auch zw. den Nerven dicht-filzig; ♃; V–VII. Bergwälder, -wiesen, Schuttfluren (bis 1700 m); *s* Lungau (Sb), Kt, St, OÖ. (= *V. alpinum* TURRA) *Alpen-K.*, **V. lanátum** SCHRAD.

7(2). Alle Stbfäden dicht-wollig; Blattgrd. nicht od. nur wenig am Stg. herablaufend **10**

— Beide unt. Stbfäden kahl od. lockerhaarig, länger als die 3 übrigen; Blattgrd. meist am Stg. herablaufend **8**

8. Stbfäden der beiden längeren Stbblätt. etwa 3mal so lg. wie ihre kurz herablaufenden Stbbeutel; Stgblätt. bis zum nächstunteren Blatt herablaufend; ⊙; VII–IX. Sonnig-steinige Stellen, Schuttplätze, Waldränder, Gebüsche. *Kleinblütige K.*, **V. thápsus** L.

a. Unt. Stgblätt. kurz gestielt bis sitzend; Bltn. 12–20 mm breit; Stbfäden der unt. Stbblätt. kahl bis schwach gewimpert. Bis 1800 m; *v*, im NW *z*. ssp. **thápsus**

— Unt. Stgblätt. lg. gestielt; Bltn. 15–30 mm breit; Stbfäden der unt. Stbblätt. oberw. kahl u. insgesamt weniger wollig als die 3 übrigen. Bis 2000 m; *s* Arlberg (Vb), Ötztal (Ti). (= *V. montanum* SCHRAD.) ssp. **crassifólium** (DC.) MURB.

— Stbfäden der beiden längeren Stbblätt. höchstens doppelt so lg. wie ihre lg. herablaufenden Stbbeutel; Bltn. 35–55 mm im Dm; Blätt. beidseits filzig behaart **9**

9. Stgblätt. bis zum nächstunteren Blatt herablaufend, deutl. gekerbt; ⊙; VII–IX. Wie vorige (bis 1000 m); *v*, *s* im NW, SH, Da. (= *V. thapsiforme* SCHRAD.) *Großblütige K.*, **V. densiflórum** BERT.

— Stgblätt. nur wenig herablaufend, undeutl. gekerbt; ⊙; VII–IX. Wie vorige, auch Schotter u. Trockenrasen (bis 800 m); *z* Weser-/Rhein-/Main-/Donaugebiet m. Nebenflüssen, sonst *s*, *f* Vb, SH, Da. *Windblumen-K.*, **V. phlomoídes** L.

10(7). Blätter unterststs. m. dichtem, weißem, abkratzbarem, sich später in Flocken ablösendem Filz, oberststs. grauflaumig; Blkr. 15–25 mm breit; Stg. oberw. rund; ⊙; VII–VIII. Sonnig-steinige Stellen; *s* Täler Ob.- u. M-Rhein, Mosel, Ahr, Nahe, S-He (b. Babenhausen). *Flockige K.*, **V. pulveruléntum** VILL.

— Blätt. unterststs. mehlstaubig, graufilzig, oberststs. fast kahl; Blkr. 10–18 mm breit; Stg. oberw. kantig; ⊙; VI–IX. Weg- u. Waldränder, Trockenrasen (bis 1400 m); *v*, im N *s*, *f* NW-Dt. *Mehlige K.*, **V. lychnítis** L.

Bastardbildung häufig!

2. Scrophulária L., *Braunwurz*

1. Blkr. fast radiär, blaß grünl.-gelb; achselst. Teilinfl. lg. gestielt, in knäuelf. Dichasien; Blätt. herzf., lg.gestielt, doppelt gesägt, weichhaarig; Stg. 4kantig, drüsig-zottig; Pfl. bis 70 cm hoch; ♃; V VI. Feuchte Wälder, Gebüsch (bes. mont. Reg.); *z* Au (*f* Vb), in Dt vermutl. nur eingeschleppt u. eingebürgert, z. B. E, Be, Da, Sauerland, b. Marburg, BW, Br. *Frühlings-B.*, **S. vernális** L.

— Bltn. bräunl. **2**

2. Blätt. doppelt fiedteilig; Blkr. 5 mm lg., braunviolett; Pfl. bis 60 cm hoch; ♃; VI–VIII. Flußschotter, Wegränder. (2 ssp.) *Hunds-B.*, **S. canína** L.

a. Oberlippe der Blkr. kürzer als die halbe Kronröhre; Drüsenköpfchen im Infl.Bereich (fast) sitzend. *s* Hochrhein, Oberrheintal. ssp. **canína**

— Oberlippe der Blkr. länger als die halbe Kronröhre; Drüsenköpfchen im Infl.Bereich deutl. gestielt. Hochgebirgsform (bis 2000 m); *z* Kt, St. (= *S. juratensis* SCHLEICH.) ssp. **hóppii** (KOCH) FOURN.

— Blätt. ungeteilt **3**

3. Stg. u. Blattstiele zottig; Stg. 4kantig, nicht geflügelt; Blätt. weichhaarig; Infl. dichtdrüsig; Blkr. braungrün; ♃; VI–IX. Wälder, Gebüsch; *s* Schl, O-Sudeten bis Gesenke (bis 1000 m), Kt, St (bis 1500 m). *Drüsige B.*, **S. scopólii** HOPPE

— Pfl. kahl, nur Infl. meist drüsig behaart **4**

4. Stg. scharf 4kantig, nicht geflügelt; Kzipfel schmal, häutig berandet; Blkr. braunrot, am Grd. grünl., 6–8 mm lg.; Blätt. doppelt gesägt; Pfl. bis 100 cm hoch; ♃; VI–VII. Feuchte Wälder u. Gebüsche, Ufer (bis 1700 m); *v*. *Knotige B.*, **S. nodósa** L.

— Stg. u. Blattstiele breit geflügelt **5**

5. Blattspr. stumpfl., am Grd. herzf., stumpf gekerbt, m. Öhrchen; Blkr. 8–10 mm lg., rotbraun; Staminodium (das 5., sterile Stbblatt) rundl.-nierenf., nicht ausgerandet; ♃; VI–VIII. Ufer, Gräben, Röhricht; *z* Benelux, Rheinl., Moseltal. (= *S. aquatica* L. p. p.; = *S. halbisii* HORNEM.) *Wasser-B.*, **S. auriculáta** L.

— Blattspr. spitz, am Grd. verschmälert, abgerundet, ohne Öhrchen; ob. Blätt. scharf gesägt; Blkr. 6–8 mm lg., grünl.-rot; Staminodium an der Spitze ausgerandet; ♃; VI–VIII. Wie vorige (bis 900 m). (= *S. aquatica* L. p. p.; = *S. alata* GIL.) *Geflügelte B.*, **S. umbrósa** DUM.

a. Unt. Blätt. scharf gesägt; Staminodium verkehrt-herzf., m. auseinanderspreizenden Lappen; Infl.-triebe ± waagrecht absthd.; *v*, im NW *s* (*f* Ti). var. **umbrósa**

— Unt. Blätt. gekerbt; Staminodium quer-längl., 3mal breiter als lg.; Infl.-triebe aufrecht-absthd.; *z* im SW, sonst *s* (im N nur S-NS), *f* Sa, Alp. var. **néesii** (WIRTG.) E. MAYER

3. **Antirrhínum** L. (incl. **Misópates** RAF.), *Löwenmaul*

1. Blkr. 2–3 cm lg., verschiedenfarbig, viel länger als die Tragblätt.; Kblätt. viel kürzer als die Kronröhre *(907)*; ♃; VI–IX. Flußtäler, Mauern, *z* RhPf, *s* Sauerland, Neckartal, Schw/FrAlb eingebürgert, sonst zuw. verwild. (Heimat: W-Mittelmeergebiet) *Großes L.*, **A. május** L.

— Blkr. 8–10 mm lg., rosarot, dk.geadert, kürzer als die Tragblätt.; Kblätt. fast so lg. wie die Kronröhre; ⊙; VII–IX. Äcker, Weinberge; *v* eingebürgert RhPf, Rheinl., sonst *z* bis *s*, in Dt südl. d. Donau nur unt. Isartal. (Heimat: Mittelmeergebiet) *Acker-L.*, **A. oróntium** L.

4. **Linária** MILL. (incl. **Cymbalária** HILL), *Leinkraut*

1. Blätt. lg.gestielt, rundl.-nierenf., gelappt, unterstś. oft violett; Bltn. einzeln, lg.gestielt; Blkr. ohne Sporn 6–8 mm lg., hellviolett m. gelbem Gaumen; ♃; VI–IX. Mauern, Felsen (bis 800 m); Zierpfl., *v* eingebürgert, im O u. N seltener. (Heimat: Italien, Jugoslawien) (= *Cymbalaria muralis* G. M. SCH.) *Zimbelkraut*, **L. cymbalária** (L.) MILL.

— Blätt. ± sitzend, eif. od. lineal; Bltn. in Trauben **2**

2. Bltn. gelb m. dk.gelbem bis orangefarbenem Schlund; alle Blätt. wechselst. **6**

— Bltn. violett od. rötl.violett **3**

3. Blätt. in 3–4zähligen Quirlen, lanzettl.-verkehrt-eif., etwas fleischig, bläul.-grün bereift; Blkr. lebhaft violett m. orangegelbem Gaumen od. einfarbig heller od. dunkler violett; Stg. niederlgd., zw. Schutt kriechend; ♃; VI–VII. Felsschutt, Geröll, Flußschotter

(bis 2700 m); *v* Alp., *z* Voralp., *s* Alp.-Vorland (bis München).
Alpen-L., **L. alpína** (L.) MILL.

— Nur die unt. Blätt. in Quirlen od. alle wechselst.; Stg. aufrecht **4**

4. Blkr. einfarbig, hellblau-violett, m. Sporn 18–20 mm lg.; Bltnstiele etwas drüsig, doppelt so lg. wie der K.; Samen ungeflügelt; ⊙; VI–VII. Mit Kleesaat eingeschleppt, auch als Zierpfl. u. zuw. verwild., aber nicht eingebürgert. (Heimat: NW-Afrika, Spanien) *Zweiteiliges L.,* **L. bipártita** (VENT.) WILLD.

— Blkr. bläul. bis violett, dk. gestreift, zuw. blaß **5**

5. Blkr. m. Sporn 15–18 mm lg.; Samen scharf 3kantig, ungeflügelt; Bltnstiele kahl, höchstens wenig länger als der K.; ♃; VII–VIII. Wiesen, Äcker, Mauern; sehr *z* Be, E, S-Schw., Rhein- u. Neckartal, Pf, He, S-We, SO-NS, b. Bremervörde, sonst zuw. verschleppt auftretend, stellenweise eingebürgert. [= *L. striata* (LAM.) DC.]
Gestreiftes L., **L. répens** (L.) MILL.

— Blkr. klein, m. (stark gebogenem) Sporn höchstens 7 mm lg.; Samen ringsum geflügelt; Bltnstiele etwas drüsig, kürzer als der K.; ⊙; VII–IX. Äcker; *s* E, südl. Oberrhein, RhPf, b. Köln, Be, Ho, NW-Sauerland, b. Marburg, Odw., Spessart, b. Hannover u. Berlin; sonst adventiv. *Acker-L.,* **L. arvénsis** (L.) DESF. ssp. **arvénsis**

ssp. simplex (WILLD.) LGE.: Blkr. hellgelb; Sporn fast gerade; *s* adventiv.

6(2). Blätt. ledrig, eif.-lanzettl., m. abgerundetem Grd., blaugrün bereift; Samen 3kantig, flügellos; Blkr. m. Sporn 20–25 mm lg., m. dunklerem Gaumen; ♃; VI–IX. Sonnige, buschige Abhänge; *s* Schl, eingebürgert b. Würzburg, zuw. adventiv.
Ginsterblättriges L., **L. genistifólia** (L.) MILL.

— Blätt. nicht ledrig, lineal-lanzettl. bis lineal od. pfrieml. . **7**

7. Samen eif., ungeflügelt; Stgblätt. 1 cm lg.; pfrieml., bläul.grün bereift, dickl.; ⊙; VII–IX. Äcker, Trockenrasen; Kulturbegleiter des Serradelle-Anbaus; *z* Br, Po, SaAn. *Ruten-L.,* **L. spártea** (L.) HOFFMGG. & LK.

— Samen abgeflacht, ringsum geflügelt; Stgblätt. flach, lineal bis lanzettl. **8**

8. Pfl. stark bereift, locker beblättert; Blkr. m. Sporn 12–18 mm lg., einfarbig schwefelgelb; Bltn. duftend; ⊙; VII–VIII. Sandstrand, Dünen; *z* Po, OPr. *Wohlriechendes L.,* **L. odóra** (BIEB.) CHAV.

— Pfl. nicht bereift, dicht beblättert; Blätt. am Rand oft etwas umgerollt; Blkr. m. Sporn bis 20–30 mm lg., bleichschwefelgelb m. orangefarbenem Gaumen; Pfl. sich durch Wurzelsprosse vermehrend; ♃; VI–IX. Straßengräben, Brachäcker, Wegränder, Mauern (bis 1300 m); *v* u. *h.* *Gemeines L.,* **L. vulgáris** MILL.

5. Kickxia DUM., *Tännelkraut, Schlangenmaul*

1. Bltnstiele kahl; Blattspr. am Grd. pfeil- od. spießf.; Blkr. m. (fast geradem) Sporn 8–11 mm lg., gelbl.-weiß, m. violetter Oberlippe; ⊙; VII–IX. Äcker; *z* u. lückenhaft, *f* NW-Dt, Ba südl. d. Donau, Ti, Sb, Kt; im N vermutl. nur eingeschleppt (Da eingebürgert). [= *Linaria elatine* (L.) MILL.] *Echtes T.,* **K. elatíne** (L.) DUM.

— Bltnstiele lg.haarig-zottig; Blattspr. breit-eif., am Grd. abgerundet; Blkr. m. (deutl. gebogenem) Sporn 10–13 mm lg., hellgelb, m. schwarzvioletter Oberlippe; ⊙; VII–IX. Äcker; *z,* im SO u. M-Gebiet *s* (*f* Ti), im N nur eingeschleppt. [= *Linaria spuria* (L.) MILL.]
Unechtes T., **K. spúria** (L.) DUM.

6. Chaenorhínum (DC.) RCHB., *Orant*
Bltn. in lockeren, beblätterten Trauben, hell-lila, im Schlund gelb; Blkr. m. (kurzem u. fast geradem) Sporn 6–10 mm lg.; Pfl. bis 25 cm hoch; ⨀; VI–IX. Felsschutt, Äcker (bis 1000 m); *v, z* im N. (= *Linaria minor* DESF.) **Ch. minus** (L.) LGE.

7. Anarrhínum DESF., *Lochschlund*
Grdblätt. rosettig, verkehrt-eif., gesägt bis gekerbt; Stgblätt. meist 3–5teilig, mit linealen Zipfeln; Bltn. in schlanken Ähren; Blkr. hellviolett, m. weiter Röhre, 3–4 mm lg., m. nach vorw. gerichtetem, kurzem Sporn; ⨀; VI. Felsen, steinige Äcker, sonnige Hänge; *s* RhPf (Saar-, Mosel-, Ruwertal). **A. bellidifólium** (L.) WILLD.

8. Mímulus L., *Gauklerblume*

1. Ob. Blätt. sitzend; Stg. aufrecht, ± kahl; Blkr. 3–4 cm lg., gelb u. ± rot gefleckt; ♃; VI–X. Bachufer, Gräben; Zierpfl., *z* eingebürgert, sonst zuw. verwild., insbes. Rheintal, Schw., Bayrw., N-He, Harz, Da, Vb, Ti. (Heimat: W-Nordamerika) *Gelbe G.*, **M. guttátus** DC.

— Alle Blätt. kurz gestielt; Stg. aufstgd., klebrig-zottig; Blkr. 2 cm lg., gelb, m. Moschusgeruch; ♃; VI–VIII. Bachufer; Zierpfl., *s* in BW, RhPf, Harz u. Sa eingebürgert, sonst zuw. verwild. (Heimat: W-Nordamerika) *Moschus-G.*, **M. moschátus** DOUGL.

9. Gratíola L., *Gnadenkraut (905)*
Stg. aufrecht, 15–40 cm hoch; Blätt. lanzettl.-spitz, kurz, aber scharf gesägt; Bltn. einzeln, lg.gestielt; Blkr. weißl., rötl. geadert, 10 mm lg.; ♃; VI–VIII. Ufer, Gräben, Tümpel; *z* bis *s*, in Dt nur Rhein-/Donau-/Weser-/Aller-/Elbetal, Spree, Bodenseegebiet, *f* Th, Sb, Da. Ⓖ ! **G. officinális** L.

G. neglécta TORR., *Übersehenes G.:* Bltnstiele länger als der K., drüsig; Blkr. 10 mm lg., gelb, rot gestreift; Pfl. nach Zitrone duftend; ⨀; V–IX. Überschwemmter Kies; eingeschleppt u. eingebürgert M-E (Rheinebene; ob. noch?). (Heimat: N-Am.)

10. Limosélla L., *Schlammkraut*
Blätt. lineal-spatelig; Bltn. einzeln, grdst., 2–5 cm lg. gestielt *(186)*, weiß; Pfl. bis 8 cm hoch; ⨀; VI–IX. Sandige, schlammige Ufer, Röhricht (bis 1000 m); sehr *z, v* Rhein-/Elbe-/Donautal. **L. aquática** L.

11. Lindérnia ALL. (incl. **Ilysánthes** RAF.), *Büchsenkraut*

1. Alle 4 Stbblätt. m. Stbbeutel; Blkr. weißl., rötl. überlaufen; Bltnstiele länger als die Tragblätt.; Blätt. ganzrandig; ⨀; VIII–IX. Feuchtsandige Stellen, schlammige Teichränder; *s* E, Oberrhein (nördl. bis Speyer), nordwestl. Stuttgart, Bayrw., Diemelsee, Schl, SaAn (Elbtal), Br, St. (= *L. pyxidaria* L. p. p.) *Gemeines B.*, **L. procúmbens** (KROCK.) BORB.

— Nur 2 Stbblätt. m. Stbbeutel, die beiden anderen steril; Blkr. hell-violett; Bltnstiele kürzer als die Tragblätt.; Blätt. entfernt gezähnt; ⨀; VIII–IX. Schlammige Teichränder; nur Elbetal b. Dannenberg (NS) u. b. Wittenberg (SaAn). (Heimat: N-Am.) *Verwechseltes B.*, **L. dúbia** (L.) PENNELL

12. Digitális L., *Fingerhut*

1. Blkr. purpurrot (zuw. rosa od. weißl.), bis 6 cm lg., innen gefleckt u. behaart, außen kahl; ⨀; VI–VII. Kahlschläge, buschige Abhänge,

bes. der mont. Reg. (bis 900 m; Schw .1300 m); *v* im W u. SW, sonst *z* bis *s*, Vb, in Au sonst nur aus Kulturen verwild. u. eingebürgert. **Giftig!** *Roter F.*, **D. purpúrea** L.

— Blkr. nicht purpurrot **2**

2. Infl. allseitswendig; Unterlippe d. Blkr. fast so lang wie die Kronröhre, herabgeschlagen, weiß, letztere gelbbraun; Bltnstiel u. K. lg. behaart, auch drüsig; ♃; VI–VII. Feldmäßig angebaut, zuw. verwild. u. eingebürgert, z. B. Au, Harz, Oberschwaben, Lx, b. Heidelberg. (Heimat: SO-Europa) *Wolliger F.*, **D. lanáta** Ehrh.

— Infl. einstswendig; Blkr. gelb bis gelbl. **3**

3. Blkr. 3–4 cm lg., breit-bauchig, innen braun gefleckt; Stg. u. Bltnstiele drüsig-flaumig; Blätt. unterstS. u. am Rand flaumig; ♃; VI–IX. (Laub-)Wälder, buschige Hänge, Triften (bis 1600 m); im S *v* Hochrhein/Alb/Fichtgeb./Bayrw., sonst *z*, nördl. bis Hohes Venn/Westerw./Wesergeb./Wendland/Stettin. (= *D. ambigua* Murr.) Ⓖ *Großblütiger gelber F.*, **D. grandiflóra** Mill.

— Blkr. nur 2–2,5 cm lg., schlank; Stg., Bltnstiele u. Blätt. kahl; ♃; VI–VIII. Buschige Abhänge; *z* im SW [nördl. u. östl. bis S-Be/RhPf/W- u. S-He/Jagst/SchwAlb/Vb/W-Ti (bis 1500 m)]. Ⓖ *Kleinblütiger gelber F.*, **D. lútea** L.

Bastardbildung!

13. Érinus L., *Alpenbalsam*

Grdblätt. rosettig, keilig-längl., gekerbt-gesägt; Bltn. in armbltg. Traube od. Rispe, hellviolett; ♃; V–VII. Felsspalten u. -triften; kalkstet; *z* Vb. **E. alpínus** L.

14. Paederóta L., *Mänderle*

1. Blkr. gelb; Stbblätt. ± so lg. wie die Blkr.; Blätt. 3–7 cm lg., m. jederstS. > 10 Zähnen; ♃; VI–VIII. Felsspalten (1000–2200 m); kalkstet; nur Hochkönig (Sb), S-Kt (Karawanken, Karnische Alp.). *Gelbes M.*, **P. lútea** L.

— Blkr. blau (selten rosa); Stbblätt. deutl. länger als die Blkr.; Blätt. < 3 cm lg., m. jederstS. höchstens 5 Zähnen; ♃; VI–VIII. Felsspalten (1000–2100 m); kalkstet; 3 Fundorte in Sb (Kitzbühler Alp., Leoganger u. Loferer Steinberge), W-Kt (Karnische, Gailtaler Alp., Nockgebiet). *Blaues M.*, **P. bonaróta** L.

P. x churchíllii Huter = *P. lutea* × *P. bonarota*: *s* S-Kt.

15. Wulfénia Jacq., *Kühtritt*

Rosettenblätt. umgekehrt-eif., regelmäßig gekerbt, glzd.; Infl. 20–30 cm hoch, m. Schuppenblätt., einstswendig, m. dichtstehenden blauvioletten Bltn.; ♃; VII–VIII. Bergwoiden (bis 2000 m); nur östl. Karnische Alp. (Kt). 🄶 *Kärntner K.*, **W. carinthíaca** Jacq.

16. Verónica L. (incl. **Pseudolysimáchium** Opiz), *Ehrenpreis*[1]

1. Blkr. ± ausgebreitet-radf., oft fast radiär, ihre Röhre kürzer als breit *(911)* (= *Veronica* L. s. str.) **4**

— Blkr. (bisweilen undeutl.) 2lippig, ihre Röhre länger als breit *(= Pseudolysimachium) (912)* **2**

---

[1] Mit Verbesserungen durch M. Fischer.

2. Bltnstiele mindestens so lg. wie ihre Tragblätt., locker m. fast sitzenden Drüsenhaaren; Stg. oberw. m. abw. gekrümmten kurzen Haaren u. meist überdies m. Drüsenhaaren; Stgblätt. (wenigstens teilweise) in 3–4zähligen Quirlen; ♃; VI–VIII. Trockenrasen, buschige Hänge; bisher wenige Fundorte in Th u. S-SaAn (vermutl. verschwunden; sonst Böhmen, in Au erst Bgl.). [= *V. spuria* aut., non L.; = *Ps. spurium* (L.) RAUSCH.]
Unechter E., **V. paniculáta** L. ssp. **foliósa** (W. & K.) SKALICKÝ

— Bltnstiele kürzer als die Tragblätt., ohne Drüsenhaare; Stg. andersart. behaart **3**

3. Alle Stgblätt. scharf doppelt bis einfach gesägt; ♃; VI–VIII. Feuchte Wiesen, Gräben, Ufer, bes. entlang der Stromtäler; *z* bis *s*, in Au nur St; auch als Zierpfl. (2 Kleinarten)
Ⓖ *Langblättriger E.*, **V. longifólia** L.

a. Stgblätt. gegenst., lanzettl. bis breit-lanzettl.; am Grd. abgerundet bis schwach herzf.; Blattrand regelmäßig gesägt; Pfl. > 50 cm; Fr. kahl. Verbreitung vermutl. wie oben angegeben. ssp. **longifólia** L.

— Stgblätt. in 3–4zähligen Quirlen, schmal-lanzettl. u. lg.zugespitzt, am Grd. keilig verschmälert; Blattrand unregelmäßig (meist doppelt) gesägt; Pfl. < 50 cm; Fr. behaart. Verbreitung noch unbekannt, vermutl. aber bes. im N u. längs der Küsten. ssp. **marítima** (L.) SOÓ & BORSOS

— Mittl. Stgblätt. grob gezähnt bis gekerbt u. gegenst., die ob. m. allmähl. Verschwinden der Zähnung (bis ganzrandig) u. wechselst. werdend; ♃; VII–IX. Trockenrasen, buschige Hänge, Dünen (bis 1200 m?); *z*, in NW-Dt nur b. Meppen (Ems), *f* Sb, Vb, Ho, Be; auch als Zierpfl. u. zuw. verwild. (2 ssp.) Ⓖ *Ähriger E.*, **V. spicáta** L.

a. Blätt. matt, weil behaart; Drüsenhaare im Infl.Bereich kurz u. sehr locker; seitl. Kronblattzipfel seitl. abgespreizt. Verbreitung wie oben, westl. bis E, Nahegebiet, unt. Moseltal. [ssp. *glandulifera* (OPIZ) DOST.] ssp. **spicáta**

— Blätt. glzd., (fast) kahl; Drüsenhaare im Infl.Bereich lg. u. dichtsthd.; seitl. Kronblattzipfel leicht tordiert, aber m. dem unt. (fast) parallel. Nur Au (Kt, St; NÖ, Bgl.). (= *V. orchidea* CR.) ▣G ssp. **orchídea** (CR.) HAY.

4(1). Blätt. rosettig; Infl. lg.gestielt, blattlos, als 2–5bltg. Traube (zuw. fast doldig); Bltnstiele länger als die Tragblätt., ebenso wie der 4teilige K. u. die rundl., oben etwas ausgerandete Kapsel, dichtdrüsig behaart; Pfl. 3–6 cm hoch; ♃; VI–VIII. Matten, Geröll, Schneetälchen [(900–)1200–2700 m]; kalkliebend; *v* Alp.
Blattloser E., **V. aphýlla** L.

— Stg. beblättert **5**

5. Bltn. in seitl. Trauben od. Ähren, der Stg. meist m. Laubblätt. abschließend *(913)* **24**

— Bltn. einzeln in den Blattachseln od. in endst. Trauben od. Ähren *(914–915)* **6**

6. Infl. deutl. vom beblätterten Stg. abgesetzt, d.h. Tragblätt. auch der unt. Bltn. deutl. von den Laubblätt. verschieden (kleiner u. meist einfacher gestaltet; Übergang Laubblätt. → Tragblätt. erfolgt ± plötzl.); Frstiele aufrecht-absthd. *(914)* **13**

— Stg. ohne von der beblätterten Stgbasis deutl. abgesetzte Infl., d.h. Bltn. stehen einzeln in der Achsel von Tragblätt., die sich in Größe u. Gestalt nur wenig von den basalen Laubblätt. unterscheiden (Übergang Laubblätt. → Tragblätt. erfolgt allmählich); Stg. meist niederlgd.; Frstiele zurückgebogen *(915)* **7**

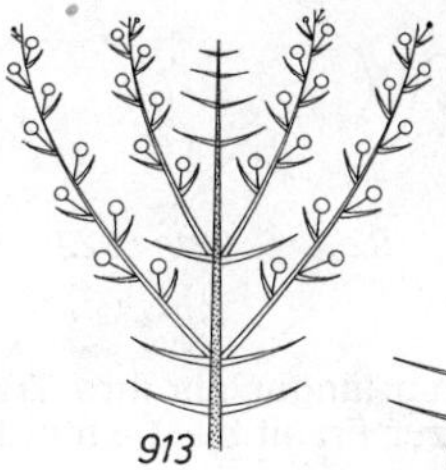
913

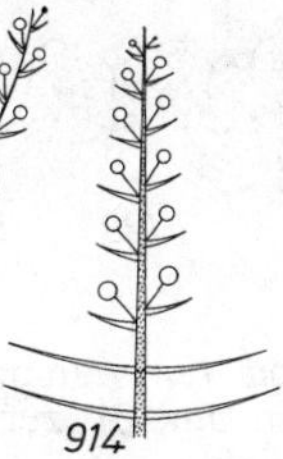
914

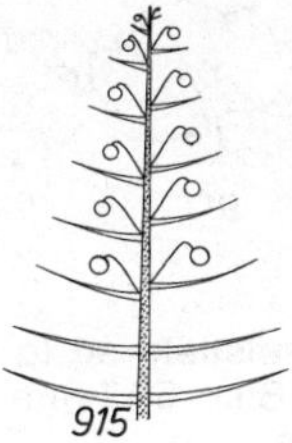
915

7. Stgblätt. kurz gestielt bis sitzend, ihre Spreite meist länger als breit, ± regelmäßig gesägt bis gekerbt *(916);* jedes Kapselfach m. mehreren Samen, die < 2 mm sind **9**

— Stgblätt. lg.gestielt, ihre Spreite so lg. wie breit od. breiter als lg., seicht od. tiefer 3–7lappig, efeuähnl.; jedes Kapselfach m. 1–2 Samen, die 2–3 mm lg. sind; K.zipfel meist lg. gewimpert **8**

8. Stgblätt. rundl., breit u. wenig tief gesägt u. dadurch 3–7lappig, efeuähnlich, aber etwas breiter, lg.gestielt, der mittl. Lappen fast doppelt so breit wie die übrigen *(917);* K.zipfel breit-herzf., zur Frzt. über der Kapsel zusammenneigend, diese kahl, fast kugelig, oben abgeflacht, in Aufsicht abgerundet viereckig; Blkr. blaßlila bis intensiv blau; Bltn.knospen aufrecht; ⊙; III–V. Trockene Waldränder bis Auwälder, Wegränder, Äcker (bis 900 m).
Efeublättriger E., **V. hederifólia** L.

a. K. auf der Außenseite dicht angedrückt flaumhaarig; unt. Tragblätt. tief 3lappig (u. kleiner); Blkr. intensiv (blau)violett, m. weißer Mitte; Blattstiele bis 3,5 mm lg.; Bltnstiel zur Frzt. 4–8 mm lg., bis 1–2mal so lg. wie der K.; Samen graugelbl.; Äcker, offene Standorte; *s* bis *z* N-Ba, No-Dt?, sonst Böhmen (genaue Verbreitung noch unbekannt). [= *V. triloba* (Opiz) Wiesb.]
ssp. **tríloba** (Opiz) Čel.

— K. auf der Außenseite kahl bis zerstreut locker behaart; unt. Tragblätt. (3–)5–7lappig; Bltnstiel z. Frzt. 2–7mal so lg. wie der K. . . . . **b**

b. Bltnstiel m. einer Haarreihe, daneben oft ringsum zerstreut noch kürzere u. längere Haare, z. Frzt. meist 10–18 mm lg., 3–5(–7)mal so lg. wie der K.; Gr. 0,3–0,6 mm lg.; Kblätt. auf der Außenseite schwach behaart bis kahl, randl. m. Wimperhaaren, diese 0,5–1,0 mm lg.; Samen rötlichbraun, m. weißl., glattem, glzd. Randsaum; Blkr. blaßlila bis weißl.; Gartenland, feuchte (Au-)Wälder; wohl *v*(?), aber nied. Lagen. (= *V. sublobata* Fischer)
ssp. **lucórum** Klett & Richter

— Bltnstiel m. einer Haarreihe, daneben nur sehr vereinzelt weitere Haare, z. Frzt. meist 7–14 mm lg., nur 2–3mal so lg. wie der K.; Gr. 0,7–1,1 mm lg.; Kblätt. auf der Außenseite kahl, m. randl. Wimperhaaren von 1,0–1,3 mm Länge; Samen hellgelb, Randsaum unauffällig; Blkr. hellblau, Zentrum weiß. Unkrautfluren, offene Standorte; *v.* ssp. **hederifólia**

— Blätt. fast halbkreisf., m. tiefer eingeschnittenen (5–9) Lappen, der mittl. Lappen nicht doppelt so breit wie die übrigen *(918);* K.zipfel eif., am Grd. verschmälert, z. Frzt. absthd. bis zurückgeschlagen; Kapsel behaart od. kahl, 4furchig aber 2lappig, oben deutl. ausgerandet, in Aufsicht ± oval; Blkr. weiß, Bltn.knospen nikkend; ⊙; III–VI. Schuttplätze u.ä. Orte; *s* aus dem Mittelmeergebiet eingeschleppt (wo?), ob irgendwo eingebürgert? *Zimbelkraut-E.,* **V. cymbalária** Bodard

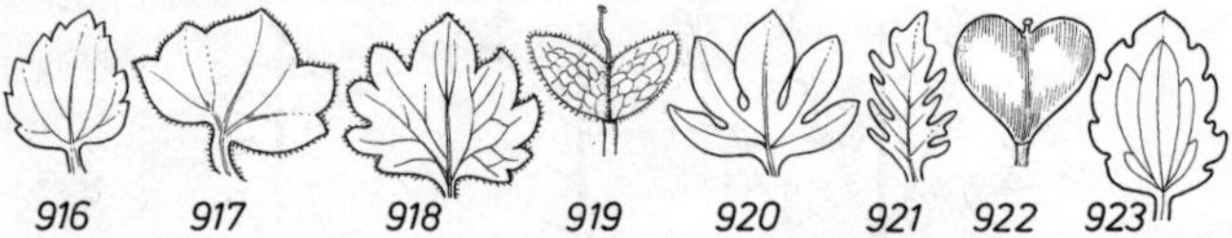

916 917 918 919 920 921 922 923

9(7). Kapselstiele so lg. od. nur wenig länger als ihre Tragblätt.; Blkr. 5–7 mm im Dm; Gr. zur Frzeit bis 1,8 mm lg., gerade **11**

— Kapselstiele meist deutl. länger als ihre Tragblätt.; Blkr. 9–14 mm im Dm; Gr. zur Frzt. 2–4 mm lg., geschlängelt **10**

10. Stg. kräftig, niederlgd.-aufstgd., kaum wurzelnd; Kapsel 8–10 mm breit u. 4–6 mm hoch, Winkel ihrer Ausrandung > 90° *(919)*; ⨀; III–X. Gärten, Äcker, Schuttplätze (bis 1700 m); *v* eingebürgert. (Heimat: Geb. SW-Asiens) (= *V. tournefortii* GMEL.) *Persischer E.*, **V. pérsica** POIR.

— Stg. fadenf., kriechend, deutl. wurzelnd; Kapsel 4–5 mm breit u. hoch, Winkel ihrer Ausrandung < 90°; ♃; III–V. Wiesen, Parkrasen; *z*, im S häufiger eingebürgert, im N noch *s* (in Ausbreitung begriffen; Heimat: Kaukasus bis Anatolien). *Faden-E.*, **V. filifórmis** SM.

11(9). K. an der Basis m. 0,6–1,2 mm lg. Haaren; Blätt. dkgrün u. matt, locker weichhaarig; Frfach m. je 5–6 Samen; Fr. gekielt, kraushaarig bis zottig, m. meist ± geschlängelten Haaren, m. wenigen längeren Drüsenhaaren; Gr. etwa so lg. wie die Höhe der Fr.ausrandung; ⨀; III–X. Äcker, Gärten, bes. auf (kalkhaltigen) Lehmböden; *v* im O, nach W seltener u. bis Elbemündung/Verden/Ruhrgebiet/Ho, *s* im S u. SW, *f* in Dt linksrheinisch. *Glanzloser E.*, **V. opáca** FR.

— K. an der Basis m. höchstens 0,5 mm lg. Haaren; Blätt. frischgrün bis glzd. **12**

12. Frfach m. je 5–6 Samen; Gr. so lg. wie die Ausrandung der Fr.; Fr. gekielt, ausschließl. m. Drüsenhaaren (drüsenlose Haare fehlen gänzl.!); Blätt. beidersts. gleich locker weichhaarig; K.blätt. lineal; Blkr. bläul.-weiß od. blaßrosa; ⨀; IV–X. Äcker, Gärten (kalkarme bis sandige Böden; bis 1300 m?). *z*, im N häufiger. *Acker-E.*, **V. agréstis** L.

— Frfach m. je ± 10 Samen; Gr. länger als die Ausrandung der Fr.; Fr. nicht gekielt, dicht drüsenlos kurzhaarig, außerdem m. längeren Drüsenhaaren; Blätt. glzd., untersts. deutl. dichter behaart als obersts.; Kblätt. eif.; zumindest die ob. Zipfel der Blkr. tiefblau; ⨀; III–X. Unkrautfluren (Kulturbegleiter), Schuttplätze; kalkliebend, bes. in warmen u. trockenen Lagen; *z*, im M-Gebiet häufiger, *s* im N, bes. colline bis submont. Stufe (bis 1000 m). *Glänzender E.*, **V. pólita** FR.

13(6). Alle Stgblätt. ungeteilt **16**

— Mittl. u. ob. Stgblätt. fiedspaltig od. handf. geteilt (z. B. *921*); Fr. drüsig gewimpert **14**

14. Ob. Stgblätt. sitzend u. handf. geteilt *(920)*; Frstiele so lg. od. etwas länger als K. u. Tragblätt.; Blkr. dkblau; Gr. viel länger als die Höhe der Fr.ausrandung (ähnl. *925*); Kapselfläche kahl od. locker drüsenhaarig; ⨀; III–V. Äcker, Ödland, Wiesen (bis 1000 m?); *v* bis *z*, im NW, S-Dt u. Au *s* (*f* Vb, Sb). *Finger-E.*, **V. triphýllos** L.

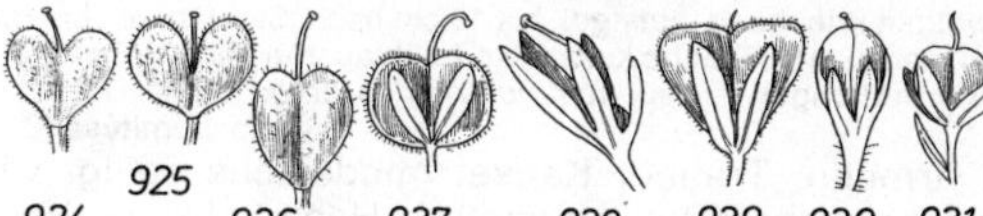

924 925 926 927 928 929 930 931

— Ob. Stgblätt. fiedspaltig *(921);* Frstiele kürzer als K. u. Tragblätt.; Kapselfläche dicht kurz drüsenlos behaart **15**

15. Gr. viel länger als die Höhe der Fr.ausrandung; Blkr. dkblau, 4–5 mm breit; Stg. oberw. drüsig-flaumig behaart; Stgblätt. dickl., gräul.-grün; ⊙; IV–V. Äcker, trocken-grasige u. -sandige Orte (bis 800 m); kalkmeidend; *v* im O, sonst *z* bis *s,* nördl. u. südl. bis Odermündung/Berlin/Maintal/M-Rhein (BW nur Rheintal), *f* Au (Ti?). *Dillenius' E.,* **V. dillénii** Cr.

— Gr. nur so lg. wie die Höhe der flachen Fr.ausrandung (ähnl. *922*); Blkr. hellblau, 3 mm breit; Stg. oberw. spärl. behaart u. m. zerstreuten Drüsenhaaren; Stgblätt. dünn, grasgrün; ⊙; IV–VI. Wie vorige (bis 1000 m?); *v* im O, nach W *z,* nördl. u. westl. bis Neumünster (SH)/nördl. Harzvorland/Gießen/Eifel, westl. davon nur verschleppt, *f* Vb (BW nur Rheintal). G *Frühlings-E.,* **V. vérna** L.

16(13). Frstiele so lg. od. länger als der K. **18**

— Frstiele höchstens halb so lg. wie der K.; Pfl. ⊙ **17**

17. Stgblätt. lanzettl. bis schmal-elliptisch, am Grd. keilig bis stielf. verschmälert, entfernt gezähnelt, kahl; Gr. die geringe Fr.ausrandung nicht überragend *(922);* Blkr. 3–5 mm breit, weißl.; Fr. kahl; ⊙; IV–VI. Gärten, Flußufer; *v* eingebürgert Rheintal, sonst nur sehr *z, f* Da. (Heimat: Am.) *Amerikanischer E.,* **V. peregrína** L.

— Stgblätt. eif., am Grd. abgerundet, kerbig-gesägt, zerstreut behaart *(923);* Gr. die tiefe Fr.ausrandung etwas überragend *(924);* Blkr. 2–3,5 mm breit, hell- bis kräftiger blau; Fr. bewimpert; ⊙; IV–V(–IX). Äcker, Wegränder, Triften, Schuttplätze (bis 1500 m?); *v.* *Feld-E.,* **V. arvénsis** L.

18(16). Pfl. ♃; m. blühenden u. nichtblühenden Trieben; Grdachse kriechend **20**

— Pfl. ⊙, ohne nichtblühende Triebe **19**

19. Kapsel breiter als hoch, sehr tief gespalten *(925);* Frstiele 2–3mal so lg. wie der K.; Blkr. blaßblau, dunkler geadert od. dk.blau; ⊙; IV–VI. Feucht-nasse Äcker, grasige Stellen; *s* Be, E, Kt; in Dt erloschen. *Steinquendelblättriger E.,* **V. acinifólia** L.

— Kapsel ± so lg. wie hoch, kaum halb so tief ausgerandet wie bei voriger *(926);* Frstiele so lg. wie der K. od. wenig länger, ± aufgerichtet; Blkr. dkblau; ⊙; III–VI. Wie vorige; *z,* nördl. u. westl. bis Odermündung/S-Me/Hameln/Lippe/Bonn/Lx/S-Be (2 Orte), *f* Da, Vb, Sb, St. *Frühblühender E.,* **V. praecox** All.

20(18). Bltn. in kurzer od. verlängerter Traube; Kapsel zieml. tief ausgerandet, breiter als lg. (ähnl. *924*); Blkr. weißl. bis bläul., dunkler geadert, 5–6 mm breit; Stgblätt. kahl; ♃; V–VIII. Wiesen, Triften, Wegränder (bis 2400 m). (2 ssp.) *Quendelblättriger E.,* **V. serpyllifólia** L.

a. Stg. aufrecht bis kurz kriechend, bis 30 cm hoch; Stgblätt. eif. bis elliptisch, meist gesägt; Traube verlängert (bis 40bltg.), Blkr. weißl.; *v.* ssp. **serpyllifólia**

— Stg. weithin kriechend, aufstgd., bis 15 cm hoch; Stgblätt. eif. bis rundl., ganzrandig bis gekerbt; Traube kurz; Blkr. hellblau. Nur Alp. (Höhengrenzen u. nähere Verbreitung?). [= ssp. *nummularioides* (LECOQ & LEM.) DOSTÁL] ssp. **humifúsa** (DICKSON) SYME

— Bltn. in armbltg. Traube; Kapsel mindestens so lg. wie breit, kaum ausgerandet; Alpenpfl. (*s* Hoch-Schw. u. -Vog., Sudeten, Riesengeb.); Pfl. 5–20 cm hoch **21**

21. Grdblätt. rosettig gehäuft, deutl. größer als die ebenfalls dicht behaarten wenigen (2 Paare) Stgblätt.; Traube drüsig-zottig; Blkr. blauviolett, 6–9 mm breit; ♃; VII–VIII. Matten, auch Triften (1400–2500 m); *z* Alp., in Dt *s* nur Allgäu u. Wettersteingeb., *f* OÖ, *s* Riesengeb., Gesenke. *Maßlieb-E.,* **V. bellidioídes** L.

— Grdblätt. nicht rosettig gehäuft, kleiner als die Stgblätt. . **22**

22. Stg. am Grd. krautig, locker behaart; Blätt. locker behaart (od. fast kahl), nicht drüsenhaarig; Bltnstiel rauhhaarig; Traube m. lg. (> 0,5 mm) absthd. drüsenlosen Haaren; Blkr. 4–7 mm im Dm, blaulila; Gr. 2 mm lg.; ♃; VII–VIII. Matten, Schneetälchen, felsige Stellen, Quellfluren (1100–3000 m, Ötztal bis 3400 m); *v* Alp., *s* Riesengeb. *Alpen-E.,* **V. alpína** L. ssp. **austrális** (WAHL.) A. & D. LÖVE

— Stg. am Grd. verholzt; Blätt. etwas ledrig, fast kahl, am Rand kurz bewimpert; Traube m. kurzen (< 0,3 mm), ± anlgd., krummen Haaren u./od. (längeren) Drüsenhaaren; Blkr. 4–7 mm im Dm; Gr. < 2 mm lg. **23**

23. Blkr. rosa, dunkler gestreift, Schlund grünl.-weiß; Bltnstiel u. K. m. Drüsenhaaren; Bltntriebe m. 8–12 diesjährigen Blattpaaren; Blätt. lineal-lanzettl., mind. doppelt so lg. wie die Internodien; Traube (5–)8–20bltg., alle Tragblätt. wechselst.; reife Kapsel kaum länger als der K.; ♃; VI–VII. Triften, Schuttfluren, auch Matten (bis 2200 m, oft m. den Flüssen tiefer); kalkliebend; *s* Allgäu, Ammergauer Alp., Wettersteingeb., südl. Rosenheim, Vb, Ti, Kt. *Halbstrauchiger E.,* **V. fruticulósa** L.

— Blkr. azurblau, im Schlund weiß, m. Purpurring; Bltnstiel u. K. ohne (od. nur m. sehr vereinzelten) Drüsenhaaren, dicht anlgd. kurz krummhaarig; Bltntriebe m. 3–6 diesjährigen Blattpaaren; Blätt. verkehrt-lanzettl., spatelig od. verkehrt-eif., meist kürzer bis nur wenig länger als die Internodien; Traube 1–8bltg., die beiden unt. Tragblätt. gegenst.; reife Kapsel deutl. länger als der K.; ♃; VI–VIII. Triften, Felsen; *z* Alp. (bis 2800 m), *s* Vog., b. Waldshut (S-Baden). [= *V. saxatilis* SCOP.; = *V. fruticulosa* ssp. *fruticans* (JACQ.) ROUY] *Felsen-E.,* **V. frúticans** JACQ.

24(5). K. 4teilig *(927)* **27**

— K. 5teilig, der hintere (ob.) Zipfel kleiner als die übrigen *(928)* **25**

25. Nichtblühende Triebe niederlgd., bltntragende Stg. ± aufrecht; Kapsel wenig ausgerandet (ähnl. *927*); Kapsel u. K. kahl; ♃; IV–VI. Steppenhänge, Trockenrasen. *Niederliegender E.,* **V. prostráta** L.

a. Infl. reichbltg. (m. durchschnittl. 25 Bltn.); Blkr. blaß-blau, 5–9 mm breit; Blätt. ± (bes. untersts.) kurzhaarig, lanzettl. bis längl.-eif.; Kblätt. schmal u. spitz; *z* östl. von Harz/Donaugebiet, Ti, (b. Kassel?). (diploid, 2n = 16) ssp. **prostráta**

— Infl. armbltg. (m. durchschnittl. 15 Bltn.); Blkr. dk.blau, 9–12 mm breit; Blätt. fast kahl, lineal bis lanzettl.; Kblätt. breit u. stumpfl.; *z* im W (Ho, Be, RhPf, BW, E). (tetraploid, 2n = 32) (= *V. satureiaefolia* POITEAU & TURPIN)
ssp. **schéereri** J. P. BRANDT

— Alle Triebe aufrecht od. bogig aufstgd.; Kapsel tiefer ausgerandet (ähnl. *924*); Blkr. dkblau, 10–15 mm breit **26**

26. Stgblätt. lanzettl., sitzend bis kurz gestielt, fast ganzrandig bis fiedspaltig, wenig behaart; K. u. Kapsel meist kahl; Kapsel 4–5 mm lg. *(928)*; Pfl. bis 50 cm hoch; ♃; V–VI. Steppenrasen, Waldwiesen.
[G] *Österreichischer E.*, **V. austríaca** L.

a. Stgblätt. kerbig bis scharf gesägt; Blätt. des bltnlosen Gipfeltriebes meist ganzrandig; *s* Schw/FrAlb, b. München, E, Ti, Kt, St. [= ssp. *dentata* (SCHMIDT) WATZL.] ssp. **austríaca**

— Stgblätt. einfach (selten bis doppelt) fiedspaltig; Blätt. des Gipfeltriebes einfacher (zuw. fast ganzrandig); *s* O-Br, O-Me u. östl., *f* OPr.
ssp. **jacquínii** (BAUMG.) MALY

— Stgblätt. oft schmal-eif., am Grd. abgerundet, sitzend, einfach bis doppelt gesägt, obersts. locker-, untersts. kraushaarig; K. u. Kapsel meist behaart, Kapsel 3–3,5 mm lg.; Pfl. bis 1 m hoch; ♃; V–VII. Triften, buschige Hänge, Trockenwiesen (bis 1100 m); *v* bis *z* im S, nach N u. O seltener, nördl. u. westl. bis Rügen/Altmark/ b. Hannover/Sauerland/Niederrhein/Ho. [= ssp. *pseudochamaedrys* (JACQ.) NYM.] *Großer E.*, **V. teúcrium** L.

27(24). Sumpf- u. Wasserpfl.; Stg. u. Blätt. kahl (selten spärl. drüsig) u. zuw. glzd. **32**

— Wald-, Wiesen- u. Ruderalpfl.; Stg. u. Blätt. behaart . . . **28**

28. Stg. 2zeilig behaart; Stgblätt. eif.-spitz, grob-gekerbt, sitzend, die unt. kurz gestielt; Kapsel kürzer als der K.; Blkr. himmelblau (zuw. rosa od. weißl.), dunkler geadert; ♃; V–VIII. Lichte Wälder, Gebüsche, Triften (bis 2200 m); *v*. (3 ssp.)
Gamander-E., **V. chamaédrys** L.

a. K. ohne Drüsenhaare; Blätt. längl.-oval, jederssts. m. 9–11 spitzen Zähnen; Stg. zw. den Haarleisten locker behaart; Blkr. hellblau, 9–12 mm im Dm. In Dt Wettersteingeb., Ammergauer u. Chiemgauer Berge, b. Berchtesgaden; ob in Au außer Sb? ssp. **mícans** M. FISCH.

— K. drüsig behaart; Blätt. im Umriß oval-dreieckig, jederssts. nur m. 3–8 Zähnen . . . . **b**

b. K. locker lg.drüsig behaart; Blattzähne stumpfl.; Stg. zw. den Haarleisten locker behaart; Blkr. intensiv blau, 11–15 mm im Dm. Verbreitung wie bei der Art angegeben. ssp. **chamaédrys**

— K. dicht kurzdrüsig behaart; Blattzähne spitz; Stg. zw. den Haarleisten (fast) kahl; Blkr. hellblau bis zartrosa. FrAlb bis Straubing; ob in Au?
ssp. **vindobonénsis** (M. FISCH.) M. FISCH.

— Stg. rundum ± gleichmäßig behaart; Kapsel länger als der K. **29**

29. Pfl. ⊙, aufrecht; unt. Stgblätt. kurz-, die ob. ungestielt, schmal-eif., gleichmäßig entfernt, aber scharf u. kurz gezähnt, bis 3 cm lg.; Stg., Blätt., Bltnstiel u. K. behaart, die beiden letzteren auch m. Drüsenhaaren; Blkr. 5 mm im Dm, intensiv blau, höchstens so lg. wie der K.; ⊙; IV–VI. Böschungen im Siedlungsbereich; eingeschleppt u. eingebürgert BW (b. Heilbronn, b. Stuttgart). (Heimat: SW-Asien bis Griechenland) *Spitzzähniger E.*, **V. argúte-serráta** REGEL & SCHMALH.

— Pfl. ♃, niederlgd., wenn aufrecht, dann Stgblätt. breit-eif. u. bis 10 cm lg. **30**

30. Stgblätt. mind. 7 mm lg. gestielt, eif., grob aber scharf gesägt; Teilinfl. armbltg.; Bltnstiele sehr dünn, länger als die brillenf., ca. 8 mm breite Kapsel *(927);* Blkr. blaßlila, meist dunkler geadert; ♃; V–VII. Laubwälder (bis 1400 m?); *v* bis *z,* bes. montane Stufe, *s* in den Trockengebieten. *Berg-E.,* **V. montána** L.

— Stgblätt. sitzend od. sehr kurz gestielt; Kapsel < 6 mm breit **31**

31. Stgblätt. breit-eif., zugespitzt, scharf gesägt, 6–9 cm lg. u. bis 5 cm breit, die ob. m. herzf. Grd. sitzend, die unt. sehr kurz gestielt; Bltnstiele etwas länger als die Kapsel, diese apfelf., in der unt. Hälfte am breitesten; Blkr. blaßrosa, zuw. weißl.; ♃; VI–VIII. Schluchtwälder, feuchte Gebüsche, bes. der mont. Reg. (bis 1700 m); *v* Alp. u. Vorland (bes. Iller- u. Isartal), *s* bis Bodenseegebiet, Hochrhein, S-Bayrw. (= *V. latifolia* L.) *Brennesselblättriger E.,* **V. urticifólia** Jacq.

— Stgblätt. breit-lanzettl. bis verkehrt-schmal-eif., um 4 cm lg., regelmäßig (aber weniger tief als bei voriger) gesägt bis gekerbt, alle sehr kurz (2–6 mm) gestielt; Bltnstiele deutl. kürzer als die Kapsel *(929),* diese spitzenw. sich verbreiternd; Blkr. hellblau bis blaßlila, zuw. weißl.; ♃; VI–VIII. Trockene Wälder, Heiden (bis 1800 m); *v.* *Wald-E.,* **V. officinális** L.

32(27). Blätt. lineal-lanzettl., 2–4 mm breit, m. feinen rückw. gerichteten Sägezähnchen; Infl. nur je 1 pro Blattpaar, abwechselnd rechts u. links; Blkr. weißl. bis rosa od. blaßlila; Kapsel deutl. länger als der K., zieml. tief ausgerandet; Stg. dünn, schlaff; ♃; VI–IX. Teichränder, Gräben, Sumpfwiesen (bis 900 m); *v* bis *z.* *Schild-E.,* **V. scutelláta** L.

— Blätt. breiter; Stg. dick u. fleischig; Trauben jeweils 2 gegenst.; Kapsel nur seicht ausgerandet **33**

33. Alle Stgblätt. kurz gestielt, eif.-breit-elliptisch, stumpfl.; Stg. rund; Blkr. intensiv hell- bis dunkler blau; Blätt. dickl., oft fast etwas ledrig; ♃; V–VIII. Bäche, Gräben, Quellfluren (bis 1850 m); *v.* *Bach-E., Bachbunge,* **V. beccabúnga** L.

— Zumind. die mittl. u. ob. Stgblätt. halb-stgumfassend od. m. seicht herzf. Grd. sitzend, spitzl.; Stg. ± 4kantig; Blätt. dünn **34**

34. Kapsel längl.-elliptisch, etwa 1½mal so lg. wie breit *(930);* Stg. markig; Blätt. meist 3–4quirlig; Bltnstiele fein drüsenhaarig; Frstiele fast waagrecht absthd.; ♃; VI–X. Ufer, Gräben; sehr *z* im S u. M, nördl. bis Osnabrück/Th/SaAn/WPr/Schl (Elbemündung?), in Au nur Vb, St (u. ab OÖ, NÖ); *f* Ho, Be. *Schlamm-E.,* **V. anagalloídes** Guss.

— Kapsel rundl. bis breit-elliptisch, höchstens wenig länger als breit *(931);* Stg. hohl; Blätt. gegenst. **35**

35. Frstiele ± waagrecht-absthd., ± so lg. wie der K.; Kapsel etwas länger als die K.zipfel; Tragblätt. länger als die Bltnstiele, stumpfl.; Traube zerstreut drüsig-behaart; ♃; VII–X. Verbreitung ungenau bekannt, da oft verwechselt, sicher nur: *z* Ba, BW?, Me, Br, Sa, Böhmen, in Au Vb, sonst erst ab OÖ/NÖ. (= *V. aquatica* Bernh.; = *V. comosa* aut., non Richt.) *Wasser-E.,* **V. catenáta** Pennell

— Frstiele aufrecht-absthd., viel länger als der K. *(931);* Kapsel etwas kürzer als die K.zipfel; Tragblätt. höchstens so lg. wie die Bltnstie-

le, spitzl.; Traube kahl [ssp. **anagállis-aquática;** *v*] od. drüsig [ssp. **divaricáta** Krösche; *s* SH, Ba, Ti]; ♃; V–IX. Ähnl. den vorigen, auch Vb, Sb.
Gauchheil-E., **V. anagállis-aquática** L.

17. Pediculáris L., *Läusekraut*[1] Ⓖ

1. Blkr. rot, purpurn od. rosa (selten weißl.) **7**
— Blkr. gelb od. gelbl. **2**
2. Blkr. nicht schnabelf. vorgezogen **4**
— Blkr. m. abw. weisender, schnabelf. verlängerter Spitze (ähnl. *933*), blaßgelb **3**
3. K.zähne innen kahl; Basis der Infl.sprosse wollig behaart; Tragblätt. am Rand gewimpert; Blkr. bis 20 mm lg.; ♃; VI–VIII. Lichte Wälder, Weiden, Moorwiesen, Felsentriften (1600?–2300 m); kalkmeidend; *z* Au (*f* St). *Knollen-L.,* **P. tuberósa** L.
— K.zähne innen flaumig behaart; Basis der Infl.sprosse 2–3zeilig behaart; Tragblätt. kahl; Blkr. bis 16 mm lg.; ♃; VII–VIII. Triften u. Matten der Krummholzreg.; kalkstet. (2 ssp.)
Langähriges L., **P. elongáta** Kern.

a. Tragblätt. ± kahl; K. außen kahl, Innenseite seiner Zipfel flaumig behaart. *s* Brenner (Ti), Dobratsch (Kt), verschleppt O-SchwAlb. ssp. **elongáta**
— Tragblätt. untersts. u. am Rand sowie K. außen zottig behaart (daher Infl. grau bis silbrig), Innenseite seiner Zipfel ± flaumig. *s* Karawanken, Steiner Alp. (Kt). (= *P. julica* E. Mayer) ssp. **július** (E. Mayer) Hartl

4(2). Blkr. bis 32 mm lg., schwefelgelb, ihr Schlund durch die zusammenneigenden Lippen fast geschlossen; Spitze der Unterlippe blutrot; Blätt. tief fiedteilig, Fiedern gekerbt; Pfl. bis 80 cm hoch; ♃; VII–VIII. Flachmoore; a) *v* NO (OPr, WPr, O-Po), *z* W-Po, Me; b) *z* Federsee (Ob.Schwaben), Ries (b. Nördlingen), Bayrw., Lechtal, mittl. Isar, Loisach, St. Ⓖ! *Karlszepter,* **P. scéptrum-carolínum** L.
— Blkr. bis 25 mm lg., ihr Schlund durch abspreizende Unterlippe weit geöffnet **5**
5. Oberlippe der Blkr. kahl, an der Spitze purpurn gefleckt; Tragblätt. kürzer als die Bltn. u. deutl. kleiner als die Stgblätt.; Fied. schwach gekerbt bis gesägt; Pfl. bis 20 cm hoch; ♃; VI–VIII. Alpenmatten (1800–2200 m); kalkliebend; *z* Alp. (*f* Sb), in Dt nur Ammergauer u. Schlierseer Berge. Ⓖ *Buntes L.,* **P. oederi** Vahl
— Oberlippe der Blkr. beidersts. ihrer Spitze nicht m. dunklem, purpurnem Fleck; Tragblätter (etwas) länger als die Blüten; Fied. tief eingeschnitten od. nochmals gefied. . . . **6**
6. Pfl. bis 50 cm hoch; Oberlippe der Blkr. außen filzig-zottig; Blätt. einf. gefied., Fied. tief eingeschnitten; ♃; VI–VIII. Matten, Hochstaudenfluren, Krummholzregion (750–2300 m); kalkliebend; *z* Alp., *s* W-SchwAlb, Vog. Ⓖ *Durchblättertes L.,* **P. foliósa** L.
— Pfl. bis 100 cm hoch; Oberlippe der Blkr. fast kahl; Blätt. doppelt gefied., Fied. 2. Ordnung deutl. gesägt; ♃; VII–VIII. Wiesen, Hochstaudenfluren (1200–1700 m); *s* Kt: Karnische, Gailtaler Alp., Karawanken. Ⓖ *Venezianisches L.,* **P. hacquétii** Graf

[1] Diese u. die weiteren Gattungen der Familie (= Unterfamilie **Rhinanthoideae**) sind Wurzelparasiten u. m. grünen Blättern versehen, ⊙ od. ♃ Halb- od. Ganzschmarotzer vorwiegend auf Gräsern u. Gehölzen.

7(1). Stgblätt. zu 3–4 quirlst.; Blkr. purpurrot (zuw. heller bis weißl.), in gedrungener Traube; Tragblätt. u. aufgeblasener K. oft purpurn überlaufen; ♃; VI–VIII. Matten, Triften, Quellmoore (1300–2300 m); *v* Alp., in Dt *s*, erst östl. Ammergauer Berge.
Ⓖ *Quirlblättriges L.*, **P. verticilláta** L.

— Stgblätt. nicht in Quirlen **8**

8. Oberlippe der Blkr. schnabelf. verlängert *(933–934)* . . **10**

— Oberlippe der Blkr. ungeschnäbelt, gestutzt *(932)* **9**

9. K. kahl, m. etwas ungleichen, am Rand gewimperten Zähnchen; Blkr. braun-rot bis purpurn; unt. Tragblätt. fiedspaltig; Pfl. bis 60 cm hoch; ♃; VII–VIII. Feuchte Weiden, Gebüsche, Hochstaudenfluren (1200–2100 m); *v* Alp., in Dt nur Allgäu u. Berchtesgaden. Ⓖ *Gestutztes L.*, **P. recutíta** L.

— K. weißwollig, m. gleichen Zähnchen; Blkr. rosa; unt. Tragblätt. nur wenig eingeschnitten; Pfl. bis 15 cm hoch; ♃; VII–VIII. Matten, Triften, Gesteinsfluren (1700–2500 m); kalkstet; *z* Radstädter Tauern (Sb), Ti, OÖ (Höllengeb.), Kt, St, NÖ.
Rosarotes L., **P. rósea** Wulf.

10(8). Oberlippe der Blkr. in einen lg., vorn gestutzten Schnabel verschmälert *(933)*, fast ganzrandig **13**

— Oberlippe der Blkr. in einen kurzen Schnabel auslaufend, beidersts. m. 1 kurzen Zahn *(934)* **11**

11. K. tief 2lippig, m. eingeschnitten-gezähnten, krausen Lippen; Blkr. bis 22 mm lg., ihre Unterlippe bewimpert; Infl. dichtbltg., lg. gestielt; Bltn. sitzend od. sehr kurz gestielt; Stg. aufrecht, einzeln, erst oberw. verzweigt, bis 50 cm hoch; K. außen kurzhaarig, am Rand kahl; Rhachis flach, 2 mm breit; ⊙; V–VI. Sumpfwiesen, Flachmoore (bis 1800 m); *z*. Ⓖ *Sumpf-L.*, **P. palústris** L. ssp. **palústris**

ssp. **opsiántha** (Ekm.) E. Almquist: Blkr. bis 15 mm lg.; Rhachis dickl., rinnenf., kaum 1 mm breit; VII–VIII; *s* Me (Rügen, Usedom), *z* Da.

— K. 5zähnig od. 5spaltig; Unterlippe der Blkr. kahl **12**

12. Infl.stiele zu mehreren, der mittl. aufrecht, bis 12 cm hoch, die seitl. niederlgd.; Infl. kurz bis sehr kurz gestielt; Bltn. deutl. gestielt; K. 5zähnig, tief gezähnelt, z. Frzt. aufgeblasen, am Rand zottig, außen kahl; ⊙; V–VI. Feuchte Wiesen, Flach- u. Hochmoore (bis 1200 m); *z*, lückenhaft, in Au nur Vb, sonst erst ab OÖ/NÖ.
Ⓖ *Wald-L.*, **P. sylvática** L.

— Infl.stiel einzeln, aufrecht, 10–25 cm hoch; Infl. lg.gestielt; Bltn. fast sitzend; K. 5spaltig, m. fein gesägten Zähnchen *(934)*; ♃; V–VII. Quellige Stellen u. Hochmoore (1000–1500 m); *s* Riesengeb. (Eiszeitrelikt). Ⓖ *Sudeten-L.*, **P. sudética** Willd.

13(10). Kzähne ganzrandig; K. spinnwebig-wollig; Infl. lockerbltg., verlängert; Blkr. fleischrot bis purpurn (zuw. rosa bis weißl.), bis 13 mm lg., ihre Röhre nur so lg. wie der K., ihre Unterlippe nicht bewimpert; Pfl. bis 40 cm hoch; ♃; VII–VIII. Matten, Triften (1800–2300 m); kalkliebend; *z* Alp., *f* Vb, in Dt nur Berchtesgaden. (= *P. incarnata* Jacq., non L.) Ⓖ *Ähren-L.*, *Fleischrotes L.*,
P. rostrátospicáta Cr. ssp. **rostrátospicáta**

ssp. **helvética** (Steininger) O. Schwarz: Pfl. in allen Teilen kräftiger; K. dicht wollig-zottig, seine Zähne bei den unt. Bltn. fein gesägt; *s* Vb, W-Ti.

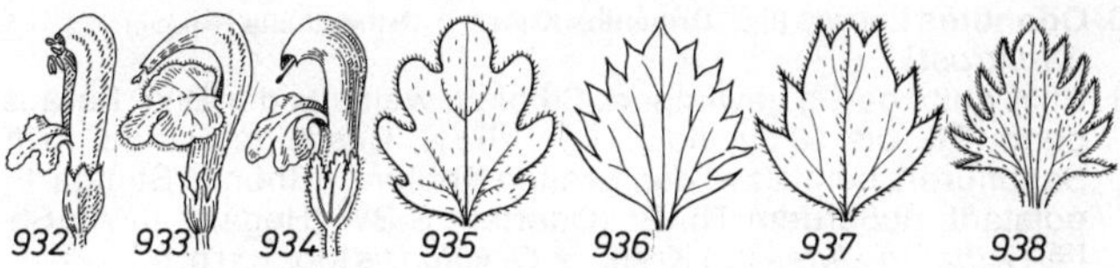

— Kzähne deutl. gesägt bis gekerbt; Infl. köpfchenart., dicht- od. (wenn arm-, dann) engbltg. 14

14. Unterlippe der Blkr. am Rand ringsum kurz u. dicht gewimpert; K. kahl od. am Rand u. auf den Nerven flaumig behaart; Blkr. bis 25 mm lg., hellpurpurn, ihre Röhre länger als der K.; Pfl. bis 20 cm hoch; ♃; VII–VIII. Gesteinsfluren, Matten, Felsspalten (1150–2600 m); kalkliebend, auch auf Schiefer; *v* Alp. (= *P. jacquinii* Koch) Ⓖ *Kopfiges L., Geschnäbeltes L.,* **P. rostrátocapitáta** Cr.

— Unterlippe der Blkr. am Rand kahl; Pfl. nur bis 10 cm hoch 15

15. K. u. ob. Teil des Stg. rötl. wollig-zottig; Blkr.röhre etwa so lg. wie der K.; Blkr. bis 17 mm lg., rosenrot m. dunklerer Oberlippe, deren Schnabel lineal; ♃; VII–VIII. Triften, Schuttfluren (1200–2800 m); kalkmeidend; *v* Au. *Farnblättriges L.,* **P. asplenifólia** Floerke

— K. höchstens flaumig; Blkr.röhre deutl. länger als der K., Oberlippe dunkler gefärbt als Unterlippe 16

16. K. am Rand u. auf den Nerven etwas flaumig, sonst kahl; Blkr. bis 25 mm lg., rosenrot, der Schnabel ihrer Oberlippe kegelf.; Infl. nur 1–3bltg.; Infl. endst. aus der zentralen Blattrosette entstehend; ♃; VI–VIII. Triften, Felsschutt (1800–2600 m); *s* Niedere Tauern u. Pöllagruppe (Sb), N-Kt, St, NÖ.
[G] *Zweiblütiges L.,* **P. portenschlágii** Saut.

— K. gleichmäßig flaumig bis kahl; Blkr. bis 20 mm lg., hellpurpurn, deren Schnabel lineal; Infl. 2–4bltg.; Infl. seitl., zentrale Blattrosette vegetativ weiterwachsend; ♃; VII–VIII. Matten, Triften, Schuttfluren (2100–3000 m); kalkmeidend; *z* Au (*f* St). (= *P. rhaetica* Kern.) *Bündner L.,* **P. kérneri** D. T.

18. Bártsia L., *Alpenhelm*

Blätt. eif., m. herzf. Grd. sitzend, die ob. trüb-rotviolett; Bltn. in fast kopfiger Ähre, in den Achseln laubiger Tragblätt.; Blkr. dk.-schmutziglila; ♃; VI–VIII. Feuchte Matten, Quellfluren (900–2500 m); *v* Alp. u. Voralp., *s* Vorland, S-Vog., S-Schw., Riesengeb., Gesenke. **B. alpína** L.

19. Parentucéllia Viv., *Gelbe Bartsie*

Pfl. stark drüsig behaart (klebrig); Blätt. eif.-lanzettl., sitzend; Infl. in kurzer Traube; Tragblätt. laubig, so lg. wie die gelbe Blkr.; ⊙; V–VIII. Feuchtsandige, offene Orte; *s* Be, Ho, S-SH, NS, He, Oberrheinebene, bayr. Hochebene; adventiv, ob fest eingebürgert? (Heimat: Mittelmeergebiet) [= *Bartsia viscosa* L.; = *Eufragia viscosa* (L.) Benth.]
P. viscósa (L.) Caruel

20. Odontites LUDWIG (incl. **Orthántha** KERNER, = **Orthanthélla** RAUSCH.), *Zahntrost*[1, 2]

1. Blkr. gelb, bärtig gewimpert; Stbblätt. weit aus der Blkr. herausragend; Pfl. bis 50 cm hoch; ⨀; VII–X. Buschige Hänge, Triften, Sandfluren; sehr *z* zw. den Breiten Koblenz–Rhön u. Stuttgart–Ingolstadt, außerdem Th, Br (Odertal), S-BW (Hegau), in Au Sb-St. [= *Orthantha lutea* (L.) KERN.; = *O. vulgaris* MOENCH p. p.]
Gelber Z., **O. lúteus** (L.) CLAIRV.

— Blkr. rot, filzig behaart; Stbblätt. Blkr. kaum überragend . **2**

2. Pfl. unverzweigt, bis 10 cm hoch; Internodien wenige u. länger als ihre dickl. Stgblätt.; Infl. arm- (bis 20)bltg.; Kzähne kurz-dreieckig; ⨀; V–VI. Salzwiesen; *v* Meeresküsten; Nordsee: Ho–Elbemündung, Ostsee: Me, Po; Sommerrasse. *Salz-Z.*, **O. litorális** FR.

— Pfl. verzweigt; Infl. m. meist > 20 Bltn.; K.zähne lineal . **3**

3. Pfl. in Getreidefeldern; Stg. oberhalb der Mitte m. bltntragenden, aufrecht-absthd. Seitentrieben, ohne Interkalarblätt.[3]; Internodien wenige u. länger als ihre nicht dickl. Stgblätt.; ⨀; V–VI. Im Bereich des Ackerbaues *v*, im SW, SO u. N *s*, *f* NW-Dt, Da, Sb (bis 1600 m). [= *O. rubra* ssp. *verna* (BELL.) VOLLM.] Sommerrasse.
Acker-Z., **O. vérnus** (BELL.) DUM.

— Wiesenpfl.; Stg. schon von der Basis an verzweigt, m. bogig aufstgd. Seitentrieben; m. od. ohne Interkalarblätt.; ⨀. [= *O. serotina* (LAM.) DUM.; = *O. vulgaris* MOENCH p. p.]
Roter Z., **O. rúber** (BAUMG.) OPIZ

a. Interkalarblätt. fehlen; Brakteen länger als die Bltn.; Pfl. bis 30 cm hoch; VII–VIII. Feuchte Wiesen, Gräben; *v* N-Dt (östl. bis Po?) (vermutl. aber *v* im Gebiet?); Zwischenrasse. ssp. **rothmáleri** U. SCHNEIDER

— Interkalarblätt. 3–7 Paar; Brakteen kürzer als die Bltn. . . . . **b**

---

[1] S. Anmerkung 1, S. 493.

[2] Ähnlich wie bei **Gentiana** (vgl. Anmerkung S. 443) zeigen auch die nachfolgenden Gattungen **Melampyrum, Odontites, Euphrasia** und **Rhinanthus** einen **Saisondimorphismus,** d. h. eine Differenzierung ihrer Arten in **aestivale (Sommer-)** und **autumnale (Herbst-)**Rassen, zuweilen noch in **monomorphe (Zwischen-)**Rassen. Bei *Melampyrum* und *Rhinanthus* können sich diese außerdem noch in **Tal- und Gebirgsrassen** gliedern, wobei aber bei der erstgenannten Gattung deren Formenreichtum immer noch nicht erschöpft ist. In systematischer Hinsicht werden alle diese Rassen heute im allgemeinen als **ssp.** aufgefaßt u. so benannt. Eine genaue Bestimmung der Rassen ist nur mit umfangreicherem Material, einiger Erfahrung und Spezialliteratur möglich. Die Aufgliederung in die einzelnen Rassen ergibt sich im wesentlichen nach folg. Schema:
Sommerrasse: Stg. unverzweigt, m. wenigen Internodien, die länger als die Blätt. sind; z. Bltzt. [V–VI(–VII)] noch alle Blätt. u. meist sogar noch die Keimblätt. erhalten. Interkalarblätter (meist) fehlend.
Zwischenrasse: Stg. nur oberw. verzweigt; unterste Internodien kürzer, oberste länger als die Blätt.; z. Bltzt. (VI–VII) oft noch alle Blätt. erhalten. Interkalarblätter 0–2.
Herbstrasse: Stg. ± reich verzweigt, m. bogig aufstgd., stets blühenden Seitentrieben; Internodien zahlreich u. kürzer als die Blätt.; Blätt. z. Bltzt. [VII–VIII(–IX)] ± verwelkend; Keimblätt. abgefallen. Interkalarblätt. zahlreich.
Talrasse: Pfl. groß, reich verzweigt, grün bis gelbl.-grün, kaum m. Rotfärbung; Infl. reichbltg.
Gebirgsrasse: Pfl. kleiner, weniger verzweigt (zuw. sogar einfach od. nur m. nichtblühenden Seitentrieben), in der Farbe dunkler bis bräunl. od. rötl.; Infl. armblütiger.

[3] Interkalarblätt. sind die zwischen dem obersten Seitentrieb u. den untersten Bltn. der endst. Infl. befindlichen Blattpaare.

b. Pfl. bis 15 cm hoch; Blätt. dickl.; VII–IX. Salzwiesen; *v* Meeresküsten von Dt (vermutl. auch Be, Ho, Da (ob im Binnenland?). Herbstrasse. ssp. **púmilus** U. SCHNEIDER

— Pfl. 20–40 cm hoch; Blätt. nicht dickl.; VII–IX. Feuchte Wiesen u. Weiden (bis 1500 m); *v*. Herbstrasse. ssp. **rúber**

21. Euphrásia L., *Augentrost*[1]

Die Taxonomie der Euphrasien ist nach wie vor unbefriedigend gesichert. Es scheint nahezu aussichtslos, die gültig und ungültig veröffentlichte Namensvielfalt klar abgrenzbaren Sippen zuzuordnen. Die oben (S. 496) geschilderte Differenzierung in Ökorassen und häufig hinzutretende Hybridisierung tun ein übriges. Selbst die Spezialisten der Gattung (FRÖHNER, HARTL, JANCHEN, YEO) sind sich in der Bewertung von Sippen und Zuweisungen zur Synonymie vielfach uneinig. Um die Verwirrung nicht zu erhöhen, wurde nachfolgend die Neubearbeitung der 81. Aufl. (1969) im wesentlichen beibehalten. Die hinzugefügten Synonyme geben einen Teil der unterschiedlichen Auffassungen wieder, sowie die Möglichkeit, diese gegenseitig zu übertragen. Zwar dürfte mittlerweile gesichert sein, daß einige der nachfolgend noch im Artrang behandelten Sippen taxonomisch diesen Rang (längst) nicht verdienen, z. B. *E. brevipila, curta, kerneri, pectinata, picta, pumila*. Da aber eine durchgehend befriedigende Gliederung der Gattung – auch für Mitteleuropa – noch nicht existiert, sei vorerst Abstand davon genommen, den bisherigen Schlüssel weitergehend zu ändern. Augentrost-Bestimmungen sollten stets mit dem Vermerk des benutzten Bestimmungsbuches versehen bleiben.

1. Kapsel weich od. borstig behaart (zuw. nur am Rand); Stgblätt. ± eif., sitzend, jedersts. m. je 4–6 Zähnen **3**

— Kapsel kahl (zuw. aber am Rand m. wenigen nichtborstigen, gekrümmten Härchen); Stgblätt. lanzettl. bis lineal, jedersts. m. nur 2–3 Zähnen; Blkr. weiß, bläul. geadert, m. gelbem Schlundfleck auf der Unterlippe **2**

2. Tragblätt. jedersts. m. meist 2 (1–3) grannig zugespitzten Zähnen; unt. Stgblätt. lineal, > 3mal so lg. wie breit; Blkr. bis 15 mm lg.; ⨀; VII–X. Felsen, Schutt, steinige Triften (Höhengrenzen?); kalkliebend; *s* Ti (bei Kufstein), S-Kt, N-St, Totes Geb. (OÖ); in Dt nur südl. Rosenheim. (= *E. carniolica* KERN.; incl. *E. cuspidata* HOST) *Krainer A.*, **E. tricuspidáta** L. ssp. **cuspidáta** (HOST) HARTL

— Tragblätt. jedersts. m. meist 3(–5) zugespitzten Zähnen; unt. Stgblätt. im Umriß breit-lanzettl., < 3mal so lg. wie breit; Blkr. bis 8 mm lg.; ⨀; VI–X. Matten, Felsen, Schutt (bis 2500 m); *v* u. *h* Alp., *z* Vorland (bis Augsburg u. München), *s* b. Bonndorf (S-Württ.), E, Sudeten. *Salzburger A.*, **E. salisburgénsis** FUNCK ex HOPPE

3(1). Tragblätt. ohne Drüsenhaare **10**

— Tragblätt. (wenigstens im unt. Teil ihres Rands) m. Drüsenhaaren **4**

4. Blkr. während des Blühens sich verlängernd, zuletzt bis 15 mm lg. u. den K. deutl. überragend, weiß, lila geadert u. m. gelbem Schlundfleck; Tragblätt. der Bltn. ± abgespreizt; ⨀. (= *E. officinalis* L.) *Gemeiner Augentrost*, **E. rostkoviána** HAYNE

a. Pfl. m. bogig aufstgd. Seitentrieben, schon von der Basis an verzweigt; Internodien zahlreich u. kürzer als die Stgblätt., diese z. Bltzt. bereits verwelkend; VII–X. (Herbstform; bis 2300 m?); Tal- bis Gebirgswiesen; *v* im S, *z* im N. ssp. **rostkoviána**

---

[1] S. Anmerkung 1, S. 493, u. Anmerkung 2, S. 496.

— Pfl. unverzweigt od. nur oberw. m. (kürzeren) Seitentrieben; wenigstens die ob. Internodien länger als ihre Blätt. u. diese z. Bltzt. meist noch grün . **b**

b. Pfl. unverzweigt (zuw. in der Stgmitte m. kürzeren, nichtblühenden Seitentrieben); alle Internodien länger als ihre Blätt.; IV–VI. (Sommerform bes. der mont. Reg.; ?–1600 m); Moor- u. Gebirgswiesen; *z* Alp., Voralp., M-Geb.
ssp. **montána** (JORD.) WETTST.

— Pfl. oberw. m. blühenden Seitentrieben . . . . **c**

c. VII–VIII. (Zwischenform); Flachmoore; *z* Me, Br.
ssp. **kreisélii** ROTHM. & U. SCHNEIDER

— VII–X. (Herbstform der mont. Reg.); Matten; *z* Hoch-Vog.
ssp. **campéstris** (JORD.) HAY.

— Blkr. sich während des Blühens nicht verlängernd, bis 8 mm lg., den K. nicht od. sehr wenig überragend . . . **5**

5. Pfl. aus dem N des Gebiets **8**

— Alpenpfl. **6**

6. Tragblätt. dicht m. lg.(gestielten) Drüsenhaaren; ob. Stgblätt. im Umriß breit-eif., dicht lg.-drüsig; Blkr. weiß, lila geadert u. m. gelbem Schlundfleck; Stgblätt. m. weißen Borsten- u. gestielten Drüsenhaaren; ⊙; VI–IX. Matten, Triften (1700–2000 m); *z* Allgäu, Liechtenstein, Vb, Sonnwendjoch (Ti); Rhön?, Erzgeb.?
Zottiger A., **E. hirtélla** JORD. ex REUT.

— Tragblätt. locker, m. kurzen, meist sitzenden Drüsenhaaren **7**

7. Pfl. bis 30 cm hoch; Blkr. 6–10 mm lg., blaßlila, m. gelbem Schlundfleck u. dk. geadert; ⊙; VII–IX. Wiesen, Heiden, Triften; *z* Ho, Da, Me, Po?, OPr, Lungau (Sb), Kt, St; bis ? m (wenn Riesengeb., dann *E. tatrae,* s. Nr. **20**—). [= *E. vernalis* LIST em. O. SCHWARZ ssp. *brevipila* (BURNAT & GREMLI) O. SCHWARZ; = *E. stricta* ssp. *stricta* var. *brevipila* (BURNAT & GREMLI) HARTL]
Kurzhaariger A., **E. brevipíla** BURNAT & GREMLI

— Pfl. bis 15 cm hoch; Blkr. 4–6 mm lg., weiß, m. großem, gelbem Fleck od. insgesamt ± gelb; ⊙; VII–IX. Matten, Triften (?–2500 m); *s* Alp. von Ba (wo?), Ti, Sb, Kt. [= *E. minima* JACQ. ssp. *drosocalyx* (FREYN) HAY.; = *E. minima* ssp. *minima* var. *drosocalyx* (FREYN) HARTL]
Drüsiger A., **E. drosócalyx** FREYN

8(5). Stg. m. wenigen, verlängerten Internodien, unverzweigt od. oberw. m. wenigen Seitentrieben, etwas behaart u. drüsig; Stgblätt. frischgrün, stumpfl.; Blkr. 8–9 mm lg., m. hell-blauvioletter Oberlippe u. langer Unterlippe; ⊙; V–VII. Wiesen; *v* Da, *s* OPr, Br, Sa, Th, Bodensee- u. Chiemseegebiet. [= *E. stricta* ssp. *tenuis* (BRENNER) HARTL; = *E. arctica* LANGE ex ROSTRUP ssp. *tenuis* (BRENNER) YEO]
Zarter A., **E. ténuis** (BRENNER) WETTST.

— Stg. m. zahlr., kurzen Internodien, von der Basis an verzweigt, stärker behaart **9**

9. Stg. meist violett-bräunl.; Internodien etwa so lg. wie die Blätt.; Blätt. dk.grün bis gräul.-grün, kahl bis wenig kurz-borstig, außerdem am Rand u. an den Nerven drüsig behaart; Stgblätt. jedersts. m. 3–5 lg. stachelspitzigen Zähnen; Blkr. meist 7–8 mm lg., hellblauviolett m. blasser Unterlippe (s. Nr. **7**).
E. brevipíla BURNAT & GREMLI

— Stg. m. sehr kurzen Internodien, ebenso wie die stumpfl. Blätt. dicht gräul. behaart; Stgblätt. jedersts. m. 1–3 spitzl., aber nicht stachelig-grannigen Zähnen; Blkr. nur 4–7 mm lg., blaßblau bis

weiß; ⊙; VII–IX. Kalkhänge, Dünen; *s* N-Jütland (Da).
Dünen-A., **E. dunénsis** WIINSTEDT

10(3). Blkr. 2–10 mm lg., ihre Röhre auch am Ende der Bltzt. den K. nicht od. kaum überragend; Blätt. kahl od. behaart; Gr. stets herabgebogen **14**

— Blkr. 9–11 mm lg., ihre Röhre sich verlängernd u. am Ende der Bltzt. den K. deutl. überragend u. dann meist 10–15 mm lg.; Blätt. stets ± behaart; Gr. beim Verblühen gerade **11**

11. Pfl. aus dem N; Blätt. kahl, höchstens m. winzigen Haaren am Rand od. untersts. auf den Nerven; oberste Stgblätt. m. stumpfl. Zähnen (zuw. unt. Zahn spitz); ⊙; VII–VIII. Wiesen, Dünen; *z* Ho, Da. [= *E. arctica* LANGE ex ROSTRUP ssp. *borealis* (TOWNS.) YEO]
Nordischer A., **E. boreális** (TOWNS.) WETTST. ssp. **boreális**

— Pfl. aus d. S; Blätt. ± zerstreut od. dichter behaart . . . **12**

12. Ob. (nicht bltntragende) Stgblätt. stumpfl., beidersts. m. 3–5 stumpfl. Zähnen; Tragblätt. beidersts. m. je 4–6 Zähnen; ⊙. (= *E. rostkoviana* HAYNE var. *picta* OBORNY) *Scheckiger A.,* **E. pícta** WIMM.

a. Pfl. m. bogig aufstgd. Seitentrieben, schon von der Basis an verzweigt; Internodien zahlr. u. kürzer als die z. Bltzt. bereits verwelkenden Stgblätt.; VII–X. (Herbstform der Alpentäler; bis ? m); *s* Alp.-Vorland von Ba, Ti, OÖ.
ssp. **alpígena** VOLLM.

— Pfl. unverzweigt od. nur oberw. m. (kürzeren) Seitentrieben; wenigstens ob. Internodien länger als ihre Blätt. u. diese z. Bltzt. meist noch grün . . . **b**

b. Pfl. unverzweigt od. oberhalb der Stgmitte m. kürzeren Seitentrieben; alle Internodien länger als ihre Blätt.; VI–VIII. (Sommerform der Alpentäler; bis ? m); Wiesen; *s* Allgäu, Ti. ssp. **algoviána** (K. MÜLLER & GERSTLAUER) RONN.

— Pfl. unverzweigt od. unterhalb der Stgmitte m. kürzeren Seitentrieben; unt. Internodien kürzer, ob. länger als ihre Blätt.; VII–IX. (Zwischenform; 600–2400 m); Matten, Triften; *v* Alp., *s* Vog., Riesengeb. bis Gesenke. ssp. **pícta**

— Ob. (nicht bltntragende) Stgblätt. spitz, beidersts. m. spitzen Zähnen **13**

13. Pfl. bis 40 cm hoch; unt. Stgblätt. jedersts. m. 4–7 spitzl. Zähnen; Blätt. u. Kzähne ohne schwarze Strichelung; Blkr. bis 15 mm lg.; ⊙. [= *E. picta* ssp. *kerneri* (WETTST.) YEO]
[G] *Großblütiger A.,* **E. kérneri** WETTST.

a. Pfl. m. bogig aufstgd. Seitentrieben, schon von der Basis an reich u. mehrmals verzweigt; Internodien zahlr. u. kürzer als die z. Bltzt. bereits verwelkenden Stgblätt.; VII–IX. (Herbstform; bis ? m); Moorwiesen, vorwgd. der Ebene; *v* bis *z* S-Ba, Au (Sb?), *s* Bodenseegebiet (BW), bei Breslau?, bei Wolgast (O-Me)?, Erzgeb. ssp. **kérneri**

— Pfl. unverzweigt od. oberw. m. wenigen kurzen Seitentrieben; Internodien wenige u. länger als ihre Blätt.; VI–VII. (Sommerform; bis ? m); *s* Alp.-Vorland von Ba, Col de Wettstein (F). [= *E. picta* ssp. *praecox* (VOLLM.) HAY. in HEGI]
ssp. **praécox** (VOLLM.) RONN.

— Pfl. bis 20 cm hoch; unt. Stgblätt. jedersts. m. 3–4 stumpfl. Zähnen; Blätt. u. Kzähne durch feine, schwarze Striche ± deutl. berandet; ⊙; VII–IX. Matten (1300–2100 m); *z* Au (*f* OÖ), in Dt nur oberhalb Tegernsee. (= ?; von *E. picta* sicher trennbar?)
Bunter A., **E. versícolor** KERN.

14(10). Blkr. bei voll entwickelten Bltn. 2–7 mm lg. **18**

— Blkr. bei voll entwickelten Bltn. 7–10 mm lg. **15**

15. Bis 10 cm hohe, vom Grd. an ästige Alpenpfl.; reife Kapsel länger als der K.; Zähne der ob. Stgblätt. u. der Tragblätt. stumpfl. *(935);* Blätt. gegen den Rand u. bes. am Rand kurz-borstig behaart; ⊙;

VIII–IX. Matten, Triften (1850–2350 m); *z* Au. [= *E. picta* × *E. minima?;* = *E. minima* ssp. *pulchella* (KERN.) HARTL]
Niedlicher A., **E. pulchélla** KERN.

— Pfl. bis 40 cm hoch; Pfl. tieferer Lagen, falls in der subalp. Reg. u. höher, dann Zähne der Tragblätt. spitz bis grannig *(936)* **16**

16. Stgblätt. u. Tragblätt. kahl, höchstens am Rand (zuw. auch oberststs.) kurz behaart; K. z. Frzt. sich nicht vergrößernd; Tragblätt. am Grd. keilf., jedersts. m. 4–6 sehr spitzen Zähnen *(936);* ⊙; VII–IX. Heiden, Trockenhänge, Wald- u. Gebüschränder (bis 1700 m); *v* bis *z*. *Steifer A.,* **E. stricta** WOLFF ex LEHM. (s. str.)

— Stgblätt. u. Tragblätt. dicht-borstig behaart; unt. Stgblätt. z. Bltzt. verwelkend; Pfl. bis 30 cm hoch **17**

17. K. z. Frzt. sich vergrößernd; Tragblätt. dicht dachig bis kammf. sthd., am Grd. deutl. keilf. *(937);* Stg. meist unverzweigt, zuw. oberw. kurz verzweigt; Internodien verlängert; ⊙; V–VIII. Triften, Heiden; *s* Kaiserstuhl, E?, NTi. (= *E. stricta* ssp. *bicknellii* WETTST.)
Kamm-A., **E. pectináta** TEN.

— K. z. Frzt. sich nicht vergrößernd; Tragblätt. nicht dachig sthd., voneinander (bes. die unt.) entfernt, am Grd. am breitesten, nicht keilf. verschmälert *(938);* Stg. von der Basis an verzweigt; Internodien zahlreich u. kurz; ⊙; VII–IX. Trockenrasen, Gebüschränder; E, S-Baden?, Br?, Me? (Herbstform). (= *E. stricta* ssp. *bicknellii* WETTST.) *Tatarischer A.,* **E. tatárica** FISCH. (s. str.)

18(14). Stgblätt. u. Tragblätt. ± kahl **21**

— Stgblätt. u. Tragblätt. borstig behaart (wenigstens am Rand) **19**

19. Reife Kapsel so lg. wie der K.; Stgblätt. u. Tragblätt. jedersts. m. 4–7 spitzen Zähnen; ⊙. (= *E. nemorosa* ssp. *nemorosa* var. *curta* FR.)
Bläulicher A., **E. cúrta** (FR.) WETTST.

a. Pfl. m. bogig aufstgd. Seitentrieben; Internodien zahlreich u. kürzer als die z. Bltzt. bereits verwelkenden, beidersts. meist ± dicht kurz-borstigen Stgblätt.; VII–X. (Herbstform); Trockenwiesen, Strand; *v* im NO, sonst im N *z*, südl. bis Sudeten/Erzgeb./Thw./N-He/Ho. (= *E. parviflora* FR.) ssp. **cúrta**

— Pfl. unverzweigt, selten oberw. m. kurzen, nichtblühenden Seitentrieben; Internodien wenige u. länger als die z. Bltzt. noch grünen, locker behaarten bis verkahlenden Stgblätt.; V–VIII. (Sommerform); trockene u. moorige Wiesen; sehr *z* Lausitz bis Sudeten. [= *E. uechtritziana* JUNG. & ENGL.; = *E. coerulea* HOPPE & FÜRNROHR; = *E. nemorosa* ssp. *coerulea* (HOPPE & FÜRNROHR) WETTST.]
ssp. **coerúlea** (HOPPE & FÜRNROHR) WETTST.

— Reife Kapsel länger als der K.; Stgblätt. u. Tragblätt. jedersts. m. 1–4 (selten bis 5) stumpfl. oder spitzen Zähnen **20**

20. Stgblätt. jedersts. m. meist 1–3 Zähnen, sitzend; Pfl. ohne Drüsenhaare; Blkr. meist gelb m. lila Oberlippe u. gelbem Schlundfleck (m. mehreren Farbabweichungen); ob. Zahn der Stgblätt. meist einw. gekrümmt; unterstes Tragblatt an der Basis keilf. verschmälert; Pfl. sehr zierl., meist ± 5 cm, aber nicht über 10 cm hoch; ⊙; VII–IX. Matten, Triften; *v* Alp. (1200–2700 m) (*s* Vog., Rhön; Harz, Thw., Erzgeb., diese Angaben gehören aber vermutl. zu *E. nemorosa*). *Zwerg-A.,* **E. mínima** JACQ. ex LAM. (s. str.)

— Stgblätt. jedersts. m. meist 3–4 Zähnen, die ob. kurz gestielt; Pfl. (bes. Tragblätt. u. K.) zuw. kurz drüsenhaarig; Blkr. weißl. bis lila, m. gelbem Schlundfleck; ob. Zahn der Stgblätt. nicht einw. ge-

krümmt; unterstes Tragblatt abgerundet bis fast herzf. an der Basis; Pfl. kräftiger, meist 8–10 cm, aber kaum > 12 cm hoch; ⊙; VII–IX. Matten; *s* Riesengeb. [= *E. minima* ssp. *tatrae* (WETTST.) WETTST.]
Tatra-A., **E. tátrae** WETTST.

21(18). Tragblätt. grannig zugespitzt; Stg. unverzweigt od. nur oberw. m. wenigen, kürzeren, aufrechten Seitentrieben; Blkr. 3–4 mm lg., hell-lila m. dk. Streifen, ohne gelben Schlundfleck; Pfl. bis 10 cm hoch; ⊙; VIII–IX. Matten (1800–1900 m); kalkmeidend; *s* NTi. [= *E. stricta* ssp. *pumila* (KERN.) WETTST.] *Niedriger A.*, **E. púmila** KERN.

Falls Pfl. m. bogig aufstgd. Seitentrieben, von der Basis an verzweigt u. Blkr. m. gelbem Schlundfleck, dann kleinbltg. Formen von *E. stricta* ssp. *stricta* (s. Nr. **16**).

— Tragblätt. m. spitzen, aber nicht grannigen Zähnen **22**

22. Stg. dünn, fadenf., kahl od. sehr zerstreut behaart, unverzweigt od. nur oberhalb der Mitte m. wenigen kurzen Seitentrieben; Stgblätt. u. Tragblätt. (bes. getrocknet) schwärzl. u. glzd.; Tragblätt. aufrecht, 5–10zähnig; Stgblätt. z. Bltzt. noch grün; ⊙; VI–IX. Kiefernwälder, Heiden, Heidemoore, Torfböden; *v* im N, *z* im NO, südw. sehr *z* bis N-He, FrAlb, Bayer/Böhmw., *s* Allgäu, S-Vog., S-Schw., SchwAlb. (= *E. gracilis* FR.) *Schlanker A.*, **E. micrántha** RCHB.

— Stg. kräftig, flaumig behaart, meist von der Basis an reich verzweigt; Stgblätt. u. Tragblätt. (bes. getrocknet) graugrün u. matt; Tragblätt. absthd. bis bogig zurückgekrümmt, 7–13zähnig; Stgblätt. z. Bltzt. meist noch grün; Pfl. bis 25(–40) cm hoch; ⊙; VII–X. Wiesen, Heiden, Waldränder (bis 1550 m); *v* im W, östl. *z* bis S-SH (*f* Da), Br, Lausitz, Fr, Bayrw, NTi.
Hain-A., **E. nemorósa** (PERS.) MART. em. WALLR.

22. Rhinánthus L. (= *Alectorolophus* ZINN), *Klappertopf (909)*[1]

1. K. auf der ganzen Oberfläche kurz-drüsig behaart; Blkr. 20 mm lg.; Kronröhre am Rücken schwach aufw. gebogen; Tragblätt. gleichmäßig gezähnt u. drüsig behaart; Stg. schwarz gestrichelt; Pfl. 15–60 cm hoch; ⊙; V–VIII. Grasige Hänge; nur bei Jena (Th). [= *Rh. rumelicus* VEL. ssp. *aschersonianus* (M. SCHULZE) O. SCHWARZ; = *Rh. alectorolophus* ssp. *aschersonianus* (M. SCHULZE) HARTL]
Drüsiger K., **Rh. aschersoniánus** M. SCHULZE

— K. nicht drüsig behaart **2**

2. K. kahl oder nur an den Kanten borstig **3**

— K. auf ganzer Oberfläche lg.zottig behaart; ⊙; (1 Klein- u. 1 formenreiche Sammelart). **Rh. alectorólophus** (SCOP.) POLL. (s. l.)

a Schlund der Blkr. durch die am Rücken stärker aufwärts gebogene Blkronröhre u. ihre mehr herabgeschlagene Unterlippe geöffnet; Stg. einfach, 15–20 cm hoch, m. wenigen verlängerten Internodien; ⊙, VI–VII. Matten; Fuschertal/Pinzgau (Sb), Ti. *Südtiroler K.*, **Rh. facchínii** CHAB.

— Schlund der Blkr. geschlossen; Blkronröhre nur schwach gekrümmt; Stg. u. Tragblätt. zottig od. kürzer behaart; Tragblätt. m. gleichmäßigen Zähnen; ⊙; V–IX. Tal- bis Gebirgswiesen (bis 2300 m); *v*, nördl. *z*–*s* bis S-Ho/Düsseldorf/Göttingen/Leipzig/Görlitz/Beuthen (Schl). (= *Rh. hirsutus* LAM.) (mit insgesamt 5 Sommer-, Zwischen-, Herbst-, Tal- u. Gebirgsrassen, = ssp.)
Zottiger K., **Rh. alectorólophus** (SCOP.) POLL. (s. str.)

---

[1] S. Anmerkung 1, S. 493, u. Anmerkung 2, S. 496, zur Bestimmung der Ökorassen Spezialliteratur benutzen!

3. Rückenlinie der Blkronröhre gerade od. fast gerade, diese kürzer als der K.; Oberlippe der Blkr. m. 2 kaum 1 mm lg., weißl.-bläul. Zähnchen; Schlund der Blkr. etwas geöffnet; Blkr. bis 15 mm lg., ihre Röhre etwas kürzer als der K.; Tragblätt. im Umriß spitz 3eckig, gleichmäßig gezähnt; Stg. schwach 2zeilig behaart, m. od. ohne schwarze Strichelung; Pfl. 15–40 cm hoch; ⨀; V–IX. Tal- bis Gebirgswiesen (bis 2000 m); *v*. (Sehr formenreich m. insgesamt 7 ssp.) *Kleiner K.*, **Rh. mínor** L.

— Rückenlinie der Blkronröhre aufwärts gekrümmt, diese so lg. wie der K.; Oberlippe der Blkr. m. längeren, meist blauvioletten Zähnen; Blkronröhre so lg. od. länger als der K.; Stg. m. schwarzer Strichelung 4

4. Tragblätt. der mittl. Bltn. am Grd. m. grannig verlängerten Zähnen *(939)*; Rücken der Blkronröhre stark aufwärts gekrümmt; Blkr. 15–20 mm lg., m. offenem Schlund; Stg. fast kahl; ⨀; VI–IX. Bergwiesen (400–2200 m); *v* Alp. u. Vorland, sehr *z* nördl. bis E/N-Schw./Rhön/Harz/Thw./Frw./Böhmw., westl. davon nur bei Andernach (M-Rhein) u. Darmstadt (S-He). (Formenreich, m. insgesamt 5 ssp.) (= *Rh. angustifolius* auct., non GMEL.; = *Rh. aristatus* ČEL.) *Grannen-K.*, **Rh. glaciális** PERSONNAT

— Tragblätt. der mittl. Bltn. am Grd. m. zugespitzten, aber nicht grannenart. Zähnen *(940)* 5

5. Rücken der Blkronröhre schwach gekrümmt; Blkr. ± 20 mm lg., m. geschlossenem Schlund; Stg. kahl od. schwach 2zeilig behaart; unt. Tragblätt. m. 4–8 mm lg. Zähnen u. m. 1–5 mm lg. Granne; ⨀; V–VIII. Tal- bis Gebirgswiesen, sonnige Hänge, trocken-lichte Wälder, Dünen (bis 1300 m); *v*, im Alpenraum seltener, in Au nur Sb, N-St, OÖ. (Sehr formenreich m. insgesamt 9 ssp.) [= *Rh. major* EHRH., non L.; = *Rh. glaber* LAM. p. p.; = *Rh. serotinus* (SCHÖNHEIT) OBORNY; = *Rh. grandiflorus* (WALLR.) SOÓ] *Großer K.*, **Rh. angustifólius** GMELIN em. SOÓ

— Rücken der Blkronröhre stark aufwärts gekrümmt; Blkr. ± 15 mm lg., m. offenem Schlund; Stg. 2zeilig behaart; unt. Tragblätt. m. spitzen, aber grannenlosen Zähnchen; ⨀; VII–IX. Bergwiesen (oberhalb 1000 m); *v* Fichtgeb. bis Gesenke. (mit 3 ssp.) (= *Rh. pulcher* G. & SCH. ex OPIZ; incl. *Rh. carinthiacus* WIDDER: Kt, St) *Alpen-K.*, **Rh. alpínus** BAUMG.

23. Melampýrum L., *Wachtelweizen*[1]

1. Infl. einstswendig u. lockerbltg. **od.** Bltn. einzeln u. blattachselst. 4

— Infl. allstswendig u. dicht **od.** Bltn. in 4 Reihen 2

2. Tragblätt. längsgefaltet, im unt. Teil kammf.-gezähnt, dicht dachig in 4 Reihen angeordnet; Blkr. gelbl.weiß, rot überlaufen; ⨀; V–IX. Wiesen, Gebüsche, Waldränder; *z*, *s* im N, *f* Ti, Vb, nördl. u. westl. bis Eutin (SH)/Hannover/Westw./Lx/Be. (3 ssp.) *Kamm-W.*, **M. cristátum** L.

[1] S. Anmerkung 1, S. 493, u. Anmerkung 2, S. 496. Zur Bestimmung der Ökorassen Spezialliteratur verwenden!

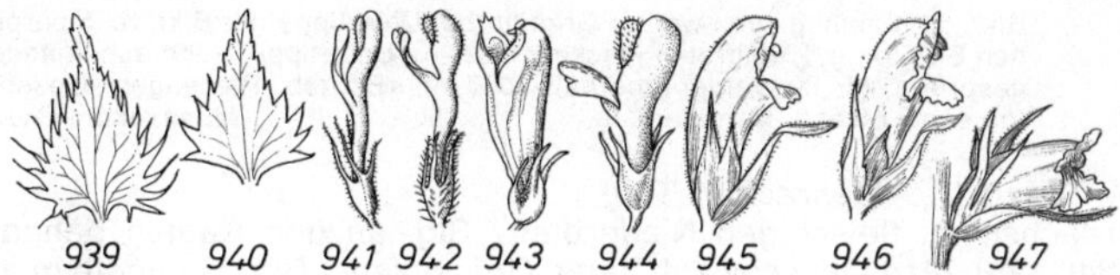

939 940 941 942 943 944 945 946 947

— Tragblätt. nicht längsgefaltet u. nicht in 4 Reihen angeordnet **3**

3. Tragblätt. hell- bis lilarot; Blkr. 20–25 mm lg., Lippe rötl., Röhre gelbl. bis weißl.; K. flaumig behaart, fast so lg. wie die Blkronröhre, die Unterlippe der Oberlippe fast anlgd. *(941);* ⊙; V–IX. Äcker, Trockenhänge (bis 1000 m); *v* im S (aber *s* Dt südl. d. Donau), *s* im N u. Alp. (OPr?), nördl. u. westl. bis S-Me/Wolfsburg (SO-NS)/Dümmer See/Münsterland/S-Ho. (4 ssp.) *Acker-W.,* **M. arvénse** L.

— Tragblätt. gelbl.-grün; Blkr. 15–17 mm lg., blaßgelb; K. lg.zottig behaart; nur halb so lg. wie die Blkronröhre, die Unterlippe deutl. von der Oberlippe abgespreizt *(942);* ⊙; VI–VIII. Wie vorige; *s* Kt, NÖ; im westl. Au u. zuw. in Dt nur eingeschleppt. (2 ssp.) *Bart-W.,* **M. barbátum** W. & K. ex WILLD.

4(1). Ob. Tragblätt. eif., lg.gezähnt, tiefblau gefärbt; K. lg.zottig behaart; Blkr. goldgelb; ⊙; VI–IX. Laubwälder, Gebüsche, Kahlschläge (bis 800 m). (3 Kleinarten) *Hain-W.,* **M. nemorósum** L. (s. l.)

a. Kzähne fast lineal, 4–6 mm lg., fast gerade vorgestreckt; Blätt. nur 5–12 mm breit; K. fast nur entlang der Hauptnerven behaart. St, NÖ. (einschl. *M. angustissimum* BECK) **M. subalpínum** KERN.

— Kzähne dreieckig, 4–6 mm lg., etwas abgespreizt; Blätt. > 15 mm breit **b**

b. K. lg.zottig behaart; Blätt. bis 4 cm breit. *v* im O, *s* im NO, westl. nur *z* bis SO-Da/O-SH/O-NS/Rhön/ob. Main/O-FrAlb, westl. davon einzelne Funde in He, Odw., b. München. **M. nemorósum** L. (s. str.)

— K. höchstens etwas rauhhaarig, meist kahl; Blätt. nur bis 15 mm breit. *s* im O (Br, Schl, WPr, Po?, OPr?) **M. polónicum** (BEAUV.) SOÓ

— Ob. Tragblätt. nicht tiefblau gefärbt; K. ± kahl **5**

5. Blkr. 12–20 mm lg., gelbl.-weiß, die Rückenlinie ihrer Röhre fast gerade *(943);* K. kaum halb so lg. wie die Blkronröhre, Kzähne lineal, ungleich ansitzend u. (insbes. die ob.) abgespreizt; Schlund der Blkr. nur halb geöffnet; offene Bltn. fast waagrecht von der Infl.-Achse absthd.; ⊙; V–IX. Lichte Wälder, Gebüsche, Waldwiesen, Moore (bis 2150 m); *v.* [incl. *M. paludosum* (GAUD.) RONN.] (je nach Abgrenzung 6–9 ssp.) *Wiesen-W.,* **M. praténse** L.

— Blkr. 6–10 mm lg., die Rückenlinie ihrer Röhre deutl. aufw. gekrümmt *(944);* K. wenigstens ⅔ so lg. wie die Blkronröhre, Kzähne dreieckig-lanzettl., unter sich gleichart. u. Schlund der Blkr. ganz geöffnet; offene Bltn. aufrecht bis schräg-seitl. von der Infl.-Achse absthd.; ⊙. (2 Kleinarten) *Wald-W.,* **M. sylváticum** L. (s. l.)

a. Blkr. 6–8(–10) mm lg., goldgelb; Ober- u. Unterlippe der Blkr. 90° od. weniger auseinandergespreizt; V–VIII. Wälder, Gebüsche, Bergwiesen, Zwergstrauchreg. (bis 2200 m); Verbreitung sehr zerstückelt: *v* Alp. u. Voralp., *s* Vog., S-Schw/Hegau/W-SchwAlb, Odw., Rothaargeb., Harz, Rhön, Sudeten/Erzgeb./Fichtgeb./Thw./Frw., Bayr./Böhmw., NW-Pr, N-SH, SO-Da. **M. sylváticum** L. (s. str.)

— Blkr. ± 10 mm lg., von weißer Grundfarbe; Unterlippe der Blkr. m. 5 purpurnen Streifen u. 2 gelbroten Flecken; Ober- u. Unterlippe > 90° auseinandergespreizt; VII–IX. Wälder (oberhalb 1000 m); *s* Erzgeb., Riesengeb., Gesenke (ob echt? eigentl. Karpaten). **M. saxósum** Baumg.

24. Tózzia L., *Alpenrachen (910)*
Grdachse m. fleischigen Niederblätt.; Stg. an den Kanten behaart; Blätt. kahl, glzd., m. schwach herzf. Grd. sitzend; Bltn. goldgelb m. rot punktierter Unterlippe; ♃; VI–VIII. Hochstaudenfluren u. Bachränder (900–2400 m); kalkliebend; *z* Alp. **T. alpína** L.

25. Lathraéa L., *Schuppenwurz*
Weiße bis rosarote Ganzschmarotzerpfl.; Rhizom m. fleischigen Niederblätt.; Bltn. in dichter, einstswendiger, anfangs nickender Traube. (2 ssp.) **L. squamária** L.

a. Stg. kahl; Oberlippe der Blkr. 5 mm, Unterlippe 4 mm breit; Gr. kahl. – Auf Laubgehölzen (nur?), bes. auf *Alnus, Corylus;* ♃; IV–V. Au- u. Schluchtwälder (bis 1600 m); *z,* im NW *s,* nordwestl. Verbr.grenze: Oldenburg/Hannover/Sauerland/Westw./N-Eifel/SO-Be. ssp. **squamária**

— Stg. spärl. behaart; Oberlippe der Blkr. 8 mm, Unterlippe 6 mm breit; Gr. in der Mitte behaart. – Nur auf *Picea;* ♃; IV–V. *s* N-Ti (Halltal), Karawanken (Kt), Gleinalpe (St). ssp. **tátrica** Hadač

Familie: **Orobancháceae,** *Sommerwurzgewächse*

Nichtgrüne, auf den Wurzeln oft spezieller grüner Pfl.[1] schmarotzende, einjährige od. ausdauernde Ganzparasiten; Blätt. schuppenf.; Bltn. in endst. Ähren od. Trauben, in den Achseln schuppenf. Tragblätt., am Grd. zuw. noch m. 2 Vorblätt.; K. röhrig 2–5zähnig od. 2teilig; Blkr. 2lippig m. 2lappiger Ober- u. 3lappiger Unterlippe; Stbblätt. 4, paarweise verschieden lg., der Blkrröhre angewachsen; Kapselfr.

Übersicht der Wirtspflanzen:
Araliaceae: O. hederae (Hedera)
Apiaceae (Umbelliferae): O. bartlingii (Libanotis), alsatica (Peucedanum), amethystea (Eryngium), picridis (Daucus)
Asteraceae (Compositae): O. arenaria (Artemisia), purpurea (Achillea, Artemisia, Cirsium), coerulescens (Artemisia), flava (Petasites, Tussilago, Adenostyles), elatior (Centaurea), reticulata (Cirsium, Carduus, Carlina), loricata (Artemisia), picridis (Picris, Crepis)
Berberidaceae: O. lucorum (Berberis)
Cannabaceae: O. ramosa (Cannabis)
Dipsacaceae: O. reticulata (Knautia, Scabiosa)
Fabaceae (Papilionaceae): O. rapum-genistae (Sarothamnus, Genista, Ulex), gracilis (versch., bes. Genista, Lotus, Dorycnium), lutea (Trifolium, Medicago, Melilotus), minor (Trifolium, Medicago, Onobrychis, Ornithopus)
Lamiaceae (Labiatae): O. alba (bes. Thymus), salviae (Salvia), teucrii (Teucrium)
Rosaceae: O. lucorum (Rubus)
Rubiaceae: O. caryophyllacea (Galium)
Solanaceae: O. ramosa (Solanum, Nicotiana)

Während der letzten zwei Jahrzehnte ist ein starker Rückgang der *Orobanche*-Vorkommen zu verzeichnen.

---

[1] Beim Sammeln u. Bestimmen ist deshalb immer auf die umgebenden Pflanzen zu achten! Bei Arten m. dunkler (rötl., bräunl.) Narbe kommen zuw. Exemplare m. gelben Narben vor!

Orobánche L., *Sommerwurz*

1. Bltn. in der Achsel eines Tragblatts u. ohne Vorblätt., sitzend; K. 2blättrig, Kblätt. seitl. sthd., ungeteilt bis 2zähnig, frei od. ± verwachsen **4**

— Bltn. m. Tragblätt. u. 2 seitl. sthd. Vorblätt., kurz gestielt; K. röhrig-glockig, 4- od. 5zähnig **2**

2. Stg., verzweigt, 3–40 cm hoch; K. kurzglockig, 4zähnig; Blkr. 10–12 mm lg., blaßgelbl., m. blauem od. violettem Saum; ⨀; VIII–X. Vorwgd. auf *Cannabis, Nicotiana, Solanum;* unbeständig, *z* Au (*f* St), in Dt nur noch wenige Vorkommen: N-Oberrhein, Saarland, b. Köln, b. Bamberg; *s* Ho, Be, E, *f* Da. *Ästige S.,* **O. ramósa** L.

— Stg. einfach, selten ästig; K. 5zähnig, hinterer Zahn sehr klein; Pfl. 15–60 cm hoch **3**

3. Stbbeutel gegen die Basis wollig-zottig behaart; Bltn. im stumpfen Winkel von der Infl.achse absthd.; Blkr. 25–35 mm lg., blauviolett; Lappen der Unterlippe abgerundet; Stg. gelbl.-weiß od. blaßlila, drüsig behaart, m. weniger als 10 Schuppenblätt.; ⨀–♃; VI–VII. Auf *Artemisia campestris* u. *A. vulgaris,* bes. auf Sandböden; *z* E, Ob.- u. M-Rhein (bis Koblenz), Pf, Maintal, Kraichgau (N-Baden), Sb, Ti, ab Me/Br/Th östl. *Sand-S.,* **O. arenária** Borkh.

— Stbbeutel kahl od. höchstens an der Spitze etwas behaart; Bltn. im spitzen Winkel von der Infl.achse absthd.; Blkr. 18–30 mm lg., gelbl.-weiß, gegen den Saum zu lila u. m. rötl. Aderung, Lappen der Unterlippe spitz; Stg. an der Spitze meist violett überlaufen, reichlich mehlstaubigdrüsig, m. meist mehr als 15 Schuppenblätt.; ⨀–♃; VI–VII. Auf *Achillea, Artemisia vulgaris, Cirsium acaule;* Triften (bis 800 m); häufiger nur SchwAlb, Pf, E, S-He, sonst *s* u. lückenhaft nördl. bis S-Ho/TeutoburgerW/Hildesheim/Th/Sa?/Schl?, in Ba südl. d. Donau nur b. Augsburg, im N nur SH.
[G] *Violette S.,* **O. purpúrea** Jacq.

4(1). Blkr. hellblau od. lila, an der Basis gelbl.-weiß, 10–23 mm lg.; Stbblätt. in der Mitte der hier stark eingeschnürten Kronröhre ansitzend; Narbe weißl.; Stg. bis 40 cm hoch, an der Spitze weiß-wollig; ♃; VI–VII. Auf *Artemisia campestris;* Sandböden; *s,* nur b. Darmstadt, FrAlb, b. Regensburg, W- u. OPr, Po?; in Au erst NÖ.
Bläuliche S., **O. coeruléscens** Steph. ex Willd.

— Blkr. nicht hellblau, höchstens auf hellem Grd. bläul. geadert; Stbblätt. unterhalb der Mitte der an ihrer Basis nicht bauchig erweiterten Kronröhre ansitzend; Narbe nicht weißl. **5**

5. Stbblätt. deutl. (wenigstens 1–2 mm) oberhalb dor Basis der Blkr. ansitzend **9**

— Stbblätt. an od. nicht höher als 1 mm oberhalb der Basis der Blkr. ansitzend **6**

6. Stbfäden an der Basis kahl u. verbreitert, an der Spitze nicht drüsig behaart; Blkr. 20–25 mm lg., weit, röhrig-glockig, hellgelbl. od. rötl.-braun, gegen den Saum m. hellen Drüsenhaaren; Rückenlinie der Blkr. ± gleichmäßig gebogen *(945);* Tragblätt. so lg. od. länger als die Blkr.; Stg. bis 85 cm hoch; ⨀; V–VII. Auf *Sarothamnus,* selten auf *Genista, Ulex;* Heiden, lichte Wälder (bis 900 m); *z* im W, östl. bis Dümmer See (nördlichstes Vork.)/Münster (We)/b. Kassel/

Nahegebiet/N-Schw, sonst nur S-Th(?).
Ginster-S., **O. rápum-genístae** THUIL.

— Stbfäden an der Basis behaart **7**

7. Blkr. innen glzd., dk.blutrot, außen wachs- bis goldgelb, gegen den Saum trübpurpurn, glockig, drüsig behaart; Rückenlinie der Blkr. ± gleichmäßig gebogen (ähnl. *945*); Narbe gelb, m. purpurnem Rand; Stg. bis 60 cm hoch; ⨀–♃; V–VIII. Auf verschiedenen *Papilionaceae* (bes. *Genista, Lotus, Dorycnium*); Magerwiesen, Triften (bis 1800 m); *v* Au u. Ba südl. der Donau u. FrAlb, sonst nur W-SchwAlb, Hochrhein, südl. Lx, b. Bingen, b. Marburg, Böhmen, (E?). *Blutrote S.*, **O. grácilis** SM.

— Blkr. innen nicht glzd. u. nicht dk.blutrot; Rückenlinie der Blkr. gerade bis kaum gekrümmt u. erst in Höhe der Oberlippe ± rechtwinklig abgebogen (ähnl. *946*); Narbe purpurn bis bräunl. **8**

8. Bltn. nach Nelken duftend; Blkr. 20–35 mm lg., hellbraun bis violett, auf der Oberlippe m. hellen Drüsenhaaren; Stg. 10–60 cm hoch, gelbl. od. lila; ⨀; VI–VII. Auf *Rubiaceae;* wie vorige (bis 1000 m); *v* Au, Alb, Eifel, sonst sehr *z* u. lückenhaft, nördl. u. westl. bis S-Ho/Wesel/Rheingau/Edertal/Bielefeld/Wolfenbüttel/Me, *s* im O. (= *O. vulgaris* POIR.) *Labkraut-S.*, **O. caryophyllácea** SM.

— Bltn. duftlos; Blkr. 18–22 mm lg., weiß-gelbl., gegen den Saum zu rötl. überlaufen, violett geadert; Oberlippe m. dk. Drüsenhaaren; Stg. 10–70 cm hoch, meist rotbraun; ⨀–♃; IV–VIII. Auf *Labiatae* (bes. *Thymus*); Magerwiesen, Sandböden (bis 1900 m); *v* nur Au, Pf, sonst im S sehr *z*. nördl. bis Be/b. Wuppertal/Rheingau/Rhön/Th, b. Brilon. (= *O. epithymum* DC.)
Quendel-S., Weiße S., **O. álba** STEPH.

9(5). Narben rot, braunrot, purpurn od. violett (bei einzelnen Exemplaren zuw. gelb); Rückenlinie der Blkr. gerade bis kaum gekrümmt u. erst in Höhe der Oberlippe ± rechtwinklig nach vorn abgebogen (ähnl. *946;* Ausnahme: *O. amethystea* u. zuw. *O. minor* u. *O. picridis*) **17**

— Narbe gelb (gegen Blühende bräunl. werdend); Rückenlinie der Blkr. ± gleichmäßig gebogen (ähnl. *945;* Ausnahme: *O. lutea* u. zuw. *O. bartlingii*) **10**

10. Blkr. außen kahl od. nur m. vereinzelten hellen Drüsenhaaren; 10–15 mm lg., weißl. od. gelbl., m. rötl. Oberlippe u. oft violetten Adern, ihre Röhre oberhalb der Mitte deutl. verengt; Stg. bis 60 cm hoch; ♃; V–VII. Auf *Hedera helix;* Waldränder, Parkanlagen, Ruinen; *s* Vb, Liechtenstein, N-Ti, Hochrhein, b. Freiburg/Br., S-Pf, b. Darmstadt, häufiger nur ob. Mosel-, M-Rhein-/Sieg-/Ahrtal, We, b. Hildesheim(?); zuw. synanthrop, da leicht kultivierbar.
Efeu-S., **O. héderae** DUBY

— Blkr. außen drüsig behaart, oberhalb der Mitte nicht verengt **11**

11. Blkr. groß, 2–3 cm lg., m. hellen Drüsenhaaren **16**

— Blkr. klein, 1–2,5 cm lg.; Rückenlinie der Blkr. ± gleichmäßig gebogen *(945)* **12**

12. Gesellig u. truppweise auftretende Arten der Alp. u. Vorland **14**

— Pfl. der Ebene; Infl. gedrängtbltg. **13**

13. Stbblätt. 1–3 mm oberhalb der Basis der Blkr. ansitzend; Gr. kahl bis sehr zerstreut drüsenhaarig; Rücken der Blkr. zuerst etwas gebogen, dann fast geradlinig, zur Spitze wiederum nach vorn gebogen; Pfl. 20–35 cm hoch; ♃; VI–VII. Trockenwiesen, Waldränder; kalkliebend; nur auf *Libanotis montana;* sehr *s* nur NO-He, b. Regensburg, b. Bad Kissingen (Fr), b. Velden (Pegnitztal), Th, Kt (früher mit *O. alsatica* verwechselt). (= *O. libanotidis* RUPR.)
G *Bartlings S.,* **O. bartlíngii** GRIS.

— Stbblätt. 3–5 mm oberhalb der Basis der Blkr. ansitzend; Gr. ± dicht m. kurzen u. lg. Drüsenhaaren; Rücken der Blkr. gleichmäßig gebogen; Pfl. 30–70 cm hoch; ♃; VI–VII. Trockenhänge, lichte Wälder; nur auf *Peucedanum* u. *Laserpitium;* sicher nur *s* Fr, St; Funde im E, b. Freiburg/Br., W-SchwAlb, b. Darmstadt nicht von *O. bartlingii* unterschieden. *Elsässer S.,* **O. alsática** KIRSCHL.

14(12). Zipfel der Oberlippe der Blkr. nicht zurückgeschlagen, gerade vorgestreckt; Blkr. rötl.-gelb, m. helleren Drüsenhaaren; Gr. kahl od. spärl. drüsenhaarig; ⊙–♃; VII–VIII. Auf *Berberis vulgaris* (*s* auf *Rubus*); Gebüsche (bis 2000 m); sehr *z* Alp. u. Vorland (*f* St).
Hain-S., **O. lucórum** A. BR.

— Zipfel der Oberlippe der Blkr. zurückgeschlagen **15**

15. Oberlippe der ockergelben Blkr. tief ausgerandet, m. fast kahlen, rötl. Zipfeln; Stbfäden etwa der Mitte der Blkronröhre ansitzend, oberw. drüsig; Gr. stark drüsig; Stg. 15–40 cm hoch; ♃; VI–VII. Auf *Petasites, Tussilago, Adenostyles;* Hochstaudenfluren (bis 1700 m); *z* Alp., *s* Vorland (Lechtal bis z. Donau), Eulengeb. (Schl).
Blaßgelbe S., **O. fláva** MART.

— Oberlippe der anfangs gelben, später braunen Blkr. schwach ausgerandet, m. randl. drüsig behaartem Zipfel; Stbfäden näher der Basis der Kronröhre ansitzend, oberw. kahl bis wenig drüsig; Gr. kahl bis wenig drüsig; Stg. bis 55 cm hoch; ⊙–♃; VII–VIII. Auf *Salvia glutinosa;* Bergwälder (bis 1400 m); *v* Alp., *z* Vorland, in Dt *s.* *Salbei-S.,* **O. sálviae** F. W. SCH. ex KOCH

16(11). Rückenlinie der Blkr. ± gleichmäßig gebogen (ähnl. *945*); Blkr. anfangs rosarot, später rötl.-gelb, Oberlippe nicht od. nur undeutl. ausgerandet; Stg. bis 70 cm hoch, bis zur Infl. dicht beschuppt; ⊙–♃; VI–VII. Auf *Centaurea;* buschige, sonnige Hänge; *z* Au, E, SW-BW, Odw., Nahegebiet, Eifel, *s* SO-We, NO-He, SO-NS, Me, SaAn, Schl, W- u. OPr, Ries. (= *O. major* auct.)
G *Große S.,* **O. elátior** SUTT.

— Rückenlinie der Blkr. gerade u. erst in Höhe der Oberlippe fast rechtwinklig abgebogen *(946);* Blkr. hellbraun od. rötl.-braun, Oberlippe ausgerandet od. 2lappig, m. aufrechten Lappen; Stg. bis 50 cm hoch, an der Basis dicht, an der Spitze locker beschuppt; ⊙–♃; V–VI. Auf *Fabaceae* (bes. *Medicago, Melilotus, Trifolium*); Gebüsche, Triften, Klee- u. Luzernefelder (bis 950 m: Schw.Alb); *v* Au, *z* bis *s* nördl. bis Ho (*f* Be)/Düsseldorf/Rheingau/Rhön/Harz/Me/Oder (Po). *Gelbe S.,* **O. lútea** BAUMG.

17(9). Rückenlinie der Blkr. ± gleichmäßig gebogen, Bltn. später fast waagrecht absthd. *(947);* Blkr. 15–20 mm lg., weiß u. gegen die Lippen violett überlaufen od. wenigstens violett geadert; Tragblätt.

meist länger als ihre Bltn., violett; Oberlippe der Blkr. m. hellen Drüsenhaaren, tief 2lappig, m. großen, zurückgeschlagenen Lappen; Stg. bis 45 cm hoch, meist violett; ⨀–♃; VI–VII. Auf *Eryngium campestre;* sonnig-trockene Hänge; *s* E, Kaiserstuhl, Rheinhessen, Ho. *Amethystblaue S.,* **O. amethýstea** THUILL.

— Rückenlinie der Blkr. gerade bis kaum gekrümmt u. erst in Höhe der Oberlippe ± rechtwinklig abgebogen (ähnl. *946;* selten ± gleichmäßig gebogen, dann aber Stg., Tragblätt. u. Blkr. nicht violett u. Bltn. aufrechter) **18**

18. Oberlippe der Blkr. m. violetten Drüsenhaaren; ⨀–♃; VI–IX. Auf *Cirsium, Carduus, Carlina, Knautia, Scabiosa;* Wiesen, Triften, Unkrautgesellschaften. *Netzige S.,* **O. reticuláta** WALLR.

a. Blkr. nur an der Basis gelb, sonst violett, dk.geadert, ihre Oberlippe dicht m. Drüsenhaaren; *z* Alp. (bis 1700 m), *s* Vorland, Donautal (Württ.), Vog. (= *O. platystigma* RCHB.) ssp. **reticuláta**

— Blkr. weißl.-gelb, gegen die Lippen zu schwach lila, m. spärl. Drüsenhaaren; *z* Ba südl. der Donau, sonst *s* Ho, nördlichstes Rheintal (Dt), O-We, b. Lx, N-Pf, b. Karlsruhe, Ob.Schwaben, Rhön, Harz, Th, *z* Pl, Da. ssp. **pallidiflóra** (WIMM. & GRAB.) HAY.

— Oberlippe der Blkr. m. hellen Drüsenhaaren **19**

19. Blkr. bräunl.-lila, 20–30 mm lg., m. ungeteilter Oberlippe; Stbfäden an der Basis behaart, an der Spitze drüsenhaarig, an der Anheftungsstelle (3–5 mm oberhalb der Basis) von einem hellen, mondf. Fleck umgeben; Stg. bis 40 cm hoch; ⨀–♃; VI–VII. Auf *Teucrium;* buschig-felsige Stellen (bis 1900 m); *v* Au, *z* u. lückenhaft nördl. u. östl. bis S-Be/Eifel/Pf/mittl. Neckar/SchwAlb/SW-Ba, b. Regensburg *Gamander-S.,* **O. teúcrii** HOL.

— Blkr. weiß od. gelbl.-weiß, gegen den Saum zu häufig rötl. od. violett bzw. violett geadert, meist nicht > 20 mm . . . **20**

20. Blkr. nur selten > 12 mm, gelbl.-weiß, an der Oberlippe 2zipfelig m. gerade vorgestreckten Lappen; Stbfäden an der Basis spärl. behaart, an der Spitze kahl od. m. vereinzelten Drüsenhaaren; Stg. bis 50 cm hoch; ⨀; V–VII. Auf *Trifolium pratense* u. *T. medium,* zuw. auf *Medicago sativa, Onobrychis viciaefolia, Ornithopus sativus;* auf Wiesen u. Kleeäckern (bis 800 m); *z* bis *s* Au, *z* W- u. S-Dt, nördl. bis S-Ho/Münster(We)/Minden/N-Harz/Th, Me, SaAn, Schl. *Kleine S.,* **O. mínor** SM.

— Blkr. meist > 12 mm, bis 22 mm lg.; Zipfel der Oberlippe absthd.-zurückgebogen; Stbfäden an der Basis dicht behaart **21**

21. Kblätt. bis fast zum Grd. ungleich 2spaltig, längere Kzähne fast die Länge der Blkr. erreichend; Tragblätt. etwa so lg. wie die Unterlippe; Gr. reichl. drüsig behaart; Stg. bis 40 cm hoch; ⨀–♃; VI–VII. Auf *Artemisia campestris;* Triften; *s* Th, An, NÖ, Kt?, OÖ? (= *O. artemisiae-campestris* VAUCHER) *Beifuß-S.,* **O. loricáta** RCHB.

— Kblätt. nur bis z. Mitte ungleich 2spaltig, auch die längeren Kzähne deutl. kürzer als die Blkr.; Tragblätt. kürzer als die Unterlippe; Gr spärl. drüsig behaart; Stg. bis 40 cm hoch; ⨀–♃; VI–VII. Auf *Asteraceae* (bes. *Picris, Crepis,* zuw. auf *Daucus*); Wiesen, sonnige Hänge; sehr *z* in Dt: Saarland, S-Pf, b. Darmstadt, b. Hildesheim, An; Da, Ho, Be, E, St, OÖ, NÖ. *Bitterkraut-S.,* **O. pícridis** F. W. SCHM.

Familie: **Lentibulariáceae,** *Wasserschlauchgewächse*

Land- od. Wasserpfl., deren Blätt. im Dienste des Tierfangs stehen; Bltn. grdst., einzeln od. in Trauben; Blkr. 2lippig, am Grd. ausgesackt od. gespornt, Schlund oft durch Ausstülpung der Unterlippe verschlossen; Stbblätt. 2; Frkn. oberst.; Kapselfr.

1. Landpfl. m. rosettigen, ungeteilten, am Rand nach oben umgerollten, drüsig behaarten, klebrigen Blätt.; Bltn. einzeln, grdst., lg.gestielt, gespornt, violett od. weiß **Pinguicula,** 509

— Untergetauchte Wasserpfl.; Blätt. fein zerteilt, meist m. tierfangenden Blasen *(182);* Bltn. gelb, in lg.gestielten Trauben **Utricularia,** 509

1. **Pinguícula** L., *Fettkraut*

1. Blkr. weiß, im Schlund m. 2 gelben Flecken, 10–14 mm lg., m. kurz-kegelf. Sporn; ♃; V–VI. Feuchte, quellige Stellen (bis 2500 m); kalkstet; *v* Alp. u. Voralp., *s* Vorland bis Bodensee/Oberschwaben bis Augsburg u. München. Ⓖ *Alpen-F.,* **P. alpína** L.

— Blkr. blauviolett; Sporn länger u. dünner **2**

2. Beide unt. Kzipfel bis zur Mitte miteinander verwachsen; Blkr. m. Sporn 16–22 mm lg., m. weißem Schlundfleck; ♃; V–VIII. Hoch- u. Flachmoore, nasse Orte (bis 1900 m); *v* Geb., *s* Ebene (vielerorts aussterbend), im M-Gebiet u. NO nur noch wenige Funde. Ⓖ *Gemeines F.,* **P. vulgáris** L.

— Beide unt. Kzipfel bis zum Grd. getrennt, spreizend; Blkr. m. Sporn 20–30 mm lg., m. 1–2 weißen Schlundflecken; ♃; V–VII. Moore, feuchte Weiden (1200–2000 m); *z* Au (*f* St, OÖ). *Dünnsporniges F.,* **P. leptóceras** Rchb.

2. **Utriculária** L., *Wasserschlauch*

1. Pfl. nur ausnahmsweise frei schwimmend, m. bleichen Erdsprossen im Schlamm verankert; grüne Wasserblätt. wiederholt gabelteilig m. abgeflachten Fied., m. 0–10 Schläuchen **3**

— Pfl. frei schwimmend, grün, ohne bleiche Erdsprosse; Blätt. m. 10–100 Schläuchen u. in viele haarf. Zipfel geteilt, diese am Rand gezähnelt **2**

2. Bltnstiele 3–5mal so lg. wie ihre Tragblätt., bis 20 mm lg., nach der Bltzt. sich bis auf 40 mm verlängernd; Unterlippe vollkommen flach, abgerundet; Blkr. blaßgelb; ♃; VI–VIII. Stehende Gewässer; *z,* im N *s.* (= *U. neglecta* Lehm.) *Verkannter W.,* **U. austrális** R. Br.

— Bltnstiele 2–3mal so lg. wie ihre Tragblätt., bis 15 mm lg., nach der Bltzt. sich nicht verlängernd; Unterlippe sattelf. gebogen, ihre beiden seitl. Ränder nach unten umgeschlagen; Blkr. goldgelb; ♃; VI–VIII. Wie vorige, aber insgesamt etwas häufiger (bis 1000 m); oftmals nicht voneinander getrennt, vermutl.: *z* im N, im S *s* bis *f.* *Gemeiner W.,* **U. vulgáris** L.

3(1). Blattzipfel gezähnt; Winterknospen behaart; Gaumen der Unterlippe gewölbt, den Schlund verschließend; Sporn mehrmals länger als dick **5**

— Blattzipfel glatt od. m. 1 Zähnchen; Winterknospen kahl; Unterlippe der Blkr. meist ± flach; Gaumen der Unterlippe flach, den Schlund nicht ganz verschließend; Sporn kurzkegelig bis zylindrisch **4**

4. Unterlippe der Blkr. längl., ihre Seitenteile abw. gebogen; Traube bis 6bltg.; Pfl. sehr zart; ♃; VI–IX. Torflöcher, moorig-sumpfige, sehr flache Gewässer, Gräben (bis 1000 m); *z,* m. großen Verbr.Lücken im M-Gebiet. *Kleiner W.,* **U. mínor** L.

— Unterlippe der Blkr. ± kreisf., flach; Traube bis 15bltg.; Pfl. in allen Teilen kräftiger; ♃; VII–IX. Wie vorige (bis 1000 m); *s* Ob. Rheintal (b. Darmstadt, b. Kehl), E, Vb. Ⓖ! *Bremis W.,* **U. brémii** Heer

5(3). Blattzipfel m. beidersts. 3 u. mehr Zähnchen, ± plötzl. stachelspitzig zulaufend *(872);* grüne Blätt. nur selten m. Schläuchen; Bltnsporn zylindrisch, fast so lg. wie die Unterlippe; ♃; VI–IX. Wie vorige; *z* im N (*s* OPr) u. O, im S *z* Au, lückenhaft Bodenseegebiet – Alp.Vorland, N-Bayrw. *Mittlerer W.,* **U. intermédia** Hay.

— Blattzipfel beidersts. höchstens m. 3 Zähnchen, allmähl. spitz zulaufend *(873);* grüne Blätt. m. vereinzelten Schläuchen; Bltnsporn kegelf., etwa halb so lg. wie die Unterlippe; ♃; VI–VIII. Wie vorige (bis 1000 m); *z* Ho, Da, ab Me/Br östl., südl. München, *s* Pf, SW-BW, E, Vb, NTi, Kt. Ⓖ *Blaßgelber W.,* **U. ochrolēūca** Hartm.

Familie: **Globulariáceae,** *Kugelblumengewächse*

Stauden od. Zwergsträucher m. lederart. Blätt.; Bltn. in endst., von Hüllblätt. umgebenen Köpfchen, deutl. zygomorph m. tief 5spaltiger, 2lippiger Blkr. *(227);* Stbblätt. 4, paarweise verschieden lg., Frkn. oberst., 2blättrig; Nüßchenfr.

Globulária L., *Kugelblume* Ⓖ

1. Stg. bis z. Bltnstand beblättert, krautig, aufrecht, 5–30 cm hoch; Grdblätt. rosettig, lg.gestielt, spatelf., an der Spitze ausgerandet; Stgblätt. sitzend; Blkr. violettblau; Alpenpfl.; ♃; V–VI. Trockenwiesen, buschig-steinige Abhänge (bis 1650 m); *v* bis *z* im S (*f* Sb), in Dt bes. Alb bis FrSchweiz, *z* S-Be, Eifel, Pf, N-Odw., Th, An, Hoch- u. S-Ob.Rhein, S-Ba. (= *G. willkommii* Nym.; = *G. aphyllanthes* Cr.; = *G. elongata* Heg.) Ⓖ *Gemeine K.,* **G. punctáta** Lap.

— Stg. außer den Rosettenblätt. nur m. 2–3 schuppenf. Hochblätt.; Bltn. heller blau **2**

2. Pfl. krautig; Blätt. grdst., verkehrt-eilängl., in den Stiel lg.keilig verschmälert, an der Spitze meist abgerundet, > 5 cm lg., 1–3 cm breit; Infl.-Stiel bis 30 cm hoch; Köpfchen 18–25 mm breit; ♃; VI–VIII. Steinige Triften, Weiden, Krummholzreg. (500–2550 m); kalkliebend; *v* bis *z* Alp. u. VorAlp. Ⓖ *Nacktstengelige K.,* **G. nudicāūlis** L.

— Niederlgd. Spalierstrauch, m. kriechenden u. wurzelnden, ausläuferart. Sprossen **3**

3. Blattspr. 10 mm breit, im Umriß verkehrt-eif., vorn spitzl. od. rundl.; K.zähne länger als die K.röhre; Tragblätt. lanzettl., lg. zugespitzt; ♃; V–VII. Steinig-sonnige Hänge, Felsbänder; kalkstet; Karawanken, Sanntaler Alp. (Kt). (= *G. bellidifolia* Ten.)
Ⓖ *Südliche K.,* **G. meridionális** (Podp.) Schwarz

— Blattspr. nur 5 mm breit, im Umriß spatelf., vorn tief ausgerandet; K.zähne so lg. od. kürzer als die K.röhre; Tragblätt. schmal-eif. zugespitzt; ♃; V–VI. Felsentriften (bis 2200 m); kalkstet; *v* Alp., *z* bis *s* Alp.Vorland, bis Augsburg u. München.
Ⓖ *Herzblättrige K.,* **G. cordifólia** L.

Familie: **Plantagináceae,** *Wegerichgewächse*

Kräuter od. Stauden; Blätt. wechselst., selten gegenst., oft in grdst. Rosette u. parallelnervig; Bltn. meist in ährigen od. kopfigen Bltnständen, selten einzeln; K. 4teilig; Blkr. röhrig, 4spaltig; Stbblätt. 4, weit aus der Blkrröhre herausragend; Frkn. oberst., 2fächerig. Kapsel- od. Nüßchenfr.

1. Bltn. eingschl.; ♂ Bltn. lg.gestielt, einzeln, an ihrem Grd. m. 2–3 (od. mehr) sitzenden ♀ Bltn. *(184a–b);* Sumpfpfl. **Littorella,** 513
— Bltn. ⚥ in vielbltg. Köpfchen od. Ähren **2**
2. Blätt. gegenst.; Stg. beblättert u. meist verzweigt **Psyllium,** 511
— Blätt. wechselst., in grdst. Rosette; Stg. als Schaft **Plantago,** 511

1. **Psýllium** Mill., *Flohsame*

Gegenst. Blätt. behaart, lineal; Stg. ästig, m. 5–8 cm lg. gestielten, eif. Köpfchen; ⊙; VI–IX. Sandboden, Wegränder; *z* Rhein- u. Elbetal, *s* Ebene, z.B. NS, Me, Sa, Berlin, Lahn- u. unt. Maintal, oft nur eingeschleppt, z.B. St, BW. [= *Plantago indica* L.; = *P. arenaria* W. & K.; = *P. ramosa* (Gil.) Asch.; = *P. indicum* (L.) Dum. & Courset]
Sand-F., Sand-Wegerich, **P. arenárium** (W. & K.) Mirb.

2. **Plantágo** L., *Wegerich*

1. Blätt. einfach-fiedspaltig od. nur gezähnt, absthd. kurzhaarig; ⊙–⊙; VI–IX. Dünen, Triften, Salzwiesen, *v* bis *z* Meeresküsten (*f* OPr), *z* bis *s* im Binnenland (Ho, NS, SH, Me, N-An).
Krähenfuß-W., Schlitz-W., **P. corónopus** L.
— Blätt. ungeteilt, höchstens zuw. etwas gezähnt **2**
2. Blätt. fast nadelf., 5–10 cm lg., 1–1,5 mm im Dm; Rosette reichblättrig; Infl. 10–20 cm lg. gestielt, kurz-walzl.; Kronröhre außen behaart; ♃; IV–VII. Sonnige Grasplätze; *s* Voralp., N-St (Hochschwab). *Kielblättriger W.,* **P. holósteum** Scop.
— Blätt. deutl. breiter, lineal-lanzettl. bis eif. **3**
3. Blätt. lanzettl. od. lineal-lanzettl. **5**
— Blätt. eif. od. elliptisch **4**
4. Blätt. lg.gestielt; Stiel etwa so lg. wie die breit-eif., 3–7nervige, kahle od. spärl. behaarte Spreite; Ähre lineal-walzl., so lg. wie ihr Schaft; Stbfäden weiß od. rot; ♃; VI–X. Bis 2350 m; sehr formenreich. *Großer W.,* **P. májor** L.
a. Blattspr. vom Stiel deutl. abgesetzt, herzf., meist 5–7nervig, kahl, derb-ledrig; Kapsel m. meist 6–10 Samen; FrÄhre dicht; Pfl. bis 50 cm hoch. Wege, Schuttplätze, Gräben; *g.* ssp. **májor**
— Blattspr. in Blattstiel verschmälert, meist 3–5nervig, kurzhaarig; FrÄhre locker, am Grd. meist unterbrochen; Pfl. bis 15 cm hoch . . . . **b**

b. Kapsel m. meist 8–11 Samen; Blätt. dickl., meist 3nervig, Salzwiesen; *z* im SW (E?), He, Br, SH, SaAn (sonst sicher übersehen?). (= var. *salina* WIRTG.)
ssp. **wínteri** (WIRTG.) W. LUDWIG

— Kapsel m. > 15 (bis 25) Samen; Blätt. dünn, 3–5nervig; ⊙. Ufer, Schlammböden, feuchte Äcker u. Ruderalstellen; *z* (Verbreitung ungenügend bekannt). (= ssp. *pleiosperma* PILG.) ssp. **intermédia** (GODR.) LGE.

— Blätt. kurz gestielt, breit-elliptisch, 5–9nervig, ganzrandig od. buchtig gezähnt, locker behaart; Ähre walzl., viel kürzer als der Schaft; Stbfäden hell- bis dklila; ♃; V–IX. Magerwiesen, Wegränder (bis 1800 m); *v, z* bis *s* im N. *Mittlerer W.,* **P. média** L.

5(3). Röhre der Blkr. kahl; Blätt. m. 3–7 deutl. Nerven; Ähre längl.-eif. **8**

— Röhre der Blkr. behaart, Blätt. undeutl. 3nervig; Ähre längl.-walzl. **6**

6. Seitennerven dem Blattrand näher als dem Mittelnerven; Blätt. dickl., kahl, Scheiden der abgestorbenen Blätt. bald verwitternd, Wurzelstock daher später nackt; Ähre 1–5 cm lg.; ♃; V–VII. Alpenmatten (1100–2250 m); *v* bis *z* Allgäu, in Dt *s* östl. bis Karwendel, Vb, Ti, *s* Sb. *Alpen-W.,* **P. alpína** L.

— Seitennerven vom Blattrand u. den Mittelnerven gleich weit entfernt; Blätt. dicker bis fleischig, Scheiden der abgestorbenen Blätt. nicht verwitternd, Wurzelstock von ihnen schuppig bedeckt; Ähre 4–10 cm lg. **7**

7. Blätt. dickl., kahl; Tragblätt. u. K.blätt. kahl; Pfl. der Meeresküsten u. salzhaltiger Orte im Binnenland; ♃; VII–X. Meeresküsten *v, z* im N, *s* Th, S-SaAn, Wetterau (He), in Au (Sb, St, OÖ) eingeschleppt. *Strand-W.,* **P. marítima** L.

— Blätt. derb, am Rand m. borstigen Wimperhaaren; Tragblätt. u. K.blätt. lg. wimperhaarig; Alpenpfl.; ♃; VI–VIII. Magermatten, Geröllfluren (bis 2000 m); *z* Ti, *s* Vb, bei Partenkirchen u. Mittenwald (Dt). (= *P. strictissima* L.?) *Schlangen-W.,* **P. serpentína** ALL.

8(5). Ährenschaft rund, zuletzt lgd.-aufstgd.; alle K.blätt frei; Tragblätt. an der Spitze gewimpert; Blattstiel breit, scheidig; Pfl. bis 15 cm hoch; ♃; V–VIII. Matten, Felsschutt (800–2350 m); *v* Alp., *s* St; Gesenke: ssp. **sudética (**PILGER) HOLUB (= *P. montana* LAM.)
[G] *Berg-W.,* **P. atráta** HOPPE

— Ährenschaft gefurcht; vordere K.blätt. verwachsen zu einem 2teiligen Doppel-K.blatt **9**

9. Ährenschaft meist 15–50 cm hoch, meist 5furchig; Doppelkelchblatt bis zu ¼ lappig gespalten; ♃; V–IX. (2 ssp.)
Spitz-W., **P. lanceoláta** L.

a. Blätt. höchstens zerstreut behaart; Tragblätt. (fast) kahl; Ährenschaft aufrecht; Ähre zylindrisch. Wiesen, Wegränder, Schuttplätze (bis 1800 m); *g.*
ssp. **lanceoláta**

— Blätt. u. Tragblätt. wollig bis zottig behaart; Ährenschaft niederlgd.-aufstgd.; Ähre eif.-kugelig. Triften, Heiden, sandige Orte (bis 1500 m?); *z* (formenreich).
ssp. **sphaerostáchya** (MERT. & KOCH) HAY.

— Ährenschaft meist 30–90 cm hoch, m. 5–9 tieferen, außerdem seichteren Zwischenfurchen; Doppelkelchblatt nur gering gelappt od. nur ausgerandet; ♃; V–VI. Nasse bis sumpfige, auch salzige Wiesen; *s* Vb, Kt, OÖ, in Dt zuw. vorübergehend eingeschleppt.
[G] *Hoher W.,* **P. altíssima** L.

3. Littorélla BERG., *Strandling (184)*
Pfl. 2–14 cm hoch, Ausläufer treibend; Blätt. grdst., lineal-pfrieml., am Grd. scheidig; ♃; V–VI. Nährstoffarme Gewässer u. deren Ufer; *z* im N, sonst sehr *z* bis *s* (in Au nur am Bodensee u. Kt).
L. uniflóra (L.) ASCH.

Ordnung: **Hippuridales**

Familie: **Hippuridáceae,** *Tannenwedelgewächse*

Wasser- u. Sumpfpfl. m. quirligen Blätt. *(284);* Bltn. unscheinbar; ⚥, einzeln in Blattachseln, m. ungeglied. Bltnhülle, 1 Stbblatt u. 1 Frkn. *(582).*

Hippúris L., *Tannenwedel*
Blätt. in 6–12zähligen Quirlen, lineal, ganzrandig; Bltn. klein, einzeln, blattachselst., grünl.; Blkr. fehlend; Stbblätt. 1 *(582);* ♃; V–VIII. Sthd. u. langsam fließende Gewässer; *z,* im M-Gebiet *s* u. sehr lückenhaft.
H. vulgáris L.

Ordnung: **Lamiáles**

Familie: **Verbenáceae,** *Eisenkrautgewächse*

Kräuter od. Stauden; Blätt. gegenst., ohne Nebenblätt.; Bltn. zygomorph, fast 2lippig; Stbblätt. 4 (2 längere u. 2 kürzere); Frkn. oberst., in 4 1samige Nüßchen zerfallend.

Verbéna L., *Eisenkraut*
Blätt. grob gekerbt bis fiedspaltig, am Rand u. auf den Nerven rauhhaarig; Bltn. klein, blaßlila, in lg., dicht drüsigen, rutenf. Ähren; ☉; VII–VIII. Ufer, Wegränder, Schutt (bis 1100 m); *v,* in NW-Dt *f,* in Da nur eingeschleppt. **V. officinális** L.

Familie: **Lamiáceae** *(= Labiátae), Lippenblütler*

Kräuter, Stauden od. Halbsträucher; Stg. 4kantig, dekussiert beblättert; Blätt. meist einfach, ohne Nebenblätt.; Bltn. meist ungestielt, dicht gedrängt u. quirlf. in den Achseln von Hochblätt. (in Wirklichkeit rispig bis cymös verzweigt) od. m. ± lg. Stielen u. mehrfach verzweigt; Bltnquirle ihrersts. entfernt sthd. od. zu kugeligen *(952),* scheinährigen *(953)* od. rispenf. Bltnständen vereinigt;[1] Bltn. stark zygomorph *(948),* selten ± radiär *(951),* ⚥; K. glockig-röhrig, meist 5zähnig *(954), oft 2lippig (955);* Blkrblätt. 5, davon 2 die Oberlippe u. 3 die Unterlippe bildend *(949);* Stbblätt. 4, der Blkrröhre eingefügt, in 2 ungleichen Paaren, selten 2; Frkn. oberst., 2fächerig, durch falsche Scheide-

---

[1] Sofern die blattachselst. Teilinfl. dicht verzweigt u. die Bltn. kurz gestielt bis sitzend sind, werden diese in dem Schlüssel kurz als „Halbquirle" (je Blatt) bzw. als „Quirle" (je Blattpaar) bezeichnet. Sind sie reichblütiger u. wiederholt u. länger gestielt verzweigt, werden sie „rispige", „trugdoldige" od. „gabelästige Teilinfl." genannt.

wand in 4 sich emporwölbende „Klausen" (im Schlüssel: Teilfr.) geteilt, zwischen denen der Gr. steht *(956),* bei der Reife in 4 1samige Nüßchen zerfallend; Pfl. reich an ätherischen Ölen (zahlr. Gewürzpflanzen).

1. Blkr. zygomorph, meist 2lippig *(948–949),* zuw. nur die Unterlippe allein ausgebildet *(950)* **6**
— Blkr. fast radiär, glockig od. trichterf., m. 4–5 nur wenig ungleichen Zipfeln *(951)* **2**
2. Stbblätt. 2; Blkr. weiß, innen rot punktiert . . . **Lycopus,** 533
— Stbblätt. 4; Blkr. rot od. violett **3**
3. Bltn. in dachig übereinander stehenden, zu stark einstswendigen Scheinähren vereinigten Quirlen; Tragblätt. der Quirle länger als diese . . . . **Elsholtzia,** 535
— Quirle allstswendig, zumindest die unt. voneinander entfernt, kopfig-doldig gehäuft *(952)* od. zu Scheinähren *(953),* Rispen od. Doldenrispen vereinigt **4**
4. Pfl. m. Pfefferminzgeruch; Bltn. in dichten Quirlen od. endst. Scheinähren *(952–953);* Blkr. meist (blaß) violett **Mentha,** 533
— Pfl. ohne Pfefferminzgeruch **5**
5. K. scheinbar 1blättrig (die beiden unt. Kzipfel unterdrückt u. die ob. vollst. verwachsen); Blkr. weiß od. blaß-lila; Bltn. kugelig-köpfchenf. zusammengedrängt, je meist 5 (3–9) dieser „Köpfchen" dicht beisammen stehend u. insgesamt (end- u. blattachselst.) lg.gestielt; Tragblätt. rundl., durch Behaarung graugrün, dachig angeordnet u. die Bltn. fast einhüllend; Pfl. aromatisch duftend . . . . . **Majorana,** 530
— K. glockig, 5zähnig; Blkr. rosa, blaßlila, zuw. weiß; end- u. blattachselst. Teilinfl. lg. gestielt, rispig verzweigt u. als köpfchenf. Doldenrispen erscheinend; Hoch-, Tragblätt. u. Kzähne dk.purpurn überlaufen; Pfl. erst beim Zerreiben duftend . . . . **Origanum,** 530
6(1). Bltn. deutl. m. Ober- u. Unterlippe *(948–949)* **8**
— Bltn. nur m. deutl. Unterlippe *(950);* Oberlippe kurz u. unscheinbar **7**
7. Unterlippe 3lappig; Blkrröhre innen m. Haarring . **Ajuga,** 518
— Unterlippe durch herabgerückte Oberlippenzipfel scheinbar 5lappig *(950);* Blkrröhre innen ohne Haarring **Teucrium,** 519
8(6). Fruchtbare Stbblätt. 4, u. zwar 2 längere u. 2 kürzere **11**
— Fruchtbare Stbblätt. 2, zuw. noch 2 sterile (Lupe!: bei *Sideritis* sehr klein!) **9**
9. Blkr. kürzer als der m. 5 stechenden Zähnen versehene K.; Blkr. hellgelb m. bräunl. Saum . . . . **Sideritis,** 520
— Blkr. sehr viel länger als der K., helmf. **10**
10. Blkr. scharlachrot; Infl. meist nur m. 1 endst. dichtbltg. Quirl **Monarda,** 528
— Blkr. blau, bläul. od. rosa; Infl. in deutl. etagenf. angeordneten Quirlen . . . . **Salvia,** 527
11(8). Stbblätt. nicht über die Oberlippe hinausragend *(948)* **17**
— Stbblätt. (wenigstens die längeren) die Oberlippe überragend *(949)* **12**

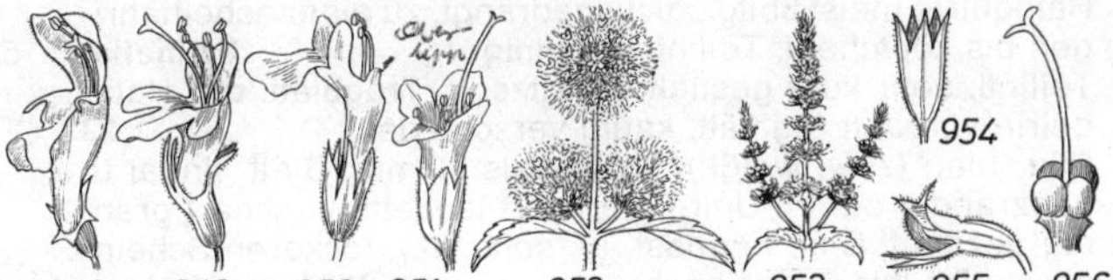

948 949 950 951 952 953 954 955 956

12. K. deutl. 2lippig *(955)* od. scheinbar 1lippig (s. auch Nr. **5**) **14**

— K. ± regelmäßig 5zähnig **13**

13. Bltn. in stark einstswendigen, die Tragblätt. überragenden, bis 20 cm lg. Scheinähren; Blkr. violettblau . **Hyssopus,** 529

— Bltn. in Rispen od. Doldenrispen; Blkr. rosa, blaßlila, zuw. weiß (s. auch Nr. **5**—) . . . . **Origanum,** 530

14(12). K. scheinbar 1lippig (s. auch Nr. **5**) . . . **Majorana,** 530

— K. 2lippig **15**

15. Oberlippe des K. schildf.-rund, Unterlippe 4zähnig; Oberlippe der Blkr. 4zipflig; Blkr. ca. 10 mm lg., weiß od. rötl. **Ocimum,** 535

— K. m. 3zähniger Ober- u. 2zähniger Unterlippe *(955, 949)* **16**

16. Blätt. nur bis 1 cm lg., ganzrandig, ungestielt; niederlgd. Zwergstrauch . . . . **Thymus,** 530

— Blätt. lg.gestielt, Blattspr. eif.-zugespitzt, bis 7 cm lg., gekerbt . . . . **Melissa,** 528

17(11). Oberlippe flach (wie bei *957*) od. nur wenig gewölbt, zuw. zurückgebogen **32**

— Oberlippe deutl. helmf. gewölbt od. löffelf. ausgehöhlt *(958);* Stbblätt. meist parallel angeordnet **18**

18. K. 2lippig, ganzrandig; K.Oberlippe m. aufsitzendem Hökker *(959);* Bltn. einzeln, blattachselst., violett, rötl. od. bläul. **Scutellaria,** 520

— K. 2lippig, m. gezähnter Ober- u. Unterlippe **od.** regelmäßig 5zähnig **19**

19. Unterlippe der Blkr. m. einem großen (zuw. etwas eingespaltenem) Mittellappen u. 2 seitl., meist stumpfen Lappen *(949)* **21**

— Unterlippe der Blkr. m. 1 großen, 2lappigen Zipfel u. 2 kleinen, zahnf. (oft fehlenden) Seitenzipfeln *(948);* K. glockig, 5zähnig **20**

20. Oberlippe helmf., insgesamt gewölbt; Blätt. nesselart. **Lamium,** 524

— Oberlippe helmf., aber (frisch) zur Spitze hin flacher werdend; Blätt. nicht nesselart. (Ausnahme: *St. sylvatica*) **Stachys,** 525

21(19). K. m. 5 gleichen od. fast gleichen Zähnen *(954)* . **25**

— K. deutl. 2lippig m. ungleich großen Zähnen *(955)* . . **22**

22. End- u. Seiteninfl. lg. gestielt; Tragblätt. der Halbquirle auffällig, viel kleiner als die Stgblätt., breit-herzf. zugespitzt;

Halbquirle meist 3bltg., dicht gedrängt, zu einer scheinährigen bis köpfchenf. Teilinfl. vereinigt . . . . . . **Prunella,** 521

— Teilinfl. sehr kurz gestielt bis sitzend; Tragblätt. der Halbquirle von den Stgblätt. kaum verschieden **23**

23. Blkr. blau (zuw. weißl.), größer als 20 mm; Blätt. lineal u. ganzrandig od. im Umriß verkehrt-lanzettl. u. scharf grannig gezähnt; Bltn. in endst. (u. seitenst.), lockeren Scheinähren; Pfl. bis 60 cm hoch . . . . . . **Dracocephalum,** 521

— Blkr. weiß od. rot; Blätt. eif.-zugespitzt, gekerbt bis gezähnt, aber nicht grannig **24**

24. K. dicht u. kurz behaart; Zähne der K.-Oberlippe deutl. voneinander getrennt *(960),* spitz, aber nicht grannig; Blkr. über 20 mm lang, rot, rosa od. weiß m. rötl. Flecken; Waldpfl. m. schwachem Honigduft . . . . **Melittis,** 522

— K. locker u. wimperig behaart; Zähne der K.-Oberlippe nur wenig eingeschnitten bis fast quer miteinander verbunden, jedoch die beiden unt. deutl. u. die beiden seitl. ob. Kzähne kurz grannig zugespitzt; Blkr. bis 12 mm lang, weiß bis blaßgelb od. bläul.-weiß; Gartenpfl. m. starkem Zitronenduft . . . . **Melissa,** 528

25(21). Unterlippe der Blkr. am Grd. beidersts. m. einem hohlen, zahnf. Höcker *(962);* Seitenlappen der Blkr.-Unterlippe im Umriß breit u. stumpf; Kzähne meist grannig **Galeopsis,** 522

— Unterlippe der Blkr. ohne zahnf. Höcker **26**

26. Bltn. rot, rötl., violett od. weiß **28**

— Bltn. gelb od. gelbl.weiß **27**

27. Unterlippe der goldgelben Blkr. m. spitzen Seitenlappen; Mittellappen ungeteilt, m. rötl. Zeichnung; sterile Triebe bogenf. dem Boden zuwachsend und einwurzelnd **Galeobdolon,** 523

— Unterlippe der blaßgelben Blkr. m. stumpfen, breiten Zipfeln; Mittellappen ungeteilt od. ± tief ausgerandet, m. od. ohne rötl. Zeichnung; Pfl. ohne bogenf. sterile Triebe **Stachys,** 525

28(26). Bltn. bis 10 mm lang, schmutzigrosa; Grdblätt. zuw. handf. gefied.; Stgblätt. meist handf. geteilt od. tief gesägt **Leonurus,** 524

— Bltn. größer; Blätt. ungeteilt, meist gesägt od. gekerbt **29**

29. Halbquirle 5–20bltg., kurz aber deutl. gestielt; Quirle schon in der unt. Stghälfte; Blkr. blauviolett; K. trichterf., m. 10 stark hervortretenden Nerven . . . . **Ballota,** 525

— Halbquirle nicht gestielt; Quirle nur oberw., deutl. von der beblätterten Stgbasis abgesetzt, oft in endst. Scheinähren; K. glockig, 10nervig, jedoch m. 5 kräftigeren u. 5 schwächeren Nerven **30**

30. Stbblätt. unterhalb der Mitte m. einem abw. gerichteten Zähnchen, zusammenneigend . . . . **Phlomis,** 522

— Stbblätt. ohne Zähnchen **31**

31. Blätt. lineal, 3–4 cm lg. u. 2–5 mm breit; Blkr. blau(violett); Stbblätt. unterhalb der Oberlippe der Blkr. liegend **Dracocephalum,** 521

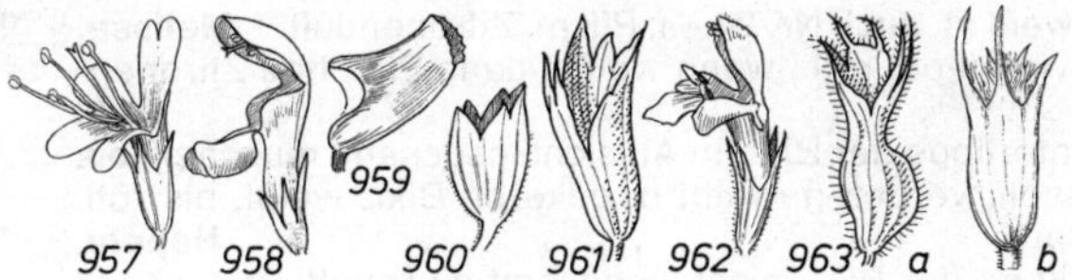

957 958 959 960 961 962 963 a b

— Blätt. deutl. breiter bis rundl.; Blkr. rötl. od. rötl.violett; äußere Stbblätt. meist ± nach außen gebogen . **Stachys,** 525

32(17). Blätt. handf. geteiltl **od.** scharf gesägt; Blätt. untersts. grau-flaumig u. Tragblätt. der Halbquirle sich nur wenig von den Stgblätt. unterscheidend . . . . **Leonurus,** 524

— Blätt. nicht handf. geteilt, wenn gesägt, dann nicht gleichzeitig sowohl m. kurzer Blkr. als auch m. untersts. grauflaumigen Blätt. **33**

33. Stbblätt. u. Gr. länger als die Blkrröhre, sichtbar . . **39**

— Stbblätt. u. Gr. kürzer als die Blkrröhre, nicht frei sichtbar **34**

34. Stgblätt. lineal bis schmal-lanzettl. **36**

— Stgblätt. herzf. bis elliptisch od. nierenf. **35**

35. Blkr. weiß, etwas länger als der K. . . . . . **Marrubium,** 520

— Blkr. blau, deutl. länger als der K. . . . . . **Glechoma,** 521

36(34). Blkr. intensiv blau bis violett; Bltn. in endst., lg.gestielter Scheinähre; Quirle ± 10bltg. . . . . . . **Lavandula,** 520

— Blkr. weiß bis rötl. od. blaßlila od. gelb; Bltn. nicht vom beblätterten Stg. abgesetzt, die unt. Teilinfl. oft gestielt; Quirle bzw. gestielte Teilinfl. kaum über 7bltg. **37**

37. Blkr. gelb, braun gesäumt, nur 7 mm lg. . . . . **Sideritis,** 520

— Blkr. anders gefärbt **38**

38(37 u. 43). K. glockig, m. nicht od. wenig ungleichen Zähnchen; K.Nerven 10, undeutl. . . . . **Satureja,** 528

— K. röhrig, 2lippig; 3 Kzähne bilden die Ober-, 2 die Unterlippe, meist deutl. unterschiedl. lg., wenn ± gleich lg., dann die Zähne der Oberlippe höher hinauf verbunden als die der Unterlippe; K. m. 13 deutl. hervortretenden Nerven **Calamintha,** 529

39(33). K. mit rundl.-schildf. Ober- u. 4zähniger Unterlippe; Blkr. m. kurz 4zipfeliger Ober- u. verkehrt-eif. Unterlippe, weiß od. rötl. . . . . **Ocimum,** 535

— K. u. Blkr. von anderer Form **40**

40. K. regelmäßig 5zähnig (bei *Nepeta* aber schräg) . . **44**

— K. ungleich 5zähnig bis 2lippig **41**

41. Blätt. grdst., Rosettenpfl.; Stgblätt. sehr viel kleiner als die Rosettenblätt., nur hochblattartig ausgebildet **Horminum,** 528

— Stgblätt. von den basalen Blätt. kaum verschieden; Grdblätt. nicht rosettig gehäuft **42**

42. Blkr. bis 3 cm lg., rot bis weiß; Bltn. bis 1 cm lg. gestielt, nur zu 1–3 in den Blattachseln (s. auch Nr. **24**) . . **Melittis,** 522

— Blkr. rötl. od. andersfarben u. kleiner; Bltn. kurz gestielt bis sitzend; Quirle meist reichblütiger **43**

43. Blkr. weiß (s. auch Nr. **24**—); Pfl. m. Zitronenduft **Melissa,** 528
— Blkr. violett od. rötl., wenn weißl., dann Pfl. ohne Zitronenduft **38**
44(40). Unterlippe der Blkr. in Aufsicht insgesamt muschelf. bis schüsself. vertieft-gewölbt u. gekerbt; Blkr. weißl. bis rötl. od. blau . . . . **Nepeta,** 521
— Unterlippe der Blkr. nicht insgesamt muschelf. vertieft **45**
45. Blätt. rundl.-nierenf., gekerbt; Stg. niederlgd., die blühenden aber aufstd.-aufrecht; Blkr. meist blauviolett, zuw. heller; Halbquirle meist 2–3bltg. . . . . **Glechoma,** 521
— Blätt. eif. od. schmäler bis lineal; Stg. meist aufrecht **46**
46. Blätt. deutl. gesägt, gezähnt od. gekerbt **49**
— Blätt. ganzrandig (od. höchstens m. wenigen seichten Zähnchen) **47**
47. Pfl. filzig . . . . **Stachys,** 525
— Pfl. nicht filzig behaart **48**
48. K. glockig, m. nicht od. wenig ungleichen Zähnchen; K.Nerven 10, undeutl. . . . . **Satureja,** 528
— K. röhrig, 2lippig; 3 Kzähne bilden die Ober-, 2 die Unterlippe, meist deutl. unterschiedl. lg., wenn ± gleich lg., dann die Zähne der Oberlippe höher hinauf miteinander verbunden als die der Unterlippe; K.Nerven 13, deutl. hervortretend . . . . **Calamintha,** 529
49(46). Blätt. im Umriß breit-lanzettl., scharf gesägt u. zugespitzt, am Grd. allmähl. keilig verschmälert; Tragblätt. der Halbquirle sich kaum von den Stgblätt. unterscheidend; Blkr. ± so lg. wie der K. . . . . **Leonurus,** 524
— Blätt. von anderer Form; Blkr. deutl. länger als der K. **50**
50. Halbquirle kurz aber deutl. gestielt; ob. Quirle nicht zu Scheinähre zusammentretend; Blätt. runzelig-nesselartig (s. auch Nr. **29**) . . . . **Ballota,** 525
— Halbquirle nicht gestielt; ob. Quirle meist zu endst. Scheinähre vereinigt, darunter entfernt meist noch einige Quirle; äußere Stbblätt. meist gedreht u. ± nach außen gebogen; K. meist m. 5 stärkeren u. 5 schwächeren Nerven **Stachys,** 525

1. Ajúga L., *Günsel*

1. Blkr. gelb; Bltn. einzeln blattachselst.; Blätt. tief 3spaltig, m. linealen Zipfeln; Stg. zottig behaart; ⨀; V–IX. Äcker, Wegränder; *z* E, S-Dt (S-Ba nur ob. Isar), nördl. *s* u. bis S-Ho/Eifel/b. Alsfeld (He)/Harz/SaAn/Schl (*f* Sa, Au). *Gelber G.,* **A. chamaépitys** (L.) Schreb.
— Blkr. blau, selten rötl. od. weiß, in mehrbltg. Quirlen; Laubblätt. ungeteilt **2**
2. Pfl. m. oberirdischen Ausläufern; Stg. an der Basis ± kahl; Rosettenblätt. m. geflügeltem Stiel, gekerbt; oberste Tragblätt. kürzer als die Bltn.; ♃; V–VIII. Magerwiesen, Gebüsche, Wälder (bis 1700 m); *v.* *Kriechender G.,* **A. réptans** L.
— Pfl. ohne Ausläufer; Stg. auch an der Basis behaart . . **3**
3. Blätt. grob gekerbt bis gesägt, ± so lg. wie die Internodien; Tragblätt. der Quirle ± so lg. wie die meist dkblaue Blkr.; Stg. zottig behaart; Infl. ± locker, lg. gestreckt; ♃; VIII–IX. Trockenrasen,

lichte Wälder (bis 1700 m); kalkliebend; *v* Au, Alb, sonst im S *z*, nördl. seltener u. bis Eifel/Westw./Hannover, Hamburg; in Ho sehr *s*, *f* Da. *Genfer G.*, **A. genevénsis** L.

— Blätt. ganzrandig od. seicht u. entfernt gekerbt; auch die ob. Tragblätt. der Quirle viel länger als die Bltn.; Blkr. hellblau bis lebhaft rotviolett; Infl. anfangs dicht, 4kantig, pyramidenf.; ♃; V–VII. Magerwiesen, Triften, Zwergstrauchheiden, bes. der mont. u. subalp. Reg. (bis 2200 m); *v* Alp., *z* im M-Gebiet, nördl. u. westl. bis Be/Eifel/Ts/b. Marburg/Me, außerdem N-Fries.Ins. u. Da, *f* E, im S außerhalb Geb. nur b. Freiburg/Br. *Pyramiden-G.*, **A. pyramidális** L.

Bastarde nicht *s*, *z* Ist **A.** x **hýbrida** Kern. *(= A. reptans x A. genevensis)*

2. Teúcrium L., *Gamander*

1. Blätt. einfach bis doppelt fiedspaltig; Stg. drüsig-zottig, meist unangenehm riechend; Blkr. rötl.; K. am Grd. ausgesackt; ⊙; VII–IX. Trockenrasen, Kiesgruben, Ödland (bis 1400 m); kalkliebend; *z* im S, nördl. *s* u. bis S-Ho/Eifel/TeutoburgerW./b. Hildesheim/S-Sa-An/Sa/Schl, *f* Sb; *s* S-Ba. *Trauben-G.*, **T. bótrys** L.

— Blätt. ungeteilt gezähnt, gekerbt od. ganzrandig **2**

2. K. helmf., 2lippig, m. breit-zugespitzter Ober- u. kurz 4zähniger Unterlippe; Blkr. blaß grünl.gelb, in einstswendigen Quirlen; Blattspreite am Grd. herzf., runzelig, gekerbt, beidersts. kurz weich-wollig behaart; Pfl. m. Bodenausläufern, bis 70 cm hoch; ♃; VII–IX. Wälder, Heiden (bis 1400 m; Vog., Schw.); kalkmeidend; *v* im W u. SW, *z* bis *s* im N u. O (im NO nur eingebürgert). *Salbei-G.*, **T. scorodónia** L.

— K. fast regelmäßig 5zähnig **3**

3. Blätt. ganzrandig, untersts. weißfilzig; Blkr. gelbl.weiß; Quirle halbkugelig-köpfchenf. gedrängt sthd.; niederlgd. Spalierstrauch; ♃; VI–VIII. Trockenrasen, Felstriften, steinige Hänge (bis 1800 m); kalkliebend; *v* Alp., Alb, Lech- u. Isartal, sehr *z* S-Ho, Eifel, S-Pf, S-ObRhein, um Würzburg, b. Kassel, Th, SaAn. *Berg-G.*, **T. montánum** L.

— Blätt. gekerbt od. gesägt; Blkr. rötl., selten weiß; Pfl. m. Bodenausläufern **4**

4. Blätt. am Grd. keilf.-stielartig verschmälert, gekerbt, untersts. heller, m. hervortretenden Nerven; Bltn. in endst., ± einstswendigen Scheinähren, d.h. Tragblätt. wenigstens der ob. Quirle meist kürzer als die Bltn.; Sproß an der Basis verholzt; ♃; VII–IX. Trockenrasen, steinige Hänge, lichte Trockenwälder (bis 1100 m); kalkliebend; *v* (Alp. u. Alb) bis *z* im S, nördl. *s* u. bis S-Ho/Eifel/b. Düsseldorf/b. Gießen/b. Korbach (N-He)/Werratal/Th/An. (2 ssp. ?) *Echter G.*, **T. chamaédrys** L.

— Blätt. sitzend, grob gekerbt bis gesägt, untersts. auf den Nerven absthd. behaart; Bltn. in 4bltg. Quirlen, nur halb so lang wie die Tragblätt.; Pfl. schwach nach Knoblauch riechend; Sproß an der Basis krautig; ♃; VII–VIII. Nasse Wiesen, Gräben, Ufer; sehr *z* u. lückenhaft, fast nur im Gebiet der Strom- u. größeren Flußtäler (*f* z.B. NW-Dt, westl. des Rheins, S- u. NO-Ba, SH, Ti, Sb). *Knoblauch-G.*, **T. scórdium** L.

3. Scutellária L., *Helmkraut*

1. Pfl. 50–100 cm hoch; Tragblätt. viel kleiner als die Stgblätt. u. viel kürzer als die Bltn.; K.schild größer als der übrige K., ♃; VI–VIII. Laubwälder, Gebüsche; als Zierpfl. kult., zuw. verwild. u. mehrfach eingebürgert (z. B. FrAlb, Kaiserstuhl, Vorder-Pfalz, Neckartal, b. Kassel, Th, SaAn, b. Berlin, Da, St). (Heimat: Kaukasus, Taurus, Balkan, bis O-Au) *Hohes H.*, **S. altíssima** L.

— Pfl. bis 50 cm hoch; Tragblätt. von den Stgblätt. kaum verschieden; K.schild kleiner als der übrige K. **2**

2. Blätt. eif.-lanzettl., m. beidersts. 4–8 Kerbezähnen; Blkr. blauviolett, 12–18 mm lg., wie der K. kahl od. kurzhaarig, aber nicht drüsig; ♃; VI–IX. Verlandungssümpfe, Flachmoore, Bruchwälder (bis 1200 m); zieml. *v.* *Sumpf-H.*, **S. galericuláta** L.

— Blätt. ganzrandig, nur am Grd. m. 1–2 Zähnen, Blkr. kleiner od. größer **3**

3. K. u. Blkr. kurzdrüsig behaart; Blkr. blauviolett, 20–22 mm lg.; ♃; VI–VIII. Sumpfwiesen der größeren Stromtäler; in Dt entlang Elbe, Weser, MRhein, Donau b. Straubing, Da (Bornholm), Au (St, Kt, OÖ). *Spießblättriges H.*, **S. hastifólia** L.

— K. u. Blkr. drüsenlos behaart; Blkr. rotviolett, 6–8 mm lg.; mehrjährig; VII–VIII. Flachmoore, Bruchwälder, nasse Wiesen; *z* im W, östl. sehr lückenhaft, z.B. unt. Elbe u. Weser, Sa, An, Neckar, FrSchweiz, Bayrw., Hochrhein, *f* Da, Au, S-Ba. *Kleines H.*, **S. mínor** Huds.

4. Lavándula L., *Lavendel*

Bis 60 cm hoher Halbstrauch; Blätt. lineal-lanzettl., bis 5 cm lg., bis 5 mm breit; Bltn. in unterbrochenen, lg.gestielten Scheinähren, violett; K. außen weiß-, an der Spitze blau-filzig; ♃; VII–VIII. Als Duft- u. Heilpfl. bis 1400 m *v* kult. u. zuw. verwild. (Heimat: Mittelmeergebiet) (= *L. officinalis* Chaix) *Echter L.*, **L. angustifólia** Mill.

5. Sideritis L., *Gliedkraut*

Stg. 10–25 cm hoch, einfach od. wenig verzweigt, zottig; Blätt. lanzettl., kurz gestielt, an der Spitze gesägt; K. länger als die hellgelbe, purpurbraun gesäumte Blkr.; ⨀; VII–IX. Nur OÖ, sonst m. Getreide stellenw. u. vorübergehend aus dem Mittelmeergebiet eingeschleppt (wo?, eingebürgert?). *Berg-G.*, **S. montána** L.

6. Marrúbium L., *Andorn*

1. K. m. 10 zurückgekrümmten, hakigen, an der Spitze kahlen Zähnen; Blätt. rundl., anfangs dicht weiß-wollig, später verkahlend; ♃; VI–VIII. Trockene Weiden, Ödland, Wegränder; sehr *z* bis *s*, *f* Sa, NrWe (nur S-Grenze), südl. des Mains nur b. Schweinfurt, Odw., b. Basel, in Au *f* Vb, Sb; in S-Dt fast verschwunden. [G] *Gemeiner A.*, **M. vulgáre** L.

— K. m. 5, ± geraden, bis zur Spitze filzigen Zähnen; Blätt. breit-lanzettl. bis schmalelliptisch, am Grd. keilig verschmälert, weißfilzig; ♃; VII–VIII. Wie vorige; S-An eingebürgert, sonst *s* eingeschleppt. (Heimat: Balkan, O-Eur.) (= *M. creticum* Mill.) *Ungarischer A.*, **M. peregrínum** L.

7. Népeta L., *Katzenminze*

1. Stg. aufrecht; Stg. bis zum Grd. u. Stgblätt. filzig behaart; Teilfr. glatt; Stgblätt. eif.-zugespitzt, lg.gestielt; Blkr. weißl., Unterlippe purpurn gefleckt; nach Zitronen riechend; mehrjährig; VII–IX. Schuttplätze, Wegränder (bis 900 m); *z* verwild. u. eingebürgert, vielfach wieder verschwunden, alte Heilpfl. (Heimat: Vorderasien, S- u. SO-Eur.) *Echte K.*, **N. catária** L.

— Stg. wenigstens im unt. Teil kahl; Teilfr. warzig **2**

2. Blkr. blaßlila bis weiß, Unterlippe purpurn gefleckt; Stgblätt. längl.-eif., m. herzf. Grd. sitzend; ♃; VII–VIII. Trockenrasen, Gebüsche, Wegränder; ursprüngl. nur St, Kt, OTi, *s* eingebürgert Neckar- u. Maingebiet, SchwAlb, Th, An. (2 var.) (= *N. nuda* auct., an L.?) *Ungarische K.*, **N. pannónica** L.

— Blkr. (violett)blau; Stgblätt. breit-eif., lg.gestielt; ♃; VII–VIII. Zierpfl., zuw. verwild. (Heimat: Kaukasus) *Großblütige K.*, **N. grandiflóra** Bieb.

8. Glechóma L., *Gundermann*

Blätt. obersts. glzd., untersts. mattgrün, oft rötl.; Blkr. blauviolett; ♃; IV–VI. (2 Kleinarten) **G. hederácea** L.

a. Stg. u. Blätt. zerstreut (absthd. bis rückw. gerichtet) behaart; Blattstiele kürzer als die Internodien; Blattspreite bis 3 cm breit; Blkr. bis 20 mm lg.; K.zähne nur ⅓ so lg. wie die K.röhre, dreieckig-zugespitzt. Feuchte Wiesen u. Wälder (bis 1500 m); *g*; 2n = 18. [= ssp. *glabriusculum* (Neilr.) Gams] **G. hederácea** L. (s. str.)

— Stg. u. Blätt. stärker (absthd. bis anlgd.) behaart; Blattstiele ± so lg. wie die Internodien; Blattspreite meist 4–5 cm breit; Blkr. 20–30 mm lg.; ob. K.zähne so lg. wie (die unt. halb so lg. wie) die K.röhre, lineal-lanzettl. Trockene Wälder, Gebüsche; OÖ, Mähren, NW-Grenze der Verbreitung unklar; 2n = 36. [= *G. hederacea* L. ssp. *hirsuta* (W. & K.) Gams] **G. hirsúta** W. & K.

9. Dracocéphalum L., *Drachenkopf*

1. Blätt. schmal-lineal, ganzrandig; K. fast regelmäßig 5zähnig; Stbbeutel wollig behaart; ♃; VII–VIII. Magerwiesen, lichte Kiefern- u. Mischwälder (1400–1800 m); nur Stubenertal, Lechtal (Ti), W-Kt, in Dt nicht mehr, OPr. Ⓖ *Nordischer D.*, **D. ruyschiána** L.

— Blätt. breit-lanzettl., scharf gesägt; K. 2lippig, m. 3zähniger Ober- u. 2zähniger Unterlippe; Stbbeutel kahl; ⊙; VII–VIII. Als Zier- u. Heilpfl. kult., zuw. verwild., *s* eingebürgert (O-Dt, Au). (Heimat: Himalaya) *Türkischer D., Türkische Melisse*, **D. moldávica** L.

10. Prunélla L., *Braunelle*

1. Ob. Stgblätt. meist fiedspaltig, gleich dem Stg. dicht weiß behaart; Blkr. gelbl.weiß, bis 16 mm lg.; ♃; VI–VIII. Trockenrasen, lichte Eichen- u. Kiefernwälder; *z* S-Dt (*f* südl. der Donau), E, in Au nur Kt, St, OTi, OÖ, nördl. *s* bis Be/Lx/Rheingau/b. Soest (We)/b. Hildesheim/Th/Me, Schl. (= *P. alba* Pall.) *Weiße B.*, **P. laciniáta** L.

— Blätt. ganzrandig; Blkr. blauviolett od. rötl., selten weiß . **2**

2. Blkr. 7–15 mm lg., m. gerader Röhre; mittl. Zahn der Kelchoberlippe breiter als die seitl.; Blattspreite 1,5–3 cm lg.; ♃; VI–IX. Wiesen, Parkrasen, Waldränder (bis 2200 m); *v* bis *g*. *Gemeine B.*, **P. vulgáris** L.

— Blkr. 20–25 mm lg., m. gekrümmter Röhre; mittl. Zahn der Kelchoberlippe nicht breiter als die seitl.; Blattspreite 3–6 cm lg.; ♃; VI–VIII. Trockenrasen, Waldränder (bis 2000 m); kalkliebend; im S *v* od. *z*, nördl. u. westl. *s* bis Be/N-Eifel/b. Soest/b. Hildesheim/Me, Seeland (Da). Ⓖ *Großblütige B.*, **P. grandiflóra** (L.) Scholl.

11. Melíttis L., *Immenblatt*
Stg., Blätt. u. Blattstiele dicht m. weichen Gliederhaaren; Stgblätt. gestielt, m. eif., am Grd. abgerundeter u. ringsum grob gesägter Spreite; Pfl. 20–50 cm hoch; ♃; V–VI. Lichte Laub- u. Nadelwälder, bes. der mont. Reg. (Dt bis 800 m, Sb bis 1100 m); kalkliebend; *v* bis *z* Au (*f* N-Ti, Vb), E, S-Ob.Rhein bis Alb, *s* südl. der Donau, Taubergebiet u. Steigerw., Be, Th u. nördl. Harzvorland, Sa, Br, Schl, WPr (Opr?).
M. melissophýllum L.

12. Phlómis L., *Brandkraut*
Blätt. runzelig-nesselart., herzf.-zugespitzt, fein gekerbt; Grdblätt. sehr lg. gestielt; Blkr. hellrot bis lila, außen weißfilzig; Pfl. bis 150 cm hoch; ♃; VI–VIII. Triften, Gebüsche; nur b. Erfurt (O-Th), sonst NÖ, Mähren. *Knollen-B.,* **Ph. tuberósa** L.

13. Galeópsis L., *Hohlzahn, Hanfnessel*

1. Stg. m. deutl. verdickten Knoten, absthd. borstig behaart, Haare abw. gerichtet (zuw. fast kahl: *G. pubescens*); K. drüsig u. flaumig behaart 4
— Stgknoten kaum verdickt, weich behaart od. kahl 2

2. Blkr. gelbl.weiß, 20–30 mm lg.; Blätt. eif., die ob. (bes. aber Stg. u. K.) drüsig-flaumig; Pfl. bis 45 cm hoch; ⨀; VII–VIII. Geröll, Kies, Sand, Wegränder, Gebüsch (bis 950 m); *v* bis *z* im W, *s* östl. bis Da/SH/W-Me/W-Br/S-SaAn/Th/Fr/b. Rastatt, sonst nur S-Schw. u. E; zuw. mit Getreide verschleppt. (= *G. ochroleuca* LAM.)
Gelber H., **G. ségetum** NECK.
— Blkr. meist rot, nur 10–20 mm lg.; Pfl. bis 30 cm hoch; Blätt. kahl bis schwach flaumig u. gering drüsenhaarig 3

3. Blätt. schmal-lanzettl., 2–5 mm breit, ganzrandig od. spärl. u. seicht gezähnt; Blkr. ± 3mal so lg. wie der K.; K. weißl., m. dicht anlgd. u. wenigen absthd. Haaren; ⨀; VI–X. Äcker, Ödland, Triften (bis 1000 m); *z* im S, *s* im N (dort meist nur eingeschleppt). Von folg. Art meist nicht unterschieden!
Schmalblättriger H., **G. angustifólia** HOFFM.
— Blätt. eif.-lanzettl., 7–15 mm breit, jederssts. m. 3–7 Zähnen; Blkr. ± 2mal so lg. wie der K.; K. grün, m. absthd., durchsichtigen Haaren; ⨀; VI–X. Äcker, Geröll, Gebüsch, Ruderalstellen, bes. der mont. Reg. (bis 1650 m); *v* im O, *z* im W (s. Anm. bei voriger Art).
Breitblättriger H., **G. ládanum** L.

4(1). Blkr. gelb, m. violettem Mittellappen der Unterlippe, 20–35 mm lg.; Blkrröhre etwa doppelt so lg. wie der K.; Stg. unter den Knoten m. steifen, absthd. Haaren, sonst meist kahl; Pfl. bis 1 m hoch; ⨀; VI–X. Wälder, Kahlschläge, Hecken, bes. der mont. u. subalp. Reg. (bis 1900 m); *v* Au, Ba, im N u. O, sonst *z,* im M-Gebiet u. SW sehr lückenhaft bis *s, f* RhPf, E, in Baden nur b. Waldkirch.
Bunter H., **G. speciósa** MILL.
— Blkr. weiß u. rosa od. rot, 10–20 mm lg. 5

5. Stg. unter den (nicht stark) verdickten Knoten außer m. Borstenhaaren auch m. weichen, anlgd. Flaum- u. lg.gestielten Drüsenhaaren; Blkrröhre mindestens doppelt so lg. wie der K.; Blkr. 18–

25 mm lg.; ⊙; VII–IX. Gebüsch, Kahlschläge, Äcker, Ödland (bis 1600 m). (2 ssp.) *Weichhaariger H.,* **G. pubéscens** BESS.

a. Blkr. rot m. gelbem Schlundfleck. *v* im O u. Ba, *z* Au, im M-Gebiet, sonst *s* S- u. O-BW, RhPf, He, NO-We, SH, *f* NS, Be, Ho, Da, E. ssp. **pubéscens**

— Blkr. insgesamt hellgelb od. m. violetter Zeichnung der M-Lappen. *s* S-Ba, Ti, Sb, Kt, St. ssp. **murriána** (BORB. & WETTST.) MURR

— Stg. unter den stark verdickten Knoten nur m. Borstenhaaren u. wenigen, kurzen Drüsenhaaren; Blkrröhre nur so lg. od. wenig länger als der K., rot od. weiß **6**

6. Mittellappen der Blkr.Unterlippe fast rechteckig, kaum ausgerandet, rot punktiert m. gelbem Gaumenfleck; Blkr. 15–20 mm lg., rot bis weiß; Drüsenhaare der Infl. schwarzköpfig; ⊙; VII–X. Gebüsch, Äcker, Schuttplätze (bis 2000 m); *v.* *Gemeiner H.,* **G. tétrahit** L.

— Mittellappen der Blkr.Unterlippe im Umriß eif., aber an der Spitze deutl. ausgerandet, am Rand später zurückgerollt, m. 2 gelben Schlundflecken; Blkr. 10–15 mm lg., blaßrot; Drüsenhaare des Bltnstands gelbköpfig od. drüsenlos; ⊙; VII–X. Wälder, Gebüsche, Kahlschläge, Ruderalstellen; *v* bis *z,* im SW sehr *s.* *Zweispaltiger H.,* **G. bífida** BOENN.

Bastardbildung häufig!

14. Galeóbdolon ADANS. (= *Lamiastrum* HEISTER ex FABR.), *Goldnessel*
Blkr. blaß- bis goldgelb; Blkr.Unterlippe m. größerem, ungeteiltem M-Lappen u. 2 kürzeren u. seitl. Läppchen; ♃; IV–VII. [= *Lamium galeobdolon* (L.) L.; = *Lamiastrum galeobdolon* (L.) EHREND. & POLATSCHEK] (4 Kleinarten) **G. lúteum** HUDS. (s. l.)

a. Pfl. ohne sterile Ausläufertriebe; Blätt. ungefleckt bis stark gefleckt; Blkr. blaßgelb, 10–15 mm lg. Nadel- u. Laubwälder der mont. Reg., Hochstaudenfluren; *z* Ba (nördl. bis München), Au (NTi, Sb, Kt); (2n = 18); öft. kult. als cv. Silberteppich. [= *Lamium galeobdolon* ssp. *pallidum* HERM. bzw. ssp. *flavidum* (HERM.) A. & D. LÖVE] *Alpen-G.,* **G. flávidum** (HERM.) HOLUB

— Pfl. m. sterilen Ausläufertrieben; Blätt. ± weißl./silbrig gefleckt; Blkr. goldgelb, größer . . . . **b**

b. Silbrige Flecken der sterilen u. fertilen Triebe ganzjährig vorhanden u. oft > Spreitenhälfte einnehmend; bogenf. Ausläufer sehr reich entwickelt; Blkr. 21–26 mm lg., ihre stark gewölbte Oberlippe 7,5–11 mm breit, m. randl. Wimpern bis 2 mm lg.; Fr.K. 12–15 mm groß; Stgbasis fast nur entlang der Kanten behaart; Bltnquirle 5–10bltg.; *v* kultiviert (als cv. Variegatum od. cv. Florentinum), oftmals verwild., auch eingebürgert (z. B. BW, Ba, Sb, OÖ, Kt, St). (Heimat: ?, vermutl. in der Kultur entstanden) (2n = 36) *Silberblatt-G.,* **G. argentátum** SMEJKAL

— Silbrige Flecken der Laubblätt. nicht konstant, nicht bei allen Blätt. bzw. deutl. < halbe Fläche der Spreite; Blkr.-Oberlippe flacher, 5,5–8,5 mm breit, m. randl. Wimpern 0,7–1,3 mm lg. . . . . **c**

c. Stg. der Bltntriebe am Grd. fast nur entlang der Kanten behaart; Bltnquirle armbltg. (bis 8), ihre Tragblätt. im Umriß rundl. bis eif., stumpfer gezähnt; Blkr. 17–21 mm lg. Laubmischwälder u. deren Ränder, bis mont. Stufe (Höhenobergrenze ?); *v,* im S seltener (genaue Verbr. wegen unsicherer Trennung von folg. Kleinart nicht bekannt) (2n = 18). [= *Lamium galeobdolon* ssp. *galeobdolon* bzw. ssp. *vulgare* (PERS.) HAY.] *Echte G.,* **G. lúteum** HUDS.

— Stg. der Bltntriebe am Grd. ringsum behaart; Bltnquirle reichbltg. (> 10, bis 15), ihre Tragblätt. im Umriß lanzettl., spitzer gezähnt; Blkr. 18–25 mm lg. Wie vorige (bis 2000 m?); *v* bis *z* mont. u. subalp. Reg. der Alp. u. M-Geb. (vgl. obige Anm.) (2n = 36). [= *Lamium galeobdolon* ssp. *montanum* (PERS.) HAY.; = *Lamium montanum* (PERS.) KABATH] *Berg-G.,* **G. montánum** (PERS.) RCHB.

15. Lámium L., *Taubnessel, Bienensaug*

1. Blkr. weiß; Blkrröhre gekrümmt, innen m. schrägem Haarring; Blätt. lg. zugespitzt, scharf gesägt, brennesselähnl.; ♃; IV–VIII. Schuttplätze, Zäune, Hecken (bis 1800 m); *g.* *Weiße T.*, **L. álbum** L.

— Blkr. rot od. purpurn **2**

2. Stbbeutel kahl; Blkr. schmutzig- bis karminrot, 25–35 mm lg., ihre Oberlippe außen weiß-zottig behaart; Stgblätt. bis 10 cm lg. gestielt u. m. bis 15 cm lg., herzf., scharf gesägter Spreite; Pfl. bis 100 cm hoch; ♃; IV–VI. Schluchtwälder; Paß Lueg (Sb), Kt, S-St, OTi. *Großblütige T.*, **L. órvala** L.

— Stbbeutel bärtig behaart; Pfl. in allen Teilen kleiner **3**

3. Blkr. 20–30 mm lg., purpurn, m. dk. gefleckter Unterlippe u. aufw. gebogener Röhre; Haarring gerade, weißl.; Blätt. bis 4 cm lg. gestielt u. m. bis 8 cm lg. Spreite; ♃; IV–IX. Wälder, Hecken, Hochstaudenfluren, Straßengräben (bis 2000 m); *v, s* im NW u. NO, *f* Da. *Gefleckte T.*, **L. maculátum** L.

— Blkr. 10–15(–20) mm lg., m. gerader od. fast gerader Röhre; Blätt. < 3 cm, kurz gestielt od. sitzend; Pfl. ☉ **4**

4. Tragblätt. der Halbquirle breiter als lg., stgumfassend, sitzend; Stgblätt. gestielt, rundl.-nierenf., tief gekerbt; Blkrröhre weit aus K. hervorragend, innen ohne Haarring; Bltn. oft geschlossen bleibend; ☉; III–V. Äcker, Schuttplätze, Ödland (bis 1800 m); *v*, im NW *z.* *Stengelumfassende T.*, **L. amplexicaúle** L.

— Tragblätt. der Halbquirle nicht stgumfassend, zumindest die unt. kurz gestielt od. zuw. sitzend; Blkrröhre so lg. od. wenig länger als der K. **5**

5. K. 8–12 mm lg., seine Röhre kürzer als seine Zähne; Unterlippe der Blkr. 4 mm lg.; unt. Tragblätt. ± eif., deutl. gestielt; Blkrröhre m. undeutl. Haarring; ☉; V–IX. Äcker; *s* SH, NS, Me, Da, Po, OPr; Verbr. sehr unsicher! (entstanden aus *L. amplexicaule* x *L. purpureum*). [= *L. hybridum* Vill. ssp. *intermedium* (Fr.) Gams] *Mittlere T.*, **L. moluccellifólium** Fr.

— K. 5–7 mm lg., seine Röhre wenigstens ebenso lg. wie seine Zähne; Unterlippe der Blkr. 1,5–2,5 mm lg. **6**

6. Blattstiel der obersten Blätt. nicht stark verbreitert; unt. Blätt. rundl., wenig gekerbt, oft rot überlaufen, ob. Blätt. eif.-3eckig; Blkrröhre innen m. Haarring; ☉; III–X. Äcker, Gärten, Schuttplätze (bis 1800 m); *v.* *Rote T.*, **L. purpúreum** L.

— Blattstiel der ob. Blätt. stark verbreitert; alle Blätt. eif.-rundl., tief gekerbt bis fiedspalt.; Blkrröhre innen ohne od. m. undeutl. Haarring; ☉; III–VI. Wie vorige Äcker, Gärten; *v* SH, Da, *z* bis *s* im W: Me, NS, Br, RhPf, NrWe, He (südl. bis Odw., Taubergebiet, b. Kehl?), Vb, Ti (entstanden aus *L. amplexicaule* x *L. bifidum* Cyr.). [= *L. incisum* Willd.; = *L. purpureum* var. *incisum* (Willd.) Pers.] *Bastard-T.*, **L. hýbridum** Vill.

16. Leonúrus L., *Herzgespann*

1. Grdblätt. handf., meist 5spaltig; ob. Stgblätt. 3lappig, unterssts. hellgrün; Blkr. länger als der K.; Pfl. 50–150 cm hoch; ♃; VI–IX. Schutt, Zäune, Hecken, Ruderalstellen (bis 800 m?). (2 ssp.) *Echtes H., Löwenschwanz,* **L. cardíaca** L.

a. Alle Blätt. 3lappig; Stg. fast kahl bis schwach behaart (bes. entlang der Kanten); Blätt. schwach behaart; K. am Rand gewimpert; Blkr. 9–10 mm lg.; *z*, stellenw. *s*, bes. Alp.Gebiet. ssp. **cardíaca**

— Wenigstens einige Blätt. 5lappig; Stg., Blätt. u. K. dicht (bis zottig) behaart; Blkr. 11–12 mm lg. Aus dem O eingeschleppt u. eingebürgert, z. B. OPr, Po, Schl, S-Kt, N- u. OTi, OÖ, St, He (sicher noch weiter). ssp. **villósus** (DESF.) HYL.

— Grdblätt. eif.-zugespitzt, Stgblätt. breit-lanzettl., gesägt u. zugespitzt, am Grd. allmähl. keilig verschmälert, untersts. graufilzig; Blkr. höchstens so lg. wie der K.; Pfl. 50–120 cm hoch; ⨀; VII–VIII. Flußauen; *s* in den Strom- u. Flußtälern, von Memel bis Elbe, außerdem M-Rhein, M- u. ob. Main, Saale, Elster.
Filziges H., Falscher Andorn, Katzenschwanz, **L. marrubiástrum** L.

17. Ballóta L., *Stinkandorn, Schwarznessel*
Stg. u. Blätt. weich behaart, widerl. riechend; Bltn. bläul.rot; ♃; IV–VII. Hecken, Zäune, Schuttstellen. **B. nígra** L.

a. K.zähne m. Granne 2–6 mm lg., schmal-3eckig, allmähl. grannig zugespitzt; K.röhre 5–7 mm lg.; Spreite der Stgblätt. bis 7 cm lg., bis doppelt so lg. wie breit; *v*, bes. im O, in Au nur St, OÖ, NÖ. [= ssp. *ruderalis* (SW.) BRIQ.] ssp. **nígra**

— K.zähne 1–2 mm lg., sehr breit-3eckig, dann plötzl. in aufgesetzte Stachelspitze übergehend; K.röhre 7–10 mm lg.; Spreite der Stgblätt. höchstens 4 (meist 2–2,5) cm lg., ± so lg. wie breit; *z* im W, *s* im O u. M-Gebiet, in Au *v* (*f* St). (Verbr. noch unsicher) ssp. **foétida** (VIS.) HAY.

18. Stáchys L. (incl. **Betónica** L.), *Ziest*

1. Längere Stbblätt. nach der Blütezt. nach ausw. gekrümmt; Stg. ± regelmäßig beblätt., Infl.stiel daher nicht länger als die Länge des obersten Stgblattpaares; Quirle locker sthd., Infl. daher locker-scheinährig; Blkrröhre innen m. Haarring **4**

— Längere Stbblätt. auch nach der Blütezt. nicht nach ausw. gebogen; Blätt. vorwgd. im unt. Teil des Stg., dieser nur m. 1–2(–3) weit entfernten Blattpaaren, Infl. daher sehr lg.gestielt; Quirle dicht gedrängt sthd., daher Infl. dicht-scheinährig (= *Betonica* L.) **2**

2. Blkr. blaßgelb, ihre Röhre m. Haarring; Blattspr. herzf. bis eif.-zugespitzt, höchstens doppelt so lg. wie breit; Blkrröhre nur so lg. wie der K.; ♃; VI–IX. Magerrasen, Triften, bis Krummholzreg. (500–2000 m); kalkliebend; *z* Alp. von Berchtesgaden, Sb, OTi, Kt, St, OÖ, *s* Allgäu u. b. Garmisch. [= *Betonica alopecuros* L. ssp. *jacquinii* (GREN. & GODR.) O. SCHWARZ; = *B. divulsa* TEN.]
Fuchsschwanz-Z., **St. alopecúros** (L.) BENTH. ssp. **jacquínii** (GREN. & GODR.) VOLLM.

— Blkr. rot (selten weißl.), ihre Röhre innen ohne Haarring **3**

3. Pfl. bis 60 cm hoch; Blüten klein: K. ca. 8 mm, Blkr. ca. 15 mm lg.; Sprosse u. Blätt. gering behaart; ♃; VII–VIII. Wiesen, Gebüsche, lichte Wälder (bis 1400 m); *v*, im N seltener, *f* NW-Dt (nördl. bis Dinslaken/Bramsche(NS)/Nienburg/Salzwedel, aber Elbetal u. O-SH, Da). (= *Betonica officinalis* L.)
Echter Z., **St. officinális** (L.) TREV.

— Pfl. bis 30 cm hoch; Blüten groß: K. fast 15 mm, Blkr. fast 20 mm lg.; Sprosse u. Blätt. dicht, fast zottig behaart; ♃; VII–VIII. Zwergstrauchheiden, trockene Wiesen, Hochstaudenfluren; kalkliebend;

nur Voralp. in Kt: Karnische-, Gailtaler Alp. (= *Betonica hirsuta* L.)
Zottiger Z., **St. densiflóra** Benth.

4(1). Blkr. gelb od. gelbl.weiß, zuw. rötl. gefleckt **10**
— Blkr. rot bis lila **5**
5. Quirle meist m. weniger als 10 Bltn. **8**
— Quirle 10- bis vielbltg. **6**
6. Pfl. grün, locker rauh- od. weichhaarig, oberw. auch drüsig; Blkr. 15–18 mm lg., schmutzig- bis dk.rot; auch die ob. Tragblätt. der Quirle deutl. länger als diese (Infl. daher „durchblättert"); ♃; VII–IX. Wälder, Hochstaudenfluren, Kahlschläge, bes. der mont. u. subalp. Reg. (bis 1700 m); kalkliebend; *v* Alp. u. SchwAlb, *z* Voralp., RhPf, N-He bis N-Harz/Th/Sa/N-böhm. Randgeb., FrSchweiz.
Alpen-Z., **St. alpína** L.
— Pfl. weißwollig bis filzig, ohne Drüsenhaare; Blkr. hell-karminrot, kleiner **7**
7. Stgblätt. längl.-eif., gekerbt bis gesägt, obersts. weniger stark behaart als untersts., aber nicht dicht-filzig, Spreitengrd. deutl. vom Stiel abgesetzt, fast herzf.; ⨀; VI–VIII. Trockenrasen, Gebüsche, Waldränder; kalkliebend; *z* im S (sehr *s* südl. der Donau, *f* Sb), nördl. *s* u. bis N-Eifel/O-Sauerland/b. Hannover/O-Me/Po/WPr, *z* Schl, sonst im N vermutlich nur verwild. (Zierpfl.!)
Deutscher Z., **St. germánica** L.
— Stgblätt. breit-lanzettl., undeutl. gekerbt bis fast ganzrandig, ebenso wie der Stg. dicht filzig, Spreite am Grd. keilig verschmälert; K. fast völlig im Wollfilz verborgen; ♃; VI–VIII. Als Zierpfl. *v,* zuw. verwild. u. stellenw. eingebürgert. (Heimat: Kleinasien) (= *St. lanata* Jacq., non Cr.) *Filz-Z.,* **St. byzantína** C. Koch
8(5). Blkr. blaßrot, kaum länger als der K.; Quirle meist 6bltg.; Blätt. rundl.-eif., 10–30 mm lg., stumpfl. gekerbt; Stg. niederlgd.-aufstgd., zottig behaart, bis 30 cm hoch; ⨀; VII–X. Feuchte Äcker; *v* bis *z* im W u. NW, sonst *z,* südl. bis Basel/M-Neckar/Ellwangen/Nürnberg/Frw./Sa/Schl/W- u. OPr; in Au erst NÖ.
Acker-Z., **St. arvénsis** (L.) L.
— Blkr. doppelt so lg. wie der K.; Pfl. 30–120 cm hoch . . . **9**
9. Blätt. breit-herz-eif., zugespitzt, gesägt, brennesselartig, dicht absthd. behaart; auch ob. Stgblätt. noch gestielt; Blkr. dk.purpurn; ♃; VI–VIII. Feuchte Laubmischwälder, Gebüsche (bis 1600 m); *v.*
Wald-Z., **St. sylvática** L.
— Blätt. längl.-lanzettl., sehr eng gekerbt bis gesägt, locker anlgd. behaart bis fast kahl; ob. Stgblätt. sitzend; Blkr. hellpurpurn; ♃; VI–VIII. Ufer, feuchte Äcker (bis 1200 m); *v.*
Sumpf-Z., **St. palústris** L.
10(4). K.zähne m. fast bis zur Spitze behaarter Stachelspitze; Quirle 4–6bltg., oberw. genähert; Blätt. fast kahl, alle deutl. gestielt; Pfl. 10–30 cm hoch; ⨀; VI–X. Äcker, Ödland (bis 1000 m); *z, s* nördl. bis N-Eifel/Köln/Limburg(Lahn)/Bielefeld/N-Harz/O-Me/SaAn/Sa/Schl/W- u. OPr; *s* Au, Ba südl. der Donau.
Einjähriger Z., **St. ánnua** (L.) L.
— K.zähne m. kahler Stachelspitze; Quirle 6–10bltg., entfernt; Blätt. kurzhaarig, die unt. kurz gestielt, die ob. sitzend; Pfl. 20–40 cm hoch; ⨀; VI–X. Trockenrasen, Sandfluren, Felshänge, lichte Gebüsche (bis 1050 m); kalkliebend; im S *v* (bes. Alb) bis *z,* nördl. bis

Be/b. Düsseldorf/Westw./N-He/b. Hannover/b. Braunschweig/Me bis OPr. (3 ssp.) *Aufrechter Z.,* **St. récta** L.

a. K. 7–10 mm groß; Unterlippe der Blkr. bis 12 mm lg.; Blätt. 2–3 cm lg. u. 1 cm breit, nur die unt. kurz gestielt, scharf gesägt bis gekerbt. S-Kt. ssp. **labiósa** (Bert.) & Briq.

— K. u. Blkr. deutl. kleiner . . . . **b**

b. Blätt. 3–5 cm lg. u. 1½ cm breit, deutl. gesägt bis gekerbt; Pfl. nur kurz u. eher zerstreut behaart. Verbr. s. Art. ssp. **récta**

— Blätt. 3–7 cm lg. u. nur ½–1 cm breit, nur m. wenigen unauffälligen Zähnchen; Pfl. dicht zottig behaart. S-Kt. ssp. **karstiána** (Borb.) Malý

19. Sálvia L., *Salbei*

1. Stg. am Grd. verholzt; Blätt. lanzettl., am Grd. verschmälert, jung weißfilzig; Quirle 4–10bltg.; Blkr. violett od. weiß; Oberlippe der Blkr. gerade; ♃; VI–VII. Stark aromatisch duftende Gartenpfl., *s* verwild. (Heimat: Mittelmeergebiet) *Echter S.,* **S. officinális** L.

— Stg. in allen Teilen krautig; Blätt. am Grd. herzf. od. abgerundet **2**

2. Blkr. blauviolett bis hellblau, rosa od. weiß **4**

— Blkr. hellgelb od. gelbl.weiß **3**

3. Sprosse u. K. dicht klebrig-drüsig behaart; Blkr. 3–4 cm lg., intensiv hellgelb; Stg. m. mehreren Blattpaaren; Spreite der unt. Blätt. bis 15×12 cm groß; Stgblätt. lg. gestielt, scharf gesägt; ♃; VII–IX. Laub- u. Mischwälder, Hochstaudenfluren, bes. der mont. u. subalp. Reg. (bis 1450 m); *v* Alp. u. Vorland, *z* bis *s* SchwAlb/Donautal/Bodensee/südl. Oberrhein (E: Sundgau), S-Bayrw., Schl, sonst zuw. verwildert. *Klebriger S.,* **S. glutinósa** L.

— Sprosse u. K. dicht zottig behaart, aber kaum drüsig, nicht klebrig; Blkr. 1½–2 cm lg., gelbl.weiß; Stg. nur m. 1 Blattpaar; Spreite der basalen Blätt. bis 10×8 cm groß; Stgblätt. ungestielt, fiedspaltig; ♃; V–IX. Trockenrasen, Steppenwiesen; ursprüngl. nur NÖ, Bgl; eingebürgert St, sonst zuw. vorüberghd. eingeschleppt. *Österreichischer S.,* **S. austríaca** Jacq.

4(2). Quirle 15–30bltg., fast kugelig, zu 4–10 übereinanderstehend; Blkrröhre m. Haarring, ihre Oberlippe gerade; Blkr. hell-lila, ca. 10 mm lg.; Blattspr. herz-eif. zugespitzt, am Stiel oft noch ein Paar öhrchenf. Fied.; ♃; VI–IX. Trockenwiesen, Wegränder (bis 1250 m); in Ausbreitung begriffen u. *z* eingebürgert, bes. Ba u. BW, vermutl. in O- u. S-Au ursprüngl. (Heimat: SO-Europa bis Kaukasus) *Quirlblütiger S.,* **S. verticilláta** L.

— Quirle höchstens 10bltg.; Blkrröhre ohne Haarring . . . **5**

5. K.zähne lg. dornig begrannt; Stgblätt. dicht bis weiß behaart **8**

— K.zähne stachelspitzig, aber nicht begrannt, die 3 ob. zusammenneigend; Stgblätt. meist schwach, aber niemals dicht behaart **6**

6. Oberlippe des K. breit abgerundet u. kurz 2–3zähnig; Stgblätt. ungleich bis doppelt gekerbt od. bis buchtig gespalten; Blkr. blauviolett bis hellblau, bis 15 mm lg.; ♃; VI–IX. Magerwiesen, sonst Bahnhöfe u. ä. Orte; ursprüngl. wohl nur Ho, Be, sonst eingeschleppt u. zuw. eingebürgert (Da, E). *Eisenkraut-S.,* **S. verbénaca** L.

— Oberlippe des K. zugespitzt 3zähnig (ähnl. *961*); Stgblätt. einfach bis doppelt gekerbt bis gesägt, niemals tiefer gespalten **7**

7. Hochblätt. meist violett, so lg. wie der K.; Blätt. untersts. nebst dem Stg. u. dem K. grau-weichhaarig, drüsenlos; Blkr. 10–15 mm lg., violett od. rosa; Blätt. vorwgd. stgst.; ♃; VI–VII. Trockenrasen, Steppenheiden, lichte Wälder; sehr *z* u. lückenhaft in S- u. M-Dt, *f* südl. der Donau, nördl. bis N-Eifel/Sauerland/Edertal/b. Braunschweig/Th/Br, in Au nur *s* OÖ, NÖ, sonst wie anderswo nur eingeschleppt. (= *S. nemorosa* L.)
Steppen-, Hain-, Wald-S., **S. silvéstris** L.

— Hochblätt. grün, die ob. kürzer als der K., zuletzt zurückgeschlagen; Pfl. kurz-borstig behaart, oberw. drüsig-klebrig; Blkr. 18–25 mm lg., dk.blau, selten weiß od. rosa; Blätt. vorwgd. grdst.; ♃; V–VIII. Trockenwiesen, Feldraine (bis 1550 m); *v* im S, *z* im M-Gebiet, *s* Ho, We, im NO-Gebiet (oft nur eingeschleppt), *f* NS (außer SO), SH, Da. Ⓖ *Wiesen-S.,* **S. praténsis** L.

8(5). Blätt. jung weißwollig; Stg. nicht drüsig behaart; Tragblätt. der Quirle krautig, grünl. u. wenigstens die ob. m. häutigem u. ± violettem Rand, höchstens so lg. wie der K.; Brakteen kürzer als die Blkr., diese weiß; ⊙; VI–VIII. Ursprüngl. nur NÖ (Trockenrasen), sonst häufig als Zierpfl., zuw. verwild., z. B. im Rhein-Main-Gebiet. (Heimat: SO-Eur.) *Mohren-S.,* **S. aethíopis** L.

— Blätt. graufilzig; Stg. oberw. drüsig behaart; Tragblätt. der Quirle krautig, stets farbig (rötl. bis lila), viel länger als der K.; Brakteen länger als die Blkr., diese bläul.weiß; ⊙; VI–VII. Alte Heil- u. Gewürzpfl.; zuw. verwild. u. im SW zuw. eingebürgert. (Heimat: O-Mittelmeergebiet bis Iran) *Muskateller-S.,* **S. sclaréa** L.

20. Hormínum L., *Drachenmaul*

Blätt. in grdst. Rosette, gestielt m. eif.-zugespitzter, gleichmäßig gekerbt-gesägter, untersts. runzeliger, derber Spreite; Blkr. violett, in meist 6bltg., einstswendigen Quirlen; ♃; VI–VIII. Magermatten; kalkliebend (1400–1900 m); *z* Sb, *s* Berchtesgadener Alp., bei Wörgl (NTi), OTi, SW-Kt (Karnische u. Gailtaler Alp.). Ⓖ **H. pyrenáicum** L.

21. Melissa L., *Melisse*

Blätt. m. eif. bis rhombischer, grob u. regelmäßig kerbig-gesägter Spreite, von starkem Zitronenduft; ♃; VI–VIII. Als Gewürzpfl. *v* kult., zuw. verwild. u. eingebürgert (z. B. Kt, St, OÖ, NÖ). (Heimat: Kleinasien, östl. Mittelmeergebiet) **M. officinális** L.

22. Monárda L., *Goldmelisse*

Stg. m. nur 1 endst. reich- u. dichtbltg. Quirl, zuw. noch m. 1–2 lg. gestielten seitl.; K. sehr schlank, etwas gebogen, 4mal so lg. wie breit; Blkr. scharlachrot, 4–5 cm lg.; ♃; VII–VIII. Als Zierpfl. häufig kult., zuw. verwild., eingebürgert Vb, Kt, St. (Heimat: östl. N-Am.) **M. dídyma** L.

23. Saturéja L., *Bohnenkraut*

1. Stg. höchstens an der Basis etwas verholzt, bis 25 cm hoch, flaumig behaart, oft violett überlaufen, buschig verzweigt; Blkr. 4–6 mm lg., lila od. weiß, Bltnquirle deutl. voneinander entfernt; ⊙; VII–IX. Als Gewürzpfl. kult. u. verwild. (bes. Au). (Heimat: O-Mittelmeergebiet) *Sommer-B.,* **S. horténsis** L.

— Stg. durchwegs verholzt, fast kahl; Blkr. 7–10 mm lg., rosa od. violett; bis 40 cm hoher Halbstrauch; Bltnquirle sehr einander genähert; ♃; VIII–X. Als Gewürzpfl. seltener als vorige kult., zuw. verwild. (bes. Au). (Heimat: Mittelmeergebiet)
Winter-B., **S. montána** L.

24. Calamíntha Mill. (incl. **Clinopódium** L. u. **Ácinos** Mill.), *Bergminze*

1. Bltn. in 10–20bltg., dichten, zu 1–4 übereinanderstehenden Quirlen, karminrot od. weiß; Tragblätt. der Bltn. pfrieml., gleich dem Stg., Blätt. u. K. lg.zottig; K.zähne begrannt, K.röhre leicht gebogen; Pfl. geruchlos; ♃; VII–IX. Trockenrasen, Gebüsche, Wälder (bis 1800 m); *v,* im NW *s* bis *f.* [= *Clinopodium vulgare* L.; = *Satureja vulgaris* (L.) Fritsch] *Wirbeldost,* **C. clinopódium** Spenn.

— Bltn. in 2–15bltg. Quirlen, m. kurzen Tragblätt.; Pfl. m. Minzengeruch (= *Calamintha* Mill. s. str.) **2**

2. Halbquirle sitzend, nicht (od. nur undeutl.) verzweigt; Stgblätt. kurz gestielt, nur bis 2 cm lg.; K. basal an seiner Vorderseite m. einer meist deutl. Ausbuchtung, K.röhre gekrümmt *(963a)* (= *Acinos* Mill., *Steinquendel*) **4**

— Halbquirle gestielt u. deutl. verzweigt; Stgblätt. eif. bis elliptisch, m. bis 7 cm lg. Spr., bis 2 cm lg. gestielt; K. ohne Ausbuchtung *(963b),* K.röhre gerade **3**

3. Blüten groß: K. > 1 cm, Blkr. (vor allem der ⚥ Blüten) 3–4 cm lg.; Sprosse ± kahl; Blätt. m. groben, deutl. Zähnen; ♃; VII–IX. Schattige Wälder, nur S-Kt (Karawanken).
Großblütige B., **C. grandiflóra** (L.) Moench

— Blüten klein: K. < 1 cm, Blkr. nur bis 2 cm lg.; Sprosse zottig behaart (aber oft verkahlend); Blätt. nur mit seichten Kerbungen; ♃; VII–IX. Lichte Wälder, felsige Hänge (bis 1300 m?); kalkliebend. [= *C. officinalis* auct.; = *S. calamintha* (L.) Scheele] (3 Kleinarten)
Wald-, Echte B., **C. sylvática** Bromfield (s. l.)

a. K. > 7 mm, die beiden unt. Zähne 2–3mal so lg. wie die übrigen; Blkr. meist > 15 mm; Halbquirle meist mehr als 7bltg.; *z* im W, östl. bis Ho (Be nur eingeschleppt)/b.Köln/b.Gießen/Main–Neckar–ObRhein–Hochrhein, sonst M-Th. **C. sylvática** Bromfield (s. str.)

— K. meist < 7 mm, die beiden unt. Zähne höchstens doppelt so lg. wie die 3 übrigen, meist nur 1½mal; Blkr. meist < 15 mm . . . . **b**

b. K. 5–7 mm lg.; Blkr. 8–12 mm lg.; Halbquirle ± 7bltg.; *s* b. Regensburg, östl. Landshut, Vb, Ti. **C. nepetoídes** Jord.

— K. 3–5 mm lg.; Blkr. 12–15 mm lg.; Halbquirle ± 3bltg.; *s* Alp., Berchtesgaden, Sb, Kt, St, OÖ, NÖ. (= *C. subisodonta* Borb.; = *C. brauneana* Javorka) [entstanden aus *C. nepetoides* x *C. glandulosa* (Req.) Benth.]
C. einseleána F. W. Schultz

4(2). Blkr. blaßlila, ca. 10 mm lg.; Zähne des Frkelchs zusammenneigend u. etwa gleich lg.; ⊙ bis 3jährig; VI–IX. Trockenrasen, Ödland (bis 1300 m); *v* bis *z, s* im N, in NW-Dt fast *f.* [= *S. acinos* (L.) Scheele; = *Acinos arvensis* (Lam.) Dandy]
Steinquendel, Stein-B., **C. ácinos** (L.) Clairv.

— Blkr. rotviolett, 15–20 mm lg.; Zähne des Frkelchs aufrecht abspreizend, versch. lg. *(963);* Sprosse niederlgd.; ♃; VII–IX. Trockene Felsen, Schutt, Magermatten, lichte Wälder (400–2300 m); kalkliebend; *v* Alp. u. Voralp., sonst nur Ammersee u. b. München. [= *S. alpina* (L.) Scheele; = *A. alpinus* (L.) Moench]
Alpen-B., **C. alpína** (L.) Lam.

25. Hyssópus L., *Ysop*

20–70 cm hoher Halbstrauch; Stg. kurz flaumig; Blätt. lineal-lanzettl., 1–4 cm lg., fast sitzend; Blkr. violettblau, in 7–15bltg., einstswendigen Quirlen; ♃; VII–VIII. Als Gewürz- u. Bienenpfl. *v* kult., oftmals verwild. u. zuw. eingebürgert (z. B. SchwAlb, Pf, b. Koblenz, b. Göttingen, unt. Werratal). (Heimat: SW-Asien bis S-Europa) **H. officinális** L.

26. Majorána MILL., *Majoran*
Pfl. stark aromatisch duftend, graugrün, zuw. rötl.; Bltn. von breiten, runden, graugrünen bis graufilzigen Hochblätt. ± verdeckt; Blkr. weiß od. hellrötl.; ⊙. Als Gewürzpfl. *v* kult., *s* verwild. (Heimat: SW-Asien, östl. N-Afrika) (= *Origanum majorana* L.)
M. horténsis MOENCH

27. Oríganum L., *Dost*
Blätt. eif., ganzrandig; Hochblätt., Tragblätt. u. Kzähne meist ± purpurn überlaufen; end- u. seitenst. Infl. lg. gestielt, je als rispige od. doldenrispige Teilinfl.; Blkr. meist rosa; ♃; VII–IX. Trockenrasen, lichtes Gebüsch. (2 ssp.) [G] **O. vulgáre** L.

a. Infl. im Umriß ± kugelig u. insgesamt zieml. dichtbltg.; Gebüsche, Waldränder (bis 1800 m); *v, z* im N, *s* NW-NrWe, in N-NS fast *f.* ssp. **vulgáre**
— Infl. im Umriß lg. pyramidenf., alle Teilinfl. entfernt voneinander. Trockenrasen; im Gebiet ursprüngl. nur S-Kt, St, NÖ, sonst nur kult. u. zuw. verwild. u. eingebürgert: M-Rhein, N-Baden. *Wintermajoran,* ssp. **prismáticum** GAUD.

28. Thýmus L., *Thymian, Quendel*
1. Blätt. untersts. dicht weißfilzig, m. zurückgerolltem wimpernlosem Rand, sitzend, lineal bis längl.-eif.; Stg. aufrecht, am Grd. verholzt, oberw. nicht wurzelnd, bis 30 cm hoch; ♃; V–X. Als Gewürz- u. Heilpfl. *v* kult. (Heimat: Mittelmeergebiet)
Garten-Th., **Th. vulgáris** L.
— Blätt. untersts. nicht weißfilzig, flach; Stg. niederlgd. bis aufstgd., nur zuw. am Grd. etwas verholzt, oft wurzelnd, bis 30 cm hoch; ♃; V–X. Sandfluren, Triften, Steppenheiden, lichte Wälder, Matten, Wegränder u. a. (bis 2500 m); *v.* Formenreiche Sammelart:
Feld-Th., **Th. serpýllum** L. (s. l.)[1]

a. Seitennerven der Blätt. bogig, vor dem Blattrand endigend . . . . . . **c**
— Seitennerven der Blätt. untersts. deutl. in wulstig verdickten Randnerv mündend . . . . **b**
b. Infl.triebe deutl. 4kantig, auf 2 Seiten kahl, auf 2 Seiten rückw. flaumig behaart; Blätt. von unten nach oben an Größe zunehmend, am unt. Blattrand u. Stiel gewimpert. *s* Gesenke (Altvatergeb., Kessel).
Karpaten-Th., **Th. carpáticus** ČEL.
— Infl.triebe unterhalb der Infl. rundl., gleichmäßig behaart, nach unten zu schwach 4kantig u. 2zeilig verkahlend. Matten, Felsfluren (1500–1800 m); *s* St, Kt, NÖ. *Widder's Th.,* **Th. widderi** (RONN.) MACH.

---

[1] Die Kollektivart **Th. serpyllum** L. (incl. *Th. pulegioides* L.) ist außerordentlich formenreich. Anläßlich der vorletzten Neubearbeitung dieser Flora (1968) wurde versucht, alle bis dahin anhand typischer Pfl. einigermaßen klar erkennbaren Sippen als Kleinarten zu verschlüsseln und mit Verbreitungsangaben zu versehen. Seitdem sind zahlreiche weitere Veröffentlichungen über *Thymus* erschienen, doch herrscht ähnlich wie bei *Euphrasia* (s. dort, S. 497) selbst unter den anerkannten Spezialisten (z. B. JALAS, MACHULE, P. SCHMIDT) nur eine begrenzte Einigkeit über die Aufrechterhaltung bestimmter Sippen und die Zuordnung von Synonymen. Daher wurde wie dort so auch hier weitmöglichst die seinerzeitige Konzeption beibehalten, jedoch mit Verbesserungen und Ergänzungen im Schlüssel. Auch bei *Thymus*-Bestimmungen und Aufsammlungen sollte daher grundsätzlich das verwendete Bestimmungsbuch mit vermerkt werden. Schlüssel nach MACHULE verändert.
Zur Bestimmung sind ganze Pflanzen nötig, die Behaarung der Bltntriebe ist am 2.–3. Internodium unterhalb der Infl. festzustellen. Merkmale der Nervatur gelten im Zweifelsfall für getrocknete Pfl. Man beachte, daß ohne Spezialkenntnisse Bestimmungen des öfteren nicht eindeutig sind; hierfür sind oftmals Hybridisierungen verantwortlich.

c(a). Blätt. kahl od. obersts. zerstreut behaart . . . . **n**
— Blätt. beidersts. dicht behaart, auch die übrigen Teile der Pfl. meist m. längeren, absthd. Haaren . . . . **d**
d. Infl.triebe rundl., ringsum behaart . . . . **h**
— Infl.triebe 4kantig, auf 2 Flächen kahl (selten alle 4 Flächen behaart) . . **e**
e. Pfl. ohne Ausläufer; Infl.triebe m. ± gleich großen Blätt. . . . . **g**
— Pfl. m. meist lg. Ausläufern . . . . **f**
f. Infl.triebe 2zeilig behaart; die ob. Blätt. bis 10 × 2 mm groß; Grundblätt. gehäuft sthd.; alle Blätt. dicht beidersts. behaart; K. 2,5–3 mm lg. Steintriften, Feldfluren; *s* S-Kt. *Illyrischer Th.,* **Th. illýricus** RONN.
— Infl.triebe oberw. ringsum behaart, nach unten zweiseitig verkahlend; Blätt. meist breiter, die grdst. nicht gehäuft; Blätt. von unten nach oben an Größe zunehmend, deutl. gestielt, kahl, nur am unt. Blattrand gewimpert; K. 3–5 mm lg. Matten, Triften, bis Krummholzreg.; *v* Alp., zuw. herabgeschwemmt. *Langhaariger Th.,* **Th. polýtrichus** KERN.
g(e). Infl.triebe lg. u. dicht 2zeilig behaart (2 Seiten behaart, 2 Seiten kahl od. nur m. vereinzelten Haaren, von Knoten zu Knoten wechselnd); Blätt. auf der Fläche behaart, Nerven undeutl. – Trockenrasen; sehr *z* im S (E, BW, Ba, Pf, Au, Ti?), *s* Me. (= *Th. carniolicus* BORB.) *Krainer Th.,* **Th. froelichiánus** OPIZ
— Infl.triebe auf allen 4 Flächen ungleichmäßig behaart; Blätt. beidersts. stark behaart, trotzdem Nerven deutl. – Wie vorige; *s* Kaiserstuhl. *Piemonteser Th.,* **Th. valdérius** RONN.
h(d). Blätt. der Infl.triebe etwa gleich groß . . . . **k**
— Blätt. der Infl.triebe von oben nach unten kleiner werdend . . . . . . **i**
i. Kriechende Pfl. m. kurzen Ausläufern; Blätt. 10–20 (zuw. sogar bis 30) mm lg. u. 3–8 mm breit, beidersts. dicht behaart. Trockenrasen, Steppen; NÖ, Bgl., Böhmen, aber in St, OÖ eingeschleppt. *Österreichischer Th., Woll-Th.,* **Th. austríacus** BERNH.
— Langkriechende Pfl. m. kleineren Blätt. . . . . **j**
j. Blätt. meist rundl., wie die ganze Pfl. zottig behaart; Stg. rund (s. Punkt **bb**). Formen von **Th. praēcox**
— Blätt. oval bis schmal-elliptisch, beidersts. dicht behaart; Infl. abwärts etwas 4kantig u. auf 2 Flächen schwächer behaart bis fast verkahlend (s. Punkt **f**—). Formen von **Th. polýtrichus**
k(h). Pfl. m. längeren Ausläufern kriechend . . . . **m**
— Pfl. ohne Ausläufer . . . . **l**
l. Infl.triebe gleichmäßig behaart; Blätt. schmal- bis breit-elliptisch, auf beiden Seiten dicht behaart (Stg.behaarung auf 2 Seiten dichter u. länger als auf den beiden anderen!). Felsen, Mauern, Hänge, zusammen m. *Th. oenipontanus; s* Kt, ob in Ti? *Rauhhaariger Th.,* **Th. rúdis** RONN.
— Infl.triebe auf 2 Seiten deutlich schwächer behaart; Blätt. eif. bis rundl. (vgl. Punkt **g**—). **Th. valdérius**
m(k). Blätt. spatelf. bis elliptisch, > 10 mm (vgl. Punkt **y**—). Behaarte Formen von **Th. humifúsus**
— Blätt. linealisch bis schmal-lanzettl., höchstens 10 mm lg. (vgl. Punkt **y**). Behaarte Formen von **Th. serpýllum**
n(c). Infl.triebe rundl. bis schwach 4kantig, ringsum behaart (zuw. 2 Flächen weniger behaart als die beiden je gegenüberliegenden anderen, doch keine Seite kahl) . . . . **u**
— Infl.triebe deutl. bis scharf 4kantig, entweder entlang der 4 Kanten od. auf 2 gegenüberliegenden Seiten behaart . . . . **o**
o. Stg. aufrecht od. aufstgd., niemals m. Ausläufern, Pfl. daher locker bis dicht rasenf. wachsend; Infl.triebe scharf 4kantig u. 4zeilig behaart. Magerwiesen, Heiden, Waldränder, Dünen u. a.; kalkmeidend; *v* bis zur alp. Stufe; sehr formenreich. *Arznei-Th.,* **Th. pulegioídes** L.
— Pfl. kriechend, m. oft sehr lg. Ausläufern . . . . **p**
p. Blätt. der Infl.triebe von oben nach unten kleiner werdend . . . . . . **r**
— Blätt. der Infl.triebe ± gleich groß; Infl.triebe 2zeilig behaart . . . . . **q**
q. Pfl. kräftig, m. lg. Ausläufern; Blätt. breit-elliptisch bis spatelf., die kräftigen Nerven untersts. an der Spitze einen Randwulst bildend, kahl od. mäßig behaart; Bltn. zieml. groß. Trockenhänge der Alp.Täler; *s* Ti, Kt, St. *Tal-Th.,* **Th. vallícola** (H. BRAUN) RONN.

— Pfl. schwächer, m. kurzen Ausläufern; Blätt. schmal-elliptisch, die kräftigen Nerven unterststs. ohne Randwulst, kahl od. oberststs. spärl. behaart; Bltn. deutl. kleiner. Wie vorige; *s* Ti, Kt, St.
Falscher Arznei-Th., **Th. pseudochamaédrys** (H. BRAUN) RONN.

r(p). Grdblätt. der Infl.triebe gehäuft sthd.; Pfl. langhin kriechend; Infl.triebe 2zeilig behaart; Blätt. an der Basis gewimpert; K. bis 3 mm lg., allsts. zottig behaart. Steintriften, Felsfluren; *s* S-Kt.
Kriech-Th., Dalmatiner Th., **Th. longicaúlis** PRESL

— Grd.Blätt. der Infl.triebe nicht dicht sthd. . . . . **s**

s. Infl.triebe unterhalb der Infl. ringsum behaart, abw. auf 2 gegenüberlgd. Seiten verkahlend; Blätt. spatelig-elliptisch bis lanzettl., zieml. derb, m. kräftigen Nerven, die obersten in einen kurzen Randwulst endigend, am unt. Rand gewimpert (vgl. Punkt **f**—). **Th. polýtrichus**

— Infl.triebe 2zeilig od. entlang aller 4 Kanten behaart . . . . **t**

t. Blätt. eif. bis rundl., dünn u. unterststs. schwachnervig, nur an der Basis gewimpert; Infl.triebe (meist) 4zeilig behaart; ob. K.zähne kahl, seltener spärl. gewimpert. Triften, Weiden, auch leicht moorige Böden, bes. der mont. u. subalp. Stufe; kalkmeidend; *v* Alp. u. Voralp., *z* Vog., Schw., Sudeten, *s* Th, BW, Böhmen (Erzgeb.). *Gebirgs-Th.*, **Th. alpéstris** TAUSCH

— Blätt. spatelig-elliptisch bis lanzettl., zieml. derb u. unterststs. m. kräftigen Nerven, reichl. gewimpert; Infl.triebe 2zeilig behaart, stets bis zum Beginn der Infl. m. wenigstens 2 kahlen Stg.flächen; ob. K.zähne stets gewimpert. Matten, Schuttfluren, bes. der subalp. Stufe; kalkliebend; *v* Alp. u. Voralp., oft m. den Flüssen herabgeschwemmt. *Alpen-Th.*, **Th. alpígenus** KERN.

u(n). Pfl. kriechend, m. lg. u. wurzelnden Ausläufern; Blätt. gestielt . . . . **x**

— Pfl. niederlgd. bis aufstgd., aber ohne lg. u. wurzelnde Ausläufer . . . **v**

v. Blätt. der Infl.triebe von oben nach unten deutl. kleiner werdend, an der Basis nicht dicht gedrängt sthd.; Blätt. 10–20 mm lg., 3–5 mm breit, gestielt, an der Basis gewimpert. Trockenrasen, Steppen; eingeschleppt in OÖ, Böhmen.
Kahlblatt-Th., **Th. glabréscens** WILLD.

— Blätt. der Infl.triebe ± gleich groß . . . . **w**

w. Blätt. sitzend, lineal bis schmal-lanzettl., am Grd. gewimpert, m. dünnen bis undeutl. Nerven; Infl. locker-kopfig. Steppenrasen, trockene Wiesen; eingeschleppt in Sa (Elbetal) u. S-Baden (ob noch?).
Steppen-Th., **Th. marschalliánus** WILLD.

— Blätt. in den Stiel verschmälert, schmal- bis breit-lanzettl. od. elliptisch, m. (unterststs.) hervortretenden weißl. Nerven; Infl. dicht-kopfig; Kzähne nach dem Verblühen gelb u. stechend. Hänge, Felsen, Mauern; *s* Kt, St, Ti (ob in Ba?). *Tiroler Th.*, **Th. oenipontánus** H. BRAUN

x(u). Blätt. der Infl.triebe von oben nach unten kleiner werdend . . . . . **z**

— Blätt. der Infl.triebe ± gleich groß; Infl.triebe ringsum behaart . . . . . **y**

y. Blätt. höchstens 10 mm lg., lineal bis schmal-verkehrt-eif., im ob. Drittel am breitesten; Nerven der Blattunterseite nicht in einen Randwulst endigend. Sandfluren; kalkmeidend; *v* W-, M- u. N-Gebiet, sonst *z* bis *s* od. *f* (z. B. Au).
Sand-Th., **Th. serpýllum** L. em. MILL.

— Blätt. > 10 mm, breiter rundl. bis schmal-eif., in der unt. Hälfte am breitesten; Nerven der Blattunterseite kräftig, in einen Randwulst endigend. Trockenrasen, Felsköpfe, sonnig-steinige Hänge; *z* W-, M-, S-Dt, E, im N *s*, in Au *z* Vb, Sb, Kt, St. *Rasiger Th.*, **Th. humifúsus** BERNH.

z(x). Blätt. längl.-lanzettl. bis längl.-elliptisch, gestielt, dünnervig (vgl. Punkt **v**).
Th. glabréscens

— Blätt. spatelf., lederig-derb, gestielt, m. kräftigen Nerven, die an der Spitze einen kurzen Randwulst bilden . . . . **aa**

aa. K. 5–6 mm lg., rotgefärbt, auch die ob. Zähne lg. grannenart. u. stark gewimpert; Infl.triebe locker nach rückw. behaart. An Felsen; *s* S-Kt.
Langzahn-Th., **Th. lóngidens** VEL.

— K. 4–5 mm lg.; ob. Zähne nicht grannenart. . . . . **bb**

bb. Infl.triebe ringsum ± gleichmäßig behaart; die obersten Nerven der Blätt. sich unterststs. an der Spitze zu einem kurzen Randnerv vereinigend. Trockenrasen, sonnig-steinige Hänge; *v* im S (bes. mont. Stufe), nördl. seltener, *f* im N (Nordgrenze?). *Frühblühender Th.*, **Th. praécox** OPIZ

— Infl.triebe unterhalb der Infl. ringsum behaart, abw. auf 2 gegenüberliegenden Seiten verkahlend (vgl. Punkt **f**—). **Th. polýtrichus**

29. Lýcopus L., *Wolfstrapp*

1. Blätt. meist < 4 cm breit, tief gezähnt bis gesägt, am Grd. fiedspaltig; K.zähne > K.röhre; Stg. ästig, 20–100 cm hoch, m. Bodenausläufern; ♃; VII–IX. Sumpfige Orte (bis 1100 m); *v.* (2 ssp.)
Gemeiner W., **L. europaéus** L.

a. Stg. u. Blätt. kahl bis wenig kurzhaarig; Blätt. lanzettl., seine Buchten spitz. *v.*
ssp. **europaéus**

— Stg. u. Blätt. beidersts. dicht flaumig bis kurzzottig behaart; Laubblätt. breiter, bis eif., seine Buchten stumpfer. *s* Berchtesgadener Alp., Au (*f* OÖ, OTi), Be.
ssp. **móllis** (Kern.) J. Murr

— Blätt. meist > 4 cm breit, alle Blätt. tief fiedspaltig; K.zähne meist nur so lg. wie die K.röhre; Stg. meist unverzweigt, 90–150 cm hoch; ♃; VII–VIII. Auwälder u. Sümpfe; in Dt wohl erloschen (ob noch in An?), sonst erst NÖ (verwild. Kt).
[G] *Hoher W.,* **L. exaltátus** L. f.

30. Méntha L., *Minze*[1]

1. Infl. nicht durchblättert: Infl. als endst., dichtbltg. Scheinähre (d. h. dicht sthd. Quirle, die Tragblätt. der Halbquirle hierbei meist kleiner als die Bltn., dadurch im Aspekt nicht hervortretend), meist deutl. vom basalen, m. größeren Laubblätt. versehenen Stgteil abgesetzt; Scheinähre entweder verlängert, im Umriß schlank-pyramidenf., od. gedrungen u. mehrkugelig erscheinend; neben der endst. Scheinähre wiederholt sich bei kräftigen Pfl. die Infl.bildung seitenst., aber schwächer ausgebildet 4

— Infl. durchblättert: keine vom basalen Stgteil ± scharf abgesetzte scheinährige Infl.; Tragblätt. der Halbquirle zur Spitze hin nur wenig kleiner werdend, aber nicht deutl. von den Stgblätt. verschieden 2

2. Bltnquirle im Umriß groß, kugelf.; Kzähne fast so lg. wie die K.röhre, insgesamt lg.haarig; Blätt. oval bis eif.-zugespitzt, seicht u. entfernt gezähnelt, ca. 4 cm lg.; Pfl. steril, wenn fertil, dann vermutl. bereits Rückkreuzungsprodukte; ♃; VII–VIII. Gräben, Ufer; *z* bis lückenhaft (Verbr. unvollst. bekannt). (Hierher 5 Hybridenschwärme, also sehr formenreich.) (= *M. aquatica* x *M. arvensis*)
Wirtel-M., **M. x verticilláta** L.

— Bltnquirle vergleichsweise kleiner, nicht so deutl. etagenf. voneinander abgesetzt; K.zähne nur ⅓–⅕ so lg. wie die K.röhre; Blätt. von ähnl. Form wie vorige, aber kleiner . 3

3. Stgblätt. u. Tragblätt. der Halbquirle kleiner, erstere kaum 2 cm groß; Stgblätt. eif., fast ganzrandig; Tragblätt kaum doppelt so lg. wie die Bltn.; K. ungleichzähnig, der ob. Zahn größer als die übrigen, z. Frzt. durch Haarkranz verschlossen, außen dicht kurzhaa-

---

[1] In der Gattung **Mentha** besteht eine starke Tendenz zu Bastardierungen. Obwohl sich die Bastarde durch weitgehende Sterilität (Pollen verkümmert) auszeichnen, sind sie durch ihre reichliche Ausläuferbildung oftmals vitaler als ihre Eltern u. verdrängen diese nicht selten. Kultiviert werden vor allem solche Bastardminzen. Die Bestimmung aller im Gebiet vorkommenden „Sippen" ist nach dem folg. Schlüssel nicht möglich, hierfür muß auf Spezialliteratur verwiesen werden. Beste neuere u. kurze Zusammenfassung von W. Lemke in Rothmaler (s. Literaturverzeichnis, S. 764).

rig; ♃; VI–IX. Feuchte Wiesen, Fluß- u. Seeufer; in Dt bes. Stromtäler sehr *z;* Au: *f* Vb, Sb nur verwild. (bis 500 m), sonst weithin *s* u. lückenhaft, *f* Da. *Polei-M.,* **M. pulégium** L.

— Stgblätt. u. Tragblätt. der Halbquirle größer, erstere fast 4 cm groß; Stgblätt. rautenf., entfernt seicht gezähnelt; Tragblätt. 3–4mal länger als die Bltn.; K. gleichmäßig u. kurz 5zähnig, außen locker lg.haarig, Haarkranz innen fehlend od. nur sehr schwach ausgebildet; ♃; VII–IX. Gräben, Sumpfwiesen, feuchte Äcker (bis 1900 m); *v.* (3 ssp.; formenreich) *Acker-M.,* **M. arvénsis** L.

4(1). Endst. Scheinähre aus wenigen ± kugelf. Bltnquirlen zusammengesetzt, darunter stehen meist noch einige achselst. *(952);* Stgblätt. deutl. (± 1 cm) gestielt, Spreite 4–5 cm lg., eng u. fein gekerbt; ♃; VII–X. Gräben, Sumpfwiesen, Ufer (bis 1200 m); zieml. *v.* *Wasser-M.,* **M. aquática** L.

— Endst. Scheinähre aus zahlr., dicht gedrängten Bltnquirlen bestehend, insgesamt schlank-kegelf. u. verlängert, darunter stehen meist noch wenigstens 2 gleich gebaute, aber kleinere achselst. *(953);* Stgblätt. meist sitzend, randl. gesägt 5

5. Stgblätt. weich, m. gerunzelter Ober- u. filzig behaarter Unterseite, breit-eif., am Grd. fast herzf., nur wenig länger als breit; K. kurz u. locker, auch drüsig, behaart; Pfl. m. ober- u. unterirdischen Ausläufern; Blkr. hell-lila bis weißl.; ♃; VII–IX. Wegränder, nasse Weiden; *z* im W (Ho, Be, NrWe, RhPf, BW, E), sonst *s* u. sehr lückenhaft bis An, Sa, S-Ba, *f* Da (Verbr. unvollst. bekannt). (= *M. rotundifolia* auct.) *Rundblättrige M.,* **M. suavéolens** Ehrh.

— Stgblätt. schmal-eif. bis breit-lanzettl., zugespitzt, 2mal so lg. wie breit, obersts. nicht runzelig, untersts. nicht filzig behaart 6

6. Stgblätt. u. Tragblätt. der seitenst. verlängerten Teilinfl. deutl. gestielt; Infl.form zieml. variabel, meist zieml. dick u. bis 20 mm breit; Pfl. steril; Ausläufer vorwiegend oberirdisch; Blkr. lila; ♃; VI–VII. Vermutl. nicht ursprüngl.; Kulturpfl., *v* kult. u. oft verwild.; *z* im M-Gebiet u. Elbetal, sonst vielfach eingebürgert. (= *M. aquatica* x *M. spicata*) Pfeffer-M., **M. x piperíta** L.

Hier schließen sich auch die Hybridenschwärme **M. x dumetórum** Schult. (= *M. aquatica* x *M. longifolia*) u. **M. x maximiliánea** (= *M. aquatica* x *M. suaveolens*) m. je ungenauer Verbr. an.

— Stgblätt. u. Tragblätt. der seitenst. verlängerten Teilinfl. sitzend, zuw. die untersten Blätt. kurz gestielt 7

7. Pfl. m. oberirdischen Ausläufern; Stg. ± kahl; Bltnstiel u. K.basis kahl; Stgblätt. kahl (od. nur auf den Nerven behaart); Blkr. lila, rötl. od. weißl.; ♃; VII–IX. Gräben, Ufer, Äcker, auch Ruderalstellen; nicht ursprüngl. (Heimat unbekannt), vermutl. erst in Kultur entstanden; *v* kult., oft verwild., bes. im S eingebürgert, im N seltener (Verbr. ungenügend bekannt). (= *M. viridis* L.; = *M. crispa* L.) *Grüne M.,* **M. spicáta** L. em. Huds.

— Pfl. m. unterirdischen Ausläufern; Stg. wollig behaart; Bltnstiel u. K.basis ± behaart; Stgblätt. wenigstens untersts. behaart; Blkr. lila od. weißl.; ♃; VII–IX. Gräben, Ufer, nasse Wegränder, bes. der mont. Reg. (bis 1600 m); *v* im S, *z* im M-Gebiet, *s* im N, *f* Da. *Roß-M.,* **M. longifólia** (L.) Huds.

31. Elshóltzia WILLD., *Kamminze*
Blätt. eif.-zugespitzt, 3–4 cm lg., regelmäßig scharf gesägt, stark aromatisch duftend; Infl. einstswendige Scheinähren m. großen, breit-elliptischen zugespitzten Tragblätt.; Blkr. rosa; ⨀; VII–IX. Als Gewürzpfl. angebaut u. stellenw. verwild., bes. im O. (Heimat: O- u. M-Asien) (= *E. cristata* WILLD.) **E. ciliáta** (THUNB.) HYL.

32. Ócimum L., *Basilienkraut, Basilikum*
Pfl. kahl, von aromatischem u. charakteristischem Duft; Blätt. eif.-rhombisch, weich, ganzrandig bis entfernt gezähnelt, zuw. stärker eingeschnitten od. kraus; 1–2 cm lg. gestielt; Blkr. weiß od. rötl.; ⨀; VI–IX. Als Gewürzpfl. angebaut. (Heimat: Vorder-Indien) **O. basílicum** L.

Familie: **Callitricháceae,** *Wassersterngewächse*

Wasser- u. Sumpfpfl. m. zarten Stg.; Blätt. gegenst. *(966),* oft in Schwimmblattrosetten *(968);* Bltn. klein, ohne Bltnhülle, oft m. 2 sichelf. Vorblätt. *(964, 969),* eingschl., 1häusig; ♂ Bltn. m. 1 Stbblatt *(964),* ♀ Bltn. m. 2fächerigem Frkn. *(967, 970);* Fr. in 4 1samige Steinfr. zerfallend *(965).*
Anm.: *Callitriche*-Bestimmungen sind schwierig und bedürfen vergleichender Erfahrung. Zur Bestimmung sind frische Exemplare nötig, die neben Blüten auch reife Früchte aufweisen müssen. Aufgrund verbesserter Kenntnisse in den Artabgrenzungen und -unterschieden sind mittlerweile auch die Verbreitungsangaben präziser, dennoch bedürfen sie weiterer Kontrollen, Überprüfungen und wohl auch Berichtigungen.

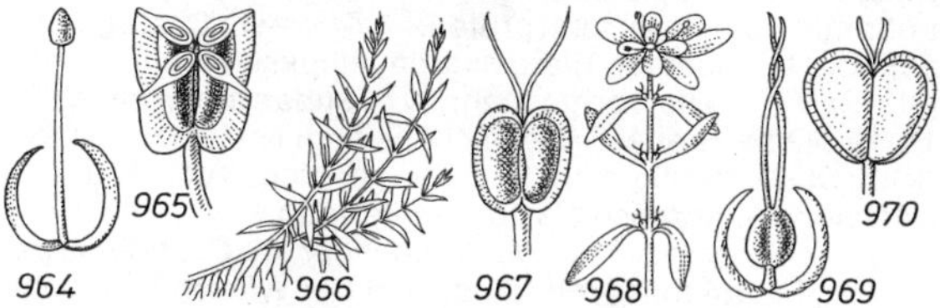

Callitriche L., *Wasserstern*

1. Pfl. ohne Schwimmblätter, fast nur im Wasser untergetaucht lebend *(966);* Blätt. dünn, durchscheinend, zur Basis hin etwas verbreitert; Bltn. ohne Vorblätter (wie *967*); Blätt. ohne Sternhaare; ♃; VI–IX. Stehende, langsam fließende Gewässer; *s* im N (*f* Be), in NS nur bei Cuxhaven, sonst nur ein Vorkommen in Th(?). (= *C. autumnalis* L.) *Herbst-W.,* **C. hermaphrodítica** L.

— Pfl. mit Schwimmblätt. *(968),* entw. im Wasser lebend od. auf feuchten, meist schlammigen Böden kriechend; Blätter dicker, undurchsichtig, zur Basis hin etwas verschmälert; Bltn. m. 2 Vorblätt. *(964, 969);* Blätt. m. Sternhaaren (starke Lupe!) **2**

2. Teilfr. entlang ihrer Rückennaht deutl. durchgehend geflügelt *(965)* **5**

— Teilfr. entlang ihrer Rückennaht nicht geflügelt, entweder stumpfkantig, nur gekielt od. *(C. palustris)* nur an der Spitze kurz geflügelt **3**

3. Teilfr. von der Seite elliptisch, Kanten breit abgerundet, 1,5–2 mm lg.; Narben aufrecht (wie in *967*), mehrmals länger als die Fr.; ♃; IV–X. Stehende u. fließende Gewässer; *s* im W (Ho, Be, Rheinl., NS, Oberrheingebiet, E) u. S (Ba, Ti).
Nußfrüchtiger W., **C. obtusángula** LE GALL

— Teilfr. abgeflacht, rundl. bis oval, < 1,5 mm **4**

4. Teilfr. rundl., ungeflügelt; Narben mehrmals länger als die Teilfr. (bis 6 mm); ♃; V–X. Wie vorige (bis 1900 m); *z* Au (*f* Vb), Ba, *s* He, mittlerweile auch Da, SH, NS, Rheinl., BW, *f* Be, Ho. (= *C. polymorpha* LÖNNR.) *Stumpfkantiger W.*, **C. cophocárpa** SENDTN.

— Teilfr. verkehrt-eif., nur an der Spitze geflügelt; Narben stark reduziert *(970)*, nur halb so lg. wie die Teilfr.; ♃; VI–VIII. Stehende Gewässer, meist als Landform; feuchte, lehmige Böden; wohl *v* bis *z*, aber früher oft von anderen Arten nicht unterschieden; insgesamt wohl seltener als bisher angenommen. *Sumpf-W.*, **C. palústris** L.

5(2). Bltn. submers; erhalten bleibender Gr. den Schmalseiten der Fr. dicht angedrückt **7**

— Bltn. oberhalb der Wasseroberfläche; erhalten bleibender Gr. der Fr. nicht angedrückt; Landformen ohne deutl. Blattrosette; Unterwasserblätt. lineal **6**

6. Gr. zurückgekrümmt; Blätt. blaßgrün, breit-elliptisch bis rundl.; Teilfr. breit geflügelt; ♃; V–X. Stehende u. langsam fließende Gewässer, meist an Schlammufern, abgelassene Teiche, Bäche, Fahrspuren, zuw. teppichart. Rasen; insgesamt wohl *z* (bis *v?*), aber oftmals fragl. u. zu überprüfen. *Teich-W.*, **C. stagnális** SCOP.

— Gr. aufrecht od. absthd.; Blätt. dkgrün, elliptisch; Teilfr. schmal geflügelt; ♃; V–X. Wie vorige; sehr *z*, offenbar mehr im W (Da, Ho, Be; Dt: He, Odw., neuerdings auch vielfach NS, Rheinl., BW; Ba?), Au? (St?, OÖ?). Häufig nicht blühend od. nicht fruchtend, dann üppig wachsend u. Sprosse bis über meterlang.
Flachfrüchtiger W., **C. platycárpa** KÜTZ.

7(5). Zarte Pfl.; Fr. 1,4 mm breit, rundl., bei der Wasserform sehr kurz, bei der Landform bis 13 mm lg. gestielt; Teilfr. sehr breit geflügelt; ♃; V–IX. Stehende u. seichte Gewässer; *s* Be, Da, SH. (= *C. pedunculata* DC.) *Stielfrüchtiger W.*, **C. brútia** PETAGNA

— Robuste Pfl.; Fr. 1–1,2 mm breit, deutl. länger als breit, fast sitzend od. (auch bei der Landform) nur kurz gestielt; Teilfr. schmal geflügelt; ♃; IV–VI. Still- und Fließgewässer; sehr *z*, offenbar mehr im W (z.B. Be, Ho, Da, He, Ba, Sb, neuerdings auch NS, BW; wo noch?), NÖ. *Haken-W.*, **C. hamuláta** KÜTZ. ex KOCH

Ordnung: **Campanuláles**

Familie: **Campanuláceae** (einschl. **Lobeliáceae**), *Glockenblumengewächse*

Kräuter od. Stauden, meist milchsaftführend; Blätt. wechselst., ungeteilt od. gelappt, ohne Nebenblätt.; Bltn. einzeln, in Trauben, Rispen, Ähren od. Köpfchen; Blkr. radiär, selten leicht zygomorph, röhrig, trichterf.; Stbbeutel frei, sich nach innen öffnend u. den Pollen auf „Fegehaare" des Griffels entleerend, Filamente frei; Frkn. unterst., meist 3blättrig; Kapselfr.

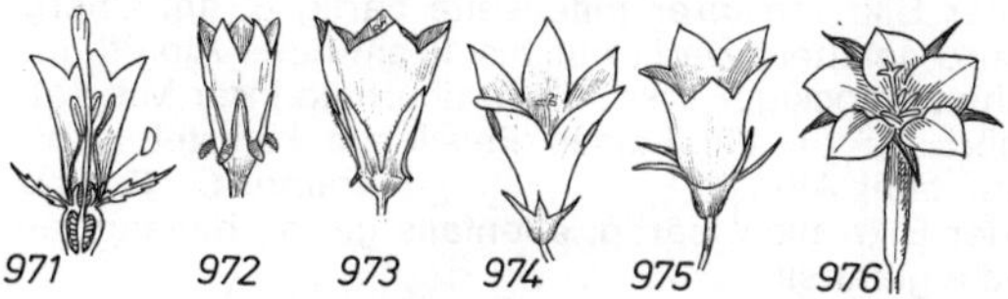

971 *972* *973* *974* *975* *976*

1. Blkrzipfel schmal-lineal, anfangs an der Spitze vereinigt, später sich vom Grd. her trennend (Fensterbltn., *230*); Bltn. in am Grd. von Hochblatthülle umgebenen verlängerten Ähren od. Köpfchen **8**

— Blkrzipfel nicht schmal-lineal, anfangs an der Spitze nicht miteinander vereinigt; Bltn. in Trauben od. Rispen od. lokkeren Ähren **2**

2. Blkr. radiär; Stbbeutel ± frei **4**

— Blkr. zygomorph; Stbblätt. röhrig verwachsen **3**

3. Bltn. gestielt; Kapsel keulenf. bis konisch . . . **Lobelia,** 544

— Bltn. sitzend, aber Frkn. stielart., unterst.-linealisch **Downingia,** 545

4(2). Blkr. radf. ausgebreitet, kürzer als der lg.-stielf. Frkn. *(976)* . . . . **Legousia,** 542

— Blkr. glockig od. trichterf. *(971–975),* länger als der Frkn. **5**

5. Bltn. 3–10 mm lg., hellblau, einzeln, lg. gestielt; Blätt. herzf.-rundl., eckig 5lappig; Stg. niederlgd.; Kapsel m. (3–)5 Längsspalten sich öffnend . . . . **Wahlenbergia,** 544

— Bltn. viel größer; Stg. niemals ganz niederlgd.; Kapsel sich m. 5 seitl. Löchern öffnend **6**

6. Gr. am Grd. von einem röhrig-becherf. Drüsenring umgeben [nach Entfernung der Stbblätt. zu sehen (*971,* D)], meist weit aus der Blkr. herausragend . . . . **Adenophora,** 542

— Gr. am Grd. ohne od. m. flachem Drüsenring, nicht od. wenig aus der Blkr. herausragend **7**

7. Stbbeutel z. Bltzt. untereinander frei . . . **Campanula,** 538

— Stbbeutel z. Bltzt. röhrenf. um den Gr. herum verwachsen **Symphyandra,** 544

8(1). Bltn. fast stets sitzend, anfangs oft m. krallenf. gekrümmter Blkr.; Narben 2–3, fadenf., später zurückgerollt *(230)* **Phyteuma,** 542

— Bltn. kurz gestielt, m. gerader Blkrröhre; Narben 2, keulenf. **Jasione,** 544

1. Campánula L., *Glockenblume*

1. Buchten zw. den Kzipfeln m. zurückgeschlagenen, lappenf. Anhängseln *(972, 973)* **26**

— Buchten zw. den Kzipfeln ohne Anhängsel *(974, 975)* . . **2**

2. Bltn. sitzend, in Ähren, Rispen, Knäueln od. Büscheln . **23**

— Bltn. gestielt, einzeln, in Trauben od. Rispen **3**

3. Zipfel der Blkr. an ihrer Innenseite bärtig u. am Übergang zur Kronröhre gefältelt; zierl., nur bis 10 cm hohe Alp.Pfl. m. nickender, schmal-glockiger Blkr., diese oberhalb ihrer Mitte etwas eingeschnürt; ♃; VII–VIII. Felsen, Felsschutt; kalkstet; Kt (Karawanken, Sanntaler Alp.). [G] *Krainer G.,* **C. zoýsii** Wulf.

— Zipfel der Blkr. nicht bärtig, allenfalls gering behaart, am Grd. nicht gefältelt **4**

4. Stgblätt. breit-herz-eif. od. eif., > 1 cm breit **17**

— Stgblätt. schmal-lineal (bei Alpenpfl. auch lanzettl. bis elliptisch), < 1 cm breit (Grdblätt. z.T. rundl.) **5**

5. Blkr. 3–5 cm lg., weitglockig, m. breiten, spitzen Zipfeln, himmelblau; Bltn. in Trauben; Kzipfel lineal, 2–4 mm breit; Stg. aufrecht, meist einfach, bis 1 m hoch; ♃; VI–VIII. Lichte Wälder, buschige Abhänge (bis 1500 m); *z, f* NW-Dt (auch als Zierpfl.). *Pfirsichblättrige G.,* **C. persicifólia** L.

— Blkr. meist < 2,5 cm; Kzipfel pfrieml. (Ausnahme: *C. cenisia*) **6**

6. Blkr. trichterf., fast bis zur Mitte in 5 Zipfel gespalten *(974);* Kapsel aufrecht; Grdblätt. kurz gestielt, von den Stgblätt. kaum verschieden, längl. od. spatelf. **15**

— Blkr. glockig, zu ⅓ bis ¼ in eif. Zipfel gespalten *(975);* Kapsel überhgd.; Kzipfel pfrieml.; Grdblätt. lg.-gestielt, von den Stgblätt. deutl. verschieden, rundl. bis herzf. **7**

7. Pfl. nicht rasenbildend; Bltn. lg.-glockig, blau **9**

— Pfl. rasenbildend; Bltn. halbkugelig, hellblau, in einstswendiger, wenigbltger Traube; Stg. an der Basis flaumig behaart **8**

8. Grdblätt. länger gestielt, ihre Spreite im Umriß 3eckig, kaum länger als breit, scharf gesägt; ♃; VI–IX. Schutt, Bachbette, steinige Matten (bis 2800 m); kalkliebend; *v* Alp., *z* Vorland (bes. Lechtal), *s* S-BW (S-Schw., Baar, Bodenseegebiet, SchwAlb), Vog. (= *C. pusilla* Haenke) *Kleine G.,* **C. cochleariifólia** Lam.

— Grdblätt. nicht gestielt, ihre Spreite keilig verschmälert u. allmähl. in die stielart. Basis überghd., deutl. länger als breit, scharf gesägt; Grdblätt. z. Bltzt. bereits vertrocknet; ♃; VIII–IX (später als vorige Art). Felsschutt, Bachschotter; kalkstet; *z* bis *s* OTi, Kt, St, OÖ. *Rasen-G.,* **C. cespitósa** Scop.

9(7). Stgblätt. elliptisch bis lineal; Bltn. lg.-gestielt, einzeln, nickend; Stg. u. Blätt. kahl; Pfl. bis 15 cm hoch; ♃; VII–VIII. Matten, Schutt, Quellfluren (1500–2200 m); *s* Sb, Kt, St, OÖ. *Dunkle G.,* **C. púlla** L.

— Wenigstens die ob. Stgblätt. lineal **10**

10. Bltn. in Rispen; Stg. an der Basis behaart; Pfl. bis 50 cm hoch **13**

— Bltn. einzeln od. in arm(2–4)bltgen Trauben **11**

11. Stgblätt. am Grd. gewimpert; Bltnknospen nickend; Stg. kahl; Pfl. bis 40 cm hoch; ♃; VII–VIII. Wiesen, Matten, Triften, Felsschutt (700–2800 m); (wenn Stgblätt. kahl, dann vermutl. reduzierte, traubige Form von *C. rotundifolia,* s. Punkt **13**). (2 ssp.)
Scheuchzer's G., **C. scheūchzeri** VILL.

a. Stgblätt. kurz gestielt; (1–)2–5(–6)bltg. *v* Alp., *s* S-Schw, böhmische Randgeb. ssp. **scheūchzeri**

— Stgblätt. sitzend; Blkr. kleiner als beim Typus. W-Ti, Kt, St, OÖ. (= *C. witasekiana* VIERH.) ssp. **witasekiána** (VIERH.) HAY.

— Stgblätt. kahl; Bltnknospen aufrecht **12**

12. Kblätt. höchstens wenig länger als die halbe Länge der Blkr., aufrecht bis absthd., letztere bis 2,5 cm lg.; ♃; VII–IX. Steinige, felsige Triften; *s* Sudeten bis Gesenke.
Siebenbürgische G., **C. kladniána** (SCHUR) WIT.

— Kblätt. nur wenig kürzer als die Blkr., zurückgeschlagen, letztere 3 cm lg.; ♃; VII–VIII. Felsen, Felsschutt (bis 2000 m); kalkliebend; *s* Karnische Alp. (S-Kt). (= *C. linifolia* NATHH.)
Leinblättrige G., Karnische G., **C. cárnica** M. & K.

13(10). Stg. am Grd. kahl bis feinflaumig; Stgblätt. lineal-lanzettl., meist kahl; Bltnknospen aufrecht, erst kurz vor der Blüte nickend; Frkn. papillös; ♃; VI–IX. Wiesen, Grasplätze, trockene Wälder (bis 2500 m); *v.* (einschl. *C. gentilis* KOVANDA u. *C. polymorpha* WIT. = 2 bayerische Ökotypen?) *Rundblättrige G.,* **C. rotundifólia** L.
Formenreiche Art durch Vorhandensein zweier (oft gemeinsam vorkommender) Chromosomenrassen. Untergliederung derzeit immer noch unbefriedigend; vgl. Spezialliteratur.
Hierher als vermutl. eigene Art: **C. praesígnis** BECK, *Auffällige G.* [= *C. rotundifolia* ssp. *praesignis* (BECK) HAY.]: Kapsel aufrecht; Bltnknospen aufrecht; Kzipfel krallenf. gebogen abspreizend. Kalk- u. Dolomitfelsritzen (1200–1600 m); nur St (bes. Rax), sonst NÖ, ob Ti?, Kt?

— Stg. am Grd. behaart; Bltnknospen hängend; unt. Stgblätt. ± behaart; Frkn. glatt **14**

14. Stg. am Grd. fast zottig behaart; unt. Stgblätt. behaart, z. Bltzt. noch ± frisch; Kapsel 4–5 mm lg.; ♃; VIII. Buschige, steinige Orte, Waldränder; *s* Vog., Pf, Ts.
Lanzettblättrige G., **C. baumgarténii** J. BECKER

— Stg. am Grd. wenigstens an d. Kanten behaart; unt. Stgblätt. kahl (allenfalls entlang d. Randes etwas behaart), z. Blütezt. bereits verwelkt; Kapsel 6–8 mm lg.; ♃; VII–IX. Wiesen, Gebüsche, lichte Wälder; *z* Voralp. N-St, NÖ. [= *C. baumgartenii* ssp. *beckiana* (HAY.) PODL.] *Vielblütige G.,* **C. beckiána** HAY.

15(6). Pfl. bis 5 cm hoch, m. weithin kriechenden, in Rosetten endigenden Trieben; Kzipfel breit-lanzettl.; Blkrzipfel gewimpert; Infltriebe 1bltg.; ♃; VII–VIII. Felsentriften, Schuttfluren (2200–2700 m); kalkliebend; *s* Vb, Ti. *Mont Cenis-G.,* **C. cenísia** L.

— Pfl. aufrecht, bis 60 cm hoch; Kzipfel pfrieml.; Blkrzipfel wimpernlos; Infl. rispig, locker, vielbltg. **16**

16. Bltnstiele oberhalb ihrer Mitte m. 2 Vorblätt.; Blkr. hell rosalila, bis zur Mitte gespalten *(974);* Kzipfel deutl. kürzer als die Blkrröhre; Seitenäste der Infl. schlaff, ± gebogen, dadurch Bltn. ± nickend; ⨀; V–VIII. Wiesen, Gebüsche (bis 1400 m); *v, s* im W u. N, *f* NW-Dt. *Wiesen-G.,* **C. pátula** L.

— Bltnstiele am Grd. m. 2 Vorblätt.; Blkr. kräftig blau bis hell blauviolett, weniger als bis zur Hälfte gespalten; Kzipfel fast so lg. wie die Blkrröhre; Seitenäste der Infl. steif aufrecht-absthd., dadurch Bltn. aufrecht, nur selten nickend; ♃; V–VIII. Wiesen, Wald-, Wegränder (bis 700 m); *v* im W u. M-Gebiet, im N *s,* südl. u. östl. bis Bodensee/Ulm/Fichtgeb. (sonst nur b. Straubing)/S-Th/Sa, *f* Au, eingebürgert Da. *Rapunzel-G.,* **C. rapúnculus** L.

17(4). Kzipfel pfrieml., ganzrandig; Bltnstiele länger als der K.; Bltn. in armbltger, einstswendiger Traube, weitglockig, 1,2–2 cm lg., blauviolett; Blätt. ei-rautenf.; Stg. kantig, ± kahl, bis 70 cm hoch; ♃; VI–VIII. Düngewiesen; *s* eingeschleppt u. eingebürgert Vog., S-Schw, Bayrw, St, OÖ, OTi, Vb. (Heimat: W-Alpen) *Rautenblättrige G.,* **C. rhomboidális** L.

— Kzipfel lanzettl. od. eif.-lanzettl. **18**

18. Kapsel aufrecht; Triebe zwar bis 60 cm lg., doch niederlgd. bis aufstgd. (nur bis 30 cm hoch), m. zahlr., locker sthd. Bltn.; Blkr. weit geöffnet, fast sternf., ¼–½ ihrer Länge zipfelig gespalten, blauviolett; ♃; VI–IX. Vielfach kult., zuw. verwild., eingebürgert b. Graz (St). (Heimat: Dalmatien) *Hängepolster-G.,* **C. poscharskyána** Degen

— Kapsel nickend; Stg. aufrecht, > 50 cm hoch **19**

19. Bltn. zu 1–3 achselst., absthd. od. aufrecht, groß (3,5–4,5 cm lg.); Tragblätt. der Bltn. nur wenig von den Laubblätt. verschieden; Blkr. blauviolett, zuw. weißl.; Kblätt. aufrecht, der Blkr. anlgd. **22**

— Bltn. meist nickend, kleiner; Tragblätt. der Bltn. deutl. von den Laubblätt. verschieden u. viel kleiner; Kblätt. abspreizend **20**

20. Kblätt. gesägt, kahl; Gr. weit aus der hell-blauvioletten Blkr. herausragend *(971);* Infl. allstswendig **Adenóphora** s. S. 542

— Kblätt. ganzrandig; Infl. ± einstswendig; Blkr. kräftig blauviolett **21**

21. Blätt. unterst s. grau-samtig; Bltn. 1–2 cm lg., zu 1–3 blattachselst., allstswendig; Stg. stielrund, kurzhaarig, ohne Ausläufer; ♃; VII–X. Trockenwiesen, Waldränder; *s* bis *z* im M-Gebiet u. O (westl. bis Harz), Kt. *Filzige G.,* **C. bononiénsis** L.

— Blätt. untersts. grün, kurzhaarig; Grdblätt. herzf.-3eckig, spitz gekerbt; Bltn. meist einzeln, 2–3 cm lg., einstswendig; Stg. stumpfkantig, absthd. behaart, m. unterirdischen Ausläufern; ♃; VI–IX. Äcker, Gebüsch, Wälder (bis 1600 m); *v,* im NW nur *z.* *Acker-G.,* **C. rapunculoídes** L.

22(19). Stg. ± scharfkantig, steifhaarig; Grdblätt. lg. gestielt, eif.-herzf., steifhaarig, brennesselart.; Bltnstiele am Grd. m. 2 Vorblätt.; ♃; VII–IX. Gebüsch, lichte Wälder (bis 1700 m); *v, z* NW-Dt. *Nesselblättrige G.,* **C. trachélium** L.

— Stg. stielrund od. stumpfgerillt, fast kahl; Grdblätt. kurz gestielt, eif.-längl., beidersts. weichhaarig; Bltnstiele in ihrer Mitte m. 2 Vorblätt.; ♃; VI–VIII. Wälder, feuchtes Gebüsch, Hochstaudenfluren (bis 1300 m); *v* bis *z* Alp. (in Dt östl. bis Wettersteingeb.), *s* Alp.Vorland, S-Schw. u. Alb, im M-Gebiet sehr *z*, östl. bis Th/An/böhm. Randgeb., *z* im N: O-SH u. Da–OPr, verwild. Be; ob im O? (auch Zierpfl. u. verwild.). Ⓖ *Breitblättrige G.*, **C. latifólia** L.

23(2). Bltn. blaßgelb, in dichter, kolbenf. Ähre; Stg. kantig steifhaarig-zottig; Blätt. steifhaarig, schwach wellig, längl.-lineal; ⊙; VII–VIII. (1500–2600 m). (2 ssp.) Ⓖ *Strauß-G.*, **C. thyrsoídes** L.

a. Stg. bis 40 cm hoch; Infl. dichtbltg.; Tragblätt. so lg. wie die Bltn. Steinige Matten, Geröll; *z* K-Alp. ssp. **thyrsoídes**

— Stg. bis 100 cm hoch; Infl. lockerbltg.; Tragblätt. doppelt so lg. wie die Bltn. Waldränder, Felsen; *s* Kt (westl. bis Nockgebiet). Ⓖ ssp. **carniólica** (SÜND.) PODLECH

— Bltn. blau 24

24. Infl. rispig, die seitl. Teilinfl. nicht od. bis deutl. gestielt, ohne endst. Bltnknäuel; Gr. kürzer als die Blkr.; Stg. u. Blätt. steifhaarig; ♃; VI–VII. Steinige Hänge, Felsen (bis 1400 m); *s* Ti, Kt. *Ähren-G.*, **C. spicáta** L.

— Infl. m. köpfchenf., endst. Bltnknäuel, darunter entfernt noch wenigbltge Teilinfl. 25

25. Spreite der Grdblätt. in den Blattstiel verschmälert, gleich dem Stg. steifborstig; Gr. meist aus der Blkr. hervorragend; Blkr. heller blau als folg. Art; ⊙–♃; VI–VII. Feuchte Wiesen, lichte Wälder (bis 1400 m); sehr *z* u. lückenhaft im S (*f* Vb, Sb) u. M-Gebiet, nördl. bis S-Be/Nahe/Westw/Hildesheim/Th/Br. *Borstige G.*, **C. cervicária** L.

— Spreite der Grdblätt. am Grd. herzf. od. abgerundet, gleich dem Stg. weich behaart; Gr. meist nicht aus der Blkr. herausragend; ♃. *Geknäuelte G.*, **C. glomeráta** L.

a. Pfl. meist 20–40 cm hoch; Stg. von den Grdblätt. nicht überragt; VI–VIII. Wiesen, Gebüsche, Triften (bis 1900 m); *v* bis *z* im S, nördl. bis Ho/b. Dinslaken/b. Osnabrück/b. Braunschweig/Ostgrenze?, auch Da. Formenreich. ssp. **glomeráta**

— Pfl. meist 5–10 cm hoch; Stg. von den Grdblätt. deutl. überragt u. nur m. 1 endst. köpfchenf. Infl.; VIII–IX. Alpenmatten; *z* Ti, Ba? ssp. **serótina** (WETTST.) O. SCHWARZ

26(1). Gr. 5spaltig; Blkr. bis 6 cm groß, verschiedenfarbig, kurz gestielt; Kelchanhängsel stumpf; ⊙–⊙; VI–IX. Als Gartenzierpfl. weit *v*, auch gefüllt, zuw. verwild. (Heimat: W-Mittelmeergebiet) *Marien-G.*, **C. médium** L.

— Gr. 3spaltig; Bltn. nickend 27

27. K.anhängsel sehr kurz *(973);* Kzipfel lineal, viel länger als die halbe Blkr.; K. u. seine Anhängsel wollig-zottig; Bltn. hellblau, in oft bis zur Stgbasis reichender Traube; Blätt. locker wollig-zottig, verkehrt-lanzettl., an der Spitze seicht gekerbt; ⊙–♃; VII–VIII. Steinige Matten, Zwergstrauchreg. (1250–2300 m); *z* Sb, Kt, St, OÖ, bei Berchtesgaden, sonst in Dt nur Schlierseer Berge. *Alpen-G.*, **C. alpína** JACQ.

— K.anhängsel fast so lg. wie die K.röhre; Kzipfel kürzer als die halbe Blkr. 28

28. Blkr. hellgelb bis weiß, bis 5 cm lg., am Rand kahl; Grdblätt. breit-dreieckig, m. basal herzf. Ausrandung; ♃; VII. Eingebürgert b. Lüneburg, eingeschleppt b. Graz (St). (Heimat: Kl.Asien, Kaukasus) *Lauchblättrige G.*, **C. alliariaefólia** WILD.

— Blkr. (hell)blau, deutl. kleiner; Grdblätt. schmal-lanzettl., ohne basale Verbreiterung 29

29. Blkr. innen am Rand bärtig, hellblau, seltener weiß; K.anhängsel stumpf; Stg. einfach; Infl. armbltg., traubig, etwas einstswendig; Blkr. hellblau; ♃; VI–VIII. Matten, Zwergstrauchreg. (800–2500 m); kalkmeidend; *v* Alp. (in Dt *v* Allgäu, *s* Wettersteingeb. u. b. Berchtesgaden), *s* O-Sudeten. *Bärtige G.,* **C. barbáta** L.

— Blkr. am Rand kahl, blaulila; K.anhängsel spitz *(972);* Stg. verzweigt; ⨀; VI–VIII. Heidewiesen, Steppen; *s* östl. von O-Me/O-Br/Schl. *Sibirische G.,* **C. sibírica** L.

2. Adenóphora Fisch. *Becherglocke*

Bltn. nickend, blaßblau-lila, hgd., wohlriechend, in Trauben od. Rispen; Pfl. 30–100 cm hoch; ♃; VII–IX. Auwälder, feuchte Wiesen; *s* OPr, Schl, Ba (untere Isar). Ⓖ ! **A. liliifólia** (L.) Led. ex A. DC.

3. Legóusia Durande (= *Specularia* DC.), *Frauenspiegel*

1. Kzipfel lineal, so lg. wie der Frkn. u. kaum länger als die violette, 20–25 mm breite Blkr.; ⨀; VI–VIII. Getreideäcker, Sandfelder; *v* im SO u. Au, *z* im SW u. W, nördl. *s* bis Osnabrück/Hannover/Th/N-An/Me. (= *Sp. speculum* DC.)
Gemeiner F., **L. spéculum-véneris** (L.) Chaix

— Kzipfel lanzettl., halb so lg. wie der Frkn. u. länger als die purpurrote, 8–15 mm breite Blkr.; ⨀; V–VII. Wie vorige; *s* östl. bis O-SH/S-NS/Th/Ba, *f* NW-Dt, Au, Da. (= *Sp. hybrida* DC.)
Kleiner F., **L. hýbrida** (L.) Del.

4. Phytéuma L., *Teufelskralle, Rapunzel*

1. Bltn. kurz gestielt; Blkr. groß, 16–20 mm lg., am Grd. bauchig aufgeblasen, blaßrot; Schnabel dkviolett; ♃; VII–VIII. Felsspalten der K-Alp.; *s* Brennergebiet (Ti), S-Kt. [= *Physoplexis comosa* (L.) Schur] 🄶 *Schopfige T.,* **Ph. comósum** L.

— Bltn. sitzend, in walzl. Ähren od. kugeligen Köpfchen; Bltn. dkblau bis blauviolett od. gelbl.weiß **2**

2. Bltn. in kugeligen Köpfchen **7**

— Bltn. in eif. bis walzl. Ähren; Pfl. bis 90 cm hoch **3**

3. Blkr. vor dem Aufblühen fast gerade; Alpenpfl. **6**

— Blkr. vor dem Aufblühen gekrümmt; basale Stgblätt. 1–2mal so lg. wie breit, herzf. **4**

4. Blkr. gelbl.weiß, selten hellblau; mittl. u. ob. Stgblätt. m. deutl. entwickelter Spreite; ♃; V–VIII. Laubwälder, Wiesen (bis 2100 m).
Ährige T., **Ph. spicátum** L.

a. Bltn. grünl.- bis gelbl.-weiß; Gr. u. Narben gelb bis gelbl.-braun; Infl. erst später walzl.; *v,* im NW *s* bis *f.* ssp. **spicátum**

— Bltn. bläul.; Narben gelbl.-braun bis blau; Infl. schon beim Aufblühen walzl.; *z* Alp. (Vb, NTi, St, Allgäu), *s* Odw., b. Rheine (W-NS), ob anderswo? [= ssp. *coerulescens* (Bogenhard) Rothm.] ssp. **coerúleum** (Gremli) R. Schulz

— Blkr. dkblau bis schwarzviolett **5**

5. Spreite der Grdblätt. am Grd. tief herzf., so lg. wie breit od. wenig länger, doppelt gekerbt-gesägt; mittl. Stgblätt. am Grd. herzf. od. abgerundet, die ob. m. ± voll entwickelter Spreite; ♃; VII–VIII. Feuchte Wiesen, Hochstaudenfluren (1000–2100 m); *z* Alp. (Vb, Sb, NTi, Allgäu bis Karwendel). (= *Ph. halleri* All.)
Haller's T., **Ph. ovátum** Honck.

— Spreite der Grdblätt. am Grd. herzf. od. abgerundet, etwa doppelt so lg. wie breit, gekerbt-gesägt; mittl. Stgblätt. an der Basis verschmälert, die ob. m. stark reduzierter Spreite; ♃; V–VII. Feuchte Wiesen, Wälder (bis 1200 m); *v* M-Gebiet, sonst *z* bis *s*, östl. bis zur Elbe (*f* Ho), OÖ; Ho u. Da verwild.

Schwarze T., **Ph. nígrum** F. W. Schm.

6(3). Alle od. die Mehrzahl der Bltn. m. 2 Narben; Spreite der Grdblätt. lanzettl., an der Basis abgerundet bis seicht herzf., meist kahl; ♃; VII–VIII. Wiesen, Waldränder (700–2000 m); kalkmeidend; *z* Ti, Sb, Kt, St, OTi. *Pfirsichblättrige T.,* **Ph. zahlbrúckneri** Vest

— Alle Bltn. m. 3 Narben; Grdblätt. ei-lanzettl., an der Basis abgerundet; ♃; VI–IX. Matten, Gebüsch (700–2200 m); kalkmeidend.

Ziestblättrige T., **Ph. betonicifólium** Vill.

a. Stiel der Grdblätt. so lg. od. länger als ihre am Grd. abgerundete Spreite; Stg. ± reich beblättert, nur im ob. ⅓ blattlos; *z* Allgäu, Au (*f* St, OÖ).

var. **betonicifólium**

— Stiel der Grdblätt. kürzer als ihre verschmälerte u. weniger deutl. abgesetzte Spreite; Stg. nur an seiner Basis reich, sonst nur schuppig beblättert; *s* Ötztal (Ti). (= *Ph. scaposum* R. Schulz) var. **sessilifólium** A. DC.

7(2). Spreite der Grdblätt. lineal, grasart. od. zungenf.-spatelig, gegen die Basis keilig verschmälert; Narben 3 . . . . . **10**

— Spreite der Grdblätt. herz-eif. bis lanzettl., an der Basis meist abgerundet bis herzf. **8**

8. Äußere Hüllblätt. der Infl. lineal, kahl, so lg. od. etwas länger als die Infl.; Blkr. in der Knospe gerade; ♃; VI–VIII. Steinige Triften, Blockfluren, Krummholzreg.; *s* Kaunertal (Ti), (Rhätikon/Vb?), Karawanken, Karnische Alp. (Kt).

Scheuchzer's T., **Ph. scheúchzeri** All. ssp. **colúmnae** (Gaud.) Bech.

— Äußere Hüllblätt. der Infl. zumindest im unt. Teil eif. verbreitert, meist kürzer, selten so lg. wie die Infl.; Blkr. in der Knospe stark gekrümmt **9**

9. Hüllblätt. breit-eif. bis rundl.; Stgblätt. breit-lanzettl. bis eif., gezähnt; Grundblätt. der Bltntriebe ungestielt, gegen die Basis zu keilig verschmälert od. nur kurz gestielt; Blätt. meist deutl. behaart; Pfl. bis 30 cm hoch, meist niedriger; ♃; VII–IX. Steinige Triften, Felsfluren (1600–2600 m); kalkstet; *s* OTi, Kt.

Dolomiten-T., **Ph. síeberi** Spr.

— Hüllblätt. spitz-eif. bis lanzettl.; Stgblätt. lanzettl., gekerbt; Grdblätt. der Bltntriebe lg. gestielt, Stiel oft länger als die Spreite; Pfl. bis 40 (50) cm hoch; ♃; V–IX. (2 ssp.)

Kugelige T., **Ph. orbiculáre** L.

a. Narben meist 3; Stg. locker beblättert, Blätt. untersts. m. kaum sichtbaren Seitennerven; Matten, Triften, Felsen, Flachmoore (bis 2400 m); *z* im S, nördl. seltener u. bis Be/Eifel/Rheingau/Harz/N-An/S-Br/Schl/OPr. (4 var.)

ssp. **orbiculáre**

— Narben meist 2; Stg. dicht beblättert; Blätt. untersts. m. deutl. Seitennerven. Felsen, Triften; kalkliebend; *s* Oberrheingebiet (incl. E?), Pf bis Rheingau.

Zarte T., ssp. **ténerum** (Schulz) Sengh.

10(7). Blätt. lineal, in der Mitte am breitesten; Köpfchen 10–20 mm breit; Grdblätt. ± lg. gestielt, 1–2 mm breit; Hüllblätt. eif.-lanzettl., kurz zugespitzt; ♃; VII–VIII. Matten, Triften (1700–2900 m); kalkmeidend; *v* bis *z* Alp. (*f* OÖ, in Dt nur Allgäu, Wettersteingeb.).

Halbkugelige T., **Ph. hemisphaéricum** L.

— Blätt. gegen die Spitze verbreitert; Grdblätt. kurz gestielt bis sitzend **11**

11. Blätt. lineal bis spatelig-längl., ihre Spitze die obersten Blattzähne überragend; Pfl. bis 15 cm hoch; ♃; VII–IX. Steinige Matten (1700–2800 m); kalkmeidend; *v* SO-Sb, Kt, St. (= *Ph. nanum* SCHUR, nom. nud.) *Zungenblättrige T.*, **Ph. confúsum** KERN.

— Blätt. verkehrt-eif. bis lanzettl., ihre Spitzen die obersten Blattzähne nicht überragend od. Blätt. ganzrandig; ♃; VII–IX. Matten, Gesteinsfluren. (2 ssp.) *Kugelblumenblättrige T.*, **Ph. globulariifólium** STERNB. & HOPPE

a. Pfl. 1–5 cm hoch; Blätt. stumpf, gegen die Spitze meist gekerbt; äußere Hüllblätt. fast rund, zuw. sogar breiter als lg., stumpf. *z* Ur-Alp. von Ti, Sb, St, Kt. ssp. **globulariifólium**

— Pfl. 5–12 cm hoch; Blätt. spitz, meist 3zähnig an der Spitze, insgesamt länger als beim Typus; äußere Hüllblätt. ± lanzettl., kurz zugespitzt. *s* Vb, Ötztal (Ti). *Piemonteser T.*, ssp. **pedemontánum** (SCHULZ) BECH.

5. Wahlenbérgia SCHRAD., *Moorglöckchen*

Stg. fädl., schlaff, niederlgd.; Bltn. einzeln, lg.-gestielt, hellblau; ♃; VI–IX. Moore, Bruchwälder; *s* im W (b. Freiburg/Br., W-Vog., Pf, Maintal, b. Aachen, Be, Ho). Ⓖ **W. hederácea** (L.) RCHB.

6. Jasióne L., *Sandglöckchen*

1. Pfl. ohne Ausläufer; Blätt. am Rand meist wellig; Infl. 1,5–2,5 cm breit; Kzähne behaart; Bltn. himmelblau; ⊙; VI–VIII. Sandige Heiden, Nadelwälder, Brachäcker (bis 1200 m); *v* bis *z*. *Berg-S.*, **J. montána** L.

— Pfl. m. Ausläufern; Blätt. flach; Infl. 2,5–3 cm breit; Kzähne kahl; Bltn. blaulila; ♃; VII–VIII. Buschige, sandige Abhänge, Heiden; kalkmeidend; *s* Vog. u. S-Schw. (bis 1300 m), SchwAlb, Pf, Ts. (= *J. perennis* VILL. ex LAM.) *Ausdauerndes S.*, **J. laévis** LAM.

7. Lobélia L., *Lobelie*

1. Blkr. intensiv blau bis azurblau (selten blaß bis weißl.); Stg. aufstgd., ästig-mehrbltg.; Blattspreite oval, gezähnelt bis gekerbt, 2–3 cm lg.; ⊙; V–VIII. Als Zierpfl. *v* kult., zuw. verwild. (Heimat: S-Afrika) *Blaue L.*, **L. erinus** L.

— Blkr. blaßblau bis weißl., Sproß aufrecht **2**

2. Pfl. terrestrisch lebend; Stg. beblättert, markig; Blätt. gesägt; Infl. meist rispig; ♃; VII–VIII. Feuchtwiesen; *s* Be. *Land-L.*, **L. úrens** L.

— Wasserpfl. m. untergetauchten Blätt.; Stg. fast blattlos, hohl *(185)*; Blätt. ganzrandig, in grdst. Rosette; Infl. traubig; ♃; VII–VIII. Ufer überschwemmter Seen; *s* Be, Ho, We, NS, SH, Da, Po, OPr. Ⓖ ! *Wasser-L.*, **L. dortmánna** L.

8. Symphyándra A. DC., *Ringglockenblume*

Stg. bis zur Infl. beblätt.; Blätt. elliptisch-zugespitzt, gleichmäßig fein gezähnt; Infl. etwas einstswendig, m. hgd. Bltn.; Blkr. 20–30 mm groß, gelbl.weiß bis bläul.weiß, K.blätt. breit-3eckig, halb so lg. wie diese u. ihr anlgd.; ⊙; VII–VIII. Felshänge; verwild. u. eingebürgert St. (Heimat: Bosnien) **S. hofmánnii** PANTOCZEK

9. Downingia Torr., *Scheinlobelie*
Sprosse niederlgd. bis aufstgd.; Blätt. schmal-eif.-zugespitzt, 1 cm lg.; unterst. Frkn. stielart., bis 3 cm lg.; Blkr. weiß, fliederfarben getönt u. im Schlund intensiver gestreift; ⊙; VI–VII. Mit Grassaat zuw. eingeschleppt, ob dauerhaft? (Heimat: W-Nordam.)
D. élegans (Dougl.) Torr.

Ordnung: **Asterales**

Familie: **Asteráceae** *(= Compositae), Köpfchenblütler, Korbblütler*

Kräuter od. Stauden; Blätt. wechsel-, seltener gegenst., ohne Nebenblätt.; Bltn. zu mehreren bis vielen in köpfchenf., von Hüllblätt. (= Involucrum) umgebenen, oft eine Einzelblüte vortäuschenden *(194)* Köpfchen; Hüllblätt. 1- bis mehrreihig, oft dachziegelig (= dachig, *994, 995*), die inneren zuw. blumenblattart. gefärbt *(Carlina, Xeranthemum, Helichrysum, Gnaphalium);* Bltn. auf scheibenf. verbreiterten, walzenf., kugeligen od. schüsself. vertieften Köpfchenboden (*986–989,* schraffiert), entw. ohne Tragblätt. (*986,* „nackter" Köpfchenboden) od. von schuppenf. Tragblätt. (= Spreublätt., *977* S) bzw. Borsten gestützt, meist ⚥, selten eingschl. (*Xanthium, Ambrosia* u. Randbltn. des Köpfchens); K. fehlend *(977),* in Form unscheinbarer Schuppen od. aus fedrigen Haaren (= Pappus, *978, 981–982* P) bestehend u. der reifen Fr. als Flugorgan dienend; Blkr. entweder radiär, m. trichterf., 5zipfeliger Röhre (= Röhrenblüten, *977, 987*), od. stark zygomorph, zungenf. (= Zungenblüten, *979, 986*); bei den sog. „gefüllten" Köpfchen stehen anstelle der Röhrenbltn. ebenfalls Zungenbltn.; Stbblätt. 5, ihre Stbbeutel zu einer den Gr. umgebender Röhre (*979,* R) verwachsen, nach innen aufspringend u. den Pollen auf „Fegehaare" des Gr. entleerend; Frkn. unterst., 2blättrig; Fr. eine 1samige, meist vom 1- od. mehrreihigen Pappus[1] getragene Schließfr. (*981, 982;* = Achaene; Fr. u. Samenschale miteinander vereinigt).

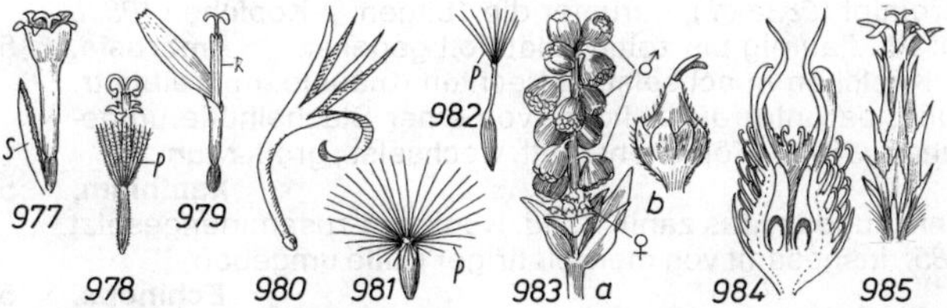

1. Alle Bltn. des Köpfchens zungenf. *(980),* 5zipfelig *(979);* Pflanzen (bes. jüngere Teile) meist milchsaftführend. Unterfamilie **Cichorioideae** *(= Liguliflorae)* . . **Tabelle C,** 553
— Höchstens randl. Bltn. zungenf., diese m. 3zipfeliger Zunge *(989)* od. ganzrandig; übrige Bltn. röhrenf.[2]; Pfl. nur selten

[1] Beim Betrachten der Pappushaare (= -strahlen) diese umbiegen! Die Ausbildung des Pappus beobachte man möglichst an den zentralen Bltn.
[2] Bei „gefüllten" **Gartenformen** der *Asteroideae* können auch sämtliche Bltn. zungenf. sein, dann aber die Zunge niemals 5zipfelig u. stets ohne Milchsaft.

m. Milchsaft, dann aber Köpfchen nur m. Röhrenbltn. Unterfamilie **Asteroideae** (= *Tubuliflorae)* **2**

2. Alle Bltn. des Köpfchens röhrenf. *(987–988),* hierbei zuw. die randst. vergrößert u. leicht zygomorph (auch ± steril) *(988);* Pfl. sehr selten m. Milchsaft . . . . . **Tabelle A,** 546

— Nur die Scheibenbltn. des Köpfchens röhrenf., von einem Kranz randst. Zungenbltn. *(989)* umgeben; niemals m. Milchsaft . . . . **Tabelle B,** 550

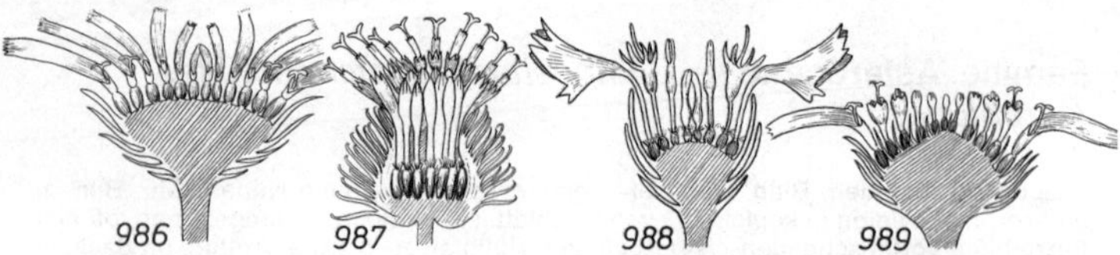

986 987 988 989

Tabelle A: Köpfchen nur mit Röhrenblüten

1. Alle Bltn. des Köpfchens ⚥ (wenn eingschl., dann Pfl. 2häusig u. alle Köpfchen der Pfl. untereinander gleich); Randbltn. zuw. ♀ **3**

— Alle Bltn. eingschl., Pfl. 1häusig: neben Köpfchen m. nur ♂ Bltn. in größerer Zahl finden sich Köpfchen m. nur 1–2 ♀ Bltn. **2**

2. ♂ Bltn. in halbkugeligen, nickenden Köpfchen, m. verwachsener Hülle, zu endst. (tragblattlosen!) traubigen Infl. vereinigt (*983a* ♂), darunter die 1bltgen ♀ Köpfchen (*983b* ♀); Pfl. flaumig bis zottig; Blätt. oft gegenst. **Ambrosia,** 564

— ♂ Köpfchen in achselst. aufrechten Knäueln, m. freiblättr. Hülle, darunter die 2bltgen, von einer Stachelhülle umgebenen *(984)* ♀ Köpfchen; Blätt. wechselst., groß, rauh **Xanthium,** 565

3(1). Infl. kugelig, aus zahlr. 1bltg. Köpfchen zusammengesetzt *(985),* insgesamt von mehrblättriger Hülle umgeben **Echinops,** 585

— Köpfchen mehr- bis vielbltg.; Einzelbltn. (außer dem Pappus) nicht von besonderer Hülle umgeben **4**

4. Stg. z. Bltzt. nur m. schuppenf. Niederblätt.; Blkr. rötl. od. weißl.gelb; Köpfchenboden ohne Spreublätt.; Blätt. sehr groß, erst nach der Blüte erscheinend . . . **Petasites,** 577

— Stg. z. Bltzt. m. normalen Laubblätt. **5**

5. Innere Hüllblätt. nicht zungenart. verlängert u. nicht strahlend **10**

— Innere Hüllblätt. trockenhäutig, zungenart. verlängert u. bltnblattart. gefärbt (strahlend), dadurch Zungenbltn. vortäuschend (Kriterium: beim vollst. Herauszupfen solcher Blätt. hängen niemals Stbblätt., Gr. u. Frkn. an) . . . **6**

6. Pfl. distelart.; innere Hüllblätt. gelb od. silbergrau; Köpfe 2–13 cm im Dm, oft einzeln . . . . **Carlina,** 585
— Pfl. nicht distelart. **7**
7. Köpfe einzeln od. deutl. voneinander entfernt, 1,5–5 cm breit **9**
— Köpfchen knäuelig od. trugdoldig gehäuft, 6–10 mm breit; Pfl. wollig behaart **8**
8. Hüllblätt. rosa, weiß od. bräunl. . . . . . . **Antennaria,** 560
— Hüllblätt. gelb . . . . **Helichrysum arenarium,** 562
9(7). Pfl. kahl od. rauh . . . . . **Helichrysum bracteatum,** 562
— Pfl. wollig bis filzig behaart . . . . . . **Xeranthemum,** 585
10(5). Bltn. ohne Pappus, dieser höchstens als ein kleines Krönchen ausgebildet *(990)* **41**
— Bltn. m. verlängertem Pappus (bei *Bidens* nur wenige grannenart. Borsten vorhanden; *991*) **11**
11. Köpfchenboden ohne Spreublätt. od. Borsten od. Haaren (nur bei *Filago* zwischen den äußeren Bltn. den Hüllblätt. ähnl. Spreublätt.) **27**
— Köpfchenboden m. Spreublätt. od. Borsten **12**
12. Blätt. gegenst., ungeteilt, fiedschnittig od. gefied.; Fr. m. 2–5 grannenart. Pappusborsten *(991);* Hüllblätt. z. T. laubig **Bidens,** 566
— Blätt. wechselst., zuw. in grdst. Rosette **13**
13. Hüllblätt. (wenigstens die äußeren!) m. meist hakig eingerollter Stachelspitze *(987);* Blätt. ungeteilt, die grdst. bis 50 cm lg. . . . . **Arctium,** 586
— Hüllblätt. nicht hakig eingerollt, wohl aber zuw. in eine Stachelspitze auslaufend **14**
14. Bltn. blau, violett, purpurn, rötl., seltener rosa od. weiß **19**
— Bltn. gelbl.-weiß, gelb bis rotgelb **15**
15. Bltn. goldgelb, nach der Blüte orangerot; Köpfe von stachelig gezähnten Hochblätt. umgeben; Pappus zuw. fehlend; Blätt. kahl . . . . **Carthamus,** 595
— Bltn. gelbl.-weiß bis gelb **16**
16. Pappus aus langen, federig behaarten Strahlen *(993);* Köpfe fast stets ohne Außenhüllblätt. . . . . **Cirsium,** 588
— Pappusstrahlen nicht behaart **17**
17. Stg. durch die herablaufenden, wollig-graufilzigen, lineal-lanzettl. Blätt. geflügelt . . . . **Centaurea,** 592
— Stg. nicht geflügelt **18**
18. Stgblätt. stgumfassend-sitzend, im Umriß breit-lanzettl., bis 20 cm lg., stachelig-schrotsägezähnig, klebrig . **Cnicus,** 595

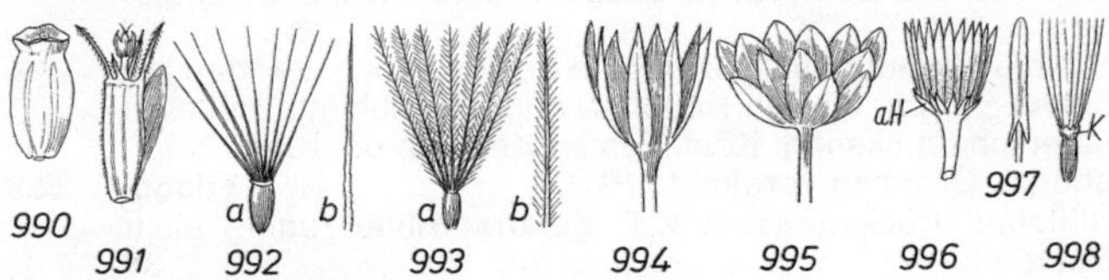

990 991 992 993 994 995 996 997 998

— Stgblätt. ganzrandig, klein, nie größer als 2 cm, wie der Stg. u. die Köpfchen meist ± filzig behaart, nicht klebrig **Filago,** 559
19(14). Blätt. weißl. gefleckt, marmoriert; Hüllblätt. m. lg., an ihrem Grd. gezähnter Stachelspitze . . . . . . **Silybum,** 591
— Blätt. nicht weiß gefleckt od. marmoriert **20**
20. Pappusstrahlen haarf., nicht lg.federig behaart *(992),* zuw. aber kurz gezähnt **22**
— Pappusstrahlen (wenigstens die inneren!) lg.federig behaart *(993)* **21**
21. Laub- u. Hüllblätt. nicht stachelig gezähnt; Köpfchen einzeln od. doldig gehäuft; Alpenpfl., nur bis 40 cm hoch **Saussurea,** 587
— Laub- u. oft auch Hüllblätt. stachelig-gezähnt . **Cirsium,** 588
22(20). Laubblätt. stachelig-gezähnt od. stachelig-fiedteilig **Carduus,** 587
— Laubblätt. nicht stachelig **23**
23. Hüllblätt. ohne trockenhäutiges Anhängsel; Randbltn. nicht vergrößert **26**
— Hüllblätt. m. trockenhäutigem Anhängsel *(1051–1064)* od. m. geradem od. gefied. Dorn *(1065–1067);* Randbltn. oft vergrößert u. steril *(988)* **24**
24. Fr. kantig; innere Pappusstrahlen länger als die äußeren; Köpfe einzeln, 5–11 cm breit . . . . **Leuzea,** 591
— Köpfe kleiner; Infl. meist mehr- bis vielköpfig; Fr. rund **25**
25. Randbltn. steril; mittl. Hüllblätt. in vielfältiger Weise geschlitzt bis gefedert *(1051–1067)* . . . . . **Centaurea,** 592
— Randbltn. fertil; mittl. Hüllblätt. m. fast ganzrandigem Anhängsel *(1050);* Pfl. stark buschig verzweigt, m. aufrecht strebenden Ästen, nicht sparrig; Pfl. reichköpfig **Acroptilon,** 592
26(23). Blätt. untersts. weißfilzig, tief- u. gleichmäßig fiedspaltig, Endfied. nicht vergrößert; Sandpfl. der Ebene **Jurinea,** 587
— Blätt. untersts. nicht filzig, ungeteilt od. gefied., dann meist m. vergrößerter Endfied.; Pfl. feuchterer Standorte od. Bergpfl. **Serratula,** 591
27(11). Blätt. breit bis sehr breit od. fiedspaltig bis tief gesägt **33**
— Blätt. schmal-lineal, lineal-lanzettl., ganzrandig . . . **28**
28. Blätt. kahl, schmal-lineal; Bltn. gelb; Hüllblätt. dachziegelig angeordnet *(995)* . . . . **Aster linosyris,** 556
— Blätt. wenigstens untersts. filzig; Bltn. nie rein gelb . **29**
29. Köpfchen von sternf. ausgebreiteten, weiß-filzigen Hochblätt. umgeben . . . . **Leontopodium,** 561
— Köpfchen nicht von sternf. ausgebreiteten Hochblätt. umgeben **30**
30. Hüllblätt. krautig-filzig, am Rand trockenhäutig; zw. den äußeren ♀ Bltn. oft den Hüllblätt. ähnl. Spreublätt.; Hülle im Querschnitt 5kantig; Köpfchen zu Knäueln od. rundl. Köpfchen 2. Ordnung vereinigt *(1001)* . . . . **Filago,** 559
— Hüllblätt. trockenhäutig, z.T. gefärbt; Hülle rundl., nicht 5kantig **31**

31. Pfl. 2häusig; Köpfchen der ♀ Pfl. nur m. Fadenbltn. (vgl. Fußnote S. 559); Köpfchen der ♂ Pfl. m. ⚥, keine Fr. ansetzenden Bltn.; Pappus beider Bltnformen unterschiedl.; Köpfchen trugdoldig . . . . **Antennaria,** 560
— Pfl. 1häusig; ⚥ Röhren- u. ♀ Randbltn. in einem Köpfchen vereinigt **32**
32. Hüllblätt. braun od. gelbl. od. braun gesäumt; Köpfchen in Ähren, Trauben od. Knäueln; letztere zuw. noch von Hochblätt. umgeben *(1004–1006)* . . . . **Gnaphalium,** 561
— Hüllblätt. u. Bltn. lebhaft gelb, in doldigen Bltnständen (s. auch Nr. **8**—) . . . . **Helichrysum,** 562
33(27). Bltn. nicht gelb **36**
— Bltn. gelb bis rötl.gelb **34**
34. Hülle ohne Außenhülle; Blätt. schwach gezähnt, elliptisch, obersts. weichhaarig, untersts. dünnfilzig; äußere Bltn. rötl. **Inula conyza,** 562
— Hülle m. Außenhülle **35**
35. Köpfchen am Rand m. 2 od. mehreren Reihen fadenf. Bltn.; Blätt. lanzettl., doppelt unregelmäßig gezähnt bis gesägt; Fr. spärl. behaart . . . . **Erechthites,** 578
— Köpfchen auch am Rand m. ⚥ Bltn.; Blätt. meist buchtig-fiedspaltig . . . . **Senecio,** 580
36(33). Pfl. distelartig, bis 2 m hoch; Stg. breit-stachelig geflügelt; Fr. 4kantig; Köpfchenboden tief bienenwabig-grubig **Onopordum,** 591
— Pfl. nicht distelart.; Blätt. herz-eif.-rundl. bis eif.-nierenf. od. gefied. **37**
37. Blätt. wechselst. od. grdst., zuw. erst nach der Blüte erscheinend **39**
— Blätt. (wenigstens die der unt. Stghälfte) gegenst. . . **38**
38. 50–150 cm hohe Wildpfl.; Blätt. fiedrig; Gr.-Äste lg., rosa od. weiß; Pappus aus zahlr. Haaren . . . **Eupatorium,** 555
— 10–50 cm hohe Zierpfl. (gelegentl. verwild.); Blätt. einfach; Gr.-Äste lg., blau; Pappus aus kleinen Schüppchen **Ageratum,** 555
39(37). Blühende Sprosse bis zum Bltnstand m. Laubblätt., diese sehr groß, am Rand gezähnt; Bltn. purpurrot, rosa od. weiß, meist wenigbltg. Köpfchen zu reichköpfigen Doldenrispen vereinigt . . . . **Adenostyles,** 576
— Blühende Sprosse nur m. Schuppenblätt. besetzt; Laubblätt. rosettig, grdst., zuw. erst nach der Blüte . . . **40**
40. Blühende Sprosse 1köpfig; Blätt. nierenf., klein, derbledrig **Homogyne,** 578
— Blühende Sprosse m. zahlr., rispenf. angeordneten Köpfchen . . . . **Petasites,** 577
41(10). Hüllblätt. m. trockenhäutigem, oft gefied. od. in eine Dornspitze auslaufendem Anhängsel *(1051–1067);* Randbltn. oft vergrößert, steril *(988)* . . . . . **Centaurea,** 592
— Hüllblätt. ohne trockenhäutiges Anhängsel **42**
42. Köpfchenboden ohne Spreublätt., kahl od. behaart . **47**
— Köpfchenboden m. Spreublätt. **43**

43. Blätt. einfach bis doppelt fiedteilig **46**
— Blätt. ungeteilt **44**
44. Köpfchen 6–7 cm im Dm, m. orangegelben Zungenbltn., m. gewölbtem Boden; Blätt. gesägt, lanzettl.-eif.; Pfl. bis 150 cm hoch . . . . **Heliopsis,** 566
— Köpfchen viel kleiner **45**
45. Blätt. lg.gestielt, breit-eif., gesägt, gegenst. . . . . . **Iva,** 564
— Blätt. sitzend, breit-lineal, stachelig-gezähnt, wechselst. **Carthamus,** 595
46(44). Blätt. kammf. fiedteilig . . . . **Santolina,** 577
— Blätt. doppelt fiedteilig . . . . . . **Anthemis tinctoria,** 567
47(42). Pfl. m. starkem Kamillengeruch; Köpfchen 5–8 mm breit, einzeln od. zu wenigen am Ende der Triebe; Bltn. grünl.gelb . . . . **Matricaria discoidea,** 571
— Pfl. nicht nach Kamille duftend **48**
48. Köpfe einzeln am Ende längerer Triebe **51**
— Köpfe gehäuft, in Knäueln, Köpfen 2. Ordnung, Doldentrauben, Rispen od. Trauben *(1004–1006)* **49**
49. Hüllblätt. in 2 Reihen *(994),* unterststs. lg. behaart; Köpfchen in kugeligen, endst. u. seitenst. Knäueln; Pfl. dicht-weißwollig-filzig; Stg. gabelig verzweigt, nur bis 20 cm hoch **Micropus,** 559
— Hüllblätt. meist deutl. mehrreihig, dachziegelig *(995);* Sproß m. durchgehender Hauptachse **50**
50. Köpfchen bis 6 mm breit, in ährigen, traubigen, rispigen od. kopfigen Bltnständen . . . . **Artemisia,** 574
— Köpfchen breiter als 6 mm, in schirmf. od. lockeren Doldenrispen . . . . **Chrysanthemum,** 572
51(48). Äußere Hüllblätt. laubblattart., ungleich groß, zurückgebogen; Köpfe nickend; Blätt. rhombisch-eif. **Carpesium,** 563
— Hüllblätt. nicht laubblattart., in 2–3 Reihen; Blätt. scheidigstgumfassend, etwas fleischig; Köpfchen z. Bltzt. ± aufrecht; Blätt. tief fiedteilig . . . . **Cotula,** 574

Tabelle B: Köpfchen mit Röhren- und mit Zungenblüten

1. Zungenbltn. gelb, selten orange- bis rötl.-gelb (bei *Senecio abrotanifolius,* S. 582, u. bei *S. integrifolius,* S. 580, zuw. bis feuerrot) **15**
— Zungenbltn. weiß, gelbl., blau od. rötl. **2**
2. Sproß beblätt. **5**
— Sproß blattlos od. m. schuppenf. Hochblätt.; Laubblätt. in grdst. Rosette **3**
3. Pfl. z. Bltzt. ohne grüne Blätt.; Bltn. rötl. od. gelbl.; Köpfchen in Rispen od. Trauben . . . . **Petasites,** 577
— Pfl. z. Bltzt. m. grünen Blätt., diese in grdst. Rosette; Zungenbltn. weiß **4**
4. Fr. m. Pappus; Hüllblätt. spitz . . . **Aster bellidiastrum,** 556
— Fr. ohne Pappus; Hüllblätt. stumpf . . . . **Bellis,** 556

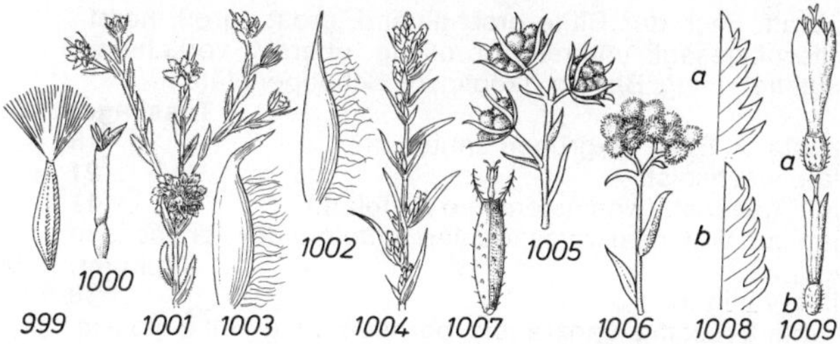

5(2). Blätt. gegenst., ungeteilt; Bltnköpfe klein, m. 4–5 weißen Zungenbltn.; Pappus aus gefransten Schuppen bestehend **Galinsoga,** 567

— Blätt. wechselst. **6**

6. Röhrenbltn. weiß od. grau; Bltnköpfe in dichten Doldenrispen; Köpfchen klein . . . . **Achillea,** 569

— Röhrenbltn. gelb od. bräunl.-weiß **7**

7. Blätt. ungeteilt, ganzrandig od. gesägt; Hüllblätt. mehrreihig **13**

— Blätt. gefied., fiedspaltig od. sehr tief gesägt **8**

8. Blätt. einfach gefied., m. breiteren, eingeschnitten-gesägten Fied. od. Blätt. ungeteilt, aber tief gesägt **Chrysanthemum,** 572

— Blätt. doppelt gefied., m. linealen Fied. **9**

9. Köpfchenboden m. Spreublätt., meist flach gewölbt, selten kegelf. verlängert, nicht hohl **11**

— Köpfchenboden ohne Spreublätt., kegelf. aufgewölbt, hohl od. markig **10**

10. Köpfchenboden hohl . . . . **Matricaria,** 571

— Köpfchenboden markig . . . . **Tripleurospermum,** 572

11(9). Fr. zusammengedrückt, knorpelig geflügelt **Anacyclus,** 577

— Fr. nicht od. nur sehr schmal geflügelt **12**

12. Spreublätt. stumpf; Krone der Röhrenbltn. am Grd. m. einem Fortsatz, der die Spitze der Fr. allseitig, meist etwas schief umschließt *(1017)* . . . . **Chamaemelum,** 567

— Spreublätt. spitz od. stachelspitzig *(1019–1022);* Krone der Röhrenbltn. am Grd. ohne Fortsatz . . . . . . **Anthemis,** 567

13(7). Fr. ohne Pappus . . . . **Chrysanthemum,** 572

— Fr. m. Pappus **14**

14. Zungenbltn. schmal-lineal bis fädl., ± deutl. mehrreihig; Hüllblätt. schmal, lineal-lanzettl., meist ± gleich lg., krautig od. zum Rand od. zur Spitze hin häutig; Fr. meist 2nervig; Pappushaare meist zerbrechl. (vorsichtig umbiegen!) **Erigeron,** 557

— Zungenbltn. breiter, einreihig; Hüllblätt. meist deutl. dachziegelig angeordnet, häutig m. meist krautiger Spitze; Fr. meist mehrnervig; Pappushaare (beim Umbiegen) nicht zerbrechl. . . . . **Aster,** 556

15(1). Blätt. nach der Blüte erscheinend, grdst., groß, herzf., entfernt gesägt, untersts. graufilzig, obersts. verkahlend; Blattstiel rinnig; Bltnstg. 1köpfig, m. Schuppenblätt. **Tussilago,** 577
— Bltnstg. z. Bltzt. m. grünen Laubblätt. **16**
16. Blätt. wechselst. **21**
— Blätt. gegenst. (wenigstens die Grdblätt.) **17**
17. Blätt. am Grd. paarweise trichterf. miteinander verwachsen **Silphium,** 564
— Blätt. völlig frei **18**
18. Grdblätt. rosettig, ganzrandig, parallelnervig; Hülle glockig, 2reihig; Pfl. drüsig behaart, duftend . . . . . . **Arnica,** 578
— Grdblätt. nicht rosettig; Blätt. nicht ganzrandig u. nicht parallelnervig; Hüllblätt. 2reihig **19**
19. Pappus meist aus 2–4 widerhakigen Borsten bestehend *(991, 1007);* Stg. kahl, selten oberw. zerstr. behaart; Blätt. gefied., fiedteilig od. ungeteilt (dann aber lanzettl., mehrmals länger als breit); Hüllblätt. nicht klebrig . **Bidens,** 566
— Pappus fehlend od. als kurze Haarreihe; Stg. behaart **20**
20. Stgblätt. breit herzf.-zugespitzt, m. stielart. verschmälertem Grd.; äußere Hüllblätt. schmal, weit absthd., klebrig-drüsig, viel länger als das Köpfchen . . . . . . **Sigesbeckia,** 565
— Stgblätt. längl.-eif. bis lanzettl., sitzend; äußere Hüllblätt. anlgd., eif., nicht klebrig-drüsig, kürzer als das Köpfchen **Guizotia,** 566
21(16). Köpfchenboden steil kegelf. aufgewölbt (Längsschnitt!), m. Spreublätt.; Röhrenbltn. schwarzbraun; Fr. ± 4kantig od. seitl. zusammengedrückt; Pappus fehlend od. als sehr kurzes, zerschlitztes Krönchen . . . . . . **Rudbeckia,** 565
— Köpfchenboden flach od. schwach gewölbt *(986–989)* **22**
22. Blätt. gefied. od. fiedspaltig **32**
— Blätt. ungeteilt, ganzrandig od. gezähnt **23**
23. Fr. ohne Pappus od. m. 2 leicht abfallenden Borsten od. aus zerschlitzten Schüppchen bestehend **28**
— Fr. m. Pappus; Köpfchenboden ohne Spreublätt. . . **24**
24. Hüllblätt. dachziegelartig angeordnet, ungleich lg. *(995)* **26**
— Hüllblätt 1–3reihig, nicht dachziegelig angeordnet *(994, 996)* **25**
25. Hülle halbkugelig od. flach, 2–3reihig *(994),* aber ohne Außenhülle; Köpfe einzeln, 4–6 cm breit; Köpfchenboden gewölbt . . . . **Doronicum,** 578
— Hülle walzl., aus gleichlangen Blättchen bestehend, 1reihig, darunter oft m. Außenhülle (*996,* aH); Köpfchen meist in Rispen, Dolden od. Doldenrispen; Köpfchenboden flach **Senecio,** 580
26(24). Zungenbltn. 5–15, klein; Köpfchen in lockeren od. dolden- bis kegelf. Rispen; Köpfchenboden ohne Spreublätt. **Solidago,** 556
— Zungenbltn. zahlr. **27**
27. Pappus einfach (nur eine Reihe von Haaren) . . **Inula,** 562

— Pappusstrahlen in 2 Reihen, die äußere Reihe kurz, ein Krönchen bildend (*998,* K) . . . . **Pulicaria,** 563

28(23). Köpfchenboden ohne Spreublätt.; Hüllblätt. 2reihig; Fr. gekrümmt u. höckerig . . . . **Calendula,** 585

— Köpfchenboden m. Spreublätt.; Hüllblätt. dachziegelig; Fr. gerade **29**

29. Pappus fehlend od. aus zerschlitzten Schüppchen bestehend; Köpfe 3–6 cm breit **31**

— Pappus aus 2 (hinfälligen) Borsten bestehend . . . **30**

30. Köpfe 4–30 cm breit; Pfl. 1–3 m hoch . . . **Helianthus,** 565

— Köpfe 1,5–3 cm breit; Pfl. bis 60 cm hoch . . **Verbesina,** 566

31(29). Blätt. sehr groß, bis 6 cm breit, herz-eif., einfach bis grob doppelt gesägt; Zungenbltn. 1 mm breit; randst. Fr. 6 mm lg., undeutl. 3kantig; Köpfe 6–7 cm breit . **Telekia,** 564

— Blätt. nur bis 2 cm breit, längl.-lanzettl., entfernt gezähnt od. ganzrandig; Zungenbltn. 2–3 mm breit; randst. Fr. 4 mm lg., 3kantig geflügelt; Mittelnerv der Spreublätt. gekielt; Köpfe 3–4 cm breit . . . . **Buphthalmum,** 564

32(22). Fr. m. Pappus; Hülle glockig-walzl. . . . . . **Senecio,** 580

— Fr. ohne Pappus (höchstens als Krönchen) **33**

33. Blätt. grün, kahl . . . . **Chrysanthemum,** 572

— Blätt. grau bis weißl., filzig behaart **34**

34. Pappuskrönchen glattrandig, sehr kurz; Spreublätt. vorhanden, schlank-zugespitzt *(1019–1022);* Zungenbltn. ca. 20; Fied. 1. Ordnung eng u. gleichmäßig fiedspaltig (bis 8 Paare) . . . . **Anthemis,** 567

— Pappuskrönchen bis 2 mm lg., m. fransigem Rand; Spreublätt. fehlend; Zungenbltn. nur 8–12; Fied. 1. Ordnung nur m. 1–2(–3) Fiedpaaren 2. Ordnung . . . **Eriophyllum,** 566

Tabelle C: Köpfchen nur mit Zungenblüten[1]

1. Fr. m. Pappus (zumindest die Fr. in der Mitte des Köpfchens) **5**

— Fr. ohne deutl. ausgebildeten Pappus **2**

2. Bltn. himmelblau; Pappus nur aus kurzen, unscheinbaren Schüppchen gebildet . . . . **Cichorium,** 595

— Bltn. andersfarbig **3**

3. Stg. beblätt.; Bltnköpfchen armbltg.; Hülle walzl.-glockig; Hüllblätt. 1reihig, m. wenigen, kurzen, gekielten Außenhüllblätt. **Lapsana,** 596

— Blätt. in grdst. Rosette; Bltnschaft blattlos; Köpfe vielbltg., m. 1reihiger Hülle u. wenigblättr. Außenhülle **4**

4. Infl.schaft spitzenw. auffällig keulig verdickt, kahl; Hüllblätt. z. Frzt. kugelig zusammenneigend; Blätt. entfernt grob gezähnt; Bltn. blaßgelb . . . . **Arnoseris,** 596

[1] Zuw. treten verwild. verschiedene als Gartenpfl. kult. Arten der *Asteroideae* (= *Tubuliflorae*) m. „gefüllten" Köpfchen auf. Diese sind nach voriger Tab. (S. 550) zu bestimmen; **Milchsaft fehlt ihnen!**

— Infl.schaft spitzenw. nicht auffällig keulig verdickt, oben mehlig; Hüllblätt. z. Frzt. aufrecht; Blätt. schrotságef., löwenzahnart.; Bltn. goldgelb . . . . **Aposeris,** 596

5(1). Köpfchenboden m. hinfälligen, sich leicht ablösenden Spreublätt.; Stg.blätt. wenige od. fehlend; Grdblätt. meist rosettig; Fr. geschnäbelt (die randl. nicht immer) **Hypochoeris,** 596

— Köpfchenboden ohne Spreublätt. **6**

6. Pappus m. einfachen, höchstens kurz gezähnten Strahlen **12**

— Pappusstrahlen (wenigstens z.T.) federig **7**

7. Stg. m. Laubblätt. **9**

— Stg. blattlos od. nur m. schuppenf. Blätt. **8**

8. Blätt. ganzrandig, meist kahl, bisweilen am Grd. od. jung weichhaarig; Fiederchen der Pappusstrahlen miteinander verflochten . . . . **Scorzonera,** 599

— Blätt. schwach bis buchtig gezähnt, wenn ganzrandig, dann deutl. behaart; Fiederchen der Pappusstrahlen frei **Leontodon,** 596

9(7). Hüllblätt. 1(−2)reihig, gleichlg., am Grd. etwas verwachsen; Pappusfied. miteinander verflochten; Fr. lg.-geschnäbelt *(982);* Blätt. lineal . . . . **Tragopogon,** 598

— Hüllblätt. 2- bis vielreihig, dachziegelig od. gleichlg.; Fr. kurz u. deutl. od. kaum geschnäbelt *(981, 999),* wenn lg.geschnäbelt, dann Blätt. lanzettl. u. borstig **10**

10. Blätt. ± tief fiedspaltig; Fied. der Pappusstrahlen ineinander verwoben . . . . **Podospermum,** 600

— Blätt. ungeteilt, höchstens schwach buchtig gezähnt . **11**

11. Blätt. lineal, lanzettl. od. schmal-eif., ganzrandig od. gezähnelt, glatt od. selten weich behaart; Fied. der Pappusstrahlen ineinander verwoben . . . . **Scorzonera,** 599

— Blätt. buchtig gezähnt bis ganzrandig, borstig-rauh; Pappus leicht abfallend; Außenhülle ± deutl. ausgebildet; Fied. der Pappusstrahlen nicht untereinander verwoben . **Picris,** 598

12(6). Fr. ungeschnäbelt *(981)* **18**

— Fr. geschnäbelt (zuw. nur kurz); Pappus dadurch stielart. emporgehoben *(982)* **13**

13. Blätt. in grdst. Rosette, schrotsägef.; Infl.schaft vollkommen blattlos, röhrig, hohl, 1köpfig . . . . **Taraxacum,** 600

— Infl.-Stiel beblätt. (wenigstens m. kleinen Schuppenblätt.), meist nicht hohl, mehrköpfig **14**

14. Infl.-Stiel m. normalen Laubblätt. **16**

— Infl.-Stiel nur m. schuppenf. od. kleinen, linealen Hochblätt., bisweilen noch m. 1 normalen Laubblatt; Hülle m. Außenhülle **15**

15. Köpfchen 7−15bltg.; Bltn. in 2 Reihen angeordnet; Fr. lg. geschnäbelt, oberw. höckerig *(1047);* Stg. oberw. kahl; Hülle flaumig behaart . . . . **Chondrilla,** 600

— Köpfchen vielbltg.; Bltn. mehrreihig; Fr. oben m. gezähntem Krönchen *(1048);* Stg. oberw. gleich der Hülle dicht schwarz-steifhaarig . . . . **Calycocorsus,** 600

16(14). Fr. fast stielrund; Hüllblätt. 2reihig; Bltn. gelb **Crepis,** 604
— Fr. ± flach zusammengedrückt; Bltn. gelb od. blau . **17**
17. Köpfchen meist 5bltg.; Bltn. blaßgelb; Hüllblätt. 1reihig, m. Außenhülle . . . . **Mycelis,** 603
— Köpfchen mehr als 5bltg.; Bltn. gelb od. blau; Hüllblätt. mehrreihig . . . . **Lactuca,** 603
18(12). Bltn. gelb od. orangerot **20**
— Bltn. rötl. od. blau **19**
19. Köpfchen vielbltg.; Bltn. mehrreihig; Hüllblätt. zahlr.; Fr. etwas zusammengedrückt . . . . **Cicerbita,** 602
— Köpfchen 5bltg., in lockerer Rispe; Bltn. 1reihig; Hüllblätt. 6–8 . . . . **Prenanthes,** 607
20(18). Blätt. am Rand borstig-stachelig gezähnt; Fr. ± deutl. zusammengedrückt . . . . **Sonchus,** 602
— Blätt. nicht borstig-stachelig; Fr. walzl. od. undeutl. zusammengedrückt **21**
21. Fr. nach oben verschmälert od. kurz schnabelf. verjüngt *(999);* Pappushaare meist reinweiß, biegsam; äußere Hüllblätt. oft eine Außenhülle bildend (= Hülle 2reihig) **Crepis** 604
— Fr. nach oben nicht verschmälert, ganz schnabellos; Fr. oberw. nicht verjüngt *(1049–1050);* äußere Hüllblätt. nur selten eine Außenhülle bildend **22**
22. Pfl. m. zahlr., linealischen, ganzrandigen, kahlen, blaugrünen Grdblätt. u. 0–2 viel kürzeren Hochblättchen; Pfl. m. unterirdischen Ausläufern; Hüllblätt. deutl. 2reihig, äußere viel kürzer als innere; Pappushaare 1reihig, reinweiß bis schmutzigweiß, seine Strahlen aber biegsam u. gleich lg. **Tolpis,** 607
— Grdblätt. fast ausnahmslos breiter, oft behaart; Stg. häufig beblätt.; Pfl. ohne od. m. oberirdischen Ausläufern, diese selten unterirdisch; Hüllblätt. dachziegelig bis mehrreihig angeordnet; Pappushaare 1- od. 2reihig, gleich od. verschieden lg., schmutzigweiß, seine Strahlen steif, beim Umbiegen zerbrechend . . . . **Hieracium,** 608

Unterfamilie **Asteroídeae** *(= Tubuliflorae)*

1. Agératum L., *Leberbalsam*

Blätt. herzf., regelmäßig gesägt; Bltn. blau, rosarot bis weiß; Narben blau, weit aus Blkr. herausragend; ⨀–♃. Gartenzierpfl.; s verwild, z. B. Bodensee, FrAlb. (Heimat: S-Mexiko) (= *A. mexicanum* Sims) **A. houstoniánum** Mill.

2. Eupatórium L., *Wasserdost, Wasserhanf*

Stg. einfach, 50–150 cm hoch; Blätt. handf. 3–7schnittig; Bltn. rosa, selten weiß; Narben rosa-gelbl., weit aus der Blkr. herausragend; Köpfchen 4–6bltg., in Doldenrispen; ♃; VII–IX. Feuchte Waldstellen, Gräben, Kahlschläge (bis 1200 m); *v.* **E. cannábinum** L.

3. Solidágo L., *Goldrute*

1. Zungenbltn. die Röhrenbltn. weit überragend; Köpfchen über 10 mm im Dm; Pfl. ohne Ausläufer; ♃; VII–X. (2 ssp.)
Echte G., **S. virgáurea** L.

a. Pfl. 20–80 cm hoch; Köpfchen zahlr., in meist reich verzweigter Rispe; Hüllblätt. 5–7 mm lg., dachig angeordnet. Lichte Wälder, Heiden, Weiden (bis 1600 m); *v,* im NW nur *z.* ssp. **virgáurea**

— Pfl. 5–25 cm hoch; Köpfchen wenige, traubig angeordnet od. unt. Triebe wenig verzweigt; Hüllblätt. 5–9 mm lg., ± gleich lg., nicht bis kaum dachig. Alpenmatten, Krummholzreg. [(1000–)1500–2500 m]; *v* Alp., *z* bis *s* M-Geb. (Vog., S-Schw., Bayr/Böhmw., Thw., Harz, Elbsandsteingeb., Erzgeb., Sudeten). [= ssp. *alpestris* (W. & K. ex WILLD.) HAY.] ssp. **minúta** (L.) ARC.

— Zungenbltn. die Röhrenbltn. nicht od. kaum überragend; Köpfchen 4 mm im Dm, in dichten, meist einstswendigen Rispen od. Trugdolden; Pfl. m. Ausläufern, daher meist bestandsbildend. (Gartenzierpfl.; Heimat: N-Am.) **2**

2. Köpfchen fast ungestielt, in Trugdolden; Köpfchenboden gewimpert; Stgblätt. ganzrandig; Pfl. bis 80 cm hoch; ♃; VII–X. Zuw. verwild. u. gelegentl. eingebürgert (Flußufer); S-ObRhein, Ba (bes. Isartal), östl. Hamburg. (= *S. lanceolata* L.)
Grasblättrige G., **S. graminifólia** (L.) SAL.

— Köpfchen kurz gestielt, in ± überhgd., im Umriß pyramidenf. Rispen; Rispenäste meist einstswendig; Köpfchenboden kahl; Stgblätt., wenigstens die unt., gesägt; Pfl. 50–250 cm hoch; im Gebiet völlig eingebürgert . **3**

3. Rispenäste ± aufrecht; Zungenbltn. so lg. wie Röhrenbltn.; Blattunterseiten u. Stg. dicht kurzhaarig; ♃; VII–X. Auwälder, Ufergebüsch, Schuttfluren; *v* u. *h,* in Ausbreitung begriffen, im N nur *z.* *Kanadische G.,* **S. canadénsis** L.

— Rispenäste bogig überhängend; Zungenbltn. deutl. länger als Röhrenbltn.; Blattunterseiten kahl od. auf den Nerven kurz behaart; Stg. wenigstens unterw. kahl; ♃; VIII–X. Wie vorige; *v* bis *z.* (= *S. gigantea* AIT. var. *leiophylla* FERNALD)
Riesen-G., **S. gigantéa** AIT. var. **serótina** (AIT.) CRONQUIST

4. Béllis L., *Gänseblümchen*

Rosettenblätt. spatelf. bis verkehrt-eif., gestielt; Röhrenbltn. gelb; Zungenbltn. weiß, mitunter leicht rosa; ♃; III–XI. Wiesen, Grasplätze, Parkrasen (bis 2000 m); *g* u. *h.* **B. perénnis** L.

In Gärten, auch rotblühend, als „Tausendschön" m. gefüllten Köpfchen kultiviert.

5. Áster L., *Aster*

1. Zungenbltn. fehlend; Köpfchen goldgelb; Stgblätt. zahlr., 2 mm breit, lineal, 1nervig; ♃; VII–X. Steppenhänge, Heidewiesen (bis 1000 m); kalkliebend; *v* bis *z* RhPf, NW-Ba, *s* im S (in Au nur Kt), nördl. *s* bis S-Be (*f* Lx), N-He, nördl. d. Harzes, Th, An, Br, Schl.
Gold-A., **A. linosýris** (L.) BERNH.

— Zungenbltn. vorhanden **2**

2. Blätt. in grdst. Rosette; Infl.schaft einköpfig; Zungenbltn. weiß od. rötl.; Pfl. einer großen *Bellis* ähnl.; ♃; IV–IX. Lichte Wälder, feuchte, steinige Abhänge (bis 2600 m); kalkliebend; *v* Alp. u. Vorland, Schw.Alb, *s* Feldberg (Schw.), südl. der Donau. (= *Bellidiastrum michelii* CASS.) *Alpenmaßliebchen,* **A. bellidiástrum** (L.) SCOP.

— Köpfchenstg. beblättert **3**

3. Stg. 1- od. wenigköpfig; Köpfchen 3–5 cm breit; Zungenbltn. violett-blau; ♃; VI–VIII. Magermatten, Triften, Felsen (bis 2750 m); *v* Alp., *s* O-Harz, Th, N-tschechische Randgeb. (2 var.)
Ⓖ *Alpen-A.,* **A. alpínus** L.

— Stg. vielköpfig; Köpfchen kleiner **4**

4. Pfl. 60–120 cm hoch, m. Ausläufern; Hüllblätt. 1 mm breit;

leicht verwildernde Zierpfl. aus N-Am. **6**
— Pfl. 5–60 cm hoch, ohne Ausläufer; Hüllblätt. 1,5–3 mm breit; Wildarten **5**

5. Stg. kahl od. fast kahl, oft rot überlaufen; Stgblätt. dickl., höchstens am Rand gewimpert; Hüllblätt. fast 2reihig, längl.-eif., stumpf, kahl, anlgd.; Zungenbltn. hellblau-zartlila, selten weiß; ⊙; VI–X. Strandwiesen der Meeresküsten *v*, *s* salzhaltige Stellen im Binnenland [bes. Th, S-SaAn, auch NS, O-We, b. Bad Nauheim (He), Werratal, NW-E]. *Salz-A.*, **A. tripólium** L.
— Stg. wenigstens oberw. behaart; Stgblätt. nicht dickl., unterststs. kurzhaarig; Hüllblätt. dachig, spatelf., behaart, etwas absthd.; Zungenbltn. blaulila, selten rötl. od. weiß; ♃; VII–X. Heidewiesen, sonnig-steinige Abhänge, lichte Wälder (bis 1400 m); kalkliebend; *v* Alb, N-BW, NW-Ba, Isartal, *z* bis *s* im übrigen S, nördl. bis Lx/Eifel/S-NS/Th/An/Br/böhm. Randgeb., in Au *z* (*f* Vb, Sb).
Ⓖ *Berg-A.*, *Kalk-A.*, **A.améllus** L.

6(4). Stg. u. Stgblätt. völlig kahl; Zungenbltn. blau; Stgblätt. (wenigstens die ob.) am Grd. verbreitert; unt. Stgblätt. schwach gesägt, ob. ganzrandig; Hüllblätt. ungleich lg., dicht dachig, ledrig u. nur ihre Spitzen krautig . **7**
— Pfl. anders; Stg. oberw. wenigstens flaumig od. drüsig behaart **8**

7. Pfl. blaugrün bereift; ob. Stgblätt. stgumfassend; Blätt. der Seitentriebe deutl. kleiner als die Stgblätt.; ♃; IX–XI. (Ufer-)Gebüsche, Auwälder; wo eingebürgert?
Glatte A., **A. laévis** L.
— Pfl. grün; ob. Stgblätt. m. verbreitertem Grd., etwas geöhrt; Blätt. der Seitentriebe nur wenig kleiner als die Stgblätter; ♃; IX–XI. Wie vorige, häufig m. dieser verwechselt! Eingebürgert, z. B. We, SaAn, Baden, Ba, Sb, St. (= *A. laevis* x *A. novibelgii?*) *Bunte A.*, **A. versícolor** Willd.

8(6). Stg. allseits steifhaarig, oberw. drüsig; ob. Stgblätt. stgumfassend, ganzrandig; Hüllblätt. fast gleichlg., pfrieml., drüsig; Zungenbltn. blau, violett, rosa, rot; ♃; IX–XI. Schutt, Auwälder; oft verwildert, bes. Elbe, Ob-Rhein, Neckar; ob irgendwo fest eingebürgert? *Neuenglische A.*, **A. nóvae-ángliae** L.
— Stg. nicht allseits steifhaarig, Haare vielfach in (kürzeren) Haarleisten; (Ufer-)Gebüsche, Auwälder, Schutt, Straßenränder; *z* u. stellenweise eingebürgert, z. T. in Massenbeständen **9**

9. Ob. Stgblätt. schwach geöhrt bis stgumfassend **11**
— Ob. Stgblätt. mit verschmälertem Grd. sitzend **10**

10. Köpfchen 25–40 mm breit; Hüllblätt. fast gleich lg., 6 mm hoch; Zungenbltn. weißl., später blau bis violett; ♃; VIII–XI. (= *A. salicifolius* Scholl.)
Weidenblättrige A., **A. salígnus** Willd.
— Köpfchen 12–15 mm breit; Hüllblätt. dachig, äußere nur ⅓ so lg. wie innere; Zungenbltn. weißl., beim Aufblühen rötl.; ♃; VIII–XI.
Kleinblütige A., **A. tradescántii** L.

11(9). Köpfchen 25–40 mm breit; Hüllblätt. ungleich lg., äußere wenigstens ½ so lg. wie innere; ob. Stgblätt. (halb-)stgumfassend; Zungenbltn. lila, selten weiß od. rosa; ♃; VIII–XI. (2 ssp.) *Neubelgische A.*, **A. nóvi-bélgii** L.

a. Infl. reichköpfig u. doldenrispig, d. h. unt. Äste (reich) verzweigt, aufstrebend u. verlängert. ssp. **nóvi-bélgii**
— Infl. nicht reichköpfig, traubig bis armrispig, d. h. unt. Äste nicht od. wenig verzweigt, schräg absthd. u. wenig verlängert. ssp. **laevigátus** (Lam.) Thell.

— Köpfchen 15–20 mm breit; Hüllblätt. deutl. dachig, äußere höchstens ⅓ so lg. wie innere; ob. Stgblätt. schwach geöhrt; Zungenbltn. blaßlila, frühzeitig zurückgerollt; ♃; IX–XI. *Lanzettblättrige A.*, **A. lanceolátus** Willd.

Ca. 20 weitere **Aster**-Arten im Gebiet bisher nur an einigen wenigen Stellen verwildert beobachtet, aber (außer **A. dumósus** L. in Lx) offenbar noch nicht eingebürgert.

6. Erígeron L. (incl. Stenáctis Cass. u. Conýza Less.), *Berufkraut, Feinstrahl*

1. Zungenbltn. deutl. länger bis doppelt so lg. wie die Röhrenbltn., absthd., rötl., lila od. weiß **3**

— Zungenbltn. kaum länger als die Röhrenbltn., ± aufrecht; Pfl. 10–100 cm hoch, drüsenlos 2

2. Infl. reichästige, bis über 100köpfige Rispe; Köpfchen 3–5 mm breit; Zungenbltn. weiß od. rötl.; Röhrenbltn. gelbl.-weiß; Fr. 1 mm lg.; Pappus fast 3mal so lg. wie die Fr.; ⨀–⨀; VI–X. In Unkrautgesellschaften, Kahlschlägen (bis 1100 m); *v* eingebürgert. (Heimat: N-Am.) [= *Conyza canadensis* (L.) CRONQ.] *Katzenschweif, Kanadisches B.,* **E. canadénsis** L.

— Infl. Traube od. armköpfige Rispe; Köpfchen 6–12 mm breit; Zungenbltn. zuerst gelb, später rötl.-lila; Röhrenbltn. grünl.-gelb; Fr. 2 mm lg.; Pappus 2mal so lg. wie die Fr.; ⨀–♃; V–IX. (3 ssp.) *Scharfes B.,* **E. ácris** L.

a. Pfl. steifhaarig; unt. Blätt. verkehrt-eif. bis keilig; Hüllblätt. dicht behaart. Trokkenrasen, Sandfluren, Wald- u. Wegränder; *v* bis *z.* ssp. **ácris**

— Pfl. zerstr. kurzhaarig bis kahl; unt. Blätt. lineal-lanzettl.; Hüllblätt. zerstr. langhaarig od. kahl. Moränen, Geröll der Alp. *v* (bis 1600 m) . . . . . **b**

b. Hüllblätt. meist locker bis zerstreut lg.haarig; Stgblätt. auf der Fläche kahl, aber am Rand bewimpert; Köpfchen meist weniger als 30; *z* E, Illertal, ob. Isar, Schl, Sudeten?, ob. Oder u. Weichsel. ssp. **angulósus** (GAUD.) VACC.

— Hüllblätt. kahl; Stgblätt. kahl; Pfl. höher als 50 cm; Köpfchen mehr als 30 (bis über 100). Ob-St, Sudeten. ssp. **macrophýllus** (HERBICH) GUTERMANN

3(1). Bltntriebe 1- bis mehrköpfig; Fr. anlgd. behaart; Pappus 3–5 mm lg.; Alpenpflanzen 6

— Bltntriebe mit zahlr. Köpfchen; Fr. gering behaart; Pappus d. Röhrenbltn. ca. 2 mm lg.; Pfl. drüsenlos; Zungenbltn. in 2 Reihen; aus N-Am. eingeschleppte u. eingebürgerte Arten (= *Stenactis, Feinstrahl)* 4

4. Pappus aller Bltn. einfach; Zungenbltn. tief rosa (selten weiß); Pfl. 20–70 cm hoch; ⨀–mehrjährig; VI–IX. Zuw. verwild. in Parkrasen, Auen, Ruderalfluren, z. B. Ob-Rhein, S-Ba, St. (Heimat: N-Am.) *Philadelphia-F.,* **E. philadélphicus** L.

— Pappus der Röhrenbltn. am Grd. von Kranz winziger Börstchen umgeben; Zungenbltn. nur m. diesen Börstchen 5

5. Stgblätt. lanzettl.-elliptisch, die unt. grob, die ob. schwach gezähnt; Stg. absthd., langhaarig; Hüllblätt. m. wenigen lg. Haaren; Zungenbltn. rötl.-lila, selten weiß, bis 10 mm lg.; ⨀; VI–X. Auwälder, Unkrautgesellschaften; *z* (?) [= *Stenactis annua* (L.) NEES] *Zweijähriger F.,* **E. ánnuus** (L.) PERS.

— Stgblätt. lanzettl. bis lineal, die unt. höchstens schwach gezähnt, die ob. ganzrandig; Hüllblätt. lg. behaart; Zungenbltn. weiß, selten bläul., bis 6 mm lg.; ⨀. Wie vorige. [= *E. ramosus* (WALT.) BRITT., STERNS & P.] *Gemeiner F.,* **E. strigósus** MÜHLENB. ex WILLD.

a. Mittl. Stgteil zieml. dicht, kurz u. anlgd. behaart; Haare der Hüllblätt. nicht abgeflacht, < 1 mm. Kt, St, ob sonst? var. **strigósus**

— Mittl. Stgteil sehr zerstr. absthd. behaart bis fast kahl; Haare der Hüllblätt. abgeflacht, > 1 mm. *v* bis *z.* var. **septentrionális** (FERN. & WIEG.) FERN.

6(3). Pfl. drüsenlos; Bltntriebe 1-, selten wenigköpfig 8

— Pfl. drüsig behaart 7

7. Stg. kräftig, steif aufrecht, kantig, dicht beblättert; Pfl. 20–60 cm hoch; Bltntriebe meist mehrköpfig, m. Verzweigungen nur im Spitzenbereich; Zungenbltn. intensiv purpurn, 5–8 mm länger als die Hülle; ♃; VII–IX. Steinige Matten, Felsspalten (1100–2000 m); *z* Au (*f* OÖ), *s* Allgäu (Rappenkopf, Fellhorn, Höfats). *Drüsiges B.,* **E. átticus** VILL.

— Stg. schwach, meist bogig-aufstgd., undeutl. kantig, locker beblättert; Pfl. 10–30 cm hoch; Bltntriebe 1köpfig od. wenige Verzweigungen bis unterhalb der Mitte; Zungenbltn. purpurn, blaßlila od. weiß, 3–5 mm länger als die Hülle; ♃; VII–VIII. Felsen, Moränen (1300–2000 m); *s* Au, Feldberg (Schw.). (= *E. glandulosus* HEG.) *Felsen-B.,* **E. gaudínii** BRÜGG.

8(6). Zwischen den ⚥ Röhrenbltn. (*1009a;* ohne Pappus!) u. den ♀ Zungenbltn. stehen engröhrige Fadenbltn.[1] (*1009b;* ohne Pappus!); Köpfchen 20–35 mm breit **11**
— Zwischen Röhren- u. Zungenbltn. stehen keine Fadenbltn. **9**
9. Pappus aus einem Kranz lg. dünner Borsten bestehend, außerdem m. unscharf abgesetzter äußerer Reihe sehr kurzer Borsten; Stg. 1(–3)köpfig; Köpfchen 10–25 mm breit; Hüllblätt. randl. u. untersts. dicht verwoben wollig-zottig; Zungenbltn. weißl.-blaßlila; Pfl. 2–12 cm hoch; ♃; VII–IX. Steinige Matten, Moränen (1600–3500 m); kalkmeidend; *v* Ur-Alp., *z* bis *s* Kalk-Alp.
Einblütiges B., **E. uniflórus** L.
— Pappus nur 1reihig, aus einem Kranz lg. Borsten bestehend; Hüllblätt. nur spärl. bis dicht angedrückt behaart, Haare nicht verwoben **10**
10. Zungenbltn. lila bis rosa; Stg. 2–6köpfig; Köpfchen 15–25 mm breit; Pfl. 5–30 cm hoch; ♃; VII–IX. (Steinige) Matten (800–2400 m); kalkstet; *v* mont. u. alp. Reg. der Alp. (*f* Koralpe). (= *E. polymorphus* Scop.)
Kahles B., **E. glabrátus** Hoffmgg. & Hornsch. ex Bluff. & Fing.
— Zungenbltn. reinweiß; Stg. 1köpfig; Köpfchen 15 mm breit; Pfl. 5–20 cm hoch; ♃; VII–IX. Rasen auf Kalkbändern; Endemit der Koralpe (Norische Alp.; Kt, St). [G] *Koralpen-B.,* **E. cándidus** Widder
11(8). Pappus aus einem Kranz lg., dünner Borsten bestehend, außerdem m. unscharf abgesetzter äußerer Reihe sehr kurzer Borsten; Stg. 1–12köpfig; Laubblätt. auch auf ihren Flächen lg.haarig bis zottig; ♃; VII–IX. (Steinige) Matten (1150–2600 m); *v* Vb, NTi, *z* Allgäu, Sb bis St (*f* OÖ). (2 var.) *Alpen-B.,* **E. alpínus** L.
— Pappus nur aus Kranz lg., dünner Borsten bestehend; Stg. 1köpfig; Laubblätt. am Rand wimperig, auf den Flächen (bes. obersts.) kahl; ♃; VII–VIII. (Steinige) Matten; (1500?–2500 m); kalkliebend; sehr *z* Allgäu, Vb, Ti, Kt, Sb? *Übersehenes B.,* **E. negléctus** Kern.

7. Micropus L. [incl. **Bombycilaéna** (DC.) Smolj.], *Falzblume*
Stg. niederlgd.-aufstgd.; Pfl. 5–20 cm hoch; Hülle im Querschnitt 5kantig; Bltn. gelbl.-weiß; jede Fr. von einem Hüllblatt eingeschlossen; ⨀; V–IX. Steinige Äcker, Ödland; nur b. Rouffach (S-E). [= *B. erecta* (L.) Smolj.] **M. eréctus** L.

8. Filágo L., *Fadenkraut, Filzkraut*
1. Laubblätt. die Köpfchenknäuel nicht od. wenig überragend (wenn deutl., dann spatelf. u. höchstens 4mal so lg. wie breit) **3**
— Laubblätt. die Köpfchenknäuel weit überragend, lanzettl. bis pfrieml., mehr als 6mal so lg. wie breit, bis 2 cm lg. . **2**
2. Laubblätt. lineal-lanzettl., bis 2 mm breit; Köpfchen eif.-rundl.; mittl. Hüllblätt. etwas, aber gleichmäßig nach oben gewölbt; ⨀; VII–IX. Äcker, Sandböden; *s* W-Vog., NW-E, S-Be.
Übersehenes F., **F. neglécta** (Soy.-Will.) DC.

[1] Fadenbltn. stehen zw. den ♀ Zungenbltn. u. den ⚥ Röhrenbltn.; sie sind ♀, engröhrig u. fadenförmig dünn.

— Laubblätt. pfrieml.-lineal, bis 1 mm breit; Köpfchen pyramidenf.; mittl. Hüllblätt. mit einem sich verhärtenden Kiel nach außen gewölbt, Kiel die Fr. völlig einschließend; ⊙; VII–IX. Sandig-kiesige, trockene Böden; *s* E, in Dt offenbar ausgestorben.
Französisches F., **F. gállica** L.

3(1). Köpfchen zu 2–7 geknäuelt; Hüllblätt. zur Frzeit ausgebreitet, die äußeren zugespitzt, die mittl. stumpfl. **6**

— Köpfchen zu 8–30 geknäuelt; Hüllblätt. zur Frzeit aufrecht od. wenig abspreizend, die äußeren u. mittl. m. fädl., grannenart. Spitze **4**

4. Hülle rundl., da mittl. Hüllblätt. kaum gekielt, diese nur oberhalb der Mitte locker langhaarig, sonst kahl, mit ± gerader Spitze (wie *1002*); Laubblätt. am Rand meist wellig; Knäuel 20–30köpfig; ⊙; VII–IX. Brachäcker, sandige u. trockene Böden; *z* bis *s* (*f* NS, Th, Sa, östl. d. Oder), in Au nur Kt, St. (= *F. germanica* L., non HUDS.)
Deutsches F., **F. vulgáris** LAM.

— Hülle ± 5kantig, da mittl. Hüllblätt. deutl. gekielt, diese reich wollig behaart; Laubblätt. flach **5**

5. Pfl. locker gelbl.-grau behaart, mit bogig aufstgden Ästen; mittl. Hüllblätt. m. ± gerader *(1002),* bes. vor dem Aufblühen purpurner Spitze, reichl. wollig-filzig behaart; Knäuel 10–25köpfig; Köpfchen m. 2–4 ⚥ u. m. zahlr. ♀ Fadenbltn. (vgl. Fußnote S. 559); ⊙; VII–IX. Wie vorige; *s* Da, SH, Be, RhPf, E, Ba. [= *F. apiculata* G. E. SMITH ex BAB.] *Grüngelbes F.,* **F. lutéscens** JORD.

— Pfl. filzig grauweiß behaart, m. fast waagrecht absthden Ästen; mittl. Hüllblätt. m. bogig absthder *(1003),* gelbl. Spitze; Knäuel 8–16köpfig; Köpfchen m. 5–7 ⚥ u. mit höchstens 7 ♀ Fadenbltn.; ⊙; VII–IX. Wie vorige, sehr *s:* E, S-ObRhein. (= *F. spathulata* PRESL)
Spatelblättriges F., **F. pyramidáta** L.

6(3). Pfl. 10–40 cm hoch; Stg. meist m. ± durchgehender Hauptachse u. kurzen Seitentrieben; Köpfchen 4–5 mm lg., vom Tragblatt überragt; Hüllblätt. bis zur Spitze dicht wollig-filzig, nicht gekielt; ⊙; VI–VIII. Steinige u. sandig-kiesige Orte, Brachäcker (bis 1300 m); kalkmeidend; *v* RhPf, NO-Ba, sonst *z* bis *s* (*f* NW-Dt).
Acker-F., **F. arvénsis** L.

— Pfl. 3–15(–30) cm hoch; Stg. meist schon vom Grd. an lg. gabelästig verzweigt, ohne dominierende Hauptachse; Köpfchen 3 mm lg., vom Tragblatt nicht überragt; Hüllblätt. nur an der Basis filzig behaart, an der Spitze strohart. glzd., gekielt; ⊙; VI–VIII. Sonnige, sandige u. felsige Orte, Dünen; kalkmeidend; *v* im N, *z* bis *s* im M-Gebiet, *f* S-Ba, in Au nur Kt, St, OÖ.
Zwerg-, Kleines F., **F. mínima** (SM.) PERS.

9. Antennária GAERTN., *Katzenpfötchen*

1. Anhängsel der Hüllblätt. weiß (♂ Pfl.) oder dkrot bis rosa (♀ Pfl.); Pfl. m. oberirdischen Ausläufern; Blätt. obersts. kahl od. behaart, untersts. weißwollig-filzig; ♃; V–VII. Heiden, trockene Wälder, Magermatten (bis 2400 m); *v* bis *z,* im NW *s;* sehr im Rückgang begriffen. Ⓖ *Gemeines K.,* **A. dioíca** (L.) GAERTN.

— Anhängsel der Hüllblätt. bräunl.; Pfl. ohne Ausläufer; Blätt. beiderst. lockerwollig-filzig; ♃; VI–VIII. Steinige Alpenmatten

(1500–3200 m); Allgäu, Berchtesgadener Alp. u. Au *z*. (3 var.)
Karpaten-K., **A. carpática** (WAHL.) BLUFF & FING.

var. **carpática:** Blätt. obersts. kahl; Rosettenblätt. 6–9 mm breit. Offenbar nicht im Gebiet(?)

var. **elátior** (GAUD.) DUCOMMUN: Blätt. obersts. kahl; Rosettenblätt. 2–5 mm breit. Verbr. wie angegeben. (= *A. helvetica* CHRTEK & POUZAR)

var. **lanáta** HOOK.: Blätt. beidersts. bleibend filzig behaart; Rosettenblätt. breiter als bei voriger (4–8 mm). Oft gemeinsam m. voriger var.

10. Leontopódium R. BR. ex CASS., *Edelweiß*

Meist 5–6 Köpfchen in endst., von 5–13, 3eckig-lanzettl. Hochblätt. umgebener Trugdolde; ganze Pfl. weißwollig-filzig; ♃; VII–IX. Steinige Wiesen, Felsspalten (1600–3050 m); kalkliebend; *z* Au, *s* Dt (Allgäu, Berchtesgaden). Ⓖ **L. alpínum** CASS.

11. Gnaphálium L. (incl. **Omalothéca** CASS. u. **Filaginélla** OPIZ), *Ruhrkraut*

1. Köpfchen zu 3–7 in meist zahlr. Knäueln, diese eine endst., verlängerte, lockere Ähre od. Traube *(1004)* bildend; Infl. wenigstens ⅓ so lg. wie der Stg.; Pfl. 10–80 cm hoch, kräftig, aufrecht, kaum verzweigt, aber am Grd. m. meist mehreren nichtblühenden Rosetten; Stgblätt. 1nervig, obersts. kahl od. fast kahl, bis 5 mm breit; mittl. Stgblätt. kürzer als die unt.; Hüllblätt. hell hautrandig, m. brauner Spitze; ♃; VII–IX. Trockene Wälder, Kahlschläge, Magerwiesen, Heiden; *v* bis zur Krummholzreg. (bis 2000 m), *z* im NW. [= *O. silvatica* (L.) SCHULTZ-BIP. & F. W. SCHULZ]
Wald-R., **G. sylváticum** L.

— Köpfchenknäuel weniger zahlr., entweder endst. u. dicht ährig zusammengezogen od. locker angeordnet u. Pfl. dann kleiner u. reich verzweigt **2**

2. Köpfchenknäuel in endst. Ähre zusammengezogen, diese kaum ¼ der Länge des Stg. erreichend; Pfl. 5–30 cm hoch, kräftig, aufrecht, kaum verzweigt, am Grd. ohne od. nur m. 1(–2) nichtblühenden Rosetten; Stgblätt. 3nervig, obersts. seidigwollig, bis 15 mm breit; mittl. Stgblätt. bis 10 cm lg., nicht kürzer als die Grdblätt.; Hüllblätt. breit schwarz-braun-hautrandig; ♃; VII–IX. Feuchte Waldlichtungen, Matten; kalkmeidend; *v* bis *z* Alp. (1550–2350 m); *s* Vog. u. S-Schw. (oberhalb 1000 m), böhmische Randgeb. [= *O. norvegica* (GUNN.) SCHULTZ-BIP. & F. W. SCHULZ]
Norwegisches R., **G. norvégicum** GUNN.

— Köpfchenknäuel anders angeordnet; Blätt. kürzer, 1nervig **3**

3. Pfl. der Ebene (bis 1300 m, in Dt bis 750 m); ⨀, m. spindeliger Wurzel **5**

— Pfl. der Alp. (in Dt ab 1400 m); ♃, m. kräftiger Wurzel; Pfl. 2–12 cm hoch; Stg. 1–8köpfig **4**

4. Hülle z. Frzeit sternf. ausgebreitet; Hüllblätt. 2reihig, längl.-elliptisch, zugespitzt, braunhäutig; Blätt. beidersts. dünn seidig-wollig, 1–2 mm breit, 1–2 cm lg.; ♃; VI–IX. Steinige Matten, Geröll, Schneeböden (1200–3300 m); kalkmeidend; *v* Alp., *s* Feldberg (Schw.), Iser- u. Riesengeb. [= *O. supina* (L.) DC.]
Zwerg-R., **G. supínum** L.

— Hülle z. Frzeit u. nach der Reife glockig ausgebreitet; Hüllblätt. dachziegelig, breit-elliptisch, zugespitzt, breit braunschwarz berandet; Blätt. obersts. schwächer, untersts. dichter grauweiß-filzig, 2–4 mm breit, bis 5 cm lg.; ♃; VII–VIII. Steinige Matten, Schneeböden (1550–2600 m); kalkliebend; *z* Alp. [= *O. hoppeana* (Koch) Schultz-Bip. & F. W. Schulz] *Alpen-R.*, **G. hoppeánum** Koch

5(3). Köpfchenknäuel von Hochblätt. umgeben *(1005);* Hüllblätt. bräunl.; Stg. vom Grd. an ästig ausgebreitet; Stgblätt. 1–4 mm breit; ⨀; VI–X. Wegränder, Gräben, feuchte Äcker u. Weiden, Torfstiche (bis 1350 m); *v.* [= *F. uliginosa* (L.) Opiz] *Sumpf-R.*, **G. uliginósum** L.

— Köpfchenknäuel ohne Hochblätt. *(1006);* Hüllblätt. strohgelb bis weißl.; Stg. aufrecht od. aufstgd., oft einfach; Stgblätt. 5–8 mm breit; ⨀; VI–X. Kahlschläge, feuchte unbebaute Orte, Teichränder, Heiden; sehr *z* u. vielfach verschwunden, *f* ab mont. Reg., Lx, Kt, Da? *Gelbes R.*, **G. lúteoálbum** L.

12. Helichrýsum Mill., *Strohblume*

1. Köpfchen 6–8 mm breit; Pfl. 10–40 cm hoch, weißwollig; Hüllblätt. lebhaft gelb od. orangegelb; ♃; VII–X. Sandige Böden, Wegränder, Kiefernwälder der Ebene; *v* im N (Me–OPr) u. O, *z* N-Ob-Rhein, Fr, Sa, *s* Ho, Be, NrWe, BW nur im NW (Rheintal), Th, *f* S-Ba, Au (erst ab NÖ). Ⓖ *Sand-St.*, **H. arenárium** (L.) Moench

— Köpfchen 2–5 cm breit; Pfl. 20–100 cm hoch, kahl od. rauh; Hüllblätt. gelb (Stammform), weißl., purpurn, violett, rosa od. rot; ⨀–⨀; VII–IX. Zierpfl. zuw. verwild. (Heimat: Australien) *Immortelle, Garten-St.*, **H. bracteátum** (Vent.) Willd.

13. Ínula L. (incl. **Dittríchia** Greut.), *Alant*

1. Zungenbltn. stets vorhanden u. meist deutl. länger als die Hülle **3**

— Zungenbltn. meist fehlend (wenn vorhanden, dann die Hülle nicht od. kaum überragend) **2**

2. Pfl. ⨀–♃, 40–80 cm hoch, nur oberw. verzweigt; Blätt. eif. bis elliptisch, die mittl. u. unt. gestielt; Stg. nicht, Blätt. wenig drüsig, nicht klebrig; VII–IX. Waldränder, Kahlschläge, Trockenhänge (bis 1000 m); *v* bis *z* im S, nördl. bis Ho/Osnabrück/Hannover/Wolfsburg/Berlin/Lausitz/Schl, nördl. davon nur Da, Rügen. (= *I. conyza* DC.) *Dürrwurz*, **I. conýzae** Griesselich

— Pfl. ⨀, 20–50 cm hoch; Blätt. schmal-lineal, sitzend; Pfl. insgesamt stark drüsig u. klebrig, von der Mitte od. vom Grd. an verzweigt; VIII–X. An Salzstellen u. Schuttplätzen im E, Pf, b. Darmstadt/Frankfurt u. Industriebrachen im Ruhrgebiet (We) eingebürgert. (Heimat: Mittelmeergebiet) [= *D. graveolens* (L.) Greut.] *Klebriger A.*, **I. gravéolens** (L.) Desf.

3(1). Äußere Hüllblätt. an der Spitze verbreitert, spatelig, häutig, außen filzig; Köpfchen 6–7 cm breit; Blätt. sehr groß (40–60 × 15–20 cm), untersts. graufilzig; Pfl. 6–200 cm hoch; ♃; VII–IX. Zier- u. Heilpfl., stellenw. verwild. u. z. T. eingebürgert, z. B. NS, We, Rheinl., Kt (Gebüsch, Waldränder, Dorfanger). (Heimat: Mittelmeergebiet, Asien) *Echter A.*, **I. helénium** L.

— Innere Hüllblätt. ± zugespitzt; Köpfchen kleiner; Pfl. kleiner **4**

4. Zungenbltn. wenig (1–3 mm) länger als die Hülle, lineal; Fr. kahl; Stgblätt. m. breit-herzf., stgumfassendem Grd. sitzend, untersts. dichter, obersts. locker-langhaarig; beiderststs. dicht m. sitzenden Drüsen; ♃; VII–VIII. Sonnige, buschige Abhänge; *z* N-Pf, Th/Harz bis Br, *s* M-Main, nördl. Frankfurt, Grabfeld (NW-Ba)? *Deutscher A.*, **I. germánica** L.

— Zungenbltn. viel länger als die Hülle **5**

5. Ob. Stgblätt. m. herzf. Grd. halb stgumfassend **8**

— Ob. Stgblätt. m. verschmälertem od. abgerundetem Grd. sitzend, aber nicht stgumfassend **6**

6. Stgblätt. lineal-lanzettl., nur 3–6 mm breit, kahl, am Rand rauh od. m. Wimperhaaren; Stg. meist nur 1köpfig; ♃; VII–VIII. Trockenrasen, trockene Gebüsche; *s* Kt, OÖ.
Schwertblättriger A., **I. ensifólia** L.

— Stgblätt. breiter als 12 mm, auf der Fläche behaart . . . **7**

7. Stg. absthd. steifhaarig; Blätt. beidersts. ± rauhhaarig bis kahl; Köpfchen meist einzeln, 3–5 cm breit; Fr. kahl; ♃; VI–X. Trockene, buschige Hügel, lichte Wälder; kalkliebend; *z* N-Pf/NW-Ba u. Th/An, *s* im S (außer Vb, Sb) u. O, *f* Ho, Be, Rheinl., We, NS (nur südl. Braunschweig), Me, Br. *Behaarter A.*, **I. hírta** L.

— Stg. u. Blätt. unterstS. angedrückt graufilzig, oberstS. dicht angedrückt behaart; Köpfchen 2–3 cm breit, in ± reichköpfiger Trugdolde; Fr. nur oberw. m. wenigen Haaren; ♃; VII–IX. Sumpfwiesen, Auwälder; *s* S-ObRhein. [= *I. vaillantii* (ALL.) VILL.]
Grauer A., **I. helvética** G. H. WEBER

8(5). Stg. u. Blätt. fast kahl; Blätt. nur halbstgumfassend; äußere Hüllblätt. kürzer als die inneren; Fr. kahl; ♃; VI–X. Sonnige Hügel, Waldränder, Sumpfwiesen, Flußufer (bis 1000 m); *v* bis *z* im S, SO-NS u. im N ab Me östl., sonst *s*, *f* NW-Dt, SH (nur Insel Fehmarn). *Weidenblättriger A.*, **I. salícina** L.

— Stg. u. Blätt. dicht anlgd. seidig bis zottig behaart (selten kahl); Blätt. m. deutl. herzf.-stgumfassendem Grd.; äußere Hüllblätt. fast so lg. wie die inneren; Fr. angedrückt kurzhaarig; ♃; VI–IX. Feuchte Wiesen, Flußufer, Gräben, Gebüsch; *v* nur entlang der Stromtäler, bes. Rhein/Weser/Elbe u. SH, sonst *s*, *f* BW (außer N-Rheintal), S-Ba. *Wiesen-A.*, **I. británnica** L.

14. Pulicária GAERTN., *Flohkraut*

1. Goldgelbe Zungenbltn. viel länger als die Röhrenbltn., 7–8 mm lg.; Stgblätt. m. herzf. Grd. stgumfassend; Köpfchen 15–30 mm breit; Stg. nur im oberen Teil, meist ± aufrecht, verzweigt; ♃; VI–IX. Feuchte Waldstellen, Gräben, Moore (bis 800 m); *z* bis sehr *z*, *s* im O u. N, *f* W- u. OPr, böhmische Randgeb.
Großes F., Ruhrwurz, **P. dysentérica** (L.) BERNH.

— Zungenbltn. kaum länger als Röhrenbltn., nur 2 mm lg.; Stgblätt. am Grd. nicht herzf.; Köpfchen ca. 10 mm breit; Stg. bereits unterhalb der Mitte sparrig-ästig verzweigt; ⊙; VII–IX. Ufer, Gräben, überschwemmte Stellen der Ebene, Flußtäler; *z* Elbe u. Rhein, sonst sehr *z* bis *s*, vielfach verschwunden, *f* Vb, OTi, Sb.
[G] *Kleines F.*, **P. vulgáris** GAERTN.

15. Carpésium L., *Kragenblume*

Stg. 20–50 cm hoch, weichhaarig bis zottig; Blätt. rhombisch-eif., in den Stiel keilig verschmälert, unterstS. behaart; Köpfchen nickend, 1,5–2 cm im Dm; ⊙–⊙; VII–IX. Lichte Wälder, Gebüsche; in Dt entlang der Grenze nach OÖ wohl verschwunden; *s* OÖ, Kt, St.
[G] **C. cérnuum** L.

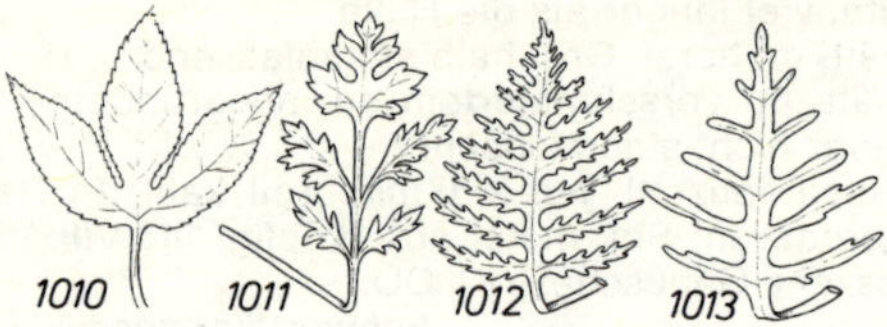

16. Buphthálmum L., *Ochsenauge*
Pfl. steif-aufrecht, kaum verzweigt; Köpfe einzeln am Ende lg. beblätt. Triebe, 3–6 cm breit; ♃; VI–IX. Lichte Wälder, steinige u. Steppenhänge, Heidewiesen (bis 2000 m); kalkliebend; *v* Alp. u. Vorland m. Flußtäler, Alb von Bodensee bis FrSchweiz, *z* E, b. Freiburg, nördl. Würzburg, b. Meiningen (in N-Ba). **B. salicifólium** L.

17. Telékia Baumg., *Telekie*
Pfl. kräftig, bis 2 m hoch; Köpfe zu 3–7traubig od. trugdoldig, 5–6 cm breit; ♃; VI–VIII. Zierpfl., gelegentl. verwild. u. *s* eingebürgert (bes. Au, aber auch Ba, Th, Sa, Schl, Me). (Heimat: SO-Eur., Kleinasien) (= *Buphthalmum speciosum* Schreb.)
T. speciósa (Schreb.) Baumg.

18. Sílphium L., *Kompaßpflanze, Becherpflanze*
Pfl. 1,5–2,5 m hoch; Köpfe 5–8 cm breit; Fr. zusammengedrückt, 2flügelig; ♃; VII–X. Schutt, Auwälder; *z* entlang einiger Flußtäler (M-Rhein), Sa, St; aus Gärten verwild. (Heimat: Atlant. N-Am.) **S. perfoliátum** L.

19. Íva L., *Schlagkraut*
Blätt. bis 20 cm breit, herzf.-zugespitzt, lg.gestielt, doppelt gezähnt, fast gegenst.; Köpfchen nickend, sehr zahlr. in verzweigten Ähren angeordnet, 4–5 mm breit, m. außen 5 ♀, innen m. 8–20 ♂ Bltn.; Pfl. bis 2 m hoch; ☉; VIII–X. Unkrautgesellschaften (bes. Häfen, Bahnanlagen); häufig eingeschleppt u. *z* eingebürgert, z. B. Hamburg, Berlin, Leipzig, Dresden, Breslau, Mainz, Mannheim, Lx, Straßburg, NTi, Rheintal, Salzburg, St, OÖ. (Heimat: westl. N-Am.) **I. xanthifólia** Nutt.

20. Ambrósia L., *Ambrosie, Traubenkraut*
Anm.: Aus N-Am. oftmals eingeschleppte Pfl. (3 weitere Arten noch seltener); wo fest eingebürgert? Häufigste Standorte sind Bahn- u. Hafenanlagen, entlang Flußtälern; VIII–X.

1. Blätt. meist 3lappig, die ob. ± ungeteilt, selten 5lappig *(1010)*, gegenst.; Pfl. bis > 2 m hoch; Stg. behaart bis kahl; ☉. Neckar, ObRhein, Rheinl., Berlin, Stettin, sonst immer wieder adventiv. (Heimat: USA u. S-Kanada)
Dreilappige A., **A. trífida** L.
— Blätt. gefied. od. fiedteilig **2**
2. Stg. u. Blätt. untersts. dicht weiß bis grau behaart; Blätt. doppelt fiedteilig; Fied. 1. Ordnung im Umriß schmal-oval *(1011)*; Pfl. bis 1 m hoch; ☉. Mannheim, Hamburg(?). (Heimat: Mittelmeergebiet) *Strand-A.,* **A. marítima** L.
— Stg. u. Blätt. kahl bis locker u. zerstreut behaart **3**
3. Pfl. ☉, bis 1,5 m hoch; Blätt. dünn, die unt. stets doppelt fiedspaltig *(1012)*; Hülle der ♂ Köpfchen kahl od. schwach behaart. S-Pf, um Ludwigshafen/Darmstadt, Köln eingebürgert, sonst vielfach adventiv, bes. um Hamburg/SH, Rheintal, S-NS, Ba, Kt, OTi. (Heimat: USA) (= *A. elatior* L.) *Beifußblättrige A.,* **A. artemisiifólia** L.
— Pfl. ♃, bis 0,8 m hoch; Blätt. dickl.; Fied. 1. Ordnung, höchstens gezähnt *(1013)*; Hülle der Köpfchen der ♂ Pfl. dicht behaart. Berlin, Stettin, Danzig, Mainz bis Frankfurt, Mannheim, Karlsruhe, Straßburg, b. Nürnberg, Breslau. (Heimat: USA u. Mexiko) *Ausdauernde A.,* **A. psilostáchya** DC.

21. Xánthium L., *Spitzklette*

(Standorte meist sandig-kiesige Ruderalstellen u. Flußufer)

1. Blattstiel am Grd. seitl. m. 1–2 kräftigen, 3teiligen, gelben Dornen; Blätt. unterststs. weißfilzig, oberststs. grün, längl.-rhombisch, tief 3lappig; ⊙; VIII–IX. Unbeständig u. sehr *z* auftretend; eingebürgert nur St. (Heimat: S-Am.) *Dornige Sp.*, **X. spinósum** L.

— Pfl. dornenlos; Blätt. nicht filzig, unregelmäßig gelappt 2

2. Fr. nur bis 1,5 cm lg., reif graugrün bis graugelb, kurz-weichhaarig (nicht aber ihre Stacheln), ihr Schnabel gerade *(1014)* od. nur ganz schwach einw. gekrümmt; Blätt. am Grd. herzf., beiderststs. graugrün; Pfl. nicht aromatisch riechend; ⊙; VII–X. Nur entlang Strom- u. Flußtäler, *z* M- u. N-Rhein, Weser, Elbe, *s* Neckar, Donau, Iller, Spree/Havel, St, sonst *s* u. nur vorübergehend. (Heimat: Eur., nicht Am.!) *Gewöhnliche Sp.*, **X. strumárium** L.

— Fr. größer, reif anders gefärbt u. meist stärker behaart; Frschnabel mehr hakig gekrümmt; Blätt. gelbl.grün; Pfl. aromatisch riechend; Fr. meist deutl. > 2 cm 3

3. Frstacheln deutl. bogig einw. gekrümmt, locker sthd.; Frkörper im Umriß schlank, absthd. behaart (auch ihre Stacheln u. Schnabel) *(1016)*; ⊙; VIII–IX. Eingebürgert z. B. Lx, E, sonst zuw. unbeständig auftretend. (Heimat: S-Frankreich?) *Großfrüchtige Sp.*, **X. orientále** L.

— Frstacheln nur an der Spitze einw. gekrümmt, dicht sthd.; Frkörper im Umriß dickl., dicht kurzhaarig (die Stacheln u. Schnabel aber nur im unt. Teil) *(1015)* 4

4. Fr.stacheln 5–6 mm lg., deutl. hakig; ⊙; VIII–X. Eingebürgert E, Kt, St, OÖ. (Heimat: W-Mittelmeergebiet) *Italienische Sp.*, **X. itálicum** Mor.

— Fr.stacheln 3–4 mm lg., nur wenig gebogen *(1015)*; ⊙; VIII–X. *z* Täler d. Elbe, Oder, Weichsel u. Nebentäler, sonst *s* eingeschleppt u. unbeständig (vermutl. in Eur. entstanden). (incl. *X. riparium* Itz. & H. em. Lasch) *Ufer-Sp., Elbe-Sp.*, **X. albínum** (Widder) Scholz

22. Sigesbéckia L., *Siegesbeckie*

Pfl. 50–150 cm hoch; äußere Hüllblätt. ausgebreitet u. viel länger als die einwärts geschlagenen inneren; Köpfchen (einschl. der dicht drüsig behaarten Hüllblätt.) bis 3 cm breit, 2–4 cm lg. gestielt; ⊙; VIII–IX. Zuw. eingeschleppt u. in Unkrautgesellschaften der Elbemündung/SH u. in Me eingebürgert. (Heimat: Chile) **S. cordifólia** H. B. K.

23. Rudbéckia L., *Sonnenhut*

1. Alle Stgblätt. einfach, beiderststs. behaart, 10–100 cm hoch; ⊙–♃; VII–X. Im N u. M-Gebiet vielfach eingebürgert, im S immer wieder verwildert. (Heimat: S-Kanada bis N-Mexiko) *Rauher S.*, **R. hírta** L.

— Wenigstens die mittl. Stgblätt. gefied. od. fiedspaltig, kahl od. wenig behaart; Stg. kahl, 50–200 cm hoch; ♃; VII–X. Zierpfl.; verwildert u. eingebürgert wie vorige Art. (Heimat: NO-Kanada, O-USA) *Schlitzblättriger S.*, **R. laciniáta** L.

24. Heliánthus L., *Sonnenblume*

1. Röhrenbltn. braun; Köpfe nickend, bis 30 cm breit; ⊙; VII–X. Als Zierpfl. u. Ölfruchtpfl. *v* kult., zuweilen verwild., an Schuttplätzen u. ä. Orten. (Heimat: N-Am.) *Gemeine S.*, **H. ánnuus** L.

— Röhrenbltn. gelb; Köpfe aufrecht, nur bis 14 cm breit; Stg. mit kartoffelart. Knollen an unterirdischen Ausläufern; ♃; VIII–X. Stellenweise (bes. M-ObRhein) feldmäßig angebaut, *v* verwild.; im N u. M-ObRhein/E vielfach eingebürgert, vor allem an Flußufern. (Heimat: NO-Kanada, O- u. M-USA) *Erdbirne, Topinambur*, **H. tuberósus** L.

25. Verbesina L., *Verbesine*

Stg. weißfilzig, meist reich verzweigt; unt. Blätt. zuw. gegenst.; Stgblätt. im Umriß dreieckig, grob gezähnt bis schwach gelappt; Blattstiel meist geflügelt; Zungenbltn. goldgelb; ⊙; VII–X. Zuw. eingeschleppt, *s* eingebürgert (Mannheim, b. Sesenheim/E, wo noch?). (Heimat: N- u. M-Am.) **V. encelioídes** (Cav.) Benth. & Hook. ex A. Gray

26. Heliópsis Pers., *Sonnenauge*

50–150 cm hohe Pfl. m. gegenst., gesägten, lanzettl.-eif., obersts. rauhen Blätt., m. 6–7 cm großen Köpfchen; Zungenbltn. orangegelb, Röhrenbltn. m. gelben Zipfeln; Fr. schwarz; Pappus fehlend od. m. 1–3 kleinen, häutigen Zähnchen; herausgezupfte Zungenbltn. behalten die Fr.! *v* kult. Zierpfl., zuw. verwild., eingebürgert Kt. (Heimat: M- u. O-Nordam.) **H. helianthoídes** (L.) Sweet

27. Eriophýllum, *Wollblatt*

Pfl. bis 50 cm hoch; Köpfchen 5–10 cm lg. gestielt, 2–2½ cm im Dm.; Fied. 2. Ordnung nur zu 1–2(–3) Paaren, deutl. voneinander entfernt; Spreublätt. fehlend; Pappus als fransiges, bis 2 mm lg. Krönchen; ♃; VII–VIII. Sonnige Hänge; eingeschleppt (sich einbürgernd?); Vogelsberg, b. Hagen (We). (Heimat: westl. N-Am.)
E. lanátum (Pursh) Forb.

28. Bidens L., *Zweizahn*

1. Blätt. 3–5spaltig od. gefied. 3
— Blätt. ungeteilt; Fr. m. 4 ± gleich lg. Grannen 2
2. Köpfchen nickend, etwa 30 mm breit, m. od. ohne Zungenbltn.; Blätt. sitzend u. am Grd. paarweise miteinander kurz verwachsen; ⊙; VII–IX. Ufer, Gräben, Moore (bis 1100 m); *v*, im W nur *z*.
Nickender Z., **B. cérnua** L.
— Köpfchen aufrecht, etwa 15 mm breit; Zungenbltn. meist fehlend; Blattspreite in geflügelten Stiel verschmälert; ⊙; VIII–X. Ufer, Gräben, Flußtäler; sehr *z*, häufiger nur N-Rhein, Elbe u. im O, im S nur S-ObRhein u. b. Augsburg, *f* Da, Ho, Au. (Heimat: N-Am.) *Verwachsenblättriger Z.*, **B. connáta** Mühlenb.
3(1). Fr. borstig-höckerig, schwärzlich, m. 2 Grannen, diese m. rückwärts gerichteten Stacheln *(1007)* (var. **anómala** Port. ex Fern.: Stacheln vorw. gerichtet); Blätt. 1–2paarig gefied., oft purpurviolett überlaufen; ⊙; VII–X. Eingeschleppt, im N u. M-Gebiet entlang der größeren Flüsse u. Nebentäler vielfach eingebürgert, im S südl. Karlsruhe nur b. Straßburg, Basel, Augsburg, St, Kt. (Heimat: N-Am.) (= *B. melanocarpa* Wieg.) *Schwarzfrüchtiger Z.*, **B. frondósa** L.
— Fr. glatt, nur am Rand rückw. stachelig-rauh, braun-grün, m. 2 längeren (u. oft 2 kürzeren) Grannen *(991)* 4
4. Blattzähne deutl. einw. gekrümmt *(1008b)*; Köpfchen breiter als hoch; äußere blattart. Hüllblätt. 10–12; Spreublätt. schmal-lineal, so lg. wie die Fr. (incl. Grannen); Blätt. gelbgrün, selten rötl.; ⊙; VIII–X. Gräben, Ufer, Teiche, schlammige Stellen; sehr *z* u. lükkenhaft, *f* Be, Ho, SH bis WPr, Schl?, in Au nur St.
Strahlen-Z., **B. radiáta** Thuill.
— Blattzähne fast gerade *(1008a)*; Köpfe so breit wie hoch; äußere blattart. Hüllblätt. nur 5–8; Spreublätt. breit-lineal, so lg. wie der Frkn.; Blätt. dkgrün; ⊙; VII–X. Sumpfige Stellen, Gräben, Tümpel (bis 1000 m); *v*. *Dreiteiliger Z.*, **B. tripartíta** L.

29. Guizótia Cass., *Ramtillkraut*

Pfl. 0,5–1,5 m hoch, von der Tracht eines *Bidens;* Zungenbltn. goldgelb; Köpfchen 3–4 cm breit; äußere Hüllblattreihe krautig, innere häutig; ⊙; IX–X. Als Vogelfutterpfl. immer wieder eingeschleppt, verwild., z. T. bereits eingebürgert, z. B. b. Köln u. Münster (We), Kt, St (Ölpfl. aus Äthiopien). **G. abyssínica** (L. f.) Cass.

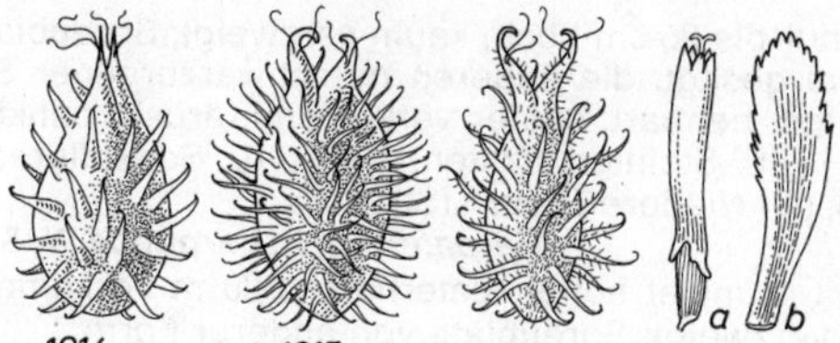

1014 1015 1016 1017 (a, b)

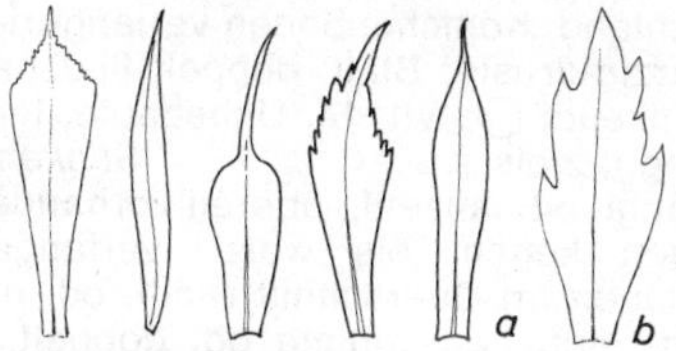

1018 1019 1020 1021 1022 (a, b)

30. Galinsóga R. & P., *Knopfkraut, Franzosenkraut*

1. Spreublätt. 3spaltig od. ungleich 2spaltig; Stg. oberw. wenig u. kurz anlgd. behaart; Köpfchenstiele dicht behaart m. wenigen kurzen Drüsenhaaren; Pappus der Zungenbltn. aus wenigen kurzen Börstchen; ⨀; V–X. Eingeschleppt, als Acker- u. Gartenunkraut weit *v.* (Heimat: andines S-Am.)
Kleinblütiges K., **G. parviflóra** CAV.

— Spreublätt. ungeteilt; Stg. oberw. absthd. grauzottig behaart; Köpfchenstiele locker behaart m. zahlr. lg. Drüsenhaaren (Lupe!); Pappus der Zungenbltn. einseitig, auf der Innenseite m. deutl., stumpfen Schuppen; ⨀; IV–X. Wie vorige, häufig m. dieser verwechselt! (Heimat: andines S-Am. u. M-Am.) (= *G. quadriradiata* auct.)
Behaartes K. **G. ciliáta** (RAF.) BLAKE

31. Chamaemélum MILL., *Römische Kamille*

Blätt. doppelt fiedteilig; Spreublätt. stumpf *(1017b),* m. grünem Mittelstreif u. durchsichtigem Rand; Blkr. am Grd. ringsum m. schiefer Aussackung *(1017a);* ♃; VI–X. Straßenränder, feuchte Wiesen; wild nur in Be (ob ursprüngl.?), sonst als Heilpfl. kult. u. zuw. vorübergehend verwild. (dann meist m. gefüllten Köpfchen). (= *Anthemis nobilis* L.)
Ch. nóbile (L.) ALL.

32. Ánthemis L., *Hundskamille*

1. Zungenbltn. gelb, selten fohlend od. weiß [var. **discoídea** (ALL.) BOISS.]; Blätt. doppelt fiedteilig, untersts. anlgd. kurzhaarig; Spreublätt. lanzettl., m. starrer Stachelspitze *(1018);* ⨀–♃; VI–IX. Steppenhänge, buschige Orte, Weinberge (bis 1000 m); kalkliebend; im M-Gebiet *v* bis *z,* im S u. N *z* bis *s* (auch kult. u. zuw. verwild.).
Färber-H., **A. tinctória** L.

A. triumfetti (L.) DC.: wie *A. tinctoria,* aber Zungenbltn. länger u. stets weiß; Achänen hautrandig entlang der Kanten. Adventiv, z. B. b. Hamburg, Düsseldorf, Ludwigshafen (Rhein), Erfurt, Leipzig, Berlin. Ob eigene Art? (Heimat: S-Eur.)

— Zungenbltn. weiß **2**

2. Pfl. ♃, nur bis 25 cm hoch, kaum verzweigt; Spreublätt. breit-lanzettl., tief gesägt, die äußeren m. schwarzbrauner Spitze; Blätt. jung anlgd. behaart, später verkahlend, drüsig punktiert (Lupe!); ♃; VII–VIII. Steinige Triften, Fels- u. Schuttfluren (oberhalb 1800 m); nur Niedere Tauern (St). *Karpaten-H.,* **A. carpática** W. & K. ex WILLD.

— Pfl. ⊙–⊙, meist höher, unterhalb 1800 m vorkommend, reicher verzweigt; Spreublätt. von anderer Form **3**

3. Spreublätt. lineal-borstl. *(1019),* aber den äußeren (unt.) Röhrenbltn. oft fehlend; Köpfchenboden verlängert-kegelf.; Fr. knotig-gerieft u. warzig-drüsig; Blätt. doppelt fiedspaltig, zerstreut behaart; Pfl. stinkend; ⊙; VII–IX. Unbebaute, lehmige Orte, Äcker (bis mont. Reg.); *z* bis *s.* *Stinkende H.,* **A. cótula** L.

— Spreublätt. längl. od. lanzettl., überall vorhanden; Fr. glatt **4**

4. Köpfchenboden kegelf. bis walzl. verlängert (Längsschnitt!); Achänen im Querschnitt rundl. od. nur schwach 4kantig; Blätt. einf. fiedschnittig od. doppelt, dann aber Fied. 2. Ordnung nicht kammf. angeordnet **6**

— Köpfchenboden flach bis wenig gewölbt; Achänen im Querschnitt rhombisch (schief 4kantig); Blätt. doppelt fiedschnittig, Fied. 2. Ordnung flach-kammf. **5**

5. Köpfchenboden halbkugelig; Köpfchenstiel z. Frzt. nicht verdickt; Spreublätt. kurz zugespitzt *(1020);* ⊙–⊙; VII–IX. Unbebaute Orte, Bahndämme, Äcker; *z* bis *s* Vorder-Pf, NW-Ba, um Regensburg, Sa, An, in Au nur eingeschleppt (Bahnhöfe, Hafenanlagen u. ä.). *Österreichische H.,* **A. austríaca** JACQ.

— Köpfchenboden flach; Köpfchenstiel etwas verdickt u. hohl; Spreublätt. m. lg., deutl. abgesetzter Granne (wie *1020*); ⊙; VII–IX. Eingeschleppt m. Südfrüchten: Bahnhöfe, Häfen; zuw. adventiv, ob im Gebiet eingebürgert? (St?) (Heimat: S-Eur. – Vorderasien) (= *A. cota* L. em. VIS.) *Hohe H.,* **A. altíssima** L. em. SPR.

6(4). Spreublätt. an der Spitze gezähnt, verkehrt-eif.-längl. *(1021),* stachelspitzig; Pfl. angedrückt wollig behaart, von würzigem Geruch; ⊙; VI–IX. Steinige, sonnige Abhänge, Äcker; *s* Br, Sa, Th, Schl, sonst nur zuw. eingeschleppt, eingebürgert z. B. RhPf/N-Baden/S-He, b. Augsburg, Au. *Ruthenische H.,* **A. ruthénica** BIEB.

— Spreublätt. lanzettl., ganzrandig, stachelspitzig *(1022);* Pfl. kahl bis flaumig-wollig, ohne aromatischen Geruch; Fr. stumpf-4kantig; ⊙; VI–IX. Äcker, Ödland (bis 1000 m); *v* u. *h.* *Acker-H.,* **A. arvénsis** L.

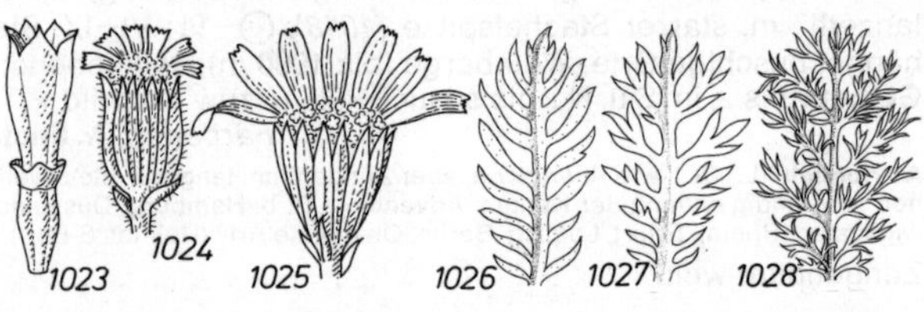

33. Achilléa L., *Schafgarbe*

1. Blätt. fiedteilig od. gefiedert **3**
— Blätt. einfach, fein gesägt **2**
2. Köpfchen 12–17 mm breit; Zungenbltn. zu 8–13, ihre Zunge 4–7 mm lg.; Blätt. nicht punktiert, Sägezähne nochmals reichl. gesägt u. m. feinen Knorpelspitzchen (Lupe!); ♃; VII–IX. Sumpfige, feuchte Orte, Wiesenmoore, Auwaldgebüsch (bis 700 m); *v* bis *z*, Alp. u. Au zieml. *s;* gelegentl. m. gefüllten Köpfchen aus Gärten verwild. [Sorte (cv.) ,Multiplex'] *Sumpf-Sch.,* **A. ptármica** L.
— Köpfchen 10–12 mm breit; Zungenbltn. zu 7–8, ihre Zunge 3–5 mm lg.; Blätt. beiderststs. dicht durchscheinend, drüsig punktiert (Lupe!), Sägezähne nochmals wenig gesägt u. m. deutl. Knorpelspitze; ♃; VII–IX. Wie vorige; *s* am Westufer u. in Flußtälern östl. der Oder. (= *A. cartilaginea* Led.)
Knorpelblättrige Sch., **A. salicifólia** Bess.
3(1). Zunge der Randbltn. überragt die Hülle um weniger als die Länge der Hüllblätt., meist 5, selten 4 od. 6 . . . . **10**
— Zunge der Randbltn. überragt die Hülle um wenigstens die Länge der Hüllblätt., zu 5 od. mehr; Gebirgspfl. **4**
4. Blätt. u. Stg. zottig bis wollig behaart **9**
— Blätt. kahl bis zerstreut behaart; Stg. unten kahl, oberw. höchstens weichhaarig **5**
5. Pfl. 30–100 cm hoch; Zungenbltn. meist 5(–8); Blätt. groß, m. 5–7 Fied.paaren, Fiedern bis 10 mm breit, einfach bis doppelt scharf gesägt; ♃; VII–IX. Hochstaudenfluren, feucht-schattige Schluchten, Grünerlengebüsch (1200–2000 m); *z* Allgäu/Vb/NTi, OTi/WKt.
Großblättrige Sch., **A. macrophýlla** L.
— Pfl. 5–30 cm hoch; Zungenbltn. 6 od. mehr (bis 20, selten nur 5); Blattfied. ganzrandig od. einfach bis doppelt fiedspaltig, alle Abschnitte lineal; Blätt. mehrmals länger als breit **6**
6. Stg. 1köpfig (selten mehr); Zunge der Randbltn. > 6 mm, Laubblätt. nicht drüsig punktiert; Pfl. 10–20 cm hoch; Hüllblätt. grün, ringsum m. schwarzbraunem Hautrand; ♃; VII–IX. Steinige Matten, Felsfluren (1500–2500 m); kalkstet; Gailtaler u. Karnische Alp. (Kt, OTi). Ⓖ *Dolomiten-Sch.,* **A. oxylóba** (DC.) Schultz-Bip.
— Stg. mehrköpfig; Zunge der Randbltn. < 6 mm **7**
7. Blätt. dicht drüsig punktiert, einfach fiedteilig, m. 0,5–1 mm breiten, kammf. Zipfeln *(1026),* diese zuw. (Grdblätt.) m. 1–3 Zähnchen; Zungenbltn. 6–8; ♃; VII–IX. Moränen, Felstriften, Magermatten (1500–3400 m); kalkmeidend; *v* Ur-Alp., *s* K-Alp. (*f* Dt, aber in Grenznähe im Walsertal/Allgäu). [= *A. erba-rotta* All. ssp. *moschata* (Wulf.) Vacc.] Ⓖ *Moschus-Sch.,* **A. moscháta** Wulf.
— Blätt. nicht drüsig punktiert, z. T. od. ganz doppelt fiedteilig; Zungenbltn. 7–12 . . . . **8**
8. Basale Fied.paare der Blätt. ungeteilt *(1027);* Köpfchen 11–16 mm breit; Zunge der Randbltn. 5–6 mm lg.; ♃; VII–IX. Schutt, Moränen, Schneetälchen (1500–2700 m), *s* tiefer; kalkliebend; *v* K-Alp., *s* Ur-Alp.; formenreich. (= *A. halleri* Cr.)
Ⓖ *Schwarze Sch.,* **A. atráta** L. (s. str.)

— Sämtl. Fied. der Blätt. geteilt, die ob. oft doppelt *(1028);* Köpfchen 9–12 mm breit; Zunge der Randbltn. 3–4 mm lg.; ♃; VII–IX. Wie vorige; kalkstet; *s* Sb, N-St, OÖ. [= *A. atrata* L. ssp. *clusiana* (Tausch) Heim.] Ⓖ *Ostalpen-Sch.,* **A. clusiána** Tausch

9(4). Pfl. 5–15 cm hoch, m. aromatischem Geruch, weißgrau; Stg., Blätt. u. Hülle dicht wollig-zottig behaart; Stg. nicht kantig; Zunge der Randbltn. ½ so lg. wie die Hülle; ♃; VII–IX. Felsen, Schutt, Schneetälchen (oberhalb 2000 m); kalkmeidend; *s* Paznauntal (SW-Ti). Ⓖ *Zwerg-Sch.,* **A. nána** L.

— Pfl. ohne aromatischen Geruch, 5–30 cm hoch; Stg., Blätt. u. Hülle seidig-anlgd. behaart, bisweilen verkahlend; Stg. kantig; Zunge der Randbltn. so lg. wie die Hülle; ♃; VII–IX. Felsen, Schutt, steinige Matten (1500–2500 m, *s* tiefer), kalkstet; *v* K-Alp. östl. Achensee, *s* Ur-Alp.
Ⓖ *Steinraute, Weiße Sch., Weißer Speik,* **A. clavénae** L.

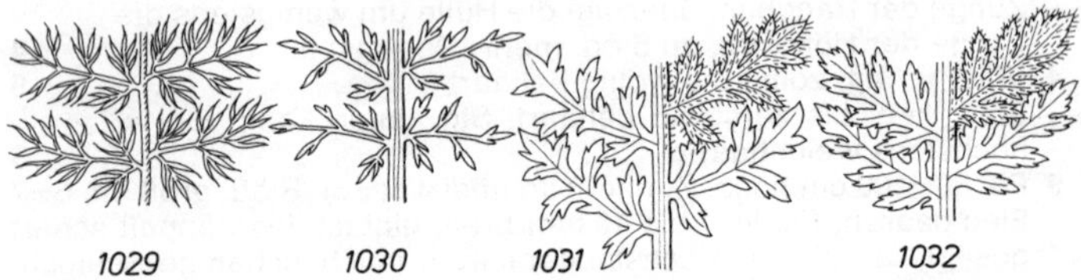

1029 *1030* *1031* *1032*

10(3). Fied. der mittl. Stgblätt. im Umriß (längl.-)oval, ihre Rhachis gezähnt, m. 7–12 Fied.paaren u. deutl. voneinander entfernten Fied.; Zunge der Randbltn. etwa ⅓ so lg. wie die Hülle, weiß bis gelbl.weiß, unterssts. zerstreut m. sitzenden Drüsen; Pfl. ohne Ausläufer; ♃; VI–X. Steinig-sonnige Hänge, Mauern, Weinberge; *z* bis *s* nördl. bis Lx/Köln/Lahntal/Harz/SaAn, *f* S-Ba, Au (verwild. OTi, St). *Edel-Sch.,* **A. nóbilis** L.

— Fied. der mittl. Stgblätt. im Umriß längl.-lanzettl., m. zahlreicheren Fied.paaren u. meist einander genäherten od. sich berührenden Fied. **11**

11. Pfl. ohne unterirdische Ausläufer; Zunge der Randbltn. breiter als lg., etwa ½ so lg. wie die Hülle, obersts. gelbl.weiß; ♃; VII–IX. Eingeschleppt u. vorübergehend eingebürgert, z. B. b. Hamburg, He, E, b. Berlin, Pl, Schl.
Meerfenchelblättrige Sch., **A. crithmifólia** W. & K.

— Pfl. m. unterirdischen Ausläufern, m. sterilen Trieben; Zunge der Randbltn. etwa so lg. wie breit, kürzer als die halbe Hüllenlänge, obersts. weiß, seltener rosafarben; ♃. Sehr formenreich (hier m. 7 Kleinarten). **A. millefólium** L. (s. l.)[1]

a. Rhachis zw. den Fied. 1. Ordnung gezähnt od. Blätt. unterbrochen gefied.; kräftige Pfl. bis 1 m hoch; Blätt. bis > 15 cm; VII–IX. Magerwiesen bis Hochstaudenfluren; *s* Sb, Kt, St, OTi, OÖ. Formenreich (2 ssp.) m. Übergängen zu *A. millefolium* s. str. *Zahnblatt-Sch.,* **A. dístans** Willd.

[1] Zur Bestimmung eignen sich nur ausgewachsene, kräftige Pfl. Zur Beurteilung von Blattmerkmalen verwende man, falls nicht anders angegeben, stets die mittl. Stgblätt.

— Rhachis nicht gezähnt bzw. ohne Zwischenfied. . . . . b

b. Fied.enden borstlich, nur 0,2–0,4 mm breit, grannig auslaufend *(1029);* Stgblätt. doppelt gefied., im Umriß lanzettl.; Grdblätt. nur 1 cm breit; Pfl. seidig od. wollig behaart, 15–40 cm hoch; Zunge der Randbltn. nur ⅓ so lg. wie die Hülle; V–VI. Steppenrasen, steinige Weiden; *z* bis *s* U-Fr, Th, SaAn, Br, sehr *s* Sa (Elbtal), Schl. *Feinblatt-Sch.,* **A. setácea** W. & K.

— Fied. nicht borstl., ihre letzten Enden nicht büschelig sthd.; Zunge der Randbltn. ½ so lg. wie die Hülle c

c. Zungenbltn. weiß (selten rosa); Hüllblätt. ± dicht lg.haarig; doldenrispige Infl. meist breiter als 3 cm . . . . e

— Zungenbltn. meist rötl. od. rosa; Hüllblätt. kahl bis sehr zerstreut behaart; doldenrispige Infl. nur 2–3 cm breit . . . . d

d. Blätt. dickl., m. knorpeligen Fied.enden; Fied. 1. Ordnung der ob. Stgblätt. gezähnt bis gelappt; Flügelung der Rhachis an den ob. Stgblätt. stärker ausgeprägt als an den unt.; VI–VIII. Nasse Magerwiesen; ob in Dt?, Au: St, OÖ, Kt? *Farnblättrige Sch.,* **A. asplenifólia** VENT.

— Blätt. dünn, Fied. ohne knorpelige Enden; Fied. 1. Ordn. der ob. Stgblätt. fiedteilig; Flügelung der Rhachis an den ob. Stgblätt. nicht stärker ausgeprägt als an den mittl. u. unt.; VI–VIII. Mähwiesen, Wegränder; *s* Bodenseegebiet, S-Oberrhein, Vb, Illertal, NTi, Kt, Sa, wo noch? *Blaßrote Sch.,* **A. róseoálba** EHRENDF.

e(c). Stg. u. Blätt. dicht wollig bis zottig behaart; mittl. Stgblätt. 8–10mal so lg. wie breit, ihre Fied. 1. Ordn. sehr dicht sthd. *(1032);* VI–VIII. Trockenrasen, Felsbänder, Gebüschränder, genaue Verbreitung noch nicht bekannt, bisher vereinzelt S-E, *z* Harz, Th, SaAn, Br, Schl, um Regensburg. *Ungarische Sch.,* **A. pannónica** SCHEELE

— Stg. u. Blätt. wenig bis zerstreut-locker behaart; mittl. Stgblätt. im Verhältnis kürzer, ihre Fied. 1. Ordn. weniger dicht sthd. . . . . f

f. Rosettenblätt. 5–8mal so lg. wie breit; Fied. 1. Ordn. der mittl. Stgblätt. relativ breit, fiedteilig, Fied. 2. Ordn. gezähnt *(1031);* Hüllblätt. m. schmalem, hellbraunem Rand; VI–VIII. Trockenrasen, Triften; *z* E, vermutl. S-Dt (z. B. FrAlb), sonst N-SaAn, Br, Me (Hiddensee), Schl, Vb, OTi. *Hügel-Sch.,* **A. collína** J. BECKER ex RCHB.

— Rosettenblätt. 7–15mal so lg. wie breit; Fied. 1. Ordn. der mittl. Stgblätt. relativ schmal, doppelt fiedteilig *(1030);* VI–X. *Gemeine Sch.,* **A. millefólium** L. (s. str.)

A. Hüllblätt. m. schmalem, hellbraunem Rand; Pfl. schwach behaart, bis 100 cm hoch; Zungenbltn. fast stets weiß. Tiefere Lagen: Wiesen, Wegränder, Halbtrockenrasen (Höhenobergrenze?); *g.* ssp. **millefólium**

— Hüllblätt. m. mittel- bis schwarzbraunem Rand; Pfl. insgesamt stärker behaart, kaum höher als 50 cm; Zungenbltn. meist ± rötl. Vor allem Gebirgswiesen der mont. u. subalp. Stufe bis Krummholzreg. (bis 2500 m); *v* Alp., *z* Vog., Sudeten, Erzgeb. ssp. **sudética** (OPIZ) WEISS

Weitere Arten als **Zierpfl.** aus Gärten gelegentl. verwild.
Zahlreiche Arten neigen zur **Bastard**bildung!

34. Matricária L. (= Chamomílla S. F. GRAY), *Kamille*

1. Zungenbltn. fehlend; Röhrenbltn. grünl.gelb, 4zähnig; Pfl. stark duftend, 5–40 cm hoch; ⊙; VI–VIII. Ödland, Schuttplätze (bis 1000 m); *v* u. *h,* völlig eingebürgert. (Heimat: NO-Asien) [= *M. matricarioides* auct., non (LESS.) PORT.; = *M. suaveolens* (PURSH) BUCH., non L.; = *Ch. suaveolens* (PURSH) RYDB.] *Strahllose K.,* **M. discoídea** DC.

— Zungenbltn. meist vorhanden, weiß; Röhrenbltn. goldgelb, 5zähnig; Köpfchenboden kegelf., hohl (Längsschnitt!); Zungenbltn. zuletzt zurückgeschlagen; Pfl. m. starkem Kamillengeruch; ⊙; V–IX. Äcker, Ödland (bis 1300 m); oft kult. u. verwild., *v,* völlig eingebürgert. (Heimat: O-Mittelmeergebiet) [= *M. chamomilla* auct., non L.; = *Ch. recutita* (L.) RAUSCH.] *Echte K.,* **M. recutita** L.

35. Tripleurospérmum SCHULTZ-BIP. (= *Matricaria* auct., p. p.), *Kamille*

1. Fr. oben abgerundet, an od. neben der Spitze m. einer Öldrüse (Lupe!), Außenseite glatt, nur m. Längsrippe; Stg. meist nur im ob. Teil verzweigt; ⊙; VI–VII. Waldränder, Hecken, Felder; nur O-St, sonst NÖ, Bgl. [= *M. tenuifolia* (KIT.) SIM.] *Feinblättrige K.*, **T. tenuifólium** (KIT.) NEILR.

— Fr. oben m. becher- bis kragenf. Rand, ihre Außenseite längsrippig u. querrunzelig; Stg. bereits in unt. Hälfte verzweigt **2**

2. Stg. niederlgd. bis aufstgd., vom Grd. an verzweigt; Blätt. etwas fleischig; Zungenbltn. 20–30; Öldrüsen auf der Fr. längl.; ⊙–♃; VII–X. Strandwiesen, Dünen; ob überhaupt im Gebiet?, evtl. *v* bis *z* Nordsee-, weniger häufig Ostseeküste (– od. nur Salzformen d. folg. Art?). (= *M. maritima* L.) *Strand-K.*, **T. marítimum** (L.) KOCH

— Stg. aufrecht, erst oberw. verzweigt; Blätt. nicht fleischig; Zungenbltn. 12–20; Öldrüsen auf der Fr. rund(l.); ⊙; VI–X. Äcker, Ruderalstellen (bis 1300 m); *g* u. *h*. (= *M. inodora* L.; = *M. perforata* MÉR.) *Duftlose K.*, **T. perforátum** (MÉR.) WAG.

36. Chrysánthemum L.[1] (incl. **Tanacétum** L., **Leucánthemum** MILL., **Leucanthemópsis** (GIROUX) HEYW., **Leucanthemélla** TSVELEV, **Balsámita** MILL.), *Wucherblume, Margerite*

1. Zungenbltn. vorhanden **3**

— Zungenbltn. fehlend **2**

2. Blätt. doppelt fiedspaltig, bis 20 cm lg.; Köpfchen in flacher, dichter Doldenrispe; Pfl. bis 130 cm hoch, nicht duftend; ♃; VII–IX. Auwälder, Hecken, Raine, Wegränder (bis 1200 m); *v*. (= *Tanacetum vulgare* L.) *Rainfarn*, **Ch. vulgáre** (L.) BERNH.

— Blätt. ungeteilt, breit-lanzettl., gleichmäßig gesägt bis gekerbt, bis 10 cm lg.; Köpfchen in lockeren, nicht flachen Doldenrispen; Pfl. bis 100 cm hoch, aromatisch duftend; ♃; VIII–X. Alte Heil- u. Gewürzpfl., oft kult., zuw. verwild., z. B. FrAlb, St. (Heimat: SW-Asien) (= *Balsamita major* DESF.) *Balsamkraut, Marienbalsam*, **Ch. balsámita** L.

3(1). Zungenbltn. weiß **5**

— Zungenbltn. gelb **4**

4. Röhrenbltn. gelb; Laubblätt. fiedspaltig; Stg. einfach, nur oberw. etwas verzweigt; ⊙–♃; VI–VIII. Getreidefelder; kalkmeidend; weitgehend eingebürgert: *v* bis *z* im N, *z* bis *s* im M-Gebiet, sehr *s* Ba, Au, vielfach wieder verschwunden, *f* BW, Sb. (Heimat: O-Mittelmeergebiet) *Saat-W.*, **Ch. ségetum** L.

— Röhrenbltn. grünl.; Laubblätt. doppelt fiedspaltig; Stg. reich verzweigt; ♃; VI–IX. Häufig kult. Zierpfl., zuw. verwild. (Heimat: O-Mittelmeergebiet) *Goldblume, Kronen-W.*, **Ch. coronárium** L.

5(3). Köpfe zu 2 bis vielen in einer kaum gewölbten Ebene (Doldenrispe) **8**

— Köpfe einzeln am Ende des Stg. **6**

---

[1] Eine taxonomische Aufspaltung der Gattung, wie sie in einigen – keineswegs allen – gewichtigen Florenwerken neuerer Zeit vorgenommen wird, würde die hier berücksichtigten Arten 6 verschiedenen Gattungen zuweisen. Die neuen Gattungsunterschiede und -grenzen sind keineswegs so, daß sie sich für die mitteleuropäischen Arten zwingend ergeben. Leider gibt es derzeit keinen überzeugenden Mittelweg, weshalb die Gattung *Chrysanthemum* hier im klassischen Sinn beibehalten wird.

6. Röhrenbltn. ohne Pappus; Pappus der Zungenbltn. fehlend od. als kurzes, schiefes Krönchen; ob. Blätt. kürzer als die Stgglieder; Pfl. 20–100 cm hoch; ♃; V–X. Bis 2300 m; sehr formenreich, Untergliederung immer noch unbefriedigend, genaue Bestimmung ohne Kenntnis der Chromosomenzahl nicht eindeutig; 2n = 18–90. Nachfolgend nur eine grobe Gliederung. (= *L. vulgare* LAM.)
Wiesen-W., Marg(u)erite, **Ch. leucánthemum** L. (s. l.)

a. Alle Fr. ohne Pappus; mittl. Stgblätt. geöhrt u. halbstgumfassend, gesägt. Wiesen, Magerweiden; *g;* formenreich. [incl. **L. ircutianum** DC. (TURCZ.)]
Ch. leucánthemum L. (s. str.)

— Pappus der Zungenbltn. als schiefer od. gleichmäßiger Saum . . . . . **b**

b. Fr. der Zungenbltn. m. schiefem, öhrchenart. Saum; mittl. Stgblätt. nicht geöhrt, gesägt bis gekerbt. Bergwiesen der mont. u. alp. Reg.; *v* Alp., *z* Vorland, Alb, Vog., Hegau. [= *Ch. montanum* (ALL.) GAUD.] **Ch. adústum** (KOCH) GREMLI

— Fr. der Zungenbltn. m. gleichmäßigem, krönchenart., meist etwas zerschlitztem Saum; mittl. Stgblätt. nicht geöhrt, tief gezähnt bis fiedteilig. Wie vorige; *f* M-Geb., zuw. kult. [= *Leuc. heterophyllum* (WILLD.) DC.; = *Ch. leucanthemum* ssp. *heterophyllum* (WILLD.) HAYEK in HEGI; = *Ch. lanceolatum* PERS.]
Ch. heterophýllum WILLD.

Hiermit nahe verwandt ist **Ch. máximum** RAM. [= *Leuc. maximum* (RAM.) DC.] (Heimat: Pyrenäen): bes. kräftiger Wuchs; Köpfchen bis 8 cm Dm; die meisten der großköpfigen Gartenmargeriten.

— Pappus aller Fr. als kurzes Krönchen (ähnl. *990*); Hüllblätt. schwarzbraun bis schwarz berandet; Gebirgspfl. **7**

7. Ob. Stgblätt. ganzrandig, deutl. kleiner als die meist kammf.-fiedspaltigen Grdblätt.; Pfl. 5–20 cm hoch; ♃; VII–VIII. Matten, Schutt, Felsen (1600–3200 m); kalkmeidend; *v* Ur-Alp., *z* K-Alp., in Dt *s;* formenreich: 2 Chromosomenrassen (= ssp.?). [= *T. alpinum* (L.) SCHULTZ-BIP.; = *Leucanthemopsis alpinum* (GIROUX) HEYW.]
Alpen-W., **Ch. alpínum** L.

— Grd.- u. Stgblätt. gleichmäßig grob u. tief gesägt; Pfl. 10–40 cm hoch; ♃; VII–IX. Steinige Matten, Schutt (1500–2400 m); kalkstet; *v* Alp. (*s* Flußtäler!). [= *Leucanthemopsis atratum* (JACQ.) DC.]
Sägeblättrige W., **Ch. atrátum** JACQ. (s. l.)

a. Zähne der mittl. Stgblätt. 3eckig, gerade nach vorn gerichtet; Stg. meist > 20 cm hoch. St., OÖ. **Ch. atrátum** JACQ. (s. str.)

— Zähne der mittl. Stgblätt. linealisch bis pfrieml., absthd. od. etwas zurückgebogen; Stg. nur bis 20 cm hoch. *z* Alp., Dt. [= *Ch. halleri* (SUT.) DUCOMMUN]
Ch. hálleri SUT.

8(5). Blätt. ungeteilt, breit-lanzettl., m. entfernt schwach gesägtem Blattrand, deutl. länger als die Internodien; Zungenbltn. über 20, 15–20 mm lg.; Pfl. bis 1,5 m hoch; ♃; VIII–IX. Zuw. verwild., eingebürgert W-Bodensee, ObSchwaben (z. B. Röhricht). (Heimat: Balkan) [= *Leucanthemella serotina* (L.) TSVELEV]
Spätblühende M., **Ch. serótinum** L.

— Blätt. gefied. od. tief fiedteilig **9**

9. Röhrenbltn. bräunl.weiß; Köpfchen 6–8 mm breit; Zungenbltn. 6–10, viel kürzer als die Hülle; Blätt. nur fiedteilig, allenfalls am Grd. gefied.; ♃; VI–VIII. In Dt, Au u. Da zuw. verwild. u. *s* (Th, Fr, Oberrhein) eingebürgert. (Heimat: Balkan) [= *T. macrophyllum* (W. & K.) SCHULTZ-BIP.] *Großblättrige W.,* **Ch. macrophýllum** W. & K.

— Röhrenbltn. gelb; Köpfchen > 10 mm breit **10**

10. Köpfe m. ausgebreiteten Zungenbltn. 2,5–5 cm breit; Zungenbltn. 12–18, 10–20 mm lg.; Pfl. geruchlos; Stgblätt. sitzend, gefied.; Fr. 5rippig; ♃; VI–VIII. Lichte Laubwälder, buschige Abhänge (bis 1800 m); kalkliebend; *v* Alb, sonst *z* im S, nach N seltener u. nördl. bis Eifel/Düsseldorf/Westw./Hannover/Br/Po, *f* OPr. [= *T. corymbosum* (L.) SCHULTZ -BIP.] *Doldige W.,* **Ch. corymbosum** L.

— Köpfe 1,5–2,5 cm breit; Zungenbltn. rundl., kürzer als die Hülle; Pfl. von stark widerlichem Geruch; Stgblätt. gestielt, nur tief fiedteilig; Fr. 10rippig; ♃; VI–VIII. Aus Gärten zuw. verwild. u. *s* eingebürgert. (Heimat: Balkan, Orient) [incl. *Ch. subcorymbosum* (SCHUR) BECK; = *Ch. corymbosum* ssp. *clusii* (FISCH. ex RCHB.) DOSTÁL; = *T. parthenium* (L.) SCHULTZ-BIP.] *Mutterkraut,* **Ch. parthénium** (L.) BERNH.

37. Cótula L., *Laugenblume*

Stg. niederlgd. od. aufstgd.; Blätt. tief gezähnt bis unregelmäßig fiedteilig; ⊙; VII–VIII. Strandwiesen, Dörfer (Dungstellen); *v* Meeresküsten östl. bis Kiel (in Da nur NW-Jütland, im Binnenland nur nahe d. Mündung Ems, Weser, Elbe, sonst meist wieder erloschen), völlig eingebürgert. (Heimat: S-Afr.) **C. coronopifólia** L.

38. Artemísia L., *Beifuß, Edelraute*

1. Stg. mind. 30 cm hoch; Pfl. der niederen Lagen **4**

— Niedrige, 10–25 cm hohe Pfl. der Hochalpen **2**

2. Stgblätt. handf. geteilt; Köpfchenboden dicht behaart; Frkn. kahl; Köpfchen in lockerer od. kurzer Ähre; Ähre aufrecht m. ca. 20 Bltn.; ♃; VII–IX. Moränen, Felsschutt (1800–2700 m); kalkmeidend, *z* Au (*f* OÖ), in Dt nur Allgäu. (= *A. laxa* FRITSCH) Ⓖ *Echte E.,* **A. mutellína** VILL.

— Stgblätt. gefied. od. (Hochblätt.!) fiedschnittig **3**

3. Köpfchenboden kahl; Rosettenblätt. 3teilig, jedes Teil fingerig gespalten, zuw. ungeteilt; Köpfchen aufrecht; ♃; VII–IX. Wie vorige Art (2200–3100 m); kalkmeidend; *z* Au (*f* OÖ). [G] *Schwarze E.,* **A. genípi** WEB.

— Köpfchenboden behaart; Rosettenblätt. 5- bis mehrteilig, jedes Teil 3spaltig bis ungeteilt; Köpfchen nickend; ♃; VIII–IX. Kalkfelsen der Latschenstufe; *s* S-Kt (Karnische Alp., Dobratsch). [G] *Glänzende E.,* **A. nítida** BERT.

4(1). Blätt. ungeteilt, lanzettl., ganzrandig od. schwach gesägt; Pfl. stark aromatisch duftend; ♃; VIII–X. Angebaut u. stellenw. verwild., z. B. E, Ba. (Heimat: Sibirien) *Estragon,* **A. dracúnculus** L.

— Blattspr. geteilt **5**

5. Köpfchenboden behaart; Köpfchen ± kugelig **17**

— Köpfchenboden kahl; Köpfchen kugelig bis eif.-längl. . . **6**

6. Blätt. beidersts., Stg. u. Hüllblätt. schneeweiß- bis grau-filzig; Blätt. m. kurzen, schmalen Zipfeln, Endfied. kaum 1 mm breit; Randbltn. ⚥; ♃; VII–X. Dünen, Strandwiesen; *v* Nordsee-, *z* Ostseeküste, *s* im Binnenland: An. *Strand-B.,* **A. marítima** L. (s. l.)

Im Gebiet nur: **A. marítima** L. s. str. (= *A. salina* WILLD.); **A. santónicum** (= *A. monogyna* W. & K.) nicht in Dt, erst Bgl.!

— Blätt. (wenigstens obersts.) nicht filzig; Randbltn. ♀ . . **7**

7. Blätt. (wenigstens untersts.) behaart od. filzig **11**

— Blätt. völlig kahl **8**

8. Blätt. 2–3fach gefied., alle Fiedenden gleichart. schmal-lineal u. weniger als 1 mm breit, fast fädl.; Bltn. rötl.; Köpfchen höchstens 2 mm breit (s. Punkt **13**). **A. scopária** W. & K.

— Fiedenden breiter u. kürzer; Köpfchen größer **9**

9. Fiedabschnitte letzter Ordnung fiedspaltig od. ganzrandig, m. stumpfen Spitzen; Köpfchen nickend, kugelig, nur bis 2 mm im Dm; Hüllblätt. kürzer als 2 mm; Pfl. kräftig, aromatisch duftend; Blätt. 2fach gefied., oberste Fied. an der Rhachis herablaufend; Pfl. bis 1,50 m hoch; ⊙; VII–IX. Uferzone, Ödland, Schuttplätze, Hafengebiete; oft eingeschleppt, im unt. Elbetal sich einbürgernd. (Heimat: Asien) *Einjähriger B.,* **A. ánnua** L.

— Fiederabschnitte letzter Ordnung scharf gesägt; Köpfchen aufrecht . . **10**

10. Blätt. einfach-fiedteilig, Fied. letzter Ordnung schmal-lanzettl., entfernt eingeschnitten-gesägt; Blätt. ohne Zwischenfied.; Hüllblätt. schmal-hautrandig, rundl.-eif., innersts. m. mehreren parallelen Ölstriemen; Pfl. schwach aromatisch riechend; ⊙–⊙; VII–IX. Ruderalstellen; immer wieder eingeschleppt u. z. T. eingebürgert (z. B. NS, SH, Rheinl., We, Baden, Sa, Br). (Heimat: westl. N-Am.) *Zweijähriger B.*, **A. biénnis** WILLD.

— Blätt. doppelt fiedteilig, Fied. letzter Ordn. längl.-elliptisch, dicht (scharf) gesägt; Blätt. meist m. Zwischenfied.; Hüllblätt. breit-hautrandig, eif.-längl., innersts. nur m. 1 Ölstriemen; Pfl. nicht duftend; ⊙; VII–IX. Wie vorige; zuw. eingeschleppt u. gelegentl. eingebürgert (z. B. Ho, NS, Rheinl., Sa). (Heimat: S-Rußland–Himalaya) *Armenischer B.*, **A. tournefortiána** RCHB.

11(7). Blatt beidersts. kahl od. ± behaart, nicht auffällig verschiedenfarbig **13**

— Blätt. obersts. kahl, dk.grün, untersts. weißfilzig, geöhrt; Fiederabschnitte > 2 mm breit; Bltn. bräunl.-gelb . . . **12**

12. Fied. der ob. Stgblätt. (fast) ganzrandig; Hüllblätt. verkahlend; Infl. insgesamt schmal-ästig; Pfl. m. lg. Ausläufern, aromatisch duftend, bis 2 m hoch; ♃; IX–XI. Ödland, Ufer; eingeschleppt u. eingebürgert im S, nördl. bis Saarland/Rheingau/Coburg/Sa. (Heimat: O-Asien) *Kamtschatka-B.*, **A. verlotiórum** LAMOTTE

— Fied. der ob. Stgblätt. tief gesägt u. am Rand oft eingerollt; Hüllblätt. filzig; Infl. große u. breit-ästige Rispe; Pfl. ohne (selten bis 10 cm lg.) Ausläufer, unangenehm duftend, bis über 2 m hoch; ♃; VII–X. Ufer, Wege, Ödland, Schuttplätze (bis 1600 m); *g*. (2 ssp.) *Gemeiner B.*, **A. vulgáris** L.

a. Infl. groß, reich verzweigt u. breit-ästig; alle Blätt. fiedteilig. Ufer, Ödland, Wege, Schuttplätze (bis 1600 m); *g*. ssp. **vulgáris**

— Infl. weniger lg., weniger verzweigt, ihre Seitentriebe deutl. kürzer u. insgesamt schmal-ästig; ob. Blätt. kaum fiedteilig, zuw. sogar ungeteilt. Dünen, Strandgebüsche; Küste *v*, im W seltener. ssp. **coarctáta** (FORS.) LEMKE & ROTHM.

13(11). Blätt. ± kahl, 2–3fach sehr fein gefied.; Pfl. ⊙, m. dünner Hauptwurzel, steif aufrecht, ohne sterile Blattrosetten; Grdblätt. z. Bltzt. bereits welkend; Köpfchen 2 mm groß, nickend; Bltn. rötl.; Pfl. bis 60 cm hoch; VIII–X. Steppenrasen, Brachäcker; *z* Au (*f* Vb, NTi), b. Passau, sonst zuw. verschleppt (z. B. E, N-ObRhein, Elbe-, Odertal). *Besen-B.*, **A. scopária** W. & K.

— Blätt. grau- od. weißfilzig; Pfl. ♃, m. sterilen Blattrosetten; Grdblätt. z. Bltzt. noch nicht welkend **14**

14. Blätt. am Grd. nicht geöhrt, eng doppelt fiedspaltig m. sehr feinen Endzipfeln, oberw. ungeteilt; Bltn. weißl.; Hüllblätt. kahl; Pfl. m. Zitronenduft, bis 1 m hoch; ♃; VII–X. Als Gewürzpfl. kult., *s* verwild. (Heimat: Türkei) *Eberraute, Zitronenkraut*, **A. abrótanum** L.

— Blätt. am Grd. geöhrt **15**

15. Hüllblätt. außen kahl; Bltn. rötl. bis rotbraun; Wurzelstock stark verholzt, m. zahlr. niederlgd. bis aufstgd. sterilen Blattrosetten u. meist roten Stg.; Infl. locker, sparrig; ♃; VIII–X. Sehr formenreich. Abgrenzungen der ssp. (Kleinarten?) noch nicht gesichert. (5 ssp.) *Feld-B.*, **A. campéstris** L.

a. Köpfchen 3–6 mm lg., 12–30bltg.; Stg. ± aufrecht u. wenig verzweigt; Alpenpfl. . . . . **d**

— Köpfchen 2–3 mm lg., 5–12bltg.; Stg. niederlgd. bis aufstgd. . . . . . **b**

b. Stg. u. Blätt. frühzeitig verkahlend; Fiedzipfel 1 mm breit. Ödland, Sanddünen, Trockenwiesen, Wegränder; *v*, im N *z* (bis 1600 m). ssp. **campéstris**

— Stg. u. Blätt. bleibend seidig-filzig, vielfach auch die Hüllblätt. . . . . . **c**

c. Fiederenden ca. 1 mm breit; Köpfchen zieml. dicht sthd.; Rispenäste aufrecht. Steppenrasen, Trockenhänge; *z* Pf bis Sa. ssp. **lednicénsis** (ROCHEL) LEMKE & ROTHM.

— Fiederenden breiter u. länger; Köpfchen locker sthd.; Rispenäste überhängend bis nickend. *z* Dünen der Ostseeküste. ssp. **sericea** (FR.) LEMKE & ROTHM.

d(a). Köpfchen 3–4 mm lg., 12–25bltg.; Stg. ± kahl. Steinige Matten oberhalb 800 m; *z* Au (Ti, Sb, NWSt, NKt). [= *A. argyrea* (JORD. & FOURR.) O. SCHWARZ] ssp. **alpína** (DC.) ARC.

— Köpfchen 5–6 mm lg., 15–30bltg.; Stg. kahl bis seidig behaart. Triften, Schuttfluren (1500–2700 m); *z* Au (Ti, Sb, NW-Kt). G ssp. **boreális** (PALL.) HALL & CLEMENTS

— Hüllblätt. außen behaart; Blätt. sehr fein gefied., unterst. weißfilzig 16

16. Köpfchen länger als breit; Bltn. rötl.gelb; Blätt. obersts. graufilzig; Fiederzipfel 6–10 mm lg.; Hüllblätt. kurz absthd. behaart; ♃; VII–IX. Ruderalstellen, sandige Trockenrasen; vorübergehend eingeschleppt u. *s* eingebürgert (z. B. N-ObRhein, Fr). (Heimat: O-Europa, Balkan bis NÖ) *Österreichischer B.*, **A. austriaca** JACQ.

— Köpfchen so lg. wie breit, im Umriß fast kugelig; Bltn. gelb; Blätt. obersts. graugrün; Fiederzipfel nur 3–4 mm lg.; Hüllblätt. anlgd. behaart; ♃; VIII–X. Steppenheiden; eingewandert u. sehr *z* eingebürgert Sb, Kt, St, E, BW, NW-Ba, Rheingau, We, An, Sa. (Heimat: O-Mittelmeergebiet) *Römischer Wermut*, **A. póntica** L.

17(5). Fied.zipfel < 1 mm breit, lineal-spitzl.; Blätt. kahl od. etwas graufilzig; Grdblätt. 2fach fiedteilig 19

— Fied.zipfel 2–3 mm breit, stumpfl.; Blätt. seidig-filzig; Grdblätt. 2–3fach fiedteilig 18

18. Blätt. am Grd. nicht geöhrt; Fied. seicht bis tief gesägt; Köpfchen 2–4 mm breit; Stg. silbergrau, fein punktiert (Öldrüsen!); Pfl. stark aromatisch, bitter schmekkend; Pfl. ♃, m. sterilen Blattrosetten; VII–IX. Ödland, bebaute u. beweidete Kulturlandschaften; *v* eingebürgert. (Heimat: Asien) *Wermut*, **A. absínthium** L.

— Blätt. am Grd. geöhrt; Fied. tief fiedteilig u. Fied. 2. Ordnung nochmals (tief) gesägt; Köpfchen 5–6 mm breit; Pfl. ⊙–⊙, ohne sterile Blattrosetten, z. Bltzt. ohne Grdblätt.; VII–IX. Eingeschleppt, auf sandigen Ruderalstandorten; *s* Sa. *Sievers B.*, **A. sieversiána** EHRH. ex WILLD.

19(17). Äußere Hüllblätt. grün, kahl; Köpfchenboden zottig behaart; ♃; IX. Salztriften SaAn (Artern). *Felsen-B.*, **A. rupéstris** L.

— Äußere Hüllblätt. flaumig behaart, aber m. (fast) kahlem Hautrand; Blätt. schwach behaart bis filzig; Köpfchenboden spärl. behaart; Pfl. von kampferart. Geruch; ♃; VIII–X. Trockene Felshänge; kalkstet; Rouffach (E), SO-Be. (= *A. camphorata* VILL.) *Kampfer-B.*, **A. álba** TURRA ssp. **saxátilis** (W. & K.) SOÓ

Bastardbildung häufig! Weitere *Artemisia*-Arten zuw. verwild. od. eingeschleppt.

39. **Adenostýles** CASS., *Alpendost*

1. Köpfchen 10–30bltg.; Hüllblätt. filzig; ♃; VII. Gesteins- u. Schuttfluren der Ur-Alp.; *s* Ötztal (Ti). [= *A. tomentosa* (VILL.) SCH. & TH.] *Filziger A.*, **A. leucophýlla** (WILLD.) RCHB.

— Köpfchen 3–6bltg.; Hüllblätt. kahl, zuw. etwas flaumig . 2

2. Ob. Stgblätt. stets gestielt; Blattstiel am Grd. nicht geöhrt; Blätt. gleichmäßig gezähnt, unterst. graugrün u. nur auf den Adern behaart; Adernetz engmaschig; Blkr. hellviolett; ♃; VII–VIII. Felsschutt, Schluchtwälder (bis 2400 m); kalkliebend; *v* Alp., *z* Vorland. (incl. *A. calcarea* BRÜGG.) [= *A. alpina* (L.) BLUFF & FING.] *Grüner A.*, **A. glábra** (MILL.) DC.

— Ob. Stgblätt. halbstgumfassend sitzend, wenn gestielt, dann m. geöhrtem Blattgrd.; Blätt. ungleichmäßig gezähnt, unterst. graufilzig; Adernetz weitmaschig; Blkr. fleischrot; ♃; VII–VIII. Hochstaudenfluren, Schluchtwälder (bis 2100 m); *v* Alp., *z* Vorland, Schw.,

Vog., Sudeten bis Gesenke. [= *A. albifrons* (L. f.) RCHB.]
Grauer A., **A. alliáriae** (GOUAN) KERN.

40. Anacýclus L., *Bertramwurzel*

Blätt. doppelt fiedspaltig; Köpfchen 1 cm breit, einzeln, auf verdickten, hohlen Stielen; äußere Fr. breit geflügelt, Flügel das Fr.ende sogar etwas überragend, innere Fr. ungeflügelt; ⊙; VI–VII. Alte Heilpfl., noch gelegentl. angebaut (meist als *A. officinarum*) u. zuw. verwild. (Heimat: Mittelmeergebiet) **A. clavátus** (DESF.) PERS.

41. Santolína TOURN. ex L., *Heiligenblume, Zypressenkraut, Mottenkraut*

Immergrüner, buschiger, stark würzig duftender Halbstrauch, m. brüchigen Zweigen; Blätt. klein, graufilzig; ♃; VII–VIII. Zier- u. Heilpfl., gelegentl. verwild. (Heimat: W-Mittelmeergebiet) **S. chamaecyparíssus** L.

42. Tussilágo L., *Huflattich*

Zungenbltn. gelb, mehrreihig, fädl.; Fr. m. lg., mehrreihigem, seidigem Pappus; ♃; III–IV. Feuchte Äcker (Ton u. Lehm), Wegränder, steinige Matten, Moränen (bis 2300 m); *v*. **T. fárfara** L.

43. Petasítes MILL., *Pestwurz*

1. Blätt. im Umriß 3eckig-herzf., unterststs. dicht weißfilzig . . **3**

— Blätt. im Umriß rundl.-herzf., unterststs. locker grau-wollig-filzig **2**

2. Bltn. rötl.; Blattspreite am Grd. m. abgerundeten Lappen, die sich über den Blattstiel hinweg (fast) berühren, am Rand regelmäßig scharf gezähnt, unterststs. später ± verkahlend, bis 1 m lg. u. 60 cm breit; Blattstiel oberststs. tief eng gefurcht (rinnig); ♃; III–V. Bachufer, feuchte Waldränder (bis 1500 m); *v* u. truppweise, *z* im N (Neubürger). (= *P. officinalis* MOENCH)
Gemeine P., **P. hýbridus** (L.) G. M. SCH.

— Bltn. gelbl.weiß; Blattspreite am Grd. m. Lappen, die die Blattbucht freilassen, doppelt gezähnt, m. deutl. stachelspitzigen Zähnen, unterststs. weißl., bis 1 m lg. u. 40 cm breit; Blattstiel seitl. zusammengedrückt, oberststs. seicht u. breit gefurcht; ♃; III. Feuchte, quellige Orte, Bäche, Bergwälder (bis 1800 m); *v* Alp., Vor-Alp., M-Geb. (Vog., Schw., SchwAlb, Bayr/Böhmw., Sauerland, Harz), RhPf u. He fast *f*, nördl. bis S-Be/Eifel/Braunschweig/O-SH/Da, sonst *s* im N. *Weiße P.*, **P. álbus** (L.) GAERTN.

3(1). Bltn. rötl.; Blattspr. meist so lg. wie breit; ♃; III–V. Bachufer, feuchter Moränenschutt (bis 2200 m); kalkstet; *v* subalp. u. alp. Reg., *z* längs der Flüsse (nördl. fast bis zur Donau; Isar, Inn). [= *P. niveus* (VILL.) BAUMG.] *Alpen-P.*, **P. paradóxus** (RETZ.) BAUMG.

— Bltn. hell- bis weißgelb **4**

4. Blattspreite breiter als lg., die basal-seitl. Teile zugespitzt, m. grob bis geschweift-gesägtem Rand, m. großer, freier Blattbucht, unterststs. filzig; ♃; III–IV. Strand, Dünen, Ufer; *v* Ostseeküste SH bis OPr, Inseln von Da (excl. Fünen), *z* Flußtäler bis Magdeburg/Berlin/Küstrin. (= *P. tomentosus* DC.)
Filzige P., **P. spúrius** (RETZ.) RCHB.

— Blattspreite etwa so lg. wie breit, die seitl. Teile abgerundet, m. feinem u. gleichmäßiger gesägtem Rand, im Umriß breit-herzf., untersts. (fast) kahl; ♃; III–V. Bachränder, Schotter; *z* Sudeten bis Gesenke. [= *P. glabratus* (MALÝ) BORB.]

Karpaten-P., **P. kablikiánus** TAUSCH ex BERCHTOLD

44. Homógyne CASS., *Alpenlattich*

1. Blattstiel u. Blätt. untersts. weißfilzig; Pappus schmutzigweiß; Pfl. 10–25 cm hoch, ohne Ausläufer; ♃; VI–VIII. Steinige Matten, Zwergstrauchheiden, Schneetälchen (1400–2400 m); kalkstet; *z* Alp.: Berchtesgaden, Au (*f* Vb).

Filziger A., **H. díscolor** (JACQ.) CASS.

— Blätt. untersts. grün od. grauwollig; Pappus schneeweiß . **2**

2. Blätt. handf. seicht gelappt, die 3 mittl. Lappen meist spitz 3zähnig; Pfl. 15 bis 25 cm hoch, ohne Ausläufer; ♃; V–VI. Wälder, Gebüsche der mont. u. subalp. Reg.; nur Paß Lueg (Sb), St?

Wald-A., **H. sylvéstris** (SCOP.) CASS.

— Blätt. nierenf., seicht gekerbt-gezähnt; Pfl. 10–40 cm hoch, m. beblätt. Ausläufern; ♃; VI–VIII. Feuchte Gebüsche, quellige Orte, Zwergstrauchheiden (500–2400 m); *v* Alp., Bayrw., *z* Alp.-Vorland, *s* S-Schw., böhmische Randgeb. *Gemeiner A.,* **H. alpína** (L.) CASS.

45. Erechtites RAF., *Scheinkreuzkraut*

Pfl. bis 180 cm hoch, kaum verzweigt; Köpfchen 10–15 mm lg., 1–2 cm lg. gestielt; Hüllblätt. braunrot, weißhautrandig, 1reihig; Bltn. schwefelgelb; ⨀; VII–IX. Ödland, Waldlichtungen, -ränder; Schl, von O her eingewandert u. stellenw. eingebürgert Kt, St, OÖ, S-Mähren. (Heimat: Am.) **E. hieracifólius** (L.) RAF. ex DC.

46. Árnica L., *Arnika, Wohlverleih*

Stg. einfach od. wenigästig; Köpfe 6 bis 8 cm breit; Köpfchenboden behaart; Bltn. dkdottergelb; ♃; V–VIII. Trockene Matten, Heiden, Moorwiesen, austrocknende Hochmoore (bis 2500 m); kalkmeidend; *v* Alp. u. südl. M-Geb., in der Ebene *z* bis *s, f* Me, Po, OPr; stark zurückgegangen, bes. N-BW, NS. Ⓖ **A. montána** L.

47. Dorónicum L., *Gemswurz*

1. Randbltn. ohne Pappus; Stg. oft mehrköpfig **4**

— Alle Bltn. m. Pappus; Stg. meist 1köpfig; Alpenpfl. . . . **2**

2. Grdblätt. breit-eif.; ob. Stgblätt. deutl. stgumfassend, Stgblätt. am Rand m. mehrzellreihigen Zotten-, kurzen Drüsen- sowie kurzen, einzellreihigen Gliederhaaren *(1033);* Stg. oft mehrköpfig, Köpfe 4–6 cm breit; ♃; VII–VIII. Felsschutt der subalp. u. alp. Reg. (1300–2500 m); kalkstet; *v,* in Dt *z.*

Großblütige G., **D. grandiflórum** LAM.

— Grdblätt. längl. bis längl.-lanzettl.; ob. Stgblätt. am Grd. nur seicht herzf. u. wenig stgumfassend; Stg. stets 1köpfig . **3**

3. Blätt. am Rand m. steifen, mehrzellreihigen Wimper- u. kurzen Drüsenhaaren, aber ohne Wollhaare *(1034);* Köpfe 3,5–4,5 cm breit; ♃; VII–VIII. Steinige Wiesen, Moränen, Schneemulden (1800–2600 m); *z* Alp. östl. Innsbruck, Dt nur Grenznähe b. Berchtesgaden. (2 einander ausschließende ssp.)

Gletscher-G., **D. glaciále** (WULF.) NYM.

a. Rand der Laubblätt. u. der Hüllblätt. m. kurzen Drüsen- u. m. Wimperhaaren. *z.* ssp. **glaciále**

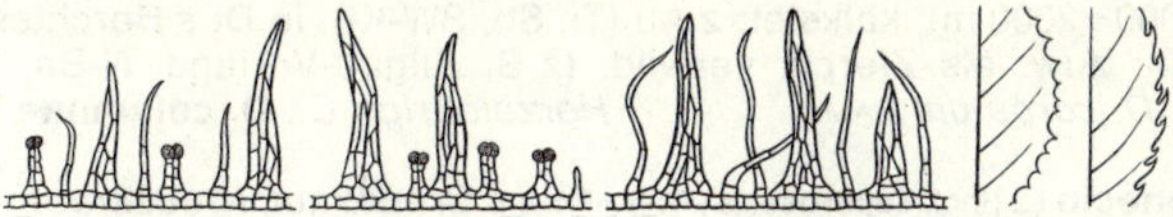

— Rand der Laubblätt. nur m. Wimperhaaren, (fast) ohne Drüsenhaare; Hüllblätt. m. lg. Drüsenhaaren, m. od. ohne Wimperhaare. *z* NO-St. (= *D. calcareum* VIERH.) ssp. **calcáreum** (VIERH.) HAY.

— Blätt. am Rand m. weichen, einzellreihigen Wollhaaren u. mehrzellreihigen Wimperzotten, ohne Drüsenhaare *(1035);* Köpfe 3,5–6 cm breit; ♃; VII–IX. Wie vorige (1600–3400 m); kalkmeidend; *v* Au. *Zottige G.,* **D. clúsii** (ALL.) TAUSCH var. **clúsii**

var. villósum TAUSCH [= *D. stiriacum* (VILL.) D. T.]: Blätt. auch auf der Fläche zottig behaart. Nur Schladminger Tauern/SO-Sb, NSt.

4(1). Grd.blätt. lg.gestielt, ohne verbreiterten Blattgrd., eif. u. nur angedeutet herzf., fast glattrandig; Stg. 1köpfig, lg.gestielt, schwach drüsig behaart; Stgblätt. nur wenige, die unt. m. verbreitertem Grd., die ob. sitzend, ihre Ränder m. wenigen Wimper-, zahlr. 1zelligen Woll- u. spärl. Drüsenhaaren; ♃; V–VI. Zierpfl., *v* eingebürgert Ho, ob in Dt verwild.? *Wegerich-G.,* **D. plantaginéum** L.

— Grdblätt. m. breit-herzf. Spreite u. meist deutl. gezähnt . **5**

5. Pfl. z. Bltzt. ohne Grdblätt.; Stgblätt. m. plötzl. verschmälertem u. dann herzf. Grd. sitzend *(1043),* gezähnt; Stg. 30–150 cm hoch; ♃; VII–VIII. Hochstaudenfluren, Wälder; *v* Alp. (1200–1900 m; *f* Vb, in Dt nur Berchtesgaden), Bayr./Böhmw., Sudeten (Lac Noir/Vog. nur adventiv!). *Österreichische G.,* **D. austríacum** JACQ.

— Pfl. z. Bltzt. m. Grdblätt. an od. neben dem Stg.; Spreite der Grdblätt. am Grd. tief herzf. **6**

6. Stg. m. bis 12 Köpfchen; Pfl. bis 1,2 m hoch, ohne unterirdische Ausläufer; Grd. u. Stgblätt. groß, bis 20 × 16 cm, herzf., ± regelmäßig gezähnt; Rand der Stgblätt. m. 1zellreihigen Flaumhaaren u. locker sthd. Drüsenhaaren, später ± verkahlend; ♃; VII–IX. Bachbette, Wasserfälle, feuchte Steinblöcke; Endemit der Koralpe (Kt/St). G *Sturzbach-G.,* **D. cataractárum** WIDDER

— Stg. nur m. 1–2(–3) Köpfchen; Pfl. u. Blätt. kleiner . . . **7**

7. Blattstiele dicht behaart, etwas geflügelt; Pfl. m. lg. unterirdischen Ausläufern; Grdblätt. breit-herzf., am Grd. breit geöhrt, Spreiten fast ganzrandig; Stg. samthaarig bis zottig; Blätt. am Rand m. Wimper- u. Wollhaaren; ♃; VII–IX. Bergwälder, Bäche, Ufer (bis 700 m); ursprüngl. nur im S (*f* Au) u. nördl. bis S-Ho(?)/Eifel/Koblenz/Lahntal/um Würzburg/Bayrw.; nördl. Vorkommen, auch Ho u. Da, vermutl. aus Kulturen verwild. u. eingebürgert. *Kriechende G.,* **D. pardaliánches** L. em. SCOP.

— Blattstiele kahl od. nur sehr spärl. behaart **8**

8. Pfl. m. lg. unterirdischen, behaarten Ausläufern, diese am Ende m. Blattrosetten; Stg. unten schwach behaart, oberw. m. 1zellreihigen Woll- u. m. Drüsenhaaren; Blattspreite nur seicht gezähnt; ♃; VI–VII. Zierpfl., bisweilen verwild., z. B. St. (Heimat: SO-Europa) [incl. *D. carpaticum* (GRIS. & SCHENK) NYM.; = *D. caucasicum* BIEB.] *Kaukasus-G., Balkan-G.,* **D. orientále** HOFFM.

— Pfl. ohne unterirdische Ausläufer; Stg. unten kahl, oberw. drüsig-weichhaarig; Bögen der Sägezähne des Blattrands flach, aber deutl.; ♃; V–VIII. Hochstauden, Schluchtwälder, Felsschutt

(1000–2000 m); kalkstet; *z* Au (Ti, Sb, SW-Kt), in Dt *s* Berchtesgaden; zuw. als Zierpfl. verwild. (z.B. Allgäu-Vorland, N-Ba, Po). (= *D. cordatum* LAM.) *Herzblättrige G.*, **D. colúmnae** TEN.

48. Senécio L. [incl. **Tephroséris** (RCHB.) RCHB.], *Greiskraut, Kreuzkraut*

1. Hüllkelch am Grd. m. Außenhülle (*996* aH); Hüllblätt. an der Spitze meist gefleckt bzw. schwärzl. **10**

— Hüllkelch am Grd. ohne Außenhülle; Hüllblätt. an der Spitze nicht gefleckt; Laubblätt. ungeteilt **2**

2. Stg. dick, kantig, hohl, zottig-drüsig behaart, 25–100 cm hoch, gelbgrün, oberw. ästig; Stgblätt. halbstgumfassend, sitzend; Hüllblätt. u. Zungenbltn. 21[1]; Fr. kahl; ⊙–♃; VI–VII. Torfstiche, Sumpfwiesen, Ufer; *z* im N, südl. seltener u. bis Ho/Aachen/Köln/Göttingen/SaAn/Sa, Schl. (*s* E?), östl. bis zur Oder. [= *S. palustris* (L.) HOOK.; = *S. tubicaulis* MANSF.]
Moor-G., **S. congéstus** (R. BR.) DC.

— Pfl. kahl od. spinnwebig-wollig behaart; Stg. bis zum Bltnstand unverzweigt **3**

3. Fr. behaart; Zungenbltn. 13 . . . . **6**

— Fr. kahl, selten jung etwas flaumig **4**

4. Stgblätt. ganzrandig bis entfernt gezähnelt (vgl. Punkt **8**—).
S. helenítis ssp. **salisburgénsis**

— Stgblätt. deutl. u. gröber gezähnt **5**

5. Spreite der Grdblätt. herzf., die der Stgblätt. eif.-lanzettl., in breit geflügeltem, am Rand oft gezähntem Stiel zusammengezogen, am Rand wellig kraus u. grob gezähnt; Stg. wollig bis kahl; ♃; IV–VIII. Feuchte Bergwiesen, Bachufer, Torfstiche, bes. der mont. Reg. (bis 1900 m). (2 ssp.) [= *S. crispatus* DC.; = *T. crispa* (JACQ.) RCHB.]
Krauses G., **S. rivuláris** (W. & K.) DC.

a. Fr. kahl; Pappus doppelt so lg. wie die Fr.; Stgblätt. m. deutl. geflügeltem Stiel. *z* östl. M-Geb. (bis Thw, Frw, Lausitz), Au (*f* Vb, Ti). ssp. **rivuláris**

— Fr. deutl. behaart; Pappus nur ⅓ bis ½ so lg. wie die Fr.; Stiel der Stgblätt. ungeflügelt od. sehr schmal geflügelt. *s* Kt, St.
ssp. **pseudocrispus** (FIORI) E. MAYER

— Spreite der Grdblätt. lanzettl. bis ei-lanzettl., ± lg.gestielt, grob gezähnt, z. Bltzt. verwelkt; Stg. drüsig behaart u. ± wollig bis kahl; ♃; V–VII. Kar- u. Hochstaudenfluren, Krummholzreg. (bis 1900 m); *z* Au (*f* Vb, NTi). [= *T. longifolia* (JACQ.) GRIS. & SCHENK]
Obir-G., **S. ovirénsis** (KOCH) DC.

6(3). Bltn. intensiv orangerot; Hüllblätt. m. purpurner Spitze . **9**

— Bltn. gelb bis goldgelb **7**

7. Spreite der Grdblätt. eif., allmähl. in den ± breitgeflügelten Stiel verschmälert, länger als der Stiel; Blattrand seicht knorpelig gezähnt bis ganzrandig; Stg. spinnwebig-wollig, aber nicht drüsig; Hüllblätt. 21; ♃. [= *T. integrifolius* (L.) HOLUB] (2 ssp.)
S. integrifólius (L.) CLAIRV. em. CUF.

a. Pfl. ± verkahlend; Hüllblätt. grün, zuw. an der Spitze leicht rötl. überlaufen; Zungenbltn. gelb; V–VI. Steppenrasen, steinige Weiden; kalkliebend; sehr *z* N-Jütland (Da), Po, SaAn, Th, Lechtal (Ba). *Steppen-G.*, ssp. **integrifólius**

[1] Die bei den *Senecio*-Arten angegebenen Zahlen für die Anzahl von Hüllblätt. u. Zungenbltn. sind Durchschnittswerte für gut entwickelte Pflanzen. Diese Werte sind ziemlich konstant.

— Pfl. dicht u. dauerhaft weißl.-wollig, insbes. oberw.; Hüllblätt. (grün bis) purpur(braun); Zungenbltn. leuchtend gelb bis orange- od. feuerrot (od. fehlend!); VII–VIII. Matten, Triften (oberhalb 1800 m); *s* NTi, N-Kt, N-St.
Ⓖ *Kopf-G.*, ssp. **capitátus** (WAHL.) CUF.

— Spreite der Grdblätt. am Grd. gestutzt bis herzf., ei-spatelf., so lg. oder kürzer als der schmal geflügelte Stiel; Stg. spinnwebig-wollig, aber nicht od. nur sehr spärl. drüsenhaarig **8**

8. Rand der Grdblätt. grob gezähnt; Hüllblätt. 13, kurzhaarig; ♃; VI–VIII. Kar- u. Lägerfluren (1700–2200 m); *z* bis *s* Au (*f* Vb, NTi), in Dt (Berchtesgaden) offenbar ausgestorben. [= *T. tenuifolia* (GAUD.) HOLUB; = *S. brachychaetus* (DC.) BEG. in HEGI; = *S. ovirensis* (KOCH) DC. ssp. *gaudinii* (GREMLI) CUF.] *Läger-G.*, **S. gaudínii** GREMLI

— Rand der Grdblätt. seicht gesägt bis gekerbt; Hüllblätt. 21, kraushaarig; ♃; V–VII. Feuchte Wiesen, Flachmoore; *z* im S (in Au nur OÖ), nach N seltener u. bis Be/Eifel/S-Harz/O-Th/An. [= *S. spathulaefolius* (GMEL.) BEG. in HEGI; = *T. helenitis* (L.) NORDENSTAM]
Spatelblättriges G., **S. helenítis** (L.) SCH. & TH. em. CUF. ssp. **helenítis**
ssp. **salisburgénsis** CUF. [= *S. pratensis* DC. p. p.; = *S. salisburgensis* (CUF.) RAUSCH.]: Fr. kahl; Zungenbltn. oft fehlend; *s* Sb, OÖ, b. Berchtesgaden.

9(6). Pfl. der alp. Reg.; Laubblätt. fest, derb; Stg. dicht wollig bis filzig (s. Punkt **7a**—). Ⓖ **S. integrifólius** ssp. **capitátus**

— Pfl. der mont. Reg.; Laubblätt. schlaffer, dünner; Stg. kahl od. zerstreut-kurzhaarig; Hüllblätt. (z.T.) rotbraun; ♃; VI–VIII. Matten, steinige Triften; *z* St, Kt. [= *T. aurantiaca* (HOPPE ex WILLD.) GRIS. & SCHENK] Ⓖ *Orangerotes G.*, **S. aurantíacus** (HOPPE ex WILLD.) LESS.

10(1). Blätt. ungeteilt, aber am Rand gesägt od. gezähnt; Fr. kahl **21**

— Blätt. fiedspaltig bis fiedteilig **11**

11. Zungenbltn. fehlend; Blätt. buchtig gelappt bis fiedspaltig, ringsum gezähnt, ob. geöhrt; Hüllblätt. 21; Außenhüllblätt. schwärzl., meist 10; Fr. flaumig; Stg. ästig; ⨀; III–X. Ackerunkraut (bis 2200 m); *g* u. *h*. *Gemeines G.*, **S. vulgáris** L.

— Zungenbltn. vorhanden, zuw. aber kurz u. zurückgerollt . **12**

12. Zungenbltn. lang u. flach ausgebreitet; Hülle glockenf. *(1025)* **14**

— Zungenbltn. kurz u. zurückgerollt; Zungenbltn. 13; Hülle walzl. *(1024)* **13**

13. Pfl. drüsig-klebrig; Hüllblätt. 21; Außenhülle locker absthd., ½ so lg wie die Hüllblätt.; Pappus z. Frzt. 3mal so lg. wie die Fr.; ⨀; VI–IX. Kahlschläge, Sandfelder (bis 1900 m); zieml. *v*.
Klebriges G., **S. viscósus** L.

— Pfl. nicht drüsig-klebrig, zerstreut wollhaarig bis kahl; Hüllblätt. 13; Außenhüllblätt. angedrückt, ⅕ so lg. wie die Hülle; Pappus z. Frzt. fast 2mal so lg. wie die Fr.; ⨀; VII–VIII. Wie vorige (bis 1800 m); *v*, stellenw. *z*. *Wald-G.*, **S. sylváticus** L.

14(12). Blätt. ± weißgrau-filzig, verkahlend, keilig-verkehrt-eif., kerbig eingeschnitten bis fiedspaltig; Zungenbltn. orangegelb; Pfl. 5–15 cm hoch; Hüllblätt. 8; ♃; VII–IX. Steinige Matten, Moränen (1800–3000 m); *v* Au, Dt nur Allgäu. (= *S. carnicolicus* WILLD.)
Ⓖ *Krainer G., Gelber Speik, Weißgraues G.*, **S. incánus** L.
ssp. **carniólicus** (WILLD.) BR.-BL.

— Blätt. ± grün, nicht weißgrau-filzig; Blattrhachis durch Herablaufen der Fied. geflügelt u. Blätt. dadurch sitzend; Zungenbltn. 13 . . . . **15**

15. Flügel der Blattrhachis gezähnt; Außenhülle 6–12blättrig; Hüllblätt. 21; Fr. angedrückt behaart **20**

— Flügel der Blattrhachis meist ganzrandig **16**

16. Zungenbltn. leuchtend bis rötl.gelb; Hüllblätt. 21; Grdblätt. doppelt fiedspaltig, m. linealen Zipfeln, glzd. sattgrün; Blätt. am Grd. nicht geöhrt; Pfl. 15–40 cm hoch; Fr. kahl; ♃; VII–IX. Steinige Matten, Zwergstrauch-, Krummholzreg. (1200–2600 m); kalkliebend; *v* Au, Dt *s* b. Berchtesgaden.

Eberrauten-G., **S. abrotanifólius** L. var. **abrotanifólius**

var. **tiroliénsis** (KERN.) GAMS: Zungenbltn. orange bis feuerrot; kalkmeidend; *z* Vb, Ti, Kt, Sb, b. Berchtesgaden.

— Zungenbltn. hellgoldgelb; Hüllblätt. 13; wenigstens ob. Stgblätt. geöhrt **17**

17. Alle Fr. kurzhaarig; Pappus z. Frzeit 3mal so lg. wie die Fr., dieser fest anhaftend; Außenhüllblätt. 4–6, deutl. absthd., wenigstens halb so lg. wie die inneren Hüllblätt.; Blätt. untersts. spinnwebig-flockig, m. schmalen, grobgesägten Fiederspalten, ohne größeren Endlappen, ohne zerschlitztes Öhrchen an der Basis; Pfl. 30–120 cm hoch, ausläuferbildend; ♃; VII–IX. Buschige Hänge, Waldränder, trockene u. feuchtnasse Wiesen (bis 1000 m); *v* bis *z* im S, *z* bis *s* im N, *f* Sa, Ti. (2 ssp.) *Raukenblättriges G.,* **S. erucifólius** L.

— Entweder alle Fr. od. wenigstens die der Randbltn. od. die der mittl. Bltn. kahl; Pappus sich leicht von diesen lösend; Außenhüllblätt. häufig nur 1–2, kaum ⅓ so lg. wie die inneren Hüllblätt.; ohne Ausläufer **18**

18. Fr. der Röhrenbltn. dicht kurzhaarig, die der Randbltn. kahl; Grdblätt. leierf.-fiedspaltig, z. Bltzt. meist verwelkt; Stgblätt. untersts. spinnwebig-wollig bis kahl, m. gröberen, breiteren u. gezähnelten Fiederlappen, Endlappen kürzer als übriger fiedspaltiger Anteil, an der Basis m. tief zerschlitzten Öhrchen; Pfl. 30–100 cm hoch; ⊙–♃; VI–X. Lichte Wälder, Trockenwiesen, buschige Hänge (bis 1500 m); *v, z* im NW. *Jakobs-G.,* **S. jacobaea** L.

— Alle Fr. kahl od. die der mittl. od. Randbltn. spärl. kurzhaarig; Grdblätt. z. Bltzt. noch frisch; Endlappen der Grundblätt. groß, so groß od. länger als übriger fiedspaltiger Anteil **19**

19. Stg. m. sparrig ausgebreiteten Ästen; Seitenfied. im rechten Winkel von der Rhachis abgehend; mittl. u. ob. Stgblätt. m. eif.-großem Endlappen u. nur 2 Fiederpaaren; Köpfe 15–25 mm breit; Fr. der Randbltn. spärl. behaart od. kahl; Pfl. 30–120 cm hoch; ⊙; VII–X. Auwälder, nasse Wiesen, Ufer. (2 ssp.)

Spreizendes G., **S. erráticus** BERT.

a. Köpfchen 20–30 mm breit; Zungenbltn. ± 10 mm lg.; Fr. der Röhrenbltn. (fast) kahl. *z* im N von NS bis OPr u. Schl, Südgrenze nicht bekannt wegen Verwechslung mit *S. aquaticus.* ssp. **barbaraeifólius** (WIMM. & GRAB.) A. PEDERSEN

— Köpfchen 15–20 mm breit; Zungenbltn. ± 6 mm lg.; Fr. der Röhrenbltn. fein behaart. Eingeschleppt *s* in Au (Sb, Ti), ob in Dt? ssp. **erráticus**

— Stg. m. aufw. strebenden Ästen; Seitenfied. im spitzen Winkel von der Rhachis abgehend; mittl. u. ob. Stgblätt. m. längl. Endlappen u.

3–4 Fiederpaaren; Köpfe 20–30 mm breit; Fr. alle kahl od. die der mittl. Bltn. spärl. behaart; Pfl. 20–60 cm hoch; ⊙; VI–X. Moorwiesen, Auwälder; *v* im S u. W, sonst *z* bis *s;* Nordgrenze unsicher wegen Verwechslung zu voriger Art. *Wasser-G.,* **S. aquáticus** Huds.

20(15). Pfl. der Ebene; Blätt. beidersts. ± zottig; Pappus bleibend; Außenhüllblätt. m. kahler, schwärzl. Spitze; ⊙; V–X. Sand, Lehmäcker, Kiefernschonungen, unbebautes Land, truppweise; aus Rußland eingewandert u. im Gebiet stellenw. *v,* sonst *z* bis *s* eingebürgert (*f* Vb, OTi, Kt, OÖ, S-Ba). *Frühlings-G.,* **S. vernális** W. & K.

— Alpenpfl.; Blätt. kahl od. untersts. etwas wollig; Pappus hinfällig; Außenhüllblätt. m. pinself. behaarter Spitze; ⊙–♃; V–VIII. Lichte Wälder, Felsen, kiesige Orte (600–1900 m); kalkliebend; *s* Berchtesgaden, *z* Au, adventiv N-He. (= *S. squalidus* L.?) *Felsen-G.,* **S. rupéstris** W. & K.

21(10). Blätt. längl.-lanzettl. **23**

— Blätt. herzf., fast 3eckig, gestielt; Stg. kantig **22**

22. Stiele der ob. Blätt. geflügelt u. gelappt, zuw. m. Fied. *(1045),* am Grd. m. großen, gezähnten Öhrchen; Blattfläche so lg. wie breit, beidersts. grasgrün; untersts. höchstens auf den Nerven behaart; Zungenbltn. 21; Pfl. 30–70 cm hoch; ♃; VII–IX. Läger-, Hochstaudenfluren, Sumpfwiesen (900–1800 m); *z* Bayrw., Au (*f* Vb), *s* Thw. *Voralpen-G.,* **S. subalpínus** Koch

— Stiel der ob. Blätt. ohne Fied., höchstens am Grd. m. kleinen Öhrchen *(1044);* Blattfläche länger als breit, obersts. dkgrün, untersts. spinnwebig-wollig, graugrün; Zungenbltn. 13–16; Pfl. 30–100 cm hoch; ♃; VII–IX. Hochstaudenfluren, Bachufer, Viehläger, bes. der mont. u. subalp. Reg. (bis 2100 m); *v* bis *z* Alp., *z* bis *s* Alp.-Vorland, ObSchwaben. (= *S. cordatus* Koch). *Alpen-G.,* **S. alpínus** (L.) Scop.

23(21). Zungenbltn. fehlend (zuw. einige wenige, dann bleichgelb); Blätt. wenigstens untersts. kraushaarig, am Rand fein gewimpert; Bltn. gelbl.-weiß; ♃; VII–VIII. Läger-, Hochstaufenfluren, Waldränder (1000–1800 m); *v* Sb, Vb, OTi, Kt, St. *Dost-G.,* **S. cacaliáster** Lam.

— Zungenbltn. vorhanden **24**

24. Zungenbltn. 5–8; Außenhülle 5–8blättrig; Pfl. 50–200 cm hoch **27**

— Zungenbltn. 10–20; Außenhülle mind. 10blättrig **25**

25. Blätt. nur 2–4 mm breit, lineal, unregelmäßig fein gezähnelt, am Grd. m. gezähnton Öhrchen; Außenhüllblätt. häutig u. am Rand gefranst; ♃; VI–XI. Eingeschleppt, eingebürgert u. sich rasch ausbreitend; Bahnanlagen, Straßen u.ä. Orte; Be, Ho, NrWe, NS, südl. M-Rhein, Pf, N-Baden, Saarland, Neckargebiet (Württ.), UFr, Allgäu, NTi (Oberinntal). (Heimat: Südafrika) *Schmalblättriges G.,* **S. inaequídens** DC.

— Blätt. deutl. breiter **26**

26. Stg. 1–3köpfig, 20–40 cm hoch; Köpfchen 4–6 cm breit; Bltn. orangegelb; Stgblätt. ledrig-derb, breit-lanzettl., spitz gesägt u. Zähne nach ausw. weisend *(1036);* ♃; VII–VIII. Felsschutt, steinige Matten, Krummholzreg. (1200–2500 m); kalkliebend; Alp., *v* Au, *z* Dt. *Gemswurz-G.,* **S. dorónicum** L.

— Stg. reichköpfig, 50–200 cm hoch, hohl; Köpfchen 3(–4) cm breit; Bltn. hellgelb; Stgblätt., lineal-lanzettl., sägezähnig u. Zähne zur Blattspitze weisend *(1037);* ♃; VI–VIII. Feuchte Wiesen; Ufer, Röh-

richt (bis 600 m); Stromtäler *v* im S u. Elbe, Flußtäler *z* S-Ba, sonst sehr *z* bis *s* (im N vielfach verschwunden), *f* Sa, Da.
Sumpf-G., **S. paludósus** L.

27(24). Stgblätt. bläul.-grün, kahl, derb, nach oben allmähl. kleiner werdend, die ob. Blätt. nur noch kleine, lanzettl.-zugespitzte Hochblätt. u. diese von den Tragblätt. kaum verschieden; Zungenbltn. 5–6, goldgelb; Stg. kahl; ♃; VI–VIII. Naßwiesen, Sümpfe; *s* SKt.
[G] *Fettblättriges G.,* **S. dória** Nath.

— Stgblätt. bis zur Infl. ± gleichartig u. fast gleich groß, die ob. sehr viel größer als die Tragblätt. **28**

28. Spitze der Blattzähne etwas einw. gekrümmt *(1037);* Hülle glockig (ähnl. *1025*); Pfl. m. fleischigem, weithin kriechendem Rhizom u. m. Ausläufern; Blätt. kahl; Zungenbltn. meist 7–8; ♃; VIII–X. Ufergebüsch, Auwälder; nur entlang großer Flüsse (*f* ObRhein, Ems, Saar, Neckar, Memel u. a.), in Au nur OÖ (Donau), *f* E, Da.
Fluß-G., **S. fluviátilis** Wallr.

— Spitzen der Blattzähne gerade absthd. *(1036);* Hülle walzl. (ähnl. *1024*); Pfl. m. fast holzigem, kurzem Rhizom (Schlüssel nach Herborg, veränd.) **29**

29. Ob. Stgblätt. sitzend, m. abgerundeter bis geöhrter Basis, halbstgumfassend; äußere Hüllblätt. fadenf. bis pfrieml., so lg. od. länger als die Hülle; Köpfchenstiele u. alle Hüllblätt. absthd. drüsig behaart; ♃; VI–VIII. Schattig-feuchte Wälder, Hochstaudenfluren, Kahlschläge der mont. u. subalp. Reg. (bis 2000 m); *v* im S, nördl. bis Venn/Sauerland/Meißner/Harz/Thw./Erzgeb./Sudeten. (= *S. nemorensis* L. p. p.) *Hain-G.,* **S. hercýnicus** Herborg

— Ob. Stgblätt. gestielt od. wenigstens m. deutl. verschmälertem Blattgrd.; äußere Hüllblätt. pfrieml. bis lineal-lanzettl.; Köpfchenstiele u. Hüllblätt. kahl od. zerstr. behaart . . . **30**

30. Außenhüllblätt. pfrieml. bis lineal, kürzer als die Hülle, kahl od. spärl. ± absthd. kurzhaarig; ob. Stgblätt. gestielt, selten verschmälert sitzend; ♃; VIII–IX. Wie vorige (bis 2200 m). (2 ssp.) (= *S. fuchsii* Gmel.) *Fuchs-G.,* **S. ovátus** (G., M. & Sch.) Willd.

a. Zungenbltn. meist 5, Röhrenbltn. 8–14; Köpfchenstiele 10–25 mm lg.; Stg. ohne Flaumhaare. *v* im S, E/Be/Ho, nördl. seltener bis Dortmund/Detmold/Bielefeld/Hannover/Magdeburg/Fläming/Spreewald/böhm. Geb./Schl.
ssp. **ovátus**

— Zungenbltn. meist 3, Röhrenbltn. 3–8; Köpfchenstiele 5–10 mm lg.; Stg. unterhalb seiner Blätt. m. wenigen krausigen Haaren. *s* Be, Vog., S-Schw., nördl. München. ssp. **alpéstris** (Gaud.) Herborg

— Außenhüllblätt. lineal bis lineal-lanzettl., so lg. od. länger als die Hülle, am Rand deutl. gewimpert; ob. Stgblätt. m. plötzl. verschmälertem Grd. sitzend od. kurz gestielt; ♃; VII–VIII. Wie vorige (bis 800 m). (2 ssp.) (= *S. nemorensis* L. p. p.; = *S. jacquinianus* Rchb.) *Falsches Hain-G.,* **S. germánicus** Wallr.

a. Stg. gekräuselt behaart, ohne Ausläufer; Pfl. häufig buschig wirkend durch vorzeitigen Austrieb basaler Seitensprosse. *v* St, *z* im SO, westl. u. nördl. bis Kufstein/Regensburg/Frw./SO-Harz/Jena/Dresden/Sächs. Schweiz/Bautzen/Schl. ssp. **germánicus**

— Stg. kahl od. nur zerstr. anlgd. kurzhaarig, m. kurzen Ausläufern; ohne vorzeitigen Austrieb basaler Seitensprosse. *z* Ba (Alp.-Vorland), Au (*f* Vb, OÖ).
ssp. **glabrátus** Herborg

Bastardbildung zw. den unter Pkt. **11–20** aufgeführten Arten nicht selten!

49. Caléndula L., *Ringelblume*

1. Köpfe 10–20 mm breit; Zungenbltn. hellgelb; Blätt. längl.-lanzettl.; Frköpfe übergeneigt; äußere Fr. eingerollt, am Rücken deutl. stachelig, die mittl. kahnf.; ⊙; VI–IX. Äcker, Weinberge; kalkliebend; *z* eingebürgert: Pf/Rheingau, sonst sehr *s* RhPf, Th, An, NW-Ba, S-He, N-BW, b. Düsseldorf, b. Basel, E, S-Be, St. (Heimat: Mittelmeergebiet?) *Acker-R.,* **C. arvénsis** L.

— Köpfe 20–50 mm breit; Zungenbltn. orangegelb; Blätt. spatelf.; Frköpfe aufrecht; meist alle Fr. geflügelt; ⊙; VI–IX. Aus Gärten u. früheren Kulturen gelegentl. verwild. (Heimat: Mittelmeergebiet?) *Gemeine R.,* **C. officinális** L.

50. Échinops L., *Kugeldistel*

Zahlr. 1bltg. Köpfchen *(985)* zu einem kugeligen, 4–8 cm breiten, von oben nach unten aufblühenden Kopf zusammentretend; Bltn. stahlblau bis weiß; Blätt. distelart., untersts. weiß-wollig-filzig; Infl. bläul.; Pfl. bis 1,5 m hoch.

1. Zugespitzte innere Hüllblättchen um die einzelnen Bltn. untereinander frei od. nur an der Basis verwachsen; Blattoberseiten m. sehr kurzen (0,5 mm) Drüsenhaaren, Blattränder nach unten eingeschlagen, glatt; ♃; VII–VIII. Aus Gärten verwild. u. im Gebiet *z,* im N *s* eingebürgert. (Heimat: O- u. SO-Eur.) *Drüsenblättrige K.,* **E. sphaerocéphalus** L.

— Zugespitzte innere Hüllblätt. um die einzelnen Bltn. in basaler Hälfte verwachsen; Blattoberseiten m. Borstenhaaren (länger als 0,5 mm), Blattränder rauh; ♃; VII–VIII. Aus Gärten zuw. verwild., z. B. Pf, He, Rheinl., O-We, eingebürgert S-Be. (Heimat: O- u. SO-Eur.) (= *E. commutatus* Juratzka) *Drüsenlose K.,* **E. exaltátus** Schrad.

51. Xeránthemum L., *Spreublume*

Blätt. längl.-lanzettl., untersts. graufilzig, am Rand zurückgerollt; innere Hüllblätt. rosarot bis lila; ⊙; VI–VIII. Zierpfl., *s* verwild. od. eingeschleppt. (Heimat: Mittelmeergebiet/Balkan) **X. ánnuum** L.

1038 *1039* *1040* *1041* *1042*

52. Carlína L., *Eberwurz*

1. Rosettenpfl.: Infl. unmittelbar d. Blattrosette aufsitzend; innere strahlende Hüllblätt. gelbl. bis zitronengelb; Infl. bis 7 cm im Dm, Rosette bis 50 cm im Dm; Pappus 20–25 mm lg.; ♃; VII–IX. Trockener Kalkhang; eingebürgert b. Bamberg (UFr). (Heimat: S-Europa bis Pyrenäen) *Golddistel,* **C. acanthifólia** All.

— Sproß meist verlängert; innere strahlende Hüllblätt. silberig, zuw. rötl. getönt; Pappus 10–12 mm lg. **2**

2. Köpfe 4–6 cm breit; strahlende Hüllblätt. silberweiß (selten rötl.), 3–5 cm lg.; Laubblätt. 8–25 cm lg., stets deutl. fiedteilig; ♃; VII–IX. *v.* (2 ssp.) Ⓖ *Stengellose E., Wetter-, Silberdistel,* **C. acaúlis** L.

a. Endzipfel der Fied. 1. Ordn. in der Blattmitte eif. bis lanzettl., Zipfel an seiner Basis breiter als 6 mm *(1038),* durch gezähnte Rhachisflügel miteinander verbunden; Stg. fast stets 1köpfig, meist 1–3 (selten bis 10) cm lg. Zwergstrauchheiden, Triften; nur im O? (Sa, Br, Schl, OPr, Po), Bayr./Böhmw., Berchtesgaden. ssp. **acaúlis**

— Endzipfel der Fied. 1. Ordn. in der Blattmitte lanzettl. bis pfrieml., Zipfel an seiner Basis weniger als 6 mm breit *(1039),* Rhachis nicht od. nur schmal geflügelt; Stg. fast stets mehrköpfig, meist länger als 15 cm. Triften, sonnige Hänge u. Waldränder; *v* Alp. u. Alb, sonst *z* bis *s,* westl. u. nördl. bis E/BW/

O-He/S-NS/Th/S-An/Sa. [= var. *alpina* (Jacq.) Beck; = *C. caulescens* Lam.; = ssp. *aggregata* (W. & K.) Beg.] ssp. **símplex** (W. & K.) Nym.

— Köpfe 2–3,5 cm breit; strahlende Hüllblätt. strohgelb, 1–2 cm lg.; mittl. Stgblätt. 2–10 cm lg., höchstens buchtig gelappt; Pfl. bis 60 cm hoch; ⨀; VII–IX. Bis 1700 m; *v, z* im N. *Gemeine E.*, **C. vulgáris** L. (s. l.)

3 Kleinarten von noch unvollkommen bekannter Verbreitung:

a. Stg. meist 1köpfig; Köpfe 2,5–4 cm breit; ob. Stgblätt. flach, nicht kraus, Form u. Nerven wie *1040;* Hochblätt. länger als die strahlenden Hüllblätter. Wiesen der mont. u. subalp. Reg. (bis 2300 m); kalkliebend; *z* Alp., *s* Vog. (Alp.-Vorland, nördl. bis Augsburg, Riesengeb. bis Gesenke, Rügen/Me, Da?). [= var. *stenophylla* Beg. in Hegi; = ssp. *longifolia* (Rchb.) Arc.; = *C. stricta* (Rouy) Fritsch] **C. biebersteīnii** Bernh. ex Hornem.

— Stg. meist mehrköpfig; Köpfe 1,5–2,5 cm breit; Hochblätt. länger als die strahlenden Hüllblätt. . . . . **b**

b. Pfl. bis 60(–100) cm hoch; unt. Stgblätt. flach, die ob. höchstens in ihrer unteren Hälfte kraus u. in Form u. Nerven wie *1041.* Trockenhänge, lichte Wälder; nur niedere Lagen im S bis zur Alb? Th?, sonst Po, WPr. **C. intermédia** Schur

— Pfl. bis 30(–60) cm hoch, alle Stgblätt. distelart.-kraus, in Form u. Nerven wie *1042.* Kiefernwälder, Trockenrasen; formenreich. *v, z* im N. **C. vulgáris** L. (s. str.)

53. Árctium L. (= *Lappa* Scop.), *Klette*

1. Hüllblätt. dicht spinnwebig-wollig miteinander verbunden, die inneren m. gerader, rötl. Spitze, fast strahlend, nur äußere widerhakig; Blätt. untersts. dicht grauweiß-filzig; Stiele der Grdblätt. markig, oft rötl.; Fr. 5–6 mm lg.; ⨀; VII–IX. Wegränder, Schutt, Zäune (bis 1500 m); *z.* *Filzige K.*, **A. tomentósum** Mill.

— Hüllblätt. spärl. od. nicht spinnwebig-wollig miteinander verbunden, alle an der Spitze hakig gekrümmt; Blätt. untersts. kahl bis schwach graufilzig **2**

2. Stiele der Grdblätt. markig; Hüllblätt. bis zur Spitze grün, so lg. od. etwas länger als die Bltn.; Köpfe 3–5 cm breit; Fr. 6–8 mm lg.; ⨀; VII–IX. Wegränder, Zäune, Flußschotter (bis 1300 m); *v* bis *z.* [= *A. vulgare* (Hill) Evans] *Große K.*, **A. láppa** L.

— Stiele der Grdblätt. hohl; Hüllblätt. höchstens so lg. wie die Bltn., an der Spitze rötl. **3**

3. Köpfchen 2,5–4 cm breit; Fr. 7–11 mm lg.; innere Hüllblätt. so lg. wie die Bltn.; ⨀; VII–IX. Lichte Laubwälder, Kahlschläge, Gebüsch (bis 1100 m). [= *A. vulgare* aut., non (Hill) Evans] (2 ssp.) *Hain-K.*, **A. nemorósum** Lej.

a. Köpfe 3–4 cm breit, fast kahl; Seitenäste überhgd.; Hülle grün od. dkpurpurn überlaufen; Köpfchenstiele weniger als 1 cm lg.; Pfl. 1,5–2,5 m hoch; *z,* stellenw. *v,* stellenw. *s* bis *f* (NW-Dt, E). ssp. **nemorósum**

— Köpfe 2,5 cm breit, ± spinnwebig; Seitenäste aufrecht-absthd.; Hülle strohfarben; Köpfchenstiele 1–4 cm lg.; Pfl. 1–1,5 m hoch. Verbreitung noch ungenügend bekannt; *z?;* Au: Vb, NTi. [= *A. lappa* x *A. minus?*; = *A. minus* ssp. *pubens* (Bab.) Arènes] ssp. **púbens** (Bab.) Rothm.

— Köpfchen 1–3 cm breit; Fr. 5–7 mm lg.; innere Hüllblätt. kürzer als die Bltn.; Seitenäste aufrecht-absthd.; ⨀; VII–IX. Wegränder, Schutt (bis 1300 m); *v, z* im N. *Kleine K.*, **A. mínus** (Hill) Bernh.

Bastardbildung häufig!

54. Saussúrea DC., *Alpenscharte*

1. Stg. stets 1köpfig, 5–20 cm hoch; Stgblätt. lineal-lanzettl., ganzrandig od. gezähnt, sitzend, untersts. graugrün, rauhhaarig; Fr. 6–7 mm lg.; Stbbeutel m. 2 gefied., pinselart. Fortsätzen; ♃; VII–VIII. Steinige Matten, Felsspalten (1800–2300 m); kalkstet; *z* Alp. (*f* Allgäu, Vb), in Dt *s*. *Zwerg-A.*, **S. pygmaea** (JACQ.) SPR.

— Stg. 2- bis mehrköpfig, 5–40 cm hoch; Blätt. eif.-lanzettl.; Köpfchen in Doldentrauben; Fr. 4–5 mm lg.; Stbbeutel m. 2 spitzen Anhängseln bzw. Borsten **2**

2. Blätt. untersts. weiß-filzig, m. lg. Stielen, diese ungeflügelt; Köpfchen zu 3–8; ♃; VII–IX. Wie vorige (1800–2600 m); kalkliebend; *z* Au (*f* Sb, OÖ), *s* Dt (Allgäu). *Zweifarbige A.*, **S. díscolor** (WILLD.) DC.

— Blätt. untersts. locker spinnwebig-wollig, ihre Stiele geflügelt (bzw. Blätt. sitzend); Köpfchen in 5- bis vielköpfigen Doldentrauben; ♃; VII–IX. Matten, Zwergstrauchheiden (1800–2500 m); *z* Au (*f* OÖ), Allgäu, *s* Wetterstein, Berchtesgaden. *Echte A.*, **S. alpína** (L.) DC.

55. Jurínea CASS., *Bisamdistel, Silberscharte*

Stg. gefurcht, flockig-weißfilzig, 25–45 cm hoch; Blätt. fiedschnittig, m. lineal-lanzettl., am Rand umgerollten Fied., untersts. dicht weißfilzig; Köpfchen einzeln; Bltn. purpurviolett; ♃; VII–IX. Sandfelder, sandige Kiefernwälder; *z* bis *s* N-ObRhein zw. Bruchsal u. Bingen, Maintal (b. Aschaffenburg, Schweinfurt–Kitzingen), An, Br, Me, Sa (Niederlausitz; ob sonst noch?). Ⓖ *Sand-B.*, **J. cyanoídes** (L.) RCHB.

56. Cárduus L., *Distel*

1. Köpfe meist zu mehreren gehäuft, kurz gestielt **4**

— Köpfe meist einzeln (wenn Pfl. mehrtriebig od. ästig verzweigt, dann die Seitenäste m. nur 1 lg.gestielten Kopf), ± nickend, lg.gestielt **2**

2. Köpfe 2–6 cm breit, fast kugelig; Hüllblätt. oberhalb des eif. Grunds eingeschnürt, dann meist m. starrer, zurückgebogener Stachelspitze; Bltn. purpurn; ⨀; VII–IX. Bis 2100 m. (2 ssp.) *Nickende D.*, **C. nútans** L.

a. Hüllblätt. unterhalb der Einschnürung eif.-längl., dann allmähl. in den deutl. Stachel zusammengezogen; Mittelnerv der Hüllblätt. deutl.; Köpfe nickend; bis 6 cm breit. Ödland, Wegränder, Heiden; *v* bis *z*. (= ssp. *eu-nutans* GUG.) ssp. **nútans**

— Hüllblätt. unterhalb der Einschnürung eif., also breiter als bei voriger ssp., dann ± plötzl. in einen kleineren Stachel ausgezogen; Mittelnerv der Hüllblätt. undeutl.; Köpfchen aufrecht, 2–3 cm breit. Wiesen; *z* Au (*f* Vb). ssp. **platýlepis** (RCHB. & SAUT.) GUG.

— Köpfe 1,5–3 cm breit, längl.-kugelig; Hüllblätt. ohne Einschnürung, nur an der Spitze ausw. gespreizt; Bltn. purpurn bis hellviolett, selten weiß **3**

3. Blätt. tief fiedspaltig, die einzelnen Lappen deutl. voneinander getrennt, je 5–7 beiderststs. der Rhachis; Stgflügel nicht durchgehend, in einzelne, stachelige Lappen getrennt; Köpfe kaum länger als 5 cm gestielt; ♃; VI–IX. Lichte Wälder, steinige Triften (oberhalb 1500 m); kalkstet; *z* S-Kt (Karawanken, Karnische u. Gailtaler Alp.), OTi? *Stieglitz-D.*, **C. carduélis** GREN.

— Blätt. ± ungeteilt od. fiedspaltig m. dicht sthd., zahlr. Lappen; Stgflügel ± durchgehend; Köpfe länger od. viel länger gestielt; ♃; VI–X. Lichte, steinige Wälder, Schutthänge, Krummholzreg. (bis 2300 m); kalkliebend. (2 ssp.) *Alpen-D.,* **C. deflorátus** L.

a. Stgblätt. ungeteilt, aber weich stachelig-gezähnt m. beidersts. 12–25 Paaren von Stachelzähnen, diese bis 5 mm lg.; mittl. Hüllblätt. lineal-pfrieml., ohne Einschnürung, m. feinem Stachelspitzchen; Fr. m. leicht 5lappiger Vorwölbung an ihrer Spitze. *z* im S: Alp. Au u. Dt, Vorland (Lechtal bis Donau), S-Schw./Baar/SchwAlb, Altmühl, FrSchweiz, Werra, Th. (= *C. crassifolius* Willd.; = *C. summanus* Poll.) ssp. **deflorátus**

— Stgblätt. ungeteilt, aber derber stachelig-gezähnt m. beidersts. 25–50 Paaren von bis 2 mm lg. Stachelzähnchen; mittl. Hüllblätt. etwa in ihrer Mitte etwas eingeschnürt, dann m. einer eif., stumpfl. Spitze; Fr. m. gleichmäßiger Vorwölbung an ihrer Spitze. Offenbar *s* mont. Reg.: bisher nur S-Schw., S-Ba, b. Jena (Th), Kt, St, OÖ. [= *C. glaucus* (Nym.) Baumg.; = *C. crassifolius* Willd.] ssp. **gláucus** Nym.

C. víridis: Blätt. m. nur zerstreut vielzelligen Haaren bedeckt, dadurch beidersts. grün; Grd.- u. mittl. Stgblätt. ± gelappt; mittl. Hüllblätt. pfrieml.; Fr. feinwarzig; vermutl. *C. defloratus* ssp. *glaucus* x *C. carduelis* (L.) Gren.; Au, S-Ba.

C. rhaéticus (DC.) Kern: Sehr stachelig, m. eif., ± gelappten Blätt.; Köpfchenstiel bis 20 cm; mittl. Hüllblätt. stumpfl.; Fr. glatt; vermutl. *C. defloratus* ssp. *defloratus* x *C. carlinifolius* Lam.; *z* Au(?).

4(1). Alle Blätt. fiedspaltig, beidersts. grün, lg. und derb-stachelig; Köpfe zu wenigen doldig-traubig gehäuft, hellpurpurn, ihre Stiele kräuselig geflügelt; Pfl. 30–100 cm hoch; ⨀; V–X. Weiden, Schuttplätze, Wegränder (bis 1600 m); *z* im S, *s* bis *f* im SW u. N (zuw. eingeschleppt). *Weg-D.,* **C. acanthoídes** L.

— Blätt. unterst. ± grau-filzig, kurz- u. weichstachelig; Köpfe meist zu 3–5 knäuelig gehäuft, dkrot; Pfl. 50–200 cm hoch **5**

5. Köpfe längl.-walzl. *(1046),* z. Frzeit als Ganzes abfallend; Blätt. tief buchtig-fiedspaltig; Blkr. gleichmäßig 5spaltig; ♃; VI–VIII. Ödland, Schuttplätze entlang der Küste, *s* Ho, Be (sonst im W zuw. eingeschleppt, – wo?). *Schmalköpfige D.,* **C. tenuiflórus** Curt.

— Köpfe ± rundl., z. Frzeit nicht abfallend; 1 Blatt der Blkr. tiefer geteilt als die übrigen **6**

6. Ob. Stgblätt. ungeteilt, aber ± regelmäßig stachelig fein gezähnt, am Grd. abgerundet od. halbstgumfassend; äußere Hüllblätt. fast so lg. wie innere; Fr. spitzenw. etwas verschmälert; Stg. schmal kräuselig geflügelt; ♃; VII–VIII. Bachufer, Hochstaudenfluren, Krummholzreg., Wiesen (bis 2250 m); kalkliebend; *v* Alp., *z* Vorland u. nördl. bis S-Vog./S-Schw./Donau/Naab, ferner Rhön/Th/Sa/Sudeten bis Gesenke. *Berg-D.,* **C. personáta** (L.) Jacq.

— Ob. Stgblätt. fiedspaltig od. tief doppelt gezähnt; äußere Hüllblätt. kürzer als innere, oft spinnwebig miteinander verbunden; Fr. spitzenw. etwas verbreitert; Stg. breit kräuselig geflügelt; ⨀; VII–IX. Auwälder, Gräben, Wegränder (bis 1000 m); *v,* stellenw. *z.* *Krause D.,* **C. críspus** L.

Bastardbildung häufig, oft übersehen!

57. Círsium Mill. em. Scop., *Kratzdistel*

1. Bltn. rötl., violett od. purpurn, selten weiß (aber nicht gelbl.weiß) **5**

— Bltn. gelbl.weiß **2**

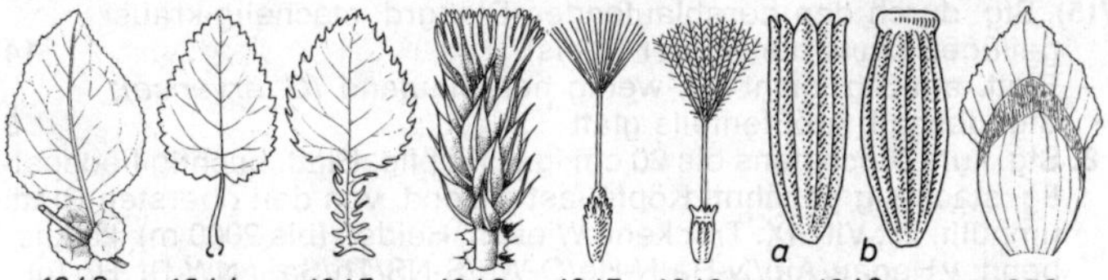

1043 1044 1045 1046 1047 1048 1049 1050

2. Köpfe zu mehreren gehäuft an der Spitze des Stg., von bleichgelben Hüllblätt. umgeben **4**
— Köpfe einzeln (oder zu 2–3) an der Spitze des Stg., nicht von Hüllblätt. umgeben **3**
3. Stg. furchig, oberw. dicht braunrot behaart; unt. Blätt. ungeteilt bis fiedspaltig; äußere Hüllblätt. lg.stachelig bewimpert, alle rotbraun zottig; ♃; VII–VIII. Hochstaudenfluren, Fettwiesen, Krummholzreg. (1800–1900 m); kalkliebend; *z* S-Lungau (Sb), Kt, N-St, OÖ.
Krainer K., **C. carniólicum** Scop.
— Stg. nicht furchig, oberw. flaumig-klebrig; unt. Blätt. tief fiedteilig; Hüllblätt. ganzrandig, dicht drüsig; ♃; VII–IX. Quellfluren, lichte Wälder (1000–2000 m); *z* Au.
Klebrige K., **C. erisíthales** (Jacq.) Scop.
4(2). Hochblätt. ungeteilt, eif., gleich den Laubblätt. stachelig gewimpert; Blätt. weich, ungeteilt bis tief fiedspaltig; Pfl. 50–150 cm hoch; ♃; VI–IX. Feuchte Wiesen, Flachmoore (bis 2000 m); *v,* im NW *z.* *Kohl-K.,* **C. oleráceum** (L.) Scop.
— Hochblätt. gleich den Laubblätt. tief fiedspaltig, derb u. reich stachelig; Pfl. 20–50 cm hoch, dicht beblätt.; ♃; VII–IX. Feuchte Matten, Gesteinsschutt, Bachränder (1200–2500 m); *v* Alp.
Stachelige K., **C. spinosíssimum** (L.) Scop.
5(1). Blätt. obersts. kahl od. kurzhaarig **7**
— Blätt. obersts. stachelig-steifhaarig, doppelt fiedspaltig; Pfl. 50–150 cm hoch **6**
6. Blätt. am Stg. nicht herablaufend, sämtl. Fiederabschnitte fein gezähnt, unterststs. weißfilzig; Bltn. z. Bltzt. kaum breiter als der oberste Teil der Hülle, letztere m. spinnwebig verwobenen, stachelspitzigen Hüllblätt.; Köpfe 4–7 cm breit; ⊙; VII–IX. Steinige, sonnige Hänge, Waldränder (bis 2000 m); *v* Au, Hegau/Alb/FrSchweiz, UFr, *z* bis *s* Alp.-Dl, S-Ba, BW, RhPf, S-He, SO-NS, Th, SW-Ho, Be.
[G] *Wollige K.,* **C. erióphorum** (L.) Scop.
— Blätt. am Stg. herablaufend, sämtl. Fiederabschnitte deutl. stachelig gezähnt u. in einen lg. gelben Stachel auslaufend; Köpfe z. Bltzt. in Höhe der Blüten fast doppelt so breit (2–4 cm) wie der oberste Teil der Hülle, letztere ohne Wollfilz; ⊙. (= *C. lanceolatum* Scop., non Hill) (2 ssp.) *Gemeine K.,* **C. vulgáre** (Savi) Ten.
a. Pfl. bis 1,5 m hoch; reich verzweigt, m. bogig aufstgd. Ästen; Blätt. kraus, unterstss. kurzhaarig; VIII–X. Ödland, Schuttplätze; *v.* ssp. **vulgáre**
— Pfl. bis 3,5 m hoch, armästig, m. straff aufrechten Ästen; Blätt. flach, weicher, unterststs. weißfilzig; VII(–VIII). Waldwege, Kahlschläge; schattenliebend; *z*(?), Verbr. ungenau bekannt. [= *C. lanceolatum* ssp. *hypoleucum* (DC.) Beger]
ssp. **silváticum** (Tausch) Dostál

7(5). Stg. durch den herablaufenden Blattgrd. stachelig-kraus geflügelt (zuw. nur an der Basis) **14**

— Blätt. am Stg. nicht od. wenig herablaufend *(C. arvense);* Stg. deshalb größtenteils glatt **8**

8. Stg. kurz (höchstens bis 20 cm lg.), 1köpfig; Blätt. buchtig fiedspaltig, stachelig gezähnt; Köpfe fast sitzend, von den obersten Blätt. umhüllt; ♃; VII–IX. Trockene Wiesen, Heiden (bis 2000 m); kalkliebend; *v* Hegau/Alb/N-Ba/N-He/O-We/S-NS/Th/Sa, *f* NW-Dt, Ho (nur im S), St, OÖ, Sb? *Stengellose K.,* **C. acaúle** Scop.

— Stg. höher als 20 cm **9**

9. Stg. traubig, meist rispig verzweigt, vielköpfig, bis oben hin reich beblätt.; Blätt. ungeteilt bis buchtig-gezähnt, fein stachelig gewimpert u. Blattvorsprünge m. starren, ± 5 mm lg. Stacheln; farbiger Blkrsaum bis zum Grd. 5spaltig, rötl.lila; Pfl. unvollkommen 2häusig; ♃; VII–IX. Ackerunkraut, Ruderalstellen (bis 2000 m); *g* u. *h.* *Acker-K.,* **C. arvénse** (L.) Scop.

— Stg. einfach od. m. lg., armköpfigen Ästen; Blkrzipfel etwa so lg. wie die Blkr.röhre, bis zur Mitte 5spaltig, purpurn . **10**

10. Blätt. untersts. schneeweiß-filzig, obersts. kahl; Stg. meist 1(–2)-köpfig, wollig-filzig, 50–150 cm hoch; Blätt. ungeteilt; mittl. Stgblätt. m. herzf. Grd. stgumfassend, m. beidersts. noch 1–2 schmalen zur Blattspitze hinweisenden, schmal-3eckigen, zugespitzten Zipfeln; ♃; VI–VIII. Feuchte Wiesen, Bachufer, bes. der mont. Reg. (bis 2000 m); *v* Au, Bayr./Böhmw., Fichtgeb., FrW, *z* N-böhmische Randgeb., *s* Alp.-Dt, b. Kitzingen/Main, Vogelsberg, O-Th, Sa, SH, Da. [einschl. *C. helenioides* (L.) Hill] *Verschiedenblättrige K.,* **C. heterophýllum** (L.) Hill

— Blätt. untersts. grün od. locker spinnwebig-wollig; Stg. oberw. blattlos od. nur m. unscheinbaren Hochblätt. . . **11**

11. Köpfe einzeln, höchstens entfernt davon m. 1 seitl. Köpfchen; Stg. einfach od. m. wenigen von der Stgmitte ausgehenden Seitenästen; Blätt. untersts. spinnwebig-wollig; Blattstiel am Grd. verbreitert, fast geöhrt **13**

— Köpfe zu 2–4 am Stgende gehäuft **12**

12. Grd.- u. unt. Stgblätt. lg. gestielt, im Umriß breit-eif. bis -rundl., bis 30×18 cm groß, untersts. spinnwebig bis locker-filzig, später verkahlend; Pfl. bis 2 m hoch; ♃; VII–VIII. Hochstaudenfluren, Bachufer; *z* Kt, St. [= *C. pauciflorum* (W. & K.) Spr.] *Armköpfige K.,* **C. waldsteínii** Rouy

— Grd.- u. unt. Stgblätt. ungestielt, Spreitenbasis fein gezähnt-geflügelt, tief kammf. gespalten, untersts. höchstens locker kraushaarig; Pfl. bis 1,20 m hoch; ♃; VI–VII. Waldwiesen, Flachmoore (bis 1600 m); *v* Alp. u. S-Dt, nördl. *z* bis N-Schw/Hohenlohe/Donau, *s* bei Coburg (ObFr), im O u. N, z.T. Neubürger westl. bis Me u. Br. [= *C. salisburgense* (Willd.) G. Don] *Bach-K.,* **C. rivuláre** (Jacq.) All. em. Lk.

13(11). Laubblätt. untersts. schwach spinnwebig-wollig, dennoch grün, tief fiedspaltig; Pfl. 50–150 cm hoch, ohne Ausläufer, m. dünnrübigen Wurzeln; ♃; VII–VIII. Wie vorige (bis 1200 m); *z* E u. S-Dt, *s* nach N bis SO-Be/Eifel/Rheingau/Maintal/Haßberge/Th, sonst An, Sa, NTi. *Knollige K.,* **C. tuberósum** (L.) All.

— Laubblätt. unterststs. stark spinnwebig-wollig, grau, nur fiedlappig, die ob. oft ungeteilt; Pfl. 30–100 cm hoch, m. Ausläufern; Stgblätt. ungeteilt od. buchtig; ♃; VI–VII. Moorwiesen, Heiden; *z* W-Vog., Be, Ho, Ostfriesland, *s* b. Bremen, b. Bielefeld, b. Emmerich (Nähe Ho). [= *C. anglicum* (LAM.) DC.]
G *Englische K.*, **C. disséctum** (L.) HILL

14(7). Köpfe in kurz gestielten Knäueln; Stg. bis zur Spitze beblätt. u. stachelig geflügelt, gleich den Blätt. spinnwebig-filzig, oft rötl. überlaufen, 30–200 cm hoch; Äste aufrecht-absthd.; ⊙; VII–IX. Nasse Wiesen, Gräben, Ufer, Auwälder (bis 1700 m); *v.*
Sumpf-K., **C. palústre** (L.) SCOP.

— Köpfe einzeln; Stg. oberw. fast blattlos; Blätt. oft nur wenig herablaufend **15**

15. Innere Hüllblätt. an der Spitze eif. verbreitert; Pappushaare an der Spitze deutl. verdickt; Blätt. ungeteilt, meist aber buchtig-fiedteilig u. lg. stachelig gezähnt; Pfl. 30–150 cm hoch; ♃; VII–X. Nasse Wiesen, Moore; *s* O-Sa, b. Bayreuth, S-He, Br, Schl, O-St, Kt.
Graue K., **C. cánum** (L.) ALL.

— Innere Hüllblätt. nicht verbreitert, lg. zugespitzt; Pappushaare an der Spitze nicht verdickt; Blätt. ungeteilt, stachelig gewimpert; Pfl. 30–100 cm hoch; ♃; VI–VII. Sumpf-, Bergwiesen; *s* Ob-Schl., S-Kt, O-St, OÖ. *Ungarische K.*, **C. pannónicum** (L. f.) LK.

Die Gattung *Cirsium* neigt stark zur **Bastard**bildung; aus dem Gebiet wurden bisher über 50 Bastarde beschrieben!

58. Silybum ADANS., *Mariendistel*

Blätt. glzd. grün, weiß gefleckt, gelb bestachelt, buchtig-gelappt; Köpfe 4–5 cm lg.; Bltn. purpurn; ⊙; VI–IX. Aus Gärten gelegentl. verwild. (z.B. Ho, Be). (Heimat: Mittelmeergebiet, Orient) **S. mariánum** (L.) GAERTN.

59. Onopórdum L., *Eseldistel*

Pfl. bis 200 cm hoch; Blätt. ungleich buchtig-stachelig-gelappt; Köpfe einzeln, 3–5 cm lg.; Pappus rötl.; ohne Spreublätt.; ⊙; VII–IX. Wegränder, unbebaute Plätze (bis 1500 m); *z* bis *s;* stellenw. *f;* vielfach verschwunden. **O. acánthium** L.

60. Serrátula L., *Scharte*

Blätt. ungeteilt bis selten fiedspaltig, dicht u. fein gesägt, dann m. großer Endfieder; Köpfchen rispig bis fast doldig; Bltn. u. Hüllblätt. an der Spitze purpurn; ♃; VII–IX (2 ssp.) *Färber-Sch.*, **S. tinctória** L.

a. Pfl. 30–100 cm hoch; unt. Stgblätt. lg. gestielt; Köpfchen bis 6 mm breit; Fr. 5 mm lg. Sumpfwiesen, Heiden, Gebüsche (bis 800 m); *v*, im N *z*, im NW *s.*
ssp. **tinctória**

— Pfl. 10–40 cm hoch; unt. Stgblätt. kurz gestielt; Köpfchen 6–12 mm breit; Fr. 7 mm lg. Bergmatten; *s* Hoch-Vog., S-Kt. ssp. **macrocéphala** (BERT.) ROUY

61. Leuzéa DC. (= *Rhaponticum* LAM.), *Bergscharte*

Grdblätt. bis 60 cm lg., oberstsrts. grün, unterstsrts. graufilzig; Sprosse 1köpfig; Köpfe 5–10 cm breit; Bltn. rötl. bis purpurn; Pfl. 30–100 cm hoch; ♃; VII–IX. Wiesen, Gebüsche, Hochstaudenfluren (1400–2000 m); kalkliebend; *z* bis *s* Vb, W-Ti. [= *Rh. scariosum* LAM. ssp. *lyra-*

tum (BELL.) HAY.; = *Centaurea lyrata* BELL.; = *Stemmacantha rhapontica* (L.) DITTRICH]

Ⓖ **L. rhapóntica** (L.) HOLUB ssp. **heleniifólia** (GREN. & GODR.) HOLUB

62. Acróptilon CASS., *Federblume*

Pfl. reich u. buschig verzweigt, m. zahlr. rosa bis purpurnen, 2 cm großen Köpfchen; Hüllblattanhängsel fast ganzrandig *(1050);* Pappus aus zahlr. Borsten, hinfällig; ♃; VII–VIII. Ruderalplätze, Ödland; eingeschleppt u. sich zuw. einbürgernd; M-Dt, Pl. (Heimat: M- u. W-Asien) (= *Centaurea repens* L.) **A. répens** (L.) DC.

63. Centauréa L., *Flockenblume*

1. Hüllblätt.[1] in eine ± lg. Stachelspitze auslaufend *(1065–1067)* **10**

— Hüllblätt. ohne Stachelspitze, m. trockenhäutigem Anhängsel od. an der Spitze trockenhäutig *(1051–1064)* **2**

2. Bltn. rötl.lila **5**

— Bltn. leuchtendblau, selten weiß, die randl. auffallend vergrößert *(988);* Stgblätt. ungeteilt; trockenhäutiges Anhängsel der Hüllblätt. an deren Rand links u. rechts weit herablaufend *(1051–1052)* **3**

3. Mittl. u. ob. Stgblätt. schmal-lineal, nicht herablaufend; ⊙; VI–IX. Kornfelder, Schuttplätze (bis 1600 m); (noch) *v* u. *h,* aber vielfach zurückgehend. *Kornblume,* **C. cýanus** L.

— Blätt. über 1 cm breit, am Stg. herablaufend; Hüllblätt. m. schwarzem, kammf. gefranstem Anhängsel *(1051/1052)* . **4**

4. Fransen der Hüllblätt.[1] schwarz, etwa so lg. wie deren schwarzer Rand *(1051);* Blätt. eif.-zugespitzt, unterststs. ± filzig, verkahlend; ♃; V–VII. Hochstaudenfluren, Waldlichtungen (bis 2100 m); kalkliebend; *v* Alp. u. Vorland, SchwAlb, Eifel, sonst *z* (*f* O-Ba) u. nördl. bis SO-Be/Eifel/E/Höxter (Weser)/Th, b. Bremen; auch Zierpfl. u. zuw. verwild. *Berg-F.,* **C. montána** L.

— Fransen der Hüllblätt. hell, etwa doppelt so lg. wie deren schwarzer bis brauner Rand *(1052);* Blätt. lanzettl. bis breit-lanzettl., beiderststs. weiß-filzig; ♃; V–VII. Sonnige, grasige Abhänge; *s* S-Kt, St, in Dt nur b. München, b. Deggendorf (Donau). (= *C. axillaris* WILLD.) *Filzige F.,* **C. triumfétti** ALL.

5(2). Blätt. sämtl. fiedteilig od. fiedspaltig; trockenhäutiges Anhängsel der Hüllblätt. an deren Rand links u. rechts etwas herablaufend *(1061–1064)* **9**

— Blätt. ungeteilt od. nur die unt. fiedspaltig, die mittl. u. ob. stets ungeteilt; trockenhäutiges Anhängsel der Hüllblätt. scharf von ihrer Basis abgesetzt *(1053–1060)* **6**

6. Pappus vorhanden, zuw. aber sehr kurz **8**

— Pappus fehlend od. nur aus einzelnen Borsten bestehend; Randbltn. vergrößert **7**

7. Äußere Hüllblattanhängsel schwarzbraun bis weißl. rundl., eingerissen-zerschlitzt od. kammf. gefranst, die darüberstehenden ganz verdeckend; ♃; VI–X. Bis 1900 m. (2 Kleinarten) *Gemeine F.,* **C. jacéa** L. (s. l.)

---

[1] Gemeint sind stets die mittleren Hüllblätter!

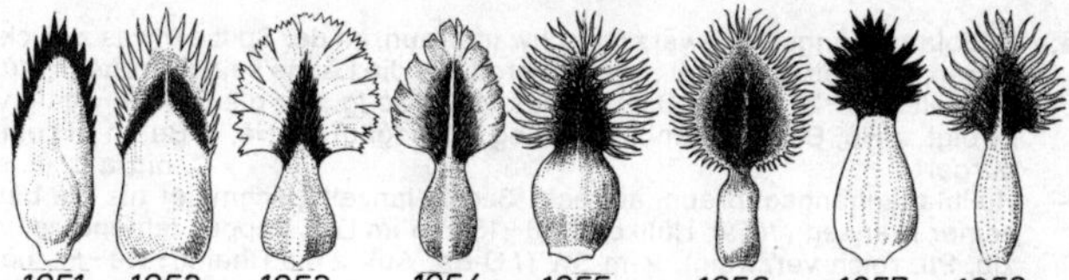

1051 1052 1053 1054 1055 1056 1057 1058

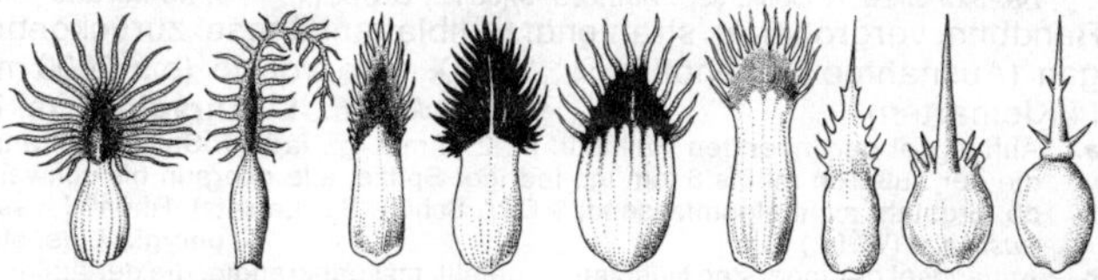

1059 1060 1061 1062 1063 1064 1065 1066 1067

a. Pappus aus wenigen Borsten bestehend; äußere Hüllblattanhängsel regelmäßig, aber kurz gefranst *(1056)*. Wegränder, Magerrasen; offenbar nur entlang Rhein, Main, Mosel sowie Westw., Rhön. Ho, Be, E. (= *C. pratensis* Thuill.; = *C. debeauxii* Gren. & Godr. ssp. *thuillieri* Dostál; = *C. jacea* × *C. nemoralis?*); ob zu *C. jacea* gehörend? **C. thuilliéri** (Dostál) Duvigneaud & Lambinon

— Pappus völlig fehlend. Sehr formenreich. (4 ssp. von wenig bekannter Verbreitung) **C. jácea** L. (s. str.)

1. ssp. **jácea:** Hüllblattanhängsel zerrissen-zerschlitzt *(1054)*. Wiesen, Wegränder; *v*.

2. ssp. **angustifólia** (Schr.) Gremli [= *C. pannonica* (Heuff.) Simk.]: Hüllblattanhängsel rundl., wenig eingerissen *(1053)*. Halbtrockenrasen, Trockenhänge; *z* im S (BW, Ba, Westw., Th, Sa, Au; ob E?).

3. ssp. **subjácea** (Beck) Hyl.: Hüllblattanhängsel kammf. gefranst *(1055)*. Trokkenrasen; *z* im S (Dt, Au, E).

4. ssp. **amára** (L.) Rothm.: Hüllblattanhängsel rund, stark eingerissen, m. weißl. Rand, im Zentrum braunrot. Halbtrockenrasen; Be, in Dt nur BW?

— Äußere Hüllblattanhängsel 3eckig, schwarz, klein *(1057)*, die darübersthd. Hüllblätt. nur teilw. verdeckend, Hülle daher meist schwarz-grün gescheckt; Stg. kaum verzweigt; ♃; VII–VIII. Trokkenrasen, Wegränder. (2 Kleinarten)

Schwärzliche F., **C. nigréscens** Willd. (s. l.)

a. Hülle 6–12 mm im Dm, im Umriß eif. bis zylindrisch; Anhängsel der Hüllblätt. beiderststs. m. 6–8 Fransen, diese die flächigen Anteile der darübersthd. Hüllblätt. nicht verdeckend; Blkr. purpurn. *s* E, RhPf, S- u. NO-He, SO-NS. **C. nigréscens** Willd. (s. str.)

— Hülle 12–15 mm im Dm, im Umriß (fast) kugelig; Anhängsel der Hüllblätt. beiderststs. m. 8–12 Fransen, diese die flächigen Basisteile der darübersthd. Hüllblätt. nahezu völlig verdeckend; Blkr. blaßrot, auch m. Orangeton. *z* bis *s* N- u. OTi, Kt; St? [= *C. nigrescens* ssp. *transsilvanica* (Schleich. ex DC.) Nym.]

Südliche F., **C. transsilvánica** Schleich. ex DC.

8(6). Strahlende Randbltn. fehlend; Hüllblattanhängsel[1] aufrecht od. etwas zurückgebogen; ♃; VII–IX. Wiesen, Gebüsch, Waldränder (bis 1400 m). (2 Kleinarten von ungenügend bekannter Verbr.)

Schwarze F., **C. nigra** L. (s. l.)

---

[1] Gemeint sind stets die *äußeren* Hüllblätter!

a. Hüllblattanhängsel schwarz bis schwarzbraun, an der Spitze etwas zurückgebogen, breit-eif. bis rundl., etwa so breit wie die Länge seiner Fransen *(1058)*; Hüllkelch 15–20 mm im Dm; Pappus ⅙–⅓ so lg. wie die Fr.; Pfl. wenig verzweigt. *z* Ho, Be, N-Rheinl., E (W-Vog., Sundgau), W-He, N-Ba, in SH eingebürgert. **C. nígra** L. (s. str.)

— Hüllblattanhängsel braun, aufrecht, 3eckig-lanzettl., schmaler als die Länge seiner Fransen *(1059)*; Hüllkelch 10–15 mm im Dm; Pappus fehlend od. winzig; Pfl. reich verzweigt; *v* im SW (*f* O-Ba, Au), *z* bis Rheinl.–He–Fr, nördl. davon oft eingebürgert. [= *C. nigra* L. ssp. *nemoralis* (JORD.) GREMLI; = *C. debeauxii* GREN. & GODR. ssp. *nemoralis* (JORD.) DOSTÁL] **C. nemorális** JORD.

— Randbltn. vergrößert u. strahlend; Hüllblattanhängsel zurückgebogen (Ausnahme: Alpenpfl.); ♃; VII–IX. Wie vorige (bis 2000 m). (4 Kleinarten) *Perücken-F.,* **C. phrýgia** L. (s. l.)

a. Anhängsel der innersten Hüllblätt. m. 2–3 mm lg., fadenf. Spitze, gefranst, die der äußeren m. bis 6 mm lg., fedriger Spitze, alle dkbraun bis schwarz; ob. Stgblätt. nicht stgumfassend; *v* OPr, Schl, *s* Sa (Lausitz), Rhön? [= ssp. *austriaca* (WILLD.) GUG.] **C. phrýgia** L. (s. str.)

b. Anhängsel der innersten Hüllblätt. ungeteilt, fast ganzrandig, die der äußeren m. bis 12 mm lg., fedriger, zurückgebogener Spitze *(1060)*, hell- bis dkbraun, innerste Pappusborsten kaum ½ so lg. wie der Frkn.; ob. Stgblätt. stgumfassend sitzend. *v* Alp., *z* S- u. M-Dt, im N nur SH, Me, Da (*f* RhPf, Rheinl., W-We, E, Be, Ho). [= *C. phrygia* L. ssp. *pseudophrygia* (MEY.) GUG.] **C. pseudophrýgia** MEY. ex RUPR.

c. Anhängsel der innersten Hüllblätt. ringsum fein gesägt, ihr Grd. lanzettl., die mittl. m. lg. fedrig gefranster, hellbrauner Spitze; ob. Stgblätt. m. verschmälertem Grd. sitzend; innerste Pappusborsten so lg. wie der Frkn. Waldränder; *s* südl. Donauvorland, St. **C. stenolépis** KERN.

d. Anhängsel der innersten Hüllblätt. bis 20 mm lg., lg. fedrig gefranst, beidersts. m. je 20–30 Fransen; ob. Stgblätt. m. gestutztem od. geöhrtem Grd.; Köpfe einzeln, bis 5 cm breit; Pfl. bis 2 m hoch. Wiesen, Matten, Gebüsche, bes. Latschenstufe; *z* S-Kt (Karawanken, Karnische, Gailtaler Alp.). *Fedrige F.,* **C. nervósa** WILLD.

9(5). Blätt. dkgrün, beidersts. spärl. rauh behaart, fiedspaltig, m. breitlanzettl. Abschnitten; Köpfchen einzeln, ± 2 cm lg.; Stg. nur oberw. m. 1–2 1köpfigen Seitenzweigen; Hüllblätt. nervenlos; ♃; VI–X. (4 Kleinarten) *Skabiosen-, Große F.,* **C. scabiósa** L. (s. l.)

a. Hüllblattanhängsel 5–7 mm lg., beidersts. m. je mehr als 15 Fransen *(1062)*; Nägel der Hüllblätt. von den Anhängseln der nächstunt. völlig bedeckt, Hülle daher einheitl. schwarz; Stg. meist 1triebig, unverzweigt u. nur 1–2köpfig; Pfl. bis 70 cm hoch. Bergwiesen; *z* Alp., in Dt nur Allgäu, Chiemgau. [= *C. scabiosa* ssp. *alpestris* (HEG.) NYM.] *Alpen-F.,* **C. alpéstris** HEG.

— Hüllblattanhängsel 1–5 mm lg., beidersts. m. je 5–15 Fransen *(1061)*; Nägel der Hüllblätt. von den Anhängseln der nächstunt. nicht verdeckt, Hülle daher grün u. schwarz gescheckt; Stg. meist mehrtriebig u. mehrköpfig, 30–120 cm hoch . . . . **b**

b. Blätt. beidersts. rauh, fiedrige Teile eif. bis ei-lanzettl., zuw. ungeteilt; ungeteiltes Mittelstück des Hüllblattanhängsels ⅔ bis 1mal so lg. wie breit; Blattfied. oval bis schmal-lanzettl., m. flachen Rändern. Wiesen, Wegränder, Ödland, Triften (bis 2100 m); *v*, *s* im NW. *Skabiosen-, Große F.,* **C. scabiósa** L. (s. str.)

— Blätt. obersts. kahl u. glzd., insgesamt mehr geteilt u. m. schmaleren Fiederteilen; ungeteiltes Mittelstück des Hüllblattanhängsels (von der Spitze des grünen Teils bis zur Basis der Endfranse) 1–2½mal so lg. wie breit; Blattfied. schmal-lanzettl., m. verdickten Rändern . . . . **c**

c. Anhängsel der Hüllblätt. m. einem breiten, halbkreisf., seitl. weit herablaufenden schwarzen Rand, dieser beidersts. m. 6–10 lg. Fransen. Sonnige Triften u. Felsen; *s* S-Kt, S-St. *Fritschs F.,* **C. frítschii** HAY.

— Anhängsel der Hüllblätt. m. nur sehr schmalem, kurzfransigem Rand. Trokkenrasen, Triften; ob in Dt? (Hochrhein/Hegau?). [= *C. scabiosa* ssp. *grinensis* (REUT.) NYM.] *Schmalblättrige F.,* **C. tenuifólia** (SCHLEICH.) HAY.

— Blätt. grau-filzig, gefied., m. schmal-linealen Fied.; Stg. schon unterhalb der Mitte sparrig-ästig; Köpfchen bis 14 mm lg., zahlr.; Hüllblätt. 5nervig; ⨀–♃; VII–IX. Bis 600 m. (2 Kleinarten)
Rispen-F., **C. stoébe** L. (s. l.)

a. Hüllblattanhängsel schwarz, jedersts. m. 6–8 schwarzen, an der Spitze meist weißl. Fransen *(1063);* Fr. 2mal so lg. wie der Pappus; Pfl. grauhaarig. Trokkenrasen, Triften, Wegränder. *z* (stellenw. *f*, z. B. Vb) im S u. O, sonst sehr *z* u. *s* (*f* Be, Ho, Da). (= *C. rhenana* Bor.) **C. stoébe** L. (s. str.)

— Hüllblattanhängsel braun, jedersts. m. 7–12 weißl. Fransen *(1064);* Fr. 3mal so lg. wie der Pappus; Pfl. graufilzig. Trockenhänge; bisher nur Pf, S-He, Donauwörth (Ba), b. Passau. **C. maculósa** Lam.

10(1). Bltn. hellgelb; Stg. durch die herablaufenden, graufilzigen Blätt. geflügelt **12**

— Bltn. weiß, rosa od. hellpurpurn; Stg. nicht geflügelt **11**

11. Hüllblattanhängsel deutl. abgesetzt, lanzettl., in lg., beidersts. m. 3–4 stacheligen Fransen versehenen Dorn auslaufend *(1065);* Fr. 2–3 mm lg.; Blätt. grünl.-grau; ⨀; VII–IX. Hafengebiete, Bahndämme, Ruderalstellen; eingeschleppt u. stellenw. eingebürgert, z. B. Rheintal, b. Frankfurt, b. Berlin. (Heimat: SO-Eur.)
Sparrige F., **C. diffúsa** Lam.

— Hüllblattanhängsel klein, undeutl. abgesetzt, m. lg. Dorn, an dessen Grd. beidersts. je 1–3 kurze Stacheln *(1066);* Fr. 3–7 mm lg.; Blätt. grün; ⨀; VII–IX. Wie vorige, z. B. b. Mannheim, b. München, b. Schotten (He), An; meist wieder verschwunden. (Heimat: S- u. SO-Eur.) *Stern-F.*, **C. calcítrapa** L.

12(10). Hüllblattanhängsel aus einem 5–8 mm lg. u. m. 1–3 Stachelpaaren besetzten Dorn bestehend *(1067);* Blkr. dicht m. sitzenden Drüsen; ⨀; VII–X. Hafengebiete, Bahndämme; *s* eingeschleppt. (Heimat: Mittelmeergebiet)
Malteser-F., **C. meliténsis** L.

— Hüllblattanhängsel aus einem 10–15 mm lg. Dorn bestehend, dieser am Grd. m. 2–4 kleinen Stacheln; Blkr. drüsenlos; ⨀; VI–X. Wie vorige, auch Klee- u. Luzernefelder; nicht *s* eingeschleppt, z. B. M- u. Niederrhein, Neckar, Alb, M-Weser, unt. Donau, b. Füssen, b. Basel, b. Passau, b. Hamburg. (Heimat: SO-Eur.)
Sonnwend-F., **C. solstitiális** L.

64. Cárthamus L., *Saflor*

Blätt. kahl, am Rand fein stachelig gezähnt; äußere Hüllblätt. m. stacheligem Anhängsel u. deutl. Stachelspitze; Blkr. goldgelb, später orange; ⨀; VII–IX. Aus Kulturen (Färbepfl.) *s* verwild. (Heimat: Orient) *Färber-S.*, **C. tinctórius** L.

65. Cnícus L., *Benediktenkraut*

Blätt. schrotsägef., stachelig berandet, die ob. stgumfassend; äußere Hüllblätt. ohne Anhängsel, aber m. lg. Stachel, innere in lg.gefied. u. geknieten Stachel auslaufend; ⨀; VI–VII. Aus Kulturen *s* verwild. (Heimat: Mittelmeergebiet, Orient)
C. benedíctus L.

Unterfamilie: Cichorioideae (= *Liguliflorae*)

66. Cichórium L., *Wegwarte*

1. Grdblätt. schrotsägef., unterst. borstl. behaart; ob. Stgblätt. längl.-lanzettl.; Stg. sparrig-ästig; ♃; VII–IX. Wegränder, Weiden, Ruderalstellen (bis 1500 m); *v*, *z* im N. *Gemeine W.*, **C. íntybus** L.

ssp. **satívum** (DC.) Janchen, *Chicoree:* m. schwach gezähnten Grdblätt. u. fleischiger Wurzel, nur noch *s* kult., eingebürgert Helgoland. (Kaffee-Ersatz)

— Grdblätt. schwach gezähnt, kahl; ob. Stgblätt. breit-eif., m. herzf. Grd. stgumfassend, zuw. alle kraus gewellt; ⨀; VII–X. In zahlr. Sorten als Salatpfl. kult., *s* verwild. (Heimat: Mittelmeergebiet) *Endivie*, **C. endívia** L.

67. Lápsana L., *Rainkohl*
Grdblätt. leierf., m. 1–2 Paar ± buchtig gezähnten Lappen; Endlappen groß, 3eckig-eif.; Köpfchen zahlr., in lockeren Rispen; Fr. ohne Pappus; ⨀; V–IX. Wälder, Äcker (bis 1500 m); *v, z* im O.
L. commúnis L.

68. Apóseris Neck. ex Cass., *Hainsalat, Stinkkohl*
Pfl.. m. weißem, stinkendem Milchsaft; Köpfe einzeln; Hüllblätt. schwärzl., mehlstaubig; Fr. ohne Pappus; ♃; VI–VIII. Schattige Wälder, Gebüsche (bis 2000 m); *v* u. *h* Alp., *z* Vorland, b. Biberach (ObSchwaben). **A. foétida** (L.) Less.

69. Arnóseris Gaertn., *Lämmersalat*
Blätt. keilig verkehrt-eilängl., gewimpert, gezähnt, untersts. behaart; Infl.schaft 2–4köpfig, unterhalb der Köpfchen allmähl. verdickt; ⨀; VI–IX. Sandige Böden; kalkmeidend; *z* im N (vielfach verschwunden), sehr *z* M-Gebiet, *s* im S, südl. bis Mühlhausen (E)/N-Schw/b. Stuttgart/ südl. Regensburg. **A. mínima** (L.) Schw. & K.

70. Hypochóeris L., *Ferkelkraut*
1. Pappus 1reihig, alle Strahlen fedrig; Stg. steifhaarig, meist nur 1–2 Blätt. tragend **3**
— Pappus 2reihig, äußere Strahlen einfach-haarf., innere fedrig; Stg. kahl, nur m. schuppenf. Hochblätt. **2**
2. Blätt. zerstreut-borstig, schrotsägef. gezähnt; Randbltn. länger als die Hülle, ihre Zunge tief gezähnt, untersts. grünl.-graurot bis graublau; meist alle Fr. lg. geschnäbelt; Köpfe über 2,5 cm breit; Stg. blaugrün; Pfl. 25–80 cm hoch; ♃; V–IX. Wegränder (bis 1400 m); *v.* *Gemeines F.,* **H. radicáta** L.
— Blätt. kahl, buchtig gezähnt; Randbltn. so lg. wie die Hülle, ihre untersts. weißl. Zunge kurz gezähnt; Randfr. ungeschnäbelt; Köpfe < 2,5 cm breit; Stg. grün; Pfl. 10–40 cm hoch; ⨀; VI–X. Sandfelder, Heiden, Dünen, Äcker; *z* im N, sonst sehr *z* bis *s,* südl. bis Sundgau(E)/Rastatt/Zabergäu(N-Württ.)/Nürnberg/Sa/Schl; b. Augsburg, OÖ. *Kahles F.,* **H. glábra** L.
3(1). Alle Hüllblätt. ganzrandig; Stg. 1–3köpfig, oberw. kaum verdickt; Blätt. längl.-verkehrt-eif., obersts. oft rotbraun gefleckt; ♃; V–VIII. Wiesen, lichte Wälder (bis 1500 m); kalkliebend; *z* (stellenw. *f*) im S u. M-Gebiet, *s* im N, *f* Ho, NW-Dt. *Geflecktes F.,* **H. maculáta** L.
— Äußere Hüllblätt. zerrissen gefranst; Stg. 1köpfig, oberw. stark keulenf. verdickt; Blätt. längl.-keilig; ♃; VII–IX. Sonnige, humose Matten, Zwergstrauchheiden (1300–2600 m); kalkmeidend; *z* Allgäu, Au (*f* OÖ), Sudeten. *Einblütiges F.,* **H. uniflóra** Vill.

71. Leóntodon L., *Löwenzahn*
1. Pappus der randl. Fr. zerschlitztes Krönchen bildend, jener der inneren 2reihig, dabei äußere Pappusstrahlen kürzer u. rauh gezähnelt, innere fedrig; Hüllblätt. schwarz berandet; Blätt. lineal-lanzettl., seicht gesägt bis schrotsägef. u. zerstreut behaart; Randbltn. untersts. blaugrau bis gräul. violett bereift; ⨀–♃; VII–

VIII. Ufer, feuchte Wiesen, Heiden, Dünen; *z* im N, nach S seltener, südl. bis Straßburg/Stuttgart/M-Lech/M-Isar/Th/Sa/Schl, *f* WPr, OPr (Kt, St, NTi adventiv). [= *Thrincia hirta* ROTH; = *L. saxatilis* LAM.; = *L. nudicaulis* (L.) BANKS ssp. *taraxacoides* (VILL.) SCH. & TH.]

Hundslattich, **L. taraxacoídes** (VILL.) MER.

— Pappus aller Fr. m. lg. Haaren; Hüllblätt. nicht schwarz berandet 2

2. Stg. verzweigt, m. wenigen, kleinen, lanzettl. Hochblätt.; Blätt. tief fiedteilig m. linealen Zipfeln, meist völlig kahl; Randbltn. unterststs. rötl. gestreift; alle Pappusborsten fedrig; ♃; VI–X. Magerwiesen, Wegränder, Äcker (bis 2000 m); *v.* (2 ssp.)

Herbst-L., **L. autumnális** L.

a. Infl.schaft im ob. Teil u. Hüllblätt. locker m. weißl. Sternhaaren bis kahl; *v* (bis ? m). ssp. **autumnális**

— Infl.schaft im ob. Teil u. Hüllblätt. lg.-schwarz-zottig behaart; Stg. oft 1köpfig; Matten u. Triften; Alp., Bayrw., N-Ba. ssp. **praténsis** (LK.) ARC.

— Stg. stets einfach; innere Pappusstrahlen fedrig, äußere meist nur gezähnt 3

3. Stg. u. Blätt. von (3–)4gabeligen Sternhaaren fast grau-filzig (Lupe!); Köpfe vor dem Aufblühen nickend; Blätt. ganzrandig od. entfernt seicht gezähnt; ♃; V–VI. Sonnige Felshänge, trockene Matten (bis 2100 m); kalkstet; *v* Alp., *z* Vorland, O-Vog., Hegau/Alb/FrSchweiz. *Grauer L.,* **L. incánus** (L.) SCHR.

— Blätt. u. Stg. grün 4

4. Hülle u. Stg. oberw. dicht-schwarz-zottig; Blätt. längl.-lanzettl., seicht bis tief buchtig gezähnt, kahl od. unterststs. m. einfachen Haaren; Köpfe vor dem Aufblühen aufrecht; Fr. undeutl. kurz geschnäbelt, 5–7 mm lg.; Pappus schneeweiß; Pfl. 3–10 cm hoch; ♃; VII–VIII. Bachschotter (1750–2850 m); kalkliebend; Alp., *v* Au, *s* Dt.

Alpen-L., **L. montánus** LAM.

L. montanifórmis WIDDER, *Nordostalpen-L.*: Ähnl. *L. montanus,* aber Pappus rahmweiß u. deutl. höhere Infl. Felsige Matten, Gesteinsfluren; Endemit NO-St.

— Hülle nicht schwarz-zottig, allenfalls ± kraushaarig; Pappus schmutzigweiß bis gelbl.; Köpfe vor dem Aufblühen meist nickend 5

5. Stg. m. 0–2 Schuppenblätt.; Laubblätt. m. verbreitertem Stiel, je nach ssp. ± tief fiedspaltig od. nur buchtig gezähnt; Hüllblätt. kahl bis weißl.-borstig behaart; Blätt. m. 2–4spaltigen Gabel- u. Sternhaaren (zuw. bis kahl, zuw. bis graugrün); ♃; VI–X. Wiesen, Matten, Heiden, Moore, Schutt (bis 2400 m); *v,* im N *z.* (6 ssp. von wenig bekannter Verbr.) *Rauher L.,* **L. hispidus** L.

— Stg. oberw. m. mehreren (bis 6) lanzettl. Schuppenblätt.; Laubblätt. m. deutl., schmalem Stiel 6

6. Laubblätt. unterststs. auf gesamter Fläche behaart; Köpfe vor dem Aufblühen nickend; Blätt. deutl. gestielt; Hüllblätt. schwärzl. kraushaarig; Bltn. goldgelb; ♃; VII–IX. Matten, Zwergstrauchheiden; kalkmeidend; *v* Alp. (1600–2800 m), Schw., Vog. (ab 900 m). [= *L. pyrenaicus* GOUAN ssp. *helveticus* (MÉR.) FINCH & SELL]

Schweizer L., **L. helvéticus** MÉR. em. WIDDER

— Laubblätt. unterststs. nur auf den Nerven behaart; Köpfe vor dem Aufblühen aufrecht; Blattbasis schmal geflügelt; Hüllblätt. lockerer, m. schwarzen u. wenigen weißen Haaren; Bltn. intensiv safrangelb; ♃; VII–VIII. Matten, Zwergstrauchheiden der subalp. u. alp. Reg. (1600–2100 m); *z* Kt, St. *Safran-L.*, **L. cróceus** HAENKE

72. Pícris L., *Bitterkraut*

1. Äußere Hüllblätt. herz-eif., zu 3–5, nur wenig kürzer als die 5–10 inneren, schmäleren; innere Fr. gerade, kahl, die randst. stark gekrümmt, weißl., auf der Innenseite zottig, auf der Außenseite kahl, alle lg. geschnäbelt; ⨀; VII–VIII. Äcker, Bahndämme; vielfach (bes. im S, NrWe, S-NS) eingeschleppt. (Heimat: Mittelmeergebiet) *Wurmlattich*, **P. echioídes** L.

— Alle Hüllblätt. schmal-lineal, die äußeren viel kürzer als die meist 8 inneren; alle Fr. leicht gekrümmt, gelb- bis schwarzbraun, kahl, kurz geschnäbelt; ⨀–♃; VII–X. [5 ssp., 4 davon m. wenig bekannter Verbr.; die ssp. unter **b** sind evtl. zu vereinigen u. heißen dann ssp. **grandiflóra** (TEN.) ARC.] *Gemeines B.*, **P. hieracioídes** L.

a. Köpfchenstiele u. Hülle m. weißl., z. T. gegabelten Borstenhaaren od. haarlos . . . **c**

— Köpfchenstiele u. Hülle m. schwarzen, einfachen Borstenhaaren . . . **b**

b. Äußere Hüllbl. abstehend, schmal-lanzettl.; *z* Matten der mont. Reg., Sb, St, S-Schw., Vog. (ab 1000 m). [= ssp. *longifolia* (BOISS. & REUT.) SELL p. p.] ssp. **auriculáta** (SCHULTZ-BIP.) HAY.

— Äußere Hüllbl. anliegend, eif.-lanzettl.; *s* Wiesen bis Schuttfluren der mont. u. subalp. Reg. (bis 1600 m); Ba, Sb, St (Th?). [= ssp *paleacea* (VEST) HAY. in HEGI.; = ssp. *longifolia* (BOISS. & REUT.) SELL p. p.] ssp. **paleácea** (VEST) DOM. & PODP.

c(a). Köpfchen klein, kurz gestielt, an der Stgspitze gehäuft, die seitl. fast sitzend; Laub- u. Hüllblätt. bes. stark borstig; zuw. eingeschleppt (wo?). (Heimat: Mittelmeergebiet) ssp. **spinulósa** (BERTOL.) THELL.

— Köpfchen größer, scheindoldig bis rispig angeordnet, die seitl. deutl. gestielt . . . **d**

d. Stg. bis oben u. Blätter beidersts. zerstreut bis reichl. borstig; ob. Stgblätt. sitzend. Wiesen, Waldränder, Ödland (bis mont. Reg.); *v*, *z* im N. ssp. **hieracioídes**

— Stg. nur am Grd. u. Blätt. nur am Mittelnerv u. am Rand borstig; ob. Stgblätt. stgumfassend. Wiesen (bis ? m); *v* Au (*f* OÖ), *s* Alp., -vorland (wo noch?). [= ssp. *sonchoides* (VEST) THELL.; = ssp. *villarsii* (JORD.) NYM.] ssp. **crepoídes** (SAUT.) SIMK.

73. Tragopógon L., *Bocksbart*

1. Bltn. weinrot; Stg. unter dem Köpfchen stark verdickt; ⨀–⨀; VI–VII. Früher viel angebaut, *s* verwild. (Heimat: Mittelmeergebiet) (= *T. sinuatus* AVE-LALL.) *Haferwurz*, **T. porrifólius** L. ssp. **satívus** (GATERAU) BR.-BL.

— Bltn. gelb . . . **2**

2. Stg. u. Äste ± weiß-flockig; Fr. nur kurz geschnäbelt; Hülle 8blättrig; Bltn. wachsgelb; ⨀; VI–VII. Dünen; *s* OPr. [= *T. floccosus* W. & K. ssp. *heterospermus* (SCHWEIGG.) REG.] *Sand-B.*, **T. heterospérmus** SCHWEIGG.

— Stg. u. Äste kahl; Hülle 8–16blättrig . . . **3**

3. Stg. unter dem Köpfchen keulig verdickt, hohl; Frschnabel (fast) so lg. wie die eigentl. Fr.; Bltn. hellgelb, viel kürzer als die Hülle; ⨀; V–VI. Trockene, steinige Hänge; kalkliebend; *v* Th, Fr, Pf, *z* bis *s* nördl. bis Eifel/Münster/Wolfsburg/Me, *s* Ba (außer NW), Au (NTi, St, Kt, OÖ), sonst eingeschleppt. *Großer B.*, **T. dúbius** SCOP. ssp. **májor** (JACQ.) VOLLM.

— Stg. unter dem Köpfchen wenig od. nicht verdickt; Frschnabel kürzer od. länger als die eigentl. Fr.; ⨀–♃; V–VII. Bis 2000 m. (4 ssp.) *Wiesen-B.*, **T. praténsis** L.

a. Bltn. goldgelb, deutl. länger als die Hülle; Köpfe 5–8 cm breit . . . . . **c**
— Bltn. blaß- bis hellgelb, höchstens so lg. wie die Hülle; Köpfe 2–3 cm breit **b**
b. Hüllblätt. weißl.-grün berandet; Stbbeutel unten gelb, oben schwarzviolett; Köpfe 3 cm breit. Wiesen; *v* nördl. der Donau, südl. *s* od. eingeschleppt. ssp. **praténsis**
— Hüllblätt. (wenigstens anfangs) rötl. berandet; Stbbeutel bräunl.; Köpfe 2 cm breit; Bltn. meist nur ½ so lg. wie die Hülle. Trockene Wiesen, Ödland; *z* im W, sonst *s* bis *f* (u. a. Au). ssp. **mínor** (MILL.) HARTM.
c(a). Stbbeutel m. braunschwarzen Längsstreifen; Blätt. schmal bis rinnig u. eingerollt. Halbtrockenrasen, Wiesen, Wegränder; *v* im S, nördl. seltener u. bis Rheinl./S-NS/Holstein/Sa/Schl/OPr. (= *T. orientális* L.) ssp. **orientális** (L.) ČEL.
— Stbbeutel unten gelb, oben schwarzviolett; Blätt. wenigstens am Grd. lanzettl., dann fast fädl. Wie vorige; *v* Alp. (u. Vorland?, wo noch?). [= *T. orientalis* ssp. *grandiflorus* (SAUT.) RÄNDEL] ssp. **grandiflórus** (SAUT.) ROTHM.

74. Scorzonéra L., *Schwarzwurzel*

1. Bltn. gelb **3**
— Bltn. rosafarben bis lilarot; Stg. beblättert; Fr. 10rippig . **2**
2. Blätt. bis 3 mm breit, im Querschnitt V-förmig; Stg. mehrköpfig (2–4); Fr.rippen glatt; Hüllblätt. weniger als 15; Bltn. blaßlila, duftend; ♃; V–VI. Steinige Hänge, Steppenrasen, lichte Wälder; kalkliebend; *s* VorderPf, Rheingau, unt. Lech u. Isar, Steigerw., Th, An, Br, SO-Me, Schl, WPr (OPr?); ob in Au? Ⓖ ! *Purpur-Schw.*, **S. purpuréa** L.
— Blätt. bis 5 mm breit, flach; Stg. 1köpfig; Fr.rippen oberw. rauh; Hüllblätt. mehr als 15; Bltn. rosarot, duftlos; ♃; VI–VIII. Matten, Gebüsche, lichte Wälder (1200–1800 m); kalkliebend; *s* S-Kt (Karawanken, Karnische Alp.). *Rosenrote Sch.*, **S. rósea** W. & K.
3(1). Stg. reich beblätt., ästig, mehrköpfig, 40–130 cm hoch; Hüllblätt. am Rand ± wollig-flockig, zugespitzt; randst. Fr. entlang der Rippen zackig-rauh; ♃; VI–VIII. Sonnige, buschige Hänge, lichte Laubwälder; *z* Th, *s* N-ObRhein zw. Mannheim u. Bingen/Frankfurt, b. Schweinfurt, Steigerw., SO-NS/W-An, sonst als Gemüsepfl. kult. u. verwild., bes. M-Gebiet, W- u. OPr. Ⓖ *Garten-Sch.*, **S. hispánica** L.
— Stg. armblättrig od. m. 0–6 schuppenf. Hochblätt. . . . **4**
4. Stg. blattlos, 1köpfig, kahl; Hüllblätt. fein zugespitzt; Fr.rippen stachelig-rauh; Bltn. doppelt so lg. wie die Hülle; Blätt. linealisch, bis 4 mm breit; ♃; VII–VIII. Wiesen u. Matten der subalp. u. alp. Reg.; *s* OTi, S- u. NW-Kt. *Grannen-Sch.*, **S. aristáta** RAM.
— Stg. m. mehreren Schuppenblätt.; Hüllblätt. stumpfl. od. spitzl.; Fr.rippen glatt **5**
5. Randl. Zungenbltn. kaum länger als die Hülle; Blätt. schmal-lanzettl., 5–15 mm breit; Stg. u. Hüllblätt. kahl; ⨀–♃; V–VIII. Salzwiesen; sehr *s* N-Th, S-SaAn; in Au erst NÖ, Bgl. *Kleinblütige Sch.*, **S. parviflóra** JACQ.
— Randl. Zungenbltn. bis doppelt so lg. wie die Hülle; Blätt. breiter **6**
6. Pfahlwurzel oben m. Faserschopf; Grdblätt. lineal bis lanzettl., 5–25 mm breit, bläul.-grün; Stg. unterhalb der Hülle flaumig behaart; ♃; IV–V. Bergwiesen, Steppenheiden, Mauern; kalkliebend; *s* b.

Waldshut u. Baar (S-BW), St, OÖ.
Ⓖ *Österreichische Sch.,* **S. austríaca** WILLD.

— Pfahlwurzel ohne Faserschopf, nur m. vertrockneten (nicht faserigen!) Blattresten; Grdblätt. grasgrün; Blätt. lineal bis schmal-eif., bis 5 cm breit; Stg. oberw. kahl; ♃; V–VII. Moorige Wiesen, Heiden, Waldränder; *v* bis *z* im O u. S (*f* Kt, Baden), *s* im M-Gebiet (*f* RhPf, He, We, S-NS), seltener werdend im N.
Ⓖ *Niedrige Sch.,* **S. húmilis** L.

75. Podospérmum DC. (= *Arachnospermum* F. W. SCHM.), *Stielsamenkraut*

1. Stg. auch oberw. rund; randl. Bltn. kaum länger als die Hülle, ihre Zungen untersts. gelb; Pfl. ohne sterile Blattrosetten, da ⨀; V–VII. Grasige Hänge, Wegränder; *s* Pf/Hunsrück/Rheingau, S-Be, N-Württ., E, NW-Ba, SO-NS, Th, An, N-Böhmen; in Au nur eingeschleppt, sonst erst NÖ. (= *Scorzonera laciniata* L.)
Einjähriges St., **P. laciniátum** (L.) DC.

— Stg. oberw. gefurcht; randl. Bltn. fast doppelt so lg. wie die Hülle, ihre Zungen untersts. rötl. getönt; Pfl. m. sterilen Blattrosetten, da ♃; VI–VIII. Trockenwiesen, Ödland; zuw. eingeschleppt St, OÖ, sonst erst NÖ. [= *Scorzonera cana* (MEY.) GRIS.]
Ausdauerndes St., **P. cánum** MEY.

76. Chondrílla L., *Knorpellattich*

1. Köpfchen in endst. Doldenrispen; Stg. kahl; Grdblätt. rosettig, kahl, entfernt knorpelig gezähnt, z. Bltzt. noch vorhanden; Pfl. nur oberw. m. wenigen, kürzeren Seitentrieben; ♃; VII–VIII. Kies u. Schotter der Alpenbäche (bis 1500 m); kalkstet; sehr *z* Au (*f* Sb, St), in Dt nur zw. Hindelang (Allgäu) u. Wolfratshausen.
Alpen-K., **Ch. chondrilloídes** (ARD.) KARSTEN

— Köpfchen in lockeren Ähren, an rutenf. Ästen; Stg. blaugrün, an der Basis absthd. weiß-borstig; Grdblätt. blaugrün bereift, schrotsägef., untersts. am Mittelnerv borstig behaart, z. Bltzt. vertrocknet; Pfl. sparrig, bereits oberhalb der Grdblätt. ausladend verzweigt; ♃; VII–IX. Trockenhänge, Flußschotter, Dünen (bis 700 m); *z* Au (*f* Sb, St), ObRhein, Pf, Th, sonst *s* u. stellenw. *f* od. verschwunden, *f* Ho, Be (nur im SO), Da, We, W-NS, Da, OPr.
Binsen-K., **Ch. júncea** L.

77. Calycocórsus F. W. SCHM. (= *Willemetia* NECK.), *Kronenlattich*

Blätt. kahl; Pfl. 15–45 cm hoch; Stg. oberw. wenig verzweigt u. nur m. 3(–5) Köpfchen; Bltn. goldgelb, länger als die Hülle; ♃; VI–VIII. Feuchte Wiesen, Flachmoore (bis 2200 m); *v* bis *z* Alp. u. Vorland (bis zur Grenze Württ.), Bayr.-Böhmw. (nördl. bis Viechtach).
C. stipitáta (JACQ.) RAUSCH.

78. Taráxacum WEB. in WIGGERS, *Kuhblume, Löwenzahn*

Taraxacum ist (in ähnl. Weise wie *Hieracium,* s. S. 608) eine außerordentlich formenreiche Gattung u. noch in fortlaufender Bildung neuer Sippen begriffen. Dies rührt insbesondere durch bekannte Unregelmäßigkeiten bei der Fortpflanzung (sog. Apomixis) her. Seit der letzten Neubearbeitung dieser Bestimmungsflora sind zahlreiche Publikationen über *Taraxacum* erschienen, die meisten allerdings in Beziehung zu nordeuropäischen Sippen. Die im Gebiet bisher gefundenen und ± formbeständigen ca. 240(!) Kleinarten lassen sich nur mittels Spezialliteratur identifizieren. Andererseits geben die heute üblichen allgemeinen und spezielleren Bestimmungsbücher höchst unterschiedliche Systeme, Gruppen-Namen etc. wieder, so daß es bei unserem derzeitigen Kenntnisstand wenig sinnvoll erscheint, hier einen neuen Gliederungsversuch zu unternehmen. Statt dessen wird im nachfolgenden der 1976 (zuletzt 1988) publizierte Schlüssel von DOLL (in ROTHMALER) in stark verkürzter Form wiedergegeben. Mit ihm lassen sich bei Vorliegen typischer Exemplare wenigstens die 7 wichtigsten Hauptarten einigermaßen sicher identifizieren. – Entgegen früherer Meinung kommen im Gebiet doch sehr häufig auch sexuelle Pfl. vor u. zwar in diploider, triploider u. tetraploider Form (2n = 16, 24, 32). Aus Mitteleuropa sind nicht weniger als ca. 450 apomiktische ‚Arten' beschrieben. Vgl. auch die neueste Übersicht zur Gattung durch R. DOLL: Feddes Repert. **93,** 481–624, 1982, ebenso über die Gattung in den bayerischen Alpen durch SAHLIN & LIPPERT (Ber. Bay. Bot. Ges. **54,** 23–45, 1983).

Beim Sammeln von Material (nur zur Hauptblütezeit!) sorgfältig beobachten: Farbe von Blatt, Blattstiel, Blüten, Narben u. Griffeln notieren. Reife Früchte sind unerläßlich: sie bestehen aus einem ± gefärbten, samentragenden, verdickten Basisteil, dem eine oft warzig-schuppige, pyramidenförmige Spitze aufsitzt (Frspitze), einem meist farblosen Stiel (Schnabel) u. dem Pappus.

1. Hüllblätt. unterhalb der Spitze verdickt bis gehörnt; Wurzelschopf meist kräftig entwickelt; Frspitze zylindrisch; Fr. rot, braun od. strohfarben; Blätt. ± stark zerschlitzt; Fr. ca. 3 mm lg.; ♃; IV–VI. Trockenrasen, Ruderalstellen, Dünen; *z.* (50 Kleinarten) [Hierher gehören: *T. erythrospermum* ANDRZ. & BESS. u. *T. obliquum* (FR.) DAHLST.] *Schwielen-L., Rotfrüchtiger L.,* **T. laevigátum** (WILLD.) DC.

— Hüllblätt. unverdickt; Fr. strohfarben **2**

2. Zungenbltn. eingerollt bis röhrig, strohfarben; ♃; V–VIII. Matten der subalp. u. alp. Reg. (1700–2700 m); *v* Alp. (3 Kleinarten) *Strohblütiger L.,* **T. cucullátum** DAHLST.

— Zungenbltn. weder eingerollt noch röhrig **3**

3. Äußere Hüllblätt. m. breitem, weißem Rand, den inneren anlgd., eif.; Pfl. feuchter Standorte **6**

— Merkmale anders **4**

4. Wurzelstock stark entwickelt u. m. zerfaserten Resten von Grdblätt. (vgl. Punkt **1**). **T. laevigátum**

— Wurzelstock glatt **5**

5. Frschnabel 3–6 mm lg., Frspitze[1] 0,3–0,6 mm lg.; äußere Hüllblätt. meist dkgrün, kurz u. anlgd., nicht od. sehr schmal weißl. berandet; Blätt. kahl, grün, schrotsägezähnig; ♃; VI–IX. Matten, Viehläger, Schneetälchen; *s* Alpen (immer noch unvollkommen bekannte Gruppe; 7 Kleinarten). *Alpen-L.,* **T. alpínum** HEG. & HEER

— Frschnabel u./od. Frspitze länger; äußere Hüllblätt. stets zurückgeschlagen bis absthd., ohne od. m. sehr schmalem, weißem Rand; Blätt. meist stark gelappt u. gezähnt; Fr. strohfarben, seltener bräunl., m. konischer Frspitze; ♃; III–VII. Fettwiesen u. -weiden, Äcker, Dünen, Ruderalstellen; *g.* (ca. 140 Kleinarten) *Gemeiner L.,* **T. officinále** WIGGERS

6(3). Frspitze meist über 1 mm lg. u. zylindrisch; Blätt. schmal, meist nur entfernt gezähnelt, u. meist wenig gelappt, ungefleckt; Hüllblätt. breit-hautrandig; ♃; IV–VI. Flachmoore, Wiesen, Salzwiesen; sehr *z.* (28 Kleinarten) [G] *Sumpf-L.,* **T. palústre** (LYONS) SYMONS

---

[1] Fruchtspitze: verschmälerter, pyramidenf. Endabschnitt des samentragenden, verdickten Fruchtanteils, der dennoch deutlich vom Fruchtschnabel abgesetzt ist.

— Frspitze kürzer, bis 0,9 mm lg. u. ± konisch 7
7. Blätt. breit u. viellappig, oft purpurn gefleckt u. Stiele blutrot; ♃; V–VII. Sumpfwiesen u. Flachmoore; *s* im N u. NW. (7 Kleinarten)
Stattlicher L., **T. spectábile** DAHLST.
— Blätt. nicht purpurn gefleckt u. Stiele nicht blutrot; V–VII. Moore der subalp. u. alp. Reg.; *s* Alp. (10 Kleinarten)
Gebirgsmoor-L., **T. fontánum** HAND.-MAZ. em. v. SOEST

79. Cicérbita WALLR. (incl. **Mulgédium** CASS.), *Milchlattich*
1. Pfl. kahl; Bltn. hellblau; Blätt. bläul.-grün, tief fiedspaltig, m. mehreren Fiederteilpaaren; ♃; VII–VIII. Hochstaudenfluren; *s* Feldberg (Schw.), Hoch-Vog.
Französischer M., **C. plumiéri** (L.) KIRSCHL.
— Pfl. im ob. Teil braunrot-drüsenborstig; Bltn. blau- bis rötl.-violett; Blätt. nur unterststs. bläul.-grün 2
2. Blätt. fast kahl; Bltn. blauviolett; Köpfe traubig bis rispig angeordnet; Fr. ungeflügelt, m. 5 Hauptrippen; Grdblätt. m. 3eckigem Endlappen u. 1(–2) Paaren kleiner Seitenlappen; ♃; VII–IX. Hochstaudenfluren, Waldschluchten; *v* Alp. (bis 2200 m), Voralp. u. S-Schw., *z* bis *s* M-Geb.: Bayr./Böhmw., ObPfw., Rhön, Vogelsberg, Sauerland, Harz, Thw., Vogtland, Erzgeb., Sudeten.
Alpen-M., **C. alpína** (L.) WALLR.
— Blätt. borstig-drüsig behaart; Bltn. lilarötl.; Köpfe in lockeren Doldenrispen; Fr. schmal geflügelt; Grdblätt. m. sehr großem herz- bis spießf. Endlappen u. höchstens 1 Paar kleiner Seitenläppchen; ♃; VII–VIII. Zierpfl. in Parkanlagen, oftmals verwild., z. B. E, Me (wo noch?). (Heimat: Kaukasus)
Großblättriger M., **C. macrophýlla** (WILLD.) WALLR.

80. Sónchus L., *Gänsedistel*
1. Stg. meist ästig; Hülle kahl od. weißfleckig, nicht drüsig; Fr. beiderststs. m. 3 Längsrippen; Pfl. ⊙ 3
— Stg. meist einfach od. erst im Bereich der Infl. verzweigt; Hülle ± dicht drüsenhaarig; Fr. beiderststs. m. 5 Längsrippen; Pfl. ♃ 2
2. Stgblätt. am Grd. absthd. pfeilf. zugespitzt; Köpfchen in gedrungener Doldenrispe; Hülle u. Köpfchenstiele m. anfangs gelben, später nachschwärzenden Drüsenhaaren; Pfl. 1–3 m hoch; Fr. gelbbraun bis gelbl.-weiß; Blätt. bläul.-grün; ♃; VII–IX. Flußufer, Sümpfe, nasse Wiesen; *z* im N von SH/Da bis OPr, *s* W-Ho, N-Be, N-ObRhein/Main, SO-NS, M-Th, An, b. Berlin; *f* NrWe (nur b. Köln u. Diepholz), RhPf, BW; in Ba verbr. eingebürgert Isargebiet.
Sumpf-G., **S. palústris** L.
— Stgblätt. am Grd. angedrückt herzf.; Köpfchen in lockerer Doldenrispe; Köpfchenstiele dicht gelb-drüsenborstig [seltener fast kahl; ssp. **uliginósus** (BIEB.) NYM.; feuchte Wiesen, salzliebend. Verbreitung?]; Fr. dkbraun; Blätt. glzd.-grün; Pfl. 0,5–1,5 m hoch; ♃; VII–X. Äkker, Ödland, Sanddünen (bis 1700 m); *g, z* Geb.
Acker-G., **S. arvénsis** L.
3(1). Stgblätt. am Grd. mit zugespitzten, vorgestreckten Öhrchen, weich, glanzlos, tief fiedspaltig, selten ungeteilt, stachelig ge-

zähnt; Fr. querrunzelig; ⊙; VI–X. Schuttplätze, Ackerunkraut (bis 1500 m); *g.* *Kohl-G.,* **S. oleráceus** L.

— Stgblätt. am Grd. m. abgerundeten, angedrückten Öhrchen, steif, dkgrün-glzd., meist ungeteilt, sonst nur seicht gespalten (= doppelt gezähnt), m. stacheligen Zähnchen; Fr. glatt; ⊙; VI–X. Wie vorige (bis 1100 m); *v.* *Dornige G.,* **S. ásper** (L.) HILL

81. Mycélis CASS., *Mauerlattich*

Blätt. dünn, oft rot überlaufen, unterststs. bläul.-grün, leierf.-fiedspaltig m. eckigen, gezähnten Seitenlappen u. großem Endabschnitt; Stg. oberw. sparrig-rispig; Pfl. bis 1 m hoch; ♃; VII–IX. Feuchte Wälder; Gebüsch, Mauern (bis 1700 m); *v, z* im NW, Au. **M. murális** (L.) DUM.

82. Lactúca L., *Lattich*

1. Bltn. gelb; Fr. beidersts. mehrrippig **3**

— Bltn. blau, selten weiß; Hüllblätt. schmal weißrandig . . **2**

2. Blätt. weich, fiedteilig, Endabschnitt höchstens so lg. wie die lanzettl. Fiederzipfel; Fr. beidersts. 1rippig, Frschnabel so lg. wie die schwarze Fr.; Hüllblätt. nicht purpurn gefleckt; Pfl. 20–60 cm hoch; ♃; V–VII. Sonnige, steinige Hänge, buschige Hügel (bis 1700 m); kalkliebend; *z* Th, Pf/M-Rhein/UFr, sonst *s* E, Württ., N-Ba, nördl. bis S-Be/Koblenz/Bad Kissingen/FrSchweiz, Sa, An, NTi, Kt. *Blauer L.,* **L. perénnis** L.

— Blätt. ungeteilt bis schrotsägef.-fiedspaltig, Endabschnitt länger als die seitl.; Fr. rundum längsfurchig, Frschnabel viel kürzer als die braungrüne Fr.; Hüllblätt. purpurn gefleckt; Pfl. 30–100 cm hoch; ♃; VII–VIII. Strandheiden, Dünen; eingeschleppt u. sich z. T. ausbreitend: *s* Ho (Insel Schiermannikoog), Nordsee (Emden, unt. Weser), Ostsee (SH: Fehmarn), *z* Me, Po; in Au erst NÖ. [= *M. tataricum* (L.) DC.] *Tataren-L.,* **L. tatárica** (L.) C. A. MEY.

3(1). Stg. hohl, grün, häufig rötl.; Fr. schwärzl., Frschnabel nur ½ so lg. wie die Fr.; Blätt. weich, unterststs. bläul., schrotsägef.-fiedteilig, m. pfeilf. Grd. stgumfassend; Köpfchen zahlr., in Doldentrauben; ⨀; VI–IX. Lichte Wälder, steinige Hänge; kalkliebend; *s* Th, SaAn, b. Schweinfurt; in Au erst NÖ. *Eichen-L.,* **L. quercína** L.

— Stg. markig, weiß od. gelb; Frschnabel meist länger als die Fr.; Blätt. fest **4**

4. Stgblätt. am weißen Stg. herablaufend; Blätt. fiedspaltig bis fiedteilig, stets m. lg., linealem Endzipfel; Köpfchen an verlängerten, verzweigten, rutenf., aufrecht weisenden Ästen, 5bltg.; ⨀; VII–VIII. Wie vorige; *s* Sa (Elbetal); vermutl. ausgestorben. *Ruton-L.,* **L. vimínea** (L.) PRESL

— Stgblätt. nicht am Stg. herablaufend, stgumfassend; Köpfchen 10–16bltg. **5**

5. Salatpfl.; Köpfchen klein, zahlr., in flachen Doldenrispen; Grdblätt. rosettig (vielfach „kopfbildend"), frischgrün; Stgblätt. eif. bis rundl., ganzrandig, m. herzf. Grd. stgumfassend; kahl; ⊙–⨀; VII–VIII. In vielen Sorten angebaut (vermutl. in SW-Asien aus *L. serriola* entstanden). *Garten-L.,* **L. satíva** L.
ssp. **capitáta** (L.) ALEF., *Kopfsalat* ssp. **longifólia** (LAM.) ALEF., *Schnittsalat*
ssp. **secalína** ALEF. (= var. *crispa* L.), *Sommer-Endivie*

— Wildpfl.; Köpfchen in lockeren bis sparrigen Rispen; Blätt. unterststs. auf dem Mittelnerven meist stachelig, m. pfeilf. Grd. stgumfassend; Blätt. ± bläul.-grün **6**

6. Frschnabel doppelt so lg. wie die Fr.; Fr. braun, 7–8 mm lg.; ob. Stgblätt. lineal, ± ganzrandig, unt. u. Grdblätt. buchtig bis fiedspaltig m. schmal-lanzettl. Zipfeln u. sehr lg., ungeteiltem Endabschnitt; Köpfchen an rutenf. Ästen, insgesamt in schmaler Rispe; ⊙–⊙; VII–IX. Trockenhänge, Wegränder, Schuttplätze; *s* E, M-Neckar, Nahe, Ts, Saarland, Be, SW-Ho, Th, An; in SW-Dt meist erloschen. *Weiden-L.,* **L. salígna** L.

— Frschnabel ± so lg. wie die Fr.; Fr. schwärzl., 2,5–3,5 mm lg., auch die ob. Stgblätt. ± fiedspaltig **7**

7. Blätt. (immer häufiger nur noch gezähnt!) m. ihrer Fläche meist senkrecht stehend, oft nach N u. S. weisend *(„Kompaßpflanze");* Fr. graubraun, rauh, an der Spitze borstig; Hüllblätt. bunt: ungleich violett überlaufen; ⊙–⊙; VII–IX. Sonnige Hügel, Ödland, Unkrautgesellschaften (bis 1000 m); *v, z* bis *s* im N u. Geb. (= *L. scariola* L.) *Stachel-L.,* **L. serríola** L.

— Blätt. m. ihrer Fläche waagrecht stehend; Fr. schwarz, kahl, schmal berandet; Hüllblätt. grün, m. weißl. Rand; Pfl. m. widerl. Geruch; ⊙–⊙; VII–IX. Sonnig-steinige Hänge, Schuttplätze; *z* SO-Be/Rheinl./RhPf, *s* E, BW, N-Ba, He, We, Ho, O-NS, Th, An, M-St. *Gift-L.,* **L. virósa** L.

83. Crépis L. (incl. **Barkhausia** Moench), *Pippau*

1. Fr. ungeschnäbelt, höchstens zur Spitze hin etwas verjüngt **4**

— Fr., wenigstens die inneren, m. fadenf. Schnabel; Pappus stets schneeweiß **2**

2. Junge Köpfchen nickend; Gr. gelb; die äußeren Bltn. unterseits. rötl.-gestreift; Grdblätt. schrotsägef. bis fiedspaltig, kurz grau behaart; Stg. zieml. ästig, 10–50 cm hoch, kantig; Hüllblätt. außen zottig u. z.T. drüsig behaart (ssp. **foétida**) od. borstig u. drüsenlos [ssp. **rhoeadifólia** (Bieb.) Čel.; nur Ob-Schl, OÖ, St]; Milchsaft gelb, stinkend; ⊙; VI–X. Trockene Hügel, Wegränder, Schutt; kalkliebend; *z* Be, RhPf, N-BW, *s* Ba (nördl. der Donau), S-BW, E, He, Rheinl., S-Ho, SO-NS, Th, SaAn, Sa, Br, Po. *Stinkender P.,* **C. foetida** L.

— Junge Köpfchen aufrecht; Gr. grünl.-braunschwarz . . . **3**

3. Äußere Hüllblätt. absthd., gleich den Köpfchenstielen reichl. borstig, etwa so lg. wie der Pappus; Köpfchenboden kahl; Bltn. hellzitronengelb; Stg. weißborstig behaart, 15–50 cm hoch; ⊙; VII–IX. Wiesen, Äcker; *z* im SW, sonst *s* im W u. S eingebürgert. (Heimat: Mittelmeergebiet) *Borsten-P.,* **C. setósa** Hall. f.

— Äußere Hüllblätt. erst beim Abblühen absthd., kahl od. nur spärl. schwärzl. behaart, kürzer als der Pappus; Köpfchenboden behaart; Bltn. gelb, unterseits. rot gestreift; Stg. gefurcht, fast kahl, 30–80 cm hoch; ⊙; V–VI. Wiesen, Wegränder; *z* E, BW, RhPf, Be, sonst *s* Ba (nördl. der Donau), NrWe, He, S-NS. [= *C. vesicaria* L., ssp. *taraxacifolia* (Thuill.) Thell.] *Blasen-P.,* **C. taraxacifólia** Thuill.

4(1). Köpfchenboden m. steifen Haaren; Fr. in 3 versch. Formen (äußere–mittlere–innere, „Heterokarpie"); Blätt. u. Hülle behaart, aber nicht drüsig; ♃; VI–VII. Häfen, Bahnhöfe, Ödland; *z* eingebürgert Be, E, zuw. eingeschleppt W-Dt. (Heimat: O-Mittelmeergebiet) [= *Lagoseris sancta* (L.) Malý]
Hasensalat, Belgischer P., **C. sáncta** (L.) Babcock

— Köpfchenboden kahl; Fr. einheitlich (Ausnahme: *C. pulchra,* Punkt **19**) **5**

5. Pappus reinweiß, weich u. biegsam **11**
— Pappus schmutzigweiß bis gelbl., oft steif u. zerbrechl. . **6**
6. Bltntriebe 1-, selten bis 3köpfig; Blätt. ungeteilt; Köpfchenstiele unterhalb des Köpfchens verdickt; Alpenpfl. **9**
— Bltntriebe stets mehrköpfig; Blätt. ungeteilt od. fiedteilig . **7**
7. Pfl. 5–30 cm hoch; Stgblätt. fiedteilig m. lg., linealem Endabschnitt; Grdblätt. lanzettl., ganzrandig bis entfernt gezähnt; ♃; VI–VIII. Felsschutt, steinige Hänge (1200–2500 m); Alp. (2 ssp.) *Felsen-P.*, **C. jacquínii** TAUSCH

a. Stg. 12–20 cm hoch, mehrköpfig; äußere Grdblätt. entfernt gezähnelt; Hülle ± 10 mm lg., am Grd. verschmälert. *z* Sb, St, OÖ. ssp. **jacquínii**
— Stg. nur bis 10 cm hoch; 1köpfig; äußere Grdblätt. ganzrandig; Hülle ± 12 mm lg., glockig. *z* Dt, Au (*f* St, OÖ). (= *C. kerneri* RECH. f.) ssp. **kérneri** (RECH. f.) MERXM.

— Pfl. 30–120 cm hoch; Stgblätt. ungeteilt, eif.-zugespitzt, am Grd. geöhrt bis stgumfassend **8**
8. Gr. schwärzl.-grün; Hüllblätt. kurz behaart u. drüsig; Fr. 10rippig; ♃; V–VIII. Feuchte Wiesen, Flachmoore, Auwälder (bis 1900 m); *v*, *z* im NW. *Sumpf-P.*, **C. paludósa** (L.) MOENCH
— Gr. gelb (auch getrocknet); Hüllblätt. dicht schwarz rauhhaarig-zottig, aber drüsenlos; Fr. 20–30rippig; ♃; VII–VIII. Grasig-buschige Hänge, Hochstaudenfluren, Krummholzreg.; *s* Gesenke (ČR). *Sibirischer P.*, **C. sibírica** L.
9(6). Stgblätt. fiedteilig m. lg., linealem Endabschnitt; Grdblätt. lanzettl., ganzrandig bis entfernt gezähnt; Pfl. 5–30 cm hoch; Fr. 10–12rippig (s. Punkt **7**) **C. jacquínii** TAUSCH
— Grd.- u. Stgblätt. ungeteilt, nur entfernt bis enger gezähnt; Köpfchenstiele unterhalb des Köpfchens verdickt **10**
10. Pfl. 20–60 cm hoch; Köpfchen 4–5 cm breit; Hüllblätt. braungrünzottig, m. Sternhaaren; Fr. 10rippig; ♃; VI–VIII. Matten, Hochstaudenfluren (1200–2500 m); kalkliebend; *z* Alp. [= *C. montana* (JACQ.) TAUSCH; = *C. pontana* (L.) D. T.] *Berg-P.*, **C. boccóni** SELL
— Pfl. 5–15 cm hoch; Köpfchen 1–2 cm breit; Hüllblätt. gelbl.-zottig, ohne Sternhaare; Fr. 20rippig; ♃; VII. Felsschutt, steinige Hänge (ab 2000 m); *s* NTi. *Rhätischer P.*, **P. rhaetica** HEG.
11(5). Bltntriebe vielköpfig, meist mehrere Laubblätt. tragend (wenn 1–3köpfig, dann Stgblätt. herzf. bis pfeilf. stgumfassend) **14**
— Bltntriebe 1-, selten bis 3köpfig, blattlos od. nur 1–2 kleine bis schuppenf. Blätt. tragend; Alpenpfl. **12**
12. Bltn. orangerot; Hülle u. ob. Teil des Stgs. dicht kurz abstehd. zottig; Blätt. buchtig gezähnt bis schrotsägef., kahl; Fr. 20rippig; ♃; VI–IX. Bergwiesen, steinige Matten (bis 2800 m); *v* Alp., *s* Vorland. *Gold-P.*, **C. aurea** (L.) CASS.
— Bltn. gelb; Fr. 10–13rippig **13**
13. Köpfchenstiel unterhalb des Köpfchens auffällig verdickt u. schwarz-zottig; Pfl. 5–10 cm hoch; Blätt. schrotsägef. bis fiedspaltig; Fr. 4–5 mm lg.; Hüllblätt. dicht schwarzzottig, drüsenlos; Köpfchen bis 5 cm breit; ♃; VII–VIII. Felsschutt (1800–2700 m); kalkstet; *z* Alp., *s* in Dt. *Triglav-P.*, **C. terglouénsis** (JACQ.) KERN.

— Köpfchenstiel unterhalb des Köpfchens nicht auffällig verdickt; Pfl. 10–30 cm hoch; Blätt. ungeteilt, verkehrt-lanzettl. u. gezähnelt bis schwach schrotsägef.; Fr. 6–12 mm lg.; Hüllblätt. sternhaarig grauflaumig u. m. schwarzen drüsenlosen u. drüsigen Haaren; Köpfchen bis 3,5 cm breit; ♃; V–VIII. Trockenwiesen, Schutt, lichte Kiefernwälder (bis 2000 m); kalkstet; *v* Alp., *z* Vorland, Hegau/Alb bis Regensburg. *Voralpen-P.,* **C. alpéstris** (JACQ.) TAUSCH

14(11). Bltntriebe bis zur Spitze beblättert **16**

— Bltntriebe außer der Blattrosette blattlos od. selten noch m. 1 Stgblättchen **15**

15. Köpfchen in lg.gestreckten Trauben od. armköpfigen Rispen; Bltn. hellgelb; Hüllblätt. zerstr. borstig bis flaumig; Pfl. bis 50 cm hoch; ♃; V–VI. Wiesen, Gebüsche, Waldränder (bis 1000 m); *z* Alb, sehr *z* bis *s* im S, nördl. bis SO-Be/Eifel/Frankfurt/Hameln/An/Br/Rügen, *z* Po bis OPr. *Abgebissener P.,* **C. praemórsa** TAUSCH

— Köpfe in Doldenrispen; Bltn. blaßlila, fleischrot, auch weiß (gelbe Formen nicht im Gebiet!); Hüllblätt. nur am Grd. flaumig, sonst kahl; Pfl. bis 30 cm hoch; ♃; V–VI. Trockenwiesen, Schuttfluren, Krummholzreg. (bis 1800 m); *s* OTi, S-Kt. [= *C. incarnata* (WULF.) TAUSCH] *Frölichs P.,* **C. froelichiána** DC.

16(14). Pfl. ⊙–⊙, m. weißl.-spindeligen Wurzeln; Fr. 10–13rippig; Hüllblätt. kahl od. borstig behaart **19**

— Pfl. ♃; m. dunklem, kräftigem Rhizom; Pfl. 25–70 cm hoch; Fr. 20rippig, Hüllblätt. lg. behaart od. schwarz-drüsig . . **17**

17. Gr. schwärzl.-grün; unt. Stgblätt. längl.-eif., die ob. lanzettl., alle seicht entfernt gezähnt, die ob. m. abgerundetem od. herzf. Grd. geöhrt bis stgumfassend; Hülle 8–14 mm lg., äußere Hüllblätt. deutl. kürzer als die inneren; Stg. entfernt beblättert; ♃; VI–VIII. Feuchte Wiesen, Flachmoore, Ufer (bis 2000 m); *v* bis *s,* westl. bis zum Rhein, nördl. bis Sauerland/Harz/Sa/Schl/OPr, *f* N-BW, S-He, OTi, Kt. [incl. *C. succisaefolia* (ALL.) TAUSCH]
Weicher P., **C. móllis** (JACQ.) ASCH.

— Gr. gelb; Stgblätt. m. pfeilf. Grd. sitzend; Hülle meist länger als 14 mm **18**

18. Bltn. gold- bis orangegelb; Hülle 16–20 mm lg.; äußere Hüllblätt. viel kürzer als innere; Köpfchenstiele an der Spitze verdickt; flaumig-zottige Behaarung der Blätt., Köpfchenstiele u. Hüllblätt. m. Drüsenhaaren; Innenseite der Hüllblätt. behaart; Stg. entfernt beblättert; ♃; VII–IX. Bergwiesen, sonnige Matten, bes. der subalp. u. alp. Reg. (500–2200 m); kalkmeidend; *z* Alp., in Dt nur Allgäu u. nördl. Garmisch, Sudeten. [= *C. grandiflora* (ALL.) TAUSCH]
Großköpfiger P., **C. conyzifólia** (GOUAN) KERN.

— Bltn. goldgelb; Hülle 13–17 mm lg.; Hüllblätt. ± gleichlg.; Köpfchenstiele an der Spitze nicht verdickt; flaumig-zottige Behaarung der Blätt., Köpfchenstiele u. Hüllblätt. ohne Drüsenhaare; Innenseite der Hüllblätt. kahl; Stg. bis oben hin dicht beblättert; ♃; VI–VIII. Hochstaudenfluren, Bergwiesen, Krummholzreg. (800–2200 m); kalkliebend; *v* Alp., *s* Feldberg (S-Schw.), Hoch-Vog. [= *C. blattarioides* (L.) VILL.] *Schabenkraut-P.,* **C. pyrenáica** (L.) GREUT.

19(16). Stg. im unt. Teil drüsig-klebrig, ob. Stghälfte kahl; Köpfchenstiele kahl; Köpfchen 15–20 mm breit; Hülle 5–8 mm lg., kahl; innere Hüllblätt. zur Frzeit m. knorpelig verdicktem Mittelnerv; ⨀; V–VII. Sonnige, buschige Hänge, Wegränder; *s* im Gebiet von Rhein (S-ObRhein, Bingen, Koblenz), b. Würzburg, ob. Mosel, M-Neckar. *Glanz-P.*, **C. púlchra** L.

— Stg. allenfalls im Bereich der Infl. etwas drüsig klebrig; innere Hüllblätt. zur Frzeit unverdickt, ± behaart **20**

20. Gr. schwärzl.-grün bis braun-grün **22**

— Gr. gelb **21**

21. Innere Hüllblätt. auf der Innenseite kahl; Stgblätt. m. pfeilf. Grd. sitzend, ihre Sägezähne aufw. gerichtet; Köpfchen 10–15 mm breit, ihre äußeren Bltn. unterststs. rötl. überlaufen; Fr. (ohne Pappus) 2 mm lg.; ⨀; VI–VII. Brachäcker, Weiden, Wegränder (bis 1300 m); *v.* (= *C. virens* L.) *Grüner P.*, **C. capilláris** (L.) WALLR.

— Innere Hüllblätt. auf der Innenseite anlgd. seidenhaarig (Lupe!); Stgblätt. am Grd. verschmälert od. höchstens angedeutet pfeilf., ihre Sägezähne abw. gerichtet; Köpfchen 25–35 mm breit; Fr. 5–8 mm lg.; ⨀; V–IX. Fettwiesen, buschige Hänge, Äcker (bis 1500 m); *v* im S u. M-Gebiet, *z* im N. *Wiesen-P.*, **C. biénnis** L.

22(20). Innere Hüllblätt. auf der Innenseite kahl; Stg. kaum verzweigt, borstig-rauh; Stgblätt. am Rand nicht nach unten eingerollt, m. zahlr. Sägezähnen; Pfl. 30–90 cm hoch; ⨀; V–VI. Düngewiesen, Äcker; *z* bes. im SW, u. unbeständig. (Heimat: S-Eur.) *Franzosen-P.*, **C. nicaeénsis** BALB.

— Innere Hüllblätt. auf der Innenseite anlgd. seidenhaarig (Lupe!); Stg. ± reich verzweigt, flaumig behaart bis kahl; Stgblätt. am Rand nach unten eingerollt, m. nur wenigen Sägezähnen; Pfl. 10–60 cm hoch; ⨀; VI–X. Heiden, Sandfelder, Brachäcker, Schuttplätze (bis 1300 m); *z* im NW, O u. W, sonst *s*, stellenw. *f*.
Dach-P., **C. tectórum** L.

84. Prenánthes L., *Hasenlattich*

Blätt. kahl, blaugrün, die ob. sitzend, m. herzf. Grd. stgumfassend; Köpfchen in lockerer Rispe, Seitenäste überhgd.; ♃; VII–IX. Hochstaudenfluren, schattige Wälder, bes. der mont. Reg. (bis 2000 m); *v* bis *z* Alp., E, BW, S- u. NO-Ba, Pf, nördl. bis Mosel/Lahn/Spessart/Rhön/Thw./Sa/Schl. **P. purpúrea** L.

85. Tólpis ADANS., *Grasnelkenhabichtskraut*

Infl.stiele meist 1köpfig; Grdblätt. stielart. verschmälert, lineal-lanzettl., entfernt gezähnelt, kahl od. behaart, blaugrün; Hülle haar- u. drüsenlos, aber mehlig blaugrün bereift; Bltn. hell-schwefelgelb; Fr. mattbraun, 4 mm lg.; Pfl. bis 40 cm hoch, m. unterirdischen Ausläufern; ♃; VII–IX. Bachgeröll, Moränen, Felsen (bis 2200 m); kalkliebend; *z* Alp. u. Voralp. (in den Tälern nördl. bis Memmingen, Augsburg, München, Passau). (= *Hieracium staticifolium* ALL.)
T. staticifólia (ALL.) SCHULTZ-BIP.

86. Hierácium L. (incl. **Pilosélla** HILL), *Habichtskraut*[1]

1. Fr. 1,5–2(–3,5) mm lg., ihre 10 Rippen gezähnt (d. h. jede Rippe in einen kurzen, zahnart. Vorsprung endigend, *1049*); Pfl. häufig m. Ausläufern (3 Ausnahmen); Pappus 1reihig, m. gleich lg. Haaren; Blätt. ganzrandig bis entf. u. schwach gezähnt, selten m. tieferer Blattkontur, ohne deutl. Stiel; Stg. wenigblättrig . . . . . Untergattung: **Pilosélla** FR., 608

— Fr. (1,5–)3–5 mm lg., ihre 10 Rippen zahnlos (d. h. an der Spitze in einen ringf. Wulst verschmelzend, *1050*); Pfl. ohne Ausläufer; Pappus 2reihig, m. kürzeren u. längeren Haaren; Blätt. meist deutl. gezähnt u. m. deutl. Stiel; Stg. wenig- od. reichblättrig . . . . . . Untergattung: **Hierácium**, 610

Untergattung: **Pilosélla** FR., *Mausohr-Habichtskräuter*

1. Stg. beblättert; Bltnköpfe 2 bis zahlr., rispig od. doldig; Ausläufer vorhanden, kurz od. lg. **4**

— Stg. blattlos, 1köpfig; Blattunterseite ± graufilzig; Ausläufer nicht immer vorhanden; äußere Bltn. unterst. oft rötl. . . **2**

2. Hüllblätt. 1–2 mm breit, spitzl., m. Drüsenhaaren; Ausläufer verlängert, dünn, m. entfernten, zur Spitze hin kleiner werdenden Blätt.; Blattunterseite grüngrau-weißfilzig; ♃; V–X. Trockene Weiden, Heiden, Felsspalten, Waldlichtungen (bis 3000 m); überall *v.* (50 Sippen) *Mausohr, Kleines H., Langhaariges H.,* **H. pilosélla** L.

— Hüllblätt. 1,5–4 mm breit; Ausläufer kurz, dick, m. genäherten, großen Laubblätt.; Hülle 10–14 mm lg.; Ausläufer u. Blätt. reichl. weißhaarig; Stg. oberw. neben anderen Haaren auch drüsig **3**

3. Hüllblätt. eif., abgerundet od. stumpfl., dachziegelig; Hülle u. Schaft wenig behaart (Haare vor allem einfach, oberw. auch wenige Drüsenhaare); ♃; V–VIII. Wiesen, lichtes Gebüsch (1000–2800 m); *v* Alp., *z* Voralp., bis zur Donau. (5 Sippen)
Hoppes H., **H. hoppeánum** SCHULT.

---

[1] *Hieracium* ist eine der formenreichsten Gattungen des Pflanzenreichs. Sie ist in der heimischen Vegetation mit 2 Untergattungen vertreten, die neben ihren „Haupt"- u. „Zwischen"arten eine Unzahl von Unterarten, Varietäten u. Formen umfassen, deren Bestimmung ein jahrelanges Spezialstudium erfordert u. die noch dadurch erschwert wird, daß die einzelnen Arten leicht zur Bastardbildung neigen. Dem liegt vor allem eine weitgehend asexuelle Vermehrung (sog. Apomixis, Aposporie) zugrunde, die bei den Arten der Untergattung *Hieracium* fast durchgehend stattfindet, während es innerhalb der Untergattung *Pilosella* noch verhältnismäßig häufig zur sexuellen Fortpflanzung kommt. Die mittlerweile recht umfangreichen cytogenetischen Kenntnisse innerhalb der Gattung decken sich leider in vielen Fällen nicht mehr mit der im wesentlichen nach 1920 geprägten Nomenklatur. In der folg. Tabelle sind nur die Hauptarten aufgeführt. Nur solche Pflanzen lassen sich daher nach ihr eindeutig bestimmen, die in ihren Merkmalen dem „Typus" einer dieser Hauptarten entsprechen. Der Formenreichtum der Hauptarten sei damit angedeutet, daß die jeweils zu ihnen gehörenden „Sippen" als Anzahl der in Deutschland vorkommenden „Zwischenarten" (Klein- u. Unterarten) angegeben wird (nach H. REICHENBACH u. W. LEMKE, ergänzt durch S. BRÄUTIGAM). Die Zwischenarten stehen in der Regel morphologisch zwischen 2 Arten u. sind wohl meistenteils hybridogenen Ursprungs.
Eine konzentrierte Übersicht der Hieracien-Problematik (einschl. Literatur) findet sich durch G. GOTTSCHLICH in HEGI, Bd. VI/4, S. 1437–1442 (s. Literaturverzeichnis).

— Hüllblätt. aus breiter Basis scharf zugespitzt, gleich dem Stg. weißseidig behaart (Haarbesatz m. zahlr. Sternhaaren, oberw. m. zahlr. Drüsenhaaren); ♃; V–VIII. Sandige od. steinige, trockene Orte; *s* E, S-Schw., RhPf, S-Th, S-SaAn, Sa, b. Regensburg (Ba). (2 Sippen) *Peletiers H.,* **H. peleteriánum** Mér.

4(1). Bltn. orangerot bis rotbraun; Bltntriebe 2- bis vielköpfig, m. 1–4 Blätt., 7–10 mm lg.; Hüllblätt. stumpfl.; Pfl. 20–50 cm hoch, reichl. behaart, oberw. reich m. schwarzen Drüsenhaaren; Köpfchen 2–12; ♃; VI–VIII. Bergwiesen, Weiden; *z* Alp. u. Vorland (900–2600 m); *z* im N, M-Gebiet u. Alp., sonst *s,* aber vielfach (*v* bis *z*) aus Kultur verwild., stellenw. eingebürgert. (10 Sippen) *Orangerotes H.,* **H. aurantíacum** L.

— Bltn. gelb, allenfalls äußere unterst. rötl. **5**

5. Stg. meist > 25 cm, bis 80 cm hoch, 1- bis mehrblättrig; Köpfchen zahlr. **7**

— Stg. < 25 cm hoch, meist 1blättrig; Köpfchen zu 2–7; Grdblätt. spatelig bis lineal, blaugrün **6**

6. Blätt. spatelig, ohne Sternhaare, ± blaugrün, glzd.; Ausläufer verlängert; Köpfchen zu 2–5; Hüllblätt. weißl. berandet; Stg. oberw. kurzdrüsig; ♃; V–VIII. Feuchte, grasige Orte, Heiden, Flachmoore (bis 2600 m); *v* bis *z* im S, *z* bis *s* im N. (= *H. auricula* Lam. & DC.) *Öhrchen-H.,* **H. lactucélla** Wallr.

— Blätt. lineal-lanzettl., dickl., unterst. u. am Rand ± sternhaarig; Ausläufer fehlend od. sehr kurz; Köpfchen zu 2–7; Hüllblätt. dk., ohne Rand; Stg. oberw. lg. absthd. behaart; ♃; VII–VIII. Kurzgrasige Matten (1800–2600 m); *s* Allgäu (nur östl. Oberstdorf), *z* Au. (= *H. glaciale* Reyn.) *Gletscher-H.,* **H. angustifólium** Hoppe

7(5). Stg. m. 5–20, allmähl. kleiner werdenden Blätt.; Köpfchen zu 10–30, trugdoldig; Blätt. graugrün, derb bis dickl.; Hüllblätt. u. Köpfchenstiele durch Sternhaare filzig, ohne Drüsenhaare; Blätt. u. Stg. zusätzl. absthd. borstenhaarig; Pfl. ohne Ausläufer; ♃; VII–VIII. Sonnige Hügel, Dünen, lichte Nadelwälder; *z* im O, *s* westl. bis O-Me, Br, Harz, Th, Sa; in W-Dt nur Zwischenarten. (4 Sippen) *Natternkopfblättriges H.,* **H. echioídes** Lumn.

— Stg. 1–4(–6)blättrig **8**

8. Blätt. längl.-lanzettl. od. lineal, ± derb, blaugrün, kaum sternhaarig **10**

— Blätt. elliptisch-längl. od. lanzettl., ± weich, gras- bis gelbl.-grün **9**

9. Blätt. gelbl.-grün, unterst. außer m. längeren Borstenhaaren auch m. Sternhaaren; Stgblätt. 1–4; Köpfchen zu 20–50 in Trugdolden; Stg. markig, nur bis 2 mm lg. behaart; Ausläufer meist fehlend; ♃; V–VIII. Triften, Gebüsch; *z,* im W seltener, hier nördl. bis M-Rhein (*f* Vb, E). (8 Sippen) *Trugdoldiges H.,* **H. cymósum** L.

— Blätt. grün, unterst. spärl. sternhaarig, oberst. wie der leicht zusammendrückbare, hohle Stg. dunkelborstig; Stgblätt. 2–3; Stg. 3–4 mm lg. behaart, bes. an der Basis; Pfl. m. unter- od. oberirdischen Ausläufern; ♃; V–VIII. Halbtrockenrasen, grasige, feuchte Orte (bis 1200 m); *z.* (11 Sippen) (= *H. pratense* Tausch) *Wiesen-H.,* **H. caespitósum** Dum.

10(8). Ausläufer fehlend; Stiele der Köpfchen u. Hüllblätt. weich drüsenhaarig; ♃; V–VIII. Grasige, steinige Orte (bis 2200 m); *z, s* bis *f* im N. (45 Sippen) (= *H. florentinum* ALL.)
Florentiner H., **H. piloselloídes** VILL.

— Ausläufer vorhanden, lg. u. dünn; Köpfchen u. Hülle meist ohne Drüsenhaare; ♃; V–VII. Weiden, Triften; *s* im S u. M-Gebiet, *f* E, Ho. (36 Sippen) *Bauhins H.*, **H. bauhínii** SCHULT.

Untergattung: **Hierácium**, *Echte Habichtskräuter*

1. Hüllblätt. fast 2reihig, stumpf, schwarzgrün; Blätt. längl.-lanzettl., in den Stiel verschmälert, spärl. behaart, blaugrün; ♃; VII–IX. Triften, Krummholzreg.; *s* Ti, Sb, Gesenke.
G *Zerstreutköpfiges H.*, **H. spársum** FRIV.

— Hüllblätt. mehrreihig, ± dachig **2**

2. Grdblätt. z. Bltzt. fehlend; Stgblätt. 10 u. mehr **18**

— Grdblätt. z. Bltzt. vorhanden; Stgblätt. bis 10 . . . . . . **3**

3. Blätt. u. ganze Pfl. drüsenhaarig **16**

— Blätt. drüsenlos, aber m. Borstenhaaren; Pfl. wenigstens im unt. Teil drüsenlos (s. aber *H. schmidtii,* Punkt **11**) . . . **4**

4. Hüllblätt. unregelmäßig dachig, wenigreihig, die äußeren kurz, nicht allmähl. in die gleichlangen inneren übergehend **11**

— Hüllblätt. regelmäßig dachziegelig angeordnet, die äußeren allmähl. in die inneren übergehend; Gebirgspfl. . . **5**

5. Zungenbltn. an ihrer Spitze behaart; Köpfchenstiele u. Hüllblätt. schwarzdrüsig; Blätt. längl.-lanzettl., fast ganzrandig, rauh behaart; ♃; VII–VIII. Steinige Triften, Schuttflur; *s* S-Vog. (oberhalb 1300 m). *Vogesen-H.*, **H. vogesíacum** (KIRSCHL.) FR.

— Zungenbltn. an ihrer Spitze kahl **6**

6. Äußere Hüllblätt. lg. u. fein zugespitzt, dicht u. lg.zottig; ganze Pfl. lg.- u. weichhaarig **9**

— Äußere Hüllblätt. stumpf, nicht od. schwach behaart; ganze Pfl. kahl od. nur einzelne Teile schwach behaart; Blätt. blaugrün **7**

7. Rosettenblätt. deutl. gestielt, lanzettl., bläul.-grün, gezähnt; Stgblätt. 2–6; Hülle 8–12 mm lg.; Stiele der seitl. Köpfchen ausw. aufstgd., dadurch Infl.bereich sparrig; Infl. 4–8köpfig; ♃; VII–IX. Steinige Triften, Geröll (bis 2000 m); *z* Alp., *s* Vorland (ob. Lech u. Isar). (7 Sippen) *Blaugrünes H.*, **H. glaúcum** ALL.

— Rosettenblätt. ungestielt, fast ganzrandig, blaugrün; Stgblätt. zahlr. (mehr als 5), nach oben allmähl. kleiner werdend **8**

8. Fr. rotbraun bis schwarz; Blätt. lanzettl.; Hülle deutl. vom Köpfchenstiel abgesetzt, länger als 12 mm; Stiele der seitl. Köpfchen aufrecht weisend, dadurch Infl.bereich gedrungen; ♃; VII–VIII. Geröll, Felsen, buschige Hänge (bis 2400 m); kalkstet; *z* Alp. u. Vorland, *s* SchwAlb, FrSchweiz. (6 Sippen)
Hasenohr-H., **H. bupleuroídes** GMEL.

— Fr. strohfarben; Blätt. lineal od. schmaler; Hülle allmähl. in d. Köpfchenstiel übergehend, kürzer als 12 mm; Stiele der seitl.

Köpfchen gebogen ausw. weisend, dadurch Infl. sparrig erscheinend; ♃; VII–IX. Steinige Triften, Felsen (bis 2000 m); *z* Kt, St, OÖ.
Lauchblättriges H., **H. porrifólium** L.

9(6). Stg. blattlos od. 1blättrig, fast immer 1köpfig; Hüllblätt. schmal, ebenso wie die Blätt. sehr lg. behaart; ♃; VII–VIII. Steinige Matten, Moränen (1700–2500 m); *z* Alp., *s* in Dt (nur Allgäu u. Berchtesgaden). (3 Sippen) (= *H. glanduliferum* HOPPE)
Haartragendes H., **H. pilíferum** HOPPE em. HAY.

— Stg. mehrblättrig, 1- bis wenigköpfig; Hülle 12–18 mm lg. **10**

10. Äußere Hüllblätt. längl.-lanzettl., blattartig, grün, absthd., innere lineal, lg. zugespitzt, oft dk.; Stgblätt. 4–8; Stg. 2–4köpfig; ♃; VII–VIII. Felsen, grasige Abhänge (1300–2500 m); kalkliebend; *z* Alp., *s* Gesenke. (7 Sippen) *Zottiges H.,* **H. villósum** JACQ.

— Alle Hüllblätt. gleich gestaltet, lineal-lanzettl., die äußeren anlgd., nicht blattartig; Stgblätt. 3–6; Stg. 1–3köpfig; ♃; VII–VIII. Felsspalten, steinige Matten; *z* Alp., *s* Gesenke. (5 Sippen) (= *H. morisianum* RCHB. f.) *Wollköpfiges H.,* **H. pilósum** SCHLEICH. ex FROEL.

11(4). Blätt. obersts., bes. am Rand, borstenhaarig, m. zerstreuten, winzigen Drüsenhaaren, blaugrün; Stgblätt. 0–1; Grdblätt. deutl. gestielt; Stg. 2–12köpfig; Zungenbltn. an der Spitze meist gewimpert; Köpfchenstiele drüsig; Stg. oberw. u. z. T. tief herab ± drüsig; Gr. gelb; ♃; V–VII. Felsen, Geröll; *z* Alp., sonst seltener, nördl. bis Eifel/Harz/Me. (18 Sippen) (= *H. pallidum* BIV.)
Blasses H., **H. schmídtii** TAUSCH

— Blätt. ± weich kraushaarig, ohne Drüsenhaare, hell- bis dk.-, selten blaugrün *(H. caesium);* Gr. oft dunkel **12**

12. Bltnstand gedrängt bis lockerrispig, gleich der Hülle reichdrüsig, aber nicht od. nur schwach behaart; Blätt. ungefleckt **14**

— Bltnstand armköpfig, gleich der Hülle meist drüsenlos, ± reichbehaart, oft dicht sternhaarig (flockig); Blätt. zuw. gefleckt **13**

13. Stgblätt. 0–2; Stg. 4–8köpfig; Rosettenblätt. breit-eif., buchtig gezähnt bis fiedschnittig, deutl. gestielt; ♃; VI–VIII. Felsen, Geröll, Bergwiesen (bis 2500 m); kalkliebend; *v* Alp., Vorland, Alb, Fr. Schweiz, Harz/Th/Sa. (41 Sippen)
Zweigabeliges H., **H. bífidum** KIT.

— Stgblätt. 2–8, Stg 1–4köpfig; Blätt. breit-lanzettl., gezähnt, zugespitzt, blaugrün, meist dk. gefleckt, höchstens kurz gestielt, am Rand behaart; ♃; VI–VIII. Wie vorige; *z* Alp. u. Vorland, *s* SchwAlb u. Harz bis Sudeten. (25 Sippen) *Blaugraues H.,* **H. caesium** FR.

14(12). Rosettenblätt. zahlr. (mehr als 12), sehr dicht kurz behaart, allmähl. in den Stiel verschmälert; Hüllblätt. grünl., ohne (drüsenlose) Haare; ♃; VI–VIII. Lichte Wälder; *s* St.
Siebenbürger H., **H. transsilvánicum** HEUFF.

— Rosettenblätt. meist nur 5–6, geringer behaart, oft nur am Rand, auf d. Rückennerv. od. Stiel; Hüllblätt. meist schwärzl., meist m. (drüsenlosen) Haaren **15**

15. Stgblätt. 0–1; Grdblätt. längl.-eif., ± gestielt; Spreitengrd. grob bis eingeschnitten gezähnt, oft m. 1–2 großen, rückw. gerichteten Zähnen, graugrün, ungefleckt; Hüllblätt. an der Spitze ohne Wimperbüschelchen; ♃; V–VI. Waldränder, Gebüsch, Matten (bis 2100 m); *v*, im N *z*. (120 Sippen) [= *H. murorum* L. p. p. (= L. em. HUDS.)] *Wald-H.*, **H. sylváticum** (L.) GRUFB.

— Stgblätt. 3–5; Grdblätt. breit längl.-lanzettl., beidendig zugespitzt, in den Stiel verschmälert, ± gesägt-gezähnt, dkgrün, untersts. oft rötl., am Rand behaart; Hüllblätt. an der Spitze fein pinself. gewimpert; ♃; VI–VII. Wälder, Gebüsche (bis 1900 m); *v* bis *z*. (120 Sippen) (= *H. vulgatum* FR.) *Gemeines H.*, **H. lachenálii** GMEL.

16(3). Ganze Pfl. dicht klebrig-drüsig, sonst schwach behaart bis kahl; Stgblätt. 3–6, eif., m. geöhrtem od. herzf. Grd. stgumfassend-sitzend; Stg. reichästig, 2–12köpfig; Hülle meist kahl; Zungenbltn. an der Spitze gewimpert; ♃; VI–VIII. Felsen, steinige Weiden (bis 2000 m); *z* Alp., *s* SO-Schw., sonst zuw. als Zierpfl. u. verwild. (Mauern, z. B. Th, SaAn, unt. Neckar). (4 Sippen) (Wenn Bltn. nur blaßgelb u. ihre Zungen an ihrer Spitze unbehaart, → *H. intybaceum*, Punkt **18**.) [G] *Stengelumfassendes H.*, **H. amplexicaúle** L.

— Pfl. reichdrüsig u. behaart, aber nicht klebrig; Hülle behaart; Stgblätt. 1–4; Stg. 1- bis wenigköpfig **17**

17. Blätt. eif., tief buchtig gezähnt, Grdblätt. zuw. fast fiedteilig; Stg. vom Grd. an gabelästig, 2–4blättrig, 2–8köpfig; Zungenbltn. an der Spitze nicht gewimpert; ♃; VI–VIII. Kalkfelsen (bis 2200 m); *z* Alp. (östl. bis Isar), SchwAlb, *s* S-Schw., Vog. *Niedriges H.*, **H. húmile** JACQ.

— Blätt. eif.-lanzettl., ganzrandig bis schwach gezähnt; Stg. einfach od. wenig gabelästig, 1–3köpfig; Stgblätt. 0–1(–2); Zungenbltn. an der Spitze behaart; ♃; VII–VIII. Magermatten, Zwergstrauchheiden; *z* Alp. (1500–2700 m); *s* Vog., Harz, Sudeten. (3 Sippen) *Alpen-H.*, **H. alpínum** L.

18(2). Ganze Pfl. dicht klebrig-drüsig, sonst unbehaart; Blätt. längl.-lanzettl., weich, unregelmäßig gezähnelt, am Rand gewellt; Stg. dick, gefurcht, 5–30 cm hoch, 1–3köpfig; Hülle kugelig, bis 18 mm; Bltn. blaßgelb, ihre Zungen an der Spitze kahl; ♃; VII–IX. Schutthalden, steinige Weiden; kalkmeidend; *z* Au (1700–2300 m), *s* Allgäu, Hoch-Vog. (Wenn Bltn. reingelb u. ihre Zungen an der Spitze gewimpert, → *H. amplexicaule*, Punkt **16**.) *Endivienartiges H.*, **H. intybáceum** ALL.

— Pfl. nicht klebrig-drüsig (jedoch ± reichl. behaart), höchstens der Bltnstand etwas drüsig; Stg. schlank; Stgblätt. meist behaart; Pfl. selten < 30 cm, bis über meterhoch . **19**

19. Hülle u. Bltnstand drüsig; mittl. Stgblätt. breit-eif.-lanzettl., m. herzf. Grd. stgumfassend, untersts. netzadrig; Stg. hohl, dicht u. reichl. beblätt.; Zungenbltn. an der Spitze bewimpert; ♃; VII–VIII. Felsige Abhänge, Wiesen, Krummholzreg. (1200–2200 m); *z* Alp. (in Dt *s*), *s* S-Schw., Hoch-Vog., Sudeten. (8 Sippen) *Hasenlattich-H.*, **H. prenanthoídes** VILL.

— Hülle u. Bltnstand drüsenlos od. armdrüsig; Stgblätt. am Grd. verschmälert, höchstens m. schwach stgumfassendem Grd. sitzend, zuw. gestielt; Zungenbltn. an der Spitze nicht gewimpert **20**

20. Pfl. außer den 10–15 Stgblätt. noch m. 1–2 Grdblätt.; Stgblätt. eilanzettl., buchtig gezähnt, entfernt stehend; Hüllblätt. meist unre-

gelmäßig dachig, die inneren spitz, nicht zurückgebogen, spärl. drüsig, bleichrandig; ♃; VI–VIII. Gebüsch, Waldränder, Bergwiesen, Moore (bis 1600 m); *v,* stellenw. nur *z.* (75 Sippen)
Glattes H., **H. laevigátum** WILLD.

— Pfl. vollständig ohne Grdblätt.; Stgblätt. bis über 50; Hüllblätt. regelmäßig dachig, alle stumpf, drüsenlos od. spärl. drüsig **21**

21. Hüllblätt. an der Spitze absthd., zurückgebogen, drüsenlos; Blätt. lineal-lanzettl., am Rand oft zurückgerollt; Köpfchen in Dolden; Gr. meist gelb; ♃; VII–X. Wiesen, Heiden, Dünen, Gebüsch (bis 1200 m); *v,* stellenw. nur *z.* (4 Sippen) *Dolden-H.,* **H. umbellátum** L.

— Hüllblätt. an der Spitze nicht zurückgebogen, meist drüsig; Blätt. breiter; Köpfchen nicht in Dolden; Griffel meist dk. **22**

22. Stgblätt. ± gleichmäßig verteilt, eif.-lanzettl., nur stielart. verschmälert, grob gesägt bis gezähnt; Hüllblätt. schwarz, meist haar- u. drüsenlos; seitl. Köpfchen lg. gestielt, gebogen aufw. weisend; Fr. braun bis schwarz; ♃; VIII–X. Waldränder, Sand- u. Heideböden (bis 800 m); *v, z* bis *s* im NW. (24 Sippen) (= *H. silvestre* TAUSCH) *Savoyer H.,* **H. sabáudum** L.

— Blätt. am Grd. des Stg. od. in dessen Mitte oft dichtgedrängt, eine Scheinrosette bildend, längl.-lanzettl., rasch in den Stiel verschmälert, schwach gezähnelt; Hüllblätt. grünl., meist behaart u. m. Drüsen; seitl. Köpfchen sehr kurz gestielt; Fr. ledergelb bis braun; ♃; VII–X. Lichte Wälder bis mont. Reg.; *z* Au (*f* OÖ), *s* Schl, Br, SaAn. (2 Sippen) *Traubiges H.,* **H. racemósum** W. & K.

2. Klasse: **Monocotyledóneae** *(= Liliopsidae), Einkeimblättrige Pflanzen*

Unterklasse: **Alismatídae,** *Froschlöffelähnliche*

Ordnung: **Alismatáles**

Familie: **Alismatáceae,** *Froschlöffelgewächse*

Sumpf- u. Wasserpfl., m. grdst., oft flutenden od. schwimmenden Blätt.; Bltn. in doldenart. od. quirligen Infl., radiär, ⚥, selten eingschl. *(Sagittaria);* Bltnhülle doppelt (m. K. u. Blkr.), 3zählig; Stbblätt. 6 bis viele; Frblätt. 3 bis viele, frei (apokarp); Samen wandständig (laminal).

1. Luftblätt. gestielt, pfeilf. *(57);* Wasserblätt. lineal, sitzend; Bltn. eingschl., 1häusig, die ob. ♀, die unt. ♂; Stbblätt. zahlr. . . . . **Sagittaria,** 615
— Blätt. nie pfeilf.; Bltn. ⚥; Stbblätt. 6 . . . . **2**
2. Fr. zahlr., der gewölbten Bltnachse aufsitzend (ähnl. *Ranunculus*); Bltnstand doldig . . . . **Baldellia,** 615
— Fr. ± kreisf. angeordnet, flacher Bltnachse aufsitzend **3**
3. Stg. am Grd. m. lg. bandf. bis kürzeren, linealen, flutenden, oberw. m. lg.-gestielten, (herzf. bis) längl.-elliptischen Schwimmblätt., zuw. nur m. einer Blattform; Bltn. achselst., weiß, einzeln . . . . **Luronium,** 615
— Stg. nur am Grd. beblätt.; Bltn. in endst., quirligen Rispen od. Trauben **4**
4. Blattspr. am Grd. tief herzf., stumpf; Bltn. weiß **Caldesia,** 615
— Blattspr. in den Stiel verschmälert od. abgerundet, zugespitzt; zuw. nur m. lg.bandf., flutenden Blätt.; Bltn. rötl. od. weiß . . . . **Alisma,** 614

1. Alísma L., *Froschlöffel*
Auch als Gesamtart *A. plantago-aquatica* m. 3 ssp. angesehen.

1. Gr. kürzer als der Frkn., hakig, ausw. gekrümmt; reife Fr. m. 2 Rükkenfurchen; Antheren rundl.; Blätt. fast ausschließl. flutend, lg.bandf.; ♃; VI–IX. Seen, Ufer; sehr *s* (*f* Au?, genauere Verbreitung?). (= *A. loeselli* GORSKI) *Grasblättriger F.,* **A. gramíneum** LEJ.
— Gr. länger als der Frkn., fast gerade; reife Fr. m. einer Rükkenfurche; Antheren elliptisch; Blätt. auch bei untergetauchten Pfl. lanzettl. bis eif. **2**
2. Bltn. vormittags geöffnet, Blkrblätt. ab Mittag welkend; Überwasserblätt. eif.-zugespitzt bis fast herzf.; Blkrblätt. intensiv rosa; ♃; VI–IX. Sümpfe, Teiche, Gräben; *v.*
Gemeiner F., **A. plantágo-aquática** L.

— Bltn. nachmittags geöffnet; Überwasserblätt. lanzettl.-zugespitzt, basal gleichmäßig verschmälert; Blkrblätt. weißl. bis rosa; ♃; VI–IX. Seen, Teiche, Ufer; sehr *z*, häufiger nur entlang der Stromtäler u. NW-Ba, in Au nur St, OÖ.
Lanzettblättriger F., **A. lanceolátum** WITH.

2. Caldésia PARL., *Caldesie*
Blkrblätt. weiß; Fr. 8–15, auf dem Rücken m. 3 scharf vorspringenden Nerven; ♃; VII–IX. Seen, Tümpel, Gräben; *s* Me, E, b. Schwandorf/ Naab, Kt, S-St. Ⓖ ! **C. parnassifólia** (BASSI) PARL.

3. Lurónium RAF. (= *Elisma* BUCH.), *Froschkraut*
Pfl. flutend; Blätt. lineal; Bltnstand m. laubigen Tragblätt., 1- bis wenigbltg., schwimmend; Blkrblätt. weiß; Fr. 6–12, 12–15rippig, durch den Gr. bespitzt; ♃; V–IX. Stehende Gewässer; *z* NW-Dt, Ho, Be, *s* Da, SH, sonst nur je 1 Fundort Hohes Venn, Ts, E, Fichtgeb.
[G] **L. nátans** (L.) RAF.

4. Baldéllia PARL., *Igelschlauch*
Blätt. lg.gestielt, lanzettl., 3–5nervig; Bltn. weiß bis schwach rosa (ähnl. *Alisma*); Fr. 5kantig, m. hakigem Gr.; ♃; VI–VIII. Ufer, Gräben, Seen; *z* NW-Dt (südl. bis Dortmund), Ho, Be, *s* Me, Br, N-An. (2 Sippen) [= *Echinodorus ranunculoides* (L.) ENGELM.]
B. ranunculoídes (L.) PARL.

5. Sagittária L., *Pfeilkraut*
1. Fr. m. kurzem, aufrechtem Schnabel an der Spitze; innere Perigonblätt. weiß, m. Purpurfleck an der Basis; Antheren purpurn; Mittelzipfel des Blatts in der Mitte bis 2 cm breit; ♃; VI–VIII. Stehende u. langsam fließende Gewässer; *v* bis *z* N-Dt, Da, Ho, Be, N-Ba, sonst *z* bis *s*, in Au nur Vb, St, OÖ.
[G] *Echtes Pf.*, **S. sagittifólia** L.
— Fr. m. verlängertem, horizontalem, rückenst. Schnabel; innere Perigonblätt. weiß, ohne Purpurfleck; Antheren gelb; Mittelzipfel des Blatts in der Mitte bis 4 cm breit; ♃; VI–VIII. Wie vorige, doch mehr Trockenheit vertragend; des öfteren eingeschleppt u. zuw. eingebürgert (z. B. Ho, Hochrhein u. Oberrhein).
Breitblättriges Pf., **S. latifólia** WILLD.

Familie: **Butomáceae**, *Schwanenblumengewächse*

Sumpf- u. Wasserpfl.; Bltn. radiär; Perigonblätt. 3 + 3; Stbblätt. 6 + 3; Frblätt. 6, apokarp, m. laminaler Plazentation.

Bútomus L., *Schwanenblume*
Blätt. in grdst. Rosette, bis 1 m lg., 10 mm breit; Infl.stiel rund, bis 1,5 m hoch; Bltn. in Dolden, rosa, dk.geadert; ♃; VI–VIII. Stehende, langsam fließende Gewässer; *v* bis *z*, in Au nur St, OÖ, Kt?
[G] **B. umbellátus** L.

Ordnung: **Hydrocharitáles**

Familie: **Hydrocharitáceae,** *Froschbißgewächse*

Untergetauchte od. schwimmende Wasserpfl.; Bltn. od. Bltnstände vor der Entfaltung in eine aus 1 od. 2 Hochblätt. gebildete Hülle (= Spatha, *157*) eingeschlossen; Bltn. eingschl., radiär, m. doppelter Bltnhülle; Stbblätt. 3–15; Frblätt. 2–15, frei, aber durch becherf. vertiefte Bltnachse miteinander vereinigt.

1. Blätt. lg.gestielt, schwimmend, kreisrund, am Grd. tief herzf., m. Nebenblätt. (Gegensatz zu *Nymphoides,* S. 437); Pfl. m. Ausläufern . . . . **Hydrocharis,** 617
— Blätt. sitzend, untergetaucht, lineal bis längl. **2**
2. Blätt. quirlig od. dicht wechselst., bis 3 cm lg.; Stg. verlängert **4**
— Blätt. rosettenf., bis 40 cm lg.; Pfl. m. Ausläufern **3**
3. Pfl. frei schwimmend; Blätt. breit-lineal, steif, stachelig gezähnt . . . . **Stratiotes,** 617
— Pfl. im Schlamm wurzelnd; Blätt. lg.bandf., weich, flutend, nur an der Spitze gezähnelt . . . . **Vallisneria,** 617
4(2). Blätt. wechselst., dichtsthd., glattrandig **Lagarosiphon,** 617
— Blätt. in 3–6zähligen Quirlen, nicht glattrandig **5**
5. Blätt. in 5–6zähligen Quirlen, alle fein stachelspitzig gezähnt, am Grd. m. 2 Schüppchen; Bltn. 1häusig **Hydrilla,** 616
— Blätt. in 3–4zähligen Quirlen, fein gesägt; Bltn. 2häusig **Elodea,** 616

1. Hydrílla Rich., *Grundnessel*

Stgglieder 1–3 cm lg.; Bltn. 1häusig, lg.gestielt, 5 mm im Dm; Blkrblätt. weiß; ♃; VII–VIII. Stehende Gewässer; *s* Br, Po, OPr, Kt. [= *H. lithuanica* (Bess.) Dandy] **H. verticilláta** (L. f.) Royle

2. Elódea Michx. (incl. **Egéria** Planch. u. **Anácharis** L. C. Rich.), *Wasserpest*

1. Blätt. in meist 4zähligen Quirlen, 2 cm lg.; Blkrblätt. weiß, viel länger u. breiter als die Kblätt.; ♂ Bltn. zu 2–3, 10–20 mm im Dm; Pfl. kräftiger als die folg. Arten; ♃; VII–IX. Kanäle, Abwässer; *s* eingebürgert, z. B. Ho, Kt, in Dt vermutl. erloschen. (Heimat: südl. S-Am.; bisher nur ♂ Pfl.) (= *Egeria densa* Planch.) *Dichtblättrige W.,* **E. dénsa** (Planch.) Casp.
— Blätt. in meist 3zähligen Quirlen, die unt. sogar nur gegenst., nur 5–15 mm lg.; Pfl. zarter **2**
2. Blätt. m. ± parallelen Rändern, vorn gerundet, fast gerade, in sich nicht gedreht, 2–3 mm breit; Stiel der ♂ Blüte 10–20 cm lg., ♀ kürzer; Perianthblätt. nur bis 5 mm lg.; ♃; VII–VIII. Fast nur ♀ Pfl., fast nur vegetative Vermehrung; klare u. kühle, nicht zu tiefe, stehende u. langsam fließende Gewässer; *v* bis *z* eingebürgert. (Heimat: N-Am.) *Kanadische W.,* **E. canadénsis** Michx.
— Blätt. nicht m. ± parallelen Rändern; Stiel d. ♂ Bltn. nur bis 10 cm lg. **3**
3. Blätt. aus breiterem Grd. allmähl. zur Spitze hin verschmälert u. zugespitzt, 1–3 mm breit, 3–10mal so lg. wie breit; K.blätt. 2 mm lg., Kronblätt. meist fehlend; Stiel der ♂ Blüte sehr kurz, zuletzt abreißend u. Blüte frei schwimmend; ♃; VII–IX. Stehende Gewässer, Süßwasserseen u. Brackwasser, auch verschmutzt; bisher nur ♂ Pfl.; sehr *z* u. sehr *s* eingebürgert (nicht immer dauerhaft), *f* Ba (nur b. Garmisch), Au, im O nur Th u. Vogtland. [= *E. occidentalis* (Pursh) St. John] *Amerikanische W.,* **E. nuttállii** (Planch.) St. John

— Blätt. 1–2 mm breit, 7–15mal so lg. wie breit; Perianthblätt. länger als 5 mm; Stiel der ♂ Blüte bis 10 cm lg.; ♃; VII–IX. Bisher nur ♂ Pfl.; Seen, Gräben, langsam fließende Gewässer; bisher nur b. Darmstadt, um Straßburg u. Rastatt (ObRhein), b. Köln. (Heimat: Argentinien) *Argentinische W.*, **E. érnstiae** St. John

3. Lagarosiphon Harvey, *Schein-Wasserpest*
Sprosse bis 50 cm lg.; Blätt. wechselst., die ob. dicht genähert, alle stark zurückgekrümmt; Pfl. 2häusig. In Dt nicht blühend; vermutl. eingeschleppt durch Wasservögel; b. Füssen (S-Ba), Hunsrück. (Heimat: S-Afr.) **L. májor** Moss ex Wager

4. Stratiótes L., *Krebsschere*
Blätt. z. Bltzt. aus dem Wasser ragend; Bltn. m. derber, bleibender Spatha *(157)*; ♃; V–VII. Stehende, langsam fließende Gewässer; *v* bis *z* im N u. O, sonst nur im Main- u. unt. Donautal (m. Naab), b. Kaiserslautern. Ⓖ **S. aloídes** L.

5. Hydrócharis L., *Froschbiß*
Bltn. 1häusig; ♂ Bltnstände 1–6 cm lg.gestielt; ♀ Bltnstand sitzend, Einzelbltn. über der Spatha aber 3–8 cm lg.gestielt; ♂ Bltn. m. 12 Stbblätt., ♀ m. 3–6 Staminodien; ♃; V–VIII. Teiche, langsam fließende Gewässer; zieml. *v* im N, *z* im S, in Au *s* in Sb, Kt, S-St, OÖ.
[G] **H. mórsus-ránae** L.

6. Vallisnéria L., *Wasserschraube*
Zweihäusig, im Gebiet bisher nur ♂ Pfl., deren Bltn. kurz gestielt u. geknäuelt; Blätt. grdst., bandart., flutend; ♃; VI–IX. Fließende Gewässer; unbeständig, z. Z. eingebürgert nur Oberrhein (b. Karlsruhe), Rheinl. (Moselgebiet), We (b. Hamm/Lippe), Ho (Maastricht), Be, Lx, Kt. (Heimat: Tropen u. Subtropen) **V. spirális** L.

Ordnung: **Potamogetonáles**

Familie: **Scheuchzeriáceae**, *Blumenbinsengewächse* (einschl. **Juncagináceae**)

Sumpfpfl. m. grasart., vorwgd. grdst. Blätt., m. scheidig entwickeltem Blattgrd.; Blattscheide m. Blatthäutchen (Ligula); Bltn. ⚥, in Ähren od. Trauben, m. *(Scheuchzeria)* od. ohne *(Triglochin)* Brakteen; Perigonblätt. 6, Stbblätt. 6, Frblätt. 6 od. 3, nur am Grd. *(Scheuchzeria)* od. völlig *(Triglochin)* verwachsen.

1. Stg. beblättert; Bltn. in wenigbltg. Traube, m. großen Tragblätt.; Stbbeutel längl. *(1073)* . . . . **Scheuchzeria,** 617
— Stg. blattlos, nur m. grdst. Blätt.; Bltn. in verlängerter, reichbltg. Traube, ohne Tragblätt.; Stbbeutel rundl. *(1074)* **Triglochin,** 618

1. Scheuchzéria L., *Blumenbinse*
Blätt. schnittlauchähnl.; Bltnhüllblätt. 6, gelbl.-grün, hinfällig; Fr. 3 (selten 2 od. 4), getrennt, aufgeblasen, schief-eif.; ♃; V–VII. Hochmoore; *v* bis *z* Alp. u. Vorland, *s* südl. M-Geb. u. Rhön, sehr *z* im N (*f* NrWe, RhPf, OTi). Ⓖ **Sch. palústris** L.

2. Triglóchin L., *Dreizack*

1. Narben 3; Fr. in 3 Teilfr. zerfallend; Bltntraube locker; ♃; VI–IX. Ufer, Teiche, Sumpfwiesen, Quellmoore (bis über 2000 m); *z,* in M-Dt *s,* vielfach verschwunden. *Sumpf-D.,* **T. palústre** L.

— Narben 6; Fr. in 6 Teilfr. zerfallend; Bltntraube dicht; ♃; V–VIII. Strandwiesen der Meeresküsten *v,* im Binnenland *s,* im S nur Wetterau (He), b. Bad Kissingen (UFr), b. Mainz, W-Vog. *Strand-D.,* **T. marítimum** L.

Familie: **Potamogetonáceae,** *Laichkrautgewächse* (einschl. **Ruppiáceae, Zosteráceae** und **Zannicheliáceae**)

Untergetauchte od. m. Schwimmblätt. versehene Wasserpfl; Blätt. zerstr., seltener gegenst. od. wirtelig, stets m. deutl. Blattscheide; Infl. ährig u. ohne Brakteen *(Potamogeton)* od. ± stark reduziert; Bltnbau sehr unterschiedl., vermutl. in Anpassung an die Bestäubungsverhältnisse (Insekten- → Wind- → Wasserbestäubung) ⚥ u. vollständig (4 Perianth-, 4 Stb- u. 4 freie Frblätt. bei *Potamogeton*), sonst stets ohne Perianth, aber noch ⚥ bei *Ruppia* (2 Stb.- u. 4 Frblätt. *1069*) u. bei *Zostera* (je 1 Stb- u. Frblatt), schließl. eingschl. aber 1häusig bei *Zannichellia* (♂ Bltn. m. 1, selten 2 nackten Stbblätt., ♀ Bltn. m. häutiger Hülle = Perianth u. meist 4 gestielten Frblätt. m. trichterf. Narbe, *1068*). Auf Grund der Bltnreduktion werden die *Potamogetonaceae* (s. l.) auch in bis zu 4 Familien unterteilt (s. Überschrift).

1. Bltn. in Ähren m. flachgedrückter Achse, z. Bltzt. in die Scheide des obersten Laubblatt. eingeschlossen; Blätt. bandf.-grasart.; Meerespfl. . . . . **Zostera,** 622

— Bltn. einzeln, in Ähren od. Dolden, m. runder, nicht in Scheide eingeschlossener Achse; Süß- u. Brackwasserpfl. **2**

2. Bltn. eingschl., blattachselst., ♂ u. ♀ auf gleicher Höhe stehend *(1068);* Fr. doldig angeordnet, sitzend bis kurz gestielt **Zannichellia,** 622

— Bltn. ⚥, in Ähren **3**

3. Ähre allseitswendig, wenig- bis vielbltg.; Stbblätt. 4, m. blumenblattähnl. Anhängseln *(156);* Fr. 4, sitzend; Blätt. selten fadenf. . . . . **Potamogeton,** 618

— Ähren 2bltg.; Bltn. einander gegenüberstehend, ⚥, m. je 4 Fr- u. 2 Stbblätt., erstere gelb u. rot punktiert, m. löffelf. Narbenlappen, letztere sitzend, gespalten u. dadurch 4 Stbblätt. vortäuschend *(1069);* Fr. deutl. gestielt u. doldig angeordnet *(1070);* Stg. u. Blätt. fadenf.; Stg. an den Knoten wurzelnd; Internodien etwa 5 cm lg. . . . . . **Ruppia,** 622

1. Potamogéton L. (incl. **Groenlándia** Gay), *Laichkraut*

1. Alle Blätt. paarweise (zuw. zu dritt) einander genähert, fast gegenst., lanzettl.-eif.-zugespitzt, ohne Scheide; Ähren wenigblt., zuletzt zurückgekrümmt; ♃; VI–VII. Seichte, fließende od. stehende Gewässer; *z* bis *s,* im S etwas häufiger, *f* OTi. [= *G. densa* (L.) Fourr.] *Dichtes L.,* **P. dénsus** L.

— Blätt. wechselst., nur die ob. zuw. gegenst. **2**

2. Blätt. am Grd. ohne röhrige Scheide od. diese nur sehr kurz, zuw. aber m. großem Blatthäutchen am Grd. . . . **5**

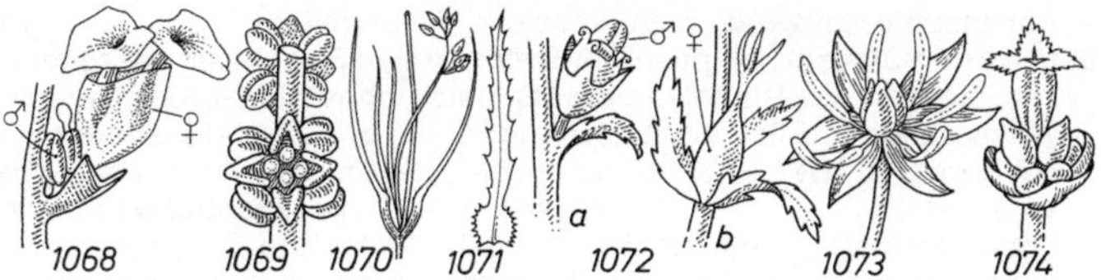

— Blätt. am Grd. m. lg., röhriger Scheide, fadenf.; Ähren locker unterbrochen-quirlig **3**

3. Unt. Blattscheiden aufgeblasen, bis 6 cm lg.; Pfl. nicht fruchtend, wintergrün; ♃; VI–IX. Ufer; *s* im südl. Oberrheintal bis Bodensee (ob weiter verbreitet?).
Schweizer L., **P. helvéticus** (G. FISCHER) W. KOCH

— Blattscheiden nicht od. kaum aufgeblasen **4**

4. Blätt. bis 2,5 mm breit, allmähl. zugespitzt; Blattscheiden offen, eingerollt; Stg. reich gabelästig verzweigt; Fr. 4 mm lg., fast kugelig, auf dem Rücken meist gekielt, gelbbraun; ♃; VI–VIII. Gräben, Flüsse, Seen, Brackwasser (bis 1600 m); *z*, oft bestandsbildend.
Kamm-L., **P. pectinátus** L.

— Blätt. fast haarf., sehr spitz; Blattscheiden in unt. Hälfte röhrig verwachsen, wenn jung; Stg. nur am Grd. gabelästig; Fr. 2 mm lg., elliptisch, ungekielt, grünl.; ♃; VI–VIII. Seen u. Bäche; *s* östl. der Elbe, Alp. (bis 1800 m) u. Vorland (Vb?).
[G] *Fadenblättriges L.*, **P. filifórmis** PERS.

5(2). Blattspr. alle schmal-lineal (bis 5 mm) **17**

— Blattspr. rundl. bis schmal-lanzettl., aber nicht lineal . . **6**

6. Stg. vierkantig bis abgeflacht; Blätt. lineal-lanzettl. (bis 12 mm breit), fein gesägt, stark wellig-kraus; Fr. am Grd. miteinander verwachsen, Frschnabel hakig, so lg. wie der Frkn. (2 mm); ♃; V–IX. Stehende u. langsam fließende Gewässer (bis 1000 m); *v*.
Krauses L., **P. críspus** L.

— Stg. stielrund; Fr. nicht verwachsen **7**

7. Wasserblätt. sitzend od. sehr kurz (bis 1 cm) gestielt, Stiel oft geflügelt; Schwimmblätt. oft fehlend **11**

— Alle Blätt. deutl. gestielt; Schwimmblätt. meist vorhanden, Wasserblätt. z. Bltzt. oft fehlend **8**

8. Schwimmblätt. durchscheinend-häutig, meist rötl.; Spreite mehrmals länger als ihr Stiel, bis 10 × 5 cm groß; Fr. 1,5 mm lg., stumpf gekielt; ♃; VI–IX. Stehende Gewässer; *s* Rhein-, Isar-, Lechgebiet, SO-NS, O-We, Be, Ho, Me, An, Vb, OÖ.
Gefärbtes L., **P. colorátus** VAHL in HORNEM.

— Schwimmblätt. derb, ihre Spreite wenig länger od. kürzer als der Stiel; Fr. länger, mind. 2 mm **9**

9. Ährenstiele spitzenw. verdickt; Blätt. längl.elliptisch, in den Stiel keilig verschmälert, grün od. rötl.; Pfl. z. Bltzt. noch m. zahlr. längl.-lanzettl. Wasserblätt.; Schwimmblattspr. bis 15 × 6 cm; Fr. 3–4 mm lg., gekielt; ♃; VI–IX. Flüsse, Seen; *z*, *f* Be, Da, St. (= *P. fluitans* ROTH) [G] *Flutendes L.*, **P. nodósus** POIR.

— Ährenstiele spitzenw. nicht verdickt; Fr. ungekielt . . . **10**

10. Schwimmblattspr. elliptisch-lanzettl., in den Stiel keilig verschmälert, bis 4 cm lg.; Blattstiel obersts. flach, ohne biegsames Gelenk; Wasserblätt. z. Bltzt. noch vorhanden; ♃; VI–VII. Heideseen; *v* im NW, sonst *s, f* BW, E, S-Ba, Au (nur Kt), SaAn, OPr. (= *P. oblongus* VIV.) Ⓖ *Knöterich-L.,* **P. polygonifólius** POURR.

— Schwimmblattspr. eif. bis längl., bis 12 cm lg., am Grd. herzf., selten schmal u. m. keiliger Basis (dann submerse Blätt. stets spreitenlos); Blattstiel obersts. rinnig, länger als die Spreite, an der Spitze m. andersfarbigem Gelenk; Wasserblätt. z. Bltzt. meist nicht mehr vorhanden; ♃; V–VIII. Seen, Teiche (bis 1500 m); *g.* *Schwimmendes L.,* **P. nátans** L.

11(7). Ährenstiele oberw. verdickt, dicker als der Stg.; Fr. auf dem Rücken stumpf; Blattspr. spitz auslaufend **14**

— Ährenstiele oberw. nicht verdickt, kaum dicker als der Stg.; Fr. auf dem Rücken scharf gekielt; Blattspr. stumpfl. auslaufend **12**

12. Blätt. nicht stgumfassend, in den Stiel keilig verschmälert, graugrün od. rötl. überlaufen, untergetaucht, glattrandig; Stg. oberw. meist einfach; Fr. 2–3 mm lg.; ♃; VI–VIII. Klarwasserseen, langsam fließende Gewässer (bis 2000 m); *z,* im Alp.-Gebiet verbreiteter. Ⓖ *Alpen-L.,* **P. alpínus** BALB.

— Blätt. stgumfassend; Stg. ± stark verzweigt **13**

13. Blätt. herzf., am Rand entfernt gezähnelt u. wellig, Stg. gestreckt, bis 6 m lg.; Blatthäutchen klein, hinfällig; Fr. 3–3,5 mm lg.; ♃; VI–VIII. Flüsse, Teiche, Seen (bis 1900 m); *z.* *Durchwachsenes L.,* **P. perfoliátus** L.

— Blätt. längl., am Rand glatt, zuw. gekräuselt; Stg. knickig hin- u. hergebogen, bis 2 m lg.; Blatthäutchen bis 6 cm lg., derb; Fr. 4–5 mm lg.; ♃; VI–VII. Seen, Flüsse (bis 1600 m); *s* Ho, Be, von Da bis OPr, Br, Schl; Einzelfunde Dümmer (NS), b. Kleve, b. Oberstdorf u. Mittenw. (Ba), in Sb u. OÖ. *Langblättriges L.,* **P. praelóngus** WULF.

14(11). Schwimmblätt. fehlend, Wasserblätt. 8–20 cm lg. u. bis 5 cm breit, am Rand fein gesägt, glzd.-grün; Blatthäutchen bis 8 cm lg.; Blattstiel ± rund; Ähren bis 6 cm lg.; ♃; VI–VIII. Flüsse, Seen, Teiche (bis 1900 m); *v* bis *z,* zuw. submerse Wiesen bildend. *Glänzendes L.,* **P. lúcens** L.

— Blätt. kleiner, bis 3 cm breit; Ähren höchstens 3 cm lg. . **15**

15. Wasserblätt. kurz gestielt, stachelspitzig; Schwimmblätt. länger gestielt, bis 10 × 3 cm; ♃; VI–VIII. Wie vorige; *z* bis *s, f* Be, Da, NS, NrWe, RhPf, in Au nur Vb, NTi, OÖ. (= *P. × angustifolius* KOCH ex ROTH; = *P. lucens × P. gramineus;* m. Fr.!) *Schmalblättriges L.,* **P. zízii** PRESL

— Wasserblätt. sitzend, klein, schmal-lanzettl. od. breiter (unter 1,5 cm), nicht stachelspitzig; Schwimmblätt. sitzend od. gestielt **16**

16. Wasserblätt. am Grd. verschmälert, lineal-lanzettl., bis 8 mm breit, durchscheinend, gezähnelt; Schwimmblätt. selten, derb, lg.gestielt, elliptisch bis eif.; ♃; VI–VIII. Stehende, seltener langsam

fließende Gewässer (bis 1500 m); sehr *z*, vielfach erloschen.
Grasartiges L., **P. gramíneus** L.

— Wasserblätt. am Grd. abgerundet u. halbstgumfassend, bis 13 mm breit; Schwimmblätt. selten; ♃; VI–VII. Seen, langsam fließende Gewässer; *z* bis *s* Me bis OPr, Schl, sonst nur b. Hamburg. (= *P. perfoliatus* × *P. gramineus?;* ohne Fr.!)
Schimmerndes L., **P. × nítens** WEB.

17(5). Stg. wenig abgeflacht, m. abgerundeten Kanten; Blätt. außer dem Mittelnerv nur m. wenigen Längsnerven . . **19**

— Stg. flach zusammengedrückt; Blätt. bis 4 mm breit, vielnervig (3–5 stärkere Nerven, daneben schwächere) . . **18**

18. Blätt. 5nervig, an der Spitze stumpf abgerundet; Ähre 10–15bltg., viel kürzer als ihr Stiel; Fr. kurz u. krumm geschnäbelt; Blatthäutchen bis 4 cm lg.; Stg. fast geflügelt; ♃; VII–VIII. Seen, Altwässer; *z* im N, *s* im M-Gebiet u. S, *f* BW, südl. der Donau, Vb, Ti, Kt.
Flachstengeliges L., **P. compréssus** L.

— Blätt. 3nervig, zugespitzt, am Grd. m. 1–2 schwärzl. Höckern; Ähre 4–6bltg., so lg. wie ihr Stiel; Fr. deutl. u. fast gerade geschnäbelt; Blatthäutchen bis 2 cm lg.; Stg. flach; ♃; VI–VIII. Gräben, Teiche; sehr *z*, in Au nur Sb (bei Golling; ob noch?), Kt, OÖ.
[G] *Spitzblättriges L.*, **P. acutifólius** LK.

19(17). Ährenstiele so lg. wie die Ähre; Blätt. stumpf, 3(–5)nervig; Ähren dicht 6–8bltg.; Blatthäutchen offen, eingerollt; Frkn. 4, Frschnabel breit u. sehr kurz; ♃; VI–VIII. Teiche, Gräben; sehr *z*, im S *s*, in Au nur O-St (Sb?).
Stumpfblättriges L., **P. obtusifólius** MERT. & KOCH

— Ährenstiele 2–3mal so lg. wie die kurze, zur Frzt. lockere Ähre **20**

20. Blätt. lg., borstenförmig u. fein zugespitzt, 1nervig; Frkn. 1(–3); Blatthäutchen offen, eingerollt; Fr. halbkreisrund, Rückseite hökkerig, m. kaum sichtbarem, kurzem Schnabel; Ähre 4–8bltg.; Stg. dünn, fadenf., brüchig; ♃; V–VII. Gräben, Teiche, Torfstiche; sehr *z*, *f* Ti. [G] *Haarförmiges L.*, **P. trichoídes** CHAM. & SCHILDL.

— Blätt. 3–5nervig; Fr. oval od. halboval, auf der Bauchseite deutl. konvex; Frkn. 4 . . . . **21**

21. Blatthäutchen offen, eingerollt; Blätt. bis 2 mm breit; Fr. 2–2,5 mm lg., m. stumpfem Kiel, ihr Schnabel kurz-hakig; ☉; VI–IX. Stehende u. langsam fließende Gewässer; *z* (genaue Verbr. nicht bekannt). (= *P. pusillus* auct. p. p.) [G] *Kleines L.*, **P. berchtóldii** FIEB.

— Blatthäutchen in der unt. Hälfte (zumindest jung) röhrig geschlossen; Fr. 1,5–2 mm lg. **22**

22. Fr. auf dem Rücken abgerundet, nicht gekielt, halboval; Blätt. nur bis 2 mm breit, starr, m. borstl. Spitze, 3nervig; Ähre 1 cm lg., lokker; Stg. meist rotbraun; Ährenstiel oberw. kaum verdickt; ♃; VII–VIII. Flüsse, Gräben; *s* Da, b. Kiel (SH), Br, An, östl. ab Po.
Rötliches L., **P. rútilus** WOLFG.

— Fr. auf dem Rücken gekielt, schief-oval; Blätt. bis fast z. Spitze gleich breit, dann fein zugespitzt; Fr. fast ungeschnäbelt **23**

23. Blätt. bis 4 mm breit, (3–)5nervig; Blatthäutchen oft bis z. Grd. 2spaltig; Stg. etwas zusammengedrückt, m. zahlr. achselst. Kurz-

trieben; ♃; VI–VIII. Flüsse, Seen, Gräben; sehr *z*, im N etwas mehr verbr., *f* Rheinl., Bad., Th, Sa, An, Au (nur OÖ). (= *P. mucronatus* SCHRAD. ex SOND.) *Stachelspitziges L.*, **P. friesii** RUPR.
— Blätt. bis 1,5 mm breit, 3nervig, biegsam; Blatthäutchen sehr zart, später aufreißend; ♃; V–VII. Gräben, Tümpel; *z* (incl. *P. panormitanus* BIV.) [G] *Zwerg-L.*, **P. pusíllus** L.

Ungewöhnl. Variabilität (Sproßlänge, Blattgröße u. -form, Verzweigung) bei zahlr. Arten, außerdem häufige **Bastard**bildung!

2. Rúppia L., *Salde*

1. Infl.-Stiel ca. 10 cm lg., nach Bestäubung spiralig eingerollt; Blätt. abgerundet od. stumpf; Fr. fast symmetrisch; ♃; VI–X. Flach- u. Brackwasser der Meeresküsten, unterseeische Wiesen; *z* (= *R. spiralis* L. ex DUM.) *Spiralige S.*, **R. cirrhósa** (PETAGNA) GRANDE
— Infl.-Stiel nie länger als 4 cm, nicht spiralig; Blätt. zugespitzt; Fr. stark asymmetrisch; ♃; VI–X. Wie vorige, außerdem an Salzstellen des Binnenlandes; Küsten *v*, *s* SaAn, E. *Geschnäbelte S.*, **R. marítima** L.

3. Zostéra L., *Seegras*

1. Blätt. 4–9 mm breit, meist 5nervig, bis 1 m lg.; Bltnsprosse verzweigt; Samen schwach längs gerunzelt; Antherenkonnektiv ohne Anhängsel; Narben doppelt so lg. wie der Gr.; ♃; VI–X. Schlammige, sandige Meeresböden, unter Wasser oft große Wiesen bildend; Küste u. Mündungsgebiete der Flüsse; *v* bis 10 m Tiefe. *Gemeines S.*, **Z. marína** L.
— Blätt. schmäler, 1–3nervig, bis 60 cm lg. **2**
2. Blätt. 2–3 mm breit, meist 3nervig; Bltnsprosse verzweigt; Samen schwach längs gerunzelt; Narbe so lg. wie der Gr.; ♃; VI–VIII. Wie vorige, doch nur bis 4 m Tiefe u. lockerer wachsend; *v* Da, ob in Dt? *Schmalblättriges S.*, **Z. angustifólia** (HORNEM.) RCHB.
— Blätt. 1 mm breit, 1nervig; Bltnsprosse unverzweigt; Samen glatt; Antherenkonnektiv m. Anhängsel; ♃; VI–VIII. Wie vorige, bis 1 m Tiefe; *v* Nordsee, Da, *z* Ostsee bis Rügen. (= *Z. noltii* HORNEM.) *Zwerg-S.*, **Z. nána** ROTH

4. Zannichéllia L., *Teichfaden*

Blätt. 1–10 cm lg., fadenf., m. großem, stgumfassendem Blatthäutchen; Stg. an den Knoten wurzelnd; ♃; V–IX. Süßwasser u. Mündungsgebiet der Flüsse (bis 900 m, bis 2,5 m Wassertiefe); *z*. Sehr variable Art. **Z. palústris** L.

Familie: **Najadáceae,** *Nixenkrautgewächse*

Einjährige, untergetauchte Wasserpfl.; Blätt. in übereinanderstehenden, sich nicht kreuzenden Paaren, am Rand gezähnt, am Grd. scheidig erweitert; Bltn. eingschl.; ♂ Bltn. m. 1 Stbblatt, von 2 dünnen becherf. Hüllen umgeben *(1072a)*; ♀ Bltn. m. 1 nackten Frkn. *(1072b)*.

Nájas L., *Nixenkraut*

1. Stg. u. Blattrücken meist bestachelt; Blattscheiden ganzrandig; Frkn. m. 3 Narben; Pfl. 2häusig; ⨀; VI–IX. Langsam fließende u. stehende Gewässer; *s* Be, Ho, Da, ab SH östl., ob. Mosel, Ob- u. M-Rhein, Bodensee, Chiemsee, sw Regensburg, b. Bamberg, in Au nur Sb, OÖ. (= *N. major* ALL.) *Meer-N.*, **N. marína** L.

— Stg. u. Blattrücken ohne Stacheln; Blattscheiden wimperig gezähnt *(1071);* Pfl. 1häusig; Fr. m. 2 Narben **2**

2. Blätt. ausgeschweift gezähnt, zurückgekrümmt; Scheide scharf vom Spreitengrd. abgesetzt *(1071);* Stg. dünn, reichl. gabelästig verzweigt, zerbrechl.; ⨀; VI–IX. Seen, Altwässer; *s* Be, nördl. Ob-Rhein, Ba (b. Forchheim, Grafenwöhr, sw Regensburg), *z* Au (außer Sb). [G] *Kleines N.*, **N. mínor** ALL.

— Blätt. fein stachelspitzig gezähnt; Blattscheiden allmähl. in den Spreitengrd. übergehend; Stg. dünn, fast fadenf., biegsam; ⨀; VII–VIII. Seen (bis 2 m tief); *s* Da, Br, Po, Bodensee. *Biegsames N.*, **N. fléxilis** (WILLD.) ROSTK. & SCHM.

Unterklasse: **Lilíidae,** *Lilienähnliche*

Ordnung: **Liliáles**

Familie: **Liliáceae,** *Liliengewächse*
(einschl. **Alliáceae, Trilliáceae, Convallariáceae**)

Mit Knollen, Zwiebeln od. Rhizomen überwinternde Stauden; Infl. traubig, ährig od. rispig od. Einzelbltn.; Bltn. auffällig gefärbt, meist radiär; Bltnhülle meist 6blättrig, frei, nicht selten verwachsen, in 2 gleichgestalteten Kreisen (Perigon); Stbblätt. 6, selten 4, 8 od. 10; Frkn. 3blättrig, oberst.; Kapselfr. od. Beeren.

1. Stbblätt. 8; Blätt. in 4zähligem Quirl; Bltn. einzeln, endst., grünl.; Fr. schwarze Beere; Blätt. netznervig . . **Paris,** 635

— Stbblätt. 6 od. 4 *(Maianthemum)* **2**

2. Gr. 1 (od. fehlend), aber oft m. 3 Narben **6**

— Gr. 3, getrennt **3**

3. Pfl. zur Blütezeit ohne Blätt.; Bltn. blaß rosaviolett bis fleischfarben, m. lg. Röhre; Gr. bis zu 20 cm lg.; Herbstblüher . . . . **Colchicum,** 626

— Pfl. zur Blütezeit m. Blätt.; Bltn. grünl. **4**

4. Blätt. lineal-lanzettl., 2–4 mm breit, schwertf. (wie bei *Iris*); Bltn. klein; Pfl. 5–30 cm hoch . . . . **Tofieldia,** 626

— Blätt. nicht seitl. abgeflacht (schwertf.), flächig **5**

5. Blätt. zahlr., breit-elliptisch (bis > 15 cm breit), längs gefaltet; Bltn. in reichbltg. Rispe; Perigon grün od. schwärzl. **Veratrum,** 626

— Blätt. nur wenige, zungenf. (nur bis 15 mm breit), an der Spitze kapuzenf.; Blüte meist einzeln, (selten 2 od. 3), 5 cm im Dm; Perigon rosarot, selten weiß . . **Bulbocodium,** 626

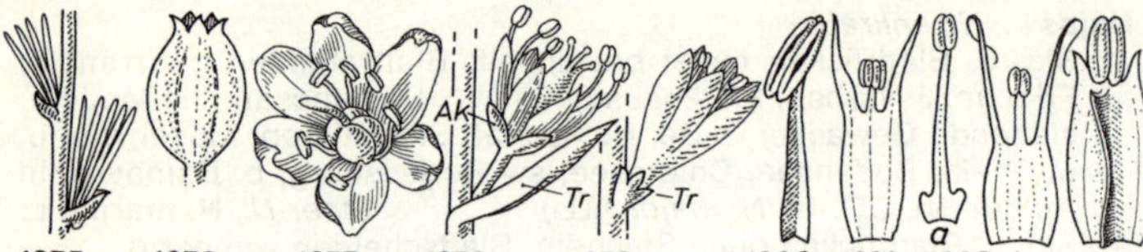

1075 1076 1077 1078 1079 1080 1081 1082 b 1083

6(2). Bltnstand kugelig (doldig od. kopfig), vor dem Aufblühen von einem trockenhäutigen, 1–3teiligen Hüllblatt umgeben; Blätt. oft röhrig-hohl; Pfl. nach Lauch riechend **Allium,** 628

— Bltnstand nicht kugelig, vor der Blüte nicht von einem trokkenhäutigen Hüllblatt umgeben **7**

7. Stg. m. unscheinbaren Schuppenblätt., in deren Achseln büschelig angeordnete, schmal-lineale Nadeln *(1075);* Fr. rote Beeren . . . . **Asparagus,** 634

— Stg. nicht m. Schuppenblätt. u. nicht m. büschelig gehäuften Blätt. **8**

8. Bltnhülle getrenntblättrig **17**

— Bltnhülle verwachsenblättrig, zuw. aber tief geteilt u. nur am Grd. verbunden **9**

9. Bltn. reinweiß od. grünl.weiß **13**

— Bltn. gelb, rötl. od. blau **10**

10. Bltn. sehr groß (5–8 cm im Dm), trichterf., braunrot od. gelb; Stbfäden herabgebogen, der Blkrröhre eingefügt **Hemerocallis,** 627

— Bltn. röhrig-glockig bis krugf., viel kleiner **11**

11. Bltn. kugelig od. walzl., kurz 6zähnig, an der Mündung krugf. zusammengezogen *(1076),* in Trauben; ob. Bltn. stets steril . . . . **Muscari,** 633

— Perigonblätt. frei od. nur am Grd. verwachsen **12**

12. Bltn. m. je 2 Tragblätt. (richtig: Tragblatt u. Vorblatt); Perigonblätt. am Grd. etwas verwachsen, Perigon glockig **Hyacinthoides,** 632

— Bltn. m. 1 Tragblatt od. dieses reduziert; Perigonblätt. frei, Perigon ± ausgebreitet *(1077)* . . . . **Scilla,** 632

13(9). Bltn. in einstswendigen Trauben; Infl.-Stiel blattlos, aber von den meist 2 elliptischen, lg.gestielten Laubblätt. zuw. hoch hinauf scheidig eingehüllt; Bltn. intensiv wohlriechend . . . . **Convallaria,** 635

— Bltn. nicht in einstswendigen Trauben, einzeln od. zu wenigen blattachselst.; Bltnstg. beblättert **14**

14. Blätt. sehr schmal, grasart.; Bltn. meist einzeln, aufrecht, 1–1,5 cm groß, weißl. m. gelbem Grd., innen m. je 3 rötl. Streifen . . . . **Lloydia,** 632

— Blätt. nicht grasartig; Bltn. meist zu mehreren **15**

15. Bltnstg. nur m. (1–)2 herzf., gestielten Blätt.; Bltn. klein, 4zählig, in endst. Traube . . . . **Maianthemum,** 634

— Bltnstg. m. zahlr. Blätt.; Bltn. nicht 4zählig, zu 1–5 blattachselst. **16**

16. Bltnhülle fast bis zum Grd. geteilt, grünl.-weiß; Bltn. einzeln, lg.gestielt, unter den herzf., stgumfassenden Blätt. stehend . . . . **Streptopus,** 634

— Bltnhülle röhrig-glockig, 6zähnig, weiß m. grünem Saum; Blätt. nicht herzf.-stgumfassend . . . . . **Polygonatum,** 634

17(8). Bltn. groß (> 4 cm), einzeln u. endst. (selten 2 od. 3) **25**

— Bltn. in Dolden, Rispen, Trauben od. Doldentrauben, wenn einzeln, dann kleiner als 4 cm **18**

18. Stg. m. unscheinbaren Blättchen, in deren Achseln derbstechende Seitentriebe von Blattform, diese auf ihrer scheinbaren Oberseite die kleinen Bltn. tragend; Bltn. eingschl.; Pfl. 2häusig . . . . **Ruscus,** 634

— Pfl. stets m. verlängerten, saftig-krautigen Blätt. . . . **19**

19. Bltn. innen goldgelb od. weiß, außen grünl. od. grün-längsstreifig **23**

— Bltn. außen nie grün u. nie m. grünen Längsstreifen . **20**

20. Blätt. alle grdst.; Bltnstg. nur m. Hochblätt. **22**

— Blätt. auch höher am Stg. **21**

21. Bltnhüllblätt. am Grd. verwachsen; Bltn. klein (s. Punkt **14**) **Lloydia,** 632

— Bltnhüllblätt. vollständig getrennt; Bltn. sehr groß, feuerrot od. braunrot . . . . **Lilium,** 631

22(20). Bltn. blau, selten weiß od. rötl.; Bltnstiele nicht gegliedert . . . . **Scilla,** 632

— Bltn. weiß, in Trauben od. Rispen; Bltnstiele gegliedert (m. einer Ringelung versehen; Lupe!) . . . . **Anthericum,** 626

23(19). Blätt. reitend, schwertf. (wie bei *Iris*); Stbfäden wollig behaart; Stbbeutel ziegelrot . . . . **Narthecium,** 626

— Blätt. nicht schwertf. u. nicht reitend; Stbfäden nicht wollig **24**

24. Bltn. schwefel- od. grünl.gelb, in Doldentrauben (zuw. nur 1bltg.); Stbbeutel aufrecht (wie *84*) . . . . . . **Gagea,** 627

— Bltn. weiß od. gelb-grün, grün gestreift, in Doldentrauben od. Trauben; Stbfäden dem Rücken der Stbbeutel angeheftet *(1080),* zuw. blumenblattart. u. gezähnt *(1083)* **Ornithogalum,** 632

25(17). Laubblätt. purpurn gefleckt; Perigonblätt. zurückgebogen (ähnl. wie Türkenbund), rosagetönt, selten weiß **Erythronium,** 631

— Laubblätt. nicht gefleckt; Perigonblätt. nicht rosa . . **26**

26. Bltn. 1(–3), nickend, bräunl.-purpurn, schachbrettart. gefleckt (selten weiß); Frkn. m. lg. Gr. . . . . . **Fritillaria,** 631

— Bltn. einzeln od. mehrere, allenfalls vor dem Aufblühen nikkend; Perigonblätt. nicht schachbrettart. **27**

27. Bltn. einzeln, gelb; Narben dem Frkn. aufsitzend **Tulipa,** 631

— Bltn. mehrere, etwas einstswendig, weiß; Frkn. m. lg., fadenf. Gr. . . . . **Paradisea,** 627

1. Tofiéldia HUDS., *Simsenlilie*

1. Bltn. in der Achsel eines lanzettl. Tragblattes (*1078,* Tr), unterhalb des Perigons ein kleiner, 2lappiger Außenkelch (Ak); Bltnstand länger als 3 cm; Pfl. 10–30 cm hoch; ♃; VI–VIII. Flachmoore, quellige Stellen; kalkliebend; Alpen (bis 2200 m) u. Vorland *v,* sonst *s,* nördl. bis Odw., FrAlb, Th, SaAn, Br, WPr, OPr. *Kelch-S.,* **T. calyculáta** (L.) WAHL.

— Bltn. in der Achsel eines 3lappigen Tragblättchens, ohne Außenkelch (*1079,* Tr); Bltnstand kürzer als 3 cm; Pfl. 5–10 cm hoch; ♃; VII. Moorige Plätze, Schneetälchen der Alpen. (= *T. palustris* HUDS.) *Kleine S.,* **T. pusilla** (MICHX.) PERS.

a. Blätt. 2–5 cm lg., 3–4nervig. *s* Alp. (oberhalb 1600 m), in Dt nur Wettersteingeb. u. Berchtesgaden. ssp. **pusílla**

— Blätt. 4–8 cm lg., 5–7nervig. *s* Lungau (Sb), St, Kt (oberhalb 1800 m). ssp. **austríaca** H. KUNZ

2. Narthécium HUDS., *Beinbrech*

Blätt. meist kürzer als der Bltnstg.; Bltn. lg.gestielt; ♃; VII–VIII. Heidemoore, Hochmoore; *z* im NW (Be, Ho, NrWe, NW-RhPf, NS, SH, Da). Ⓖ **N. ossífragum** (L.) HUDS.

3. Verátrum L., *Germer*

1. Perigonblätt. innen weiß, außen grünl. od. beidersts. grünl., gelbgrün bis schmutziggrün; Blätt. wechselst. (Unterschied zu *Gentiana!*); ♃; VI–VIII. Feuchte Wiesen, Matten, Viehläger (bis 2200 m). **Giftig!** (2 ssp.) *Weißer G.,* **V. álbum** L.

a. Perigonblätt. innen weiß, außen grünl.; Tragblätt. kürzer. *v* Alp. ssp. **álbum**

— Perigonblätt. beidersts. grünl.; Tragblätt. länger. *v* Alp., *z* Voralp. u. Vorland, *s* SW-SchwAlb, N-Schw., S-Bayrw. ssp. **lobeliánum** (BERNH.) ARC.

— Perigonblätt. schwarzpurpurn; ♃; VII–VIII. Bergwiesen, -wälder; *s* St, OÖ. **Giftig!** *Schwarzer G.,* **V. nígrum** L.

4. Cólchicum L., *Zeitlose*

Blätt. m. den Frkapseln sich erst im Frühjahr entwickelnd; unterirdische Knolle bis 7 cm lg.; ♃; VIII–XI. Wiesen (bis 2000 m); *v* im S, *z* bis *s* im N (*f* N-NS, SH, Da). **Giftig!** *Herbst-Z.,* **C. autumnále** L.

5. Bulbocódium L., *Lichtblume*

Blüte bis 6 cm im Dm, ähnl. der Herbstzeitlose, aber Perigonblätt. lg. genagelt u. Gr. nur bis 5 mm lg.; ♃; II–III. Humusreiche, vergraste Südhänge; *s* Kt (unterhalb 800 m). [G] *Frühlings-L.,* **B. vérnum** L.

6. Anthéricum L., *Graslilie*

1. Bltn. in Rispen (var. **fállax** ZABEL: in Trauben); Gr. gerade; Perigonblätt. 10–15 mm lg., die Stbblätt. nur um 2 mm überragend; Kapsel rundl.-stumpf; ♃; VI–VIII. Sonnige, steinige Abhänge, Steppenheidewälder, lichte Wälder (bis 1800 m); kalkliebend; *v* bis *z* im S u. M-Dt, *s* bis *f* im N (*f* Ho, Be, W-NS, NrWe). *Ästige G.,* **A. ramósum** L.

— Bltn. in Trauben; Gr. an d. Spitze zurückgekrümmt; Perigonblätt. 15–22 mm lg., mehr als 6 mm länger als die Stbblätt.; Kapsel eif., spitz; ♃; V–VII. Steppenheidewälder, Steppenhänge; *z* im S u. M-

Gebiet, sonst *s, f* Ho, W-NS, in NrWe nur im S, *f* Alp. (in Au nur Vb, NTi, Kt). [G] *Astlose G.,* **A. liliágo** L.

7. Paradísea MAZZUCATO, *Trichterlilie*

Blätt. zahlr., grasart., bis 5 mm breit; Pfl. 30–50 cm hoch; ♃; VI–VII. Wiesen, Matten; nur S-Kt (Karnische, Gailtaler Alp.). [G] *Weiße T.,* **P. liliástrum** (L.) BERT.

8. Hemerocállis L., *Taglilie*

1. Bltn. hellgelb; Perigonzipfel spitz, flach; ♃; VI. Gartenzierpfl.; *s* verwild., in Au stellenw. eingebürgert (z. B. Vb, NTi, OTi). (Heimat: Italien, Slowenien) [= *H. flava* (L.) L.] [G] *Gelbe T.,* **H. lilioasphódelus** L.

— Bltn. blaß-ziegelrot; Perigonzipfel stumpf, die inneren am Rand wellig; ♃; VII–VIII. Gartenzierpfl. stellenw. verwild., in Au stellenw. eingebürgert (z. B. Vb, NTi, OTi). (Heimat: China) *Gelbrote T.,* **H. fúlva** (L.) L.

9. Gágea SAL., *Gelbstern*

1. Bltnstiele u. Perigonblätt. außen kahl **4**

— Bltnstiele u. Perigonblätt. außen ± behaart; Grdblätt. 2 . **2**

2. Grdblätt. (selten nur 1) röhrig-hohl, halbstielrund, lineal; Bltnstg. m. 2 fast gegenst. Blätt.; Bltnstiele ± zottig behaart; Perigonblätt. stumpf; ♃; VI–VII. Lägerfluren, steinige Matten der Ur-Alp. (oberhalb 1200 m); *v* Au, in Dt nur an der Grenze zu Au (Allgäu). [= *G. liotardi* (STERNBG.) SCH. & SCH. f.] *Alpen-G.,* **G. fistulósa** (RAM. ex DC.) KER-GAWL.

— Grdblätt. flach od. rinnig, oft fadenf. **3**

3. Pfl. 8–15 cm hoch; grdst. Blätt. lineal, zumindest obersts. flachrinnig, bis 4 mm breit; Bltnstg. m. 2 dem Bltnstand sehr genäherten, fast gegenst. Blätt.; Perigonblätt. spitzl.; Gr. kurz behaart, Bltn. zu 2–10; ♃; III–V. Äcker, Wegränder, Weinberge; *z, s* im N, *f* Alp., Be (in Au nur St, OÖ). [= *G. arvensis* (PERS.) DUM.] [G] *Acker-G.,* **G. villósa** (BIEB.) DUBY

— Pfl. 3–8 cm hoch; grdst. Blätt. fast fadenf.; Bltnstg. m. 2 vom Bltnstand u. untereinander etwas entfernten Blätt.; Perigonblätt. stumpf; Gr. kahl; Bltn. zu 2–3; ♃; III–V. Sandig-grasige Orte, steinige Hügel; *s* im mittl. Gebiet (RhPf, S-SaAn, Th, Br). *Felsen-G.,* **G. bohémica** (ZAUSCHN.) R. & SCH.

4(1). Grdst. Blätt. 2 (selten nur 1), röhrig-hohl; Bltnstand 2–5bltg.; Stgblatt 1, an der Spitze kapuzenf., vom Tragblatt deutl. verschieden; ♃; IV–V. Feuchte Wälder, Gebüsche; *v* im N, M-Gebiet u. bis Schl, im S nur bei Königshofen (Fr.), *f* in Dt wostl. des Rheins. *Scheiden-G.,* **G. spatháoea** (HAYNE) SAL.

— Nur 1 grdst. Blatt **5**

5. Grdblatt breit-lineal (bis 10 mm), an der Spitze kapuzenartig zusammengezogen; Perigonblätt. stumpf, bis 14 mm lg.; Jugendblätt. 5kantig; ♃; III–V. Auwälder, Bachränder, Wiesen (bis 1600 m); *v,* im NW *s.* [= *G. silvatica* (PERS.) LOUD.] *Gemeiner G.,* **G. lútea** (L.) KER-GAWL.

— Grdblatt an der Spitze nicht zusammengezogen, nur bis 5 mm breit; Perigonblätt. zugespitzt **6**

6. Grdblatt bis 4 mm breit, gekielt, gewimpert; Stgblätt. dem Bltnstand stark genähert, deutl. gewimpert; Jugendblätt. V-förmig; Pe-

rigonblätt. 15–20 mm lg., stumpfl.; ♃; III–IV. Äcker, Hügel, Grasplätze; *z,* im S u. NW *s,* in Au nur Kt, St, OÖ.
G *Wiesen-G.,* **G. praténsis** (PERS.) DUM.

— Grdblatt nur bis 2(–3) mm breit, kahl od. fast kahl, an der Spitze nicht kapuzenart.; Perigonblätt. nur 10–15 mm lg. **7**

7. Perigonblätt. am Ende stumpfl.; Stg. am Grd. nur m. 1 Zwiebel; Stgblätt. fast gegenst., direkt unter der Infl.; Stbblätt. ⅔ so lg. wie die Perigonblätt.; ♃; III–IV. Trockenrasen u. Äcker; *s* St, Kt.
G *Zwerg-G.,* **G. pusílla** (F. W. SCHM.) R. & SCH.

— Perigonblätt. spitzl.; Stg. am Grd. m. je 1 größeren u. kleineren Zwiebel; Stgblätt. deutl. voneinander entfernt, aber nahe der Infl.; Stbblätt. ⅓–½ so lg. wie die Perigonblätt.; ♃; III–V. Waldränder, grasige Haine, Matten (bis 1600 m); kalkliebend; *s,* westl. bis Me/Hannover/Kassel/Bamberg; in Au *f* Vb.
Kleiner G., **G. mínima** (L.) KER-GAWL.

10. Állium L., *Lauch*

1. Blätt. röhrig, rinnig od. längl.-lineal, meist nicht > 12 mm breit **6**

— Blätt. lanzettl. bis elliptisch (2–5 cm breit) od. linealisch u. wenigstens 15 mm breit **2**

2. Stg. rund, unterhalb der Mitte m. 2–3 kurz gestielten Blätt.; Scheindolde kugelig; Stbfäden länger als das grünl.-gelbe Perigon; ♃; VII–VIII. Felsige Orte, steinige Matten; *v* bis *z* Alp. (1300–2300 m) u. Voralp., *s* Schw. (Feldberg), Vog., Riesengeb., Gesenke. Ⓖ *Allermannsharnisch,* **A. victoriális** L.

— Blätt. alle grdst. **3**

3. Blätt. lg.gestielt; Stg. 3kantig; Bltn. schneeweiß, in flacher bis halbkugeliger Dolde, stark nach Knoblauch riechend; ♃; IV–VI. Feuchte Laubwälder; *z,* oft in Massenbeständen, im N *s.*
Bären-L., **A. ursínum** L.

— Blätt. ungestielt **4**

4. Perigon dk.weinrot; Stg. rund, bereift; Infl. bis > 50bltg.; Pfl. bis 90 cm hoch; Grdblätt. 2–3, bis 40 cm lg. u. bis 2 cm breit; Bltn. wohlriechend; ♃; VI. Sandböden; eingebürgert b. Mannheim, Lx (Sauer), Ho, NÖ. (Heimat: Ungarn/Jugoslawien bis Sibirien) *Schwarzpurpurner L.,* **A. atropurpuréum** W. & K.

— Perigon weiß bis grünl.weiß **5**

5. Grdst. Blätt. 3–4, breit-lanzettl.; Stg. rund; Infl. reichbltg.; Perigon grünl.-weiß od. m. rötl. Mittelstreif; ♃; *v.* Aus Gärten *s* verwildert: Ti, OÖ, S-E, Bodenseegebiet (ob noch?). (Heimat: Mittelmeergebiet)
Zwiebelreicher L., **A. multibulbósum** JACQ.

— Grdst. Blätt. 1(–2), schmal-lineal; Stg. 3kantig; Infl. 1–3bltg., m. Brutzwiebeln, Bltn. lg. gestielt; Perigon weiß; Pfl. bis 30 cm hoch; ♃; IV–V. Auwälder, Parks; vereinzelt aus der Kultur verwildert, eingebürgert b. Hamburg, Hannover, Frankfurt, München, Spessart, Me, Br, An. (Heimat: Kaukasus, Iran)
Seltsamer L., **A. paradóxum** (BIEB.) G. DON

6(1). Perigonblätt. ± glockig, zusammenneigend; Blätt. flach od. rinnig, selten hohl **10**

— Perigonblätt. ± sternf. ausgebreitet; Blätt. röhrig-hohl . . **7**

7. Bltnstg. u. Blätt. unterhalb der Mitte weit bauchig aufgeblasen; Perigon weißl.grün **9**

— Bltnstg. u. Blätt. walzl., nicht bauchig aufgeblasen; Perigon rosa **8**

8. Stbblätt. ¼–⅓ kürzer als die hellrosa Perigonblätt.; Stbfäden ohne Zähne; ♃; VII–VIII (außer Bornholm). (2 ssp.) *Schnittlauch,* **A. schoenóprasum** L.

a. Stg. 1–2 mm dick, nur im unt. Drittel beblättert; Perigonblätt. 7–10 mm lg.; Pfl. bis 30 cm hoch (Kulturformen bis 50 cm). Flußufer, sandig-steinige Böden; *z* Täler der Elbe, Saale, Rhein, Mosel, S-Ba, auf Bornholm (Da), sonst vielf. aus Gärten verwildert u. zuw. eingebürgert (Straßenränder). ssp. **schoenóprasum**

— Stg. 3–5 mm dick, viel höher beblättert; Perigonblätt. 10–15 mm lg.; Pfl. bis 50 cm hoch. Schuttfluren, Bachschotter (bis 2100 m); *z* Alp. u. Voralp., auch dealpin herabgeschwemmt. ssp. **sibíricum** (L.) Hartm.

— Stbblätt. etwa so lg. wie die Perigonblätt., die inneren am Grd. verbreitert, beidersts. m. 1 Zahn *(1081);* nur selten blühend; an Stelle der Bltn. Brutzwiebeln stehend; ♃; VI–VII. Kulturpfl., auch verwild., z. B. Kt. (Heimat: Vorderasien) (vermutl. Kulturform von *A. cepa*) *Schalotte,* **A. ascalónicum** Strand

9(7). Bltnstiele etwa 8mal so lg. wie die grünl.-weißen Bltn.; innere Stbblätt. am Grd. verbreitert u. kurz 2zähnig; ♃; VI–VIII. Kulturpfl., zuw. verwild. (Heimat: Iran bis Altai?, wild nicht bekannt) *Küchen-, Sommerzwiebel,* **A. cépa** L.

— Bltnstiele etwa 3–4mal so lg. wie die weißen, zuw. purpurrot gestreiften Bltn.; innere Stbblätt. am Grd. nur wenig verbreitert u. ungezähnt; ♃; VII–VIII. Kulturpfl., leicht verwild. (Heimat: W-China; wild nicht bekannt) *Winter-Z.,* **A. fistulósum** L.

10(6). Stbblätt. alle zahnlos; Laubblätt. nur bis 5 mm breit . **18**

— Innere Stbblätt. am Grd. kurz od. lg. gezähnt *(1082a, b)* . **11**

11. Dolde ohne Brutzwiebeln, nur m. Bltn.[1] **15**

— Dolde mit Bltn. u. Brutzwiebeln **12**

12. Äußere Stbfäden beidersts. m. kurzen Zähnchen (ähnl. *1082a*), kürzer als die Perigonblätt.; Hüllblätt. des Bltnstands m. lg., runder Spitze; Blätt. bis 15 mm breit, flach; Zwiebel aus zahlr. Nebenzwiebeln („Zehen") zusammengesetzt; ♃; VI–VIII. Kulturpfl. (Heimat: Asien) **A. satívum** L.

a. Blätt. am Rand rauh; Nebenzwiebeln längl.-eif. *Knoblauch,* ssp. **satívum**

— Blätt. am Rand glatt; Stg. vor dem Aufblühen schlangenart. gebogen; Nebenzwiebeln kugelf.-eif. *Perlzwiebel,* ssp. **ophioscórodon** (Lk.) Holub

— Äußere Stbfäden schmal- od. breit-bandf., zahnlos (ähnl. *1082b*) **13**

13. Blätt. flach, 8–15 mm breit, am Rand rauh bewimpert; Bltn. purpurn, länger als die Stbblätt.; Hülle des Bltnstands 2lappig, kürzer als die Dolde; Zwiebel von zahlr., von Häuten eingeschlossenen Nebenzwiebelchen umgeben; ♃; VI–VII. Gebüsch, Grasplätze; sehr *z,* stellenweise geschlossener, im M-Gebiet *s, f* Alp., in Au nur OTi, Kt, St, OÖ; in Be nur verwild. *Schlangen-L.,* **A. scorodóprasum** L.

— Blätt. wenigstens oberw. fast stielrund, schmäler als 6 mm **14**

14. Blätt. riemenf., gegen die Spitze fast stielrund, rinnig; Stbblätt. kürzer od. länger als die zugespitzten, dkroten Perigonblätt.; Dolde reichbltg.; ♃; VI–VIII. Küstendünen; *s* Me, Da. *Kochs L.,* **A. kóchii** Lge.

— Blätt. fast stielrund, obersts. engrinnig; Stbblätt. stets viel länger als die stumpfen, hell- bis dkpurpurnen Perigonblätt.; Dolde armbltg., zuw. nur m. Brutzwiebeln (var. **compáctum** Thuill.); ♃; VI–

[1] Einige der hierher zu stellenden Arten bilden ebenfalls zuw. – aber nicht regelmäßig – Dolden m. wenigen od. reichl. Brutzwiebeln aus.

VIII. Sonnige Hügel, Gebüsch, Wegränder, Weinberge; *v* im S, *z* im N, *s* Alp. (*f* Ti). *Weinberg-L.*, **A. vineále** L.

15(11). Zähne der Stbfäden kurz u. stumpf *(1082a);* Stbblätt. etwas länger als die Perigonblätt.; Bltn. hellpurpurn; Blätt. lineal, obersts. etwas rinnig; ♃; VI–VIII. Felsige Orte, sehr *s* (N-He m. 2 Fundorten, Schl, Sb, Ti/Ötztal u. Zillertal). Ⓖ *Steifer L.*, **A. strictum** SCHRAD.

— Zähne der Stbfäden lg. haarspitzig *(1082b)* **16**

16. Blätt. halbstielrund, breitrinnig, kürzer als der Stg.; Bltn. lebhaft purpurrot, kürzer als die Stbblätt.; ♃; VI–VIII. Sandige u. felsige Orte; *z* Rhein-, Mosel-, Maingebiet, *s* Be, Rheinl., NW-Ba, Th, SaAn, Vb, OÖ. *Kugel-L.*, **A. sphaerocéphalon** L.

— Blätt. flach **17**

17. Blätt. bis 2 cm breit, stark längsnervig, blaugrün; Bltn. rosa od. weiß; Perigonblätt. etwas kürzer als die Stbfäden; Blattscheiden einen verlängerten Scheinsproß bildend; ⨀–♃; VI–VII. Kulturpfl., zuw. verwild. u. eingebürgert. (Heimat: Mittelmeergebiet; aus *A. ampeloprasum* L. entstanden) *Winter-L., Porree,* **A. pórrum** L.

— Blätt. schmal-lineal, bis 10 mm breit; Bltn. purpurrot; Perigonblätt. etwa so lg. wie die Stbblätt.; Zwiebel von mehreren Nebenzwiebelchen umgeben; ♃; VI–VIII. Äcker, Weinberge, buschige Hügel; *z* im SW, *s* S- u. O-Ba, nördl. bis Bonn und Rhön, Th, sonst nur nö Kassel, in Au nur OÖ; eingebürgert Da. *Runder L.*, **A. rotúndum** L.

18(10). Stg. rundl. **20**

— Stg. oberw. kantig; Perigonblätt. rosarot, zuw. weißl. . . **19**

19. Stbblätt. etwa so lg. wie die Perigonblätt.; Blätt. schmal-lineal, untersts. scharf gekielt; Dolde im Umriß flach; ♃; VII–IX. Nasse Wiesen; *v* M- u. ObRhein, *z* Bodensee, Donau m. Nebenflüssen, Elbe, Au (*f* Ti), *s* im O. (= *A. acutangulum* SCHRAD.) *Kanten-L.*, **A. angulósum** L.

— Stbblätt. deutl. länger als die Perigonblätt.; Blätt. untersts. nicht gekielt; Dolde im Umriß kugelig; ♃; VII–VIII. Sonnige Hügel, Felsspalten; kalkliebend, *v* Alb, *z* Au, E, S- u. N-Ba, He, *s* im O (*f* OPr), westl. bis Kiel/Soltau/Hameln. (= *A. fallax* R. & SCH.; = *A. lusitanicum* LAM.; = *A. montanum* F. W. SCHMIDT, non SCHR.) *Berg-L.*, **A. senéscens** L. ssp. **montánum** (FR.) HOLUB

20(18). Perigonblätt. gelbl. (bis weißl.); Stbblätt. deutl. länger als die Perigonblätt.; Hüllblätt. kaum länger als die dichtbltg. Dolde; Laubblätt. flach, nur 2–4 mm breit, untersts. gekielt; ♃; VII–VIII. Felsen, buschig-felsige Hänge der mont. u. subalp. Reg.; kalkstet; nur SKt (Karawanken). *Gelblichweißer L.*, **A. ochroleucum** W. & K.

— Perigonblätt. m. Rottönen, selten weißl.-grün **21**

21. Hüllblätt. kürzer als die kugelige, dichtbltg. Dolde; Stbblätt. bis 2mal so lg. wie die hellrosa bis roten Perigonblätt.; Blätt. flach, untersts. scharf gekielt; Zwiebel wenig ausgebildet (ähnl. *A. ursinum*); ♃; VII–IX. Moore, Sumpfwiesen (bis 800 m); *z* Ba südl. der Donau, Bodensee, ObSchwaben, *s* E, Vb. *Wohlriechender L.*, **A. suavéolens** JACQ.

— Hüllblätt. so lg. od. länger als die lockerblütige Dolde . . **22**

22. Bltnstand ohne Brutzwiebeln; Laubblätt. kaum > 1 mm breit; Stbblätt. fast doppelt so lg. wie die Perigonblätt., rötl.-violett bis rot (Nr. **23**— sehr ähnlich.); ♃; VII–VIII. Felshänge, Heidewiesen; nur

bei Dingolfing u. Freising (Isar), Vb? (= *A. carinatum* L. ssp. *pulchellum* BONNIER & LAYENS; = *A. pulchellum* G. DON)
Schöner L., **A. cirrhósum** VANDELLI

— Bltnstand m. Brutzwiebeln **23**

23. Blätt. halbstielrund, obersts. rinnig; Stbblätt. etwa so lg. wie die weißl.-grünen od. schmutzig-rötl. Perigonblätt.; Hüllblätt. am Grd. eif. verbreitert; ♃; VI–VIII. Buschige Stellen, Sumpfwiesen, sandige Weiden (bis 900 m); *v* bis *z*, im NW *s*. *Kohl-L.*, **A. oleráceum** L.

— Blätt. fast flach; Stbblätt. deutl. länger als die rosa bis dkvioletten Perigonblätt.; Hüllblätt. am Grd. nur wenig verbreitert; ♃; VI–VIII. Steinige, buschige Orte, Heide-, Moorwiesen; *v* Ba südl. der Donau, Au (bis 2000 m), *z* BW, bes. südl. ObRhein, N-Ba, Th, Schl, sonst nur bei Dannenberg (Elbe; verwild.?), Ho (ob in Da ursprüngl.?). *Gekielter L.*, **A. carinátum** L.

11. Lilium L., *Lilie* Ⓖ

1. Perigonblätt. zurückgerollt, hell-braunrot, dk. gefleckt; Bltn. nikkend, in Trauben; mittl. Blätt. quirlig; ♃; VII–VIII. Bergwiesen, Hochstaudenfluren, Gebüsche; kalkliebend; *v* im S, *z* M-Dt, *s* bis *f* im N. Ⓖ *Türkenbund-L.*, **L. mártagon** L.

— Bltnhülle glockig-trichterf., orangefarben bis rot, innen warzig-rauh; Blätt. wechselst. **2**

2. Bltn. hgd., einzeln; Perigonblätt. zinnoberrot, am Grd. m. schwarzen Punkten; Antheren gelb bis orange; ♃; VI. Wiesen, Hochstaudenfluren der mont. u. subalp. Reg.; kalkliebend; nur S-Kt (Karawanken, Dobratsch).
[G] *Berglilie, Krainer L.*, **L. carniólicum** BERNH.

— Bltn. aufrecht, einzeln od. wenige; Perigonblätt. rot bis orangefarben; Antheren rot. Ⓖ *Feuer-L.*, **L. bulbíferum** L.

a. Ob. Blattachseln fast stets m. Brutzwiebeln; alle Bltn. ⚥; Perigonblätt. orangefarben; *z* Alp., *s* Voralp., Feldberg (S-Schw.). ssp. **bulbíferum**

— Ob. Blattachseln nur sehr selten m. wenigen Brutzwiebeln; außer ⚥ Bltn. auch ♂ Bltn. od. Pfl. nur ♂; Perigonblätt. dunkelorange bis rot, m. auffälligen schwarzen Flecken; nur im N (z. B. NS, Harz), aber vermutl. nicht ursprüngl.
ssp. **cróceum** (CHAIX) ARC.

12. Fritillária L., *Schachbrettblume*

Laubblätt. meist 4–5, lineal-rinnig, graugrün; ♃; IV–V. Feuchte Wiesen; *f* Be, Rheinl., RhPf, Da, Po, Sa, Bad, E, in Au nur O-St, sonst *s* u. sehr *z*, häufiger nur um Hamburg u. Sinntal (He); auch Zierpfl. u. verwild. Ⓖ ! **F. meleágris** L.

13. Túlipa L., *Tulpe*

Perigonblätt. ungleich lang; Laubblätt. 3–4, bis 2 cm breit, blaugrün; ♃; IV–V. Obstgärten, Gebüsch, Weinberge; alte Zierpfl., vielfach verwild. u. eingeb., großenteils wieder verschwunden, insgesamt sehr *z*, häufiger nur Unt.Elbe, N-Wü, E.
Ⓖ *Wild-T.*, **T. sylvéstris** L.

14. Erythrónium L., *Zahnlilie, Hundszahn*

Laubblätt. 2, fast gegenst., Bltn. ca. 4 cm im Dm; Frkn. m. 3mal längerem Gr.; innere Perigonblätt. an der Basis meist m. Nektargrübchen; ♃; II–IV. Laubwälder; *z* St, O-Kt. (= *E. maculatum* LAM.)
[G] **E. dens-cánis** L.

15. Llóydia SAL., *Faltenlilie*
Grdst. Blätt. 2, fast fadenf.; Stgblätt. lineal-lanzettl.; Pfl. 7–10 cm hoch; ♃; VII–VIII. Grasige Abhänge u. steinige Matten der Hochalp., von 1800–3000 m; kalkmeidend; *z*, in Dt nur Allgäu u. bei Berchtesgaden.
Ⓖ **L. serótina** (L.) RCHB.

16. Hyacinthoídes MED. (= *Endymion* DUM.), *Hasenglöckchen*
Perigonblätt. am Grd. verwachsen, glockenf. zusammenneigend, blau, selten rötl. od. weiß; Blätt. breit-lineal, bis über 10 mm breit; Bltn. m. 2 spitzl. Tragblätt. (1 davon = Vorblatt); Traube ± einstswendig; Bltn. duftend; Antheren blaß; ♃; III–V. Laubwälder, schattige Haine; *s* in Be, Ho, Rheinl., bei Zerbst (S-SaAn), oft kult. u. zuw. verwildert, bes. im N (SH, N-NS). [= *Scilla non-scripta* (L.) HOFFMG. & LK.]
Ⓖ *Gemeines H.*, **H. non-scrípta** (L.) CHOUARD ex ROTHM.
Traube allstswendig; Bltn. geruchlos; Antheren blau; ebenso häufig kult. u. oftmals verwild. (Heimat: Spanien, Portugal) *Spanisches H.*, **H. hispánica** (MILL.) ROTHM.

17. Scílla L., *Blaustern* Ⓖ
1. Bltntraube bis 30bltg.; Laubblätt. 5–6; ♃; VIII–X. Grasige Hänge, gelegentl. in Weinbergen; nur S-E. Ⓖ *Herbst-B.*, **S. autumnális** L.
— Bltntraube bis 8bltg. **2**
2. Blätt. meist 2; Stg. pro Zwiebel 1; Bltnstiele aufrecht-absthd., länger als die Bltn.; ♃; III–IV. Feuchte Wiesen, lichte Laubwälder; *z* im S (in Au nur in Sb), nördl. bis Be/Bonn/Main/Th/SaAn; häufiger nur entlang Mosel, Main, Neckar, Donau, Pf.
Ⓖ *Zweiblättriger B.*, **S. bifólia** L.
— Blätt. meist mehr als 2; Stg. pro Zwiebel meist zu 2(–4); Bltnstiele etwas kürzer als die Bltn. **3**
3. Bltntraube 1–3bltg.; Bltnstiele absthd.-nickend; Blätt. 2–4, etwas kürzer als der Stg.; Perigonblätt. 12–15 mm lg.; ♃; III–V. Gartenzierpfl., selten verwild. (Ho, Kt, St; wo noch?). (Heimat: S-Rußland) *Sibirischer B.*, **S. sibérica** HAW. in ANDR.
— Bltntraube 2–6bltg.; Bltnstiele absthd.-aufrecht; Blätt. 4–7, etwas länger als der Stg.; Perigonblätt. 9–12 mm lg.; ♃; III–V. Gartenzierpfl.; selten verwild. (Ba, Bodensee, St, Schl; wo noch?) (Heimat: Kleinasien?), wild nicht bekannt.
Schöner B., **S. amoēna** L.

18. Ornithógalum L., *Milchstern*
1. Bltn. gelbl.-grün, in 20–50bltg. Traube; Blätt. z. Bltzt. meist abgetrocknet; ♃; V–VI. Buschige Hügel; Hohenlohe (BW), Ob-E, Saarland, Lx, Be, St. [= *O. pyrenaicum* L. (s. l.) ssp. *flavescens* (LAM.) HEGI, excl. *O. sphaerocarpum* KERN.] Ⓖ *Pyrenäen-M.*, **O. pyrenáicum** L. (s. str.)
— Bltn. weißl. od. grünl. **2**
2. Stbfäden zahnlos **4**
— Stbfäden gezähnt, blumenblattart. *(1084)*; Bltn. in verlängerten Trauben **3**
3. Blätt. z. Bltzt. bereits welkend; Perigonblätt. längl.-lanzettl., am Rand wellig; wenigstens die inneren Stbfäden auf der Innenseite m. wellenf. u. in 1 Zahn endigender Leiste *(1084)*; Frkn. zur Blütezt. längl.; ♃; IV–V. Äcker, Gärten, Getreidefelder, Weinberge; *z* eingeschleppt, eingebürgert z. B. St. (Heimat: SO-Eur.)
Ⓖ *Garten-M.*, **O. boucheánum** (KTH.) ASCH.

— Blätt. z. Bltzt. noch frisch, aufrecht; Perigonblätt. längl.-stumpf; Stbfäden auf der Innenseite m. zahnloser Leiste; Frkn. zur Blütezt. rundl.; ♃; IV–V. Gebüsch, Wiesen, Äcker, Weinberge; *z,* nur eingebürgert. (Heimat: SO-Eur., Orient)
Nickender M., **O. nútans** L.

4(2). Bltn. in Dolden od. kurzen Trauben; Frstiele von Infl.-Achse absthd.; Blätt. 1–6 mm breit **6**

— Bltn. in verlängerter, 20–50bltg. Traube; Frstiele der Infl.-Achse angedrückt; Blätt. graugrün, 5–10 mm breit . . . **5**

5. Perigonblätt. innen milchweiß; Gr. kürzer als der Frkn.; ♃; VI–VII. Brachäcker; nur b. Weinheim (N-Baden) u. b. Kolmar (E).
Pyramiden-M., **O. pyramidále** L.

— Perigonblätt. innen durchscheinend bis blaß grünl.weiß; Gr. länger als der Frkn.; ♃; VI–VII. Wiesen, Äcker, Ödland; *s* Au (St, Kt, OÖ). [= *O. pyrenaicum* L. ssp. *sphaerocarpum* (Kern.) Hegi]
[G] *Kugelfrüchtiger M.,* **O. sphaerocárpum** Kern.

6(4). Unt. Frstiele waagerecht absthd.; Gr. länger als die an der Spitze gestutzte Kapsel; Blätt. 2–6 mm breit; Zwiebel meist von mehreren Brutzwiebeln umgeben (bzw. von nadelf. Blättchen); ♃; V–VI. Gärten, Äcker, Wiesen, Weinberge; *z,* vielfach wieder verschwunden, wohl nicht ursprüngl. (Heimat: Mittelmeergebiet)
Dolden-M., **O. umbellátum** L.

— Unt. Frstiele aufrecht abstehend; Gr. kürzer als die an der Spitze vertiefte Kapsel; Blätt. 1–3 mm breit; Zwiebel fast stets ohne Brutzwiebeln; ♃; IV–VI. Grasige Abhänge, Bergwiesen; *s* E (Rüstenhart), S-Baden (Müllheim), SaAn (Halle u. Dessau), Ba (Reichenhall, Miesbach, Passau), Schl, St. (= *O. tenuifolium* auct.; = *O. gussonei* auct.; incl. *O. kochii* Parl.)
[G] *Schmalblättriger M.,* **O. orthophýllum** Ten.
ssp. **kóchii** (Parl.) Zahariadi

19. Múscari Mill., *Träubelhyazinthe* Ⓖ

1. Bltntraube kurz, gedrungen, eif. bis längl. (2–6 cm lg.), an der Spitze m. wenigen geschlechtslosen Bltn. **3**

— Bltntraube locker, 8–20 cm lg., an der Spitze m. zahlr. gestielten, geschlechtslosen Bltn. **2**

2. Stiele der geschlechtslosen Bltn. 3–6mal länger als ihr Perigon; fertile Bltn. grünbraun, m. weißgrünen Zähnen; Blätt. bis 25 mm breit; ♃; V–VI. Äcker, Grasplätze, Weinberge; im S, mittl. Gebiet u. Da *z* eingebürgert. (Heimat: Mittelmeergebiet) Ⓖ *Schopfige T.,* **M. comósum** (L.) Mill.

— Stiele der geschlechtslosen Bltn. etwa so lg. wie ihr Perigon; fertile Bltn. weißgrün, m. schwarzbraunen Zähnen; Blätt. bis 12 mm breit; ♃; V–VI. Sonnige, steinige Hügel; *s* in N-Th, SaAn.
Ⓖ *Schmalblütige T.,* **M. tenuiflórum** Tausch

3(1). Grdst. Blätter zu 2–3, aufrecht, bis 10 mm breit, etwa so lg. wie der Stg.; Perigon rundl., himmelblau, weiß gesäumt; ♃; IV–V. Trockene Hänge, Wiesen, Weinberge; *z,* doch stellenw. massenhaft, bes. im S (SchwAlb) (*f* Ti), nördl. bis M-Rhein/Sauerland/Th.
Ⓖ *Kleine T.,* **M. botryoídes** (L.) Mill.

— Grdst. Blätt. 3–7, bis 6 mm breit; Perigon eif. bis krugf., dkblau bis schwarzblau, weiß gesäumt **4**

4. Perigonblätt. dk.- bis schwarzblau; Blätt. hellgrün, zuw. rötl. an der Basis; ♃; III–V. Weinberge, Äcker; *z* im SW (E, BW, Pf, S-He, NW-Ba), *s* Saarland, He, Ba, Au. [incl. *M. racemosum* (L.) Lam. & DC.]
Ⓖ *Übersehene T.,* **M. negléctum** Guss. ex Ten.

— Perigonblätt. heller blau, zuw. purpurn getönt; Blätt. meist m. blaugrünem Glanz; ♃; III–V. Häufig kult., zuw. verwild., auch eingebürgert (z. B. Ruhrgebiet), bisher wohl m. voriger Art verwechselt. (Heimat: Balkan–Kleinasien)
Balkan-T., **M. armeniacum** Leichtlin ex Bak.

20. Aspáragus L., *Spargel*

1. Nadeln borstig; Schuppenblätt. der Langtriebe etwas ausgesackt *(1075);* Antheren längl., der freie Teil ihrer Filamente kaum doppelt so lg. wie diese; ♃; V–VI. Angebaut u. *z* in sandigen u. ruderalen Trockenrasen verwildert u. eingebürgert. (Heimat: Orient?)
Gemüse-Sp., **A. officinális** L.

— Nadeln haarf.; Schuppenblätt. der Langtriebe glatt; Antheren fast rundl., der freie Teil ihrer Filamente (zumindest der längeren) bis 4mal so lg. wie diese; ♃; V–VI. Buschig-felsige Hänge (bis 900 m); *s* Kt. [G] *Zartblättriger Sp.*, **A. tenuifólius** Lam.

21. Rúscus L., *Mäusedorn*

Immergrüner, bis 50 cm hoher Halbstrauch m. blattart., stechenden Kurztrieben; Bltnblätt. weißgrün, innere viel kleiner; Bltn. eingschl. (zweihäusig); ♃; IV. Gebüsche, Triften; *s* Be; auch kult.
Stechender M., **R. aculeátus** L.

22. Malánthemum Web., *Schattenblume*

Blätt. 2 (an nichtblühenden Pfl. nur 1); Fr. kirschrote Beere; ♃; IV–VI. Schattige, humusreiche Wälder (bis 1800 m); *v*.
M. bifólium (L.) F. W. Schm.

23. Polygonátum Mill., *Weißwurz, Salomonsiegel*

1. Blätt. schmal-lanzettl., 5–12 cm lg., in Scheinquirlen zu 3–8; Stg. aufrecht; ♃; V–VI. Schattige Wälder, vor allem der mont. Reg.; stellenw. *v*, sonst sehr *z*, in N-Dt *f*.
Quirlblättrige W., **P. verticillátum** (L.) All.

— Blätt. breit-elliptisch, 2zeilig; Stg. meist überhgd. **2**

2. Stg. rund; Blätt. ausgebreitet; Bltn. zu 2–5; Stbfäden behaart; ♃; V–VI. Schattige Laubwälder (bis 1800 m); kalkliebend; *v*.
Vielblütige W., **P. multiflórum** (L.) All.

— Stg. kantig; Stbfäden kahl **3**

3. Blätt. u. Bltnstiele kahl; Bltn. zu 1–2, duftend; ♃; V–VI. Steinige, buschige Hänge, lichte Laub- u. Kiefernwälder (bis 1700 m); *v* bis *z* im S, im N seltener; *f* NW-Dt. (= *P. officinale* All.)
Wohlriechende W., **P. odorátum** (Mill.) Druce

— Blätt. untersts. u. Bltnstiele kurzhaarig; Bltn. zu 1–5, geruchlos; Stbfäden mitunter schwach drüsig; ♃; V–VI. Schattig-feuchte Wald- u. Gebüschstellen; *s* St, OÖ.
Auen-W., **P. latifólium** (Jacq.) Desf.

24. Stréptopus Rich. in Michx., *Knotenfuß*

Stg. oben zickzackf. hin- u. hergebogen; Blätt. tief herzf., stgumfassend, längl.-eif.; Bltn. unter den Blätt. stehend, ihr Stiel um den Stg. herumgebogen; Fr. blaßrote Beere; ♃; V–VII. Schattige, feuchte

Bergwälder; *z* Alp. (bis 1900 m) u. Vor-Alp., *s* S-Schw., Bayr/Böhmw., Erz-, Elbsandsteingeb. **St. amplexifólius** (L.) DC.

25. Convallária L., *Maiblume*
Bltnstg. blattlos; Bltn. nickend, einstswendig; Fr. rote Beeren; ♃; V–VI. Lichte Laubwälder, Gebüsch (bis 1900 m), kalkliebend; *v* u. *h*.
Ⓖ *Maiglöckchen,* **C. majális** L.

26. Páris L., *Einbeere*
Bltnhülle 8–10blättrig; Fr. schwarze, **giftige** Beere; ♃; V. Laub-, Misch- u. Auwälder; *v*, im N *z*, stellenweise *f*. **P. quadrifólia** L.

Familie: **Amaryllidáceae,** *Narzissengewächse*

Zwiebelstauden; Blütenbau wie bei *Liliaceae,* Frkn. jedoch unterst.

1. Perigonblätt. ausgebreitet, m. lg.-röhriger od. kurz schüsself. Nebenkrone; Bltn. ± aufrecht bis absthd. **Narcissus,** 635
— Perigonblätt. glockenf. zusammenneigend, ohne Nebenkrone; Bltn. nickend **2**
2. Perigonblätt. fast gleichlg., an der Spitze gelbl. od. grünl. gefleckt . . . . **Leucojum,** 635
— Äußere Perigonblätt. fast doppelt so lg. wie die an der Spitze grün gefleckten inneren . . . . **Galanthus,** 635

1. Galánthus L., *Schneeglöckchen*
Bltn. einzeln; Blätt. blaugrün bereift; ♃; II–IV. Laubwälder, Gebüsche; ursprüngl. u. *s* nur S-Ba, BW, Au (*f* Ti), sonst *v* angepfl. u. stellenw. verwild. (bes. im W). Ⓖ **G. nivális** L.

2. Leucójum L., *Knotenblume, Märzenbecher* Ⓖ
1. Infl.stiel 1-, selten 2bltg., 10–35 cm hoch; ♃; II–IV. Feuchte Laubwälder, Bergwiesen; *z,* stellenw. häufig, nördl. bis Be/Eifel/Düsseldorf/Hamm/Hannover/Wolfsburg/Br/Schl.
Ⓖ *Frühlings-K.,* **L. vérnum** L.
— Infl.stiel 3–7bltg., 36–60 cm hoch; ♃; IV–V. Feuchte, nasse Wiesen (bis 1450 m); ursprüngl. nur St, sonst *s* verwild. (ObRhein, E).
Ⓖ *Sommer-K.,* **L. aestívum** L.

3. Narcissus L., *Narzisse* Ⓖ
1. Perigon weiß, m. kleiner, becherf., am Rand rot gewellter Nebenkrone; ♃; III–V. (2 ssp.) Ⓖ *Weiße N.,* **N. poéticus** L. (s. l.)
a. Blätt. 6–12 mm breit; Perigonblätt. 20–25 mm lg., sich deutl. überdeckend, ungenagelt; Nebenkrone ca. 15 mm im Dm, unt. Stbblattquirl von ihr eingeschlossen. Nur vielf. angepfl. u. (meist unbeständig) häufig verwildert. (= *N. poeticus* L. s. str.) ssp. **poéticus**
— Blätt. 5–8 mm breit; Perigonblätt. 22–30 mm lg., sich nicht od. kaum überdekkend, an der Basis m. kurzem, aber deutl. Nagel; Nebenkrone 8–10 mm im Dm, alle Stbblätt. aus ihr herausragend. Feuchte Bergwiesen; *z* S-Schw., Vog., Kt, St, OÖ, Vb, Sb, sonst nur (meist unbeständig) verwildert. (= *N. angustifolius* auct.; = *N. stellaris* Haw.?; = *N. exsertus* Haw.)
Ⓖ ! ssp. **radiiflórus** (Sal.) Bak.
— Perigon gelb, m. größerer, dottergelber Nebenkrone . . **2**

2. Nebenkrone nur halb so lg. wie die Perigonblätt.; ♃; III–IV. Als Zierpfl. kult.; verwild. St, OÖ. *Unvergleichliche N.,* **N. incomparábilis** MILL.

— Nebenkrone so lg. wie die Perigonblätt.; ♃; III–IV. Feuchte Wiesen, lichte Wälder; ursprüngl. nur Ho, Venn, Eifel, Hunsrück, Vog., sonst zuw. verwild., auch eingebürgert (bes. Au). Ⓖ *Osterglocke, Gelbe N.,* **N. pseudonarcíssus** L.

Familie: **Dioscoreáceae,** *Schmerwurzgewächse*

Windestauden m. knolligem Rhizom; Blätt. herzf. m. fingerart. Nervatur; Bltn. klein, radiär, m. 3zähligem Perigon, in kurztraubiger Infl.; Frkn. unterst.

Támus L., *Schmerwurz*
Blätt. obersts. glzd., bogennervig; Bltn. unscheinbar, in achselst. Trauben, eingschl., ♂ m. glockigem, ♀ m. fast freiblättrigem Perigon; Frkn. unterst.; Fr. scharlachrote Beeren; ♃; V–VI. Schattige Wäld.; *s* Vb, W-Bodensee, Hegau, E, ObRhein (nördl. bis Rastatt), Saarland, S-St. **T. commúnis** L.

Familie: **Iridáceae,** *Schwertliliengewächse*

Knollen- od. Rhizomstauden; Blätter lineal-grasartig *(Crocus)* od. schwertf.-reitend *(Iris, Gladiolus);* Blüten radiär od. zygomorph *(Gladiolus);* Staubblätt. 3; Griffel m. 3, oft blumenblattart. Ästen *(Iris);* Frkn. unterst.; Kapselfr. *(116).*

1. Bltn. zygomorph, fast 2lippig, purpurrot, in einstswendigen, ährigen Bltnständen . . . . **Gladiolus,** 638
— Bltn. radiär, nicht purpurrot **2**
2. Perigonblätt. verschieden gestaltet, äußere zurückgebogen, innere aufrecht; Griffeläste blumenblattart., untersts. m. quer verlaufendem Häutchen (= Narbe) . . . . **Iris,** 636
— Perigonblätt. gleichgestaltet **3**
3. Perigonblätt. zu lg., im Boden steckender Röhre verwachsen; Bltn. meist einzeln; Narben zerschlitzt . . **Crocus,** 637
— Perigonblätt. nur m. sehr kurzer Röhre; Bltn. meist zu mehreren, blau; Blätt. 2–5 mm breit u. 15 cm lg. **Sisyrinchium,** 638

1. Iris L., *Schwertlilie* Ⓖ
1. Äußere Perigonblätt. obersts. gegen den Grd. dicht bärtig behaart **5**
— Äußere Perigonblätt. bartlos, höchstens schwach flaumig **2**
2. Perigonblätt. hellgelb, die inneren sehr klein, die äußeren breit-eirund, m. orangefarbener Zeichnung; Blätt. 1–3 cm breit, etwa so lg. wie die Infl.; Pfl. bis 1 m hoch; ♃; V–VI. Auwälder, Gräben, Sümpfe; *v.* Ⓖ *Sumpf-Sch.,* **I. pseudácorus** L.
— Bltn. violett **3**
3. Stg. 2schneidig zusammengedrückt, 1–2bltg., viel kürzer als die lineal-grasart. Blätt; Pfl. 15–30 cm hoch; ♃; V–VI. Buschige Hügel, Weiden, Trockenrasen; nur in Schl, bei Eger (ČR), Kt, OÖ, St; im SW *s* verwild. (wo?). Ⓖ *Grasblättrige Sch.,* **I. gramínea** L.
— Stg. stielrund, z. Bltzt. länger als die Blätt. **4**

4. Stg. hohl, 45–90 cm hoch; Blätt. schmal-lineal, 2–6 mm breit; äußere Perigonblätt. gegen den Grund weißl.-blau geadert, plötzl. in den braungelben u. purpurn geaderten Nagel verschmälert; ♃; V–VI. Sumpfwiesen, Flachmoore; *z*, westl. bis Hamburg/O- u. S-NS, S-He, Ob.- u. M-Rhein bis Linz. Ⓖ *Sibirische Sch.*, **I. sibírica** L.

— Stg. markig, 30–60 cm hoch; Blätt. 5–12 mm breit; äußere Perigonblätt. rundl., m. weißl., purpurn geadertem u. gelb mittelgestreiftem Nagel; ♃; V–VI. Sumpfwiesen; nur Da, südl. Mainz. Ⓖ ! *Bastard-Sch.*, **I. spúria** L.

5(1). Stg. 1bltg., 8–10 cm hoch, kürzer als die 6–20 mm breiten, stachelspitzigen Blätt.; Bltn. blauviolett; ♃; IV–V. Steinige, sonnige Abhänge; ehemals OÖ, jetzt erst ab NÖ ostwärts; *s* verwild. *Zwerg-Sch.*, **I. púmila** L.

— Stg. mehrbltg.; 80–100 cm hoch 6

6. Hochblätt. zur Bltzt. trockenhäutig; Bltn. blaßlila bis violett, wohlriechend; ♃; V–VI. Kult. u. zuw. verwild. (Heimat: Italien, Jugoslawien) *Bleiche Sch.*, **I. pállida** Lam.

— Hochblätt. z. Bltzt. wenigstens in der unt. Hälfte krautig . 7

7. Äußere Perigonblätt. weißl.-gelb, braunrot od. violett geadert, gelbbärtig, innere goldgelb; Hochblätt. krautig, aufgeblasen; Stg. oberw. meist verzweigt; ♃; V–VI. Trockenrasen, buschige Abhänge; *s* nur b. Garching (nördl. München) u. SchwAlb, OÖ(?), sonst ab NÖ ostw.; *s* verwildert. Ⓖ ! *Bunte Sch.*, **I. variegáta** L.

— Bltn. violett (wenigstens äußere Perigonblätt.) 8

8. Hochblätt. nur am Rand od. an der Spitze trockenhäutig; grdst. Blätt. zuletzt länger als die Infl.; Perigon violett, weißl. bis hellviolett bärtig; ♃; IV–V. Trockenrasen, Bergwiesen; *s* zwischen Schl u. Harz. (= *I. nudicaulis* Lam.). Ⓖ *Nacktstengelige Sch.*, **I. aphýlla** L.

— Hochblätt. in ob. Hälfte trockenhäutig 9

9. Stbfäden so lg. wie Stbbeutel; Gr.äste an der Spitze auseinandergehend, blaßblau; äußere Perigonblätt. dkviolett, gelbbärtig, innere heller; ♃; V–VI. Sonnige Hügel, Mauern, felsige Hänge; aus Kulturen gelegentl. verwild. u. eingebürgert. (Heimat: O-Mittelmeergebiet) [G] *Deutsche Sch.*, **I. germánica** L.

— Stbfäden länger als Stbbeutel; Gr.äste zusammenneigend, dadurch Gr.lappen in der Mitte am breitesten. Gebietsweise eingebürgert (z.B. Donau, Neckar, M-Rhein, Mosel). (= *I.* × *lurida* Ait.) **I. germánica** × **I. pállida**

Hierher mehrere konstant gewordene Hybriden, häufig kultiviert u. zuw. verwildert, z.B.

a. Innere Perigonblätt. bleichgelb; Bart der äußeren Perigonblätt. gelb; Hochblätt. breit-oval-zugespitzt, kahnf.; ♃; VI. Steinige Hänge, Felsen. *Gelbliche Sch.*, **I. squálens** L.

— Innere Perigonblätt. violett; Bart der äußeren Perigonblätt. weißl.gelb; Hochblätt. schmaler, weniger gewölbt; ♃; V–VI. Wie vorige. *Holunder-Sch.*, **I. sambucina** L.

2. Crócus L., *Krokus*

Perigonblätt. weiß, purpurn od. gestreift; Grdblätt. 2–4, 4–8 mm breit, z. Bltzt. meist noch sehr kurz; Gr. intensiv gelb bis orangefarben, selten weißl.; ♃; III–VI. Feuchte Bergwiesen u. Matten. Ⓖ **C. vérnus** (L.) Hill

a. Gr. so lg. wie od. länger als Stbblätt.; Perigonblätt. meist purpurn, lila od. gestreift, groß (im Durchschnitt 4,5 × 1,5 cm). *s* Riesengeb., Schl. (= *C. heuffelianus* Herb.; = *C. neapolitanus* Mordant & Lois.) ssp. **vérnus**

— Gr. meist deutl. kürzer als Stbblätt.; Perigonblätt. meist weiß, kleiner (im Durchschnitt 2,5 × 0,8 cm). *v* Alp. (bis 2300 m), *z* Vor-Alp., *s* Schl; S-Vog., S-Schw., SchwAlb, verwild. u. eingebürgert. (= *C. albiflorus* Kit.) ssp. **albiflórus** (Kit.) A. & Gr.

Mehrere Arten v kult. u. immer wieder verwild.; m. gelbem, weißem od. violettem Perigon, z. B. **C. tommasiniánus** HERB., **C. „heuffeliánus"** (s. o.), **C. síeberi** GAY, auch **C. satívus** L. (wild nicht bekannt, der Narben wegen zur **Safran**gewinnung kultiviert).

3. Gladíolus L., *Siegwurz, Gladiole* Ⓖ

1. Bltn. groß, > 4 cm, verschiedenfarbig; Ähre 8–12bltg.; Blätt. bis 70 × 2 cm groß; Pfl. bis 1 m hoch; ♃; VI–VIII. Gartenzierpfl., zuw. verwild. (Heimat: Mittelmeergebiet) *Garten-S.*, **G. commúnis** L.

— Bltn. kleiner, bis 3 cm lg., purpurn; Pfl. kleiner **2**

2. Ähre 5–10bltg.; Infl. einstswendig; Bltn. dicht sthd.; Perigonröhre stark gebogen; Narbenlappen stumpf; unt. Laubblatt stumpfl.; Blätt. bis 15 mm breit; ♃; VII. Feuchte Wiesen; *z* bis *s* im O: Th, Lausitz, Schl, OPr, W- u. N-St. Ⓖ *Wiesen-S.*, **G. imbricátus** L.

— Ähre 3–15bltg.; Infl. lockerbltg.; Perigonröhre nur schwach gebogen; Narbenlappen zugespitzt; unt. Laubblatt allmähl. zugespitzt; Blätt. bis 10 mm breit **3**

3. Infl. einstswendig, bis 6bltg.; Knollenhaut (vorjährige Blätt.) grob netzartig zerfasernd; ♃; V–VII. Sumpfwiesen, Moorwälder; *z* Alp. (bis 1300 m), *s* Voralp., Bodensee, Ba südl. d. Donau, b. Würzburg, An, Br, Po bis OPr. Ⓖ ! *Sumpf-S.*, **G. palústris** GAUD.

— Infl. eher 2zeilig, 3–15bltg.; Knollenhaut nur dünn u. sehr eng zerfasernd; ♃; V. Feuchte Wiesen; nur Kt (Gailtal). [G] *Illyrische S.*, **G. illýricus** GAUD.

4. Sisyrínchium L., *Grasschwertel*

Blätt. grasart., bis 5 mm breit; Bltn. zu 1–4 büschelig angeordnet, bis 2 cm groß, von langem, spitzem Hüllblatt überragt; ♃; VI–VII. Aus Gärten gelegentl. verwild. (z. B. Br, Me, He, ObRhein, Bodenseegebiet, Vb, St, Kt, OTi, OÖ). (Heimat: östl. N-Am.) (= *S. angustifolium* auct., non MILL.) [G] **S. montánum** GREENE

Ordnung: **Orchidáles** *(= Gynandrae)*

Familie: **Orchidáceae,** *Knabenkrautgewächse, Orchideen*

Stauden, m. oft kugeligen od. handf. geteilten Wurzelknollen; Bltn. zygomorph, ⚥, in den Achseln zuw. laubiger u. gefärbter Hochblätt., in ährigen od. traubigen Bltnständen; Bltnhülle aus zwei 3zähligen Kreisen bestehend. Das mittl. Blatt des inneren Kreises zu einer meist in Form u. Farbe abweichenden, häufig gespornten Lippe, dem **Labellum,** umgestaltet. Durch Drehung des unterst. Frkn. zeigt diese in der entfalteten

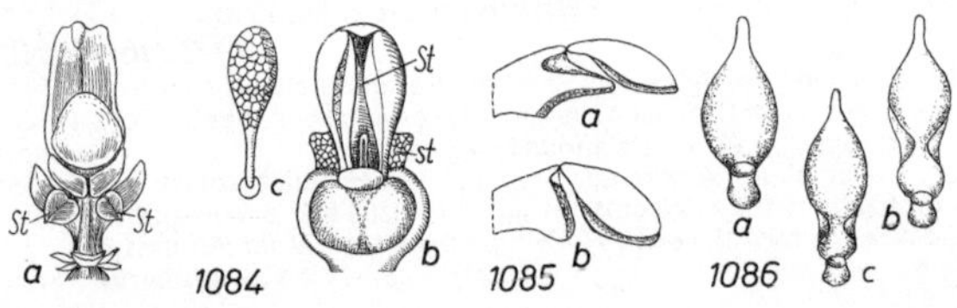

1084 1085 1086

Blüte nach abw. u. unten (Ausnahmen: *Nigritella, Epipogium, Malaxis* u. *Liparis*); Stbblätt. 2 *(Cypripedium, 1084a),* sonst stets nur 1 *(1084b),* das m. dem Gr. u. den Narben (N) zu einem Säulchen, dem **Gynostemium,** verwachsen ist; Pollenmasse eines Stbbeutels zu einem **Pollinium** *(1084c)* vereinigt; Kapselfr.

Ⓖ Sämtliche Orchideen sind geschützt![1] Ⓖ

1. Lippe schuhf., 3–4 cm lg., gelb; Bltn. meist einzeln; Stbblätt. 2 (*1084a,* St) . . . . **Cypripedium,** 642
— Lippe nicht schuhf.; Stbblätt. 1, aber m. 2 Pollenfächern (*1084b* od. ähnl.) **2**
2. Pfl. m. grünen Blätt. **6**
— Pfl. ohne grüne Blätt.; Stg. nur m. gelbl., bräunl., violetten od. weißl. Schuppenblättern **3**
3. Stg. dk.violett; Bltn. hellviolett, m. lg., pfrieml. Sporn u. ungeteilter Lippe . . . . **Limodorum,** 644
— Stg. bräunl., gelbl.-grün od. weißl.; Lippe geteilt . . . **4**
4. Stg. bräunl.; Bltn. in dichter, reichbltg. Traube; Lippe 2spaltig . . . . **Neottia,** 645
— Stg. gelbl.-grün od. weißl.; Bltn. entfernt, hgd., in armbltg. Traube **5**

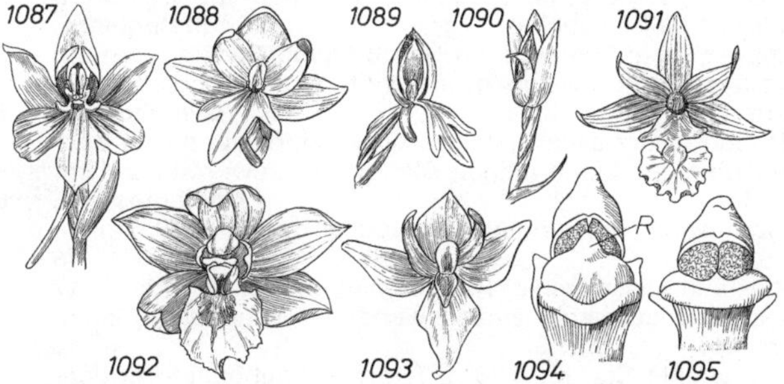

5. Stg. weißl.; Bltn. m. kurzem, dickem Sporn *(1112),* gelbl.-weiß, rot überlaufen . . . . **Epipogium,** 645
— Stg. grünl.-gelb; Bltn. ungespornt, gelbl.-grün m. weißl.-rot punktierter Lippe . . . . **Corallorrhiza,** 655
6(2). Stg. m. nur einem (selten 2) grdst., 2–4 cm breiten u. 4–6 cm lg. Laubblatt; Bltn. grünl.-gelb, in lockerer, reichbltg. Traube . . . . **Malaxis,** 655
— Stg. m. 2 od. mehr Laubblätt. **7**

[1] Aus Gründen des Naturschutzes wird in den Schlüsseln die für die meisten Gattungen und Arten charakteristische Form der unterirdischen (Speicher-)Organe nicht verwendet; die Bestimmung ist dadurch an einigen Stellen schwieriger.

7. Stg. m. 2, zuw. fast in dessen Mitte sitzenden, gegenst. Blätt.; Lippe schmal, tief 2spaltig . . . . **Listera,** 644

— Blätt. mehr als 2 (wenn nur 2, dann am Grd. des Stg.), wechselst., zuw. in grundst. Rosette **8**

8. Lippe ungespornt od. nur undeutl. sackf. vertieft . . **21**

— Lippe deutl. gespornt, zuw. kurz-sackf. **9**

9. Lippe mit 3–5 cm lg., riemenf., anfangs uhrfederartig eingerolltem Mittellappen; Bltn. grünl.-weiß, m. Bocksgeruch **Himantoglossum,** 655

— Lippe kleiner u. anders gestaltet **10**

10. Lippe nach oben weisend (da Frkn. nicht gedreht), ungeteilt u. spitzl. zulaufend; Bltn. schwarzpurpurn od. rosa, nach Vanille od. Kakao duftend; Bltnstand kugelig od. eif.-längl., dichtbltg.; Alpenpfl. . . . . **Nigritella,** 646

— Lippe herabhgd., da Frkn. um ± 180° gedreht; Lippe meist geteilt **11**

11. Sporn kurz- bis längl.-walzl., ± sackf. **14**

— Sporn lang-fadenf. (1–4 cm lg.) **12**

12. Bltnstand gedrängt, pyramiden- bis eif., bis 5 cm lg.; Lippe breiter als lg., am Grd. m. 2 Lamellen *(1087)*; Bltn. fleischfarben bis purpurrot . . . . **Anacamptis,** 655

— Bltnstand ährig verlängert **13**

13. Lippe ungeteilt, schmal-lanzettl., viel länger als breit, weiß *(1107–1108)*; Laubblätt. 2, grdst. . . . . . . **Platanthera,** 645

— Lippe ± deutl. gelappt, im Umriß stumpf-3eckig, vorn am breitesten, nur etwa so lg. wie breit, ± rosa; Stgblätt. mehrere . . . . **Gymnadenia,** 646

14(11). Sporn kurz-sackf., nach vorw. gerichtet, der an der Spitze 3zähnigen Lippe anlgd.; Bltn. grünl., zuw. rötl., ± 1 cm groß . . . . **Coeloglossum,** 645

— Sporn walzl., meist deutl. nach rückw. gerichtet; Bltn. nicht grünl. **15**

15. Bltnstand allstswendig; Perigonblätt. meist > 7 mm . **17**

— Bltnstand schwach einseitswendig; Perigonblätt. kaum 4 mm lg. **16**

16. Bltn. weißl.; Stg. m. 4–6, z. T. grdst. Laubblätt.; Perigonblätt. ± ausgebreitet od. etwas einw. neigend *(1088)* **Pseudorchis,** 647

— Bltn. fleischfarben od. rosa; Laubblätt. 2, grdst.; Stgblätt. 2, entfernt stehend od. ± genähert-gegenst., klein, tragblattähnl.; Perigonblätt. helmf. zusammenneigend; Lippe fast waagerecht vom Perigon absthd. *(1089)* . . **Neottianthe,** 651

17(15). Bltn. intensiv duftend; Perigonblätt. etwa 5 mm lg., ± rosa; Lippe ungefleckt, m. 3 fast gleich großen Lappen **Gymnadenia,** 646

— Bltn. nicht od. kaum duftend; Perigonblätt. > 5 mm . **18**

18. Bltnstand im Umriß halb- bis fast kugelig, höchstens kurz kegelf., dichtbltg.; Bltn. rosa bis hellpurpurn, selten weißl.; Perigonblätt. lg. zugespitzt, die 3 mittl. helmf. zusammenneigend; die beiden seitl. ± absthd. bis zurückgeschlagen; Tragblätt. häutig . . . . **Traunsteinera,** 652

— Bltnstand verlängert, im Umriß längl., höchstens kurzwalzl., selten ± kugelig, meist lockerbltg.; Tragblätt. häutig od. krautig **19**

19. Alle Perigonblätt. (ausgenommen Lippe) helmf. zusammenneigend *(1109, 1111)* . . . . **Orchis,** 652

— Die beiden seitl. Perigonblätt. absthd. od. zurückgeschlagen, die 3 mittl. helmf. zusammenneigend *(1110)* . . **20**

20. Tragblätt. krautig, laubig, meist netzadrig u. länger als der Frkn.; Sporn abw. gerichtet; Stg. beblättert (wenn Bltn. gelb, dann Blätt. nicht bläul.-grün und nicht stark glzd., dann Lippe nur undeutl. gelappt, *1096*) . . . . . . **Dactylorhiza,** 647

— Tragblätt. häutig, oft gefärbt, ± so lg. wie der Frkn.; Sporn waagerecht absthd. od. aufstgd.; Stg. nur m. einem, meist scheidigem Blatt (wenn Bltn. gelb, dann Blätt. stark glzd. u. bläul.-grün, Lippe deutl. gelappt, *1097*) . . . . . **Orchis,** 652

21(8). Lippe in der Mitte nicht eingeschnürt **23**

— Lippe in der Mitte eingeschnürt, dadurch in einen vorderen u. hinteren Teil gegliedert **22**

22. Perigonblätt. meist zusammenneigend (*1090;* nur bei der rosa- bis rotlila blühenden *C. rubra* z. Bltzt. abstehend); Stg. oberw. meist kahl; Bltn. aufrecht; Frkn. sitzend u. gedreht . . . . **Cephalanthera,** 642

— Perigonblätt. meist absthd. *(1091, 1092);* Bltn. meist leicht hgd.; Frkn. kurz gestielt; Stg. oberw. meist behaart **Epipactis,** 642

23(21). Lippe gewölbt, samtig behaart, nicht tief gespalten, Insektenkörper nachahmend; Bltn. bunt, niemals einfarbig **Ophrys,** 651

— Lippe kahl; Bltn. meist einfarbig weiß, gelbl. od. grünl. **24**

24. Lippe 4teilig, gelbgrün bis hellbraun, viel länger als die helmartig zusammenneigenden, grünl.-gelben, rot überlaufenen od. gestreiften Perigonblätt. . . . . . . **Aceras,** 655

— Lippe ungeteilt od. 3lappig **25**

25. Blätt. lineal, grasartig; Bltn. gelbl.grün; Lippe eif. bis rhomboidisch *(1093);* zuw. seitl. schwach gelappt; niedrige Alpenpfl. . . . . **Chamorchis,** 651

— Blätt. breiter, nicht grasart. **26**

26. Lippe deutl. 3lappig, seitl. Lappen kleiner als der mittl. Abschnitt u. spießf.; Lippe nur wenig länger als die Perigonblätt.; Bltn. klein, gelbl.-weiß, in verlängerter, reichbltg., zuw. einstswendiger Ähre . . . . **Herminium,** 651

— Lippe ungeteilt, nur an der Spitze zuw. schwach gezähnelt, gekerbt od. gefranst **27**

27. Bltn. reinweiß, nur die Nerven grün od. die äußeren Perigonblätt. grünl. überlaufen; Bltn. spiralig angeordnet **30**

— Bltn. gelbl. od. gelbl.grün; Infl. nicht schraubig . . . **28**

28. Infl. 3–8bltg., wenig länger als die Blätt.; alle Perigonblätt. ca. 5 mm lg., die inneren fast fadenf., viel schmäler als die am Rand nach unten eingerollten äußeren; 2 grdst. Laubblätt. . . . . **Liparis,** 655

— Infl. reichbltg., viel länger als die Laubblätt.; Bltn. kleiner, äußere Perigonblätt. nicht > 3 mm **29**

29. Blätt. 3–4, eif., etwa 3 cm lg., am Rand u. an den Scheiden häufig m. winzigen Brutknospen (Lupe!); das oberste Blatt in der Achsel eine kleine Sproßknolle tragend **Hammarbya,** 655

— Blätt. 1 [selten 2(–3)], 4–6 cm lg. (s. auch Nr. **6**) **Malaxis,** 655

30(27). Blätt. schmal-lanzettl. od. breiter, dann aber schwach-bogennervig; Lippe nicht ausgesackt; Wiesen- u. Moorpfl. **Spiranthes,** 645

— Blätt. zugespitzt-elliptisch, breit bogen- u. netznervig, oft gescheckt od. Nerven silbrig glzd.; Lippe am Grd. kurz, aber deutl. ausgesackt; Waldpfl. . . . . . . **Goodyera,** 645

1. Cypripédium L., *Frauenschuh*

Blätt. breit-elliptisch, stgumfassend; Infl. m. 1–2 großen Bltn.; Schuh (= Lippe) 3–4 cm groß; äußere Perigonblätt. schokoladenbraun, etwas gedreht; ♃; V–VII. Schattige Wälder (bis 1600 m); kalkliebend; *v* bis *z* Alp., Voralp., Hegau–Alb–FrSchweiz, *z* N-Württ. u. nördl. bis Hildesheim, Th, sonst *s*, NW-Grenze: SO-Be/Eifel/Bonn/Osnabrück/Uelzen/Rügen; auch Da, *f* Ho, Sa. Ⓖ **C. calcéolus** L.

2. Cephalanthéra Rich., *Waldvöglein*

1. Perigonblätt. rot, z. Bltzt. absthd.; Stg. oberw. samt dem Frkn. kurzhaarig; ♃; VI–VII. Lichte Wälder (bis 1800 m); kalkstet; *v* bis *z* Alp., Voralp., Hegau–Alb–FrSchweiz, *z* N-Württ., nördl. bis RhPf, Hildesheim, M-Dt, sonst *s*, NW-Grenze: SO-Be/Münster/Me/Da/Po, in Ho nur Dordrecht. Ⓖ *Rotes W.,* **C. rúbra** (L.) Rich.

— Perigonblätt. weiß od. gelbl.-weiß, zusammenneigend *(1090);* Stg. kahl **2**

2. Bltn. gelbl.-weiß; äußere Perigonblätt. 15–20 mm lg.; Blätt. längl.-eif., höchstens 4mal so lg. wie breit; ♃; V–VI. Schattige Laubwälder (bis 1300 m); kalkliebend; *v* bis *z*, im N *s*, NW-Grenze S-Ho/Münster/Hannover/O-SH, Da. [= *C. alba* (Cr.) Sim.; = *C. grandiflora* S. F. Gray] Ⓖ *Weißes W.,* **C. damasónium** (Mill.) Druce

— Bltn. reinweiß; äußere Perigonblätt. 10–15 mm lg.; Blätt. lanzettl. od. schmal-lanzettl., mehr als 10mal so lg. wie breit; ♃; V–VI. Wie vorige (bis 1400 m); *v* bis *z* Alp., *z* bis *s* im S u. M-Gebiet, NW-Grenze: SO-Ho/Münster/Braunschweig/Me. [= *C. ensifolia* (Murray) Rich.] Ⓖ *Schwertblättriges W.,* **C. longifólia** (L.) Fritsch

3. Epipáctis (Zinn) Sw. em. Rich., *Sumpfwurz, Stendelwurz*

1. Lippe weißl., rötl. geadert, vorderes Glied bewegl., leicht abbrechend, rundl., durch tiefen Einschnitt vom hinteren Abschnitt getrennt *(1091);* ♃; VI–VIII. Sumpfwiesen, Wiesenmoore (bis 1500 m); *v* bis *z* im S, M-Gebiet u. N *z* bis *s* (sehr oft erloschen). Ⓖ *Echte S.,* **E. palústris** (L.) Cr.

— Lippe grünl. od. rötl., vorderes Glied (= Epichil) unbewegl., kurz zugespitzt, dem hinteren (= Hypochil) breit aufsitzend *(1092)* **2**

2. Mittl. Stgblätt. 2–3 cm lg., kürzer als die Stgglieder; Bltnstand arm- u. lockerbltg.; Bltn. grünl.-weiß, rötl. überlaufen; unt. Tragblätt. nicht länger als die Bltn., mittl. nur so lg. wie der weichhaarige Frkn.; ♃; VI–VIII. Schattige Bergwälder; kalkliebend; sehr *z* im S (*f* Sb, OTi) u. M-Gebiet, nördl. bis O-Be/Aachen/Osnabrück/Braunschweig/SaAn/Schl.
Ⓖ *Kleinblättrige St.*, **E. microphýlla** (EHRH.) SW.

— Mittl. Stgblätt. so lg. od. länger als die Stgglieder; Tragblätt. länger **3**

3. Perigonblätt. rotbraun od. rötl.violett, nach Vanille duftend; Frkn. flaumig behaart, deutl. von seinem Stiel abgesetzt; Blätt. steifl., oft rot; Epichil m. ± 2geteilter, höckeriger, runzliger Schwiele *(1092)*; ♃; VI–VIII. Lichte Wälder, sonnige, buschige Hänge, Dünenwälder, alp. Bachränder (bis 2000 m); kalkliebend; *v* Alp. u. Vorland, Hegau–FrAlb/Schweiz, *z* N-He/SO-NS, sonst sehr *z* bis *s*, nördl. bis Ho/SO-Be/Eifel/Dortmund/Osnabrück/Braunschweig/Rügen, OPr. [= *E. atropurpurea* RAF.; = *E. rubiginosa* (CR.) GAUD.]
Ⓖ *Braune St.*, **E. atrorúbens** (HOFFM. ex BERNH.) BESS.

— Perigonblätt. grünl., zuw. etwas violett; Frkn. allmähl. in seinen Stiel verschmälert; äußere Bltnhüllblätt. grünl. . . . **4**

4. Mittl. Blätt. viel länger als die Internodien, längl.- bis breit-eif.; innere Perigonblätt. grünl.-rot bis violett; ♃; VI–IX. Wälder, Gebüsch; *v*. [= *E. latifolia* (L.) ALL.] (5 Kleinarten)
Ⓖ *Breitblättrige St.*, **E. helleboríne** (L.) CR. (s. l.).

a. Rostellum entwickelt (*1094*, R), m. rötl. Klebkörper; Stbbeutel ungestielt; Blätt. spiralig angeordnet; Stg. wenigstens am Grd. rötl. überlaufen, schwach flaumhaarig; Bltn. ± waagrecht absthd.; Perigonblätt. grünl., aber innen rosenrot bis purpurn; Hypochil außen grün, innen meist dkbraun u. nektarführend; Epichil meist rötl.; Laub-, auch Nadelwälder (bis 1500 m); *v*, im N u. M-Gebiet stellenw. *z*. (2 ssp.) **E. helleboríne** (L. em. MILL.) CR. s. str.

A. Kräftige Pfl., 40–100 cm hoch; Infl. lockerbltg.; unt. Tragblätt. größer als ihre Bltn. ssp. **helleboríne**

— Pfl. nur 15–35 cm hoch; Infl. dichter bltg.; unt. Tragblätt. kleiner als ihre Bltn.; *z* Nordsee- u. Ostseeküste. ssp. **neerlándica** (VERM.) BUTTLER

Hierher vermutl. **E. léutei** ROBATSCH: Stg. nur m. 3–4 Laubblätt., m. rotem Stiel; Tragblätt. sehr groß (die unt. bis 6×1 cm); Epichil rosagrünl., etwas länger als breit; Pfl. 30–45 cm hoch; VIII. Nur Buchenwald am Obir (800–900 m), Karawanken (S-Kt). Status?, erst neu entdeckt.

— Rostellum nicht entwickelt *(1095)*, Klebkörper daher fehlend; Perigonblatt ± grün; Blätt. ± deutl. 2zeilig . . . . **b**

b. Stbbeutel deutl. gestielt; Perigonblätt. (insbesondere die äußeren) u. Epichil (dieses m. flacher Spitze) lg. zugespitzt; Pfl. auch am Stggrd. ohne rötl. Anflug, schwach flaumhaarig; Bltn. etwas nickend; innere Perigonblätt. weißl.; Hypochil innen hellrötl. u. nektarführend; Epichil gelbl.-grünl. m. weißem Rand; übrige Bltnteile grünl.; Laubwälder; kalkliebend; *z* Hegau/SchwAlb, sonst *s* u. gebietsweise *f*, nördl. bis SO-Be/Eifel/ob. Ruhr/Hannover/Mo, O-Da, An, Th, sonst im O *f*. (= *E. viridiflora* auct. p. p.) **E. leptochíla** (GODF.) GODF.

— Stbbeutel sitzend; Perigonblätt. stumpfl. od. nur kurz zugespitzt; Epichil stumpfl.; Stg. meist wenigstens am Grd. rötl. überlaufen . . . . **c**

c. Stg. u. Infl.achse deutl. flaumhaarig; Bltn. kleiner als bei vorigen, nickend; Perigonblätt. ± grün; Hypochil innen braunrot bis dk.braun . . . . **e**

— Stg. u. Infl.achse kahl bis sehr spärl. kurz behaart; Bltn. hgd. u. m. ± zusammenneigenden Perigonblätt.; Hypochil ohne Nektar . . . . **d**

d. Blätt. am Rand etwas gewellt, m. büschelig angeordneten, kräftigen Wimperhärchen (Lupe!), elliptisch-zugespitzt; Bltn. außen bräunl.-grün; Epichil weißl. m. rötl. Anflug; Hypochil grünl.; Bltn. selbstbefruchtend, daher Frkn. bereits z.

Bltzt. angeschwollen; Pfl. kräftig, bis 75 cm hoch, oft truppweise sthd.; Stgblätt. eif. bis lanzettl., oft deutl. zugespitzt. Kiefernwälder, Dünen; *s* O-Da.
E. phyllánthes G. E. SMITH

— Blätt. am Rand m. winzigen, nicht gebüschelt stehenden Wimperhärchen (Lupe!), lanzettl., nicht gewellt; Epichil grünl. m. rötl. Anflug; Hypochil rosa (seltener grün); Bltn. nicht selbstbefruchtend, daher Frkn. z. Bltzt. noch schlank u. Perigonblätt. lange Zeit frisch bleibend; Pfl. zierl., nur bis 40 cm hoch, einzeln sthd.; Buchen-, Nadelwälder; *s* O-Da, SH(?), Rügen, Br. (= *E. latifolia* f. *gracilis* DAGEFÖRDE) **E. confúsa** YOUNG

e(c). Blätt. fest, leicht sichelf. gebogen nach außen absthd., mehrmals länger als breit, im Querschnitt ∨-förmig, am Rand leicht gewellt; Bltn. ca. 5 mm lg. gestielt; Stg. an der Basis rötl. überlaufen; Pfl. bis 80 cm hoch; Pollenschüssel fehlend *(1085b);* VI–VIII. (Nadel)Waldränder, Halbtrockenrasen; kalkliebend; *z* BW, N-Ba, Au, sonst *s* u. nördl. bis S-Ho/Eifel/Zweibrücken/Gießen/Hannover/Th/An, sonst im O *f*. *Müllers St.,* **E. muelleri** GODF.

— Laubblätt. nur bis doppelt so lg. wie breit, nicht sichelf.; Pfl. niedriger, kaum 40 cm erreichend . . . . **f**

f. Dünenpfl.; Laubblätt. 4–5, fest u. steif, das mittl. ca. 6×3 cm groß, etwa doppelt so lg. wie breit; Infl. dicht- u. reichbltg.; Sepalen rotgrün, Petalen rotgrünl., etwas blasser; Hypochil innen dk.rot bis dk.braun, Epichil rosa, Übergang beider Teile zieml. breit; Pollenschüssel reduziert m. kaum erkennbarer Mittelleiste *(1085b);* VII–VIII. Dünensenken; *s* Da (N-Jütland).
Jütland-St., **E. rénzii** ROBATSCH

— Auwaldpfl. m. weicheren u. kürzeren Laubblätt.; Infl. armbltg., einstswendig (kaum 6 Bltn.); Pollenschüssel vertieft *(1085a)* . . . . **g**

g. Laubblätt. etwa doppelt so lg. wie breit, überhgd.; Sepalen u. Petalen hellgrün; VIII–X. Ob im Gebiet?, sonst NÖ, Böhmen (Elbe, Moldau, Eger).
Elbe-St., **E. albénsis** NOVAKOVA & RYDLO

— Laubblätt. breit-eif. (die mittl. 5×4 cm), flach u. schräg absthd.; Sepalen grün, Petalen grünl.rosa; Übergang Hypochil/Epichil sehr eng; VIII–IX. *s* St (Mur).
Steiermärkische St., **E. nordeniórum** ROBATSCH

— Mittl. Blätt. nur so lg. od. wenig länger als die Internodien, graugrün, untersts. oft violett wie der Stg.; innere Perigonblätt. grünl.-weiß od. violett überlaufen, glzd.; Stg. oft büschelweise; ♃; VIII–IX. Schattige Wälder; *v* bis *z* BW, sonst *s* im S u. M-Gebiet (*f* Vb, Ti, Kt), nördl. bis SO-Be/Eifel/Bergisches Land/Marburg/Hannover/Hamburg/O-SH (*f* Da). [= *E. violacea* (DURAND) BOR.; = *E. sessilifolia* PET.] Ⓖ *Violette S.,* **E. purpuráta** SM.

Bastardbildung selten beobachtet!

4. Limodórum BOEHM. in LUDWIG, *Dingelorchis*

Bltnstand locker, mehr als 4bltg.; Blüte (geöffnet) bis 4 cm breit; ♃; V–VII. Lichte Kiefernwälder; kalkliebend; *s* SO-Be/Lx/unt. Mosel, Rheintal, südl. ab Kaiserstuhl, E, Au (*f* Vb, NTi).
Ⓖ ! **L. abortívum** (L.) SW.

5. Lístera R. BR., *Zweiblatt*

1. Pfl. 20–65 cm hoch; Blätt. breit-eif., derb; Lippe zugespitzt, gelbl., am Grd. ohne Seitenlappen; ♃; V–VII. Feuchte Wälder, buschige Wiesen, Trockenrasen (bis 2000 m); *v*, im N *z*.
Ⓖ *Großes Z.,* **L. ováta** (L.) R. BR.

— Pfl. 4–20 cm hoch; Blätt. am Grd. herzf., dünn; Lippe rötl., am Grd. m. deutl. Seitenlappen; ♃; V–VIII. Feuchte Nadelwälder, Moore, bes. der mont. Reg. (bis 1800 m); *z* Alp., Schw., Vog., sonst sehr *z* u. *s* (im N meist verschwunden), *f* RhPf, He, Be, Ho (ausgestorben), Br. Ⓖ *Kleines Z.,* **L. cordáta** (L.) R. BR.

6. Neóttia GUETT., *Nestwurz*
Bltn. hellbraun; Perigonblätt. helmf. zusammenneigend; Lippe groß, Endteil 2lappig ausw. spreizend; ♃; V–VI. Schattige Buchen- u. Nadelwälder (bis 1500 m); *v* im S, *v* bis *z* M-Gebiet, *s* im N.
Ⓖ **N. nídus-ávis** (L.) RICH.

7. Spiránthes RICH., *Wendelähre, Drehwurz*
1. Stg. beblättert; Blätt. m. dem Bltnstand erscheinend; Basisblätt. lineal, z. Bltzt. grün; Ähre locker; ♃; VII. Sumpfige, moorige Wiesen, Heiden (bis 1300 m); *s* Alp. (*f* OTi, St) u. Vorland, südl. Ob-Rhein bis Straßburg; Ho u. Be ausgestorben.
Ⓖ ! *Sommer-W.,* **Sp. aestivális** (POIR. in LAM) RICH.
— Blätt. grdst., z. Bltzt. bereits vertrocknet, an der Seite des Bltnstands neue Rosette bildend, deren Blätt. längl.-eif.-spitzl.; Ähre dichtbltg.; ♃; VIII–X. Sumpfwiesen, Triften, Heiden, Schafweiden (bis 900 m); sehr *z* u. *s, f* RhPf, NrWe, Be (ausgestorben), im O bis Me/Sa; sehr stark zurückgegangen. [= *Sp. autumnalis* (BALB.) RICH.] Ⓖ *Herbst-W.,* **Sp. spirális** (L.) CHEV.

8. Goodyéra R. BR., *Netzblatt*
Bltnstg. oberw. drüsig kurzhaarig; Infl. dichtbltg., schwach gedreht; ♃; VII–VIII. Moosige Nadel- u. Mischwälder (bis 2000 m); *z* Au, SchwAlb, sonst sehr *z,* gebietsweise *f.* Ⓖ ! **G. répens** (L.) R. BR.

9. Epipógium GMEL. ex BORKH., *Widerbart*
Bltn. blaßgelb, rötl. gestreift; Lippe nach oben weisend, da Frkn. nicht gedreht *(1112);* ♃; VII–VIII. Schattige, humusreiche Wälder (bis 1500 m); *s* nördl. bis O-Be/Eifel/Bielefeld/Hannover/Me bis OPr.
Ⓖ **E. aphýllum** (F. W. SCHM.) SW.

10. Platanthéra RICH., *Kuckucksblume, Waldhyazinthe*
1. Stbbeutelfächer parallel gestellt *(1107);* Sporn fadenf., gleich dick; Bltn. stark duftend; ♃; V–VII. Laubwälder, Gebüsch, Magerrasen (bis 2300 m); im S *v* od. *z,* nördl. seltener, vielfach verschwunden.
Ⓖ *Zweiblättrige K.,* **P. bifólia** (L.) RICH.
— Stbbeutelfächer nach unten auseinandertretend *(1108);* Sporn walzl.-keulig; Bltn. kaum duftend; Pfl. kräftiger u. großblütiger als vorige; ♃; V–VII. Wie vorige, aber seltener (bis 1800 m). [= *P. montana* auct., non (F. W. SCHM.) RCHB. f.]
Ⓖ *Berg-K.,* **P. chlorántha** (CUST.) RCHB.

P. x **hybrida** BRÜGG.: Bastard *P. bifolia* x *P. chlorantha, z.*

11. Coeloglóssum HARTM., *Hohlzunge*
Pfl. 6–25 cm hoch; Blätt. 3–5, eif.; Bltn. in lockerer Ähre, grün od. bräunl.grün; ♃; V–VI. Kurzgraswiesen der Alp. (bis 2700 m); *z* bis sehr *z,* nördl. bis S-Ho/Bonn/unt. Ruhr/ob. Werra/Th/Sa, OPr, *s* Da.
Ⓖ **C. víride** (L.) HARTM.

12. Gymnadénia R. Br., *Händelwurz*

1. Sporn 1,5–2mal so lg. wie der Frkn.; ♃; kalkliebend. (2 ssp.)
Ⓖ *Mücken-H.,* **G. conopséa** (L.) R. Br.

a. Blätt. lineal, 5–8 mm breit, stumpfl.; Infl. kurz u. lockerbltg.; Sporn 2mal so lg. wie der Frkn.; Pfl. bis 50 cm hoch; Bltn. duftlos; VI–VIII. (Halb-)Trockenrasen, trockene Wälder, buschige Hänge, Heidewiesen (bis 2400 m); *v* im S, *z* M-Geb., *s* im N (vielfach verschwunden). ssp. **conopséa**

— Blätt. schmal-lanzettl., 10–20 mm breit, spitzl.; Infl. verlängert u. dichtbltg.; Sporn nur bis 1,5mal so lg. wie der Frkn.; Pfl. bis 1 m hoch; Bltn. duftend; VII–VIII. Flachmoore, Moorwiesen; *z* bis *s* (Höhengrenze?).
ssp. **densiflóra** (Wahl.) Richt.

— Sporn kürzer od. höchstens so lg. wie der Frkn.; Bltn. stark duftend; ♃; VI–VIII. Moorige Wiesen, Nadelwälder (bis 2200 m); kalkliebend; *v* bis *z* Alp. u. Vorland, Württ., sonst *s:* NW-Ba, b. Saarbrücken, Lx, SO-Be, Rhön, SaAn, Th, Sa, Po–OPr.
Ⓖ *Wohlriechende H.,* **G. odoratíssima** (L.) Rich.

13. Nigritélla Rich., *Kohlröschen, Braunelle*

1. Infl. im Umriß ± kugelig; Perigonblätt. rot- bis schwarzbraun, selten gelb(l.), orangefarben od. rosa; Lippe konkav, an der Basis nicht sattelf. verengt *(1086a);* innere Perigonblätt. kaum mehr als ½ so breit wie die äußeren; ♃; V–IX. Bergwiesen (1600–2500 m); kalkliebend; *v* bis *z* Alp. (2 Kleinarten m. noch ungenügend bekannter Verbr.; in Au vielfach nebeneinander).
Ⓖ *Schwarzes K.,* **N. nígra** (L.) Rchb. f. (s. l.)

a. Tragblätt. weitgehend (bes. oberw.) randl. papillös (gute Lupe!); Bltn. klein, Lippe (ohne Sporn) nur 5–7 mm lg. (unt. Bltn. der Infl.), etwa 4mal so lg. wie der 1,5 mm lg. Sporn; hellere Bltnfarben nicht selten. (2n = 40; geschlechtl. Fortpfl.) Ⓖ **N. rhellicáni** Teppner & Klein

— Nur vereinzelte Tragblätt. randl. teilw. papillös; Bltn. größer, Lippe (ohne Sporn) 7–10 mm lg., etwa 5–6mal so lg. wie der 1,5 mm lg. Sporn; hellere Bltnfarben sehr selten. In Ba, Vb, NTi, Sb bisher nicht nachgewiesen. (2n = 80; ungeschlechtl. Fortpfl.)
[G] **N. nígra** (L.) Rchb. f. ssp. **austríaca** Teppner & Klein
(ssp. *nigra* m. 2n = 60 nur in Skandinavien)

— Infl. im Umriß längl. (meist deutl. länger als breit); Perigonblätt. rosa bis weißl., innere kaum schmaler als äußere; Lippe konkav, oberhalb der Basis sattelf. verengt *(1086b, c);* Bergwiesen (1600–2300 m); kalkliebend. (6 erst in jüngster Zeit entdeckte bzw. unterschiedene, aber schwierig unterscheidbare Kleinarten/Cytotypen m. teilw. geschlechtl., teils ungeschlechtl. Fortpflanzung; Schlüssel weitgehend nach Butler) [= *N. miniata* (Wettst.) Janchen]
Ⓖ *Rotes K.,* **N. rúbra** (Wettst.) Richt. (s. l.)

a. Perigonblätt. fuchsienfarben. *s* Ba (Grenznähe) (1300–2200 m), W-Au, *z* O-Au (bes. OÖ). (2n = 80; Fortpfl. ungeschl.)
Ⓖ *Rotes K.,* **N. rúbra** (Wettst.) Richt. (s. str.)

— Perigonblätt. rosa od./bis weißl. **b**

b. Bltn. halb geschlossen bleibend, nur die seitl. Sepalen abspreizend; Lippe relativ schlank (8 mm lg., 3–4 mm breit); basale Bltn. der Infl. heller, m. weißl. Partien. *s* Au (NW-St: Totes Geb.) (1800–2000 m). (2n = 80; Fortpfl. ungeschlechtl.) [G] *Erzherzog-Johann-K.,* **N. archidúcis-joánnis** Teppner & Klein

— Bltn. geöffnet, alle Perigonblätt. abspreizend . . . . **c**

c. Perigonblätt. zweifarbig, rosalila m. weißen Spitzen; Lippe deutl. oberhalb ihres Grd. sattelf. verengt, relativ breit (6 mm lg., fast 4 mm breit). *s* Au (OÖ/NW-St: Salzkammergut). (2n = 80; Fortpfl. ungeschlechtl.)
[G] *Steirisches K.,* **N. stiríaca** (Rech.) Teppner & Klein

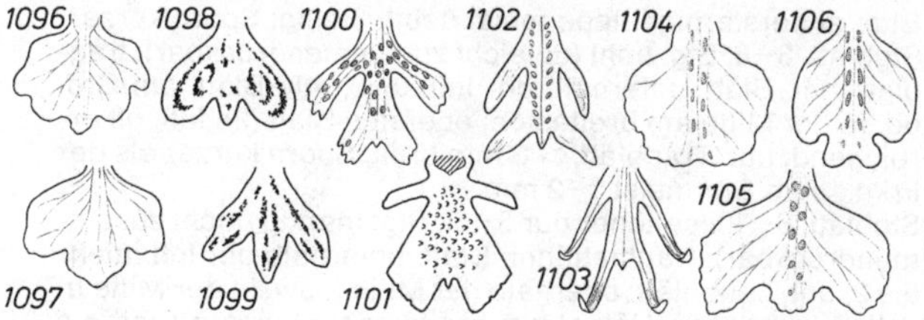

— Perigonblätt. einfarbig; wenn zweifarbig, dann an der Spitze dunkler (nicht weißl.) . . . . **d**

d. Lippe an der Basis stark bauchig erweitert, breiter als im Vorderabschnitt. Oberhalb 1500 m; *s* Dt (Chiemgauer u. Ammergauer Alp., Karwendel), Au (N-St, Sb). (Fortpfl. ungeschl.) Ⓖ *Widders K.,* **N. widderi** TEPPNER & KLEIN

— Lippe an der Basis nur schwach bauchig erweitert, hier schmaler als ihr Vorderabschnitt . . . . **e**

e. Verengerung der Lippe ⅓ von der Lippenbasis entfernt *(1086b);* Perigonblätt. rosarot, Bltn. an der Basis der Infl. blasser. Ob im Gebiet? (sonst W-Alp.). (Fortpfl. geschlechtl.) [G] *Cornelias K.,* **N. corneliána** (BEAUV.) GÖLZ & REINHARD

— Verengerung der Lippe ganz an der Lippenbasis *(1086c);* Perigonblätt. kräftiger als bei voriger gefärbt, mehr lilarosa; Bltn. an der Basis der Infl. blasser. *s* Au (Kt, St: Koralpe, Karawanken, Sanntaler Alp.). (2n = 40; Fortpfl. geschlechtl.) [G] *Steineralpen-K.,* **N. lithopolitánica** RAVNIK

14. Pseudórchis SÉG. (= *Leucórchis* E. MEY.), *Weißzüngel (1088)*
Bltnähre schmal, 2–6 cm lg., Bltn. nickend; ♃; V–IX. Wiesen, grasige Abhänge; kalkmeidend; *v* bis *z* Alp. (bis 2300 m), *s* M-Geb.: Schw. u. Vog., zw. Eifel/Hunsrück u. Rhön/Harz, Bayr/Böhmw., b. Künzelsau (N-Württ.), Th, Sa, Da; Ho ausgestorben. [= *Gymnadenia albida* (L.) RICH.] Ⓖ **P. álbida** (L.) SÉG.

Die Arten der Gattungen *Gymnadenia, Nigritella* u. *Pseudorchis* bilden nicht selten untereinander charakteristische **Bastarde!**

15. Dactylorhíza NECKER ex NEVSKIJ[1] (= *Dactylorchis* VERM.), *Knabenkraut*

1. Bltn. weiß od. rosa bis purpurn, nicht gelb **3**

— Bltn. gelb **2**

2. Wiesen- u. Waldpfl. (s. Nr. **3**) **D. sambucina**

— Sumpfpfl. (s. Nr. **8a**—) **D. incarnata** ssp. **ochroleuca**

3(1). Bltn. trübrot, aber Lippe am Grd. gelbl. m. purpurnen Punkten; Lippe fast ungeteilt, aber m. wellenf.-gekerbtem Rand *(1096),* etwa so breit wie lg.; Sporn so lg. (zuw. länger) wie der Frkn.; Blätt. ungefleckt; Pfl. bis 25 cm hoch, fast stets gemeinsam m. gelbblühenden Exemplaren wachsend; ♃; IV–VI. Bergwiesen, buschige Hänge (bis 1600 m); *v* Au (*f* Vb), *s* E, S-Dt (S-Schw., Bayrw., Rheingau/Nahegebiet, FrSchweiz/Frw./Haßberge, Sa, Da, Böhmen. (= *Orchis sambucina* L.) Ⓖ! *Holunder-K.,* **D. sambucína** (L.) SOÓ

[1] Gliederung der Gattung und Verbreitung ihrer Arten und ssp. z. T. noch ungenügend bekannt u. gesichert. **Bastard**bildung stellenw. sehr häufig u. dadurch Bestimmung oftmals sehr schwierig!

— Bltn. andersfarbig; Lippe meist deutl. 3teilig; Sporn kürzer **4**

4. Stgblätt. 3–6; Stg. hohl (± leicht zusammendrückbar); tragblattähnl. Blätt. unterhalb der Infl. 0–2; alle Blätt. am Grd. od. in der Mitte am breitesten; oberstes Blatt die Infl. oft erreichend; unt. Tragblätt. > 3 mm breit; Sporn kürzer als der Frkn., sein Dm meist > 2 mm **6**

— Stgblätt. 6–10 (seltener nur 3–5); Stg. markig (nicht zusammendrückbar); tragblattähnl. Blätt. unterhalb der Infl. mehr als 2; unt. Laubblätt. oberhalb der Mitte (zuw. in der Mitte u. selten in der unt. Hälfte) am breitesten; oberstes Blatt die Infl. nicht erreichend; unt. Tragblätt. < 3 mm breit; Sporn meist ± so lg. wie der Frkn. (selten deutl. kürzer), sein Dm < 2 mm; Lippe flach **5**

5. Lippe seicht 3teilig, Mittellappen nicht vorgezogen u. meist viel kleiner als die breit abgerundeten u. oft etwas gezähnelten Seitenlappen, Zeichnung oft ausgeprägt schleifenf. *(1098);* unterstes Blatt zugespitzt, selten stumpfl.; ♃; V–VIII. (2n = 80) (= *Orchis maculata* L.) Ⓖ *Geflecktes K.,* **D. maculáta** (L.) Soó

a. Infl. längl.-walzl.; Blätt. breit-lineal; Lippe bis 13 mm breit; Sporn dicker als 1,5 mm u. fast so lg. wie der Frkn.; Pfl. bis 60 cm hoch. Feuchte Wiesen, lichte Wälder (bis ? m); kalkmeidend; Be, Ho, W-Dt (Ostgrenze?), Lausitz, Au? ssp. **maculáta**

— Infl. kürzer, pyramidenf. bis zylindrisch; Blätt. schmal-lineal; Bltn. größer, Lippe > 13 mm breit; Sporn dünner als 1,5 mm, nur ½ so lg. wie der Frkn.; Pfl. bis 35 cm hoch, z.T. nur m. 3 kurzen Laubblätt.; Heide- u. Gebirgsmoore, Moorwiesen (bis ? m); Be, Ho, Da, E, N-NS, Westw.?, Alp.-Vorland, Au? (Ostgrenze?). [incl. *O. ericetorum* (Linton) Marshall] ssp. **elódes** (Gris.) Soó

— Lippe tief 3teilig, Mittellappen zugespitzt-vorgezogen, fast so groß od. etwas größer als die Seitenlappen, Zeichnung meist mehr strichelig u. punktiert *(1099);* unterstes Blatt stumpfl.; ♃; VI–VII. (2n = 40) (= *Orchis fuchsii* Druce) Ⓖ *Fuchs' K.,* **D. fúchsii** (Druce) Soó

a. Pfl. m. 6–10 Blätt., 30–80 cm hoch; Sumpf- u. trockene Wiesen, Waldlichtungen (bis 2000 m); kalkliebend; *v*(?). ssp. **fúchsii**

— Pfl. m. 3–5(–6) Blätt., nur bis 25 cm hoch . . . . **b**

b. Blätt. gefleckt; Bltngrundfarbe rosa; Lippe m. roter bis purpurner Zeichnung; Bltn. duftlos. Flach- u. Hochmoore; *z* Alp. u. Vorland, M-Geb. (Vog.?, Schw., Thw., Harz, Erzgeb., BayrW.?). ssp. **psychróphila** (Schltr.) Holub

— Blätt. ungefleckt od. sehr schwach gefleckt; Bltngrundfarbe weißl. bis gelbl.; Lippe ohne Zeichnung; Bltn. angenehm duftend. Moor- u. Bergwiesen; *s* Erzgeb. [= *D. maculata* ssp. *transsilvanica* (Schur) Soó] ssp. **transsilvánica** (Schur) Fröhner

6(4). Blätt. höchstens 4mal so lg. wie breit (sonst > 2 cm breit), etwa in der Mitte am breitesten (vgl. auch *D. majalis* ssp. *brevifolia* u. ssp. *baltica,* Nr. **14—a/b**) **14**

— Blätt. mehr als 4mal so lg. wie breit, stets lineal, bis 1,5 (1,8) cm breit, vom Grd. an sich allmähl. verschmälernd (zuw. riemenf. u. fast über die ganze Länge gleich breit) **7**

7. Blätt. beidersts. m. größeren Flecken (ungefleckt in Me), seitl. absthd., aber nicht steif aufrecht u. an der Spitze nicht kapuzenf., bis 10 cm lg. u. bis 1,8 cm breit; oberstes Blatt die Infl. erreichend od. länger; Infl. bis 7 cm lg.; Bltn. purpurn, klein, Lippe nur 6 mm lg. u. breit, rhombisch m. gekerbt-gezähneltem Rand; Sporn bis 4 mm lg., kaum halb so lg. wie der Frkn. u. kürzer als die Lippe; Pfl. 15–30 cm hoch; Stg. hohl; ♃; VI(–VII). Feuchte Alpenmatten: Sb,

Vb?, Ba?; strandnahe Sumpfwiesen; *s* Me, Da?, SH, NS. [= *D. incarnata* ssp. *cruenta* (O. F. MUELL.) P. D. SELL]

Ⓖ *Blutrotes K.*, **D. cruénta** (O. F. MÜLL.) SOÓ

— Blätt. nicht od. nur obersts. schwach gefleckt (wenn ungefleckt, dann Bltn. größer od. Blätt. steif aufrecht u. an der Spitze kapuzenf.) **8**

8. Stg. m. weiter Höhlung (leicht zusammendrückbar), deutl. kantig; Blätt. gelbl.-grün, straff aufrecht, an der Spitze etwas, aber deutl. kapuzenf. zusammengezogen; oberstes Blatt die bis 20 cm lg. Infl. erreichend od. länger, einw. gebogen; Bltn. klein; Lippe < 8 mm breit, deutl. bis kaum 3teilig, ihre Seiten(lappen) herabgeschlagen; Tragblätt. länger als die Bltn., einw. gekrümmt; Pfl. 20–100 cm hoch; ♃; V–VII. Bis 1500 m; kalkliebend. (= *Orchis incarnata* L.) Ⓖ *Fleischfarbenes K.*, **D. incarnáta** (L.) SOÓ

a. Bltn. fleischfarben, zuw. kräftiger u. rosenrot od. weißl.; Blätt. ungefleckt [od. selten gefleckt; var. **haematódes** (RCHB. f.) SOÓ; *s* S-Baden, S-Ba, Oberschwaben, N-Br, Ho]. Sumpfwiesen, Flachmoore, Moorgebüsche; *z*.

ssp. **incarnáta**

— Bltn. gelb (od. gelbweiß); Lippe stets 3teilig. Flachmoore, Röhrichtgürtel; *z* (*f* NS, Ho, Be, NrWe?, RhPf?, E, Ti, OPr, Sa, Schl?).

ssp. **ochroleūca** (BOLL) HUNT & SUMMERH.

— Blätt. grün, weniger steif aufrecht bis seitw. weisend, an der Spitze nicht od. nur wenig kapuzenf. zusammengezogen; Tragblätt. nicht bogenf. einw. gewandt (sonst vermutl. Bastarde m. *D. incarnata!*); Bltn. meist größer **9**

9. Pfl. sehr kräftig, bis > 1 m hoch; Stg. m. 5–10 Laubblätt., diese bis 25 cm lg., etwa 5mal so lg. wie breit, unterhalb der Mitte od. sogar an der Basis am breitesten; Brakteen länger als die Bltn., diese dk.purpurn bis rosalila; Lippe m. Schleifenzeichnung, kaum geteilt bis ungeteilt, 8–9×10–12 mm groß; Sporn bis 15 mm lg.; ♃; VI. Wiesenmoor; nur eine Fundstelle in SW-Ho (ob noch?). [= *D. sesquipedalis* (WILLD.) VERM.] [G] *Hohes K.*, **D. eláta** (POIR.) SOÓ

— Pfl. weniger stattl.; Stg. m. meist weniger Blätt., diese nicht in der unt. Hälfte am breitesten; Bltn., Lippe u. Sporn kleiner bzw. kürzer **10**

10. Pfl. bis 60(–70) cm hoch; Stg. m. 4–9 Blätt.; Blätt. aufw. weisend; Lippe fast ganzflächig m. einer Punktzeichnung, allenfalls m. kurzen Strichen od. der Andeutung eines Schleifenmusters **13**

— Pfl. nur bis 30(–40) cm hoch; Stg. nur m. 2–4(–5) Blätt.; Laubblätt. meist ausw. weisend od. sogar etwas zurückgebogen; Lippe m. deutl. Schleifenzeichnung **11**

11. Laubblätt. m. dichter, markanter, braunroter Fleckung, das längste Blatt etwa 5mal so lg. wie breit; Stg. m. meist 3 Laubblätt., violett überlaufen, bes. oberw., hohl; Lippe fast flach od. nur wenig konvex, m. nur wenig abgesetztem Mittelläppchen; Perigonblätt. dk.rot bis rotviolett; Schleifenzeichnung der Lippe häufig unterbrochen, in Striche übergehend; ♃; VI–VII. Hang-Quellfluren; kalkliebend; *s*, nur Loisachtal (Ba), Fernpaß (NTi) u. südl. Berchtesgaden (Sb). (incl. **D. bohémica** BUSINSKÝ aus N-Böhmen) [= *D. pseudocordigera* (L. NEUMAN) SOÓ; = *D. traunsteineri* ssp. *lapponica* (HARTM.) SOÓ]

Ⓖ *Lappländisches K.*, **D. lappónica** (LAEST. ex RCHB. f.) SOÓ

— Laubblätt. ungefleckt od. locker u. wenig markant gefleckt (das längste Blatt 8–10mal so lg. wie breit); Stg. m. 3–5 Laubblätt., nur selten gering violett überlaufen; Lippe stark konvex, m. deutlicher abgesetztem Mittelläppchen; Perigonblätt. nur selten tief rotviolett, meist heller getönt . . **12**

12. Stg. dünn, markig od. m. nur feiner Höhlung (nicht zusammendrückbar); Laubblätt. flach bis wenig gefaltet, schwach gefleckt od. ungefleckt; Infl. bis 10 cm lg., locker bis 12bltg.; Lippe bis 10×13 mm groß; Sporn höchstens ⅔ so lg. wie der Frkn.; ♃; VII–VIII. Flach- u. Gebirgsmoore (bis 1700 m); *z* Alp., *s* S-Schw., Hoch-Vog.[1] (= *Orchis traunsteineri* RCHB. f.)
Ⓖ *Traunsteiners K.,* **D. traunsteineri** (SAUT. ex RCHB. f.) SOÓ

— Stg. kräftiger, hohl (zusammendrückbar); Blätt. fast rinnig gefaltet, schwach gefleckt; Infl. nur um 3 cm lg., dicht bis 20bltg.; Lippe bis 8×11 mm groß; Sporn nur wenig kürzer als der Frkn.; ♃; VI. Sumpfwiesen; kalkliebend; *s* Me bis OPr, Da. [= *D. russowii* (KLINGE) HOLUB; = *D. pycnantha* (L. NEUMAN) AVERYANOV]
Ⓖ *Ostsee-K., Sichelblättriges K.,* **D. curvifólia** (NYL.) CZERN.

13(10). Größtes Laubblatt etwa 5mal so lg. wie breit; Blätt. ungefleckt od. m. ringf. Flecken; Bltngrundfarbe (kräftig) rosalila; Lippe ± flach; Sporn meist kürzer als d. Lippe; ♃; VI–VII. Sumpfwiesen; kalkliebend; *z* Ho, Be, *s* N-Rheinl., b. Rheine (W-NS), b. Hannover, Saarland, Da? (2 var.) [= *D. majalis* ssp. *praetermissa* (DRUCE) MOORE & SOÓ] Ⓖ *Übersehenes K.,* **D. praetermíssa** (DRUCE) SOÓ

a. Blätt. ungefleckt; Lippe m. zahlr. winzigen, purpurnen Pünktchen.
var. **praetermíssa**

— Blätt. m. ringf. Flecken; Lippe m. größeren Punkten u. kürzeren Linien, die sich aber nicht schleifenf. vereinigen; *z* Ho. (= *Orchis pardalina* PUGSLEY)
var. **juniális** (VERM.) SENGH.

— Größtes Laubblatt etwa 8mal so lg. wie breit; Blätt. ungefleckt; Bltngrundfarbe rosalila od. viel blasser; Seitenteile der Lippe etwas herabgeschlagen; Sporn bis 1,3mal so lg. wie die Lippe; ♃; VI. Hoch- u. Zwischenmoore, meist m. *Sphagnum* (Torfmoos); *s* Be, Ho, N-NS, b. Hamburg, Da; ob im Rheinl.? (Verbr. noch ungenau bekannt; vermutl. hybridogene Entstehung) [= *D. incarnata* ssp. *sphagnicola* (HÖPPNER) SUNDERMANN; = *D. wirtgenii* (HÖPPNER) SOÓ?]
Ⓖ *Torf-K.,* **D. sphagnícola** (HÖPPNER) SOÓ

14(6). Bltn. klein, intensiv purpurn; Lippe im Durchschnitt 7×9 mm groß, ungeteilt, im Umriß etwa rhombisch, fast eben od. die Seitenteile wenig herabgeschlagen, m. Punkten u. kräftigen Linien gezeichnet, aber kein markantes Schleifenmuster; Blätt. meist 4, ungefleckt od. gegen die Spitze zu m. sehr kleinen Flecken; Pfl. bis 25 cm hoch; ♃; VI. Sumpfwiesen, Dünensenken; *s* N-Jütland (Da), ob in Dt? [= *D. majalis* ssp. *purpurella* (STEPH's) MOORE & SOÓ]
Ⓖ *Purpurnblütiges K.,* **D. purpurélla** (STEPH's) SOÓ

— Seitenlappen der deutl. 3teiligen u. am Rand meist gezähnelten Lippe herabgeschlagen; Lippe meist m. intensiv purpurner Linienzeichnung, die sich schleifenf. ± schließen; Blätt. fast stets m.

---

[1] Die hiernach bestimmten Pfl. aus anderen Gebieten (Ho, W- u. N-Dt, Da, Alp.-Vorland, Th) sind **Bastarde,** die nicht zur alpinen *D. traunsteineri* gehören.

kräftigen Flecken; Pfl. bis 60 cm hoch; ♃; V–VI. (= *Orchis majalis* RCHB.; = *O. latifolia* auct.)
Ⓖ *Breitblättriges K.,* **D. majális** (RCHB.) HUNT & SUMMERH.

a. Pfl. bis 70 cm hoch; Stg. m. 4–7 aufrechten od. aufrecht absthd. Blätt., diese 1,5–3,5 cm breit u. bis 25 cm lg.; Infl. bis 8 cm lg.; Lippe bis 10 mm breit, deutl. 3teilig, Seitenlappen gekerbt; spätblühend (erst Ende VI); Strandwiesen; salzliebend; *s* Me bis OPr (Da?). ssp. **báltica** (KLINGE) SENGH.

— Pfl. niedriger; Blätt. kürzer . . . . **b**

b. Pfl. bis 25 cm hoch; Blätt. schmal, ± deutl. gefaltet, mehr als 5mal so lg. wie breit; Infl. kurz, bis 5 cm lg.; Bltn. u. ob. Stgteil violett-purpurn; spätblühend. Flachmoore; kalkliebend; *s* Me, Br, Th (wo noch?; Ho?).
ssp. **brevifólia** (BISSE) SENGH. (non RCHB. f.)

— Pfl. höher, sonst Alpenpfl.; Blätt. breiter . . . . **c**

c. Pfl. bis 60 cm hoch; Blätt. meist 5 od. mehr, die unt. breit-lanzettl., allmähl. zugespitzt, selten nur wenig od. ungefleckt; Infl. bis 8 cm lg., reichbltg.; Lippe fast stets deutl. 3teilig; frühblühend. Feuchte Wiesen, sumpfige Orte; *v;* formenreich. ssp. **majális**

— Pfl. bis 30 cm hoch; Blätt. meist nur 4, die beiden unt. eif.-lanzettl. bis elliptisch, kurz zugespitzt bis abgerundet; Infl. bis 5 cm lg., armbltg.; Lippe undeutl. 3teilig bis ungeteilt, m. wellig gekerbtem Rand, bis 15 mm breit; VI–VII. Matten u. Moore der Alp. (?–2000 m?); *v* Au, *s* Dt ab Wettersteingeb. östl. (= *Orchis cordigera* SÜSS. in HEGI, non FR.) ssp. **alpéstris** (PUGSL.) SENGH.

16. Neottiánthe SCHLDL., *Kapuzen-Nacktdrüse (1089)*
Pfl. 10–30 cm hoch; Lippe tief 3teilig, m. kurzem, nach vorn gebogenem Sporn; ♃; VII–VIII. Moorige Nadelwälder; *s* OPr. [= *Gymnadenia cucullata* (L.) RICH.] Ⓖ **N. cuculláta** (L.) SCHLTR.

17. Chamórchis RICH., *Zwergstendel (1093)*
Laubblätt. rinnig-lineal, fast so lg. wie der 5–10 cm hohe Bltnstg.; Ähre armbltg.; ♃; VII–VIII. Steinige Magermatten (1600–2700 m); kalkstet; *z* Alp. Ⓖ **Ch. alpína** (L.) RICH.

18. Hermínium GUETT., *Einknolle*
Pfl. 10–30 cm hoch; Blätt. 2, einander genähert; ♃; V–VII. Trockene Magerwiesen (bis 1800 m); kalkliebend; *z* Alp., sonst *s,* gebietsweise *f* (vielfach verschwunden), nördl. bis Ho/Be/Eifel/Sauerland/Braunschweig/Me bis OPr, *f* Br, Sa. Ⓖ **H. monórchis** (L.) R. BR.

19. Óphrys L., *Ragwurz*

1. Lippe an der Spitze m. kahlem Anhängsel; äußere Bltnhüllblätt. weiß od. rötl.; nur auf Kalk **3**

— Lippe an der Spitze ohne Anhängsel; äußere Bltnhüllblätt. grünl.; nur auf Kalk **2**

2. Lippe 3spaltig, m. tief 2lappigem Mittelzipfel, flach, schmal, etwa 1½–2mal so lg. wie breit u. fast doppelt so lg wie die übrigen Perigonblätt., braunrot, m. kahlem, fast 4eckigem Fleck; innere Perigonblätt. fädl., insektenfühlerähnl.; ♃; V–VI. Sonnige, grasige Hänge (bis 1600 m); *z* im S u. M-Gebiet, nördl. bis S-Ho, Osnabrück/Hamburg/Th/Me/Po, *f* Br, Schl, OPr. (= *O. muscifera* HUDS.)
Ⓖ *Fliegen-R.,* **O. insectifera** L. em. L.

— Lippe ungeteilt, an der Spitze ausgerandet, gewölbt, breit, etwa so lg. wie breit, m. 2(–4) kahlen, am Grd. quer verbundenen Längslinien; ♃; IV–VI. (2 Kleinarten)
Ⓖ! *Spinnen-R.,* **O. sphegódes** MILL. (s. l.)

a. Bltn. klein, Lippe 5–7 mm groß, fast flach u. rund, schwarzbraun od. schwarzgrün, ± gelb umrandet. Trockenrasen, buschige Hänge; *s* E, BW, Maintal, Th (Verbr. ungenügend bekannt). [= *O. litigiosa* CAM.; = *O. sphegodes* ssp. litigiosa (CAM.) BECH.] **O. aranéola** RCHB.

— Bltn. größer, Lippe um 10(–12) mm groß, längl.-eif., gewölbt, rotbraun. Wie vorige; sehr *z* u. lückenhaft SO-St, Ba südl. der Donau, BW, E, Liechtenstein, Pf u. Saarland, NW-Ba, N-Eifel, S-Be, Th, SaAn, *f* Sa, Pl, im N (vielfach verschwunden). (= *O. araneifera* HUDS.) **O. sphegódes** MILL. (s. str.)

3(1). Lippe so lg. wie breit, ungeteilt; Konnektiv stumpf; Lippenanhängsel aufw.gebogen; ♃; V–VI. Sonnige, buschige Hügel; *z* O-Au (Kt, St, OÖ), Hoch- u. S-ObRhein, Lechtal, *s* S-Ba, BW, E, W-RhPf, nördl. bis S-Be/Eifel/Köln/Hanau (He)/Würzburg/Ba (bis 1100 m). [= *O. arachnites* (L.) REICH.; = *O. fuciflora* (F. W. SCHM.) MOENCH]. Ⓖ *Hummel-R.,* **O. holosérica** (BURM. f.) GREUT.

— Lippe deutl. länger als breit, gelappt, m. kleinen, seitl. Zipfeln; Anthere gerade bis S-förmig verlängert; Lippenanhängsel abw. bis rückw. gebogen; ♃; V–VII. Sonnige, grasige Hügel, lichte Gebüsche; *z* Au (Kt?), E, BW, Ba, Saarland/Mosel, Gebiet Kassel/Göttingen, sonst *s* u. nördl. bis Ho/Duisburg/Osnabrück/Hannover/Th/SaAn; Heiligenhafen (SH)? Ⓖ *Bienen-R.,* **O. apífera** HUDS.

Innere Perigonblätt. ⅔ so lg. wie die äußeren (bei ssp. **apífera** höchstens ⅓); *s* in S-BW, E. ssp. **friburgénsis** (FREYHOLD) SOÓ

Ophrys-Arten sind recht formenreich u. neigen außerdem zur **Bastard**bildung. Starke Veränderlichkeit in der Zeichnung der Lippe!

20. Traunsteínera RCHB., *Kugelknabenkraut*

Lippe spärl. dk.punktiert, 3lappig, ihr Mittellappen so lg. wie breit, vorn meist rechtwinklig-wellig abgeschnitten; Bltnhüllblätt. zipfelig auslaufend; ♃; V–VIII. Feuchte Gebirgswiesen (bis 2200 m); *z* Alp., *s* Vog., Schw., Baar, SchwAlb, N-böhmische Randgeb., Schl.

Ⓖ **T. globósa** (L.) RCHB.

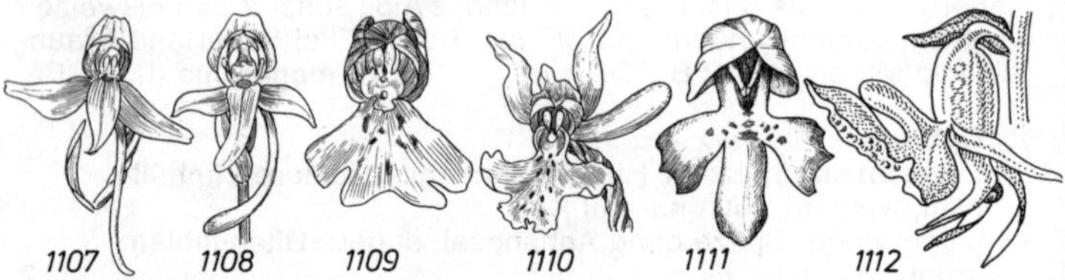

1107 1108 1109 1110 1111 1112

21. Órchis L., *Knabenkraut*

1. Beide seitl. Perigonblätt. absthd. od. zurückgeschlagen, die 3 übrigen zusammenneigend *(1110)* **9**

— Alle Perigonblätt. (mit Ausnahme der Lippe) helmf. zusammenneigend *(1109, 1111)* **2**

2. Lippe violett-purpurn, so breit od. breiter als lg., 3lappig, m. breiten Seitenlappen *(1109);* Sporn waagrecht absthd. od. aufstgd.; Perigonblätt. rot, grün gestreift; ♃; IV–VII. Wiesenmoore, trockene

Wiesen, lichte Wälder (bis 1400 m); *z* im S, *s* bis *f* im N (vielfach erloschen). Ⓖ *Kleines K.,* **O. mório** L.

— Lippe länger als breit, 3spaltig od. 3teilig, ihr Mittellappen verlängert, oft tief geteilt; Sporn abw. gerichtet **3**

3. Mittellappen der Lippe geteilt **5**

— Mittellappen der Lippe ungeteilt od. nur vorn ausgerandet **4**

4. Bltnstand kugelig; Spitzen der Perigonblätt. ausgezogen, voneinander absthd. **Traunsteinera globosa,** 652

— Bltnstand verlängert; Bltn. schmutzig-grünl.-purpurn, nach Wanzen duftend; Lippe braunrot od. grünl., m. roten Flecken *(1111);* Spitzen der Perigonblätt. sich berührend; ♃; V–VIII. Grasige Hänge, feuchte Wiesen (bis 1500 m); sehr *s:* Au, Ba, E, BW, S-He, Th, Altmark, b. Lübeck, S-Ho (Limburg), OPr? Ⓖ! *Wanzen-K.,* **O. corióphora** L.

5(3). Mittellappen der Lippe 2lappig, zw. beiden Lappen stets deutl. ein kleines Spitzchen *(1101–1103);* Tragblätt. höchstens ⅓ so lg. wie der Frkn. **7**

— Mittellappen der Lippe 2lappig, zw. beiden Lappen nur zuw. ein kleines Spitzchen (*1100;* mehrere Bltn. untersuchen!); Tragblätt. so lg. od. länger, mindestens aber ½ so lg. wie der Frkn. **6**

6. Bltnstand anfangs kugelig, später walzl.-längl., dichtbltg., an der Spitze schwärzl. (wie angebrannt aussehend); Sporn ⅓ bis ¼ so lg. wie der Frkn.; Lippe weiß, spärl. rot punktiert; ♃; V–VIII. Grasige, trockene Hänge (bis 2000 m); kalkliebend; *z* im S, nördl. bis SO-Be/Eifel/N-He/Th/SaAn/Sa/Schl, sonst nur Da. Ⓖ *Brand-K.,* **O. ustuláta** L.

— Bltnstand fast kugelig, an der Spitze hellpurpurn, also auch die Knospen; Sporn wenigestens ½ so lg. wie der Frkn.; Lippe weißl., reichl. dk.violett punktiert, ihre Seiten- u. Mittellappen gezähnt *(1100);* ♃; V–VI. Trockene Wiesen, grasige Hänge, lichte Waldränder (bis 1000 m); kalkliebend; nicht selten in SO-We/S-NS/N-He/Th/SaAn/Br, Au (*f* Vb), *s* Po, Schl. Ⓖ *Dreizähniges K.,* **O. tridentáta** Scop.

7(5). Mittellappen der Lippe in zwei lg., lineale Zipfel gespalten, die in Länge, Form u. Farbe den beiden seitl. Zipfeln gleichen *(1103);* ♃; V–VI. Grasige, sonnig-trockene Hügel; kalkliebend; *s* S-Baden, S-E, W-Saarland, Lx, SO-Be, S-Ho (1 Ort nahe Be). Ⓖ! *Affen-K.,* **O. símia** Lam.

— Lippe nicht in 4 sich gleichende lineale Zipfel gespalten **8**

8. Helm außen braunrot, kugelig-eif.; Mittellappen der Lippe am Grd. viel breiter als die Seitenlappen, nach vorn sich allmähl. verbreiternd, tief geteilt, weißl.-hellrosa, dkrot gefleckt *(1101);* Lippenzipfel meist gezähnt; Pfl. 30–75 cm hoch; ♃; V–VI. Waldränder, buschige Hänge (bis 700 m); kalkliebend; *z* in S-Dt, E, RhPf, Th; *s* Vb, Kt, Sa, Me, He, S-NS, NrWe, S-Ho, SO-Be, Da. (= *O. fusca* Jacq.) Ⓖ *Purpur-K.,* **O. purpúrea** Huds.

— Helm außen blaßrosa, längl.-eif.; Mittellappen der Lippe am Grd. nur doppelt so breit wie die Seitenzipfel, nach vorn sich ± plötzl. verbreiternd, tief geteilt, hellrot bis violett u. dk.rot punktiert *(1102);* Pfl. 20–40 cm hoch; ♃; V–VI. Grasige Hänge, Wiesen, lichte Wälder (bis 1800 m); kalkliebend; *z* im S, nördl. *s* u. bis S-Ho/Köln/Osnabrück/Lüneburg/Me bis OPr. Ⓖ *Helm-K.,* **O. militáris** L.

O. purpurea, militaris u. *simia* bilden nicht selten untereinander **Bastarde.**

9(1). Bltn. rosa, rot, purpurn od. violett (selten weißl.) . . . **11**

— Bltn. gelb **10**

10. Lippe ± deutl. gelappt *(1097);* Sporn fast so lg. wie der Frkn., aufw. gerichtet bis waagerecht absthd.; ♃; IV–VI. Lichte Laubwälder, Lichtungen (bis 1400 m); kalkliebend; *s* Alp. u. Vorland (*f* Kt), *z* Hegau–Baar–SchwAlb, *s* E (b. Rouffach), N-FrAlb/Schweiz, Haßberge, NO-He, Th, SaAn, Schl. Ⓖ *Bleiches K.,* **O. pállens** L.

— Lippe nicht deutl. gelappt, aber m. wellig-gekerbtem Rand *(1096),* meist m. kleinen purpurnen Flecken; Sporn so lg. wie der Frkn., abw. gerichtet, dick; s. S. 647 Nr. **3.** **Dactylorhiza sambucina**

Blaßgelbe Bltn. m. abw. gerichtetem Sporn besitzt auch *D. incarnata* ssp. *ochroleuca,* s. S. 649 Nr. **8 a**—.

11(9). Blätt. lineal, von der Basis zur Spitze allmähl. verschmälert, locker am Stg. sthd. **13**

— Blätt. breiter, zungenf. bis breit-längl., in od. über der Mitte am breitesten, am Grd. des Stg. zusammensthd.; Lippe 3teilig; Tragblätt. meist rotviolett überlaufen **12**

12. Seitl. Sepalen seitl. absthd. bis nach vorn-ausw. gebogen, grünl. m. feiner rötl. Fleckung; Sporn abw. weisend, nur bis 10 mm lg. u. zieml. dick (3–4 mm); Brakteen 5–7nervig; ♃; V–VI. Bergwiesen d. Krummholzreg.; sehr *s* Au (Vb, Sb, Kt, OÖ).

Ⓖ *Spitzels K.,* **O. spitzélii** Saut. ex Koch

— Seitl. Sepalen zurückgeschlagen, in roten Farbtönen, ohne Grün; Sporn waagerecht bis aufw. weisend, bis 20 mm lg. u. schlank; ♃; V–VI. Buschige Wiesen u. Hänge, lichte Laubwälder (bis 2000 m); kalkliebend. (2 ssp.)

Ⓖ *Kuckucks-K., Männliches K.,* **O. máscula** L.

a. Mittellappen der Lippe etwa so lg. wie die Seitenlappen; Perigonblätt. stumpfl. bis spitzl.; *z* im S (*f* Ba südl. d. Donau in der Ebene) u. M-Gebiet, nordwestl. bis S-Ho/Köln/Rheine/Ems/Altmark/SH/Da. (incl. ssp. *occidentalis* O. Schwarz) ssp. **máscula**

— Mittellappen der Lippe bis doppelt so lg. wie die Seitenlappen; Perigonblätt. deutl. länger zugespitzt. Auch Halbtrockenrasen; *z* Alp. (in Au z.T. ausschließl.), *s* Vorland, BW, Th (Verbr. nicht genau bekannt). (= *O. speciosa* Host) ssp. **signífera** (Vest) Soó

13(11). Blätt. bis 3(–4 cm) breit; Lippe nicht 3teilig, im Umriß fast rund *(1104),* fast eben; Sporn nur bis ⅔ so lg. wie der Frkn.; Pfl. bis 80 cm hoch; ♃; V–VI. Sumpfwiesen; 1 Fundort in He (jetzt erloschen). *Stattliches K.,* **O. élegans** Heuffel

— Blätt. bis 1,5 cm breit; Lippe 3teilig, Seitenlappen ± herabgeschlagen **14**

14. Lippe breiter als lg., ihr Mittellappen von den seitl. überragt od. höchstens so lg. wie diese *(1105);* Sporn am Ende etwas verdickt, höchstens ⅔ so lg. wie der Frkn.; ♃; IV–V. Sumpfwiesen; *s* Hainaut (Be). *Lockerblütiges K.,* **O. laxiflóra** Lam.

— Lippe länger als breit, ihr Mittellappen die seitl. überragend *(1106);* Sporn am Ende nicht verdickt, ± so lg. wie der Frkn.; ♃; V–VI. Kalkhaltige Flachmoorwiesen; *z* Br, *s* N-ObRhein, SO-Ba, N-Ba, Po, Schl, Au (*f* Vb, Ti). Ⓖ! *Sumpf-K.,* **O. palústris** Jacq.

22. Áceras R. Br., *Fratzenorchis, Ohnsporn*
Bltnähre reichbltg., verlängert; Laubblätt. längl.-eif.-lanzettl., bläul.-grün; Lippe schmal-lg. 4zipfelig; ♃; V–VI. Sonnige, kurzgrasige Hügel, Gebüsch; kalkstet; *s* BW (bes. S-ObRhein), Grenzbereich zu Frankreich zw. Zweibrücken u. Lx, M-Rhein um Koblenz, Eifel, He (N-Spessart, sonst angesalbt), Th, S-Ho, SO-Be, SaAn.
Ⓖ **A. anthropóphorum** (L.) Ait.

23. Anacámptis Rich., *Hundswurz (1087)*
Blätt. lineal-lanzettl.; Tragblätt. lineal-lanzettl.; ♃; VI–VII. Sonnige Berghänge, Gebüsch; kalkliebend; *z* BW, E, sonst sehr *z* u. *s*, nördl. bis Ho/S-Be/Eifel/Teutoburgerw./Braunschweig/SaAn, Rügen, *f* Po–OPr, Sb, Ti. Ⓖ **A. pyramidális** (L.) Rich.

24. Himantoglóssum Spr. em. Koch, *Riemenzunge, Bocksorchis*
Stg. bis 90 cm hoch, kantig; Bltnähre reichbltg.; ♃; V–VII. Sonnige, grasige Abhänge, lichtes Gebüsch; kalkstet; *s* im SW, nördl. u. östl. bis S-Be/Eifel/Rheingau/Schweinfurt/Th/Bamberg/Hohenlohe/SchwAlb/W-Bodensee; in Ho wieder vorhanden. [= *Loroglossum hircinum* (L.) Rich.] Ⓖ **H. hircínum** (L.) Spr.

25. Maláxis Sol. ex Sw., *Einblattorchis*
Pfl. 10–30 cm hoch; Lippe nach unten weisend; ♃; VI–VII. Moorige Stellen, feucht-lichte Wälder, Bergwiesen (bis 1800 m); *v* Alp., *s* b. Schongau (S-Ba), 6 Fundorte in O-Württ. u. N-Ba, Me bis OPr, Schl, Sudeten. [= *Microstylis monophyllos* (L.) Lindl.]
Ⓖ **M. monophýllos** (L.) Sw.

26. Hammárbya O. Ktze., *Weichwurz*
Pfl. 5–15 cm hoch; Lippe nach oben weisend (Drehung um 360°); ♃; VII–VIII. Torfsümpfe, Moore; *z* Voralp. Au (*f* OÖ) u. Ba, *s* ObBa, N-Bayrw., E, südl. Pirmasens (RhPf), N-Be, Ho, NS, SH, Da, Me bis OPr, Schl (im N größtenteils verschwunden). [= *Malaxis paludosa* (L.) Sw.]
Ⓖ! **H. paludósa** (L.) O. Ktze.

27. Líparis Rich., *Glanzkraut*
Pfl. 5–20 cm hoch; Bltnstand locker; 3–10bltg.; ♃; V–VII. Torfsümpfe, Flachmoore zwischen Moos; *z* Au, S-Ba, *s* N-Ba, ObRhein, E, b. Euskirchen (Rheinl.), Münsterland, Be, Ho, OFries. Ins., Da, ab Me/Th östl. (im N vielfach verschwunden). Ⓖ! **L. loesélii** (L.) Rich.

28. Corallorrhiza Chât., Haller, *Korallenwurz*
Bltnstand locker, 4–9bltg.; Fr. groß, hängend; ♃; V–VII. Schattige Laub- u. Nadelwälder, vor allem der mont. Reg. (bis 2000 m); *z* Alp., Hegau–Alb–FrSchweiz, *s* E, Bayr/Böhmw., Hunsrück, NW-He, Rhön, südl. Göttingen, ab Th–Me östl.; Ho ausgestorben. (= *C. innata* R. Br.)
Ⓖ **C. trífida** Chât.

Unterklasse: **Junciflórae** *(= Juncidae), Binsenähnliche*

Ordnung: **Juncáles**

Familie: **Juncáceae,** *Binsengewächse*

Kräuter od. Stauden von grasähnl. Habitus; Stg. meist knotenlos; Blätt. entw. grasartig od. stielrund, stengelähnl. *(47),* m. offenen od. verwachsenen Blattscheiden; Bltnstände von sympodialem Aufbau, köpfchenf. *(160),* doldig od. rispenartig (= **Spirre,** *159, 107*), an der Basis m. 1 od. mehreren Tragblätt. **(= Hüllblätt.);** Bltn. klein, unscheinbar; Bltnhüllblätt. 6, grünlich od. braun, meist trockenhäutig, spelzenart.; Stbblätt. 6 od. 3; Frkn. oberst., 3blättrig; Kapselfr.

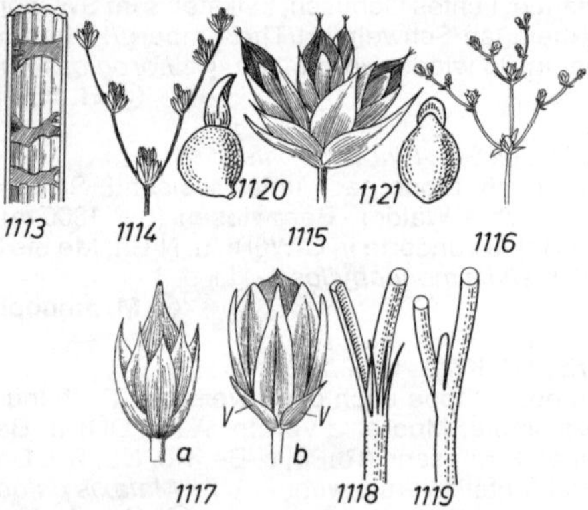

1113 1114 1115 1116 1117 1118 1119 1120 1121

1. Blätt. stengelähnl. od. borstenf., kahl; Pfl. oft m. kräftigem, kriechendem Rhizom; Fr. vielsamig . . . . . **Juncus,** 656
— Blätt. flach, grasart., am Rand meist langhaarig; Fr. 3samig **Luzula,** 662

1. Júncus L., *Binse*[1]

1. Spirre deutl. endst. *(159),* zuw. von den laubblattart. Hüllblätt. überragt **10**
— Spirre scheinbar seitenst.[2], das stengelähnl. Hüllblatt bildet die Fortsetzung des Stg. *(160)* **2**

---

[1] Bei Überprüfung u. Berücksichtigung der Fruchtmerkmale achte man darauf, daß die Fr. reif sind!

[2] Der Bltnstand ist in Wirklichkeit endst., wird aber durch das Hüllblatt zur Seite gedrängt.

2. Spirre 3–7bltg., etwa in der Mitte des Stg.; Hüllblätt. deshalb etwa so lg. wie dieser; äußere Perigonblätt. fein zugespitzt, innere nur spitzl.; Perigonblätt. weißl.; basale Blattscheiden strohgelb; ♃; VI–VIII. Moorige Orte (bis 2500 m); *v* bis *z* im N, SO u. Au, *z* M-Dt, *s* im W (Ho, Be, Rheinl., RhPf, BW außer Schw., NW-Ba). *Faden-B.*, **J. filifórmis** L.

— Spirre in der ob. Hälfte des Stg. **3**

3. Spirre armbltg. (2–4 Bltn.), von 2–3 laubblattart., schmal-linealen, obersts. rinnigen Hüllblätt. überragt; Perigonblätt. kastanienbraun; Blätt. schmal-tiefrinnig, am Grd. m. lg. gefransten Öhrchen *(1118);* ♃; VII–VIII. *Dreispaltige B.*, **J. trífidus** L.

a. Spreite an den Grdblätt. fehlend; Hüllblätt. viel länger als die mehrbltg. Spirre; Stgblätt. dem Hüllblatt genähert; Kapsel plötzlich zugespitzt. Trockene Matten, Felsspalten der Ur-Alp. (oberhalb 1200 m); *v* Au, in Dt *s,* nur Allgäu, Berchtesgaden; *s* Bayr/Böhmw., Riesengeb.–Gesenke. ssp. **trífidus**

— Grdblätt. m. deutl., meist borstl. Spreite; Hüllblätt. kurz, allenfalls ob. Stgblatt dem Hüllblatt genähert; Spirre nur 1–3bltg.; Kapsel allmähl. zugespitzt. Wie vorige, aber nur auf Kalk (oberhalb 1600 m); *v* bis *z* Alp., in Dt *s.* (= *J. hostii* Tausch; = *J. monanthos* Jacq.) ssp. **monánthos** (Jacq.) A. & Gr.

— Spirre reichbltg., nicht von 2–3 fadenf. Hüllblätt. überragt **4**

4. Spirre dichtkopfig, 1–3 cm lg. gestielt, Hüllblatt deshalb von dieser entfernt; Perigonblätt. glzd.-schwarzbraun, alle kurz zugespitzt; Samen m. 2 lg. weißen Anhängseln; Pfl. dichtrasig; ♃; VII–X. Feuchte, quellige Orte der Ur-Alp. (1600–3000 m); *z,* in Dt *s.* *Jacquins B.*, **J. jacquínii** L.

— Spirre nicht gestielt, Hüllblätt. deshalb unmittelbar unter dieser ansetzend **5**

5. Unt. Hüllblatt (starr u. stechend) die stark verzweigte u. verlängerte Spirre nur wenig überragend; Perigonblätt. strohgelb, die äußeren stachelspitzig; Niederblätt. braun, m. kurzer, stechender Spitze; Pfl. ½–1 m hoch; ♃; VII–VIII. Strandwiesen der Meeresküsten, Schlickböden; *v* Ostfriesische Inseln, Ostsee-, *s* Nordseeküste. *Strand-B.*, **J. marítimus** Lam.

— Unt., den Stg. fortsetzendes Hüllblatt die Spirre weit überragend **6**

6. Stg. glatt, glzd. (nur trocken fein gestreift) **8**

— Stg. deutl. gestreift od. gefurcht, nicht glzd. **7**

7. Mark der graugrünen Stg. fächerig unterbrochen *(1113);* Niederblätt. schwarz-braun-glzd.; Spirre locker; Stbblätt. 6; Fr. zugespitzt; Perigonblätt. rotbraun m. grünem Mittelstreif; ♃; VI–VIII. Feuchte, offene, auch waldnahe Orte (bis 1500 m); *v,* im NW nur *z.* (= *J. glaucus* Sibth.) *Graugrüne B.*, **J. infléxus** L.

— Mark der mattgrünen Stg. nicht unterbrochen; Niederblätt. gelb bis rotbraun, nicht glzd.; Spirre meist kugelig-geknäuelt; Stbblätt. 3; Fr. an der Spitze gestutzt u. vertieft, hier Gr.rest auf einem Höcker sitzend; Perigonblätt. rotbraun bis rostfarben; Hüllblatt 5–15 cm lg., m. stark erweiterter bis aufgeblasener Scheide; Antheren länger als ihre Filamente; Gr. ⅓ so lg. wie der Frkn. (wenn blühend!); ♃; V–VII. Moorige Wiesen (bis 1800 m); *v.* (= *J. leersii* Marss.) *Knäuel-B.*, **J. conglomerátus** L.

8(6). Pfl. dichtrasig; Perigonblätt. grünl.-bräunl., breit hautrandig, alle zugespitzt; Stbblätt. 3; Fr. an der Spitze gestutzt u. etwas vertieft,

– hier Gr.rest nicht auf einem Höcker sitzend; Stgmark nicht unterbrochen; Niederblätt. nicht glzd.; Hüllblatt 15–30 cm lg., m. nicht od. kaum erweiterter Scheide; Antheren kürzer als ihre Filamente; Gr. (wenn blühend) nahezu fehlend; ♃; VI–VII. Nasse Wiesen, feuchte Waldstellen, Quellmoore (bis 1500 m); *v*. *Flatter-B.*, **J. effúsus** L.

— Pfl. lockerrasig; Perigonblätt. rot- bis kastanienbraun m. grünem Mittelstreif, weiß-hautrandig, äußere fein zugespitzt, innere nur spitzl.; Stbblätt. 6; Fr. zugespitzt . . . **9**

9. Strandpfl.; Stg. deutl. voneinander entfernt, da Rhizomabschnitte verlängert; Infl. locker-spirrig-reichbltg.; Niederblätt. glzd.; Stg. m. unterbrochenem Mark; ♃; VI–VIII. Strandwiesen, Dünen; *v* Ostseeküste, *s* Borkum, WFriesische Inseln (Ho). *Baltische B.*, **J. bálticus** Willd.

— Alpenpfl.; Stg. wenig voneinander entfernt; Infl. dichtblütig-kopfart.; Niederblätt. nicht od. matt glzd.; Stgmark nicht unterbrochen; ♃; VII–VIII. Nasse, sandig-kiesige Stellen der Ur-Alp. (ab 1600 m); *s* Vb, Ti. *Arktische B.*, **J. árcticus** Willd.

10(1). Bltn. zu mehreren kopfig gehäuft; Köpfe in geknäuelten bzw. lockeren Spirren *(1114)* od. einzeln *(1115)*; Bltn. ohne Vorblätt. **21**

— Bltn. einzeln *(1116)*, am Grd. m. 2 Vorblätt. (*1117*, V), letzte Bltn. der Spirre oft einander genähert; Stbblätt. 6 . . . . **11**

11. Spirre m. 1–3 Bltn., von 2–3 laubblattart. Hüllblätt. weit überragt (s. auch Nr. **3**). **J. trífidus** L.

— Spirre reichbltg. (wenn armbltg., dann Perigonblätt. grünl.) **12**

12. Stg. bis zur Mitte 1–2 Blätt. tragend (außer dem Hüllblatt!) **15**

— Stg. nur am Grd. m. Blätt. (ihre Scheiden aber zuw. den Stg. bis ⅓ seiner Länge umschließend; das unt. Hüllblatt zählt nicht!) **13**

13. Spirre von den Hüllblätt. nicht od. kaum überragt, starr aufrecht, ± zusammengezogen; Perigonblätt. stumpfl., so lg. wie die reife Kapsel; Blätt. matt, starr-borstl., in größerer Zahl pro Trieb; ♃; VI–VIII. Moorige Waldstellen, Heiden; kalkmeidend; *v* im N, sonst *z*, in Au *s* nur Vb, Sb, OÖ. *Sparrige B.*, **J. squarrósus** L.

— Die meist lockere Spirre vom untersten Hüllblatt weit überragt; Perigonblätt. zugespitzt, länger als die reife Kapsel; Blätt. grasart., aufrecht, saftig-glzd., nur 1–3(–4) pro Trieb, daher derbe, feste Horste bildend **14**

14. Blattscheiden am Ende m. deutl. (1–3 mm lg.), stumpfl., zarten, trocken-weißl. Öhrchen; Spirre bis 8 cm lg.; ♃; VI–IX. Nasse Waldwege, Heiden; *v* bis *z* eingebürgert (bis 1000 m). (Heimat: N-Am.) (= *J. macer* S. F. Gray) *Zarte B.*, **J. ténuis** Willd.

— Blattscheiden am Ende m. wenig abgesetzten, zieml. stumpfen, derben, trocken gelbl. Öhrchen; Spirre nur bis 5 cm lg., armblütiger; ♃; VI–VIII. Wie vorige; eingebürgert bisher Th, Vb. (Heimat: N-Am.) *Dudleys B.*, **J. dudléyi** Wieg.

15(12). Pfl. ⊙; Stg. vom Grd. an verzweigt; Perigonblätt. zugespitzt **17**

— Pfl. ♃, m. kriechendem Rhizom; Perigonblätt. stumpf, zumindest die äußeren; Spirrenäste aufrecht **16**

16. Stg. zusammengedrückt; Perigonblätt. rötl.-braun m. grünem Mittelstreif, ½–⅓ kürzer als die kugelig-eif. Fr.; Stbbeutel weniger als doppelt so lg. wie ihr Filament; Hüllblatt (so lg. wie od.) länger als die Infl.; ♃; VI–IX. Nasse Waldwege, Wiesenmoore (bis 1500 m); *g* u. *h*. *Zusammengedrückte B.,* **J. compréssus** JACQ.

— Stg. fast stielrund, starr, aufrecht; Perigonblätt. rot bis schwarzbraun, wenig kürzer als die elliptische Fr.; Stbbeutel 2–6mal so lg. wie ihr Filament; Hüllblatt kürzer als die Infl.; ♃; VI–VII. Feuchte, salzhaltige Wiesen der Küstengebiete *(v)* u. des Binnenlandes (*s;* Ebene), in Au nur Vb, NTi. *Salz-B.,* **J. gerárdii** LOIS.

17(15). Blattscheiden an der Spitze m. seitl. hochgezogenen Öhrchen *(1119);* Perigonblätt. braun, m. grünem Mittelstreif, am Rand häutig, etwa so lg. wie die Kapsel; Spirre reich u. locker verzweigt *(1116);* ⨀; VI–VIII. Feuchte Lehm- u. Sandböden, Heiden; äußerst *z* (BW nur ObRhein, Ba nur b. Erlangen, He nur b. Darmstadt, RhPf nur Westw., E nur b. Belfort); *f* Da, östl. ab Po, Au.
Sand-B., **J. tenagēia** EHRH. ex L. f.

— Blattscheiden ohne Öhrchen; Perigonblätt grünl. **18**

18. Fr. bräunl., fast kugelig; Perigonblätt. bleichgrün, weiß berandet, von der Fr. abstehend, viel länger als diese; Spirre wie bei voriger; Stg. schlaff niederlgd.; ⨀; VI–IX. Ufer, lehmige Äcker; sehr *z* u. *s* E, Rheintal südl. Mainz, M-Donau, UntFr., Th, Böhmen, OÖ.
Kugelfrüchtige B., **J. sphaerocárpus** NEES

— Fr. gelbl., grün od. rötl., längl.; Perigonblätt. der Fr. angedrückt; bltntragende Triebe ± steif aufrecht; Niederblätt. gelbl.-, gräul.- bis rötl.-braun **19**

19. Innere Perigonblätt. lanzettl., stumpf bis spitzl., ± häutig, die äußeren schmal-oval, 3,5–6 mm lg., die inneren kürzer, aber so lg. wie die 3,5–5 mm große, umgekehrt-eif. Fr.; Niederblätt. dkrot; Stbbeutel ½ so lg. wie ihre Filamente; Stbblätt. 6; Pfl. bis 20 cm hoch; ⨀; VI–IX. Nasse Wiesen, lehmige Äcker; salzliebend; *z* Meeresküsten, sonst sehr *s, f* E, Au, in Dt westl. d. Rheins u. südl. d. Mains (nur b. Schwenningen), Th, Sa. (= *J. ambiguus* auct.)
Frosch-B., **J. ranárius** SONG. & PERR.

— Innere Perigonblätt. spitz od. zugespitzt, länger als die ovale bis elliptische Fr. **20**

20. Fr. 3–5 mm groß, Stbbeutel ½ so lg. wie ihre Filamente; Stbblätt. 6; Perigonblätt. 6–8 mm lg., schmal-oval, die äußeren krautig u. schmal-hautrandig, die inneren spitz od. m. einem feinen Spitzchen, ± häutig; Pfl. 5–30 cm hoch; ⨀; VI–IX. Gräben, Waldwege, nasse Äcker (bis 1200 m); *v*. *Kröten-B.,* **J. bufónius** L.

— Fr. 2,5–3 mm groß; Stbbeutel nur bis ⅙ so lg. wie ihre Filamente; Stbblätt. 3 (selten 6); Perigonblätt. schmal-oval, breit-hautrandig, die äußeren 4–6,5 mm lg., die inneren m. einem feinen Spitzchen; Bltn. kleistogam, Pfl. nur bis 5 cm hoch; ⨀; VI–IX. Feuchte, besonders sandige Böden; bisher m. *J. ranarius* od. Kümmerexemplaren von *J. bufonius* verwechselt; jetzt nachgewiesen Norderney, Me, Odenw., N-Schw., Böhmen, NTi, Sb, Kt, St.
Kleinste B., **J. minútulus** ALB. & JAH.

21(10). Blätt. seitl. zusammengedrückt, zweischneidig, 2–6 mm breit; Spirre armköpfig (2–6), Köpfe dicht- u. reichbltg., ca. 10 mm im Dm; Perigonblätt. spitz; Sprosse entfernt, m. lg. Ausläufern; ♃; VI–VIII. Adventiv, wohl auch verwild., da kult.; bisher Ho, We, W-NS, Bayrw. (Heimat: westl. N-Am., O-Asien)
Schwertblättrige B., **J. ensifólius** WIKSTRÖM

— Stg. m. runden od. borstl. Blätt. **22**
22(10). Spirre vielköpfig; Blätt. stielrund od. zusammengedrückt, derb, m. Querwänden; Fr. spitz; Stbblätt. 6 . . . **29**
— Spirre 1- bis wenigköpfig; Blätt. oft borstl., ohne od. m. undeutl. Querwänden; Höhe bis 30 cm **23**
23. Stg. schlaff, oft niederlgd., an den Knoten wurzelnd od. im Wasser flutend (var. **flúitans** FR.); Blätt. borstl. bis fadenf., gleich dem Stg. oft rötl.; Spirre verzweigt, m. 2–10bltg. Köpfchen, diese nicht selten m. Laubtrieben (Viviparie); Perigonblätt. (hell-)braun, gleich lg., die äußeren spitzer als die inneren; Stbblätt. 3 (selten 6); Kapsel stachelspitzig; Wuchsform je nach Standort (Lebensweise) sehr veränderlich; ♃; VII–X. Moore, Wiesen, Tümpel; *z* (bis 1200 m). (2 ssp.) (= *J. supinus* MOENCH) *Rasen-B.*, **J. bulbósus** L.
a. Stbblätt. meist 3, Stbbeutel so lg. wie ihre Filamente; Perigonblätt. grünl. bis rötl., stumpf; Fr. 2 mm groß; Stg. aufrecht, aufstgd. bis flutend; Pfl. (wenn nicht flutend) bis 15 cm hoch. *v* im N, sonst *z*, in Dt südl. der Donau *s*. ssp. **bulbósus**
— Stbblätt. meist 6, Stbbeutel nur ½ so lg. wie ihre Filamente; Perigonblätt. hell- bis kastanienbraun, die inneren spitzl.; Fr. 3 mm groß; Stg. nur aufrecht bis aufstgd. (ob flutend?); Pfl. insgesamt kräftiger, höher u. reichbltger. *s* im N (Da?), südl. bis Be, RhPf, dann SaAn. ssp. **kóchii** (F. W. SCH.) REICHG.
— Stg. steif-aufrecht; Infl. nur 1–3(–4)köpfig **24**
24. Äußere Perigonblätt. nicht zugespitzt (*J. pygmaeus:* stumpfl., aber m. aufgesetztem Spitzchen) **26**
— Äußere Perigonblätt. fein zugespitzt, meist deutl. hautrandig, innere an der Spitze abgerundet **25**
25. Pfl. ⊙, m. kurzem Wurzelwerk; Stbblätt. 3; Fr. etwas kürzer als das Perigon; Köpfchen einzeln, endst. **od.** entfernt daneben noch 1–3 deutl. gestielte, meist 4–8bltg. Köpfchen; Samen bis 0,5 mm lg., rotbraun, ohne Anhängsel; ⊙; VI–IX. Feuchte Äcker, sandige Orte; sehr *z* bis *s*, *f* Rheinl., BW (nur b. Lörrach), Ba südl. der Donau; Au nur O-St. *Kopf-B.*, **J. capitátus** WEIG.
— Pfl. ♃, m. dünnem Rhizom u. bis 10 cm lg. Ausläufern; Stbblätt. 6; Fr. fast doppelt so lg. wie das Perigon; Köpfchen einzeln, endst. **od.** dicht daneben noch 1–2 nur kurz gestielte, meist 2–3bltg. Köpfchen; Samen 2–3 mm lg., weißl., m. doppeltem Anhängsel; ♃; VII–VIII. Quellige, sumpfige Stellen (ab 1700 m); *s* Ti, Sb, Kt, St, Liechtenstein. *Kastanienbraune B.*, **J. castáneus** SM.
26(24). Perigonblätt. etwas länger als die strohgelbe, glzd., zugespitzte Kapsel; Köpfchen je Trieb zu 1–4, das unterste sitzend, die übrigen lg.gestielt; Stbblätt. 3–6; Blattscheiden m. 2 spitzl. Öhrchen; Pfl. büschelig, oft rötl., bis 10 cm hoch; ⊙; V–IX. Feuchte Sandböden; nur Nordfriesische Inseln u. Helgoland, Be (ob noch?), Ho, Da. (= *J. mutabilis* LAM.) *Zwerg-B.*, **J. pygmáeus** RICH. ex THUILL.
— Perigonblätt. kürzer als die Fr., nicht fein zugespitzt; Blattscheiden in 2 stumpfe Öhrchen vorgezogen (ähnl. *1119*); Pfl. bis 20 cm hoch; Stbblätt. 6 . . . . **27**
27. Stg. m. 2–3 Laubblätt.; Köpfchen zuw. einzeln, endst., meist aber daneben m. 1–2 weiteren, deutl. gestielten, 1–5- (meist 2–3)bltg. Köpfchen; unterstes Hüllblatt laubblattart., 2–4mal so lg. wie das Köpfchen; Perigonblätt. grünl. bis rötl.; ♃; VII–IX. Hochmoore; *s* in S-Ba (bis 800 m), OPr. Ⓖ! *Moor-B.*, **J. stýgius** L.

— Alle Blätt. grdst.; Köpfchen (fast stets) einzeln, endst., ungestielt; Hüllblatt (= unterstes Tragblatt) höchstens wenig länger als das Köpfchen; zierl. Pfl. **28**

28. Hüllblätt. meist etwas kürzer als das (1–)3–5bltg. Köpfchen; alle Bltn. ± gleich kurz gestielt bis sitzend; Perigonblätt. rotbraun; Kapsel spitzl.; Samen einschl. ihres Anhängsels 2–3 mm lg.; ♃; VII–IX. Quellige Orte (1500–2800 m); kalkmeidend; *s* Alp.
Dreiblütige B., **J. triglúmis** L.

— Unterstes Hüllblatt meist so lg. od. etwas länger als das 1–2 (–4)bltg. Köpfchen; unterste Blüte sitzend, die übrigen deutl. gestielt; Perigonblätt. schwarzpurpurn; Kapsel oben ausgerandet; Samen einschl. ihres Anhängsels 1–2 mm lg.; ♃; VII–IX. Feuchtquellige Orte; nur Radstädter Tauern um 2000 m (Sb).
Zweiblütige B., **J. biglúmis** L.

29(22). Alle Perigonblätt. gleich lg., stumpf, bleich, breithautrandig, etwas kürzer als die braune od. gelbe, 3fächerige Fr.; Infl. lockere, offene, mehrfache Spirre, deren Äste absthd. bis zurückgebogen; sterile Triebe nur m. 1 stgähnl. Blatt; Einzelköpfchen 5–10 (–12)bltg.; Pfl. m. sehr kräftigem Rhizom, 40–100 cm hoch; ♃; VI–VII. Sümpfe, moorige Wiesen (bis 1000 m); kalkliebend; *v* südl. der Donau (*f* St) u. ObRhein, sonst *z* bis *s* (bes. im NW u. O). (= *J. obtusiflorus* Ehrh. ex Hoffm.)
[G] *Stumpfblütige B.*, **J. subnodulósus** Schr.

— Perigonblätt. spitzl., spitz od. stachelspitzig, hierbei die äußeren von den inneren verschieden od. beide gleich gestaltet, dunkelbraun; Spirrenäste mehr aufrecht orientiert, nur selten zurückgebogen; sterile Triebe am Grd. beblätt.; Kapsel rot- bis schwarzbraun, 1fächerig **30**

30. Kapsel länger zugespitzt *(1117a);* alle Perigonblätt. zugespitzt bis stachelspitzig **32**

— Kapsel im Umriß elliptisch, m. stumpfer Spitze, dort allenfalls m. einem winzigen Spitzchen; innere Perigonblätt. etwas stumpfl., die äußeren zugespitzt bis stachelspitzig *(1117b)* **31**

31. Stg. u. Blätt. rund; äußere Perigonblätt. unterhalb der Spitze kurz stachelspitzig, die inneren deutl. hautrandig, kürzer als die oberw. schwarz-glzd. Fr.; Rhizom kurz; ♃; VI–VIII. *v* südl. der Donau u. ObRhein, sonst sehr *z* bis *s*, im N vielfach verschwunden (*f* SH, NS, Be). (= *J. alpinus* Vill.) *Alpen-B.*, **J. alpinoarticulátus** Chaix

a. Pfl. meist nur bis 40 cm hoch; Stg. dünn, schlaff; Infl. wenig verzweigt, ihre Seitentriebe ± aufrecht; Bltn. fast schwarz. Flach- u. Quellmoore, feuchte Matten (bis 2000 m); *z* Alp. u. Vor-Alp., im N *s* bis *f*. ssp. **alpinoarticulatus**

— Pfl. bis 70 cm hoch; Stg. kräftig; Infl. reich verzweigt, ihre Seitentriebe ± absthd.; Bltn. dkbraun od. rotbraun. Nasse Wiesen, Gräben; *z* im N u. M, *s* im S. ssp. **fuscoáter** (Schreb.) Lindb. f.

— Stg. u. Blätt. stark zusammengedrückt, Perigonblätt. stumpf (aber zuw. m. einem feinen Spitzchen), hautrandig, der glzd.-kastanienbraunen Kapsel angedrückt u. nicht od. kaum kürzer als diese; Rhizom verlängert, dünn; ♃; VI–VIII. Dünen; *s* NFriesische Inseln, W-SH, W-Da, Ho, Be. (= *J. atricapillus* Drej. ex Lgf.)
Zweischneidige B., **J. ánceps** Laharpe

32(30). Blätt. im frischen Zustand längsriefig, daher im Querschnitt kantig, m. undeutl. Querwänden; Kapselspitze meist etwas schief u. nur wenig länger als die glzd.-schwarzen Perigonblätt.; ♃; VII–VIII. Sumpfwiesen, kiesige u. lehmige Orte; sehr *z* im O, westl. bis Po/Br/An, S-He (b. Worms u. südl. Aschaffenburg), Kt.
Schwarze B., **J. atrátus** Krock.

— Blätt. auch im frischen Zustand glatt, daher im Querschnitt rundl., Querfächer deutl. u. fühlbar; Kapselspitze nicht schief, das Perigon deutl. überragend **33**

33. Samen m. 2 verlängerten Anhängseln; Fr. etwas länger als die inneren Perigonblätt., diese etwas länger als die äußeren; Pfl. bis 1 m hoch; ♃; VI–VIII. Feuchte Wiesenränder; *s* eingebürgert Ho, Be. (Heimat: O-Nordam.)
Kanadische B., **J. canadénsis** J. Gay ex Laharpe

— Samen ohne Anhängsel **34**

34. Alle Perigonblätt. ± gleich lg., alle stachelspitzig; in der Farbe sehr variabel (von grün bis dk.braun); Kapsel kurz-spitzl. auslaufend; Pfl. 20–50 cm hoch; ♃; VII–X. Gräben, feuchte Wiesen, Äkker, Sümpfe, Strandwiesen; *g* bis *v;* sehr veränderl. (3 od. 4 ssp. bzw. var.; Gliederung noch unbefriedigend) (= *J. lampocarpus* Ehrh. ex Hoffm.) *Glanzfrüchtige B.*, **J. articulátus** L.

— Innere Perigonblätt. länger als die äußeren, innere stachelspitzig, äußere nur zugespitzt, kastanienbraun, schmal hautrandig; Kapsel auffällig schnabelart. verlängert (wenn reif!); Pfl. 30–100 cm hoch; ♃; VI–VIII. Wälder, Gräben, feuchte u. Moorwiesen (bis 1700 m); *z.* (= *J. silvaticus* auct.)
Spitzblütige B., **J. acutiflórus** Ehrh. ex Hoffm.

Bastardbildung nicht selten!

2. Lúzula DC., *Hainsimse*

1. Die einzelnen Bltn. sitzend u. zu 2–10 in Ähren od. Köpfchen vereinigt; diese in Spirren **11**

— Bltn. kurz gestielt, einzeln od. zu wenigen gebüschelt (aber nicht in Ährchen od. Köpfchen); Bltnstand doldentraubig od. spirrig **2**

2. Bltn. gruppenweise genähert; Samen an der Spitze oft m. kleinem Anhängsel **6**

— Bltn. einzeln, entfernt; Samen m. deutl. Anhängsel *(1120–1121);* Pfl. 15–30 cm hoch **3**

3. Blätt. nur an der Mündung der Blattscheiden gewimpert (od. am Rand spärl. behaart); Samen m. kleinem, basalem Anhängsel (s. Punkt **10**). **L. glabráta** (s. l.)

— Blätt. am Rand stets deutl. weißhaarig; Samen m. lg., spitzenst. Anhängsel **4**

4. Perigonblätt. strohgelb, meist hautrandig; Blattspreiten 1,5–3 mm breit, flach; unt. Blattscheiden braun bis gelbl.; Pfl. m. 3–10 cm lg. Ausläufern, Wuchs locker; ♃; V–VI. Nadelwälder u. Zwergstrauchreg. der Alp. u. Vor-Alp. (800–2000 m); *z.* [= *L. flavescens* (Host) Gaud.] *Gelbliche H.*, **L. luzulína** (Vill.) D.T.

— Perigonblätt. braun od. rötl. **5**

5. Samenanhängsel gerade *(1121);* Spirrenäste aufrecht; Perigonblätt. grannig zugespitzt; Grdblätt. lineal-lanzettl., flach, 1,5–3 mm breit; Blattscheiden purpurrot bis violett; Pfl. dichtrasig, ohne verlängerte Ausläufer; ♃; IV–V. Bergwälder, Gebüsch; *s* RhPf (nördl. bis Bonn), Vog., rechtsrheinisch nur Ts, b. Frankfurt, Kraichgau, ObRhein südl. Freiburg; OÖ. *Forsters H.,* **L. fórsteri** (SM.) DC.

— Samenanhängsel sichelf. *(1120);* Spirrenäste nach der Blüte herabgeschlagen; Perigonblätt. kurz zugespitzt; Grdblätt. 5–10 mm breit, dicht weiß bewimpert; Blattscheiden dkrot; Pfl. lockerrasig, m. verlängerten Ausläufern; ♃; III–V. Wälder, Gebüsche, Waldwiesen; *v.* *Behaarte H.,* **L. pilósa** (L.) WILLD.

6(2). Perigonblätt. gelb; Blätt. lineal-lanzettl., fast kahl od. am Rand nur spärl. bewimpert, bläul.-grün, ihre Scheiden graubraun bis rot; Infl. aus geknäuelten, zieml. dichtsthd. Teilinfl.; Pfl. 10–20 cm hoch; ♃; VII–VIII. Humöse Weiden, Felsspalten der Ur-Alp. (1500–3000 m); *z* Vb, NTi. *Gelbe H.,* **L. lútea** (ALL.) DC.

— Perigonblätt. weiß, rötl. od. braun **7**

7. Blätt. fast kahl od. nur am Grd. bärtig; Hüllblätt. kürzer als der Bltnstand; Bltn. braun **10**

— Blätt. am Rand u. an der Scheidenmündung ± stark lg.haarig bewimpert **8**

8. Unt. Hüllblätt. deutl. kürzer als der Bltnstand, nicht laubig; Blätt. starr, glzd.-dkgrün, 4–20 mm breit; Perigonblätt. braun; Pfl. 30–90 cm hoch; ♃; IV–V. [= *L. maxima* (REICHARD) DC.]
Wald-H., **L. sylvática** (HUDS.) GAUD.

a. Pfl. kräftig, bis 90 cm hoch; Blätt. 10–20 mm breit; Infl. groß u. reich (mehrfach) verzweigt. Humusreiche Wälder, bes. der mont. Reg. (bis 2300 m); *v,* im N *z* bis *s, f* Vb. ssp. **sylvática**

— Pfl. zierlicher, Stg. zieml. dünn; Blätt. 4–6 mm breit; Infl. kleiner, wenig verzweigt. Meist Nadelwälder u. Zwergstrauchstufe der Alp.; *z* Allgäu u. Wettersteingeb., Au (*f* St, OÖ). (= *L. sieberi* TAUSCH) ssp. **síeberi** (TAUSCH) CIF. & GIAC.

— Hüllblätt. so lg. od. länger als der jeweilige Bltnstand, laubig **9**

9. Perigonblätt. schneeweiß, 4–6 mm lg., zu mehrbltg. Gruppen vereinigt, in dichten, aufrechten, doldenrispig zusammengezogenen Bltnständen; Kapsel ½ so lg. wie die Perigonblätt.; Pfl. 30–90 cm hoch; m. bis 10 cm lg. Ausläufern; ♃; VI–VIII. Buschige Hänge, Bergwälder, Zwergstrauchreg. (bis 1700 m); *z* Alp. u. Vor-Alp., in Dt nur Allgäu u. Wetterstein/Karwendel, in Au nur Vb, Ti, W-Kt.
Schnee-H., **L. nívea** (L.) DC.

— Perigonblätt. weißl. od. rötl., 2–4 mm lg., zu 2–8 genähert, in lokker zusammengesetzten Bltnständen; 3–4(–6) mm breit; Kapsel etwa so lg. wie die Perigonblätt.; Pfl. 30–60 cm hoch; ♃; VI. Lichte, trockene Wälder; formenreich. [= *L. nemorosa* (POLL.) E. MEY., non HORNEM.; = *L. albida* (HOFFM.) DC.] (2 ssp.)
Weiße H., **L. luzuloídes** (LAM.) D. & WILLM.

a. Infl. locker; Perigonblätt. weiß od. weißl. ssp. **luzuloídes**

— Infl. dicht, zusammengezogen; Perigonblätt. rot überlaufen. Alp. (u. Voralp.?) *v,* S-Schw., Riesengeb. (genaue Verbreitung nicht bekannt).
ssp. **cuprína** (ROCHEL ex A. & GR.) CHRTEK & KŘÍSA

10(7). Unt. Stgblätt. 2–12 mm breit; Pfl. stets m. (meist verlängerten) Ausläufern; Bltnstand aufrecht; Bltn. 2,5–3,5 mm lg.; Perigonblätt. dkbraun, die inneren heller, gleich lg. od. die äußeren etwas kürzer, alle fein u. allmähl. zugespitzt u. an der Spitze fein gesägt; Fr. 3seitig-kugelig, deutl. zugespitzt, rötl.gelb; ♃; VI–VII. (2 Kleinarten) *Kahle H.,* **L. glabráta** (HOPPE) DESV. (s. l.)

a. Pfl. nicht höher als 40 cm; Grdblätt. 6–12 mm breit; Perigonblätt. 2,5–3,5 mm lg.; Samen bis 1,8 mm lg. u. sein Anhängsel winzig (0,1 mm). Steinige Matten, Krummholzreg. (1700–2400 m); kalkliebend; *z* Alp., in Dt nur um Berchtesgaden, in Au *f* Vb, OTi. **L. glabráta** (HOPPE) DESV. (s. str.)

— Pfl. bis 70 cm hoch; Grdblätt. 2,5–6 mm breit; Perigonblätt. 2–2,5 mm lg.; Samen nur bis 1,2 mm lg., m. größerem Anhängsel (0,2 mm). Quellfluren, Runsen der mont. Reg.; kalkmeidend; *s* S-Schw. (Belchen), Vog. [= *L. glabrata* var. *desvauxii* (KTH.) BUCH]. *Pyrenäen-H.,* **L. desvauxii** KTH.

— Unt. Stgblätt. 1–8 mm breit; Pfl. selten m. Ausläufern, diese meist kurz; Bltnstand oft überhängend bis nickend; Bltn. 2–2,5 mm lg.; Perigonblätt. dkbraun, gleich lg., ganzrandig, die äußeren allmähl. fein zugespitzt, die inneren blasser u. zieml. plötzl. stachelig zugespitzt; Fr. 3seitig-eif., nur kurz zugespitzt, kastanienbraun (auch bis rötl.braun od. schwarzbraun); ♃; VI–VIII. Geröllhalden, feuchte Matten, Schneetälchen, Quellfluren (1100–3000 m); kalkmeidend; *v* Alp. (wenn Schw. u. Vog. → *L. desvauxii*!). [= *L. spadicea* (ALL.) DC.] *Braune H.,* **L. alpínopilósa** (CHAIX) BREISTROFFER

a. Stg. schlaff bis aufstgd., kaum über 20 cm hoch; Infl. überhgd.; Kapsel kastanienbraun. *v* bis *z* Au, in Dt nur *s* Allgäu (bis Kempten), Wettersteingeb. ssp. **alpínopilósa**

— Stg. straff, höher als 20 cm; Infl. aufrecht, zusammengezogen, später spreizend, aber nicht insgesamt überhgd.; Kapsel fast schwarz. *s* Vog., Wettersteingeb., Vb, NTi, Sb. ssp. **candóllei** (E. MEY.) ROTHM.

11(1). Blätt. 1–3 mm breit, rinnig, am Rand kaum, hingegen an der Scheidenmündung deutl. bewimpert; Bltnstand eine dichte, bis 2,5 cm lg. Scheinähre; Pfl. 10–30 cm hoch; Samen nur m. sehr kleinem Anhängsel; ♃; VI–VII. Humöse Rasen, Felsen, Geröll (1500–3000 m); kalkmeidend; *v* bis *z* Alp. (in Dt *s*), *s* Riesengeb. (2 ssp.?) *Ähren-H.,* **L. spicáta** (L.) LAM. & DC.

— Blätt. flach, breiter; geknäuelte Ährchen gestielt; Samen m. deutl. Anhängsel **12**

12. Perigonblätt. gleich lg. od. die äußeren wenig kürzer; Gr. so lg. wie od. länger als der Frkn.; ♃; III–V. Kalkmeidend. (2 Kleinarten) *Feld-H.,* **L. campéstris** (L.) DC. (s. l.)

a. Pfl. m. kurzen Ausläufern; Ährchen (Köpfchen) zu 3–6, kugelig-eif., je 6–10bltg.; Stbbeutel 2–6mal so lg. wie die Stbfäden; Pfl. 10–15 cm hoch. Wald- u. Wegränder, sonnig-trockene Orte; *g* (bis 2500 m). [= ssp. *vulgaris* (GAUD.) BUCH.] **L. campéstris** (L.) DC. (s. str.)

— Pfl. ohne Ausläufer; Ährchen zu 5–10, längl.-eif., je 8–15bltg.; Stbbeutel zuletzt nur wenig länger als die Stbfäden; Pfl. 20–50 cm hoch. Wälder, Sumpfränder, feuchte Wiesen; *v* (bis 2400 m). [= ssp. *multiflora* (RETZ.) BUCH.] **L. multiflóra** (RETZ.) LEJ.

— Perigonblätt. ungleich lg.; die inneren etwas kürzer, breiter u. weniger deutl. zugespitzt als die äußeren; Pfl. ohne Ausläufer, 20–50 cm hoch; Gr. deutl. kürzer als der Frkn.; ♃; VI–VIII. (2 Kleinarten) **L. sudética** (WILLD.) SCHULT. (s. l.)

a. Perigonblätt. dkpurpurn bis schwarzbraun; Köpfchen meist zu 3–5, oft dicht gedrängt; Anhängsel des Samens nur 1/5 bis 1/10 so lg. wie der Samen. Magerrasen, Heiden (bis 2300 m); *v* Alp., *z* böhm. Randgeb. von Bayr/Böhmw. bis Gesenke, *s* Vog., S-Schw., Harz, Thw. *Sudeten-H.,* **L. sudética** (WILLD.) SCHULT. (s. str.)

— Perigonblätt. gelbl.braun bis gelbl.weiß; Köpfchen meist zu 5–10, lockersthd.; Anhängsel des Samens 1/3 bis 1/2 so lg. wie der Samen. Lichte Wälder, Wegränder; *s* Ho, *z* im NO (westl. bis Me/Br/Th), NTi, Kt, St. [= *L. sudetica* ssp. *pallescens* (SW.) DOSTÁL] *Bleiche H.,* **L. palléscens** SW.

Zahlreiche **Bastarde,** wohl häufig übersehen u. schwierig zu erkennen!

Ordnung: **Cyperáles**

Familie: **Cyperáceae,** *Sauer-, Riedgräser*[1]

Meist feuchte Standorte besiedelnde Kräuter od. Stauden, m. oft 3kantigem, selten knotig gegliedertem markigem Stg.; Blätter 3zeilig gestellt, m. geschlossener, selten offener Scheide; Blüten klein, unscheinbar, ⚥ od. eingschl., **stets** in der Achsel trokkenhäutiger Tragblätter (= **Spelzen**), in 1- bis mehrbltg. Ährchen, diese einzeln od. zu Ähren, Köpfchen od. Spirren vereinigt u. aus der Achsel von Hüllblätt. entstehend; Bltnhülle in Form von Borsten (oft 6) od. Haaren, meist ganz fehlend; Stbblätt. 2–3; Frkn. oberst., 1fächerig, Narben 2–3; Nußfr.

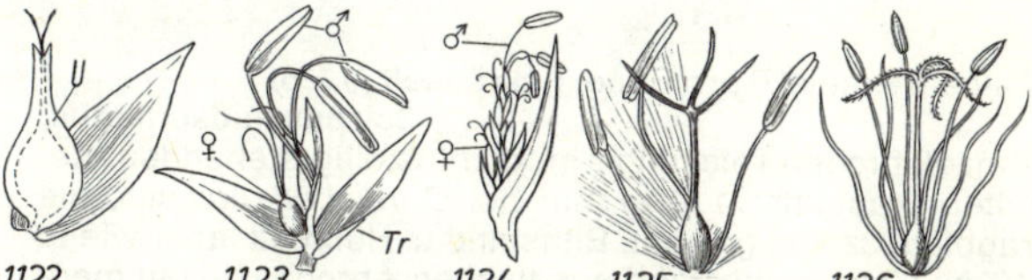

1122 *1123* *1124* *1125* *1126*

1. Bltn. ⚥ (in der Achsel eines Tragblatts stehen Stbblätt. u. der Frkn., *1125;* bei *Elyna, 1123,* stehen je eine ♀ u. ♂ Blüte dicht beisammen!) **4**

— Bltn. eingschl. (Tragblätt. nur m. Stbblätt. **od.** Frkn., *1122, 162*); ♀ u. ♂ Bltn. aber oft im gleichen Bltnstand, selten 2häusig; Bltnhülle fehlend **2**

2. Frkn. (= ♀ Blüte) von krugf. geschlossener, oft geschnäbelter Hülle (= Utriculus, *1122* U) umschlossen . . **Carex,** 675

— Frkn. frei, ohne Utriculus **3**

3. Ährchen 2bltg., aus je einer ♀ u. ♂ Blüte bestehend *(1123);* Tragblätt. der ♀ Blüte beide Bltn. umschließend; 10–20 Ährchen zu linealer, endst. 1–2,5 cm lg. u. von den Blätt. meist überragter Ähre zusammentretend; Blätt. borstl., steif, meist länger als die Infl. . . . . **Elyna,** 674

— Ährchen 4–5bltg., seine unt. Bltn. ♀, die ob. ♂; Tragblatt des Ährchens so lg. od. wenig länger als das Ährchen *(1124);* 4–10 solcher Ährchen zu einer im Umriß spitz 3eckigen, endst., die Blätt. überragenden u. 1–2 cm lg. Ähre zusammentretend; Blätt. rinnig gefaltet, etwas absthd., deutl. kürzer als die Infl. . . . . **Kobresia,** 675

4(1). Bltnstand **nach** der Blühzt. ohne Wollschopf **6**

— Bltnstand **nach** der Blühzt. m. dichtem od. lockerem weißem Wollschopf, der aus den sich verlängernden Perigonborsten hervorgeht (*1125* links, *1126*) **5**

5. Wollhaare zahlr., dicht, glatt *(1125)* . . . . **Eriophorum,** 667

---

[1] Zur Bestimmung von Cyperaceen ist unbedingt eine gute Lupe erforderlich!

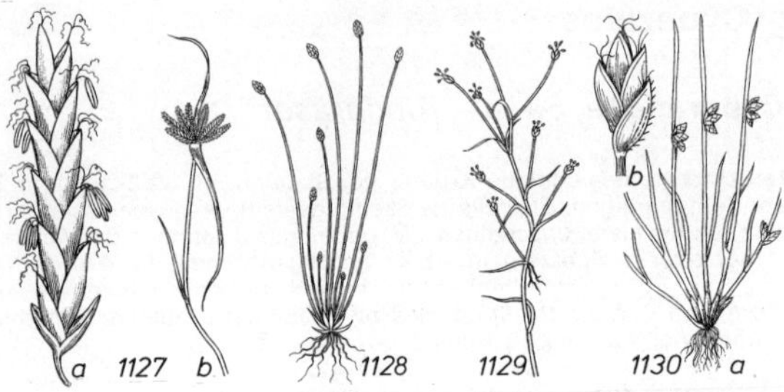

— Wollhaare meist 6 pro Blüte, gekräuselt *(1126)*
Scirpus hudsonianus, 672

6(4). Einzelährchen reichbltg., m. dicht 2zeilig stehenden, gekielten Tragblätt. *(1127a)* (nur bei *C. michelianus* sind die Tragblätt. 3zeilig gestellt, Bltnstand u. Hüllblätt. aber wie in *1127b*); Gesamtbltnstand aus flachen Ährchen zusammengesetzt; diese entweder ungestielt od. büschelig *(1127b)* od. gestielt u. dann spirrig angeordnet . . . . **Cyperus,** 667

— Tragblätt. der Bltn. nicht dicht 2zeilig angeordnet (wenn 2zeilig, dann locker u. in der Achsel jedes Tragblatts mehr als 1 Blüte) **7**

7. Alle Blätt. spreitenlos, basale Blätt. nur als Niederblätt. (Scheidenblätt.); Stg. m. 1 endst., köpfchenart. Ähre, diese kürzer als 1 cm . . . . **Eleocharis,** 672

— Blätt. m. deutl. Spreite, diese flächig, bisweilen schmal, borstl. od. rinnig, zumindest das oberste Blatt m. kleiner, flächiger Spreite; Infl. mehr- bis reichährig; Ährchen zuw. kopfart. zusammengezogen, selten bei schwächl. Pfl. nur m. 1 Ährchen **8**

8. Ährchen 2–3bltg.; Spelzen 2zeilig sthd., die beiden unt. Spelzen steril; Infl. m. 2–12 kopfart. zusammengezogenen Ährchen . . . . **Schoenus,** 674

— Ährchen reicherbltg., wenn armbltg., dann Spelzen allsts. sthd. **9**

9. Ährchen vielbltg.; alle Spelzen fertil, allenfalls die unt. 1–2 steril („leer"); unt. Spelzen gleich groß od. größer als die ob. . . . . **Scirpus,** 668

— Ährchen arm-, meist nur 2–3bltg., die basalen Spelzen steril („leer") u. kleiner als die ob. fertilen **10**

10. Pfl. bis 2 m hoch; Blattspreite bis 15 mm breit, starr, graugrün, entlang des Rands schneidend scharf vorw. gesägt; Infl. reichährige lg. verzweigte Rispe; Hüllblätt. kürzer als die Ährchen . . . . **Cladium,** 674

— Pfl. viel kleiner, höchstens 50 cm hoch; Blattspreite höchstens wenige mm breit, m. glattem Rand; Infl. nur aus 1–3 kopfig zusammengezogenen Ährchen bestehend
Rhynchospora, 674

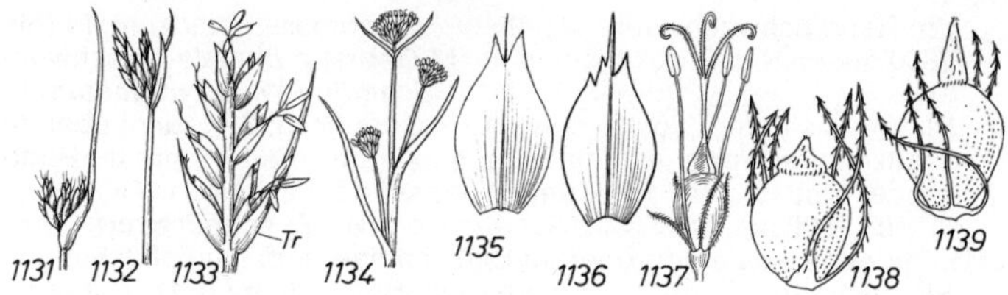

1131 1132 1133 1134 1135 1136 1137 1138 1139

1. Cypérus L. (incl. **Dichostýlis** P. B.), *Zypergras (1127)*

1. Pfl. ⨀; höchstens 30 cm hoch, liegend od. aufstgd., ohne Ausläufer; Spirrenäste meist dicht beisammen od. nur kürzer gestielt **4**

— Pfl. ♃; 40 cm bis > 1 m hoch, m. od. ohne Ausläufer . . **2**

2. Stbblatt 1; Spelzen lanzettl., zugespitzt; Fr. stumpf 3kantig; Spelzen gelbl. bis strohfarben; Pfl. insgesamt zierl., aber bis 1 m hoch; ♃; VI–VIII. Feuchte Ruderalstellen, schlammige Ufer; b. Hamburg eingebürgert, sonst *s* adventiv, vermutl. als Ölfruchtbegleiter. (Heimat: S-Am.) *Frischgrünes Z.*, **C. eragróstis** Lam.

— Stbblätt. 3; Spelzen oval, stumpfl. **3**

3. Rhizom ohne Knollen; Spelzen gekielt, dkbraun bis rötl.; Spirrenäste zu 2–10, bis 30 cm lg.; Fr. bräunl. bis schwarz; Pfl. bis 120 cm hoch; ♃; V–X. Flußufer, Sumpfufer; nur Lindau (Bodensee), in Au *s* aus Gärten verwild. (Sb, OÖ). *Hohes Z.*, **C. lóngus** L.

— Rhizom m. (eßbaren), bis 15 mm großen, längl. bis kugeligen Knollen; Spelzen konkav, blaßgelb bis gelbl.braun; Spirrenäste 4–10, bis 10 cm lg.; Fr. rötl. bis dkgrau; Pfl. bis 80 cm hoch; ♃; VII–IX. Kult. u. zuw. verwild. u. sich rasch ausdehnend, z. B. Ho, Kt, St. (Heimat: Mittelmeergebiet) *Erdmandel*, **C. esculéntus** L.

4(1). Tragblätt. schwarz od. grünl.-braun, grün gekielt; Narben 3; Fr. 3kantig; Stg. scharf 3kantig; ⨀; VII–IX. Ufer, Moorböden, schlammige Sand- u. Tonböden (bis 1000 m); kalkmeidend; *v* Rheintal, sonst *z* bis *s*. *Braunes Z.*, **C. fúscus** L.

— Tragblätt. hellgelb bis weißl., m. grünem Kiel; Narben 2; Fr. linsenf. **5**

5. Tragblätt. 2zeilig gestellt, eif. bis breit-eif., spitzl., gelbl.; Stbblätt. meist 3; Hüllblätt. 2–3; Stg. stumpf 3kantig; Fr. dkbraun; ⨀; VII–X. Sumpfwiesen, Flachmoore, Sandböden (bis 1400 m); sehr *z*, vielfach verschwunden, *f* Da, NS, NrWe, RhPf.
Gelbliches Z., **C. flavéscens** L.

— Tragblätt. zerstreut angeordnet, längl. zugespitzt, weißl.; Stbblätt. meist 2; Hüllblätt. 3–5; Stg. 3kantig; Fr. hellbraun; ⨀; VII–IX. Schlammig-sandige Ufer; nur Schl u. SaAn (mittl. Elbe: Wittenberg-Coswig; Ansiedlung aus Böhmen?), Kt, St. [= *Scirpus michelianus* L.; = *D. micheliana* (L.) Nees]
Michelis Z., **C. micheliánus** (L.) Delile em. Lk.

2. Erióphorum L., *Wollgras*

1. Ährchen zu mehreren, zur Frzeit überhängend **3**

— Ährchen einzeln, endst., aufrecht **2**

2. Pfl. ohne Ausläufer, dichtrasig, 30–70 cm hoch; Stg. oben 3kantig; oberste Blattscheide aufgeblasen, m. verkümmerter Spreite; Blätt.

am Rand schwach rauh; ♃; III–IV. Hochmoore, Waldsümpfe (bis 2600 m); im N u. S *v* u. gesellig, im M-Gebiet *z*, oftmals verschwunden. *Scheiden-W.*, **E. vaginátum** L.

— Pfl. m. Ausläufern, lockerrasig, 15–30 cm hoch; Stg. rund; oberste Blattscheide wenig aufgeblasen, m. kurzer, breiter Spreite; Blattränder glatt; ♃; VII–VIII. Tümpel, Wasserläufe; *z* Alp., in OÖ sehr *s* (1500–2600 m). *Scheuchzers W.*, **E. scheuchzeri** HOPPE

3(1). Pfl. ohne Ausläufer; oberste Blattscheide dem stumpf-3kantigen Stg. dicht anlgd.; Ährchenstiele rauh, rundl., 3kantig; Fr. rotbraun, 3 mm lg.; Blätt. flach, 3–8 mm breit; Ährchen 4–12; Tragblätt. 1nervig; ♃; IV–V. Sumpfwiesen, Flachmoore; *v* im S, sonst *z*, vielfach verschwunden (bis 2000 m). (= *E. polystachyon* L. p. p.). *Breitblättriges W.*, **E. latifólium** HOPPE

— Pfl. m. Ausläufern; oberste Blattscheide meist aufgetrieben; Ährchen 2–5 . . . . **4**

4. Stg. stielrund od. nur im ob. Teil stumpf 3kantig; 20–70 cm hoch; Ährchenstiele glatt, abgeplattet, 2kantig; Blätt. 3–4 (1–6) mm breit; Fr. 3 mm lg.; Tragblätt. 1nervig; oberste Blattscheide etwas aufgeblasen; ♃; III–V. Sümpfe, Flachmoore; *v* im N u. S, *z* im M-Gebiet (bis 2000 m). (= *E. polystachyon* L. p. p.) *Schmalblättriges W.*, **E. angustifólium** HONCK.

a. Blätt. 3–4(–6) mm breit, rinnig (dadurch gekielt), nur an der Spitze 3kantig; Ährchen 1,5–2 cm lg.; *v*. ssp. **angustifólium**

— Blätt. (1–)2–3 mm breit, fast in ihrer ganzen Länge 3kantig, deutl. kürzer als beim Typus; Ährchen 1–1,5 cm lg. u. kürzer gestielt; Stg. höchstens 30 cm lg.; Alp., Fichtelgeb., Th, NW-NS, SH (wo noch?). ssp. **alpínum** (GAUD.) A. & GR.

— Stg. 3kantig, schlank, oft übergebogen, 10–40 cm hoch; Ährchenstiele kurz rauhhaarig; Blätt. 1–2 mm breit; Fr. gelbbraun, 2 mm lg.; Tragblätt. am Grd. vielnervig; ♃; V–VI. Flach- u. Torfmoore (bis 1700 m); sehr *z* im S, nördl. d. Donau nur noch wenige Vorkommen, *f* NS, We, He, Baden. *Schlankes W.*, **E. grácile** KOCH

3. Scírpus L. (s. l.), *Simse, Binse*[1]

[einschl. **Isolépis** R. BR., **Trichóphorum** PERS., **Blýsmus** PANZER ex SCHULT., **Scirpoídes** SEG. (= *Holoschoenus* LK.), **Bolboschoenus** (ASCH.) PALLA, **Schoenopléctus** (RCHB.) PALLA, **Eleogíton** LK., **Baeothrýon** EHRH. ex DIETR. u. **Scirpidiélla** RAUSCH.]

1. Ährchen sitzend, in kugeligen Köpfchen, von diesen eines meist sitzend, die übrigen lg. gestielt; Gesamtblütnstand scheinbar seitenst., von die Fortsetzung des Stg. bildendem Hüllblatt weit überragt *(167);* Tragblätt. schwarzrot, kurz gewimpert; ob. Blattspreiten fadenf., rinnig; Pfl. 30–60 cm hoch; ♃; VII–VIII. [= *Holoschoenus*

[1] Die vielgestaltige Gattung **Scirpus** ist nachfolgend erneut konservativ, d. h. sensu lato, behandelt. Das mitteleuropäische Artensortiment ist in verschiedenen Floren in bis zu 9 Genera aufgegliedert. Aufspaltungen und Nomenklatur sind hierbei nicht immer deckungsgleich. Eine globale Betrachtung dieser Riesengattung läßt immer noch nicht eine überzeugende Ausgliederung kleinerer Gattungen zu, weshalb hier – widerstrebend – die bisherige Form der Darstellung beibehalten wurde. Sie ist damit allerdings weitgehend deckungsgleich mit den beiden umfangreichsten Florenwerken über Europa und Mitteleuropa. Die beigefügten Synonyme ermöglichen jedoch den Vergleich mit ihren nomenklatorisch anders beurteilten Sippen in den geläufigen Regionalfloren.

vulgaris Lk.; = *Scirpoides holoschoenus* (L.) Sojak] (2 var.)

Kugel-S., **S. holoschoénus** L.

a. Spirre meist m. 3 Köpfchen, diese ± 8 mm im Dm, eines sitzend, die anderen deutl. gestielt; Blattscheiden schwach netzfaserig. Sandige Ufer, Sumpfwiesen, Kiefernwald; *s* Be, Br, An, Schl, Böhmen, OÖ, Kt? (ob noch?).

var. **austrális** (Murr) Koch

— Spirre meist m. nur 1 Köpfchen, dieses ± 15 mm im Dm, sitzend, selten m. 1–2 sehr viel kleineren u. kurz gestielten; Blattscheiden stark netzfaserig. Naßwiesen; nur b. Bad Dürkheim (Pf) u. b. Limburg (M-Lahntal; He). [= *Scirpus romanus* (L.) Fritsch]

var. **románus** (L.) Koch

— Ährchen nicht in mehreren kugeligen Köpfchen **2**

2. Ährchen kugelig-eif., bis 5 mm groß, lg. gestielt u. seitenst., zu mehreren an meist flutenden od. doch niederlgd. Sprossen m. verlängerten Internodien *(1129);* Pfl. zuw. m. ± aufrechten Trieben u. verkürzten Internodien (Landform); Narben 2; Stbblätt. 3; ♃; VII–IX. Heidetümpel, Gräben; *z* im NW: Da, W-SH, Ho, Be, NS, NrWe südl. bis Bonn; vielfach verschwunden; Einzelfunde in Br, An (ob noch?). [= *Isolepis fluitans* (L.) R. Br.; = *Eleogiton fluitans* (L.) Lk.]

Flutende Moorbinse, **S. flúitans** L.

— Ährchen zahlreich, gestielt u. spirrig angeordnet *(159)* **od.** zu mehreren locker bis knäuelig-zusammengezogen u. scheinbar seitenst. (*1130* u. ähnl. *160*) **od.** zu mehreren locker am Stgende in einer endst., bis 3 cm lg. Ähre angeordnet *(1133)* **od.** einzeln, endst., aufrecht u. ohne Hüllbl. (ähnl. *1128*) **3**

3. Ährchen einzeln, endst., bis 7 mm lg., stets ohne Hüllblätt. (= **Baeothryon,** = *Trichophorum – Haarsimse, Haarbinse*) **18**

— Ährchen anders angeordnet; Infl. fast stets m. 1 bis mehreren lg. Hüllblätt. (wenn ohne Hüllblätt., dann nur m. einer lockerbltg., deutl. endst. u. bis 3 cm lg. Ähre) **4**

4. Ährchen zu 1–10, scheinbar seitenst., ungestielt u. daher knäuelig-zusammengezogen; 1 Hüllblatt meist geradlinig in Fortsetzung des Stg. stehend (zuw. seitl. abgewinkelt) **15**

— Ährchen anders angeordnet, meist deutl. gestielt, jedoch stets Infl. als einzelnes Ährchen od. als arm- bis reichbltg. Spirre deutl. endst., weil unterstes Hüllblatt deutl. zur Seite abgespreizt **5**

5. Bltnstand ± lockere, bis 3 cm lg. endst. Ähre; Ährenachse m. 2zeilig gestellten Tragblätt., in deren Achsel sich je 2–8 Bltn. finden *(1133);* die Tragblätt. der untersten 1–2 Ährchen häufig grün, laubblattart., zuw. die Ähre überragend (= **Blysmus** – *Quellried*) **14**

— Ährchen in deutl. endst. od. scheinbar seitenst. Spirre angeordnet **6**

6. Gesamtbltnstand deutl. endst., seine Ährchen meist locker spirrenart., selten köpfchenart. angeordnet, an seiner Basis meist mehrere lg., seitl. absthd. u. z. T. den Bltnstand überragende Hüllblätt. **10**

— Gesamtbltnstand scheinbar seitenst., seine Ährchen locker- od. gedrängt spirrenart. angeordnet, an seiner Basis m. nur 1 lg. Hüllblatt, das zuw. in geradliniger Fortsetzung des Stg. steht (*1130, 160,* = **Schoenoplectus**) **7**

7. Stg. entweder in seiner gesamten Länge od. doch oberw. stumpf- od. deutl. 3kantig; Pfl. 30–100 cm hoch **9**
— Stg. bis zum Bltnstand stielrund **8**

8(7 u. 11). Narben 3; Tragblätt. glatt od. über dem Mittelnerv punktiert; Fr. undeutl. 3kantig; ob. Konnektivanhängsel deutl. behaart; Stg. bis 1,5 cm dick u. 1–3(–4) m hoch; grün; ♃; VI–VII. Seen, Teiche (bis 1400 m); *v* u. gesellig, im M-Gebiet nur *z.* [= *Sch. lacustris* (L.) PALLA] *Flecht-S., Sumpf-B.,* **S. lacústris** L.
— Narben 2; Tragblätt. rauh punktiert; Fr. 2kantig; ob. Konnektivanhängsel (fast) kahl; Stg. nur bis 1 cm dick u. 0,5–1,5 m hoch, graugrün; ♃; VI–VII. Röhrichte, Gräben, Sumpf- u. Salzwiesen; *z* bis sehr *z*, im N häufiger. [= *Sch. tabernaemontani* (GMEL.) PALLA; = *S. lacustris* ssp. *tabernaemontani* (GMEL.) SYME] *Stein-S., Salz-B.,* **S. tabernaemontáni** GMEL.

9(7). Stg. in seiner ganzen Länge 3kantig, meist dicker als 4 mm; Spreite der grdst. Blätt. höchstens 1 cm lg.; Perigonborsten so lg. od. etwas kürzer als die Fr.; Ährchen gestielt; ♃; VI–VII. Gräben, Tümpel, Flußufer; *z* Be, Ho, Unterlauf v. Elbe, Weser, Ems; sonst nur wenige Einzelvorkommen b. Düsseldorf, Aachen, Limburg/Lahn, b. Miltenberg/Main, b. Germersheim (ObRhein), E, b. Deggendorf (Donau), Bendeleben (Th); Vb, Kt, OÖ, Sb? [= *Sch. triqueter* (L.) PALLA] *Dreikantige S.,* **S. tríqueter** L.
— Stg. nur oberw. 3kantig, bis 4 mm dick; Spreite der grdst. Blätt. zuw. bis 5 cm lg.; Perigonborsten etwa doppelt so lg. wie die Fr.; Ährchen sitzend; ♃; VII–VIII. Brackwasserröhrichte, Strandseen; *s* Ostseeküste: Rügen bis OPr (*Sc. pungens* x *Sc. tabernaemontani*). [= *Sch. kalmussii* (ASCH., ABR. & GR.) PALLA] *Ostsee-S.,* **S. kalmússii** ASCH., ABR. & GR.

10(6). Tragblätt. an der Spitze ausgerandet, m. Stachelspitze *(1135)*; Bltnstand viel kürzer als die Hüllblätt., einfach kopfig od. einfache Spirre; Ährchen groß, meist 10–20 mm lg., braun; Pfl. 30–120 cm hoch; Stg. scharf 3kantig; ♃; VI–VII. Gräben, Seen; *v* Meeresküsten, sonst *z*, vor allem an salzhaltigen Stellen, bes. SH, Elbe, Weser, Ems, Rhein, Mosel, Main, vielfach verschwunden; *f* Ti, Sb. [= *Bolboschoenus maritimus* (L.) PALLA] *Strand-S., Meer-B.,* **S. marítimus** L.

a. Infl. m. 4–6 gestielten Köpfchen; Narben 3; Fr. verkehrt-lanzettl., gekielt, grau bis schwarzbraun. Süßwasser. ssp. **marítimus**
— Infl. m. 1–2(–3) gestielten Köpfchen; Narben 2; Fr. verkehrt-eif., rund od. nur schwach gekielt, gelbbraun bis braun. Salz- u. Brackwasser. ssp. **compáctus** (HOFFMANN) HEJNÝ

— Tragblätt. nicht ausgerandet; Bltnstand lockere, zusammengesetzte Spirre; Ährchen klein, 3–6 mm lg. (= *Scirpus* s. str.) **11**

11. Stg. stielrund; Hüllblätt. kürzer als die Spirre, am Grd. rinnig, oberw. stielrund **8**
— Stg. stumpf od. scharf 3kantig; Hüllblätt. flach, meist länger als die Spirre; Perigonborsten 6 . . . . **12**

12. Spirre ohne verlängerte Hüllblätt., die unt. mehrmals kürzer als die Spirre; Stg. stumpf 3kantig; Ährchen zu wenigen knäuelig beisammen am Ende der Spirrenäste; Perigonborsten geschlängelt, doppelt so lg. wie die Fr.; Tragblätt. schmaleif., rötl.-schwärzl. m. grünl. Mittelstreif; ♃; VI–VII. Teichränder; eingebürgert b. Rheine (SW-NS). (Heimat: östl. N-Am.) *Zyperngras-B.,* **S. cyperínus** (L.) KUNTH

— Spirre m. mehreren verlängerten Hüllblätt., zumindest die unt. deutl. länger als die Spirre **13**

13. Ährchen zu 3–7 gehäuft am Ende der Spirrenäste, seltener einzeln; Tragblätt. schwach gekielt, m. feinem Spitzchen, (dk)braungrün m. hellerem Mittelstreif; Perigonborsten gerade, rauh, so lg. wie die Fr.; Stg. stumpf 3kantig; ♃; VI–VII. Feuchte Wälder, Sumpfwiesen (bis 1700 m); *v.* *Wald-S.,* **S. silváticus** L.

S. atrovírens WILLD.: sehr ähnl. *Sc. silvaticus,* aber Ährchen am Ende der Spirrenäste zu 8–20; Tragblätt. rotbraun; Perigonborsten in der unt. Hälfte glatt. Eingeschleppt u. sich in feuchten Rasen einbürgernd, z.B. SH, M-Rhein. (Heimat: N-Am.)

— Ährchen meist einzeln am Ende der Spirrenäste; Tragblätt. nicht gekielt, ohne Spitzchen, (dk)braungrün m. grünem Mittelstreif; Perigonborsten geschlängelt, glatt, 2–3mal so lg. wie die Fr.; Stg. scharf 3kantig; unfruchtbare Triebe bogenf. zur Erde neigend u. an der Spitze wurzelnde Laubtriebe treibend; ♃; V–VII. Flußufer, Sumpfwiesen; *z* im O (OPr, WPr, Po, Schl), *s* S-SH, Br, unt. Donau (Schwandorf–Regensburg–Straubing), St, OÖ; Sb?
Wurzelnde S., **S. radícans** SCHK.

14(5). Ährchen 6–8bltg., zu 5–12 eine bis 3 cm lange Ähre bildend; Perigonborsten 3–6, rückw. rauh; Blattspreite unterststs. gekielt; Tragblätt. braun m. grünem Mittelstreif; Stg. oberw. stumpf-3kantig; Hüllblätt. so lg. od. länger als die Ähre; Pfl. 10–40 cm hoch, grasgrün; ♃; VI–VIII. Sumpfwiesen, Ufer (bis 2300 m); *v,* aber vielfach verschwunden. [= *B. compressus* (L.) PANZ. ex LK.; = *S. caricinus* SCHRAD.; = *S. cariciformis* VEST]
Zusammengedrücktes Quellried, **S. planifólius** GRIMM

— Ährchen meist 3bltg., zu 3–7 in kurzer Ähre *(1133);* Perigonborsten 0–2, weichhaarig; Blattspr. nicht gekielt, flach; Tragblätt. einfarbig braun; Stg. stielrund; Hüllblätt. viel kürzer als die Ähre; Pfl. 10–25 cm hoch, graugrün; ♃; V–VII. Strandwiesen der Küsten *z* (*f* Be, OPr), *s* im Binnenland: O-SH, Me, An. [= *B. rufus* (HUDS.) LK.]
Fuchsrotes Quellried, **S. rúfus** (HUDS.) SCHRAD.

15(4). Pfl. ⊙ (selten ♃, dann aber Stg. fast fädig dünn), 5–15 cm, selten bis 30 cm hoch (**Isolepis** – *Moorbinse*) . . **17**

— Pfl. ♃, entweder dichte Horste bildend od. m. kräftigen, verlängerten Ausläufern, 30–90 cm hoch **(= Schoenoplectus)** **16**

16. Pfl. horstf. wachsend, ohne Ausläufer; alle Blätt. des Bltnstg. spreitenlos (= Niederblätt.); Tragblätt. ganzrandig, in abgerundete kurze Spitze auslaufend, weißl., m. grünem Kiel u. rotbraun berandet; Narben 3; Perigonborsten 6; Fr. ± kugelig, 1,5–2 mm lg.; ♃; VIII–X. Teiche, Sümpfe; *s* E, westl. Heilbronn (BW), 4 Vorkommen in Ba (Bodensee, nördl. Regensburg, b. Nürnberg), Vb, Kt, St, Schl. [= *Sch. mucronatus* (L.) PALLA]
Stachelspitzige B., **S. mucronátus** L.

— Pfl. m. weithin kriechender Achse u. Ausläufern; beide oberste Blätt. des Bltnstg. m. kürzerer od. bis 20 cm langer Spreite; Tragblätt. an der Spitze eingeschnitten u. stachelspitzig *(1136),* rotbraun, m. hellerem Mittelstreif u. graubraun berandet; Narben 2; Fr. eif., 2,5–3 mm lg.; Perigonborsten 0–2; ♃; VII–VIII. Ufer, Flüsse, Seen; *s* Ho, Me (Usedom), OPr, E. [= *Sch. americanus* (PERS.)

VOLKART; = *Sc.* et *Sch. americanus* auct.]
Amerikanische B., **S. púngens** VAHL

17(15). Ährchen eif., 2–3 mm lg., einzeln od. zu 2 (selten bis 10); Hüllblätt. kürzer als der Stg.; Stbblätt. 2; Fr. längsrippig; ⨀–♃; VI–X. Feuchte Sandböden, Ufer, nasse Wege u. Äcker; *z* u. unbeständig, *f* OPr. [= *I. setacea* (L.) R. BR.] *Borstige M.,* **S. setáceus** L.

— Ährchen längl., 5–10 mm lg., zu 3–5 (selten bis 10); Hüllblätt. straff aufrecht, so lg. od. länger als der Stg. *(1130);* Stbblätt. 3; Fr. querrunzelig; ⨀; VI–X. Schlammböden, Ufer; nur noch wenige Fundorte: Br, westl. Ulm, Rheintal b. Karlsruhe, E, b. Trier?; sonst erst Posen (Pl), Böhmen, NÖ. [= *I. supina* (L.) R. BR.; = *Sch. supinus* (L.) PALLA] *Niederliegende M.,* **S. supínus** L.

18(3). Ährchen m. wenigen, lockeren u. fein gekräuselten Wollhaaren (= Perigonborsten, *1126*), die Tragblätt. zuletzt überragend, zur Blütezeit also m. lockerem Wollschopf; Ährchen meist 8–12bltg.; Bltnstg. 3kantig, rauh; ♃; IV–V. Hochmoore, bes. der mont. Reg. (bis 2000 m); Alp. u. Vorland *z,* aber gesellig, *s* S-Schw., Bayrw., böhm. Randgeb., Da, O-SH, Me bis OPr. [= *Eriophorum alpinum* L.; = *T. alpinum* (L.) PERS.; = *S. trichophorum* A. & GR.; = *Baeothryon alpinum* (L.) EGOR.]
Alpen-H., **S. hudsoniánus** (MICHX.) FERNALD

— Perigonborsten nicht verlängert, die Tragblätt. nicht überragend, zur Blütezeit also ohne Wollschopf, Ährchen meist 3–6bltg.; Bltnstg. stielrund, glatt; Pfl. kompakte Horste bildend; ♃; V–VI. Auf Flach- u. Hochmooren bestandsbildend (bis 2300 m); *v* bis *z* Alp. u. Voralp., SH, sonst *z* bis *s,* bes. M-Geb., im M-Gebiet nur sehr vereinzelt. (2 ssp.) [= *T. caespitosum* (L.) HARTM.; = *Baeothryon caespitosum* (L.) DIETR.] *Rasen-H.,* **S. caespitósus** L.

Bastardbildung! Am häufigsten *S. lacustris* x *S. triqueter* = **S.** x **carinátus** SM.

4. Eleócharis R. BR. *(= Heleocharis), Sumpfried, Sumpfbinse*

1. Stg. 4kantig, gefurcht, fadendünn, bis 10 cm lg.; Ährchen 4 mm lg., spitz; Narben 3; Fr. längsrippig; Pfl. rasenf., m. kriechendem, auch verzweigtem Rhizom, ♃; VI–X. Ufer, Gräben, feuchte Wiesen, wechseltrockene Teiche (bis 1000 m); *z* (seltener werdend).
Nadel-S., **E. aciculáris** (L.) R. & SCH.

— Stg. rundl. od. zusammengedrückt; Narben 2–3 . . . . **2**

2. Ährchen 3–7bltg.; Narben 3; Gr. am Grd. nicht verdickt . **9**

— Ährchen (10–)20–30bltg., Narben 2–3; Gr. am Grd. verdickt *(1137);* Stg. (vor allem trocken) meist fein gerillt . . **3**

3. Narben 3 *(1137);* Fr. scharf 3kantig; Ährchen bis 13 mm lg.; Tragblätt. stumpf, braun, m. grünem Mittelstreif, weißhautrandig; Stg. oft liegend u. an der Spitze wurzelnd; Pfl. dichtrasig wachsend; ♃; VI–VIII. Heidemoore; *z* im NW (W-Da, W-SH, NS, NrWe, Ho, Be), *s* Pf, Lausitz (Sa), Schl. *Vielstengeliges S.,* **E. multicaúlis** SM.

— Narben 2 (seltener 3); Fr. bikonvex, zusammengedrückt . **4**

4. Stg. fadendünn; Stbblätt. 2; Basis der Gr. kaum breiter als ¼ der Fr.; Tragblätt. eif.-zugespitzt, gelbbraun m. hellerem Rand, Mittelnerv grün; ♃; VII–IX. Feuchte Äcker, Teichufer; *s* St.
Krainer S., **E. carniólica** KOCH

— Stg. etwas kräftiger; Stbblätt. 3; Basis der Gr. breiter als ⅓ der Fr. **5**

5. Ährchen 3–5 mm lg., im Umriß eif.; Tragblätt. stumpf; eif. bis abgerundet-rhombisch; Fr. scharfrandig, 1 mm lg.; Pfl. dichtrasig, ohne Ausläufer, gelbl.-grün, 5–35 cm hoch; ⨀; VI–VIII. Schlammige Ufer; sehr *z* im S u. O, unbeständig u. vielfach nicht mehr vorhanden, *f* Da, SH, NrWe, Me, Po, WPr; Vb, Ti. [= *E. soloniensis* (DUB.) HARA] *Eiförmiges S.,* **E. ováta** (ROTH) R. & SCH.

— Ährchen 5–20 mm lg. (selten kürzer), im Umriß längl.-spitz, ob. Tragblätt. spitzl.; Fr. am Rand abgerundet, > 1 mm; Pfl. m. unterirdischen Ausläufern. [= *E. palustris* (L.) R. & SCH., s. l.] **6**

6. Unterstes Tragblatt blütenlos, am Grd. fast das gesamte, bis 12 mm lg., schlanke Ährchen umfassend; Pfl. grasgrün; Stg. dünn, glzd.; Perigonborsten meist 4, zuw. rudimentär (mehrere Bltn. untersuchen!), nicht länger als der der Fr. aufsitzende verdickte Gr.teil; ♃; V–VIII. Flachmoore, Seggenbestände, Gräben, nasse Wegränder (bis 1200 m); offenbar insgesamt *z* u. ohne größere Verbr.-Lücken. *Einspelziges S.,* **E. uniglúmis** (LK.) SCHULT.

— Unterstes Tragblatt am Grd. nur halbes Ährchen umfassend, hierdurch das nächsthöhere fast gegenst. erscheinend, beide blütenlos **7**

7. Stg. ± starr, matt- bis graugrün, trocken, kaum gefurcht, im Querschnitt m. über 20 Leitbündeln, Tragblätt. z. Frzt. bleibend; Perigonborsten 3–4, zuw. rudimentär, nicht länger als die Fr. *(1137);* ♃; V–VIII. Verlandungszonen, Flachmoore, Seggenbestände, nasse Wiesen (bis 2000 m). (2 Kleinarten) *Gemeines S.,* **E. palústris** (L.) R. & SCH. (s. l.)

a. Stg. graugrün, etwas gerieft; Bltn. kleiner (pro cm Ähre = 40 Bltn.); Spelzen bis 3,5 mm lg., bleich bis hellbraun; Fr. (ohne Gr.) bis 1,4 mm lg.; 2n = 16. Verbr. noch unsicher, aber seltener als folg. Art, wohl häufiger im O. **E. palústris** (L.) R. & SCH. (s. str.)

— Stg. grün, glatt; Bltn. größer (pro cm Ähre = 20 Bltn.); Spelzen länger als 3,5 mm, dkbraun m. grünem Mittelstreif; Fr. (ohne Gr.) bis 2,0 mm lg.; 2n = 38. *v.* **E. vulgáris** (WALTERS) LÖVE & LÖVE

— Stg. ± weich, hellgrün, trocken deutl. gefurcht, im Querschnitt m. 8–16 Leitbündeln; Tragblätt. z. Frzt. abfallend; Pfl. lockerrasig; 2 Arten von noch nicht abschließend bekannter Verbr., erst neuerdings unterschieden **8**

8. Stg. im Querschnitt mit 8–12 Leitbündeln; verdickter Gr.teil breiter als hoch; Perigonborsten meist 6 (5–8), länger als die Fr. m. dem verdickten Gr.teil *(1138);* ♃; V–VIII. Flach- u. Zwischenmoore, Schlammböden; wohl *s,* mehr im O: sehr *z:* OPr, WPr, Po, b. Leer u. Celle (NS), Th?, He, NrWe, RhPf, BW, Fr, ObPf, Vb, Sb, St. *Warzenfrüchtiges S.,* **E. mamilláta** (LINDB. f.) LINDB. f. ex DÖRFLER

— Stg. im Querschnitt m. 12–16 Leitbündeln; verdickter Gr.teil höher als breit; Perigonborsten meist 5 (4–6), so lg. wie die Fr. ohne Gr. *(1139);* ♃; V–VIII. Mehr im S (Alpenraum): sehr *z* Ba (bes. S u. O), BW, in Au wohl weiter verbr. (bisher nur Vb, Ti; St?, Sb?); *z* Bergisches Land (ob weiter verbr.?). *Österreichisches S.,* **E. austriaca** HAY.

9(2). Stg. zart, 3–8 cm hoch, oft durchscheinend, am Grd. ohne od. m. zarthäutigen Blattscheiden, m. haardünnen Ausläufern, diese am Ende m. weißl. Knöllchen (Knospen); Ährchen 3–5bltg.; unt. Tragblätt. ¾ so lg. wie das Ährchen; Perigonborsten etwas länger als die Fr.; ♃; V–IX. Salzhaltige Stellen der Küsten; *z* Ostsee bis WPr, in SH nur b. Schleswig(?).
Kleines S., **E. párvula** (R. & SCH.) LK. ex BLUFF, NEES & SCHAUER

— Stg. kräftig, 5–25 cm hoch, am Grd. m. derben braunroten Blattscheiden; Ausläufer am Ende ohne auffällige Knospen; Ährchen 3–7blt.; das unterste Tragblatt so lg. wie das Ährchen u. dieses umfassend; Perigonborsten meist etwas kürzer als die Fr.; ♃; V–VI. Nasse Wiesen, Ufer (bis 2000 m); *v* bis *z* Alp., *z* im N, sonst *s;* vielfach verschwunden. [= *E. pauciflora* (LIGHTF.) LK.]
Armblütiges S., **E. quinqueflóra** (F. X. HARTMANN) O. SCHWARZ

5. Schoénus L., *Kopfried*

1. Grdst. Blattscheiden schwarzbraun; Grdblätt. ½ so lg. wie der Stg.; Köpfchen m. 5–10 Ährchen, vom Hüllblatt weit überragt *(1131);* Perigonborsten kürzer als die Fr.; ♃; VI–VII. Wiesen, Waldmoore (bis 1500 m); zieml. *z* im S (Au, Ba südl. d. Donau, SO-BW, E) u. Ostfriesische Inseln, sonst sehr *s, f* SH (nur b. Hamburg), NS, He, N-Ba (nur b. Schweinfurt), Sa. Schl, WPr, OPr; SaAn?
Schwarzes K., **Sch. nígricans** L.

— Grdst. Blattscheiden dk.braunrot; Grdblätt. höchstens ⅓ so lg. wie der Stg.; Köpfchen m. 2–3 Ährchen, vom unt. Hüllblatt kaum überragt *(1132);* Perigonborsten länger als die Fr.; ♃; IV–VII. Flachmoore; *z* im S (Au, Ba südl. d. Donau, SO-BW), sonst *s* Da, Me, Po, WPr, Br, Th. *Rostrotes K.,* **Sch. ferrugíneus** L.

6. Cládium P. BR., *Schneide*

Pfl. 80–200 cm hoch, m. Ausläufern; Stg. stielrund od. stumpf 3kantig; Ährchen zu 3–10 in lg. gestielten Köpfchen, diese in endst., zusammengesetzter Spirre angeordnet; Blattränder schneidend rauh; ♃; VI–VII. Sümpfe, Moore (bis 800 m); kalkliebend; *z* südl. d. Donau, sonst *s, f* Sa, Schl, OTi. **C. maríscus** (L.) POHL

7. Rhynchóspora VAHL, *Schnabelried (1134)*

1. Ährchen weiß; endst. Bltnstand nur wenig kürzer als sein unt. Hüllblatt; Pfl. m. kurzen Ausläufern; Stbblätt. 2; ♃; VII–VIII. Hoch- u. Heidemoore; *v* bis *z* im N, Alp. u. Vorland, sonst sehr *z* bis *s* (vielfach verschwunden). *Weißes Sch.,* **Rh. álba** (L.) VAHL

— Ährchen gelbbraun; Bltnstand viel kürzer als sein unt. Hüllblatt; Pfl. m. längeren Ausläufern; Stbblätt. 3; ♃; V–VII. Wie vorige; *z* im NW u. N, aber sehr zurückgegangen; sonst *s, f* OPr, Th, He, OTi.
Braunes Sch., **Rh. fúsca** (L.) AIT.

8. Elýna SCHRAD., *Nacktried*

Pfl. dicht-horstf., 10–20 cm hoch; Blattspreite steif, borstenf., länger als die Ähre, diese endst., bis 2,5 cm lg. *(1123);* ♃; VI–VIII. Trockene, humöse Matten, kalkliebend; Alp. (1800–3100 m) *z.* [= *E. bellardii*

(ALL.) K. KOCH; = *Kobresia myosuroides* (VILL.) FIORI & PAOLETTI]
E. myosuroídes (VILL.) FRITSCH

9. Kobrésia WILLD., *Schuppenried*
Pfl. dicht-horstf., 5–20 cm hoch; Blattspr. rinnig, kürzer als der Stg.; Ähre endst., bis 3 cm lg. *(1124)*; ♃; VII–VIII. Quellige Orte u. trockene Matten (1600–2800 m); *z* Au (*f* Vb; NTi nur Fimbertal), *s* Dt (nur Berchtesgaden). (= *K. caricina* WILLD.)
K. simpliciúscula (WAHL.) MACKENZIE

10. Cárex L., *Segge*[1, 3]
Jede in der Achsel eines Tragblatts[2] stehende ♀ Blüte *(1122)* stellt ein 1bltg. Ährchen dar; die sehr kurze Ährchenachse, die an der Spitze einen nackten Frkn. trägt, ist vom Utriculus, der dem an seinen Rändern verwachsenen Vorblatt entspricht, eingeschlossen *(1122)*; Fr. zusammen m. dem Schlauch abfallend (in der Tabelle als Fr. bezeichnet). Die Fr. (bzw. der Utriculus) ist spitzenw. entweder ohne Verlängerung (z. B. *1150*) od. ihr Spitzenteil ist flaschenhalsf. verlängert („geschnäbelt"). Im letzteren Fall kann der Schnabel entweder gestutzt (z. B. *1166*) od. gezähnt (z. B. *1164*) sein. Ährchen zu Ähren zusammentretend.[4]

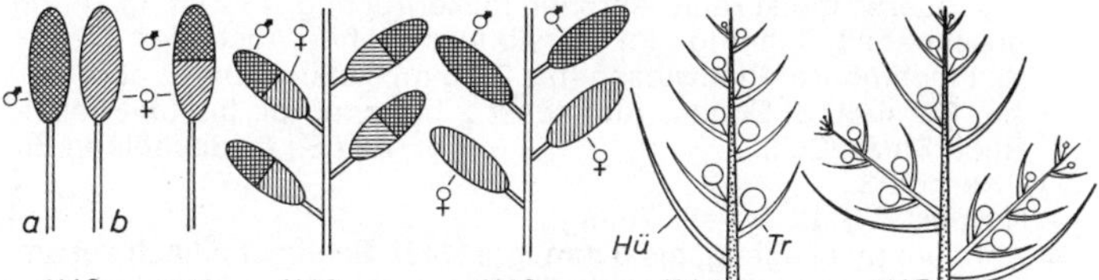

1140 *1141* *1142* *1143* *1144* *1145*

1. Stg. m. nur 1 endst., entw. ♂ od. ♀ *(1140a–b)* od. gemischtgeschl. *(1141)* Ährchen.[5]
Untergattung: *Einährige Seggen*, **Primocarex**, 676
— Stg. m. mehreren kopfig, knäuelig, traubig, ährig od. rispig angeordneten Ährchen **2**

---

[1] Die meisten Arten lassen sich mit Sicherheit nur m. bereits *ausgereiften Früchten* bestimmen. Außerdem sind in zahlr. Fällen für die Bestimmung auch die noch blühende Pflanze *(Anzahl der Narben!)* und ihre unterirdischen Organe *(Ausläufer!)* erforderlich.

[2] Mit *Tragblätter* sind in der Tabelle stets diejenigen der ♀ Blüten gemeint!

[3] In der Praxis besteht auch ein Bedürfnis nach Bestimmungsmöglichkeiten nur anhand vegetativer Merkmale, vgl. hierzu E. FOERSTER in Göttinger Floristische Rundbriefe **16** (1/2), 3–21, 1982.

[4] Der Einfachheit halber werden in der Tabelle das 1bltg. ♀ Ährchen als ♀ Blüte u. die aus meist zahlreichen 1bltg. Ährchen zusammengesetzte ♂ u. ♀ Ähre als *Ährchen* bezeichnet.

[5] Bei (scheinbar) 1jährigen *Carex*-Arten vergewissere man sich sorgfältig, ob wirklich alle Tragblätt. an der Hauptachse stehen *(1144)* od. ob nicht die Gesamtinfl. in Wirklichkeit verzweigt ist und nur die meist kurzen Seitenzweige dem Endährchen genähert sind u. dadurch ein kopfiges Einzelährchen vortäuschen (*1145*, im Umriß). Solche Infl. (= Ähren) sind „nicht unterbrochen"; bei den meisten *Vignea*-Arten sind die Ährchen – zumind. die unt. – deutl. voneinander entfernt, d. h. die Infl. ist „unterbrochen".

2. Alle Ährchen gleich, m. ♀ u. ♂ Bltn. (*1142* ♀, ♂).
Untergattung: *Gleichährige Seggen,* **Vignea,** 677
— Ährchen getrenntgeschl.; ob. m. ♂, unt. m. ♀ Bltn. *(1143)* (einige Ährchen zuw. ♀ u. ♂ Bltn. enthaltend).
Untergattung: *Verschiedenährige Seggen,* **Carex,** 683

Untergattung: **Primocárex** Kük., *Einährige Seggen*

1. Pfl. einhäusig; Ährchen an der Spitze m. ♂, an der Basis m. ♀ Bltn. *(1141)* **3**
— Pfl. zweihäusig; Ährchen nur m. ♂ *(1140a)* od. ♀ Bltn. *(1140b)* **2**
2. Stg. glatt; Ährchen dichtfrüchtig; Fr. kurz geschnäbelt, 3 mm lg., zuletzt oft waagerecht abstehend; Pfl. lockerrasig, m. Ausläufern; ♃; IV–V. Hochmoore, Sumpfwiesen (bis 2000 m); *z* Alpenraum, sonst *s* u. in größeren Gebieten fehlend (*f* Be), vielfach erloschen.
Zweihäusige S., **C. dioíca** L.
— Stg. oberw. meist rauh; Ährchen lockerfrüchtig, 1–2 cm lg.; Fr. lg. geschnäbelt, 4 mm lg.; Pfl. horstbildend, ohne Ausläufer; ♃; IV–VI. Flachmoore, Riedwiesen (bis 2200 m); kalkliebend; *z* aber oft *h* Au, Ba südl. d. Donau, Alb, sonst *z* bis *s,* nördl. bis Lx/Eifel/Ts/Rhön/Th/Sa/Schl. *Torf-S.,* **C. davalliána** Sm.
3(1). Narben 3 . . . . **5**
— Narben 2; Blätt. borstl., rinnig **4**
4. Ährchen fast kugelig, bis 8 mm lg. *(1146);* Schläuche flach zusammengedrückt, aufrecht absthd., länger als die bleibenden, hellbraunen, weißhautrandigen Tragblätt.; Fr. 2–3,5 mm lg.; Pfl. dichtrasig, 15–20 cm hoch; ♃; V–VI. Moore; sehr *s* Ti; in Dt ausgestorben. *Kopf-S.,* **C. capitáta** L.
— Ährchen verlängert, 1–2 cm lg., m. nur 5–10 ♀ Bltn. *(1147);* Tragblätt. rostrot, m. grünen Mittelnerven, vor den Fr. abfallend; Fr. 4–5 mm lg., zuletzt herabgeschlagen; Pfl. lockerrasig, 5–25 cm hoch; ♃; V–VI. Sumpfwiesen, Flachmoore (bis 2000 m); *v* bis *z* im Alpenraum, sonst sehr *z* bis *s,* vielfach verschwunden.
Floh-S., **C. pulicáris** L.
5(3). Fr. schmal-kegelf., herabgeschlagen, von grannenart. Achsenspitze überragt *(1148);* Ährchen etwa 1 cm lg.; Tragblätt. spitz, dk.-braun m. grünen Mittelnerven, vor den Fr. abfallend; Pfl. ausläuferbildend, 7–15 cm hoch; ♃; V–VII. Flachmoore; sehr *s* OPr, W-Ti, St, OÖ?; in Dt ausgestorben. *Grannen-S.,* **C. microglóchin** Wahl.
— Fr. ohne grannenart. Achsenspitze (z. T. aber m. verlängertem Gr.) **6**
6. Ährchen wenigbltg., m. 2–4 ♀ u. 1–2 ♂ Bltn. (letztere zur Frzeit vertrocknet), 1–2 cm lg.; Fr. spindelf., zugespitzt, strohgelb, zuletzt zurückgeschlagen *(1149);* Tragblätt. vor den Fr. abfallend; Pfl. m. oberirdischen Ausläufern, 5–20 cm hoch; ♃; V–VII. Heide- u. Hochmoore (bis 2100 m); *v* bis *z* im Alpenraum (nördl. bis München), S-Schw. u. Vog., *s* Da, S-Be(?), Lx, Hunsrück, Harz, Th, böhm. Randgeb. m. Sa u. Ba. *Armblütige S.,* **C. pauciflóra** Lightf.
— Ährchen reichbltg.; Fr. aufrecht; Tragblätt. bleibend . . . **7**

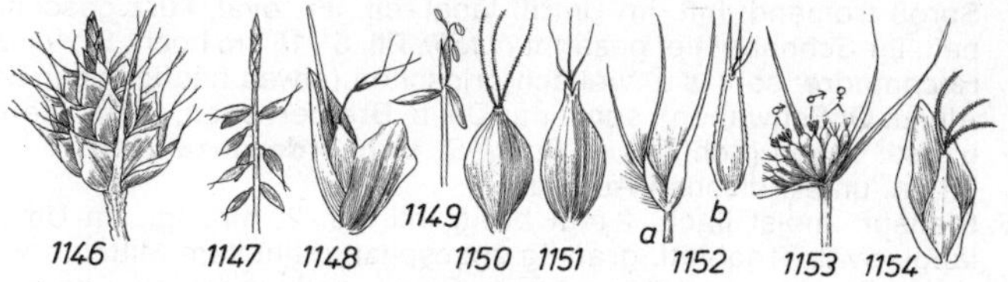

7. Fr. verkehrt-eif., kurz gestutzt *(1150)*, glanzlos, kürzer als die Tragblätt.; Ährchen 10–15 mm lg., an der Basis m. 3–6 ♀ Bltn.; Stg. stumpf 3kantig, unter den Ährchen etwas rauh; Pfl. ausläuferbildend, 5–15 cm hoch; ♃; VI–VII. Felsige Matten, Schutt (bis 3000 m); kalkliebend; *s* Allgäu (b. Pfronten), Au (*f* Vb), Gesenke.
Felsen-S., **C. rupéstris** ALL.

— Fr. stumpf 3kantig, glzd. braungelb, kurz geschnäbelt, Schnabel gezähnt *(1151)*, etwa doppelt so lg. wie die Tragblätt.; Ährchen 5–15 mm lg., an der Basis m. 5–10 ♀ Bltn.; Stg. am Grd. m. purpurbraunen Niederblätt.; Pfl. ausläuferbildend, 5–25 cm hoch; ♃; IV–V. Trockene Sandböden; nur Br (b. Rathenow, Vierraden/ Oder). *Stumpfe S.,* **C. obtusáta** LILJ.

Untergattung: **Vígnea,** *Gleichährige Seggen*

1. Ährchen nicht in kopfigen Bltnständen; wenn kopfig genähert, dann nicht von lg., laubigen Hüllblätt. überragt . . . **3**

— Ährchen in kopfigen, von meist laubigen Hüllblätt. umgebenen Bltnständen *(1152–1153)* **2**

2. Köpfchen zur Blütezt gelbgrün, reif hellbraun; Fr. lg. geschnäbelt, sehr schlank; ♀ Bltn. an der Spitze des Ährchens *(1152)*; Narben 2; mehrjährig bis ♃; VI–X. Schlammige Ufer, nasse Sandböden; sehr *s* m. großen Verbr.Lücken, *f* Ho, Be?, NS (nur Elbe), NrWe, RhPf (nur Westw.), Vb, Ti, Sb; oftmals unbeständig. (= *C. cyperoides* MURR.) *Zypergras-S.,* **C. bohémica** SCHREB.

— Köpfchen *(1153)* zur Blütezt. weiß; Fr. kürzer als die Tragblätt. *(1154)*; ♀ Bltn. an der Basis des Ährchens; Narben 3; ♃; VI–VII. Steinige Weiden, Geröll; kalkstet; *s* b. Garmisch (Dt u. Au), Ammergauer Alp. (Au).
Ⓖ *Monte-Baldo-S.,* **C. baldénsis** TORN. ex L.

3(1). Pfl. ohne od. m. sehr kurzen Ausläufern, Wuchs daher dicht rasenf. od. horstf.; Blätt. am Rand rauh; Narben 2 od. 3 **13**

— Pfl. m. weithin kriechender Grdachse u. Ausläufern; Wuchs lockerrasig; Stg. meist nur am Grd. beblätt.; Narben 2 . **4**

4. Ährchen zahlr., in verlängerten, mehrmals so lg. wie breiten Bltnständen **7**

— Ährchen wenig zahlr., kopfig genähert; ohne laubige Hüllblätt.; Bltnstände meist nicht doppelt so lg. wie breit (8–12 mm lg.) **5**

5. Pfl. m. mehreren dm lg. oberirdischen, peitschenf. Ausläufern, diese an jedem Knoten einen meist kurz bleibenden, nichtblühenden

Sproß treibend; Infl. im Umriß längl.-eif.; Fr. oval, kurz geschnäbelt, ihr Schnabel tief gezähnt *(1155);* Pfl. 5–15 cm hoch; ♃; V–VI. Hochmoore; sehr *s* u. vielfach erloschen (etwas häufiger nur Ba-Alp. u. ObSchwaben), sonst nur Da, b. Bremerhaven, O-Ba, Me/Br u. östl. davon (Schl?). *Strick-S.,* **C. chordorrhíza** EHRH. in L. f.

— Pfl. m. unterirdischen Ausläufern **6**

6. Blattspr. meist flach, 2 mm breit; Infl. ca. 20 mm lg., im Umriß längl.-oval; Tragblätt. grannig zugespitzt, m. hellem Mittelnerv u. weißl. Rändern, so lg. wie die Fr.; Fr. eif., m. kurzem, aber deutl. u. tief gespaltenem Schnabel, (hell)braun; Pfl. 10–40 cm hoch; ♃; IV–VII. Feucht-sandige Orte; salzliebend; *s* Be, Ho, ob in Au? (erst ab NÖ). *Geteilte S.,* **C. divísa** HUDS.

— Blattspr. rinnig, borstenf., etwa 1 mm breit; Infl. ca. 10 mm lg., im Umriß kugelig bis eif.; Tragblätt. stumpf, aber stachelspitzig, grau, m. grünem Mittelnerv u. breit weißhäutigem Rand, etwas kürzer als die Fr.; Fr. schmal-eif.-zugespitzt, ohne Schnabel, an der Spitze schief abgeschnitten *(1156),* (schwarz)braun; Infl. kaum länger als die Blätt.; Pfl. 5–12 cm hoch; ♃; VII–VIII. Moränen (1800–3000 m), od. herabgeschwemmt; sehr *s* Ti. (= *C. incurva* LIGHTF.; = *C. juncifolia* ALL.) *Binsenblättrige S.,* **C. marítima** GUNNERUS

Ähnl. ist: **C. stenophýlla** WAHL. – *Schmalblättrige Segge:* Pfl. nur bis 25 cm hoch; Fr. kurz, aber deutl. 2spaltig, kastanienbraun; Tragblätt. braun, weißhautrandig m. gelbl. Mittelstreif; Infl. deutl. länger als die Blätt.; ♃; IV–VIII. Trockenrasen, sandige Triften; in St u. OÖ vermutl. ausgestorben(?), sonst erst ab NÖ u. Böhmen.

7(4). Fr. nicht (od. nur sehr schmal) geflügelt, nur m. scharf vorspringendem, rauhem Rand *(1157);* Tragblätt. rotbraun, weißhautrandig; Ährchen bis 40bltg., einen längl.-pyramidenf., 3–5 cm lg. Bltnstand bildend; ob. u. unt. Ährchen ♀, mittl. ♂, daher z. Frzt. Infl. in der Mitte dünner; Stg. bis zur Mitte beblätt.; ♃; V–VII. Fluß- u. Seeufer; *v* bis *z,* im Alp.raum seltener, *f* Kt. (= *C. intermedia* GOOD.) *Zweizeilige S.,* **C. dísticha** HUDS.

— Fr. am Rand geflügelt, Flügel rauh *(1158–1159);* Tragblätt. grün gekielt **8**

8. Tragblätt. rotbraun, weißhautrandig od. weißl.; Fr. fast in ganzer Länge gleich breit geflügelt *(1158);* Ährchen am Grd. ♂, oben ♀ **11**

— Tragblätt. rostfarben bis kastanienbraun; Flügel der Fr. oberwärts breiter *(1159);* Sand- u. Dünenpfl. **9**

9. Stg. u. Rhizom kräftig; Blätt. rauh, 3–4 mm breit; Ährchen zu 6–16 in dichter, bis 6 cm langer, meist etwas überhängender ährenart. Rispe; unt. Ährchen ♀, mittl. gemischtgschl., ob. ♂; Tragblätt. länger als die Fr.; Pfl. m. weithin kriechenden Ausläufern, oberirdische Triebe kettenart. miteinander verbunden; ♃; V–VI. Dünen, Heiden, Kiefernwälder; Meeresküsten *v,* sonst *z* südl. bis Rheinl./We/SaAn/Br/Schl (zuw. verwild., z. B. ObRheintal, Nürnberg; früher Arzneipfl.). *Sand-S.,* **C. arenária** L.

— Stg. zierl., oft schlaff; Blätt. nur 1–2 mm breit; Ährchen fast stets am Grd. ♂, an der Spitze ♀ **10**

10. Ährchen zu 6–12, die unt. etwas entfernt, verkehrt-eif.; Tragblätt. lanzettl., bleich-rostbraun; Fr. längl.-lanzettl., grün; ♃; V–VI. Sandige Orte, lichte Kiefernwälder; *z,* sehr *s* W-Schl, Sa, Br, An, Unter-

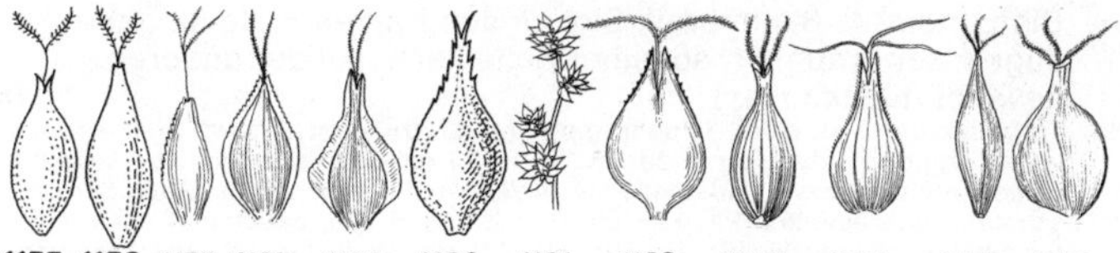

1155 1156 1157 1158 1159 1160 1161 1162 1163 1164 1165 1166

elbe/SH, b. Bonn?, Ho, Be. (= *C. reichenbachii* BONN.)
Reichenbachs S., **C. pseudobrizoídes** CLAVAUD

— Ährchen zu 4–7, elliptisch; Tragblätt. eif., dk.kastanienbraun; Fr. eif., dk.braun *(1159);* ♃; V–VI. Dünen der Meeresküsten *z* (*f* Be), sehr *s* im Binnenland (z. B. Br, SaAn, unt. Elbe, unt. Weser, Niederrhein), *f* im S. *Französische S.,* **C. ligérica** GAY

11(8). Ährchen zu 6–8, blaßgelb, meist abw. bzw. ausw. gekrümmt, schmal-lanzettl., 8–10 mm lg.; Bltnstand locker; Tragblätt. rotbraun, weißhäutig, glzd., zuletzt strohgelb, stumpfl.; Blätt. schlaff, oft bogig überhängend; Stg. scharf 3kantig, bis > 60 cm hoch; ♃; V–VI. Wälder; *v* (oft bestandsbildend) S-Dt, E, *z* Au, sehr *z* bis *s* M-Gebiet u. N, *f* Da, SH (noch 1 Fundort), Me(?), Po, WPr.
Zittergras-S., **C. brizoídes** JUSL. ex L.

— Ährchen nicht gekrümmt; Tragblätt. braun **12**

12. Rhizom 1 mm dick; Blätt. 1–2 cm breit; Infl. 1,5–2 cm lg., m. 3–5 Ährchen; Fr. 3 mm lg., m. gleichmäßig schmalen Flügeln *(1158);* ♃; V–VI. (2 ssp.) *Frühe S.,* **C. prǣcox** SCHREB.

a. Stg. stets aufrecht; Ährchen stets gerade; Tragblätt. dkbraun; Fr. plötzlich in den Schnabel übergehend. Sandige, ruderale Trockenrasen; *z* nur Elbe, Rhein, Main, unt. Donau, sonst *s*, *f* Da, SH, NS, NrWe; in Au nur Kt, St, OÖ.
ssp. **prǣcox**

— Stg. nur z. Bltzt. aufrecht, später bogig abw. gekrümmt; Ährchen meist schwach gebogen (ähnl. *C. brizoides!*); Tragblätt. hellbraun; Fr. allmähl. in den Schnabel übergehend. Warme Eichenwälder, Halbtrockenrasen; *s* E, Baden, Fr, Th, Sa, Br, Schl. (= *C. curvata* KNAF) ssp. **intermédia** (ČEL.) SCH.-MOT.

— Rhizom 2 mm dick; Blätt. 2–3 mm breit; Infl. 3–5 mm lg., m. mehr als 6 Ährchen; Fr. 5 mm lg., etwas breiter geflügelt als vorige; ♃; V–VII. Nur Kiefernwald bei Biesenthal (bei Berlin; ob echt?), St.
Kriechende S., **C. répens** BELL.

13(3). Ährchen am Grd ♂ (z. Frzt. an der Basis deshalb m. leeren Tragblätt.), stets in ährigen Bltnständen **23**

— Ährchen an der Spitze ♂ (z. Frzt. oben m. leeren Tragblätt.); Fr. in 2zähnigen, am Rand rauhen Schnabel zugespitzt **14**

14. Narben 3; Blätt. borstl. gleich dem 5–10 cm hohen Stg. gekrümmt, von der Spitze her frühzeitig vergilbend; 5–6 Ährchen kopfig genähert; Sproßbasis m. zerfaserten Resten der vorjährigen Blätt.; ♃; VII–VIII. Bestandsbildend auf Humusböden der Ur-Alp. (1800–3000 m); *v* Au (*s* OÖ), ob noch in Dt? *Krumm-S.,* **C. cúrvula** ALL.

— Narben 2; Pfl. höher als 10 cm **15**

15. Blätt. 1–3 mm breit, wenn breiter, dann Bltnstand rispig; Stg. m. ebenen od. gewölbten Seitenflächen, nur oberw. rauh **18**

— Blätt. meist 4–8 mm breit; Stg. an den Kanten ± deutl. geflügelt, sehr rauh; Fr. auf einer Seite flach, auf der anderen gewölbt (plankonvex) **16**

16. Tragblätt. der Bltn. plötzl. in sehr lg.pfrieml. Spitze verschmälert; Frschnabel so lg. od. länger als der Körper der Fr.; Fr. 2–2,7 mm lg., reif strohgelb, innen nervenlos, außen 3nervig; Infl. meist etwas verzweigt, bis 15 cm lg.; Rand der Blattscheiden quergefältelt; Pfl. 30–100 cm hoch; ♃; V–VI. Feuchte Wiesen; mehrmals eingeschleppt (Ho, SH, Po, OPr, He, BW, Ba, Sb, St, Liechtenstein; wo eingebürgert?). (Heimat: N-Am.) **C. vulpinoídea** Michx.

— Tragblätt. der Bltn. oval-zugespitzt, nicht pfrieml. verlängert **17**

17. Stg. 3kantig geflügelt m. vertieften Seitenflächen; Rand der Blattscheiden m. kleinen Drüsen u. quergefältelt (Lupe!); Hüllblätt. der Ährchen kurz u. borstenf., deutl. braun geöhrt; Tragblätt. dk.braun m. dk.grünem Mittelnerv; Fr. braun, matt, innen nervenlos, außen vielnervig; Bogen des Blatthäutchens flach, breiter als hoch; ♃; V–VI. Riedwiesen, nasse Waldstellen, Seggenbestände (bis 1000 m); *v–z,* insgesamt weniger verbr. als folg. Art.
Fuchs-S., **C. vulpína** L.

— Stg. 3kantig, höchstens undeutl. geflügelt, m. fast ebenen Seitenflächen; Rand der Blattscheiden weder m. Drüsen noch quergefältelt; Hüllblätt. der Ährchen länger, nicht borstig, undeutl. blaß geöhrt; Tragblätt. grünl.-hellbraun m. hellgrünem Mittelnerv; Fr. grünl. bis hellbraun, meist glzd., innen u. außen vielnervig; Bogen des Blatthäutchens steil, höher als breit; ♃; V–VI. Offensichtl. häufiger als vorige, genaue Verbreitung noch nicht bekannt, da früher m. *C. vulpina* verwechselt!; vermutl. insgesamt *z,* stellenweise *v,* vorwgd. in der Ebene. (= *C. nemorosa* Rebentisch; = *C. otrubae* Podp.)
Falsche Fuchs-S., **C. cúprina** (Sándor ex Heuff.) Nendtvich ex Kern.

18(15). Infl. köpfchenart., im Umriß eif., 10–15 mm lg., aus 8–12 dicht beisammensthd. Ährchen; Fr. 3–4 mm lg., m. gelbl. Basis u. dk.brauner Spitze, tief geschnäbelt; Pfl. 10–30 cm hoch; ♃; VII–IX. Steinige Triften, Schneetälchen (oberhalb 2000 m); *s* Seetaler Alp. (St). *Stink-S.,* **C. foetida** All.

— Infl. lg.gestreckt, deutl. ährig od. rispig **19**

19. Fr. beidersts. gewölbt, scharfrandig; Blattscheiden schwarzbraun, zuw. netzig zerfasert **21**

— Fr. auf einer Seite flach, auf der anderen gewölbt; Blattscheiden nicht auffällig gefärbt **20**

20. Fr. zur Reifezeit aufrecht, nicht abspreizend, 3,5–5 mm lg.; unt. Ährchen meist deutl. (bis 15 mm) voneinander entfernt; Blätt. 2–3 mm breit; Stg. 3kantig, schlaff; Bogen des Blatthäutchens etwas höher als breit; Tragblätt. weißl. bis hellbraun, häutig, m. breitem, grünem Kiel; Fr. allmähl. in kurzen 2zähnigen, an den Rändern rauhen Schnabel verschmälert *(1160);* ♃; V–VIII. Laubwälder, Gebüsch, Weiden; *z* im S, *s* bis *f* im N (z. B. OPr). [= *C. muricata* L. ssp. *divulsa* (Stokes) Čel.; incl. *C. chabertii* F. W. Schultz]
Unterbrochenährige S., **C. divúlsa** Stok.

— Fr. zur Reifezeit ± von der Ährenachse abspreizend, ihr Schnabel an den Rändern rauh; Infl. wenig oder nicht unterbrochen, basale Ährchen den ob. zumindest stark genähert, allenfalls das unt.

deutlicher vom nächsthöheren abgesetzt; ♃; V–VIII. Wälder, Gebüsche, Hecken, Wiesen (bis 1600 m?); *v.* (3 Kleinarten, deren ökologische Abgrenzung u. Verbreitung noch nicht sicher bekannt ist, da früher kaum unterschieden.) Sammelart: **C. muricáta** L.

a. Ältere Wurzeln purpurn bis schwärzl.; Fr. zur Frzeit am Grd. schwammig-korkig, dieser Teil vom ob. durch eine Rille abgesetzt, grün bis gelbbraun, nur mäßig von der Ährchenachse abspreizend, 5–6 mm lg., allmähl. in den 1,5 mm lg. Schnabel verschmälert; Bogen des Blatthäutchens 2–4mal so hoch wie breit, meist zerschlitzt; Ährchen dicht sthd., Infl. selten am Grd. unterbrochen; Stg. steif aufrecht, scharf 3kantig; Tragblätt. braun m. grünem Kiel u. breitem Hautrand. Bis 1600 m?; offenbar insgesamt mind. *z.* [= *C. muricata* L. ssp. *macrocarpa* NEUM.; = *C. contigua* HOPPE] *Dichtährige S.,* **C. spicáta** HUDS.

— Ältere Wurzeln bleich bis bräunl.; Fr. zur Frzeit nicht schwammig-korkig, kastanienbraun, 3,5–5 mm lg., deutl. von der Ährchenachse abspreizend; Bogen des Blatthäutchens etwa so hoch wie breit, nicht zerschlitzt; Stg. 3kantig, aber weniger scharf als bei voriger . . . . **b**

b. Infl. 2–3 cm lg., aus 4–6, meist dicht sthd. Ährchen bestehend; Fr. 3,5 mm lg., kurz geschnäbelt; Bogen des Blatthäutchens etwa so breit od. wenig breiter als hoch; Blätt. kräftig grün, straff, 2–3 mm breit; Pfl. 20–60 cm hoch. Bis 1000 m?; *v* im S, *z* im M-Gebiet, *s* bis zuw. *f* im N (*f* Me bis OPr?). [= *C. muricata* L. ssp. *pairaei* (F. W. SCH.) A. & GR.] *Pairas S.,* **C. pairaei** F. W. SCH.

— Infl. 4–8 cm lg., zuw. sogar verzweigt, zuw. am Grd. etwas unterbrochen, aus zahlr. Ährchen bestehend; Fr. 4–5 mm lg., lg. geschnäbelt; Bogen des Blatthäutchens deutl. breiter als hoch; Blätt. blaßgrün, schlaff, 3–4 mm breit; Pfl. 60–100 cm hoch. Höhengrenze?; *z* bis *s* im S u. M-Gebiet, offenbar nördl. bis Osnabrück/Harz/Sa/Schl. [= *C. muricata* L. ssp. *leersii* (F. W. SCH.) A. & GR.; = *C. divulsa* STOK. ssp. *leersii* (KNEUCKER) W. KOCH; = *C. polyphylla* KARELIN & KIRILOV?] *Leers S.,* **C. leérsii** F. W. SCH.

21(19). Bltnstand ährenrispig, sehr dicht, 1,5–3 cm lg.; Fr. stark glzd., nervenlos, kastanienbraun; Blätt. bis 2 mm breit, rinnig gefaltet; Pfl. lockere Horste bildend; Stg. dünn, an der Basis stielrund, oben 3kantig; Pfl. 20–60 cm hoch; Hüllblätt. der Ährchen m. als Granne austretendem Mittelnerv; ♃; V–VI. Flachmoore, Erlenbrüche, Sumpfwiesen (bis 1900 m); sehr *z,* im S etwas häufiger, vielfach verschwunden. (= *C. teretiuscula* GOOD.) *Draht-S.,* **C. diándra** SCHR.

— Bltnstände ± deutl. rispig, d. h. Ährchen ± lg. gestielt; Pfl. dicht horstf.; Blätt. breiter als 2 mm; Hüllblätt. grannenlos **22**

22. Fr. schwachnervig, glzd., allmähl. in Schnabel verschmälert; Blätt. 4–6 mm breit; Scheiden sich nicht in Fasern auflösend; Kanten des 3eckigen Stg. eben; Infl. deutl. rispig, Seitenzweige länger u. abgespreizt; Pfl. 40–150 cm hoch; ♃; V–VI. Riedwiesen, Flachmoore (bis 2300 m); *v,* im M-Gebiet *z.* *Rispen-S.,* **C. paniculáta** L.

— Fr. beidersts. stark nervig, matt, plötzl. in Schnabel verschmälert; Blätt. 2–3 mm breit; Scheiden sich in lange schwarze Fasern auflösend; Kanten des 3eckigen Stg. etwas konvex; Infl. nur undeutl. rispig, Seitenzweige kürzer u. der Achse fast anlgd.; Pfl. 30–70 cm hoch; ♃; V–VI. Flachmoore, Sumpfwiesen; *z* im S; sonst sehr *z* bis *s,* im N vielfach verschwunden. (= *C. paradoxa* WILLD.) *Schwarzschopf-S.,* **C. appropinquáta** SCHUM.

23(13). Unt. Ährchen weit (bis 7 cm) voneinander entfernt, ihre blattart. Hüllblätt. den schlaffen Stg. weit überragend; Tragblätt. weißl.; Ährchen 4–10 mm lg.; Pfl. horstf.; ♃; V–VII. Feucht-schattige Stellen in Laubwäldern u. Gebüschen (bis 1000 m); *z,* oft gesellig. *Winkel-S., Entferntährige Wald-S.,* **C. remóta** L.

— Ährchen ± genähert, höchstens die unt. etwas entfernt; unt. Ährchen ohne od. m. kurzem, laubigem Hüllblatt **24**

24. Fr. am Rand geflügelt, lg. geschnäbelt, m. 2zähnigem, rauhem Schnabel; so lg. wie das Tragblatt; Ährchen bis zu 6; Infl. 2–4 cm lg.; Blätt. 2–3 mm breit, starr, kürzer als der 20–60 cm hohe Stg.; ♃; V–VIII. Sandige Wiesen, Wegränder, Alpenweiden (bis 2500 m); *v*. (= *C. ovalis* Good.)
Hasenfuß-S., **C. leporína** L. em. Leers

Ähnl. ist: **C. crawfórdii** Fern.: Blätt. so lg. wie der Stg.; Ährchen zu 7–15, ebenfalls eng beisammen; Tragblätt. 2,5–3 mm lg.; Fr. schmaler u. länger. Eingebürgert an Talsperren östl. Remscheid (S-We), b. Frankfurt (He), Be. (Heimat: N-Am.)

— Fr. ungeflügelt, länger als das Tragblatt **25**

25. Fr. an der Spitze abgestumpft, kurz geschnäbelt od. ungeschnäbelt **27**

— Fr. geschnäbelt, Schnabel an der Spitze ± deutl. 2zähnig, Fr. waagrecht absthd. od. etwas zurückgekrümmt; Ährchen in einfachem, unterbrochen-ährigem Bltnstand **26**

26. Ährchen längl., 5–12 mm lg., vielbltg., zu 8–12; Tragblätt. bräunl.; Fr. kurz 2zähnig geschnäbelt, vielnervig; Blätt. 3–4 mm breit, schlaff, rauh; Pfl. 30–60 cm hoch; ♃; V–VI. Waldbäche, sumpfige Waldstellen (bis 1300 m); *z* u. gesellig, im S seltener, *f* E, im N häufiger.
Verlängerte S., **C. elongáta** L.

— Ährchen kugelig, 4–6 mm lg., zu 3–5 *(1161)*; Tragblätt. hellbraun, weißhautrandlg u. m. grünem Mittelnerv; Frschnabel oft gekrümmt, rauh-2zähnig; Fr. nur auf der gewölbten Seite nervig, reif sternf. spreizend; Blätt. starr, 1–2 mm breit; Pfl. 10–30 cm hoch; ♃; V–VI. Sumpfwiesen, Flachmoore (bis 2400 m); *v* bis *z*. (= *C. stellulata* Good.)
Igel-S., **C. echináta** Murr.

27(25). Fr. ungeschnäbelt; Ährchen nur 2–5bltg. **31**

— Fr. geschnäbelt, eif.; Pfl. graugrün **28**

28. Ährchen meist zu 4–6(–10); Infl. unterbrochen, die unt. Ährchen deutl. voneinander entfernt, insgesamt > 4 cm . **30**

— Ährchen nur zu 3–4, sehr genähert; Infl. < 2 cm **29**

29. Stg. oben sehr rauh, scharf-3kantig, 15–30 cm hoch; Ähren kugelig; Fr. eif., graubraun, plötzl. kurz geschnäbelt; ♃; V–VI. Hochmoore, Sümpfe; sehr *s* Ba-Voralp. (bis 900 m), NTi, St, *z* Po bis OPr.
Torf-S., **C. heleonástes** Ehrh.

— Stg. glatt od. nur unter dem Bltnstand etwas rauh, stumpf-3kantig, 5–15 cm hoch; Blätt. 1–2 mm breit, starr; Fr. krugf., gelbbraun m. dkbraunem Schnabel; ♃; VI–VII. Schutthalden, quellige Stellen, Schneetälchen (2000–2600 m); *z* Ur-Alp. (Au, *f* OÖ). (= *C. lagopina* Wahl.)
Lachenals S., **C. lachenálii** Schk.

30(28). Ährchen kugelig, 3–5 mm lg.; Tragblätt. braun, weiß-hautrandig; Fr. eif., ihr Schnabel auf der Rückenseite aufgeschlitzt *(1162)*; Blätt. 1,5–2 mm breit; Pfl. grasgrün; ♃; VII. (2 ssp.)
Bräunliche S., **C. brunnéscens** (Pers.) Poir.

a. Dichtrasig; Pfl. 15–40 cm hoch, kräftig, gerade; Blätt. kurz u. steif; Ährchen eif. bis längl.-eif., dichtbltg.; Fr. 2–2,5 mm lg.; Frwand selten aufreißend, nur schwach nervig, gelb- bis dkbraun. Magerrasen, Flachmoore, humöse Matten vorwgd. der alp. Stufe (1000–2500 m); *v* bis *z* Alp. (*f* OÖ), *s* Feldberg (Schw.)?, Erz- u. Riesengeb. ssp. **brunnéscens**

— Lockerrasig; Pfl. 30–70 cm hoch, zart; Stg. etwas geschlängelt; Blätt. lg., weich, schlaff; Ährchen breit-eif. bis längl., lockerbltg.; Fr. 2,5–3,5 mm lg.;

Schlauchwand oft aufreißend, deutl. nervig (bes. die Außenseite), olivgrün m. violettbraunen Flecken. Schattige, feuchte Waldstellen m. beginnender Vermoorung; *s* OPr, bayer. Hochebene (b. Allmannshausen). (= *C. vitilis* FR.)
ssp. **vítilis** (FR. em. BLYTT) KALELA

— Ährchen längl.-elliptisch, 5–10 mm lg.; Tragblätt. bleich, grün gekielt; Fr. nicht einseitig aufgeschlitzt; Blätt. schlaff, 2–3 mm breit; Pfl. graugrün; ♃; V–VIII. Hochmoore, Torfstiche, nasse Wiesen (bis 2200 m); *v* u. *h*. *Graue S.,* **C. canéscens** L.

31(27). Blätt. kürzer als der oberw. schwach rauhe Stg.; Ährchen klein, fast kugelig, armbltg., m. (2–)6 ♀ Bltn. an der Spitze u. 1–4 ♂ Bltn. an der Basis, zu 3–5 in lockerer Ähre; Fr. stark zusammengedrückt; unt. Hüllblatt sein Ährchen deutl. überragend; pfrieml.; ♃; VI–VII. Heidemoore; sehr *s* OPr.
Lolchartige S., **C. loliácea** L.

— Blätt. so lg. wie der bis über die Mitte rauhe, sehr dünne Stg.; Ährchen zu 2–4, entfernt, m. 2(–3) basalen ♀ u. 1–2 ♂ Bltn. an der Spitze; Fr. etwas aufgeblasen, schwach zusammengedrückt; unt. Hüllblatt m. pfrieml. Spitze, aber kürzer als sein Ährchen; ♃; VI–VIII. Erlenmoore; sehr *s* OPr. (= *C. tenella* SCHK.)
Zarte S., **C. dispérma** DESV.

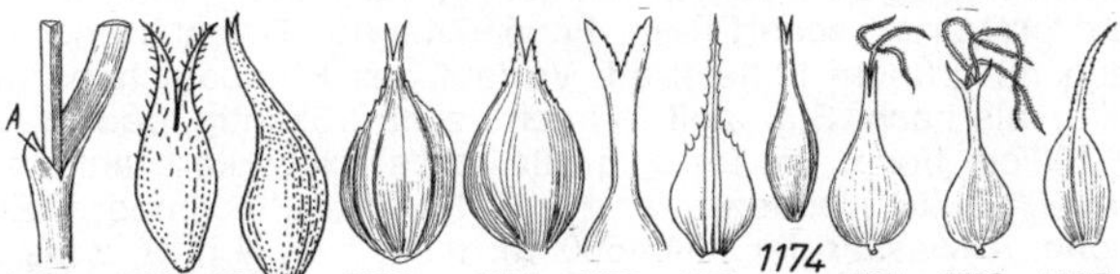

1167 1168 1169 1170 1171 1172 1173 1174 1175 1176 1177

Untergattung: **Cárex,** *Verschiedenährige Seggen*

1. Fr. m. kürzerem od. längerem, 2zähnigem od. 2spaltigem Schnabel[1] *(1163–1164);* Narben meist 3 . . . . **45**

— Fr. ungeschnäbelt (zuw. aber nach der Spitze lang verschmälert *1165*) od. m. sehr kurzem, stielrundem, gestutztem *(1166),* selten sehr kurz 2zähnigem Schnabel[1]; Narben 2–3 . . . . **2**

2. Fr. behaart; Narben stets 3 . . . . **31**

— Fr. kahl (höchstens etwas rauh) **3**

3. Narben 3 . . . . **13**

— Narben 2 . . . . **4**

4. Ährchen zu 3–5, alle einander sehr ähnl., fast gebüschelt, insgesamt nur bis 1,5 cm lg. u. etwas nickend; Endährchen ganz od. nur an der Basis ♂; Hüllblatt. des untersten Ährchens oft lg., laubblatt-

---

[1] Die Entscheidung, ob Fr. geschnäbelt sind od. nicht, ist wegen zahlr. – auch standörtl. bedingter – Übergangsformen oftmals schwierig u. nicht immer sicher. Bleibt ein Bestimmungsergebnis fraglich, so verfolge man m. der 2. Schnabel-Alternative auch den anderen Bestimmungsgang.

art., m. bis 1 cm lg. Scheide; Tragblätt. eif.-stumpf, schwarzrot m. grünem Mittelstreifen u. weißl. Rand; Fr. fast nervenlos, grauweiß bis hellgrün, dicht warzig; Pfl. 5–20 cm hoch, m. kurzen Ausläufern; ♃; VII. Feuchte bis schlammige Wiesen entlang der Alpenbäche (1600–3000 m); *s* in NTi, Sb, Kt, OTi.

Zweifarbige S., **C. bícolor** ALL.

— ♂ u. ♀ Ährchen voneinander verschieden; Ährchen, bes. die unt., voneinander entfernt **5**

5. Tragblätt. der ♀ Bltn. gelbl.-blaßrotbraun, m. aufgesetzter Granne, die bis 5mal so lg. wie die Spelzenfläche ist; ♀ Ährchen gestielt, ihr Stiel > die überhgd. Ährchen; ♃; VIII–IX. Anmoorige, offene Dünentäler; *s*(?) N-Jütland (erst 1990 b. Skagen entdeckt).

Grannen-S., **C. paleácea** WAHL.

— Tragblätt. der ♀ Bltn. allenfalls zugespitzt, niemals grannig; ♀ Ährchen (fast) ungestielt, aufrecht **6**

6. Pfl. m. verlängerten Ausläufern; grdst. Blattscheiden m. Spreiten (außer *C. buekii*), netzart. zerfasernd od. erhalten bleibend **8**

— Pfl. ohne verlängerte Ausläufer, dichte Horste bildend; grdst. Blattscheiden netzart. zerfasernd, spreitenlos . . **7**

7. Blattscheiden gelbbraun, grobmaschig-netzfaserig; Blätt. 4–5 mm breit, graugrün, scharf-rauh; Fr. 5–7nervig; Tragblätt. schwarzbraun m. grünem Mittelstreif; Verlauf des Blatthäutchens deutl. breiter als hoch; Stg. steif aufrecht, scharf 3kantig, oberw. rauh, 20–100 cm hoch; Pfl. feste, große, oft stockwerkart. aufgebaute Horste („Bulte“) bildend; ♃; IV–V. Sümpfe, Flachmoore, Erlenbrüche, Altwasserufer (bis 1500 m); *v* bis *z* im N u. S, *z* bis *s* im M-Gebiet. (= *C. stricta* GOOD.; = *C. reticulosa* PET.)

Steife S., **C. eláta** ALL.

— Blattscheiden purpurrot, feinmaschig-netzfaserig; Blätt. hellgrün, 3 mm breit, starr, fein rauh; Fr. nervenlos; Tragblätt. schwarz m. rotbraunem Mittelstreif; Verlauf des Blatthäutchens deutl. höher als breit; Stg. schlank, dünn, scharf 3kantig, bis zum Grd. rauh, 15–60 cm hoch; Pfl. dichte Horste bildend; ♃; IV–V. Sumpfwiesen (bis 1000 m); sehr *z* bis *s, f* Be, NrWe, Pf, E (nur b. Altkirch), Sa, Vb, Ti. *Rasen-S.,* **C. cespitósa** L.

8(6). Grdst. Blattscheiden spreitenlos, rotbraun, stark netzfaserig; Fr. nervenlos, innen flach, außen gewölbt; unterstes Hüllblatt laubblattart.; Stg. scharf 3kantig, oben sehr rauh, 45–90 cm hoch; ♃; IV–V. Wiesen, Gebüsch der Flußufer; *s* Schl, SaAn, Sa, b. Hamburg, b. Regensburg (Donau-, Naab-, Regental), Kt, St; OÖ? (= *C. banatica* HEUFF.) *Banater S.,* **C. buékii** WIMM.

— Grdst. Scheiden m. Spreiten, meist nicht netzig zerfasernd **9**

9. Stg. fast bis zum Grd. rauh, scharf-3kantig, 30–150 cm hoch, seine Seitenflächen vertieft, d. h. m. etwas vorspringenden Kanten; Blätt. 5–10 mm breit, untersts. scharf gekielt; Bltnstand überhängend, m. 1–3 ♂ u. 2–5 ♀ Ährchen, die ♀ bis 15 cm lg.; unterstes Hüllblatt laubartig, den Bltnstand überragend; Fr. rundl. bis 3kantig, beidersts. m. 4–5 feinen Nerven; ♃; V–VI. Ufer, Bäche, Teiche, Gräben (bis 1000 m); *v*, oft bestandsbild. (2 ssp.) (= *C. acuta* L. em. REICH.) *Scharfe S.,* **C. grácilis** CURT.

— Stg. glatt od. nur oben rauh, nur bis 30(−60) cm hoch; unterstes Hüllblatt den Bltnstand meist nicht überragend; ♀ Ährchen viel kürzer **10**

10. Unterstes Hüllblatt kurz, nur etwa so lg. wie sein Ährchen, die ob. Hüllblätt. spelzenart.; Blätt. bis 7 mm breit, rauh, oft zurückgekrümmt; Bltnstand kurz, m. 2−3 aufrechten ♀ u. 1 ♂ Ährchen; Fr. eif., nervenlos, fast 3seitig; ♃; V−VIII. Sumpfwiesen(?), Matten, Zwergstrauchheiden der subalp. Reg.; Brocken (Harz)?, Sudeten, Sb, Kt, St. (= *C. rigida* Good.; = *C. fyllae* Holm)
Starre S., **C. bigelówii** Torr. ex Schweinitz ssp. **rígida** (Good.) Sch.-Mot.

— Unterstes Hüllblatt so lg. wie die Infl., auch die ob. wenigstens m. kurzer Spreite; Blätt. nicht zurückgekrümmt . . **11**

11. Stg. scharf 3kantig, ob. rauh, gleich den Blätt. graugrün; ♂ Ährchen 1 (selten 2); Fr. bikonvex, grün, länger als die schwarzen, grüngestreiften Tragblätt.; Ährchen kurz, aufrecht; unt. Hüllblatt den Bltnstand nicht selten überragend; ♃; V−VII. Bis 2400 m. (2 ssp.) (= *C. vulgaris* Fr.; = *C. goodenovii* Gay; = *C. stolonifera* Hoppe; = *C. fusca* auct., non All.) (2 ssp.)
Wiesen-S., **C. nígra** (L.) Reich.

a. Pfl. m. kurzen Ausläufern; Blätt. 2−5 mm breit, starr, meist deutl. gefaltet; Stg. kräftig; unterstes Hüllblatt breiter als bei folg. ssp.; Fr. schwach nervig. Sumpfwiesen, Flachmoore, Quellfluren; *v.* ssp. **nígra**

— Pfl. m. verlängerten Ausläufern; Blätt. nur 1 mm breit, schlaff; Stg. dünn; unterstes Hüllblatt fädl.; Fr. deutl. nervig. Heidemoore, feuchtnasse Felsfluren; *z* Alp., *s* Brocken (Harz)? ssp. **alpína** (Gaud.) Lemke

— Stg. stumpf 3kantig, glatt od. nur unterhalb des Bltnstands etwas rauh; ♂ Ährchen 1−4 . . . . **12**

12. Stg. völlig glatt; Pfl. 10−40 cm hoch; Blätt. 2−3 mm breit; ♀ Ährchen 2−3, fast sitzend, aufrecht, 1−4 cm lg.; Fr. 3,5−5 mm lg., plankonvex, deutl. längsnervig (oft m. 3 stark hervortretenden Nerven), so lg. wie die Tragblätt. od. etwas länger als diese; Tragblätt. braun m. 3nervigem, grünem Kiel u. schmalen Hauträndern; ♃; VI−VII. Dünen der Nordseeküste, Ost- u. Nordfriesische Inseln, Da (Inseln Rømø u. Fanø), *s.* *Dreinervige S.,* **C. trinérvis** Degl.

— Stg. wenigstens oberw. etwas rauh; Pfl. 30−90 cm hoch; Blätt. 3−7 mm breit; ♀ Ährchen 4−6 cm lg.; Stg. m. ebenen Seitenflächen (Gegensatz zu *C. gracilis,* Punkt **9**); Fr. 2−3 mm lg., fast nervenlos, aber m. etwas vorspringenden Randkanten, breiter als die Tragblätt., meist steril; Tragblätt. purpurn bis kupferfarben, hell gekielt, weißhautrandig; ♃; V−VII (aber später als *C. gracilis*). Ufer, Sumpfwiesen, Moorbäche; *z* NS (zwischen Leer u. Rotenburg östl. Bremen), Ho, OPr (ob weiter verbreitet? früher mit *C. gracilis* verwechselt). *Wasser-S.,* **C. aquátilis** Wahl.

13(3). Endst. Ähre ♂ (zuw. am Grund m. wenigen ♀ Bltn.) . **19**

— Endst. Ähre an der Spitze m. ♀, am Grd. m. ♂ Bltn. . . **14**

14. Grdst. Blattscheiden dkbraun, nicht netzfaserig; Fr. nervenlos, nur zuw. undeutl. nervig, etwas zusammengedrückt, braun od. schwarz; Grundfarbe der Tragblätt. schwarz; Pfl. horstf. bzw. m. kurzen Ausläufern **16**

— Grdst. Blattscheiden schwarzrot, fein netzfaserig; Fr. nervig, fast 3kantig, graugrün, Pfl. lockerrasig, m. längeren Ausläufern; Grundfarbe der Tragblätt. dkbraun **15**

15. Endst. Ährchen keulenf., 10–25 mm lg. u. 5–10 mm breit, meist nur oberw. ♂; Fr. undeutl. nervig, dicht m. auffälligen Papillen bedeckt, 3–4 mm lg., deutl. länger als die Tragblätt.; Blätt. graugrün; ♃; V–VI. Feuchte Wiesen (bes. Pfeifengras – *Molinia*), Moorwiesen, Bachränder; Verbreitung noch ungenügend bekannt, da früher von *C. hartmanii* nicht getrennt; häufiger in der mont. Stufe; *z* bis *s* Ho, Da, Me bis OPr, Br, Th, Gesenke, S-He, E?, BW, Vorder-Pf, Ba, Au (ob überall?). (= *C. polygama* SCHK. ssp. *subulata* CAJ.)
G *Buxbaums S.*, **C. buxbaumii** WAHL.

— Endst. Ährchen zylindrisch, 15–35 mm lg. u. nur bis 5 mm breit, größtenteils ♀, nur am Grd. m. wenigen ♂ Bltn. (selten rein ♂ od. rein ♀); Fr. bikonvex, 2–3 mm lg., sehr fein papillös, etwa so lg. wie die Tragblätt.; Blätt. grasgrün; ♃; V–VI. Moorwiesen, Bachränder; sehr *z* Ho, Da, b. Hannover, Me bis OPr, Br, SaAn, Sa, Schl, E, BW, Vorder-Pf, Ba, Au (Vb, NTi, Kt, St). [= *C. polygama* SCHK. ssp. *hartmanii* (CAJ.) DOM.] *Hartmans S.*, **C. hartmánii** CAJ.

16(14). Ährchen zu 2–4 kopfig zusammengezogen, sitzend od. sehr kurz gestielt, rundl.-eif. **18**

— Ährchen zu 2–6, längl.-eif., gestielt, alle od. wenigstens die unt. entfernt u. länger gestielt **17**

17. Fr. schlank, zur Spitze hin allmähl. verschmälert (ähnl. *1156*), meist (sehr) kurz 2zähnig, länger, aber schmaler als ihr Tragblatt; ♀ Ährchen bis 5 cm lg. haarfein gestielt, daher überhgd.
s. Punkt **62, C. fuliginosa**

— Fr. eif. bis verkehrt-eif., 3,5 mm lg., kürzer, aber breiter als ihr Tragblatt; ♀ Ährchen kurz gestielt, ± aufrecht; Blätt. (mehr als) ½ so lg. wie der Stg.; ♃; VI–VIII. (2 ssp.) (Alp. 1500–2700 m)
Schwarze S., Trauer-S., **C. atráta** L.

a. Stg. schlank, glatt; Fr. 3,5 mm lg., gelbbraun; Ährchen 1–2 cm lg.; Blätt. 3–4 mm breit. Steinige Matten, Geröll; *z* Alp., *s* Riesengeb., Gesenke.
ssp. **atráta**

— Stg. dick, an den Kanten rauh; Fr. 4–5 mm lg., schwarz; Ährchen bis 3,5 cm lg.; Blätt. 5–9 mm breit. Feuchtere Standorte, z. B. Hochstaudenfluren; wie vorige ssp., doch weniger häufig. (= *C. aterrima* HOPPE)
ssp. **atérrima** (HOPPE) HARTM.

18(16). Stg. glatt; Ährchen eirund, sitzend (zuw. das unterste kurz gestielt); Tragblätt. schwarzbraun, weißl. berandet; Fr. braunschwarz, 3–4 mm lg.; ♃; VII–VIII. Humöse, steinige Matten, Felsspalten, Geröll; *s* alp. Reg. (2300–3000 m). [= *C. atrata* ssp. *nigra* (ALL.) HARTM.; = *C. nigra* ALL.] *Kleinblütige S.*, **C. parviflóra** HOST

— Stg. unterhalb der Infl. stark rauh; Ährchen fast kugelig, kurz gestielt; Tragblätt. ohne od. selten m. sehr schmalem, weißhäutigem Rand; Fr. 2,3–3 mm lg., zuletzt gelbgrün bis braungrün; Blätt. 2,5–5 mm breit; ♃; VI–VIII. Feuchte Triften, Gesteinsfluren; *s* N- u. OTi, N-Kt, St. [= *C. norvegica* ssp. *media* (KALELA) LÖVE & LÖVE]
Pustertaler S., **C. média** R. BROWN ssp. **pusteriána** (KALELA) SCH.-MOT.

19(13). Blätt. (bes. am Rand od. wenigstens jung) behaart; ♀ Ährchen gestielt; Blatthäutchen in seinem Verlauf doppelt so hoch wie breit **30**

— Blätt. kahl **20**

20. Hüllblätt. (bes. des unt. Ährchens) m. längerer, stgumfassender Scheide **24**

— Hüllblätt. ohne od. m. sehr kurzer Scheide; Pfl. m. längeren Ausläufern **21**

21. ♀ Ährchen zu 1–3, genähert, sitzend, (1–)3–5bltg.; Hüllblätt. am Grd. trockenhäutig; Fr. groß, glzd. gelbbraun, aufgeblasen; Blätt. flach, bis 1,5 mm breit; Stg. stumpfkantig, oberw. rauh, 8–20 cm hoch; ♃; IV–V. Sandige Steppenrasen, Trockenwälder; *z* im O, westl. bis Me/SaAn/Th, *s* Pf/M-Rhein, Steigerw. (Fr), St, OÖ. *Niedrige S.,* **C. supina** Wahl.

— ♀ Ährchen deutl. gestielt, zuletzt hängend, reichbltg. . . . **22**

22. ♂ Ährchen meist 2; grdst. Blattscheiden m. Spreiten; Fr. nervenlos, purpurschwarz, rauhpunktiert; Blätt. flach, 2–6 mm breit, am Rand rauh, grasgrün bis blaugrün, Stg. stumpf 3kantig, 20–50 cm hoch; ♃; V–VI. Wiesen, Flachmoore, Gebüsch, Halbtrockenrasen (bis 2000 m); kalkliebend; *v,* im N stellenw. *f.* (= *C. glauca* Scop.) *Blaugrüne S.,* **C. flácca** Schreb.

— ♂ Ährchen einzeln; grdst. Blattscheiden ohne Spreite; Moorpfl. **23**

23. Fr. stark 5nervig, gelbl.-grün bis bräunl.; Tragblätt. rotbraun, m. grünen Mittelnerven; ♀ Ährchen zu 1–2; Blätt. borstenf. zusammengefaltet, ca. 1 mm breit, graugrün; ♃; IV–VII. Heide- u. Hochmoore, bes. in Schlenken (bis 2000 m); *z* Alp. u. Vorland, sonst *s,* gebietsweise *f* od. verschwunden. *Schlamm-S.,* **C. limósa** L.

— Fr. nervenlos, grasgrün; Tragblätt. dkkastanienbraun, m. grünen Mittelnerven; ♀ Ährchen zu 2–3; Blätt. flach, ca. 4 mm breit, grasgrün, schlaff; ♃; V–VIII. Hochmoore. (2 ssp.) (= *C. paupercula* Michx.) *Patagonische S., Berieselte S.,* **C. magellánica** Lam.

a. Stg. 10–30 cm hoch, glatt od. oberw. schwach rauh; Tragblätt. kastanienbraun; Fr. 2,5–3 mm lg., grasgrün, später braun. *z* Alp. (in Dt nur Berchtesgaden u. Ammergeb.) u. Randgeb. der ČR. [= *C. irrigua* (Wahl.) Sm.] ssp. **irrígua** (Wahl.) Hitonen

— Stg. 40–60 cm hoch, oberw. meist deutl. rauh; Tragblätt. hellbraun; Fr. 3,5–4 mm lg., meergrün, später braun. *s* OPr. ssp. **planitiéi** (A. & Gr.) Sch.-Mot.

24(20). ♀ Ährchen auch z. Frzt. aufrecht; Fr. kugelig bis eif.; Pfl. m. längeren Ausläufern **27**

— ♀ Ährchen, vor allem z. Frzt., hängend (bei *C. strigosa* oft aufrecht); Fr. lanzettl.-elliptisch **25**

25. Pfl. bis 20 cm hoch, dichtrasig, ohne Ausläufer; Blätt. bis 2 mm breit, rinnig; ♀ Ährchen lockerbltg., an haarfeinen, > 1,5 cm lg. Stielen; Fr. zugespitzt *(1165),* nervenlos, glzd.-braun, 2–3,5 mm lg.; Tragblätt. braun, weißhautrandig; ♃; V–VII. Steinige Triften, quellige Orte; kalkliebend; *v* Alp. (900–2900 m), *s* OPr, Riesengeb., Gesenke. *Haarstielige S.,* **C. capilláris** L.

— Pfl. 60–150 cm hoch; Blätt. flach; Waldpfl. **26**

26(25 u. 73). ♀ Ährchen dichtbltg., schlank-zylindrisch, bis 15 cm lg. u. 5 mm breit; Blätt. dkgrün, 1–2 cm breit, untersts. gekielt; Tragblätt. rotbraun m. grünem Mittelstreifen, kürzer als die undeutl. nervigen, bleichgrünen, etwas aufgeblasenen, fast schnabellosen Fr.; Pfl. dichtrasig, ohne Ausläufer; ♃; V–VI. Feuchte Waldstellen; stellenw. *v* im S, nördl. sehr *z* bis Ho/Osnabrück/Hannover/Harz/Sa/Schl, sonst sehr *s* Da, O-SH, Rügen. *Hängende S.,* **C. péndula** Huds.

— ♀ Ährchen lockerbltg., schlank, kurz gestielt, fast aufrecht, bis 7 cm lg. u. 2–3 mm breit; Blätt. 5–10 mm breit, höchstens undeutl. gekielt, heller grün; Tragblätt. grünl., kürzer als die grünen, längsnervigen, kurz geschnäbelten Fr.; Pfl. m. Ausläufern (ist *C. sylvatica,* Nr. **73,** sehr ähnl.); ♃; IV–VI. Feuchte Laubwälder; *v* BW (außer Geb.), SO-NS, O-SH, sonst sehr *z* bis *s, f* NW-Dt, Po bis OPr, Schl, O- u. N-Ba, Vb, Ti, Kt. *Schlanke S.,* **C. strigósa** HUDS.

27(24. u. 59). Tragblätt. weiß-glzd., m. grünem Mittelstreif, viel kürzer als die häutig geschnäbelten, nervigen, zuletzt glzd.-dkbraunen Fr.; ♀ Ährchen arm- u. lockerbltg.; Hüllblätt. spreitenlos; Blätt. 1–2 mm breit, borstl. gefaltet, an den Rändern scharf rauh; Blatthäutchen fast eben verlaufend; Pfl. m. Ausläufern, 10–40 cm hoch; ♃; V–VI. Trockene Wälder (bis 1500 m); kalkstet; *v* Alp., *z* im S bis Donautal, ObRhein, S-E, *s* N-FrAlb, Edersee (He).
Weiße S., **C. álba** SCOP.

— Tragblätt. braun od. schwärzl., oft weiß berandet u. m. grünen Mittelnerven; Hüllblätt. laubblattartig **28**

28. ♀ Ährchen dicht- bis 12bltg., kurz walzl., 6–12 mm lg. u. etwa 5 mm breit; Blätt. kaum kürzer als Infl.; unterstes Hüllblatt kurzscheidig; Tragblätt. rotbraun, breit-weiß-hautrandig, m. grünem Mittelstreif; Fr. länger als ihr Tragblatt, kurz geschnäbelt, glzd. hellbraun; ♃; IV–V. Sonnige, steinige Hänge (bis 2150 m), *s* Ti, Kt. (= *C. nitida* HOST) *Glanz-S.,* **C. liparocárpos** GAUD.

— ♀ Ährchen lockerbltg.; Blätt. viel kürzer als Infl. **29**

29. Pfl. graugrün; Fr. kugelig-eif., graugrün, kurz geschnäbelt, viel länger als die schwärzl., grüngestreiften Tragblätt.; Hüllblattscheide glatt; Ährchen länger u. schlanker: ♀ = 2–3 cm, ♂ = 1,5–2 cm; Pfl. 15–40 cm hoch; ♃; IV–VI. Riedwiesen, Wiesenmoore, Bachränder, feuchte Alpenmatten (bis 2500 m); *v.*
Hirsen-S., **C. panicea** L.

— Pfl. grasgrün; Fr. m. ausgerandetem Schnabel *(1166),* hellbraun, so lg. wie die rostroten, grüngestreiften Tragblätt.; Hüllblätt. m. ± aufgeblasener Scheide; Ährchen kürzer u. dicklicher: ♀ = 1–2 cm, ♂ = 1–1,5 cm; Pfl. 10–30 cm hoch; ♃; VII–VIII. Feuchte, grasige Abhänge; *s* OPr, Me (Warnemünde), Harz (ob noch?), Riesengeb., Gesenke, Seetaler Alp. (St). [= *C. sparsiflora* (WAHL.) STEUD.]
Scheiden-S., **C. vagináta** TAUSCH

30(19). Blätt. 2–3 mm breit, schlaff, nur zerstreut u. bes. die unt. gewimpert; ♀ Ährchen 2–3, kurz zylindrisch, wenig entfernt, dichtbltg., bis 2 cm lg.; Tragblätt. bleich, kürzer als die glzd., schnabellosen Fr.; Pfl. 20–40 cm hoch, ohne Ausläufer; ♃; IV–VII. Lichte Wälder (bis 2200 m); *v,* im N m. Verbr.-Lücken.
Bleiche S., **C. palléscens** L.

— Blätt. bis 1 cm breit, weich, entlang der Ränder u. untersts. absthd. gewimpert; ♀ Ährchen 2–4, weit entfernt, lockerbltg., bis 3 cm lg.; Tragblätt. braun, so lg. wie die mattgrünen, deutl. kurz 2zähnig geschnäbelten Fr.; Pfl. 20–40 cm hoch, m. lg. Ausläufern; ♃; IV–V. Laubwälder, Lichtungen; *z* S-BW, S-Ba, S-He, OPr, WPr, Au (*f* Ti), *s* S-ObRhein (m. E), b. Göttingen (S-NS), Lx, Th, Schl.
Wimper-S., **C. pilósa** SCOP.

31(2). Unterstes ♀ Ährchen grdst., 10–20 cm lg. gestielt, die übrigen genähert, 2–5bltg. **81**
— Alle Ährchen in ob. Stghälfte (wenn grdst., dann kurz gestielt) **32**
32. ♀ Ährchen lockerbltg., zumindest die unt. deutl. gestielt **41**
— ♀ Ährchen dichtbltg., sitzend u. aufrecht; ♂ Ährchen 1 . **33**
33. Unterstes Hüllblatt trockenhäutig, am Grd. verbreitert, dazugehörige Ährchen meist nicht überragend **37**
— Unterstes Hüllblatt laubblattart., am Grd. wenig od. nicht verbreitert, dazugehöriges Ährchen meist weit überragend **34**
34. ♂ Ährchen (meist) 2; unt. Hüllblatt länger als Infl.; Fr. sehr kurzborstig; Blätt. blaugrün; Pfl. m. längeren Ausläufern; ♀ Ährchen deutl. voneinander entfernt; Tragblätt. schwarzbraun; Fr. grün od. schwarz s. Punkt **22, C. flacca**
— ♂ Ährchen nur 1; unt. Hüllblatt kürzer als Infl.; Fr. dicht behaart; Blätt. grasgrün bis graugrün **35**
35. Pfl. horstbildend, ohne Ausläufer; Stg. z. Frzt. niederlgd.; Bltnstand kurz, gedrungen, m. 2–4 kugeligen (nur bis 7 mm lg.), etwas voneinander entfernten ♀ Ährchen; unt. Hüllblatt aufrecht absthd.; Tragblätt. grau- bis dk.braun, meist kürzer als die kugeligen, grauweißen Fr.; ♃; IV–V. Kiefernwälder, Waldränder, Heiden, Wiesen (bis 2000 m); *v*. *Pillen-S.*, **C. pilulífera** L.
— Pfl. lockerrasig, m. Ausläufern; ♀ Ährchen deutl. voneinander entfernt; unt. Hüllblatt bisweilen fast waagrecht absthd.; ♀ Ährchen 1–2 . . . . **36**
36. Fr. dicht weißhaarig, nervenlos, kurz 2zähnig, eif.-kugelig; Tragblätt. rotbraun, grün genervt, eif.-zugespitzt; ♂ Ährchen meist gestielt; ♃; IV–V. Feuchte (Wald-)Wiesen (bis 2000 m); *z* im S (*f* Kt), nördl. seltener u. bis Ho/Eifel/Münsterland/Hannover/Me, *f* OPr. *Filzige S.*, **C. tomentósa** L.
— Fr. locker filzig, nervig; Tragblätt. braun, trockenhäutig, breit stumpf-3eckig; ♂ Ährchen meist sitzend; ♃; V–VI. Moorige Nadelwälder; *s* OPr. *Kugel-S.*, **C. globuláris** L.
37(33). Tragblätt. stumpf, breit-verkehrt-eif., weiß-trockenhautrandig, vorn oft fransig gewimpert; Fr. verkehrt-eif., m. gestutztem, kurzem Schnabel; Pfl. m. Ausläufern, 10–30 cm hoch; Blattscheiden gelbbraun, zuw. purpurn überlaufen; ♃; III–IV. Heidewiesen, lichte Kiefernwälder, Dünentäler (bis 1300 m); *z* Ba, SchwAlb, Au, sonst *s* m. großen Verbr.Lücken, *f* Be?, Rheinl.; im N vielfach verschwunden. *Heide-S.*, **C. ericetórum** Poll.
— Tragblätt. ± spitz, nicht fransig gewimpert **38**
38. Unterstes Hüllblatt m. kurzer Scheide u. blattart. Spreite, zugehöriges ♀ Ährchen kurz gestielt; Blattscheiden braun; Blätt. 2–3 mm breit, steif **40**
— Unterstes Hüllblatt ohne od. m. sehr kurzer Scheide, zugehöriges ♀ Ährchen sitzend; Blätt. 1–2(–3) mm breit, fast stets weichhaarig **39**
39. Blattscheiden blutrot; Tragblätt. schwarzviolett bis schwarzbraun, spitz; Blätt. obersts. schwach behaart, weich; Scheiden der Grdblätt. wenig zerfasernd; Fr. dichtzottig behaart, schlanker, schmaloval; unt. Hüllblatt oft ohne Spreite od. diese breit hautrandig;

Blattrand rauh (sehr fein gesägt); Pfl. 10–25 cm hoch; ♃; IV–VI. Laubwälder, Bergwiesen, Gebüsche (bis 2000 m); kalkliebend; *v*, *s* im N (*f* Ho, NW-Dt). *Berg-S.*, **C. montána** L. (s. str.)

— Blattscheiden blaßbraun bis -grau; Tragblätt. braun m. blassem Rand, stachelspitzig; Blätt. kahl, obersts. nur rauh, steif; Scheiden der Grdblätt. stark faserschopfig werdend; Fr. kurz u. locker flaumig, breiter, verkehrt-eif.; unt. Hüllblatt laubartig; Blattrand (fast) glatt; Pfl. 40–60 cm hoch; ♃; IV–VI. Magerwiesen, lichte Laubwälder; kalkmeidend; *s* E (Hartwald), Kt. (= *C. montana* L. var. *fibrosocomosa* THELL.) *Fritschs S.*, **C. fritschii** WAISB.

40(38). Pfl. horstbildend, am Grd. m. dichtem Faserschopf, 30–45 cm hoch; Blätt. den Bltnstg. überragend; ♀ Ährchen 1–3; Tragblätt. rostbraun, grün gestreift; unt. Hüllblatt zuw. laubig; ♃; IV–VI. Wälder u. Waldwiesen (bis 1700 m); *z*, nördl. seltener bis SO-Be/Köln/Teutoburgerw./Hannover/Harz/Sa/Schl. *Schatten-S.*, **C. umbrósa** HOST

— Pfl. rasig, m. kurzen Ausläufern, 10–30 cm hoch; Blätt. kürzer als der Bltnstg., meist zurückgekrümmt; ♀ Ährchen 2–3; Tragblätt. rost- bis gelbl.-braun, grün gestreift; ♃; III–V. Grasplätze, trockene Hügel (bis über 2000 m); *v*, im N *z* bis *s*. (= *C. verna* CHAIX ex VILL.) *Frühlings-S.*, **C. caryophýllea** LAT.

41(32). ♀ Ährchen 3, ihre Stiele fast ganz von scheidenf. Hüllblätt. eingeschlossen, meist 3bltg.; Tragblätt. braun, breit-trockenhäutig, m. weißem, glzd. Hautrand; Blätt. borstenf., eingerollt, graugrün, starr, rauh, z. Frzt. den 3–10 cm hohen Stg. überragend; Pfl. dicht horstf.; ♃; III–IV. Steppenrasen, Kiefernwälder; kalkliebend; *z* im S, sonst *s* (nördl. bis SO-Be/Eifel/Lahntal/Hannover/Braunschweig/nördl. Berlin/südl. WPr/Schl). *Erd-S.*, **C. húmilis** LEYS.

— ♀ Ährchen m. ihren Stielen aus den Hüllblätt. herausragend **42**

42. Pfl. ohne zentrale, sterile Blattrosette, Bltnstg. endst.; ♀ Ährchen zu 2–3, weit voneinander entfernt, lg.gestielt; Stg. stumpf-3kantig, rauh; Tragblätt. stachelspitzig, glzd. rotbraun, weißhäutig, m. grünem Mittelstreifen; ♃; VI–VII. Schattige Schluchten, Felsblöcke; *s* Schl; ob in OÖ? *Fuß-S.*, **C. pedifórmis** C. A. MEY. ssp. **rhizódes** (BLYTT) LINDB. f.

— Pfl. m. zentraler, steriler Blattrosette; ♀ Ährchen einander fingerf. genähert; Stg. fast stielrund **43**

43. ♀ Ährchen (bes. das unt.) etwas voneinander entfernt, 1,5–3 cm lg., locker 4–10bltg.; Tragblätt. rotbraun, m. grünem Mittelnerv, weiß-hautrandig, etwas fein gezähnelt, etwa so lg. wie die Fr.; ♃; IV–V. Laubwälder, grasige Hänge (bis 2000 m); kalkliebend; *z*, im NW *s*. *Finger-S.*, **C. digitáta** L.

— ♀ Ährchen fingerf. genähert, bis 1 cm lg., dicht 2–5bltg.; Tragblätt. fast stets schmalhautrandig, nicht gezähnelt . **44**

44. Stg. aufrecht (später wenig gekrümmt); Blattrand rauh; ♀ Ährchen 2–4, 6–10 mm lg., lockerbltg.; Fr. behaart, 2,5–3 mm lg.; Tragblätt. rot- bis blaßbraun; ♃; IV–VI. (2 ssp.) *Vogelfuß-S.*, **C. ornithópoda** WILLD.

a. Stg. oberw. rauh; Tragblätt. rot- bis gelbbraun; Fr. dicht behaart, matt. Laubwälder, Gebüsche, Halbtrockenrasen (Höhenobergrenze?; vgl. die folg. Art!); kalkliebend; *z* Vor-Alp. u. M-Geb., sonst *s*, *f* im N von Ho bis OPr. ssp. **ornithópoda**

— Stg. glatt; Tragblätt. kastanienbraun; Fr. locker behaart, glzd. Steinige Matten; *z* bis *s* Alp. (var. *castanea* MURB.) ssp. **elongáta** (LEYB.) VIERH.

— Stg. bogig überhängend; Blätt. glatt; ♀ Ährchen 2(–3), bis 5 mm lg., dichtbltg.; Fr. fast kahl bis glzd., ca. 2 mm lg.; Tragblätt. dkrot bis schwärzl.; ♃; VII–VIII. Steinige Matten, Geröll, Felsspalten, Schneeböden (1700–2500 m); kalkstet; *z*, Ti, übrige Alp. *s*, *f* OÖ. *Vogelfußähnliche S.*, **C. ornithopodioídes** HAUSM.

45(1). Fr. kahl (bei *C. ferruginea* u. *frigida*, Nr. **65**, *C. flava*, Nr. **51**—, *C. sempervirens*, Nr. **64**, zuw. etwas behaart od. borstig-rauh) **49**

— Fr. behaart (bei *C. atherodes*, Nr. **48**—, zuw. kahl) . . . **46**

46. Narben 2; ♀ Ährchen 1–2, wenigbltg., ungestielt; Fr. braun, später verkahlend; Blätt. schmal, borstenf., meist gekrümmt; unterstes Hüllblatt kürzer als der Bltnstand, aber länger als sein Ährchen, deutl. rauh; Pfl. horstbildend, 7–30 cm hoch; ♃; V–VIII. Sonnige Felshänge, Geröll (600–2700 m); kalkstet; *z* Alp., *s* m. Flüssen im Vorland. *Stachelspitzige S.*, **C. mucronáta** ALL.

— Narben 3 . . . . **47**

47. Blätt. schmal (1–1,5 mm breit), rinnig, kahl, graugrün; ♀ Ährchen 2, entfernt; ♂ Ährchen 1–3; Tragblätt. dk.braun, zugespitzt, m. hellen Mittelnerven, so lg. od. kürzer als die längl.-eif., etwas aufgeblasenen Fr.; ♃; V–VI. Flachmoore, Waldsümpfe, Gräben (bis 1500 m); *z* im S u. N, *s* bis *f* M-Gebiet. (= *C. filiformis* GOOD., non L.) *Faden-S.*, **C. lasiocárpa** EHRH.

— Blätt. breiter, flach, ± behaart; Tragblätt. eif., m. lg. gesägter Spitze; Fr. lg. geschnäbelt; Stg. am Grd. verdickt; ♂ Ährchen 2–4 . . . . **48**

48. Unterste Blattscheiden schwach netzfaserig; unt. Hüllblätt. lg. scheidig; ♀ Ährchen 2–4, entfernt; Fr. ei-kegelf., gleichmäßig dicht behaart, m. lg., dicken u. innen rauhen Zähnen; Pfl. 10–30 (–70) cm hoch; ♃; IV–VI. Gräben, nasse u. trockene Wiesen, Wegränder, Kies (bis 1500 m); *v*. *Behaarte S.*, **C. hírta** L.

— Unterste Blattscheiden stark netzfaserig; unt. Hüllblätt. m. kurzen, behaarten Scheiden (Scheide des unt. zuw. bis 1 cm lg.); ♀ Ährchen 3–4, etwas genähert; Fr. ei-kegelf., m. lg. Schnabelzähnen *(1168)*, ungleichmäßig behaart, oft verkahlend, m. lg., ausw. gekrümmten, rauhen Zähnen; Pfl. 60–90(–120) cm hoch; ♃; V–VI. Wiesen, Sümpfe; *s* b. Hamburg, b. Berlin, WPr, OPr, Schl. (= *C. aristata* R. BR.; = *C. siegertiana* UECHTR. ex GARCKE) *Grannen-S.*, **C. atheródes** SPR.

49(45). Bltnstand m. meist mehreren ♂ Ährchen **74**

— Bltnstand m. nur 1 ♂ Ährchen (selten 2) **50**

50. ♀ Ährchen etwa 7–10mal so lg. wie breit, z. Frzt. nickend bzw. hängend od. Stg. nickend **71**

— ♀ Ährchen höchstens 5mal so lg. wie breit, aufrecht od. nikkend **51**

51. Hüllblätt. m. lg. Scheide **56**
— Scheiden d. untersten Hüllblätt. meist 2–3, höchstens 5–10 mm lg.; Ährchen rundl. bis höchstens kurz-zylindrisch (= Sammelart *C. flava* L. s. l.) **52**
52. Fr. 4–7 mm lg., ihr Schnabel ± so lg. wie der übrige Frteil, wenigstens im unt. Ährchenteil herabgekrümmt; ♀ Ährchen rundl. bis breit-elliptisch **54**
— Fr. 2–4 mm lg., ihr Schnabel deutl. kürzer als der übrige Frteil, gerade; ♀ Ährchen längl.-elliptisch bis zylindrisch **53**
53. Stg. meist bogig aufstgd.; Blätt. 2–4 mm breit, hellgrün, flach; Fr. 3–4 mm, ihr Schnabel 1–1,5 mm lg.; ♂ Ährchen gestielt bis sitzend; ♀ Ährchen zu 2–3 dichter beisammensthd., ein weiteres davon deutl. entfernt (zuw. am Stggrd.) u. lg. gestielt; ♃; V–VII. Wegränder, Gebüsch, Flachmoore (bis 1700 m); kalkmeidend; wohl *z,* im W häufiger, im O noch unklar (weil bisher übersehen od. verwechselt), südl. d. Donau sehr *s* (in Au nur Vb, Sb, OTi, St). [= *C. oederi* auct. ssp. *demissa* (HORNEM.) A. NEUMANN; = *C. tumidicarpa* ANDERS.] *Grünliche Gelb-S., Grüne S.,* **C. demíssa** HORNEM.
— Stg. meist starr; Blätt. 1,5–3 mm breit, dkgrün, gekielt; Fr. 2–3 mm, ihr Schnabel 0,5–1 mm lg.; ♂ Ährchen sitzend; ♀ Ährchen zu 2–8 dicht beisammensthd., unterstes zuw. etwas entfernt. (2 ssp.) *Späte S.,* **C. serótina** MÉR.
a. Pfl. 8–20 cm hoch; Blätt. gelbl.grün; ♀ Ährchen 5–8 mm lg.; Fr. 2,5–3 mm lg., grünl.gelb, plötzl. in 0,5–1 mm lg. Schnabel übergehend; Fr. wird vom Nüßchen nicht ausgefüllt; ♃; IV–IX. Flachmoore, nasse Wiesen, Seeufer; *z* bis *s,* im N u. S häufiger, im Geb. *s* (Höhengrenze?). (= *C. oederi* auct., non RETZ.) ssp. **serótina**
— Pfl. 5–8 cm hoch; Blätt. gräul.grün; ♀ Ährchen 3–5 mm lg.; Fr. 1,5–2 mm lg., gräul.grün, allmähl. in nur 0,5 mm kurzen Schnabel übergehend; die Fr. wird (reif) vom Nüßchen völlig ausgefüllt; ♃; VI–VIII. Küstenmoore, Dünentäler; *z* entlang der Meeresküsten (ob überall?). (= *C. scandinavica* DAVIES) ssp. **pulchélla** (LOENNR.) OOSTSTROOM
54(52). ♂ Ährchen lg. gestielt; ♀ Ährchen 2–3, voneinander entfernt (aber nicht unterhalb der Mitte entspringend); mittl. Stgblätt. bis 3 mm breit, m. höchstens 0,3 mm lg. Ligula (*17,* L); Fr. 4–5 mm lg., grünl., plötzl. in geraden bis gekrümmten, 1,5–2 mm lg. Schnabel übergehend, absthd. od. herabgeschlagen; Blätt. 2–3 mm breit, meist kürzer als die Stghälfte; Stg. oberw. rauh; ♃; VI–VII. Flach- u. Quellmoore; kalkliebend; im S fast *v,* im N *z,* sonst *s.* *Schuppenfrüchtige S.,* **C. lepidocárpa** TAUSCH
— ♂ Ährchen sitzend; 2 ♀ Ährchen dem ♂ benachbart u. dicht beisammensthd., ein weiteres deutl. von ihnen entfernt u. zuw. sogar unterhalb der Stgmitte entspringend; mittl. Stgblätt. m. 0,5–1,5 mm lg. Ligula, 3–5 mm breit; Stg. glatt **55**
55. Fr. 5–7 mm lg., allmähl. in lg. *(1169)* gekrümmten Schnabel übergehend, reif ± zurückgeschlagen, gelbl.; Tragblatt des untersten Ährchens flach, lg., waagerecht absthd. od. aufrecht; Blätt. ± so lg. wie der Stg.; Pfl. 25–60 cm hoch; ♃; VI–VII. Flachmoore, nasse Wiesen, Ufer; im S u. O *z,* sonst *s* m. großen Verbr.-Lücken. *Gelbe S.,* **C. fláva** L. (s. str.)
— Fr. 4–5 mm lg., plötzl. in fast geraden Schnabel zusammengezogen, reif ± waagerecht absthd., gelb bis bräunl.; Tragblatt des

untersten Ährchens pfrieml., kurz, zurückgeschlagen; Blätt. ± halb so lg. wie der Stg.; Pfl. 15–25 cm hoch; ♃; VI–VII. Flachmoore, feuchte Wiesen; vermutl. *z* Alp., *s* Vor-Alp. (Gesenke?) (bisher übersehen od. verwechselt). [= *C. nevadensis* BOISS. & REUT. ssp. *flavella* (KREČ.) PATZKE & PODL.; = *C. flava* var. *alpina* KNEUCK.]

Alpengilb-S., **C. flavélla** KREČ.

56(51). Blattscheiden an ihrer Mündung (also gegenüber der Blattspreite) m. trockenhäutigem Anhängsel (*1167,* A); ♀ Ährchen meist voneinander entfernt **66**

— Blattscheiden an ihrer Mündung ohne ein solches Anhängsel; ♀ Ährchen meist einander genähert **57**

57. Blätt. am Rand behaart (s. Punkt **30**—) **C. pilósa**

— Blätt. kahl **58**

58. Bltnstg. mindestens 3mal so lg. wie die grdst., starren, absthd., 2–3(–4) mm breiten Blätt.; ♀ Ährchen meist 2, gedrungen, 3–6bltg.; Tragblätt. rotbraun; Fr.kanten rauh; Pfl. feste Polster bildend, 10–15 cm hoch; ♃; VI–VIII. Steinige Matten, Felshänge (1600–2900 m); kalkstet; Kalk-Alp. *g* u. meist bestandsbildend, zuw. tiefer (Flußkies). *Polster-S.,* **C. fírma** (MYGIND) HOST

— Bltnstg. kürzer, nicht 3mal so lg. wie die Blätt. **59**

59. Schnabel der Fr. abgestutzt, höchstens schwach ausgerandet **27**

— Schnabel verlängert, deutl. 2spaltig **60**

60. Tragblätt. der ♀ Ährchen rotbraun od. schwarzbraun, oft m. grünem Mittelstreifen; Gebirgspfl. **62**

— Tragblätt. der ♀ Ährchen grünl. bis blaßgelb **61**

61. ♀ Ährchen 2–3, entfernt, 5–6bltg.; dickl. gestielt, aufrecht; Fr. bis 1 cm lg., silbergrau, stark- u. vielnervig, lg. geschnäbelt u. kurz 2zähnig; unt. Hüllblatt den Bltnstand zuw. überragend; ♃; IV–V. Steinige Wälder; nur Lx u. b. Kolmar (E), in Dt ausgestorben.

Armblütige S., **C. depauperáta** GOOD.

— ♀ Ährchen 1–2, entfernt, 6–20bltg., aufrecht; Fr. 6–7,5 mm lg., braun, fast nervenlos, in dünnen, an der Spitze in 2 scharfe Zacken geteilten Schnabel verschmälert; unt. Hüllblatt kurz, kaum das zugehörige Ährchen überragend; ♃; IV–V. Buschige Stellen, b. Passau (neu für Dt), St, Kt, OÖ, Schl. *Michelis S.,* **C. michélii** HOST

62(60). Endst. Ährchen am Grd. ♂, an der Spitze ♀; Tragblätt. schwarzviolett, weißhautrandig; Frschnabel fein gesägt, allmähl. verschmälert; Pfl. dicht horstf., 10–30 cm hoch, Stg. 2–3mal länger als die Blätt.; ♃; VI–VIII. Felsspalten, steinige Matten (1700–2600 m); Alp., *z* Au, *s* Dt (Berchtesgaden).

Ruß-S., **C. fuliginósa** SCHK.

— Endst. Ährchen ♂ od. am Grd. m. ♀ Bltn. **63**

63. Pfl. m. verlängerten Ausläufern; ♀ Ährchen später hängend **65**

— Pfl. ohne od. m. kurzen Ausläufern **64**

64. Pfl. dicht horstf., ♀ Ährchen zu 2–3, bis 2 cm lg. gestielt, zieml. gedrungen (auch z. Frzt.), ± aufrecht; Blätt. 2–3 mm breit, steif; Tragblätt. dkbraun, weißhautrandig, kürzer als die scharf 3kantigen, oberw. borstig bewimperten Fr.; Stg. nur wenig länger als die Blätt.; unt. Hüllblatt deutl. länger als sein Ährchen; Stg. am Grd. m.

dk.braunroten, glzd., faserigen Scheidenresten; ♃; VI–VIII. Triften, Magerwiesen (bis 2800 m); kalkliebend; *v* u. oft bestandsbildend Alp., *z* Alpenvorland, bes. Lech- u. Isartal, SW-SchwAlb.
Immergrüne S., **C. sempérvirens** Vill.
Wenn ♀ Ährchen 15–30 mm lg., Fr. m. deutl. Nerven (3kantig!), dann evtl. **C. ferruginea** ssp. **austroalpína** (Bech.) W. Dietrich: angebl. NTi.

— Pfl. lockerrasig; ♀ Ährchen zu 2–4, fadenf. gestielt, aufrecht bis überhgd., 8–15 mm lg., im Umriß eif.; Blätt. 3–4 mm breit; Tragblätt. rötl.- bis schwarzbraun, m. grünem Mittelstreifen, kürzer als gleichfarbige, flachgedrückte, nur am kurzen Schnabel rauhe Fr.; Stg. am Grd. ohne Scheidenreste; ♃; VII–VIII. Feucht-grasige Orte der Alp.; nur Paznauntal (NTi), Glocknergebiet (NW-Kt). (= *C. ustulata* Wahl.) *Schwarzrote S.,* **C. atrofúsca** Schk.

65(63). Stg. glatt; grdst. Scheiden purpurn; ♀ Ährchen zu 2–3, das unt. bis 5 cm lg. gestielt, lockerbltg. u. lockerfrüchtig (m. sichtbarer Achse), überhgd., 10–20 mm lg., sehr schlank, nur 4 mm breit; Tragblätt. schwarzbraun, kaum hellrandig, wenig kürzer als die gleichfarbenen, 5–7 mm lg., an den Kielen borstig-rauhen, spindelf. (4mal so lg. wie breiten) Fr.; Stg. viel länger als die 1,5–2 mm breiten Blätt.; unt. Hüllblatt meist kürzer als sein Ährchen; ♃; VI–IX. Humöse, steinige Orte (1000–2500 m); kalkliebend; *v* u. *h* Alp., *s* b. Lörrach (S-Schw.) (vgl. auch Punkt **64**).
Rostrote S., **C. ferrugínea** Scop. ssp. **ferrugínea**

— Stg. oben rauh; grdst. Blattscheiden gelbbraun; ♀ Ährchen zu 3–4, dichtbltg. (ohne sichtbare Achse); Tragblätt. schwarzbraun, wenig kürzer als die gleichfarbigen, 5–7 mm lg., an den Kielen borstig-rauhen, spindelf. (4mal so lg. wie breiten) Fr.; ♃; VI–VIII. Quellige Orte; *z* Alp., in Dt nur Allgäu (1600–2600 m), Feldberg (Schw.), Hohneck (Vog.). *Kälteliebende S.,* **C. frígida** All.

66(56). Frschnabel am Rand von feinen Zähnen rauh *(1171–1172),* Pfl. m. kurzen Ausläufern; ♀ Ährchen zu 2–3, entferntsthd.; Hüllblätt. lg. scheidig u. meist viel länger als die Ährchen **69**

— Frschnabel an den Rändern glatt u. kahl **67**

67. ♀ Ährchen zu 2–4, aufrecht, die ob. genähert, das unterste zuw. entfernt u. sein Stiel von der Scheide des bis 10 cm lg. laubigen Hüllblattes umschlossen; Blätt. schmal, borstl.-gefaltet, graugrün; Fr. deutl. 2–3kantig, 3–4 mm lg., graugrün; beide unt. Hüllblätt. viel länger als die Infl.; Pfl. ohne Ausläufer, 10–30 cm hoch; ♃; VI–VIII. Feuchte Orte u. Salzsümpfe der Küsten (östl. bis Köslin/Po); *z.* *Strand-S.,* **C. exténsa** Good.

— Alle Ährchen entfernt, ihre Stiele nicht von den Hüllblätt. umschlossen; Pfl. m. kurzen Ausläufern **68**

68. Pfl. 50–90 cm hoch; Fr. deutl. mehrnervig, eif.; Frschnabel verlängert, m. 2 borstl. Spitzen, außen sehr fein gesägt *(1170);* Tragblätt. rotbraun, grün gestreift; ♀ Ährchen zu 3–4, aufrecht, die unt. nikkend; Blätt. bis 10 mm breit; ♃; IV–V. Feuchte, schattige Waldwiesen; *s* im W: Ho, Be, W-Eifel bis Aachen/Schneeifel/Venn, Hunsrück, b. Düsseldorf, Westw. *Glatte S.,* **C. laevigáta** Sm.

— Pfl. 15–40 cm hoch; Fr. nur m. 2 deutl. Randnerven, meist punktiert (getrocknet deutlicher), zuletzt waagerecht absthd., glzd., aufgeblasen, kurz geschnäbelt, aber deutl. 2zähnig; Blätt. bis 5 mm breit; ♃; V–VII. Dünentäler, Strandwiesen; *s* Spiekeroog (Ostfriesische Inseln), Wester-Scheede (Ho), WPr, Kt, St.

Punktierte S., **C. punctáta** GAUD.

69(66). Tragblätt. eif.-stumpf bis spitz, aber nicht stachelspitzig, rot- bis dkbraun, schmal weißhautrandig; Fr. gelbgrün, kugelig-eif., 3–5 mm lg.; Frschnabel tief 2zähnig, innen glatt, außen rauhzähnig *(1171);* unt. Hüllblatt so lg. wie sein Ährchen, lg.scheidig; Pfl. graugrün, 25–45 cm hoch; ♃; V–VI. Moorige Wiesen, feuchte Heiden (bis 1500 m); *v* bis *z* im S, sonst sehr *z* bis *s* m. großen Verbr.Lücken; vielfach verschwunden. (= *C. hornschuchiana* HOPPE) *Saum-S.,* **C. hostiána** DC.

— Tragblätt. eif.-stachelspitzig; Frschnabel innen u. außen rauh-gezähnt *(1172)* **70**

70. Tragblätt. stachelspitzig, rotbraun; Fr. purpurn, m. 2 starken, hervortretenden, grünen Randnerven, 3kantig; Pfl. m. kurzen Ausläufern; ♃; V–VI. Trockene Heiden; *s* S-Odw., b. Montabaur (Westw.), Hunsrück, Eifel/Schneeifel/Venn. *Zweinervige S.,* **C. binérvis** SM.

— Tragblätt. stachelspitzig, rostrot, grünnervig; Fr. neben den Randnerven noch mehrnervig, gelbgrün, braun gefleckt bis braunspitzig; Pfl. ohne Ausläufer; ♃; V–VI. Sumpf- u. Strandwiesen, Flachmoore (bis 2000 m); salzliebend; *z,* im S u. N häufiger.

Entferntährige Sumpf-S., **C. dístans** L.

71(50). Tragblätt. fein gesägt, lg. zugespitzt *(1173),* hellgrün od. braun, oberw. fein wimperig; ♀ Ährchen 3–6, oft fast doldig genähert, zylindrisch, dichtbltg., über 4 cm lg. u. 10 mm dick, hängend, lg.gestielt; Fr. spindelf., gelbgrün, glzd., absthd., Schnabelzähne spreizend; Stg. scharf-3kantig, rauh, 40–100 cm hoch; ♃; V–VI. Ufer, Sümpfe, Flachmoore, Erlenbrüche, nasse Gräben; *v* im N, sonst *z* bis *s* (Ebene u. Alp.-Täler).

Zypergrasähnliche S., **C. pseudocýperus** L.

— Tragblätt. ganzrandig, zuw. an der Spitze etwas gesägt, nicht lg. zugespitzt; ♀ Ährchen lockerbltg., viel dünner . **72**

72. Blätt. fein borstl.; ♂ Ährchen hellrostbraun; ♀ Ährchen zu 2–3, lg. u. dünn gestielt, zuletzt hängend, m. purpurbraunen Tragblätt.; Fr. feinnervig, schlank, 3–4mal so lg. wie dick; Stg. nur an der Basis beblätt.; Pfl. dichtrasig, 15–40 cm hoch; ♃; VI–VIII. Feuchte Felsen, Geröll (bis 2200 m); kalkstet; *z* Alp. (selten tiefer: Flußläufe), Wehratal (S-Schw.). (= *C. tenuis* HOST)

Kurzährige S., **C. brachystáchys** SCHR. & MOLL

— Blätt. flach u. breiter; ♀ Ährchen gelbgrün **73**

73. Fr. 3kantig, m. lg., 2zähnigem Schnabel *(1172);* ♂ Ährchen gelbl.grün; ♀ Ährchen zu 2–6, sehr schlank, lockerbltg., entfernt, lg. u. dünn gestielt, zuletzt hängend; Tragblätt. dk.grün od. bräunl., weißhautrandig; Stg. schlaff, oft überhängend, insgesamt beblätt.; ♃; IV–V. Laubwälder; *v, z* im NW. (ähnl. ist *C. strigosa,* Nr. **26**—, diese hat aber nur kurz od. völlig ungeschnäbelte Fr.)

Wald-S., **C. sylvática** HUDS.

— Schnabel gestutzt, ohne Zähne **26**

74(49). Hüllblätt. nicht od. kurzscheidig **76**

— Hüllblätt. lg.scheidig, den Stg. überragend **75**

75. Fr. bis 1 cm lg. *(1164),* deutl. 4–5zeilig angeordnet, strohgelb, glzd., am Rand fein rauh gesägt; ♀ Ährchen zu 3–4, 8–10 mm dick, dichtbltg., entferntsthd.; ♃; V–VII. Feuchte Wiesen; salzliebend; sehr *s:* SaAn, Th, Wetterau (He), Kt.
Gersten-S., **C. hordeistíchos** VILL.

— Fr. nicht in Zeilen, nur bis 3 mm lg., glanzlos, am Rand fein rauh; ♀ Ährchen zu 2–5, schlank-zylindrisch (6–7 mm dick) lockerbltg., entferntsthd.; ♃; V–VI. Nasse Salzwiesen; *s* W-SaAn, b. Köln.
Roggen-S., **C. secalína** WAHL.

76(74). Fr. olivgrün, kaum länger als die meist zugespitzten Tragblätt.; Stbblattährchen dkbraun **79**

— Fr. hellgrüngelbl., aufgeblasen, viel länger als die relativ stumpfl. Tragblätt.; Stbblattährchen hellbraun **77**

77. Fr. ei-kegelf., allmähl. in gerade-gezähnten Schnabel übergehend *(1175),* reif schief-aufrecht weisend; Stg. scharf 3kantig, oben rauh; Blätt. 4–7 mm breit, scharf gekielt, rauh; ♀ Ährchen zu 2–3, 2–4 cm lg.; Pfl. 30–80 cm hoch, grasgrün; ♃; V–VI. Gräben, Ufer, nasse Wiesen, Torfmoore, Großseggenbestände (bis 2000 m); *v.*
Schmalblättrige Blasen-S., **C. vesicária** L.

— Fr. fast kugelig, plötzl. in lg. Schnabel verschmälert, Zähne spreizend *(1176),* reif fast waagerecht absthd.; ♀ Ährchen 4–7 cm lg. **78**

78. Stg. glatt, stumpf 3kantig; ♂ Ährchen zu 2–3, ♀ zu 2–5, letztere 6–10 mm breit; Blätt. 3–5 mm breit, oft eingerollt; Pfl. 30–80 cm hoch, graugrün; ♃; V–VI. Wie vorige, aber häufiger (bis 2000 m). (= *C. inflata* auct.) *Schnabel-S.,* **C. rostráta** STOK.

— Stg. oben rauh, scharf 3kantig; ♂ Ährchen zu 3–7, ♀ zu 2–4, letztere 10–13 mm breit; Blätt. 7–15 mm breit, stets flach ausgebreitet; Pfl. 60–100 cm hoch, grasgrün; ähnl. voriger, doch in allen Teilen kräftiger; ♃; VI–VII. Wie vorige; *s* OPr. [= *C. laevirostris* (FR.) BLYTT & FR.] *Breitblättrige Blasen-S.,* **C. rhynchophýsa** C. A. MEY.

79(76). Fr. längsfurchig, ei-kegelf., allmähl. in 2zähnigen Schnabel zugespitzt; ♀ Ährchen zu 2–3, 5–7 mm breit, entfernt, aufrecht, nur die unt. oft gestielt u. nickend; ♂ Ährchen schmal, 2–3 mm breit; Blätt. 2–3 mm breit; Tragblätt. dk.-purpurn; grdst. Blattscheiden purpurn; Stg. 3kantig, glatt, 30–50 cm hoch; ♃; V–VI. Gräben, Wiesen; Elbetal um Magdeburg. (= *C. nutans* HOST)
Schwarzährige S., **C. melanostáchya** WILLD.

— Fr. vielnervig, aber nicht längsfurchig; ♂ Ährchen dick, dichtbltg.; Stg. scharfkantig, oben rauh; Blätt. 5–15 mm breit; Pfl. 40–120 cm hoch **80**

80. Alle Tragblätt. lanzettl., haarspitzig *(1177),* hellpurpurbraun, grün gestreift; ♀ Ährchen 8–12 mm breit, zu 3–4 keulenf., die unt. lg.gestielt; Fr. undeutl. nervig, graubraun *(1163);* grdst. Blattscheiden nicht netzfaserig, aber gitternervig; übrige Blattscheiden an ihrem Ende meist eingerissen, nicht gitternervig; ♃; V–VI. Ufer, Gräben, Sümpfe; *z* (Ebene), dadurch im S *s.*
Ufer-S., **C. ripária** CURT.

— Tragblätt. der ♀ Ährchen lanzettl., zugespitzt, rötl.-schwarzbraun, grün gestreift, die der ♂ abgerundet (nur ob. kurzspitzig), rotbraun; ♀ Ährchen zu 2–4, 6–7 mm breit, alle aufrecht; Fr. deutl. nervig, dk.grün; grdst. Blattscheide stark netzfaserig; übrige Blattscheiden an ihrem Ende meist längs-gitternervig; ♃; V–VI. Wie vorige; *v* (nur *s* über 1000 m). *Sumpf-S.*, **C. acutifórmis** EHRH.

81(31). Fr. so lg. od. etwas länger als die Spelzen, plötzl. in kurzen Schnabel verschmälert; Blätt. bis 2,5 mm breit; ♀ Ährchen bis 10 mm lg.; Fr. 4–5 mm lg., locker behaart; „echte" Fr. (nach Entfernung d. Utriculus) an der Spitze ohne Wulst; ♃; IV–V. Sonnige Hügel; nur b. Istein (S-Baden), unt. Nahetal (Pf), S-E, OÖ. (= *C. alpestris* ALL.) *Hallers S.*, **C. halleriána** ASSO

— Fr. kürzer als die Spelzen, allmähl. in sehr kurzen Schnabel verschmälert; Blätt. bis 4 mm breit; ♀ Ährchen bis 20 mm lg.; Fr. nur 2–4 mm lg., aber dichter behaart als bei voriger Art; „echte" Fr. an der Spitze m. einem ringf. Wulst; Halme nach der Blüte bogig zum Boden herabhgd.; ♃; V–VI. Wald- u. Wiesenränder, Böschungen, Magerrasen; *z* St. [= *C. depressa* LK. ssp. *transsilvanica* (SCHUR) EGOROVA] *Siebenbürger S.*, **C. transsilvánica** SCHUR

Die Gattung **Carex** ist neben *Hieracium* die formenreichste der heimischen Vegetation. Von den insgesamt ca. 125 Arten, die im Gebiet vorkommen, sind zahlreiche ihrerseits wieder außerordentlich formenreich; außerdem wurden von den aufgeführten Arten bisher über 100 **Bastarde** beobachtet!

Ordnung: **Typháles**

Familie: **Typháceae,** *Rohrkolbengewächse*

Sumpfpfl., m. kriechendem Rhizom; Blätt. bandf.; Bltn. eingschl., 1häusig, in walzenf., übereinanderstehenden Kolben, die unt. ♀ (*165,* ♀), die ob. ♂ (*165,* ♂); am Grd. der Teilbltnstände anfangs laubige Hochblätt.; Bltnhülle haarf.; Stbblätt. 3; Frkn. 1.

Týpha L., *Rohrkolben*

1. ♀ Kolben kurz, bis 3 cm lg., im Umriß kurz-walz., ♂ Infl. 1–2mal so lg. wie der ♀ Teil; beide ca. 7 mm voneinander getrennt; Blätt. 1–2 mm schmal, grasart.; Pfl. nur bis 75 cm hoch; ♃; V–VI. Ufer langsam fließender Gewässer; *z* Alpentäler (bis 1400 m) Au, in Dt nur am Lech u. ob. Inn, b. Lahr (ObRhein). (incl. *T. lugdunensis* CHAB., = *T. martinii* JORD., = *T. gracilis* JORD.) Ⓖ *Zwerg-R.*, **T. mínima** HOPPE

— ♀ Kolben längl.-walzl.; Blätt. breiter; Pfl. meist > 1 m hoch **2**

2. ♀ Kolben vom ♂ deutl. getrennt (meist 2–4 cm); ♀ Bltn. m. je 1 haarf. Tragblatt **4**

— ♂ Kolben dem ♀ ± unmittelbar aufsitzend; ♀ Bltn. ohne Tragblätt. **3**

3. ♂ Kolben viel kürzer als der z. Frzt. silbrig-grau behaarte ♀; Blätt. 5–10 mm breit; Stg. 0,5–1 m hoch; ♃; VI–VIII. Langsam fließende, nährstoffreiche Gewässer; Dt nur Bayrw., S-Schw., südl. Ob-Schwaben, Starnberger See, östl. München; Au: Vb, OTi, Kt, St, OÖ. Ⓖ *Grauer R.*, **T. shuttlewórthii** KOCH & SOND.

— ♂ Kolben so lg. (od. etwas länger) wie der zuletzt schwarzbraune ♀; Blätt. 10–20 mm breit; Stg. 1–2 m hoch; ♃; VI–VII. Verlandungszone stehender Gewässer; *v.*
G *Breitblättriger R.*, **T. latifólia** L.

4(2). ♂ Kolben etwa so lg. wie der ♀; Bltnstg. m. bis 8 Laubblätt., diese 5–8 mm breit; Stg. 1–2 m hoch; ♃; VI–VIII. Röhrichtzone langsam fließender u. stehender Gewässer; im N *v*, im M-Gebiet *z*, im S seltener (*f* Vb). G *Schmalblättriger R.*, **T. angustifólia** L.

— ♂ Kolben 2–4mal so lg. wie der ♀; Bltnstg. nur m. lg.scheidigen Niederblättern; Laubblätt. (2–5 mm breit) nur an sterilen Trieben; Stg. ca. 1 m hoch; ♃; VI–VIII. Bisher nur b. Landau (VorderPf) u. b. Augsburg (offenbar erloschen); in Au erst ab NÖ; eingeschleppt aus dem O-Mittelmeergebiet.
Laxmanns R., **T. laxmánnii** Lepechin

Familie: **Sparganiáceae,** *Igelkolbengewächse*

Ausdauernde Sumpf- u. Wasserpfl., m. meist dicker Grdachse; Bltn. eingschl., 1häusig, in kugeligen Köpfchen, die unt. morgensternf. u. ♀ (*166,* ♀), die ob. kugelig u. ♂ (*166,* ♂).
Anm.: Die Arten treten als Sumpfpfl. od. submers als Wasserpfl. (Ausnahme *Sp. erectum*) m. dann flutenden, bis > 2 m lg. Blätt. auf.

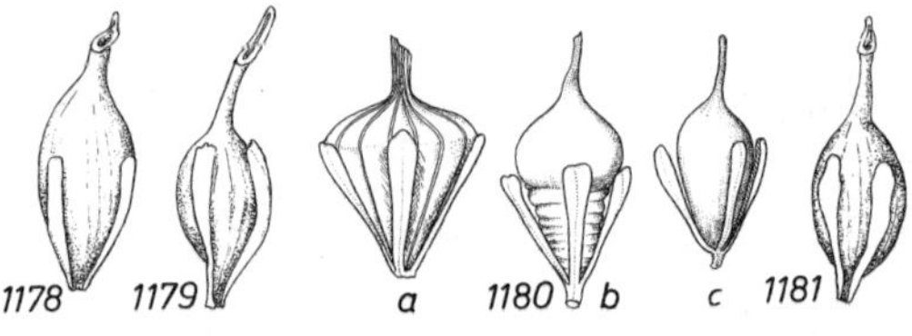
1178 1179 a 1180 b c 1181

Spargánium L., *Igelkolben*

1. Bltnstand m. nur 1 (selten 2) ♂ Köpfchen, darunter 2–3 ♀; Narben eif. bis kopfig-kugelig, höchstens 3mal länger als breit; Bltnstg. aufrecht od. flutend, 60–80 cm lg.; Blätt. 3–7 mm breit, zart, ungekielt, gleichmäßig breit, kurz spitzl.; Fr. m. sehr kurzem Gr., Narbe höchstens 3mal so lg. wie breit *(1178);* ♃; VI–VIII. Heidetümpel, Seen; sehr *z* u. *s* (bes. M-Gebiet), im N vielfach verschwunden. (= *Sp.minimum* Wallr.) G *Zwerg-I.*, **Sp. nátans** L.

— Bltnstand m. mehreren ♂ Köpfchen 2

2. Bltnstg. ästig, auch an den Seitenästen unten m. ♀, oben m. ♂ Köpfchen, 30–80 cm hoch; Blätt. derb, an der Basis 3kantig, bis zur Spitze gekielt, 5–15 mm breit, allmähl. lg. zugespitzt; Fr. m. deutl. Schnabel *(1180),* Narbe unauffällig gekrümmt; ♃; VI–VIII. Teiche, Seen, Röhricht; *v;* 3 ssp. m. noch wenig bekannter Verbreitung. (= *Sp. ramosum* Huds.) *Ästiger I.*, **Sp. eréctum** L.

a. Fr. 5–10 mm lg., ungestielt, 4–6kantig, matt-schwarzbraun, Form wie *1180a;* Steinkern tief gefurcht, den Griffelansatz erreichend, vom umgebenden Gewebe schwierig zu lösen. *v.* [= *Sp. polyedrum* (A. & Gr.) Juzepczuk]
ssp. **eréctum**

b. Fr. 7–10 mm lg., sehr kurz gestielt, rundl., glzd.-gelbbraun, Form wie *1180c;* Steinkern m. nur schwachen Längsfurchen, den Griffelansatz nicht erreichend, vom umgebenden Gewebe von oben her leicht zu lösen. *v?* (im S häufiger). ssp. **negléctum** (BEEBY) SCH. & TH.

c. Wie vorige, aber Fr. nur 6–8 mm lg., Form wie *1180b;* Steinkern m. deutlicheren Längskanten; *s* u. sehr *z:* Ho, Rheinl., im NO, E, O-Ba, Sb, St. ssp. **microcárpum** (NEUMAN) DOM.

— Bltnstg. unverzweigt (wenn verzweigt, dann Seitenäste nur m. ♀ Köpfchen); Blätt. bis 8 mm breit **3**

3. Stg. u. Blätt. steif aufrecht, selten flutend; Blätt. gekielt u. am Grd. 3kantig, flutende wenigstens m. vorspringendem Mittelnerv; ♂ Köpfchen 4–8; ♀ Köpfchen 2–5; Fr. schlank, Gr. fast ebenso lg. wie der Frkn., Narbe 5mal länger als breit *(1179);* Blätt. 4–10 mm breit, gleichmäßig breit, kurz spitzl.; Stg. 20–60 cm hoch, flutend länger; ♃; VI–VII. Teiche, Seen, Sümpfe; *v* bis *z,* im N häufiger. (= *Sp. simplex* HUDS.) *Einfacher I.,* **Sp. emérsum** REHMANN

— Stg. u. Blätt. meist flutend od. schlaff aufrecht, flutende nicht gekielt; ♂ Köpfchen zu 3–6 dicht beisammensthd., ♀ zu 2–3; Fr. schlank, Gr. nur wenig kürzer als der Frkn., Narbe kaum länger als breit *(1181);* Blätt. nur wenige mm breit, allmähl. lg. zugespitzt; Stg. bei flutenden Exemplaren bis 1,8 m lg., sonst wesentl. kürzer; ♃; VI–VII. Heidetümpel, Seen, Moorgräben; *z* Alp. von Au (bis 2000 m), sonst sehr *z* bis *s:* Be, Ho, NW-We, W-NS, Da, Br, Lausitz, Po, WPr, S-Schw. (ob noch?), Allgäu, Bayr/Böhmw., Au. (= *Sp. affine* SCHNIZL.) *Schmalblättriger I.,* **Sp. angustifólium** MICHX.

Ordnung: **Poáles**

Familie: **Poáceae** *(= Gramineae), Süßgräser*

Stg. (= **Halm**) rundl. (niemals 3kantig!), an den Knoten verdickt, hohl (Ausnahme: *Zea mays*); Blätt. zweizeilig, m. langer, stgumfassender, meist offener, selten verwachsener Scheide, an deren oberem Ende zartes, bisweilen nur in Form von Haaren ausgebildetes Blatthäutchen (= **Ligula,** *17,* L[1]); Bltn. unscheinbar, meist ⚥, ohne Bltnhülle, aber von trockenhäutigen Hochblättern (= **Spelzen**) eingehüllt, immer in **Ährchen** (*1182:* 3bltg. im schematischen Längsschnitt). Jedes Ährchen beginnt m. meist 2 **Hüllspelzen,** der **äußeren** (aH; = unt. Hüllspelze) u. der **inneren** (iH; = ob. Hüllspelze). Darauf folgen in 2zeiliger Anordnung die **Deckspelzen** (D, = Tragblatt), die oft auf dem Rücken od. an der Spitze eine steife, vielfach gekniete Borste, die **Granne** (G) u. in ihrer Achsel die ⚥ Bltn. tragen; jede von ihnen beginnt m. einer 2kieligen **Vorspelze** (V, = Vorblatt) u. besteht aus 2 kleinen Schüppchen, den **Schwellkörpern** (S) od. **Lodiculae,** 3 m. langen, dünnen Stbfäden versehenen Stbblätt. u. 1 m. 2 fedrigen Narben versehenen Frkn. (F). Jedes Ährchen enthält meist mehrere, bis zu 15, aber zuweilen auch nur 1 Blüte. Die Ährchen selbst treten wieder zu **ähren-, trauben-** od. **rispenf.** Gesamtbltnständen *(1183–1187)* zusammen. Fr. 1samige Schließfr. (= Karyopse), bei der Fr.- u. Samenschale meist scheinbar miteinander verwachsen sind.

1. Bltn. eingschl., 1häusig; ♂ Bltn. in endst. Rispe; ♀ Bltn. in dicken, von scheidigen Hüllblätt. umschlossenen, achselst. Kolben; Sproß-Dm an der Basis bis 4 cm (Mais!) . **Zea,** 760

— Bltn. ⚥, in gemeinsamem Bltnstand (selten einzelne Bltn. eingschl., diese dann aber nicht von den ⚥ getrennt sthd.) **2**

---

[1] Einige Beispiele der Ausbildung der Ligula zeigen Abb. *1188–1190.*

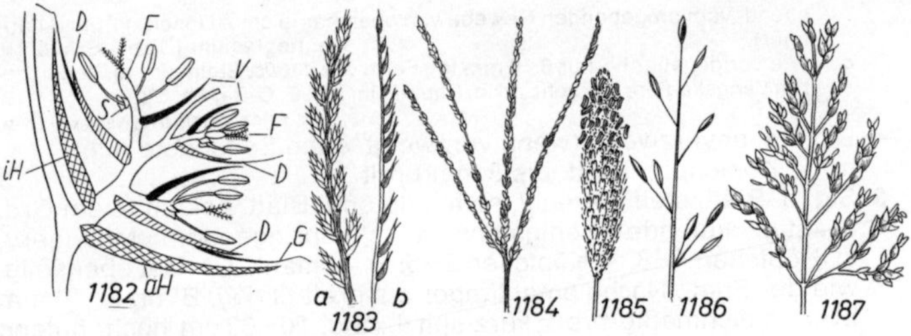

2. Ährchen sitzend od. auf ganz kurzen, **unverzweigten** Stielen zu einer Ähre bzw. Traube angeordnet; Ähren einzeln an der Spitze des Halms (einfache Ähre, *1182, 1183*) od. zu mehreren u. dann entweder einander am Halmende ± fingerf. genähert *(1184)* od. deutl. voneinander entfernt (zusammengesetzte Ähre) . . **Ähren- u. Fingergräser,** 700

— Ährchen auf längeren, zuw. unverzweigten, od. kürzeren, **verzweigten** Stielen **3**

3. Ährchenstiele sehr kurz, dicht gedrängt (diese erst beim Umbiegen des Bltnstands zu erkennen!); Rispe deshalb zusammengezogen u. im Umriß ± walzenf. *(1185)* **Ährenrispengräser,** 703

— Rispe locker, ± stark ausgebreitet; Ährchen einzeln, aber lg. gestielt (= Traubengräser, *1186*), sonst m. verlängerten u. verzweigten Ästen (= Rispengräser, *1187*); Ährchen zuw. am Ende der verlängerten Rispenäste gebüschelt **Trauben- u. Rispengräser,** 705

1. Ähren- u. Fingergräser

1. Ähren einzeln an der Spitze des Halms **7**

— Ähren zu mehreren an der Halmspitze ± fingerf. od. traubig angeordnet *(1184)* **2**

2. Ährchen rauhhaarig, zu 2; je ein Ährchen ♂, gestielt u. unbegrannt, das andere ♀, sitzend u. begrannt; Ährenachse zerbrechl., behaart; Hüllspelzen 3[1]; Pfl. ♃ **Bothriochloa,** 760

— Ährchen kahl od. fast kahl **3**

3. Ährchen zu 2, davon eines sitzend od. fast sitzend, das andere gestielt u. vom Rücken her zusammengedrückt; Pfl. ⊙ **5**

— Ährchen einzeln, von der Seite her zusammengedrückt; Pfl. ♃ **4**

[1] Die 3., ob. Hüllspelze ist eigentl. die Deckspelze des unt. sterilen Blütchens.

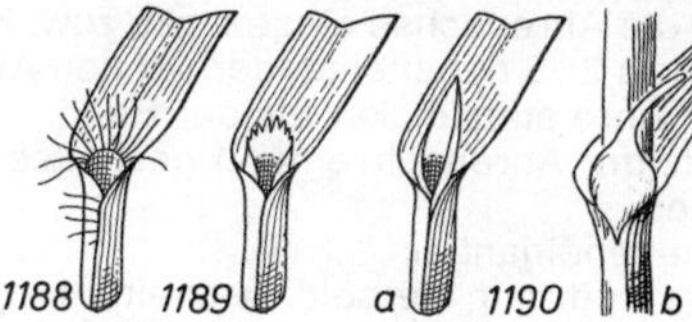

4. Ähren (fast) von genau einem Punkt ausgehend *(1184);* Ährchen in 2 einstswendigen Reihen, bei Reife ohne Hüllspelzen abfallend; Pfl. sandig-trockener Orte, bis 40 cm hoch **Cynodon,** 738

— Ähren nicht von einem Punkt ausgehend, etwas (bes. das oberste) voneinander entfernt; Ährchen bei Reife als Ganzes abfallend; Strandpfl. der Nordsee, bis 1,5 m hoch **Spartina,** 738

5(3). Ähren kurz-walzl., ± unterbrochen u. bis 1 cm dick, am Halm weit voneinander entfernt; Deckspelzen z. T. lg. begrannt *(1191)* . . . . **Echinochloa,** 758

— Ähren schmal-lineal, nur 2–4 mm breit, am Halmende ± fingerf. genähert *(1184);* Spelzen unbegrannt . . . **6**

6. Ährchen einzeln, aber in 2 Reihen, m. 3–6 ⚥ Bltn. **Eleusine,** 737

— Ährchen zu 2 nebeneinander, 2bltg., unt. Blüte steril, ob. ⚥ **Digitaria,** 758

7(1). Ähren stets zwei- od. allseitswendig (d. h. Ährchen an 2 Seiten der Ährenachse *(1182)* od. rings um diese angeordnet) **11**

— Ähren einseitswendig (Ährchen nur auf 1 Seite der Ährenachse, *1183*) **8**

8. Hüllspelzen verkümmert bis fehlend; Frkn. m. 1 Narbe; Ährchen lineal, 7–15 mm lg. *(1183);* Blätt. borstl.-pfrieml., am Grd. von alten Blattresten umgeben . . . . . **Nardus,** 738

— Hüllspelzen vorhanden **9**

9. Ährchen lineal-pfrieml., 1bltg., unbegrannt; Pfl. bis 10 cm hoch; beide Hüllspelzen 1nervig . . . . **Mibora,** 753

— Ährchen längl.-elliptisch, mehrbltg., unbegrannt od. kurz begrannt **10**

10. Ähre eif., dicht, nur wenig länger als breit; Hüllspelzen 1nervig; Pfl. bis 20 cm hoch . . . . **Oreochloa,** 731

— Ähre vielmals länger als breit, m. je großem Ährchenabstand; Hüllspelzen 3nervig; Pfl. bis 40 cm hoch **Nardurus,** 738

11(7). Ährchen unterhalb der Hüllspelze m. mehreren, die Länge des Ährchens überragenden, rauhen Borsten; Ligula als schmaler Hautsaum, aufgelöst als Wimpernkranz **Setaria,** 759

— Unterhalb der Hüllspelzen ohne Borsten **12**

12. Ährchen 1–2bltg., ganz in die Aushöhlung der Ährenachse eingesenkt *(1192),* Ähre daher kaum dicker als der Halm **Parapholis,** 739

— Ährchen nicht in die Ährenachse eingesenkt, zuw. kurz gestielt, einzeln od. zu 2–6 nebeneinander auf den Absätzen der Ährenachse; Ähre stets dicker als der Halm . . **13**

13. Auf jedem Absatz der Ährenachse nur 1 gestieltes od. ungestieltes Ährchen **16**

— Ährchen deutl. nebeneinander **14**

14. Ährchen ungestielt od. nur die seitl. gestielt, m. lg. Grannen; Ährchen 1(–2)bltg.; Gipfelährchen verkümmert; Pfl. ⨀–⊙ . . . . **Hordeum,** 736

— Ährchen innerhalb der Hüllspelzen deutl. gestielt; Gipfelährchen entwickelt; Pfl. ♃ **15**

15. Stg. u. Blätt. blaugrün, m. Ausläufern; Hüll- u. Deckspelzen nicht begrannt, höchstens deutl. zugespitzt; Ährchen 3(–4)bltg.; Strandpfl. . . . . **Leymus,** 737

— Stg. u. Blätt. grasgrün, ohne Ausläufer; Hüll- u. Deckspelzen begrannt, letztere bis zu 25 mm lg.; Ährchen 1(–2)bltg.; Waldpfl. . . . . **Hordelymus,** 737

16(13). Ährchen mehrbltg. **18**

— Ährchen 1bltg. (eigentl. Ährenrispengräser!) **17**

17. Hüllspelzen am Grd. verwachsen, unbegrannt; Deckspelze begrannt *(1196)* . . . . **Alopecurus,** 752

— Hüllspelzen frei, stachelspitzig od. begrannt; Deckspelze nicht begrannt *(1198)* . . . . **Phleum,** 751

18(16). Deckspelzen auf dem Rücken m. knief. gebogener Granne; Ährchen 4–7bltg. . . . . **Gaudinia,** 741

— Deckspelzen m. gerader Granne od. grannenlos . . **19**

19. Ährchen nur m. 1 Hüllspelze (selten m. 2, dann aber die 2. verkümmert; Endährchen stets m. 2), m. der Schmalseite der Ährenachse zugekehrt *(1182)* . . . . **Lolium,** 732

— Ährchen m. 2 Hüllspelzen, die breite Seite der Ährenachse zukehrend *(1194)* **20**

20. Ährchen ganz kurz gestielt **23**

— Ährchen ungestielt, dichtgedrängt beieinander . . . **21**

21. Ährchen 2bltg. (m. stielart. Fortsatz zw. den Bltn.); Hüllspelzen pfrieml., 1nervig, gekielt; Blattöhrchen kahl **Secale,** 734

— Ährchen 3–8bltg.; Hüllspelzen eif.-längl., mehrnervig **22**

22. Hüllspelzen scharf gekielt (wenigstens im ob. Teil), eif.; Ährchen bauchig, als Ganzes bei Reife abfallend od. Fr. unbespelzt ausfallend; Pfl. ⨀ . . . . **Triticum,** 735

— Hüllspelzen nicht od. stumpf gekielt, lanzettl.; Deckspelze unten m. Querfurche; Ährchen nicht bauchig, bei Reife in einzelne Bltn zerfallend; Fr. von Deck- u. Vorspelze eingehüllt bleibend; Pfl. ♃ . . . . **Agropyron,** 733

23(20). Deckspelzen stumpf bis abgerundet; Ährchen 5–7 mm lg.; Blätt. flach; Ligula ca. 2 mm lg., zerschlitzt; Dünengras **Scleropoa loliacea,** 722

— Deckspelzen, wenigstens der ob. Bltn. eines Ährchens, zumindest stachelspitzig (falls stumpfl., dann Ährchen über 2 cm lg.) **24**

24. Ährchen > 2 cm, 4–16bltg.; Hüllspelzen 5–7nervig; Blätt. flach; Ligula deutl., 2–3 mm hoch . . . **Brachypodium,** 723

— Ährchen 5–10 mm lg., 3–7bltg.; unt. Hüllspelze 1-, ob. 3nervig; Blätt. sehr schmal, eingerollt od. gefaltet; Ligula nur als winziger Hautsaum ausgebildet . . . **Nardurus,** 738

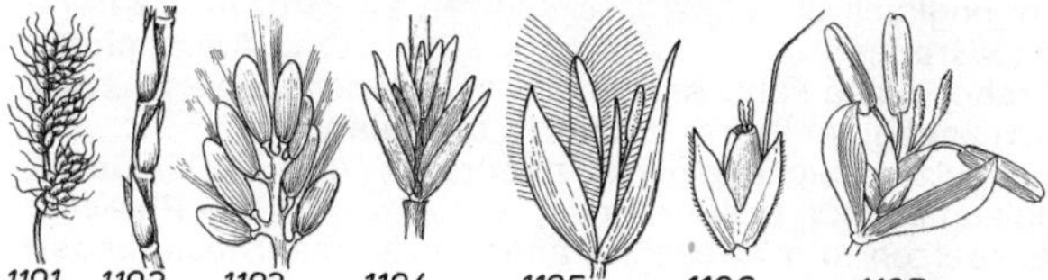

1191 1192 1193 1194 1195 1196 1197

2. Ährenrispengräser

1. Ährchen am Grd. m. 1 bis mehreren lg. Borsten *(1193),* bzw. kammf. od. fächerf. Blättchen *(1199)* **16**

— Ährchen am Grd. ohne eine solche Hülle (nur bei *Ammophila,* Nr. **8,** am Grd. der Deckspelzen kürzere Haare) **2**

2. Ährchen 2- bis vielbltg. **10**

— Ährchen 1bltg., zuw. aber m. einem pfrieml. od. keulenf. Ansatz zu 1 ob. u. 2 unt. Bltn. **3**

3. Deckspelze am Rand bis zur Spitze dicht zottig gewimpert *(1195);* Ährchen m. einer fruchtbaren u. einer unfruchtbaren Blüte . . . . **Melica,** 731

— Deckspelze nicht lg.zottig gewimpert **4**

4. Innere Hüllspelze klein, verkümmert, die äußere dicht m. hakigen Stacheln; Ährchen 4–5 mm lg., zu 3–5 in kurz verzweigtem, als Ganzes abfallendem Büschel . . **Tragus,** 756

— Äußere Hüllspelze ohne hakige Stacheln **5**

5. Beide Hüllspelzen am Grd. od. bis über die Mitte deutl. miteinander verwachsen *(1196),* gekielt, gewimpert; Deckspelze oft m. knief. gebogener Granne, schlauchart. die Blüte einschließend *(1196)* . . . . **Alopecurus,** 752

— Hüllspelzen bis zum Grd. getrennt **6**

6. Hüllspelzen 4[1], äußere auf dem Rücken breit geflügelt, viel länger als die Blüte, innere nur so groß wie Deck- u. Vorspelze *(1197);* Ährenrispe eif.-kugelig, weißl.-grün gestreift **Phalaris,** 758

— Hüllspelzen nicht geflügelt, oft ungleich lg. od. verkümmert; Ährenrispe nicht eif.-kugelig **7**

7. Hüllspelzen 4[1], die beiden äußeren ungleich, die inneren kleiner, dkbraun behaart u. begrannt; Stbblätt. 2; Ährenrispe lockerbltg. . . . . **Anthoxanthum,** 757

---

[1] Die beiden ob. Hüllspelzen sind in Wirklichkeit die Deckspelzen der beiden sterilen, unt. Blütchen.

— Hüllspelzen stets 2; Stbblätt. 3 . . . . **8**

8. Ährchenachse über die Blüte hinaus verlängert u. an der Spitze pinself. behaart; Ährenrispe zylindrisch-walzenf., im Umriß etwas gelappt, beidendig zugespitzt; Hüllspelzen etwas ungleich lg., spitz; Deckspelzen am Grd. m. Haaren, ohne Grannen . . . . **Ammophila,** 751

— Ährchenachse kahl, Ährenrispe zylindrisch-walzenf., zuw. auch kopfig, im Umriß ± glatt, nicht gelappt **9**

9. Hüllspelzen stachelig bis kurz begrannt *(1228–1230);* Deckspelzen stumpf, unbegrannt . . . . **Phleum,** 751

— Hüllspelzen m. rückenst. Granne, diese mehrmals länger als der Spelzenteil; Deckspelze am ob. Ende gezähnelt, ihre endst. Granne länger als die Spelzenfläche **Polypogon,** 751

10(2). Ährenrispe verlängert **12**

— Ährenrispe rundl.-eif., kurz **11**

11. Halme aufrecht; Pfl. dicht-horstf., ♃; Ährenrispe schiefergrau; unt. Rispenäste m. od. ohne schuppenf. Tragblätt.; Deckspelzen m. 1, 3 od. 5 grannigen Spitzen . **Sesleria,** 731

— Halme niederlgd.; Pfl. nicht horstf. (⨀), aber vom Grd. an büschelig verzweigt; Infl. einstswendig, vom obersten Halmblatt überragt; Deckspelzen stumpfl.; Pfl. bis 20 cm hoch . . . . **Sclerochloa,** 724

12(10). Hüllspelzen kürzer als das Ährchen, die eine wenigstens doppelt so lg. wie die andere **15**

— Hüllspelzen so lg. od. fast so lg. wie das Ährchen . . **13**

13. Deckspelzen an der Spitze kurz begrannt od. nur stachelspitzig bis stumpf, auf dem Rücken gekielt u. hier oft gewimpert . . . . **Koeleria,** 745

— Deckspelzen auf dem Rücken lg. absthd. begrannt . **14**

14. Deckspelzen gekielt, Granne in ihrer ob. Hälfte entspringend . . . . **Trisetum,** 741

— Deckspelzen auf dem Rücken abgerundet, Granne an ihrem Grd. od. wenigstens unterhalb der Mitte entspringend **Aira praecox,** 739

15(12). Blätt. borstenf.; Stbblätt. 1; Deckspelzen an der Spitze lg. begrannt; Ährenrispe lockerbltg., zuw. bis 20 cm lg. **Vulpia,** 722

— Blätt. flach, bis 4 mm breit; Stbblätt. 3; Deckspelzen nicht begrannt; Ährenrispe dichtbltg. (oberw. reine Ähre), schwach einstswendig, 1–3 cm lg. (s. auch Punkt **11**—) **Sclerochloa,** 724

1198

1199

1200

1201

1202

1203

16(1). Ährenrispe einstswendig; Ährchen 3–4bltg.; unter jedem Ährchen eine kammf. Hülle (= steriles Ährchen m. leeren Spelzen, *1199*); Deckspelzen kurz stachelspitzig od. begrannt . . . . **Cynosurus,** 730
— Ährenrispe allstswendig; Ährchen 1bltg., am Grd. m. lg., borstenf. Haaren *(1193)*, diese entsprechen verkümmerten Seitenzweigen u. tragen zuweilen reduzierte Ährchen; Hüllspelzen 3[1]; Deckspelzen unbegrannt; Ligula als schmaler Hautsaum, aufgelöst als Wimpernkranz . . **Setaria,** 759

3. Trauben- und Rispengräser[2]

1. Ährchen 2- bis mehrbltg., mindestens m. 2 ⚥ Blüten od. m. 1 ⚥ Blüte u. mehreren ♂ od. geschlechtslosen Bltn. **19**
— Ährchen 1bltg., zuw. m. Ansatz einer 2. verkümmerten od. einer 2. ♂ Blüte **2**
2. Ährchen nur m. 1 ⚥ Blüte **5**
— Ährchen außer der ⚥ Blüte noch m. einer ♂ Blüte . . **3**
3. Ährchen paarweise an den traubigen Seitenzweigen der Infl.achse, die unt. sitzend, die ob. gestielt, 2bltg., nur 1 Blüte begrannt, nur die unt. Ährchen fertil (⚥) . **Sorghum,** 760
— Ährchen nicht paarweise an traubigen Seitenzweigen der Rispenachse angeordnet **4**
4. Ährchen 8–10 mm lg., m. lg., geknieter Granne **Arrhenatherum,** 741
— Ährchen bis 5 mm lg., m. fehlender od. sehr kurzer Granne *(1200)* . . . . **Holcus,** 740
5(2). Ährchen am Grd. der Deckspelze m. längeren Haaren *(1201);* Hüllspelzen ± ungleich; Rispe reich verzweigt **Calamagrostis,** 749
— Ährchenachse kahl od. am Grd. der Deckspelze m. Haaren, die höchstens die halbe Länge der Deckspelze erreichen, zuw. aber Deckspelze selbst behaart **6**
6. Hüllspelzen vorhanden **8**
— Hüllspelzen fehlend **7**
7. Pfl. 2–6 cm hoch; Ährchen nur bis 1 mm groß, in dolden- od. quirlf. Büscheln . . . . **Coleanthus,** 754
— Pfl. höher; Ährchen 4–5 mm lg., einzeln an Rispenästen; zur Blütezt. tritt höchstens der ob. Teil der Rispe aus der sie umschließenden Blattscheide heraus . . . . . **Leersia,** 758
8(6). Hüllspelzen 3; Ährchen vom Rücken her zusammengedrückt u. daher nicht gekielt; Rispe reichbltg., zuletzt oft überhgd.; Blattscheiden oft absthd. behaart . **Panicum,** 758
— Hüllspelzen 2 od. 4; Blattscheiden kahl **9**

[1] Die 3., ob. Hüllspelze ist eigentl. die Deckspelze des unt., sterilen Blütchens.
[2] Von zahlr. Gräsern sind als Seltenheit abweichende Formen m. nur 1bltg. Ährchen bekannt. Gelingt die Bestimmung über Punkt **2** ff. nicht, dann bestimme man weiter nach Punkt **19**.

9. Deckspelzen unbegrannt od. m. einer Granne, die höchstens doppelt so lg. ist wie ihre Spelze **13**
— Deckspelzen lg. begrannt; Grannen wenigstens 3mal so lg. wie ihre Spelzen; Hüllspelzen 2 . . . . **10**
10. Granne 5–30 cm lg.; Ährchen vom Rücken her zusammengedrückt; Blätt. borstl., in der Knospenlage gefaltet **Stipa,** 754
— Granne viel kürzer, höchstens 2 cm lg.; Blätt. 1–5 mm breit, flach, trocken, meist borstl. zusammengerollt **11**
11. Deckspelzen auf dem Rücken lg. behaart; äußere Hüllspelze ± 9 mm, innere ± 7 mm lg.; Blätt. in der Knospenlage gerollt; Deckspelzengranne glatt; Pfl. ♃, dichte Horste bildend . . . . **Achnatherum,** 756
— Deckspelze nicht lg. behaart, höchstens kurz rauhhaarig **12**
12. Pfl. ♃, m. zahlr. Erneuerungstrieben; Ligula 0,5–2 mm lg., kurz behaart; Granne bis 15 mm lg., geschlängelt; Hüllspelzen fast gleich lg. (3–4,5 mm) . . . . . . **Piptatherum,** 754
— Pfl. ⊙, büschelig wachsend; Ligula 2–6 mm lg., kurz behaart od. zerschlitzt; Granne bis 10 mm lg., ± gerade; Hüllspelzen ungleich lg. (1,5 bzw. 2,5 mm) . . . . . **Apera,** 749
13(9). Halm knoten- u. blattlos (aber zuw. bis über die Mitte von Blattscheiden umgeben); Knoten an der Basis des Stg. gehäuft, knollig verdickt . . . . **Molinia,** 733
— Halm m. Knoten **14**
14. Ährchen von der Seite her ± stark zusammengedrückt; Hüllspelzen deshalb am Rücken ± stark gekielt *(1205)* **17**
— Ährchen stielrund od. vom Rücken her zusammengedrückt; Hüllspelzen daher auf dem Rücken abgerundet *(1204)* **15**
15. Infl.äste steif aufrecht; Infl. insgesamt nur m. ca. 25 Ährchen, diese 5 mm lg., rotbraun u. an den Enden der lg.gestielten Rispenäste; Blattscheiden geschlossen, an ihren Enden m. häutiger Spitze *(1190b),* aber fast ohne Ligula; Hüllspelzen rotbraun . . . . **Melica,** 731
— Infl.äste allstswendig abspreizend bis waagerecht absthd., später sogar ± zurückgeschlagen; Infl. insgesamt m. 50–200 Ährchen, diese nur bis 2 mm groß; Blattscheiden offen **16**
16. Rispenäste büschelig zu je 5–7 in 2 Zeilen, fadenf., leicht herabhgd.; Ligula breit, wenigstens 6 mm hoch; Blattspreite bis 15 mm breit; Hüllspelzen grün(l.), 3nervig; Ährchen fast 3 mm lg. . . . . **Milium,** 756
— Rispenäste zwar in 2 Zeilen büschelig angeordnet, aber Rispe insgesamt allstswendig erscheinend, filigranart.; Ligula meist deutlich kürzer, nur selten bis 6 mm lg.; Blattspreite höchstens 10, meist nur wenige mm breit; Hüllspelzen weißl., grünl. od. rötl., 1nervig; Ährchen viel kleiner, nur 1–2 mm lg. . . . . **Agrostis,** 747
17(14). Schilfart. Ufergras m. vor u. nach der Blüte zusammengezogener, gelappter, oft rötl. überlaufener Rispe; Hüllspelzen 4, beide äußere gleich lg. u. länger als die weißl.-schuppenf., nur etwa 1 mm lg. inneren; Deckspelzen unbegrannt; Ährchen geknäuelt . . . . **Typhoides,** 757

— Hüllspelzen 2 . . . . **18**

18. Schilfart. Gras feuchtnasser Lebensräume m. der Tracht von *Typhoides,* bis 1 m hoch; Infl. verlängert, m. dichten, kurzen, steif aufw. weisenden Rispenästen; Ährchen sehr dicht 2zeilig sthd.; Hüllspelzen gleich lg., gekielt, Deckspelzen wenig länger, unbegrannt . . . . . . **Beckmannia,** 730

— Zierl. Gräser m. schmäleren Blätt. u. fein verästelten, reichbltg. Rispen (wenn armbltg., dann Pfl. nur 10–30 cm groß); Hüllspelzen 2, meist ungleich lg., Deckspelzen begrannt od. unbegrannt . . . . **Agrostis,** 747

19(1). Hüllspelzen viel kürzer als das Ährchen u. meist auch kürzer als die Deckspelzen ohne ihre Granne . . . **43**

— Längere Hüllspelze wenigstens ⅔ der Ährchenlänge erreichend **20**

20. Deckspelzen (wenigstens einer Blüte) begrannt; Granne zuw. zw. den Spelzen verborgen **28**

— Deckspelzen unbegrannt, zuw. stachelspitzig **21**

21. Ährchen nickend od. hängend **27**

— Ährchen aufrecht (aber z. T. m. abgespreizten Rispenästen) **22**

22. Rispe schmal zusammengezogen, m. 4–16 grünen bis violett überlaufenen, 3–5bltg. Ährchen; Deckspelzen derb, m. kurz 3zähniger Spitze *(1222);* Blätt. u. Blattscheiden wimperig behaart; anstelle Ligula eine Haarreihe . **Sieglingia,** 742

— Rispenäste z. Bltzt. absthd.; Ährchen zahlr.; Ligula häutig od. bis 5 mm lg. **23**

23. Halm oberw. knotenlos; Ährchen an den weit ausgebreiteten Rispenästen ± gleichmäßig verteilt, bräunl., meist 3bltg.; Mittelblüte des Ährchens ⚥, m. 2 Stbblätt., die beiden seitl. ♂ m. je 3 Stbblätt. *(1235, 1236);* Hüllspelzen fast so lg. wie das Ährchen . . . . **Hierochloë,** 756

— Halm oberw. m. Knoten; Ährchen gelbl., grünl. od. violett überlaufen, nur m. ⚥ Bltn. **24**

24. Ährchen am Ende der Rispenäste knäuelig gehäuft, Infl. daher gelappt u. ausgebreitet oft über 10 cm breit **Dactylis,** 730

— Ährchen nicht knäuelig gehäuft, ± gleichmäßig innerhalb der Infl. verteilt **25**

25. Deckspelzen kurz 3spitzig, am Grd. m. kurzem Haarbüschel, 7nervig; schilfart. Ufergras, 1–2 m hoch, m. rauhrandigen Blätt. u. fingerdickem Rhizom . . . . **Scolochloa,** 725

— Deckspelzen stumpfl. bis zugespitzt; Pfl. kleiner, zierlicher **26**

26. Rispenäste nur z. Bltzt. ausgebreitet u. dann Infl. bis 4 cm breit (sonst ährenrispig zusammengezogen); Ährchen 4–8 mm lg. **Koeleria,** 745

— Rispenäste auch nach der Bltzt. nicht zusammengezogen; Ährchen 2–3 mm lg. . . . . **Poa,** 726

27(21). Ährchen grün, bis 2,5 cm groß; Rispenäste z. Bltzt. waagerecht absthd.; Deckspelze der ob. Blüte zuw. begrannt; Kulturpfl. . . . . **Avena,** 742

— Ährchen ± braunrot, höchstens 1 cm lg., 2bltg., die ob. Blüte häufig verkümmert; Deckspelzen knorpelig; Rispe einstswendig od. überhängend . . . . **Melica,** 731

28(20). Grannen kurz, zwischen den Spelzen versteckt (*1200,* Hüllspelzen wegbiegen!) od. diese nur wenig überragend **41**

— Grannen aus den Spelzen herausragend **29**

29. Ährchen 4–20 mm lg.; Grannen so lg. od. länger als das Ährchen **34**

— Ährchen 2–6 mm lg., Grannen kürzer als das Ährchen **30**

30(29 u. 42). Ährchen paarweise an den traubigen Seitenzweigen der Infl.achse, die unt. sitzend, die ob. gestielt, 2bltg., nur 1 Blüte begrannt, nur unt. Ährchen fertil (⚥) **Sorghum,** 760

— Ährchen nicht paarweise an traubigen Seitenzweigen der Rispenachse angeordnet **31**

31. Unt. Blüte des Ährchens ⚥, unbegrannt; Deckspelze der ob., ♂ Blüte am Rücken begrannt *(1200);* Halm an den Knoten weichhaarig; Blätt. flach, graugrün . . . . . **Holcus,** 740

— Alle Bltn. des Ährchens ⚥; Halm an den Knoten kahl **32**

32. Ährchen 2–4bltg.; Deckspelzen an ihrer Spitze grannig verlängert; Blätt. flach od. zusammengerollt . . . **Koeleria,** 745

— Ährchen 2bltg.; Deckspelzen 2spitzig od. 4zähnig, vom Rükken od. nahe dem Grd. m. Granne; Blätt. oft borstl. . **33**

33. Pfl. 5–30 cm hoch, zart; Ährchen 2–3 mm lg.; Hüllspelzen zarthäutig; Deckspelze meist 2spitzig, m. geknieter, tief rückenständiger Granne . . . . **Aira,** 739

— Pfl. 30–120 cm hoch; Ährchen 2–5 mm lg.; Deckspelze an der gestutzten Spitze gezähnelt, nahe über dem Grd. begrannt . . . . **Deschampsia,** 739

34(29). Unt. Blüte des 2bltg. Ährchens ♂, ihre Deckspelze auf dem Rücken m. lg., geknieter od. gedrehter, 10–15 mm lg. Granne; Deckspelze der ob. ⚥ Blüte unbegrannt od. an der Spitze kurz begrannt; unt. Hüllspelze kürzer, 1nervig, ob. länger, 3nervig . . . . **Arrhenatherum,** 741

— Alle Bltn. des Ährchens ⚥, ihre Deckspelzen begrannt **35**

35. Ährchen < 1 cm; Fr. locker von den Spelzen umhüllt **39**

— Ährchen > 1 cm (zuw. etwas kürzer, dann aber Granne nicht rückenst., sondern an der Spitze zw. 2 lg. Zähnen entspringend); Fr. von den Spelzen fest umhüllt **36**

36. Deckspelzen an der Spitze lg. 2zähnig, Zähne etwa halb so lg. wie die ganze Spelze, dazw. lg., gedrehte u. gekniete, am Grd. dkbraune Granne entspringend; Hüllspelzen 5–7nervig; Deckspelzen am Rand lg.zottig behaart **Danthonia,** 742

— Deckspelzen an der Spitze höchstens kurz 2zähnig . **37**

37. Deckspelzen an ihrer Spitze in eine Granne auslaufend, die länger als ihr flächiger Teil ist; Bltn. häufig nur m. 1 Stbblatt **Vulpia,** 722

— Deckspelzengranne rückenst., in der Mitte, etwas oberhalb od. unterhalb der Mitte entspringend **38**

38. Pfl. ⊙; Ährchen lg.gestielt, meist hgd., bis 2,5 cm lg.; Hüllspelzen 7–11nervig, m. breiten, durchsichtigen Rändern **Avena,** 742

— Pfl. ♃; Ährchen kurz gestielt, ± aufrecht; Hüllspelzen 1–5nervig . . . . **Helictotrichon,** 743

39(35). Hüllspelzen 6–9nervig; Deckspelze der ob. Blüte des Ährchens m. rückenst., gedrehter u. geknieter Granne, die der unt. in gerade Granne auslaufend; Ährchen bis 1 cm lg.; Ligula 3 mm lg., zerschlitzt, am Rand herablaufend **Ventenata,** 742

— Hüllspelzen 1–3nervig; Deckspelzen m. gedrehter od. geknieter Granne **40**

40. Deckspelzen gestutzt u. fein gezähnelt, ihre Granne fast od. ganz grdst.; Ährchen 2bltg. . . . . . . **Deschampsia,** 739

— Deckspelzen zugespitzt, ihre Granne rückenst.; Ährchen 3–4bltg., bei Gebirgspfl. oft 1–2bltg. . . . . **Trisetum,** 741

41(28). Granne in der Mitte m. behaartem Knoten, an der Spitze keulig verdickt *(1202);* Ährchen weiß od. rot überlaufen; Blätt. borstl. . . . . **Corynephorus,** 745

— Granne an der Spitze nicht keulig verdickt, in der Mitte nicht m. behaartem Knoten **42**

42. Ährchen 3bltg., nur die Mittelblüte ⚥, beide seitl. ♂; Pfl. nach Waldmeister duftend (s. auch Nr. **23**) . **Hierochloë,** 756

— Ährchen 2bltg. (mehrere Bltn. untersuchen!) **30**

43(19). Ährchenachse langhaarig, nur unter der unt. ♂ Blüte kahl; Haare etwa so lg. wie die Spelzen; Deckspelzen kahl, in feine, grannenart. Spitzen ausgezogen; Ährchen bis 1 cm lg.; Pfl. bis 5 m hoch; Ligula als Haarkranz; Blätt. bis 3 cm breit . . . . **Phragmites,** 737

— Ährchenachse kahl od. nur sehr kurz behaart od. nur Deckspelzen am Grd. m. Haarbüschel (*Scolochloa,* Nr. **47**) **44**

44. Halm knoten- u. blattlos (aber zuw. bis über die Mitte von Blattscheiden umgeben!); Knoten am Grd. des Halms gehäuft, knollig verdickt u. ganz von den Scheiden bedeckt; Ligula als Haarkranz . . . . **Molinia,** 733

— Halm meist bis über die Mitte hinauf m. Knoten . . . **45**

45. Ährchen am Ende der Rispenäste geknäuelt-gehäuft, Infl. daher gelappt, etwas einstswendig . . . . . **Dactylis,** 730

— Ährchen nicht geknäuelt-gehäuft; Infl. nicht gelappt . **46**

46. Ährchen im Umriß rundl. bis herzf., seitl. zusammengedrückt, 4–7 mm lg., glzd., an dünnen Stielchen hängend; Ährchenstiele meist geschlängelt . . . . **Briza,** 730

— Ährchen im Umriß eif., längl., lanzettl. od. lineal . . **47**

47. Deckspelzen kurz 3spitzig, am Grd. m. kurzem Haarbüschel, 5–7nervig; schilfart. Ufergras m. sehr rauhen Blätt.; Blattscheiden offen (bei *Glyceria* geschlossen!) **Scolochloa,** 725

— Deckspelzen an der Spitze nicht 3zähnig, am Grd. ohne Haarbüschel, zuw. aber kurz behaart **48**

48. Deckspelzen lg.begrannt **59**

— Deckspelzen höchstens stachelspitzig (kurz begrannt: *Poa violacea*) **49**

49. Deckspelzen am Rücken abgerundet; Hüllspelzen gekielt od. abgerundet **52**

— Deckspelzen ±, Hüllspelzen meist scharf gekielt, Ährchen daher ± seitl. zusammengedrückt *(1205)* **50**

50. Ährchen bis > 2 cm, Deckspelzen 1 cm lg. . . . **Bromus,** 711

— Ährchen bis 1 cm lg. (nur bei *Eragrostis cilianensis,* S. 738, länger); Deckspelzen bis 6 mm lg. **51**

51. Ährchen 1–8bltg.; Rispenäste 2zeilig angeordnet; Hüllspelzen zugespitzt; Deckspelzen auf dem Kiel u. an den Randnerven meist ± zottig behaart, deutl. od. undeutl. 5nervig; Ährchenachse zusammen m. den Fr. abfallend; Ligula vorhanden, zuw. sehr kurz . . . . **Poa,** 726

— Ährchen meist reicherbltg.; Rispenäste spiralig angeordnet; Deckspelzen 3nervig, zusammen m. der Fr. abfallend; Ährchenachse bei der Reife nicht m. den Fr. abfallend; Ligula als Haarreihe ausgebildet . . . . . . **Eragrostis,** 737

52(49). Ährchenstiele dick, starr; Infl. steif, ± gedrungen, 2zeilig; Ligula lg. zerschlitzt; Pfl. ⨀, an sandigen Orten **Scleropoa,** 722

— Ährchenstiele nicht dick u. steif; Infl. nicht immer 2zeilig **53**

53. Hüllspelzen nicht gekielt *(1204);* Deckspelzen eif., abgerundet od. gestutzt, m. breit-trockenhäutigem Saum . . **56**

— Hüllspelzen scharf gekielt *(1205);* Deckspelzen lanzettl., meist stachelspitzig od. angedeutet 3zähnig **54**

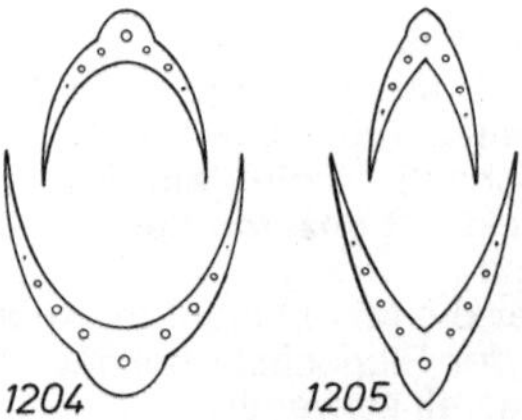

1204 1205

54. Ährchen > 15 mm; Narben der Seite des Frkn. ansitzend *(1203);* Rispenäste 2zeilig gestellt, da Infl.achse ± 4kantig; Blattscheiden geschlossen; Deckspelzen fast stets kurz 2zähnig, ihre Granne (fast grannenlos: *B. inermis*) etwas unterhalb der Spelzenspitze entsthd. . . . . . . **Bromus,** 711

— Ährchen bis 14 mm lg.; Narben an der Spitze des Frkn. sthd.; meist nur an 2 Seiten der 3kantigen Infl.achse m. Rispenästen, Infl. daher etwas einstswendig; Blattscheiden meist offen **55**

55. Deckspelzen meist deutl. gekielt, im Querschnitt V-förmig *(1205);* Ährchen unbegrannt (Ausnahme: *Poa violacea*),

selten spitzl. *(P. alpina, P. badensis),* sonst stumpfl. bis abgerundet . . . . **Poa,** 726
— Deckspelzen nicht gekielt, im Querschnitt abgerundet *(1204)* (Ausnahme: *F. pulchella*), zugespitzt, oft sogar kurz begrannt . . . . **Festuca,** 716
56(53). Ährchen 1–3 mm lg., nur 2bltg.; Deckspelzen braunviolett; Blattscheiden zur Hälfte geschlossen . **Catabrosa,** 730
— Ährchen > 4 mm, 3–11bltg. (jedoch 1 Art m. 2 mm lg. Ährchen) **57**
57. Deckspelze kurz begrannt, wenn unbegrannt, dann zugespitzt, nur selten deutl. hautrandig . . . . . . **Festuca,** 716
— Deckspelze an der Spitze abgerundet od. gestutzt, niemals begrannt, oft trockenhäutig **58**
58. Blätt. 2–6 mm breit; Blattscheiden offen; Deckspelzen höchstens 5nervig; salzliebende Pfl., bes. der Küsten **Puccinellia,** 724
— Blätt. bis 10 mm breit; Blattscheiden fast bis zur Spitze geschlossen; Deckspelzen 7–9nervig . . . . . **Glyceria,** 723
59(48). Bltn. nur m. 1 Stbblatt; Deckspelzen aus der Spitze u. deutl. länger als sie selbst begrannt; Pfl. ⊙, bis 50(–60) cm hoch . . . . **Vulpia,** 722
— Bltn. m. 3 Stbblätt.; Deckspelze unterhalb ihrer Spitze begrannt od. in Fortsetzung derselben, dann aber kürzer als sie u. Pfl. ♃ **60**
60. Granne etwas unterhalb des Endes der Deckspelze, oft zw. 2 Zähnen derselben entspringend; Narben an der Seite des Frkn. ansitzend *(1203);* Pfl. meist ⊙ (vgl. auch Punkt **54**) **Bromus,** 711
— Deckspelze in Granne auslaufend; Narben an der Spitze des Frkn. ansitzend; Pfl. ♃ (vgl. auch Punkt **55** u. **57**) **Festuca,** 718

1. Brómus L. (s. l.), *Trespe*

1. Äußere Hüllspelze 1-, innere 3nervig, beide ungleich lg., schmal-lanzettl. **13**
— Äußere Hüllspelze 3–5-, innere 5–9nervig, beide oft gleich lg., elliptisch **2**
2. Ährchen zweischneidig-flachgedrückt, da die Spelzen deutl. gekielt; Deckspelzen stachelspitzig od. begrannt. (3 Kleinarten, bisher kaum unterschieden) **B. willdenówii** KTH. (s. l.)
a. Ährchen im Umriß lanzettl. bis linealisch; Hüllspelzen zugespitzt; Deckspelzen m. 4–10 mm lg. Granne; Vorspelzen so lg. wie ihre Deckspelzen; Antheren 5 mm lg.; Pfl. bis 80 cm hoch; ♃; VI–VIII. Ruderalstandorte u. ä.; in Ho sich ausbreitend, auch NTi, St. (Heimat: N-Am.) *Plattähren-T.,* **B. carinátus** HOOK. & ARN.
— Ährchen im Umriß eif. bis lanzettl., schmaler als vorige; Hüllspelzen an ihrer Spitze kapuzenf.; Deckspelzen stachelspitzig od. m. kurzer, bis 1 mm lg. Granne; Vorspelzen halb so lg. wie ihre Deckspelzen; Antheren bis 4 mm lg. Beide Kleinarten bisher eingebürgert im Gebiet Köln/Düsseldorf, b. Bietigheim (N-Württ.), vorübergehend adventiv an versch. Orten, bes. S-Baden, aber nicht voneinander unterschieden . . . . **b**
b. Blätt. 2–3 mm breit, kurz; Ligula glatt; Deckspelzen 7–9(–11)nervig, 9–13 mm lg.; Granne > 3 mm; ♃; VI–VII. *Ährengrasähnliche T.,* **B. unioloídes** H. B. K.

— Blätt. 4–8 mm breit, bis 30 cm lg.; Ligula behaart; Deckspelzen 11–13nervig, 14–20 mm lg.; Granne fehlend od. bis 3 mm lg.; ♃; VI–VII. (= *Festuca unioloides* WILLD.) *Pampas-T., Rescue-Gras,* **B. willdenówii** KTH. (s. str.)

— Ährchen nicht flachgedrückt,. Spelzen höchstens am Grd. etwas gekielt; Ligula kürzer 3

3. Deckspelze unterhalb der Mitte beidersts. m. einem deutl. Zähnchen, lg.begrannt *(1206);* Ährchen groß, 2,5–3 cm lg., oval; Pfl. 50–120 cm hoch; ⨀; V–VII. Getreidefelder (insbes. m. *Triticum spelta*); früher *s* S-Ho (1 Fundort) u. S-Be (hier endemisch), durch Rückgang der Dinkel-Kultur offenbar völlig ausgestorben (Bot. Gärten?). (= *B. arduennensis* DUM.) *Ardennen-T.,* **B. bromoídes** (LEJ.) CREPIN

— Deckspelze ohne Zähnchen 4

4. Blattscheiden der unt. Blätt. kahl od. fast kahl; Fr. dick, m. tiefer Rinne, dadurch eingerollt aussehend; Deckspelze z. Frzt. m. stark eingerollten Rändern u. die Fr. einhüllend; Ährchen nicht violett überlaufend; Ährchen nach der Bltzt. erhalten bleibend (nicht in Einzelglieder zw. den Bltn. zerfallend); Infl. locker; Rispenäste 3–8 cm lg., z. Frzt. überhängend; Pfl. bis 120 cm hoch; ⨀; VI–IX. Getreideunkraut. (2 Kleinarten) [G] **B. secalínus** L. (s. l.)

a. Deckspelze 6–9 mm lg.; Antheren 1–2 mm lg.; Granne bis 5 mm lg.; Ährchen bis 20 mm lg.; 5–7bltg.; Rispenäste kahl; Deckspelze nicht länger als die Vorspelze. Getreidefelder; *z* (seltener werdend). *Roggen-T.,* **B. secalínus** L. (s. str.)

— Deckspelze 10–12(–15) mm lg. *(1207);* Antheren 2–3 mm lg.; Granne bis 10 mm lg.; Ährchen bis 40 mm lg., 10–12bltg.; Rispenäste behaart; Deckspelze 1,5 mm länger als die Vorspelze; Kulturbegleiter nur von *Triticum spelta?; s* Be, Lx, in Dt nicht sicher nachgewiesen. (= *B. multiflorus* SM.) *Dicke T.,* **B. gróssus** DESF. ex DC.

— Blattscheiden der unt. Blätt. behaart; Deckspelzen der reifen Ährchen nicht od. nur undeutl. eingerollt; Fr. dünner, ohne Furche 5

5. Stbbeutel (vor dem Öffnen) höchstens 3 mm lg., höchstens ⅓ so lg. wie die Deckspelze; Ährchen meist grün . . . 7

— Stbbeutel (vor dem Öffnen) 3,5–5 mm lg., etwa ½ so lg. wie die Deckspelze; Ährchen meist rotviolett überlaufen; Vorspelze ± so lg. wie die Deckspelze (wie *1210*) 6

6. Ährchen groß (bis 22 mm lg.); Deckspelze lanzettl., 7–10 mm lg., m. ebenso lg. Granne; Fr. kürzer als Deckspelze (wenn reif!); Rispe vielährig, locker-ausgebreitet, m. dünnen Ästen, z. Frzt. etwas nickend; Pfl. bis 100 cm hoch; ⨀; V–VIII. Ödland, Äcker, Wegränder (bis 1000 m); *z.* [G] *Acker-T.,* **B. arvénsis** L.

— Ährchen klein (bis 12 mm lg.); Deckspelze rhombisch (ähnl. *1208*), 4 mm lg., ihre Granne nur ½ so lg. wie die Spelzenfläche; Fr. länger als Deckspelze (wenn reif!); Rispe im Vergleich ärmerbltg., m. kurzen u. fast starren Ästen, auch zuletzt nicht überhgd.; Pfl. nur bis 30 cm hoch; ⨀; VI–VII. Äcker, Wegränder; zuw. eingeschleppt, *s* eingebürgert (z. B. S-SaAn, We; ob noch?). (Heimat: ?) *Kurzährige T.,* **B. brachystáchys** HORN.

7(5). Granne nur bis 1,5 mm unterhalb der Spitze der Deckspelze entspringend, gerade od. nur sehr schwach ausw. gebogen 9

— Granne mind. 2 mm unterhalb der Spitze der Deckspelze entspringend, z. Frzt. stark ausw. spreizend, an den ob. Bltn. bis > 10 mm lg., an den unt. kürzer bis fehlend; Infl.

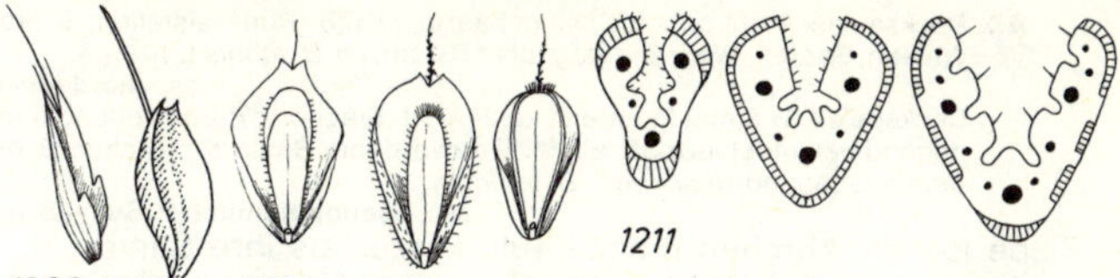

1206 1207 1208 1209 1210 1211 1212 1213

locker; Ährchenstiele meist länger als die Ährchen od. Infl. nur traubig **8**

8. Rispenäste meist m. 3 (1–4) längl.-lanzettl., 2–3 cm lg., meist 7–10bltg. Ährchen; Rispe deutl. verzweigt; Deckspelze nur bis 4 mm breit, ausgebreitet ± elliptisch (ähnl. *1209*); ⊙; V–VI. Äcker, Schuttplätze, Wegränder; *z* zw. Rheinl. bis Unt.Fr, sonst sehr *z, f* Be, Ho, Da. (= *B. patulus* MERT. & K.)
Japanische T., **B. japónicus** THUNB.

— Rispenäste nur m. 1 (selten 2–3) 3–5 cm lg., bis 20bltg., breit-eilanzettl. Ährchen; Rispe wenig verzweigt, einstswendig; Deckspelze bis 7 mm breit, ausgebreitet fast (abgerundet) rhombisch (ähnl. *1208*); ⊙–⊙; V–VI. Äcker, Wiesen, Schuttplätze; *s* eingeschleppt, ob irgendwo eingebürgert? (Heimat: S- u. SO-Europa)
[G] *Sparrige T.,* **B. squarrósus** L.

9(7). Deckspelze 4,5–6,5 mm lg., m. breit-häutigem, scharf-winkligem Rand; reife Fr. länger als die Vorspelze, diese im ob. Drittel am breitesten, nur in den unt. ⅔ bewimpert, deutl. kürzer u. schmaler als die reife Fr. (Fr. daher von innen sichtbar), fast so lg. wie die kahle Deckspelze *(1208);* Ährchen 8–15 mm lg.; Pfl. bis 60 cm hoch; ⊙–⊙; V–VIII. Wiesen, Wegränder; *z* bis *s* Be (ob noch?), Ho, NS, SH, Da, Br, An, Th, Lausitz, Württ.?
Zierliche T., **B. lépidus** HOLMB.

— Deckspelze meist > 6,5 mm, m. schmal-häutigem, rundem bis höchstens stumpfl.-winkligem Rand; reife Fr. etwas kürzer als die Vorspelze (Fr. daher von innen nicht sichtbar, *1209*), diese in ihrer Mitte am breitesten, bis zur Spitze gewimpert **10**

10. Rispe zieml. dicht; Ährchen meist länger als ihre Stiele; Deckspelze häutig, dadurch auffällig genervt; Antheren meist deutl. < 1 mm; ⊙–⊙; V–VIII. (3 Kleinarten) **B. hordeáceus** L. (s. l.)

a. Granne derb, an ihrer Basis leicht abgeflacht, 6–10 mm lg., z. Frzt. absthd., abspreizend od. sogar etwas zurückgebogen; Ährchen kurz behaart; Deckspelze 8–11 mm lg., wenn ausgebreitet, dann entlang der Seite rundl.; Ährchen zuw. rötl. überlaufen, 15–25 mm lg.; Pfl. meist nur bis 25 cm hoch; Infl. bereits z. Bltzt. zusammengezogen. Ob im Gebiet? [= *B. hordeaceus* ssp. *molliformis* (LLOYD) MAIRE & WEILLER] *Aufrechte Strand-T.,* **B. mollifórmis** LLOYD

— Granne zierlicher, auch an der Basis rund, aufrecht bis wenig abspreizend; Infl. erst z. Frzt. zusammengezogen . . . . **b**

b. Pfl. bis 10 cm hoch, niederlgd. od. aufstgd.; Deckspelze 6,5–7,5 mm lg., ihre 3–7 mm lg. Granne z. Frzt. aufrecht od. schwach ausw. drehend; Ährchen durchschnittl. 10 × 2,5 mm groß, schwach behaart od. kahl. Strandsande; *z*. [= *B. hordeaceus* ssp. *thominii* (HARD.) HYL.] *Dünen-T.,* **B. thomínii** HARD.

— Pfl. bis 80 cm hoch, aufrecht wachsend; Deckspelze 8–9 mm lg., ihre 4–11 mm lg. Granne aufrecht; Ährchen durchschnittl. 18 × 5 mm groß, behaart. (2 ssp.) *Weiche T.,* **B. hordeáceus** L. (s. str.)

A. Deckspelze 8–11 mm lg., weichhaarig *(1209)*. Ruderalstellen, lockere Wiesen, Saaten, Wegränder; *g* (bis 1700 m). (= *B. mollis* L.)
ssp. **hordeáceus**

— Deckspelze 6–8 mm lg., meist kahl. Ähnl. Standorte?; Verbreitung ungenügend bekannt (vermutl. ein fertil gewordener Bastard zwischen *B. hordeaceus* ssp. *hordeaceus* × *B. lepidus*).
ssp. **pseudothomínii** (P. SMITH) SCHOLZ

— Rispe locker; Ährchen meist deutl. kürzer als ihre Stiele; Deckspelze derb, nicht häutig, daher ihre Nerven nur undeutl. sichtbar; Antheren > 1 mm **11**

11. Antheren 3–5 mm lg.; Rispe bis 30 cm lg.; Vorspelze so lg. wie Deckspelze (s. Punkt **6**) **B. arvénsis**

— Antheren höchstens 3 mm lg.; Rispe nur bis 20 cm lg.; Vorspelze so lg. wie od. kürzer als Deckspelze, diese pergamentart, dick, meist kahl; Pfl. bis 90 cm hoch **12**

12. Deckspelze 6,5–8 mm lg., ausgebreitet entlang ihrer Ränder ± gleichmäßig gerundet, dadurch im Umriß etwas elliptisch; unterstes Glied der Ährchenachse 0,5–1 mm lg.; Vorspelze etwa so lg. wie Deckspelze; Antheren 2–3 mm lg.; Rispe kurz, nur 3–10 cm lg., meist nur traubig, aufrecht bleibend; ☉; V–VI. Wiesen, Wegränder (bis mont. Reg.); *z* bis *s* (oftmals verwechselt).
Trauben-T., **B. racemósus** L.

— Deckspelze 8–11,5 mm lg., ausgebreitet, in ihrer Mitte winkelig abgerundet, dadurch im Umriß ± rhombisch erscheinend; unt. Glied der Ährchenachse 1,5–1,8 mm lg.; Vorspelze deutl. kürzer als Deckspelze; Antheren 1–2 mm lg.; Rispe 7–20 cm lg., meist verzweigt, später nickend; ☉; V–VIII. Feuchte, lehmige Äcker, Wiesen u. Weiden (bis 1200 m); sehr *z* bis *f* (bes. im N), insgesamt seltener als vorige; genaue Verbr. noch nicht bekannt.
Wiesen-T., **B. commutátus** SCHRAD.

13(1). Deckspelzen unbegrannt, stachelspitzig od. kurz begrannt; Blätt. u. Blattscheiden kahl od. ± dicht wimperig behaart; Rispe groß, aufrecht bis ausgebreitet; Ligula nur als schmaler Saum; Pfl. m. Ausläufern, 30–150 cm hoch; ♃; VI–VII. Flußufer, trockene Hügel, Wegränder (bis 600 m); *v* bis *z, s* im NW (*f* in NW-Dt nördl. Hannover). *Unbegrannte T.,* **B. inérmis** LEYS.

— Deckspelzen deutl. begrannt **14**

14. Rispenäste weit absthd., zuletzt überhgd.; Ährchen sehr locker angeordnet u. lg. gestielt **19**

— Rispenäste aufrecht bleibend, nur bei kräftigen, reichblühenden Exemplaren wenig überhgd.; Ährchen dicht bis sehr dicht sthd., kürzer gestielt **15**

15. Deckspelzen bis 20 mm lg., ihre Grannen bis 30 mm lg. . **17**

— Deckspelzen länger als 20 mm, ihre Grannen länger als 30 mm; Stbblätt. oftmals nur 2; Pfl. ☉ **16**

16. Pfl. 40–90 cm hoch; Blattspreite zerstreut behaart; Rispenäste rauh, meist nur m. 1 Ährchen; Ährchen 50–70 mm lg., sehr lg. gestielt; Granne bis 65 mm lg.; Vorspelze wenig kürzer als Deckspelze, deren Kallus (Narbe) rundl.; ☉; VI–VII. Ruderalstellen, sandige Böschungen; sehr *s* W-Be eingebürgert, Berlin eingeschleppt.
B. diándrus ROTH

— Pfl. 20–40 cm hoch; Blattspreite kurz u. dicht behaart; Rispenäste meist kurz behaart; Ährchen 25–35 mm lg., kurz gestielt; Granne bis 50 mm lg.; Vorspelze deutl. kürzer als Deckspelze, deren Kallus (Narbe) spitzl.; ⊙; VI–VII. Kulturbegleiter, Wegränder; entlang der Küste; *s* Be; adventiv Ho, E, St. *Steife T.*, **B. rígidus** ROTH

17(15). Ährchenstiele länger als 10 mm; Deckspelze 12–20 mm lg., breiter als 3 mm, 12–20 mm lg.; Rispenäste zu 2–3 gemeinsam abzweigend, bis 3 cm lg.; Ährchen 30–50 mm lg., z. Spitze hin verbreitert, 6–10bltg.; ⊙; VI–VII. Ursprüngl. nur STi, im Gebiet immer wieder vorüberghd. eingeschleppt: Bahnhöfe, Häfen u.a., z.B. W-BW, E, Rheinl., St. *Mittelmeer-T.*, **B. madriténsis** L.

— Ährchenstiele kürzer als 10 mm; Deckspelze schmaler als 3 mm, 8–14 mm lg.; Ährchen 20–40 mm lg., zur Spitze hin nicht verbreitert, bis 12bltg.; Pfl. ♃ **18**

18. Pfl. m. Ausläufern; Blattscheiden dicht grauweiß behaart; Deckspelze 9 mm, ihre Granne 7–8 mm lg.; ♃; VI–VII. Trockenwiesen; nur Grazer Kalkbergland (St), sonst Bgl.
Ungarische T., Pannonische T., **B. pannónicus** KUMMER & SENDTN.

— Pfl. horstbildend, ohne Ausläufer; Blattscheiden fast kahl bis fein behaart; Deckspelze 8–14 mm, ihre Granne 4–10 mm lg.; Ährchen nach der Bltzt. zuw. rötl. überlaufen; ♃. Trockenrasen, Magermatten; kalkliebend; *v* im S, *z* im M-Gebiet, *s* im N, *f* Da. (2 ssp.)
Aufrechte T., **B. eréctus** HUDS.

a. Ährchen 20 mm lg., 5–7bltg.; Deckspelze rauh, seltener kurz behaart; Grdblätt. borstl. gefaltet; Rispenäste kurz u. starr. *z*. ssp. **eréctus**

— Ährchen bis 40 mm lg., bis 11bltg.; Deckspelze stets behaart; Grdblätt. flach u. schlaff; Äste länger, dünn, leicht überhgd., geschlängelt. *s* SH, Sa, E, Baden. ssp. **longiflórus** (WILLD.) A. & GR.

19(14). Pfl. horstbildend, ♃; Ährchen nach der Spitze zu verschmälert; Rispe sehr groß, überhgd.; Deckspelzen 3nervig; Ligula stumpf, bis 2 mm lg.; Rispenäste rauh; Scheiden der unt. Blätt. rauhhaarig; Spreite dünn, rauh, am Grd. deutl. geöhrt, bis 13 mm breit; Pfl. 60–150 cm hoch; ♃; VI–VIII. Humusreiche Laubwälder, Gebüsche (bis 1600 m); *v* bis z, s im NW u. O. (= *B. asper* MURR. s. l.) (2 oft nicht unterschiedene Kleinarten)
Wald-T., **B. ramósus** HUDS. (s. l.)

a. Ob. Blattscheiden dicht u. lg. (3–4 mm) behaart; Rispe groß, locker ausgebreitet, überhgd., unterste Rispenäste zu 2, jeder m. mehreren (bis 8) Ährchen; Pfl. 80–150 cm hoch. *s* (od. *f*?) im N, in Au nur Sb, Kt, St(?).
Späte Wald-T., **B. ramósus** HUDS. (s. str.)

— Ob. Blattscheiden dicht u. kurz (kürzer als 0,5 mm) flaumig; Rispe locker, kürzer; unterste Rispenäste zu 3–5, hiervon 1 od. 2 nur m. einem einzigen Ährchen; Pfl. 50–90 cm hoch. [= *B. ramosus* ssp. *benekenii* (LGE.) SCH. & TH.]
Benekens Wald-T., **B. benekénii** (LGE.) TRIMEN

— Pfl. ⊙; Ährchen zur Spitze hin verbreitert; Ligula zerschlitzt; Pfl. 30–80 cm hoch **20**

20. Stg. unterhalb der Infl. kahl od. rauh; Infl. traubig, Äste m. nur 1(–3) Ährchen; Stiele viel länger als die Ährchen u. bis 10 cm lg.; Deckspelze 14–20 mm lg., Granne 15–30 mm lg.; Vorspelze fast so lg. wie Deckspelze; Spelzen kahl od. m. nur 0,1 mm lg. borstigen Haaren; Ligula 2–4 mm lg.; ⊙; V–VI. Trockene Äcker, Ruderalstellen, Ödland; *v*, im N stellenw. *z* (NW-NS).
Taube T., **B. stérilis** L.

— Stg. unterhalb der Infl. dicht u. fein behaart (Haare 0,1 mm lg.); Infl. rispig einstswendig, Ährchenstiele meist kürzer als die Ährchen, unter 3 cm lg.; Deckspelze 9–13 mm lg., Granne 10–18 mm lg.; Vorspelze deutl. kürzer als Deckspelze; alle Spelzen absthd. u. weich behaart; Ligula bis 5 mm lg.; ⊙; V–VI. Wie vorige; *v* bis *z*.
Dach-T., **B. tectórum** L.

Weitere 15, meist ⊙ **Bromus**-Arten wurden bisher adventiv im Gebiet gefunden (Hafengebiete, Güterbahnhöfe, Spinnereien).

2. Festúca L., *Schwingel*[1]

1. Ährchen kurz gestielt, in Trauben; Pfl. ⊙ . **Nardurus,** s. S. 738
— Ährchen in Rispen; Pfl. ♃ **2**
2. Alle Blätt. flach, auch die grdst., 3–15 mm breit **14**
— Blätt., zumindest die grdst., borstl.; die flachen Stgblätt. höchstens 2–3 mm breit **3**
3. Grdblätt. borstl.; Stgblätt. flach ausgebreitet od. gefaltet (und entfaltbar!); Blattscheiden ± geschlossen **10**
— Alle Blätt., auch die Stgblätt., borstl. (nicht entfaltbar), bläulich bereift od. grün **4**
4. Blatthäutchen sehr kurz, oft nur als unregelmäßiger, nicht selten geöhrter Saum **6**
— Blatthäutchen etwas vorgezogen, bis 7 mm lg. **5**
5. Ährchen 5–8bltg.; Deckspelzen breit-lanzettl., spitz, aber unbegrannt; Blattspr. binsenf., oft m. stechender Spitze; Pfl. 15–35 cm hoch; ♃; VII–VIII. Nur Au. (4 Kleinarten)
Bunter Schw., **F. vária** Haenke (s. l.)

a. Ligula 2–5 mm lg., spitz, durchscheinend; unterste Blätt. bis 1/8 so lg. wie die ob.; Blätt. starr u. stechend; Ährchen 8–9 mm lg., gelbl.-grün; Ährchenstiele sehr kurz behaart; Vorspelze auf den Kielen gewimpert; Blätt. unterst. m. ringf. Sclerenchym; abgestorbene Blattscheiden strohfarben. Wiesen, Weiden (oberhalb 600 m); *v* STi bis nahe zur Grenze nach Au; ob in Au? [= *F. varia* ssp. *alpestris* (R. & Sch.) Hack.]
Stechender Buntschwingel, **F. alpéstris** R. & Sch.
— Ligula nur bis 1,5 (2) mm lg., nicht durchscheinend, gestutzt . . . . . **b**
b. Blätt. oberst., wenigstens z. T., m. Sclerenchymbündeln, unterst. m. ringf. Sclerenchym, stechend, steif; unterste Blätt. 1/12 bis 1/4 so lg. wie die ob.; Ährchen 9–11 mm lg., violett gescheckt; Ährchenstiele kahl; Ligula 0,6–1,2 mm lg.; Vorspelzen rauh. Steinige Triften, Gesteinsfluren, Felsen der subalp. u. alp. Reg.; kalkstet; *s* Kt (Karawanken, Dobratsch).
Kahler Buntschwingel, **F. cálva** (Hack.) Richt.
— Alle Blätt. oberst. ohne Sclerenchymbündel; Blattscheiden auf 1/3 geschlossen . . . . **c**
c. Unterste Blätt. 1/4 bis 1/2 so lg. wie die ob.; Vorspelze dicht behaart, auf den Kielen wimperig; Sclerenchym der Blattunterseite (fast) ringf.; Ährchen 8–10 mm lg.; Ligula 0,5–0,8 mm lg. Steinige Triften, Felsfluren der alp. Reg.; kalkliebend. (2 ssp.) *Verschiedenfarbiger Buntschwingel,* **F. versícolor** Tausch
A. Ährchen violett überlaufen; Ährchenstiele glatt. *v* bis *z* N-St, OÖ.
ssp. **brachystáchys** (Hack.) Mgf.-Dbg.
— Ährchen bleich; Ährchenstiele rauh; *s* St (auch Grenze zu OÖ).
ssp. **pallídula** (Hack.) Mgf.-Dbg.

[1] Einzelne Arten der Gattung **Festuca** sind sehr formenreich, so daß eine sichere Bestimmung oft nur mit Hilfe von Blattquerschnitten möglich ist. Vgl. auch nachfolgende Anmerkung.

— Unterstes Blatt 1/10 bis höchstens 1/4 so lg. wie das ob.; Vorspelze überall rauh; Sclerenchym der Blattunterseite ringf. (geschlossen); Ährchen 8–11 mm lg., violett gescheckt; Ährchenstiele dicht sehr kurz behaart; Ligula 0,6–2,0 mm lg. Matten, steinige Triften d. subalp. u. alp. Reg.; *s(?)* OTi, Kt, St. (3 var.) *Echter Buntschwingel*, **F. vária** HAENKE (s. str.)

— Ährchen 3(–5)bltg., meist lebhaft violett; Deckspelze deutl. bespitzt od. kurz begrannt; Vorspelzen an den Kielen dicht u. lg. bewimpert; Pfl. 10–20 cm hoch, dicht horstbildend; ♃; VII–IX. Steinige Alpenwiesen, Felsen (1600–2800 m); kalkliebend; *v* Alp. (= *F. pumila* CHAIX) *Niedriger Schw.*, **F. quadrifólia** HONCK.

6(4). Blattscheiden der ob. Blätt. an der Basis m. deutl. Längsfurche, oft amethystblau, bis über ihre Hälfte hinaus geschlossen, später nicht zerfasernd; Rispe locker, schlaff, nickend; Ährchen 3–7bltg., meist dk.violett; Deckspelzen stachelspitzig, unbegrannt; Frkn. im ob. Teil auf dem Rücken m. wenigen Haaren; Blätt. haarfein; Pfl. 50–120 cm hoch; ♃; VI. Buschige Hänge, Kiefernwälder (bis 1200 m); *v* bis *z* Au (*f* OTi), in Dt *s* Voralp. (*f* Allgäu) m. Flußtälern, nördl. des Donautals nur Baar/SW-SchwAlb, östl. Nürnberg. (2 ssp.) [G] *Amethyst-Schw.*, **F. amethýstina** L.

— Blattscheiden nicht tief längsgefurcht; Frkn. stets kahl . . **7**

7. Blattscheiden nur an der Basis, höchstens bis 1/3 ihrer Länge, geschlossen[1]; Blätt. im Querschnitt rundl.-oval od. V-förmig *(1211–1213)*; Ährchen klein, begrannt od. unbegrannt; Pfl. dichtrasig; ♃; V–VII. *g* u. *h*.
Formenreiche Sammelart: *Schaf-Schw.*, **F. ovína** L. em. HACK. (s. l.)

F. ovina ist die formenreichste und schwierigste aller mitteleuropäischen Poaceen. Nach unseren derzeitigen (noch unvollständigen) Kenntnissen lassen sich im Gebiet 19 Kleinarten m. einer Reihe weiterer ssp. und var. unterscheiden, die sich nur mittels Spezialliteratur bzw. nach einem sehr ausführlichen Schlüssel bestimmen lassen. Die sorgfältigsten neueren Zusammenfassungen dieser Gruppe geben KORNECK & PATZKE (in OBERDORFER), STOHR (in ROTHMALER) sowie MARKGRAF-DANNENBERG (in Flora Europaea) (vgl. Literaturverzeichnis, S. 764ff.). Zur Bestimmung sind Blattquerschnitte erforderlich, die durch die Mitte des zweitobersten Blattes steriler Triebe zur Blütezeit geführt werden müssen; wichtig sind hierbei Umrißform, Anzahl der Nerven, Anzahl der Furchen der Blattoberseite, Blatt-Dm, Anzahl und Form der (verholzten) Bastteile. Einige Beispiele zeigen Abb. *1211–1213* (Bast- bzw. Sclerenchymteile schraffiert).
Für eine exaktere Bestimmung ist auf die zitierte Spezial- bzw. Originalliteratur zurückzugreifen. Um wenigstens eine Orientierung zu ermöglichen und gleichzeitig eine Übersicht der in Dt bestehenden Vielfalt zu geben, seien alle fraglichen Sippen nachfolgend im (Klein-)Artrang alphabetisch mit Standort- u. Verbreitungsangaben (soweit bekannt) aufgeführt. Hierbei ist auch nomenklatorisch der nicht immer übereinstimmenden Auffassungen von KORNECK & PATZKE bzw. STOHR und MARKGRAF-DANNENBERG Rechnung getragen:

F. cinérea VILL.: Felsfluren, Trockenrasen; *z* M-Gebiet, RhPf, BW (ob im Gebiet? Verwechslung m. *F. pallens?*).
F. cúrvula GAUD.: Felsgrate der mont. u. subalp. Reg.; Allgäu (Au).
F. duválii (ST. YV.) MGF.-DBG.: Steppenrasen, Felsfluren; ObRhein, Main, Pf, Be.
F. éggleri TRACEY: Trockenrasen auf Serpentin; Lokalendemit M-St.
F. herviéri (ST. YV.) PATZKE: Felsfluren; Saarland, ob. Mosel, Vog.
F. heteropáchys (ST. YV.) PATZKE: Felsköpfe, Flugsand; Hegau/Baar, b. Straßburg, RhPf, Lahntal, Westw.

[1] Mit Sicherheit ist diese Frage nur durch die Herstellung von Blattquerschnitten (an entwickelten Blättern steriler Triebe zur Blütezeit) zu entscheiden, da im zutreffenden Fall die beiden Blattränder nur durch ein sehr dünnes u. leicht zerreißbares Gewebe verbunden sind.

F. makutrénsis ZAP.: Halbtrockenrasen; S-An, S-Th, Me. (= *F. ovina* x *F. pseudovina*?)
F. lemánii BAST. (incl. *F. guestfalica* BOENN. ex RCHB.; = *F. duriuscula* (POLL.): Sandfluren, Kies-, steinige u. Schwermetallböden; *v*?
F. ovína L. s. str.: saure Sand- u. Halbtrockenrasen; insgesamt *v* od. erst östl. Hamburg/Nürnberg?
F. polesíaca ZAP. (= *F. sabulosa* LINDB. f.): Sandtrockenrasen, Küstendünen; Me, Br, Da.
F. pállens HOST: Felsfluren; Be, RhPf, SaAn, Th, Sa, Hegau/Alb, Donautal, Harz, Sauerland, Westw., Sb, St, OÖ.
F. pannónica WULF.: Felsfluren; ob in Au?
F. psammóphila (HACK. ex ČEL.) FRITSCH: Kiefernwälder, Binnendünen; Me, Br, S-SaAn, S-He?
F. pseudovína HACK. em. STOHR: Halbtrockenrasen, Wegränder; Th, S-SaAn, NrWe, Pf, St; häufiger Zierrasenbestandteil!
F. rupícola HEUFF. em. STOHR [= *F. hirsuta* HOST; = *F. sulcata* (HACK.) NYM.]: Trockenrasen; *z* Au, N-Ba, *s* He, O-NS, Elbetal, im O.
F. strícta HOST (= *F. pallens* x *F. rupicola*?): Magerrasen, Heiden; Donauvorland (Garching)?
F. supína SCHUR [incl. *F. vivipara* (L.) SM.; = *F. arioides* LAM.]: auch mit Viviparie; Magerrasen; NTi, St, Kt, OÖ; ob in Dt?
F. tenuifólia SIBTH. (= *F. capillata* LAM.; = *F. filiformis* POURR.): Magerrasen, Heiden; *v* NW u. W, *z* Da, im O, *s* M-Gebiet, Sb, St, Kt.
F. trachyphýlla (HACK.) KRAJ. (angebl. *F. cinerea* x *F. rupicola*): Trockenrasen, Ruderalstellen; *v* im N, *z* im S, *s* M-Gebiet; häufig aus Rasensaaten verwildert.
F. valesíaca SCHLEICH. ex GAUD.: Felsfluren; N-ObRhein/Pf, Th, SaAn, N- u. OTi.

— Blattscheiden bis über die Hälfte ihrer Länge geschlossen[1] **8**

8. Granne kürzer als die halbe Länge der schmal-lanzettl., grauvioletten Deckspelze; Stbbeutel 2–2,5 mm lg.; Ährchen 6 mm lg., rotviolett bis schwärzl.; Blätt. borstl., weich, lebhaft grün, 5-, seltener 7nervig; Stg. oberw. kantig, flaumig behaart, 10–20 cm hoch; ♃; VI–VIII. Schuttfluren, Matten, Felsen (1600–3000 m); kalkliebend; *v* Alp. *Gemsen-Schw.*, **F. rupicaprína** (HACK.) KERN.

— Granne wenigstens halb so lg. wie die schmal-lineale Deckspelze; Stg. oberw. kantig, glatt; Pfl. 5–15 cm hoch . **9**

9. Stbbeutel ± 1 mm lg.; Ährchen 6 mm lg., 3–4bltg., meist blaßgrün; Blätt. haarf., 0,3–0,4 mm dick, 3-, seltener 5nervig, ihre Scheiden bis oben geschlossen; Stg. nur m. 1 Blatt nahe dem Grd.; ♃; VII–VIII. Matten, Felsspalten (1800–3000 m); kalkstet; *z* bis *s* Alp. *Alpen-Schw.*, **F. alpína** SUT.

— Stbbeutel 2–3 mm lg.; Ährchen 6 mm lg., 4–5bltg., violettbräunl.; Blätt. borstenf., 0,5–0,7 mm dick, 7nervig, ihre Scheiden zur Hälfte bis ganz geschlossen; ♃; VI–VIII. Wie vorige (1800–3400 m); Alp., nur Au, *z* bis *s*. (4 Kleinarten) *Felsen-Schw.*, **F. hálleri** ALL. (s. l.)

a. Infl. rispig, unterer Ast m. 3 bis zahlr. Ährchen . . . . **c**
— Infl. ährig/traubig, unt. Ast nur m. 1–2(–3) Ährchen . . . . **b**
b. Blattscheiden völlig geschlossen; Granne länger als die halbe Spelze; Blätt. 0,5–0,7 mm im Dm, blaugrün, meist 7nervig; Infl. 1–3 cm lg.; Ährchenstiele kahl od. sehr kurz behaart. Auf Urgestein; Vb, NTi, St. **F. hálleri** ALL. (s. str.)
— Blattscheiden nur zu ¾ geschlossen; Granne höchstens halb so lg. wie die Spelze; Blätt. 0,3–0,6 mm im Dm, blaugrün, 5–7nervig; Infl. 2–5 cm lg.; Ährchenstiele dicht u. kurz behaart. Au (*f* Vb). **F. intercédens** (HACK.) LÜDI ex BECH.

[1] Vgl. die Fußnote S. 717.

c(a). Blätt. 0,4–0,7 mm im Dm, (5–)7nervig; Hüll- u. Deckspelzen pfrieml.; Blattscheiden fast völlig geschlossen; Ährchenstiele ± dicht u. kurz behaart. Kalkstet; Sb, Kt, OTi, St, OÖ. **F. stenántha** (HACK.) RICHT.

— Blätt. 0,5–1,2 mm im Dm, 7(–9)nervig; Hüll- u. Deckspelzen lanzettl.; Blattscheiden dicht u. kurz behaart, zu ¾ geschlossen; Ährchenstiele kahl bis zerstreut kurzhaarig. Auf Urgestein; Au (*f* Vb, OÖ). **F. pseudodúra** STEUD.

10(3). Blatt an der Basis zwiebelart. verdickt (s. Punkt **16**). **F. paniculata**

— Blätt. an der Basis nicht zwiebelart. verdickt **11**

11. Ährchen längl., meist grün od. rötl.; Ligula ohne seitl. Öhrchen **13**

— Ährchen elliptisch, 7–10 mm lg., meist schwarz-violett; Grannen der Deckspelze bis 4 mm lg.; Frkn. an der Spitze behaart; Ligula längl. **12**

12. Ligula m. seitl. Öhrchen; unt. Rispenäste zu mehreren; Blattscheiden weitgehend geschlossen, nur oberw. offen; Frkn. an der Spitze m. wenigen Härchen; ♃; VI–VII. Steinige Matten, Moränen (1800–3000 m); *v* bis *z* Alp. (2 Kleinarten) *Violetter Schw.,* **F. violácea** SCHLEICH. ex GAUD. (s. l.)

a. Freie Ränder der Blattscheiden eingefaltet; Blätt. m. Bastbündeln, deren beide randl. auf die eingefaltete Blattoberseite übergreifen; alte Blattscheiden sich nicht faserig auflösend; Blätt. mit 5 Rippen u. meist 7 Nerven. Nur auf Kalk; *z* Au, *s* Dt (Karwendel, Berchtesgaden). **F. nórica** (HACK.) RICHT.

— Freie Ränder der Blattscheiden nicht eingefaltet; Blätt. m. Bastbündeln, die nur der Blattunterseite angehören; alte Blattscheiden zerfasernd; Blätt. m. 3 Rippen u. 5 Nerven. *z* Au, *s* Dt: Allgäu, Wetterstein. (2 ssp.) [einschl. *F. puccinellii* PARL.; = *F. violacea* ssp. *nigricans* (HACK.) (HEGI)] **F. violácea** SCHLEICH. ex GAUD. (s. str.)

— Ligula ohne Öhrchen; unt. Rispenäste meist einzeln; Blattscheiden nur an den grdst. Blätt. am Grd. geschlossen, sonst offen; Frkn. an der Spitze behaart; ♃; VII–VIII. Felsen, Schuttfluren; *s* Kt (Karawanken, Sanntaler, Julische Alp.). *Schlaffer Schw.,* **F. láxa** HOST

13(11). Frkn. an der Spitze behaart; Blattscheiden nicht zerfasernd; Pfl. horstf., 60–120 cm hoch; Ährchen grün; Blätt. der nichtblühenden Triebe borstenf., 0,3–0,6 mm im Dm, im Querschnitt 3eckig, m. 3 Nerven u. 5 Bastbündeln; Stgblätt. flach, 2–3 mm breit; Granne mind. ½ so lg. wie ihre Spelze (3 mm); ♃; VI–IX. Trockene Wälder (bis 1000 m); *v* bis *z* Au, E, BW, RhPf, He, sonst sehr *z* bis *s, f* nördl. Münster/Hannover/Berlin u. (fast) südl. der Donau. *Verschiedenblättriger Schw.,* **F. heterophýlla** LAM.

— Frkn. an der Spitze kahl; Blattscheiden zerfasernd; Pfl. locker-, zuw. dichtrasig, m. kürzeren od. längeren Ausläufern; Granne meist kürzer als die halbe Spelzenlänge; ♃; VI–IX. Bis 2500 m. (7 Kleinarten) Sammelart: *Roter Schw.,* **F. rúbra** L. (s. l.)

In ähnl. Weise wie *F. ovina* ist auch *F. rubra* außerordentlich formenreich, in vielen Fällen auch variabel in Abhängigkeit vom Standort. Die infraspezifische Gliederung ist auch heute immer noch m. Unsicherheiten, auch hinsichtlich der Verbreitung, behaftet.

a. Pfl. dicht horstf.; Ausläufer fehlend od. sehr kurz; Granne wenigstens ½ so lg. wie die 4–6 mm lg. Spelze selbst; Blattscheiden weichhaarig; Stgblätt. flach, frischgrün; Rispe bis 15 cm lg., m. relativ wenigen Ährchen. Wiesen u. Weiden, bes. der mont. u. subalp. Reg. (bis 2500 m); *v,* im N *s, f* Ho, Da, Pl. (= *F. rubra* ssp. *commutata* GAUD.) **F. nigréscens** LAM.

— Pfl. locker horstf., meist deutl. m. Ausläufern; Granne höchstens ½ so lg. wie ihre Spelze . . . . b

b. Grdblätt. borstl., Stgblätt. borstl. gefaltet u. 0,4–0,6 mm im Dm; Pfl. graugrün; Blattscheiden kahl, sehr stark zerfasernd; Deckspelze 4,5 mm lg.; Ährchen 7 mm lg. Feuchte bis moorige Wiesen; *s* Vb, Ti, Kt, RhPf (b. Mainz). [= *F. rubra* ssp. *trichophylla* GAUD.; = *F. uliginosa* (SCHUR) FRITSCH]
Haarblättriger Schw., **F. trichophýlla** (DUCR. ex GAUD.) RICHT.

— Grdblätt. borstl. gefaltet, 0,6–1,0 mm im Dm; Stgblätt. (frisch) flach od. wenig gefaltet c

c. Grd.- u. Stgblätt. (frisch) flach, letztere deutl. gekielt u. 1,5 mm breit u. kurzhaarig; Ährchen m. wenigstens 8 Bltn., über 10 mm lg., grün, zuw. violett überlaufen; Ährchenstiele rauh; Blattscheiden dicht behaart, rötl. überlaufen, später faserig werdend; Pfl. bis 1 m hoch. Staudenfluren, feuchte Wiesen; *z* Alp. u. Alp.Vorland (Verbreitung ungenügend bekannt). [= *F. rubra* ssp. *multiflora* (HOFFM.) JIRAS] **F. diffúsa** DUM.

— Grdblätt. borstl. gefaltet; Ährchenstiele kahl od. behaart . . . . d

d. Sclerenchymgewebe als untersts. (fast) geschlossener Ring (ähnl. *1212*); Blätt. bis 1,5 mm im Dm, glatt, steif-zugespitzt, m. 7–9 Nerven; Blattscheiden glatt, rötl. überlaufen, leicht zerfasernd; Ährchenstiele rauh; Pfl. bis 75 cm hoch. Küstendünen; *v* bis *z* Be, Ho.
Binsenblättriger Rotschwingel, **F. juncifólia** ST. AMANS

— Sclerenchymgewebe nicht geschlossen, in einzelne Bündel geteilt (ähnl. *1211, 1213*) . . . . e

e. Pfl. dicht-horstf.; Blätt. m. lg. dichten Haaren, glatt; Blätt. der nichtblühenden Triebe m. 7 Nerven; Blattscheiden schwach zerfasernd. Sandige, feuchte Orte; Verbreitung?; ob in Dt? [= *F. rubra* ssp. *juncea* (HACK.) RICHT.]
F. unifária DUM.

— Pfl. locker-horstf. . . . . f

f. Blätt. starr; Nerven 7–9; Deckspelzen wollig behaart; Ährchen 9–13 mm lg.; Blattscheiden meist kahl u. rot; Ausläufer sehr lg.; Sanddünen; *v* Meeresküsten, *s* im Binnenland. [= *F. rubra* ssp. *arenaria* (OSB.) SYME]
F. villósa SCHWEIGG.

— Blätt. weicher; Nerven meist nur 7; Deckspelzen ± kahl; Ährchen meist nur 7–9 mm lg.; Blattscheiden kahl od. behaart . . . . g

g. Pfl. bis 80 cm hoch; gefaltete Blätt. 0,65–0,85 mm im Dm; Ährchen 7–10 mm lg., meist grün; Infl. bis 25 cm lg.; Ausläufer kurz. Feuchte bis trockene Wiesen, Magerrasen, Wegränder, Sandtrockenrasen (bis 2000 m); *g*.
F. rúbra L. (s. str.)

— Pfl. nur bis 45 cm hoch; gefaltete Blätt., 0,5–0,7 mm im Dm; Ährchen 10–11 mm lg., violett überlaufen; Infl. nur bis 6 cm lg.; Ausläufer lg. Küstenwiesen; *v*. [= *F. rubra* ssp. *litoralis* (G. F. W. MEYER) AUQUIER]
F. salína NATHO & STOHR

14(2). Deckspelze m. ± 20 mm lg., oft geschlängelter Granne; Blattspr. (bes. die unt.) 5–15 mm breit, am Grd. m. sich überkreuzenden Öhrchen, obersts. grau, untersts. dkgrün (Spreite von der Basis her umgedreht); Ligula bis 2,5 mm hoch; Rispe bis 40 cm, überhgd.; Ährchen 10–13 mm lg.; ob. Hüllspelze 3nervig; Pfl. 60–200 cm hoch; ♃; VII–VIII. Schattige Laub- u. Auwälder, Gebüsche (bis 1500 m); *v*, im NW *z*. *Riesen-Schw.*, **F. gigantéa** (L.) VILL.

— Deckspelze nicht od. kurz begrannt **15**

15. Ligula nur als schmaler Hautsaum ausgebildet, seitl. m. 2 kleinen Öhrchen; Deckspelzen breit-hautrandig **19**

— Ligula oval bis längl., 1–3 mm hoch, ohne seitl. Öhrchen; Deckspelzen zugespitzt, aber unbegrannt **16**

16. Pfl. an der Basis etwas zwiebelf. verdickt; Grdblätt. graugrün; Ährchen 10–15 mm lg., gelb-rötl. bis braun; Hüllspelzen breit-hautrandig; Fr. an der Spitze behaart; Deckspelzen m. 5 auffällig hervortretenden Nerven; Ligula bis 3 mm lg.; Pfl. 50–100 cm hoch; ♃;

VI–VIII. Grasige u. steinige Wiesen (1300–2500 m); *s* Sb (Hohe Tauern), Kt, St. (= *F. spadicea* L.)

Goldbrauner Schw., **F. paniculáta** (L.) SCH. & TH.

— Pfl. an der Basis nicht zwiebelf. verdickt; Blätt. grün; Ährchen 5–7 mm lg., grün bis gelbl.-grün; Hüllspelzen schmalhautrandig **17**

17. Blätt. 2–4 mm breit, am Rand rauh; Blattscheiden wenigstens zur Hälfte geschlossen; Frkn. an der Spitze kahl; Deckspelze 5nervig; Ährchen violett od. gelbl.; Ligula an den Halmblätt. nur 1 mm lg.; ob. Hüllspelze 3nervig; Infl. 5–10 cm lg.; Pfl. 20–50 cm hoch; ♃; VI–IX. Feuchte Alpenmatten, Schutt (1100–2700 m); kalkliebend; *v* Au, *s* Dt. *Schöner Schw.*, **F. pulchélla** SCHRAD.

a. Blätt. ± flach, im Querschnitt 13–21nervig, jeder Nerv m. durchgehendem (von Ober- zur Unterseite reichendem) Sclerenchymbündel; Infl. dicht, Rispenäste oft einseitig u. nickend; Hüllspelzen 4,5 u. 3,7 mm lg.; Wuchs rasenf., m. längeren Ausläufern. Humusreiche Böden, bes. Rostseggenrasen *(Carex ferruginea)*. ssp. **pulchélla**

— Blätt. gefaltet, im Querschnitt 11–13nervig, nur die 3 Hauptnerven m. durchgehendem Sclerenchymbündel; Infl. locker, Rispenäste abspreizend; Hüllspelzen 5,7 u. 4,8 mm lg.; Wuchs horstf., Pfl. ohne Ausläufer. Felsschutthalden; bisher nur Ba: Berchtesgaden, Chiemgau. ssp. **jurána** (GREN.) MGF.-DBG.

— Blätt. 5–15 mm breit; Blattscheiden offen, ohne Öhrchen; Frkn. behaart; Infl. 10–30 cm lg., überhgd.; Pfl. 60–130 cm hoch **18**

18. Pfl. horstf., ohne Ausläufer; Deckspelzen 3nervig; Ligula bis 3 mm lg., zerschlitzt, wie der Scheidenrand kahl; Ährchen grün; beide Hüllspelzen 1nervig; ♃; VI–VIII. Lichte Laub- u. Bergwälder (bis 1200 m); *z, s* im NW (*f* Ho, SO-Ba außer Geb.). [= *F. silvatica* (POLL.) VILL.] Ⓖ *Wald-Schw.*, **F. altíssima** ALL.

— Pfl. lockerrasig, m. lg. Ausläufern; Deckspelzen 5nervig; Ligula bis 3 mm lg., wie der Scheidenrand gewimpert; Ährchen bleichgrün; Hüllspelzen 1- bzw. 3nervig; ♃; VI–VIII. Feucht-schattige Wälder der mont. Reg.; kalkstet; *s* OÖ. (= *F. montana* BIEB.)

Berg-Schw., **F. drymēía** MERT. & K.

19(15). Blattscheiden wenigstens in der unt. Hälfte geschlossen (vgl. Punkt **17**). **F. pulchélla**

— Blattscheiden ganz offen **20**

20. Unt. Rispenast meist 5–15ährig, Nebenast m. 5–8 Ährchen; Ährchen 4–8bltg., 15 mm lg., 5mal so lg. wie breit; Blätt. steif u. zäh, 25–70 cm lg., 2–10 mm breit u. m. am Rand bewimperten Öhrchen; Grdachse weitkriechend; Infl. bis 40 cm lg.; Pfl. 60–150 cm hoch; ♃; VI–VII. Riedwiesen, feuchte Wälder (bis 1600 m); *v* bis *z*.

Rohr-Schw., **F. arundinácea** SCHREB.

— Unt. Äste der Rispe meist zu 2 u. diese m. 1–3 bzw. 4–6 Ährchen; Ährchen meist 7–8bltg., 10 mm lg., nur 3mal so lg. wie breit; Blätt. schlaff, bis 20 cm lg. u. 3–5 mm breit, m. am Rand kahlen Öhrchen; Grdachse meist kurz kriechend; Infl. bis 20 cm lg.; Pfl. 30–120 cm hoch; ♃; VI–VII. Wiesen, auch kult. (bis 1800 m); *g* u. *h*. (= *F. elatior* L. p. p.) (2 Kleinarten)

Wiesen-Schw., **F. praténsis** HUDS.

a. Deckspelzen unbegrannt, nicht 2zähnig; Blätt. 3–5 mm breit, ihre Scheiden offen; Ährchen ± 10 mm lg.; Pfl. 30–70 cm hoch. **F. praténsis** HUDS. (s. str.)

— Deckspelzen begrannt, die Granne ½ so lg. wie die Spelzenfläche, bis 3 mm, an der Spitze 2zähnig; Blätt. 5–8 mm breit, ihre Scheiden halb geschlossen; Ährchen ± 12 mm lg.; Pfl. 70–90 cm hoch. Ende VII. Feuchte Matten u. Hochstauden der mont. Stufe; *z* Vb, N- u. OTi, Sb, Kt; ob in Dt? (Allgäu?). [= *F. pratensis* ssp. *apennina* (De Not.) Hegi]
Apenninen-Schw., **F. apennína** De Not.

3. **Vúlpia** Gmel., *Fuchsschwingel*

1. Deckspelzen entlang ihrer Ränder lg. bewimpert; innerhalb des Ährchens nur die unt. 1–2 Bltn. fertil; ⊙; V–VIII. Ruderalplätze; Be, sonst gelegentl. eingeschleppt: Häfen, Bahnanlagen u. a. (z. B. Allgäu, b. Bremen). (Heimat: Mittelmeergebiet)
Behaarter F., **V. ciliáta** Dum.

— Deckspelzen kahl bis kurzborstig, selten oberw. etwas bewimpert; alle Bltn. des Ährchens fertil (höchstens die ob. 1–2 steril) **2**

2. Oberste Blattscheide den Halm bis zur 20 cm lg., etwas überhgd. Rispe umscheidend; unt. Hüllspelze 1 mm, ob. 4 mm lg.; Infl.stiel 2–3mal so lg. wie die Rispe, diese meist m. deutl. mehr als 20 Ährchen; ob. Hüllspelze bis 4mal so lg. wie ihre Seitennerven; ⊙; V–X. Sandige Orte, Schutt; *z* im W, sonst sehr *z* bis *s* (*f* Da), südl. der Donau nur O-Bodensee, b. München, Kt, St.
Mäuseschwanz-F., **V. myúros** (L.) Gmel.

— Oberste Blattscheide den Halm nicht bis zur 3–8 cm lg. Rispe umscheidend; unt. Hüllspelze 3,5, ob. 6,5 mm lg.; Infl.stiel 3–6mal so lg. wie die Rispe, diese meist m. deutl. weniger als 20 Ährchen; ob. Hüllspelze nur bis 2mal so lg. wie ihre Seitennerven; ⊙; V–VII. Wie vorige, aber seltener; *s* im W, im O weitgehend *f*, *f* NTi, OÖ. [= *V. dertonensis* (All.) Gola]
Trespen-F., **V. bromoídes** (L.) S. F. Gray

5 weitere Arten zuw. adventiv auftretend.

4. **Scleropóa** Gris. (= *Catapodium* Lk. p. p.), *Steifgras*

1. Stg. aufstgd. bis starr aufrecht; Infl. stets u. deutl. verzweigt; Ährchen kurz, aber deutl. gestielt, lockerbltg.; unt. Hüllspelze 1,3–2, ob. 1,5–2,3 mm lg.; ⊙; V–VIII. Sandige Orte, Wegränder; ursprüngl. nur S-Ho, Be; in Dt (früher b. Aachen) wohl ausgestorben; jetzt wieder M-Lahntal, b. Bingen, Stuttgart; sonst zuw. aus dem Mittelmeergebiet eingeschleppt (Bahnhöfe!). [= *C. rigidum* (L.) Hubb. ex Dony; = *Desmazeria rigida* (L.) Tut.]
[G] *Aufrechtes St.*, **S. rígida** (L.) Gris

— Stg. niederlgd.-ausgebreitet; Infl. unverzweigt (zuw. an der Basis wenig verzweigt); Ährchen sehr kurz gestielt bis sitzend, dichtbltg.; unt. Hüllspelze 2–3 mm, ob. 2,3–3,3 mm lg.; ⊙; IV–V. Dünen; *s* Scheldegebiet, Westfriesische Inseln (Ho), Be. [= *C. loliaceum* (Huds.) Lk.; = *C. marinum* (L.) Hubb.; = *Desmazeria marina* (L.) Druce]
Niederliegendes St., **S. loliácea** (Huds.) Gren. & Godr.

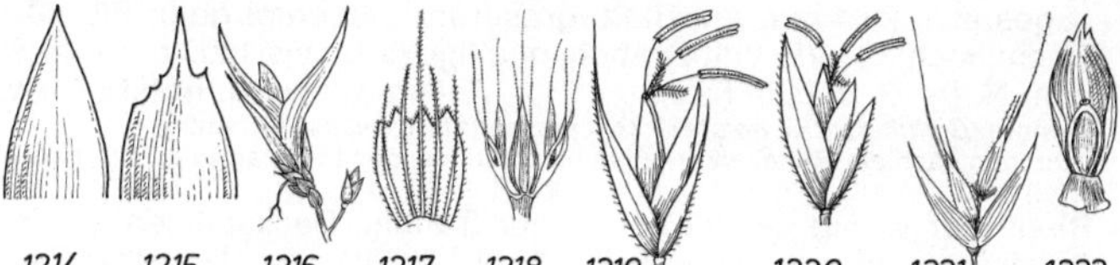

5. Brachypódium P. B., *Zwenke*

1. Granne kürzer als Deckspelze; Bltnstand u. weichhaarige Blätt. steif aufrecht; Pfl. hellgrün; ♃; VI–VII. Sonnige, trockene Magermatten, lichte Wälder; kalkliebend. (2 Kleinarten)
Fieder-Z., **B. pinnátum** (L.) P. B. (s. l.)

a. Unterseite der Blattspreite m. spitzenw. gerichteten Stachelhärchen, beim Darüberstreichen rauh; Pfl. grasgrün; Ährchen 18–40 mm lg., in der Regel gerade; Deckspelzen 7–11 mm lg., schwach kurz behaart, ihre Grannen 1–6 mm lg.; bis 1800 m; *v*, nördl. Hannover–Berlin nur noch *s*.
B. pinnátum (L.) P. B. (s. str.)

— Unterseite der Blattspreite fast ohne Stachelhärchen, glatt; Pfl. etwas bläul.grün; Ährchen 30–50 mm lg., meist leicht sichelf.; Deckspelzen 9–11 mm lg., kahl, ihre Grannen nur bis 3 mm lg. *z* S-BW, Ba, Au (ob Sb?), *s* Bodensee. **B. rupéstre** (Host) R. & Sch.

— Granne der ob. Bltn. des Ährchens länger als ihre Deckspelzen; Bltnstand locker, mitsamt weichhaarigen Blätt. schlaff überhängend; Pfl. horstbildend, dkgrün; ♃; VII–VIII. Schattige Wälder, Gebüsch (bis 1600 m); *v*, im NW *z* bis *s*.
Wald-Z., **B. sylváticum** (Huds.) P. B.

6. Glycéria R. Br., *Schwaden*

1. Deckspelze m. 3 kräftigen u. 4 damit abwechselnden, schwächeren u. kürzeren Nerven, oben breit-abgerundet; Ährchen meist 7bltg., 9–13 mm lg.; Ligula der ob. Blätt. am Rand haarf. zerschlitzt, 1–2 mm lg.; ♃; VI–VII. Schattige Laubwälder, Erlenbrüche; *z* OPr bis Me, Br, Schl, *s* SO-SH.
Wald-Schw., **G. nemorális** Uechtr. & Körn.

— Deckspelze m. 7 kräftigen u. fast gleich lg. Nerven . . . **2**

2. Ährchen 2–10 mm lg., vor dem Aufblühen zusammengedrückt; Ligula bis 3 mm lg. **5**

— Ährchen 10–30 mm lg., 7–11bltg., vor dem Aufblühen stielrund; Blattscheiden zusammengedrückt; Ligula 4–7 mm lg. **3**

3. Deckspelzen 5–8 mm lg., ± gleichmäßig zugespitzt; Fr. etwa 3mal so lg. wie breit; Vorspelzen in 2 lg., scharfe Spitzen auslaufend, wenigstens so lg. wie die Deckspelze; Rispe einstswendig; Stbbeutel violett, 2–3 mm lg.; Pfl. 40–120 cm hoch; ♃; V–IX. Stehende u. langsam fließende Gewässer, Gräben, Bäche (bis 1800 m); *v*. (2 ssp.) *Manna-Schw.*, **G. flúitans** (L.) R. Br.

— Deckspelzen 3–5 mm lg., stumpf od. gezähnt zugespitzt; Fr. nur 2mal so lg. wie breit; Stbbeutel < 1,5 mm **4**

4. Rispe locker ausgebreitet, allstswendig; Deckspelzen stumpf, abgestutzt oder gleichmäßig zugespitzt *(1214);* Vorspelze an der Spitze höchstens schwach ausgerandet, die Deckspelze nicht überragend; Ligula der jüngsten Blätt. der Blatttriebe gleichmäßig

zugespitzt, 2–4 mm lg.; Blätt. grasgrün; Stbbeutel gelb; Pfl. 40–80 cm hoch; ♃; VI–VIII. Gräben, quellige Orte (bis 1600 m); *v* im S, *z* im N. (= *G. plicata* FR.) *Falten-Schw.*, **G. notáta** CHEV.
Bastard: *G. fluitans* x *G. notata* (= **G.** x **pedicelláta** TOWNSEND) ist häufig! (Ährchen nach der Blütezeit erhalten bleibend; bei den Elternarten z. Frzt. zerfallend)

— Rispe nur wenig verzweigt, oft nur traubig; Deckspelzen an der Spitze kurz unregelmäßig 3–5zähnig *(1215);* Vorspelze tief in 2 etwas spreizende Spitzen gespalten, die Deckspelze überragend; Ligula der jüngsten Blätt. der Blatttriebe m. (ungleichmäßig) abgesetzter Spitze, 4–8 mm lg.; Blätt. bläul.grün; Stbbeutel (schwarz-) violett überlaufen; Pfl. 15–60 cm hoch; ♃; VI–VIII. Wie vorige; *z,* im S *s,* stellenw. *f* (S-Ba, Vb, Ti). [= *G. plicata* FR. ssp. *declinata* (BRÉB.) WEEDA] *Blaugrüner Schw.*, **G. declináta** BRÉB.

5(2). Ährchen 2–4 mm lg.; Deckspelze 1,4–2 mm lg.; unt. Hüllspelze < 1 mm, ob. bis 1,3 mm lg.; Infl. locker, bis 20 cm lg., feingliedrig, an *Milium* erinnernd; Blätt. stark abgespreizt u. deutl. 2zeilig; ♃; VII–VIII. Feuchte Waldwege, Wiesen, Bachränder; eingeschleppt u. sich weiter einbürgernd: Wendland (O-NS), westl. Bielefeld, Rheinfelden b. Basel (S-Baden), S-Ba (Staffel-, Kochelsee), Liechtenstein, Kt, OÖ. (Heimat: N-Am.) *Gestreifter Schw.*, **G. striáta** (LAM.) HITCHC.

— Ährchen 4–10 mm lg.; Deckspelzen 2,3–4 mm lg.; unt. Hüllspelzen 1–3, ob. 1,4–4 mm lg.; Blätt. nicht weit abgespreizt u. auffällig 2zeilig **6**

6. Rispe fast einstswendig, locker, nickend; Rispenäste haarf. dünn, wenigährig, zu 3 abgehend; Ährchen 3–6bltg.; Spreite beidersts. rauh; Stbblätt. 2; Pfl. 50–150 cm hoch; ♃; VI–VII. Feuchte Laubwälder; *s* OPr. (= *G. remota* FR.)
Nordischer Schw., **G. lithuánica** (GORSKI) GORSKI

— Rispe allstswendig, dicht; Rispenäste starr, vielährig, zu 5–10 abgehend, Ährchen 5–8bltg.; Blattspr. obersts. u. am Rand, untersts. höchstens auf dem Mittelnerven rauh; Stbblätt. 3; Pfl. 90–130 cm hoch; ♃; VII–VIII. Verlandungszone von Seen, Gräben, Röhrichte; *v,* stellenw. nur *z.* [= *G. aquatica* (L.) WAHL.]
Großer Schw., **G. máxima** (HARTM.) HOLMB.

7. Scleróchloa P. B., *Hartgras*

Pfl. graugrün, 2–20 cm hoch, niederlgd.; Ährchen 3–6bltg., zusammengedrückt; Deckspelzen knorpelig, ebenso wie die Hüllspelzen gekielt; Infl. im Umriß schmal-eif., 2–3 cm lg., einstswendig; ⊙; V–VII. Festgetretene Wege, Schuttplätze; *s* Rheinhessen, ObFr, b. Bietigheim (N-BW), b. Marburg, Br, OÖ, vielfach verschwunden.
S. dúra (L.) P. B.

8. Puccinéllia PARL. (= *Atropis* TRIN. in RUPR.), *Salzschwaden*

1. Nichtblühende Sprosse nach der Blüte ausläuferart., niederlgd., wurzelnd; unt. Rispenäste der einstswendigen Infl. meist zu 2, z. Frzt. nicht herabgeschlagen; Ährchen 5–9bltg., bis 10 mm lg., oft violett; Stbbeutel 2 mm lg., Pfl. graugrün; ♃; VI–IX. *v* Strandwiesen der Inseln u. Küsten, *h* bestandsbildend (östl. bis Kolberg/Po).
Andel, Strand-S., **P. marítima** (HUDS.) PARL.

— Pfl. ohne Ausläufer; Stbbeutel höchstens 1 mm lg.; Ährchen meist armblütiger u. kleiner **2**

2. Deckspelzen breit gestutzt; Infl. allstswendig; Ährchen bläul. od. violett überlaufen; Stbbeutel 0,7–1 mm lg.; Pfl. graugrün; Infl. locker **5**

— Deckspelzen zugespitzt od. spitzl., wenn nur abgerundet, dann Infl. einstswendig **3**

3. Pfl. frisch- (od. gelbl.-)grün; Infl. allstswendig, locker, ihre unt. Äste an ihrer Basis ohne Ährchen, nach der Blüte zurückgeschlagen; Stbbeutel 0,5–0,8 mm lg.; Deckspelzen 2,5–4 mm lg., zugespitzt, breit-hautrandig, Mittelnerv nicht bis zur Spitze verlaufend; Blätt. meist gefaltet; ♃; VI–VII. Meeresküste u. Inseln von Be?, Ho, Dt, Da; *z?* (genaue Verbreitung u. Häufigkeit?; früher übersehen od. verwechselt). [= *P. distans* ssp. *borealis* (Holmb.) Hughes; = *P. retroflexa* auct., non *Poa retroflexa* Curt.]

Zurückgebogener S., **P. capilláris** (Lilj.) Jansen

— Pfl. graugrün; Infl. einstswendig, dicht, ihre unt. Äste m. Ährchen bis zur Basis, später nicht zurückgeschlagen; Deckspelzen ohne od. nur m. sehr schmalem Hautrand, Mittelnerv bis zur Spitze verlaufend **4**

4. Deckspelzen 3–5 mm lg.; Ligula abgerundet, 2,5–3 mm hoch; Stgblätt. bis 6 mm breit; Ährchen längl., bis 10 mm lg., 4–9bltg.; Infl. nicht unterbrochen; ⨀–⨀; V–VI. Strandwiesen der Küste; *s* Ho, Be. [= *Glyceria procumbens* (P. B.) Dum.]

Dichtblütiger S., **P. rupéstris** (With.) Fern. & Weath.

— Deckspelzen 1,5–2,5 mm lg.; Ligula breit-gestutzt, 1–1,5 mm hoch; Stgblätt. 2–3 mm breit; Ährchen eif., bis 6 mm lg., 4–8bltg.; Infl. mehrmals unterbrochen; ♃; VI–VII. Strandwiesen; *z* Ho, Be. [= *Glyceria borreri* (Bab.) Bab.]

Büscheliger S., **P. fasciculáta** (Torr.) Bickn.

5(2). Ährchen 3–6bltg.; Infl. locker; Ährchen oft bläul. überlaufen; Epidermiszellen der Blattoberseite m. kurzen Papillen (Mikroskop!); unterste Rispenäste meist 4–5; ♃; VI–X. (Salz-)Wiesen, Wegränder, Schuttplätze (bis 1500 m); salzliebend; *v* Küsten, im Binnenland *z,* entlang Straßen (bes. Autobahnen) durch Salzstreuung sich rasch ausbreitend, bes. Ba, BW (sicher auch anderswo).

Gemeiner S., **P. distans** (L.) Parl. (s. str.)

— Ährchen 4–8bltg., Infl. dicht; Ährchen oft dkviolett überlaufen; Epidermiszellen beider Blattseiten dicht m. Papillen; ♃; VII–VIII. Salzhaltige Böden; nur b. Artern (An), b. Nordhausen (Th). [= *P. distans* ssp. *limosa* (Schur) Jáv.] *Sumpf-S.,* **P. limósa** (Schur) Holmb.

9. Scolóchloa Lk., *Schwingelschilf*

Pfl. hellgrün, bis 2 m hoch, oberw. gabelästig; Blattscheiden offen; Deckspelzen kurz 3spitzig, am Grd. m. kurzem Haarbüschel; Fr. lg. behaart; Ligula bis 6 mm lg.; gestutzt bis zerschlitzt; Rispe groß, locker; Ährchen 3–4bltg.; im Habitus an *Glyceria maxima* erinnernd; ♃; VI–VII. Stehende, langsam fließende Gewässer; *z* bis *s* im NO (An, Me, Br, Po, WPr, OPr). (= *Graphephorum arundinaceum* Asch.)

S. festucácea (Willd.) Lk.

10. Póa L., *Rispengras*

1. Deckspelzen nur schwach gekielt, auf dem Rücken kahl od. gegen den Grd. undeutl. gewimpert; Ährchen 7 mm lg., 3–4bltg., meist violett überlaufen; Blattspreite zusammengefaltet, blaugrün; Ligula bis 7 mm lg.; Ährchenachse unterhalb jeder Deckspelze m. 0,5 mm lg. Borstenhärchen; unt. Rispenast m. 2 bis vielen grdst. Zweigen; Pfl. 20–50 cm hoch; ♃; VII–VIII. Felsen, Schutt, Matten (1500–2700 m); kalkmeidend; *z* Sb, OTi, Kt, W-St. [= *Bellardiochloa violacea* (Bell.) Chiov.] *Violettes R.,* **P. violácea** Bell.

— Deckspelzen deutl. gekielt, auf dem Rücken zottig behaart (wenn unbehaart, dann Blätt. stets flach) **2**

2. Stg. u. Blattscheiden stielrund, wenn zusammengedrückt, dann niemals 2schneidig-flach (s. *P. pratensis,* Nr. **7**—) . **6**

— Stg. u. Blattscheiden flachgedrückt, 2schneidig; unterster Rispenast m. 2–4 grdst. Zweigen **3**

3. Pfl. m. lg. Ausläufern; Blätt. schmal-lineal, oberw. rauh; Deckspelzen undeutl. 5-, meist 3nervig, Rückenhaare zuw. fehlend; Blätt. bis 5 mm breit; Halm knickig aufstgd.; Pfl. meist ohne nichtblühende Triebe; Pfl. graugrün; ♃; VI–VII. (2 ssp.)
Flaches R., **P. compréssa** L.

a. Rispe bis 8 cm lg., fast einstswendig; Ligula 1 mm lg.; Pfl. 15–40 cm hoch; Blätt. 3 mm breit; Ährchen meist 4–6bltg.; Wegränder, sonnige Hänge, lichte Wälder, Kies; *v,* im NW *z.* ssp. **compréssa**

— Rispe bis 12 cm lg.; Ligula bis 3 mm lg.; Pfl. 50–80 cm hoch; Blätt. 5 mm breit; Ährchen meist 8–11bltg.; Schuttplätze, Bahnhöfe; sehr *z* (wo?).
ssp. **langeána** (Rchb.) Hegi

— Pfl. ohne od. m. sehr kurzen Ausläufern, horstbildend; Blätt. 4–15 mm breit; Rispe groß, über 10 cm lg.; Deckspelzen deutl. 5nervig; Pfl. stets auch m. sterilen (Blatt-)Trieben . **4**

4. Blattscheiden glatt; Blattspreite der nichtblühenden Triebe allmähl. in eine lg. Spitze verschmälert; Deckspelzen am Grd. spärl. zottig, schmal, lg.-zugespitzt, 5–7 mm lg.; Hüllspelzen glatt; Ligula etwa 3–4 mm lg.; Pfl. 50–100 cm hoch; ♃; VII–VIII. Feuchte Bergwälder u. Bergwiesen (1000–2200 m); kalkliebend; *z* Alp.
Bastard-R., **P. hýbrida** Gaud.

— Blattscheiden rauh; Blattspreite der nichtblühenden Triebe in eine breite, kapuzenf. Spitze zusammengezogen; Deckspelzen kahl, 3–4 mm lg.; Hüllspelzen rauh **5**

5. Ligula 0,5–1,5 mm lg., gestutzt, am Rand bewimpert; oberste Blattspr. kürzer als ihre Scheide; Rispe dicht u. schmal; Deckspelzen am Grd. ohne lg. Haare; Spreite des obersten Stgblattes 1–10 cm lg.; ♃; VI–VII. Wie vorige (bis 2700 m); kalkmeidend; *v* bis *z* Alp. u. M-Geb., *s* in der Ebene: Au, BW u. nördl. bis S-Be/ Eifel/Sauerland/Harz, Ba u. im N sehr *z* bis *s, f* Ho, NW-Dt, Da, OPr. *Wald-R.,* **P. chaixii** Vill.

— Ligula 2,5–4 mm lg., breit-abgerundet, kahl; oberste Blattspr. so lg. wie ihre Scheide; Rispe sehr locker u. lg.ästig; Deckspelzen zuw. am Grd. m. wenigen lg., krausen Haaren; Spreite des obersten Stgblattes 10–20 cm lg.; ♃; VI–VII. Feuchte Wälder (bis 1000 m); anscheinend in der Ebene (im N) häufiger, im Gebirge (im S) seltener als vorige, insgesamt sehr *z* (genaue Verbreitung unbekannt), *f* E, Ho, Be. (= *P. chaixii* var. *laxa* A. & GR.)

Lockerblütiges R., **P. remóta** FORS.

6(2). Deckspelzen undeutl. 5nervig **8**

— Deckspelzen deutl. 5nervig, wenigstens am Grd. zottig behaart; oberste Scheide länger als die Spreite; unterster Rispenast m. 2–4 grdst. Zweigen; Deckspelzen behaart, am Grd. m. einem Schopf von Haaren, diese so lg. *(pratensis)* od. länger *(trivialis)* als die Spelze selbst **7**

7. Ligula (wenigstens die der ob. Blätt.) oft > 5 mm lg., spitz; Rispe längl., bis 20 cm lg.; Ährchen 3–4bltg.; Deckspelzen zarthäutig, zugespitzt; Pfl. m. oberirdischen, niederlgd. Trieben, 50–90 cm hoch; ♃; VI–VII. Wiesen, Gebüsch, Äcker (bis 2000 m); *v.*

Gemeines R., **P. triviális** L.

— Ligula kurz, gestutzt, selten > 1 mm lg.; Deckspelzen stumpfl., derbhäutig; Stg. u. Blattscheiden nicht selten zusammengedrückt; Pfl. m. lg. unterirdischen Ausläufern; ♃; V–VII. Wiesen, Wald- u. Wegränder, Alpenmatten (bis 3000 m). (5 Kleinarten)

Wiesen-R., **P. praténsis** L. (s. l.)

a. Blätt. 0,3–0,5 mm im Dm, eng eingerollt bis fadenf.; Rispenäste sehr rauh; Pfl. schwach bläul.; Blätt. zwischen den Nerven auf der Oberseite kurzhaarig; Ligula 1–2 mm lg., abgerundet; Ährchen 4–6bltg. Felsen, Geröllhalden, Waldränder; *s* Sb, Kt, St, OÖ. *Steirisches R.*, **P. stiríaca** FRITSCH & HAY.

— Blätt. > 0,5 mm im Dm, gefaltet od. flach . . . . **b**

b. Pfl. bis 30 cm hoch, blaugrün; Rispe relativ wenigährig, unt. Äste nur zu 1–2; Ährchen bereift; Hüllspelzen ± gleich lg., beide 3nervig; Triebe ± einzeln, m. wenigen toten Blattscheiden an ihrer Basis (nicht von sterilen Trieben umgeben) . . . . **d**

— Pfl. bis 60 cm hoch, nicht blaugrün; Rispe reichährig, unt. Äste zu 3–5; Ährchen nicht bereift, grün, zuw. gelbl.-weiß od. violett überlaufen; Hüllspelzen ungleich lg., die unt. nur 1nervig; Triebe zahlr. beieinander sthd., m. zahlr. Blattscheidenresten an ihrer Basis (Blütentrieb von zahlr. sterilen Trieben umgeben) . . . . **c**

c. Wuchs locker; Grd.- u. Stgblätt. flach, bis 5 mm breit; Rispe im Umriß pyramidal, wenig höher als breit; Ligula an der Blattscheide herablaufend. Feuchtere Standorte; *g* u. kult. (bis 3000 m). Formenreich! **P. praténsis** L. (s. str.)

— Wuchs dichter, fast horstf.; Grdblätt. borstl., Stgblätt. flach (zuw. borstl.); Rispe schmal, wenigstens doppelt so lg. wie breit; Ligula an der Blattscheide nicht herablaufend. Trockenere Standorte; *v.* **P. angustifólia** L.

d(b). Halm m. 3–4 blaugrünen Blätt.; Rispe dicht, ihre Äste aufrecht absthd.; Ährchen blaugrün. Moorige Wiesen, Gebüsch; nur in N-Dt? (= *P. uberrima* LINDM.)

P. athroostáchya OETTINGEN

— Halm m. 1–2 graugrünen Blätt.; Rispe locker, ihre Äste waagrecht absthd.; Ährchen dkviolett. Dünen, Salzwiesen; *z* Ostseeküste, Da, NS, RhPf, NrWe, He?, Oberpfalz, S-Schw. (Verbreitung unsicher). (= *P. irrigata* LINDM.)

P. subcoerúlea SM.

8(6). Beide Hüllspelzen 3nervig, seitl. Nerven aber zuw. sehr kurz; Pfl. ♃; Vorspelzen auf ihren Kielen m. von ihrer Basis her dünner werdenden, 0,1 mm lg., steifen, absthd., oft gekrümmten Borstenhaaren (gute Lupe!) od. kahl **10**

— Äußere Hüllspelze 1-, innere 3nervig; Stg. aus niederlgd. Grd. aufstgd., büschelig verzweigt; Pfl. 5–15(–30) cm hoch; unt. Rispenäste nur zu 1–2 (selten 3); Vorspelzen auf ihren Kielen m. zahlr. 0,1–0,3 mm lg., weichen, gebogenen bis krausigen, oft anlgd. Haaren od. kahl **9**

9. Oberste Blätt., auch der sterilen Triebe, mit bogig-3eckiger, 1–3 mm lg. Ligula, die an der Blattscheide etwas herabläuft; Stbbeutel 0,5–1 mm lg., 3–4mal so lg. wie breit (ungeöffnet!); unterste Rispenäste waagrecht absthd., m. grdst. Zweig; ob. Hüllspelze oberhalb od. in der Mitte am breitesten; Deckspelzen grün bis rotviolett; Ährchen am Ende der Äste nicht zusammengedrängt; ⊙; II–XI. Äcker, Gärten, Ruderalstellen, Weiden (bis 2500 m); *g* u. *h*. *Einjähriges R.,* **P. ánnua** L.

— Oberste Blätt. der sterilen Triebe m. parallelrandiger, nur 1 mm breiter Ligula, diese nicht an ihren Blattscheiden herablaufend; Stbbeutel 1,5–2,5 mm lg., 5–8mal so lg. wie breit; unterster Rispenast nach der Blüte abw. gerichtet; ob. Hüllspelze unterhalb der Mitte am breitesten; Deckspelzen dkbraun-violett überlaufen; Ährchen am Ende der Äste dicht sthd.; ♃; V–VIII. Colline bis alp. Reg., Wiesen, Ruderalstellen, Viehläger (> 600 m, bis 2500 m); *v* Alp., *z* Voralp., *s* M-Geb. (S-Schw., Bayr./Böhmw., Rhön, Harz, Solling, b. Kassel, Rothaargeb., Vogelsberg, Ts), Bornholm (Da). (= *P. annua* ssp. *varia* Gaud.) *Läger-R.,* **P. supína** Schrad.

10(8). Stg. am Grd. durch Blattscheiden zwiebelart. verdickt; Ligula der obersten Stgblätt. 3–4 mm hoch, spitz; grdst. Blätt. meist borstenf.; Stgblätt. flach, 2 mm breit; Ährchen oft zu Laubsprossen auswachsend (vivipar); Blattspreiten graugrün, frühzeitig welkend; Pfl. bis 30 cm hoch; ♃; V–VII. Trockene Magermatten, Hügel, Wegränder; *z* Rheintal, RhPf, sonst sehr *z* bis gebietsweise *f* (z. B. SH, Westf., W-NS). *Knolliges R.,* **P. bulbósa** L.

— Stg. am Grd. nicht deutl. zwiebelart. verdickt **11**

11. Rispe am Grd. m. 3–5 vom selben Knoten abzweigenden Ästen; Deckspelzen zottig; Pfl. locker horstf., bis meterhoch **17**

— Rispe am Grd. m. 1–2 (selten 3 bei *P. cenisia*) vom selben Knoten abzweigenden Ästen; Pfl. kaum > 40 cm hoch . **12**

12. Blätt. graugrün m. hellem, knorpeligem Rand, steif; Ligula an den obersten Blätt. bis 6 mm lg., spitz; Hüllspelzen m. feiner Grannenspitze; unt. Rispenäste aufrecht-absthd.; Spreite des obersten Halmblatts mehrmals kürzer als seine Scheide; Pfl. bis 40 cm hoch; ♃; V–VIII. Trocken-sonnige, sandige Orte. (2 Kleinarten) **P. badénsis** Haenke (s. l.)

a. Blätt. 2–4,5 mm breit, flach bis schwach gefaltet, Knorpelrand breit; Ligula der unt. Blätt. bis 2 mm, die der ob. 2–6 mm lg.; Ährchen grünl., nur selten purpurscheckig; *s* S-An, Th, Nahetal/M-Rhein/Bergstraße, S-Steigerwald. *Badener R.,* **P. badénsis** Haenke (s. str.)

— Blätt. 1,5–2,5 mm breit, rinnenf. bis stark gefaltet, Knorpelrand ziemlich schmal; Ligula der unt. Blätt. bis 1 mm, die der ob. 1–2 mm lg.; Ährchen violettscheckig; *z* bis *s* Alp. von Ti, Sb, St, Kt. (= *P. badensis* var. erophila Süss. in Hegi!) *Trocken-R.,* **P. molinérii** Balb.

— Blätt. grasgrün; wenn Blätt. graugrünl., dann nicht m. knorpeligem Rand **13**

13. Stgbasis ± deutl. durch Blattscheiden verdickt; Hüllspelzen scharf zugespitzt, zuw. sogar stachelspitzig; Ährchen meist auswachsend: an Stelle der Bltn. Jungpfl. sthd. *(1216);* Ligula der unt. Blätt. gestutzt, 1–2 mm, die der ob. längl., 3–5 mm lg.; Blätt. 2–4 mm breit; Ährchen 4–6bltg.; Rispenäste z. Bltzt. weit absthd.; Ährchen am Ende der Äste gedrängt sthd.; Seitensprosse innerhalb der

Blattscheiden emporwachsend (intravaginal); ♃; V–IX. Matten, Geröllhalden (bis 2500 m); *v* Alp. u. Vorland (bis Bodensee); Vog. u. Harz eingebürgert. *Alpen-R.,* **P. alpína** L.

— Stgbasis nicht deutl. verdickt; Hüllspelzen stumpfl., höchstens spitzl.; an Stelle der Bltn. niemals Jungpfl. sthd.; Ligula auch der unt. Blätt. meist längl. (seltener sehr kurz u. gestutzt bis fehlend); Ährchen am Ende der Äste nicht knäuelig gedrängt **14**

14. Seitensprosse innerhalb der Blattscheiden emporwachsend (intravaginal); Pfl. horstf.; Ligula 1–2 mm lg., die der unt. Blätt. stumpf, der ob. spitzl.; Deckspelzen zw. den Nerven kahl (Gegensatz zu *P. molinerii*); Rispenäste rauh, die unt. meist zu 2; Stg. meist nur m. 1 Halmblatt; ♃; V–VII. Steinige Triften, Wiesen, Felsen; kalkliebend; ob in Au? (W-Kt?). *Niederes R.,* **P. púmila** Host

— Seitensprosse die Blattscheiden durchbrechend (extravaginal), Wuchs daher lockerer; unt. Rispenäste meist mehr als 2(–7); Stg. m. mehreren Halmblätt. bzw. Spreiten . . **15**

15. Rispenäste durch kurze, borstige Haare rauh (Lupe!); Pfl. m. längeren Ausläufern, diese sterilen Triebe 2zeilig beblätt.; Ligula der unt. Blätt. sehr kurz bis fehlend, die der ob. 3–9 mm lg.; Blätt. 2–3 mm breit; Ährchen 3–5bltg.; unt. Rispenäste zuw. > 2; Pfl. 20–40 cm hoch; ♃; VII–VIII. Schutt, Felsspalten (1500–3200 m); kalkliebend; *v* bis *z* Alp.-Au, in Dt sehr *s. Mont-Cenis-R.,* **P. cenísia** All.

— Rispenäste ± glatt; Pfl. höchstens m. kurzen Ausläufern; Blätt. 1–1,5(–2) mm breit **16**

16. Ährchen meist 3–4bltg.; Blattscheiden die Halmknoten bedeckend; Blätt. kräftiger, bis 2,5 mm breit; Deckspelze etwa bis zu ⅔ der seitl. Nervenlänge behaart; Rispenäste gefurcht; oberstes Halmblatt m. deutl. Scheide; ♃; VII–VIII. Geröll, feuchte, grasige Hänge (2000–3500 m); kalkmeidend; Alp.-Au *v* bis *z* (*f* OÖ), *s* Riesengeb., Gesenke; ob in Dt? (S-Schw.?).
Schlaffes R., **P. láxa** Haenke

— Ährchen meist 4–6bltg.; Blattscheiden die Halmknoten nicht bedeckend; Blätt. zarter, nur bis 1,5 mm breit; Deckspelze nur etwa bis zur Hälfte der Länge der seitl. Nerven behaart; Rispenäste rund; oberstes Halmblatt (fast) scheidenlos; zuw. auch vivipar (S-Kt); ♃; VII–VIII. Felsspalten, Schutt, steinige Matten (1500–3000 m); kalkstet; *v* bis *z* Alp. (*f* Allgäu) u. Voralp., Isartal bis München. *Kleines R.,* **P. mínor** Gaud.

17(11). Ligula aller Blätt. sehr kurz bis fast ganz fehlend; Spreite der Stgblätt. steif nach oben bis fast waagerecht absthd.; Rispe zur Bltzt. ausgebreitet; Ährchen grünl., 1–5bltg.; Deckspelzen 3–4 mm lg.; Pfl. aufrecht, 20–90 cm hoch; ♃; V–VII. Lichte Laubwälder, Gebüsch; *v*. *Hain-R.,* **P. nemorális** L.

— Ligula wenigstens der ob. Blätt. 1–3 mm lg. **18**

18. Pfl. feuchter Standorte, auch an Waldrändern; Blätt. 1–2 mm (selten mehr) breit, frischgrün; Rispe 8–20 cm lg., reichährig, viel lokkerer als bei voriger Art; Ährchen 3–4bltg., gelbl.; Deckspelzen 2,5 mm lg.; Spreite der Stg.blätt. überhgd.; Pfl. aufstgd., 30–120 cm hoch; ♃; VI–VII. Feuchte Wiesen, grasige Ufer; *z*.
Sumpf-P., **P. palústris** L.

— Pfl. trockener, offener Standorte; Blätt. 2,5–3 mm breit; Rispe fast immer < 8 cm; Blätt. blaugrün bereift; Ährchen 2–4bltg., oft violett; alle Triebe m. Rispen, keine steril; Pfl. 20–40 cm hoch; ♃; VI–VIII. Felsige Orte, trockene Hänge (bis 3000 m); *z* Alp.-Au: NTi, Sb, Kt?, N-St. (= *P. caesia* Sm.) *Blaugrünes R.,* **P. glaūca** Vahl

11. Bríza L., *Zittergras*
Rispe locker ausgebreitet; Ährchen an lg. geschlängelten Stielen, hängend, herzf.; ♃; V–IX. Trockene Wiesen, Halbtrockenrasen; *v,* im NW *z.* **B. média** L.

12. Catabrósa P. B., *Quellgras*
Stg. schlaff, knickig aufstgd., an den Knoten wurzelnd, m. Ausläufern; Rispe locker ausgebreitet, m. 4 u. mehr grdst. Zweigen; Ährchen 3 mm lg., meist nur 2bltg.; Ligula eif., 4 mm hoch; ♃; V–X. Gräben, Tümpel, Quellfluren, Ufer; sehr *z,* vielfach verschwunden. [G] **C. aquática** (L.) P. B.

13. Dáctylis L., *Knäuelgras*

1. Pfl. graugrün, ohne Ausläufer, horstbildend; unt. Rispenäste weit absthd.; ob. Teil der Rispe dicht geknäuelt; Ährchen 3–5bltg.; Hüllspelzen grün (nicht durchscheinend!), behaart, auf dem Kiel lg. bewimpert, äußere 1-, innere 3nervig; ob. Hüllspelze u. Deckspelzen dicht behaart, letztere m. 1–2 mm lg. Granne; ♃; V–VI. Wiesen, grasige Orte, Wegränder; *g* u. *h.* (2 ssp.) *Wiesen-K.,* **D. glomeráta** L.

a. Infl.äste nur im ob. Drittel m. Ästchen; Blätt. flach (selten m. vergrünenden Bltn.: unechte Viviparie). ssp. **glomeráta**

— Infl.äste von ihrer Basis an m. Ästchen; Blätt. meist gerollt. Trockenrasen; genaue Verbr. noch nicht bekannt; vermutl. nur im SW eingeschleppt. ssp. **hispánica** (Roth) Koch

— Pfl. lebhaft grün, m. ± 10 cm lg. Ausläufern; Rispe locker, weniger geknäuelt als bei voriger; Ährchen meist 6bltg.; Hüllspelzen bleich (durchscheinend), kahl od. höchstens auf dem Kiel kurz bewimpert bzw. rauh, beide (z.T. kurz-)3nervig; Deckspelzen nur auf dem Kiel kurz behaart, unbegrannt; ♃; V–VI. Laubwälder, buschige Hügel; *z, f* Be, Vb, Ti. (= *D. aschersoniana* Gr.) *Wald-K.,* **D. polygáma** Horvátovszky

14. Cynosúrus L., *Kammgras*

1. Ährenrispe einstswendig, im Umriß längl.-lineal, 3–10 cm lg.; Grannen kürzer als ihre Spelzen; Ligula etwa 1 mm lg.; ♃; VI–VII. Wiesen, Triften (bis 1800 m); *v.* *Wiesen-K.,* **C. cristátus** L.

— Ährenrispe im Umriß kugelig-eif., 1–4 cm lg. u. (ohne Grannen) 1–2 cm breit; Grannen länger als ihre Spelzen *(1199);* Ligula bis 7 mm lg.; ⊙; V–VI. Wegränder, Schuttplätze; zuw., bes. in Hafen- u. Industriegebieten, eingeschleppt. (Heimat: Mittelmeergebiet) *Stacheliges K.,* **C. echinátus** L.

15. Beckmánnia Host, *Doppelährengras*
Pfl. schilfart., bis 1 m hoch; Infl. rispig, Seitenäste steif aufw. weisend, m. dicht 2zeiligen Ährchen; Hüllspelzen gekielt, etwas aufgeblasen; Deckspelzen unbegrannt; ⊙; VI–IX. Eingeschleppt, sich rasch vermehrend u. einbürgernd, z.B. Ho, b. Münster (We), b. Osnabrück. (Heimat: N-Am., NO-Asien) **B. syzigáchne** (Steud.) Fern.

16. Mélica L., *Perlgras*

1. Deckspelzen kahl; Ährchen eif., in lockeren, armen Rispen **3**

— Deckspelzen auf den Randnerven dicht u. lg.seidig bewimpert *(1195);* Ährchen in Ährenrispen **2**

2. Ährenrispe locker, oft etwas einstswendig; innere Hüllspelze höchstens um ¼ länger als die äußere; äußere Hüllspelze rauh; Deckspelze 6,5–8 mm lg.; Blätt. graugrün, borstl., eingerollt, unt. Blattscheiden kahl; Blattspreiten nicht gekielt; unterhalb der Infl. 1 Knoten ohne Spreite; ♃; V–VI. Trockenrasen, steinige Abhänge; kalkliebend; *z* im S (E, BW, RhPf, Ba nördl. der Donau, He: unt. Lahntal, Au) u. M-Gebiet (Th, S-SaAn). *Wimper-P.,* **M. ciliáta** L.

— Ährenrispe dichtbltg., allstswendig; innere Hüllspelze 1½–2mal so lg. wie die äußere; äußere Hüllspelze glatt; Deckspelze 5–6,5 mm lg.; Blätt. grün, ihre Spreiten etwas gekielt, ihre Scheiden meist behaart; unterhalb der Infl. 2–3 Knoten ohne Spreiten; ♃; VI. Sonnige, steinige Hänge; *z* RhPf m. unt. Lahntal, Alb, SaAn (Harz!), Th, *s* E, b. Bad Wildungen (N-He), BW, O-St.
Siebenbürgisches P., **M. transsilvánica** Schur

3(1). Ährchen aufrecht, m. nur 1 ♀ Blüte (u. 1–2 sterilen Blütchen), Rispe sehr locker, m. entfernt stehenden, nicht deutl. nickenden Ährchen; Ligula kurz, der Spreite gegenüber in ein bis 2 mm lg. Anhängsel verlängert *(1190b);* ♃; V–VI. Humöse Laub- u. Mischwälder; *v,* im N z.T. *s* bis *f;* Au: *v* bis *z, s* St, *f* Vb.
Einblütiges P., **M. uniflóra** Retz.

— Ährchen nickend, m. 2 ⚥ Bltn.; Infl. einstswendig **4**

4. Grdachse dünn, kriechend; Pfl. lockerrasig; Ligula sehr kurz, braun; Deckspelzen deutl. 7–9nervig; Hüllspelzen purpurbraun, oberw. weißhäutig; ♃; V–VI. Laubwälder, Gebüsch; *v* im S, *z* bis *s* im N, NW-Grenze: Eifel/Düsseldorf/Teutoburgerw./Hamburg, *f* Ho.
Nickendes P., **M. nútans** L.

— Grdachse nicht kriechend; Pfl. dicht horstbildend; Ligula bis 2 mm lg., spitz, weißhäutig; Deckspelzen 7nervig; Hüllspelzen grün, weißhäutig, an der Spitze violett- bis rotgefleckt; ♃; V–VI. Schattige Wälder; *s* SaAn, Th, ob. Neckar u. Donau, FrAlb, UntFr, unt. Donau, BW, b. Bingen, b. Bad Wildungen (N-He); in Au erst NÖ.
Buntes P., **M. pícta** Koch

17. Oreóchloa Lk., *Kopfgras*

Pfl. horstf., bis 20 cm hoch; Blätt. borstl.; Infl. ährig-2zeilig, im Umriß eif., bis 15 mm lg.; Hüllspelzen zugespitzt, Deckspelzen stachelspitzig; Ährchen 3(–5)bltg., 5 mm lg.; ♃; VII–IX. Steinige Matten, Felsspalten (1900–2700 m); kalkmeidend; *z* Au (*f* OÖ), Dt *s* Allgäu. [= *Sesleria disticha* (Wulf.) Pers.] **O. dísticha** (Wulf.) Lk.

18. Sesléria Scop. (incl. **Psilathéra** Lk.), *Blaugras*

1. Deckspelze m. einer mittl., längeren, u. 4 kürzeren, aber rauhen Grannen *(1217),* entlang der Ränder u. auf den Nerven kurz behaart; Infl. im Umriß kugelig-eif., bis 10 × 6 mm groß; Vorspelze tief 2spitzig, m. 2 lg., rauhen Grannen; Blätt. borstl.; Pfl. bis 10 cm hoch; ♃; VII–VIII. Steinige Triften, Schuttfluren, Felsspalten

(2200–2800 m); kalkliebend; *v* bis *z* Alp.-Au (*f* Vb), *s* Dt (nur Berchtesgaden). [= *P. ovata* (HOPPE) DEYL]

Zwerg-B., Kleinköpfiges B., **S. ováta** (HOPPE) KERN.

— Deckspelze nicht 5grannig, allenfalls 5zähnig m. kurzer M-Granne; Vorspelze ohne lg. Grannen **2**

2. Deckspelze an der Spitze breit gestutzt, nur m. kurzem Mittelspitzchen/Granne, allenfalls m. sehr kurzen Zähnchen; Blätt. nur bis 10 cm lg. u. bis 1,5 mm breit, meist gefaltet; Infl. im Umriß kugelig, bis 12 × 12 mm groß; Vorspelze an der Spitze nur ausgerandet; Pfl. nur bis 10 cm hoch; ♃; VII–VIII. Wie vorige (1800–2300 m); kalkliebend; *s* Alp.-Au: OTi, Kt.

Kugelkopf-B., **S. sphaerocéphala** ARD.

— Pfl. viel höher; Infl. größer, bis 25 mm lg.; Blätt. 10–30 cm lg., flach, 2–5 mm breit; Deckspelze von anderer Form . **3**

3. Deckspelze 5zähnig, Mittelzahn als kurze Granne, äußeres Zahnpaar etwas spitzer als inneres, nur auf den Nerven behaart; Infl. im Umriß walzl., bis 30 × 10 mm groß; Vorspelze an der Spitze nur ausgerandet; Blattspreiten grün, nicht wachsig bereift, flach; ♃; IV–VI. Trockenrasen, Felshänge, lichte Wälder (bis 2600 m); kalkstet; *v* im S: Alp. u. Voralp., Hegau bis FrAlb, sonst *z* bis *s* nördl. bis S-Be/Eifel/Ruhrgebiet/Hannover/Harz/An/Böhmen. (= *S. calcaria* OPIZ) *Kalk-B.,* **S. álbicans** KIT. ex SCHULT.

— Deckspelze 5zähnig, aber Mittelzahn entweder als 3eckiger Zahn (nicht als Granne) od. die Seitenzähne als kurze Grannen; Infl. im Umriß kurz-walzl.; Vorspelze 2spitzig od. kurz 2grannig **4**

4. Blätt. (bes. jung) wachsig bereift, trocken nach oben eingerollt; alle 5 Zähne der Deckspelze 3eckig, mittl. länger als übrige, auch zw. den Nerven behaart; Pfl. m. dichten Polstern, ältere Pfl. durch ihre Ausläufer ringf. wachsend (‚Hexenringe'); ♃; IV–VI. Wiesenmoore, Torfböden; *s* OPr, Böhmen, St; *f* in Dt! (= *S. uliginosa* OPIZ)

Moor-B., **S. caerúlea** (L.) ARD.

— Blätt. nicht bereift, flach bis gefaltet; mittl. u. beide äußere Zähne der Deckspelze grannig verlängert, Mittelgranne am längsten, zw. den Nerven kahl od. nur sehr kurz u. sehr locker behaart; Pfl. horstf.; ♃; III–V. Trockenrasen; kalkliebend; *s* Kt (Karawanken, Dobratsch, Steiner Alp.), St (b. Graz). [= *S. budensis* (BORB.) A. & GR.] *Ungarisches B.,* **S. sadleriána** JANKA

19. Lólium L., *Lolch, Raygras, Weidelgras*

1. Deckspelze zarthäutig; Hüllspelze etwa so lg. od. wenig länger als Deckspelzen; Pfl. ♃, m. nichtblühenden Blättertrieben **3**

— Deckspelzen derb, lederig-knorpelig; Hüllspelze 2–4mal länger als Deckspelzen; Pfl. ⊙, ohne nichtblühende Blättertriebe **2**

2. Hüllspelze 15–30 mm lg., meist länger als das Ährchen, rauh; Deckspelzen fast immer begrannt; Hüllspelze 7- od. 9nervig; Ähre > 20 cm lg., locker; Blattscheiden rauh; Pfl. 30–80 cm hoch; VI–VIII. Feuchte Getreideäcker, Ödland; sehr *z;* Fr. **giftig!**

[G] *Taumel-L.,* **L. temuléntum** L.

— Hüllspelze 7–10 mm lg., kürzer als das Ährchen, glatt; Deckspelzen unbegrannt; Hüllspelze 5nervig; Blattscheiden glatt; Pfl. 30–60 cm hoch; Pfl. insgesamt schmächtiger als vorige; VI–VIII. Ackerunkraut, bes. in Leinfeldern; sehr *z*, vielfach nicht mehr beobachtet (ob im Gebiet ursprüngl.?); Fr. **giftig!**
G *Lein-L.,* **L. remótum** SCHR.

3(1). Hüllspelzen wenig, aber deutl. länger als die anliegende Deckspelze; Deckspelzen stets unbegrannt; Blätt. in Knospenlage gefaltet; Ährchen zur Bltzt. aufgerichtet; Halm oberw., Infl.achse u. Ährchenachse glatt; ♃; V–IX. Wiesen, Wegränder, Schuttstellen; *g* u. *h,* vielfach angepfl. (Fettwiesen, Parkrasen).
Englisches R., **L. perénne** L.

— Hüllspelzen etwa so lg. wie die anliegende Deckspelze; Deckspelzen, zumindest die ob., begrannt; Blätt. in Knospenlage gerollt; Ährchen z. Bltzt. meist absthd.; Halm oberw., Infl.achse u. Ährchenachse rauh (Lupe!); ♃; VI–VIII. *v,* häufig angepfl., vielfach verwild. u. allg. eingebürgert. (Heimat: Mittelmeergebiet)
Italienisches R., **L. multiflórum** LAM.

20. Molínia SCHR., *Pfeifengras*

1. Deckspelze der untersten Blüte 3–4 mm lg., am Ende rundl.; Ährchen 2–5bltg., 4–6 mm lg.; Infl. bis 1(–1,5) m hoch; ♃; VII–X. Moorwiesen, Heiden, Waldwiesen, oft bestandsbildend (‚Pfeifengraswiesen') (bis 2000 m); kalkmeidend; 2n = 36; *v* u. *h.*
Blaues Pfeifengras, Besenried, **M. caerúlea** (L.) MOENCH

— Deckspelze der untersten Blüte 5–7 mm lg., zugespitzt, Ährchen 2–4bltg., 6–9 mm lg.; Infl. bis 2(–2,5) m hoch; ♃; VII–IX. Lichte Wälder, Moore, Auen, Schlickböden (bis 2000 m); kalkliebend; 2n = 90; *z* im S, nördl. bis N-Ba, S-He, Saarland, sonst b. Marburg, b. Köln, wo sonst? [= *M. altissima* LK.; = *M. coerulea* ssp. *arundinacea* (SCHR.) PAUL] *Rohr-Pf.,* **M. arundinácea** SCHR.

21. Agropýron GAERTN. (s. l.; incl. **Elytrigia, Roegnéria** C. KOCH), *Quecke*

1. Deckspelzen begrannt; Granne so lg. od. länger als die Spelzen (bis 25 mm), geschlängelt, bes. an der Basis; Hüllspelzen 3–5nervig; Ährchenachse kurzhaarig, brüchig; Blätt. obersts. mattgraugrün, untersts. glzd.dkgrün; Pfl. horstbildend, 50–150 cm hoch; ♃; VI–VII. Flußkies, Wälder, buschige Hänge (bis 1300 m); *v, s* in N- u. NW-Dt. [= *Elymus caninus* (L.) L.]
Hunds-Qu., **A. canínum** (L.) P. B.

— Deckspelzen unbegrannt od. m. kurzer, die Länge der Spelze nicht erreichender Granne 2

2. Pfl. horstf., ohne Ausläufer; unt. Ähreninternodien deutl. länger als die Ährchen; Deckspelzen meist 7nervig; Hüllspelzen gestutzt bis ausgerandet; Ährchen 8–13bltg., 17–25 mm lg.; Blätt. graugrün; Pfl. bis 1,2 m hoch; ♃; VIII–IX. Straßenböschungen, Ufer; eingeschleppt durch Aussaaten u. eingebürgert seit 1983; M- u. S-He, W-BW, NW-Ba. [= *Elymus elongatus* (HOST) RUNEMARK ssp. *ponticus* (PODP.) MELDERIS] *Pontische Qu.,* **A. elongátum** (HOST) P. B. ssp. **pónticum** (PODP.) SENGH.[1]

— Pfl. m. kürzeren od. längeren Ausläufern 3

3. Blattnerven dick, einander genähert, m. vielen Reihen kurzer Haare; Spreiten zuletzt eingerollt; Ährenachse sehr brüchig; Hüllspel-

---

[1] *Agropyron elongatum* (HOST) P. B. ssp. *ponticum* (PODP.) SENGH. **comb. nov.;** Basionym: *Triticum ponticum* PODP., Verh. Zool.-Bot. Ges. Wien **52,** 681, 1902.

zen 9–11nervig; Deckspelzen unbegrannt; Pfl. 30–60 cm hoch; ♃; VI–VIII. Dünen der Küsten; *v*, im O *z*. [= *Elymus farctus* (VIV.) RUNEMARK ex MELDERIS; = *A. junceiformis* (A. & D. LÖVE) A. & D. LÖVE]
Binsen-Qu., **A. júnceum** (L.) P. B. ssp. **boreoatlánticum** SIM. & GUIN.

— Blattnerven schmal, entfernt, m. einfacher Reihe von Borsten, Haaren od. Höckerchen besetzt; Hüllspelzen meist 3–7nervig **4**

4. Blattspreite schlaff, lebhaft grün od. blau bereift; Blattnerven im durchfallenden Licht als weiße Striche erscheinend; Deckspelzen oft kurz begrannt, Granne gerade; Pfl. 20–150 cm hoch; ♃; VI–VII. Ödland, Strand, Gärten, Ruderalstellen, buschige Orte u. a. (bis 2000 m); *g*. (3 ssp.) [= *Elymus repens* (L.) GOULD]
Gemeine Qu., **A. répens** (L.) P. B.

a. Blattscheiden behaart; Blätt. flach, blaugrün; Hüll- u. Deckspelzen deutl. begrannt. Buschige Orte; *z* (?; genaue Verbreitung unsicher). [= *A. caesium* J. & C. PRESL] ssp. **caésium** A. & C. PRESL) CIF. & GIAC.

— Blattscheiden kahl; Spelzen kurz od. unbegrannt . . . . **b**

b. Blätt. flach, 5–15 mm breit (oberw. oft etwas eingerollt), grün od. bläul.grün bis graugrün; Infl. 10 cm lg., dicht. Wege, Gärten, Ödland; *g* „Unkraut“.
ssp. **répens**

— Blätt. borstl., gerollt, bläul.grün; Infl. deutl. kürzer, nur um 5 cm lg., locker. Dünen der Meeresküsten *v*, im Binnenland nur b. Mainz. [= *A. maritimum* (KOCH & ZIZ) TYREL] ssp. **marítimum** (KOCH & ZIZ) ROTHM.

Verwechslungsmöglichkeiten (auch durch **Bastarde**) bei begrannten Formen m. *A. caninum*, bei blau bereiften m. *A. littorale* (Mainz!) u. *A. intermedium*.

— Blattspreite steif, stark gerippt, blau- bis weißgrün, Nerven stark hervortretend, dadurch übriges Gewebe fast verdekkend u. Blätt. fast weiß erscheinend; Pfl. 30–60 cm hoch **5**

5. Blattnerven stark vorspringend, grünes Blattgewebe vollständig verdeckend; Ähre kurz u. dicht (± 10 cm lg.); Hüllspelzen 9–11 mm lg., gekielt, grannenart. bespitzt, m. schmalem Randsaum; ♃; VII. Dünen, Sand- u. Kiesbänke; *z* Nordseeküste von Nymindegat (Da) an südl., Insel Møen (Da), *s* südlichstes Rheintal von Waldshut bis Straßburg, NTi, Kt. [= *A. pycnanthum* (GODR.) GREN. & GODR.; = *A. pungens* auct.; = *Elymus pycnanthus* (GODR.) MELDERIS] *Strand-Qu.*, **A. littorále** DUM. em. VESTERGREN

— Blattnerven im unt. Teil des Blattes noch grünes Gewebe freilassend; Ähre lg. (± 20 cm lg.), am Grd. unterbrochen; Blätt. trocken eingerollt; Hüllspelzen 6–8 mm lg., kaum gekielt, abgestutzt, m. breitem Hautsaum; Ähre starr, am Grd. oft unterbrochen; ♃; V–VII. (2 ssp.) (= *A. hispidum* OPIZ)
Graugrüne Qu., **A. intermédium** (HOST) P. B.

a. Blattscheiden kahl; Ährchen 1,5–2 cm lg.; Deckspelzen kahl, 10 mm lg. Trokkenrasen, Triften; *s* Th, S-SaAn, b. Cuxhaven, b. Passau, Bodensee-Oberrhein, E u. Pf?, St. (= ssp. *glaucum* A. & GR.) ssp. **intermédium**

— Blattscheiden rauhhaarig, bes. untere (z. Bltzt. aber bereits absterbend); Ährchen nur bis 1,2 cm lg.; Deckspelzen behaart; 8–9 mm lg.; Stg. zuw. etwas knollig verdickt. Ob im Gebiet? (Passau?, Oberrheingebiet? – vgl. vorige ssp.) ssp. **trichóphorum** (LK.) VOLKART

22. Sécale L., *Roggen*

Blätt. blau bereift; Ligula weiß, 2 mm lg. *(1223a–b)*; Ähre 4kantig, überhgd.; Deckspelzen 4–8 cm lg. begrannt; ⨀; V–VI. Kulturpfl. (bis 1200 m), zuw. verwild. (Heimat: SW-Asien) **S. cereále** L.

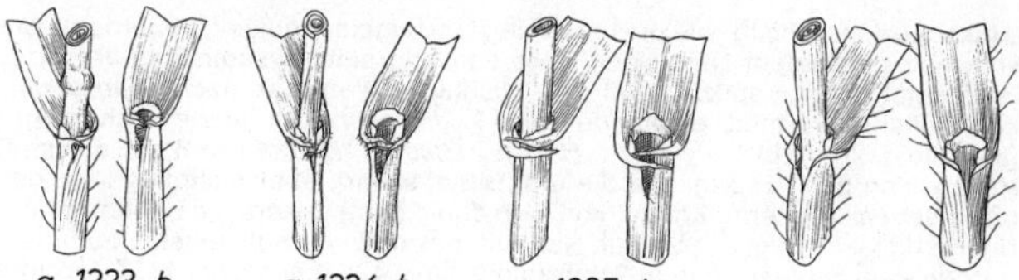

a 1223 b — a 1224 b — a 1225 b — a 1226 b

Roggen Öhrchen fehlen — Weizen Öhrchen sehr lang, bewimpert — Gerste Öhrchen sehr lang, kahl — Hafer Öhrchen kurz, kahl

23. Tríticum L., *Weizen*

Blattspreite am Grd. geöhrt u. deutl. bewimpert *(1224a);* Ligula kurz, quer abgestutzt *(1224b).* Kulturpflanzen.

1. Fr. bei Reife lose von Spelzen umhüllt, ausfallend; Ährenachse nicht brüchig (= Nacktweizen) **4**

— Fr. bei Reife von Spelzen fest umschlossen; Ährenachse z. T. brüchig (= Spelzweizen) **2**

2. Ähre 4kantig, Ährchen locker sthd., 3–5bltg., meist m. 2 fertilen Bltn., m. dem über ihm sthd. Achsenstück abfallend; ⨀; VI. Nur kult. bekannt, vermutl. entstanden aus *T. dicoccon* × *T. compactum;* vorwgd. als Winterfr. z. Grünkernherstellung; noch kult. BW, RhPf, Lx, Be, Sb, OÖ. (hexaploid; 2n = 42) *Spelt, Dinkel,* **T. spélta** L.

— Ähre abgeflacht, Ährchen dicht-dachig sthd.; Grannen bis 10 cm lg.; Halm markig od. starkwandig; Ährchen m. dem unter ihm sthd. Achsenstück abfallend **3**

3. Hüllspelzen fast geflügelt, scharf gekielt, an der Spitze m. 1 scharfen Zahn; Ährenachse an den Ansatzstellen der Ährchen m. Haarbüscheln; Ährchen 3(–4)bltg., m. meist 2 fertilen Bltn., daher Ährchen 2grannig; Vorspelze auch z. Reifezt. ungeteilt; Halmknoten kahl; ⨀; VI–VII. Nur kult. bekannt, kult. seit ca. 7500 v. Chr.; angebaut wohl nur noch ČR, Vb? (tetraploid, 2n = 28) *Emmer* **T. dicóccon** Schr.

— Hüllspelzen scharf gekielt, an der Spitze 2zähnig; Ährenachse nur schwach behaart; Ährchen 2bltg., m. nur 1 fertilen Blüte, daher 1grannig; Vorspelze z. Reifezt. tief 2spaltig; Halmknoten behaart; ⨀; VI–VII. Kult. seit ca. 7500 v. Chr.; Heimat: Kleinasien, Kaukasus, Transkaukasien; kaum noch angebaut (Vb?). (tetraploid, 2n = 28) *Einkorn,* **T. monocóccon** L.

4(1). Deckspelzen bis 30 mm lg., z. Reifezt. papierart., 10nervig; Achse an der Ansatzstelle des Ährchens m. Haarbüscheln; Hüllspelzen scharf gekielt; ⨀; VI–VII. Nur kult. bekannt; vermutl. entstanden aus *T. durum;* in M-Eur. kaum mehr kult. (Be?); Ursprung: Spanien; nicht *‚Polnischer W.‘,* da Galizien in Spanien, nicht in Pl gemeint; tetraploid, 2n = 28. *Galizischer W., Gommer,* **T. polónicum** L.

— Deckspelzen höchstens 12 mm lg. **5**

5. Hüllspelzen scharf bis flügelart. gekielt; Achse an der Ansatzstelle der Ährchen m. Haarbüschel; Halm dickwandig (bis markig) **7**

— Hüllspelzen nur oberw. gekielt, im unt. Teil abgerundet; Achse an der Ansatzstelle der Ährchen ohne Haarbüschel; Halm dünnwandig, hohl . . **6**

6. Ähre dicht, höchstens 3mal so lg. wie breit; ob. Achsenabstände zw. den Ährchen 1–3 mm; Deckspelzen unbegrannt *(Binkel-W.)* od. m. Grannen bis 9 cm *(Igel-W.);* ⨀; VII. Nur kult. bekannt; Ausgangsform von *T. aestivum?;* kult. noch in Au (Vb, NTi, Sb, Kt). (hexaploid, 2n = 42) *Zwerg-W.,* **T. compáctum** Host

— Ähre locker, mehr als 3mal so lg. wie breit; ob. Achsenabstände zw. den Ährchen 4–8 mm; Deckspelzen unbegrannt od. m. Grannen bis 15 cm lg.; ⨀; VI–VII. Weltweit wichtigste Getreideart, kult. seit 6. Jahrtsd.. v. Chr.; entstanden vermutl. aus *T. dicoccon* × *Aegilops squarrosa;* in zahlr. Sorten *v* kult. (hexaploid, 2n = 42) (= *T. hybernum* L.) *Saat-W.,* **T. aestívum** L.

7(5). Hüllspelzen fast so lg. wie die unt. Blüte, fast flügelart. gekielt, außerdem noch m. schwach gezähntem Nebenkiel; Ähre schlank, seitl. zusammengedrückt; Blätt. fast kahl; Fr. längl.-spitz; ⊙; VI–VII. Wichtigste Weizenart nach *T. aestivum;* nur kult. bekannt; vermutl. entstanden aus *T. dicoccon;* kult. heute noch in Au (St). (tetraploid, 2n = 28) *Hart-W., Glas-W., Makkaroni-W.,* **T. dúrum** DESF.

— Hüllspelzen nur ⅔ so lg. wie die unt. Blüte, scharf, aber nicht flügelart. gekielt, ohne Nebenkiele; Ähre kräftig, im Querschnitt (fast) quadratisch; Blätt. weichhaarig; Fr. dick-bauchig; ⊙; VI–VII. Nur kult. bekannt; vermutl. entstanden aus *T. dicoccon;* kult. heute noch in Au? (tetraploid, 2n = 42) *Englischer W.,* **T. túrgidum** L.

24. **Hórdeum** L., *Gerste*

1. Deckspelzen lanzettl.; Grannen 1–3 cm, selten bis 8 cm lg.; Hüllspelzen länger als die lanzettl. Deckspelzen (ohne Granne); Ährenachse (reif!) zerbrechl.; Wildarten . . . 3

— Deckspelzen (wenigstens die des mittl. Ährchens) breit-elliptisch; Grannen bis 15 cm lg.; Hüllspelzen höchstens so lg. wie die elliptischen Deckspelzen (ohne Granne); Ährenachse nicht zerbrechl.; Blattöhrchen lg.-sichelf., kahl *(1225a–b);* Kulturarten 2

2. Ähre 2zeilig, m. 2 Reihen von Grannen; Seitenährchen kurz gestielt, ♂, verkümmert u. unbegrannt; ⊙; VII. Häufig als Braugerste angebaut (Sommergerste). (3 ssp.) (Heimat: SW-Asien, NO-Afrika; diploid) *Brau-G., Zweizeilige G.,* **H. dístichon** L.

— Ähre mehrzeilig [4zeilig = ssp. **vulgáre** L. [= ssp. *polystichon* (HALL.) SCH. & K.] od. 6zeilig = ssp. **hexástichon** (L.) ČEL.], m. mehreren Grannenreihen, Seitenährchen sitzend, fruchtbar u. begrannt; ⊙; VI. *v* angebaut (Wintergerste; Kulturart; diploid). *Mehrzeilige G.,* **H. vulgáre** L.

3(1). Hüllspelzen sehr lg. begrannt, bis 8 cm lg. u. länger als die ebenfalls lg. begrannten Deckspelzen; Seitenährchen ohne Stbblätt. u. Frkn.; Ähren überhängend-nikkend; ⊙; VI–VII. Selten eingeschleppt od. aus Gärten (Ziergras u. entlang Autobahnen) verwild. (salzliebend); bes. in NrWe, O-NS, He, Fr, BW, Au (NTi, Kt, St), Ho, Be, Da. (Heimat: N-Am., O-As.) *Mähnen-G.,* **H. jubátum** L.

— Hüllspelzen höchstens 2,5 cm lg., begrannt; Seitenährchen m. ♂ Bltn. 4

4. Hüllspelzen der Mittelährchen an beiden Seiten borstl. bewimpert; Blattscheiden kahl, oberste aufgeblasen, zuw. den Grd. der Ähre umfassend; Pfl. 15–40 cm hoch; ⊙; VI–XI. Schuttplätze, Wegränder. (2 ssp.) *Mäuse-G.,* **H. murínum** L.

a. Mittl. Ährchen der Dreiergruppe sitzend od. nur bis 0,5 mm lg. gestielt; seitl. Ährchen höchstens so lg. wie das mittl. *v* im W, sonst *z* bis *s.* ssp. **murínum**

— Mittl. Ährchen 1–2 mm lg. gestielt; seitl. Ährchen länger als das mittl. Offenbar nur im S u. W (genaue Verbreitung unbekannt; sicher bisher nur b. Düsseldorf). ssp. **leporínum** (LK.) ARC.

— Hüllspelzen der Mittelährchen nicht borstig bewimpert . 5

5. Oberstes Stgglied weit aus der obersten, enganliegenden Scheide hervorragend; alle Hüllspelzen auf 12–15 mm lg. Borste reduziert *(1218);* Pfl. 30–70 cm hoch; ♃; V–VIII. Sandige, feuchte Wiesen (salzliebend); Meeresküsten *v* bis *z,* östl. bis Po/Br/Sa, südl. *s* bis Saarland, Spessart, b. Crailsheim, Ries (b. Nördlingen, Ba). (= *H. nodosum* auct.) *Roggen-G.,* **H. secalínum** SCHREB.

— Stg. oft bis zur Ähre beblättert; innere (der Ährenachse zugewandte) Hüllspelze der seitl. Ährchen schmal-lanzettl.; ob. Blattscheide etwas aufgeblasen, unt. (meist) weichhaarig; Pfl. 10–40 cm hoch; ⊙; V–VIII. Marschwiesen, Deiche; *z* Nordseeküste u. Inseln (in Da nur b. Ribe), sehr *s* verschleppt im Binnenland. (2 ssp.) *Strand-G.,* **H. marínum** HUDS. (s. l.)

a. Innere Hüllspelze der Seitenährchen leicht geflügelt an ihrer Basis, ebenso lg. wie die nur grannige äußere Hüllspelze. Nur Nordseeküste (in Dt nur b. Wilhelmshaven). (= *H. maritimum* STOKES) ssp. **marínum**

— Beide Hüllspelzen gleich lg. u. rein grannig, auch an ihrer Basis nicht flächig verbreitert. *s* im Binnenland; bisher sicher nur b. Essen u. b. Cochem/Mosel. (= *H. hystrix* ROTH) ssp. **gussoneánum** (PARL.) THELL.

Weitere **Hordeum**-Arten adventiv, bes. in W-Dt u. Ho.

25. Léymus HOCHST., *Strandroggen*

Pfl. bläul. bereift, m. lg. Ausläufern; Spelzen nicht begrannt; Ährchen meist 3bltg.; Blattspreite steif, stechend, bei Trockenheit zusammengerollt; Pfl. bis 1,20 m hoch; ♃; V–VII. *v* Dünen der Meeresküsten (angepfl. zur Dünenbefestigung), im Binnenland zuw. verwildert u. eingebürgert. (= *Elymus arenarius* L.) **L. arenárius** (L.) HOCHST.

26. Hordélymus (JESSEN) HARZ, *Waldgerste*

Pfl. grasgrün, ohne Ausläufer; Deckspelzen bis 2,5 cm lg. begrannt; Ährchen 1–2bltg.; Blattspreite flach, ihre Scheiden zottig behaart; Pfl. bis 1,20 m hoch, ♃; VI–VIII. Laub- u. Mischwälder (bis 1500 m); *z, s* im NO ab Br, *f* NW-Dt u. Ho. (= *Elymus europaeus* L.)

H. europaēus (L.) HARZ

27. Eleusine GAERTN., *Wilde Fingerhirse, Wilder Korakan*

Halme m. seitl. stark zusammengedrückten Blattscheiden, an ihrer Öffnung wimperig behaart; Infl. aus 2–8 Ähren; Ährchen 2reihig, 3–6bltg., kahl, nur Kiele der Hüll- u. Deckspelzen rauh; ⨀; VII–IX. Auf warmen, sandigen, sauren Böden eingeschleppt u. vorübergehend eingebürgert. (Heimat: Tropen u. Subtropen) **E. índica** (L.) GAERTN.

28. Phragmítes ADANS., *Schilfrohr*

Stg. steif aufrecht, meist 2–4 m hoch, am Grd. dicke, bis 10 m lg. Ausläufer treibend (an trockeneren Standorten oberirdische „Legehalme", deren Neutriebe niedrig); an Stelle der Ligula weißl. Haarkranz; ♃; VII–IX. Ufer von Flüssen u. Seen; *g*. (= *Ph. communis* TRIN.)

Ph. austrális (CAV.) TRIN. ex STEUD.

a. Stg. bis 4 m hoch u. bis 1 cm im Dm; Rispe bis 40 cm lg., z. Bltzt. ausgebreitet; unt. Hüllspelze nur wenig kürzer als ob.; Ährchen meist 3–5bltg. (bei den niedrigen Trieben der „Legehalme" meist 1bltg.); *g*. ssp. **austrális**

b. Stg. bis 10 m hoch u. bis 2 cm im Dm; Rispe bis 50 cm lg., z. Bltzt. ausgebreitet; Ährchen bis 6bltg. Nur Luckau (Br.), Dortmund-Ems-Kanal. [= ssp. *pseudodonax* (RABENH.) RAUSCHERT] ssp. **altíssimus** (BENTH.) CLAYTON

c. Stg. bis 1,2 m hoch u. bis 1 cm im Dm; Rispe bis 20 cm lg., auch z. Bltzt. straff zusammengezogen; unt. Hüllspelze ½ so lg. wie die ob.; Ährchen 7–8bltg.; Salzwiesen; *s*? ssp. **húmilis** (DE NOT.) A. & GR.

29. Eragróstis N. M. WOLF, *Liebesgras*

1. Unt. Rispenäste einzeln (od. zu 2); Blätt. am Rand m. einer Reihe 0,1 mm großer Drüsen; Deckspelzen stumpf; Ährchen um 5 mm lg. **3**

— Unt. Rispenäste zu 3–6; Blätt. entlang der Ränder ohne Drüsen . . . **2**

2. Rispen bis 30 cm lg., zusammengezogen u. schlaff, überhgd.; unt. Rispenäste (meist 5–6) häufig noch in der obersten Blattscheide; Ährchen 2½ mm breit, 3–7bltg.; Pfl. bis 70 cm hoch; ⨀; VIII–X. Straßenränder, Müllkippen u. ä. Orte (auch aus Vogelfutter); eingeschleppt (z. B. E, S-Württ., Pf., Ba), ob eingebürgert? (Heimat: Äthiopien) [= *E. abyssinica* (JACQ.) LK.] *Äthiopisches L.,* **E. tef** (ZUCC.) TROTTER

— Rispen bis 15 cm lg., zuletzt sehr locker; unt. Rispenäste (meist 3–4) zuletzt ± rechtwinklig abstdh.; Ährchen 1 mm breit, 5–12bltg.; Deckspelzen zieml. spitz; Pfl. bis 30 cm hoch; ⨀; VII–X. Straßenpflaster, Ödland, Äcker; *s* in S-Baden, S-E u. Ho; außerdem oftmals eingeschleppt u. eingebürgert.

Behaartes L., **E. pilósa** (L.) P. B.

3(1). Ährchen 4–8 mm lg., 8–15bltg., meist schwarzviolett; Deckspelzen stumpf; Rispe locker; Blattscheiden u. -ränder lg. behaart; ⊙; VII–XI. Wege, Bahngelände, Schuttplätze, Straßenpflaster, stellenw. eingeschleppt u. eingebürgert, *f* Be, Da. (Heimat: Mittelmeergebiet) (= *E. poaeoides* P. B.) *Kleines L.,* **E. minor** HOST

— Ährchen ca. 1 cm lg., 15–20bltg., grün, oft violett überlaufen; Deckspelze an der Spitze etwas ausgerandet, in der Ausrandung m. ganz kurzer Stachelspitze; Blattscheiden kahl, nur an ihrer Öffnung m. längeren Haaren; ⊙; V–VI. Sandige Äkker, Ödland; stellenweise eingeschleppt u. eingebürgert. (Heimat: gemäßigte u. subtrop. Gebiete) [= *E. major* HOST; = *E. megastachya* (KOEL). LK.] *Großähriges L.,* **E. cilianénsis** (ALL.) VIGNOLO LUTATI ex JANCH.

Weitere ca. 15 **Eragrostis**-Arten *s* adventiv, doch bisher nicht eingebürgert.

30. Spartína SCHREB., *Schlickgras*

1. Ährchen zu 10–20(–25), 4–8 cm lg.; ob. Hüllspelze m. bis 7 mm lg. Granne, diese so lg. wie der flächige Spelzenteil; Pfl. bis 2 m hoch; ♃; IX–X. Flußböschung; eingeschleppt UntFr. (auch Berlin u. S-Br). (Heimat: O- u. S-USA) *Prärie-, Kamm-Sch.,* **S. pectináta** LK.

— Ährchen nur bis zu 10, kürzer; ob. Hüllspelze grannenlos **2**

2. Infl. aus 1–5 Ähren bestehend; Pfl. bis 40 cm hoch; Stg. an der Basis unbeblättert; Blätt. bis 5 mm breit; Ährchen 12–14 mm lg. *(1220);* Ligulahaare 0,5 mm lg.; ♃; VII–IX. Marschen der Küsten; *v* bis *z* Ho, Be. [= *S. stricta* (AIT.) ROTH] *Niederes Schl.,* **S. marítima** (CURT.) FERN.

— Infl. aus 3–6(–12) Ähren bestehend; Pfl. bis 150 cm hoch; Stg. bis zur Basis beblättert; Blätt. 7–15 mm breit; Ährchen 16–20 mm lg. *(1219)* . . **3**

3. Antheren 8–13 mm lg.; Haare der Ligula 2–3 mm lg.; Stbbeutel m. (fertilen) kugeligen Pollenkörnern; Fr. 10 mm lg.; ♃; VII–IX. Schlammige, salzhaltige Böden der Nordseeküste; angepfl. u. zunehmend sich ausbreitend (Be bis Da). *Englisches Sch.,* **Sp. ánglica** HUBB.

— Antheren 4–8 mm lg.; Haare der Ligula 0,3–2 mm lg.; Stbbeutel m. geschrumpften (sterilen) Pollenkörnern; ohne Früchte; Pfl. steril; ♃; VII–X. Marschen u. Salzwiesen d. Nordseeküste; in Ho, Dt u. Da zur Landgewinnung angepfl. u. eingebürgert. (Heimat: engl.-franz. Atlantikküste, N-Am.) (= *Sp. maritima* × *S. alterniflora* LOIS.) *Hohes Sch.,* **S. × townséndii** GROV.

31. Cýnodon RICH., *Hundszahngras*

Pfl. m. lg., oberirdischen, dem Boden aufliegenden, wurzelnden Trieben; auf 2 kurze Stgglieder folgt jeweils 1 langes; Blätt. schwach behaart, an der Scheidenmündung jederssts. m. 1 Haarbüschel; ♃; V–VI. Sandige Orte, Wegränder, Schuttplätze; *z* im Weinbaugebiet: Rheintal, Pf, Neckar, Main, unt. Donau, unt. Weser, Elbe, Br, Lausitz, b. Helmstedt (SO-NS), Au (*f* Sb, OTi); nördl. der Alpen nicht ursprüngl. (Heimat: Mittelmeergebiet) **C. dáctylon** (L.) PERS.

32. Nárdus L., *Borstgras*

Pfl. dichte Horste bildend, m. dickem, unterirdischem Rhizom, dichtstehenden, einseitig fortwachsenden Bltn.- u. Blättertrieben; Blätt. borstl.; Ährchen 1bltg., m. nur 1 verkümmerten Hüllspelze; ♃; V–VII. Feuchte, moorige Wiesen, Heiden, Bergwiesen; *v,* oft bestandsbildend; NW-Dt zurückgehend (‚Borstgrasmatten'). **N. strícta** L.

33. Nardúrus RCHB., *Dünnschwingel*

1. Ährenachse 4kantig, Ährchen 2zeilig angeordnet; Hüllspelzen etwa gleich lg.; Pfl. 20–40 cm hoch; ⊙; V–VII. Trockene, meist sandige Stellen; *s* S-E, in Dt offenbar ausgestorben (bisher noch

S-Baden). [= *Festuca lachenalii* (GMEL.) SPENN.; = *F. festucoides* (BERT.) BECH.; = *Vulpia unilateralis* (L.) STACE]

Kies-D., **N. lachenálii** (GMEL.) GODR.

— Ährenachse 3kantig, Ährchen aber nur entlang 2 Kanten angeordnet, daher etwas einstswendig; Hüllspelzen ungleich lg., die ob. viel länger als die unt.; ⨀; V–VII. Trocken-sonnige Orte, bes. in Küstennähe; *z* Be, adventiv E. [= *N. tenellus* RCHB.; = *Micropyrum tenellum* (L.) LK.] *Strand-D.*, **N. marítimus** (L.) MURB.

34. Parápholis HUBB. (= *Pholiurus* TRIN. p. p.), *Dünnschwanz*

Stg. meist liegend; Blätt. schmal, zuletzt borstl. gefaltet; Ähre dünn, schmal, z. Reifezt. zerbrechend; ⨀; V–VII. Feuchte Salz- u. Strandwiesen; *z* Nordseeküste u. -inseln, Ostsee östl. bis Rügen. [= *Lepturus incurvatus* auct.; = *Ph. incurvus* auct.]

Gekrümmter D., **P. strigósa** (DUM.) HUBB.

35. Aíra L., *Schmielenhafer, Nelkenhafer*

1. Ährchenstiele 2–5mal länger als die silberweißen, 1,5–2,5 mm große Ährchen; Rispenäste dünn, geschlängelt; ⨀; V–VIII. Aus Kulturen zuw. verwild. (Heimat: Mittelmeergebiet, Balkan) (= *A. capillaris* HOST; = *A. elegans* WILLD. ex GAUD.)

Haar-Sch., **A. elegantissima** SCHUR

— Ährchenstiele der meisten Ährchen kaum so lg. wie die Ährchen 2

2. Rispe reichbltg., locker ausgebreitet; Rispenäste verlängert, nur im ob. Teil m. Ährchen; Ährchenstiele etwas länger als die Ährchen; ⨀; V–VII. Sandböden, bes. Wälder u. Heiden (bis 1000 m); *z* (*f* Sb). (2 ssp.) *Nelkenhafer*, **A. caryophylléa** L.

a. Stg. meist einzeln, bis 20 cm hoch; Rispenäste absthd.; Ährchen ± purpurn überlaufen, 3 mm lg.; *z*, *s* im S, *f* S-Ba, Sb, Kt. ssp. **caryophylléa**

— Stg. zahlr., oft über 20, meist über 30 cm hoch; Rispenäste straff aufrecht; Ährchen hellgrün, nur 2,5 mm lg.; nur b. Karlsruhe (BW), Bitche (Grenze E), Be, Ho, Sylt? (SH), Da, Halberstadt (An), sonst übersehen?

ssp. **multicúlmis** (DUM.) A. & GR. ex HEGI

— Ährenrispe armbltg.; Rispenäste kurz, anlgd., wenige Ährchen tragend; Ährchenstiele kürzer als die 2,5–3,5 mm lg. Ährchen; Granne 3–4,5 mm lg.; ⨀; V–VI. Sandböden, Heiden; *v* im N, südl. seltener, *f* Au, S-Ba, BW (außer N-Rheintal).

Früher Sch., **A. praēcox** L.

36. Deschámpsia P. B. (incl. **Avenella** DREJER), *Schmiele*

1. Granne fast an der Basis der Deckspelze ansitzend, deutl. gedreht u. gekniet, am Grd. bräunl., das Ährchen bis 3 mm weit überragend; Blattspreite gerollt od. zusammengefaltet 5

— Granne kaum aus den Hüllspelzen herausragend, schwach gedreht, undeutl. gekniet, weißl., oft sehr kurz (Lupe!) . 2

2. Blätt. borstl., gefaltet, starr, in eine Spitze auslaufend; Rispe sehr locker; Granne der Mitte der Deckspelze entspringend, etwa so lg. wie die die Blüte meist überragenden Hüllspelzen; Ligula bis 8 mm hoch, spitz; Deckspelzen m. ungleich lg. Zähnen; Pfl. dichte, *Nardus*-ähnl., graugrüne Horste bildend, 30–60 cm hoch; ♃; VI–VII. Feuchte Wiesen; *s* Rheintal (Karlsruhe bis Mannheim).

Binsen-Sch., **D. média** (GOUAN) R. & SCH.

— Blätt. flach, obersts. rauh u. m. deutl. Nerven; Pfl. bis 1,3 m hoch, dicht horstf. **3**

3. Blätt. wellblechart. gerillt u. sehr rauh, schneidend; Ligula 6–8 mm lg., oft zerschlitzt; Ährchen 4–5 mm lg.; ob. Hüllspelze 3–4 mm lg.; Granne meist in den Hüllspelzen versteckt od. sie kaum überragend; ♃; VII–IX. Feuchte, quellige Orte, Flachmoore, Wiesen (bis 2500 m); formenreich. (3 ssp.; Verbr. wenig bekannt, bisher nicht unterschieden) *Rasen-Sch.,* **D. cespitósa** (L.) P. B. (s. l.)

a. Infl. dicht, schmal, nicht ausgebreitet, Seitenäste aufrecht absthd., 10–20 cm lg.; Blattspreiten der Erneuerungstriebe kurz, steif, fast gefaltet; Ährchen 2bltg., 4–5 mm lg., bräunl., oft violett überlaufen. Nur alp. Reg.?; Alp., Sudeten bis Altvatergeb. ssp. **gaudínii** Richt.

— Infl. locker, ausgebreitet, Seitenäste weit absthd. . . . . **b**

b. Ährchen 2(–3)bltg., 3–5 mm lg.; Blattspreiten der Erneuerungstriebe 2–7 mm breit, ausgebreitet, überhgd., die Infl. nicht erreichend. *v.* ssp. **cespitósa**

— Ährchen 1–2bltg., 2–3 mm lg.; Blattspreiten der Erneuerungstriebe mehr aufrecht, die Infl. erreichend od. sogar länger, 2–3 mm breit. Schattige Stellen in feuchten Wäldern u. Gebüschen. *z?* ssp. **parviflóra** (Thuill.) Richt.

— Blattspreiten weniger rauh; Ligula 2–5 mm lg.; ob. Hüllspelze 5–6 mm lg. **4**

4. Blattspreiten kurz, nur bis 12 cm lg.; Ährchen um 7 mm lg., an Stelle der Bltn. oft Jungpflänzchen *(1216);* Granne 4 mm lg., die Deckspelze wenig, aber deutl. überragend; ♃; VII–VIII. Kiesige, überflutete Ufer; sehr *s,* nur noch O-Bodensee. [= *D. rhenana* Gremli; = *D. cespitosa* ssp. *littoralis* (Gaud.) Sch. & K.] *Ufer-Sch.,* **D. littorális** (Gaud.) Reut.

— Blattspreiten lg., bis 40 cm lg.; Ährchen 5–7 mm lg., grün bis strohfarben, ohne Jungpflänzchen; Granne 4 mm lg., die Deckspelze nicht überragend; ♃; V. Schlammige Ufer; *s,* nur noch Unterlauf der Elbe zw. Hamburg u. Mündung. *Sumpf-Sch.,* **D. wibeliána** (Sond.) Parl.

5(1). Blätt. stielrund, fadenf.; Ligula 2 mm lg.; Rispenäste absthd., geschlängelt, meist purpurn; Ährchen bräunl. purpurn; beide Bltn. sehr dicht beieinander, Ährchenachse dazw. nur sehr kurz; ♃; VI–VIII. Trockene Nadelwälder, Heidewiesen (bis 2500 m); *g.* [= *Avenella flexuosa* (L.) Parl.] *Geschlängelte Sch.,* **D. flexuósa** (L.) Trin.

— Blätt. flach od. gefaltet; Ligula bis 8 mm lg.; Ährchen grün.violett; Ährchenachse zw. beiden Bltn. fast halb so lg. wie die ob. Blüte; ♃; VII–VIII. Heidemoore; *s* im NW: Be, Ho, NW-Dt (südl. bis Bonn/W-NS/W-SH), Rügen, Lausitz, nö Regensburg. *Borsten-Sch.,* **D. setácea** (Huds.) Hack.

37. Hólcus L. em. Sw., *Honiggras*

1. Blattscheiden u. Knoten dicht weichhaarig; Granne der ob. ♂ Blüte zw. den Spelzen versteckt, zuletzt nach innen gekrümmt *(1200);* Pfl. graugrüne Horste bildend, 30–100 cm hoch; ♃; VI–VIII. Wiesen (bis 1200 m); kalkmeidend; *g* u. *h,* bestandsbildend (‚Honiggraswiesen'). *Wolliges H.,* **H. lanátus** L.

— Halm nur an den Knoten behaart; Blattscheiden spärl. behaart od. kahl; Granne der ob. ♂ Blüte aus den Spelzen um etwa ⅓ hervorragend; Pfl. m. Ausläufern, 30–70 cm hoch; ♃; VI–VII. Wälder u.

Waldränder (bis 1500 m); kalkmeidend; *v*, aber weniger häufig als vorige. *Weiches H.*, **H. móllis** L.

38. Arrhenátherum P. B., *Glatthafer*

Rispe z. Bltzt. ausgebreitet; Ährchen weißl.-grün; unt. Blüte ♂, begrannt, ob. ⚥, unbegrannt; Granne gedreht, gekniet; Pfl. 50–180 cm hoch; ♃; VI–VII. Wiesen, Hügel, lichte Wälder (bis 1600 m); *v* u. *h*, wichtigste Wiesenpfl., oft kult. (2 ssp.) **A. elátius** (L.) J. & K. PRESL

a. Grundinternodien nicht verdickt; Stgknoten kahl. ssp. **elátius**

— Grundinternodien knollig (zuw. kettenart.) verdickt; Stgknoten meist behaart. Trockenwiesen, Wegränder; *z*. *Knollen-G.*, ssp. **bulbósum** (WILLD.) SCHLDL. ex SCHÜBLER & MARTENS

39. Gaudínia P. B., *Ährenhafer*

Scheiden der unt. Blätt. dicht langhaarig; Ligula fast fehlend; Ährchen in brüchiger Ähre; Hüllspelzen ungleich lg., unt. 3–4 mm u. undeutl. 2–4nervig, ob. 9–12 mm m. 6–8wulstigen Nerven; Deckspelzen m. etwa 7 mm lg., gedreht-geknieter Granne; ⊙; V–VI. Ödland, Wegränder; zuw. eingeschleppt, *s* dauerhaft, z. B. E, b. Köln, b. Bielefeld, b. Siegen, St. (Heimat: Mittelmeergebiet) **G. frágilis** (L.) P. B.

40. Trisétum PERS., *Goldhafer*

1. Ährenrispe dicht, fast kopfig, im Umriß längl., bis 3(–4) cm lg., meist dunkel, zuw. einfarbig goldgelb; Ährchen 2bltg., violett, grün od. gelbbraun gescheckt; Granne 3 mm lg.; Halme oberw. behaart, 10–20 cm hoch; ♃; VII–IX. Humöse Wiesen, steinige Matten, Felsen (2200–3500 m); Alp., *z* Au (*s* Vb, *f* OÖ), *s* Dt (Allgäu: 3 Fundorte), Wetterstein (Kreuzeck), Berchtesgaden (Fangstein). *Ähren-G.*, **T. spicátum** (L.) RICHT. ssp. **ovatipaniculátum** HULT. ex JONSELL

— Rispe locker ausgebreitet; Halm oberw. kahl; Granne 4–7 mm lg. **2**

2. Pfl. ohne oberirdische Ausläufer; unt. Hüllspelze 1-, ob. 3nervig; Ährchenachse sehr kurz behaart **4**

— Pfl. m. längeren, oberirdischen Ausläufern, bis 30 cm hoch; Ährchenachse dicht bis 3 mm lg. behaart; Rispe bis 6 cm lg. **3**

3. Haare der Ährchenachse fast bis zur Ansatzstelle der Deckspelzen hinaufreichend; Rispe im Umriß oval; Ährchen bis 9 mm lg.; Blattspreiten starr, breiter (bis 3 mm); Blätt. der nichtblühenden Triebe deutl. 2zeilig; ♃; VII–VIII. Schutthalden, Felsspalten (1000–3000 m); kalkliebend; Alp., *z* Au, *s* Dt. *Zweizeiliger G.*, **T. distichophýllum** (VILL.) P. B.

— Haare der Ährchenachse kaum die Hälfte bis zur Ansatzstelle der Deckspelzengranne hinaufreichend; Rispe im Umriß schmaler, fast lanzettl.; Ährchen kleiner, bis 7 mm lg.; Blattspreite schlaff, schmaler (bis 1,5 mm); ♃; VII–VIII. Schuttfluren, Felsen, steinige Triften (oberhalb 1600 m); kalkstet; *s* OTi, Kt, St. *Silber-G.*, **T. argénteum** (WILLD.) R. & SCH.

4(2). Stgknoten von den Blattscheiden nicht bedeckt; oberste Blätt. die bis 20 cm lg. Rispe erreichend; längste Rispenäste m. bis 12 Ährchen (Gebirgsformen oft weniger); Rispenäste rauh; ob. Hüllspelze umgekehrt-eif. (oberhalb der Mitte am breitesten); Frkn. behaart; Ährchen meist goldgelb (bis grünl.); Pfl. bis 60(–80) cm hoch; ♃; V–VI. Wiesen (bis 2400 m); *v* im Geb. (‚Goldhaferwie-

sen'), sonst *z.* (2 ssp.?) (= *T. pratense* PERS.)
Wiesen-G., **T. flavéscens** (L.) P. B.

a. Blätt. schmaler als 5 mm; Infl. locker, ausgebreitet, (gold)gelb; Ährchen 7,5 mm lg., 2 bltg.; 2n = 28. ssp. **flavéscens**

— Blätt. 5–10 mm breit; Infl. dicht, purpurfarben; Ährchen 7,5 mm lg., aber 3–4 bltg.; 2n = 12. Bisher nur Allgäu (Dt u. Au). ssp. **purpuráscens** (DC.) ARC.

— Stgknoten von den Blattscheiden bedeckt; oberste Blätt. die bis 6 cm lg. Rispe nicht erreichend; längste Rispenäste m. meist 3 (selten bis 6) Ährchen; ob. Hüllspelze oval (in der Mitte am breitesten); Frkn. kahl; Ährchen ± violett überlaufen; Pfl. bis 30 cm hoch; ♃; V–VII. Steinige Matten u. Hänge, bes. der Krummholz-Reg. (1000?–2000 m); kalkliebend; *z* Ti, *s* Sb, St, Hohneck/Vog.?, in Dt offenbar *f.* [= *T. flavescens* ssp. *alpestre* (HOST) A. & GR.]
Alpen-G., **T. alpéstre** (HOST) P. B.

41. Ventenáta KOEL., *Grannenhafer*
Ligula bis 1 cm lg., da am Rand herablaufend; Blätt. oberssts. rauh; Rispe bis 20 cm lg.; Ährchen 2–3 bltg., grünl.; Hüll- u. Deckspelzen kurz begrannt, die ob. Deckspelze auch 2spitzig, außerdem m. geknieter rückenst. Granne; ⊙–⊙; VI–VII. Sonnige, trockene Stellen, lichte Wälder; *s* RhPf, M-He, Harz, N-Th, O-St, in Be ausgestorben. (= *V. avenacea* KOEL.) **V. dúbia** (LEERS) COSS.

42. Danthónia LAM. & DC., *Traubenhafer*
Pfl. horstbildend; Blattspreiten bis 2,5 mm breit; Bltnstand eine meist einfache Traube; Ährchen aufrecht; Ligula als Haarkranz; ♃; V–VI. Heidewiesen, Trockenrasen; nur (?) b. München, in Au erst ab NÖ. [= *D. calycina* (VILL.) RCHB.; = *D. provincialis* DC. (in LAM. & DC.)]
D. alpína VEST

43. Sieglíngia BERNH., *Dreizahn*
Deckspelze an der Spitze 3zähnig *(1222);* Pfl. horstbildend, 15–40 cm hoch; Stg. anfangs niederlgd., später aufstgd.; Blattscheiden gewimpert; Infl. m. nur 4–12 Ährchen; Ligula als Haarkranz; ♃; VI–VII. Trokkene Magermatten, Kiefernwälder, Heidemoore (bis 2250 m); *v* bis *z.* [= *Danthonia decumbens* (L.) LAM. & DC.] **S. decúmbens** (L.) BERNH.
2 Öko- u. Genotypen unterschiedl. Standorte:
ssp. **decúmbens:** Pfl. niedrig, dicht wachsend; Halme kräftig; 2n = 36; verbreitete Rasse auf kalkfreien Böden.
ssp. **decípiens** BÄSSLER: Pfl. höher, locker wachsend; Halme zierlicher; 2n = 24; vor allem in Halbtrockenrasen auf kalkhaltigen Böden. Verbr. wenig bekannt (z. B. St).

44. Avéna L., *Hafer*

1. Deckspelzen in der unt. Hälfte dicht lg. weiß- od. braunhaarig; Bltn. von der Ährchenachse abgegliedert, Fr. sich deshalb leicht aus den Hüllspelzen u. voneinander lösend; Ährchen 3bltg.; Rispe allstswendig; ⊙; VI–VIII. Ackerunkraut; Schuttplätze (bis 1300 m); *v* S-Dt, sonst *z,* stellenw. *s* bis *f.* (Stammform des Kulturhafers)
Wind-H., **A. fátua** L.

— Deckspelzen ganz oder fast kahl; Ährchenachse nicht gegliedert; Fr. sich erst später voneinander lösend u. ausfallend; Ährchen meist 2bltg.; kultivierte Arten **2**

2. Deckspelzen 12–25 mm lg., an der Spitze nur ausgerandet oder ganz kurz 2zähnig, kahl, die unt. Blüte eines Ährchens begrannt (Granne 15–40 mm lg.), die ob. unbegrannt; Ährchen 2–3bltg., bis 30 mm lg.; Hüllspelzen 7–9nervig; Ligula kurz, m. 3eckig-zugespitzten Zähnchen *(1226b)*, Spreitengrd. ohne Öhrchen *(1226a)*; ⨀; VI–VII. *v* angebaut u. häufig verwildert; Kulturart (hexaploid). Zahlreiche Sorten. (incl. *A. orientalis* SCHREB.) *Saat-H.*, **A. satíva** L.

— Deckspelze tief 2geteilt bis zur halben Spelzenlänge, am Grd. des Einschnitts sitzt die bis 35 mm lg. (Mittel-)Granne; Ährchenachse nicht gegliedert (z. Reifezt. nicht auseinanderfallend) **3**

3. Beide Spitzen der Deckspelze schmal-3eckig-zugespitzt; Ährchen 3–4bltg., Ährchenachse rauh, unterhalb des Bltnansatzes nicht verdickt; ⨀; VI–VIII. Früher vielfach kult. (insbes. OÖ u. NÖ), vor allem auf sandigen Böden, auch m. Saathafer. Alte Kulturpfl. (diploid) *Sand-H.*, **A. strigósa** SCHREB.

— Beide Spitzen der Deckspelze m. granniger, rauher Spitze; Ährchen meist 2bltg., Ährchenachse glatt, unterhalb des Bltnansatzes etwas keulig verdickt; ⨀; VI–VIII. Früher zuw. kult., auch m. Saathafer, auf schwach sauren, sandigen Böden; heute gelegentl. ruderal; alte Kulturform? (diploid) *Nackt-H.*, **A. núda** L.

45. Helictotríchon BESS. ex SCHULT. & J. H. SCHULT. [incl. **Avenula** (DUM.) DUM., = *Avenastrum* OPIZ u. **Avenochloa** HOLUB], *Wiesenhafer*

1. Ligula an den Halmblätt. u. den Erneuerungstrieben nur als kaum 1 mm lg., häutiger, gezähnelter bis bewimperter Saum; Ährchen 2bltg., Ährchenachse lg.haarig; Deckspelzen sehr kurz 2spitzig, 7nervig; Blätt. der Erneuerungstriebe borstl., steif, obersts. dicht u. kurz behaart; ♃; VII. Kalk- u. Dolomitfelsspalten (1300–1800 m); *s* Karawanken (Kt), im Grenzgebiet zu Slowenien. Lokalendemit. [G] *Karawanken-W.*, **H. petzénse** MELZER

— Ligula wenigstens der Halmblätt. deutl. länger, mehr als 3 mm **2**

2. Blätt. der Erneuerungstriebe borstenf., zusammengerollt, obersts. rippig, untersts. glatt (Querschnitt!); Ährchen meist bräunl., 2–3bltg.; Ligula der Halmblätt. u. der Erneuerungstriebe gleich lg. (je 3–6 mm); Pfl. bis 80 cm hoch; ♃; VI–VIII. Steinige Triften, Schuttfluren (1300–2400 m); kalkstet; *z* Au (*f* Vb), *s* Dt zw. Füssen u. W-Karwendel. (= *Avena parlatorei* WOODS) *Parlatores W.*, **H. parlatórei** (WOODS) PILG.

— Blätt. der Erneuerungstriebe flach bis gefaltet u. dann im Querschnitt V-förmig; Ligula der Blätt. der Erneuerungstriebe deutl. kürzer als die der Halmblätt. **3**

3. Ährchenachse zw. den Bltn. m. bis 6 mm lg. Haaren; Blattscheiden der Erneuerungssprosse fast völlig geschlossen, ebenso wie die flachen Blattspreiten weichhaarig; Ährchen grünl.-violett u. bronzefarben bis silbrigweiß gescheckt; ♃; V–VII. (= *Avena pubescens* HUDS.) (2 ssp.) *Flaumiger W.*, **H. pubéscens** (HUDS.) PILG.

a. Blattscheiden u. -spreiten weich behaart; Ährchen 2–3bltg., 10–15 mm lg. Trockene Wiesen, lichte Wälder; Ebene bis montane Reg.; *v*, in NW-Dt *z* bis *s*. ssp. **pubéscens**

— Blattscheiden (fast) kahl; Ährchen 3–4bltg., 15–20 mm lg.; Matten d. subalp. u. alp. Reg. ssp. **laevigátum** (SCHUR) SOÓ

— Ährchenachse zw. den Bltn. kahl od. nur m. deutl. kürzeren Härchen; Blattscheiden kahl, glatt od. rauh **4**

4. Blattscheiden bis zur Hälfte geschlossen; Deckspelzen violett u. braungelb gescheckt; Ährchen 3–6bltg., Ährchenachse kurzhaarig; Blattspreiten kahl u. glatt, ihre Ränder weißl. u. knorpelig-rauh; Pfl. 15–30 cm hoch; ♃; VII–VIII. Kurzgrasige Alpenwiesen, Moore (1800–3000 m); *v* Ur-Alp., sonst *s.* (= *Avena versicolor* VILL.) *Bunter W.,* **H. versícolor** (VILL.) PILG.

— Blattscheiden offen; Deckspelzen nicht bunt, meist grünl., allenfalls m. violett getöntem Grd. **5**

5. Ährchen 5–8(–12)bltg.; Halmblätt. m. 4–8 mm lg. Ligula, ihre Spreitenränder an der Basis wimperhaarig; Blattscheiden u. wenigstens unt. Teil des Halms zusammengedrückt, fast 2schneidig (Querschnitt!); Ährchenachse kurzhaarig; Blattspreiten ausgebreitet bis 15 mm breit; Pfl. bis 80 cm hoch; ♃; VII–IX. Quellige, waldige u. wiesige Orte; *s* Gesenke, Altvatergeb. [= *Avena planiculmis* SCHRAD.; = *Avenula planiculmis* (SCHRAD.) W. SAUER & CHMEL.] *Platthalmiger W.,* **H. planicúlme** (SCHRAD.) BESS.

— Ährchen nur 3–6bltg.; Ligula der Halmblätt. kürzer, nur bis 4 mm lg. (wenn länger, dann zerrissen); Basis der Blattspreiten nicht wimperig behaart **6**

6. Pfl. lockerrasig, m. längeren, unterirdischen Ausläufern; unt. Blattscheiden u. unt. Teil des Halms seitl. zusammengedrückt; Ährchen 3–5bltg.; Ährchenachse kurzhaarig; Blattspreiten der Erneuerungstriebe ausgebreitet bis 9 mm breit, ihre Ränder knorpelig u. stachelhaarig; Deckspelzen 5nervig; ♃; VI–VII. [= *Avena adsurgens* SCHUR ex SIMK.; = *Avenula adsurgens* (SCHUR ex SIMK.) SAUER & CHMEL.] (2 ssp.) *Mittlerer W.,* **H. adsúrgens** (SCHUR ex SIMK.) CONERT

a. Ausläufer lg. (bis 30 cm); Seitennerven der Deckspelze vor durchsichtigem, weißl. Hautrand endend; Blattspreite der Erneuerungstriebe bis 9 mm breit, m. 17–21 Leitbündeln (Querschnitt!). Trockenrasen (bis 1000 m); *s* St, Kt. ssp. **adsúrgens**

— Ausläufer kürzer (bis 10 cm); Seitennerven der Deckspelze bis zu ihrem Rand verlaufend; Blattspreiten der Erneuerungstriebe nur 2–3 mm breit, m. nur 15–17 Leitbündeln. Triften, Zwergstrauchheiden, Felsen; *s* Sb, St. ssp. **ausserdórferi** (A. & GR.) CONERT

— Pfl. horstf., ohne od. nur m. sehr kurzen Ausläufern; unt. Blattscheiden u. Halme auch im unt. Teil rund (Querschnitt!); Blattränder knorpelig-rauh **7**

7. Deckspelzengranne bis 22 mm lg., oberhalb der Mitte abgehend; Erneuerungssprosse innerhalb der untersten Blattscheide emporwachsend; Ligula der Halmblätt. 3–5 mm lg., gezähnelt; Blattspreiten der Erneuerungstriebe beidersts. glatt; Pfl. bis 80 cm hoch; ♃; V–VIII. Sonnige Hänge, trockene Wiesen u. Wälder; *v* bis *z* im S, *z* bis *s* im N, *f* NW-Dt. [= *Avena pratensis* L.; = *Avenula pratensis* (L.) DUM.] *Echter W.,* **H. praténse** (L.) PILG.

— Deckspelzengranne bis 15 mm lg., in der Mitte abgehend; Erneuerungssprosse ihre Blattscheiden bereits an deren Basis durchbrechend u. außerhalb von ihnen emporwachsend; Ligula der Halmblätt. 3–7 mm lg., oft zerschlitzt; Blattspreiten der Erneuerungstriebe obersts. rauh, untersts. rauh od. glatt; ♃; VI–VIII. [= *Avena*

praeusta RCHB.; = *Avenula praeusta* (RCHB.) HOLUB] (2 ssp.)
Alpen-W., **H. praeústum** (RCHB.) TZVELEV

a. Halme bis 70 cm hoch, steif aufrecht; Rispe im Umriß bis 18×4 cm groß, längl.-eif., m. 10–25 Ährchen, diese 4–6bltg.; Blattspreiten der Erneuerungstriebe 2–3 mm breit, m. 13–15 Leitbündeln (Querschnitt!). Rasen, bes. Südlagen der mont. Reg.; kalkliebend; *z* NTi, OTi, Kt (Gailtaler Alp.).
ssp. **praeústum**

— Halme bis 40 cm hoch, zarter, überhgd.; Rispe im Umriß bis 9×2,5 cm groß, lanzettl., aus nur 5–8 Ährchen bestehend, diese 4–5bltg.; Blattspreiten der Erneuerungstriebe 1,5–2 mm breit, m. nur 9–13 Leitbündeln. Rasen der subalp. u. alp. Reg. (bis 2000 m); *s* NTi.
ssp. **pseudoviolàceum** (KERN. ex D. T.) CONERT

46. Corynéphorus P. B., *Silbergras*

Pfl. horstf., graugrün, 15–50 cm hoch; Blattscheiden zuw. purpurn; Blätt. borstl., steif; Rispe silbergrau, vor u. nach der Blüte zusammengezogen; Granne vor der Spelzenbasis, an der Spitze keulig verdickt *(1202);* ♃; VI–VIII. Sandböden, Heiden, Kiefernwälder; *v* im N, *s* im S, *f* Au. [= *Weingaertneria canescens* (L.) BERNH.]
C. canéscens (L.) P. B.

47. Koeléria PERS. (incl. **Rostraria** TRIN., = *Lophochloa* RCHB.), *Schillergras*

1. Pfl. ⊙, 10–40 cm hoch; Deckspelze kurz 2spitzig, m. bis 2 mm lg. Granne; Blattscheiden locker anliegend behaart; unt. Hüllspelze 1nervig, viel kürzer u. schmaler als die 3nervige ob., beide kahl bis wenig behaart; Ährenrispe dicht zylindrisch, nicht unterbrochen, bis über 1 cm breit; IV–V, auch später. Wegränder, Schuttplätze, auf trockenen, sandigen Böden eingeschleppt, ob im Gebiet dauerhaft (b. Bingen)? (Heimat: Mittelmeergebiet bis STi) [= *K. cristata* (L.) BERT., non (L.) PERS.; = *K. gerardii* (VILL.) SHINNERS; = *R. cristata* (L.) TZVELEV]
Büschelgras, Einjähriges Sch., **K. phleoídes** (VILL.) PERS.

— Pfl. ♃; Hüllspelzen nur wenig in ihrer Größe voneinander verschieden **2**

2. Deckspelze kurz 2spitzig, dazw. m. 1,5–2 mm lg. Granne; Hüll- u. Deckspelze behaart; Halm ganz od. wenigstens oberw. kurz zottig behaart, an der Basis durch alte, nicht zerfasernde Blattscheiden verdickt; Blätt. kahl, zusammengerollt; Ährenrispe meist violett überlaufen, an der Basis meist unterbrochen; ♃; VI–VIII. Trockene Alpenwiesen, steinige Matten, Felsen, Geröll (1700–3000 m); *z* Ti. *Behaartes Sch.,* **K. hirsúta** (DC.) GAUD.

— Deckspelzen höchstens zugespitzt, nicht begrannt . . . **3**

3. Blätt. die Stgbasis zwiebelartig verdickend, ihre abgestorbenen Scheiden in miteinander verflochtene u. geschlängelte Fasern aufgelöst; Blätt. starr, meist zusammengerollt, seegrün; Deckspelzen spitz; Hüllspelzen gleich lg.; ♃; V–VI. Trockenrasen, sonnige Hügel; nur b. Nackenheim (Pf) u. Rouffach (E).
Walliser Sch., **K. vallesiána** (HONCK.) GAUD.

— Alte Blätt. die Stgbasis nicht od. wenig verdickend, ihre abgestorbenen Scheiden nicht od. nur in gerade Fasern sich auflösend **4**

4. Hüll- u. Deckspelzen stumpf; Pfl. blaugrün; Stgbasis durch vertrocknete Blattscheiden etwas verdickt; ♃; V–VII. Sanddünen, sandige Wälder u. Heiden; *z* im O, westl. bis z. Elbe u. bis Hamburg u. Uelzen, b. Verden, sonst N-ObRhein zw. Germersheim u. Bingen. *Blaugrünes Sch.,* **K. glāuca** (SPR.) DC.

— Hüll- u. Deckspelzen zugespitzt **5**

5. Wuchs locker-rasenf., Grdachse kriechend; Scheiden der Grdblätt. bleich-weißl. u. samtig behaart; Infl. dicht, ungelappt; Blätt. deutl. eingerollt, scharf zugespitzt; Ährchen 2–3bltg.; Stgbasis etwas zwiebelart. verdickt; Hüllspelzen fast so lg. wie das Ährchen; ♃; V–VI. Dünen der Nordseeküsten, sehr *s* noch küsteneinw.; *z* Be, Ho, Dt (nur Ostfriesische Inseln u. b. Cuxhaven). (= *K. albescens* auct., non DC.) *Sand-Sch.,* **K. arenária** (DUM.) CONERT

— Wuchs dicht, horstf., Grdachse nicht kriechend, Stgbasis nicht verdickt **6**

6. Hüllspelzen u. Deckspelze behaart (ähnl. *K. hirsuta*), aber beide zugespitzt, nicht grannig; unt. Hüllspelze viel kürzer u. schmaler als die ob.; Wuchs dichtrasig, da Pfl. m. kurzen Ausläufern; Erneuerungssprosse wachsen innerhalb der untersten Blattscheiden empor, nur diese ist kurz behaart, die höheren kahl; Ährchen 2–3bltg., 6–8 mm lg.; Infl. 6–8 cm lg., dicht, an ihrer Basis meist etwas unterbrochen, violett überlaufen; ♃; VII–VIII. Trockene Matten, Schuttfluren, Felsen (1600–2100 m); kalkliebend; *s* OTi, Kt, St (= *K. carniolica* KERN.) *Wolliges Sch.,* **K. eriostáchya** PANČIĆ

— Hüll- u. Deckspelzen kahl od. rauh bis nur sehr kurz behaart, z.T. nur spitzenw. **7**

7. Rückwärtiger Wurzelstock kräftig, fast knollig; Erneuerungstriebe zu je 2–3 gemeinsam entstehend; nur die unt. Blattscheide solcher Triebe kurz-zottig behaart; Blattspreiten 1–3 mm breit, flach od. gefaltet; Ährchen 2–3bltg., 6–8 mm lg., grünl.-weiß bis strohfarben; Ährenrispe im unt. Teil auffällig gelappt; ♃; V–VII. Sonnige, trockene Hänge u. Hügel (bis 800 m); kalkliebend; *s* OTi?, Kt. (= *K. splendens* PRESL)
Glänzendes Sch., **K. lobáta** (M. B.) R. & SCHULT.

— Rückwärtiger Wurzelstock unverdickt; Erneuerungstriebe einzeln entstehend **8**

8. Halm unterhalb der Infl. kurzhaarig bis kahl; Rhachis u. Seitenäste zottig behaart; Blattspreiten der Erneuerungstriebe fast flach, 2–3 mm breit, beidersts. kahl od. fast kahl, am Grd. m. bis 1,5 mm lg. steifen Härchen; Ährchen 2–3bltg., 5,5–7 mm lg., glzd.; ♃; V–VII. (2 ssp.) *Pyramiden-Sch.,* **K. pyramidáta** (LAM.) P. B.

a. Stg. unterhalb der Infl. kurz behaart; Infl. z. Bltzt. pyramidenf., bis 3 cm breit, weißl.grün od. hellbraun. Steppenrasen, Waldränder (bis 2000 m?); *v* bis *z* im S, nach N seltener, Nordgrenze unklar, vermutl. *f* N-Ho, NW-Dt, SH. ssp. **pyramidáta**

— Stg. unterhalb der Infl. kahl; Infl. z. Bltzt. walzl., nur bis 1 cm breit, violett überlaufen. Felsige, sonnige Abhänge u. Wiesen, Lärchenwälder (900–2000 m); *s (z?)* Alp., Au: NTi, OTi, Kt; ob in Dt? [= *K. montana* (HAUSM.) D. T.] ssp. **montána** (HAUSM.) DOM.

— Halm unterhalb der Infl. (fast) kahl; Rhachis u. Seitenäste kurz behaart; Blattspreite der Erneuerungstriebe borstl. gerollt, ausgebreitet bis 2 mm breit, beidersts. gleichmäßig dicht behaart, randl. am Grd. ohne steife Härchen; Ährchen 2–4bltg., 3,5–5 mm lg., gelbl.- bis grünl.-weiß; ♃; V–VIII. Trockene Wiesen, Heiden, Sandfluren (bis ? m); kalkliebend; recht formenreich; *z* im S, stellenw. *f*, *s* im N, nördl. bis S-Ho/Wesel/Sauerland/Bremen/Hamburg/Me. [= *K. macrantha* auct., non (LED.) SCHULT.; = *K. gracilis* PERS.] *Zierliches Sch., Kamm-Sch.,* **K. cristáta** (L.) PERS.

48. Agróstis L., *Straußgras*

1. Deckspelzen am Grd. m. 2 seitl. Haarbüscheln, grannenlos; Haare ⅓–½ so lg. wie die Deckspelze; Ährchen 2–2,5 mm lg., meist rotbraun bis violett; Vorspelze fast verkümmert; Rispe fast zusammengezogen; ♃; VII–VIII. Geröllhalden, Zwergstrauchgebüsch (1400–2500 m); kalkmeidend; *z* Alp. [= *A. schraderiana* BECH.; = *Calamagrostis tenella* (SCHRAD.) LK.; = *C. humilis* (R. & SCH.) O. SCHWARZ] *Zartes St.*, **A. agrostiflóra** (BECK) RAUSCHERT

— Deckspelzen am Grd. ohne od. m. sehr kurzen Haarbüscheln **2**

2. Blätt. (wenigstens die grdst.) borstl. gefaltet; Vorspelze höchstens ⅕ so lg. wie die Deckspelze; Ligula längl.; Deckspelze begrannt **6**

— Blätt. flach, 2–4 mm breit (wenn borstl., dann graugrüne Strandpfl. od. Ligula fast fehlend); Deck- u. Vorspelze vorhanden, letztere wenigstens ½ so lg. wie die erstere . . **3**

3. Rispe auch z. Frzeit ausgebreitet; Ährchen meist violett; Ligula der Erneuerungstriebe nur bis 1,5 mm lg.; Vorspelze ⅓–½ so lg. wie die grannenlose Deckspelze; Ährchenstiele glatt; ♃; VI–VIII. *v.* (3 od. mehr. nicht scharf trennbare, ökologisch differenzierte ssp.) (= *A. vulgaris* WITH.; = *A. tenuis* SIBTH.) *Rotes St.*, **A. capillaris** L.

a. Stg. niederlgd., oft reich verzweigt, dadurch kaum blühend u. bestandsbildend. Heidemoore, sandige Orte; *z?* ssp. **répens** (SCHUR) O. SCHWARZ

— Stg. aufrecht od. knickig aufstgd. . . . . **b**

b. Grdachse ± kriechend; Stg. bis 100 cm hoch; Blätt. flach, 2–4 mm breit, schlaff; Rispe ausgebreitet. Wiesen, Matten, Wälder (bis 2500 m); *v.* ssp. **capillaris**

— Grdachse nicht kriechend; Pfl. dicht-rasenf., nur bis 20 cm hoch; Blätt. schmaler, kürzer u. straff; Rispe gedrungener u. m. kürzeren Ästen. Matten der mont. u. alp. Reg.; *v* (?). [= *var. alpina* (SCHUR) VOLLM.] ssp. **oreóphila** O. SCHWARZ

— Rispe vor u. nach der Bltzt. zusammengezogen, meist bleich; Ligula bis 6 mm lg.; Vorspelze ½–¾ so lg. wie die Deckspelze; Ährchenstiele rauh **4**

4. Deckspelzen auf dem Rücken dicht, aber nur kurz behaart (gute Lupe!), nahe der Basis m. bis 5 mm lg. Granne, das erste Seitennervenpaar bis 0,5 mm grannig aus der Spelzenfläche austretend (dies jedoch bei unbegrannten Bltn. fehlend!); Rispe zusammengezogen; Pfl. graugrün; ♃; VI–VII. Sandige Ruderalstellen; häufig in Rasensaaten, zuweilen verwildert u. eingebürgert: ObRhein, N-Dt, Br, NTi. (Heimat: S-Europa) *Kastilien-St.*, **A. castellána** B. & REUT.

— Deckspelzen auf dem Rücken kahl, grannenlos, ihr erstes Seitennervenpaar nicht grannig aus der Spelzenfläche heraustretend; Infl. ausgebreitet, z. Frzt. zusammengezogen **5**

5. Pfl. m. kurzen, derben, unterirdischen Ausläufern, ohne oberirdische, kriechende Triebe, bis 1,5 m hoch; Rispe bis 25 cm lg.; Blätt. bis 11 mm breit; ♃; VI–VIII. Wiesen, Auwälder; *v.* (= *A. alba* aut. p.p.) *Fioringras, Riesen-St., Großes St.*, **A. gigantéa** ROTH

— Pfl. bis 50 (80) cm hoch, aufrecht od. niederlgd., m. oberirdischen, kriechenden Trieben; Rispe höchstens 20 cm lg.; Blätt. bis 6 mm breit; ♃; VI–VIII. (3 od. mehr nicht eindeutig trennbare ssp.) (= *A. alba* auct. p.p.) *Weißes St.*, **A. stolonífera** L.

a. Pfl. aufrecht, bis 80 cm hoch, ohne od. m. sehr kurzen ober- u. unterirdischen Ausläufern. Wiesen, grasige Hänge (bis 2000 m?); *v*. ssp. **stolonífera**

— Pfl. kleiner, niederlgd., Stg. meist stark verzweigt u. weithin kriechend . **b**

b. Pfl. grasgrün; Ausläufer ober- u. unterirdisch, sehr lg.; Blätt. schlaff, flach. Ufer, Teichränder, Äcker, feuchte Sandböden, auch im Geb.; *z* (wo?). ssp. **prorépens** Koch

— Pfl. graugrün; Blätt. steif, borstl. gefaltet bis stechend. Sandig-feuchte Stellen; salzliebend; *v* Küsten, sehr *s* (?) im Binnenland (wo?). ssp. **marítima** (Lam.) G. F. W. Meyer

6(2). Rispenäste u. Ährchenstiele glatt, kahl; Rispe auch nach der Blüte ausgebreitet; Deckspelzen häutig, 2spitzig, m. deutl. geknieter, unterhalb der Mitte abgehender Granne; Pfl. horstbildend, 5–20 cm hoch; ♃; VII–VIII. Weiden, felsige Abhänge (1500–3000 m); *v* Alp., *s* Bayrw., Riesengeb. *Felsen-St.,* **A. rupéstris** All.

— Rispenäste u. Ährchenstiele rauh **7**

7. Deckspelze am od. nahe dem Grd. begrannt, an der Spitze 2borstig; unt. Rispenäste zu 1–3; Stgblätt. 1–2, steif . . **9**

— Deckspelze etwas unterhalb der Mitte begrannt (selten ohne Granne); unt. Rispenäste zu 3–8 . . . . **8**

8. Rispe fast so lg. wie der Infl.stiel, weit ausgebreitet, fast so breit wie lg. (bis 25 cm); Deckspelze ohne od. m. sehr kurzer Granne, auf dem Rücken sehr rauh durch zahlr. aufwärts weisende Börstchen; Pfl. bis 70 cm hoch; ⨀ (♃?); VI–VII. Brachland, feuchte Waldstellen, Sand- u. Kiesgruben; eingebürgert, in Ausbreitung begriffen, z. B. ObPf (Ba), Br; NÖ. (Heimat: Asien, N-Am.) *Rauhes St.,* **A. scábra** Willd.

— Rispe höchstens ⅓ so lg. wie der Infl.stiel, Rispenäste aufrecht-absthd., wenigstens doppelt so lg. wie breit (bis 15 cm); Deckspelze m. geknieter Granne, wenigstens um die Hälfte länger als die Spelze, auf dem Rücken nur m. wenigen rauhen Zähnchen; ♃; VII–VIII. (2 Kleinarten) *Sumpf-St.,* **A. canína** L. (s. l.)

a. Sumpfpfl.; Stgblätt. flach, weich, graugrün; Rispe nach der Blüte etwas zusammengezogen; unterirdische Ausläufer fehlend; oberirdische Kriechtriebe reichl., lg., dicht beblättert. Sandige u. torfige Böden, verlandende Gewässer, Heidemoore; *z* (bis 1300 m). *Sumpf-St.,* **A. canína** L. (s. str.)

— Sandpfl.; Stgblätt. zusammengerollt, starr, grün; Rispe nach der Blüte stark zusammengezogen; unterirdische Ausläufer vorhanden, kurz; oberirdische Kriechtriebe fehlend. Sandtrockenrasen, Felsfluren; bisher nicht von *A. canina* getrennt, daher Verbreitung ungenügend bekannt: offenbar *z* im N u. NW, im S nur ObRhein, Kt, St, Böhmen. (= *A coarctata* Ehrh. ex Hoffm.; = *A. stricta* J. F. Gmel.) *Sand-St.,* **A. vineális** Schreb.

9(7). Stgblätt. flach, aber nur 1 mm breit; Rispenäste z. Bltzt. ausgebreitet, etwas geschlängelt; Infl. bis 5 cm lg.; Ährchen goldbraun, im basalen Teil violett getönt; ♃; VII–IX. Magermatten, Felsentriften (1500–3000 m); *v* Alp., *s* herabgeschwemmt, Gesenke. *Alpen-St.,* **A. alpína** Scop. (s. str.)

— Stgblätt. borstenf.; Rispenäste z. Bltzt. dicht anlgd., ebenso wie der unt. Teil der Rispenachse stark geschlängelt; Infl. bis 10 cm lg.; Ährchen strohfarben bis goldgelb od. silbrig; ♃; VII–IX. Wiesen, Matten (700–1700 m); *s* Alp.: Vb, NTi, Allgäu (Hochvogel), Ba (um Kochelsee, Berchtesgaden). [= *A. pyrenaea* Timbal-Lagrave; = *A. alpina* ssp. *schleicheri* (Jord. & Verl.) Nym.] *Pyrenäen-St.,* **A. schleícheri** Jord. & Verl.

Einige weitere **Agrostis**-Arten zuw. eingeschleppt, aber nicht fest eingebürgert.

49. Ápera ADANS., *Windhalm*

1. Rispe bis 40 cm lg., ausgebreitet, lockerbltg., breit, nicht unterbrochen; Granne 10–15 mm lg., rauh; Ligula bis 6 mm lg.; Stbbeutel bis 1,5 mm lg.; Pfl. 30–100 cm hoch; ☉; VI–VII. Getreideunkraut, Ödland, Wegränder (bis 1500 m); *v* u. *h*.
Gemeiner W., **A. spíca-vénti** (L.) P. B.

— Rispe schmal, bis 10 cm lg., eng zusammengezogen, zieml. dichtbltg., unterbrochen; Granne 10–15 mm lg., rauh; Ligula ± 2 mm lg.; Stbbeutel bis 0,5 mm lg.; Pfl. 20–30 cm hoch; ☉; VI. Sandige Äcker u. Ödland; zuw. eingeschleppt, eingebürgert Be, Rheinl., b. Mainz, b. Saarbrücken, b. Lx, b. Straßburg. (Heimat: W-Eur.)
Unterbrochener W., **A. interrúpta** (L.) P. B.

50. Calamagróstis ADANS., *Reitgras*

1. Deckspelzen grünl., derb, wenig kürzer als die Hüllspelzen, aber länger als die Haare an ihrem Grd.; Ährchen stets m. pinself. behaartem Achsenfortsatz; Deckspelzen 4–5nervig; Pfl. m. lg. Ausläufern; Granne in der ob. Deckspelzenhälfte ansitzend od. direkt an der Spitze (wenn ohne Granne, dann Übergangsart zu *Agrostis: A. agrostiflora*, s. S. 747); Achsenfortsatz oberhalb der Blüte sehr kurz bis fehlend **7**

— Deckspelzen durchscheinend, zarthäutig, kürzer als die Haare an ihrem Grd. *(1201)*; Granne in der unt. Deckspelzenhälfte ansitzend **2**

2. Deckspelzen meist 3nervig; Hüllspelzen lineal-prieml., an der Spitze von der Seite her zusammengedrückt; Ligula 2–4 mm lg. **6**

— Deckspelzen meist 5nervig (bei grdst. Granne 4nervig); Hüllspelzen lanzettl., zugespitzt **3**

3. Granne rückenst., kürzer als die Hüllspelzen, die Deckspelze wenig überragend, zuw. ganz fehlend; Rispe schlaff; Stg. knickig aufsteigend, 60–150 cm hoch, am Grd. m. lg. Ausläufern; am Spreitengrd. jedersts. 1 Haarbüschel; Hüllspelzen um die Hälfte länger als die Deckspelze; Ligula der ob. Halmblätt. 2–4 mm lg., gerundet, fein gezähnt bis eingerissen; ♃; VII–VIII. Gebüsch, Bergwälder; *v* Alpen (bis 2300 m), *z* M-Geb.; dt.-böhm. Grenzgeb., N-FrAlb, Harz/Thw, Lausitz. [= *C. halleriana* (GAUD.) P. B.]
Wolliges R., **C. villósa** (CHAIX) J. F. GMEL.

— Granne endst., unscheinbar, kurz *(1201)*, in der Ausrandung der Deckspelze; Hüllspelzen fast doppelt so lg. wie die Deckspelze; Pfl. 60–150 cm hoch **4**

4. Ligula der ob. Halmblätt. 2–3 mm lg., kahl; Granne winzig, kaum länger als die Seitenspitzen der Deckspelze, Hüllspelzen ungleich, doppelt so lg. wie die Deckspelzen; Blattspreiten obersts. m. zerstreuten weißen Haaren; Rispe schlaff, zuw. überhgd.; Ährchen ohne Achsenfortsatz; Antheren aus den Spelzen heraushgd., m. kugeligen, fertilen Pollen; ♃; VII–VIII. Flachmoore, Ufer, Gebüsch; *v* im O u. N, sonst *s*, *f* Vb. (= *C. lanceolata* ROTH)
Sumpf-R., **C. canéscens** (WEB.) ROTH

— Ligula der ob. Halmblätt. 5–12 mm lg.; Antheren in den Spelzen eingeschlossen bleibend, Pollen geschrumpft, steril (pollensterile Arten); Granne etwas länger als bei voriger Art, aber < 2 mm bleibend **5**

5. Hüllspelzen 6–8 mm lg., schmal-lanzettl.-zugespitzt; Granne von der Spitze der Deckspelze entstehend; Ligula 4–6 mm lg.; Ährchenfortsatz meist gänzl. fehlend; ♃; VII. Flußufer, im Großseggenbestand; *s,* aber bestandsbildend; S-SaAn/W-Sa (Dessau bis Zwickau) (Lokalendemit). [= *C. purpurea* (TRIN.) TRIN. ssp. *pseudopurpurea* (GERSTLAUER ex HEINE) CLARKE]
Sächsisches R., **C. pseudopurpúrea** GERSTLAUER ex HEINE

— Hüllspelzen 4–6 mm lg., breit-lanzettl.-zugespitzt; Granne rükkenst., aber nahe dem Spelzenende entstehend; Ligula 7–10 mm lg., m. Seitenzähnchen; Ährchenfortsatz winzig, aber deutl. (0,5 mm); ♃; VI–VIII. Feuchte Gebüsche, Sumpfwiesen; sehr *z* u. *s* M-Geb. oberhalb 700 m: He (Waldecker Bergland, Hoher Meißner, Vogelsberg, Rhön), SO-Th, Be (Hohes Venn), S-Vog., N- u. S-Schw., Voralp. (südl. Wangen, in Ba). [= *C. purpurea* ssp. *phragmitoides* (HARTM.) TSVELEV] *Purpur-R.,* **C. phragmitoídes** HARTM.

6(2). Rispenachse steif aufrecht; Rispe knäuelig gelappt, höchstens an der Spitze u. vor dem Aufblühen nickend; Deckspelzen auf dem Rücken begrannt; Granne die Deckspelze um ⅓ überragend, 3 mm lg.; Pfl. graugrün bis blaugrün, 60–150 cm hoch, am Grd. m. lg., unterirdischen, dünnen Ausläufern; ♃; V–VIII. Wälder, Waldwiesen, Ufer, Dünen (bis 1300 m); *v.* *Land-R.,* **C. epigēios** (L.) ROTH

— Rispenachse schlaff; Rispe überhängend, nicht gelappt; Deckspelze etwas länger als ihre stets endst. (zw. 2 Zähnchen sthd.), 3 mm lg. Granne; Pfl. graugrün, m. lg., unterirdischen Ausläufern, 80–150 cm hoch; ♃; V–VI. Ufer der Gebirgsflüsse, Weidengebüsch; *z* Alp., *s* Hoch- u. ObRhein, Vorder-Pf, Kraichgau (N-Baden), Ba südl. der Donau (Flußtäler!), Bode- u. ob. Elbetal (bis südl. Magdeburg), Böhmen, Schl, Weichseltal; Ho ausgestorben.
Schilf-R., Ufer-R., **C. pseudophragmítes** (HALL. f.) KOEL. em. BAUMG.

7(1). Granne gerade, die Deckspelze kaum überragend, wenig unterhalb ihrer Mitte entspringend, kürzer als die Hüllspelzen; Vorspelze ¼–⅓ kürzer als die Deckspelze; Infl. dicht schmal-zusammengezogen (ähnl. *Carex elata*), nicht ausgebreitet; Ährchen graubraun od. heller; Blätt. schmal, obersts. u. an den Rändern stark rauh; Pfl. 30–100 cm hoch; ♃; VI–VII. Flach- u. Heidemoore, Seeufer; *z* von Da u. SH ostw., südl. bis Sa/Böhmen/Schl, sonst Ob-Schwaben (Federsee), b. München, Westw., N-Ho. [= *C. neglecta* (EHRH.) G. M. SCH.] *Moor-R.,* **C. strícta** (TIMM) KOELER

— Granne gekniet od. gedreht, viel länger als die Deckspelzen, deren Grd. eingefügt; Vorspelzen fast so lg. wie die Deckspelzen; Infl. während der Bltzt. ausgebreitet, danach zusammengezogen; Pfl. 60–120 cm hoch **8**

8. Haare am Grd. der Deckspelzen reichl., halb so lg. bis gleich lg. wie diese; Granne ± so lg. wie die Hüllspelze; Blätt. beidersts. seegrün, matt; Ährchen gelbl.-grün, violett gescheckt; ♃; VII–IX. Lichte Bergwälder, Gebüsche (bis 2000 m); *v* Alp.; *z* Vorland bis Donau, Hegau–Alb (bis Bayreuth), b. Schweinfurt, b. Kassel, Werragebiet–Harz–Th, Erzgeb. *Berg-R.,* **C. vária** (SCHRAD.) HOST

— Haare am Grd. der Deckspelzen spärl. entwickelt, nur ¼ so lg. wie diese *(1227);* Granne die Hüllspelzen um 2–4 mm überragend; Blätt. obersts. seegrün, matt, untersts. dk.grün, glzd.; Ährchen bleichgelb, violett gescheckt; Blätt. am Spreitengrd. jedersts. m. 1 Haarbüschel; ♃; VI–VII. Lichte Bergwälder, Hochstaudenfluren, Auwälder u. Erlenbrüche; *z* im W (*f* S-Ba, Ho, nördl. u. westl. bis Teutoburgerw./Minden/Soltau/Elbmündung), nach O häufiger, *v* WPr, OPr, Schl, Böhmen. *Rohr-R.*, **C. arundinácea** (L.) ROTH

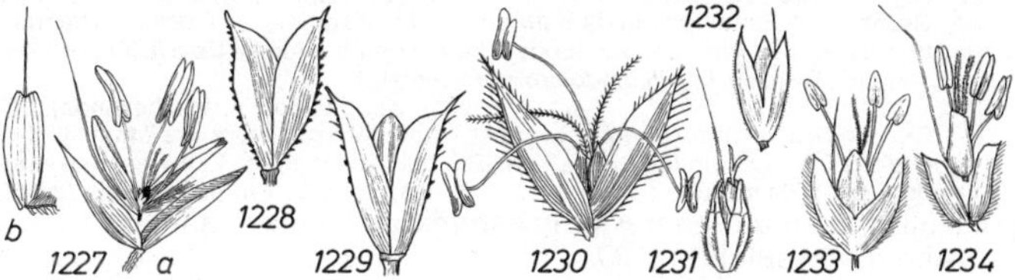

51. Ammóphila HOST, *Strandhafer*

1. Ligula bis 25 mm lg.; Infl. dicht, weißl.-gelbl., bis 15 cm lg.; Haare am Grd. der Deckspelze kaum ⅓ so lg. wie die Spelze; Pfl. 60–100 cm hoch; ♃; VI–VII. Dünen; Meeresküsten *v* u. *h*, im Binnenland zuw. kult. u. eingebürgert, südl. bis Münsterland/Paderborn/An/Br (Dünenbefestigung). *Gemeiner St.*, **A. arenária** (L.) LK.

— Ligula bis 15 mm lg.; Infl. gelappt, bräunl. bis violett überlaufen, bis 25 cm lg.; Ährchen bräunl. bis violett; Haare am Grd. der Deckspelze ½ so lg. wie die Spelze; Pfl. bis 130 cm hoch; ♃; VI–VII. Meeresküsten, unt. Elbetal, *z* zw. den Eltern. (= *A. arenaria* × *Calamagrostis epigeios*) [= × *Ammocalamagrostis baltica* (FLUEGGE ex SCHRAD.) FOURN.]
Baltischer St., x **Calammóphila baltica** (FLUEGGE ex SCHRAD.) BRAND

52. Polypógon DESF., *Bürstengras*

Pfl. büschelig; Infl. walzl., ca. 3mal so lg. wie dick; Ährchen sehr dicht sthd., ihre Hüllspelzen rauh behaart, m. bis 3 mm lg., geknieter Granne; ⊙; VI–VIII. Bahnhöfe, Häfen u.ä. Orte; immer wieder eingeschleppt u. vorübergehend verwild. (Heimat: Mittelmeergebiet, Asien) **P. monspeliénsis** (L.) DESF.

53. Phléum L., *Lieschgras*

1. Ährenrispe beim Umbiegen lappig; Ährchen m. der Vorspelze anliegendem, bis 1 mm lg. Achsenfortsatz über die 1. Blüte hinaus **3**

— Ährenrispe auch beim Umbiegen gleichf.-zylindrisch bleibend; Ährchen ohne Achsenfortsatz über die 1. Blüte hinaus **2**

2. Oberste Blattscheide ± aufgeblasen; Ährenrispe kurz, bis 7 cm lg., dickl.; Blätt. nur am Rand rauh; Ligula 1 mm lg., gestutzt; ♃; VI–VII. (2 Kleinarten) *Alpen-L.*, **Ph. alpínum** L. (s. l.)

a. Hüllspelzengranne u. Spelzenkiel absthd. behaart; Granne ½ so lg. wie die Spelzenfläche; Ährenrispe 3–4 cm lg., trübviolett; Pfl. 20–50 cm hoch. Fettmatten, Lägerfluren der subalp. u. alp. Reg. (bis 2500 m); diploide Sippe, 2n = 14. *v* Alp., *s* Bayrw., Erzgeb., Riesengeb., Gesenke. *Falsches Alpen-L.*, **Ph. rhaeticum** (HUMPHRIES) RAUSCH.

— Hüllspelzengranne nicht behaart, Granne fast so lg. wie die Spelzenfläche; Ährenrispe 1–3 cm lg., grün bis blaßviolett; Pfl. 10–25 cm hoch. Schneetälchen, Bachufer, Schutt; tetraploide Sippe, 2n = 28. *v* Alp., *z* Bayrw., Riesen-, Isergeb. (incl. *Ph. commutatum* GAUD.) *Alpen-L.,* **Ph. alpínum** L. (s. str.)

— Oberste Blattscheide nicht aufgeblasen; Ährenrispe schlank, bis 20 cm lg.; Blätt. beidersts. rauh; Ligula spitz, (1–)5 mm lg.; ♃; VI–VIII. (2 Kleinarten) *Wiesen-L.,* **Ph. praténse** L. (s. l.)

a. Stg. am Grd. zwiebelart. verdickt; Hüllspelze ohne Granne 3 mm lg., ihre Granne 1–2,5 mm lg.; Ligula behaart; Pfl. bis 40 cm hoch. Trockene Standorte: Wegränder, Weiden, Sandböden; kalkliebend; *z* Alp., *s* Bayr/Böhmw., Riesengeb., Isergeb. (= *Ph. nodosum* auct., non L.) *Knolliges L., Zwiebel-L.,* **Ph. bertolónii** DC.

— Stg. am Grd. nicht zwiebelart. verdickt; Hüllspelze ohne Granne 2 mm lg., ihre Granne 0,5–1,0 mm lg.; Ligula kahl; Pfl. bis 100 cm hoch. Fettwiesen u. -weiden (bis 1700 m); *v.* *Wiesen-L.,* **Ph. praténse** L. (s. str.)

3(1). Hüllspelzen auf dem Kiel lg.kammf. gewimpert, allmähl. grannig auslaufend *(1230)* **5**

— Hüllspelzen auf dem Kiel rauh, allenfalls m. kurzen, borstl. Haaren, plötzl. zugespitzt, wenig länger als die Deckspelze **4**

4. Hüllspelzen breit-3eckig, nach oben verbreitert, aufgeblasen, plötzl. in zahnart. Granne zusammengezogen *(1228),* ohne häutigen, durchsichtigen Rand; Ligula bis 5 mm lg., stumpfl.; Blätt. 4–10 mm breit; Ährenrispe dünn, bis 8 cm lg.; Pfl. büschelig verzweigt, 15–40 cm hoch; ⨀–⨀; V–VII. Äcker, sonnige Hügel, Schuttplätze; kalkliebend; *s* E, RhPf (nur linksrheinisch), S-He, N-BW, Alb, b. Lindau (Bodensee), Th; meistenteils verschwunden. *Rauhes L.,* **Ph. paniculátum** HUDS.

— Hüllspelzen lanzettl., schief abgestutzt *(1229),* hautrandig; Ligula nur 1 mm hoch; Blätt. 2–4 mm breit; Ährenrispe dünn, bis 18 cm lg.; Pfl. 30–60 cm hoch, horstbildend, Halme oft purpurrot; ♃; VI–VII. Trockene, sonnige Hügel; kalkliebend; *z* im S, nördl. *s,* nach NW bis Ardennen (Be)/Eifel/Sauerland/Verden/Hamburg/N-An/Br. (= *Ph. boehmeri* WIB.) *Glanz-L.,* **Ph. phleoídes** (L.) KARST.

5(3). Ob. Blattscheiden etwas aufgeblasen; Hüllspelzen m. abgesetzter, granniger Spitze, 2,5 mm lg. m. 0,5 mm lg. Granne; Ährenrispe gedrungen, bis 4 cm lg. u. bis 6 mm dick; Blattspreite bis 6 cm lg.; Pfl. bis 25 cm hoch; ⨀; V–VII. Dünen der Küsten *z* (östl. bis Hiddensee), *s* Binnendünen N-ObRhein (zw. Ingelheim u. Darmstadt). *Sand-L.,* **Ph. arenárium** L.

— Ob. Blattscheiden dem Stg. anlgd.; Hüllspelzen allmähl. zugespitzt, 4,5 mm lg. m. 1,5 mm lg. Granne; Ährenrispe schlanker, bis 10 cm lg. u. bis 10 mm breit; Blattspreite bis > 20 cm lg.; Pfl. bis 60 cm hoch; ♃; VII–VIII. Sonnige, steinige Wiesen, Wälder (1100–2400 m); kalkstet; *v* Alp. (= *Ph. michelii* ALL.) *Matten-L.,* **Ph. hirsútum** HONCK.

54. Alopecúrus L., *Fuchsschwanzgras*

1. Ährenrispe eif.; oberste Blattscheiden stark aufgeblasen; Hüllspelzen ledrig-knorpelig, bis z. Mitte verwachsen, über der Mitte durch Querwulst gegliedert u. plötzl. in plattgedrückte, weichere, grüne Spitze zusammengezogen *(1231),* am Grd. bewimpert; Granne gekniet, bis 15 mm lg.; ⨀; V–VI. Feuchte, salzhaltige Wiesen; *s* S-Be, Lx, N-E, in Dt nur b. Saarlouis. (= *A. utriculata* auct., non BANKS ex SOL.) *Aufgeblasenes F.*, **A. réndlei** EIG.

— Ährenrispe walzl.-längl.; Hüllspelzen krautig **2**

2. Stg. niederlgd., wurzelnd, knickig aufstgd. **6**

— Stg. meist aufrecht **3**

3. Hüllspelzen kahl, nur in der unt. Hälfte kurz behaart, oberw. am Kiel geflügelt *(1232);* Granne fast dem Grd. der Deckspelze eingefügt; Ährenrispe schmal, beidendig zugespitzt, bis 10 cm lg.; ob. Blattscheiden etwas aufgeblasen; ⨀; VI–V. Tonige u. lehmige Äkker, Brachland (bis 1000 m); *v* bis *z* im W u. S, sonst *z* bis *s* od. nur eingeschleppt. *Acker-F.*, **A. myosuroídes** HUDS.

— Hüllspelzen am nicht od. kaum geflügelten Kiel zottig gewimpert od. anlgd. behaart *(1233–1234);* Ährenrispe zylindrisch, stumpf **4**

4. Stg. am Grd. knollig (bis 8 mm im Dm) verdickt; Hüllspelzen nur am Grd. verbunden; Granne gekniet, dem Grd. der Deckspelze entspringend; Ährchen zu 1–2 an jedem Ästchen; V–VI. Nur salzhaltige Wiesen der Wesermündung, Ho, Be. *Knollen-F.*, **A. bulbósus** GOUAN

— Stg. am Grd. nicht knollig verdickt; Ährchen zu 4–6 an jedem Ästchen **5**

5. Grdachse wenig kriechend; Pfl. grasgrün; Ährenrispe 1 cm dick; Hüllspelzen fast bis z. Mitte verwachsen, an der Spitze aufrecht od. zusammenneigend *(1233);* Granne dem Grd. der zugespitzten Deckspelze entspringend; Hüllspelzen nur auf den Nerven behaart; Ligula 1–3 mm lg.; ♃; V–VII. Wiesen; *g*, auch *v* kult. *Wiesen-F.*, **A. praténsis** L.

— Grdachse weithin (bis 20 cm) kriechend; Pfl. graugrün; Ährenrispe 1,5 cm dick; Hüllspelzen oberw. auseinanderweichend; Granne der Mitte der gestutzten Deckspelze od. etwas oberhalb entspringend; Hüllspelzen auf Nerven u. Flächen behaart; Ligula 3–5 mm lg.; ♃; V–VII. Salzwiesen der Ostsee; *s* Me bis WPr, auf Bogø u. Falster (Da). (= *A. ventricosus* PERS.) *Rohr-F.*, **A. arundináceus** POIR.

6(2). Deckspelze unterhalb der Mitte begrannt; Granne gekniet, viel länger als die Spelzen *(1234);* Stbbeutel hellgelb, später kaffeebraun; Ährchen 3 mm lg.; Pfl. bis 40 cm hoch; Halm schlaff, knickig aufstgd.; ⨀–♃; V–X. Ufer von Teichen u. Seen, Gräben, Naßwiesen (bis 1900 m); *v*, im S *z*. *Knick-F.*, **A. geniculátus** L.

— Deckspelze in der Mitte begrannt; Granne nicht gekniet, kaum länger als die Spelzen; Stbbeutel zuerst weißl., später ziegelrot; Ährchen 2 mm lg.; Pfl. bis 25 cm hoch, Halm bogig aufstgd.; ⨀–♃; VI–X. Wie vorige (bis 1700 m); *z*. (= *A. fulvus* SM.) *Gelbrotes F.*, **A. aequális** SOBOLEWSKY

55. Mibóra ADANS., *Zwerggras*

Pfl. nur am Grd. beblätt., bis 12 cm groß; Ähre 1 cm lg.; Ährchen 2zeilig, aber einstswendig; ⨀; III–V. Feuchte Sandfelder, Brachäcker; *s* N-Be, Ho, in Dt nur im Gebiet Mannheim/Bingen/Hanau/Miltenberg, b. Saarlouis. **M. mínima** (L.) DESV.

56. Coleánthus SEIDL, *Scheidengras*
Stg. meist niederlgd.; Scheiden der meist sichelf. zurückgebogenen u. gefalteten Blätt. aufgeblasen; Rispenachse knickig; Hüllspelzen fehlend; ⨀; VIII–X. Schlammboden, abgelassene Teiche; nur Freiberg (Sa), Wittenberg (An; hier: Altwasserrand); Westerwald (He), ob noch?
C. subtílis (TRATT.) SEIDL

57. Piptathérum BEAUV., *Grannenhirse*
(= *Oryzopsis* auct., non MCHX.)
Infl. m. aufw. weisenden, traubigen Seitenzweigen; äußere Hüllspelze 5-, innere 3nervig; Blattspreiten bis 35 cm lg., 4–8 mm breit; Pfl. 70–120 cm hoch; ♃; V–X. Lichte Wälder, Gebüsche der mont. Reg.; *s* OÖ.
P. viréscens (TRIN.) BOISS.

58. Stipa L., *Federgras* Ⓖ

1. Granne nicht behaart, durch vorw. gerichtete Zähne rauh, 10–25 cm lg.; Blätt. graugrün, borstl.; Ligula 5–10 mm hoch, zugespitzt; ♃; VII–VIII. Sonnige, trockene Hügel, Sandböden; kalkstet; *z* An, Th, Böhmen, N-ObRhein zw. Mannheim/Darmstadt/Bonn/Hunsrück, NTi (bes. Oberinntal), *s* WPr, unt. Oder, b. Potsdam, UntFr um Würzburg, S-Steigerwald, Kaiserstuhl, Liechtenstein, OTi, K, St, Be, Da. Ⓖ *Haar-F.*, **St. capilláta** L.

— Granne m. weichen, bei Trockenheit fedrig absthd. Haaren, bis > 40 cm lg.; ♃; V–VII. Trockenrasen, lichte Wälder, sonnig-steinige Hänge, Felsfluren; kalkstet; formenreich, im Gebiet differenziert in 7 schwierig unterscheidbare Kleinarten.[1]
Ⓖ *Echtes F.*, **St. pennáta** L. (s. l.)

a. Grdblätt. eng eingerollt, ausgebreitet 1–1,5 mm breit, lg. u. fadenf. borstl. ausgezogen u. zugespitzt, ± kahl (oberststs. dicht m. winzigen Härchen, unterststs. ähnl., aber Härchen mehr anlgd.); Ligula der Blätt. der Erneuerungstriebe als sehr schmaler Saum, der Halmblätt. bis 1,2 mm lg.; Blattscheiden ± kahl, matt, graubraun, Halm unterhalb der Knoten etwas behaart; randl. Haarreihen der Deckspelze 1–4 mm unterhalb des Grannenansatzes endend, die übrigen Haarreihen nur ½ so lg. wie die Spelze; Granne bis 40 cm lg. *v* Böhmen, *s* Th, An, M-Nahetal; in Au erst NÖ. [= *St. stenophylla* (ČERN. ex LINDEM.) TRAUTV.] Ⓖ *Roßschweif-F.*, **St. tírsa** STEV. em. ČEL.

— Grdblätt. seltener ± flach, meist deutl. eingerollt, ausgebreitet, jedoch nicht fadenf., sondern bis 4 mm breit; Ligula deutlicher, die der Halmblätt. bis 7 mm lg. . . . . **b**

b. Ob. Viertel (= 3–6 mm) der Deckspelzen kahl; junge Blattspitzen pinself. bis 3 mm lg. behaart; die eingerollten Blätt. ausgebreitet 1,5–2,5 mm breit; Blattscheiden ± kahl, matt u. graubraun; Ligula der Halmblätt. 3–5 mm lg., am Rand sehr fein gewimpert; Granne 25–30 cm lg. *z* SaAn/Th/Br/Böhmen, *s* Po, WPr, Gebiet Mannheim/Nahetal/Bonn, Taubertal, MainFr, Altmühltal bis Deggendorf (Donau), Kaiserstuhl, E, NTi, Kt, St. (= *St. joannis* ČEL.)
Ⓖ *Grauscheidiges F.*, **St. pennáta** L. (s. str.)

— Deckspelzen behaart, wenigstens die randl. Haarreihen bis (fast) zur Spitze der Spelzenfläche reichend . . . . **c**

c. Junge Blattspitzen unbehaart; die mittl. der 7 Haarreihen der Deckspelze kürzer als die beiden benachbarten; unterste Blattscheiden glatt u. glzd., nicht faserig werdend; Blattspreiten meist gerollt . . . . **e**

[1] Zur Bestimmung (insbes. Behaarungsmerkmale der Blätt. u. Deckspelze) ist eine sehr gute Lupe nötig.

— Junge Blattspitzen pinself. bis 2 mm lg. behaart od. wenigstens m. kurzen Borstenhaaren; die mittl. der 7 Haarreihen der Deckspelze länger als die beiden benachbarten; unterste Blattscheiden glatt, später zerfasernd . . . **d**

d. Blattscheiden der Halmblätt. im ob. Teil durch kurze Stachelhaare rauh, unterste braun u. unregelmäßig zerfasernd; unt. Hüllspelze 3-, ob. 5nervig; Ansatzstelle des Blütchens wenig gebogen; Blattspreiten 30–75 cm lg., unterst. kahl u. glatt od. etwas rauh; VI. Sandtrockenrasen, Binnendünen; *s* SaAn, Br. (2 kaum unterscheidbare ssp.)

Ⓖ *Sand-F.*, **St. borysthénica** KLOKOW & PROKUDIN

— Blattscheiden der Halmblätt. oberw. dicht (bis filzig) behaart, unterste bräunl. u. glzd., später graubraun u. zerfasernd; beide Hüllspelzen 5–7nervig; Ansatzstelle des Blütchens krallenf. gebogen; Blattspreiten 60–120 cm lg., unterst. rauh m. kurzen Stachelhaaren; VI. Trockenrasen auf Glimmerschiefer (800–1100 m); *s*, aber bestandsbildend Kt, St (endemisch).

Ⓖ *Steirisches F.*, **St. styríaca** MARTIN.

e(c). Blattspreiten 15–30 cm lg., gerollt, ausgebreitet 3 mm breit, graugrün, unterst. u. oberst. dicht u. weich m. absthd. Haaren; Ligula der Blätt. der Erneuerungstriebe 1–3 mm lg., kurz behaart, oft 3zipfelig; Antheren 9–10 mm lg.; unterste Blattscheiden oft rotviolett getönt, die darüberstehd. bes. oberw. sehr dicht behaart, die obersten ± kahl; randl. Haarreihen der Deckspelzen bis zur Granne verlaufend od. 1–2 mm zuvor endend, die 3 mittl. Reihen ± gleich lg.; Halme 30–80 cm hoch, unterhalb der Infl. kahl; Ährchen 50–70 mm lg.; V–VII. Trockenrasen, felsige Hänge; in Dt nur b. Nebra (Unstrut/An), sonst N-Böhmen (um Leitmeritz).

Ⓖ *Weichhaariges F.*, **St. dasyphýlla** (ČERN. ex LINDEM.) TRAUTV.

— Blattspreiten gerollt, nicht beiderst. weichhaarig; Ligula der Blätt. der Erneuerungstriebe nicht 3zipfelig; Antheren höchstens 7 mm lg.; unterste Blattscheiden nicht rotviolett getönt; Halme unterhalb der Infl. behaart . . . **f**

f. Halme 25–40 cm lg., unterhalb der Infl. längere Strecke dicht u. kurz behaart; Ährchen (ohne Granne) 40–50 mm lg., Granne 20–28 cm lg.; Blattspreiten bis 35 cm lg., ausgebreitet 1,5–2 mm breit, oberst. auf den Nerven rauh, randl. davon kurz u. dicht behaart; Scheiden der ob. Blätt. kurz u. fein behaart od. wenigstens rauh; Ligula der Blätt. der Erneuerungstriebe entlang des Rands bewimpert, 4 mm lg.; Antheren 5–6 mm lg.; V–VII. Trockenrasen, felsige Hänge, Felsspalten (auch alp. Reg.). (2 ssp.)

Ⓖ *Zierliches F.*, **St. eriocaúlis** BORB.

A. Randl. Haarreihen der Deckspelzen bis zum Grannenansatz verlaufend; Granne bis 22(–24) cm lg. Bei Berchtesgaden, SchwAlb (Fridingen/Beuron, Donau), St (Totes Geb.), Kt (Dobratsch), NTi (Oberinntal).

ssp. **austríaca** (MANNAGETTA) MARTIN.

B. Randl. Haarreihen der Deckspelzen unterbrochen od. 3–4 mm vor dem Grannenansatz endend; Granne bis 28 cm lg. S-E, S-Baden (Istein).

ssp. **lutetiána** SCHOLZ

— Halme 30–100 cm lg., unterhalb der Infl. nur kurze Strecke behaart; Ährchen (ohne Granne) 60–80 mm lg., Granne 30–45 cm lg.; Blattspreiten bis 80 cm lg., ausgebreitet bis 3 mm breit, oberst. entlang der Nerven kurz u. dicht behaart (od. nur papillös), auf den Nerven nur rauh; Ligula der Blätt. der Erneuerungstriebe entlang des Rands nur sehr fein behaart, bis 8 mm lg.; Antheren 6–7 mm lg.; V–VII. Trockenrasen, felsige Hänge. (2 ssp.)

Ⓖ *Großes F., Gelbscheidiges F.*, **St. pulchérrima** K. KOCH

A. Unt. Blattscheiden der Erneuerungstriebe u. der Halme kahl od. rauh, nur an der Öffnung m. Wimperhaaren; Blattspreiten beiderst. entlang der Nerven kurz behaart, auf den Nerven nur rauh; mittl. Haarreihe der Deckspelzen so lg. wie die beiden benachbarten. *z* An, *s* Pl (Odertal), Th, N-Böhmen, Nahetal u. östl. Haardt (Pf), Kaiserstuhl, um Würzburg/Schweinfurt (MainFr), S-FrAlb (Altmühltal bis Regensburg), Kt.

ssp. **pulchérrima**

B. Unt. Blattscheiden der Erneuerungstriebe u. der Halme kahl, oberw. dicht u. kurz behaart; Blattspreiten beiderst. entlang der Nerven und auf diesen kurz u. dicht behaart; mittl. Haarreihe der Deckspelzen länger als die beiden benachbarten. Nur b. Neuburg/Donau (endemisch?).

Ⓖ! ssp. **bavárica** (MARTIN. & SCHOLZ) CONERT

59. Achnátherum P. B., *Rauhgras*
Halme am Grd. m. spreitenlosen Niederblätt., diese durch die Neutriebe durchbrochen; Granne ca. 1,5 cm lg., glatt, meist gekniet; Deckspelze dicht weißl. behaart; Ährchen meist goldgelb, glzd.; Antherenspitzen pinself. (Lupe!); Ligula nur als schmaler Saum; Rispe bis 30 cm lg.; ♃; VI–IX. Steinige Hänge, Geröll; kalkliebend; *z* Alp. (bis 1200 m), *s* Voralp. u. b. Fridingen/Donau (Württ.), OÖ. [= *Stipa calamagrostis* (L.) WAHL.; = *Lasiagrostis calamagrostis* (L.) LK.]
A. calamagróstis (L.) P. B.

60. Mílium L., *Flattergras*
1. Pfl. ♃, Grdachse kriechend m. kurzen Ausläufern; Stg. u. Blattscheiden weich; Blätt. 6–15 mm breit; Infl. 15–30 cm lg.; Hüllspelzen glatt; Rispenäste absthd. bis schräg abwärts weisend; V–VII. Laubwälder, Hochstaudenfluren, Kahlschläge (bis 1900 m); *v.* (2 ssp.) *Weiches F.,* **M. effúsum** L.
a. Rispen bis 30 cm lg., locker, ihre Äste zurückgeschlagen und bis 15 cm lg. ssp. **effúsum**
— Rispen bis 15 cm lg., dichter, ihre Äste nur 2–4 cm lg., ± aufrecht. Alp. oberhalb der Baumgrenze; Alp., Böhmw., Gesenke; genaue Verbr. noch nicht bekannt. ssp. **alpícolum** CHRTEK
— Pfl. ⨀; Stg. u. Blattscheiden rauh; Blätt. 1–4 mm breit; Infl. 3–10 cm lg.; Hüllspelzen rauh; Rispenäste aufrecht bis aufrechtabsthd.; IV–VI. Dünen, küstennahe Laubwälder, Gebüsche; *z* Ho, Be. (= *M. scabrum* RICH.) *Rauhes F.,* **M. vernale** BIEB.

61. Trágus HALL., *Klettengras*
Stg. am Grd. büschelig verzweigt, niederlgd. bis aufstgd., 10–30 cm hoch; Blätt. am Rand borstig bewimpert; Blattscheiden bauchig aufgeblasen; Ligula als Haarkranz; Ährchen in traubiger Rispe; ⨀; VI–VIII. Sandige, steinige Orte, zuw. eingeschleppt, unbeständig, eingebürgert nur N-ObRhein; in Au erst ab NÖ. (Heimat: S-Eur.)
T. racemósus (L.) ALL.

62. Hieróchloë R. BR., *Mariengras*
1. Deckspelzen der obersten ♂ Blüte m. 3 mm lg., etwas gedrehter, der Spelzenmitte ansitzender Granne *(1236);* Pfl. ohne Ausläufer; Rispe gedrungen, m. aufrechten bis aufrecht-absthd. Ästen; Ährchenstiele unterhalb der Hüllspelzen m. kurzem (bis 0,3 mm lg.) Haarbüschel; Stg. ohne sichtbare Knoten; oberste Blätt. ohne Spreiten; ♃; III–V. Lichte Wälder, Kalkfelsen; *z* im O (westl. bis Po, Br, Sa, N-FrAlb, b. Nürnberg, Naab-, Altmühlgebiet, St, Kt).
Südliches M., **H. austrális** (SCHRAD.) R. & SCH.
— Deckspelzen zugespitzt od. m. ganz kurzer, höchstens 1 mm lg. Granne *(1235);* Pfl. m. lg., unterirdischen Ausläufern; Stg. m. sichtbaren Knoten, oberstes Blatt m. kurzer, aber deutl. Spreite; Ährchenstiel unterhalb der Hüllspelzen ohne Haarbüschel, höchstens m. vereinzelten Härchen . **2**
2. Rispe dicht; Ährchen büschelweise zusammengedrängt; Blätt. beiderststs. blaugrün; ♃; V–VI. Kiefernwälder, sandige Orte; *s* OTi, sonst erst ab NÖ. (= *H. odorata* ssp. *pannonica* CHRTEK & JIRÁSEK)
Rasen-M., **H. répens** (HOST) P. B.
— Rispe locker, ausgebreitet; Ährchen nicht büschelweise zusammengedrängt; Blätt. grün; ♃; IV–VI. (Flachmoor-)Wiesen, (sandi-

ge) Ufer, Gebüsche. (2 Kleinarten)
Wohlriechendes M., **H. odoráta** (L.) P. B. (s. l.)

a. Deckspelze der ♀ Blüte m. angedrückten Haaren, Deckspelze der ♂ Bltn. spärl. gewimpert, zugespitzt od. m. sehr kurzer u. sehr zierlicher Granne; Ligula 1,5–2,5 mm lg.; Rispe 4–10 cm lg.; *z* bis *s* im N von Ho bis OPr, südl. bis An/Lausitz/Schl; Ba (Flußtäler südl. der Donau), St.
H. odoráta (L.) P. B. (s. str.)

— Deckspelze der ♀ Blüte m. absthd. Haaren; Deckspelze der ♂ Blüte dicht gewimpert, zugespitzt od. m. kurzer, aber dickl. Granne; Ligula 2,5–5,5 mm lg.; Rispe 8–15 cm lg. Trockenere Standorte als vorige Kleinart, auch sandig-kiesige Böden; *s* WPr, Po, Br, S-Ba (Isar- u. Ampertal), St, sonst Böhmen.
H. hírta (Schr.) Borb.

1235 1236 1237 1238 1239 1240

63. Anthoxánthum L., *Ruchgras*

1. Ährenrispe dicht; die beiden unt. der 4 Hüllspelzen zugespitzt, ohne aufgesetzte Stachelspitze, die beiden ob. m. Granne *(1237);* innere Hüllspelzen am Rand u. am Rücken behaart; Stg. oberw. nicht verzweigt, 30–50 cm hoch. (2 Kleinarten)
Wohlriechendes R., **A. odorátum** L. (s. l.)

a. Blattspreite flach ausgebreitet (auch nach der Blüte), beidersts. graugrün, matt; Deckspelzen der beiden unt. Bltn. dicht behaart, die der ob. Blüte glzd., kahl; tetraploide Sippe (2n = 20); ♃; IV–VI. Wiesen, Triften, Wälder (bis 1500 m); *g.* *Gemeines R., Wohlriechendes R.,* **A. odorátum** L. (s. str.)

— Blattspreite röhrig gerollt, sichtbar ist nur die gelbgrüne, glzd. Unterseite; Deckspelzen der beiden unt. Bltn. im ob. Teil kahl u. m. breitem, weißhäutigem Rand, die der ob. Blüte m. absthd. Haaren entlang der Ränder, oft auch entlang des Rückens; diploide Sippe (2n = 10); ♃; IV–VII. Alp. u. subalp. Reg. oberhalb 1400 m (zuw. tiefer); Rasen- u. Zwergstrauchgesellschaft; vermutl. *v* Alp., *s* Sudeten, Bayrw., S-Schw., S-Vog.; M-Geb. weiter verbr.?
Alpen-R., **A. alpinum** Löve & Löve

— Ährenrispe locker, die beiden unt. Hüllspelzen m. deutl. Stachelspitze, die beiden ob. lg. begrannt *(1238);* innere Hüllspelzen nur auf dem Rücken behaart; Spelzen insgesamt größer als bei voriger; Stg. stark verzweigt, 4–40 cm hoch; ⨀; V–VI. Sandfelder, Äkker; *z* im N von Be bis OPr, südl. bis Rheinl./Sauerland/Br/Schl, im S immer wieder verwild.; im Gebiet vermutl. nicht ursprüngl. (= *A. puelii* Lecoq & Lamotte) *Begranntes R.,* **A. aristátum** Boiss.

64. Typhoídes Moench, *Rohrglanzgras*

Infl. groß, straußf., gelappt; Hüllspelzen 4[1], die beiden unt. nicht geflügelt, die beiden ob. pinself., winzig, 1 mm lg. u. m. der Fr. abfallend; Ligula bis 6 mm lg.; Pfl. 0,5–3 m hoch, schilfrohrart.; ♃; VI–VIII. Ufer, Gräben, nasse Wiesen (bis 1650 m); *v.* [= *Phalaris arundinacea* L.; = *Baldingera arundinacea* (L.) Dum.; = *Phalaroides arundinacea* (L.) Rausch.] **T. arundinácea** (L.) Moench

---

[1] Vgl. Fußnote S. 758.

65. Phaláris L., *Glanzgras, Kanariengras*
Infl. kopfig, längl.-oval; Hüllspelzen 4[1], die beiden unt. weiß geflügelt *(1197);* Ligula bis 3 mm lg.; Pfl. 20–50 cm hoch; ☉; V–X. Häufig u. *v* kult. u. immer wieder verwild. (Vogelfutter!) (Heimat: W-Mittelmeergebiet) **Ph. canariénsis** L.

Mehrere **Phalaris**-Arten, bes. mediterraner Herkunft, zuw. od. häufiger eingeschleppt u. vorübergehend verwild.

66. Leérsia Sw., *Reisquecke*
Pfl. 50–100 cm hoch, ausläuferbildend; Halme an den Knoten behaart; Spreite u. Scheiden rauh; Rispenäste geschlängelt; Hüllspelzen fehlend; Ährchen 1bltg.; Stbblätt. 3, aber auch bis 6!; ♃; VIII–IX. Sumpfgräben, Torflöcher (bis 1100 m); sehr *z* bis *s*, häufiger nur Po bis OPr, vielfach verschwunden. [= *Oryza oryzoides* (L.) BRAND]
L. oryzoídes (L.) Sw.

67. Digitária (HEISTER ex) HALL., *Fingerhirse*
1. Blätt. u. Scheiden (zumindest die ob.) kahl; Deckspelze u. ob. Hüllspelze ± gleich lg.; Ähren zu 2–4(–7), Ährchen elliptisch, stumpf, 2 mm lg.; ☉; VII–X. Lehm- u. Sandböden, Äcker; *v* bis *z*. (= *Panicum lineare* KROCK.; = *P. ischaemum* SCHREB.)
Faden-F., **D. ischáemum** (SCHREB. ex SCHWEIGG.) MÜHLENB.
— Unt. Blätt. u. Scheiden behaart; Deckspelze fast doppelt so lg. wie die ob. (längere) Hüllspelze; Ähren zu 3–6; Ährchen lanzettl., spitz, 3 mm lg.; Pfl. oft ganz rot überlaufen; ☉; VII–X. Häufiges Unkraut, bes. auf Sandböden; *v* im SW, sonst *z*, stellenw. *f*. (2 ssp.) (= *Panicum sanguinale* L.) *Blut-F.*, **D. sanguinális** (L.) SCOP.
a. Deckspelzen der unt. Blüte beiderststs. zw. den Randnerven ohne auf Wärzchen stehende Haare. *v* bis *z*. ssp. **sanguinális**
— Deckspelzen der unt. Blüte beidersts. zw. den Randnerven m. lg., steifen, auf Wärzchen stehenden Haaren. *z* bis *s* im W, häufiger im S, bes. Au.
ssp. **pectinifórmis** HENRARD

68. Echinóchloa P. B., *Hühnerhirse*
Ährchen an den Rispenästen traubig zusammengezogen *(1191);* Ährchen 2bltg.; die Deckspelze nur der unt. Blüte (20 mm lg.) begrannt; Blätt. oft etwas wellig, gleich den stark abgeflachten Scheiden kahl; Pfl. 30–100 cm hoch; ☉; VII–X. Äcker, Gärten, Schuttstellen; *v* bis *z*. (= *Panicum crus-galli* L.) **E. crus-gálli** (L.) P. B.

E. colónum (L.) LK., *Schamahirse:* Infl. nur bis 3 cm lg.; Ährchen 4reihig angeordnet, grannenlos. Mit Vogelfutter eingeschleppt u. verwild., z. B. St, Kt. (Heimat: Tropen u. Subtropen)

69. Pánicum L. (s. str.), *Hirse*
1. Blattscheiden kahl; unt. Hüllspelze nur bis ¼ so lg. wie das Ährchen, stumpfl. bis spitzl. **4**
— Blattscheiden behaart; unt. Hüllspelze halb so lg. wie das Ährchen, spitz bis zugespitzt **2**
2. Infl. (über)hgd.; Ährchen 4,5–5 mm lg., bis 6 mm lg. gestielt; Pfl. bis 100 cm hoch; Fr. 3 mm lg., strohfarben bis rötl.-braun; ☉; VII–IX. *s* angebaut u. verwild.; auch aus Vogelfutter. (Heimat: Zentralasien) (2 ssp.) *Echte Hirse*, **P. miliáceum** L.

[1] Bei den inneren Hüllspelzen handelt es sich um ‚leere' Deckspelzen reduzierter, steriler Blütchen.

— Infl. aufrecht; Ährchen höchstens 4 mm lg., bis 20 mm lg. gestielt; Pfl. bis 70 cm hoch 3

3. Infl. m. ihrer Basis bis z. Reife noch in oberster Scheide verbleibend; Ährchen 2–2,5 mm groß; Infl.äste zart u. dünn; abgefallene Fr. an ihrer Basis ohne sichtbare Narbe; ☉; VII–IX. Als Ziergras, bes. im S, zuw. kult. u. verwild., in S-Dt u. Au (Kt, St, OÖ) auch eingebürgert. (Heimat: N-Am.) *Haarstielige H.,* **P. capilláre** L.

— Infl. schon vor der Reife deutl. aus oberster Scheide herausragend; Ährchen 2,5–3,5 mm groß; Infl.äste steifer u. derber; abgefallene Fr. an ihrer Basis m. deutl. halbmondf. Narbe; ☉; VII–IX. Bisher nicht beachtet, gemeinsam m. *P. capillare* auftretend (Kt, St), ob weiter *v* verwild.? (Maisfelder!) (Heimat: W-USA) *Hilmans H.,* **P. hilmánii** CHASE

4(1). Ährchen 2,4–3,2 mm lg., 1 mm breit; unt. Hüllspelze stumpfl.; Pfl. bis 1,3 m hoch; ☉; VII–IX. Aus Argentinien m. Wolle eingeschleppt, verwild. u. sich ausbreitend, bes. Au (Kt, St), auch Ba, b. Oldenburg (NS). *Spätblühende H.,* **P. dichotomiflórum** MICHX.

— Ährchen 2–2,5 mm lg., 1,2 mm breit; unt. Hüllspelze spitzl.; Pfl. bis 80 cm hoch; ☉; VIII–X. Eingeschleppt, in Maisfeldern; eingebürgert Kt, St (sich ausbreitend?). (Heimat: S-Afrika) *Südafrikanische H.,* **P. laevifólium** HACK.

70. **Setária** P. B., *Borstenhirse*

1. Ährenrispe beim Aufwärtsstreichen sehr rauh, da die grünl. Borsten m. nach rückw. gerichteten Zähnchen besetzt sind *(1239),* 3–10 cm lg., schmal-zylindrisch, am Grd. unterbrochen; ☉; VII–IX. Gärten, Schuttplätze, Maisfelder; sehr *z* u. unbeständig, häufiger nur ObRhein/Neckar/Main, *f* SH; in Be, Ho, Da nur adventiv. *Wirtel-B.,* **S. verticilláta** (L.) P. B.

— Ährenrispe beim Aufwärtsstreichen nicht rauh, da die Borstenzähne nach vorw. gerichtet sind *(1240)* 2

2. Borsten unterhalb des Ährchens bis zu 12, zunächst gelb, später fuchsrot; Deckspelze knorpelig, deutl. querrunzelig; Ährengras: jedes Ährchen m. seiner Borstenhülle direkt der Ährenachse ansitzend; ☉; VII–X. Äcker, Schuttplätze, Wegränder (bis 1000 m); *v* bis *z* im S, *z* bis sehr *z* im N; in Be u. Ho nur adventiv, *f* Da (z.T. Maisunkraut). [= *S. lutescens* (WEIG. ex STUNTZ) HUBB.; = *S. glauca* (L. p.p.) P. B.] *Niedrige B.,* **S. púmila** (POIR.) R. & SCH.

— Borsten unterhalb des Ährchens wenige, selten mehr als 4; Deckspelze nicht querrunzelig, allenfalls papillös (Lupe!); Ährenrispengras: die von der Infl.achse abgehenden Zweige sind nochmals verzweigt 3

3. Ährchen 3–3,5 mm lg.; Rispe 2–3 cm breit; Stg. bis 1 cm dick; z. Reifezt. nur die ob. Blüte ausfallend (Hüllspelzen u. die unt. sterile Blüte bleibend); ☉; VII–IX. Alte Kulturpfl., zuweilen noch als Vogelfutter angebaut u. verwild. (2 ssp. bzw. Varietätengruppen) *Kolbenhirse,* **S. itálica** (L.) P. B.

a. Infl. bis 30 cm lg., überhgd., unterbrochen; Deckspelze papillös, rauh. [= convar. *maxima* (ALEF.) KÖRN. ex MANSF.] ssp. **itálica**

— Infl. nur bis 12 cm lg., aufrecht, nicht unterbrochen; Deckspelze glzd., glatt. [= convar. *moharia* (ALEF.) KÖRN. ex MANSF.] *Ungarische K., Mohar,* ssp. **mohária** (ALEF.) KÖRN.

— Ährchen nur bis 2 mm lg.; Rispe nur bis 1,5 cm breit; Stg. nur bis 4(–5) mm dick; z. Reifezt. gesamtes Ährchen abfallend 4

4. Borsten steif, nur 3–4 mm lg.; Infl. an der Basis unterbrochen; Infl.achse kurzhaarig; Stg. meist aufrecht; ☉; VII–X. Ruderalstellen, Gärten, Äcker (bis 750 m); sehr *z* bis (im N) *s;* Verbr. ungenü-

gend bekannt. [= *S. ambigua* (GUSS.) GUSS.; = *S. decipiens* SCHIMP.] *Unbeständige B.,* **S. gussónei** KERGUÉLEN

— Borsten biegsam, bis 10 mm lg., später fuchsrot; Infl. nicht unterbrochen; Infl.achse weichhaarig (Haare 1 mm lg.), dazw. kurze Borstenhaare **5**

5. Ährchen 3 cm lg.; Borsten zu 3–6 unterhalb des Ährchens; Infl. (auch schon jung) deutl. überhgd.; Fr. deutl. querrunzelig; ⨀; VII–IX. Eingeschleppt m. Vogelfutter, in Au auch in Maisfeldern, verwild. u. sich offensichtl. einbürgernd: Kt, St, UntFr, Rheinl., Me (wo noch?). (Heimat: China) *Fabers B.,* **S. fáberi** HERRM.

— Ährchen nur 1,8–2,2 mm lg.; Borsten zu 1–3 unterhalb des Ährchens; Infl. allenfalls später etwas überhgd.; Fr. etwas rauh bis feinwarzig; ⨀; VII–IX. Ruderalstellen, Gärten, Äcker (bis 750 m). (2 ssp.) *Grüne B.,* **S. víridis** (L.) P. B.

a. Halme 30–60 cm hoch, 1–3 mm im Dm; Spreiten 5–10 mm breit; Rispe bis 10 cm lg. *v.* ssp. **víridis**

— Halme ± 2 m hoch, 4–6 mm im Dm; Spreiten bis 2,5 cm breit; Rispe bis 20 cm lg. Maisfelder; S-St, Kt. [= var. *major* (GAUD.) POSPICHAL] ssp. **pycnocóma** (STEUD.) ZSVELEV

71. Bothriochlóa O. KTZE., *Bartgras*

Stg. 80–100 cm hoch; Blätt. bis 4 mm breit, gegen den Spreitengrd. borstig gewimpert; Ligula als bis 5 mm lg. Haarkranz; Scheinähren zu 2–6, ihre Achsen lg.haarig; ♃; VII–X. Trockenrasen, sandige Orte; sehr *z* im S: Au, E, Rheintal bis Bonn, Main-, Neckar-, Isar-, Donautal, außerdem An, Sa, Erzgeb., Böhmen. [= *Andropogon ischaemum* L.; = *Dichanthium ischaemum* (L.) ROBERTY] **B. ischaemum** (L.) KENG

72. Sórghum MOENCH, *Mohrenhirse*

1. Rispenachse gut sichtbar, da Seitenzweige absthd. bis ausgebreitet; unt. Ährchen der Ährchenpaare im Umriß längl., ± doppelt so lg. wie breit; ♃; VI–VII. Mit Vogelfutter eingeschleppt od. in Maisfeldern, z. B. BW, St. (Heimat: östl. Mittelmeergebiet?) *Wilde M., Aleppohirse,* **S. halepénse** (L.) PERS.

— Rispenachse kaum sichtbar, da Infl. dicht, ihre Seitenzweige aufw. weisend; unt. Ährchen der Ährchenpaare im Umriß eif. bis elliptisch, nur wenig länger als breit; ⨀; VII–IX. Adventiv Häfen, Bahnhöfe u. ä. Orte, z. B. BW, St. (Heimat: O-Afrika?) *Echte M., Durra,* **S. bícolor** (L.) MOENCH

73. Zéa L., *Mais*

Stg. markig, an der Basis bis 4 cm dick, bis 2 m hoch; Blätt. 5–12 cm breit; ⨀; VII–IX. In zahlr. Sorten *v* kultiviert, zuweilen verwild.; auch als Zierpfl. (Heimat: M- u. S-Am.) **Z. mays** L.

Unterklasse: **Arecídae,** *Kolbenblütige*

Ordnung: **Aráles** *(= Spadiciflórae)*

Familie: **Aráceae,** *Aronstabgewächse*

Rhizom- od. Knollenstauden; Blätt. häufig netznervig *(Arum, 33);* Bltn. eingeschl. od. ⚥, in vielbltgen Kolben, am Grd. von oft auffälligem Hochblatt (= **Spatha;** Sp) umgeben; Beerenfr.

1. Blätt. lineal-schwertf.; Spatha grün, blattartig, die Fortsetzung des Stg. bildend *(164);* Bltnhülle aus schuppenf. Blättchen . . . . **Acorus,** 761
— Blätt. breit, herzf., pfeilf. od. umgekehrt-eif.; Bltnhülle fehlend **2**
2. Rosetten-Wasserpfl. m. zahlr. Ausläufern u. samtig-hellgrünen, bis 6 cm breiten Blätt. . . . . **Pistia,** 762
— Landpfl. od. Wasserpfl. m. intensiv grünen, glzd. Blätt. **3**
3. Blätt. 3zählig . . . . **Pinellia,** 762
— Blätt. einfach **4**
4. Kolbenende nackt, meist violett, von an der Basis tütenf. eingerollter grünl. Spatha umgeben *(163);* Bltn. eingeschl., an der Basis des Kolbens ♀, darüber ♂ u. über diesen geschlechtslos . . . . **Arum,** 761
— Kolben bis zur Spitze m. Bltn.; Blüten meist ⚥, ob. oft ♂; Spatha wenig konkav, weiß . . . . **Calla,** 761

1. Ácorus L., *Kalmus*

Rhizom dick, aromatisch riechend; Stg. 3kantig; Kolben grünl., scheinbar seitl., dicht m. Zwitterblt.; Bltnhülle 6blättrig; ♃; VI–VII. Gräben, Teiche, Ufer; *v* bis *z,* im 16. Jahrh. eingeführt u. seither vollständig eingebürgert. (Heimat: O-Asien)
Ⓖ **A. cálamus** L.

2. Cálla L., *Drachenwurz, Schlangenkraut*

Grdachse walzl., grün, lg.-kriechend; Blätt. rundl.-herzf., fast ledrig; Fr. scharlachrot; ♃; V–VII. Waldsümpfe, Bruchwälder, Teichränder; Ti bis 1350 m; im N stellenw. *v,* sonst *z,* M-Gebiet u. S *z* (Bayr/Böhmw.) bis sehr *z* u. *s* (Württ. nur ObSchwaben), *f* Vb.
Ⓖ **C. palústris** L.

3. Árum L., *Aronstab*

1. Knollen horizontal im Boden, bis 2,5 cm dick; Blätt. meist m. schwarzen od. schwärzl. Flecken (var. **maculátum**) od. meist ungefleckt (var. **immaculátum** Rchb.); Fr. rote, **giftige** Beeren; ♃; IV–V. Laubwälder (bis fast 1000 m); *v* im S, M-Gebiet u. O-SH, sonst *z* bis *s, f* Kt (Da nur verwild.). *Gefleckter A.,* **A. maculátum** L.
— Knollen aufrecht im Boden, bis 5 cm dick; Blätt. stets ungefleckt; Fr. rote, **giftige** Beeren; ♃; IV–VI. Laubwälder. (2 ssp.)
Dänischer A., **A. orientále** Bieb.
a. Steriler Kolbenteil an seiner Basis stielart. verschmälert; Blätt. frisch grün. *s* Kt, sonst NÖ, Bgl. *Orientalischer A.,* ssp. **orientále**
— Steriler Kolbenteil ohne verschmälerten Basalteil; Blätt. dk.grün. *s* O-Da.
Dänischer A., ssp. **dánicum** (Prime) Prime

4. Pístia L., *Wassersalat*
Infl. reduziert, in der nur bis 1,5 cm lg. hellgrünen Spatha versteckt; ⊙–♃; VII–X. Langsame, thermisch begünstigte Fließgewässer; als Aquarien-Adventivpfl. zuw. eingeschleppt, z. B. Erfttal (Rheinl.), Ho, St. (Heimat: Tropen)
P. stratiótes L.

5. Pinéllia, *Pinellie*
Blätt. lg.gestielt, 3zählig; Infl. länger als die Blätt.; Spatha grün, offen an der Basis, dann völlig zusammengerollt, dann tütenf. geöffnet, m. lg. pfrieml. Spitze; ♃; V–VII. Mehrfach aus Bot. Gärten verwild. (Heimat: Japan) **P. ternáta** (Thunb.) A. & Gr.

Familie: **Lemnáceae,** *Wasserlinsengewächse*

Frei schwimmende, zuw. untergetauchte, nicht in Sproß u. Blatt gegliederte, sich fast ausschließl. vegetativ vermehrende, aus grünen, flachen od. gewölbten, auseinandersprossenden u. oft lange Zeit miteinander verketteten Gliedern bestehende Wasserpfl. *(152–155);* Bltn. (selten ausgebildet) eingeschl., ohne Bltnhülle, in kleinen, unscheinbaren, von einer Spatha (*1241,* Sp) umgebenen Kolben; ♂ Bltn. aus 1 Stbblatt. (*1241,* ♂), ♀ aus 1 flaschenf. Frkn. bestehend (*1241,* ♀).

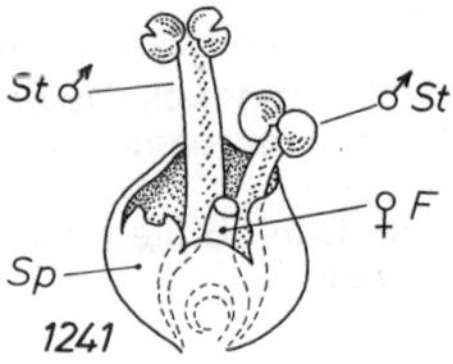

1241

1. Pfl. wurzellos; Glieder nicht > 1,5 mm . . . . **Wolffia,** 763
— Wurzeln vorhanden; Glieder größer **2**
2. Jedes Glied m. einem Büschel von Wurzeln . **Spirodela,** 762
— Jedes Glied m. nur 1 Wurzel . . . . **Lemna,** 762

1. Spirodéla Schleid., *Teichlinse*
Glieder 3–10 mm groß, rundl.-verkehrt-eif., flach, nur zu wenigen zusammenhgd. *(152);* ♃; V–VI. Stehende Gewässer; *z,* im N häufiger.
Sp. polyrhíza (L.) Schleid.

2. Lémna L., *Wasserlinse*
1. Glieder untergetaucht, nur z. Bltzt. an die Oberfläche kommend, lanzettl., gestielt, kreuzweise zusammenhgd. *(153);* ♃; VI. Gräben, Sümpfe, Teiche; *z,* im N häufiger, *f* Ti.
Dreifurchige W., **L. trisúlca** L.
— Glieder an der Wasseroberfläche schwimmend, fast rund, nicht gestielt **2**

2. Glieder untersts. stark bauchig aufgetrieben, 2–3 mm lg. *(154);* ♃; IV–VI. Stehende Gewässer; *v* im NO, *z* im N, *s* im S, *f* Kt, Sb? *Buckel-W., Büschel-W.,* **L. gíbba** L.

— Glieder beidersts. flach **3**

3. Glieder nur 1nervig (Durchlicht!), nur 1,5–2,5 mm groß, oft stark asymmetrisch. Stehende u. langsame, wärmere Fließgewässer, gemeinsam m. *L. minor;* vermutl. Verschleppung durch Vögel, z. B. ObRhein, E, Erfttal (Rheinl.), N-We. (Heimat: Amerika) (= *L. minima* PHIL.) *Zierliche W.,* **L. minúscula** HERTER

— Glieder 3nervig, kräftiger, bis 5–6 mm groß **4**

4. Glieder breit-elliptisch, symmetrisch; Wurzelscheide ungeflügelt, Wurzelende stumpf; ♃; V–VI. Nährstoffreiche Tümpel, Gräben, Weiher; *g.* *Kleiner W.,* **L. mínor** L.

— Glieder schmal-elliptisch, aber deutl. asymmetrisch; Wurzelscheide geflügelt, Wurzelende spitz. Thermisch begünstigte, langsame Fließgewässer; vermutl. durch Vögel vorübergehend eingeschleppt, z. B. Rheinl. (Heimat: Amerika, Afrika, Asien) (= *L. perpusilla* TORR.) *Schiefe W.,* **L. aequinoctiális** WELW.

3. Wólffia HORKEL ex SCHLEID., *Zwerglinse*

Glieder beidersts. gewölbt, 1–1,5 mm groß (kleinste Bltnpfl.!), immer nur 2 zusammenhgd. *(155);* ♃; in Eur. nicht blühend. Stehende Gewässer; *s* Be, Ho, NS, SH, Me, Br, b. Moers (Rheinl.), b. Nürnberg, Ob-Schwaben; vielfach wieder verschwunden, auch Neuansiedlung durch Vögel. **W. arrhíza** (L.) WIMM.

Literaturverzeichnis

Die nachfolgenden Hinweise sind keineswegs erschöpfend. Sie enthalten nur die für das Gebiet der „Flora“ wichtigsten Werke. Auch wurden im wesentlichen nur solche Titel aufgenommen, die derzeit (oder demnächst wieder) lieferbar sind.

Zur Anordnung der Literaturangaben: Größere, umfassende Werke stehen vor weniger umfangreichen; Werke zu benachbarten Regionen stehen hintereinander.

Im folgenden Verzeichnis werden abgekürzt: o. = ohne; m. = mit; BSchl. = Bestimmungsschlüssel; Zeichn. = Zeichnung; F. = Farbe; SW = Schwarz-Weiß; Aufl. = Auflage; S. = Seiten; Verbr. = Verbreitung(s)

A. Größere Florenwerke

T. G. Tutin u.a. (Hrsg.): Flora Europaea; Cambridge Bd. **1–5**, 1964–1980 (umfaßt als einziges Florenwerk das gesamte Europa; m. BSchl., Arten mit kurzer Beschreibung o. Abb.); 2. Aufl.: Bd. **1**, 1993 (erweitert)

J. Jalas & J. Suominen (Hrsg.): Atlas Florae Europaeae; Helsinki, seit 1972 (gesamteuropäische Verbr.karten aller Arten); Lfg. 9 = 1991

G. Hegi (Begründer): Illustrierte Flora von Mitteleuropa; Berlin/Hamburg; Standardwerk der mitteleuropäischen Flora, z.Zt. 2. u. teilweise sogar 3. Aufl. im Erscheinen; derzeit VII Bde. mit 24 Teilbänden; ausführliche Beschreibungen u. reichhaltige Illustrierung; zahlr. führende Bearbeiter

zu Hegi: U. Hamann & G. Wagenitz: Bibliographie zur Flora von Mitteleuropa; 2. Aufl., Berlin/Hamburg 1977 (376 S.)

F. Ehrendorfer: Liste der Gefäßpflanzen Mitteleuropas; 2. erw. Aufl., Stuttgart 1973 (318 S., Listengrundlage für die floristische Kartierung Mitteleuropas)

F. Hermann: Flora von Nord- u. Mitteleuropa; 2. Aufl., Stuttgart 1956 (1154 S., o. Abb.)

A. Garcke: Illustrierte Flora, Deutschland und angrenzende Gebiete (Hrsg. K. v. Weihe); Berlin u. Hamburg 1972 (1607 S., 460 Abb. m. 3704 Einzelbildern)

G. Hegi – H. Merxmüller (Hrsg.: H. Reisigl): Alpenflora; 25. Aufl., Berlin/Hamburg 1977 (Auswahl der wichtigsten Alpenpflanzen, o. BSchl.; 196 S., 283 Farbabb. + 34 Fotos auf 43 Taf. + Karte)

W. Lippert: Fotoatlas der Alpenblumen; München 1981 (259 S., 400 Farbabb., 600 Zeichn. u. Verbr.karten)

H. Haeupler & P. Schönfelder (Hrsg.): Atlas der Farn- und Blütenpflanzen der Bundesrepublik Deutschland; 2. Aufl., Stuttgart 1989 (768 S. m. 96 Farbabb. u. 2490 Verbr.karten)

W. Rothmaler: Exkursionsflora. Bd. **1**: Niedere Pflanzen – Grundband, bearb. H. H. Handtke, H. Pankow, R. Schubert, 1. Aufl., Berlin 1983 (811 S., sehr zahlr. Zeichn.); Bd. **3**: Atlas der Gefäßpflanzen, Hrsg.

R. Schubert, E. Jäger, K. Werner; 8. Aufl., 1991 (752 S., 2896 Zeichn. je Habitus u. Details); Bd. **4**: Kritischer Band; 8. Aufl., 1990 – bearb. R. Schubert, W. Vent, M. Bässler (811 S., zahlr. Zeichn.; wichtig für Arealdiagnosen und kritische, kleinartenreiche Gattungen; Gebiet aller Bände: Deutschland)

E. Oberdorfer: Pflanzensoziologische Exkursionsflora; 6. Aufl., Stuttgart 1990 (Gebiet: Deutschland u. angrenzende Gebiete der Alpen und Vogesen; Schwerpunkt: pflanzensoziologische Angaben; 1050 S., 58 Zeichn.)

A. Pascher (Hrsg., jetzt: H. Ettl, I. Gerloff & H. Heyning): Süßwasserflora von Mitteleuropa. Bd. **23**: S. J. Casper & H. D. Krausch: Pteridophyta und Anthophyta 1. Teil: Lycopodiaceae bis Orchidaceae; Jena 1980 (403 S., 109 Taf. m. 1038 Abb.)

A. Pascher (Hrsg., jetzt: H. Ettl, I. Gerloff & H. Heyning): Süßwasserflora von Mitteleuropa. Bd. **24**: S. J. Casper & H. D. Krausch: Pteridophyta und Anthophyta 2. Teil: Saurucaceae bis Asteraceae; Jena 1981 (540 S., 119 Taf. m. 1695 Abb.)

B. Länder- und Gebietsfloren

1. außerdeutsche Floren

Dänemark

K. Hansen u. a. (Hrsg.): Dansk feltflora; Kopenhagen 1981 (757 S., Abb. im Text m. BSchl.)

E. Rostrup & C. A. Jørgensen; bearb. A. Hansen: Den Danske flora; 20. Aufl., 1973 (664 S., 139 Abb.)

Niederlande/Holland

Th. Weevers u. a. (Hrsg.): Flora Neerlandica; Amsterdam (ausführliche Flora mit Abb., von der seit 1948 bisher 11 Lfg. erschienen sind; nicht mehr fortgeführt)

R. v. d. Meijden: H. Heukels' Flora van Nederland; 21. Aufl., Groningen 1990 (662 S., viele hundert Abb., m. BSchl. u. guten Beschreibungen)

J. Mennema, A. J. Quene-Boterenbrood & C. L. Plate (Hrsg.): Atlas of the Netherlands Flora. 1. Extinct and very rare species; The Hague/Boston/London (226 S.), 1980. Bd. **2**: Zeldzame en vrij zeldzame Planten (349 S.), 1985. Bd. **3**: Minder Zeldzame en algemene Soorten (264 S.), 1989 (insgesamt m. 1966 Verbr.karten)

E. Heimans, H. W. Heinsius & J. P. Thijsse: Geillustreede Flora van Nederland; Amsterdam 1965 (1182 S., zahlr. Zeichn.)

Belgien

W. Robyns (Hrsg.): Flore générale de Belgique; Brüssel (ausführliche Flora m. Abb., von der seit 1955 bisher 6 Teilbände erschienen sind)

W. Mullenders (Hrsg.): Flore de la Belgique, du Nord de la France et des Régions voisines; Liège 1967 (425 S., ca. 725 Abb.)

W. MULLENDERS: Flore moderne de la Belgique (Phanérogames); 4. Aufl., Louvain 1981 (293 S., o. Abb.)

J.-E. DE LANGHE, L. DELVOSALLE, J. DUVIGNEAUD, J. LAMBINON, C. VAN DEN BERGHEN: Nouvelle Flore de la Belgique, du Grand-Duché de Luxembourg, du Nord de la France et des Régions voisines; 3. Aufl., Meise 1983 (1016 S., zahlr. Zeichn.)

E. VAN ROMPAEY & L. DELVOSALLE: Atlas van de Belgische en Luxemburgse Flora; Pteridofyten en Spermatofyten; 2. Aufl., Meise 1979 (1425 Verbr.karten)

Frankreich

G. BONNIER & R. DOUIN: La Grande Flore en couleur de Gaston Bonnier – France, Suisse, Belgique et pays voisins; 2 Bde., Berlin/Hamburg 1991 (959 S., davon 729 Taf.S. m. 7863 Farbabb.)

M. GUINOCHET & R. DE VILMORIN: Flore de France; Paris, seit 1973 in 4 Bd. (bis 1982)

P. FOURNIER: Les quatres flores de la France, I–II; 4. Aufl., Paris 1977; Bd. I = Text (1106 S., BSchl.), Bd. II = Atlas (308 S. mit 4264 Einzel-Abb.)

ISSLER, LOYSON & WALTER: Flore d'Alsace; 2. Aufl., Straßburg 1982 (621 S., m. Abb. u. BSchl.)

Schweiz

H. E. HESS, E. LANDOLT & R. HIRZEL: Flora der Schweiz und angrenzender Gebiete. Bd. **1**, Basel 1967 (858 S., 1050 Abb., 9 F.-Taf.), Bd. **2**, Basel 1970 (956 S.), Bd. **3**, Basel, Stuttgart 1972 (876 S.)

H. E. HESS, E. LANDOLT & R. HIRZEL: Bestimmungsschlüssel zur Flora der Schweiz und angrenzender Gebiete; Basel/Stuttgart 1976 (657 S., zahlr. Zeichn.; Zusammenfassung der BSchl. aus vorigem 3bändigem Werk)

A. BINZ – CH. HEITZ: Schul- u. Exkursionsflora für die Schweiz mit Berücksichtigung der Grenzgebiete; 19. Aufl., Basel 1990 (659 S., 890 Fig.)

E. THOMMEN – A. BECHERER: Taschenatlas der Schweizer Flora (bearb. A. ANTONIETTI); 6. Aufl., Basel & Stuttgart 1983 (303 S., enthält 3055 Strichzeichn.)

K. LAUBER & G. WAGNER: Flora des Kantons Bern; 2. Aufl., Bern/Stuttgart 1992 (958 S., 1836 Farbabb.); dazu separates Heft: Bestimmungsschlüssel zur Flora des Kantons Bern (150 S.)

M. WELTEN & R. SUTTER: Verbreitungsatlas der Farn- und Blütenpflanzen der Schweiz; 2 Bde., Basel, Boston & Stuttgart 1982 (2572 Verbr.karten)

ČR/Polen

J. DOSTAL: Klic k upliné Kvetene ČSR; Prag 1958 (982 S., 3113 Abb.)

J. DOSTAL: Květena ČSSR; 2 Bde., Prag 1989 (1548 S., m. sehr zahlr. Abb.)

J. SOUREK: Kvetena Krkonos Cesky a polsky krkonosky park. Academia Praha, 1969 (451 S., o. BSchl., 2 Karten)

S. HEJNY; B. SLAVIK (Hrsg.): Kvetena České (socialistické) republiky; Bd. **1**, Praha 1988 (557 S.); Bd. **2**, 1990 (541 S.); Bd. **3**, 1992 (542 S.) (m. BSchl., zahlr. Abb.)
B. SLAVIK: Fytokartograficke syntezy ČSR; Bd. **1**, Pruhonice 1986 (200 S.), Bd. **2**, 1990 (180 S.) (zahlr. Verbr.karten)
V. JAVORKA-CSAPODY: Iconographia Florae partis tertio orientalis Europae centralis; Budapest 1975 (73 S., 40 Farbtaf., 576 hervorragende SW-Tafeln; über 4000 Arten)

Österreich

E. JANCHEN: Catalogus Florae Austriae, 1. Teil: Farne u. Blütenpflanzen; Heft 1–4, Wien 1956–1959, hierzu 4 Ergänzungshefte, Wien 1963–1968 (insgesamt 1515 S.; o. BSchl. u. Abb.; durch seine reichhaltige Synonymie und Literaturzusammenstellung aber weit über Österreich hinaus von Bedeutung)
W. ADLER, K. OSWALD, R. FISCHER: Exkursionsflora von Österreich; Stuttgart 1993 (ca. 750 S., 1100 Abb.)
K. FRITSCH: Exkursionsflora von Österreich; Nachdruck der 3. Aufl. 1922, Lehre 1973 (824 S., o. Abb.) (Grenze: K. u. K.-Monarchie, mit Istrien, teilw. Slowenien, Kroatien, Jugoslawien u. ČR)
G. GRABHERR & A. POLATSCHEK: Lebensräume und Flora Vorarlbergs; Dornbirn 1986 (261 S., o. BSchl., zahlr. farb. Abb.; mit Artenliste)
H. SEITTER: Die Flora des Fürstentums Liechtenstein; Vaduz 1977 (578 S., 22 Farbtaf.)
F. LEEDER & M. REITER: Kleine Flora des Landes Salzburg; Salzburg 1959 (383 S., o. BSchl. u. Abb.)
H. WITTMANN, A. SIEBENBRUNNER, P. PILSL & P. HEISELMAYER: Verbreitungsatlas der Salzburger Gefäßpflanzen; Sauteria Bd. **2** (1926 Verbr.karten, 403 S.); Salzburg 1987
A. ZIMMERMANN, G. KNIELY, H. MELZER, W. MAURER, R. HÖLLRIEGL: Atlas gefährdeter Farn- und Blütenpflanzen der Steiermark (302 S., 110 farb. Abb., 579 Verbr.karten); Graz 1989 (zugl. Nr. **18/19** der Mitt. Abt. Bot. Landesmus. Joanneum Graz)

2. deutsche Regionalfloren

Schleswig-Holstein/Hamburg

W. CHRISTIANSEN: Neue kritische Flora von Schleswig-Holstein; Rendsburg 1953 (532 S., über 200 Verbr.karten, o. BSchl.)
W. CHRISTIANSEN: Flora der nordfriesischen Inseln; Hamburg 1961 (127 S., o. BSchl.)
J. URBSCHAT: Flora des Kreises Pinneberg; Kiel 1972 (281 S., einschl. 488 Verbr.karten)
K. PETERSENS: Flora von Lübeck und Umgebung; fortgeführt von K. KONOPKA. Lübeck 1966 (132 S., o. BSchl. u. Abb.)
E. CHRISTENSEN & J. WESTDÖRP: Flora von Fehmarn (= Mitt. AG Geobotanik in Schleswig-Holstein u. Hamburg, H. 30); Kiel 1979 (262 S. einschl. 445 Verbr.karten, o. BSchl.)
E. W. RAABE: Atlas der Flora Schleswig-Holsteins und Hamburgs (Hrsg.: K. DIERSSEN & U. MIERWALD); Neumünster 1987 (654 S. m. 1163 Verbr.karten; Raster: 1/36 MTB)

Niedersachsen/Bremen

E. Garve & D. Letschert: Liste der wildwachsenden Farn- und Blütenpflanzen Niedersachsens, 1. Fassung 1. 1. 1991 (Naturschutz u. Landschaftspflege in Niedersachsen, Bd. **24** (154 S., Namenliste, o. BSchl., ausgewählte Farbfotos)

J. van Dieken: Beiträge zur Flora Nordwest-Deutschlands, unter besonderer Berücksichtigung Ostfrieslands; Jever 1970 (284 S., o. BSchl. u. Abb.)

W. Meyer & J. van Dieken: Pflanzenbestimmungsbuch für die Landschaften Osnabrück, Oldenburg-Ostfriesland und ihre Inseln; 3. Aufl., Oldenburg 1949 (265 S., m. Abb.)

F. Buchenau: Flora von Bremen, Oldenburg, Ostfriesland und der ostfriesischen Inseln; bearb. B. Schütt, 10. Aufl. 1936; Reprint Bremen 1986 (448 S., zahlr. Abb., m. BSchl.)

K. Koch: Flora des Regierungsbezirks Osnabrück und der benachbarten Gebiete; Osnabrück 1958 (543 S., o. Abb.)

H. Fuchs: Flora von Göttingen; Göttingen 1964 (156 S., o. BSchl., o. Abb.)

H. Haeupler: Atlas zur Flora von Südniedersachsen; Teil I, Atlas. Göttingen 1976 (367 S., über 1800 Verbr.karten)

K. Müller: Flora des Landkreises Harburg und angrenzender Gebiete; Wienen 1983 (248 S.; o. BSchl.; zahlr. Karten); 2. Aufl. 1991 (415 S.)

H. Lenski: Farn- und Blütenpflanzen des Landkreises Grafschaft Bentheim; Bad Bentheim 1990 (226 S.; o. BSchl.; zahlr. Karten; sehr gute Farbfotos)

Mecklenburg-Vorpommern/Brandenburg

F. Fukarek & M. Henker: Neue kritische Flora von Mecklenburg; 1983–1987 (5 Teile in Archiv d. Freunde d. Naturgeschichte in Mecklenburg, H. **23–27**; o. BSchl.; Artenliste m. Kommentaren)

H. Pankow: Flora von Rostock und Umgebung; Rostock 1967 (359 S., m. BSchl., o. Abb., 148 Verbr.karten)

E. Richter & H. Sluschny: Flora des Stadt- und Landkreises Schwerin; Schwerin 1983 (188 S. + 19 Abb., o. BSchl.)

G. Klemm: Flora des Kreises Spremberg; Berlin 1974 (Gleditschia **2**, 65 S., o. BSchl.; SO-Brandenburg)

Nordrhein-Westfalen

F. Runge: Die Flora Westfalens; 3. verb. u. verm. Aufl., Münster 1989 (589 S., o. BSchl. u. Abb.)

R. Wolff-Straub u.a.: Florenliste von Nordrhein-Westfalen; 1988 (Schriften LÖLF Nordrh.-Westf. **7**, 2. Aufl., 128 S. + Karte; tabellarische Liste)

A. Meier-Böke: Flora von Lippe (Farn- und Blütenpflanzen) (in: Lippische Mitt. aus Geschichte u. Landeskunde Bd. **39–46**); Detmold 1970–1977 (518 S., o. BSchl.)

A. Jung: Die Pflanzenwelt im Sauerland und Siegerland. Ein Bestimmungsbuch der Blütenpflanzen; Fredeburg 1978 (269 S., einschl. zahlr. F.-Taf.)

H. Höppner & H. Preuss: Flora des Westfälisch-Rheinischen Industriegebietes – unter Einschluß der Rheinischen Bucht; Duisburg 1971 (381 S., Nachdruck von 1926)

L. Laven & P. Thyssen: Flora des Köln-Bonner Wandergebietes; Bonn 1959 (179 S., 17 Abb.-Taf., o. BSchl.)

H. Burckhardt: Wandel der Landschaft und Flora von Duisburg u. Umgebung seit 1800; Duisburg 1973 (115 S., zahlr. Strichzeichn.)

R. Düll & H. Kutzelnigg: Punktkarten von Duisburg und Umgebung; 2. Aufl., Rheurdt 1987 (378 S., Verbr.kärtchen, o. BSchl., Kommentare)

W. Stieglitz: Flora von Wuppertal (Jahresber. Naturwiss. Ver. Wuppertal, Beih. **1**); Wuppertal 1987 (227 S., o. BSchl., zahlr. Zeichn., 1093 Verbr.kärtchen)

R. Galunder: Flora des Oberbergischen Kreises; Gummersbach 1990 (227 S.; o. BSchl., zahlr. Karten u. F.-Abb.)

R. Wolff-Straub u. a.: Florenliste von Nordrhein-Westfalen, 2. Aufl., 1988 (Schriftenr. Landesanst. Ökol., Landschaftsentw. u. Forstplanung Nordrh.-Westf., Bd. **7**) (128 S. einschl. 26 farb. Abb.; Florenliste regional u. nach Vegetationstypen)

A. Belz, P. Fasel & A. Peter: Die Farn- und Blütenpflanzen Wittgensteins; Wittgenstein 1992 (276 S., o. BSchl., zahlr. Karten u. F.-Abb.)

H. Kersberg, H. Hestermann, W. Langhorst & P. Engemann: Flora von Hagen und Umgebung; Hagen 1985 (136 S., o. BSchl., 78 F.-Abb.)

Hessen

W. Ludwig: Neues Fundortverzeichnis zur Flora von Hessen; erscheint innerhalb des Jahresbandes d. Nassauischen Vereins f. Naturk. Wiesbaden (bisher 2 Lfg. 1962 u. 1966 erschienen; o. BSchl. u. Abb.)

A. Grimme: Flora von Nordhessen; 61. Abh. Ver. f. Naturk. Kassel 1958 (XII + 212 S., o. BSchl. u. Abb.)

D. Kienast: Die spontane Vegetation der Stadt Kassel in Abhängigkeit von bau- u. stadtstrukturellen Quartierstypen; Kassel 1978 (414 S., m. zahlr. Zeichn. u. Abb.)

L. & S. Nitsche & V. Lucan: Flora des Kasseler Raumes. Teil I, Kassel 1988 (150 S., Artenliste; o. Abb.). – Teil II, Kassel 1990 (181 S., 1308 Verbr.karten)

W. Wittenberger, H. Lipser & G. Wittenberger: Flora von Offenbach; Darmstadt 1968 (278 S., o. BSchl., 16 Abb.)

E. Baier & C. Peppler: Die Pflanzenwelt des Altkreises Witzenhausen mit Meißner und Kaufunger Wald. Eine erste Flora dieses Gebietes; Witzenhausen 1988 (Schriften d. Werratalvereins H. **18**; 310 S., o. BSchl.)

E. & W. Klein: Pflanzen des östlichen Wetteraukreises; Friedberg 1985 (Beitr. Naturk. Wetterau **5** (1 + 2); (393 S., Verbr.karten)

K.-D. Jung: Punktkartenflora des Stadtgebietes von Darmstadt; Darmstadt 1991 (Schriftenreihe Umweltamt Stadt Darmstadt **14**; X + 546 S., Verbr.karten)

Thüringen/Sachsen-Anhalt/Sachsen

H. FALKENBERG & H.-J. ZÜNDORF: Die Farn- und Blütenpflanzen des Mittleren Elstergebirges um Gera. – Veröff. Museen Gera, Naturwiss. Reihe, H. **14** (208 S., 37 Verbr.karten, 25 Abb.); Gera 1987

F. MERTENS: Flora von Halberstadt; Halberstadt 1961 (113 S., 41 Fot.-Taf., o. BSchl.)

O. VOIGT: Flora von Dessau und Umgebung. 1. u. 2. Teil, Dessau 1980 u. 1982 (181 S., Artenliste; 33 Fotos)

WÜNSCHE & SCHORLER: Die Pflanzen Sachsens; 12. Aufl., Hrsg.: W. FLOSSNER u. a., Berlin 1956 (636 S., 758 Abb.)

R. WEBER & S. KNOLL: Flora des Vogtlandes; Plauen 1965 (204 S., o. BSchl, o. Abb.)

H. W. OTTO: Flora des Kreises Bischofswerda. Abh. Ber. Naturkundemuseum Görlitz, **47** (8). Leipzig 1972 (86 S., o. BSchl.)

L. MEINUNGER: Florenatlas der Moose und Gefäßpflanzen des Thüringerwaldes und angrenzender Gebiete; Jena 1992 (Haussknechtia, Beih. **3**; 2 Bde; Text- u. Kartenteil; Textbd.: 423 S., Fundortliste, o. BSchl.; Kartenbd.: 1671 halbseitige Verbr.karten)

Rheinland-Pfalz/Saarland

H. GROSSMANN: Flora vom Rheingau; Frankfurt 1976 (329 S., o. BSchl., zahlr. Strichzeichn.)

F. SCHULTZ: Flora der Pfalz; Speyer 1846 (Nachdruck Pirmasens 1971) (575 S. u. Nachtrag, o. Abb.)

P. HAFFNER u. a.: Atlas der Gefäßpflanzen des Saarlandes; Saarbrükken 1979 (o. S.-Angabe, m. 1352 Verbr.karten)

P. HAFFNER: Geobotanische Untersuchungen im Saar-Mosel-Raum; Abh. der DELATTINIA Nr. **18**, Saarbrücken 1990 (383 S., 360 Verbr.karten, 93 Fotos)

Baden-Württemberg

K. BERTSCH: Flora von Südwest-Deutschland; 3. Aufl., Stuttgart 1962 (umfaßt Baden-Württ., 471 S., m. BSchl., 55 Abb.)

O. SEBALD, S. SEYBOLD & G. PHILIPPI (Hrsg.): Die Farn- und Blütenpflanzen Baden-Württembergs; Bd. **1** u. **2**, Stuttgart 1990 (1055 S., 466 Farbfotos, 38 Farbtaf., 47 SW-Fotos, 562 Verbr.karten); Bd. **3** u. **4**, Stuttgart 1992 (845 S., 513 Farbfotos, 13 Farbtaf., 456 Verbr.karten). Bd. **5**–**8** in Vorbereitung.

S. SEYBOLD: Die aktuelle Verbreitung der höheren Pflanzen im Raum Baden-Württemberg; Karlsruhe 1977 (201 S., 1494 Verbr.karten)

S. SEYBOLD: Flora von Stuttgart; Stuttgart 1968 (160 S., o. BSchl. u. Abb.)

U. ADE, B. & H. BAUMANN, W. WAHRENBURG: Naturnahe Lebensräume und Flora in Schönbuch und Gäu; Remshalden 1990 (248 S., 65 Verbr.karten, zahlr. Farbfotos) (Gebiet um Böblingen)

H. RAUNEKER: Ulmer Flora (= Mitt. Ver. Naturwiss. u. Mathem. Ulm, H. **33**); Ulm 1984 (280 S., o. BSchl., 6 Karten)

K. MÜLLER: Ulmer Flora – Eine Standortflora der Südostalb und des angrenzenden Alpenvorlandes; Ulm 1957 mit Nachtrag von G. W. BRIELMAIER 1964 (m. wenigen Fotos, Verbr.karten; o. BSchl.)

Bayern

H. MERXMÜLLER: Neue Übersicht der im rechtsrheinischen Bayern einheimischen Farne und Blütenpflanzen. Berichte d. Bayerischen Bot. Gesellschaft: I: **38**, 93–115, 1965; II: **41**, 17–44, 1969; III: **44**, 221–238, 1973; IV: **48**, 5–26, 1977; V: **51**, 5–29, 1980

E. DÖRR: Flora des Allgäus; Ber. Bayer. Bot. Ges. ab Bd. **37** (1964) in Forts. (bis 1984) (o. BSchl., Fundortkartei)

R. FISCHER: Flora des Rieses; Nördlingen 1982 (64 Farbtaf. mit 274 Abb., 80 Taf. mit Zeichn.; o. BSchl.)

F. HIEMEYER: Flora von Augsburg; Augsburg 1978 (332 S., einschl. 48 F.-Fotos, zahlr. Verbr.karten)

W. WELSS: Flora und Vegetation der Umgebung von Kulmbach; LV. Bericht d. Naturforsch.Ges. Bamberg 1980 (129 S., o. BSchl., mit Karten)

E. EICHHORN: Flora von Regensburg; Regensburg 1961 (Denkschr. Regensb. Bot. Ges. **24**/Sonderheft (111 S., o. BSchl., o. Abb.)

O. MERGENTHALER: Verbreitungsatlas zur Flora von Regensburg; Hoppea – Denkschr. Regensb. Bot. Ges. **40**, 1982 (1554 Verbr.karten)

H. SCHELLER: Flora von Coburg (Naturmus. Coburg, Schriftenreihe Sonderbd. **5**, 392 S.; 974 Verbr.karten); Coburg 1989

E. WALTER: Wildpflanzen in Fichtelgebirge und Steinwald; Hof 1982 (176 S., 190 Zeichn., 25 farb. Abb.; o. BSchl.)

E. WALTER: Wildpflanzen im Frankenwald und auf der Münchberger Hochfläche (195 S., 46 Farbfotos, über 200 Zeichn.); Hof 1984

P. SCHÖNFELDER & A. BRESINSKY (Hrsg.): Verbreitungsatlas der Farn- und Blütenpflanzen Bayerns; Stuttgart 1990 (752 S. m. 2496 Verbr.karten)

3. Naturschutz

H. ANT & H. ENGELKE: Die Naturschutzgebiete der Bundesrepublik Deutschland; 2. erg. Aufl., Bonn 1973 (361 S., Auflistung aller NSGe, Daten u. Würdigung)

S. KÜNKELE: Einführung in die Bundesartenschutzverordnung. AHO-Mitteilungsblatt (Stuttgart) **12**, 191–210, 1980

S. KORNECK & H. SUKOPP: Rote Liste der in der Bundesrepublik Deutschland ausgestorbenen, verschollenen und gefährdeten Farn- und Blütenpflanzen und ihre Auswertung für den Arten- und Biotopschutz (Schr.Reihe f. Vegetationskunde H. **19**); Bonn-Bad Godesberg 1988 (210 S.)

G. EBERLE: Pflanzen unserer Feuchtgebiete und ihre Gefährdung. Frankfurt 1979 (236 S., 197 SW-Fotos)

ST. RAUSCHERT u. a.: Liste der in der Deutschen Demokratischen Republik erloschenen u. gefährdeten Farn- u. Blütenpflanzen. Hrsg. Kulturbund der DDR, o. J. (56 S., 5 F.-Taf.)

H. WEINITZSCHKE: Wir und die Natur – Naturschutz: gestern – heute – morgen. Leipzig/Jena/Berlin 1980 (104 S., 17 Abb.)

S. HAMSCH, L. JESCHKE & H. D. KNAPP (Red.): Florenwandel und Florenschutz. II. zentrale Tagung für Botanik 1977; Hrsg. Kulturbund der DDR Berlin 1978 (112 S., vielseitige Beiträge zu den Titelstichworten)

E. LANDOLT: Geschützte Pflanzen in der Schweiz (208 S., m. 160 F.-Taf.); 1970

H. NIKLFELD (Hrsg.): Rote Liste gefährdeter Pflanzen; 1. Fassung (202 S., 85 Farbabb.); Grüne Reihe Bundesministerium f. Gesundheit u. Umweltschutz, Bd. **5**; Wien 1986 (gilt für Österreich)

W. KOFLER: Natur- u. Umweltschutz in Tirol. Taschenbuchreihe „Natur u. Land", Bd. **1**; 2. Aufl., Innsbruck 1976 (366 S., m. F.-Taf. geschützter Tiere u. Pflanzen; NSGe, LschSchGe, Behörden, Rechtsprechung, Gesetze)

W. KOFLER & E. STÜBER: Natur- u. Umweltschutz in Salzburg; Taschenbuchreihe „Natur u. Land", Bd. **3**; 2. Aufl., Innsbruck 1979 (216 S. + 55 S. + 72 S., Inhalt wie voriges)

W. KOFLER: Natur- u. Umweltschutz in Vorarlberg. In Vorbereitung!

B. LØJTNANT & E. WORSØE: Foreløbig status over den danske Flora (Reports from the Botanical Institute, University of Aarhus, N° 2), 1977 (341 S., zahlr. Zeichn.)

A. & J. SCHMIDT-RÄNTSCH: Leitfaden zum Artenschutzrecht; Bundesanzeiger Köln 1990 (466 S.; Gesetze, Kommentare, Geschichte)

G. KAULE: Arten- und Biotopschutz; 2. Aufl., Stuttgart 1991 (519 S., 85 Zeichn., 54 SW-Fotos, 145 Tab.)

4. Bemerkenswert ist auch ...

H. SUKOPP: Übersicht über die in der Zeit von 1945–1959 erschienenen Gefäßpflanzenfloren Deutschlands, mit allgemeinen Bemerkungen zur Abfassung von Floren; Willdenowia (Berlin) 1960; Bd. **2** (S. 563–583)

J. FITSCHEN: Gehölzflora; 9. Aufl. bearb. F. H. MEYER, U. HECKER, H. R. HÖSTER, F.-G. SCHROEDER; Heidelberg/Wiesbaden 1990 (BSchl. der in M-Europa wildwachsenden und angepflanzten Bäume und Sträucher; 764 S., 805 Abb.)

J.-D. GODET: Knospen und Zweige der einheimischen Baum- und Straucharten; Melsungen 1983 (431 S., zahlr. Farbfotos); 2. Aufl. 1987

S. M. WALTERS u. a. (Hrsg.): The European Garden Flora. Bd. **1–3**; Cambridge 1984–1989 (m. BSchl.)

R. DÜLL & H. KUTZELNIGG: Botanisch-ökologisches Exkursionstaschenbuch; 4. Aufl.; Heidelberg/Wiesbaden 1992 (546 S., 95 Abb.)

F. RUNGE: Die Pflanzengesellschaften Mitteleuropas; 11. verb. u. verm. Aufl.; Münster 1990 (309 S., 40 Fotos)

K.-A. V. BEZOLD: Katalog der Pflanzengesellschaften Mitteleuropas. Bd. I: Assoziationen (Gesellschaften) in Deutschland, westlichem Österreich und Südtirol; Mittenwald 1991 (Eigenverlag; 250 S.)

H. ELLENBERG u. a. (Hrsg.): Zeigerwerte von Pflanzen Mitteleuropas; 3. Aufl., Göttingen 1991 (= Scripta Botanica H. **18**; 248 S.)

E. BERGMEIER (Hrsg.): Grundlagen und Methoden floristischer Kartierungen in Deutschland; Floristische Rundbriefe, Beih. **2** (146 S.); Göttingen 1992 (vgl. S. 37)

G. STEHLI & W. J. FISCHER: Pflanzensammeln – aber richtig, Stuttgart 1961 (95 S.; Präparations- u. Herbartechnik, u. a.)

R. PROBST: Wolladventivflora Mitteleuropas; Solothurn 1949

U. WILLERDING: Zur Geschichte der Unkräuter Mitteleuropas (Göttinger Schr. z. Ur- u. Frühgeschichte, Bd. **22**; 382 S.); Neumünster 1986

Liste der geschützten Arten

Nach der „Verordnung zum Schutz wildlebender Tier- und Pflanzenarten (Bundesartenschutzverordnung – BArtSchV)" vom 19. 12. 1986, in Kraft getreten am 1. 1. 1987, sind alle nachfolgenden Arten „besonders" geschützt; „vom Aussterben bedrohte Arten" sind durch **Fettdruck** hervorgehoben:

Achillea atrata 569
Achillea clavennae 570
Achillea clusiana 570
Achillea moschata 569
Achillea nana 570
Aconitum, alle Arten 189f.
Adenophora liliifolia 542
Adonis vernalis 201
Allium strictum 630
Allium victorialis 628
Althaea officinalis 382
Alyssum montanum 350
Alyssum saxatile 349
Anagallis tenella 396
Androsace, alle Arten excl. A. elongata, A. maxima, A. septentrionalis 392ff.
Anemone narcissiflora 192
Anemone sylvestris 193
Antennaria, alle Arten 560
Apium inundatum 305
Apium repens 305
Aquilegia, alle Arten 188
Arctostaphylos uva-ursi 387
Armeria purpurea 437
Armeria, alle Arten 436f.
Arnica montana 578
Artemisia genipi 574
Artemisia mutellina 574
Asplenium adulterinum 169
Asplenium billotii 169
Asplenium cuneifolium 170
Asplenium fissum 170
Asplenium fontanum 169
Aster alpinus 556
Aster amellus 557

Betula humilis 210
Betula nana 210
Biscutella laevigata 357
Botrychium lanceolatum 163
Botrychium matricariifolium 163
Botrychium multifidum 163
Botrychium simplex 162
Botrychium virginianum 163
Botrychium lunaria 162
Buxus sempervirens 318

Caldesia parnassifolia 615
Calla palustris 761
Calystegia soldanella 463
Campanula latifolia 541
Campanula thyrsoides 541
Carex baldensis 677
Carlina acaulis 585
Centaurium, alle Arten 439
Ceterach officinarum 168
Chimaphila umbellata 384
Clematis alpina 190
Cochlearia, alle Arten 352f.
Cortusa matthioli 394
Crambe maritima 360
Crocus vernus 637
Cryptogramma crispa 167
Cyclamen purpurascens 395
Cystopteris montana 172
Cystopteris sudetica 172

Daphne, alle Arten 322f.
Delphinium elatum 189
Dianthus, alle Arten 411ff.
Dictamnus albus 280
Digitalis grandiflora 485
Digitalis lutea 485
Draba, alle Arten excl. D. muralis, D. nemorosa 350ff.
Drosera, alle Arten 226f.
Dryopteris cristata 174

Epilobium fleischeri 276
Eritrichum nanum 468
Eryngium alpinum 300
Eryngium maritimum 300
Euphorbia lucida 321
Euphorbia palustris 319

Fritillaria meleagris 631

Galanthus nivalis 635
Gentiana (incl. Gentianella), alle Arten 440ff.
Gentiana uliginosa 444
Gladiolus, alle Arten 638
Globularia, alle Arten 510
Gratiola officinalis 484
Gypsophila fastigiata 410

Helianthemum apenninum 331
Helianthemum canum 331
Helichrysum arenarium 562
Helleborus, alle Arten 187
Hepatica nobilis 193
Horminum pyrenaicum 528
Hottonia palustris 395
Hyacinthoides non-scripta 632
Hymenophyllum tunbrigense 166
Hypericum elegans 325
Hypericum elodes 323

Ilex aquifolium 314
Iris spuria 637
Iris variegata 637
Iris, alle weiteren Arten 636
Isoëtes echinospora 157
Isoëtes lacustris 157

Jovibarba, alle Arten 217
Juncus stygius 660
Jurinea cyanoides 587

Laser trilobum 313
Lathyrus bauhinii 273
Lathyrus japonicus 271
Lathyrus pannonicus 273
Ledum palustre 386
Leontopodium alpinum 561
Leucojum aestivum 635
Leucojum vernum 635
Leuzea rhapontica 592
Lilium bulbiferum 631
Lilium martagon 631
Limonium vulgare 436
Linnaea borealis 454
Linum flavum 284
Linum perenne 284
Linum, alle weiteren Arten excl. L. catharticum 283f.
Lloydia serotina 632
Lobelia dortmanna 544
Lomatogonium carinthiacum 440
Lycopodiaceae, alle Arten 154ff.

Mattheucia struthiopteris 171
Menyanthes trifoliata 437
Muscari, alle Arten 633
Myosotis rehsteineri 469

Narcissus, alle Arten 635
Narthecium ossifragum 626
Nuphar lutea 183
Nuphar pumila 183
Nymphaea alba 183
Nymphaea candida 183
Nymphoides peltata 437

Onosma arenarium 471
Orchidaceae, alle Arten 639
Osmunda regalis 164
Oxytropis pilosa 264

Paeonia officinalis 323
Papaver sendtneri 203
Parnassia palustris 226
Pedicularis sceptrum-carolinum 493
Pedicularis, alle weiteren Arten 493ff.
Petrocallis pyrenaica 352
Phyllitis scolopendrium 168
Pinguicula alpina 509
Pinguicula vulgaris 509
Polemonium caeruleum 465
Polystichum, alle Arten 173f.
Primula, alle Arten excl. Primula elatior u. P. veris 390ff.
Pulmonaria angustifolia 473
Pulmonaria mollis 473

Pulmonaria montana 473
Pulsatilla patens 191
Pulsatilla pratensis 191
Pulsatilla vernalis 191
Pulsatilla, alle weiteren Arten 191f.

Ranunculus lingua 196
Rhododendron ferrugineum 387
Rhododendron hirsutum 387
Rhodothamnus chamaecistus 387
Rubus chamaemorus 243

Salvinia natans 176
Saxifraga hirculus 222
Saxifraga, alle weiteren Arten excl. S. tridactylites 220ff.
Scheuchzeria palustris 617
Scilla, alle Arten 632
Scorzonera austriaca 599
Scorzonera hispanica 599
Scorzonera humilis 600
Scorzonera purpurea 599
Sempervivum, alle Arten 217
Senecio incanus 581
Soldanella, alle Arten 394
Stipa, alle (Klein)Arten 754
Stipa bavarica 755
Stratiotes aloides 617
Swertia perennis 439

Taxus baccata 178
Trapa natans 274
Trollius europaeus 187
Tulipa sylvestris 631

Utricularia bremii 510
Utricularia ochroleuca 510

Veronica longifolia 486
Veronica spicata 486
Viola calaminaria 330
Viola calcarata 329
Viola guestphalica 330
Vitis sylvestris 315

Wahlenbergia hederacea 544
Woodsia. alle Arten 171

Verzeichnis der abgekürzten Autorennamen

A. Br. = Braun, A.
A. DC. = De Candolle, A. L.
A. & Gr. = Ascherson, P. Fr. A. u. Graebner, P. P.
A. & J. Kern. = Kerner, Anton u. Josef
Abr. & Gr. = Abromeit, J. u. Graebner, P. P.
Adans. = Adanson, M.
Ag. = Agardh, J. G.
Airy-Sh. = Airy-Shaw, H. K.
Ait. = Aiton, W.
Alb. = Albert, A.
Alef. = Alefeld, F.
All. = Allioni, C.
Almq. = Almquist, S. O. J.
Anders. = Andersson, N. J.
Andr. = Andrews, H.
Andrz. = Andrzejowsky, A. L.
Ant. = Antoine, F.
Arc., Arcang. = Arcangeli, G.
Ard. = Arduino, L.
Asch. = Ascherson, P. Fr. A.
Asch., Abr., Gr. = Ascherson, P. Fr. A., Abromeit, J. u. Graebner, P. P.
aut., auct. = autorum (der Autoren; Gen. Plural)
Avé-Lall. = Avé-Lallement, J. L. E.

B. & Reut. = Boissier, P. E. u. Reuter, G. Fr.
Bab. = Babington, Ch. C.
Baill. = Baillon, H. E.
Bak. = Baker, J. G.
Balb. = Balbis, G. B.
Bart. = Barton, W. P. C.
Bartl. = Bartling, F. G.
Bast. = Bastard, T.
Baum. = Baumann, E.
Baumg. = Baumgarten, J. C. B.
Beauv. = Beauverd, G.
Bech. = Becherer, A.
Beck. = Becker, W.
Beg. = Beger, H.
Bell. = Bellardi, C. A. L.
Benek. = Beneken, F.
Benn. = Bennet, J. J.
Benth. = Bentham, G.
Berg. = Bergius, P. J.
Bernh. = Bernhardi, J. J.
Bert. = Bertero, C. G.
Berth. = Berthelot, S.
Bertol. = Bertoloni, A.
Bess. = Besser, W. S. J. G.
Beyr. = Beyrich, H. C.
Bge. = Bunge, A. von
Bieb. = Marschall von Bieberstein, F. A. Freiherr
Bickn. = Bicknell, C.
Big. = Bigelow, J.
Biv. = Bivona-Bernardi, A.
Bluff & Fing. = Bluff, M. J. u. Fingerhuth, K. A.
Bod. = Bodard, M.
Boehm. = Boehmer, G. R.
Boenn. = Boenninghausen, C. M. Fr.
Boiss. = Boissier, P. E.
Bolt. = Bolton, J.
Bonn. = Bonnet, E.
Bor. = Boreau, A.
Borb. = Borbás, V. von
Borkh. = Borkhausen, M. B.
Br.-Bl. = Braun-Blanquet, J.
Bréb. = Brébisson, L. A. de
Breistr. = Breistroffer, M.
Briq. = Briquet, J. I.
Briq. & Cav. = Briquet, J. I. u. Cavillier, F.
Britt. = Britton, N. Lord
Brot. = Brotero, F. de Avellar
Brügg. = Brügger, Ch. G.
Buch. = Buchenau, F.
Burm. = Burmann, J.
Bus. = Buser, R.

C. Christ. = Christensen, C.
C. Gmel. = Gmelin, C. Ch.
C. A. Mey. = Meyer, Carl Anton
C. Rich. = Richard, C. A. G.
Caj. = Cajander, A.
Cam. = Camus, E. G.
Carr. = Carrière, E. A.
Casp. = Caspary, J. X. R.
Cass. = Cassini, A. H. G. von
Cav. = Cavanilles, A. J.

ČEL. = Čelakovsky, L. J.
ČERN. = Černjajew, V. M.
CHAB. = Chabert, A.
CHAM. & SCHLDL. = Chamisso, L. Ch. Ad. von u. Schlechtendal, D. F. L. von
CHÂT. = Châtelain, J. J.
CHAUB. = Chaubard, L. A.
CHAV. = Chavannes, E. L.
CHEV. = Chevallier, F. F.
CHIOV. = Chiovenda, E.
CHOD. = Chodat, R.
CHRISTIANS. = Christiansen, A.
CLAIRV. = Clairville, J. Ph. de
CLAPH. = Clapham
COLEM. = Coleman, W. H.
CORB. = Corbière, L.
COSS. & GERM. = Cosson, E. St.-Ch. u. Germain de St. Pierre
COULT. = Coulter, J. M.
COURT. = Courtois, R. J. C.
CR. = Crantz, H. J. N. von
CRONQ. = Cronquist, A.
CUF. = Cufodontis, G.
CURT. = Curtis, W.
CUSS. = Cusson, P.
CUST. = Custer, J. L.
ČERN. = Czernjajew, V. M.
ČERN. & COSS. = Czernjajew, V. M. u. Cosson, E. St. Ch.

D. T. = Dalla Torre K. W. von
D. & WILM. = Dandy, J. E. u. Wilmott, A. J.
DAHLST. = Dahlstedt, H. G. A.
DC. = De Candolle, A. P.
DECNE. = Decaisne, J.
DECK. = Decker, P.
DEGL. = Degland, J. V. Y.
DEL. = Delarbre, A.
DE NOT. = De Notaris, C.
DÉSÉGL. = Déséglise, P. A.
DESF. = Desfontaines, R. L.
DESP. = Desportes, N. H. Fr.
DESR. = Desrousseaux, L. A. J.
DESV. = Desvaux, A. N.
DIERB. = Dierbach, J. H.
DIETR. = Dietrich, A.
DIPP. = Dippel, L.
DOM. = Domin, K.
DOUGL. = Douglas, D.
DREJ. = Drejer, S. Th. N.
DUB. = Dubois (d'Amiens), F. N. A.
DUCH. = Duchesne, A. N.
DUCR. = Ducros
DUH. = Duhamel du Monceau, H. L.
DUM. = Dumortier, B. Ch.
DUN. = Dunal, M. F.
DUR. = Durieu de Maisonneuve J. Ch.

E. MEY. = Meyer, Ernst H. Fr.
EDM. = Edmondston, Th.
EGOR. = Egorova, T. V.
EHRENDF. = Ehrendorfer, F.
EHRH. = Ehrhart, Fr.
EKM. = Ekman, E. L.
ELL. = Elliot, St.
ENDL. = Endlicher, St. L.
ENDTM. = Endtmann, J.
ENGELM. = Engelmann, G.
ENGL. & IRM. = Engler, H. G. A. u. Irmscher, E.

F. & M. = Fischer, Fr. E. L. von u. Meyer, C. A.
F. W. SCH. = Schultz, Friedr. Wilh.
F. SCHM. = Schmidt, Friedrich
F. W. SCHM. = Schmidt, Franz Willibald
FABR. = Fabricius, Ph. K.
FARW. = Farwell, O. A.
FERN. = Fernald, M. L.
FIEB. = Fieber, F. X.
FING. = Fingerhuth, K. A.
FISCH. = Fischer, Friedr. E. L. von
FORS. = Forselles, J. H. af
FORSK. = Forskål, P.
FOURN. = Fournier, P.-V.
FOURR. = Fourreau, J.
FR. = Fries, E. M.
FRES. = Fresenius, G.
FROEL. = Froelich, J. A.

G. = Gáyer, G.
G. & SCH. = Günther, K. Ch. u. Schummel, T. F.
G. M. SCH. = Gaertner, J., Meyer, B. u. Scherbius, J.
GAERTN. = Gaertner, J.

GARS. = Garsault, F. A. de
GAUD. = Gaudin, J. Fr. G. Ph.
GEORG. = Georghieff, T.
GIBS. = Gibson, G. S.
GIL. = Gilibert, J. Em.
GLED. = Gleditsch, J. G.
GMEL. = C. C. GMEL. = Gmelin, C. Ch.
J. F. GMEL. = Gmelin, J. F.
S. G. GMEL. = Gmelin, S. G.
GODR. = Godron, D. A.
GOOD. = Goodenough, S.
GR. = Graebner, K. O. R. P. P.
GR. & SCH. = Grisebach, H. R. A. u. Schenk, A.
GREN. = Grenier, J. Ch. M.
GREN. & GODR. = Grenier, J. Ch. M. u. Godron, D. A.
GREUT. = Greuter, W.
GRIS. = Grisebach, H. R. A.
GRON. = Gronovius, J. F.
GROV. = Groves, H. u. J.
GRUFB. = Grufberg, J. O.
GUERS. = Guersent, L. B.
GUETT. = Guettard, J. E.
GUG. = Gugler, W.
GUIN. = Guinochet, M.
GUNN. = Gunner, J. E.
GUSS. = Gussone, G.

H. B. K. = Humboldt, Fr. A. von, Bonpland, A. J. A. u. Kunth, C. S.
HACK. = Hackel, E.
HACQ. = Hacquet, B.
HAG. = Hagerup, O.
HAL. = Halácsy, E. von
HALL. = Haller, A. von
HALL. f. = Haller, A. von (Sohn)
HAND.-MAZ. = Handel-Mazzetti, H. von
HARD. = Hardouin, L.
HART. = Hartig, H. J. A. R.
HARTM. = Hartman, C. J.
HAUSM. = Hausmann, Fr. von
HAUSSKN. = Haußknecht, H. K.
HAW. = Haworth, A. H.
HAY. = Hayek, A. von
HEG. = Hegetschweiler, J. J.
HEIM. = Heimerl, A.
HELDR. = Heldreich, Th. von
HERB. = Herbert, W.
HERM. = Hermann, F.
HERRM. = Herrmann, J.
HEUFF. = Heuffel, J.
HEUFL. = Heufler, L. von
HEYNH. = Heynhold, G.
HEYW. = Heywood, V. H.
HITCHC. = Hitchcock, A. Sp.
HOCHST. = Hochstetter, Ch. Fr.
HOFFM. = Hoffmann, F. G.
HOFFMGG. & LK. = Hoffmannsegg, J. C. Graf von u. Link, H. Fr.
HOL. = Holandre, J. J. J.
HOLMB. = Holmberg, O. R.
HONCK. = Honckeny, G. A.
HOOK. = Hooker, W. J.
HOOK. f. = Hooker, J. D. (Sohn)
HOOP. = Hoopes, J.
HORN. = Hornung, E. G.
HORNEM. = Hornemann, J. W.
hort. = hortorum (der Gärten; Gen. Pl.)
HOUTT. = Houttuyn, M.
HOW. = Howell, Th.
HUBB. = Hubbard, C. E.
HUDS. = Hudson, W.
HULT. = Hultén, O. E.
HYL. = Hylander, N.

ITZ. & HERTSCH = Itzigsohn, H. u. Hertsch, H.

JACKS. = Jackson, B. D.
JACQ. = Jacquin, N. J. Baron von
JÁV. = Jávorka, S.
JAEG. = Jaeger, H.
JAH. = Jahandiez, E.
JANCH. = Janchen, E.
JANCZ. = Janczewski von Glinka, E.
JORD. = Jordan, A.
JUNDZ. = Jundzill, B. St.
JUNG. & ENGL. = Jung, W. u. Engler, A.
JUNG. = Junger, E.
JUSL. = Juslenius, A. D.
JUSS. = Jussieu, A. L. de

K. &. ALMQ. = Krock, T. O. B. N. u. Almquist, S. O. J.
KALT. = Kaltenbach, J. H.

KARST. = Karsten, G. K. W. H.
KELL. = Keller, R.
KER-GAWL. = Ker, J. B. (früher J. Gawler)
KERN. = Kerner von Marilaun, A. J.
KIRSCHL. = Kirschleger, F.
KIT. = Kitaibel, P.
KOCH & SOND. = Koch, W. D. J. u. Sonder, O. W.
KOEHL. = Koehler, J. Ch. G.
KOEL. = Koeler, G. L.
KÖRN. = Körnicke, F.
KOST. = Kosteletzky, V. F.
KOV. = Kováts, J. V.
KRAM. = Kramer, J. G. H.
KRAJ. = Krajina, V.
KRAŠ. = Krašan, F.
KROCK. = Krocker, A. J.
KTH. = Kunth, C. S.
KTZE. = Kuntze, C. E. O.
KÜK. = Kükenthal, G.
KÜTZ. = Kützing, F. T.

L. = Linné, C. Ritter von
L. f. = Linné, C. von (Sohn)
LAG. = Lagasca y Segura, M.
LAGR. = Lagrèze-Fossat, A.
LAH. = Laharpe, J. J. Ch. de
LAICH. = Laicharting, J. N. von
LAM. = Lamarck, J. B. A. P. M. de
LAM. & DC. = Lamarck, J. B. u. De Candolle, A. P.
LAMB. = Lambert, A. B.
LAP. = Lapeyrouse, Ph. P. de
LAT. = La Tourette, M. A. de
LDL. = Lindley, J.
LED. = Ledebour, C. Fr. von
LEHM. = Lehmann, J. G. Chr.
LEJ. = Lejeune, A. L. S.
LEM. = Lemaire, Ch.
LEP. = Lepechin, I.
LER. = Leresche, L.
LESS. = Lessing, Chr. Fr.
LEJ. & COURT. = Lejeune, A. L. S. u. Courtois, R. J. L.
LEYB. = Leybold, F. E.
LEYSS. = Leyßer, F. W. von
LGE. = Lange, J. M. Ch.
L'HÉR. = L'Héritier de Brutelle, Ch. L.
LIEBL. = Lieblein, F. K.
LIGHTF. = Lightfoot, J.
LILJ. = Liljeblad, S.
LINDB. = Lindenberg, J. B. W.
LINDB. f. = Lindberg, H.
LINDEM. = Lindemann, E. V.
LINDM. = Lindman, C. A. M.
LK. = Link, H. Fr.
LODD. = Loddiges, C.
LOEFL. = Loefling, P.
LOENNR. = Lönnroth, K. J.
LOIS. = Loiseleur-Deslongchamps, J. L. A.
LOUD. = Loudon, J. Cl.
LUERSS. = Luerssen, Chr.
LUMN. = Lumnitzer, St.

MANSF. = Mansfeld, R.
MANSF. & ROTHM. = Mansfeld, R. u. Rothmaler, W.
MARSH. = Marshall, H.
MARSS. = Marsson, Th.
MART. = Martius, K. Fr. Ph. von
MARTIN. = Martinovsky, J. O.
MAST. = Masters, M. T.
MATT. = Mattuschka, H. G. Graf von
MAXIM. = Maximowicz, C. J.
MED. = Medicus, Fr. C.
MÉR. = Mérat, Fr. V.
MERT. & K. = Mertens F. K. u. Koch, W. D. J.
MERXM. = Merxmüller, H.
METT. = Mettenius, G. H.
MEY. = Meyer, C. A.
MEY. & BGE. = Meyer, B. u. Bunge, A. von
MGF.-DBG. = Markgraf-Dannenberg, I.
MICH. = Micheli, P. A.
MICHX. = Michaux, F. A.
MIK. = Mikan, J. C.
MIK. p. = Mikan, J. G. (pater)
MILL. = Miller, Ph.
MIRB. = Mirbel, C. F. de
MOQ. = Moquin-Tandon, Ch. H. A. B.
MOR. = Moretti, G.
MTZG. = Metzger, J.
MÜHLENB. = Mühlenberg, H. L.
MÜLL. = Müller, O. F.

MÜNCHH. Münchhausen, O. Freiherr von
MURB. = Murbeck, S.
MURB. & WETTST. = Murbeck u. Wettstein
MURR. = Murray, J. A.
MYG. = Mygind, F. von

NATHH. = Nathhorst, T. E.
NECK. = Necker, N. J. de
NEILR. = Neilreich, A.
NESTL. = Nestler, Chr. G.
NEUM. = Neumayer, J.
NEWM. = Newman, E.
NORDH. = Nordhagen, R.
NUTT. = Nuttal, Th.
NYM. = Nyman, C. Fr.

O. E. SCH. = Schulz, O. E.
O. KTZE. = Kuntze, Otto C. E.
OBERD. = Oberdorfer, E.
OED. = Oeder, G. Chr.
OETT. = Oettingen, H. von
OSB. = Osbeck, P.

P. = Poggenburg, J. F.
P. B. = Palisot de Beauvois, A. M. F. J.
P. BR. = Browne, P.
PALL. = Pallas, P. S.
PANZ. = Panzer, G. W. F.
PARL. = Parlatore, F.
PARM. = Parmentier, P. E.
PERNH. = Pernhoffer, G. von
PERR. & SONG. = Perrier, E. de la Bathie u. Songeon, A.
PERS. = Persoon, Chr. H.
PET. = Petermann, W. L.
PILG. = Pilger, R.
PLANCH. = Planchon, J. E.
PODL. = Podlech, W.
PODP. = Podpěra, J.
POIR. = Poiret, J. L. M.
POLL. = Pollich, J. A.
PORT. = Porter, Th. C.
POURR. = Pourret, P. A.

R. BR. = Brown, Robert
R. & CAM. = Rouy u. Camus
R. & F. = Rouy, G. C. Ch. u. Foucauld, J.
R. & P. = Ruiz Lopez, H. u. Pavon, J.
R. & SCH. = Roemer, J. J. u. Schultes, J. A.
R. HARTM. = Hartmann, R.
RABENH. = Rabenhorst, L.
RAEUSCH. = Räuschel, E. A.
RAF. = Rafinesque-Schmaltz, C. S.
RAM. = Ramond de Carbonnières, L. Fr. E.
RAUSCH. = Rauschert, S.
RCHB. = Reichenbach, H. G. L.
RCHB. f. = Reichenbach, H. G. (Sohn)
RECH. = Rechinger, K. H.
RECH. f. = Rechinger, K. H. (Sohn)
REG. = Regel, E. A. v.
REHD. = Rehder, A.
REICH. = Reichard, J. J.
REICHG. = Reichgelt, T. J.
REQ. = Requien, E.
RETZ. = Retzius, A. J.
REUT. = Reuter, G. Fr.
REYN. = Reynier, L.
RICH. = Richard, L. C. M.
RICHT. = Richter, K.
RIV. = Rivinus (Bachmann), A. Qu.
ROBS. = Robson, St.
ROEHL. Roehling, J. Chr.
ROEM. = Roemer, J. J.
ROG. = Rogowitsch, A. S.
RONN. = Ronninger, K.
ROSTK. & SCHM. = Rostkovius, Fr. W. G. u. Schmidt, W. L. E.
ROTHM. = Rothmaler, W.
ROTTB. = Rottboell, Chr. F.
ROXB. = Roxburgh, W.
ROZ. = Rozier, F.
RUPR. = Ruprecht, F. J.
RYDB. = Rydberg, P. A.

S. & Z. = Siebold, Ph. F. von u. Zuccarini, J. G.
SAG. & W. SCH. = Sagorski, E. u. Schultze, W.
SAL. = Salisbury, R. A. M
SAUT. = Sauter, A. El.
SCH. & KELL. = Schinz, H. u. Keller, R.
SCH.-MOT. = Schultze-Motel, W.

SCH. & SP. = Schimper, W. Ph. u. Spenner, F. K. L.
SCH. & TH. = Schinz, H. u. Thellung, A.
SCHAEFF. = Schaeffer, J. Chr.
SCHAG. = Schagerström-Fries
SCHERB. = Scherbius, J.
SCHIMP. = Schimper, K.
SCHIPCZ. = Schipczinski, N. V.
SCHK. = Schkuhr, Chr.
SCHLDL. = Schlechtendal, D. F. L. von
SCHLEICH. = Schleicher, J. Chr.
SCHLEID. = Schleiden, M. J.
SCHLTR. = Schlechter, R.
SCHNIZL. = Schnizlein, A.
SCHÖNL. = Schönland, S.
SCHOLL. = Scholler, F. A.
SCHR. & MOLL = Schrank, F. F. P. von u. Moll, K. M. E.
SCHRAD. = Schrader, H. A.
SCHREB. = Schreber, J. Chr. D.
SCHULT. = Schultes, J. A.
SCHULTZ-BIP. = Schultz-Bipontinus, K. H.
SCHUM. = Schumacher, H. Chr. Fr.
SCHUMM. = Schummel, Th. E.
SCHW. & K. = Schweigger, A. Fr. u. Koerte, F.
SCHWEIGG. = Schweigger, A. Fr.
SCHWERTSCHL. = Schwertschlager, J.
SCOP. = Scopoli, G. A.
SEB. & M. = Sebastiani, A. u. Mauri, E.
SEEM. = Seemann, B. K.
SEML. = Semler, K.
SENDTN. = Sendtner, O.
SENGH. = Senghas, K.
SER. = Seringe, N. Ch.
SEREBR. = Serebrýakova, T. J.
S. G. GMEL. = Gmelin, S. G.
SIBTH. = Sibthorp, J.
SIBTH. & SM. = Sibthorp, J. u. Smith
SIEB. = Siebold, Ph. F. von
SIM. = Simonet, M.
SIMK. = Simonkai, L.
SM. = Smith, J. E.
SM. & SOW. = Smith, J. E. u. Sowerby, J.
SMOLJ. = Smoljaninova, L. A.
SOL. = Solander, D.
SOM. = Sommerauer, J.
SOND. = Sonder, O. W.
SONG. & PERR. = Songeon, A. u. Perrier, E. de la Bathie
SOY.-WILL. = Soyer-Willemet, H. F.
SPENN. = Spenner, F. K. L.
SPR. = Spring, A. F.
SPRENG. = Sprengel, K.
STEF. = Stefanoff, B.
STEPH. = Stephan, Ch.
STEPH'S. = Stephenson, T. u. T. A. (p. et f.)
STERN. = Sterneck, J. von
STERNBG. = Sternberg, K. M. Graf von
STEV. = Steven, Chr. von
ST.-LAG. = Saint-Lager, J. B.
ST.-YV. = Saint-Yves, A.
STOK. = Stokes, J.
SUMMERH. = Summerhayes, V. S.
SÜND. = Sündermann, Fr.
SÜSS. = Süssenguth, K.
SUT. = Suter, J. R.
SW. = Swartz, O.

TEN. = Tenore, M.
TERRACC. = Terracciano, N.
THELL. = Thellung, A.
THÉV. = Théveneau, A.
THOM. = Thomas, E.
THUILL. = Thuillier, J. L.
THUNB. = Thunberg, C. P.
TOD. = Todaro, A.
TORN. = Torner, E.
TORR. & GRAY = Torrey, J. u. Gray, A.
TOURL. = Tourlet, E. H.
TOUV. = Arvet-Touvet, J. M. C.
TOWNS. = Townsend, F.
TRAB. = Trabut, L.
TRATT. = Trattinnick, L.
TRAUTV. = Trautvetter, R. E. v.
TREV. = Trevisan di San Leon, V. B. A.
TRIN. = Trinius, K. B. von
TURCZ. = Turczaninow, N. von
TUTIN = Tutin, T. G.

UECHTR. & KÖRN. = Uechtritz, R. von u. Körnicke, F.
UNDERW. = Underwood, L. M.

VACC. = Vaccari, L.
VALCK.-SURINGAR = Valckeniev-Suringar, J.
VEL. = Velenowsky, J.
VENT. = Ventenat, Et. P.
VERL. = Verlot, J. B.
VERM. = Vermeulen, P.
VEST. = Vestergren, T.
VIERH. = Vierhapper, Fr.
VILL. = Villars, D.
VIS. = Visiani, R. de
VIV. = Viviani, D.
VOLK. = Volkens, G. L. A.
VOLLM. = Vollmann, F.

W. & K. = Waldstein-Wartenburg, F. de P. A. Graf von u. Kitaibel, P.
WAG. = Wagenitz, G.
WAHL. = Wahlenberg, G.
WAHLB. = Wahlberg, P. F.
WALLR. = Wallroth, C. Fr. W.
WALP. = Walpers, W. G.
WARTM. = Wartmann, F. B.
WEATH. = Weatherby, Ch. A.
WEB. = Weber, F.
WEB. & MOHR = Weber, F. u. Mohr
WEBB & BERTH. = Webb, Ph. B. u. Berthelot, S.
WEIG. = Weigel, Chr. E. von
WELW. = Welwitsch, Fr.
WEND. = Wenderoth, G. W. F.
WETTST. = Wettstein, R. von
WH. = Weihe, C. E. A.
WH. & N. = Weihe, C. u. Nees von Esenbeck, Ch. G. D.
WIB. = Wibel, A. W. E. Ch.
WIEG. = Wiegand, K. M.
WILCZ. = Wilczek, E.
WILLD. = Willdenow, K. L.
WIMM. = Wimmer, Chr. Fr. H.
WIMM. & GRAB. = Wimmer, Chr. Fr. H. u. Grabowsky, H.
WINKL. = Winkler, H. J. P. W.
WIRTG. = Wirtgen, Ph. W.
WIT. = Witasek, J.
WITH. = Withering, W.
WOLFG. = Wolfgang, J. F.
WOYN. = Woynar, H. K.
WULF. = Wulfen, F. X. von

YUNCK. = Yuncker, T. G.

ZAHLBR. = Zahlbruckner, J.
ZAP. = Zapalowicz, H.
ZAUSCHN. = Zauschner, J. B. J.
ZEN. = Zenari, S.
ZIMM. = Zimmeter, A.
ZING. = Zinger, N. V.

Alphabetisches Verzeichnis der wissenschaftlichen Namen der Familien und höherer Einheiten

(*Kursivdruck* = Synonyma)

Aceraceae 281
Adoxaceae 455
Alismataceae 614
Alismatales 614
Alismatidae 614
Alliaceae 623
Amaranthaceae 427
Amaryllidaceae 635
Amentiferae 207
Anacardiaceae 281
Angiospermae 182
Apiaceae 292
Apiales 291
Apocynaceae 446
Aquifoliaceae 314
Araceae 761
Arales 761
Araliaceae 291
Araliales 291
Arecidae 761
Aristolochiaceae 206
Aristolochiales 206
Asclepiadaceae 446
Aspidiaceae 172
Aspleniaceae 167
Asteraceae 545
Asterales 545
Asteridae 437
Asteroideae 555
Athyriaceae 170
Azollaceae 177

Balsaminaceae 288
Berberidaceae 201
Betulaceae 209
Bicornes 384
Blechnaceae 175
Boraginaceae 466
Brassicaceae 332
Buddlejaceae 477
Butomaceae 615
Buxaceae 318

Callitrichaceae 535
Campanulaceae 537
Campanulales 537
Cannabaceae 213
Capparales 332
Caprifoliaceae 452
Caryophyllaceae 396
Caryophyllales 396
Caryophyllidae 396
Celastraceae 314
Celastrales 314
Centrospermae 396
Ceratophyllaceae 183
Chenopodiaceae 418
Cichorioideae 595
Cistaceae 330
Cistales 326
Columniferae 382
Compositae 545
Coniferales 179
Coniferopsida 179
Contortae 437
Convallariaceae 623
Convolvulaceae 463
Cornaceae 291
Cornales 291
Corylaceae 211
Crassulaceae 216
Cruciferae 332
Cryptogrammaceae 166
Cucurbitaceae 381
Cucurbitales 381
Cupressaceae 181
Cupuliferae 208
Cuscutaceae 463
Cyperaceae 665
Cyperales 665

Dicotyledoneae 182
Dilleniales 323
Dilleniidae 323
Dioscoreaceae 636
Dipsacaceae 458
Dipsacales 452
Droseraceae 226

Elaeagnaceae 279
Elaeagnales 279
Elatinaceae 325
Empetraceae 389
Equisetaceae 158
Equisetales 158
Equisetina 158
Ericaceae 386
Ericales 384
Euphorbiaceae 318
Euphorbiales 318
Eusporangiatae 162

Fabaceae 250
Fabales 250
Fagaceae 208
Fagales 208
Filicales 164
Filicina 162
Filicopsida 162
Fumariaceae 204
Gentianaceae 438
Gentianales 437
Geraniaceae 285
Geraniales 283
Globulariaceae 510
Gramineae 699
Grossulariaceae 215
Gruinales 283
Guttiferales 323
Gymnospermae 178
Gymnospermophytina 178
Gynandrae 638

Haloragaceae 279
Haloragales 279
Hamamelidales 207
Hamamelididae 207
Hippocastanaceae 282
Hippuridaceae 513
Hippuridales 513
Hydrocaryaceae 274
Hydrocharitaceae 616
Hydrocharitales 616
Hydrophyllaceae 465
Hymenophyllaceae 166
Hypericaceae 323
Hypolepidaceae 166

Iridaceae 636
Isoëtaceae 157
Isoëtales 157
Isoëtopsida 157

Juglandaceae 214
Juglandales 214
Juncaceae 656
Juncaginaceae 617
Juncales 656
Juncidae 656
Junciflorae 656

Labiatae 513
Lamiaceae 513
Lamiales 513
Leguminosae 250
Lemnaceae 762
Lentibulariaceae 509
Leptosporangiatae 164
Liguliflorae 595
Liliaceae 623
Liliales 623
Liliidae 623
Liliopsidae 614
Linaceae 283

Lobeliaceae 537
Loranthaceae 317
Lycophytina 154
Lycopodiaceae 154
Lycopodiales 154
Lycopsida 154
Lythraceae 274

Magnoliidae 182
Magnoliopsida 182
Maloideae 243
Malvaceae 382
Malvales 382
Marsileaceae 176
Marsileales 176
Menyanthaceae 437
Monocotyledoneae 614
Monotropaceae 385
Moraceae 212
Myricaceae 214
Myricales 214
Myrtales 274

Najadaceae 622
Nymphaeaceae 182
Nymphaeales 182

Oenotheraceae 275
Oleaceae 462
Oleales 462
Onagraceae 275
Ophioglossaceae 162
Ophioglossales 162
Orchidaceae 638
Orchidales 638
Orobanchaceae 504
Osmundaceae 164
Osmundales 164
Oxalidaceae 283

Paeoniaceae 323
Papaveraceae 202
Papaverales 202
Papilionaceae 250
Parietales 326
Parnassiaceae 226
Philadelphaceae 216
Phytolaccaceae 417
Pinaceae 179
Pinales 179
Plantaginaceae 511
Platanaceae 207
Plumbaginaceae 436
Plumbaginales 436
Poaceae 699
Poales 699
Polemoniaceae 465
Polemoniales 463
Polycarpicae 182
Polygalaceae 289
Polygalales 289
Polygonaceae 428
Polygonales 428
Polypodiaceae 175
Polypodiales 164
Polypodiophytina 162
Portulacaceae 417
Potamogetonaceae 618
Potamogetonales 617
Primulaceae 389
Primulales 389
Prunoideae 247
Pteridiaceae 166
Pteridophyta 154
Pteridophytina 162
Pyrolaceae 384

Ranales 184
Ranunculaceae 184
Ranunculales 184
Resedaceae 361
Rhamnaceae 314
Rhamnales 314
Rhoeadales 202, 332
Rosaceae 227
Rosales 227
Rosidae 215
Rosiflorae 215
Rosoideae 230
Rubiaceae 446
Ruppiaceae 618
Rutaceae 280
Rutales 280

Salicaceae 362
Salicales 362
Salviniaceae 176
Salviniales 176
Santalaceae 316
Santalales 316
Sapindales 281
Sarraceniales 226
Saxifragaceae 220
Saxifragales 215
Scheuchzeriaceae 617
Scrophulariaceae 478
Scrophulariales 474
Selaginellaceae 157
Selaginellales 157
Simaroubaceae 280
Sinopteridaceae 166
Solanaceae 474
Spadiciflorae 761
Sparganiaceae 698
Spermatophyta 178
Sphenophytina 158
Sphenopsida 158
Spiraeoideae 230
Staphyleaceae 283

Tamaricaceae 322
Taxaceae 178
Taxales 178
Taxopsida 178
Theales 323
Thelypteridaceae 167
Thymelaeales 322
Thymelaeaceae 322
Tiliaceae 384
Trapaceae 274
Tricoccae 318
Trilliaceae 623
Tropaeolaceae 289
Tubuliflorae 555
Typhaceae 697
Typhales 697

Ulmaceae 212
Umbelliferae 292
Urticaceae 213
Urticales 212

Valerianaceae 455
Verbenaceae 513
Violaceae 326
Violales 326
Vitaceae 315

Zannichelliaceae 618
Zosteraceae 618

Alphabetisches Verzeichnis der deutschen Familiennamen

Adlerfarngewächse 166
Ahorngewächse 281
Ährengräser 700
Ährenrispengräser 703
Algenfarngewächse 177
Aronstabgewächse 761

Baldriangewächse 455
Balsaminengewächse 288
Bärlappgewächse 154
Berberitzengewächse 201
Binsengewächse 656
Birkengewächse 209
Bittereschengewächse 280
Blumenbinsengewächse 617
Blutweiderichgewächse 274
Brachsenkrautgewächse 157
Brennesselgewächse 213
Buchengewächse 208
Buchsbaumgewächse 318

Cistrosengewächse 330

Dickblattgewächse 216
Doldengewächse 292

Efeugewächse 291
Eibengewächse 178
Eisenkrautgewächse 513
Enziangewächse 438
Erdrauchgewächse 204

Fichtenspargelgewächse 385
Fieberkleegewächse 437
Fingergräser 700
Frauenfarngewächse 170
Froschbißgewächse 616
Froschlöffelgewächse 614
Fuchsschwanzgewächse 427

Gagelstrauchgewächse 214
Gänsefußgewächse 418
Geißblattgewächse 452
Glockenblumengewächse 537
Grasnelkengewächse 436

Hahnenfußgewächse 184
Hanfgewächse 213
Hartheugewächse 323
Hartriegelgewächse 291
Haselnußgewächse 211
Hautfarngewächse 166
Heidekrautgewächse 386
Herzblattgewächse 226
Hornblattgewächse 183

Igelkolbengewächse 698
Immergrüngewächse 446

Johanniskrautgewächse 323

Kapuzinerkressengewächse 289
Kardengewächse 458
Kermesbeerengewächse 417
Kieferngewächse 179
Kleefarngewächse 176
Knabenkrautgewächse 638
Knöterichgewächse 428
Königsfarngewächse 164
Köpfchenblütler 545
Korbblütler 545
Krähenbeerengewächse 389
Kreuzblumengewächse 289
Kreuzblütler 332
Kreuzdorngewächse 314
Kugelblumengewächse 510
Kürbisgewächse 381

Laichkrautgewächse 618
Lappenfarngewächse 167
Leinblattgewächse 316
Leingewächse 283
Liliengewächse 623
Lindengewächse 384
Lippenblütler 513

Malvengewächse 302
Maulbeergewächse 212
Mistelgewächse 317
Mohngewächse 202
Moosfarngewächse 157
Moschuskrautgewächse 455

Nachtkerzengewächse 275
Nachtschattengewächse 474
Natternzungengewächse 162
Narzissengewächse 635
Nelkengewächse 396
Nixenkrautgewächse 622

Ölbaumgewächse 462
Ölweidengewächse 279
Orchideen 638
Osterluzeigewächse 206

Pfeifenstrauchgewächse 216
Pfingstrosengewächse 323
Pimpernußgewächse 283
Platanengewächse 207
Portulakgewächse 417
Primelgewächse 389

Rachenblütler 478
Rauhblattgewächse 466
Rautengewächse 280
Resedagewächse 361
Riedgräser 665
Rippenfarngewächse 175
Rispengräser 705
Rohrkolbengewächse 697
Rollfarngewächse 166
Rosengewächse 227
Roßkastaniengewächse 282
Rötegewächse 446

Sauerdorngewächse 201
Sauergräser 665
Sauerkleegewächse 283
Schachtelhalmgewächse 158
Schildfarngewächse 172
Schmerwurzgewächse 636
Schmetterlingsblütengewächse 250
Schuppenfarngewächse 166
Schwalbenwurzgewächse 446
Schwanenblumengewächse 615
Schwertliliengewächse 636
Schwimmfarngewächse 176
Seerosengewächse 182
Seidelbastgewächse 322
Sommerfliedergewächse 477
Sommerwurzgewächse 504
Sonnentaugewächse 226
Sperrkrautgewächse 465

Spindelbaumgewächse 314
Stachelbeergewächse 215
Stechpalmengewächse 314
Steinbrechgewächse 220
Storchschnabelgewächse 285
Streifenfarngewächse 167
Sumachgewächse 281
Sumpffarngewächse 167
Süßgräser 699

Tamariskengewächse 332
Tännelgewächse 325
Tannenwedelgewächse 513
Tausendblattgewächse 279
Traubengräser 705
Tüpfelfarngewächse 175

Ulmengewächse 212

Veilchengewächse 326

Walnußgewächse 214
Wasserblattgewächse 465
Wasserlinsengewächse 762
Wassernußgewächse 274
Wasserschlauchgewächse 509
Wassersterngewächse 535
Wegerichgewächse 511
Weidengewächse 362
Weinrebengewächse 315
Windengewächse 463
Wintergrüngewächse 384
Wolfsmilchgewächse 318

Zypressengewächse 181

Alphabetisches Verzeichnis der wissenschaftlichen und deutschen Pflanzennamen

Kursivdruck = Synonyma

Abies 180
Acer 281
Aceras 655
Acetosa 331 f.
Acetosella 331
Achillea 564
Achnatherum 756
Acinos 529
Ackerfrauenmantel 238
Ackerkohl 358
Ackerröte 447
Ackersalat 455
Aconitum 189
Acorus 761
Acroptilon 592
Actaea 188
Adenophora 542
Adenostyles 576
Adlerfarn 166
Adonis 201
Adonisröschen 201
Adoxa 455
Aegopodium 306
Aesculus 282
Aethionema 356
Aethusa 308
Ageratum 555
Agrimonia 231
Agropyron 733
Agrostemma 416
Agrostis 747
Ahorn 281
Ährenhafer 741
Ailanthus 280
Aira 739
Ajuga 518
Akelei 188
Alant 562
Alcea 382
Alohomilla 238
Aldrovanda 227
Alectorolophus 501
Aleppohirse 760
Algenfarn 177
Alisma 614
Allermannsharnisch 628
Alliaria 341
Allium 628
Allosurus 167
Almrausch 386
Alnus 210
Alopecurus 752
Alpenbalsam 485
Alpendost 576
Alpenheide 387
Alpenhelm 495
Alpenlattich 578
Alpenmaßliebchen 556
Alpenrachen 504
Alpenrose 386
Alpenscharte 587
Alpenveilchen 395
Alsine 401
Althaea 382
Alyssum 349
Amarant 427
Amaranthus 427
Ambrosia, -e 564
Amelanchier 247
Ammi 305
Ammocalamagrostis 751
Ammophila 751
Ampfer 429
Amsinckia, -e 468
Anacamptis 655
Anacharis 616
Anacyclus 577
Anagallis 396
Anarrhinum 484
Anchusa 471
Andel 724
Andorn 520
Andromeda 387
Andropogon 760
Androsace 392
Anemone 192
Anethum 309
Angelica 310
Anis 306
Antennaria 560
Anthemis 567
Anthericum 626
Anthoxanthum 757
Anthriscus 301
Anthyllis 262
Antirrhinum 482
Apera 749
Apfelbaum 244
Aphanes 238
Apium 304
Aposeris 596
Aprikose 249
Aquilegia 188
Arabidopsis 341
Arabis 347
Arachnospermum 600
Archangelica 310
Arctium 586
Arctostaphylos 387
Arctous 387
Aremonia, -e 232
Arenaria 404
Aretia 392
Aristolochia 207
Armeniaca 247
Armeria 436
Armoracia 345
Arnica, -ka 578
Arnoseris 596
Aronstab 761
Arrhenatherum 741
Artemisia 574
Arum 761
Aruncus 230
Arve 180
Asarum 206
Asclepias 446
Asparagus 634
Asperugo 467
Asperula 447
Aspidium 167 ff.
Asplenium 168
Aster 556
Astragalus 262
Astrantia 299
Athamanta 309
Athyrium 171
Atragene 190
Atriplex 423
Atropa 476
Atropis 724
Attich 453
Augentrost 497
Augenwurz 309
Aurikel 391
Aurinia 349
Avena 742
Avenastrum 743
Avenella 739
Avenochloa 743
Avenula 743
Azolla 177

Backenklee 265
Baeothryon 668
Baldellia 615
Baldingera 757
Baldrian 456
Baldriangesicht 447
Ballota 525
Balsamita 572
Balsamkraut 572

Barbarakraut 343
Barbarea 343
Bärenklau 312
Bärenschote 262
Bärentraube 387
Bärlapp 155
Bärwurz 309
Barkhausia 604
Bartgras 760
Bartsia 495
Bassia 425
Basilienkraut 535
Basilikum 535
Bastardsenf 360
Batrachium 193
Bauernsenf 354
Becherglocke 542
Becherpflanze 564
Beckmannia 730
Beifuß 574
Beinbrech 626
Beinwell 474
Bellardiochloa 726
Bellidiastrum 556
Bellis 556
Benediktenkraut 595
Berberis 201
Berberitze 201
Berghähnlein 192
Berglilie 631
Berglorbeer 387
Bergminze 529
Bergscharte 591
Berle 306
Berteroa 350
Bertramwurzel 577
Berufkraut 557
Berula 306
Besenginster 256
Besenheide 388
Besenrauke 341
Besenried 733
Beta 420
Betonica 525
Betula 209
Bibernelle 306
Bidens 566
Bienensaug 524
Bifora 303
Bilderdykia 435
Bilsenkraut 476
Bingelkraut 318
Binse 656, 668
Birke 209
Birnbaum 244
Bisamdistel 587
Biscutella 357
Bitterklee 437
Bitterkraut 598
Bitterling 438
Blackstonia 438
Blasenfarn 172
Blasenmiere 407
Blasenschote 263
Blasenspiere 230
Blasenstrauch 266
Blaubeere 388
Blaugras 731
Blaustern 632
Blechnum 175
Blumenbinse 617
Blumenkohl 359
Blutauge 233
Blutwurz 234
Blysmus 668
Bocksbart 598
Bocksdorn 475
Bockshornklee 257
Bocksorchis 655
Bohne 273
Bohnenkraut 528
Bolboschoenus 668
Bombycilaena 559
Borago 474
Boretsch 474
Borstgras 738
Borstenhirse 759
Bothriochloa 760
Botrychium 162
Brachsenkraut 157
Brachypodium 723
Brandkraut 522
Brassica 359
Brassicella 360
Braunelle 521, 646
Braunwurz 481
Braya 349
Breitsame 302
Breitschötchen 349
Brenndolde 309
Brennessel 213
Brillenschötchen 357
Briza 730
Broccoli 359
Brombeere 243
Bromus 711
B. *arduennensis* 712
arvensis 712
asper 715
benekenii 715
brachystachys 712
bromoides 712
carinatus 711
commutatus 714
diandrus 714
erectus 715
grossus 712
hordeaceus 713
inermis 714
japonicus 713
lepidus 713
madritensis 715
mollis 714
molliformis 713
B. *multiflorus* 712
pannonicus 715
patulus 713
racemosus 714
ramosus 715
rigidus 715
secalinus 712
squarrosus 713
sterilis 715
tectorum 716
thominii 713
unioloides 711
willdenowii 711
Bruchkraut 399
Brunnenkresse 345
Brunnera 468
Brustwurz 310
Bryonia 381
Buchenspargel 385
Buchsbaum 318
Büchsenkraut 484
Buchweizen 436
Buddleja 477
Buglossoides 469
Bulbocodium 626
Bulliarda 216
Bunge 396
Bunias 341
Bunium 306
Buphthalmum 564
Bupleurum 303
Bürstengras 751
Buschbohne 273
Büschelgras 745
Büschelschön 465
Butomus 615
Buxus 318

Cakile 360
Calamagrostis 749
Calamintha 529
Calammophila 751
Caldesia, -e 615
Calendula 585
Calepina 361
Calla 761
Callianthemum 187
Callitriche 535
Calluna 388
Caltha 187
Calycocorsus 600
Calystegia 463
Camelina 353
Campanula 538
C. alpina 541
barbata 541
baumgartenii 539
beckiana 539
bononiensis 540
caespitosa 538
carnica 539
cenisia 539

C. cervicaria 541
cochleariifolia 538
gentilis 539
glomerata 541
kladniana 539
latifolia 541
linifolia 539
medium 541
patula 540
persicifolia 538
polymorpha 539
poscharskyana 540
praesignis 539
pulla 539
pusilla 538
rapunculoides 540
rapunculus 540
rhomboidalis 540
rotundifolia 539
scheuchzeri 539
sibirica 541
spicata 541
thyrsoides 541
trachelium 540
witasekiana 539
zoysii 538
Campe 343
Cannabis 213
Capsella 354
Caragana 266
Cardamine 345
Cardaminopsis 347
Cardaria 358
Carduus 587
Carex 675
C.-(Eu)Carex 683
C.-Primocarex 676
C.-Vignea 677
C. *acuta* 684
acutiformis 697
alba 688
alpestris 697
aquatilis 685
appropinquata 681
arenaria 678
aristata 691
aterrima 686
atherodes 691
atrata 686
atrofusca 694
baldensis 677
banatica 684
bicolor 684
bigelowii 685
binervis 695
bohemica 677
brachystachys 695
brizoides 679
brunnescens 682
buekii 684
buxbaumii 686
canescens 683
C. capillaris 687
capitata 676
caryophyllea 690
cespitosa 684
chabertii 680
chordorrhiza 678
contigua 681
crawfordii 682
cuprina 680
curvata 679
curvula 679
cyperoides 677
davalliana 676
demissa 692
depauperata 693
depressa 697
diandra 681
digitata 690
dioica 676
disperma 682
distans 695
disticha 678
divisa 678
divulsa 680
echinata 682
elata 684
elongata 682
ericetorum 689
extensa 694
ferruginea 694
filiformis 691
firma 693
flacca 687
flava 692
flavella 693
foetida 680
frigida 694
fritschii 690
fuliginosa 693
fusca 685
fyllae 685
glauca 687
globularis 689
goodenovii 685
gracilis 684
halleriana 697
hartmanii 686
heleonastes 682
hirta 691
hordeistichos 696
hornschuchiana 695
hostiana 695
humilis 690
incurva 678
inflata 696
intermedia 678
irrigua 687
juncifolia 678
lachenalii 682
laevigata 694
laevirostris 696
lagopina 682
C. lasiocarpa 691
leersii 681
lepidocarpa 692
leporina 682
ligerica 679
limosa 687
liparocarpos 688
loliacea 683
magellanica 687
maritima 678
media 686
melanostachya 696
michelii 693
microglochin 676
montana 690
mucronata 691
muricata 681
nemorosa 680
nevadensis 693
nigra 685
nitida 688
norvegica 686
nutans 696
obtusata 677
oederi 692
ornithopoda 690
ornithopodioides 691
otrubae 680
ovalis 682
pairaei 681
paleacea 684
pallescens 688
panicea 688
paniculata 681
paradoxa 681
parviflora 686
pauciflora 676
paupercula 687
pediformis 690
pendula 687
pilosa 688
pilulifera 689
polygama 686
polyphylla 681
praecox 679
pseudobrizoides 679
pseudocyperus 695
pulicaris 676
punctata 695
reichenbachii 679
remota 681
repens 679
reticulosa 684
rhynchophysa 696
rigida 685
riparia 696
rostrata 696
rupestris 677
scandinavica 692
secalina 696
sempervirens 694
serotina 692

C. *siegertiana* 691
sparsiflora 688
spicata 681
stellulata 682
stenophylla 678
stolonifera 685
stricta 684
strigosa 688
supina 687
sylvatica 695
tenella 683
tenuis 695
teretiuscula 681
tomentosa 689
transsilvanica 697
trinervis 685
tumidicarpa 692
umbrosa 690
ustulata 694
vaginata 688
verna 690
vesicaria 696
vitilis 683
vulgaris 685
vulpina 680
vulpinoidea 680
Carlina 585
Carpesium 563
Carpinus 211
Carthamus 595
Carum 305
Castanea 208
Catabrosa 730
Catapodium 722
Caucalis 302
Celtis 212
Cenolophium 310
Centaurea 592
Centaurium 439
Centranthus 458
Centunculus 396
Cephalanthera 642
Cephalaria 459
Cerastium 407
Cerasus 247
Ceratocephala 199
Ceratophyllum 183
Cerinthe 471
Ceterach 168
Chaenomeles 244
Chaenorhinum 484
Chaerophyllum 300
Chamaebuxus 289
Chamaecyparis 181
Chamaecytisus 255
Chamaedaphne 387
Chamaemelum 567
Chamaepericlymenum 291
Chamaeplium 340
Chamaenerion 275
Chamaespartium 255
Chamomilla 571
Chamorchis 651
Cheilanthes 166
Cheiranthus 343
Chelidonium 202
Chenopodium 420
Cherleria 401
Chicoree 595
Chimaphila 384
Chlora 438
Chondrilla 600
Christophskraut 188
Christrose 187
Chrysanthemum 572
Chrysosplenium 220
Cicendia 438
Cicerbita 602
Cichorium 595
Cicuta 305
Cimicifuga 188
Circaea 278
Cirsium 588
Cladium 674
Claytonia, -e 417
Clematis 190
Clinopodium 529
Cnicus 595
Cnidium 309
Cochlearia 352
Coeloglossum 645
Coincya 360
Colchicum 626
Coleanthus 754
Collomia 465
Colutea 266
Comarum 233
Comfrey 474
Conioselium 310
Conium 303
Conopodium 306
Conringia 358
Consolida 189
Convallaria 635
Convolvulus 464
Conyza 557
Corallorrhiza 655
Coriandrum 303
Corispermum 425
Cornus 291
Coronilla 266
Coronopus 358
Corrigiola 399
Cortusa 394
Corydalis 204
Corylus 211
Corynephorus 745
Cotinus 281
Cotoneaster 247
Cotula 574
Crambe 360
Crassula 216
Crataegus 246
Crepis 604
Crocus 637
Cruciata 448
Cryptogramma 166
Cucubalus 413
Cucumis 381
Cucurbita 381
Cuscuta 464
Cyclamen 395
Cydonia 243
Cymbalaria 482
Cynanchum 446
Cynodon 738
Cynoglossum 468
Cynosurus 730
Cyperus 667
Cypripedium 642
Cystopteris 172
Cytisus 255 f.

Dactylis 730
Dactylorchis 647
Dactylorhiza 647
Danthonia 742
Daphne 322
Datura 477
Daucus 313
Delia 400
Delphinium 189
Dentaria 346
Deschampsia 739
Descurainia 341
Desmazeria 722
Deutsche Tamariske 332
Dianthus 411
Dicentra 206
Dichanthium 760
Dichostylis 667
Dickblatt 216
Dictamnus 280
Diervilla 455
Digitalis 484
Digitaria 758
Dill 309
Dingelorchis 644
Dinkel 735
Diopogon 217
Diphasium 156
Diplotaxis 358
Dipsacus 459
Diptam 280
Distel 587
Dittrichia 562
Donarsbart 217
Doppelährengras 730
Doppelrauke 358
Doppelsame 358
Dornmelde 425
Doronicum 578
Dorycnium 265
Dost 530
Douglastanne 181

Downingia 545
Draba 350
Drachenkopf 521
Drachenmaul 528
Drachenwurz 761
Dracocephalum 521
Drehkraut 312
Drehwurz 645
Dreizack 618
Dreizahn 742
Drosera 226
Dryas 232
Dryopteris 174
Dünnschwanz 739
Dünnschwingel 738
Durra 760
Dürrwurz 562
Duwock 159

Eberesche 244
Eberraute 575
Eberwurz 585
Echinochloa 758
Echinocystis 382
Echinodorus 615
Echinops 585
Echinopsilon 425
Echium 471
Edelkastanie 208
Edelraute 574
Edelweiß 561
Efeu 291
Egeria 616
Ehrenpreis 485
Eibe 178
Eibisch 382
Eiche 208
Eichenfarn 173
Einbeere 635
Einblattorchis 655
Einknolle 651
Einkorn 735
Eisenhut 189
Eisenkraut 513
Elaeagnus 280
Elatine 325
Eleocharis 672
Eleogiton 668
Eleusine 737
Elisma 615
Elodea 616
Elodes 323
Elsbeere 245
Elsholtzia 535
Elymus 733
Elyna 674
Elytrigia 733
Emmer 735
Empetrum 389
Endivie 595
Endymion 632
Engelsüß 175
Engelwurz 310
Englischer Spinat 430
Enzian 440
Epilobium 275
Epimedium 202
Epipactis 642
Epipogium 645
Equisetum 158
Eragrostis 737
Eranthis 187
Erbse 273
Erbsenstrauch 266
Erdbeere 237
Erdbeerspinat 421
Erdbirne 565
Erdglöckchen 454
Erdrauch 205
Erechtites 578
Erica 388
Erigeron 557
Erika 388
Erinus 485
Eriophorum 667
Eriophyllum 566
Eritrichum 468
Erle 210
Erodium 288
Erophila 352
Eruca 359
Erucastrum 360
Ervum 269
Eryngium 300
Erysimum 342
Erythraea 439
Erythronium 631
Esche 462
Eschscholzia 202
Eseldistel 591
Esparsette 267
Espe 363
Essigbaum 281
Estragon 574
Euclidium 343
Eufragia 495
Euonymus 314
Eupatorium 555
Euphorbia 319
Euphrasia 497
E. *arctica* 498, 499
borealis 499
brevipila 498
carniolica 497
coerulea 500
curta 500
cuspidata 497
drosocalyx 498
dunensis 499
gracilis 501
hirtella 498
kerneri 499
micrantha 501
minima 500
E. nemorosa 501
officinalis 497
pectinata 500
picta 499
pulchella 500
pumila 501
rostkoviana 497
salisburgensis 497
stricta 500
tatarica 500
tatrae 501
tenuis 498
tricuspidata 497
uechtritziana 500
vernalis 498
versicolor 499
Evonymus 314

Fadenenzian 438
Fadenkraut 559
Fagopyrum 436
Fagus 208
Falcaria 305
Fallopia 435
Falscher Jasmin 216
Faltenlilie 632
Falzblume 559
Färberröte 452
Farsetia 350
Faserschirm 304
Faulbaum 315
Federblume 592
Federgras 754
Feinstrahl 557
Feldsalat 455
Felsenbirne 247
Felsenblümchen 350
Felsenkirsche 249
Felsennelke 411
Felskresse 354
Fenchel 309
Ferkelkraut 596
Festuca 716
F. alpestris 716
alpina 718
altissima 721
amethystina 717
apennina 722
arioides 718
arundinacea 721
calva 716
capillata 718
cinera 717
curvula 717
diffusa 720
drymeia 721
duriuscula 718
duvalli 717
eggleri 717
elatior 721
filiformis 718
gigantea 720

F. *guestfalica* 718
halleri 718
hervieri 717
heteropachys 717
heterophylla 719
hirsuta 718
intercedens 718
juncifolia 720
lachenalii 739
laxa 719
lemanii 718
makutrensis 718
montana 721
nigrescens 719
norica 719
ovina 718
pallens 718
paniculata 721
pannonica 718
polesiaca 718
pratensis 721
psammophila 718
pseudodura 719
pseudovina 718
pucinellii 719
pulchella 721
pumila 717
quadrifolia 717
rubra 720
rupicaprina 718
rupicola 718
sabulosa 718
salina 720
silvatica 721
spadicea 721
stenantha 719
stricta 718
sulcata 718
supina 718
tenuifolia 718
trachyphylla 718
trichophylla 720
uliginosa 720
unifaria 720
unioloides 712
valesiaca 718
varia 717
versicolor 716
villosa 720
violacea 719
vivipara 718
Fetthenne 218
Fettkraut 509
Feuerbohne 273
Ficaria 193
Fichte 181
Fichtenspargel 385
Fieberklee 437
Filaginella 561
Filago 559
Filipendula 231
Filzkraut 559
Fingerhirse 758
Fingerhut 484
Fingerkraut 233
Finkensame 353
Fioringras 747
Flachbärlapp 156
Flachs 284
Flattergras 756
Flieder 463
Flockenblume 592
Flohkraut 563
Flohsame 511
Flügelginster 255
Foeniculum 309
Föhre 180
Forsythia 463
Fragaria 237
Frangula 315
Fransenenzian 443
Franzosenkraut 567
Französische Erdkastanie 306
Fratzenorchis 655
Frauenfarn 171
Frauenmantel 238
Frauenschuh 642
Frauenspiegel 542
Fraxinus 462
Fritillaria 631
Froschbiß 617
Froschkraut 615
Froschlöffel 614
Fuchsschwanz 427
Fuchsschwanzgras 752
Fuchsschwingel 722
Fumana 332
Fumaria 205

Gagea 627
Gagelstrauch 214
Galanthus 635
Gale 214
Galega 266
Galeobdolon 523
Galeopsis 522
Galinsoga 567
Galium 448
Gamander 519
Gänseblümchen 556
Gänsedistel 602
Gänsefuß 420
Gänsekresse 347
Gänsesterbe 342
Gartenbohne 273
Gauchheil 396
Gaudinia 741
Gauklerblume 484
Gaya 310
Geißbart 230
Geißblatt 454
Geißfuß 306
Geißklee 255
Geißraute 266
Gelbäugelchen 206
Gelbdolde 303
Gelbe Bartsie 495
Gelber Speik 581
Gelbling 238
Gelbstern 627
Gemskresse 354
Gemswurz 578
Genista 254
Genistella 255
Gentiana 440
Gentianella 443
Geranium 285
Germer 626
Gerste 736
Geum 232
Giersch 306
Giftbeere 475
Gilbweiderich 395
Ginster 254
Gipskraut 410
Gladiolus, -e 638
Glanzgras 758
Glanzkraut 655
Glaskraut 214
Glasschmalz 426
Glatthafer 741
Glaucium 203
Glaux 395
Glechoma 521
Gliedkraut 520
Globularia 510
Glockenblume 538
Glyceria 723
Gnadenkraut 484
Gnaphalium 561
Goldblume 572
Golddistel 585
Goldflieder 463
Goldhafer 741
Goldlack 343
Goldmelisse 528
Goldnessel 523
Goldprimel 392
Goldregen 255
Goldrute 556
Gommer 735
Goodyera 645
Götterbaum 280
Grannenhafer 742
Grannenhirse 754
Graphephorum 725
Graslilie 626
Grasnelke 436
Grasnelkenhabichtskraut 607
Grasschwertel 638
Gratiola 484
Gratlinse 263
Graukresse 350
Greiskraut 580

Grindkraut 461
Groenlandia 618
Grundnessel 616
Grünkohl 359
Guizotia 566
Gundermann 521
Günsel 518
Gurke 381
Guter Heinrich 422
Gymnadenia 646
Gymnocarpium 173
Gypsophila 410

Haarbinse 669
Haargurke 381
Haarsimse 669
Haarstrang 311
Habichtskraut 608
Hackelia 467
Hacquetia 299
Hafer 742
Haferwurz 598
Haftdolde 302
Hahnenfuß 193
Hainbuche 211
Hainsalat 596
Hainsimse 662
Halimione 423
Hammarbya 655
Händelwurz 646
Hanf 213
Hanfnessel 522
Hartgras 724
Hartriegel 291
Hasel 211
Haselnuß 211
Haselwurz 206
Hasenglöckchen 632
Hasenlattich 607
Hasenohr 303
Hasensalat 604
Hauhechel 256
Hauswurz 217
Hautfarn 166
Heckenkirsche 454
Hedera 291
Hederich 361
Hedysarum 267
Heide 388
Heidekraut 388
Heidelbeere 388
Heideröschen 323
Heilglöckchen 394
Heiligenblume 577
Heilwurz 307
Heleocharis 672
Helianthemum 331
Helianthus 565
Helichrysum 562
Helictotrichon 743
Heliopsis 566
Heliosperma 413
Heliotropium 467
Helleborus 187
Hellerkraut 355
Helmkraut 520
Helosciadium 305
Hemerocallis 627
Hemlocktanne 181
Hepatica 193
Heracleum 312
Herbstzeitlose 626
Herlitze 291
Herminium 651
Herniaria 399
Herzblatt 226
Herzblume 206
Herzgespann 524
Hesperis 343
Heusenkraut 275
Hexenkraut 278
Hibiscus 382
Hieracium 608
H. alpinum 612
amplexicaule 612
angustifolium 609
aurantiacum 609
auricula 609
bauhinii 610
bifidum 611
bupleuroides 610
caesium 611
caespitosum 609
cymosum 609
echioides 609
florentinum 610
glaciale 609
glanduliferum 611
glaucum 610
hoppeanum 608
humile 612
intybaceum 612
lachenalii 612
lactucella 609
laevigatum 613
morisianum 611
murorum 612
pallidum 611
peleterianum 609
piliferum 611
pilosella 608
piloselloides 610
pilosum 611
porrifolium 611
pratense 609
prenanthoides 612
racemosum 613
sabaudum 613
schmidtii 611
silvestre 613
sparsum 610
sylvaticum 612
transsilvanicum 611
umbellatum 613
H. villosum 611
vogesiacum 610
vulgatum 612
Hierochloë 756
Himantoglossum 655
Himbeere 243
Himmelsherold 468
Himmelsleiter 465
Hippocrepis 267
Hippophaë 280
Hippuris 513
Hirschfeldia 360
Hirschsprung 399
Hirschwurz 311
Hirschzunge 168
Hirse 758
Hirtentäschelkraut 354
Hohldotter 341
Hohlrippe 310
Hohlsame 303
Hohlzahn 522
Hohlzunge 645
Holcus 740
Holoschoenus 668
Holosteum 406
Holunder 453
Homogyne 578
Honckenya 403
Honiggras 740
Hopfen 213
Hopfenbuche 211
Hopfenklee 258
Hordelymus 737
Hordeum 736
Horminum 528
Hornblatt 183
Hornklee 265
Hornköpfchen 199
Hornkraut 407
Hornmohn 203
Hornungia 354
Hottonia 395
Hufeisenklee 267
Huflattich 577
Hühnerbiß 413
Hühnerhirse 758
Humulus 213
Hundskamille 567
Hundslattich 597
Hundspetersilie 308
Hundsrauke 360
Hundsvergißmeinnicht 468
Hundswurz 655
Hundszahn 631
Hundszahngras 738
Hundszunge 468
Hungerblümchen 352
Huperzia 155
Hutchinsia 354
Hyacinthoides 632
Hydrilla 616

Hydrocharis 617
Hydrocotyle 299
Hylandra 341
Hymenolobus 354
Hymenophyllum 166
Hyoscyamus 476
Hypecoum 206
Hypericum 323
Hypochoeris 596
Hyssopus 529

Iberis 356
Igelkolben 698
Igelsame 464
Igelschlauch 615
Ilex 314
Ilysanthes 484
Illecebrum 399
Immenblatt 522
Immergrün 446
Immortelle 562
Impatiens 288
Imperatoria 311
Inula 562
Ipomoea 464
Iris 636
Isatis 341
Isnardia 275
Isoëtes 157
Isolepis 668
Isopyrum 188
Iva 564

Jasione 544
Jasmin 216
Johannisbeere 215
Johanniskraut 323
Jovibarba 217
Judenkirsche 476
Juglans 214
Juncus 656
J. acutiflorus 662
alpino-articulatus 661
alpinus 661
ambiquus 659
anceps 661
arcticus 658
articulatus 662
atratus 662
atricapillus 661
balticus 658
biglumis 661
bufonius 659
bulbosus 660
canadensis 662
capitatus 660
castaneus 660
compressus 659
conglomeratus 657
dudleyi 658
effusus 658
ensifolius 659
J. filiformis 657
gerardii 659
glaucus 657
hostii 657
inflexus 657
jaquinii 657
lampocarpus 662
leersii 657
macer 658
maritimus 657
minutulus 659
monanthos 657
mutabilis 660
obtusiflorus 661
pygmaeus 660
ranarius 659
sphaerocarpus 659
squarrosus 658
stygius 660
subnodulosus 661
supinus 660
sylvaticus 662
tenageia 659
tenuis 658
trifidus 657
triglumis 661
Jungfer im Grünen 188
Jungfernrebe 315
Juniperus 181
Jurinea 587

Kälberkropf 300
Kalmia 387
Kalmus 761
Kamille 571, 572
Kammgras 730
Kamminze 535
Kanariengras 758
Kappenmohn 202
Kapstachelbeere 476
Kapuzen-Nacktdrüse 651
Kapuzinerkresse 289
Karde 459
Karlszepter 493
Kartoffel 476
Käsepappel 383
Katzenminze 521
Katzenpfötchen 560
Katzenschwanz 525
Katzenschweif 558
Kaukasusvergißmeinnicht 468
Keilmelde 423
Kellerhals 323
Kentranthus 458
Kerbel 301
Kermesbeere 417
Kernera 353
Kickxia 483
Kiefer 179
Kirsche 247
Kirschpflaume 248
Klappertopf 501
Klebkraut 450
Klee 258
Kleefarn 176
Kleinling 396
Klette 586
Klettengras 756
Klettenkerbel 302
Knabenkraut 652
Knackelbeere 237
Knäuel 401
Knäuelgras 730
Knautia 460
Knoblauch 629
Knoblauchsrauke 341
Knollenkümmel 306
Knollenmiere 406
Knopfkraut 567
Knorpelblume 399
Knorpelkraut 419
Knorpellattich 600
Knorpelmöhre 305
Knotenblume 635
Knotenfuß 634
Knöterich 432
Kobresia 675
Kochia 425
Koeleria 745
Kohlrabi 359
Kohl, -rübe 359
Kohlrauschia 411
Kohlröschen 646
Kolbenhirse 759
Kompaßpflanze 564
Königsfarn 164
Königskerze 480
Kopfgras 731
Kopfried 674
Kopfsalat 603
Korallenwurz 655
Koriander 303
Kornblume 592
Kornrade 416
Kornelkirsche 291
Kragenblume 563
Krähenbeere 389
Krähenfuß 358
Kratzbeere 243
Kratzdistel 588
Krauskohl 359
Krebsschere 617
Kren 345
Kresse 357
Kreuzblume 289
Kreuzdorn 315
Kreuzkraut 580
Kreuzlabkraut 448
Krokus 637
Kronenlattich 600
Kronwicke 266
Krummhals 472
Küchenschelle 191

Küchenzwiebel 629
Kuckucksblume 645
Kugelblume 510
Kugeldistel 585
Kugelknabenkraut 652
Kugelschötchen 353
Kuhblume 600
Kuhkraut 411
Kuhschelle 191
Kühtritt 485
Kümmel 305
Kürbis 381

Labkraut 448
Laburnum 255
Lacksenf 360
Lactuca 603
Lagarosiphon 617
Laichkraut 618
Lamiastrum 523
Lamium 524
Lämmersalat 596
Lappa 586
Lappenfarn 167
Lappula 467
Lapsana 596
Lärche 179
Larix 179
Laser 313
Laserkraut 313
Laserpitium 313
Lasiagrostis 756
Lastrea 167, 173
Lathraea 504
Lathyrus 271
Latsche 180
Lattich 603
Lauch 628
Laugenblume 574
Läusekraut 493
Lavandula 520
Lavatera 383
Lavendel 520
Lebensbaum 181
Leberbalsam 555
Leberblümchen 193
Ledum 386
Leersia 758
Legföhre 180
Legousia 542
Leimkraut 413
Leimsaat 465
Lein 283
Leinblatt 316
Leindotter 353
Leinkraut 482
Lembotropis 255
Lemna 762
Lens 267
Leontodon 596
Leontopodium 561
Leonurus 524
Lepidium 357
Lepidotis 155
Lepturus 739
Lepyrodiclis 407
Lerchensporn 204
Leucanthemella 572
Leucanthemopsis 572
Leucanthemum 572
Leucojum 635
Leucorchis 647
Leuzea 591
Levisticum 311
Levkoje 343
Leymus 737
Libanotis 307
Lichtblume 626
Lichtnelke 413, 416
Liebesgras 737
Liebstöckel 311
Lieschgras 751
Liguster 463
Ligusticum 310
Ligustrum 463
Lilie 631
Lilium 631
Limnanthemum 437
Limodorum 644
Limonium 436
Limosella 484
Linaria 482
Linde 384
Lindernia 484
Linnaea 454
Linse 267
Linum 283
Liparis 655
Listera 644
Lithospermum 469
Littorella 513
Lloydia 632
Lobelia, -e 544
Lochschlund 484
Löffelkraut 352
Loiseleuria 387
Lolch 732
Lolium 732
Lomatogonium 440
Lonicera 454
Lophochloa 745
Loranthus 317
Lorbeerrose 387
Loroglossum 655
Lotus 265
Lotwurz 471
Löwenmaul 482
Löwenschwanz 524
Löwenzahn 596, 600
Ludwigia 275
Lunaria 349
Lungenkraut 472
Lupinus, -e 254
Luronium 615
Luzerne 258
Luzula 662
Lychnis 416
Lycium 475
Lycopersicon 476
Lycopodiella 155
Lycopodium 155
Lycopsis 472
Lycopus 533
Lysimachia 395
Lythrum 274

Mädesüß 231
Mänderle 485
Mahonia, -e 201
Maianthemum 634
Maiblume 635
Maiglöckchen 635
Mais 760
Majoran 530
Majorana 530
Malachium 407
Malaxis 655
Malus 244
Malva 383
Malve 383
Mandelbäumchen 248
Mangold 420
Mannsschild 392
Mannstreu 300
Margerite 572
Marienbalsam 572
Mariendistel 591
Mariengras 756
Markstammkohl 359
Marrubium 520
Marsilea 176
Märzenbecher 635
Mastkraut 403
Matricaria 571
Matteuccia 171
Matthiola 343
Mauerlattich 603
Mauerpfeffer 218
Mauerraute 170
Maulbeerbaum 212
Mäusedorn 634
Mäuseschwänzchen 199
Mausohr 608
Medicago 258
Meerkohl 360
Meerrettich 345
Meersenf 360
Mehlbeere 245
Meier 447
Meirich 401
Meisterwurz 311
Melampyrum 502
Melandrium 413
Melde 423
Melica 731
Melilotus 257

Melissa, -e 528
Melittis 522
Melone 381
Mentha 533
Menyanthes 437
Mercurialis 318
Merk 306
Mertensia, -e 469
Mespilus 247
Meum 309
Mibora 753
Microcala 438
Micropus 559
Microstylis 655
Microthlaspi 355
Miere 401
Milchkraut 395
Milchlattich 602
Milchstern 632
Milium 756
Milzfarn 168
Milzkraut 220
Mimulus 484
Minuartia 401
Minze 533
Misopates 482
Mispel 247
Mistel 317
Moehringia 405
Moenchia 406
Mohar 759
Mohn 203
Möhre 313
Mohrenhirse 760
Molinia 733
Moltebeere 243
Monarda 528
Mönchskraut 472
Mondraute 162
Moneses 385
Monotropa 385
Montia 417
Moorbeere 388
Moorbinse 669
Moorglöckchen 544
Moosbeere 388
Moosblümchen 216
Moosfarn 157
Moosglöckchen 454
Morus 212
Moschuskraut 455
Mulgedium 603
Mummel 183
Muscari 633
Muschelblümchen 188
Mutterkraut 574
Mutterwurz 310
Myagrum 341
Mycelis 603
Myosotis 469
Myosoton 407
Myosurus 199
Myrica 214
Myricaria 332
Myriophyllum 279
Myrrhis 302

Nabelmiere 405
Nabelnuß 468
Nachtkerze 278
Nachtschatten 476
Nachtviole 343
Nacktdrüse 651
Nacktried 674
Nadelkerbel 302
Nadelkraut 217
Nagelkraut 400
Najas 623
Napfkraut 472
Narcissus 635
Nardurus 738
Nardus 738
Narthecium 626
Narzisse 635
Nasturtium 345
Natternkopf 471
Natternzunge 162
Nelke 411
Nelkenhafer 739
Nelkenköpfchen 411
Nelkenwurz 232
Neottia 645
Neottianthe 651
Nepeta 521
Neslia 353
Nestwurz 645
Netzblatt 645
Nicandra 475
Nicotiana 477
Nieswurz 187
Nigella 188
Nigritella 646
Nixenkraut 623
Noccaea 355
Nonea 472
Notholaena 166
Nuphar 183
Nymphaea 183
Nymphoides 437

Obione 423
Ochsenauge 564
Ochsenzunge 471
Ocimum 535
Odermennig 231
Odontites 496
Oenanthe 307
Oenothera 278
Ohnsporn 655
Ölweide 280
Omalotheca 561
Omphalodes 468
Onagra 278
Onobrychis 267
Onoclea 171
Ononis 256
Onopordum 591
Onosma 471
Ophioglossum 162
Ophrys 651
Orant 484
Orchis 652
Oreochloa 731
Oreoherzogia 315
Origanum 530
Orlaya 302
Ornithogalum 632
Ornithopus 266
Orobanche 505
Orobus 272f.
Orthantha 496
Orthanthella 496
Orthilia 385
Oryza 758
Osmunda 164
Osterglocke 636
Ostericum 310
Osterluzei 207
Ostrya 211
Oxalis 283
Oxycoccus 388
Oxygraphis 194
Oxyria 432
Oxytropis 264

Pachypleurum 310
Padus 247
Paederata 485
Paeonia 323
Panicum 758
Papaver 203
Pappel 362
Paradisia 627
Parapholis 739
Parentucellia 495
Parietaria 214
Paris 635
Parnassia 226
Parthenocissus 315
Pastinaca 312
Pastinak 312
Pavie 282
Pechnelke 416
Pedicularis 493
Peltaria 349
Pelzfarn 166
Pentaglottis 471
Peplis 274
Perlgras 731
Perlzwiebel 629
Persica 247
Persicaria 433
Perückenstrauch 281
Pestwurz 577
Petasites 577
Petersilie 305

Petrocallis 352
Petrorhagia 411
Petroselinum 305
Petunia, -e 475
Peucedanum 311
Pfaffenhütchen 314
Pfefferkraut 357
Pfefferminze 534
Pfeifengras 733
Pfeifenstrauch 216
Pfeifenwinde 207
Pfeilkraut 615
Pfeilkresse 358
Pfennigkraut 395
Pferdebohne 268
Pferdesaat 307
Pfingstrose 323
Pfirsich 249
Pflaume 248
Pfriemenkresse 358
Phaca 262
Phacelia 465
Phalaris 758
Pharbitis 464
Phaseolus 273
Phegopteris 167, 173
Phellandrium 308
Philadelphus 216
Phleum 751
Phlomis 522
Pholiurus 739
Phragmites 737
Phujopsis 447
Phyllitis 168
Physalis 476
Physocarpus 230
Physoplexis 542
Phyteuma 542
Phytolacca 417
Picea 181
Picris 598
Pillenfarn 176
Pilosella 608
Pilularia 176
Pimpernuß 883
Pimpinella 306
Pinellia, -e 762
Pinguicula 509
Pinus 179
Pippau 604
Piptatherum 754
Pirola = Pyrola 385
Pirus = Pyrus 244
Pistia 762
Pisum 273
Plantago 511
Platanthera 645
Platanus, -e 207
Platenigl 391
Platterbse 271
Pleuropterus 435
Pleurospermum 303
Poa 726
P. alpina 729
angustifolia 727
annua 728
athroostachya 727
badensis 728
bulbosa 728
caesia 730
cenisia 729
chaixii 726
compressa 726
glauca 730
hybrida 726
irrigata 727
laxa 729
minor 729
molinerii 728
nemoralis 729
palustris 730
pratensis 727
pumila 729
remota 727
stiriaca 727
subcoerulea 727
supina 728
trivialis 727
uberrima 727
violacea 726
Podospermum 600
Polei-Gränke 387
Polemonium 465
Polycarpon 400
Polycnemum 419
Polygala 289
Polygonatum 634
Polygonum 432
Polypodium 175
Polypogon 751
Polystichum 173
Populus 362
Porree 630
Porst 386
Portulaca 417
Portulak 417
Potamogeton 618
Potentilla 233
Poterium 231
Preiselbeere 388
Prenanthes 607
Primel 390
Primula 390
Pritzelago 354
Prunella 521
Prunus 247
Pseudolysimachium 485
Pseudorchis 647
Pseudostellaria 406
Pseudotsuga 181
Psilathera 731
Psyllium 511
Pteridium 166
Puccinellia 724
Pulicaria 563
Pulmonaria 472
Pulsatilla 191
Pyrola 385
Pyrus 244

Quecke 733
Queller 426
Quellgras 730
Quellkraut 417
Quellried 671
Quendel 530
Quetschgurke 381
Quercus 208
Quitte 243

Rade 416
Radmelde 425
Radieschen 361
Radiola 284
Ragwurz 651
Rahle 354
Rainfarn 572
Rainkohl 596
Rainweide 463
Ramischia 385
Ramtillkraut 566
Ranunculus 193
R. *acer* 198
aconitifolius 194
acris 198
alpestris 194
aquatilis 195
arvensis 197
auricomus 197
baudotii 195
bulbosus 198
carinthiacus 197
cassubicus 196
circinatus 195
confervoides 195
crenatus 193
falcatus 199
ficaria 193
flaccidus 195
flammula 196
fluitans 195
glacialis 194
grenierianus 197
hederaceus 194
hornschuchii 197
hybridus 196
illyricus 197
lanuginosus 198
lenormandii 194
lingua 196
lutarius 195
lutulentus 195
montanus 197
nemorosus 199
ololeucos 195
omiophyllus 194

R. oreophilus 197
parnassiifolius 193
paucistamineus 195
peltatus 195
penicillatus 195
plantagineus 194
platanifolius 194
polyanthemophyllus 199
polyanthemos 199
pygmaeus 197
pyrenaeus 194
radians 195
radicescens 199
repens 198
reptans 196
rionii 195
rutaefolius 187
sardous 198
sceleratus 199
seguieri 194
serpens 199
stevenii 198
thora 196
traunfellneri 194
trichophyllus 195
tripartitus 195
Raphanus 361
Rapistrum 360
Raps 359
Rapsdotter 360
Rapunzel 455, 542
Rauhgras 756
Rauke 340
Rauschbeere 388
Raute 280
Raygras 732
Rebendolde 307
Reiherschnabel 288
Reisquecke 758
Reitgras 749
Rempe 360
Reseda, -e 361
Rettich 361
Reynoutria 435
Rhabarber 432
Rhamnus 315
Rhaponticum 591
Rheum 432
Rhinanthus 501
Rhodiola 218
Rhododendron 386
Rhodothamnus 387
Rhus 281
Rhynchospora 674
Rhynchosynapis 360
Ribes 215
Riemenblume 317
Riemenzunge 655
Ringelblume 585
Ringglockenblume 544
Rippenfarn 175
Rippensame 303
Rispelstrauch 332
Rispengras 726
Rittersporn 189
Robinia, -e 266
Roegneria 733
Römische Kamille 567
Roggen 734
Rohrglanzgras 757
Rohrkolben 697
Rollfarn 166
Rorippa 344
Rosa, -e 239
Rosenkohl 359
Rosenwurz 218
Rosmarinheide 387
Roßfenchel 309
Roßkastanie 282
Roßkümmel 313
Rostraria 745
Rotbuche 208
Rotkohl 359
Rottanne 181
Rübe 420
Rubia 452
Rübsen 359
Rubus 243
Ruchgras 757
Rudbeckia 565
Ruhrkraut 561
Rührmichnichtan 289
Ruhrwurz 543
Rumex 429
Runkelrübe 420
Ruppia 622
Ruprechtsfarn 173
Ruprechtskraut 286
Ruscus 634
Rüster 212
Ruta 280

Sadebaum 182
Saflor 595
Sagina 403
Sagittaria 615
Salbei 527
Salde 622
Salicornia 426
Salix 363
S. acutifolia 365
alba 364
alpina 368
amygdalina 363
appendiculata 366
arbuscula 369
aurita 366
bicolor 367
breviserrata 369
caesia 369
caprea 366
cinerea 366
daphnoides 365
S. dasyclados 365
depressa 368
eleagnos 364
foetida 369
fragilis 364
glabra 365
glaucosericea 368
grandifolia 366
hastata 369
hegetschweileri 367
helvetica 367
herbacea 364
incana 364
laggeri 366
lapponum 367
livida 368
mielichhoferi 367
myrsinifolia 367
myrtilloides 368
nigricans 367
pentandra 363
phylicifolia 367
pubescens 366
purpurea 369
repens 368
reticulata 365
retusa 364
rosmarinifolia 368
x rubens 364
serpyllifolia 364
silesiaca 366
starkeana 368
triandra 363
viminalis 365
waldsteiniana 369
Salomonsiegel 634
Salsola 426
Salvia 527
Salvinia 176
Salzkraut 426
Salzkresse 354
Salzmelde 423
Salzmiere 403
Salzschwaden 724
Sambucus 453
Samolus 396
Sanddorn 280
Sandglöckchen 544
Sandkraut 404
Sandröschen 331
Sanguisorba 231
Sanicula 299
Sanikel 299
Santolina 577
Saponaria 410
Sarothamnus 256
Satureja 528
Saubohne 268
Sauerdorn 201
Sauerkirsche 249
Sauerklee 283
Säuerling 432

Saumnarbe 440
Saussurea 587
Saxifraga 220
S. adscendens 225
aizoides 223
aizoon 222
androsacea 224
aphylla 223
aspera 223
biflora 220
blepharophylla 221
bryoides 223
burseriana 222
caesia 222
caespitosa 225
cernua 225
cotyledon 221
crustata 221
cuneifolia 224
decipiens 225
exarata 223
granulata 225
hieracifolia 222
hirculus 222
hostii 222
hypnoides 225
incrustata 221
macropetala 220
moschata 223
muscoides 224
mutata 221
nivalis 224
oppositifolia 221
paniculata 222
paradoxa 223
planifolia 224
retusa 221
rosacea 225
rotundifolia 224
rudolphiana 221
sedoides 223
seguieri 224
squarrosa 222
stellaris 224
tenella 223
tenera 224
tridactylites 225
umbrosa 224
wulfeniana 221
Scabiosa 461
Scandix 302
Schabzigerklee 257
Schachblume 631
Schachtelhalm 158
Schafgarbe 564
Schaftdolde 299
Schalotte 629
Scharbockskraut 193
Scharfkraut 467
Scharte 591
Schattenblume 634
Schaumkraut 345
Schaumkresse 347
Scheibenkraut 349
Scheidengras 754
Scheinakazie 266
Scheinkreuzkraut 578
Scheinlobelie 545
Scheinquitte 244
Schein-Wasserpest 617
Scheinzypresse 181
Scheuchzeria 617
Schierling 303
Schierlingsilge 310
Schierlingtanne 181
Schildfarn 173
Schilfrohr 737
Schillergras 745
Schlagkraut 564
Schlammkraut 484
Schlangenkraut 761
Schlangenmaul 483
Schlehe 248
Schleifenblume 356
Schlickgras 738
Schlüsselblume 390
Schmalwand 341
Schmerwurz 636
Schmiele 739
Schmielenhafer 739
Schmuckblume 187
Schnabelried 674
Schnabelschötchen 343
Schneckenklee 258
Schneeball 453
Schneebeere 453
Schneeglöckchen 635
Schneerose 187
Schneide 674
Schnittlauch 629
Schnittsalat 603
Schoenoplectus 668
Schoenus 674
Schöllkraut 202
Schöterich 342
Schriftfarn 168
Schuppenkopf 459
Schuppenmiere 400
Schuppenried 675
Schuppenwurz 504
Schwaden 723
Schwalbenwurz 446
Schwanenblume 615
Schwarzdorn 248
Schwarzkümmel 188
Schwarznessel 525
Schwarznuß 214
Schwarzwurzel 599
Schwertlilie 636
Schwimmfarn 176
Schwingel 716
Schwingelschilf 725
Scilla 632
Scirpidiella 668
Scirpoides 668
Scirpus 668
S. *americanus* 672
atrovirens 671
caespitosus 672
cariciformis 671
caricinus 691
cyperinus 670
fluitans 669
holoschoenus 669
hudsonianus 672
kalmussii 670
lacustris 670
maritimus 670
mucronatus 671
planifolius 671
pungens 672
radicans 671
romanus 669
rufus 671
setaceus 672
silvaticus 671
supinus 672
tabernaemontani 670
trichophorum 672
triqueter 670
x carinatus 672
Scleranthus 401
Sclerochloa 724
Scleropoa 722
Scolochloa 725
Scolopendrium 168
Scopolia 476
Scorzonera 599
Scrophularia 481
Scutellaria 520
Secale 734
Sedum 218
Seegras 622
Sekanne 437
Seerose 183
Segge 675
Seide 464
Seidelbast 322
Seidenpflanze 446
Seifenkraut 410
Selaginella 157
Selinum 309
Sellerie 304
Sempervivum 217
Senecio 580
S. abrotanifolius 582
alpinus 583
aquaticus 583
aurantiacus 581
brachychaetus 581
cacaliaster 583
congestus 580
cordatus 583
crispatus 580
doria 584
doronicum 583

S. erraticus 582
erucifolius 582
fluviatilis 584
fuchsii 584
gaudinii 581
germanicus 584
hercynicus 584
inaequidens 583
incanus 581
integrifolius 580
jacquinianus 584
lacobaea 582
nemorensis 584
ovatus 584
ovirensis 580
paludosus 584
palustris 580
pratensis 581
rivularis 580
rupestris 583
salisburgensis 581
spathulaefolius 581
squalidus 583
subalpinus 583
sylvaticus 581
tubicaulis 580
vernalis 583
viscosus 581
vulgaris 581
Senf 359
Senfrauke 359
Serradella 266
Serratula 591
Sesel 307
Seseli 307
Sesleria 731
Setaria 759
Sherardia 447
Sibbaldia 238
Sichelklee 258
Sichelmöhre 305
Sicyos 381
Sideritis 520
Siebenstern 395
Siegesbeckie 565
Sieglingia 742
Siegwurz 638
Sieversia 232
Sigesbeckia 565
Sigmarskraut 383
Silaum 309
Silaus 309
Silberblatt 349
Silberdistel 585
Silbergras 745
Silberscharte 587
Silberwurz 232
Silene 413
Siler 313
Silge 309
Silphium 564
Silybum 591
Simse 668
Simsenlilie 626
Sinapis 359
Sinau 238
Sisymbrium 340
Sisyrinchium 638
Sium 306
Skabiose 461
Smyrnium 303
Sockenblume 202
Sode 426
Solanum 476
Soldanella 394
Solidago 556
Sommerflieder 477
Sommerwurz 505
Sommerzwiebel 629
Sonchus 602
Sonnenauge 566
Sonnenblume 565
Sonnenhut 565
Sonnenröschen 331
Sonnentau 226
Sonnenwende 467
Sorbus 244
Sorghum 760
Sparganium 698
Spargel 634
Spargelbohne 265
Spark 400
Spärkling 400
Spartina 738
Spatzenzunge 322
Specularia 542
Speierling 244
Speik 456
Spelt 735
Spergella 404
Spergula 400
Spergularia 400
Spierstrauch 230
Spinacia 423
Spinat 423
Spiraea 230
Spiranthes 645
Spirke 180
Spirodela 762
Spitzkiel 264
Spitzklette 565
Spornblume 458
Spreublume 585
Springkraut 288
Spurre 406
Stachelbeere 215
Stachelgurke 382
Stachys 525
Stangenbohne 273
Staphylea 283
Statice 436
Staudenknöterich 435
Stechapfel 477
Stechginster 254
Stechpalme 314
Steckrübe 359
Steifgras 722
Steinbeere 243
Steinbrech 220
Steinklee 257
Steinkraut 349
Steinkresse 349
Steinquendel 529
Steinröschen 323
Steinsame 469
Steinschmücke 352
Steintäschel 356
Steinweichsel 249
Stellaria 406
Stemmacantha 592
Stenactis 557
Stendelwurz 642
Stenophragma 341
Steppenfenchel 307
Sterndolde 299
Sternmiere 406
Sternmoos 404
Stiefmütterchen 330
Stielsamenkraut 600
Stinkandorn 525
Stinkkohl 596
Stipa 754
Stockrose 382
Stoppelrübe 359
Storchschnabel 285
Stranddistel 300
Strandhafer 751
Strandling 513
Strandnelke 436
Strandroggen 737
Stratiotes 617
Strauchpappel 383
Straußfarn 171
Straußgras 747
Streifenfarn 168
Strenze 299
Streptopus 634
Strohblume 562
Studentenröschen 226
Struthiopteris 171
Stundenblume 382
Suaeda 426
Subularia 358
Succisa 460
Succisella 460
Sumach 281
Sumpfbärlapp 155
Sumpfbinse 672
Sumpfdotterblume 187
Sumpfenzian 439
Sumpfkresse 344
Sumpfquendel 274
Sumpfried 672
Sumpfwurz 642
Süßdolde 302
Süßklee 267

Swertia 439
Swida 291
Symphoricarpos 453
Symphyandra 544
Symphytum 474
Syringa 463

Tabak 477
Taglilie 627
Tamus 636
Tanacetum 572
Tanne 180
Tännel 325
Tännelkraut 483
Tannenbärlapp 155
Tannenwedel 513
Tarant 439
Taraxacum 600
Täschelkraut 355
Taubenkropf 413
Taubnessel 524
Tauernblümchen 440
Tausendblatt 279
Tausendgüldenkraut 439
Tausendschön 556
Taxus 178
Teekraut 420
Teesdalia 354
Teichfaden 622
Teichlinse 762
Teichrose 183
Telekia, -e 564
Tellerkraut 417
Tephroseris 580
Tetragonolobus 265
Teucrium 519
Teufelsabbiß 460
Teufelsauge 201
Teufelskralle 542
Teufelszwirn 464
Thalictrum 200
Thelycrania 291
Thelypteris 167
Thesium 316
Thlaspi 355
Thladiantha 381
Thrincia 597
Thuja 181
Thymelaea 322
Thymian 530
Thymus 530
Tilia 384
Tillaea 216
Tofieldia 626
Tollkirsche 476
Tollkraut 476
Tolpis 607
Tomate 476
Topinambur 565
Tordylium 312
Torfgränke 387
Torilis 302
Tormentilla 234
Tozzia 504
Tragant 262
Tragopogon 598
Tragus 756
Trapa 274
Träubelhyazinthe 633
Traubenhafer 742
Traubenkraut 564
Traunsteinera 652
Trespe 711
Trichophorum 668
Trichterlilie 627
Trichterwinde 464
Trientalis 395
Trifolium 258
Triglochin 618
Trigonella 257
Trinia 304
Tripleurospermum 572
Trisetum 741
Triticum 735
Troddelblume 394
Trollblume 187
Trollius 187
Tropaeolum 289
Tsuga 181
Tuberaria 331
Tulpe 631
Tulipa 631
Tunica 411
Tüpfelfarn 175
Turgenia 302
Türkenbund 631
Türkische Melisse 521
Turritis 347
Tussilago 577
Typha 697
Typhoides 757

Ulex 254
Ulme 212
Ulmus 212
Urtica 213
Utricularia 509

Vaccaria 411
Vaccinium 388
Valeriana 456
Valerianella 455
Vallisneria 617
Veilchen 326
Ventenata 742
Veratrum 626
Verbascum 480
Verbena 513
Verbesina, -e 566
Vergißmeinnicht 469
Veronica 485
V. acinifolia 489
agrestis 488
alpina 490
V. anagallis-aquatica 493
anagalloides 492
aphylla 486
aquatica 492
argute-serrata 491
arvensis 489
austriaca 491
beccabunga 492
bellidioides 490
catenata 492
chamaedrys 491
comosa 492
cymbalaria 487
dillenii 489
filiformis 488
fructicans 490
fructicolosa 490
hederifolia 487
latifolia 492
longifolia 486
montana 492
officinalis 492
opaca 488
orchidea 486
paniculata 486
peregrina 489
persica 488
polita 488
praecox 489
prostrata 490
satureiaefolia 491
saxatilis 490
scutellata 492
serpyllifolia 489
spicata 486
spuria 486
sublobata 487
teucrium 491
triloba 487
triphyllos 488
tournefortii 488
urticifolia 491
verna 489
Viburnum 453
Vicia 268
Vinca 446
Vincetoxicum 446
Viola 326
Virga 459
Viscaria 416
Viscum 317
Vitaliana 392
Vitis 315
Vogelbeere 244
Vogelfuß 266
Vogelia 353
Vogelkopf 322
Vulpia 722

Wacholder 181
Wachsblume 471
Wachtelweizen 502

Wahlenbergia 544
Waid 341
Waldgerste 737
Waldhyazinthe 645
Waldmeister 449
Waldrebe 190
Waldsteinia, -e 232
Waldvöglein 642
Walnuß 214
Wanzenkraut 188
Wanzensame 425
Wasserdarm 407
Wasserdost 555
Wasserfalle 227
Wasserfeder 395
Wasserfenchel 307
Wasserhanf 555
Wasserlinse 762
Wassernabel 299
Wassernuß 274
Wasserpest 616
Wasserpfeffer 434
Wasserrübe 359
Wassersalat 762
Wasserschierling 305
Wasserschlauch 509
Wasserschraube 617
Wasserstern 535
Wau 361
Wegerich 511
Wegwarte 595
Weichsel 249
Weichwurz 655
Weide 363
Weidelgras 732
Weidenröschen 275
Weiderich 274
Weigelia, -e 455
Weingaertneria 745
Weinrebe 315
Weißbuche 211
Weißdorn 246
Weißkohl 359
Weißmiere 406
Weißwurz 634
Weißzüngel 647
Weizen 735
Wendelähre 645
Wendich 361
Wermut 576
Wetterdistel 585
Wicke 268
Widerbart 645
Widerstoß 436
Wiesenhafer 743
Wiesenknopf 231
Wiesenraute 200
Wiesensilge 309
Wilde Fingerhirse 737
Wilder Korakan 737
Wilder Wein 315
Willemetia 600
Wimperfarn 171
Winde 464
Windenknöterich 435
Windhalm 749
Windröschen 192
Wintergrün 385
Winterlieb 384
Winterling 187
Wintermajoran 530
Winterzwiebel 629
Wirbeldost 529
Wirsingkohl 359
Witwenblume 460
Wohlverleih 578
Wolffia 763
Wolfsauge 472
Wolfsmilch 319
Wolfstrapp 533
Wollblatt 566
Wollgras 667
Woodsia 171
Wruke 359
Wucherblume 572
Wulfenia 485
Wundklee 262
Wurmfarn 174
Wurmlattich 598

Xanthium 565
Xeranthemum 585

Ysop 529

Zackenschötchen 341
Zahnlilie 631
Zahntrost 496
Zahnwurz 346
Zannichellia 622
Zaunrübe 381
Zaunwinde 463
Zea 760
Zeitlose 626
Ziest 525
Zimbelkraut 482
Zindelkraut 436
Zinnkraut 159
Zirmet 312
Zitronenkraut 575
Zittergras 730
Zostera 622
Zürgelbaum 212
Zuckerwurz 307
Zweiblatt 644
Zweizahn 566
Zwenke 723
Zwergalpenrose 387
Zwergflachs 284
Zwergginster 255
Zwerggras 753
Zwergkirsche 249
Zwerglinse 763
Zwergmispel 247
Zwerg-Sonnenröschen 332
Zwergstendel 651
Zwetschge 248
Zwiebel 629
Zypergras 667
Zypressenkraut 577

Notizen

Notizen